行稳致远

2020年《节能与新能源汽车年鉴》

顾问单位

（以单位名称汉语拼音顺序排序）

北京汽车集团有限公司

东风汽车集团有限公司

三友联众集团股份有限公司

上海汽车集团股份有限公司

中国第一汽车集团有限公司

重庆长安汽车股份有限公司

理事单位

（以单位名称汉语拼音顺序排序）

安徽江淮汽车集团股份有限公司

北汽福田汽车股份有限公司

广州汽车集团股份有限公司

开沃新能源汽车集团股份有限公司

天津力神电池股份有限公司

长城汽车股份有限公司

浙江吉利控股集团

中国汽车工程研究院股份有限公司

协办单位

（以单位名称汉语拼音顺序排序）

3M中国有限公司

爱驰汽车有限公司

奥特佳新能源科技股份有限公司

北京新能源汽车股份有限公司

东风柳州汽车有限公司

广汽新能源汽车有限公司

国唐汽车有限公司

科力美汽车动力电池有限公司

银隆新能源股份有限公司

中车时代电动汽车股份有限公司

重庆长安新能源汽车科技有限公司

支持单位

（以单位名称汉语拼音顺序排序）

奥地利AVL李斯特公司北京联络处

奥动新能源汽车科技有限公司

奥特佳新能源科技股份有限公司

北奔重型汽车集团有限公司

北京北方华德尼奥普兰客车股份有限公司

北京机械工业自动化研究所有限公司

北京理工华创电动车技术有限公司

比亚迪汽车工业有限公司

大连理工大学

大运汽车股份有限公司

德燃（浙江）动力科技有限公司

德斯拜思机电控制技术（上海）有限公司

东莞正扬电子机械有限公司

峰范新能源汽车技术（太仓）有限公司

福建艺达电驱动股份有限公司

赣州市豪鹏科技有限公司

赣州亿鹏能源科技有限公司

广西玉柴机器股份有限公司

广州领世汽车科技有限公司

广州通达汽车电气股份有限公司

贵州航天电器股份有限公司

杭州赫日新能源科技有限公司

河南航瑞电子科技有限公司

湖南大学汽车车身先进设计制造国家重点实验室

华晨鑫源重庆汽车有限公司

辉齐新能源科技（上海）有限公司

加特可（广州）自动变速箱有限公司

健和兴科技（苏州）有限公司

江苏大学汽车与交通工程学院

江苏吉麦新能源车业有限公司

江苏马威动力技术有限公司

江西中城通达新能源装备有限公司

壳牌（中国）有限公司

乐清市八达光电科技股份有限公司

联动天翼新能源有限公司

南京康尼新能源汽车零部件有限公司

宁波鲍斯能源装备股份有限公司

宁波洁程汽车科技有限公司

奇瑞新能源汽车股份有限公司

清华大学——汽车安全与节能国家重点实验室

厦门ABB低压电器设备有限公司深圳分公司

山东龙立电子有限公司

上海电器设备检测所有限公司

上海机动车检测认证技术研究中心有限公司

上海骥翀氢能科技有限公司

上海加冷松芝汽车空调股份有限公司

上海交通大学

上海易巴汽车动力系统有限公司

上海赢双电机有限公司

上海治臻新能源装备有限公司

上海重塑能源科技有限公司

上汽通用五菱汽车股份有限公司

深圳国氢新能源科技有限公司

深圳市力辉电机有限公司

深圳市瑞凯诺科技有限公司

石家庄金士顿轴承科技有限公司

是德科技（中国）有限公司

四川永贵科技有限公司

苏州达思灵新能源科技有限公司

苏州弗尔赛能源科技股份有限公司

苏州智绿环保科技有限公司

同济大学新能源汽车工程中心

威晟汽车科技（宁波）有限公司

武汉海亿新能源科技有限公司

西华大学汽车与交通学院

欣旺达电动汽车电池有限公司

扬州嘉和新能源科技有限公司

云南力帆骏马车辆有限公司

张家港友诚新能源科技股份有限公司

长春汽车检测中心有限责任公司

长沙矿冶研究总院有限责任公司

浙江银轮机械股份有限公司

郑州比克新能源汽车有限公司

郑州宇通客车股份有限公司

中国科学院青岛生物能源与过程研究所

重庆车辆检测研究院有限公司

重庆青山工业有限责任公司

株洲中车时代电气股份有限公司

「红」运当头
旗开得胜
红旗 E-HS9
红旗
让理想飞扬

上海汽车集团股份有限公司
SAIC MOTOR CORPORATION LIMITED
爱上汽车
SAIC
畅行天下

东风风神 | 中国国家乒乓球队战略合作伙伴

AEOLUS

奕炫EV 智纯电 品质家轿

智纯电 行无忧

车电分离 保值回购 **69999**元起

日供**61**元/天 原指导价 ~~¥149800元~~

高效快充 20min 30% ~ 80%

多维智电 | 高能智行 | 愉悦智联 | 耀目智炫

长安新能源
CHANGAN EV

CHANGAN EV

高 质 量 新 能 源 汽 车 提 供 者

广汽新能源
GAC NE
埃安V 下一代智能SUV
AION V
AION 埃安

1键遥控泊车

GEP2.0全铝纯电专属平台

L3自动驾驶

4维科幻机甲造型

5G智能健康座舱

600km超长续航

江淮新能源
i see
我想·更懂你
530公里综合续航
高能纯电轿跑
iC5 进化上市
14.99万元起
CHINA
JAC 江淮汽车

ARCFOX αT

WEY
中国豪华SUV
智在向前 担当WEY来
中国豪华SUV VV7 PHEV / VV7 GT PHEV 实力登场
VV7 PHEV

奇瑞新能源
CHERY NEW ENERGY
净世界 未来
S61
瑞虎e
艾瑞泽e

BYD
新能源汽车
引领者
汉 DM
汉为观止
全球安全智能新能源旗舰轿车
汉 DM
电四驱
超级智能
DiPilot
智能驾驶辅助系统
DiLink 3.0
智能网联系统
DM-p
全新插混平台
S级豪华
旗舰享受
4.7s
百公里加速
800km
综合续航里程
：此车图及产品信息均为汉DM

哪吒汽车

浙江合众新能源汽车有限公司（以下简称“合众”），成立于2014年，是一家集创新设计、产品研发、生产制造和销售服务于一体的高新技术企业，同时也是新创车企中具有“双资质”“双工厂”的企业。

合众拥有业内先进的独立研发机构，汇聚全球先进的前瞻技术，构建国际权威的研发体系，形成“四国八地”研发布局。公司围绕汽车制造全价值链环节，建立了一整套汽车零部件开发与核心技术研发能力，形成了新能源汽车的正向研发体系和能力。并且在域控制系统技术上达到行业领先水平，从选车、购车、用车等全生命周期为消费者提供值得放心的产品。合众作为企业品牌英文名称为“HOZON”，旗下产品品牌命名为哪吒汽车，秉承“智能纯电汽车先锋”的品牌定位，哪吒汽车持续以“让高品质的智能电动汽车触手可及”为企业愿景，让每一位用户都能享受更加简单、轻松、自在的出行体验。

公司计划开发2个平台5款车型，覆盖A0~A+级主流市场，截至目前，首款量产车哪吒N01，中期改款车哪吒N01 2020款，以及第二款量产车情感科技纯电SUV哪吒U已上市销售。

公司以“客户价值”为导向，以“用户体验”为准绳，通过全价值链模式的创新，链通产品设计、渠道经销与消费服务，为用户创造极致出行体验。

“透明”A柱

小You智能机器人

智能座舱

如需获取更多信息，请访问哪吒汽车官网http://www.hozonauto.com/或咨询哪吒汽车用户关怀中心：400-608-7777

奔向一城繁华
LOOK INTO THE DISTANCE
不管路途多遥远，都要勇往直前
爱驰汽车
AIWAYS
AIWAYS U5
新势代品质SUV
U6 ion
A+级智能轿跑SUV

东风风行
风行天下 智驭未来
智慧空间 享你所想
菱智M5EV
长续航全能纯电商务车
纯电长续航 生意好伙伴
菱智M5 EV 长航版 全新上市
一成首付低息包牌贷，日供仅需125元
可靠长续航 | 350 km综合里程
越级芯突破 | 纯电MPV先驱者
菱智M5EV

中通客车
ZHONG TONG BUS
承载关爱·成就价值
THE GREENNESS OF ZHONGTONG BUS
THROUGH THE VALUE OF NAVIGATION
绿色中通 价值领航
中通客车
地址：山东省聊城市经济开发区黄河路261号 邮编：252000
销售热线：0635-8321076 0635-8322624 服务热线：400-460-8000

飞驰客车
FEiCHi BUS

佛山市飞驰汽车制造有限公司（以下简称“飞驰汽车”）专业从事研发、生产、销售大中型客车、新能源大中型客车整车（及底盘）和物流车、冷链物流车、牵引车、自卸车等，拥有一支自主研发的专业技术团队，每年产能可达5 000台，是早期列入国家公告目录的大中型客车生产厂家之一，也是国家工信部核准的大中型客车整车生产企业和广东省高新技术企业。

飞驰汽车现有氢燃料电池城市客车车型公告包括12 m、11 m、8.6 m，采用一体式前、后围，配合车顶两侧翼板，整车造型简约，流畅，大方；单灯设计，配合前脸造型、线条，整体美观时尚；前后双开气动式折叠门设计，配合低踏步及侧跪功能，方便乘客上下车。配置有ECAS系统，提高了乘车舒适性；直驱永磁同步电机，无级变速，结构简单，工作效率高；大储量氢系统，实际续驶里程高，可达600 km。物流运输行业对于驾驶体验及运营经济性考量尤为重视，飞驰汽车从燃料经济型、动力性能与货箱容积等方面入手，研制的燃料电池厢式商用车可载货空间达17 m³，续航里程45 km里以上。研制的31 t燃料电池自卸车及燃料电池牵引车目前在试跑阶段，31 t燃料电池自卸车容积可达20.5 m³，燃料电池牵引车车辆最大允许载重质量为49 000 kg，搭配永磁同步驱动电机、大功率燃料电池系统，最大续航里程可达450 km。

车辆型号	项目	FSQ6860FCEVG1/2燃料电池城市客车	FSQ6111FCEVG燃料电池城市客车	FSQ6121FCEVG2燃料电池城市客车	FSQ5080XXYFCEV燃料电池厢式商用车	FSQ4250FCEV氢燃料牵引车	31T燃料电池自卸车
外形参数	长×宽×高（mm）	8 645×2 500×3 320	10 600×2 550×3 460	12 000×2 550×3 550	6 800×2 200×2 840	7 410×2 550×3 540	10 650×2 550×3 760
	前悬/轴距/后悬（mm）	2 055/4 350/2 240	2 470/5 120/3 010	2 560/6 200/3 240	1 130/3 800/1 870	1 500/3 800+1 400/710	1 530/1 800+3 975+1 400/1 950
性能参数	整车整备质量（kg）	9 600/9 275	12 000	12 500	4 315	13 300	19 740
	最大总质量（kg）	14 000	18 000	17 900	7 985	25 000	31 000
	乘客数（人）/容积（m³）	58/15-24	83/20-34,93/20-30	82/19-34	3.00	2.00	20.5m³
	最高车速（km/h）	69.00	69.00	69.00	85.00	90.00	85.00
	40km/h等速续驶里程（km）	≥600	≥600	≥600	≥450	≥450	≥450
	百公里气耗（kg）（等速法）	≤3	≤4	≤4	≤3	≤13	≤13
燃料电池	类别	氢燃料电池	氢燃料电池	氢燃料电池	氢燃料电池	氢燃料电池	氢燃料电池
	额定功率（kW）	46/48	氢燃料电池	46×2	32.00	55kW×2	100.00
动力蓄电池	型式	锰酸锂/磷酸铁锂	锰酸锂，磷酸铁锂	锰酸锂电池	锰酸锂电池	锰酸锂电池	磷酸铁锂
	总储电量（kWh）	14.9/90.24	50.45. 100.83	46.17	42.62	100.92	149.76
氢气瓶	公称水容积（L）	140×6	140×8	140×8	140×3	140×15	140×14
	公称工作压力（MPa）	35.00	35.00	35.00	35.00	35.00	35.00
是否可外接充电				是			
底盘配置	前后桥	5 500/9 500	7 000/13 000	7 500/13 000	3 000/5 500	7 500/2 600	5 500/13 000
	悬架	空气悬架	空气悬架	空气悬架，前2/后4	板簧悬架	板簧悬架	板簧悬架

11m燃料电池城市客车　8.6m燃料电池城市客车　12m燃料电池城市客车　燃料电池厢式物流车　氢燃料牵引车　燃料电池自卸车

T20EV
T50EV
好运2号
新海狮EV300
好运1号300
小海狮EV

时骏汽车
SOJEN
时骏
引领科
时骏汽车
SOJEN
时骏新能源
时骏新能源

智创未来
云南力帆骏马车辆有限公司
客服电话（24h）免费热线：400-6193337
www.sojenauto.com
地址：云南省大理市上登工业园区

北奔重卡
BEIBEN TRUCK
E-truck
北奔重卡纯电动系列产品
BEIBEN HEAVY TRUCK PURE ELECTRIC PRODUCTS
选北奔重卡 可靠更安全 奔驰技术 兵器出品
官方微信二维码
THE FREE SERVICE HOTLINE
全国统一免费服务热线 400-6609595 www.beiben.cn
北奔重型汽车集团有限公司

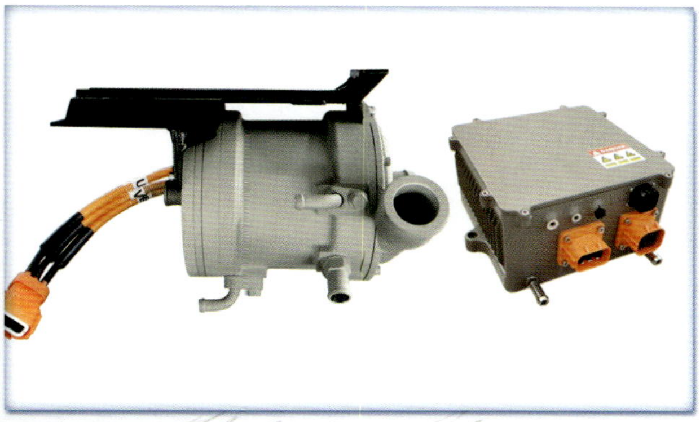

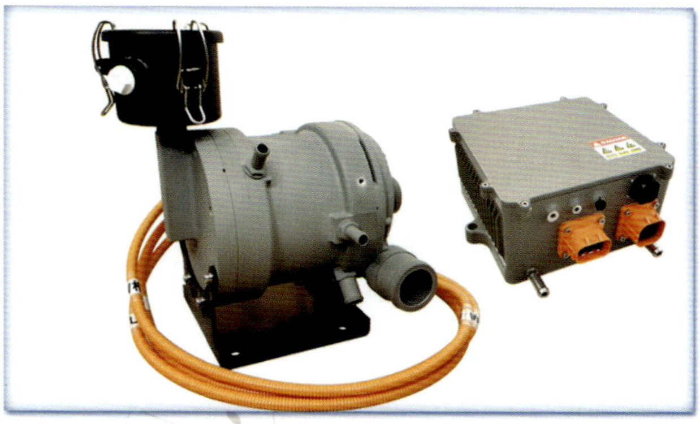

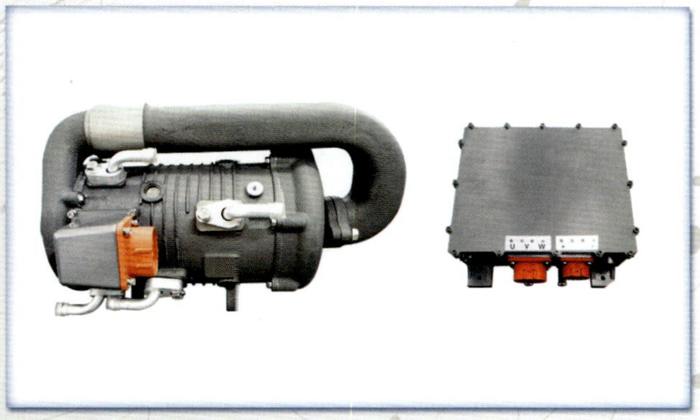

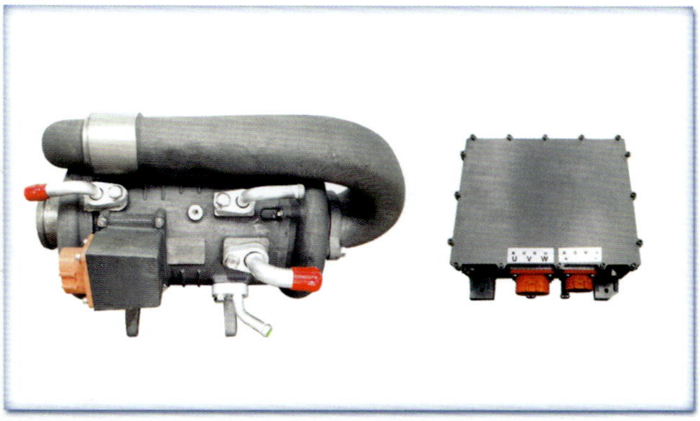

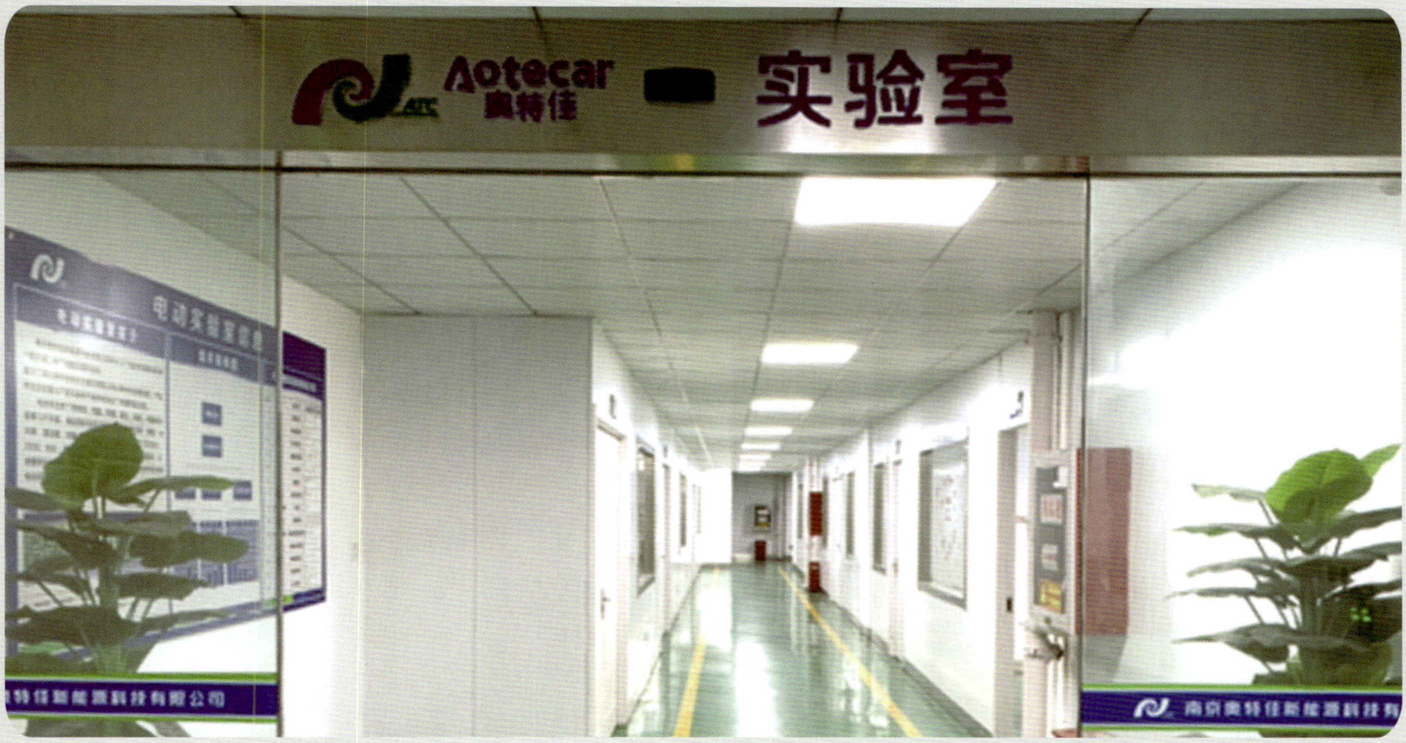

试验设备 Laboratory equipment

性能试验台

可进行制冷、制热工况测试
测量范围：500～14000W

耐久试验台

可进行温度和转速交变试验
可进行高温高湿试验

振动试验台

可进行正弦振动和随机振动
频率：5～2 500Hz、最大加速度：100g

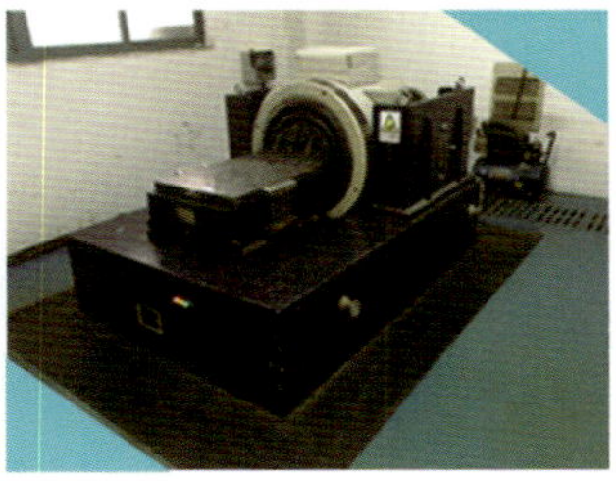

半消音室

背景噪声小于25 dB(A)
可满足大众MQB平台要求

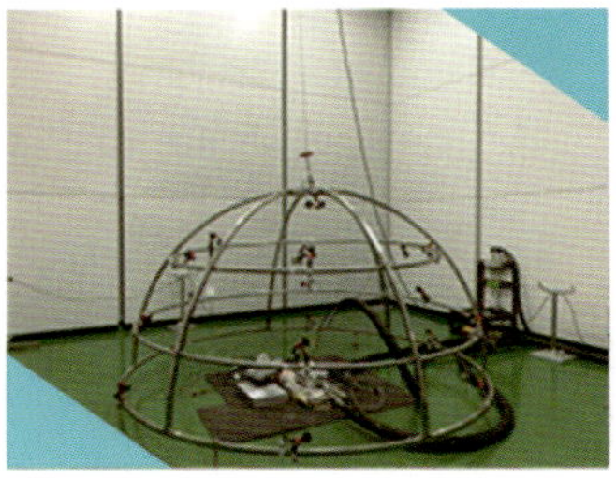

电机测功机

额定功率：15kw，额定扭矩100Nm，最高转速18 000r/min

氦检试验台

测量范围：$1\sim1.01\times10^{5}$Pa
最大测试压力：50 bar

SONGZ
科技引领未来
创新成就卓越！
SONGZ 松芝股份
电动压缩机系列产品
◆动盘十字防旋结构，耐冲击和振动，适应恶劣环境和工况
◆控制器散热性能好，适用于大功率，满足R407C制冷剂工况
◆最大排量36 cc，最大制冷量12 kW
SZA系列
◆8极12槽电机，功率密度大、运行平稳、噪声小
◆采用耐高温车规级元器件，控制器轴向布置，散热性能好
◆轻量化设计，重量<6 kg
◆8600 r/min高转速、最大制冷量10 kW，满足整车电池和驱动系统热管理的要求
SZB系列
◆最大电流65 A，满足24 V驻车空调
◆排量20 cc，最大制冷量3.5 kW
SZA系列
◆柱销防旋结构，结构简单
◆变壁厚涡旋齿设计，体积小，重量轻
◆内置油气分离器，有效降低系统油循环率
SZC系列
SONGZ
上海加冷松芝汽车空调股份有限公司
SONGZ AUTOMOBILE AIR CONDITIONING CO.,LTD.

广州通达汽车电气股份有限公司
GUANGZHOU TONGDA AUTO ELECTRIC CO., LTD.

广州通达汽车电气股份有限公司，上海证券交易所主板上市企业（股票代码：603390）。公司成立于1994年，注册资本3.52亿元，业务涵盖车联网、智能交通、新能源汽车、移动医疗等四大板块。主营业务为车载智能车辆管理系统及及配套汽车电气产品。致力于成为国内车载电气领域具有核心竞争力的企业之一。

通达电气旗下拥有10家全资、控股或参股公司。与中国汽车技术研究中心（央企）共同发起成立“天津英捷利汽车技术有限责任公司”，与中国恒天集团（央企）共同发起成立“北京恒天鑫能新能源汽车技术有限公司”。

公司为国内前十大主流客车企业标配供应商，行业龙头企业，主营业务市场占有率30%以上。

公司产品业务主要围绕“互联网+”、新能源汽车、智能交通运输三大市场提供服务并进行业务拓展，产品涵盖车载智能系统系列产品、公交多媒体信息发布系统系列产品、车载部件系列产品、新能源汽车电机与热管理系统系列产品。

车载智能系统系列产品主要包括智能车辆管理系统软件平台及配套硬件产品，硬件产品主要包括车载智能终端、新能源车载远程监控终端、辅助驾驶系统、乘客信息管理系统、漏气报警器、可燃气体探测器、监控录像系统、电子信息公交站台等。

公交多媒体信息发布系统系列产品主要为车载广告媒体硬件，包括多媒体风道、全彩广告屏、可视变光信息广告一体化系统等。

车载部件系列产品主要包括塞拉门、车载照明产品、普通风道、车内外装饰件和公交车载收银系统等构成。

新能源汽车电机与热管理系统系列产品主要为新能源汽车发动机、电池、电机热管理系统、新能源电机热管理系统、直流无刷磁力泵等新能源汽车电机产品。

通达电气经营状况良好，总资产、净资产均实现可持续增长，销售收入、利润增长保持稳健。到2019年，通达电气实现含税销售收入7.84亿元，资产总额21.41亿元，实现净利润1.44亿元。

公司被评为广东省战略性新兴产业骨干企业、广东省智能公交工程技术研究中心、广东省级企业技术中心、广州市创新标杆企业，并承担省市多个重点技术攻关项目。

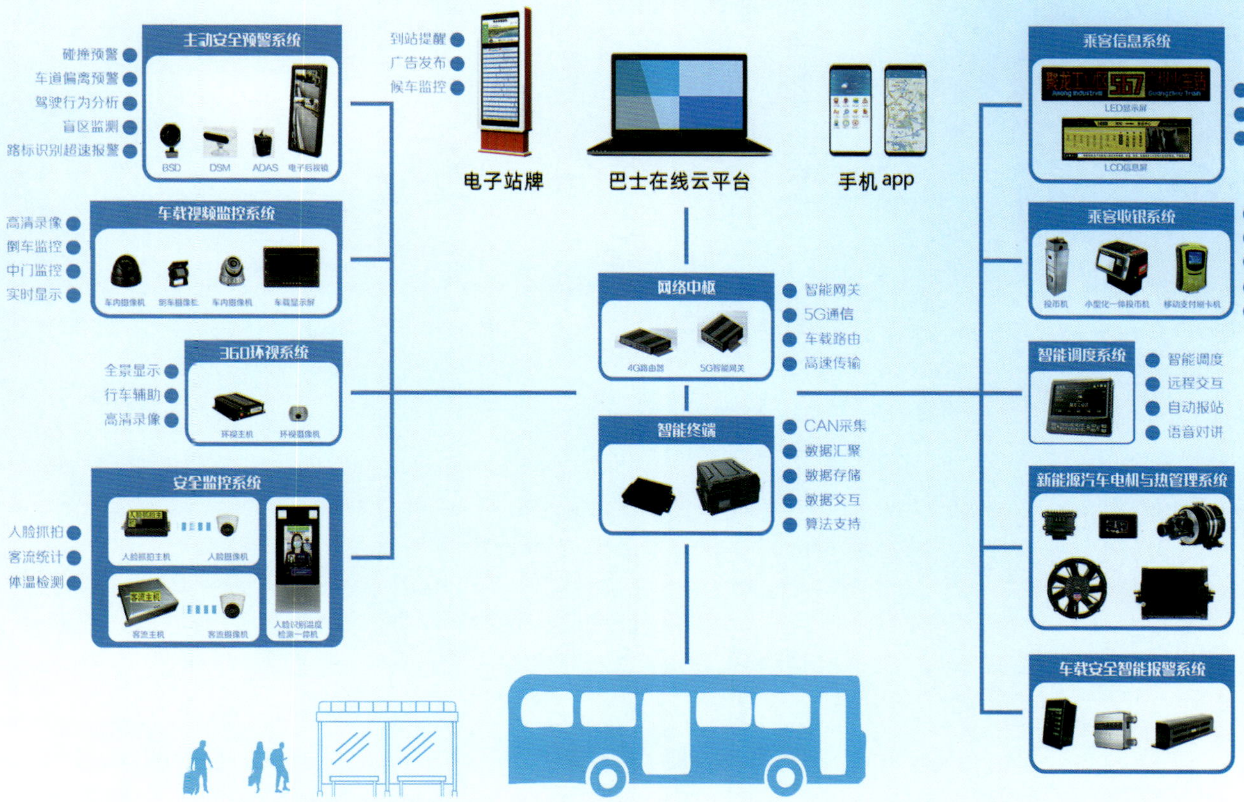

SEARI STIEE
上電科

3M 科技
改善生活™
汽车行业可靠的全球合作伙伴
• 专业的材料科学专家
• 先进的本地测试能力
• 优质的技术支持与合作
• 创新的研发与设计服务
• 全球布局的供应链服务

专注于废旧电池回收利用
Devote to recycle retired batteries
赣州市豪鹏科技有限公司（以下简称“赣州豪鹏”）成立于2010年9月
1日，公司主营业务为废旧新能源动力电池回收及梯次利用，废旧电池无害
和资源循环利用企业，是国内早期从事废旧二次电池回收及加工利用的国
高新技术企业之一，2017年8月入选工信部首批绿色工厂。工信部公告的
早五家符合《新能源汽车废旧动力蓄电池综合利用行业规范条件》企业之
，江西省新能源汽车动力蓄电池回收利用试点工作牵头企业。
赣州豪鹏在十余年的迅速发展中，一直围绕企业定位“专业、专注、专
”发展。目前，赣州豪鹏利用股东优势，已初步构成动力电池回收闭合生
圈；生产电池（豪鹏国际）——汽车制造（北汽新能源）——电池回收利
（赣州豪鹏）——电池原材料制造（厦门钨业）——电池生产（豪鹏国际）。
对未来，赣州豪鹏将持续以“智能化+绿色化+信息化+尖端化”为新动能；
续为打造成为国际先进的电池无害化处理企业奋斗！
• 五家符合《新能源汽车废旧动力蓄电池综合利用行业规范条件》企业之一
• 绿色工厂
• 江西省新能源汽车动力蓄电池回收利用试点工作牵头企业
+86-0797-7070777
江西省赣州市章贡高新技术产业园区水西产业园
www.ganpowertech.com
ZhangGong High-Tech Industrial Park, Ganzhou,Jiangxi
赣州豪鹏
GANPOWER
Green recycling, Power the future
绿色循环·构筑未来

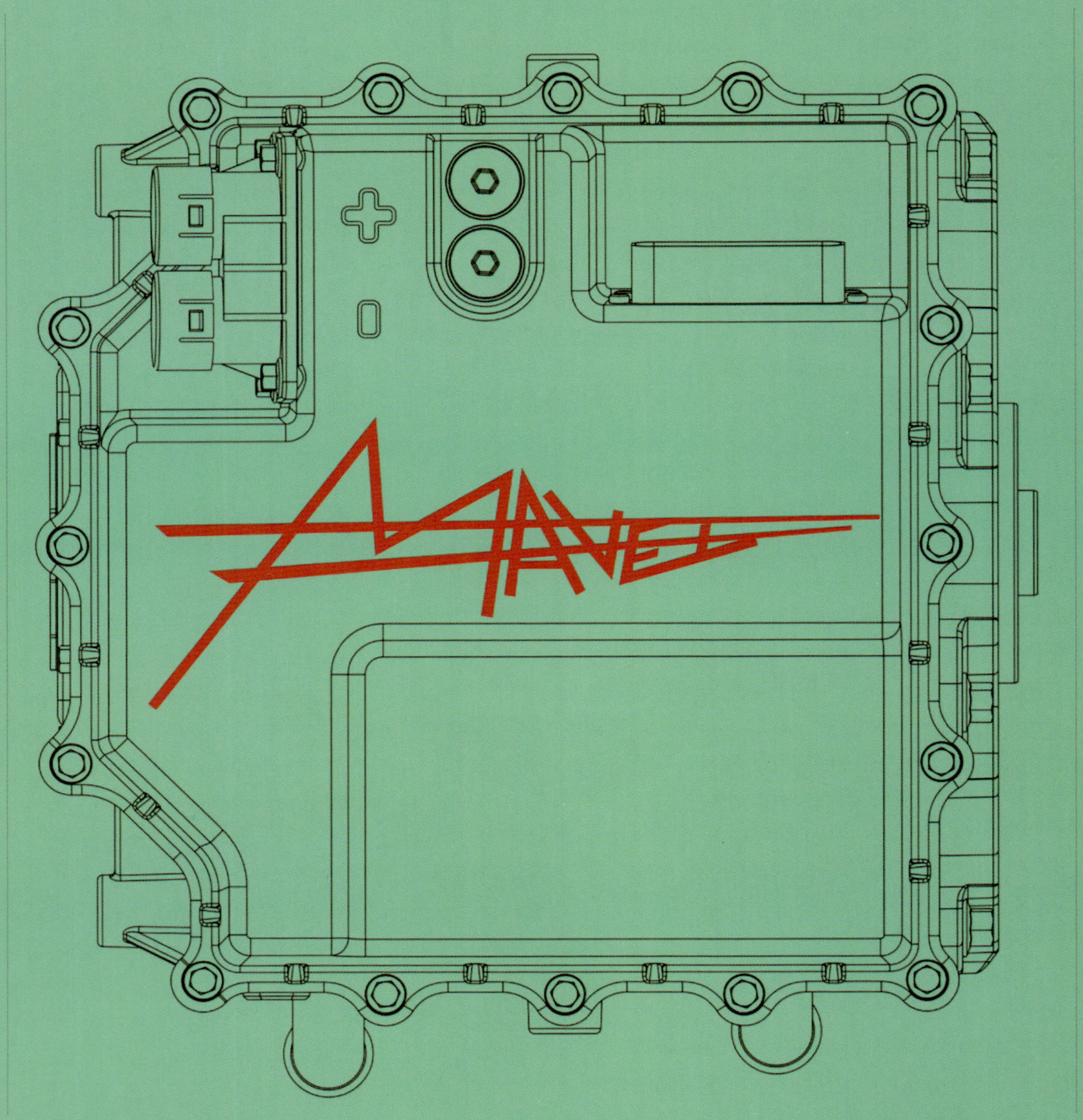

公司简介

苏州达思灵新能源科技有限公司是国际上率先专业开发、生产和销售新型双凸极直流励磁发电机的国家高科技公司。应用这一发电机技术开发、生产的系列车载增程动力系统总成(增程器)具有高效、高可靠性和高性价比的特性，其模块化设计可以大大缩短整车开发周期。

基于成熟的技术团队、拥有自主知识产权、稳定的供应链和IATF 16949:2016汽车质量管理体系以及超过年产3万套生产规模的车间，产品均经过800 h耐久测试，具有稳定性好、工作噪声低等特点。

双凸极励磁直流发电机技术特点

1. 成本经济：整机采用普通硅钢片材料，无永磁材料。
2. 可靠性高：电机无传感器转子无绕组。
3. 电磁兼容性好：小功率IGBT控制电路简单。
4. 适应恶劣环境应用：耐温高，无褪磁问题。
5. 系统发电效率高：>94%(发电机+控制器)。

50 kW增程器

√额定发电功率：45 kW
√发电电压：510 V～614 V
√尺寸：L804×W635×H700
√汽油/四缸2.0 L/电喷/水冷/国Ⅵ

25 kW增程器

√额定发电功率：20 kW
√发电电压：300 V～600 V
√尺寸：L678×W465×H575
√汽油/三缸0.8 L/电喷/水冷/ 国Ⅴ

35 kW增程器

√额定发电功率：30 kW
√发电电压：300 V～600 V
√尺寸：L710×W629×H485
√汽油/四缸1.2 L/电喷/水冷/国Ⅵ

增程发电系统集成平台技术

1. 模块化集成，成熟的发电能量管理和控制策略(可标定)，可大大缩短整车开发调试周期。
2. 增程器控制器系统高度集成，系统结构简单、可靠性高。
3. 控制策略稳定完善，包括远程标定、效率优化、噪声优化、电池保护和维修保养。
4. 支持多种控制模式，包括优化工作功率发电、电池保护功率跟随发电，纯电模式、远程模式和保护模式等。
5. 系统化设计，发电机、发电机控制器GCU及增程控制器三合一集成设计，与发动机MAP图优化匹配。

40 kW增程器

√额定发电功率：35 kW
√发电电压：360 V～510 V
√尺寸：L680×W549×H592
√汽油/四缸1.4 L/电喷/水冷/国Ⅵ

车辆型号：REEV10	整车装备质量：1 900 kg
车（长×宽×高）：4 515 mm×1 750 mm×1 760 mm	电机额定/峰值功率：40 kW/80 kW
燃料：汽油	电池材料：三元锂
电池包重量：396 kg(2×198 kg)	增程器系统额定电压：345.6 VDC
增程器系统额定功率：20 kW	发动机排量：800 mL
电池容量：45.8 kWh（2×22.9 kWh）双电池包并联	纯电续驶里程（NEDC工况）：单包池包：146 km 双电池包：248 km
总续驶里程（NEDC工况）：单包池包：R80/480km 双电池包：R165/762km	百公里油耗：单包池包：4.0L 双电池包：4.6L

苏州达思灵新能源科技有限公司

地址：江苏省苏州市相城经济开发区漕湖产业园A3厂房
电话：0512-69572305　传真：0512-69570218
邮箱：dsm_sz@126.com　网址：www.dsmgreenpower.com

Jatco

加特可（广州）自动变速箱有限公司（以下简称“加特可广州”）是加特可集团2007年在广州独资设立的生产据点，2009年正式投入量产，目前员工人数超过2 000人，年产能超过120万台。除了生产外，还具有研发、市场调查、品质保证、销售等职能，建立起了能够快速应对中国市场需求的体制。目前，加特可广州主要生产“Jatco CVT7”“Jatco CVT8”“Jatco CVT7 W/R”等加特可先进重点产品。

随着电动汽车技术的发展，除了搭载在传统汽车上的AT、CVT之外，加特可结合自身50年专业变速器生产厂商所特有的齿轮设计、加工技术在新能源汽车领域也推出了适合混合动力车用的中型混合动力车用变速器和电动汽车用的电桥产品。

加特可通过自由的想象汇聚点子，孜孜不倦地挑战技术，不断研发出切实满足客户与社会需求的高品质产品，将驾驶乐趣传递于人，将活力传递于社会，将友好传递于地球，为客户、汽车文化和社会创造价值。

中型混合动力车用变速器

混合动力系统：单电机双离合式混合动力系统

车辆驱动类型：前置前驱（FF）

最大扭矩：250Nm

变速机构：无级变速器

离合器：干式多片离合器

离合器：湿式多片离合器

加特可提出的Mild Hybrid 系统

- 与 Jatco CVT8 HYBRID 相同的单电机双离合式动力系统
- 与 Jatco CVT8 同等的尺寸
- 燃油经济性提高了 15% 以上（与 Jatco CVT8 相比）
- 适应中国 2025 的燃油标准

加特可(广州)自动变速箱有限公司

地址：广州市高新技术产业开发区科学城荔红二路8号　电话：020-82267338　网址：www.jatcochina.com

TOTAL
QUARTZ
EV FLUID
润动
更高性能
为电动新能源而生
TOTAL
QUARTZ
EV FLUID
道达尔润滑油在电动汽车市场的创新——
推出**全系列电动车流体**，专用于纯电动和混合动力车型
www.total-lub.com.cn
敬请关注官方微信公众号

北美三友有限公司

北美三友有限公司成立于2011年12月10日 ，主要负责美国、加拿大、墨西哥等国家的产品销售。

韩国三友有限公司

韩国三友有限公司成立于2011年，主要负责韩国地区以及国内韩资企业的销售。

欧洲三友有限公司

欧洲三友有限公司成立于2015年，主要负责欧洲地区的产品销售。

完备的产品实验室

“引进”“消化”“吸收”到“创造”的创新格局。

三友联众拥有高素质的产品研发团队，完备的产品实验室，强大的设备研发能力。先后与日本、韩国、英国等国家知名企业建立技术合作。近年来已取得丰硕的研发成果，获取国家专利400余项，自行研发制造自动化生产线60余条。

生产能力

三友联众拥有10亿只继电器的年生产能力。目前有100余条全自动或半自动生产线，多种型号的产品使用全自动生产线生产。

三友联众斥巨资建立高精度、高品质的模具、五金、注塑零件制造体系，保证了公司的产品设计、模具开发、零件制造和成品生产方面的技术、品质、工艺水平处于国际同行领先地位。

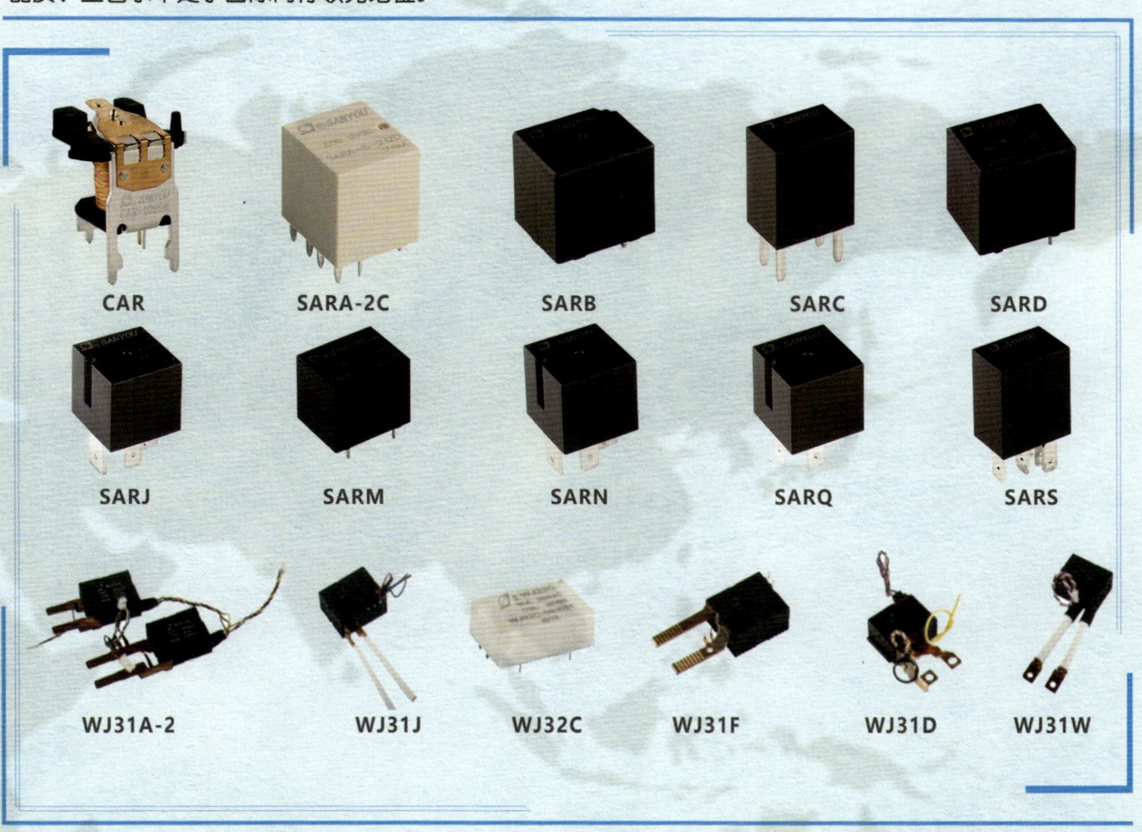

国网电动汽车服务
State Grid EV Service

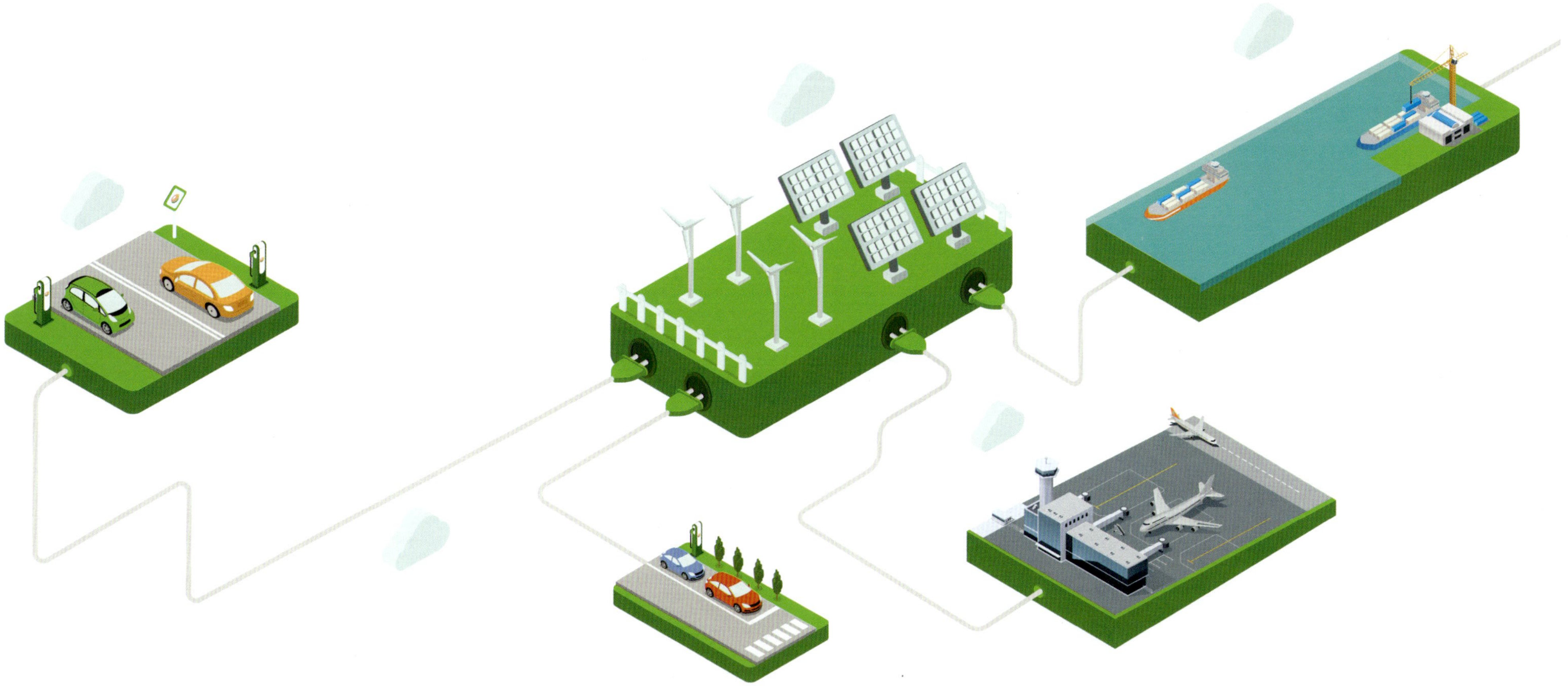

电话：010-52617676

全国统一客服电话：95598

邮箱：evs-znb@evs.sgcc.com.cn

地址：北京市西城区广安门南街6号广安大厦

国网电动汽车公司

国网电动汽车公司

国网电动汽车服务有限公司

企业简介

南方电网电动汽车服务有限公司是中国南方电网旗下专业从事电动汽车产业服务的企业，业务范围涵盖电动汽车服务全产业链，以能源服务为核心，以充电服务为基础，以服务出行为导向，搭建产业链生态平台，以建设“智慧能源 智慧交通 智慧生活 智慧城市”为目标，开展“技术 服务 商业模式”创新。

公司整合发挥产业规模效应，坚持“以客户为中心”，为客户提供“安全 便捷 优惠”的服务。打造卓越的电动汽车服务运营商，电动汽车产业价值链整合商，绿色能源生态服务商。

2020
节能与新能源汽车年鉴

YEARBOOK OF ENERGY-SAVING AND NEW ENERGY VEHICLES OF 2020

中国汽车技术研究中心有限公司
北京国能赢创能源信息技术有限公司　编
《节能与新能源汽车年鉴》编制办公室

中国铁道出版社有限公司
CHINA RAILWAY PUBLISHING HOUSE CO., LTD.

图书在版编目(CIP)数据

节能与新能源汽车年鉴.2020/中国汽车技术研究中心有限公司,北京国能赢创能源信息技术有限公司,《节能与新能源汽车年鉴》编制办公室编.—北京:中国铁道出版社有限公司,2020.10
ISBN 978-7-113-27295-1

Ⅰ.①节… Ⅱ.①中… ②北… ③节… Ⅲ.①节能-新能源-汽车-中国-2020-年鉴 Ⅳ.①U469.7-54

中国版本图书馆CIP数据核字(2020)第184924号

书　　名:节能与新能源汽车年鉴2020
作　　者:中国汽车技术研究中心有限公司　北京国能赢创能源信息技术有限公司　《节能与新能源汽车年鉴》编制办公室

责任编辑:朱景芳　　　　**编辑部电话:**(010)51873407
封面设计:崔丽芳
责任校对:王　杰
责任印制:赵星辰

出版发行:中国铁道出版社有限公司(100054,北京市西城区右安门西街8号)
网　　址:http://www.tdpress.com
印　　刷:中煤(北京)印务有限公司
版　　次:2020年10月第1版　2020年10月第1次印刷
开　　本:889 mm×1 194 mm 1/16　印张:56.75　插页:96　字数:2 400千
书　　号:ISBN 978-7-113-27295-1
定　　价:980.00元

2020 年《节能与新能源汽车年鉴》编制委员会

Editorial Committee of Energy-Saving and New Energy Vehicle Yearbook 2020

(以姓氏笔画为序/In the Surname Stroke Order)

顾问/Adviser

主任委员/Chairman

副主任委员/Vice-Chairman

林志强	广西玉柴机器股份有限公司
周　江	天津力神电池股份有限公司
周　辉	北京理工华创电动车技术有限公司
郑贺悦	工业和信息化部装备工业中心
赵福全	清华大学
侯　明	中国科学院大连化学物理研究所
聂育仁	北京百度网讯科技有限公司
夏顺礼	安徽江淮汽车集团股份有限公司
顾荣鑫	苏州弗尔赛能源科技股份有限公司
倪绍勇	奇瑞新能源汽车股份有限公司
徐世伟	湖南大学汽车车身先进设计制造国家重点实验室
徐向阳	北京航空航天大学
郭淑英	中车株洲电力机车研究所有限公司
黄宏生	开沃新能源汽车集团股份有限公司
黄国强	上海加冷松芝汽车空调股份有限公司
黄学杰	中国科学院物理研究所
曹　斌	东软睿驰汽车技术(上海)有限公司
崔龙建	科力美汽车动力电池有限公司
章　桐	同济大学
舒　涌	杭州赫日新能源科技有限公司
蓝树槐	上海治臻新能源装备有限公司
甄子健	科技部高新技术研究发展中心
廉玉波	比亚迪汽车工业有限公司
魏学哲	同济大学

委员/Member

1. 各省、自治区、直辖市、计划单列市/Provinces, Autonomous Regions, Municipalities, Separately Listed Cities

马天毅	湖南省工业和信息化厅
王小龙	重庆市经济和信息化委员会
文　彬	成都市经济和信息化局
尹　春	郑州市工业和信息化局汽车产业和装备制造局
史震坤	云南省工业和信息化厅
丛　健	烟台市工业和信息化局
朱　鸣	河南省工业和信息化厅
朱小建	佛山市发展和改革局
朱照伟	盐城市工业和信息化局
乔惠东	黑龙江省工业和信息化厅
华　毛	浙江省发展和改革委员会
刘　珂	四川省经济和信息化厅
刘志洲	河北省工业和信息化厅
刘建国	湖北省机械行业联合会
刘新星	新疆维吾尔自治区工业和信息化厅
闫世光	沈阳市工业和信息化局
李　莉	新乡市工业和信息化局
李玉军	潍坊市工业和信息化局
李刚强	苏州市工业和信息化局
李纪军	济南市工业和信息化局
李林清	武汉市经济和信息化局
杨　斌	福建省工业和信息化厅
杨云贵	南通市交通运输局
杨鸿旭	天津市工业和信息化局
吴　熙	贵州省工业和信息化厅
余　伟	广州市发展和改革委员会
余　璟	深圳市发展和改革委员会
宋英伟	大连市工业和信息化局
张　勇	陕西省工业和信息化厅
张　德	内蒙古自治区工业和信息化厅
张春福	辽宁省工业和信息化厅
张晓辉	襄阳市经济和信息化局
陈　宏	长春市工业和信息化局
陈永浩	吉林省工业和信息化厅
陈成海	宁波市经济和信息化局
陈兴成	济宁市工业和信息化局
邵先平	青岛市工业和信息化局
林　敏	海南省工业和信息化厅
金红岗	山西省工业和信息化厅
周伟蒙	广西壮族自治区工业和信息化厅
郑　斌	安徽省经济和信息化厅
赵　明	山东省工业和信息化厅
赵松俭	聊城市工业和信息化局
耿江波	扬州市工业和信息化局
徐连敏	威海市工业和信息化局
郭　芳	江西省工业和信息化厅
陶　磊	南京市工业和信息化局
黄旭光	金华市经济和信息化局
黄群英	合肥市科学技术局
彭学华	淄博市工业和信息化局
韩大东	上海市经济与信息化委员会
熊斌谦	江苏省工业和信息化厅
禤鹏翔	广东省发展和改革委员会
戴　兵	合肥市科学技术局
魏兆宏	杭州市经济和信息化局

2. 科研院所/Research Institutes

马天才	同济大学
王伟达	北京理工大学
王明睿	北京机械工业自动化研究所有限公司
王贺武	清华大学
公维洁	国汽(北京)智能网联汽车研究院有限公司
尹必峰	江苏大学
全书海	武汉理工大学
刘　媛	上海电器设备检测所有限公司
刘昌仁	重庆车辆检测研究院有限公司
刘振国	北京机械工业自动化研究所有限公司
刘桂彬	中国汽车技术研究中心有限公司
刘福建	中国汽车工程研究院股份有限公司
刘群兴	工业和信息化部电子第五研究所
江　昆	清华大学
江浩斌	江苏大学
许　敏	上海交通大学
阮廷勇	中国汽车工程研究院股份有限公司
孙立清	北京理工大学

李庆建	国汽(北京)智能网联汽车研究院有限公司	高国有	汉阳专用汽车研究所
李重洋	长沙矿冶研究院有限责任公司	黄苏融	上海大学
李晓锦	中国科学院青岛生物能源与过程研究所	黄宏成	上海交通大学
李普明	国家汽车质量监督检验中心(襄阳)	曹　飞	重庆车辆检测研究院有限公司
杨　林	工业和信息化部电子第五研究所	龚进峰	中国汽车技术研究中心有限公司
连　静	大连理工大学	章　弘	中国汽车流通协会新能源汽车分会
闵照源	重庆车辆检测研究院有限公司	梁　海	信息产业化学物理电源产品质量监督检验中心
沈剑平	上海机动车检测认证技术研究中心有限公司	彭忆强	西华大学
宋　强	北京理工大学	彭永伦	北京市产品质量监督检验院
张　希	上海交通大学	董庆银	清华大学环境学院
陈文良	长春汽车检测中心有限责任公司	覃事彪	长沙矿冶研究院有限责任公司
周雅夫	大连理工大学	谢　辉	天津大学
姚安仁	天津大学	颜文胜	昆明理工大学
徐梁飞	清华大学		

3. 企事业单位/Enterprises and Institutions

Ray Cai	3M 中国有限公司	朱金大	国电南瑞科技股份有限公司
丁　涛	奥特佳新能源科技股份有限公司	向　晋	北京卫蓝新能源科技有限公司
于　民	北京亿华通科技股份有限公司	全　琎	武汉海亿新能源科技有限公司
于焕英	北京理工华创电动车技术有限公司	刘　军	珠海泰坦科技股份有限公司
马　兰	中航锂电科技有限公司	刘　青	东风汽车集团有限公司
马　雄	重庆青山工业有限责任公司	刘　凌	中车时代电动汽车股份有限公司
马东辉	北京车和家信息技术有限公司	刘　浩	浙江银轮机械股份有限公司
马锡洪	中国重汽集团济南豪沃客车有限公司	刘乃胜	北汽福田汽车股份有限公司
王　凯	天龙瑞玺(北京)科技有限公司	刘宝乾	大运汽车股份有限公司
王　京	深圳市车电网络有限公司	齐士泉	长城汽车股份有限公司
王　健	华晨鑫源重庆汽车有限公司	安　旭	苏州斯莱克精密设备股份有限公司
王　朝	江苏国富氢能技术装备有限公司	安仲勋	上海奥威科技开发有限公司
王　颖	北京四维图新股份有限公司	安栋梁	合肥国轩高科动力能源有限公司
王　潘	深圳市比克动力电池有限公司	孙少飞	深圳新荷科技有限公司
王光圣	佛山市飞驰汽车制造有限公司	阳如坤	深圳吉阳智能科技有限公司
王驰伟	天津市捷威动力工业有限公司	苏　亮	厦门金龙联合汽车工业有限公司
王志伟	大连海纳新能源汽车零部件制造有限公司	苏成云	盛瑞传动股份有限公司
王青峰	石家庄金士顿轴承科技有公司	李　丹	深圳市比克动力电池有限公司
王培森	广州通达汽车电气股份有限公司	李　罡	广州汽车集团股份有限公司
王朝云	安徽明天氢能科技股份有限公司	李　晨	合肥阳光电动力科技有限公司
王景雨	山西成功汽车制造有限公司	李　博	石家庄通合电子科技股份有限公司
王德平	中国第一汽车集团有限公司	李　瑞	是德科技(中国)有限公司
区汉成	赣州市豪鹏科技有限公司	李占江	南京越博动力系统股份有限公司
牛胜福	天际汽车科技集团有限公司	李军勇	长城汽车股份有限公司
毛正松	广西玉柴机器股份有限公司	李红刚	苏州智绿环保科技有限公司
毛志明	北京华氢科技有限公司	李红旗	精进电动科技股份有限公司
毛恒春	鲲腾泰克科技(深圳)有限公司	李明斌	东莞市日新传导科技有限公司
尹家彤	苏州智绿环保科技有限公司	李宝民	扬州嘉和新能源科技有限公司
龙云朗	云南力帆骏马车辆有限公司	李晓翔	东莞正扬电子机械有限公司
叶长流	佛山市清极能源科技有限公司	李常珞	浙江吉利控股集团有限公司
田　硕	北京科易动力科技有限公司	李婷婷	四川永贵科技有限公司
史双龙	国网电动汽车服务有限公司	杨　光	株洲中车时代电气股份有限公司
付　宇	上海骥翀氢能科技有限公司	杨　烁	河南航瑞电子科技有限公司
冯　涛	苏州奥易克斯汽车电子有限公司	杨　烨	奥动新能源汽车科技有限公司
兰志波	奥动新能源汽车科技有限公司	杨安志	四川野马汽车股份有限公司
邢丹敏	新源动力股份有限公司	杨思枏	辉能科技股份有限公司
邢映彪	广州通达汽车电气股份有限公司	肖　峰	北奔重型汽车集团有限公司
朱光海	郑州宇通客车股份有限公司	肖　展	苏州弗尔赛能源科技股份有限公司

肖王文君	中车时代电动汽车股份有限公司
吴　波	武汉泰歌氢能汽车有限公司
吴　畏	爱驰汽车有限公司
吴壬华	深圳欣锐科技股份有限公司
囤金军	中通客车控股股份有限公司
邹　燃	开沃新能源汽车集团股份有限公司
汪　伟	中车时代电动汽车股份有限公司
汪晓健	上海汽车集团股份有限公司
张　伟	宁波洁程汽车科技有限公司
张　洋	上海蔚来汽车有限公司
张书楷	上海骥翀氢能科技有限公司
张舟云	上海电驱动股份有限公司
张志亮	北汽福田汽车股份有限公司
张炯焱	宁波鲍斯能源装备股份有限公司
张颢磊	壳牌(中国)有限公司
陈　力	东风汽车集团有限公司
陈孙艺	福建艺达电驱动股份有限公司
陈香玲	苏州达思灵新能源科技有限公司
陈洪新	广州鹏辉能源科技股份有限公司
陈勇新	深圳市力辉电机有限公司
陈浩舟	南方电网电动汽车服务有限公司
纵　伟	苏州绿控传动科技股份有限公司
其尔曼	北奔重型汽车集团有限公司
范志勇	四川永贵科技有限公司
林长波	东风柳州汽车有限公司
林锦云	惠州亿纬锂能股份有限公司
郁红忠	惠州市亿鹏能源科技有限公司
欧阳洵	北京氢璞创能科技有限公司
国　桐	重庆长安新能源汽车科技有限公司
明志茂	广州广电计量检测股份有限公司
罗　瑛	道达尔润滑油(中国)有限公司
金慧芬	天津力神电池股份有限公司
周　龙	石家庄通合电子科技股份有限公司
周　阳	爱德曼氢能源装备有限公司
周　钘	上汽通用五菱汽车股份有限公司
郑正和	江西远东电池有限公司
郑隽一	国创新能源汽车智慧能源装备创新中心(江苏)有限公司
单金秀	苏州斯莱克精密设备股份有限公司
房亚锦	比亚迪股份有限公司
孟祥峰	宁德时代新能源科技股份有限公司
练国标	深圳市瑞凯诺科技有限公司
赵　云	浙江新吉奥控股集团有限公司
赵　健	特来电新能源有限公司
赵　颖	万帮新能源投资集团有限公司
胡　伟	国机智骏汽车有限公司
胡　磊	上海恒劲动力科技有限公司
胡国民	南京康尼新能源汽车零部件有限公司
钟高建	峰范新能源汽车技术(太仓)有限公司
侯锦毅	北京北方华德尼奥普兰客车股份有限公司
姜天豪	上海治臻新能源装备有限公司
姜良峰	山东沂星电动汽车有限公司
姚锦丽	山西美锦能源股份有限公司
聂　亮	杭州伯坦科技工程有限公司
莊圣楷	天津清源电动车辆有限责任公司
贾爱萍	上海电驱动股份有限公司
顾勤冬	格陆博科技有限公司
党智勇	东风汽车有限公司东风日产乘用车公司
钱　伟	佛山市清极能源科技有限公司
钱　涛	江西中城通达新能源装备有限公司
倪淮生	德燃(浙江)动力科技有限公司
徐小敏	浙江银轮机械股份有限公司
徐世利	中国第一汽车集团有限公司
徐加忠	苏州弗尔赛能源科技股份有限公司
徐航宇	北京卫蓝新能源科技有限公司
高文彬	山东龙立电子有限公司
郭　俊	广州领世汽车科技有限公司
郭　斌	杭州沃镭智能科技股份有限公司
郭玉平	深圳国氢新能源科技有限公司
郭富强	三友联众集团股份有限公司
黄　旭	贵州航天电器股份有限公司
黄　莉	健和兴科技(苏州)有限公司
黄光继	加特可(广州)自动变速箱有限公司
黄福良	国唐汽车有限公司
曹　阳	上海联桩新能源科技有限责任公司
崔龙建	科力美汽车动力电池有限公司
康雨辰	国唐汽车有限公司
鹿守光	江苏吉麦新能源车业有限公司
梁　锐	欣旺达电子股份有限公司
彭　伟	北京百度网讯科技有限公司
彭国栋	中车时代电动汽车股份有限公司
董大为	马威动力控制技术(上海)有限公司
蒋　濛	联动天翼新能源有限公司
蒋元广	南京越博动力系统股份有限公司
蒋世用	银隆新能源股份有限公司
程　伟	上海捷氢科技有限公司
程亚非	北京氢璞创能科技有限公司
傅福美	奇瑞新能源汽车股份有限公司
舒　欣	四川野马汽车股份有限公司
谢世滨	浙江吉利控股集团有限公司
谢伯元	上海易巴汽车动力系统有限公司
谢嘉悦	上汽大通汽车有限公司
赖发东	杭州赫日新能源科技有限公司
雷洪钧	扬子江汽车集团公司
路高磊	郑州比克新能源汽车有限公司
鲍　伟	浙江华友循环科技有限公司
蔡　懿	上海赢双电机有限公司
蔡志健	博世贸易(上海)有限公司
谭　荣	福建万润新能源科技有限公司
熊　云	武汉雄韬氢雄燃料电池科技有限公司
缪雪中	浙江新吉奥控股集团有限公司
黎欢乐	乐清市八达光电科技股份有限公司
戴宏鸣	威晟汽车科技(宁波)有限公司
戴建侠	张家港友诚新能源科技股份有限公司
戴振坤	绿传(北京)汽车科技股份有限公司
魏长河	北汽福田汽车股份有限公司
魏跃远	北京新能源汽车股份有限公司

2020年《节能与新能源汽车年鉴》特约编辑

Contributing Editor of Energy-Saving and New Energy Vehicle Yearbook 2020

（以姓氏笔画为序/In the Surname Stroke Order）

1. 各省、自治区、直辖市、计划单列市/Provinces, Autonomous Regions, Municipalities, Separately Listed Cities

王晓宁　淄博市工业和信息化局
王雪东　盐城市工业和信息化局
王雅琴　重庆市经济和信息化委员会
韦　扬　扬州市工业和信息化局
卢　原　浙江省发展和改革委员会
卢哲明　福建省工业和信息化厅
申群凤　新疆维吾尔自治区工业和信息化厅
曲　波　江西省工业和信息化厅
朱立富　宁波市经济和信息化局
朱佳佳　新乡市工业和信息化局
朱绪光　烟台市工业和信息化局
乔　洋　内蒙古自治区工业和信息化厅
庄国仕　南京市工业和信息化局
杜雷军　湖北省机械行业联合会
李　妍　四川省经济和信息化厅
李新涛　吉林省工业和信息化厅
吴俊贤　上海市经济与信息化委员会
邹海鹏　江苏省工业和信息化厅
张　晓　北京新材料和新能源科技发展中心
张　爽　北京新材料和新能源科技发展中心
张志宏　济宁市工业和信息化局
张松苍　黑龙江省工业和信息化厅
张明智　深圳市发展和改革委员会
张培书　贵州省工业和信息化厅
张冀驰　襄阳市经济和信息化局
陈　琳　佛山市发展和改革局
陈梦群　青岛市工业和信息化局
苗　群　潍坊市工业和信息化局
易再尧　广州市发展和改革委员会
金敏光　云南省工业和信息化厅
郑　祥　金华市经济和信息化局
孟英超　聊城市工业和信息化局
赵明君　威海市工业和信息化局
胡　锐　武汉市经济和信息化局
战金帅　沈阳市工业和信息化局
娄丹丹　绍兴市发展和改革委员会
袁　磊　北京新材料和新能源科技发展中心
徐　涛　海南省工业和信息化厅
徐东辉　郑州市工业和信息化局汽车产业和装备制造局
徐红运　北京新材料和新能源科技发展中心
徐鹏远　辽宁省工业和信息化厅
高　宇　陕西省工业和信息化厅
高　健　北京新材料和新能源科技发展中心
高　翌　成都市经济和信息化局
郭　磊　上海市经济与信息化委员会
郭川铭　山西省工业和信息化厅
唐　勇　湖南省工业和信息化厅
阎宁亚　河北省工业和信息化厅
彭　涛　深圳市发展和改革委员会
韩韶英　南通市交通运输局
程玉晖　河南省工业和信息化厅
管大年　宁波市经济和信息化局
潘　祎　苏州市工业和信息化局

2. 科研院所/Research Institutes

王　旭　中国汽车技术研究中心有限公司
叶　磊　重庆车辆检测研究院有限公司
曲　兴　中国汽车工程学会
朱　翀　上海交通大学
刘　帅　江苏大学
刘文奇　中国科学院青岛生物能源与过程研究所
李晓会　北京机械工业自动化研究所有限公司
李晓芳　上海机动车检测认证技术研究中心有限公司
李琳辉　大连理工大学
来新民　上海交通大学
何云堂　中国汽车技术研究中心有限公司
宋昊辰　工业和信息化部电子第五研究所
张　欣　汉阳专用汽车研究所
张佩雯　国汽（北京）智能网联汽车研究院有限公司
张静一　清华大学
欧艳琼　上海电器设备检测所有限公司
胡芳芳　北京市产品质量监督检验院
钟　礼　长沙矿冶研究院有限责任公司
祝　阳　重庆车辆检测研究院有限公司
倪　俊　北京理工大学
徐华伟　工业和信息化部电子第五研究所
韩　琪　湖南大学汽车车身先进设计制造国家重点实验室
程　波　西华大学

3. 企事业单位/Enterprises and Institutions

Susan Gao　3M中国有限公司
于长虹　中国第一汽车集团有限公司
马　军　武汉泰歌氢能汽车有限公司

马计涛　东莞正扬电子机械有限公司
王　克　苏州斯莱克精密设备股份有限公司
王　春　深圳市瑞凯诺科技有限公司
王　皓　广西玉柴机器股份有限公司
王　鹏　长城汽车股份有限公司
王　磊　安徽明天氢能科技股份有限公司
王才振　南京康尼新能源汽车零部件有限公司
王丹凤　郑州比克新能源汽车有限公司
王凤石　苏州奥易克斯汽车电子有限公司
王晓波　北奔重型汽车集团有限公司
王新煜　宁德时代新能源科技股份有限公司
比　利　精进电动科技股份有限公司
孔玉蓉　上海重塑能源科技有限公司
艾显微　苏州达思灵新能源科技有限公司
厉　蒋　杭州伯坦科技工程有限公司
申云祥　鲲腾泰克科技(深圳)有限公司
邢冬晓　广州通达汽车电气股份有限公司
朱广增　重庆长安新能源汽车科技有限公司
朱海璇　武汉雄韬氢雄燃料电池科技有限公司
伍文博　中国重汽集团济南豪沃客车有限公司
刘　峰　深圳市比克动力电池有限公司
刘　超　深圳市力辉电机有限公司
刘淑怡　三友联众集团股份有限公司
刘雷蕾　上海蔚来汽车有限公司
闫长海　国机智骏汽车有限公司
关丽娜　特来电新能源有限公司
孙立坤　大连海纳新能源汽车零部件制造有限公司
孙志杰　北京四维图新股份有限公司
孙婷婷　新源动力股份有限公司
孙楠溪　南方电网电动汽车服务有限公司
阳　果　北京科易动力科技有限公司
苏元琨　壳牌(中国)有限公司
苏海龙　深圳国氢新能源科技有限公司
李　勋　南方电网电动汽车服务有限公司
李　璞　深圳市车电网络有限公司
李七贤　惠州市亿鹏能源科技有限公司
李艾霖　南方电网电动汽车服务有限公司
李圣节　博世贸易(上海)有限公司
李丽培　奥特佳新能源科技股份有限公司
李建华　东风汽车有限公司东风日产乘用车公司
李凌风　东风汽车集团有限公司
李海燕　山西成功汽车制造有限公司
李菁菁　奥动新能源汽车科技有限公司
李梓熙　广州广电计量检测股份有限公司
李蓝特　南方电网电动汽车服务有限公司
杨　辉　四川野马汽车股份有限公司
杨丽军　中航锂电科技有限公司
杨明旭　道达尔润滑油(中国)有限公司
杨维刚　大运汽车股份有限公司
肖　杰　惠州亿纬锂能股份有限公司
肖美玲　广州领世汽车科技有限公司
吴　玲　健和兴科技(苏州)有限公司
吴　莎　欣旺达电子股份有限公司

吴　章　上海易巴汽车动力系统有限公司
吴胜利　浙江银轮机械股份有限公司
何文彬　上海恒劲动力科技有限公司
佛向东　株洲中车时代电气股份有限公司
邹　琳　大运汽车股份有限公司
沙红军　扬州嘉和新能源科技有限公司
沈梦菲　浙江吉利控股集团有限公司
宋文燕　上海赢双电机有限公司
宋冉冉　山东龙立电子有限公司
宋光吉　厦门金龙联合汽车工业有限公司
宋金香　中通客车控股股份有限公司
宋德王　北京百度网讯科技有限公司
张　琼　深圳欣锐科技股份有限公司
张　璐　德斯拜思机电控制技术(上海)有限公司
张　鑫　郑州宇通客车股份有限公司
张书杰　绿传(北京)汽车科技股份有限公司
张志强　东风柳州汽车有限公司
张丽丽　合肥阳光电动力科技有限公司
张益勤　上汽通用五菱汽车股份有限公司
陈广源　盛瑞传动股份有限公司
陈连科　北京氢璞创能科技有限公司
陈金蕊　天津清源电动车辆有限责任公司
陈雄辉　浙江华友循环科技有限公司
陈蓓娜　中国第一汽车集团有限公司
邵汉波　天际汽车科技集团有限公司
苗小丽　上海奥威科技开发有限公司
范伟军　杭州沃镭智能科技股份有限公司
林　海　乐清市八达光电科技股份有限公司
林青青　上汽大通汽车有限公司
周光荣　苏州智绿环保科技有限公司
周红茹　上海捷氢科技有限公司
周丽敏　联动天翼新能源有限公司
周建平　上海治臻新能源装备有限公司
郑元春　北京亿华通科技股份有限公司
孟张飞　云南力帆骏马车辆有限公司
赵云峰　广州汽车集团股份有限公司
赵玉彬　佛山市清极能源科技有限公司
赵亚丽　江苏国富氢能技术装备有限公司
胡　璇　加特可(广州)自动变速箱有限公司
钟昌霞　中车时代电动汽车股份有限公司
施宝贵　江西中城通达新能源装备有限公司
宫丽华　是德科技(中国)有限公司
祝金顺　威晟汽车科技(宁波)有限公司
姚　洋　石家庄通合电子科技股份有限公司
袁　敏　重庆青山工业有限责任公司
袁召明　宁波鲍斯能源装备股份有限公司
夏飞武　苏州绿控传动科技股份有限公司
顾宇佳　科力美汽车动力电池有限公司
钱　坤　北京车和家信息技术有限公司
徐　帆　河南航瑞电子科技有限公司
徐志刚　东莞市日新传导科技有限公司
奚邦斌　乐清市八达光电科技股份有限公司
高　琳　北京车和家信息技术有限公司

高　颖　万帮新能源投资集团有限公司
郭　佳　天津市捷威动力工业有限公司
郭万元　合肥国轩高科动力能源有限公司
郭佩盈　辉能科技股份有限公司
唐　丽　珠海泰坦科技股份有限公司
唐真昆　华晨鑫源重庆汽车有限公司
展洪文　厦门金龙联合汽车工业有限公司
鹿　洁　江苏吉麦新能源车业有限公司
章爱琴　爱驰汽车有限公司
葛晓滢　上海汽车集团股份有限公司
董　洁　张家港友诚新能源科技股份有限公司
蒋沛然　贵州航天电器股份有限公司
覃凯文　广州鹏辉能源科技股份有限公司
程文会　峰范新能源汽车技术(太仓)有限公司
傅阳青　福建万润新能源科技有限公司
湛勇刚　宁波洁程汽车科技有限公司
谢才茂　银隆新能源股份有限公司
谢丰海　赣州市豪鹏科技有限公司
赖国强　安徽江淮汽车集团股份有限公司
管　慧　南京越博动力系统股份有限公司
管艳红　北京北方华德尼奥普兰客车股份有限公司
端文照　开沃新能源汽车集团股份有限公司
谭梦君　北汽福田汽车股份有限公司
缪骏杰　爱德曼氢能源装备有限公司
魏姗姗　山东沂星电动汽车有限公司
魏海标　福建艺达电驱动股份有限公司

2020年《节能与新能源汽车年鉴》编制办公室

主　　任： 王　成

副 主 任： 朱　成　王云龙

编　　辑： 胡学丹　王同辉　樊春艳　李光凯　任丽丽　潘春雷　任秋森　万　亮
杨月静　周　洋

广告编辑： 刘瑞娜

编制说明

《节能与新能源汽车年鉴》(以下简称《年鉴》)是由中国汽车技术研究中心有限公司组织编写的国内第一本专注于节能与新能源汽车领域的资料性工具书,自2010年第一本《年鉴》问世以来,至今已连续出版发行十年。《年鉴》的内容编写集权威性、专业性、指导性、学术性和综合性于一体,真实地记录了我国节能与新能源汽车的发展历程。其翔实的数据信息和权威的专家视点,科学、系统、真实、全面地对行业进行了梳理和汇总,客观地反映了行业发展所面临的问题。《年鉴》深入地挖掘产业链、价值链与创新链上的优质单位,帮助行业打通政、产、学、研信息沟通渠道,协助建设跨行业、跨学科的融合发展平台,为我国政府部门出台新能源汽车产业相关政策法规和企业制定相关战略规划提供重要参考和有效借鉴。《年鉴》已成为新能源汽车行业不可或缺的信息资料支撑与技术交流合作和品牌推广的重要平台。

2020年《年鉴》共收集了我国近60个重点地区的新能源汽车产业发展、推广及政策等相关信息和近170家节能与新能源汽车、燃料电池汽车、智能网联汽车各领域的重点企事业单位的生产经营、产能建设及技术研发能力进展、合资合作等发展情况。《年鉴》邀请了行业权威专家、资深人士、代表性企业负责人等,围绕节能与新能源汽车、燃料电池汽车、智能网联汽车各领域,涉及领域包括纯电动乘用车、纯电动客车、纯电动专用车、纯电动物流车、插电式混合动力乘用车、插电式混合动力客车、燃料电池乘用车、燃料电池客车、燃料电池专用车、燃料电池物流车、智能网联汽车、增程式电动汽车、甲醇汽车、车用动力电池、锂离子电池材料、动力电池测试、动力电池装备、动力电池回收与梯次利用、车用燃料电池、车用固态锂电池、车用超级电容器、车用驱动电机及系统、车用电机测试、汽车电子电动化与智能化发展、新能源汽车自动变速器、新能源汽车电动空调、电动汽车充电基础设施、新能源汽车换电、电动汽车无线充电、加氢站、氢基础设施、新能源汽车轻量化、新能源汽车售后与维修总体情况、新能源汽车保险情况及未来新能源汽车二手车市场需求分析及预测、自动驾驶地图与定位技术产业等焦点问题进行全面、深入、系统地汇总与梳理,勾勒出行业未来的走向与趋势,并提出下一步发展建议,继而帮助我国新能源汽车产业持续、健康、高质量发展。

2020年《年鉴》在征集资料及编制过程中,得到了国家有关部门、各省、自治区、直辖市节能与新能源汽车行业主管部门的关怀、指导,以及各汽车工业集团(公司)、关键零部件厂商、科研院所等相关企事业单位的大力支持和协助,在此表示诚挚的谢意。《年鉴》将一如既往以翔实、权威、科学、严谨的数据,全面、系统、客观、真实的内容,回报编委单位和广大读者的厚爱。

由于时间仓促和水平所限,书中不足之处在所难免,敬请各位领导、专家、读者批评指正,希望今后各相关单位继续积极参与其中,大力支持《年鉴》的编制工作,进一步为行业发展献计献策,拓展技术交流与市场合作,也欢迎对《年鉴》的充实和完善提出宝贵意见和建议,组织编制单位将不胜荣幸与感激。

中国汽车技术研究中心

《节能与新能源汽车年鉴》编制办公室

2020年9月

企业形象专版目录

封　　二

国唐汽车有限公司

封二对页

国唐汽车有限公司

封　　三

是德科技(中国)有限公司

封三对页

是德科技(中国)有限公司

扉　　插

中国第一汽车集团有限公司
上海汽车集团股份有限公司
东风汽车集团有限公司
重庆长安新能源汽车科技有限公司
广汽新能源汽车有限公司
安徽江淮汽车集团股份有限公司
北京新能源汽车股份有限公司
长城汽车股份有限公司
奇瑞新能源汽车股份有限公司
比亚迪汽车工业有限公司
浙江合众新能源汽车有限公司
爱驰汽车有限公司
东风柳州汽车有限公司
上汽通用五菱汽车股份有限公司
广汽新能源汽车有限公司
江苏吉麦新能源车业有限公司
郑州宇通客车股份有限公司
中车时代电动汽车股份有限公司
开沃新能源汽车集团股份有限公司
中通客车控股股份有限公司
佛山市飞驰汽车制造有限公司
中国重汽集团济南豪沃客车有限公司
银隆新能源股份有限公司
北京北方华德尼奥普兰客车股份有限公司
北汽福田汽车股份有限公司
华晨鑫源重庆汽车有限公司
云南力帆骏马车辆有限公司

江西中城通达新能源装备有限公司
北奔重型汽车集团有限公司
大运汽车股份有限公司
上海重塑能源科技有限公司
苏州弗尔赛能源科技股份有限公司
德燃(浙江)动力科技有限公司
石家庄金士顿轴承科技有限公司
奥特佳新能源科技股份有限公司
上海加冷松芝汽车空调股份有限公司
广州通达汽车电气股份有限公司
上海电器设备检测所有限公司
3M 中国有限公司
天津力神电池股份有限公司
欣旺达电动汽车电池有限公司
科力美汽车动力电池有限公司
赣州市豪鹏科技有限公司
江苏马威动力技术有限公司
苏州达思灵新能源科技有限公司
广西玉柴机器股份有限公司
加特可(广州)自动变速箱有限公司
壳牌(中国)有限公司
道达尔润滑油(中国)有限公司
三友联众集团股份有限公司
国网电动汽车服务有限公司
南方电网电动汽车服务有限公司
国汽(北京)智能网联汽车研究院有限公司

前　插　页

北京机械工业自动化研究所有限公司
惠州市亿鹏能源科技有限公司
联动天翼新能源有限公司
东软睿驰汽车技术(上海)有限公司
辉齐新能源科技(上海)有限公司

杜邦中国集团有限公司
扬州嘉和新能源科技有限公司
浙江银轮机械股份有限公司
德斯拜思机电控制技术(上海)有限公司
奥地利 AVL 李斯特公司北京联络处

广州领世汽车科技有限公司
东莞正扬电子机械有限公司
宁波洁程汽车科技有限公司
杭州赫日新能源科技有限公司
株洲中车时代电气股份有限公司
北京理工华创电动车技术有限公司
福建艺达电驱动股份有限公司
上海赢双电机有限公司
健和兴科技(苏州)有限公司
厦门 ABB 低压电器设备有限公司深圳分公司
奥动新能源汽车科技有限公司
苏州智绿环保科技有限公司
深圳国氢新能源科技有限公司
武汉海亿新能源科技有限公司
宁波鲍斯能源装备股份有限公司
上海治臻新能源装备有限公司
清华大学——汽车安全与节能国家重点实验室
同济大学新能源汽车工程中心
北京理工大学机械与车辆学院
上海交通大学智能汽车研究所
湖南大学汽车车身先进设计制造国家重点实验室
辽宁省节能与新能源汽车动力控制与整车技术重点实验室
中国科学院青岛生物能源与过程研究所
国家氢能动力质量监督检验中心
上海机动车检测认证技术研究中心有限公司
长春汽车检测中心有限责任公司
重庆车辆检测研究院有限公司
山西成功汽车制造有限公司
浙江新吉奥控股集团有限公司
郑州比克新能源汽车有限公司
天津清源电动车辆有限责任公司
国机智骏汽车有限公司
上海蔚来汽车有限公司
重庆理想汽车有限公司
天际汽车科技集团有限公司
四川野马汽车股份有限公司
上汽大通汽车有限公司
浙江吉利控股集团有限公司
东风汽车有限公司东风日产乘用车公司

后　插　页

北京亿华通科技股份有限公司
新源动力股份有限公司
上海捷氢科技有限公司
武汉雄韬氢雄燃料电池科技有限公司
安徽明天氢能科技股份有限公司
北京氢璞创能科技有限公司
武汉泰歌氢能汽车有限公司
上海骥翀氢能科技有限公司
佛山市清极能源科技有限公司
江苏国富氢能技术装备有限公司
北京华氢科技有限公司
苏州斯莱克精密设备股份有限公司
大连海纳新能源汽车零部件制造有限公司
北京百度网讯科技有限公司
格陆博科技有限公司
杭州沃镭智能科技股份有限公司
帝目自动设备(苏州)有限公司
上海易巴汽车动力系统有限公司
苏州奥易克斯汽车电子有限公司
博世(中国)投资有限公司
鲲腾泰克科技(深圳)有限公司
绿传(北京)汽车科技股份有限公司
卧龙电气驱动集团股份有限公司
凯博易控车辆科技(苏州)股份有限公司
精进电动科技股份有限公司
苏州绿控传动科技有限公司
福建万润新能源科技有限公司
合肥阳光电动力科技有限公司
峰范新能源汽车技术(太仓)有限公司
重庆青山工业有限责任公司
盛瑞传动股份有限公司
深圳市力辉电机有限公司
国家汽车质量监督检验中心(北京顺义)
国家汽车质量监督检验中心(襄阳)
信息产业化学物理电源产品质量监督检验中心
工业和信息化部电子第五研究所
广州广电计量检测股份有限公司
汉阳专用汽车研究所
江苏大学先进燃烧与排放控制研究所
江苏大学节能与新能源动力总成系统研究所
江苏大学燃料电池发动机研究所
西华大学汽车与交通学院
长沙矿冶研究总院有限责任公司
威晟汽车科技(宁波)有限公司
上海奥威科技开发有限公司
宁德时代新能源科技股份有限公司
惠州亿纬锂能股份有限公司
深圳市比克动力电池有限公司
中航锂电科技有限公司
桑顿新能源科技有限公司
江西远东电池有限公司
广州鹏辉能源科技股份有限公司

天津市捷威动力工业有限公司
深圳新荷科技有限公司
天龙瑞玺(北京)科技有限公司
杭州伯坦科技工程有限公司
珠海泰坦科技股份有限公司
特来电新能源有限公司
江苏万帮德和新能源科技股份有限公司
广东威浦电器有限公司
东莞市日新传导科技有限公司
四川永贵科技有限公司
张家港友诚新能源科技股份有限公司
南京康尼新能源汽车零部件有限公司
乐清市八达光电科技股份有限公司
贵州航天电器股份有限公司
山东龙立电子有限公司
石家庄通合电子科技股份有限公司
深圳欣锐科技股份有限公司
河南航瑞电子科技有限公司
深圳市瑞凯诺科技有限公司

目 录 | CONTENTS |

第一篇 分领域发展综述

第二篇 政策与规划

第三篇　地区概况

第四篇 重点单位发展概况

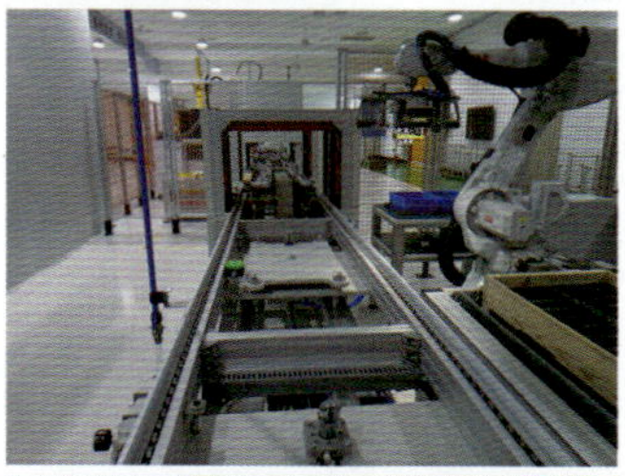

POWER SYSTEM

亿鹏能源

绿色驱动未来

惠州市亿鹏能源科技有限公司（以下简称“亿鹏能源”）成立于2014年1月，注册资金10625万元，公司总部位于惠州市惠城区水口街道东江工业区，是一家专注于新能源汽车动力锂离子电池系统和储能设备用锂离子电池系统的高新技术企业。公司主营业务为插电式混合动力汽车和纯电动汽车锂离子动力电池及系统的研发、制造、销售和服务。目前是郑州宇通、苏州金龙、厦门金旅、上海申龙、南京金龙、奇瑞、东风商用等十几家大型汽车企业的正式供应商。尤其在混合动力客车细分市场，亿鹏能源电池凭借先进的技术优势，丰富的行业经验，快速地占领了市场，赢得了良好的口碑，行业排名位居全国前列。目前有1万余台装配亿鹏电池的车辆在全国各地运行，累积安全行驶里程总行驶里程突破8亿公里。

公司自创立以来，以年均增长率超100%的速度高速发展，2018年实现销售锂电池系统5 000套，销售收入达3.5亿元。

亿鹏能源已形成从锂电池电芯、电池系统（PACK）和废旧电池回收循环利用为一体的完整产业链；拥有赣州和惠州2个生产基地；赣州基地以电芯生产制造为主，惠州基地以电池系统（PACK）生产为主。

目前赣州基地一期项目投资2亿元，生产厂房面积24000㎡，拥有2条生产线，年产能0.5 GWh，于2019年初已完成投产；二期项目预计总投资10亿元，总占地100 亩，共建设 6 条生产线，达产后年产能 2.8 GWh，将于2020年年底全面投产。

惠州基地拥有3条完整的自动化电池系统（PACK）生产线，主要工序涵盖电芯检测，模组拼装、全自动激光焊接、PACK总装、总检调试等；能实现纯电动汽车用能量型磷酸铁锂、氢燃料及混合动力汽车用功率型锰酸锂等各类型动力电池的整装集成，年交付能力达3万套。

亿鹏能源现汇聚了一大批专业技术和管理人才，研发团队由海外归国的电池和BMS专家组成，在国际主流的锰酸锂电池技术的基础上自主研发了高功率锂离子动力电池，技术性能居领航地位；BMS采用国际先进的实时动态自适应技术，保障电池系统的安全、可靠和长寿命。公司技术工程中心配备国内先进、安全可靠的锂离子电池实验室，具备GB/T 31484、GB/T 31485、GB/T 31486测试能力。亿鹏能源通过了GB/T 24001—2016/ISO 14001：2015 环境体系、IATF 16964：2016质量体系等体系认证，2018年公司售后获得GB/T 27922—2011《商品售后服务评价体系》五星级标准。

联动天翼新能源有限公司

Linkdata New Energy Co., Ltd.

联动天翼新能源产业基地项目由北京联动天翼科技股份有限公司投资建设，旨在建设新能源电池生产基地，项目以最先进的21700圆柱电池和方形三元电池以及配套的VDA和MEB电池系统平台为主，产品广泛应用于新能源汽车电池系统、储能系统等新能源业务。联动天翼致力于成为国内三元圆柱锂电研发、制造领域的领航者，形成新能源产业集群。项目总投资约200亿元，总规划用地约1150亩，全面达产后将形成年产30GGWh锂电池及PACK系统的生产能力，年产值约500亿元。

项目一期总投资50亿元，占地约193亩，预期实现5GWh的动力电池及电池系统PACK生产能力。联动天翼一期项目已于2019年11月18日正式投产。

联动天翼集团成立于2009年，是一家新能源电池系统服务商和解决方案提供商。自成立以来，公司始终立足于新能源领域，业务发展迅速并不断壮大，在行业内保持着较高的市场占有率和市场声誉。联动天翼秉承"新能源、新生活"的发展理念，通过不断的技术革新，为新能源行业客户提供安全、高效的能源解决方案，产品广泛应用于储能及通信、金融、电力电子、汽车动力、船舶等领域。

东软睿驰汽车技术（上海）有限公司

东软睿驰汽车技术（上海）有限公司成立于2015年10月，作为一家汽车行业的创新型企业，东软睿驰凭借软件能力的优势通过融合人工智能和大数据等前沿技术，在智能网联、自动驾驶、EV动力系统、出行服务及车联网安全领域，为全球整车企业提供智能化产品、技术、服务及整体解决方案。

业务方向

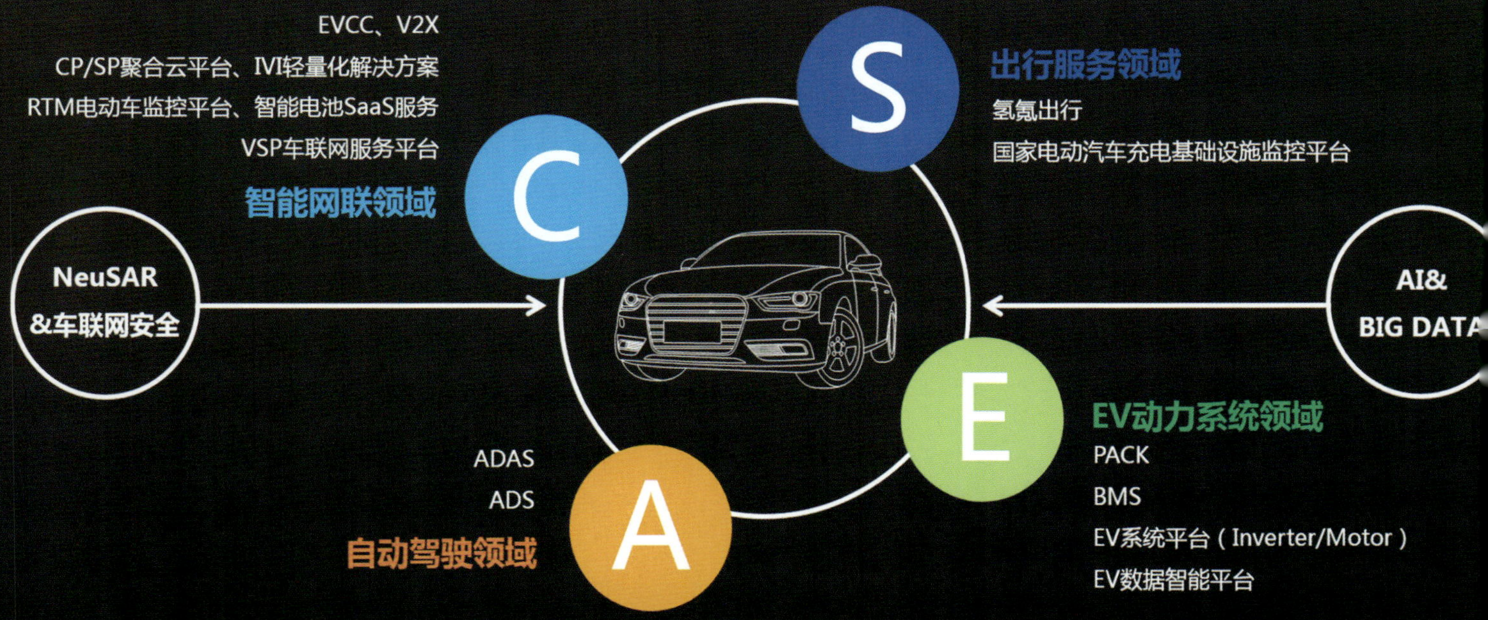

东软睿驰产品与服务

服务平台	氢氪出行			Smart Campus		
基础平台	EVCIPA 国家充电互联互通平台	BIG CAR 车辆服务生态平台	DeepEV 大数据平台	RTM 新能源监控平台	VSP 车联网服务平台	OEM车主 APP
智能硬件	车联网 统一通讯单元/C-V2X	自动驾驶 L0—L2 ADAS系统/L4 自动驾驶		EV PACK/BMS/电机控制器/电机/智能充电	智能驾舱（Neusoft）C4—Alfus 多屏 IVI+仪表系统	
基础软件	NeuSAR基础软件平台					

全方位汽车解决方案
赋能未来出行

DUPONT™

在风云变幻的汽车市场，杜邦持续为您带来提升燃油效率、混动化、轻量化、NVH性能、耐久性及能量回收的解决方案。

杜邦很自豪能与您并肩前行，助您制造出更优异的车辆。

- 为内燃机的变速箱和发动机、纯电动汽车/混合动力汽车的电机、电池组、车身和结构部件提供轻量化、耐久性及提升NVH性能的材料解决方案
- 优化燃油效率、减少内燃机及混合动力汽车二氧化碳排放的空气管理及热管理解决方案
- 实现安全可靠的车联网
- 为混合动力汽车提供新一代材料

AHEAD
ACCELERATING HYBRID-ELECTRIC
AUTONOMOUS DRIVING

dSPACE
德 斯 拜 思

dSPACE：仿真和验证领域的合作伙伴

dSPACE的用户遍布世界各地，他们的交通工具都通过dSPACE解决方案进行开发、测试和验证。他们完全可以相信，他们汽车的驱动系统足够节能，智能辅助系统会使驾驶更加舒适，并且他们乘坐的飞机能够通过导航安全到达目的地。如今，dSPACE一直在与全球领先的技术提供商合作，致力于使自动驾驶成为现实。

更快、更高效地进行开发和验证创新

仿真是复杂系统高效开发和可靠验证的关键。dSPACE为客户提供解决方案和技术诀窍，通过基于软件和硬件的仿真来推进创新开发。作为市场和创新开发的领导者，我们一直支持汽车行业的动态转型，并为自动驾驶、电动汽车和数字化提供解决方案。在新车型上路前的很长一段时间，汽车制造商及其供应商都在使用dSPACE全面的端到端解决方案来测试新车的软件和硬件组件。dSPACE是汽车开发领域备受青睐的开发合作伙伴。此外，工程师们也利用我们在航天和工业自动化领域的知识和经验进行研发。几十年来，dSPACE解决方案加速了创新车辆技术的开发，使其验证更加可靠。我们的产品组合涵盖了多方面的内容，包括连续的工具链、工程和咨询服务以及培训和支持等。

实现电动出行

我们希望加速电动汽车的应用，使其能够快速上路。为此，我们为客户提供了一系列尖端、可扩展的解决方案，用于电机、储能系统和充电基础设施的开发和测试。当然，这种工具链适合于完整的充电通信，并能够让我们的客户测试能源反馈。在国际上，我们的工具也广为行内认可。dSPACE是一站式供应商。

安全自动驾驶的解决方案

数据对于自动驾驶车辆的开发来说至关重要，因为这些车辆使用传感器感知环境，从而产生了大量必须评估的信息。为了确保数据的高质量和准确数量，dSPACE提供了一系列可扩展的综合解决方案：它的范围很广，从数据记录到数据注释，从基于测量数据的场景生成到云技术的传感器仿真和基于场景的测试，一应俱全。dSPACE在2019年7月收购了初创企业understand.ai（UAI），进一步扩展了基于人工智能的产品组合，如自动化数据分析、数据注释和仿真场景提取。因此，dSPACE通过一个全面、无缝的工具链支持基于数据驱动的开发。

国际化团队

dSPACE在全球拥有1 800多名员工，在美国、英国、法国、克罗地亚、日本和中国都有本地公司。另外，全球范围内还有许多分销商在代理dSPACE产品。此外，dSPACE的分销商也遍布世界各地。

要了解更多信息，请访问 www.dspace.com

联系方式

德斯拜思机电控制技术（上海）有限公司

地址：上海黄浦区西藏中路168号都市总部大楼
19F01-02,06-09 ，20001
电话：021—63917666　　传真：021—63917445

德斯拜思机电控制技术（上海）有限公司　北京分公司

地址：北京市朝阳区望京街10号院方恒时代中心B座
1308、1309单元，100105
电话：010—84783830　　传真：010—84783560

洁程科技
GREEV

公司简介

宁波洁程汽车科技有限公司位于宁波市高新区凌云产业园内，公司成立于2018年1月，主营业务为增程式电动车增程器总成、增程器控制系统、燃气发动机控制系统、整车控制器等产品的研发、生产和销售，致力于成为增程式电动汽车整体解决方案的优质供应商。

宁波洁程汽车科技有限公司对高效增程器及其控制系统进行了深入的研究，拥有完整自主知识产权，目前已经申报增程器相关专利25项（其中15项发明专利），申请软件著作权8项。

宁波洁程汽车科技有限公司为国内较早开始增程式电动车增程器研究的企业之一，依靠多年积累的领先技术，公司已经与吉利汽车、北汽福田、恒天汽车、德先汽车、众新汽车等车厂建立了配套合作关系，为客户提供增程式电动汽车开发的一站式解决方案。

宁波洁程汽车科技有限公司具有完善的研发、生产和测试能力，建设完成了完整的发动机实验室、增程器实验室、电子电气实验室、环境实验室等设施。公司已经通过IATF 16949质量体系认证，并严格按照体系要求进行全过程质量管控，产品质量得到了用户的一致好评。

公司资质

★发明专利-渣土车★

★发明专利-快速响应★

★发明专利-冷储车证书★

★发明专利-移动供电车★

★实用新型-增程器散热结构★

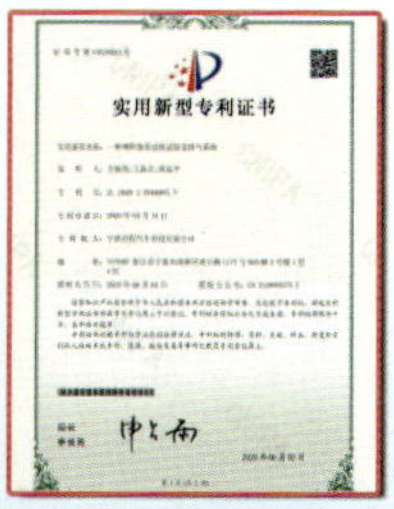

★实用新型-试验室排气系统★

★实用新型-增程器★

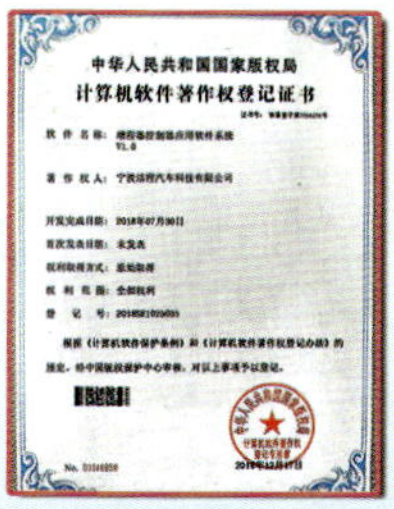

★增程器控制器应用软件系统V1.0★

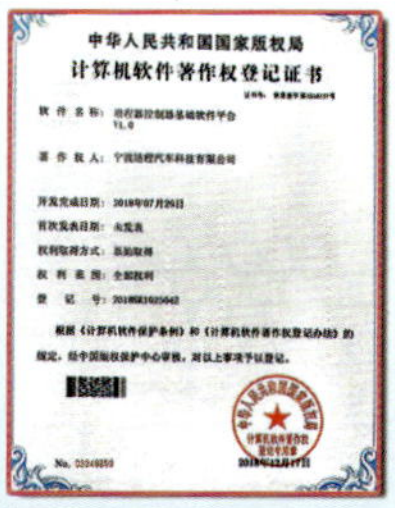

★增程器控制器基础软件平台V1.0★

杭州赫日新能源科技有限公司

杭州赫日新能源科技有限公司是一家拥有自主知识产权，专注于增程式电动汽车动力总成及关键核心部件的研发、生产、销售和服务的高科技创新型企业。曾荣获浙江省科技型中小企业、杭州市“雏鹰计划”企业等奖项，公司核心技术团队荣获杭州市全球引才计划创业团队、杭州市领军型创新创业团队等称号。

公司掌握增程式电动汽车动力总成及关键零部件的核心技术，拥有国际前沿产品设计及开发测试能力，同时具备完善的产业化设计和生产制造条件，已形成完整的新能源汽车动力总成供应链，创造性地推出国内实现产业化，满足汽车级要求的高效、轻量化、集成化的增程器总成产品系列，产品功率涵盖20kW～80kW，主要应用于新能源增程式纯电动乘用车、新能源增程式纯电动商用车、新能源工程机械、新能源高技术船舶等领域。

公司坚持“清洁能源+新能源”的动力技术路线，针对我国新能源汽车动力技术方面遇到的瓶颈，开展具有中国新能源技术特色和适合中国汽车市场需求的增程式电动汽车（Extended-Range Electric Vehicle，E-REV）动力总成研究，为客户提供高效、清洁、可靠的新能源动力技术解决方案和成套技术装备，为推进国家新能源领域技术革命，构建高效清洁新型能源利用体系作出贡献。

HERI GREEN POWER Range Extender System E-mobility

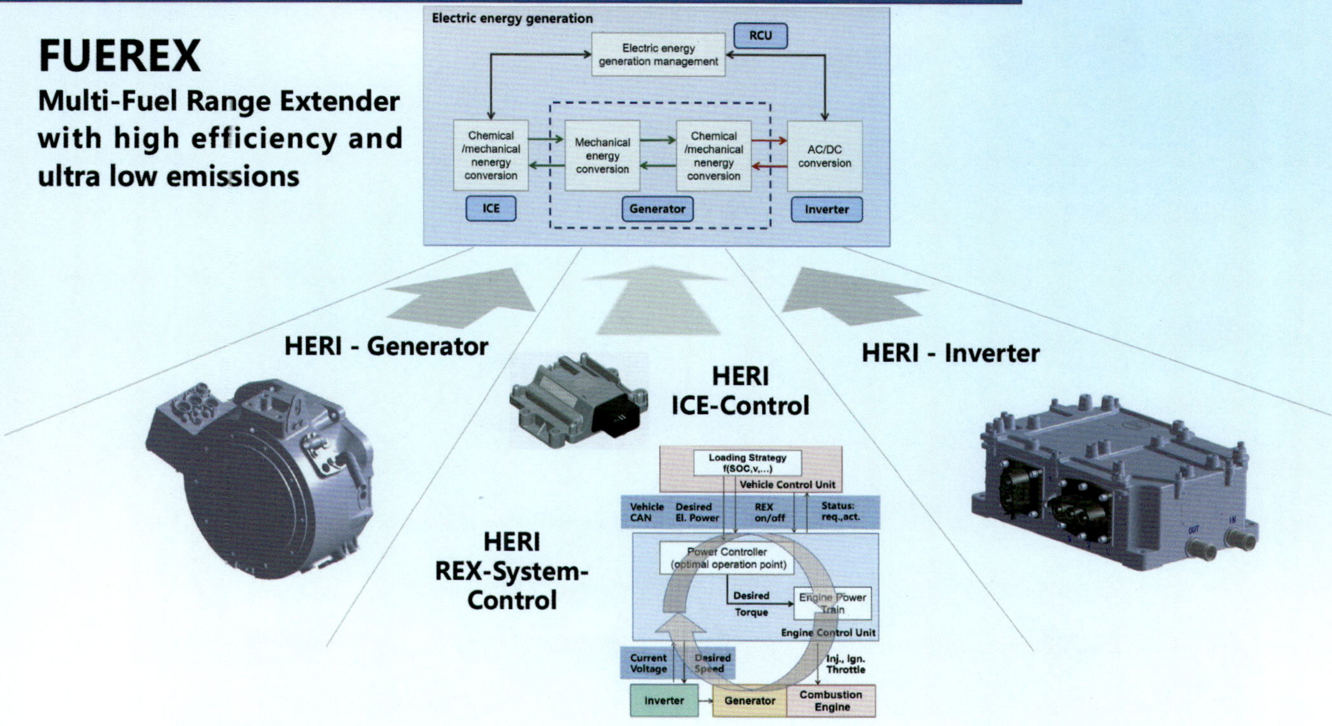

20kW增程器

35kW增程器

45kW增程器

HFCC® 华锋股份
股票代码 002806

理工华创
BIT HUACHUANG

01 公司简介

北京理工华创电动车技术有限公司成立于2010年，是广东华锋新能源科技股份有限公司全资子公司（上市代码：002806），是北京理工大学电动汽车技术的产业化依托单位。公司核心团队源于北京理工大学电动车辆国家工程实验室，逐渐形成了包括电动车辆工程科技方向的中国工程院院士1人、博士后5人、博士6人、高级职称员工20余人的核心技术团队，同时还拥有一批经验丰富的工程师和高级技术工人，保证了技术成果的产业化能力。公司长期致力于为国内新能源汽车行业提供整套的平台产品和服务，搭载公司品牌的产品，先后成功服务于北京奥运会、上海世博会、广州亚运会、APEC、G20峰会、北京世园会等国家级项目，获得多方面的肯定与好评。搭载公司产品的电动公交客车，已成为北京、广州、上海、重庆、杭州、拉萨、张家口等98个城市或地区公交公司的营运车辆。

02 核心零部件

动力总成
HC2U38PWT-MRA

动力总成
HC1N03PWT-WQA

动力总成
HCIN03PWT-LMC

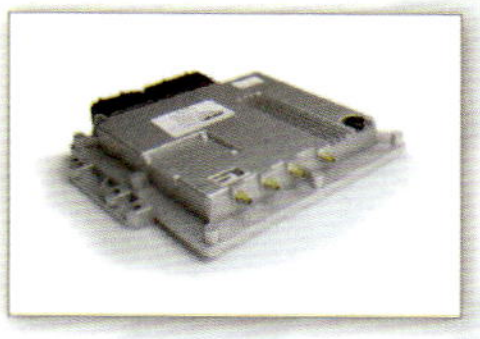
整车控制器

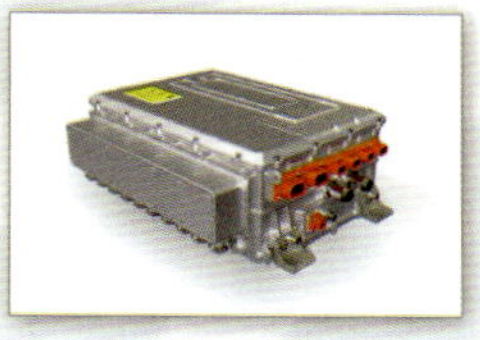
高压集成控制器
HC60LTPIC-F21

高压集成控制器
HC60L9PIC-F60

高压集成控制器
HC60LKPIC-K21

高压集成控制器
HC60LLPIC-B11

高压集成控制器
HC60L5PIC-720

高压集成控制器
HC60LMPIC

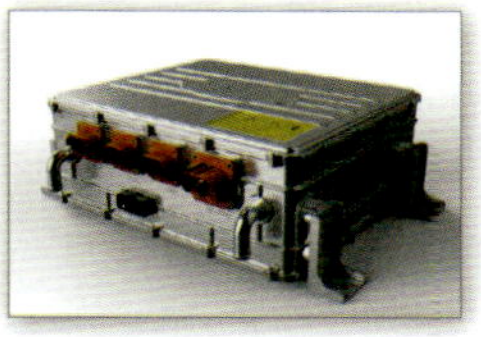
高压集成控制器
HC60LPPICEZQ

高压集成控制器
HC60LUPIC-810

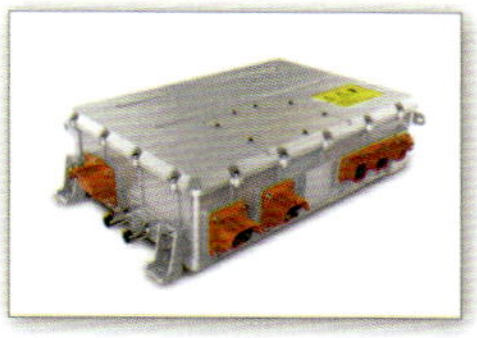
集成控制器
HC30LYPIC-K20

充电插座

高压线束

03 成功案例

北京奥运会

广州亚运会

韩国冬奥会

上海世博会

北京世园会

北京理工华创电动车技术有限公司
地址：北京市海淀区西三环北路甲2号院6号楼17层02室
官网：http://www.huachuangev.com/　　销售热线：010-68910955/010-68940311

YIDA艺达
警告
WARNING
福建艺达电驱动股份有限公司 是专业生产扁线驱动电机、节
减速起动机、高效扁线发电机、电控气喇叭的国家高新技术企业
凭借专业的研发和制造能力，以稳定的品质赢得了国内众多主机
位的认可。目前，艺达公司已成为行业内先进的电机配套供应商
扁线驱动电机
未来电机新趋势
·提升电机绕阻有效槽满率30%以上
·功率密度高，体积更小，实现轻量化
·散热性能好，相比传统电机温升降低
·减小振动噪声，满足低静音的产品需求
艺达品质 源自1994
全国服务热线：4006-558-226 传真：0595—22463587 网址：www.yida.cc
邮箱：yida@yida-co.com 邮编：362005 地址：中国福建省泉州经济技术开发区玉狮路20号
更多信息请关注微信公众号

KST™
Future Connection
AC 充电连接器
BEV
/PHEV
AC Charging Connector for Electric Vehicle
健和兴端子为你连接未来“绿能新纪元”
NEW
电动车/油电车/动力混合车……全系列
汽车产业连接器及充电系列（EV/HEV）
符合美国 UL 2215 标准以及SAE J1722
标准界面之 TUVus 认证 GB 20234 认证
AC Charging Connector for Electric Vehicle
VCCG2A032D0-G0/VCCG2A016D0-G0
GB/T 20234 Standard
EV Plug-to-Plug Charging Cable Set
VCCICA032A0-10
IEC 62196 TYPE2 TO TYPE2
TÜVRheinland CERTIFIED
TUV Certified
CQC
电动车充电系统之应用
Application in EV Charging System
车载用充电座
旅充线组
充电桩
健興 健興 K.S
健和兴科技（苏州）有限公司
苏州市相城经济开发区澄云路88号
电话：0512-65785885
传真：0512-65787880
健和兴科技（苏州）有限公司广州分公司
广州市番禺区大石街石北工业大道丰晟工业园L栋5楼
电话：020-87397198/87397629
传真：020-87399367

ABB
AC 1
DC 2
DC 3

海亿新能

HYVITECH

氢新世界 能动未来

公司简介

武汉海亿新能源科技有限公司成立于2017年，位于武汉市东湖新技术开发区。致力于车用新能源燃料池系统、燃料电池汽车动力系统、电池管理系统和相关电力电子产品的设计和研发，相关控制软件开发计算机系统集成。

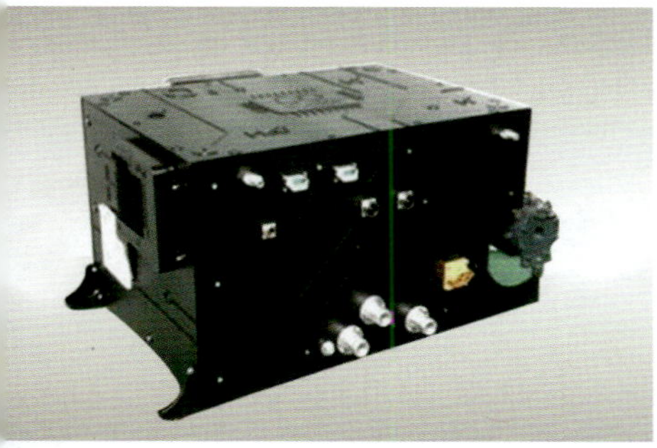

HY50

HY60

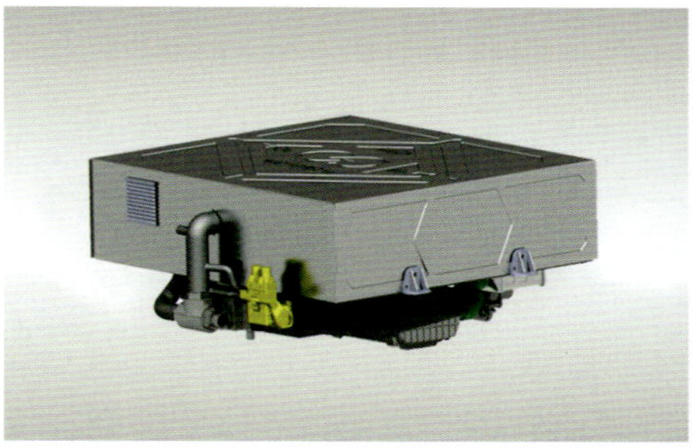

HY80

具有核心零部件自主开发的能力，包括燃料电池主控制器、燃料电池整车控制器、燃料电池单片巡检仪、车载中控显示终端、上位机监控平台等。

核心竞争优势

氢燃料电池汽车核心动力全套解决方案

1. 燃料电池系统集成与控制能力；
2. 关键零部件定制化研发与制造；
3. 车辆动力系统架构与优化设计；
4. 整车全局结构分析与优化设计。

核心技术和研发体系

1. 燃料电池汽车动力技术平台及控制；
2. 面向耐久性的燃料电池系统及控制；
3. 高效率能量变换技术。

武汉研发中心专注于氢燃料电池系统的设计、研发、试验、测试;老河口制造中心已完成一期产1000～3000套氢燃料电池系统生产线。

武汉海亿新能源科技有限公司

湖北省武汉市东湖高新技术开发区大学园路25号　武汉理工大学科技园一期　研发基地3号楼G1栋一单元

027 — 59762535

HTTP://WWW.HYVITECH.COM/

汽车安全与节能国家重点实验室

State Key Laboratory Automotive Safety and Energy

汽车安全与节能国家重点实验室是国家计委利用世行贷款建设的75个国家重点实验室之一。实验室依托清华大学，涵盖车辆工程、动力机械及工程两个国家重点学科。1989 年经国家计委批准立项，1995 年通过国家验收并正式运行和对外开放。自创建以来，实验室围绕汽车的“安全、节能、环保”三大主题以及我国国民经济发展中的重大需求，瞄准国际前沿、国家目标，定位于汽车工业共性关键基础技术、汽车工程交叉学科基础理论、汽车领域宏观发展基本问题，致力于绿色化、智能化的生态汽车的研究与发展，逐步形成了自己的优势领域和特色。

实验室始终坚持“开放、流动、联合、竞争”的运行方针，支持国内外优秀科研人员和学者开展前瞻性研究，同时积极开展与世界著名大学、研究院所、汽车公司的广泛深入的学术交流与合作，形成了具有总体国内领先和部分国际先进水平的科研基地，在跨地区、跨学科集成创新研究中发挥了国家公共科研基础平台作用。

实验室于1997 年、2003 年、2008 年、2013 年和2018年先后顺利通过了由教育部或科技部组织的国家重点实验室评估。2019年实验室队伍建设进入快速发展阶段，规模显著增长。固定人员共有85人，其中研究人员74人、技术人员10人、管理人员1人。研究人员中，正高级31人、副高级36人、中级7人，包括院士3人、国家高层次人才特殊支持计划6人、国家海外高层次人才引进计划5人、中青年科技创新领军人才6人、国家杰出青年科学基金获得者1人、国家优秀青年科学基金获得者3人。

2019年科研项目稳中有升，新成立清华大学—丰田氢能与燃料电池联合研究中心、清华大学—滴滴未来出行联合研究中心这两个校级机构，合同额度5年1亿。2019年新增科研项目168项，合同总额度4.9亿，共承担科研项目292项，到款科研总经费24 077万元，其中国家重点研发计划、973计划、863计划、科技支撑计划、自然科学基金等国家项目和省部级项目总到款14 194万元（59%），军工专项到款686万元（3%），国际合作项目到款3 454万元（14%），横向项目到款5 743万元（24%）。作为项目负责人新增国家重点研发计划项目3项，国家自然科学基金项目12项（包括联合基金重点1项，面上基金7项，青年基金4项）。王建强“基于人—车—路协同的行车安全场理论及车辆拟人化控制”的面上基金项目获评优秀结题项目。

2019年授权发明专利107项，发表SCI论文272篇（其中作为第一完成单位145篇），EI论文365篇（其中作为第一完成单位243篇），出版著作6部（其中作为第一完成单位6部）。欧阳明高院士入选2019年度全球“高被引科学家”名单，同时也是清华工程领域上榜者；此外，欧阳明高院士担任主编的爱思唯尔（Elsevier）旗下新刊《交通电动化》（eTransportation）也举办了全球创刊启动典礼，2019年共出版了2期，23篇文章。郝瀚老师在《自然 通讯》(Nature Communications)在线发表了题为“ 重型车电动化对关键金属资源可持续发展冲击”(Impact of transport electrification on critical metal sustainability with a focus on the heavy-duty segment)的研究论文。

2019年科研成果经多年积累，持续绽放，荣获多项科技奖励。以第一完成单位获国家科技进步二等奖2项，汽车行业特等奖1项，省部级一等奖1项，机械行业一等奖1项。其中，“高效自动机械变速式并联混合动力系统总成”项目，获国家科技进步二等奖（李亮、宋健团队）；“车用高性能制动系统关键技术及产业化”项目，获国家科技进步二等奖（张俊智团队）；“网联汽车电子地图关键技术及应用”项目，获中国汽车工业科技进步特等奖（杨殿阁团队）；“ 内燃机涡轮复合增压技术及应用 ”项目，获中国机械工业技术发明一等奖（张扬军团队）；“基于车联网的汽车智能导航关键技术与应用”项目，获教育部科技进步一等奖（杨殿阁团队）。此外，“氢燃料电池客车关键技术及应用”项目，以第二完成单位获中国汽车工业科技进步一等奖（李建秋、徐梁飞团队）。2015—2019年，共获国家奖5项，省部级一等奖15项、二等奖5项、三等奖6项。

福特副总裁肯·华盛顿来访

蒂森克虏伯集团董事局执行委员
多纳图斯·考夫曼一行来访

宝沃汽车总裁Bruno Lambert来访

ITS JAPAN日本智能交通协会来访

清华大学与滴滴成立未来出行
联合研究中心

美国艺术与科学院院士、澳洲国家工程院
院士张亚勤教授加盟

欧阳明高院士担任爱思唯尔旗下新刊
《交通电动化》创始主编

全国政协原副主席陈元考察清华大学
苏州汽车研究院

杨殿阁教授团队获2019年度“中国汽车工业
科学技术奖”特等奖

主办第三届国际电池安全研讨会
(2019 IBSW)

德国亚琛工业大学校长Ulrich Rüdiger
教授一行来访

主办2019年清华-壳牌国际清洁交通
技术研讨会

博世集团董事会董事长沃尔克
马尔·丹纳来访

同济大学新能源汽车工程中心

同济大学新能源汽车工程中心（以下简称中心）成立于2000年，坐落于同济大学嘉定校区，是上海国际汽车城科学研究与人才培养核心功能的重要承载体。中心的战略定位是：依托同济大学汽车及相关学科发展，通过有组织科研，构筑新能源汽车和智能驾驶领域技术开发平台，积聚和培养高级人才，占据未来技术制高点，支撑、引领和服务汽车产业的发展。

中心下设复合电源研究所、智能汽车研究所和试验/试制基地等研究部门，专职人员百余名，其中教授30名、副教授21名，包括工程院院士1名、中央“千人计划”专家3人，“973”首席科学家1人，“青年千人计划”专家1人，“国家重点研发计划”总体组责任专家2名。中心办公大楼和试验/试制基地占地面积约9 043㎡，建筑面积2 4126㎡，拥有车辆性能实验室、电动车实验室、氢能实验室、内燃机实验室、振动噪声实验室、振动试验台、智能网联汽车测试评价基地等核心试验研究设施，各种研发与试验装备达4亿元。

中心成立以来，以构筑智能与新能源汽车的同济汽车“产学研”一体化科研平台、动力系统技术平台、测试与试验平台为自身发展特色，先后成功开发出第一代至第四代燃料电池轿车动力系统平台，成功实践了所提出的“电电混合、动力系统平台、高压储氢”的中国燃料电池轿车技术发展之路，在新能源汽车动力系统集成与控制、质子交换膜燃料电池电堆及发动机系统集成、车载电池管理及成组、高压电气安全/氢安全、车载供氢、分布驱动与底盘线控、智能驾驶、关键零部件与整车测试评价等方面形成了自身的技术体系和知识产权体系，并先后成为上海电动汽车工程技术研究中心、新能源汽车教育部工程研究中心、国家燃料电池及动力系统工程技术研究中心、新能源汽车及动力系统国家工程实验室。

智能环卫车

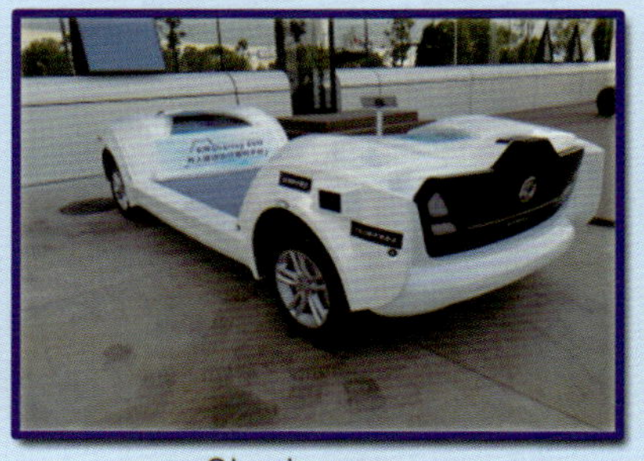

Sharing van

分布式驱动大客车

16寸轮毂电机

“超越”系列燃料电池轿车

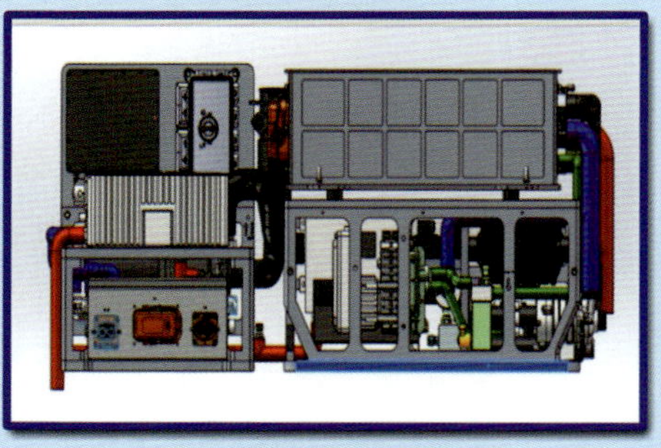

大功率发动机

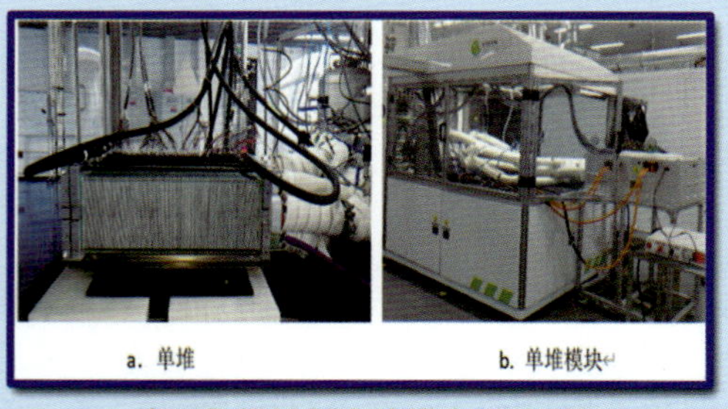

金属极板燃料电池堆在测试现场

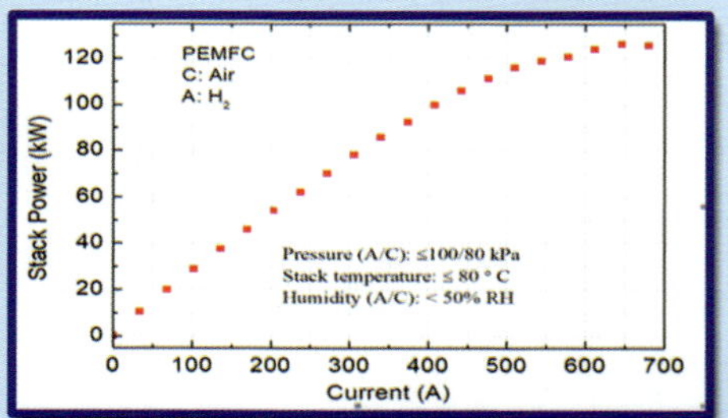

电堆实测功率曲线

地址：上海市嘉定区曹安公路4800号　　邮编：201804
电话：+86-21-69589127　　传真：+86-21-69589121

上海交通大学智能汽车研究所

上海交通大学车辆工程学科始建于1936年，1986年重建，2006年成立汽车工程研究院。经国家发改委批准，2008年组建汽车电子控制技术国家工程实验室。系所瞄准国际汽车科技前沿技术技术，在政府、学校以及企业等多方面的支持下，通过整合和优化上海交通大学汽车工程相关学科和研究方向，组建了具有上海交通大学特色的汽车学科大平台。学科下建有两大研究基地平台，分别是汽车电子控制技术国家工程实验室和上海市智能网联电动汽车创新中心。为响应智能网联汽车国家战略，依托学科优势和政府基地平台，深度融合车辆智能化、网联化和电动化相关专业，于2019年将车辆学科的师资与研究队伍进行重组，正式成立智能汽车研究所，由张希教授担任所长。

智能汽车研究所现有教师13人，其中教授（研究员）5人，副教授7人。研究所的发展方向同时也是“中国制造2025”和“互联网+行动计划”两大政策的聚焦点，除发展新型发动机技术在排放和效率上尽快满足国家严格标准，重点进行汽车“新四化”（智能、网联、电动和共享化）的重大基础研究和核心关键技术的突破，主要由当前汽车产业技术发展痛点难点问题驱动开展，最终形成各个问题的根本技术解决路径。

目前，研究所与上汽集团、华为、特来电、商汤科技、英伟达、博世、中国联通等行业重点企业在“新四化”核心技术突破、高层次人才培养、重点基地建设等方面建立了紧密的校企合作关系，另外与斯图加特大学、滑铁卢大学、密歇根大学、俄亥俄州立大学、阿贡国家实验室等国际知名研究机构共同完成了一系列合作课题研究，产生了众多国际合作科研成果。

研究所的研究方向全面覆盖智能网联和电动汽车关键技术领域，包括：

（1）电池管理和无线充电技术。（2）车用电机高效热管理技术。（3）环境感知和信息融合技术。
（4）车辆智能决策和规划技术。（5）动力总成设计和优化技术。（6）先进发动机节能减排技术。
（7）线控底盘控制和执行技术。

汽车电子控制技术国家工程实验室

发动机直喷测试台架

传动系统开发平台

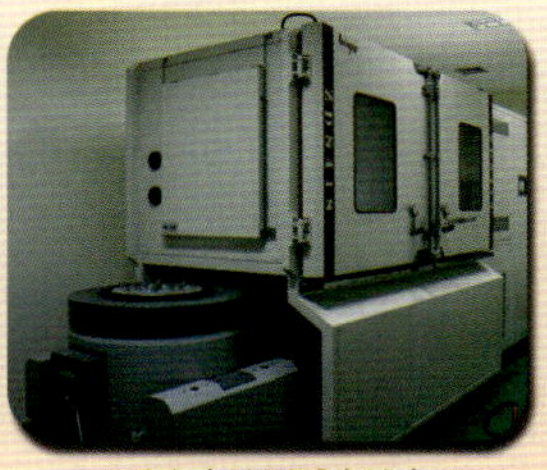
动力电池测试实验室

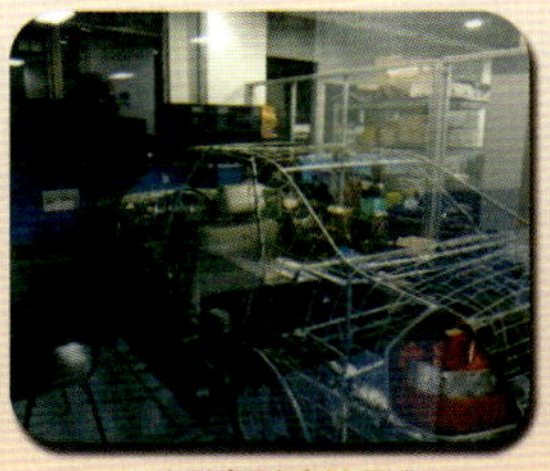
自动驾驶实验平台

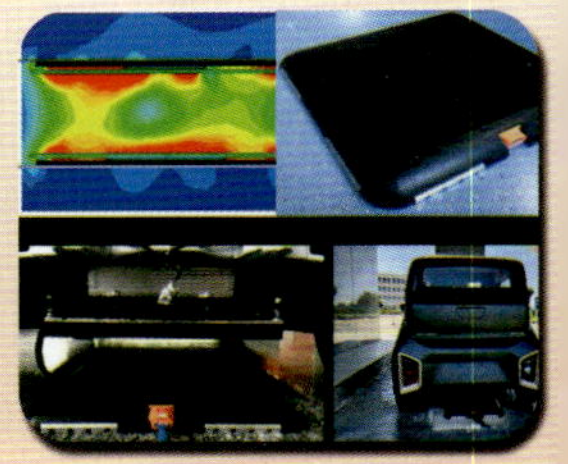
车用大功率无线充电

环境感知与多传感器融合

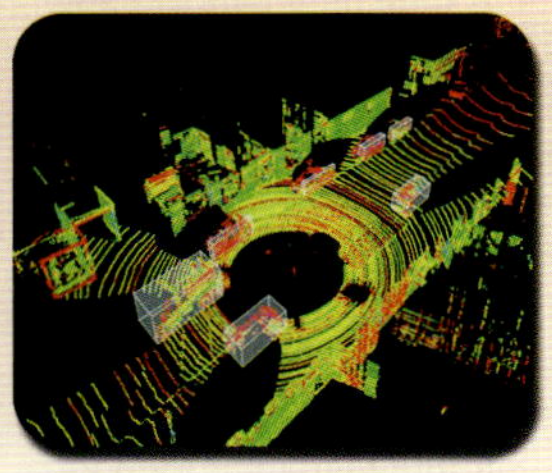
环境感知与多传感器融合（一）

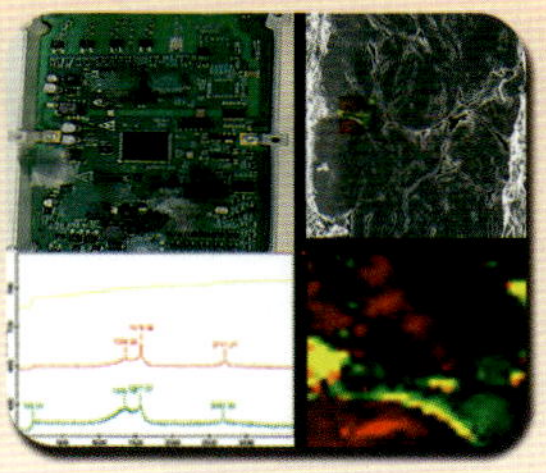
智能电池管理

交通参与者行为识别与预测

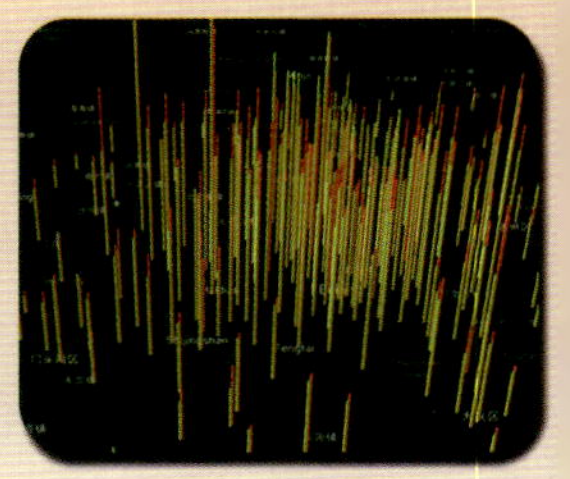
智能交通预测

高性能线控底盘

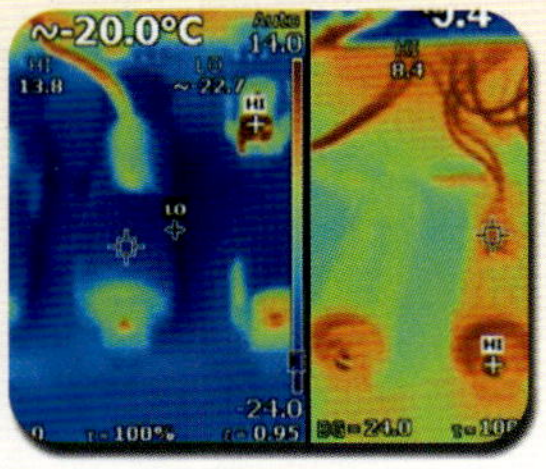
动力电池自加热

电驱动热管理

车联网V2X

车联网V2X（一）

上海市东川路800号机械楼D楼 021-34206805 braver1980@sjtu.edu.cn

SKL | 汽车车身先进设计制造国家重点实验室
State Key Laboratory of Advanced Design and Manufacturing for Vehicle Body

汽车车身先进设计制造国家重点实验室于2006年7月经科技部批准筹建，2008年、2013年和2018年在工程与材料科学类的国家重点实验室评估中获得良好成绩。现任学术委员会主任为北京理工大学副校长孙逢春教授，实验室主任为徐世伟教授。实验室围绕我国汽车产业发展对车身技术的战略需求，根据国家“自主创新、重点跨越、支撑发展、引领未来”的科技工作指导方针，结合国际车身技术发展趋势和实验室的优势特色，确立了四个主要研究方向：先进设计与软件、先进材料与结构、智能制造与装备、智能车辆与出行。

实验室设备

实验室现有仪器设备价值18 332万元，其中30万元以上的设备105台，主要包括五轴轻型高速数控龙门铣床、汽车虚拟现实设计系统、汽车安全实验平台以及原位观察疲劳试验机等，设备运行状态良好。

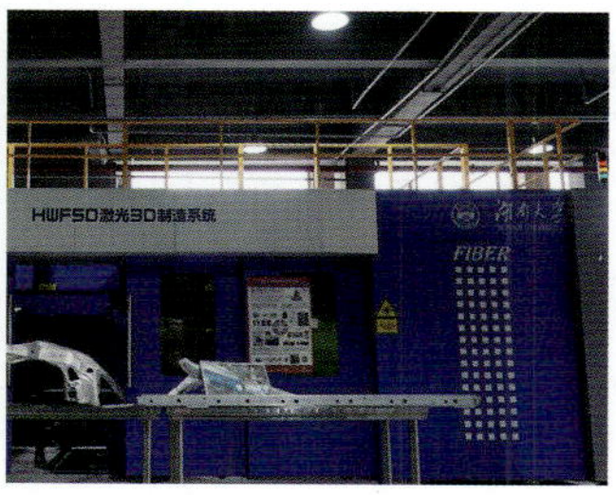

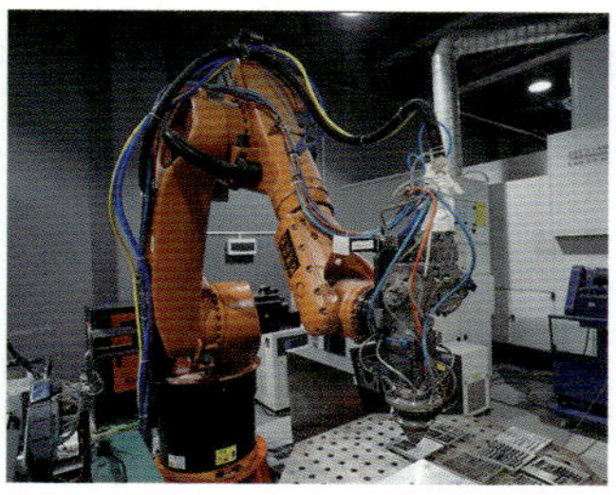

网 址：http://dmvb.hnu.edu.cn
地 址：湖南长沙 湖南大学汽车车身先进设计制造国家重点实验室
电 话：0731-88821445
传 真：0731-88822051

NEVL 辽宁省节能与新能源汽车动力控制与整车技术重点实验室

辽宁省节能与新能源汽车动力控制与整车技术重点实验室，依托大连理工大学汽车工程学院，是目前辽宁省域的车辆工程专业省级重点实验室。该实验室以未来汽车发展的主要方向——新能源汽车为主线，结合中国汽车产业发展的自身特点和关键技术，整合中国北方汽车工业的行业资源和高校科研能力，在国家节能环保建设环境友好型社会的政策指导下，本着服务地方经济推进地方产学研发展的原则，建立产学研一体化平台。

地址：辽宁省大连市甘井子区凌工路2号
网址：http://sae.dlut.edu.cn/index/zdsys.htm
联系人：连静　电话：0411-81907253　邮箱：lianjing@dlut.edu.cn
联系人：周雅夫　电话：13332231368　邮箱：dlzyf@dlut.edu.cn

双源驱动系统

针对燃料电池电动汽车驱动系统在效率、成本和技术成熟度等方面的不足，实验室研发了一种新型双源驱动系统。该系统省去了DC/DC变换器，通过对双源电机的控制，可实现驱动、制动能量回收、燃料电池和二次电池的能量交换、对燃料电池内阻进行测量等系列功能。核心技术包括：双源驱动电机技术（双源电机结构的选择、双源电机系统参数的设计）；双源驱动系统仿真匹配技术（多模型、多学科联合仿真）；双源电机控制技术（双源电机控制器的软、硬件开发）。

· 双源电机控制器

· 双源驱动电机样机

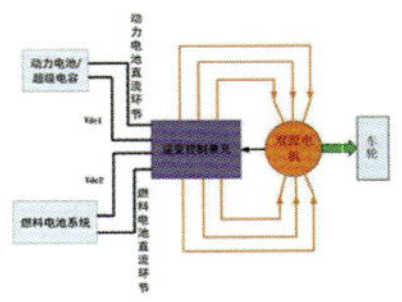

· 用于燃料电池动力系统的双源驱动电机

电动汽车安全运营智能监控管理平台

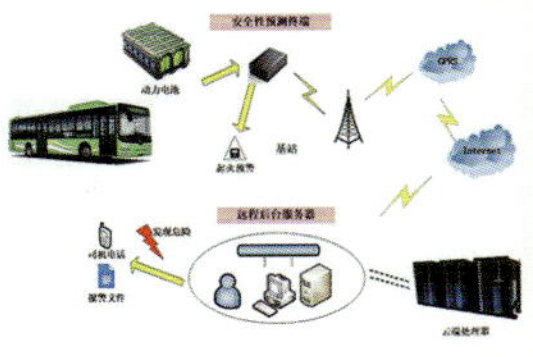

· 电动汽车安全运营智能监控管理平台总体架构

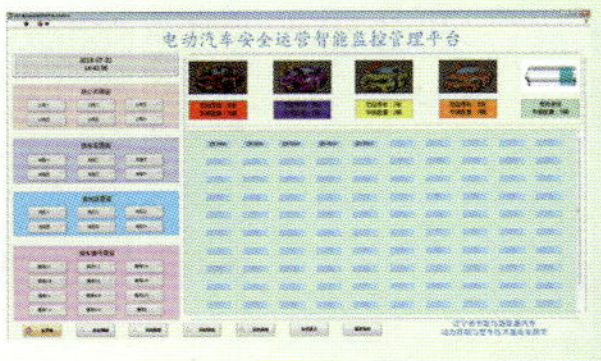

· 电动汽车安全运营智能监控管理平台的主界面

· 车载信息终端实物图

针对电动汽车锂离子动力电池起火爆炸问题，实验室建立了电动汽车安全运营智能监控管理平台，通过远程后台服务器与车载电池安全性预测终端的协调工作，实现对各种电动汽车的锂离子动力电池安全性和老化程度的综合分级。若经过智能平台分析发现锂离子动力电池可能发生安全隐患，系统将通过向车内CAN网络发送报文、向相关人员手机自动发送报警短信、在远程后台服务器上形成报警文件等方式提醒人工干预，可有效减少动力电池起火爆炸等恶性事故的发生。

适用于燃料电池动力系统的DC/DC解决方案

面向燃料电池车辆现有的驱动系统，实验室开发了具有自己特色的DC/DC变换器，其主要特点在于输入输出双重控制、多相工作的拓扑结构、多模式的控制方法及相互转换机制、适合燃料电池特性的控制策略，燃料电池电流纹波得到进一步优化，转换效率大于93%的高效工作区域达到100%。

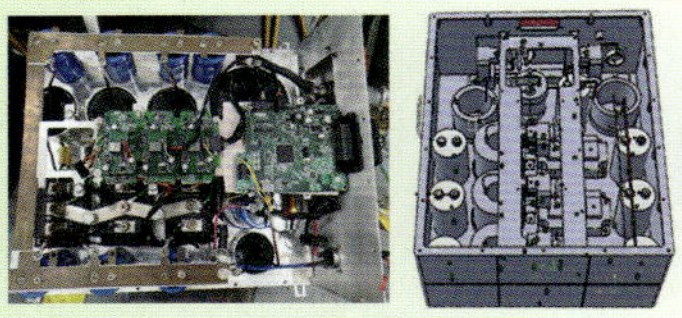

· DC/DC主回路

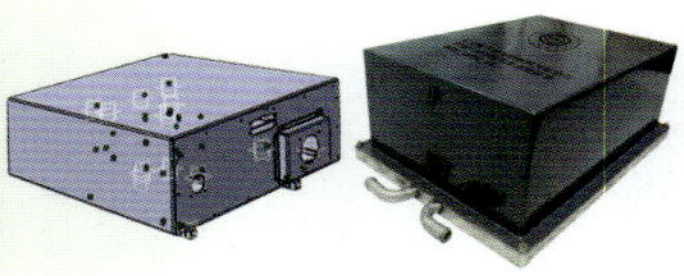

· DC/DC样机

新能源汽车整车控制技术

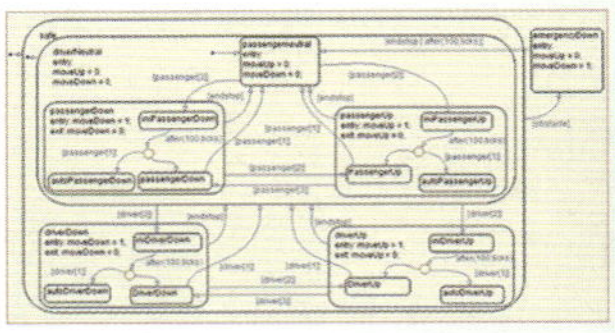

· 基于智能交通信息的新能源汽车整车控制策略研究

· PHEV整车台架

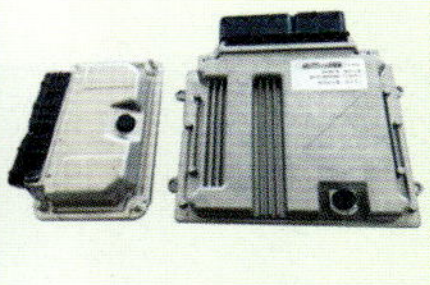

· EV和FCV整车控制器

为了降低新能源车辆的成本、提高效率和性能，提供一套完整的新能源车辆整车控制方案，包括新能源车辆动力系统匹配技术、新能源车辆能量管理策略技术、新能源车辆整车控制器硬件开发技术和软件开发技术。实现整车控制与车载信息系统的高度集成，可便捷的实现4G和未来5G通信，为未来车联网、智能车的信息传递提供高效通信支持。所开发的纯电动整车控制器已应用于纯电动客车，试验运行时间达三年；所开发的燃料电池客车控制器已成功路试。

车用永磁同步电机控制技术

该技术不仅实现了对车用永磁同步电机的磁场定向控制，而且根据车辆的特性实现了多模式和智能控制，例如变参数优化学习控制、动态过程的高效AI控制、深度弱磁AI控制等。本成果具有低成本和高性能的特点，可为整车企业和其他零部件企业提供配套，可用于各种新能源道路车、轨交车。

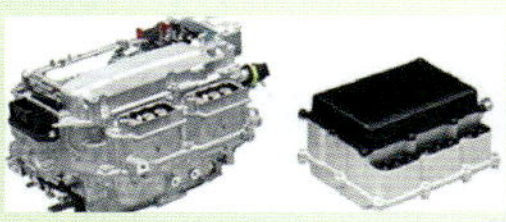

· 混合动力客车驱动电机控制器

· 永磁同步电机控制器

· 电动汽车驱动电机试验台架

中国科学院青岛生物能源与过程研究所

Qingdao Institute of Bioenergy and Bioprocess Technology,Chinese Academy of Sciences

中国科学院青岛生物能源与过程研究所（简称“青岛能源所”）是由中国科学院、山东省人民政府、青岛市人民政府于2006年7月启动筹建，2009年11月30日通过验收并纳入中国科学院“知识创新工程”管理序列的国立科研机构。

2019年山东省委、省政府通过决议依托青岛能源所成立山东能源研究院。山东能源研究院下设5个功能实验室，氢能与燃料电池功能实验室作为其中之一，聚焦燃料电池系统、燃料电池电堆和制储运加氢3方面，计划在3～5年内建立一支由衣宝廉院士任顾问的200人队伍，汇聚培养1～3名顶尖人才，3～5名杰出人才，15名左右领军人才。实验室规划面积15000m²，目标建设成为综合性、开放式、国内领先的氢能与燃料电池工程技术实验检测平台。

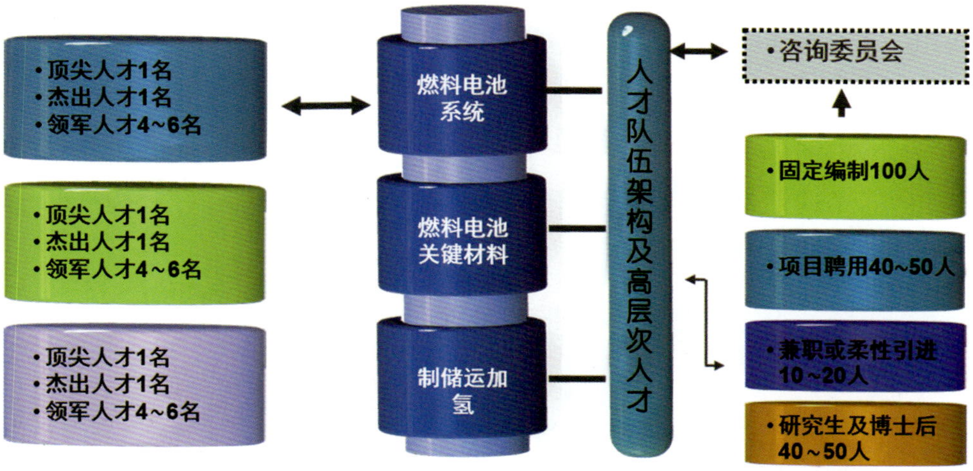

山东能源研究院氢能与燃料电池功能实验室，将致力于质子交换膜燃料电池（PEMFC）关键材料、部件、电堆及系统等关键技术的开发及在交通运输、分布式发电以及军民融合等领域的示范应用，开发低成本燃料电池电堆和高能效现场制储氢技术，突破燃料电池产业化高成本及基础设施制约。研究方向包括：

（1）PEMFC关键部件，如膜电极组件（MEA）、双极板的开发和先进制备；

（2）燃料电池电堆的结构设计和组装，大功率电堆衰减机理及应对策略；

（3）燃料电池发动机系统集成与控制策略、装车及示范应用；

（4）高能效制储运加氢技术。

双极板

模压石墨板
(厚度0.7mm)

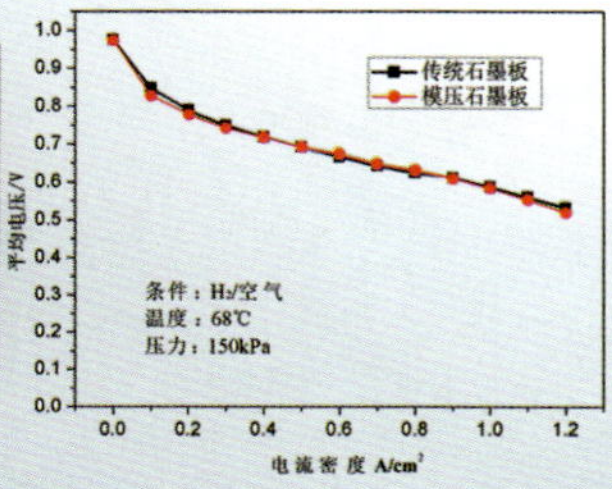

膜电极

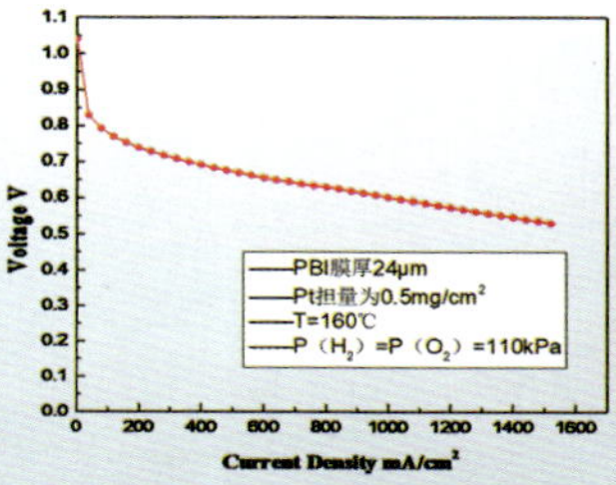

190 cm²

高温膜电极

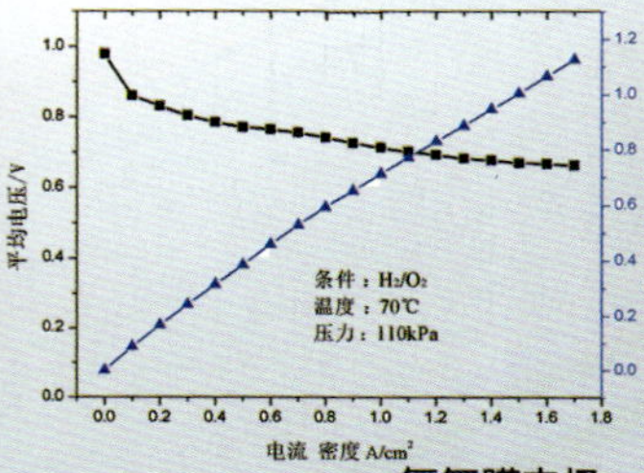

75 cm²

氢氧膜电极

联系人：刘女士　电 话：18253233696　邮箱：liuwq@qibebt.ac.cn　地 址：山东省青岛市崂山区松岭路189号

中国汽车工程研究院股份有限公司

China Automotive Engineering Research Institute Co., Ltd.

国家氢能动力质量监督检验中心（筹）

单位简介

2019年5月，中国汽车工程研究院股份有限公司获批筹建国内国家氢能动力质量监督检验中心。2019年8月，公司与重庆市两江新区管理委员会签订投资协议，拟在重庆市两江新区鱼复工业开发区投资建设，总投资5亿元，占地约190亩。规划建设氢源实验室、燃料电池实验室、氢能产品实验室、测试技术研究实验室等。2020年4月项目进入工程设计阶段，并在2020年8月开工建设。

国家氢能动力质量监督检验中心将以氢能为核心，建成氢能和燃料电池产品全产业链的测试能力体系，将在检测认证、标准体系、测评研究、技术服务、应用推广、产业孵化等方面，为氢能产业化提供有力支撑，积极协助政府主管部门政策制定及行业管理工作开展，促进我国氢能动力产业发展，提高氢能利用，加快能源结构优化升级和绿色、可持续发展，为我国能源、汽车和装备制造产业的战略转型发展提供有力保障。

低温冷启动试验

氢气消耗量试验

电堆测试装备研究

地址：重庆市金渝大道9号　　传真：023-65438225
电话：023-63014168　　网址：www.caeri.com.cn

长春汽车检测中心有限责任公司

ATC
长春汽车检测中心
Changchun Automotive Test Center

宣传标语：科学 共享 创新 求实

公司简介|COMPANY PROFILE

长春汽车检测中心有限责任公司(英文名为CHANGCHUN AUTOMOTIVE TEST CENTER CO.，LTD. 以下简称“长春汽车检测中心”)于1986年10月正式成立，位于中国汽车摇篮之城吉林省长春市，是经中国合格评定国家认可委员会认可的检测类实验室，先后被国家有关部门授权为国家汽车质量监督检验中心（长春)、汽车新产品申报《公告》国家级检测机构、汽车产品强制性认证国家级检测机构、机动车排气污染物国家检测单位、道路运输车辆燃油消耗量检测机构、科技成果检测鉴定国家级检测机构。2017年12月，被国家工业和信息化部批准为“试验检测类产业技术基础公共服务平台”；2019年9月，被吉林省科学技术厅、吉林省财政厅、国家税务总局吉林省税务局评为“高新技术企业”。长春汽车检测中心下设四个职能部、五个检测业务部、一个科研部、六个分公司，具有汽车整车（包括内燃机汽车、新能源汽车、智能网联汽车)、发动机及其附件、底盘部件、车身及其附件、电气和电子部件、驱动电动机和动力蓄电池、非金属制品及材料等的符合性检测及产品研发检测能力，同时具备标准制修订、认证制度和检测政策制定、检测技术和设备研发等能力。

公司文化|COMPANY CULTURE

长春汽车检测中心始终本着“开拓、务实、合作、共享”的理念、坚持“对产品进行公正、科学的检测，为用户提供优质、完善的服务”的宗旨，努力将自身打造成诚信于社会、满意于客户的国际化汽车产品检测机构。

电池包跌落试验台

AVL充放电测试设备

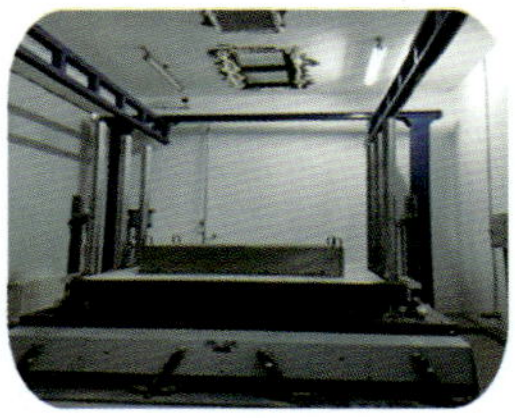
冲击试验台

三综合振动试验台

电池包挤压试验台

电池包火烧试验室

电池包短路试验台

联系人：张辉、范纯云、阚浩
邮　编：130011
传　真：0431-85788310
网　站：WWW.CATC.COM.CN
地　址：吉林省长春市创业大街1063号
电　话：0431-85788360、85788311、85788382

重庆车辆检测研究院有限公司

Chongqing Vehicle Test & Research Institute Co.,Ltd.

重庆车辆检测研究院有限公司（以下简称“重庆车检院”）成立于2003年，是国内具备汽车和摩托车国家质检中心的检测机构之一，E在筹建国家智能网联汽车质量检验中心（重庆）。

重庆车检院拥有“试验室+试验场”一体化试验检测技术平台，是国家工信部、交通运输部、生态环境部、市场监管总局等行业主管部门指定和认可的第三方检测机构，与德国TUV、英国VCA等国外十余家认证机构紧密合作，检测能力覆盖汽车、摩托车整车及零部件的法规检验、研发试验、进出口认证检测和技术咨询服务。

重庆车检院是国家火炬计划重点高新技术企业、重庆市创新型企业，拥有国内核心、国际先进的各种仪器设备1 750台（套）。公司立足重庆、辐射西南、放眼全国，拥有占地730余亩的高新区金凤和两江新区金山两个研究测试基地，建有机动车强检试验场和整车、排放、动力、碰撞、电磁兼容、智能网联汽车、新能源汽车、摩托车等十余个专业试验研究部门，设立了华北、华南、华东办事处，在黑河设立寒区试验基地，在重庆、大连、深圳设立控股子公司开展进口汽车和新能源汽车关键部件检测。

公司拥有电动汽车安全评价重庆市工业和信息化重点实验室，设有新能源汽车中心，拥有新能源汽车检测设备100余台（套），具备新能源汽车产品准入管理要求的新能源整车（含纯电动、混合动力和燃料电池汽车等）、驱动电机系统及动力电池系统的全部检测能力，能够按照国家标准、欧盟指令、ECE 法规及行业标准开展新能源汽车整车、动力电池系统、驱动电机及控制器的各类测试；同时可以根据用户需求帮助新能源汽车及关键零部件生产企业进行产品前期研发试验及各种产品鉴定试验；还可以进行整车、驱动电机系统、电池及管理系统、电磁兼容（EMC）技术提升等试验研究工作和技术咨询服务。

重庆车检院将大力推进汽车主被动安全、汽车节能减排 、新能源汽车和智能网联汽车四大领域检测 、研发技术研究 ，不断加强能力建设，提升技术水平，完善服务功能，努力打造成为国内领先、行业带头的汽摩产品检验检测公共技术服务平台。

18m铰接电动客车进行动力性试验

18m铰接电动客车进行EMC试验

电动货车进行充电试验

电动乘用车进行充电试验

电动客车进行带电侧面碰撞试验

电动客车进行带电翻滚试验

驱动电机系统试验台架

低气压环境试验箱

重庆车辆检测研究院有限公司

地址：重庆市两江新区汇星路1号
网址：www.cqvtri.com
联系电话：023-63426217/63426218/63426219

成功汽车
Victory Auto
功到自然成
山西成功汽车制造有限公司（以下简称“成功汽车”）成立于2009年6月24日，是山西成功投资集团有限公司的全资子公司。位于山西省长治市经济技术开发区光明路100号，占地800亩。汽车产业从业人数1 900余人，注册资本为10.8亿元，是一家汽车研发、生产、销售、售后全过程的整车制造公司。2012年12月，工信部243号公告发布，公司获得汽车整车生产资质，2016年通过新能源汽车纯电动专用客厢车、纯电动专用货车的生产准入；2018年获得山西省发改委关于“调整产品结构跨类生产轿车项目”的批复；2019年通过工信部按照第39号《新能源汽车生产企业及产品准入管理规定》的要求进行的准入审核。现拥有多用途乘用车、多用途货车、轻型货车、运动型乘用车、纯电动多用途乘用车、纯电动轿车、纯电动厢式货车、纯电动封闭货车、纯电动载货汽车、纯电动载货汽车底盘等车型的生产资质。
成功汽车作为山西省重点企业，也是省内微车整车制造企业，先后从德国、日本、意大利等国引进先进的生产制造工艺和生产线，目前拥有完整的四大工艺生产车间，并通过质量管理体系IATF 16949—2016及国家强制性产品3C认证。
成功汽车
成功汽车K4
成功汽车企鹅
成功汽车K3
抖音搜索“成功汽车”
了解更多企业资讯

新吉奥集团
NEW GONOW GROUP
IVECO
NEW GONOW

BAK AUTOMOBILE
网址：www.bakauto.com.cn 全国销售服务热线：400-870-9960
芯科技 芯动力
比克汽新能源汽车电动汽车的倡导者
尊享一 享国家、地方双补贴
尊享二 免车船税和购置税
尊享三 不用摇号 轻松上牌
尊享四 新能源牌照不限行
5年20万公里
超长质保

国机智骏
ZEDRIV
智行悦心
For a smart and joyful ride
国机智骏

蔚来已来
我们是一家来自
未来的汽车公司
NIO es6
智能电动全能SUV

理想ONE
没有里程焦虑的
智能电动大型SUV
补贴后全国统一零售价32.8万元
最低首付4.92万元起
理想ONE
智能科技
四屏交互 | 辅助驾驶
增程电动
纯电四驱 | 可油可电
豪华空间
超大六座 | 百万配置

ENOVATE
天际ME7
豪华智能电动SUV
ENOVATE
长宽高(mm)
4685*1970*1660
NEDC续航里程
530km
轴距
2830mm
智能驾驶
Pilot Assist

YEMA
野马汽车
中国国家自行车队新能源汽车官方合作伙伴
Official EV Partner Of China National Cycling Team
·野马EC60
专业级纯电SUV
·野马斯派卡EV
纯电七座全能MPV
斯派卡EV·NEDC350KM
EC60·NEDC470KM
斯派卡EV
EC60

吉利新能源
GEELY NEW ENERGY
为爱出众
嘉际ePro 首款0压舒适插混MPV
送绿牌
不限行
免双税
双动力
7.8S
百公里加速
1.5L
工信部百公里综合油耗
5.7L
纯油百公里油耗
悠享金融
36期0息，至高8 000元金融贴息
悠享置换
至高8 000元置换补贴
悠享质保
首任车主终身免费电芯质保
电机电控8年或15万km超长质保
发动机核心零部件8年或30万km超长质保
悠享红包
5 000元悠享红包
悠享增购
至高8 000元增购补贴
悠享生活
免费赠送充电桩及安装服务
车联网终身免费流量
码上来电
嘉际ePro

GEOMETRY
几何汽车
几何 | A
新能源 就选几何汽车
实力真续航 NEDC 500 km
几何 | A
码上了解
几何 | A
高维安全纯电座驾
C-NCAP 纯电轿车新标杆 五星安全
2019年EV-TEST 五星车型
宁德时代
61.9 182.44
0.237轿跑级风阻
CN95 真车规级滤芯系统
几何 | A 外事礼宾用车

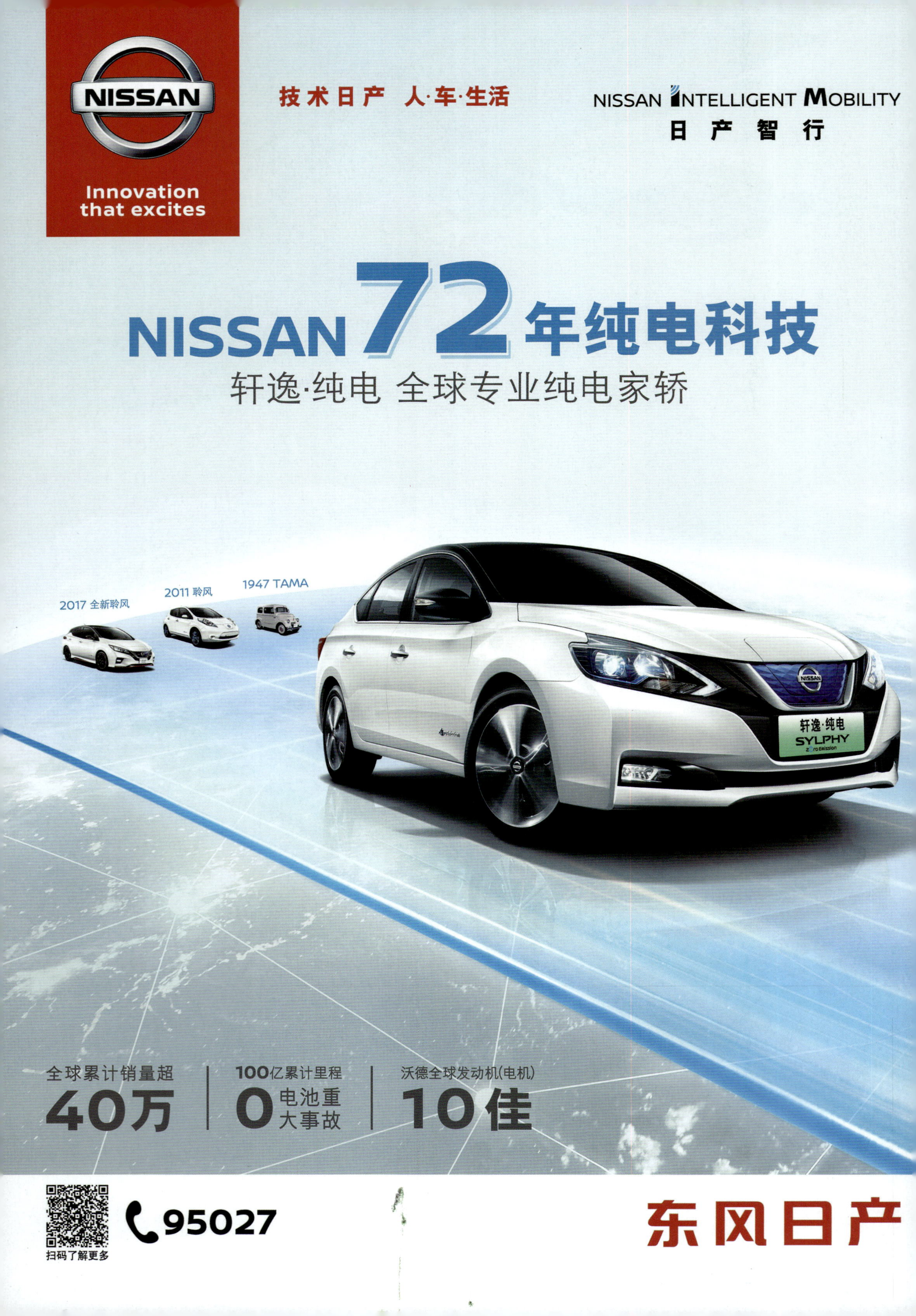
NISSAN
Innovation that excites
技术日产 人·车·生活
NISSAN INTELLIGENT MOBILITY
日产智行
NISSAN 72 年纯电科技
轩逸·纯电 全球专业纯电家轿
2017 全新聆风
2011 聆风
1947 TAMA
轩逸·纯电
SYLPHY
全球累计销量超
40万
100亿累计里程
0 电池重大事故
沃德全球发动机(电机)
10佳
扫码了解更多
95027
东风日产

节能与新能源汽车年鉴

YEARBOOK OF ENERGY-SAVING AND NEW ENERGY VEHICLES

第一篇 Section I

分领域发展综述

Overview of Development According to Fields

一、产业技术发展综述

Chapter 1 Summary of Industry Technology Development

（中国汽车技术研究中心有限公司 王 成 朱 成 樊春艳）

2019年全球汽车电动化步伐进一步加快，国内新能源汽车虽然结束了连续几年的产销快速增长，但从技术进步和产业升级方面取得了较大的进展，为向补贴全面退出积蓄力量。盘点2019年新能源汽车相关国家政策、产业规模、技术发展可以发现，2019年行业发展的主旨是产业升级、品质提升、安全为上。

1. 主要政策盘点

（1）四部委联合发布《关于进一步完善新能源汽车推广应用财政补贴政策的通知》

主要内容包括：在财政补贴方面，各类型车辆最高补贴下降幅度明显，同时提高了最低能量密度门槛。纯电动乘用车方面，取消250 km以下的补贴，降低低能量密度的补贴倍数，鼓励企业生产高能量密度/高续航的汽车。新能源客车方面，最低能量密度要求从115 Wh/kg上升到135 Wh/kg，对于能量效率及补贴系数进行调整，提高了5个百分点的要求。新能源货车方面，由简单地根据电池容量进行补贴，增加了重量的分类，最高补贴从10万元根据不同类型分别下调，下调幅度达到从45%~80%不等。最低能量密度要求从115 Wh/kg上升到125 Wh/kg，并对补贴系数进行了调整。新增了插电式混合动力货车的补贴类别。为推动市场公平发展，明确禁止地方政府对除新能源公交车外的车辆购置进行补贴。为确保车辆安全，决定强化质量监管，由行业主管部门加快建立产品安全监控和"一致性"抽检常态机制，对由于产品质量引发重大安全事故，或经有关部门认定存在重大质量缺陷的车型，暂停或取消推荐车型目录，并相应暂缓或取消财政补贴。同时，为减轻企业资金压力，从2019年开始，对有运营里程要求的车辆，完成销售上牌后即预拨一部分资金，满足里程要求后可按程序申请清算。

（2）工信部组织召开加强新能源汽车安全管理会议

5月10日，工信部组织召开加强新能源汽车安全管理会议，副部长辛国斌指出，新能源汽车生产企业是安全第一责任人。并要求：一是强化整车运行监控体系；二是切实加强新能源汽车安全监管；三是健全安全标准规范体系；四是加强行业自律，做好宣传引导。6月17日，工信部装备工业发展中心发布《关于开展新能源汽车安全隐患排查工作的通知》，促请各新能源汽车生产企业对本公司生产的新能源汽车开展安全隐患排查工作。重点对已售车辆、库存车辆的防水保护、高压线束、车辆碰撞、车载动力电池、车载充电装置、电池箱、机械部件和易损件开展安全隐患排查工作。

（3）工信部废止《汽车动力蓄电池行业规范条件》

工信部决定自2019年6月21日起废止《汽车动力蓄电池行业规范条件》（工业和信息化部公告2015年第22号），第一、第二、第三、第四批符合规范条件企业目录同时废止。此次废止有利于进一步放开行业准入，提高新能源汽车产业市场化水平。

（4）工信部会同有关部门起草《新能源汽车产业发展规划（2021—2035年）（征求意见稿）》

规划以"市场主导、创新驱动、协调推进、开放发展"为基本原则，力争经过15年持续努力，使我国新能源汽车核心技术达到国际领先水平，纯电动汽车成为主流，燃料电池汽车实现商业化应用，公共领域用车全面电动化，高度自动驾驶智能网联汽车趋于普及，有效促进节能减排水平和社会运行效率提升。

2. 产销规模

2019年，汽车行业整体下行，叠加补贴加速退坡的直接影响，新能源汽车产量在连续5年高增长的形势下，2019年同比小幅下降，但仍保持全球产销第1，国内新能源汽车产量见表1-1。2019年，国内生产企业共生产新能源汽车（含纯电动汽车、插电式汽车和燃料电池汽车）约117.2万辆，占当年国内汽车总产量的4.55%。从保有量来看，新能源汽车保有量其中纯电动汽车98.4万辆，插电式混动动力汽车18.5万辆，燃料电池汽车0.3万辆。新能源乘用车由2018年占比83%提升至2019年的87%，与此同时，新能源客车和专用车占比进一步降低，分别由2018年的8%和9%降至2019年的7%和6%。

表1-1 2019年国内新能源汽车产量 （单位：辆）

插电式混合动力乘用车	179 168
插电式混合动力客车	5 269
插电式混合动力专用车	240
纯电动乘用车	839 490
纯电动客车	72 973
纯电动专用车	71 617
燃料电池客车	1 340
燃料电池专用车	1 683
总计	1 171 780

（1）纯电动乘用车共生产83.9万辆，较2018年增长11.6%

2019年纯电动乘用车产量TOP10品牌均为自主品牌。其中比亚迪牌、北京牌和安徽江淮牌纯电动乘用车产量位居前3位，前两位年产均超过10万辆，TOP10品牌年产均超过3万辆如图1-1所示。造车新势力方面，蔚来凭借ES8和ES6两款车型最终以2.1万辆总销量排名车企榜单13位；小鹏则靠着G3在对私市场的优异表现，以1.67万辆的成绩排名第14位。

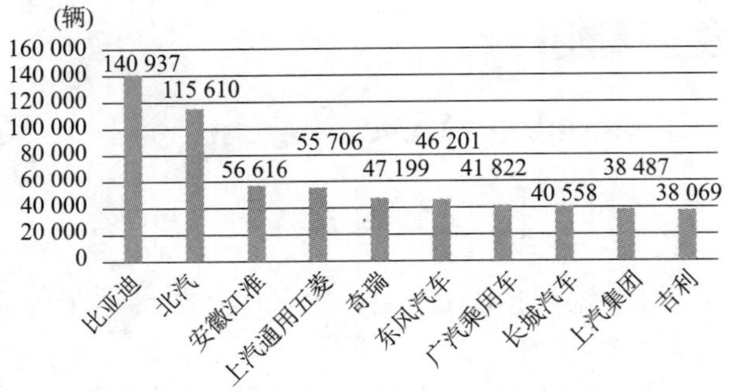

图 1-1　2019 年纯电动乘用车产量 TOP10 品牌

(2)插电式乘用车共生产 17.9 万辆,较 2018 年减少 29.7%,为降幅度最大的细分车型

产量 TOP10 品牌如图 1-2 所示,比亚迪、宝马、大众位列前 3 位,TOP10 品牌中国外品牌占据 6 席;另外,造车新势力理想汽车首次进入 TOP10。

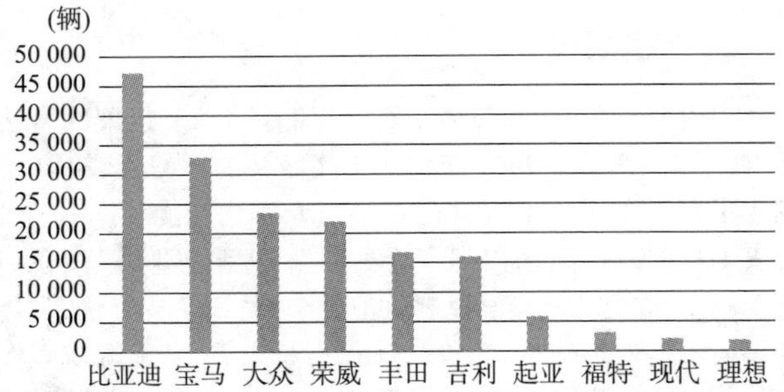

图 1-2　2019 年插电式混合动力乘用车产量 TOP10 品牌

(3)纯电动客车共生产 7.3 万辆,较 2017 年小幅增长 2.2%

2019 年共有 78 家客车企业有纯电动客车排产,但 48 家企业产量不足百辆,TOP10 企业(如图 1-3 所示)产量占比达到 70.5%,较 2018 年生产集中度更高,随着补贴退坡以及补贴资金滞后的影响,产业进入加速洗牌阶段。产量方面,郑州宇通继续领跑,多年来基本保持年产 2 万辆以上。

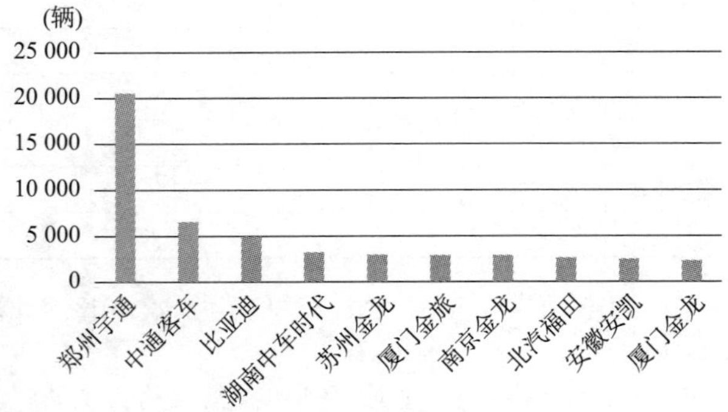

图 1-3　2019 年纯电动客车产量 TOP10 企业

(4)插电式混合动力客车共生产 5 269 辆,较 2018 年降低 12%,市场进一步萎缩

从 2019 年产量 TOP10 企业来看(如图 1-4 所示),产量最高的北汽福田全年产量也仅 1 204 辆,插电式混合动力客车一方面由于补贴金额与车辆成本之间差距较大,另一方面,50 ~ 80 km 的纯电续驶里程也难以满足公交、公路等场景的使用需求,要想进一步发展,需要实现较大的技术和成本突破。

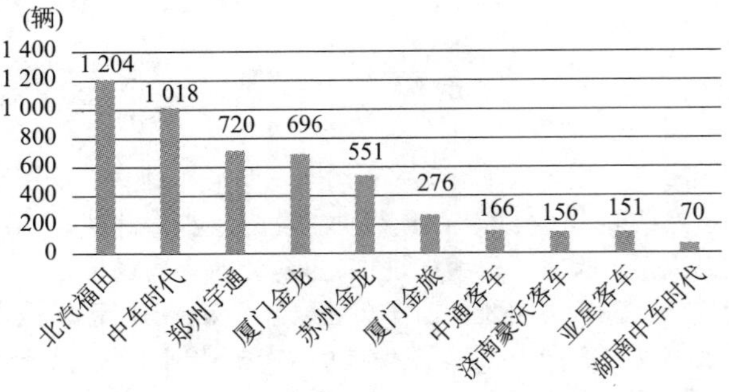

图 1-4　2019 年插电式混合动力客车产量 TOP10 企业

(5)纯电动专用车产量为 7.16 万辆,产量较 2018 年下降了 37.6%

共有 126 家生产企业排产纯电动专用车,除产量最高的奇瑞商用车生产超过 1 万辆以外,其余百余厂家产量均未过万,TOP10 企业产量(如图 1-5 所示)占全年产量的 71.3%,尚有 72 家企业年产不过百辆,快速发展期带来众多参与企业提高了市场的热度,但生产企业小而多的局面不利于产品的优化和市场的规范发展。

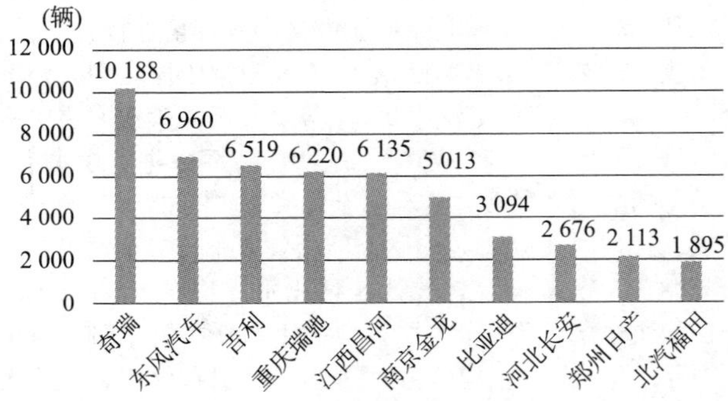

图 1-5　2019 年纯电动专用车产量 TOP10 企业

(6)燃料电池汽车产量为 3 023 辆,较 2018 年均大幅增加,其中客车共生产 1 340 辆,专用车共生产 1 683 辆

2019 年生产的燃料电池客车以 8 ~ 10 m 车长为主,占比达到 76.6%。其次为 10 m 以上车型,占比为 45.9%。在燃料电池专用车方面,主要应用场景为物流应用,基本为 7 ~ 9 t 的中型物流车。2019 年燃料电池客车产量如图 1-6 所示,2019 年燃料电池专用车产量如图 1-7 所示。

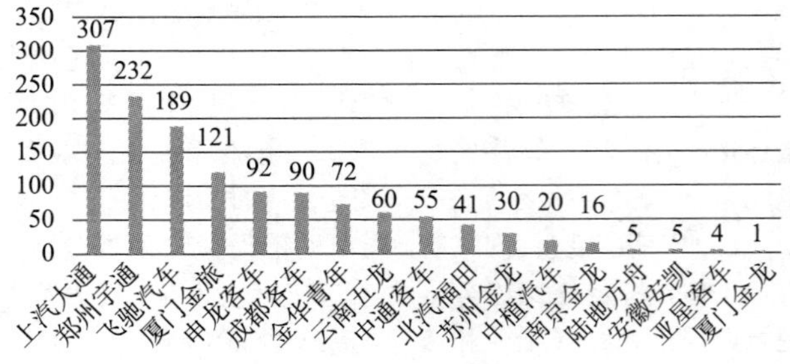

图 1-6　2019 年燃料电池客车产量

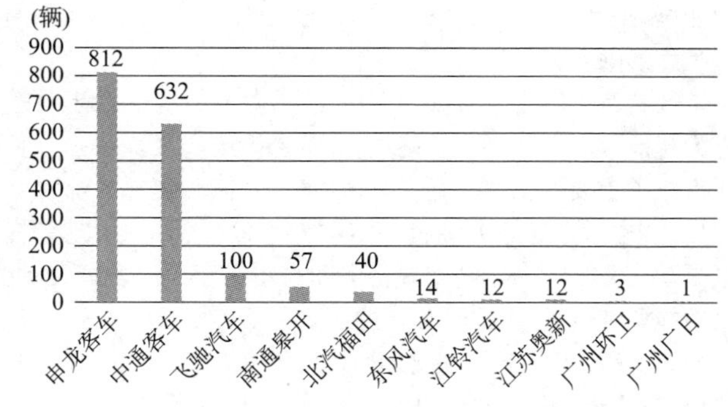

图 1-7　2019 年燃料电池专用车产量

(7)混合动力乘用车全年生产 17.8 万辆,以丰田和本田合资企业为主

2019 年国内共有 10 家企业排产混合动力乘用车(如图 1-8 所示),其中以丰田和本田的合资企业为主,自主品牌东风、吉利、江淮产量均较低。

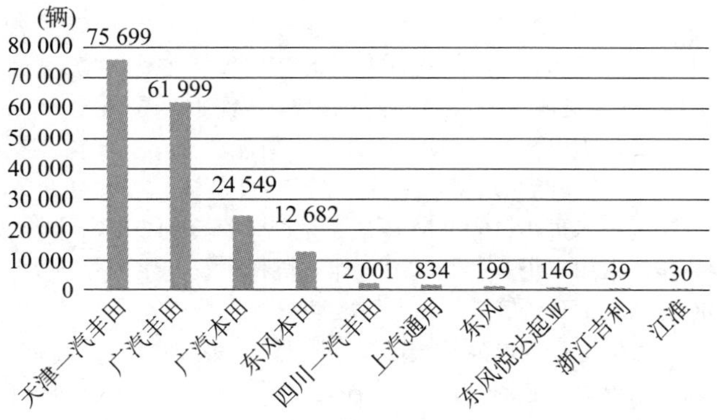

图 1-8　2019 年混合动力乘用车产量

3. 技术发展特点

(1)竞争格局重塑及价值链重构端倪初现

全球来看,以特斯拉为代表的造车新势力利用自身的先发优势和互联网基因,不断抢占传统车企市场份额,汽车产业竞争格局重塑及价值链重构端倪初现。电池、芯片、车载系统、数据等日益成为汽车价值链的战略竞争力,大众宣布成为一家软件驱动的公司,并设立了“Digital Car & Service”部门,大力推动数字化转型。丰田公司宣布,丰田将从汽车公司转型为移动出行公司,谷歌、高通、英伟达、华为、阿里、百度等巨头已通过合作、授权或供应商等身份等嵌入智能驾驶细分环节,未来可能占据行业重要的价值点。

(2)自主品牌纯电动乘用车 L2 级自动驾驶量产进程表加快

2019 年,包括广汽新能源 Aion S、小鹏 G3、零跑 S01、理想制造 ONE、威马 EX5-500、蔚来 ES8 等在内的多款车型已实现 L2 ~ L2.5 级自动驾驶功能。另外,多地开始建立纯电动汽车与储能技术、智慧能源融合示范区,探索更高级别自动驾驶技术,以及以电动汽车为结合点的智慧城市建设。

(3)动力电池原创性技术显现

2019 年国内新能源汽车动力电池装机量为 62.18 GWh,较 2018 年同期增长 9.29%,位列全球第一。2019 年动力电池企业产能扩张势头持续增长,尤其是方型电池产能增长比较明显。值得注意的是,随着我国动力电池产业的规模化发展,一些原创性技术出现,如比亚迪的刀片电池技术和宁德时代 CTP 技术都是立足于现阶段市场需求的原创性技术,开始批量装车,受到广泛关注。

(4)整车正向开发尚不足,电池安全设计要提升

大多数自主品牌纯电动车型仍以共平台为主,正向开发产品较少,大电量电池的安装匹配与整车驾乘空间、轻量化设计和安全性等影响较大,正向设计和纯电动乘用车专用底盘的必要性愈发突出。同时,随着电池能量密度电量的不断提高,深度开展电芯、模组及动力电池系统的多尺度安全防护技术研究,开展基于高能量密度动力电池单体的高效、安全成组技术研究,开发集耐撞性、轻量化、热失控于一体的动力电池系统设计方案则非常重要。

二、纯电动乘用车

Chapter 2　Pure Electric Passenger Car

(北京新能源汽车股份有限公司　魏跃远　王丁才)

1. 2019 年纯电动乘用车产业的总体情况

根据中国汽车工业协会发布的数据,2019 年中国乘用车生产和销售分别完成 2 136 万辆和 2 144 万辆,生产和销售数量分别同比下降 9.2% 和 9.6%。虽然车市的寒冬还没有结束很长时间,但总产量和销售量仍居世界第 1。2019 年 12 月,全球新能源乘用车销售 27.9 万辆,同比降低 4%,但依然是有史以来第 3 好成绩,这种年末翘尾的市场表现也促成全年销量实现了同比 10% 的增长,达到近 221 万辆。全球新能源乘用车市场渗透率也从 2018 年 2.1% 提升至 2019 年的 2.5%。反观国内,2019 年上半年,新能源乘用车销量就已经达到 56.3 万辆,同比增长了 57.7%。但受新能源补贴退坡影响,下半年呈现大幅下降态势。我国新能源汽车全年产销分别完成 124.2 万辆和 120.6 万辆,同比分别下降 2.3% 和 4%,这是新能源汽车发展 10 年来的首次下滑。

从汽车保有量来看,2019 年我国新能源汽车保有量 381 万辆,占全国汽车保有量中的比重增加至 1.46%,充分说明新能源汽车的市场成长空间是非常巨大的。在新能源汽车销量中,乘用车依然是销量主角,与商用车比较占据绝对优势。从技术来看,近年来我国纯电动乘用车技术水平不断提

升,已经完全可以满足人们的城际出行代步需求,打破了新能源汽车不如传统燃油车的传统认知。总体而言,2019 年中国纯电动乘用车产品发展呈现出以下几点重要特征。

(1)自主品牌持续发力

2019 年中国的纯电动汽车市场依然由国产自主品牌所主导,网约车、电动出租车等热门车型成为市场主力。与 2018 年比较,产品格局更是进行了重新洗牌。2019 产量 TOP10 新增了广汽 Aion S、欧拉 R1、荣威 Ei5 等新面孔,北汽新能源 EU5 也从 2018 年第 9 位晋升榜首。

(2)随着世界新能源车的浪潮,国际新能源车企对中国新能源汽车市场也日益重视

外资车企股比限制放开,将提高外资新能源车企在华建厂的积极性。以特斯拉为例,作为中国放宽汽车行业外资股比限制后的第一家在华独资建厂的车企,实现当年开工、当年投产、当年交付,创造了汽车工业史上的“超级速度”。

(3)新势力车企逐步成为市场重要参与力量

2019 年新势力车企的销量逐步接近 9% 的纯电动份额,蔚来、威马、小鹏、合众等逐步进入量产周期。

(4)补贴政策促进产销结构改变

2019 年 3 月 26 日,四部委联合印发了《关于于进一步完善新能源汽车推广应用财政补贴政策的通知》,对 2019 年及过渡期间的新能源汽车补贴方法给出了最终指示。对乘用车而言,A00 级为代表的低端车型受到较大的冲击,而高端车型则可通过提升配置并提价的策略来平滑补贴下调影响。2019 年,我国纯电动乘用车产销占比双双提升至约 70%,成为新能源汽车产销主流。

(5)电动汽车使用焦虑改善

电动汽车里程、成本、充电、寿命、回收、安全等问题依然存在,但都在逐一改善。以充电为例,大部分车企的快充都能够在 0.5 h 或 45 min 内充电至到 80%,北汽新能源推出的大功率充电技术已经能够在 10 ~ 15 min 内充电至 80%。

(6)补贴大幅退坡,行业亏损依旧

2019 年补贴大幅退坡,对生产企业的影响很大,整个行业处于亏损状况,很难通过新能源汽车盈利。

2. 2019 年纯电动乘用车技术发展

(1)2019 年纯电动乘用车技术发展特点

2019 年中国纯电动乘用车技术的发展特点主要体现在以下几个方面。

①续航里程进一步提升,百公里电耗下降显著。主要得益于电驱动、动力电池、轻量化及低风阻造型等方面的技术突破及 2019 年为鼓励长续航里程和低能耗纯电动汽车出台的新补贴标准。根据汽车之家 2019 年测试的 28 个品牌中 44 个车系的 48 个款新能源车型,2019 年纯电动车型的平均 NEDC 续航里程由 2018 年的 364 km 提升到了 420 km,纯电动车的平均续航里程已经上升到 400 km 的台阶,中国品牌纯电动车型续航能力的“天花板”已经提升到 650 km。

②整车智能化程度全面加速。全球汽车产业发展正在经历百年未有之大变局,汽车强国战略进一步聚焦到智能汽车强国。北汽新能源继 EU5 后,推出的第二款智能车型 EX5 同样基于达尔文系统打造,并搭载 EMD3.0 智能电控系统、智能语音互联系统、ADAS 安全系统等配置,以产品品质刷新了品牌形象。

③汽车属性发生变更。汽车逐步由单纯的交通工具演进为智能移动空间和应用终端,成为新业态重要载体。软件在汽车中重要性日益凸显,软件定义汽车时代初现端倪。

④电机、电池等关键核心零部件性能指标进一步提升。电驱动系统继续向着高功率密度和高集成度方向发展,如北汽新能源纯电动车型 EU5 采用一台最大功率 160 kW、峰值扭矩 300 Nm 的永磁同步电机,配套电池为宁德时代 CTP 电池包(Cell to Pack,无模组动力电池包),能量密度可达到 200 Wh/kg 以上。

(2)2019 年纯电动乘用车实现的主要技术突破点

①驱动电机领域:基本完成国产替代,三合一是未来发展趋势。永磁同步电机以其高功率密度、高峰值效率等优势成为市场的主流。驱动电机、电机控制器与减速器深度集成的电驱动一体化总成是乘用车领域现阶段发展的主要方向。北汽新能源、一汽集团、长安汽车、比亚迪、蔚来汽车、精进电动、上海电驱动等企业均推出一体化动力驱动系统,技术水平与国外相当。如精进电动开发的“三合一”驱动系统,总重约 95 kg,电机转速 16 000 r/min,最高功率 160 kW。

②动力电池领域:动力电池作为新能源汽车三大核心零部件之一,新能源汽车产业快速增长,直接催生了配套动力电池的技术进步,160 Wh/kg 成系统能量密度的重要分水岭。新能源乘用车仍是我国动力电池装机量增长的主要拉动力,同比增长 150%,倍增凸显了纯电动汽车飞快的发展速度,本土动力电池厂商已处于全球第一阵营。一方面,随着国内市场对高能量电芯的迫切需求,各大电企势必会加快高镍材料产业化;另一方面,随着补贴退坡,磷酸铁锂电池市场也在强势回暖。

③在科技推动下,智能网联汽车加速产业化。随着人们消费观念的转变,很多车企、供应商和科技公司都在向智能化、网联化靠拢,更智能化、网联化的技术赋能已经逐渐走出实验平台,不断地满足消费者的各种各样个性化的需求。智能网联汽车是 5G 的核心应用领域之一,随着 5G 商用的正式落地,5G 将推动 LTE-V2X 系统向 5G-V2X 系统全面升级。

④充电桩保有量快速提升,充电难问题有所改善。受益国家政策激励和下游需求拉动,我国公共充电基础设施建设快速,截至 2019 年 12 月,全国充电基础设施累计数量已经达到 121.9 万台,同比增加 50.8%,新能源汽车累计销量达 420 万辆,车桩比达到了 3.4:1,充电难问题大幅改善。

(3)目前亟须解决的技术难点及解决方案

①整车轻量化、舒适化。在保证汽车安全性能和同等电池强度的前提下,采用轻质材料进行整车一体化开发。综合考虑汽车噪声、振动和声振粗糙度(NVH),对电动汽车悬架、方向盘、电动附件等进行改良,提高电动汽车安全性和舒适度,增加用户体验。

②智能网联汽车成熟度不足。积极探索无人驾驶技术、智能网联技术等智能化应用。加强在传感技术、车载操作系统、数据平台技术、高精度地图与定位等核心技术的国际交流与合作,逐步掌握自主开发能力。

③电机控制核心器件 IGBT 已实现国产突破,但对外依

存度仍高。加强企业及与高校间的技术交流，设立科研攻关项目，打破技术壁垒。

④动力电池技术提升：要努力将动力电池的技术做得更扎实一点，在提高电池安全性的基础上，努力降低成本；加强电池梯次利用，延续电池寿命；考虑攻克技术短板，包括芯片的短板，鼓励电池技术创新，包容创新失败。

(4)2019 年国内外技术差异分析

①我国电动汽车相关核心和共性技术存在短板，突出表现在电动汽车“三电”(电池、电机和电控)核心技术掌控能力不足，高端品牌和高性能产品缺乏，与美国电动汽车品牌特斯拉存在一定的差距。

②从发明专利方面看，我国电动汽车企业的专利质量有待提高，实用新型多，发明专利少。特斯拉已公布的 387 项专利，核心知识产权大都与电池安全控制系统相关，包括电池冷却系统、安全系统、电荷平衡系统等，占到特斯拉专利总数的一半以上。

③从电机控制器连续比功率来看，较国际先进水平有较大差距。我国产品连续比功率主要集中在 1.2～1.6 kW/kg，国际主流汽车企业连续比功率可达 2.4～2.8 kW/kg。

④在整车电子电气架构集成方面，特斯拉、大众等国外车企采用全新的平台架构，域控制器高度融合，软硬件已实现解耦，其正向开发的全新软件架构，可支撑软件功能快速迭代升级，支撑软件灵活快捷部署和硬件制造高度自动化。而国内大多数自主品牌车型架构仍以分布式为主，各 ECU 功能耦合度过高，域控制器尚处于起步阶段，整车控制集成化水平较低。

3. 主要企业经营发展状况

新能源汽车经过了几年的发展，在中国已经初见成效，从北汽新能源、比亚迪新能源、吉利新能源、长城等相继推出电动乘用车、商用车等产品，市场上可以选择的产品增多。2019 年，新能源汽车也进入淘汰赛，很多汽车品牌甚至部分车企或将退出市场。

2019 年国内新能源乘用车市场仍是传统车企主导。根据中机中心合格证数据统计，2019 年国内新能源乘用车市场销量前 10 名皆为传统汽车品牌，包括北汽、比亚迪、上汽、吉利、长安、江淮、长城、奇瑞、广汽、华晨其中在纯电动乘用车领域，北汽新能源实现销量 15.06 万辆，公司新一代高品质车型 EU 系列全年累计销售超 11 万辆，不仅是中国新能源汽车年度单品销量冠军，也是国内唯一的年销量突破 10 万辆大关的新能源车型，全球销量仅次于特斯拉 Model 3。

4. 未来几年纯电动乘用车技术发展趋势

(1)从电池的发展趋势来看，未来技术发展主要集中在高性能电池材料、电池包、电池管理系统、电池梯级利用回收技术以及电池生产制造等领域。首先，动力电池产业将向规模化、智能化方向发展，产品质量全面提升。其次，动力电池回收产业将进入爆发性增长时期，电池梯级利用回收技术亟待突破。

(2)从电机的发展趋势来看，永磁电机因其效率高、功率密度高和体积小等优点广泛应用于乘用车领域，占据国内电机市场主要份额。由于我国稀土资源有一定优势，未来永磁电机仍是电动汽车电机发展重点。从电机控制器连续比功率来看，较国际先进水平有较大差距。未来利用碳化硅提升电机控制器功率密度将是电机控制器技术发展的主流趋势之一。

(3)IGBT 产业加速扩张。电控中作为能源转换与传输的核心零部件 IGBT 芯片和模块目前主要依赖进口，高端市场被英飞凌、三菱等外国企业占据，比亚迪、中车时代电气等企业虽然分享了 IGBT 剩余市场，但仍与外资品牌存在较大技术差距。未来，在下游市场的刺激下，国内 IGBT 产业呈现加速扩张态势，预期将快速发展。

(4)充换电模式呈现多样化发展态势。由于充换电设施网络迅速发展，多方社会资本的参与使充换电市场主体呈现多元化发展格局。未来，“互联网＋充电”技术将得到广泛的推广和应用，充换电模式趋于多元，下游应用市场充换电便捷化发展仍是主要趋势。充换电运营商与电动汽车行业、互联网行业的互联互通、协作创新也将有力推动整体电动汽车产业发展。

(5)车企之间竞争日益深化为供应链之间的竞争。全球经济一体化浪潮之下，汽车产业正经历百年不遇的大变革，汽车企业纷纷加快智能化、电动化转型步伐，对上游的供应链企业提出更高要求，如何构建完整高效且适应新能源汽车创新价值链需求的供应链体系成为当前整零合作的新方向。

5. 纯电动乘用车产业发展存在的问题

在政府补贴政策的刺激下，国内纯电动乘用车行业一度呈现爆发式增长，产销量连续 4 年居世界首位。但在发展过程中，仍存在如下问题。

(1)部分车企过度依赖补贴，产品技术含量偏低，甚至出现骗补现象，国产新能源汽车在质量方面与国际先进水平仍存不小差距。

(2)我国充电基础设施结构性供给不足。一是充电桩利用率低。据调研，我国公共充电基础设施利用率只有 12%；二是新兴技术对充电的技术和标准提出挑战，难以形成稳定的充电标准体系；三是充电网络未能实现互联互通。特来电、国家电网、星星充电等各家商业运营充电企业相互独立，充电 App 终端不兼容，用户充电的操作和体验均较差。

(3)电动汽车质量安全存忧。电动汽车保有量增长，质量安全问题增多。根据国家平台监测的统计，2019 年 5 月到年底，由于电池质量、技术和不规范使用等各种原因，引发电池自燃、电池组爆炸、充电时着火等安全事故 113 起，其中，乘用车占比达到 69.6%。另外，电动汽车的碰撞安全性令人担忧，高压电气系统、高压电池在碰撞后可能存在潜在危险，引发电池短路、温度升高进而引起燃烧甚至爆炸。纯电动汽车参加 E-NCAP 碰撞测试，没有一例获得五星安全证书，包括特斯拉品牌。

(4)废旧动力电池回收利用难。据中国电池联盟预计到 2023 年理论退役动力电池将达到 48.09 GWh。退役动力电池带来环境影响、安全隐患和资源回收压力。当前，将面对两大难题：一是如何实现退役电池梯次利用；二是如何实现废旧电池资源化处理。

6. 纯电动乘用车产业发展建议

大补贴时代已经过去，新能源行业标准和相关法规逐渐健全完善，新能源汽车产业必须要有面向市场、迎接挑战的态度，从重“量”向重“质”转变，促进产品质量提升和技术水平不断成熟。

第一，打破过去以续驶里程为指引的技术路线，下一步可以根据车辆使用的不同场景把纯电动汽车进行分类，根据不同类型车辆的不同特点，来勾画技术路线图。第二，还是要沉下心来，做好安全技术方面的工作，依靠精细的设计与制造，做好充分的产品安全验证，留足安全裕量，提升动力电池系统安全性能，为电动汽车产业发展扫除后顾之忧。第三，应鼓励支持“车电分离”等新型商业模式发展，车电分离是解决高端车里程与电池寿命焦虑的有价值方案。第四，基础设施建设与运营要理清思路，避免以偏概全。行业可把更多的注意力放在停车与充电相结合的解决方案上，减少公共充电站建设的盲目性。第五，我国的电动车普及程度世界第1，很多产品的性能水平不错，尤其是性价比，具备国际竞争优势。我国的电动汽车企业应该重视开拓国际市场。特斯拉进入中国，对中国会有很大的影响。反观之，我们到国外去，也会对国外市场起很大的影响，企业应该把走出国门列作一项重要的战略。

三、纯电动客车

Chapter 3 Pure Electric Bus

（北汽福田汽车股份有限公司 魏长河 魏文博 杨建锋 王海龙）

1. 2019 年纯电动客车产业的总体情况

2020 年 1 月 13 日，中国汽车工业协会发布了 2019 年汽车工业经济运行情况报告。报告称，2019 年，我国汽车产销分别完成 2 572. 1 万辆和 2 576. 9 万辆，同比分别下降 7. 5% 和 8. 2%，产销量降幅比 2018 年分别扩大 4. 2 和 5. 4 个百分点。

报告指出，2019 年，在基建投资回升、国Ⅲ汽车淘汰、新能源物流车快速发展、治超加严等利好因素促进下，商用车产销好于乘用车，全年商用车产销分别完成 436 万辆和 432. 4 万辆；分车型看，客车产销分别完成 47. 2 万辆和 47. 4 万辆，同比分别下降 3. 5% 和 2. 2%；货车产销分别完成 388. 8 万辆和 385 万辆，产量同比增长 2. 6%，销量同比下降 0. 9%，其中，重型货车产销分别完成 119. 3 万辆和 117. 4 万辆，同比分别增长 7. 3% 和 2. 3%。

2019 年，新能源受补贴退坡影响，新能源汽车销量下半年呈现大幅下降态势，新能源汽车产销量同比继续下降。全年产销分别完成 124. 2 万辆和 120. 6 万辆，同比分别下降 2. 3% 和 4. 0%（见表 1-2，表 1-3）。其中，纯电动汽车生产完成 102 万辆，同比增长 3. 4%；销售完成 97. 2 万辆，同比下降 1. 2%；插电式混合动力汽车产销分别完成 22. 0 万辆和 23. 2 万辆，同比分别下降 22. 5% 和 14. 5%；燃料电池汽车产销分别完成 2 833 辆和 2 737 辆，同比分别增长 85. 5% 和 79. 2%。

表 1-2 2019 年 12 月新能源汽车生产情况

（单位：万辆）

	12 月	1 月—12 月累计	环比增长（%）	同比增长（%）	同比累计增长（%）
新能源汽车	14. 9	124. 2	36. 0	-30. 3	-2. 3
新能源乘用车	11. 2	109. 1	27. 1	-32. 6	2. 0
纯电动	9. 5	87. 7	26. 3	-27. 8	10. 8
插电式混合动力	1. 8	21. 4	31. 3	-50. 4	-22. 9
新能源商用车	3. 7	15. 0	72. 6	-22. 1	-25. 1

续上表

	12 月	1 月—12 月累计	环比增长（%）	同比增长（%）	同比累计增长（%）
纯电动	3. 4	14. 2	65. 2	-25. 2	-26. 7
插电式混合动力	0. 1	0. 5	99. 0	166. 1	-3. 2

表 1-3 2019 年 12 月新能源汽车销售情况

（单位：万辆）

	12 月	1 月—12 月累计	环比增长（%）	同比增长（%）	同比累计增长（%）
新能源汽车	16. 3	120. 6	71. 4	-27. 4	-4. 0
新能源乘用车	12. 5	106. 0	64. 0	-24. 5	0. 7
纯电动	10. 5	83. 4	66. 8	-22. 1	5. 9
插电式混合动力	2. 0	22. 6	50. 9	-35. 0	-14. 7
新能源商用车	3. 8	14. 6	101. 2	-35. 3	-28. 3
纯电动	3. 5	13. 7	93. 9	-38. 1	-29. 9
插电式混合动力	0. 1	0. 5	94. 3	124. 8	-4. 7

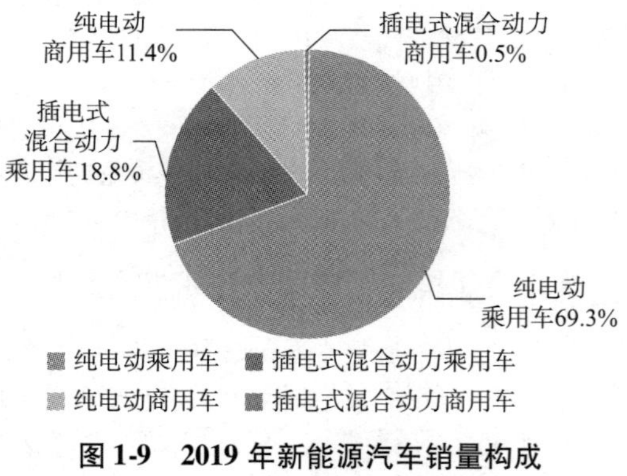

图 1-9 2019 年新能源汽车销量构成

具体到新能源商用车细分领域的客车市场，从合格证数据来看，2019 年全年，行业共销售新能源客车 7. 99 万辆，同比下滑 20. 93%；其中纯电动客车销量 7. 32 万辆，占比 91. 73%，插电式混合动力客车 5 269 辆，占比 6. 60%，燃料电池客车1 340辆,占比1.68%,纯电动客车销量在新能源客车销量中占主体地位。2019年新能源汽车销量构成如图1-9所示,2019年新能源客车销量构成如图1-10所示。

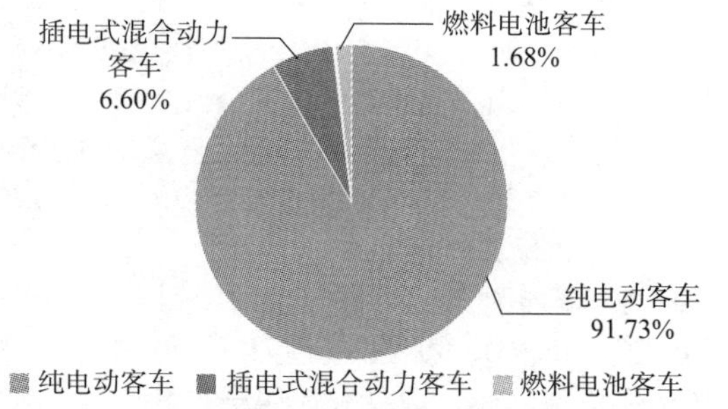

图1-10 2019年新能源客车销量构成

2. 2019年纯电动客车技术发展情况

2019年3月26日,财政部、工信部、科技部、发改委四部门联合发布《关于进一步完善新能源汽车推广应用财政补贴政策的通知》。新发布的新能源汽车补贴政策,补贴大幅度下滑超过预期。大幅度的补贴退坡成为新能源汽车产业发展的重要影响因素,新的补贴政策正式施行之后,新能源汽车产销量开始下滑,连带产业链中的驱动电机、电池厂家等相关领域的形势也受影响。

此次政策有三大目的:稳步提高新能源汽车动力电池系统能量密度门槛要求,适度提高新能源汽车整车能耗要求,提高纯电动乘用车续驶里程门槛要求。新政策对新能源汽车产品技术要求不断提高,进一步促进中国新能源汽车可持续、高质量发展。

(1)2019年纯电动客车技术发展特点

2019年,纯电动客车产品整车性能迈向新的台阶,在动力性、能耗水平方面有明显提升,电池、电机、电控等核心零部件的性能指标也进一步提升。

整车层面,纯电动客车车型、种类不断丰富,技术路线不断完善,高性能纯电动客车动力平台关键技术得到了广泛应用,整车续驶里程短、环境适应性差等难题被攻克,全面实现纯电动客车电驱动的高效化、综合控制的智能化、安全管理的系统化、整车材料的轻量化、核心零部件的集成化,持续提升车辆的安全性、经济性、动力性、舒适性,进一步满足纯电动客车的应用需求。

核心零部件层面,储能系统方面,动力电池不断提高能量密度、比功率、安全性和充电效率,降低成本,延长使用寿命,始终是产业发展的核心目标,高精度电池管理技术、高安全性电池热管理技术等先进技术的应用,为整车性能的提升提供了安全保障,大幅提升了动力电池产业的总体水平;驱动系统方面,直驱系统仍旧是主流,各厂家不停探索各种驱动形式,如双电机、轮边驱动、电机耦合变速箱等,电驱动系统的开发应用朝着高效、高集成、高功率密度和低成本要求发展,推动未来电机的转速和频率提高,电驱动系统技术的发展方向还包括高压化、多极化、轻量小型化等;整车控制方面,各厂家始终朝着提升整车控制器的功能安全等级和控制精度,优化制动能量回收的舒适性、高效性和安全性等方向努力,加强可靠性设计,采用容错和失效保护的整车安全策略,使用高性能专用控制芯片。

(2)2019年纯电动客车实现的主要技术突破点

纯电动客车整车性能水平受整车参数、三电技术以及电动化附件等多个因素的影响,电驱动与传统系统技术、储能系统技术和整车控制系统技术,是纯电动客车的技术核心,也是新能源汽车产业主要竞争领域。

2019年三电技术水平大幅提升,主要体现在以下方面。储能系统领域,磷酸铁锂电池、钛酸锂电池、锰酸锂电池等技术体系群芳竞艳,在纯电动客车市场上均有亮眼表现。磷酸铁锂电池系统能量密度已超过150 Wh/kg,接近国际先进水平,产业成熟度和规模国际领先;无模组化电池技术有效提升动力电池能量密度,并降低动力电池成本,该技术通过优化和精简电池结构,减轻电池系统重量,简化生产工艺,实现降本效果;全气候电池技术开发,利用自身加热快的特性,解决了极寒环境下,电池出现严重的功率损失,在寒冷天气充电时间延长、续航里程大大缩减的难题,有效解决了冬季动力电池电量耗损快的问题;24 h监控技术,通过DC/DC将电池自身高压直流电转换为24 V/12 V低压电供给BMS,BMS通过定时唤醒或时时在线监测电池是否发生故障报警并反馈上传至远程监控平台,提升车辆停放时的安全性。驱动系统领域,驱动方式多元化发展,集中式驱动和分布式驱动各领风骚,开发了“单电机+行星排”的新型耦合纯电驱动方式、开发了新型集成化的轮边集成桥,无动力中断的双电机耦合的型式,由同轴为基础横向拓展平行轴的双电机耦合方式;从单电机直接驱动,到“电机+变/减速箱”、中央电驱动桥、轮边轮毂电机、集成式电驱动系统多技术路线共存,双电机耦合无动力中断自动变速技术得到了应用,提高系统综合效率,实现换挡过程无动力中断,提高系统的平顺性和可靠性。整车控制领域,电动大客车整车智能网联控制器的开发,实现车内网与4G网络互联,具备车辆网联功能,基于CAN-FD的整车异构网络架构、考虑车辆动力学控制需求的车载网络调度策略以及辅助驾驶系统具有先进性,整车能效优化控制技术的研究应用,有效改善了车辆的工况能耗水平;PEU系统深度集成七合一,又促进了高压电控系统的标准化、系列化、模块化,轻量化、集成化的发展。

整车轻量化技术应用,主要通过3种途径,采用新型材料、结构优化设计、采用先进制造工艺。使用铝合金、复合材料等轻质材料替代普通钢材,通过整车结构的合理、精准化设计,选用材料板厚等来实现结构轻量化设计,基于拓扑优化理论的材料—结构—性能一体化设计方法,解决复合材料分析方法、成型工艺等关键科学问题,激光拼焊、热成型、涂装等制造技术不断提高和创新。

(3)亟须解决的技术难点及解决方案

纯电动客车存在着电池安全、动力电池成本、充电时间、里程焦虑、锂电池能量密度及衰减等问题,应用场景受限。

受补贴政策影响,能量密度与补贴金额直接挂钩,国内对动力电池能量密度的要求在近年来快速提升,技术上升周期越来越短。电池企业不断开发更高能量密度的产品,但依然跟不上政策指标变化的速度,产品技术更迭速度过快,动力电池安全验证周期越来越短,导致动力电池的安全性风险日益提升,进一步加强电池安全是纯电动客车发展的必要条件。

高能量密度与高安全性的平衡与兼容:在补贴政策等激励下,电池能量密度逐年提升,可贡献高能量密度的部分正负极材料势必会带来电池热稳定性降低、可靠性变差等问题,因此未来如何探寻高能量密度与高安全性的平衡点是动力电池发展的一大难题。

动力电池成本高,直接影响纯电动客车的成本,在竞争加剧、补贴退坡、规模效应等因素共同作用下,电池价格有所下降,但是还需进一步压缩成本,为纯电动客车发展提供助力。

纯电动客车对电机性能要求高,电机性能要求决定了电机本体体积较大,因此高度集成较为困难,成本也不占优势,电驱动关键技术如高速轴承,油封,冷却优化难度的提升,高速化的趋势与 NVH 优化相互矛盾,更低功耗的电力电子技术,低成本商业化面临很大挑战。

(4)2019 年国内外技术差异

新能源汽车代表着未来汽车的发展方向,其在全球范围内所占的比例正在迅速增长,尤以纯电动汽车最具代表性,得到了世界各国和汽车强企的重视。从纯电动汽车的技术发展关键点来看,三电技术的发展是制约其发展的关键因素。

储能系统方面,国内外技术的差距主要表现在 3 个方面:一是国内动力电池单项指标可能与国外接近甚至更高,但总体指标偏低,特别是在电池组寿命上面;二是在产品的可靠性、一致性上存在较大差距;三是产业规模总体很大,但存在单家企业规模较小、过于分散的问题。

驱动系统方面,国内外产品的技术路线是相似的,高速化、集成化是未来发展的最终方向,但由于使用场景,产品资源不同,主要有以下差异。

①电机选型差异,国内电机主要以永磁同步电机为主,供应商主要有大洋、绿控、精进、中车、比亚迪、凯博等,国外异步电机、永磁同步电机共存,供应商主要有 ZF、SIEMENS、allion、DANA 等。

②国内拥有更加丰富的电机产品矩阵,国外公共交通系统并不发达,电动客车很大一部分采购来自中国。其中国外的城郊公交工况和车型,决定使用电机的功率扭矩一般较大,而国内客车对电机的需求,从 100 kW 到 300 kW 覆盖各个车型,电机类型覆盖面广。

③国外对电驱动技术的创造性更强,国外产品凭借对电力电子技术、工业加工技术的领先,在系统集成、更低功耗的产品的开发方面有着更大的优势。

整车控制方面,我国电控水平与国外存在不小的差距,产业化制造能力不足,国内的电力电子技术起步相对较晚,功率电子一直是制约我国电机控制器发展的瓶颈。

3. 主要企业经营发展情况

2019 年新能源客车销量中城市公交占比达 94%,是绝对主力;公路客运车辆占比为 4%,相比往年有所提升,说明公路客运市场也在向新能源汽车切换;非营业车辆及出租租赁车辆的主要客户群体是企业通勤车与租车公司,使用的车辆也都是公路客车。

2019 年全年,新能源客车累计销量排名前 10 位的企业分别是:宇通客车 21 514 辆(纯电动 20 562 辆)、中通客车 6 768 辆(纯电动 6 547 辆)、中车电动 6 683 辆(纯电动 5 595 辆)、比亚迪 5 032 辆(纯电动 5 032 辆)、福田欧辉 3 843 辆(纯电动 2 598 辆)、苏州金龙 3 518 辆(纯电动 2 937 辆)、金旅客车 3 416 辆(纯电动 3 019 辆)、厦门金龙 2 996 辆(纯电动 2 299 辆)、南京金龙 2 950 辆(纯电动 2 911 辆)、银隆新能源 2 670 辆(纯电动 2 670 辆)。

宇通客车新能源客车累计销量为 21 514 辆,稳居行业第 1,市场份额为 26. 93%,保持“一骑绝尘”之势;中通客车销量为 6 768 辆,市场份额为 8. 47%,位居第 2;中车电动销量为 6 663 辆,市场份额为 8. 34%,跻身第 3。前 10 企业中,实现同比增长的有 4 家,分别是:中通客车、中车电动、福田欧辉、苏州金龙。其中,福田欧辉同比增幅最高,高达 104. 23%。如图 1-11 所示。

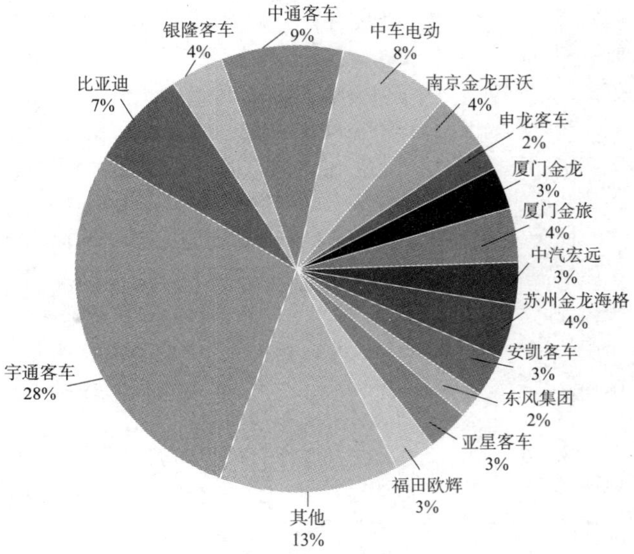

图 1-11 2019 年纯电动客车市场销量

4. 未来几年纯电动客车技术发展趋势

纯电动客车的开发目标一方面是降成本、降重量、降能耗、提高续驶里程,一方面是保持创新和先进性,未来几年也将围绕这两条主线进行发展,主要体现在以下几个方面:

(1)轻量化技术

通过材料与结构的优化,实现客车整体质量的降低,同时还能在保证客车具有稳定的综合性能的前提下,优化客车整备质量。

(2)主、被动安全技术

客车主要以载人为目的,要充分意识到客车安全的重要性,从事故当中去发掘造成交通事故的原因,解决这些问题,降低事故发生的概率。

(3)高能量密度与高安全性动力电池技术

以目前的技术水平来看,动力电池能量密度和安全性不可兼得,能量密度越高,对动力电池安全方面的技术要求就越高,在能量密度提高到一定程度后,安全技术会比较难达到，所以要加大动力电池技术的研发投入，实现高能量密度与高安全性的平衡与兼容。

（4）高效、高集成度电驱动系统关键技术

高效、高比功率/高比转矩的驱动电机将是纯电动客车的目标，同时，电驱动系统从分离式向高度一体化方向发展，未来随着碳化硅技术的突破，电机及电机控制器、减速器等部件将更容易实现整体集成化。

（5）高效、高精度能量管理控制技术

优化整车智能网络控制策略，研究基于多信息融合的整车高效能量管理控制技术，开发智能化、网联化应用功能的整车控制器，具备故障在线诊断、远程标定与监控、电池系统热管理控制、人机交互功能，具备高交互性信息综合显示与中控系统，提高整车控制水平。

（6）智能化、网联化技术

在“互联网＋”时代的应用发展前景下，纯电动客车轻量化、智能化、网联化是必然趋势，对于纯电动客车发展来说，只有在智能化、网联化方面加大技术研发投入，才能在市场竞争中脱颖而出。

5. 未来几年市场需求分析预测

自2009年开展“十城千辆”开始，新能源客车市场经历了从无到有，再到至少在公共领域如火如荼替代转化的整个发展过程，是我国客车市场进入新能源时代的开端。

从新能源客车的销量走势可以看出，国内新能源客车需求仍主要为政策推动，有政策、有补贴，才有需求。在政策引导下，新能源客车需求逐渐由混合动力产品为主导，过渡到以纯电动为主。从大中客新能源产品看，以城市客车为主，占比达到90%以上。新能源城市客车中纯电动占比达到93%，主要需求长度为10.5 m系列及8 m系列产品；新能源城间客车2018年开始全为纯电动，主要需求长度为11 m、10 m、8 m系列产品。

在未来几年，无论在国家政策保障层面，还是在地方落地层面，电动客车发展有政策保障。纯电动客车低能耗、低维保成本、政策支持力度大、在各运营场景下TCO成本最优，随着新能源技术路线客户认知程度和可靠性的提升，在部分运营场景优势显著。

6. 纯电动客车产业发展存在的问题

国家政策的大力扶持，以及地方政府的积极响应，为纯电动客车整体市场的扩大发挥了至关重要的推动作用。但是，客车领域电动化仍面临着许多突出问题。

（1）部分领域推广受制于特殊的应用场景

我国地形复杂多样，幅员辽阔，纯电动客车不能很好地适应高寒、高热、高原地区气候条件，而且各地充电基础设施建设差距较大，对纯电动客车产品的技术水平提出更高要求。

（2）纯电动客车产品质量问题突出

新能源城市公交车和道路客车以纯电动汽车为主，而我国动力电池技术尚未实现革命性突破，在一致性、安全可靠性、能量密度、使用寿命等性能方面仍存在突出问题，而且驱动电机、变速箱等主要部件故障率突出，降低了车辆的安全性和可靠性，影响了运营效率。

（3）充电基础设施不完善

纯电动客车车辆增加，带来了配套充电基础设施的需求问题，绝大多数城市面临着综合场站和终点站场地缺失的瓶颈。

7. 纯电动客车产业发展建议

（1）加大政策支持力度

各级政府部门要继续支持纯电动客车的发展，实行运营补贴机制，按照运营里程给与补贴，在城市公交领域，国家层面应提出公交车电动化时间进程表，在规定时间内，实现城市公交车全面电动化，同时各公交运营企业，需加大驾驶人员对新能源客车的技能培训。

（2）进一步提升纯电动客车产品质量

加大动力电池系统关键技术、高效、高集成度电驱动系统关键技术和整车控制关键技术的研发投入，实现动力电池系统高能量密度与高安全性的平衡与兼容，开发高效、高集成度电驱动系统满足纯电动客车高性能水平要求，研究基于多信息融合的整车高效能量管理控制策略，让纯电动客车产品质量迈上新的台阶。

（3）加大充电基础设施建设

要迅速发展基础设施建设，地方政府要最大限度的立足于城市发展现状和行业发展趋势，从规划、建设和管理各个环节，强化政策扶持，推动纯电动客车行业发展。

8. 2019年纯电动客车补贴标准对行业的影响

在财政补贴刺激下，我国纯电动客车行业发展迅猛，2019年新能源补贴政策正式实施，由于城市客车的附加质量，试验阻力，工况循环复杂度的提高，导致整车电能消耗加快和续驶里程减少，最终推动单位载质量能量消耗量（E_{kg}）调整系数进一步下滑，部分整车厂正不断提升产品技术性能，以应对日益严苛的政策法规和竞争越发激烈的市场环境。

表1-4　2018—2019年纯电动客车补贴标准对比

车辆类型	中央财政补贴标准（元/kWh）	中央财政补贴调整系数		中央财政单车补贴上限（万元）		
				$6<L\leq8$ m	$8<L\leq10$ m	$L<10$ m
2018年非快充类纯电动客车	1 200	系统能量密度（Wh/kg）		5.5	12	18
		115～135（含）	135以上			
		1	1.1			

续上表

<table>
<tr><th rowspan="2">车辆类型</th><th rowspan="2">中央财政补贴标准（元/kWh）</th><th colspan="3" rowspan="2">中央财政补贴调整系数</th><th colspan="3">中央财政单车补贴上限（万元）</th></tr>
<tr><th>6 < L≤8 m</th><th>8 < L≤10 m</th><th>L < 10 m</th></tr>
<tr><td rowspan="3">2019 年非快充类纯电动客车</td><td rowspan="3">500</td><td colspan="3">单位载质量能量消耗量[Wh(km·kg)]</td><td rowspan="3">2.5</td><td rowspan="3">5.5</td><td rowspan="3">9</td></tr>
<tr><td>0.19(含)~0.17</td><td>0.17(含)~0.15</td><td>0.15 及以下</td></tr>
<tr><td>0.8</td><td>0.9</td><td>1</td></tr>
<tr><td rowspan="3">2018 年快充类纯电动客车</td><td rowspan="3">2 100</td><td colspan="3">快充倍率</td><td rowspan="3">4</td><td rowspan="3">8</td><td rowspan="3">13</td></tr>
<tr><td>3C~5C(含)</td><td>5C~15C(含)</td><td>15C 以上</td></tr>
<tr><td>0.8</td><td>1</td><td>1.1</td></tr>
<tr><td rowspan="3">2019 年快充类纯电动客车</td><td rowspan="3">900</td><td colspan="3">快充倍率</td><td rowspan="3">2</td><td rowspan="3">4</td><td rowspan="3">6.5</td></tr>
<tr><td>3C~5C(含)</td><td>5C~15C(含)</td><td>15C 以上</td></tr>
<tr><td>0.8</td><td>0.9</td><td>1</td></tr>
</table>

相比 2018 年，纯电动客车补贴标准均由千元/kWh 跌至百元/kWh，其中快充类纯电动客车退坡幅度最大，直接从 2 100/kWh 下降至 900/kWh。此外，纯电动客车的单车补贴上限也都降低至原来的一半及以下。

在技术要求上，非快充类纯电动客车单位载质量能量消耗量（E_{kg}）不高于 0.19 Wh/(km·kg)，电池系统能量密度不低于 135 Wh/kg，续驶里程不低于 200 km（等速法）；快充类纯电动客车快充倍率要高于 3C（见表 1-4）。取消新能源客车电池系统总质量占整车整备质量比例（m/m）不高于 20% 的门槛要求。

2019 年新能源补贴政策，纯电动客车的补贴指标降幅很大，总体补贴降低 50%~55%，对纯电动客车行业冲击较大。

四、纯电动专用车

Chapter 4 Pure Electric Special vehicles

（北汽福田汽车股份有限公司 刘乃胜 熊演峰 程 琰 张艳超 吴 红）

1. 2019 年纯电动专用车产业的总体情况

对比 2018 年，2019 年新能源专用车补贴再次退坡，技术指标继续加严，补贴额度持续下降，且取消地补，同时对专用车按 N1、N2、N3 分别设置补贴上限，其中 N1 类补贴上限从 10 万元降低至 2 万元，对电动微面和轻卡影响巨大；N2 和 N3 类补贴上限均为 5.5 万元，政策导向支持中重卡电动化；技术指标方面，动力电池能量密度与能耗指标均有提升，纯电动货车 E_{kg} 指标系数持续加严至 0.29 Wh/(km·kg)，作业类纯电动专用车吨百公里电耗指标不变，技术指标的提升表明新能源补贴政策从"普惠制"转向"扶优扶强"，而作业类纯电动专用车吨百公里电耗指标维持原状，表明政策开始鼓励作业类专用车纯电动化。

2020 年 4 月，四部委发布的《关于完善新能源汽车推广应用财政补贴政策的通知》，明确财政补贴时间延长至 2022 年底，公共车辆如城市公交、道路客运、出租（含网约车）、环卫、城市物流配送、邮政快递、民航机场以及党政机关公务领域等符合性能指标要求的车辆，2020 年补贴标准不退坡，2021—2022 年补贴标准分别在上一年基础上退坡 10%、20%，原则上每年补贴规模上限为 200 万辆，同时鼓励换电模式以满足特定场景需求。

在 2019 年工信部发布的 11 批《新能源汽车推荐车型目录》（以下简称《目录》）中，共有 128 家车企的 899 款新能源专用车车型，而 2018 年进入《目录》的企业有 163 家，车型数 1 246 款，无论企业数还是车型数均有减少；从实际产销量数据看，2019 年列入统计范围的 106 家车企，销量共计 60 243 辆，其中前 10 家企业占比达 69%；受益于智慧城市、绿色物流等多重利好政策推动，纯电动物流车占比较大，销量为 53 015 辆，占比达 88%；而纯电动物流车又以面向城市物流市场的轻型纯电动物流车为主，其中厢式物流车销量约 5 万辆，约占纯电动物流车份额的 96%。其他类纯电动专用车，以环卫类为主，代表车型有福田的扫路车、抑尘车，东风的垃圾车等。

2019 年纯电动专用车市场仍呈现销量不均衡等特征，重点销售区域继续以对纯电动物流车开放路权、经济实力较强的城市为主。2019 年销量在 1 000 辆以上的城市 12 个，其中深圳仍保持遥遥领先态势，是唯一销量过万辆的城市，其中纯电动物流车 9 258 辆、专项作业车 4 862 辆；其他城市销量在 6 000 辆以上规模的城市仅成都；2 000~6 000 辆的有 7 个，分别是郑州、芜湖、西安、北京、南京、广州、南平；1 000~2 000 辆的有 3 个，分别是长沙、襄阳、台州。6 m 以下的纯电动专用车在大中城市市场销量表现较好，4.5 m 以下的轻型纯电动物流车因取消营运证、路权倾斜等利好政策影响，市场份额提高至 47% 以上。

纯电动专用车用户的痛点主要集中在初始购置成本高、续驶里程焦虑、电池衰减焦虑上。随着补贴政策的发布，换电模式越来越受到关注，通过电池系统机械接口、高低压接口等标准化、提前备好充满电的电池系统，单车换电时间约 5 min 完成，满足用户高频使用需求。同时为降低纯电动专用车初始购置成本，考虑电池系统占整车成本比重较大，市场开展了车电分离等新的销售模式，针对有持续运力需求、资信较好等企业，可由电池供应商或其他第三方租赁平台提供电池租赁服务。

2. 2019年纯电动专用车技术发展情况

（1）2019年纯电动专用车技术发展特点

①功能需求多样化

通过深度挖掘客户需求和特定场景使用，新能源车辆的定制化功能越来越多。如纯电动重卡，标配机械式自动变速箱，挡位由整车控制器根据当前扭矩需求、驾驶意图确定，但考虑矿山等重载大长坡场景，锁止一挡用于重载爬坡场景，有利于减少不必要的爬坡途中换挡，提高整车安全性与动力性，福田新能源重卡针对上述场景，开发了爬坡模式；如机场客梯车，为保证车辆在与飞机对接服务时，防止车辆误碰飞机，需要控制对接车速稳定在0.7 km/h，因此整车开发了低速对接功能；为降低整车能耗，提高制动能量回收率，乘用车针对液压制动系统开发了解耦式制动能量回收系统，实现电制动优先，商用车制动系统采用气助力形式，因为制动管路长、气压难以实现主动精确调整等特点，目前还没有适用于气助力型式的解耦式制动能量回收系统，福田纯电动重卡制动能量回收控制策略，针对重卡制动减速度基本小于0.15 g，多为行车制动，很少将车速减速至0等制动特征，基于EBS系统，借用液力缓速器换挡手柄信号，将电机扭矩作为制动扭矩分区间使用，通过将电制动视为辅助制动，实现电制动优先，在不改变驾驶习惯的前提下，实现基于气助力系统的解耦式制动能量回收，提高制动能量回收率。

②性能逐步提升

2019年纯电动专用车续驶里程有小幅增长，分析2019年新进《目录》的纯电动专用车数据可知，93%的车型续驶里程超过200 km，58%的车型超过300 km；而2018年新进《目录》的纯电动专用车数据显示，续驶里程超过200 km、300 km的车型比例分别为91%和36%。随着电池充放电倍率的提升和相应电池管理系统策略的日益完善，纯电动专用车在低温环境下，通过充电加热、行车加热等功能缩短电池充电时间，改善低温环境下整车驾驶性，整车环境适应性能力有所提升。

③通用化电动底盘

在能源、环保、安全等因素的推动下，国内外汽车产业正向着电动化、智能化和轻量化等方向发展。电动化底盘结构布置更紧凑，对比传统的商用车车架结构来说，框架式的结构能够在保障车身强度的情况下，降低自重。最为关键的是，底盘中部的可利用空间大幅增加。特斯拉纯电动汽车底盘布置模式［模块化—电池包与底盘一体化；"电动机、变矩器、差速器、驱动桥"高度集成在同一根轴上，与轮毂（含ABS）构成整体式车桥，直接安装在汽车底盘上，构成新能源汽车的驱动系统］对同行来说，具有较高价值的借鉴意义。不仅节省了汽车底盘空间，减轻了整车的整备质量，也提升了整车的性价比和驾乘体验。

轻卡轻客的电动化底盘应用较早，东风已开始批量应用同轴电驱动桥总成。在中重型卡车上，奔驰电动重卡eActros基于采埃孚AVE 130电驱动桥，设计了纯电动车专用车桥，车架中间取消了传动轴，由动力电池取而代之，让底盘空间更加紧凑；Bollinger推出的E-Chassis专为Class 3（类似国内标准的M3类底盘）而设计，是一个真正的通用化底盘，可以用来承载大多数各类汽车系统，底盘由第三方进行改装，从而成为货车，重型商用卡车等。定于2021年投入商业使用。

真正的电动化底盘通用化还需经历比较长的过程，通用化的电动底盘需要整合目前车辆底盘数十个零部件和ECU，整合相关的软件、工具和工具链，把数据进行很好的融合。架构优化是个大工程，因此一般都是大型车企主动开发。

④网联化

2019年是5G建设的元年，网联化是在5G时代必然会成长的新应用场景。物流格局变化迅速，传统互联网企业携大量资本布局数字物流新生态体系，物流公司通过车联网加速车辆资源、线路资源、信息资源的整合，通过行业分工精细化，渠道平台化，物流链的概念，让运力效率最大化，争取更多的货物分配权。行业内车队管理产品已经较为普及，易流、G7等第三方公司的车队管理产品已经成熟多年，并与阿里、腾讯等传统互联网企业形成战略合作，深耕物流产业链和智慧运输生态；部分整车厂也研发有自己的车队管理系统，如陕汽"天行健"、解放"解放行"等；国内大型物流企业（京东、中通等）通过建立自己的管理系统，极大提高了运输效率，市场对车队管理认可度越来越高；IT巨头与车企的合作日趋深入，华为更是对标博世，给出了智能驾驶、智能网联、智能座舱、智能电动、智能车云的全套解决方案，并与上汽、东风、北汽建立起了合作关系。很多车企对于智能网联"政治正确、只说不干"的现象也逐渐改变。

（2）2019年纯电动专用车实现的主要技术突破点

①动力电池性能提升及成本降低

2019年动力电池装机总量为62.2 GWh，三元电池装机占比66.1%，磷酸铁锂电池装机占比32.5%，其中，三元电池由于其突出的能量密度优势广泛应用于乘用车领域；而磷酸铁锂电池由于其安全性能好，循环寿命优，且具有成本低等优势，因此成为纯电动商用车主要采用的动力来源，其中在物流车领域约占70%，在客车领域占比在90%以上。在未来5年内，磷酸铁锂电池仍将在新能源商用车领域占主导地位。

目前，动力电池的发展主要是朝着高能量、长寿命、高安全、快充电等方向进行综合提升。动力电池通过轻量化集成技术，实现高能量转换效率，系统能量密度由130 Wh/kg提升到146 Wh/kg；电池系统采用高效加热片与液冷板复合结构进行冷热一体化集成液冷系统设计，以实现低温环境下快速充电，以及行车过程加热；同时液冷高效散热能力，实现快速冷却功能；匹配高效热管理系统，保障电池系统在合理的温度区间内进行安全运行，改善电池系统循环性能，实现新能源商用车质保寿命由5年20万km提升到6年30万km。

新能源电动车相较于传统燃油车价格仍然偏高，其核心就在于动力电池成本占据电动车较高比例，因此随着动力电池综合性能的提升，电池成本也在逐步降低。动力电池降本的实现主要核心在于原材料成本的降低，同时供应商生产规模扩大，以及电池技术提升，综合影响实现电池成本大幅下降，并且成本逐年呈递减趋势。

②快充技术(大功率充电)

发展大功率充电技术是一项系统工程,需要电动汽车、动力电池、充电设施、电网各行业共同努力、协调发展。标准是大功率充电技术应用的基础,是实现电动汽车、充电设施、电网协调的桥梁。大功率充电标准工作组规划了大功率充电标准体系,并提出四步走的标准路线图。2019 年制定完成电动客车大功率充电标准、结合大功率充电示范试点项目建设,对大功率充电设备、通信协议等标准进行技术验证;在 2020 年完成相关标准立项启动,计划于 2021 年上半年完成标准编制工作。

大功率充电技术已经取得阶段性成果,服务冬奥会的重要交通枢纽站——京礼高速延庆阪泉服务区已率先建成国内首座技术领先的 480 kW 大功率群充群控充电示范站,其充电效率是普通 60 kW 直流充电桩的 6 倍。同时,电动汽车大功率充电需要国际合作,2019 年 4 月,日本 CHAdeMO 决定未来的 CHAdeMO 方案将采用中国提出的新接口方案。2019 年 7 月,第一届国际大功率充电 CHAOJI 项目正式启动。中国专家分别与德方专家、日方专家就大功率充电技术开展深入技术交流,推动了大功率充电技术的国际合作。

③换电技术

随着汽车电动化的推进,纯电动汽车得到了迅猛发展,但由于纯电动汽车具有充电时间长、短时间内快充次数限制等属性,造成了部分应用场景的限制。而换电模式正好可以解决该场景限制问题,同时提高电池寿命、运营效率,同时动力电池实现快速插拔,有利于电池后期维护及极端事件时的应急处理。电池为新增的社会成本及社会资源,打通电池在车端与储能端的共享应用,实现成本分摊,是突破交通电动化、电网储能化两大领域商业瓶颈的创新模式。

由于纯电动重卡载电量大,需要大功率直流充电桩,不但充电时间长,对充电场站建设的要求也高,重卡换电也就成了一个可选的模式。换电模式分为侧方式换电、悬臂式吊装换电和桁架式吊装换电等方式;无论是哪种换电方式,时间都可控制在 6 min 左右,更加适合重卡高频运营车辆的需求,提高车辆运营效率,提升回报率和便利性。

2019 年 12 月,在北京正式成立建材绿色供应链"绿色联盟",融和电科以战略合作方身份,联合福田汽车共同研发的智能换电重卡,为北京密云矿山砂石骨料公路运输提供"车辆运输、能源补给、运营管理、金融服务"一体化绿色物流解决方案,助力北京公铁绿链公司实现整个砂石骨料开采、运输、废料回收等产业链,打造北京首个建筑砂石绿色基地。

福田重卡换电车型电池箱部件使用宁德时代 282 kWh 磷酸铁锂电池,具有更高的安全性、循环寿命;换电箱和电池快换底座公母接插件对插后可以达到 IP66 要求,有效防止沿海地区雨雾、北方地区雪等平行地平面运动带来的侵袭和喷淋。电池箱与电池快换底座可有效配合,具有自动上锁解锁功能,支持桁架式吊装换电方式;整个换电过程全是机器人操作,不需专人服务,效率更高。一辆纯电动重卡大约 50% 的成本来自于电池。采用换电模式的电池集中管理,电池在 5 年后可以回收梯次利用到风电、太阳能发电等领域的储能上,提高了电池的综合使用效率,降低了电池的整体使用成本。福田汽车已经生产 20 台 49T 换电重卡在密云地区示范运营。

虽然在补贴退坡的大背景下,电池占整车成本的比例过高,间接导致了大型企业多支出近一半的购车费用,中小型物流企业和个体散户则很难会考虑购置纯电动重卡。不过在换电模式的帮助下,车、电可以分离,用户只需支付除电池外车辆本身的费用即可,无电池的车辆本身价格与常规柴油车基本一致。电池可以由换电站提供,换电站收取合理的充换电费用,使车辆整体运营成本做到与常规重卡一致。也可以选择单独电池租赁的形式、纯电重卡整车租赁的方式,使客户不需要在车辆本身上投入重资产,用户可以更加专注于物流运营。

④智能网联技术

在车辆智能化及车队管理智能化方面均有突破。车辆智能化方面:ACC 自适应巡航、防碰撞预警、车道偏离预警等安全辅助装备,已经成为了商用车的发展趋势。这些技术作为底层建筑,为智能驾驶提供了大量技术支撑以及更广阔的应用前景;湖北神百专用汽车与武汉理工大学合作研发的"随车吊智能计重(设备)系统",在安全性、便利性及车辆维护管理上,运用车联网、智能传感、大数据分析技术实现了传统手段无法实现的智慧功能;湖南纽恩驰生产的无人驾驶新能源环卫清扫车,集清扫、清洗、消毒等多功能于一体,基于激光雷达、超声波雷达等多传感器融合的感知系统和嵌入式车规级处理器,具有自动遇障暂停、自动避障绕障、自动驾驶清扫、自动驾驶喷雾打药与防疫等功能,且借助于 5G 的实施,将大幅提升作业效率。

车队智能化方面:福田汽车推出 SuperFleet 车队管理系统,以帮助客户实现安全、经济的车队运营为核心目标,为客户提供全面专业的基础车队管理、安全管理、经济运营模块,面向行业客户的特殊需求,提供渣土、冷链等行业解决方案,同时还可接入丰富的第三方应用服务,为客户定制化开发数据接口及车联网平台。在行业中率先将整车数据采集、上下游业务链、后市场服务和开放式平台结合起来,形成一套功能均衡、完整的车辆管理体系,为福田汽车日后在物流供应链、运力平台、智慧物流园区、智能汽车及自动驾驶领域的发展打下基础。

(3)目前亟须解决的技术难点及解决方案

目前,纯电动专用车市场发展迅猛,依托政策利好和技术优势在特定细分市场优势明显,但功性能提升潜力较大,纯电动专用车具有应用场景丰富、多品种小批量特点,唯有在平台化、模块化的基础上通过定制化来满足不同客户需求,打造高可靠性产品。福田通过前期大量的商用车应用场景的全面深入调研,结合公司现有产品线,根据不同实际使用工况,提炼相应整车载荷谱开展正向设计,提前规划纯电动整车产品和开展模块定义与选型,实现有限的成熟可靠模块进行组合,满足全系产品线新能源化需求。

针对纯电动专用车另一核心痛点安全问题,福田除做好产品开发阶段中的高压安全测试、功能安全测试、高低温环境测试和总成极端工况测试外,同时创造性地提出,基于远程监控平台大数据分析,提供预见式报警服务功能,例如当电池充电时频发单体电压过高,超过一定阈值后,车联网 App 会将电池故障信息推送给售后部门,售后部门视问题紧急程度，或者远程后台 OTA 软件升级以解决问题，或者问题严重到某一定程度后，可将电池故障信息通过手机 App 推送给客户、必要时电话告知客户，尽可能防止出现极端事件。

3. 未来几年纯电动专用车技术发展趋势

结合专用车的多场景化市场需求，电动专用车技术发展会沿着模块化、定制化方向发展，兼顾低能耗定制化开发驱动系统及传动系统，标准化上装配电组件，电池模块标准化，电池支架轻量化等技术趋势。在部分场景会加速推广电池换电技术发展。

4. 未来几年市场需求分析预测

未来纯电动专用车在智慧城市、环保攻坚中的作用将更加突显，市场需求总体规模将继续扩大，尤其在配送、冷链、环卫、渣土等场景中，纯电动专用车无论销量或者替代率将持续上升，其中城配场景中电动物流车仍将是主要领域。

五、纯电动物流车

Chapter 5　Pure Electric Logistics Vehicle

（中汽中心北京卡达克科技中心有限公司　任海波　胡芋丹）

1. 纯电动物流车市场现状

（1）纯电动物流车市场总体走势

①历年纯电动物流车走势（如图 1-12 所示）

图 1-12　历年纯电动物流车走势（万辆）

2019 年受经济下行压力增大、纯电动物流车补贴大幅退坡、纯电动物流车行业盈利前景不明等因素的影响，纯电动物流车产量降至 6. 9 万辆，同比下滑 44%，降幅进一步增大。

补贴退坡是 2019 年纯电动物流车产量下降的主要原因。2019 年纯电动货车单车补贴上限为 5. 5 万元，比 2018 年的单车最高补贴 10 万元下降 45%。纯电动货车补贴标准降至 350 元/kWh，比 2018 年最高 850 元/kWh 下降 59%。在当前纯电动物流车经济性明显低于燃油车，终端用户尚未形成良好的盈利模式的背景下，补贴大幅退坡对纯电动物流车市场形成较强冲击。

②纯电动物流车车型结构

2019 年纯电动货厢类厢式运输车、客车类封闭货车产量分别为 1. 3 万辆和 4. 6 万辆，电动化率分别为 3% 和 19%。2019 年纯电动冷藏保温车产量为 1 236 辆，电动化率较低，主要是由于对电量要求更高，纯电动冷藏保温车仍难以满足应用需求。纯电动邮政车、微面及普通载货车产量分别为 1 187 辆、4 301 辆和 2 655 辆。纯电动物流车分类如图 1-13 所示。

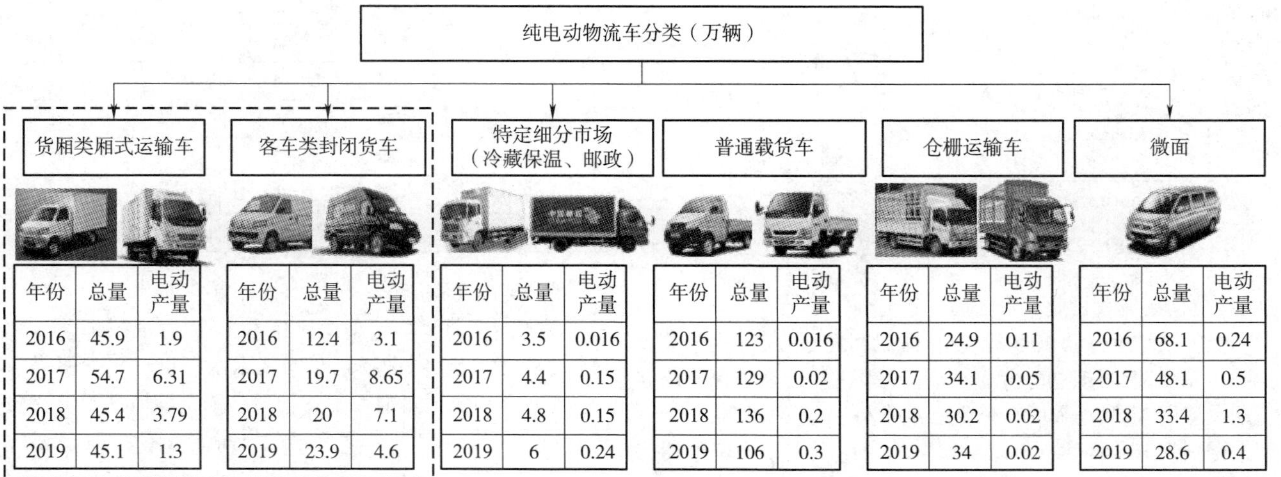

货厢类厢式运输车

年份	总量	电动产量
2016	45.9	1.9
2017	54.7	6.31
2018	45.4	3.79
2019	45.1	1.3

客车类封闭货车

年份	总量	电动产量
2016	12.4	3.1
2017	19.7	8.65
2018	20	7.1
2019	23.9	4.6

特定细分市场（冷藏保温、邮政）

年份	总量	电动产量
2016	3.5	0.016
2017	4.4	0.15
2018	4.8	0.15
2019	6	0.24

普通载货车

年份	总量	电动产量
2016	123	0.016
2017	129	0.02
2018	136	0.2
2019	106	0.3

仓栅运输车

年份	总量	电动产量
2016	24.9	0.11
2017	34.1	0.05
2018	30.2	0.02
2019	34	0.02

微面

年份	总量	电动产量
2016	68.1	0.24
2017	48.1	0.5
2018	33.4	1.3
2019	28.6	0.4

图 1-13　纯电动物流车类型及产量

2019 年国内纯电动物流车中，纯电动客车类封闭货车和货厢类厢式运输车占比分别为 66. 8% 和 19. 4%，冷藏保温车、邮政车、普通载货车及微面占比分别为 1. 8%、1. 7%、3. 8% 和 6. 2%（如图 1-14 所示）。

（2）纯电动物流车月度走势

近几年，纯电动物流车市场月度产量一直呈“前低后高”态势，产量主要集中在年底（如图 1-15 所示），这主要是由于电动物流车仍是政策导向型市场，补贴政策调整对产量节奏有强烈的影响，年底一般是补贴政策调整期，产量集中爆发。

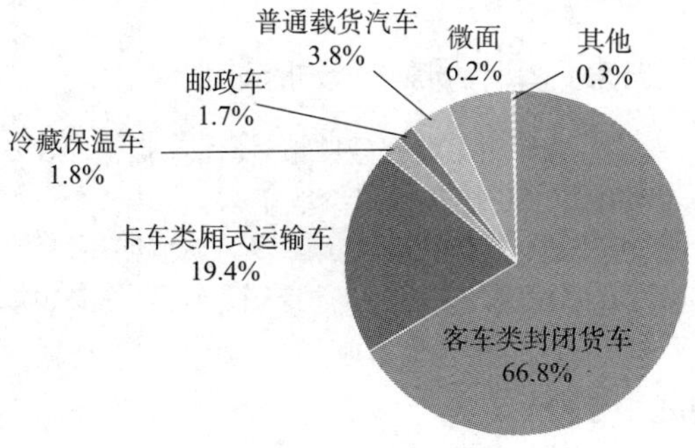

图 1-14　纯电动物流车结构

(3)纯电动物流车细分市场结构

2019 年货厢类厢式运输车中，总质量 4 ~ 4.5 t 车型占比最高，为 59%，其次是 1.8 ~ 3.5 t 车型占到 27%。从货箱尺寸来看，4 m 2 货箱的厢式运输车是主力车型，占到 63%。与 2018 年相比，货厢类厢式运输车车型结构更加均衡，1.8 ~ 3.5 t、8 t 以上产品占比有所提高，应用场景更加多元化(如图 1-16 所示)。

2019 年客厢类封闭货车中，车长 4 ~ 4.5 m 占比最高，达到 43%，其次是 4.5 ~ 5 m 车型占 29%，5 ~ 5.5 m 轻客占 18%。与 2018 年相比，4.5 ~ 5.5 m 纯电动物流车占比大幅增加，5.5 ~ 6 m 车型明显下降(如图 1-17 所示)。

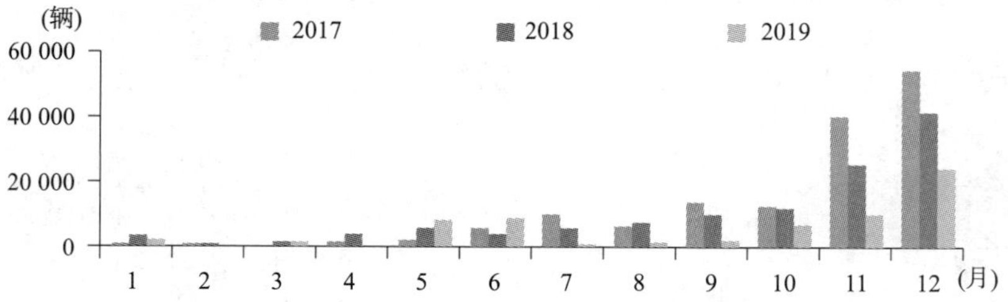

图 1-15　纯电动物流车月度走势

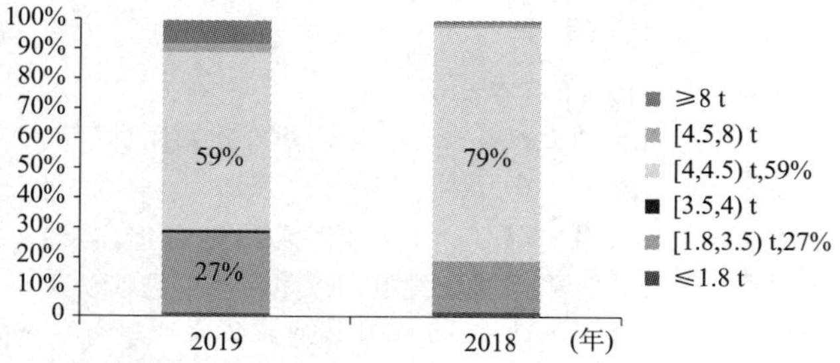

图 1-16　2019 年货厢类纯电动厢式运输车细分市场结构

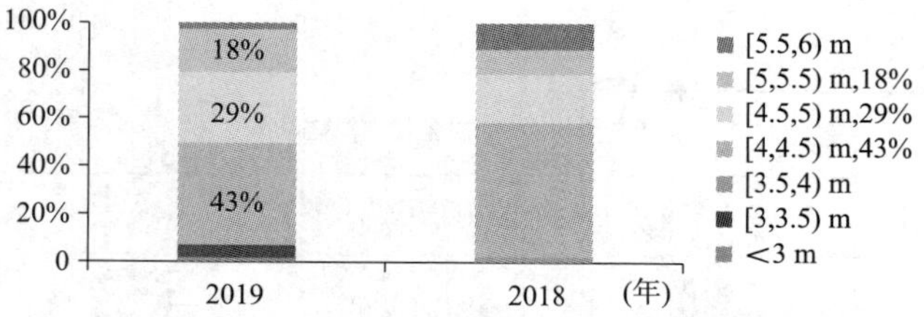

图 1-17　2019 年纯电动客厢类封闭货车细分市场结构

(4)纯电动物流车行业竞争格局

受补贴政策持续调整、行业整体盈利性不强、行业竞争加剧等原因，近两年电动物流车行业竞争格局仍处于快速调整期。奇瑞、吉利等乘用车企业跨界进入，快速发展，2019 年产量分别为 10 188 辆、6 662 辆。东风商用车在市场调整期采取较为谨慎的态度，2019 年产量为 6 363 辆，见表 1-5。

纯电动物流车行业仍呈现“散、小、乱”格局，2019 年年产量 1 000 辆以下的纯电动物流车企业有 75 家，年产量 100 辆以下的纯电动物流车企业数量达到 55 家。大量规模较小的企业导致生产成本高、产品质量不高，不利于市场健康发展。

补贴退坡及技术门槛持续提高加速了行业洗牌，技术实力不强的企业逐步淘汰，行业散、小、乱的格局开始改善，今年新补贴政策有利于加快提升行业集中度。电动物流车市场总体规模仍然较小，规模效应仍未显现，回款周期较长、自身资金垫付压力大，导致企业经营面临诸多困境，企业的发展战略和产品规划不断调整，部分企业产量出现大幅波动。

表 1-5　2019 年纯电动物流车市场竞争格局

企业名称	2019 年产量(辆)	2019 年排名	2018 年排名	2017 年排名
奇瑞	10 188	1	1	8
吉利四川商用车	6 662	2	9	10
东风	6 363	3	2	1
重庆瑞驰	6 220	4	3	5
江西昌河	6 135	5		
南京金龙	5 586	6		5
华晨鑫源重庆	3 484	7		
河北长安	2 681	8	7	
郑州日产	1 783	9		

(5)纯电动物流车关键技术指标走势

随着新能源汽车整车集成技术、动力电池技术、驱动电机技术持续突破，电动物流车的技术水平也逐年大幅提升。E_{kg}(单位载质量能量消耗量)、动力电池系统能量密度、续驶里程显著优化，动力电池技术路线更加多元化。

①E_{kg}走势

随着补贴技术门槛对 E_{kg} 要求逐年提高，近年来电动物流车的 E_{kg} 值显著优化，(0.25，0.35]占比大幅增加。2019 年 94.6% 的纯电动物流车 E_{kg} 低于 0.3 Wh/(km·kg)，达到了补贴技术标准的要求。而 2020 年补贴技术要求中，从 2019 年的 E_{kg}≤0.3 提高到 2020 年的 E_{kg}≤0.29 Wh/(km·kg)，将引导能耗指标进一步优化。

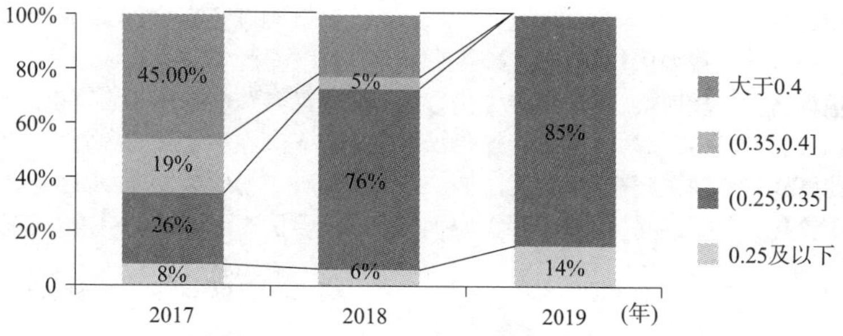

图 1-18 历年纯电动物流车 E_{kg} 走势

②动力电池系统能量密度走势(如图 1-19 所示)

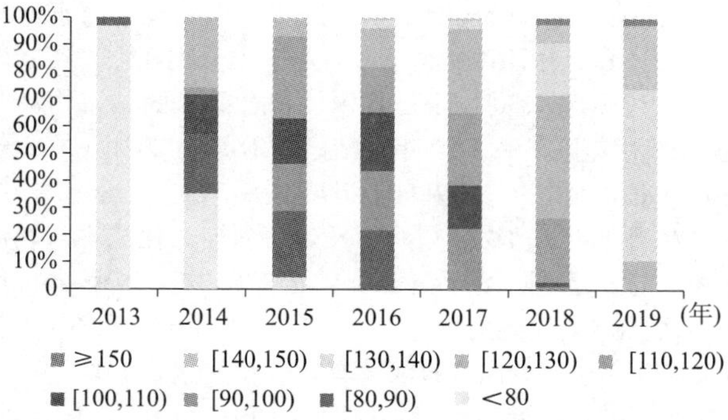

图 1-19 历年纯电动物流车动力电池系统能量密度走势

近年来纯电动物流车动力电池系统能量密度显著提高。2019 年动力电池系统能量密度 120 Wh/kg 的产量占比已达到 99% 以上。

③续驶里程走势

近年来纯电动物流车的续驶里程持续增加,250 km(工况法)以上的纯电动物流车产量占比从 2014 年的 2% 提升到 2019 年的 71%,纯电动物流车续驶里程已基本满足多数应用场景的需求。

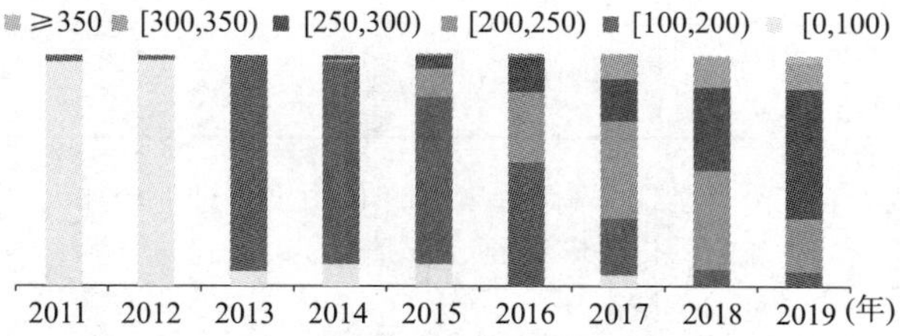

图 1-20 历年纯电动物流车续驶里程走势(工况法)

④动力电池结构(如图 1-21 所示)

纯电动物流车动力电池类型主要是三元锂电和磷酸铁锂,占比超过 90%。近两年磷酸铁锂电池系统能量密度大幅提升,2019 年 99% 的磷酸铁锂电池系统能量密度超过 125 Wh/kg,完全满足补贴技术要求。磷酸铁锂电池的寿命、成本和安全性显著优于三元锂电,物流车对体积能量密度要求相对较低。因此,2019 年纯电动物流车中磷酸铁锂占比大幅提升至 67%。随着近期行业里磷酸铁锂电池技术突破,磷酸铁锂在纯电动物流车中的优势将进一步显现。

⑤动力电池电量走势(如图 1-22 所示)

2019 年 30 ~ 50 kWh 电量的电动物流车产品产量占

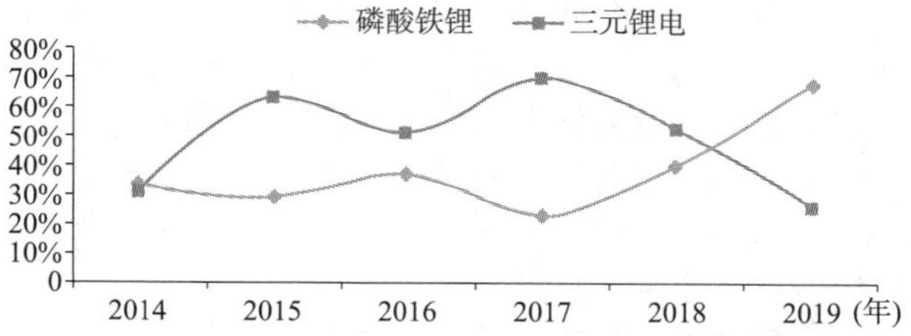

图 1-21 历年纯电动物流车动力电池技术路线走势

73%,比 2018 年提升 18%。市场不再过度追逐高电量产品。而低电量产品占比增加的情况下,行业整体续驶里程分布仍明显提高,也反应了动力电池系统能量密度的显著提升。动力电池系统电量降低有利于降低车辆成本和重量。

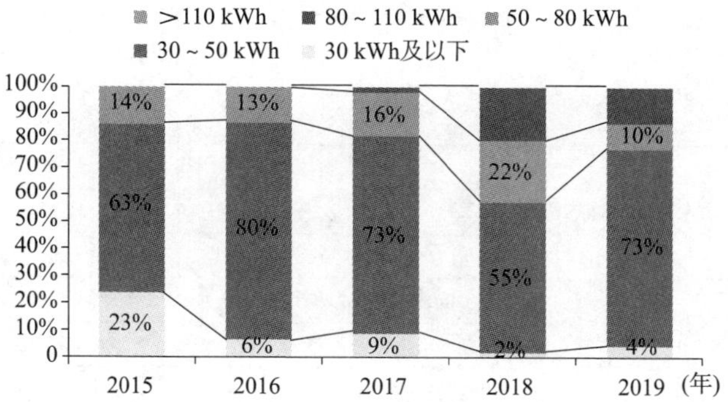

图 1-22 历年纯电动物流车动力电池电量走势

(6)纯电动物流车销售区域分布

根据保险数据,2019 年纯电动物流车主销区域为广东、四川、福建、江苏等地,占比分别为 17%、17%、10% 和 9%(如图 1-23 所示)。

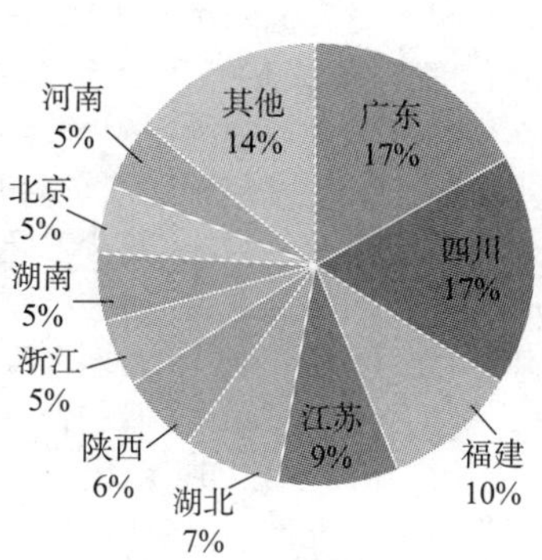

图 1-23 2019 年纯电动物流车主销区域

(7)纯电动物流车行业存在的问题

①运营效率有待提升

由于动力电池系统自重较高,纯电动物流车载货能力仍略低于燃油车,对于快消品等运货重量要求高的货物运输仍有限制。纯电动物流车续驶里程与燃油车仍有差距,无法有效满足部分日运营里程要求较高的应用场景,用户仍存在一定的续驶里程焦虑。

②故障率偏高

根据新能源汽车运行大数据,2018 年 50% 的纯电动物流车发生过故障,故障率显著偏高,主要集中在电池、电机、电控等核心部件。各类故障中制动系统故障占 16%,单体电池欠压及过压分别占 13% 和 11%,SOC 低占 9%,车载储能装置欠压和过压分别占 8% 和 9%,动力蓄电池一致性差占 7%。此外还有一定的驱动电机故障,主要是电机温度和控制器温度控制。电动物流车企业需持续提升研发设计水平和生产工艺,大幅降低产品故障率。

③成本竞争力不高

物流车作为生产工具,经济性至关重要。目前纯电动物流车购车成本显著高于燃油车,而能耗成本明显低于燃油车,全生命周期的购车和能耗成本与燃油车相当。但由于纯电动物流车故障率仍然偏高,导致出勤率较低、维修成本较高,使用成本高于燃油车。纯电动物流车经济性不高导致终端用户盈利难,行业尚未形成可持续的盈利模式。

④安全性有待提高

近两年纯电动汽车安全事故频发,导致部分用户对纯电动物流车存在一定顾虑,高价值货物运输存在明显制约。南方部分城市暴雨频发,涉水性能差导致纯电动物流车存在一定的安全隐患,还可能导致车辆直接报废。

2. 纯电动物流车市场影响因素

(1)利好政策频出

①新能源汽车补贴及免征购置税

2020 年 4 月 23 日,财政部、工信部、科技部、发改委联合发布的《关于完善新能源汽车推广应用财政补贴政策的通知》提出,原则上 2020—2022 年补贴标准分别在上一年基础上退坡 10%、20%、30%,而公共领域符合要求的城市物流配送、邮政快递等车辆 2020 年补贴标准不退坡,2021—2022 年补贴标准分别在上一年基础上退坡 10%、20%。

在当前纯电动物流车购车及生命周期能耗成本与燃油车相当的关键时期,给予补贴及免征购置税有利于稳定市场预期,引导市场平稳发展。新补贴政策提出从 2020 年起,新能源商用车企业单次申报清算车辆数量应达到 1 000 辆,有利于提高电动物流车行业集中度。2019—2020 年纯电动物流车补贴见表 1-6。

表 1-6 2019—2020 年纯电动物流车补贴

指标		2019 年	2020 年	说明
电池电量补贴标准(元/kWh)		350	315	退坡 10%。 公共领域符合要求的城市物流配送、邮政快递 2020 年不退坡
单车补贴上限(万元)	N1 类	2	1.8	总质量≤3.5 t 车型补贴退坡 10%
	N2 类	5.5	3.5	总质量 3.5 t 到 12 t 车型退坡 36%
	N3 类	5.5	5	总质量 12 t 车型退坡 9%
技术门槛要求	单位载质量能量消耗量(E_{kg})	≤0.3 Wh/(km·kg)	≤0.29 Wh/(km·kg)	小幅提高
	动力电池系统能量密度	≥125 Wh/kg	≥125 Wh/kg	未作调整
	续驶里程(km)	≥80 km	≥80 km	

②物流领域电动化系列政策

近年来,中央出台一系列政策鼓励物流车辆电动化。《国务院打赢蓝天保卫战三年行动计划》《汽车产业中长期发展规划》《交通强国建设纲要》《国务院办公厅关于印发推进运输结构调整三年行动计划(2018—2020 年)的通知》等多个政策中明确提出提高物流配送等领域的车辆电动化水平。工业和信息化部拟会同相关部门组织行业力量开展推动公共领域用车电动化行动计划编制工作,积极推动公交、环卫、邮政、出租、通勤、轻型物流配送等车辆电动化水平提高。工信部提出下一步将从供给侧、需求侧、使用侧 3 方面继续发力,推进新能源汽车产业持续快速发展。

③国Ⅲ及以下排放标准柴油货车全面淘汰

2020 年 3 月 31 日,国务院常务会议提出,中央财政采取以奖代补方式,支持京津冀等重点地区淘汰国Ⅲ及以下排放标准柴油货车。据不完全统计,各地计划在 2020 年底前完成淘汰的高排放汽车合计约 270 万辆,已有多地发布 2020 年底前淘汰高排放汽车的补贴政策。2020 年是"蓝天保卫战"攻坚年,各地淘汰高排放柴油车的力度将进一步加大,为纯电动物流车提供了宝贵的市场机遇。

④绿色示范城市

2017 年交通运输部联合公安部、商务部印发《关于组织开展城市绿色货运配送示范工程的通知》,于 2018 年年初启动城市绿色货运配送示范工程。2019 年底交通运输部公布第二批示范工程的 24 个城市,南京等部分城市已出台相关实施方案,未来会有更多的城市加大电动物流车推广力度。

⑤新能源物流车路权

《进一步优化供给,推动消费平稳增长,促进形成强大国内市场的实施方案》《关于进一步规范和优化城市配送车辆通行管理的通知》等多项中央政策提出要落实新能源货车差别化通行管理政策,提供通行便利,扩大通行范围,对纯电动轻型货车少限行甚至不限行。

目前已有上海、深圳、天津、重庆、成都、哈尔滨、郑州、武汉、太原、西安、厦门等城市明确出台了新能源物流车便利通行政策。北京提出到 2020 年底,除冷链和危险品运输车辆外，通过办理货车通行证方式允许日间通行五环以内道路的4.5 t以下轻型物流车中纯电动货车比例力争达到90%。今明两年预计会有更多城市发布新能源物流车通行便利政策。在当前纯电动物流车经济性不如燃油车的背景下，路权将成为终端用户选购纯电动物流车的重要因素。

（2）经济形势向好

2019年全国社会消费品零售总额累计41万亿元，同比增长8%；公路货物周转量累计7.5万亿吨公里，同比增长5%；国内快递量累计为635亿件，同比增长25%。我国经济长期向好的基本趋势没有改变。

（3）技术趋势

动力电池技术创新加快。动力电池龙头企业加快技术创新，比亚迪刀片电池、宁德时代CTP电池等，通过简化模组，对电池包结构进行优化，实现成本大幅下降、系统能量密度显著增加。

正向开发成为趋势。未来将有更多的车企开发设计电动物流车专用底盘，实现驱动系统集成化设计，优化电机集成效率，优化动力电池系统空间布置，改进油车改电时的异形电池导致的电池利用效率低、能量密度下降等问题。

轻量化趋势。通过去冗余设计、关键部件的轻量化材料应用，提高电动物流车轻量化水平，提高车辆载货能力，降低车辆能耗水平，是电动物流车提高产品竞争力的重要方向。

个性化设计。根据不同应用场景的需求，为客户提供个性化、定制化的车型和服务方案，比如根据每天用车里程配置高、中、低电量的车型，提供可快充、换电、无线充电等多种定制化车型。

智能网联化。目前智能网联正成为多家物流车企业技术创新的热点，已有多家物流车企业推出L4自动驾驶卡车，前期主要应用在港口、物流园区等行驶路线较为固定的区域。未来物流车企业将加快推进新能源与智能网联技术融合，提升物流车辆运营效率。

3. 纯电动物流车市场预测

我国经济社会发展加快，消费潜力逐步释放国内经济发展态势良好、货运市场需求加快。

中央财政将采取以奖代补方式，支持京津冀等重点地区淘汰国Ⅲ及以下排放标准柴油货车，各地国Ⅲ及以下柴油车淘汰力度加大，物流车市场需求旺盛。而新能源汽车补贴及免征购置税延长两年、公共领域用车电动化行动计划、路权优势等政策有利于提高新增物流车的电动化比例，为电动物流车提供了一定的市场需求。

动力电池龙头企业创新产品的加快应用，将使纯电动物流车成本和能耗明显下降，续驶里程和载货能力显著提高。轻量化、个性化等更多的创新产品涌现，将使纯电动物流车产品竞争力大幅提升。

预计2020年纯电动物流车产销量将达到10万辆，电动物流车的能耗、故障率、安全性等技术水平也将大幅优化，产品品系不断拓展，针对不同应用场景的个性化配置产品将更加丰富。

六、插电式混合动力乘用车

Chapter 6　Plug-in Hybrid Passenger Car

（比亚迪汽车工业有限公司　凌和平　杜魁善　周小伟）

1. 2019年插电式混合动力乘用车整车产业与技术总体情况

受新能源补贴退坡、环保标准切换、市场环境等因素影响，新能源汽车销量呈现下降态势。中汽协数据显示，2019年中国新能源汽车产销分别完成125.6万辆和120.6万辆，同比2018年分别下降2.3%和4.0%，其中插电式乘用车产销超过26.5万辆和23.2万辆，同比2018年分别下降22.5%和14.5%（如图1-24所示）。从当前的补贴政策和双积分上看，比起纯电动汽车，国家对插电式混合动力乘用车的支持更弱。在这种背景下，插电式混合动力乘用车销量出现下降。

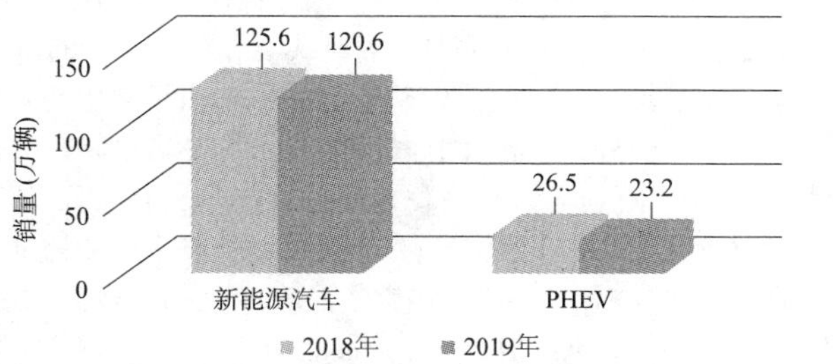

图1-24　国内新能源汽车和PHEV销量情况

随着合资品牌和自主品牌对插电式乘用车的技术布局日益加强，2019年我国在售的插电式乘用车产品越来越丰富。比亚迪继续基于第三代DM技术进行深耕，首次实现“P0＋P4”动力架构的应用，同时开发极具经济性优势的DM-I系统（如图1-25所示）。上汽乘用车顺势推出第二代EDU系统，加强整车动力性等性能（如图1-26所示）。外资车企也正在插电式混合动力乘用车领域发力，丰田推出搭载第四代THS混合动力系统的全新卡罗拉、雷凌插混车型；大众继推出了途观L PHEV，继续推出帕萨特PHEV，加强产品布局；宝马也在3系车型上继续布局插电混动车型。

图1-25　比亚迪“唐”双擎四驱版

图 1-26　上汽乘用车“eMG6”

2. 2019 年插电式混合动力乘用车技术发展特点

（1）2019 年插电式混合动力乘用车技术发展特点

从 2019 年上市及发布的多款车型来看，为满足日益严苛的油耗及排放标准，各大汽车品牌积极布局插电式混合动力乘用车产品，同时通过降成本及性能优化来提升品牌销量，主要体现在以下方面。

首先，插电式混合动力产品越来越丰富，客户产品选择更加多样。国内车企中，比亚迪在 DM3.0 的基础上，继续开发“P0 + P4”的双擎四驱版本；吉利汽车插电式混合动力车型产品矩阵爆发，推出星越 PHEV、嘉际 PHEV、领克 PHEV 系列等新车型；长安汽车在拥有逸动 PHEV 产品的基础上，继续增加了 CS75 PHEV 等新产品。国外车企中，丰田在深耕 HEV 多年后，开始加推 PHEV 动力车型，如全新卡罗拉、雷凌等车型；本田也增加首批搭载 SPORT HYBRID “E + ”的 CR-V 车型；大众、奥迪、宝马等车企也在各自的混动构型上继续丰富产品矩阵。

其次，降能耗和降成本成为了主要的技术发展路线。为了应对日益严苛的油耗及排放标准，同时满足双积分要求，插电式混合动力乘用车将能耗成为大家共同关注的话题。当前电机、电控、变速器等驱动系统以及高压充配电相关系统的集成越来越成为大家的共识，不仅较大的改善了整车布置空间，也较多的减轻了整车重量，优化了驱动和充电的效率。发动机方面各个车企均在开发更高热效率的发动机，提升整车能量使用率。电机方面通过优化电机结构设计，提升动力性和经济性。控制策略方面，通过仿真计算和优化驱动系统和整车输出的总效率，平衡发动机、电机、电控、变速箱的工作区间，让整车始终处在于一个最优的效率区间，提高整车能量的使用率。

最后，在整车性能方面，插电式混合动力车型在满足基本性能需求的基础上更加突出某一项性能的趋势越发明显。比亚迪在深耕动力性能强大的 DM3.0 基础上，同时增加偏向经济性的 DM-I 构型；上汽乘用车在搭载偏经济性的 EDU 1 代构型基础上，升级后搭载偏动力性的 10 速 EDU 二代电驱变速箱构型；长城继续向动力性能性能强悍的“P2 + P4”构型性能发展；国外车企中日本企业偏向经济性能优化方向，尤其是丰田的 THS 构型和 SPORT HYBRID “E + ”构型；德国企业则更加偏向动力性。

（2）2019 插电式混合动力乘用车的主要技术突破点

混合动力系统结构优化：上汽乘用车插电式混合动力汽车第二代 EDU 电驱系统集成单机和十挡变速箱，配以 1.5T 四缸发动机，实现了成本的降低和性能的提升。

高效率发动机的开发：比亚迪为了实现 PHEV 经济性的优化，积极研发了热效率 38% 以上的高效率发动机，覆盖了多个发动机产品。

（3）亟须解决的技术难点及解决方案

混合动力系统总成方面：目前的混合动力系统采用多种布置方式，但如何实现集成化，提升系统效率，是个急需解决的问题，当前多数实现了电机和变速器的集成，如何进行更深度的集成还需要急需攻克。

发动机系统方面：作为插电式混合动力车型的心脏，相比国外先进发动机的性能，在热效率和升功率等主要性能还存在一定差距，需要从硬件优化和软件控制升级上多下功夫。

动力电池系统方面：动力电池系统作为插电式混合动力的关键零部件，它的发展决定了整个行业的发展。当前主要应用的三元锂电池在能量密度和安全性上存在矛盾。一方面我们需要加快开展基于整车一体化的电池系统的机—电—热设计和验证；另一方面开发一款具有高安全性和高能量密度的新型电池更能进行技术的革新。

（4）2019 年国内外技术差异

通过我国自主品牌的不断的产品升级和迭代，插电式混合动力乘用车技术取得了较大的进步，整车性能也在不断地提升。但是就目前来看插电式混合动力乘用车动力系统的主要零部件：发动机技术、混合动力总成技术、电池技术发展方面以及动力输出平顺性、节油效果等方面，国内和国外的技术发展还存在着一定的差距。

发动机技术方面，国内车企通过发动机技术的升级迭代，在主要的升功率和热效率等性能方面正在追赶外国车企，同时对于混合动力专用发动机的研发我们依然处在起步阶段，在节油效果方面还是存在比较大的差距。在混合动力总成方面，我国仍然缺少性能好、效率高、尺寸紧凑、成本低的自主混合动力总成，迫切进行集成化设计改进。在电池技术方面，动力电池向着高能量密度、高功率密度、长寿命、高安全，宽温度、低成本的方向发展，目前比亚迪的“刀片”电池和宁德时代提出的无模组电池系统（CTP）有一定的先进性。

3. 主要企业经营发展情况

2019 年，销量插电混动车型的主要企业，自主品牌中主要包括比亚迪、吉利、上汽乘用车、广汽乘用车、长安汽车、长城汽车等；合资品牌中主要包括宝马、大众、丰田和本田等。

比亚迪坚定推行新能源车发展，受政策变化的影响，同时在合资车企和自主车企加强插电式混合动力车型布局的情况下，2019 年销量相比 2018 年下降较多，市场占比略有下降，但技术优势依然较大；上汽乘用车作为较早布局插电式混合动力车型的车企，也在积极的进行产品更新换代，2019 年销量占比维持在正常水平；吉利继续践行旗下产品的全面实现电气化目标，2019 年总体销量偏低，但是潜力较大。

宝马加强插电式混合动力产品布局的情况下，2019 年销量有较大的提升，尤其是 5 系；大众则在推出帕萨特 PHEV

和途观L两款明星车型后，在插电式混合动力车型中站稳脚跟，对后续PHEV产品的推出有较好的促进意义；丰田在原有的双擎车型基础上推出“E+”版本，2019年也取得了不错的销量，随着产品布局的细化，后续预计也会有不错的发展。

总体来说，自主车企凭借提前布局的优势，在插电式混合动力市场依然保持较好的市场份额；但在合资车企插电式混合动力车型入局后，如何抵挡合资品牌的品牌优势对市场份额的冲击，保证自主品牌的插电式混合动力市场，还需要不断地优化产品，进行升级换代。

4. 未来几年插电式混合动力乘用车技术发展趋势

高效率、轻量化、低成本的混合动力系统：随着技术的发展和市场需求的变化，混合动力系统表现出集成化的趋势，主要体现在电机、电控和变速箱的深度集成，未来甚至出现集成度更高的混合动力系统，在满足性能的同时控制系统的体积和成本。开发更高效率的混合动力专用发动机，将是未来插电式混合动力乘用车的竞争主战场。

混合动力专用发动机的大范围使用：为了满足日益严苛的油耗及排放标准，开发混合动力专用的发动机来满足日益严格的要求，将是必然的趋势。

动力电池系统：主要以提高动力电池能量密度和安全性为主要目标。从发展趋势来看，采用高镍三元正极材料与硅碳负极材料的高能量密度动力电池技术路线已成为行业主流。目前市场上主流的产品的技术现状包括磷酸铁锂动力电池和三元材料动力电池。未来动力电池技术发展主要集中在集成技术、结构创新、材料技术创新以及安全设计与防护系统的开发等。由于和EV车型重叠，不做详细描述。

能量管理策略优化：主要以提高能量管理的效率为主。目前插电式混合动力汽车研究和应用的较多的是基于规则的能量管理策略和离线优化技术，存在开发周期长、成本高等缺点。而在线优化管理技术和瞬时响应控制技术将能大大的提高能量管理的效率，若能在此基础上开发基于整车工况的预测技术，将使能量管理技术上一个新的台阶。

5. 未来几年市场需求分析预测

受新能源补贴退坡、环保标准切换等因素影响，2019年插电式混合动力乘用车销量增速停滞。但是插电式混合动力依然存在较大的发展空间，从政策上看，PHEV属于新能源汽车，具有多种政策优惠如双积分、减免购置税、城市不限行等，同时又能解决纯电动车的里程焦虑问题。

随着插电混合动力车型在产品性能上的升级以及成本上的下降，插电式混合动力乘用车市场的也会再次扩大。其主要增长城市除了在限购城市、经济发达地区，在非限购、价格敏感地区增长也将会迎来较大增长。

6. 插电式混合动力乘用车产业发展存在的问题

国内插电式乘用车产业发展存在如下问题。

问题一：混合动力总成技术集成度低，成本高

随着混合动力车辆产量不断增长，成本和效率方面的要求驱使混合动力系统向专用化、更优化发展。

国外汽车公司基于混合动力系统开发的动力构型，无论是丰田的THS系统还是通用的AHS系统或者其他构型大都应用行星齿轮机构作为动力耦合装置，来实现电动无极变速功能（ECVT），整车成本相比同级燃油车增加9%~25%，同时通过减少零部件数量、控制尺寸、结构优化等实现高度集成化。

国内的机电耦合集成技术，主要包括：（1）以比亚迪、吉利和长城为代表基于双离合变速器的并联式结构；（2）以广汽、上汽和长安为代表的串并联结构，结构简单，技术相对成熟。整车成本相比同级燃油车增加40%~60%，目前在集成度方面包括零部件数量、尺寸和结构仍然有较大的提升空间。

问题二：混合动力专用发动机技术基础薄弱

国外混合动力专用发动机技术发展比较成熟，量产发动机的热效率最大能达到41.5%，升功率最大能达到135 kW/L左右。

国内混合动力专用发动机技术在热效率方面已经能做到38%的水平，升功率也能达到88 kW/L左右。发展趋势也是紧跟国际领先水平的先进技术，但是很多发动机相关核心技术部件依然掌握在外国的零部件供应商。

问题三：整车节能控制技术差

随着绿色发展的要求的提高和国Ⅵ排放标准的实施，混合动力整车节能控制技术要求也越来越高。整车节能控制技术中的能量管理技术，主要包括整车能量流管理系统、离线优化技术、在线优化管理技术、瞬时响应控制技术、整车工况预测技术等。

国外汽车公司混合动力节能技术研究较早，也比较成熟。主要整车节能控制技术主要包括在线优化管理技术、瞬时响应控制技术、整车工况预测技术等，具体到电机控制优化技术、发动机控制优化技术、整车全局能量优化技术。

国内车企在整车方面，对能量管理为主的混合动力节能技术研究较为薄弱，主要以离线优化技术为主；在零部件方面，受限于发动机、总成构型等零部件关键技术瓶颈。

7. 插电式混合动力乘用车产业发展建议

为了更好地促进插电式乘用车产业的发展，有如下几点建议。

建议一：开发低成本高集成度的混合动力总成

在在插电式混合动力汽车上，能否开发出低成本、高集成度的混合动力总成，决定了插电式混合动力构型的未来的发展和市场前景。

建议二：开发高性能混合动力专用发动机刻不容缓

在插电式混合动力汽车上，发动机对车辆的性能影响很大，主要表现在热效率和升功率两项指标，热效率低，则整车油耗高；升功率低，则整车动力性弱，两项指标的平衡对整车性能有重要的影响。目前混合动力专用发动机技术的发展，为了提升热效率，主要的技术包括：阿特金森/米勒循环技术、VVT可变气门正时、VVL可变气门升程及电动化、提升压缩比、减磨技术、废气再循环EGR、均质充量压燃着火燃烧（HCCI）、适度和较高分层的压燃燃烧过程（GDCI）等均是具有高热效率和低排放潜力的新型燃烧技术；为了提升升功率，主要包括电动增压、可变截面增压（VGT）、机械增压、汽

油直喷、连续可变气门正时系统等新技术。谁能开发出高性能的混合动力专用发动机，谁的插电混合动力车型更容易获得大众的青睐。

建议三：提升整车节能控制技术

在零部件进行性能优化的同时，持续优化当前的整车能量流管理系统、离线优化技术，开发整车能量流在线优化管理技术、瞬时响应控制技术、整车工况预测技术等，提升竞争力。

8. 其他重要的方面

在插电式混合动力车型发展的过程中，需要融合当前智能化、网联化等的发展方向，开发具备与全球定位系统、地理信息系统、智能交通系统和智能驾驶系统相结合的智能行驶控制功能的整车控制系统。

在电制动方面，开发高效率的可用于回馈的制动系统，如博世开发的 IPB 系统，可以提升整车经济性。

在电动空调方面，越来越多的插电式混合动力车型只配备了电动空调。如何提升电动空调的工作效率也将成为整车能量优化的重点，主要包括两个方向：一是开发节能型电动空调；二是电动空调、电池热管理、电机热管理、发动机热管理的集成。

七、插电式混合动力客车

Chapter 7　Plug-in Hybrid Bus

（郑州宇通客车股份有限公司　王远建）

1. 2019 年插电式混合动力客车产业的总体情况

（1）产业整体情况

2009 年，国家十城千量推广政策发布后，混合动力客车销量呈现高速增长，2015 年行业累计推广 25 627 台，达到顶峰。随着纯电动客车技术的进步及国家补贴政策的调整，市场需求转向纯电动，插电式混合动力客车销量开始下滑。

根据中国客车行业上险数据库统计，2019 年插电式混合动力客车行业累计推广 4 307 台，同比 2018 年下滑 28. 2%，前 10 品牌占有率合计 95. 6%，同比 2018 年提升 7. 5%，行业集中度进一步提升。具体情况见表 1-7。

表 1-7　2018—2019 年插电式混合动力客车市场销量及占有率情况

序号	2018 年			2019 年		
	品牌	销量（辆）	占有率（%）	品牌	销量（辆）	占有率（%）
1	宇通	1 812	30. 2	福田	1 200	27. 9
2	金龙	670	11. 2	宇通	842	19. 5
3	金旅	630	10. 5	金龙	696	16. 2
4	黄河	521	8. 7	苏金	499	11. 6
5	苏金	359	6. 0	金旅	221	5. 1
6	福田	314	5. 2	中通	165	3. 8
7	亚星	287	4. 8	黄河	156	3. 6
8	中通	266	4. 4	亚星	150	3. 5
9	中车时代	228	3. 8	安凯	118	2. 7
10	安凯	197	3. 3	中车时代	70	1. 6
—	前 10 合计	5 284	88. 1	前 10 合计	4 117	95. 6
—	行业	5 999	—	行业	4 307	—

注：来源保险（车辆交强险）数据库。

（2）政策补贴情况

2020 年 4 月，财政部等四部委发布最新通知，综合技术进步、规模效应等因素，将新能源汽车推广应用财政补贴政策实施期限延长至 2022 年底。平缓补贴退坡力度和节奏，为加快公共交通等领域汽车电动化，城市公交、道路客运、出租（含网约车）、环卫、城市物流配送、邮政快递、民航机场以及党政机关公务领域符合要求的车辆，2020 年补贴标准不退坡，2021—2022 年补贴标准分别在上一年基础上退坡 10%、20%。原则上每年补贴规模上限约 200 万辆。

插电式混合动力客车补贴标准按车长、节油率水平进行分档，具体情况见表 1-8。

表 1-8　2019 年插电式混合动力客车推广补贴方案及产品技术要求

车辆类型	中央财政补贴标准（元/kWh）	中央财政补贴调整系数			中央财政单车补贴上限（万元）		
					$6<L\leq8$ m	$8<L\leq10$ m	$L>10$ m
插电式混合动力（含增程式）客车	600	节油率水平			1	2	3. 8
		60%～65%（含）	65%～70%（含）	70% 以上			
		0. 8	0. 9	1			
单车补贴金额 = Min{车辆带电量 × 单位电量补贴标准；单车补贴上限} × 调整系数（包括：电池系统能量密度系数、单位载质量能量消耗量系数、快充倍率系数、节油率系数）							

注：来源 2019 年新能源汽车推广补贴方案及产品技术要求。

2. 2019 年插电式混合动力客车技术发展情况

（1）2019 年插电式混合动力客车技术发展特点

受 2019 年整车补贴政策发布、燃油限值降低、国Ⅵ排放实施等影响，2019 年新开发国Ⅵ产品主要为气电混合动力产品，油电产品延续销售已上市的国Ⅴ产品。插电式混合动力产品目前在市场上已经规模推广，产品也进入成熟期。随着智能网联技术的推广，智能化技术已渗透到车辆经济性、动力性、安全性、舒适性和操控性等多个领域，宇通在对车辆经济性、可靠性和安全性的持续提升的基础上，大力投入智能化辅助驾驶系统研发，着重围绕 360 全景环视预警辅助系统、坡度辅助起步系统（HSA）、停车制动系统（Auto Hold）、电子驻车系统（EPB）、碰撞缓解控制系统（CMCS）、油门误踩防护系统(EAPM)和驾驶员行为监控系统(DMS)等智能辅助驾驶技术提升车辆驾驶安全性、舒适性。

(2)2019年插电式混合动力客车实现的主要技术突破点

面对国Ⅵ排放升级、燃油限值降低、补贴政策调整等带来的挑战,围绕"排放更低、经济性更好、可靠性更高、安全性更高、使用性更好"的目标开展技术研究,具体内容如下。

①国Ⅵ排放水平混合动力产品

国Ⅵ排放要求整车层级实施PEMS试验,受限于混合动力系统的发动机频繁启停的工况特性,发动机后处理系统温度相对低于传统车辆,对整车PEMS试验带来了较大挑战。针对此问题,通过发动机后处理保温措施优化、发动机扭矩加载路径优化、整车后处理温度智能维持等策略,完成了气电国Ⅵ产品PEMS认证。

②基于工况识别的高效能量管理策略

基于工况大数据的混合动力公交和公路客车典型工况构建方法,建立了行驶工况特征参数、控制参数与车辆性能参数的映射关系,完成了插电式混合动力系统在线工况识别的能量管理和动力分配的节能控制。通过全面梳理驾驶特性和工况特性,开发了车辆安全警示系统,对安全风险高的驾驶员不规范操作进行警示,提升了整车安全性。

③高防护等级电机控制器

为了应对城市内涝、连续大雨等恶劣天气,集成控制器通过优选高防护等级高低压接插件、采用内部灌胶密封工艺等措施,使其防护等级从原有的IP67提升到IP68,控制器可在1 m水深环境下浸泡24 h保证内部无进水,给客户预留出足够的抢修时间,增加客户处理被泡车辆的灵活性,降低客户损失。

④集成24 h监控、远程升级及智能预约加热功能的电池管理系统

为了保证电池系统安全与可靠性、提升客户使用体验,开发了24 h监控、远程升级等功能。针对低温下动力电池功率受限影响整车动力性问题,开发了动力电池预约加热功能,通过手机App等终端进行预约操作,实现电池自加热开启,保证车辆运营时电池温度处于最佳工作温度范围内,从而保证整车性能。

⑤面向性能与安全的硬件与软件架构平台

随着智能网联技术的推广,对车载控制器的计算性能、通信带宽和信息安全要求大幅提升,针对这一问题,宇通搭建了基于域控制器互联,面向功能需求的分布并行计算电子电气架构,开发了集功能安全、信息安全、多核异构于一体的新一代硬件系统及基础软件平台,满足了系列化车型对智能化、网联化功能不断迭代升级的需要。

(3)目前亟须解决的技术难点及解决方案

受益于政府对新能源客车扶持的政策力度,插电式客车已实现大规模推广应用,整体运营效果良好,关键技术性能趋于成熟,燃油水平相对传统车辆大幅降低,但在机电耦合系统集成度与工况适应性、电池系统能量密度与功率密度兼顾性、电控系统信息安全性等方面距离国外先进水平仍存在部分差距,具体如下。

①机电耦合系统集成度与工况适应性有待提高:目前混合动力系统整体扭矩密度较国外先进水平有差距,同时在兼顾大爬坡与高车速的使用工况下性能表现不足,针对此问题重点开展多模混动系统构型优选及匹配设计、高效复杂轴系机电耦合技术、多模混动系统集成设计及减振降噪技术等研究工作,开发集成度高、节能效果好、全工况适用、平台通用性好的多模混合动力系统。

②电池系统能量密度与功率密度兼顾性仍需提升:插电式客车动力电池大功率需求主要在纯电起步、制动能量回收阶段,由于成本及安装空间限制,混合动力系统电池电量少,电池充放电倍率较大,同时受限车辆安装空间,电池系统需要具备较高的能量密度,能量密度和功率密度两个性能指标存在相互矛盾点,实现两者兼顾是一个巨大的技术挑战。针对此问题可通过新型正负极材料开发、电解液优化、制程工艺改善等维度进行电芯开发,满足应用需求。

③电控系统信息安全性不足:伴随着电动化的发展,叠加特斯拉的明星示范效应,当前智能网联已经成为重塑汽车行业的关键因素之一,意味着软件定义汽车时代的到来,汽车已经从广义上的"硬"汽车转变为"软"汽车。汽车软件控制、智能辅助驾驶、电子电器架构、电磁兼容和OTA信息安全等电控安全技术的重要性将愈发凸显,黑客攻击新能源车辆电控系统的隐患将长期存在,且车载操作系统、高端控制器等核心技术和零部件严重依赖进口,供货与安全风险大、"他控性"明显。因此,亟待从人—车—路方面对新能源客车电控技术进行系统性研究、实现核心电控技术的自主开发和电控系统的自主可控,彻底摆脱"恶意后门"和"安全漏洞"。

(4)2019年国内外技术差异

插电式混合动力系统的国内外技术差异主要体现在系统构型、电池电芯类型、电机类型等三大方面。

①系统构型

国外客车混合动力系统混联、并联和串联3类构型均有采用,混联构型以行星混联为主,代表厂商为艾利逊;并联以P2构型为主,虽然节油潜力不高,但成本低,相对传统动力系统改动较小,伊顿、采埃孚、沃尔沃等企业依托变速箱技术优势采用P2并联构型;串联构型结构简单、开发难度低,但节油效果差,目前MAN、BAE以及福伊特等企业采用串联构型。

受补贴政策节油率要求影响,国内客车混合动力系统构型以混联构型为主,主流混联构型又分为双电机直驱混联、P23混联和行星混联3类。双电机直驱混联结构简单可靠,但系统重量重、爬坡能力差;P23混联系统改善了AMT换挡动力中断,提升了系统动力性,但发动机转速无法实现与车速的解耦,发动机效率提升受限;行星混联系统可实现发动机转速、扭矩与车速、驱动扭矩的双解耦,同时可实现无级变速,节油效果佳、动力性好,是发展的主流方向,目前国内宇通客车已实现批量销售,其他整车及零部件企业均在研发。

②电机系统

电机控制器方面,国外插电式混合动力客车电机系统多采用"电机+单电机控制器"的方式,国内插电式混合动力客车通常采用"电机+多合一集成控制器"的方式。宇通集成控制器除控制主驱电机以外还同时控制发电机、整车高压配电、24 V-DC/DC、助力转向电机等,相比国外,国内大部分厂

家控制器集成度更高,高压线束连接点更少,安全系数更高,线束连接精简、布置规范整齐,提高了高压系统安全性的同时方便客户维护。电机类型方面,国内外客车大多数均采用永磁同步电机,其综合性能相对其他类型电机较为优异,但考虑到各国原材料成本差异,国外方面除永磁同步电机外其他类型电机也有小部分应用,比如 MAN 采用了开关磁阻电机、奔驰采用异步感应电机等。

③动力电池

国内插电式混合动力客车采用的动力电池主要分为两种类型:一种是以盟固利为代表的锰酸锂电池;另一类为 CATL 为代表的磷酸铁锂电池。国外插电式混合动力客车则主要采用三元 NCM 锂离子电池。相比而言,磷酸铁锂、锰酸锂电芯及系统比能量低于三元 NCM 锂离子电池,但是在循环寿命及安全方面优于三元 NCM 锂离子。其中,锰酸锂电池在低温性能、大倍率充放电以及成本方面有更明显的优势,使得锰酸锂电池在国内插电式混合动力客车行业中得以广泛推广应用。

3. 主要企业经营发展情况

(1)宇通客车发展情况

1)销量情况:2019 年销售各类客车 58 688 辆,同比下滑 3.58%。

2)收入情况:2019 年营业收入 304.79 亿元,同比下滑 3.99%。其中客车板块收入 279.14 亿元,同比下滑 5.09%。

3)利润情况:2019 年获得归属上市公司股东的净利润 19.4 亿元,同比下滑 15.7%,扣除非经常性损益的净利润 15.45 亿元,同比下滑 13.33%。

4)研发情况:报告期内,公司发生研发支出 17.74 亿元,占营业收入的比例为 5.82%,在同行业中居于较高水平。2019 年研发支出主要投向如下。

①T7 系列车型、高端旅游、高端公交、CL6/CL7 等高端产品的完善与开发。

②自动驾驶技术的应用、5 m 微循环车的研究与开发。

③为提升产品竞争力,开展“五化”提升、制造能力提升、轻量化、LCC(全生命周期成本)、技术研究专项等工作,提升科学管理能力。

(2)金龙系(含厦门金龙、厦门金旅、苏州金龙)客车发展情况

1)销量情况:2019 年,公司销售各型客车 57 254 辆,同比减少 7.55%,其中大型客车销售 15 995 辆,同比减少 4.01%,中型客车销售 8 589 辆,同比减少 13.54%,轻型客车销售 32 670 辆,同比减少 7.53%。2019 年,实现新能源汽车销售 10 900 辆,同比减少 22.22%,销量位居行业前列。海外市场方面,全年实现出口 25 268 辆,同比增长 32.3%,出口收入 57.06 亿元,同比增长 36.21%,出口量和出口收入均位居行业前列。

2)收入情况:2019 年,金龙汽车集团营业收入 178.91 亿元,同比下降 2.19%。其中金龙客车营业收入 58.52 亿元;金旅客车营业收入 52.84 亿元;苏州金龙营业收入 65.9 亿元;金龙车身营业收入 4.29 亿元。

3)利润情况:2019 年,公司获得归属上市公司股东的净利润 1.81 亿元,同比增长 14.17%,扣除非经常性损益的净利润 -0.89 亿元,同比下降 831.75%。其中,金龙客车净利润 0.7 亿元;金旅客车净利润 0.27 亿元;苏州金龙净利润 1.19 亿元;金龙车身净利润 0.38 亿元。

4)研发情况:报告期内,公司发生研发支出 6.93 亿元占营业收入比例 3.87%。2019 年研发支出主要投向如下。

①新能源方面:分布式驱动纯电动客车模块化研究、燃料电池系统性能研究(第二代)、纯电动客车轮胎磨损研究等方面。

②电机电控方面:开发出新一代的电机电控集成一体化系统(K01),提升一体化系统效率,优化结构设计,满足更严苛的布置空间要求。推出多款永磁同步驱动电机,效率区达到双 90%。实现纯电动物流车、微循环车、18 m 纯电动公交车、8~12 m 氢燃料客车的完整覆盖。

③燃料电池客车方面:采用自主整车控制器,不断完善整车控制软件,优化匹配燃料电池控制技术,完善在线标定功能,提高效率保证整车安全。

④常规传统客车方面:主要有国Ⅵ排放客车及出口车型的研发、商务版车型开发、整车降噪、智能安全、智能控制、智能管理、前沿技术、车联网、三维设计大范围应用、座椅和车身顶盖骨架结构优化等多个方面的项目。

⑤试验、验证能力建设方面:新建完工的实验室占地 3 784 m^2,建筑面积 7 567.8 m^2。新增仪器设备:100 kW 级氢燃料发动机系统测试台架,提高产品研发能力。

(3)中通客车发展情况

1)销量情况:2019 年累计销售各类客车 15 038 辆,同比增长 14.94%。

2)收入情况:2019 年营业收入 67.41 亿元,同比增长 10.9%。

3)利润情况:截至 2019 年底,公司获得归属上市公司股东的净利润 0.33 亿元,同比下滑 9.57%,扣除非经常性损益的净利润 -0.79 亿元,同比下滑 1 277.15%。

4)研发情况:报告期内,公司发生研发支出 3.06 亿元,同比增长 9.69%,占营业收入比例 4.53%。公司的研发投入主要用于新产品开发、先进技术研究等方面。

4. 未来几年插电式混合动力客车技术发展趋势

插电式混合动力客车兼顾了纯电动汽车节能、低排放、绿色环保以及传统汽车长续航等优势,是新能源汽车发展的重要方向。根据插电式客车关键零部件技术现状及特点,针对技术短板和存在的不足,未来插电式客车的技术发展将围绕机电耦合装置、电机系统、电池系统、整车智能能量管理技术等几大关键方向进行节能、安全性、可靠性提升研究。

(1)机电耦合装置

行星混联系统节油效果佳、动力性好、平顺性好,国内外主流整车及零部件厂家均在投入大量精力研发,其已成为未来发展的主流构型,但目前动力系统存在集成度低、工况适应性不足的问题,系统整体扭矩密度较国外先进水平有差距,在兼顾大爬坡与高车速的使用工况下性能表现不足,针对此问题重点开展多模混动系统构型优选及匹配设计、高效复杂轴系机电耦合技术、多模混动系统集成设计及减振降噪

技术等研究工作，开发集成度高、节能效果好、全工况适用、平台通用性好的行星多模混合动力系统。

（2）电机系统

电机控制器未来沿用集成设计的技术路线，主要通过采用新型高功率密度功率模块控制器降本和功率密度提升，通过过调制、变载频等控制算法实现电机控制器效率提升，通过内部灌胶密封工艺、静密封和动密封相结合方案实现防护等级以及可靠性提升；电机未来主要在方案设计、新材料、新工艺方面需要进行提升与突破，应用高磁导低损耗超薄硅钢片、非晶合金材料以及 SMC 软磁复合材料降低铁芯损耗，研发无稀土/少稀土材料降低电机磁钢成本，应用绕组油冷技术、成型发卡绕组提升散线绕组散热效率和槽满率。

（3）动力电池系统

随着新能源客车的推广普及，插电式混合动力客车用动力电池系统也会朝着比功率提升，成本降低，寿命延长，同时兼顾电池系统的比能量的方向发展。

在电芯比功率和比能量提升方面，短期内会基于高容量材料体系，优化电池设计，提升功率性能，未来会采用新型电池结构，优化新型材料体系；在成本控制方面，优化电池设计，提升制造工艺水平；在寿命延长方面，开发长寿命电池材料及新型电解液添加剂，优化生产工艺和环境。随着锂离子电池技术的发展，未来固态电池技术有所突破之后，采用新型固液电解质技术，降低电池内阻，提升电池的电性能和安全性能，可满足混合动力客车长寿命高功率的使用。

在动力电池系统应用方面，基于大数据分析，研究智能化电池管理系统，优化电池的使用工况和使用策略，提升电池核心状态参数的估算精度和电池管理系统功能安全等级。通过研究电池系统机械安全、热管理优化以及循环寿命提升的平衡关系，开发高防护等级的更安全可靠的动力电池系统。

（4）整车智能能量管理技术

基于智能交通系统、导航信息和地理信息，开发基于路径规划的插电式混合动力汽车的整车预测能量管理技术，研究建立实用化、多源信息协同认知的驾驶员和驾驶环境在线学习模型，建立多变量扰动下控制参数在线学习和自动标定的智能算法，提高能量管理策略的适用性和成效的鲁棒性。

5. 未来几年市场需求分析预测

目前，客车燃料新能源化已成不可逆的趋势。由于各地环保压力及新能源补贴政策的支持，自 2015 年开始，新能源客车纯电动化比例超越混合动力比例后一路飙升，2019 年已达到 94. 3%，混合动力燃料结构占比则一路下滑，比例呈“剪刀”型结构。具体情况如图 1-27 所示。

随着纯电动接受度不断提高，8 年 LCC 较混合动力以及传统均有优势，预计纯电动结构占比将进一步提升。但是部分地区充电基础设施相对于车辆的发展有些滞后，混合动力车辆不受充电设施的限制，仍有部分市场需求；另天然气资源丰富的部分地区，加气方便，使用成本低，也会有部分需求。所以插电式混合动力产品短期仍将点状存在，长期受资源的限制以及基础设施的发展会逐渐被替代。

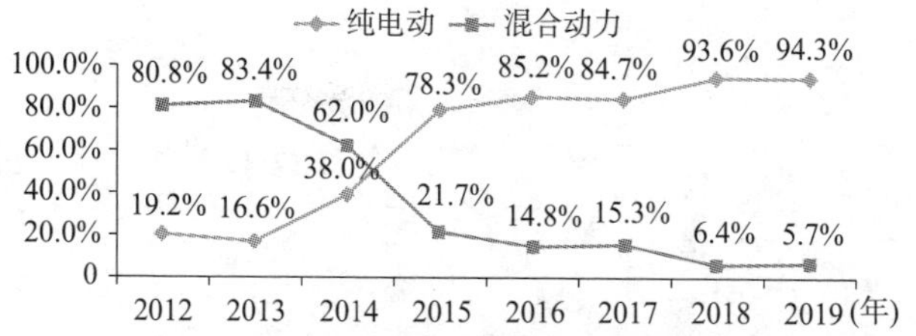

图 1-27　2012—2019 年纯电动及混合动力客车燃料结构占比

注：来源保险（车辆交强险）数据库。

6. 插电式混合动力客车产业发展存在的问题

当前纯电动技术逐渐成熟，国家政策支持大力推广，进入快速发展时期，作为燃油车和纯电动的纽带，混合动力客车的发展则备受争议，主要存在以下几个问题。

①插电混动是集成了内燃机、自动变速技术等传统内燃机技术和动力电池、电机、电控等新能源技术的集成化产品，因为它有两套动力系统同时具备发动机和电驱动系统，无论在机械还是电子系统的复杂性都比传统客车或者纯电动客车更高，这也就导致了它的故障隐患更多、更难排查、维修时间更长、维修费用更高。

②国家要求国Ⅵ排放升级，混合动力的购置以及使用成本进一步提高，影响产品的市场推广。

③免征购置税仅对插电式客车提出 40% 节油率要求，其他插电式商用车无节油率要求。由于国标工况特殊性，仅插电式城市客车能满足 40% 节油率要求，其他插电式非城市混合动力客车产品无法满足 40% 节油率要求，影响插电式非城市混合动力客车的推广应用。

7. 插电式混合动力客车产业发展建议

随着新能源补贴的退坡以及国Ⅵ排放升级，我国插电式混合动力客车处于持续萎缩阶段，为保证插电式混合动力客车的持续发展，根据我国目前的混合动力汽车的发展现状，提出以下几点建议。

①降低成本赢得市场，支持插电式混合动力客车及关键零部件的研发。因新能源补贴退坡、国Ⅵ排放升级等因素，插电式混合动力客车出现了一个调整，在短期出现一定成本压力的情况下，未来几年势必要通过动力电池、驱动电机、车载操作系统等关键技术取得重大突破，以此来提升产品的市场竞争力。

②提升整车的安全性、智能化等配置应用。插电式混合动力客车的技术发展趋势是以国Ⅵ排放升级为驱动因素，并且根据目前整个客车发展的趋势，安全性配置和智能化配置的提升也是提高产品竞争力的有效途径。

③建议国家相关部门针对插电式混合动力客车免征购置税车辆产品技术条进行修正，即插电式城市混合动力客车需满足 40% 节油率要求，插电式非城市混合动力客车取消节油率硬性要求，促进插电式非城市混合动力客车的推广应用。

八、燃料电池乘用车

Chapter 8 Fuel Cell Passenger Car

（同济大学 章 桐）

1. 2019 年燃料电池轿车产业发展概况

2019 年，燃料电池乘用车全球销量超过 7 500 辆，同比增长约 90%，创下历史新高。3 款主要车型——韩国现代 NEXO、丰田 Mirai、本田 Clarity 的 2019 全年销量分别为 4 818、2 407、349 辆。截至 2019 年底，丰田 Mirai 全球累计销量突破 10 000 辆，现代 NEXO 的累计销量也接近 8 000 辆，2020 年现代 NEXO 计划销量 8 000 ~ 10 000 万辆燃料电池车。表 1-9 展示了现代、丰田、本田主要燃料电池车型的 2019 年销量及 2020 年计划销量。

表 1-9 三大主机厂 2019 年销售数据及 2020 年销售计划

主机厂（车型）/年份	现代（NEXO）	丰田（Mirai）	本田（Clarity）
2019 年销量	4 818 辆	2 407 辆	349 辆
2020 年计划销量	8 000 ~ 10 000 辆	36 000 辆	/

注：以上表格内数据来源氢云链、能链等媒体。

随着燃料电池汽车行业的快速发展，全球各大主机厂纷纷布局燃料电池业务板块。丰田于 2019 年 10 月公布了第二代 Mirai Concept 原型车；本田 2020 年款 Clairty Fuel Cell 在美国加州开放租赁；梅赛德斯—奔驰于 2019 年春季，在德国 7 个配备加氢站的主要城市区域开放了 GLC F-CELL 的租赁；宝马于 2019 年 9 月推出了一款燃料电池概念车 BMW i Hydrogen Next；大众汽车正计划开发第三个电动汽车平台，该平台除电动车外也可以配备燃料电池车型，预计将于 2022 年问世。截至 2019 年底，全球主要燃料电池汽车参数见表 1-10。

表 1-10 全球主要燃料电池汽车参数

主机厂/内容	丰 田	本 田	现 代	梅赛德斯-奔驰
车型	MIRAI	Clairty	NEXO	GLC F-Cell
车型尺寸（mm × mm × mm）	4 975 × 1 885 × 1 470	4 915 × 1 875 × 1 480	4 670 × 1 860 × 1 630	4 671 × 2 096 × 1 653
最高车速（km/h）	175	165	160	160
燃料电池功率（kW）	114	103	95（电堆功率）	75（电堆功率）
储氢罐压力（MPa）	70	70	70	70
储氢量（kg）	5	5.46	6.33	4.4
续驶里程（km）	650	580	609	487
低温冷启动（℃）	-30	-30	-30	/

燃料电池技术快速提升，国际上各大车企也将持续推进燃料电池轿车的研发与销售。丰田宣布将 2020 年度燃料电池汽车的产量提升至 36 000 台，并计划于 2020 年末开始销售第二代 Mirai；现代汽车也宣布将燃料电池车的产能提高至每年 40 000 台；本田预计 2020 年实现 4 万辆保有量，2025 年实现 20 万辆；宝马通过与丰田在燃料电池技术领域的合作，最早于 2025 年推出可量产的燃料电池车型，未来或将推出 X6、X7 的燃料电池版；现代汽车、起亚汽车联合超跑制造商 Rimac 投资 8 000 万欧元，用于两款高性能电动车的联合开发，其中一台是为起亚设计制造的燃料电池汽车。奥迪、通用、沃尔沃等知名车企也对燃料电池汽车领域的研究开发有所规划。

国内方面，2019 年我国燃料电池汽车销量为 2 833 辆，同比增长 85.5%，取得了可喜进步。但国内燃料电池汽车以商用车为主，鲜见乘用车，2016 年推出的上汽荣威 950 插电式氢燃料电池汽车仍是国内目前唯一实现公告、销售和上牌的燃料电池轿车。虽然后续未有国产燃料电池轿车车型实现量产，但国内不少整车企业对于该领域的探索与布局业已开展，并取得了阶段性成果。

2019 年，多家车企均发布了燃料电池乘用车。其中，上汽集团作为国内最早推出燃料电池乘用车的企业，发布了首款燃料电池 MPV 车型——上汽大通 MAXUS G20FC；一汽在 2019 年上海车展上首次展示了红旗 H5 FCEV 轿车车型；长安汽车在 2019 年重庆智博会上发布了长安 CS75 FCEV SUV 车型；海马 7X 氢燃料电池轿于 2020 年 1 月亮相海南；北汽、东风、汉腾、众泰等主机厂在燃料电池乘用车领域均有布局。截至 2019 年底，国内各主机厂发布的燃料电池乘用车车辆参数见表 1-11。

表 1-11 国内燃料电池乘用车参数

主机厂/内容	上汽大通	一汽红旗	长 安	东 风	海马汽车	北 汽	汉 腾	众 泰
车型	MAXUS G20FC	红旗 H5	CS75 FCEV	风神 AX7 FCV	海马 7X	D70 FCV	X7 FCV	E200FCV
车型尺寸（mm × mm × mm）	5 198 × 1 980 × 1 928	4 945 × 1 845 × 1 470	4 650 × 1 850 × 1 705	4 645 × 1 880 × 1 690	4 815 × 1 874 × 1 720	4 861 × 1 820 × 1 462	4 775 × 1 902 × 1 697	2 808 × 1 600 × 1 630

续上表

内容 \ 主机厂	上汽大通	一汽红旗	长安	东风	海马汽车	北汽	汉腾	众泰
最高车速(km/h)	/	160	160	/	/	150	/	120
燃料电池功率(kW)	115(电堆功率)	50	36	/	/	30	42	40
储氢罐压力(MPa)	70	35	70	/	70	70	35	70
储氢量(kg)	6.5	/	/	/	7.25	/	/	/
续驶里程(km)	550	400	510	/	800	450	550	450
低温冷启动(℃)	-30	-30	-30	/	/	/	-30	-10

注:“/”为未公布数据。

相关国内燃料电池轿车的未来规划也被不少车企提上日程。吉利宣布将于2025年推出燃料电池汽车的量产车型;广汽集团与丰田达成了氢能源方面的技术合作,包括降低核心部件成本、将燃料电池技术运用于广汽车型上,并有望于2020年底引入丰田燃料电池汽车进行示范运营;北汽集团已确立了燃料电池乘用车的未来发展规划,长安、奇瑞等厂商也正在着手进行相关的研发工作。

2. 2019年燃料电池轿车相关产业政策

世界范围内,以日本、韩国、美国、欧洲为主要区域,2019年度各国对于燃料电池轿车及其相关产业的支持政策仍在持续。日本经济产业省发布了新版《氢能与燃料电池路线图》,提出到2025年,上路行驶的燃料电池汽车达到20万辆,2030年计划达到80万辆,续驶里程由2020年的650 km提高至2030年的800 km,燃料电池的最大功率密度由目前的3.0 kW/L提高至2030年的6.0 kW/L,商业加氢站于2025年达到320个,于2030年达到900个。韩国的《活用氢能源经济路线图》指出发展氢能源相关新兴产业,确保技术优势,提出在2030年韩国燃料电池与燃料电池汽车的世界市场占有率均达到世界第一的目标;美国众议院筹款委员会颁布的《绿色法案》包括延长现有的氢和燃料电池的信用额度,并对氢能储存、中型和重型商用车以及燃料电池系统的制造提供新的奖励。美国各能源、运输、电力行业的领先公司联合发布了《美国氢能经济路线图》,强调了氢能对于实现低碳能源结构的重要性,提出至2030年,氢能将每年创造1 400亿美元的收入,并利用氢能巩固美国的能源领导地位。作为燃料电池汽车示范运营与开放租赁主要区域的美国加州,通过了一项价值20亿美元的法案,提出了2030年燃料电池汽车达到100万辆的规划,加州政府通过“清洁汽车返利项目(CVRP)”,为每辆燃料电池汽车提供5 000美元的购车补贴,燃料电池车车主可享有无条件享受免过桥费、免费租车等多项福利政策。欧洲燃料电池和氢能联合组织(FCH-JU)发布的《欧洲氢能路线图:欧洲能源转型的可持续发展路径》中提出了面向2030、2050年的氢能发展路线图,预计到2030年氢能产业将创造约1 300亿欧元产值,到2050年达到8 200亿欧元,并提出了阶段目标,预计2030年欧盟燃料电池乘用车与轻型商用车的保有量将达到370万辆与50万辆,此外约有4.5万辆燃料电池卡车与公交车,约570辆燃料电池列车替代现有的柴油列车。新西兰政府发布了《新西兰氢能发展愿景绿皮书》,提出在2020—2025年之间开展燃料电池叉车、公交车、长途客车的示范和燃料电池汽车的共享,至2030年设立200个加氢站,其政府目标是到2050年实现零碳经济。保加利亚计划到2020年底建成第一座加氢站,到2030年加氢站数量达到50个。

国内方面,无论是中央或地方都持续出台利好政策,扶持氢能产业发展。2019年全国两会上,氢能成为热议话题,并首次被写入政府工作报告——“推动充电、加氢等设施建设”;3月,财政部、工业和信息化部、科技部和国家发改委联合发布新能源汽车补贴新政策,表示2019年6月25日之后将新能源汽车的购置补贴退坡(新能源公交车和燃料电池汽车除外)并将其转为支持加氢和充电基础设施短板建设以及配套运营服务等方面;5月发布的《2019年新能源汽车标准化工作要点》将氢燃料电池列为重点工作,提出加快建设燃料电池电动汽车及加氢站等领域的标准子体系建设;6月,国家发改委、商务部发布《鼓励外商投资产业目录(2019年版)》,多次提到氢能与燃料电池,涵盖氢燃料生产、储存、运输、液化,氢能制备与储运设备及检查系统制造,燃料电池汽车制造,高技术绿色电池制造,加氢站建设、经营等多个方面;10月,国家发改委修订发布的《产业结构调整指导目录(2019年本)》,在新能源方面鼓励氢能、风能与光伏发电互补系统技术开发与应用,鼓励氢能的发展;12月,工信部发布《新能源汽车产业发展规划(2021—2035年)征求意见稿》,提出将有序推进氢燃料供给体系建设,加快推进先进适用储氢材料产业化,并推进加氢基础设施建设,实现燃料电池汽车的商业化运用;国家统计局将于2020年起将氢气纳入能源统计,“将氢气纳入能源管理”的行业诉求迈出了坚实的一步。放眼地方层面,2019年国内省、市、县区发布的燃料电池及氢能产业规划多达30项,目前已形成京津冀、华东、华南以及华中四个区域性氢能产业集群。截至2019年底,国内已建成的加氢站数目为61座,投入运营的有52座,在建/拟建加氢站数量为72座。全国范围内,有约5 000辆燃料电池汽车进行示范运营。

各地方响应国家号召,纷纷出台有关燃料电池汽车的发展目标,如浙江省指出到2020年累计推广氢燃料电池汽车1 000辆以上;佛山市提出到2020年燃料电池公交车保有量达到400辆,建成加氢站15~20座;重庆市提出2025年建成加氢站30座、燃料电池汽车保有量2 000辆的目标;河北省计划至2025年燃料电池汽车规模达1万辆、累计建成50座加氢站,2030年建成加氢站100座以上,运行燃料电池汽车超过5万辆,其中乘用车不少于3万辆。

3. 2019年中国燃料电池轿车技术发展概况

(1)整车技术

在燃料电池轿车的整车技术方面,目前国内已实现了一定突破，初步掌握了整车、动力系统的核心技术，并具有整车生产能力。系统性能指标方面，与国际先进水平的差距在不断缩小。但在燃料电池轿车车型平台开发方面，目前国内自主开发的燃料电池轿车均为传统内燃车或纯电动汽车车型基础上的改制，在燃料电池汽车专用车身、底盘开发与动力学控制等方面尚显不足；此外，燃料电池汽车在中国的发展重点仍旧聚焦于商用车，燃料电池轿车的量产技术尚未成熟。

目前国内进入工信部《新能源汽车推广应用推荐车型目录》的燃料电池轿车仍旧只有2016年发布的上汽荣威950 FCV这一款车型，其续驶里程、冷启动温度、电堆功率密度等指标存在一定进步空间。但随着技术的积累与迭代，我国在燃料电池乘用车领域的探索也取得了喜人成果。上汽集团于2019年发布的国内首款燃料电池MPV车型——MAXUS G20FC采用了其子公司捷氢科技开发的上汽第三代燃料电池系统，电堆功率达115 kW，体积功率密度3.1 kW/L，可实现 -30 ℃冷启动，是国内首次应用70 MPa氢瓶供氢系统的乘用车；长安在2019年重庆智博会上首次展出CS75 FCEV，其燃料电池功率为36 kW，应用70 MPa氢瓶供氢系统，续驶里程超500 km，这些性能可实现与丰田Mirai的对标。众泰发布的A00级汽车车型E200FCV计划于2020年上市，采用与法国液化空气集团共同研发的燃料电池金属板电堆，根据初步测试结果，其电堆功率密度有望达到3.5 kW/L。这些阶段性成果对于中国燃料电池轿车的发展具有可贵的推动作用。

(2)燃料电池系统

经过国家、企业、科研院所的共同努力，目前国内的燃料电池汽车供应链体系已初步形成，基本建立了具有自主知识产权的燃料电池汽车动力系统技术平台，且在性能方面实现了提升，成本进一步缩减。但在批量化生产与某些关键零部件的核心技术攻坚等方面，与国外仍有一定差距。

燃料电池系统方面，从动力系统的功率、能量密度等指标看，国内领先企业已与世界先进水平相当。上海重塑、亿华通、清能股份、国鸿重塑、新源动力这五家企业在2019年的装机量占据了中国燃料电池装机量的79%。上海重塑建成了中国最早的燃料电池发动机生产线之一，自主研发了32 ~ 51 kW的Caven系列燃料电池发动机及核心零部件，该系列燃料电池发动机销量达1 700套，在广东、江苏、上海等多个地区均有投放，2019年开始向海外市场进军；亿华通开发出的HD-Tram-150 kW燃料电池系统耐久性达8 000 ~ 10 000 h，其开发出的第四代60 kW燃料电池发动机，额定功率60 kW，峰值功率80 kW，整机功率密度达到我国2020年商用车燃料电池系统的技术目标。除目前市场主导的5家燃料电池供应商外，更多技术实力强劲的系统供应商也快速走向市场，从工信部《推荐目录》中可看出，预计上海重塑、亿华通、清能股份、国鸿重塑、新源动力、德燃动力、明天氢能等系统供应商可在2020年形成燃料电池系统批量供应能力。德燃动力是一家从事氢燃料电池发动机与核心部件(空压机、供回氢总成等)研发与生产的企业，已具备10 ~ 70 kW燃料电池发动机批量化生产能力。

燃料电池电堆方面，国内已有包括明天氢能、新源动力、弗尔赛、清能股份、捷氢、东方电气、氢璞、锋源、上海骥翀、氢晨在内的具有自主知识产权的燃料电池电堆生产厂家。新源动力可实现燃料电池关键材料及关键部件、电堆组装的小批量生产，其研发的第三代金属双极板质子交换膜燃料电池单堆功率达到85 kW，功率密度3.3 kW/L以上，可于 -30 ℃低温启动；2019年3月，弗尔赛正式发布自主研发的76 kW电堆模组工程化样机，该样机基于36 kW单堆产品开发，单堆功率密度为2.0 kW/L；10月，明天氢能下线了60 kW燃料电池电堆，其体积比功率已经达到3.0 kW/L的国际先进水平；11月，上燃动力发布了第三代100 kW大功率燃料电池发动机产品，其系统部件级国产化率达到100%，主要应用于公交客车、中重型载货车等，将于2020年11月量产。虽然在技术上有所突破，但采用新一代技术的国产电堆在实车工况下的可靠性、稳定性仍待验证，且与国际上乘用车100 kW、商用车200 kW的功率等级相比，国内燃料电池电堆的功率级别普遍为60 kW左右，仍旧偏低。特别是对于燃料电池轿车，国产电堆比功率的进一步提升尤为关键。

电堆关键材料方面，质子交换膜、MEA、碳纸、双极板等均已实现国产化，而在催化剂领域国内外技术差异明显，国内燃料电池催化剂尚未实现实车应用。车用质子交换膜领域，山东东岳已实现量产的DF260膜厚度为15 μm，化学耐久性大于600 h，二代规划产能20万 m^2，可满足2.5万辆燃料电池汽车的需求。但其性能指标与可将厚度降低至8 μm的戈尔公司相比仍有不小差距，且质子交换膜最核心的材料——全氟磺酸树脂几乎完全依赖进口，市场基本被美国杜邦、德国索尔维等少数公司垄断。国产质子交换膜具有价格优势，但出于稳定性和可靠性的考量，当前用量偏低的情况下，进口膜依然占有主导地位；MEA领域，目前鸿基创能、武汉理工新能源、大连新源均可自主生产，鸿基创能的膜电极性能寿命可对标目前国际先进车企，膜电极产品成本比目前主流低20% ~ 30%，在满足寿命要求的前提下，电流密度1.5 A/cm^2时，功率密度最高可达到1.4 W/cm^2。武汉理工新能源已实现商业化生产，产能达到5 000 m^2；碳纸领域，通用氢能、上海河森等公司已可进行小规模生产，但在厚度、成本方面与国际领先的日本东丽、加拿大Ballard、德国SGL等厂商的碳纸产品相比仍存在差距；双极板领域，上海弘枫、上海佑戈、上海治臻等企业的产品性能与国外差距不大，但双极板机械加工的方式成本较高，成为亟待解决的问题。

系统关键零部件方面，空压机与氢气循环泵等系统主要部件的国产化目标业已达成，处于配套及小批量应用阶段。空压机领域，以德燃动力、广顺新能源等为代表的国产燃料电池空压机企业的市场占比正在稳步提升。德燃动力自主研发的多个系列的空压机产品，采用离心式增压与无油润滑技术，适配30 ~ 120 kW燃料电池系统，建成完备的生产与供应能力，通过各类实车长期验证。国内空压机大多适配商用车，随着技术的更新与燃料电池乘用车的发展，高压比、可适配乘用车的空压机是未来发展方向；氢气循环泵领域，国内大部分市场份额由德国普旭占领，国内可实现小批量供货的企业有雪人股份、德燃动力、北京兰天达等，但产品的稳定性还需加强。除开传统的氢气循环泵技术方案，引射器是未来发展方向之一，国内公司也在积极进行供氢系统技术方案的探索。其中，德燃动力基于电控喷氢与引射回氢相结合的技术自主开发出的供氢—回氢组件,可实现大工况范围内的氢循环效果,压力调节精度为 ±0.01 bar,性能上与行业领先水平相差无几。随着国内车用燃料电池电堆功率的不断提升,适配 60 kW 及以上电堆的大流量氢气循环泵成为后续研发重点;车用高压储氢瓶领域,国外主要采用 70 MPa 碳纤维缠绕Ⅳ型瓶且已实现量产,而国内主流仍采用 35 MPa 碳纤维缠绕Ⅲ型瓶,以中材科技、沈阳斯林达和京城股份为代表的企业可实现氢气瓶的批量生产。沈阳斯林达生产的 70 MPa 氢瓶已通过型式试验,为全国首家。未来国内相关产品也将会向低成本、轻量化的 70 MPa 氢瓶过渡。

4. 制约我国燃料电池轿车发展的瓶颈

我国燃料电池汽车产业虽然获得了迅速发展与长足进步,但面世车型仍以商用车为主,燃料电池轿车寥寥无几,个中原因,主要在于技术水平、政策导向、配套设施、法规标准四个方面。

第一,我国燃料电池轿车发展起步较晚,缺乏一定的技术积淀,燃料电池系统关键材料及核心零部件批量化国产的产业链亟待完善,甚至有部分材料与配件仍需进口,导致整车成本过高,规模化生产困难。同时,不够优越的燃料电池系统的集成度、稳定性、可靠性、耐久性也制约着国产燃料电池系统在轿车上的搭载以及用户对于燃料电池轿车的认可度。

第二,目前我国的燃料电池汽车产业尚处于以商用车为主导的初步发展阶段,有关燃料电池轿车的研发、示范抑或补贴等利好政策都不甚明确,由商用车转向乘用化的政策细则并未落地,对燃料电池核心技术研发和产业链上游实际资金支持较少,支持政策尚未形成体系。一定程度上导致了相关企业在燃料电池轿车投资方面的谨慎态势,给车企带来制定明晰规划与发展路径过程中的困扰。

第三,与燃料电池轿车配套的资源与设施不够完善。具体表现在燃料电池出货量较低,氢气制备、储运成本高昂,加氢站短缺。2019 年,燃料电池轿车销量占第一的韩国拥 408 MW 的出货量,而中国全年燃料电池出货量仅为 128 MW,差距显著;截至 2019 年底,全国在建和建成加氢站共有 130 多座,已建成 61 座,投入运营的加氢站仅有 52 座,这显然不能满足普及燃料电池汽车对于基础设施的大量需求。

第四,产业链中,氢气的制备储运、加氢站的建设运营、燃料电池汽车的测试等环节,尚缺乏统一的标准、规程,国家对于氢能源的定位也不甚明晰,不少消费者对于氢能源的认知不清,仍处于"谈氢色变"的状态。这些客观因素对于燃料电池轿车的普及也有负面影响。

5. 燃料电池轿车产业发展建议

国家、企业、科研机构等社会各界可以从以下几个方面入手来推动燃料电池轿车的蓬勃发展。

第一,在燃料电池汽车产业由政策依赖至市场驱动的转型过程中,维持一定的利好政策,引导产业步入正轨。补贴政策可向核心技术倾斜,对拥有自主研发能力和产品的企业予以奖励,并建立正确的评估机制,杜绝"钻补贴空子"等不利于行业风气的现象发生。坚持开展燃料电池汽车的示范运营,鼓励燃料电池轿车加入示范运营车队。设立燃料电池轿车的阶段性发展目标,以规模化促进成本的下降。

第二,从关键材料与核心零部件入手,优化电堆结构,提升单堆功率等级与功率密度,改善低温启动性能,改进现有控制策略,提高燃料电池系统的集成度、稳定性、可靠性、耐久性。以技术发展推动产业链的建立与完善,实现关键零部件的国产化、批量化生产。

第三,增强校企合作,鼓励高校和科研院所的研究成果向实用产品的转化。建立健全行业人才的发掘与培育流程,支持国际间的学术交流合作。成立产业联盟,加强企业间的沟通,提升国产品牌的凝聚力。设立完整的投资机制,加强国内外资本合作,以技术吸引资本投入,以资本助推技术进步。

第四,确立氢能在能源体系中的定位,制定完备的行业技术标准与法规体系,特别是零部件与整车的测试与评估、氢气加注过程的安全操作规程等方面。大力推动氢能基础设施的建设,以商用车的规模化效应带动燃料电池轿车的发展。

九、燃料电池客车

Chapter 9 Fuel Cell Passenger Bus

(清华大学 李建秋 徐梁飞;北京氢燃料电池发动机工程技术研发中心 张 鹏 樊 辉)

1. 2019 年燃料电池客车产业的总体情况

2019 年国内外氢能和燃料电池产业发展加快,产业战略布局不断强化,世界主要国家对氢能技术研发及应用高度重视,不仅氢能产业提升到国家能源战略高度,还出台了相应支持政策和中长期发展规划。燃料电池客车作为当前最重要的应用载体,其商业化示范运营带动了燃料电池汽车技术研发、推动了加氢基础设施建设。

随着燃料电池客车商业化示范运营的推广,燃料电池客车技术发展和产品越来越成熟。现阶段燃料电池客车技术在耐久性、可靠性、经济性等方面取得了很大的进步,大量指标已经接近美国能源部 2020 年目标,差距较大的部分仍然在制造成本方面。根据美国可再生能源实验室公布的数据显示,2018 年单车制造成本仍然在 127 万美元以上,预计未来两年内每辆将至 85① 万美元,距离美国能源部 2020 年 60

① https://www.nrel.gov/state-local-tribal/blog/posts/fuel-cell-electric-buses-in-the-usa.html。

万美元还有较大差距。

2019 年我国燃料电池汽车产业进入市场培育期，燃料电池汽车产销分别完成 2 833 辆和 2 737① 辆，同比分别增长 85.5% 和 79.2%。车型以客车和货车为主。我国燃料电池客车总产量 1 340 辆，较 2018 年增长 88.7%②，总量超过 3 000 辆，成为世界上最大的燃料电池商用车市场。这主要是由于佛山、常熟、张家口等地氢能规划及奖励扶持政策出台拉动采购数量等因素影响。

2019 年，国内多个城市制定氢能和燃料电池发展规划，带动了燃料电池行业的快速发展，氢燃料电池客车在全国呈现加速落地趋势。4 月，山西大同首批投放 40 辆氢燃料公交车。5 月，武汉开发区 21 辆氢能源公交车正式上线示范运营。6 月，苏州市首条氢燃料电池公交线路正式开通，首批 15 辆氢燃料电池公交车全部投入运营。7 月，成都经开区"氢燃料公交示范线"首批 20 辆氢燃料电池客车交付使用。8 月，30 辆潍柴氢燃料电池公交车正式批量上线运营，山东省聊城市首批 30 辆氢燃料公交车投放至 K11 路和 K351 路两条线路。10 月，张家口市 100 辆氢燃料电池公交车成功交付，浙江省首条氢燃料电池公交线在嘉善上线试运行，首批 10 辆厦门金旅氢燃料电池车，率先投入。11 月，济南市 40 辆中通氢燃料客车交付使用，山东省济宁市首条氢燃料公交示范线路正式运行，10 辆氢燃料电池公交正式上线。12 月，采用丰田技术的 20 辆氢燃料电池公交车抵达常熟，准备投入运营。

2. 2019 年燃料电池客车技术发展情况

（1）2019 年燃料电池客车技术发展特点

我国燃料电池产业已经初步达到商业化应用的技术要求，国内燃料电池产业链体系基本形成。国内燃料电池客车普遍采用能量混合型动力系统，以提高燃料电池耐久性，改善系统经济性。

2019 年燃料电池客车整车企业生产的车型基本上以 45 ~ 65 kW 为主。2019 年全国新增 53 款燃料电池客车公告，其中 45 ~ 65 kW 公告占比 85%。国内部分企业正在进行 100 kW 及以上大功率燃料电池系统研发，为下一步全功率燃料电池动力系统的开发奠定了基础。

（2）2019 年燃料电池客车实现的主要技术突破点

①整车续航里程进一步提高。2019 年，全国多家企业实现燃料电池客车技术迭代，整体续航里程和经济性达到国际领先水平。《新能源汽车推广应用推荐车型目录》数据显示，目前中国燃料电池客车最大续航里程可达 740 km，基本满足大部分客运场景续航需求。

②整车经济性进一步提升。根据各地招标价格统计，目前我国氢燃料电池客车整车招标成交价格在 200 万元左右，低于国际水平。通过多轮技术迭代，整车实际道路百公里氢耗进一步降低，达到 6.4 ~ 7.0 kg 氢/100 km，低于国际同类产品。中国氢燃料电池客车购置成本、使用成本优势明显。

③整车环境适应性进一步改善。2019 年国内燃料电池客车的环境适应性得到了充分验证。燃料电池客车已基本实现 -40 ℃储存与 -20 ℃冷启动，达到《节能与新能源汽车技术路线图》2020 年 -20 ℃目标。2020 年 1 月，两款搭载亿华通氢燃料电池发动机系统（60 kW 和 120 kW）的福田欧辉汽车（9 m 和 12 m）在 -30 ℃环境下顺利通过低温存储启动试验、低温行驶试验等多项测试，达到面向冬奥环境下燃料电池客车的性能测试。燃料电池余热调节自适应整车综合热管理系统获得行业应用，通过热电联供耦合控制，利用燃料电池余热，实现热量自动平衡，提高驾驶舒适程度，使车厢暖车时间由 30 min 缩短至 10 min，冬季综合能耗降低 12%。

④燃料电池可靠性和耐久性进一步提升。通过对材料、电堆设计、发动机系统集成技术与控制策略的优化，燃料电池客车的可靠性、耐久性不断提高。截至 2019 年底，搭载国内某主流燃料电池生产企业单车最长累计运营时间超过 5 600 h，单车最大累计运营里程超过 11 万 km。产品可靠性及耐久性经受住低温、高海拔实际工况考验。

（3）目前亟须解决的技术难点及解决方案

燃料电池汽车和电动汽车都是全球汽车产业转型发展的重要方向，目前两者处于不同的发展阶段，使用特征上也有明显差异。国内燃料电池客车重点突出高适应性、长续航、加氢速度快等特点，与纯电动客车形成差异化竞争，但在实际运营过程中，燃料电池客车仍需要在车载储氢能力、耐久性、成本等方面进一步突破。

①高能量密度储氢技术。

目前国际主流燃料电池汽车企业大量采用 70 MPa 储氢系统，而国内主要运用 35 MPa 气瓶作为车载储氢装置，70 MPa 氢系统的应用尚不成熟。受相关法规和技术限制，国内 70 MPa 车载氢系统产品在车辆公告申报时缺乏可依据的国家标准，无法取得汽车公告进行多路段、长里程、多工况下的示范以及商业运行。国内的 70 MPa 氢气瓶主要是Ⅲ型氢气瓶，而国外已量产的主流氢气瓶为更轻量化的Ⅳ型气瓶。为进一步提高车载储氢能力，需有序推进 70 MPa 储氢、液态储氢技术和低温深冷气态储氢技术等大容量车载储氢技术，进一步提高车载储能能量密度。

②面向耐久性的系统集成、控制、诊断和优化技术。

目前，国内氢燃料电池客车耐久性虽有提升，并得到部分运营场景的实际验证，但与传统汽车仍有差距。下一步需进一步从司机驾驶、动力系统控制、氢—空—水热管理等层面综合优化，提升燃料电池发动机、燃料电池专用 DC/DC 等关键部件的性能，提高燃料电池耐久性。

③低成本大批量组装和集成工艺技术。

目前国内氢燃料电池客车的制造成本还较高，不具备竞争优势。可通过规模化生产、大批量组装和集成工艺技术降低成本。除此还需加快电堆、空压机、氢循环泵、高压电磁阀、电压巡检和电控单元、DC/DC 等核心零部件及关键材料的国产化研发，通过国产化替代和垂直整合降低成本。

④大功率燃料电池发动机技术

大功率、长寿命、高可靠、高环境适应的燃料电池发动机系统是加快推动燃料电池客车应用的重要因素，也是解决重载应用（例如重载车辆、有轨机车、船舶等）环境污染的有效途径。

---

① 数据来自中国汽车工业协会《2019 年汽车工业经济运行情况》报告。

② 数据来自中国汽车动力电池产业创新联盟燃料电池分会。

(4)2019年国内外技术差异

与国外相比,我国采用氢—电混合技术路线,在续航里程及整车成本方面有明显优势。根据《新能源汽车推广应用推荐车型目录》,最大续航里程可达700 km,高于国外同类车型续驶里程。根据各地招标价格信息,目前我国氢燃料电池客车整车招标成交价在200万元左右,低于国外水平。但在储氢压力、燃料电池发动机功率及电堆寿命等方面仍与国外存在较大差距。国内外典型氢燃料电池客车重要技术参数对比见表1-12。

表1-12 国内外氢燃料电池客车对比表①

分类		国内							国外							
客车厂家车型		北汽福田 BJ6123FCE VCH-3	郑州宇通 ZK6125FCE VG10	郑州宇通 ZK6126FCE VG3	中通客车 LCK6120 FCEVG	佛山飞驰 FSQ6110 FCEVG	上海申龙 SLK6109 UFCEVX	厦门金龙 XMQ6850 AGFCEV	丰田 SORA	美国AC Transit	比利时 Van Hool	美国 Sunline	加拿大 New Flyer	德国奔驰 Citaro	美国 Hyzon	韩国现代 Elec City FCEV
料电池发动机系统	厂家	亿华通	亿华通	上海重塑	亿华通	巴拉德	大同氢雄云鼎	福建雪人	丰田	UTC Power PureMotion™ 120	巴拉德	巴拉德	巴拉德	巴拉德	Horizon	现代
	额定功率(kW)	63	63	50	63	60	48	46	2×114(峰值)	120	85	150	160	250	60	2×95
动力电池容量(kWh)		100.16	108	未公开	未公开	36	未公开	95.25	未公开	53	未公开	11.2	47	未公开	未公开	49
整车长度(m)		12	12	12	12	11	10.5	8.5	10.5	12	12	12	12	12	12	12
气瓶		8×140 L(35 MPa)	8×140 L(35 MPa)	8×140 L(35 MPa)	8×140 L(35 MPa)	8×140 L(35 MPa)	8×140 L(35 MPa)	8×140 L(35 MPa)	10×60 L(70 MPa)	35 MPa	8 L(35 MPa)	(34 MPa)	8 L(35 MPa)	35 MPa	未公开	6 L(70 MPa)
耐久性(h)		10 000	10 000	12 000	未公开	未公开	未公开	未公开	未公开	27 330(最大) 13 041(平均)	18 000	未公开	8 000	未公开	未公开	未公开
续航里程(km)		655(等速法)	600(等速法)	700(等速法)	510(等速法)	360(等速法)	500(等速法)	580(等速法)	200(公开数据)	483(公开数据)	400	563	482	250	500	460

3. 主要企业经营发展情况

(1)国外企业

①丰田汽车公司

早在20世纪90年代,丰田公司就已开展了对燃料电池汽车的研发,并将其确定为企业下一代汽车开发的重要战略方向。丰田开发的乘用车已经率先迈入量产化阶段。2018年,丰田推出了燃料电池公交车——SORA,其动力总成包括两个114 kW的燃料电池组和双电机驱动,电机最大功率为113 kW,峰值扭矩为335 Nm。SORA搭载丰田自主研发的燃料电池组,配备10个70 MPa储氢瓶,容积600 L,一次加氢续航里程为200 km。丰田已经向东京市政府交付5辆,计划在2020年6月份前,为东京市区引入100辆燃料电池巴士。

此外,丰田加强国际合作,共同推进燃料电池客车快速发展。2019年4月,丰田与北京亿华通、北汽福田达成协议,将合作推出燃料电池客车,大巴上搭载采用丰田FC电堆等零部件的亿华通FC系统。7月,丰田与一汽、苏州金龙、上海重塑达成协议,将在一汽股份、苏州金龙生产及销售的FC大巴上搭载采用丰田FC电堆等零部件的上海重塑FC系统。12月底首批采用丰田FC电堆的金龙牌氢燃料电池公交车在交付常熟,2020年1月正式投入运营。

②New Flyer

New Flyer是北美最大的巴士制造商,也是唯一一家同时提供40 ft(1 ft = 0.3 m)和60 ft燃料电池电动车型的制造商。这两种车型都有资格获得联邦资助。推出车型Xcelsior CHARGE H2-ts燃料电池重型运输巴士,已完成宾夕法尼亚州阿尔图纳的联邦运输管理局(FTA)模型巴士测试计划。

Xcelsior CHARGE H2-ts车型续航里程可达300 mi(483 km,1 mi≈1 609.3 m),可根据不同型号和运行条件在6~20 min内完成加氢。此外还具有减速时再生制动功能,可为电池充电并降低能耗。目前正在向3家运输机构交付25辆Xcelsior CHARGE H2燃料电池电动巴士。

③VanHool

VanHool公司由伯纳德·范·郝尔(Bernald Van Hool)于1947年在比利时小城Koningshooikt建立。VanHool是欧洲第二大客车公司,生产的客车85%用于出口,且大部分销往欧美各国,年产客车1 700多辆。其客车产品品种丰富,生产销售从8.6 m中巴客车到25 m低地板双铰链客车。在生产传统客车的同时,VanHool公司也十分关注新能源客车的研发。公司的新能源城市客车包括A330 CNG天然气城市客车,A330 T无轨电车,AG 300 T无轨电车,A308 Hyb油电混合动力城市客车,A300 Hyb油电混合动力城市客车,AG300 Hyb燃料电池电动城市客车,燃料电池电动城市客车(美国)和燃料电池电动城市客车(欧洲)。

④Sunline Transit和AC Transit

Sunline Transit和AC Transit是加州两家主要的氢燃料电池公交服务提供商。SunLine从2000年开始运行氢燃料电池公交,同时创建了全球第一个公交加氢站,目前处于正常运营之中的氢燃料电池公交有5辆。AC Transit有13辆氢燃料电池公交在运营之中,拥有两座公交加氢站,在北美拥

① 数据来源根据网上公开数据整理。

有最多样化的氢燃料电池项目，该公司的氢燃料电池公交的驾驶里程已经达到 290 万 mi，在旧金山湾区载客数量达到 500 万人。

(2)国内企业

截至第 326 批《道路机动车辆生产企业及产品公告》，全国共有 112 款燃料电池客车公告，涉及上海申龙、郑州宇通、中通客车、佛山飞驰、厦门金旅、北汽福田、南京金龙等 27 个整车企业。

①北汽福田汽车股份有限公司

北汽福田汽车股份有限公司(简称"福田汽车")成立于 1996 年，现已形成集整车制造、核心零部件、汽车金融、车联网为一体的汽车生态体系。整车覆盖卡车、客车、商务汽车、微车、多功能汽车、工程机械及环境装备、新能源汽车等七大业务单元。未来，福田汽车全面布局纯电动、燃料电池、混合动力三大技术路线，提高产品开发的精准度，通过细化场景定义，实现产品定制化开发，创新业务运营模式，拓展上下游产业链，实现经营指标持续提升。

北汽福田是国内最早从事燃料电池客车研发的汽车企业，现有产品覆盖 8 ~ 12 m 城市/城间客车，并率先在国内实现了商业化运营。2020 年 1 月 19 日两辆搭载亿华通氢燃料电池发动机系统的福田欧辉客车，成功完成了"冬奥环境"极寒测试，成为首次通过极寒实地测试的氢燃料电池客车。2019 年，氢燃料客车产量为 81 辆，2017—2019 年总产量为 220 辆①。

②郑州宇通客车股份有限公司

郑州宇通客车股份有限公司(简称"宇通客车")是一家集客车产品研发、制造与销售为一体的大型现代化制造企业，公司日投产量最高达 430 台，年生产能力达 70 000 台以上。主厂区位于河南省郑州市宇通工业园，占地面积 1 700 亩(1 亩≈666.67 m^2)，拥有底盘车架电泳、车身电泳、机器人喷涂等国际先进的客车电泳涂装生产线。

宇通客车作为客车行业领军者，自 2009 年开始研发燃料电池客车，是行业内最早研发燃料电池客车的企业之一。2009 年，宇通成功推出第一代燃料电池客车；2012 年，宇通组建了专职的研发团队，自主研发燃料电池、电电混合系统；2013 年，宇通第二代燃料电池客车问世；2014 年，宇通获得国内商用车领域首个燃料电池客车资质认证；2015 年，宇通成为国内商用车行业首家获得燃料电池客车生产资质的客车企业；2016 年，宇通第三代燃料电池客车亮相；2018 年宇通氢燃料电池客车正式投入商业化运营。

③中通客车控股股份有限公司

中通客车成立于 1958 年，自 1971 年开始专业生产客车，是国内最早的客车生产企业和客车上市企业之一，行业内首个获得最新版要求的燃料电池、纯电动及插电式混合动力商用车生产资质。目前，公司产品体系涵盖了 6 ~ 18 m，包括公路客运、公交、旅游、团体、高端商务、校车等各个细分市场，共 15 大系列 260 余个品种。具有极强的市场竞争力，畅销世界 100 余个国家和地区。

目前，中通客车涵盖 9 ~ 12 m 城市/城间燃料电池客车，2017—2019 年中通燃料电池客车产量全国第一，达到 1 476 辆，其中 2019 年产量为 686 辆。

④佛山市飞驰汽车制造有限公司

佛山市飞驰汽车制造有限公司始建于 1971 年，专业从事研发、生产、销售公路客车、旅游客车和城市客车，发展至今已有 40 多年，是首批列入国家公告目录的大中型客车生产厂家之一。目前公司产品品种覆盖公路客车、旅游客车、城市客车、特种装备车等，涉及柴油、LNG 及新能源、氢能源等多种动力形式，拥有从 6 ~ 12 m 各种不同类型及型号的客车公告 20 余个。7 m、8.5 m、11 m、12 m 氢燃料电池等新能源城市客车及燃料电池厢式商用车，产品列入《节能与新能源汽车示范推广应用工程推荐车型目录》。

未来，继续加大技术引进和研发，深度研究燃料电池系统成组技术、燃料电池车载控制技术，吸收国际先进技术，拓展燃料电池车载应用。2019 年佛山飞驰氢燃料电池客车产量为 289 辆，2017—2019 年总产量为 704 辆，位居全国第 3。

4. 燃料电池客车技术发展趋势

未来燃料电池客车电池系统功率将会逐步提升，适应高速、高续航里程和高环境适用性的需求。加大力度支持关键技术自主创新，集中突破装备与材料限制，鼓励在关键零部件生产制造和工程工艺环节的创新，尽快突破关键零部件生产装备瓶颈。提高质子交换膜、膜电极等关键部件的规模化和国产化水平，进一步降低燃料电池成本，提高燃料电池寿命。车载储氢系统从 35 MPa 向更高能量密度的技术路线发展。

5. 未来市场需求分析预测

现阶段，国内氢燃料电池客车市场与政策息息相关。与纯电动汽车相似，燃料电池客车也存在年底抢装现象，2019 年 12 月燃料电池客车销售量占比全年总量的 43.4%，政策仍然是短期决定下一阶段燃料电池客车市场最核心的因素之一。

地方财政补贴政策和燃料电池发展规划是影响燃料电池客车市场的另一重要因素。2019 年，地方出台的氢能专项政策为 36 项(包括区域性规划、省级规划、地市级及县级规划)，其中，河北、山东、浙江、江苏、天津、广东发布省级氢能与燃料电池规划，极大带动了国内氢燃料电池客车市场。例如，2019 年山东省共有 110 辆燃料电池客车投入运营，张家口最新投入 100 辆燃料电池客车等。随着天津、常熟、潍坊、嘉兴、宁波等城市的氢能与燃料电池发展规划落地，未来市场需求可能会呈现井喷式发展。

此外，随着氢燃料电池客车示范运营的推广，燃料电池客车优势愈发明显，特别是北方冬季冷启动和续航方面，未来，在北方、高海拔地区，燃料电池客车是主要趋势。

6. 燃料电池客车产业发展存在的问题

政策方面：氢能在我国能源系统中的定位不清晰，仍未形成氢能和燃料电池产业发展的总体战略，相应的管理体制和优惠补贴政策等也缺乏系统安排。

技术方面：我国氢燃料电池客车产业链发展不均衡，存

① 数据来源：中国汽车动力电池产业创新联盟。

在薄弱环节，核心部件与国外技术相比还有待提高，部分关键材料依赖进口，系统集成等方面的差距也导致我国氢燃料电池客车的部分性能等落后国外。

成本方面：高成本是氢燃料电池产业发展的最大障碍。从现实情况看，我国氢燃料电池客车的高成本，主要是处于商业化初期，规模化未形成，部分关键零部件处于开发和小批量机加工阶段。

基础设施方面：加氢站是氢能源供给体系中重要的环节，决定了氢燃料电池汽车商业化的速度。当前我国加氢站数量远不能满足燃料电池产业化的要求，加氢站建设滞后已经严重影响到我国氢能和燃料电池产业发展进度。

7. 燃料电池客车产业发展建议

规模化示范应用推广是提升氢燃料电池客车技术水平、降低成本、完善配套体系和使用环境的有效途径，也是加快推动燃料电池客车产业化的重要抓手。通过若干重大示范工程的特色示范区建设，不断积累氢能与燃料电池汽车商业化运营数据及经验，推动国内氢燃料电池客车发展。

建议进一步突破国产化车载储氢技术，研发大功率燃料电池发动机，开展燃料电池客车在全环境下示范运营，验证实际路况和运行过程中燃料电池客车的可靠性、耐久性和环境适应性，建立燃料电池客车运行维护体系标准。

十、燃料电池专用车

Chapter 10 Fuel Cell Special Vehicles

（北京亿华通科技股份有限公司 张 鹏 康启平 刘艳秋）

1. 2019 年燃料电池专用车产业的总体情况

（1）国际情况

2019 年，日本、韩国、美国等国家在发展燃料电池乘用车的同时，也在积极研发和布局燃料电池专用车。

丰田在氢燃料电池发展的最前沿坚持不懈的努力，丰田第二代氢燃料电池卡车续航超过 500 km，第二代燃料电池电动卡车基于 Kenworth 的 T680 卡车，但代替了 8 级卡车的 6 级柴油直列发动机，而是配备了一对 Toyota Mirai 燃料电池堆和一个适用于 670 hp（1 hp≈735.5 W）、978 Nm 的扭矩和 1 325 lb（1 lb≈0.45 kg）重的电动系统。日本江铃汽车在氢燃料电池重卡、物流车、半挂牵引车等领域都有布局。氢燃料电池重卡搭载功率为 95 kW 燃料电池系统，最高时速可以达到 90 km，续航里程突破 400 km。氢燃料电池物流车搭载功率为 30 kW 的燃料电池系统，最高时速 85 km，续航里程可以达到 400 ~ 500 km。

2019 年，美国积极推广氢燃料电池卡车、物流车等专用车型，实施了多个燃料电池专用车项目。尼古拉计划 2020 年制造 25 辆卡车，到 2021 年制造 400 辆卡车。该卡车设计巡航范围 500 ~ 1 000 mi（800 ~ 1 600 km），最大输出功率 1 000 hp。康明斯在 2019 年亚特兰大举行的北美商用车展上展出了一款燃料电池示范卡车。该卡车由康明斯设计和集成，设计用于 90 kW 燃料电池，可按 30 kW 或 45 kW 的增量扩展至 180 kW，并具有 100 kW 锂离子电池容量，续航里程为 150 ~ 250 mi。

（2）国内情况

从车型来看，2019 年，我国燃料电池专用车以物流车为主，主要为总质量 8 ~ 9 t 货厢类厢式运输车和保温车，车长集中在 6.5 ~ 8 m 之间。相比以前，燃料电池装配物流车型除传统的普通厢式运输车以外，在对能源供应系统要求较高的半挂牵引车、冷藏车等领域也得到应用，截至 2019 年 12 月工信部 327 批《道路机动车辆生产企业及产品公告》中，厢式运输车 30 款，冷链运输车 10 款，市政环卫车 5 款，牵引车 3 款，细分车型结构呈现进一步丰富，应用场景进一步扩展态势。

从产量来看，2019 年我国氢燃料电池专用车产量为 1 683 辆①，主要生产企业为申龙客车、中通客车和飞驰汽车，3 家企业专用车产量分别为 814 辆、630 辆和 100 辆，合计占整个市场份额的 91.7%。

从销售特点来看，2019 年，燃料电池专用车仍处于政策推动市场增长时期，明显特征就是政策调整时间节点对产量的节奏变化影响突出，带来月度产量不均衡。企业为避免补贴政策在 2020 年出现大的调整，普遍采取在 2019 年底完成订单生产计划，出现 12 月单月产量快速增长现象，占全年产量的一半左右。

从示范运营省份来看②，广东省目前示范运营有 1 518 辆物流车，位居全国第一，上海、陕西、江苏、北京运营的燃料电池物流车数量分别为 802、401、260、123③ 辆，分列 2 ~ 5 位。

2. 2019 年燃料电池专用车技术发展情况

（1）2019 年燃料电池专用车技术发展特点

2019 年，国内燃料电池产业已经基本达到商业化应用的技术要求，产业链体系基本形成，国产化率进一步提升，但少数关键材料和核心零部件仍依赖进口。燃料电池电堆已经实现国产化并完成批量装车应用，燃料电池电堆的功率密度、寿命和可靠性等方面都得到提高。

在氢燃料电池电堆技术方面，采用 15 μm 质子交换膜的石墨双极板电堆功率密度达到 2.2 kW/L，实现 −30 ℃冷启动。电堆功率和耐久性都有所提高，新开发的电堆最大功率超过 120 kW，复合双极板电堆模块耐久性突破 7 500 h。

在燃料电池专用车方面，国内燃料电池专用车采用氢—电混合技术，燃料电池系统额定功率主要集中在 32 kW、40 kW、40.5 kW 和 60 kW，12 月配套系统中，40 kW 及以上产

① 数据来源：北京市氢燃料电池发动机工程技术研究中心。
② 由于目前我国燃料电池专用车以物流车为主，仅从物流车角度分析。
③ 数据来源：燃料电池发动机工程技术研究中心。

品成为主流，高功率发展趋势明显。北京亿华通联合北汽福田汽车正在开发35 t平板车和49 t牵引车，燃料电池系统功率超过120 kW。其中，35 t平板车已经完成整车组装，正在进行调试，49 t牵引车正在进行布置设计。

（2）2019年燃料电池专用车实现的主要技术突破点

1）电堆功率密度提升

2019年，上海神力研发的石墨双极板燃料电池电堆功率密度达到2.2 kW/L，具备高度集成、快速启动响应、高可靠性等优势。新源动力股份有限公司开发出高可靠性和环境适应性满足车用要求的金属双极板燃料电池电堆，通过优化膜电极的催化层、质子交换膜和扩散层的材料、结构，电堆功率密度达到3.4 kW/L，用于燃料电池专用车还需要进行工程验证。

2）电堆耐久性取得突破

新源动力股份有限公司攻克了复合膜基催化剂涂层膜电极技术，开发出流场与隔板分离的复合双极板结构，同时改进电堆的水热管理技术，研发的燃料电池电堆模块经过了车载动态工况下的7 500 h寿命测试，通过了车用可靠性试验验证，实现批量生产。

3）燃料电池系统成本进一步降低

质子交换膜制造工艺进一步发展，积极研发质子交换膜工艺技术；膜电极铂载量降低到0.2 g/kW，逐步缩小了国际领先水平的差距；国内规模化示范运营进一步推广、关键材料及核心零部件逐渐国产化。整体降低燃料电池系统成本，加快燃料电池专用车应用。

4）燃料电池专用车优化布置

燃料电池专用车基于市场需求，采用正向开发的整体设计理念，调整和优化整车布局，研发出更加适合专项需求的车型。以燃料电池物流车为例，将第一代车载储氢系统以横卧叠排式放置于驾驶室后调整为放置在车架两侧，增加货车车箱的空间利用率。

（3）亟须解决的技术难点及解决方案

1）研发大功率发动机系统

目前，国内燃料电池汽车发动机系统功率与国外相比偏低，不能满足日渐丰富的应用场景，尤其是长续航、中重载的卡车。未来，需要加大力度在“燃料电池＋动力电池”的氢—电混合电源系统协调控制研究、电堆关键技术研究、关键辅助零部件选型和研发等方面来提升发动机系统功率。

2）提高燃料电池耐久性

提高燃料电池电堆及系统的耐久性是燃料电池商业化的前提。一方面通过提高关键材料与部件的耐久性，提高电堆及系统的寿命；另一方面通过优化控制策略，从使用角度降低不利于寿命的工作时间，提高耐久性。

3）降低燃料电池成本

提高质子交换膜制造工艺，开发低成本的燃料电池电堆材料和零部件；降低铂用量、开发低铂化甚至无铂催化剂降低对贵金属的依赖；关键材料与零部件的批量化生产和国产化，达到大幅度降低成本。

（4）2019年国内外技术差异

近年来，我国燃料电池技术取得了长足的进步，实现了关键材料、部件性能及装配技术的显著提升，燃料电池系统集成技术达到国际水平，电堆功率密度、寿命和低温冷启动等性能方面都得到提高。从表1-13可以看出，国内在金属板系统额定功率及低温启动方面略低于国外水平，其他性能与国外水平相当。此外，在关键材料及核心零部件方面，碳纸、质子交换膜、增湿器以及部分管阀件还依赖进口。

表1-13　国内外燃料电池发动机主要性能参数对比①

性能参数	国　内	国　外
额定功率(kW)	~100	≥120
体积功率密度(kW/L)	2.2(石墨板) 3.4(金属板)	1.5(石墨板) 4.0(金属板)
低温启动(℃)	-20(自启动) -30(外加热启动)	-30(自启动)

3. 主要企业经营发展情况

（1）国外企业

1）丰田汽车公司

丰田汽车公司自19世纪80年代以来一直致力于燃料电池技术的研发和多车型开发，目前已经布局氢燃料电池卡车、物流车。第二代燃料电池电动卡车基于Kenworth的T680卡车，替代6级柴油发动机，配备两个Mirai燃料电池堆，续航超过500 km。丰田为7-11便利店研发的氢能源物流车的制冷机组/冷冻器及车辆本身均受燃料电池驱动，此外燃料电池还可在灾害发生期间被用作应急动力源。

2）现代汽车公司

现代汽车公司在氢燃料电池汽车方面处于世界领先水平。在燃料电池专用车方面，现代汽车与在瑞士公司H2Energy签署合作协议书，从2019年到2025年陆续向瑞士以及其他欧洲国家交付1 600辆燃料电池重型卡车。设计车辆并列搭载2个190 kW级新型氢燃料电池系统和7个大型氢气罐，一次可充35 kg的氢气，行驶里程可达400 km。

2019年10月，现代汽车公司在亚特兰大举行的北美商用车展上推出了氢燃料电池卡车和拖车组合HDC-6Neptune重型概念卡车，并表示正在考虑进入美国商用车市场。

（2）国内企业

1）上海申龙客车有限公司

上海申龙客车有限公司年产能超过1万辆，拥有6 m至13.7 m中高档20多类200多个客车品种的完整产品链，产品涵盖公路客运、旅游、公交、团体等各个细分市场。2019年，申龙客车生产氢燃料电池专用车814辆，占全国燃料电池专用车产量的48.4%，位居全国第一。

2）中通客车控股股份有限公司

中通客车是行业内首个获得最新版要求的燃料电池、纯电动及插电式混合动力商用车生产资质的企业。产品体系涵盖了6 m至18 m，包括公路客运、公交、旅游、团体、高端商务、校车等各个细分市场，共15大系列260余个品种。2019年，中通客车生产氢燃料电池专用车630辆，占全国燃料电池专用车产量的37.4%，位居全国第二。

3）佛山飞驰汽车制造有限公司

飞驰汽车专业从事研发、生产、销售公路客车、旅游客车和

① 数据根据网上公开资料整理。

城市客车,是首批列入国家公告目录的大中型客车生产厂家之一。7 m、8.5 m、11 m、12 m 氢燃料电池城市客车及燃料电池厢式商用车列入《节能与新能源汽车示范推广应用工程推荐车型目录》。2019 年,佛山飞驰汽车生产氢燃料电池专用车 100 辆,占全国燃料电池专用车产量的 5.9%,位居全国第三。

4. 未来几年燃料电池专用车技术发展趋势

目前国内已进行商业化示范应用的专用车的燃料电池系统功率以 30 kW 产品为主,成本高于燃油系统,且耐久性不足。未来,专用车燃料电池系统功率将逐渐提升,降低动力电池容量,优化动力系统匹配与控制技术,提升整车性能,使得氢燃料电池专用车动力性、经济性、耐久性、环境适应性及成本等方面的关键指标达到批量推广的产业化要求。

车载储氢系统技术向液态储氢技术与低温深冷气态储氢技术发展,使得车载储氢系统在质量储氢率、体积储氢密度及系统成本方面逐步达到产业化要求,并且完成高压储氢瓶、关键阀门组件的国产化及批量制造能力,满足氢燃料电池专用车产业化发展需求。

5. 未来几年市场需求分析预测

燃料电池专用车具备续驶里程长、无污染等优势,享有路权优惠政策,主要应用领域有环卫专用车、物流车、重卡及其他专用车。与政府主导的公交领域客车示范不同,燃料电池专用车示范具有一定的市场驱动性。

在燃料电池物流车方面,在绿色物流发展趋势下,物流车电动化进程将持续推进,燃料电池物流车市场长期向好发展的基本趋势不会改变。燃料电池物流车综合技术能够满足实际运输作业需求,已在区域城际运输和城市配送环节开展了示范运营。随着突破加氢站制约、提供运营补贴、落实通行路权、绿色货运配送示范工程等促进市场化应用的政策环境持续完善,燃料电池物流车市场将迎来快速发展。

氢燃料电池重卡方面,重卡保有量相对于整个汽车市场来说占比较少,但其污染物及温室气体排放大,重卡运输在经济发展扮演重要角色,不可或缺。未来几年,燃料电池重卡将成为研发和推广发展重点,传统优势整车生产企业积极布局,未来市场广阔。

6. 燃料电池专用车产业发展存在的问题

目前,燃料电池专用车产业发展存在的问题包括:技术方面,燃料电池发动机的功率在很多应用场景还存在不足,需要大力提升,燃料电池专用车的车型太少,不能充分发挥燃料电池汽车在长距离、中重载应用场景的优势。此外,大功率燃料电池发动机的核心辅助零部件如空压机、氢气循环泵等还需要依赖进口,增加了燃料电池专用车的总体成本。基础设施方面,加氢站建设严重滞后,影响燃料电池商用车的快速发展。政策方面,目前尚未形成引领氢能和燃料电池发展的专项规划,燃料电池汽车产业发展的中长期目标、技术路线图和时间表尚未明确,缺乏国家级规模化、产业化发展的示范应用政策。

规模化示范应用推广是提升产品技术水平、降低成本、完善配套体系和使用环境的有效途径。现阶段,我国燃料电池专用车示范推广数量较小,未形成规模化,影响和制约燃料电池专用车技术升级和商业化进程。

7. 燃料电池专用车产业发展建议

开发大功率燃料电池发动机,同时采用液氢储氢方式,充分发挥燃料电池专用车的长距离、中重载等优势。多开发燃料电池专用车车型以满足不同应用场景,如燃料电池环卫车、工程车、矿山车等。加快研制适应于大功率燃料电池发动的核心零部件,如空压机、水泵、氢气循环泵、瓶口阀、增湿器等等。提高电堆、燃料电池系统等产品的质量和性能,降低燃料电池成本,推动燃料电池专用车的商业化应用。在氢燃料电池专用车初步具备产业化条件的地区,积极开展氢燃料电池专用车的示范运营,提升产品技术水平、降低成本、完善燃料电池相关规划、基础设施、标准和法规配套体系。

8. 其他认为重要的方面

(1)检测体系有待完善

建立完备的检测体系对燃料电池技术水平的提升和产业的长远发展意义重大。通过检测获得的数据可帮助发现产品问题,为改进性能、提升品质提供可靠依据。当前我国氢燃料电池汽车产业的安全检测能力滞后于产业发展的需要。一方面,对检测认证不够重视,氢安全方面实验室仿真、模拟较多,试验验证较少;另一方面,缺少如欧盟联合研究中心(JRC)、美国可再生能源国家实验室(NREL)等权威、完善的测机构和实验室①。

(2)相关标准缺失

70 MPa 车载储氢系统的技术条件和测试方法(已经完成讨论修改),70 MPa 燃料电池汽车加氢口、70 MPa 燃料电池汽车加氢枪等相关标准需完善和出台。

十一、燃料电池物流车

Chapter 11　Fuel Cell Logistics Vehicle

(TrendBank 势银　朱绍林　唐蔚波)

1. 燃料电池物流车产业综述

近年来,我国车用氢能产业发展取得明显进展,燃料电池技术商业化稳步推进,车用燃料电池技术自主化进程加快,

① 中国国际经济交流中心课题组。中国氢能产业政策研究社会科学文献出版社,2020。

优势企业技术研发体系及产品开发体系已初步形成，产业组织模式创新趋于活跃，产业配套体系建设逐步加快。随着燃料电池汽车示范运行区域和规模逐步扩大，我国氢燃料电池汽车产业开始踏入产业导入期。

我国燃料电池汽车产业主要分为两大块：一是客车，包括城市公交、长途客车、轻客、接驳车以及校车等；二是物流车，包括微面、轻卡、中卡以及重型卡车，其中中重卡包括平板货车、厢式货车、集卡、冷藏车、牵引车、特种车和专用车等。目前从运营情况来看，燃料电池汽车主要集中在客车和中重卡这两块。纵观整体市场来看，我国燃料电池汽车示范运营规模自 2017 年以来就开始快速扩张，据统计，2017 年和 2018 年我国燃料电池汽车产量分别为 1 272 辆和 1 527 辆，2019 年更是达到 3 018 辆的规模，其中销量数据从 2017 年到 2019 年分别为 1 048 辆、857 辆和 3 188 辆，截至 2019 年底保有量在 6 000 辆左右，已然提前完成《节能与新能源汽车技术路线图》提出的到 2020 年燃料电池汽车推广数量达到 5 000 辆的目标。

2019 年我国新能源物流车产量受补贴退坡影响较大，产量为 6.4 万辆，连续两年呈下降趋势，市场进入深度调整期。虽然新能源物流车整体市场表现不理想，但燃料电池物流车产量呈现快速增长态势，2019 年全年产量为 1 680 辆，同比增长 85%，销量为 2015 辆，同比增长 336%，成为新能源物流车市场的一枝独秀。

但燃料电池物流车仍处于政策推动市场增长时期，明显特征就是政策调整时间节点对产量的节奏变化影响突出，带来月度产量不均衡。2019 年 3 月 26 日四部委联合发布《关于进一步完善新能源汽车推广应用财政补贴政策的通知》，根据该通知，2019 年 3 月 26 日至 6 月 25 日为过渡期，过渡期期间销售上牌的燃料电池汽车按 2018 年对应标准的 0.8 倍补贴，过渡期后，燃料电池汽车补贴政策另行公布。2019 年燃料电池物流车产量主要集中在过渡期内的 5 月和 6 月，截至年底国补未出台，企业为避免补贴政策在 2020 年出现大的调整，普遍采取 2019 年年底完成订单生产计划，出现 12 月单月产量快速增长现象，占全年产量的一半左右（如图 1-28 所示）。

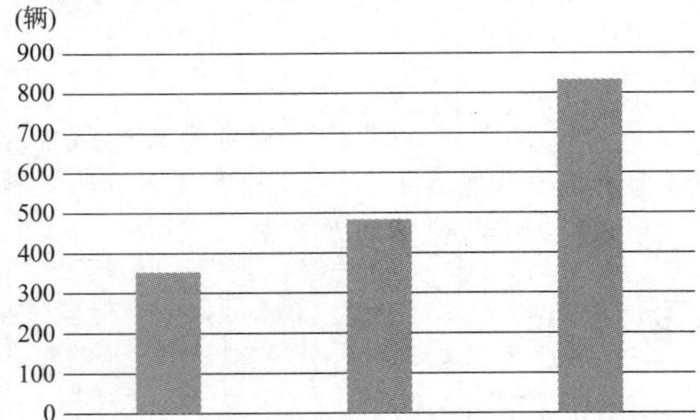

图 1-28 2019 年燃料电池物流车月度产量数据

（数据来源：中国汽车工业协会）

2. 燃料电池物流车技术发展情况

燃料电池汽车的核心部件是燃料电池电堆，其耐久性、经济性和可靠性是制约燃料电池汽车推广应用的关键问题，经过这些年的发展，我国已经拥有了一批燃料电池电堆和系统的生产和研发企业，由于燃料电池关键材料工程化缓慢，个别环节缺失以及燃料电池系统关键部件尚未完全自主化等的原因，我国车用燃料电池电堆在个别方面与国外还存在着一定的差距。

（1）2019 年燃料电池物流车技术发展特点

车用燃料电池电堆由多个单体电池以串联方式叠层组合构成，而单体电池一般由质子交换膜、催化剂、气体扩散层以及双极板等关键材料组成，经过多年的研究和努力，我国在车用燃料电池技术方面已经取得明显进步。

2017—2018 年我国销售的燃料电池物流车车型所用的电堆绝大多数是由国外采购，到 2019 年国内的膜电极和电堆企业才初具国产化能力，但技术和商业化水平与国外还存在着较大的差距。

具体来看，武汉理工氢电科技有限公司的膜电极产品主要为抗反极车用膜电极和超低铂长寿命车用膜电极，其中，抗反极车用膜电极的抗反极时间可达到 200 min 以上，超低铂长寿命车用膜电极目标铂载量为 0.125 g/kW，输出功率密度为 1.4 W/cm^2，寿命达 6 500 h 以上。上海神力科技有限公司联合上海申龙客车有限公司研发了 2 款氢燃料公交车在 2019 年 1 月正式交付，其中燃料电池电堆产品的体积功率密度突破 2.2 kW/L，支持 −30 ℃低温自启动，−40 ℃低温储存，并且适用于物流车领域。北京氢璞创能科技有限公司的第四代燃料电池电堆功率为 46 kW，功率密度为 1.8 kW/L。

（2）2019 年燃料电池物流车技术突破点

2019 年整体物流车的技术突破点主要在于产品往高功率发展方向方面，燃料电池系统在整车成本中占比较高，系统供给企业在产业链上占据重要位置。2019 年，上海重塑、上海清能合睿兹、亿华通、雄韬氢雄、国鸿氢能等系统企业在燃料电池物流车上装配量排在前列，其中上海重塑占据半数市场份额，竞争优势明显（如图 1-29 所示）。我国燃料电池物流车普遍采用“燃料电池—锂电池”混合技术路线，2019 年燃料电池系统额定功率主要集中在 32 kW、40 kW、40.5 kW 和 60 kW，12 月配套系统中，40 kW 及以上产品成为主流，高功率发展趋势明显（如图 1-30 所示）。

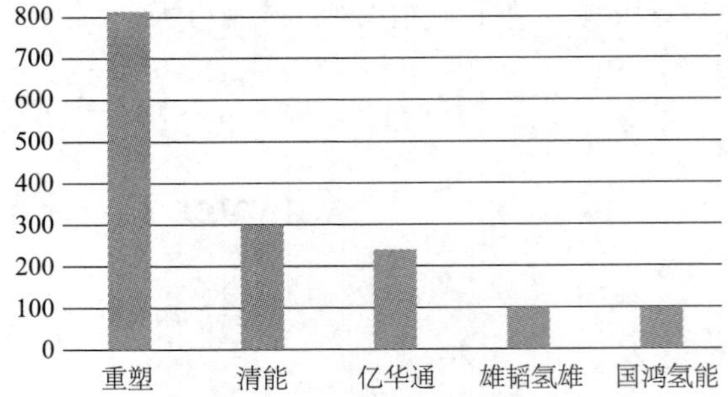

图 1-29 2019 年燃料电池物流车系统企业配套量

（数据来源：Trendbank）

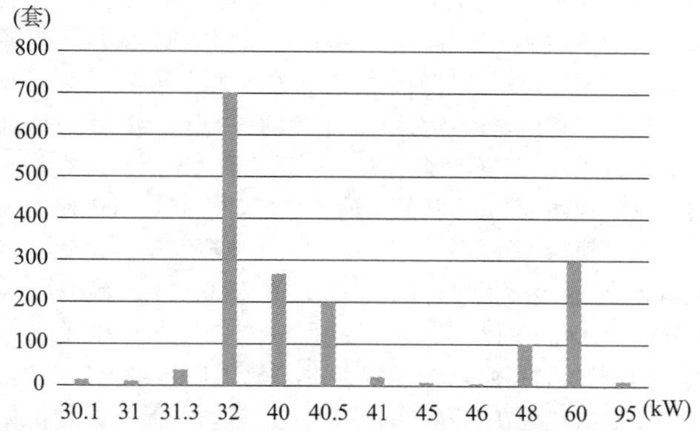

图 1-30 2019 年燃料电池物流车系统额定功率分布情况

（数据来源：中国汽车技术研究中心有限公司）

在国家电动汽车重大科技专项等研发项目的支持下，通过产学研联合研发团队的攻关，我国燃料电池汽车技术取得了一定的进展，已经初步解决了燃料电池电堆和关键材料、动力系统与核心零部件、整车集成和氢能基础设施等核心技术，也初步形成了燃料电池发动机、动力电池、DC/DC 变换器、驱动电机、储氢系统等关键零部件的配套研发体系。同时在电堆及系统企业链也初具规模。

（3）亟须解决的技术难点及解决方案

燃料电池电堆是燃料电池汽车包括物流车的核心部件，其可靠性、耐久性和经济性是制约燃料电池物流车推广应用的关键问题，从商业化路线图来看，随着技术进步与规模效益的发展，燃料电池的成本将会逐步下降，燃料电池汽车产品的竞争力也会逐渐提升，潜在市场将会逐步扩大。但是目前来看，由于燃料电池的关键材料工程化缓慢、个别环节缺失以及燃料电池系统关键部件尚未完全自主化等因素，我国的物流车燃料电池电堆在性能方面与国外相差甚远，不仅生产成本高，经济性也因此拉低。为了破解这些问题，我国目前亟须解决的技术难点和要做的工作有以下几个方面。

第一，加强物流车燃料电池基础技术及继承技术研发，包括燃料电池核心材料和燃料电池过程机理研究等，如新型低铂或非铂催化原理及催化剂、高分子化学和机械稳定性固体电解质开发、单电池综合仿真技术、燃料电池电热分布分析、空气杂质的影响、电堆“气水电热”多重偶尔特性研究等。集成技术研发主要包括应用于燃料电池系统的集成技术研发和应用于整车的集成技术研发等。

第二，强化车用燃料电池关键零部件研发和国产化，例如空压机、加湿器、氢气循环泵等重要零部件都应尽快实现国产化，确保燃料电池产业健康发展。

第三，研究鼓励车用燃料电池自主研发、促进技术进步的产业政策。尽管补贴新政出台有很明显的创新，但是具体的实施措施还需要进一步针对整个产业链的建设和燃料电池汽车推广应用，以形成激励车用燃料电池自主核心技术开发为前提，区分国内先进的自主研发技术和国外落后的技术，鼓励自主研发，避免国外的落后技术进入中国或是用资本换来的国外先进技术空客。

第四，完善车用燃料电池产业链，尽快实现电池关键材料的批量生产，这样才能在规模化上大幅度降低电堆成本并提供一致性。

（4）国内外技术差异

近年来，我国氢能及燃料电池汽车产业发展迅速，产业战略布局也不断在强化，但我国相关产业政策体系还不够完善，与国外还有一定的差距。世界主要国家对氢能技术研发以及应用高度重视，不仅提升到了国家能源战略高度，还出台了相应的支持政策和中长期规划。

日、韩、德氢能和燃料电池技术全球领先，中国近两年技术进步加快。乘用车方面，中国与外国整车的技术路线不同。外国以“大电堆加小电池的电电混合技术路线”为主，德国与中国以“中等功率电堆加较大电池技术路线”为主，主要体现在燃料电池功率、车辆冷启动温度、系统耐久性 3 个指标。据统计，外国燃料电池乘用车所搭载的燃料电池电堆功率分布在 85 ~ 114 kW，中国大多集中在 36 ~ 55 kW。

车辆冷启动温度方面，外国普遍达到 – 30 ℃，中国目前为 – 15 ~ – 20 ℃；车辆耐久性/质保指标上，外国燃料电池车型在 16 万 km 以上，中国大多为 9 万 km，差距较大。

国际上燃料电池商用车技术路线对比与乘用车类似。外国车型所搭载的燃料电池系统功率等级集中在 100 kW 以上，中国集中在 30 ~ 60 kW；外国车型的冷启动温度集中在 – 30 ℃，中国集中在 – 15 ℃；外国车辆耐久性/质保最高 18 000 h，中国最高 12 000 h。

从燃料电池发动机领域来看，中国车用燃料电池发动机与外国相比，在输出功率方面差距明显。中国功率等级集中在 30 ~ 60 kW，外国自 2014 年开始就基本达到了 60 kW 以上；电堆功率密度、最低启动温度等方面也有不小的差距。总体而言，部分关键技术与国外相比，存在了 5 ~ 10 年的差距，高端产品依赖外国。

3. 要企业经营发展情况

自从燃料电池行业兴起以来，各类投资主体和新企业开始不断涌入，我国燃料电池汽车产业发展热度开始不断增加。企业方面也不断加快产品开发进程，突破各种核心技术，产品应用也不断扩大，车企有上汽集团、东风特汽、飞驰汽车、北汽福田、中通汽车等，配套系统零部件方面有亿华通、上海捷氢科技有限公司、上海重塑能源科技有限公司、未势能源等。

（1）东风特汽

东风特汽（十堰）专用车有限公司具备良好的新能源汽车研发生产制造能力，拥有传统专用车整车和新能源专用车整车设计主要核心技术。东风特汽自 2015 年开始燃料电池车型的研发工作，通过与亿华通、上海重塑、普拉格等系统企业合作，在 2016 年开发成功 30 kW 燃料电池中型物流车，2017 年批量生产燃料电池物流车 530 辆，目前全国共有 547 辆东风特汽燃料电池物流车投入运营，其中有 17 辆在武汉运营，13 辆用于城郊物流运输，4 辆用于冷链物流运输，其余分别分布在上海、佛山和十堰等城市，主要用于城郊物流运输。

另外，根据 TrendBank 整理，获得 2017 年度新能源汽车推广应用补助资金的两款燃料电池车型来自两家车企：东风汽车集团 EQ5080XXYTFCEV1 燃料电池厢式运输车、上海汽车商用车 SH6612A4FCEV 燃料电池轻客。这两款燃料电池汽车共获 6 700 万新能源汽车推广应用补助资金。其中，东风 EQ5080XXYTFCEV1 燃料电池厢式运输车配套系统来自上海重塑能源，系统功率 30 kW，车辆总储氢量 10 kg，续航里程可达 400 km。具体参数见表 11-14，表 11-15。

表 1-14　东风特气燃料电池物流车车型一览

车　型	燃料电池系统	动力电池电量（kWh）	续　航 km	供氢系统
EQ5080XXYTFCEV1	30 kW/重塑	20	>300	140L×3
EQ5080XXYTFCEV2	20 kW/氢洁	60	>500	甲醇
EQ5080XXYTFCEV3	30 kW/亿华通	50	>300	140L×3
EQ5080XLCFCEV1	30 kW/上海清能	28	>300	140L×3

（数据来源：工信部官网）

表 1-15　东风燃料电池汽车上榜并获得补贴车型具体参数

企业名称	东风汽车集团有限公司
商标	东风牌
产品名称	燃料电池厢式运输车
产品型号	EQ5080XXYTFCEV1
产品种类	专用车
系统供应商	上海重塑能源科技有限公司
车身长度（mm）	6 410
车身宽度（mm）	2 200
车身高度（mm）	2 850
总质量（kg）	7 510
整备质量（kg）	4 100
续航里程（氢工作）（km）	305
续航里程（氢不工作）（km）	305
系统额定功率（kW）	30

（数据来源：TrendBank）

（2）飞驰汽车

飞驰汽车是广东省佛山市老牌的整车生产企业，始建于 1971 年。前身为佛山市飞驰汽车制修厂，2012 年正式进入新能源汽车市场，主打燃料电池汽车。2017 年底，山西美锦能源股份有限公司收购飞驰汽车 51.2% 的股份，成为上市公司子公司。2015 年首辆氢燃料公交车成功下线后，陆续实现各地区氢燃料公交批量投放运营。而落地云浮，则是佛山市对口帮扶云浮过程中的产物，2016 年 9 月底成立全资子公司云浮市飞驰新能源汽车有限公司，与佛山、云浮都有很深的关系。作为广东最早、生产经验最丰富的氢燃料电池汽车企业，参与了佛山、云浮两市历次氢燃料电池公交车示范推广。以佛山公交为例，截至 2019 年底，飞驰汽车生产公交车辆在佛山实际运营 162 辆，遍及 22 条公交线路。因为路况等条件影响其耗氢量有一定区别，但大部分车辆氢耗量都在每百公里 5～6.5 kg 之间。这些车辆运营里程至 2019 年底已超过 435 万 km。

由于飞驰汽车客车领域取得的成功，市场在提及飞驰汽车首先想到的是其燃料电池客运车辆，但据了解，飞驰汽车在 2019 年研发投入较大，很大一部分投入是在包括中重牵引车辆以及一些特种、专业车辆研发上。目前，飞驰汽车业务包括公路客车、旅游客车、城市客车、厢式商用车、特种装备车及中重型卡车等，涉及柴油、LNG 及新能源、氢能源等多种动力形式。而对于目前市场普遍关注的的重卡，美锦能源自己用的定点运输的焦炭重卡有 7 000～8 000 台，佛山地区有 8 万台重卡，全国物流中重卡将近 450 万辆，美锦能源副总经理姚锦丽表示，飞驰的车辆会去配套不同燃料电池的应用场景。值得关注的是 2019 年 12 月，飞驰汽车自主研发首款氢燃料电池牵引车问世，总质量 25 000 kg，满载质量 49 000 kg，续航里程 390 km。据悉，飞驰氢燃料电池重卡车辆目前测试运行稳定，产品优势在于燃料电池系统效率高，综合工况氢耗处在合理区间。下一步，该款产品将继续优化燃料电池控制策略，提升系统效率降低能耗，同时针对细分市场推出不同的配置，尽快形成规模化批量化运营。据了解，飞驰汽车 2019 年销售燃料电池汽车 376 辆，同比增幅 107.73%，其中氢燃料电池公交车 276 辆，增幅 148.65%，氢燃料厢式商用车 100 辆，同比增幅 42.86%。

（3）亿华通

北京亿华通科技股份有限公司一直专注于氢燃料电池发动机研发及产业化发展。2012 年亿华通推出燃料电池发动机并在 2013 年装车应用，2014 年其发动机产品开始应用于有轨电车，2015 年亿华通控股上海神力，开始布局国产化电堆研发及生产基地，2016 年其产品性能升级并实现批量装车应用，2017 年亿华通燃料电池发动机产品经历 −15 ℃低温和 37 ℃高温运营环境，同时在张家口建成投产国内首条具有自主知识产权的半自动化生产线，2018 年亿华通推出自主开发的新一代国产燃料电池发动机，采用神力科技国产化电堆，具备 −30 ℃低温启动，−40 ℃低温储存，功率密度超过 300 W/kg，在各方面性能上接近国际先进水平，提前实现了我国商用车燃料电池系统 2020 年的技术目标，且以及批量生产。

表 1-16　搭载亿华通燃料电池系统的汽车运营情况

城市	年份	运行车辆数
北京	2017	5
北京	2017	30
张家口	2017	2
北京	2018	30
北京	2018	5
张家口	2018	74
郑州	2018	22

（数据来源：亿华通资料）

亿华通的主要有 30 kW/60 kW 和 40 kW/80 kW 燃料电池发动机产品，电堆功率密度达到 2 kW/L，耐久性达到 8 000 h，冷启动 −30 ℃，−40 ℃低温存储，并已经实现批量生产，其中 40 kW/80 kW 燃料电池发动机产品采用国产电堆，在北京市科委的大力支持下，亿华通正在开发 120 kW 的燃料电池电堆，将应用于北京冬奥会城际告诉客车和 35 t、49 t 重型卡车上，并联合福田开发 8 t 物流车、12 t 环卫车和 25 t 重卡。

亿华通与国内相关企业进行空压机、氢气循环泵、增湿器等关键零部件的开发，与福田、宇通、中通、申龙、陕汽、中国重汽、东风汽车、中国中车、长安汽车等国内多家主流整车企业合作。截至 2019 年，工信部最新发布的《道路机动车辆生产企业及产品》燃料电池车型搭载的燃料电池系统数量位居第1。搭载亿华通燃料电池系统的汽车运营情况见表1-16。

4. 燃料电池物流车技术发展趋势

燃料电池物流车具备续驶里程长、加氢时间短等优势，享有路权优惠政策。上海、深圳、广州、佛山、张家口等城市已经开展一定规模示范应用，截至2019年底，我国投放到终端应用市场的燃料电池物流车累计2 000多辆。绿色物流发展趋势下，京东、顺丰、三通一达等大型物流企业与整车企业、系统供给和加氢站运营商开展合作，在区域城际运输和城市配送环节已对燃料电池物流车开展示范运营，燃料电池物流车综合技术特征能够满足实际运输作业需求，已经具备示范应用的基本条件。与政府主导的公交领域客车示范不同，燃料电池物流车示范具有一定的市场驱动性。目前燃料电池物流车成本高，物流企业自购车辆压力较大，燃料电池物流车示范应用主要以运营商向物流企业提供运力租赁服务为主，通过运营商落地示范运营，积累实际路况运行数据，反馈给车企和系统企业进行技术创新和产品改进。2019年燃料电池物流车细分车型分布如图1-31所示。

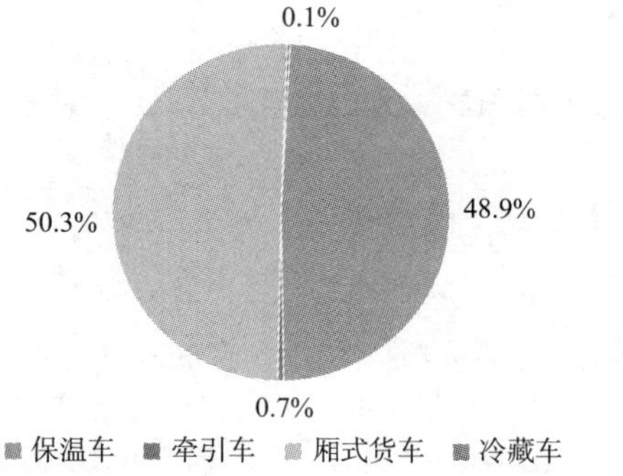

图1-31 2019年燃料电池物流车细分车型分布

（数据来源：中汽研）

5. 未来几年市场需求分析预测

展望2020年，短期内新冠肺炎疫情会对新能源汽车行业产生一定影响，但物流车电动化进程将持续推进，燃料电池物流车市场长期向好发展的基本趋势不会改变，围绕突破加氢站制约、提供运营补贴、落实通行路权、绿色货运配送示范工程等促进市场化应用的政策环境将持续完善。

燃料电池更适合体积功率密度要求不高的商用车领域，这一点已经达成行业共识，无论是政策引导，还是市场需求，燃料电池物流车向高功率方向发展趋势明显，应用车型向多元化方向发展。预计2020年底，燃料电池重卡将成为发展热点，传统优势物流车生产企业将积极布局。但市场发展尚处初期，成熟稳定的企业竞争格局仍需时日。

随着国内氢能与燃料电池汽车产业链逐步完善，核心技术取得突破，氢气价格和燃料电池系统成本将持续下降，燃料电池物流车购置成本和使用成本降低是必然趋势，成本下降推动市场竞争力提升，从而得到终端用户的认可并接受。

综上所述，诸多有利因素下，预计2020年底，我国燃料电池物流车产量将达到2 500辆以上，2025年物流车总产量将超过一万辆，产品供给结构优化，示范运营规模将持续扩大，示范城市和区域范围也将扩展，特别是发布氢能产业规划、产业链投资热点和经济氢源供给区域。

6. 燃料电池物流车产业发展存在的问题

燃料电池车的发展以商务用车为主，其中厢式运输车占比较高，据不完全统计，2019年共生产箱式运输车845辆，占全年生产总量的29.8%。目前，氢燃料电池物流车主要分布在上海、广东、山东、湖北、陕西等地，上海是目前燃料电池物流车保有量较多的城市。截至2019年，上海物流燃料电池车车保有量为500辆，电动车保有量5 000～20 000辆。由于目前产销量较小，燃料电池车相较于已经具有较大规模的纯电动车和燃油车价格较高。随着未来产销量的增加，其规模效应导致的在产业链各个环节的成本下降空间都比较大。目前受基础设施加氢站的影响，限制了燃料电池车的使用和发展。2019年发改委、能源部等部委出台了一些列政策，支持鼓励燃料电池发展，政策内容涉及制氢、储氢、加氢站等领域，助推行业的发展。但目前没有发布具体的补贴政策。最近氢能源政策“呼之欲出”，制氢、储氢、运氢三大成本问题有望在《新能源汽车产业发展规划（2021—2035年）》以及国家级氢燃料电池汽车专项规划中得到逐步解决。

据势银研究团队分析，目前燃料电池物流车受市场影响较大，从中型卡车TCO（全生命周期总拥有成本）分析来看（如图1-32和图1-33所示），到2022年含补贴情况下，也远不及传统燃油车，保守预测直到2026年才结今燃油车水平，那么经济性主导的物流车目前发展最大的问题便是其购置成本和运营成本，购置成本中最关键的两点，一是系统价格，二是寿命达不到质保年限，无形中增加了购置成本，运营成本中最主要的是氢气的价格和基础设施的问题。

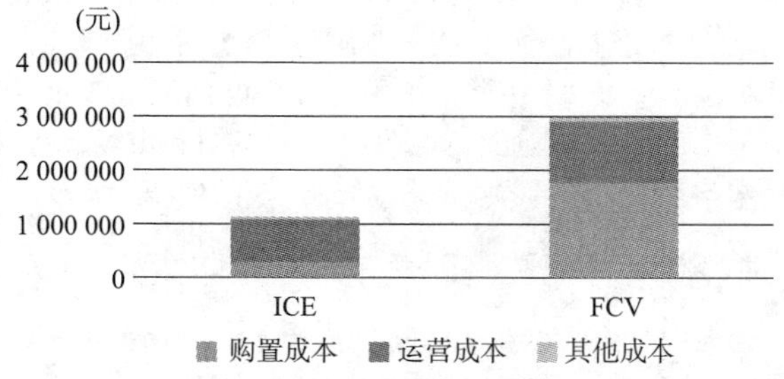

图1-32 2022年中型卡车TCO预测分析

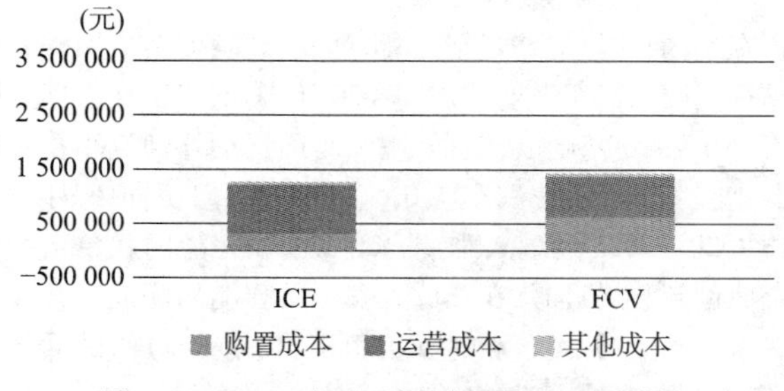

图1-33 2026年中型卡车TCO预测分析

（数据来源：TrendBank）

7. 燃料电池物流车产业发展建议

发展新能源汽车上升为国家策略，汽车强国战略的突破口，燃料电池汽车已然成为新能源汽车发展的重要方向，作为燃料电池汽车行业中关键产业之一的物流车的发展，本文对其有以下几点建议。

（1）持续跟踪燃料电池汽车技术

从整车集成技术到关键零部件的国产化水平，需要持续跟踪前沿技术，加大研发和产业化力度，补贴政策和优惠政策应优先涉及国产企业，并严格防范国外落后技术进入中国市场。

（2）加强燃料电池物流车的示范推广

目前国内大部分城市和区域对于示范运营的车型基本局限在城市公交以及城际客车，很少对物流车进行示范推广。目前来说，燃料电池物流车主要由经济性主导市场，政策驱动较少，对于燃料电池物流车的推广是比较消极的，因此加强燃料电池物流车的示范运营和推广尤为重要。

（3）明确燃料电池物流车的战略定位

现有国家产业导向性政策多涉及燃料电池汽车定位，"十三五"规划中明确提出，系统推进燃料电池汽车研发与产业化，但是对其导向型不够精准，可以理解为将其作为一项产业发展任务，并不能准确对其进行战略定位，当前，随着产业化技术的加快推进和产业体系的初步形成，并在2020年最新出台的补贴新政的前提下，各地方和区域政府应当对燃料电池物流车视为发展燃料电池汽车行业的重中之重，并不能一味以公交运营为示范主体，明确燃料电池物流车的战略定位是关键。

（4）推进燃料电池汽车产业体系建设

加快我国现有氢燃料电池汽车及氢气储运、加注等关键技术工程化、产业化，积极推进涵盖车用氢气及燃料电池材料产业、燃料电池汽车产业、车用氢气供给产业及相关生产、测试验证装备产业在内的氢燃料电池企业产业体系建设，重点支持氢燃料电池系统集成、电池电堆、膜电极、质子交换膜、催化剂、气体扩散层、双极板等关键材料，空压机、氢气循环泵和增湿器等关键零部件的技术研发，从整个产业链上优化成本结构，通过批量化生产达到有序将本的目的，提前将燃料电池物流车的TCO降到燃油车水平。

十二、智能网联汽车

Chapter 12 Intelligent Connected Vehicle

（清华大学 李克强）

汽车作为新技术应用的最佳载体，正由人工操控的机电产品加速向智能化系统控制的智能产品转变，并通过网联化实现"人—车—路—云"一体化发展，构成复杂信息物理系统。智能网联汽车因其产业协同性强、经济与社会效应突出，关乎国家信息战略安全等重要因素，已成为全球汽车强国下一轮产业竞争的焦点。2019年以来，我国通过顶层设计规划、法规标准制修订、密切产业协同、聚焦共性技术突破等方式加速产业发展，并提出中国方案智能网联汽车重要理念。未来，我国有望通过综合发挥体制机制和市场优势，加速汽车与相关产业的深度融合，推动产业的创新发展。

1. 2019年智能网联汽车产业总体情况

智能网联汽车跨领域协同的特点决定了其需要国家层面的顶层设计与协同创新，世界各国也均在加快政策规划和相关法规的制修订工作，营造良好产业发展环境，为智能网联汽车创新发展提供支撑。

在美国，通过战略规划、道路测试、鼓励创新应用等方式推动智能网联汽车产业发展。2020年1月，美国在自动驾驶政策1.0～3.0基础上，发布《确保美国自动驾驶汽车技术的领导地位：自动驾驶汽车4.0》，加强跨部门协同，3月发布《ITS 2020—2025规划》，强调自动驾驶和智能网联单点突破到全面创新布局；加州在开放无安全员智能网联汽车开放道路测试基础上，开始自动驾驶出租车（RoboTaxi）的试运营工作，助推商业落地；2020年2月，NHTSA公布豁免Nuro公司第二代无人驾驶配送车辆的安全要求，成为美国首个豁免案例。

在欧洲，以重大项目为支撑，网联式自动驾驶纳入欧盟顶层规划设计。欧盟委员会实施ITS（智能交通系统）重大项目，并通过Horizon 2020计划支持了ARCADE、INFRAMIX、ENSEMBLE、ICT4CART、L3pilot等众多智能网联汽车领域协调及创新项目。

在日本，以东京奥运会为重点节点，全面推动智能网联汽车发展。为在东京奥运会和残奥会期间实现高速公路上的自动驾驶，在人口稀少地区开启无人驾驶车辆运送服务等，日本加速法律修订步伐，2019年5月审议《道路交通法》修正案，并于2020年4月1日实施；2019年3月审议《道路运输车辆法》修正案。同时，日本国家自动驾驶研发计划（SIP_adus）进入2.0阶段，重点关注自动驾驶与未来智能社会（Society 5.0）的协同，开展大规模的FOT测试，并每年更新发布《官民ITS构想/路线图》，明确自动驾驶推进计划及时间表。

为加快建设智能汽车强国，实现汽车产业的转型升级，我国也通过不断完善顶层设计规划、加速标准体系建设、鼓励示范应用等方式加快推进智能网联汽车产业发展。

2019年9月，国务院发布《交通强国建设纲要》，提出加强智能网联汽车（智能汽车、自动驾驶、车路协同）研发，形成自主可控完整的产业链。2019年12月，工信部对《新能源汽车产业发展规划（2021—2035年）》公开征求意见，明确了未来我国智能网联汽车的量产规模、能力水平和商业化应用范围等发展目标。2020年2月，发改委等11部委联合印发《智能汽车创新发展战略》,明确提出建设中国标准智能汽车和实现智能汽车强国的战略目标,对我国智能汽车发展做出了全面部署和系统规划。

针对智能网联汽车跨部门协调的需求,我国于2017年在国家制造强国建设领导小组下,由20个部门和单位组成车联网产业发展专项委员会,负责组织制定车联网发展规划、政策和措施,协调解决车联网发展重大问题。专委会已经分别于北京、雄安、无锡召开三次全体会议,2019年9月在无锡的第三次全体会议印发了近期需要跨部门协调的主要问题,并针对先导区建设、智能网联汽车封闭场地测试、道路测试互认、自动驾驶地图应用试点等做出重要部署。

我国积极推动智能网联汽车标准建设工作,打造覆盖国标、行业、团标协同配套的新型标准体系,并注重跨领域的标准协同。2020年4月,工信部、公安部、国家标准委联合印发《国家车联网产业标准体系建设指南(车辆智能管理)》,进一步完善标准体系建设。2019年5月,全国汽标委智能网联汽车分标委与中国智能网联汽车产业创新联盟签署合作备忘录,意在加强双方的合作沟通,共同促进国家标准、行业标准与团体标准的优势互补和协同补位,引领和促进我国智能网联汽车技术及产业健康快速有序发展。2018年11月,全国汽车、道路交通管理、智能运输系统、通信标委会共同签署《关于加强汽车、智能交通、通信及交通管理C-V2X标准合作的框架协议》,加强相关标准合作工作。

在开放道路测试基础上,我国积极推动智能网联汽车示范应用,为商业化运营奠定基础。截至2019年底,已有22个省市颁布智能网联汽车测试管理规范,累计开放测试道路超过2 000 km,颁发测试牌照超过300张。在港口、矿山、园区、停车场等各类限定区域,针对通勤接驳、物流配送等功能,智能网联汽车应用示范方兴未艾,初步形成了中国特色落地新路径。同时,自2019年6月以来,已有广州、长沙、上海、武汉、沧州、北京、深圳、苏州、重庆等多个城市推动无人驾驶载人、载物测试项目示范运行。

2. 2019年智能网联汽车技术发展及趋势

智能网联汽车属于多技术领域交叉行业,按照技术链位置并综合考虑国内技术发展路径,可以分为共性技术、关键技术、应用技术。

共性技术层面,基于智能网联汽车的产业安全及国家信息安全需要,打造高精度地图基础数据平台、智能网联汽车云控基础平台、新型智能车载终端基础平台、车辆智能计算基础平台和智能网联汽车信息安全基础平台等五大基础共性技术平台势在必行。2019年,国汽(北京)智能网联汽车研究院有限公司获批组建国家智能网联汽车创新中心(以简述称"创新中心"),作为提供行业前瞻共性关键基础技术供给和支撑创新能力提升的国家平台,创新中心将聚焦共性关键技术以及五项基础产业化平台,引领支撑和服务技术链及产业链的协同创新与生态体系建设。

关键技术层面,为提高车辆的感知、决策、执行能力,固态激光雷达、毫米波雷达、机器视觉、计算芯片、操作系统、下一代信息通信、线控底盘等技术及产品将向着高可靠性、高性能、低成本、低功耗等方向不断发展。其中C-V2X领域,我国产业生态体系基本形成,发展速度全球领先,在通信频谱分配、技术标准建设、通信芯片设计、模块终端和V2X协议栈的研发、道路测试验证、整车装配等整个生态体系上均实现了快速发展。激光雷达领域,国内的禾赛科技、速腾聚创、大疆等企业纷纷推出了量产的多线激光雷达产品,产品性能直追欧美产品,改变了全球市场竞争格局。

应用技术层面,汽车产品功能和消费理念正在发生深刻变化,由单纯的交通运输工具逐渐转变为智能移动空间,兼有移动办公、移动家居、娱乐休闲、数字消费、公共服务等功能。一方面,L3级自动驾驶成为众多厂家的研发重点;另一方面,智能座舱得到越来越多认可,由于不涉及车辆控制权,有望率先实现商业化应用,并加快车联网数据服务、出行即服务MaaS等生产生活新模式演化。

3. 2019年主要企业发展布局

面对汽车智能化、网联化、共享化趋势,国外主要车企都将智能网联汽车作为发展重点。通用汽车在辅助驾驶与自动驾驶两个层面同时推进,辅助驾驶方面,将在Super Cruise系统基础上开发更高级的辅助系统——Ultra Cruise。此外,通用汽车RoboTaxi已经在加州试运营,并为其无人驾驶汽车申请豁免。大众成立创新型汽车软件开发部门Car. Software,开发vw. OS操作系统,全面布局智能化,并通过投资Argo. ai,与福特汽车形成自动驾驶领域战略联盟。丰田则瞄准未来的出行模式变革,发布创新的汽车产品e-palette,加速向出行服务商的转型。特斯拉基于其领先的电子电气架构和FSD计算平台,为车辆智能化升级提供基础,同时也瞄准RoboTaxi市场。

根据《汽车产业中长期发展规划》《车联网(智能网联汽车)产业发展行动计划》《新能源汽车产业发展规划(2021—2035年)(征求意见稿)》《智能汽车创新发展战略》等战略规划要求,预计我国到2025年智能网联汽车新车销量占比30%,高度自动驾驶智能网联汽车实现限定区域和特定场景商业化应用,C-V2X终端新车装配率达50%。

顶层规划设计和市场需求的双重推动,加速了我国相关企业的智能化布局。当前,各大整车企业都推出自己的智能化战略,如一汽红旗i. Rflag"旗偲"计划、东风汽车"轻量化、电动化、智能化、网联化、共享化"五化技术路线、长安汽车"北斗天枢"智能化战略、吉利汽车"G-Pilot战略"等,并都把2020年作为实现L3级智能驾驶的关键节点,其中广汽和长安分别发布L3级智能驾驶车型Aion LX和UNI-T,在特定场景无人驾驶方面,上汽、吉利等都推出自主泊车功能,东风汽车量产自动驾驶小巴Sharing-VAN,率先实现高级别无人驾驶的落地应用。此外,华为聚焦ICT技术,定位于智能网联汽车增量零部件供应商,发布华为汽车数字化解决方案以及计算平台、车联网、通信终端、RSU解决方案等重磅产品,并提供自动驾驶训练、仿真、测试服务、OceanConnect车联网接入服务、CDC智能座舱平台等服务与产品,其中MDC智能驾驶计算平台已经通过ISO 26262功能安全认证。此外百度、阿里、腾讯、滴滴等ICT公司也基于各自在人工智能、车路协同、智能座舱、数据等方面的优势深度介入智能网联汽车领域。

4. 智能网联汽车产业发展存在的问题

一是产业链尚不完整，核心技术积累不足。总体来看，我国智能网联汽车产业链布局尚不完善，特别是核心技术供给不足，难以满足产业高质量发展的需要，亟待相关领域卡脖子技术的突破，实现产业的自主可控。

二是法规标准有待健全，部分条款形成制约。我国相关法律和行政法规尚存在一些制约条款内容，《道路交通安全法》《保险法》《网络安全法》《测绘法》《标准化法》等存在不适用于智能网联汽车技术创新与产业化的相关内容。此外，跨部门的协同法律法规制定机制有待完善，部门间协同不足。

三是智能路网基础设施建设投资大、周期长。一方面，路网基础设施对智能网联汽车的支撑作用是不可或缺的；但另一方面，基础设施建设投资大、周期长、投资主体不明确及商业模式不清晰等都对商业化运营形成严峻挑战。同时，相关基础设施的管理范畴问题，也面临跨部门协调、跨产业协同瓶颈。

四是商业模式不清晰，产业生态不健全。我国发展智能网联汽车的商业模式尚不清晰，这其中不仅涉及智能网联汽车自身的商业模式，也涉及到高精度地图、测试场地、基础设施等产业生态组成部分的商业模式。同时智能网联汽车单车成本居高不下，部分关键零部件尚不满足车规级要求等也都一定程度限制了智能网联汽车的批量商业运营落地。

五是社会对智能网联汽车的接受度还需检验。智能网联汽车的大规模应用将会给人们带来深刻的观念变革和行为改变，由此产生的伦理道德、个人隐私保护、人类驾驶员消失、产业安全、交通安全等问题都将长期伴随智能网联汽车的技术演进和产业发展，影响社会对智能网联汽车的接受度。

5. 智能网联汽车产业发展建议

针对以上问题，建议以国家战略与行动计划等顶层设计为指引，充分发挥体制机制优势和市场规模效应，系统推动智能网联汽车产业创新发展，加速汽车强国、交通强国目标实现。

一是创新发展路径，构建跨界协同新型创新体系。充分发挥国家智能网联汽车创新中心平台的引领、协同功能和市场机制，汇集技术链和产业链龙头骨干企业共建智能网联汽车核心技术首次商业化应用的基础平台公司，完成基础平台顶层设计、系统体系架构研究，推动前沿共性关键基础技术突破，形成系统创新能力，协同推进产业发展进程。

二是聚焦产业推进，建设中国方案产业体系。针对未来技术和产业的变革，依据智能网联汽车技术路线图，构建与智能网联汽车中国方案相适应的产业链，从核心零部件、整车集成、商业模式、市场范畴等多维度加速产业推进，完善产业链上下游合作机制，共同推进智能网联汽车核心关键技术的自主化开发，构建跨产业协同的智能网联汽车生态体系。

三是完善基础设施，提升基础设施智能水平。借助“新基建”推进道路基础设施的信息化和智能化改造，开展交通标识标准化、路面设施信息化升级与智能化设施建设，提高智能道路设施的普及率。系统推进 C-V2X 设备在车端和路端的应用部署。

四是加强标准建设，完善安全管理制度。以建立国标、行标、团标协同配套新型标准体系为重点，构建智能汽车中国标准体系。发挥标准引领和规范作用，促进智能网联汽车技术快速发展和应用。打造科学规范的产品监管体系，加快建立覆盖智能汽车产品研发、制造、测试、应用全流程、全生命周期的产品安全、质量安全、功能安全、信息安全管理制度。

五是推进示范应用，形成智能网联汽车社会生态。加快建立智能网联汽车测试评价体系。推进智能网联汽车开放式商业化应用示范及其应用生态建设，结合北京冬奥会、雄安新区、车联网先导区、经开区等重点区域的智能网联汽车示范项目，推动高度自动驾驶和车路协同应用示范和成果展示，积极探索基于智能网联汽车的新型汽车社会生态。

十三、甲 醇 汽 车

Chapter 13 Methanol Automobile

（天津大学 姚安仁）

1. 甲醇行业发展概述

（1）甲醇的物性

甲醇，也叫甲基醇或者木醇，是一种无色、透明、略带酒精味道，水溶性的液体。1661 年，由英国著名化学家 Robert Boyle 首先分离得出，由于当时是通过蒸馏木屑得到，所以当时被称为“木精”。直到 1834 年，法国化学家 Jean-Baptiste Dumas 和 Eugene Peligot 才描述了其化学组成为 CH_3OH。甲醇只含有一个碳原子，是最简单的醇类，通常被称为木醇，是因为最初它是在对木炭加工、木材的裂解蒸馏过程中，以少量的副产物得到的。

甲醇的分子式为 CH_3OH，其相对分子质量为 32.04，常温常压下为易流动、易挥发的可燃液体，密度比水小。甲醇可以与水、乙醇、乙醚、苯、酮、卤代烃和许多其他有机溶剂混溶，但不能与脂肪烃类化合物互溶。它易于吸收水蒸气、二氧化碳和某些其他物质，因此，只有用特殊的方法才能制得完全无水的甲醇。同样，也难以从甲醇中清除有机杂质，工业生产的精甲醇都含有一定量的有机杂质，产品甲醇含有有机杂质约 0.01% 以下。甲醇蒸汽和空气混合能形成爆炸性混合物，爆炸极限为 6.0%～36.5%（体积）。甲醇的一般物理性质见表 1-17。我国现行的甲醇国家标准为 GB 338—2011

《工业用甲醇》,其技术要求见表 1-18。

表 1-17　甲醇的一般物理性质

性质(单位)	数　据	性质(单位)	数　据
化学组成(%)		闪点(开口)/(℃)	16
碳	37.5	闪点(闭口)/(℃)	12
氢	12.5	蒸汽压(20 ℃)(Pa)	1.2879×10^4
氧	50	汽化潜热(64.7 ℃)(kJ/mol)	35.295
密度(20 ℃)(g/mL)	0.7913	熔融热(kJ/mol)	3.169
熔点(℃)	-97.8	液体比热容(20~25 ℃)[J/(g·℃)]	2.51~2.53
沸点(℃)	64.5~64.7	高热值(kJ/mol)	726.571
自燃点(℃)	450	低热值(kJ/mol)	629.906
空气	473	黏度(20 ℃)(Pa·s)	5.945×10^{-4}
氧气	461	表面张力(20 ℃)(N/cm)	22.55×10^{-5}

表 1-18　甲醇国家标准的技术要求

项　目	指　标		
	优等品	一等品	合格品
色度,Hazen 单位(铂—钴色号) ≤	5		10
密度 ρ_{20}(g/cm^3)	0.791~0.792	0.791~0.793	
沸程*(0 ℃,101.3 kPa)/℃ ≤	0.8	1.0	1.5
高锰酸钾试验(min) ≥	50	30	20
水混溶性试验	通过试验(1+3)	通过试验(1+9)	—
水,ω(%) ≤	0.10	0.15	0.20
酸(以 HCOOH 计),ω(%) ≤	0.0015	0.0030	0.0050
或碱(以 NH_3计),ω(%) ≤	0.0002	0.0008	0.0015
羰基化合物(以 HCHO 计),ω(%) ≤	0.002	0.005	0.010
蒸发残渣,ω(%) ≤	0.001	0.003	0.005
硫酸洗涤试验,Hazen 单位(铂-钴色号) ≤	50		—
乙醇,ω(%) ≤	供需双方协商	—	

*包括 64.6 ℃ ±0.1 ℃

甲醇与水可以以任意比例互溶,甲醇水溶液的性质是甲醇的重要物理性质,对于甲醇应用、精制以及环境保护方面具有重要的作用。甲醇水溶液的密度随着温度的降低而增加,在同一温度下,其密度几乎是随着甲醇浓度的增加而均匀地减小。甲醇水溶液中甲醇质量分数越高时沸点和闪点越低,纯甲醇闪点仅为 12 ℃,应当特别注意防范安全。

①甲醇的毒性

毒性问题涉及接触者的人身安全,是人们非常关心的问题。甲醇的毒性与其代谢产物甲醛和甲酸的蓄积有关。以前认为毒性作用主要为甲醛所致,甲醛能抑制视网膜的氧化磷酸化过程,使膜内不能合成 ATP,细胞发生变性,最后引起视神经萎缩。近年研究表明,甲醛很快代谢成甲酸,急性中毒引起的代谢性酸中毒和眼部损害,主要与甲酸含量相关。甲醇在体内抑制某些氧化酶系统,抑制糖的需氧分解,造成乳酸和其他有机酸积聚以及甲酸累积,而引起酸中毒。一般认为,甲醇的毒性是由其本身及其代谢产物所致的。

作为燃料,其毒性与汽油和柴油对人体及环境的毒性程度相当。由于汽、柴油是燃料,人们对其毒性已广为知晓,并已习以为常,而甲醇是 20 世纪 70 年代才逐渐被用作燃料,再加上有人将甲醇兑制假酒致人误饮中毒事件的影响,因此人们才特别关心其毒性问题。当甲醇作为燃料被开发时,有关的开发者及国家的科技、卫生、环保等部门,都非常认真的做了研究和分析测试,美国和中国尤其典型。国家科委就委托北京医科大学,就“甲醇中毒机理”“甲醇对人体健康的影响”等课题,做了 3 年的跟踪实验研究,并和不接触甲醇的人群进行了严格的对比,得出了与美国能源部及福特公司完全一致的结论:只要遵守操作规程,没有发现人体健康有任何异常。

中国石化出版社最新出版的《有害物质及其检测》一书中,列出的“毒物毒性分级”见表 1-19。

表 1-19　毒物毒性分级表

毒性分级	大白鼠一次经口半致死量(LD50)(mg/kg)	对人致死量	
		每千克体重剂量(g)	60 kg 体重总剂量(g)
剧毒	<1	<0.05	0.1~3.0
高毒	1~50	0.05~0.5	3.0~30.0
中等毒	50~500	0.5~5.0	30.0~250.0
低毒	500~5 000	5.0~15	250.0~1 000
微毒	5 000 以上	15 以上	1 000 以上

1996 年化工出版社出版的张寿林等主编的《急性中毒诊断与急救》一书中,列出了“常见有害物质的中毒量和致死量”,其中甲醇的致死量为 75 mL,乘以密度 0.7914g/mL 等于 59.3g,确切的在表 1-19“中等毒”范围内。乙醇也在这个范围内。

②甲醇的使用

Ⅰ甲醇对周围环境的使用安全性

美国甲醇研究会根据甲醇的物理化学特性,仔细分析了大规模使用甲醇时,对周围环境例如地表水、地下水和空气等的影响。根据美国环保局 1994 年毒物排放清单(Toxics Release Inventory,TRI)年报中指出,1992 年工业化学品向环境的排放量,甲醇已名列第 3。这些甲醇主要来源于胶黏剂制造厂、汽油辛烷值增强剂甲基叔丁醚(MTBE)生产、造纸行业和其他化工产业。空气中的甲醇易发生光氧化过程,半衰期为 3~30 天。水中的甲醇通过挥发进入空气中,减小了甲醇的浓度,且发生生物降解,土壤中的甲醇也易于发生生物降解。表 1-20 给出了甲醇、苯、甲基叔丁基醚(MTBE)在自然环境中的半衰期,从表中可以看出,甲醇在自然环境中容易脱除,不会对环境造成大的影响。一般情况下,甲醇泄漏对环境造成的污染是短期的、可逆的,不会造成永久性的破坏。

表 1-20　甲醇、苯、甲基叔丁基醚在环境中的半衰期

环境介质	甲醇(天)	苯(天)	甲基叔丁基醚(天)
土壤	1~7	5~16	28~180
空气	3~30	2~20	1~11
地表水	1~7	5~16	28~180
地下水	1~7	10~730	56~359

Ⅱ甲醇对接触人体的使用安全

人体接触甲醇的途径主要有 3 种：呼吸蒸汽、误饮、和皮肤接触吸收。

呼吸系统吸入甲醇蒸汽是主要的接触途径。正常的工作场所中，甲醇蒸汽允许的最大浓度为 200 ppm，对生命立即产生危险或严重损害健康的甲醇蒸汽浓度为 6 000 × 10^6，短期(15 min)工作允许甲醇蒸汽浓度为 250 × 10^6。在甲醇汽油储罐附近(1.5~15 m)，甲醇为 0.04 × 10^6 ~0.11 × 10^6，在驾驶室为 0.13 × 10^6 ~0.14 × 10^6，在维修间维修时距车 8 m 以内为 0.25 × 10^6 ~0.55 × 10^6，即在这些甲醇可能多的地方，实测量只有 0.04 × 10^6 ~0.55 × 10^6，最大的只有允许浓度的 1%(现行标准的 0.2%)。即使车况很坏的其他测量，也远远少于允许浓度。此外，甲醇在常温下很快变成水溶性液体，不会在空气中停留。所以，通常情况下是不用担心甲醇蒸汽中毒的。进入人体消化系统的液体甲醇是非常危险的。一般认为饮用 6~18 mL 甲醇会引起中毒，双目失明，甚至死亡，饮用 30 mL 甲醇有生命危险。但是出现这些情况均是误食或误饮，我国和印度都曾发生的假酒事件，就是由于误饮过量的甲醇含量较高的工业酒精(勾兑到白酒中)造成受害人中毒，引起双目失明和死亡。

皮肤接触吸收进入人体的甲醇量很小，一般不会引起中毒。长期重复接触可能引起湿疹、红肿、起鳞等症状。

因此，只要严格按照操作程序进行，尽量减少甲醇的泄漏，避免直接进入消化系统，甲醇是不会对人体造成危害的。

Ⅲ甲醇的着火爆炸安全性

甲醇的蒸汽压比汽油小，同样条件下，汽油的蒸汽量是甲醇蒸汽量的 2~4 倍。汽油的蒸汽密度则是甲醇蒸汽密度的 2~5 倍，在空气中，汽油蒸汽会沿着地面流动分散，遇到明火极易点燃爆炸。甲醇蒸汽的密度较低，只略大于空气的密度，很容易扩散，相比而言，甲醇蒸汽扩散时要安全的多；甲醇是极性液体，燃料甲醇有优越的传导性，能够减小静电产生火灾带来的危害；甲醇蒸汽能够点燃爆炸的浓度是汽油的 4 倍，燃料甲醇发生火灾爆炸的可能性低于汽油；燃料甲醇的闪点高，着火危险小；甲醇火险热辐射比汽油小，不易造成临近的二次火灾；甲醇燃料发生火灾可以用水进行扑灭，而汽油则不能，所以燃料甲醇发生火灾后造成的损害程度要小于汽油燃料。

总体来说，燃料甲醇发生火灾的安全性是要比燃料汽油好，正由于燃料甲醇的这种火灾安全的特点，在运输、存储、添加以及使用过程中，由于火灾造成的人员伤亡、财产损失等要比燃料汽油小得多。

(2)甲醇的生产及其原材料

甲醇最早通过木材的热解蒸馏过程得到，以这一工艺处理 1.0 t 的木材，仅得到 10~20 L 的甲醇，同时伴随着其他副产物，直到 20 世纪 20 年代，木材一直是甲醇的唯一来源。1905 年，法国化学家保罗·萨巴蒂尔首先提出了由一氧化碳和氢气反应产生甲醇的路线。1913 年巴蒂舍·艾尼林和苏达·法布里克提出了从煤炭的合成气中合成甲醇，开启了煤制甲醇的历史。1923—1926 年间，德国化学家 F。费舍尔和 H·托罗普舍提出用合成气(一氧化碳和氢气混合物)生产甲醇的方法(即费—托法)，构成了甲醇正式进入大规模工业生产的基础。今天全球的甲醇几乎都是采用费—托合成气法生产。随着化学工业的发展，甲醇的需求日益增加，在过去的 40 年里，甲醇的合成工艺经过不断的改进，现在已经相当成熟，合成甲醇的选择性高于 99.8%，能量利用率接近 75%。

(3)甲醇燃料的应用

自 1661 年甲醇被成功分离以来，人类认识和利用甲醇已经超过了 350 年，甲醇最初只是作为照明、加热和炊事燃料加以利用，后来又发展到用于车用内燃机燃料。因为甲醇同时含有甲基 CH_3 和羟基 OH 两种基团，所以很容易成为重要的基础化工原料。虽然目前甲醇用作化工原料的数量是远超过用作能源燃料的，但是，甲醇作为能源燃料的数量正在逐年增加，而且发展很快。

①甲醇的燃料性质

甲醇常温常压下为液体，作为燃料便于运输、储存和加注，这是甲醇相对天然气和二甲醚的天然优势，另外甲醇不含硫、易于燃烧，而且化学组分单一、具有抗爆性好、含氧量高等特点，甲醇与汽柴油的性质比较见表 1-21。

表 1-21　甲醇与汽柴油的性质比较

性质(单位)	甲醇	汽油	柴油
化学式	CH_3OH	C4~C14 的烃类化合物	C16~C23 的烃类化合物
相对分子质量	32.04	95~120	180~200
含碳量(%)	37.5	85~88	86~88
含氢量(%)	12.5	12~15	12~13.5
含氧量(%)	50	0	0~0.4
C/H 原子量比	3.0	5.6~7.4	6.4~7.2
密度(20 ℃)(kg/L)	0.792	0.72~0.78	0.82~0.86
冰点(℃)	-96	-57	-1~-4
沸点(℃)	64.7	27~225	180~370
闪点(℃)	12	45	75
自燃温度(℃)	500	350~468	270~350
比热容(20 ℃)(kJ/kg)	2.55	2.3	1.9
动力粘度(20 ℃)(mPas)	0.60	0.65~0.85	3.0~8.0
汽化潜热(kJ/kg)	1 167	310	270
蒸汽压(38 ℃)(mmHg)	239	362~775	—
电导率(20 ℃)(S/m)	4.4×10^{-5}	—	1×10^{-13}
水中溶解度(mg/L)	互溶	不溶	不溶
着火界限(体积分数)(%)	6.7~36.5	1.4~6.7	1.5~8.2
低热值(kJ/kg)	19 930	43 030	42 500
辛烷值(RON)	114.4	89~98	—

续上表

性质(单位)	甲醇	汽油	柴油
辛烷值(MON)	94.6	81~84	—
十六烷值	3	0~10	45~55
理论空燃比(kg空气/kg燃料)	6.5	14.8	14.6
理论混合气热值(kJ/kg)	2 650	2 780	2 790
层流燃烧速度(m/s)	0.523	0.377	—
理论混合气燃烧分子变化系数	1.21	1.07	1.065

由表1-21可以看出,甲醇作为燃料时与汽柴油的区别及特点主要表现在以下几个方面。

Ⅰ甲醇含氧量高达50%,并且只含有一个C原子,没有C-C键,使得甲醇的燃烧热值相比汽柴油要低,但同时甲醇完全燃烧所需的空气量也减少,理论空燃比比汽柴油也都低。值得注意的是单位质量的甲醇空气理论混合气的热值与汽柴油基本一致,因此发动机燃用甲醇燃料时,只要将供油量进行调整后,是不会影响发动机的功率输出的。

Ⅱ甲醇的电导率比柴油大得多,与甲醇接触的金属材料由于电化学而产生的腐蚀现象就比较明显。甲醇的密度比汽油大,而比柴油小,在与汽油形成混合燃料分层时,上面是汽油而下面是甲醇,与柴油形成混合燃料分层时则刚好相反。

Ⅲ甲醇的冰点比汽柴油都要低,即使在温度很低的严寒地带使用,也无凝固的可能,而柴油就不行,0号柴油只能在温度高于-5℃时使用。更低的温度情况下,就要使用-10号、-20号等牌号的柴油了。

Ⅳ甲醇的黏度比柴油小得多,如果利用原来的柴油喷油泵和喷嘴向气缸喷射甲醇燃料时,必须要考虑其黏度低,润滑性差的影响。而甲醇的黏度与汽油相当,利用汽油喷油器时对其寿命影响不大。

Ⅴ甲醇的汽化潜热是汽柴油的3~4倍,高的汽化潜热以及低的蒸汽压和较低的沸点,将导致混合气形成困难和发动机起动困难,但可以降低进气温度,提高充气效率;同时,由于甲醇的汽化潜热大,可以改善发动机燃烧后的内部冷却,改善发动机的动力性,降低排气温度。

Ⅵ甲醇的辛烷值明显比汽油高,甲醇的马达法辛烷值(MON)为94.6,而研究法辛烷值(RON)能达到114.4,因而甲醇既可以作为良好的汽油替代燃料,也可作为优良的添加剂用于提高汽油的辛烷值。

Ⅶ甲醇的十六烷值只有3,比柴油的要低得多,自燃温度也近500℃,而柴油的仅为270℃~350℃,所以甲醇与柴油相比,由于甲醇的自身着火能力差,在压燃式发动机中直接燃烧甲醇是很困难的,为了改善甲醇的自发着火性能,降低自燃温度,必须要在甲醇中加入其他添加剂来提高甲醇的十六烷值,以达到直接压燃的目的。

Ⅷ甲醇的最大燃烧速度比较高,仅次于氢和乙炔等常用燃料,而高于醚类、汽油和航空燃料等。柴油机是压缩着火,属气缸内多点自燃,难以用火焰传播速度的概念来描述燃烧速度。因此,甲醇燃烧的及时性和限时性较好,可以用于高速发动机,在汽油中掺入甲醇后可以提高其燃烧速度。

Ⅸ甲醇的着火界限为6.7%~36.5%,比柴油和汽油都要宽得多。因此甲醇能够在较宽的混合气浓度范围内工作,稀燃性好,适合于稀薄燃烧,选择运转工况有较大的自由度。在点燃式发动机中,虽然甲醇燃料闪点低,容易造成提前点火,但不会因空燃比控制的不精确而导致失火,保证发动机在更宽的混合气浓度范围内稳定工作,而且能使燃料燃烧充分,这对排气净化及降低油耗是有利的。

②甲醇燃料的应用

20世纪70年代初发生的石油危机严重影响了很多国家的经济发展,从此掀起了对能源现状、前景及替代燃料研究、开发的热潮。国外曾对多种燃料汽车(Multi Fuel Vehicle——MFV)进行了很多研究,后来将这种汽车称之为灵活燃料汽车(Flexible Fuel Vehicle——FFV)。灵活燃料汽车(FFV)主要是指能使用纯汽油、纯醇燃料以及不同比例汽油与醇燃料的混合燃料的汽车。

荷兰在世界上首先提出灵活燃料汽车的概念,并研制了醇燃料组成传感器,20世纪70年代TNO道路车辆研究所在15辆为汽油优化的低压缩比(8.5)化油器车上,进行FFV的路试,后来又与瑞典政府及沃尔沃(Volvo)公司等合作,将2.3L Volvo开发成FFV,压缩比提高到12.5,使用甲醇时,与低压缩比相比,功率提高10%,热效率提高12%。

瑞典是较早确定研究开发醇燃料的国家,成立了甲醇燃料开发公司及乙醇燃料基金会。1980年投入了近1 000辆汽车进行使用M15燃料的试验研究,有19个加油站供应醇燃料及混合燃料。后来又实施了甲醇M100车行驶示范及E95乙醇燃料车两大计划。由瑞典燃料技术公司于1984—1986年期间组织实施,共有22部汽车参加,其中10辆沃尔沃、7辆绅宝车,其余5辆车为美国、日本及德国生产的汽车。该计划于1986年底完成,并提交报告。在投资方面,仅瑞典工业部技术发展局在1984—1986年期间投入990万瑞典克朗用于研究甲醇M100汽车。在1985—1988年实施的乙醇燃料E95计划,受到瑞典技术发展局及运输研究局的支持,投入经费750万瑞典克朗。在1987—1990年技术发展局从国家得到8 000万瑞典克朗,进行可再生能源的研究,其中大部分资金用于醇燃料的研究开发,特别是用于醇燃料发动机技术及其起动系统的研究。

20世纪80年代初期加州能委会组织实施了轻型灵活燃料汽车国际性的示范工程,美国福特汽车公司首先参加了该示范工程,1981年福特公司生产了40辆专以甲醇为燃料的护卫者(Escort)汽车,它们比一般Escort多20%的马力,高15%的效率,这些车辆共行驶了300万mi。1983年,福特汽车公司使用生产线生产了582辆甲醇燃料汽车,这些汽车行驶了3 500万mi。同时通用及克莱斯勒等公司也投入研制生产醇燃料车辆。除了本国公司外,参加醇燃料车辆使用示范工作的还有德国、日本、瑞典及加拿大等国的多家汽车公司。1985—1999年在加州共销售了17 000多辆FFV汽车和几百辆公共汽车和校车。加州政府建立了一个由60座公共加醇站和45座私人车队加醇站组成的网络,整个州为该示范工程投入了超过4 200万美元的资金。

20世纪80年代德国大众公司在1.8L高尔夫/捷达型汽油车的基础上,开发FFV,奔驰公司在200E-24型车的6缸4气门电控汽油机基础上开发FFV,保时捷公司将924及944

型车开发成 FFV，德国联邦研究技术部在 1989—1992 年期间进行了 FFV 行车试验示范工程，有上述各公司的车辆等参加。1990 年大众公司以 80 辆 1.8L 的 FFV，包括甲醇及乙醇车参加了美国加州能委会组织的轻型灵活燃料汽车国际性的示范工程，同时向巴西出售了 200 万辆以上的乙醇灵活燃料汽车。这些车能满足美国过渡低排放车及低排放车对排放的要求。用户对这些车的性能表示满意，此外还与中国、加拿大、南非、瑞典及新西兰等国合作，进行了使用试验及研究等工作。运用积累的使用经验在奥迪 90、奥迪 100 基础上，开发了新一代 1.8 L、2 L FFV 及 2.8 L V 型 FFV，在当时的 90 年代初期就生产了 310 辆，投入北美等市场。

日本各大汽车公司从 20 世纪 70 年代起，在 M5、M15、E10、E20、M85、M100 及 E100 等型醇燃料车，以及稀燃节能，降低未燃醇、甲醛等方面进行了很多试验研究工作。日产、丰田、本田及三菱等汽车公司都不同程度地开发了多种醇燃料及 FFV。同时积极参加本国及国际上组织的醇燃料汽车行车试验示范工程，例如参加新西兰、瑞典、加拿大及美国的车队示范项目，为本国及国外生产了较多的醇燃料车及 FFV。

我国的煤炭资源相当丰富，而且相对集中，煤化工产业发展较快，煤制甲醇产能富余。因此，早在“七五”期间我国原国家科委就组织以中国科学院工程热物理研究所为首的甲醇发动机技术攻关协调组，将国产 492 汽油机改为 M90 甲醇发动机，进行了大量的试验研究工作。后来我国与德国合作，对德国大众公司的桑塔纳甲醇发动机及整车进行了全面的试验研究，并对大众公司的多种燃料汽车发动机进行了性能测试。1994 年又与美国福特公司合作，共同开发小排量 1.3L 灵活燃料发动机及汽车。在我国部分甲醇产能较大的地区，如山西、陕西等地已经初具产业化条件，主要应用方式是与汽油掺混使用，如掺 15% 甲醇的 M15 等。国家于 2009 年发布了 M85 的甲醇燃料标准，每年实际应用于掺混的甲醇燃料量超过 300 万 t。

近些年国内部分汽车企业纷纷投入了甲醇汽车的研发。上海华普汽车有限公司于 2005 年底立项开展甲醇燃料轿车的研发工作，选择海尚 MA、海域 380 等 3 种车型和 JL479M1.5 L 发动机，以 M100 甲醇作为燃料，对发动机燃料供给系统、电喷系统、排气系统、电器系统等进行了系统开发，于 2006 年 10 月完成了 M100 甲醇轿车功能样车试制工作。2007 年 10 月，完成了甲醇燃料轿车工装样车的研发工作。2008 年，上海华普汽车对甲醇发动机及整车分别进行了高寒高原高温地区发动机强化耐久、整车道路可靠性和排放试验，试验足迹遍布我国东北、西北、西南等各省区，累计试验里程近 100 万 km。“三高”试验标定结果是：在气温分别低于 -30℃ 和高于 40℃、海拔 4 000 m 以上的条件下，甲醇燃料汽车冷态起动正常，动力性能及驾驶性能良好。发动机强化耐久试验标定结果是：燃烧、润滑状况极佳，经精密测量分析，各关键运动部件的摩擦、磨损均在正常范围。整车道路可靠性试验标定结果是：性能优越、动力性好，最高车速 160 km/h，一挡起步加速至 100 km/h 所需时间为 15.8 s（汽油为 16.2 s），替代比 1.6 以下，经济优势显著。排放试验标定结果是：常规排放为国Ⅳ标准限值的 30% 以下。甲醛排放 0.8 mg/km，相当于美国加州排放标准的 1/10。上海华普汽车已研发出 1.5 L JL479QAJ 和 1.8 L JL481QJ 两种发动机，可搭配 SMA7152MF 和 SMA7182MF 两种车型，是国内唯一一家按照新车开发流程和现行汽车行业标准，进行甲醇燃料汽车规范化开发的汽车企业，也是最早完成产业化，具备小批量生产能力的汽车企业。

奇瑞汽车有限公司于 2005 年 10 月开始启动甲醇汽车项目，选择 1.6 L SQR480 发动机和旗云牌轿车进行整车使用 M100、M85、M15 和纯汽油多比例甲醇车开发，完成了燃料系统材料耐醇性、整车冷起动、燃油泵耐久性等的考核工作，完成了发动机耐醇零部件、专用润滑油、冷却系统、曲轴箱系统、压缩比的定型等开发工作。并于 2007 年 3 月，将 13 辆甲醇燃料车送山西太原进行试运行，同年 6 月经专家组评议认为：奇瑞甲醇车动力性、经济性、冷起动、驾驶性等方面达到并优于原汽油车。2008 年 5 月奇瑞公司为了满足国家排放法规的要求（国Ⅲ + OBD），启动了 SQR477 甲醇发动机项目，由于具备了甲醇发动机开发经验，477 发动机很快完成了开发，7 月发动机设计冻结并生产 3 台样机，10 月顺利完成 2 轮 50 h 超速试验、1 轮 500 h 额定功率试验；477 发动机动力性、经济性、排放性能均优于原机。经过大量试验表明，常规排放：使用 M85 ~ M100 甲醇车与原汽油车相比，平均 CO 降低 26%，HC 降低 43%，NO_x 降低 47%；使用 M15 甲醇车和原汽油车相比，平均 CO 降低 23%，HC 降低 28.5%，NO_x 降低 10%。非常规排放：催化前甲醇机甲醛排放量是汽油机的 2 倍多，催化后甲醛排放甲醇机小于汽油机。甲醇机动力性：M85 ~ M100 可提高 10% ~ 15%，M15 两机相当。奇瑞公司在甲醇项目上已投入近 3 000 万的资金，开发两款发动机及新旗云甲醇车，逐步拓宽其他车型；将形成年产甲醇发动机 5 万台和年产整车 3 万辆的生产能力。

一汽靖烨发动机有限公司 2008 年开始在 CA6101B6 汽油发动机基础上研制开发了 CA68H-ME3（100）甲醇发动机，并于 2008 年 8 月成功搭载在一汽解放汽车有限公司 CA3160 自卸车上。同年 6 月启动了在一汽锡柴 6DF2-24 柴油发动机基础上研制开发 CA6SF-24M 大马力甲醇发动机项目，该项目将原柴油机的燃油喷射系统进行了适当改装，同时增加了一套点火装置，使用火花塞点燃甲醇进行工作，2009 年 10 月，在原悍威 8 × 4 自卸车的基础上搭配该型甲醇机，开发、试制 CA3313PZMB1T4EJ 自卸车，并于 2010 年 3 月完成整车试制工作，整备后发运至山西煤矿进行道路试验。同时，一汽靖烨发动机有限公司于 2009 年在 CA4102 汽油发动机基础上，又开发了一款 CA4SH-ME3 甲醇发动机，至此，一汽靖烨发动机有限公司具备了 3 款甲醇发动机，分别适合轻、中、重型客车和卡车使用。

我国开展甲醇汽车研发和应用取得了大量的技术成果和宝贵经验，形成了一定的规模。“十一五”以来，甲醇作为车用替代燃料逐步发展，《车用甲醇汽油（M85）》和《车用燃料甲醇》两项国家标准颁布实施，甲醇汽车开发、试验等活动取得积极成果。2012 年有国家工业和信息化部开展甲醇汽车试点。陕西、山西、甘肃、贵州和上海的 10 个城市参加试点工作。共有 32 款列入工信部管理公告的车辆，类型包括乘用车、厢式车、重卡车。在国家层面全面、系统对甲醇汽车的性能、对人员和环境的影响等进行考核。

（4）甲醇燃料的相关政策

工业和信息化部在对相关研究实验结果进行充分研究和评估后认为，组织开展甲醇汽车试点运行的条件已经基本具备。因此，2012 年 2 月工业和信息化部针对甲醇汽车特点和产业发展现状，颁布了《关于开展甲醇汽车试点工作的通知》，积极稳妥地推进高比例甲醇汽车试点工作，希望通过试点评估验证甲醇汽车的技术和安全性，促进甲醇汽车产业健康发展。同样，国务院办公厅印发的《意见》中也要求积极开展汽油/甲醇双燃料点燃式内燃机、柴油/甲醇双燃料压燃式内燃机的应用试点工作。可见不论是国家还是企业都在积极推动甲醇替代燃料的产业化应用，在我国目前的能源形势下，甲醇等替代燃料将会迎来一个快速发展期。2000 年以来国家级省市甲醇汽车及燃料重点政策见表 1-22。

表 1-22 2000 年以来国家级省市甲醇汽车及燃料重点政策

时 间	政策发布机构	主要政策点
2004-5	国家发改委	发布《汽车产业发展政策》，国家支持车用燃料多样化发展，鼓励汽车生产企业开发生产新型燃料汽车，其中包括甲醇燃料汽车
2004-7	陕西省质量技术监督局	颁布实施了 DB61/T352—2004《车用 M85 甲醇汽油》、DB61/T353—2004《车用 M25 甲醇汽油》、DB61/T351—2004《车用燃料甲醇》等地方标准
2004-8	国家发改委	制定《国家重大产业技术开发专项》发布并全面启动，将“具备以煤为原料建设大型甲醇、二甲醚的技术能力及开发燃料油、煤制醇醚燃料高效添加剂技术”列入其中
2007-7	国家发改委、科技部、卫生部、国家环保总局、国家林业局以及化工、汽车行业协会等	2007 年 7 月，发改委牵头完成的《中国替代能源研究报告》指出：中国应加大对替代能源的开发利用，推进煤基醇醚燃料生物质液体燃料、煤制油、天然气等替代能源的发展。该报告送达国务院，并获得重要批示：甲醇燃料拥有良好的经济性，对人体健康并无损害、有利于节能减排，应加快推广
2009	国家标准化管理委员会	我国首部《车用燃料甲醇》国家标准 GB/T 23510—2009，由中华人民共和国国家标准化委员会批准并发布公告，并于同年 11 月 1 日起实施
2009	国家标准化管理委员会	《车用甲醇汽油（M85）》国家标准颁布，甲醇汽油进入市场有了正式的准入制度，使甲醇燃料有了合法身份
2012	工业与信息化部	《关于开展甲醇汽车试点工作的通知》（工信部节〔42〕号），先后在山西、陕西、上海、甘肃和贵州四省一市开展甲醇汽车试点
2013	国务院办公厅	发布《关于加强内燃机工业节能减排的意见》该意见指出：为降低能源资源消耗、减少污染物和二氧化碳排放，各相关部门应进一步加快内燃机节能减排新技术的研发、应用和产业化，推进内燃机替代能源多元化应用，降低内燃机燃油消耗率，逐年提高内燃机排放标准，严格执行淘汰落后产品制度
2018	工业和信息化部、发改委、科技部	印发工信部联节字〔2018〕55 号《关于甲醇汽车试点工作情况的报告》。甲醇汽车试点工作与 2018 年 1 月完成了 10 个城市的试点，该试点已于 2018 年 1 月结束。共有 1 024 辆甲醇车参加运行，包括乘用车、多用途车和重型载重车等多种车型，行驶里程数亿公里。试点中甲醇车的安全性、环保性、经济性、动力性、适应性和可靠性得到全面检验。结果表明甲醇车完全可以胜任其工作
2019	工业和信息化部、发改委、科技部等 8 部委	印发工信部联节字〔2019〕61 号《关于在部分地区开展甲醇汽车应用推广的指导意见》

2. 我国甲醇汽车技术进展

（1）甲醇在点燃式发动机上的应用方式

甲醇在发动机上的应用，按照发动机的类型主要分为两个大的方向，即在点燃式发动机上的应用和在压燃式发动机上的应用。由于甲醇的性质易于在点燃式发动机上使用，因此在点燃式发动机上应用甲醇开始的时间较早，而且技术路线相对统一和成熟。而由于甲醇的十六烷值很低，使其在压燃式发动机上的应用困难重重，技术路线也各有差异。

甲醇在点燃式发动机上的应用有多种实现方式。

①甲醇汽油掺混燃烧方式

甲醇与汽油掺混就是将甲醇与汽油按照一定的比例混合，并通过助溶剂的作用，形成稳定的不分层的混合燃料，而后在各加油站供应。通常选用的助溶剂有醇类、苯、酯类、乙醚、丙酮、甲基叔丁基醚及杂醇等。体积分数为 10% 以下的低比例甲醇汽油可与汽油一样使用，发动机不用作任何改动，不仅不会影响汽油机的动力性，还可以改善汽油机的经济性，并降低排放。当汽车燃用甲醇体积分数约为 10% ~ 20% 的中比例甲醇汽油，如 M15 时，对发动机的点火提前角和喷油量基本不需调整。燃用高比例甲醇汽油，如 M85 时，必须对发动机进行优化调整，如喷油量、改进燃烧室的结构设计、大幅度提高压缩比，以能充分发挥甲醇燃料的优良特性，使发动机的动力性、热效率（燃料经济性）和排放性都比原汽油机有大幅度改善。采用甲醇汽油运行的发动机，由于带有三效催化转化器，所以排放品质与汽油燃料没有差别。

采用甲醇汽油掺混燃烧方法，汽车只需要一个油箱，而且还可以方便地利用现有供油设备建立分配供应系统，投资相对较少。该方法的主要缺点是甲醇的掺烧比例不能改变，在储运过程中需要注意甲醇汽油分层问题，对于燃用高比例甲醇汽油的车辆还存在冷起动的问题，另外，发动机采用甲醇汽油作燃料时，所有涉醇部件务必选用耐甲醇腐蚀的材料。

②纯甲醇点燃应用的方式

纯甲醇燃烧是指发动机正常工作时以纯甲醇作为其唯一燃料的应用方式，这种方式热效率和排放都优于原汽油机，而且能够避免甲醇汽油的分层问题。使用纯甲醇燃烧方式，应对发动机进行必要的改动，主要包括：a. 提高压缩比，以充分发挥甲醇辛烷值高的优势，压缩比提高后，宜采用冷型火花塞；b. 加大输油泵的供油能力，以避免气阻；c. 加大燃料箱，以保证必要的续航里程；d. 改善有关零件的抗腐蚀性和抗溶胀性等；e. 用附加供油系统或加强预热等措施，改善冷起动性能。

目前为了解决纯甲醇燃烧冷起动问题，已经投入使用的方式为发动机起动时采用汽油，当发动机热机正常运转以后切换至纯甲醇燃烧方式运行。但是需要在车上另外安装一个用于存放冷起动用汽油的副油箱，布置稍显复杂。

国内的吉利汽车公司已经正式出产此种燃烧方式的乘用车，并参加工信部试点，是试点的主力车型。目前，此种车型大量生产并装备于出租车，在贵州省和陕西省大量应用，于 2016 年出口到冰岛国进行试验运行。

③改质甲醇燃烧应用方式

甲醇改质是利用发动机排气的余热将甲醇裂解成为 H_2

和 CO,然后再输往发动机燃烧。甲醇的改质需要借助催化剂的作用,吸收排气的余热来进行,有效回收了一部分排气热量,有利于热效率的提高;甲醇改质气的混合气形成质量好,燃烧完全度高,CO 和 HC 排放少,由于采用稀混合气,燃烧温度低,NO_x的排放浓度也较低。

因发动机的排气温度随工况而变化,甲醇改质气的成分又随发动机的排气温度而变化,因此工况不同,所提供的甲醇改质气的成分也就不同,对于复杂多变的道路工况而言,瞬态控制具有一定的难度。另外,甲醇的改质受到催化剂的诸多限制,而且成本较高,因此,还没有出现实际应用的范例。

(2)甲醇在压燃式发动机上的应用

压燃式发动机的热效率高,燃油经济性优于火花点火式发动机,推广压燃式发动机燃用甲醇燃料,在节约柴油和降低大气污染上具有现实意义。一方面,汽车数量的增加,对柴油的需求量也逐年增加,而炼油厂产出的柴油与汽油的比例受原油本身组成和工艺流程的约束不可能大幅度增加。2008 年以来我国频频出现了柴油供应紧缺的现象,甚至出现"柴油荒"。另一方面,大量试验表明,在压燃式发动机中掺烧甲醇燃料,能大幅降低排气中的碳烟,同时 NO_X 的排放也能得到降低。据美国统计,美国小客车与轻型车是以火花点火式发动机为主,公路上车辆只有约 3% 是用压燃式发动机,但 1997 年 NO_X 总排量的 25% 以上是来自压燃式发动机,压燃式发动机排出的碳烟微粒是火花点火式发动机的 100 ~ 200 倍,约占碳烟微粒的 45%。因此,在高热效率的压燃式发动机上使用清洁高效的醇燃料,不但可以减少柴油的消耗,缓解石油供应的紧张,减少 CO_2 排放,而且还可以改善压燃式发动机的排放,发挥醇类清洁燃料的优点。但是,醇类燃料的理化性质与柴油相比,十六烷值低(不到柴油的 1/16)、自燃温度高、汽化潜热大、黏度低、润滑性差、难与柴油相溶,不能简单地使用现有的供油设备直接在压燃式发动机上掺烧或使用纯醇燃料。在压燃式发动机中使用掺烧醇类燃料或直接使用纯醇燃料比在火花点火式发动机中难度大,技术也相对复杂。因此,甲醇尽管作为燃料已经较为广泛地应用在点燃式发动机上,但在压燃式发动机尚未见到有商业使用的报道。

由于醇类燃料在理化性质上与汽油及柴油有差异,要在压燃式内燃机中燃用甲醇燃料,就要对发动机的结构作些变动或对燃料供应系统自身做较大改变。但是,由于用作商用车的压燃式发动机量大面广,而且耗油量多,尝试在压燃式发动机中掺烧甲醇的研究工作一直在进行中。集中起来,压燃式发动机上使用甲醇燃料主要包括下文提到的几种方式。

①乳化法

柴油掺醇燃料可采用乳化的方法配置。乳化燃料的历史较长:20 世纪 40 年代出现;20 世纪 60 年代开始对柴油—水乳化燃料进行广泛研究;20 世纪 90 年代,国内外学者开始研究柴油—甲醇—水乳化燃料。甲醇—柴油乳化燃料是通过添加乳化剂的方式在机械力的作用下使甲醇以分散相的形式分散在柴油中,形成一种多相体系的油包水型溶液。甲醇和柴油是两个不相溶的相,混合在一起产生两相的表面张力,加入具有亲水和亲油两重性质的乳化剂,吸附在界面上降低了表面张力,并在机械力的作用下提高了甲醇的稳定性,因此为了提高甲醇柴油的稳定性,必须选择合适的乳化剂(表面活性剂)和乳化设备。另外,乳化柴油燃料都使发动机热效率有所提高,同时降低了微粒排放,但也引发功率下降和缸套生锈腐蚀等问题。

②助燃法

甲醇十六烷值低,不能在压燃式发动机中直接压燃着火,如果在甲醇中加入适量的十六烷值改进剂,使甲醇的十六烷值达到与柴油相当的数值,则可以使甲醇在压燃式发动机中直接燃烧。但是,由于着火助燃剂添加后的着火时刻难以控制,仅在研究中采用。

借助某些措施来辅助醇燃料着火燃烧,主要有火花助燃法、热面助燃法和电热塞助燃法。但是,缸盖上不仅要安装喷嘴,还要预留出火花塞等的位置,结构复杂;火花塞、电热塞、热面受醇的激冷作用,寿命短,可靠性差;低负荷会有失火现象发生,HC、CO 排放差。甲醇发动机的压缩比高,因此,最大爆发压力比原来的压燃式发动机高,同时未燃用甲醇及甲醛的排放也比较高,特别是冷起动及暖机阶段,因此需要采用电加热的催化器以降低甲醛的排放。尽管采用高压缩比,但在低负荷及部分负荷时,缸内甲醇混合气的温度仍较低,使滞燃期延长,燃烧过程结束过晚,使比能耗比较高。因此,在起动及暖机阶段,如果采用电热塞或者排气再循环使进入缸内空气温度升高,则需要向甲醇提供较多的热量使其汽化,以缩短滞燃期,降低比油耗。甲醇直接压燃式发动机压缩比的范围为 16:1 ~20:1,较高的压缩比有利于甲醇的汽化,但也造成爆发压力高,会使甲醇"早燃"或"爆燃"。

③柴油引燃法

通过进气系统或供油系统向压燃式发动机气缸内输入部分醇燃料,在气缸内形成部分预混可燃气体。然后用喷嘴喷入柴油引燃醇燃料混合气。引燃法可以分为:缸内双喷射法和进气管喷射法等。

缸内双喷射法在气缸上安装两只高压喷嘴,一只喷柴油、一只喷醇,柴油引燃醇。它的优点是可以使用含水的甲醇。缺点是改动气缸盖较为复杂,成本高。气缸盖上安装两只高压喷嘴,还要安装电热塞,结构复杂。高压供给醇的系统偶件磨损严重。该种方法的甲醇替代率以体积计可以达到 90% 以上,能使用粗甲醇,压燃式发动机的 PM 排放大幅下降,NO_x 排放也能改善,但 THC 和 CO 排放比原压燃式发动机增加,而动力性和经济性保持不变。

双燃料法,又称反应受控压縮点火(RCCI)法。甲醇以低压从进气管喷进,气化后进入气缸,和随后喷进的柴油一起燃烧。国内外对此都有研究。2004 年天津大学提出柴油/甲醇组合燃烧的概念。该技术核心是:在同一台发动机上,按照发动机最优性能需要而采用不同的燃烧模式。具体实施是:在起动、暖车及小负荷工作时,发动机以纯柴油工作实现扩散燃烧,而在中高负荷时,在压燃式发动机进气管喷射部分醇燃料,与进气形成均质混合气进入气缸,由柴油引燃实现准均质混合气燃烧,以此实现高效清洁燃烧。这种甲醇/柴油的双燃烧方式,与以往不同的是,甲醇喷到进气道时是通过压力雾化,其喷射量和喷射时刻完全受电控系统所控制。甲醇在进气压缩过程形成比较均匀的预混混合气,在上止点前喷入适量柴油对进入气缸的甲醇进行引燃,这实际上组成了预混压燃甲醇/柴油双燃料发动机。由电控系统管理的甲醇/柴油双燃料发动机,在通过了动力性、经济性、排放特性的台架试验和整车路况试验后，表明该系统完全可以应用到压燃式发动机上，具有良好的应用前景。发动机中高负荷的动力性、经济性和排放性与燃用纯柴油相比，得到了不同程度的改善。压燃式发动机排气中的颗粒和碳烟大幅下降，而且 NO_X 的排放也有所改善。通过氧化后处理，可大幅降低因掺烧甲醇导致的 HC、CO 和 PM 的增加量，使双燃料发动机的这些排放达到燃烧纯柴油的水平。该技术装备的重型卡车参加工信部组织的甲醇汽车试点，于 2017 年 7 月通过工信部组织的专家验收，获得高度评价。

(3)国内外技术差距比较分析

①甲醇动力国内外应用技术比较

我国甲醇汽车目前采用的技术路线主要是两种。一是进气道喷进汽油，由火花塞点燃起动发动机，待发动机整机温度达到甲醇蒸发温度后，由进气道喷进甲醇，再由火花塞点燃甲醇混合气工作。另一种是柴油直接压燃起动，待发动机整机温度达到甲醇蒸发温度后，由进气道喷进甲醇，气化后进入气缸由随后喷进的柴油一起燃烧。上述两种方式，分别应用于乘用车和重型商用车。前者应用于点燃式乘用车和商用车，后者用于压燃式商用车。

国际上仅见德国的曼(MAN)公司和瓦锡兰公司采用柴油引燃甲醇的双燃料方式。2018 年斯堪尼亚(Scania)出品甲醇商用车。我国甲醇汽车技术无论是应用规模还是类型都居于世界前列，领先于国际水平。

②甲醇在发动机上的应用技术

根据甲醇汽车试点的结果和目前运行结果比较，甲醇汽车的百公里消耗甲醇为 15 L 左右，与同类机型的汽油车相比，经济性大约提高 20% ~ 30%。以西安运行的出租车燃料费用比较，当地的甲醇为 1. 9 元/L(有当地政府补贴)，甲醇出租车的公里费用约为 0. 32 元，汽油为 0. 54 元。贵阳市甲醇价格 2. 9 元/L，燃料费用支出要高西安水平，但与当地汽油相比，还是节约 20% ~ 30%。由吉利公司出品的甲醇重卡需要消耗甲醇 105 ~ 120 L/100 km。

重卡采用天津大学甲醇/柴油双燃料技术，在实际应用中，甲醇对柴油的可以平均达到 50% 以上。替换一升柴油所需要的甲醇平均仅为 1. 5 L，燃料效率可以提高的 20% 以上。

甲醇系含氧燃料，汽化潜热分别是汽油的 2. 5 倍和 4. 3 倍。在日光下燃烧时不可见，暗处可见淡蓝色火焰。如果燃烧不完全，会有少量醛类物质产生。由于甲醇的清洁特性，1973 年美国麻省理工大学大学汤姆斯．瑞德教授在《科学》上撰文，建议在汽油中加入适量的甲醇以减轻汽油机怠速时未燃碳氢和一氧化碳的排放。20 世纪 90 年代，美国在加州开展甲醇汽车示范时曾就甲醛排放制定限值要求。随后，针对排放的升级又对排放限值做了调整。至 2012 年之后，该法案中关于甲醛的限值便没有再做变化。

美国加州关于甲醛的排放标准。如图 1-34 所示。

California Emission Standards for 2005 and Subsequent Model Heavy-Duty Otto-Cycle Engines[A]
(in g/bhp-hr)

Model Year	*Emission Category*	*NMHC +* NO_x	*NMHC*	NO_x	*CO*[F]	*HCHO*	*PM*
Standards for Heavy-Duty Otto-Cycle Engines Used in Incomplete Medium-Duty Vehicles 8,501 to 14,000 Pounds GVW[B]							
2005 through 2007	ULEV	1.0[C,E]	n/a	n/a	14.4	0.05	n/a
	SULEV	0.5	n/a	n/a	7.2	0.025	n/a
2008 and Subsequent	ULEV	n/a	0.14[E]	0.20[E]	14.4	0.01	0.01
	SULEV	n/a	0.07[E]	0.10[E]	7.2	0.005	0.005
Standards for Heavy-Duty Otto-Cycle Engines Used in Heavy-Duty Vehicles Over 14,000 Pounds GVW							
2005 through 2007	n/a	1.0[C,E]	n/a	n/a	37.1	0.05[D]	n/a
2008 and Subsequent	n/a	n/a	0.14[E]	0.20[E]	14.4	0.01	0.01

A These standards apply to petroleum-fueled, alcohol-fueled, liquefied petroleum gas-fueled and natural gas-fueled Otto-cycle engines.

B A manufacturer of engines used in incomplete medium-duty vehicles may choose to comply with these standards as an alternative to the primary emission standards and test procedures for complete vehicles specified in section 1961, title 13, CCR. A manufacturer that chooses to comply with these optional heavy-duty engine standards and test procedures shall specify, in the Part I application for certification, an in-use compliance test procedure, as provided in section 2139(c), title 13 CCR.

C A manufacturer may request to certify to the Option 1 or Option 2 federal NMHC + NO_x standards as set forth in 40 CFR § 86.005-10(f). However, for engines used in medium-duty vehicles, the formaldehyde level must meet the standard specified above.

D This standard only applies to methanol-fueled Otto-cycle engines.

图 1-34　2005 及后续型式点燃式重载发动机排放限值

该标准针对各类重型点燃式发动机提出相应的甲醛要求，其中对于甲醇燃料发动机自 2005—2007 年甲醛排放限值 0.05g/bhp-hr(图 1-35 中注解 D)，其他点燃式发动机甲醛排放限值，同时段为分别对应超低排放(ULEV)超超低排放(SULEV)分别为 0.05g/bhp-hr 和 0.025 g/bhp-hr，2008 年以后为 0.01g/bhp-hr。我国对重型点燃式发动机除了甲醇发动机外，其他任何燃料发动机对甲醛排放没有设置限值要求。

美国加州对甲醇燃料发动机的甲醛排放限值要求 1993 年—1995 年规定为 0.1 g/bhp. hr，1996 年以后规定甲醛排放限值统一为 0.05 g/bhp. hr。如图 1-37 所示。

(c)(2) Formaldehyde exhaust emissions from new 1993 and subsequent model methanol-fueled Otto-cycle engines shall not exceed:

Model Year	Formaldehyde (g/bhp-hr)
1993—1995	0.10
1996 and Subsequent	0.05

图 1-35　1993 年以后点燃式甲醇发动机甲醛排放限值

基于以上限值为参考依据，考虑到技术的进步，我国工信部 2012 年甲醇汽车试点中确定甲醇燃料发动机的甲醛排放限值为乘用车为 10 mg/km，重型商用车为 50 mg/kWh，比美国相应限值低了 1.35 倍。

关于压燃式的柴油甲醇二元燃料燃烧方式的甲醛排放，由于全球并无此类同样的燃烧类型，试点时制定甲醛排放限值时一是根据实际试验的结果，二是参照美国加州对于超低排放柴油机的要求。采纳了的数值 25 mg/(kWh)，比美国加州要求的限值 0.025g/bhp-hr 要严 1.35 倍。

目前工信部等 8 部委颁发的联节字 61 号文件要求满足国Ⅵ排放的甲醇车的甲醛排放试行限值为乘用车 2.5 mg/km，商用车为 20 mg/kWh。

3. 甲醇汽车生产和应用现状

2019 年 1 月 10 日，贵州省人民政府召开专题会议，研究甲醇汽车推广应用相关事宜，明确在年内确保推广甲醇汽车 1 万辆的任务，其中贵阳市 7 000 辆，其他市(州)3 000 辆，并按照新建与改建相结合的方式，合理规划布局一批集汽柴油、M100 甲醇燃料等为一体的综合加注站，为全省范围内推广应用甲醇汽车奠定基础。同时，贵州省委宣传部下发通知，要求全省做好甲醇汽车推广应用宣传报道，贵州省甲醇汽车全面推广发展工作正式启幕。

2019 年 3 月，全国“两会”期间，全国政协委员、吉利控股集团董事长李书福带来提案《推动甲醇燃料和甲醇汽车普及，实现能源可持续发展》。建议在国家层面明确甲醇新型清洁可再生能源的合法地位；出台相关政策鼓励技术持续创新；推广甲醇燃料热力、动力领域规模化应用；建立不同燃料种类机动车排放物种的检测、排查标准；在制定有关环保标准时，要科学、客观、符合中国国情，妥善解决生存与发展的矛盾。

2019 年 3 月 19 日，工信部等国家八部委联合印发《关于在部分地区开展甲醇汽车应用的指导意见》，明确将加快甲醇汽车制造体系和标准体系建设、推进甲醇燃料生产及加注体系建设、加强甲醇汽车监管、完善保障措施，重点在贵州、山西、陕西、甘肃等资源禀赋条件较好而且具有甲醇汽车运行经验的地区，加快 M100 甲醇汽车的应用，鼓励在有条件地区的公务、出租、短途客运等领域使用甲醇汽车。6 月 14 日，工业和信息化部副部长辛国斌对贵州省甲醇汽车推广应用工作进行了调研。其间，辛国斌实地考察了甲醇加注站、吉利甲醇汽车产品，听取了贵州省和贵阳市工业和信息化主管部门关于甲醇汽车推广应用工作情况的汇报，与吉利公司、贵州吉德士出租车公司、贵阳天鼎新能源有限公司等单位负责人进行了交流，向甲醇出租车驾驶员询问了甲醇燃料价格、车辆使用状况及运营效益等有关情况，试乘试驾了甲醇燃料出租车。

2019 年 6 月 26 日至 27 日，“甲醇汽车 甲醇燃料电池 甲醇燃料应用”技术交流会在贵州省贵阳市召开。来自国内外甲醇行业专家学者、高校及甲醇企业代表等共计 400 余人交流国内外甲醇产业和甲醇经济发展趋势，甲醇燃料加注装备、储备输送装置、专用运输装备基础建设及应用经验，甲醇重整燃料电池技术体系，甲醇燃料增程动力系统应用实例等；相互分享甲醇汽车、甲醇发动机、涉醇专用零部件成熟的技术，甲醇热力燃烧技术等。

2019 年 8 月，贵州省印发了《甲醇汽车推广应用工作调度方案》和《甲醇汽车全省推广应用督促检查工作方案》，针对六盘水市、毕节市、黔东南州等地，就甲醇汽车推广工作开展情况、目标完成情况；M100 甲醇燃料加注站建设情况；M100 甲醇燃料国家标准制定情况；甲醇汽车税收共享方案制定情况；甲醇汽车宣传推广情况；政府公务用车优先使用甲醇汽车情况等进行督查指导。

2019 年 9 月，由工信部等国家相关部委领导、科研机构、高校等组成的调研团一行，赴贵阳市实地参观甲醇汽车数据中心、天鼎望诚甲醇加注和吉利贵阳生产基地，调研甲醇汽车及燃料加注站推广运行情况。同月，黔南州考察团赴贵阳实地考察了贵州天鼎凯里路甲醇综合加注站和甲醇汽车数据中心，考察甲醇汽车推广和甲醇加注站建设情况。宝鸡市出租车行业在贵州天鼎甲醇燃料综合加注金清站实地考察学习，了解贵阳市甲醇燃料加注体系建设和运营情况。

2019 年 10 月 11 至 12 日，国际甲醇汽车及甲醇燃料应用大会在重庆市召开。工业和信息化部节能与综合利用司一级巡视员李力介绍了我国甲醇汽车试点和推广应用工作有关情况及取得成效，强调发展甲醇汽车是加快构建绿色循环低碳发展的产业体系，形成绿色发展生产方式和生活方式，促进汽车工业绿色高质量发展的有效途径之一，是推动生态文明建设的重要举措，对于实现我国能源多元化、改善能源结构、保障能源安全意义重大。要深入贯彻习近平总书记生态文明建设思想，坚持创新、协调、绿色、开放、共享的发展理念，加强市场主导和政府引导相结合，进一步完善双积分管理等配套政策措施，充分调动市场积极性，带动传统产业转型升级，推动甲醇汽车整体技术水平提升，加快甲醇汽车市场化应用与国际化推广，促进汽车工业绿色低碳循环发展。

2019 年 10 月 11 日，工信部发布的《关于修改〈乘用车企业平均燃料消耗量与新能源汽车积分并行管理办法〉的决定（征求意见稿）》的意见征求阶段正式结束。修改了对传统能源乘用车的定义，将能够燃用醇醚燃料的乘用车纳入考核”。这意味着，甲醇汽车等醇醚燃料乘用车将正式被纳入“双积分”的考核范畴之中。

2019 年 11 月 5 日，爱驰汽车携甲醇重整氢燃料电池汽车亮相第二届中国国际进口博览会，同期召开的“全球汽车发展趋势论坛——甲醇燃料产业经济及汽车领域应用”会议上，山西省也与爱驰汽车进行了项目合作落地签约仪式，未来将落地建设甲醇制氢燃料电池动力系统制造基地，将甲醇重整氢燃料电池技术的产业化正式落到实处。

在中央、省、市政府有力引导和相关行业倾力配合下，目前，贵州省贵阳市完成机动车交通注册管理上路运行的甲醇出租车已经达到 10 367 辆，吉利在当地还建有 M100 甲醇汽车整车生产基地，贵州天鼎新能源有限公司通过自建及合作等方式，在贵阳市已完成 14 个甲醇燃料加注站的目标，连同其他试点城市仍在运行的甲醇车辆，全国至今在运行的甲醇汽车超过 20 000 辆。

近年来，伴随着“甲醇经济”概念的提出，甲醇在能源领域的地位正在迈入主流，逐渐被政府、科技和产业界所接受，且优先级和重要性不断提升。

甲醇被称为可再生清洁能源，可以替代传统化石能源，减少我国石油和天然气的对外依存度，实现煤炭产业资源综合利用，激活煤化工产业技术进步，进而促进能源转型升级和多元化发展。同时，还能衍生甲醇燃料制备、储备、输配送的新兴产业。

如今，甲醇动力在能源领域的探索已初现成效，并且经过试验论证，符合节能环保等未来能源发展的标准。

首先是车用能源方面，从最初掺烧低比例甲醇汽油的“试水”，到全面采用高比例 M100 甲醇燃料，这一过程有效证明了甲醇燃料的替代性以及推广可行性，并且在国家部委政策愈发明晰和地方政府的大力支持下，吉利等车企推出的甲醇汽车、甲醇客车、甲醇重卡等在全国许多城市得到广泛应用，具有一定规模的影响力，也为甲醇汽车的全面推广打下了坚实基础。

在生态环境的建设方面，建设生态环境要关注能源，现在我国一年进口的石油已经超过了 5 亿 t，成为世界上最大的进口国，用国内的煤炭把它变成甲醇，用甲醇特别是改性甲醇来替代汽油、柴油具有广阔的前景。甲醇替代汽油、柴油可以起到“一箭三雕”的效果：一是可以把国内的煤炭资源利用起来，增加就业；二是能够有效地降低颗粒物的排放，对治理雾霾发挥决定性影响；三是有利于国家的能源安全。

不论是工信部发文要加快建立甲醇汽车及燃料的标准体系，统一行业管理，或是部分省市推出促销优惠政策，释放汽车市场购买活力，甲醇汽车要想真正实现新突破，重要的仍然是要得到消费者的认可和接受。

当前，全国对清洁能源甲醇汽车市场的需求正在不断扩大，多地出台推广应用甲醇汽车的实施方案，城市规模不断做大，交通需求不断增加，今年甲醇汽车的市场量有望进一步增加。

在此背景下，甲醇汽车及燃料等相关产业需要进一步锤炼内力，持续提升产业核心竞争力，只有甲醇汽车产品品质越来越好，进一步体现出其经济性、环保性、可靠性等方面优势，才能更好地赢得市场。要借势发力，加快相关产业配套布局，在当前国家明确新能源汽车发展的情况下，甲醇汽车应牢牢抓住一系列利好政策，积极参与车用能源转型升级中，才能更快地融入市场。要握指成拳，凝聚合力推动产业发展，甲醇汽车上下游及横向配套必须相互配合，携手完善各项功能，从而加快成熟产业链的形成。

燃料是车辆的动力来源，车辆是燃料的重要载体。

甲醇汽车和甲醇燃料之间的关系亦是如此，甲醇汽车要想取得良好的推广发展成效，离不开在甲醇燃料领域的探索应用，而甲醇燃料也会影响甲醇汽车的运行情况，两者互促互进、协同发展、缺一不可。

早在多年前，中国科学院“液态阳光经济”研究组编制《“液态阳光经济”发展纲要》上报中央并得到批示。该建议认为：在可预见的未来，甲醇作为一种来源广泛、具有清洁的燃烧特性、卓越的存储运输优势且兼具绿色、高效、经济特征的能量载体，将成为世界绿色发展替代传统能源的重要选择，国家必须及早谋划、及早行动，抢占先机。

如今，甲醇汽车市场化推广正在步入正轨，也在车用能源替代的浪潮下迎来新一轮发展机遇，这需要更进一步巩固甲醇燃料的品质、安全和站点建设规划等方面问题。

将甲醇从化工产品转化为清洁能源产品，在这些年得到了许多的应用和尝试，已广泛应用在热力燃烧和动力燃烧领域。

部分车企也向甲醇清洁能源应用抛来橄榄枝，其中，以吉利汽车为代表的企业更是在甲醇汽车研发上下足了功夫，并在提高燃料品质上有了新动作。近日，吉利商用车和国内知名清洁能源供应商新奥股份达成战略合作关系，将围绕加注、储运设施、行业标准制定等多方面，共同研发、推广新型清洁能源技术，构建甲醇清洁能源产业链。

作为新兴燃料，除了品质提升，站点建设布局也十分关键。加注站的普及将极大影响甲醇汽车的推广应用范围，亟待进一步完善。近年来，在多地政府部门的关心支持和众多企业的倾力配合下，通过新增甲醇燃料综合加注站及在原加油站基础上改扩建甲醇燃料加注设备等方式，甲醇汽车的燃料加注越来越便捷，下一步随着应用城市的拓展，仍需要持续完善甲醇燃料综合加注体系建设。

当然，保障燃料安全是车辆使用的基础，更是第一要务。日前浙江温岭发生的槽罐车爆炸事件触目惊心，对危化品行业运输再一次警示。甲醇燃料与天然气、汽油等同属危化品，要想确保甲醇汽车正常有序推广应用，必须高度重视甲醇燃料的安全使用，在正规场所按照规范化、科学化、系统化地方式完成加注作业，确保不发生任何一起安全事故。

中国是世界最大的甲醇生产国，是最大的甲醇消费国，还是甲醇的定价国。同时，中国甲醇汽车已经走在世界前列，甲醇汽车及相关产业的技术标准将具有引领性和前瞻性，在汽车龙头的带领下，中国有望引领未来世界经济发展的走势。换言之，美国、俄罗斯靠油气，中国靠甲醇的能源格局一旦形成，中国的国际能源“话语权”将大幅提升。

被称为“甲醇部长”的原机械工业部部长何光远说:“我熬到了九十岁,终于看到甲醇在中国迎来了重大发展机遇。”魏安力表示:“中国发展日新月异,作为发动机专家我骄傲,作为中国汽车人我骄傲,而最令我骄傲的是在未来经济发展中,在世界能源格局的重构中,作为甲醇燃料应用的推动者,我们探索出了一条有中国特色的能源安全之路!”

甲醇汽车的核心零部件主要有甲醇喷射管理、供醇、尾气后处理等系统组成。

(1)控制系统

无论是点燃式还是压燃式,针对甲醇特性都是需要借助于汽油或柴油先行启动,然后必须等发动机温度达到甲醇蒸发要求之上才能喷进甲醇工作,因此,甲醇的控制系统相对于目前的汽油或柴油车都是全新开发的。甲醇在进气道喷射,与空气混合进入气缸,在控制方面,不改变原机 ECU 的喷射策略,需要增加一个独立控制甲醇喷嘴的 ECU,或者将甲醇的控制 ECU 与原机 ECU 合并成为一个系统管理。未来重点技术发展是:单一 ECU 和精细化双主式 ECU 控制系统。

甲醇是极性分子,具有导电特性。在使用中会由于导电以及甲醇的腐蚀性会对供醇提出特殊要求。需要专门开发相应的甲醇泵、甲醇喷嘴、供醇管路、甲醇过滤装置。目前国内汽车零部件生产企业需要针对性进行开发,以满足甲醇汽车的要求。

(2)尾气处理系统

甲醇含氧,燃烧速度快,燃烧无烟无焰,并且在商用车上又替代部分柴油,所以甲醇用在商用车上不仅具有高的热效率,而且排放更清洁。采用柴油/甲醇组合燃烧技术的商用车仅需耦合简单的后处理装置氧化催化器(DOC)就可满足国Ⅴ排放标准。但是随着国Ⅵ排放法规的发布,对柴油车的尾气排放要求更加苛刻,仅靠简单的后处理装置已经不能满足即将实施的国Ⅵ排放法规,为了满足国Ⅵ的发展要求,甲醇商用车结合自身燃烧产生的碳烟和 NO_x 低的优点发展一条属于甲醇商用车的国Ⅵ排放路线,即是“甲醇 + EGR + DOC + DPF”路线。目前天津大学正与华菱星马进行合作开发。未来重点技术发展是:不加装 SCR 的“甲醇 + EGR + DOC + DPF”的国Ⅵ排放路线。

4. 甲醇汽车行业发展与建议

甲醇作为新兴燃料进入燃料的市场尚属新生事物。对于甲醇汽车未来广泛的使用还存在一些很大的挑战。

(1)加注站建设归口不明

2012 年工业与信息化部颁布了文件《关于开展甲醇汽车试点工作的通知》(工信部节〔42〕号),在陕西、山西和上海“二省一市”启动了甲醇汽车试点,2014 年贵州和甘肃又加入到试点工作中。试点意见要求在限定区域、限定燃料、限定车辆开展工作。从甲醇的安全性、环保性、经济性、动力性、适应性和可靠性以及使用中对环境和人体健康等方面全面进行考核。2013 年,国务院发布《关于加强内燃机工业节能减排的意见》,该意见从响应国家节能减排战略出发,为减少汽车单位能耗和污染物排放量,重点加快内燃机替代燃料多样化发展,将甲醇燃料及发动机被列为重要的替代燃料之一。2019 年 8 部委联合发布的《关于在部分地区开展甲醇汽车应用的指导意见》。以上政策的出台从国家层面上响应了甲醇汽车试点工程,确立了甲醇车和甲醇燃料作为国家能源多元化的一部分。文件的出台促进了众多发动机生产企业展开了此类研究,为甲醇汽车及产业化快速发展提供了重要的政策支持。

但是,甲醇在应用中还是存在很大的困难。首先是甲醇加注站建设难以落实。我国液体燃料供应与管理归口商务部,气体燃料如天然气归口国家能源局。甲醇属于新型液体燃料,管理归属不明。造成加注站建设十分困难。目前规模应用的陕西和贵州两省都是直接由地方政府部署。没有明确的只能部门对口管理,给甲醇汽车推广应用带来极大的困扰,形成了既在市场很大,条件很具备,往往无法开始的尴尬局面。

从整个产业相关政策的支持面与支持力度来看,工信部 2012 年开始的甲醇汽车试点,完全依靠市场化运行。虽然,甲醇没有国家在财政上的支持依靠市场也得到发展,但是由于国家对甲醇汽车的发展缺少财税支持相关政策,一定程度上制约了我国甲醇汽车的发展。从地方政策来看,在一些资源丰富的地区,如山西省、陕西省,不仅参加试点的规模较大,参加试点的积极性也很高。省政府在财税政策、资金补贴、牌照发放、燃料加注、土地出让、政府优先采购等方面都给予了大力支持,为地方省市甲醇汽车产业的发展提供了重要的资源要素保障。

(2)在用车的支持政策

根据前期甲醇汽车运行情况看,多地都曾在一定程度出台一些政策支持甲醇汽车的发展,比如甲醇汽油和在用车改成运行甲醇燃料等。尤其是甲醇柴油二元燃料燃烧技术不仅对于新生产的甲醇汽车赋予了低排放的特性,对于现有车辆的排放升级改造也具有很好的效果。如果能够从政策对于甲醇燃料升级在用车排放升级给予一定政策支持,对于推动打赢蓝天保卫战将会提供可行的技术路线。

(3)甲醇相关标准建设需要加快

产业标准对于规范甲醇汽车及甲醇燃料产业生产尤其重要,是产业化的通行证。从国家层面的产业标准来看,2009 年,《车用燃料甲醇》《车用甲醇汽油(M85)》两项国家标准对于甲醇燃料产业化推广意义重大,明确了相关生产标准,2015 年工信部印发《车用甲醇燃料加注站建设规范》《车用甲醇燃料作业安全规范》,进一步规范了甲醇燃料加注站的标准化运营,基础设施建设的通行标准也将为吸引社会投资提供机会,配套基础设施建设规模化、网络化推广在制度层面已不存在制约。但是,对于全面推进甲醇燃料生产应用,由于目前甲醇汽车、甲醇燃料等相关的国家标准仍然不健全,影响了甲醇作为替代燃料的发展。其他涉及甲醇汽车产业的质量标准还包括甲醇汽车、甲醇燃料国家级检验检测,这也有待进一步向专业化方向发展。

目前甲醇汽车的技术条件、甲醇燃料的计量方法等相关标准在行业层面正在积极推动,但是总体来看,甲醇汽车相关产业标准体系还不健全,需要积极推动以加快进程。

(4)甲醇相关零部件企业发展

甲醇的特性要求,需要专门开发相应的甲醇泵、甲醇喷嘴、供醇管路、甲醇过滤装置。国内汽车零部件生产企业需要针对性进行开发，以满足甲醇汽车的要求。目前甲醇汽车的相关部件基本借助于现有汽油或柴油的部件，存在寿命短、可靠性差等缺陷。另外，甲醇汽车现在都是采用汽油或柴油辅助启动的技术方案，两种燃料控制的电控系统开发也是重要环节。此外，甲醇的尾气处理中，由于排气温度低并且燃烧不完全可能带来的一定甲醛排放，都需要开发专有的后处理系统以满足超低排放的需求。

(5)甲醇特性的认知教育和人才培养

虽然甲醇在应用中是安全的，但是由于若干年前曾经发生过个别地区当成工业酒精而误饮中毒的事件，因此，一些人提到甲醇便谈虎色变。工信部在5年的试点中，专门在甲醇汽车试点十个城市区域范围，对全体涉醇人员、环境等全面进行观察和检测。涉醇人员的体检表明，试点过程中未出现影响人体健康的案例，涉醇场所环境监测空气中甲醇浓度均低于我国职业接触规定的限值。另外，甲醇与乙醇、汽油都属于易燃易爆危险化学品，但是甲醇的热值低于乙醇、汽油，挥发性低于汽油，容易溶解于水，在消防安全方面的危害性也低于汽油。因此，要加强对大众进行甲醇是安全燃料的宣传是，不能拿饮料的标准衡量甲醇。对大众进行科学普及是一个长期的过程，需要加强此方面工作。

另外，甲醇汽车是新生产业，专有人才的教育和培养需要引起各级教育部门和生产企业的充分重视，这不仅对甲醇汽车产业的健康发展很重要，而且对于甲醇汽车今后的可持续发展关系极大。

5. 甲醇汽车未来的展望

为了治理空气污染，打好蓝天保卫战，采用甲醇就很有优势。与汽油和柴油相比，甲醇完全燃烧时需要的理论空气量只有其一半还不到，因此，氮氧化物 NOx 生成量会比汽油和柴油少得多。第二，甲醇燃烧速度快，燃烧时无烟无焰，一般不会产生炭烟颗粒。对于柴油重型商用车，使用甲醇作为燃料，在清洁排放方面会有很大的优势。打赢蓝天保卫战的重要方面是商用柴油车，吉利汽车发力开发纯甲醇的商用车发动机，目前已经正式生产下线。另外根据天津大学提出的甲醇/柴油二元燃料燃烧技术，在重型柴油车上得到很好的应用。对于我们保有量超过4 000万台的柴油动力，这些动力承担了75%以上的陆路运输量，100%的工程机械和农业机械，不但要考虑未来新车满足国Ⅵ的排放标准，做好存量车的清洁化更加重要。不首先治理好存量车的排放清洁化，打赢蓝天保卫战就是难以落到实处。

当然，甲醇汽车的推广应用也不会一帆风顺，还会遇到这样那样的困难和挑战。在未来甲醇推广应用中还会遇到这样那样的困难，作为一种新兴燃料不仅要解决大家的认知，还需要加强各项标准建设，解决一些共性的技术问题，还需要加强国际交流。

总之，甲醇汽车的应用推广是一个系统工程，涉及的方面很多，甲醇发展必须坚持市场为导向，企业为主体的指导思想，坚持因地制宜的方针。不光是有车就行的，还需要加注站、甲醇供应和输运等多方面协同。关系到安全、消防、便利等方方面面，需要得到政府层面的支持和协调。但是，对于我国这样的甲醇生产大国，应用甲醇不仅有利于改善发动机排放，而且也有利于我国的资源综合利用，最大程度地利用好自有资源，缓解能源安全压力，促进国家经济发展，甲醇一定将发挥其重要的作用。

十四、车用动力电池

Chapter 14 Power Battery for Vehicle

（武汉大学 艾新平）

1. 2019年车用动力电池产业的总体情况

根据公开资料，2019年全球新能源汽车总销量约222万辆，较2018年小幅增长6%。但受益于欧洲市场纯电驱动新能源汽车占比的提升（纯电与插混比值2018年为52:48，2019年上升至64:36），以及中国市场纯电动乘用车单车带电量的增加，全球锂离子动力电池装机量同比增长20%，达到112 GWh。其中，中国市场动力电池总装机量约为62 GWh，同比增长9%；海外市场动力电池装机量为50 GWh，同比增长39%。与2018年相比，国内与国外动力电池市场体量已更为接近。从企业来看，排名前10动力企业合计装机量约为101.3 GWh，占全球动力电池装机量的90%。其中，宁德时代以32.5 GWh的装机量继续占据全球装机量榜首，全球市场份额达到27.9%；松下、LG Chem、比亚迪、三星SDI分别以28.1 GWh、12.3 GWh、11.1 GWh和4.2 GWh排名2～5位，对应的市场份额分别为24.1%、10.6%、9.5%和3.6%。对比2018年的排名，LG Chem超越比亚迪成为全球第3，全球动力电池行业初步形成了中、日、韩“三国鼎立”的格局（2019年全球动力电池出货量TOP 10企业见表1-23）。

表1-23 2019年全球动力电池出货量TOP10企业

排名	企业	国家	出货量（GWh）	同比（%）	全球市场份额（%）
1	宁德时代	中国	32.5	38.89	27.87
2	松下电池	日本	28.1	31.92	24.10
3	LG化学	韩国	12.3	64.00	10.55
4	比亚迪	中国	11.1	-5.93	9.52
5	三星SDI	韩国	4.2	20.00	3.60
6	远景AESC	日本	3.9	5.41	3.34
7	国轩高科	中国	3.2	0.00	2.74
8	PEVE	日本	2.2	15.79	1.89
9	力神电池	中国	1.9	-36.67	1.63
10	SKI	韩国	1.9	137.50	1.63

从国内市场来看,受补贴退坡影响,2019 年我国新能源汽车产销量首次出现下降。其中销量为 120.6 万辆,同比下降 4.0%。但受益于纯电动乘用车单车带电量的提升(平均单车电池包能量达到 47 kWh),2019 年我国动力电池装车量仍实现了 9.2% 的小幅增长,达到 62.2 GWh。其中,三元电池累计装车量为 40.5 GWh,占总装车量 65.2%;磷酸铁锂电池累计装车量为 20.2 GWh,占总装车量 32.5%。锰酸锂电池装机量 0.504 GWh,占比 0.81%;钛酸锂电池 0.382 GWh,占比 0.61%。分车型来看,2019 年中国新能源乘用车动力电池装机量为 42.23 GWh,占动力电池装机总量的 67.71%;新能源客车动力电池装机量为 14.73 GWh,占动力电池装机总量的 23.62%;新能源专用车动力电池装机量为 5.41 GWh,占动力电池装机总量的 8.67%。从电池类型来看,三元动力电池 98% 配套在乘用车上,装机量为 39.6 GWh;磷酸铁锂和锰酸锂动力电池主要配套客车,装机量分别为 13.8 GWh 和 0.4 GWh,分别占各自装机量的 66% 和 78%。分企业来看,2019 年国内前十大动力电池企业合计装机量达 54.88 GWh,占装机总量的 88%,与 2018 年相比上升约 5 个百分点,产业集中度进一步提升。其中,其中宁德时代 2019 年动力电池装机量同比增长 37%,占总装机量的比重达 51.8%,与 2018 年相比提升了 10.5 个百分点;比亚迪、国轩高科、力神、亿纬锂能分别以 17.3%、5.2%、3.1% 和 2.9% 的市场占有率排名国内 2~5 位。排名 6~8 位的企业依次为:中航锂电(1.49 GWh),孚能科技(1.21 GWh),时代上汽(0.74 GWh),比克(0.69 GWh),欣旺达(0.65 GWh)。

2. 2019 年车用动力电池技术发展情况

(1)2019 年车用动力电池技术发展特点

①单车动力电池包带电能量明显提升:纯电动车单车电池包平均能量从 2018 年的 47 kWh 上升至 2019 年的 53 kWh,上升幅度为 13%。其中,纯电动乘用车单车电池包平均能量从 2018 年的 39 kWh 上升至 2019 年的 47 kWh,提高 20%;纯电动客车单车电池包平均能量从 2018 年的 184 kWh 上升至 2019 年的 195 kWh,提高 6%;纯电动专用车单车电池包平均能量从 2018 年的 58 kWh 上升至 2019 年的 75 kWh,提高 29%。

②三元动力电池市场占比大幅度提高:2019 年三元电池累计装车量 40.5 GWh,同比增长 22.5%;磷酸铁锂电池累计装车量 20.2 GWh,同比下降 9.0%。锰酸锂和钛酸锂电池继续扮演小众市场角色,合计装车量仅 0.89 GWh。

③方形动力电池装车量持续提升,成为市场主导:按电池外形来划分,2019 年我国方形、软包和圆柱动力电池装车量分别占动力电池总装车量的 84.5%、8.8% 和 6.7%,方形硬壳电池市场占有率较 2018 年年明显增长。其中,软包电池的累积装车量从 2018 年的 7.6 GWh 下降至 5.5 GWh,降幅达 28%;圆柱电池的累积装车量从 2018 年的 7.1 GWh 下降至 4.2 GWh,降幅达 41%。而方形硬壳电池的累积装车量从 2018 年的 42.3 GWh 上升至 52.7 GWh,增幅高达 25%。

(2)2019 年车用动力电池实现的主要技术突破点

动力电池能量密度是行业关注的关键指标之一。在补贴政策和市场的双重作用下,2019 年动力电池系统能量密度提升明显。市场上已批量应用的三元电池和磷酸铁锂电池系统能量密度最高分别达到了 185 Wh/kg 和 160 Wh/kg,较 2018 年同比增长 10% 以上。在纯电动乘用车中,电池包能量密度达到 140 Wh/kg 以上的车型已成为市场绝对主体,140(含)~160 Wh/kg 和 160 Wh/kg 以上车型在总产量中的占比分别达到 63.1% 和 29.1%。随着电池包能量密度的提升,单车电池包带电能量和整车续航里程得到了有效提高。

电池包能量密度的提升主要来自两方面的因素:单体电池能量密度的提升和电池系统集成技术的突破。在单体电池方面,硬壳磷酸铁锂电池的能量密度普遍达到了 170~180 Wh/kg,少数甚至突破了 190 Wh/kg;而随着三元电池正极从低镍向中镍和高镍的过渡,其单体能量密度也得到了大幅度提升。采用中镍 NCM523 和 622 正极的三元电池已成为市场的主角,其单体能量密度达到了 230 Wh/kg(硬壳);采用高镍 NCM811 和 NCA 正极的三元电池已开始批量装车,单体电池能量密度达到了 250 Wh/kg(硬壳)。在系统集成方面,随着 CTP 和刀片电池等无模组技术的提出,以及轻量化技术的进步,单体到系统的能量密度实现效率大幅度提升。磷酸铁锂和三元电池系统能量密度分别达到了 150~160 Wh/kg 和 160~170 Wh/kg;基于高镍三元的电池系统的能量密度甚至超过了 180 Wh/kg。

(3)目前亟须解决的技术难点及解决方案

三元电池较磷酸铁锂电池具有更高的能量密度,特别是体积能量密度,在乘用车市场备受青睐,市场占有率逐年提升。但与磷酸铁锂正极相比,三元正极的热稳定性较差,容易发生热失控,导致三元电池的安全性较差。三元正极的主要特点是随镍含量的增加,克容量增加,但热稳定性降低。因此,提高三元正极的镍含量,有利于电池比能量的提升,但电池安全性也随之降低。随着中镍含量三元正极 NCM523 和 622 的规模装车应用,因动力电池系统引起的电动汽车起火燃烧事故密集发生,并呈现逐年上升趋势。2018 年全年累积自然事故为 48 起,2019 年上升至 149 起。根据国家电动汽车监控平台的数据,仅 2019 年 5 月至 8 月,就发生 79 起电动汽车自燃事故。因此,如何提高三元电池的使用安全性已成为行业目前亟须解决的技术难点。

解决三元电池的安全性问题需要从热失控机理、材料、单体制造、系统设计,以及应用保障等几个方面加强研究。在热失控机理方面,目前尚缺乏专门针对三元电池热失控的基础性认识。根据最新文献,三元正极使用过程中释放的原子氧可以氧化电解液中的环状碳酸酯 EC,产生 CO 和 H_2O,而 CO 和 H_2O 在正极又可以被氧化成 CO_2 和 H^+,产生的质子在负极被还原为 H 原子吸附在石墨表面。吸附的原子氧在 60 ℃左右就可以复合成氢气,同时释放出大量热,引起电池温度的显著上升。氢的产生和复合在三元电池中是否是普遍现象?对电池热失控和安全性的影响如何?这些都是需要进一步研究和考证的问题。在材料方面,需要重点发展三元正极的表面改性和包覆策略,减少界面反应的放热量和原子氧的析出;在单体制造方面,需要进一步加强环境和工艺控制,提高车间的净化度和模切刀具的维护管理力度,降低因粉尘夹杂和极片毛刺而产生的内短路隐患;在系统设计方面,提高 BMS 的可靠性,加强隔热设计,防止热蔓延。在应用保障方面,要避免低温充电,优化充电策略,提高箱体的防水性能和绝缘性能,此外,还需要加快发展短路预警和析锂预警等先进传感技术。

(4)2019 年国内外技术差异

高镍三元材料(NCM811、NCA)具有高容量、低成本优势,各大动力电池企业均大力布局,目前处于产业化初期。国内动力电池企业 CATL、比亚迪、力神、亿纬锂能等均选择 NCM811 技术路线;国外企业除松下外,三星 SDI、SKI、LG 化学均同时布局 NCM811 和 NCA 技术路线。但与国外相比,国内 NCM811 和 NCA 材料的技术成熟度还不够高,特别在形貌和微结构控制方面与国外先进产品仍存在一定差距,这一问题在一定程度上制约了国内高镍三元电池的发展。

此外,硅基负极具有 10 倍于石墨负极的比容量,石墨/硅混合负极已成为负极材料变革的重要方向。因此,基于高镍三元正极/石墨—硅混合负极的锂离子电池已成为下一代动力电池开发的重点,国内外企业纷纷布局。从技术开发来看,国内外目前基本处于同一水平。如承担国家新能源汽车动力电池产业化项目的几家单位,包括 CATL、力神、国轩、中航锂电,均已开发出 300 Wh/kg 以上的软包电池单体,常温和 45 ℃高温循环寿命分别可以达到 1 200 次和 800 次以上。但产业化进程稍落后于松下。松下采用 NCA 正极、硅碳负极的圆柱形 21 700 电池已实现量产。

3. 主要企业经营发展情况

根据中国化学与物理电源行业协会 2020 年 2 月 8 日发布的数据,2019 年,我国新能源汽车市场共计 79 家动力电池企业实现装车配套,相较 2018 年减少了 13 家,动力电池行业洗牌进一步加剧。79 家动力电池企业中,目前仍有 66 家企业装车量占比不足 1%,产业仍将进一步淘汰整合。2019 年装车量排名前 10 的企业分别是:宁德时代,比亚迪,国轩高科,力神,亿纬锂能,中航锂电,时代上汽,孚能科技,比克电池,欣旺达。对比 2018 年前 10 强,北京国能、卡耐新能源跌出前 10 榜单,其他 8 家动力电池企业仍然稳定在前 10 行列,时代上汽、欣旺达跻身进前 10 行列,头部竞争格局相对较稳定。其中,排名前 3、前 5、前 10 的动力电池企业动力电池装车量分别为 45.6 GWh、49.2 GWh 和 54.7 GWh,占总装车量比分别为 73.4%、79.1% 和 87.9%,头部集中效应明显。

与前两年的火热相比,2019 年动力电池企业可谓有喜有忧。曾经排行前 3 的沃特玛已申请破产。2017 年排名第五的国能电池,2019 年上半年被爆出欠薪停产。2019 年 11 月,又有两家动力电池企业相继爆出债务危机,其中比克电池被爆资金链断裂,而湖北猛狮则进入了破产清算程序。与此相反,行业头部企业却朝着做大做强的方向发展。宁德时代目前已成为世界第一大动力电池制造商,并且率先实现了 NCM811 方形电芯的量产,相关产品已成功运用于广汽与宝马的车型。比亚迪也打破自产自销的模式,相继在惠州、深圳、西宁等建立电池生产基地,又投资 40 亿元在广州投资建设锂电池生产基地。2019 年 10 月,宁德时代位于德国的首个海外工厂正式动工,并计划将德国工厂的产能从原计划中 2022 年达到 14 GWh,提升为到 2026 年突破 100 GWh。此外,宁德时代还与戴姆勒、大众、博世、沃尔沃等欧洲老牌车企实现长期合作,其中与宝马的总订单增加至 73 亿欧元。比亚迪也在与奥迪展开合作谈判,并且计划斥资约 90 亿元人民币在德国开展动力电池生产相关业务,初期的计划产能为 1 万辆配套电池。除传统两强之外,排名第 5 的亿纬锂能与韩国 SK 合资在惠州建设了 2 GWh 的三元软包电池生产线,产品已开始为戴姆勒提供配套。

4. 未来几年车用动力电池技术发展趋势

(1)高镍三元电池市场应用有望逐年增加,成为长续航电动乘用车的主导配套电源。高镍三元/硅碳体系代表了动力电池能量密度提升的重要方向,已实现 300 Wh/kg,未来 1 ~ 2 年内有望达到 350 Wh/kg 的能量密度。关于这一材料体系,目前唯一的不确定的因素是电池的安全性。突破安全的限制可能是未来几年行业技术竞争的聚焦点。

(2)无模组技术快速发展,助推系统能量密度、单车带电量的提升,以及电池系统成本的大幅降低。无模组技术可将电池系统的体积利用率提高 15% ~ 20%,电池包零部件减少约 40%,生产效率提高约 50%,电池包能量密度提高 10% ~ 15%,成本降低 0.1 元/Wh。基于这一技术,未来几年电池系统的能量密度有望突破 250 Wh/kg,纯电动乘用车单车平均带电量有望超过 70 kWh,电池系统的价格将呈现 10% ~ 20% 幅度下降,模组价格与单体价格之间价格差将缩小至 7% ~ 10%。

5. 未来几年市场需求分析预测

2016 年 10 月中国汽车工程学会发布了《中国节能与新能源汽车技术路线图》。路线图提出,至 2025 年,中国汽车年产销规模将达到 3 500 万辆,其中,新能源汽车的年销量超过总销量的 15%。按照五年年销量中值 3 250 万辆/年和新能源汽车平均占比 8% 计,新能源汽车五年的总销量将达到 1 300 万辆。如果纯电动车占比达到 80%,按照单车带电量 60 kWh 计,国内未来 5 年动力电池的总需求将达到 624 GWh。国内与国外动力电池体量将基本相同,以此计算,未来五年全球动力电池的需求将达到 1 246 GWh。

6. 我国车用动力电池产业发展面临的问题

(1)受终端销售回款的影响,动力电池全产业链账期压力加大,企业产销"入不敷出"现象明显,动力电池及上游材料企业资金链风险增大,给产业发展带来了难以克服的不确定性。事实上,部分传统动力电池生产企业已因此而开始向细分领域转型(如电动工具、ETC、轻型车、叉车等领域)。

(2)对部分上游原材料,如锂、钴等缺乏资源控制,动力电池成本和价格存在一定的不确定性,长期来看,行业面临一定的资源风险。我国锂资源虽然丰富,但禀赋较差,受提取技术的限制,利用率相对较低,存在比较严重的资源浪费问题。而钴、镍国内资源匮乏,对外依存度高,循环利用迫在眉睫。

(3)三元动力电池产品安全问题逐渐显现,随三元电池装车量的快速增加,以及高镍三元电池的批量应用,电动汽车的安全风险增大。这一问题如不能及时加以解决,电动汽车的市场接受度将严重受损,动力电池产业面临停滞的风险。

(4)外资背景企业在中国布局加快,中国动力电池企业面临的竞争压力陡增。中国新能源汽车发展的良好态势吸引了日韩动力电池企业进入,市场渗透率不断提升。2019 年国内生产的新能源汽车中,外资电池企业的电池装车量为 233.67 MWh,较 2018 年增长 242.3%,虽市场份额较小,但增长态势不可小觑。

(5)电池回收利用的技术和体系建设还没有到位。目前电池的回收利用技还不太成熟,收购网络还不太完善,管理措施还不够健全,支持政策还不够到位,商业模式和盈利模式尚待探索。

7. 车用动力电池产业发展建议

(1)将锂、镍、钴等列为战略资源,在国家层面制定动力电池的中长期资源发展规划,建立资源保障体系。一方面,加强对现存资源的开发管理。针对开采环节,制定强制性标准,提高开采企业的准入门槛,杜绝资源浪费;另一方面,鼓励、支持企业在全球范围内布局上游资源,降低资源的风险性。此外,加强市场监管,建立有效的市场调节机制,避免原材料价格的大幅波动。

(2)加强电池回收利用技术的开发,建立和完善动力电池的回收再利用体系。制定相关技术、安全、环保标准,研究出台动力电池回收利用的激励机制,鼓励企业参与动力电池回收再利用,建立动力电池资源的循环利用模式。

(3)加强产学研协同合作,突破动力电池核心技术。电池技术正处在快速发展过程之中,动力电池行业既充满机会,也面临着巨大挑战,不断突破核心技术才能立于不败之地。从目前来看,动力电池的核心关键是突破三元电池安全问题的限制,因此,从热失控机理、材料、单体制造、系统设计,以及应用保障等几个环节入手,开展产学研协同合作研究尤为迫切。另外,从长期发展来看,电池企业必须具备全球视野,本着生产一代、开发一代、储备一代的策略,通过产学研合作,率先在电池化学体系和技术革新上取得突破,确保始终站在世界技术发展的前沿,促进我国动力电池产业的持续稳定发展。

十五、锂离子电池材料

Chapter 15 Lithium-ion Battery Material

(中国科学院物理研究所 黄学杰)

1. 2019 年锂离子电池材料产业的总体情况

2019 年新能源汽车和部分小动力(如叉车、自行车、电动工具)领域动力电池、储能电池需求仍诚较快增长趋势,3C 产品领域锂离子电池的需求仍维持较高水平并有一定的增长,锂离子电池四大材料出货量继续维持较快的增长,正极材料、负极材料、电解液和隔膜的出货量分别为 40.4 万 t、26.5 万 t、14.25 万 t 和 27.4 亿 m^2。

正极材料出货量同比增长 32.5%。其中,三元正极材料因新能源汽车补贴政策对能量密度与续航里程门槛要求提高带动同比增幅 40.7%,磷酸铁锂同比增长 29.3%,钴酸锂和锰酸锂材料也有不同程度的增长出货量 5.7 万 t。因锂盐价格持续下行、产能过剩,企业竞争加剧,2019 年正极材料价格整体呈下行走势,尤其是磷酸铁锂材料价格下降明显。

负极材料出货量同比增长 38%,市场对高倍率、快充型产品应用进一步增多,带动人造石墨出货量快速增长,占负极材料总出货量的 78.5%。针状焦和石墨化加工产能进一步释放,费用下降带动负极价格下行超过 10%。

2019 年中国电解液出货量 18.3 万 t,同比增长 30%。电解质锂盐价格下降和市场激烈竞争造成电解液价格持续下降,尤其是动力电池电解液。

受国内新能源电池行业快速发展带动,隔膜国产化进程加快,生产技术已获得突破,产能不断增加,已逐步进入日韩电池厂供应体系。2019 年国内隔膜出货量 27.4 亿 m^3,增长 35.13%。湿法隔膜因为轻薄化,符合动力电池对高能量密度的追求,与干法隔膜的价格差逐渐缩小,替代干法隔膜成为趋势,占比已经达到 72.63%。产能过剩,隔膜价格已降至 1~2 元/m^2。

2. 2019 年锂离子电池材料技术发展情况

(1)2019 年锂离子电池材料技术发展特点

$LiNi_{0.5}Co_{0.2}Mn_{0.3}O_2$(NCM523)、$LiNi_{0.6}Co_{0.2}Mn_{0.2}O_2$(NCM622)、$LiNi_{0.8}Co_{0.1}Mn_{0.1}O_2$(NCM811)和 $LiNi_{1-x-y}Co_xAl_yO_2$(NCA)等三元材料已规模应用。高镍多元材料比容量已达到 200 mAh/g 以上。

磷酸铁锂振实密度小、低温倍率性能差等问题得到改进,比容量达到 160 mAh/g,压实密度达到 2.5 g/cm^3,广泛应用于商用车和储能领域,乘用车领域的应用也已开始回头。

锰酸锂因成本比较低和安全性好,与 NCM 复合后应用于电动乘用车和两轮车,比容量和压实密度有所提升。

负极材料方面石墨类材料技术及配套工艺趋于成熟,比容量已到极限,已广泛应用于动力电池领域。硅基合金材料具有容量高的特性,但循环过程中体积变化大,目前主要还是和碳基负极材料混合使用,添加量较低。

基于碳酸酯类溶剂的有机液体电解液依然是锂离子电池电解液的主流产品,添加功能性添加剂改善电极材料与电解液的相容性,提高电解液耐氧化的稳定性和安全性使当前的主流方向。

高分子聚烯烃微孔膜是国内外动力电池公司的主流选择,通常在微孔膜材料表面涂覆无机陶瓷涂层和/或有机涂层,进行表面改性处理以提高隔膜的耐温性能和/或阻燃性能,改善与电解液的浸润性等。

(2)2019 年锂离子电池材料实现的主要技术突破点

NCM622 的比容量达到了 180 mAh/g,NCM811 比容量达到了 200 mAh/g,中高镍 NCM 材料通过单晶化技术可以将压实密度提高到 3.7 g/cm³以上,体积能量密度相应提升。

改性天然石墨的比容量达到 360 mAh/g,首次库仑效率达到93%~95%,使用压实密度在 1.43~1.7 g/cm³,已经达到了 2020 年路线图目标。人造石墨主流产品比容量可达到350 mAh/g,首次库仑效率达到94%,压实密度达到 1.65 g/cm³。快充型负极材料充电倍率可以达到 1.5~3C,极速快充可达到 5C。

硅氧碳负极材料及硅金属合金复合材料实现商业化应用产品比容量分布在 380~550 mAh/g,以 420 mAh/g 及 450 mAh/g 的两款产品为主,国产硅基负极技术不断成熟,低容量的硅碳负极材料得到电池企业的验证。

电解液方面,新宙邦、天赐等开发的电解液可改善三元高电压和高镍电池的倍率性能及高温循环性能。

(3)目前亟须解决的技术难点及解决方案

动力锂电正极材料集中于多元材料,向单晶化和高镍发展。由于钴原料的成本较高,锂电企业倾向于采用 Ni 含量比较高的 NCM622,NCM811 和 NCA。

单晶型高电压多元材料具有较好的层状结构,在高电压下有良好的循环性能。

小型锂电池正极材料除继续提升钴酸锂性能之外,也在向高电压低钴化方向发展,达到降成本的目的。磷酸铁锂相对其他锂离子电池密度较小,但是它成本低,安全性高,电池寿命较长。从循环寿命和未来成本的降低空间看,磷酸铁锂电池是比较有潜力的储能电池正极材料。

石墨类材料依然是国内外动力电池公司的主流选择,人造石墨相对于天然石墨对于叠片电池的膨胀、循环及产气方面具有优势,但其成本仍旧需要不断降低,倍率、低温及安全性能需进一步提升。硅基复合材料的发展趋势是保持高比容量的情况下,进一步提升首次库伦效率、循环性能及安全性能,降低成本。硅基材料所表现出的应用性能很过依赖于电极及电池设计,硅基负极材料的应用还需要材料厂商及下游电池厂商协同。

用于动力电池的电解液存在如下突出问题:电解液的主要溶剂成分为碳酸酯类,易燃性强,安全性差;电解液的长期稳定性不好,电池的长期循环寿命(10 年左右)无法保证;电解液的液态温度范围窄导致电池的高低温性能差。因此需要电解液添加稳定剂提高电池的循环性能。

未来随着三元动力电池占比的上升,涂覆 PE 隔膜在锂电池企业中占比将不断提高。但对涂覆用的基材提出了更高的要求,需要针对不同的应用场景开发不同的基膜特性,例如高孔隙性,高透气性,低的热收缩性。涂层材料的开发从材质更轻,耐热性能更好,结合复合材料增加涂层的功能性。另外涂层材料的结构设计变得更加重要。

关键生产工艺和生产设备还存在一些差距,高端材料核心生产装备从球磨机、窑炉、到表面改性设备主要依赖于进口,我国生产装备在能力与稳定性与进口装备有明显差距。需要在核心装备上开展深入的、系统的研发和应用工作。

此外,在专利方面,部分关键材料的专利和合成技术受制于国外,突破专利封锁也是中国必须要解决的难题。

(4)2019 年国内外技术差异

我国在磷酸铁锂和中低镍 NCM 材料技术和产品方面,已经垄断国内市场,并部分出口应用于部分国外高端车中。目前国外动力电池公司的产品主要以镍钴锰酸锂、镍钴铝酸锂正极材料为主,层状多元材料镍钴锰酸锂、镍钴铝酸锂比容量超过 200 mAh/g,国内处于追赶阶段,国内企业通过关键问题的解决和量产线设备的升级改造,有望实现赶超。当升科技、湖南杉杉、宁波容百、长远锂科、厦门钨业等公司在动力电池用正极材料的研发和产业化方面已进入世界前列,可满足动力电池企业对正极材料的需求。

硅氧碳材料国外主要的生产厂家有信越化学、日本日立及韩国大洲等,硅氧碳材料的制备需要调控好硅氧比例、硅晶粒的尺寸及分布均匀性、二次颗粒的粒度以及外包覆层组成及厚度等,信越化学在上述控制方面具有较深入的研究和理解。国内以贝特瑞、天目先导等负极材料厂商,经过多年的努力不断缩小差距。除了将硅氧碳材料与石墨混合外,国内厂商也采用将硅氧材料与石墨复合的形式制备为新的硅氧碳复合材料。高容量的碳硅材料方面,深圳贝特瑞和天目先导等企业量产了 420~600 mAh/g 硅碳负极材料,首次库仑效率可达到90%,循环性能尚需要进一步提升。

中国已成为世界主要的锂离子电池电解液生产国,但全球的电解液巨头如日本三菱化学、日本宇部、三星 SDI 等都有自己独特的添加剂制备技术,国内企业的部分功能添加剂的设计和生产还存在依赖进口现象。

隔膜国内主要问题在于低端产能无核心技术,只是重复建设,产品核心竞争力不足,其性能与国内外主流产品存在比较大的差距,行业毛利率水平低,预计 2020 年同比降幅超过 5%。

3. 主要企业经营发展情况

从正极材料市场竞争格局来看,2019 年 TOP10 正极材料企业市场占比为 56%,相比 2018 年增长 3 个百分点,市场龙头效应显著度不如其他 3 种关键材料。厦门钨业受益于钴酸锂以及三元材料的双重增长,2019 年其正极材料出货量同比增长超过 50%;天津巴莫受益于产能释放以及终端客户需求量提升,其三元正极材料出货量增速明显,总出货市场排名上升至第 2 位;长远锂科、容百锂电以等企业受益于动力电池市场对三元材料需求量的提升,其市场排名均呈现不同程度上升。

负极材料以贝特瑞、江西紫宸、宁波杉杉为代表的企业出口量继续增加,其中受 LG 以及松下动力电池出货量增长带动,杉杉与贝特瑞出口量增量明显;贝特瑞出货量占比仍居第一,第 2~4 名企业出货量差距逐渐缩小,受海外动力电池企业出货量增加带动,杉杉以及贝特瑞负极材料出口量占比进一步提升。

2019 年中国电解液 TOP6 企业市场份额达到 77.3%,同比提升 4 个百分点。以新宙邦、国泰、天赐等为主的电解液企业受海外电池企业带动和国内锂电集中度增加影响,增量明显,带动电解液端的集中度提升。

国内前十企业上海恩捷、河北金力、苏州捷力、深圳星源等总体产销量合计高达 72%,其中龙头企业恩捷一家占比就超过 30%,初步满足国内动力电池公司对电池隔膜的需求,但生产隔膜的原料和核心装备仍依赖于进口。

4. 未来几年锂离子电池材料技术发展趋势

随着不同类型的新能源汽车对动力电池需求的个性化，至2025年锂离子动力电池有高比能和低成本两条技术路线。单体电池比能量提升至400 Wh/kg，电池系统比能量预计2025年达到280 Wh/kg，为适应电动智能汽车发展的需要，动力电池的能量密度也将由目前的400～600 Wh/L提升至1 000 Wh/L。正极材料研发重点是高比容量层状正极材料，组分和结构上将由均匀组成向梯度化和大单晶化方向发展，降低表面残锂，提升压实密度，缓解长循环多晶材料内部出现微裂纹问题，以提升材料的结构稳定性和热稳定性，改善材料的循环稳定性和安全性；将进一步提高、拓宽材料的电压使用范围，提升材料能量密度输出。该技术路线的优点是产线兼容性高，难点是安全性挑战大。低成本路线一是继续挖掘磷酸铁锂电池潜能，通过进一步通过单晶化、包覆和掺杂等方式，提高磷酸铁锂比容量发挥，改善压实密度，提升低温倍率性能。变个性技术是发展高电压镍锰酸锂正极材料及电池技术。该技术路线的优点是电池成本低，正极材料不含钴，缺点是比能量不够高。电池系统的比能量可达到200 Wh/kg，成本可望比磷酸铁锂电池进一步降低。未来几年，头部企业进一步加强国际主流电池客户的供应链布局，市场集中度将进一步提升，正极材料厂商仍将面临产能扩张快、资本周转率低、账期长等方面压力。

石墨材料的发展趋势是通过结构优化、表面处理，造粒及级配技术等，提升倍率性能，进一步降低成本。高比容量的硅基材料的发展趋势是采用工业化硅基原料纳米化技术，进一步降低硅组分成本；在纳米硅组分表面构建高机械强度的包覆层，抑制硅体积膨胀，隔绝电解液与硅的直接接触，形成稳定的硅反应界面。开发补锂量可控，安全可工业化的补锂技术。同时开发适用于硅基材料的导电剂、粘接剂及电解液添加剂。

为满足不同特性要求的锂离子电池的需求，电解液技术将在多个方向发展。针对正极采用具有较高脱/嵌锂电位的高镍三元材料和负极采用高比容量硅碳或硅氧碳材料的锂离子电池，电解液中添加新型成膜添加剂、正极保护剂等功能性添加剂以及添加剂协同的设计是开发的关键技术方向。针对大电流、高倍率持续放电类的锂离子电池，引入高介电常数、低粘度的溶剂体系和提高电解液锂盐浓度是研发重点。还有开发新型锂盐体系、宽温型溶剂、低温浸润性添加剂以及高低温兼顾成膜添加剂，提升电池的环境适应性和循环寿命。

为满足开发高能量密度、高安全性、长寿命锂离子电池技术的要求，以聚烯烃隔膜为基膜的涂覆隔膜需加强有机物基体与无机颗粒粘结，提高隔膜的耐高温和绝缘性能。为满足动力电池的大倍率充放电的要求，需开发更高孔隙率和更好透气性产品，成孔分散均匀，电解液浸润性良好的隔膜，单独或作为涂覆隔膜的基膜应用。

5. 未来几年市场需求分析预测

未来几年，随着中国新能源汽车双积分制度的实施和世界各国加速汽车电动化的趋势，以及世界主流车企电动车型规划的推动，智能电动汽车发展是必然趋势，其上游动力电池产业将保持高增长的趋势。预计到2025年，全球锂离子动力出货量和市场规模将达1 000 GWh和约1 000亿美元。

以三元材料为带代表的高容量层状氧化物正极材料因动力电池的需求在未来几年将实现年复合增速80%，磷酸铁锂也将因商用车和储能电池应用将保持较快速度的增长，继续降低成本的压力持续加大，推动新型正极材料无钴镍酸锂和高压镍锰酸锂的替代应用。

负极材料同比例增长，人造石墨仍将使主流产品，硅和一氧化硅将继续少量添加于越来越多的电池品种之中，市场竞争将进一步加剧，低端重复产能将被淘汰，市场集中度将进一步提升，这对二三线负极材料企业而言。

至2025年，全固态电池不会量产，因此电解液的也将和电极材料一样获得量的快速增长，电解液以六氟磷酸锂溶于混合碳酸酯溶剂的基本成分将保持不变，功能添加剂会持续进步，动力电解液市场份额将提升，储能电解液的出货量将继续增长，电解液价格将继续下降，企业毛利率进一步下降，电解液产品有望步入传统化学品领域。

受益于动力电池的快速增长，锂电池隔膜的需求量也不断攀升，加上储能市场、小动力市场增长将带动干法隔膜市场增长，随着头部企业产能日益扩大，其规模化下成本优势将更加凸显，市场集中度将大幅提升。

6. 锂离子电池材料产业发展存在的问题

材料技术的进步是动力电池水平提升的基础，总体上看，我国锂电池关键材料技术总体上仍落后国外先进水平，大部分产品附加值相对较低，部分高端材料还依赖进口。以企业为主体的自主创新体系亟待完善，技术创新能力不足，表现为研发投入少，自主推出的新产品较少，产品升级换代慢，材料的技术水平需要进一步提升，生产材料的高精度自动化装备依赖进口，相关的专利以及核心技术仍然缺乏；关键材料钴、锂、石墨的资源不足。

7. 锂离子电池材料产业发展建议

（1）有针对性的制定相关的正极、负极、电解液和隔膜的产业技术发展目标。

（2）支持动力电池关键材料与关键设备的技术攻关，完善锂离子电池产业链建设，支撑锂离子电池产业与产品升级以及成本降低。

（3）持续支持新型电池体系的创新基础与技术研究，发展更高比能量和高安全性、低成本电池技术；推进产业升级（提升先进装备、强化先进控制与推行先进管理）与产品升级。

（4）充分发挥制度优势，完善政策措施，加强公共服务平台建设，推动基础性、公共性技术研究和成果推广。充分发挥企业和科研院所的作用，鼓励两者之间建立创新良性的协作模式，提高科研院所的研究成果对企业生产技术提升的推动作用，加强核心技术的专利布局。

（5）引导行业建立产品标准，规范市场，营造良好的发展环境。

十六、动力电池测试

Chapter 16 Power Battery Test

（中国汽车技术研究中心有限公司 王 芳 马天翼）

动力电池测试处于新能源汽车产业链中游，是保障动力电池技术在电动交通领域安全、可靠应用的重要环节。近年来我国新能源汽车的蓬勃发展，衍生出对于动力电池测试技术和相关产业发展的迫切需求。在市场需求、政策推动和技术发展的三重驱动下，动力电池测试在近年来得到了前所未有的快速发展。2019 年，虽然我国新能源汽车产业由于补贴退坡、产能过剩、技术瓶颈、国外竞争等“内忧外患”连续 6 个月出现负增长，间接影响到了动力电池测试行业；但我国的优势企业在生产规模和产品性能上已具备了一定的国际竞争力，其动力电池技术瓶颈突破、安全隐患的检测和预防、优质产品的筛选等关键环节，均离不开动力电池测试技术的保障和推动。因此，虽然由于新能源汽车产业的洗牌和集中化，动力电池测试行业年产值有所下降，但其在整个产业链的重要性与日俱增。

1. 动力电池测试产业的总体情况

动力电池测试产业规模与新能源汽车和动力电池制造产业的发展息息相关。2019 年受补贴退坡等因素影响，我国全年共计生产新能源汽车 117.68 万辆，比 2018 年下降了 3.56%，这是五年来首次下降。2019 年新能源汽车产量前五名车企为比亚迪、北汽、宇通客车、江淮汽车和东风汽车，占比达总产量的 38.4%。动力电池方面，虽然新能源汽车年产量略有下降，但由于每辆车的平均带电量增加，2019 年我国动力电池装车量仍同比增长 9.2%，共计 62.2 GWh。其中三元体系电池装车量 40.5 GWh，仍占据市场主体地位。2019 年动力电池企业装车量排名前 5 分别为宁德时代(31.46 Wh)、比亚迪(10.75 Wh)、国轩高科(3.43 Wh)、力神(1.95 Wh)和亿纬锂能(1.64 Wh)。从数据上看，前 3 家动力电池装车量占比上升至 73.4%，市场分化效应进一步凸显。2019 年全年我国新能源汽车市场共计 79 家动力电池企业实现装机配套，比去年减少了 14 家，行业仍处于不断整合的阶段。

2. 典型动力电池测试情况

根据中汽中心 2019 年对 50 余款动力电池系统及其单体的能量密度测试统计数据，动力电池能量密度在整体趋势上呈现提升态势。具体来说，磷酸铁锂电池单体平均能量密度为 167.2 Wh/kg，比去年提高了 2.3%；电池系统平均能量密度为 137.3 Wh/kg，平均成组率为 82.1%，与 2018 年基本持平。三元电池单体平均能量密度为 220.2 Wh/kg，比 2018 年提高了 5.6%；电池系统平均能量密度为 152.1 Wh/kg，比 2018 年提高了 5.8%；平均成组率为 69.1%，与 2018 年基本持平。从数据中可以看到，三元电池 2019 年得到了更快速的发展，单体、系统的能量密度均有所提高。从整体趋势上看，随着电池技术的进步，能量密度提升不仅是行业趋势，同时也受到补贴政策影响：2019 年补贴政策提高了对能量密度的要求，125 ~ 140 Wh/kg 的车型能够获得 0.8 倍补贴，140 ~ 160 Wh/kg 的车型能够获得 0.9 倍补贴，160 Wh/kg 及以上的车型能够获得 1 倍补贴。根据测试统计数据，磷酸铁锂电池中有 43.75% 的样品能够获得 0.9 倍补贴，12.5% 的样品能够获得 1 倍补贴；三元电池中有 78.38% 的样品能够获得 0.9 倍补贴，56.76% 的样品能够获得 1 倍补贴。

随着电池系统能量密度的提高，液冷方式在电池系统的比例中继续提升，从 2018 年的 23.5%(36 款)提升到 40.7%(22 款)。液冷方式冷却能力强、密封性好、温度均匀，正在被进一步采纳。但同时由于液冷方式结构复杂、成本较高，会使成组率有所下降，结构简单、成本较低的空气冷却方式仍占约 60%。可以预见，随着电池系统能量密度的进一步提升，整车对热管理需求将进一步提高，空气冷却方式在未来占比会进一步下降。

3. 动力电池测试标准化情况

近年来，我国在动力电池领域已经构建了比较完善的测试标准体系，包括电性能、安全性、循环寿命、互换性、系统附件、回收利用等六大类标准。回收利用是动力电池实现产业链闭环、降低生产成本的重要环节，也是 2019 年动力电池标准化工作的重点方向。国家标准方面，2019 年有 4 项回收利用相关国家标准处于报批阶段，包括《车用动力电池回收利用 梯次利用要求》《车用动力电池回收利用 材料回收要求》《车用动力电池回收利用 包装运输规范》和《车用动力电池回收利用 拆卸要求》。在动力电池回收利用领域，最终将形成包括通用要求、梯次利用、再生利用和管理规范 4 个门类的标准体系。

行业标准方面，《电池包液冷系统密封性能要求及试验方法》在 2019 年进行了立项。动力电池能量密度的不断提升促使液冷系统的使用比例逐年增加，而液冷系统密封性能不良会引发电池短路、电池包起火等安全隐患。因此，在对电池包液冷系统的测试中，密封性能测试尤为重要。《电池包液冷系统密封性能要求及试验方法》对动力电池包或系统用液冷系统的技术要求、密封性试验方法进行了规定，包括试验准备、常温密封试验、带载振动密封试验、内部腐蚀密封试验、冷热循环密封试验和压力循环密封试验等测试项目的具体方案正在研究和制定过程中。

团体标准是我国标准体系的有效补充和完善。与传统的国家标准和行业标准相比，团体标准时效性更强，从标准立项到实施时间相对较短，能够针对当前行业发展的关键点来快速响应；团体标准更具前瞻性，标准内容具有足够的先进性和可行性，从而可以对于新技术和新产品起到规范引导作用。中国汽车工业协会和中国汽车工程学会等团体在近年来开展了大量动力电池相关团体标准的制定起草工作。2019年中国汽车工程学会发布了3项动力电池相关团体标准。在动力电池寿命测试方面，CSAE 118—2019《锂离子动力电池单体日历寿命试验方法》基于第三方测试结果及整车和电池企业实际积累的测试经验，同时参照国外测试手册中给出的测试方法，详细规定了动力电池日历寿命测试所需要开展的测试流程和测试内容，并通过一定的加速测试，以实现对电动汽车用锂离子动力电池日历寿命的预测和快速评价。在动力电池热管理系统测试方面，CSAE 117—2019《动力电池热管理系统性能（台架）试验方法》给出了热管理系统基本功能的定义，以及针对其冷却性能、加热性能、保温性能和均温性能开展具体测试的工况和测试步骤等，为动力电池系统温度适应性的测试评价提供了具有参考意义的流程和指标。动力电池回收利用方面，国内对动力电池单体的拆解及相关分析技术尚处于起步阶段，虽然已经形成了一些较为成熟的拆解经验和流程，但尚未形成相关拆解规范或标准，国外也尚无动力蓄电池单体的相关拆解技术标准。CSAE 116—2019《电动汽车用锂离子蓄电池单体拆解技术规范》分别针对结构分析拆解和回收利用拆解两个应用场景，从一般要求、装备要求、场地要求、安全要求和作业程序等方面对动力电池单体的拆解进行了详细的规定，是已发布的GB/T 33598—2017《车用动力电池回收利用　拆解规范》国家标准的重要补充。

基于国内动力电池测试工作积累，我国也在积极参与国际标准规范的起草工作。在电动汽车安全全球法规（EVS-GTR）的制定工作中，我国专家作为第一阶段小组负责人，负责并主导TF1（电动车遇水后的触电防护）、TF5（电池热失控、热扩散）和TF8（商用车安全要求）等工作组工作，并取得显著成果，目前UN GTR 20正式发布。在第二阶段，中国将继续深度参与EVS-GTR的制定工作，并在电动汽车用动力电池热扩散、浸水安全、振动安全、有毒气体防护等领域发挥更加积极的作用。另一方面，国际标准化组织（ISO）层面目前正在开展ISO 6469-1 Amd的研究制定工作。我国专家结合EVS-GTR的工作基础，目前正积极输出动力电池相关企业规范、热失控触发方法与判定条件等提案。

4. 动力电池测试技术的发展情况

据不完全统计，2019年新能源汽车起火事故高达70余起，动力电池安全性测试技术也愈发受到行业关注。新能源汽车整车安全体系涉及多个方面，动力电池的安全技术是其重要组成部分。从动力电池的化学体系的角度来看，已知的事故中大多数车辆配备的是三元电池，且在充电时和充电后一段时间发生事故的概率较高。针对这一情况，需要对动力电池充电安全测试技术进行进一步深入研究。动力电池充电测试涉及不同的电源类型、车辆类型、充电模式、连接方式、充电设施情况、电网负荷以及各种复杂使用环境等，动力电池的充电安全失效模式也涉及多维度、全生命周期、电芯一致性、充电策略与电池特性的匹配性等复杂因素。因此对于动力电池的充电安全，需要全面、系统的建立涵盖以上参数的测试方法，并基于新能源汽车的实际应用，制定相应的评价指标。

在新能源汽车的事故分类中，由于电芯热失控而导致的电池包热扩散具有较高的发生概率和安全风险，因此动力电池的热安全技术及配套的热失控和热扩散测试技术研究是2019年动力电池测试技术的另一个重要发展方向。引发动力电池热失控的原因复杂，涉及到了材料/部件、电芯制造、系统集成和使用工况等多层级因素。因此动力电池热安全测试技术的发展需要从机理上揭示引发热失控各层级因素之间的关联关系，建立能够充分衡量动力电池热安全的测试方法和评价指标。此外，也要基于车用安全的角度，提出评判一款电池包能否通过热扩散测试的测试方法和评价指标。目前动力电池系统热扩散测试方法正在研究和制定过程中，会在2020年发布的动力电池强制性国家标准中体现。

5. 动力电池测试技术发展趋势

动力电池测试技术服务于动力电池的整体发展方向。目前我国动力电池关键技术研发仍需加强，面临关键材料研发投入不足，核心技术专利缺乏的现状，动力电池产品一致性、安全性和可靠性仍需进一步提升。动力电池关键技术的提升需要深入探究电池性能和安全性能演变的关键内在因素。从测试的角度，则需要将动力电池测试评价方法拓展到电极和材料层级，并实现电极和材料层级评价指标与电池层级指标的相互关联。在具体技术路线上，下一步需要发展一系列多层级的无损分析测试方法和失效分析方法，并将材料测试技术和电化学测试技术进一步归纳和应用到动力电池的测试评价体系中。另一方面，随着锂离子电池基础理论和材料体系技术的突破，固态电池、锂硫电池、锂-空气电池都有可能在未来具备实现产业化的能力。在测评技术方面需要提前布局，开展这类新体系电池的测试方法研究，尤其是以锂金属作为电极的动力电池的测试方法，需要充分考虑到车用工况的匹配性和电池化学体系的热、电、力安全性，建立相应的测试评价方法。

电动汽车广义上的测试评价应涉及研发、生产、运输、存储、使用、维修、报废等整个生命周期。作为电动汽车的关键部件，动力电池的测评技术应进一步与电动汽车的测评联系起来，基于整车工况、充电系统、车桩兼容、电能质量等电动汽车使用中的关键问题，开展围绕动力电池性能、安全性和可靠性的测试评价技术，形成更为全面、准确，并贯穿动力电池整个使用周期的测试评价技术体系。

6. 国家重点研发计划项目"动力电池测试技术"

由中汽中心牵头，联合国联汽车动力电池研究院有限责任公司、北京航空航天大学、北京交通大学、北京新能源汽车股份有限公司、郑州宇通客车股份有限公司等21家动力电池相关领域研究院所、高校和企业共同承担的国家重点研发计划"新能源汽车"专项项目"动力电池测试与评价技术"，已于2019年顺利通过了科技部专家的中期检查。项目针对新能源汽车大规模应用对动力电池高水平测试评价的迫切需求，从动力电池复杂构效关系评价、动力电池性能演化模拟仿真与评价、动力电池管理系统精准评价、动力电池系统性能量化评价、动力电池数据库开发与应用5项关键技术开展研究，解决材料—电池—性能多尺度闭环构效关系获取与关联、全生命周期多维度性能演化规律研究与预测、系统集成应用多工况综合性能参数表征与量化三大科学问题。截至中期，项目已建立动力电池材料、动力电池单体、动力电池BMS、动力电池系统4类测试评价标准化平台和产品数据库，并形成13项相关测试评价方法，成标准、规范报批稿/草案8项。发表论文50余篇，申请专利60余项。项目致力于构建多尺度、多维度、多工况的动力电池测评体系，建成具有国际先进水平的综合测评平台，建立基于标准化测试方法和量化指标的产品数据库并实现应用。项目的研究成果将加速先进检测技术与动力电池研发应用的融合，保障我国新能源汽车科学发展的全球领先地位，增强其应对国际激烈竞争的能力，促进我国动力电池产业健康快速发展。

7. 总　　结

2019年，在市场需求、国家政策和科技计划的支持下，动力电池测试行业得到了持续发展，测试评价技术也在深度和广度上都有所提升。动力电池测试会持续基于新能源汽车全产业链的需求，立足于当前我国新能源汽车产业和动力电池产业的技术现状，集中力量突破行业所面对的关键问题和共性需求，进一步完善动力电池标准体系，推动新能源汽车产业的积极健康发展。

十七、动力电池装备

Chapter 17　Power Battery Equipment

（深圳吉阳智能科技有限公司　阳如坤）

1. 2019年动力电池装备产业的总体情况

随着电动汽车、无人驾驶汽车、智能汽车的发展和成熟，动力电池作为移动产业的“心脏”已成为节能与新能源汽车产业的基础产品，也是新能源产业能否持续健康发展的关键。动力电池在电动汽车、网联汽车、智能移动等产品上约占有40%的成本。在国家政策的驱动下，中国动力电池在全球占有率超过50%，处于全球产能最大，技术不落后的有利局面。目前，我国动力电池产业也正处于从政府驱动到市场驱动，从技术跟随到技术引领，从产能最大到质量和产能同步领先的新阶段。我国锂电装备国产化率达到了70%以上，这非常有力的支撑了动力电池产业的发展，2019年国内新能源汽车销量达120.6万辆，动力电池配套量超过62.2 GWh，直接拉动锂电池生产装备产值达210亿元，较2018年增长10%。

据相关研究所调研显示，2019年锂电池生产装备增长的主要原因如下。

（1）国产化率不断提升。国内锂电池产能快速扩张给国产设备带来良好发展契机，国内设备企业加大研发投入推出高端产品，在成本和服务的明显优势下，国产锂电设备不断向高端迈进，其产生的高附加值有力推动中国锂电设备市场规模发展。

（2）锂电设备企业横向整合加速。由于动力电池市场份额往CATL、比亚迪等主流动力电池企业集中，扩产也主要为主流动力电池企业，因此资金实力较弱，设备覆盖较为单一的设备企业市场被挤压，设备企业之间的横向整合加速。

（3）一体化设备应用逐渐增多。为了提升锂电池生产效率，锂电设备一体化将成为趋势，相关设备企业也纷纷推出辊分一体机、涂辊分一体机、切叠一体机、制片卷绕一体机等一体化设备，在降本提效的大背景下，一体化设备未来的应用将逐渐增多。

（4）国内锂电生产设备市场竞争激烈，新技术诉求强烈。目前国内锂电池设备环节还没有出现技术优势明显、规模较大、在行业内起主导作用的超级企业，大多数设备企业围绕大型电池企业进行开发设计，在一个或几个环节保持技术领先性。

2. 2019年动力电池装备技术发展情况

（1）2019年动力电池装备技术发展特点

2019年动力电池制造装备继续向高速、高精度、大规模、一体化的方向发展，动力电池的新增产能逐步走向集中，主要在宁德时代，合肥国轩，赣州孚能，天津力神，亿纬锂能，等产能排名前10的动力电池企业。

新型工艺装备开始研发，包括固态电池制造装备，干电极制造装备，材料制造与极片制造结合的装备，补锂装备等初见样机。

工业互联方面，随着工信部智能制造新模式项目不断推进，宁德时代，合肥国轩，天能动力，天津力神等项目的成功验收，都认识到动力电池智能管控对行业发展的意义，过去的ERP & MES的制造管理模式正在被高效、灵活的工业互联、微服务、工业App所取代，成为锂电垂直领域工业互联应用的典范。

（2）2019年动力电池装备实现的主要技术突破点

动力电池生产设备繁杂，生产工艺路线长，每个环节直接影响着锂电池的生产效率、安全性能及使用性能，任何环节的失误都有可能导致爆炸、起火等危险产生。2019年在动力电池制造装备方面主要实现了以下技术突破。

①涂布速度：120 m/min；②激光切割效率：900 m/min；③卷绕线速度：120 m/min（高速直驱方形卷绕机）；④叠片效率：380 r/min；⑤实现合浆、涂布、滚压、分条集成一体化；⑥激光切模切卷绕、激光模切叠片、组装过程一体化。

（3）亟须解决的技术难点及解决方案

我国在动力电池制造及关键装备的短板主要在两个方面，即设计开发技术和基础元部件。动力电池产品和关键核心装备的研发在数字化设计、数字化模拟验证、数字孪生等方面的开展不够，一次设计不准确需要反复修正，靠试错摸索去达到局部优化，从而导致产品开发周期长、产品迭代慢，极大耽误了产品上市时间，失去很多市场机会。另外，在装备的基础元部件方面仍然需要然依靠进口，如高精度伺服系统、直驱系统、气动元件、高精度传感器、大功率脉冲激光器、大功率连续激光器等。

(4)2019 年国内外技术差异

动力电池作为移动产品的“心脏”，成为移动产品最核心的部件，这一特殊的基础产品在现代移动产品制造必须跟半导体芯片制造、汽车发动机及整车制造技术一样，需要从基于制造设计、制造工艺技术和装备技术方面全面突破入手，才能保证电池制造的安全性、一致性、控制目标成本。动力电池设计制造技术现状归纳见表 1-24。

表 1-24　动力电池设计制造技术现状

技术分类	内容	技术内容	国内外现状
基于制造设计	尺寸规格标准化 制造安全设计 虚拟仿真模拟	基于安全 3S 设计(形状、大小、比例)； 结构虚拟实体数字验证优化； 制造过程数字孪生、优化电池整体结构与性能指标	德国有 VDA、MEB 标准； 完整的数字化设计、数字化仿真、数字化验证及制造过程数字孪生
装备开发技术	大规模集成化数字化	高速集成化装备； 单机或单线产能 1～4 GWh； 全数字化、工艺参数、制造质量边缘闭环； 3D 极片制备； 多特性复合膜制造设备； 复合电芯制造设备	中国制造装备正在走向集成化，国外圆柱电芯组装线达到 600 PPM； 国外双面高速涂布速度达到 120 m/min； 国内处于模型建立、数字化开发阶段
智能制造技术	模型化 网络化 智能化	控制点质量闭环、质量优化； 工业人工智能深度质量优化； 基于来料和有限改变的个性化制造	三星、LG、松下建立完整质量控制模型和质量优化体系，三星整线设置 3 000 多个控制点

3. 主要企业经营发展情况

动力电池装备行业主要选取了先导智能、赢合科技、杭可科技、星云股份等几家典型的上市公司来看其经营发展情况。

(1)先导智能

2019 年，先导智能营业收入达 46.84 亿元。上市 5 年的时间，先导营业收入复合增长率达 71.93%，净利润复合增长率达 51.44%，是实至名归的锂电装备第一股。先导智能最高市值达到 530 亿元，上市分红累计可达 6.33 亿元，股本由 6 800 万元变为 88 144.627 万元，扩张 13 倍，市值增长 24 倍，投资回报超 20 倍。2019 年，先导被正式纳入 MSCI 指数名单，成为中国 A 股市场国产高端装备的典型代表。

(2)赢合科技

根据赢合科技披露 2019 年度业绩快报(公告编号：2020-024)，赢合科技 2019 年度营业收入为 16.69 亿元，较 2018 年同期下降 20.00%；营业利润 2.54 亿元，较 2018 年同期下降 32.57%。

经营业绩变动的主要原因：①由于 2019 年行业投资放缓，市场订单减少，同时基于审慎的原则，主动放弃部分风险订单，并且调整了整线交付的模式；②持续加大研发投入，相关费用的增加对净利润产生影响，但设备性能和品质进一步提升，获得客户的充分认可；③部分锂电设备客户回款慢，应收款项计提的坏账准备增加，影响净利润；④报告期内，公司增强价值链成本管控，提升经营质量，经营性现金流量大幅改善。

赢合科技与德国 Manz 签订了战略合作协议。为进一步增强在锂电设备市场的核心竞争力，双方将在业务开拓、产品线优化及研发等方面开展合作，并提供相互支持。业务开拓方面，双方拟拓展锂电池储能设备及相关系统产品；产品线优化方面，双方将共同打造具有竞争力的产品组合，以便向各自客户提供具有吸引力的产品；研发方面，双方将开放相关数据，进行研发合作。

(3)杭可科技

根据杭可科技 4 月 28 日发布的年报，2019 年实现营业收入 13.13 亿元，同比增长 18.36%；归属母公司股东净利润 2.91 亿元，同比增长 1.73%。

杭可科技在年报中称，2019 年由于国内新能源汽车补贴退坡，造成国内锂电池行业投资下降。但随着欧洲电气化进程的加速，吸引了包括三星 SDI、LG 化学、SKI、宁德时代、GS 汤浅等中日韩电池企业前往欧洲建厂扩产，不仅在欧洲，国外电池企业也增加了在中国和美国的投资。随着欧洲以及北美电动汽车市场的兴起，各地限制燃油车时间表的出台，可以预见 2020 年到 2023 年，在全球范围内将会迎来第三轮锂电行业的投资高峰期，预计对锂电设备的需求将会有 3～5 倍的增长预期。

(4)星云股份

2019 年星云股份实现营业收入 3.75 亿元，较 2018 年同期增长了 24.04%；营业利润较 2018 年同期下降 100.57%；利润总额较 2018 年同期下降 100%；归属上市公司股东净利润同期下降了 87.46%。

营业收入较 2018 年同期稳步增长，利润下降主要原因是：①由于市场竞争日趋激烈、新能源汽车补贴政策变化、产品结构调整变动等原因，导致综合毛利率有所下降；②星云股份获得的政府补助较上年同期减少；③计提应收账款坏账准备增加，导致信用减值损失增加。

4. 未来几年动力电池装备技术发展趋势

动力电池的智能制造是针对电池产品的高安全性、高一致性、高制造效率和低成本等的要求，应用智能化关键技术，对动力电池制造的浆料制备、极片制备、卷芯制备、极组装配、干燥注液、化成分容和电池系统集成的过程实现“高品质、高效率、高稳定性”和“模型化、数字化、智能化”应用，建立数字化锂离子电池制造车间，包括在制造过程中引入制造参数、制造质量的在线检测，智能部件、机器人自动化组装、智能化物流与仓储、信息化生产管理及决策系统实现锂电池制造的智能化生产，确保锂电池产品的高安全性、高一致性、高合格率、高制造效率和低制造成本。

动力电池制造未来“三高三化”如图 1-36 所示。

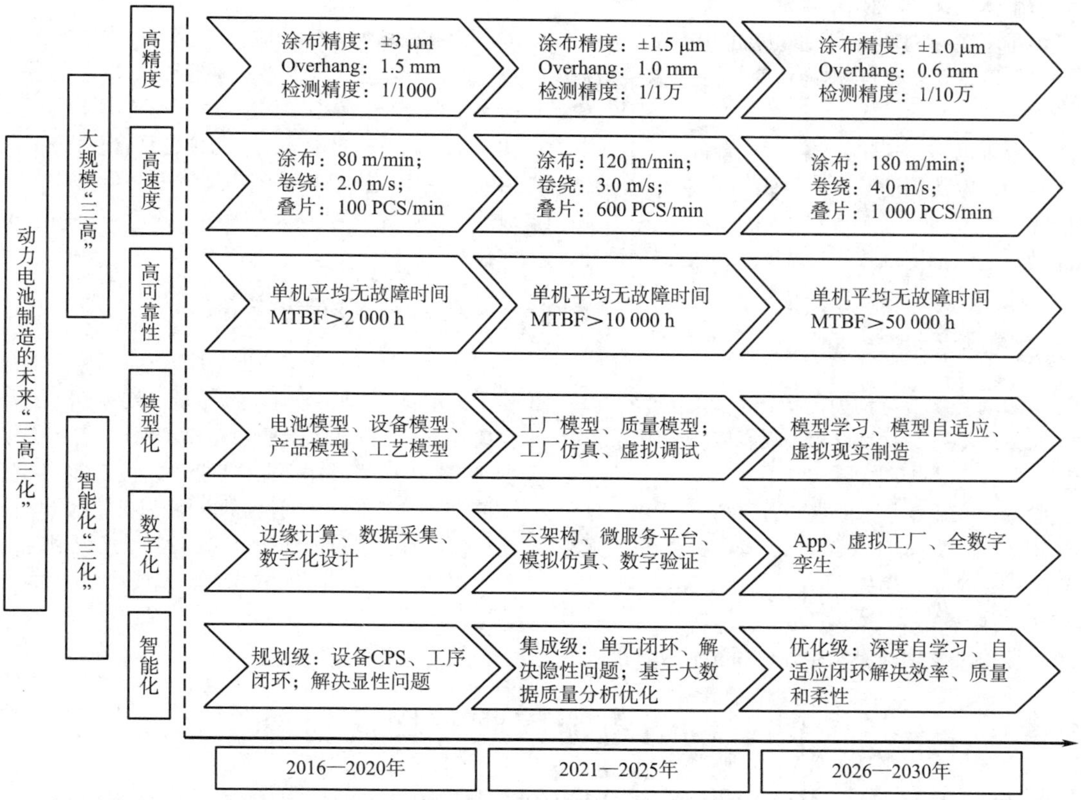

图 1-36 动力电池制造未来“三高三化”

5. 未来几年市场需求分析预测

新能源汽车整体市场前期受政策的影响，销量增长明显，随着政策的逐步明朗，消费需求推动市场增长的动力逐步增强，预计 2020 年新能源汽车整体市场份额将达到汽车全年销量的 7% 左右，预计 2025 年市场规模将达到 715 万辆，市场占比 21.4%。2020—2025 年新能源汽车及动力电池市场预测如图 1-37 所示。

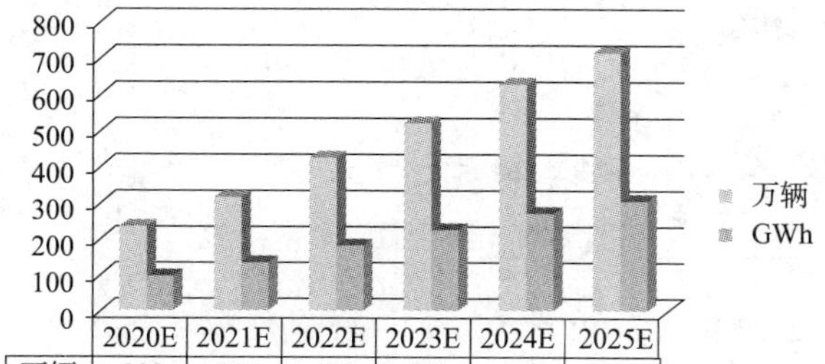

	2020E	2021E	2022E	2023E	2024E	2025E
万辆	233	315	424	522	627	715
GWh	100	135	182	224	270	307

图 1-37 2019—2025 年新能源汽车及动力电池市场预测

高工产研锂电研究所（GGII）调研显示，中国 2017 年锂电池生产装备需求超过 170 亿元，2018 年约 207 亿元，随着三元电池、硅碳负极、锂负极和固态电池技术的逐步成熟，锂电池生产装备的市场需求将维持较高的增长率，预计到 2025 年，将达到 437 亿元。2020—2025 年动力电池及锂电池生产装备市场预测如图 1-38 所示。

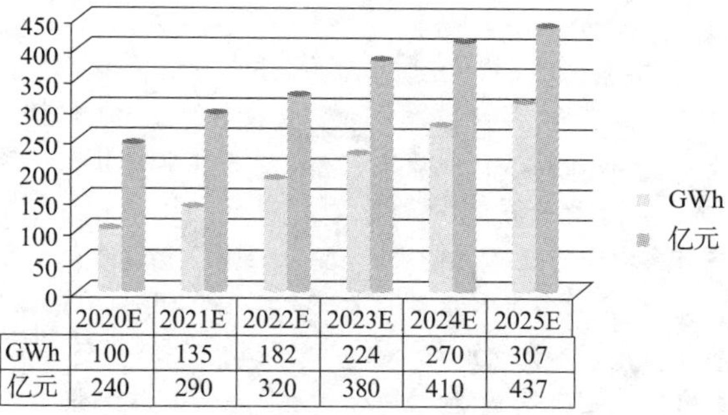

	2020E	2021E	2022E	2023E	2024E	2025E
GWh	100	135	182	224	270	307
亿元	240	290	320	380	410	437

图 1-38 2019—2025 年动力电池及锂电池生产装备市场预测

中国锂电池生产装备的优势在于产业规模大，创新升级快，相对于半导体产业和汽车产业，锂电池生产装备的国产化率达到 70% 以上。劣势在于缺少规划协调，缺少行业规范，野蛮发展。由于工业基础薄弱，制造理念不够，粗制滥造现象严重，虽然产能大，但优质的设备不多，中国动力电池装备的规模占全球 35%～40% 的份额。中国动力电池工程装备的综合评估，核心优势在于：随着动力电池产品的需求快速换型优势、联合创新优势、价格优势以及技术不断创新升级优势，这才是中国动力电池制造企业利益、团体利益和国家战略利益所在。

6. 动力电池装备产业发展存在的问题

（1）电池制造质量影响因素众多，装备种类多、依赖的技

术门类多,技术复杂程度高;

(2)电池材料体系,电池技术本身发展飞速,难以稳定;

(3)电池型号多、制造工艺不断变化,难以优化;

(4)我国工业基础薄弱、对发展高精度装备、解决尖端问题带来更大的挑战;

(5)缺少行业规范、无序过度竞争、行业野蛮生长;

(6)缺少对动力电池制造装备有组织的规范、系统的支持和专项投入;

(7)缺少动力电池全生命周期的设计,如可制造性设计、基于回收的设计等。

7. 动力电池装备产业发展建议

(1)站在战略的高度看待动力电池作为基础产品,其装备作为行业发展的"母鸡"的地位,相关政府部门按照路线图的目标制定发展规划和目标计划;

(2)制造技术是产业竞争力的核心,需要联合材料企业、电池企业和装备企业共同实现联合创新,建议出台联合创新机制,发挥我国社会制度的优势,集中力量打好锂电池制造及核心装备发展的攻坚战;

(3)支持行业协会发挥政府和企业的桥梁作用,制定机制,制定制造规范及行业发展规范,制定贯彻执行措施,推动行业健康发展。

(4)建立动力电池制造工艺体系,体系分为五个独立模块,即:极片制造工艺及装备研发平台、电芯制造工艺与装备研发平台、模组 PACK 制造工艺与装备研发平台、智能制造体系平台以及固态电池工艺与装备平台,每个平台都要负责研究平台建设技术和平台产品研发两项任务。平台建设完成后是开放的,样机研发是平台建设企业必须承担的孵化产品任务。

8. 其他人为重要方面

动力电池装备作为产业的"母鸡",对动力电池高质量发展至关重要,是动力电池提高质量,降低成本,提升安全性的重要保证;动力电池产业在未来 5 ~ 10 年会成为继汽车产业、信息产业、半导体产业之后新的万亿及产业,鉴于动力电池的发展对节能环保、我国的能源战略、移动出行、智慧能源系统都具有重要价值和意义,我们强烈建议把动力电池装备列入国家"十四五"重大技术装备发展计划,大力推进我国动力电池制造技术的进步。

十八、动力电池回收与梯次利用

Chapter 18 Recycling and Step Utilization of Power Batteries

(清华大学环境学院 董庆银 郝硕硕 李金惠)

[摘要] 2019 年我国动力电池回收与梯次利用产业整体发展态势良好,国家层次先后出台政策标准,建立国家溯源平台,积极引导产业健康发展;地方省市开展回收利用试点,成立地方产业联盟,推动区域内规范回收利用。相关责任主体主动上传溯源数据,申请回收服务网点,探索退役电池在储能、基站备电和低速电动车领域的应用和示范;梯次利用专利申请和关键技术研发持续推进。预测未来我国退役动力电池量将持续增长,动力电池回收与梯次利用产业将逐步成熟。国家将进一步加强对回收服务网点、上下游产业链合作以及梯次利用产品认证等方面的管理。建议进一步针对产业现存的不规范、不完善、不成熟等问题,加强市场监督、政策管理、技术研发和合作交流。

[关键词] 动力电池;回收;梯次利用

1. 2019 年动力电池产业概况

(1)我国新能源汽车产销量情况

历年中国新能源汽车(仅包括纯电动汽车和插电式混合动力汽车两类)产销量情况如图 1-39 所示,新能源汽车产销量基本平衡,2018、2019 年产销量均在 120 万 ~127 万辆。自 2016 年开始,纯电动汽车占比在 75%~85% 之间波动。根据中国汽车工业协会最新数据,受疫情影响,2020 年 1 月—4 月,纯电动汽车产销均完成 15.5 万辆,同比分别下降 46.9% 和 44.6%;插电式混合动力汽车产销分别完成 5.1 万辆和 4.9 万辆,同比分别下降 37.6% 和 39.8%。

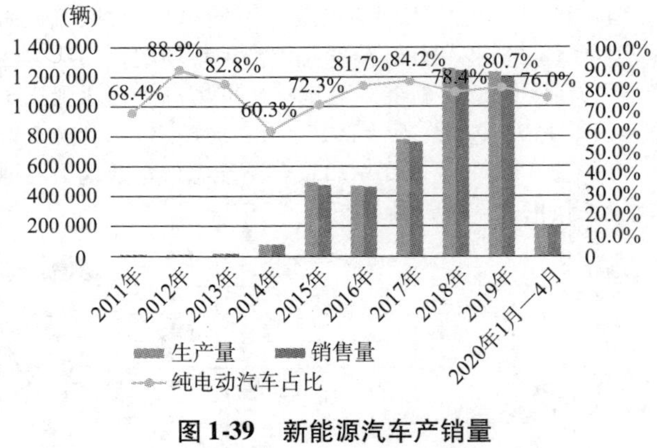

图 1-39 新能源汽车产销量

(2)我国动力电池类型及装机量情况

中国动力电池(包括磷酸铁锂电池/三元电池和其他电池)装车辆数据如图 1-40 所示,装车量逐年上升,从 2015 年的 15.72 GWh 增长到 2019 年总装车辆为 62.6 GWh。从 2016 年开始,三元电池占比逐年上升,从 2016 年的 22.7% 增长到 2019 年的 64.7%。2019 年 1 月—12 月,我国动力电池装车量累计 62.2 GWh,同比累计增长 9.2%。其中三元电池装车量累计 40.5 GWh,占总装车量 65.2%,同比累计增长 22.5%;磷酸铁锂电池装车量累计 20.2 GWh,占总装车量 32.5%,同比累计下降 9.0%。2019 年我国动力电池企业装车量排名为:宁德时代、比亚迪、国轩高科、力神电池、亿纬锂能、中航锂电、时代上汽、孚能科技、比克电池、欣旺。

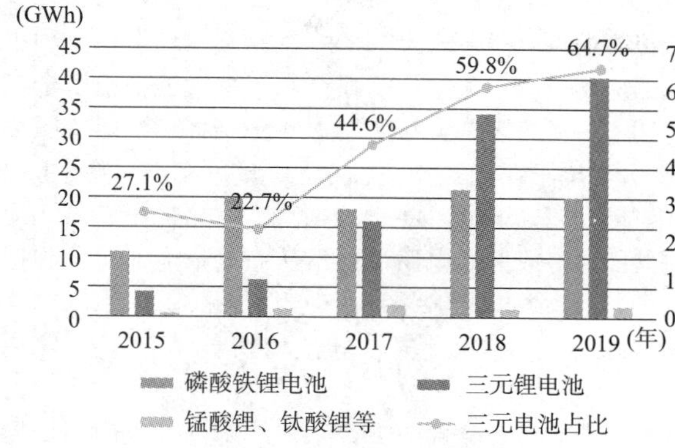

图 1-40 动车电池装车量

(3)动力电池回收利用政策

①国家层面回收利用政策梳理

2018 年以来,国内动力电池回收利用政策不断更新发布,涉及动力电池管理办法、试点方案、溯源管理、管理平台建设、规范条件、网点建设与运营等各方面。政策梳理见表 1-25。

表 1-25 动力电池回收与梯次利用政策汇总(2018—2020 年)

序号	签发日期	政策文件名称
1	2018-1-26	新能源汽车动力蓄电池回收利用管理暂行办法
2	2018-2-22	新能源汽车动力蓄电池回收利用试点实施方案
3	2018-7-2	新能源汽车动力蓄电池回收利用溯源管理暂行规定
4	2018-7-23	关于做好新能源汽车动力蓄电池回收利用试点工作的通知
5	2018-8	新能源汽车国家检测与动力蓄电池回收利用综合管理平台
6	2018-9-3	符合《新能源汽车废旧动力蓄电池综合利用行业规范条件》企业名单(第一批)
7	2019-10-31	新能源汽车动力蓄电池回收服务网点建设和运营指南
8	2019-12-2	关于进一步做好新能源汽车动力蓄电池回收利用溯源管理工作的通知
9	2019-12-16	《新能源汽车废旧动力蓄电池综合利用行业规范条件(2019 年本)》《新能源汽车废旧动力蓄电池综合利用行业规范公告管理暂行办法(2019 年本)》
10	2020-3-23	2020 年工业节能与综合利用工作要点

②地方层面回收利用政策梳理

2018 年 7 月 23 日,工业和信息化部、科技部、生态环境部、交通运输部、商务部、市场监管总局、能源局联合发布《关于做好新能源汽车动力蓄电池回收利用试点工作的通知》(工信部联节〔2018〕134 号),确定京津冀地区、山西省、上海市、江苏省、浙江省、安徽省、江西省、河南省、湖北省、湖南省、广东省、广西壮族自治区、四川省、甘肃省、青海省、宁波市、厦门市及中国铁塔股份有限公司为试点地区和企业[1]。各试点地区纷纷出台适应当地产业现状的回收利用试点实施方案,部分地方政策梳理如下。

2018 年 8 月 31 日,广东省印发《广东省新能源汽车动力蓄电池回收利用试点实施方案》的通知(粤经信节能函〔2018〕169 号)[2]。2018 年 11 月 13 日,公布广东省新能源汽车动力蓄电池回收利用试点企业名单(第一批)的通知(粤工信节能函〔2018〕244 号)[3]。

2018 年 12 月 18 日,京津冀三地工信部门联合发布《京津冀地区新能源汽车动力蓄电池回收利用试点实施方案》[4]。2019 年 6 月 14 日,京津冀三地工信部门发布《关于京津冀地区新能源汽车动力电池回收利用试点示范项目的公示》[5]。

2019 年 3 月 6 日,四川省印发《四川省新能源汽车动力蓄电池回收利用试点工作方案》的通知[6]。

2019 年 3 月 29 日,宁波市印发《宁波市新能源汽车动力蓄电池回收利用试点实施方案》的通知[7]。

2019 年 4 月 2 日,湖南省印发《湖南省新能源汽车动力蓄电池回收利用试点实施方案》的通知,并确定了试点单位名单、工作任务及目标[8]。2020 年 4 月 29 日,湖南省工业和信息化厅组织召开新能源汽车动力蓄电池回收利用政策培训暨试点工作推进视频会议。

2019 年 4 月 29 日,厦门市新能源汽车动力蓄电池回收利用试点工作领导小组办公室(代)发布关于印发《厦门市新能源汽车动力蓄电池回收利用试点实施方案》的通知(厦电池回收办〔2019〕1 号)[9]。

2020 年 2 月 17 日,福建省印发《福建省开展新能源汽车动力蓄电池回收利用体系建设实施方案(2020—2022 年)》的通知(闽工信法规〔2020〕32 号)[10]。

(4)动力电池回收利用国家标准体系

构建动力蓄电池回收利用全生命周期国家标准体系,计划车用动力电池回收利用相关标准 22 项,其中 7 项标准已发布实施,主要涉及产品规格尺寸、编码规则、余能检测、拆卸要求、拆解规范、材料回收要求以及包装运输规范等内容。标准体系梳理如表 1-26 所示。

表 1-26 动力电池回收利用国家标准体系

序号	类别	部分	内容
1	通用要求	第 1 部分	拆解指导手册编制规范(立项中)
2		第 2 部分	术语和定义
3		第 3 部分	退役技术条件
4		第 4 部分	分类技术规范
5		第 5 部分	企业安全生产通用要求
6		第 6 部分	绿色工厂评价规范
7	规格尺寸		电动汽车用动力蓄电池产品规格尺寸(GB/T 34013—2017)
8	编码规则		汽车动力蓄电池编码规则(GB/T 34014—2017)
9	梯次利用 GB/T 34015	第 1 部分	余能检测(GB/T 34015—2017)
10		第 2 部分	拆卸要求(GB/T 34015. 2—2020)
11		第 3 部分	梯次利用要求(已报批)
12		第 4 部分	梯次利用产品标识(公示中)
13		第 5 部分	可梯次利用设计指南
14		第 6 部分	剩余寿命评估规范
15	再生利用 GB/T 33598	第 1 部分	拆解规范(GB/T 33598—2017)
16		第 2 部分	材料回收要求(GB/T 33598. 2—2020)
17		第 3 部分	放电技术规范(起草中)
18		第 4 部分	回收处理报告编制规范

续上表

序号	类别	部分	内容
19	管理规范 GB/T 38698	第 1 部分	包装运输规范(GB/T 38698.1—2020)
20		第 2 部分	回收服务网点建设规范
21		第 3 部分	装卸搬运规范
22		第 4 部分	存储规范

(5)国家和地方纷纷成立动力电池联盟

随着各地动力电池回收利用试点工作的开展,各地纷纷建立产业联盟,充分联合区域内、产业链上下游等各方力量,共同推动本地区的动力电池回收利用工作。部分联盟成立情况梳理如下。

①2018 年 1 月 4 日,中国汽车动力电池产业联盟回收利用分会在京成立。

②2019 年 1 月 11 日,广东省新能源汽车动力蓄电池回收利用产业联盟成立大会暨 2019 年动力蓄电池梯级再生利用研讨会在东莞召开。

③2019 年 4 月 18 日,中国动力电池回收与梯次利用联盟在北京宣布正式成立。

④2019 年 5 月 24 日,由江苏省工业和信息化厅主办的江苏省新能源汽车动力电池回收利用产业联盟成立大会在南京召开。

⑤2019 年 7 月 30 日,四川省新能源汽车动力电池回收利用产业联盟成立大会在成都市召开。

⑥2019 年 12 月 10 日,厦门市工业和信息化局发布《关于拟成立新能源汽车动力蓄电池回收利用产业联盟的通知》。

2. 2019 年动力电池梯次利用技术发展

(1)梯次利用相关专利情况

根据 2019 年专利公开与申请统计情况,2019 年申请“梯次利用”主题相关专利共计 102 项,其中,发明专利 81 项,实用新型专利 20 项,发明授权专利 1 项,外观设计专利 0 项。申请的专利中国家电网有限公司最多,申请 12 项;中国电力科学研究院有限公司次之,申请 5 项。

2019 年公开“梯次利用”主题相关专利共计 148 项,其中,发明专利 94 项,实用新型专利 39 项,发明授权专利 14 项,外观设计专利 1 项。公开的所有专利中国家电网有限公司最多,申请 15 项;中国电力科学研究院有限公司次之,申请 10 项。94 项发明专利中主要涉及退役电池的筛选、评估、配组和检测方法;14 项发明授权专利(其中 11 项为 2016 年申请)中主要涉及电池的检测(或测试、评估)及电池控制(或监管、管理)方法。

(2)梯次利用关键技术分析

动力电池退役后仍具有 80% 左右的剩余电量,国家鼓励退役动力电池“先梯次利用后再生利用”。目前我国梯次利用电池主要应用于通信基站备电、电网储能、低速车等领域。梯次利用关键技术主要涉及退役电池梯次筛选技术、重组与集成技术、能量估测方法、热失控行为特征分析、均衡控制策略等。

退役动力电池筛选需要综合应用软件技术、测控技术、制造工艺等,技术门槛较高,国内在这方面的研究仍处于起步阶段。梯次利用在筛选过程中所用的参数应尽量少,参数测试方法宜简单可靠;二是要求检测成本低、速度快,筛选应尽可能提高退役汽车电池的二次利用率,尽可能分选到利用价值高的应用场合。电池均衡控制是解决对电池组安全威胁较大的不一致性问题、实现电池组长寿命安全运行的关键,主要分为电阻耗能式均衡(被动均衡)、充电均衡(主动均衡)和能量转移式均衡(主动均衡)。其中,能量转移式均衡利用储能元件或变换电路讲能量从高电量电池转移到低电量电池,虽然成本较高、电路复杂,但能量利用率高、电池均衡效果好、均衡速度快,是电池均衡技术未来的发展方向[11]。

根据工业和信息化部 2019 年 12 月 16 日发布的《新能源汽车废旧动力蓄电池综合利用行业规范条件(2019 年本)》(中华人民共和国工业和信息化部公告 2019 年第 59 号),梯次利用企业应具备的技术装备要求包括:①具备国家有关标准规定的废旧动力蓄电池剩余容量、一致性、循环寿命等主要性能指标和安全性的检测技术及设备,以及明确的可梯次利用性判断方法,可对不同类型废旧动力蓄电池进行检测、分类、拆分、电池修复或重组为梯次产品。②具备废旧动力蓄电池机械化或自动化拆分设备,以及无损化拆分工艺。具有梯次产品质量、安全等性能检验技术设备和工艺,具备梯次产品生产一致性、安全可靠性的保证能力。

(3)国外动力电池梯次利用技术与示范应用

国外积极探索退役动力电池在储能方面的应用。根据容量和用途,梯次利用电池在储能系统可大致分为小容量用电和大容量发电、电网应用。第一类容量从几千瓦时到几十千瓦时,主要用于民用和商用用电,可与太阳能分布式发电联合运行,还可用于备用和充电电源。2012 年前后日本、美国、德国都相继启动了小容量梯次利用技术,并陆续形成了商业产品。英国的 Powervault(https://www.powervault.co.uk/)和澳大利亚的 Aceleron 等已经创造了可以将电池变成家用电存储单元、电动自行车电池和其他有用工具的技术;瑞典的 Box of Energy(https://boxenergi.com/)安装了一个银色冰箱在瑞典西部一个公寓大楼的地下室,每个冰箱使用从动力汽车中回收的 20 个电池模块,它们从屋顶的太阳能电池板存储能量,用在公共区域运行电梯和照明灯。第二类容量从百千瓦时到兆瓦时级,有的安装在风电场、光伏电站等用于平抑新能源波动,有的直接用于调峰调频。近年来,德国在大容量梯次利用储能方面推动迅速,系统容量已从几兆瓦时级增长到十几兆瓦时级,究其原因,受益于德国高比例可再生能源电网对电力储能的技术需求,也受益于电动汽车的快速发展及电池产业链对梯次利用的前瞻布局[12]。

根据国外媒体信息,近年来,日产、大众、现代、雷诺等车企纷纷加紧布局动力电池梯次利用项目。

①日产汽车最近推出了欧洲最大的储能设施,可同时使用新旧电池。阿姆斯特丹的约翰·克鲁伊夫体育馆使用 63 个退役 EV 电池组和 85 个新的电池组,可以为体育场屋顶上的 4 200 个太阳能电池板供电。日产汽车还提供了现成的家用或商用储能装置,称为 x Storage,与特斯拉的 Powerwall 2 系统相比,日产的系统与众不同之处在于,您可以选择使用新的或退役的 EV 电池。住友已在大阪建立了世界上第一个大

型电力存储系统,该系统仅使用由4R Energy重新使用的EOL日产Leaf电池。

②大众汽车集团计划生产便携式快速充电站。快速充电站的设计可容纳360 kWh的电能,一次最多可为四辆汽车充电,最大快速充电输出为100 kW。该充电器的设计使用了与大众汽车的MEB电动底盘相同的电池组,因此,当这些电池组的使用寿命到期时,可作为充电站获得第二生命。大众集团首款便携式快速充电器预计将在德国安装,预计于2020年开始全面生产。萨尔茨吉特有望成为大众汽车第一个电动汽车电池回收中心的所在地。该中心计划每年回收约1 200 t EV电池,相当于约3 000辆汽车的电池。

③现代汽车集团已与瓦锡兰(Wärtsilä)建立合作伙伴关系,以将第二次使用的插入式汽车电池重新用作固定式储能产品。瓦锡兰将在其遍布全球177个国家/地区的现有客户网络中将新型的梯次利用电池能源存储产品商业化,该公司去年利用该产品销售了近4 GWh。到2025年,将有29 GWh梯次利用的插电式汽车电池。现代汽车集团目前正在为其一家钢铁厂建设一个1 MWh规模的储能系统,该工厂使用IONIQ电动汽车和Soul Electric车辆的二次电池。

④雷诺已经在尝试使用旧的汽车电池为船只供电,并成为公共电网的一部分。雷诺于2018年9月宣布了其高级电池存储计划。这项合作涉及能源领域的多个合作伙伴,预计到2020年,欧洲将安装70 MW/60 MW时的EV废旧电池,这是迄今为止欧洲最大的。Powervault与雷诺(Renault)合作,将旧的雷诺(Renault)Zoe电池组变成了家庭存储系统,帮助家庭减少了1/3以上的电费。

此外,几家主要的电力公司正在与汽车企业合作,包括通用汽车、福特、丰田和日产,探索将电池用于固定存储风力涡轮机和太阳能发电站在非高峰时期产生的电力。

(4)国内动力电池梯次利用示范应用项目

目前,我国梯次利用产业正处于由示范工程向商业化转变的过渡阶段。在通信基站备电、电网储能、低速车等领域,梯次利用已开始实用化。基站备电场景应用主要是将梯次利用电池应用在通信基站备用电源系统,在停止供电的情况下为基站用电设备供电。电网储能场景应用主要是实现发电侧储能的负荷调节、提高新能源消纳等,输配电储能的电能质量提高、线路损耗降低等,以及用户侧分布储能的削峰填谷、负荷转移等。低速车场景主要是在微型电动车、电动自行车等低速车上,替代原用的铅酸电池,减轻装载电池重量,提升电池循环使用寿命等,主要使用领域包括外卖、物流、环卫等[14]。梯次利用电池典型应用案例如下。

①电网储能领域

国家电网在北京大兴建设了100 kWh梯次利用锰酸锂电池储能系统示范,在张北建设了1 MWh梯次利用磷酸铁锂电池储能系统示范。北京匠芯研发了梯次利用光储能系统,并正在建设基于大数据的动力蓄电池包(组)评估系统。北京普莱德与北汽等合作实施了储能电站项目、集装箱式储能项目等,累计梯次利用量约75 MWh[15]。

2019年3月上旬,江苏南京江北储能电站动工,共利用"旧电池"总容量为7.5万kWh,其中包含磷酸铁锂电池4.5万kWh,铅酸电池3万kWh。此外,该站还建设了锂电池储能电站,容量达19.36万kWh,梯次利用和锂电规模均为国内之最[16]。

2019年8月6日,由深圳市比克动力电池有限公司、南方电网综合能源服务公司合作建设的7.27 MWh梯次电池用户侧储能系统,在深圳比克工业园区正式投入运营,项目实际占地约600 m^2,通过10 kV高压并网方式集成了4.23 MWh三元电池和3.04 MWh磷酸铁锂电池两种储能系统[17]。

②通信基站备电领域

中国铁塔在2018年已停止采购铅酸电池,统一采购梯次利用的锂电池。2018年底,中国铁塔在全国31个省市12万个基站中使用梯次锂电池1.5 GWh,替代铅酸电池约4.5万t;2019年,中国铁塔基站备用电源新增使用磷酸铁锂电池约5 GWh,替换铅酸电池约15万t;到2020年3月,中国铁塔公司在38万基站累计使用梯次利用电池5.5 GWh,在沈阳等10余个城市投入运营300余个换电网点。此外,深圳比亚迪、国轩高科等企业利用退役动力蓄电池,生产用于备电领域的梯次利用电池产品。

③低速车场景

中天鸿锂在外卖快递用电动车、城市物流车、观光车辆、环卫车辆等领域积极开展"以租代售"梯次利用新型商业模式,通过出租而非出售的方式,向客户收取部分押金,定期收取租金,改善梯次利用后电池的回收。此外,无锡格林美与顺丰公司探索将梯次利用电池用于城市物流车辆。

3. 动力电池回收与梯次利用管理

(1)国家溯源管理平台建设情况

新能源汽车国家监测与动力蓄电池回收利用溯源综合管理平台(https://www.evmam-tbrat.com/),简称"国家溯源平台",是工业和信息化部依据《新能源汽车动力蓄电池回收利用溯源管理暂行规定》委托北京理工大学电动车辆国家工程实验室而建立,其主要功能是将动力蓄电池生产、销售、使用、报废、回收、利用等全过程进行信息采集,同时对各环节主体履行回收利用责任情况实施监测,从而实现动力电池的来源可查、去向可追、节点可控。2018年7月31日,国家溯源平台启动会召开,标志着国家溯源平台正式运营。国家溯源平台包含车载管理模块和回收利用管理模块以及地方溯源履责监管模块3个部分,涵盖新能源汽车监测和动力蓄电池溯源功能,为我国动力蓄电池回收利用溯源信息采集与管理的官方平台,可实现对各环节主体履行回收利用溯源责任情况实施监测。

根据中国汽车技术研究中心有限公司报告,累计有790余家产业链上下游企业完成国家溯源平台注册。其中,车载管理模块已有330家国内新能源汽车生产企业完成注册,注册率95%;注册企业合计产量占总产量的99.9%;12家新能源汽车进口企业完成注册,注册率71%。回收利用管理模块已有269家报废机动车回收拆解企业完成注册,注册率37%;86家梯次利用企业完成注册,其中19家企业已上传溯源信息;95家再生利用企业完成注册,其中有15家企业已上传溯源信息。

截至2020年3月,11家回收拆解企业、17家梯次利用企业以及15家再生利用企业共上传94万余溯源数据。11

家回收拆解企业上传 811 个车辆报废环节数据信息，包括 401 个车辆数据以及 410 余个报废电池包信息。17 家梯次利用企业上传 15.95 万个单体/模组/包级的梯次产品生产销售信息，其中，梯次利用模块产品主要应用于基站备电（占 49%）、低速电动（占 32%）、储能（占 19%）等领域。15 家再生利用企业共上传 1.1 万 t 废旧动力蓄电池的回收入库信息，上传 9 100 余 t 电池回收资源信息，其中，3.1% 为磷酸铁锂电池，96.9% 为三元电池。

（2）动力电池回收网点建设情况

根据工业和信息化部 2019 年 10 月 31 日出台的《新能源汽车动力蓄电池回收服务网点建设和运营指南》（工业和信息化部公告 2019 年第 46 号），新能源汽车生产企业应在本企业新能源汽车销售的行政区域（至少地级）内建立收集型回收服务网点，在本企业新能源汽车保有量达到 8 000 辆或收集型回收服务网点的贮存、安全保障等能力不能满足废旧动力蓄电池回收要求的行政区域（至少地级）内建立集中贮存型回收服务网点。梯次利用企业应在本企业梯次利用电池使用的行政区域（至少地级）内建立收集型回收服务网点，可与新能源汽车生产企业共建、共用回收服务网点。收集型回收服务网点的贮存场地面积应不低于 10 m^2，废旧动力蓄电池贮存量应不超过 5 t；集中贮存型回收服务网点废旧动力蓄电池的贮存能力应不低于 30 t，贮存场地面积、消防安全设施等应与贮存能力相匹配。

据中国电池联盟统计[13]，截至 2020 年 2 月，全国共计 130 家企业申报了 11 229 个回收服务网点，平均每家车企申报 86 个回收网点。其中，部分网点为多家车企提供回收服务，共计有 7 634 个回收服务网点。目前，国内回收服务网点申报以汽车企业为主，约有 123 家车企进行了申报，其中有 4 家车企的申报数量超过 500 个，4 家车企申报总量达到 2 668 个，占比约为 35%。国内回收网点申报数量超过 300 个的省级行政区有广东、浙江、江苏、山东、河南、四川、河北、湖北等 8 个地区。广东省回收服务网点数量最多，达 777 个。

回收服务网点建设渠道方面，主要有 4S 店、电池企业、材料或电池回收企业、汽车拆解厂、其他渠道等 5 种建设渠道。其中，4S 店仍是当下主要的设置方式，占比约 98.8%。4S 店回收服务网点有 7 542 个；材料或电池回收网点有 57 个，占比约 0.75%；汽车拆解厂网点有 23 个，占比约 0.3%；其他渠道网点有 8 个，占比约 0.1%；电池企业网点有 4 个，占比约 0.05%。

回收网络布局方面，逐渐呈现多元化发展趋势，包括分散式分布、集中式分布和合作共建等方式，但依托自有销售渠道建设仍是主流。分散式分布的特点是同一省市会布置多个回收网点，如上海大众（762 个回收网点）及浙江豪情（761 个回收网点）。集中式网点分布的主要特点是在同一省市通常只布局 1 ~ 2 个回收网点，比较典型的企业有比亚迪（11 个回收网点）、安徽江淮（13 个回收网点）等。与第三方合作共建回收网点模式的分布特点与自有渠道网点建设集中式分布类似，但是回收网点是第三方回收企业，如赛德美通过与材料回收企业、汽车报废企业合作共建回收服务网点，已与 63 家企业展开合作，其中材料回收企业 30 家，汽车拆解厂 25 家。

（3）梯次利用企业建设要求

根据工业和信息化部发布的《新能源汽车废旧动力蓄电池综合利用行业规范条件及公告管理暂行办法》（2019 年），梯次利用企业布局和项目选址应符合国家政策和所在地区相关要求，布局应与本企业废旧动力蓄电池回收规模相适应；场地要求为：具备土地证或土地租用合同不少于 15 年，作业场地满足硬化、防渗漏、耐腐蚀要求，面积与企业综合利用相适应。梯次利用企业应申请厂商代码、规范编码标识、具备信息化溯源能力、建立梯次产品回收体系、规范上传溯源信息。梯次利用企业应采用节能、节水、环保、清洁、高效、智能的新技术和新工艺，淘汰能耗高、污染重的技术及工艺；应具备废旧电池主要性能指标以及安全性的检测技术及装备，具备机械化或自动化拆解设备以及无损化拆分工艺，应具有梯次产品质量、安全等性能检验技术设备和工艺。

资源综合利用及能耗方面，遵循先梯次利用后再生利用的原则，生产过程中产生的零部件、材料（如石墨、橡胶等）及不可利用残余物均应合理回收和规范处理，并做好跟踪管理。鼓励梯次利用电池在基站备电、储能、充换电等领域应用，规范回收报废梯次产品并移交至再生利用企业；梯次利用企业应建立用能考核制度，配备必要的能源计量器具，加强各环节的能耗管控，降低综合能耗。此外，在环境保护要求，产品质量和职业教育，安全生产、人身健康和社会责任等方面，对梯次利用企业规范要求进行详细解读。

4. 动力电池回收与梯次利用发展趋势

（1）开展回收服务网点评估。进一步强化政策落实，将基于《新能源汽车动力蓄电池回收服务网点建设和运营指南》（工业和信息化部公告 2019 年第 46 号），编制《网点规范性评估手册》，指导开展回收服务网点建设的合规性评估工作，并将评估结果及时反馈企业，不符合要求的及时进行整改，将评估结果反馈工信部门，便于及时了解企业合规性和整改情况，并实现动态管理（新增和取缔网点）。

（2）强化回收利用体系建设。为促进动力蓄电池回收体系的规范、集约、高效建设，提升废旧动力蓄电池回收利用效率，将探索成立充分联合新能源汽车生产企业/梯次利用企业、综合利用企业以及回收服务网点等相关责任主体的生产者责任组织（PRO），进一步推动动力蓄电池回收利用体系建立，并研制《动力电池回收利用实施方案》。

（3）优化梯次利用管理制度。据有关部门报告透露，未来将进一步优化动力电池梯次利用管理制度，借鉴再制造产品认定及机动车零部件再制造管理的模式，结合梯次利用行业发展实际和市场监督管理总局的认证职能，出台《梯次利用管理办法》。拟建立梯次产品自愿认证制度，以市场为主导，规范引导梯次产品的生产、使用、认证及回收。《梯次利用管理办法》已完成各部委意见征求工作。

5. 动力电池回收利用市场需求预测

2017 年 4 月 6 日，工业和信息化部、国家发展改革委、科技部印发《汽车产业中长期发展规划》（工信部联装〔2017〕53 号），到 2020 年，新能源汽车年产销达到 200 万辆，动力电池单体比能量达到 300 Wh/kg 以上，力争实现 350 Wh/kg，系统比能量力争达到 260 Wh/kg、成本降至 1 元/Wh 以下。到 2025 年，新能源汽车占汽车产销 20% 以上，动力电池系统比能量达到 350 Wh/kg。

笔者根据中国 2013—2019 年纯电动汽车和插电式混合动力汽车的销量数据，预测未来我国纯电动汽车和插电式混合动力汽车的销售量。进一步采用采用斯坦福（Stanford）模型对废动力电池的产生量进行预测。假设动力电池平均使用寿命为 4 ~ 6 年，30% 使用 4 年，40% 使用 5 年，30% 使用 6 年，BEV 电池按 450 kg，PHEV 电池按 250 kg 计算，并考虑每辆电动汽车使用过程平均需要更换电池 2 ~ 3 次，估算全国废动力电池废弃量 2025 年约 84 万 t。

由于预测方法不尽相同，不同机构对退役动力电池的数据预测不尽相同。如，华北电力大学[18]预测，2025 年我国动力电池回收量为 130.67 GWh，其中，磷酸铁锂电池回收量为 37.66 GWh，三元锂电池回收量为 93.01 GWh。中国电池联盟报告中引用的数据显示，到 2025 年，我国动力电池的理论退役量将达到 94.48 GWh，其中，磷酸铁锂电池的理论退役量为 30.53 GWh；三元电池理论退役量为 63.95 GWh。根据清华大学苏州汽车研究院报告引用数据，2025 年预测动力电池退役量为 52.8 GWh，其中，磷酸铁锂电池退役量为 21.1 GWh，三元电池退役量为 30.9 GWh。

根据北京绿色智汇能源技术研究院数据，预计 2020 年，动力电池回收利用规模将达到 65 亿元左右（其中梯次利用市场规模约 41 亿元，再生利用市场规模约 24 亿元）。到 2023 年市场规模合计将达到 150 亿元（其中梯级利用的市场规模约 57 亿元，再生利用市场规模约 93 亿元）。动力电池的回收利用将快速形成一个巨大的新兴市场。

6. 存在的问题

（1）管理制度缺乏强制约束力

国家和地方已出台的政策措施均属行政性文件，虽明确了回收利用主体责任，但尚无法律约束力，对不法行为缺乏强制性处罚措施。市场存在一些“作坊式”回收企业，普遍不具备相关的技术能力和设备，通过低成本运作挤占市场资源。

（2）梯次利用行业缺乏引导

梯次利用仍处于探索阶段，退役电池的残值评估、自动化拆解、快速分选重组等共性技术储备不足，梯次产品的质量、安全缺乏保障。另一方面，部分企业为追逐短期利益，开发充电宝等小型化梯次产品，导致产品应用领域分散，产品报废后再回收难度增大。

（3）梯次利用技术有待突破

动力蓄电池有 130 多种规格，种类多、连接性及互换性差，行业还存在产品合格率低、一致性差等问题。电池及汽车生产企业正在提供拆卸、拆解等技术信息支持，但在通信协议、历史数据等关键资源分享方面还没有形成机制。目前梯次利用还存在效率偏低，电池剩余寿命及一致性评估等技术还不成熟。

（4）回收体系建设不完善

目前动力电池回收体系主要依托汽车生产企业现有销售网络建设，存在一定的安全风险，且操作人员的专业性不足。动力电池回收体系覆盖率待提升，回收量不足，缺乏规模效应，总体回收成本较高，回收利用企业效益不明显。上下游企业的合作还有待加强，回收体系的资源配置有待优化。

7. 产业发展建议

（1）完善回收利用管理政策，加快制定相关标准

一方面要加强监督管理合力，完善配套政策支撑体系。通过加强立法，制定技术规范，采取生产者责任延伸和押金制度等推动电池的回收利用，并通过许可证加强对电池生产企业和废旧电池资源回收利用企业的监管。另一方面，要采取多样化激励措施，探索可持续商业模式。

（2）加强企业准入与梯次利用产品管理，规范市场秩序

研究制定梯次利用企业准入与梯次利用电池产品管理制度，制定奖惩措施，适时开展梯次利用电池产品认定和标识工作，发布梯次利用企业及产品名单，营造规范回收、生产和销售的有序市场秩序。

（3）强化关键技术开发与物联网技术应用

以企业为主体，加强产学研合作，推动动力蓄电池生态设计、退役判定及检测、梯次利用电池残余价值评估、电池自动化拆解及材料分选等共性技术攻关和关键设备研发。融合物联网、大数据等新兴技术，提高动力蓄电池回收利用的质量和效率。

（4）加强上下游产业链和区域间合作，发挥第三方平台作用

加强产业链上下游合作，探索动力电池回收利用创新模式，依托产业联盟等第三方服务机构组建商业服务平台，整合和优化上下游资源，提高回收率、降低回收成本。依托巴塞尔公约亚太区域中心等区域性平台，加强全方位的国际交流合作，促进关键技术、优势资源以及先进理念的引进和输出。

参考文献

[1] 工信部节能与综合利用司. 七部门关于做好新能源汽车动力蓄电池回收利用试点工作的通知[EB/OL]. http://www.miit.gov.cn/n1146295/n1652858/n1652930/n3757016/c6275210/content.html,2018-07-25.

[2] 广东省工业和信息化厅. 关于印发《广东省新能源汽车动力蓄电池回收利用试点实施方案》的通知[EB/OL]. http://gdii.gd.gov.cn/jnhxhjj/content/post_941896.html,2018-09-10.

[3] 广东省工业和信息化厅. 广东省工业和信息化厅关于公布广东省新能源汽车动力蓄电池回收利用试点企业名单（第一批）的通知[EB/OL]. http://www.gdei.gov.cn/ywfl/jnhxhjj/201811/t20181114_130866.htm,2018-11-14.

[4] 天津市工业和信息化局. 关于发布《京津冀地区新能源汽车动力蓄电池回收利用试点实施方案》及征集试点示范项目的通知[EB/OL]. http://gyxxh.tj.gov.cn/tzgg/66308.htm,2018-12-18.

[5] 天津市工业和信息化局. 关于京津冀地区新能源汽车动力电池回收利用试点示范项目的公示[EB/OL]. http://gyxxh.tj.gov.cn/tzgg/67854.htm,2019-6-14.

[6] 四川省经济和信息化厅. 关于印发《四川省新能源汽车动力蓄电池回收利用试点工作方案》的通知[EB/OL]. http://www.langzhong.gov.cn/show/2019/03/21/90220.html, 2019-

03-08.
[7] 宁波市经信委. 关于印发《宁波市新能源汽车动力蓄电池回收利用试点实施方案》的通知[EB/OL]. http://zfxx.ningbo.gov.cn/art/2019/4/17/art_2448_3652894.html,2019-03-29.
[8] 湖南省工业和信息化厅. 关于印发湖南省新能源汽车动力蓄电池回收利用试点实施方案的通知[EB/OL]. http://gxt.hunan.gov.cn/xxgk_71033/tzgg/201904/t20190416_5316206.html,2019-04-16.
[9] 厦门市工信局. 关于印发《厦门市新能源汽车动力蓄电池回收利用试点实施方案》的通知[EB/OL]. http://news.xmsme.cn/2019/5/9/626_13630.shtml,2019-05-09.
[10] 福建省工业和信息化厅. 关于印发《福建省开展新能源汽车动力蓄电池回收利用体系建设实施方案(2020—2022年)》的通知[EB/OL]. http://gxt.fj.gov.cn/gk/zfxxgk/zfxxgkml/gfxwj/202002/t20200227_5204363.htm,2020-02-27.
[11] 李建林,李雅欣,吕超,等. 退役动力电池梯次利用关键技术及现状分析[J]. 电力系统自动化,2020,4:1-8.
[12] 白恺,李娜,范茂松,等. 大容量梯次利用电池储能系统工程技术路线研究[J]. 华北电力技术,2017,3:39-45.
[13] 电池联盟. 2020年动力电池回收网络将有五大特征[EB/OL]. http://chuneng.bjx.com.cn/news/20200402/1060439.shtml, 2020-4-2.
[14] 张廷,李龙辉,陈平. 新能源汽车动力蓄电池梯次利用行业发展情况分析[J]. 中国资源综合利用,2019,7:76-78.
[15] 工信部节能与综合利用司. 新能源汽车动力蓄电池梯次利用步伐加快[EB/OL]. http://www.miit.gov.cn/n1146290/n1146402/n1146455/c6647327/content.html,2019-02-18.
[16] 工信部节能与综合利用司. 全球最大规模动力电池梯次利用电网侧储能项目开工[EB/OL]. http://www.miit.gov.cn/n1146290/n1146402/n1146455/c6688875/content.html, 2019-03-21.
[17] 工信部节能与综合利用司, 规模应用整包梯次电池储能系统在深圳市投入运营[EB/OL]. http://www.miit.gov.cn/n1146285/n1146352/n3054355/n3057542/n3057551/c7530613/content.html,2019-11-19.
[18] 苗雪峰. 我国车用动力电池循环利用模式研究[D]. 保定:华北电力大学,2019.

十九、车用燃料电池

Chapter 19 Vehicle Fuel Cell

(中国科学院大连化学物理研究所 侯 明 衣宝廉)

1. 2019年车用燃料电池产业的总体情况

2019年在国家和地方产业政策引导下,行业投资热情高涨,都在积极布局产业链,我国燃料电池汽车正逐步从研发、示范向产业化转变。在应用场景和车型选择上以商用车为主,主要包括燃料电池客车、物流车与重卡等车型,2019年我国燃料电池车销量已达2 737辆,燃料电池车的保有量已达5 000多辆。燃料电池物流车产量呈现快速增长态势,2019年全年产量为1 680辆。大规模燃料电池车商业化示范,促进了车用燃料电池的关键材料和部件量产,国内关键材料和部件的生产企业逐渐增加,开始逐步涉足燃料电池关键材料与部件的批量生产,包括电催化剂、质子交换膜、碳纸、双极板、膜电极组件(MEA)、空压机、高压储氢瓶、氢气压缩机与加氢机等。由于国家、地方政府和企业的大力支持并介入燃料电池车的研发与商业化示范运行,吸引了国际从事燃料电池车跨国企业纷纷进入中国,截至2019年底,约有39家跨国企业在中国氢能市场布局,包括氢的制取、储运、加氢站及燃料电池电堆、系统、电堆核心零部件、整车等企业,极大促进了国内燃料电池车的商业化示范运行。

2. 2019年车用燃料电池技术与产业发展情况

2019年车用燃料电池在基础研究、技术应用、产业发展方面均取得长足进展,在燃料电池商业化目标驱动下,从催化剂、质子交换膜、碳纸到膜电极、双极板、电堆、系统等燃料电池技术都得到很大提升。

(1)催化剂

针对目前商用催化剂存在的成本与耐久性问题,研究新型高稳定、高活性的低Pt或非Pt催化剂是目前研究的热点。近期大连化物所研制的超小PtCu合金催化剂,其质量比活性是目前Pt/C的3.8倍(如图1-41所示),这种基于电极电位高于氢的Cu、Ag等金属形成的合金,其在车载工况下可能溶出的金属离子可以在氢气的气氛下得到迅速还原,减轻了自由基的形成以及金属离子对环境的污染,展示了较好的应用前景。Pt-M催化剂的稳定性还需要进一步研究,但从目前应用的角度,Pt合金催化剂的稳定性保障,除了提高自身的稳定性以外,还要从系统控制策略出发,减少催化剂的衰减工况,对催化剂稳定性提高起到保驾护航作用。

非铂催化剂一直是燃料电池催化剂的研究热点,2019年在非Pt催化剂研究方面,研究者投入了极大的热情。重庆大学魏子栋团队在层状氧化物的埃级层间中,控制金属在其二维平面的层间扩散和生长,制备出自支撑单原子层(SAL)钯(Pd)和钯-钴(PdCo)合金膜薄膜。研究发现,PdCo SAL合金在ORR中显示出比商业铂(Pt)纳米颗粒高6倍的质量活性。非Pt催化剂从国内外研究进展看,Fe/N/C仍然是主流研究方向,但是全电池测试表明工作电流密度还是比较低,若能解决耐久性问题,有希望在发电领域尝试使用。

催化剂产品方面,进口催化剂如庄信万丰、田中贵金属等产品占据国内主要市场份额,国内正在积极开展催化剂产品开发,中自环保科技股份有限公司、上海济平新能源科技有限公司等是2019年新涌现的催化剂产品开发企业。中自环保公司基于催化剂产品方面的技术积累,自主研发了SEC系列产品,主要分为第一代SEC100铂碳催化剂和第二代

SEC200 催化剂，其中二代产品具采用 Core-Shell 结构，具有粒径小且粒径分布窄、电化学活性面积大、活性高、稳定性好、成本低等特点，SEC100、SEC200 系列催化剂制备上有严密精确的控制，金属离子在碳载体方面均匀分布，贵金属含量公差小于 1%，具有产业化应用前景。上海济平新能源科技有限公司的铂碳、铂合金催化剂已经开始量产，已经接到大型国企签订的催化剂百万签约金额订单。此外，宁波中科科创新能源公司发展了 Pt/C 实现了单批次 500 g 级制备，催化剂具有粒径小、活性高、耐久性特别好等特点，已在燃料电池等领域获得应用。

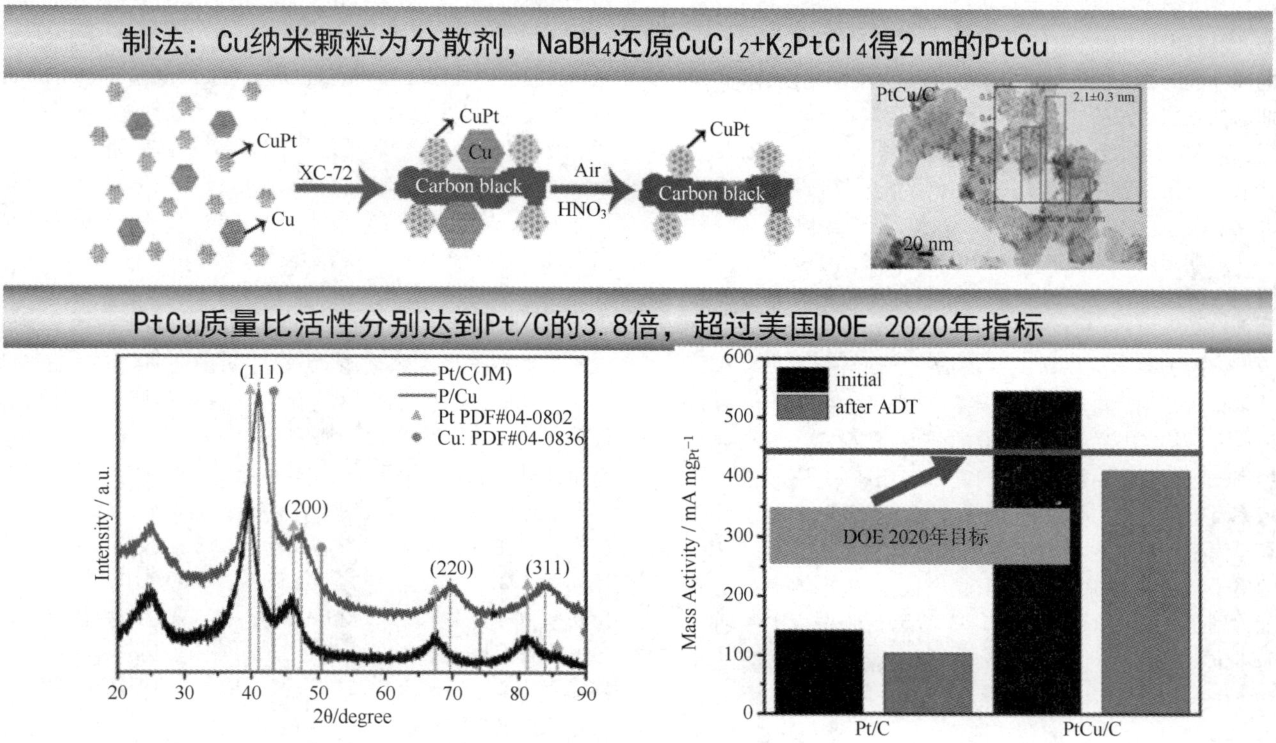

图 1-41 PtCu 合金催化剂

建议作为产品的催化剂需要进一步在燃料电池电堆中使用，并在实际燃料电池系统中装车检验，充分验证其产品的性能、稳定性及一致性；作为研究成果的催化剂，也需要进行经过单电池、全电池的试验，推进理论研究结果尽快在实际中得到应用。

（2）质子交换膜

根据树脂侧链长短质子交换膜可分为长支链全氟质子膜和短支链全氟质子膜。（1）长支链全氟磺酸膜以美国 Gore 公司的 Select 系列膜、科慕公司的 Nafion 系列膜为代表，包括中国山东东岳集团的 DMR 系列膜，日本旭化成公司的 Aliciplex 膜、日本旭硝子公司的 Flemion 膜、日本氯工程公司的 C 系列膜等；（2）短支链全氟磺酸膜主要有比利时 Solvay 公司的 Hyflon 膜、日本旭硝子公司的 Flemion 膜、中国山东东岳集团 DM 系列膜等。

国内膜材料产业化方面：山东东岳生产的厚度为 15 μm 的 DMR 系列复合增强全氟质子膜具有优异的性能和寿命。化学耐久性方面：OCV 循环测试超过 1 000 h。运行寿命方面：质子膜的短堆循环寿命测试超过 6 000 h，通过了奔驰公司的技术考核。在机械耐久性方面：干湿循环测试的循环次数超过 2 万次（ >2 000 h）。东岳 DMR 系列质子膜技术已经成熟并实现定型量产，产能超过 5 万 m^2，可满足燃料电池汽车的使用初步需求。2019 年 10 月，东岳 DMR 系列复合增强全氟质子膜的生产通过了 IATF 16949 质量体系认证，正在建设的东岳年产 100 万 m^2 全氟质子膜项目入选山东省新旧动能转换示范和重点建设项目。浙江汉丞新能源有限公司的研发团队成功量产 HD 系列全氟磺酸树脂/溶液与 HPM 系列质子交换膜，达到磺酸树脂单体/PTFE 增强层以及精准涂覆设备、关键工艺等 100% 国产化。汉丞 HYPROOF 基于高质子传导率全氟树脂的长寿命、超薄增强质子交换膜宽度 30 ~ 50 cm，厚度 8 ~ 25 μm，并可小批量供货。国内企业作为膜的潜在供应商，要面临全球市场中同类产品的竞争，因此，国内产品要更多的装车运行，在实际中考验膜产品的性能与耐久性，以获得更多的实际应用数据，提高自身产品的竞争力。

超薄增强型质子交换膜可以有效提升电堆功率密度，尤其在干燥低湿和大功率负载条件下，其性能表现更优，是未来车用燃料电池膜技术产业的重要发展方向。

（3）碳纸/扩散层

碳纸/扩散层也是燃料电池的关键材料，起着支撑膜电极和气水再分配作用，要求具有一定的机械性能、合理的孔结构，起到传质、传热、导电等功能。目前国际上比较成熟的产品有日本的 Toray、德国的 SGL、加拿大的 AVCarb 等，国内中简科技、中南大学、江苏天鸟等具有一定产业化基础，江苏天鸟开发的碳纸已提供给国内外多个公司试用；通用氢能公司基于南方科技大学技术，通过模拟多孔介质两相流动、优化水管理，改进了气体扩散层结构，开发了气体扩散层工艺，建立了气体扩散层生产线，可以实现年产 10 万～30 万 m^2 气体扩散层的生产能力。未来希望国产碳纸能够在国内逐渐得到实际应用。

（4）膜电极组件（MEA）

CCM 型膜电极仍然是目前主流技术，研究与开发的热点有两方面，一是继续提高膜电极的性能、降低 Pt 用量；二是开发膜电极的量产工艺、提高产能、降低成本。在提高膜电极性能方面，主要途径：①使用高活性催化剂，降低催化剂的活化极化损失；②采用薄型复合膜，降低质子传递电阻；③采用合理的界面结构，改进质子、电子传导以及局部近 Pt 表面的传质；④采用高气体通量的扩散层，降低传质极化。

近期国内科研机构例如中国科学院大连化学物理研究所、武汉理工大学、上海交通大学等在膜电极技术方面都有了长足的进展，性能已经超过 1.5 W/cm^2，武汉理工大学的膜电极作为商品已经在国外销售。中国科学院大连化学物理研究所利用静电喷涂技术优化了膜电极中催化层的材料、配比和结构，制备了低铂担量的膜电极，提高了催化剂的利用率；通过调整气体扩散层的配方和制备工艺，改进了其孔隙率及电阻，进而提高了与催化层的匹配性，改善了膜电极高电流密度下的电池性能。采用优化后的方案基于 10 μm 的质子交换膜制备了 CCM 型膜电极组件，电池最高功率密度达到了 2.1 W/cm^2（如图 1-42 所示），膜电极 Pt 担量 0.3 mg/cm^2 铂用量为 0.143 g/kW。

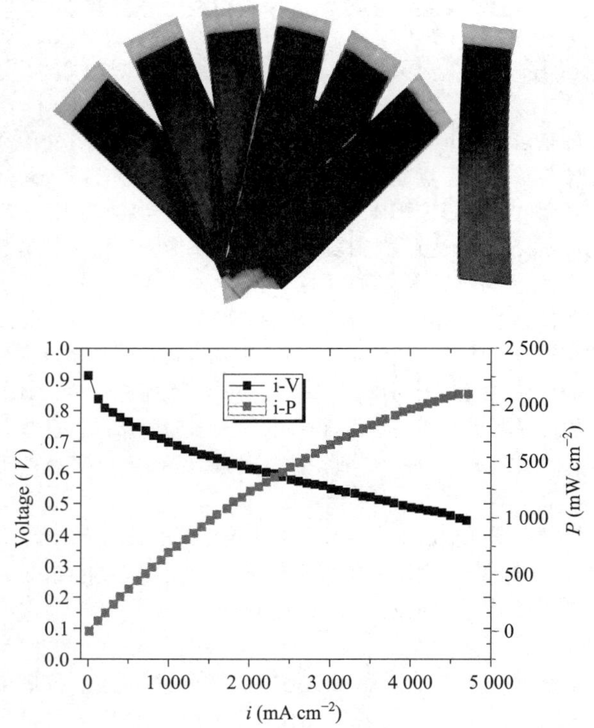

图 1-42 中国科学院大连化学物理研究所制备膜电极的技术性能

为了满足未来的应用需求，国内外研究机构与企业也非常重视发展膜电极批量生产技术。目前，膜电极生产技术路线可以分为 3 种：一是采用丝网印刷方法，这种技术比较适合 GDE 型电极；二是采用喷涂技术，超声或静电喷涂，CCM 型电极采用这种方法居多；三是卷对卷涂布技术，如狭缝涂布技术，这种方法可以将催化剂电极材料分别直接涂布到质子交换膜卷料的两面形成阴阳极，与前两种制作工艺相比，这种方法具有自动化程度高、效率高、制造成本低、产品性能稳定及耐久性高等特点。日本丰田公司已经成功地把卷对卷批量生产技术的膜电极应用到燃料电池车辆上。卷对卷高效生产膜电极批量生产技术在国内正逐渐得到重视，武汉理工新能源有限公司、苏州擎动动力科技有限公司、鸿基创能科技有限公司、中科院大连化学物理研究所张家港产业技术研究院、魔方新能源科技有限公司等已经建成膜电极的批量制备生产线。产品需要在实际装车运行中去进一步检验，得到充分的验证数据，推动膜电极国产化，进一步降低燃料电池成本。

（5）双极板与电堆

双极板与电堆方面，目前有复合双极板与金属双极板电堆两条主要技术路线，新源动力股份有限公司的金属石墨结构复合板堆，基于中科院大连化学物理研究所转让技术，已经具有十几年的生产经验，实测寿命已经超过 7 500 h（10% 衰减），并装载到了上汽 FCV80 和荣威系列的商业化燃料电池车上进行实际运行。上海神力复合石墨板 SFC-MD-40 型电堆装载在申龙客车上，交付给上海奉贤公交车运行，电堆比功率 2.2 kW/L，同时开发出 SFC-HD-660 型电堆，额定输出功率 76 kW，峰值功率大于 90 kW；弗尔赛在石墨板燃料电池电堆方面也有了长足的进展，RDZ05-60K/136 V4-210 型电堆峰值功率达到 65 kW；广东国鸿采用引进技术的膨胀石墨复合板板电堆已取得一定规模的销售，并在燃料电池客车等商用车应用。安徽明天公司采用大连化物所第二代金属双极板电堆，与国内自动化装备公司、设计院合力打造了自动化电堆生产线（如图 1-43 所示）。产线包括极板冲压、焊接、镀膜、电堆组装等支线，2019 年 10 月电堆产品下线，并已在安凯客车上进行公交线路运行。总体上，国内金属板电堆取得了长足进展，单堆功率 30～50 kW 提高到 70～120 kW，比功率大于 3.0 kW/L，金属板电堆代表性企业有新源动力、明天氢能、上海氢晨/治臻、同济大学等，代表性国产电堆如图 1-44 所示。研制的金属板电堆还需要进一步装车实际运行，考核其工况条件下性能、耐久性。此外，也需要建立相关标准及第三方检测机构对电堆参数进行统一方法规范检测。

（6）燃料电池系统

燃料电池系统方面，目前国内车用燃料电池系统技术发展比较快，如上海重塑、北京亿华通等占据市场较大份额；此外，基于国产电堆的燃料电池系统逐渐成熟，亿华通、明天氢能、上汽捷氢、大连擎研等公司纷纷推出了采用国产电堆集成的系统，从性能等方面展示了国产电堆系统的一定竞争力。亿华通基于十多年的技术研发和车辆示范运行经验，自主研发的国产氢燃料电池发动机 YHTG60，采用自主国产研发电堆，额定功率达到63 kW，并实现高度集成化、模块化，节省空间、便于维护，降低维护成本。此外，还采用了远程智能监控和诊断技术，发动机运行状态实时监控、数据实时智能诊断。上汽捷氢也推出了基于自主电堆的燃料电池系统 P390，系统功率 92 kW，最高效率 60%，－30 ℃低温启动，展示了较高的国产化技术水平。潍柴动力基于传统发动机工业基础，加之引进双极板技术，正在开发重卡用燃料电池电堆与系统。代表性的燃料电池系统如图 1-45 所示。

图 1-43 安徽明天氢能源公司在建电堆生产线

新源动力电堆

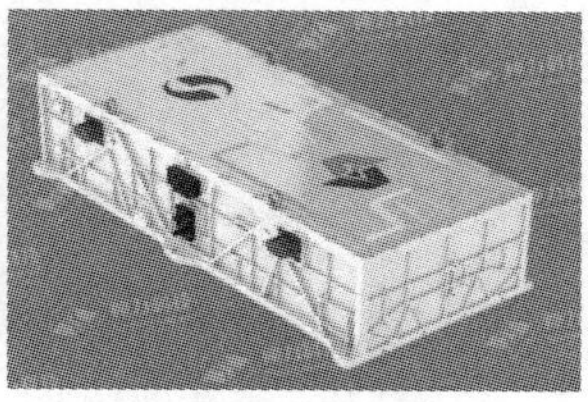

上海神力电堆

明天氢能电堆

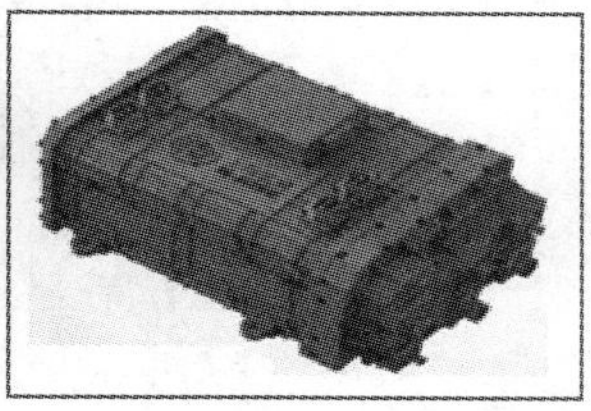

上海氢晨电堆

图 1-44 国内开发的代表性电堆与系统

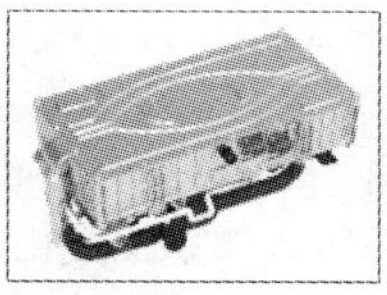

重塑

捷氢

亿华通

图 1-45 国内开发的代表性车用燃料电池系统

3. 车用燃料电池技术与产业发展存在的问题

目前燃料电池车从续驶里程、加氢时间、驾驶人员的感受以及舒适性、适应性等方面都达到了燃油车的水平，燃料电池发动机性能、体积已经与传统内燃机类似，国际上有些甚至达到了 6 缸内燃机水平。燃料电池车耐久性也不断提升，国际上乘用车耐久性已超过了 5 000 h，大巴车也达到了 20 000 多 h，国内新源发动机实测寿命已经超过 7 500 h，通过材料、系统控制策略等手段的改进，寿命逐渐满足使用要求。未来燃料电池产业化存在的最大挑战将是来自于成本方面的问题。

由于燃料电池发动机成本较高，导致燃料电池车价格是燃油车的 2 ~ 3 倍，是锂离子电池车的 2 倍左右。其中燃料电池堆占发动机成本大约 50%，随着空压机和氢瓶等系统部件成本的下降，燃料电池堆成本上升到发动机成本的 60% ~ 70%。电堆成本主要来自于电堆关键材料与部件的成本，目前催化剂、膜材料、碳纸等电堆材料绝大多数依赖进口；国内有一定的技术储备，但是还没有开发出具有市场竞争力的产品；膜电极、双极板等部件没有形成批量生产线，带来制造成本也较高。另外，燃料电池堆比功率还有待提高，如果能从现在的 2 ~ 3 kW/L 达到 5 ~ 6 kW/L，同样功率下燃料电池硬件材料的使用量就会减少，将使燃料电池成本大幅降低。

4. 车用燃料电池技术与产业发展建议

在燃料电池汽车技术已经满足使用要求时，成本已经成为制约燃料电池汽车商业化必须要解决的问题。车用燃料电池降低成本建议通过以下几方面着手。

(1)通过电堆核心材料的创新，发展低成本材料技术。如研制高活性、高稳定性低 Pt 或非贵金属催化剂，建立新型催化剂体系；研制高性能、长寿命、低成本质子膜技术，增加电解质材料的耐高温性能；发展超薄增强型薄增强型质子交换膜、碱性阴离子交换膜等创新性材料，大幅降低燃料电池材料成本。

(2)通过制造工艺与制造装备的改进，发展低成本的燃料电池生产工艺与先进的制造技术。燃料电池堆及系统的材料与零部件的国产化批量生产也是降低成本的关键。为实现这一目标，一是要加快批量生产工艺的研发；二是企业家介入建立生产线进行试生产；三是地方政府支持，进行大规模燃料电池车商业化示范。进一步降低关键部件如膜电极、双极板、空压机、DC/DC、氢气循环泵、阀件等成本，实现批量生产，大幅降低燃料电池制造成本。

(3)在保证电堆可靠性与耐久性前提下，大幅提高电堆比功率。在同样功率输出情况下，高比功率电堆可以减少燃料电池材料与部件使用量，使成本得到直接降低。提高比功率首先是要保证燃料电池电堆在高电流密度下性能，需要加强高活性催化剂、薄增强复合膜、导电耐腐蚀双极板等材料方面的改进与创新，也需要对电堆结构进行优化，如通过 3D 流场可以改善大电流的传质极化，优化组装过程可以有效降低欧姆极化，提高电堆的一致性有利于保证电堆高功率输出，这些措施都可以促进燃料电池堆性能的提高，有利于燃料电池堆比功率的提升。如果电堆比功率从目前的 2 ~ 3 kW/L 提升至 5 ~ 6 kW/L，届时电堆成本可降低至 1/3 ~ 1/2，催化剂 Pt 用量也可以得到大幅降低，不仅解决的成本问题，同时也缓解了对 Pt 资源的依赖。

(4)简化燃料电池系统,降低系统成本。从燃料电池系统方面,简化系统是降低成本的有效途径,如采用无增湿技术,随着车用质子交换膜厚度的减薄,采用空气与氢气的逆流布局,利用阴极生成水的反扩散,加之氢循环,使系统无增湿器部件成为可能。因此,通过持续创新使系统简化,减少系统部件数量,也是降低系统成本的有效途径之一。

此外,燃料电池重卡被普遍认为是氢燃料电池未来重要的应用场景,重卡用大功率燃料电池发动机,也是未来重要的发展方向。

总之,在推进燃料电池商业化的过程中,要注重发展核心技术,尤其要重视关键材料与部件的国产化。我们要组织产、学、研对燃料电池关键核心技术联合攻关,大学及科研院所侧重从科学原理实现创新;企业则要从技术、产品上实现创新。完善技术链,健全产业链,特别要关注上游关键材料的批量生产线,研制出符合市场需求的产品,使燃料电池产业健康、可持续发展。

二十、车用固态锂电池

Chapter 20　Solid-state Lithium Batteries for Automobiles

(中国科学院物理研究所　李　泓;北京卫蓝新能源科技有限公司　徐航宇　向　晋)

1. 2019 年车用固态电池产业总体情况

固态电池作为下一代动力电池的重要技术路线,一直被寄予厚望。2019 年,我国固态电池项目投资超过百亿元,多家车企与固态电池生产厂商达成深度合作,车用固态电池已进入“军备竞赛”阶段。

开年伊始,天际汽车就在中国电动汽车百人会(2019)上展示了搭载固态电池的天际 ME7 样车;4 月,天际汽车宣称将与辉能科技进行固态电池商业化合作;随后,蔚来汽车、爱驰汽车也先后与辉能科技达成战略合作。10 月,哪吒汽车与清陶能源达成全面深度合作,共同推进固态电池的研发与应用;此外,在世界范围内,丰田、大众、宝马等知名车企也在积极推进车用固态电池的开发。

总的来说,2019 年固态电池的产业化进程不断加速,在新能源汽车领域的应用呈现出全面推进的态势。

2. 2019 年车用固态电池技术发展情况

(1)2019 年车用固态电池发展现状

2019 年,国内推动车用固态电池研发的企业主要有宁德时代、清陶新能源、台湾辉能、万向一二三、赣锋锂业、国轩高科、卫蓝新能源等。其中,宁德时代在固态电池开发方面已有多年的积累,主要方向为聚合物和硫化物固态电池,已开发出单体容量为 325 mAh、能量密度为 300 Wh/kg 的聚合物锂金属固态电池,循环在 300 周以上,容量保持率达 82%。万向一二三于 2019 年 6 月宣布,其与先进材料公司 Ionic Materials 共同开发出了高能量密度、高安全的全固态电池,预计将在 2022 年推向市场。2019 年上半年,赣锋锂业研发的第一代固态锂电池研制品已通过多项第三方安全测试和多家客户送样测试,该公司计划于 2019 年底研制出第二代固态锂电池产品,能量密度不低于 300 Wh/kg。清陶能源是国内较早开展全固态锂离子电池技术研发的团队之一,在固态电池领域,该公司申请的专利已超过 100 项。该公司于 2018 年 11 月建成投产的 1 亿 Wh 固态电池产线,已经量产出第一批固态电池产品,但产品的主要应用领域为特种电源和高端数码等领域,车用固态电池则在 2020 年 6 月完成了装车验证。台湾辉能在 2019 年 1 月完成了 1.5 亿美元的 D 轮融资,并于 2019 年与天际、蔚来、爱驰等车企达成战略合作。2019 年 3 月,卫蓝新能源在江苏举行了固态电池一期项目奠基仪式,固态电池项目总投资 5 亿元,一期项目投资 1.8 亿元,2020 年 7 月,年产 2 亿 Wh 的固态电池产线已正式投产。

我国的车企和电池公司在固态电池方面积极投入,有效地推动了车用固态电池技术的发展和产业化进程。世界范围内安时级的固态电池仍然处于开发阶段,车用固态电池尚不具备大规模产业化的条件。

(2)需要解决的技术难点

尽管固态电池有望在高比能的条件下兼容高安全、快充、长寿命等优良的综合性能,解决传统液态锂电池面临的瓶颈问题,但目前为止车用固态电池在综合性能和成本方面仍然无法与传统的液态锂电池相匹敌。车用固态电池仍然存在几个关键的技术难点。

①缺乏综合性能理想的固态电解质材料。固态电解质是固态电池的核心组件,尽管在过去的 40 多年里,全世界的科研工作者们已经开发出了种类繁多的固态电解质材料(如图 1-46),但尚无任何一种固态电解质能够满足大容量固态动力电池所需的全部综合性能,需要开发新型固态电解质材料或综合多种固态电解质材料的优势。

②固固界面接触有待改善。传统液态锂电池中,由于电解液具有一定的浸润性,电解液与电极材料间易于形成良好的界面接触,固态电池使用固态电解质替代传统的电解液,电解质与电极间的接触为固固界面接触,易于产生较大的界面电阻,影响离子传输,增大车用固态电池内阻、降低电池的倍率性能。

③固态电池电极体积变化问题需要克服。在固态电池的循环过程中,电极的体积变化可能导致固固界面劣化,这一问题在负极侧尤为突出,作为下一代高比能负极材料的硅基负极和金属锂负极在循环过程中均存在较大的体积变化,负极与固态电解质间易于产生空隙、失去电接触,从而增大电池电阻,影响电池的循环寿命。

④各项综合性能及成本的平衡需要综合解决方案。固态动力电池中,比能量、安全性、快充特性、功率性能、循环性能、高低温性能之间存在着错综复杂的物理矛盾(如图 1-47 所示),世界范围内已经开发出的固态电池体系包括聚合物

固态电池、硫化物固态电池、氧化物固态电池等，尽管这些固态电池各自具有独特的优良特性，但其综合性能均难以满足电动汽车的应用需要，需要提出综合解决方案，克服车用固态动力电池的所有短板问题。

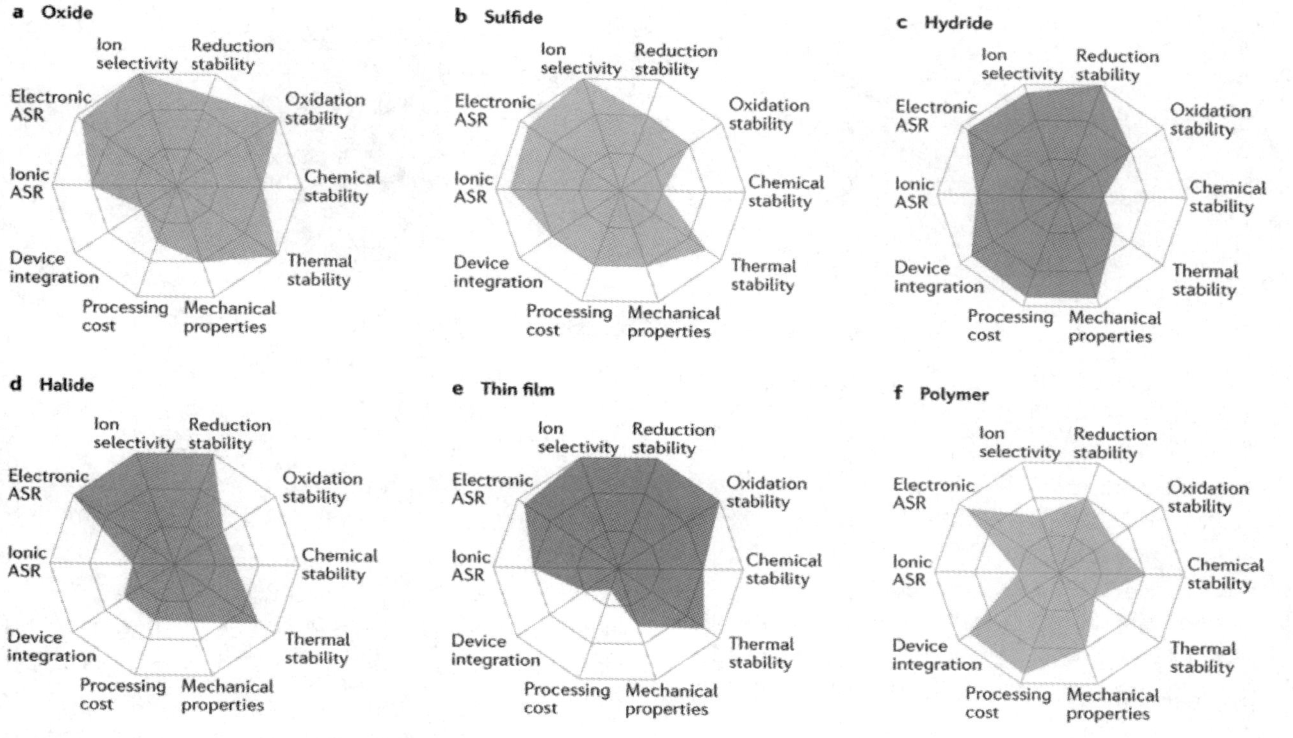

图 1-46　几类典型固态电解质材料的综合性能①

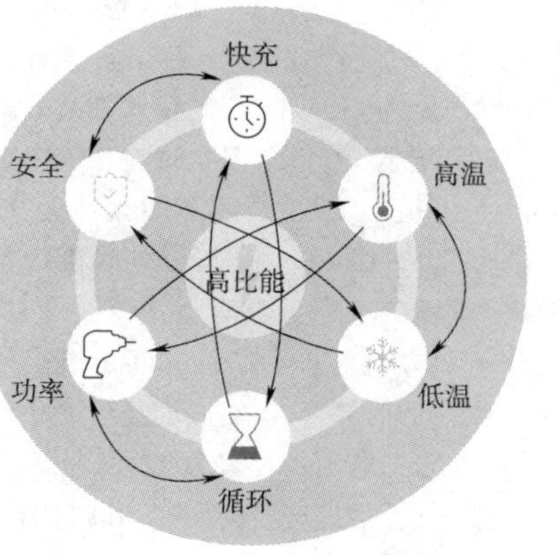

图 1-47　固态电池各项性能指标间的物理矛盾

注：箭头表示存在矛盾，需要平衡；高比能则与其他性能指标间普遍存在矛盾。

(3)2019 国内外技术路线差异

针对车用固态电池面临的技术瓶颈，国内外企业的技术路线也有较大的差异。在国外，日本丰田、韩国三星、法国 Bolloré 等领军企业始终专注于基于硫化物固态电解质或聚合物固态电解质的全固态电池的开发；在国内，以卫蓝新能源、浙江锋锂、辉能科技等固态电池企业则提出了从液态电池到混合固液电池、再到全固态电池的开发路径，逐步减少电池中的液体含量，致力于寻求综合解决方案。

在硫化物固态电解质材料和硫化物全固态电池方面，日本和韩国已有几十年的深厚积累，在世界范围内处于领军地位，其中第一梯队的公司包括日本丰田、日立、韩国三星等巨头企业。2019 年，三星 SDI 研究所开发了一款高性能的硫化物全固态电池（如图 1-48 所示），质量能量密度 >400 Wh/kg，体积能量密度 >900 Wh/L，不论是电池容量、能量密度、面容量、循环寿命，还是正极材料的比容量发挥，在全固态电池领域几乎都是目前公布的最高水平，同时兼具良好的安全性；这款电池能获得良好的综合池性，除了依靠硫化物本身的高离子电导率外，更多地依赖于工艺方面的优化，引入了高活性物质比容量、高面容量以及超薄电解质层的设计。在电解质方面，厚度只有 30 μm 的电解质层能够保证电池不短路，对材料加工工艺要求非常高；正极采用干法工艺制备了 100 μm 的厚电极层，复合正极中活性物质占比达到文献公布的数据最高值；此外，三星的团队在复合正极内部构建了稳定的离子和电子传输，也使 NCM 的比容量发挥也达到了文献公布的最高水平（215 mAh/g）。日本丰田在硫化物固态电池的材料、电芯、应用、可靠性及维护、制造设备方面有着严密的专利布局，其硫化物全固态电池容量为 2.4 ~ 15 Ah，比能量达到 230 Wh/kg，已在概念车上示范，15 min 可充满电。

在聚合物全固态电池领域，法国 Bolloré 集团早在 2011 年 12 月就将基于 PEO 的全固态锂电池商业化并用在了自己生产的电动汽车 Blue Car。Bolloré 的子公司 Batscap 借助干法挤出和卷对卷复合的工艺可实现聚合物全固态锂电池的

① Manthiram, A. S. F. Wang, et al. (2016) Lithium battery chemistries enabled by solid-state electrolytes Nat. Rev. Mater. doi: 10.1038/natrevmats.2016.103

小规模生产，全固态聚合物电池比能量达到 220 Wh/kg，1 500 次循环容量仍超过 96%，已成功应用于 Autolib 四轮小型汽车，保有量达到 4 000 辆。

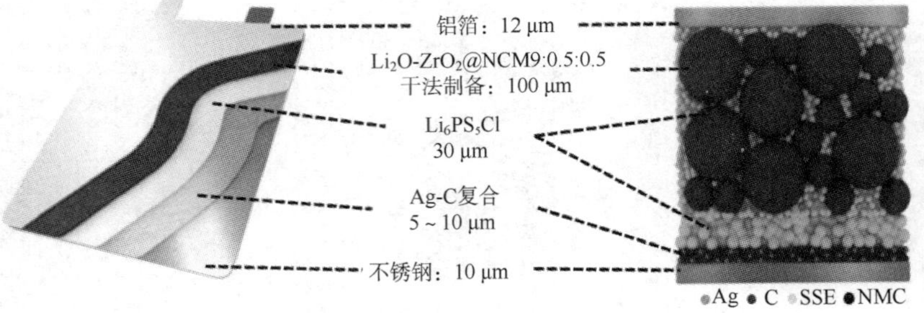

图 1-48　三星基于银碳负极的硫化物全固态电池结构示意①

尽管基于硫化物和聚合物的全固态电池体系具备安时级大电芯的开发基础，但电池的制造成本仍然非常高，尚不具备商业化的前景，电池的综合性能也有待改善。

在传统液态锂电池的基础上，可以通过多种方式在电芯中引入部分固态电解质，开发出混合固液锂电池：

①电极颗粒表面包覆了固态电解质；

②隔膜和电极中添加了固态电解质；

③湿法制极片过程中液体电解质转换为固体电解质；

④电芯注入电解液后液态电解质转化为固体电解质；

⑤液体电解质通过电化学反应在电芯内原位转化为固态电解质。

北京卫蓝新能源基于自主开发的"原位固态化"技术，在电芯中先通过注液保持电解质与电极材料良好的物理接触，再通过化学或电化学反应将液体部分或全部转化为固态电解质，综合解决固态电池中的高电压、安全性、固固界面接触、电极体积变化、锂枝晶生长等问题。该公司基于原位固态化技术开发的车用混合固液电池，比能量达到 300 Wh/kg，循环寿命达到 1 200 次，15 Ah 电芯可顺利通过针刺试验。辉能科技也提出了"混成固态"的概念，该公司此前于 2017 年完成第二代固态电池技术的开发，将第一代的纯固态电解质改良为第二代的混合固态电解质，据报道其电芯中液态部分的体积分数只有不到 3% ②。辉能科技基于 NCM811 正极和石墨负极的车用混合固液电池比能量可达 240 Wh/kg，基于 NCM811 正极和金属锂负极的全固态电池比能量则可达到 383 Wh/kg，但循环寿命只有 260 周，距离商业化水平较远。此外，辉能科技还提出了双极内串的电芯设计，单体电芯可实现更高的电压，并针对电池系统开发了多轴双极封装技术（Multi Axis BiPolar + MAB），543 Wh/L 固态电池电池组装成的电池系统能量密度为 407 Wh/L，体积成组效率可达 75%。

在全固态锂电池技术尚未突破情况下，车用混合固液电池有望兼容传统液态锂电池的大部分材料、设备和工艺，综合平衡安全性、能量密度、功率密度、循环寿命、高低温性等综合性能，率先实现商业化，逐步替代传统的液态锂电池。

3. 主要企业经营发展情况

2019 年，我国多家企业固态电池项目相继落地，项目预计投资总额达到了 140 亿元，固态电池量产节奏进一步加快。其中，卫蓝新能源、清陶能源、浙江锋锂、辉能科技等企业已经确定了清晰的产业方向和演进路径。

卫蓝新能源基于原位固态化技术开发了 300 Wh/kg、循环 1 200 次的高安全车用混合固液电池，预计将在 2020 年底开始 300 Wh/kg 混合固液动力电池的整车测试。卫蓝新能源在江苏溧阳建设的 2 亿 Wh 混合固液电池产线已于今年 7 月投产，2021 年将在房山建成 GWh 级动力电池产线，预计 2021 年底完成部分整车厂的装车测试，2022—2023 年实现车用混合固液电池的规模量产。此外，卫蓝新能源还开发了比能量超过 500 Wh/kg 混合固液电池产品，目前已为特种行业提供样品，未来综合性能优化有望满足车规级标准。

清陶能源于 2018 年底建成了第一条单体能量密度达到 400 Wh/kg 的固态电池产线，2019 年 7 月 5 日，清陶新能源年产 10 GWh 固态锂电池项目签约仪式在宜春举行；项目一期投资 5.5 亿元，建设年产 1 GWh 的固态锂电池产线；二期计划投资 49.5 亿元，全部投产后产能预计为 9 GWh。清陶将与合众强强联合，共同推动固态电池新能源汽车的量产，合众旗下第二款量产车哪吒 U 有望成为全球首款搭载固态电池的量产车，双方已经进行了近两年的联合研发和测试，计划 10 月分申报工信部公告，年底前量产 500 台。

浙江锋锂在固态电池产品开发方面提出了"量产一代、研发一代、探索一代"的路径，年产 3 亿瓦时的电池产线已于 2019 年投产。在量产一代上，基于高镍三元的车用混合固液电池已达到量产阶段，42 Ah 单体电芯的能量密度：能量型可达 260 Wh/kg，功率型（可 2C 充放电）可达 240 Wh/kg。在研发一代上，基于高镍三元、含锂负极的混合固液锂电池能量密度超过 300 Wh/kg；在探索一代上，基于金属锂负极的全固态锂电池能量密度超过 400 Wh/kg。③

台湾辉能已于 2019 年初完成 1.5 亿美元融资，计划 2020 年完成 1 GWh 固态电池产线的试产，预计 2021 年车用混合固液电池可实现 1 GWh 的产能，2023 年全固态电池试产，2024 年实现全固态电池量产。辉能的车载固态电池系统能量密度已达 190 Wh/kg（420 Wh/L），预计 2021 年，固态电

① Lee Y G，Fujiki S，Jung C，et al. Nature Energy，2020，5（4）：299-308.

② http：//news. cnpowder. com. cn/56136. html

③ https：//www. gg-lb. com/art-38712. html

池能量密度突破传统液态电池的密度平台，在电芯体积能量密度方面，预计2025年达到960 Wh/L；系统体积能量密度达到672 Wh/L。辉能科技正在与多家国内外车厂进行样车测试，此外，该公司与南都电源就固态电池生产技术授权合作案已经达成初步共识。

4. 未来几年车用固态电池技术发展趋势

车用固态电池对工艺的要求是可以快速、低成本地进行大容量电芯的规模化制备，现有液态锂离子电池在生产工艺、生产设备、生产经验上经过了多年的积累，其广泛使用的高速挤压涂布或喷涂技术可以借鉴。预计在未来的3～5年内，首先实现规模化生产的将是介于液态锂离子电池与全固态锂电池之间的固液混合电解质锂电池。车用混合固液电池目前在正负极界面修饰、固态离子导体膜开发、耐高压电解质开发、特殊化成工艺等方面有待进一步开发，预计2023年开始规模量产。在此基础上，逐步减少液体或凝胶类电解质的含量，有望最终过渡到全固态锂电池，如图1-49所示。

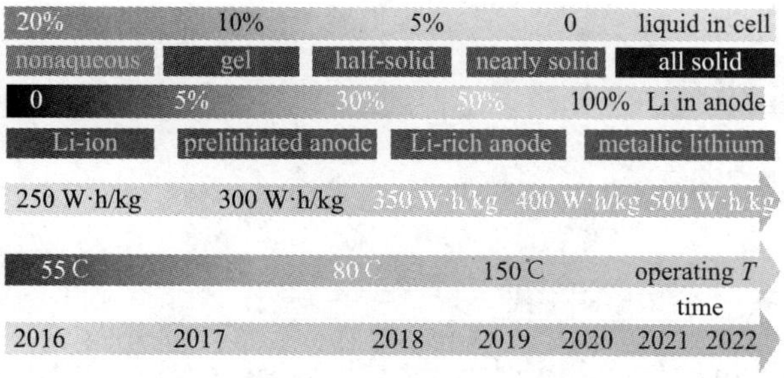

图1-49　固态锂电池从液态到全固态逐步过度的发展路线图①

高能量密度车用全固态电池则受制于以下3个方面的影响：①缺乏降低正、负极侧在初始和循环过程中界面电阻有效手段；②高容量、高倍率、低体积变化的金属锂负极技术方案仍需深入研发；③兼具离子导电特性和力学特性的电解质膜技术尚不完备。由于全固态电池具有多种技术路线，可能适用的工艺也会有所不同：基于聚合物固态电解质的全固态电池的制备工艺可能现有液态锂电池的卷绕工艺接近；基于无机固态电解质的全固态电池，由固态电解质膜的柔韧性不佳，在制备全固态电池时更适合采用叠片工艺，至于具体是分别制备电解质与正负极膜片后叠合，还是采用双层或多层一次涂布制备电解质和正极的复合层，还有待进一步探索和验证；对于硫化物全固态电池，可能的工艺或许是采用高速并行冲压的方法一步制备电解质与正极层，但对电解质层的厚度、面电阻、体积能量密度的要求较高，还需要进一步探索和优化。

从液态、混合固液、到全固态电池的开发过程中需要解决很多基础科学问题，除了一直研究的快离子导体的构效关系，重点是离子在表面、界面、复杂体系中的输运机制，空间电荷层效应在实际器件中的体现和影响，界面反应，固态器件在充放电过程中的力学响应和传热等问题②。到2020年，多数国家对于量产电芯确定的研发目标是250～300 Wh/kg，该目标将通过第三代锂离子电池完成。中国、美国、日本政府提出希望在2020年展示能量密度达到400～500 Wh/kg的原型器件，在2025—2030年实现量产。计算表明，采用金属锂负极、嵌入化合物正极的固态电池有望实现400～550 Wh/kg，对于实现各国政府提出的高能量密度电池目标，发展混合固液或全固态电池有望成最有竞争力的解决方案。

5. 未来几年市场需求分析预测

动力电池的比能量对电动汽车的续驶里程有着决定性的影响，目前装机量产的动力电池比能量不超过280 Wh/kg，尚不能满足下一代电动汽车的需求。日本科学家认为，可规模实用化的液态锂离子电池体系能量密度上限为300 Wh/kg，中国和美国的科学家则认为上限可能是350 Wh/kg③，而固态电池则可以突破传统液态锂电池在比能量上的限制，兼顾高安全、高比能等综合特性，随着固态电池产业的日趋成熟，未来车用固态电池有望替代传统的液态锂电池，占据市场主流。

EV Tank对全球车用动力电池的市场需求量做了展望④。报告预测全球新能源乘用车的销量将由2019年的221万辆增长到2025年的1 200万辆，2025年全球新能源汽车对动力电池的需求量将达到823.2 GWh，其中中国市场的需求量为394.2GWh，占全球市场的比例约为47.9%。2025年，我国车用混合固液电池将有望实现大规模量产并形成一定的市场竞争力，保守估计，车用混合固液电池在国内动力电池的市场渗透率可达25%，在国际动力电池市场的渗透率可达10%，2025年我国车用混合固液电池的市场规模预计为：国内市场985亿元，国际市场429亿元，总计1 400亿元。

按照中国电动汽车百人会理事长陈清泰预计，到2030年中国电动汽车产销量将超过1 500万辆；根据德勤有限公司⑤的分析，2030年电动车或将占到全球汽车总销量的近1/3，电动车的全球年销量将增至3 110万辆。按照2030年全球动力电池需求量3 000 GWh，我国车用固态电池在全球动力市场渗透率40%估算，产值预计为11 000亿元。如果我国的固态电池企业能开发出具有颠覆性指标的车用固态电池并实现规模量产，还可能引发整个汽车产业的变革。

6. 车用固态电池产业发展存在的问题与建议

在世界范围，车用固态电池尚不具备大规模量产和应用的条件，车用固态电池产业面临的主要挑战包括：

（1）传统液态动力电池尚有盈利和提升的空间，车用固态电池的市场驱动力不足。

（2）目前车用固态电池的综合性能与传统的液态锂电池尚有一定差距，固态电池面临的各种短板问题亟待解决。

① 李泓，郑杰允，发展下一代高能量密度动力锂电池——变革性纳米产业制造技术聚焦长续航动力锂电池项目研究进展[J]. 中国科学院院刊，2016，31(09)，1120-1127.

② 郑浩，高健，王少飞，李泓. 锂电池基础科学问题(Ⅵ)——离子在固体中的输运[J]. 储能科学与技术. 2013，2(06)，620-635.

③ 李泓，许晓雄. 固态锂电池研发愿景和策略[J]. 储能科学与技术，2016，5(05)，607-614.

④《全球新能源汽车市场中长期发展展望(2025)研究机构Evtank联合伊维经济研究院. 2020年。

⑤ https://www2.deloitte.com/cn/zh.html

(3)车用固态电池尚无统一的技术路线,不同路线的工艺存在较大差别,需要大量的探索。

(4)固态电解质材料较为昂贵、设备和制造工艺尚不成熟,导致车用固态电池的成本尚且较高。

为此,车用固态电池的发展应当注重产学研结合,既要理解电池中的基础科学问题,又要了解实际技术问题并提出实用的解决方案。从基础研究到产业化,应该特别强调:①通过热力学计算,确保预期结果有显著先进性与合理性;②系统地研究与材料和器件相关的现象、行为、性能、规律,充分全面地了解应用时可能存在的各种瓶颈问题;③提出能在一个体系上实现,并能同时解决多数关键瓶颈问题的综合性方案。

总体上来说,我国车用固态电池产业仍处于推广发展期,应从以下3个方面着手,持续推动车用固态电池产业持续发展。

(1)跟进政策引导。通过国家重点研发计划、产学研合作项目、颠覆性创新类项目,引导车用固态电池相关的基础研究、关键技术攻关及产业化项目培育。

(2)注重技术研发和知识产权保护。国内相关企业应把握自身优势,对自身面临的关键技术问题进行集中攻关,并加强相应知识产权的保护,积极进行专利布局工作,提升自身在世界范围内的竞争力。

(3)积极推动标准体系建设。从设计、生产、安全、性能、配置等环节入手,开展车用固态锂电池领域相关标准的制定和完善。

7. 结　语

2019年是车用固态电池快速发展的一年,车用固态电池未来将成为新一代电动汽车行业竞争的焦点。尽管从整体来看,车用固态电池技术的成熟度还有待加强,规模化放大需要克服的困难还有很多,但可以预见的是,车用固态电池具有光明的发展前景。随着固态电池面临的基础科学与工程技术问题的逐步解决,具有高比能、高安全、高倍率、长寿命车用固态电池必将解决新能源汽车面临的痛点问题,助力我国的新能源汽车产业引领国际市场。

二十一、车用超级电容器

Chapter 21　Vehicle Supercapacitor

(上海奥威科技开发有限公司　华　黎　安仲勋　夏恒恒)

1. 2019年车用超级电容器产业的总体情况

超级电容器是20世纪七八十年代发展起来的一种新型储能器件。相对于其他储能器件,超级电容器具有功率密度高、充放电速度快、循环寿命长、温度特性好、能源利用率高等优点。国外研究超级电容器起步较早,80年代以来先后诞生了日本NEC和Panasonic、美国Maxwell和Evans、韩国Ness Cap、法国Saft和Bollore、德国西门子以及俄罗斯Econd和Esma等优秀的超级电容企业。我国对超级电容器及其应用的研究起步相对较晚,但近年来因国家对新能源产业的政策性扶持,国内超级电容产业发展迅猛,诞生了上海奥威、宁波中车新能源、北京集星、锦州凯美、哈尔滨巨容、南通江海、天津力神、湖南耐普恩、洛阳凯迈等10多家比较大规模的电容公司。在车用超级电容器的应用方面,上海奥威、宁波中车、江海股份、烯晶碳能、今朝时代等均达到国际较高水平。2005年上海奥威作为主要起草单位参与制定标准《QC/T 741 车用超级电容器》,填补了中国超级电容行业标准的历史空白,也推动了超级电容产业更加规范化、良性发展。

随着电动汽车的迅速发展,超级电容器被广泛应用于轨道交通、混合动力汽车、纯电动城市客车、纯电动场地车辆等重要领域和环节。尤其上海奥威科技研制出能量型超级电容比能量为100 Wh/kg、比功率为15 kW/kg,满足了一次充电行驶里程30 km的公交车和过无电区的有轨电车的电量需要,产品出口欧亚十余个国家和地区。在纯电动和混动推广方面,截至2019年9月,宁波中车新能源已累计推广超级电容客车约6 000 辆。据中国超级电容产业网发布数据显示,2018年全球超级电容市场规模为296.5亿美元,同比增长20%,预计将在2022年达到615亿美元。当前我国超级电容器核心企业约20余家。预计到2020年,我国超级电容器市场规模约为138.4亿元。

随着新能源汽车的热度越来越高,超级电容器从早期的客车领域应用为主逐步过渡到乘用车领域,乘用车制造商对超级电容器也投入了更多的关注目光。2019年,烯晶碳能超级电容器作为汽车电子关键零部件被知名汽车生产商认可,应用到国际知名车企吉利VOLVO、捷豹路虎等。2019年4月首个应用超级电容器的中国品牌高端轿车"红旗H5"正式上市,截至7月底已销售1.5万辆。世界顶级跑车制造商兰博基尼与麻省理工学院合作,为电动汽车开发超级电容器,在2019年的法兰克福车展上,展出了一款使用该技术的混动超级跑车 Sián。2019年2月,美国汽车制造商Tesla收购超级电容器制造商Maxwell,涉足超级电容领域。目前,Maxwell生产的超级电容器已经应用于汽车启停技术,全球装载几百万辆汽车。2019年2月,特斯拉收购美国Maxwell,开始进行在电动汽车领域把锂离子电池和超级电容器组合起来的尝试。特斯拉将超级电容器应用在电动汽车领域,将产生示范效应,这种应用将有望迎来爆发式增长。上海奥威科技、宁波中车新能源、无锡烯晶碳能等企业纷纷与乘用车企业展开技术合作,推广超级电容在乘用车领域的应用。

国内外对车用超级电容器的研究主要集中在如何提高超级电容器的储能密度、功率密度并降低成本以满足工况需求,其研究内容涉及到新材料的研发、制作工艺方法的改进、超级电容的系统研制。因而超级电容行业的发展不仅需要行业厂家对产品体系、制作工艺、成组方式有更深入的研究，同时也需要上下游产业互相联动，开发低成本高性能的核心材料，乃至核心材料国产化，到用户企业实际工况下应用模式探索及参数挖掘，共同推动超级电容产业蓬勃发展。

2. 2019年车用超级电容器技术发展情况

（1）2019年车用超级电容器技术发展特点

①发展现状

2019年车用超级电容器的技术发展主要方向：一是应用于汽车主动力源的高能量混合型超级电容器；二是应用于混合动力领域的高功率双电层电容器；三是超级电容低成本化。对于用作主动力源的混合型超级电容器，在保持长寿命和安全性的前提下，提高能量密度和车辆续航里程是当前技术发展的主要方向。上海奥威开发的高能量混合型超级电容器单体能量密度提高到最新的100 Wh/kg，车辆续航里程提高到30～40 km，产品覆盖了6～8 m、10～12 m和18 m等主流的城市公交领域，首次实现超级电容公交车营运中途无需充电，解决了乘客等待焦虑问题。另外，130 Wh/kg新型超级电容器单体已经开始在2019年底试车。随着新能源汽车行业的大发展，更高的续航里程是动力电源发展的主要方向，高能量密度混合型超级电容器产品仍然是车用超级电容器技术发展的大方向。

对于混合动力领域，双电层电容器凭借突出的功率特性已应用于汽车启停装置，在全球装载几百万辆汽车。作为能量回收和起停应用的超级电容器，大容量、高电压、高功率的双电层超级电容技术仍然是当前超级电容器技术发展的主要方向。超级电容器可以用于启停式混合动力汽车、深度混合动力大客车，以及纯电动公交车和场地车辆。欧洲市场的大部分新车都采用了启停系统，国内的启停式混合动力汽车也已揭开快速发展的序幕，这部分市场规模达到了每年超过10亿元，已经成为超级电容器最重要的市场之一。深度混合动力大客车已经成为国内电动汽车市场销售的主力，宇通、金龙、南车、中通、海格等几家整车企业的年产销量均超过数千台，且市场销售发展势头迅猛。3 V高压碳基双电层超级电容器是研发的主要方向，如何提升高压下的循环寿命是难点。

车用超级电容器相比于车用锂离子电池，价格偏高，大大限制了其在车用领域的推广。降低车用超级电容器的生产成本以满足市场要求，同时采用新的推广模式提升用户的认可度是当前车用超级电容器技术发展的突破口。

②发展趋势研判

超级电容技术发展方向主要包括大容量、高电压的双电层（功率型）超级电容技术，高能量型混合型超级电容技术以及超级电容安全性提升、低温改善技术。以开发新型超级电容为重点，提升其安全性、一致性和低温特性等关键技术为侧重。

功率型超级电容：采用高比表面、低成本、高电压、低内阻碳材料，高电压、高电导率电解液代替现有超级电容材料，提高双电层超级电容的容量和响应时间，降低RC值，实现超级电容的超高比功率，关键材料国产化率大幅度提升、生产成本显著降低。

能量型超级电容：发展高功率、高比能量和高低温性能优异的新型储能电极材料，开展其可控制备或改性技术研究，开发高电导率和宽温度电解液，高离子传导性隔膜，低内阻集流体，使其在保持超级电容高比功率、长寿命和快速充电特性的同时大幅度提高比能量，并且兼顾混合型超级电容的低温使用性能，提高性价比和关键材料国产化率。

（2）2019年车用超级电容器实现的主要技术突破点

①高能量混合型超级电容能量密度突破100 Wh/kg

同步提升能量密度和功率密度，是电化学储能器件需突破的技术瓶颈，是制约电化学储能器件应用发展的关键因素。超级电容目前多以活性炭为电极，由于物理储能，能量密度仅能达到5～10 Wh/kg，并且后续提升空间有限，能量密度是超级电容工业发展的致命短板。高比能量的有机混合型超级电容技术是2019年本领域技术发展的最前沿和热门的方向之一，研究主要集中在日本、韩国等国家。2019年，上海奥威科技开发有限公司通过理论创新和系统优化，开发出一款高比能量和高比功率的有机混合型超级电容，能量密度突破100 Wh/kg，功率密度突破15 kW/kg，该款产品单体电池能量密度接近功率型LiFePO4电池的比能量（130～140 Wh/kg），且具有寿命长、功率密度大、快速回收能量等优良特点，填补了传统双电层超级电容与锂离子电池之间的性能空白，具有十分广泛的应用前景，主要性能同日本、美国等公司主流产品相比，很多性能均有明显优势。2019年9月，使用该高能量混合型超级电容器的城市公交在上海26路投入运营，首次实现电容公交车营运中途无需充电，解决了乘客"等待焦虑"问题。

②高能量混合型超级电容工作温度达到－40 ℃

受限于电解液的低温耐受性，能量型超级电容最低使用温度不低于－20 ℃。由于全球气候的多样性，特别是中国黑龙江北部、以及靠近北极圈的俄罗斯、北欧等国家，冬季温度长时间－30 ℃以下，严重制约了超级电容的应用范围，开发超低温耐受性的超级电容具有很重要的战略意义。在国家重点研发计划项目支持下，上海奥威科技通过电解液复配技术、极片工艺优化等手段开发出一款新型高能量超级电容，在－40 ℃环境下10C放电容量保有率超过常温的60%。该超级电容能量密度65 Wh/kg，最大功率超过20 kW/kg，克服了能量型超级电容器的超低温气候耐受性问题，已应用于白俄罗斯、北欧等公共交通、有轨电车等项目，在低温启动、高空无人机、国防等战略领域具有极大的应用潜力。

③高功率双电层超级电容单体容量达到12 000 F，能量密度接近10 Wh/kg

炭基双电层超级电容器能量密度一般保持5～8 Wh/kg，提升容量和能量密度是该体系最重要的技术需求，2018年底，宁波中车新能源科技有限公司率先研制出12 000 F的纯碳基大容量双电层电容器，单体性能达到国际领先水平。

④碳—炭超级电容器能量密度突破30 Wh/kg

2019年中科院电工所承担的北京市科委重点研发计划项目通过验收，通过对高比容量活性炭材料、高倍率负极材料体系、石墨烯复合材料等关键材料，先进的穿孔集流体无损涂布技术和负极可控预嵌锂技术等进行攻关，成功研制出具有高能量密度（33.6 Wh/kg）和高功率密度（5.2 kW/kg）的全炭型锂离子电容器单体，应用在国内首辆以全炭型锂离子电容器为唯一动力源的示范观光车。

⑤超级电容实现在新能源船舶中的拓展应用

2017 年 11 月,采用高能量超级电容作为功率补偿的全国首艘电力推进民用船舶投入运营,新渡船实现综合节油率 15%。2019 年初,采用锂电池 + 超级电容为动力的 2 000 t 内河电动自卸钢质货船投入运营,船上安装有重达 26 t 的超级电容 + 超大功率的锂电池,整船电池容量约为 2 400 kWh,船舶在设计上突破了大容量新能源电动船设计、岸电接驳及快速充电系统的成套技术难点,其双电管理系统瞬态响应性能优异,能量回收高效,船舶动力强劲。该船充满电的理论时间为 2 h,而该船完成整船货物装卸时间也大约为 2 h,所以它在停靠到码头进行货物装卸时,即可以进行充电,不耽误船舶的工作。船舶在满载条件下,航速最高可达 12. 8 km/h (约 7 节),续航力可达 80 km。在航行中,全程不消耗燃油,碳、硫等废气污染物及 PM2. 5 颗粒实现零排放,达到《内河绿色船舶规范》的绿色船舶Ⅲ——最高等级。

3. 目前亟须解决的技术难点及解决方案

对于车用超级电容器,亟须解决的技术难点主要是关键电容材料国产化和低成本化,以及超级电容单体实现更高的能量密度和功率密度、宽的工作温度范围。相比于主流的车用锂离子电池,高能量车用超级电容器产品能量密度依然偏低且价格高昂,能量密度和功率密度不能满足日益增长的需求。

对双电层电容器,需要开发更高容量、低成本炭材料和高电压电解液,优化电极制造工艺和产品结构设计,规模化、自动化化生产。一直以来高品质超级电容活性炭、隔膜等关键材料长期被日本、韩国等外国公司垄断,成为制约中国超级电容发展瓶颈,需要提高国产材料性价比,实现高性能超级电容关键材料国产化和低成本化,材料结构可控化、产业化制备,从而满足超级电容的需求和发展。国内较有希望实现活性炭材料国产化的企业主要包括:南京捷峰、浙江富来森、新疆天富、朝阳森塬等,隔膜企业主要是凯恩股份。

对于混合型超级电容器来说,需要寻找更高比容量的材料,优化复配技术、电极工艺和结构设计,规模化自动化生产。开展兼具高比功率和高比能量特性的超级电容器和锂离子电池的一体化体系技术研究,使超级电容器高功率优势和锂离子电池的高能量优势结合在一个全新的电化学体系中。国内超级电容器极片生产工艺大多采用涂布方式,与 MAXWELL 的"Sheet"工艺相比,生产过程能耗较高,材料利用率较低,突破"Sheet"极片制备工艺,可降低国内超级电容器的生产成本,提高超级电容器的比能量和自放电水平,是国内超级电容器产业化发展的重要方向。

另外,装备是制约材料和器件生产和降低成本的关键环节,相比日韩和欧美,国产装备的占比不大,超级电容企业基本和锂离子电池企业形成装备应用的重叠,几乎难以实现自研装备的制造。关键装备如卷对卷预锂机、干法涂膜产线、外壳封装机械等均受限于国外。

4. 2019 年国内外技术差异

国外超级电容器生产厂商以日、美、韩三国处于世界领先水平。国内外车用超级电容器技术的发展在方向上各有侧重点。日韩超级电容器企业更多发展活性炭正极/锂电池负极体系的锂离子电容器,这种产品相对于双电层电容器有更高的工作电压和能量密度,但生产成本高,限制了产品的应用推广。美国超级电容器企业,以 Maxwell 为代表,更多发展双电层电容器,技术上着力于提高超级电容器的可靠性和功率密度,主要应用于混合动力公交车和汽车启停装置。

国内的车用超级电容器企业,技术发展则更多偏向于高能量混合超级电容器,兼顾高功率和长寿命,提高能量密度,更符合国内市场需求,在新能源汽车领域尤其是新能源城市公交得到了广泛应用。

5. 未来几年车用超级电容器技术发展趋势

车用超级电容器的技术发展的主要方向是在保持长寿命、高安全和高可靠性的前提下,提高超级电容的能量密度和功率密度,降低超级电容的成本。因而未来几年技术的发展趋势主要有以下几方面。

(1)低成本高性能碳材料

碳材料是超级电容器最核心的关键原材料,常见活性炭材料原材料主要有两种:常规容量低成本的椰壳炭和高容量高成本的焦炭。开发出高比表面、高电压、低内阻碳材料,显著降低生产成本,实现碳材料国产化率大幅度提升是超级电容器行业技术发展的主要趋势。

(2)宽温度高电压高电导率的电解液技术

在汽车低温冷启动,还是在寒冷的北方作为主动力电源以及启停装置的高工作温度,宽工作温度范围的超级电容器电解液的发展至关重要。对于高功率双电层电容器,需要高电导率电解液保证高功率密度,同时需要提高电解液的工作电压来提升产品的能量密。对于混合型超级电容器,需要高电导率电解液在满足能量密度提高的同时保持高的功率密度。因而开发宽温度高电压高电导率的电解液迫在眉睫。

(3)高能量高功率混合电容器技术

发展高功率、高比能量和高低温性能优异的新型储能电极材料的可控制备或改性,开发高电导率和宽温度电解液,高离子传导性隔膜,低内阻集流体,使其在保持超级电容高比功率、长寿命和快速充电特性的同时大幅度提高比能量,是车用超级电容器行业追求的目标。

(4)先进的电极制造工艺

高性能的电极制造工艺,能够带来产品性能的极大提升。通过自动装配工艺和自动化工装设备实现批量化生产,提高超级电容产品的一致性,降低生产成本。干电极制造工艺,不使用溶剂,降低成本,简化工艺,并且提升产品能量密度。

6. 未来几年市场需求分析预测

2019 年,新能源汽车产销分别完成 124. 2 万辆和 120. 6 万辆。截至 2019 年 9 月,新能源公交车突破 34 万辆。根据"十三五"规划,5 年内全国新能源汽车累计产销量达到 500 万辆,并鼓励城市公交和出租汽车使用新能源汽车,大力发展纯电动汽车和插电式混合动力汽车。随着国内新能源汽车的大力推广和普及,在领头企业的带动下,未来车用超级电容器的市场规模有望加速扩大。未来 5 年国内超级电容器行业仍将保持高景气度,随着车用市场的推动,预计未来

5年车用超级电容器的年复合增长有望达到50%左右。交通运输领域超级电容器市场规模占比巨大,预计2025年有望达到100亿元,在起停、混动、纯电动等领域取得突破,同时在工业用超级电容器等领域市场规模也呈现快速增长。

随着燃料电池的发展,超级电容器的功率特性将为燃料电池的启动提供最合适的助力,尤其在环境温度较低的高海拔或高纬度地区,燃料电池—超级电容混合式电动车将成为一个发展新模式。

随着新能源汽车、物联网和5G技术推广,超级电容器的市场规模将会快速增长。对车用超级电容器企业,需要加强自主创新,研发生产出更符合新能源汽车需求的车用超级电容器,促进超级电容器行业整体技术水平的发展,开拓超级电容汽车或超级电容作为助力电源在新能源汽车的应用市场,能够推动能源生产和利用方式变革,优化能源结构,推动构建安全、稳定、经济、清洁的现代能源产业体系。

7. 车用超级电容器产业发展存在的问题及建议

车用超级电容产业发展存在关键原材料国产化、产品评价一致化、生产设备智能化、产业政策明确化四个大问题。

一直以来高品质超级电容活性炭、隔膜等关键材料长期被日本、韩国等外国公司垄断,成为制约中国超级电容发展瓶颈。需要对国产超级电容碳材料等关键材料进行广泛试用,对核心材料进行优化,开发新型高容量、低成本的电极材料,实现材料结构可控化、产业化制备,但这是个长期的脚踏实地的过程,需要比较大的人力和资金的投入,但也是一个困扰多年的卡脖子问题。

标准化建设在规范产品质量、助力产业发展、促进经济与贸易、便利人民生活等多个方面起着越来越重要的作用。不同厂家的超级电容器产品评价指标不一致,电流电压在标记过程中比较灵活,因此客户难以实现有效的对比判断。需要建立完善超级电容产业的相关技术标准体系,用类似"产品大比武"当方式规范行业发展方向,明确应用领域,提高相关企业及产品市场准入门槛,促进行业的健康发展。由产业联盟、行业专家等研究确定超级电容行业或领域的对标标准清单和对标技术方案,筛选出行业优势领域和领跑者企业。

同离子电池产业相比,超级电容产业链规模和成熟度都要低得多,依托国内成熟的锂离子电池设备制造产业,通过与制造企业合作开发,研制针对超级电容特性的专用设备是比较稳妥的方向。然而,因为超级电容市场规模较小,难以支撑起比较大的设备企业,建议国家设立设备专项,在前期进行资金投入和研发支持,开展超级电容关键设备的制造,不要采取"全员上马"的举动,既能节省支出又能优化人力。

我国超级电容器在许多领域还处于起步和成长阶段,因而在超级电容产业发展中也存在诸多问题和阻力。第一,超级电容器行业在政策支持方面跟锂离子电池相比很弱,电动汽车的补贴政策鼓励、推动了锂电行业的发展,却严重阻碍了超级电容器行业发展;第二,超级电容行业研发创新投入不足,无论是国家层面、还是企业院校对于超级电容器的研发投入远远不够。建立产学研合作机制,健全组织协调机构促进保障机制的构建。建立由教育、科技、发改委、财政等相关部门联合组成的产学研合作协调部门,负责研究、制定推进产学研合作的发展方向、重点和扶持政策、措施等,同时协调在合作过程中出现的问题,明确合作各方的地位、关系、权利、义务和利益分配。健全法律制度能够保护合作各方的合法权益,规范合作行为。制定激励合作的政策。结合实际情况,制定优惠政策,对承担产学研合作项目的企业和科研院所,或有突出业绩的产学研合作项目的承担单位,享受一定的税额减免或其他优惠政策。

从市场应用角度来看,几乎没有哪个电化学器件具有独一无二、无可替代、非用不可的不可动荡的地位,那么,追求最高的性价比就成为用户的首选方案,有价无市的高科技产品让市场大幅度接受的难度将会很大。因此,在满足用户需求的前提下又好又便宜是任何一个企业必须考虑的前提。超级电容器和锂离子电池均有其独特的优势,寻求最合适的应用场合发挥出最好的性能才是市场开拓的主要方向,而不是靠体量一把抓。而技术路线的发展过程中,如何不断提升性能并保持成本优势是应对市场竞争最大的挑战。

随着新能源汽车的发展,国内车用超级电容器的产业化水平也快速提高。随着新技术的迭代创新,市场期望超级电容器拥有更大的电容量、更高的能量、更宽的工作范围以及更长的使用寿命,这也为超级电容器的产业发展迎来宝贵契机。超级电容器产业发展,需要加强车用超级电容器企业与上游原材料企业和下游汽车企业的合作,紧贴用户需求,建成与先进交通技术紧密结合、适应新能源技术产业发展要求,提升我国车用超级电容器产业整体水平和国际竞争力。车用超级电容行业的发展需要大力发展关键技术、高新技术,需要将创新与市场需求相结合,需要在增加对市场深入了解和挖掘的基础上,将科技创新和经营理念、销售模式、售后服务相结合。

二十二、车用驱动电机及系统

Chapter 22 Vehicle Driving Motor and System

(上海电驱动股份有限公司 贡 俊)

1. 2019年车用驱动电机及系统产业的总体情况

经过多年的持续努力与攻关,我国在驱动电机系统设计、制造、检测方面取得了长足的进步,系列化驱动电机及控制器产品的峰值功率范围覆盖了360 kW以下各类新能源汽车用电驱动系统动力需求,关键技术指标如功率密度、效率等与国际同类产品水平相当。我国新能源汽车绝大部分采用自主驱动电机及其控制系统,产品技术水平达到国际同类先进产品水平,并实现了批量出口。

2. 2019年车用驱动电机及系统技术发展情况

(1)2019年车用驱动电机及系统技术发展特点

高速、高密度、高效、低振动噪声、低成本是新能源驱动电机的重点发展方向。驱动电机通过以下技术途径实现电机功率密度进一步提升:高密度绕组技术、高效热管理技术和电机高速化技术。

通过采用电力电子集成技术,有效减小控制器的重量和体积,提高功率密度,降低制造成本。电力电子封装技术打破了模块封装与控制器集成装配之间界限,采用 IGBT 定制封装模块有效地提升了电机驱动控制器集成度与功率密度水平。

驱动电机、电机控制器与减速器深度集成的电驱动一体化总成是乘用车领域现阶段发展的主要技术目标,国外以大陆、麦格纳、博格华纳、吉凯恩、博世、采埃孚、日本电产等为代表的电驱动系统集成商推出了三合一电驱动一体化总成产品,成为乘用车驱动系统主要应用类型。我国电驱动总成开发与国外基本同步,如上海电驱动、精进电动、巨一、汇川、比亚迪等均推出了三合一电驱动总成系统,最高转速达到 13 000 ~ 16 000 r/min,长安逸动 EV460、BYD 元 EV360、广汽 Aion S 已批量上市。此外,一些整车企业还推出了多合一电力电子总成控制器,代表企业包括日产、宝马、长安、北汽等。

(2)2019 年车用驱动电机及系统实现的主要技术突破点

国内外驱动电机及系统代表性技术进展主要表现如下。

①扁导线定子扩大应用

从驱动电机定子绕组结构上看,发卡式绕组/扁导线绕组因具有高槽满率和低直流电阻,在中低速运行区域相对于圆导线电机具有效率优势。扁导线绕组工艺增加铜的填充量,槽满率提高 15% 以上,同时与定子有效接触面积增大,绕组温升比圆线电机低 10%,散热和热传导更好。国际上电装、博世、博格华纳等开发并量产扁导线驱动电机产品。我国华域电动、精进电动、汇川技术、松正电机、上海电驱动等多个企业研制了发卡式绕组的乘用车驱动电机样机,其中华域电动采用发卡式绕组电机应用于上汽 EDU2 代 PHEV 和纯电动轿车,率先实现了量产,精进电动研制了发卡式绕组乘用车电机样机,功率密度达到 4.4 kW/kg 以上。

②驱动电机关键材料技术取得进展

在高性能永磁体材料方面,采用重稀土晶间扩散(GBD)及晶粒边界调节(GBM)技术,可大幅度减少重稀土使用量,同时提高磁体性能、改善品质。国外如 Toyota、GM 开始研究采用混合磁体(含铁氧体),部分替代钕铁硼材料,低重稀土永磁材料已经实现批量应用;我国如宁波韵升、中科三环等均研制出采用晶界扩散的低重稀土永磁材料,并实现应用。

电工钢和铜线是电机的导磁和导电材料。我国研制了 0.2 ~ 0.3 mm 系列化硅钢片,导磁和铁耗等性能较同类产品提升,特别考虑了温度对硅钢磁性和机械性能的影响,提升了电机精细化设计水平。在新型导电材料方面,国外报道了采用碳基复合材料(简称 CNT)的超级铜线,与铜导体相比较,电导率提升 100 倍,导热能力提升 10 倍,强度提升 300 倍。我国开发出的超级铜,其机械性能与普通的金属材料铜基本一致,但是,导电性能大幅度提升,比金属银高出 10%。

在绝缘材料方面,我国绝缘材料企业在耐电晕性能、电气绝缘性能、机械强度、耐热性、高导热、耐 ATF 油、阻燃、耐高低温冲击、高热导耐高温绝缘骨架等方面取得技术进步,研制了车用驱动电机应用的耐电晕漆包线、绝缘浸渍树脂、绝缘柔软复合纸、高导热灌封材料等产品。

③宽禁带半导体控制器技术取得突破

碳化硅器件因具有高温、高效和高频特性,率先在车用电机控制器实现应用,进一步提升了电机控制器功率密度和效率。日本丰田、日立、电产推出全 SiC PCU,其中日本丰田带载 SiC PCU 的样车在工况下较带载 IGBT PCU 损耗降低 30%。法国 Yole 公司预测 2018 年后碳化硅器件将开始应用于电动汽车大功率电机驱动和大功率充电领域,特斯拉(Tesla)在 2018 年推出的 Model 3 即量产采用 SiC 器件。我国中车、电工所推出了 1 200 V/400 A Pinfin 封装结构 SiC 模块,在封装结构和焊接材料封面取得进展。中科院电工所、比亚迪、精进电动等研制了 SiC 电机控制器样机。

(3)目前亟须解决的技术难点及解决方案

对比上述国内外新能源汽车电驱动技术发展现状与技术发展方向,制约我国车用驱动电机发展的技术短板主要集中在电驱动总成设计、关键材料与核心工艺、核心装备等方面。

①车用驱动电机智能化、深度集成化设计能力不足

实当前我国对于车用电机实时运行状态、故障实时诊断、振动噪声、电磁兼容等仍缺乏系统的理论支撑,影响了我国车用电机产业竞争力持续提升。我国软件水平参差不齐,软件架构研发缓慢,网络安全较为缺失。

②驱动电机系统的关键零部件与新材料开发与制造工艺仍有差距

我国在新型电超导与热超导材料、高导磁硅钢片、车用低重稀土、漆包线成型与加工性、扁导线制造工艺方面待进步。我国在高速轴承及高速变速箱的设计与制造能力不足。

在第三代宽禁带半导体器件方面,我国在芯片电流密度、外延材料及生长工艺、模块可靠性设计与封装等方面仍与国外存在差距。

③电驱动总成的部分核心零部件自主能力不足

在乘用车电驱动集成一体化方面,我国有多个三合一电驱动总成产品推出并开展应用,然而机-电、电-电的集成度、性能(功率密度和转速)、可靠性仍需要进一步提高,同时缺少可靠性高的后桥电驱动总成产品。

④电驱动系统产业化制造工艺与装备水平不足

我国在高端试验、高速试验和关键生产设备、检验设备的水平相对落后,基本依赖进口;批量化与"智能"产业化技术,高端工艺与装备技术与国际先进水平尚存差距。

面对这些不足和问题,首先应该以企业为主体,以市场为导向,通过加大企业创新和研发投入,增强企业的综合竞争力,同时从国家层面,聚焦一些关键共性技术和基础材料、器件、装备等,进行全产业链和跨行业联合攻关,突破瓶颈,打通产业链,形成产业集群。

(4)2019 年国内外技术差异

我国驱动电机功率密度、效率等整体技术提升很快,技术水平与国外同类产品相当,驱动电机重量比功率已达到 4.0 kW/kg 以上,典型国内外电机产品指标对比见表 1-27。

表 1-27 典型国内外乘用车驱动电机产品指标

技术指标	国内典型电机 1	国内典型电机 2	国内典型电机 3	国外典型电机 1	国外典型电机 2	国外典型电机 3
峰值功率(kW)	125	130	130	130	150	165
最高转速(r/min)	13 200	13 200	12 000	8 810	16 000	17 900
峰值转矩(Nm)	300	315	310	360	310	416
峰值效率(%)	97	97	97	97	97	97
功率密度(kW/kg)	4. 30	4. 56	4. 20	4. 60	4. 4	4. 5
冷却方式	水冷	油冷	水冷	水冷	水冷	水冷

我国典型高密度电机控制器样机与国外先进水平对比见表 1-28。

表 1-28 国内外电机控制器的功率密度指标对比

对比项目	国外典型电机控制器 1	国外典型电机控制器 2	国外典型电机控制器 3	国内典型电机控制器 1	国内典型电机控制器 2
功率密度(kW/L)	25. 0	25. 0	23. 0	23. 1	23. 5
峰值功率	105	125	135	125	260
直流电压等级(V)	200 ~ 600	300 ~ 450	300 ~ 450	300 ~ 480	300 ~ 480
器件电流(A)	350 Arms	400 Arms	450 Arms	800 A	800 A
器件封装形式	定制	定制	定制	定制	定制

国内外乘用车电驱动总成的关键技术指标对比见表 1-29、表 1-30。

表 1-29 国外乘用车电驱动总成的关键技术指标对比

对比维度	大陆 EMR	博世 MEB	LGE IPGM	Leaf 2018	Tesla Model 3
电机峰值转矩(Nm)	270	310	340	320	416
电机峰值功率(kW)	120	150	110	110	165
电机最高转速(r/min)	14 000	16 000	9 220	10 500	17 900
标称母线电压(Vdc)	315	388	350	340	370
电驱总重量(kg)	82	92	83	90. 1	90

表 1-30 国内乘用车电驱动总成的关键技术指标对比

对比维度	国内产品 1	国内产品 2	国内产品 3	国内产品 4	国内产品 5
电机峰值转矩(Nm)	300	300	320	300	320
电机峰值功率(kW)	145	145 ~ 150	150	160	150
电机最高转速(r/min)	12 000	12 800	14 000	15 000	16 000
标称母线电压(Vdc)	350	350	396	410	340
电驱总重量(kg)	80	90	92	90	94

3. 主要企业经营发展情况

根据中国汽车工业协会统计数据,2019 年我国新能源汽车产销量分别达到 124. 2 万辆和 120. 6 万辆,其中新能源乘用车产销量分别达到 109. 1 万辆和 106. 0 万辆,新能源商用车产销量分别达到 15. 0 和 14. 6 万辆。在驱动电机及控制器配套企业中,新能源乘用车驱动电机和电机控制器的国内配套企业比例分别达到 83. 6% 和 85. 9%,新能源商用车全部由国内企业配套。我国新能源汽车市场的驱动电机前 20 家配套比例达到 81. 1%,15 家为国内驱动电机企业;电机控制器前 20 家配套比例达到 75. 9%,16 家为国内电机控制器企业。总体上我国在驱动电机及控制器领域具备了较为充分的国产化配套能力,产业聚集效应初步显现,我国驱动电机及控制器整体配套情况如图 1-50 所示。

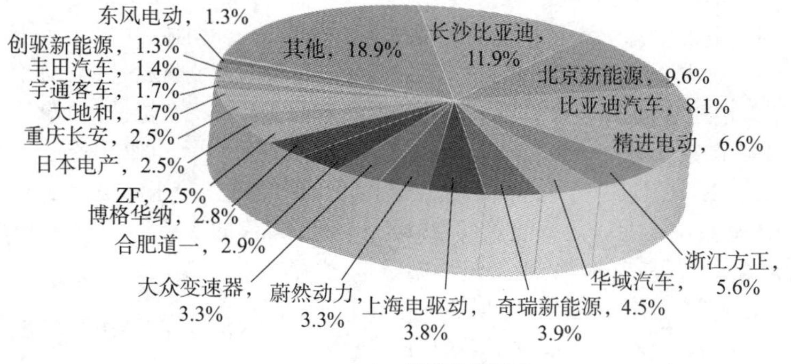

a) 驱动电机配套

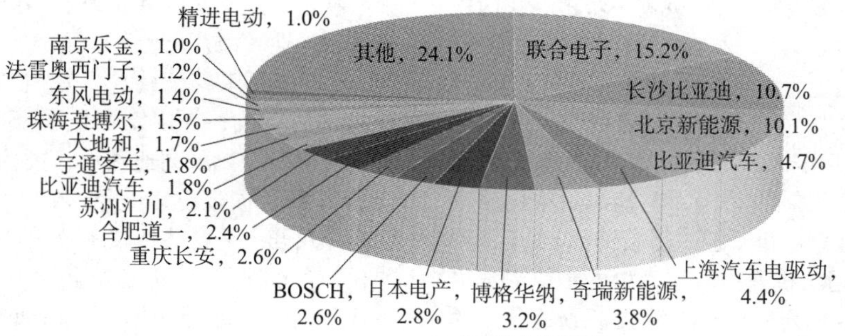

b) 电机控制器配套

图 1-50 2019 年我国新能源汽车驱动电机及控制器配套统计

4. 未来几年车用驱动电机及系统产业发展趋势

新能源汽车电驱动总成技术涵盖纯电动汽车、插电式混合动力汽车、增程式电动汽车、燃料电池汽车、混合动力汽车等各类采用驱动电机作为动力源或辅助动力源的汽车的应用,高速、高密度、低振动噪声、低成本是目前的研发和产业化重点,具体技术和产业发展趋势有以下几个方面。

(1)在电机方面,我国驱动电机在功率密度、转速、效率、工艺等关键技术指标与国外相当,面向新能源汽车的更大规模应用,少重稀土永磁材料、耐电晕耐高温绝缘材料、高强度高热导耐高温绝缘材料、直接油冷电机材料的兼容性和高导磁低损耗材料替代应用等是行业热点。

(2)在电机控制器方面,技术方向瞄准更高功率密度和更高效率。芯片双面焊接与单面/双面冷却技术是提升电机控制器功率密度的关键。我国 IGBT 器件和功率模块封装技术与产业正在加速成熟嘉兴斯达、中车时代、深圳比亚迪等在 IGBT 功率模块封装、控制器系统级工程化集成能力提升很快。800 V 直流电压可大幅度提升整车快充性能,在动力性能要求极高的车型开始应用。

(3)由于 SiC 器件具有高温、高效和高频的优势,国内外相关研究单位、企业均在大力开展 SiC 晶圆、芯片、模块及全碳化硅电机控制器的研发,特斯拉已经在 Model 3 上应用了 SiC 器件。我国浙江大学、中电集团 55 所、中车时代电动、深圳比亚迪、中科院上海微系统所等正加快 SiC 器件的研发和应用。

(4)集成一体式纯电驱动总成是乘用车领域一个明确的产品发展方向,我国起步与国外基本同步,我国有多个企业推出了集成一体式电驱动总成产品。我国需要加快自主高速减速器及其轴承、齿轮等配套关键零部件开发,并强化电机、控制器和减速器等核心零部件的深度集成。

(5)轮毂电动轮总成依然是新能源汽车行业发展的热点之一。轮毂电机的集成、安全与控制问题仍是瓶颈技术,需持续关注和增加投入。轮毂电机在商用车和特种车辆应用已经开始起步,但轮毂电机在乘用车的应用仍需要较长时间。

(6)我国电动汽车电驱动系统产业联盟持续发展,联盟产品涵盖了硅钢、磁钢、绝缘材料、高速轴承、旋转变压器、IGBT 器件、碳化硅器件、膜电容器、电流传感器、集成芯片等关键上游材料和器件,联盟在高密度电机控制器、全碳化硅电机控制器、高密度驱动电机、电驱动总成等方面取得进展,在核心零部件方面推动研发与验证,有望进一步提升我国核心器件和零部件的自主竞争力。

5. 未来几年市场需求分析预测

我国已经开发出了适用于混合动力与插电式新能源客车、燃料电池与纯电动乘用车、混合动力与插电式乘用车以及小型电动汽车的各类驱动电机及控制器系统,形成了系列化、规格化、模块化的驱动电机及控制器。主要企业都推出了三合一电驱动总成产品规划和典型产品,几乎所有整车的新产品开发将总成系统作为首要选择。物理集成的三合一总成已得到大批量应用,深度集成产品也开始进入批量阶段,产品的性能质量成本比不断提升,技术和产品的比较优势日趋明显。我国新能源汽车绝大部分采用自主驱动电机及其控制系统,产品技术水平达到国际同类先进产品水平,并实现了批量出口。我国驱动电机企业已成为全球跨国汽车企业的重要选择,但是同时外资跨国电驱动公司也开始进入我国主流车企和车型。在一线城市中,A 级以上的车辆重点是以外资、合资以及国内高端品牌为主,一方面是长续航版的车型,另一方面时尚的车型,在二三线城市及农村可能以自主品牌的经济实用车型为主。对于高端品牌的车型外资品牌的电驱动系统可能有进入,但是自主品牌的车企还是以本地电驱动企业的产品为主。

6. 车用驱动电机及系统产业发展存在的问题

从 2019 年开始,外资零部件厂商们开始进入我国电驱动市场。这些传统零部件巨头们,以较强的品牌效应、较大的规模优势、稳定的客户关系、多年的技术积累,开始进入原先已基本国产化的市场。在全年排名中,大众变速器和日本电产公司都进入了前 10 名。2019 年 7 月中旬,日本电产在大连的新能源电机一期项目投产,8 月与广汽成立了合资公司,随着广汽 Aion 系列车型的放量,日本电产已经从 2019 年 10 月开始进入我国驱动电机市场前五。

我国新能源汽车电驱动产业总体发展多样化,电驱动行业发展速度和投入逐步回归理性。由于自主品牌的新能源整车销售微利甚至亏损,电驱动几乎全行业亏损的状况短期很难改变。一方面整车指标受补贴政策的变化,关键零部件的指标也随之变化,开发验证费用大大增加,供应链的呆滞品短期难以消化;整车企业给出的生命周期总量和实际用量差距较大,研发费和模具费的分摊几无可能;很多企业难以生存,已开始进入优胜劣汰阶段。2018 年国内新能源电机供应商有 380 个,到 2019 年已经下降到了 200 多家。普华永道根据部分公司披露的公开信息粗略估算,到 2020 年,新能源电机电控产能将超过 280 万套。2019 年,我国新能源汽车配套的驱动电机装机量在 124 万台的规模。供大于求、僧多粥少的情况,导致电驱动企业之间不断发生恶性竞争。产能过剩、恶性竞争带来的是企业大面积亏损。在电驱动这个极度考验规模的市场上,如果一年做不了 5 万套产品,几乎很难生存。

7. 车用驱动电机及系统产业发展建议

(1)聚集我国政、产、学、研、用等全社会优势资源,聚焦核心技术和产业发展重大需求,引导、促进战略性新兴技术进步和产业转型升级。

优先开展卡脖子技术攻关,主要涉及功率半导体器件、控制和驱动芯片、专用集成电路 ASIC、车规级被动电子元器件、高精密传感器、高速轴承、高速油封、低拖曳损失湿式离合器、低摩擦同步器等开发与攻关。

加快开展平台共性技术攻关。对于基于 AutoSAR 的模块化平台软件开发、功能安全技术、EMC 设计和评价、NVH 设计和评价、行星排齿圈热后精加工技术、高精度齿轮制造技术等聚集行业资源,共同攻关开发。

通过产品的平台化、模块化、通用化,协同创新采用,发展规模经济，降低制造和管理成本，持续增加研发和制造投资，开发有竞争优势的高性价比电驱产品。推进产业化基地建设，集聚资源发挥协同优势。鼓励组建战略性产业联盟，利用各自优势集中突围。

（2）聚焦新能源汽车电驱动产业发展中的全局性、综合性、战略性、长期性、前瞻性、热点难点问题。

加大财政支持、税收优惠、人才补助政策倾斜，支持研究或引进先进关键共性技术并加快国产化，营造鼓励国产自主开发车规零部件的环境，促进本土供应链的建立，呼吁整车企业给予更多装车验证和产业化示范应用机会，国家宏观层面设立机制创造条件鼓励、指导、支持国产零部件的终端应用。通过技术迭代，增强我国电驱产业风险抵御和自主创新能力。

加快完善我国汽车电驱技术标准体系建设，提升我国技术认证机构的检测能力和品牌，统筹资源开发我国自主的高质量的辅助分析设计软件工具，以及硬件测试工具，台架检测设备，制造装备等。

扩大国际合作广度和深度，推进开放创新，引导企业在更高的层次上，更宽的视野下，在全球化架构中开展深度创新，融入全球知识体系。支持通过各种形式掌控高端人才、技术、资源，建立全价值、全要素、全周期的创新链、人才链、政策链、资金链和供应链的统筹体系。

二十三、车用电机测试

Chapter 23　Vehicle Motor Testing

（北京理工大学　宋　强）

1. 2019 年车用电机测试产业的总体情况

2019 年，车用电机测试产业总体发展相对平缓，延续着 2018 年的技术路线，但是也表现出了一些新的特点。

第一，电力测功机继续向着高速化方向发展。超过 20 000 r/min 的高速电力测功机仍旧受到重视，特别是碳化硅功率器件在新能源汽车行业的应用趋势已经达成共识，更加促进了高速电机以及高速测功机的市场需求。

第二，为了配合车用电机产业化发展趋势，电机产品的自动下线性能检测和质量控制设备继续受到重视，国内外主要车用电机测试设备供应商都提供了相关的测试设备，并在部分厂家配套使用。

第三，除了国内几个主要的汽车质量检测中心，车用电机测试设备生产厂家以及具有电机检测设备的企事业单位也开始为整车或电机等零部件企业提供检测和标定服务，降低了整车及零部件企业的设备投资负担。

第四，电机系统的可靠性、性能指标及评价方法等国家标准进入修订阶段，并且寻求为电机控制器单独制定相关的技术标准，在引导更多企业进入车用电机行业的同时，也为行业的降本增效提供更有力的标准支持。

第五，电池模拟器、功率分析仪等设备国产化应用规模逐渐扩大，相关的产品供应商开始为国内外测功机厂家提供产品的配套服务；电机模拟器的研究也开始在国内受到重视；基于电力测功机的车用电机系统硬件在环产品的销售规模逐渐增加。

总之，在 2019 年，国产电机测试设备凭借较低的价格和良好的服务在市场应用中占有了一席之地，但是来自国外的专业化测功设备仍旧占领了国内的高端市场，尤其是在产品的软件性能、试验管理、可靠性等方面，国内产品还存在很多的不足。

2. 2019 年车用电机测试技术发展情况

（1）2019 年车用电机测试技术发展特点

①测试技术的自动化和网络化

2019 年，电力测功机作为主流负载设备，在科研机构和整车及零部件企业的研发生产中获得了广泛应用，电力测功设备、电池模拟设备、传感器、检测分析设备、硬件在环设备、被测电机等形成一个自动化网络化的试验平台，通过系统控制，提高了试验检测的自动化程度和试验数据的分析能力。同时，针对不同被测试电机系统互不相同的通信控制特性，测试平台也需要配备更多的控制和通信系统，以增强其试验调整和适应能力。除了单个台架测试系统的网络化通信技术、数字化控制技术和自动化测量技术需求之外，对多个测试平台的网络化管理技术和云端技术也是平台建设的新需求，从试验调度、试验安排、试验数据分析和数据挖掘等方面实施分级网络化管理，更好的服务于科研开发和生产制造。

②测试过程的高效化和快速化

为了提高车用电机生产的下线检测速度，提高生产率，高效快速的自动化检测设备和技术成为了行业的重要需求。国内外车用电机测试设备供应商做了大量的开发工作，一方面，优化下线检测过程中的连接和加紧装置的自动化程度，减少测试准备时间；另一方面，从测试过程安排、测试程序设置、测试故障诊断等方面增强电机下线检测自动化程度和检测质量，提高测试效率。中车、上海电驱动、华为等国内诸多企业均应用了相关的下线检测设备和技术。

③测功机的高速化

随着对车用电机小型化和高功率密度需求的增强，以及碳化硅高压高频高温控制技术的应用，对于更高转速电力测功机的需求尤为强烈。虽然最高转速 10 000 r/min 左右的电力测功机更成熟、更经济，但是最高转速 15 000 r/min 左右的测功机在产业界逐渐普及，最高转速超过 20 000 r/min 的测功机也成为未来的趋势。与此对应，相应的测功机平台的高频控制和测试技术、高频功率及谐波分析技术、电磁兼容技术、快速响应电源技术、热管理技术等，都会逐渐成为关注的重点。

④测试技术和测试设备的虚拟化

虚拟化体现在硬件在环技术及其相关设备的需求，面向驱动电机和控制器的硬件在环技术和设备逐渐成为了电机测试台架的标准配置。面向电机控制策略及软件开发的信号级硬件在环设备在控制策略开发和测试中获得广泛应用，面向电机控制器的功率级硬件在环设备开发也受到高度重视，面向电机控制器硬件在环的功率级电机模拟器逐步成熟，国内外企业已经推出相关产品，并在行业中获得应用，但是国外产品的技术成熟度更高，相关产品在中汽研、广汽、北汽新能源等公司获得应用。

虚拟化也体现在基于电机测试台架的整车传动结构及负载的准确建模和实时模拟技术方面，出于开发效率和开发成本考虑，这一技术不仅为传统车企所采用，诸多造车新势力也对此倾心有加。通过整车及零部件的系统化建模模拟，促进了新型电机和控制技术的开发应用，增强了车用电机系统对整车性能影响的分析能力，有利于整车动力性、经济性、舒适性的前期性能测试和验证，节省了开发成本，缩短了开发时间。

⑤集成电传动系统的测试技术

为了减小体积，降低成本，以“电机系统 + 减/变速器 + 差速器”为代表的集成结构开发及应用逐渐增多，电驱动桥、轮毂传动、48 V 电驱动等新型系统也开始进入市场。现有的车用电机测试设备和测试方法还无法支持新型集成电驱动系统的试验要求，标准缺乏。为此，基于产业化推动，部分测试设备开发商与整车及零部件企业共同探索了相关的试验方法，开发了测试试验设备。

(2)2019 年车用电机测试实现的主要技术突破点

①电机测试系统的数字化控制和网络化集成逐渐普及

在增强单个测功台架自动化水平的同时，多个测试台架的协同管理成为了电机测试技术的新需求，依据客户需求进行定制化设计和开发，实现电机测试环境的集成化、网络化管理，实现多个测试平台的协同调度，实现电机测试过程中云端平台的建设和应用，实现电机试验数据的大数据分析和电机系统的性能和功能的技术挖掘，为电机测试技术的发展和测试设备功能的充分发挥提供了新的技术手段。

②电驱动总成测试平台开始推向市场

通过软硬件设计，实现了测试平台的多测功负载的协调控制，具备了车辆行驶特性的加载能力。

③进行了电机测试相关设备的开发和应用

国产大功率电池模拟器开始推向市场，具有了与国外产品相当的静态性能和动态性能，性价比更高。国产化的功率分析仪具备了更多的功能和计算能力，相关生产企业正在积极的进行市场推广，开始在更多的电机测试台架中进行配套。同时，电机模拟技术也获得青睐，国外企业的电机模拟器产品在国内的销售增多，但是也受到了高价格影响，现有市场规模不大；国内的供应商也适时推出了大功率电机模拟设备，提供了电气接口和机械接口，具备性能分析功能和故障注入功能，为电机控制器开发提供了硬件在环技术模拟试验平台。

④电机生产下线快速测试设备开发和应用增多

面向车用电机驱动系统产业化生产的产品下线性能和故障自动化检测设备应用增多，既包括国外进口设备，也包括国内企业对该类设备的开发和应用，具备了电机的快速夹装和工作区域的自动化检测功能，结合传感技术，为电机产品的下线提供了高效快速的自动化检测，缩短了电机下线终端检测时间，提高了生产效率，降低了检测成本，确保了产品质量。

(3)亟须解决的技术难点及解决方案

①需要提高电机系统检测的精度、动态响应和效率

现有测试台架可以很容易的完成车用电机稳态工作性能试验测试任务，但是由于其中存在控制的稳定性、响应的快速性和控制精度之间的矛盾、以及数据采集分析的综合性不足等问题，导致测试准确度降低。为此，应进一步增强测试装置的控制和高速数据采集分析能力，既要升级控制算法，减少自动化试验过程中的人为调整和干涉，又要实现电机性能的实时故障判断和评价，在机电协同方面增强电机性能检测和标定的效率，为电机性能检测和产品下线检测提供高效率保障。

②需要完善电驱动总成的测试方法

电驱动总成的结构形式多种多样，各动力源的负载需要高精度的协调控制，涉及到的信号多样，控制方法和控制策略更为复杂，现阶段还没有相关的标准支撑。为此，需要电驱动总成开发企业与测试设备供应商协同开发，加强共性技术的研究和新型测试设备的开发，实现试验配置模块化，并推进相关标准和规范建设。

③需要加强基于电机测试台架的整车建模及硬件在环技术研究

这将极大的扩展电机测试台架的功能，提高附加值，但是这也涉及到整车、零部件及台架建模的准确性、整车驾驶模式变换模拟的合理性、以及测试台架硬件的耦合性等诸多关键技术难题。为此，需要在整车及台架的工作特性和建模方法、以及负载模拟和控制技术等领域加强研究。

④需要加强关键核心设备的开发和升级

包括功率分析仪、电池模拟器、电机模拟器等，关键设备的开发涉及到数据高速采集和实时算法、新型电力电子拓扑及控制策略、电磁兼容及可靠性等诸多难点，需要结合应用需求，加强从基础原理分析到产业化工艺的正向开发。

(4)2019 年国内外技术差异

虽然国内电机测试设备在市场中占有一席之地，也逐渐从机械加工组装转变为强调新测试设备开发和软硬件控制，但是与国外设备相比，仍具有较大差异，主要体现在以下 3 个方面。

①国外电机测试平台的软件性能和试验管理优于国内产品

这来自于国外企业长时间系统性的开发经验，为电机测试提供了更加灵活的试验设置，以及更高精度的数据采集分析能力。

②国外电机测试平台的硬件在环分析及试验技术优于国内产品

主要体现在国外产品具备整车及关键零部件的建模及仿真分析能力，具备与试验平台的无缝结合，实现仿真过程在台架上的再现及结果验证。

③国外企业在新型测试设备开发方面优于国内企业

特别是高频电功率分析仪、电池模拟器、电机模拟器等仪器设备，均是国外提出并在国内推广应用，增强了车用电机系统的开发应用和测试效果。

3. 主要企业经营发展情况

国际上，电机测试设备供应商主要包括AVL、HORIBA、FEM、D&V等公司，还包括电池模拟器、功率分析仪、电机模拟器、硬件在环系统等诸多生产企业。在国内，电机测试设备供应商主要包括诚邦、凯迈机电、南通常测等公司，以及科威尔、广州立功等电池模拟器、电机模拟器和功率分析仪生产企业，国内的硬件在环产品相对不成熟。

在经营上，国内外企业都从事电机测试台架的生产业务，除了单电机测试台架之外，也为诸多企业生产配套了双电机以及四电机传动测试台架。高端设备更多的应用于新产品开发和试验研究，更强调设备的高性能和高精度；在车用电机的下线检测过程中，则更多的强调了价格因素以压缩成本。

在2019年，对整车模型分析仿真系统的需要逐渐增多，这为dSpace等公司提供了更多的市场机遇。

电机测试设备供应商除了生产相关测试设备之外，也不断扩大测试服务市场，利用已有的先进设备为整车及零部件企业提供测试开发和标定服务。利用低成本设备进行可靠性试验分析，利用高性能设备进行产品开发和优化研究。

4. 车用电机测试技术发展趋势

基于高性能交流电力测功机系统的电机测试平台的数字化控制、自动化测试和网络化集成将更加普遍，利用互联网技术的测试台架也将出现，互联网技术、自动测试技术和数据挖掘技术相结合，将推动测试设备对电机功能的深度开发和充分利用；面向电驱动集成系统的测试平台和测试方法将逐渐完善，并建立起相关的试验和评价体系；开发的新型电机测试设备会更为成熟，国产电池模拟器可靠性会更高，电机模拟器将投入应用；计算机仿真软件、试验台架和被试电机相结合的程度越来越大，分别依托于电机测试台架、电机控制策略开发和电机控制器的硬件在环仿真和试验测试技术将更为成熟，并成为技术发展的主要方向之一。同时，由于碳化硅新技术的应用和普及，适用于高温高频高效控制条件下的电机及控制器的高精度测试技术将获得发展。

5. 市场需求分析预测

最高转速20 000 r/min以上的测功机需求会越来越大，低成本测功机在电机下线检测过程中的需求也会不断增大，对下线故障诊断能力的需求也在增加，但是对测功机可靠性的要求会进一步增强。

在电池模拟器之后，电机模拟器在未来几年会出现较大的市场需求；车辆的建模和硬件在环技术除了继续服务于传统车企需求之外，其快速仿真分析和开发能力对造车新势力也将产生巨大的吸引力。

车用电机性能测试和开发服务是未来的趋势，在产业快速发展期可以解决车企和零部件企业测试台架数量不够及能力不足的问题；在产业发展瓶颈期也会为车企及零部件企业的产品开发降低大量的设备资本的投入。

6. 车用电机测试产业发展存在的问题

（1）测试设备供应商和整车及零部件企业结合不够紧密

车用电机测试技术的发展离不开车辆驾驶模式及车用电机工作特性的研究，测试设备供应商不熟悉车辆零部件的具体技术需求，导致测试设备的功能性不足。

（2）国内测试设备供应商新产品研发能力不足

核心的测试试验设备全部来自国际供应商，虽然可以在一定程度上实现测试分析功能，但是设备间的协同控制不足，成本高，影响了市场推广应用。

（3）国内测试设备供应商规模小，产品的市场占有率低

国内车用电机测试设备供应商数量虽多，但是专业化企业数量很少，并且在企业员工数量、销售额等方面都不高，各个企业之间的合作性不高，小的企业规模导致无法在国内市场中占据主体地位。

7. 车用电机测试产业发展建议

面对产业发展中存在的问题，建议如下。

加强车用电机测试设备供应商与整车及零部件企业之间的合作，熟悉电机的实际工作特性，了解新能源汽车及驱动电机的发展趋势和市场需求。

结合汽车智能化、电动化、无人驾驶发展趋势，结合新型汽车及关键零部件的开发需求，加强新型测试技术和测试设备的研发生产，掌握关键核心技术，掌握先进技术和产品引导的主动权。

国家相关部门应加强对车用电机测试技术及相关设备开发的支持力度，促进测试设备企业做大做强，更好的服务于行业。

二十四、汽车电子电动化与智能化发展

Chapter 24 Development of Automotive Electronic Electrification and Intelligence

（同济大学新能源汽车工程中心 魏学哲）

［摘要］本文首先回顾了智能化和电动化两大趋势发展现状，并围绕这两大发展的必然，从对象、架构和方法共3个层面系统分析了汽车电子技术所面临的挑战和发展趋势，总结了汽车电子产业链相应的应对措施。智能化和电动化下的汽车电子将带来更多可能性，在汽车中的关键作用将进一步凸显，从而为汽车工业的变革提供支撑。

［关键词］汽车；智能化；电动化；汽车电子

1. 汽车电子技术对汽车工业发展的意义

汽车工业与电子技术不断融合发展，孕育出了汽车产业

链中的一个重要细分类别——汽车电子，并逐渐发展出两类产品方向：一类是为驾驶员或车内乘员提供信息支撑的汽车电子信息装置，包括汽车信息系统、导航系统、娱乐系统和车载通信系统等；另一类是需要与机械结构耦合工作的汽车电子控制装置，用来完成发动机、传动、底盘和车身电子控制，典型系统有燃油喷射系统、制动防抱死控制、电子控制悬架、电子动力转向等。

随着信息技术的快速发展和向汽车中的深度渗透，传统车辆驾驶时以驾驶员作为车辆控制核心的系统架构越来越受到了人对于大量信息感知和高带宽响应的限制，同时，人的注意力集中度、驾驶技能和心理素质等方面也存在不确定性，对于安全、高效的驾驶带来深远影响。以智能驾驶辅助甚至替换人类驾驶，已经成为技术演进的必然趋势。

传统动力汽车在能源和环境问题上受到越来越大的发展限制。消耗大量能源的汽车交通业在此方面的技术变革受到了极大的关注，在过去的 20 年里，全球电动汽车得到了广泛的政府和企业支持，电动化成为了汽车技术发展的另外一个必然。

如图 1-51 所示，在智能化和电动化的驱使下，汽车的信息层和控制层区分将更加明显。控制层仍依赖于传统的嵌入式系统，以实时可靠为主要特征管理着汽车上的各种执行器和部件。信息层将作为通用计算系统的衍生，在系统、通信架构等方面将更不依赖于传统的汽车电子。交通云通过信息管道为信息层赋能，而能源网络通过基础设施为控制层赋能。这种运行环境的变化也对汽车电子技术带来了新的挑战和机遇。

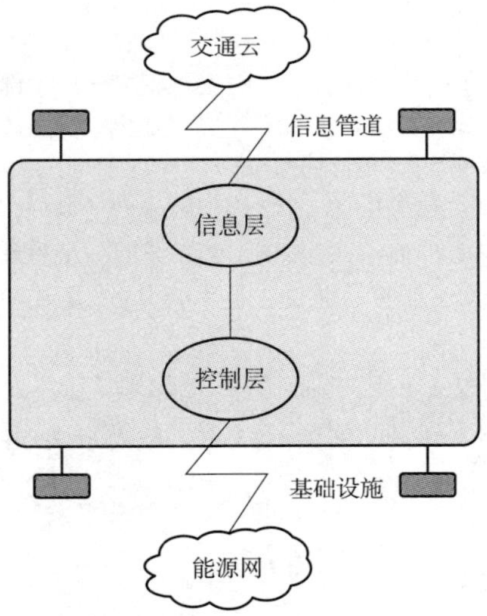

图 1-51　汽车与交通云、能源网的融入

2. 汽车电子技术处理对象的变化

（1）面向驾驶信息的汽车电子体系

在智能网联技术的加持下，电动汽车可以产生和需要处理的信息量呈几何级数增长，汽车和信息的融合度不断提升。如何有效地接收、传输、处理信息，将成为解决能源、环境、安全、拥堵等产业发展困局的关键手段。而传统的汽车电子信息装置只能够完成信息产生、处理和反馈的简单闭环，显然已经无法适应结合了智能网联技术的电动汽车发展要求，建立一个面向驾驶信息的汽车电子体系十分必要。

①驾驶信息的产生和感知

传统的汽车电子需要处理的多数是来自车内的信息，其一般表现为由传感器将机械信号转换产生的电信号。而在智能网联的电动汽车时代，在“车路一体，协同发展”的架构下，车辆越来越多地需要被动接受或主动发现来自外界的信息，这就要求面向信息的汽车电子体系具备复杂环境感知的能力。环境感知是指利用传感器融合等技术来完成对于车辆周围环境，包括车流信息、车道状况、附近车辆速度信息、行车标志信息等的认知模型建立，对环境的感知和判断是智能车辆工作的前提和基础，感知系统获取周围环境和车辆状态信息的实时性和稳定性，直接关系到后续决策的成败。为了应对复杂的车辆行驶环境和天气状况，需要在车辆上安装多种类型的传感器，并使用信息融合技术把分布在不同位置的多个同类或不同类传感器所提供的局部数据资源加以综合，采用计算机技术对其进行分析，消除冗余，加以互补，获得被测对象的一致性解释与描述，从而提高系统的快速性和正确性。

②驾驶信息的传输和安全

传统的车载通信仅仅局限在车内通信，使用总线、蓝牙、WiFi 等通信方式，完成的仅仅是车辆内部的信息传输，但是针对智能网联化的电动汽车，车载通信模式需要向车际通信甚至广域通信的方向切换，这就要求面向信息的汽车电子系统需要同时具备车辆基础设施通信（V2I）、车际通信（V2V）和人车通信（V2P）等能力。V2X（vehicle to X）技术被认为是可以满足这一需求的一种技术手段，其主要要求有：a. 极短的网络接入时间；b. 低传输时延；c. 高传输可靠性；d. 高信息安全性和隐私保护；e. 在有限的范围内，使频谱再利用和低干扰；f. 拥有足够的通信带宽。同时，信息传输环节的增多、对象的拓展，在一定程度上也增加了信息泄露的风险，需要有一个完整的网络安全机制保障智能网联汽车的信息安全。

③驾驶信息的处理和反馈

信息体量的增大、传输环节增加，无疑给车辆的信息处理能力、对车辆进行运动学控制的能力以及向用户反馈信息的能力，提出了更高的要求。在电动汽车时代面向信息的汽车电子体系中，需要具有更强大的信息处理能力和反馈通道。算力更强的基于高性能 SOC 构建的域控制器（Domain Control Uint，DCU）集中控制策略将逐步取代基于 MCU 的多 ECU 分布式控制方式，最后向以超强算力的中央处理器为核心的中央计算架构演化，以完成车辆行进过程中多车队列协同和车路协同控制等复杂动作；以 T-Box（Telematics Box）为代表的新型车载智能终端将通过云服务平台与手机 App 连接，大大提升用户操作的便利性；云控基础平台将为云控模块提供数据支持，帮助其共同参与到车辆的智能决策中来，形成“车—路—云”一体的信息深度融合解决机制，对有可能产生数据冲突的大量数据做出迅速反应，为车辆的正常运行提供安全保障。

（2）面向电能转换的汽车电子体系

在电动汽车时代，伴随基础能源的切换，汽车动力系统也迎来了改变。由电池、电机、电控组成的“三电”系统替代了原先的动力总成结构，成为新的控制对象。在控制方法论上，电池、电机控制与内燃机控制并无根本不同，但是在功率等级上，电动汽车高电压供电系统具备完全不同的特征，汽车电子进入高压强电领域已经成为必然趋势。在这样的大背景下，面向电能转换的汽车电子体系需要解决一些新的问题。

①电力电子的能效

相比较与燃油车千瓦级的负载要求和 12 ~ 24 V 低压直流体系，电动汽车对于电子电力系统的要求提升至了百千瓦级，电力电子技术在汽车电子系统中将大规模地使用。典型的应用包括：开关器件中的绝缘场效应管（IGBT）、金属场效应管（MOSFET）和新一代宽禁带器件（SiC、GaN 等）；拓扑结构中的桥式电路、升降压电路和谐振电路等；控制器中的驱动电机控制器、发电机控制器、车载充电机、无线电能传输和高低压电源变换器等。如何实现这些高电压、大电流、高功率电子装置集合的高效运转是面向物理的汽车电子体系需要解决的问题。

②电磁兼容的集成

与传统汽车相比，电动汽车集成了包括高压动力驱动系统和信息智能设备在内的更多的电子系统，这些高低压电子器件集中布置、混合使用，所构成的强弱电共存的电磁环境是极为恶劣的，而且这些电子电气设备的电气特性和功能特性都与电磁干扰密切相关。电力电子装置作为一个集成安装在车辆内部的强电磁干扰源，其对车辆内部电磁环境，尤其是对于弱电系统的影响是不可忽视的，面向物理对象的汽车电子体系还需要在基础理论、系统设计和测试标准等方面加强研究。

③高压电气安全

电动汽车的高压供电系统工作工作电压一般在 300 ~ 800 V，必须设置绝缘性能监测装置，通过实时监控高压系统和电底盘之间的绝缘电阻的方法，判断是否有绝缘故障发生，避免危险的发生。同时，如果由于车辆在行驶过程中高压回路连接不正常松脱或断开，在断开瞬间高压有可能击穿两端口间的空气、产生电弧伤害，为了防范这一风险，需要进行高压互锁设计。此外，当碰撞发生时，车辆动力系统可能会产生高压漏电和短路，这就要求高压安全控制主动保护功能协调工作，共同保护车内乘员的安全。

3. 汽车电子电气架构的变化

（1）汽车电子系统的分层

智能化和电动化的赋能使得汽车电子系统架构出现了明显的分层，即上层为信息处理层，下层为嵌入式系统控制层。

在智能化的背景下，汽车电子系统被赋予越来越多的信息处理功能，汽车也将被更多地赋予信息属性，成为一个大型信息处理终端。借助多种类的传感器和 V2X 通信，用户可以接受到的信息更多；借助域控制器和云控平台，处理信息的速度更快；借助 HUD 和中控大屏等新型智能设备，用户与车辆进行信息交互的方式更加多元。信息处理层逐渐从汽车电子系统中突出成为举足轻重的新功能。

在电动化背景下，传统燃油车在能量流动链中是能量流动的终点，而电动汽车将通过 V2G 技术成为一种移动式、分布式储能设施，更加深度地融合进全新的能源互联网，增加作为能量流动中继环节的作用。借助移动式分布式储能的属性与 V2G 技术，电动汽车体现了能源互联网的核心特征。面向物理系统的控制层成为汽车电子的另一个核心的功能分类。

（2）汽车电子系统的分域

汽车电子控制系统逐渐由单一功能的发动机控制深入到功能复杂的动力、底盘、车身、信息、娱乐等。一直以来，零部件配置单独的 ECU——分布式的汽车电子系统架构是典型模式。但是，随着以智能电动汽车为代表的汽车功能定义的日趋复杂，传感器和控制器的数量越来越多。复杂的线束、有限的计算能力为车辆的成本、高效运行造成了阻碍。为此，硬件上的域控制器和软件上的集中化成为汽车电子电气架构新的发展趋势。在智能化和电动化兴起的今天，以域控制器为代表的集中化电子电气架构具有更强的需求和应用场景。一方面，智能化需要处理庞大数量信息的接收、传输、处理、决策，对于处理器的传输带宽、计算速度、多核心化等都有非常高的要求；另一方面，电动化带来了如电池、电机、电控等“三电”关键零部件，使得汽车电子电气架构相比于传统汽车更加复杂且多变，具有通用性、强大计算力的控制器要求越来越迫切。

图 1-52 所示为典型的智能电动汽车集中式汽车电子电气架构示意图。域的划分可以依据不同零部件控制的功能进行。一般将其分为动力总成域、底盘域、车身域、信息娱乐域和辅助/自动驾驶域。随着智能化和电动化地进一步发展，域控制可以进一步相互集成，形成以车身、底盘和动力总成控制为一体地运动控制域以及以交通信息处理交换为一体的辅助/自动驾驶域两大核心域控制器。这两大核心域控制器与汽车电子电气架构的信息处理层、嵌入式系统控制层相对应，进一步发挥汽车电子在未来智能电动汽车中的重要作用。

4. 汽车电子技术方法论的变化

（1）传统方法论面临的挑战

传统的汽车电子供应商和主机厂在汽车嵌入式系统开发环节中主要采用的是 V 模式，该模式体现出的开发理念是从系统产品的功能定义和方案设计一直到产品完成后的集成测试/匹配/标定，可靠的功能性设计—实现—验证贯穿研发过程的每一个阶段，有效兼顾了软硬件系统调试，开发过程中的每一步都可以进行有效验证，该方法规范了开发流程，培养了相关的工具链，大大提高了汽车电子技术的规范性和可靠性。其与专门针对汽车嵌入式应用软件开发的 AUTOSAR 体系规范以及其他一些由非功能性需求驱动建立的架构方法共同构成了传统汽车电子系统产品开发的方法论。但由于 V 模式开发流程本质上是硬件和软件同步的开发流程，客观上制约了软件和数据的快速更新，该方法在功能迭代和优化上越来越难易满足需求。一种更加灵活、高效的汽车电子开发方法非常必要。

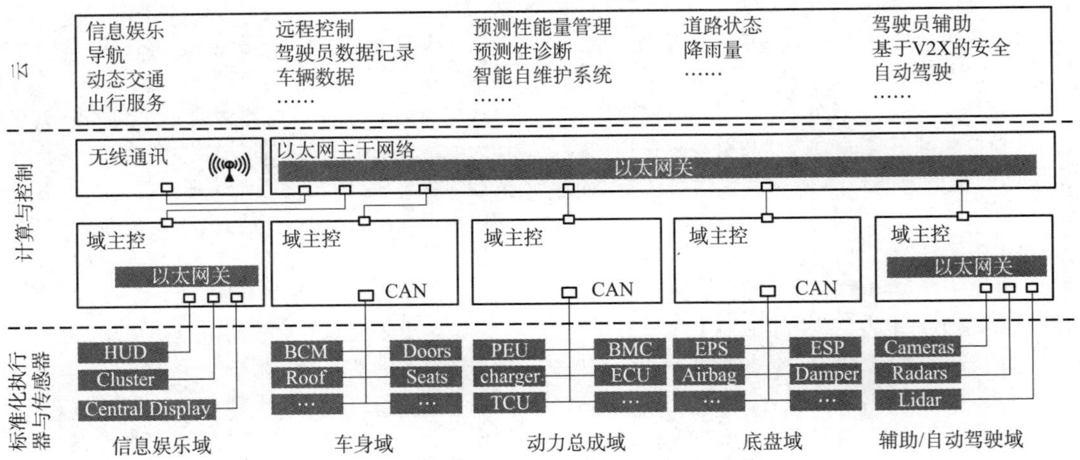

图 1-52　集中式汽车电子电气架构示例

(2)方法论的趋势

信息化和网络化的赋能使得汽车电子功能迭代不再只依靠传统的售后服务、召回等方式,面向信息的汽车电子体系在开发模式的方法论上具备更鲜明的互联网特色。敏捷开发、快速迭代等互联网式的开发手段越来越多地运用于汽车电子领域,尤其是在全新的基于中央计算的汽车电子电气架构的支撑下,算力可以集中到少数几个中央单元,冗余能力便于后续软件升级,在平台化设计的基础上硬件单元也可以获得升级能力。

特斯拉在 2013 年开始研发并使用 OTA(Over the Air)升级技术。这种更新方式通过 Tbox 联接无线网络直接实现汽车电子系统的功能、数据、软件相应更新,如图 1-53 所示。利用该升级方式可以线上修复系统漏洞、减小因故障召回几率、提供及时的售后服务、加速系统个性化的功能更新。OTA 升级包括了 FOTA(固件升级)和 SOTA(软件升级)两种。如果可以在车辆的使用过程中,同时完成中央计算单元和应用层软件的 OTA 升级。对于用户而言,这种体验无异于车辆完成了一次改款升级,对于用户体验的持续改善意义重大。OTA 技术已经成为国际上主流的技术趋势。

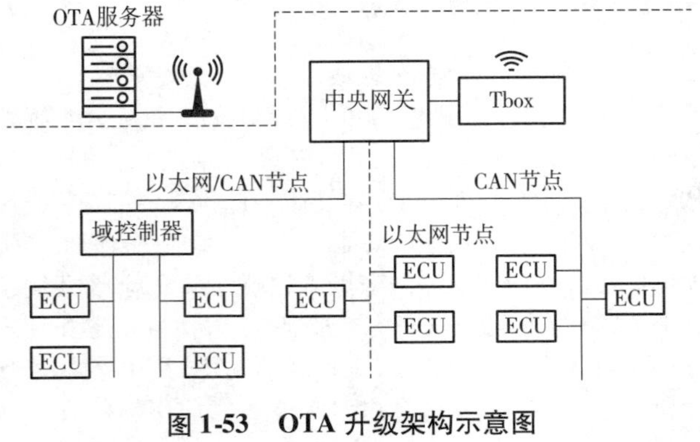

图 1-53　OTA 升级架构示意图

5. 汽车电子产业链面临的挑战和发展趋势

如图 1-54,传统汽车电子技术在发展过程中形成了经典的上中下游三级产业链结构:上游为电子元器件厂商,中游为系统集成厂商,下游为整车制造厂商。由于对于安全性、可靠性的高要求,整个行业的入门门槛相对较高,汽车电子行业的集中度较高,产业链主要掌握在国际大型企业手中。但是伴随着汽车电子电气架构的变革,在信息技术、消费电子应用和功率电力电子器件的渗透下,汽车电子的产业链也势必迎来新一轮的变革。越来越过的非传统汽车电子产业链供应商加入,为汽车电子行业的国产化进程带来希望。

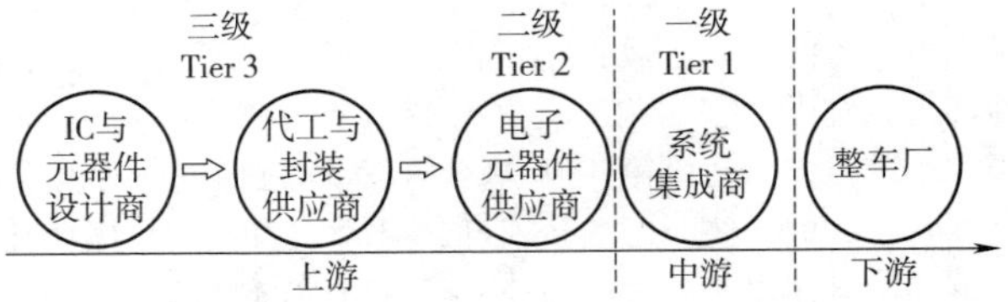

图 1-54　汽车电子产业链及分级

(1)汽车半导体

汽车智能化趋势使得汽车半导体市场的增长不再依赖于汽车产量的增加,而是车载半导体数量的增加。例如,ADAS 系统需要大量 CMOS 传感器、MEMS 传感器、各种原理的探测雷达来感知周围环境。同时,汽车电动化使得功率器件使用量大幅增加。从整车半导体用量来看,电动汽车的用量约是传统燃油车的两倍以上。

汽车半导体大体可以分为传感器、MCU、ASIC、模拟芯片与功率器件等。2019 年还是呈现国外巨头垄断的格局,尤其是在核心的芯片设计环节。但是,中国 Tier3 层级的厂商仍然具备极大潜力,同时,在功率半导体器件领域,中国企业发展迅速,有望实现国产替代。

(2)通信—云产业链

汽车的智能化对汽车通信系统提出了新的要求,为满足移动通信(C-V2X)和卫星通信(GPS 和北斗等)的要求,车辆需要装配内嵌通信模组的终端(OBU,On Board Unit)。前装模式的通信终端设备 Tbox 依托无线通信、卫星通信和 CAN 总线/以太网集成等技术,向车主提供道路交通信息、导航信息、远距离车辆诊断、车联网远程控制以及互联网服务等,可以和后台系统/手机 App 通信,实现手机 App 的车辆信息显示与控制。同时,作为智能汽车的核心基础设施之一,全球互联网厂商都广泛参与云端中心系统的建设。而早在 2014

年,国内的互联网巨头就已经开始布局该领域。例如百度的DuerOS系统和Apollo计划、阿里巴巴的AliOS系统、斑马智行以及腾讯的AI in car,占据了一定的先发优势。

(3)软件和服务

在智能电动汽车中,单一的人机交互模式已经无法满足用户的需求,数字化、集成化的智能座舱模式成为发展趋势。与传统座舱相比,智能座舱对中控、后视镜及仪表盘等硬件进行了数字化、液晶化,并纳入了多屏显示系统。在底层嵌入了操作系统、车联网服务、内容软件、ADAS系统等应用。智能座舱的核心是车载信息娱乐系统,其中的软件和服务部分是传统汽车电子产业链的外延,也是电动汽车时代汽车电子产业增值空间最大的部分。借助丰富的移动互联网应用开发经验和对于中国用户使用习惯研究的多年积累,中国互联网企业有望在这一环节掌握市场的主导权。

6. 总　结

本文分析了汽车属性的变化,即从机电系统、电力电子系统过渡到信息系统,并在此基础上讨论了汽车电子技术架构的分层、分域的必然性。上层为信息处理系统、下层为嵌入式控制系统的新架构将为汽车融入交通网和能源网赋能。伴随着技术架构的变革,传统的汽车电子开发方法也由软硬件同步迭代开发的V型开发模式向更具有灵活性的OTA模式转变,新的汽车电子技术的发展为汽车电子产业链也带来新的机遇和挑战。

参考文献

[1] 潘雪. 中国汽车产业发展概况[J]. 市场周刊,2020(02):45-49.
[2] World Health Organization. Global Status Report on Road Safety 2018[M]. Geneva WHO. 2018.
[3] 高德地图. 2019年年度中国主要城市交通分析报告[M]. 2020.
[4] 贾恬,郑彬,Warnecke W, kolbeck A, Aradi A, kofod M, Clark R, Wilbrand K. 壳牌对未来车用能源多元化发展趋势的思考[J]. 汽车安全与节能学报,2020,11(01):17-35.
[5] 杨昆昊,夏赞宇,何芃,吴丽,龚玲玲,钱越英,侯琰霖,何裕建. 机动车燃油质量及尾气排放与北京市大气污染的相关性[J]. 中国科学院大学学报,2017,34(03):304-317.
[6] Fleming W. Forty-year review of automotive electronics: a unique source of historical information on automotive electronics [J]. IEEE Vehicular Technology Magazine,2015,10(3):80-90.
[7] 王兰. 零部件:汽车电子向低端车渗透[J]. 汽车观察,2019,(04):188-189.
[8] 李克强,戴一凡,李升波,et al. 智能网联汽车(ICV)技术的发展现状及趋势[J]. 汽车安全与节能学报,2017,8(01):1-14.
[9] 贾丙硕. 基于驾驶模拟器的城市道路驾驶人应激反应特性试验研究[D]. 长安大学,2019.
[10] Shladover S E. Connected and automated vehicle systems: Introduction and overview [J]. Journal of Intelligent Transportation Systems,2018,22(3):190-200.
[11] Iea. Electric car deployment in selected countries,2013-2018 [M]. IEA, Paris, https://www.iea.org/data-and-statistics/charts/electric-car-deployment-in-selected-countries-2013-2018. 2019.
[12] 辛国斌. 我国充换电基础设施仍存在一定缺口,未来建设任务十分艰巨,但这也是一个极好的机会[J]. 变频器世界,2020(04):26-27.
[13] 崔硕,姜洪亮,戎辉,et al. 多传感器信息融合技术综述[J]. 汽车电器,2018(09):41-43.
[14] 谢志萍,雷莉萍. 智能网联汽车环境感知技术的发展和研究现状[J]. 成都工业学院学报,2016,19(04):87-92.
[15] 朱梓悦,秦海鸿,董耀文,et al. 宽禁带半导体器件研究现状与展望[J]. 电气工程学报,2016,11(01):1-11.
[16] 赵晓凡. 新能源车高压电驱动系统电磁兼容关键技术[J]. 安全与电磁兼容,2018(05):9-10.
[17] 邵玉龙. 电动汽车BMS关键技术研究及硬件在环测试系统构建[D];吉林大学,2018.
[18] Reinhardt D, Kucera M. Domain Controlled Architecture—A New Approach for Large Scale Software Integrated Automotive Systems [M]. 2013.
[19] 刘佳熙,丁锋. 面向未来汽车电子电气架构的域控制器平台[J]. 中国集成电路,2019,28(09):82-87.
[20] 严娟,张玉川,杨鹏翔,et al. 基于以太网OTA远程升级的研究[J]. 上海汽车,2020(03):15-18+27.

二十五、新能源汽车自动变速器

Chapter 25　Automatic Transmission of New Energy Vehicle

(河北工业大学　陈　勇　李光鑫)

1. 2019年新能源汽车自动变速器产业的总体情况

2019年,汽车工业正面临着前所未有的巨大挑战,并且在飞速地转型进入下一个新时代。尤其在动力系统领域,新能源汽车电动化相关的自动变速器已经进入到汽车业界的每一家大企业的议事议程。中国新能源汽车遭遇了6年来首次负增长,结束了自2014年开始的新能源汽车的高速增长。全年销量完成120.6万辆,同比下降4.0%。其中纯电动汽车销售完成97.2万辆,同比下降1.2%;插电式混合动力汽车销量完成23.2万辆,同比下降14.5%;燃料电池汽车销量2 737辆,同比增长79.2%。2019年,新能源受补贴退坡影响,下半年呈现大幅下降态势。但随着人们和政府对尾气。担忧的日益加剧,对尾气排放的担忧日益加剧,对二氧化碳和氮氧化合物,未燃烧的碳氢化合物和颗粒物等污染物的标准也越来越严格,混合动力汽车和电动汽车代表着汽车行业未来的发展趋势。

新能源汽车涵盖纯电动汽车、插电式混合动力汽车、增程式汽车、氢燃料电池汽车。电驱动系统呈现"三合一"集成化发展趋势,即电机、电机控制器、减速器一体化高度集成。

搭载多挡自动变速器的纯电动汽车只局限于后轮驱动时两挡变速器,部分汽车厂家的前驱两挡自动变速器也已经进入了电动 SUV 车型和普通电动车型的样机开发阶段。新能源混合动力车型用自动变速器,其混合动力架构由传统自动变速器集成电机实现 HEV/PHEV/REV。插电式混合动力乘用车变速器一般采用 P2、P2.5、P4 构型,其中 P2 或 P2.5 搭载的均为基于传统变速器的自动变速器;P4 构型为前桥或后桥搭载单速或双速电驱动系统。增程式汽车动力系统高度集成发电机和驱动电机,传动系统均集成行星齿轮或平行轴式减速器,如理想 one/通用沃蓝达。同时也开始了多种类型的专用混动变速器(DHT)的市场化开发。纵观国外相关研究开发现状,P2/DHT 是国外汽车公司开发主流,如日系 DHT、欧系 P2,如图 1-55 所示。

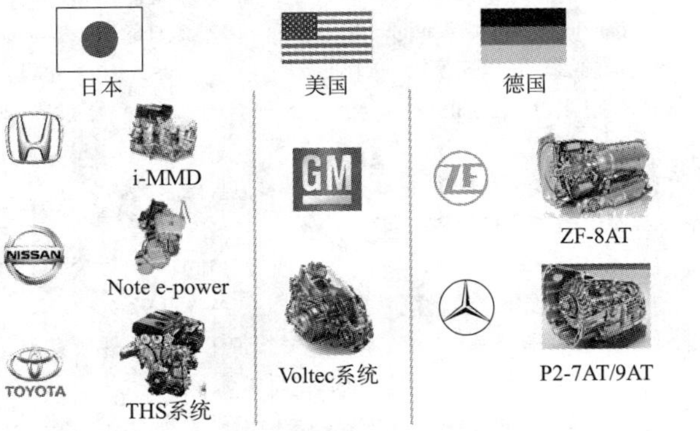

图 1-55 外资品牌混动系统

国内自主品牌在新能源汽车自动变速器和包含减速器在内的电驱动总成产品核心技术上取得了一定突破,基于传统四大类自动变速器的混合动力系统实现了产业化,步入了市场成长期。自主品牌 PX 构型/DHT 技术路线并举,多家整车和变速器企业开展 DHT 产品研发。基于行星排构型和多片湿式离合器及制动器组成的技术路线已经成为研发新一代 DHT 共识。研发产品现状如图 1-56 所示。

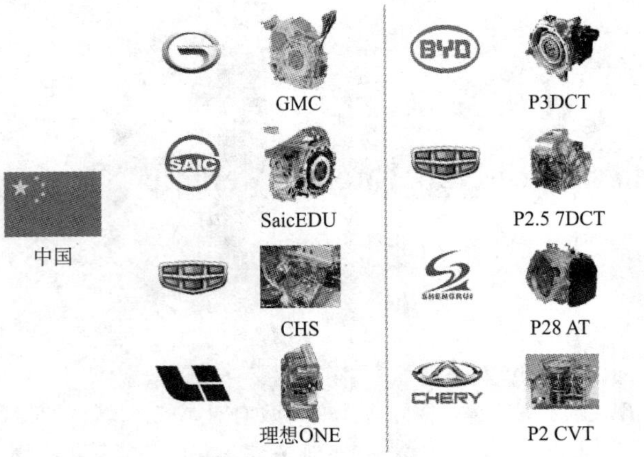

图 1-56 自主品牌混动系统

2. 2019 年新能源汽车自动变速器技术发展情况

(1)2019 年新能源汽车自动变速器技术发展特点

在我国市场上搭载自动变速器的新能源汽车,主要包括:纯电动乘用车、纯电动商用车、插电式混合动力乘用车。市场上销售的量产纯电动乘用车的电驱动系统除了保时捷 Taycan 后桥采用了行星轮式两挡变速器,其他车型均搭载单挡减速器。纯电动商用车的自动变速器搭载率相对较高,采用 2 ~4 多挡位的自动变速器对提升经济性和动力性具有明显作用,如精进电动、中科深江、苏州绿控、凯博易控等企业开发的两挡及多挡位自动变速器,如图 1-57 所示。

图 1-57 国内外电驱动产品

精进电动开发了一种无动力中断横置双电机两挡驱动系统,换挡机构采用电磁齿嵌式离合器,换挡时通过辅助电机的动力补偿减小动力中断。电机最高转速达 18 000 r/min。安徽巨一开发了一种双电机多挡位动力系统,基于 AMT 构型,取消同步器系统,转速差控制在 15 r/min 内,实现挡位动力切换。凯博易控推出了电动卡车驱动系统 eDMT,采用双电机驱动、主动压力润滑、序列换挡、多模动态协同控制等技术,确保了换挡过程无动力中断,有效解决了现有电动卡车驱动系统无法应用于复杂路况的问题。

插电式混合动力乘用车其动力系统形式分为两大类。一种是基于传统自动变速器扩展开发的 P0-P4 构型动力系统,另一种是混合动力专用变速器 DHT。

比亚迪第三代 DM 混合动力系统是基于自主研发的 6 挡双离合器自动变速器(6DCT),采用 P0 + P3(+ P4)构型组成一套动力强劲的插电式混合动力系统。P0 构型采用 BSG 电机,便于快速平顺的启动发动机;优化电控管理系统,相比上一代带来更加经济、平顺的驾乘体验。后桥搭载 P4 构型的电驱动系统,满足四驱车型布局。

吉利汽车基于自主研发的 7 速湿式双离合器自动变速器(7DCT),Step-Off 阶梯式转矩耦合的新型传动架构将电机集成在偶数挡位输入轴上,开发了 P2.5 构型的插电式混合动力系统,继承了 7DCT 结构紧凑、传动高效的优势,满足 7DCTH 混合动力系统多平台搭载与经济、舒适的需求。

长城汽车完成了自主 7 速湿式双离合器自动变速器(7DCT)的研发及产业化,同平台开发的 9HDCT,集成式三离合器 P2 模块设计,可扩展混动 P2 构型,并且可以匹配 P4 动力系统形成四驱架构。

国内独立变速器骨干企业,也具备了全新产品开发能力,建立起了从用户需求到产品定义,从精确建模、虚拟仿真的正向设计到工艺开发、产品制造,从匹配标定到试验验证等完整科学的开发流程与管理体系。

自主变速器供应商盛瑞传动,开发出6HT到8HT混合动力新能源、电驱动传动系统。其在研基于P2构型的混合动力自动变速器,适配6AT、8AT,采用低黏度ATF、高效叶片泵等技术,电机功率涵盖45 kW、75 kW规格。

万里扬在2019年发布了独立研发的用于纯电动汽车的E-CVT技术。扭矩容量达280 Nm,最高转速8 000 r/min。通过无级变速,提高电驱动系统工作效率,有效提高续航里程,降低电驱动系统成本。基于CVT技术,也相继开发了P2-48 V和P2-CVT混合动力系统,对于车辆动力性和经济性均有良好改善。

另外一主流技术路线是开发混合动力系统DHT。自主品牌代表有广汽G-MC、上汽EDU、吉利CHS、精进电动双电机混联EDU等。

广汽G-MC机电耦合系统,集成发电机、驱动电机、离合器、传动系,发动机与发电机同轴、发电机与驱动电机并排布置,实现单速比传动。发动机与ISG发电机直连,与同轴的驱动电机之间采用2挡AMT实现动力传动。上汽EDU由一个两挡变速箱、两个电机(ISG主要用于发电,TM主要用于驱动)和两个离合器组成,两电机分别通过离合器连接两挡变速箱,可实现6种模式驱动,能耗水平在业内处于领先地位。吉利CHS系统采用双排公用行星架设计,规避了丰田THS专利,加入锁止离合器实现高效传动。

精进电动提出一种可应用PHEV车型的前驱串并联混联双电机EDU系统,发动机、发电机、驱动电机同轴布置,两个电机之间由自主研发的电磁爪型离合器连接,实现4种不同驱动模式。

AT、CVT、DCT均可衍生P2构型,各有千秋。AT、CVT可以省去液力变矩器,空间可用于布置电机和离合器,但是CVT受制于扭矩限制,应用车型有限。AT相对更适合P2且具有较大优势。DCT基于平行轴齿结构,便于与外部电机实现不同构型布置,扭矩不受限制,应用车型多,更适用于P2、P2.5范围广。

(2)2019年新能源汽车自动变速器实现的主要技术突破点

吉利7DCTH:7DCTH390采用P2.5混动构型,基于Step-Off阶梯式转矩耦合的新型传动架构,将电机集成在偶数挡位输入轴上,并且利用多点齿轮相位差设计解决了P2.5混动系统的NVH难题,继承了7DCT系统布局紧凑、传动高效的优势,且在纯电驱动时有4个挡位可以选择,从而使空间上满足7速混合动力多平台共用搭载与经济、舒适的需求。可以实现纯电驱动、纯发动机驱动、混合动力驱动、能量回收、怠速充电、行车充电等功能。

蜂巢传动7/9(H)DCT:采用以离合器滑磨功、变速器油温、离合器油温和离合器钢片温度为导向的整箱流量分配控制方法,保证在寿命周期内整箱各个部分散热性能的稳定高效。在能耗控制方面,采用智能双泵系统、优化摩擦片沟槽设计、齿轮强制喷润滑油等一系列解决方案,减少整箱的运转搅油损失。在性能方面,速比范围达到了8.0,可承受450 Nm的最大扭矩。

(3)目前亟须解决的技术难点及解决方案

因为发动机和电动机之间的耦合程度较低,就必然会导致出现当电池组缺电,发动机作为动力来源,同时为电池组充电和驱动车辆时的动力性和经济性的恶化。

如果电池组处于长期缺电的情况下,那么发动机将会长时间的运行在一个大负载的工况下,油耗甚至会高过传统的内燃机动力车型。因此发动机与电机的动力耦合匹配、控制策略需要得到进一步提升。随着自主混合动力系统的搭载、试验数据的积累、市场的反馈,自主动力匹配能力将逐渐得到改善。

(4)2019年国内外技术差异

国外品牌供应商及车企基于AT的混合动力系统,同样采用P2构型,比如宝马530Le的8AT-P2混合动力系统,基于DCT的混合动力系统,如麦格纳7DCT-HDT400、FEV的7DCT350-P2混动系统。加特可在现有CVT基础上,提出低成本满足油耗的48 V-P2方案,实现节油15%~19%。

在混动模块方面,博格华纳专门针对DCT开发了P2模块,集成电机、三离合器、控制阀、双质量飞轮,结构紧凑,适用高低油压方案。

"丰田双擎E+"是在原有的丰田双擎THS技术的基础上,通过换装锂离子电池组,增大电池容量并增加充电接口而形成的提升纯电动续航里程的插电式混合技术。

在电驱动两挡变速器方面,舍弗勒研发了一种后桥行星轮系两挡自动变速器,采用同步器换挡,最高输入转速达14 000 r/min,换挡时间≤150 ms,应用于长城WEY P8等PHEV车型。吉凯恩开发了一种电驱动桥eTwinster GTD19,将驱动电机与两速变速箱整合在同一轴之上,带双速变速器和扭矩矢量控制系统。没有了传统意义的差速器,而是由两个配有液压驱动活塞的并排TWINSTER离合器所取代,同时还可以提供扭矩矢量分配功能。可以实现车辆的中性转向及过度的状态。最高转速18 000 r/min,最大扭矩220 Nm,应用在插电式混动车型的后桥。

由于国外品牌在传统自动变速器关键技术、关键零部件、匹配标定上的领先优势,在开发新能源汽车自动变速器上部分技术与国内相比依然具有一定的产品性能先进性。

3. 主要企业经营发展情况

(1)凯博易控车辆科技(苏州)股份有限公司

凯博易控是一家专注新能源商用车产业的公司,经过多年的产品技术攻关和工艺技术积累,公司已取得国内外核心专利110余项,多项关键技术处于国际领先水平。正向开发了适合重载卡车的驱动系统——eDMT(electric Dual Motor Transmission)。该产品采用了双电机驱动、主动压力润滑、序列换挡、多模动态协同控制等技术,产品已经实现了商品化。通过模块化电机、模块化主箱体、模块化副箱体的不同组合,做到产品系列化,可匹配12~120 t卡车及专用车。

(2)精进电动科技(北京)有限公司

精进电动已掌握高性能新能源商用车驱动电机系统的核心技术,所开发制造的高性能新能源商用车驱动电机系统的主要技术指标已接近国际先进水平。生产的产品包括电动汽车、增程电动汽车、混合动力汽车,插电混合动力汽车等新能源商用车的电驱动系统、动力总成和相关的核心零部件。产品已经全面地覆盖了节能与电动汽车的所有主要技术路线，所涵盖市场包括商用车和乘用车，产业化规模位于中国领先地位，产品出口发达国家市场，国内外客户包括美国菲斯科、克莱斯勒、一汽、上汽、北汽、福田、海格、金龙集团等知名企业，并且在继续扩展与国际主流车企的合作。

（3）蜂巢传动科技有限公司

2019 年 6 月蜂巢传动提出了"I 纪元"动力总成的概念，在 7DCT 系列变速器成功开发的经验及技术积累基础上，再次引领技术潮流开发出了全面拥抱电气化的"I 纪元"2.0 的重磅产品：9 速双离合自动变速器——9（H）DCT 产品，其采用传统版本与 P2 混动版本同步开发的形式，并创新性的运用了众多技术，如自主超薄型同步器、集成式电子控制模块、高集成度液压控制模块等。后续产品如混动专用变速器 DHT 产品以及超高集成度的电驱总成产品也将陆续推向市场。

（4）盛瑞传动股份有限公司

盛瑞传动具备 AT 自动变速器从机械原理设计、液压设计、软件自主研发、整车匹配标定、中下游产业链等全方位核心流程自主研发技术，进一步实现变速器产品从传统汽车多挡自动变速器到新能源汽车用变速器（混合动力）的全系列布局，产品涉及适用于 A/B 级轿车、SUV、轻卡、皮卡等车型的 8AT/8HT（P2 混合动力）。

4. 未来几年新能源汽车自动变速器技术发展趋势

多挡位自动变速器对提高新能源汽车动力性、经济性、延长续驶里程、优化动力总成系统性能、改善驾乘体验都具有重要作用。尤其对于电动商用车传动系统，其优势更大，效果更明显。单挡减速器难以满足消费者对新能源汽车性能不断提高的要求，纯电动车采用多挡位自动变速器是趋势。为减小动力中断及换挡顿挫，采用辅助电机动力补偿也是一种可行的技术路线。纯电动汽车动力系统向着集成化方向发展，以电机、变速器、控制器一体化集成设计，实现空间小、轻量化的目标，而多挡化可以提供更好的加速性能和动力性能、更长的续航里程、更高的最大车速、更优的系统效率。

插电式混合动力自动变速器以 P2/P2.5 构型为主，基于现有 DCT、AT、CVT，是的开发成本具有较大优势。部分车型以后桥搭载单挡或两挡电驱动系统为过渡或附加四驱系统。DHT 具有集成度高、结构紧凑、系统效率高等优势，在混合动力汽车上或成为自主品牌主流趋势。

5. 未来几年市场需求分析预测

虽然在自动变速器领域自主品牌仍有较多短板，但已经取得了核心技术和市场的突破，培育了优秀的人才队伍，建立了完整的产业链条，自主开发的自动变速器在某些方面已经达到了国际水平。随着自主品牌乘用车市场的不断增长、变速器研发能力的提升、变速器及整车实验数据的积累、质量品质管理体系的完善，自主品牌自动变速器的市场占有率将稳定增长。

另外，随着汽车自动驾驶功能配置的普及，对传动系统的智能化、自动化要求，自动变速器的市场也会得到进一步的提升。

6. 新能源汽车自动变速器产业发展存在的问题及发展建议

（1）关键零部件需突破

自主品牌新能源汽车自动变速器实现了产业规模化，多集中在壳体、齿轮、轴等零件，而 P2 模块、双离合器、电磁阀、钢带、高速轴承、电机泵、传感器、双质量飞轮等核心零部件的市场份额较低，自主供应能力还待突破，以及样机试制能力仍薄弱。应在核心零部件研发、制造技术上继续加强投入，实现突破。

（2）软件控制策略需提高

随着自主品牌自动变速器技术水平得到了显著提升，由于产业发展时间短、研发与试验数据库不全面、标定经验不丰富等原因，自主品牌在整车集成和动力总成匹配标定技术、电池及整车热管理上仍与国际品牌存在差距，发动机、驱动电机与变速器的匹配调校、软件控制策略、软件系统层面需要不断积累和提升。

（3）产业基础配套需提高

新能源汽车自动变速器的传动系统趋向高速化、高扭矩，对旋转零部件齿轮、轴承的材料、工艺要求更加苛刻。

高速传动系统零部件的加工制造设备、高速电机试验设备仍然主要依赖进口，上游原材料例如高性能合金钢、复合摩擦材料自主供应不足，甚至被外企垄断。相信随着"中国制造 2025"强基工程的实施，我国高端制造的能力将得到有力提升。

7. 其他认为重要的方面

为了引进更强大的电动汽车，在不久的将来，电机必须以更高的速度运行（超过 20 000 r/min）。这会给转子轴承带来额外的压力，此时需要一种新型抗磨/极压添加剂，以便在高速下实现最佳轴承润滑。同时对电机冷却和齿轮飞溅润滑系统也提出更高要求。在高速运转时，齿轮高速搅拌产生的大量气泡的表面能量最终会导致比阻力更大的能量损失。因此，必须开发配置不同于现在非高速旋转用的新型润滑油以满足这个新的要求。

二十六、新能源汽车电动空调

Chapter 26　New Energy Vehicle Electric Air Conditioning

（上海加冷松芝汽车空调股份有限公司、上海新能源汽车空调工程技术研究中心　黄国强）

1. 2019 年新能源汽车电动空调产业概况

2019 年中国新能源汽车实现销售 120.6 万辆，与 2018 年相比下降 4.0%，其中纯电动车 97.2 万辆，比 2018 年增长 0.3%，插电混合动力 23.2 万辆，比 2018 年下降 13.9%。按车型来分，乘用车 106 万辆，比 2018 年增长 0.7%，商用车 14.6

万辆,比2018年减少21.2%。截至2019年底,全国新能源汽车保有量381万辆,新能源汽车渗透率为4.68%,其中纯电动汽车保有量310万辆,占新能源汽车总量的81.9%。新能源汽车空调也跟随新能源汽车行业的增长而增长,也呈现相同的销售和增长比例。新增部分主要在电池热管理模块、热泵空调和智能控制及智能运维保障3个领域,包括电子水泵、冷却器、电子膨胀阀、膨胀水壶、温度传感器、电子PTC水加热器、电池冷板等零部件及水回路集成及控制。新增部分的系统及零部件增值大约在2 565元左右,新增工业产值大约在30.93亿元。

2. 2019年新能源汽车电动空调技术发展概况

针对新能源汽车电动空调在低温下的制热不足、效率低下引起的行驶里程缩减、电池过热及安全预警预防等一系列技术问题,电动汽车空调行业主要在电动化、高效化、智能化、环保化和舒适化等5个方向进行技术开发和优化。

电动化主要是制冷制热循环驱动电动压缩机、电子水泵、电子加热器、电子膨胀阀的技术开发。高效化重点还是从能量全效率角度出发进行电机电控及电池的余热回收和再利用、热泵制热循环设计、热量储存和释放等方面技术的开发。智能化是针对车室内温湿度精确控制、电池冷热温度控制、智能识别乘员和电池热负荷需求变化和智能响应以及物理操作器的人机界面(包括语音识别、手势识别等)、远程预冷预热控制等方面进行技术开发。环保化主要是从再循环材料、低GWP制冷剂的使用和替代(应对欧盟对汽车空调用制冷剂GWP<150的法规要求)等。舒适化主要是从解决乘员舱的空气VOC、空气PM2.5值降低、杀菌消毒、快速降温、快速制热、模式切换、降低气动噪音和机械振动等方面提升用户感知质量进行技术开发。

(1)2019年新能源汽车电动空调技术发展特点

在新能源汽车发展起步阶段,针对乘员舱制热困难主要采用PTC加热器替代传统空调箱中的水暖加热器,但这种加热方式对续航里程有很大影响,因此需要寻找加热效率更高的替代技术,以减少对续航里程的影响。行业内空调供应商主要从两个方向来进行替代技术的研究和开发。一是热泵空调。尤其是在冬季低温和超低温环境条件下,通过制冷剂流动方向的改变,使得冷凝器在车室内放热,从而提高系统制热量,降低电量消耗,增加汽车行驶里程。二是电机电控及电池的余热回收与再利用。针对电池冷却,早期采用自然空气冷却技术,其优势是成本低但电池温度不能精确受控,使得电池安全性受到挑战。针对上述问题进一步引入被动式冷却技术,包括空气强制冷却、冷却液强制冷却等,但入口空气或冷却液温度仍不受控,电池温度不受控范围依然较大。2019年随着电池热失控管理要求的不断提高,新能源汽车电动空调技术领域新趋势是引入主动冷却技术,包括空气强制冷却、冷却液强制冷却、制冷剂强制冷却等,冷却介质入口温度按照电池发热量的变化受到更严格控制,极大地降低了电池热失控的风险,同时也使得电池工作在最合适的温度范围内。商用车和乘用车对于电池冷却方式的技术路径选择,从成本角度出发电池热管理也在从独立式向集成式转换。集成式电池热管理系统是将电池冷却加热和乘员舱的冷却加热集成在一个系统回路中,一方面可以大大降低系统成本,另一方面是电池及乘员舱温湿度控制和系统全能量效率也得到进一步提高。

(2)2019年新能源汽车电动空调实现的主要技术突破点

2019年新能源汽车电动空调技术的最大突破来自于热泵空调的进一步普及和推广。热泵空调从两换热器回路架构到三换热器回路架构、带中间换热器的补气增焓回路架构、双级压缩回路都有空调系统供应商在进行开发,部分厂家已经通过台架测试并且装车,实现了部分量产。如上汽乘用车ei5、Marvel X,一汽轿车的X80,BYD的宋和唐,蔚兰汽车的ES8,特斯拉model Y。主动冷却和加热技术已经成为电池包热管理的主流技术选择,并且在大部分的新能源汽车上进行批量应用。

(3)目前亟须解决的技术难点及解决方案

新能源汽车电动空调系统仍亟须解决以下几个方面的技术难点:①热泵空调系统进一步优化与简化。目前提出的热泵系统回路控制元件仍显较多,系统控制仍较复杂,系统可靠性和集成化不够。②电动零部件集成化和模块化需进一步提高。如电子膨胀阀和电池冷却器的集成化、四通换向阀及系统可靠性和耐久性等。③热泵工况下系统性能进一步提升。尤其是在-20℃以下环境温度下,R134a/R1234yf系统性能急剧降低,制热量不够、功耗增加,同时车室外换热器在低温工况如(2℃/1℃环境温度)下严重结霜、系统性能恶化等问题。④热泵系统成本需进一步降低。电动汽车空调热泵系统由于其复杂性和更多零部件,使得其成本相对于常规空调系统居高不下。一方面需要进一步推广热泵系统以摊薄设计和开发成本,另一方面通过技术改进(如前述系统优化、低成本替代材料等)和集成化设计与制造降低成本。⑤CO_2热泵系统的研发。在环保和热泵等发展趋势下,CO_2热泵系统具有天然的制热性能优势,在业界受到越来越多的重视,但其中仍有很多技术问题亟须解决,如制冷和制热性能的平衡考虑、系统高压安全问题、系统关键零部件设计与匹配、制造系统升级转换和改造等。上述问题的解决有赖于在基础材料、传热传质机理、系统控制等领域加大研发投入以及高校、科研院所和行业进一步的产学研合作。

(4)2019年国内外技术差异

在热泵空调方面,国外主要汽车空调竞争厂商都在做开发。日本电装已经设计架构和生产应用了带闪发器和喷气增焓制冷回路的R134a热泵空调,适应环境温度-10℃的使用,与非补气增焓热泵系统相比,环境温度-10℃时制热能力提高26%,与空气PTC加热相比,环境温度5℃时节能60%。日本三电开发了使用CO_2的热泵空调用压缩机,装配到奔驰车型上。国内BYD开发和生产了使用R410A的热泵空调,能够满足-40℃极寒环境的整车制热需要,COP在-10℃时达到3.5。上海加冷松芝开发的三换热器乘用车R134a热泵空调可以满足环境温度-20℃的使用,COP在-10℃达到1.8。也开发和量产了带中间换热器和喷气增焓制冷回路的超低温R410A大巴热泵空调,可以满足环境温度-30℃的使用,COP在-20℃达到1.48。特斯拉在热泵系统开发上,采用了空气回路、制冷剂回路、冷却液回路耦合的系统,将电机电控余热回收和再利用加入到热泵系统中,并在 Model Y 上进行量产应用。值得一提的是特斯拉引入了在非效率区运行电动压缩机和无刷风机的辅助制热模式,可以在不增加零部件的情况下充分利用已有零部件进行辅助制热,大大提高了制热能力和制热能效,又可以有效地降低系统构件成本。国内外竞争厂商在热泵空调技术开发上基本上还是齐头并进、各有千秋,都覆盖制冷、制热、除湿、预冷、预热以及多种混合模式的乘员舱和电池热管理要求,在乘用车领域国外技术商业化量产比国内略早,在大型客车领域中国厂商还是一枝独秀、相对领先。

3. 主要企业经营发展情况

松芝股份(证券代码 002454)创立于 1998 年,专业研发、制造各类车辆空调系统,致力于打造移动式空调系统的民族第一品牌,始终坚持“科技引领未来,创新成就卓越”的发展理念。业务覆盖大中型客车空调、乘用车空调、轨道车空调、冷冻冷藏车空调、车用空调零部件、新能源汽车空调及电动压缩机等领域。拥有 20 余家分子公司,形成以上海为中心,以合肥、重庆、武汉、柳州、厦门、苏州等为重点基地的国内布局,产品远销海外 30 多个国家和地区。在新能源汽车热管理领域开发了独立电池热管理、Chiller、电池冷板冷带、电动压缩机、低温热泵空调系统、远程智能云控制系统等自主知识产权的技术和产品,年产能乘用车空调 400 万套、客车空调 10 万套、电池热管理模块 20 万套,并形成批量生产和供货,成为国内汽车空调自主品牌的龙头。

奥特佳新能源科技(证券代码 002239)是一家为汽车热管理提供整体解决方案的企业。公司主营业务是汽车热管理系统技术开发、产品生产及销售,年产能达 1 000 万台(套),国内市场占有率名列前茅,国际化发展成果显著,在全球各地设立了工厂为众多世界知名的汽车厂商供货。近年来,公司陆续成为国内外知名新能源汽车厂商定点供应商,尤其在新能源汽车空调压缩机和热泵空调系统领域,已经成长为全球领先的主流供应商。

三花智控(证券代码 002050)下属三花汽零公司,主要经营汽车热管理系统用各类核心零部件,产品包括热力膨胀阀、贮液器、电子膨胀阀、电子水泵、电子油泵、电子水阀、电磁阀、冷媒球阀、电池冷却器、电池冷却板、油冷器、集成组件等,其研发的电子膨胀阀于 2017 年获得国际 PACE 创新奖。三花汽零正在成为热管理系统核心部件、子系统解决方案的高品质供应商和新技术的创新者,为全球各大汽车公司和热管理系统公司提供优质的热管理相关产品。

浙江银轮机械股份有限公司是一家深交所上市公司(证券代码 002126),从 2011 年开始研发各种新能源热管理产品,有高、低温水箱、Chiller、电池冷却板、电机冷却器、电控冷却器、PTC 加热器、前端冷却模块、电子水泵、电子水阀、热泵空调等。到 2019 已有发明专利 36 项,实用新型专利 75 项。现有多个定点和批产项目。主要客户有特斯拉、福特、吉利、广汽、上汽通用、长城、长安、比亚迪、康明斯、博世、宁德时代、万向等。

法雷奥热系统,作为行业排名第 2 的热系统事业部,设计并且制造了用于优化汽车热管理和车厢内乘客舒适性的系统、模块和组件,包含空调系统、压缩机、发动机冷却、前端模块、电池冷却系统。法雷奥热系统事业部客户覆盖高、中、低端 OEM,2019 年法雷奥热系统事业部在中国销量实现空调系统 400 万套、压缩机 150 万台、发动机冷却 200 万套、前端模块 80 万套。其中电动压缩机是 PSA 全球独家供货商、日产全球独家供货商,目前在跟丰田商讨新项目。

4. 未来几年新能源汽车电动空调技术发展趋势

总体上电动汽车空调技术发展趋势仍是前述的“五化”,同时考虑到电池热管理对电池运行安全保障的需求,技术可靠性和成本优化将会进一步突出,包括空调失效、机械振动、化学和电气等方面的更高要求。未来几年,空调企业的技术研发重点仍集中在热泵空调、全能量效率优化、客户感知质量提升和电池热失控监控的技术开发。热泵空调重点在制冷制热回路架构开发和高效制冷剂的选择,包括从两换热器回路到三换热器回路、带中间换热器的补气增焓回路、双级压缩回路等系统设计。全能量效率优化以电池能量利用率作为全效率计算和优化的基准目标,技术开发主要在电机电控余热回收再利用的水回路架构、制冷剂回路的电子化精确控制回路、冷却液回路和制冷剂回路的热交换器应用、方向盘和座椅的局部加热、分区冷热量分配和分区温度控制、热量储存和释放等。客户感知方面主要是热舒适性、声舒适性和空气质量的提升,尤其是新冠肺炎疫情发生后,个人用户和公众对杀菌消毒、空气异味、污染颗粒物等的要求明显增强,车辆厂和空调企业都已经在探讨各种现有空气处理技术的复合应用和产品推广。声舒适性会在新能源汽车领域得到更多的关注,因为空调的气动噪音和振动已经变得更加突出,做得不好就会成为用户诟病的最大抱怨。电池热失控会成为电池热管理的安全考虑重点,热失控的监测、预警和防控的系统性架构模型和执行系统会成为电池包及电动车关注的焦点。

5. 未来市场需求分析预测

随着新能源汽车细分市场的发展,电动车在新能源汽车中的比例会不断上升,新能源热管理系统的需求也会不断上升。但是新冠肺炎疫情的爆发,给汽车行业带来巨大的冲击,按照 IHS 在 3 月的预测,2020 年中国汽车行业会出现 8.2% 的乘用车产量下降,政府推出补贴政策延后和购置税减免,将会有助于新能源汽车的产销。预计 2020 年新能源汽车产销量会达到 130 万辆,占整个汽车市场 5.5% 左右,其中新能源汽车中乘用车占比会达到 90%,A0 级车、A 级车和 SUV 车会占主导地位。按照 130 万辆新能源汽车的产销量和年降 3% 的幅度测算,新能源汽车热管理系统产业新增产值在 33.34 亿元的量级规模上。

6. 新能源汽车电动空调产业发展存在的问题

新能源汽车电动空调及零部件的产业链协同研究和协同开发程度不高,产业链上各环节各自独立研发,只是在点上的进步而不是链上的提升;没有形成产业联盟和知识产权联盟;核心电动化零件的产业化程度和产业集中度还是不高,与全球头部企业在业务规模和市场份额上的差距还很大;关键核心技术和尖端产品的产学研用合作不充分、不紧密,没有形成强大的核心技术攻关合力;电动空调新技术及新产品的成本与传统空调相比没有明显优势,对于市场推广和应用还是有很大的成本障碍;电动空调的行业标准被汽车厂和用户的接受程度不高;用户关心的能耗及能效也没有建立出行业评价规范和评价标准,不利于行业自律和行业有序发展。

7. 新能源汽车电动空调产业发展建议

新能源汽车电动空调产业面临很多困难和挑战,还是需要行业在政府政策的引导下积极行动和应对才能有效突破,我们提出以下几个方面的建议。

(1)在整车企业的引领下,进行整车热管理系统的集成式核心技术开发。

(2)积极推动核心零部件企业通过产学研用的模式进行技术创新和技术突破,形成自主知识产权和商业化量产能力。

(3)重视对智能化及大数据方面的软件开发投入和电动空调的人才培养。政府层面制定新能源汽车能效标准和评价准则,建立公开公正的第三方测试评价体系。

(4)政府在未来一段时间内继续推动研发补贴、能效补贴和专利联盟补贴的方式,疫情下要适度延缓退坡幅度和速度,助推新能源汽车电动空调的技术进步和产业规模化。

(5)从资本投入和税收方面支持产业链核心企业的发展,优化产业链、提高产业集中度。

(6)发挥行业协会作用,加强对核心企业的热管理系统及零部件的质量监督,促进高质量产品应用和高质量维护。

二十七、电动汽车充电基础设施

Chapter 27 Electric Vehicle Charging Infrastructure

(中国电力企业联合会标准化管理中心 刘永东)

2019年充电基础设施产业继续快速发展,有力支撑了我国电动汽车产业的发展。据中国电动汽车充电基础设施促进联盟(充电联盟)统计,截至2019年12月,我国公共类充电桩达到51.63万台,比2018年净增约18.53万台,私人充电桩数量达到70.26万台。公共类充电桩和私人充电桩总量超过121.89万台,车桩比为3.5:1,发展规模持续保持全球首位。

1. 行业动态

(1)政策发布

随着2018年国家能源局等四部委联合发布了《提升新能源汽车充电保障能力行动计划》(发改能源〔2018〕1698号),提出力争用3年时间大幅提升充电技术水平的工作目标;2019年3月26日,财政部、科技部、工业和信息化部、国家发展改革委四部委发布了《关于进一步完善新能源汽车推广应用财政补贴政策的通知》明确了取消新能源汽车地方补贴,转为用于支持充电(加氢)基础设施"短板"建设和配套运营服务等方面。"高品质"成为下一步发展重心,产业链上下游协同、充电关键技术研发及应用、确保充电安全、提高充电服务水平是充电基础设施产业发展的重要方向。

(2)地方政府承担推动充电设施发展的主体责任

各地方政府是政策的执行者,2019年部分地方政府在中央政策的指导下,各地方加速落实中央政策文件要求。

一是北京、广西等地区发布充电基础设施补贴奖励政策,落实国家关于新能源汽车地方补贴转向充电的要求,通过充电设施建设和运营两个维度考核并发放补贴资金(补贴资金来源于地方新能源汽车推广奖励资金);二是天津等地区逐步落实居民区充电桩建设要求,在完善居民区私人充电桩报装程序外,鼓励和扶持居民区公共充电场站建设;三是各地方政府加快地方政府充电信息监控平台的建设,据不完全统计全国超过20个省、市开始/完成地方政府平台建设;四是部分地区开始统计和梳理"十三五"规划目标的完成情况,并在此基础上筹备制定充电设施"十四五"规划。

(3)联盟标识管理(认证)体系

截至2019年11月底,总计有32家企业的43款型号产品申请中国充电联盟标识(检测、认证)评定,其中已完成标识(检测、认证)评定工作的有26款型号产品,未通过的有6款型号产品,已通过的有20款型号产品,在评的有17款型号产品,标识(检测、认证)评定一次通过率为77%。

有中国电力企业联合会认证中心、中国汽车技术研究中心天津华诚认证中心、许昌开普检测研究院股份有限公司、中国质量认证中心等授权认证机构发出标识,已发放标识34 255张。

2019年,在浙江省开展电动汽车示范充电站的评选活动将"获得中国充电联盟标识(检测、认证)评定"作为加分项纳入到示范充电站的申报文件中。在广东省电源行业协会开展的"2018—2019年度电动汽车充电基础设施行业评选"活动将"联盟标识(检测、认证)评定"作为加分项。基于国家政策要求,行业发展需求,电动汽车用户的呼声和引导行业自律的需要,充电联盟协同地方政府主管部门和地方行业组织开展充电设施的互操作性、一致性、安全性和现场安全隐患排查等工作,促进行业自律,积极促进充电设施行业向规模化、规范化方向发展。

2. 充电设施标准体系建设

(1)深化充电设施标准体系

为适应充电技术的发展和产业需求,2019年承担了国家标准委委托的《新能源汽车充电设施标准体系》研究课题,重点在大功率充电、无线充电和V2X方面进行了研究,提出了标准路线图。针对物流充电、特种车辆充电的特殊性,开展了标准体系预研工作。新修订的标准体系共规划标准152项,其中,规划国家标准58项,行业标准59项,团体标准35

项。开展标准预研工作。发布《2019 年度中国电动汽车充电设施技术发展白皮书》系列,包括第一部分大功率充电,第二部分无线充电和第三部分电池更换。加强电动汽车大功率充电技术及标准的预研工作,2019 年取得了阶段性成果。大功率充电示范工程建设顺利开展,新充电接口及通信协议标准得到了工程验证。2019 年 10 月 22 日,在上海组织召开了电动汽车大功率充电技术与标准预研工作总结会,对 3 年来开展的电动汽车大功率充电技术和标准预研工作进行全面总结。2019 年 10 月 22 日,在上海组织召开了电动汽车大功率充电技术与标准预研工作总结会,对 3 年来开展的电动汽车大功率充电技术和标准预研工作进行全面总结。启动了第三期电动汽车传导充电系统互操作集中测试活动。第三期充电系统互操作集中测试以面向充电实际应用情况为主。选择了我国电动汽车及充电设施集中发展的主要区域,京津冀鲁、长三角、珠三角、中部地区等。确定了 22 个城市的 100 个充电站点,包括城市快速充电站,高速快速充电站以及交流充电站。分华东、华北、华南、华中四组开展了国内外 13 种车型的电动车辆与 1 542 套交直流充电设备的现场充电互操作性匹配测试。

(2)加快标准制修订步伐

2019 年度继续加大了充电设施的制修订力度,加强了充电设施计划项目的管理,制修订计划项目推进整体有序。2019 年度共发布标准 11 项,其中,国家标准 2 项、中电联标准 9 项。标委会正编计划项目共 63 项,其中,国家标准 20 项、行业标准 23 项、中电联标准 20 项。处于启动编制阶段的共 32 项,达到征求意见稿阶段的共 5 项,达到送审稿阶段的 16 项,达到报批稿阶段的共 10 项。

3. 充电基础设施建设情况

(1)公共充电设施总体情况

截至 2019 年 12 月,联盟内成员单位总计上报公共类充电桩 516 396 台,其中交流充电桩 301 238 台、直流充电桩 214 670 台、交直流一体充电桩 488 台。2019 年 12 月较 2019 年 11 月公共类充电桩增加 20 894 台。从 2019 年 1 月到 2019 年 12 月,月均新增公共类充电桩约 15 425 台,2019 年 12 月同比增长 55.9%。

省级行政区域内所拥有的公共类充电桩数量前 10 的分别为:广东 62 834 台、江苏 60 509 台、北京 59 060 台、上海 55 113 台、山东 32 130 台、浙江 29 138 台、安徽 25 754 台、河北 22 307 台、湖北 17 592 台、福建 17 074 台。

截至 2019 年 12 月,联盟内成员单位总计上报充电站 35 849 座。省级行政区域内所拥有的公共类充电桩数量前 10 的分别为:广东省 5 199 座、上海市 4 042 座、江苏省 3 663 座、北京市 3 654 座、浙江省 2 294 座、山东省 1 990 座、河北省 1 522 座、湖南省 1 321 座、四川省 1 289 座、湖北省 1 187 座。

(2)公共充电设施类型情况

根据 2019 年 12 月数据显示,国内交流桩数量为 301 238 台,占比为 58.33%,直流桩 214 670 台,占比为 41.57%,交直流一体桩(同时具备直流充电和交流充电两种功能)仅为 488 台。

根据 2019 年 12 月数据显示,国内公共充电桩中交流桩增加 75 183 台,占比为 58%,直流桩增加 53 755 台,占比为 42%,交直流一体桩减少 29 台(可同时具备直流充电和交流充电两种功能)。

交流桩保有量、增量占比都为 58%,同时直流桩保有量、增量占比也都为 42%,预计未来较长一段时间我国公共交、直流桩保有量比值会维持为 6:4。

(3)私人充电设施发展情况

截至 2019 年 12 月,我国已配建私人充电桩数量达到 702 673 台,配建率为 67.80%。观察 2019 年每月数据可以发现,私人充电桩配建率维持在 68% 左右。

4. 充电基础设施建设运营存在的问题

虽然我国充电设施建设已经取得了重大成绩,但是行业也暴露出一系列问题,主要表现如下。

从运营商角度上看,充电服务的商业模式还没有明晰,单靠充电服务作为主要盈利收入的商业模式远远不能弥补重资产特点下的充电服务市场,运营商还在活下去的路上苦苦探索。充电站找地困难、成本高、专供电问题等长期困扰充电服务运营商。充电设施规划布局不合理,一方面社会上抱怨充电桩少,另一方面,公共充电桩利用率偏低,两种情况都普遍存在,说明充电桩的建设布局呈现结构化的矛盾。电动汽车充电着火事件也影响者运营商的运营信心。

从车主角度上看,充电体验差是最主要的不足。小区建私桩困难,存在风险隐患;充电互联互通不足,下载众多 App,注册众多账户,寻找性能良好、油车不占位的充电桩困难;充电时间长,为充电耗费过多时间。针对出租、共享、物流等特殊车型的充电需求还不能满足,电动汽车使用成本低的优势还没有得到充分体现。

从充电设备制造商角度上看,充电设备市场竞争惨烈,在没有形成蓝海的情况下,众多参与方蜂拥而至,就已经形成红海。劣币逐良币的现象依然存在,造成充电设备质量堪忧,为今后的长期安全可靠充电埋下了隐患。

从电网公司角度上看,慢充虽然充电功率低,但是也存在充电时间、地点不可控的因素,在老旧小区,还存在小区电量容量不足的问题,增容改造又受制于空间限制、费用支出等问题。充电设施的大规模应用,必然对电网的规划发展带来新的挑战。这些问题既表明了我国的电动汽车充电设施发展还处于发展初级阶段,属于“跑马圈地”粗放式的发展,同时,也表明充电设施的技术路线、产业发展还处于不成熟状态,还需要不断进行产业升级,进行技术的快速迭代。

5. 促进充电基础设施建设的建议

(1)充电技术创新应用

建立适应不同充电需求的立体充电服务网络体系。应坚持市场导向发展充电设施技术路线,我国国情决定了我国电动汽车和充电设施的多样性和复杂性,全国统一的充电技术路线不能适应各个充电场景下的充电需求,私人车、出租车、物流车、公交车的充电需求不同,带来了充电技术路线的不同;一线城市与二三线城市的充电需求不同,带来了充电设施规划布局的差异;高端品牌和大众普通品牌电动汽车充电需求也不经相同,带来了不同充电技术的不同适应性。传导充电、无线充电、电池更换都有着自己适应的细分市场，传导充电将是今后主要的应用场景技术路线，无线充电为解决自动充电和电网互动提供了方便的渠道，电池更换在出租、电池梯级利用等方面具有市场空间，应允许市场探索、充分竞争，由市场决定最后的技术路线。

发展快捷、便捷、智能的新型充电解决方案。应坚持用户为主的原则，大力发展大功率充电，大力提高充电服务体验，充电服务质量、充电安全将成为下一步充电市场建设和发展的考核指标。要以提高充电服务体验、提升充电服务质量、保障充电安全为目标，分析把握充电技术下一步的发展趋势。缩短充电时间需要我们大力发展大功率充电技术；无感充电体验、简化统一充电接口需要我们发展无线充电技术、CHAOJI 充电技术；实现跨平台充电需要我们建立充电漫游互联互通技术体系；安全可靠充电，需要我们加强充电电气安全、信息安全等技术。更加快捷、更加便捷、更加智能的充电体验将是下一步充电技术的发展趋势。

大力发展电动汽车充放电双向互动技术，重新确定充电服务运营商定位。要站在能源体系的架构下发展充电设施，不仅将电动汽车充电作为能源负荷来看待，也要将电动汽车放电作为能源提供方来看待。要把电动汽车充放电纳入能源服务范畴，现在的电动汽车充电服务商应转型成为能源系统提供商，既作为负荷商，参与电力需求响应，也应成为能源提供商，通过虚拟电厂，进入电力市场，参与电力交易，实现运营商身份的华丽转身。

（2）多元化充电运营模式探索

要将充电设施与电动汽车发展、智慧交通和智慧城市建设结合起来。充电作为电动汽车的电能供应方，需要和汽车的电动化、网联化和智能化发展趋势结合起来，当电动汽车已经能够自动驾驶时，自动充电也将成为一种标配。充电设施作为城市的能源体系的一部分，也应在智慧城市的建设发展中扮演重要角色，要站在智慧交通和智慧城市的高度，将充电设施与城市交通设施建设、电网设施建设、城市规划更加紧密结合起来，统筹车流、人流、停车、充电需求，科学合理布局充电设施。

（3）充电设施与多产业融合发展

为更好地打造电动汽车生态服务体系，充电设施需要继续发挥其跨领域、学科的优势，积极连接上下游及相关产业，延长充电产业链、提升价值链、完善利益链，形成多主体参与、多机制联结、多要素发力、多模式推进的发展体系。一是联合高科技企业，借助互联网、能源等行业的技术力量，完善充电服务网络系统；二是加强充电产业与出行服务等产业融合，赋予充电产业新的服务模式，提升产业盈利能力，并带动产业向智慧出行服务产业延伸；三是有效整合现有行业参与主体，以市场为导向，推进产业市场融合，建立政府监管、市场引导、多主体参与的有序发展模式。

二十八、新能源汽车换电

Chapter 28 Electricity Exchange of New Energy Vehicles

（北京理工大学 孙逢春 冷江昊 孙 超；
奥动新能源汽车科技有限公司联合创始人高级副总裁 杨 烨）

［摘要］ 新能源汽车的电能补给主要有有线直充（慢充和快充）、换电 3 种，其中换电是指在新能源汽车动力电池电能消耗之后，通过整体更换成满电状态电池包的方式，使得车辆迅速获得行驶能力，更换下来的电池包进行集中充电、维保管理的技术。换电系统具备能量利用率高、安全性高和使用寿命长的特点，它是目前能想到最接近或者优于加油时间效率的补能方式，具有很强的发展潜力。本文从产业角度出发，对国内现有的换电系统技术及企业状况进行了汇总与分析，分析换电模式的现状与未来，并为换电模式的推广提出了建议。

［关键词］ 换电系统；集中充电；车电分离；换电标准化

1. 2019 年新能源汽车换电系统技术发展情况

（1）换电系统的组成

典型的换电系统包括换电子系统、充电子系统和辅助子系统。换电子系统实现电池包总成的拆装，换电机器人在车辆定位装置的作用下实现电池包的夹取、拆卸和安装。充电子系统负责实现电池包的物流仓储和充电，充电子系统内的码垛机器人对电池进行智能选取与存放，并根据换电子系统的需求选择正确型号的满电电池，同时将空电电池准确地放置在充电存储架中充电。辅助子系统对换电系统进行供电、监控、温湿度控制，实现换电站内充电、换电、计量、电池状态等数据的采集和监测，并提供触电、火灾等事故的安全保障。

（2）换电技术的优点

慢充充电对电池损伤小，但用时长；快充充电速度快，但对电池寿命有一定损伤，大容量配电站建设造价昂贵，大电流充电对电网冲击大；快充能量转化效率相对慢充较低。无论是慢充还是快充，都存在充电站车位占地面积大、充电行为难以智能优化配置等问题。相比之下，换电的优点主要有：

①兼顾效率高、补能快、电池低损伤；

②集中充电、管理和维护，提高了充电和使用过程中的安全性；

③更有利于实现电网的削峰填谷，实现电池梯次利用；

④缓解里程焦虑；

⑤易于实现车电分离；

⑥为无固定车位车主（占车主 70% 左右）提供快捷方便服务，便于电动车辆推广；

⑦较直充充电站，换电站建设具有集中节约用地的优势（占地约 4 个停车位，服务 100 辆以上车辆）。

(3)换电模式的分类

根据电池更换的位置和方向,换电模式可分为:

①侧向换电模式:电池箱安装在车体两侧时的电池箱更换方式;

②底部换电模式:电池箱安装在车体底部时的电池箱更换方式;

③端部换电模式:电池箱安装在车体前后舱的电池箱更换方式;

④顶部换电模式:电池箱安装在车体顶部或车体中间的电池箱更换方式。

(4)换电产业的现状

新能源汽车换电产业发展涉及车企、换电运营企业、电力企业、高校和政府部门等共同推动。在国外,创立于2007年的以色列公司Better Place依托雷诺Fluence ZE电动汽车推广换电模式,但该车型销量惨淡,Better Place在2013年宣布破产。特斯拉在2013年推出了换电技术并建设了大量换电站,但由于换电站高成本等因素,其在2015年宣布放弃换电而转向快充,换电产业陷入冷淡期。

在国内,北京理工、上海电巴(如图1-58所示)、理工华创等于2001年开始研究开发商用车换电技术,由北京理工大学和上海电巴联合攻关,实现的多箱侧向换电纯电动客车,已经服务于2008年北京奥运会、2010年上海世博会、2010年广州亚运会、中国波兰e-Bus国际合作项目等。华菱汽车(如图1-59所示)与中电投联合推出了顶部换电模式的星马纯电动重卡,2019年销量达到160余辆。此外,北奔重汽也研制出了采用顶部换电的纯电动重卡自卸车。

图1-58 上海电巴换电站与换电纯电动客车

图1-59 华菱星马顶部吊装换电

而在乘用车方面,国家电网早在2010年就制定了换电为主,插充为辅,集中充电,统一配送的充换电运营模式基本思路,但受限于当时产品技术、建站城市用地市场因素未能实现大规模推广。北汽新能源、力帆汽车、时空电动和蔚来汽车等车企纷纷布局乘用车换电技术。奥动新能源(如图1-60所示)为北汽新能源EU系列和广汽新能源的aion系列开发了底盘整包换电技术,其换电技术和产品具有很高的普适性;蔚来汽车ES系列也采用底盘整包换电,主要应用于自产的车辆,应用于私家车领域;时空电动ER30采用侧向换电,应用于物流车辆上;力帆汽车盼达则采用前后端部换电,应用于自家制造的A0级车辆,车辆应用于分时租赁领域。乘用车换电技术的发展极大地推动了换电产业的增长。2019年,国内共拥有换电车辆近6万辆,其中用于分时租赁、出租车等公共领域的换电车辆约4万辆,用于私人领域的换电车辆约2万辆。换电车辆的推广提升了车辆运行效率,受到了运营类车辆运营商和各地政府的认可,换电产业受到更多重视。

图1-60 奥动全自动换电站

2. 亟须解决的技术难点及解决方案

(1)机械连接技术

在机械连接方面的难点在于实现不同车辆与电池包连接的定位和锁止机构设计,同时要实现快速、交叉、多次换电的成功率和稳定性,并且具备较高的误差容错能力。

各种换电站机械连接专利不断涌现,包括柔性锁止连接、非标螺栓、错齿锁止结构、涡轮蜗杆结构等。电池和车辆连接则通过整体耦合器实现,整体耦合器具备3个方向的耦合设计,实现不同电池与耦合器的兼容匹配,并保证电池连接具有足够的刚度和强度。其中奥动电巴公司的机械连接和锁止机构采用错齿紧固锁止原理(如图1-61所示),16个承载点同时连接,多点分布式承载载荷分散,对车身结构不构成集中载荷,单一承载负荷轻,承载结构具有高度可靠性和长期稳定性,开发时按照10年工作1万次的标准进行了设计和测试验证,满足车辆寿命要求。奥动电巴的连接机构的特点是快速、可靠、通用性强,适合在从A到B级高频换电的乘用车上应用。蔚来螺栓周向锁止机构如图1-62所示。

(2)电连接技术

电连接分为高压电连接和低压电连接,其难点主要有3个:一是实现连接器在1 000至10 000次插拔后不因磨损而出现电阻显著变化;二是实现电池浮动式连接器,与电池箱或电池包保持随动;三是实现IP67以上的防尘和防水等级,保护端子不受水、尘的影响而出现老化和电阻变化。

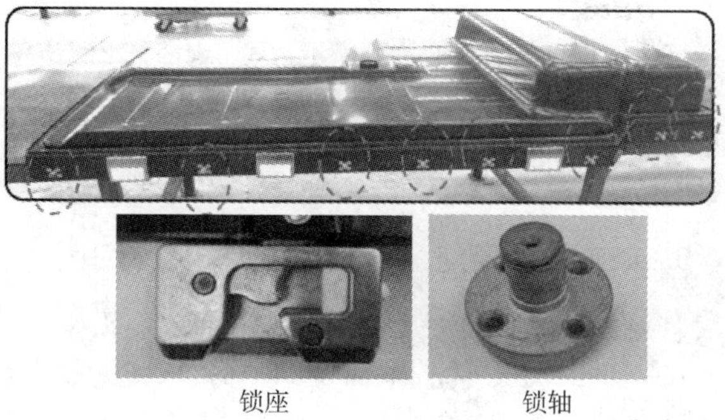

图 1-61　奥动电巴锁止机构

图 1-62　蔚来螺栓周向锁止机构

电连接主要有插拔式连接和平面连接两种，具有导向和浮动机构设计，预留搭铁点安装设计，结构设计上增加了径向或轴向的簧圈技术提升电连接的过流性能和连接的稳定性，浮动结构提升了结构的兼容性，蠕动结构保证行驶不松脱。奥动电巴的平面型电连接器（如图 1-63 所示）设计上满足车用连接器、充电枪、整车振动有关的 7 项国家标准，通过浸水、老化、绝缘等 22 项性能指标的设计验证（DV）在实验室内按照企业标准进行了 1 万次的耐久实验，正负极高压极柱接触电阻始终控制在 0. 60 mΩ，实际应用实践表现了出色的可靠性。

（3）液冷连接技术

随着新能源汽车动力性能的提升，液冷电池包也在逐步推广，将液冷电池包应用于换电技术的难点在于液冷连接技术（蔚来换电液含电池包如图 1-64 所示）。冷却连接装置需要拥有快速插拔、自动截止及浮动功能。

解决方案是将液冷连接装置与电连接装置一体化集成，采用双向截止阀，在换电过程中关闭电池包液冷系统回路，实现液冷电池包更换。

（4）电池箱定位技术

在换电过程中电动汽车停靠位姿存在误差，车身变形导致电池箱总成相对车辆的位姿也存在误差。因此电池箱的精确定位是换电技术的另一个难点。

根据 NB/T 33006—2013 标准要求，电池箱更换设备应对车辆停靠位置及停靠姿态、电池箱安装位置有一定的适应能力，具体的定位精度要求参见表 1-31。

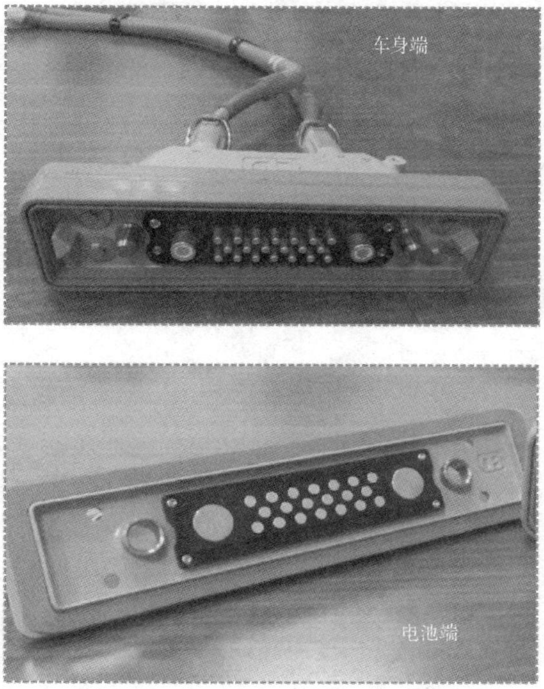

图 1-63　奥动电巴平面电联接器

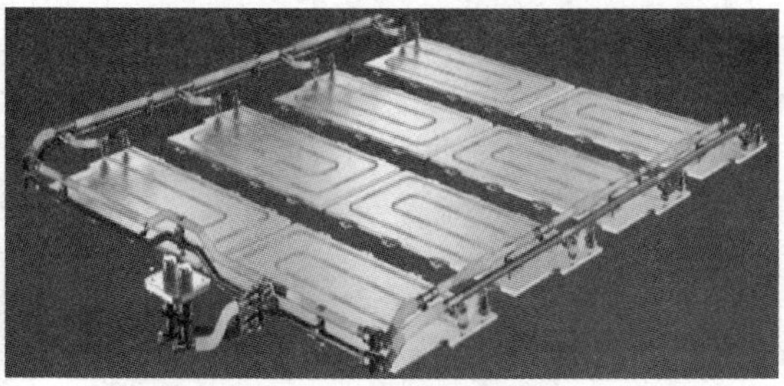

图 1-64　蔚来换电液冷电池包

表 1-31　更换设备全自动运行定位精度

动作分类	精度要求
纵向定位	≤2 mm
横向定位	≤2 mm
提升定位	≤2 mm
旋转定位	≤0. 2°
推拉定位	≤2 mm

电池更换设备通常借助车辆导引系统辅助进行车辆初步定位，将电动汽车停靠在预定的电池箱更换设备操作行程范围内；之后采用基于红外、激光、视觉等多传感器融合定位技术，减小定位误差，实现精准定位，有效提高电池箱更换设备对电动汽车电池箱的适应能力。

3. 2019 年新能源汽车换电站建设运营情况

据中国电动汽车充电技术与产业联盟统计如图 1-65 所示，截至 2020 年 2 月，我国换电站保有量 400 座，相比 2019 年 8 月的 245 座增加 63. 3%，换电站建设数量整体呈稳定增长趋势。

从地域分布上看，北京市以 127 座领先，其次为广东省，拥有68座；浙江省和江苏省分别以47座和28座位居三四名。全国的换电服务主要集中在广东省、福建省和北京市。

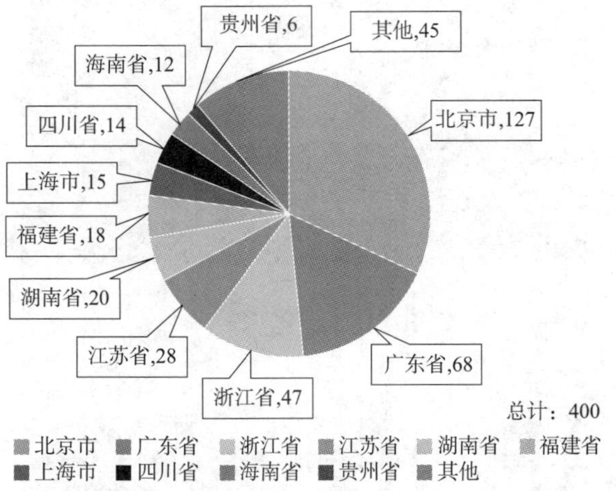

图1-65　2020年2月国内换电站省份分布(单位:座)

4. 主要企业经营发展情况

我国换电站运营企业主要有奥动、蔚来、伯坦3家。

(1)奥动新能源

奥动新能源汽车科技有限公司是一家致力于纯电动汽车领域充换电站以及充电基础设施等新能源高新技术领域投资、建设、运营的综合型投资企业，拥有超过600项换电核心专利。2016年，北汽新能源、上海电巴和奥动新能源签订了三方战略合作协议。目前，奥动新能源已在全国11个城市累计建设换电站265座，作为第三方独立换电运营商为北汽新能源EU系列出租车车型和广汽新能源的aion系列出租车、网约车等车型提供换电运营服务，换电车辆累计运营里程超过7亿km，单车最长行驶里程突破70万km，累计更换电池超过500万次，在换电运营领域处于国际领先地位。

(2)蔚来汽车

2014年11月成立的蔚来汽车是一个着力布局换电系统的智能电动汽车品牌，在换电领域拥有超过500项专利，其主要针对蔚来ES系列私家车进行全自动底盘换电。蔚来在全国51座城市建设了123座换电站，上海和深圳部分换电站可以达到单日20次以上的使用频次。蔚来换电站NIO POWEK内部如图1-66所示。

图1-66　蔚来换电站NIO POWER内部

(3)伯坦科技

杭州伯坦科技工程有限公司成立于2014年10月，是一家专注于换电技术体系的电动汽车国家高新技术企业。伯坦采用侧向分箱换电模式。伯坦科技已在全国12个城市建有换电站，提供换电服务。

5. 未来几年新能源汽车换电技术发展趋势

(1)利用自动控制与人工智能手段提高换电效率

在智能化换电运营方面，换电站的运营从自动化到智能化，逐步减少换电站人员操作。开发高效可靠的自动化换电设备，如换电机器人、码垛机器人等，有效降低换电站运营人力成本。开发先进便捷的可视化界面，强化换电站人机交互功能，降低换电站操作技术门槛。结合计算机视觉等智能辅助技术，精准判断车辆停入换电站的位姿，实现电池箱的高精度定位。基于云平台技术开发智能管理与监控系统，对充电过程、电池状态进行智能管理。

(2)集中式电池充电与大数据管控

在电池集中管理方面，从粗放型的充电和维护到精细化、数据化的管理。建立换电站内恒温恒湿环境，提升电池集中充电效率。在电池存储时定期进行维护，包括内阻测试、容量测试、均衡处理等。基于电池大数据平台，建立电池全生命周期管理模型，在电池充放电过程中，进行过压、过流和断电保护，及时发现温升异常的电池，实现电池使用寿命和价值利用的最大化。

(3)换电站快速部署

在换电站规划设计方面，换电站模块化特性不断凸显。以往直接根据建设用地进行换电站全局规划，设计工作量大，经常发生方案调整和修改的情况。换电企业通过对换电站进行区域模块化设计，能够细化换电站内部各区域的功能，在建站时直接进行模块化拼装，提升换电站建设速度，增强换电站的市场通用性和拓展性。如图1-67所示。

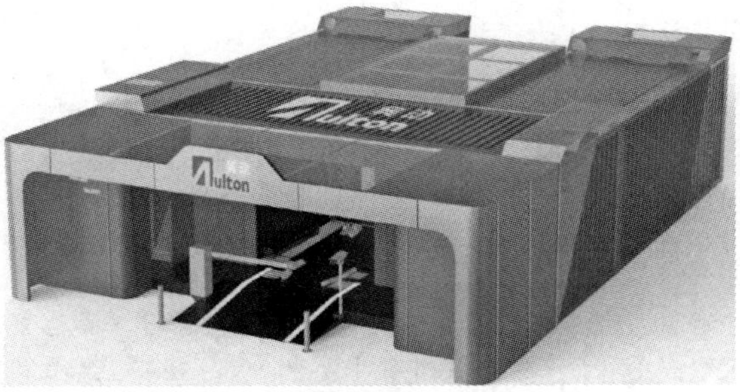

图1-67　奥动新能源集装箱式换电站(1天建站)

6. 新能源汽车换电技术发展存在的问题

(1)未制定换电产业标准体系

经过近20年的发展，国内新能源汽车换电技术出现百家争鸣。但由于换电车型众多、换电方式多种多样、电池包接口不统一，换电企业的技术投入成本高，严重阻碍了换电产业的推广。此外，换电电池包的型号繁杂，也不利于电池回收企业进行拆包，影响了电池的梯次利用。

(2)建站初期投资成本高

相比于充电桩和充电站,换电站的初期投资成本较高,换电企业的资金回流周期长、投资风险大、盈亏平衡点高,许多城市未明确换电站享受新能源汽车充电基础设施建设补贴。为保证换电站的运营可靠性,需要部分备用电池。此外,换电机器人等换电设备成本也较充电桩等充电设备高。尽管换电站的初期投入成本高,但换电站在全生命周期内的经济性优于充电桩和充电站,在克服了初期投入成本的问题后,换电模式就具备了较强市场竞争力。

(3)未制定用户充换电规范

大部分换电车型仍然具备充电功能,一些换电车型用户如果选择自行充电,存在充电环境不适宜、充电行为不专业导致电池寿命下降的可能,这就造成了换电电池寿命的不一致性。通常换电站为了维持运营,会根据一定方法淘汰掉旧电池,保持所有电池的质量维持在一个较高水平。如果这些用户再前往换电站更换电池,就造成了换电站运营企业的损失。因此,应当制定合理的用户补电行为规范,规定用户充电行为和换电行为的具体要求。

7. 新能源汽车换电技术发展建议

(1)逐步制定完善换电产业标准

逐步解决换电产业标准化问题是国家部委和产业职能部门的使命,应尽快依据不同车型的换电技术路线,建立完整的换电产业标准。换电产业标准化的推进,至少需要包括以下5个方面。

①换电车辆车载电池安装位置标准化;

②换电车辆车载电池锁止机构标准化;

③换电车辆车载电池包连接器物理尺寸和通信协议标准化;

④换电站设备电池解锁与紧固方式标准化;

⑤换电站电池充电连接器物理尺寸和通信协议标准化。

(2)发展车电分离商业模式

随着电池技术的发展和标准化进程,车电分离商业模式的优势将逐渐凸显。换电模式可以充分发挥车电分离的价值,盘活电池资源,打通从用户端到电池运营端的价值链。国家应尽快研究出台车电分离的政策规范和实施细则,允许车身和电池分开销售,明确规定车辆年检时对车辆识别代码和电池编码不做匹配的要求,允许车辆和电池单独进行报废等,明晰电池和车辆的安全责任,制定将换电电池视为安全零部件的管理办法,促进换电产业健康发展。

(3)开展充换电站电网互动研究

通过V2G实现电网的削峰填谷,一直是新能源汽车产业的重要目标之一,但新能源汽车广泛分布于电网的各个位置,其位置和数量的随机性对电网而言仍是很大的不确定因素,难以实现大量电动汽车与电网的智能化互动。已经有研究表明,与V2G相比,使用换电站更利于电网的集中控制,削峰填谷作用更加明显。推广换电储能技术并结合电网互动,能够真正落实动力电池梯次利用。国家应该多鼓励高校和企业开展充换储结合项目,并进行不同电池、不同区域、不同车辆调度模式的灵活配置,挖掘出对电池、电网和换电站运营、车辆运营皆有利的方式。

8. 总　结

换电较慢充和快充具有诸多经济性和安全性上的优点,随着换电技术的不断进步和换电产业标准的不断统一,换电产生的经济效益将会逐渐凸显。目前,国内换电产业整体尚处于起步阶段。应当逐步制定完善换电产业标准;推行车电分离商业模式,实现动力电池与新能源汽车的解耦;通过换电与电网的融合,将换电模式的运营潜力充分释放。最终实现广大人民群众直接享受新能源汽车技术进步成果。

二十九、电动汽车无线充电

Chapter 29 Wireless Charging for Electric Vehicle

(中国科学院电工研究所　王丽芳)

1. 电动汽车无线充电系统产业发展现状

电动汽车的无线充电技术可分为静态无线充电与动态无线充电。静态无线充电系统通过安装在停车位地面以下的发射线圈为静止状态下的电动汽车充电。宝马BMW在2018款530e iPerformance款混动汽车上搭配了无线充电技术,该系统搭配了一块充电板,充电板与220 V电源相连,仅需3.5 h就能充满9.4 kWh的电池组。奥迪推出了一种可升降无线充电系统,其特点就是可让供电线圈更靠近车辆底部的受电线圈,实现了超过90%的电力传输效率,这种方式能让一些高底盘的SUV在充电时保证更好的充电效率。相较于静态无线充电,动态无线充电能够增大电动汽车的行驶里程,并减小对电池容量的需求。目前,在新西兰奥克兰大学、日本东京大学、美国橡树岭国家实验室、韩国高等科学技术学院(KAIST)等国外研究团队已经对电动汽车动态无线供电相关的技术难点以及关键问题展开了一系列研究,主要集中在系统建模方法、电能变换拓扑结构、电磁耦合机构优化设计和电磁屏蔽技术等方面。新西兰奥克兰大学与德国康稳公司合作研制出世界上第一台无线充电大巴,功率为30 kW,同时也研制出100 kW无线供电列车样机,列车轨道长400 m。韩国KAIST将采用动态无线充电技术的电动车称为在线电动车,并于2013年在位于龟尾市的两条电动公交线路投入运行,线路总长为24 km,传输功率为100 kW,效率为85%。美国高通公司在2017年研发了一条长达100 m的可移动无线充电轨道,基于其无线充电(WEVC)技术,该轨道可以高达20 kW的功率为双向行驶的电动汽车供电。在国内从事电动汽车无线充电的企业主要有中兴新能源(ZTEV)、中惠创智(Zonecharge)、万安科技等。中兴新能源汽车有限公司是国内最早将无线电能传输技术商业化的企业之一,目前已经成功搭建了9条运行无线充电线路,可以提供3.3~60 kW充电功率,充电效率达到91%,整体效率不低于86%。2019年,中兴新能源公司完成第三代电动汽车无线充电产品研制,具有互操作性,并具备异物检测、生物检测及对齐引导等辅助功能。中惠创智(Zonecharge)成立于2014年7月,致力于无线供电技术的研发与产业化运营。在烟台总部建有无线电能传输技术研发中心,在深圳公司建有电磁兼容标准化实验室。目前,该公司已申请200余项专利,授权专利100余项,是国内电动汽车无线充电标准主要起草单位。2016年7月,万安科技出资74%与Evatran在中国设立合资公司—浙江万安亿创电子科技有限公司,主要聚焦于电动汽车无线充电系统的研发与产业化应用,已研发出覆盖3 kW、7 kW、11 kW功率段的无线充电系统,集成异物检测、生物检测及自动导引等辅助功能。北京有感科技公司基于自主核心技术开发了全新一代电动汽车无线充电系统,功率等级覆盖3.3~30 kW,配备了高性价比的主动安全检测装置。厦门新页科技有限公司(NewLeaf)于2014年10月创立,已研发出2 kW、、3.3 kW、、6.6 kW、、30 kW的电动汽车无线充电系统,研制出智能充电机(有线+无线)并示范运行。此外,一些汽车企业推出了可搭载无线充电系统的车型,如上汽荣威的Marvel X、广汽新能源的AION S等。

2. 无线充电系统技术概况

电动汽车无线充电系统主要由功率因数校正电路(PFC)、高频逆变器、无线能量传输线圈、补偿网络、高频整流桥组成。无线充电系统的结构简图如图1-68所示。功率因数校正电路将220 V的交流市电转变为直流电,减小输入电流谐波;高频逆变器将直流电转变为高频交流电;无线能量传输线圈包括发射端线圈与接收端线圈,通过空间电磁场实现能量的无线传输;补偿网络调整发射端的电源特性,以及接收端的负载特性,以优化系统的传输效率、输出功率、软开关等特性;高频整流桥将接收端的交流电转变为直流电,并为动力电池进行供电。

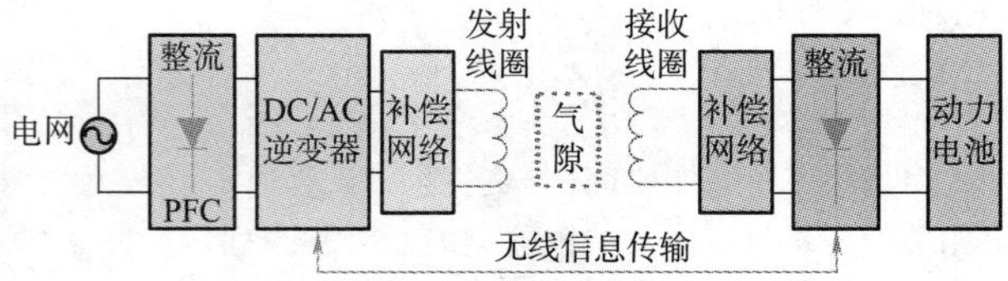

图1-68 无线充电系统结构简图

动态无线充电系统由静态无线充电系统发展而来,其组成部分与静态系统相近,也包含功率因数校正电路、高频逆变器、无线能量传输线圈、补偿网络、高频整流桥等。二者的区别在于动态无线充电系统的发射端安装在公路路面以下,能够为行驶中的电动汽车进行充电。典型的动态无线充电系统包含多个发射线圈,并分别由多个高频逆变器供电,如图1-69所示。

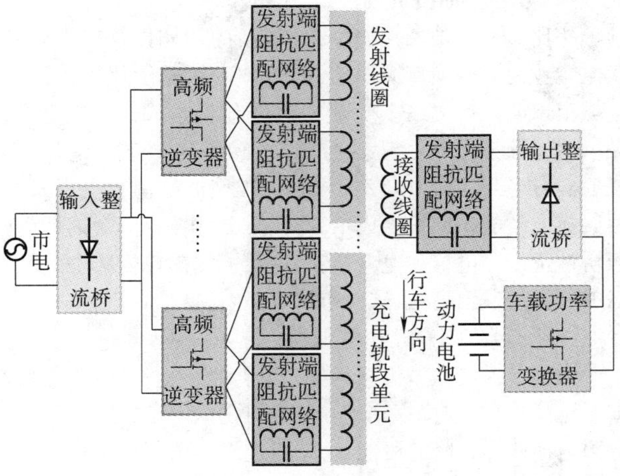

图1-69 动态无线充电系统结构简图

(1)功率因数校正电路

在中国,市电是电压为220 V/50 Hz的交流电。作为市电负载的电气产品阻抗特性存在3种状况:电容性、电感性和电阻性。其中,电阻性负载消耗有功功率(实际做功的功率),而容性和感性负载则消耗无功功率。为了使电气产品正常工作,作为能量源的市电则需要提供的总功率应为负载消耗的有功功率和无功功率之和。当负载消耗的无功功率越小,市电需提供的总功率也越小,从而市电的利用率就越大。因此,为了实现市电利用率的最大化,在市电和市电负载之间需要增加功率因数校正电路,使得市电的输出负载特性接近纯阻性。常见的功率因数校正电路拓扑结构如图1-70所示。单相拓扑的功率因数校正电路主要应用于千瓦级的无线充电系统中,三相拓扑的功率因数校正电路主要应用于大功率的无线充电系统中。

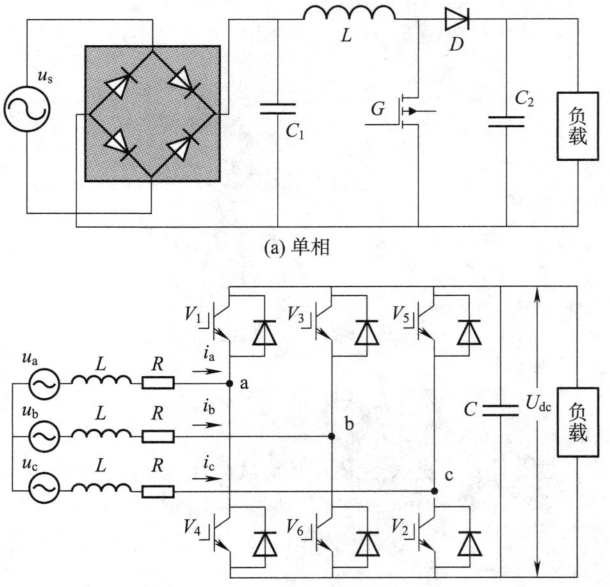

图1-70 功率因数校正电路结构

(2)高频逆变器

高频逆变器是原边电路中的核心部分之一,其主要作用是把 PFC 电路输出的直流电转换成高频交流电。该高频交流电的波形为方波，幅值与直流电电压幅值相等。逆变器基本的结构有：推挽型逆变器、半桥逆变器和全桥逆变器。推挽逆变器通常应用与小功率场合，在中大功率应用场合中，多采用半桥逆变器和全桥逆变器，其中全桥逆变器以其灵活的控制方式以及无需均压电容的优点得到了广泛应用。因此，在电动汽车无线充电系统中，高频逆变器常采用全桥拓扑进行设计。采用全桥拓扑的高频逆变器如图 1-71 所示。

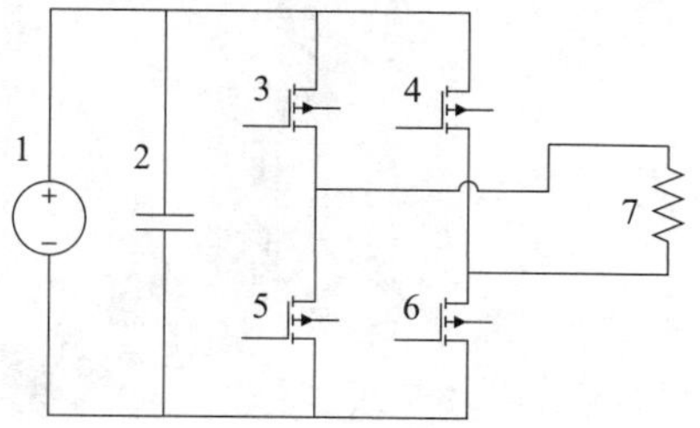

图 1-71 高频逆变器拓扑结构

(3)无线能量传输线圈

无线能量传输线圈包括发射线圈和接收线圈。发射线圈内的电流产生高频电磁场铰链到接收线圈，进而在接收线圈内产生感应电流提供给负载电能。无线充电系统线圈与传统变压器的本质区别，在于原副边耦合性能的差异，耦合系数 k 用来描述两个线圈之间的耦合程度($0<k<1$)，传统变压器耦合系数通常在 0.95 ~ 0.98 之间，而磁耦合无线能量传输系统的线圈属于松耦合，耦合系数一般在 0.5 以下，甚至不到 0.1。线圈之间的耦合性能是无线充电系统的核心和基础，耦合性能越好，传输效率越高，系统的稳定性也越高。目前，主流的线圈结构主要包括平面盘式螺旋线圈、交错并联式 DD 型线圈、串联式 DD 线圈和工字形线圈等结构，其各自形状如图 1-72 所示。

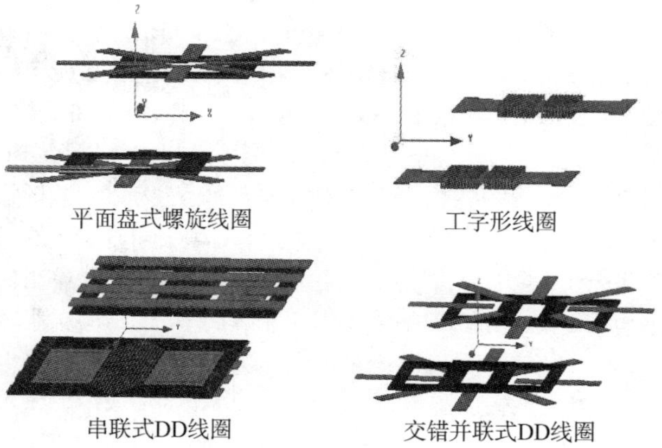

图 1-72 主流线圈结构图

为了提高线圈间的耦合系数以及减小电磁辐射，在耦合线圈两侧需要添加电磁屏蔽材料。常见的电磁屏蔽示意图如图 1-73 所示。

(4)补偿网络

原副边补偿网络的主要作用是调整系统最大输出功

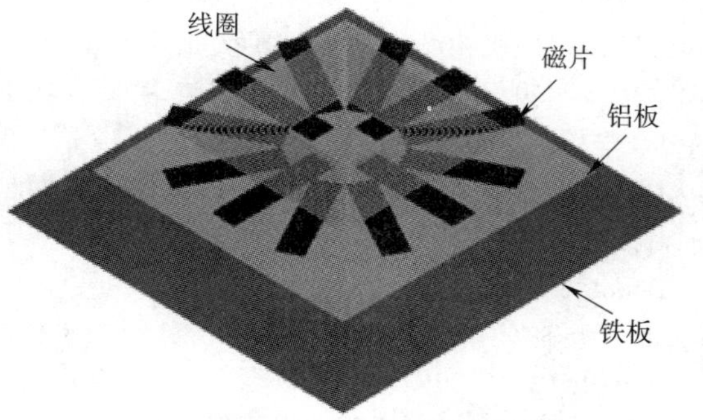

图 1-73 电磁屏蔽示意图

率和传输效率的工作点。通过对原边补偿网络的设计，改变原边回路阻抗的实部和虚部，实现对系统最大输出功率点的调节；通过对副边补偿网络的设计，改变副边回路阻抗的实部和虚部，实现对系统最大传输效率点的调节。

根据线圈自感和补偿网络中电容的连接方式，简单的补偿网络拓扑可分为：串联型拓扑和并联型拓扑。这两种补偿方式结构简单，易于实现，但不能达到最优性能指标，只适合特定的场合。含有多个电容或多个电感的复合补偿网络，如 LCC 补偿，结构相对复杂，但能更好地进行回路阻抗的阻抗变换，保证系统性能指标。主要补偿网络结构如图 1-74 所示。

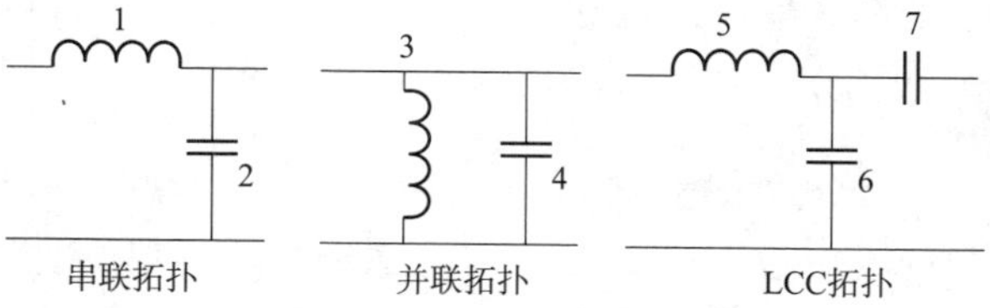

图 1-74 补偿网络结构

(5)高频整流桥

电动汽车无线充电系统中的高频整流桥通常采用全桥不控整流结构，其主要由四个二极管及一个滤波电容组成。它的作用是将副边接收线圈感应的交流电转化为直流电，经电容滤波后为电池供电。高频整流桥的电路如图 1-75 所示。

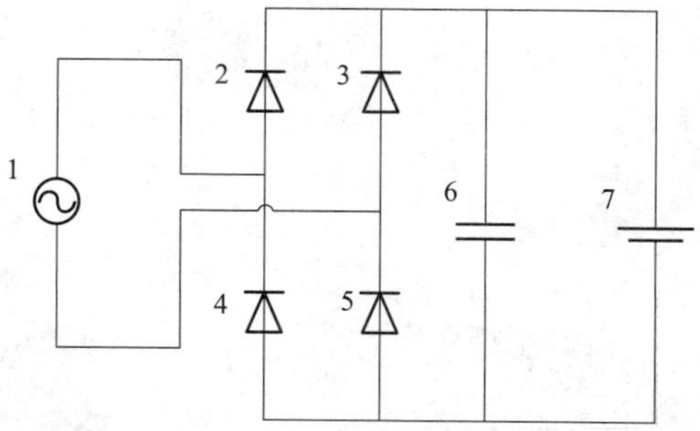

图 1-75 高频整流桥拓扑结构

3. 无线充电技术研究进展概况

在无线充电技术方面，国外主要有新西兰奥克兰大学、美国橡树林国家实验室、韩国科学技术院、美国高通公司等国外科研机构与企业投入了大量研究，并提出一些典型结构与设计方案。新西兰的奥克兰大学早在20世纪90年代就开始研究无线充电技术在工业领域的应用。为了提高耦合线圈的品质因数，增强其抗偏移能力，他们对线圈的形状、尺寸等特性进行了研究，先后提出了DD（Double-D）型、DDQ（Double-D Quadrature）型、BP（Bipolar）型、TP（Tripolar）型线圈结构。美国橡树林国家实验室（ORNL）从2009年开始开展了电动汽车用无线充电系统的研发工作，他们采用方形线圈（圆角）结构，2013年开发了输出6 kW的电动汽车用无线充电系统，系统工作频率为22 kHz，在15 cm传输距离时达到了超过97%的线圈效率。美国犹他州立大学的研究人员在2018年研发了可为电动大巴供电的动态无线充电系统，输出功率达25 kW，在收发线圈对准时的效率达86%，并且在偏移15 cm的范围内仍能正常工作。

对于电动汽车无线充电技术，国内主要有中国科学院电工研究所、重庆大学、东南大学、天津工业大学、清华大学、哈尔滨工业大学等科研院所开展了相关研究工作。

中国科学院电工研究所是国内最早开展无线充电技术研究的单位之一，承担完成了多项无线充电方面的国家和北京市科技攻关项目，包括国家重点研发计划“新能源汽车”重点专项、国家“863”计划、国家科技支撑计划、自然科学基金和国际合作项目。在电动汽车无线充电系统线圈设计、电容参数优化、系统电磁兼容性、系统动态特性、磁场分析与屏蔽等方面进行了深入研究；提出了一种无线充电系统优化方法，显著提高了系统的偏移容忍度；对电动汽车静止式和移动式无线充电系统的动态特性与切换瞬态特性进行了深入分析；研究了切换位置对移动式无线充电系统稳态输出和暂态冲击的影响，并提出了最佳导轨切换控制方案；研发了电动乘用车用3.3 kW无线充电系统，传输距离为20 cm，最高系统效率大于90%，并在北京新能源汽车股份有限公司的E150、E200、EU260等纯电动乘用车上进行了装车试用（如图1-76所示），开展了电动汽车无线充电系统的小规模示范运行与推广。

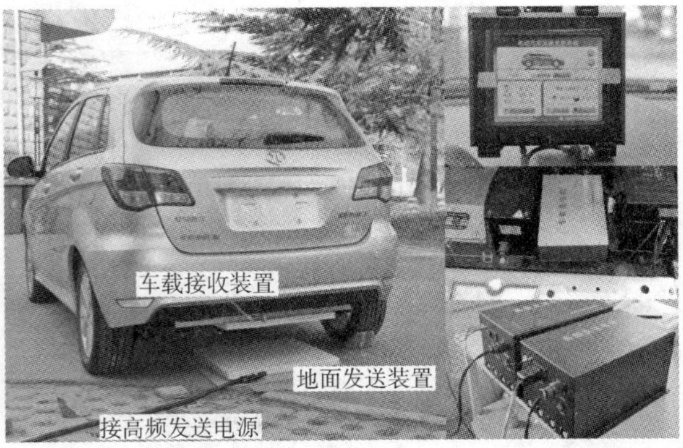

图1-76　中科院电工所3.3 kW无线充电系统装车试用

另外，中国科学院电工研究所团队还研发了如图1-77所示的动态无线充电系统实验平台，采用多发射线圈分组分段供电的方式，为行驶中的电动汽车进行充电。基于该实验平台，研究了供电轨段与阻抗匹配网络的优化设计方法，并对轨段的瞬态切换过程进行了分析，设计的系统平均输出功率为2.5 kW，平均能量传输效率达90.8%。

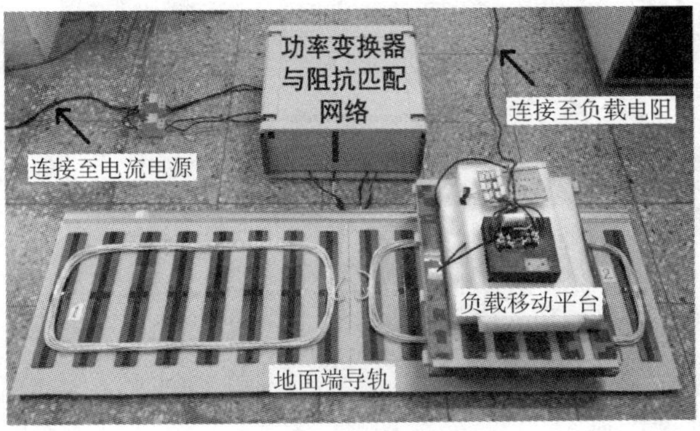

图1-77　中科院电工所动态无线充电系统实验平台

广西电科院建设了国内首条无线充电车道，目前车道提供的最大功率为30 kW，以总电池容量为24 kWh的电动汽车为例。如果以30 kW的功率进行充电，充满电所需时间不足1 h。续航里程100 km。重庆大学针对无线充电系统参数敏感度高、负载易变等特点，提出了多种控制方法提高系统的鲁棒性。在移动式无线充电技术方面，他们通过非线性规划对耦合机构进行优化设计，并研究了导轨的检测、切换以及输出端的稳压控制。2018年，由重庆大学研发的“电动汽车动态无线充电系统”在江苏同里面世，输出功率达到11 kW，最高效率在90%以上。哈尔滨工业大学以朱春波教授为领导的研发团队从2007年开始研究无线电能传输技术，对磁耦合谐振式无线电能传输系统进行损耗分析以及驱动电路软开关特性研究。在电磁机构设计方面研究了平板线圈结构以及中继线圈结构的传输特性。对能量和信息在原副边线圈同步传输技术进行了研究。东南大学黄学良教授带领的研发团队对电动汽车无线充电技术进行了深入研究，并就其与电网交互技术进行了研究，充分发挥其对电网“削峰填谷”的作用。研究了能量传输效率与线圈互感系数、谐振频率、线圈内阻等因素的关系。华为技术有限公司自主研发了四代无线充电系统，具备异物检测、生物检测和位置检测辅助功能。输入功率等级有7.7 kW和11 kW，输出电压兼容高/低压平台。11 kW的地面端具备对9种不同功率和离地高度等级接收段的兼容能力。

4. 电动汽车无线充电系统标准相关进展

为了促进电动汽车无线充电系统产业化的进程，无线充电系统相关标准的制定已显得格外重要。在国外，国际电工委员会IEC在2015年8月发布了电动汽车无线充电系统通用要求，其通信要求、磁场无线充电技术要求两部分正在制定中。同时，国际标准化组织ISO正在制定电动汽车无线充电的互操作性及安全要求相关标准。此外，美国标准化组织

SAE 已正式发布了一种电动车无线充电技术的行业标准 SAE J2954，为设计功率最高达 11 kW（WPT3）的地面发射板和车辆之间的无线充电系统的最低安全性、互操作性、电磁兼容性（EMC）、电磁辐射（EMF）提供了指导意见，同时涵盖通信和低功率激发（LPE）技术，旨在为传统汽车和自动驾驶汽车的自动泊车和充电技术建立最低标准。在国内，2018 年，由中国电力企业联合会牵头制定的《电动汽车无线充电电磁暴露限值与测试方法》《电动汽车无线充电系统特殊要求》《电动汽车车载充电机与无线充电设备通信协议》3 项国家标准送审稿已通过审查。2019 年，已启动《电动汽车无线充电系统互操作性要求及测试》等标准的编制工作。2020 年，国家标准化管理委员会公告发布 GB/T 38775. 1《电动汽车无线充电系统　第 1 部分：通用要求》、GB/T 38775. 2《电动汽车无线充电系统　第 2 部分：车载充电机与充电设备之间的通信协议》、GB/T 38775. 3《电动汽车无线充电系统　第 3 部分：特殊要求》、GB/T 38775. 4《电动汽车无线充电系统　第 4 部分：电磁环境限值与测试方法》4 项国家标准。这 4 项国家标准是中国电力企业联合会和中国汽车技术研究中心组织，由中国电力科学研究院有限公司等企业共同参与的成果，将成为电动汽车无线充电标准体系中重要的基础通用标准。

5. 小　　结

基于电磁感应原理的无线充电技术由于其安全、便捷的特点，在诸如电动汽车、无人机、移动设备、嵌入式医疗等工业领域都有着广泛的应用。尤其是在电动汽车领域，相对于传统的有线充电方式，无线充电方式省去了充电线，适用于恶劣的天气和环境，且无需电气连接，避免了有线充电在插拔电插座时的电火花，大大提高了充电的安全性与可靠性。

电动汽车无线充电技术具有方便、快捷的优点，但还处于研发和探索阶段，在实用化方而还有大量的工作要做。随着该技术的不断完善，同时结合中国智能电网的建设，其在电动汽车智能充换电服务网络方而的应用必将大大推动电动汽车的大规模应用。

三十、加　氢　站

Chapter 30　Hydrogen Refueling Station

（北京低碳清洁能源研究院　何广利）

1. 2019 年氢燃料电池汽车基础设施产业发展的总体情况

加氢站是为氢燃料电池汽车提供和充装氢气的基础设施。在氢能产业链中，加氢站是上游制氢、运氢与下游燃料汽车应用的重要枢纽。按照供氢方式，加氢站主要分两种：外供氢加氢站和站内制氢供氢加氢站。前者采用氢气长管拖车运输、管道输送后供氢；后者自备制氢系统，将制得的氢气经纯化、压缩后进行存储、加注。站内制氢可以省去较高的氢气运输费用，但是增加了加氢站系统复杂程度和运营成本。我国加氢站大部分为外供氢加氢站。根据加氢站内氢气储存相态不同，加氢站有气氢储运加氢站和液氢储运加氢站之分。全球加氢站中，有 20% 为液氢储运加氢站，其中绝大多数在美国和日本，其余主要为高压供氢加氢站。

截至 2019 年底，全球共有 432 座加氢站投入使用，其中 177 座在欧洲，178 座在亚洲，74 座在北美。此外，226 座专用的加氢站正处于规划阶段。日本现有加氢站 114 座，是全球加氢站数量最多的国家，德国 87 座，美国加州 48 座，韩国 33 座。

随着全球氢能产业的快速发展，日本、欧洲、美国、韩国等国家和地区纷纷制定氢能产业发展规划和路线图，指导氢能产业发展。

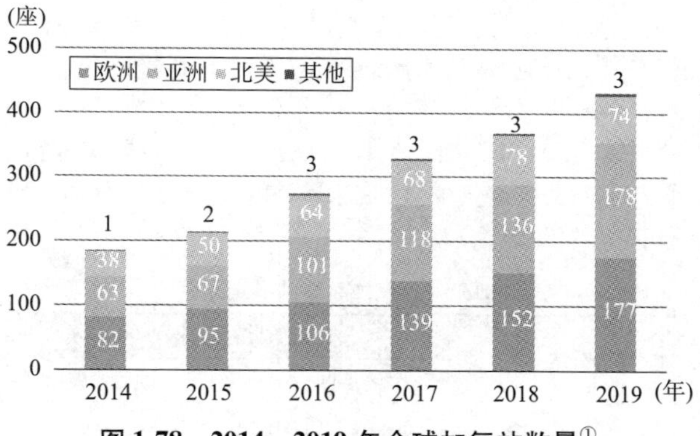

图 1-78　2014—2019 年全球加氢站数量①

2019 年，日本经产省修订了《氢能与燃料电池战略路线》，加氢站建设目标为：到 2025 年，建设加氢站 320 座；到 2030 年，建设加氢站 900 座。到 2025 年，建设费用由 3 500 000 日元下降到 200 000 日元，运行费用由 340 000 日元下降到 150 000 日元，压缩机费用由 900 000 日元下降至 500 000 日元，accumulator（蓄压器）费用由 500 000 日元下降至 100 000 日元。逐步建成全国性加氢站网络，并延长加氢站运营时间。

2019 年，燃料电池和氢能源协会（FCHEA）发布了《美国氢经济路线图》，加氢站建设目标为（不包括物料搬运设备用加氢站）：到 2022 年，建设加氢站 110 座；到 2025 年，

① https://www.h2stations.org/

建设加氢站 580 座(500 kg/d);到 2030 年,建设加氢站 5 600 座(1 000 kg/d)。物料搬运设备用加氢站的建设目标为:到 2022 年,300 座;到 2025 年,600 座;到 2030 年,1 500 座。

2019 年,韩国政府发布《氢能经济发展路线图》,加氢站建设目标为:到 2022 年,建成加氢站 310 座;到 2040 年,建成加氢站 1 200 座以上。根据 H_2 Mobility 的规划,德国到 2020 年将建成和运营 100 座加氢站。到 2023 年,德国计划建设 400 座加氢站。主要国家加氢站建设规划如图 1-79 所示。

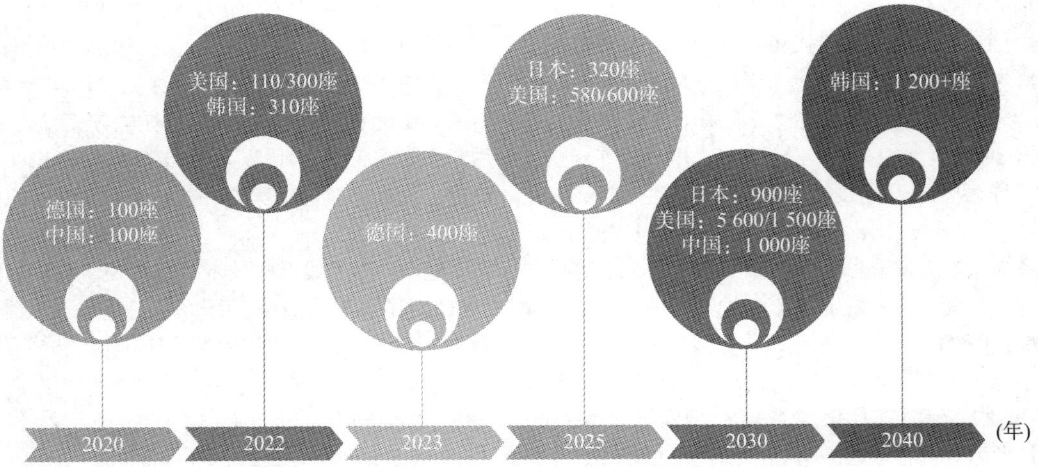

a. 不包括物料搬运设备用加氢站 b. 物料搬运设备用加氢站

图 1-79 主要国家加氢站建设规划

2. 氢燃料电池汽车基础设施建设运营情况

加氢站从组成上主要包含制氢系统(仅适应于具有内制氢能力的加氢站)、纯化系统(内制氢加氢站中用于纯化站内制备的氢气,以达到使用标准)、压缩系统、储氢系统、加氢系统、安全监控、电气设备以及其他机械设备(包括管道、配件、阀门等)。根据选取技术路线的不同,加氢站建设和运营的成本也各不相同。

根据 GB 50516《加氢站技术规范》规定(目前该规范正在修订中),我国氢气加氢站按照储氢容量大小可分为一级、二级和三级(见表 1-32)。

表 1-32 氢气加氢站的等级划分

等 级	储氢罐容量(kg)	
	总容量(G)	单罐容量
一级	$4\ 000 < G \leq 8\ 000$	≤2 000
二级	$1\ 000 < G \leq 4\ 000$	≤1 000
三级	$G \leq 1\ 000$	≤500

加氢加油合建站的等级划分,应符合表 1-33 的规定。

表 1-33 加氢加油合建站的等级划分

加 油 站	一级	二级	三级	三级
加氢站等级	($120 < V \leq 180$)	($60 < V \leq 120$)	($30 < V \leq 60$)	($V \leq 30$)
一级	×	×	×	×
二级	×	一级	一级	一级
三级	×	一级	二级	二级

续上表

注:
1. "V"为油罐总容积(m^3)。
2. 柴油罐容积按现行国家标准 GB 50156《汽车加油加气站设计与施工规范》的规定,可折半计入油罐总容积。
3. 当油罐总容积大于 60 m^3时,油罐单罐容积不得大于 50 m^3;当油罐总容积小于或等于 60 m^3时,油罐单罐容积不得大于 30 m^3。
4. 当储氢罐总容量大于 4 000 kg 时,单罐容量不得大于 2 000 kg;当储氢罐总容量大于 2 000 kg 时,单罐容量不得大于 1 000 kg。
5. "×"表示不得合建。

2006 年以来,我国陆续建设加氢站并开始运营。据不完全统计,截至 2019 年 12 月,我国建成运营的加氢站 50 座(见表 1-34),建设中的加氢站 10 座,规划建设的加氢站超过 60 座,逐渐由示范验证阶段向商业化运营阶段过渡。在运营的加氢站中,15 座为撬装式加氢站,35 座为固定式加氢站,主要分布在:广东、上海、江苏、湖北、河北、山东、山西、浙江、安徽、四川、辽宁、内蒙等省(市)。总体而言,我国加氢站以 35 MPa 为主,70 MPa 加氢站逐渐增多,氢源以外部制氢运输到站为主,现场制氢发展缓慢。加注规模也逐渐提升,日供氢能力 1 000 kg/d 以上规模的加氢站数量不断增加。根据全国氢能标准化技术委员会发布的《中国氢能产业基础设施发展蓝皮书(2016)》预测,到 2020 年,我国将建成 100 座加氢站;到 2030 年,将建成 1 000 座加氢站。主要的加氢站投资、运营和建设企业包括:国家能源集团、中石化、翰蓝集团、北京海德利森科技有限公司、上海氢枫能源技术有限公司、江苏国富氢能技术装备有限公司、北京派瑞华氢能源科技有限公司、上海舜华新能源系统有限公司、液空厚普氢能源装备有限公司等。

表 1-34 我国已建成运营的加氢站

序号	省（市）	名称	类型	建成时间（年）	供给能力（kg/d）	加注压力（MPa）
1	广东	三水加氢站	撬装式	2016	120	35
2		丹灶瑞晖加氢站	固定式	2017	350	35/45
3		佛罗路加氢站	固定式	2018	1 000	35
4		佛山塱沙路加氢站	固定式	2018	750	35
5		更合镇加氢站	固定式	2018	500	35
6		樟坑油氢合建站	固定式	2019		
7		强劲荔村加氢站	固定式	2019	500	35
8		顺德兴顺加氢站	固定式	2019	500	35
9		瀚蓝松岗禅炭路加氢站	固定式	2019	990	35
10		瀚蓝狮山桃园加氢站	固定式	2019	990	35
11		东晖加氢站	固定式	2019	500/1 000	35/70
12		深圳大运会加氢站	固定式	2011	300	35/43
13		思劳加氢站	撬装式	2016	120	35
14		罗定加氢站	固定式	2018	500	35
15		大洋电机加氢站	固定式	2017	500	35
16	上海	上海安亭加氢站	固定式	2007	800	35/43.8
17		嘉定江桥加氢站	固定式	2017	750	
18		安智油氢合建站	撬装式	2019	1 000	35
19		西上海油氢合建站	撬装式	2019	1 000	70
20		驿蓝金山加氢站	固定式	2018	2 000	35/70
21		浦江特种气体加氢站	撬装式	2019	670	35
22		上海神力加氢站	撬装式	2018	400	35/45
23		上汽内部加氢站	撬装式	2019	200	70
24		上海氢驾加氢站	固定式	2019	500	35
25		上海化工区加氢站	撬装式	2018	120	35
26	江苏	丰田加氢站	固定式	2017		35/45
27		南通百应加氢站	撬装式	2017	2 000	35/45
28		神华如皋加氢站	固定式	2019	1 000	
29		创咏加氢站	固定式	2019	1 000	
30		东华能源加氢站	固定式	2018		
31	湖北	东风特专加氢站	固定式	2017	500	35
32		武汉中极加氢站	固定式	2018	300	35
33		雄众加氢站	固定式	2019	1 000	35
34		襄阳试车场加氢站	撬装式	2018	100	35
35	浙江	善通加油加氢站	固定式	2019	500	
36		爱德曼加氢站	撬装式	2018	200	
37		浙石油嘉善客运中心东综合功能服务站	撬装式	2019	500	
38	山东	中通客车加氢站	固定式	2018	200	35
39		潍柴加氢站	固定式	2019	2 000	35/70
40	辽宁	同济—新源大连加氢站	固定式	2016	210	70/90
41		兴城加氢站	撬装式	2019		
42	河北	桥东区加氢站		2018		
43		宣化区加氢站	撬装式	2018	1 000	
44	北京	永丰加氢站	固定式	2006	300	35
45	安徽	明天加氢站	固定式	2018	1 000	
46	河南	宇通加氢站	固定式	2015	210	35/45
47	内蒙古	乌海化工加氢站	固定式	2019	300	35/70
48	山西	大同制氢加氢一体站	固定式	2019	500	
49	四川	郫都区加氢站	撬装式	2018	400	35/45
50	新疆	乌鲁木齐加氢站	固定式	2019	500	35

3. 未来几年氢燃料电池汽车基础设施发展趋势

根据目前规划梳理，至 2020 年我国有望落实加氢站建设超 200 家，远超《中国氢能产业基础设施发展蓝皮书》所提数量。另外，四部委发布 2019 年新能源汽车补贴政策时提到过渡期后，地方购置补贴应转向充电、加氢等基础设施和运营服务，地方积极参与相应加氢站建设。2019 年 5 月 24 日，由中国汽车工程学会编写的《长三角氢走廊建设发展规划》正式发布，根据规划，长三角氢走廊目标加氢站数量在 2019—2021 年超 40 座、2022—2025 年超 200 座，2026—2030 年超 500 座。而在 2016 年，由工信部组织指定的《节能与新能源汽车技术路线图》中指出，到 2020、2025、2030 年，中国加氢站数量将分别超过 100 座、300 座和 1 000 座。

纵观各国加氢站的发展和建设情况，主要呈现以下几方面趋势。

加注压力已从 35 MPa 提升到 70 MPa，70 MPa 加氢站对超高压氢气的储存、压缩和加注都提出了更高的要求，相关的技术设备、控制策略和标准法规等正处于开发、实证、标准化和示范推广阶段；

加氢站容量向商业化运行加氢站发展，国内已有设计在建 1 000 kg/天加氢站；

建站方式由单一加氢站向加氢/加油（气）、加氢/充电等合建站发展，以减少用地和投资；

逐步向网络化发展，从初期的氢能高速公路或小型的加氢网络逐步向更大的网络和更广的地域扩展。

除了数量和形式外，在加氢站技术层面，还需要建立建全适合我国国情的低功耗、高可靠性、快速加氢技术与装备体系，突破快速加氢和大容量储氢系统快速加氢技术。开发出高精度加氢计量、灵敏调压技术以及加氢站—车辆通信技术，实现 35 MPa/70 MPa 加氢装备核心零部件国产化。开发出加氢站加速寿命测试方法，提高 35 MPa/70 MPa 加氢站可靠性。

压缩机技术达到国际先进水平，突破大排量、大压比、低功耗、高可靠金属隔膜式和往复式压缩机装备，核心零部件实现国产化。45 MPa 和 90 MPa 往复式压缩机排量分别超过 1 600 和 500 Nm^3/h，最低吸入压力小于 4 MPa，单级压缩平均效率达到 60% 以上，关键部件实现国产化，成本降低 30% 以上。开发出针对加氢站用压缩机的寿命测试方法，提高压缩机可靠性和寿命。

全面融合加氢站工艺设备，实时优化控制与故障诊断技术、开发新型加氢站工艺及其控制技术，显著提高加氢站运行效率与可靠性，逐步降低加氢成本。35 MPa 加氢站运行电耗低于 2.5 kWh/kg；70 MPa 加氢站运行电耗低于 4 kWh/kg。

具体实施路线为：到 2025 年，突破 90 MPa 压缩机关键技术，实现小批量生产和配套。预冷加注一体化加氢机核心部件设计和工艺突破，整机可靠性提升，启动加注协议国家标准研究。自助研发加氢站控制系统，加氢站可靠性提升

4. 氢燃料电池汽车基础设施产业存在的问题

氢能的供给是氢能大规模商业化的根本与基础。氢气的制取、储运及基础设施建设是以燃料电池汽车为代表的氢能利用终端从研究示范到小规模示范运行，再到初步商业化推广应用，直至最终实现规模化应用的关键因素。我国在氢能供应链方面有一定的基础与积累，但在各产业链中的发展均还存在特性与共性的问题，共性问题如成本、标准与规范等。

煤制氢等化石燃料制氢技术有待进一步改进。化石燃料制氢是当前相对低成本氢气的来源的重要途径，但是价格仍高于汽油终端价格水平。现有的煤制氢、天然气重整制氢、石油裂解制氢等需要进一步技术改进，以降低成本、提高效率和生产廉价高纯度氢气。另外，化石燃料制氢技术产生大量二氧化碳的问题不容忽视。二氧化碳捕捉与封存技术 CCS 以及 CCS 成本问题有待进一步解决。

“深绿”制氢技术价格昂贵。可再生能源电解水制氢技术虽然趋于成熟，但是成本仍高于煤制氢等化石燃料制氢技术，根据市场运行规律，价格低廉的化石燃料制氢依然是制氢商家的首选制氢方式。政府应对深绿制氢方式予以一定补贴，促进成熟的深绿制氢技术的应用，同时有利于消纳弃风弃光弃水。

我国加氢站在规划设计方面缺位。加氢站的规划设计、建造要想达到“商业化运营”的要求，其运营的经济性为首要条件，即要从规划设计阶段就开始关注加氢站类型的选择（合建站、集中/分散制氢等）和氢源的选择等因素。能够商业化运营的加氢站应满足“连续加氢运行、经济过关、安全可靠”等基本要求。

加氢站建设与运营成本高昂，国家补贴政策尚不明晰。有公开资料显示，不含土地费用，加氢站建设成本约 1 500 万左右。2014 年四部委公布的《关于新能源汽车充电设施建设奖励的通知》，指出对符合国家技术标准且日加氢能力不少于 200 kg 的新建燃料电池汽车加氢站每个站奖励 400 万元，但是该文件有效期到 2015 年止。2019 年国家的奖励补贴政策尚未出台。

缺乏标准的加氢站建设审批流程，法律法规不完善。我国加氢站建设批复手续十分繁琐，尚不明确具体由哪个部委负责审批。对于制氢厂，氢气生产属于化工生产要位于化工区，以此否定了制氢加氢合建站的发展，国家层面对此也没有明确的法规。

技术有待进步：在压缩机方面，我国加氢站以隔膜压缩机为主，我国自主开发的 45 MPa 压缩机已应用在 35 MPa 加氢站，排量达到 500 Nm^3/h。与国外同类型压缩机相比，我国压缩机的可靠性，尤其是关键零部件的寿命有待进一步提高。在加氢机与加注技术方面，我国虽然已具备加氢机的整机制造能力，但是加氢枪、拉断阀、高压氢气质量流量计、高压软管等关键零部件仍依赖进口。我国尚未开发出可推广应用的加氢机—车辆通信技术，有待技术突破。同时，国内尚无公认的氢气加注协议，而美国、日本、欧洲等均已推出相应的加注协议。北京低碳氢能能源研究院正在开展加注协议相关技术研究，并与全国氢能标委会一起共同推动相关国家标准的研制工作。在加氢站控制系统方面，我国开发了 35 MPa 加氢站新工艺以及相应的自动化控制系统，正在进行示范应用，预计将提升加氢站运行效率，提高加氢站日加氢能力。我国大多数加氢站由于运行负荷偏低，尚未经历高密度、连续加氢运行工况考验，加氢站的可靠性有待验证。

5. 氢燃料电池汽车基础设施产业发展建议

根据中国的经济发展现状和资源分布，氢能产业所需氢源应是多元化的。各地方和企业应根据当地氢资源情况选择技术可行、经济性良好、环境友好的氢源来发展氢能产业。

中国氢源具备多元发展、多元开发的条件，在选择氢源时，应综合考虑技术经济性、碳排放、环境影响、能源消耗、资源条件等因素。在资源条件许可时，应优先选择工业含氢气体提纯氢气或可再生能源制氢，但均应根据技术经济性分析选用最佳方案。在用氢规模较大且可与化工产品或煤制油综合利用时，宜采用煤制合成气提纯氢方式，在气化炉型、工艺流程等配套合理时，可获得较低成本的氢气。在资源条件受限时，根据甲醇、天然气供应状况和城市电网“浅绿程度”，经技术经济性分析，可采用天然气转化或甲醇转化制氢。

制定促进技术和市场发展的政策，完善顶层设计。制定氢能供应链路线图，落实发展目标，并明晰实施方案。加大对深绿制氢、加氢基础设施、对用户终端用氢价格的财政补贴，促进氢能利用终端市场的需求。

关键氢能技术与设备的开发。制氢技术方面，政府应侧重于优化可再生能源电解水制氢技术。可再生能源电解水制氢是分布式发电的理想选择，并且可以提供早期的市场机会。必须继续努力提高效率并降低电解槽的成本。同时，加大力度开发二氧化碳捕获和封存技术、前沿的可再生和低碳制氢技术，研发提高煤制氢、天然气制氢效率技术。储运氢技术方面，加大对储运系统的研发力度。在氢储氢容器、氢检测器、管道材料选择、密封件和阀门等方面需要改进。技术验证应解决诸如高压、分离软管、氢传感器等组件的研究和开发需求。研究不同储运方式的可行性。应该设立专门组织来执行测试和认证工作，并识别需要验证和测试协议的组件。该组织应包括保险公司、政府机构、国家实验室和行业的代表。

三十一、氢基础设施

Chapter 31 Hydrogen Infrastructure

（TrendBank 势银　刘启泽　唐蔚波）

1. 全球及中国加氢站总体情况

作为给氢燃料电池汽车提供氢气的基础设施，加氢站的数量直接影响了燃料电池汽车的商业化进程。当前，为推进燃料电池汽车的商业化应用，全球范围都在进行加氢站的建设投资如美国、日本和欧洲等。中国加氢站经过两年的快速建设已位居全球第3。日本是全球加氢站数量最多的国家，截至2019年12月底，日本已建成的加氢站已达116座，日本的加氢站主要分布在东京、大阪、名古屋、福冈等主要城市圈，早在2018年就有11家公司共同投资创建的联合加氢站建设和运营实体公司Japan H2 Mobility（JHyM）。全球主要国家加氢站数量如图1-80所示。

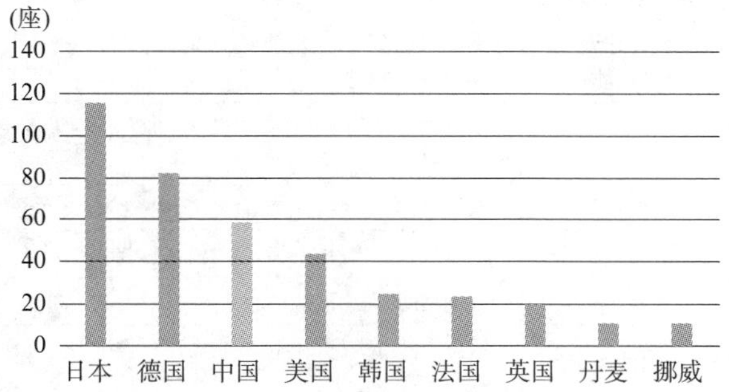

图 1-80　全球主要国家加氢站数量

韩国在2019年初推出《氢能经济发展路线图》计划到2022年建成310座加氢站，连接主要高速及地区；2040年共建成1200座加氢站实现网络化，但是受到年中的制氢厂爆炸事件的影响加氢站建设速度变慢，截至2019年底韩国已建成24座加氢站。

美国是全球最早开始进行氢燃料电池应用和加氢站建设地区之一，其中美国加州地区是美国氢燃料电池汽车商业化运营无论是加氢站数量还是运营汽车的数量都是最多的地区，截至2019年底美国加州地区已有近8 000辆燃料电池汽车运行和建成43座加氢站。

欧洲在2019年之前一直是全球加氢站数量最多的地区，早在2017年就由能源企业、气体公司、整车企业共同合资成立了氢基础设施建设运营公司 H_2 Mobility；其中加氢站数量最多的德国在2019年年底已建成82座加氢站数量位居欧洲第1，全球第2；并且欧洲其他国家例如丹麦、挪威、英国、法国等国家也开始积极建设加氢站。

中国作为后起之秀，经历了2019年全年加氢站高速的建设，截至2019年年底已建成58座加氢站，加氢站数量位居亚洲第1，全球第3。

全球加氢站数量持续增长，2019年亚洲加氢站数量将首次超过欧洲地区，主要是因为中国和韩国市场的崛起，中国加氢站数量在2019年快速爆发目前已经达到58座，说明中国氢能燃料电池市场已经进入快车道，全球加氢站总数近450座。全球加氢站发展趋势如图1-81所示。

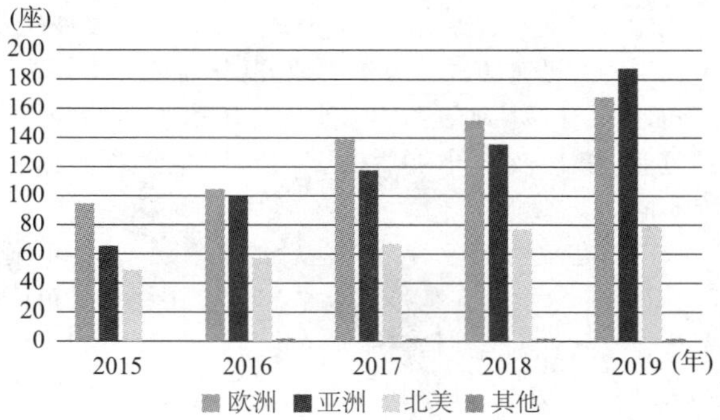

图 1-81　全球加氢站发展趋势

发展新能源汽车具有国家战略层面意义，长期以来，我国相关部委对发展新能源汽车一直给予政策支持，针对燃料电池汽车的发展应用也出台了多项国家扶持政策。从《中国制造2025》《中国氢能产业基础设施发展蓝皮书（2016）》《节能与新能源汽车技术路线图》再到2019年两会中加氢站等基础设施写进《政府工作报告》中，支持政策不仅涉及燃料电池汽车产业，也包括以加氢站为核心的氢能产业链。为鼓励氢能产业发展，国家相继出台多项产业政策加氢站建站规划等。我国加氢站才得以在国家政策的推动下快速发展。我国历年加氢站建成数量如图1-82所示。

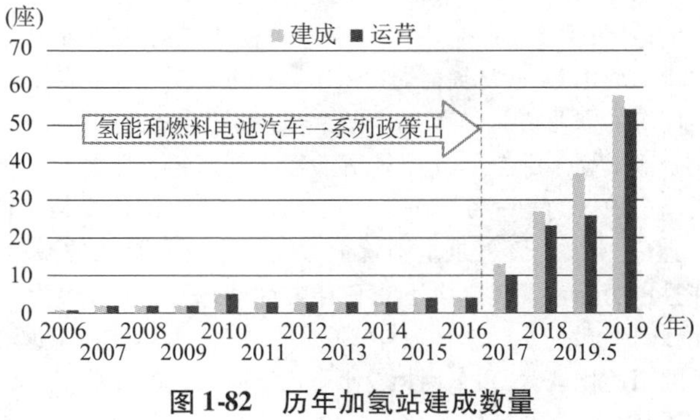

图 1-82　历年加氢站建成数量

2. 中国加氢站发展趋势

中国加氢站截止至2019年12月总计58座建成加氢站（不包括内部加注点），包括内部站。氢能热始于2018年，加氢站建设增速明显。TrendBank对中国加氢站建设保持乐观态度，预计到2030年将约有4 000余座（如图1-83所示）。

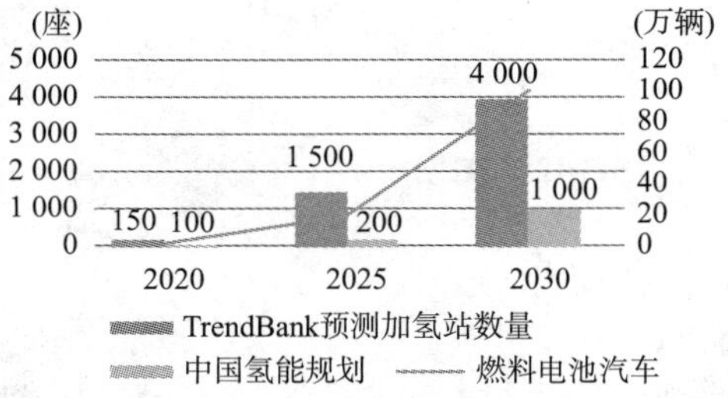

图 1-83 中国燃料电池汽车及加氢站预测

3. 2019 年中国加氢站建设运营情况

我国氢能主要是属于区域集中式示范运营的发展模式，主要发展较为迅速的区域有 4 个地方，分别是京津冀地区、长三角地区、珠三角地区和华中地区。每个地区都有各自不同的氢能政策以及不同的氢气资源，所以发展情况和速度都略有不同。

长三角在截至 2019 年底在运营的加氢站就有 14 座之多，上海 6 座，江苏省 6 座和浙江省 2 座，其中在长三角地区油氢合建站共有 4 座在运营油氢合建站的数量全国最多，其中不乏具有代表性的几座加氢站如安亭加氢站是中国连续运营时间最久的加氢站有 10 余年之久，日加注能力接近满负荷；江桥加氢站是全国加氢日加注量最高的加氢站，但是由于缺少经营许可证该加氢站多次面临关停的风险，并且在 2019 年下半年由于长期高负荷运转站内唯一一台压缩机出现故障返厂维修也导致该站停运一段时间；在上海化工区的金山加氢站属于加氢母站并且通过管道运输氢气，氢源来自于华林化工，到站氢价相对较低，设计日加注量可达近 2 000 kg/d，并且配备林德的例子压缩机可以加注 70 MPa 的压力；另外 4 座油氢合建站也都已投入运营。上海无论是在加氢站建设还是加氢站运营再到燃料电池汽车的运营都走在全国前列。并且长三角地区拥有众多化工厂有大量副产氢的产生，所以长三角地区未来的氢源十分充足。

珠三角地区发展氢能和燃料电池汽车商业化领先于全国的地区，主要以广东佛山云浮为代表，广东省初步形成了以佛山为中心，逐步辐射周边城市如深圳、广州、中山、东莞、江门等的产业格局。佛山市单站补贴高达 800 万元，全国补贴金额最高。已有部分加氢站已经拿到这笔补贴款项。但是广东地区的氢气资源少于长三角地区，氢气的价格相对较高，但是佛山地区也是全国首批对加注氢气有补贴的城市，并且也明确了氢气价格下降和补贴区间，2019 年售价为 40 元/kg 时，政府会给予加氢站 20 元的补贴，这样有利于加氢站的商业化运营，和车辆相较于燃油车有一定的优势。

京津冀已经形成北京—张家口—天津及河北周边城市的氢能示范城市集群，再加上张家口 2022 年举办冬奥会的契机，给氢能与燃料电池相关产业注入了新的动能。京津冀目前实际在运营的加氢站就只有北京永丰加氢站和张家口海珀尔加氢站。张家口已推广 174 辆燃料电池客车，到 2020 年将投入使用的氢燃料电池公交车、物流车、出租车预计达到 1 800 辆。

华中地区统计的地区比较大主要包括湖北、川渝地区和山西。在武汉市分别于 2019 年 3 月和 5 月投入 5 辆和 21 辆氢燃料电池公交车。2018 年成都市有 10 辆燃料电池公交车交付使用，在郫都区加氢站加注氢气，2019 年 7 月有 20 辆中植一客生产、搭载亿华通氢燃料电池的客车在成都挂牌。2019 年 3 月，大同市 40 辆燃料电池公交车开始运营，并在山西首座加氢站——大同加氢站加注氢气，该加氢站是站内制氢加氢站，其中水电解设备来自北京中电丰业碱性水电解设备，同时也是国内第一座站内制氢加氢站运营。

4. 主要经营企业发展情况

运营和在建的加氢站中，从投资建设方和运营方的背景来看，我国加氢站的建设运营呈现企业类型众多（如表 1-35 所示），共同出资建设的局面。加氢站的投资建设方不光涉及氢能产业链上游的能源、化工和气体公司，或者专业的加氢站建设运营商和设备供应商；产业链中游主要包括燃料电池电堆和系统厂商；下游产业链涉及到整车厂商和车辆运营企业。其他也包括高校、科研院所以及钢铁行业。

表 1-35 加氢站建设运营企业类型

加氢站建设运营企业性质	加氢站建设运营主体
加氢站建设运营企业	舜华新能源、富瑞氢能、氢枫能源、中极氢能源、海德利森、雄川氢能
电池企业	上海神力、广东国鸿、亿华通、南通百应、明天氢能、大洋电机、新源动力
气体公司	联悦气体、浦江特种气体、美国 AP、法液空、林德
化工企业	华昌化工、乌海化工、滨化集团、嘉化能源
钢铁公司	宝钢集团、河北钢铁
科研院所	同济大学、武汉资环工研院、大连化物所、北京低碳研究所
车企	宇通客车、中通客车、上汽集团、东风特汽、潍柴集团、吉利汽车、丰田、福田、长城汽车、中国重汽、安凯客车
车辆运营企业	氢车熟路、上海驿动、沐与康、国联氢能、氢松用车、氢力氢为
能源企业	中石化、中石油、中海油、神华集团、美锦能源、鸿达兴业、陕西恒泰、浙江能源集团、瀚蓝环境、四川燃气、南海燃气、联新氢能
合资企业	驿蓝能源、嘉氢实业、云浮舜为氢能、武汉雄众氢能、大同氢雄云鼎

从参与加氢站建设企业的种类来看从氢能刚开始发展阶段初期的单一加氢站承建发展到现阶段约有 10 余种和几十家加氢站分别涉及了传统的能源型企业、整车企业、燃料电池企业以及拥有丰富的副产氢企业诸如化工公司和钢铁公司，这一阶段加氢站建设多为地方或者示范运营目的为主，建站较为分散加注以点对点为主，其中加氢站建设所需要的土地成本较高，审批流程各地不同意不明确，在加氢站使用率较低的情况下无法通过销售氢气获利，是的加氢站建设企业的资金回笼周期变长，导致很多企业也无法承担过多的加氢站建设任务。

但是在未来加氢站建设过程中传统能源型企业将崭露头角，例如中石油中石化，他们可以依靠现有加油站为基础改建成油氢合建站或者多功能能源综合站，一方面解决了土地问题,另一方面可以以油养氢或者以电养氢,并且未来随着燃料电池汽车数的增多,可以大幅提高加氢站的使用率,并且氢气和运输成本都下降的情况下,氢气售价将会具有和燃油竞争的价格优势,与此同时整车企业、燃料电池企业以及拥有丰富的副产氢企业的建站优势不如三桶油,所以未来加氢站的承建运营主要会落在三桶油,或者地方能源巨头身上。

综上所述,中国加氢站玩家的发展趋势是从单一的加氢站承建企业过度至目前的多类型玩家共同发展,最后再由传统能源巨头垄断的发展态势,同时也对应着市场产业的逐步完善和成熟,市场规模逐渐扩大或者爆发。

(1)上海舜华

上海舜华是中国加氢站投资建设的领军企业以及标杆企业,在氢能技术领域已有15年之久,主营业务包括加氢站设计与工程技术服务、供氢系统及加氢设备研发和销售,是目前国内较为领先的氢能加氢站系统整体解决方案。

主持承担了863课题安亭加氢站的建设与运营,安亭加氢站已成为国内连续运营时间最长的加氢站,总结了十分丰富的加氢站运营经验,从2010年成功研发出第一代35 MPa加氢机,再到2016年成功研发了70 MPa加氢站,2018年成功研发了第二代加氢机并应用到了武汉雄众加氢站、盐城大马沟加氢站、安徽六安加氢站和云浮罗定加氢站等。

2017年7月,与林德气体、上海驿动、上海士码成立了上海驿蓝,其中上海驿蓝建设运营的加氢站就有上海金山化工区加氢站,该加氢站通过管道运输氢气不仅可以给燃料电池汽车加注也可以给管束车加注氢气,是上海第一座加氢站母站。与此同时也与广东国鸿、联悦氢能等成立云浮舜为氢能,并在云浮建设加氢站;2018年2月,与众义达成立众华氢能;2019年4月,与雄川氢能成立舜华氢能,布局城市之多。

(2)上海氢枫能源

上海氢枫能源,公司成立于2016年5月。公司主要从事加氢设备领域内的技术开发、技术转让、技术咨询、技术服务,新能源汽车充换电设施建设运营。

截至2019年11月上海氢枫能源公司已建设加氢站及加氢系统20座,在运营的加氢站有6座。拥有加氢站智能化运营管理平台,可以通过物联网技术实时记录各地加氢站的各项数据,自动分析预测零部件的维修、校验、使用寿命。已在上海、如皋、张家港、十堰、中山、佛山、聊城、武汉等城市布局加氢站。

(3)海德利森

海德利森成立于2001年12月,是一家高压流体成套设备系统集成服务商,为国内高压高纯气体增压系统与高压检测系统的高新技术企业。有国防军工、石油化工和氢能产业。

海德利森主要开展高压流体成套设备系统集成及高压高纯气体增压系统与检测系统开发,海德利森氢气增压机(Hydrosys)基于丰田氢气增压机、上汽、亿华通移动氢气增压机实际使用需求和经验进行设计,早在2016年就与日本岩谷公司承建丰田常熟加氢站。截至2019年底海德利森参与建设的加氢站超过14座,其中撬装站居多。

(4)国富氢能

富瑞特装2014年就在氢能领域进行布局,2016年6月富瑞特装成立富瑞氢能,富瑞氢能于2018年12月从上市公司富瑞特装剥离,并在2019年6月更名为江苏国富氢能。

公司主营业务:氢能源装备、氢能源领域的技术研发、技术转让、技术咨询和相关技术服务;氢能源装备的制造、销售;自营和代理各类商品及技术的进出口业务。

富瑞氢能在35 MPa高压储氢瓶组与供氢系统在国内已配套燃料电池汽车1 000多辆,市场占有率全国前3。截至2019年4月,富瑞作为设备供应商或者直接参与的35 MPa商业化加氢站的建设超过20座,在国内加氢站领域位居第1。上海江桥加氢站就是国富氢能提供的设备。此外还积极推动国内液氢行业的标准的制定与推动。

(5)中石化

中石化在国内拥有超过3万座加油站,拥有十分丰富的站点网络优势,在国内积极建设油氢合建站,诸如佛山樟坑路油氢合建站就是国内第一座油氢合建站,上海在2019年底建成并运营两座油氢合建站安智油氢合建站与西上海油氢合建站,并在张家口和内蒙古参与建设油氢合建站。

5. 加氢站发展存在的问题

加氢站产业发展过程中面临最主要的问题:①成本;②审批;③使用率较低。

在成本方面,一是加氢站建站成本,二是氢气成本。加氢站的主要设备包括储氢装置、压缩设备、加注设备、站控系统等,其中压缩机占总成本较高(约30%以上)。此次是站用储氢容器和加注设备。国内常用的压缩机是隔膜压缩机,但是国产化率不足依赖进口,站用储氢容器虽然国内由厂家可以生产但是尚未批量化导致成本较高。最后是加氢机,我国已完全掌握加氢机整机制造能力,但是其中的核心零部件如加氢枪、高压氢气质量流量计、高压软管等严重依赖进口,从而提高生产成本以及生产周期。以日加注量为500 kg的加氢站为例,主要成本占比如图1-84所示。

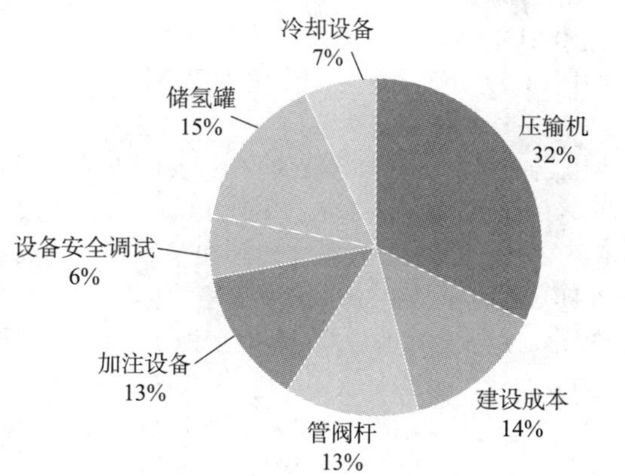

图1-84 中国加氢站成本构成

隔膜式氢气压缩机需采用极薄的金属液压驱动膜片将压缩气体与液油完全分离,液油压缩结构和冷却系统也较为复杂,技术难度远高于常规压缩机。隔膜压缩机其中的隔膜决定了隔膜压缩机的使用寿命,以及使用和维修成本,隔膜压缩机适合相对平稳的运行条件，频繁启停会导致隔膜的使用寿命变短。现阶段国内使用最多的隔膜压缩机是美国PDC公司，成本相对较高，国内已有部分企业可以独立自主生产隔膜压缩机如中鼎恒盛、北京天高和恒久机械并有应用案例。

储氢罐方面国内主要生产企业有辽宁开原维科、巨化和安瑞科，在储氢罐方面国产化率较高，但是加氢站数量较少，储氢罐尚不能批量生产，未来形成规模效应成本下降空间较大。

在加氢机方面，现阶段市场上主要常见的是德国WEH和日本NITTO公司的加氢枪，依赖进口，国产化率很低；在流量计方面目前主要用的是科里奥利流量计，而在流量计领域较为知名的艾默生也在2018年开始研发适用于氢气的流量计，并推出市场。

国内设备制造的发展方向主要是加速国产化进程，从而降低加氢站的建设成本，促进氢能产业链的发展。未来，国内加氢站与生产压缩机的外资企业加强合作以及加快国产化速度的情况下，有望将加氢站的建站成本减少50%以上。如图1-85所示。

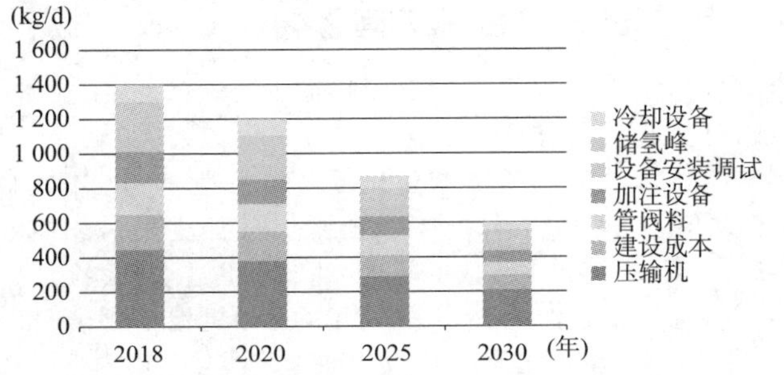

图1-85　中国加氢站500 kg/d建设成本下降趋势

未来日加注量更高的加氢站以及能满足更多车辆连续加注的能力的加氢站将成为主流，同时需要更高的加注压力以满足车辆续航问题，所以未来氢气需要效率更高的储运方式，例如管道运输或者液氢运输，而日加注量则至少为1 000 kg/d，加注压力需要70 MPa。

中国加氢站不光在核心设备成本居高不下，同时氢气成本也非常高。

中国道路运输的氢气只能通告高压长管拖车进行运输，高压长管的压力只有20 MPa，每次可以运输氢气只有300 kg，并且在泄气的时候也无法全部泄出长管中的氢气（剩余约有5 MPa压力的氢气）所以真正运输并且利用的氢气只有不到300 kg，运输效率非常低，所以运输成本很高，运输距离半径超过200 km就没有经济优势，更具实际走访加氢站和气体公司得知这个距离不到200 km，所以也是极大的限制了加氢站的售价，导致用户端也无法在和燃油车竞争中产生优势。气态氢受运输距离的限制，液氢又受法规限制不允许道路运输，最终导致运输氢气方式单一成本无法得到有效降低。

未来站内制氢加氢站，或者利用更加高效的氢气运输方式如管道或者液氢运输副产氢提纯的氢气都是可以降低氢气的生产成本或者运输成本（如图1-86所示）。截至2019年年底我国已经建成4座油氢合建站和1座站内制氢加氢站，加氢站类型多元化，固定站增加，站内制氢油氢合建成未来潜力"明星"；更加符合用户体验的固定站数量逐渐增多，超高压储氢和液氢加氢站助力未来商业化运营。

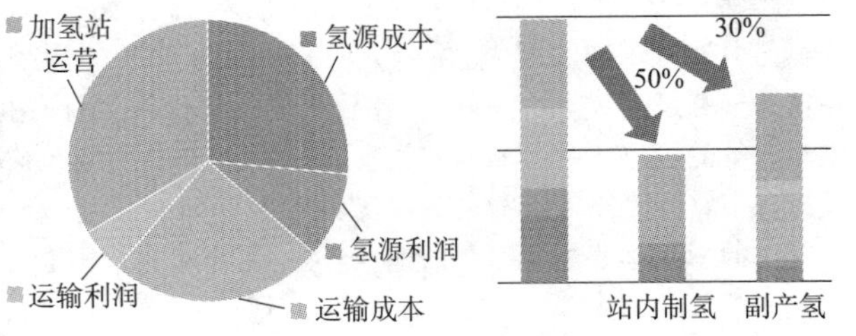

图1-86　站内制氢氢气售价下降趋势

审批问题

加氢站建设从土地的获取、竣工验收到最后双证的获取（危化品经营许可证、充装证）的审批手续复杂，涉及多个部门多道手续，虽然有不少省市出台了本地的加氢站特批审批流程，但仍然没有得到全国范围内的铺开，导致不少加氢站建设企业去别的省市建站需要先熟悉当地的审批流程，从而增加了建设周期，在最后获取双证上也困难重重，导致示范运营或者是商业化运营的时间一再推迟。

使用率较低（如图1-87所示）。

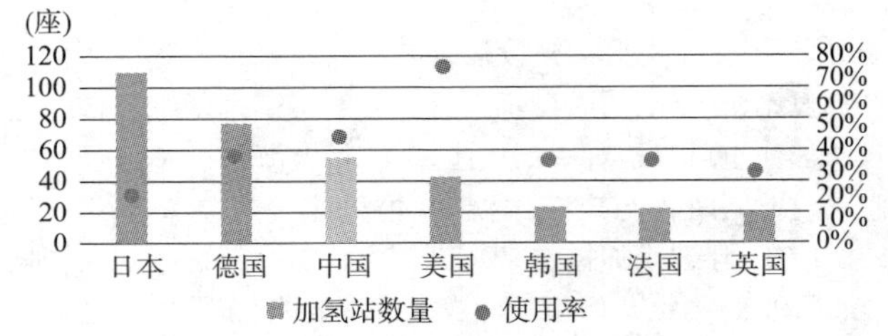

图1-87　各国加氢站使用率对比

全球加氢站使用率最高的是美国，中国加氢站使用率处于中等水品但还是偏低，日本加氢站数量全球最多，但是燃料电池汽车数量相对较少，日本2018年全国只加注了150 t，使用率较低。较高的使用率可以缩短投资回报周期。中国加氢站平均设计加注量536 kg/d，平均日加注率240 kg/d，使用率较低，其主要原因是，加氢站属于基础建设需要提前布局加注车辆体量相对较少。

在较低的使用率情况下延长了加氢站的投资回报周期，同时也不利于加氢站设备的寿命，较频繁的启停也会对设备产生较大的影响，增加后期维护成本，从而提高了加氢站的使用成本。

示范运营前期应当率先布局加氢站站点，绑定运营车辆，从示范运营逐步发展至商业化运营，从而提高加氢站数量，为后续氢能燃料电池汽车推广做好铺垫，最终实现商业化运营。

6. 加氢站建设与发展建议

在加氢站实际建设和运营过程中，仍面临着各种问题，主要体现在以下几个方面：

第一，加氢站建设成本过高。目前以一座日加氢能力

500 kg 的加氢站建设成本为例 1 000 万 ~ 1 500 万元(不包含土地成本)。大幅降低加氢站的建设成本成为推广中面临的首要难题。主要是因为目前加氢站众多核心零部件依赖进口导致成本居高不下,要大幅降低成本需要提高加氢机、储氢罐、压缩机等核心设备的国产化能力,和加氢站建设规模化。

第二,城市核心区域土地成本过高,城市郊区只适合于示范运营,再加上加氢站土地不易审批。导致不少加氢站建设企业直呼只要有合适的土地我就能建加氢站。并且一二线城市土地价格更加昂贵,更加提升了建站成本。而油氢合建站正好可以解决土地选址问题,可以充分利用现有加油站土地进行改建或者扩建,降低土地成本。

第三,安全法规。氢气虽然在 2019 年 11 月纳入了能源统计,但是需要把氢气列入能源管理中。我国目前前氢气作为易燃易爆气体需要符合我国《危险化学品安全管理条例》中对危险化学品的规定。所以一定程度影响了适用于燃料电池汽车的氢源的分布,液氢我国目前还不能实现道路运输,提升了氢气的运输成本。

第四,加氢站建设的审批手续复杂,涉及多个部门多道手续虽然有不少省市出台了本地的加氢站特批审批流程,但是要建立全国的加氢站网络,需要全国统一的明确政府各部门对于加氢基础设施的行政审批职能,加快行政审批流程。

7. 产业需要落地和运营示范

最后从 2018 年到 2019 年经历了两年全国各地政府密集出台发展氢能的政策和相关补贴以来总计约有近 20 个省市,不光是从产业规划,对企业的引进、人才的引进,企业落地补贴以及未来加氢站燃料电池汽车的数量都做出了明确的规划,但是需要认清目前是氢能产业发展的初期阶段,产业链尚不完善,在标准和主管部门各地都不统一也国家层面也明确,导致很多地方氢能产业发展需要自己制定一套体系标准,只适合于当地。导致很多企业在进入市场时会有水土不服,难以全方位的开展工作,从而导致在政策上是美好的,产业落地和示范运营上困难重重,不利于产业长期健康稳定的发展。

所以国家不光需要出台积极的政策鼓励产业的良性发展,也需要配套或者完善一系列的标准,审批流程等,这样才可以使国内的氢能产业做大做强。

三十二、新能源汽车轻量化

Chapter 32 Lightweight of New Energy Vehicles

(中国汽车工程学会 曲 兴)

1. 2019 年新能源汽车轻量化产业的总体情况

2019 年我国汽车产销分别完成 2 572.1 万辆和 2 576.9 万辆,产销量继续蝉联全球第 1。但从同比情况来看,2018 年的产销量分别下降 7.5% 和 8.2%。相较 2018 年,上述降幅分别扩大 4.2 和 5.4 个百分点。

新能源汽车产销也继 2018 年之后持续下降。2019 年中国新能源汽车产销分别完成 124.2 万辆和 120.6 万辆,同比分别下降 2.3% 和 4.0%。其中纯电动汽车生产完成 102 万辆,同比增长 3.4%;销售完成 97.2 万辆,同比下降 1.2%;插电式混合动力汽车产销分别完成 22.0 万辆和 23.2 万辆,同比分别下降 22.5% 和 14.5%;燃料电池汽车产销分别完成 2 833 辆和 2 737 辆,同比分别增长 85.5% 和 79.2%。

2019 年,我国在高强度钢、高性能铝合金等轻量化技术发展较快,随着我国汽车轻量化技术研究进入"深水区",研究工作正在逐渐深入。

2. 2019 年新能源汽车轻量化技术发展情况

2019 年有多项轻量化技术取得重要进展,部分技术实现了国际上重大突破,如乘用车整车轻量化系数计算方法、高韧性 Al-Si 镀层技术、铝硅镀层热成形钢焊接技术、低密度轻质双相钢、混合纤维混编结构设计等技术发展为产业化提供基础理论和数据支持,其中标志性进展如下。

(1)《乘用车整车轻量化系数计算方法》(CSAE 115—2019)正式发布

2019 年 10 月,由奇瑞汽车牵头,与国内 10 多家参加单位共同研究的乘用车整车轻量化系数计算方法顺利通过行业专家评审,并以中国汽车工程学会团体标准正式发布,这是国际上首个乘用车整车轻量化水平评价方法。

研究人员采集了国内市场上 10 余年销售的 20 000 多款乘用车数据,采用了统计学方法,经过研究人员 10 多轮技术验证,4 轮汽车行业专家审核,历时近 2 年,成功突破了名义密度、重量比功率、脚印油耗等主要指标内在规律表征的关键技术,建立了国际上首个适用于燃油车、电动汽车的 2 种车型的乘用车整车轻量化计算数学模型及算法,形成了我国燃油车、电动汽车的乘用车整车轻量化计算方法。

相对传统整车减重率的评价方法,该计算方法很好地解决了计算模型对市场销售车型结构依赖性的难题,能够真实地反映和评价出整车轻量化水平,同时,对下一步开展商用车整车轻量化评估方法与汽车轻量化技术路线选择有重要指导意义。

(2)突破了高韧性 Al-Si 镀层技术,实现全球技术引领

2019 年 5 月,由东北大学、育材堂(苏州)材料科技有限公司、马钢等单位联合开展高韧性 Al-Si 镀层开发取得突破性进展。该项技术不仅取得了我国国家专利局授权,目前,也是成为满足美国通用汽车新材料 GMW14400 技术标准中高韧性要求的全球唯一产品,打破了铝硅镀层板被国际钢铁巨头长期垄断的格局。

该技术发明人东北大学易红亮教授带领其团队经过多年潜心研究,提出铝硅镀层和钢基体界面间高碳致脆的理论(如图 1-88),并将这一理论转化为界面降碳韧化的产业化技术,研发出高韧性铝硅镀层热冲压钢 AluSlim®,突破了现有

铝硅镀层技术韧性难以提高的技术瓶颈，使 1 500 MPa 级产品韧性提高了 20% 以上（如图 1-89），实现了我国汽车热成形钢 Al-Si 镀层强韧化的技术领域从“0 到 1”的突破。

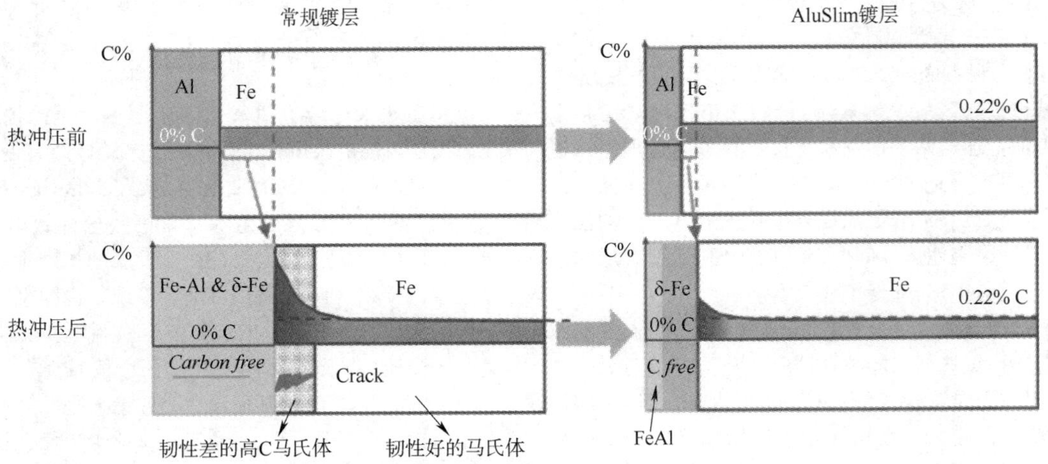

图 1-88　Al-Si 镀层和钢基体界面间高碳偏聚理论

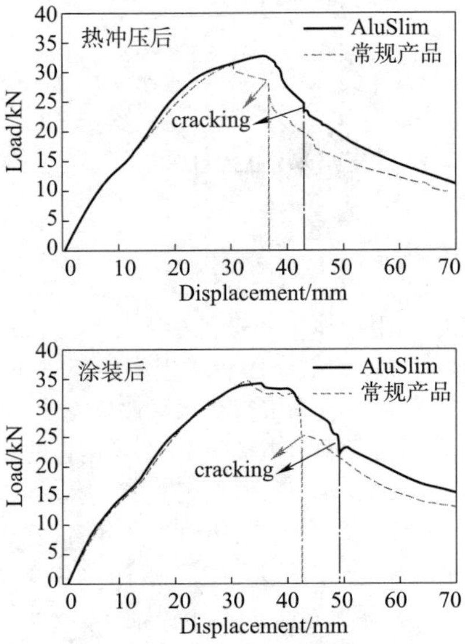

图 1-89　AluSlim® 高韧性镀层与常规 Al-Si 镀层产品的零件碰撞能量吸收对比曲线

2019 年 5 月，通用汽车北美总部正式对该技术进行认证，这也是国际汽车巨头对安赛乐米塔尔公司专利以外的铝硅镀层进行全球首次技术认证。该高韧性新型 Al-Si 镀层技术现已获得中国发明专利授权，形成了我国自主知识产权，也正在申请欧洲、美国、日本、韩国等国际专利。

（3）铝硅镀层热成形钢激光拼焊技术实现新突破

2019 年 4 月，宝钢发布了铝硅镀层热成形钢拼焊新技术，该项技术解决了 1 500 MPa Al-Si 镀层热成形钢无法直接焊接的国际技术难题，提升了拼焊产品质量，提高了拼焊生产效率，实现了重大技术突破。

在焊接过程中，热成形钢的铝硅镀层会融入熔池，造成焊缝化学成分重新配比，导致焊缝的关键性能降低，严重影响了焊缝品质，制约了铝硅镀层热成形钢在拼焊领域的产业化应用。对此，中国宝钢进行专项技术研究，开发出铝硅镀层板专用焊丝及全新焊接工艺，实现了对熔池成分精准调控，建立了焊接工艺与焊缝成分、晶粒尺寸等系统控制方法，使接头性能满足热冲压行业的技术需求，有力地促进了我国铝硅镀层热成形钢的规模化应用。

（4）低密度双相钢 DP980-LITE 在中国鞍钢实现重大突破

2019 年 7 月，鞍钢股份成功下线了我国首卷轻质双相钢 DP980-LITE，并在鞍钢集团钢铁研究院实验室完成了性能测试，各项指标均达到设计要求，其中，伸长率优于传统的 980 MPa 级双相钢，密度降低了 5%。

作为公司重大课题，鞍钢股份与东北大学、通用（中国）汽车研究院成立了“产销研”协同作战专项组。历时 3 年多，攻克了低密度双相钢成分与组织、性能调控共性关键技术，突破了双相钢中轻质合金元素带来的冶炼、连铸、轧制、退火等多道工序参数设计与协同控制的专有技术，建立了低密度钢连铸工艺与批次生产质量控制的方法，开发出国内首卷 5% 低密度双相钢（DP980-LITE）。

目前，我国乘用车车身用钢达到 60% 以上（质量比），通过该材料开发，鞍钢股份建立了我国低密度 980 MPa 汽车钢自主开发理论与方法，为低密度汽车钢产业化奠定了基础，对推动汽车轻量化和高强度钢应用有深远影响。

（5）纤维增强复合材料混编技术突破，有利降低成本、推动轻量化发展

为了解决碳纤维增强复合材料成本高、工艺复杂的难题，北京汽车研究总院选取顶盖中横梁，开展碳纤维表面三维编织预成型技术及 HP-RTM 固化成型技术专题研究，实现了零部件减重了 36.5%，成本降至行业平均水平的 50%。

该项目结合顶盖中横梁载荷分布，分别在主承力和非主承力方向选取了高性能碳纤维材料、玻璃纤维，研究人员采取了近净成形技术，在充气芯模表面进行三维编织，固化成型后形成了中空结构。通过尺寸优化设计进一步确定了等周长变尺寸的截面，最后，采用胶接与铆接混合的连接工艺，加强混合纤维增强复合材料顶盖中横梁与周边结构连接，如图 1-90 和图 1-91 所示。

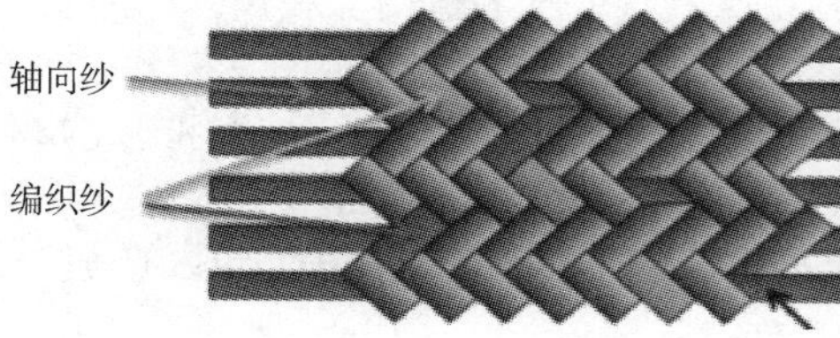

图 1-90 表面三维编织结构示意图

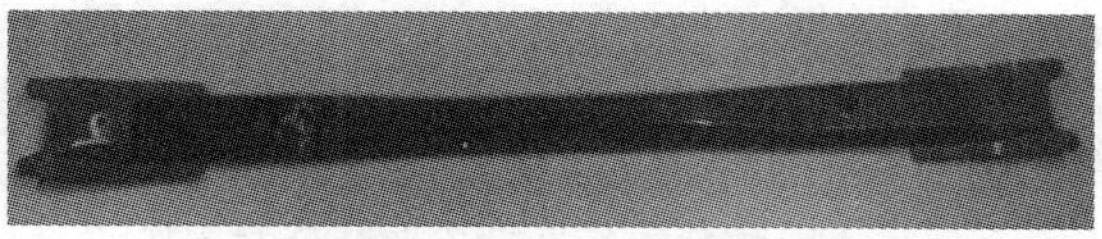

图 1-91 北汽表面三维编织顶盖中横梁样件

借助构建新型的参数化模型，对材料性能和编织结构进行关键性能预测和产品实验验证，与金属结构相比，C/FRP 表面三维编织顶盖中横梁实现减重 36.5%，抗压强度提升 10%，抗弯强度提升 60%，抗扭刚度提升 10 倍，有效改善了整车性能，成本大幅度降低。

(6)亟须解决的技术难点及解决方案

我国汽车轻量化成果显著，高强度钢、高性能铝合金等材料应用均有较大提升，部分技术处于国际领先地位，但是，随着轻量化技术进入“深水区”，还有大量的轻量化关键技术需要进一步开发，如：高强度钢回弹控制关键技术、1 470 ~ 2 000 MPa 等超高强度钢延迟断裂评价与控制技术、大尺寸挤压与尺寸控制技术、高性能铸造铝合金材料开发与产品工艺设计技术、镁合金耐腐蚀特性表征与控制技术、低成本高效率碳纤维复合材料成型工艺与关键装备开发的关键技术和多材料连接工艺设计与性能表征技术等。

(7)2019 年国内外技术差异

本文结合《节能与新能源汽车技术路线图》中轻量化 2020 年轻量化的阶段目标，将其主要指标的实现情况与国际目前轻量化技术发展情况进行了对比，见表 1-36。

表 1-36 汽车轻量化主要指标的目标实现程度及国际水平对比

路线图 2020 年关键指标		国内进展	国际现状
总体目标	相对 2015 年，整车轻量化减重 10%	从工信部发布数据，国内车型平均重量增加年均 20 kg 左右，从汽车企业提供数据，同类车型减重达到 8%~10%，如江淮汽车	对比分析欧洲及日本等典型车型，新开发车型相对以前，基本实现减重 10% 的目标（包括配置增加增重）
高强度钢	强度 600 MPa 以上的高强钢应用要达到 50%	国内新开发的车型，部分车型高强度钢达到 70% 以上，其中 600 MPa 以上高强度钢应用在 30% 以上，部分车型实现了 50% 以上，如长城汽车的 VV7	福特、奥迪、沃尔沃等车型高强度钢达到 50% 以上，部分车型 70% 以上，但 600 MPa 以上高强钢应用 30% 以上，没有达到 50%
铝合金	单车用铝量达到 190 kg	2019 年上市和新开发车型，铝合金用量逐年增加，2020 年预计可以实现 190 kg，另外，奇瑞小蚂蚁、蔚来汽车 ES6、东风汽车 E30 等采用全铝车身，均超过 190 kg	在国际上，单车用铝合金在 190 kg 以上车型较多，主要是欧洲和美国的汽车企业，日本、韩国汽车企业铝合金用量相对较低

续上表

路线图 2020 年关键指标		国内进展	国际现状
镁合金	单车用镁量达到 15 kg	从 2019 年新上市车型分析，2020 年单车镁合金用量在 15 kg 无法实现，尽管镁合金方向盘骨架、仪表板骨架等选用镁合金，相对用量还是较少	2020 年，按照美国 CAR (Center for Automotive Research) 提供数据，美国典型车型用镁合金占车身 4%，单车镁合金在 12 ~ 16 kg
碳纤维	碳纤维有一定使用量，成本比 2015 年降低 50%	国内碳纤维已经在蔚来汽车 ES6、前途 K50 等车型上应用，其采用工艺 HP-RTM 及湿压成形，成本较高，但轻量化联盟组织行业开展低成本碳纤维复合材料开发，工艺成本已降低 50%，低成本材料正在开发中	日本、欧洲、美国等汽车企业碳纤维复合材料已经在汽车上规模化应用，同时，日本等也在开发热塑性碳纤维复合材料及其产业化成套技术，相对 HP-RTM 工艺，成本可以降低 50% 以上

3. 主要企业经营发展情况

各企业都将轻量化技术作为重要的发展方向，纷纷制订了相应的轻量化发展战略。

一汽集团基于 3 个平台（豪华车平台、SUV 平台、红旗平台），把轻量化技术分为自行开发和联合开发两大类，针对不同车型，应用材料具有不同的侧重点；东风汽车提出了“轻量化、电动化、智能化、网联化、共享化”的五化战略，并逐步确定了“三线并进”的轻量化技术路线图，“三线”包括：轻量化的结构优化设计方案，轻量化技术材料的应用，轻量化工艺技术的开发；比亚迪汽车打造了“33111”的全新 e 平台，通过关键零部件的深度集成，大大提高了轻量化水评；北汽新能源打造了轻量化平台 2.0，采用平台化轻量策略，以架构件为核心轻量化技术应用部件，从而使得轻量化技术快速拓展应用于平台车型，并以提升通用化率降低制造成本，提升生产节拍；奇瑞汽车建立新能源汽车轻量化技术安徽省重点实验室，立足于铝合金材料、碳纤维复合材料等车身轻质材料，实现基础理论研究、原创技术开发到工程化研发和应用。

4. 未来几年新能源汽车轻量化技术发展趋势

新能源汽车和智能网联汽车的快速发展，对汽车轻量化提出了新的要求，也改变着人们对汽车轻量化工作目标的认识。“轻”已经不再是汽车轻量化的唯一含义，力求将车辆整备质量控制在一个合理水平比单纯追求车辆减重更有意义。

未来汽车轻量化的实现途径并没有发生变化，依然分为轻量化结构优化设计、轻量化材料开发及应用、轻量化制造工艺，但其发展将更加聚焦于优化设计和多材料混合应用。世界越来越深刻地认识到多材料混合应用价值，在这一背景下，更多的技术选择和技术组合摆在面前，追求合理的轻量化设计与恰当的材料、制造工艺选择相结合，以实现整车性能和成本的控制目标，正成为轻量化工作的核心。

对于整车企业来说，在确定所采用的轻量化技术路线时，将更加注重综合考虑车辆的市场定位、用户需求、性能与成本、产品效益和供应链体系的能力等因素的综合平衡。

5. 新能源汽车轻量化产业发展存在的问题

对比国内外汽车轻量化技术的应用，我国在轻量化设计软件和方法、相关验证和评价技术、材料的品种和品质和性能稳定性、成形工艺的多元化、数据支撑和标准体系构建等方面均存在技术短板，加快建设我国轻量化技术开发和应用体系已是当务之急。

6. 新能源汽车轻量化产业发展建议

在“加快对外开放”和“走出去”战略指引下，中外企业间的竞争将加剧，也将从国内走向国际。但自主品牌产品的成本敏感度仍然存在，目前阶段产品用材以钢为主的局面不会改变。此外，为增强中国品牌产品的持续竞争力，必须强化多材料混合应用的技术储备和产业布局。

我们需高度重视汽车轻量化技术的发展，持续加大对汽车轻量化共性关键核心技术研发投入力度，针对我国汽车轻量化的技术短板，持续组织开展基础理论研究和应用技术研究，构建完善的自主轻量化技术开发和应用体系，实现汽车轻量化技术可持续发展，为中国品牌产品竞争力的持续提升提供有力支撑。

实现汽车轻量化，需要凝聚全行业的力量。大量的关键技术掌握在材料、零部件、装备制造等相关企业的手中。我们需要将研究目标从针对某一种材料、某一种工艺转化为围绕整车企业的轻量化需求与目标实现，将重视单项技术突破转向重视其应用体系构建，才能使这些成果真正为中国品牌产品的竞争力提升和相关产业的结构调整发挥作用。这一体系包括技术的突破、标准体系的建立和共性技术平台的构建等。

三十三、2019 年新能源汽车售后与维修总体情况

Chapter 33　Overall Situation of After-Sales and Maintenance of New Energy Vehicles in 2019

（中国汽车流通协会新能源汽车分会　章　弘）

我国已经出台多项汽车相关管理政策，推动了我国汽车售后服维修务的质量提升。2014 年国务院办公厅发布《关于加快新能源汽车推广应用的指导意见》，明确提出加快售后服务体系建设，新能源汽车生产企业要积极提高售后服务水平，加快品牌培育。2016 年北京新能源汽车产业协会发布《北京市示范应用新能源小客车售后服务规范》，要求新能源小客车生产企业具备完善的售后服务体系，但是目前国家层面尚未出台专门的新能源汽车售后服务规范。

我国缺少统一的新能源汽车售后服务标准，新能源汽车产品维修、更换、退货、纠纷处理暂无标准可依。我国新能源汽车生产企业大多根据现有燃油汽车售后服务相关政策，如《家用汽车产品修理、更换、退货责任规定》，并结合企业自身特点建立了新能源汽车售后维修服务体系。但和国外企业售后服务维修体系相比，国内企业在售后维修服务模式、理念等方面都存在巨大差异，售后维修服务质量参差不齐，售后服务能力亟待提升。

传统燃油车经过多年的发展，售后维修网络较为完善，消费者维修较为方便。而新能源汽车与传统汽车相比有很大不同，由于获得相应新能源汽车维修资质的技术人员缺乏，加之新能源汽车的售后维修网点较少，导致消费者维修不方便。此外，供应链体系不完善也是导致维修苦难的原因之一，遇到需更换配件等情况，还需等待原厂供货，或返厂修理。目前，新能源汽车配件更换等售后维修，车主一般需要等待一个月乃至两个月才能再次启用。

（一）新能源汽车发生故障情况及售后维修现状

电动汽车较为常见的电池故障：温度故障、车体绝缘故障、通信故障、电池高压互锁故障、充电故障等，以及由于电池供电效率不足所造成的故障类型。当前新能源汽车售后问题中 80% 因动力电池引发。此外，作为转换电能和机械能的系统，在进行具体的运行过程中，出现的问题主要包括如磁路系统、机械系统以及电路系统等位置的故障等。电动机驱动系统的故障会在一定程度上影响安全和稳定的驱动系统运行。发生的故障程度与运行的环境也存在一定的差异性，因此也在一定程度上增加了对故障进行确定的难度。

新能源汽车变速器的故障：在进行使用的过程中，为方便新能源汽车在不同环境中都能够进行良好的运行，因此需要借助变速器、倒车等操作，保证行驶过程中的安全性以及稳定性。但在实际新能源汽车应用的过程中，变速器会因为长期的运营，产生相应的故障，内部的零部件也会因为磨损受到相应的影响，导致变速器发生故障，不利于安全稳定的汽车运行。

新能源汽车电路故障的故障：新能源汽车发动机运行过程中，会导致点火线圈的温度升高，进而诱发高压点火线的绝缘层出现软化和破裂的问题，甚至有可能点火高压电击穿绝缘层，造成短路和漏电现象。对于现代新能源汽车而言，电子控技术得到了广泛的应用，借助汽车智能化系统可以使汽车电子的实际耗电量大大提升。通常情况下，新能源汽车电路系统实际运行负荷空间有限，这样就有可能导致汽车各种电子元器件、传感器和微电脑出现不同程度的损伤，此时如果大量增加汽车附加电子设施和设备，将会增加汽车整体电路的负担，诱发比较严重的新能源汽车电路故障。

当新能源车出现问题故障时，车主都要借助 4S 店以及厂家自建或授权的售后维修服务站来解决。因为新能源汽车与传统汽车的区别，对 4S 店和服务站在维修场地建设、维修技师培训等方面有着较为严格要求。这就需要厂家要与培训机构紧密配合，公开其产品的生产与维修信息。而这种

深度合作,是众多其他品牌车厂不愿涉足的领域。现在处于新能源市场发展初期的4S店,并没有从品牌中单独划分出专职部门。这些维修传统汽车经验丰富的店面或技师,尽管拥有相关培训资质,但当遇到较为复杂的新能源汽车故障时,仍然难以在短时间为车主解决故障。至今,在众多品牌4S店和服务站中,只有极少数技术具备为新能源汽车更换动力电池、调试整车控制系统能力的技师。随着新能源汽车销量的提升,因为碰撞事故、人为操作等问题需要更换动力电池的维修频率大幅提升,人才的培养势在必行。新能源汽车的使用故障有80%都是因动力电池退化和损坏造成,修理方式多以更换为主,车辆的修复和再利用除了厂家以外,没有第三方能做到。

传统燃油车和新能源汽车的一大不同点在于,燃油车的电压只有12 V或者24 V,而新能源汽车涉及的电压很高,往往高达几百伏,属于非安全电压,现有的主机厂基本都规定从事该类维修保养的维修技师,必须要持有“电工证”才能上岗操作。但厂商只是针对其售后系统的人员提出和组织相应的培训,大多数汽车维修电工目前没有“电工证”,按法规要求,无法上手作业。根据解到,没有电气维修资质的人员维修电动汽车存在较大安全隐患,比如在维修过程中容易出现高压事故,造成人员伤亡,维修操作不当,动力电池容易发生泄漏或车辆起火等事故。由于维修技师不能违法作业,所以很多时候,不得不请厂家派来的专业人士做检测维修,这在很大程度上造成了维修的时间偏长,给车主用车带来很大不便。

产品及售后服务等方面存在各种问题,这是不可避免的,只有厂家和经销商承担解决问题的角色,才能让消费者的权益不受损害,我国新能源汽车市场才会有更好的发展,同时各个新能源车企在售后服务上的竞争和比拼将是推动新能源汽车迈向市场化的关键一步。

(二)新能源汽车售后维修解决方案

建议从政府和企业两个层面,加快规范、完善我国新能源汽车售后服务体系,提高售后与维修服务水平。

1. 政府层面

一是研究制定新能源汽车售后服务规范。明确售后服务各主体义务(新能源生产企业、销售企业、维修企业等),“修理、更换、退货”责任、售后服务流程、售后服务纠纷处理办法、违反规范的惩罚措施、废旧动力电池回收、安全风险防控等。修订完善《家用汽车产品修理、更换、退货责任规定》,明确新能源汽车的质保要求,增加动力电池、驱动电机、电控等核心零部件的保修期及三包期内的退换车条件等。

二是宣传引导消费者正确使用新能源汽车。由于纯电动汽车结构比统燃油汽车简单,部分消费者缺乏对新能源汽车维护保养的基本意识。若新能源汽车维护保养不足,长期使用可靠性将持续恶化。新能源汽车如长时间泡水、处于高温状态,或发生振动、轻微碰撞变形等,均有可能导致电池故障、连接件老化松动等,若消费者未及时进行检测维修,可能导致电路短路起火。此外消费者如何正确充电和确保充电安全也需要加强宣传和引导。

三是建立新能源汽车年检、强制报废、召回等制度。目前基于传统汽车特性的机动车安全检验制度,其检验周期和检验项目都不能完全适用于新能源汽车,尤其是针对高压电气安全、动力电池安全等检验项目的缺失,大大增加了新能源汽车使用环节的安全隐患。由于新能源汽车使用环节成本低,因此多被用于公交、出租、网约车等重度使用领域,但由于缺乏适用于新能源汽车的强制报废规定,导致有些车辆性能衰退严重却无法报废,也有些车超期服役存在严重隐患。建议加快研究建立适用于动力电池特性的新能源汽车安全年检制度、强制报废制度,引导生产销售企业建立维护保养制度。同时加强产品质量和生产一致性监管,打击虚假承诺、弄虚作假现象,明确三包责任、召回制度等,保障消费者权益。

2. 企业层面

一是提高产品质量和性能水平。部分企业过度依赖新能源汽车补贴,为适应新能源汽车产业的快速变化,及时抢占市场和政策红利,大多紧盯补贴政策技术参数,忽视安全性能、产品质量,一定程度上缩短了产品开发周期,对产品技术验证不充分,导致部分尚不成熟的产品流入市场。建议企业加强技术研发创新能力,提升动力电池等核心部件质量,提高动力电池一致性,改善动力电池低温特性,延长冬季续驶里程,改善消费者用车体验。

二是完善售后服务网络布局。新能源汽车对维修条件、电气设施、绝缘环境的要求比传统燃油车更高,建议根据销售区域新能源汽车保有量、维修服务便利性等进行售后服务网点数量规划、选址和建设,确保服务网点具有合理的服务半径,保证产品服务及时性,也可建设独立于传统燃油车的新能源汽车售后服务网点,方便为消费者提供差异化服务。建设售后服务备件保障体系,确保紧急备件订单及时送达。建立二手车置换、动力电池回收服务体系,形成更完善的新能源汽车产业链与生态圈。

三是保障售后服务质量和环境。建立完善的售后服务组织与管理结构,提供全面完整的售后服务承诺、内容和流程等。建立售后咨询和投诉处理机制,及时解答、处理客户的咨询、投诉、信息反馈等。配备专用工具、绝缘设施等,满足新能源汽车维修、检测等作业要求。提供充足的充电设施,保证消费者在售后服务过程中可以及时充电。建立售后服务人员培训、考核和服务管理机制,关键岗位要做到持证上岗,确保接待、维修、服务的专业性。建立售后服务客户档案,对客户进行新能源汽车使用和维护培训,包括充电注意事项、行驶中突发状况处理办法、电池日常维护及注意事项、电池常见故障及解决方法等。对维修作业时长超过一定标准的客户,提供代步车或代步车费用。

四是建立健全售后维护突发事件应急预案。保障突发事件发生时可以迅速启动应急预案,确保有序、有效组织实施各项应对措施,包括新能源汽车运行中、充电中、停止运行中、报废等情况的应急措施。通过企业监控平台对保有车辆进行运行监控,提前预警,确保及时发现安全问题。建设新能源汽车故障车辆救援体系,提供24 h救援服务热线,依据流程规范开展紧急救援服务,并提升其规范化和标准化,为消费者提供优质救援服务,确保救援服务时间,及时处理新能源汽车故障或隐患。

五是加强与车企的合作。对新能源汽车而言，为了更好的提高新能源汽车的使用性能，就需要对现有的维修技术、维修理念和设备进行改造与升级，并引导和鼓励维修人员对自身专业知识和技能的提升，一般更好地了解和掌握新能源汽车的维修技能。同时，新能源汽车维修企业还需要加强与车企的合作，并邀请新能源汽车制造企业优秀的技术员工来培训维修人员，这样既可以对新能源汽车的发展动态有个全面的了解和掌握，而且还可以对新能源汽车运行过程中所出现的问题进行分析，并提出有效的维修技术，以此来提高新能源汽车的维修水平。

三十四、2019 年新能源汽车保险情况及未来新能源汽车二手车市场需求分析及预测

Chapter 34 Insurance Situation of New Energy Vehicles in 2019 and Analysis and Forecast of Market Demand of Second-hand New Energy Vehicles in the Future

（中国汽车流通协会新能源汽车分会 章 弘）

根据中国保信发布的新能源汽车保险市场分析报告显示，新能源汽车的单均保费比非新能源汽车高 21%，特别是家用车，新能源汽车单均保费达到 5 928 元，比非新能源汽车高 28%。

现有的车险定价主要以裸车价格、使用年限、使用性质及座位数为依据，虽然可以根据公允价值做实际调整，但价格浮动不会超过 30%。

新能源汽车险种沿用燃油车。当前新能源汽车，尤其是纯电动汽车的保险种类，基本都是沿用传统燃油车的保险模式，交强险、车损险、三者险、盗抢险、自燃险等与燃油车别无二致，只是不需缴纳车船税。正因为采取的仍然是传统燃油汽车的保险条款，这就会存在几个很突出的矛盾：新能源车投保时是按照政府补贴前的出厂价计算保费，理赔时却按照补贴后的车价赔付；另外，电机、电池、电控系统是新能源汽车的核心部件，但燃油车的保险条款中是不涉及三电系统的；除此之外，燃油汽车保险条款的部分除外，责任和附加险也不符合新能源汽车的情况。

虽然新能源汽车总体保有量还比较小，2019 年全国承保的新能源汽车为 347 万辆，仅占行业总承保车辆数的 1. 4%，但近年来增速较快，没有专属保险反映出的问题也越来越突出。因此，为新能源汽车制定专属保险是必要的。

新能源汽车专属保险也并非刚刚提出，监管之前就组织行业协会进行了研究论证，并在 2018 年发布了《中国保险行业协会新能源汽车综合商业保险示范条款》，同时向行业内征求意见。只不过至此之后就杳无音信了。

值得一提的是，近期银保监会相关负责人表示，当前保险行业协会已组织力量成立了新能源汽车保险专属条款工作组，积极开展条款研发工作，力争早日推出新能源汽车保险专属示范产品。新能源汽车专属险种有尽快望落地。

（一）中国新能源二手车市场现状

截至 2019 年底，全国新能源汽车保有量达 381 万辆，占汽车总量的 1. 46%，其中，纯电动汽车保有量 310 万辆，占新能源汽车总量的 81. 19%（如图 1-92 所示）。新能源汽车增量连续两年超过 100 万辆，呈快速增长趋势。依照行业发展规律，当车辆保有量达到 500 万 ~ 1 000 万台时，二手车市场才会真正步入兴旺时期。预计到 2020 年底，我国新能源二手车市场或将迎来快速发展期。

图 1-92 2015—2019 新能源汽车及纯电动汽车保有量情况

随着首批新能源车即将进入置换期，越来越多的新能源汽车进入二手市场，第一批投入市场的新能源车动力电池基本处于淘汰临界点，新能源汽车动力蓄电池“退役”的高峰期即将来临，新能源汽车也即将迎来一次置换高峰。一般汽车动力电池的使用年限为 5 ~ 8 年；如果是用了 3 年左右，折旧顶多也就八九万；如果时间更长至五六年，没碰撞的情况下，收购的价格最高在四万左右。所以说，车主普遍面临着是更换电池还是卖二手车再换新的选择，不过无论作何选择，似乎都只会让现有的新能源汽车销售更加尴尬。

英国、法国、荷兰、印度先后公布了停售燃油车的时间表，我国也已启动制定燃油车停产停售时间表，所以，新能源汽车替代燃油车成为主力车型是大势所趋。新能源汽车在整体新车销售的占比不断增长，也意味着二手车市场上新能源汽车的占比也会随之提升，但这正是二手车行业最大的危机。根据中国汽车金融暨保值率研究委员会发布的《2019 中国汽车保值率报告》中的数据来看，我国主流新能源汽车 3 年平均保值率仅为 32. 31%，而同类燃油车一般为 60% 左

右。一些车商表示，如果贸然把新能源车收回来，很有可能几个月甚至半年销不出去，而在这期间，车辆的折价风险也很高。换句话说，新能源汽车的电池消耗问题一日不解决，其在二手车市场的保值率就很难增长，而一旦未来新能源汽车在汽车销售中的比重日渐增大，二手车市场就不得不接纳新能源汽车，届时这些二手的新能源汽车长时间卖不出去，将直接拖垮整个二手车行业。

有二手车管理系统的数据显示，我国二手车商销售均价为15万元左右的二手车，平均毛利率约5%，近两年内仍在持续下降，如2019年8月，全国215家车商的平均毛利率仅为4.6%。未来如果新能源汽车在二手车市场继续以如此低的保值率出售，过长的周转时间将大大增加行业成本，二手车的平均毛利率也会进一步被拉低。

因此，已经有车企在探索新能源汽车的残值管理模式，比如建立了二手车检测体系、二手车电商平台体系、二手车官翻认证体系及二手车质保体系，更有车企为车主提供一项3年后6折回购新能源汽车的权益。

不过这些举措注定治标不治本，根源仍是电池。传统燃油车使用5~7年车况各方面还比较稳定，不需要大修，而按照当前的电池技术，3~5年的时间，就需要更换新的电池。更何况当前新能源汽车更新换代较为频繁，它们的使用时间越长，在二手车市场的价值就越低，其被卖出的可能性也就越低。

中国汽车流通协会的数据统计表明，新能源汽车的3年保值率普遍低于40%，其中宝马i3只有33%的保值率，比亚迪秦EV和e5两款电动车更是不足30%。

新能源二手车残值主要受以下几方面的影响。

（1）企业新能源车的电池寿命以及安全性方面各不相同，导致在保值率的计算上存在不确定性，进而使新能源车难以像传统燃油车那样形成完善成熟的二手车残值评估标准。

（2）新能源汽车及电池技术迭代周期短，技术提升速度快，3年前的技术已经比较落后，因此给车辆的估值带来更大难度。

（3）动力电池回收产业体系目前并没有形成，动力电池报废回收后没有更好的利用空间，导致对动力电池的剩余利用价值参考过低。

（4）受国家补贴的影响，新能源新车销售享受国家购车补贴，但购买二手车的消费者并不享受此政策红利。

在国家层面，制定了《新能源汽车动力蓄电池回收利用管理暂行办法》《新能源汽车动力蓄电池回收利用溯源管理暂行规定》等规定，对新能源二手车残值的评估、价值的提升有一定作用。但就现有相关法规方面，基于新能源汽车核心零部件电池的要求成为企业心头的一根刺。

随着续航里程的不断升级、智能科技的更多融入，对高品质享受的追求驱动新能源车置换周期要短于传统燃油车。一辆车的二手市场价值是消费者购买新车时会考虑重要因素，而当下新能源汽车却遭遇尴尬。

（二）解决中国新能源二手车交易困境的方向

1. 消除消费者、渠道商对新能源二手车顾虑

对于消费者，随着新能源汽车技术的更新换代，二手新能源汽车面临产品设计落后、技术落后等情况，消费者对于新能源二手车的整体认可度偏低。为此，从提升产品质量，夯实新能源汽车技术，完善服务体系方面进行更多的鼓励和规范。

2. 建立新能源二手车缺乏统一评估标准

新能源汽车电池损耗率严重，从此前市场产品反馈，相关电池产品要达到2年损耗不低于80%，尚无法达标。另外，作为核心部件电池的产品年检体系不全，存在过保后产品故障风险。为此，建立起电池部分的评估标准和回收体系，将助推新能源二手车交易市场发展。

3. 车企主动推动二手车置换政策

在政策及相关法规尚未健全空隙，让新能源汽车整车厂商的作用是解决核心，除了品牌力的建立，在企业营销政策方面提供更有心意的策略，如回购计划、新车质保计划、售后服务体系建设等，不仅助推自身新车产品销售，有效增强消费者购车信心，更可以推动新能源汽车消费市场发展。

现有企业政策如：北汽新能源、比亚迪新能源汽车企业于2016年开始着手制定新能源车回购计划；云度新能源汽车回购服务承诺“车辆使用三年后且里程在6万公里以内的，云度按照该车指定价格（官方指导价扣除国家补贴、地方补贴及云度π享基金后的售价）的50%为基准提供回购服务”；特斯拉涉及二手车回购、置换、认证等方面，车辆需通过严苛的审核，从源头保证品质。

（三）中国新能源二手车市场未来可期

新能源汽车销量从2015年开始爆发，随着首批新能源车即将进入置换期，越来越多的新能源车将进入二手市场。

随着新能源汽车的普及，新兴造车势力的进入，对新能源汽车从研发设计、到功能适用，再到消费者需求的提供均带来了革新。未来的消费者在用户体验，售后新的商业图景搭建将更加促进产业发展。

无论是国家层面还是地方层面都积极出台新能源汽车的相关政策，其中很多政策对新能源二手车市场起到了积极的推动作用。当然，中国新能源汽车产业爬坡过坎的关键时期，逆水行舟，不进则退，新能源二手车市场的推进将成为重要因素，值得关注。

三十五、自动驾驶地图与定位技术产业

Chapter 35　Autopilot Map and Location Technology Industry

（清华大学　杨殿阁；国汽（北京）智能网联汽车研究院有限公司　李庆建；
北京百度网讯科技有限公司　彭　伟；清华大学　江　昆；
国汽（北京）智能网联汽车研究院有限公司　王　艳；
通用汽车（中国）投资有限公司　李金隆；华为技术有限公司　伍　勇；
北京四维图新科技股份有限公司　朱大伟；国汽（北京）智能网联汽车研究院有限公司　王　睿）

高精地图的发展与自动驾驶汽车紧密相关，从自动驾驶汽车开始上路公开测试以来，高精地图产业就应势而生并飞速发展。相对于以往的导航地图，高精地图是专为自动驾驶而生的，其服务的对象并非人类驾驶员，而是自动驾驶汽车。对于L3级别以上的自动驾驶汽车而言，高精地图是必备选项。一方面，高精地图是自动驾驶汽车路径规划的重要基础，能够为车辆提供定位、决策、交通动态信息等依据。另一方面，在自动驾驶汽车传感器出现故障或者周围环境较为恶劣时，高精地图也能确保车辆的基本行驶安全。

如今，政府、行业协会、高校、图商、车企等各方均认识到高精地图和高精度定位对于自动驾驶的重要作用。但是中国高精地图的政策、法规、技术标准面临什么瓶颈，需要怎么解决和规划，仍未有一个系统和完整的解答。

1. 国际高精度地图产业发展现状

（1）概述

发达国家从20世纪70年代就开始进行自动驾驶汽车研究，在可行性和实用性方面，美国和德国走在前列。早在20世纪80年代，美国就提出了自主地面车辆（ALV）计划。在自动驾驶汽车研究位于世界前列的德国汉堡Ibeo公司，推出了可以在复杂的城市道路系统中实现无人驾驶的汽车，借助于隐藏在前灯和尾灯附近的激光扫描仪观察周围183 m内的道路状况，识别各种道路交通标识，并实时构建三维道路模型匹配先验的内置地图。

国内外主要高精度地图厂商发展现状进行分析见表1-37。

表1-37　国内外主要高精度地图厂商发展现状

企业名称	创立时间（年）	地点	采集方式	进展
Waymo	2016	美国	集中制图	自动驾驶汽车打车服务，已经满足美国凤凰城等多个城市的L4级别自动驾驶
Carmera	2015	美国	众包制图	采用的是“激光雷达＋摄像头”的多传感器方案，地图的精度会比单纯使用摄像头更高，提供增强版的地图方案
Mobileye	1999	以色列	众包制图	能对高精度地图数据的实时更新。通过“图像＋智能＋网联”的结合方案，可以做到10 cm级的高精度。2018年在耶路撒冷测试100辆无人驾驶汽车
CivilMaps	2014	美国	众包制图	整合自动驾驶汽车传感器上得到的3D数据，直接供自动驾驶汽车使用的高精度地图
DeepMap	2016	美国	众包制图	提供高精度地图、精确实时的位置定位、服务基础架构服务，携手上汽提供自驾车地图服务
Lvl5	2016	美国	众包制图	为自动驾驶车辆提供高精度地图，并在地图中定位。2017年已完成美国超过90%的高速公路数据采集
Here	2012	芬兰	众包制图	提供语音导航，公共交通信息，以及丰富的道路交通信息等。计划在下一批具有高度自动驾驶功能的量产车中使用HERE HD Live Map
TomTom	1991	荷兰	集中制图	高精度地图数据已经实现对美国本土洲际公路和高速公路的全覆盖，高精度地图已覆盖全球近38万km

数据来源：亿欧。

美国在自动驾驶领域的研究处于世界领先地位，对于自动驾驶所必须的高精度地图，美国自动驾驶相关企业很早就开始了布局与研发。其中的参与者除了有诸如Mapbox这样的传统导航地图企业，还有Waymo、Uber、Mobileye等公司，福特也在参与自动驾驶地图的测绘与研发中。由于美国政策法规对自动驾驶的包容与开放，美国也成为拥有自动驾驶技术、高精度地图初创企业最多的国家。

2013年，日本政府主导的SIP（战略性创新创造方案）项目推动地图开发商Zenrin、三菱电机及9家整车企业联合创办了DMP（Dynamic Map Platform）公司，DMP收集了丰田、本田、马自达等10家整车企业的需求，制定了满足各家需求的统一的数据规格，并提供基础静态高精地图，整车企业可以进行动态信息叠加，通过将大量动态信息与静态信息结合在一起，实现了高精地图的快速更新，提升了自动驾驶系统的认知性能。DMP成立代表日本动态高精度地图开始走向产业化。DMP公司2016年6月成立，12月开始提供高速公路样本数据（约500 km）；截至2019年4月，DMP已完成日本29 205 km的高速公路数据制作。

（2）Waymo

Waymo是谷歌旗下自动驾驶公司，目前具有全球最先进的自动驾驶技术。Waymo 在 2009 年开始为自动驾驶创建地图。

Waymo 的高精度地图由谷歌地图发展而来，有强大的数据与技术背景。其采集地图的手段为激光雷达加组合导航定位系统，并拥有一支庞大的测绘车队一起集中创建高精度地图。2017 年 11 月，Waymo 宣布该公司开始在驾驶座上不配置安全驾驶员的情况下测试自动驾驶汽车。2018 年 7 月，Waymo 宣布其自动驾驶车队在公共道路上的路测里程已达 800 万 mi。

2020 年 6 月，Waymo 成为沃尔沃汽车集团及其战略投资品牌极星和领克 L4 级别自动驾驶技术全球独家合作伙伴，此次战略合作的首要目标是将 Waymo Driver 技术搭载到一个出行专属的全新纯电车平台上，从而创造包括网约车服务在内的应用场景和商业模式。

（3）Carmera

Carmera 是一家要在车辆上安摄像头的公司。而在地图数据的采集形式上，Carmera 也引入了众包模式，发动第三方来帮助绘制高精地图。不过与 Lvl5 不同，他们的合作对象不是打车平台的司机，而是各物流公司的物流车。Carmera 通过在各物流车上安装其传感器套件，采集高精地图。同时基于实时数据的挖掘，为物流车队提供安全以及能效方面的建议作为“回报”。不过在商业模式上，Carmera 认为其采集的数据不仅可为自动驾驶所用，还可以辅助工程测量，以及实时分析区域内的人、车流量，为城市规划提供依据。

（4）Mobileye

Mobileye 是以色列一家生产协助驾驶员在驾驶过程中保障乘客安全和减少交通事故的视觉系统的公司。已投身研发 12 年并收获了前所未有的技术知识。公司在单目视觉高级驾驶辅助系统（ADAS）的开发方面走在世界前列，提供芯片搭载系统和计算机视觉算法运行客户端功能。2017 年 3 月 13 日，英特尔正式宣布收购 Mobileye。

Mobileye 的每一个摄像头都可以采集到前面的路况。例如，摄像头可以把路面中的车道线或者是限速块的距离定位出来，把每一个图像解析成数据，再把数据打包成数据包进行上传，并且在图商的底图上进行实时的叠加。通过 Mobileye 和大众、日产以及通用的合作，会有越来越多的车搭载 Mobileye 的摄像头。通过“图像 + 智能 + 网联”的结合方案，可以做到 10 cm 级的高精度。

到 2020 年底，Mobileye 预计在欧洲地区的众包车队规模将超过 1 百万辆，而到 2021 年，美国地区的众包车队数量也将突破百万级。2020 年，Mobileye 宣布其已经获得独立技术服务提供商 TV 南德（TV SD）所颁发的自动驾驶汽车测试许可建议，在德国启动自动驾驶汽车路测。

（5）Civil Maps

Civil Maps 成立于 2014 年，位于美国加州。2018 年 5 月与 AWare 背后的软件技术公司 Renovo 合作，使高度自动化汽车制造商和技术提供商可无缝接入 Civil Maps 的车辆认知堆栈。Civil Maps 为自动驾驶汽车开发了一套基于边缘的高精制图和本地化平台。它凭借传感器融合、六自由度（6DoF）指纹定位和 Edge Mapping™ 技术，建立起一套完善的高精地图生产和更新体系。Civil Maps 通过与车厂合作，使用众包方案采集基础的底图信息，通过 AI 算法删除道路之外的冗余数据，创建“指纹基础地图”，然后利用机器视觉算法自动化处理众包数据，完成地图更新。

Civil Maps 主要路线为开发高精度地图与定位解决方案，通过提供给车厂软件和硬件系统进行车端数据收集、3D 地图绘制以及自车定位。

（6）DeepMap

高精度地图初创公司 DeepMap 与 2016 年成立于美国，其创始团队有着谷歌地图、谷歌地球、苹果地图、百度无人车等强大背景。DeepMap 的技术路线是提供高精度地图完整的解决方案，包括地图的构建、更新、维护和云端服务，同时也提供高精度定位、仿真等服务。DeepMap 的地图和定位模块已应用到多种车型和车队中，进行自动驾驶训练。在各种复杂路况、天气条件与驾驶速度下均展现了良好的性能。它获得了诸如博世风投、英伟达、高盛等大型企业与资本的投资，在 2018 年 7 月，获得了来中国的阿里巴巴、滴滴与北汽约 6 000 万美元投资，DeepMap 在中国的发展布局愈发明显。

DeepMap 的收集地图数据的主要方式是利用激光雷达与组合导航定位系统的多传感器融合方案，以众包的模式进行数据采集。其开发的软件可以将众包车辆传感器收集到的数据转化成详细的地图。DeepMap 提供可嵌入车辆的软件，解决定位、数据更新、路线规划和数据收集等问题，可以高效处理大规模数据。其高精度地图有着三维厘米级的道路信息，且可以提供实时的道路动态信息。

（7）Lvl5

Lvl5 由前特斯拉工程师创办，主要为自动驾驶车辆提供高精度地图。lvl5 能使用视频，GPS 和 CAN 数据来构建地图。

现在 Lvl5 已经能生成拥有交通标志、交通灯和车道线等特征的高精度地图。虽然不用激光雷达会面临特别的挑战，比如使用消费级硬件会让定位精度受到影响，而且整个过程很耗时，需要不少的加工处理。但 Lvl5 通过多辆车收集到的信息，用自己独特的方式克服了这一困难。而录制的视频在经过 Lvl5 后台处理后，能生成自动驾驶所需的高精度地图。

Lvl5 已经覆盖了美国超过 90% 的高速公路，而到逐步在覆盖大部分的普通道路。

（8）Here

Here 前身为美国地图公司 NAVTEQ，2008 年被诺基亚收购并入自己的 Here 地图部门。2015 年 4 月，诺基亚宣布剥离 Here 部门。最终奔驰、宝马、奥迪临时组成的联合体全资收购 Here。与博世、大陆、先锋合作，使用他们的车载传感器（激光雷达、毫米波雷达、摄像头等）来实时更新地图。

Here 的自动驾驶地图是传统导航地图的延伸。地图精度至少要达到亚米级，信息也更加丰富。道路基础信息（车道线、道路中心线等）、特征物（红绿灯、标志牌等）以及动态信息层（实时交通路况、天气等）分别由不同的图层，可以根据主机厂需要做个性化叠加。

2018 年 5 月，Here，四维图新，Increment P（IPC）/Pioneer，SK Telecom 宣布共同成立 OneMap 联盟，旨在制定全球地图标准。从 2020 年开始向行业提供统一标准的高精度地图产品与服务，为全球 OEM 自动驾驶方案的落地提供支撑。

2020 年 1 月 8 日，Here 公司与高德共同宣布，基于海外地图及动态信息服务展开合作。Here 将为高德提供中国以外地区的地图数据及交通信息等，高德将为用户提供全球路径规划引导、定位及出行相关服务。

(9) TomTom

TomTom 是一家主营业务为地图、导航和 GPS 设备的荷兰公司，总部位于阿姆斯特丹。TomTom 是全球少数拥有数字地图资产的公司之一，TomTom 是 Facebook、苹果等公司地图业务最重要的数据提供商。

TomTom 的核心业务是在静态地图方面有着多年的开发经验，但这类地图产品是嵌入到车辆的导航装置当中的，近年来的需求量正在迅速下滑。为了转型，TomTom 已经开始将重点放在对无人驾驶所需要的高精地图进行投资上。

2017 年 7 月，TomTom 宣布与百度达成合作协议，共同研发用于自动驾驶技术的高精地图。2019 年，TomTom 和 HELLA Aglaia 达成合作协议，旨在实现基于摄像头的高清地图众包更新。

2. 中国高精度地图产业发展现状

高精度地图作为汽车自动驾驶系统的重要组成部分，相较于传统的导航电子地图更专注于自动驾驶场景，让自动驾驶车辆人性化的理解不断变化的道路现实环境，通过云端实时更新的高精度动态地图数据，在自动驾驶车感知、定位、决策、规划等环节起到重要作用，是自动驾驶解决方案不可或缺的一环。

与美国不同，我国高精地图的门槛非常高，首先是因为我国的国情决定。地理数据涉及国家安全，需要甲级测绘资质。其次，高精地图涉及的外采和内业，都有非常高的技术含量。尤其是采集数据处理方面，需要利用深度学习、自动化提取。另外，数据采集和处理以及地图的生产，都需要耗费巨大的资金，动辄数亿甚至数十亿元的投入。

截至 2020 年 1 月，我国共有 24 家企事业单位具有导航电子地图甲级测绘资质。分别是长地万方（百度）、四维图新、高德（阿里巴巴）、腾讯大地通途、凯立德、易图通、国家基础地理信息中心、光庭信息、江苏省测绘工程院、浙江省第一测绘院、江苏省基础地理信息中心、灵图、立德空间信息、滴图（滴滴）、中海庭、初速度、宽凳科技、江苏晶众、江苏智途、华为、丰图（顺丰）、京东、美行科技、中交宇科。

(1) 高精度地图采集状况

国内对于高精度地图应用与采集的研究集中在传统图商与高校。我国高精度地图总体已经完成高速道路的全部覆盖，开始场景验证，以及商业化应用阶段。但国内的地图行业呈现三足鼎立的状况，长地万方（百度旗下的子公司）、高德（阿里巴巴旗下的子公司）、四维图新（腾讯是第二大股东）背后是互联网巨头对地图入口的争夺。

国内主流图商采集设备通过自制或购买成熟设备自采并上传制作高精地图，自动驾驶地图格式尚未统一，暂未建立合作采集平台。主流图商采集进展目前基本相当，基本完成 30 万 km 高速路采集，预计 2020 年左右完成城市道路采集。初创公司以众包制图为主。具体见表 1-38。

表 1-38　高精地图采集状况

调研问题	主要高精地图公司		
	图商 1	图商 2	图商 3
采集方式	激光雷达 + 全景摄像头 + GPS + 地基差分 + 惯导（可夜间采集）	激光雷达 + 摄像头 + GPS + 惯导 + 地基差分（可夜间采集）	激光雷达 + 全景摄像头 + 惯导 + GNSS + 地基差分（可夜间采集）
精度（定位误差）	5 ~ 10 cm	10 cm	10 cm
采集规模	40 辆高精度采集车（自研）	5 辆 RIEGL 专业采集车，高精度采集车（自研）及普通地图采集车若干	10 辆专业采集车
	300 + 辆普通地图采集车		300 辆普通地图采集车
数据上传方式	采集完，采用专用存储设备由专人带到数据中心上传	采集完，采用存储设备人工带到数据中心上传	采集完，采用存储设备人工带到数据中心上传
地图更新频率	每月	每季度	每季度
目前进展	30 万 km：高速路 + 城市快速路	100% 高速路 + 城市快速路	约 35 万 km：高速公路 + 城市环路
采集规划	2017 全国高速，2020 城市道路	2017 全国高速，2020 城市道路	2017 全国高速，2020 城市道路
偏转插件	偏转精度有所提高，但对 L3 或 L4 自动驾驶需要继续测试和优化，且希望参与算法优化	偏转插件和车端插件性能有提升，但对 L3 及以上仍需要测试摸索	偏转插件和车端插件性能有提升，暂不影响当前驾驶辅助车辆使用，对 L3 + 及以上自动驾驶有影响

众包制图对于动态地图信息（比如道路是否拥堵、是否有交通事故、交通管制情况、天气情况等）的实时更新相比专业采集模式有极大的优势。一方面，高精地图采集生产成本高，初创公司难以承受。自动驾驶所需要的高精地图，需要极高的专业设备和专业采集能力，这也意味着极高的投入和成本。另一方面，高精地图采集资质门槛高，初创公司没有资质。地图公司要想在国内进行高精地图的采集制作，必须拥有“导航电子地图资质”甲级测绘资质。

(2) 高精地图企业简介

①长地万方

地图已经完成 30 万 km 的高速公路和部分城市道路测绘，相对精度达到 10 ~ 20 cm。这些收集到的道路数据通过人工智能自动识别，并由人工验证信息后再上传至云端，目前百度自动驾驶地图数据自动化处理程度达到 90% 以上。

2019 年，百度高精地图获得 ASPICE L2（汽车软件过程改进和能力测定模型二级）认证，认证机构为德国莱茵 TUV。

②四维图新

2013 年，四维图新开始了在自动驾驶地图领域的技术研究和探索。2015 年成立智能地图事业部，正式开启面向 Level3 及以上自动驾驶系统的自动驾驶地图产品化研发与商业化落地工作。如今，四维图新已经掌握了从数据采集、自动化制图到众包更新以及快速迭代的自动驾驶地图完整产品能力解决方案，并于 2019 年正式通过 ASPICE CL2 国际认证。

2019 年初，四维图新与宝马签署自动驾驶地图及相关服务许可协议，将为宝马集团所属品牌在中国 2021 年至 2024 年量产上市的新平台提供面向 L3 及以上自动驾驶系统的自动驾驶地图产品及服务。

③高德地图

高德地图在 2014 年被阿里巴巴收购，并于同年开始自动驾驶地图研发。2016 年 10 月高德宣布在自动驾驶汽车开发测试期间，将免费向汽车行业的合作伙伴提供自动驾驶地图数据。2017 年 8 月，高德与千寻位置合作研发"自动驾驶地图 + 高精度定位"。

高德已经完成了超过 32 万 km 的自动驾驶高精地图采集。高德专门用于 HAD 级别自动驾驶地图的采集车主要通过 2 个激光雷达和 4 个摄像头采集道路信息，精度可达 10 cm。高德和精准位置服务商千寻位置合作，提供"自动驾驶地图 + 高精度定位"综合解决方案。目前双方在车道级定位上的解决方案可以实现普通道路条件下横向误差和纵向误差在 7 cm 以内，高速/城市环路条件下横向误差 6 cm，纵向误差 5 cm 以内。

高德先后和博世、英伟达、凯迪拉克合作研发自动驾驶地图中定位图层和数据更新方案。其自动驾驶高精地图已经应用在凯迪拉克的 Super Cruise 系统上。

④滴图科技

滴图（北京）科技有限公司成立于 2016 年 02 月，是北京小桔科技有限公司（滴滴）的全资子公司。

2017 年 11 月，滴图科技获得了导航电子地图制作的甲级测绘资质。庞大的快车、专车、出租车队伍对于滴滴来说是一笔财富，公司可以通过众包模式，利用滴滴运营车辆收集各地道路信息，数据量也是不可想象的。众包车辆的配置会决定回传哪些数据，决定更新哪些地图要素，未来滴滴就有能力参与到定义车辆的环节中去，利用自动驾驶功能和地图测绘结合，实现最终的理想更新模式。

2020 年 6 月 27 日，滴滴在上海首次面向公众开放 Robotaxi 服务。

⑤立得空间

立得空间信息技术股份有限公司（简称"立得空间"）成立于 1999 年 9 月，是由武汉大学、两院院士李德仁、国内知名科技投资公司等共同组建的高科技企业，立得空间的主营业务由移动测量、智慧城市大数据及行业应用、物联网地图三大板块鼎足而成。立得空间是中国移动测量系统（MMS：Mobile Mapping System）的发明人，致力于运用"天—空—地"移动测量技术推动测绘产业变革，促进地理空间大数据的快速获取与利用。

2019 年初，立得空间将自动驾驶高精地图的业务分立，并与旗下车联网平台公司秀友科技合并，成立了全资子公司——极智行。极智行将专注于自动驾驶高精地图技术的研发与应用，与立得空间形成"地图数据 + 服务平台"战略并协同发展。

⑥初速度

北京初速度科技有限公司（Momenta）成立于 2016 年，致力于"打造自动驾驶大脑"，其核心技术是基于深度学习的环境感知、高精度地图、驾驶决策算法，致力于建设以机器视觉为主的自动驾驶导航地图的完整技术方案，大幅提升高精地图的建图效率，降低建图成本，实现自动驾驶的高精度定位和导航。产品包括不同级别的自动驾驶方案，以及衍生出的大数据服务。Momenta 的高精地图基于视觉方案，结合深度学习的感知技术和视觉建图定位技术（SLAM），仅使用消费级传感器（摄像头、GPS、IMU），即可实现自动化的高精地图建图，相对精度可达 10 cm 级别。

⑦宽凳科技

宽凳（北京）科技有限公司成立于 2016 年 03 月，于 2019 年 1 月获批"导航电子地图甲级资质"。宽凳致力于通过智能众包高精度地图商业模式推动自动驾驶的广泛应用。核心技术包括深度学习、图像识别、三维视觉、智能机器人、地图构建以及基于此的大数据云服务。

在地图采集上，传统地图企业多采用激光雷达的方案，宽凳科技则更重视视觉方案，其地图采集设备并没有装备激光雷达。

⑧DeepMotion

DeepMotion 目前未获得甲级测绘资质，成立于 2017 年 7 月，为无人驾驶汽车提供基于多传感器融合的 3D 环境感知、高精定位、以及高精地图构建的解决方案。以高精地图为核心，强调三维视觉与深度学习的结合、以及解决方案的可部署与可量产化。产品将包括硬件设备、软件算法以及相关的数据服务，并且注重针对中国交通道路环境特点的适配与优化。目前 DeepMotion 已经能达到前后 30 ~ 40 cm、左右 10 ~ 20 cm 的定位精度。

随着自动驾驶技术和高精地图产业的发展，市场空间加大，势必会有更多的企业争取获得甲级测绘资质并进入自动驾驶用高精地图产业。

（3）面临的挑战

近几年，国内外科研机构和企业等开始了对高精度地图进行了大量研究，并准备商业化应用。国内外已经对高精度地图的使用方法进行了框架性的设计。但现阶段高精地图还存在以下问题。

①绝大多数高精度地图数据采集更新慢、采集成本较高等问题。

②高精度地图中不仅仅需要传感器采集的精确数据，还需要标准的数据地图格式。国外高精地图标准主要包括 NDS 标准、OpenDrive 标准、ADASIS 标准、KIWI 标准和 Open LR^{TM}。

NDS 标准最初是面向汽车生态系统的普通地图数据全球标准，由厂商、系统商以及图商主导成立，制定适合普通地图使用的导航电子地图数据格式标准。由于该标准规格具有较好的兼容性和可扩展性，目前高精地图也采用其标准规范及数据格式。OpenDrive 标准属于 OpenX 标准系列，主要用于模拟仿真，是基于".xml"的开放格式，允许使用与真实道路相同精度的元素描述道路，兼容左右驾驶规则。

ADASIS 标准接口定义了地图在 ADAS 和自动驾驶应用程序中的数据模型和传输方式，是针对地图与车载应用之间的标准接口，该标准使 ADAS 和自动驾驶应用程序能够访问描述车辆前方道路网络的地图数据。

KIWI标准是由日本KIWI协会制定的日系标准。在广泛采用的KIWI2.0的基础上，针对增量更新需求形成KIWI3.0，但仍然存在着数据量超限限制。

Open LR™是TomTom于2009年9月发起的一个开源软件项目，提供开源动态定位参考方法，可以使不同供应商和版本的数字地图进行可靠的数据交换和交叉参考。适应应用不同地图的系统之间的位置通信要求，可以在不同定位服务提供商的数字地图中分享路线信息。

但是上述地图标准中的数据存储格式多是基于欧洲道路设计，难以完全覆盖国内复杂多变的交通环境以及道路特征及交通规制。

③作为崭新的交叉领域，智能网联汽车行业快速发展，工信部、交通部、自然资源部、标准委等不断加快编制和发布智能网联汽车、车辆网、高精地图等相关标准规范。

2018年工业和信息化部、国家标准化管理委员会联合组织制定《国家车联网产业标准体系建设指南》，设计了智能网联汽车、车辆智能管理、电子产品与服务、信息通信等方面的标准体系，其中包含道路分类与表达、信息感知、信息服务与接口、车载服务平台等与高精地图相关的内容。

2019年6月20日，全国智能运输系统标准化技术委员会（SAC/TC 268）发布了智能驾驶电子地图数据模型与交换格式的相关国家标准征求意见稿，该标准包括《20192188-T-469 智能运输系统智能驾驶电子地图数据模型与交换格式 第1部分：高速公路》和《20192188-T-469 智能运输系统智能驾驶电子地图数据模型与交换格式 第2部分：城市道路》两部分。

2019年7月26日，中国智能网联汽车产业创新联盟（CAICV）自动驾驶地图和定位工作组立项《自动驾驶地图采集要素模型与交换格式》《自动驾驶路侧感知定位技术条件》《自动驾驶地图动态信息数据交换格式》《自动驾驶路侧传感器数据交换格式》《基于卫星地基增强的车辆定位技术要求》等一系列自动驾驶与地图相关标准。

2020年1月7日，自然资源部测绘标准化研究所发布测绘行业标准《道路高精度电子导航地图生产技术规范》《道路高精度电子导航地图数据规范》征求意见稿。

2020年1月25日，北京市市场监管局和北京市规划与自然资源委员会标准办公室立项审查通过北京市地方标准《自动驾驶高精地图特征定位数据技术规程》。

此外，国内还有很多研究高精度地图的企业、机构，陆续发布了高精度地图相关调研报告，但目前尚未形成完善健全的标准体系。

3. 智能网联汽车定位技术发展现状

（1）国际主流卫星导航系统

全球导航卫星系统（GNSS）是能在地球表面或近地空间的任何地点为用户提供全天候的3维坐标和速度以及时间信息的空基无线电导航定位系统。目前全球GNSS市场基本形成“1+3”格局，即美国的GPS、俄罗斯的格洛纳斯卫星导航系统（GLONASS）、欧洲的伽利略系统（GALILEO）和中国的北斗系统（BDS）。

GNSS定位过程中，其广播讯号受到许多因素的影响，如大气层折射、卫星轨道位置偏差及时钟误差等等，而会使其定位精确度受到影响。目前使用GPS广播的P码（PPS：Precise Positioning Service），由于精确度较高，因此受到严格限制，只有美国军方及特殊授权者才能使用。C/A码的使用则没有限制（SPS：Standard Positioning Service），但其精确度较低，若SA（Selective Availability）也被开启后，则误差会更加剧，因此对需要较高精确度的实时定位而言，便需要一套使用C/A码，但却可以大幅提高精确度的系统。

除了上述四大全球系统外，还包括区域系统和增强系统，其中区域系统有日本的QZSS和印度的IRNSS，增强系统有美国的WAAS、日本的MSAS、欧盟的EGNOS、印度的GAGAN以及尼日尼亚的NIG-GOMSAT-1等。

（2）中国高精度定位技术发展现状

中国高精度卫星导航定位应用始于20世纪末，外资企业携其成熟的高精度GPS产品与方案向中国市场推广。高精度卫星导航定位产品主要应用于工程测量、测绘工程、地理信息、灾害监测、精准农业应用、气象预测、飞行器控制等专业领域。通过引进国外技术和自主研发，国产厂商已经具备自主创新，产品升级换代的能力。经过10多年的发展，我国高精定位行业已经主导了国内市场，并积极参与国际市场的竞争。

2014年9月，我国北斗地基增强系统正式启动研制建设。截至2019年底，我国已初步建成由超过2 200个增强站组成的北斗地基增强“全国一张网”，可在全国范围内（除西北部少数无人地区）提供实时亚米级、厘米级与后处理毫米级精准定位服务。

我国采用最多的是“GPS+北斗+GLONASS”三套卫星导航系统。通过接收多个卫星导航系统的卫星以及对应的信号频段进行联合解算，使得定位精度更高、性能更稳定。

表1-39是汽车厂商对于高精度地图与定位的需求。

表1-39 高精度地图与定位需求

车企	车企一	车企二	车企三	车企四	车企五	车企六	车企七
自动驾驶何时需要自动驾驶地图	L3级及以上	L4级及以上	L3级及以上	L3级及以上	L3级+至L4级	L3级及以上	L3级及以上
预计产业化运用时间	2020年	2020年	2021年	2021年以后	—	2020年6月前	2020年
精度要求（绝对精度）	<1 m	10～20 cm，偏转后1.5 m内	<50 cm	20 cm	1 m左右	<1 m	1 m左右
精度要求（相对精度）	<10 cm	<10 cm	<20 cm	<20 cm	<20 cm	<10 cm	<10 cm

续上表

车企	车企一	车企二	车企三	车企四	车企五	车企六	车企七
高程相关信息不能采集供用户使用,车企是否有高架桥等道路高程等信息需求	可分段表示,误差<1 m,用于定位车辆在道路的哪一层	有需求,可采用梯度表示或相对量	有需求,需了解高架桥各条道路不同位置的高度、宽度、曲率、限速及可行驶方向	通过与有资质的图商合作获得,供用户使用	需求不强	建议一定程度开放高程信息,比如可分段表示,0~1 m,1~2 m 等	有需求,高层精度达到1 m内

按照《关于导航电子地图管理有关规定的通知》《关于加强自动驾驶地图生产测试与应用管理的通知》规定,高精度定位数据使用之前需要对数据坐标做加密偏转处理,加密偏转处理对自动驾驶高精度定位的影响还在测试和探索中。

2017 年 11 月 09 日,在中国卫星导航定位协会主办的“高精度地图座谈会”,全国 13 家图商与测绘局共同参加,国家局领导针对新版偏转插件做了以下几个方面的介绍。

①新版偏转插件能够满足现阶段自动驾驶需求。

②新版偏转插件可以保证偏转后的信号与加密后的地图匹配精度在中误差 ±10 cm 范围之内,最大误差不明确。

③新版偏转插件在明确审图标准后可投放市场使用。

由于自动驾驶控制系统的复杂性,以及对安全极高的要求,定位模块 ASIL 等级的降低将给车辆行驶安全、可靠性带来隐患。通过“改善偏移算法,使高精地图的相对精度满足自动驾驶规范”这一解决方案,虽然有可能满足自动驾驶技术规范的要求,但是不符合功能安全技术要求的偏移插件仍存在,使安全的可靠性要求无法满足。ASIL 变化后对应失效率对比:HIGH RISK。

(3)自动驾驶的高精度定位技术

行驶安全是车辆驾驶的底限,高可用的定位能力是 L3+级别自动驾驶安全行驶的前提。定位的高可用性包含定位结果的精准性、定位频率的实时性、定位架构的稳定性、定位场景的包容性等。

L3 以下的辅助驾驶需要驾驶员在驾驶过程中全程参与,采用“人+算法局部定位”和“算法全局定位”相结合的策略。由于算法只是驾驶辅助,人作为系统安全的最后一道防线,所以对于局部定位和全局定位的可用性要求较高,在算法部分不可用,甚至完全不可用的极端场景,也能够基本保证驾驶行为的安全。

L3 级别的自动驾驶中,人的参与程度降低,由自动驾驶系统替代原本由驾驶员参与的环境观察、驾驶决策等功能,对定位的可用性的要求升高。

L4/L5 级别自动驾驶要求定位系统在限定区域具备全天候、全天时、稳定可靠的定位能力,表明自动驾驶定位系统需要在卫星信号丢失、无网络信号、雨雪天气、道路环境巨大变化等的场景下,依然能够高可靠的保证定位的精度。

高精度地图相当于人类大脑记忆中的路线,是对大脑中物理空间的记忆,GNSS 定位相当于人类对空间位置和时空判断的感知,通过二者结合从而知道我在哪、去哪里、怎么去,高精度地图与定位对于自动驾驶至关重要。在自动驾驶系统中广泛采用了基于 GNSS 的定位技术。

自动驾驶中高精度定位技术大体上可以分为 3 类:基于信号的定位、基于航迹推算的定位、基于环境特征匹配的定位。

①基于信号的定位技术

GNSS(GPS、北斗、伽利略等)单点定位精度为 1~3 m,无法满足 L3+级别无人驾驶厘米级定位的要求。为了达到更高的定位精度,目前自动驾驶中普遍采用 RTK 定位技术。RTK 定位的优点是定位精度高、收敛时间快、可全天候使用等,在空旷无遮挡的区域能够实现对车辆的厘米级定位。但是也存在一些问题,比如基站建设与运维成本较高、易受电磁环境干扰、在卫星信号遮挡环境下无法使用、依赖网络通信等,从而影响定位精度和定位系统的可用性。

②基于航迹推算的定位技术

航迹推算(Dead Reckoning)通过计算运动载体移动的距离和方位,与原位置叠加,从而推算出当前位置的方法。在自动驾驶车辆定位精度降低或不可用的情况下,例如当车辆在无法接收 GNSS 信号的区域(隧道或地下停车场等)或多路径效应较强区域(被高层玻璃覆盖的建筑物环绕的区域)中移动时,通过使用其他传感器(陀螺仪、加速度计、速度脉冲等)的信息来计算当前位置。

IMU(Inertial Measurement Unit,惯性测量单元)是常用的航迹推算系统,优势在于不依赖外部条件,可以提供短时间高精度的定位结果,缺点在于存在误差累积,导致位置和姿态的计算结果与实际位置不符,因而无法进行长时间的高精度定位。航位推算解决方案广泛应用于汽车导航系统。

③基于环境特征匹配的定位技术

环境特征匹配技术通过实时计算并提取环境特征,并与预先采集的基准数据进行匹配,从而获取确定自动驾驶车辆的当前位置。在实际的应用中,环境特征的定位系统都需要其他定位系统辅助给出初始位置,从而实现在限定区域中匹配环境特征,达到降低计算量、减少特征测量值与预采集基准数据之间可能发生的多重匹配,实现更优的定位结果匹配的目的。

在自动驾驶系统中,常用的环境匹配的定位方案是基于激光点云匹配的定位方案和基于图像匹配的定位方案。

4. 智能网联汽车对于高精地图的技术需求

汽车自动驾驶系统包括环境感知与定位、智能规划与决策、控制执行三大核心模块,先进的自身位置评估和感知周边环境是自动驾驶汽车可上路行驶的基础,包括高精地图、通信、各类传感器在内的感知系统,在感知各种道路和复杂的道路交通环境中各自发挥不可或缺的作用。

高精地图又是各类感知系统中尤为关键的一环。高精地图可以不受各种气候环境的影响为车辆纵向加减速和横向转向、变道等决策提供精确定位以及精准车道预测,可避免因传感器在沙尘暴、浓雾等极端气候下发生误判致使自动驾驶系统失效诱发交通事故，保证自动驾驶车辆在任何环境下的安全。高精地图同时也可以提供动态实时交通信息，可以为自动驾驶车辆提前规划行驶路径，躲避拥堵和交通障碍提供支持。高精地图的应用可以极大的降低自动驾驶车辆对于昂贵传感器的依赖，有利于降低成本，更快的进入批量产业化。

（1）对于高精地图需求

①要素和精度要求

高精度地图包括静态地图和动态地图两部分。其中高精度静态地图主要包括道路线、车道边线、车道中心线、车道节点、道路坡度/曲率/航向，道路设施等，主要用于自动驾驶时基于车道导航、变道提醒等。高精度动态地图主要包括道路交通管制信息、实时交通信息、道路周边气象服务信息、潮汐车道信息等，动态信息具有实时性，动态性、可变性，主要用于路径规划时参考信息。不同级别自动驾驶对高精度地图要素内容要求不同。

相比一般普通导航地图的精度是以米为单位，高精地图可以做到厘米级别，其国内主流图商公布的采集精度能够达到5～10 cm。

由于自动驾驶级别的不同，对于高精地图的要素和精度的要求也不同。随着地图采集和定位精度等技术的进步，高精地图要素和精度的要求也会发生改变。

②加密插件安全性需求

按照《关于加强自动驾驶地图生产测试与应用管理的通知》，我国自动驾驶地图参照导航电子地图法规进行管理。而依据现行国家强制标准《导航电子地图安全处理技术基本要求（GB 20263—2006）》，用于传统车辆的导航电子地图需进行加密处理。同时，为补偿地图加密处理造成的坐标系变化，使导航功能得到应用，在车端引入了卫星定位信号加密插件。

符合自动驾驶需求的加密插件，在设计之初即应考虑全面满足精准性、完整性、连续性和实时性等技术指标。同时，作为自动驾驶车辆安全相关组件，加密插件应符合GB/T 34590—2007（ISO 26262:2011）的功能安全相关要求。

（2）高精度地图测绘资质问题

依据《中华人民共和国测绘法》的规定，没有测绘资质的汽车企业无法采集最基本的地理位置信息和道路标线标牌等。但自动驾驶地图要求地理位置和路况高时效性，如道路信息、车道信息、三维结构物等信息更新要求<1个月（基础地图），对交通管制、道路施工等信息更新要求<1 h（准静态地图）。仅依靠地图公司专业采集车无法实现全国范围内道路的及时更新，需要汽车企业在开发调试和大量车辆上路行驶过程中收集数据，实现自动驾驶地图数据的及时更新，满足功能测试和车辆自动驾驶要求。现有审图模式无法满足基础地图和准静态地图更新周期要求，更无法满足信息更新<1 s的要求（周边车辆、行人信息信号信息等），同时对于大量采用众包模式的初创企业带来极高的准入门槛和极大的政策风险。

因为地图勘测本就涉及国家机密，所以明令禁止外资企业开展地图采集工作，即使是针对互联网服务和信息服务业务也实施了严格的外资准入制度。

（3）众包采集时数据传输需求

众包模式作为采集和更新的一种手段，在高精地图产业中占据很重要的地位。一方面，高精地图采集生产成本高，初创公司难以承受。自动驾驶所需要的高精地图，需要极高的专业设备和专业采集能力，这也意味着极高的投入和成本。另一方面，高精地图采集资质门槛高，初创公司没有资质。地图公司要想在国内进行高精地图的采集制作，必须拥有“导航电子地图资质”甲级测绘资质。

众包模式对于动态地图信息（比如道路是否拥堵、是否有交通事故、交通管制情况、天气情况等）的实时更新相比专业采集模式有极大的优势。而对于众包模式采集的数据和这些数据传输的标准化更是有强烈的需求。

（4）对信息安全需求

高精地图作为车辆超视距感知和决策的关键手段，在线升级和实时动态交通信息更新的要求非常关键。而在车载软硬件系统日益受到网络黑客攻击的情况下，信息安全的管理尤为重要。

地图绘制阶段需要考虑安全需求，测绘阶段地理数据需要安全管理，不可经过公网传输，否则危及国家安全；地图数据上传阶段，需要在隔离网络中经过安全的传输通道进行上传到云端，防止数据泄露；云端地图数据需要加密存储，对地图数据的访问需要进行身份认证和授权过程，防止越权访问；高精地图生产环节需增加访问控制机制，保证网络隔离，防止制图阶段数据外泄；审图环节需要增加审图偏转，防止数据泄露。

随着高精地图对于自动驾驶决策变得日益重要，高精地图的信息安全也提到一个很高的需求层面。

（5）在线升级需求

L3/L4/L5级别的自动驾驶对于高精地图的依赖非常强，但是高精地图是对物理世界的数字三维化，物理世界时时刻刻都在发生着变化，如何应对快速变化的道路环境在自动驾驶时代是一个迫切需要解决的问题。

在基于环境匹配的定位中，如果道路环境变化，就可能会影响到匹配算法的准确度，进而出现定位偏移，影响自动驾驶汽车对于周围环境的判断，最终影响到驾驶的安全性。

对于路径规划、行为预测、系统决策等也存在同样的问题。自动驾驶往往都是车道级的路径规划，如果实际道路环境中，车道数量、位置发生了变化，与实际环境不匹配的道路信息对各个功能模块都会提供错误的信息输入，最终影响到驾驶系统的可靠性和稳定性。

所以在自动驾驶的时代，能够快速更新高精地图数据OTA系统不可或缺。高精地图的在线升级（OTA）技术要求也是亟须确定的.

（6）自动驾驶同步定位与地图构建（SLAM）

自动驾驶同步定位与地图构建（Simultaneous Localization and Mapping 简称SLAM）指在自动驾驶的自身位置不确定的条件下，在完全未知的环境中创建地图，同时利用地图进行自主定位和导航。汽车从未知环境的未知地点出发，在运动过程中通过重复观测到的地图特征（比如，道路、路口等）定位自身位置和姿态，再根据自身位置增量式的构建地图，从而达到同时定位和地图构建的目的。在定位的同时构建地图其基本原理是通过概率统计的方法,通过多特性匹配来达到定位和减少定位误差的,并在定位的同时通过多传感器获得的信息构建高精度地图。

现有的采用64线激光雷达同步定位与地图构建技术对车辆进行高精度定位与地图构建,但成本太高,难以实现产品化。现有的视觉SLAM技术多应用于室内机器人导航,无法满足车辆室外大场景视觉定位与地图构建的稳定性和鲁棒性要求。同时现有单车辆SLAM技术依赖于多传感器融合方案,整体硬件成本较高,并且单车辆SLAM的地图构建效率较低,只能对可观测的环境进行SLAM,无法对未知环境进行导航,降低了车辆定位与地图构建系统的环境适应性

5. 中国自动驾驶地图政策法规现状

我国现行相关法律法规,涉及自动驾驶地图数据采集、要素表达、数据加密、数据更新、审图、发布、成果保密等方面。出于国家安全的考虑,测绘政策对于高精地图的生产、使用做了诸多规定。

我们从事自动驾驶地图产业需要遵守国家法律法规政策,同时需要满足自动驾驶对高精度地图数据的要求,仍然需要尝试做很多尝试和努力。

(1)高精地图数据必须保密的规定

国家测绘地理信息局《关于加强自动驾驶地图生产测试与应用管理的通知》规定:各单位、企业用于自动驾驶技术试验、道路测试的地图数据(包括在传统导航电子地图基础上增添内容、要素或精度提升的),应当按照涉密测绘成果进行管理,并采取有效措施确保数据安全,未经省级以上测绘地理信息行政主管部门批准,不得向外国的组织和个人以及在我国注册的外商独资和中外合资、合作企业提供、共享地图数据,不得在相关技术试验或道路测试中允许超出范围的人员接触地图数据。

(2)地理要素限制表达的规定

按照国家《测绘管理工作国家秘密范围管理规定》(2003年印发)、导航电子地图安全处理技术基本要求(GB 20263—2006)》(2006年印发)、《关于导航电子地图管理有关规定的通知》(2007年印发)、《公开地图内容表示补充规定(试行)》(2009年印发)、《基础地理信息公开表示内容的规定》(2010年印发)等法规标准的要求,公开的导航电子地图数据产品中,不得表达道路的最大纵坡、车行桥坡度、最大(小)曲率半径、平面坐标、高程等信息(国家正式公布的信息除外)。

(3)高精地图数据需加密的规定

现行国家强制标准《导航电子地图安全处理技术基本要求(GB 20263—2006)》规定:导航电子地图在公开出版、销售、传播、展示和使用前,必须由测绘行政主管部门指定的机构采用国家规定的方法统一进行空间位置技术处理。为补偿地图空间位置加密处理造成的坐标系变化,使导航功能得到应用,车端引入了卫星定位信号加密插件。

《关于加强自动驾驶地图生产测试与应用管理的通知》《关于导航电子地图管理有关规定的通知》中规定我国自动驾驶地图参照导航电子地图法规进行管理,需按规定加密。

(4)地图审图的规定

按照《地图审核管理规定》《关于加强互联网地图管理工作的通知》规定,未经依法审核批准的互联网地图,一律不得公开登载和传输。《导航电子地图安全处理技术基本要求》《关于导航电子地图管理有关规定的通知》规定,改变内容的地图(包括地图数据格式转换、地图覆盖范围变化、地图表示内容更新等),应当按照规定程序重新送审。

(5)测绘资质限制规定

我国对从事测绘活动的单位实行测绘资质管理制度。《中华人民共和国测绘法》第五章第二十七条规定:从事测绘活动的单位应当具备响应条件,并依法取得相应等级的测绘资质证书,方可从事测绘活动;第二十九条规定:测绘单位不得超越资质等级许可的范围从事测绘活动,不得以其他测绘单位的名义从事测绘活动,不得允许其他单位以本单位的名义从事测绘活动。

国家测绘地理信息局2016年下发的《关于加强自动驾驶地图生产测试与应用管理的通知》中规定:自动驾驶地图属于导航电子地图的新型种类和重要组成部分,其数据采集、编辑加工和生产制作必须由具有导航电子地图制作测绘资质的单位承担,导航电子地图制作单位在与汽车企业合作开展自动驾驶地图的研发测试时,必须由导航电子地图制作单位单独从事所涉及的测绘活动。

因此,根据相关法律法规,未有测绘资质的汽车企业不得采集地理位置和道路标线标牌等信息,不得制作导航电子地图。

由于自动驾驶对于高精地图的强烈需求,主机厂和图商均在与政府相关监管机构密切沟通,希望在政策法规方面有一些突破。

节能与新能源汽车年鉴

YEARBOOK OF ENERGY-SAVING AND NEW ENERGY VEHICLES

第二篇 Section Ⅱ

政策与规划

Policies and Regulations

一、国家主要政策与规划

Chapter 1 National Major Polices and Planning

道路机动车辆生产企业准入审查要求和道路机动车辆产品准入审查要求

2019 年第 1 号

根据《道路机动车辆生产企业及产品准入管理办法》(工业和信息化部令第50号)相关规定,制定《道路机动车辆生产企业准入审查要求》和《道路机动车辆产品准入审查要求》。现予公布,自2019年6月1日起实施。

附件:

1. 道路机动车辆生产企业准入审查要求
2. 道路机动车辆产品准入审查要求

工业和信息化部

2019 年 1 月 3 日

附件 1 道路机动车辆生产企业准入审查要求

1. 通用要求

1.1* 企业应按照国家有关投资管理规定完成投资项目手续并建设完成;应符合法律、行政法规、规章规定的相关要求。

1.2* 企业应提供能够满足安全、环保、节能、防盗等技术标准以及工业和信息化部制定发布的安全技术条件的车辆产品。

1.3 企业应建立售后服务管理体系,包括售后服务网络建设、维修服务提供、备件提供、索赔处理、信息反馈、客户管理等,并具备条件实施。

应编制产品使用说明书、维修手册、备件目录、专用维修工具和仪器清单,明示售后服务承诺及应急措施等。

应提供产品的售后服务,并保证在产品的设计使用寿命期和企业承诺的限定服务时间内向顾客提供可靠的备件、维修和咨询服务。

电动车辆生产企业应建立废旧动力蓄电池回收管理程序和稳定的回收渠道,实施废旧动力蓄电池回收。

2. 能力要求

道路机动车辆生产企业分为乘用车类、货车类、客车类、专用车类、摩托车类、挂车类6类。

2.1 乘用车类企业

2.1.1* 企业应建立专门的产品设计开发机构,统一负责产品设计和制造开发全过程的工作,配备与设计开发任务相适应的专业技术人员。专业技术人员至少包括产品策划、造型设计、车身设计、底盘设计、系统及总成设计、部件配套开发、设计验算及仿真分析、产品工程设计、整车试制和试装、试验验证、标准法规、信息化管理等方面的人员。其中,系统设计包括动力驱动系统、制动系统、转向系统、承载系统、传动系统、悬架系统、电器仪表灯光系统、车载电子及电控系统,以及发动机总成、机构和系统(曲柄连杆机构、配气机构、燃料供给系统、润滑系统、冷却系统、点火系统、启动系统)、电子电控系统等。

2.1.2 企业应建立适用于本企业产品设计开发的管理程序,应明确设计策划、设计评审、设计验证、设计确认等不同阶段设计活动的时间节点、工作方法、输入及输出文件的管理要求。

应建立适用于本企业产品设计开发的设计和验证作业指导文件,其内容应覆盖相关总成、系统、整车的设计、匹配标定和试验验证过程,以及技术文件管理、标准化等内容。

2.1.3 企业应建立与产品相适应的产品信息数据库,数据库应包括产品设计平台基础数据、整车和底盘参数、总成部件设计参数、金属及非金属理化特性、设计计算和分析结果、对标车型产品信息等;建立产品标准和技术文件体系(包括产品图纸、三维数模、产品技术条件规范、工艺和质量控制等技术文件),产品技术标准的内容和项目应覆盖整车和主要总成部件,技术条件应不低于国家及行业有关标准的要求。

2.1.4 企业应能使用计算机、开发工具(含设计软件)进行设计分析计算,包括车身/车架的刚度和强度分析、动力性与经济性分析、安全性仿真分析、整车 NVH 仿真分析、电子电控系统分析、整车通信系统分析、热力学分析、空气动力学分析、机构运动分析、疲劳寿命分析、操纵稳定性和平顺性分析等。

2.1.5* 企业应具有产品概念设计、造型(油泥模型或可进行虚拟评审的三维数字模型)和模型车制作能力。应具有产品试制、试装能力,包括车身覆盖件及主要结构件试制能力(包括快速成型能力和自制部件的柔性加工成型能力)、底盘/车架试制成型能力、底盘试装能力、车身覆盖件及主要结构件连接(粘接、焊接等)成型及调整能力和整车装配及调试能力。

2.1.6* 企业应具有整车排放性能测试、整车动力性能测试、整车经济性能测试、车身刚度和强度测试、电子电控系统测试、整车通信测试、发动机性能测试、整车模拟道路可靠性测试、整车悬架动态性能测试(K & C)、整车安全(含实车碰撞)性能测试、整车耐环境性测试、整车气密性及车内噪声性能测试、乘用车内空气质量测试、整车 NVH 性能测试、整车电磁兼容测试等试验验证能力,以及整车道路性能(操纵稳定性、制动性、通过性、舒适性和平顺性、整车噪声、可靠性、耐久性等)试验验证能力和自制总成的性能、可靠性、疲劳性能等试验验证能力。其中,车身刚度和强度测试、整车安全(含实车碰撞)性能测试、车内空气质量测试、整车 NVH 性能测试、整车电磁兼容测试可以委托企业认可的外部机构完成。

2.1.7 企业产品和制造过程设计开发的输入、输出应充分适宜;应对产品和制造过程设计开发的输出进行评审、验证和确认,并满足国家标准、行业标准及设计任务书的要求;设计评审、验证的项目应充分合理,并保存整个设计开发过程中各个节点相应的评审、验证记录。设计输出所形成的产品图纸及相关技术文件应完整,并可以指导生产。

在实施产品和制造过程的设计更改前,应重新进行评审(包括评价更改对产品组成部分和已交付产品的影响)、确认,必要时进行验证,同时应满足生产一致性要求。应保存设计更改评审、验证和确认的记录,包括更改在生产中实施日期的记录。

2.1.8* 企业应具有必要的生产厂房、存储场地及适宜的生产环境,并与生产规模相适应;生产组织布局合理,物流通畅,区域标识明显。具有与产品类别相适应的生产设备和检验设备的所有权。

2.1.9* 企业应具有冲压成型设备、冲压模具和工装、模具维修及研配设备、冲压件质量控制设备或专用检具,以及必要的模具吊装、转运设备。对于采用热成型工艺成型的结构件,可外协生产,但企业应具有热成型模具。

应具有自动化的冲压生产线。应具有车身主要外覆盖件和内板件冲压成型设备以及专用的模具和工装;应具有废料收集系统和换模系统。

生产非承载式车身结构车辆的,应具有车架横梁、纵梁的压力成型设备、成型模具和工装。

2.1.10* 企业应具有自动化的车身总成及分总成焊接生产线,并具有相应的工装、夹具;应具有门盖分总成成型设备及工装、夹具;车身总拼主要焊点应采用机器人焊接或拼合成型。

生产非承载式车身结构车辆的,应具有车架铆接、焊接生产能力,应具有相应设备、工装以及车架调整校正设备。

2.1.11* 企业应具有封闭的自动化涂装生产线,包括前处理、阴极电泳(或能达到相应标准要求的其他防腐工艺)、涂胶、中涂(如有)、面漆、罩光、烘干等工序和相应的设备、设施;应采用自动化的喷涂系统。

2.1.12* 企业应具有必要的物料运输系统;具有连续作业的车身内饰装配、动力总成装配、车门装配和整车装配生产线;具有对座椅、车轮、风窗玻璃、仪表台、车门等总成装配必要的机械助力装置;具有储存线和转运装置。

2.1.13* 企业应具有发动机生产能力,至少应有缸体、缸盖的精加工生产线,以及缸盖分总成、发动机总成装配生产线。多品种发动机生产时应能实现柔性化生产。

2.1.14 企业应建立计算机信息化管理系统,对生产计划、生产过程、设备、物料、跟踪防错、产品质量状态、人员等方面实施控制和管理。应建立对关键零部件总成、关键工艺参数、关键质量控制结果等信息的可追溯体系,明确信息保存期限,确保信息的保存期限能够支持产品整个生命周期的追溯需求。

2.1.15 企业在产品实现过程中的技术文件(企业标准及产品图样等)、过程操作文件(工艺文件及作业指导书等)、过程控制文件(检验标准及检验作业指导书等)应完整、有效、受控,并可以指导作业活动。

应为涉及重要特性、安全特性、环保特性的零部件、总成,编制进货检验、过程检验、出厂检验的检验作业指导文件,并按规定实施监视测量活动。

2.1.16 企业应建立和落实与产品质量有关的人员的能力评价、岗位培训、考核制度和聘用机制,并应保持适当的记录。与产品质量有关的人员均应具有相应的资格、专业技能及知识,应能够按照程序文件、过程操作文件、检验指导文件的要求开展工作。

2.1.17 企业应建立供应链管理体系,确定合格供应商评价标准,对供应商及其关键零部件进行评价和选择,在采购活动中规范实施并进行日常监督管理。应保留对合格供应商的评价、选择、管理记录。对采购过程、生产过程、交付过程、顾客反馈中发现的不合格品进行标识、记录、评价和处置;若关键零部件的安全、环保、节能性能不满足规定要求,不允许让步接收。

2.1.18* 企业应具有必要的保证产品质量所必需的进货检验、过程检验、出厂检验等设备和辅助检具。其中,进货检验可利用供方、外部机构的检验能力。

检验项目应覆盖整车、主要总成、主要零部件的主要技术特性参数、功能和性能方面的检验内容,性能指标应满足相关技术标准的要求,且与所要求的测量能力一致。应具有与生产规模相适应的整车下线检测线,其相关检验信息可自动保存。上述相关检验信息的保存期限能够支持产品整个生命周期的追溯需求。

2.1.19 企业应对关键生产设备和工装定期进行预防性维护和日常保养,配备操作规程,有必要的备件,确保其正常运行,并有相应的运行和维修维护计划和记录。

应对检验设备(包括有关的程序、软件)进行控制,按照规定的时间间隔或在使用前进行校准或检定;当发现检验设备不符合要求时,应对以往测量结果的有效性进行评价,并对该检验设备和有关产品采取适当的措施。

2.1.20 企业应建立全面的车辆产品质量信息分析系统,采集和储存产品缺陷信息、车辆故障信息、与车辆相关的道路交通事故信息及消费者投诉信息,进行分析并实施改进。

当产品存在因设计或生产而导致的重大安全质量问题时,企业应主动配合相关部门进行调查,查明原因,采取必要的补救和整改措施,并对措施实施的效果进行有效性评价,消除安全隐患。

2.1.21* 企业应建立合格证管理制度和合格证信息数据库,按照合格证管理有关规定制作、配发符合要求的合格证,在规定期限内上传合格证信息,保存合格证制作和发放记录。

2.1.22 企业应编制《企业生产一致性保证计划》并执行,建立产品质量跟踪抽查机制,保证产品满足一致性要求。应按年度对照《企业生产一致性保证计划》逐项总结生产一致性管理所开展的工作,以及产品在安全、环保、节能、防盗性能方面的主要改进提高和产品质量跟踪抽查的结果等,形成《企业生产一致性信息年报》。《企业生产一致性信息年报》的保存期限不少于5年。

当企业的生产一致性保证能力(包括人员能力、生产/检验设备、采购的原材料和零部件总成及其供应商、生产工艺、工作环境、管理体系等)发生重大变化时,应评审、更新,确保对产品一致性进行控制,应有充分证据表明产品仍能满足批量生产一致性的控制要求。

2.2 货车类企业

2.2.1* 企业应建立专门的产品设计开发机构,统一负责产品设计和制造开发全过程的工作,配备与设计开发任务相适应的专业技术人员。专业技术人员至少包括产品策划、造型设计、驾驶室设计、底盘设计、系统及总成设计、部件配套开发、设计验算及仿真分析、产品工程设计、整车试制和试装、试验验证、标准法规、信息化管理等方面的人员。其中系统设计包括动力驱动系统匹配、制动系统、转向系统、承载系统、传动系统、悬架系统、电器仪表灯光系统、车载电子及电控系统等。

2.2.2 企业应建立适用于本企业产品的设计开发管理程序,应明确设计策划、设计评审、设计验证、设计确认等不同阶段设计活动的时间节点、工作方法、输入及输出文件的管理要求。

应建立适用于本企业产品设计开发的设计和验证作业指导文件,其内容应覆盖相关总成、系统、整车的设计、匹配标定和试验验证过程,以及技术文件管理、标准化等内容。

2.2.3 企业应建立与产品相适应的产品信息数据库,数据库应包括产品设计平台基础数据、整车和底盘参数、总成部件设计参数、金属及非金属理化特性、设计计算和分析结果、对标车型产品信息等;建立产品标准和技术文件体系(包括产品图纸、三维数模、产品技术条件规范、工艺和质量控制等技术文件),产品技术标准的内容和项目应覆盖整车和主要总成部件,技术条件应不低于国家及行业有关标准的要求。

2.2.4 企业应能使用计算机、开发工具(含设计软件)进行设计分析计算,包括驾驶室/车身/车架刚度和强度分析、车架/副车架应力分析、动力性与经济性分析、安全性仿真分析、整车 NVH 仿真分析、电子电控系统分析、机构运动分析、疲劳寿命分析、操纵稳定性和平顺性分析等。其中,电子电控系统分析、疲劳寿命分析等要求不适用于三轮汽车生产企业。

2.2.5* 企业应具有驾驶室造型(油泥模型或可进行虚拟评审的三维数字模型)和模型车制作能力。应具有驾驶室覆盖件及主要结构件试制或快速成型能力和自制部件的柔性加工成型能力、驾驶室焊接成型、底盘/车架试制、驾驶室/底盘试装、整车试装及调试能力,上述能力可结合产品生产设施实现。其中,驾驶室造型能力要求不适用于三轮汽车生产企业。

2.2.6* 货车企业应具有整车排放性能测试、整车动力性能测试、整车经济性能测试、驾驶室刚度和强度测试、电子电控系统测试、发动机性能测试、整车耐环境性测试、整车 NVH 性能测试、整车电磁兼容测试、防护装置测试、驾驶室乘员保护测试、侧倾稳定性测试等试验验证能力,以及整车道路性能(操纵稳定性、制动性、通过性、舒适性和平顺性、整车噪声、可靠性、耐久性等)试验验证能力和自制总成的性能、可靠性、疲劳性能等试验验证能力。

其中驾驶室刚度和强度测试、整车 NVH 性能测试、整车电磁兼容测试、防护装置测试、驾驶室乘员保护测试、侧倾稳定性测试可以委托企业认可的外部机构完成。驾驶室刚度和强度测试、整车耐环境性测试、整车 NVH 性能测试、整车电磁兼容测试、防护装置测试、驾驶室乘员保护测试能力不适用于三轮汽车生产企业。

2.2.7 企业产品和制造过程设计开发的输入、输出应充分适宜;应对产品和制造过程设计开发的输出进行评审、验证和确认,并满足国家标准、行业标准及设计任务书的要求;设计评审、验证的项目应充分合理,并保存整个设计开发过程中各个节点相应的评审、验证记录。设计输出所形成的产品图纸及相关技术文件应完整,并可以指导生产。

在实施产品和制造过程的设计更改前,应重新进行评审(包括评价更改对产品组成部分和已交付产品的影响)、确认,必要时进行验证,同时应满足生产一致性要求。应保存设计更改评审、验证和确认的记录,包括更改在生产中实施日期的记录。

2.2.8* 企业应具有必要的生产厂房、存储场地及适宜的生产环境,并与生产规模相适应;生产组织布局合理,物流通畅,区域标识明显。具有与产品类别相适应的生产设备和检验设备的所有权。

2.2.9* 企业应具有驾驶室主要外覆盖件和内板件、车架纵梁和横梁的压力成型设备、压力成型模具和工装、模具维修及研配设备、压力成型件质量控制设备或专用检具,以及必要的模具吊装、转运设备。对于采用热成型工艺成型的结构件,可外协生产,但企业应具有热成型模具。

应具有驾驶室、车架冲压生产线。应具有驾驶室和主要外覆盖件的冲压成型设备以及专用的模具和工装。当车架横梁、纵梁采用非型材时,应采用模具冲压或滚压成型工艺并具有相应的成型设备。

2.2.10* 企业应具有驾驶室焊接生产线及驾驶室主要分总成焊接生产线,并具有相应的工装、夹具;应具有车架焊(铆)接生产线,并具有相应的工装、夹具和车架调整校正设备。

2.2.11* 企业应具有封闭的驾驶室涂装生产线,包括前处理、阴极电泳(或能达到相应标准要求的其他防腐工艺)、涂胶、面漆、烘干等工序和相应的设备;应具有车架整体前处理、阴极电泳(或能达到相应标准要求的其他防腐工艺)、烘干生产线。

2.2.12* 企业应具有驾驶室内饰装配线、底盘装配线和整车总装生产线;具有储存线、转运装置和必要的机械助力装置。其中,三轮汽车生产企业应具有驾驶室内饰装配、底盘装配能力和整车总装生产线。

2.2.13 企业应建立对关键零部件总成、关键工艺参数、关键质量控制结果等信息的可追溯体系,明确信息保存期限,确保信息的保存期限能够支持产品整个生命周期的追溯需求。

2.2.14 企业在产品实现过程中的技术文件(企业标准及产品图样等)、过程操作文件(工艺文件及作业指导书等)、过程控制文件(检验标准及检验作业指导书等)应完整、有效、受控,并可以指导作业活动。

应为涉及重要特性、安全特性、环保特性的零部件、总成,编制进货检验、过程检验、出厂检验的检验作业指导文件,并按规定实施监视测量活动。

2.2.15 企业应建立和落实与产品质量有关的人员的能力评价、岗位培训、考核制度和聘用机制，并应保持适当的记录。与产品质量有关的人员均应具有相应的资格、专业技能及知识，应能够按照程序文件、过程操作文件、检验指导文件的要求开展工作。

2.2.16 企业应建立供应链管理体系，确定合格供应商评价标准，对供应商及其关键零部件进行评价和选择，在采购活动中规范实施并进行日常监督管理。应保留对合格供应商的评价、选择、管理记录。对采购过程、生产过程、交付过程、顾客反馈中发现的不合格品进行标识、记录、评价和处置；若关键零部件的安全、环保、节能性能不满足规定要求，不允许让步接收。

2.2.17* 企业应具有必要的保证产品质量所必需的进货检验、过程检验、出厂检验等设备和辅助检具。其中，进货检验可利用供方、外部机构的检验能力。

检验项目应覆盖整车、主要总成、主要零部件的主要技术特性参数、功能和性能方面的检验内容，性能指标应满足相关技术标准的要求，且与所要求的测量能力一致。应具有与生产规模相适应的整车下线检测线，其相关检验信息可自动保存。上述相关检验信息的保存期限能够支持产品整个生命周期的追溯需求。

2.2.18 企业应对关键生产设备和工装定期进行预防性维护和日常保养，配备操作规程，有必要的备件，确保其正常运行，并有相应的运行和维修维护计划和记录。

应对检验设备(包括有关的程序、软件)进行控制，按照规定的时间间隔或在使用前进行校准或检定；当发现检验设备不符合要求时，应对以往测量结果的有效性进行评价，并对该检验设备和有关产品采取适当的措施。

2.2.19 企业应建立全面的车辆产品质量信息分析系统，采集和储存产品缺陷信息、车辆故障信息、与车辆相关的道路交通事故信息及消费者投诉信息，进行分析并实施改进。

当产品存在因设计或生产而导致的重大安全质量问题时，企业应主动配合相关部门进行调查，查明原因，采取必要的补救和整改措施，并对措施实施的效果进行有效性评价，消除安全隐患。

2.2.20* 企业应建立合格证管理制度和合格证信息数据库，按照合格证管理有关规定制作、配发符合要求的合格证，在规定期限内上传合格证信息，保存合格证制作和发放记录。

2.2.21 企业应编制《企业生产一致性保证计划》并执行，建立产品质量跟踪抽查机制，保证产品满足一致性要求。应按年度对照《企业生产一致性保证计划》逐项总结生产一致性管理所开展的工作，以及产品在安全、环保、节能、防盗性能方面的主要改进提高和产品质量跟踪抽查的结果等，形成《企业生产一致性信息年报》。《企业生产一致性信息年报》的保存期限不少于5年。

当企业的生产一致性保证能力(包括人员能力、生产/检验设备、采购的原材料和零部件总成及其供应商、生产工艺、工作环境、管理体系等)发生重大变化时，应评审、更新，确保对产品一致性进行控制，应有充分证据表明产品仍能满足批量生产一致性的控制要求。

2.3 客车类企业

2.3.1* 企业应建立专门的产品设计开发机构，统一负责产品设计和制造开发全过程的工作，配备与设计开发任务相适应的专业技术人员。专业技术人员至少包括产品策划、造型设计、车身设计、底盘设计、系统及总成设计、部件配套开发、设计验算及仿真分析、产品工程设计、整车试制和试装、试验验证、标准法规、信息化管理等方面的人员。其中系统设计包括动力驱动系统匹配、制动系统、转向系统、承载系统、传动系统、悬架系统、电器仪表灯光系统、车载电子及电控系统等。

底盘相关的要求不适用于改装类客车企业。

2.3.2 企业应建立适用于本企业产品的设计开发管理程序，应明确设计策划、设计评审、设计验证、设计确认等不同阶段设计活动的时间节点、工作方法、输入及输出文件的管理要求。

应建立适用于本企业产品设计开发的设计和验证作业指导文件，其内容应覆盖相关总成、系统、整车的设计、匹配标定和试验验证过程，以及技术文件管理、标准化等内容。

2.3.3 企业应建立与产品相适应的产品信息数据库，数据库应包括产品设计平台基础数据、整车和底盘参数、总成部件设计参数、金属及非金属理化特性、设计计算和分析结果、对标车型产品信息等；建立产品标准和技术文件体系(包括产品图纸、三维数模、产品技术条件规范、工艺和质量控制等技术文件)，产品技术标准的内容和项目应覆盖整车和主要总成部件，技术条件应不低于国家及行业有关标准的要求。

2.3.4 企业应能使用计算机、开发工具(含设计软件)进行设计分析计算，包括车身/骨架刚度和强度分析、车架应力分析、动力性与经济性分析、安全性仿真分析、整车NVH仿真分析、电子电控系统分析、机构运动分析、疲劳寿命分析、操纵稳定性和平顺性分析等。其中，车架应力分析、整车NVH仿真分析等与底盘相关的要求不适用于改装类客车企业。

2.3.5* 客车车身结构为覆盖件与加强梁共同承载的客车企业，应具有模型车制作能力、车身覆盖件及主要结构件试制或快速成型能力和自制部件的柔性加工成型能力、车身焊接成型能力、整车试装及调试能力。

客车车身结构为车身骨架和包覆车身蒙皮的客车企业，上述能力可结合产品生产过程实现。

2.3.6* 客车车身结构为覆盖件与加强梁共同承载的整车类客车企业，应具有整车排放性能测试、整车动力性能测试、整车经济性能测试、电子电控系统测试、发动机性能测试、整车NVH性能测试、整车模拟道路可靠性测试、整车耐环境性测试、车内空气质量测试、整车侧倾稳定性、整车密封性、车身上部结构强度、整车道路性能(操纵稳定性、制动性、通过性、舒适性和平顺性、整车噪声、可靠性、耐久性等)试验验证能力，以及自制部件的性能、可靠性、疲劳性能等试验验证能力。其中整车NVH性能测试、车身上部结构强度测试、整车侧倾稳定性测试、车内空气质量测试可以委托企业认可的外部机构完成。

客车车身结构为车身骨架和包覆车身蒙皮的整车类客

车企业，应具有整车动力性能测试、整车经济性能测试、电子电控系统测试、整车 NVH 性能测试、车内空气质量测试、整车侧倾稳定性、整车密封性、车身上部结构强度、整车道路性能（操纵稳定性、制动性、通过性、舒适性和平顺性、整车噪声、可靠性、耐久性等）试验验证能力，以及自制部件的性能、可靠性、疲劳性能等试验验证能力。其中整车 NVH 性能测试、车身上部结构强度、整车侧倾稳定性、车内空气质量测试可以委托企业认可的外部机构进行产品的验证工作。

改装类客车企业应具有整车动力性能测试、整车经济性能测试、车内空气质量测试、整车侧倾稳定性、整车密封性、车身上部结构强度、整车道路性能（操纵稳定性、制动性、通过性、舒适性和平顺性、整车噪声、可靠性、耐久性等）试验验证能力，以及自制部件的性能、可靠性、疲劳性能等试验验证能力。其中车身上部结构强度、整车侧倾稳定性、车内空气质量测试可以委托企业认可的外部机构进行产品的验证工作。

2.3.7　企业产品和制造过程设计开发的输入、输出应充分适宜；应对产品和制造过程设计开发的输出进行评审、验证和确认，并满足国家标准、行业标准及设计任务书的要求；设计评审、验证的项目应充分合理，并保存整个设计开发过程中各个节点相应的评审、验证记录。设计输出所形成的产品图纸及相关技术文件应完整，并可以指导生产。

在实施产品和制造过程的设计更改前，应重新进行评审（包括评价更改对产品组成部分和已交付产品的影响）、确认，必要时进行验证，同时应满足生产一致性要求。应保存设计更改评审、验证和确认的记录，包括更改在生产中实施日期的记录。

2.3.8*　企业应具有必要的生产厂房、存储场地及适宜的生产环境，并与生产规模相适应；生产组织布局合理，物流通畅，区域标识明显。具有与产品类别相适应的生产设备和检验设备的所有权。

2.3.9*　企业应具有冲压成型设备、冲压模具和工装、模具维修及研配设备、冲压件质量控制设备或专用检具，以及必要的模具吊装、转运设备。对于采用热成型工艺成型的结构件，可外协生产，但企业应具有备热成型模具。

客车车身结构为覆盖件与加强梁共同承载的客车企业，应具有冲压生产线。应具有主要车身外覆盖件和主要内板件冲压成型设备以及专用的模具和工装。

客车车身结构为车身骨架和包覆车身蒙皮的客车企业，应具有金属覆盖件冲压成型设备以及专用的模具和工装；非金属覆盖件成型胎具和工装；车身骨架机械下料、数控成型设备。其中整车类客车企业还应具有车架（底盘骨架）成型能力，当车架横梁、纵梁采用非型材时，应采用模具冲压或滚压成型工艺并具有相应的成型设备。

2.3.10*　客车车身结构为覆盖件与加强梁共同承载的客车企业，应具有车身主要分总成（左右侧围、前后围、顶盖、地板、车门、机盖等）连续生产的焊接生产线，并具有相应的生产设备、工装、夹具；应具有门盖分总成压合设备或成型设备及工装。

客车车身结构为车身骨架和包覆车身蒙皮的客车企业，应具有车身骨架、车身总成连续生产的焊接生产线。

当采用非承载式车身结构时，整车类客车企业还应具有连续生产的车架焊（铆）接生产线，并具有相应的生产设备、工装、夹具和车架调整校正设备。

2.3.11*　整车类客车企业以及车身结构为覆盖件与加强梁共同承载的改装类客车企业，应具有封闭的连续生产的涂装生产线，包括车身（骨架）的前处理、阴极电泳（或能达到相应标准要求的其他防腐工艺）、涂胶、中涂（如有）、面漆、烘干等工序和相应的设备；当采用非承载式车身结构时，整车类客车企业还应具有车架涂装生产线。

客车车身结构为车身骨架和包覆车身蒙皮的改装类客车企业，应具有封闭的涂装生产线，包括前处理、底漆、涂胶、中涂、面漆、烘干等工序和相应的设备。

2.3.12*　企业应具有连续作业的底盘装配线、车身内饰装配线、整车总装生产线。其中，底盘装配线不适用于改装类客车企业。

2.3.13　企业应建立对关键零部件总成、关键工艺参数、关键质量控制结果等信息的可追溯体系，明确信息保存期限，确保信息的保存期限能够支持产品整个生命周期的追溯需求。

客车车身结构为覆盖件与加强梁共同承载的整车类客车企业还应具有对物料配送、生产作业、生产过程、产品质量、整车入库等实施计算机管理的信息化管理系统。

2.3.14　企业在产品实现过程中的技术文件（企业标准及产品图样等）、过程操作文件（工艺文件及作业指导书等）、过程控制文件（检验标准及检验作业指导书等）应完整、有效、受控，并可以指导作业活动。

应为涉及重要特性、安全特性、环保特性的零部件、总成，编制进货检验、过程检验、出厂检验的检验作业指导文件，并按规定实施监视测量活动。

2.3.15　企业应建立和落实与产品质量有关的人员能力评价、岗位培训、考核制度和聘用机制，并应保持适当的记录。与产品质量有关的人员均应具有相应的资格、专业技能及知识，应能够按照程序文件、过程操作文件、检验指导文件的要求开展工作。

2.3.16　企业应建立供应链管理体系，确定合格供应商评价标准，对供应商及其关键零部件进行评价和选择，在采购活动中规范实施并进行日常监督管理。应保留对合格供应商的评价、选择、管理记录。对采购过程、生产过程、交付过程、顾客反馈中发现的不合格品进行标识、记录、评价和处置；若关键零部件的安全、环保、节能性能不满足规定要求，不允许让步接收。

2.3.17*　企业应具有必要的保证产品质量所必需的进货检验、过程检验、出厂检验等设备和辅助检具。其中，进货检验可利用供方、外部机构的检验能力。

检验项目应覆盖整车、主要总成、主要零部件的主要技术特性参数、功能和性能方面的检验内容，性能指标应满足相关技术标准的要求，且与所要求的测量能力一致。应具有与生产规模相适应的整车下线检测线，其相关检验信息可自动保存。上述相关检验信息的保存期限能够支持产品整个生命周期的追溯需求。

2.3.18　企业应对关键生产设备和工装定期进行预防

性维护和日常保养，配备操作规程，有必要的备件，确保其正常运行，并有相应的运行和维修维护计划和记录。

应对检验设备（包括有关的程序、软件）进行控制，按照规定的时间间隔或在使用前进行校准或检定；当发现检验设备不符合要求时，应对以往测量结果的有效性进行评价，并对该检验设备和有关产品采取适当的措施。

2.3.19　企业应建立全面的车辆产品质量信息分析系统，采集和储存产品缺陷信息、车辆故障信息、与车辆相关的道路交通事故信息及消费者投诉信息，进行分析并实施改进。

当产品存在因设计或生产而导致的重大安全质量问题时，企业应主动配合相关部门进行调查，查明原因，采取必要的补救和整改措施，并对措施实施的效果进行有效性评价，消除安全隐患。

2.3.20*　企业应建立合格证管理制度和合格证信息数据库，按照合格证管理有关规定制作、配发符合要求的合格证，在规定期限内上传合格证信息，保存合格证制作和发放记录。

2.3.21　企业应编制《企业生产一致性保证计划》并执行，建立产品质量跟踪抽查机制，保证产品满足一致性要求。应按年度对照《企业生产一致性保证计划》逐项总结生产一致性管理所开展的工作，以及产品在安全、环保、节能、防盗性能方面的主要改进提高和产品质量跟踪抽查的结果等，形成《企业生产一致性信息年报》。《企业生产一致性信息年报》的保存期限不少于5年。

当企业的生产一致性保证能力（包括人员能力、生产/检验设备、采购的原材料和零部件总成及其供应商、生产工艺、工作环境、管理体系等）发生重大变化时，应评审、更新，确保对产品一致性进行控制，应有充分证据表明产品仍能满足批量生产一致性的控制要求。

2.3.22*　改装类客车企业升级为整车类客车企业，应满足以下条件。

（1）与客车生产相关的总资产额（不含土地价值）：

客车车身结构为覆盖件与加强梁共同承载的改装类客车企业，总资产额不小于18亿元；

客车车身结构为车身骨架和包覆车身蒙皮的改装类客车企业，总资产额不小于8亿元。

（2）与客车生产相关的净资产额（不含土地价值）：

客车车身结构为覆盖件与加强梁共同承载的改装类客车企业，净资产额不小于5亿元；

客车车身结构为车身骨架和包覆车身蒙皮的改装类客车企业，净资产额不小于3亿元。

（3）客车产品的年销售收入或者年销售量（计算近三年平均值）：

客车车身结构为覆盖件与加强梁共同承载的改装类客车企业，年销售收入不小于40亿元；

客车车身结构为车身骨架和包覆车身蒙皮的改装类客车企业，年销售收入不小于16亿元或年销售量不低于5 000辆。

销售收入包括国内市场整车的销售收入和国外市场整车、成套散件的销售收入。

（4）改装类客车生产企业升级为整车类客车企业后，如生产的客车类产品车身结构发生变化，需满足2.3中对相应车身结构客车产品的设计开发能力、生产能力的要求。

2.4 专用车类企业

2.4.1*　企业应建立专门的产品设计开发机构，统一负责产品设计和制造开发全过程的工作，配备与设计开发任务相适应的专业技术人员。专业技术人员至少包括产品策划、专用车整车系统匹配设计、专用装置总成及部件设计、部件配套开发、专用车整车试制和试装、试验验证、标准法规、信息化管理等方面的人员。

消防车企业，还应具有结构件设计、取力输出装置设计、液压系统设计、电气控制系统设计、安全控制系统设计、水力系统设计、整车稳定性设计、安全防护设计和软件编制的能力；特种车底盘企业，还应具有驾驶室（或车身）、车架和悬架、车桥、转向系、制动系、取力输出装置、电气控制系统等总成中至少3个总成的设计开发能力。

注：消防车是指符合GB 7956.1《消防车　第1部分：通用技术条件》定义的车辆产品；特种车底盘是指具有特殊结构或特殊作业装置，具有与整车功能和性能匹配的动力、传动、行驶、取力输出装置，有专门设计的固定连接位置及其他专用附属装置的、在特定场所内使用或用于特殊作业的专用汽车底盘，其构成的整车不符合GB 1589标准规定。

2.4.2　企业应建立适用于本企业产品的设计开发管理程序，应明确设计策划、设计评审、设计验证、设计确认等不同阶段设计活动的时间节点、工作方法、输入及输出文件的管理要求。

应建立适用于本企业产品设计开发的设计和验证作业指导文件，其内容应覆盖相关总成、系统、整车的设计、匹配标定和试验验证过程，以及技术文件管理、标准化等内容。

2.4.3　企业应建立与产品相适应的产品信息数据库，数据库应包括产品设计平台基础数据、整车和底盘参数、总成部件设计参数、金属及非金属理化特性、设计计算和分析结果、对标车型产品信息等；建立产品标准和技术文件体系（包括产品图纸、三维数模、产品技术条件规范、工艺和质量控制等技术文件），产品技术标准的内容和项目应覆盖整车和主要总成部件，技术条件应不低于国家及行业有关标准的要求。

2.4.4　企业应能使用计算机、开发工具（含设计软件）进行设计分析计算，包括机构运动分析、疲劳寿命分析、副车架的强度刚度分析、专用装置功能和性能分析等。

2.4.5*　企业应具有与所生产的专用装置、专用车/消防车/特种车底盘相适应的试制、试装能力，上述能力可结合产品生产过程实现。

2.4.6*　企业应具有金属材料特性、专用装置、专用车整车测试能力，包括相应国家和行业标准对专用车整车及专用装置的功能测试、侧倾稳定性测试、防护装置测试、整车性能（制动性、通过性、动力性和经济性、整车噪声、可靠性、耐久性等）测试能力。

消防车企业，还应具有消防车可靠性性能的验证能力，具有关键总成验证所必需的试验设备、设施、场地和按程序评价消防车可靠性验证结果及应用其结果的能力；特种车底盘企业，还应具有操纵稳定性、液压系统测试（如有）、取力输出装置测试能力。

对于侧倾稳定性测试、防护装置测试可以委托企业认可的外部机构完成。

2.4.7　企业产品和制造过程设计开发的输入、输出应充分适宜；应对产品和制造过程设计开发的输出进行评审、验证和确认，并满足国家标准、行业标准及设计任务书的要求；设计评审、验证的项目应充分合理，并保存整个设计开发过程中各个节点相应的评审、验证记录。设计输出所形成的产品图纸及相关技术文件应完整，并可以指导生产。

在实施产品和制造过程的设计更改前，应重新进行评审（包括评价更改对产品组成部分和已交付产品的影响）、确认，必要时进行验证，同时应满足生产一致性要求。应保存设计更改评审、验证和确认的记录，包括更改在生产中实施日期的记录。

2.4.8*　企业应具有必要的生产厂房、存储场地及适宜的生产环境，并与生产规模相适应；生产组织布局合理，物流通畅，区域标识明显。具有与产品类别相适应的生产设备和检验设备的所有权。

2.4.9*　企业应具与生产规模相适应的副车架、自制专用装置（如罐体、箱体、臂架、作业机构等）、防护装置的下料及成型能力。

特种车底盘企业，还应具有驾驶室、车架纵梁和横梁的下料及成型能力。驾驶室冲压成型可外协生产，但企业应具有成型模具。

2.4.10*　企业应具有与生产规模相适应的副车架、自制专用装置（如罐体、箱体、臂架、作业机构等）焊接成型生产能力。

特种车底盘企业，还应具有驾驶室总成焊接、车架总成焊（铆）生产能力，以及车架调整校正设备。

2.4.11*　企业应具有副车架、自制专用装置（如罐体、箱体、臂架、作业机构等）的封闭式涂装生产设备、设施和前处理设备。其中，特种车底盘企业，还应具有封闭式驾驶室总成、车架总成涂装生产设备。

2.4.12*　企业应具有与生产规模相适应的专用装置装配生产能力和专用车整车的总装生产能力。其中，特种车底盘企业，还应具驾驶室内饰装配、底盘和整车装配生产能力。

生产常压危险品罐式和承压罐式专用车产品的企业，应保证常压危险品罐体和承压罐体符合国家相应管理部门的管理要求。

2.4.13　企业应建立对关键零部件总成、关键工艺参数、关键质量控制结果等信息的可追溯体系，明确信息保存期限，确保信息的保存期限能够支持产品整个生命周期的追溯需求。

2.4.14　企业在产品实现过程中的技术文件（企业标准及产品图样等）、过程操作文件（工艺文件及作业指导书等）、过程控制文件（检验标准及检验作业指导书等）应完整、有效、受控，并可以指导作业活动。

应为涉及重要特性、安全特性、环保特性的零部件、总成，编制进货检验、过程检验、出厂检验的检验作业指导文件，并按规定实施监视测量活动。

2.4.15　企业应建立和落实与产品质量有关的人员能力评价、岗位培训、考核制度和聘用机制，并应保持适当的记录。与产品质量有关的人员均应具有相应的资格、专业技能及知识，应能够按照程序文件、过程操作文件、检验指导文件的要求开展工作。

2.4.16　企业应建立供应链管理体系，确定合格供应商评价标准，对供应商及其关键零部件进行评价和选择，在采购活动中规范实施并进行日常监督管理。应保留对合格供应商的评价、选择、管理记录。对采购过程、生产过程、交付过程、顾客反馈中发现的不合格品进行标识、记录、评价和处置；若关键零部件的安全、环保、节能性能不满足规定要求，不允许让步接收。

2.4.17*　企业应具有必要的保证产品质量所必需的进货检验、过程检验、出厂检验等设备和辅助检具。其中，进货检验可利用供方、外部机构的检验能力。

检验项目应覆盖整车、主要总成、主要零部件的主要技术特性参数、功能和性能方面的检验内容，性能指标应满足相关技术标准的要求，且与所要求的测量能力一致。

消防车企业，还应具有消防水池、消防深井、柴油机消防泵、数显温度计、转数表、电导仪、油液检测仪、气体泄漏检测仪、调试用移动液压源、消防车连续运转试验台、涡轮流量传感器、液压试验台、阀件试验台、稳定性试验台、液压油清洁度检验设备、无损探伤设备、供水管路耐压密封试验装置等，以及相适应的检验场所（场地）；特种车底盘企业还应具有四轮定位、整车制动、转向、车速表指示误差、前照灯照射位置及发光强度、怠速排放、声级测试等检测设备。

上述相关检验信息的保存期限能够支持产品整个生命周期的追溯需求。

2.4.18　企业应对关键生产设备和工装定期进行预防性维护和日常保养，配备操作规程，有必要的备件，确保其正常运行，并有相应的运行和维修维护计划和记录。

应对检验设备（包括有关的程序、软件）进行控制，按照规定的时间间隔或在使用前进行校准或检定；当发现检验设备不符合要求时，应对以往测量结果的有效性进行评价，并对该检验设备和有关产品采取适当的措施。

2.4.19　企业应建立全面的车辆产品质量信息分析系统，采集和储存产品缺陷信息、车辆故障信息、与车辆相关的道路交通事故信息及消费者投诉信息，进行分析并实施改进。

当产品存在因设计或生产而导致的重大安全质量问题时，企业应主动配合相关部门进行调查，查明原因，采取必要的补救和整改措施，并对措施实施的效果进行有效性评价，消除安全隐患。

2.4.20*　企业应建立合格证管理制度和合格证信息数据库，按照合格证管理有关规定制作、配发符合要求的合格证，在规定期限内上传合格证信息，保存合格证制作和发放记录。

2.4.21　企业应编制《企业生产一致性保证计划》并执行，建立产品质量跟踪抽查机制，保证产品满足一致性要求。应按年度对照《企业生产一致性保证计划》逐项总结生产一致性管理所开展的工作，以及产品在安全、环保、节能、防盗性能方面的主要改进提高和产品质量跟踪抽查的结果等，形成《企业生产一致性信息年报》。《企业生产一致性信息年报》的保存期限不少于5年。

当企业的生产一致性保证能力(包括人员能力、生产/检验设备、采购的原材料和零部件总成及其供应商、生产工艺、工作环境、管理体系等)发生重大变化时,应评审、更新,确保对产品一致性进行控制,应有充分证据表明产品仍能满足批量生产一致性的控制要求。

2.6 挂车类企业

2.6.1* 企业应建立专门的产品设计开发机构,统一负责产品设计和制造开发全过程的工作,配备与设计开发任务相适应的专业技术人员。专业技术人员至少包括产品策划、挂车设计(含挂车车架、牵引装置、悬架系统、制动系统)、列车匹配设计、自制专用装置总成部件设计、外购专用装置选型计算和部件配套开发、挂车试制和试装、试验验证、标准法规、信息化管理等方面的人员。

2.6.2 企业应建立适用于本企业产品的设计开发管理程序,应明确设计策划、设计评审、设计验证、设计确认等不同阶段设计活动的时间节点、工作方法、输入及输出文件的管理要求。

应建立适用于本企业产品设计开发的设计和验证作业指导文件,其内容应覆盖相关总成、系统、挂车的设计、列车匹配标定和试验验证过程,以及技术文件管理、标准化等内容。

2.6.3 企业应建立与产品相适应的产品信息数据库,数据库应包括产品设计平台基础数据、挂车参数、总成部件设计参数、金属及非金属理化特性、设计计算和分析结果、对标车型产品信息等;建立产品标准和技术文件体系(包括产品图纸、三维数模、产品技术条件规范、工艺和质量控制等技术文件),产品技术标准的内容和项目应覆盖整车和主要总成部件,技术条件应不低于国家及行业有关标准的要求。

2.6.4 企业应能使用计算机、开发工具(含设计软件)进行设计分析计算,包括车架刚度和强度分析,制动系统零部件、牵引装置、悬架系统、行驶系统的匹配校核计算,防护装置结构设计,结构参数优化分析,列车动力性分析,侧倾稳定性计算及分析,专用装置功能和性能分析能力。

2.6.5* 企业应具有与所生产的专用装置、挂车相适应的试制、试装能力,上述能力可结合产品生产过程实现。

2.6.6* 企业应具有金属材料特性、挂车尺寸和质量参数、防护装置、悬架特性、行驶稳定性、制动性能(制动滞后时间、制动距离、制动稳定性、静态制动力、驻坡能力、防抱制动系统性能)、制动系统密封性测试,以及列车道路性能(安全性、通过性、可靠性等)试验验证能力和自制专用装置的性能、可靠性能等试验验证能力。其中防护装置测试可以委托企业认可的外部机构完成。

2.6.7 企业产品和制造过程设计开发的输入、输出应充分适宜;应对产品和制造过程设计开发的输出进行评审、验证和确认,并满足国家标准、行业标准及设计任务书的要求;设计评审、验证的项目应充分合理,并保存整个设计开发过程中各个节点相应的评审、验证记录。设计输出所形成的产品图纸及相关技术文件应完整,并可以指导生产。

在实施产品和制造过程的设计更改前,应重新进行评审(包括评价更改对产品组成部分和已交付产品的影响)、确认,必要时进行验证,同时应满足生产一致性要求。应保存设计更改评审、验证和确认的记录,包括更改在生产中实施日期的记录。

2.6.8* 企业应具有必要的生产厂房、存储场地及适宜的生产环境,并与生产规模相适应;生产组织布局合理,物流通畅,区域标识明显。具有与产品类别相适应的生产设备和检验设备的所有权。

2.6.9* 企业应具有与生产规模相适应的纵梁、横梁等车架结构件和自制专用装置、关键部件的下料成型生产能力。

2.6.10* 企业应具有与生产规模相适应的车架焊接生产线,应具备纵梁、横梁、车架的专用焊接工装,以及腹板、翼板、纵梁的在线校正装置、专用翻转设施以及工序间专用运输装置等。应具有与生产规模相适应的专用装置、关键部件的焊接生产设备设施。

2.6.11* 企业应具有与生产规模相适应的涂装生产线,包括车架抛丸处理设备、专用装置和关键部件前处理设备、喷漆房、烤漆房、必要的打磨房以及工序间运输专用装置等。

2.6.12* 企业应具有与生产规模相适应的总装生产线,应具有工序间运输专用设备设施。

生产常压危险品罐式和承压罐式挂车产品的企业,应保证常压危险品罐体和承压罐体符合国家相应管理部门的管理要求。

2.6.13 企业应建立对关键零部件总成、关键工艺参数、关键质量控制结果等信息的可追溯体系,明确信息保存期限,确保信息的保存期限能够支持产品整个生命周期的追溯需求。

2.6.14 企业在产品实现过程中的技术文件(企业标准及产品图样等)、过程操作文件(工艺文件及作业指导书等)、过程控制文件(检验标准及检验作业指导书等)应完整、有效、受控,并可以指导作业活动。

应为涉及重要特性、安全特性、环保特性的零部件、总成,编制进货检验、过程检验、出厂检验的检验作业指导文件,并按规定实施监视测量活动。

2.6.15 企业应建立和落实与产品质量有关的人员能力评价、岗位培训、考核制度和聘用机制,并应保持适当的记录。与产品质量有关的人员均应具有相应的资格、专业技能及知识,应能够按照程序文件、过程操作文件、检验指导文件的要求开展工作。

2.6.16 企业应建立供应链管理体系,确定合格供应商评价标准,对供应商及其关键零部件进行评价和选择,在采购活动中规范实施并进行日常监督管理。应保留对合格供应商的评价、选择、管理记录。对采购过程、生产过程、交付过程、顾客反馈中发现的不合格品进行标识、记录、评价和处置;若关键零部件的安全、环保、节能性能不满足规定要求,不允许让步接收。

2.6.17* 企业应具有必要的保证产品质量所必需的进货检验、过程检验、出厂检验等设备和辅助检具。其中,进货检验可利用供方、外部机构的检验能力。

检验项目应覆盖挂车、主要总成、主要零部件的主要技术特性参数、功能和性能方面的检验内容,性能指标应满足相关技术标准的要求,且与所要求的测量能力一致。应具备对挂车制动系统密封性、车轮定位、列车道路性能(安全性、通过性、可靠性等)及可靠性、专用装置的性能等检验能力。上述相关检验信息的保存期限能够支持产品整个生命周期的追溯需求。

2.6.18 企业应对关键生产设备和工装定期进行预防性维护和日常保养,配备操作规程,有必要的备件,确保其正常运行,并有相应的运行和维修维护计划和记录。

应对检验设备(包括有关的程序、软件)进行控制,按照规定的时间间隔或在使用前进行校准或检定;当发现检验设备不符合要求时,应对以往测量结果的有效性进行评价,并对该检验设备和有关产品采取适当的措施。

2.6.19 企业应建立全面的车辆产品质量信息分析系统,采集和储存产品缺陷信息、车辆故障信息、与车辆相关的道路交通事故信息及消费者投诉信息,进行分析并实施改进。

当产品存在因设计或生产而导致的重大安全质量问题时,企业应主动配合相关部门进行调查,查明原因,采取必要的补救和整改措施,并对措施实施的效果进行有效性评价,消除安全隐患。

2.6.20* 企业应建立合格证管理制度和合格证信息数据库,按照合格证管理有关规定制作、配发符合要求的合格证,在规定期限内上传合格证信息,保存合格证制作和发放记录。

2.6.21 企业应编制《企业生产一致性保证计划》并执行,建立产品质量跟踪抽查机制,保证产品满足一致性要求。应按年度对照《企业生产一致性保证计划》逐项总结生产一致性管理所开展的工作,以及产品在安全、环保、节能、防盗性能方面的主要改进提高和产品质量跟踪抽查的结果等,形成《企业生产一致性信息年报》。《企业生产一致性信息年报》的保存期限不少于5年。

当企业的生产一致性保证能力(包括人员能力、生产/检验设备、采购的原材料和零部件总成及其供应商、生产工艺、工作环境、管理体系等)发生重大变化时,应评审、更新,确保对产品一致性进行控制,应有充分证据表明产品仍能满足批量生产一致性的控制要求。

2.6.22 申请中置轴旅居挂车生产企业准入的,需满足2.4专用车类企业准入审查要求。专用车类或挂车类企业,均可申请中置轴旅居挂车产品准入审查。

3. 企业准入审查判定原则

3.1 申请相关类别企业准入时,应满足相应准入审查要求。审查条款分为否决项条款和一般项条款两类,标注“*”的条款为否决项条款。当准入审查全部否决项均符合要求,一般项不符合的数量不超过2个时,审查结论为通过,其余情况均为不通过。

3.2 当企业准入审查结论为不通过时,企业可在3个月内针对不符合项进行整改。经复审后符合要求的,视为通过准入审查;经复审后仍然不符合要求的,视为不通过准入审查,企业需重新申请。

3.3 已通过准入的企业,在申请增加车辆产品类别、变更生产地址、扩大生产能力(新建分公司)时,准入审查时可对不受影响的相关条款进行简化审查。

附件:

1. 道路机动车辆生产企业准入申请书模板(略)
2. 道路机动车辆产品准入审查要求(略)

锂离子电池行业规范条件(2018年本)

2019年第5号

为加强锂离子电池行业管理,引导产业转型升级,大力培育战略性新兴产业,推动锂离子电池产业健康发展,根据国家有关法律法规及产业政策,按照优化布局、规范秩序、保障质量、安全管理、推动创新、分类指导的原则,制定本规范条件。

一、产业布局和项目设立

(一)锂离子电池行业的企业及项目应符合国家资源开发利用、环境保护、节能管理、安全生产等法律法规要求,符合国家产业政策和相关产业发展规划及布局要求,符合当地土地利用总体规划、城市总体规划、环境功能区划和环境保护规划等要求。

(二)在国家法律法规、规章及规划确定或省级以上人民政府批准的自然保护区、饮用水水源保护区、生态功能保护区,已划定的永久基本农田,以及法律、法规规定禁止建设工业企业的区域不得建设锂离子电池(含配套)项目。上述区域内的现有企业应按照法律法规要求拆除关闭,或严格控制规模、逐步迁出。

(三)严格控制新上单纯扩大产能、技术水平低的锂离子电池(含配套)项目。对促进技术创新、提高产品质量、降低生产成本等确有必要的新建和改扩建项目,由行业主管部门按照相关规定加强组织论证。

二、生产规模和工艺技术

(一)企业符合以下条件。

1. 在中华人民共和国境内依法注册成立,有独立法人资格;

2. 具备锂离子电池行业相关产品的独立生产、销售和服务能力;

3. 研发经费不低于当年企业主营业务收入的3%,鼓励企业取得高新技术企业资质或省级以上研发机构、技术中心;

4. 生产的产品拥有技术专利;

5. 企业申报时上一年实际产量不低于实际产能的50%。

(二)企业应采用工艺先进、节能环保、安全稳定、自动化程度高的生产工艺和设备,工艺、装备及相关配套设施应达到以下要求。

1. 应具有电池正负极材料中磁性异物及锌、铜等金属杂质的检测能力,检测精度不低于10 ppb;

2. 应具有电极涂覆后均匀性的监测能力,电极涂敷厚度和长度的测量精度分别不低于 2 μm 和 1mm，鼓励使用涂覆面密度在线监测设备；

3. 应具有电极剪切后产生毛刺的监测能力，测量精度不低于 1 μm；

4. 应具有电极烘干工艺技术，含水量控制精度不低于 10 ppm；

5. 应具有电极卷绕或叠片的自动化生产能力，电极对齐度的控制精度不低于 0.1mm；

6. 应具有注液过程中温湿度和洁净度等环境条件控制能力；

7. 应具有电池装配后的内部短路高压测试（HI-POT）在线检测能力；

8. 对于由多个单体电池或模组串并联组成的电池组，应具有单体电池开路电压、内阻等一致性评估能力，测量精度分别不低于 1 mV 和 1 mΩ；

9. 应具有电池组保护板功能在线检测能力。

（三）主要生产军工、医疗、穿戴式等设备用锂离子电池产品的企业，不受生产规模和工艺技术的限制。

三、质量管理

（一）企业产品应满足现行标准、联合国《关于危险货物运输的建议书——试验和标准手册》第Ⅲ部分 38.3 节要求，并经具有相应资质的检测机构检验合格。鼓励企业制定高于国家标准或行业标准的企业标准，产品通过自愿性产品质量安全认证。

（二）企业应具有产品质量检测能力，并达到以下要求。

1. 锂离子电池制造企业应具有符合标准规定的电池循环寿命、高低温放电等电性能检测能力，以及过充、过放、短路等安全性检测能力，鼓励企业配备高低温循环、低气压、振动等环境适应性试验能力；

2. 正负极材料生产企业应具有产品磁性异物含量、金属杂质含量、水分含量、比容量、粒度分布、振实密度、比表面积等关键指标的检测能力；

3. 隔膜生产企业应具有产品拉伸强度、热收缩率、穿刺强度、孔隙率、透气度等关键指标的检测能力；

4. 电解液生产企业应具有产品水分含量、氢氟酸含量、金属杂质含量、阴离子含量等关键指标的检测能力。

（三）企业应建立质量管理体系，鼓励通过第三方认证，建立产品可追溯制度、设立质量检查部门和配备专职检验人员。质量管理体系还应包括以下内容。

1. 程序控制应包括防止和发现在制造过程中出现磁性异物和金属杂质超标等，可能引起电池内部短路故障的相关活动；

2. 锂离子电池符合联合国 UN38.3 测试要求的保证措施。

四、智能制造

（一）鼓励企业加强顶层设计，促进自动化装备升级，推动自动化水平提高。

（二）鼓励企业推动生产设备联网与数据采集，积极建设企业资源计划（ERP）、制造执行系统（MES）、供应商关系管理（SRM）、仓库管理系统（WMS）等信息化系统，推动企业数字化建设。

（三）鼓励企业将自动化、信息化及智能化等贯穿于设计、生产、管理和服务的各个环节。

（四）鼓励企业积极开展智能制造，降低运营成本，缩短产品生产周期，提高生产效率，降低产品不良品率，提高能源利用率。

五、绿色制造

（一）企业应持续开展清洁生产审核工作，并通过评估验收，清洁生产指标应达到《电池行业清洁生产评价指标体系》中Ⅲ级及以上水平。

（二）鼓励企业打造绿色供应链，建立以资源节约、环境友好为导向的采购、生产、营销、回收及物流体系，促进供应链中的利益相关方遵守行业标准与规范，落实生产者责任延伸制度，建立废弃锂离子电池回收处理体系。

（三）鼓励企业参照《绿色工厂评价通则》（GB/T 36132）等要求，建设绿色工厂。参照《生态设计产品评价通则》（GB/T 32161）等要求，生产绿色产品。开展绿色制造相关标准制修订工作。

六、资源综合利用和环境保护

（一）企业和项目应严格保护耕地，节约集约用地。

（二）企业不得使用国家明令淘汰的严重污染环境的、落后用能设备和生产工艺，应设立专职节能岗位，制定产品单耗指标和能耗台账。鼓励企业开展节能技术应用研究，制定节能标准，开发节能共性和关键技术，促进节能技术创新与成果转化。

（三）企业应依法进行环境影响评价，落实环境保护设施“三同时”制度要求，按规定进行竣工环境保护验收。

（四）企业应按照《排污许可管理办法（试行）》《固定污染源排污许可分类管理名录》依法取得排污许可证，并按照排污许可证的规定排放污染物，落实相关环境管理要求，废有机溶剂、废电池等固体废物应依法分类贮存、收集、运输、利用或无害化处置。

（五）企业应按照国家有关规定制定突发环境事件应急预案，妥善处理突发环境事件。

（六）企业应建立环境管理体系，鼓励通过第三方认证。

七、安全生产和职业卫生

（一）企业应依法进行安全生产和职业病危害评价，落实安全设施和职业病防护设施“三同时”制度要求，按照规定组织验收。

（二）企业生产、储存、运输、回收、废弃处置电池应符合相关法规和标准，积极采取相应各环节安全技术及管理措施。

（三）企业应按照国家有关规定制定生产安全和职业病危害事故应急救援预案，妥善处理安全和职业病危害事故。

（四）企业应开展安全生产标准化建设并达到三级及以上，建立职业健康安全管理体系，鼓励通过第三方认证。

（五）航空运输的锂离子电池，应符合国际民航组织《危险物品安全航空运输技术细则》和中国民用航空局《民用航空危险品运输管理规定》相关要求，符合《锂电池航空运输规范》（MH/T 1020）和《航空运输锂电池测试规范》（MH/T 1052）。

八、社会责任

（一）企业应诚信经营，依法纳税，按时、足额为从业人员缴纳养老保险、医疗保险、工伤保险、失业保险、生育保险和住房公积金。

（二）鼓励企业履行社会责任，到贫困地区投资兴业，有条件的企业设立扶贫公益基金和开展扶贫公益信托等。落实国有企业精准扶贫责任，通过发展产业、安置就业等形式帮助贫困户脱贫；鼓励民营企业开展产业扶贫、就业扶贫、公益扶贫等。

（三）鼓励企业按照《社会责任指南》等要求，推行社会责任报告制度，制定企业社会责任规范。

九、监督和管理

（一）企业自愿对照本规范条件编制申报材料，按属地原则通过省级工业和信息化主管部门报送工业和信息化部。各级工业和信息化主管部门会同有关部门对当地企业执行本规范条件的情况进行现场核实。工业和信息化部组织研究机构、检测机构对企业进行检查，定期公告符合本规范条件的企业名单，并会同有关部门组织相关机构对已公告企业产品进行抽查，实行社会监督、动态管理。

（二）公告企业有下列情况之一的，将撤销其公告。

1. 填报资料有弄虚作假行为；
2. 拒绝接受监督检查；
3. 不能保持规范条件要求；
4. 发生重大安全和污染责任事故；
5. 违反法律、法规和国家产业政策规定。

工业和信息化部在撤销企业公告前，提前告知相关企业，听取相关企业的陈述和申辩。被撤销公告的企业，其申报材料两年内不予受理。

（三）有关研究机构、检测机构要协助行业主管部门做好本规范条件的实施和监督检查工作，组织企业加强协调和自律管理。

十、附　　则

（一）本规范条件适用于中华人民共和国境内（台湾、香港、澳门地区除外）的锂离子电池（新能源汽车用动力电9池除外）、正极材料、负极材料、隔膜、电解液生产企业。本规范条件中的锂离子电池如无特指，通常包括单体电池（电芯）、电池组（含电池模组和系统）。

（二）本规范条件涉及的标准和行业政策若进行修订，按修订后执行。

（三）本规范条件自2019年2月15日起施行，由工业和信息化部负责解释，并根据行业发展情况和宏观调控要求适时修订。

工业和信息化部
2019年1月16日

锂离子电池行业规范公告管理暂行办法（2018年本）

2019年第5号

第一章　总　　则

第一条　为推动锂离子电池产业健康有序发展，引导产业加快转型升级，贯彻落实《锂离子电池行业规范条件（2018年本）》（以下简称《规范条件》），制定本办法。

第二条　工业和信息化部负责全国锂离子电池行业规范公告管理工作，组织对企业申请材料进行复核、抽检、公示及公告，发布锂离子电池行业规范公告名单并实施动态管理。各省、自治区、直辖市及计划单列市、新疆生产建设兵团工业和信息化主管部门（以下统称"省级行业主管部门"）负责本地区锂离子电池行业企业申请材料的受理、核实和报送工作，监督规范条件执行情况。

第三条　本办法适用于中华人民共和国境内（台湾、香港、澳门地区除外）的锂离子电池和电池组（新能源汽车用动力电池除外）、正极材料、负极材料、隔膜、电解液生产企业。

第二章　申请与审核

第四条　申请公告的企业应具备以下条件。

（一）具有独立法人资格；

（二）符合国家产业政策和相关发展规划；

（三）符合《锂离子电池行业规范条件》；

（四）遵守国家法律法规，无重大违法行为。

第五条　符合本办法第四条所列条件的企业可自愿向所在地省级行业主管部门提出公告申请，填报《锂离子电池行业规范公告申请书》（格式附后），同时通过工业和信息化部锂离子电池行业公共服务平台（www. ldchy. cn）进行在线申报。申请企业应当对申请材料真实性负责。

第六条　申请企业承诺具有企业基本资质文件等材料，包括：营业执照副本，项目备案或核准文件，项目用地权证或用地审批文件，项目环评批复文件、环保竣工验收文件，财务审计报告及其他有关材料。

第七条　省级行业主管部门自收到申请材料起20个工作日内，将核实且符合规定的申请材料报送工业和信息化部。

第八条　工业和信息化部收到企业申请材料之日起60个工作日内，组织有关行业机构和专家，采用材料复查和现场抽查的方式完成复核。符合规范条件的企业名单，在工业和信息化部网站上进行公示；经公示无异议的企业，以工业和信息化部公告形式予以公布。

第九条　工业和信息化部在受理和审核过程中可以对申请企业有关情况进行实地查验，查验工作应当指派两名以上工作人员进行。申请企业应当配合查验工作。

第三章　监督与管理

第十条　进入公告名单的锂离子电池企业（以下简称"公告企业"）应按照《规范条件》的要求组织生产经营活动，并对照规范条件要求开展自查，每年3月31日前通过工业和信息化部锂离子电池行业公共服务平台（www. ldchy. cn）提交上年度自查报告，每半年报一次运行数据，纸质自查报告同时向工业和信息化部递送1份。

自查报告是公告企业执行《规范条件》情况的重要依据，包括以下主要内容：企业生产经营情况、产品进出口情况；质量管理、节能降耗、环境保护、安全生产等制度建设及运行情况；法人代表、股权或资本金、主要产品品种及生产能力等变更情况。

第十一条　公告企业出现下列情况之一时，需及时提出变更申请，经省级行业主管部门核实后，报送工业和信息化部：企业名称变化，企业合并、分立或兼并重组，企业产能产线发生较大变化，企业搬迁新址，其他重大变化。

第十二条　省级行业主管部门对公告企业保持规范条件情况进行监督核实。每年4月30日前将上年度监督结果报送工业和信息化部。

第十三条　欢迎和鼓励社会监督。任何单位或个人发现正在申请规范公告或已公告的锂离子电池企业有不符合本办法有关规定或《规范条件》有关要求的，可向各级工业和信息化主管部门举报。

第十四条　公告企业有下列情况之一的，省级行业主管部门责令其限期整改。

（一）不能保持《规范条件》要求的；

（二）填报资料有弄虚作假行为的；

（三）拒绝接受监督检查的；

（四）发生重大安全事故、重大环境污染事故的；

（五）违反法律、法规和国家产业政策规定的。拒不整改、整改不合格、发生重大质量事故或者停产超过1年的，工业和信息化部撤销其公告。工业和信息化部撤销企业公告时，应提前告知有关企业，听取企业的陈述和申辩，视情况组织专家进行论证。被撤销公告的企业，其申报材料两年内不予受理。

第十五条　工业和信息化部组织或委托第三方检测机构，对公告企业产品进行抽查。抽查不合格的企业，将通报并责令其予以整改；连续两次抽查不合格的企业，视为不能保持《规范条件》要求。

第四章　附　　则

第十六条　本办法自2019年2月15日起施行，由工业和信息化部负责解释。

工业和信息化部

2019年1月16日

关于在部分地区开展甲醇汽车应用的指导意见

工信部联节〔2019〕61号

各省、自治区、直辖市及计划单列市、新疆生产建设兵团工业和信息化、发展改革、科技、公安、生态环境、交通运输、卫生健康、市场监管主管部门，各有关单位：

为加快推动甲醇汽车应用，实现车用燃料多元化，保障能源安全，现就在部分条件具备地区开展甲醇汽车应用工作提出以下意见。

一、总体要求

（一）指导思想

坚持以国家领导人新时代中国特色社会主义思想为指导，全面贯彻落实党的十九大精神，践行新发展理念，深化供给侧结构性改革，实施创新驱动发展战略，坚持因地制宜、积极稳妥、安全可控，在具备应用条件的地区发展甲醇汽车。强化甲醇汽车产业合理布局，加快完善产业政策、技术标准和市场应用保障体系，提高市场应用水平，保持我国甲醇汽车及相关产业在产品、技术及专用装备领域的国际领先地位，加快能源多元化和清洁能源汽车发展，推动传统产业转型升级，培育新的经济增长点，促进绿色循环低碳发展。

（二）基本原则

因地制宜，统筹协调。坚持从实际出发，立足资源禀赋，宜醇则醇，促进能源多元化。做好甲醇汽车应用与煤炭等传统工业转型升级的统筹协调，培育新动能。

企业主体，政府引导。充分发挥市场配置资源的决定性作用，调动企业积极性和创造性。加强政策引导，完善配套服务体系，促进甲醇汽车制造、销售与甲醇燃料生产、输配、加注协同发展。

创新驱动，绿色发展。立足科技创新，推动甲醇汽车及燃料技术研发与应用，加快甲醇汽车标准体系建设。确保甲醇汽车全生命周期达标排放。实现甲醇燃料生产过程清洁化、高效化，促进甲醇燃料绿色发展。

二、加快甲醇汽车制造体系建设

（三）鼓励汽车及相关零部件生产企业在现有制造体系基础上，针对甲醇汽车特性，通过技术改造完善甲醇汽车制造体系，提升甲醇汽车制造技术水平，开发甲醇乘用车、商用车、非道路工程车等车辆及动力机械，满足市场需求。完善甲醇汽车生产基地建设，合理布局甲醇汽车生产。

（四）强化甲醇汽车专用零部件制造能力，围绕甲醇燃料供应和电控喷射系统、专用后处理装置、专用滤清器、专用润滑油、耐醇材料和关键零部件等领域，构建规模化制造体系，提升专用零部件制造企业的自主研发与制造水平，满足甲醇汽车发展需求。

（五）着力突破甲醇高效能量转化机制、低排放控制、长寿命低成本耐腐蚀材料等共性关键技术。深入开展甲醇汽车尾气的健康影响等研究。鼓励和支持企业研发甲醇混合动力汽车、甲醇增程式电动汽车、甲醇燃料电池汽车产品。加快甲醇汽车科研成果转化及产业化应用。

三、推进甲醇燃料生产及加注体系建设

（六）鼓励资源综合利用生产甲醇，充分利用低质煤、煤层气、焦炉煤气等制备甲醇，探索捕获二氧化碳制备甲醇工艺技术及工程化应用。甲醇燃料生产企业应严格遵守生态环境保护的法律法规和排放标准要求，加大节能减排力度，最大可能减少对环境的影响。

（七）甲醇燃料生产企业应严格按照《车用燃料甲醇》（GB/T 23510—2009）国家标准要求组织生产，建立完善的生产、储存、运输等环节的质量控制和安全管理体系，保证甲醇燃料产品质量。

（八）有关地区应因地制宜、统筹布局甲醇燃料加注站建设。加注设施建设应符合国家相关标准及技术规范要求。

四、加快标准体系建设

（九）支持按照继承性、系统性、实用性原则，在现行国家、行业、团体标准基础上，针对甲醇汽车的特性及应用需求，组织制定甲醇汽车技术条件、甲醇发动机技术条件、甲醇汽车专用润滑油、甲醇基准燃料技术要求、甲醇汽车污染物排放等相关标准。

（十）加强甲醇汽车国际标准制定，支持相关行业协会、团体提出甲醇汽车、动力系统和标识标志类国际标准制定项目，在具有技术领先地位的点燃式和压燃式发动机燃烧等领域，体现甲醇汽车标准的引领性和前瞻性。

（十一）完善甲醇燃料及加注体系标准，研究制定车用甲醇燃料加注站设计与施工规范、车用甲醇燃料作业安全规范、甲醇燃料专用加注机、甲醇燃料添加剂等标准。

五、鼓励甲醇汽车应用

（十二）按照因地制宜、积极稳妥、安全可控的原则，重点在山西、陕西、贵州、甘肃等资源禀赋条件较好且具有甲醇汽车运行经验的地区，加快 M100 甲醇汽车的应用。

（十三）鼓励在有条件地区的公务、出租、短途客运等领域使用甲醇汽车。鼓励在有条件地区的市政车辆、专线物流运输等领域使用甲醇商用车。

（十四）有关地区应积极为甲醇汽车应用创造条件，给予符合中国第六阶段机动车污染物排放标准和甲醇汽车排放限值要求的甲醇汽车购买、运行等应用优惠政策。甲醇汽车制造企业应提供完善的售后服务。

六、加强甲醇汽车监管

（十五）依法实施环保和维修技术信息公开。甲醇汽车生产、进口企业应严格按照《大气污染防治法》、交通运输部等部委《汽车维修技术信息公开实施管理办法》（交运发〔2015〕146 号）和原环境保护部《关于开展机动车和非道路移动机械环保信息公开工作的公告》（国环规大气〔2016〕3 号）等规定，在产品出厂或货物入境前，在本企业官方网站公开环保信息，同步上传至生态环境部机动车和非道路移动机械环保信息公开平台（网址：www. vecc-mep. org. cn），并每车附带随车清单；及时向交通运输部办理维修技术信息公开备案（网址：carti. rioh. cn/），并在新车上市之日起 6 个月内公开维修技术信息。各地生态环境主管部门应加强对甲醇汽车环保信息公开情况的监督检查，依法严格处罚未信息公开的生产企业。

（十六）严格执行甲醇汽车排放标准。新生产轻型甲醇汽车按《轻型汽车污染物排放限值及测量方法（中国第六阶段）》（GB18352. 6—2016）中规定的方法和限值进行型式检验（包括燃油蒸发和加油排放），在相关排放标准出台前，甲醇、甲醛排放限值暂分别按不大于 2. 5 mg/km 控制。自 2019 年 7 月 1 日起，所有生产、销售、进口的轻型甲醇汽车均应符合国Ⅵ排放标准，甲醇、甲醛排放应分别达到上述限值要求。

新生产重型甲醇汽车按《重型柴油车污染物排放限值及测量方法（中国第六阶段）》（GB17691-2018）规定的方法和限值进行型式检验，在相关排放标准出台前，甲醇、甲醛排放限值暂分别按不大于 20 mg/（kWh）控制。重型甲醇汽车与其他重型汽车统一按照有关规定实施国Ⅵ排放标准。

在用甲醇汽车相关排放标准出台前，在用点燃式甲醇汽车暂按《汽油车污染物排放限值及测量方法（双怠速法及简易工况法）（GB18285—2018）进行定期排放检验，在用柴油引燃压燃式甲醇发动机汽车可暂按《柴油车污染物排放限值及测量方法（自由加速法及加载减速法）》（GB3847—2018）进行定期排放检验。

（十七）加强甲醇汽车环保达标监管执法。各省级生态环境主管部门应在机动车生产、销售等环节加强监督检查，严厉打击生产、销售不达标甲醇汽车行为，加大生产一致性抽查检测频次，对排放超标的严格依法处罚。各级生态环境主管部门应加大对在用甲醇汽车进行定期和随机抽检力度，重点抽测甲醇和甲醛排放情况，并对使用不超过 160 000 km（或 12 年，先到为准）的甲醇汽车进行在用符合性检查，定期报告相关检测结果。甲醇汽车生产企业应按标准要求，批量生产前制定一致性保证计划书，每年至少进行一次在用符合性自查，采取有效措施确保达标排放。

七、完善保障措施

（十八）工业和信息化部、发展改革委、科技部、公安部、生态环境部、交通运输部、卫生健康委、市场监管总局等部门将加强统筹协调，形成工作合力，指导甲醇汽车应用。地方有关部门建立甲醇汽车应用工作机制，落实责任分工。

（十九）有关地区应结合本地实际发展需求，组织制定具体实施方案，明确工作思路和目标，细化支持政策，明确监管措施。

（二十）对纳入《道路机动车辆生产企业及产品公告》并符合《机动车运行安全技术条件》（GB7258）等国家机动车安全技术标准的甲醇车辆，依法办理机动车登记，燃料种类签注为甲醇，发放普通机动车号牌。机动车安全技术检验机构依据《机动车安全技术检验项目和方法》（GB 21861）等国家标准对甲醇汽车进行安全技术检验。甲醇车辆应获得强制性产品认证并依法完成环保信息公开工作。研究把甲醇汽车纳入《乘用车企业平均燃料消耗量与新能源汽车积分并行管理办法》管理，支持甲醇汽车发展。

（二十一）依据相关法律法规，有关地区对甲醇燃料生产、运输及加注，甲醇汽车生产及运行等进行有效监督管理，严禁在普通汽油中掺加甲醇销售，保障甲醇汽车应用安全稳定、健康环保。严禁甲醇汽车改装为其他燃料汽车，严禁其他燃料汽车改装为甲醇汽车。行业组织应充分发挥作用，加强行业自律，为政府管理和行业发展提供服务。

（二十二）充分发挥行业组织作用，通过多种形式和渠道，大力宣传普及甲醇燃料及汽车知识，增强公众对甲醇燃料安全性、环保性的认识，形成甲醇汽车可持续发展的良好社会氛围。鼓励科研院校、相关企业积极开展国际间合作。支持甲醇汽车制造企业加快国际化进程，推动甲醇汽车国际市场应用。

工业和信息化部
发展改革委
科技部
公安部
生态环境部
交通运输部
卫生健康委
市场监管总局
2019 年 3 月 12 日

关于进一步完善新能源汽车推广应用财政补贴政策的通知

财建〔2019〕138 号

各省、自治区、直辖市、计划单列市财政厅(局)、工业和信息化主管部门、科技厅(局、委)、发展改革委:

为支持新能源汽车产业高质量发展,做好新能源汽车推广应用工作,现将进一步完善新能源汽车推广应用财政补贴政策有关事项通知如下。

一、优化技术指标,坚持"扶优扶强"

按照技术上先进、质量上可靠、安全上有保障的原则,适当提高技术指标门槛,保持技术指标上限基本不变,重点支持技术水平高的优质产品,同时鼓励企业注重安全性、一致性。主要是:稳步提高新能源汽车动力电池系统能量密度门槛要求,适度提高新能源汽车整车能耗要求,提高纯电动乘用车续驶里程门槛要求。具体见附件。

二、完善补贴标准,分阶段释放压力

根据新能源汽车规模效益、成本下降等因素以及补贴政策退坡退出的规定,降低新能源乘用车、新能源客车、新能源货车补贴标准,促进产业优胜劣汰,防止市场大起大落。

三、完善清算制度,提高资金效益

从 2019 年开始,对有运营里程要求的车辆,完成销售上牌后即预拨一部分资金,满足里程要求后可按程序申请清算。政策发布后销售上牌的有运营里程要求的车辆,从注册登记日起 2 年内运行不满足 2 万 km 的不予补助,并在清算时扣回预拨资金。

四、营造公平环境,促进消费使用

从 2019 年起,符合公告要求但未达到 2019 年补贴技术条件的车型产品也纳入推荐车型目录。地方应完善政策,过渡期后不再对新能源汽车(新能源公交车和燃料电池汽车除外)给予购置补贴,转为用于支持充电(加氢)基础设施"短板"建设和配套运营服务等方面。如地方继续给予购置补贴的,中央将对相关财政补贴作相应扣减。

五、强化质量监管,确保车辆安全

进一步加强安全性和一致性监管,由行业主管部门加快建立产品安全监控和"一致性"抽检常态机制。对由于产品质量引发重大安全事故,或经有关部门认定存在重大质量缺陷的车型,暂停或取消推荐车型目录,并相应暂缓或取消财政补贴。

本通知从 2019 年 3 月 26 日起实施,2019 年 3 月 26 日—2019 年 6 月 25 日为过渡期。过渡期期间,符合 2018 年技术指标要求但不符合 2019 年技术指标要求的销售上牌车辆,按照《财政部　科技部　工业和信息化部　发展改革委关于调整完善新能源汽车推广应用财政补贴政策的通知》(财建〔2018〕18 号)对应标准的 0.1 倍补贴,符合 2019 年技术指标要求的销售上牌车辆按 2018 年对应标准的 0.6 倍补贴。过渡期期间销售上牌的燃料电池汽车按 2018 年对应标准的 0.8 倍补贴。燃料电池汽车和新能源公交车补贴政策另行公布。

建立惩罚机制、破除地方保护、监管管理等其他相关规定继续按财政部、科技部、工业和信息化部、发展改革委《关于调整新能源汽车推广应用财政补贴政策的通知》(财建〔2016〕958 号)、《关于新能源汽车推广应用审批责任有关事项的通知》(财建〔2016〕877 号)、《关于 2016—2020 年新能源汽车推广应用财政支持政策的通知》(财建〔2015〕134 号)以及《关于调整完善新能源汽车推广应用财政补贴政策的通知》(财建〔2018〕18 号)等有关文件执行。

附件:新能源汽车推广补贴方案及产品技术要求

财政部
工业和信息化部
科技部
发展改革委
2019 年 3 月 26 日

附件　新能源汽车推广补贴方案及产品技术要求

一、新能源乘用车补贴标准和技术要求

(一)新能源乘用车补贴标准

单位:万元

车辆类型	纯电动续驶里程 R(工况法、km)		
纯电动乘用车	$250 \leq R < 400$	$R \geq 400$	$R \geq 50$
	1.8	2.5	/
插电式混合动力乘用车(含增程式)	/		1

1. 纯电动乘用车单车补贴金额 = Min(里程补贴标准,车辆带电量 × 550 元) × 电池系统能量密度调整系数 × 车辆能耗调整系数

2. 对于非私人购买或用于营运的新能源乘用车,按照相应补贴金额的 0.7 倍给予补贴。

(二)新能源乘用车技术要求

1. 纯电动乘用车 30 min 最高车速不低于 100 km/h。

2. 纯电动乘用车工况法续驶里程不低于 250 km。插电式混合动力乘用车(含增程式)工况法续驶里程不低于 50 km。

3. 纯电动乘用车动力电池系统的质量能量密度不低于 125 Wh/kg,125(含) ~ 140 Wh/kg 的车型按 0.8 倍补贴,140(含) ~ 160 Wh/kg 的车型按 0.9 倍补贴,160 Wh/kg 及以上的车型按 1 倍补贴。

4. 根据纯电动乘用车能耗水平设置调整系数。纯电动乘用车整车能耗比《关于调整完善新能源汽车推广应用财政补贴政策的通知》(财建〔2018〕18 号)规定门槛提高 10%(含) ~ 20% 的车型按 0.8 倍补贴,提高 20%(含) ~ 35% 的车型按 1 倍补贴,提高 35%(含)以上的车型按 1.1 倍补贴。

5. 工况法纯电续驶里程低于 80 km 的插电式混合动力乘用车 B 状态燃料消耗量(不含电能转化的燃料消耗量)与现行的常规燃料消耗量国家标准中对应限值相比小于 60%,比值介于 55%(含) ~ 60% 之间的车型按 0.5 倍补贴,比值小于 55% 的车型按 1 倍补贴。工况法纯电续驶里程大于等于 80 km 的插电式混合动力乘用车,其 A 状态百公里耗电量应满足纯电动乘用车 2019 年门槛要求。

二、新能源客车补贴标准和技术要求

(一)新能源客车补贴标准

<table>
<tr><th rowspan="2">车辆类型</th><th rowspan="2">中央财政补贴标准(元/k·Wh)</th><th colspan="3" rowspan="2">中央财政补贴调整系数</th><th colspan="3">中央财政单车补贴上限(万元)</th></tr>
<tr><th>$6<L\leq 8$ m</th><th>$8<L\leq 10$ m</th><th>$L>10$ m</th></tr>
<tr><td rowspan="3">非快充类纯电动客车</td><td rowspan="3">500</td><td colspan="3">单位载质量能量消耗量[Wh/(km·kg)]</td><td rowspan="3">2.5</td><td rowspan="3">5.5</td><td rowspan="3">9</td></tr>
<tr><td>0.19(含)~0.17</td><td>0.17(含)~0.15</td><td>0.15 及以下</td></tr>
<tr><td>0.8</td><td>0.9</td><td>1</td></tr>
<tr><td rowspan="3">快充类纯电动客车</td><td rowspan="3">900</td><td colspan="3">快充倍率</td><td rowspan="3">2</td><td rowspan="3">4</td><td rowspan="3">6.5</td></tr>
<tr><td>3C~5C(含)</td><td>5C~15C(含)</td><td>15C 以上</td></tr>
<tr><td>0.8</td><td>0.9</td><td>1</td></tr>
<tr><td rowspan="3">插电式混合动力(含增程式)客车</td><td rowspan="3">600</td><td colspan="3">节油率水平</td><td rowspan="3">1</td><td rowspan="3">2</td><td rowspan="3">3.8</td></tr>
<tr><td>60%~65%(含)</td><td>65%~70%(含)</td><td>70% 以上</td></tr>
<tr><td>0.8</td><td>0.9</td><td>1</td></tr>
<tr><td colspan="8">注:单车补贴金额 = Min(车辆带电量 × 单位电量补贴标准;单车补贴上限) × 调整系数(单位载质量能量消耗量系数、快充倍率系数、节油率系数)</td></tr>
</table>

(二)新能源客车技术要求

1. 非快充类纯电动客车单位载质量能量消耗量(E_{kg})不高于0.19 Wh/(km·kg),电池系统能量密度不低于135 Wh/kg,续驶里程不低于200 km(等速法)。计算E_{kg}值所需的附加质量按照《关于2016—2020年新能源汽车推广应用财政支持政策的通知》(财建〔2015〕134号)执行,能量消耗率按《电动汽车能量消耗率和续驶里程试验方法》(GB/T 18386—2017)测试(新能源货车也按此计算)。

2. 快充类纯电动客车快充倍率要高于3C。

3. 插电式混合动力客车(含增程式)节油率水平要高于60%。对于燃用气体燃料的插电式混合动力客车,以油电混合动力客车为基准按照一定比例进行折算。插电式混合动力客车(含增程式)纯电续驶里程不低于50 km(等速法)。

4. 取消新能源客车电池系统总质量占整车整备质量比例(m/m)不高于20%的门槛要求。

三、新能源货车补贴标准和技术要求

(一)新能源货车补贴标准。

<table>
<tr><th rowspan="2">车辆类型</th><th rowspan="2">中央财政补贴标准〔元/(kWh)〕</th><th colspan="3">中央财政单车补贴上限(万元)</th></tr>
<tr><th>N1 类</th><th>N2 类</th><th>N3 类</th></tr>
<tr><td>纯电动货车</td><td>350</td><td>2</td><td colspan="2">5.5</td></tr>
<tr><td>插电式混合动力(含增程式)货车</td><td>500</td><td>—</td><td>—</td><td>3.5</td></tr>
<tr><td colspan="5">注:根据 GB/T 15089—2001,N1 类指最大设计总质量不超过 3 500 kg 的载货汽车;N2 类指最大设计总质量超过 3 500 kg,但不超过 12 000 kg 的载货汽车;N3 类指最大设计总质量超过 12 000 kg 的载货汽车。</td></tr>
</table>

(二)新能源货车技术要求

1. 纯电动货车装载动力电池系统能量密度不低于125 Wh/kg。

2. 纯电动货车单位载质量能量消耗量(E_{kg})不高于0.30 Wh/(km·kg)。作业类纯电动专用车吨百公里电耗(按试验质量)不超过8 kWh。

3. 插电式混合动力货车(含增程式)燃料消耗量(不含电能转化的燃料消耗量)与现行的常规燃料消耗量国家标准中对应限值相比小于60%。

4. 纯电动货车续驶里程不低于80 km。插电式混合动力货车(含增程式)纯电续驶里程不低于50 km。

关于支持新能源公交车推广应用的通知

财建〔2019〕213 号

各省、自治区、直辖市、计划单列市财政厅(局)、工业和信息化主管部门、交通运输厅(局、委)、发展改革委:

为促进公共交通领域消费,推动公交行业转型升级,加快公交车新能源化,现将中央财政支持新能源公交车推广使用政策有关事项通知如下。

一、提升技术水平,保障产品供给

按照技术上应先进、质量上要可靠、安全上有保障的原则,适当提高新能源公交车技术指标门槛,重点支持技术水平高的优质产品。新能源公交车技术指标应满足《关于进一步完善新能源汽车推广应用财政补贴政策的通知》(财建〔2019〕138号,以下称《通知》)要求。有关部门将进一步加强新能源公交车辆生产企业监督管理、产品一致性监管,督促企业注重产品安全性、一致性。加快研究新能源商用车积分交易政策。

二、完善财税政策,促进产品消费

根据规模效益和成本下降情况,调整完善新能源公交车购置补贴标准,具体按照《通知》执行。根据《通知》规定,从2019年开始,新能源公交车辆完成销售上牌后提前预拨部分资金,满足里程要求后可按程序申请清算。在普遍取消地方购置补贴的情况下,地方可继续对购置新能源公交车给予补贴支持。落实好新能源公交车免征车辆购置税、车船税政策。

三、加大支持力度,优化使用环境

地方应按照《关于"十三五"新能源汽车充电基础设施奖励政策及加强新能源汽车推广应用的通知》(财建〔2016〕7号)要求,发挥好中央财政基础设施奖补政策作用,创新支持方式,吸引社会资本,加快新能源公交车充电基础设施建设,满足车辆使用需求;应将除公交车外的新能源汽车地方购置补贴资金集中用于支持充电基础设施"短板"建设和配套运营服务等环节。中央财政已经安排的2019年及以前年度燃油补贴结余资金，地方可收回统筹用于新能源公交车运营。有关部门将研究完善新能源公交车运营补贴政策，从2020年开始，采取“以奖代补”方式重点支持新能源公交车运营。

四、加强多方联动，确保政策落地

地方是新能源公交车推广应用的责任主体，应多方联动保障公交车新能源替代政策真正落地。各省（区、市）交通、财政、工业和信息化、发展改革等部门，应制定新能源公交车推广应用实施方案，明确新能源公交车替代目标和时间表，于2019年8月1日前按程序报送至交通运输部、财政部、工业和信息化部、发展改革委备案。

五、强化资金监管，提高资金效益

各地、各有关部门要按规定，在资金拨付前进行公示，在资金拨付后予以公开；要设立并公开举报电话或网上举报平台，发挥社会和舆论监督作用；要建立健全管理制度，加强审核把关，加大对骗补企业处罚力度，对玩忽职守、徇私舞弊的单位和个人按规定严肃追责。

本通知从2019年5月8日起实施，2019年5月8日—2019年8月7日为过渡期，补贴标准按《通知》关于过渡期的规定执行。

财政部
工业和信息化部
交通运输部
发展改革委
2019年5月8日

2019年新能源汽车标准化工作要点

为深入贯彻落实党中央、国务院关于建设制造强国的战略部署，切实把握产业融合发展趋势，持续优化新能源汽车标准体系，突出抓好重点急需标准的研究与制修订工作，工业和信息化部装备工业司组织全国汽标委编制了2019年新能源汽车标准化工作要点。主要内容如下。

一、优化标准体系，推动标准创新发展

1. 持续优化新能源汽车标准体系。建立新能源汽车强制性和推荐性国家标准相协调的体系框架，加快燃料电池电动汽车、动力电池回收利用等标准子体系建设，以《新能源汽车产业发展规划（2021—2035年）》的编制为契机，深入研究新能源汽车与能源、交通、通信等融合发展趋势，不断优化完善新能源汽车标准体系。

2. 及时更新电动汽车标准化路线图。根据产业发展现状和实际需求，结合在研标准项目进展情况，适时修订《中国电动汽车标准化工作路线图》，保持时效性、科学性和准确性，持续发挥路线图对标准体系的基础支撑作用。

二、研究重点领域，满足产业发展需求

1. 电动汽车安全领域：完成电动汽车碰撞后安全、充电连接安全和动力电池管理系统功能安全等标准的征求意见；完成燃料电池电动汽车安全标准的技术审查。开展《电动汽车安全要求》《电动汽车用动力蓄电池安全要求》《电动客车安全要求》三项强制性国家标准的宣贯实施。

2. 电动汽车能耗领域：结合中国工况及乘用车第五阶段燃料消耗量标准的研究成果，完成电动汽车能量消耗量和续驶里程、混合动力汽车能量消耗量试验方法以及插电式混合动力乘用车技术条件等标准的征求意见，开展增程式电动汽车能量消耗量试验方法标准的预研工作。

3. 燃料电池电动汽车领域：完成燃料电池电动汽车定型试验规程标准的技术审查，加强低温起动性能、能量消耗量及续驶里程试验方法等标准的试验验证，加快车载氢系统、加氢口、加氢枪、加氢通信协议等标准的制修订，开展燃料电池电动汽车碰撞后安全标准的预研工作。

4. 充电设施及加氢系统领域：完成传导式车载充电机、充电耦合系统电磁兼容等标准的技术审查，启动无线充电系统及互操作性、车辆传导放电要求等标准的制定。基于对大功率传导充电技术的研究，推进充电连接装置通用要求、电动客车接触式充电系统等标准的制修订工作。

5. 动力电池回收利用领域：完成动力电池的材料回收要求、包装运输规范、拆卸要求、梯次利用要求等标准的报批工作，完成汽车用废旧动力单体电池拆解技术规范的技术审查，加快推进放电规范和梯次利用产品标识等标准的制定，开展回收拆解指导手册和可梯次利用设计指南等标准的预研和立项工作。

三、强化国际参与，提升国际影响力

1. 深入参与全球技术法规制定。履行联合国世界车辆协调论坛（WP29）框架下的电动汽车安全（EVS）、电动汽车与环境（EVE）和燃料电池电动汽车（HFCV）等法规制定工作组副主席职责，继续深入参与电动汽车安全第二阶段、混合动力汽车功率测试方法等全球技术法规的研究与验证工作，组织并承办好第六次燃料电池电动汽车工作组会议。

2. 积极参与国际标准化工作。系统参与国际标准化组织（ISO）和国际电工委员会（IEC）框架下电动汽车国际标准的制定和协调工作，积极组织召开国际标准注册专家会议，组织研提国际标准提案，不断加大我国在电动汽车传导充电、无线充电机以及电动摩托车等相关国际标准的参与力度。

3. 持续强化国际交流与合作。利用已经建立的中欧、中德、中法、中日等双边合作机制以及APEC、“一带一路”等多边交流平台，继续加强在电动汽车安全、能耗、关键部件及充电基础设施等重点领域的交流与合作，共同开展相关技术研究和测试验证工作，支撑国内标准和国际标准法规的协调推进。

工信部装备司
2019年05月15日

2019年智能网联汽车标准化工作要点

为深入贯彻落实党中央、国务院关于建设制造强国的战

略部署，积极创新、探索标准化工作新模式，动态完善、统筹推进标准体系建设，加快重点领域关键急需标准制定，加强国际标准法规协调与产业协作，工业和信息化部装备工业司组织全国汽标委编制了2019年智能网联汽车标准化工作要点。主要内容如下。

一、落实标准体系建设指南，动态完善标准体系

1. 贯彻落实《国家车联网产业标准体系建设指南（智能网联汽车）》，加快基础通用和行业急需标准制定，加强标准关键技术研究和试验验证工作，及时开展标准宣贯与实施，确保各类标准项目有序推进。

2. 开展标准体系建设工作总结和绩效评估，及时总结标准体系建设成果、经验及问题，持续优化完善标准体系，适时调整标准项目优先级及工作安排，确保标准体系建设持续支撑产业发展。

3. 切实贯彻《C-V2X标准合作框架协议》，按照"友好合作、专业分工、优势互补、协同推进"原则，研究制定汽车通信应用层相关标准，配合做好道路基础设施、智能交通管理平台等相关标准制定，协同推进车联网标准体系建设。

二、系统布局技术领域，加快重点标准制修订

1. 稳步推动先进驾驶辅助系统（ADAS）标准制定。完成乘用车和商用车自动紧急制动（AEB）、商用车电子稳定性控制系统（ESC）等标准制定，组织开展先进驾驶辅助系统术语及定义、盲区监测、车道保持辅助等标准的研制工作，积极推动全景影像监测、夜视系统、信号提示优先度等标准立项，全面推进全速自适应巡航、交通拥堵辅助控制及自动紧急转向等自动控制系统标准的预研工作。

2. 全面开展自动驾驶相关标准研制。完成驾驶自动化分级等基础通用类标准的制定，组织开展特定条件下自动驾驶功能测试方法及要求等标准的立项，启动自动驾驶数据记录、驾驶员接管能力识别及驾驶任务接管等行业急需标准的预研，积极组织开展商用车辆列队跟驰等重要标准的测试验证，组织编制智能网联汽车功能和性能评价指南等指导性文件。

3. 有序推进汽车信息安全标准制定。完成汽车信息安全通用技术、车载网关、信息交互系统、电动汽车远程管理与服务、电动汽车充电等基础通用及行业急需标准的制定，研究提出汽车软件升级、信息安全风险评估等应用类标准的立项，系统开展汽车整车及零部件信息安全测试评价体系研究，启动车载硬件环境及操作系统相关标准体系规划及预研。

4. 协同开展汽车网联相关标准制定。完成网联车辆方法论标准制定工作，推动智能网联汽车无线通信应用层技术要求、信息交互系统技术要求等标准立项，启动交叉路口碰撞预警等系统应用类标准的预研，完成智能网联汽车通信需求、自动驾驶高精地图标准化需求等研究项目，提出智能网联汽车相关基础设施与服务标准项目建议。

三、履行国际协调职责，加强标准交流与合作

1. 深入参与联合国智能网联汽车国际法规协调。切实履行联合国WP29框架下自动驾驶车辆工作组副主席职责，加强智能网联汽车国际法规协调专家队伍及支撑体系建设，积极推动联合国自动驾驶法规相关框架文件制定及实施，主动承担重点法规项目的组织、协调及研究任务，积极承办相关法规制定工作会议。

2. 继续加大国际标准的参与广度与深度。系统跟踪国际标准化组织道路车辆委员会（ISO/TC22）动态，积极参与自动驾驶特别工作组（ADAG）项目规划，深入参与预期功能安全、信息安全等重点标准制定；认真履行自动驾驶测试场景工作组（SC33/WG9）召集人职责，积极承担测试场景通用要求等国际标准制定。

3. 持续加强和扩大国际交流与合作。依托政府间多双边对话合作机制，巩固与欧盟、德国、法国、日本等的交流与合作，逐步建立"一带一路"沿线国家的交流合作机制，支持全国汽标委及相关组织与国外对应机构建立合作关系，形成多方参与、多层协作的智能网联汽车标准法规国际交流合作机制。

工信部装备司

2019年05月15日

推动重点消费品更新升级　畅通资源循环利用实施方案（2019—2020年）

发改产业〔2019〕967号

认真贯彻中央经济工作会议精神和政府工作报告部署，深入落实《中共中央　国务院关于完善促进消费体制机制　进一步激发居民消费潜力的若干意见》（中发〔2018〕32号）和《国务院办公厅关于印发完善促进消费体制机制实施方案（2018—2020年）的通知》（国办发〔2018〕93号），聚焦汽车、家电、消费电子产品领域，进一步巩固产业升级头，增强市场消费活力，提升消费支撑能力，畅通资源循环利用，促进形成强大国内市场，实现产业高质量发展。

一、巩固产业升级势头，不断优化市场供给

牢牢把握新一轮产业变革大趋势，大力推动汽车产业电动化、智能化、绿色化，积极发展绿色智能家电，加快推进5G手机商业应用，努力增强新产品供给保障能力。

（一）大幅降低新能源汽车成本。加快新一代车用动力电池研发和产业化，提升电池能量密度和安全性，逐步实现电池平台化、标准化，降低电池成本。引导企业创新商业模式，推广新能源汽车电池租赁等车电分离消费方式，降低购车成本。优化产品准入管理，避免重复认证，降低企业运行成本。

（二）加快发展使用便利的新能源汽车。聚焦续驶里程短、充电时间长等痛点，借鉴公共服务领域换电模式和应用经验，鼓励企业研制充换电结合、电池配置灵活、续驶里程长短兼顾的新能源汽车产品。推进高功率快充、无线充电、移动充换电等技术装备研发应用，提高新能源汽车充换电便利性。

（三）稳步推动智能汽车创新发展。加强汽车制造、信息通信、互联网等领域骨干企业深度合作，组织实施智能汽车

关键技术攻关，重点开展车载传感器、芯片、中央处理器、操作系统等研发与产业化。坚持自主式和网联式相结合的发展模式，不断提升整车智能化水平，培育具有国际竞争力的智能汽车品牌。

（四）持续提升汽车节能环保性能。适应汽车燃料消耗量、环保标准升级要求，重点突破整车轻量化、混合动力、高效内燃机、先进变速器、尾气处理等关键技术，增强达到国Ⅵ排放标准的汽车市场供给能力。优化整车结构设计，积极采用高性能电池和轻量化材料，不断提高新能源汽车节能水平。

（五）着力推动绿色智能家电研发和产业化。支持节能、智能型家电研发，鼓励开发基于物联网、人工智能技术的家电组合产品和一体化产品。重点突破柔性 OLED 显示、激光投影显示、量子点背光、小间距 LED 背光等新型显示技术，逐步实现超高清、柔性面板和新型背板量产，加快超高清视频关键系统设备产业化。

（六）不断丰富数字创意内容和服务。增加 4K 超高清视频内容供给，创新电视互动节目。全面实现彩电网络化服务，加快推进彩电智能化应用，增强双向人机交互功能。鼓励有条件的广播电视台及互联网电视平台开播 4K 超高清节目，支持终端厂商及内容服务商创作 8K 内容，开展“5G + 8K”内容传输试验。

（七）积极推进 5G 手机商业应用。鼓励 5G 手机研制和上市销售。加强人工智能、生物信息、新型显示、虚拟现实等新一代信息技术在手机上的融合应用。推动办公、娱乐等应用软件研发，增强手机产品应用服务功能。

（八）深入开展智慧家居跨行业应用试点。以家居智能化为目标，横向打通家电、照明、安防、家具等行业，提供智慧家居综合解决方案。鼓励智慧家居企业与房地产、家装企业加强合作，开展智慧家居项目试点应用。

二、增强市场消费活力，积极推动更新消费着力破除限制消费的市场壁垒，切实维护消费者正当权益，综合应用各类政策工具，积极推动汽车、家电、消费电子产品更新消费。

（一）坚决破除乘用车消费障碍。严禁各地出台新的汽车限购规定，已实施汽车限购的地方政府应根据城市交通拥堵、污染治理、交通需求管控效果，加快由限制购买转向引导使用，结合路段拥堵情况合理设置拥堵区域，研究探索拥堵区域内外车辆分类使用政策，原则上对拥堵区域外不予限购。

（二）大力推动新能源汽车消费使用。认真落实国务院常务会议精神，各地不得对新能源汽车实行限行、限购，已实行的应当取消。鼓励地方对无车家庭购置首辆家用新能源汽车给予支持。鼓励有条件的地方在停车费等方面给予新能源汽车优惠，探索设立零排放区试点。

（三）研究制定促进老旧汽车淘汰更新政策。大气污染防治重点区域应采取经济补偿、限制使用、严格超标排放监管等方式，大力推进国Ⅲ及以下排放标准营运柴油货车提前淘汰更新或出口，加快淘汰采用稀薄燃烧技术和“油改气”的老旧燃气车辆。

（四）加快更新城市公共领域用车。推动城市公共领域车辆更新升级，加快推进城市建成区新增和更新的公交、环卫、邮政、出租、通勤、轻型物流配送车辆使用新能源或清洁能源汽车，2020 年底前大气污染防治重点区域使用比例达到 80%。鼓励地方加大新能源汽车运营支持力度，降低新能源汽车使用成本。

（五）积极推动农村车辆消费升级。对农村居民报废三轮汽车并购买 3.5 t 及以下货车或者 1.6 L 及以下排量乘用车，有条件的地方可商供货企业给予适当支持，积极发挥商会、协会作用组织开展“汽车下乡”促销活动，促进农村汽车消费。

（六）着力培育汽车特色消费市场。积极探索住行一体化消费模式，统筹规划建设旅居车（又称“房车”）停车设施和营地，完善配套水电、通信等设施，促进旅居车市场发展。鼓励有条件的地级及以下城市加快取消皮卡进城限制，充分发挥皮卡客货两用功能。建立健全汽车改装行业管理机制和技术标准，推动汽车消费型改装规范化发展。鼓励发展长租、短租、分时租赁等多种租赁模式，构建多元化汽车消费体系。

（七）持续推动家电和消费电子产品更新换代。鼓励消费者更新淘汰能耗高、安全性差的电冰箱、洗衣机、空调、电视机等家电产品，有条件的地方对消费者购置节能、智能型家电产品给予适当支持。促进智能手机、个人计算机更新换代，有条件的地方对消费者交售旧手机及电脑并购买新产品给予适当支持。鼓励生产企业对消费者进一步让利。经检测认定安全可靠、性能较好的旧产品，鼓励地方免费提供给有需要的贫困居民。

三、提升消费支撑能力，完善配套使用环境

积极发展二手车经营和汽车金融，健全家电基层营销网络，完善充换电、停车、网络等基础设施，营造便利消费、放心消费的市场环境。

（一）全面完善二手车流通管理政策。贯彻落实国务院关于促进二手车便利交易有关要求，坚决取消二手车限迁政策，各地对环保、安全年检有效，且符合转入地在用车排放标准的二手车，积极出台便利交易、促进流通的政策措施。加快修订《二手车流通管理办法》，推动实现二手车交易信息部门共享，加强诚信体系建设。研究建立二手车出口管理体系，制定完善二手车出口检测规范，支持条件成熟地区开展二手车出口。

（二）大力提升二手车便利交易水平。鼓励汽车生产企业依托现有经销网络，采取自主经营、联合经营等方式，积极发展二手车业务，推动二手车经销企业品牌化、连锁化经营。依托具备条件的经销商建立二手车服务站，提供交易、税、登记、保险一站式服务。推行二手车异地交易，逐步在全国范围内推行车辆转籍信息网上转递，并在交易地办理转移登记手续，提高异地交易便利化水平。

（三）积极引导汽车金融产品创新。鼓励银行等金融机构优化资源配置和业务布局，增加地级及以下城市和农村地区汽车金融服务的有效供给。针对细分市场提供特色金融服务，适应多样化汽车消费需求。利用金融科技手段优化产品定价、简化抵押贷款等业务办理流程，提高风险控制能力。积极创新汽车金融消费信贷产品，规范汽车金融服务费收取

标准，切实保障消费者权益。

（四）建立健全产品基层营销网络。深入实施《汽车销售管理办法》，鼓励发展共享型、节约型、社会化的汽车流通体系。鼓励家电企业与经销商、物流仓储企业加强合作，完善欠发达地区高效分销网络和仓储物流体系，提升安装维修等服务水平。积极开展新建社区全屋家电定制业务。

（五）不断改善配套基础设施。中央和地方财政继续对充换电等基础设施建设和配套运营服务给予支持，加快大型公共场所充电桩建设。鼓励国有企事业单位充分利用现有停车场地，按照不低于停车位数量10%的比例建设充电设施。支持地方和企业依托路灯、加油站等现有基础设施，因地制宜开展充电设施建设和服务。鼓励机关和企事业单位与周边居民小区建立停车设施昼夜错峰使用调配机制，提高现有停车设施利用效率。加快已有停车设施升级改造，推动立体停车设施建设。鼓励各地为新能源汽车分时租赁提供停车、充电设施支持。大力推进道路基础设施智能化升级改造，积极发展汽车信息服务。继续加强农村和边远落后地区“四好农村路”建设，提高固定宽带和4G网络覆盖率。推进5G规模组网建设及应用示范。

（六）切实保障消费者合法权益。严格实施《消费者权益保护法》，强化质量责任追究机制，健全问题产品召回制度和消费者维权制度，加大对消费者合法权益的保护力度。加快修订出台《家用汽车产品修理、更换、退货责任规定》。健全家电和消费电子产品生命周期标准，研究制定家电安全使用年限标准。

四、畅通资源循环利用，构建绿色产业生态

加强老旧产品报废管理，落实生产者责任，完善回收网络体系，规范梯级利用、回收拆解、资源化利用和无害化处置，壮大回收拆解领域市场主体实力，畅通全生命周期资源循环，提高利用效率。

（一）严格执行老旧产品淘汰规定。建立健全并落实汽车检验和报废制度，严格执行机动车强制报废相关政策，推动车辆注销、报废信息共享，加大执法监管力度，夯实车主责任义务，督促符合强制报废条件的车辆及时退出。对无强制报废要求但使用年限较长的汽车、家电、消费电子产品，鼓励地方积极引导消费者及时报废更新。对排放污染大、安全性能差的老旧汽车，研究提高第三者责任强制保险投保费率。

（二）着力完善废旧产品回收拆解体系。认真落实生产者责任延伸制度，支持符合条件的汽车、家电、消费电子产品生产企业，通过自建、联合和委托等方式开展回收拆解业务。拓展全国汽车流通信息管理应用服务系统功能，及时发布更新报废汽车回收拆解企业信息。在有条件的地区试行家电、消费电子产品回收网点登记制度，探索实施汽车跨区域废拆解。积极发展线上线下相结合、智能回收等服务新模式，探索“互联网＋资源回收”新业态，不断提升回收体系的组织化、规范化水平。

（三）切实加强回收拆解企业管理。落实《报废机动车回收管理办法》，制定配套实施细则。修订《报废汽车回收拆解企业技术规范》。加大回收拆解关键技术和装备研发力度，鼓励有条件的回收拆解企业开展技术改造，提高清洁环保、安全生产和资源利用水平。加快回收拆解企业信息化建设，实现部门信息共享。

（四）积极化解拆解企业经营压力。深化废弃电器电子产品处理制度改革，落实废弃电器电子产品处理基金“以收定支、自我平衡”的机制，推动基金征收、补贴标准及时调整，促进废弃电器电子产品进入正规渠道处理。

（五）加快建立废旧电子产品信息安全管理规范。建立分级“信息清除”标准，制定废旧电子产品处理企业“信息安全”认证制度。研究探讨利用涉密废旧电子产品处置体系，回收拆解涉及个人信息安全废旧手机、电脑等电子产品。

（六）不断提高废旧产品资源利用水平。加强资源回收利用源头管理，鼓励生产企业开展生态设计和制造，加快淘汰不利于回收利用的生产工艺和装备，提高产品可回收性、易拆解性，及时提供拆解手册，组织开展拆解培训。加强废旧汽车、家电和消费电子产品拆解产物流向监管。研究制定废旧电路板、聚氨酯材料回收利用管理办法。加快出台汽车零部件再制造规范管理文件，明确再制造企业应具备的条件，构建再制造企业及产品监管机制，不断提升产品循环利用水平。

国家发展改革委
生态环境部
商务部
2019年6月3日

关于继续执行的车辆购置税优惠政策的公告

2019年第75号

为贯彻落实《中华人民共和国车辆购置税法》，现将继续执行的车辆购置税优惠政策公告如下。

1. 回国服务的在外留学人员用现汇购买1辆个人自用国产小汽车和长期来华定居专家进口1辆自用小汽车免征车辆购置税。防汛部门和森林消防部门用于指挥、检查、调度、报汛（警）、联络的由指定厂家生产的设有固定装置的指定型号的车辆免征车辆购置税。具体操作按照《财政部 国家税务总局关于防汛专用等车辆免征车辆购置税的通知》（财税〔2001〕39号）有关规定执行。

2. 自2018年1月1日至2020年12月31日，对购置新能源汽车免征车辆购置税。具体操作按照《财政部 税务总局 工业和信息化部 科技部关于免征新能源汽车车辆购置税的公告》（财政部 税务总局 工业和信息化部 科技部公告2017年第172号）有关规定执行。

3. 自2018年7月1日至2021年6月30日，对购置挂车减半征收车辆购置税。具体操作按照《财政部 税务总局 工业和信息化部关于对挂车减征车辆购置税的公告》（财政部 税务总局 工业和信息化部公告2018年第69号）有关规定执行。

4. 中国妇女发展基金会“母亲健康快车”项目的流动医疗车免征车辆购置税。

5. 北京2022年冬奥会和冬残奥会组织委员会新购置车辆免征车辆购置税。

6. 原公安现役部队和原武警黄金、森林、水电部队改制后换发地方机动车牌证的车辆（公安消防、武警森林部队执行灭火救援任务的车辆除外），一次性免征车辆购置税。

本公告自2019年7月1日起施行。

财政部

税务总局

2019年6月28日

关于开展2018年及以前年度新能源汽车推广应用补助资金清算的通知

财办建〔2019〕87号

各省、自治区、直辖市、计划单列市财政厅（局）、工业和信息化主管部门、科技厅（局）、发展改革委：

为进一步做好新能源汽车推广应用工作，确保政策效果和资金安全，按照《关于2016—2020年新能源汽车推广应用财政支持政策的通知》（财建〔2015〕134号）、《关于调整新能源汽车推广应用财政补贴政策的通知》（财建〔2016〕958号）、《关于调整完善新能源汽车推广应用财政补贴政策的通知》（财建〔2018〕18号）、《关于进一步完善新能源汽车推广应用财政政策的通知》（财建〔2019〕138号）和《关于新能源汽车推广应用审批责任有关事项的通知》《财建〔2016〕877号》等文件要求，现将2018年及以前年度新能源汽车推广应用补助资金清算有关事项通知如下。

一、各省、自治区、直连市、计划单列市新能源汽车推广牵头部门应会同财政等有关部门，提交本地汽车生产企业2018年及以前年度（行驶证注册日期为2018年12月31日前）中央财政补助资金清算申请报告，包括车辆销售发票、注册登记信息、产品技术参数、运行情况以及零部件采购发票等，具体格式参照附件1、附件2。

二、根据2016年新能源汽车推广专项检查问题处理要求，对已按正常补助标准50%清算的终端用户闲置车辆，此次不申报或未通过审核将扣回已拨付资金。对2015年及以前年度车辆此次未申报或不符合相关要求未通过审核的，以后年度不再予以集中清算。

三、申请补助资金的车辆须安装车载终端等远程监控设备，并且按照国家有关要求将运行数据上传至新能源汽车国家监管平台。考虑到接入国家监管平台的周期，对2016年及以前年度推广车辆清算给予4个月过渡期。

四、为确保推广车辆运行，以上各年度申报车辆除私人购买新能源乘用车、作业类专用车（含环卫车）、党政机关公务用车、民航机场场内车辆外，其他类型新能源汽车累计行驶里程须达到2万公里，行驶里程统计时间截至2018年12月31日。

五、汽车生产企业注册所在地新能源汽车推广牵头部门会同有关部门对企业上报材料审查核实，并经公示无异后逐级报省级推广工作牵头部门；省级新能源汽车推广牵头部门会同其他相关部门，经财务审查、资料审核和重点抽查后，将申报材料报至工业和信息化部装备工业司、财政部经济建设司，并抄送同级其他部门。新能源汽车补助资金申报材料上报截止日期为2019年9月30日（2016年及以前年度推广车辆延长到2020年1月31日），逾期未报或报送内容不符合要求的，将延期清算。

六、新能源汽车生产企业是确保推广信息真实准确的责任主体，地方新能源汽车推广牵头部门应组织对申报材料严格审核把关。新能源汽车国家监管平台技术支撑机构要及时响应企业需求，为企业提供免费、高效、优质的数据接入服务。工业和信息化部将会同有关部门组织对各地资金申请报告进行审核，并对企业实际推广情况进行重点核查和现场抽查。对核查发现生产企业或运营单位篡改运营里程数据、车辆长期空载行驶等弄虚作假申请财政补贴的情况，将按有关规定严肃处理。

联系方式：

工业和信息化部装备工业司：010-68205628

财政部经济建设司：010-68552977

科技部高新技术司：010-58881582

发展改革委产业发展司：010-68501571

附件：

1. ________年度新能源汽车推广应用车辆补助资金清算信息汇总表（略）

2. ________年度新能源汽车推广应用车辆补助资金清算信息明细表（略）

财政部

工业和信息化部

科技部

发展改革委

2019年7月26日

新能源汽车动力蓄电池回收服务网点建设和运营指南

公告2019年第46号

1. 总则

本指南提出了新能源汽车废旧动力蓄电池以及报废的梯次利用电池（以下统称“废旧动力蓄电池”）回收服务网点建设、作业以及安全环保要求。

2. 规范性引用文件

下列文件对于本文件的应用是必不可少的。凡是不注日期的引用文件，其最新版本（包括所有的修改版）适用于本文件。

GB 12268 危险货物品名表

GB 12463 危险货物运输包装通用技术条件

GB 15562.2 环境保护图形标志固体废物贮存（处置）场

GB 18599 一般工业固体废物贮存、处置场污染控制标准

GB 190 危险货物包装标志

GB 19432 危险货物大包装检验安全规范

GB 50016 建筑设计防火规范

GB 50140 建筑灭火器配置设计规范

GB/T 19596 电动汽车术语

GB/T 26493 电池废料贮运规范

GB/T 29639 生产经营单位生产安全事故应急预案编制

导则

JT/T 617 危险货物道路运输规则

WB/T 1061 废蓄电池回收管理规范

新能源汽车动力蓄电池回收利用管理暂行办法(工信部联节〔2018〕43 号)

新能源汽车动力蓄电池回收利用溯源管理暂行规定(中华人民共和国工业和信息化部公告 2018 年第 35 号)

3. 术语和定义

3.1 动力蓄电池

为新能源汽车动力系统提供能量的蓄电池,包括锂离子动力蓄电池、金属氢化物镍动力蓄电池等,不包含铅酸蓄电池。

3.2 回收废旧动力蓄电池收集、分类、贮存和运输过程的总称。

3.3 收集对废旧动力蓄电池整理、分类并聚集到回收服务网点的过程。

3.4 分类依据废旧动力蓄电池的材料类别和危险程度等特性对其进行区分归类的过程。

3.5 包装采用容器、材料及辅助物将废旧动力蓄电池包装的过程。

3.6 贮存废旧动力蓄电池收集、梯次利用、再生利用过程中的存放活动。

3.7 隔开贮存在同一非露天区域内,将不同的废旧动力蓄电池分开一定距离,用通道保持空间距离的贮存方式。

3.8 隔离贮存在同一非露天区域内,用具备防火特性的隔板或墙,将不同的废旧动力蓄电池隔离的贮存方式。

3.9 分离贮存在不同的空间或独立于所有建筑物的外部区域内的贮存方式。

3.10 运输采用专业运输设备将废旧动力蓄电池运送至回收服务网点,以及从回收服务网点运送至综合利用企业的过程。

3.11 移交将回收的废旧动力蓄电池转移至综合利用企业的活动。

3.12 回收服务网点指收集、分类、贮存及包装等过程中放置废旧动力蓄电池的场所,根据其规模、设施设备、贮存时间、管理要求等,分为收集型回收服务网点与集中贮存型回收服务网点。

3.13 收集型回收服务网点指具备一定专用贮存场地及设施设备,可暂时贮存废旧动力蓄电池的回收服务场所。

3.14 集中贮存型回收服务网点指具备较大专用贮存场地及相对完善的设施设备,可长时间贮存废旧动力蓄电池的回收服务场所。

4. 总体要求

4.1 新能源汽车生产及梯次利用等企业应按照国家有关管理要求通过自建、共建、授权等方式建立回收服务网点,新能源汽车生产、动力蓄电池生产、报废机动车回收拆解、综合利用等企业可合作共用回收服务网点。

4.2 新能源汽车生产及梯次利用等企业应依托回收服务网点加强对本地区废旧动力蓄电池的跟踪。回收服务网点负责收集、分类、贮存及包装废旧动力蓄电池,不得擅自对收集的废旧动力蓄电池进行安全检查外的拆解处理。废旧动力蓄电池应规范移交至综合利用企业进行梯次利用或再生利用。

4.3 回收服务网点应在营业场所显著位置设置提示性信息,内容应包含“废旧动力蓄电池回收服务网点”字样。应在内部设置作业流程规范示意图等指导信息,如贮存作业示意图、废液收集处理作业示意图等。

4.4 回收服务网点应通过编码采集工具等方式,采用信息化手段详细记录电池编码、电池类型、电池产品类型、电池数量、电池来源、电池去向企业等相关信息,保留记录 3 年备查,按照国家溯源管理有关规定,及时、准确、规范地将信息反馈给新能源汽车生产或梯次利用等企业。

4.5 新能源汽车生产及梯次利用等企业应加强对回收服务网点的监督管理,保障其作业流程的规范性。回收服务网点应定期开展自查工作,及时整改存在的问题,并定期向新能源汽车生产或梯次利用等企业反馈管理运维情况。

4.6 新能源汽车生产及梯次利用企业应及时报送、公开回收服务网点信息,并在回收服务网点发生变更后重新报送、公开变更信息。

4.7 回收服务网点应符合相关领域的国家标准规定,如所在地区有关主管部门另有相关规定的,从其规定。

5. 建设要求

5.1 新能源汽车生产企业应在本企业新能源汽车销售的行政区域(至少地级)内建立收集型回收服务网点,在本企业新能源汽车保有量达到 8 000 辆或收集型回收服务网点的贮存、安全保障等能力不能满足废旧动力蓄电池回收要求的行政区域(至少地级)内建立集中贮存型回收服务网点。

5.2 梯次利用企业应在本企业梯次利用电池使用的行政区域(至少地级)内建立收集型回收服务网点,可与新能源汽车生产企业共建、共用回收服务网点。

5.3 回收服务网点的选址应坚持安全第一,遵循便于移交、收集、贮存、运输的原则。

5.3.1 收集型回收服务网点选址应考虑地域因素,可设置在交通便利的 4S 店、维修网点、换电站、报废机动车回收拆解企业等地,便于回收废旧动力蓄电池。

5.3.2 集中贮存型回收服务网点选址应符合所在地区城乡建设规划、土地利用总体规划、主体功能区规划、生态环境保护和污染防治、消防安全、安全生产规定等要求,周边无自然保护区、风景名胜区、森林公园、水源保护区等生态敏感保护区域以及易燃易爆化学工业园区、加油站等。

5.4 回收服务网点应根据不同的功能、作业需求等设定场地面积、环境条件等。贮存、处理以及办公场地应分别设置,办公场地应与贮存、处理场地不在同一区域内。

5.4.1 收集型回收服务网点的贮存场地面积应不低于 10 m^2,废旧动力蓄电池贮存量应不超过 5 t;集中贮存型回收服务网点废旧动力蓄电池的贮存能力应不低于 30 t,贮存场地面积、消防安全设施等应与贮存能力相匹配。

5.4.2 回收服务网点的场地应建在地面一层,便于废旧动力蓄电池存放。若不在一层,应保证楼面的承重能力且有货梯。

5.4.3 回收服务网点应保持通风、干燥,避免潮湿、灰尘、高温、光照。贮存场地的温度保持在 -20 ℃ ~40 ℃范围内,集中贮存型回收服务网点的湿度应不超过 85% RH。

5.5　回收服务网点应配套搬运工具、废液收集装备、温湿度监测装置、贮存货架、消防安全设备等基础设施。贮存B类及C类废旧动力蓄电池的回收服务网点应配置放电柜、应急盐水池等专业设施。集中贮存型回收服务网点还应配备防爆箱等设施。

6. 作业要求

6.1　回收服务网点应参照《废蓄电池回收管理规范》(WB/T 1061)的要求开展废旧动力蓄电池收集工作。

6.1.1　收集时发现外壳破损并有电解液流出的废旧动力蓄电池，应采用绝缘、防渗漏、耐腐蚀的容器盛装；发现有安全隐患的废旧动力蓄电池，应立即进行安全处理。

6.1.2　收集过程中若涉及废旧动力蓄电池的包装运输，应依据6.4包装要求及6.5运输要求，规范包装运输至回收服务网点。

6.2　回收服务网点应根据废旧动力蓄电池的材料类别、危险程度等特性，按照附录A或国家有关标准规定的检测项目，对废旧动力蓄电池进行分类管理。

6.2.1　A类：结构功能完好、按附录A检测所有条款检验结果均为“否”，或经防护处理后重新检测所有条款检验结果均为“否”的废旧动力蓄电池。

6.2.2　B类：按附录A检测所有条款检验结果有一项或者一项以上为“是”、且国家法律法规对其包装运输没有特殊规定的废旧动力蓄电池。

6.2.3　C类：A类与B类以外，符合国家法律法规或其他特殊规定的废旧动力蓄电池。

6.3　回收服务网点贮存场地、处理场地的地面应铺设环氧地坪或做硬化，做防腐防渗及绝缘处理，按照《环境保护图形标志-固体废物贮存(处置)场》(GB 15562.2)的要求设置固体废物的警告标志，同时在显著位置设置危险、易燃易爆、有害物质、禁烟、禁火等警示标识，在地面设置黄色标志线，并在作业设备及消防设备上粘贴禁止覆盖标识。参照《废蓄电池回收管理规范》(WB/T 1061)和《电池废料贮运规范》(GB/T 26493)的要求开展废旧动力蓄电池贮存工作。

6.3.1　废旧动力蓄电池的贮存应根据废旧动力蓄电池分类结果采用不同的贮存方式。

6.3.1.1　A类废旧动力蓄电池之间应采用隔开贮存，B类废旧动力蓄电池之间应采用隔开贮存，C类废旧动力蓄电池之间应采用隔离贮存。

6.3.1.2　A类、B类及C类废旧动力蓄电池之间应采用隔离贮存。如采用隔离贮存无法保证安全的，应采用分离贮存。

6.3.1.3　贮存方式应符合下表中各项规定。

贮存方式要求	隔开贮存	隔离贮存	分离贮存
贮存区间距(m)	0.3~0.5	0.5~1.0	0.5~1.0
通道宽度(m)	1~2	1~2	5
墙距宽度(m)	0.3~0.5	0.3~0.5	0.3~0.5

6.3.2　废旧动力蓄电池应独立贮存，不得与其他货物、废物混合，不得侧放、倒放，不得直接堆叠。A类废旧动力蓄电池应进行清洁等处理，B类及C类废旧动力蓄电池应进行绝缘、防漏、阻燃、隔热等特殊处理。处理后的废旧动力蓄电池应正立放置于货架上。

6.3.3　回收服务网点应根据废旧动力蓄电池的分类情况确定贮存时长。

6.3.3.1　收集型回收服务网点贮存A类废旧动力蓄电池时长应不超过30天，贮存B类和C类废旧动力蓄电池时长应不超过5天。

6.3.3.2　集中贮存型回收服务网点贮存A类废旧动力蓄电池时长应不超过3个月，贮存B类和C类废旧动力蓄电池应不超过一个月。

6.4　回收服务网点应根据废旧动力蓄电池的分类结果及特性，依据国家有关标准实施包装。

6.4.1　净重不超过400 kg的A类及B类废旧动力蓄电池按照《危险货物运输包装通用技术条件》(GB 12463)的要求实施包装，净重超过400 kg的按照《危险货物大包装检验安全规范》(GB 19432)的要求实施包装。

6.4.2　B类废旧动力蓄电池的包装应具有足够的强度，承受正常运输条件下的各种作业风险。

6.4.3　C类废旧动力蓄电池应根据其特性选择相应的包装材质，不得与其他货物混合包装，包装应能够有效阻断电池废液等渗漏。

6.5　回收服务网点应根据废旧动力蓄电池分类结果及特性，采用专用车辆并依据国家有关标准进行运输。

6.5.1　A类及B类废旧动力蓄电池按照《危险货物道路运输规则》(JT/T 617)等要求进行运输。

6.5.2　B类废旧动力蓄电池的运输车辆应安装烟雾报警装置，备有封堵、吸附、人员防护等材料和收集容器，收集泄漏物。

6.5.3　C类废旧动力蓄电池应按照有关管理要求交由专业单位进行运输。

7. 安全环保要求

7.1　回收服务网点应安装通风设施，配备消防沙箱、水基灭火器、消防栓、消防喷淋系统等消防设备，消防设备数量及灭火器类型应符合《建筑灭火器配置设计规范》(GB 50140)的要求。集中贮存型回收服务网点应参照《建筑设计防火规范》(GB 50016)的要求设计厂房类型、耐火等级、安全疏散和防火间距等，厂房应不低于丙类要求，耐火等级应不低于二级，同时配备烟雾报警装置、红外热成像监控装置等安全防护设施。

7.2　回收服务网点应编制规范作业规程及相应的安全操作指导文件，作业规程应包含附录B所示内容。如开展废旧动力蓄电池检测分选等作业，应具备相应的安全保障能力。相关人员应按照规范制度文件进行安全管理与技术作业，从事专业作业时应穿戴安全防护装备，特种作业人员应获得低压电工作业的特种作业操作证等相应资格。

7.3　回收服务网点应配备必要的安全管理人员，安全管理人员应经过培训掌握消防知识并熟悉废旧动力蓄电池的种类、特性，具备应急处置能力等。集中贮存型回收服务网点应配备24 h值班的安全管理人员。

7.4　回收服务网点应具备破损废旧动力蓄电池废液、废物等收集及贮存能力，贮存后规范移交至专业机构进行环保无害化处置，不得随意丢弃或填埋。

7.5 回收服务网点应参照《生产经营单位生产安全事故应急预案编制导则》(GB/T 29639)的要求编制安全环保应急预案,具有安全环保应急处置能力。定期检查贮存废旧动力蓄电池的状态,如发现有安全、环保等隐患应及时采取措施处置并移交至综合利用企业。

8. 指南实施的过渡期要求

已建设的回收服务网点如不符合本指南要求,应在本指南实施之日起6个月内完成整改。

工业和信息化部

2019年10月31日

新能源汽车废旧动力蓄电池综合利用行业规范条件(2019年本)

一、总　　则

(一)为加强新能源汽车废旧动力蓄电池综合利用行业管理,提高废旧动力蓄电池综合利用水平,依据《国务院关于印发节能与新能源汽车产业发展规划(2012—2020年)的通知》(国发〔2012〕22号)和《新能源汽车动力蓄电池回收利用管理暂行办法》(工信部联节〔2018〕43号)等管理要求,制订本规范条件。

(二)本规范条件中动力蓄电池与废旧动力蓄电池是指《新能源汽车动力蓄电池回收利用管理暂行办法》中定义的动力蓄电池与废旧动力蓄电池。超级电容等其他新能源汽车动力蓄电池的综合利用可参考本规范条件执行。

(三)本规范条件中综合利用是指对新能源汽车废旧动力蓄电池进行多层次、多用途的合理利用过程,主要包括梯次利用和再生利用。元素回收率是指对废旧动力蓄电池按一定生产程序回收的目标元素重量除以原动力蓄电池中对应元素重量的百分数。材料回收率是指对废旧动力蓄电池按一定生产程序回收的材料重量除以原动力蓄电池中对应材料重量的百分数。综合回收率是指回收的多种目标元素重量之和除以原动力蓄电池中对应元素重量之和的百分数。

(四)本规范条件中的综合利用企业(以下简称"企业")是指开展新能源汽车废旧动力蓄电池梯次利用或再生利用业务的企业。

1. 梯次利用是指对废旧动力蓄电池进行必要的检测、分类、拆分、电池修复或重组为梯次利用电池产品(以下简称"梯次产品"),使其可应用至其他领域的过程。

2. 再生利用是指对废旧动力蓄电池进行拆解、破碎、分选、材料修复或冶炼等处理,进行资源化利用的过程。

(五)本规范条件适用于在中华人民共和国境内(台湾、香港、澳门地区除外)已建成的所有类型企业。本规范条件是促进行业技术进步和规范发展的引导性文件,不具有行政审批的前置性和强制性。

二、企业布局与项目选址

(一)企业应当符合国家产业政策和所在地区城乡建设规划、生态保护红线、生态环境保护规划和污染防治、土地利用总体规划、主体功能区规划等要求,其施工建设应满足规范化设计要求。

(二)企业布局应当与本企业废旧动力蓄电池回收规模相适应。鼓励具备基础的新能源汽车生产企业及动力蓄电池生产企业参与新建综合利用项目。

(三)企业不得在自然保护区、风景名胜区、饮用水水源保护区、永久基本农田保护区以及法律、法规规定禁止建设的其他区域内违法建设投产。已在上述区域内投产运营的企业要根据该区域规划要求,在一定期限内,通过依法搬迁、转产等方式逐步退出。

三、技术、装备和工艺

(一)总体要求

企业厂区条件、设施设备、技术工艺、溯源能力等应满足以下要求。

1. 土地使用手续合法(租用合同不少于15年),厂区面积、作业场地面积应与企业综合利用能力相适应,作业场地应满足硬化、防渗漏、耐腐蚀要求。

2. 应选择生产自动化效率高、能耗指标先进、环保达标和资源综合利用率高的生产设施设备,采用节能、节水、环保、清洁、高效、智能的新技术和新工艺,淘汰能耗高、污染重的技术及工艺,不生产、销售和使用《产业结构调整指导目录》中明令淘汰的落后工艺、技术、装备及产品。

3. 应具备满足耐腐蚀、坚固、防火、绝缘特性的专用分类收集储存设施,有毒有害气体、废水、废渣的处理等环境保护设施,以及必备的安全防护、消防设备等。

4. 应满足新能源汽车动力蓄电池回收利用溯源管理有关要求,具备信息化溯源能力,如溯源信息系统及编码识别等设施设备。

(二)梯次利用要求

1. 具备国家有关标准规定的废旧动力蓄电池剩余容量、一致性、循环寿命等主要性能指标和安全性的检测技术及设备,以及明确的可梯次利用性判断方法,可对不同类型废旧动力蓄电池进行检测、分类、拆分、电池修复或重组为梯次产品。

2. 具备废旧动力蓄电池机械化或自动化拆分设备,以及无损化拆分工艺。具有梯次产品质量、安全等性能检验技术设备和工艺,具备梯次产品生产一致性、安全可靠性的保证能力。

(三)再生利用要求

1. 具有废旧动力蓄电池安全拆解与再生利用机械化作业平台及工艺,包含动力蓄电池单体自动化破碎、分选等设备。

2. 具备产业化应用的湿法、火法或材料修复等工艺,可实现材料修复或元素提取,对电子元器件、金属、石墨、塑料、橡胶、隔膜、电解液等零部件和材料均可合理回收和规范处理,具有相应的污染控制措施,以及对不可利用残余物的规范处置方案。鼓励使用环保效益好、回收效率高的再生利用技术及工艺。

四、资源综合利用及能耗

(一)资源综合利用

企业应依据相关国家、行业标准,以及新能源汽车生产企业等提供的动力蓄电池拆卸、拆解及历史数据等技术信息,遵循先梯次利用后再生利用的原则,提高综合利用水平。

1. 企业应严格按照相关国家、行业标准进行废旧动力蓄电池储存、梯次利用和再生利用等,并积极参与废旧动力蓄电池回收利用标准体系的研究制定和实施工作。

2. 从事梯次利用的企业，应根据废旧动力蓄电池的剩余容量、一致性、循环寿命等主要性能指标和安全性的实际情况，综合判断是否满足梯次利用安全、环保、性能及质量等要求，对符合要求的废旧动力蓄电池分类重组利用，鼓励在基站备电、储能、充换电等领域应用，提高综合利用经济效益。同时，建立完善的梯次产品回收体系，保障报废梯次产品的规范回收，并移交至从事再生利用的企业。

3. 从事再生利用的企业，应积极开展针对正负极材料、隔膜、电解液等再生利用技术、设备、工艺的研发和应用，努力提高废旧动力蓄电池再生利用水平，通过冶炼或材料修复等方式保障主要有价金属得到有效回收。其中，镍、钴、锰的综合回收率应不低于98%，锂的回收率不低于85%，稀土等其他主要有价金属综合回收率不低于97%。采用材料修复工艺的，材料回收率应不低于90%。工艺废水循环利用率应达90%以上。

4. 综合利用过程中产生的电子元器件、金属、石墨、塑料、橡胶、隔膜、电解液等零部件和材料均应采取相应措施实现合理回收和规范处理。无相应处置能力的，应按国家有关要求交有相关资质的企业进行集中处理，同时应做好跟踪管理，保障不可利用残余物的环保处置，不得将其擅自丢弃、倾倒、焚烧或填埋。

（二）能源消耗

企业应建立用能考核制度，配备必要的能源（水、电、天然气等）计量器具。加强对运输、拆卸、储存、拆解、检测、利用等各环节的能耗管控，降低综合能耗，提高能源利用效率。鼓励企业采用先进适用的节能技术、工艺及装备。

五、环境保护要求

（一）企业应严格执行环境影响评价制度。按照环境保护“三同时”要求建设配套的环境保护设施，并在建设项目竣工后组织竣工环境保护验收，验收通过后方可投入生产。纳入固定污染源排污许可分类管理名录的建设项目，按照《排污许可证申请与核发技术规范　废弃资源加工工业》等国家排污许可有关管理规定要求申请排污许可证。

（二）企业应按照相关法律法规要求履行环境保护义务，落实生态环境保护措施，建立健全企业环境管理制度。鼓励企业开展环境管理体系认证。

1. 贮存设施的建设、管理应根据废物的危险特性满足《一般工业固体废物贮存、处置污染控制标准》和《危险废物贮存污染控制标准》等要求。

2. 在综合利用过程中产生的在常温常压下易燃易爆及排出有毒气体的残余物，必须进行预处理，使之稳定后贮存，否则按易燃易爆危险品贮存。

3. 综合利用过程中产生废水、废气、工业固废的，应具备环保收集与处理设施设备，符合国家标准要求并保证其正常使用。企业应按照《污染源自动监控管理办法》《排污单位自行监测技术指南总则》等有关要求实施废水及废气的在线监测。

4. 企业污染物排放应符合国家、地方或行业标准要求，并具备土壤及地下水的污染防治措施。

5. 噪声应符合《工业企业厂界环境噪声排放标准》要求，具体标准应根据当地人民政府划定的区域类别执行。

6. 综合利用过程中产生的工业固体废物应当按照国家有关规定进行管理，属于危险废物的按照危险废物进行管理。

（三）从事再生利用的企业应按照《中华人民共和国清洁生产促进法》定期开展清洁生产审核，并通过评估验收。

（四）企业应设有专职环保管理人员和完善的安全环保制度，建立环境保护监测制度，具有突发环境事件或污染事件应急设施和处理预案。

六、产品质量和职业教育

（一）鼓励企业设立专门的质量管理部门和配备专职质量管理人员，构建完善的质量管理制度，编制岗位操作守则、工作流程，明确人员岗位职责、工作权限，保障检验数据完整。配备经检定合格、符合使用期限的相应检验、检测设备。

（二）企业应在产品质量和其中污染物残余量/浓度方面制定不低于国家或行业标准的企业标准，并通过质量管理体系认证。

（三）鼓励企业建立完整的信息化生产过程管理体系，包括且不限于废旧动力蓄电池来源、主要参数（类型、容量、产品编码等）、拆解检测、综合利用、产品流向及废弃物处置措施等内容，建立废旧动力蓄电池综合利用数据库，提高信息化管理和技术水平。

（四）鼓励企业建立职业教育培训管理制度及职工教育档案，工程技术人员、生产工人应定期接受培训，特种作业人员应具备相应资格（如电工证等），做到持证上岗。

七、安全生产、人身健康和社会责任

（一）企业应严格遵守《中华人民共和国安全生产法》《中华人民共和国职业病防治法》等法律法规规定，安全生产条件符合有关标准、规定，依法履行各项安全生产行政许可手续。具备相应的安全生产、劳动保护和职业危害防治条件，对作业环境的粉尘、噪声等进行有效治理，达到国家卫生标准，配备相应的安全防护设施、消防设备和安全管理人员，建立、健全安全生产责任制，开展安全生产标准化建设，并按规定限期达标。

（二）企业安全设施和职业危害防治设施必须与主体工程同时设计、同时施工、同时投入生产和使用；企业安全设施设计、投入生产和使用前，应依法实施审查、验收。

（三）企业作业环境应符合《工业企业设计卫生标准》《工作场所有害因素职业接触限值》的要求。

（四）废旧动力蓄电池运输应符合国家相关法律法规及标准要求，尽量保证其电池结构完整，运输前应根据废旧动力蓄电池安全特性进行分类，按照相关标准采取对应的运输方案，具备防火、防水、防爆、绝缘、隔热等安全保障措施，并制定应急预案。

（五）企业应具有健全的安全生产、职业卫生管理体系，建立职工安全生产、职业卫生培训制度和安全生产、职业卫生检查制度，并通过职业健康安全管理体系认证。

（六）企业应按照国家有关要求，积极开展安全生产标准化和隐患排查治理体系建设，确保在规定的期限内达标。

（七）企业的用工制度应符合《劳动合同法》规定。

八、附　　则

（一）本规范条件涉及的国家标准和行业政策若进行修

订，按修订后的规定执行。

（二）本规范条件自2020年1月1日起施行。

（三）本规范条件由工业和信息化部负责解释。

工业和信息化部
2019年12月16日

新能源汽车废旧动力蓄电池综合利用行业规范公告管理暂行办法（2019年本）

公告2019年第59号

一、总　　则

第一条　为加强新能源汽车废旧动力蓄电池综合利用行业规范管理，提升行业发展水平，依据《新能源汽车废旧动力蓄电池综合利用行业规范条件（2019年本）》（以下简称《规范条件》），制定本办法。

第二条　本办法适用于中华人民共和国境内（台湾、香港、澳门地区除外）所有类型新能源汽车废旧动力蓄电池综合利用企业（以下简称"企业"）。

第三条　工业和信息化部及各省、自治区、直辖市工业和信息化主管部门（以下统称"省级工业和信息化主管部门"）负责对符合《规范条件》的企业实行动态管理，工业和信息化部委托相关专业机构负责协助做好公告管理相关工作，企业按自愿原则进行申请。

二、申请和核实

第四条　申请符合《规范条件》公告的企业，应当具备以下条件。

（一）具有独立法人资格，经营范围涵盖新能源汽车废旧动力蓄电池综合利用相关业务；

（二）符合《规范条件》中有关规定的要求。

第五条　符合本办法第四条所列条件的现有企业可向所在地的省级工业和信息化主管部门提出公告申请，如实填报《新能源汽车废旧动力蓄电池综合利用行业规范公告申请书》（见附1）。

第六条　各省级工业和信息化主管部门会同有关部门依照第四条、第五条有关要求，组织专家对申请公告企业的相关情况进行核实并提出具体审核意见，将符合《规范条件》要求的企业申请材料和审核意见报送工业和信息化部。

三、复审与公告

第七条　工业和信息化部收到申请材料后，组织相关专家，依据第四条、第五条有关要求，对各地报送的企业材料及审核意见进行复审和现场核实，确定符合《规范条件》要求的企业名单。

第八条　经复审符合《规范条件》要求的企业，在工业和信息化部网站上进行公示。对公示期间有异议的企业，工业和信息化部将组织进一步核实有关情况，对无异议的企业，以工业和信息化部公告方式予以发布。

四、监督管理

第九条　进入公告名单的企业要按照《规范条件》的要求组织生产经营活动，且应在每年第一季度结束前通过省级工业和信息化主管部门向工业和信息化部提交《新能源汽车废旧动力蓄电池综合利用行业规范条件执行情况和企业发展年度报告》（以下简称《年度报告》，见附2）。各省级工业和信息化主管部门会同省级有关部门，督促企业加快技术改造，规范各项管理，并对列入公告名单的当地企业进行不定期监督检查，将监督检查结果于每年4月30日前报送工业和信息化部。

第十条　充分发挥社会舆论监督作用，鼓励社会各界对企业规范情况进行监督。任何单位或个人发现申请公告企业或已公告企业有不符合《规范条件》和本办法有关规定的，可向工业和信息化部投诉或举报。

第十一条　工业和信息化部委托相关专业机构加强行业发展状况的分析和研究，组织推广应用先进适用的节能减排新技术、新工艺及新设备。

第十二条　已公告企业应在企业名称、经营范围及其他与《规范条件》相关的情况发生变化时，及时报省级工业和信息化主管部门，在1年内完成整改升级，并补充必要的证明材料，由省级工业和信息化主管部门组织相关机构和专家验收后报工业和信息化部。工业和信息化部对验收意见进行核实，对仍符合《规范条件》的，予以公告。

第十三条　已公告企业有下列情况之一的，省级工业和信息化主管部门应报请工业和信息化部将其从公告名单中撤销：

（一）不能保持符合《规范条件》要求的；

（二）不按要求提交《年度报告》的；

（三）报送的相关材料或生产经营有弄虚作假行为的；

（四）拒绝接受监督检查或监督检查不合格的；

（五）发生重大生产安全和环境污染事故，或违反国家法律、法规和国家产业政策行为的。

因前款规定被撤销公告的企业，经整改合格2年后方可重新提出规范公告申请。

工业和信息化部撤销公告应提前通过省级工业和信息化主管部门告知企业，听取企业的陈述和申辩。

第十四条　支持国家或地方相关管理部门依据《规范条件》制定相应的配套监管措施，列入公告的企业名单将作为相关政策支持的参考依据。

五、附　　则

第十五条　本办法由工业和信息化部负责解释。

第十六条　本办法自2020年1月1日起施行，2016年2月4日工业和信息化部发布的《新能源汽车废旧动力蓄电池综合利用行业规范公告管理暂行办法》（工业和信息化部公告2016年第6号）同时废止。

附件：

1. 新能源汽车废旧动力蓄电池综合利用行业规范公告申请书（略）

2. 新能源汽车废旧动力蓄电池综合利用行业规范条件执行情况和企业发展年度报告（略）

工业和信息化部
2019年12月16日

二、地方政府政策与规划

Chapter 2　Local Government Policy and Planning

地方政府	政　策	文件号	发布单位	发布日期	内　容
北京市	北京市污染防治攻坚战 2019 年行动计划	京政办发〔2019〕5 号	北京市人民政府办公厅	2019-02-13	行动计划对蓝天、碧水、净土三大保卫战的 2019 年任务措施进行总体布局，在打赢 2019 年蓝天保卫战中，行动计划明确要综合施策推进车辆电动化。 1）加快推进小客车和公交、出租、邮政、城市快递、环卫、物流配送等车辆电动化步伐；2019 年年底前，北京市新能源汽车总量力争达到 30 万辆左右。加快推进机场内运营保障车辆和地面支持设备使用新能源。 2）推进公交、环卫、物流等公共服务领域充电设施建设和城市公用充电设施建设，在具备条件的物流园、产业园、大型商业购物中心、农贸批发市场、旅游景点、货运枢纽、邮政快递分拨处理中心和规模较大的邮政快递营业投递网点等建设集中式充电桩和快速充电桩，为新能源车辆在城市通行提供便利
	2019 年北京市交通综合治理行动计划	京政办发〔2019〕6 号	北京市人民政府办公厅	2019-03-25	计划提到将研究制订北京市新能源物流配送车辆便利通行政策
	关于实施工作日高峰时段区域限行交通管理措施的通告	京政发〔2019〕6 号	北京市人民政府	2019-03-29	通告明确：北京市自 2019 年 4 月 8 日—2020 年 4 月 5 日，继续实施工作日高峰时段区域限行交通管理措施，但纯电动小客车（以可充电电池作为唯一动力来源、由电动机驱动的小客车）不受措施限制
	2019 年度北京市单位内部公用充电设施建设补助资金申报指南	京管发〔2019〕53 号	北京市城市管理委员会	2019-05-09	指南明确： 1）补助资金支持对象：北京市行政区域内各级政府机关、事业单位、社会团体、企业在单位内部停车场建设的主要供本单位及职工自有电动汽车使用的充电设施。 2）补助标准：对符合要求的充电设施，以充电设施功率为基准给予补助，7 kW 及以下补助 0.4 元/W，7 kW 以上补助 0.5 元/W
	关于开展京津冀地区新能源汽车动力电池回收利用试点示范项目评审工作的通知	—	北京市经济和信息化局	2019-05-22	通知明确：2019 年 5 月 26 日，北京市经济和信息化局、天津市工业和信息化局及河北省工业和信息化厅共同负责京津冀试点示范项目的统一评审工作
	北京市自动驾驶车辆测试道路管理办法（试行）	—	北京市交通委员会 北京市公安局公安交通管理局 北京市经济和信息化局	2019-06-25	确定测试道路具体工作流程如下。 1）编制测试道路规划方案：组织编制本区域内拟向自动驾驶车辆开放的测试道路规划。 2）制定实施工作方案：根据测试道路设置规划，制定分批次的具体实施工作方案。 3）编制风险评估报告：对拟开放的测试道路的规划背景、交通现状、存在问题、防控措施、社会影响和群众满意度等方面进行风险评估。 4）组织选取道路：对拟开放的测试道路进行统计、分级、筛选及审定。 5）组织完善测试道路路牌和标识标线及验收。 6）材料报备
	北京市推广应用新能源汽车管理办法	京科发〔2019〕8 号	北京市科学技术委员会 北京市经济和信息化局 北京市财政局 北京市城市管理委员会 北京市交通委员会	2019-06-25	通知明确：自 6 月 26 日起，取消对纯电动汽车的市级财政补助。燃料电池汽车按照中央与地方 1:0.5 比例安排市级财政补助。通知有效期至 2020 年 12 月 31 日

续上表

地方政府	政　策	文件号	发布单位	发布日期	内　容
北京市	关于对出租汽车更新为纯电动车资金奖励政策的通知	京财公用〔2019〕1325号	北京市财政局 北京市交通委员会	2019-07-16	通知明确：对出租汽车更新为纯电动汽车给予资金奖励。 奖励对象：对符合本市纯电动出租汽车更新要求的出租汽车经营者给予一次性政府资金奖励。 奖励标准：比照纯电动出租汽车生产环节电池采购价格，每辆车奖励上限为7.38万元，低于奖励上限的按实际电池采购价格确定。电池资产归出租汽车经营者所有。 奖励期限：自政策发布之日起至2020年12月31日
北京市	北京市新能源物流配送车辆优先通行工作实施方案	—	北京市人民政府	2019-08-15	方案明确：自2019年四季度起，北京市将通过分季度提升纯电动货车持证比例和实施差别化通行措施，实现“到2020年底，除冷链运输车辆外，通过办理货车通行证方式允许日间通行五环以内道路的4.5 t以下轻型物流车中，纯电动货车比例达到相关要求”。2019年四季度新能源货车比例占货车通行证比例将达到25%，2020年一季度该比例达到50%，2020年二季度达到65%，2020年三季度达到80%，2020年四季度达到90%
北京市	关于指定顺义区自动驾驶车辆测试道路的通告	2019年第57号	北京市公安局公安交通管理局 北京市交通委员会 北京市经济和信息化局	2019-09-24	通告指定顺义区部分道路作为自动驾驶车辆测试道路，上道路测试的自动驾驶车辆应当取得临时行驶车号牌，并在指定的道路进行测试
北京市	营运性纯电动轻型货车技术指南（征求意见稿）	京交函〔2019〕1613号	北京市交通委员会	2019-11-12	意见稿明确：营运性纯电动货车辆的类型、主要技术参数、技术要求和服务与售后；适用于以动力电池作为动力源的纯电动货车
北京市	北京市自动驾驶车辆道路测试管理实施细则（试行）	京交科发〔2019〕19号	北京市交通委员会 北京市公安局 公安交通管理局 北京市经济和信息化局	2019-12-09	细则明确：自动驾驶测试中的车辆应能即时转换为人工操作模式，测试方应购买每车不低于500万元的交通事故责任保险，测试驾驶员应实车训练50 h以上，并具有3年以上安全驾驶经历。应购买每车不低于500万元的交通事故责任保险或提供不少于每车500万元的自动驾驶道路测试事故赔偿保函，并提交《测试主体赔偿能力自证明》
天津市	天津市新能源汽车推广应用实施方案（2018—2020年）	津新能源推广〔2019〕1号	天津市新能源汽车推广应用领导小组办公室	2019-03-05	方案明确：2018—2020年，天津市每年新增新能源汽车2万辆，占全市汽车保有量比例到2020年提高至4.5%。形成较为完善的新能源汽车推广应用政策体系和市场主导的长效持续发展动力机制，新能源汽车推广应用规模持续合理增长，自用为主、公共为辅的充电网络体系具备与应用车辆动态匹配的能力，全社会应用新能源汽车主动性显著提升，安全服务保障能力全面增强，安全便捷的新能源汽车应用环境基本形成
天津市	关于完善本市促进消费体制机制进一步激发居民消费潜力实施方案的通知	津政办发〔2019〕13号	天津市人民政府办公厅	2019-03-11	通知明确： 1）搭建全市统一的新能源汽车数据平台和充电基础设施公共服务平台，探索新能源汽车道路收费、停车费减免等优惠政策，落实充电基础设施用地、用电等鼓励政策，扩大新能源汽车应用规模，实现本市充电基础设施全覆盖。 2）支持企业加大对绿色产品研发、设计和制造的投入，丰富新能源汽车等绿色消费品的供给。 3）加快推行高端品质认证，推动新能源汽车及充电桩等产品认证
天津市	关于继续实施机动车限行管理措施的通告	—	天津市公安局	2019-04-03	通告明确：天津市人民政府决定继续实施机动车限行交通管理措施，但本市核发号牌的新能源汽车不受限行措施限制。同时天津市核发号牌的纯电动轻型、微型厢式载货汽车和纯电动轻型、微型封闭式载货汽车，不受机动车尾号及早晚高峰时段限行限制
天津市	加快居民小区公共充电桩建设实施方案	—	天津市发展和改革委员会	2019-05-14	方案明确：以需求为导向，结合老旧社区改造推动居民小区公共充电桩建设，缓解百姓充电难问题。2019年，天津市各区确保完成100个小区1 000台公共充电桩建设

续上表

地方政府	政　策	文 件 号	发布单位	发布日期	内　容
天津市	天津市车联网（智能网联汽车）产业发展行动计划	津先进制造办〔2019〕1 号	天津市落实制造强国战略暨全国先进制造研发基地建设领导小组办公室（天津市工业和信息化局代章）	2019-12-04	计划明确：加快构建智能网联汽车研发制造体系，重点实现新能源汽车与车联网技术融合提升。以整车研发制造为龙头，打造智能网联汽车零部件产业集群
	关于开展在津推广应用新能源汽车安全服务保障能力复核的通知	—	市新能源汽车推广应用工作领导小组办公室（天津市工业和信息化局代章）	2019-12-16	通知明确：复查对象包括已通过 2017—2018 年度安全服务保障审核的新能源汽车生产企业及其指定售后服务机构。生产企业按照要求提交《在津推广应用新能源汽车生产企业经营及推广应用情况报告》，说明近 2 年生产运行基本情况、车辆销售情况，累计在津推广应用情况，所属车辆在津保有量等。售后服务机构安全服务保障能力
上海市	关于加强推进新能源环卫车配置工作的通知	沪绿容〔2019〕89 号	上海市绿化和市容管理局	2019-03-12	通知明确：本市环卫行业的管理部门和国有（或国有控股）企业自本《通知》印发之日起，在环卫车采购活动中，凡是采购上述车型的，应优先采购附件 1 中所列的新能源车。同时鼓励民营环卫企业在新增和更新环卫作业车辆时选购新能源车
	上海市 2019 年节能减排和应对气候变化重点工作安排的通知	沪发改环资〔2019〕23 号	上海市应对气候变化及节能减排工作领导小组办公室	2019-03-29	通知明确： 1）加快新能源、新能源汽车、节能环保等战略性新兴产业发展，进一步提升战略性新兴产业增加值比重。 2）加大新能源车推广力度，推广新能源汽车 5 万辆，更新公交车中全部使用新能源车辆，投放新能源公交车 1 200 辆。完善充电设施建设布局，完成 4 000 个公共充电桩建设。推进港内作业车辆采用纯电动或清洁能源车
	上海市智能制造行动计划（2019—2021 年）	沪经信制〔2019〕512 号	上海市经济和信息化委员会	2019-07-09	通告明确：推进汽车行业智能制造深度应用。发挥汽车行业产业链长，带动效应明显的优势，以整车智能制造为牵引，带动动力电池、驱动电机和控制器等核心零部件企业同步提升智能制造能级，使本市汽车产业成为智能化转型升级的标杆行业
重庆市	重庆市自用充电桩建设使用政策问答	渝能源电〔2019〕32 号	重庆市能源局 重庆市住房和城乡建设委员会	2019-05-23	政策问答明确： 1）物业应支持和配合业主或使用人建设自用充电桩，在接到自用充电桩建设资料后，对符合建设条件的，物业应在 5 个工作日内签订建设约定书。如物业不同意的，由所在地街道办事处（乡镇人民政府）组织核实并协调。 2）自用充电桩建设和使用过程中，如物业发现重大安全隐患，影响自用充电桩所在区域安全或严重损害第三方利益等情况时，物业应及时向所在地街道办事处（乡镇人民政府）报告，由街道办事处（乡镇人民政府）核实并协调。经相关政府部门认定自用充电桩不利于本小区的整体安全，或发现自用充电桩出现安全隐患时，物业有权停止自用充电桩用电
	重庆市 2019 年度新能源汽车推广应用财政补贴政策的通知	渝财规〔2019〕10 号	重庆市财政局 重庆市经济和信息化委员会 重庆市能源局	2019-05-28	通知明确：将在购置、充电设施建设、充电费用、加氢站建设 4 个方面进行补贴
	重庆市新能源汽车推广应用有关备案管理办法（暂行）	—	重庆市经济和信息化委员会	2019-06-26	通知明确： 1）对于新能源汽车生产企业及产品：新能源汽车生产企业在重庆市具备较完善的售后服务、应急保障体系，并接入重庆市地方新能源汽车监测平台。新能源汽车产品纳入国家《道路机动车辆生产企业及产品公告》、《新能源汽车推广应用推荐车型目录》，符合国家及本市新能源汽车产品安全要求，近 3 年在全国范围内未发生过燃烧、起火、爆炸等安全事故。 2）对于充电运营企业：企业具备较完善的充电设施运营管理制度以及应急保障体系，并接入重庆市地方新能源汽车监测平台。 3）对于加氢站建设运营单位：加氢站的建设运营符合国家、行业及地方有关标准或规范，企业具备较完善的加氢站运营管理制度以及应急保障体系

续上表

地方政府	政　策	文件号	发布单位	发布日期	内　容
重庆市	重庆市新能源汽车推广应用有关市级财政补助资金申报流程(暂行)	—	重庆市经济和信息化委员会	2019-06-21	通知明确: 1)购置补贴 购置补贴申报流程继续按照《重庆市新能源汽车推广应用市级财政补助资金申报流程(暂行)》(渝经信发〔2017〕140号)执行。 2)充电费用补贴 补贴对象:在本市公共或公交专用充电桩充电的新能源汽车使用单位或个人。 补贴方式:充电运营企业在新能源汽车充电消费者缴纳充电费用时直接在备案充电价格基础上先行扣减垫付,经国网重庆市电力公司(充电基础设施监测平台)审核后,报市新能源汽车推广应用和产业发展联席会议办公室按照有关规定审核通过后由市财政直接拨付返还给充电运营企业。 申报充电费用补贴的充电运营企业,应接入重庆市地方新能源汽车监测平台并保持数据正常传输。 3)加氢站建设补贴 补贴对象:在本市辖区内注册登记、具有独立法人资格,并建成、竣工验收投入使用的加氢站建设运营单位。 补贴方式:加氢站建设运营单位投资建设加氢站,经竣工验收并投入使用后,报市新能源汽车办按照有关规定审核,审核通过后按程序拨付补贴资金
重庆市	关于2019年申报充电基础设施建设补贴有关事项的通知	渝能源电〔2019〕42号	重庆市能源局 重庆市财政局	2019-07-05	通知明确:符合《重庆市电动汽车充电基础设施建设运营管理办法》的充电运营企业可以申报2019年度充电基础设施建设补贴,申请补贴标准。 1)全市范围内公交车、出租车、网约车、分时租赁车、物流车、环卫车专用直流充电基础设施以及高速公路服务区公用直流充电基础设施,给予400元/kW建设补贴。 2)其他为社会车辆服务的公用充电基础设施,以及在党政机关、企事业单位、社会团体、园区等内部停车位建设,为公务车辆、员工车辆等提供服务的专用充电基础设施(高速公路服务区充电桩数量不少于4个,其他充电桩数量不少于6个),给予直流300元/kW、交流100元/kW建设补贴
重庆市	重庆市汽车产业投资项目备案服务指南	渝发改工〔2019〕937号	重庆市发展和改革委员会	2019-07-30	指南明确:汽车产业投资项目分为汽车整车投资项目和其他投资项目。汽车整车投资项目按照驱动动力系统分为燃油汽车和纯电动汽车投资项目,包括乘用车和商用车两个产品类别。其他投资项目包括汽车发动机、动力电池、燃料电池和车身总成等汽车零部件,专用汽车、挂车,以及动力电池回收利用、汽车零部件再制造投资项目
	关于完善促进消费体制机制实施方案(2019—2020年)的通知	冀政办字〔2019〕4号	河北省人民政府	2019-01-10	方案明确:促进汽车消费优化升级。 1)制定河北省新能源汽车推广应用三年计划,落实新能源汽车车辆购置税优惠政策,推动公务用车领域示范应用,加大公共服务领域新能源汽车推广应用力度,全面推动市区公交电动化。 2)加快推进新能源汽车充电基础设施建设,统筹优化充电基础设施全省布局,推进充电设施互联互通,提高充电服务智能化水平。 3)积极推进城市停车场和停车信息平台建设,增加停车位供给,鼓励融资方式多元化;贯彻落实国家汽车销售管理办法,打破品牌授权单一模式,以汽车流通体系创新促进消费。 4)提升汽车维修养护服务水平,在全社会营造良好购车用车环境。积极探索各类共享出行模式,强化监管举措,建立绿色、节约、社会化的出行消费体系

续上表

地方政府	政　策	文 件 号	发布单位	发布日期	内　容
河北省	河北省车用乙醇汽油推广方案	冀发改能源〔2019〕718 号	河北省发展和改革委员会 河北省商务厅 河北省交通运输厅 河北省市场监督管理局 河北省公安厅 河北省财政厅 河北省生态环境厅 河北省住房和城乡建设厅 河北省应急管理厅 国家税务总局 河北省税务局	2019-05-27	通知明确:在河北省南部 6 市已封闭运行车用乙醇汽油基础上,自 2019 年 6 月 1 日起,对北部承德、张家口、唐山、秦皇岛、廊坊 5 市开始推广使用车用乙醇汽油,12 月底实现全省全域封闭运行,除军队特需、国家和特种储备、工业生产用油外,基本实现全省车用乙醇汽油替代普通汽油
	张家口首都水源涵养功能区和生态环境支撑区建设规划(2019—2035 年)	发改地区〔2019〕1252 号	国家发展改革委 河北省人民政府关于印发	2019-07-20	实施意见明确:到 2021 年建成氢能产业创新研发平台、氢燃料电池汽车及氢能研究院、氢能公共检测服务平台,力争实现燃料电池电堆等核心零部件的国产化,积极申请一批具有国际先进水平的专利,参与一批国内外高水平相关标准制定。到 2021 年,氢能产业全产业链累计产值达到 70 亿元,年制氢能力达 2.1 万 t,引入企业数量 20 家以上;到 2035 年,累计引入有关企业数量 100 家以上。到 2021 年,累计推广各类氢燃料电池汽车 2 000 辆,配套建设加氢站;到 2035 年累计推广各类氢燃料电池汽车 5.5 万辆以上,建成加氢站 100 个以上
	河北省推进氢能产业发展实施意见	冀发改能源〔2019〕1075 号	河北省发展和改革委员会 河北省工业和信息化厅 河北省财政厅 河北省自然资源厅 河北省生态环境厅 河北省住房和城乡建设厅 河北省交通运输厅 河北省应急管理厅 河北省市场监督管理局 河北省科学技术厅	2019-08-12	意见明确:围绕制氢、储运加、燃料电池、应用示范和产业集聚发展、创新体系建设、标准体系建设等 7 个方面做好相关工作,推动氢能产业高质量发展。 1)到 2022 年,全省建成 20 座加氢站,燃料电池公交车、物流车等示范运行规模达到 2500 辆,重载汽车实现一定规模示范;燃料电池实现在大型应急电源、通信基站、分布式热电联供等领域的试点示范;开展氢气混入天然气管网、H-CNG 加气站等民生用气、调峰用气的应用示范。 2)到 2025 年,累计建成 50 座加氢站,燃料电池汽车规模达到 1 万辆,乘用车实现规模示范;扩大氢能在电力、热力领域的推广应用。 3)到 2030 年,至少建成 100 座加氢站,燃料电池汽车运行超过 5 万辆,其中乘用车不少于 3 万辆
	保定市新能源汽车充电基础设施建设运营管理办法	保发改电力〔2019〕262 号	保定市发展和改革委员会	2019-04-25	管理办法明确了既有各类停车场充电车位基本配比原则: 1)对行政事业单位,如行政机关、公共机构和企事业单位,应率先示范建设充电基础设施,充电车位数量不低于总车位数的 20%。 2)对老旧居民小区,应结合本小区居民数量和目前机动车保有量,按照一定比例规划配建的公用充电车位,不低于全部车位数量的 10%。 3)对公共领域,如商超、酒店、体育馆、景区、学校、医院等,应结合规划,合理布局,建议在市区内中心地段、车流量大的地段率先建设,以点带面,建设全面的充电生态网络。充电车位数量不低于总车位数的 20%。 4)对城市和城乡公交车(含农村客运车)、环卫车、机场通勤车等定点定线运行的公共服务领域,优先在停车场站配建充电设施,按照 100% 的比例安装充电基础设施。 5)独立占地的公用充电设施项目充电桩应不少于 5 个,且桩间距不大于 10 m,总功率不低于 300 kW
	邯郸市重污染天气应急指挥部关于市主城区实行机动车单双号限行的通知	〔2019〕7 号	邯郸市重污染天气应急指挥部	2019-02-28	通知明确:邯郸市将于 2019 年 3 月 4 日—2019 年 3 月 31 日,周一至周五每日 7 时—20 时,在市主城区实施机动车单双号限行。其中,新能源汽车(纯电动车辆、插电式混合动力车辆、燃料电池汽车)不受限行措施限制

续上表

地方政府	政　　策	文件号	发布单位	发布日期	内　　容
河北省	关于邯郸市主城区实行机动车单双号限行的通知	—	邯郸市重污染天气应急指挥部	2019-12-08	通知明确:2019年12月9日—2019年12月31日,在邯郸市主城区实施机动车单双号限行。新能源汽车(纯电动车辆、插电式混合动力车辆、燃料电池汽车)不受限行措施限制
	关于完善促进消费体制机制进一步激发居民消费潜力的实施意见	(2019)-29	石家庄市人民政府办公室	2019-04-14	通知明确:制定石家庄市新能源汽车推广应用三年计划,实施新能源汽车车辆购置税优惠政策,促进汽车消费优化升级。推动公务用车领域示范应用。加大公共交通领域新能源汽车推广应用力度,逐步推进市区公交电动化。加快推进新能源汽车充电基础设施建设,统筹优化充电基础设施全市布局,推进充电设施互联互通,提高充电服务智能化水平
	石家庄市2019年大气污染综合治理工作方案	石政发〔2019〕3号	石家庄市人民政府	2019-6-26	方案明确:积极推广新能源汽车。加快推进城市建成区公交、环卫、邮政、出租、通勤、轻型物流配送车辆采用新能源或国Ⅵ排放标准的燃气车辆。2019年全市推广应用新能源汽车不低于4 000辆(标准车),全市公务用车领域新增或更换车辆积极推广使用新能源汽车;全市更新或新增的公交车中,新能源公交车比例不低于80%;全市累计建成充电站53座,充电桩1 760个
	张家口首都水源涵养功能区和生态环境支撑区建设规划(2019—2035年)	发改地区〔2019〕1252号	国家发展改革委 河北省人民政府	2019-7-20	实施意见明确:到2021年建成氢能产业创新研发平台、氢燃料电池汽车及氢能研究院、氢能公共检测服务平台,力争实现燃料电池电堆等核心零部件的国产化,积极申请一批具有国际先进水平的专利,参与一批国内外高水平相关标准制定。到2021年,氢能产业全产业链累计产值达到70亿元,年制氢能力达2.1万t,引入企业数量20家以上;到2035年,累计引入有关企业数量100家以上。到2021年,累计推广各类氢燃料电池汽车2 000辆,配套建设加氢站;到2035年累计推广各类氢燃料电池汽车5.5万辆以上,建成加氢站100个以上
	唐山市关于实行机动车限行的通告	唐政通字〔2019〕7号	唐山市人民政府	2019-6-13	通告明确:2019年6月14日—10月31日期间,唐山市实施机动车限行管理措施,但悬挂合法号牌的纯电动汽车、插电式混合动力汽车、燃料电池汽车不受措施限制,允许在禁止通行范围内道路行驶
	关于划定雄安新区移动源污染物低排放控制区的通告	—	河北雄安新区管理委员会	2019-07-15	通告明确: 为优化能源消费结构,自通告发布之日起,新区范围内新购置非道路移动机械和重型运输车辆,如有新能源车型,必须购置新能源车型。 2020年1月1日起,新区范围内建设工程使用(含新区范围外的物料运输)的重型柴油车不得低于国Ⅴ排放标准,且满足《柴油车污染物排放限值及测量方法(自由加速法及加载减速法)》中排放限值要求。 2020年底前,新区范围内运营的公共汽车、环卫、通勤、轻型物流配送等车辆,应全部实现新能源化
山西省	关于做好车用乙醇汽油推广使用工作的通知	晋政办发〔2019〕7号	山西省人民政府办公厅	2019-01-25	通知明确:山西省按照"试点先行、全面推行"思路,在全省积极稳妥推广使用车用乙醇汽油。2019年将在京津冀大气污染传输通道涉及山西省的太原、阳泉、长治、晋城等城市先期进行试点。从2020年1月1日开始,山西省将全面推广使用车用乙醇汽油。所有加油站禁止向终端用户销售非车用乙醇汽油(军队特需、国家和特种储备用油除外),一律改售车用乙醇汽油。并且按照自愿原则,鼓励对首次使用车用乙醇汽油的车辆进行清洗调整
	山西省新能源汽车产业2019年行动计划	晋工信产业字〔2019〕73号	山西省工业和信息化厅	2019-03-19	计划明确: 1)推进企业通过技术改造提升新能源汽车及相关产品生产制造能力,立足山西燃料电池汽车、甲醇汽车、燃气汽车等为产业重点。 2)在氢燃料电池汽车补贴政策不退坡的前提下,按照中央财政补助1:1的比例给予省级财政补助,并对加氢站和氢燃料加注进行适度补贴。

续上表

地方政府	政　策	文件号	发布单位	发布日期	内　容
山西省	山西省新能源汽车产业 2019 年行动计划	晋工信产业字〔2019〕73 号	山西省工业和信息化厅	2019-03-19	3）加强新能源汽车关键零部件创新与研发，重点支持氢燃料电池汽车产业链的延伸，包括氢燃料电池电堆、制氢储氢和氢燃料的运输加注等关键技术的研究开发，推进新能源汽车的产业化
	山西省绿色制造 2019 年行动计划	晋工信节能字〔2019〕52 号	山西省工业和信息化厅	2019-03-25	通知提道： 1）加快资源综合利用重点项目建设。重点推进山西铁塔新能源动力电池梯次利用改造项目等资源综合利用重点项目建设。 2）加快资源综合利用技术创新和推广应用。推进山西铁塔加大退役动力电池梯次利用规模，力争 2019 年底，全省利用废旧动力电池的通信基站站点数量比 2018 年翻一番，推动汾西重工退役动力蓄电池分类再加工利用以及终极拆解资源化处理项目建设
	山西省推进运输结构调整实施方案	晋政办发〔2019〕30 号	山西省人民政府办公厅	2019-05-07	通知明确：大力推广新能源和清洁能源车辆。 1）优先支持新能源城市配送车辆上牌，简化办证程序。加快推进城市建成区新增和更新的邮政、轻型物流配送车辆使用新能源或清洁能源汽车，全省使用比例达到 80%。 2）完善充电加气基础设施。加快推进公共充电桩和加气站规划及建设，确保用地需求。2020 年，全省共建设充电站 343 座，共建设分散充电桩 19 万个。2020 年前全省主要物流基地与集散中心均配建物流配送车专用充电站
	关于重污染天气期间实施机动车单双号限行交通管制的通告	—	临汾市大气污染防治行动指挥部	2019-01-12	通告明确：为缓解城市道路交通拥堵，减少机动车污染物排放，促进环境空气质量持续改善，鼓励市民绿色出行，决定在重污染天气预警期间实施机动车（含临时号牌车辆）单双号限行交通管制。其中新能源汽车，包含纯电动机动车（以可充电电池作为唯一动力来源、由电动机驱动）、插电式（含增程式）混合动力汽车和燃料电池汽车不受限
辽宁省	辽宁省推进运输结构调整三年行动计划（2018—2020 年）	辽政办发〔2019〕6 号	辽宁省交通运输厅	2019-02-26	通知明确：加快新能源和清洁能源车辆推广应用，优化城市配送车辆结构，到 2020 年，城市建成区新增和更新轻型物流配送车辆中，新能源车辆和达到国Ⅵ排放标准清洁能源车辆的比例达到 80%。将加气站、充电站、公共充电桩建设纳入城市基础设施规划建设范围，加大用地、资金等支持力度。制定出台新能源城市配送车辆便利通行政策，改善车辆通行条件
	沈阳市关于进一步明确沈阳市新能源汽车地方财政补贴政策的通知	沈工信发〔2019〕118 号	沈阳市工业和信息化局 沈阳市财政局	2019-11-22	通知明确：从 2019 年 6 月 26 日起，沈阳市不再对新销售的新能源汽车（新能源公交车和燃料电池汽车除外）给予地方购置补贴
黑龙江省	黑龙江省工业强省建设规划（2019—2025 年）	黑政规〔2019〕8 号	黑龙江省人民政府	2019-06-04	新能源汽车领域相关方面，规划提到的发展方向与重点如下。 一、重点培育新能源等三大先导性产业：加快聚焦国内外氢能创新要素，引进一批国内一流氢能制备、燃料电池研发制造企业，推进氢能产业技术引进突破、工程研究和产品开发，逐步推进制氢、氢储存、氢运输、氢燃料电池电堆、氢能利用配套服务等产业布局。适时建立氢能研发监测认证中心，逐步加强氢能应用示范，推进氢能商业化应用进一步普及。 二、优化提升汽车等三大基础性产业：1）重点发展高端乘用车，提升规模化生产水平，带动配套产业发展，形成较为完整的汽车产业链。积极发展新能源客车，加大市场开发力度，抓住国家扶持新能源汽车机遇，尽快释放产能；2）重点发展新能源汽车动力电池、专用电机、太阳能光伏组件等产品
	黑龙江发布党政机关公务用车管理办法	—	中共黑龙江省委办公厅 黑龙江省人民政府办公厅	2019-06-29	办法明确：党政机关应当配备使用国产汽车，带头使用新能源汽车。购置和报废更新的机要通信用车应当全部配备新能源汽车。要根据充电等配套设施建设情况，按照规定逐步提高新能源汽车配备比例

续上表

地方政府	政　策	文件号	发布单位	发布日期	内　容
黑龙江省	关于调整哈尔滨市购买使用新能源汽车补贴政策有效期的通知	哈政规〔2019〕10号	哈尔滨市人民政府	2019-05-11	通知明确：哈尔滨市购买使用新能源汽车补贴政策有效期截止时间由2020年12月31日调整为2019年6月25日。对购买使用新能源汽车的单位和个人，按照国家补贴标准，对纯电动汽车按1:1、插电式混合动力汽车按1:0.8的比例给予地方配套财政补贴。国家和地方配套财政补贴总额最高不超过车辆销售价格的60%
	关于放开哈尔滨市电动汽车充换电服务收费标准有关事项的通知	哈发改价费〔2019〕326号	哈尔滨发展和改革委员会	2019-12-27	通知明确：自2020年1月1日起，哈市将放开电动汽车充换电服务费，实行市场调节价管理。充换电设施建设运营单位可向电动汽车用户收取电费及充换电服务费两项费用。电动汽车充电电价应严格按照国家法规定的电价政策执行
江苏省	关于做好推动新能源汽车产业发展近期重点工作的通知	苏工信产业〔2019〕16号	江苏省工业和信息化厅	2019-01-04	通知明确：及时把握重点企业发展情况；各地认真梳理总结本地区新能源汽车产业链培育情况，形成本地区新能源汽车产业发展情况报告；开展氢能及燃料电池汽车产业专题调研
	江苏省推进运输结构调整实施方案	苏政办发〔2019〕23号	江苏省人民政府办公厅	2019-02-28	通知明确：加大新能源城市配送车辆推广应用力度。 将公共充电桩建设纳入城市基础设施规划建设范围，加大用地、资金等支持力度，在物流园区、工业园区、大型商业购物中心、农贸批发市场等货流密集区域集中规划建设专用充电站和快速充电桩。 结合城市配送需求，制定新能源城市配送车辆便利通行政策，改善车辆通行条件。在有条件的地区建立新能源城市配送车辆运营补贴机制，降低使用成本。在重点物流园区、铁路物流中心、机场、港口等推广使用电动化、清洁化车辆。 到2020年，城市建成区新增和更新轻型物流配送车辆中，新能源车辆和达到国Ⅵ排放标准的清洁能源车辆占比不低于80%
	关于做好智能网联汽车公共测试道路管理有关工作的通知	苏工信产业〔2019〕172号	江苏省工业和信息化厅 江苏省公安厅 江苏省交通运输厅	2019-03-29	通知明确：测试道路类型应为城市道路或三级以上公路（高速公路除外），道路设计符合《城市道路工程设计规范》（CJJ37）、《公路工程技术标准》（JTGB01）或《公路路线设计规范》（JTGD20—2017）等相关标准规范的要求；测试道路总长度应不小于5 km，同一路况的测试道路长度不宜少于200 m
	江苏省推进车联网（智能网联汽车）产业发展行动计划	苏工信产业〔2019〕248号	江苏省工信厅 江苏省发改委 江苏省科技厅江苏省公安厅 江苏省财政厅 江苏省交通运输厅 江苏省市场监督管理局 江苏省通信管理局	2019-06-12	计划明确：到2025年，建设成为全国车联网（智能网联汽车）重点产业集聚区，进一步确立产业规模和核心竞争力优势，全省新一代信息基础设施智能化升级全面完成，智慧城市建设水平大幅提升，智能交通应用模式不断拓展，车联网用户渗透率达到60%以上
	关于促进新能源汽车产业高质量发展的意见	苏新汽〔2019〕3号	江苏省新能源汽车产业发展领导小组	2019-07-30	意见明确：进一步扩大产业规模，到2021年，新能源汽车产量超过30万辆，形成1~2家年产量超过10万辆的新能源汽车生产企业；到2025年，新能源汽车产量超过100万辆，形成2~3家年产销量超过30万辆的新能源汽车生产企业，在新能源汽车关键零部件领域，培育一批国内外知名企业
	江苏省氢燃料电池汽车产业发展行动规划	苏工信产业〔2019〕513号	江苏省工业和信息化厅 江苏省发展改革委 江苏省科技厅	2019-08-27	通知明确：到2021年，全省氢能产业水平处于全国领先，氢能产业主营收入达500亿元，电堆产能达50万kW以上，到2025年，将基本建立完整的氢燃料电池汽车产业体系，力争全省整车产量突破1万辆，建设加氢站50座以上，基本形成布局合理的加氢网络，产业整体技术水平与国际同步，成为我国氢燃料电池汽车发展的重要创新策源地地

续上表

地方政府	政　策	文件号	发布单位	发布日期	内　容
江苏省	2018—2019 年南通市新能源汽车推广应用地方财政补贴实施细则	通财建二〔2019〕19 号	南通市财政局 南通市交通运输局	2019-05-31	实施细则明确： 补助对象：2018—2019 年本市范围内新能源汽车购买者。新能源汽车是指纳入国家《新能源汽车推广应用推荐车型目录》的纯电动汽车、插电式混合动力汽车（含增程式）和燃料电池汽车。私人消费者仅限于购置新能源乘用车。 补助标准：各类车型 2019 年市级补贴标准按 2018 年标准退坡 20%。地方财政给予的补助资金不得超过相应车型中央财政单车补贴额的 50%
	常熟氢燃料电池汽车产业发展行动计划（2019—2022 年）	常政办发〔2019〕163 号	常熟市人民政府办公室	2019-12-24	计划明确：到 2022 年，常熟市氢燃料汽车产业整体发展水平和综合实力大幅度提升，电堆、空压机、增湿器等技术位于国内领先水平，氢燃料电池汽车累计推广达到 300 辆以上，初步形成较为完善的产业链条，形成示范应用氢燃料电池汽车的良好氛围
	2018—2020 年镇江市新能源汽车推广应用地方财政补贴实施细则	镇财工贸〔2019〕4 号	镇江市财务局 镇江市工业和信息化局	2019-03-18	细则明确：新能源汽车是指纳入国家《新能源汽车推广应用推荐车型目录》的纯电动汽车、插电式混合动力汽车（含增程式）和燃料电池汽车。其中，私人消费者仅限于购置新能源乘用车。各种类型汽车技术要求符合当年度国家、省有关部门文件规定。 1）补贴对象为 2018—2020 年全市范围内新能源汽车购买者和公共领域充电设施建设运营单位，以财政性资金购买新能源汽车，地方财政不予补贴。 2）车辆购置补贴方面，新能源客车补贴标准为当年度中央财政相应车型单车补贴额的 30%；新能源乘用车、专用车（货车）、燃料电池汽车补贴标准为当年度中央财政相应车型单车补贴额的 40%。地方财政补贴总额最高不超过扣除国家补贴后汽车售价的 60%（以销售发票为准）。 3）充电设施建设补贴方面，镇江市对经省级认定的公共领域充电设施建设运营单位按充电桩充电功率给予补贴，交流充电桩 400 元/kW，直流充电桩 600 元/kW。单个充电站或充电桩群的补贴总额不超过 100 万元。对闲置的车辆和充电设施不予补贴
	南京市打赢蓝天保卫战实施方案	宁政发〔2019〕7 号	南京市人民政府	2019-01-10	通知明确加快车辆结构升级。 1）2019 年底前，基本实现新能源或清洁能源电动公交“全覆盖”。新增和更新的公交、环卫、邮政、出租、通勤、轻型物流配送车辆使用新能源或清洁能源汽车，到 2020 年，使用比例达到 80%。 2）港口、机场、铁路货场等新增或更换作业车辆和非道路移动机械应主要使用新能源或清洁能源。在物流园、产业园、工业园、大型商业购物中心、农贸批发市场等物流集散地建设集中式充电桩和快速充电桩
	关于调整电动汽车充换电服务收费有关事项的通知	宁发改工价〔2019〕211 号	南京市发展和改革委员会	2019-04-03	通知明确：自 2019 年 3 月 10 日起，南京市电动汽车充电服务最高收费标准为 0.71 元/（kWh）（不含电费）
	南京市网络预约出租汽车管理办法（草案）	—	南京市交通运输局	2019-10-21	办法明确：在南京市从事网约车经营的车辆优先选用新能源汽车，新能源汽车车辆轴距达到 2 650 mm 以上，其中纯电动汽车续航里程达到 300 km 以上；燃油汽车车辆轴距达到 2 700 mm 以上，发动机功率达到 100 kW 以上
浙江省	浙江省汽车产业高质量发展行动计划（2019—2022 年）	浙政办发〔2019〕1 号	浙江省人民政府办公厅	2019-01-02	计划明确： 1）示范引领智能汽车发展：加快推动智能网联汽车测试场和示范区建设；加快智能汽车产业化；推进智能汽车与数字科技深度融合。 2）构筑节能燃油汽车与新能源汽车高端产业链：推进纯电动汽车创新发展；加快培育燃料电池汽车产业链。 3）完善汽车产业服务体系：建立“汽车 +”服务体系；加快新能源汽车推广运营；完善配套基础设施；建立绿色回收服务体系

续上表

地方政府	政　策	文件号	发布单位	发布日期	内　容
浙江省	浙江省促进新一代人工智能发展行动计划(2019—2022 年)	浙经信技术〔2019〕23 号	浙江省经济和信息化厅 浙江省科学技术厅	2019-01-31	计划明确:推动浙江省人工智能、汽车制造互联网的优质资源融合;推动智能汽车、智能交通等宽带移动网络的技术发展和产业应用,谋划建设若干智能网联汽车测试平台,实现由封闭式简单场景测试体验逐步向开放式应用场景落地转化
	浙江省汽车投资项目备案服务指南	—	浙江省发展和改革委员会办公室	2019-04-03	指南明确纯电动汽车投资项目的备案范围:纯电动汽车投资项目是指以电动机提供驱动力的汽车投资项目,包括纯电动汽车(含增程式电动汽车)、燃料电池汽车等投资项目。将插电式混合动力汽车投资项目归属为燃油汽车投资项目
	浙江省柴油货车污染治理攻坚战行动计划的通知	浙政办发〔2019〕26 号	浙江省人民政府办公厅	2019-04-18	通知明确:鼓励各地建立与柴油货车淘汰更新相挂钩的新能源车辆运营补贴机制。港口、机场、铁路货场、物流园新增和更换的岸吊、场吊、吊车等主要采用新能源或清洁能源机械。推进城市建成区新增和更新的公交、环卫、邮政、出租、通勤、轻型物流配送车辆采用新能源或清洁能源车,使用比例达到 80%。
	2019 年浙江省充电基础设施建设发展年度计划	浙发改能源〔2019〕232 号	浙江省发展和改革委员会	2019-05-07	通知指出:2019 年度浙江省计划新建 110 座充换电站、2 800 个公用桩,61 855 个自用充电桩
	浙江省高端装备制造业发展重点领域(2019 版)	浙经信装备〔2019〕86 号	浙江省经济和信息化厅	2019-08-05	新能源汽车领域相关方面,通知提到如下 3 个重点领域,其产品方向和实施内容如下。 1. 先进交通装备及关键零部件重点领域 产品方向:新能源汽车及关键零部件 实施内容:最高车速不低于 120 km/h、续驶里程不低于 350 km 的自主品牌纯电动汽车;最高车速不低于 90 km/h、单位载质量能量消耗量 E_{kg}不大于 0. 32、满足国Ⅵ标准的增程式城市物流车;最高车速不低于 110 km/h、最大爬坡度不低于 25%、续驶里程不少于 800 km 的重型甲醇牵引车;能量型动力电池组(能量密度≥180 Wh/kg),电芯(能量密度≥300 Wh/kg);电池隔膜(厚度 15 ~ 40 μm,孔隙率 40% ~ 60%);电池管理系统,电机管理系统;电动汽车驱动电机(峰值功率密度≥2. 5 kW/kg,高效区:65% 工作区效率≥80%),车用 DC/DC(输入电压 240 ~ 400 V),大功率电子器件(IGBT,电压等级≥600 V,电流≥300 A);插电式混合动力机电耦合驱动系统;新能源汽车电机、电控、充电及制动系统及核心零部件。 燃料电池车载系统及电堆系统装备;车载氢罐,加氢机;加氢站领域用微通道换热器、双极板表面处理、膜电极喷涂设备;燃料电池体系检测、氢气品质检测设备;燃料电池低铂催化剂、复合膜、膜电极、增湿器、增湿器控制阀、空压机;氢气引射器、氢喷阀、水泵、氢气循环泵、70 MPa 氢瓶。 2. 高端装备核心材料重点领域 产品方向:新能源材料 实施方向:锂离子动力电池材料;超级电容器材料;有机太阳能电池材料;新型电池材料;燃料电池核心材料;高性能半导体电子材料
	浙江省加快培育氢能产业发展的指导意见	浙发改产业〔2019〕375 号	浙江省发展改革委 浙江省经济和信息化厅 浙江省科学技术厅	2019-08-28	指导意见明确: 1)到 2022 年,浙江省氢燃料电池整车产能达到 1 000 辆,氢燃料发动机产量超过 1 万台,氢能产业总产值超过 100 亿元。 2)推广应用方面,氢燃料电池在公交、物流、船舶、储能、用户侧热电联供等领域推广应用形成一定规模,累计推广氢燃料电池汽车 1 000 辆以上。 3)加氢设施方面,在现有加油(气)站以及规划建设的综合供能服务站内布局建设加氢站,力争建成加氢站 30 座以上,试点区域氢气供应网络初步建成。 4)到 2025 年,浙江基本形成完备的氢能装备和核心零部件产业体系;加氢设施网络较为完善,氢能在汽车、船舶、分布式能源等应用领域量化推广,成为国内氢能产业高地

续上表

地方政府	政　策	文 件 号	发布单位	发布日期	内　容
浙江省	关于2019年温州市区新能源汽车推广应用地方补助事项的通知	温发改产〔2019〕121号	温州市发展和改革委员会 温州市财政局	2019-06-12	通知明确:补助对象为温州市区新能源汽车消费者和充换电设施建设主体。 补助标准 1)消费者在市区购买的新能源汽车,按照中央财政补助标准的50%给予地方补助,其中新能源货车和专用车每辆补助最高不超过3万元;微型纯电动汽车(轴距2 000~2 200mm)按照中央财政补助标准的25%给予地方补助,每辆补助最高不超过1万元。 2)享受中央和地方财政补助的总额最高不超过车辆销售价格(销售价格须与市场公允价相符)的50%,如补助总额高于车辆销售价格50%的,按车辆销售价格的50%扣除中央财政补助后计算地方财政补助金额。 3)地方补助的新能源汽车仅限初次登记车辆。个人消费者购买新能源汽车的,可享受地方补助的车辆不超过1辆。 4)享受地方补助的新能源汽车,自初次登记之日起2年内,不得过户。单位消费者购置的新能源汽车申请地方补助,须在本市运行,不得异地驻点营运。 5)充换电设施按照实际投资额(以项目审计报告为准、不含增值税)的30%给予补助,其中每个直流充电桩补助上限标准20 000元,每个交流充电桩补助上限标准2 000元
	关于加快氢能产业发展的若干意见	甬政办发〔2019〕7号	宁波市人民政府办公厅	2019-01-24	意见明确: 1)打造氢能装备制造基地;推进氢能技术创新研发;推进氢能示范应用;建设氢能产业创新协同平台;引进培育氢能龙头企业;推进氢能公共服务平台建设。 2)到2022年,宁波市拟建成加氢站10~15座,探索推进公交车、物流车、港区集卡车等示范运营,氢燃料电池汽车运行规模力争达到600~800辆,推进清洁能源制氢与储运、氢能分布式系统建设。 3)到2025年,宁波市拟建成加氢站20~25座,氢燃料电池汽车运行规模力争突破1 500辆,成为具有全球影响力的氢能产业基地
安徽省	推进运输结构调整工作实施方案	皖政办〔2019〕4号	安徽省人民政府办公厅	2019-02-21	通知明确: 1)积极推广应用新能源城市配送车辆,到2020年,城市建成区新增和更新轻型物流配送车辆中,新能源车辆和达到国Ⅵ排放标准清洁能源车辆的比例达到80%,新能源汽车产销量力争达到15万辆。 2)加快电动汽车充电基础设施建设,到2020年,新增集中式充换电站500座,建成电动汽车充电桩18万个以上。 3)关于城市绿色配送方面,将从顶层设计入手,尽早形成新能源车辆运营补贴机制和便利通行政策,充分发挥安徽产业优势,利用纯电动物流车全国产销领先地位,加快提高清洁能源货车在城市配送车辆中占比。特别是在推广电动货车方面,将按照国家和省相关政策规定,优先支持新能源和清洁能源车辆的推广和运输
	柴油货车污染防治攻坚战实施方案	皖政办秘〔2019〕31号	安徽省人民政府办公厅	2019-02-22	通知明确:推广使用新能源和清洁能源汽车。 1)加快推进城市建成区新增和更新的公交、环卫、邮政、出租、通勤、轻型物流配送车辆采用新能源或清洁能源汽车,占比达到80%。积极推广应用新能源物流配送车。 2)集疏港、天然气气源供应充足地区应加快充电站及加气站建设,优先采用新能源汽车和达到国Ⅵ排放标准的天然气等清洁能源汽车。港口、机场、铁路货场等新增或更换作业车辆主要采用新能源或清洁能源汽车。 3)在物流园、产业园、工业园、大型商业购物中心、农贸批发市场等物流集散地建设集中式充电桩和快速充电桩。 4)鼓励各市组织开展燃料电池货车示范运营,建设一批加氢示范站。 5)优化承担物流配送的城市新能源车辆的便利通行政策

续上表

地方政府	政　　策	文 件 号	发布单位	发布日期	内　　容
安徽省	安徽省新一代人工智能产业基地建设实施方案	皖经信科技〔2019〕130号	安徽省经济和信息化厅	2019-09-11	智能网联汽车方面，方案明确重点建设智能网联汽车基地。推动整车企业与省内外科研单位、企业开展合作，加快先进零部件及系统开发应用，突破先进车载智能传感系统、车载智能终端系统、自动驾驶模拟器、智能辅助驾驶系统等产品，开发具备高级别自动驾驶功能的智能网联汽车，实现特定场景规模应用。谋划建设智能网联汽车测试平台，实现由封闭式简单场景测试体验逐步向开放式应用场景落地转化
	六安市人民政府关于大力支持氢燃料电池产业发展的意见	六政〔2019〕19号	六安市发展和改革委员会	2019-04-19	意见明确：打造氢燃料电池产业集聚基地。 1）加大应用试点示范。以公交车、物流车、船舶等交通运输领域为突破口，加快氢燃料电池规模化、商业化进程。研究制定氢燃料电池公交车示范运营方案，支持物流园区推广应用氢燃料电池物流车，示范项目优先纳入生态建设资金和现代物流园区建设专项资金支持范围。对氢燃料电池分布式发电、智能化家用和公共建筑用燃料电池热电联供系列装置等示范应用项目，实行"一事一议"进行奖补。鼓励探索氢燃料电池作为通信基站等备用电源。鼓励探索氢燃料电池产品在便携式电源、无人机、航天等特种领域的应用。 2）推进加氢站规划建设。统筹规划全市氢基础设施建设，探索建立我市加氢站设计、建设标准及安全管控规范。根据产业配套、氢源基地和氢燃料电池汽车推广情况，配套建设与之适应的加氢站
	合肥市打赢蓝天保卫战三年行动计划实施方案	合政〔2019〕20号	合肥市人民政府	2019-03-25	方案明确：推广使用新能源汽车。加快推进城市建成区新增和更新的环卫、邮政、出租、通勤、轻型物流配送车辆使用新能源或清洁能源汽车，使用比例达到80%；港口、机场、铁路货场等新增或更换作业车辆主要使用新能源或清洁能源汽车。2020年底前，城市建成区公交车全部更换为新能源汽车。充电桩方面，将在物流园、产业园、工业园、大型商业购物中心、农贸批发市场等物流集散地建设集中式充电桩和快速充电桩。为承担物流配送的新能源车辆在城市通行提供便利
福建省	福建省道路交通安全综合整治三年专项行动实施方案（2019—2021年）	闽政办〔2019〕24号	福建省人民政府办公厅	2019-04-14	方案明确： 1）根据公交车驾驶区域安全防护隔离设施标准，推动公交车驾驶室防护隔离设施的改造和增设工作。 2）加强对低速电动车生产、销售、道路通行的安全监管。 3）省工信厅牵头开展车辆生产企业安全监管行动。2019—2020年，按照低速电动车规范管理和相关技术标准要求，引导有条件的低速电动车企业转型升级。2020—2021年，按照新能源汽车安全技术标准，指导新能源汽车生产企业做好工作落实
	关于降低电动汽车充电服务收费标准等相关政策的通知	闽发改服价〔2019〕437号	福建省发展和改革委员会	2019-07-22	通知明确：降低电动汽车充电服务收费标准。电动汽车充电服务收费实行政府指导价管理；经营性集中式充电设施充电服务收费上限标准：电动乘用车由1元/（kWh）（不含电费）降为0.9元/（kWh）（不含电费），电动公交车由0.8元/（kWh）（不含电费）降为0.75元/（kWh）（不含电费）
	厦门市运输结构调整工作实施方案	厦府办〔2019〕26号	厦门市人民政府办公厅	2019-02-25	方案明确：加大新能源城市配送车辆推广应用力度。 1）加快新能源和清洁能源车辆的推广应用，2019年起停止销售低于国ⅥA标准车用汽油、低于国Ⅵ标准车用柴油，到2020年新增和更新轻型物流配送车辆中，新能源车辆和达到国Ⅵ排放标准清洁能源车辆的比例超过50%。在重点物流园区、铁路物流中心、机场、港口等加快推广使用新能源和清洁能源车辆。 2）支持在物流园区、工业园区、大型商业购物中心、农贸批发市场等货流密集区域，集中规划建设公共充电设施，保障新能源物流车的正常运营。优化新能源城市配送车辆便利通行政策，在限行区域及时段上享受比普通货车更为宽松的管理措施，在货运枢纽、装卸站点、商超车辆停靠点等公共或配建停车场设置一定比例的新能源城市配送车专用停车位，政府投资的公共停车场（点）停放新能源城市配送车辆2 h以内免费

续上表

地方政府	政　　策	文 件 号	发布单位	发布日期	内　　容
福建省	厦门市道路交通安全综合整治三年专项行动实施方案（2019—2021 年）	厦府办〔2019〕63 号	厦门市人民政府办公厅	2019-06-16	方案指出：加强对低速电动车生产、销售、道路通行的安全监管。由市工信局牵头开展车辆生产企业安全监管行动，2019—2020 年，按照低速电动车规范管理和相关技术标准要求，引导有条件的低速电动车企业转型升级；2020—2021 年，按照新能源汽车安全技术标准，指导新能源汽车生产企业做好工作落实
山东省	山东省打好柴油货车污染防治攻坚战作战方案	鲁政办字〔2019〕30 号	山东省人民政府办公厅	2019-02-08	通知明确：优化运输车队结构，推广使用新能源和清洁能源汽车。 1）加快推进城市建成区新增和更新的公交、环卫、邮政、出租、通勤、轻型物流配送车辆采用新能源或清洁能源汽车，使用比例达到 80%。2020 年年底前，济南、青岛城市建成区在保留必要燃油公交车进行应急保障的基础上，新增或更新的公交车全部为新能源汽车。 2）积极推广应用新能源物流配送车。各城市应加快充电站及加气站建设，优先采用新能源汽车和达到国Ⅵ排放标准的天然气等清洁能源汽车。全省港口、机场、铁路货场等新增或更换作业车辆主要采用新能源或清洁能源汽车。 3）在物流园、产业园、工业园、大型商业购物中心、农贸批发市场等物流集散地建设集中式充电桩和快速充电桩。 4）按照国家要求，鼓励各市组织开展燃料电池货车示范运营，建设一批加氢示范站。优化承担物流配送的城市新能源车辆的通行便利政策，改善通行条件
	关于大力拓展消费市场加快塑造内需驱动型经济新优势的意见	鲁政字〔2019〕143 号	山东省人民政府	2019-07-31	意见明确：加快建设智能网联汽车与智慧交通应用示范区，清理规范低速电动车，促进汽车消费升级。落实好新能源汽车免征车辆购置税、购置补贴等财税优惠政策，引导支持在新建和老旧小区建设充电基础设施，鼓励有条件的市开展燃料电池汽车示范运行，配套建设加氢站
	关于印发大力拓展消费市场加快塑造内需驱动型经济新优势重点任务细化落实分工方案的通知	鲁政办字〔2019〕164 号	山东省人民政府办公厅	2019-09-21	通知明确：鼓励有条件的市开展燃料电池汽车示范运行，积极争取国家支持，在济南、潍坊、聊城等 3 市推广燃料电池公交车，完成时限为长期
	东营市打好柴油货车污染治理攻坚战作战方案	东政办字〔2019〕46 号	东营市人民政府办公室	2019-07-30	方案明确：推广使用新能源和清洁能源汽车。 1）推进城市建成区新增和更新的公交、环卫、邮政、出租、通勤、轻型物流配送车辆采用新能源或清洁能源汽车，使用比例达到 80%。 2）全市港口、机场、铁路货场等新增或更换作业车辆主要采用新能源或清洁能源汽车。加快充电站及加气站建设。 3）在物流集散地建设集中式充电桩和快速充电桩，2019 年新建充电站 15 座、充电桩 100 台。优化承担物流配送的城市新能源车辆的通行便利政策，改善通行条件
	济宁市加氢站管理暂行办法	—	山东省济宁市住房和城乡建设局	2019-08-08	意见明确：在加氢站布局规划实施前，为服务公交、物流车辆建设的加氢站，暂由燃气行业主管部门会同行政审批部门、交通运输、能源等部门进行选址，行政审批部门进行立项审批。加氢站经营单位因生产经营需要，确需办理经营许可的，可向县（市、区）、功能区行政审批部门或燃气管理部门申请办理《燃气经营许可证》
	济宁市关于支持氢能产业发展的意见	济政字〔2019〕66 号	济宁市人民政府办公室	2019-11-18	意见明确：加大氢能基础设施建设和氢能应用扶持力度。探索加氢（油、气、电）等综合建设模式，探索推进氢分布式能源应用示范。对建设的 500 kg/d 撬装式加氢站，每个补贴 400 万元；建设的 500 kg/d 固定式加氢站，每个补贴 800 万元。加速氢燃料电池汽车、公交车、物流车等示范作用，稳步提升氢燃料电池汽车在全市新能源汽车中的比重。对氢能公交车和氢能物流车车辆购置款按照国家标准 1:1，对购车单位进行地方补贴。对加氢站运营销售氢气，按 20 元/kg 补贴

续上表

地方政府	政　策	文件号	发布单位	发布日期	内　容
山东省	淄博市城乡高效配送试点城市实施方案	商流通函〔2019〕60号	淄博市商务局 淄博市公安局 淄博市交通运输局 淄博市邮政管局 淄博市供销合作社	2019-03-12	通知提道： 1）加强绿色仓储建设，推广新能源车辆和先进技术装备，试点期间，每年评定绿色仓储企业3个左右，推动新能源车100台左右。 2）对企业从事生活必需品、药品、鲜活农产品、冷藏车保鲜产品、邮政寄递等涉及民生的配送车辆配送，以及使用节能与新能源车辆从事配送的，优先给予通行便利
	青岛市关于加快新能源汽车产业发展若干政策措施的通知	青政办字〔2019〕51号	青岛市人民政府办公厅	2019-09-18	通知明确：要加快充电加氢基础设施建设，制定青岛市氢能源产业发展规划、加氢站布局规划和加氢站建设指导性文件；按照加氢站类型和加氢能力，对加氢站给予一定建设补助和加氢补助。加氢站正式运营后前3年，按照地方经济贡献100%给予奖励，由市、区（市）两级按照现行财政体制共同负担；组织开展燃料电池汽车应用示范。对列入燃料电池汽车应用示范运行的车辆，按照同期国家财政补贴标准1:1给予地方购置补贴
	潍坊市关于做好汽车加氢站规划建设运营管理工作的意见	潍政办字〔2019〕61号	潍坊市人民政府办公室	2019-05-07	意见从行业监管、规划建设、经营服务、安全管理、经营许可5个方面，对加氢站从规划建设到运营管理工作提出了具体要求，有效解决加氢站行业当前面临的各类突出问题
	菏泽市打好柴油货车污染防治攻坚战作战方案	菏政办字〔2019〕18号	菏泽市人民政府办公室	2019-04-12	新能源汽车方面，方案明确推广使用新能源和清洁能源汽车。 1）加快推进城市建成区新增和更新的公交、环卫、邮政、出租、通勤、轻型物流配送车辆采用新能源或清洁能源汽车，使用比例达到80%。2020年年底前，新增或更新的公交车全部为新能源汽车。积极推广应用新能源物流配送车。 2）建制城区范围内应加快充电站及加气站建设，优先采用新能源汽车和达到国Ⅵ排放标准的天然气等清洁能源汽车。全市车站、港口、铁路货场等新增或更换作业车辆主要采用新能源或清洁能源汽车。 3）在物流园、产业园、工业园、大型商业购物中心、农贸批发市场等物流集散地建设集中式充电桩和快速充电桩。 4）按照国家和省政府要求，鼓励组织开展燃料电池货车示范运营，新建试点加氢示范站。优化承担物流配送的城市新能源车辆的通行便利政策，改善通行条件。 5）提前淘汰取得《报废汽车回收证明》并购买新能源货车享受中央财政现行购置补贴政。积极研究建立与柴油货车淘汰更新相挂钩的新能源车辆运营补贴机制，制定实施便利通行政策
	济南市推进运输结构调整工作实施方案	济政办发〔2019〕17号	济南市人民政府办公厅	2019-09-08	方案明确：推广应用新能源城市配送车辆及非道路移动机械。 1）全力争取、统筹利用国家和省出台的新能源汽车推广应用补贴、运营补助、充电设施奖励等各类政策，修订完善电动汽车充电基础设施建设实施方案，加快新能源和清洁能源车辆推广应用。 2）将公共充电桩建设纳入城市基础设施规划建设范围，加大用地、资金等支持力度，在货流密集区规划建设充电站（桩）。 3）到2020年，建成公用及专用充电站150座、充电桩10 000个。 4）建成区新增、更新邮政、轻型物流配送车辆中，新能源车辆和达到国Ⅵ排放标准清洁能源车辆的比例达到80%；凡是财政资金购买的市政、环卫车辆全部采用新能源车；鼓励推广使用新能源非道路移动机械

续上表

地方政府	政　策	文件号	发布单位	发布日期	内　容
河南省	河南省交通运输行业大气污染防治攻坚战实施方案	豫交文 133	河南省交通运输厅	2019-04-03	方案明确推广使用新能源和清洁能源车船。 1）2019 年新增、更新公交车辆全部纯电动化，新增、更新的邮政、出租、轻型物流配送车辆实施以新能源为主的清洁能源化比例不低于 85%。其中，郑州市建成区公交车辆、出租车辆、物流配送车辆等领域基本实现电动化。 2）加快物流集散地和公交车辆集中停放地集中式充电桩和快速充电桩建设，2019 年年底，建成省内国家级高速公路城际快充网络。 3）优化承担物流配送的城市新能源车辆的便利通行政策
	河南省加快新能源汽车推广应用若干政策	豫政办〔2019〕36 号	河南省人民政府办公厅	2019-05-19	政策明确：加速推进城市公交、城际公交、市政环卫等公共领域运输作业车辆新能源化，推进在燃油出租车分批置换新能源汽车，在城市物流领域推行新能源汽车分拨配送，扩大氢燃料电池汽车市场应用范围，优化新能源汽车市场供给。进一步加强基础设施建设，对新能源汽车充电站、燃料电池加氢站，省财政按照主要设备投资总额的 30% 给予奖励
	河南省进一步优化供给推动消费平稳增长促进形成强大国内市场的实施方案（2019 年）	豫发改经贸〔2019〕386 号	河南省发展和改革委员会 河南省工业和信息化厅 河南省民政厅 河南省财政厅 河南省住房和城乡建设厅 河南省交通运输厅 河南省农业农村厅 河南省商务厅 河南省卫生健康委员会 河南省市场监督管理局	2019-06-19	方案明确：推广应用新能源及网联汽车。 1）实施新能源及网联汽车发展三年计划，落实省级新能源汽车扶持政策，鼓励各市县结合实际研究出台本级扶持政策。加大公共服务领域新能源汽车推广应用，制定完善中心城区新能源汽车优先通行、停车、充电等优惠政策，开展新能源汽车置换专项行动，对新能源城市配送车辆运营适当补贴。 2）充分保障充电设施建设用地，实施新能源汽车充电设施建设奖励，加快构建全省充电基础设施网络体系，基本实现高速公路服务区充电设施全覆盖，鼓励普通公路服务区建设充电设施。 3）发展共享汽车、分时租赁等，促进新能源汽车消费模式创新
	洛阳市进一步加快新能源汽车推广应用实施方案	洛政办〔2019〕46 号	洛阳市人民政府办公室	2019-09-20	方案主要分 4 部分： 1）加快重点领域推广应用。共包含 7 项，明确在公交、市政环卫、公务、城市物流配送、固定区域、客运、旅游景区等领域分类、分时限加快推进新能源汽车推广应用工作。 2）加强基础设施建设保障。共包含 7 项，该部分从科学统筹充电设施规划、探索研究动力站建设、突出重点领域充电设施建设（含党政机关及公共机构、公共停车场、住宅小区）、推进城市物流分拨中心建设、提升新能源汽车充电智能服务水平等方面提出了要求，保障新能源汽车推广应用工作顺利开展 3）完善推广应用政策环境。共包含 8 项，从优化新能源汽车市场供给、支持充换电设施建设（资金奖励、用地保障）、完善新能源汽车运营环境（优先通行、运营奖励、停车和充换电费用优惠）等方面提出了支持措施，引导新能源汽车加快推广应用。 4）建立推广应用保障体系。共包含 3 项。加强组织领导，建立新能源汽车推广应用工作联席会议制度；建立工作机制，每季度召开一次联席工作会议，研究全市新能源汽车推广应用工作中的重大问题；强化考核监督，将新能源汽车推广工作落实情况纳入全市污染防治工作考核指标体系责，确保完成全市新能源汽车推广应用工作任务
湖北省	武汉市关于加强载货汽车交通管理的通告	武公交规〔2019〕81 号	武汉市公安局交通管理局	2019-08-16	通告明确：自 2019 年 9 月 1 日起，三环线主线及区域内道路全天禁止外埠载货汽车通行，但部分区域对新能源货车不限行。 同日，武汉市交通管理局发布《关于加强我市载客汽车交通管理的通告》，通告中明确：对于长江大桥、江汉桥允许新能源大型客车通行

续上表

地方政府	政　　策	文 件 号	发布单位	发布日期	内　　容
湖北省	老河口市加氢站管理办法(试行)	—	老河口人民政府	2019-06-21	办法适用于老河口市行政区域内加氢站项目(含新建站和合建站)规划、建设、管理等。加氢站管理参照燃气管理相关规定执行。单独建设加氢站的,建设单位应当对其建设项目进行安全预评价,并对安全生产条件和设施进行综合分析,形成书面报告备查。合建站中涉及加气站气瓶及管线调整的,应由市行政审批局按照加气站改建程序审查。经营单位应在取得《燃气经营许可证》30日内投产运行,否则作废
湖南省	湖南省推进运输结构调整三年行动计划实施方案	湘政办发〔2019〕5号	湖南省人民政府	2019-01-25	方案明确:将加大新能源城市配送车辆推广应用力度。加快新能源和清洁能源车辆推广应用,各地将公共充电桩建设纳入城市基础设施规划建设范围,加大用地、资金等支持力度,在物流园区、工业园区、大型商业购物中心、农贸批发市场等货流密集区域,集中规划建设专用充电站和快速充电桩
	湖南省新能源汽车动力蓄电池回收利用试点实施方案	—	湖南省工业和信息化厅 湖南省科技厅 湖南省生态环境厅 湖南省交通运输厅 湖南省商务厅 湖南省市场监管局 湖南省能源局	2019-04-02	方案明确:到2020年,基本实现新能源汽车动力蓄电池生产、使用、回收、贮运、再生利用各环节规范化管理,实现经济效益和社会环境效益双赢。 1)基本建成共享回收网络体系,引导省内80%以上的新能源汽车退役报废动力蓄电池进入回收利用网络体系。 2)攻克一批关键技术,并开展实施应用,形成技术先进、经济型强、环境友好的新能源汽车动力蓄电池回收利用新技术体系;发布一批急需完善的团体或行业标准,基本建成新能源汽车废旧动力蓄电池回收利用技术标准规范体系。 3)培育一批梯次利用和再生利用龙头示范企业,引导形成"回收—梯次利用—资源再生循环利用"产业链和产业园区,实现产业集群与资源最大化节约
	湖南省智能网联汽车道路测试管理实施细则(试行)	—	湖南省工业和信息化厅 湖南省公安厅 湖南省交通运输厅	2019-08-30	细则明确:加快推动湖南省智能网联汽车技术研发及应用,规范智能网联汽车道路测试管理。 1)明确了测试主体、测试驾驶人、测试车辆的定义及应符合的要求。 2)明确了道路测试过程中测试驾驶人、测试车辆在上路行驶、车身标识、车辆检查、操作规程等方面的基本要求,相关测试情况报告的提交要求以及应撤销测试通知书及收回测试号牌的情形。 3)细则自2019年10月1日起施行,有效期2年
	关于进一步做好新能源汽车动力蓄电池回收利用溯源管理工作的通知	—	湖南省工业和信息化厅	2019-12-05	通知明确:自2020年1月起,每个季度的第一周,各市州工信局要将本地区上季度的新能源汽车动力蓄电池回收利用溯源管理督查情况书面报送湖南省工业和信息化厅。报告主要内容包括但不限于国家平台的企业注册情况,新能源汽车生产与销售、报废新能源汽车回收拆解、废旧动力蓄电池梯次和再生利用等溯源信息上传情况,回收服务网点建设和相关技术指导信息报备、公开情况,以及督查工作中发现的问题和解决措施
	关于对新能源纯电动载货汽车放宽通行交通措施的通告	长公交发〔2019〕117号	长沙县公安局交通警察大队	2019-08-06	通告明确:2019年8月8日零时起,长沙县交警将对新能源纯电动载货汽车采取放宽通行交通措施
	长沙市智能网联汽车道路测试管理实施细则(试行)V2.0	长工信数字发〔2019〕49号	长沙市工业和信息化局 长沙市公安局 长沙市交通运输局 长沙市城市管理综合执法局 湖南湘江新区管理委员会经济发展局	2019-06-27	细则明确:在第一级测试区进行自动驾驶测试的测试车辆,应符合以下基本条件。 1)满足对应车辆类型除耐久性以外的强制性检验项目要求;对因实现自动驾驶功能而无法满足强制性检验要求的个别项目,测试主体需证明其未降低车辆安全性能。 2)具备人工操作和自动驾驶两种模式,且能够以安全、快速、简单的方式实现模式转换并有相应的提示,保证在任何情况下都能将车辆即时转换为人工操作模式。

续上表

地方政府	政　策	文 件 号	发布单位	发布日期	内　容
湖南省	长沙市智能网联汽车道路测试管理实施细则(试行)V2.0	长工信数字发〔2019〕49 号	长沙市工业和信息化局 长沙市公安局 长沙市交通运输局 长沙市城市管理综合执法局 湖南湘江新区管理委员会经济发展局	2019-06-27	3)具备车辆状态记录、存储及在线监控功能,能实时回传车辆控制模式;车辆位置和车辆姿态;车辆速度、加速度等运动状态信息。能自动记录和存储下列各项信息在车辆事故或失效状况发生前至少 90 s 的数据,且数据保留时长不少于 3 年。 4)测试车辆应安装协议注明的监管设备,车载监管设备包括但不限于车载视频监控设备、车辆位置监控设备和车联网监控设备,用于第三方管理机构进行测试分析评估。 5)测试车辆应当安装具备提醒功能的装置,当遇到自动驾驶系统失效时,该装置应当立即提醒测试驾驶人接管测试车辆
广东省	广东省关于进一步明确优先发展产业的通知	粤发改产业函〔2019〕397 号	广东省发展改革委	2019-01-23	通知里明确了广东省优先发展的产业,其中新能源汽车领域包括: 1)纯电动汽车及其关键零部件研发与制造,固态电池、空气电池、钠硫电池等新体系动力电池研发与制造。 2)智能网联汽车、智能路网及其关键系统、设备和零部件。 3)燃料电池、氢能设备及其关键零部件制造
	广东省推进运输结构调整实施方案	粤府办〔2019〕8 号	广东省人民政府办公厅	2019-03-18	通知明确:加大新能源物流车辆推广应用力度。大力推进新能源汽车在物流领域的应用。珠三角地区每年更新或新增的城市物流配送车辆、邮政快递车辆全部使用新能源汽车,逐步提升城市物流配送领域车辆电动化率。广州、深圳试点制定新能源物流车优惠通行政策,探索在城市市区划定新能源物流车夜间专用停车区,分类支持新能源物流车使用,物流企业可利用自有停车站场建设集中充电站,并鼓励对外提供公共充电服务
	佛山市南海区促进加氢站建设运营及氢能源车辆运行扶持办法(修订)	—	佛山市南海区发展和改革局	2019-12-13	征求意见分为加氢站建设扶持、加氢站运营扶持、氢能源车辆补贴 3 种类型。明确享受补贴的企业,须承诺在南海区连续经营 5 年以上,享受补贴的企业、单位和个人,须承诺车辆在南海区连续运行 3 年以上。加氢站需按国家加氢站相关标准规范建设、验收,并且日加氢能力不低于 350 kg
	佛山市高明区氢能源产业发展规划(2019—2030)	明经济〔2019〕135 号	佛山市高明区经济科技促进局	2019-12-03	规划明确了氢能源产业发展近期目标: 以公共交通和物流货运为突破口,加快示范推广氢燃料电池车辆,打造氢燃料有轨电车精品示范线,因地制宜优化氢能源产业布局,重点推进制—储—运—加氢能供应体系建设,引进培育氢气压缩机、储氢瓶等核心装备和一汽解放等整车制造项目,围绕核心项目完善产业链,引进培育氢能龙头企业 5 家以上,建成以氢燃料电池有轨电车及膜电极生产为特色的氢能源产业先行示范区,产值规模达 30 亿元。 基础设施方面,推动建成万吨级制氢厂、建成加氢站 6 座,规划布局全国首个城市输氢管网,先行建设高明区干线输氢管道。以公共交通和物流货车领域为重点,加快氢能源终端产品推广应用
	广州市 2019、2020 年新能源汽车购置地方财政补贴标准的通知	穗新能源汽车办〔2019〕3 号	广州市新能源汽车发展工作领导小组办公室	2019-08-27	通知明确 2019、2020 年广州市新能源汽车车辆购置地方财政补贴标准如下。 1)2019 年 1 月 1 日—6 月 25 日(含):燃料电池汽车按照不超过国家补贴 1:1 的比例补贴,纯电动汽车按照不超过国家补贴 1:0.5 的比例补贴,对插电式混合动力(含增程式)汽车按照不超过国家补贴 1:0.3 的比例补贴,且国家补贴和地方补贴资金总额最高不超过车辆销售价格(国家补贴 + 地方补贴 + 消费者支付金额)的 60%。 2)2019 年 6 月 25 日之后:燃料电池汽车按照不超过国家补贴 1:1 的比例补贴,纯电动公交车按照不超过国家补贴 1:0.5 的比例补贴,且国家补贴和地方补贴资金总额最高不超过车辆销售价格(国家补贴 + 地方补贴 + 消费者支付金额)的 60%,其他类型车辆不再给予地方补贴

续上表

地方政府	政　策	文件号	发布单位	发布日期	内　容
广东省	广州市黄埔广州开发区促进氢能产业发展办法	穗埔府规〔2019〕14号	广州市黄埔区发展和改革局 广州开发区发展和改革局	2019-08-22	通知明确：推进当地新能源综合利用示范区建设及氢能产业发展，并将对新建氢能企业、研发机构、行业协会提供资金扶持，支持产业园区运营，并明确加氢站假设运营补贴标准
	广州市关于加快新能源网络预约出租汽车推广使用的通知	穗交运函〔2019〕2210号	广州市交通运输局	2019-08-21	通知明确：按照相关文件精神，各单位要加快全面推进新能源网约车应用工作。另外，根据《广州市中小客车总量调控管理办法》规定，新能源汽车可直接申领其他指标
	东莞市蓝天保卫战2019年度实施方案	东大气办〔2019〕36号	东莞市大气污染防治办公室	2019-05-16	方案明确： 1）推进公交车纯电动化，在2019年底前实现全市公交车100%纯电动化。 2）推动新招标道路清扫工程用车电动化，2019年1月1日起，国控站点5 km范围以内所有新招标道路清扫工程用车电动化达到100%。2020年1月1日起，全市新招标道路清扫工程用车电动化比例达到100%。 3）推进物流快递领域车辆的纯电动化，全市新增和更新的物流配送车辆全部使用纯电动或燃料电池等新能源车。 4）加快充电基础设施建设布局，2019年底前，新建公交车充电设施200个。推进充电基础设施服务体系建设
	梅州市关于做好2019—2020年新能源汽车推广应用工作	梅州市发改产业〔2019〕474号	梅州市发展和改革局 梅州市财政局 梅州市工业和信息化局 梅州市科学技术局 梅州市交通运输局	2019-11-18	通知明确：从2019年1月1日起梅州市不再对新能源汽车（新能源公交车和燃料电池汽车除外）给予购置补贴。从2019年开始，有运营里程要求的车辆，申请地方财政补贴的运营里程要求调整为2万km。新能源公交车辆完成销售上牌后可申请拨付部分补贴资金，达到运营里程要求后全部拨付
	深圳市2018年新能源汽车推广应用财政支持政策	深财规〔2019〕1号	深圳市发展改革会	2019-01-10	政策明确：对于在深圳市依法注册登记的新能源汽车，由新能源汽车生产企业在销售新能源汽车产品时按照扣减补贴后的价格与购车方进行结算。市发展改革委、新能源汽车补贴审核试点区有关部门按程序将企业垫付的补贴资金拨付给生产企业。 补贴标准为：根据财建〔2018〕18号文有关要求，2018年新能源汽车地方财政购置补贴标准分为以下3个阶段。 1）2018年1月1日—2018年2月11日上牌的车辆按照《深圳市2017年新能源汽车推广应用财政支持政策》（深财规〔2017〕10号）对应标准补贴。 2）2018年2月12日—2018年6月11日上牌的新能源乘用车、纯电动客车按照《深圳市2017年新能源汽车推广应用财政支持政策》（深财规〔2017〕10号）对应标准的0.7倍补贴，纯电动货车和专用车按对应标准的0.4倍补贴，燃料电池汽车补贴标准不变。 3）2018年6月12日—2018年12月31日上牌的新能源乘用车、纯电动客车、纯电动货车和专用车按照财建〔2018〕18号文对应标准的0.5倍补贴，燃料电池汽车按照财建〔2018〕18号文对应标准的1倍补贴。具体如下。 A. 纯电动乘用车：$150\leq R<200$（R为标准工况纯电动续驶里程，单位：km，下同）0.75万元/辆，$200\leq R<2$ 501.2万元/辆，$250\leq R<3001.7$万元/辆，$300\leq R<4$ 002.25万元/辆，$R\geq 4$ 002.5万元/辆。插电式混合动力乘用车（含增程式）$R\geq 501.1$万元/辆。 B. 纯电动客车：按照财建〔2018〕18号文规定，按非快充类纯电动客车、快充类纯电动客车的电池系统能量密度、快充倍率和车辆长度给予补贴。 C. 纯电动货车和专用车：纯电动货车和专用车以提供驱动动力的动力电池总储电量为依据，按照财建〔2018〕18号文规定采取分段超额累退方式给予补贴，单车补贴上限为5万元。 D. 燃料电池汽车：燃料电池乘用车20万元/辆，燃料电池轻型客车、货车30万元/辆，燃料电池大中型客车、中重型货车50万元/辆。

续上表

地方政府	政　　策	文 件 号	发布单位	发布日期	内　　容
广东省	深圳市2018年新能源汽车推广应用财政支持政策	深财规〔2019〕1号	深圳市发展改革会	2019-01-10	对于深圳市辖区范围内符合标准的充电设施，在其竣工验收后，市发展改革委按程序对投资方给予建设补贴。补贴标准为：按照充电设施（站、桩、装置）装机功率，对直流充电设备给予600元/kW补贴，交流充电设备（40 kW及以上）给予300元/kW补贴，交流充电设备（40 kW以下）给予200元/kW补贴。 电池方面，新能源汽车生产企业承担动力蓄电池回收的主体责任。对按要求专项计提动力蓄电池回收处理资金的，市发展改革委按程序对汽车生产企业给予补贴。 补贴标准为：对于在深圳市销售新能源汽车的企业，包括本地生产企业和外地生产企业在深圳授权的法人销售企业，应按20元/(kWh)的标准专项计提动力蓄电池回收处理资金。对按要求计提了动力蓄电池回收处理资金的，按经审计确定的金额的50%对企业给予补贴，补贴资金应专项用于动力蓄电池回收
	深圳市推进新能源工程车产业发展行动计划（2019—2021年）	深工信新兴字〔2019〕92号	深圳市工业和信息化局	2019-07-04	通知明确：统筹现有相关专项资金，大力推动新能源工程车核心技术攻关、创新平台建设及产业化应用。按照国家和深圳市补贴政策对社会主体采购新能源工程车给予财政资金补贴，积极推动新能源工程车普及应用。支持扩大直接融资比重，支持符合条件的新能源工程车企业在境内外各层次资本市场开展股权融资
	深圳市纯电动泥头车推广使用实施方案	深交〔2019〕235号	深圳市交通运输局 深圳市发展和改革委员会 深圳市财政局 深圳市住房和建设局	2019-09-24	方案明确：在深圳市大力推广使用纯电动泥头车。进一步减轻纯电动泥头车企业经营压力；同步完善充电桩等基础设施建设；配套落实纯电动泥头车的通行、使用鼓励政策，发挥上下游高效联动运营模式的示范引领作用。力争到2019年底，全行业投入营运的纯电动泥头车保有量达到3 000辆
	深圳市纯电动物流配送车辆运营资助项目申报指南	深交〔2019〕103号	深圳市交通运输局办公室	2019-05-27	指南明确：资助金额按照提供驱动动力的动力电池总储电量，采取分段超额累退方式计算，资助资金分3年平均发放。单车3年资助总额不超过7.5万元。每年考核运营达标的车辆可获得当期资助，运营不达标的车辆不能获得当期资助
	深圳关于非本市核发机动车号牌载客汽车须继续按规定时间、路线和区域行驶的通告	深公交（通）〔2019〕176号	深圳市公安局交通警察局	2019-07-18	通告明确：在通告不受限行措施限制的非深圳市核发机动车号牌载客汽车类别中，不包含新能源汽车，表明深圳对外地新能源载客汽车依然实施限行，通告自2019年8月1日—2020年1月31日施行
	关于对新能源纯电动物流车继续实施通行优惠政策的通告	深公交（通）〔2019〕147号	深圳市公安局交通警察局	2019-06-12	通告明确：为做好新能源纯电动物流车通行管理工作，确保全市道路交通有序、安全、畅通，深圳市交通警察局对深圳市部分道路限制新能源纯电动物流车行驶的时间、路线和区域进行调整
海南省	海南省全面加强生态环境保护坚决打好污染防治攻坚战行动方案	琼发〔2019〕6号	中共海南省委 海南省人民政府	2019-03-09	通知明确：推广使用新能源汽车，党政机关、公共服务等领域率先使用，到2020年底全省完成推广使用新能源汽车3万辆以上，建设充电桩2.8万个以上，基本建成布局合理、智能高效的充电设施服务网络和维修保障网络
	海南省清洁能源汽车推广2019年行动计划	琼府办函〔2019〕69号	海南省人民政府办公厅	2019-03-20	计划明确： 1）加快各领域清洁能源汽车推广应用：全省公交车、巡游出租车新增和更换车辆100%使用清洁能源汽车；轻型物流配送车（含邮政及城市物流配送）、分时租赁汽车新增和更换车辆100%使用新能源汽车。海口、三亚新注册网约车100%使用清洁能源汽车，其他市县不低于80%。新增和更换的环卫车使用新能源汽车比例达50%。全省除分时租赁外，其他新增和更换的租赁汽车使用清洁能源汽车比例达20%以上。 2）加快推进充电基础设施建设：确保2019年全省建设各类充电基础设施和建设充电接口40 000个以上。

续上表

地方政府	政　策	文件号	发布单位	发布日期	内　容
海南省	海南省清洁能源汽车推广 2019 年行动计划	琼府办函〔2019〕69 号	海南省人民政府办公厅	2019-03-20	3)完善清洁能源汽车使用环境:落实新能源汽车购置税、车船税减免和省新能源汽车推广补贴政策,提前研究国家补贴政策退出后全省新能源汽车推广补贴机制和激励政策体系。落实充电基础设施建设运营补贴政策,调整完善充电基础设施建设、运营补贴标准和补贴方式,鼓励和引导社会资本参与充电基础设施建设运营
	关于进一步完善新能源汽车推广应用财政补贴政策的通知	—	海南省财政厅 海南省工业和信息化厅 海南省发展和改革委员会	2019-04-18	通知明确:要求各地相关部门做好新能源汽车推广应用工作,按照国家有关部委的通知要求,进一步完善新能源汽车推广应用财政补贴政策。对 2019 年 3 月 26 日—6 月 25 日过渡期购买上牌车辆继续给予地方补贴。2019 年 6 月 26 日起购买上牌车辆(新能源公交车和燃料电池汽车除外,新能源公交车和燃料电池汽车补贴政策另行公布),省和市县将不再给予地方购置补贴
	海南省电动汽车充电基础设施规划(2019—2030)	琼府办函〔2019〕122 号	海南省人民政府办公厅	2019-04-29	通知明确:电动汽车充电基础设施专项规划期限为 2019—2030 年,主要分为 3 个阶段:应用提升阶段:2019—2020 年;普及应用阶段:2021—2025 年;全域覆盖阶段:2026—2030 年。以充电基础设施布局合理化与便利性为原则,将海南划分为 3 类区域推广充电基础设施: Ⅰ类区域至 2020 年、2025 年、2030 年电动汽车与配建公共充电桩比例分别不低于 7:1、5:1、5:1,公共充电服务半径分别小于 2 km、1 km、0.9 km; Ⅱ类区域至 2020 年、2025 年、2030 年电动汽车与配建公共充电桩比例分别不低于 10:1、8:1、8:1,公共充电服务半径分别小于 2 km、1.4 km、1 km; Ⅲ类区域至 2020 年、2025 年、2030 年电动汽车与配建公共充电桩分别不低于 12:1、10:1、10:1,公共充电服务半径分别小于 2 km、1.4 km、1 km
	"充电桩进小区"示范项目建设实施方案	琼发改交能〔2019〕737 号	海南省发展和改革委员会	2019-06-05	方案透露:海南将在海口、三亚、儋州、琼海范围内,每个市县优选出不少于 10 个示范小区,其他市县(不含三沙市)结合实际情况自行确定示范小区数量,综合考虑小区建桩意愿调查结果,先行按照不低于 1:0.3 的车位和充电桩比例目标建设充电基础设施
	海南省电动汽车充电基础设施建设运营暂行管理办法	琼发改交能〔2019〕922 号	海南省发展和改革委员会	2019-07-29	办法明确:各类新建建筑必须按要求建设充电基础设施,居住类建筑按照配建停车位的 100% 建设或预留充电条件,办公类建筑按照不低于配建停车位的 25% 建设,商业类建筑及社会公共停车场、库(含"P+R"停车场)按照不低于配建停车位的 20% 建设,其他类公共建筑(如医院、学校、文体设施)按照不低于配建停车位的 15% 建设,新建高速公路加油(气)站(服务区),需配建地面停车位并建设充电设施或预留充电条件。对外运营并接入省级平台的充电基础设施,将给予建设补贴和运营补贴。 建设补贴:以每个充电桩的额定功率为基数,按照 2020 年前(含 2020 年)200 元/kW、2021—2025 年 100 元/kW,补贴上限 2020 年前不超过设备投资额的 15%、2021—2025 年不超过 10%。按属地原则,补贴费用省、市(县)各承担 50%。 运营补贴:对外运营并接入省级平台的充电基础设施,运营阶段按充电电量,给予运营度电补贴,暂定补贴期限至 2025 年。2020 年前补贴标准 0.2 元/(kWh),2021—2025 年补贴标准 0.1 元/(kWh);按照安装额定功率为基数,每个充电桩(站)补贴上限为每年不超过 200 元/(kWh)。按属地原则,补贴费用省、市(县)各承担 50%
	海南省电动汽车充电设施建设技术标准	琼建规〔2019〕4 号	海南省住房和城乡建设厅 海南省消防救援总队	2019-08-22	修订后的技术标准包括总则、术语、基本规定、规划选址、充电设备的布置与标识、供配电系统、消防、通风排烟、施工与调试、专项竣工验收共 10 章。技术标准提出停车单元,停车单元与防火单元相比,引入了非停车位空间,大部分既有建筑改造只需增加部分防火隔墙,而不需要在车道上增加防火卷帘和防火分隔水幕,提高了可操作性,并且也能达到将火灾控制在停车单元内的效果。自 2019 年 10 月 1 日起实施

续上表

地方政府	政　　策	文 件 号	发布单位	发布日期	内　　容
海南省	关于落实汽车消费政策措施	琼商建〔2019〕136号	海南省商务厅 海南省发展和改革委员会 海南省生态环境厅 海南省工业和信息化厅 海南省公安厅	2019-08-26	措施明确：抓好配套服务，大力推动新能源汽车消费。严格落实《海南省清洁能源汽车发展规划》《海南省清洁能源汽车推广2019年行动计划》各项工作，加快构建全省新能源汽车推广应用良好生态。加快探索电池租赁、车电分离等消费方式，降低购车成本。加快推进2019年度充电基础设施建设进度，督促新能源汽车生产企业完善省内售后服务配套设施，促进新能源汽车消费
	关于开展有营运里程要求的新能源汽车地方购车补贴资金统计的通知	—	海南省工业和信息化厅	2019-11-07	通知要求新能源汽车销售、运营企业对接车辆生产企业，详细了解、梳理2017年1月1日—2019年6月25日在海南区域销售、运营的新能源汽车申请国家补贴清算情况，并做好统计
	海南省关于进一步做好新能源汽车动力蓄电池回收利用工作的指导意见	琼工信规〔2019〕3号	海南省工业和信息化厅	2019-11-12	指导意见明确：要基本实现对全省新能源汽车动力蓄电池的全生命周期监管，初步建立新能源汽车动力蓄电池回收利用体系。要建立完备的动力蓄电池监管回收网络，确保废旧动力蓄电池安全有效地进入正规回收渠道；打造一批动力蓄电池梯次利用示范项目，探索建立动力蓄电池梯次利用交易平台，形成较为成熟的循环利用产业链发展模式，动力蓄电池使用、贮运、回收、拆解、利用等环节规范有序
	海南省共享出行试点实施方案（2019—2025年）	琼交运输〔2019〕624号	海南省交通运输厅 中共海南省委网络安全和信息化委员会办公室 海南省发展和改革委员会 海南省自然资源和规划厅 海南省旅游和文化广电体育厅 海南省公安厅 海南省住房和城乡建设厅 海南省市场监督管理局 国家税务总局海南省税务局 海南省大数据管理局 中国人民银行海口中心支行 中国银保监会海南监管局	2019-12-26	方案明确：到2022年，海南省将建成基础设施逐步完善，充电桩、停车场地等布局和建设基本适应发展需求的共享出行体系，全省电动汽车与公共充电桩比例达8:1，投放分时租赁汽车（共享汽车）达到6 000辆，“一点租多点还”出行服务体系初具规模，市场秩序得到规范；新能源和清洁能源车辆得到推广应用，投放的网络预约出租汽车（网约车）、共享汽车清洁能源化比例分别达60%、100%；互联网租赁自行车（共享单车）在解决城市交通出行“最后一公里”的地位更加凸显。 到2025年，共享出行服务效率和服务水平显著提升，全省电动汽车与公共充电桩比例达6:1，投放共享汽车达到1万辆；投放的网约车、共享汽车清洁能源化比例分别达90%、100%，初步建成布局合理、清洁低碳、集约高效的共享出行服务体系。 方案指出，海南省将引导把出租汽车综合服务区、停靠点、候客泊位、共享汽车充电设施、服务网点等纳入城市基础设施建设规划，不断优化共享出行基础设施环境和运力投放机制，提升服务能力，逐步形成多层次、差异化的城市交通出行体系，构建品类更多、品种更全、品质更高的运输服务
	关于加强停车场内充电基础设施建设和管理的实施意见	三发改交能〔2019〕7号	三亚市发展和改革委员会 三亚市交通运输局 三亚市综合行政执法局	2019-07-15	意见明确： 1）新建专用停车场、公共停车场，原则建设充电基础设施的车位比例不低于20%。每个公共停车场必须至少配建一个只供充电使用的电动汽车专用应急充电车位，电动汽车专用应急充电车位只允许电动汽车充电使用，燃油车停占的，属于违规行为，在充电基础设施产权（运营）单位劝阻无效的情况下，由各区政府综合行政执法部门责令改正并依法予以处罚。同时，鼓励充电基础设施产权单位（运营企业）运用现代科技化手段对充电车位进行管理。 2）实施差异化停车收费政策，对燃油车占用电动汽车充电车位的，无论停车区域类别，均按《三亚市车辆停放服务收费管理暂行规定》（三府〔2018〕25号）中一类区域对应的停车设施的收费标准执行。在非充电车位无空余的情况下，可以引导燃油车占用部分电动汽车泊位，但不得占用划定的电动汽车专用应急充电车位，同时要告知燃油车用户使用充电车位的具体收费标准

续上表

地方政府	政　策	文件号	发布单位	发布日期	内　容
四川省	四川省新能源汽车动力蓄电池回收利用试点工作方案	—	四川省经济和信息化厅 四川省科学技术厅 四川省公安厅 四川省生态环境厅 四川省交通运输厅四川省商务厅 四川省应急管理厅 四川省市场监督管理局 四川省能源局	2019-03-06	方案明确:到2020年,全省新能源汽车动力电池梯级利用产业产值力争达到5亿元,材料回收利用产业达到30亿元。初步建立动力蓄电池回收利用体系,探索形成动力蓄电池回收利用创新商业合作模式。建设3个锂电池回收综合利用示范基地,打造2个退役动力蓄电池高效回收、高值利用的先进示范项目,培育3个动力蓄电池回收利用标杆企业,研发推广以低温热解为关键工艺的物理法动力蓄电池回收利用成套技术,参与编制一批动力蓄电池回收利用相关技术标准,研究并提出促进动力蓄电池回收利用的政策措施
	四川省推进运输结构调整三年行动计划实施方案	川办发〔2019〕20号	四川省人民政府办公厅	2019-03-12	通知明确:加快新能源和清洁能源车辆推广应用。到2020年,城市建成区新增和更新轻型物流配送车辆中,新能源车辆和达到国Ⅵ排放标准清洁能源车辆的比例超过50%。在重点物流园区、铁路物流中心、机场、港口等推广使用电动化、清洁化作业车辆;大力淘汰老旧车辆,采取限制使用、严格超标排放监管等方式,大力推进国Ⅲ及以下排放标准营运柴油货车提前淘汰更新
	成都市新能源汽车市级补贴实施细则	成财规〔2019〕1号	成都市财政局 成都市经济和信息化局 成都市科技局 成都市发展和改革委员会 成都市公安局交通管理局	2019-06-10	通知明确: 补贴对象:在本市新购置新能源汽车(二手车除外),且在本市公安车辆管理部门注册登记的消费者(个人、单位用户)。机关事业单位、人民团体、国有及国有控股企业使用财政资金购买、租赁的新能源汽车不适用本细则。 补贴产品:符合相关规定,纳入工信部"新能源汽车推广应用推荐车型目录",且已享受中央财政补贴的新能源汽车,包括纯电动汽车、插电式混合动力(含增程式)汽车和燃料电池汽车。 补贴标准:在中央财政补贴基础上,给予中央财政单车补贴额50%的市级配套补贴
	成都市氢能产业发展规划(2019—2023年)	成氢新汽办〔2019〕2号	成都市氢能暨新能源汽车产业推进工作领导小组办公室	2019-07-08	规划明确:以燃料电池汽车、动车、有轨电车、无人机等为牵引,大力发展氢能、燃料电池关键零部件及系统集成,有序发展氢源供给设备,带动氢能产业成链发展、集群发展。 一、整车整机 1. 优先发展燃料电池汽车 重点发展燃料电池客车、物流车、环卫车、工程作业车,加快发展燃料电池轿车、SUV/MPV,鼓励发展燃料电池叉车、重型货车。推动燃料电池整车动力集成与供氢系统、安全与监控系统的研发与制造。 2. 加快发展燃料电池动车、有轨电车、无人机、船舶等 重点发展燃料电池混合动力动车、有轨电车等新制式轨道交通车辆与燃料电池无人机。加快发展以燃料电池提供电力的航空航天、船舶运输、电子信息、各类电源等产品。支持燃料电池热电联供,鼓励开展燃氢燃气轮机研究。 二、燃料电池及关键零部件 重点发展燃料电池膜电极、双极板、质子交换膜、催化剂、密封垫、碳纤维纸等核心材料。加快发展氢气循环泵、空气压缩机、氢气电控喷射、高压电磁阀等关键零部件,以及长寿命、高性能、低成本的燃料电池电堆集成。支持发展燃料电池系统及其零部件测试平台、燃料电池控制管理系统、故障诊断系统、能量健康管理系统。 三、氢源供给及存储设备 重点发展水电解制氢、热化学制氢等制氢设备及氢气提纯设备,70 Mpa车载储氢、加氢设备,以及高精度流量计、氢气检测系统、高性能传感器、制氢加氢一体机等关键零部件及设备。探索发展低温液态储氢、有机液态储氢及合金固态储氢等材料、技术和设备,以及天然气管道掺氢技术

续上表

地方政府	政　策	文 件 号	发布单位	发布日期	内　容
四川省	成都市鼓励出租车纯电动化试点实施方案	成交发〔2019〕26 号	成都市交通运输局 成都市生态环境局 成都市经济和信息化局	2019-05-28	方案明确：对减少城市汽车尾气排放、改善城市大气环境做出贡献的出租车经营企业和个体经营者，给予"绿色减排补贴"。其中，巡游出租车 4.2 万元/辆、网络预约出租车 1.25 万元/辆
	关于进一步完善新能源汽车推广应用财政补贴政策的通知	成经信财〔2019〕28 号	成都市经济和信息化局 成都市财政局 成都市科学技术局 成都市发展和改革委员会 成都市公安局交通管理局	2019-06-18	通知明确：从 2019 年 6 月 26 日起，成都市不再对新能源汽车（新能源公交车和燃料电池汽车除外）给予地方购置补贴
	成都市智能网联汽车产业发展实施方案（2019—2021）	成氢新汽办〔2019〕1 号	成都市氢能暨新能源汽车产业推进工作领导小组办公室	2019-05-23	方案明确成都市智能网联汽车产业三年发展目标。 技术创新目标：突破车载操作系统、传感器、芯片、V2X 车路协同、区块链与信息安全、北斗兼容导航定位模组、车辆决策与控制技术、核心电子器件等技术和产品，形成满足高级自动驾驶（L3 级别及以上）要求的智能网联汽车完整技术体系，整体技术水平达到国内一流，部分技术达到国际领先。 产业发展目标：构建智能网联汽车产业集群，培养 1～2 家"独角兽"企业，智能网联汽车及关联产业规模达到千亿量级，建设成为国内领先的智能网联汽车产业创新发展高地。 平台建设目标：基本建成中德智能网联汽车四川试验基地项目，并建设形成技术引领平台（标准制定）、公共服务平台（检测检验）、产业融合平台（示范应用）、开放合作平台（国际合作）四大平台及服务能力。 示范应用目标：在城市封闭区域开辟 1～2 条智能网联汽车示范线路，随后在城市开放区域开辟 5 条以上智能网联汽车示范线路，逐步扩大智能网联汽车示范应用范围
	成都市支持氢能暨新能源汽车产业发展及推广应用若干政策	成经信发〔2019〕6 号	成都市经济和信息化局 成都市财政局 成都市科学技术局 成都市发展和改革委员会 成都市公安局交通管理局	2019-10-11	通知明确：对本市企业制造的首台（套）燃料电池产品，经认定后，按照单个产品型号给予最高 500 万元的一次性奖励；对本市氢燃料电池汽车、智能网联汽车关键零部件生产企业，按照相关产品年销售额的 2%，给予最高 1 000 万元的销售奖励；对本市新能源汽车"三电"系统生产企业，按照相关产品年销售额的 1%，给予最高 500 万元的销售奖励
	关于促进装备制造产业高质量发展的实施意见	成办发〔2019〕35 号	成都市人民政府办公厅	2019-10-30	意见明确：打造国内一流的新能源汽车研制基地。 1）大力推动存量产能向新能源汽车转型，积极引进新能源乘用车高端项目，重点发展中高端新能源乘用车和氢能源汽车，加快发展新能源客车、商用车、专用车，大力研制新一代动力电池、电机控制器、驱动电机等产品，积极推进燃料电池电堆及动力系统和氢气制备、储运与加注等关键技术协同攻关，巩固产业链制造端优势。 2）大力支持充电（加氢）基础设施建设，延伸发展后市场服务，支持分时租赁、网约车等新兴商业模式持续创新，支持举办新能源汽车展会、赛事等活动。到 2022 年将成都打造成为具有国际影响力和竞争力的高端装备制造产业基地
	遂宁市电动汽车充换电设施发展建设规划	遂发改〔2019〕322 号	遂宁市发展改革委	2019-09-16	规划分为 3 个部分共 11 章，按照"科学布局、适度超前、开放市场、共享服务"的原则，分别从实施组织保障、完善政策保障、搭建管理平台、强化安全管理、制定评估机制等方面提出 5 项保障措施，全面加快遂宁市电动汽车充换电设施发展建设步伐。 遂宁市已建成充电站 22 座、充电桩 305 台。预计到 2030 年，遂宁市规划布局建设电动汽车充换电站 1 345 座、充电桩 52 435 台，覆盖全市 96 个乡镇、127 个加油站、8 个高速服务区、20 个旅游景区、210 个机关事业单位和 114 个大型小区及商场，充分保障全市电动汽车的充换电需求

续上表

地方政府	政　　策	文件号	发布单位	发布日期	内　　容
贵州省	六盘水市氢能源产业发展规划（2019—2030年）	—	六盘水市人民政府副市长何枢	2019-09-09	规划涵盖氢能“生产—储运—应用”全产业链，结合六盘水实际提出氢能产业发展方向和路径，先试先行贵州省能源结构调整及工业转型升级。到2025年，建设液氢工厂及加氢站基础设施，回收利用焦炉煤气中的氢气，实现廉价氢气的就地提取消纳，形成制氢（氢源）、氢储存、运输和利用的氢能产业链，培育一批具有影响力的氢气制取、储运装备、高值转化的氢能企业。 规划提出，到2025年，建设液氢工厂及加氢站基础设施，回收利用焦炉煤气中的氢气，实现廉价氢气的就地提取消纳，形成制氢（氢源）、氢储存、运输和利用的氢能产业链，培育一批具有影响力的氢气制取、储运装备、高值转化的氢能企业，集聚一批研发中心和检测、认证中心，示范带动六盘水市氢能产业发展的近期目标。 到2030年，结合煤炭资源和可再生资源发展以煤制氢为重点氢能产业链，布局氢燃料电池示范应用和加氢基础设施建设，建成加氢站近20座，公交车、物流车、环卫车和乘用车批量投放，形成氢能规模化、商业化应用，扩大氢能源生产应用规模，实现氢能源分布式能源系统的推广应用，建设形成辐射周边地区乃至全国氢能产业链的远期目标
陕西省	陕西省柴油货车污染治理攻坚战实施方案	陕环函〔2019〕183号	陕西省生态环境厅 陕西省发展和改革委员会 陕西省工业和信息化厅 陕西省公安厅 陕西省财政厅 陕西省交通运输厅 陕西省商务厅 陕西省市场监督管理局 西安铁路监督管理局	2019-05-29	方案明确：推广使用新能源汽车、清洁能源汽车及甲醇汽车。 1）加快推进城市建成区新增和更新的公交、环卫、邮政、出租、通勤、轻型物流配送车辆采取新能源、清洁能源汽车或甲醇汽车，使用比例达到80%。其中，2019年底前，关中地区各市建成区新能源和清洁能源公交车使用比例达到80%。积极推广应用新能源物流配送车。 2）加快充电站及甲醇加注站建设，优先采用新能源汽车、甲醇汽车和达到国Ⅵ排放标准的天然气等清洁能源汽车。港口、机场、铁路货场等新增或更换作业车辆主要采用新能源或清洁能源汽车。在物流园、产业园、工业园、大型商业购物中心、农贸批发市场等物流集散地建设充电站和分散式充电桩。 3）优化承担物流配送的城市新能源车辆的便利通行政策
	西安市规范自动驾驶车辆测试指导意见（试行）	市工信发〔2019〕29号	西安市工业和信息化局、西安市交通运输局、西安市公安局	2019-02-25	意见指出：测试车辆及相关工作人员应在封闭的测试场地进行审查测试。要求测试主体须为在中华人民共和国境内登记注册的独立法人单位，具有机动车辆智能驾驶技术及产品研发或生产能力的企业、高校等，同时符合对自动驾驶车辆测试时可能造成的人身和财产损失具备足够的民事赔偿能力；具有智能网联汽车自动驾驶功能测试评价规程；具备对测试车辆进行实时远程监控的能力等。测试期间发生事故测试驾驶员承担责任 细则明确测试申请条件，要求测试主体为提出自动驾驶车辆道路测试申请并承担相应责任登记注册的独立法人单位，并对测试主体、测试车辆、测试驾驶人员，从申报材料、车辆状况、满足测试条件应具备的相关功能等方面提出具体要求
	西安市装备制造业产业发展规划（2019—2021年）	市政办发〔2019〕21号	西安市人民政府办公厅	2019-03-26	通知明确：以整车制造为重点，大力发展百亿级汽车制造企业，形成传统汽车产业领域轿车、客车、重卡与新兴领域新能源汽车、智能网联汽车和专用车相结合的梯次产业格局。 1）汽车整车制造：发展插电式混合动力、纯电动、液化天然气、甲醇、氢动力等节能与新能源汽车整车制造。推进西安比亚迪新能源汽车基地、宝能新能源汽车项目建设。 2）核心零部件：以蓄电池、燃料电池、混合动力为主要研发应用方向，攻克动力总成系统等核心技术，推进节能与新能源汽车产业发展。 3）汽车产业配套：积极推进比亚迪电池、电机、电控配套本地化

续上表

地方政府	政　策	文件号	发布单位	发布日期	内　容
甘肃省	甘肃省柴油货车污染治理攻坚战实施方案	甘大气治理领办发〔2019〕10号	甘肃省大气污染治理领导小组办公室	2019-05-15	通知明确：加快推广使用新能源和清洁能源汽车，城市建成区新增和更新的公交、环卫、邮政、出租、通勤、轻型物流配送车辆采用新能源或清洁能源汽车。积极推广应用新能源物流配送车。机场、铁路货场等新增或更换作业车辆主要采用新能源或清洁能源汽车。到2020年，城市建成区新增和更新轻型物流配送车辆中，新能源车辆和达到国Ⅵ排放标准清洁能源车辆的比例超过50%
云南省	云南省柴油货车污染治理攻坚战实施方案	云政办发〔2019〕37号	云南省人民政府办公厅	2019-04-12	方案明确： 1）加快新能源、清洁能源基础设施建设。加快充电站及加气站建设，在物流园区、工业园区、大型商业购物中心、农贸批发市场等货流密集区域，集中规划建设专用充电站和快速充电桩。鼓励各地建设加氢示范站。 2）加快新能源和清洁能源车辆推广应用力度。加快推进城市建成区新增和更新的公交、环卫、邮政、出租、通勤、轻型物流配送车辆采用新能源车辆和达到国Ⅵ排放标准清洁能源车辆。制定新能源城市配送车辆便利通行政策，改善车辆通行条件。 3）落实国家对符合条件的新能源汽车免征车辆购置税政策和对符合条件的节能、新能源车船减免车船税政策
吉林省	关于支持吉林省智能网联及新能源汽车供应链产业园发展若干措施的通知	吉政办发〔2019〕41号	吉林省人民政府办公厅	2019-09-29	通知明确7条支持智能网联及新能源汽车供应链企业入园政策
江西省	2018年南昌市新能源汽车推广应用奖励办法	洪新汽办〔2019〕3号	南昌市新能源推广应用工作协调小组办公室	2019/3/1	办法明确：新能源汽车产业发展奖励主要依据中央财政补贴政策的要求，并按2018年江西省省级奖励办法标准的1.5倍给予奖励。奖励对象为注册地在南昌市范围内的新能源汽车生产企业及三电关键零部件生产企业
新疆维吾尔自治区	自治区培育和发展战略性新兴产业的实施意见	（新政办发〔2018〕166号）	新疆市发展和改革委员会	2019-07-11	实施意见明确：推进新能源汽车研发制造。提出了推进新能源汽车产业发展；引进电动汽车关键部件制造；构建规范便捷的基础设施体系等3方面发展重点
	关于进一步优化新能源车辆管理措施的通告	—	乌鲁木齐市公安局交通警察支队	2019-10-24	通告明确：2019年11月1日起，悬挂新能源机动车号牌的机动车（包含载客汽车和载货汽车）不受乌鲁木齐市区外埠车和货运车限行措施的限制，可全天在市区道路通行
宁夏回族自治区	宁夏回族自治区新能源公交车推广应用实施方案（2020—2025年）	宁交办发〔2019〕216号	宁夏回族自治区交通运输厅 宁夏回族自治区财政厅 宁夏回族自治区工业和信息化厅 宁夏回族自治区发展和改革委员会	2019-12-03	方案明确：2020—2025年，宁夏回族自治区新能源公交车占比要分别达到32%、35%、38%、40%、42%、45%以上，每年各市新增及更换的公交车中新能源公交车比重达70%以上
广西壮族自治区	广西壮族自治区加快推进电动汽车充电基础设施建设三年行动计划（2019—2021年）	桂发改能源〔2019〕507号	广西壮族自治区发展和改革委员会	2019-05-19	计划明确： 1）加快充电设施进机关、居民社区、园区、城市人口聚集区、公共服务领域、旅游景区、高速等地区，并分别制定每个区域的主要任务。电动汽车充电设施按其所在场所执行分类目录电价，充电设施用电不实行功率因数调整电费办法。 2）到2021年，基本建成与电动汽车拥有量相适应的车桩相随、适度超前、智能高效的充电基础设施体系，具备基本满足为全区电动汽车充电的能力，在全区形成统一开放、竞争有序的充电服务市场

续上表

地方政府	政 策	文件号	发布单位	发布日期	内 容
广西壮族自治区	关于组织申报新能源汽车充电基础设施补贴资金的通知	桂工信规范〔2019〕6号	广西壮族自治区工业和信息化厅 广西壮族自治区财政厅 广西壮族自治区发展和改革委员会	2019-07-05	通知明确:申请补贴的充电设施为2016年1月1日—2016年12月31日间在我区行政区域范围内建成的公共充电设施。 补贴对象:公共充电设施,即为社会提供公共充电服务的充电设施,以及专为公交、环卫、物流或某法人单位及其职工等特定行业和单位电动汽车提供充电服务的充电设施。 补贴标准:对充电设施综合投资成本和充电桩功率进行一次性补贴。直流充电桩、交直流一体化充电桩、无线充电设施,按照600元/kW的标准补贴;交流充电桩按照300元/kW的标准补贴
	广西壮族自治区新能源汽车推广应用攻坚行动方案	桂发改电力〔2019〕1034号	广西壮族自治区发展和改革委员会	2019-10-31	方案明确:到2020年底,全区新能源汽车保有量比攻坚行动前增长100%,达到14.6万辆以上;新能源汽车保有量占汽车总保有量的比例从攻坚行动前的1.1%提高到2.5%左右,增长1.25倍;增量汽车电动化率(即新上牌新能源汽车占新上牌汽车的比例)增长100%以上,即从攻坚行动前的6%提高到12%以上;新能源汽车充电基础设施更加完善,充电便利性大幅提升,全区新能源汽车推广应用进入全国先进行列
内蒙古自治区	内蒙古自治区推进运输结构调整三年行动计划实施方案(2018—2020年)	内政办发〔2019〕11号	内蒙古自治区办公厅	2019-03-19	方案明确: 加快新能源和清洁能源车辆推广应用。 1)到2020年,城市建成区新增和更新轻型物流配送车辆中,新能源车辆和达到国Ⅵ排放标准清洁能源车辆的比例达到80%。将公共充电桩建设纳入城市基础设施规划建设范围,加大用地、资金等支持力度,在物流园区、工业园区、大型商业购物中心、农贸批发市场等货流密集区域,集中规划建设专用充电站和快速充电桩。在重点物流园区、铁路物流中心、机场等推广使用电动化、清洁化作业车辆。 2)对大力淘汰老旧车辆、推广应用国家《新能源汽车推广应用推荐车型目录》内的新能源汽车的有关企业和人员依照有关政策及时给予补贴

节能与新能源汽车年鉴

YEARBOOK OF ENERGY-SAVING AND NEW ENERGY VEHICLES

第三篇 Section Ⅲ

地区概况

Regional Profile

北 京 市

一、2019 年节能与新能源汽车产业概况

2019 年，北京市持续推进新能源智能汽车高精尖产业发展，产业整体发展平稳，已初步形成产业链相对完整、竞争力国内领先、集群效应初步显现的产业发展格局。

（1）纯电动汽车已进入市场化阶段，建成了相对完整的产业链条，覆盖整车、电池、电机、电控、充电设备及检测服务等众多环节。

（2）燃料电池汽车整车技术水平不断优化，聚集了多家燃料电池汽车上下游企业，如中能源工程集团氢能科技有限公司、北京亿华通科技股份有限公司等。依托 2022 年冬奥会，加快布局加氢示范站点，完善配套设施建设。

（3）智能网联板块积极推进构建良好的创新生态，聚集了多个具备核心竞争力的独角兽企业，包括北京小马智行科技有限公司、北京初速度科技有限公司、北京地平线信息技术有限公司等。加速智能网联测试场地建设，截至 2019 年底，已开放 151 条共 503 km 测试道路，累计安全测试里程超 104 万 km，为 13 家自动驾驶企业 77 辆车辆发放测试牌照，规模均为全国第一。

二、2019 年节能与新能源汽车扶持政策与措施

政策名称	文件号	发布单位	发布日期	政策概要
北京市人民政府办公厅关于印发《北京市污染防治攻坚战 2019 年行动计划》的通知	京政办发〔2019〕5 号	北京市人民政府办公厅	2019-02-13	按照北京市新能源智能汽车推广应用行动计划（2018—2020 年）要求，加快推进小客车和公交、出租、邮政、城市快递、环卫、物流配送等车辆“电动化”步伐；2019 年年底前，北京市新能源汽车总量力争达到 30 万辆左右
北京市城市管理委员会关于鼓励单位内部公用充电设施对外开放的通知	京管函〔2019〕89 号	北京市城市管理委员会	2019-03-15	按照《关于印发 2018—2019 北电动汽社会公用充电设施运营考核奖励实施细则的通知》（京管发〔2018〕108 号）对符合条件的对外开放的内部充电桩给予运营考核奖励
北京市城市管理委员会关于印发实施《2019 年度北京市单位内部公用充电设施建设补助资金申报指南》的通知	京管发〔2019〕53 号	北京市城市管理委员会	2019-05-09	对符合要求的充电设施，以充电设施功率为基准给予补助。补助标准为充电设施功率在 7 kW 及以下范围内为 0.4 元/W，在 7 kW 以上为 0.5 元/W
关于调整《北京市推广应用新能源汽车管理办法》相关内容的通知	京科发〔2019〕8 号	北京市科学技术委员会 北京市经济和信息化局 北京市财政局 北京市城市管理委员会	2019-06-25	自 6 月 26 日起，取消对纯电动汽车的市级财政补助 燃料电池汽车按照中央与地方 1:0.5 比例安排市级财政补助
北京市财政局　北京市交通委员会关于对出租汽车更新为纯电动车资金奖励政策的通知	京财公用〔2019〕1325 号	北京市财政局 北京市交通委员会	2019-07-17	对符合本市纯电动出租汽车更新要求的出租汽车经营者给予一次性政府资金奖励。比照纯电动出租汽车生产环节电池采购价格，每辆车奖励上限为 7.38 万元
北京市交通委员会　北京市公安局公安交通管理局　北京市商务局　北京市生态环境局关于支持本市新能源物流配送车辆优先通行的通知	京交绿通发〔2019〕5 号	北京市交通委员会 北京市公安局公安交通管理局 北京市商务局 北京市生态环境局	2019-08-02	自 2019 年四季度起，北京市将通过分季度提升纯电动货车持证比例和实施差别化通行措施，实现“到 2020 年底，除冷链运输车辆外，通过办理货车通行证方式允许日间通行五环以内道路的 4.5 t 以下轻型物流车中，纯电动货车比例达到 90%。”

三、2019 年节能与新能源汽车推广应用情况

北京市持续推进国家新能源汽车技术创新中心建设，积极打造国家智能网联汽车创新中心，推动技术创新、商业模式创新和政策创新有机结合，新能源汽车发展已跨入成长期，进入市场化阶段，2019 年本市累计推广新能源汽车 30.89 万辆，其中私人领域 24.16 万辆（单位 1.84 万辆，个人 22.32 万辆），公共领域推广 6.73 万辆，年内新增新能源汽车 7.51 万辆，居于全国领先地位。

四、2019 年节能与新能源汽车主要企业经营情况

北京市领域龙头企业鳌头效应明显，典型企业如北京新能源汽车股份有限公司实施的“产品向上、品牌向上”战略效果明显，全年累计整车销量 15.06 万辆，连续 7 年中国纯电动汽车销量位居第 1，其品牌价值同比增长 23%。北汽福田汽车股份有限公司 2019 年全年累计销售新能源汽车 5 988 辆，同比增长 60.97%。

五、2019 年节能与新能源汽车项目及园区建设情况

北京市在推进节能与新能源汽车项目过程中，重点发挥整车企业的带动作用，以整车项目为抓手，带动上下游产业配套项目落地，统筹提升产业链发展水平。2019 年北京市重点项目进展良好，如北京奔驰纯电动乘用车项目、北汽新能源高端智能生态工厂、北汽福田氢燃料客车研发总装基地、北京奔驰动力电池工厂等。

《北京市加快科技创新培育新能源智能汽车产业的指导

意见》明确指出，要促进新能源智能汽车产业集聚发展。一是突出增量聚焦，将顺义区、北京经济技术开发区打造成为新能源汽车成果转化优先承载地和国内外优质企业在京发展集聚地。二是突出存量优化，持续优化昌平区新能源汽车设计制造产业基地、房山区长安新能源汽车产业基地等的布局，推进现有整车企业的转型升级。

六、2019 年基础设施建设及运行情况

（1）加快推动充电基础设施建设，依据《关于加强停车场内充电设施建设和管理的实施意见》（京管发〔2018〕94号）、《关于报送本辖区停车场建设充电设施工作计划的通知》（京管函〔2018〕551 号），督促各区充电设施管理部门、停车场产权（经营）单位及其他相关部门和单位，将具备电源条件且有一定停车位条件的停车场列入建设计划，明确分期建设目标、完成时限、责任主体等。

（2）完善配套政策及资金支持，依据《关于鼓励单位内部公用充电设施对外开放的通知》（京管函〔2019〕89 号），对符合条件的对外开放的内部充电桩给予运营考核奖励；依据《2019 年度北京市单位内部公用充电设施建设补助资金申报指南》（京管发〔2019〕53 号），对符合要求的充电设施，以充电设施功率为基准给予补助。

截至 2019 年 12 月底，北京市累计建成约 20.19 万个充电桩。其中自用领域，建成充电桩约 15.34 万个，配建比约为 69%；公用领域，建成充电站约 4 766 处、充电桩约 4.25 万个。公用领域又包含：社会公用充电站 2 379 处、充电桩约 2.45 万个，单位内部公用充电站约 2 387 处、充电桩约 1.80 万个。专用领域建成充换电场站约 479 处，充电桩约 0.60 万个。

七、发展规划

持续贯彻落实《北京市新能源智能汽车推广应用行动计划（2018—2020 年）》《北京加强全国科技创新中心建设总体方案》《北京市加快科技创新培育新能源智能汽车产业的指导意见》等文件要求，助力北京市大气污染防治工作，落实北京市汽车产业转型升级，持续推进北京市新能源智能汽车的技术创新、产业发展及示范应用，到 2020 年，全市累计推广新能源智能汽车 40 万辆左右。

八、2019 年本地区新能源汽车推广应用统计表

（单位：辆）

燃料 \ 车型	公交车	旅游大巴	公务车	出租车	租赁用车	私人用车	环卫车	物流车	邮政车	工程车	载货车	其 他	合 计
纯电动汽车	2 660	0	0	4 047	1 976	63 090	809	2 335	0	0	0	225	75 142
插电式混合动力汽车	0	0	0	0	0	0	0	0	0	0	0	0	0
增程式电动汽车	0	0	0	0	0	0	0	0	0	0	0	0	0
燃料电池汽车	0	0	0	0	0	0	0	0	0	0	0	0	0
合 计	2 660	0	0	4 047	1 976	63 090	809	2 335	0	0	0	225	75 142

九、2019 年 12 月底本地区电动汽车充（换）电站（桩）保有量统计表

充电站		充电桩		换电站
城市名称	数量（座）	慢充（个）	快充（个）	数量（座）
北京市	4 766	20.19 万		479

天 津 市

一、2019 年节能与新能源汽车产业概况

天津市已基本形成整车开发、动力电池、控制系统、试验检测和推广应用等较为完善的新能源汽车产业体系。拥有一汽丰田、一汽大众、天津比亚迪、清源等新能源汽车整车企业，力神电池、荣盛盟固利、松正等动力电池电控生产制造企业，GWh 聚集了中汽研中心、中国电科 18 所等试验检测科研机构。目前，全市新能源汽车产能超过 30 万辆，动力电池产能超过 10 GWh。

二、2019 年节能与新能源汽车推广应用情况

2019 年，天津市共推广应用新能源汽车 2.9 万辆，其中纯电动汽车 2 万辆，占新增总量的 69.84%；插电式混合动力汽车 0.88 万辆，占总数的 30.16%。截至 2019 年底，全市新能源汽车保有量达到 14.7 万辆，占全市机动车保有量比例接近 4%，位居全国重点城市前 6 名。分领域来看，私人购车已成为推广应用的主要领域，全市私人购置新能源汽车 2.1 万辆，占新增总量的 71%；企业购车 0.85 万辆，占总数的 29%。全市新能源公交车累计投运 7 000 余辆，除部分尚未有效解决充电场站部分线路外，基本已全部投入城区及郊区线路运行。城市物流车以租赁方式为主，累计投运超过 1.7 万辆。机关公务用车领域积极探索尝试新能源汽车分时租赁模式，累计完成上牌及投放新能源汽车运营 500 辆；天津滨海国际机场、天津港等领域正在逐步探索尝试使用新能源汽车。

三、2019 年节能与新能源汽车主要企业经营情况

全市节能与新能源汽车行业主要包括一汽丰田、一汽大众、国能新能源、天津比亚迪等整车企业。2019 年,全市节能与新能源产业产能达到 30 万辆。其中一汽丰田“卡罗拉 E +”车型正式上市,一汽 - 大众插电式 SUV 车型开始量产,国能 NEV-93 车型相继下线并投放市场。天津全市共有汽车工业企业 1 000 余家,从业人员近 13 万人,整车企业 31 家,规模以上零部件企业 300 余家,整车产能达到 130 万辆,位居全国单一城市前列。

四、2019 年节能与新能源汽车项目及园区建设情况

2019 年以来,一汽丰田新一生产线、国能新能源汽车、一汽-大众插电式 SUV 生产线项目全面投产;天津国安盟固利新能源有限公司一期 3 GWh 项目、力神电池六期新工厂 2.6 GWh 项目相继投产,全市锂离子动力电池产能已接近 10 GWh,同比增长 1.5 倍;天津艾康尼克新能源 MPV 项目、一汽夏利重组项目已基本完成,韩国三星在津投资 24 亿美元建设全球领先的动力电池生产线和车用 MLCC 工厂,全球新能源汽车生产及配套企业不断向天津市聚集,为天津新能源汽车产业发展提供了源源不断的动能。

五、2019 年基础设施建设及运行情况

截至 2019 年底,全市各类充电桩共建成 3 万个。包括私人报装 1.2 万台、公共充电桩 1.8 万台。2019 年新建公共充电桩 4 900 多台,总桩数在全国主要城市中名列第 5。其中,连续两年将居民小区公共充电桩建设纳入民心工程,累计在近 200 个小区建设公共充电桩 2 200 多台。在高速公路方面,按照京津冀三省市统一部署,完成京沪、津蓟、荣乌、长深等 10 条高速公路的 30 个服务区的城际快充站点建设,运营充电桩 140 台,基本实现了市域高速公路全覆盖。按照“十四五”规划要求,2020 年将新建充电桩 4 000 台,全市公共充电桩总数预计达到 20 000 余台。

六、发展规划

2019 年,天津市已启动汽车行业“十四五”发展规划前期相关研究工作,旨在充分把握汽车行业国内外发展趋势、本市发展基础,科学制定未来 5 年发展方向和重点任务,系统设计相关政策措施。目前,相关研究工作正在有序推进。

七、2019 年本地区新能源汽车推广应用统计表

(单位:辆)

燃料 \ 车型	公交车	旅游大巴	公务车	出租车	租赁用车	私人用车	环卫车	物流车	邮政车	工程车	载货车	其他	合计
纯电动汽车	0	0	7 039	0	0	13 319	0	0	0	0	0	0	20 358
插电式混合动力汽车	0	0	1 439	0	0	7 352	0	0	0	0	0	0	8 791
增程式电动汽车	0	0	0	0	0	0	0	0	0	0	0	0	0
燃料电池汽车	0	0	0	0	0	0	0	0	0	0	0	0	0
合计	0	0	8 478	0	0	20 671	0	0	0	0	0	0	

八、2019 年本地区重点新能源汽车企业产销量统计表

生产企业名称	产品商标	车辆类型	通用名称	产量统计(辆)
天津一汽丰田汽车有限公司	丰田牌	插电式混合动力乘用车	卡罗拉 E +	9 124

2019 年 12 月底本地区电动汽车充(换)电站(桩)保有量统计表

充电站		充电桩		换电站
城市名称	数量(座)	慢充(个)	快充(个)	数量(座)
天津市	—	20 024	8 026	2

注:该表中充电站概念不明确。目前天津市公交场站按照一体化建设,各场站因场地、电容不同,建设充电桩数量不同,仅统计充电桩数量。

上 海 市

一、产业概况及生产经营

2019 年,上海汽车制造业完成工业总产值 6 409.7 亿元,同比下降 4.4%;规模以上汽车制造企业主营业务收入 7 923.4 亿元,同比下降 11.4%;实现利润总额 794.96 亿元,同比下降 26.9%,但占全市规模以上企业利润总额的 35.2%。

上汽集团全年整车销售 623.8 万辆,同比下降 11.5%,占国内市场份额的 26.7%,比 2018 年增加了 2.6 个百分点。上汽集团第 15 次进入世界 500 强,排名第 39 位,比 2018 年度下降了 3 位。

2019 年上海市汽车工业主要经济指标 (单位:亿元)

汽车工业总产值	主营业务收入	利润总额
6 409.7	7 923.4	794.96

注:数据来源于上海市统计局。

2019 年上海市整车产销量 (单位:万辆)

主要产品种类	产量	同比下降(%)	销量	同比下降(%)
汽车	274.1	7.56	274.5	7.34

注:数据来源列入协会统计范围(上海地区)。

二、产业发展

1. 上海主要汽车生产企业保持市场领先

2019年，上汽大众全年实现整车销售2 001 777辆，比2018年下降3.07%，在把握消费升级趋势方面，上汽大众推出了途铠、途昂X等多款SUV新品，并利用新品效应带动整体销售，全年上汽大众SUV销量逆势增长，帕萨特在中高级轿车市场排名第1。上汽乘用车公司推出了“首款量产智能座舱”产品RX5 MAX，性能配置全面升级，“硬核中国芯”的跨界传播也取得了较好效果，产品上市后快速热销，有力巩固了RX5家族的市场地位。上汽通用全年实现整车销售1 600 102辆，比2018年有一定幅度的下降，但上汽通用凯迪拉克品牌在豪华车市场、别克GL8在大中型MPV市场，以及五菱品牌“877”战役均有不俗表现，为保持市占率和盈利水平都作出了积极贡献。

2. 新能源汽车产品阵营逐步完善并扩大

2019年，上汽集团新能源汽车完成销售18.5万辆，同比增长30.5%。集团整体新能源车销量继续保持较快增长势头，在国内新能源车市场销量排名提升至第2位。其中荣威Ei5推出长续航版后，市场竞争力进一步提升，销量同比增长超过40%；上汽大众帕萨特PHEV和途观L PHEV快速跻身插电混动市场销量排行榜前列；上汽通用五菱宝骏E100通过“直营+全国批售”两种并行模式，加快向全国范围推广，全年销售6万辆，并从7月起稳居国内微型电动车销量第一。上汽集团一方面加快提升“三电”系统的自主核心能力，在第二代EDU成功批产并搭载新品上市后，继续加紧推进EDU G2 Plus、电轴、HairPin电机、专属电动车架构、全新一代电子电器架构等的自主开发工作，并在燃料电池前瞻技术领域，启动400型燃料电池电堆和系统的开发，力争在燃料电池电堆膜电极、双极板、密封结构等核心技术方面取得突破，加快提升面向未来的核心竞争力。此外，持续推动合资新能源项目落地和新能源产业链建设，上汽大众MEB新能源工厂正式落成，大众MEB、通用BEV3等重点电动车平台开发项目破难推进。

3. 自主品牌努力把握市场大势，抢抓结构性增量机遇

上汽集团乘用车公司全年实现整车销售67.33万辆，同比下降4.03%，在国内自主品牌车系市场份额总体下降的背景下，乘用车公司已成立工作组，对荣威、名爵品牌下一步怎么发展开展深入研究，力争把国际化、年轻化、科技感等元素注入品牌长期建设。

商用车板块，上汽大通2019年整车销售15.3万辆，同比增长21.36%，并推出了智能宽体轻客V 90以及面向高端商务用户的新旗舰MPV G20等新品，进一步提升了在公商务市场上的产品竞争力；大通皮卡产品继续保持快速增长势头，在国内15万元以上高端皮卡市场份额排名第1，T60成为首款获得澳洲A-NCAP安全碰撞五星的中国皮卡，产品出口澳新、智利等海外市场。

4. 加快国际经营步伐，提升差异化竞争能力

上汽集团通过持续深耕海外市场、加强国际经营体系建设，工作成效正开始逐步显现。从海外销量结构看，2019年集团MG、MAXUS等自主品牌的海外销量达到18.6万辆，同比增长82.3%，占集团整体海外销量的比例超过50%；其中，MG品牌海外销量达到13.8万辆，同比增长89.3%，单品牌海外销量首次排名全国第1，并且MG EZS纯电动SUV作为上汽首款全球海外新能源车型，率先在标准严苛的欧洲市场打开局面，下半年登陆英国、荷兰和挪威市场后，迅速刮起“电动旋风”，短时间内就获得超过5 000张订单。

从海外基地建设看，随着印度基地建成投产，以及首款产品MG Hector的上市热销，印度成为集团第7个“万辆级”海外市场；上汽正大的地产化水平持续提升，供应链降本和基地制造能力得到进一步加强；上汽印尼Almaz成功上市，产品出口东盟市场，基地的区域辐射能力开始显现；更为重要的是，集团自主品牌率先在海外建立起右驾车基地，相比国内其他自主品牌，建立起重要的海外先发优势。

5. 汽车产品积极顺应技术变革，推动新四化创新落地

特别是在智能网联方面，上汽集团智能驾驶技术商业化落地迈出重要新步伐。继EP21H“最后一公里”自主泊车项目实现量产发布后，与上港集团、中国移动合力打造的上海洋山港5G自动驾驶重卡项目，在第二届进博会期间顺利完成演示并启动示范运营，这在全球范围尚属首次。为确保洋山港5G自动驾驶重卡项目的成功落地，集团技术条线与商用车板块紧密协同，综合应用了激光雷达、机器视觉、高精地图、5G-V2X车联通信等领域的先进技术，打通了从电控底盘、LNG动力总成到智能驾驶系统的完整控制闭环，完成了示范区内4.8万km的智能驾驶道路测试，以及智驾系统网络安全防护和加固工作，实现了“深水港物流园——东海大桥——洋山码头”总长72 km的集装箱智能转运。

三、上海速度——特斯拉上海工厂建设如何实现两个“三当年”

2019年12月30日，首批15辆国产特斯拉Model 3在上海超级工厂正式交付给客户。该项目在2018年当年签约、当年取得土地、当年获取施工许可证。

在上海自贸区临港新片区，特斯拉超级工厂一期项目在这里实现了两个“三当年”。该项目在2018年当年签约、当年取得土地、当年获取施工许可证，2019年实现当年开工、当年投产、当年交付。

特斯拉项目的落地不仅开创了大型工业项目建设的“上海速度”，也折射出上海工程建设项目制度改革的不断优化和扩围，同时也为相关服务部门转变思路、深化改革提供启迪。

四、汽车市场

2019年上海市实有小客车540万辆（含全市注册及长期在沪外省市号牌小客车），同比增加29万辆，较2018年同期42万辆的增量明显下降。

非营业性小客车市区通行额度（不含新能源车）的投放量为13.3万张，同比减少2.36万张。

沪C小客车保有量为139.3万辆，同比增加6.9万辆（2018年11.8万辆）；根据相关数据推算，长期在沪外省市号牌小客车170万辆，同比增加约7万辆（2018年12万辆）。

小型新能源号牌车辆20.5万辆，同比增加6.6万辆

(2018年7.6万辆)。2019年,上海新能源汽车累计推广超过30万辆,插电式混合动力占67%,纯电动占33%。2019年底,上海共有各类新能源公交车1.1万辆,占总数的61.5%,累计投放新能源出租车1 877辆。

五、出台政策

1. 2019年上海新能源汽车牌照政策

上海新能源牌照是随车一起报废的。消费者购买新能源汽车用于非营运且个人消费者名下无在本市注册登记新能源汽车的,本市在非营业性客车总量控制原则下,继续免费发放新能源汽车专用牌照额度。对使用专用牌照额度的新能源汽车,实行一车一牌制度。新能源汽车报废,以及办理辖区外转移和变更登记、注销登记、失窃手续的,专用牌照额度自动作废,不再发放额度凭证。

2. 发布2019年度上海市鼓励购买和使用新能源汽车实施办法相关操作流程的通知

上海市经济和信息化委员会与上海市新能源汽车推进领导小组办公室委托具有资质的第三方专业机构受理新能源汽车生产厂商、进口新能源汽车生产厂商设立或授权的销售公司及其车型申请。完成申请的相关信息将及时在上海市经济和信息化委员会、上海市新能源汽车公共数据网等网站予以公布。

3. 智能网联汽车道路测试管理办法率先完成修订发布

2019年9月11日,上海市经济和信息化委员会、市公安局、市交通委三部门联合印发《上海市智能网联汽车道路测试和示范应用管理办法(试行)》。新的管理办法创新扩展了测试示范类型(率先允许开展智能网联汽车示范应用,率先推动开放园区、停车库、港区等典型测试环境),开放优化了测试许可事项(在申请主体、申请车辆数量、测试场景、安全保障等方面进一步优化),引领突破了区域互认互通(牵头引领长三角测试牌照互认并推进封闭测试区互通),进一步彰显了上海智能网联产业发展在全国的战略引领地位。

六、2020年汽车行业发展总体规划

2020年集团经济工作的总体规划是:

(1)整车企业要适应竞争形势变化,聚焦用户体验,精准发力、抢抓增量、深挖存量,守稳市占率,努力提质增效;

(2)零部件板块要抓好存量规模提升与增量市场突破,加快业务结构调整步伐,持续提升技术能级和成本竞争力;

(3)移动出行和服务板块要持续推进上汽出行"一体化"大平台建设,提升制造服务业务的技术能级与核心竞争力;

(4)金融板块要加强横向协同,完善金融工具链,围绕用户使用全周期深挖金融需求,拓展汽车全产业链金融服务;

(5)国际经营板块要抢抓机遇,在部分蓝海市场形成重点突破,持续夯实基础,提升产品、品牌、服务的用户口碑;

(6)技术创新要坚持市场导向和结果导向,加强技术资源协同,加快市场化机制建设,加大应用融合创新布。

重 庆 市

一、2019年节能与新能源汽车产业概况

一是产销规模持续扩张。重庆市已形成"9+2+3+30"的新能源汽车产业体系(长安汽车、长安福特、金康新能源等9家乘用车企业,中车恒通、穗通等2家客车企业,庆铃汽车、瑞驰汽车、上汽红岩等3家商用车企业以及约30家核心配套企业)。2019年,重庆市生产新能源汽车5万辆,同比增长24%,占全国总产量的4%,产值80亿元,同比增长52%。二是产业链条相对完整。整车品类涵盖了乘用车、客车、专用车等各细分类别;关键零部件涵盖了电池、电机、电控、电空调、电转向、电制动等"大小三电"系统。

二、2019年节能与新能源汽车扶持政策与措施

政策名称	文件号	发布单位	发布日期
重庆市2019年度新能源汽车推广应用财政补贴政策	渝财规〔2019〕10号	重庆市财政局 重庆市经济和信息化委员会 重庆市能源局	2019-05-28
重庆市人民政府办公厅关于印发重庆市支持新能源汽车推广应用政策措施(2018—2022年)的通知	渝府办发〔2018〕184号	重庆市人民政府办公厅	2018-12-14
重庆市人民政府办公厅关于印发重庆市加快新能源和智能网联汽车产业发展若干政策措施(2018—2022年)的通知	渝府办发〔2018〕185号	重庆市人民政府办公厅	2018-12-14

三、2019年节能与新能源汽车推广应用情况

生产方面,2019年重庆市生产新能源汽车5万辆,同比增长24%;产值80亿元,同比增长52%。新能源汽车产销规模进一步扩大,单车价值进一步提升。

推广应用方面,2019年重庆市推广新能源汽车13 535辆,同比持平。其中,乘用车11 717辆,客车1 236辆,货车(专用车)582辆。截至2019年底,累计推广新能源汽车5.7万辆,其中乘用车4.3万辆,客车0.4万辆,物流车0.9万辆;重庆企业累计推广数量约占40%,约有2.3万辆。

充电基础设施方面,全市累计建成充电站点1 409座(含换电站13座),累计建设充电基础设施12 895台,其中直流3 581台,交流充电基础设施9 314台。

四、2019年节能与新能源汽车主要企业经营情况

长安汽车新能源近年来实现快速增长,累计销售突破20万辆。2019年,在传统汽车产业及新能源汽车产业同比下滑、新能源补贴大幅退坡的艰难环境下,长安新能源逆势而上,销售2.88万辆,同比增长26%,市占率提升1.5个百分点;实现整车产值约35亿元,零部件产值约13.1亿元,拉动重庆市汽车工业产值增长2%。12月完成增资扩股,募集资金28.4亿元,成为汽车央企第一家混改成功案例,重庆市成为第二大股东。整车方面,长安新能源目前已形成重庆、合肥等乘用车生产基地,河北长安、保定长客两大商用车生产基地,实现了新能源汽车与传统汽车共线生产,共享产能。零部件方面,已在重庆鱼嘴完成电池系统一期工程建设,年

产12万套(总规划60万套)。已经完成电驱系统一期工程建设,年产5万套;二期工程已开建,设计产能5万套。

五、2019年节能与新能源汽车项目及园区建设情况

弗迪电池超级工厂落户重庆市璧山区,是比亚迪"刀片电池"的首发工厂和目前唯一的生产基地,项目总投资100亿元,规划年产能达20GWh。2019年2月,该项目开工建设,预计在2020年3月正式投产,致力于成为一个拥有精益化、自动化、信息化制造管理系统的世界级工厂。

六、2019年基础设施建设及运行情况

截至2019年底,重庆市累计建成充电站点1 409座,累计建设充电基础设施12 895台,其中直流3 581台,交流充电基础设施9 314台。

七、发展规划

重庆市始终坚持推动汽车产业发展质量变革、效率变革和动力变革,2020年的主要发展方向为进一步推动汽车产销平稳增长,年产汽车超过300万辆,产业配套能力进一步增强,实现产值超过5 400亿元;大力支持新能源汽车快速发展,年产新能源汽车超过20万辆,形成较强的核心零部件配套能力;大幅提高汽车智能网联水平,年产智能网联汽车超过80万辆,占重庆市汽车产量比重超过25%,初步具备辅助驾驶系统、网联终端系统的配套能力。

八、2019年本地区新能源汽车推广应用统计表

(单位:辆)

车型 燃料	公交车	旅游大巴	公务车	出租车	租赁用车	私人用车	环卫车	物流车	邮政车	工程车	载货车	其他	合计
纯电动汽车	585	0	0	200	7 529	2 372	0	576	0	0	0	0	11 262
插电式混合动力汽车	651	0	0	0	1 229	387	0	6	0	0	0	0	2 273
增程式电动汽车	0	0	0	0	0	0	0	0	0	0	0	0	0
燃料电池汽车	0	0	0	0	0	0	0	0	0	0	0	0	0
合计	1 236	0	0	200	8 758	2 759	0	582	0	0	0	0	13 535

九、2019年12月底本地区电动汽车充(换)电站(桩)保有量统计表

充电站		充电桩		换电站
城市名称	数量(座)	慢充(个)	快充(个)	数量(座)
重庆市	1 409	0	0	13

河北省

一、新能源汽车产业概况

新能源汽车推广应用工作有力地推动了河北省新能源汽车整车及配套产业发展,全省新能源汽车产业拥有各类生产企业40多家,产品涵盖纯电动轿车、客车、物流、教练、动力电池、电池材料等。全省已形成新能源汽车51.8万辆产能(乘用车30万辆,新能源商用车21.8万辆)。新能源汽车驱动电机产能15万台(套)/年,电子控制器产能3万套/年,动力电池产能约9.5亿Ah/年。2019年,全省新能源汽车产量4.5辆,同比增长74.5%。

整车情况如下。

2019年全省新能源汽车产量4.5万辆,同比增长74.5%。拥有各类新能源汽车生产企业40余家,其中整车生产企业10家,公告产品65个,年生产能力51.8万辆;动力电池年产能9.5亿Ah,产业体系逐步建立,产业链条初步形成。产品涵盖纯电动客车、混合动力客车、纯电动轿车、纯电动物流车、纯电动教练车、纯电动环卫车、动力电池等,长城汽车插电式混合动力汽车P8、纯电动汽车欧拉R1、IQ市场份额不断扩大,石家庄中博汽车的新能源公交车、沧州明珠动力电池隔膜、张家口亿华通氢燃料动力电池等已达到国内同类产品先进水平,石家庄跃迪在全国警务用车市场位居前列。

河北省新能源汽车整车企业情况表

企业	主要产品	产能(万辆)	主营收入(亿元)
长城汽车	纯电动轿车、插电式混合动力SUV	7	23
中兴汽车	纯电动皮卡、纯电动教练车	5	12.4
长安汽车	纯电动厢式运输车、纯电动客车	15	12
红星汽车	纯电动厢式运输车	3	1.7
御捷车业	纯电动SUV、纯电动厢式运输车	5	13.5
中博汽车	纯电动客车	1	14
上汽唐山	纯电动客车、混合动力客车	0.3	—
北汽黄骅	纯电动物流、轿车	15	16.7
广通邯郸	纯电动公交	0.3	—
承德比亚迪	纯电动客车	0.2	4.7
总计	纯电动轿车、客车、SUV、物流车等	51.8	81.3

1. 长城汽车股份有限公司

长城汽车欧拉品牌创新营销模式,以用户为中心,根据用户需求打造产品,持续对车型进行升级改款,打造时尚、舒适且智能懂你的"新一代电动小车"。欧拉作为长城汽车营

销创新和商业模式变革的先锋军，2019年销量保持快速增长，其中欧拉R1实现在A00级新能源细分市场销量增速第1。2019年同步开展EV、HEV、PHEV 3种技术架构的车型开发以及FCV的策划；2019年WEY品牌推出两款插电混动车型VV7 PHEV与VV7 GT PHEV，完善了公司在新能源领域的产品布局，2019年11月29日，公司与宝马合作的光束汽车项目在江苏省张家港市正式启动。2019年新能源汽车产量达到4.1万辆。

2. 河北中兴汽车制造有限公司

中兴汽车具备商用车、其他类乘用车、专用车的传统燃油车及新能源汽车资质，是目前国内具有一定规模、拥有完全自主知识产权及整车研发能力的现代化皮卡、SUV整车生产企业。公司瞄准乘用车和商用车发展，以高能量密度电池为载体，轻量化设计的车身为依托，重点布局细分市场。未来3~5年，中兴汽车有限公司将生产"1系、3系、7系"为主导的新能源汽车、乘用车在内的9个车型。其中，1系包括青春版、家庭版车型汽车；3系有轿跑型SUV、高性能版新能源轿车；7系包括大领主G7、G9等。

3. 河北长安汽车有限公司

新能源汽车与传统车为共线生产，总生产能力15万辆。2019年度河北长安新能源研发投入5 128万元，5款纯电动商用车产品上市，实现销售2要992辆，销售收入35 763万元。同时取得纯电动乘用车(7字头)生产资质。

4. 河北红星汽车制造有限公司

河北红星汽车制造有限公司由多氟多化工股份有限公司控股，已建立了汽车研究院，拥有完善的整车生产检测手段，通过对现有5万辆整车生产线进行升级改造，已形成新能源汽车产能2万辆，2017年下半年新能源汽车产能达到3万辆。2019年销售3辆、销售收入16.8万元，新能源汽车研发投入1 975万元。

5. 河北领途汽车有限公司

领途汽车是一家专注发展小型电动汽车的创新型企业，创始于2008年，前身是河北御捷车业有限公司。2017年7月取得新能源轿车资质，2017年9月与长城汽车成立了合资公司，具有纯电动多用途乘用车、纯电动运动型乘用车、纯电动厢式运输车等产品生产资质，具备年产5万辆的生产能力。2019年新能源汽车产量467辆。

6. 石家庄中博汽车有限公司

石家庄中博汽车有限公司有改装类大中型客车、纯电动大中型客车(含自制自用底盘)生产资质。2013年5月，珠海银隆新能源有限公司旗下珠海广通汽车有限公司对中博汽车进行了资产重组，注册资金4亿元，在正定县投资建设石家庄中博汽车有限公司搬迁改造扩能项目，具备年产1万辆纯电动大中型客车的生产能力。共有公告产品20个车型。

7. 上汽唐山客车有限公司

上汽唐山客车有限公司，是由福泰基业集团旗下的海天新能源有限公司与上海汽车集团投资管理有限公司、曹妃甸海兴投资有限公司、唐山市公交总公司共同出资组建。公司是大中型客车(含纯电动客车、混合动力客车、燃料电池客车)、专用车和汽车零部件设计、制造、销售和售后服务的专业生产厂家，位于唐山市曹妃甸区。

8. 珠海广通汽车有限公司邯郸分公司

珠海广通汽车有限公司邯郸分公司生产能力3 000辆。研发依托总公司珠海广通汽车有限公司相关研发部门。2019年共生产232辆纯电动公交车，销售198辆。

9. 比亚迪汽车工业有限公司承德分公司

总投资2.92亿元。生产主要产品为纯电动客车，产能为年产2 000辆。已通过工信部公告验收。

10. 北京汽车集团有限公司黄骅分公司

北汽新能源黄骅产业基地是践行"京津冀协同发展"战略的重要组成部分，是北汽新能源全国五大生产基地之一。按照北汽集团"全面新能源化"总体部署，2018年9月29日北京新能源汽车股份有限公司黄骅分公司注册成立，通过技术改造，顺利导入两款纯电动车产品，并在当年投产。总投资约20亿元，占地1 319亩，涵盖冲压、焊装、涂装、总装等整车生产四大工艺车间，规划整车年产能15万台。目前黄骅基地新能源整车业务包含2款产品电动物流车407 EV、纯电动A级轿车EU 300。2019年产量17 267辆，年收入16.7亿元。

11. 奇瑞新能源石家庄生产基地

位于石家庄栾城装备制造园区内，总投资30亿元。生产主要产品为小型新能源乘用车(艾瑞泽5EV、小蚂蚁以及一款SUV、一款城市物流车共4款车型)，规划产能为年产10万辆。2019年产量262辆。

另外有拟投资建设新能源汽车生产企业项目17个，拟建产能达260万辆。

二、河北省新能源汽车推广应用情况

1. 推广应用

2019年河北省共推广新能源汽车40 439辆。其中，推广应用新能源公交车2 607辆、出租车148辆、私人车34 781辆、物流车1 538辆、环卫车23辆、其他车1 342辆。全省13个市任务进度全部超过100%。

截至2019年12月底，河北省共注册登记新能源汽车132 196辆，较去年底增长44.61%。其中，纯电动汽车保有量117 383辆，占全省总量的88.79%，插电式混合动力汽车保有量为14 369辆，占总量的10.87%，燃料电池汽车保有量为174辆，占0.13%。

2. 充电基础设施

2019年，河北省新建成充电站403个、公共充电桩6 400个、自备桩17 549个，截至2019年底，河北省累计建成投运充电站3 018座、公共充电桩34 951个、自备桩38 691个，基本形成了可满足河北省及周边省市新能源汽车充电需求的充电网络，有效促进了新能源汽车的推广和发展。

3. 政策保障

一是省财政发挥财政资金保障作用，积极争取中央资金支持，及时向中央申请推广应用补助清算资金。二是省税务系统落实使用新能源税收优惠政策，2019年全省共实现新能源汽车车船税减免948 123辆次，减免税额1.6亿元，同比增长10.92%；新能源汽车车辆购置税减免40 476辆次，减免税额5.9亿元，同比增长4.6%。三是省公安系统积极协调财政部门减免车牌费用，2015年12月11日起，对河北省注册登记的所有新能源汽车免征车牌费，截至目前，全省共减免85 372辆（每幅号牌100元），补贴资金85万余元。四是免受限行限制，省公安厅交管局、省生态环境厅严格落实《河北省重污染天气应急预案》相关规定，在车辆限行期间对新能源汽车给予通行便利，明确全省各类新能源汽车均不受限行限制。五是省交通运输厅提出具体目标任务持续推进新能源公交车推广应用，印发《新能源公交车推广应用实施方案》（冀交运〔2019〕384号），要求2020—2025年每年各市新增及更换的公交车中新能源公交车比重达85%以上，不得新增燃油公交车。创新工作举措推动新能源出租汽车推广应用，印发《关于进一步推进新能源出租汽车发展实现绿色出行行动计划（2020—2022年）》，选取保定、张家口、廊坊三河市先行试点，到2021年，全省新增和更新巡游出租汽车全部使用新能源和清洁能源车辆，鼓励网络预约出租汽车使用新能源和清洁能源车辆。实施城市绿色货运配送示范工程，推动新能源货车推广应用。六是省发展改革委能源局积极组织各市研究制定充电基础设施规划和运营管理办法，将充电基础设施布局覆盖到所属县（市）、国道、省道及过境高速公路等。落实《京津冀新能源小客车充电基础设施协调建设联合行动计划》，加快规划布局京津冀一体化公用充电基础设施网络建设；指导保定、邯郸、廊坊等部分中心城市将充电基础设施建设纳入城乡建设总体规划，并制定出台了相关支持性政策。七是省住房和城乡建设厅编发制定《河北省城市停车设施配置及建设导则》《河北省城市公共停车设施建设行动方案》，明确了支持新能源汽车停车设施和充电设施建设相关要求。

三、存在的问题

随着新能源汽车推广应用补贴政策加速退坡退出，推广应用逐渐由补贴驱动转入市场驱动新阶段，产业发展动能转换加速，一些不平衡不充分的问题凸显。

1. 充电使用环境有待进一步完善

充电设施建设结构性供给不足和布局不合理问题日益凸显。充电设施平均利用率相对较低，造成充电需求难以满足和设备利用率低的双重压力，行业可持续发展面临困境。另外，由于部分老旧小区改造困难等问题，无法保证居民私人充电桩100%的配套建设。城市用地资源紧张，无论建设公共充电站，还是改造现有停车场，都面临停车位紧张、电网改造成本高、物业不配合甚至阻挠等问题。充电基础设施运营存在安全隐患。

2. 产业发展布局有待进一步统筹

相比国内先进省市，河北省新能源汽车产业规模有待进一步扩大，质量有待进一步提高，布局有待进一步优化，部分地方在新能源汽车招商引资方面出现一哄而上盲目投资现象。产品竞争力有待进一步提高，产业链条短板有待进一步补齐，发展生态亟待改善。尤其电池、电机、电控等新能源汽车核心零部件企业在全国市场尚未形成竞争力。

3. 政策体系建设有待进一步加强

随着国家新能源汽车购置补贴退坡、双积分等倒逼政策实施，新能源使用、通行便利等后续接替政策需要提前研究，抓紧布局。各部门之间、省市之间，支持政策的衔接还不够充分。部分市有待进一步细化、完善新能源汽车推广应用细则。

四、2020年任务

2020年是“十三五”收官之年，也是高标准完成新能源汽车“十三五”规划任务的关键一年，为了高质量推动河北省新能源汽车推广应用工作，2020年将重点抓好以下几项工作。

1. 推动新能源汽车产业健康发展

圆满完成《河北省新能源汽车产业发展“十三五”规划》的收官工作，密切跟踪国家正在谋划开展的《新能源汽车产业发展规划（2021—2035年）》编制情况，积极谋划河北省推动新能源汽车发展和推广应用工作的新思路新举措，坚定不移推动新能源汽车产业的发展。加大统筹协调力度，协调各部门在大气污染防治、工业转型升级、战略性新兴产业和科技创新等专项资金等多方面新能源汽车发展支持力度。围绕着电动化、网联化、智能化、共享化的发展趋势，促进新能源汽车产业的融合创新、高质量发展。研究细化支持氢燃料电池汽车、智能网联汽车发展办法措施，研究制订《河北省智能网联道路测试管理办法》。

2. 创新举措开展新能源汽车推广

根据河北省实际谋划思路与举措，制定工作要点，积极推动各部门在充电桩进小区、新能源汽车购置与使用保险补贴、专用停车位建设与管理、新能源出租车与绿色出行等方面出台具体政策。联合省新能源汽车领导小组成员部门进一步研究评估新能源汽车相关政策，加大统筹协调力度，支持公共领域用车率先实现电动化，上下联动，注重实效，加快网约车政策落地落实，持续推进新能源汽车推广应用。

3. 营造新能源汽车便利使用环境

协同相关部门推进充电信息平台建设，统一信息交换协议，共享充电信息，促进充电服务平台互联互通。抓好新能源汽车专用停车位设置和充电设施配建。贯彻落实充电设施建设要求，保证建设充电基础设施或预留建设安装条件的车位比例符合有关规定，促进新能源汽车发展。开展公交、物流等专用车充电站建设，加快智能有序充电桩布局。支持雄安新区充电网络建设和智慧交通车路协同体系建设，做好新区充电网络建设布局，打造快捷、高效充电网络。完善冀北地区高速公路快充网络建设规划，推动张家口冬奥保障项目实施。

山西省

一、基本概况

截至2019年底，山西省汽车行业规模以上企业60家，整车生产企业6家，都具有新能源汽车生产能力。专用汽车生产企业25家，汽车发动机生产企业3家。从业人数近3万人。

二、生产经营

2019 年，山西省完成汽车工业总产值 394.90 亿元，同比增长 3.1%；主营业务收入 347.40 亿元，同比下降 8.5%；工业销售产值 390.80 亿元；实现汽车工业增加值 35.50 亿元；利润总额 24.10 亿元。全年汽车整车产销分别为 9.76 万辆和 9.72 万辆，其中乘用车产销分别为 5.73 万辆和 5.71 万辆，商用车产销分别为 4.03 万辆和 4.01 万辆，整体同比分别下降 30.93% 和 31.06%；其中专用车产销分别为 2.59 万辆和 2.54 万辆。

截至 2019 年年底，山西省汽车保有量 713.9 万辆（包括三轮汽车和低速货车 6.3 万辆），比 2018 年末保有量增长了 58.6 万辆，同比增长 8.9%，其中私人汽车 644.1 万辆，增长 8.9%。本年新注册汽车 64.5 万辆，下降 3.5%。年末轿车保有量 442.3 万辆，同比增长 8.7%，其中，私人轿车保有量 421.5 万辆，同比增长 8.8%。

2019 年山西省汽车工业主要经济指标　（单位：亿元）

汽车工业总产值	汽车工业增加值	主营业务收入	利润总额
394.9	35.5	347.4	24.1

2019 山西省整车及关键零部件产销量［单位：辆（台）］

主要产品种类	产量	同比增长（%）	销量	同比增长（%）
汽车	97 640	-30.9	97 208	-31.1
其中：新能源汽车	57 398	33.7	57 208	33.3
改装车	25 775	—	25 222	—
农用车	4 510	—	4 510	—
摩托车（三轮）	67 127	—	66 869	—
汽车发动机	1 863	—	1 959	—

三、科技创新

1. 新能源汽车产业技术创新平台逐步完善

山西省统筹推进新能源汽车产业发展，成立了"山西省新能源车辆工程技术研究中心""山西省新能源车辆院士工作站"两个省级新能源汽车学科专业领域科技创新平台。整合科研优势资源，构筑创新平台，引领行业技术进步，服务山西经济转型升级，促进高校人才、学科、科研"三位一体"创新能力提升，形成产、学、研、用融合发展的创新模式，为山西新能源工程车辆产业的创新发展和人才培养提供持续的引领和支撑。

2. 新技术研发应用稳步推进

江铃重卡全面实施技术开发，研究氢燃料电动重卡、中重卡、智能重卡等项目的建设开发应用，以提升企业产品研发能力和市场竞争力。全球首款 L4 级全时无人驾驶纯电动重卡 Q-Truck 从六大技术层面实现全栈式特定场景的无人驾驶：高精度矢量地图构建技术、车辆底层线控技术、独特的环境辨识技术、高精度车辆定位、局部路径规划、车辆及运行数据管理平台。从设计构想到展车设计、试制、功能验证，再到小批量的量产，Q-Truck 的出现仅仅用了一年半的时间，已交付 7 辆车，在港口进行商业化运营。

山西转型综合改革示范区制定《山西省氢燃料电池汽车产业发展规划》，政府积极支持太原、大同和长治等地申报国家级燃料电池汽车试点示范城市。

2019 年山西省汽车相关科技创新载体建设信息汇总

科技创新载体名称	研究领域	所获称号
太原科技大学工程机械与车辆研究所	新能源汽车	山西省新能源车辆工程技术研究中心、山西省新能源车辆院士工作站
大运汽车股份有限公司	新能源汽车	山西省省级企业技术中心、省级企业工程技术中心
山西新能源汽车工业有限公司	新能源乘用车	晋中市企业研发中心、山西省企业技术创新奖
江铃重型汽车有限公司技术研究院	中重型商用车发动机、氢燃料	山西省省级企业技术中心、商用车研发创新中心
陕汽大同专用汽车有限公司	重型专用车	山西省省级企业技术中心

四、产业发展

1. 整车带动零部件，助力高质量转型发展

整车企业的发展带动了山西高质量转型发展，给招商引资注入了新活力，带动了零部件企业在山西投资建厂，拉动了地方原材料、化工、电子、机械、装备、物流等行业，特别是就业的发展。随着整车企业产量销量的增长优势显现，核心零部件企业陆续入住产业园区形成产业集群，发挥产业集聚的规模经济性，以产业集聚带动产业转型升级。乘用车、商用车零部件供应链资源可共享，降本增效，协同发展。同时延伸了零部件企业的产品供应链，提振了山西资源型经济转型的信心，找到了长期以来兴于煤、困于煤，一煤独大导致山西产业单一格局的一条好路子。

2. 新能源汽车产业发展平稳

2019 年电动汽车产销分别是 57 398 辆和 57 208 辆，比 2018 年增长 33.71% 和 33.30%。全年全省规模以上工业增加值比 2018 年增长 5.3%。战略性新兴产业增加值增长 7.4%。其中，新能源汽车产业增长 61.6%，节能环保产业增长 12.1%，新材料产业增长 9.8%。

3. 整车企业发展情况

大运汽车股份有限公司，拥有全系列汽车生产资质，在发展传统汽车的同时，紧跟国家"绿色发展"战略布局，将新能源汽车作为企业的核心战略着力点，实现纯电动重卡、中卡、轻卡、客车、乘用车全系列产品布局，拥有完全的自主知识产权，已具备电动汽车关键技术和整车匹配开发的能力。

2019 年又建设了纯电动轻型客车及多用途乘用车项目，属于山西省 2019 年重点推进的 102 个百项工业转型升级项目、运城市"3515 重点建设项目"，也是企业上市募投的核心项目。产品涵盖纯电动 SUV、MPV 等六大系列乘用车产品，项目建成投产形成年产 2 万辆纯电动轻型客车和年产 10 万辆纯电动多用途乘用车的生产能力，2019 年纯电动 SUV 批量上市销售，2020 年纯电动 MPV 实现批量上市销售。

山西新能源汽车工业有限公司隶属于浙江吉利控股集团，是集团旗下独立法人目录公司，拥有乘用车、商用车生产资质。2019 年全面进入新能源汽车元年，全面导入几何 A

品牌，全年产量61 791辆，工业产值123.2亿元，税收8.2亿元。相比2018年工业产值增加10亿元。公司注重技术创新和项目研发，汽车相关科技创新载体建设项目：GE12跨界SUV纯电动轿车研发项目、市企业研发中心项目、省级企业技术创新项目等。2019年全年研发共投入3.97亿元，公司研发人员达到296人。

通过上游产业驱动、中游同级牵引和下游产业链拉动2019年围绕吉利汽车业务链总计拉动达200亿元以上。同时，通过持续挖掘省内汽车零部件制造合作伙伴，不断扩大汽车产业配套集群的影响力。

江铃重型汽车有限公司位于太原综改示范区园区，目前产品覆盖中、重型卡车以及9L、13L燃油发动机，涉及传统能源、新能源以及无人驾驶领域。

2019年顺应汽车智能化、网联化、电动化、共享化的发展趋势，投入大量资金进行产品研发，企业科技创新能力和产品竞争能力得到提升，特别是在新能源领域和智能互联方面取得突破和进展。1）开发国内首款氢燃料重卡牵引车，获得氢燃料电池汽车产品资质，完成了两款氢燃料电池汽车产品（FCV）公告，在11月武汉商用车展展示，并在上海宝钢开展国内首批氢燃料电池重卡产品示范运营。2）全球首款L4级全时无人驾驶纯电动重卡Q-Truck实现首批交付，实现出口，并在港口进行首轮示范运营。3）与潞安集团联合发起山西氢能产业技术创新联盟，与太原理工大学联合建立“商用汽车研发创新中心”“重卡燃料电池动力系统及整车集成技术”获批山西省科技厅重大科技专项。4）技术开发研究院建设项目完成项目批准，建成电动与SVO中试车间及氢燃料电池实验室，生产资质得到扩展，获得了N2类（轻型货车）产品资质。5）开发燃气重卡型谱系列产品，国Ⅵ燃气LNG、CNG重卡产品投产上市，助力山西打赢蓝天保卫战的同时促进了产品销售。

山西成功汽车制造有限公司2019年重点打造新能源汽车产业发展，企业通过“30万辆新能源汽车技术改造”“技术中心升级建设”“自动变速器开发”“纯电动轿车研发”“换电模式出租车开发”等重大项目建设，提升新能源汽车及相关产品生产制造能力。2019年汽车出口1 019辆，遍及沙特、埃及、秘鲁、巴西、阿联酋、乌拉圭、科威特等国家并建立了自己的销售渠道。开始从贸易营销型向技术输出型转变，已成功在巴西SKD及越南KD的组装生产，下一步将开发保加利亚、叙利亚等国的汽车市场。

陕汽大同专用汽车有限公司是由陕西重型汽车有限公司与大同市政府共同投资组建的专用汽车生产企业。2019年第10 000辆汽车下线，公司年产突破万辆大关，创造公司发展史上又一新的里程碑，获“山西省省级高新技术企业”“山西省省级企业技术中心”称号。新建1.2 km试车跑道和1.7万m^2成品车库。分别生产销售各类专用汽车14 023辆和14 047辆，同比增长54.72%；营业总收入38.35亿元，同比增长64.03%。在稳步提升专用车底盘产能的同时，公司还聚焦专用车发展，新开发桥梁检测车产品，特色自卸车产品。已初步建立了以山西为依托，辐射京津冀蒙的市场经销服务网络，通过差异化定制产品，满足客户个性化需求。

太原比亚迪汽车有限公司具有年产2 000辆纯电动客车及年产4.5 GWh动力电池组装生产能力。2019年生产纯电动客车122台，产值1.4亿元，生产新能源汽车动力电池包3.69 GWh，产值38.6亿元，合计实现产值40亿元，同比增长67%。主营业务收入38.9亿元，同比增长64%。

五、承载园区

转型综合改革示范区唐槐园区、萧河园区、晋中经济技术开发区，运城市经济技术开发区，大同市经济技术开发区。

六、出台政策

2019年山西省政府出台汽车产业相关政策信息汇总

出台时间	发布部门	政策名称	政策类别
2019年4月	山西省工业和信息化厅	山西省新能源汽车产业2019年行动计划	新能源汽车
2019年9月	山西省交通运输厅 山西省公安厅 山西省工业和信息化厅	关于进一步加强车辆运输车超长违法运输行为治理工作的通知	汽车治理

七、发展规划

实施山西省战略性新兴产业培育工程的决策部署，推进企业通过技术改造提升新能源汽车及相关产品生产制造能力，立足山西煤、电、气产业优势，以电动汽车、燃料电池汽车、甲醇汽车、燃气汽车为产业重点，初步构建创新能力强、产业化水平高、市场应用规模大的新能源汽车产业发展格局。

重点任务是按照科学规划、合理布局、完善配套、提升创新、协同发展的要求，依托太原市、大同市、长治市等城市现有氢燃料电池汽车相关产业开展试点示范；依托山西转型综合改革示范区、各市产业园区、经济开发区，发挥吉利晋中基地、大运汽车、成功汽车、江铃重汽等龙头企业的带动作用，吸引电池、电机、电控、充电设施等一批关键核心零部件优势企业投资建厂，充分发挥龙头企业的产业集群带动作用，加快重点项目建设，加快产业集群发展，推动新能源汽车产业快速健康发展。

八、重点企业

2019年山西省主要整车及关键零部件企业基本情况

企业名称	主要产品	所在城市	2019年产量	本地产能
大运汽车股份有限公司	重型车、轻卡、客车、乘用车	运城市	32 739辆	17.5万辆
山西新能源汽车工业有限公司	乘用车、商用车	晋中市	61 791辆	10.5万辆
江铃重型汽车有限公司	重型车、发动机	太原市	1 215辆、711台	1.5万辆、1万台
山西成功汽车制造有限公司	多用途乘用车	长治市	1 551辆、1 152台	12万辆
陕汽大同专用汽车有限公司	重型专用车	大同市	14 023辆	2万辆
太原比亚迪汽车有限公司	电动客车、电池包	太原市	122辆、3.69GWh	2 000辆、4.5GWh
皇城相府宇航汽车有限公司	电动客车	太原市	450辆	1 000辆

辽宁省

一、2019年节能与新能源汽车产业概况

2019年，受中美经贸摩擦、环保标准切换、新能源补贴退坡等因素的影响，辽宁汽车产量出现较大幅度下降。全年汽车产量79.16万辆，同比下降16.6%。其中，新能源汽车实现较快增长，全年累计产量3.42万辆，同比增长57.0%。

目前，辽宁省从事新能源汽车整车、零部件企业和科研院所60家左右，已形成了产学研用相结合的新能源汽车产业研发生产体系。产品涵盖纯电动汽车、插电式混合动力汽车等整车系列产品，动力电池、驱动电机、电子控制和系统集成等核心零部件和关键技术，动力电池正极材料、负极材料、电池隔膜、电池电解液等电池原料，以及新能源汽车充电设备等。截至2019年底，全省共有新能源汽车整车生产企业14家，其中华晨汽车集团、华晨宝马、曙光汽车集团、比亚迪汽车大连分公司等企业在研制、示范推广应用等方面走在全省前列。

2019年，辽宁出台《辽宁省建设具有国际竞争力的先进装备制造业基地工程实施方案》，将节能与新能源汽车工程列入八大重点发展领域之一，成立节能汽车与新能源汽车工程实施建设指挥部，负责工程建设技术指挥工作。重点发展节能汽车、新能源汽车、智能网联汽车、核心零部件、关键共性技术等，并提出提升产业创新能力、推进产业结构调整、培育新能源汽车配套体系、促进新能源汽车推广应用等4项重点任务。

二、2019年节能与新能源汽车扶持政策与措施

政策名称	文件号	发布单位	发布日期	政策概要
《辽宁省建设具有国际竞争力的先进装备制造业基地工程实施方案》	辽政办发〔2019〕1号	辽宁省人民政府办公厅	2019-01-10	围绕做优做强航空装备、海工装备及高技术船舶、节能汽车与新能源汽车、重大成套装备，发展壮大高档数控机床、机器人及智能装备、先进轨道交通装备、集成电路装备，实施8项子工程

三、2019年节能与新能源汽车推广应用情况

截至2019年底，全省共有城市公交车18 836台，其中清洁能源和新能源公交车16 350台，占比达到86.8%；其中，抚顺、营口和铁岭等3市城市公交车清洁能源和新能源车辆比重达到100%。全省城市出租汽车60 439台，清洁能源和新能源车辆60 240台，占比达到99.7%；其中，沈阳、大连、抚顺、本溪、丹东、锦州、营口、阜新、辽阳、朝阳、盘锦、葫芦岛等12市清洁能源和新能源车辆比重达到100%。2019年，辽宁推出6款燃料电池新产品、氢燃料电池旅游观光车产品，同时氢燃料电池汽车示范推广应用取得重要进展，上汽大通40辆FCV80氢燃料电池汽车示范运行。

四、2019年节能与新能源汽车主要企业经营情况

1. 华晨汽车集团控股有限公司

华晨集团是辽宁汽车工业的龙头企业，有“中华”“金杯”“华颂”3个自主品牌，“华晨宝马”“华晨雷诺”2个合资品牌，在辽宁、四川、江苏和重庆建有8家整车生产企业、4家发动机生产企业和多家零部件生产企业。2019年，华晨集团不断推动技术创新，提升核心竞争力，开发H530纯电动车型等新能源产品，纯电动及混动技术研究取得了积极进展；全新升级的中华智能化工厂投产运行，生产质量和管理效率实现了质的提升；积极储备进入智能网联、智能驾驶等前瞻技术领域；加快技术升级，与华为、东软、腾讯等顶级系统供应商及互联网巨头开展跨界合作；与鞍钢、东大组建汽车未来用钢联合实验室，整合技术研究、产品开发和试验认证资源。2019年，华晨汽车集团汽车产量79.61万辆，增长0.3%，其中新能源汽车产量3.51万辆，同比增长57.2%；完成总产值1 963.22亿元，增长7.2%；实现营业收入2 196.79亿元，增长9.7%。

2019年，华晨宝马第200万台国产发动机下线，华晨宝马动力总成工厂至此成为宝马集团最先进、最具可持续发展能力的工厂之一；全新一代宝马3系在华晨宝马铁西工厂正式投产。全年汽车产量53.65万辆，同比增长9.1%，其中新能源汽车产量3.32万辆，同比增长53.2%。全年实现汽车销量54.60万辆，增长17.1%；完成工业总产值1 687.72亿元，同比增长16.5%。

2. 大连新源动力股份有限公司

新源动力是中国第一家致力于燃料电池产业化的股份制企业，是国家燃料电池技术标准制定的副主任委员单位、“燃料电池及氢源技术国家工程研究中心”承建单位，是集燃料电池科研开发、成果转化、系统集成、标准制定、人才培养，产业化实践于一体的高新技术企业。2019年新源动力承担并完成科技部“863”重大专项课题：一是燃料电池发动机课题；二是增强型质子交换膜应用技术研究课题；三是以重整气为燃料电池的质子交换膜燃料电池发电技术。

2019年5月10日，新源动力共推出了6款燃料电池新产品，并进行了金属板电堆HYSTK®-70的首发仪式。HYSTK®-70作为国内首款具有自主知识产权的高集成度大功率电堆产品，采用薄金属双极板方案，通过多轮结构、电极与流道优化设计，保障电堆在高电流密度和无空气增湿条件下稳定的性能输出。

3. 东软集团股份有限公司

东软集团（以下简称“东软”）是中国第一家上市的软件公司，在汽车电子领域深耕近30年，是全球领先的汽车电子服务供应商，面向全球汽车厂商提供车载信息娱乐系统、智能网联、新能源汽车、自动驾驶与共享出行等全面解决方案、产品与服务。其中，车载信息娱乐系统覆盖全球60多个国家，应用于全球Top 30汽车品牌中的80%。

2019年8月，东软集团与重庆小康工业集团股份有限公

司签署了战略合作协议，双方将主要在车载产品、车联网、新能源、自动驾驶等4个方面展开合作。其中在新能源领域，双方将共同致力于新能源汽车动力电池、电池管理、电池大数据以及智能充电系统等方面的合作。

五、2019年节能与新能源汽车项目及园区建设情况

1. 华晨宝马高压电池二期项目开始试生产

2019年8月，为华晨宝马新能源车提供电池的高压电池二期项目开始试生产，以同步满足华晨宝马不断增长的新能源汽车发展配套需求。此外，华晨宝马还引入新车型，稳健开展X3纯电动车国产化项目，以确保项目如期于2020年9月投产后同步启动出口。

2. 恒大新能源汽车基地落户沈阳

2019年6月15日，恒大新能源汽车三大基地落户沈阳。恒大集团投资1 200亿在沈阳建设新能源汽车三大基地等项目，助力沈阳建设国家汽车产业中心。其中恒大新能源汽车的整车研发生产基地将落户浑南区，轮毂电机研发生产基地及动力电池超级工厂将落户铁西区。

六、2019年基础设施建设及运行情况

近年来，辽宁省高度重视新能源汽车产业发展，以大连、沈阳为重点地区，在城市公共服务领域、单位停车场、住宅小区、高速公路服务区等区域加快完善充电基础设施布局建设。截至2019年底，辽宁共建成投运公共、专用充电桩6 902台、3座加氢站，其中省内各市建设4 962台充电桩，省电力公司建设1 940台。目前，全省充电设施可满足7.2万辆电动汽车充换电需求，达到了“适度超前”的要求。

七、发展规划

《辽宁省建设具有国际竞争力的先进装备制造业基地工程实施方案》（辽政办发〔2019〕1号）提出了辽宁节能与新能源汽车产生发展的方向和重点。成立节能汽车与新能源汽车工程实施建设指挥部，指挥中心设在华晨汽车集团，负责工程建设技术指挥工作。主要承担研究提出节能汽车和新能源汽车产业发展技术政策、技术路线、产业发展方向、产业发展重点等。

1. 发展重点

（1）节能汽车。重点发展先进的高效动力总成、低碳高效内燃机、轻量化、能量管理等技术，推进涡轮增压直喷技术、启停微混技术、双离合变速器等技术的应用，实现传统燃油汽车节能降耗，减少污染物排放。

（2）新能源汽车。新能源乘用车领域，重点发展纯电动乘用车、插电式（含增程式）混合动力乘用车；新能源商用车领域，重点发展纯电动、插电式混合动力和燃料电池物流车、货车等商用车；新能源专用车领域，重点发展纯电动和插电式混合动力机场摆渡车、除雪车、警用车、环卫车、医疗专用车等产品。

（3）智能网联汽车。开展车载传感器、控制器、执行器及车载通信与网络等技术研究，开发具有智能动态信息服务、车辆智能化控制、智能化交通管理等功能的智能网联汽车。开展车辆自动识别、车辆运行状态实时监测、智能充电、电池定位管理、电池动态监视等技术研发。

（4）核心零部件。重点发展耐低温、高安全性动力电池，高效能动力电池管理系统、驱动电机及控制器、电动汽车整车控制系统、燃料电池电堆及系统；高效增程式发动机及关键部件，电驱动模块及关键零部件；车载视觉识别系统、车载雷达系统、高精定位系统、车载互联终端和集成控制系统；智能充电桩等。

（5）关键共性技术。重点发展整车智能控制技术、高集成度动力系统电动化等整车集成技术，小型化增程式发动机燃烧和控制技术、插电式混合动力汽车动力性能优化技术、新能源汽车电驱动模块、电动车专用底盘和稀土永磁智能电机等动力系统技术，能量存储系统技术、燃料电池系统技术，汽车智能化技术等。

2. 主要任务

（1）提升产业创新能力。依托华晨汽车集团、曙光汽车集团、东软集团等重点企业，以及中科院沈阳自动化所、中科院大连化学数理研究所、东北大学、大连理工大学等一批科研院所和高等院校，建立以企业为主体的产学研用相结合的协同创新体系。

（2）推进产业结构调整。鼓励公告内燃油汽车整车生产企业、改装类商用车企业利用现有基础，研发和生产新能源汽车；鼓励公告内新能源汽车企业通过兼并重组、整合资源，提高企业市场竞争能力；加强新能源汽车项目管理，防止低水平盲目投资和重复建设，避免造成新的产能过剩。

（3）培育新能源汽车配套体系。以华晨汽车集团、曙光汽车集团等龙头企业为引领，加强新能源汽车产业配套体系建设，带动关键零部件产业快速发展。以促进新能源汽车规模化发展为目标，积极发展动力电池、驱动电机、电控系统等新能源汽车关键零部件，电池关键材料和充电机、充电桩等配套基础设备，尽快形成规模化配套能力。

（4）促进新能源汽车推广应用。依托省汽车工业协会、省新能源汽车产业联盟等行业组织，积极组织新能源汽车产需对接会、产品推介交流会等，加快新能源汽车在公交、物流、邮政、市政、旅游等领域的推广应用；积极开展氢燃料电池汽车示范运行，使辽宁省在氢燃料电池汽车领域走在行业前列。

3. 重点项目。

节能汽车与新能源汽车重点项目表 （单位：万元）

序号	企业名称	市地	项目名称及主要建设内容	起止年限	总投资
1	华晨汽车集团控股有限公司	沈阳	华晨汽车集团控股有限公司 M8X 项目	2015—2019	300 540
2	华晨宝马汽车有限公司	沈阳	产品升级项目（新建第三工厂项目）	2020—2022	2 830 000
3	华晨雷诺金杯汽车有限公司	沈阳	产品升级建设项目	2018—2019	372 990
4	上汽通用（沈阳）北盛汽车有限公司	沈阳	下一代别克、雪佛兰小型运动多功能汽车及其变形车项目	2018—2019	314 700
5	东软集团股份有限公司	沈阳	新能源汽车动力电池系统智能制造数字化车间新模式应用	2017—2019	10 047

吉林省

一、2019年节能与新能源汽车产业概况

吉林省共有4家企业取得新能源汽车生产资质,分别为一汽集团、一汽吉林、长春新能源、延边国泰。截至2019年底,共有105款车型进入国家公告目录。产品涵盖插电式混合动力汽车、纯电动汽车(轿车、SUV、客车、厢式货车、专用车)等类型。

二、2019年节能与新能源汽车扶持政策与措施

政策名称	文件号	发布单位	发布日期	政策概要
关于支持吉林省智能网联及新能源汽车供应链产业园发展若干措施的通知	吉政办发〔2019〕40号	吉林省人民政府办公厅	2019-09-30	《意见》拟通过用地保障、税收返还、配套支持、贴息补助、人才奖励、要素供给、政务服务等方面一系列政策措施,对满足条件的入园企业,从进驻园区到产生收益,再到后续的生产运营,给予连续的政策支持

三、2019年节能与新能源汽车推广应用情况

2019年,吉林省推广新能源汽车3 239辆,累计推广应用新能源汽车9 362辆。

四、2019年节能与新能源汽车主要企业经营情况

2019年,吉林省汽车产销量平稳增长,整体增速好于国内平均水平。汽车累计产销288.92万辆和284.75万辆,同比分别增长4.4%和1.8%,产销增幅分别高于全国11.9和10个百分点。其中,新能源汽车产销分别为3.85万辆和2.71万辆,同比增长239.1%和163%。

五、2019年节能与新能源汽车项目及园区建设情况

重点项目:①奥迪X99B车型技术改造项目。该项目为奥迪品牌全新纯电动SUV车型(C-BEV)引进项目,总投资42.9亿元,形成年产5万辆生产能力。该项目已开工建设,计划2020年9月竣工投产,达产后预计可新增产值200亿元。②长春丰越RAV4 PHEV车型导入及能增技术改造项目。该项目为生产丰田全新TNGA平台产品RAV4 PHEV车型,同时完成长春丰越工厂产能提升至22万辆。项目总投资17.9亿元,达产后可新增产值180亿元。③延边国泰年产10 000辆新能源电动汽车项目。该项目为浙江对口合作重点推动项目,是引进宁波杉杉集团与延吉市合资成立的新能源客车项目,总投资20.2亿元,已于2019年9月建成投产。

重点园区:吉林省智能网联及新能源汽车供应链产业园。园区选址在长春市朝阳经济开发区四期,占地面积约为4.5 km^2。总体目标是围绕服务一汽打造千亿级零部件产业集群,打造高端化、智能化、国际化的吉林省智能网联及新能源汽车供应链产业园,完善汽车零部件配套体系。目前,旭阳佛吉亚汽车电子、致远新能源设备等项目已陆续入驻。

六、2019年基础设施建设及运行情况

截至2019年底,吉林省共建设3个充电桩以上的公用、专用充电站153座,充电桩2 183个,其中直流充电桩1 491个,交流充电桩692个;所有电桩合计总功率达131 367 kW,其中直流电桩总功率105 991 kW,交流电桩总功率25 376 kW。另外,根据充电联盟统计数据,吉林省还有自用(个人)充电桩1 124个。在吉林省销售充电桩并参与建设运营的生产企业22家。

七、2019年本地区新能源汽车推广应用统计表

(单位:辆)

车型/燃料	公交车	旅游大巴	公务车	出租车	租赁用车	私人用车	环卫车	物流车	邮政车	工程车	载货车	其他	合计
纯电动汽车	1 574	58	0	0	0	593	0	0	0	0	9	0	2 234
插电式混合动力汽车	0	0	0	0	0	1 005	0	0	0	0	0	0	1 005
增程式电动汽车	0	0	0	0	0	0	0	0	0	0	0	0	0
燃料电池汽车	0	0	0	0	0	0	0	0	0	0	0	0	0
合计	1 574	58	0	0	0	1 598	0	0	0	0	9	0	3 239

八、2019年本地区重点新能源汽车企业产销量统计表

生产企业名称	产品商标	车辆类型	通用名称	产量统计(辆)	销量统计(辆)
一汽集团	红旗	纯电动SUV	E-HS3	8 811	8 453
一汽集团	奔腾	纯电动轿车、SUV	B30EV、X40EV	17 123	14 052
一汽集团	大众	纯电动轿车	高尔夫EV、宝来EV	12 305	4 248

九、2019 年 12 月底本地区电动汽车充(换)电站(桩)保有量统计表

充电站		充电桩		换电站
城市名称	数量(座)	慢充(个)	快充(个)	数量(座)
吉林省	153	692	1 491	1

黑龙江省

一、2019 年节能与新能源汽车产业概况

黑龙江省新能源汽车产业发展受汽车行业整体发展影响,产业发展有待取得新突破。个别新能源客车生产企业正在积极推进重组工作。大庆沃尔沃汽车制造有限公司 S90 系列混合动力乘用车发展态势良好,企业 2018 年 6 月获得国家工信部新能源汽车整车生产企业公告,在产的新能源车型为 S90L、S90、S60 系列新能源车型,公告产能为年产 1.5 万辆,2019 年企业共销售了新能源汽车 3 445 台。

2019 年,全省新登记注册新能源汽车 4 582 辆(其中大型客车 2 683 辆,货车 218 辆,乘用车 1 681 辆)。全省新增及更换公交车 2 518 辆,其中新增及更换的新能源公交车 2 506 辆,新增及更换比重为 99.5%。

二、2019 年节能与新能源汽车扶持政策与措施

政策名称	文件号	发布单位	发布日期	政策概要
黑龙江省新能源公交车推广应用省级补助资金管理办法	黑财规审〔2017〕9 号	黑龙江省财政厅 黑龙江省交通运输厅 黑龙江省工业和信息化委员会	2016-12-26	根据《财政部 科技部 工业和信息化部 发展和改革委关于继续开展新能源汽车推广应用工作的通知》(财建〔2013〕551 号)、《财政部 科技部 工业和信息化部 发展和改革委关于 2016—2020 年新能源汽车推广应用财政支持政策的通知》(财建〔2015〕134 号)、《财政部 交通运输部 工信部关于完善城市公交车成品油价格补助政策 加快新能源汽车推广应用工作的通知》(财建〔2015〕159 号)、《财政部 科技部 工业和信息化部 发展改革委关于调整新能源汽车推广应用财政补贴政策的通知》(财建〔2016〕958 号)及《黑龙江省人民政府办公厅关于加快新能源汽车推广应用的实施意见》(黑政办发〔2016〕112 号)有关规定,结合黑龙江省新能源公交车推广应用实际情况,制定本办法
关于印发《黑龙江省企业新增新能源汽车产品公告奖励政策实施细则》的通知	黑工信装规联发〔2018〕15 号	黑龙江省工业和信息化委员会黑龙江省财政厅	2018-9-26	为推动全省新能源汽车推广应用,鼓励全省新能源汽车生产企业加快发展,依据《黑龙江省人民政府关于推动新能源汽车产业创新发展的意见》(黑政规〔2017〕33 号)中关于企业新增新能源汽车产品公告奖励政策的有关规定,制定本实施细则

三、2019 年节能与新能源汽车推广应用情况

2019 年,全省新登记注册新能源汽车 4 582 辆(其中大型客车 2 683 辆,货车 218 辆,乘用车 1 681 辆)。

四、2019 年节能与新能源汽车主要企业经营情况

哈尔滨通联客车有限公司 2019 年度销售车辆 70 台;达成产值为 5 727 万元,成本 3 535 万元,2019 年形成利润总额为 142 万元。企业目前正在洽谈重组。

大庆沃尔沃汽车制造有限公司 2019 年企业共销售新能源汽车 3 445 台。其中 S90L 车辆 2 364 台、S90 车辆 1 003 台、S60 车辆 78 台。

五、2019 年节能与新能源汽车项目及园区建设情况

哈尔滨新区正在推进新能源汽车产业园区项目。

六、2019 年基础设施建设及运行情况

随着新能源汽车应用数量的大幅度增加,黑龙江省充电基础设施建设步伐不断加快,2019 年全省新建充电桩 1 972 个,总功率 100 840.3 kW,其中,公共充电桩 861 个,总功率 40 432.5 kW;新建专用充电桩 1 055 个,总功率 59 303.3 kW;新建私人充电桩 56 个,总功率 1 104.5 kW。

七、发展规划

继续积极开展新能源汽车推广应用工作,加快推进黑龙江省新能源汽车产业布局,推动哈尔滨通联客车、黑龙江龙华汽车等企业重组工作。

以纯电驱动为新能源汽车发展和汽车工业转型的主要战略取向,重点推进纯电动汽车和插电式混合动力汽车研制开发和产业化,推广普及纯电动和插电式混合动力汽车。

八、2019 年本地区新能源汽车推广应用统计表

(单位:辆)

车辆用途	公交车	旅游大巴	公务车	出租车	租赁用车	私人用车	环卫车	物流车	邮政车	工程车	载货车	其他	合计
合计	2 506	177	0	0	73	1 608	2	145	0	0	0	71	4 582

九、2019 年本地区重点新能源汽车企业产销量统计表

生产企业名称	产品商标	车辆类型	通用名称	产量统计(辆)	销量统计(辆)
哈尔滨通联客车有限公司	哈尔滨牌	大型普通客车(纯电动)	—	50	50
哈尔滨通联客车	哈尔滨牌	大型普通客车(混动)	—	20	20
大庆沃尔沃汽车制造有限公司	沃尔沃	插电式混合动力轿车	S90L	2 364	2 364
大庆沃尔沃汽车制造有限公司	沃尔沃	插电式混合动力轿车	S90	1 003	1 003
大庆沃尔沃汽车制造有限公司	沃尔沃	插电式混合动力轿车	S60	78	78

十、2019 年 12 月底本地区电动汽车充(换)电站(桩)保有量统计表

充电站		充电桩		换电站
城市名称	数量(座)	慢充(个)	快充(个)	数量(座)
哈尔滨	96	129	3 455	1
齐齐哈尔市	38	45	306	0
牡丹江市	21	15	110	0
佳木斯市	8	0	234	0
大庆市	0	203	66	0
鸡西市	9	139	0	0
双鸭山市	30	115	56	0
伊春市	21	13	97	1
七台河市	0	152	0	0
鹤岗市	10	0	160	0
绥化市	0	135	123	0
大兴安岭	10	4	76	0
农垦	0	6	0	0

江 苏 省

2019 年,全省汽车产业以高质量发展为引领,以促进产业集群培育为抓手,不断强链补链,加快动力电池、氢燃料电池、自动驾驶、车联网等发展,全面推进汽车强省建设。

一、汽车工业运行总体情况

1. 整车情况

2019 年汽车产业营业收入 7 478.8 亿元,同比下降 3.7% 左右,利润总额 477.3 亿元,同比下降 15.4%。全省重点整车企业共计产销汽车 159.4 万辆和 160.5 万辆,同比分别下降 15.2% 和 16.6%。汽车产量占全国的 6.2%,比 2018 年下降 0.6 个百分点。

2019 年江苏省汽车产销统计表 (单位:万辆)

名称	整车				其中:乘用车				其中:商用车			
	产量	同比	销量	同比	产量	同比	销量	同比	产量	同比	销量	同比
江苏省	159.4	-15.2%	160.5	-16.6%	142.1	-19.6%	143.4	-11.7%	17.3	-1.7%	17.1	-2.8%

其中,乘用车产销 142.1 万辆和 143.4 万辆,同比分别下降 19.6% 和 11.7%;载货车产量完成 8.5 万辆,同比增长 2.4%,销量完成 8.3 万辆,同比下降 0.5%;客车产销均为 8.8 万辆,同比分别下降 5.4% 和 5.0%。

2. 新能源汽车情况

受补贴下降等因素影响,全省新能源汽车产销出现下滑。2019 年全省新能源汽车生产 10.0 万辆,同比下降 28.6%,占全国总量 8.1%,比去年下降 5.2 个百分点;销售 10.4 万辆,同比下降 23.5%,占全国总量 8.7%,新能源整车销售收入 213.2 亿元,同比下降 17.1%。分地区看,全省新能源汽车产量排名前三的依次是南京、苏州、常州,分别为 8.41 万辆、0.39 万辆和 0.25 万辆,分别同比下降 11.1%、增长 17.3%、下降 90.2%。

其中纯电动汽车产销分别完成 6.5 万辆和 6.6 万辆,同比下降 26.1% 和 24.1%;插电式混合动力汽车产销分别完成 3.4 万辆和 3.8 万辆,同比下降 27.8% 和 13.4%。

2019 年江苏省新能源汽车产销统计表 (单位:万辆)

名称	整车				其中:纯电动				其中:插电式混合动力			
	产量	同比	销量	同比	产量	同比	销量	同比	产量	同比	销量	同比
江苏省	10.0	-28.6%	10.4	-23.5%	6.5	-26.1%	6.6	-24.1%	3.4	-27.8%	3.8	-13.4%

二、主要发展特点

1. 主要产业链竞争力不断增强

(1)智能网联汽车。创建全国首个国家级车联网先导区,印发《江苏省推进车联网(智能网联汽车)产业发展行动计划》,加快推动智能网联汽车产业生态建设,实现雷达、摄

像头、芯片、5G 通信等关键部件的广泛布局。

(2)动力电池。2019 年动力电池领域实现销售收入 188.0 亿元,电芯已建产能 78.5 GWh。动力电池产量 19.7 GWh,同比增长 33.1%,约占全国 23.1%,以常州、南京等为重点,产业集聚度不断提升。

(3)动力总成。2019 年动力总成领域实现销售收入约 82.5 亿元,同比下滑 10.2%。省内企业苏州绿控逆势而上,营收同比增长 10.0%,工信部车型推荐目录中驱动系统配套连续 12 个月排名第 1,微特利电机占全国商用客车市场 30% 以上。

(4)氢燃料电池汽车。2019 年全省氢燃料电池汽车产销量为 108 辆和 78 辆,建成加氢站 5 座(其中新建成 1 座),33 辆氢燃料电池客车投入试运行,实现对制氢、储运、加注、氢燃料电池等氢燃料电池汽车产业链各个环节等覆盖,成立了省氢能产业创新中心。

(5)充电设施。截至 2019 年底,全省公共充电桩总量达 6.1 万根,位居全国第 2。其中万帮新能源 2019 年公交条线销售业绩同比增长 333.0%,市场占有率超 60%,稳居行业第 1。

2. 重点商用车企业产销逆势增长。

苏州金龙全年销售各类客车 11 406 台,重回行业第 3,销售额完成 73.3 亿元,同比增长 18.4%。徐工汽车全年重卡销售 20 569 辆,同比增长 20.1%,行业排名冲入前 9。扬州潍柴亚星 2019 年海外出口实现大幅增长,客车全年出口 1 905 辆车,同比增长 251.0%。开沃汽车自主研发的渣土车、电动环卫车等重卡领域商用车销量跃居全国第 2。

3. 核心产品技术取得突破

苏州绿控自主研发国内首个基于 AMT 技术的同轴并联式混合动力系统,打破国外技术垄断;南京越博动力 99 t 重卡 8 挡 EMT 动力总成转矩密度高达 22.3 Nm/kg,实现驱动电机和机械式自动变速器的高密度集成技术自主可控;清陶高安全固态电池能量密度超过 400 Wh/kg;当升科技 NCM811 正极材料实现量产;先导智能卷绕设备、叠片设备以及锂电池全类型整线设备技术水平在行业处于领先地位;特来电推出智能柔性充电弓,单车最大充电功率达 450 kW,已开发出电动汽车群智能充电系统;智加科技发布最新 L4 级远距离多目视觉立体感知方案,实现 1.6 km 远距离感知。

4. 重点项目稳步推进

江苏车和家增程式纯电动 SUV 于 9 月底正式量产,计划年产 10 万辆;坤泰车辆自主研发双离合自动变速器 DCT280 正式量产下线,具有完全自主知识产权的多档位混合动力变速器 DHT300、智慧底盘及智能驾驶相关产品也相继发布;拜腾汽车冲压、焊装、涂装进入试生产阶段,总装与电池已进入调试阶段尾声,全年累计生产样车 100 辆,并于 9 月正式发布首款量产车型 M-Byte。

安 徽 省

一、2019 年节能与新能源汽车产业概况

1. 节能与新能源汽车产业是安徽省重要支柱产业

2019 年在全国汽车行业下降的形势下(全国汽车产销量分别 2 572.1 万辆和 2 576.9 万辆,同比下降 7.5% 和 8.2%),安徽省汽车产业实现逆势增长,同比增长 8.7%。2019 年,全省实现汽车生产 92.1 万辆,占全国比重 3.6%,工业增加值同比增长 2%,全省汽车制造业实现主营业务收入 2 406.08 亿元。

2. 新项目和畅销车型

合肥长安汽车二期投产,新车型 2019 年 9 月上市至年底累计实现产(销)量 7 万辆,成为 2019 年上市新车月均销量王。奇瑞 2019 年整体实现增长,其中新款瑞虎 8 全年累计销售 11.65 万辆,同比增长 130.4%;艾瑞泽系列 12.45 万辆,同比增长 11.8%,捷途系列 13.8 万辆,同比增长 245%,这 3 款车型占奇瑞总销量 51%。

3. 出口依然保持全国领先

2019 年,安徽省汽车出口依然保持强劲势头,奇瑞汽车全年实现出口 9.59 万辆,连续 17 年保持国内乘用车出口第 1,奇瑞海外市场累计销量已突破 160 万辆。江淮汽车 2019 年实现出口 4.53 万辆,也位居全国前列。

4. 新能源汽车产业布局不断完善,产销继续保持全国前列

形成了以江淮汽车、奇瑞汽车、合肥长安汽车为代表的新能源乘用车生产企业,以安凯客车为代表的新能源客车生产企业,以江淮汽车、华菱汽车为代表的新能源货车的整车龙头企业的蓬勃发展格局,江淮大众新能源汽车合作项目填补国内新能源汽车合资项目空白,首款车型 E20X 于 2019 年 9 月正式上市,江淮汽车与蔚来合作生产全铝车身高端纯电动 SUV,并稳居全国互联网造车新势力销量榜第 1。关键核心零部件配套不断完善,形成了以国轩高科、华霆动力为代表的动力电池及系统企业(其中国轩高科的动力电池出货量居国内第 3 位),以巨一动力、奇瑞安川为代表的电机及控制系统生产企业,以国网电力、普天新能源、特来电、易开为代表的充电设施建设运营服务企业。蔚来中国总部落户合肥,恒大六安新能源(汽车零部件)项目签约。燃料电池汽车得到进一步发展,拥有以明天氢能、元隽氢能、合肥通用院等为代表的氢燃料电池关键零部件企业。智能网联汽车创新发展不断加快,江汽、奇瑞、中科院合肥物质研究院等均已开发出一定阶段的无人驾驶汽车产品,并在不断测试验证,同时安徽省还在加快推动合肥等地率先建设智能网联汽车道路测试示范区。

5. 协同发展不断加快

长三角地区三省一市于 2019 年 5 月在安徽芜湖共同签署《长三角地区智能网联汽车一体化发展战略合作协议》,共同推动长三角地区智能网联汽车协同发展。2019 年 9 月,在无锡市召开的车联网产业发展专委会会议期间,长三角地区三省一市共同签署了《长江三角洲区域智能网联汽车道路测试互认合作协议》,共同推进长三角地区智能网联汽车道路测试互证互认等。

二、2019 年节能与新能源汽车推广应用情况

2019 年,安徽省新能源汽车实现生产和销售分别为 12

万辆，占全国比重10%，位居中部省份第1。

2019年，省内新能源汽车实现推广5.7万辆。

三、2019年节能与新能源汽车主要企业经营情况

序号	企业	产量	同比（%）	营业收入（亿元）	同比（%）	利润
1	江淮汽车	42.1万辆	-9.3	463.7	-5.5	1亿元
2	奇瑞汽车	44.7万辆（全国产量73.4万辆）	5.98（0.44）	353.7	35	1.55亿元
3	合肥长安汽车	14.5万辆	86	104.3	152	3.8亿元
4	华菱汽车	1.53万辆	-12.5	44.49	-6.3	0.32万元
5	环新集团	74 648万件	-6	115.8	18.9	10.7亿元
6	中鼎集团	1 712 767万件	-9	168	-9	9亿元
7	全柴动力	35.07万台	10.9	40.8	16	1.63亿元

四、2019年节能与新能源汽车项目及园区建设情况

目前，合肥经开区、合肥包河经开区、芜湖经开区、芜湖高新区等，在节能与新能源汽车产业上逐渐形成产业集群集聚。

五、2019年基础设施建设及运行情况

作为全国两个示范城市，合肥市2019年新建成充电桩10 974个，其中公共充电设施2 261个（直流484个，交流1 777个），配建充电设施8 713个（直流3个，交流8 710个）。芜湖市2019年新建成充电桩466个，累计建成充电桩4 377个。

六、2019年本地区新能源汽车推广应用统计表

序号	车辆类型	推广数量（辆）
1	纯电动乘用车	48 116
2	插电式混合动力乘用车	1 642
3	纯电动客车	3 141
4	插电式混合动力客车	223
5	燃料电池客车	2
6	纯电动货车和专用车（最大设计总质量≥3 500 kg）	3 799
合计		56 923

七、2019年本地区重点新能源汽车企业产销量统计表

生产企业名称	产品商标	车辆类型	通用名称	产量统计（万辆）	销量统计（万辆）
奇瑞汽车	奇瑞	纯电动轿车	eQ	3.94	3.94
江淮汽车	江淮	纯电动轿车	iEV6e	1.83	1.83
蔚来汽车	蔚来	纯电动SUV	ES6	1.2	1.2

八、2019年12月底本地区电动汽车充（换）电站（桩）保有量统计表

充电站		充电桩		换电站
城市名称	数量（座）	慢充（个）	快充（个）	数量（座）
合肥	1 456	33 900	5 980	2
芜湖	43	3 232	572	—

福建省

一、2019年节能与新能源汽车产业概况

全省现有新能源汽车整车生产企业9家，分别为东南（福建）汽车工业有限公司，厦门金龙联合汽车工业公司、厦门金龙旅行车有限公司，上汽集团乘用车公司福建分公司，云度新能源汽车股份有限公司，福建新龙马汽车股份有限公司、福建新福达汽车工业有限公司、福建天际汽车制造有限公司和中国重汽集团福建海西汽车有限公司等，基本涵盖了所有类别的新能源汽车产品。其中，上汽集团福建分公司主要布局新能源和传统能源乘用车，产能24万辆，已于2019年9月28日正式投产。2019年10—12月，仅3个月时间，上汽集团宁德基地生产汽车10 018辆，其中新能源汽车3 350辆，产值约15亿元，预计2020年产销将超过8万辆。新能源汽车“三电系统”（电池、电机、电控）方面，拥有宁德时代、厦门钨业等龙头企业。其中，宁德时代2019年出货量约41 GWh，产值372亿元，与宝马、一汽、上汽等国内外知名车企配套和合资合作，国内市场占有率约46%，全球市场占有率约26%，出货量连续3年位居全球第1。其他配套产业方面，拥有福耀玻璃、漳州正兴车轮、莆田佳通轮胎、厦门正新轮胎等汽车零部件龙头企业。其中，福耀玻璃汽车玻璃产量全球第1，漳州正兴车轮产量全球第2，厦门正新轮胎和莆田佳通轮胎产量继续保持国内领先。

二、2019年节能与新能源汽车推广应用情况

截至2019年底，全省累计推广应用新能源汽车106 494辆，其中公交车13 695辆，提前完成福建省传统燃油公交车的更新任务。新能源巡游出租车汽车2 254辆，占比巡游出租车总数量的9.8%；新能源网络预约出租车15 159辆，占比42.4%。充电基础设施建设方面，截至2019年底，全省共建设公共充电桩25 362个，全省117对高速公路服务区（含厦漳大桥海门岛出口站、福州营前共用服务区）中已建成充电站106对共210座，高速公路服务区充电站覆盖率达91%。同时，福建省还在产业扶持、充电桩建设、市场推广、研发创新、人才引进等方面制定了扶持政策，加快新能源汽车产业发展和推广应用。

三、2019年节能与新能源汽车主要企业经营情况

受全国汽车产销下滑影响，2019年，全省新能源汽车产销1.81万辆和1.87万辆（含上汽宁德产销3 350辆），同比下降26.2%和28.2%。其中，新龙马汽车公司正重整旗鼓，逐步恢复生产经营，但随着新能源汽车补贴退坡、市场竞争日趋激烈，企业仍面临较大生存压力。云度新能源汽车公司

受多种因素影响,2019 年基本处于半停产状态。东南汽车产销连续两年大幅下滑。

四、2019 年节能与新能源汽车项目及园区建设情况

1. 项目方面

一是上汽集团乘用车公司福建分公司总投资 50 亿元,规划产能 24 万辆,主要生产荣威和名爵品牌的传统燃油和新能源汽车,已于 2019 年 9 月正式投产下线。在其带动下,已入驻园区的零部件配套企业 30 多家,涵盖了排气系统、空调系统、底盘车架、轮胎总成、电池组装、整车线束、座椅系统、仪表中控、软饰系统、车身小分拼、冲压件等整车零部件产品。

二是金龙集团龙海基地项目一期投资 36 亿元,规划年产 1.5 万辆大中客车和 0.5 万辆考斯特,大量采用智能制造技术和先进的自动化生产设备,并配备国内最长、最先进、全路况的试车跑道,已于 2019 年 12 月 28 日正式投产。

三是一汽集团与宁德时代共同投资 60 亿元,产能 20 GWh 的时代一汽动力电池生产项目动工建设。

2. 园区建设方面

(1)福建闽侯青口汽车工业园区:福建闽侯青口汽车工业园区是省、市重点打造的汽车生产基地,全区规划面积 33.06 km^2。基础设施区内水、电、路、通信、治污配套齐全。入驻企业东南(福建)汽车工业有限公司、福建奔驰汽车工业有限公司以及零部件配套企业。

(2)福建宁德蕉城三屿园区:上汽乘用车宁德基地位于蕉城区三屿园区,占地 6 879 亩,项目总投资 200 亿,包括上汽主机厂、供应商园区 2 个产能项目和 45 个配套项目。其中,主机厂用地 2 019.10 亩(一期约 1 500 亩)、物流用地约 690 亩、配套零部件园区用地 1 462 亩。上汽乘用车宁德基地项目主要生产荣威、名爵品牌的新能源和传统燃油乘用车。

(3)福建宁德东侨经济技术开发区:2012 年 12 月,经国务院批准升级为国家级开发区,规划面积 24 km^2,位于中心城市核心区,为宁德行政中心所在地,东临世界级天然深水良港三都澳,宁德八、九号 5 万 t 码头就在区内,沈海高速、福温铁路穿区而过,区内设有动车站、汽车南站,衢宁铁路宁德北站即将建成,交通便捷。拥有宁德新能源科技有限公司、宁德时代新能源科技股份有限公司等消费类电池、动力电池龙头企业,以及安费诺集团、杉杉股份、厦门钨业、侨云电子、卓高新材料等一批上下游产业链项目,为构建新能源产业千亿集群提供支撑。

(4)福建三明埔岭汽车工业园:福建三明埔岭汽车工业园由三明、永安市两级于 2006 年联合开发,2013 年经福建省人民政府批准设立为省级经济开发区,地处永安市南区,距离市区约 5 min 车程,高铁永安南站、高速公路永安南互通口位于园区内,南三龙铁路及泉三、永武、永宁、永漳 4 条高速公路、307 省道贯穿境内,并距离龙岩连城机场、三明机场都在 1 h 车程之内。园区规划面积 20 km^2,开发利用 6 km^2,完成土地整理、七通一平 7 000 多亩,建成道路总长 20 km、标准厂房 4.4 万 m^2,建有一座 110 kV 变电站、日供 12 万 m^3 天然气站、日处理 1 000 t 污水处理厂以及 210 余套保障性住房和职工文体中心等配套设施,为入驻企业提供全方位保障。园区已入驻企业 30 多家,规模以上企业 10 家,有重汽福建海西汽车有限公司等重点企业,涵盖整车制造、专用车、零部件及其他汽车商贸物流企业,初步形成以海西汽车为龙头,以商用车、新能源汽车、专用车为主导的产业配套体系。

(5)集美机械工业集中区:厦门(集美)机械工业集中区于 2001 年获批为省级工业区,总规划用地面积 13.62 km^2,分为灌口和后溪两个工业区。其中,灌口工业区主要发展机械制造、汽车工业及其配套相关行业,现已引进包括厦工、金龙客车、金龙礼宾车、三圈日化等省市重点大型项目。后溪工业区主要发展高科技、低能耗、低污染的机电及轻工行业。机械工业集中区紧邻福建省最大的公路、铁路货物集散地——前场物流园区。工业集中区内场地平整,水、电、通信、排污等市政设施齐备,且交通运输十分便利:工业区距厦门国际机场 16 km,距东渡、海沧码头 20 km,319 国道、324 国道、厦漳泉高速路、鹰厦铁路、福厦和厦深高速铁路均从工业区内穿过。

五、2019 年基础设施建设及运行情况

充电设施建设方面,截至 2019 年 12 月底,全省累计建成公共充电桩 27 058 个,完成"十三五"公共充电桩建设前 4 年目标(18 788 个)的 144%;全省已建成高速公路服务区 117 对(含厦漳大桥海门岛出口站、福州营前共用服务区),已建成充电站 106 对共 210 座,高速公路服务区充电站覆盖率达 91%。目前,省内大部门充电设施运营企业经营状况良好,在厦门、福州、泉州等新能源汽车保有量较多的城市已能够实现较好市场收益,正呈现出竞争日益激烈的趋势。

六、发展规划

着力打造新能源汽车产业集群,重点培育和打造福莆宁新能源乘用车、厦门新能源客车、龙岩新能源物流和专用车,形成闽东北乘用汽车、闽西南商用汽车千亿产业集群;壮大宁德、漳州、南平动力电池基地,打造千亿级新能源汽车动力电池及材料产业集群。

(1)整车方面:做大乘用车、做优客车、做精专用车。支持宁德上汽扩大产销规模;金龙客车继续保持产销优势,拓展负压救护车等应急装备;海西重汽研发生产新能源卡车。推动东南、云度、新龙马和新福达汽车加快转型升级、引入战略投资者、优化股权结构。支持宁德上汽、龙海金龙、闽侯青口、三明埔岭等汽车工业园加快建设,通过龙头招商、产业链招商等多种模式,促进优质生产要素集中集聚,全面提升园区发展水平。

(2)"三电"方面:支持动力电池龙头企业扩大产销规模,继续保持产品技术领先,带动电池正负极材料、隔膜、电解液等配套产业链发展。支持研发生产车用高性能驱动电机、电控系统。支持锂电新能源特色小镇、永磁电机产业园、稀土精深加工园等建设。

(3)其他方面:支持组建电池租赁企业,在新能源汽车购买和使用环节开展电池租赁、分期付款等业务。构建动力电池回收利用体系。支持企业开展动力电池回收、梯次利用和再资源化的循环利用。鼓励整车、动力电池、梯次利用和拆解回收企业等共建共用回收渠道,推动动力电池全价值链发展。

七、2019 年本地区新能源汽车推广应用统计表

（单位：辆）

地区	车辆类型	载客车		载货车		其他专用车		合计
		9 座以下（含）	9 座以上	最大设计总质量≥3 500 kg	最大设计总质量＜3 500 kg	最大设计总质量≥3 500 kg	最大设计总质量＜3 500 kg	
福州	纯电动汽车	5 026	535	7	180	0	1	5 749
	混合动力汽车	702	2	0	0	0	0	704
	氢燃料	0	1	0	0	0	0	1
厦门	纯电动汽车	6 151	550	289	971	13	0	7 974
	混合动力汽车	1 268	0	0	0	0	0	1 268
	氢燃料	0	0	0	0	0	0	0
莆田	纯电动汽车	1 027	100	1	44	0	0	1 172
	混合动力汽车	117	0	0	0	0	0	117
	氢燃料	0	0	0	0	0	0	0
三明	纯电动汽车	584	56	0	2	0	0	642
	混合动力汽车	47	0	0	0	0	0	47
	氢燃料	0	0	0	0	0	0	0
泉州	纯电动汽车	10 409	247	4	146	0	0	10 806
	混合动力汽车	612	0	0	0	0	0	612
	氢燃料	0	0	0	0	0	0	0
漳州	纯电动汽车	1 358	159	11	73	0	0	1 601
	混合动力汽车	199	0	0	0	0	0	199
	氢燃料	0	0	0	0	0	0	0
南平	纯电动汽车	419	180	0	1	0	0	600
	混合动力汽车	44	0	0	0	0	0	44
	氢燃料	0	0	0	0	0	0	0
龙岩	纯电动汽车	1 015	189	1	7	1	0	1 213
	混合动力汽车	58	0	0	0	0	0	58
	氢燃料	0	0	0	0	0	0	0
宁德	纯电动汽车	1 260	92	0	11	0	0	1 363
	混合动力汽车	83	0	0	0	0	0	83
	氢燃料	0	0	0	0	0	0	0
平潭	纯电动汽车	187	44	11	0	3	0	245
	混合动力汽车	26	0	0	0	0	0	26
	氢燃料	0	0	0	0	0	0	0
合计		30 592	2 155	324	1 435	17	1	34 524

八、2019 年本地区重点新能源汽车企业产销量统计表

生产企业名称	产品商标	车辆类型	通用名称	产量统计（辆）	销量统计（辆）
云度新能源汽车股份有限公司	云度 π1	纯电动乘用车	π1	960	1 054
	云度 π3		π3	500	821
东南（福建）汽车工业有限公司	东南汽车	纯电动乘用车	DX3	2 313	2 836
福建新龙马汽车股份有限公司	启腾	纯电动物流车	启腾 M70	9	0
厦门金龙汽车集团股份有限公司	金龙客车	纯电动、插电式混合动力客车	金龙客车	10 975	10 617
上汽集团乘用车公司福建分公司	名爵	插电式混合动力多用途乘用车	名爵 eHS	3 350	3 350

九、2019 年 12 月底本地区电动汽车充(换)电站(桩)保有量统计表

充电站		充电桩(公共桩/专用桩)		换电站
城市名称	数量(座)	慢充(个)	快充(个)	数量(座)
福州	423	1 127/129	3 047/1 222	0
莆田	134	521/0	1 010/231	0
泉州	529	589/103	4 127/642	2
厦门	429	953/38	6 493/1 112	26
漳州	246	225/60	2 913/355	0
龙岩	94	362/0	588/78	0
三明	117	385/567	710/278	0
南平	0	298/32	878/428	0
宁德	188	620/31	1 256/314	0
平潭	42	748/0	370/88	0

江 西 省

一、新能源汽车产业总体情况

江西新能源汽车产业初步形成了从整车到“三电”关键零部件较完整的产业体系。整车建成了南昌、上饶两个聚集区,培育了江铃新能源、江铃股份、汉腾汽车、上饶客车等重点企业,引进了国机智骏、爱驰汽车、吉利商用车等整车企业。动力电池建成了宜春、赣州、抚州 3 个聚集区,培育了孚能科技、福斯特、江西安弛等重点企业,引进了星盈科技、江西卡耐动力电池企业。截至 2019 年底,江西省已有 12 家新能源汽车生产企业,新能源汽车产销量 2. 5 万辆和 1. 9 万辆,全国占比 1. 5%,新能源汽车产业实现主营业务收入 55 亿元。

二、新能源汽车推广运用情况

2019 年 12 月底,江西省推广应用新能源汽车 2. 14 万辆,全省新能源汽车保有量达 7. 48 万辆。江西省新能源汽车监测平台接入车辆 105 708 辆,车企总数 16 家,车型总数 144 个,涉及 11 个品牌,总行驶里程 103 201 km,累计碳减排 19 822 t。

三、重点企业发展情况

孚能科技三元软包动力电池装机量排全国第 7 位,在三元软包领域继续保持头部地位。江铃新能源主力车型易至 EV3 续驶里程达到 300 km 以上,电耗指标优于同行业平均水平。北汽昌河推出的 EV5 在新能源微型封闭物流车细分市场排名第 3。2019 年与京东、顺丰等龙头企业签订供应协议。江铃晶马福尊系列车型在 2019 年纯电动考斯特车型市场销售位列第 1。

四、2019 年节能与新能源汽车项目建设情况

赣州市国机智骏、上饶市爱驰汽车两个新能源整车项目竣工投产,南昌市江铃汽车股份有限公司富山新工厂项目和江铃新能源有限公司南昌经开区新基地项目还在建设当中。

五、基础设施建设与运行情况

截至 2019 年 12 月底,江西省公共充电桩保有量为 6 744 根,排全国第 18 位,占比全国 1%(全国 51. 6 万根)。江西省新能源汽车保有量 7. 48 万辆,占比全国 2%(全国 381 万辆)。从充电量结构来看,公交车和物流车的充电量占比达八成,充电桩建设不足情况仍然存在。

山 东 省

一、2019 年节能与新能源汽车产业概况

山东省共有新能源汽车生产企业 26 家,其中整车企业 8 家。2018 年山东省生产新能源汽车 17 万辆,增长 17%,占全国产量的 13%。2019 年以来,受国家补贴政策调整影响,企业生产出现较大波动,1—12 月,全省生产新能源汽车 5. 85 万辆,同比下降 65. 53%(全国 2019 年生产 120. 6 万辆,下降 27. 4%),占全国产量的 4. 85%。其中,北汽新能源青岛分公司产量仅为 29 676 辆,较去年同期(9 万辆),下降 67. 0%,企业原主打产品为续驶里程 180 公里纯电动乘用车,国家已取消对这类低续航车辆的补贴,企业正在积极调整产品结构,生产经营有望逐步恢复正常。

二、2019 年节能与新能源汽车扶持政策与措施

政策名称	文件号	发布单位	发布日期	政策概要
《济南市促进先进制造业和数字经济发展的若干政策措施》	济政发〔2019〕1 号	济南市人民政府	2019-01-03	加大新能源汽车、智能网联汽车的推广支持力度,对每个公告车型给予最高 100 万元奖励

三、2019 年节能与新能源汽车推广应用情况

山东省累计生产新能源汽车 40. 87 万辆,2016—2018 年共生产 34. 58 万辆。2018 年山东省新能源汽车新增 91 955 辆,其中纯电动车 78 643 辆,混合动力车 13 312 辆;全省新能源汽车保有量 262 985 辆(其中纯电动车 232 948 辆,混合动力车 30 037 辆),居全国前列,新能源公交车占公交比重达到 64%,居全国第 2。2019 年山东省新能源汽车新增 73 299 辆,其中纯电动车新增 46 140 辆,混合动力车 27 159 辆;全省新能源汽车保有量 352 968 辆,其中纯电动车 290 230 辆,混合动力车 62 738 辆。

四、2019 年节能与新能源汽车主要企业经营情况

乘用车方面,主要有北汽新能源青岛分公司、上汽通用五菱青岛分公司、荣成华泰汽车和即将投产的日照中兴汽车,以及刚刚取得《公告》资质的山东国金汽车,是省内第一

家自主的纯电动乘用车企业。商用车方面，客车主要有聊城中通客车、中国重汽豪沃客车、烟台舒驰等，其中，中通的燃料电池客车整体性能指标达到国际先进水平，2018 年销售 745 辆，居全国第 1；重汽商用车、一汽解放青岛公司、淄博唐骏欧铃、山东凯马汽车等载货车企业在国内新能源商用车市场也占有较高份额。

五、2019 年节能与新能源汽车项目及园区建设情况

（1）山东重工（济南莱芜）百万辆整机整车绿色智造产业园建设：该项目占地 45 783 亩（约 30 km^2），分为智能网联（新能源）重卡项目一期；智能网联（新能源）重卡项目二期；智能叉车项目、智能物流装备项目；智能网联整车试验场项目；新能源轻型客车项目。项目建设期为 2019 年 12 月—2024 年 12 月。项目分三期建设，一期建设双班 10 万辆产能规模，二期建设双班 6 万辆产能规模，三期建设客户中心。

（2）山东豪驰智能汽车 5 万辆纯电动物流产业基地建设：该项目一次规划，分期实施。一期厂房、公用设施及研发设备于 2020 年 9 月全部建成，于 2021 年达到 2 万辆新能源商用车规模，随后启动二期建设，新增工艺设备及人员，于 2023 年达到 5 万辆新能源商用车规模。

（3）聊城市投资建设新能源汽车升级改造项目、新能源汽车驱动系统关键零件及轻量化部件智能制造项目等重点项目，完成投资 11 亿元。

（4）馨联动力（曲阜）有限公司位于曲阜市开发区，公司研发插电式混动变速箱、增程式混动变速箱、两档纯电动变速箱，该项目总投资 11.5 亿元，注册资金 1 亿元，计划建成时间 2022 年底。其中一期投资 3.5 亿元，建设新能源汽车动力系统项目，占地 48 000 m^2，包含变速箱生产车间和试验试制中心，重点开发混动变速箱、两档纯电动变速箱及建小批生产线；目前项目主体已完工，内部装修正在进行，试验设备已购置到厂处于安装调试阶段。

（5）联合轲麟新能源科技（济宁）有限公司自 2019 年 1 月注册完成后，正在建设新能源汽车驱动及辅机系统、燃料电池控制系统、无人驾驶控制系统。新能源汽车驱动及辅机系统：搭建了动力总成集成生产线、3 套测试台架，满足中重卡、轻微卡及客车车型动力总成的全覆盖。已建立 PDU 多合一辅机控制器产线，年产两万套；根据客户需求出具装载机动力总成系统方案及 PDU 配电系统方案，完成 5 套 PDU 样机交付。燃料电池控制系统：开发完成 30 kW 级燃料电池发动机系统一套，完成 5 kW 燃料电池控制系统台架搭建测试并进行样车验收。无人驾驶控制系统：控制系统开发完毕，组装完成无人驾驶车辆一台，正在做控制器各方面测试。

（6）增程式发电机生产与制造项目：赫日动力新能源科技（济宁）有限公司已完成标准厂房及公用动力设施建设、工程技术中心、综合办公楼等各种配套设施，完成 45 kW 发电机生产线的安装调试及小批试生产，可进行量产。已获得东风小康客户 2 万台增程器订单，2020 年计划有 6 000 套的电机生产。增程式动力总成生产线建设：2020 年拟建设一条增程式动力总成生产线。60 kW 电机生产线建设建设：2020 年拟建设一条 60 kW 电机生产线。

（7）博智动力新能源科技（济宁）有限公司，完成 20 万台电子水泵自动线的联调联试，启动电子膨胀阀的工艺设计和生产线的设计，新增一条电子膨胀阀自动装配生产线，整个项目具备 20 万件生产能力。

（8）中科北大新能源基地项目。园区情况：济宁中科北大新能源产业基地位于济宁经开区，依托中国科学院、北京大学、哈尔滨工业大学等国内高等院所的科研、人才优势，借力微软（中国）对外品牌影响力，规划建设集科研中心、生产制造区、信息物流区、生活配套区于一体的现代化产业园区。园区规划面积 2 km^2，总投资 100 亿元，总规划建筑面积约 200 万 m^2。目前，科研中心（圣祥小镇）一期 7 万 m^2 已经建成投入使用，二期 9.4 万 m^2 人才公寓、商务酒店及办公年底前完成建设；生产制造起步区 15 万 m^2 车间主体已经完成，现已入驻中科院过程工程所、中科院育成中心、北京大学信息技术创新学院新能源研究中心、哈尔滨工业大学碳纤维新材料研究中心、微软（中国）孵化加速器等 10 余家科研创新机构。产业园区现已入驻企业 10 余家，重点项目有投资 30 亿元的中北润良新能源动力电池项目，项目规划产能 10 GWh，一期规划 4 GWh，一期投产后年可实现销售收入 40 亿元，利税 5 亿元，项目全部建成达产后，年可实现产值百亿元。投资 10 亿元的石墨烯远红外发热毯等一批新能源、新材料项目签约落地。后期，随着产业园的逐步建设，还将会有新能源整车、核心零部件、新材料等大批项目入驻。

六、2019 年基础设施建设及运行情况

山东省基本实现以高速公路为骨干、高等级公路为支撑的跨城际电动汽车出行保障网络，建成各类充换电站 2 500 余座、充电桩 2.67 万个，公共场所、居民小区、单位内部、高速公路等主要场所覆盖率逐年提升。

七、发展规划

继续抓好山东省出台的《山东省汽车产业中长期发展规划（2018—2025 年）》《山东省新能源产业发展规划（2018—2028 年）》的贯彻落实，强化规划对新能源汽车产业发展的引领。

八、2019 年本地区重点新能源汽车企业产销量统计表

生产企业名称	产品商标	车辆类型	通用名称	产量统计（辆）	销量统计（辆）
山东唐骏欧铃汽车有限公司	唐骏	纯电动汽车	—	300	—
烟台舒驰客车有限责任公司	舒驰	纯电动客车	—	350	367
烟台海德汽车专用车公司	海德	纯电动扫路车	—	146	150
中通客车控股股份有限公司	中通牌	纯电动汽车	—	7 173	7 173
中通客车控股股份有限公司	中通牌	插电式混合动力汽车	—	165	165
中通客车控股股份有限公司	中通牌	燃料电池汽车	—	735	735

九、2019 年 12 月底本地区电动汽车充(换)电站(桩)保有量统计表

充电站		充电桩		换电站
城市名称	数量(座)	慢充(个)	快充(个)	数量(座)
淄博	163	1 177(快充 + 慢充)	0	17
烟台	2 264	815	1 449	0
济宁市	373	1 964	1 876	0
威海市	61	412	477	0

河 南 省

一、2018 年节能与新能源汽车产业概况

截至 2019 年底,全省具有资质的新能源汽车整车及改装车生产企业 23 家,其中整车 12 家,改装车 11 家。全年新能源汽车整车生产 6. 93 万辆,同比增长 18. 69%,占全省汽车生产总量的 9. 09%,占比全国新能源汽车生产总量由 3% 提升至 5. 58%。其中,新能源乘用车生产企业由原来的 2 家增加到 7 家,全年新能源乘用车生产 3. 31 万辆,同比增长 127. 17%,占全省新能源汽车生产总量的 47. 73%;河南新能源汽车生产企业的 235 个车型符合《关于进一步完善新能源汽车推广应用财政补贴政策的通知》(财建〔2019〕138 号)产品技术要求。按产品类别分,客车产品 136 个,专用车产品 74 个,乘用车产品 25 个;按动力形式分,纯电动产品 223 个,插电式混合动力产品 12 个。目前,全省新能源客车产品已基本实现产业化,新能源乘用车占全省新能源汽车产量的比重不断提升,发展潜力大。随着三门峡速达、宇通集团、许昌森源、安阳德力、福田智蓝等新建企业的建成投产,全省新能源汽车的产品种类将更加丰富,产销规模有望持续提升。

二、2018 年节能与新能源汽车扶持政策与措施

政策名称	文件号	发布单位	发布日期	政策概要
河南省加快新能源汽车推广应用若干政策	豫政办〔2019〕36 号	河南省人民政府办公厅	2019-5-19	扩大新能源汽车应用市场,加大基础设施建设支持力度

三、2019 年节能与新能源汽车推广应用情况

2019 年以来,全省上下积极贯彻落实国家及省级各项政策措施,不断加大新能源汽车推广应用力度,努力落实重点领域车辆新能源化更新要求。全省累计推广应用新能源汽车 23 万多辆,当年新增 5. 9 万余辆,较去年同比增加 12%,其中新能源客车新增 0. 5 万辆,新能源货车新增 0. 6 万辆,新能源乘用车新增 4. 8 万辆。郑州、开封、洛阳、新乡、鹤壁、许昌、周口、商丘、南阳、漯河、驻马店、濮阳、三门峡等 13 个省辖市及汝州、巩义、固始等 3 个直管县(市)新能源公交车更新比例达到了 100%,洛阳、鹤壁、商丘等 3 个省辖市新能源物流车更新比例达到了 100%,郑州、鹤壁、三门峡等 3 个省辖市新能源出租车更新比例达到了 100%,新能源环卫车更新比例比较好的城市分别是濮阳市 100%、洛阳市 94%、鹤壁市 80%、驻马店市 72. 7%、周口市 54. 2%、商丘市 50%,漯河、濮阳、洛阳、驻马店、商丘等 6 个省辖市和巩义市达到了新能源公务用车更新比例要求。

2019 年省辖市、济源示范区、省直管县(市)新能源汽车推广应用情况一览表

(单位:辆)

序号	地区	增长比例	实际推广应用数量				新增及更换的公交车数量			新增及更换的市政环卫车数量			新增及更换的出租车数量					新增及更换的物流车数量			新增及更换的公务车数量			备注
			总计	其中			总量	其中		总量	其中		总量	其中				总量	其中		总量	其中		
				乘用车	客车	货车		新能源公交车数量	占比(%)		新能源市政环卫车数量	占比(%)		新能源巡游式出租车数量	新能源网约出租车数量	小计	占比(%)		新能源物流车数量	占比(%)		新能源公务车数量	占比(%)	
合计		11. 85	58 891	47 762	4 978	6 151	3 750	3 721	99. 2	1 093	380	34. 8	11 090	283	5 789	6 072	54. 8	18 805	637	3. 4	999	499	49. 9	
省辖市(含济源)		15. 11	57 972	47 023	4 798	6 151	3 610	3 521	97. 5	1 080	380	35. 2	11 033	283	5 789	6 072	55	18 805	637	3. 4	970	470	48. 5	
1	郑州	95. 08	30 474	23 779	1 341	5 354	1 000	1 000	100	312	80	26	5 405	5	5 400	5 405	100	0	0	0	164	117	71. 3	
2	开封	-43. 24	1 886	1 547	283	56	46	46	100	0	0	0	837	0	22	22	2. 6		56		0	0	0	

续上表

序号	地区	增长比例	实际推广应用数量				新增及更换的公交车数量			新增及更换的市政环卫车数量			新增及更换的出租车数量					新增及更换的物流车数量			新增及更换的公务车数量			备注
			总计	其中			总量	其中		总量	其中		总量	其中				总量	其中		总量	其中		
				乘用车	客车	货车		新能源公交车数量	占比(%)		新能源市政环卫车数量	占比(%)		新能源巡游式出租车数量	新能源网约出租车数量	小计	占比(%)		新能源物流车数量	占比(%)		新能源公务车数量	占比(%)	
3	洛阳	-35.85	2 942	2 775	119	48	117	117	100	103	88	85.4	900	0	13	13	1.4	139	139	100	67	41	61.2	
4	鹤壁	46.73	763	462	291	10	258	258	100	10	8	80	24	0	24	24	100	2	2	100	92	71	78	
5	安阳	-53.65	1 689	1562	70	57	0	0	0	45	3	6.7	314	150	107	257	81.8	4 093	54	1.3	131	7	5.3	
6	新乡	-7.84	2 599	2 480	84	35	84	84	100	83	18	21.7	654	98	0	98	14.9	0	0	0	40	11	27.5	
7	濮阳	64.7	4 068	3 336	605	124	60	60	100	71	71	100	0	0	0	0	0	0	0	0	16	16	100	
8	焦作	18.95	1 827	1 539	259	29	260	259	99.6	40	0	0	164	0	11	11	6.7	1 010	100	9.9	43	5	11.6	
9	许昌	-40.3	769	503	253	13	253	253	100	75	12	16	464	0	10	10	2.2	496	1	0.2	13	5	38.5	
10	平顶山	-43.06	1 140	1 064	56	20	122	56	46	0	0	0	715	0	50	50	7	0	0	0	0	0	0	
11	漯河	-35.08	892	787	89	16	40	40	100	2	0	0	106	0	0	0	0	0	0	0	1	1	100	
12	三门峡	87.02	836	655	181	0	181	181	100	68	0	0	37	0	37	37	100	0	0	0	32	13	41	
13	南阳	-52.79	1 556	1 160	396	0	396	396	100	0	0	0	0	0	0	0	0	0	0	0	0	0	0	
14	商丘	93.75	1 550	1 210	90	250	90	90	100	200	100	50	200	0	80	80	40	150	150	100	120	60	50	
15	信阳	-10.28	1 982	1 542	440	0	462	440	95.2	0	0	0	880	0	9	9	1	0	0	0	90	27	30	
16	周口	-28	707	619	57	31	57	57	100	60	0	0	246	0	26	26	10.6	12 485	31	0.2	15	0	0	
17	驻马店	-19.35	1 992	1704	184	104	184	184	100	11	0	0	87	30	0	30	34.4	430	104	24	130	93	71.5	
18	济源	-69.07	300	299	0	1	0	0	0	0	0	0	0	0	0	0	0	0	0	0	16	3	18.8	
直管县(市)		-59.92	919	739	180	0	140	200	70	13	0	0	57	0	0	0	0	0	0	0	29	29	100	
1	巩义	—	167	167	0	0	20	20	100	13	0	0	57	0	0	0	0	0	0	0	8	8	100	
2	兰考	—	0	0	0	0	0	0	0	0	0	0	0	0	0	0	0	0	0	0	0	0	0	
3	长垣	—	60	0	60	0	0	60	0	0	0	0	0	0	0	0	0	0	0	0	0	0	0	
4	汝州	—	264	214	50	0	50	50	100	0	0	0	0	0	0	0	0	0	0	0	0	0	0	
5	滑县	—	134	134	0	0	0	0	0	0	0	0	0	0	0	0	0	0	0	0	0	0	0	
6	邓州	—	94	94	0	0	0	0	0	0	0	0	0	0	0	0	0	0	0	0	21	21	100	
7	固始	—	200	130	70	0	70	70	100	0	0	0	0	0	0	0	0	0	0	0	0	0	0	
8	永城	—	—	—	—	—	—	—	—	—	—	—	—	—	—	—	—	—	—	—	—	—	—	未报送
9	鹿邑	—	—	—	—	—	—	—	—	—	—	—	—	—	—	—	—	—	—	—	—	—	—	未报送
10	新蔡	—	—	—	—	—	—	—	—	—	—	—	—	—	—	—	—	—	—	—	—	—	—	未报送

四、2019年节能与新能源汽车主要企业经营情况

截至2019年底，全省具有资质的新能源汽车整车及改装车生产企业23家，其中整车12家，改装车11家。2019年，郑州宇通集团重型货车、三门峡速达乘用车、安阳德力轻型商用车、森源重工商用车等一批新能源汽车新建项目建成达产，上汽郑州分公司、东风郑州分公司、奇瑞开封分公司等新能源汽车新产品下线投产，全省新能源汽车生产企业数量和产销规模不断提升，新能源汽车产销实现逆势增长。全年新能源汽车整车生产6.93万辆，同比增长18.69%，占全省汽车生产总量的9.09%；占比全国新能源汽车生产总量由3%提升至5.58%。其中，新能源乘用车生产企业由原来的2家增加到7家，全年新能源乘用车生产3.31万辆，同比增长127.17%，占全省新能源汽车生产总量的47.73%；新能源乘用车产销量增长较快，占全省新能源汽车产销量的比重不断提升，整车技术有所创新突破，正向设计开发能力不断提升，市场竞争力进一步增强。新能源客车产品已基本实现产业化，郑州宇通新能源客车国内市场占有率已超过25%，全国新能源客车排名第1，河南省已成为全国新能源汽车产业发展较快的重要省份之一。郑州新能源汽车重要生产基地地位得到加强，整车产量已占全省的83%以上。全省动力电池年度产销超过6.7 GWh，新乡市成功通过“中国电池工业之都”复评。

五、2019年节能与新能源汽车项目及园区建设情况

宇通客车牵头实施的“高可靠高环境适应性燃料电池客

车整车开发及示范”项目获评省科技厅创新引领五大专项支持，获省财政支持经费达3 600万元，带动项目总投资2.2亿元，其中研发投入1.1亿元；省重大技术专项的组织实施，持续推动了新能源汽车关键零部件转型升级，许继集团承担的“基于互联网+充电桩的充电系统关键技术研究及产业化”项目，充电设备产品在防护等级、最高效率、设备体积等方面达到国内领先水平，项目实施期内实现智能充电桩销量7 800台，销售额3.12亿元，拉动产业链新增产值超10亿元。许昌远东、科林空调承担的省重大科技专项，产品的一致性、可控性得到大幅提升，产品技术水平达到了国内领先。新能源汽车领域科技发展战略已成为全省中长期科技发展规划和“十四五”科技创新规划重大专题之一。

六、2019年基础设施建设及运行情况

2019年，新能源汽车基础设施建设政策支持力度不断加大，全省累计建设充电站676座，换电站7座，充电桩32 940个；2019年新建充电站209座，较去年同比增长116%，充电桩建设10 372个，与去年略微持平，新建新能源汽车停车位5 897个，占比5%。郑州市在参与“十城千辆”示范推广试点城市基础上，新能源汽车推广数量位居全省首位、全国前列。同时，电动汽车充电桩建设持续推进，各种交流桩、直流桩、交直流桩陆续在住宅小区、公共停车场、政府机关及企事业单位、高速公路服务区等区域建成，充电便利性正得到不断改善。

2019年省辖市、济源示范区、省直管县(市)新能源汽车基础设施情况一览表

排名	地区	实际建设完成数量			累计建设完成数量			停车位建设完成数量			分值	备注
		充电站(座)	换电站(座)	充电桩(个)	充电站(座)	换电站(座)	充电桩(个)	数量(个)	其中：新能源汽车停车位(个)	其中：占比(%)		
合计		209	0	10 372	676	7	32 940	120 237	6 423	5.3	18 885	
省辖市(含济源)		193	0	9 872	645	7	32 004	118 568	5 897	5.0	17 699	
1	郑州	64	0	6 320	169	4	17 000	—	—	—	6 960	
2	商丘	7	0	400	31	0	1 496	20 000	4 000	20	4 470	
3	驻马店	15	0	687	35	0	1 751	26 092	1 010	3.9	1 847	
4	洛阳	7	0	592	45	0	2 038	15 526	360	2.3	1 022	
5	焦作	20	0	310	30	0	975	0	0	0	510	
6	安阳	11	0	308	34	0	1 268	34 511	14	0.4	432	
7	鹤壁	5	0	171	11	0	512	0	135	0	356	
8	濮阳	8	0	256	37	0	447	0	0	0	336	
9	开封	14	0	151	43	0	571	11977	0	0	291	
10	三门峡	2	0	26	32	0	328	8 642	233	2.7	279	
11	漯河	16	0	67	38	0	337	392	37	9.6	264	
12	许昌	3	0	129	23	0	1 680	428	88	20.6	247	
13	信阳	4	0	168	20	0	858	0	0	0	208	
14	周口	7	0	93	30	0	540	1 000	20	2	183	
15	平顶山	6	0	121	28	0	353	0	0	0	181	充电桩数量不含站内桩
16	新乡	2	0	22	23	3	860	0	0	0	42	
17	南阳	2	0	21	10	0	500	0	0	0	41	
18	济源	0	0	30	6	0	490	0	0	0	30	490(不含站内充电桩)
直管县(市)		16	0	500	31	0	936	1 669	526	31.5	1 186	
1	巩义	6	0	301	6	0	301	350	200	57	561	
2	长垣	4	0	80	8	0	193	80	80	100	200	
3	汝州	1	0	8	3	0	38	1169	176	15	194	
4	固始	2	0	70	2	0	70	70	70	100	160	
5	兰考	3	0	41	5	0	54	0	0	0	71	
6	滑县	0	0	0	7	0	162	0	0	0	0	截至2019年8月底数字
7	邓州	0	0	0	0	0	118	0	0	0	0	
8	永城	—	—	—	—	—	—	—	—	—	—	未报送
9	鹿邑	—	—	—	—	—	—	—	—	—	—	未报送
10	新蔡	—	—	—	—	—	—	—	—	—	—	未报送

七、发展规划

1. 继续扩大新能源汽车应用市场

进一步完善新能源汽车推广应用及产业化发展工作推进机制，强化部门协同，明确任务分工，加强工作考评。认真贯彻落实国家、省有关新能源汽车推广应用政策措施，聚合各方力量，继续做好公共领域燃油汽车更新置换，推动公交、出租、物流、环卫等公共领域车辆新能源化，推动党政机关及公共机构带头使用新能源汽车。对各地新能源汽车推广应用工作重点考评推广数量增速和重点领域车辆新能源化更新比例，推广应用奖励与上述指标挂钩。积极做好由购置补贴到使用环节奖励政策过渡期相关工作。进一步加快基础设施建设，完善加氢站和换电设施建设奖励政策。加快推进省新能源汽综合服务平台建设，提高新能源汽车信息化管理服务水平。完善通行便利化措施，完善新能源物流及专用汽车使用环节支持政策，进一步优化新能源汽车应用环境。

2. 加快智能网联汽车产业布局

智能网联化是汽车工业特别是新能源汽车产业发展的大势所趋，河南省认真贯彻落实国家智能网联汽车产业发展的决策部署，积极借鉴其他省份工作经验，研究制定河南省智能网联汽车产业推进方案，完善支持政策，积极建设申报国家级智能网联汽车测试基地和示范应用先导区，依托上海机动车检验中心中牟分中心、中汽研武陟基地分别建设智能网联汽车测试基地，辐射支撑分期在郑州周边城市群建设智能网联商用车应用示范区，分批开展自动驾驶公交车和物流商用车示范应用，引导更多智能驾驶相关企业参与示范区建设、产业生态构建，适时选择环境适宜地区组织自动驾驶竞赛和产业交流活动，提升影响力、凝聚力，打造具有河南特色的智能网联汽车产业生态，促进产业集聚发展。

3. 积极推进重点企业发展、重点项目进展

在积极做好宇通集团、上汽郑州公司、奇瑞开封公司等优势企业服务保障的基础上，重点关注安阳德力、三门峡速达、郑州宇通集团有限公司等新建企业产品开发和市场开拓情况，积极开展政策支持、信息沟通等服务。积极推动少林与国唐公司兼并重组、小鹏汽车与省内企业深度合作，推动商丘福田、森源电动汽车新建项目进展，指导企业办理相关业务手续。推动氢燃料电池汽车示范应用和产业发展。

八、2019 年本地区新能源汽车推广应用统计

（单位：辆）

燃料＼车型	公交车	旅游大巴	公务车	出租车	租赁用车	私人用车	环卫车	物流车	邮政车	工程车	载货车	其他	合计
纯电动汽车	3 721	0	499	6 072	0	29 510	380	637	0	0	0	0	40 810
插电式混合动力汽车	0	0	0	0	0	0	0	0	0	0	0	0	0
增程式电动汽车	0	0	0	0	0	0	0	0	0	0	0	0	0
燃料电池汽车	272	0	0	0	0	0	0	0	0	0	0	0	272
合计	3 993	0	499	6 072	0	29 510	380	637	0	0	0	0	41 091

九、2019 年本地区重点新能源汽车企业产销量统计表

生产企业名称	产品商标	车辆类型	通用名称	产量统计（辆）	销量统计（辆）
郑州宇通客车股份有限公司	宇通牌	纯电动客车	—	21 912	22 090
海马汽车有限公司	海马牌	纯电动轿车	—	18 170	18 770
郑州日产汽车有限公司	东风牌	纯电动皮卡	—	3 129	2 893
上汽乘用车郑州分公司	荣威牌	纯电动轿车	—	10 256	10 256
广州风神郑州分公司	启辰牌	纯电动轿车	—	4 190	4 190
奇瑞汽车河南有限公司	开瑞牌	纯电动载货车	—	9 324	8 585
森源汽车股份有限公司	森源牌	纯电动载货车	—	2 321	2 321

湖 北 省

汽车产业是湖北的重要支柱和优势产业，新能源汽车是湖北汽车产业发展的重要组成部分。受政策引导、结构调整以及市场需求等影响，相较 2018 年，传统汽车产销量有所增长，新能源汽车产销量明显下降。2019 年湖北省新能源汽车产量为 6.06 万辆，同比下降 8.9%。

湖北省已建成新能源汽车整车生产企业 23 家（含非独立法人生产企业），具备 50 万辆/年生产能力，已形成驱动电机 20 万台（套）/年，电子控制器 30 万套/年，锂离子动力电池 15 亿 Wh/年的配套能力。燃料电池堆已开始尝试小批量生产，氢燃料电池客车和物流商用车整车已具备小批量生产能力，燃料电池乘用车样车已对外展示，武汉东湖开发区和汉阳开发区分别开通了燃料电池公交车示范线路，燃料电池公交车已上路运行。已与工信部签订基于宽带移动互联网的智能汽车与智慧交通应用示范合作协议。吉利汽车亿咖

通项目、"基于LTE-V/5G智能网联电动微公交技术验证和示范运营"项目、百度"人工智能"创新产业园项目和硅谷顶尖孵化器"PNP"等项目已落户。东风公司、中国移动、华为公司已建成了多场景测试基地。东风无人驾驶Minibus已开发完成，2020年将有条件投放；东风公司已获得全国第一张网约车经营许可证，已投放2 000台运营车辆；"东风出行"已上线运营，实现注册用户超6万人，运营车辆3 118台。

湖 南 省

一、2019年节能与新能源汽车产业概况

近年来，湖南省节能与新能源汽车产业发展迅速，已经成为湖南工业经济的支柱产业。全省现有规模以上的汽车、摩托车及其零部件生产企业400多家，列入工信部《道路机动车辆生产企业及产品公告》的企业81家，其中制造类生产企业17家，具有新能源汽车生产企业资格的12家，产品涵盖了乘用车和商用车，包括轿车、越野车、载货车、客车、专用车、新能源汽车、三轮车、摩托车等产品系列。现有整车生产能力200万辆左右。

2019年度，在全国汽车行业普遍不景气情况下，湖南省完成主营收入2 028.43亿元，其中整车932.18亿元，零部件1 055.97亿元，利润总额43.47亿元。实现了整车生产95.43万辆，同比下降8.2%，约占当年全国产量2 552.80万辆的3.7%。其中：新能源汽车生产18.03万辆，同比增长96.4%，占当年全省汽车总产量的18.9%，占当年全国新能源汽车总产量124.18万辆的14.5%；节能汽车77.4万辆，同比下降18.3%，占当年全省汽车总产量的81.1%，占当年全国传统汽车总产量2 428.62万辆的3.2%。

二、2019年节能与新能源汽车扶持政策与措施

政策名称	文件号	发布单位	发布日期	政策概要
《湖南省新能源汽车推广应用政策调整座谈会会议纪要》	2019年第3号	湖南省新能源汽车推广应用工作联席会议办公室	2019-08	落实财建〔2019〕138号文件要求，省财政不再对在国家规定的过渡期后新注册的新能源汽车（新能源公交车和燃料电池汽车除外）给予购置补贴，集中用于支持充电（加氢）基础设施"短板"建设和配套运营服务等方面
《关于印发湖南省新能源汽车动力蓄电池回收利用试点实施方案的通知》	湘工信节能〔2019〕135号	湖南省工业和信息化厅	2019-04	为贯彻落实工业和信息化部等七部门相关政策，加快推进湖南省新能源汽车动力蓄电池回收利用试点工作，构建新能源汽车动力蓄电池回收利用体系

三、2019年节能与新能源汽车推广应用情况

2019年，湖南省新能源汽车推广总量（按市州上报汇总）为18 778辆，同比下降11.6%。其中，新能源客车3 833辆，同比下降26.6%；新能源乘用车11 736辆，同比下降20.2%；新能源专用车3 209辆，同比上升140.7%。按燃料类型统计，纯电动汽车17 064辆，插电式混合动力汽车1 714辆；按地区统计，长株潭城市群推广数量为15 690辆，同比下降9.0%，占全省的83.5%；其他地区推广3 088辆，同比下降23.0%，占全省的16.5%。

截至2019年底，湖南省新能源汽车保有量9.87万辆，占全省汽车保有量875万辆的1.1%。

四、2019年节能与新能源汽车主要企业经营情况

（1）上汽大众汽车有限公司长沙分公司实现产值250.05亿元、产量261 908辆，同比分别增长－26.3%、－20.0%。

（2）广汽菲亚特克莱斯勒汽车有限公司全年产值43.56亿元、产量25 158辆，同比分别增长－48.7%，－48.9%。

（3）比亚迪汽车工业有限公司长沙分公司全年产值325.75亿元、产量93 491辆，同比分别增长8.4%、－30.1%。其中，新能源汽车产值107.27亿元，新能源汽车及底盘总产量64 574辆，同比增长69.2%。

（4）广汽三菱汽车有限公司全年产值142.69亿元、产量128 001辆，同比分别增长－11.8%、－12.9%。其中，新能源汽车产值2.09亿元，新能源乘用车总产量1 430辆，同比增长－56.8%。

（5）浙江豪情汽车制造有限公司湘潭分公司全年产值217.78亿元、产量237 420辆，同比分别增长22.3%、23.3%。

（6）长丰集团有限责任公司（湖南猎豹汽车股份有限公司）全年产值11.56亿元、产量9 552辆，同比分别增长－83.3%、－84.6%。其中，新能源汽车产值0.47亿元，新能源乘用车总产量316辆，同比增长－71.8%。

（7）北京汽车股份有限公司株洲分公司全年产值156.53亿、产量157 562辆，同比分别增长87.8%、112.9%。其中，新能源汽车产值128.99亿元，新能源乘用车总产量106 341辆，同比增长188.6%。

（8）湖南中车时代电动汽车股份有限公司全年新能源汽车产值63.98亿元，新能源客车、新能源专用车总产量6 548辆，同比分别增长6.1%、22.8%。

（9）湖南江南汽车制造有限公司星沙制造厂全年产值5.73亿元、产量8 063辆，同比分别增长－62.6%、－58.7%。其中，新能源汽车产值0.01亿元，新能源乘用车总产量6 590辆，同比增长－99.9%。

（10）长沙梅花汽车制造有限公司全年产值5.20亿元、产量1 490辆，同比分别增长24.5%、－46.9%。其中，新能源汽车产值0亿元，新能源客车、新能源专用车总产量0辆，同比增长－100.0%。

（11）中联重科股份有限公司全年新能源专用车总产量1 152辆，同比增长236.8%。

五、2019年节能与新能源汽车项目及园区建设情况

2019年，统计数据显示，湖南省已建成投产新能源整车

项目9家,新能源汽车在全省汽车总产量的占比为18.9%,为全国平均水准4.8%的近4倍)。

长株潭集聚了湖南省汽车产业80%以上的重点企业,拥有300多家规模汽车工业企业,长沙经开区、长沙高新区、宁乡经开区、株洲高新区、湘潭经开区、湖南环保科技园等园区已经成为汽车整车生产的重要载体,邵阳宝庆工业园、永州长丰工业园、衡阳高新区等一批园区初步形成了各具特色的汽车零部件配套基地。

六、2019年基础设施建设及运行情况

2019年全省共建成电动汽车充电桩5 300根。截至2019年12月31日,全省已实际建成并投入使用的充电站及换电站累计1 300座以上(其中换电站3座),充电桩累计2.2万根。除“长株潭”城市群以外,衡阳、益阳、岳阳、常德等城市也初步形成城市内部充电网络,京港澳高速沿线初步形成快充服务网络。

在充电运营服务方面仍然存在燃油车占位、缺乏统一的运营平台、车主找桩困难、设施利用率低且充电运营企业难以盈利等问题。

七、发展规划

湖南省经济和信息化委员会发布的《湖南省节能与新能源汽车等汽车制造产业发展五年行动计划(2016—2020年)》指出,到2020年,湖南省节能汽车产能达到200万辆;新能源汽车产能达到50万辆,含自主品牌新能源乘用车45万辆,新能源商用车5万辆(其中新能源客车产能达到3万辆,新能源专用车产能达到2万辆)。大力发展节能汽车零部件产业,包括节能发动机、变速箱、电机电控等系统总成,不断提升湖南汽车零部件制造整体水平,形成节能汽车、新能源汽车产业健康发展的新格局,节能与新能源汽车产业主营业务收入达到3 000亿元。充分利用湖南省在动力电池及电池管理系统、电池材料、电机、电控方面已有基础,争取到2020年,通过实施品牌战略,动力蓄电池产品形成1~2家骨干企业,2~3家重点企业;新能源电机、电控产品形成2~4家重点企业,面向全国行业配套。

湖南省发展与改革委员会发布的《湖南省电动汽车充电基础设施专项规划(2016—2020年)》(湘发改能源(2016)314号)指出,到2020年,全省新增集中式充换电站415座,分散式充电桩20万个,满足全省22万辆电动汽车充电需求。同步推进长株潭、环洞庭湖、大湘南、大湘西区域内部充电基础设施的互联互通,争取实现与国家层面的互联互通,形成统一开放、竞争有序的充电服务市场。培育一批具有行业竞争力的整车制造、零配件生产及充电服务企业,力争到2020年全省电动汽车产业产值突破1 000亿元。

八、2019年本地区新能源汽车推广应用统计表

(单位:辆)

车型 燃料	公交车	旅游大巴	公务车	出租车	租赁用车	私人用车	环卫车	物流车	邮政车	工程车	载货车	其他	合计
纯电动汽车	3 826	7	33	0	8 192	1 743	113	2 858	0	10	228	54	17 064
插电式混合动力汽车	0	0	17	0	114	1 539	0	0	0	0	0	44	1 714
增程式电动汽车	0	0	0	0	0	0	0	0	0	0	0	0	0
燃料电池汽车	0	0	0	0	0	0	0	0	0	0	0	0	0
合计	3 826	7	50	0	8 306	3 282	113	2 858	0	10	228	98	18 778

九、2019年本地区重点新能源汽车企业产销量统计表

生产企业名称	产品商标	车辆类型	通用名称	产量统计(辆)	销量统计(辆)
比亚迪汽车工业有限公司长沙分公司	比亚迪	纯电动汽车	元EV	4 049	4 049
		纯电动汽车	T3	10 452	10 452
		纯电动汽车	E1	1 887	1 887
		纯电动汽车	E2	2 823	2 823
		纯电动汽车	E3	40	40
		插电式混合动力汽车	宋MAX DM	2 946	2 946
		纯电动汽车	宋MAX EV	367	367
		纯电动汽车	S2	622	622
		纯电动汽车	M3	697	697
		纯电动汽车	K8	2	2
		纯电动汽车	K7	48	48
		纯电动汽车	C6	40 318	40 318
		纯电动汽车	C8	323	323
中车时代电动汽车股份有限公司	中国中车	纯电动汽车	纯电动客车	6 548	6 548

续上表

生产企业名称	产品商标	车辆类型	通用名称	产量统计(辆)	销量统计(辆)
湖南江南汽车制造有限公司星沙制造厂	众泰	纯电动汽车	云100PLUS	7	7
长沙中联重科环境产业有限公司	中联	纯电动汽车	纯电动桶装垃圾运输车等	1 152	1 152
北京汽车股份有限公司株洲分公司	北京	纯电动汽车	EU/EX 系列	106 341	106 341
湖南猎豹汽车股份有限公司	猎豹	纯电动汽车	CS9	316	316
广汽三菱汽车有限公司	祺智	插电式混合动力汽车	祺智 PHEV	430	430
		纯电动汽车	祺智 EV	1 000	1 000

十、2019 年 12 月底本地区电动汽车充(换)电站(桩)保有量统计表

城市名称	充电站	充电桩		换电站
	数量(座)	慢充(个)	快充(个)	数量(座)
长沙市	806	10 072	2 656	3
株洲市	92	391	407	0
湘潭市	95	870	250	0
衡阳市	36	579	786	0
邵阳市	28	415	269	0
岳阳市	73	416	234	0
常德市	17	293	550	0
张家界市	10	31	162	0
益阳市	21	51	616	3
郴州市	17	213	337	0
永州市	13	18	345	0
怀化市	76	107	446	0
娄底市	6	86	164	0
湘西自治州	5	0	123	3
总计	1 295	13 542	7 345	9

广 东 省

一、2019 年节能与新能源汽车产业概况

一是产业规模继续保持全国领先。全省 2019 年汽车产量为 311.97 万辆，同比下降 3.1%，低于全国汽车产量同比下降 7.5% 的水平，广东省汽车产量占全国总产量的 12.13%，较 2018 年上升 0.55%，继续位居全国第 1。全省汽车制造业实现增加值 1 768.35 亿元，同比下降 2.3%，下降幅度低于全国平均水平。在新能源汽车方面，2019 年全省新能源乘用车产量约为 15.59 万辆，同比增长 17.5%，占全国新能源汽车产量 124.2 万辆的 12.55%。动力电池产业继续保持全国领先地位，全国动力电池装机前 10 位企业中，广东省有 4 家，分别位居第 2、5、9、10 位。

二是新能源汽车企业生产水平不断提升。2019 年，广汽新能源智能工厂建成投产，广汽传祺品牌先后推出纯电动汽车 Aion S 和 Aion LX，订单已超 5 万辆。2019 年 9 月，小鹏汽车肇庆基地 10 万辆纯电动汽车项目建成投产，小鹏汽车产量突破 1.4 万辆，2019 年 10 月上市的新车型 P7 订单数量超过 1 万辆。东风日产、广汽丰田、广汽本田产销稳中有进，北汽(广州)工厂产量接近 4 000 辆。此外，广汽乘用车、珠海鹏辉等 8 家新能源汽车整车及零部件企业实施技术改造项目，实现扩产增效、改造升级。

三是新建项目布局加快。新能源汽车项目在广东省布局速度继续加快，发展后劲进一步增强。广汽智能网联汽车产业园、小鹏智能网联新能源汽车产业园、恒大新能源汽车、宝能新能源汽车、中汽中心华南基地、广汽丰田第四线、佛山南海“广东新能源汽车产业基地”、佛山高明“中车四方现代有轨电车车辆制造基地”等一批新能源智能汽车重大项目加快推进。

四是氢燃料电池汽车产业发展继续提速。广东省在全国率先实现氢燃料电池堆产业化，佛山爱德曼、广州鸿基创能等一批项目建成投产，布局了佛山南海“广东新能源汽车产业基地”、佛山高明“中车四方现代有轨电车车辆制造基地”等氢能产业基地，汇集了鸿基创能、国鸿氢能公司、爱德曼公司、广东探索汽车、广顺新能源、泰罗斯、海德利森等一批产业龙头企业，此外，韩国现代汽车燃料电池电堆项目已确定落户广州市黄埔区。2019 年，全省共生产燃料电池汽车

395 辆，共销售燃料电池电堆 3 758 套，总功率 85. 79 MW。广东省氢能产业链已涵盖上游氢能基础设施、中游氢燃料电池核心部件和动力总成、下游氢能源汽车制造等环节，氢能产业发展水平继续领跑全国，吸引了一大批国内外氢能高端人才到广东省创新创业。

五是智能网联汽车测试稳步推进。印发广东省智能网联汽车开展道路测试有关事项的指导意见，指导广州、深圳等市加快推进智能网联汽车道路测试工作。落实《车联网（智能网联汽车）产业发展行动计划》要求，支持广州市创建国家级车联网先导区。指导广汽集团联合小马智行、腾讯等行业内部及上下游企业组建广东省智能网联汽车创新中心。2019 年已向企业发放 24 张智能网联汽车道路测试通知书、67 副智能网联汽车道路测试号牌，其中，广州市建成智能网联汽车开放道路测试一级、二级测试路段 33 条，合计 45. 6 km。全省智能网联汽车测试主体自动驾驶脱离总里程数超过 13 万 km。同时，各具特色的半开放测试示范区正在广州市规划建设。

二、2019 年节能与新能源汽车推广应用情况

一是推广总量继续领先全国。2019 年，全省共推广应用新能源汽车 186 248 辆，其中商用车 22 485 辆（包括公交车 6 619 辆），乘用车 163 763 辆（包括私人领域乘用车 102 831 辆），全省新能源汽车保有量接近 60 万辆。2019 年推广的新能源汽车从分布区域来看，珠三角地区 181 716 辆（占全省 97. 57%），粤东西北地区 4 532 辆；其中广州市、深圳市分别为 78 333 辆、61 631 辆（两市占全省 78. 15%）。氢燃料电池汽车推广应用取得突破，2019 年全省累计推广氢燃料电池汽车 1 283 辆，其中客车 236 辆、物流车 1 047 辆，集中在佛山（626 辆）、深圳（657 辆，均为物流车）两市，总体来看，广东省上牌的氢燃料电池车辆居于全国前列。

二是公交电动化全面推进。截至 2019 年底，累计推广新能源公交车 5. 8 万辆，城市公交电动化率达 83. 5%，纯电动公交车占新能源公交的比例达 93. 9%。广州市、深圳市、珠海市、佛山、东莞市累计投入运营的纯电动公交车分别为 11 310 辆、16 359 辆、2 598 辆、6 821 辆、6 432 辆，完成全面公交电动化的工作目标（其中深圳 2017 年，广州、珠海 2018 年已实现公交电动化）。惠州、肇庆、江门市公交电动化水平也在稳步提升。粤东西北地区中，梅州、韶关、汕尾三市已提前完成 2020 年公交电动化目标，其他各市均按照 2020 年工作目标，加快推进。

三是其他公共领域新能源汽车使用全面铺开。全省出租汽车、货运物流、道路客运领域累计推广新能源汽车 3. 1 万辆、3. 6 万辆、0. 2 万辆。深圳市已完成巡游出租车纯电动化；广州市累计推广应用新能源出租车 6 266 辆，新能源网约车 56 263 辆；珠海市已运营新能源出租车 1 233 辆，珠三角地区新增或更新的巡游出租车和接入平台的网约车全部使用新能源汽车。

三、2019 年基础设施建设及运行情况

一是高速公路充电网络建设加快。按照《广东省高速公路充电基础设施规划建设方案（2018—2020 年）》。2019 年，全省共完成 120 座高速公路服务区充电站建设，累计建成 210 座。京港澳高速、长深高速、二广高速等国家高速公路主干线充电设施网络全线贯通，珠三角核心区域高速公路充电设施基本成网运营。2019 年新建高速公路的服务区按不低于 50% 停车位预留充电桩和相关管线。2019 年新增集中式充电站（不含城际快充站）1 130 座，新增公用充电桩 2. 26 万个，高速公路快充站 106 座，均已超额完成年度规划目标。全省累计建成集中式充电站（不含城际快充站）2 343 座，建成城际快充站 206 座，累计建成公用充电桩 11. 9 万个。

二是城市公共及用户居住地充电基础设施进展顺利。实施《电动汽车充电基础设施建设技术规程》，开展充电基础设施建设报装专项整治行动，重点对物业服务企业“擅自阻挠物业管理区域内按规定进行充电桩等基础设施建设和改造”的违法违规行为进行查处。

三是充电设施互联互通工作进展顺利。全国最大的省级电动汽车充电智能服务平台——“粤易充”平台注册用户约 23 万，已接入充电基础设施运营商 197 家，接入充电桩共计 6. 3 万个。此外，广州市充电设施智能管理平台“羊城充” App 登记的充电运营商已达 160 家，接入充电站点 2 768 座，充电桩 2. 35 万个，总功率超 120 万 kW。

四是加氢站建设稳步开展。截至 2019 年底，全省已建成并投入营运和试运营加氢站 19 座，其中佛山 15 座，广州、云浮各 2 座，另有 9 座已经开工建设，尚有 8 座在办理有关手续，为氢能汽车推广应用提供了坚实基础保障。

四、广东省 2019 年新能源汽车推广应用情况表

燃料种类	车辆用途	合计
纯电动客车	公交客车	6 383
	旅游客车	795
	租赁	24
	企业通勤车	141
	公务	0
插电式混合动力客车（含增程式）	公交客车	0
	旅游客车	24
	租赁	0
	企业通勤车	23
纯电动特种车	邮政	0
	物流	12 926
	环卫	359
	工程	495
	其他	32
纯电动乘用车	租赁	21 465
	出租	29 738
	公务	6 641
	私人	60 670
插电式混合动力乘用车（含增程式）	租赁	2 002
	出租	221
	公务	865
	私人	42 161

续上表

燃料种类	车辆用途	合　计
燃料电池汽车	公交车	236
	客车	0
	物流车	1 047
	乘用车	0
总　计		186 248

注：
1. 上述车辆应为符合国家推广政策的新能源汽车。
2. 车辆推广时间所属月份以行驶证时间为准。

五、广东省各市充电站建设调整情况表

序　号	区　域	2019 年底累计建成	
		总数	其中：公交
一、	全省合计	2 343	838
（一）	珠三角	2 018	706
1	广州	861	193
2	深圳	284	89
3	佛山	146	99
4	东莞	146	64
5	惠州	108	80
6	中山	95	20

续上表

序　号	区　域	2019 年底累计建成	
		总数	其中：公交
7	珠海	293	134
8	江门	43	17
9	肇庆	42	10
（二）	粤东西北	325	132
10	汕头	37	21
11	揭阳	8	4
12	潮州	0	0
13	汕尾	52	21
14	茂名	50	9
15	湛江	19	9
16	阳江	29	7
17	韶关	50	19
18	清远	16	10
19	梅州	10	10
20	河源	17	17
21	云浮	37	5
二、	高速公路快充电站	210	全省干线高速公路服务区全部建成快充站

广西壮族自治区

一、2019 年节能与新能源汽车产业概况

广西目前拥有新能源汽车生产企业 11 家，包括上汽通用五菱、东风柳汽、桂客集团、广西申龙、广西汽车集团、五菱汽车工业、广西华奥、玉柴专汽、柳州延龙、重汽运力、都安建兴等。目前，广西产品涵盖了纯电动轿车、纯电动多用途乘用车、纯电动客车、插电式混合动力客车、纯电动邮政车、纯电动厢式运输车、纯电动仓栅式运输车、纯电动自卸式垃圾车、纯电动冷藏车和纯电动洒水车等多种车型，多种新能源汽车车型纳入工业和信息化部《道路机车车辆生产企业及产品公告》。

2019 年，广西新能源汽车产销分别为 6. 28 万辆和 6. 61 万辆，同比分别增长 88. 47% 和 125. 46%。

二、2019 年节能与新能源汽车扶持政策与措施

政策名称	文件号	发布单位	发布日期	政策概要
关于印发加快广西新能源汽车推广工作的通知	桂工信规范〔2019〕1 号	发展改革委 住房城乡建设厅 公安厅 广西壮族自治区工业和信息化厅	2019-01-21	对新能源汽车在停车收费、专用停车位划施、充电设施建设、路权、电价、上牌等方面给予支持
关于印发广西壮族自治区新能源汽车推广应用攻坚行动方案的通知	桂发改电力规〔2019〕1034 号	广西壮族自治区发展改革委	2019-10-31	明确了专用停车位建设行动、充电设施建设行动、审批提速行动、执法便民行动、示范单位建设行动、绿色小区创建行动、共享绿色出行行动、企业服务行动 8 项转向行动，加速推广新能源汽车
关于组织申报新能源汽车充电基础设施补贴资金的通知	桂工信规范〔2019〕6 号	财政厅 发展改革委 广西壮族自治区工业和信息化厅	2019-07-05	组织区内新能源汽车充电设施建设运营企业申报补贴
关于开展公共机构新能源共享汽车租赁点服务工作的函	桂公节办发〔2019〕2 号	广西壮族自治区公共机构节能工作领导小组办公室	2019-10-21	在各区直单位推广新能源汽车共享汽车租赁服务

三、2019年节能与新能源汽车推广应用情况

2019年,广西新能源汽车保有量为90 855辆,较2018年增加29 487辆。

2019年,广西新增及更换公交车1 339辆,其中新能源公交车1 326辆,占比达99%。

四、2019年节能与新能源汽车主要企业经营情况

2019年,上汽通用五菱汽车有限公司生产销售汽车165.5万辆和166万辆,产量比2018年下降15.4%,销量下降19.4%;生产发动机153.3万台,下降18.6%;完成工业总产值1 002.9亿元,下降5%。全年销售新能源汽车6万辆,比2018年增长132%。2019年7月开始,宝骏新能源连续6个月获A00级(微型车)新能源乘用车市场销量冠军;东风柳汽生产销售汽车17.1万辆和17.4万辆,同比分别下降9.1%和4.9%。完成工业总产值198.7亿元,下降2.6%。全年销售新能源汽车0.6万辆,同比增长76.7%;广西申龙实现营收10.6亿元,税金3 271万元,利润1.4亿元,完成新能源客车产销459台。

五、2019年节能与新能源汽车项目及园区建设情况

天际新能源汽车项目位于南宁市邕宁区新兴产业园,主要建设冲压、焊装、涂装、总装及电池包五大工艺厂房,配套建设研发中心、试验试制中心等,形成年产10万辆新能源乘用车基地,项目计划在2022年投产,达产后预计实现年产值约100亿元以上。目前,项目正在开展一期约260亩土方平整,已完成场地围挡、冲洗平台搭建、活动板房搭建等工作;二期(545.53亩)已完成测量工作,3月25日发布招标公告,4月17日上午开标,由广西建工集团第一建筑工程有限公司中标,已进场开展平整工作。已进场开展平整工作。

合众新能源汽车项目位于南宁市青秀区伶俐工业园,主要建设冲压、焊装、涂装、总装四大工艺厂房及树脂、PACK车间、产品试制试验中心、综合办公楼和附属设施,计划2021年12月底实现全部竣工投产,达产后年产值将达100亿~150亿元。目前,现场地基处理及土方平整项目清表基本完成;土方开挖累计完成37.02%;回填土进度完成18.70%;食堂及员工活动中心旋挖桩累计完成35根,进度47.9%。超前钻项目施工方面,食堂与员工活动中心已完成,综合楼及通廊已完成(100根,进度100%),3号标准厂房已完成509根,进度79.28%。

六、2019年基础设施建设及运行情况

截至2019年12月31日,广西共建成充电桩10 881个,建成充电插座19 044个。其中,南宁市建成充电桩3 334个,充电插座2 589个,柳州市建成充电桩2 393个,充电插座13 825个,桂林市建成充电桩1 203个,充电插座359个,梧州市建成充电桩576个,充电插座842个,北海市建成充电桩125个,充电插座264个。

七、发展规划

2017年2月,广西壮族自治区工业和信息化委员会印发实施《广西新能源汽车产业发展"十三五"规划》,提出到2020年,全区形成新能源整车年生产能力40万辆,新能源动力总成年生产能力突破5万套,新能源汽车产业实现年产值300亿元;推广新能源公交车2 500辆、新能源出租车3 500辆,新能源汽车在环卫车辆中的比例不低于20%。新能源汽车在全区得到推广应用,充电等配套设施建设不断完善,新能源汽车及零部件出口基地形成比较优势,形成新能源汽车整车及零部件的开发、生产、销售、检测、服务为一体的新能源汽车产业发展体系。《广西汽车产业新跨越行动方案》提出到2020年新能源汽车销量突破10万辆。

八、2019年本地区新能源汽车推广应用统计表

(单位:辆)

车型 燃料	公交车	旅游大巴	公务车	出租车	租赁用车	私人用车	环卫车	物流车	邮政车	工程车	载货车	其他	合计
纯电动汽车	1 020	35	210	893	30	20 382	17	0	0	0	426	5 901	28 914
插电式混合动力汽车	1	0	5	0	0	1 034	0	0	0	0	0	71	1 111
增程式电动汽车	0	0	0	0	0	0	0	0	0	0	0	0	0
燃料电池汽车	0	0	0	0	0	0	0	0	0	0	0	0	0
合计	1 021	35	215	893	30	21 416	17	0	0	0	426	5 972	33 071

九、2019年本地区重点新能源汽车企业产销量统计表

生产企业名称	产品商标	车辆类型	通用名称	产量统计(辆)	销量统计(辆)
上汽通用五菱汽车股份有限公司	宝骏	纯电动轿车	E100	38 033	36 012
上汽通用五菱汽车股份有限公司	宝骏	纯电动轿车	E200	18 205	24 038
东风柳州汽车有限公司	东风牌	纯电动多用途乘用车	菱智 M5EV	1 715	920
东风柳州汽车有限公司	东风牌	纯电动轿车	景逸 S50EV	4 654	5 319
东风柳州汽车有限公司	乘龙牌	专用车	纯电动厢式运输车	101	97

续上表

生产企业名称	产品商标	车辆类型	通用名称	产量统计（辆）	销量统计（辆）
柳州五菱汽车工业有限公司	五菱牌	纯电动物流车	EV50	213	195
柳州延龙汽车有限公司	延龙牌	LZL5030XXYBEV 纯电动厢式运输车	—	50	9
柳州延龙汽车有限公司	延龙牌	LZL5030CTYBEV 纯电桶装垃圾运输车	—	5	2
柳州延龙汽车有限公司	延龙牌	LZL5031CTYBEV 纯电桶装垃圾运输车	—	25	12
柳州延龙汽车有限公司	延龙牌	LZL5031GQXBEV 纯电动清洗车	—	20	12
中国重汽集团柳州运力专用汽车有限公司	运力牌	运力牌 LG5180GSSZBEV 纯电动洒水车	洒水车	1	1
广西申龙汽车制造有限公司	紫象牌	插电式混合动力客车	HQK6109CHEVNG3	56	56
广西申龙汽车制造有限公司	紫象牌	纯电动城市客车	HQK6109USBEVZ3	69	69
广西申龙汽车制造有限公司	紫象牌	纯电动城市客车	HQK6118USBEVU1	15	15
广西申龙汽车制造有限公司	紫象牌	纯电动城市客车	HQK6803USBEVL1	0	10
广西申龙汽车制造有限公司	紫象牌	纯电动城市客车	HQK6859BEVB15	38	38
广西申龙汽车制造有限公司	紫象牌	纯电动城市客车	HQK6859USBEVU1	70	85
广西申龙汽车制造有限公司	申龙牌	燃料电池汽车	SLK5080XBWEFCEVQ	0	100
广西申龙汽车制造有限公司	申龙牌	纯电动城市客车	SLK6109UBEVW17	13	0
广西申龙汽车制造有限公司	申龙牌	纯电动客车	SLK6118ABEVL5	8	0
广西申龙汽车制造有限公司	申龙牌	纯电动客车	SLK6118UBEVL11	0	16
广西申龙汽车制造有限公司	申龙牌	纯电动城市客车	SLK6663UBEVL3	0	30
广西申龙汽车制造有限公司	申龙牌	纯电动城市客车	SLK6663USBEVL1	0	4
广西申龙汽车制造有限公司	申龙牌	纯电动城市客车	SLK6819UBEVN1	50	0
广西申龙汽车制造有限公司	申龙牌	纯电动城市客车	SLK6819UBEVW21	12	36
广西申龙汽车制造有限公司	长江牌	纯电动城市客车	GK6851GBEV3	253	0
桂林客车发展有限责任公司	五菱牌	纯电动城市客车	ES120	—	1
桂林客车发展有限责任公司	五菱牌	纯电动厢式运输车	ES140	—	14
广西华奥汽车制造有限公司	金华奥牌	纯电动客车	—	536	438

十、2019 年 12 月底本地区电动汽车充（换）电站（桩）保有量统计表

<table>
<tr><th colspan="2">充电站</th><th colspan="2">充电桩</th><th>换电站</th></tr>
<tr><th>城市名称</th><th>数量（座）</th><th>慢充（个）</th><th>快充（个）</th><th>数量（座）</th></tr>
<tr><td>南宁</td><td>422</td><td>958</td><td>2 376</td><td>0</td></tr>
<tr><td>柳州</td><td>304</td><td>1 721</td><td>672</td><td>0</td></tr>
<tr><td>桂林</td><td>45</td><td>—</td><td>—</td><td>0</td></tr>
<tr><td>梧州</td><td>9</td><td>449</td><td>127</td><td>1</td></tr>
<tr><td>北海</td><td>19</td><td>72</td><td>99</td><td>0</td></tr>
<tr><td>防城港</td><td>2</td><td>54</td><td>10</td><td>0</td></tr>
<tr><td>钦州</td><td>0</td><td colspan="2">150</td><td>0</td></tr>
<tr><td>贵港</td><td>0</td><td>517</td><td>302</td><td>0</td></tr>
<tr><td>玉林</td><td>0</td><td colspan="2">399</td><td>0</td></tr>
<tr><td>百色</td><td>0</td><td>350</td><td>203</td><td>0</td></tr>
<tr><td>贺州</td><td>3</td><td>200</td><td>256</td><td>0</td></tr>
<tr><td>河池</td><td>0</td><td colspan="2">96</td><td>0</td></tr>
<tr><td>来宾</td><td>0</td><td colspan="2">457</td><td>0</td></tr>
<tr><td>崇左</td><td>0</td><td colspan="2">115</td><td>0</td></tr>
</table>

海 南 省

一、2019 年节能与新能源汽车产业概况

2019 年，海南省唯一的整车生产企业一汽海马汽车有限公司受国内政策法规和国际外贸环境的制约与影响，公司生产经营情况非常严峻。2019 年，一汽海马全年销售汽车 4 024 辆，同比下降 84.0%；销售收入 3.85 亿元，同比下降 81%；公司处于持续亏损状态。2019 年，在国际外贸复杂多变和美国对伊朗制裁的背景下，一汽海马实现出口销售 251 辆，出口额 330 万美元。2019 年，一汽海马汽车有限公司没有量产新能源汽车车型上市销售。

二、2019 年节能与新能源汽车扶持政策与措施

政策名称	文件号	发布单位	发布日期	政策概要
《海南省电动汽车充电基础设施建设消防安全要求》	琼建城〔2018〕303 号	海南住房和城乡建设厅 海南省消防总队	2019-01	新建、改建、扩建的地上、地下电动汽车充电基础设施，保障电动汽车充电基础设施建设消防安全
《海南省清洁能源汽车发展规划》	琼府〔2019〕11 号	海南省人民政府	2019-03	全面分析研判面临的形势，以问题为导向，创新提出一揽子解决方案、重点任务和专项工程，对全省清洁能源汽车推广应用和新能源汽车全产业链发展指导
《海南省公务用车清洁能源化工作方案》	琼事管发〔2019〕28 号	海南省机关事务管理局 海南省国有资产监督管理委员会	2019-03	按照统一编制、统一标准、统一购置经费、统一采购配备、统一处置管理原则要求，负责抓好清洁能源汽车的更新、配备工作
转发《财政部、工业和信息化部、科技部、发展改革委关于进一步完善新能源汽车推广应用财政补贴政策的通知》	—	海南省财政厅 海南省工业和信息化厅 海南省发展和改革委员会	2019-04	根据新能源汽车规模效益、成本下降等因素以及补贴政策退坡退出的规定，降低新能源乘用车、新能源客车、新能源货车补贴标准，促进产业优胜劣汰，防止市场大起大落
《海南省电动汽车充电基础设施规划(2019—2030)》	—	海南省人民政府	2019-04	推进充电基础设施建设发展，构建覆盖全省的充电设施服务网络，全面提升清洁能源汽车充电保障能力，满足全省清洁能源汽车发展需要，根据海南省人民政府印发的《海南省清洁能源汽车发展规划》，制定本专项规划
《“充电桩进小区”示范项目建设实施方案》	琼发改交能〔2019〕737 号	海南省发展和改革委员会	2019-06	“充电桩进小区”示范项目建设，完善示范小区及周边区域范围内电网配网结构，优化增加小区变压器容量，提升小区消防安全水平，加强小区综合管理水平，加快相关标准研究制定，全面实现充电基础设施安全稳定进小区
《关于 2019—2020 年全面放开新能源小客车指标申请资格条件和数量的通告》	—	海南省公安厅	2019-06	2019 年 7 月 1 日—2020 年 12 月 31 日，本省放开新能源小客车增量指标申请资格条件及数量
《海南省电动汽车充电基础设施建设运营暂行管理办法》	—	海南省发展和改革委员会	2019-07	编制充电基础设施规划与省和市县国土空间规划、路网规划、电力规划、交通规划等充分衔接，并根据国家和省政府的要求，结合本区域经济发展需求等，提出本区域充电基础设施规划重点任务、规划布局及保障措施，提出自用充电基础设施、专用充电基础设施的建设原则和建设规模
《完善新能源汽车车辆停放服务收费优惠政策的指导意见》	琼发改费管〔2019〕883 号	海南省发展和改革委员会	2019-07	推进新能源汽车推广应用，根据《海南省定价目录》和《海南省车辆停放服务收费管理办法》等规定，要求各市县结合实际，按照不同区域、不同位置、不同车重、不同时段，实行新能源汽车停车服务低于非新能源汽车的差别收费优惠政策。制定新能源汽车停车服务收费标准

三、2019 年节能与新能源汽车主要企业经营情况

2019 年，海南省唯一的整车生产企业一汽海马汽车有限公司受国内政策法规和国际外贸环境的制约与影响，公司生产经营情况非常严峻。2019 年，一汽海马全年销售汽车 4 024 辆，同比下降 84.0%；销售收入 3.85 亿元，同比下降 81%；公司处于持续亏损状态。2019 年，在国际外贸复杂多变和美国对伊朗制裁的背景下，一汽海马实现出口销售 251 辆，出口额 330 万美元。

受整车企业生产经营情况恶化影响，2019 年全省汽车制造业各项指标均明显下滑。2019 年汽车零部件配套企业情况，汽车配件重点企业有 9 家，主要为一汽海马汽车有限公司提供配件，部分企业也向岛外整车车企提供汽车配件，主要产品有发动机、车架、车门、座椅、空调、音响等。2019 年，9

家规模以上企业完成工业总产值3.1亿元，同比下降51.6%，零配件企业正增长的仅2家，其余企业负增长均超过50%。

四、2019 年基础设施建设及运行情况

截至2019年底，全省已累计建设充电站点625个，换电站6个（配备电池178个），合计建设充电桩16 702个，其中公共桩8 343个，车桩比3.4∶1，小于全国的6∶1。有7个市县（洋浦、定安、屯昌、琼中、保亭、白沙、昌江）公共桩多于电动汽车保有量，14个市县充电桩总数多于电动汽车。环岛高速公路G98及中线高速公路G9811共22处服务区，其中7对服务区配有充电站，共69个桩。

五、发展规划

（1）支持海马汽车转型升级发展，重点推动一汽海马股权单一化进程。（2）支持洋浦经济开发区加快建设新能源汽车产业园区。（3）聚焦汽车产业链后市场，推进新能源汽车高端服务业发展。（4）探索开展新能源汽车“车电分离”模式试点。（5）推动“充电桩进小区”示范项目的进展。（6）研究在2020年新能源汽车升级财政补贴全面推出和海南建设自由贸易港的背景下，海南省特有的新能源汽车推广应用和产业发展政策体系。

六、2019 年 12 月底本地区电动汽车充（换）电站（桩）保有量统计表

充电站		充电桩		换电站
城市名称	数量（座）	慢充（个）	快充（个）	数量（座）
海口	248	879	488	5
三亚	77	289	329	2
儋州	40	108	57	0
五指山	1	2	2	0
琼海	25	81	74	0
文昌	23	96	5	0
万宁	16	17	91	0
东方	1	3	0	0
定安	2	0	12	0
屯昌	4	13	2	1
澄迈	47	163	44	0
临高	8	35	2	0
白沙	1	2	2	0
昌江	1	6	0	0
乐东	7	16	35	0
陵水	13	34	7	0
保亭	9	28	10	0
琼中	0	0	0	0
总计	523	1 772	1 160	8

七、2019 年海南省推广新增新能源汽车统计表

城市	车辆应用领域					车辆燃料种类		
	警用车	教练车	单位	个人	总计	电动	插电式	合计
海口	1	0	3 689	3 149	6 839	4 602	2 237	6 839
三亚	0	1	1 040	1 824	2 865	2 208	657	2 865
儋州	0	0	64	214	278	150	128	278
琼海	0	11	74	312	397	242	155	397
文昌	0	0	22	193	215	122	93	215
万宁	0	0	82	164	246	158	88	246
东方	0	0	52	74	126	74	52	126
五指山	0	0	41	53	94	54	40	94
乐东	0	0	30	93	123	46	77	123
澄迈	0	0	250	175	425	306	119	425

续上表

城市	车辆应用领域					车辆燃料种类		
	警用车	教练车	单位	个人	总计	电动	插电式	合计
临高	0	0	0	47	47	20	27	47
定安	0	0	25	65	90	54	36	90
屯昌	0	0	0	52	52	27	25	52
陵水	0	0	81	260	341	143	198	341
昌江	0	0	1	26	27	6	21	27
保亭	0	0	16	57	73	31	42	73
琼中	0	0	16	32	48	22	26	48
白沙	0	0	37	17	54	26	28	54
洋浦	0	0	6	31	37	17	20	37
总计	1	12	5 539	6 838	12 377	8 308	4 069	12 377

四川省

一、2019年节能与新能源汽车产业概况

四川省已建成年产18万辆新能源汽车生产能力，共有新能源汽车生产企业18户，关键零部件企业68户，研发销售运营企业14户，初步形成了较为完整的产业链。2019年，四川省生产新能源汽车3.2万辆，同比增长47%；累计推广应用新能源汽车12.6万辆。充分利用四川省优势，抢抓氢能和燃料电池汽车产业发展的机遇，在成都市郫都区的西部首条氢燃料电池客车基础上，进一步扩大试点示范规模，实现了120辆氢燃料电池汽车上线运行，建成全省第2座加氢站。

二、2019年节能与新能源汽车推广应用情况

在成都市郫都区建成西部首条氢燃料电池客车示范线基础上，进一步扩大试点示范规模效应，在郫都区新增氢燃料电池客车90辆，形成共计100辆的示范线，累计安全载人运行约300万km，并建成西部首座固定式加氢站。同时，在龙泉驿区投入10辆氢燃料电池公交车，建成全省第二条氢燃料电池客车示范线，并同步建成第二座加氢站。引入环球车享(EVCard)和曹操专车等开展电动汽车分时租赁示范运营，带动四川省累计推广应用新能源汽车12.6万辆。

三、2019年节能与新能源汽车项目及园区建设情况

吉利跑诗达(Polestar)新能源汽车项目建成投产，形成年产3万辆的我国最高档次的新能源轿跑车基地。宜宾凯翼汽车、奇瑞新能源汽车项目竣工投产，将形成年产15万辆传统汽车、5万辆新能源汽车的生产能力。成都吉利BMA乘用车项目进展顺利，目前正在进行设备安装，预计2020年竣工投产，将形成年产30万辆乘用车的生产能力。吉利南充新能源商用车二期项目正加快主体厂房建设，预计2020年竣工投产，将建成年产5 000台新能源清洁能源客车、5万台新能源商用车动力总成生产基地。

四、2019年基础设施建设及运行情况

已建成充电站800余座，各种充电桩3万余个，初步构建了互联互通的充电服务网络。

贵州省

一、2019年节能与新能源汽车产业概况

贵州省共有9家企业具备新能源汽车生产资质，其中奇瑞万达、贵州长江、云马汽车3家企业取得新能源客车生产资质，贵州万仁取得纯电动商用车生产资质，航天成功、航天特种车、贵州新山地、梅花科技等4家企业取得新能源专用车生产资质，贵州吉利取得新能源乘用车生产资质。2019年，全省生产新能源汽车7 533辆，同比增长619.5%。在节能和新能源汽车配套产业方面，贵州主要以节能高效发动机、动力电池材料为主，其中锂电池正极材料在国内锂电池市场中占有重要地位。

二、2019年节能与新能源汽车推广应用情况

2019年，贵州省共推广新能源汽车10 188辆，同比下降18.9%，其中：纯电动乘用车6 057辆、插电式混合动力乘用车2 406辆、纯电动客车1 492辆、纯电动货车233辆。截至2019年底，贵州省累计推广新能源汽车33 951辆，其中：纯电动乘用车17 997辆、插电式混合动力乘用车5 142辆、纯电动客车7 272辆、插电式混合动力客车1 220辆、纯电动货车2 320辆。

三、2019 年节能与新能源汽车主要企业经营情况

2019 年，贵州汽车产业受到全国汽车市场下滑和重点企业停产影响，产销量下滑，企业生产经营面临较大压力。吉利汽车贵阳分公司主导产品于 2019 年 3 月正式上市，该公司全年生产乘用车 4.31 万辆，销售 3.78 万辆，完成工业总产值 51 亿元。奇瑞万达公司全年生产销售各类客车 1 714 辆，完成工业总产值 7.5 亿元。贵航汽车零部件股份公司 2019 年实现营业收入 22.08 亿元，同比下降 21.1%。

四、2019 年节能与新能源汽车项目及园区建设情况

贵阳吉利发动机公司年产 40 万台发动机生产线建设项目于 2019 年 3 月建成投产，全年生产发动机 7.61 万台，完成工业总产值 11 亿元。贵州万仁纯电动商用车建设项目，总投资 13.8 亿元，截至 2019 年底，项目基本建成，已申请企业准入现场审核。宝能新能源汽车项目，项目总投资 82 亿元，截至 2019 年底，累计完成投资 22 亿元，预计 2020 年底建成。

五、2019 年基础设施建设及运行情况

为推进充电基础设施建设，贵州省编制专项规划，出台扶持政策措施，规范充电基础设施建设运营，建设了省级充电基础设施建设监管运营和服务平台，配套 App 手机应用程序系统，同时开通服务热线；成立省级充电基础设施建设促进会，发布全省充电基础设施统一的“电动贵州 · 绿色出行”标识标志。截至 2019 年底，全省建设充电桩 20 186 个，其中，快充桩 8 000 个、慢充桩 12 186 个，全省车桩比达到 1.45∶1。

六、2019 年本地区新能源汽车推广应用统计表

（单位：辆）

燃料 \ 车型	乘用车	客车	环卫车	物流车	邮政车	工程车	货车	其他	合计
纯电动汽车	6 057	1 492	0	0	0	0	233	0	7 782
插电式混合动力汽车	2 406	0	0	0	0	0	0	0	2 406
增程式电动汽车	0	0	0	0	0	0	0	0	0
燃料电池汽车	0	0	0	0	0	0	0	0	0
合计	8 463	1 492	0	0	0	0	233	0	10 188

七、2019 年本地区重点新能源汽车企业产销量统计表

生产企业名称	产品商标	车辆类型	通用名称	产量统计（辆）	销量统计（辆）
北京汽车股份有限公司	北京牌	纯电动乘用车	BJ7000C5D3 - BEV	—	923
上汽大众汽车有限公司	大众汽车牌	插电式混合动力乘用车	SVW7141BPV	—	671
比亚迪汽车有限公司	比亚迪牌	纯电动乘用车	BYD7005BEV8	—	657
上汽大众汽车有限公司	大众汽车牌	插电式混合动力乘用车	SVW6471APV	—	306
华晨宝马汽车有限公司	宝马牌	插电式混合动力乘用车	BMW7201EMHEV	—	280
比亚迪汽车有限公司	比亚迪牌	纯电动乘用车	BYD7005BEV1	—	246
奇瑞新能源汽车技术有限公司	奇瑞牌	纯电动乘用车	NEQ7000BEVJ72A	—	233
比亚迪汽车工业有限公司	比亚迪牌	纯电动乘用车	BYD7003BEV	—	232
东风汽车有限公司	东风日产牌	纯电动乘用车	DFL7000NAH1BEV	—	192
奇瑞汽车股份有限公司	奇瑞牌	纯电动乘用车	SQR7000BEVJ728	—	164
东风汽车集团有限公司	俊风牌	纯电动乘用车	DFA7000A1F7BEV	—	160
浙江豪情汽车制造有限公司	帝豪牌	纯电动乘用车	HQ7002BEV15	—	149
比亚迪汽车工业有限公司	比亚迪牌	插电式混合动力乘用车	BYD6490STHEV	—	129
浙江豪情汽车制造有限公司	帝豪牌	纯电动乘用车	HQ7002BEV37	—	128

八、2019 年 12 月底本地区电动汽车充（换）电站（桩）保有量统计表

充电站		充电桩		换电站
城市名称	数量（座）	慢充（个）	快充（个）	数量（座）
贵阳市	0	2 950	1 557	0
遵义市	0	3 816	2 016	0

续上表

充电站		充电桩		换电站
城市名称	数量(座)	慢充(个)	快充(个)	数量(座)
六盘水市	0	157	923	0
安顺市	0	546	616	0
毕节市	0	733	411	0
铜仁市	0	323	708	0
黔东南州	0	742	318	0
黔南州	0	877	827	0
黔西南州	0	1 697	350	0
贵安新区	0	345	274	0
合计	0	12 186	8 000	0

云 南 省

一、2019 年节能与新能源汽车产业概况

云南省共有 7 家企业取得新能源汽车生产资质，新能源汽车产能约 6 万辆/年，80 余个车型进入国家公告目录产品涵盖燃油乘用车、纯电动乘用车(轿车、SUV)、客车、厢式货车、专用车，以及混合动力客车等类型。

二、2019 年节能与新能源汽车推广应用情况

2016—2019 年分别推广 3 017 辆、12 326 辆、17 587 辆、18 092 辆。截至 2019 年底，全省新能源汽车保有量超过 5 万辆，乘用车占比约 80%。

三、2019 年节能与新能源汽车主要企业经营情况

云南五龙汽车有限公司 2019 年生产销售新能源客车 797 辆，实现销售收入 4.26 亿元。东风云南汽车有限公司产销新能源汽车 86 辆，实现销售收入 1.46 亿元。

四、2019 年节能与新能源汽车项目及园区建设情况

1. 重点项目

北汽云南瑞丽汽车有限公司昆明分公司项目位于云南滇中新区杨林国家级经济开发区，总投资 50 亿元，其中项目一期投资 25 亿元，项目 2016 年 12 月开工，截至 2018 年底项目基本建成，2020 年 3 月取得生产资质，形成 3 万辆新能源汽车产能。东风云南汽车有限公司整体搬迁项目位于云南滇中新区杨林国家级经济开发区，项目于 2016 年 12 月正式开工，总投资 15 亿元，产品规划有传统客车、载货汽车、皮卡、新能源客车和物流车等产品，2019 年初一期项目建成，并完成新工厂准入。航天神州汽车有限公司已启动搬迁项目建设，云南五龙汽车有限公司正在筹划整体搬迁。

2. 重点园区

(1)昆明市和滇中新区。作为云南省汽车产业的聚集区和引领区，统筹区域资源，加快规划建设整车制造基地、汽车零部件制造基地，配套规划整车及零部件物流基地、汽车高原产品研发验证及检测基地、汽车文化产业基地等产业格局，以生产新能源乘用车、SUV、MPV、公交车、物流车及燃油乘用车为主，引进北汽、东风、江铃、宝能等重点项目，培育航天神州、五龙汽车、昆明客车、云内动力等本地企业，在杨林经济技术开发区、昆明经济技术开发区和安宁工业园区形成聚集发展格局。

(2)曲靖市：曲靖经济技术开发区重点培育一汽红塔汽车项目，以燃油型轻型货车为主，打造轻卡生产基地。

(3)德宏州：以瑞丽国家重点开发开放试验区为重点，引进北汽集团，打造面向南亚、东南亚市场的外向型汽车制造基地。

五、2019 年基础设施建设及运行情况

据云南省能源局统计数据，截至 2019 年底，全省建成充电桩 60 432 个(公共充电桩 21 342 个、私人充电桩 39 090 个)。其中 2019 年度建成充电桩增长最快，全年建桩 40 327 个(公共桩 11 362 个、私人充电桩 28 965 个)。

六、发展规划

云南省将新能源汽车作为产业发展重点，出台《云南省新能源汽车产业发展规划(2016—2020 年)》等文件，进一步加强统筹规划，明确新能源汽车产业发展目标、重点任务、空间布局、保障措施和任务分工等，通过发展新能源汽车产业促进云南工业经济转型升级、保护云南良好生态环境。目前，云南省相关部门已启动《云南省汽车产业发展施工图(2020—2025 年》编制工作，提出打造千亿元汽车产业。

七、2019 年本地区新能源汽车推广应用统计表

（单位：辆）

燃料＼车型	公交车	旅游大巴	公务车	出租车	租赁用车	私人用车	环卫车	物流车	邮政车	工程车	载货车	其他	合计
纯电动汽车	1 016	72	14	285	2 409	3 046	50	1 099	100	50	338	2 638	11 117
插电式混合动力汽车	0	2	10	0	500	6 424	0	0	0	0	0	39	6 975
增程式电动汽车	0	0	0	0	0	0	0	0	0	0	0	0	0
燃料电池汽车	0	0	0	0	0	0	0	0	0	0	0	0	0
合 计	1 016	74	24	285	2 909	9 470	50	1 099	100	50	338	2 677	18 092

八、2019 年本地区重点新能源汽车企业产销量统计表

生产企业名称	产品商标	车辆类型	通用名称	产量统计（辆）	销量统计（辆）
云南五龙汽车有限公司	长江牌	纯电动客车	—	797	797
云南航天神州汽车有限公司	—	纯电动物流车	—	27	27
昆明客车制造有限公司	昆明牌	纯电动客车	—	33	33
东风云南汽车有限公司	东风牌	纯电动物流车	—	86	86

九、2019 年 12 月底本地区电动汽车充（换）电站（桩）保有量统计表

充电站		充电桩		换电站
城市名称	数量（座）	慢充（个）	快充（个）	数量（座）
云南省	60 432	39 090	21 342	16

陕 西 省

一、2019 年节能与新能源汽车产业概况

2019 年，陕西省汽车产量 54.7 万辆，增加值增长 3.9%，产值 1 834 亿元，增长 3.3%，占全省规上工业总产值 7%。整车及专用车企业 60 户以上，汽车零部件及二、三级配套企业近千户。一是整车及专用车企业 60 户以上，汽车零部件及二、三级配套企业近千户。二是整车产能迅速扩大。建成整车产能突破 200 万辆，其中，现有产能 80 万辆，在建产能 136 万辆。三是龙头企业发展壮大。产值 10 亿元以上汽车生产企业近 20 户，百亿元以上企业 4 户，其中超 500 亿元企业 1 户，超 200 亿元企业 2 户，超百亿元企业 1 户。四是产业特色更加鲜明。陕西省汽车产业全系列、多品种发展步伐加快，重卡实力明显增强，中轻卡能力快速提升，自主品牌乘用车竞争优势明显，新能源汽车产量达到 10 万辆规模，占全国总量 8%，居全国前列。

二、2019 年节能与新能源汽车推广应用情况

截至 2019 年底，陕西省累计推广新能源与清洁能源汽车 18.75 万辆，其中新能源汽车 8.3 万辆。关中地区公交领域累计替换推广新能源与清洁能源公交车 12 326 辆，使用比例已达 97%。

三、2019 年节能与新能源汽车主要企业经营情况

陕汽集团汽车产量 19.23 万辆，增长 4.76%，产值 803 亿元，增长 6.22%。

比亚迪汽车产量 23.4 万辆，下降 6.46%，产值 243 亿元，下降 15%。

宝鸡吉利汽车产量 12.07 万辆，下降 35.65%，产值 121.6 亿元，下降 27.23。

四、2019 年节能与新能源汽车项目及园区建设情况

陕汽商用车、比亚迪（二期）新能源乘用车、西安吉利、西咸宝能、咸阳雷丁、渭南开沃、西安开沃等一批项目加快推进，有望在 2020 年底前后建成。

五、2019 年基础设施建设及运行情况

截至 2019 年底，公共充电桩保有量 6 927 个，在用充电桩总功率 460 824 kW；专用充电桩 4 182 个，在用充电桩总功率 211 911.5 kW；私人充电桩 1 918 个，在用充电桩总功率 20 696 kW；换电站 1 座，在用充电桩总功率 3 000 kW。

六、发展规划

《抢抓机遇加快发展形成 300 万辆汽车产业实施意见》指出，按照“做大整车、做强配套、突破关键、做优服务”总体思路，全力推动汽车产业总量扩张和质量提升，加快形成 300 万辆汽车规模。

七、2019 年本地区新能源汽车推广应用统计表

（单位：辆）

车型 燃料	公交车	旅游大巴	公务车	出租车	租赁用车	私人用车	环卫车	物流车	邮政车	工程车	载货车	其他	合计
纯电动汽车	3 156	0	28	5 517	7 309	0	306	18 249	0	0	0	0	34 565
插电式混合动力汽车	16	0	44	0	0	0	0	0	0	0	0	0	60
增程式电动汽车	0	0	0	0	0	0	0	0	0	0	0	0	0
燃料电池汽车	0	0	0	0	0	0	0	0	0	0	0	0	0
合计	3 172	0	72	5 517	7 309	0	306	18 249	0	0	0	0	34 625

八、2019 年 12 月底本地区电动汽车充(换)电站(桩)保有量统计表

充电站		充电桩		换电站
城市名称	数量(座)	慢充(个)	快充(个)	数量(座)
陕西省		2 104	2 882	1

甘肃省

一、2019 年节能与新能源汽车产业概况

甘肃省节能与新能源汽车产业集中在兰州市、兰州新区，依托兰石集团、长城电工、兰州电机、金川公司等企业，发展驱动电机、电控系统、动力电池等新能源汽车关键零部件，发展电池关键材料和充电桩等配套基础设备，尽快形成规模化配套能力。已形成珠海银隆、兰州知豆、亚太专用车、兰石兰驼等为龙头的新能源汽车企业产业链，并依托构建电动车、动力电池及客车零部件等战略性新兴产业产品及产业链的延伸。兰州知豆已形成年产新能源乘用车 4 万台能力；兰州广通新能源客车生产基地建设完成，将达到年产 6 000 台新能源客车生产能力；兰石兰驼两款新能源物流车取得了产品公告，进入了国家新能源汽车推广应用目录，并经工信部会同国家税务总局的审查通过，享受车船税减免优惠政策，同时建立了新能源物流车厢体生产线、装配线，可达年产 2 万台新能源物流车的生产能力。同时，积极引进专业化服务公司为新区重点新能源企业提供项目设计、人员培训、节能低碳等服务，推动新能源汽车产业快速发展。

二、2019 年节能与新能源汽车推广应用情况

2019 年，全省推广应用节能与新能源汽车 2 941 辆，其中新能源客车 922 辆、新能源乘用车 2 015 辆、新能源专用车 4 辆。

三、2019 年节能与新能源汽车主要企业经营情况

兰州广通新能源汽车有限公司 2019 年 1 月—12 月产量为 503 台，实现产值 60 699.1 万元。

四、2019 年节能与新能源汽车项目及园区建设情况

兰州知豆电动汽车有限公司是知豆电动汽车有限公司全资子公司，其前身为兰州吉利汽车工业有限公司，成立于 2006 年 7 月。2014 年底，企业进行了重大战略调整，即由传统燃油汽车的制造转型为新能源纯电动汽车的制造。2015 年 5 月，企业正式更名为兰州知豆电动汽车有限公司，注册资本 4.2 亿元，旗下拥有知豆电动汽车技术集成有限公司、山东知豆电池集成科技有限公司、宁海知豆电动汽车销售有限公司 3 个全资子公司。是拥有冲压、焊装、涂装、总装四大工艺的整车制造企业，占地面积 650 亩。2017 年 2 月 28 日，兰州知豆年产 4 万辆纯电动乘用车项目经国家发改委核准批复，项目总投资 8.8 亿元，其中利用原有固定资产 3.9 亿元，新增投资 4.9 亿元(固投 3.96 亿元，流动资金 0.94 亿元)，主要生产知豆牌纯电动乘用车。项目自 2017 年 3 月启动建设，目前已全部建成，并于 2017 年 11 月 1 日正式获得中华人民共和国工业和信息化部兰州知豆纯电动乘用车生产资质。

兰州广通新能源汽车有限公司是由珠海银隆新能源股份有限公司牵头，增资重组原兰州宇通客车有限公司而来。兰州广通新能源汽车生产基地项目，规划总占地面积 1 087 亩，一期建设用地面积 668 亩，总建筑面积 18 万 m^2。主要建设客车联合厂房(含制件车间、焊装车间、涂装车间、总装车间)、检测调整车间、底盘及改装车间、淋雨试验室、综合办公楼、倒班楼及食堂等；预留试制车间、研发中心、电池 PACK 车间及两个生产车间。项目总投资 11.5 亿元，于 2017 年 5 月 3 日奠基动工，2018 年 11 月 2 日建成投产。

兰州兰石集团兰驼农业装备有限公司始建于 1952 年，作为兰石集团的全资子公司，隶属甘肃省国资委，是兰石集团重要的战略板块和全新的产业增长点。2012 年，兰石兰驼启动“出城入园”项目建设，在兰州新区建设研发、设计、

生产基地，项目总占地面积696亩，建筑面积22.36万m^2，拥有国内一流的产品研发中心，拥有行业领先的柔性加工中心、焊装线、电泳自动化涂装线及年产30万台(套)能力总装流水线和全套整车检测设备。项目可实现各类产品综合产能8.2万台(套)、工业总产值23亿元，利税总额2.4亿元，可提供就业岗位2 200人。同时建成5 000 m^2 国内首家集整车销售、零配件、售后服务、信息反馈为一体的4S互动体验营销中心，目前已经一次性顺利投产。兰石兰驼公司在快速推进城市环境卫生治理方面开发了各类环卫车辆；按照省委省政府大力发展旅游产业的号召，开发了旅居车(又称房车)、集装箱酒店及其他营地装备，并提供露营地整体规划及运营策划；在物流运输方面，开发了冷藏车、厢式运输车及新能源物流车；积极响应国家“厕所革命”战略开发了生态卫浴、移动卫生间，并致力于卫浴产品生物降解技术的研发，为甘肃省城市治理、物流运输及旅游业发展做出了杰出的贡献。目前，公司已取得专用作业车、专用货车、特种作业车、专用客厢车、通用货车挂车、其他挂车6类专用车产品生产资质。已完成25种专用车产品的开发工作，其中22种专用车产品已取得产品公告。

五、2019年基础设施建设及运行情况

根据国务院办公厅发布的《关于加快电动汽车充电基础设施建设的指导意见》，鼓励企业创新商业合作与服务模式，引导社会资本参与充电基础设施体系建设运营，到2020年要完成为500万辆电动汽车配套相应规模的充电基础设施建设，为发展新能源汽车产业提供重要保障。甘肃省积极推进充电基础设施建设，共建设充电站371座(占地面积568 627.8 m^2)，充电桩6 470个，换电站40座，充电机功率总计246 394 kW，投资94 045.9万元，运行情况良好。

六、发展规划

力争2020年，甘肃省在新能源汽车整车、关键零部件发展及推广应用和充电基础设施建设等方面取得明显进展，有利于新能源汽车发展的环境进一步优化，初步建成以市场为导向、企业为主体、产学研用紧密结合的新能源汽车创新与产业体系，汽车后市场及服务业在价值链中比重大幅度上升。

1. 产业发展方面

围绕新能源汽车重点发展领域，实施研发及产业化专项，加快培育和发展新能源汽车产业，打造新能源汽车产业链，引导和培育自主品牌的龙头企业，顺应新能源汽车电动化、智能化、网联化发展方向，推动甘肃省新能源汽车整车研发、设计、制造及产业整合发展，提升产品竞争力和市场占有率。动力电池、电机和充电配套设备等关键零部件产业化步伐加快。到2020年，全省初步形成240亿元规模的新能源汽车产业，并带动电池及充电设施等配套产业快速发展。

2. 推广应用方面

2017—2020年，全省新能源汽车(标准车)分年度推广数量分别不低于1.2万辆、1.5万辆、2.0万辆、3.0万辆，且推广的新能源汽车数量占本地区新增及更新汽车总量比例不低于1.5%、2%、2.5%、3%。

3. 充电基础设施方面

到2020年基本建立适度超前、车桩相随、布局合理、设备先进的充电设施服务网络。其中，新能源汽车推广应用城市公共充电桩与电动汽车比例不低于1:5，省内其他城市公共充电桩与电动汽车比例力争达到1:10，能够满足推广应用新能源汽车运行需要。

七、2019年1月—12月底节能与新能源汽车推广应用数量

(单位：辆)

车型 燃料	公交车	旅游大巴	公务车	出租车	租赁用车	私人用车	环卫车	物流车	邮政车	电力工程车	载货车	其他专用车	其他	合计
纯电动汽车	887	30	5	406	13	481	0	0	0	0	4	0	212	2 038
非插电式混合动力汽车	0	0	0	0	0	0	0	0	0	0	0	0	0	0
插电式混合动力汽车	0	0	0	8	1	797	0	0	0	0	0	0	97	903
增程式电动汽车	0	0	0	0	0	0	0	0	0	0	0	0	0	0
燃料电池汽车	0	0	0	0	0	0	0	0	0	0	0	0	0	0
合计	887	30	5	414	14	1 278	0	0	0	0	4	0	309	2 941

八、2019年1月—12月底节能与新能源汽车推广应用车型及数量

应用地区	车型	数量(辆)
兰州市(客车70辆，乘用车631辆，其他305辆，共计1 006辆)	奥迪牌FV7201FAABHEV插电式混合动力汽车	5
	宝骏牌LZW7001EVAEP纯电动汽车	2
	宝骏牌LZW7002EVBBG纯电动汽车	1
	宝马WBY7Z210纯电动汽车	1
	宝马WBY8P210纯电动汽车	2
	宝马牌BMW6462ACHEV(BMWX1)插电式混合动力汽车	4

续上表

应用地区	车　　型	数量(辆)
兰州市(客车70辆,乘用车631辆,其他305辆,共计1 006辆)	宝马牌BMW7201EMHEV插电式混合动力汽车	27
	保时捷WP0AE297插电式混合动力汽车	1
	保时捷WP0BE297插电式混合动力汽车	2
	保时捷WP1AJ29Y插电式混合动力汽车	21
	北京牌BJ7000C5D2-BEV纯电动汽车	3
	北京牌BJ7000C5D3-BEV纯电动汽车	1
	北京牌BJ7000C5D3-BEV纯电动汽车	4
	北京牌BJ7000USD-BEV纯电动汽车	1
	北京牌BJ7001U5E2-BEV纯电动汽车	4
	北京牌BJ7003U3D2-BEV纯电动汽车	2
	北京现代牌BH7201PHEVRAS插电式混合动力汽车	1
	比亚迪牌BYD6460SBEV7纯电动汽车	6
	比亚迪牌BYD6460STHEV10插电式混合动力汽车	10
	比亚迪牌BYD6460STHEV5插电式混合动力汽车	1
	比亚迪牌BYD6461ST6HEV1插电式混合动力汽车	12
	比亚迪牌BYD6461ST6HEV插电式混合动力汽车	3
	比亚迪牌BYD6470MT6HEV4插电式混合动力汽车	1
	比亚迪牌BYD6470MTHEV1插电式混合动力汽车	1
	比亚迪牌BYD6490ST6HEV1插电式混合动力汽车	10
	比亚迪牌BYD6490ST6HEV插电式混合动力汽车	5
	比亚迪牌BYD6490STHEV1插电式混合动力汽车	25
	比亚迪牌BYD6490STHEV插电式混合动力汽车	51
	比亚迪牌BYD6710HLEV2纯电动汽车	1
	比亚迪牌BYD7002BEV2纯电动汽车	1
	比亚迪牌BYD7002BEV纯电动汽车	1
	比亚迪牌BYD7003BEV3纯电动汽车	11
	比亚迪牌BYD7003BEV4纯电动汽车	2
	比亚迪牌BYD7003BEV纯电动汽车	13
	比亚迪牌BYD7008BEVA1纯电动汽车	1
	比亚迪牌BYD7150WT5HEV4插电式混合动力汽车	1
	比亚迪牌BYD7152WTHEVB插电式混合动力汽车	7
	别克牌SGM7008LFBEV纯电动汽车	3
	别克牌SGM7008LHBEV纯电动汽车	3
	传祺牌GAC6450CHEVA5E插电式混合动力汽车	5
	传祺牌GAM6480BEVB0C纯电动汽车	2
	传祺牌GAM7000BEVA0C纯电动汽车	1
	传祺牌GAM7000BEVA0C纯电动汽车	5
	大马牌HKL6440BEV纯电动汽车	5
	大众牌FV7002BABEV纯电动汽车	1
	大众牌FV7004BABEV纯电动汽车	1
	大众汽车WVWSP23C纯电动汽车	1
	大众汽车WVWSP23C插电式混合动力汽车	1
	大众汽车牌SVW6471APV插电式混合动力汽车	87
	大众汽车牌SVW7002AEV纯电动汽车	1
	大众汽车牌SVW7141BPV插电式混合动力汽车	162
	大众汽车牌SVW7141BPV插电式混合动力汽车	1
	帝豪牌HQ7002BEV05纯电动汽车	3

续上表

应用地区	车　　型	数量(辆)
兰州市(客车70辆,乘用车631辆,其他305辆,共计1 006辆)	帝豪牌 HQ7002BEV15 纯电动汽车	4
	帝豪牌 HQ7002BEV35 纯电动汽车	1
	帝豪牌 HQ7002BEV37 纯电动汽车	2
	帝豪牌 HQ7002BEV51 纯电动汽车	1
	东风牌 DFA5030XGCPBEV 纯电动汽车	3
	东风牌 DFA5030XXYABEV9 纯电动汽车	2
	东风牌 DFA5030XXYFBEV4 纯电动汽车	7
	东风牌 DXK6450EC4BEV 纯电动汽车	1
	东风牌 DXK6450EC4BEV 纯电动汽车	8
	东风牌 DXK6450EC5BEV 纯电动汽车	2
	东风日产牌 DFL7000NAH1BEV 纯电动汽车	2
	丰田牌 GTM7180LCHEVM 插电式混合动力汽车	2
	丰田牌 GTM7180LCHEVM 插电式混合动力汽车	1
	丰田牌 TV7186HEV 插电式混合动力汽车	2
	丰田牌 TV7186HEV 插电式混合动力汽车	1
	福特牌 CAF7200A5PHEV 插电式混合动力汽车	1
	广汽牌 GHA6450NAC5APHEV 插电式混合动力汽车	11
	广汽牌 GMC7000BEV 纯电动汽车	4
	广汽牌 GTM6450GBEV 纯电动汽车	2
	广汽牌 GTM70002BEV 纯电动汽车	1
	广通牌 LZG6119BEVH1 纯电动汽车	1
	广通牌 LZG6121BEVBT1 纯电动汽车	40
	汉腾牌 GXQ6470PHEV1 插电式混合动力汽车	1
	红旗牌 CA7002EVA 纯电动汽车	1
	吉海牌 JHN5024CCXXYBEV2 纯电动汽车	15
	吉海牌 JHN5031CDXXYBEV1 纯电动汽车	2
	吉海牌 JHN5032CGXSHBEV2 纯电动汽车	8
	吉利美日牌 MR7153PHEV01 插电式混合动力汽车	2
	吉利牌 MR6471PHEV04 插电式混合动力汽车	2
	江淮牌 HFC7000WEV2 纯电动汽车	14
	开瑞牌 SQR5021XXYBEVK061 纯电动汽车	1
	开瑞牌 SQR5032XXYBEVH08 纯电动汽车	4
	开瑞牌 SQR5032XXYBEVK06 纯电动汽车	5
	开沃牌 NJL6117EV2 纯电动汽车	30
	开沃牌 NJL6117EV5 纯电动汽车	8
	蓝速牌 BYN5031XXYBEV 纯电动汽车	21
	理念牌 GHA7000PAN0BBEV 纯电动汽车	2
	零跑牌 FDH7000BEV03 纯电动汽车	1
	领克牌 JL6453PHEV04 插电式混合动力汽车	1
	领克牌 JL6453PHEV08 插电式混合动力汽车	2
	名爵牌 CSA7102SDPHEV 插电式混合动力汽车	3
	哪吒牌 THZ7000BEVS00B 纯电动汽车	1
	哪吒牌 THZ7001BEVS001 纯电动汽车	2
	奇瑞牌 NEQ7000BEVJ72A 纯电动汽车	3
	奇瑞牌 NEQ7000BEVJ72B 纯电动汽车	10
	奇瑞牌 SQR7000BEVJ604 纯电动汽车	1

续上表

应用地区	车　型	数量(辆)
兰州市(客车 70 辆,乘用车 631 辆,其他 305 辆,共计 1 006 辆)	奇瑞牌 SQR7000BEVJ696 纯电动汽车	4
	奇瑞牌 SQR7000BEVJ727 纯电动汽车	1
	奇瑞牌 SQR7000BEVJ728 纯电动汽车	17
	奇瑞牌 SQR7000BEVT191 纯电动汽车	4
	庆铃牌(繁体)牌 QL5041XXYBEVECCA 纯电动汽车	1
	荣威牌 CSA6454NDPHEV2 插电式混合动力汽车	2
	荣威牌 CSA6456BEV1 纯电动汽车	1
	荣威牌 CSA6456BEV2 纯电动汽车	4
	荣威牌 CSA6461FBEV1 纯电动汽车	1
	荣威牌 CSA6461FBEV2 纯电动汽车	2
	荣威牌 CSA7002FBEV4 纯电动汽车	1
	荣威牌 CSA7104SDPHEV3 插电式混合动力汽车	3
	瑞驰牌 CRC5032XXYE-LBEV 纯电动汽车	3
	瑞驰牌 CRC5034XXYD-LBEV 纯电动汽车	26
	陕汽牌 SX5049XXYBEV331L 纯电动汽车	3
	舒驰牌 YTK5040XXYEV2 纯电动汽车	1
	特斯拉 5YJ3E7EA 纯电动汽车	4
	特斯拉 5YJ3E7EB 纯电动汽车	6
	特斯拉 5YJXCCE2 纯电动汽车	12
	特斯拉 5YJXCCE4 纯电动汽车	1
	威尔马斯特牌 SZS6460A05BEV 纯电动汽车	2
	蔚来牌 HFC6483ECEV1-W 纯电动汽车	1
	蔚来牌 HFC6483ECEV-W 纯电动汽车	6
	蔚来牌 HFC6502ECEV1-W 纯电动汽车	8
	蔚来牌 HFC6502ECEV2-W 纯电动汽车	7
	魏派牌 CC6484AD21APHEV 插电式混合动力汽车	7
	沃尔沃 YV1LFBAG 插电式混合动力汽车	3
	沃尔沃牌 VCC6474H29PHEV 插电式混合动力汽车	2
	沃尔沃牌 VCD7204H21PHEV 插电式混合动力汽车	1
	五菱牌 GL5035XXYBEV 纯电动汽车	2
	象牌 SXC5030XLCBEV 纯电动汽车	1
	小鹏牌 HMA7001DEBEV 纯电动汽车	1
	小鹏牌 HMA7002S68BEV 纯电动汽车	1
	小鹏牌 HMA7003S68BEV 纯电动汽车	1
	野马牌 SQJ6460M3BEV 纯电动汽车	2
	宇通牌 ZK6826BEVG12B 纯电动汽车	20
	远程牌 DNC5049XXYBEV05 纯电动汽车	1
	长安牌 SC5022XXYDAAABEV 纯电动汽车	1
	长安牌 SC5031XXYAAABEV 纯电动汽车	2
	长安牌 SC5033XXYHBEV 纯电动汽车	3
	长安牌 SC6469GA5HEV 插电式混合动力汽车	5
	长安牌 SC7003AEBEV 纯电动汽车	1
	长安牌 SC7003AEBEV 纯电动汽车	49
	长安牌 SC7003AHBEV 纯电动汽车	1
	中通牌 LCK6808EVQGA1 纯电动汽车	15

续上表

应用地区	车 型	数量(辆)
白银市(客车91辆,乘用车120辆,物流车3辆,共计214辆)	宝马牌 BMW7201EMHEV 插电式混合动力乘用车	4
	比亚迪牌 BYD6460STHEV10 插电式混合动力乘用车	4
	比亚迪牌 BYD6461ST6HEV1 插电式混合动力乘用车	1
	比亚迪牌 BYD6490ST6HEV1 插电式混合动力乘用车	1
	比亚迪牌 BYD6490STHEV 插电式混合动力乘用车	3
	比亚迪牌 BYD7150WT5HEV4 插电式混合动力乘用车	1
	比亚迪牌 BYD7152WT6HEVB 插电式混合动力乘用车	1
	大众汽车牌 SVW6471APV 插电式混合动力乘用车	10
	大众汽车牌 SVW7141BPV 插电式混合动力乘用车	16
	保时捷 WP0BE297 插电式混合动力乘用车	1
	保时捷 WP1AJ29Y 插电式混合动力乘用车	4
	广汽牌 GHA6450NAC5APHEV 插电式混合动力乘用车	1
	吉利牌 MR6471PHEV04 插电式混合动力乘用车	1
	汉腾牌 GXQ6470PHEV1 插电式混合动力乘用车	1
	领克牌 JL6453PHEV04 插电式混合动力乘用车	1
	比亚迪牌 BYD6490STHEV1 插电式混合动力乘用车	2
	奇瑞牌 SQR7000BEVJ696 纯电动乘用车	1
	奇瑞牌 SQR7000BEVT191 纯电动乘用车	1
	奇瑞牌 NEQ7000BEVJ72B 纯电动乘用车	2
	别克牌 SGM7008LFBEV 纯电动乘用车	2
	野马牌 SQJ7001EK1BEV 纯电动乘用车	2
	特斯拉 5YJ3E7EA 纯电动乘用车	1
	特斯拉 5YJXCCE4 纯电动乘用车	1
	东南牌 DN7007HBEVS3 纯电动乘用车	1
	北京牌 BJ7000C5D3-BEV 纯电动乘用车	21
	比亚迪牌 BYD6490SBEV 纯电动乘用车	1
	比亚迪牌 BYD7003BEV 纯电动乘用车	3
	比亚迪牌 BYD7003BEV4 纯电动乘用车	2
	比亚迪牌 BYD7005BEV8 纯电动乘用车	30
	吉海牌 JHN5032CGXSHBEV2 纯电动轻型厢式货车	3
	中通牌 LCK6808EVQA11 纯电动客车	1
	中通牌 LCK6826EVG3A2 纯电动客车	20
	宇通牌 ZK6105BEVG57 纯电动客车	31
	宇通牌 ZK6815BEVG1 纯电动客车	7
	宇通牌 ZK6815BEVG11 纯电动客车	8
	宇通牌 ZK6815BEVG13 纯电动客车	6
	宇通牌 ZK6826BEVG12A 纯电动客车	8
	宇通牌 ZK6826BEVG13A 纯电动客车	10
天水市(客车208辆,乘用车85辆,共计293辆)	宇通牌 ZK6815BEVG3 纯电动城市客车	34
	海格牌 KLQ6800GEVN10 纯电动城市客车	34
	宇通牌 ZK6105BEVG59 纯电动城市客车	56
	中国中车牌 TEG6105BEV06 纯电动城市客车	40
	宇通牌 ZK6815BEVG11 纯电动城市客车	10
	海格牌 KLQ6850GEVN9 纯电动城市客车	24
	东风牌 DFA6800EBEV4 纯电动城市客车	10
	特斯拉 5YJXCCE2 纯电动小型普通客车	2

续上表

应用地区	车　　型	数量(辆)
天水市(客车208辆,乘用车85辆,共计293辆)	大众汽车牌SVW6471APV插电式混合动力乘用车	13
	荣威牌CSA7104SDPHEV3插电式混合动力轿车	5
	荣威牌CSA7002FBEV1纯电动轿车	1
	北京牌BJ7000C5D3-BEV纯电动轿车	23
	奥迪牌FV7201FAABHEV插电式混合动力乘用车	2
	克莱斯勒大捷龙2C4RC2J7插电式混合动力多用途轿车	1
	特斯拉5YJ3E7EB纯电动轿车	3
	大众汽车牌SVW7141BPV插电式混合动力轿车	18
	威尔马斯特牌SZS6460A30BEV纯电动多用途轿车	1
	比亚迪牌BYD6490STHEV1插电式混合动力多用途乘用车	1
	传祺牌GAC6450CHEVA5E插电式混合动力多用途乘用车	1
	宝马牌BMW7201EMHEV插电式混合动力轿车	1
	别克牌SGM7008LFBEV纯电动轿车	1
	东风日产牌DFL7000NAH1BEV纯电动轿车	1
	广汽牌GTM70002BEV纯电动轿车	1
	理想智动牌LXA6500SHEVM1插电式混合动力多用途乘用车	1
	宝骏牌LZW7002EVBCP纯电动轿车	1
	宝骏牌LZW7002EVBEP纯电动轿车	1
	长安牌SC6469GA5HEV插电式混合动力多用途乘用车	1
	丰田牌GTM7180LCHEVM插电式混合动力轿车	1
	迈腾旅行混合动力WVWSP23C插电式混合动力轿车	1
	名爵牌CSA7102SDPHEV插电式混合动力轿车	1
	保时捷WP1AJ29Y插电式混合动力多用途乘用车	1
	北京牌BJ7000USD1-BEV纯电动轿车	1
	北京牌BJ7000C6D3-BEV纯电动轿车	1
定西市(客车144辆,乘用车2辆,共计146辆)	宇通牌ZK6815BEVG1纯电动客车	62
	宇通牌ZK6815BEVG11纯电动客车	8
	宇通牌ZK6815BEVG13纯电动客车	16
	帝豪牌HQ7002BEV12纯电动乘用车	2
	东风牌DFA6800EBEV5纯电动客车	20
	东风牌DFA6800EBEV4纯电动客车	18
	中通牌LCK6806EVGA纯电动客车	10
	中通牌LCK6809EVG3A7纯电动客车	10
酒泉市(乘用车24辆)	比亚迪BYD7003BEV纯电动乘用车	13
	比亚迪BYD7003BEV4纯电动乘用车	2
	比亚迪BYD6490STHEV1插电式混合动力乘用车	2
	比亚迪BYD6490STHEV插电式混合动力乘用车	2
	大众汽车牌SVM6471APV插电式混合动力乘用车	2
	吉利美日牌MR7153PHEV01插电式混合动力乘用车	1
	开沃牌NJ5032XXYBEV1插电式混合动力乘用车	1
	保时捷WP1AJ29Y插电式混合动力乘用车	1
嘉峪关市(客车50辆,乘用车61辆,共计111辆)	丰田牌TV7256QHEV插电式混合动力乘用车	2
	丰田牌TV7256GHEV6插电式混合动力乘用车	1
	丰田牌TV7256GHEV插电式混合动力乘用车	1
	丰田牌TV7256BHEV插电式混合动力乘用车	1
	丰田牌TV7187EHEV6插电式混合动力乘用车	4
	丰田牌TV7184GL-iHEV插电式混合动力乘用车	8

续上表

应用地区	车　型	数量(辆)
嘉峪关市(客车 50 辆,乘用车 61 辆,共计 111 辆)	中国中车牌 TEG6105BEV03 纯电动客车	16
	大众汽车牌 SVW7141BPV 插电式混合动力乘用车	4
	大众汽车牌 SVW6471APV 插电式混合动力乘用车	2
	别克牌 SGM7008LHBEV 纯电动乘用车	3
	凯迪拉克牌 SGM6480NBPHEV 插电式混合动力乘用车	4
	宝骏牌 LZW7001EVAEP 插电式混合动力乘用车	1
	中通牌 LCK6809EVG3A9 纯电动客车	34
	雷克萨斯 JTHB71B1 纯电动乘用车	1
	蔚来牌 HFC6483ECEV-W 纯电动乘用车	1
	本田牌 GHA7201AAC6AHEV 插电式混合动力乘用车	1
	本田牌 DHW7202CVHEV 插电式混合动力乘用车	4
	本田牌 DHW7200CVHEV 插电式混合动力乘用车	1
	思威牌 DHW6469R5HEV 插电式混合动力乘用车	5
	东风日产牌 DFL6491VJL1HEV 插电式混合动力乘用车	4
	东风日产牌 DFL6490VJNR1HEV 插电式混合动力乘用车	2
	荣威牌 CSA7002FBEV1 纯电动乘用车	1
	比亚迪牌 BYD7003BEV4 纯电动乘用车	1
	比亚迪牌 BYD6490STHEV1 插电式混合动力乘用车	3
	比亚迪牌 BYD6490STHEV 插电式混合动力乘用车	2
	比亚迪牌 BYD6490ST6HEV1 插电式混合动力乘用车	1
	比亚迪牌 BYD6461ST6HEV1 插电式混合动力乘用车	2
	北京牌 BJ7001U5E2-BEV 纯电动乘用车	1
张掖市(客车 22 辆,乘用车 98 辆,其他 1 辆,共计 121 辆)	中通牌 LCK6809EVG3A6 纯电动客车	2
	中通牌 LCK6806EVGA 纯电动客车	2
	开沃牌 NJL6859EVG1 纯电动客车	7
	宇通牌 ZK6115BEVY13B 纯电动客车	5
	宇通牌 ZK6115BEVY16A 纯电动客车	6
	威尔马斯特牌 SZS6460A30BEV 纯电动乘用车	1
	蔚来牌 HFC6502ECEV2-W 纯电动乘用车	1
	蔚来牌 HFC6483ECEV1-W 纯电动乘用车	1
	比亚迪牌 BYD6461SBEV1 纯电动乘用车	1
	别克牌 SGM7008LFBEV 纯电动轿车	1
	风神牌 DFM7000G1F6BEV 纯电动轿车	12
	理念牌 GHA7000PAN0BBEV 纯电动轿车	1
	野马牌 SQJ7001EK1BEV 纯电动轿车	4
	奇瑞牌 SQR7000BEVT191 纯电动轿车	1
	东风日产牌 DFL7000NAH1BEV 纯电动轿车	1
	东风日产牌 DFL7000NAH1BEV 纯电动轿车	1
	比亚迪牌 BYD7002BEV2 纯电动轿车	1
	比亚迪牌 BYD7003BEV 纯电动轿车	4
	比亚迪牌 BYD7003BEV4 纯电动轿车	4
	帝豪牌 HQ7002BEV37 纯电动轿车	1
	宝骏牌 LZW7001EVABP 纯电动轿车	2
	特斯拉 5YJ3E7EA 纯电动轿车	1
	开沃牌 NJL5038XXYBEV5 纯电动厢式运输车	1
	比亚迪牌 BYD6461ST6HEV1 插电式混合动力多用途乘用车	6

续上表

应用地区	车　型	数量(辆)
张掖市(客车22辆,乘用车98辆,其他1辆,共计121辆)	比亚迪牌 BYD6490ST6HEV1 插电式混合动力多用途乘用车	1
	比亚迪牌 BYD6460STHEV10 插电式混合动力多用途乘用车	4
	比亚迪牌 BYD6490STHEV 插电式混合动力多用途乘用车	5
	比亚迪牌 BYD6490STHEV1 插电式混合动力多用途乘用车	2
	比亚迪牌 BYD6461ST6HEV 插电式混合动力多用途乘用车	1
	大众汽车牌 SVW6471APV 插电式混合动力多用途乘用车	10
	领克牌 JL6453PHEV08 插电式混合动力多用途乘用车	1
	吉利牌 MR6471PHEV04 插电式混合动力多用途乘用车	1
	广汽牌 GHA6450NAC5APHEV 插电式混合动力多用途乘用车	1
	魏派牌 CC6484AD21APHEV 插电式混合动力多用途乘用车	1
	宝马牌 BMW7201EMHEV 插电式混合动力轿车	2
	北京现代牌 BH7200PHEVRAV 插电式混合动力轿车	1
	比亚迪牌 BYD7152WTHEVB 插电式混合动力轿车	1
	大众汽车牌 SVW7141BPV 插电式混合动力轿车	16
	丰田牌 GTM7180LCHEVM 插电式混合动力轿车	1
	吉利美日牌 MR7153PHEV01 插电式混合动力轿车	5
	沃尔沃牌 VCD7204H21PHEV 插电式混合动力轿车	1
武威市(客车16辆,乘用车253辆,共计269辆)	宇通牌 ZK6125BEVG57 纯电动客车	1
	宇通牌 ZK6105BEVG59 纯电动客车	1
	宇通牌 ZK6105BEVG57 纯电动客车	2
	宇通牌 ZK6650BEVG21 纯电动客车	4
	宇通牌 ZK6815BEVG1 纯电动客车	8
	比亚迪牌 BYD7005BEV1 纯电动乘用车	200
	风神牌 DFM7000G1F6BEV 纯电动乘用车	2
	比亚迪牌 BYD7003BEV 纯电动乘用车	16
	比亚迪牌 BYD7003BEV4 纯电动乘用车	2
	比亚迪牌 BYD7003BEV3 纯电动乘用车	2
	比亚迪牌 BYD6460SBEV7 纯电动乘用车	1
	江铃牌 JX70038BEV 纯电动乘用车	8
	长安牌 SC7004CABEV 纯电动乘用车	2
	保时捷 WP1AJ29Y 纯电动乘用车	1
	别克牌 SGM7008LFBEV 纯电动乘用车	1
	奇瑞牌 SQR7000BEVJ696 纯电动乘用车	1
	东风日产牌 DFL7000NAH1BEV 纯电动乘用车	1
	北京牌 BJ7001U5E2-BEV 纯电动乘用车	1
	路虎 SALWA2BY 纯电动乘用车	1
	易至牌 JX7001ESFBEV 纯电动乘用车	1
	特斯拉 5YJXCCE2 纯电动乘用车	1
	蔚来牌 HFC6483ECEV1-W 纯电动乘用车	1
	奇瑞牌 NEQ7000BEVJ72B 纯电动乘用车	1
	宝骏牌 LZW7001EVABP 纯电动乘用车	1
	野马牌 SQJ7001EK1BEV 纯电动乘用车	5
	大众汽车牌 SVW7002AEV 纯电动乘用车	4
平凉市(客车32辆,乘用车60辆,共计92辆)	亚星 JS6101GHBEV28 纯电动城市客车	10
	东风 DFA6800EBEV4 纯电动城市客车	10
	亚星牌 JS6815GHBEV2 型纯电动城市客车	12

续上表

应用地区	车　型	数量(辆)
平凉市(客车 32 辆,乘用车 60 辆,共计 92 辆)	帝豪牌 HQ7002BEV57 纯电动乘用车	30
	比亚迪牌 BYD7152WTHEVB 插电式混合动力乘用车	1
	长安牌 SC6469GA5HEV 插电式混合动力乘用车	1
	比亚迪牌 BYD6490STHEV 插电式混合动力乘用车	1
	荣威牌 CSA6454NDPHEV2 插电式混合动力乘用车	1
	大众汽车牌/VOLKSWAGENSVW6471APV 插电式混合动力乘用车	1
	大众汽车牌/VOLKSWAGENSVW7141BPV 插电式混合动力乘用车	6
	名爵牌 CSA7001UBEV1 纯电动乘用车	1
	风神牌 DFM7000GIF6BEV 纯电动乘用车	1
	别克牌 SGM7008LFBEV 纯电动乘用车	1
	欧拉牌 CC7000ZM00ABEV 纯电动乘用车	1
	奇瑞牌 SQR7000BEVJ696 纯电动乘用车	1
	奇瑞牌 SQR7000BEVJ728 纯电动乘用车	1
	名爵牌 CSA7001UBEV1 纯电动乘用车	1
	易至牌 JX7001ESFBEV 纯电动乘用车	1
	江铃牌 JX70038BEV 纯电动乘用车	10
	比亚迪牌 BYD7001BEV1 纯电动乘用车	1
庆阳市(客车 27 辆,乘用车 274 辆,共计 301 辆)	东风牌 DFA6800EBEV4 纯电动公交车	27
	北京牌 BJ7000C5D3-BEV 纯电动乘用车	35
	北京牌 BJ7001U5E2-BEV 纯电动乘用车	10
	比亚迪牌 BYD6460SBEV7 纯电动乘用车	1
	比亚迪牌 BYD7003BEV 纯电动乘用车	17
	比亚迪牌 BYD7003BEV4 纯电动乘用车	11
	比亚迪牌 BYD7008BEVA1 纯电动乘用车	2
	比亚迪牌 BYD7003BEV3 纯电动乘用车	1
	比亚迪牌 BYD6490SBEV 纯电动乘用车	1
	比亚迪牌 BYD6461SBEV1 纯电动乘用车	1
	比亚迪牌 BYD6461SBEV 纯电动乘用车	1
	比亚迪牌 BYD7002BEV2 纯电动乘用车	1
	长安牌 SC7004DBBEV 纯电动乘用车	6
	长安牌 SC7003AEBEV 纯电动乘用车	9
	长安牌 SC7003AHBEV 纯电动乘用车	3
	长安牌 SC7003ALBEV 纯电动乘用车	1
	长安牌 SC7001ATBEV 纯电动乘用车	3
	北京牌 BJ7003U3D2-BEV 纯电动乘用车	5
	北京牌 BJ7000USD-BEV 纯电动乘用车	1
	北京牌 BJ7000C5D3-BEV 纯电动乘用车	11
	北京牌 BJ7000USD1-BEV 纯电动乘用车	4
	北京牌 BJ7001U5E2-BEV 纯电动乘用车	10
	北京牌 BJ7001BPHD-BEV 纯电动乘用车	1
	北京牌 BJ7000C5FBEV 纯电动乘用车	1
	江铃牌 JX70038BEV 纯电动乘用车	5
	奇瑞牌 NEQ7000BEVJ72B 纯电动乘用车	1
	奇瑞牌 SQR7000BEVJ694 纯电动乘用车	2
	野马牌 SQJ7001EK1BEV 纯电动乘用车	5
	理念牌 GHA7000PAN0BBEV 纯电动乘用车	1

续上表

应用地区	车　型	数量(辆)
庆阳市(客车27辆,乘用车274辆,共计301辆)	别克牌SGM7008LFBEV纯电动乘用车	1
	别克牌SGM7008LHBEV纯电动乘用车	1
	特斯拉5YJXCCE2纯电动乘用车	4
	特斯拉5YJ3E7EB纯电动乘用车	1
	蔚来牌HFC6483ECEV2-W纯电动乘用车	1
	东风日产牌DFL7000NAH1BEV纯电动乘用车	1
	荣威牌CSA7002FBEV4纯电动乘用车	1
	荣威牌CSA7002FBEV1纯电动乘用车	2
	荣威牌CSA7002FBEV3纯电动乘用车	1
	荣威牌CSA6461FBEV1纯电动乘用车	1
	荣威牌CSA6456BEV2纯电动乘用车	1
	易至牌JX7001ESFBEV纯电动乘用车	1
	猎豹牌LBA7000BABEV纯电动乘用车	1
	欧拉牌CC7001CE03BEV纯电动乘用车	1
	比亚迪牌BYD6490STHEV插电式混合动力乘用车	28
	比亚迪牌BYD6490STHEV1插电式混合动力乘用车	16
	比亚迪牌BYD6490STHEV10插电式混合动力乘用车	1
	比亚迪牌BYD6461ST6HEV1插电式混合动力乘用车	4
	比亚迪牌BYD6490ST6HEV1插电式混合动力乘用车	3
	比亚迪牌BYD6460STHEV10插电式混合动力乘用车	5
	比亚迪牌BYD7152WTHEVB插电式混合动力乘用车	3
	大众牌SVW6471APV插电式混合动力乘用车	3
	大众牌SVW7141BPV插电式混合动力乘用车	28
	名爵牌CSA7102SDPHEV插电式混合动力乘用车	2
	克莱斯勒大捷龙2C4RC2J7插电式混合动力乘用车	1
	荣威牌CSA7104SDPHEV3插电式混合动力乘用车	1
	丰田牌GTM7180LCHEVM插电式混合动力乘用车	1
	丰田牌TV7186HEV6插电式混合动力乘用车	1
	广汽牌GHA6450NAC5APHEV插电式混合动力乘用车	1
	宝马牌BMW7201EMHEV插电式混合动力乘用车	1
	别克牌SGM7158DACHEV插电式混合动力乘用车	1
	保时捷牌WP0AE297插电式混合动力乘用车	1
	保时捷牌WP0BE297插电式混合动力乘用车	1
	长安牌SC6469GA5HEV插电式混合动力乘用车	4
临夏州(客车108辆,乘用车46辆,共计154辆)	宇通牌ZK6815BEVG3型纯电动城市客车	21
	宇通牌ZK6815BEVG5型纯电动城市客车	42
	宇通牌ZK6815BEVG1型纯电动城市客车	13
	宇通牌ZK6809BEVG12B1型纯电动城市客车	6
	中通牌LCK6816EVGA型纯电动城市客车	26
	比亚迪牌BYD6490STHEV插电式混合动力车	5
	比亚迪牌BYD7152WTHEVB插电式混合动力车	1
	比亚迪牌BYD6490STHEV1插电式混合动力车	1
	奥迪牌FV7201FAABHEV插电式混合动力车	2
	沃尔沃牌YV1LFBAG纯电动车	1
	特斯拉牌5YJ3E7EB纯电动车	1
	大众汽车牌SVW6471APV插电式混合动力车	6

续上表

应用地区	车　　型	数量(辆)
临夏州(客车 108 辆,乘用车 46 辆,共计 154 辆)	大众汽车牌 SVW7141BPV 插电式混合动力车	12
	东风日产牌 DFL7000NAH1BEV 纯电动车	1
	保时捷牌 WP1AJ29Y 插电式混合动力车	1
	荣威牌 CSA6454NDPHEV2 插电式混合动力车	1
	北京牌 BJ7000C5D3-BEV 纯电动车	12
	比亚迪牌 BYD6461ST6HEV1 插电式混合动力车	1
	沃尔沃 VCC6474H29PHEV 插电式混合动力车	1
甘南州(客车 1 辆,乘用车 17 辆,共计 18 辆)	金龙 XMQ6802A6BEVL14 纯电动客车	1
	大众汽车牌 SVW7141BPV 插电式混合动力乘用车	4
	大众汽车牌 SVW6471APV 插电式混合动力乘用车	3
	比亚迪牌 BYD6461ST6HEV1 插电式混合动力乘用车	2
	比亚迪牌 BYD6490STHEV 混合动力乘用车	4
	比亚迪牌 BYD6460STHEV10 插电式混合动力乘用车	1
	奇瑞牌 NEQ7000BEVJ72B 插电式混合动力乘用车	1
	丰田牌 TV7186HEV 插电式混合动力乘用车	1
	奥迪牌 FV7201FAABHEV 插电式混合动力乘用车	1
金昌市(客车 41 辆,乘用车 40 辆,共计 81 辆)	宇通牌 ZK6826BEVG12B 纯电动客车	2
	宇通牌 ZK6115BEVG13B 纯电动客车	3
	宇通牌 ZK6815BEVG1 纯电动客车	6
	宇通牌 ZK6815BEVG5 纯电动客车	10
	宇通牌 ZK6815BEVG13 纯电动客车	16
	大马牌 HKL6601BEV 纯电动客车	4
	比亚迪牌 BYD7003BEV 纯电动乘用车	6
	比亚迪牌 BYD6461ST6HEV1 插电式混合动力乘用车	4
	比亚迪牌 BYD6490STHEV 插电式混合动力乘用车	3
	东风牌 LZ6512MLAEV 插电式混合动力乘用车	3
	大众牌 SVW7141BPV 纯电动乘用车	3
	比亚迪牌 BYD6490STHEV1 插电式混合动力多用途乘用车	2
	比亚迪牌 BYD7001BEV1 插电式混合动力多用途乘用车	2
	江铃牌 JX70015BEV 纯电动乘用车	2
	吉利牌 SMA7000BEV01 纯电动乘用车	2
	比亚迪牌 BYD6490ST6HEV2 插电式混合动力乘用车	1
	比亚迪牌 BYD6460STHEV10 插电式混合动力乘用车	1
	大众牌 SVW6471APV 插电式混合动力乘用车	1
	比亚迪牌 BYD6490ST6HEV1 插电式混合动力乘用车	1
	比亚迪牌 BYD6480STHEV 插电式混合动力乘用车	1
	比亚迪牌 BYD6490ST6HEV 插电式混合动力乘用车	1
	荣威牌 CSA7154TDPHEV 插电式混合动力乘用车	1
	荣威牌 CSA6454NDPHEV1 插电式混合动力乘用车	1
	北京牌 BJ7001BPH1-BEV 纯电动乘用车	1
	北京牌 BJ7001BPH7-BEV 纯电动乘用车	1
	野马牌 SQJ7001EK1BEV 纯电动乘用车	1
	北京牌 BJ7000C5D2-BEV 纯电动乘用车	1
	江淮牌 HFC7000WEV1	1
陇南市(客车 111 辆)	宇通牌 ZK6815BEVG3 纯电动城市客车	33
	宇通牌 ZK6815BEVG1 纯电动公交车	44

续上表

应用地区	车型	数量(辆)
陇南市(客车111辆)	宇通ZK6105BEVG53型纯电动公交车	26
	海格牌KLQ6800GEVN8纯电动城市客车	1
	东风牌DFA6800EBEV4纯电动公交车	7

九、2019年本地区重点新能源汽车企业产销量统计表

生产企业名称	产品商标	车辆类型	通用名称	产量统计(辆)	销量统计(辆)
兰州知豆电动汽车有限公司	知豆	纯电动轿车	D2S	217	227
兰州广通新能源汽车有限公司	广通	纯电动客车	6119	80	40
兰州广通新能源汽车有限公司	广通	纯电动城市客车	6121	350	40

十、2019年12月底本地区电动汽车充(换)电站(桩)保有量统计表

充电站					充电桩		换电站
城市名称	数量(座)	充电机功率总计(kW)	充电站占地面积(㎡)	投资金额(万元)	慢充(个)	快充(个)	数量(座)
甘南州	1	900	3 000	127	2	30	0
兰州市	266	146 286	147 640	42 291	2 421	1 270	3
定西市	13	10 380	146 850	185 24.6	36	433	4
嘉峪关市	0	0	0	0	39	5	0
金昌市	2	720	1 200	150	7	20	0
酒泉市	7	4 872	16 074	1 300	46	249	—
临夏州	8	9 210	15 588	1 605	44	57	0
平凉市	27	16 586	17 438	3 911.6	61	225	0
庆阳市	2	4 260	29 666.7	5 564	75	155	31
天水市	11	13 635	41 108	2 255	21	156	0
武威市	9	20 460	90 606.63	10 136	237	280	0
张掖市	5	2 050	7 830	1 917	127	70	2
白银市	6	11 575	48 893.47	4 676.7	41	260	0
陇南市	14	5 460	2 733	1 588	55	48	0
合计	371	246 394	568 627.8	94 045.9	3 212	3 258	40

浙 江 省

一、2019年节能与新能源汽车推广应用情况

1. 车辆推广应用上新台阶

2019年,全省新能源汽车推广应用超额完成年初计划,实际推广数量16.09万辆,截至2019年底,全省累积推广数量52.76万辆(标准车),2020年计划推广6.2万辆。其中,杭州推广应用6.46万辆,累积推广应用21.78万辆;宁波推广应用1.96万辆,累积推广应用8.55万辆;温州推广应用2.48万辆,累积推广应用4.36万辆;金华推广应用1.45万辆,累积推广应用3.79万辆;上述4个地市2019年推广应用数量超万辆。其他地市推广应用数量同比大幅增长。特别是2019年全省总共新增更新6 058辆清洁能源公交车,完成出租汽车清洁能源化10 211辆。

2. 充换电基础设施网络进一步完善

2019年,全省累计建成公用充换电站2 308座、公用充电桩33 188根、新能源汽车充电桩19.1万根。公用充换电站、充电桩中城市公用类分别占75%和64%,从区域分布看,主要布局在杭州、宁波、绍兴、金华等地。其中,杭州市累计建成公用充电桩19 437个,主城区早晚高峰交通限行区域内公用充电服务半径缩小至1 km,基本构建了便捷的充电网络体系。

3. 综合供能服务站建设稳步推进

根据《浙江省人民政府办公厅关于印发2019年政府工作报告重点工作责任分解的通知》(浙政办发〔2019〕7号),建成300座综合供能服务站已列入2019年十方面民生实事项目,浙能集团作为实施主要主体。截至2019年底,浙能集团已建成170座综合供能服务站,截至2020年1月,石油股份公司已建成201座综合供能服务站。其中,全省首座具备加氢功能的站点——嘉善县氢电综合供能服务站已于2019年10月15日投入试运行。该站日加氢能力可达500 kg,可满足25辆氢能源公交车的正常行驶。对嘉善县氢电综合能源利用起到积极作用,对推进全省氢能交通发展具有深远意

义,将有效引领氢能源的推广应用和能源品质提升。

二、2019 年节能与新能源汽车新进展

1. 布局培育新能源汽车全产业链

大力培育发展新能源汽车、智能网联汽车等绿色化、智能化、高端化交通装备等相关产业,强化整零协同,围绕上品种、上水平、上效益,充分利用高新技术,提高开发能力,推动汽车整车及零部件行业结构优化和产业升级,加大新能源和智能汽车整车及零部件产业链上下游协同创新。

2. 技术研发获得新成果

阿里巴巴在道路环境感知、多态数据融合、高精地图定位、运行决策规划等方面取得了进步。华为针对自动驾驶核心领域的自主车载计算平台,开发了 MDC 解决方案,开展软硬件端到端测试验证。零跑科技与赛目积极开展车辆和环境数据对接以及模拟测试的技术对接工作,开发了道路环境信息识别软件。飞步科技具备了自动驾驶操作系统,具备感知、控制规划及地图定位等开发能力。英伟达(上海)则与赛目携手成立了联合工程中心,致力于自动驾驶和智能网联车领域的模拟测试和评价服务工作。

3. 智能网联车发展路径呈现新特点

探索出了"模拟仿真 + 开放道路测试"的测试路径,并从车辆到算法平台、从模拟仿真测试到开放道路测试验证了其可行性,形成了在全国范围内具有影响力的可复制、可推广模式,降低了政府投入和企业成本。以技术为主导、以制造为基础,充分依托阿里巴巴、华为杭研所在计算平台上的研发力量,依托海康威视、大华、阿里巴巴、中控、移动银江股份在视频分析、传感器、车路协同等领域的技术力量,依托吉利、众泰、万向、亚太机电、金固股份等汽车整车及零部件的制造力量,构建了"智能 + 网联 + 车"的产业生态,形成了智能网联车产业发展的良好基础。

三、2020 年发展规划

1. 继续实施省级新能源汽车推广应用财政奖补政策

2015—2020 年,省财政共安排新能源汽车推广应用奖补资金 19 亿元,用于支持新能源汽车产业发展、充电设施建设等。未来两年,省财政将继续安排资金支持新能源汽车推广应用。

2. 继续推进充电设施建设

2020 年,全省计划建成公用充电桩 4 050 根。目前,省电力公司正在全省推进"充电设施智能服务及监管平台"建设,省级平台及杭州、宁波两地市级平台已建成并联网投运,其他各市也在积极筹建,这一智能网络平台将有效提升全省充电设施效能。

3. 加大对新能源专用车推广应用力度

到 2020 年底前,城市建成区公交、环卫、邮政快递、机场领域车辆使用新能源或清洁能源汽车比例达 80%以上(2019 年全省新增清洁能源公交车 6 491 辆,全省共有新能源邮政车辆 567 辆);到 2022 年底前,城市建成区公交车辆除应急保障车外全部使用新能源或清洁能源汽车。并要求各地根据实际继续对新能源公交车和燃料电池汽车给予购置补贴。

内蒙古自治区

一、概况

截至 2019 年底,内蒙古自治区拥有新能源整车生产企业 3 户:包头北方奔驰重型汽车股份有限公司,主要生产重型载货汽车、自卸车、专用车;华泰汽车控股集团,主要生产 SUV 汽车;奇瑞汽车股份有限公司鄂尔多斯分公司,主要生产轿车和越野车。新能源汽车整车产能 4 万辆;新能源专用汽车产能 2 万辆;汽车动力电池生产企业 4 户,产能 8 GWh。

二、生产经营

内蒙古自治区新能源汽车产业发展较快,截至 2019 年底,具有新能源汽车整车资质的有 3 家企业,北奔重汽、奇瑞汽车和华泰汽车,产能突破 4 万台。北奔重汽和杉杉集团合作成立青杉客车,主要生产新能源客车;2017 年,奇瑞汽车投资约 6 亿元,启动了鄂尔多斯新能源汽车生产项目,改扩建后的新能源生产线具备了批量生产新能源乘用车的能力,年产能 2.35 万台,2018 年该项目通过了工信部的审核,具备了生产新能源乘用车的资质;2019 年北方重汽新能源专用重卡进入公告目录,具备生产能力。2019 年共生产新能源汽车 8 756 辆,主营业收入 12 亿元。

积极推进重点项目进度。2019 年初,北奔重汽与宁德时代在新能源汽车领域开始交流与合作,北奔重汽生产的新能源重卡汽车全部采用宁德时代的动力电池,同时在场景调研、市场推广、客户及经销商培训等方面,双方也已开展紧密配合与合作。一是北奔重汽集团鄂尔多斯组装分厂建设与产品应用拓展同步开展,增量部分在鄂尔多斯生产组装。二是鄂尔多斯市政府加强绿色动能转换政策,引导及协助北奔重汽开展市场拓展。三是双方共同努力,逐步将鄂尔多斯打造成具有国际效应的国家级绿色智能运输示范项目。

三、市场发展

依托内蒙古的区位优势、资源优势,突出发展新能源汽车生产制造业、现代生产服务业、生态居住业,带动工业物流、商贸物流、储运加工、城市配送等行业的全面发展。以新能源汽车动力电池和储能工程为产业发展核心,新能源汽车核心零部件生产制造、新能源汽车运营服务为产业发展重点,整力生产制造、汽车配套生产与服务为产业重要支撑,以专业化、现代化、市场化、产业化为主要标志,建设开放式、多层次、多元化的重点突出、种类齐全、特色鲜明的复合产业发展体系。最终将内蒙古新能源汽车产业园建成运作高效、管理规范、产品安全、业态先进、低碳循环、辐射中国东北华北的,集现代生产制造与服务、运输配送、仓储加工等为一体的区域性新能源汽车产业服务基地。

四、新能源汽车推广应用情况

内蒙古自治区新能源汽车产业及推广应用工作取得进展，自治区有关部门认真落实《自治区政府办公厅关于加快新能源汽车推广应用的实施意见》精神，加大政策宣传力度，细化任务，明确目标，落实支持政策，营造了推广应用新能源汽车的良好社会氛围。2019年，内蒙古自治区推广应用各类新能源汽车推广应用各类新能源汽车2 795辆，折合标准车19 275台。截至2019年底，内蒙古自治区推广应用各类新能源汽车13 866辆（折合标准车7万台），占全区汽车保有量的0.2%。

充电基础设施建设稳步增长，新能源汽车运行条件逐步改善。截至2019底，全区累计建成充电站126个，各类充桩3497个，总输出功率达到126 501 kW。呼和浩特市、包头市、乌海市和鄂尔多斯市初步构建了城市公交车的充电网路，其他盟市充电基础设施建设也处在高速增长期。自治区规划到2022年，全区充换电基础设施建设基本完善，新建公共充电站不低于5 000个，新建各类充电桩不低于1.7万个。为鼓励使用新能源汽车，降低运行成本，自治区出台了《自治区政府关于进一步深化电力体制改革促进产业结构调整有关事宜的通知》（内政发〔2016〕61号），将新能源汽车充电列入优先交易范围，风光发电参与，不设限值，使新能源汽车运行成本进一步降低。

新疆维吾尔自治区

一、2019年节能与新能源汽车产业概况

截至2019年年底，新疆具有公告资质汽车生产企业14家，其中整车生产企业4家，客车改装企业1家，专用汽车改装企业9家（其中4家列入特别公示名单，待退出）。其中，重点监测汽车生产企业7家，陕汽新疆汽车有限公司、东风商用车新疆有限公司新疆工厂，研发生产的LNG/CNG天然气载重汽车在新疆及中亚有一定市场。2019年，新疆共生产商用车4 954辆，同比增长37%，销售商用车4 954辆，同比增长22%，其中出口2 529辆，占销售量的51%；生产燃气汽车1 094辆，占比22.1%。

截至2019年底，新疆没有电动汽车生产企业。

二、2019年节能与新能源汽车推广应用情况

2019年新疆14个地州市，共推广新能源汽车3 492辆（以2019年1月—12月登记的新能源汽车专用号牌为准）。其中，纯电动汽车2 332辆，插电式混合动力汽车1 160辆。

新疆经过4年的新能源汽车推广，2018—2019年实现了较快发展。2017年以来，合计登记注册推广新能源汽车7 106辆。（备注：未登记专用新能源汽车号牌车辆不在统计范围内）

三、2019年节能与新能源汽车主要企业经营情况

东风商用车新疆有限公司新疆工厂2019年实现工业总产值1.42亿元，同比下降33.7%，生产商用车394辆，同比下降46%，燃气汽车占比100%；陕汽商用车新疆有限公司2019年实现工业总产值12.7亿元，同比增长56.8%，生产商用车4 560辆，同比增长57.1%，生产燃气汽车700辆，占比15.4%。

四、2019年节能与新能源汽车项目及园区建设情况

中通客车新能源客车项目目前处于股权转让阶段。

新疆汽车工业总体处于起步发展阶段，产业基础薄弱、集中度低，还没有形成汽车产业集群发展和规模效应。受经济下行的影响，部分汽车生产企业不能维持正常生产经营，有4家企业被列入工信部《特别公示车辆生产企业（第3批）》。现有的14家汽车及零部件生产企业主要分布在乌鲁木齐经济技术开发区、乌鲁木齐高新技术开发区及相应的工业园区内，没有形成专门的汽车及零部件产业园区。

五、2019年基础设施建设及运行情况

2019年，自治区发展改革委发布了1批电动汽车充电设施建设运营商公告，12家企业满足准入条件，可在全疆范围内开展充电设施建设和运营。截至2019年底，新疆共有8批53家企业纳入自治区《电动汽车充电设施建设运营商管理目录》，可在全疆范围内开展充电设施建设和运营。

2019年下半年起，自治区发展改革委简政放权，将电动汽车充电设施建设运营管理权下放各地州市，不再发布自治区级《电动汽车充电设施建设运营商管理目录》。

六、发展规划

围绕培育汽车产业集群的发展目标，以乌鲁木齐技术开发区（头屯河区）为汽车及零部件产业核心集聚区，坚持内地引进和本地培育并重策略，大力发展配套零部件产业，积极培育汽车制造业产业链，形成产业集群，发挥产业集聚效益，将乌鲁木齐建成为西部地区重要的汽车组装、制造出口基地。

七、2019年本地区新能源汽车推广应用统计表

（单位：辆）

车型 / 燃料	公交车	旅游大巴	公务车	出租车	租赁用车	私人用车	环卫车	物流车	邮政车	工程车	载货车	其他	合计
纯电动汽车	792	60	0	603	1	0	0	0	0	0	12	864	2 332
插电式混合动力汽车	59	0	0	0	0	0	0	0	0	0	0	1 101	1 160

续上表

燃料＼车型	公交车	旅游大巴	公务车	出租车	租赁用车	私人用车	环卫车	物流车	邮政车	工程车	载货车	其他	合计
增程式电动汽车	0	0	0	0	0	0	0	0	0	0	0	0	0
燃料电池汽车	0	0	0	0	0	0	0	0	0	0	0	0	0
合计	851	60	0	603	1	0	0	0	0	0	12	1 965	3 492

八、2019 年 12 月底本地区电动汽车充(换)电站(桩)保有量统计表

充电站			换电站
城市名称(地州)	数量(座)	充电桩(个)	数量(座)
乌鲁木齐	—	120(含快充)	—
昌吉	—	35(含快充)	—
奎屯	—	41(含快充)	—
吐鲁番	—	85(含快充)	—
哈密	—	614(含快充)	—
伊犁	—	624(含快充)	—
博尔塔拉	—	143(含快充)	—
塔城	—	63(含快充)	—
阿勒泰	—	86(含快充)	—
巴州	—	99(含快充)	—
克州	—	1	—
喀什	—	129(含快充)	—
阿克苏	—	58(含快充)	—
和田	—	55(含快充)	—
合计	—	2 153(含快充)	—

沈 阳 市

一、2019 年节能与新能源汽车产业概况

2019 年,全市新能源汽车产量为 3.3 万辆,同比增长 50.3%;实现产值 165 亿元,同比增长 50%。新能源整车企业方面,华晨宝马是沈阳新能源汽车产业的领军企业,在产的主力车型为530LE、X1 混合动力,年产能 4 万台的产能 X3 纯电动将于 2019 年 9 月正式下线,计划面向全球销售;总投资 300 亿元的恒大新能源汽车项目正在进行厂房施工,一期项目预计将在 2022 年投产,届时将形成 10 万台的生产能力。新能源汽车零部件方面,华晨宝马已形成全球领先的动力电池系统集成能力,年产能达到 10.3 万套;国科金能公司拥有在国内处于领先水平的低温(-20℃)磷酸铁锂电池及正极材料技术,目前已经量产。恒大轮毂电机项目和新能源电池项目已经动工建设,一期项目均计划 2022 年投产,项目建成将进一步壮大沈阳市新能源汽车产业配套体系规模。

二、2019 年节能与新能源汽车推广应用情况

截至 2019 年底,沈阳市共推广绿牌新能源汽车 8 657 辆,占全部机动车辆的 0.35%。其中纯电动汽车 4 610 辆(纯电动客车 1 081 辆,纯电动乘用车 3 165 辆,纯电动货车 364 辆);插电式混合动力 4 047 辆(插电混乘用车 1 727 辆,插电混客车 2 319 辆,插电混货车 1 辆),每年节省燃油6 926 t,直接减少二氧化碳排放 21 971 t,为城市节能减排做出了巨大贡献。

三、2019 年节能与新能源汽车主要企业经营情况

2019 年,华晨宝马新能源汽车产量为 33 155 万辆,同比增长 50.3%;实现产值 165 亿元。主要车型为宝马(BMW)牌 BMW 530Le 插电式混合动力轿车和 BMW X1 插电式混合动力轿车。

四、2019 年节能与新能源汽车项目及园区建设情况

总投资 300 亿元的华晨宝马新工厂项目开工建设,将在 2022 年形成生产能力。华晨宝马年产 4 万台 X3 纯电动车项目进展顺利,新车将于 2019 年 9 月正式下线。总投资 300 亿元恒大新能源汽车项目、总投资 360 亿元的恒大新能源电池项目和总投资 220 亿元的恒大轮毂电机项目正在加快建设,一期均将于 2022 年投产。

五、2019 年基础设施建设及运行情况

截至 2019 年底，沈阳市已有 15 家充电设施运营企业经营公共性新能源汽车充电站，累计完成建设 100 座充电站点，共 2 009 个充电终端（其中公共终端 1 459 个，私人充电终端 550 个）。沈阳市新能源汽车大数据采集与监测平台已建设完成，目前已有 3 000 余辆新能源汽车和 850 多个充电终端接入平台，为沈阳市新能源汽车的安全运行和科学管理提供了基础的数据支撑。沈阳市新能源汽车大数据中心开发的“沈阳易充电”App 已经投入使用，可以实现充电导流、寻址等功能。

六、发展规划

以坚持创新驱动与转型发展相结合和坚持立足现实与放眼未来相结合为原则，到 2025 年，形成以市场为导向、企业为主体、创新为驱动、全面协调发展的沈阳市新能源汽车产业链，新能源整车产能达到 80 万辆，当年新能源汽车产量力争达到 50 万辆。

七、2019 年本地区重点新能源汽车企业产销量统计表

生产企业名称	产品商标	车辆类型	通用名称	产量统计（辆）	销量统计（辆）
华晨宝马汽车有限公司	宝马	插电式混合动力轿车	530Le 混合动力	28 008	27 614
		插电式混合动力多用途乘用车	X1 混合动力	5 000	4 594
		纯电动多用途乘用车	X3 纯电动	107	77
		纯电动多用途乘用车	之诺 60H	40	49

八、2019 年 12 月底本地区电动汽车充（换）电站（桩）保有量统计表

充电站		充电桩		换电站
城市名称	数量（座）	慢充（个）	快充（个）	数量（座）
沈阳	100	281	1 178	0

大 连 市

一、2019 年节能与新能源汽车产业概况

大连新能源汽车示范总数量为 20 452 辆；新能源公交车数量为 2 729 辆；市内新能源公交车数量为 1 700 辆；城际新能源公交车数量为 800 辆；其他县市新能源公交车数量为 229 辆；新能源物流车总数量为 500 辆；新能源物流车租赁车数量为 100 辆；各公司自用新能源物流车数量为 400 辆；公务新能源车数量为 100 辆；新能源私人乘用车数量为 17 123 辆。

二、2019 年节能与新能源汽车扶持政策与措施

政策名称	文件号	发布单位	发布日期	政策概要
关于加快新能源汽车产业创新发展的指导意见	大政办发（2018）144 号	大连市人民政府办公厅	2018-12	全力推进公交系统购买使用新能源汽车。2020 年前，市内四区公交运营线路全部淘汰传统燃油汽车；其余各地到 2020 年本地公交线路新能源汽车占比不低于 10%，且自 2020 年起，新购进车辆中新能源汽车比例不低于 50% 扩大其他公共服务领域新能源汽车应用规模。大力推进新能源汽车在出租（含分时租赁）、环卫、物流等领域的应用。各地区不得对新能源汽车进入租赁市场设置高于传统燃油、燃气车辆的技术参数限制。2020 年起，市内四区每年更新或新增的巡游出租车全部采用新能源或清洁能源汽车，其中，新能源汽车占比不低于 50%；全市新接入平台的网约车全部使用新能源汽车，且在 2025 年前，实现全市网约车全部采用新能源汽车。2020 年起，除市内四区外，其余地区每年更新或新增的巡游出租车，采用新能源汽车占比不低于 30%，且逐年提高 10 个百分点

三、2019 年基础设施建设及运行情况

截至 2019 年底，大连市公共服务充电桩 3 251 个，私家车充电桩 3 060 个。

四、发展规划

1. 2020 年推广应用新能源汽车达到 3 万辆

（1）第一阶段。2021 年年底前在大连市各区/县累计建设 20 座充换电一体能源补给站，初步形成较为便捷的新能源电动汽车能源补给网。其中包含全自动换电站 9 座，半自动换电站 6 座，手工换电站 5 座。初期通过“车电分离”模式，大幅度降低新能源电动汽车购车成本，将大连市高频出行领域汽车，即营运汽车（出租车及网约车）和部分特种车辆（环卫、物流、消防、运钞、医疗、蓝鲨、电视转播等），先行纳入换电服务体系，预计可有效服务各类新能源电动汽车 3 000 台以上。

(2)第二阶段。2025年年底前在大连市各区/县累计建设100座充换电一体能源补给站，基本形成全大连市成熟稳定的能源补给服务网，让新能源电动汽车真正实现进入家庭、跑在路上、续航无忧的应用场景。预计可有效服务各类新能源电动汽车15 000台以上，让大连市步入全国新能源电动汽车使用推广的先进城市行列。

2. 嵌入5G电力共享中央基站

在大连市各区/县充换电一体能源补给站内，利用便利空间及电力资源优势，建设5G电力共享中央基站，为其方圆5 km以内的通信基站提供远供电支撑，形成5G基站核心网。将大幅度缩短基站建设施工周期，节约大量土地、管道、电力资源，降低电力投资成本及耗能开销。从真正意义上，通过共享电力基础设施，实现了资源的高度整合利用，提升了5G网络的覆盖质量和“加速度”。

3. 成立司机综合服务中心

在大连市各区/县充换电一体能源补给站内，成立“的士之家”，即司机综合服务中心，服务于广大的营运汽车（出租车及网约车）司机群体。通过提前布局、科学规划，服务中心兼具短休、用餐、如厕、购物、洗衣、交通违章办理等全方位一体化服务内容，让司机们得到充分休息，快乐上岗，助推大连出行领域发展水平再上新台阶。

长 春 市

一、2019年节能与新能源汽车产业概况

长春市现有整车生产企业6户，分别是一汽红旗、一汽轿车、一汽大众、一汽丰越、一汽解放、一汽客车。2019年，长春市汽车产业逆市上扬，全市统计口径累计产销整车288.9万辆和284.7万辆，同比分别增长4.4%和1.8%，增速高于全国11.9和10个百分点。汽车工业实现产值6 362.7亿元，同比增长3.9%。新能源汽车产业也取得积极进展，产业规模不断扩大，2019年全市属地新能源汽车产销分别为26 358辆和24 761辆。

二、2019年节能与新能源汽车推广应用情况

2019年，长春市共推广纯电动公交车452辆。

三、2019年节能与新能源汽车主要企业经营情况

2019年，一汽集团整车销量达345.9万辆，同比增长1.2%，实现营业收入6 200亿元，同比增长4.4%。实现净利润440.5亿元，同比增长了2.2%。一汽集团新能源汽车事业不断发展，研发投入不断加大，一部四院研发体系正在搭建，自主、合资新能源汽车平台建设取得积极进展，基于新平台的新能源车型将于2020年下线；产业规模持续增长，2019年集团在长春统计口径新能源整车产销分别为37 648辆和26 420辆；产品结构不断优化，红旗、大众纯电动乘用车陆续投放，纯电动卡车进入市场，燃料电池乘用车、卡车加速推动；重大项目稳步推进，一汽丰越扩能等新能源汽车项目取得积极进展。

四、2019年节能与新能源汽车项目及园区建设情况

2019年，长春丰越公司RAV4 PHEV车型导入及扩能技术改造项目正式动工，建成后产能将达22万辆，并将引入首款新能源车型。

五、2019年基础设施建设及运行情况

据统计，长春市建成充电桩991个（不含个人自建桩），其中公共充电桩311个，专用充电桩680个。

六、2019年本地区重点新能源汽车企业产销量统计表

生产企业名称	产品商标	车辆类型	通用名称	产量统计（辆）	销量统计（辆）
一汽轿车	奔腾	纯电动汽车	B30EV	15 000	11 968
一汽轿车	奔腾	纯电动多用途乘用车	X40EV	514	253
一汽轿车	新特	纯电动汽车	DVE1	1 329	2 914
一汽红旗	红旗	纯电动汽车	E－HS3	8 811	8 092
一汽红旗	红旗	插电式混合动力汽车	H7 PHEV	0	170
一汽大众	大众	纯电动汽车	Golf BEV	3 381	513
一汽大众	大众	纯电动汽车	Bora BEV	5 079	945
一汽大众	奥迪	插电式混合动力汽车	A6L e－tron	394	1 132
一汽大众	奥迪	纯电动汽车	Q2L e－tron	2 830	201
一汽解放汽车有限公司	解放	纯电动载货汽车	J6L	34	1
一汽解放汽车有限公司	解放	燃料电池载货汽车	J6L	1	1
解放客车	解放	10.5 m纯电动城市公交客车	—	245	229
解放客车	解放	4.2 m纯电动厢式运输车	捷客K5	30	1
合计				37 648	26 420

七、2019 年基础设施建设及运行情况

充电站		充电桩		换电站
城市名称	数量(座)	慢充(个)	快充(个)	数量(座)
长春	63	31	960	0

南 京 市

一、2019 年节能与新能源汽车产业概况

1. 产业整体概况

(1)产业规模趋于稳定。2019 年,全市新能源汽车产业实现主营业务收入 500 亿元,同比增长 67%;累计生产新能源整车 7.7 万辆,同比下降 20.6%。

(2)重点投资项目稳步推进。2019 年全市“双百项目”中共有 44 个绿色智能汽车项目,计划总投资 1 140 亿元。2019 年计划投资 255 亿元,全年累计完成投资 224 亿元。其中,总投资 130 亿元的滨江 LG 锂电池一期项目已基本进入试生产阶段;总投资 120 亿元的欣旺达电池项目一、二期正在建设中。另有一汽集团、上汽集团一批在宁重点项目按计划推进。

2. 产业链情况

南京市新能源汽车产业每年新增企业 30 家以上,累计企业数量超过 300 家,基本覆盖了新能源汽车全产业链。其中,整车制造企业 9 家。分别为南汽集团、上汽大众南京分公司、上汽大通南京分公司、南京依维柯、南京长安、开沃集团、南京比亚迪、南京银隆、江苏建康;动力电池企业 8 家。分别为已建成的 LG 化学(新港)、南京国轩、塔菲尔新能源、LG 新能源(滨江)4 家企业;在建的欣旺达、卡耐新能源、天臣新能源等 4 家企业;电驱动等核心部件企业 10 余家。包括越博动力、奥特佳新能源、蔚邦动力、东华智能转向等一批重点企业,全面覆盖了电机、电控、电动空调、助力转向等产业链关键环节;充电信息及系统企业 20 家,包括南京能瑞、南瑞集团等充电设备制造企业和江苏云快充等充电平台运营企业。

3. 产业布局

(1)产业集聚效应显著。南京市新能源汽车生产及配套企业主要在江宁、溧水、江北新区和南京经济开发区四大制造基地集聚,四大板块主营业务收入占全市比重超过 90%。以四大基地为中心,向周围地区辐射延伸,汽车物流与相关服务行业主要在外秦淮河流域经绕城公路到江北一带聚集,形成了各有侧重、优势互补、特色鲜明的汽车产业发展空间布局,初步形成“一带四基地”新能源汽车产业布局体系。

(2)重点企业支撑作用明显。2019 年,南京市新能源汽车规模前 20 强企业的主营业务收入占全市新能源汽车产业的 73.8%,集聚效应突出,产业辐射带动作用显著;动力电池方面,LG 化学、南京国轩、塔菲尔新能源 3 家电池行业龙头企业 2019 年主营业务收入占全市新能源汽车产业的 21%,随着 LG 新能源、塔菲尔二、三期项目的建设投产,后续发展势头强劲,成为产业高质量发展新动能;关键零部件方面,奥特佳、越博动力等一批技术水平与市场占有率国内领先的企业带动全产业链创新突破,实现产业发展新模式。

4. 产业创新能力

截至 2019 年底,全市新能源汽车产业共有市级以上企业技术中心 14 家。其中,国家级企业技术中心 2 家,占全市国家级企业技术中心比重为 12.5%;省级企业技术中心 4 家,占全市工业企业省级企业技术中心比重 1.5%。南瑞集团作为全球电动车充电系统技术的领军企业,主持参与了 6 项国际标准和 24 项国家标准。

5. 发展目标

到 2020 年,全市新能源汽车主营业务收入力争达 800 亿元,拥有 3 ~5 家重点骨干新能源乘用车企业,6 ~8 家重点骨干新能源商用车企业,8 ~10 家关键零部件行业龙头企业。新能源汽车整车及核心零部件的主要技术指标和设计、制造工艺达到国际先进水平,成为国内著名的新能源汽车产业基地。

二、2019 年节能与新能源汽车扶持政策与措施

政策名称	文件号	发布单位	发布日期	政策概要
南京市智能网联汽车道路测试实施细则(试行)	宁工信装备〔2019〕263 号	南京市工信局 南京市公安局 南京市交通运输局	2019-10-15	明确了智能驾驶的测试申请条件和部门责任分工

三、2019 年节能与新能源汽车推广应用情况

2014—2019 年分别推广 3 835 辆、5 209 辆、3 540 辆、14 365 辆、13 388 辆、9 857 辆。其中新能源公交车 5 632 辆,市级公务车 2 辆,巡游出租车 1 000 辆,电力系统用车 17 辆,物流、环卫等专用车 7 622 辆,市区大客包车 3 287 辆,各类小型乘用车 32 634 辆(含 10 000 辆网约车)。

四、2019 年节能与新能源汽车主要企业经营情况

2019 年,南京汽车集团有限公司产量为 4.68 万辆;南京金龙客车制造有限公司产量为 1 万辆;南京依维柯汽车有限公司产量为 0.16 万辆;南京长安汽车有限公司产量为 0.6 万辆;上汽大众南京分公司产量为 1.99 万辆;上汽大通南京分公司产量为 0.081 7 万辆;比亚迪汽车工业有限公司南京分公司产量为 0.046 万辆;南京银隆新能源有限公司产量为

0.028 8 万辆，江苏建康汽车有限公司产量为0.02 万辆。

五、2019 年节能与新能源汽车项目及园区建设情况

南京市秦淮区依托与百度集团、亚信集团的战略合作，积极建设省级车联网（智能网联汽车）先导区，争创国家级先导区。

六、2019 年基础设施建设及运行情况

截至 2019 年底，全市建成各类充电桩 22 706 根，车桩比达到 2:1。其中，服务公交车专用桩共计 2 055 根；社会公用交、直流充电桩共计 20 651 根；全市服务换电式公交车的专用换电站 3 座。全市获得省级运营资质的充电设施建设运营企业 20 家。

七、发展规划

到 2020 年，全市新能源汽车主营业务收入力争达 800 亿元，拥有 3 ~5 家重点骨干新能源乘用车企业，6 ~8 家重点骨干新能源商用车企业，8 ~10 家关键零部件行业龙头企业。新能源汽车整车及核心零部件的主要技术指标和设计、制造工艺达到国际先进水平，成为国内著名的新能源汽车产业基地。

八、2019 年本地区新能源汽车推广应用统计表

（单位：辆）

序号	车型	合计
1	纯电动乘用车	6 836
2	插电式混合动力乘用车	1 647
3	纯电动客车	40
4	插电式混合动力客车	20
5	纯电动专用车	1 314
合计		9 857

九、2019 年 12 月底本地区电动汽车充（换）电站（桩）保有量统计表

充电站		充电桩		换电站
城市名称	数量（座）	慢充（个）	快充（个）	数量（座）
南京市	0	22 706		3

苏 州 市

一、2019 年节能与新能源汽车产业概况

2019 年度苏州市新能源汽车产量 4 014 辆，同比增长 18.91%，销量 3 714 辆，同比增长 10.12%。全年共推广应用新能源汽车 11 011 辆，新建充电桩 957 个。累计推广应用新能源汽车 25 370 辆。

二、2019 年节能与新能源汽车扶持政策与措施

政策名称	文件号	发布单位	发布日期	政策概要
市政府办公室关于转发 2018 年苏州市新能源汽车推广应用财政补贴实施细则的通知	苏府办〔2019〕92 号	苏州市人民政府	2019-05-20	对满足条件的 2018 年度苏州市推广应用新能源汽车及新建充电设施进行财政补贴

三、2019 年节能与新能源汽车推广应用情况

2019 年全年共推广应用新能源汽车 11 011 辆（实物车），折合 27 557.5 辆标准车。

2019 年度全市拥有省级备案资质的充电设施建设运营企业共新建充电桩 957 个。

四、2019 年节能与新能源汽车主要企业经营情况

捷力新能源是国内电池隔膜行业龙头企业，主要产品为锂离子电池隔膜，2019 年实现产量 2.215 亿 m^2，实现主营业务收入 5.58 亿元，同比增长 30.4%。

绿控传动自主研发的客车 AMT 产品填补了国内空白，新能源客车混合动力系统总成是国内首个基于 AMT 技术的同轴并联式混合动力系统，打破了国外公司的垄断，2019 年实现主营业务增长 11%。

五、2019 年节能与新能源汽车项目及园区建设情况

2019 年 11 月，长城汽车与宝马集团联合打造的光束汽车项目在苏州市正式启动，建设期 2020—2025 年，项目总投资约 50 亿元，预计建成后形成年产 16 万辆燃油乘用车全出口制造和纯电动乘用车研制能力。

六、2019 年基础设施建设及运行情况

全市拥有省级备案资质的充电设施建设运营企业共新建充电桩 957 个。截至 2019 年底，全市共拥有公、专用新能源汽车充电设施 6 431 个。

七、2019 年本地区新能源汽车推广应用统计表

（单位：辆）

车型 / 燃料	公交车	旅游大巴	公务车	出租车	租赁用车	私人用车	环卫车	物流车	邮政车	工程车	载货车	其 他	合 计
纯电动汽车	1 177	2	1	1 909	1 414	3 249	4	1 072	0	0	2	14	8 844

续上表

燃料 \ 车型	公交车	旅游大巴	公务车	出租车	租赁用车	私人用车	环卫车	物流车	邮政车	工程车	载货车	其他	合计
插电式混合动力汽车	169	0	0	40	0	1 727	0	0	0	0	0	0	1 936
增程式电动汽车	0	0	0	0	0	0	0	0	0	0	0	0	0
燃料电池汽车	30	0	0	0	0	0	0	0	0	0	200	1	231
合计	1 376	2	1	1 949	1 414	4 976	4	1 072	0	0	202	14	11 011

八、2019 年本地区重点新能源汽车企业产销量统计表

生产企业名称	产品商标	车辆类型	产量统计(辆)	销量统计(辆)
金龙联合汽车工业(苏州)有限公司	海格	纯电动汽车	3 147	3 022(其中出口纯电公交 78 辆)
		插电式混合动力汽车	587	505(其中出口混动客车 7 辆)
		燃料电池汽车	33	0

九、2019 年 12 月底本地区电动汽车充(换)电站(桩)保有量统计表

充电站		充电桩		换电站
城市名称	数量(座)	慢充(个)	快充(个)	数量(座)
苏州市	6 431	4 356	2 075	0

南 通 市

一、2019 年节能与新能源汽车产业概况

2019 年,南通市涉及新能源汽车产业企业约 140 家,其中整车企业 4 家,零部件生产企业约 130 家。通过近年来的培育发展,全市形成以如皋市为核心,通州区、港闸区、海安市、启东市多地协同新能源汽车产业集聚区。初步形成了集大中型客车、乘用车、专用车等为一体,以混合动力、纯电动、燃料电池动力系统并行发展,涵盖整车、“三电”核心零部件、车身轻量化压铸件在内的较为完整的产业链。

在整车领域,拥有枫盛汽车、金华青年、皋开汽车、陆地方舟等企业。枫盛汽车成功获批全国第 16 张新能源汽车生产资质牌照,在吉利汽车控股后,企业 2019 年 8 月通过工信部道路机动车辆生产企业现场考核,并已完成新款纯电动 SUV 开发,于 2020 年 1 月进入公告目录,随后开始批量生产,预计 2020 年生产整车 3 万辆。

在“三电”零部件领域,海四达电源主要产品为镍系、锂离子等二次电池以及电池极板、电源管理系统(BMS)等,公司锂离子电池年生产能力 800 万 Ah,镍系电池及电池极板年生产能力逾 1 亿 Ah。吉泰科电气开发的新能源汽车控制器就已在安凯汽车、南京金龙、厦门金旅、武汉理工通宇、福工动力等厂家批量应用,2019 年生产新能源汽车电机控制器 15 492 套。

其他零部件领域,汤臣汽车零部件专业从事载重汽车高强度轻量化底盘关键零部件、空气悬架总成、变速箱总成。双钱集团具备年产 330 万套全钢丝载重子午线轮胎和 5 万套全钢丝子午线工程轮胎的生产能力。安波福连接器从事汽车连接器及线束配件的设计、生产,汽车安全气囊用气体发生器的关键零件、部件制造,汽车连接器及线束配件生产设备、汽车安全气囊用气体发生器关键零件、部件生产设备的研发及制造。

在研发创新上,如皋市积极搭建产学研合作平台,提升公共服务平台对产业支撑能力和水平。与吉林大学合作共建吉林大学如皋新能源汽车产业研究院,为新能源汽车企业开展技术研发、成果转化、设计咨询、人才培训等服务。积极对接上海机动车检测认证技术研究中心,共建“国家氢能源汽车研究检测公共服务平台”,为产业发展提供检测认证、技术研究和标准服务等支撑。

二、2019 年节能与新能源汽车扶持政策与措施

政策名称	文件号	发布单位	发布日期	政策概要
关于印发《2018—2019 年南通市新能源汽车推广应用地方财政补贴实施细则》的通知	通财建二〔2019〕19 号	南通市财政局 南通市交通运输局	2019-05-31	关于 2018—2019 年新能源汽车补贴对象及补贴标准
关于调整 2019 年新能源汽车推广应用地方财政补助政策的通知	通交综〔2019〕83 号	南通市财政局 南通市交通运输局	2019-10-11	关于调整 2019 年新能源汽车补贴对象及补贴标准

三、2019 年节能与新能源汽车推广应用情况

2019 年南通市推广新能源汽车 4 329 辆，其中纯电动客车 524 辆、燃料电池客车 5 辆、纯电动乘用车 2 914 辆、插电式混合动力（含增程式）乘用车 580 辆、燃料电池乘用车 1 辆、纯电动专用车 248 辆、燃料电池专用车 57 辆。

四、2019 年节能与新能源汽车主要企业经营情况

海四达电源目前正在进行动力型锂离子电池领域基础理论和应用技术的研究，开发出新一代能量达到 300 Wh/kg 的电化学体系蓄电池并实现产业化，为国内电动汽车、储能系统主要生产基地提供技术支撑。爱普车辆是奥科宁克在中国 BUS 领域的战略合作伙伴。合作研发的客车“第三代全铆接全铝车身”被国内一线整车厂选用。雄邦压铸、鸿图压铸等企业均参与了相关行业标准的制订，鸿图压铸作为第二起草单位制定了 1 项国家标准《压铸单元安全技术要求》，作为第一起草单位主持修订了 1 项行业标准，参与修订了 2 项行业标准，制定了 1 项企业标准。

五、2019 年节能与新能源汽车项目及园区建设情况

2019 年，全市牢固树立“项目为王”理念，有序推进一批 10 亿元以上重大项目快速落地开工建设。新开工项目中，上海电气国轩储能电池、卫轩锂电池、如皋氢经济示范园等项目进展顺利；新竣工项目中，鹿波新能源汽车零部件、汤臣轻量化汽车零部件等项目已竣工试生产。

如皋新能源汽车基地集中了枫盛汽车、陆地方舟、青年、皋开等新能源乘用车、商用车重点企业。逐步形成集制储运氢、加氢、氢燃料电池研发生产、氢燃料电池汽车开发制造、氢能产品示范应用“五位一体”的氢能产业链。海安、海门、苏通园区汽车零部件产业基地，培育形成发动机曲轴、汽车铸锻件、车用玻璃及天窗总成、车灯、千斤顶、差速器组件、行星齿轮等汽车零部件生产企业，拥有通润汽车、铁锚玻璃、骆氏减震件、冠东模塑、音户神商、大阪精工等重点企业，汽车及零部件产业集聚发展，增强竞争力。

六、2019 年基础设施建设及运行情况

2019 年南通市建设充电桩 301 根，其中直流桩 157 根，交流桩 144 根。目前运行正常。

七、发展规划

1. 提升发展新能源整车产业

重点突破正向开发技术和车身轻量化技术，加强新能源汽车系统集成技术创新，提升整车性能，努力降低制造成本，开发适合市场需求的新能源客车、轿车、物流车、运动型多功能乘用车等具备较强竞争力的产品。促进互联网、大数据等数字技术与新能源汽车融合发展，密切关注全球新能源汽车发展动态，开展新一代新能源汽车和智能驾驶汽车产品的研发。

2. 完善关键零部件配套体系

积极推动新能源汽车关键零部件技术创新，鼓励“政产学研用”联动，引导企业努力突破新能源汽车整车和“三电”系统领域的关键核心技术。联合高校科研院所，加大研发和检测能力投入，促进动力电池系统、电机系统、整车控制系统等研发和突破。

3. 加快技术研发创新

鼓励企业建立完善自主研发体系，支持企业在境内外收购核心技术和优势企业。推动南通大学汽车电子新技术研究与应用重点实验室、燃料电池重点实验室。

4. 鼓励商业模式创新

推进整车企业与战略供应商伙伴共享流程、决策、作业程序和数据，共同攻关技术瓶颈、开发产品和技术，带动产品升级、成本降低，形成全产业链竞争优势。提升零部件生产制造模块化、通用化和标准化水平，促进零部件企业成为整车产业技术创新的主要力量。

八、2019 年本地区新能源汽车推广应用统计表

（单位：辆）

车型 / 燃料	公交车	旅游大巴	公务车	出租车	租赁用车	私人用车	环卫车	物流车	邮政车	工程车	载货车	其他	合　计
纯电动汽车	524	0	0	615	0	2 291	0	248	0	0	0	8	3 686
插电式混合动力汽车	0	0	0	14	0	0	0	0	0	0	0	0	14
增程式电动汽车	0	0	0	0	0	566	0	0	0	0	0	0	566
燃料电池汽车	5	0	0	0	0	0	0	57	0	0	0	1	63
合　计	529	0	0	629	0	2 857	0	305	0	0	0	9	4 329

九、2019 年 12 月底本地区电动汽车充（换）电站（桩）保有量统计表

充电站		充电桩		换电站
城市名称	数量（座）	慢充（个）	快充（个）	数量（座）
南通市	0	144	157	0

扬 州 市

一、2019 年节能与新能源汽车产业概况

目前，有亚星客车、潍柴亚星新能源商用车、九龙汽车等 3 家具备新能源汽车生产资质企业，以及银宝专用车有限公司 1 家新能源汽车生产企业，主要生产销售纯电动和插电式客车、纯电动专用车等。2019 年，《推荐车型目录》内新能源汽车产销量分别为 2 365 辆、2 441 辆。

深入推进氢能产业资源整合和布局优化，目前共有 6 家氢燃料电池汽车相关企业，氢璞创能科技从事氢燃料电堆生产，扬州氢蓝时代新能源科技主要生产氢燃料发动机系统，扬州嘉和新能源科技生产氢燃料汽车热管理与辅助系统，扬州阿斯莫科技有限公司生产整车集成热管理系统，扬州嘉氢工业装备制造有限公司主要研发氢能实验室装备。

有 3 家省备案的公共服务领域充电设施建设运营单位，分别是国网江苏省电力有限公司扬州供电分公司、扬州市交通特来电新能源有限公司、扬州北辰电气集团有限公司；充电设施生产企业有北辰电气、鼎充、智绿等企业；还有部分企业正在争取进入新能源汽车领域。

恒大新能源科技锂电池、中化锂电池等一批百亿元重特大项目落户扬州市，正在加快实施。

二、2019 年节能与新能源汽车扶持政策与措施

政策名称	文件号	发布单位	发布日期	政策概要
关于印发 2018 年扬州市新能源汽车推广应用地方财政补助实施细则的通知	扬财工贸〔2019〕12 号	扬州市财政局 扬州市工业和信息化局	2019-06-05	对新能源汽车推广应用及充电设施建设，与省级财政补贴资金进行配套补贴
关于明确 2017 年充电设施地方财政（市级）补助标准的通知	扬财工贸〔2019〕26 号	扬州市财政局 扬州市工业和信息化局	2019-10-14	2017 年对充电设施建设运营未明确补贴标准，故对当年充电设施建设运营地方明确财政（市级）补助标准，按实际充电量，补助 0.3 元/度

三、2019 年节能与新能源汽车推广应用情况

截至 2019 年底，全市累计推广应用新能源实物车 7 347 辆，其中乘用车 3 844 辆、纯电动客车 1 936 辆、插电式混合动力客车 1 209 辆、专用车 358 辆。2019 年推广新能源汽车实物车 2 390 辆，其中乘用车 1 954 辆、纯电动客车 174 辆、插电式混合动力客车 218 辆、专用车 44 辆。2019 年，全市全年推广应用新能源标准车 5 231 辆，超目标完成任务。

四、2019 年节能与新能源汽车主要企业经营情况

亚星客车产销量为 2 043 和 2 052 辆，同比上升 8%和9%，实现总的开票销售 231 380 万元，入库税收 938 万元；亚商新能源产销量为 232 辆和 200 辆，同比上升 100%（2018 年没有生产新能源车辆），总的开票销售 20 408 万元，入库税收 226 万元；九龙汽车产销量为 80 辆和 188 辆。氢燃料电池汽车方面，扬州市亚星客车和九龙汽车 2 家整车企业具备氢燃料电池汽车生产资质。

五、2019 年节能与新能源汽车项目及园区建设情况

2019 年全年认定新开工汽车及零部件重大项目 14 项（新建 8 项，技改 6 项），包括江苏中兴派能电池有限公司年产 3.2 亿 Ah 锂离子电池生产线的技改项目。2019 年全年新竣工汽车及零部件企业 15 家，包括江苏氢璞创能科技有限公司的 5 000 台氢燃料电池电堆等。

2019 年 9 月，中汽中心工程院高邮院项目在扬州市高邮开工建设。中汽中心工程院高邮院将新建研发实验室 44 000 m^2，形成覆盖氢燃料电池动力系统及核心电堆、整车零部件及材料耐候性、整车热管理、整车振动噪声、整车底盘、新能源电控系统、智能网联汽车、汽车气动声学等领域的工程研发和测试能力，打造“实验室＋实验路＋示范路”一体化研发平台。

六、2019 年基础设施建设及运行情况

截至 2019 年底，扬州市共建成公共服务领域充电桩超过 2 500 个，其中，直流桩 1 087 个，交流桩 1 490 个，累计建成充电站 202 个。2019 年建设充电桩近 120 个。2019 年累计充电量达到 1 437.16 万 kWh。

七、发展规划

以促进汽车产业“四化”转型升级为目标，主要目标是扩大新能源汽车产业规模、加快氢能源产业布局、推进研发技术平台建设和促进汽车产业跨界融合发展，不断推进扬州市新能源汽车产业科学合理布局，增强核心竞争力、品牌影响力，提高市场占有率，努力实现扬州市新能源汽车产业质和量的双提升。

八、2019 年本地区新能源汽车推广应用统计表

（单位：辆）

燃料＼车型	公交车	旅游大巴	公务车	出租车	租赁用车	私人用车	环卫车	物流车	邮政车	工程车	载货车	其他	合　计
纯电动汽车	172	2	0	98	0	818	31	11	0	2	0	0	1 134
插电式混合动力汽车	218	0	0	0	0	1 038	0	0	0	0	0	0	1 256
增程式电动汽车	0	0	0	0	0	0	0	0	0	0	0	0	0
燃料电池汽车	0	0	0	0	0	0	0	0	0	0	0	0	0
合　计	390	2	0	98	0	1 856	31	11	0	2	0	0	2 390

九、2019 年本地区重点新能源汽车企业产销量统计表

生产企业名称	产品商标	车辆类型	通用名称	产量统计（辆）	销量统计（辆）
潍柴（扬州）亚星新能源商用车有限公司	欧睿	纯电动汽车	大 VAN	122	122
	欧睿	纯电动汽车（出口）	大 VAN	78	78
扬州亚星客车股份有限公司	亚星	纯电动客车	—	1 895	1 898
	亚星	插电式混合动力客车	—	147	150
	亚星	燃料电池客车	—	1	4
江苏九龙汽车制造有限公司	大马牌	插电式混合动力多用途乘用车	九龙汽车	4	0
江苏九龙汽车制造有限公司	大马牌	纯电动汽车	九龙汽车	102	188

十、2019 年 12 月底本地区电动汽车充（换）电站（桩）保有量统计表

充电站		充电桩		换电站
城市名称	数量（座）	慢充（个）	快充（个）	数量（座）
扬州市	202	1 087	1 490	0

盐城市

一、2019 年节能与新能源汽车产业概况

盐城将新能源汽车作为全市重点培育的战略性新兴产业之一，为进一步践行“两海两绿”发展路径，促进盐城市汽车产业转型步伐，加快发展新能源汽车，市委、市政府成立汽车产业工作专班，以提升产业综合竞争力为重点，以推进供给侧改革结构性改革为主线，坚持做大总量与调优结构、壮大整车与完善配套、提升制造与增强服务协调发展，推动整车品牌多元化、重要零部件本地化、关键技术自主化、消费服务多样化，按照“稳住传统汽车基本盘、突破新能源汽车、瞄准车联网”的总体思路和“市场主导、企业主体、政府引导”的基本原则，推动盐城汽车产业发展。

1. 整车制造稳步推进

全市现有 4 家新能源整车生产企业，分别为 DYK、国唐客车、国新乘用车、奥新专用车。其中乘用车企业为东风悦达起亚和国新，东风悦达起亚先后上市 KX3、华骐 300E 两款纯电动乘用车和 K5、K3 两款插电式混合动力乘用车，国新 2 万辆轻量化纯电动乘用车项目一期已建成，企业已列入工信部公告；商用车企业为国唐客车，产能规模为 2 500 辆；专用车企业为奥新专用车，产能规模 5 000 辆；另有华人运通项目正在建设中，北汽摩登项目加快推进中。

2. 零部件配套初具规模

盐城市新能源汽车产业链条相对完整，主要涉及动力电池及齿轮、负极材料、动力线束等领域。捷威动力工业江苏有限公司生产软包叠片锂离子动力电池产品，建成 4 条具有国际先进水平的自动化生产线，年产 2 GWh 锂离子动力电池及 4 万套电源总成；悦达新能源电池公司主要生产插电式混合动力汽车电池、纯电动汽车电池及研究开发新能源汽车用电池模块、电池组，可年产混合动力电池系统总成组装 8.5 万台，纯动力电池系统总成组装 2.5 万台。大丰创一精锻主要生产新能源汽车齿轮，其产品已进入国内外一流新能源汽车厂商配套体系，差速器锥齿轮和输出轴供应宝马、荣威、大众等知名企业；中汽中心盐城汽车试验场试验道路总长超过 60 km，是目前国内乃至亚洲面积最大、设施最全、技术指标最先进的第三方汽车试验场。

3. 重点项目加快推进

总投资 18 亿美元的 SKI 年产 20 GWh 新能源汽车动力电池项目，目前正在进行厂房施工，全部投产达效后，预计年可实现销售 200 亿元；华人运通年产 5 万台新能源汽车项目正在对生产车间进行智能化改造，计划 2020 年量产 L3 级别智能网联汽车；年产 1.92 GWh 磷酸铁锂离子电池的丰盈电池制造项目已建成投产；国新纯电动乘用车新车型计划年内

量产;北汽摩登新能源汽车正在加快推进中。

4. 产业园区建设初具规模

盐城现有国家火炬特色产业基地——大丰汽车零部件产业基地、江苏省汽车及零部件特色产业基地、新能源汽车产业基地,形成了以东风悦达起亚为龙头的整车、零部件、汽车服务业一体化的全产业链,市开发区现已集聚汽车产业链企业近千家,汽车从业人员5万多名,汽车生产制造体系基本齐全,是江苏省最大、国内知名的汽车制造基地。盐城市开发区专门规划建设盐城市新能源汽车产业园,规划建设面积20 km^2,一期已建成2.21 km^2,完成基础设施投资10亿元,基本具备新能源汽车研发、展示、孵化、检测、服务和制造六大功能,已获批省新能源汽车产业基地、省新型工业化示范基地、省特色产业园,2019年,园区实现开票销售45.7亿元。

5. 创新资源逐步集聚

盐城市新能源汽车产业聚焦核心动力关键技术、智能网联技术、新材料等重点领域,开展产业技术应用研究和集成创新,现有主要公共研发平台5家,分别是:盐城市新能源化学储能与动力电源研究中心、东南大学盐城新能源汽车研究院、中科院上海有机化学研究所(盐城)新材料研发中心、江苏沿海新能源汽车研究院和江苏新能源汽车研究院;企业研发机构2家,分别是:DYK汽车技术中心、奥新公司长三角新能源汽车研究院。目前在盐研发人员200多人,累计研发投入2.74亿元,申报受理及授权专利100多项。其中,新能源化学储能与动力电源研究中心电池组快速充电及管理试验的比能量和循环寿命2项重要指标均处于国内外领先水平。

6. 氢燃料汽车积极推进

盐城市现有江苏兴邦科技能源公司、江苏绿氢能源科技有限公司的燃料电池系统进入市场。兴邦科技从事氢燃料电池动力系统集成、电堆及模组检测设备研发生产。搭载兴邦氢燃料电池动力总成的10台氢燃料电池公交车已于2019年11月在K11线示范运营。绿氢公司生产高国产化率的燃料电池系统动力总成,已装备40辆燃料电池物流车在山东德州、上海等地运营。全市已核批加氢站2个,盐都创咏加氢站正式运营;绿氢公司自备撬装式加氢设施正在建设中。盐城市正积极申报国家燃料电池汽车示范推广城市,区域集聚发展效应进一步突显。

7. 智能网联汽车探索发展

近年来,盐城市积极培育和探索发展智能网联汽车产业,初步形成了较为完备的测试体系、较好的5G网络基础设施和智能网联汽车整车及零部件产业。华人运通"智路"一期道路测试路段已完成路侧感知体系、边缘计算平台、5G-V2X通讯设备部署,远程调度和监控中心已投入运行,已具备了交叉路口碰撞预警、限速提示、绿波车速引导等功能,初步实现云端自动驾驶控制和交通调度。中汽中心盐城汽车试验场致力于打造含全封闭测试区、半封闭测试区及开放道路测试区的智能网联汽车全景测试环境,为国内外主机厂、零部件企业提供指标先进、功能齐全、安全高效的智能网联汽车试验测试环境。

二、2019年节能与新能源汽车推广应用情况

2019年共推广新能源汽车3 790辆,其中乘用车3 462辆,公交车325辆,折合标准车7 368辆。截至2019年底,全市累计推广新能源汽车保有量11 894辆,其中公交车1 786辆,私人乘用车3 471辆,专用车3 548辆,公务车133辆,共享车930辆,其他用车(主要是企业用车)2 026辆;共建有充电站427个,充电桩保有量2 878台,其中,公共充电桩1 816台,专用桩886台、私人自用桩176台;直流桩1 126台,交流桩1 752台。

三、发展规划

盐城市下一步将牢牢把握高质量发展要求,以打造自主可控的产业体系为主线,以整车和高性能动力电池为主攻方向,重点发展纯电动汽车,有序发展插电式混合动力汽车,示范运行燃料电池汽车,积极布局智能网联汽车。加强思路研究、明晰发展路径、加大推进力度,不断培育壮大盐城市新能源汽车产业。一是做大整车企业,提升产销规模。进一步优化产业布局,引导新能源汽车企业整合重组,以新能源乘用车、商用车、专用车产品体系为突破口,针对不同目标市场建立层次分明的新能源乘用车品牌梯队。引导现有零部件企业积极融入整车配套体系,切实增强整车对产业的支撑和引领作用。二是加快自主创新,突破核心技术。统筹各类创新资源,不断完善技术创新体系。对照省每年发布的《新能源汽车重点技术攻关指南》,组织实施一批重点技术攻关项目。三是积极推广使用,加强示范运营。统筹推进新能源汽车推广应用,加强政府推动,鼓励市场参与,以示范带动市场、以市场促进产业,通过新能源汽车示范运营,培育扩大市场需求。

合 肥 市

一、2019年节能与新能源汽车产业概况

1. 主要指标完成情况

2019年1月—12月,合肥新能源汽车产业基地产值增速9.5%,新能源汽车产销量超过6万辆,同比下滑2.62%。

2. 创新能力提升情况

大力支持企业国家级创新平台、国外研发中心建设,形成电动汽车正向开发能力。江淮汽车蜂窝电池技术有效解决三元锂电池安全控制问题,实现一颗电芯爆炸,电池包不起火,不爆炸,达到世界领先水平;利用国内产业链首次开发并应用的高效热泵空调系统在环境温度-5℃,可实现节能40%;国轩高科研制三元电池单体能量密度突破302 Wh/kg,单体能量密度达到200 Wh/kg的磷酸铁锂电池进入小批量生产阶段。安凯客车研制的氢燃料电池客车、无人驾驶客车试点应用。重点企业商业模式不断创新,"和行约车"平台在合肥市运行平稳,"车电分离"等新型商业模式发展成效显

著。2019 年，合肥市整车企业新主持制定新能源汽车国家标准1项（电动汽车用仪表，GB/T 19836—2019），新申请新能源汽车发明专利127项，新授权新能源汽车发明专利46项。

二、2019 年节能与新能源汽车推广应用情况

截至2019年底，合肥市在全国范围内累计推广应用新能源汽车超过23万辆，约占全国总量的5.58%。2019年度合肥市新能源汽车企业国内推广新能源汽车6.9万辆，约占全国总销量的5.78%。在本地推广3.5万辆，其中新能源乘用车3.39万辆（其中私人领域3.15万辆、租赁运营等领域0.24万辆），新能源客车0.9万辆，新能源货车和专用车0.4万辆。

三、2019 年节能与新能源汽车主要企业经营情况

按照"龙头企业—产业链—产业集群—产业基地"的发展思路，全市集聚了江淮、安凯、长安、奇瑞（巢湖）、国轩高科、华霆动力、巨一电机等一批龙头企业，企业类型涵盖传统车企转型企业、合资合作企业、造车新势力，产品覆盖乘用车、客车、物流车，建成产能35.8万辆，在建产能12万辆。

江淮纯电动乘用车行业累计销量排名第5，私人领域内累计销量排名第2；国轩高科动力电池销量保持全国第3、世界第5；江淮蔚来累计交付突破3万辆，位居造车新势力第1。

2019年，江汽集团新能源汽车销量61 973辆，其中新能源乘用车58 026辆，新能源商用车3 947辆，产值137.40亿元；奇瑞新能源合肥分公司新能源汽车销量5 442辆，产值7.25亿元；合肥长安新能源汽车销量3 002辆。国轩高科动力电池出货量3.2 GWh，实现营业收入49.5亿元。

四、2019 年节能与新能源汽车项目及园区建设情况

2019年，合肥新能源汽车产业基地产值增速9.5%，重大项目有序推进。江淮大众研发中心实质性开工，首款车型思皓E20X正式上市；江淮蔚来建成轻量化车身（全铝车身）制造基地，累计交付突破3万辆；合肥长安二期、奇瑞新能源合肥分公司一期项目实现投产运营；智能网联电动汽车检验检测中心项目可行性研究、整体规划、投资主体基本确定，将进入实质性的基础建设阶段。

五、2019 年基础设施建设及运行情况

合肥市积极推进充电桩建设工作，破解充电设施建设选址难、落地难、场站不便捷等问题，合理布局、优选各类公共停车场等重要交通枢纽、旅游景区停车场、各类市民服务设施停车场、政府、企事业单位、科研院所等交通便利、群众使用方便的停车场作为充电设施建设选点，结合城市骨干交通网络、重点区域，建设大功率公共快充场站，切实保障新能源汽车便捷、高效充电，充分发挥政府主导的优越性和公益服务属性，积极推进构建公共快充服务体系。截至2019年底，合肥市共建设充电站1 456座。建成充电桩39 880个，其中交流桩33 900个，直流桩5 980个。建成新能源汽车换电站2座。

六、发展规划

1. 调整出台新能源汽车产业支持政策

贯彻落实国家和省市打赢蓝天保卫战以及财政部等国家部委完善新能源汽车补贴政策等有关文件精神，调整出台新能源汽车产业支持政策，从供给侧、消费侧、新能源汽车运营、产业链配套等方面支持新能源汽车产业高质量发展。

2. 加大公共领域推广应用力度

贯彻落实打赢蓝天保卫战行动计划，加快推进合肥市建成区公交电动化工作；落实新增及更换的环卫、消防、机场通勤等车辆中新能源汽车比例要求，推进出租车、网约车电动化。

3. 推动新能源汽车产业持续发展

聚集新能源汽车产业创新要素，充分发挥龙头企业带动作用，培育产业链上下游企业，实现产业链协同创新、大中小企业融通发展，提升产业链现代化水平。支持江淮大众研发中心、蔚来中国总部、国轩高科电池等项目建设，谋划氢能汽车、智能网联电动汽车发展促进产业快速发展。

七、2019 年本地区新能源汽车推广应用统计表

（单位：mm）

车辆用途	公交车	旅游大巴	公务车	出租车	租赁用车	私人用车	环卫车	物流车	邮政车	工程车	载货车	其他	合 计
合计	948	0	1 248	263	891	31 461	0	430	0	0	0	4	35 245

八、2019 年本地区重点新能源汽车企业产销量统计表

生产企业名称	产品商标	车辆类型	通用名称	产量统计（辆）	销量统计（辆）
安徽江淮汽车集团股份有限公司	江淮	纯电动汽车	帅铃 i3	1 132	881（出口 13）
安徽江淮汽车集团股份有限公司	江淮	纯电动汽车	帅铃 i5	746	455（出口 11）
安徽江淮汽车集团股份有限公司	江淮	纯电动汽车	帅铃 i6	116	52
四川江淮汽车有限公司	江淮	纯电动汽车	帅铃 i5	10	—
安徽安凯汽车股份有限公司	安凯	纯电动汽车	—	2 512	2 489（出口 28）
安徽安凯汽车股份有限公司	安凯	燃料电池汽车	—	4	2
安徽安凯汽车股份有限公司	安凯	插电式混合动力汽车	—	68	68

续上表

生产企业名称	产品商标	车辆类型	通用名称	产量统计(辆)	销量统计(辆)
安徽江淮汽车集团股份有限公司	江淮	纯电动汽车	iEV6E	18 563	18 383(出口 4)
安徽江淮汽车集团股份有限公司	江淮	纯电动汽车	iEV7L	4 220	4 195
安徽江淮汽车集团股份有限公司	江淮	纯电动汽车	iEV7S	4 360	4 142(出口 368)
安徽江淮汽车集团股份有限公司	江淮	纯电动汽车	iEVS4	4 255	4 431(出口 219)
安徽江淮汽车集团股份有限公司	江淮	纯电动汽车	iEVA50	2 977	2 817
安徽江淮汽车集团股份有限公司	江淮	纯电动汽车	iEVA60	53	44
安徽江淮汽车集团股份有限公司	蔚来	纯电动汽车	ES6	12 219	11 970
安徽江淮汽车集团股份有限公司	蔚来	纯电动汽车	ES8	8 169	8 169
安徽江淮汽车集团股份有限公司	思皓	纯电动汽车	E20X	4 260	3 875
合肥长安汽车有限公司	长安	纯电动乘用车	CS15	3 003	3 002
奇瑞新能源汽车股份有限公司合肥分公司	奇瑞	纯电动轿车	M1AEV	3 417	3 332
奇瑞新能源汽车股份有限公司合肥分公司	奇瑞	纯电动轿车	T19EV	1 990	1 935
奇瑞新能源汽车股份有限公司合肥分公司	奇瑞	纯电动轿车	S32EV	205	175

九、2019 年 12 月底本地区电动汽车充(换)电站(桩)保有量统计表

充电站		充电桩		换电站
城市名称	数量(座)	慢充(个)	快充(个)	数量(座)
合肥	1 456	33 900	5 980	2

杭 州 市

一、2019 年节能与新能源汽车产业概况

2019 年,杭州市新增新能源汽车 5.17 万辆,其中公交车 1 240 辆、出租车 18 870 辆、私人用车 25 720 辆、租赁车 843 辆、物流车 439 辆、环卫车 7 辆。累计推广新能源汽车 17.45 万辆。新建充电桩 8 233 个,其中公用充电桩 1 467 个。截至 2019 年 12 月,杭州市累计建成各类充电桩 36 937 个,其中公共充电桩 15 014 个,主城区交通限行范围内公用充电服务半径已接近 1 km 内全覆盖。电控和充电设施等较为完整的产业链,产业集聚效应初显。2019 年,杭州市共生产新能源汽车 1.25 万辆,产值约 50 亿元。

二、2019 年节能与新能源汽车扶持政策与措施

政策名称	文件号	发布单位	发布日期	政策概要
《关于延续新能源汽车推广应用财政支持政策的通知》	杭财企〔2019〕24 号	杭州市财政局 杭州市经济和信息化局 杭州市交通运输局 杭州市城乡建设委员会	2019-05-10	车辆市级财政补贴按中央补贴标准 1∶0.5 执行,中央财政和市级财政补贴金额不超过车辆裸车价格的 50%; 充电设施补贴按照实际投资额的 25%给予补贴

续上表

政策名称	文件号	发布单位	发布日期	政策概要
《关于印发〈杭州市 2019 年—2020 年新能源汽车推广应用财政支持政策〉的通知》	杭财企〔2019〕103 号	杭州市财政局 杭州市经济和信息化局 杭州市交通运输局 杭州市城乡建设委员会	2019-12-17	公交车辆市级财政补贴按中央补贴标准 1∶0.5 执行,燃料电池汽车按中央财政补贴标准的 1∶1 执行,中央财政和市级财政补贴金额不超过车辆裸车价格的 50% 充电设施补贴按照实际投资额的 30%给予补贴,个人自用充电桩按每桩 600 元充电费用补贴

三、2019 年节能与新能源汽车推广应用情况

截至 2019 年 12 月,杭州市累计推广应用新能源汽车 17.45 万辆,其中个人用户购买 6.54 万辆,占比 37.5%。2019 年当年推广 5.17 万辆,从推广领域来看,主要集中在新能源公交车(1 240 辆)、出租车(18 870 辆)和个人用户(25 720 辆)。

四、2019 年节能与新能源汽车主要企业经营情况

2019 年，杭州市共生产新能源汽车辆 12 568 辆，其中广州汽车集团乘用车（杭州）有限公司 7 201 辆新能源乘用车，比亚迪汽车工业有限公司杭州分公司 1 088 辆新能源客车，东风裕隆汽车有限公司 672 辆新能源乘用车，杭州长江汽车有限公司 500 辆新能源客车、1 944 台新能源乘用车，浙江吉利汽车有限公司杭州分公司 496 台新能源乘用车，湖南江南杭州分公司 285 辆新能源乘用车，上汽万向新能源客车有限公司 205 辆新能源客车，杭州西湖比亚迪新能源汽车有限公司 177 台新能源专用车。

五、2019 年节能与新能源汽车项目及园区建设情况

杭州吉利年产 10 万辆新能源乘用车项目建设完成投产，当年生产新能源乘用车 496 台。

六、2019 年基础设施建设及运行情况

2019 年全年新建成新能源汽车充电桩 8 233 个，其中公用充电桩 1 467 个。截至 2019 年 12 月，杭州市累计建成各类充电桩 36 937 个，其中公共充电桩 15 014 个，主城区早晚高峰交通限行区域内公用充电服务半径缩小至 1 km，构建了便捷的充电网络体系。

七、2019 年新能源汽车推广应用数量

（单位：辆）

车型／燃料	公交车	旅游大巴	公务车	出租车	租赁用车	私人用车	环卫车	物流车	邮政车	工程车	载货车	其他	合计
纯电动汽车	865	0	0	18 794	765	15 864	7	439	0	0	0	4 111	40 845
插电式混合动力汽车	375	0	0	76	78	9 856	0	0	0	0	0	532	10 917
增程式电动汽车	0	0	0	0	0	0	0	0	0	0	0	0	0
燃料电池汽车	0	0	0	0	0	0	0	0	0	0	0	0	0
合计	1 240	0	0	18 870	843	25 720	7	439	0	0	0	4 643	51 762

八、2019 年本地区重点新能源汽车企业产销量统计表

生产企业名称	产品商标	车辆类型	通用名称	产量统计（辆）	销量统计（辆）
浙江吉利汽车有限公司杭州分公司	帝豪牌	纯电动乘用车	几何 A	496	496
广汽乘用车（杭州）有限公司	传祺	纯电动乘用车	传祺 GE3	7 201	7 034
上万清源智动车有限公司	万向牌	纯电动客车	新能源客车	205	205
杭州比亚迪汽车有限公司	比亚迪	纯电动客车	C6（6 m 级通勤客车）	3	3
			C7（8 m 级通勤客车）	6	6
			K7（8 m 级公交客车）	148	0
			K8（10.5 m 级公交客车）	100	100
			其他（国外）（出口大巴）	831	831
杭州西湖比亚迪新能源汽车有限公司	比亚迪	纯电动专用车	T8QX 高压清洗车	21	11
			T8EAQX 低压清洗车	23	23
			T7SL 扫路车	32	32
			T8FAXS 洗扫车	31	17
			T4CYH 路面养护车	6	3
			T4CZZ 自装卸式垃圾车	45	42
			T6Ays 压缩垃圾车	9	9
杭州长江汽车有限公司	长江汽车	纯电动客车	8.5 m 公交	500	500
	长江零跑	纯电动乘用车	零跑 S01	1 944	1 944
中汽商用汽车有限公司（杭州）	中汽牌	纯电动专用车	—	0	4

九、2019 年 12 月底本地区电动汽车充（换）电站（桩）保有量统计表

充电站		充电桩		换电站
城市名称	数量（座）	慢充（个）	快充（个）	数量（座）
杭州	746	27 408	9 529	11

宁波市

一、2019年节能与新能源汽车产业概况

全市汽车制造业规上企业711家，2019年宁波市汽车制造业完成规上工业总产值2 516.5亿元，同比下降0.3%；完成出口交货值171.8亿元，同比增长7%；实现增加值646.9亿元，同比增长3.6%；实现利税总额416.9亿元，同比下降3.1%，实现利润总额315.4亿元，同比下降0.5%，但增速比全国高15.4个百分点。自2019年6月份以来，宁波市汽车制造业产值、增加值、离利税等降幅逐月收窄。

全市共有12家整车制造企业，车型包括乘用车、客车和专用车，动力包括燃油、纯电动、混合动力。浙江吉利、上汽大众是宁波市汽车生产企业的主力，产值约占全部整车企业的产值98%以上。1月—12月，全市实现汽车整车产量85万辆，同比增长5.9%，高于全国乘用车增速15.1个百分点，产量占全国乘用车总量的4%，实现产值889.4亿元，占全市汽车制造业产值份额的1/3强，同比增长－1.9%。其中2019年新能源汽车产量3 215辆，同比增长36.3%。

二、2019年节能与新能源汽车扶持政策与措施

政策名称	文件号	发布单位	发布日期	政策概要
关于宁波市2019年新能源汽车推广应用地方财政资金补助政策的通知	甬经信装备〔2019〕102号	宁波市经信局、发改委、科技局、财政局	2019-8-8	明确了2019年宁波市继续实施新能源汽车推广应用地方财政补贴政策

三、2019年节能与新能源汽车推广应用情况

2019年，宁波市推广应用新能源汽车11 214辆，折合标准车19 618辆。其中纯电动客705辆，纯电动乘用车7 903辆，插电式混合动力乘用车2 399辆，增程式电动汽车156辆。

四、2019年节能与新能源汽车主要企业经营情况

2019年，浙江吉利汽车整车产量为46.7万辆，实现产值317.1亿元。其中新能源汽车产量2 692辆。

五、2019年节能与新能源汽车项目及园区建设情况

2019年全市十亿元以上工业投资项目中涉及汽车制造业类项目有25个，其中5个项目竣工，17个项目正在施工，3个项目还在前期。6个百亿项目中，吉利汽车杭州湾新区DMA项目、吉利汽车余姚整车项目已竣工试生产；吉利汽车梅山整车项目、吉利汽车杭州湾PMA项目正在主体建设；敏实汽车研发中心及后续项目中汽车研发中心项目正在主体建设；容百科技动力锂电材料综合基地正在土建施工。

六、2019年基础设施建设及运行情况

2019年全市新建公用充电桩1 300多个，累计建成6 700多个。编制印发《2019年市区公交中车电动公交车充电基础设施建设计划》《2019年充电基础设施建设计划》，涉及7个公交首末站9条线路29个300 kW功率充电桩。推出新能源汽车“全城通”。2020年2月1日起，同时符合使用专用号牌底色为渐变绿色的、微型封闭或厢式、车长4.5 m及以下的轻型封闭或厢式条件的新能源货车，不再受现行宁波市中心区交通新四禁方案中关于禁货的规定，即允许全时段在中心区、核心区通行。

七、发展规划

一是继续做好新能源汽车推广应用工作。继续以公共交通、公务用车、环卫以及出租、物流等公共服务领域为重点，鼓励新能源汽车采用分时租赁、网约车等新型商业化模式提高车辆使用效率，带动新能源汽车私人领域市场发展。2020年，计划推广新能源汽车8 800辆标准车。加快公共领域新能源汽车安全监管平台建设与运行，推进监管平台实用化，以平台为载体，重点做好新能源汽车补贴申报、资料审核、现场核查和安全监测分析等工作。制定2020年公交车辆报废更新计划，督促企业尽早组织车辆采购，同时继续引导巡游出租汽车企业加大新能源车辆更新力度。

二是研究制定扶持政策。结合宁波市万亿级汽车产业的打造，根据产业发展重点，研究提出扶持汽车产业发展的专项政策，聚焦新能源汽车、智能网联汽车、燃料电池汽车、汽车关键零部件等方面明确针对性的政策措施，进一步推动宁波汽车产业高质量发展。

三是加快推进新能源汽车产业。组织人员对全市新能源汽车产业链、产品链进行全面排摸，摸清底数、现状、短板和问题，编制招商目录，加快招引知名新能源汽车整车及关键零部件企业入驻宁波，合理规划布局新能源汽车产业，培育和发展新能源汽车产业链。继续完善新能源汽车技术链研发，加大先进技术攻关力度，将在电池材料、电机、高比能动力锂离子电池、大功率燃料电池、智能网联汽车、辅助驾驶系统等技术领域布局一批重大项目。

四是加快推进基础设施建设。编制印发2020年电动汽车充电设施建设计划，2020年全市计划新建新能源汽车配套充电设施公（专）用充电桩新建1 300个，累计建成8 000个。开展电动汽车充电基础设施现场核查工作，客观评价充电设施运营企业建设运营能力和水平，进一步加强充电基础设施建设、运营环节的监管力度，确保向社会提供持续、高效的充电服务，提升全市充电基础设施建设质量和运营管理水平，有力支持新能源电动汽车推广应用，确保财政奖励资金高效利用。建成投运市级充电设施公共数据采集与监测服务平台及公众服务App项目，集成各个运营商品牌的充电导航终端，为电动汽车充电提供寻找充电设施并导航充电服务。

八、2019 年本地区新能源汽车推广应用统计表

（单位：辆）

车型 燃料	公交车	旅游大巴	公务车	出租车	租赁用车	私人用车	环卫车	物流车	邮政车	工程车	载货车	其他	合计
纯电动汽车	705	0	0	0	4 079	2 750	1	48	0	0	0	1 076	8 659
插电式混合动力汽车（含增程式电动汽车）	0	0	0	0	1 028	945	0	0	0	0	0	426	2 399
增程式电动汽车	0	0	0	0	0	0	0	0	0	0	0	156	156
燃料电池汽车	0	0	0	0	0	0	0	0	0	0	0	0	0
合计	705	0	0	0	5 107	3 695	1	48	0	0	0	1 658	11 214

九、2019 年本地区重点新能源汽车企业产销量统计表

生产企业名称	产品商标	车辆类型	通用名称	产量统计（辆）	销量统计（辆）
浙江吉利汽车有限公司	吉利	插电式混合动力乘用车	博瑞 GE PHEV	2 692	2 692

十、2019 年 12 月底本地区电动汽车充（换）电站（桩）保有量统计表

充电站		充电桩		换电站
城市名称	数量（座）	慢充（个）	快充（个）	数量（座）
宁波市	0	37 231	0	4

绍 兴 市

一、2019 年主要工作

1. 加快新能源汽车推广应用

根据省新能源和智能汽车发展联席会议办公室印发的《浙江省 2019 年新能源汽车推广应用计划》（浙汽办〔2019〕4 号）的要求，2019 年度省下达给绍兴市的新能源汽车推广应用目标任务为 4 000 辆（标准车）。为加快推广应用工作的开展，绍兴市以绍兴市新能源汽车推广应用工作领导小组办公室的名义下达了全市 2019 年新能源汽车推广应用计划，将车辆推广任务分解到市本级和各区、县（市）。同时，加大宣传力度，激发消费者购买、使用新能源汽车的热情，积极在多个领域推动新能源汽车的应用。通过各方努力，2019 年全市累计推广各类新能源汽车 4 891 辆，折合标准车 8 893 辆，超额完成省下达的目标任务。

根据省下达的任务计划，并参考其他城市的财政扶持政策，绍兴市参照 2018 年的补贴政策，对在市区（主要是原袍江开发区）推广的新能源汽车按中央财政补贴标准的 50%给予补助，国家和地方的新能源汽车补助总额最高不超过车辆市场指导价的 50%，2019 年度市本级累计拨付配套资金 1 935.811 万元。

2. 加大基础设施布局力度

2019 年建成投运公交充电站 13 座，充电桩 214 根，充电功率 10 110 kW；建成社会充电站 6 座，充电桩 42 根，充电功率 930 kW。同时，在全省率先完成 23 座综合供能站充电桩部分的建设投运任务，共安装充电桩 57 根，充电功率 1 386 kW。在全省率先制定并发布《电动汽车充电站（桩）运营及服务》及《电动汽车充电（桩）建设与管理》地方标准；起草制定《绍兴市电动汽车充电基础设施建设运营管理暂行办法》，加强充电基础设施管理。

3. 抓好重大项目建设推进

紧盯重大工业项目，着力优服务、提质量、抓进度，新能源和智能汽车产业重点项目有力推进。全市共实施新能源和智能汽车产业项目 14 个，总投资 222.22 亿元，实际完成投资 20.26 亿元。其中，滨海新城电咖新能源汽车项目完成投资 8.86 亿元，一期主体工程完成结顶建设；三花新能源汽车产业园项目完成投资 1.04 亿元，已开展一期试生产；上虞卧龙新能源汽车动力总成产业化项目完成投资 2.25 亿元，部分设备已完成安装调试，项目开展试生产。全市共有 3 家新能源和智能汽车重点企业完成智能化改造，同时分两批实施了新能源和智能汽车智能化改造项目共计 7 个。

4. 布局培育新能源汽车全产业链

大力培育发展新能源汽车、智能网联汽车等绿色化、智能化、高端化交通装备等相关产业，强化整零协同，围绕上品种、上水平、上效益，充分利用高新技术，提高开发能力，推动汽车整车及零部件行业结构优化和产业升级，加大新能源和智能汽车整车及零部件产业链上下游协同创新。依托新能源电池、电机、节能装备制造等优势产业，绍兴市在初步培育形成新能源汽车智能中控、动力电池模组、直流永磁电机等新能源汽车核心零部件产业集聚区的基础上，积极推进新能源和智能汽车整车重大制造项目和研究开发基地项目落地。2019 年，天际汽车豪华智能电动 SUV-ME7 首台车量产下线，为绍兴市新能源汽车产业发展注入强大动能，新能源汽车产

业链培育迈上新台阶。

二、存在问题

1. 技术创新能力欠缺

新能源和智能汽车产业整车的设计与研发，核心零部件技术提升是制高点。目前，绍兴市相关企业自主研发能力相对薄弱，对国内外先进技术的依赖性较大且各企业独立研发很难形成技术资源整合的状态，低水平的重复建设容易造成人、财、物的浪费。

2. 配套设施相对不足

受到改造资源条件有限、市场准入门槛高、投资回报率低等多方面原因影响，绍兴市目前新能源汽车行业充电服务等配套设施建设整体上还不是很健全，一定程度上影响了新能源和智能汽车的推广和运营。

3. 产业链协同能力较弱

产品的探索设计、关键零部件的研发生产、整车的设计制造、产品的合格验收、基础配套设施的生产建设、售后服务的跟踪优化等构成了新能源和智能汽车完成的产业结构。绍兴市虽已形成以产品为导向的多个块状经济集群，但总体上仍局限于企业、产品等数量上的简单叠加，产业链各环节协同能力较弱，全产业链融合发展有待进一步向纵深推进。

三、2020 年工作思路

1. 打造标志性产业链

进一步“建链、强链、补链”，优化新能源和智能汽车整车布局，提升全产业链协同能力。一是优化产业规划布局。以滨海新区为核心，联动柯桥区、上虞区、诸暨市、嵊州市和新昌县，布局新能源和智能汽车整车生产基地，重点发展新能源汽车、智能网联汽车，协同沪杭甬等地，积极构建新能源汽车整车新进制造基地，打造新能源和智能汽车零部件产业集聚区。二是加快重大项目建设。围绕汽车整车制造，加大项目招引力度，优化项目服务，加快天际汽车二期、三花新能源汽车等重大项目建设，为产业发展注入强劲动力。三是发挥龙头引领带动作用。结合“雄鹰计划”和“隐形冠军”培育，培育壮大一批行业龙头企业，发挥龙头企业的引领带动作用，鼓励整车企业与零部件企业构建战略伙伴关系，加强信息共享和产业协作，增强产业链韧性。

2. 持续加快推广应用

加快充电服务等配套设施建设，推进全市电动汽车充电基础设施建设，分类有序推进城市公共充电站、社会公共停车场分散充电桩建设，完成省下达的目标任务。引导企业创新商业模式，支持和鼓励相关企业开展充电技术设备和运营模式创新，探索租赁业务与现代信息平台的融合，创新运营新模式。扩大公共服务领域新能源汽车应用规模，提高各区、县(市)新能源汽车在公共服务部门的应用力度，鼓励党政机关、企事业单位使用新能源汽车。

3. 布局发展氢能等未来产业

贯彻落实《浙江省加快培育氢能产业发展的指导意见》及 2019 年 8 月在长三角城市经济协调会第十九次市长联席会议上签署的《长三角氢能产业一体化发展框架协议》有关要求，编制《绍兴市氢能产业发展规划(2020—2025)》，提出绍兴市发展氢能产业的目标定位与发展重点，围绕构建氢能产业发展环境、提高核心技术研发能力、优化氢能产业布局、加快基础设施建设、加强氢能应用试点示范等方面提出建设任务和保障措施。

四、2019 年新能源汽车推广应用情况表

(单位:辆)

	2019 年实际推广数	截至 2019 年底累计推广数	2020 年计划推广数
实际车	4 891	15 317	—
标准车	8 893	31 317.5	4 200

五、2019 年整车企业产销情况表

(单位:万辆)

序号	企业(基地)名称	产能	2019 年产量		2019 年销量	
			总产量	新能源汽车产量	总销量	新能源汽车销量
1	天际汽车科技集团有限公司-天际汽车绍兴匠心智造工厂	6	0	0	0	0
2	厦门金龙绍兴分公司	0.3	0.085 7	0.033 5	0.085 7	0.033 5

金 华 市

一、2019 年节能与新能源汽车产业概况

新能源汽车产业是金华市重点培育的主导产业之一，是金华市实体经济的重要组成部分。金华市通过出台规划政策、召开产业大会、打造发展平台、培育龙头企业、推进重点项目等措施，积极推进新能源汽车产业发展。2019 年，金华市共有新能源汽车及配件企业 1 500 余家，其中规上企业 274 家，实现总产值 386.81 亿元，主营业务收入 373.87 亿元，上

缴税金总额10.3亿元。

二、2019年节能与新能源汽车扶持政策与措施

金华市出台了《金华市新能源汽车及配件产业培育方案》，制定了《金华市新能源汽车及配件产业发展规划》。谋划《金华市新能源汽车及配件产业若干意见》，涉及新能源客车、物流车、巡游车、私家车以及重大项目、科技创新、监管平台等方面的支持内容。金华转型升级产业基金设立了规模为5亿元的中车智慧物联新能源基金，设立了规模为2亿元的金东创驱新能源定向投资基金。各重点县市区也分别制定了相关的规划和支持政策。

三、2019年节能与新能源汽车推广应用情况

金华市大力探索新能源汽车推广应用商业模式，在公交领域以BRT示范线建设进行推广，物流领域以租赁模式进行推广，公共领域以组团租赁进行推广，私人领域以补助降本进行推广，多种模式合力推进新能源汽车的推广应用进程，2019年金华市推广新能源汽车9 182辆，超额完成年度任务2倍多。截至2019年底，金华市共推广新能源汽车21 919辆，建设充换电设施9 915个。

四、2019年节能与新能源汽车主要企业经营情况

金华市培育和引进了众泰、英伦、青年、零跑、爱特等一批新能源整车制造企业，拥有创驱科技、盘毂动力、锋锐、吉利等动力总成制造企业；衡远、东磁等动力电池企业；万里扬、今飞、捷孚传动、联谊等零部件制造企业以及部分二三级零件配套生产企业。产品已覆盖发动机、变速箱、轮毂、刹车泵、发动机传感器等各领域。零跑汽车具备智能传感器与视觉识别等智能汽车关键技术并正在产业化。全市还拥有路捷顺爆破器材、锦宇冷藏等一批专用车制造企业。

五、2019年节能与新能源汽车项目及园区建设情况

《金华新能源汽车产业园三年发展行动计划》编制完成，对园区蟠龙单元的控制性详细规划进行了调整，目前金华新能源汽车小镇已发展成为全省集聚新能源汽车企业最多、产业配套最强、发展环境最优的产业平台之一。永康众泰汽车小镇建设稳步推进，汽车工程研究院已完成前期审批并落实用地；义乌绿色动力小镇积极打造全球最大的汽车动力生产基地，启动“万亩千亿”新产业平台创建，平台规划编制已完成，项目建设初显成效，基础配套日渐完善；婺城飞扬智能制造小镇成功列入省级特色小镇培育名单，今飞、万里扬项目落地小镇，启动建设。

零跑新能源汽车项目、锋锐发动机项目、义利动力总成项目发动机区块、吉利发动机项目、英伦新能源整车项目、众泰新能源汽车E系列车型模具开发及自动化焊装线建设项目、铝合金汽车底盘及零部件机器换人生产线技改项目等建成投产，爱特新能源汽车、创驱动力总成项目、吉利DHT专用混动变速器、英伦二期项目已开工建设。今飞、万里扬、盘毂动力等项目已完成前期。另外还在谋划布局氢燃料电池汽车项目，填补金华市氢能产业的空白。

六、发展规划

1. 出台规划政策支持

重点围绕以下几方面：一是企业研发投入，支持企业开展前沿性技术、重大共性技术的研发攻关和协同创新；二是品牌建设，支持企业改善设备、技术、工艺等方面，改善产品结构、提升产品质量，实现产品优质化，打响金华品牌；三是协作配套，支持本地整车企业与零部件企业建立合作关系，加强企业间关键共性技术开发、技术人才引进、团队培训交流，产品配套协作，打造完善的产业配套链。

2. 建好产业发展平台

加强全市汽车产业平台的谋划布局，一是重点推进金华新能源汽车小镇、义乌绿色动力小镇、永康众泰小镇、婺城区飞扬智能小镇等重点平台建设，促进重大项目向重点平台集聚；二是建设一批新能源汽车及配件小微企业园来集聚小微企业，提升配套度；三是建设若干产业创新服务综合体来承载技术、科技、人才等创新要素；四是积极对接上海、宁波、杭州等新能源整车制造基地，加强跨区域产业合作，协同发展。

3. 培育引进龙头企业

一是培育整车企业，推动本地企业与知名车企的合作，研发制造新车型，提高整车企业产能利用率。二是谋划引进补链企业，针对金华市汽车产业链缺失部分，重点招引仪器仪表零部件总成、车架零部件总成、传动系统总成、转向系统总成、车身轻量化等关键零部件企业。三是做强本地配件企业，实施技术改造，提升产品质量，提升本地配套能力，提高本地产品配套采购占比。

4. 做好企业帮助服务

针对目前汽车市场不景气，金华市部分新能源汽车及配件产业企业出现订单不足、流转资金紧张、媒体舆论恶意报道等情况，会同相关部门及产业联盟，积极开展帮扶工作，支持引导企业树立信心，提高技术含量和产品竞争力，调整发展战略，避免行业内不当竞争及负面影响。同时要围绕“最多跑一次改革”，“无证明城市”改革，工业“标准地”出让，以“三服务”活动为抓手，积极推进各项惠企政策落实到位。

七、2019年本地区新能源汽车推广应用统计表

(单位：辆)

车型 燃料	公交车	旅游大巴	公务车	出租车	租赁用车	私人用车	环卫车	物流车	邮政车	工程车	载货车	其他	合计
纯电动汽车	412	0	0	0	0	7 981	0	0	0	0	0	0	8 393
插电式混合动力汽车	69	0	0	0	0	720	0	0	0	0	0	0	789
增程式电动汽车	0	0	0	0	0	0	0	0	0	0	0	0	0

续上表

燃料＼车型	公交车	旅游大巴	公务车	出租车	租赁用车	私人用车	环卫车	物流车	邮政车	工程车	载货车	其 他	合 计
燃料电池汽车	0	0	0	0	0	0	0	0	0	0	0	0	0
合 计	481	0	0	0	0	8 701	0	0	0	0	0	0	9 182

八、2019 年本地区重点新能源汽车企业产销量统计表

生产企业名称	产品商标	车辆类型	通用名称	产量统计(辆)	销量统计(辆)
众泰新能源汽车有限公司	众泰	纯电动轿车	E200 Pro	1 494	1 565
众泰新能源汽车有限公司	众泰	纯电动轿车	Z500EV Pro	294	280

九、2019 年 12 月底本地区电动汽车充(换)电站(桩)保有量统计表

充电站		充电桩		换电站
城市名称	数量(座)	慢充(个)	快充(个)	数量(座)
金华市	174	13 603	2 186	0

武 汉 市

一、2019 年节能与新能源汽车产业概况

2019 年，武汉市汽车产业受宏观经济下行压力，全市汽车产量同比下降 10%，工业产值微增 2.9%。但同期新能源汽车产业逆势上扬，总产量超过 1.5 万辆，产值超过 50 亿元，其中新能源乘用车产量增幅 50%。

武汉市新能源乘用车均由传统燃油汽车整车企业转型升级，新投产新能源车型而产生，目前全市仅有东风乘用车公司投产了新能源车型，按照计划，上汽通用、神龙汽车已分别投产新能源乘用车型，全市新能源乘用车产销规模显著增长。武汉市拥有比亚迪、扬子江、武汉开沃、武汉客车厂四家新能源客车厂，拥有九通、斯贝卡等多家新能源专用车整车厂。

目前，武汉市拥有 20 多家新能源汽车零部件配套企业，从事锂电池及动力电池包生产的企业包括东风时代、武汉力神、蓝时集团、东软睿驰、中兴高能和亿纬锂能等项目。从事锂电池隔膜生产的企业有武汉惠强、中兴新材、衡川科技。从事新能源汽车电机电控领域的企业有合康动力、理工通宇新能源、东风中冶南方自动化、712 研究所和英康汇通电气公司、东风航盛汽车电控项目。建成新能源汽车科研机构有新能源车及零部件检测中心、新能源汽车工研院和武汉资环工研院、骆驼电池研究院。同时在燃料电池汽车产业方面武汉市也拥有良好基础。一是燃料电池汽车产业已被列入全市“十三五”发展规划和《武汉制造 2025 行动纲要》，成立了由市长担任组长的氢能产业发展领导小组。二是部分关键技术取得突破，武汉市是我国较早进行燃料电池技术研发和产业化的先行者之一，前期已经开发了一批燃料电池汽车、燃料电池无人机和燃料电池关键材料与零部件。中国地质大学(武汉)常温常压储氢技术，解决了传统高压运输高成本、高风险的难题，突破了氢能源产业链中的关键环节障碍，目前正在产业化阶段。武汉理工大学研发的氢燃料电池膜电极达到国内先进水平，九成销往国外。市政府和同济大学、中国地质大学(武汉)联合共建了氢能汽车产业创新发展平台，整合了同济大学有关燃料电池系统集成与控制技术等创新资源，初步具备了燃料电池汽车产业化技术与能力。三是氢能资源储备丰富，武汉市拥有众多的煤焦油、石化等化工企业，加上周边荆门和应城等城市石膏、岩盐矿产资源储量充足，氢气来源丰富。四是形成了较为完善的产业链，汇聚了包括扬子江汽车、武汉开沃、雄韬股份、武汉氢阳、武汉泰歌、武钢气体、众宇动力、中船 712 所、武汉理工新能源、华中科技大学、武汉理工大学、中国地质大学(武汉)资环工研院等一批重点企业和单位，具备了氢能、燃料电池、燃料电池动力系统平台、燃料电池汽车等较完整的产业配套体系。

二、2019 年节能与新能源汽车推广应用情况

积极推进新能源汽车在汉推广应用。继续给予新能源汽车优先通行权、财政补贴和基础设施配套等支持政策，截至 2019 年底，全市新能源汽车保有量达到 6.85 万辆，新增 1.99 万辆，推广规模排在全国传统燃油汽车非限牌城市前列。充分发挥新能源汽车及充电基础设施监管平台作用，协调推进华力运通公司和新能源整车企业及充电设施企业开展联调工作，督促全市新能源汽车及充电基础设施接入第三方监测与管理平台。全市新能源汽车及充电基础设施监管平台已联调新能源整车企业 80 家，接入车型 350 款，车辆 48 300 台；充电设施企业已联调 40 家，接入充电站 300 个，充电桩 11 608 个。

三、2019 年节能与新能源汽车项目及园区建设情况

目前，五大乘用车整车企业中上汽通用、神龙汽车、东风乘用车均已投产新能源汽车。武汉氢雄和东风“三电”产

业园区均正式投产，产能逐步提升；资环工研院的 3 辆和武汉氢雄的 20 辆燃料电池公交车已分别在东湖高新区和武汉开发区载客运行；资环工研院研发的格罗夫燃料电池乘用车样车已对外展示，全市运营燃料电池汽车 58 辆。

四、2019 年基础设施建设及运行情况

武汉做到配套设施建设先行，全市成立了市停车场及新能源汽车配套设施建设工作领导小组，下设指挥部，专班推进新能源汽车配套设施建设工作。截至 2019 年底，全市建成集中式充电站 703 个，充电桩 71 027 个，具备安装充电桩条件的泊位 13 万余个；氢燃料电池公交首度在汉示范运行，加氢站也首次投入应用；已投入运营的加氢站 3 座，为新能源汽车推广应用提供良好的设施配套环境。

五、发展规划

一是积极推动五大整车企业加快新能源汽车产业化步伐，进一步提升新能源汽车行业占比。通过雄韬股份和资环工研院燃料电池汽车的批量示范运行，带动全市燃料电池汽车产业发展。

二是全力推进加氢站设施配套建设，为燃料电池汽车示范运行创造条件，同时充分发挥武汉市新能源汽车和充电基础设施第三方监管平台的作用，提升新能源汽车监管和服务水平。

三是组织开展新能源汽车推广应用财政补贴资金有关工作，继续做好新能源汽车推广应用中央财政补贴资金的申报和拨付工作，做好武汉市新能源汽车推广应用地方财政补贴资金的清算工作。

襄 阳 市

一、2019 年节能与新能源汽车产业概况

2019 年襄阳市新能源汽车产值 247 亿元，同比增长 8.53%。氢燃料电池产业布局初步完成。2019 年全市生产氢燃料电池汽车底盘 1 808 辆，同比增长 128.57%。武汉海亿新能源科技有限公司在老河口市投资建设高性能氢燃料电池发动机系统生产线。东风汽车股份有限公司与武汉理工大学、国家电力投资集团有限公司在襄阳就氢燃料汽车研发与制造、氢能交通应用示范与推广等方面的合作签订了《战略合作协议》。襄阳达安汽车检测中心氢燃料电池实验室已经建成，成为国内首个具备氢燃料电池汽车测试能力的试车场。在智能网联汽车方面，2019 年 4 月 2 日东风汽车集团有限公司、襄阳市人民政府、华为技术有限公司签署《“智行隆中”项目战略合作框架协议》，全面推进智慧汽车谷、智慧出行、智慧物流和智慧交通云平台四个板块建设。

二、2019 年节能与新能源汽车扶持政策与措施

政策名称	文件号	发布单位	发布日期	政策概要
襄阳市新能源汽车充电基础设施建设运营管理办法（试行）	襄政办发〔2019〕4 号	襄阳市人民政府办公室	2019-02-15	规范新能源汽车充电基础设施建设、运营、管理

三、2019 年节能与新能源汽车推广应用情况

2019 年，襄阳市共推广新能源汽车 9 081 辆。

四、2019 年节能与新能源汽车主要企业经营情况

2019 年东风汽车股份公司 EM19 纯电动物流车正式上市。

五、2019 年节能与新能源汽车项目及园区建设情况

2019 年武汉海亿新能源科技有限公司在老河口市投资建设高性能氢燃料电池发动机系统生产线。东风汽车股份有限公司与武汉理工大学、国家电力投资集团有限公司在襄阳就氢燃料汽车研发与制造、氢能交通应用示范与推广等方面的合作签订了《战略合作协议》。

六、2019 年基础设施建设及运行情况

截至 2019 年，已累计建设充电桩突破 1 700 个，充电桩群超过 140 个，其中 3 座大型充电站全部满负荷运营且未发生一起安全事故。

七、发展规划

推动纯电动汽车产业链升级。支持东风股份等新能源汽车企业技术创新，推动企业新能源汽车产品升级。积极开展氢燃料电池汽车产业链建设。支持国电投、东风汽车股份公司在襄阳开展包括氢燃料电池汽车在内的氢能产业项目建设，做好襄阳市加氢站建设运营和燃料电池示范线推广应用等项目工作，推进襄阳打造氢燃料电池汽车产业集群。着力推进智能网联汽车产业发展。发挥“智行隆中”项目示范效应，依托东风汽车、华为公司、中国联通等龙头企业，针对智能网联汽车产业链研发、制造企业开展招商工作，壮大襄阳市智能网联汽车上下游产业实力，创建国家先进制造业产业集群（智能网联汽车）。

郑 州 市

一、2019 年节能与新能源汽车产业概况

郑州市已形成了客车、乘用车、新能源汽车三大整车生产格局，涵盖了客车、皮卡、SUV、MPV、轿车、微客等系列化的产品体系，构建了较为完整的汽车产业链。为加快新能源汽车推广应用，2019 年郑州市出台了《郑州市加快新能源汽

车推广应用若干政策》《郑州市加快推进新能源及网联汽车发展实施方案》,全年新能源汽车推广应用总计30 474辆,累计推广新能源汽车超过11万辆。

二、2019年节能与新能源汽车扶持政策与措施

政策名称	文件号	发布单位	发布日期	政策概要
郑州市加快新能源汽车推广应用若干政策	郑政〔2019〕19号	郑州市人民政府	2019－08－19	从新能源汽车购置补贴(2019年6月25日前)、使用环节补贴、鼓励新能源汽车分时租赁、加氢站建设等方面给予财政奖补支持

三、2019年节能与新能源汽车推广应用情况

全年新能源汽车推广应用总计30 474辆,累计推广新能源汽车超过11万辆。其中,新增新能源公交车1 000台,12月31日前全部完成挂牌;新增新能源出租车(网约出租车)5 405辆,占新增出租车数量的100%。

四、2019年节能与新能源汽车主要企业经营情况

宇通客车是中国客车第一品牌,综合实力居国内同行业之首,时为世界最大的客车生产基地,引领国内客车发展方向,国内市场占有率达到38%,全球市场占有率达到13%,被李克强总理称为中国制造业"走出去"的典范;郑州日产是日产汽车在中国大陆的第一个整车合资企业,公司共有NISSAN、东风两个品牌,主要生产皮卡、SUV、高端轻卡、MPV、城市多功能商用车等,高端皮卡市场占有率全国第1;东风日产郑州基地,2010年建成投产,主要生产奇骏、启辰等车型;海马汽车主要生产经济型轿车、SUV和海马新能源汽车;上汽乘用车郑州基地产能60万辆,主要生产荣威、名爵品牌乘用车,目前已下线整车50万辆。

五、2019年节能与新能源汽车项目及园区建设情况

2019年,恒大新能源科技产业项目签约郑州,7月已开工建设;2019年6月郑州机动车质量检验检测认证技术研究中心项目签约;8月上汽集团云计算数据中心项目开工;积极推进上汽乘用车二期30万辆整车及零部件配套项目、上汽动力总成项目、上汽集团数据中心项目、东风日产启辰新能源汽车等项目的建设。

六、2019年基础设施建设及运行情况

坚持按照"适度超前、车桩相随、智能高效"的原则,科学规划、统筹建设充换电基础设施。为加快推动郑州市电动汽车充电基础设施建设,2019年将新增各类充电桩5 000个列入民生实事,制定了《郑州市2019—2020年电动汽车充电基础设施建设实施方案》,在具备条件的政府机关、公共机构、企事业单位、用户居住地、高速公路服务区和公共服务领域等加快布局充电设施,为电动汽车充电提供便利。2019年,全市新建充电站64个,新增6 320个充电桩已完成验收。截至2019年底,郑州市累计已建成充电桩超1.7万个。

七、发展规划

一是开展智能网联汽车示范运营,加快发展智能网联汽车,推进市智能网联汽车道路测试路线工作。二是开展氢燃料电池公交示范运营,不断扩大示范应用的范围和车辆数量,积极申报氢燃料电池汽车示范城市。

八、2019年本地区新能源汽车推广应用统计表

(单位:辆)

车辆用途	公交车	旅游大巴	公务车	出租车	租赁用车	私人用车	环卫车	物流车	邮政车	工程车	载货车	其　他	合　计
合　计	1 000	341	117	5 405	0	0	80	0	0	0	5 354	23 779	30 474

九、2019年本地区重点新能源汽车企业产销量统计表

生产企业名称	产量统计(辆)
郑州宇通客车股份有限公司	4 051
上汽乘用车郑州分公司	11 430
广州风神郑州分公司	4 190
郑州日产汽车有限公司	3 129
海马汽车有限公司	2 180

十、2019年12月底本地区电动汽车充(换)电站(桩)保有量统计表

充电站		充电桩		换电站
城市名称	数量(座)	慢充(个)	快充(个)	数量(座)
郑州市	169	0	1.7万	4

新 乡 市

一、2019 年节能与新能源汽车产业概况

2019 年,全市电池与电动车产业 51 户规上企业主营业务收入同比增长 1.7%,占全市总量的 3.2%。

二、2019 年节能与新能源汽车推广应用情况

2019 年,新乡市共推广新能源汽车 2 599 辆,其中:大中型客车 84 辆、乘用车 2 480 辆、货车 35 辆,折合标准车型 3 523 辆,完成省定标准车型 3 500 辆推广任务。

三、2019 年节能与新能源汽车项目及园区建设情况

2019 年,新乡市新能源汽车专业园区、动力电池专业园区、电池与电动车专业园区营业收入分别增长 26.6%、35.2%、18.7%。

四、2019 年基础设施建设及运行情况

2019 年,新乡市建设大型充电站 2 座,充电机功率总计 614 kW,建设站外充电桩 22 个。

五、2019 年节能与新能源汽车项目及园区建设情况

2016 年 10 月 24 日,《新乡市加快新能源汽车推广应用及产业化发展实施方案(2016—2020 年)》印发,新乡市将大力推广新能源汽车并支持产业化发展。依据《新乡市电池与电动车产业“十三五”发展指导规划》,“十三五”期间,新乡市将着力推动锂离子电池为主的动力电池升级,重点做大做强锂离子电池、完善锂电池产业链、研发新型电池,推动新能源汽车及相关产业快速发展。

六、2019 年基础设施建设及运行情况

2019 年,新乡市建设大型充电站 2 座,充电机功率总计 614 kW,建设站外充电桩 22 个。

七、发展规划

2016 年 10 月 24 日,《新乡市加快新能源汽车推广应用及产业化发展实施方案(2016—2020 年)》印发,新乡市将大力推广新能源汽车并支持产业化发展。依据《新乡市电池与电动车产业“十三五”发展指导规划》,“十三五”期间,新乡市将着力推动锂离子电池为主的动力电池升级,重点做大做强锂离子电池、完善锂电池产业链、研发新型电池,推动新能源汽车及相关产业快速发展。

八、2019 年 12 月底本地区电动汽车充(换)电站(桩)保有量统计表

充电站		充电桩		换电站
城市名称	数量(座)	慢充(个)	快充(个)	数量(座)
新乡市	55	553	496	4

广 州 市

一、2019 年节能与新能源汽车产业概况

2019 年 1—10 月,广州市新增新能源汽车 70 230 辆,全市新能源汽车保有量达到 21 万辆,累计充电超过 12.4 kWh,行驶里程超过 57.7 亿 km。

二、2019 年节能与新能源汽车扶持政策与措施

政策名称	文件号	发布单位	发布日期	政策概要
广州市新能源汽车发展工作领导小组办公室关于加快我市公务领域新能源汽车推广应用的通知	穗新能源汽车办〔2019〕2 号	广州市新能源汽车发展工作领导小组办公室	2019-08-05	加快广州市公务领域新能源汽车推广应用,做好示范引领,带动广州市新能源汽车、智能汽车产业发展
广州市交通运输局关于加快新能源网络预约出租汽车推广使用的通知	穗交运函〔2019〕2210 号	广州市交通运输局	2019-08-02	加快新能源网络预约出租汽车推广使用
广州市新能源货车推广工作实施方案(2019—2020 年)	穗交运〔2019〕263 号	广州市交通运输局	2019-07-03	进一步加快广州市新能源货车在道路运输领域推广应用
广州市巡游出租车纯电动推广应用指标奖励工作实施方案	穗交运规字〔2020〕74 号	广州市交通运输局	—	为加快推进广州市巡游出租车行业纯电动的推广使用,构建绿色交通体系,制定相关奖励措施

三、2019 年节能与新能源汽车推广应用情况

2019 年 1 月—10 月,广州市新增新能源汽车 70 230 辆(上牌数),全市新能源汽车保有量达到 21 万辆。目前。全市累计推广应用纯电动公交车 11 310 辆;新能源出租车 6 266 辆;新能源网约车 56 263 辆;党政机关、事业单位新能源公务车 184 辆;新能源环卫车 137 辆;新能源货车 537 辆;新能源港口作业车辆 83 辆。

四、2019年节能与新能源汽车主要企业经营情况

广州市共有自主品牌新能源汽车企业8家，包括广汽乘用车、广汽比亚迪、东风启辰、东风日产、北汽（广州）、广汽新能源、广汽蔚来、小鹏汽车。目前已全部实现新能源汽车量产。2019年1月—10月，全市新能源汽车产量45 277辆，同比增长超1倍。广汽传祺品牌先后推出纯电动汽车Aion S和Aion LX，订单已超5万辆。小鹏汽车产量突破1.4万辆，东风日产、广汽丰田、广汽本田产销稳中有进，北汽（广州）工厂产量接近4 000辆。

五、2019年节能与新能源汽车项目及园区建设情况

广汽智能网联汽车产业园、小鹏智能网联新能源汽车产业园、恒大新能源汽车、宝能新能源汽车、中汽中心华南基地、广汽丰田第四线等一批新能源智能汽车重大项目加快推进，总计完成投资超过160亿元。

六、2019年基础设施建设及运行情况

目前，在广州市充电设施智能管理平台“羊城”充App登记的充电运营商已达197家，充电站点2 997座，充电桩26 615个（其中直流桩14 171个，交流桩12 444个），总功率超140万kW；建成并启用加氢站2座。

七、发展规划

（1）统筹推进新能源智能汽车发展。
（2）推动新能源智能汽车产业高质量发展。
（3）进一步提升重大基础设施建设和管理水平。
（4）大力营造有利于新能源智能汽车加快发展的环境。

八、2019年节能与新能源汽车推广应用数量

（单位：辆）

燃料＼车型	公交车	旅游大巴	公务车	出租车	租赁用车	私人车	环卫车	物流车	邮政车	电力工程车	载货车	其他	合计
纯电动汽车	193	43	752	10 809	10 760	11 641	0	1 742	0	0	0	39	35 979
非插电式混合动力汽车	0	0	0	0	0	0	0	0	0	0	0	0	0
插电式混合动力汽车	0	0	24	76	1 186	10 567	0	0	0	0	0	0	11 853
增程式电动汽车	0	0	0	0	0	0	0	0	0	0	0	0	0
燃料电池汽车	0	0	0	0	0	0	0	0	0	0	0	0	0
合计	193	43	776	10 885	11 946	22 208	0	1 742	0	0	0	39	47 832

注：本表统计的数据为符合广州市地方补贴的车型数据。

九、2019年节能与新能源汽车推广应用车型及数量

应用地区	车型	通用名称	数量（辆）
广州市	北京牌纯电动新能源乘用车	—	5 078
	比亚迪牌纯电动新能源乘用车	—	6 983
	比亚迪牌插电式混合动力乘用车	—	4 106
	吉利牌纯电动新能源乘用车	—	4 304
	吉利牌插电式混合动力乘用车	—	1 143
	吉利牌纯电动新能源物流车	—	148
	东风牌纯电动新能源乘用车	—	229
	广汽传祺牌纯电动新能源乘用车	—	8 783
	广汽传祺牌插电式混合动力乘用车	—	2 746
	广汽丰田牌纯电动新能源乘用车	—	45
	广汽丰田牌插电式混合动力乘用车	—	433
	广汽三菱牌纯电动新能源乘用车	—	32
	广汽三菱牌插电式混合动力乘用车	—	501
	江淮牌纯电动新能源乘用车	—	26
	解放牌纯电动新能源乘用车	—	37
	开瑞牌纯电动新能源物流车	—	1 350
	开沃牌纯电动新能源乘用车	—	554
	开沃牌纯电动新能源客车	—	94
	开沃牌纯电动新能源物流车	—	238
	领克牌插电式混合动力乘用车	—	650

续上表

应用地区	车型	通用名称	数量(辆)
广州市	名爵牌纯电动新能源乘用车	—	35
	名爵牌插电式混合动力乘用车	—	121
	欧拉牌纯电动新能源乘用车	—	592
	奇瑞牌纯电动新能源乘用车	—	798
	荣威牌纯电动新能源乘用车	—	848
	荣威牌插电式混合动力乘用车	—	1 756
	上海申龙牌纯电动新能源客车	—	100
	上汽大通牌纯电动新能源物流车	—	3
	太行成功牌纯电动新能源物流车	—	2
	魏派牌插电式混合动力乘用车	—	135
	小鹏牌纯电动新能源乘用车	—	3 690
	一汽红旗牌纯电动新能源乘用车	—	1 960
	宇通牌纯电动新能源客车	—	42
	云度牌纯电动新能源乘用车	—	8
	长安福特牌插电式混合动力乘用车	—	262

十、2019 年本地区重点新能源汽车企业产销量统计表

生产企业名称	产品商标	车辆类型	销量统计(辆)
广州汽车集团乘用车有限公司	广汽传祺	GAC6450CHEVA5D 插电式混合动力乘用车	1 547
广州汽车集团乘用车有限公司	广汽传祺	GAC6450CHEVA5E 插电式混合动力乘用车	1 172
广州汽车集团乘用车有限公司	广汽传祺	GAC7000BEVH0A 纯电动乘用车	10
广州汽车集团乘用车有限公司	广汽传祺	GAC7000BEVH0A 插电式混合动力乘用车	2
广州汽车集团乘用车有限公司	广汽传祺	GAC7150CHEVA5D 插电式混合动力乘用车	26
广州汽车集团乘用车有限公司	广汽传祺	GAH7000BEVH0A 插电式混合动力乘用车	18
广州汽车集团乘用车有限公司	广汽传祺	GAH7000BEVH0B 纯电动乘用车	4 091
广州汽车集团乘用车有限公司	广汽传祺	GAH7000BEVH0C 纯电动乘用车	9
广州汽车集团乘用车有限公司	广汽传祺	GAM6480BEVB0B 纯电动乘用车	1
广州汽车集团乘用车有限公司	广汽传祺	GAM6480BEVB0C 纯电动乘用车	127
广州汽车集团乘用车有限公司	广汽传祺	GAM7000BEVA0C 纯电动乘用车	2 797
广州汽车集团乘用车有限公司	广汽传祺	GAM7000BEVA0E 纯电动乘用车	12
广州汽车集团乘用车有限公司	广汽传祺	GAM7000BEVA0F 纯电动乘用车	1
广州汽车集团乘用车有限公司	广汽传祺	GAM7000BEVA0G 纯电动乘用车	1 716
广汽丰田汽车有限公司	广汽丰田	GTM6450GBEV 纯电动乘用车	20
广汽丰田汽车有限公司	广汽丰田	GTM70002BEV 纯电动乘用车	25
广汽丰田汽车有限公司	广汽丰田	GTM7180LCHEVM 插电式混合动力乘用车	433
东风汽车集团有限公司	东风牌	DFA7000A1F4BEV 纯电动乘用车	55
东风汽车集团有限公司	东风牌	DFA7000L2ABEV4 纯电动乘用车	170
郑州日产汽车有限公司	东风牌	ZN6452V1YBEV 纯电动乘用车	1
郑州日产汽车有限公司	东风牌	ZN6453V1YBEV 纯电动乘用车	2
郑州日产汽车有限公司	东风牌	ZN6496H2YBEV 纯电动乘用车	1

十一、2019 年 12 月底本地区电动汽车充(换)电站(桩)保有量统计表

	充电站				充电桩		换电站
城市名称	数量(座)	充电机功率总计(kW)	充电站占地面积(m²)	投资金额(万元)	慢充(个)	快充(个)	数量(座)
广州市	2 997	1 406 835	—	—	12 444	14 171	30

深圳市

一、2019年节能与新能源汽车产业概况

因受补贴退坡、中美贸易摩擦等多重因素影响,深圳市新能源汽车产业于2019年首次出现负增长。根据重点企业监测数据推算,2019年深圳市新能源汽车产值约1 559亿元,同比下降11.62%;产业链上下游均受到不同程度的影响。其中,下游整车产值约499.83亿元,同比下降19.9%,中游三电和核心零部件环节产值约为965.94亿元,同比下降8.96%;上游锂电材料产值约为93.23亿元,同比上升17.67%。

二、2019年节能与新能源汽车扶持政策与措施

政策名称	文件号	发布单位	发布日期	政策概要
深圳市2019—2020年新能源汽车推广应用财政补贴实施细则	深发改规〔2020〕1号	深圳市发展和改革委员会	2020年2月18日	根据财建〔2019〕138号文和财建〔2016〕958号文对“地方财政补贴(地方各级财政补贴总和)不得超过中央财政单车补贴额的50%”等有关要求,深圳市2019—2020年新能源汽车(燃料电池汽车除外)购置财政补贴标准按财建〔2019〕138号文50%执行 2019年8月7日以后上牌的新能源汽车不再给予购置补贴

三、2019年节能与新能源汽车推广应用情况

2019年,深圳市研究制定了《深圳市2019—2020年新能源汽车推广应用财政补贴实施细则》等政策,并安排约5亿元新能源汽车推广应用专项资金,重点支持新能源汽车车辆购置、充电基础设施建设等,进一步扩大新能源汽车推广应用规模。

2019年全年,深圳市新增推广新能源汽车92 815辆,其中纯电动公交车428辆、纯电动通勤车520辆、纯电动出租车105辆、纯电动网约车20 605辆、纯电动物流车16 369辆、新能源私家车53 285辆、纯电动环卫车351辆、氢燃料电车物流车657辆,其他新能源汽车495辆。

四、2019年节能与新能源汽车主要企业经营情况

2019年内,比亚迪股份有限公司(以下简称“比亚迪”)实现收入约人民币1 277.39亿元,同比下降1.78%;归属于上市公司股东的净利润16.14亿元,同比下降41.93%;其中汽车及相关产品业务的收入约人民币632.67亿元,同比下降16.76%,占比亚迪总收入的比例为49.53%;新能源汽车业务收入约人民币401.45亿元,同比下降23.42%,占集团收入比例下降至31.43%。

比亚迪全年累计销售45.12万辆,同比下降13.34%。其中,新能源汽车21.94万辆,燃油汽车23.19万辆,基本实现新能源与燃油车平分秋色的局面。

五、2019年节能与新能源汽车项目及园区建设情况

坪山区新能源汽车产业基地建立国家合格评定认可委员会CNAS认证实验室3家、国家级技术中心研究院所实验室4家、地方级技术中心研究院所实验室12家,引入了国家工程实验室——“北理工电动车辆国家工程实验室(深圳)”项目。智能网联交通测试示范平台规划建设稳步推进;开沃新能源汽车产业园、贝特瑞正极事业总部生产及研发基地等重大项目建设不断取得新进展,集聚效应日渐凸显。

六、2019年基础设施建设及运行情况

2019年1—12月,深圳市累计建成各类充电桩9 300个,其中直流充电桩1 800个、交流充电桩7 500个。

七、发展规划

到2020年底,小型物流车纯电动化率超过50%;深圳市累计建设公交综合车场(充电站)13个,各类快慢充电桩约12万个;城市中心区域社会公共充电站服务半径小于0.9 km。

八、2019年本地区新能源汽车推广应用统计表

(单位:辆)

车型 燃料	公交车	旅游大巴	公务车	出租车	租赁用车	私人用车	环卫车	物流车	邮政车	工程车	载货车	其他	合计
纯电动汽车	428	520	0	105	20 605	21 314	351	16 369	0	495	0	0	60 187
插电式混合动力汽车	0	0	0	0	0	31 971	0	0	0	0	0	0	31 971
增程式电动汽车	0	0	0	0	0	0	0	0	0	0	0	0	0
燃料电池汽车	0	0	0	0	0	0	0	0	0	0	0	657	657
合计	428	520	0	105	20 605	53 285	351	16 369	0	495	0	657	92 815

九、2019 年本地区重点新能源汽车企业产销量统计表

生产企业名称	产品商标	车辆类型	通用名称	产量统计(辆)	销量统计(辆)
比亚迪汽车工业有限公司	比亚迪	插电式混合动力	唐 DM	33 861	34 014
比亚迪汽车工业有限公司	比亚迪	纯电动	唐 EV	6 945	6 931
比亚迪汽车工业有限公司	比亚迪	插电式混合动力	宋 MAX DM	1 347	1 397
深圳东风汽车有限公司	东风牌	纯电动专用车	高压清洗车	20	18
深圳东风汽车有限公司	东风牌	纯电动专用车	路面养护车	16	5
深圳东风汽车有限公司	东风牌	纯电动专用车	扫路车	7	4
深圳东风汽车有限公司	东风牌	纯电动专用车	桶装垃圾车	184	184
深圳东风汽车有限公司	东风牌	纯电动专用车	洗扫车	28	13
深圳东风汽车有限公司	东风牌	纯电动专用车	自装卸式垃圾车	30	21
深圳开沃汽车有限公司	开沃牌	纯电动	移动补电车	15	15
深圳开沃汽车有限公司	开沃牌	纯电动	纯电动公交	25	25
深圳开沃汽车有限公司	开沃牌	纯电动	纯电动大巴	52	52
深圳开沃汽车有限公司	开沃牌	纯电动	纯电动大巴	5	5
深圳开沃汽车有限公司	开沃牌	纯电动	纯电动大巴	191	191
深圳开沃汽车有限公司	开沃牌	纯电动	纯电动大巴	2	2
深圳开沃汽车有限公司	开沃牌	纯电动	纯电动大巴	16	16
深圳开沃汽车有限公司	开沃牌	纯电动	纯电动大巴	3	3
深圳开沃汽车有限公司	开沃牌	纯电动	纯电动公交	10	10
深圳开沃汽车有限公司	开沃牌	纯电动	纯电动中巴	30	30
深圳开沃汽车有限公司	开沃牌	纯电动	纯电动公交	100	100
深圳开沃汽车有限公司	开沃牌	纯电动	纯电动中巴	2	2
深圳开沃汽车有限公司	开沃牌	纯电动	纯电动公交	20	20
深圳开沃汽车有限公司	开沃牌	纯电动	纯电动物流车	581	581
深圳开沃汽车有限公司	开沃牌	纯电动	纯电动物流车	160	160
深圳开沃汽车有限公司	开沃牌	纯电动	纯电动泥头车	1 200	1 200
合计				44 850	44 999

十、2019 年 12 月底本地区电动汽车充(换)电站(桩)保有量统计表

充电站		充电桩		换电站
城市名称	数量(座)	慢充(个)	快充(个)	数量(座)
深圳市	4 512	60 200	25 800	0

佛 山 市

一、2019 年节能与新能源汽车产业概况

2019 年,佛山市认真贯彻落实国家、省关于培育发展新能源汽车产业发展的决策部署,按照《广东省加快推进新能源汽车产业创新发展 2019 年工作要点》要求,依托制造业基础和优势,将新能源汽车产业作为优先发展的战略性新兴产业,进一步加强项目引进,加大政策支持,努力将其打造为佛山市支柱产业,在整车生产能力、关键零部件和材料生产、应用推广和基础设施建设等方面均取得良好工作成效。

佛山市是国内布局和发展氢能产业的先发地区之一。以南海区“广东新能源汽车产业基地(仙湖氢谷)”、高明区“现代氢能有轨电车修造基地”为主要载体,构建起了涵盖上游制—储—运—加氢能基础设施、中游氢燃料电池核心部件和动力总成、下游氢能源汽车制造以及研发检测与配套服务等环节的氢能产业链条,汇集了超过 90 家涉氢企业和科创平台,推动佛山成为国内氢能产业链构建最完善的领军城市。其中,爱德曼、广东重塑、探索汽车、海德利森、飞驰汽车、中车四方等已逐步成为行业头部企业,燃料电池电堆及系统、燃料电池汽车等核心产品市场占有率位居全国前列。

二、2019 年节能与新能源汽车扶持政策与措施

政策名称	文件号	发布单位	发布日期	政策概要
关于印发《佛山市南海区促进加氢站建设运营及氢能源车辆运行扶持办法》的通知	南府办〔2019〕2 号	佛山市南海区人民政府办公室	2019-01-09	设立南海区加氢站建设运营及氢能源车辆运行专项扶持资金。对符合条件的加氢站建设、运营及氢能源车辆运行予以扶持补贴
《关于做好〈电动汽车充电基础设施项目建设技术规程〉实施工作的通知》	佛建〔2019〕2 号	佛山市住房和城乡建设局 佛山市自然资源局 佛山市发展和改革局	2019-02-03	明确新建居住(小)区和大型公共建筑、既有住宅小区以及个人在自有停车库建设充电基础设施配置要求,同时明确个人在自有停车库、停车位,各居住区、单位在既有停车泊位安装充电设施的,无须办理建设用地规划许可证、建设工程规划许可证和施工许可证要求
关于印发《佛山市南海区产业提升基金管理办法》的通知	南府办函〔2019〕188 号	佛山市南海区人民政府办公室	2019-07-25	产业提升基金规模为 50 亿元,按投资进度分期实施,由南海区财政安排出资。产业提升基金存续期原则上为 20 年,用于培育新能源、机器人、新材料、新型生物医药、新一代电子信息、安全、军民融合等新兴产业
关于印发《佛山市关于广东省新能源汽车产业创新发展贴息资金管理工作指引》的通知	佛发改新能函〔2019〕28 号	佛山市发展和改革局 佛山市财政局	2019-08-13	对符合指引条件的新能源汽车根据广东省财政贴息资金安排给予贴息补助;对乘用车补贴标准为:应获国家购置补贴×销售当年银行贷款—年基准利率×0.5;对商用车补贴标准为:应获国家购置补贴销售当年银行贷款—年基准利率×1;单个企业最高限额为 1 亿元
关于印发佛山市新能源汽车产业发展规划(2019—2030 年)的通知	佛发改新能〔2019〕15 号	佛山市发展和改革局	2019-11-04	包括发展基础与环境、总体要求与目标、发展重点与空间布局、重点任务、规划实施保障等五部分,明确了佛山市发展新能源汽车产业的基本原则和总体路径,提出至 2020 年、2025 年、2030 年新能源汽车产业发展目标,并谋划布局全市 37 个新能源汽车产业重点项目及细化分解近 3 年行动计划的重点工作
关于印发《佛山市高明区氢能源产业发展规划(2019—2030)》的通知	明经济〔2019〕135 号	佛山市高明区经济和科技促进局	2019-12-03	高明区将建设成为全国氢能源产业发展先行示范区,打造国际一流的"氢能源轨道交通装备制造基地"和"氢能源空港示范区",争取到 2030 年建成以氢能轨道交通、临空氢能经济、西江氢能旅游为主要特色的"中国氢城"

三、2019 年节能与新能源汽车推广应用情况

2019 年 1 月—12 月,全市累计上牌新能源汽车 8 137 辆(其中:公交车 1 192 辆、物流车 416 辆、私人乘用车 5 525 辆,其他车辆 1 004 辆)。截至 2019 年 12 月底,全市累计推广新能源汽车 18 585 辆。在公共领域,全市推广新能源汽车合计 7 808 辆,其中,公交车 5 021 辆,出租车 1 183 辆,物流车 1 412 辆,公务车 18 辆,旅游客车 178 辆。

氢燃料电池汽车推广应用情况:截至 2019 年 12 月底,全市累计推广氢燃料电池汽车 813 辆,其中氢能源公交车 361 辆,氢能源物流车 449 辆,其他氢能源客车 3 辆。

四、2019 年节能与新能源汽车主要企业经营情况

目前已建成新能源整车生产企业 5 家,分别是:一汽—大众佛山工厂、北汽福田南海汽车厂、飞驰客车、福迪汽车、顺肇专用车;在建企业 2 家,分别是:陆地方舟、长江汽车;规模以上新能源汽车零部件企业超过 150 家,涵盖整车制造、关键零部件、材料生产和汽车服务环节。截至 2019 年底,北汽福田南海汽车厂全年产量 3 413 辆,一汽大众佛山分公司 3 105 辆,佛山飞驰燃料电池汽车全年产量 373 辆。

五、2019 年节能与新能源汽车项目及园区建设情况

2019 年,佛山市氢能产业集聚进一步增强,布局了佛山南海"广东新能源汽车产业基地"、佛山高明"中车四方现代有轨电车车辆制造基地"、佛山云浮两市共建的氢能产业基地等三大氢能产业基地,汇集了飞驰客车、北汽福田、长江汽车、国鸿氢能公司、爱德曼公司、广东探索汽车、广顺新能源、泰罗斯、海德利森等一批产业龙头企业,涵盖了上游氢能基础设施、中游氢燃料电池核心部件和动力总成、下游氢能源汽车制造等环节。目前正积极推动一汽解放氢燃料电池卡车项目和探索汽车项目落地。

六、2019 年基础设施建设及运行情况

2019 年 1 月—12 月,全市建成充电站 37 座(公交充电站 29 座、城市公共充电站 8 座);建成充电桩 1 291 个(不含私人充电桩)。

截至 2019 年 12 月底,累计建成充电站 157 座(公交充电站 109 座、出租充电站 6 座,城市公共充电站 42 座),建成

充电桩5266个(不含私人充电桩)。

七、发展规划

2019年11月4日,《佛山市新能源汽车产业发展规划(2019—2030年)》正式印发。围绕打造具有国际竞争力的新能源汽车产业集群高地和氢燃料电池技术创新中心之城的目标,把握全球新能源汽车产业发展趋势,强化规划引导,优化产业发展环境,加快培育龙头企业,加强国内外合作,将新能源汽车产业发展成为佛山市战略性新兴产业的重要支柱。

2020年发展目标:新能源汽车产业实现工业产值175亿元,新能源汽车整车产能规模达到4.5万辆;培育新能源汽车整车及关键零部件重点企业15家以上,其中年产值10亿元级企业5家;成功创建2家省级及以上重点实验室、工程技术研究中心或同类研究机构;氢燃料电池汽车及关键零部件技术整体上达到国内领先水平、国际先进水平,氢燃料电池系统技术创新能力进一步加强;动力电池、驱动装置及总产、电控等关键系统技术达到国内先进水平。

八、2019年本地区新能源汽车推广应用统计表

(单位:辆)

车型 燃料	公交车	旅游大巴	公务车	出租车	租赁用车	私人用车	环卫车	物流车	邮政车	工程车	载货车	其他	合计
纯电动汽车	956	0	0	999	0	4 928	0	19	0	0	7	1	6 910
插电式混合动力汽车	0	0	0	4	0	597	0	0	0	0	0	0	601
增程式电动汽车	0	0	0	0	0	0	0	0	0	0	0	0	0
燃料电池汽车	236	0	0	0	0	0	0	390	0	0	0	0	626
合计	1 192	0	0	1 003	0	5 525	0	409	0	0	7	1	8 137

九、2019年12月底本地区电动汽车充(换)电站(桩)保有量统计表

充电站		充电桩		换电站
城市名称	数量(座)	慢充(个)	快充(个)	数量(座)
佛山市	157	2 302	2 837	0

成都市

一、2019年节能与新能源汽车产业概况

成都市拥有新能源汽车企业60余户,其中整车企业11户,整车产能已达15万辆/年,形成了新能源乘用车(轿车、SUV)+新能源商用车(客车、载重货车、特种作业车)的整车制造体系,2019年,全市新能源汽车产业逆势增长,全年实现产量2.3万辆,同比增长47.3%,主营业务收入416.6亿元,同比增长37.9%。成都市拥有新能源汽车零部件及充电设施运营企业40余户,产品涵盖"三电"关键零部件及配套设备,形成了研发、制造、检验检测、后端服务等较为完善的零部件制造体系,2019年,全市新能源汽车零部件产值40亿元。氢能产业发展方面,全市聚集了氢能企业及院所超60户,涵盖氢源供给及储运设备、燃料电池核心零部件与系统集成、整车整机研制、加氢站投资及建设运维等重要环节,2019年,氢能产业实现整车产量110辆,同比增长1 000%,规上21户氢能企业实现主营业务收入突破100亿元,取得阶段性成效。

二、2019年节能与新能源汽车扶持政策与措施

政策名称	文件号	发布单位	发布日期	政策概要
《成都市氢能产业发展规划(2019—2023年)》	成氢新汽办〔2019〕2号	成都市氢能暨新能源汽车产业推进工作领导小组办公室	2019-07-08	对成都市氢能产业的发展机遇和挑战、发展思路、原则及目标、重点领域、空间布局、重点任务和保障措施进行了规划
《成都市新能源汽车充电基础设施建设实施方案(2019—2020年)》	成氢新汽推〔2019〕3号	成都市氢能暨新能源汽车产业推进工作领导小组	2019-07-25	加快推进成都市新能源汽车充电基础设施配套建设
《成都市新能源汽车推广应用实施方案(2019—2020年)》	成氢新汽推〔2019〕3号	成都市氢能暨新能源汽车产业推进工作领导小组	2019-07-25	加快推进成都市新能源汽车在各领域推广应用
《成都市支持氢能暨新能源汽车产业发展及推广应用若干政策》	成经信发〔2019〕6号	成都市经济和信息化局 成都市财政局 成都市科学技术局 成都市发展和改革委员会 成都市公安局交通管理局	2019-10-11	规范对成都市新能源汽车和充电基础设施建设相关支持

三、2019 年节能与新能源汽车推广应用情况

2019 年，全市新增推广新能源汽车 3.5 万辆，累计推广 11.3 万辆，新能源汽车推广总量位居全国第 7，非限购城市第 1，提前 1 年完成市政府确立的到 2020 年推广 10 万辆的目标。全年新增推广新能源公交车 1 654 辆（成都造新能源公交车 1 309 辆，占比 79.1%），累计达到 5 746 辆，占全市公交车总量的 31.5%；全年新增推广新能源货车 6 700 辆，累计达到 2.79 万辆；新能源乘用车保有量 5.47 万辆，全年新增推广乘用车 1.03 万辆（出租车 4 491 辆，网约车 5 410 辆）。

四、2019 年节能与新能源汽车主要企业经营情况

2019 年成都市完成整车产量 2.34 万辆。中嘉汽车制造（成都）有限公司 XC60 实现产量 1.24 万辆、产值 36.3 亿元；吉利汽车制造有限公司帝豪 EV 450 实现产量 0.62 万辆、产值 9.1 亿元；四川野马汽车股份有限公司 T50、T70 实现产量 0.19 万辆、产值 2.4 亿元；成都广通汽车有限公司新能源客车实现产量 0.1 万辆、产值 16.7 亿元；成都广通汽车有限公司新能源客车实现产量 0.1 万辆、产值 16.7 亿元；成都客车股份有限公司新能源客车实现产量 0.04 万辆、产值 4.58 亿元；中植一客成都汽车有限公司新能源客车实现产量 0.05 万辆、产值 3.12 亿元。

五、2019 年节能与新能源汽车项目及园区建设情况

成都市汽车产业形成了"一核 + 三新"的布局，即以成都汽车产业功能区发展智能网联、氢燃料、中高端燃油、新能源等整车及关键零部件，融合研发检测、设计咨询等产业，打造绿色智能网联汽车产业核心区；以简州新城发展新能源和智能网联整车，融合动力电池、汽车电子、车联网设备、电控系统等关键部件设备研制，打造绿色智能网联汽车产业智造新城；以中法生态园发展车联网、智能网联、工业数字化运用，打造智能网联汽车产业国际商务、对外交往的新窗口；以天府新区新能源新材料产业功能区发展动力电池、储能电池产业、新能源汽车零部件和各类新材料，打造智能网联汽车产业加速前行的动能新引擎。

（1）成都汽车产业功能区：聚集一汽大众、一汽丰田、吉利、沃尔沃等 10 家整车企业，落户一汽大众发动机、富维江森等 300 余个关键零部件项目，搭建了年产能 230 万辆的整车生产平台，形成了集整车制造、零部件生产、研发设计和贸易博览、文化娱乐等于一体的汽车全产业链格局。2019 年，实现整车产量 100.7 万辆、占成都市的 98%、占四川省的 90%，实现汽车制造业总产值达 1 582.5 亿元。汽车产业综合实力位居全国汽车产业基地第 6 位。

（2）简州新城：形成战略规划为指引、分区规划为重点、专项规划为支撑的"1 + 4 + 18"规划体系，按照先规划后建设、先地下后地上、先景观后项目、先公建后产业的建设时序，全面铺开基础设施建设，累计完成投资 100 亿元，完成 33 公里 10 kV 电力线路迁改，养马 220 kV 变电站启动方案设计，水电气能源保障体系逐步完善，引进吉利、茂隆等项目 28 个、协议总投资 517.5 亿元，跟踪洽谈恒大新能源、F1 赛事等重大项目。加强项目促建，智能制造标准厂房竣工投用，吉利大学一期完成主体工程，铭泰天府国际赛道、汽车科技文化中心项目启动建设。

（3）中法生态园：加快中德智能网联汽车四川试验基地建设，分阶段推进封闭测试场、半开放式体验区、综合示范区，打造成都智能网联新硅谷。加快引进智能网联汽车的传感器、控制器、执行器等技术链高端核心环节项目，推动西门子创新中心等核心项目开工建设。规划布局电子信息产业，加快自动驾驶、智能交通等新技术的示范应用，推动以智能化道路、网联化设备系统、底层零部件为主的智慧交通产业及新一代信息技术、智能制造产业发展。

（4）天府新区新能源新材料产业功能区：围绕新能源、新材料主导产业，聚焦新能源电池、化合物半导体材料产业细分领域，以项目为中心挂图作战，2019 年，全力推进融捷锂业、国芯天成等 26 个项目建设，其中，促进立邦新型涂料、三棵树保温一体板材料等 7 个项目竣工（试产），促进融捷锂盐项目、普莱特保温材料项目、国芯天成 3 个项目加快建设，促进博涛新能源、新诺星水性涂料等 9 个项目新开工。

六、2019 年基础设施建设及运行情况

成都市累计建成充电桩 22 161 个，其中 2019 年新建充电桩 8 113 个，同比增长 101.6%。2019 年完成新建加氢站 2 座（龙泉驿区 1 座，郫都区 1 座），其中郫都区加氢站为西南地区首座加油加氢合建站。

七、发展规划

到 2022 年，力争新能源整车产能达到 100 万辆、年产量达到 50 万辆，新能源汽车产业主营业务收入突破 1 000 亿元，把成都市建设成为国家西部重要的新能源汽车生产基地。

八、2019 年本地区新能源汽车推广应用统计表

（单位：辆）

车型 / 燃料	公交车	旅游大巴	公务车	出租车	租赁用车	私人用车	环卫车	货运、物流车	邮政车	工程车	载货车	其他	合计
纯电动汽车	1 654	2	169	9 901	473	9 489	0	6 685	0	0	0	7 168	35 541
燃料电池汽车	110	0	0	0	0	0	0	100	0	0	0	0	210
合计	1 764	2	169	9 901	473	9 489	0	6 785	0	0	0	7 168	35 751

注：本地区推广应用纯电动出租车中包括 5410 辆网约车。

九、2019 年本地区重点新能源汽车企业产销量统计表

生产企业名称	产品商标	车辆类型	通用名称	产量统计(辆)	销量统计(辆)
成都高原汽车工业有限公司	吉利	纯电动轿车	EV450	6 200	6 200
中嘉汽车制造(成都)有限公司	沃尔沃	插电式混合动力 SUV	Xc60	12 000	12 000
中嘉汽车制造(成都)有限公司	沃尔沃	插电式混合动力汽车	S60	400	400
成都大运汽车集团有限公司	大运	纯电动汽车、客车	—	300	300
四川野马汽车股份有限公司	野马	纯电动 MPV	EC30	890	876
四川野马汽车股份有限公司	野马	纯电动 SUV	EC70	1 010	1 003
成都客车股份有限公司	蜀都客车	纯电动客车	CDL6110LRBEV、CDK	400	400
成都客车股份有限公司	蜀都客车	燃料电池客车	CDK690	90	90
成都广通汽车有限公司	广通	纯电动客车	CAT6680CRBEVT	1 000	1 000
成都雅骏汽车制造有限公司	通途	纯电动物流车	物流运输车	325	325
成都雅骏汽车制造有限公司	通途	纯电动环卫车	环卫转运车	175	175
中植一客成都汽车有限公司	中植汽车牌	纯电动物流车	CDL5030XXYBEV	45	45
中植一客成都汽车有限公司	中植汽车牌	纯电动城市客车	CDL6850URBEV	455	455
中植一客成都汽车有限公司	中植汽车牌	燃料电池客车	—	20	20
四川客车厂	峨眉	纯电动客车	—	200	200

十、2019 年 12 月底本地区电动汽车充(换)电站(桩)保有量统计表

充电站		充电桩		换电站
城市名称	数量(座)	慢充(个)	快充(个)	数量(座)
成都市	538	2 930	5 130	11

济 南 市

一、2019 年节能与新能源汽车产业概况

目前济南市商用车整车产业实力比较雄厚,拥有全国最大的重型汽车研发制造基地,中重卡年产能可达 20 万辆,轻卡年产能可达 10 万辆,总体技术水平国际先进,位居全国重卡行业第 3 位,并进入世界重卡企业前 5 位。但新能源车发展步伐较慢,目前仅有新能源生产企业中国重汽集团济南豪沃客车有限公司,年产能 5 000 台。济南吉利汽车有限公司生产基地一直处于停产状态,致使乘用车产能闲置,未能发挥出吉利品牌对全市新能源乘用车产业发展的龙头带动作用。缺乏氢燃料电池、锂离子动力电池、驱动电机、电控系统、电池管理系统等新能源汽车关键零部件研发生产能力,缺乏智能计算平台体系、传感器、车载智能芯片、中央处理器、无线通信设备等相关产业的布局。

二、2019 年节能与新能源汽车扶持政策与措施

政策名称	文件号	发布单位	发布日期	政策概要
《济南市促进先进制造业和数字经济发展的若干政策措施》	济政发〔2019〕1 号	济南市人民政府	2019-01-03	加大新能源汽车、智能网联汽车的推广支持力度,对每个公告车型给予最高 100 万元奖励

三、2019 年节能与新能源汽车推广应用情况

2019 年济南市共计推广应用新能源汽车 6 759 辆,其中乘用车 6 306 辆,商用车 456 辆。

四、2019 年节能与新能源汽车主要企业经营情况

2019 年中国重汽集团济南豪沃客车有限公司共计生产销售 1 183 辆客车产品,其中新能源客车产品 1 067 辆,营业收入为 8.44 亿元。

五、2019 年节能与新能源汽车项目及园区建设情况

1. 山东重工(济南莱芜)百万辆整机整车绿色智造产业园建设

该项目占地 45 783 亩(约 30 km^2),分为智能网联(新能源)重卡项目一期;智能网联(新能源)重卡项目二期;智能叉车项目、智能物流装备项目;智能网联整车试验场项目;新能源轻型客车项目。项目建设期为 2019 年 12 月—2024 年 12 月。项目分三期建设,一期建设双班 10 万辆产能规模,二期建设双班 6 万辆产能规模,三期建设客户中心。

2. 山东豪驰智能汽车 5 万辆纯电动物流产业基地建设

该项目一次规划,分期实施。一期厂房、公用设施及研

发设备于2020年9月全部建成，于2021年达到2万辆新能源商用车规模，随后启动二期建设，新增工艺设备及人员，于2023年达到5万辆新能源商用车规模。

六、2019年基础设施建设及运行情况

中国重汽集团济南豪沃客车有限公司于2019年建设完成济南市首座撬装式加氢站。该加氢站位于豪沃客车公司厂区内部基建及设备投资538.9万元。加氢站具备35 MPa氢气加注能力，并预留快速升级到70 MPa加氢能力。加氢站总加注能力500 kg/12h，具备连续加注能力。即每小时加41.7 kg。12 m客车每台车需要加氢约20 kg，加一台车用29 min。

七、发展规划

1. 整车方面

充分利用中国重汽集团、济南吉利汽车有限公司、山东豪驰智能汽车有限公司等整车龙头企业拥有的新能源汽车的产品生产资质，重点发展纯电动、混合动力汽车、氢燃料电池等全系列商用、乘用汽车产品。重点围绕山东重工济南莱芜百万辆整机整车绿色智造产业园建设、山东豪驰智能汽车有限公司5万辆纯电动物流产业基地，布局新能源物流车，2021年达到2万、产值8亿元，2023年达到5万辆、产值20亿元。在济南高新区重点推动吉利集团尽快有效利用已有的乘用车产能，丰富济南制造基地的产品类型，引导吉利集团新能源车生产线来济布局。

2. 零部件方面

围绕提升中国重汽整车本地配套水平，充分发挥在钢铁、机械制造方面的优势，将莱芜区、钢城区、章丘区、长清区等零部件产业集聚区打造成围绕整车产业园区周边的卫星园区。推动本地底盘、结构件、车桥、车身等零部件生产企业精准对接整车企业需求，提升现有关键零部件技术水平，优化产品结构，增强为整车企业的配套能力。

3. 氢燃料电池车方面

围绕氢燃料电池汽车产业培育，在先行区、济南高新区重点布局燃料电池研发、燃料电池控制系统项目，加快在提升整车耐久性、续驶里程和燃料电池使用寿命等领域取得突破；在章丘区探索发展氢燃料电池车储氢瓶等关键装备；在先行区、莱芜区、钢城区重点进行氢燃料电池车应用示范。

4. 政策支持方面

重点扶持优势企业做大做强。积极帮助企业争取国家、省、市各类专项资金，支持新能源和智能网联汽车领域重大项目建设、核心关键技术研发和产业化、品牌建设。鼓励济南市企业积极承担国家、省汽车及零部件产业领域的重大专项和科技计划。

青 岛 市

一、2019年节能与新能源汽车产业概况

青岛市新能源汽车产业链初步形成。现有整车生产企业4家，关键零部件生产企业7家，现有总产能48万辆，产品涵盖纯电动乘用车和商用车，包括纯电动轿车年产能8万辆、纯电动微型乘用车年产能10万辆，纯电动经济型乘用车年产能25万辆以及纯电动卡车年产能5万辆，未来规划产能58万辆。2019年受国家新能源汽车财政补贴政策退坡影响，生产纯电动汽车2.97万辆，同比下降68%。

二、2019年节能与新能源汽车扶持政策与措施

政策名称	文件号	发布单位	发布日期
关于加快新能源汽车产业发展若干政策措施的通知	青政办字〔2019〕51号	青岛市人民政府办公厅	2019-09-18

三、2019年节能与新能源汽车推广应用情况

青岛市2019年全年推广应用新能源汽车15 997辆，其中公交车60辆。

四、2019年节能与新能源汽车主要企业经营情况

2019年随着补贴政策的退坡，由于产品竞争力不足，北汽新能源青岛分公司生产出现断崖式下滑。2019年全年产量2.97万台，同比下降67%。

五、2019年节能与新能源汽车项目及园区建设情况

(1)青岛国轩电池有限公司二期投资20亿元年产能3 GWh磷酸铁锂锂离子电池项目建成投产。

(2)上汽通用五菱青岛分公司技改项目投资10亿元年产能10万辆宝骏E 200纯电动乘用车项目建成投产。

(3)北汽新能源青岛分公司二期投资23.5亿元年产能25万辆项目进展顺利，第一阶段年产能15万辆项目建成投产。

(4)力神(青岛)新能源有限公司一期投资15.7亿元年产能2 GWh磷酸铁锂锂离子电池项目正式投产。

六、2019年基础设施建设及运行情况(充电桩)

青岛市已有国网山东省电力公司青岛供电公司、青岛特来电新能源有限公司、普天新能源(青岛)有限公司、交运集团青岛阳光新能源有限公司、青岛昱能电动汽车服务有限公司、青岛平度日欣公共交通有限公司、青岛真情巴士集团有限公司、青岛星充新能源科技有限公司等充电设施建设运营企业。青岛市新能源汽车推广呈现车、桩同步快速增长态势。

七、发展规划

2020年力争新能源汽车年产量达到5万辆，汽车产业链产值增幅高于全国行业平均水平。

八、2019 年本地区新能源汽车推广应用统计表

（单位：辆）

车型 / 燃料	公交车	旅游大巴	公务车	出租车	租赁用车	私人用车	环卫车	物流车	邮政车	工程车	载货车	其他	合计
纯电动汽车	128	0	17	9 664	2 446	1 075	18	0	364	0	0	0	13 712
插电式混合动力汽车	0	0	131	1 940	0	189	0	0	25	0	0	0	2 285
增程式电动汽车	0	0	0	0	0	0	0	0	0	0	0	0	0
燃料电池汽车	0	0	0	0	0	0	0	0	0	0	0	0	0
合计	128	0	148	11 604	2 446	1264	18	0	389	0	0	0	15 997

九、2019 年本地区重点新能源汽车企业产销量统计表

生产企业名称	产品商标	车辆类型	通用名称	产量统计（辆）	销量统计（辆）
一汽大众汽车有限公司青岛分公司	大众	纯电动车	宝来	5 140	5 140
北京新能源汽车股份有限公司青岛分公司	北汽新能源	纯电动轿车	EU5	9 468	9 468
北京新能源汽车股份有限公司青岛分公司	北汽新能源	纯电动轿车	EC3	11 205	11 152
北京新能源汽车股份有限公司青岛分公司	北汽新能源	纯电动轿车	EX3	9 003	8 939
上汽通用五菱汽车股份有限公司青岛分公司	宝骏	纯电动轿车	宝骏 E200	1 000	1 000

十、2019 年 12 月底本地区电动汽车充（换）电站（桩）保有量统计表

充电站		充电桩		换电站
城市名称	数量（座）	慢充（个）	快充（个）	数量（座）
青岛市	1 000	12 620	6 359	12

淄 博 市

一、2019 年节能与新能源汽车产业概况

近年来，淄博市新能源汽车产业快速发展，逐步形成了从新能源整车到电机、电池等零部件的新能源汽车产业链条。目前拥有山东唐骏欧铃汽车制造有限公司、山东国金汽车制造有限公司、淄博舜泰汽车有限公司等 3 家新能源整车生产企业，山东休普动力科技股份有限公司等 50 余家新能源汽车关键零部件生产企业。淄博市新能源汽车整车主要包括新能源乘用车、纯电动物流车，生产企业有国金汽车、唐骏欧铃、淄博舜泰。纯电动物流车以唐骏欧铃为主，建立了完善的整车正向开发流程和技术研发体系。国金汽车以纯电动 MPV 为主，具有年产 10 万辆产能，2019 年成为山东省首家获得新能源乘用车生产资质的企业。三大核心零部件已具有一定的产业基础，部分产品形成了一定的规模。电机生产企业主要有山博电机、得普达、休普动力等企业，其中山博电机的汽车微电机年产 130 万台，市场占有率排在前 3 名；得普达电机年产各类新能源汽车电机 28 万台，泰展机电年产伺服电机 200 万套。电池生产主要有火炬能源、明泰电器、博一新能源等企业，火炬能源牵引电池市场占有率 30%左右，排国内第 1 位，明泰电器年产新能源电池 30 万 kVAh，博一新能源具备了锂电池包产业化生产能力，东岳未来氢能公司燃料电池膜取得关键技术突破。

二、2019 年节能与新能源汽车主要企业经营情况

2019 年山东唐骏欧铃汽车有限公司实现销售收入 18 亿元左右，缴纳税金 1 864 万元。

三、2019 年节能与新能源汽车项目及园区建设情况

推动吉利新能源多功能高端商用车（淄博）基地建设；建设北汽集团（淄博）新能源汽车零部件生产基地。

四、发展规划

以淄川区吉利新能源、唐骏欧铃和高新区国金汽车 2 大新能源汽车产业园为载体，依托火炬能源、休普动力、得普达等企业，将外围配套企业融合到园区，发展一批符合产业链聚集要求、具有较强技术创新能力的关键零部件企业，推动新能源汽车企业规模扩张和技术升级。加大招商引资力度，建立集专业化、协作化、社会化为一体的生产经营网络，充分满足整车企业一站式采购需求，提高我市汽车零部件本地化供应水平。

五、2019 年本地区重点新能源汽车企业产销量统计表

生产企业名称	产品商标	车辆类型	通用名称	产量统计(辆)	销量统计(辆)
山东唐骏欧铃汽车有限公司	唐骏	纯电动汽车	—	300	—

六、2019 年 12 月底本地区电动汽车充(换)电站(桩)保有量统计表

充电站		充电桩(个)	换电站
城市名称	数量(座)		数量(座)
淄博市	163	1 177(快充+慢充)	17

烟 台 市

一、2019 年节能与新能源汽车产业概况

烟台市汽车工业发展起步于 20 世纪 60 年代，经过近 60 年的发展，形成了具有整车、发动机、变速器、车桥等比较完整的产业链，汽车产业已成为全市重要的支柱产业之一。烟台市在大力扶持传统汽车产业发展的同时，根据国家汽车产业的发展方向，也在积极布局新能源汽车产业的发展。上汽通用东岳基地，年产能为整车 60 万辆、48 万台发动机和 80 万台自动变速箱。产品涵盖别克昂科威、昂科拉、新凯越和雪佛兰科沃兹、沃兰多、创界、赛欧系列车型。烟台舒驰客车有限责任公司拥有“舒驰”品牌 6 大系列 100 多个品种的客车、专用校车和纯电动客车的产品群。烟台海德专用汽车有限公司主导产品有扫路车、清洗车、垃圾车、新能源环卫车等 10 大系列 120 个品种。山东汽车制造有限公司的燃油轻卡获得市场充分认可，纯电动轻卡已获工信部公告、氢燃料轻卡正在研发试制。2019 年，烟台市汽车生产企业共生产汽车 327 249 辆，其中，上汽通用东岳汽车有限公司生产 315 200 辆，山东蓬翔汽车有限公司生产 3 862 辆，山东汽车制造有限公司生产 3 375 辆，烟台海德汽车专用车公司生产 1 799 辆。

二、2019 年节能与新能源汽车推广应用情况

2019 年度，烟台市共推广新能源汽车 2 111 辆，其中，纯电动乘用车 1 457 辆，插电式混合动力乘用车 406 辆，纯电动客车 208 辆，纯电动货车 40 辆。

三、2019 年节能与新能源汽车主要企业经营情况

2019 年，烟台市汽车生产企业共生产汽车 327 249 辆，其中，上汽通用东岳汽车有限公司生产 315 200 辆，山东蓬翔汽车有限公司生产 3 862 辆，山东汽车制造有限公司生产 3 375 辆，烟台海德汽车专用车公司生产 1 799 辆。

四、2019 年本地区新能源汽车推广应用统计表

(单位：辆)

车型 / 燃料	公交车	旅游大巴	公务车	出租车	租赁用车	私人用车	环卫车	物流车	邮政车	工程车	载货车	其他	合计
纯电动汽车	208	0	0	0	0	1 457	0	40	0	0	0	0	1 705
插电式混合动力汽车	0	0	0	0	0	406	0	0	0	0	0	0	406
增程式电动汽车	0	0	0	0	0	0	0	0	0	0	0	0	0
燃料电池汽车	0	0	0	0	0	0	0	0	0	0	0	0	0
合计	208	0	0	0	0	1 863	0	40	0	0	0	0	2 111

五、2019 年本地区重点新能源汽车企业产销量统计表

生产企业名称	产品商标	车辆类型	通用名称	产量统计(辆)	销量统计(辆)
烟台舒驰客车有限责任公司	舒驰	纯电动客车	—	350	367
烟台海德汽车专用车公司	海德	纯电动扫路车	—	146	150

六、2019 年 12 月底本地区电动汽车充(换)电站(桩)保有量统计表

充电站		充电桩		换电站
城市名称	数量(座)	慢充(个)	快充(个)	数量(座)
烟台市	2 264	815	1 449	0

潍坊市

一、2019 年节能与新能源汽车产业概况

潍坊市发展新能源汽车，有着良好基础和环境，正处在转型升级的关键阶段。潍坊市是全国先进制造业基地，新能源汽车相关联的配套企业齐全，而且许多企业和产品在细分行业占有领先地位，政府层面上给政策、给市场、给服务，促使潍坊市传统的汽车及配件生产企业转型升级，尝试和转产新能源汽车。目前，已有凯马汽车、泰汽汽车、北汽福田诸城车辆厂等多家企业取得国家新能源车辆准入资质，可以生产纯电动轻型卡车和专用车。

二、2019 年节能与新能源汽车推广应用情况

潍坊市 2019 年推广各类新能源车辆新增 2 274 辆，新能源汽车保有量 21 682 辆，较 2018 年底增长 33%。

三、2019 年节能与新能源汽车主要企业经营情况

以比德文控股集团为龙头，比德文集团积极进行转型升级，通过控股四川野马汽车，从而获得工信部新能源汽车资质。年产 6 万辆新能源乘用车项目将于 2019 年 8 月建成投产，年产 20 万辆新能源乘用车、商用车，产业链配套企业达到 20 家，预计年内新能源汽车产业产值突破 150 亿元。新能源汽车智能制造产业园一期项目全面建成，重点引进电池、电机、电控“三电系统”和汽车内外饰等关键零部件制造企业；新能源汽车科创产业园全面开工建设；实现高速突破、配套聚集、链条延伸，打造成为全省最大、国内一流的新能源汽车产业基地。

“十三五”期间，潍柴集团承担了国家重点研发计划《燃料电池发动机及商用车产业化技术与应用》和《面向重型载货车用燃料电池发动机集成与控制》两个重点项目，联合清华大学、同济大学、中科院大连化物所、宇通、中通等国内高校、科研院所和企业进行技术攻关，在燃料电池膜电极制备、冷启动控制策略、氢安全管理、系统集成及智能化控制等关键技术方面取得了重大突破，已申报专利 124 项。在产品开发方面，依托国家重点研发计划项目开发了 37 kW、50 kW 电堆和 46 kW、60 kW、120 kW 燃料电池发动机，并实现小批量生产。在研发测试能力建设方面，建成了“单电池—电堆—发动机—整车”的全套研发试验台架，各类测试设备到位 70 台，具备了燃料电池全技术链和全产业链研发测试能力。在产业化方面，已建成万套级燃料电池双极板、电堆和发动机的生产制造基地，并开始批量生产，正在建设膜电极的批量化生产能力。在研发平台建设方面，潍柴已牵头建成山东省燃料电池技术创新中心，正在联合行业优势企业、高校和科研院所申报建设国家燃料电池技术创新中心。

四、2019 年节能与新能源汽车项目及园区建设情况

以比德文控股集团为龙头，比德文集团积极进行转型升级，通过控股四川野马汽车，从而获得工信部新能源汽车资质。年产 6 万辆新能源乘用车项目将于 2019 年 8 月建成投产，年产 20 万辆新能源乘用车、商用车，产业链配套企业达到 20 家，预计年内新能源汽车产业产值突破 150 亿元。新能源汽车智能制造产业园一期项目全面建成，重点引进电池、电机、电控“三电系统”和汽车内外饰等关键零部件制造企业；新能源汽车科创产业园全面开工建设；实现高速突破、配套聚集、链条延伸，打造成为全省最大、国内一流的新能源汽车产业基地。

五、2019 年基础设施建设及运行情况

（1）充电设施建设滞后。桩车配比不达标，全市公共充电桩与电动汽车比值为 1:8，未达到新能源汽车推广应用城市公共充电桩与电动汽车配置比例不低于 1:7 的要求。

（2）设施布局不合理。各县市区充电设施配置不足，城市核心区公共充电平均服务半径约 1.9 km，远低于国家城市核心区充电服务半径小于 0.9 km 的要求。充电设施建设未与城市停车用地同步规划，公交及出租等专用充电场站少，超市卖场、办公区域等热点场所覆盖面不足，小区充电设施建设远没有达到要求。

（3）充电供需不平衡。设施规划建设与充电需求不匹配，谷德、泰华商圈，火车站、汽车站等场站，人民广场、植物园等景点，附近区域未建有充电设施，充电能力供给不足，存在“排队充电”等难题。全市已建成的 3 624 个社会充电桩中多数处于城郊地区，远离负荷需求中心，设备利用率较低。据不完全统计，全市公共充电桩日均充电时间 1.9 h，低于全省平均水平。

六、发展规划

一是抢抓政策机遇，加快电动汽车推广应用。首先是抓住国务院将 2020 年底到期的新能源汽车购置补贴和免征车辆购置税政策延长 2 年的有利时机，推进潍坊市新能源汽车产业迅速发展。以实现整车项目落地建设、现有汽车及零部件生产企业技改提升为目标，依托潍柴氢燃料电池项目和四川野马潍坊分公司的纯电车辆项目，加大科技投入和政府采购力度，重点发展新能源的乘用车、商用车、专用车三大类产品，抢占潍坊市新能源汽车产业在全省乃至全国的领先地位，逐步构建潍坊市新能源汽车产业新体系，助力加快潍坊市新旧动能转换步伐。要利用国家释放扩大新能源汽车充电桩新基建项目的利好环境，在政府投入的同时带动社会资本积极参与充电基础设施建设发展，在充分发挥国网潍坊供电公司这样的“国家队”的同时，也吸引像潍坊汇电新能源科技有限公司、青岛特来电有限公司等企业资金、技术、人才、市场优势，为潍坊市充电基础设施建设提供有力保障。建议市政府出台专门意见，推动电动汽车推广应用及充电桩建设。

二是加强示范引领，加快推广应用步伐。新增公交车、出租车、市政环卫用车时，全部购置纯电动汽车等新能源车

辆,在公共服务领域内逐步淘汰燃油汽车。参照佛山、珠海、宁波等城市的做法,出台汽车消费刺激政策,由国家电网公司等充电运营商配套建设充电站,保障车辆充电需求,逐步提高电动汽车使用比例。

三是出台相关政策,加大政策支持力度。加强潍坊市新能源汽车产业及推广应用的总体规划,目前,市工信局正在加紧研究潍坊市新能源汽车产业发展实施意见,从促进产业聚集、加大资金扶持、鼓励研发投入、加强示范引领、增强保障机制等多方面入手,从政策层面促进新能源汽车产业做大做强。

济 宁 市

一、2019 年节能与新能源汽车产业概况

济宁市新能源汽车产业逐步壮大,形成了山东联合新能源汽车产业园、济宁经开区中科北大新能源产业基地等新能源汽车零部件企业集群和项目承载区。新能源汽车零部件产品涵盖了动力电池、混动变速箱、永磁同步电机、新能源汽车电驱动及辅机系统、压力传感器、热管理系统总成、增程器动力总成及关键零部件等多个品种,涉及新能源汽车电控、电池、电机三大核心部件。拥有山东雷迈新能源车业有限公司、金博电动车有限公司、恒阔、大江等 4 家公告内电动正三轮摩托车生产企业,山东德朗能新能源科技有限公司动力电池生产企业。

二、2019 年节能与新能源汽车推广应用情况

2019 年新能源汽车在济宁市公交、出租等重点行业得到迅速推广,新增新能源汽车 18 736 辆,纯电动车 17 703 辆,插电式混合动力汽车 1 033 辆;在应用领域中,公交车 423 辆,私家车 18 313 辆。新能源汽车保有量达 3.44 万辆。

三、2019 年节能与新能源汽车主要企业经营情况

山东德朗能新能源科技有限公司是由上海德朗能电池有限公司与微山县创达投资建设有限公司共同投资成立的高新技术企业公司,占地 120 亩,现有职工 150 人,注册资金 1.2 亿元。公司主要从事锂离子电池、电池控制系统充电器研发、制造、批发、零售业务。主导产品有聚合物锂离子电池、圆柱锂离子电池及应用锂离子电池组三大类,为德朗能产业群中动力工具、混合动力和纯电动汽车做配套。一期实现年产 3 000 万颗 18 650 圆柱锂离子电池,合计约 0.73 亿 Ah;公司围绕 300 Wh/kg 目标进行项目研发,实现高镍 811、NCA 体系圆柱高容量型号量产,在国内高容量型号发展中走在前列。2019 年,实现销售收入 6 723 万元。公司在 2019 年获得济宁市高新技术企业和 12 项专利。

四、2019 年节能与新能源汽车项目及园区建设情况

(一)建设项目

(1)馨联动力(曲阜)有限公司位于曲阜市开发区,公司研发插电式混动变速箱、增程式混动变速箱、两档纯电动变速箱,该项目总投资 11.5 亿元,注册资金 1 亿元,计划建成时间 2022 年底。其中一期投资 3.5 亿元,建设新能源汽车动力系统项目,占地 48 000 m^2,包含变速箱生产车间、试验试制中心,重点开发混动变速箱、两档纯电动变速箱及建小批生产线;目前项目主体已完工内部装修正在进行,试验设备已购置到厂处于安装调试阶段。

(2)联合轲麟新能源科技(济宁)有限公司自 2019 年 1 月份注册完成后,正在建设新能源汽车驱动及辅机系统、燃料电池控制系统、无人驾驶控制系统。①新能源汽车驱动及辅机系统:搭建了动力总成集成生产线、三套测试台架,满足中重卡、轻微卡及客车车型动力总成的全覆盖。已建立 PDU 多合一辅机控制器产线,年产两万套:根据客户需求出具装载机动力总成系统方案及 PDU 配电系统方案,完成 5 套 PDU 样机交付。②燃料电池控制系统:开发完成 30 kW 级燃料电池发动机系统一套,完成 5 kW 燃料电池控制系统台架搭建测试并进行样车验收。③无人驾驶控制系统:控制系统开发完毕,组装完成无人驾驶车辆一台,正在做控制器各方面测试。

(3)增程式发电机生产与制造项目:赫日动力新能源科技(济宁)有限公司已完成标准厂房及公用动力设施建设、工程技术中心、综合办公楼等各种配套设施,完成 45 kW 发电机生产线的安装调试及小批试生产,可进行量产。赫已获得东风小康客户 2 万台增程器订单,2020 年计划有 6 000 套的电机生产。①增程式动力总成生产线建设:2020 年拟建设一条增程式动力总成生产线。②60 kW 电机生产线建设建设:2020 年拟建设一条 60 kW 电机生产线。

(4)博智动力新能源科技(济宁)有限公司,完成 20 万台电子水泵自动线的联调联试,启动电子膨胀阀的工艺设计和生产线的设计,新增一条电子膨胀阀自动装配生产线,整个项目具备 20 万件生产能力。

(二)园区情况

济宁中科北大新能源产业基地位于济宁经开区,依托中国科学院、北京大学、哈尔滨工业大学等国内高等院所的科研、人才优势,借力微软(中国)对外品牌影响力,规划建设集科研中心、生产制造区、信息物流区、生活配套区于一体的现代化产业园区。园区规划面积 2 km^2,总投资 100 亿元,总规划建筑面积约 200 万 m^2。目前,科研中心(圣祥小镇)一期 7 万m^2已经建成投入使用,二期 9.4 万m^2人才公寓、商务酒店及办公年底前完成建设;生产制造起步区 15 万m^2车间主体已经完成,现已入驻中科院过程工程所、中科院育成中心、北京大学信息技术创新学院新能源研究中心、哈尔滨工业大学碳纤维新材料研究中心、微软(中国)孵化加速器等 10 余家科研创新机构。产业园区现已入驻企业 10 余家,重点项目有投资 30 亿元的中北润良新能源动力电池项目,项目规划产能 10 GWh,一期规划 4 GWh,一期投产后年可实现销售收入 40 亿元,利税 5 亿元,项目全部建成达产后,年可实现产值百亿元。投资 10 亿元的石墨烯远红外发热毯等一批新能

源、新材料项目签约落地。后期，随着产业园的逐步建设，还将会有新能源整车、核心零部件、新材料等大批项目入驻。

五、2019 年基础设施建设及运行情况

济宁市充电基础设施建设运营单位目前主要有国网济宁供电公司、正方万帮、特来电、交运集团、公交公司、铁塔公司、国网恒大、启邦永耀等 8 家企业。2019 年底，济宁市已建成充电桩 3 840 台，其中接入山东省充电基础设施公共服务平台的充电站 320 座、充电桩 2 926 台，总功率 23.3 万 kW。

六、发展规划

到 2020 年底规划建成充电桩 6 500 个，2022 年底达到 12 000 个。积极发展新能源汽车整车、动力电池、电机控制器等核心零部件，规划建设济宁高新区新能源汽车产业聚集区。依托济宁重汽商用车有限公司，加快发展天然气、电能等重型商用车，逐步替代传统燃料重型商用车。配套建设济宁中科先进技术研究院电动汽车核心零部件生产测试流水线项目，电机控制器、车载充电机、车载电源等电动汽车核心零部件生产能力达到 10 万台。建设新能源汽车创新中心，积极发展车联网、共享租赁、电池回收等服务性产业，打造关联产业融合发展的产业聚群。打造新能源汽车动力电池生产基地。依托山东衡远新能源科技有限公司、山东德朗能新能源科技有限公司等电池生产骨干企业和山东益大新材料科技有限公司、济宁碳素集团、济宁市无界科技有限公司等电池材料生产企业，重点发展锂离子动力电池和正负极电池材料，加快建设山东德朗能新能源科技有限公司 1.5 亿只 18650 电池自动产线，山东衡远新能源科技有限公司 180 Wh/kg 高安全高比能型 42Ah 锂离子动力电池、电动汽车动力电池成组与管理系统 4 个动力电池项目。

七、2019 年本地区新能源汽车推广应用统计表

（单位：辆）

车型 燃料	公交车	旅游大巴	公务车	出租车	租赁用车	私人用车	环卫车	物流车	邮政车	工程车	载货车	其他	合计
纯电动汽车	423	0	0	0	0	17 280	0	0	0	0	16	0	17 703
插电式混合动力汽车	0	0	0	0	0	1 033	0	0	0	0	0	0	1 033
增程式电动汽车	0	0	0	0	0	0	0	0	0	0	0	0	0
燃料电池汽车	0	0	0	0	0	0	0	0	0	0	0	0	0
合计	423	0	0	0	0	18 313	0	0	0	0	0	0	18 736

八、2019 年 12 月底本地区电动汽车充（换）电站（桩）保有量统计表

充电站		充电桩		换电站
城市名称	数量（座）	慢充（个）	快充（个）	数量（座）
济宁市	373	1 964	1 876	0

威海市

一、2019 年节能与新能源汽车产业概况

2019 年威海市仅有一家新能源汽车生产企业荣成华泰汽车有限公司处于停产状态，全市新增新能源汽车 957 辆，拥有电动汽车充（换）电站 61 座，充电桩 889 个。

二、2019 年节能与新能源汽车推广应用情况

2019 年全市新增新能源汽车 957 辆。

三、2019 年基础设施建设及运行情况

截至 2019 底，全市投入运营的充电站 61 座，充电桩 880 多台，其中，公共充电桩 200 多台。威海市已初步建成以公共充电站为主，以公交站、高速路服务区充电站为辅的充电网络，城区 10 分钟充电圈基本建成，但电动汽车及充电基础设施总体发展缓慢。

四、发展规划

印发了《威海市电动汽车充电基础设施建设运营管理实施意见》，把充电桩建设目标任务分解落实到各区市（开发区），规划到 2022 年底前，全市充电桩保有量达到 1 710 台以上。

五、2019 年本地区新能源汽车推广应用统计表

（单位：辆）

车型 燃料	公交车	旅游大巴	公务车	出租车	租赁用车	私人用车	环卫车	物流车	邮政车	工程车	载货车	其他	合计
纯电动汽车	35	0	0	285	0	280	0	0	0	0	36	64	700

续上表

车型 / 燃料	公交车	旅游大巴	公务车	出租车	租赁用车	私人用车	环卫车	物流车	邮政车	工程车	载货车	其他	合 计
插电式混合动力汽车	44	0	0	10	0	130	0	0	0	0	0	73	257
增程式电动汽车	0	0	0	0	0	0	0	0	0	0	0	0	0
燃料电池汽车	0	0	0	0	0	0	0	0	0	0	0	0	0
合 计	79	0	0	295	0	410	0	0	0	0	36	137	957

六、2019 年 12 月底本地区电动汽车充(换)电站(桩)保有量统计表

充电站		充电桩		换电站
城市名称	数量(座)	慢充(个)	快充(个)	数量(座)
威海市	61	412	477	0

聊 城 市

一、2019 年节能与新能源汽车产业概况

聊城市节能与新能源汽车产业拥有规模以上企业 7 家,2019 年实现主营业务收入 87.8 亿元,比 2018 年增长 7.1%。投资建设新能源汽车升级改造项目、新能源汽车驱动系统关键零件及轻量化部件智能制造项目等重点项目,完成投资11 亿元。

二、2019 年节能与新能源汽车主要企业经营情况

中通客车控股股份有限公司实现营业收入 67.41 亿元,比 2018 年增长 10.9%,利润 4 377 万元,比 2018 年减少 5.4%。销售客车 15 038 辆,比 2018 年增长 14.94%;生产客车 15 196 辆,比 2018 年增长 17.88%。

三、2019 年节能与新能源汽车项目及园区建设情况

投资建设新能源汽车升级改造项目、新能源汽车驱动系统关键零件及轻量化部件智能制造项目等重点项目,完成投资 11 亿元。

四、2019 年本地区新能源汽车推广应用统计表

(单位:辆)

车型 / 燃料	公交车	旅游大巴	公务车	出租车	租赁用车	私人用车	环卫车	物流车	邮政车	工程车	载货车	其 他	合 计
纯电动汽车	120	0	0	0	0	1 764	0	2	0	0	0	0	1 886
插电式混合动力汽车	0	0	0	0	0	151	0	0	0	0	0	0	151
增程式电动汽车	0	0	0	0	0	0	0	0	0	0	0	0	0
燃料电池汽车	30	0	0	0	0	0	0	0	0	0	0	0	30
合 计	150	0	0	0	0	1 915	0	2	0	0	0	0	2 067

五、2019 年本地区重点新能源汽车企业产销量统计表

生产企业名称	产品商标	车辆类型	通用名称	产量统计(辆)	销量统计(辆)
中通客车控股股份有限公司	中通牌	纯电动汽车	—	7 173	7 173
中通客车控股股份有限公司	中通牌	插电式混合动力汽车	—	165	165
中通客车控股股份有限公司	中通牌	燃料电池汽车	—	735	735

六、2019 年 12 月底本地区电动汽车充(换)电站(桩)保有量统计表

充电站		充电桩		换电站
城市名称	数量(座)	慢充(个)	快充(个)	数量(座)
聊城市	0	4 470	0	0

节能与新能源汽车年鉴

YEARBOOK OF ENERGY-SAVING AND NEW ENERGY VEHICLES

第四篇 Section Ⅳ

重点单位发展概况

Development of Key Units

中国第一汽车集团有限公司

一、单位概况

中国第一汽车集团有限公司（简称“中国一汽”）直面全球新一轮科技革命、产业变革和对外开放新格局，深入贯彻党的十九大“加快建设制造强国”的重大战略决策，秉持“创新到不能再创新”理念，以创新驱动发展，加快掌控核心技术、关键资源，不断探索创新工作模式，努力打造具有全球竞争力的世界一流企业，实现跃迁式发展，助力实现汽车强国梦。

二、产能建设

新能源汽车与传统车并线生产，中国一汽各事业板块完成能力建设，均已具备新能源汽车生产资质。围绕技术创新，构建多层次、开放式的创新网络，不断健全创新研发体系，坚持“1821”基本方略，围绕以“客户为中心”的核心理念，加快构建“三国六地”全球研发布局，以数字化为载体全面驱动业务转型和创新。

三、技术进展及研发能力建设

中国一汽从事新能源汽车产品开发相关技术人员近千人。制定了新能源汽车整车和关键总成产品开发流程，以及支持流程运行的设计规范500余项，试验验证标准300余项。

中国一汽通过固态电池、氢燃料和分布式驱动研发，实现技术领先和安全无忧。运用大数据，建立和完善电池寿命预估、梯次利用、能量管理等模型，提升产品竞争力。

已实现新能源“三电”系统集成技术及控制软硬件技术、电机电池热管理技术、轻量化技术、高压安全技术、全新百兆以太网总线技术等20余项核心技术的突破，并已在红旗系列车型上搭载应用。

针对电动车技术安全，通过深入研究电池安全失效模式及机理，大量电池单体安全性试验及模组的热扩散试验，从电池管理系统开发及电池总成自主开发等多维度保证电池的机械安全、电气安全和热安全；开展充电安全专项技术研究，全面构建充电安全规范，建立充电系统本体安全、控制策略安全、大数据防护三级防护机制等多项技术研究保证整车涉水安全、充电安全及碰撞安全。中国一汽建立了具有国际先进水平的新能源汽车整车、电机、电池、电控及高压体系的试验和验证基地，拥有动力总成综合试验台架、HIL试验台、电机性能试验台、电池单体穿刺试验台、电池单体测试体系、电池模块测试系统、电池总成测试系统、纯电动高压系统试验台、高压配电盒性能试验台等新能源总成及零部件试验设备。

四、主要新产品

产品型号	产品名称	通用名称
红旗牌	纯电动SUV	红旗E-HS3

五、发展目标与规划

中国一汽红旗品牌坚持以“客户为中心”，践行“客户永远是新红旗人的上帝”的承诺，将“让客户尊享，极致愉悦体验”作为最高目标，坚持“极致要求，极致标准”的理念，整合中国一汽优势资源，不断注入新技术并执行极其严苛的质量控制要求，实现新红旗在品质、性能、安全、体验、智能、绿色六大方面的领先。

上海汽车集团股份有限公司

一、单位概况

上海汽车集团股份有限公司（简称“上汽集团”，股票代码600104）是国内A股市场最大的汽车上市公司。上汽集团努力把握产业发展趋势，加快创新转型，从传统的制造型企业，向为消费者提供移动出行服务与产品的综合供应商发展。上汽集团积极推进新能源汽车、互联网汽车的商业化，并开展智能驾驶等技术的研究和产业化探索；主要业务包括整车（含乘用车、商用车）的研发、生产和销售，零部件（含动力驱动系统、底盘系统、内外饰系统，以及电池、电驱、电力电子等新能源汽车核心零部件和智能产品系统）的研发、生产、销售；物流、汽车电商、出行服务、节能和充电服务等移动出行服务业务；汽车相关金融、保险和投资业务；海外经营和国际商贸业务；并在产业大数据和人工智能领域积极布局。

二、经营情况

2019年，上汽集团全年销售整车623.8万辆，国内市场占有率为22.7%，继续保持国内汽车市场领先优势的同时，实现新能源车销售18.5万辆，同比增长30.4%，保持较快增长势头；实现整车出口及海外销售35万辆，同比增长26.5%，排名国内汽车集团第1。2019年7月，上汽集团以2018年度1 363.925亿美元的合并销售收入，第15次入选《财富》杂志世界500强，排名第39位，在上榜的全球汽车企业中名列第7，在中国企业中排名第10。

三、产品出口

2019年，上汽集团实现全年整车出口和海外销售35万辆，同比增长26.5%，连续4年蝉联全国第1，在中国车企海外总销量中的占比33%，“海外每卖出三辆中国车，就有一辆是上汽造”。其中,MG、MAXUS等自主品牌的海外销量18.6万辆,同比增长82.3%,占公司整体海外销量的比例超过50%;MG品牌海外销量13.8万辆,同比增长89.3%,单品牌海外销量首次排名全国第1;大通T60皮卡成为澳大利亚、新西兰、智利销量最佳的中国皮卡,时为我国对发达国家年出口量第1的皮卡产品。

四、技术进展及研发能力建设

截至2019年底,上汽集团新能源汽车累计投资超过200亿元,自主品牌技术开发人才队伍超过7 000人。当年上汽新能源汽车销量为18万辆,同比增长超过30%。

与此同时,上汽集团加快提升“三电”系统的自主核心能力,在第二代EDU成功批产并搭载新品上市后,继续加紧推进EDU G2 Plus、电轴、HairPin电机、专属电动车架构、全新一代电子电器架构等的自主开发工作,并在燃料电池前瞻技术领域,启动400型燃料电池电堆和系统的开发,力争在燃料电池电堆膜电极、双极板、密封结构等核心技术方面取得突破,加快提升面向未来的核心竞争力。公司持续推动合资新能源项目落地和新能源产业链建设,上汽大众MEB新能源工厂正式落成,大众MEB、通用BEV3等重点电动车平台开发项目破难推进;联合电子、上汽英飞凌等零部件企业的新能源产品链不断壮大;公司在持续提升产品技术、安全可靠性和成本竞争力的同时,聚焦续航、充电等用户关切事项,加快能力布局和技术突破,努力把上汽新能源在技术和产业链上的优势,切实转化为市场竞争优势。

五、发展目标与规划

上汽集团将牢牢把握科技进步大方向、市场演变大格局、行业变革大趋势,继续深入推进“电动化、智能网联化、共享化、国际化”的“新四化”战略,坚持创新引领、重点突破、以点带面、压茬推进,在抢抓市场结构性机遇、努力提升经营业绩的同时,深入部署推进创新链建设,在全球汽车产业价值链重构的过程中,全力抢占有利地位和制高点,加快推动业务转型升级,向成为具有全球竞争力和影响力的出行服务与产品的综合供应商迈进。

在研发端,重点突破新能源、智能网联等关键技术,不断争创技术优势;在制造端,加快发展数字化、定制化生产方式,不断向高端制造、智能制造迈进;在用户端,重点突破出行平台、智能物流、金融服务等新商业模式,不断打开转型发展的新空间;在市场端,以创新的科技与服务优势,为开拓国际国内两个市场持续赋能,不断提升品牌竞争力和国际影响力,展现上汽“创新活力、科技魅力、真诚服务”的品牌形象。

到2025年,上汽集团努力成为具有全球竞争力和影响力的出行服务与产品的综合供应商,争创世界一流汽车企业。

六、2019年1月—12月企业在新能源汽车方面经济指标统计

填报单位名称	指标名称	本期累计(亿元)	同期累计(亿元)	增长率(%)
上海汽车集团股份有限公司	2019年末资产总计	8 493.33	7 827.70	8.50
	2019年营业总收入	8 433.24	9 021.94	-6.53
	2019年利润总额	409.58	543.44	-24.63

东风汽车集团有限公司

一、单位概况

东风汽车集团有限公司是中央直管的汽车企业,前身是始建于1969年的第二汽车制造厂。

公司是汽车行业的骨干企业。现有总资产3 753亿元,从业人员14.7万人;2019年汽车销售361万辆,经营规模居中国汽车行业第2位,其中商用车居行业第1位,居《财富》世界500强第82位。

公司是行业内产品和价值链最齐全的汽车集团。主要业务涵盖全系列商用车、乘用车和军车、新能源汽车、汽车零部件、汽车装备、出行服务及汽车水平事业等。事业布局遍及国内外。在武汉、十堰、襄阳、广州建立四大基地,主要事业分布在全国20多个城市;在瑞典建有海外研发基地,是法国PSA集团3个并列最大股东之一,在俄罗斯设有海外销售公司,海外销量遍及全球80多个国家。

研发能力和科技创新水平居行业领先。东风技术中心在汽车行业中排名第2位,形成了基础研究、商品开发和前瞻研究三位一体的研发体系。围绕轻量化、电动化、智能化、网联化、共享化“五化”趋势,建设了国际先进、国内一流的产品设计与试验设施。拥有授权专利10 056项。

公司发展目标是建设世界一流企业。以“为用户提供全方位优质汽车产品和服务的卓越企业”为战略定位,提出实现“三个领先、一个率先”的阶段性奋斗目标(经营质量、自主事业、新兴业务行业领先;东风员工高质量跨越小康,率先享有新时代美好生活),规划了建设世界一流企业的路线图,为满足客户对美好汽车生活的向往和建设汽车强国贡献更大力量。

二、经营情况

2019年,公司新能源汽车全年销售70 999辆。其中新能源乘用车销量54 714辆,同比增长6.6%。

三、产品出口

东风自主新能源汽车出口业务尚处于起步阶段,出口规模较小。主要产品有东风风神E70、东风风行S50EV、郑州日产电动皮卡等,现阶段主要为样车认证和试运行。主要出口欧洲、南美洲、中东等地区。

四、产能建设

东风易捷特新能源公司建成12万辆/年新能源乘用车产能，为集团提供共享产能。

东风新能源汽车产业园完成1号园区建设，达到了年产5万套电池系统、12万套电驱动总成、20万套控制系统的能力，为公司全系列乘用车、商用车提供核心动力总成。2号园区建设进行中，其中一期基本建成，二期建设扎实推进，规划产能为年产200万套电驱动系统和1万套燃料电池系统。

五、技术进展及研发能力建设

已建成电池、电机、电控等系统实验室28个，覆盖“三电”关键零部件性能测试能力。

东风风神全新E70轿车投放，NEDC综合工况续航里程达到508 km，全新E70参加环青海湖拉力赛，获得最佳舒适奖等8项大奖。

成立燃料电池汽车专项，承担国家科技部课题，开发燃料电池乘用车、物流车、客车等多个车型。

2019年建成燃料电池电堆生产中试线，完成50 kW电堆(40 kW系统)的开发，该电堆拥有七合一高性能膜电极、超薄金属板双极板、钢带自动打包等特点，具备较高的质量比功率和体积比功率。

六、主要新产品

序号	产品型号	产品名称	品牌	通用名称
1	DFM7000G1F7BEV	纯电动轿车	风神	E70
2	EQ7000FA2F1BEV	纯电动轿车	风神	EX1

续上表

序号	产品型号	产品名称	品牌	通用名称
3	DFA7000A1F9BEV	纯电动轿车	俊风	E11K
4	LZ7003SLAEV	纯电动轿车	东风	S50EV
5	YQZ7160PHEV	插电式混合动力轿车	起亚	K3 PHEV
6	DFA6850EBEV1	纯电动城市客车	东风	—
7	DFA5040XXYKBEV17	纯电动厢式运输车	东风	—

七、合资合作及重大项目建设

2017年9月，由东风、雷诺和日产三方合作的易捷特新能源汽车有限公司(eGT)成立，在中国共同开发和销售电动汽车；2019年9月，基于雷诺-日产联盟共享电动车平台打造的首款车型在成都车展上市。

东风公司承担的国家级新能源汽车重点专项——全功率燃料电池乘用车动力系统平台及整车开发项目，旨在创建高功率密度大功率燃料电池动力系统及高效率低氢耗整车平台，2019年该项目在两个平台车上做了两轮样机，进展顺利。

2019年6月，东风与中车建立IGBT合资公司，成立智瑞半导体公司，掌控绝缘栅双极型晶体管核心技术。规划产能30万套/年。

八、发展目标与规划

2019年，制定新能源汽车发展规划(2019—2024)和新能源汽车核心总成发展规划。2024年，销量达成80万台，市占率15%；整车性能水平达国际一流水平；完全自主掌控新能源核心总成。

北京新能源汽车股份有限公司

一、单位概况

北汽蓝谷子公司北汽新能源汽车股份有限公司(以下简称“北汽新能源”)拥有整车、核心零部件研发、产品验证、中高端制造、市场销售，产业链协同完整的运营体系。在不断提高电池、电机、电控等新能源汽车核心关键技术的同时，在5G应用、智能驾驶和智能网联领域探索技术创新与应用。北汽新能源时为国内少数掌握纯电动汽车三电核心技术、集成匹配控制技术，兼具资产规模较大、产业链完整、产品线丰富、产品市场应用广的国内新能源汽车企业。

作为国家战略新兴产业新能源汽车产业的开拓者之一，北汽新能源创立于2009年，是我国首家独立运营、首个获得纯电动乘用车生产资质的新能源汽车企业。北汽新能源立足“三年打基础、三年上水平、三年上规模”的发展规划，在以电动化、智能化、网联化、共享化为目标的发展过程中，10年发展分步实现阶段目标，2013—2019年连续7年国内新能源纯电动乘用车的销量第1。

北汽新能源拥有北京、山东青岛、江苏常州、云南昆明等多个整车生产基地和美国硅谷、底特律、德国亚琛、西班牙巴塞罗那等数个海外研发中心，业务范围涵盖新能源汽车整车及核心零部件研发、生产、销售和服务等业务板块，以及分时租赁、充换电运营、二手车置换等综合服务板块，同时布局智能制造、能源管理、智慧出行、“互联网+”等多个战略新兴产业，是国内市场规模最大、产业链覆盖最广、产品线最丰富的领军企业，是我国制造业服务化转型的典范。

截至2020年6月底，北汽新能源累计销量超51万辆，其中2017年销量超过特斯拉，成为全球纯电动汽车市场第1名，EC国民车系列车型摘得全球最畅销纯电动车桂冠。北汽新能源已拥有BJEV/ARCFOX两大产品品牌，EC/EV/EX/EU/ES/EH六大系列数十款产品，在行业内率先实现“大、中、小”“高、中、低”“3、4、5”(续航里程300~500 km)的全面覆盖，产品品质及智能化水平不断提升，连续3年被中国质量协会评为新能源汽车消费者满意度第1名。2017年，公司产品获得了国内的第一张莱茵认证、第一张欧盟出口资质认证。2020年8月5日，世界品牌实验室(World Brand Lab)发布2020年《中国500最具价值品牌》排名，北汽新能源以412.92亿元的品牌价值位列总榜单第172位，汽车行业排名17位，价值增幅10.8%，成为唯一连续3年入榜的新能源汽车企业。

成立以来，北汽新能源不断加大研发投入，截至2019年

11月底，累计申请专利4 557项，授权2 660项；拥有企业标准1 846项，主导、参与外部（国家、地方）标准70余项。先后获“WEC世界环保组织国际碳金总奖”（2014）、“世界电动汽车质量金奖”（2015）、“亚洲质量卓越奖”（2017）、“中国汽车工业科学技术奖一等奖”（2015）、“中国专利优秀奖”（2015）、“中国工业大奖”（2018）、“国家级技术发明奖”（2016）、“国家级企业管理现代化创新成果一等奖”（2016）、“全国新能源汽车行业质量领军企业”（2016）、“全国五一劳动奖章”（2016）等多个国际、国内大奖和荣誉称号。

2017年，北汽新能源提出“开放·共享”战略，以开放式平台重塑产业结构，联合一切可以联合的力量，共同推进新能源汽车产业的可持续发展。2018年3月1日，由北汽新能源作为建设主体单位牵头组建的国家新能源汽车技术创新中心正式揭牌，将协同相关新能源企业，为国内新能源汽车创新、前沿技术研发提供支撑和保障。

“十三五”期间，北汽新能源将秉持“开放共享”战略，坚持“一个卫蓝梦、两个世界级”品牌愿景和“新·无止境”品牌主张，以建成“世界级新能源汽车科技创新中心”和“世界级新能源汽车企业”为目标，致力将北汽新能源建设成为国内第一、全球前三的纯电动汽车品牌，成为一家世界级绿色智能科技服务平台，为长期推动我国新能源汽车产业发展、打造新能源汽车国家名片、实现“中国制造2025”等一系列国家战略贡献力量。

二、经营情况

1. 中高端产品销售占比大幅提升，“产品向上、品质向上”战略落地见效

2017年，北汽新能源主销产品为A00级车型。2018年，北汽新能源调整产品策略，在确保A00市场独占鳌头的同时，提升中高端产品销量结构，EU系列全年销售3.2万辆，占比20.3%，较2017年上升14个百分点，“产品向上、品质向上”战略成效显著。

此外，公司加快向中高端市场迈进，ARCFOXαT作为公司“产品升级、品牌升级”战略的首款高端车型，将于2020年度内上市。该车型在车辆试验中表现优异，顺利通过C-NCAP 5星碰撞性能摸底验证；整车风阻系数0.27，达到世界领先水平。

2. 瞄准市场，成功打造爆款产品，EX360年销2.87万辆

北汽新能源通过提升续驶里程、降低产品成本、优化车辆内饰、强化营销等方式，打造EX360产品，自2018年3月底上市以来，EX360连续6个月保持A0级SUV市场销量第1，成为继EC系列之后的又一爆款车型。北汽新能源EU系列在2019年累计销量达111 047辆，成为2019年最受欢迎的新能源汽车。

3. 强化商业模式创新，市场影响力稳步提升

北汽新能源聚焦客户消费升级，针对不同场景，相继推出租售通、EV置换、车电分离等销售模式，并通过召开充电伙伴大会、成立卫蓝产业联盟等，借助产业生态建设持续发力，有效提升了品牌影响力和终端销售。

4. 产品质量稳步提升，获J. D. POWER高度评价

北汽新能源加快推进客户导向的质量管控体系建设，从产品、零部件、售后、体系、过程等方面全面管控质量，EC系列车型在J. D. POWER组织召开的2018年新车质量联合研究IQS发布会上，荣获新能源微型轿车车型细分市场第1名，这是全球权威质量机构对北汽新能源产品的高度肯定，也充分说明北汽新能源质量水平再上新台阶。

5. 生态联盟高度协同，助推新能源产业快速发展

北汽新能源吸引戴姆勒入股，双方战略合作进一步深化；与麦格纳合资，致力于打造对外开放共享的高端智能纯电动汽车研发与制造中心；与华为合作推进车辆自动驾驶技术开发；与滴滴成立合资公司推进网约车市场布局；主导成立国家新能源汽车技术创新中心；与华晨、苏宁等多家企业展开合作，进一步完善产业生态圈建设；与国网电动汽车公司签署合作协议，推动新能源汽车与能源互联网协同、融合发展。

6. 跻身全球十大创新机构，发布达尔文系统技术品牌

2018年，北汽新能源积极推进整车技术、三电系统、智能驾驶、智能网联以及数据安全等多领域研发，承担国家科技部、市科委科技项目20余项，参与行业标准起草20余项，全年申请专利1 117件，获得授权868件。

10月18日，北汽新能源正式发布“达尔文系统”技术品牌，并展示了全天候电池技术、大功率充电系统、V2X（车用无线通信）技术、智能座舱、自动驾驶等11项智能电动“黑科技”。

7. 服务品质持续提升，连续5年荣获CACSI客户满意度行业第1

北汽新能源以客户数据体系为基础，加快数字化变革转型，建设智慧管家微信公众号等数字化移动客户服务平台，打造伙伴式的客户关系维系。搭建车企充电服务平台，解决用户充电痛点，推进“充电吧”平台建设，覆盖15万公共桩，拥有20万注册用户。建设换电站126座，运营换电车辆1万辆，年换电118万次，顺利完成“两会”及“上合-青岛峰会”等重大活动换电服务保障工作。北汽新能源一直以来致力于打造卓越的新能源汽车售后服务与客户关系体系，连续5年荣获新能源汽车行业售后服务满意度指数第1的桂冠，并成为2019年令用户最心动的十大新能源汽车品牌之一。

8. 持续推进制度建设，公司治理体系进一步完善

北汽新能源以资产重组形式完成上市，在上市筹备与审核工作推进中，进一步完善公司三重一大制度建设和公司治理体系，梳理规范企业信息报告机制和信息披露机制，并于9月27日在上交所正式敲钟上市，成为国内新能源汽车第一股。上市之后，北汽新能源更加注重合规制度建设，严格规范统计数据审批，确保对外披露的数据规范、合规、准确。

9. 政策利好加持，护航产业企稳发展

国家及地方陆续出台支持新能源汽车消费政策，包括发放汽车消费券、汽车消费补贴、限购城市松绑增加指标号牌、新能源汽车下乡政策等，促进新能源汽车市场回暖。2020年3月31日，国务院总理主持召开国务院常务会议决定，将新能源汽车购置补贴和免征购置税政策延长两年至2022年12月31日。该政策极为有利于新能源汽车产业的可持续发展。2020年6月22日，工业和信息化部正式发布《关于修改〈乘用车企业平均燃料消耗量与新能源汽车积分并行管理办

法〉的决定》,2021年度、2022年度、2023年度的新能源汽车积分比例要求分别为14%、16%、18%;新能源积分结转有效期不超过3年,2019年度正积分可以等额结转1年;2020年度正积分每结转一次,结转比例50%;2021年及以后允许其当年度产生的新能源汽车正积分结转,每结转一次,结转比例为50%;降低BEV单车积分,提升新能源积分获取难度。修订后的双积分政策,有利于促进新能源汽车产业的长远发展。新基建政策引领下,充电基础设施领域迎来投资热潮,传统玩家和跨界企业纷纷加大布局力度。有利于推动充电网络布局的进一步完善发展。

三、产能建设

1. 蓝谷动力系统分公司:北汽新能源蓝谷动力系统分公司位于北京大兴,致力于电机控制器、电驱动动力总成、电池PACK等电动汽车核心三电系统的研发、设计、制造、销售,面向全球提供高性价比的动力电池、电驱、电控等新能源汽车动力系统部件及动力总成产品。

2. 青岛莱西工厂:由北汽集团携手青岛莱西市打造的一个新能源汽车产业园区,产能15万台,2018年投产产品主要为EC、EX系列车型。

3. 江苏常州工厂:年产5万台新能源汽车,2018年度主要生产车型为LITE及EC系列新能源车型。

4. 河北黄骅工厂:涵盖冲压、焊装、涂装、总装等整车生产四大工艺车间,规划产能15万台,生产车型包含电动物流车和EU系列车型。

5. 北汽新能源——麦格纳智能工厂:2018年6月18日,北汽新能源与麦格纳在南京签订合作协议,双方将共同研发新一代智能纯电动汽车,并在江苏镇江合资建设高端电动汽车工厂,打造面向全球开放的智能汽车共享平台,助力北汽新能源开放共享战略落地。到2020年,北汽新能源将形成年产能超过80万辆,成为全球智能制造平台服务商。

四、技术进展及研发能力建设

1. 新能源汽车关键核心技术研发能力建设

一是锂离子电池材料性能研发与产业化,正极材料方面,加速镍基材料在正极中的占比,由主流的NMC111向NMC622、NMC811发展,进一步降低电池成本、增加电池能量密度。负极材料方面,提高硅基材料在负极中的占比,形成石墨/硅复合材料结构,提升快速充电性能。电解液方面,重点发展凝胶材料,实现由有机溶剂向聚合物材料的过渡。二是前沿布局新型电池,加快研发具有更高理论能量密度和更低理论成本的锂空气电池、锂硫电池等,提升试验检测能力和验证水平。三是重点突破氢燃料电池汽车核心技术及产业化瓶颈,加快质子交换膜、贵金属催化剂等基础材料研发、提升氢燃料电池的技术指标以及扩大氢燃料电池专用车和客车在不同应用场景下的示范推广。四是加大电动汽车开发平台的开发力度,推动企业加快转变思路,摆脱传统汽车平台开发的束缚,结合电池电驱一体化控制技术、车身结构轻量化技术、底盘轻量化线控技术、车辆智能化技术、模块化组合和接口技术、自动驾驶技术,以及互联网运营思维,加快开发下一代电动汽车专属平台。

2. 布局全球的国际研发能力建设

北汽新能源拥有中国北京、美国硅谷、德国亚琛、德国德累斯顿、美国底特律、西班牙巴塞罗那等全球六大研发中心,涵盖电驱动总成系统、互联网和智能化、增程式电动汽车动力系统、轻量化多材料整车以及高性能运动车型的设计和研发等多个领域。

北汽新能源不断加大研发投入,建成的试制试验场地占地面积7 000 m^2、拥有各类设施300多台(套)、设备资产总额22 000余万元,组建国家汽车轻量化重点实验室、纯电动乘用车开发技术北京市工程实验室、新能源汽车北京实验室、北京市新能源汽车节能与安全重点实验室,通过CNAS(中国合格评定国家认可委员会)认证等重点项目。

研发投入累计39.4亿元,占营业收入比重为11%,高于行业平均水平。截至2018年11月,累计申请专利3 519项,授权专利1 794项,发明1 614项,获得中国专利优秀奖4件。企业标准1 380项,主导、参与外部(国家、地方)标准60项。

北汽新能源大力实施开放共享战略,聚合全球优质资源,与麦格纳合资设立技术公司,致力于打造对外开放共享的高端智能纯电动汽车研发中心;与华为深化战略合作在技术研发、产品创新等方面开展全面合作。着手打造全球首个商业搭载5G技术的平台——IMC智能模块标准架构,并探索基于用户体验的生态营销模式,为品牌向上筑基蓄力。开放共享战略成效初显,成功打造了高端新能源汽车品牌ARCFOX,面向全球发布。

3. 开放共享,打造试验验证能力

北汽新能源斥资10亿余元,建成5万 m^2 的新能源汽车试验中心,全面覆盖电池、电机、电控、智能网联、轻量化、整车应用六大关键核心领域,已成为国内领先、国际一流的新能源汽车试验验证平台,其试验设备先进水平全球领先,试验验证能力全面涵盖整车性能测试、整车环境测试、NVH测试、结构耐久测试、充电性能测试、淋雨密封测试、道路测试,电池系统、驱动系统,以及材料性能、研发试验等,其中三电测试能力及整体测试能力达到世界先进水平。

试验中心对照未来世界级智能网联电动汽车开发需求,与业内优秀伙伴共建共享。与戴姆勒·奔驰等合作伙伴深度合作建设试验室,制定全球顶级的测试规范,致力于打造开放共享的世界级新能源汽车试验验证平台。试验中心通过中国合格评定国家认可委员会(CNAS)评审组评定,并获得相关证书。承担了北京市电动汽车产业核心关键技术试验研究课题,被授予"北京市工程实验室和重点实验室""北京市新能源乘用车节能与安全重点实验室""纯电动乘用车开发技术北京市工程实验室"等称号。

4. 重视打造技术生产力

公司高度重视产品的智能化网联化发展。新能源汽车电动化的本质使汽车从机械能时代进入电能时代,新能源汽车具有交通工具和能源储备装置的双重属性,特别是为可再生能源(风、水、电、太阳能发电)的深度利用广度延伸提供了基础;新能源汽车的数字化使汽车从电力时代进入信息时代,围绕汽车构建庞大应用生态成为可能;新能源汽车的智能化使汽车从信息时代进入AI时代,新能源汽车发展的技术方向要求新能源汽车企业具有强大完善的研发体系和能力。

新能源汽车已从市场保护进入到市场竞争阶段,竞争已从单一产品的竞争发展成为研发体系和创新能力的全面竞争。北汽新能源经过10年发展,建立了新一代新能源整车产品平台开发技术、三电技术和人工智能技术相互支撑的研发体系和创新能力。

5. 持续完善研发体系能力

一是四级研发生态,要素整合共享,北汽新能源持续构建研发核心竞争力。一方面在全球范围内吸纳优秀专业人才,另一方面加大研发投入,构建完整的面向未来的新一代新能源整车研发体系,在电池电机电控、智能网联、智能驾驶、新材料、换电储能等领域核心打造竞争能力。二是平台开发能力,引领高端制造,伴随着新能源汽车三电及智能技术不断积累提升,北汽新能源产品开发经历了从单品"油改电"阶段,到单品设计开发阶段,再到进入高性能整车模块化平台开发阶段。三是动力电池研发,突破提升性能,北汽新能源围绕提升电池使用性能布局研发工作,取得多个领域关键技术的突破,完成了多个新技术在量产产品中的应用,产品竞争力显著提升。四是电机电控总成,自主"智慧大脑",高性能集成式电驱技术是新能源汽车行业共性关键技术,北汽新能源自主开发的高性能一体化智能电驱系统,攻克了多个高电压大电流、高转速大扭矩模块复杂集成面临的机械、电磁、热、EMC、NVH集成设计难题,在中国汽车技术研究中心测试显示功率密度、效率、EMC等核心技术指标领先,达到国际先进水平。五是智能系统研发,人工智能"达尔文",智能汽车已成为新能源汽车产业发展的战略方向,汽车正由人工操控的机械产品逐步向电子信息系统控制的智能产品转变,汽车将由单纯的交通运输工具转变为智能移动空间和应用终端,智能汽车关键技术的突破将使企业获得新的技术优势,引领消费升级,扩大市场空间,进而提升国家的科技、网络、制造等综合实力。六是试验验证平台,全面保障硬实力,完善的、先进的试验及验证能力是新能源汽车产品研发、功能实现、制造工艺精准、客户体验提升的强有力保障。

五、主要新产品

序号	产品型号	产品名称	品牌	通用名称
1	BJ7001BPHD-BEV	纯电动轿车	北京	EC3
2	BJ7000USD1-BEV	纯电动轿车	北京	EX3
3	BJ7000CTD-BEV	纯电动轿车	北京	EU5(莱西、黄骅地产)
4	BJ7000CTD1-BEV	纯电动轿车	北京	EU5(莱西地产网约车)
5	BJ7000C5EB-BEV	纯电动轿车	北京	EU300
6	BJ7000C5EC-BEV	纯电动轿车	北京	EU300(快换)
7	BJ7003U3D2-BEV	纯电动轿车	北京	EC5
8	BJ7001U5E2-BEV	纯电动轿车	北京	EX5
9	BJ7000C5FBEV	纯电动轿车	北京	EU7
10	BJ6480BSA-BEV	纯电动多用途乘用车	极狐(ARCFOX)	αT
11	BJ7001AUA1-BEV	纯电动轿车	极狐(ARCFOX)	αS

六、合资合作及重大项目建设

加强新能源公司生态链建设。

北汽新能源斥资20.51亿元打造的国际新能源汽车试验验证平台——北汽新能源试验中心正式启用。试验中心全面覆盖电池、电机、电控、智能网联、轻量化、整车应用六大关键核心领域,集电动汽车行业先进标准、充分验证的作业体系。

北汽新能源召开"蓝谷科技大会",正式发布企业技术品牌"达尔文系统",并挂牌成立了北汽新能源蓝谷动力系统分公司(简称"蓝谷动力")。公司致力于打造世界的新能源汽车核心技术和关键零部件提供商,加速科技创新成果的转化与落地。并发起成立卫蓝生态联盟,凝聚全球优势领军企业和新生力量,开展面向未来的能源生态研究和商业模式探索,推动清洁交通能源革命,共建美丽中国。

紧随共享化潮流,与滴滴公司旗下小桔车服共同出资成立京桔新能源汽车科技有限公司,在新能源汽车运营、大数据应用、出行服务、网约车定制、充换电等方面深入探索布局,将提升北汽新能源在共享出行领域的竞争力。携手普及新能源汽车,将在新能源公务用车、出租车、网约车、私人用车、速递物流车及分时租赁领域展开合作,共同致力于新能源汽车在沈阳乃至东北市场的示范推广,未来进一步拓展至全国市场。联合华为技术有限公司共建"1873戴维森创新实验室",深耕智能网联前瞻性技术、加速前沿科技产业化应用。与麦格纳签署合作协议,致力于打造对外开放共享的高端智能纯电动汽车研发与制造中心,并计划首先投产北汽新能源高端品牌ARCFOX的相关车型。

七、发展目标与规划

北汽新能源致力于打造成为世界级科技创新中心和世界级新能源汽车企业,提出"一个目标,两大路径,三大举措和四个体系"。"一个目标"是企业愿景,希望北汽新能源在未来的发展过程中能坚持"一个蓝梦,两个世界级"的目标。"两大路径"是指希望建立新能源企业合作命运共同体并且共同参与国际竞争。"三大举措"主要包括建设数字化的研发能力,丰富新能源与智能网联化融合后的产品序列以及打造AI工厂,实现全自动化生产。预计将会于未来10年打造3个以上的电动汽车专属平台,并且推出40余款全新的产品。"四大体系"主要是针对用户体验进行全面升级和优化,第一个体系即为能源驱动体系,这个体系主要是打造更加多元化的能源驱动系统,其中以锂离子电池,固态电池以及燃料电池为主,丰富用户的购车选择;第二个体系是打造数据管理中心,其中涵盖以5G技术为基础的数据采集与通信以及智能化分析;第三个体系是注重消费者的购车体验,打造线上线下为一体的营销网络与购车平台;第四个体系是构建新能源网与汽车之间的智能生态体系,彻底解决新能源汽车补充能源的问题。

除了在新能源领域进行全面布局之外,北汽新能源未来也将更加注重构建智能生态系统,致力于打造一个世界级新能源汽车应用网络。

广州汽车集团股份有限公司

一、单位概况

广州汽车集团股份有限公司(以下简称"广汽集团")主要有汽车研发、整车(汽车、摩托车)、零部件、商贸服务、金融服务、出行服务等几大业务板块。旗下拥有20多家知名投资企业,生产销售传祺系列、广汽新能源埃安系列,以及广汽丰田、广汽本田、广汽三菱、广汽菲克等数十种知名品牌汽车产品。广汽集团连续7年入围《财富》世界500强,2019年位列世界500强企业第189名(比2018年上升13位)。根据国家发展改革委发布的国家企业技术中心2019年评价结果,以广汽研究院为核心的广汽集团国家认定企业技术中心排名全国第6、行业第1。

广汽集团于2017年启动广汽智联新能源汽车产业园建设,该产业园是广州市实施汽车产业"153"战略之一。总体规划面积约7 500亩,总投资450亿元,到2025年建成40万台汽车年产能,首期20万产能的智能工厂已经竣工投产。围绕"智能制造、创新研发、汽车小镇"三大领域,打造智能、开放、创新、绿色、共享、生态的国际智联新能源汽车产业创新生态城。

2017年7月,广汽集团立足多年自主创新体系建设基础和新能源事业技术积累,顺应产业向"电动化、智能化、网联化、共享化"变革的时代大势,结合国家政策和技术形势的变化,投资46亿元成立广汽新能源汽车有限公司。广汽新能源是广汽集团发展新能源汽车事业的发展载体和极具成长性的创新企业,致力于向用户提供世界移动智能新能源产品和服务。广汽集团2011年在国内最早启动新能源汽车技术研究,在新能源汽车和智能汽车技术领域有深厚积淀,开创了向合资企业导入自主品牌车型的先河。

"匠于心　品于行",广汽集团始终坚持"人为本、信为道、创为先"的企业理念,努力成为客户信赖、员工幸福、社会期待的世界一流企业,为人类美好移动生活持续创造价值。

二、经营情况

2019年,在全国汽车行业持续下行的严峻形势下,广汽集团实现汽车产销202.38万辆和206.22万辆,优于行业水平约4.24个百分点,市场占有率同比提升0.35个百分点;完成工业总产值2 946.6亿元,连同合营、联营公司共实现营业总收入约3 550.90亿元。

三、产品出口

广汽集团国际化进程稳步推进,已完成中东、东南亚、东欧、非洲、美洲等五大板块十几个国家的布局。2019年5月23日,在香港正式揭牌广汽乘用车香港国际公司,是广汽以香港为枢纽加速国际化进程、深化粤港澳大湾区布局的重要举措,也是加快体制创新、切实推进"全方位对外开放"走在前列的重要里程碑。2020年1月1日,广汽集团首批出口海外的197辆纯电动车GE3从上海登船启程,通过海运发往以色列。

四、产能建设

广汽新能源智能生态工厂20万产能项目于2018年12月23日竣工,是广汽智联新能源汽车产业园的首个项目,发挥着带动产业集聚的龙头作用。围绕"智能制造、创新研发、汽车小镇"3个理念,广汽智联新能源汽车产业园将在2025年达到40万台汽车年产能,并形成智能、开放、创新、绿色、共享、生态的国际智联的新能源汽车产业创新生态城。广汽时代动力电池系统项目、广汽爱信变速箱项目、汽车小镇等项目于2018年底奠基。

五、技术进展及研发能力建设

广汽集团在新能源技术研发领域拥有多年的技术积累,在新能源技术路线规划方面坚持立足EV,PHEV与HEV协同发展,FCV作为远景目标进行技术储备。建立新能源汽车正向研发及验证体系,掌握新能源汽车的正向开发技术。同时还大力发展智能网联技术,结合5G、大数据、云计算、人工智能AI等技术,目标是形成"智联化+电动化"的产品组合。

广汽集团全力打造新能源三电开发流程及新能源整车验证体系和两大架构(EV兼容FCV架构、PHEV/HEV混动架构)。广汽围绕GEP平台,推动全新一代A0、A/A+、B/C纯电专属平台的开发,提升全新新能源平台产品实力,将结合新车型开发形成"平台架构+车型族群"的平台先行开发模式,提升研发效率。

在新能源关键技术及核心零部件的研发方面,广汽集团取得了突破性的进展和成果。努力实现七大技术引领(高效功率电子控制技术、电动系统集成技术、先进整车控制技术、动力电池系统技术、集成电力驱动单元系统技术、混合动力机电耦合技术、燃料电池集成技术)。广汽研究院已经自主掌握了电池、电机、电控、机电耦合和系统集成等几大关键核心技术。在零部件层面,自主研发的G-MC广汽机电耦合系统,以及包括动力电池系统、电机控制系统等核心零部件,均已完成自主研发和产业化搭载。

广汽集团已经具备全面的动力电池系统设计、仿真、验证能力。自主开发的电池包产品平台,采用了高能高功率的三元材料以及新型"铝质+复合塑料"的先进壳体材料,可应用于各类新能源车;独立自主开发的全新多模式机电耦合系统(G-MC,GAC Mechatronic Coupling),高效地将发电机、驱动电机、离合器、传动系统以及差减速器集成于一体,通过合理控制发动机、发电机和驱动电机的动力耦合输出,可实现纯电动、串联、并联及混联等多种驱动模式。

自主开发的涵盖驱动电机、电机控制器、差速器等零部件的电机系统平台,具有高可靠性、高精度等特点,可灵活运用于各种新能源车型。开展的集成式的电驱动系统,具有高度集成化、轻量化、低成本等优点。自主开发的电机控制-充放电单元,集成了电机控制、车辆-电网能量双向流动(V2G)、车-车应急充电(V2V)、移动电站对外放电等功能,可显著提升用户体验。

除了自研新能源车型外，广汽研究院还为多家合资公司开发新能源车型，开创性地实现了向合资企业输出新能源车型及技术的突破：向广汽三菱导入了祺智 PHEV、祺智 EV 等产品；向广汽本田导入了世锐 PHEV；向广汽丰田导入了 iA5、iX4 等纯电动车型。以上车型均已成功上市并取得不错的市场表现，展现了广汽自主品牌新能源车型研发的技术实力。

六、主要新产品

整车				
序号	产品型号	产品名称	品牌	通用名称
1	GAM7000BEVA0C	纯电动轿车	广汽新能源	埃安 S(Aion S)
2	GAM6480BEVB0C	纯电动多用途乘用车	广汽新能源	埃安 LX(Aion LX)
3	GAM6460BEVC0H	纯电动多用途乘用车	广汽新能源	埃安 V(Aion V)
4	GAC7000BEVH0A	纯电动轿车	广汽新能源	GE3 530
5	GAC6450CHEVA5E	插电式混合动力多用途乘用车	广汽新能源	GS4PHEV
6	GAC7150CHEVA5D	插电式混合动力轿车	广汽新能源	GA3S PHEV

七、合资合作及重大项目建设

广汽时代动力电池系统项目、时代广汽动力电池系统项目、广汽爱信变速箱项目、汽车小镇等项目已于 2018 年 12 月 23 日奠基。广汽研究院化龙研发基地建设项目、广汽本田年产 24 万台发动机建设项目、广汽本田增城工厂产能扩大建设项目、广汽丰田发动机新增产品型号(M20C)发动机建设项目、广汽荻原二期能扩建设项目、广汽商贸南沙国际汽车产业园项目按计划推进。

广汽蔚来打造的全新品牌“HYCAN 合创”于 2019 年 5 月 20 日在杭州发布首款概念车。该车的发布代表了优势制造与创新思维“两股力量”融合的开始，在电动化、智能化、互联化、共享化的新出行生态中，融合资源发挥优势。

广汽乘用车宜昌工厂新增 20 万辆/年的产能，于 2019 年 6 月投产。广汽丰田产能 12 万辆，扩大产能项目二期于 2019 年 12 月建成。

八、发展目标与规划

2019 年 11 月 22 日，在第十七届中国(广州)国际汽车展览会上，广汽集团发布“广汽 e-TIME 行动”，“e”是 Experience，代表顾客体验(是一切工作的核心)；“T”是 Technology，代表科技创新；“I”是 Intelligence，代表智能网联；“M”是 Manufacture，代表智能制造，“E”是 Electrification，代表电气化。这是广汽集团立足当前，以顾客体验为核心，面向未来高质量发展而采取的举措。节能环保是时代趋势。作为汽车企业，广汽集团一直大力推动汽车向低耗高效发展，基于三电核心技术，全力打造弱混、强混、插混、纯电和燃料电池等多款动力总组合。广汽集团的目标是在 2025 年全系车型实现电气化。

广汽集团紧抓产品开发和技术创新两大战场并加快推进，以“电动化、智联化、轻量化、情感化”为重点突破口，强化“两个先行”(平台开发先行，技术开发先行)，努力加快由“跟随”到“引领”的转型发展。

广汽集团全力发展自主品牌，实现了自主品牌跨越式发展，实现了电动化、国际化、网联化和智能化的重大突破。力争在 2027 年即公司成立 30 周年之际，广汽集团进入世界企业 100 强；在 2037 年即公司成立 40 周年之际，广汽集团成为具有全球竞争力的世界一流企业。

长城汽车股份有限公司

一、单位概况

长城汽车股份有限公司(以下简称“长城汽车”)是全球知名的 SUV 和皮卡制造企业，于 2003 年、2011 年分别在香港和内地上市，旗下拥有哈弗、WEY、欧拉和长城皮卡 4 个品牌，产品涵盖 SUV、轿车、皮卡三大品类，动力包括传统动力车型和新能源车型，具备发动机、变速器等核心零部件的自主配套能力。

长城汽车在全球已形成研、产、供、销的全球化体系布局。在技术研发上，长城汽车始终坚持“精准投入”，注重有效研发，追求行业领先，为持续的自主创新奠定了坚实的基础。长城汽车拥有国际一流的研发设备和体系，具备 SUV、轿车、皮卡三大系列以及动力总成的开发设计能力。先后在日本、美国、德国、印度、奥地利和韩国设立海外研发中心，构建以保定总部为核心，涵盖欧洲、亚洲、北美等“七国十地”全球研发布局。

长城汽车拥有国内先进的汽车综合试验场之一，具有研发、试制、试验、造型、数据五大功能的哈弗技术中心，实现了整车及零部件的研发布局，研发实力实现质的飞跃。未来 5 年，长城汽车还将持续打造全球化研发体系，在主被动安全技术、智能互联、自动驾驶等方面形成领先优势。长城汽车的技术实力也得到了社会的广泛肯定，被国家发改委、科技部等五部委联合认定为“国家认定企业技术中心”“国家创新型企业”。

长城汽车秉承“每天进步一点点”的企业理念，拥有先进的企业文化和管理团队，创建了独具特色的经营和管理模式。长城汽车以“安全”作为品牌核心价值，秉持“安全至上”的造车理念，在追求安全之路上一直不断努力，砥砺向前。

二、经营情况

在充满挑战的 2019 年，长城汽车业绩表现稳健。截至 2019 年 12 月 31 日，长城汽车营业总收入 962.11 亿元，利润总额 51.01 亿元，净利润 45.31 亿元，归属于母公司股东净利润 44.97 亿元。

2019 年，长城汽车全球累计交付新车近 106 万辆，在车市下行压力下，仍实现同比 1.43%的增长率，并连续 4 年销量突破百万辆。

哈弗、WEY、欧拉、长城皮卡四大品牌市场地位进一步稳固。哈弗品牌连续10年保持中国SUV市场销量冠军，全球累计销售近600万辆，哈弗H6全球累计销量突破300万辆，创造了中国品牌单车型销量巅峰；F系旗舰车型哈弗F7累计13个月销量破万。WEY品牌2019年重磅推出了燃油车VV7GT，以及插电混动车型VV7 PHEV、VV7GT PHEV，与VV5、VV6形成强大的家族阵容，2019年销量突破10万辆大关，品牌诞生以来累计销量超过32万辆，成为首个达成30万销量的中国豪华SUV品牌。欧拉品牌2019年新车累计销量同比大涨184.85%，创造了A00细分市场销量增速第1的纪录。长城皮卡品牌连续22年保持国内、出口销量双第1，全球保有量突破160万辆，国内市场占有率超35%。2018年，长城皮卡重磅发布长城炮新品牌，上市3个月累计销售1.82万辆，一举摘得10万元高端皮卡销量桂冠。2018年，长城汽车产品不断向智能化、清洁化、高品质、高价值方向发展，10万元以上车型销量占比超65%，新能源及高效燃油动力产品占比达68.3%，成为长城汽车未来主要发展方向。同时，长城汽车从用户需求和用户体验服务出发，在产品端和售后端，为用户创造了更好的服务体验。

三、产品出口

长城汽车已在亚洲、非洲、南美、中东欧等60多个国家和地区市场完成布局，依托俄罗斯、澳大利亚、南非、南美、中东五大区域营销中心，畅销全球60多个国家和地区，建立全球（不包括国内）网络500余家，累计销售60多万辆。

2019年，长城汽车全球化战略全面进阶，海外业绩表现强劲，营业收入55.22亿元，同比大涨66.61%，实现整车出口6.54万辆，同比劲增44.93%。其中，皮卡车型全年出口1.75万辆，累计同比增长34.66%；SUV车型出口4.38万辆，同比劲增57.62%。

2019年6月，长城汽车独资兴建的俄罗斯图拉工厂正式建成投产，首款"全球车"哈弗F7上市并获得成功。图拉工厂的建成投产加快了长城汽车全球研发、生产布局建设与销售渠道铺设，促进了长城汽车海外市场销量的快速提升。

四、产能建设

长城汽车在全球形成"11+5"的生产布局，包括11大全工艺整车生产基地和5个KD工厂。

在国内，保定、徐水、天津、重庆永川生产基地已经建成投产。2019年，江苏张家港、山东日照、浙江平湖和江苏泰州几大项目已经启动或开工建设。

在海外，2019年，长城汽车俄罗斯图拉工厂正式竣工投产。2020年1月和2月，长城汽车与通用汽车签署了具有约束力的协议，将分别收购通用汽车的印度塔里岗工厂和泰国罗勇府制造工厂，双方计划在2020年底完成交易和最终移交。除此之外，长城汽车还在厄瓜多尔、马来西亚、突尼斯、保加利亚等"一带一路"辐射国家进行KD组装生产。

新能源方面，2019年长城汽车已在国内建成年产16万台规模的新能源生产基地，其中：

1. 插电式混合动力SUV P8、VV7 PHEV、VV7GT PHEV产能为6万台/年；

2. 微型纯电动轿车欧拉R1、欧拉R2、欧拉iQ产能为10万台/年。

五、技术进展及研发能力建设

2019年，长城汽车研发投入27.16亿元（费用化支出），同比增长55.8%。研发费用精准、高效投入到清洁化技术、智能网联、自动驾驶技术研发，以及全球研发布局等领域。

长城汽车GW4C20B 2.0T汽油机获"中国心"2019年度十佳发动机；长城汽车蜂巢易创公司发布了新一代动力总成技术产品，包括4N20新一代环保型2.0T发动机，全球首款公开发布的9速湿式双离合变速器——9DCT变速器，以及6001系列电驱动，实现了油耗、排放、动力等多项指标的全面优化。

在新能源领域，长城汽车同步开展EV、HEV、PHEV三种技术架构的车型开发以及FCV的策划，WEY品牌在年内推出两款插电混动车型VV7 PHEV和VV7GT PHEV，进一步完善了长城汽车新能源产品布局。

在智能网联领域，长城汽车构建开放的技术创新平台，以创新、开放的眼光，加强外部合作，共同推动5G、物联网、自动驾驶、车联网V2X等关键技术的研发，加速共性技术的产业化步伐。2019年，长城汽车联合华为、高通、百度等8家战略伙伴，携手打造基于5G+AI技术，共建全域智慧生态，开创出行机器人时代。2019年7月，WEY品牌发布Collie牧羊犬全维智能安全系统，为用户带来全维度安全关怀与守护。以5G、自动驾驶等智能科技为引擎，长城汽车旗下多车型搭载新一代车联网系统，涵盖"影音娱乐、新闻资讯、出行服务、车友互动"等功能。

六、主要新产品

1. 整车

序号	产品型号	产品名称	品牌	通用名称
1	CC7000ZM02ABEV	纯电动轿车	欧拉	欧拉R1
2	CC7000ZM02CBEV	纯电动轿车	欧拉	欧拉R1
3	CC7000ZM00CBEV	纯电动轿车	欧拉	欧拉R1
4	CC7001ZM01BEV	纯电动轿车	欧拉	欧拉R2
5	CC7001ZM02CBEV	纯电动轿车	欧拉	欧拉R2
6	CC7001CE03BBEV	纯电动轿车	欧拉	欧拉iQ
7	CC7001CE04BEV	纯电动轿车	欧拉	欧拉iQ
8	CC1032PA01BEV	纯电动多用途货车	长城	风骏7EV
9	CC5032XXYPA01BEV	纯电动厢式运输车	长城	风骏7EV
10	CC1030QA00BEV	纯电动多用途货车	长城	长城炮EV
11	CC6481AD22DPHEV	插电式混合动力多用途乘用车	魏派	P8GT
12	CC6483AD21APHEV	插电式混合动力多用途乘用车	魏派	P8s
13	CC6483AD23BPHEV	插电式混合动力多用途乘用车	魏派	VV7 PHEV
14	CC6481AD23BPHEV	插电式混合动力多用途乘用车	魏派	VV7GT PHEV

2. 零部件

序号	产品名称	产品型号	产品应用
1	33 kWh动力电池系统	PE328100B	欧拉纯电动轿车
2	31 kWh动力电池系统	PE307100A	欧拉纯电动轿车

续上表

2. 零部件			
序号	产品名称	产品型号	产品应用
3	34 kWh 动力电池系统	PE333102A	欧拉纯电动轿车
4	32 kWh 动力电池系统	PE311102A	欧拉纯电动轿车
5	47 kWh 动力电池系统	P-E-05884600-BE	欧拉纯电动轿车
6	35 kW 永磁同步电机	TZ180XS62BZ	欧拉纯电动轿车
7	120 kW 永磁同步电机	TZ242XS002	欧拉纯电动轿车
8	驱动电机控制器	KTZ33X42SGW1	欧拉纯电动轿车
9	驱动电机控制器	KTZ33X11S01ZL	欧拉纯电动轿车
10	3.3 kW 车载充电机	VCDC02-B-3.3-1.4	欧拉纯电动轿车
11	6.6 kW 车载充电机	VCDC02-B-6.6-1.4	欧拉纯电动轿车
12	35 kW 永磁同步电机	TZ180XS002	欧拉纯电动轿车
13	150 kW 永磁同步电机	TZ180XS001	长城纯电动轿车
14	6.6 kW 车载充电机	SCW662JCES-CC01	欧拉纯电动轿车

七、合资合作及重大项目建设

2019 年 2 月 13 日，长城汽车平湖项目签约仪式在杭州西子湖畔举行，项目计划总投资约 110 亿元，计划于 2021 年投产运营，重点建设冲压、焊装、涂装、总装、电池包等工艺工厂，形成 5 万辆新能源乘用车、5 万辆燃油车的生产能力。同时在平湖建立长城长三角研发中心，将建设包括研发大楼、实验室和环形测试跑道等，以新能源、智能化为主攻方向，主要从事长城汽车中高端品牌的产品开发和技术突破。该中心将建成为国际一流的整车造型中心、整车试制中心、核心零部件研发中心、“自动驾驶 + 智能网联”“试车跑道 + 智能”交通等。

2019 年 7 月，长城汽车正式发布 GTO 全域智慧生态战略，宣告联合腾讯、阿里高德、百度、中国电信、中国联通、中国移动、华为和高通 8 家战略伙伴，携手打造基于“5G + AI”技术、带给用户全生命周期体验与服务的出行机器人，同时共建全域智慧生态，引领汽车行业告别传统功能车时代。

2019 年 11 月，长城汽车与宝马集团合资的光束汽车项目在江苏张家港正式启动。根据规划，光束汽车将用于生产长城汽车旗下全新的纯电动汽车产品和 MINI 品牌纯电动汽车。项目于 2020 年开工，2022 年建成实现“联合研发，中国制造，服务全球顾客”的业态模式。

2019 年 12 月，长城日照威奕整车项目完成四大工艺车间基础建设，2020 年上半年，完成土建和钢结构施工，预计 2021 年初正式投产。

2019 年 11 月 11 日，长城汽车在泰州生产基地正式开工。预计 2020 年底正式投产。

八、发展目标与规划

为响应新能源汽车产业政策，长城汽车将新能源汽车列为重要发展战略：未来长城汽车将投入 300 亿元，打造全球化研发体系，在主被动安全技术、智能互联、自动驾驶等方面形成领先优势。同时，不断加快新能源汽车业务布局，通过梳理和完善哈弗产品结构，实现产品市场竞争力的提升。

2020 年，新能源汽车年销 15 万辆。

2025 年，新能源汽车年销 70 万辆，打造新能源汽车市场领先地位。

长城汽车将打造 2 个纯电动专属平台，并结合全新平台开发推出 10 余款新能源车型，包含 EV、PHEV 及 FCV，车型级别涵盖小型到大型，品类涵盖 SUV、轿车。

在智能化方面，长城汽车自 2010 年开始进行 ADAS 技术研究。2017 年，长城汽车发布 i-Pilot“智慧领航”规划，公司根据美国 Level 4、Level 5 标准进行产品开发，Level 4 项目已到性能调试阶段。计划到 2020 年，量产车超过 L3 级别的自动驾驶水平；2025 年，完全实现 L5 级别的自动化驾驶。在网联化方面，长城汽车与国内外互联网巨头企业建立战略合作，已与百度、华为、京东和中国移动签署战略合作协议，在车联网技术、内容全面合作，打造专属车联网服务，共建未来汽车生态。

九、2019 年 1 月—12 月企业在新能源汽车方面经济指标统计

填报单位名称	指标名称	本期累计（万元）	同期累计（万元）	增长率（%）
长城汽车股份有限公司	2019 年营业收入	962.11	992.30	-3
	2019 年利润总额	51.01	62.32	-18

浙江吉利控股集团有限公司

一、单位概况

浙江吉利控股集团有限公司始建于 1986 年，1997 年进入汽车行业，一直专注实业，专注技术创新和人才培养，现已发展成为一家集汽车整车、动力总成和关键零部件设计、研发、生产、销售和服务于一体，并涵盖出行服务、数字科技、金融服务、教育等业务的全球创新型科技企业集团。资产总值超过 3 300 亿元，员工总数超过 12 万人，连续 8 年进入世界 500 强(2019 年排名 220 位)。

吉利控股集团总部设在杭州，在中国上海、杭州、宁波，瑞典哥德堡、英国考文垂、西班牙巴塞罗那、美国加州、德国法兰克福、马来西亚吉隆坡等地建有造型设计和工程研发中心，在中国、美国、英国、瑞典、比利时、白罗斯、马来西亚建有世界一流的现代化的整车和动力总成制造工厂，旗下拥有吉利、领克、几何、沃尔沃、极星、宝腾、路特斯、伦敦电动汽车、远程新能源商用车、曹操出行、钱江摩托等品牌，是沃尔沃集团第一大持股股东和戴姆勒股份公司第一大股东。

2019 年 4 月，吉利控股集团成为第 19 届杭州亚运会官方合作伙伴。

二、经营情况

2019年,吉利控股集团实现总销量217.8万辆,比2018年增长1.23%;实现销售收入3 308亿元,缴纳税收396亿元。其中,沃尔沃汽车实现全球销量70.5万辆,增长9.8%,在中国销量16.1万辆,增长18.2%;宝腾汽车实现全球销量10万辆,增长55.7%;吉利汽车(含领克)销量136.2万辆,连续3年位列中国品牌销冠,行业排名从2018年的第5位晋升至第4位,11月—12月单月销量进入前3,其中吉利新能源及电气化车型全年销量11.3万辆,增长66.5%,成为吉利高质量增长的新动能。

三、产能建设

截至2019年底,吉利控股集团建成新能源乘用车产能43.5万辆、新能源商用车产能12万辆。

四、技术进展及研发能力建设

在新能源领域,吉利坚持轻混、插混、纯电等新能源及电气化技术路径多线并举,全面推动电动化战略。吉利专注新能源技术创新,打造技术高地,提高产品竞争力,推进电动化开发,累计申请新能源专利396个,其中发明专利213个。动力电池研发及制造已覆盖从电芯到整包供货以及完整售后及回收体系,已完成3款电池包项目的开发和量产。

2019年吉利新能源及电气化车型销量大幅提升,全年销量超过11.3万辆,同比增长66.5%,其中纯电动5.07万辆,同比增长31%,成为吉利高质量增长的新动能;几何品牌首款产品几何A实现1.15万辆销量,取得良好市场开局。同时,吉利掌握新能源核心三电技术,已形成研发制造的集成一体化产业链,具备自主三电系统和部件的控制策略软件开发能力,通过了功能安全和ASPISE开发流程国际认证。

2019年吉利商用车推出19款新能源整车产品。其中15款城市物流产品包含:纯电动载货车的远程轻卡与远程E200、以甲醇或天然气为动力的半挂牵引车远程重卡、以插电式混合为动力的用于冷藏与旅居等的(增程式)远程轻卡;4款纯电动城市公交车包括:8 m和8.5 m纯电动城市公交车、10 m和12 m大型纯电动城市公交车。吉利商用车坚持新能源和清洁能源商用车的发展方向,明确以增程式动力系统为核心的城市商用车产品及以甲醇清洁能源动力为核心的公路商用车产品两条核心技术路线。增程式动力系统已完成两代增程器的产业化开发及第三代增程器的预研工作,开发了增程器专用发动机、发电机系统高效技术,同时开发了以双层架构、闭环控制、功率跟随、故障诊断为关键技术特征的增程器控制系统,实现了增程器总成的集成匹配及NVH性能提升;甲醇清洁能源动力方面完成了M100甲醇燃料发动机的开发,开发了适用于点燃式重型甲醇燃料发动机燃烧系统和重型甲醇燃料发动机排放与控制系统,攻克了重型甲醇燃料发动机腐蚀与磨损问题。除此以外,在分布式电驱动技术、平台化整车控制器软硬件量产技术、智能互联和主动安全技术及轻量化车身技术均取得了一定的技术进展。

五、主要新产品

序号	产品型号	产品名称	品牌	通用名称
1	JL6432PHEV06	插电式混合动力多用途乘用车	吉利	缤越PHEV
2	MR6471PHEV04	插电式混合动力多用途乘用车	吉利	嘉际
3	MR6471PHEV06	插电式混合动力多用途乘用车	吉利	嘉际
4	MR6471PHEV05	插电式混合动力多用途乘用车	吉利	嘉际
5	MR6471PHEV06	插电式混合动力多用途乘用车	吉利	嘉际
6	MR6471PHEV08	插电式混合动力多用途乘用车	吉利	嘉际
7	JHC7002BEV38	纯电动轿车	吉利	几何A
8	JHC7002BEV40	纯电动轿车	吉利	几何A
9	JHC7002BEV41	纯电动轿车	吉利	几何A
10	JHC7002BEV42	纯电动轿车	吉利	几何A
11	JHC7002BEV46	纯电动轿车	吉利	几何A
12	HQ7152PHEV10	插电式混合动力轿车	吉利	帝豪GL PHEV
13	HQ7152PHEV14	插电式混合动力轿车	吉利	帝豪GL PHEV
14	HQ7152PHEV16	插电式混合动力轿车	吉利	帝豪GL PHEV
15	JHC7002BEV25	纯电动轿车	吉利	帝豪EV
16	JHC7002BEV26	纯电动轿车	吉利	帝豪EV
17	JHC7002BEV27	纯电动轿车	吉利	帝豪EV
18	JHC7002BEV33	纯电动轿车	吉利	帝豪EV
19	JHC7002BEV34	纯电动轿车	吉利	帝豪EV
20	JHC7002BEV44	纯电动轿车	吉利	帝豪EV
21	JHC7002BEV45	纯电动轿车	吉利	帝豪EV
22	HQ7002BEV66	纯电动轿车	吉利	帝豪EV
23	JL7002BEV05	纯电动轿车	吉利	帝豪EV
24	JHC7002BEV51	纯电动轿车	吉利	帝豪GSe
25	JHC7002BEV55	纯电动轿车	吉利	帝豪GSe
26	JHC7002BEV60	纯电动轿车	吉利	帝豪GSe
27	JHC7002BEV63	纯电动轿车	吉利	帝豪GSe
28	MR6463PHEV01	插电式混合动力多用途乘用车	吉利	星越PHEV
29	MR6463PHEV05	插电式混合动力多用途乘用车	吉利	星越PHEV
30	MR7153PHEV18	插电式混合动力轿车	吉利	博瑞GE
31	MR7153PHEV19	插电式混合动力轿车	吉利	博瑞GE
32	MR7153PHEV05	插电式混合动力轿车	吉利	博瑞GE
33	JL6453PHEV05	插电式混合动力多用途乘用车	领克	领克01 PHEV
34	JL6453PHEV04	插电式混合动力多用途乘用车	领克	领克01 PHEV
35	JL6453PHEV02	插电式混合动力多用途乘用车	领克	领克01 PHEV
36	MR6453PHEV05	插电式混合动力多用途乘用车	领克	领克01 PHEV

续上表

序号	产品型号	产品名称	品牌	通用名称
37	MR7153PHEV22	插电式混合动力轿车	领克	领克 02 PHEV
38	MR7153PHEV11	插电式混合动力轿车	领克	领克 02 PHEV
39	MR7153PHEV21	插电式混合动力轿车	领克	领克 03 PHEV
40	MR7152PHEV13	插电式混合动力轿车	领克	领克 03 PHEV
41	MR7152PHEV14	插电式混合动力轿车	领克	领克 03 PHEV
42	MR7153PHEV16	插电式混合动力轿车	领克	领克 03 PHEV
43	DNC1030BEV31	纯电动载货车	远程	远程轻卡
44	DNC1049BEVK1	纯电动载货车	远程	远程 E200
45	DNC4250GM4	甲醇半挂牵引车	远程	远程重卡
46	DNC4250GNK6	天然气半挂牵引车	远程	远程重卡
47	DNC5030XXYBEV02	纯电动厢式运输车	远程	远程 E6
48	DNC5030XXYBEV05	纯电动厢式运输车	远程	远程 E5L
49	DNC5037XYZBEVK1	纯电动邮政车	远程	远程 E6
50	DNC5040XLCBEVK1	纯电动冷藏车	远程	远程 E6
51	DNC5045XXYBEV02	纯电动厢式运输车	远程	远程 E200
52	DNC5047XLCSHEVG13	插电式混合动力（增程式）冷藏车	远程	远程轻卡
53	DNC5047XLJSHEVG13	插电式混合动力（增程式）旅居车	远程	远程轻卡
54	DNC5047XXYSHEVG12	插电式混合动力（增程式）厢式运输车	远程	远程轻卡
55	DNC5049CCYBEVK1	纯电动仓栅车	远程	远程 E200
56	DNC5049XXYJBEVK1	纯电动双排厢式运输车	远程	远程 E200
DG57	DNC5049XYZBEV05	纯电动邮政车	远程	远程 E200
58	DNC6100BEVG4	10 m 纯电动城市客车	远程	远程 E10
59	DNC6120BEVG6	12 m 纯电动城市客车	远程	远程 E12
60	DNC6850BEVG1A	8 m 纯电动城市客车	远程	远程 E8
61	DNC6850BEVG2	8.5 m 纯电动城市客车	远程	远程 E8

六、合资合作及重大项目建设

2019 年，吉利分别与韩国 LG 化学、宁德时代设立合资公司，旨在通过合作，降低动力电池在整车制造环节的成本占比，同时提高吉利整车的产品差异化；参股投资传化物流集团下属浙江传化绿色慧联物流有限公司，借助传化物流在全国主要城市布局的城市公路物流港，充分发挥吉利商用车产品优势，加快新能源物流车的市场化推广应用。同时，吉利商用车集团继续加大产品研发投资和生产基地产能建设投资，规划建设新能源商用车动力总成（包括甲醇发动机增程式动力总成）和新能源客车的生产基地。

七、发展目标与规划

2020 年，吉利汽车将在经济和汽车行业周期调整的双重压力下持续保持战略定力，主动应对变革。

1. 全年将发布超过 5 款全新产品，覆盖多个细分市场，补齐产品矩阵，满足用户需求，提升市占率。

2. 整合全球优质资源，不断寻求转型升级，以远超行业平均水平的研发投入驱动创新，致力于将吉利汽车打造成以技术创新为引领的科技型企业。

3. 积极拥抱行业趋势，布局电动、移动出行领域，致力成为行业领先的未来移动出行服务提供商。

八、2019 年 1 月—12 月企业在新能源汽车方面经济指标统计

填报单位名称	指标名称	单位	本期累计	同期累计	增长率（%）	增长额（提高百分点）
浙江吉利控股集团有限公司	2019 年营业收入	万元	1 152 093.59	1 153 412.80	0	-1 319.21
	2019 年利润总额	万元	17 552.77	163 500.40	-89	-145 947.63
	2019 年产品销售率	%	91	98	-8	-7
	2019 年销售利润率	%	2	14	-89	-12

重庆长安新能源汽车科技有限公司

一、单位概况

长安汽车发源于上海洋炮局（1862 年），是中国近代工业先驱。1958 年，生产中国第一辆吉普车——“长江牌”46 型吉普车，填补中国汽车工业空白。1984 年，生产出中国第一批小型汽车，正式进入汽车领域。2006 年，成立意大利设计中心，开启长安汽车全球研发布局。2009 年，成为中国汽车四大集团之一。2014 年，长安系中国品牌汽车产销累计突破 1 000 万辆，成为第一家跨入“千万俱乐部”的中国品牌。2016 年，长安汽车年销量突破 300 万辆。2019 年，长安汽车已拥有超过 1 700 万的中国品牌汽车用户。

2017 年，长安汽车发起“第三次创业——创新创业计划”，并发布新能源“香格里拉计划”和“北斗天枢”智能化两大战略，实现从传统汽车制造企业向智能出行科技公司转型。以打造世界一流汽车企业为目标，以创新为驱动，将效率打造成为组织核心竞争力，着力推动四大转型，明确了“1143”战略架构。

长安汽车自 2001 年进入新能源领域，是中国最早进入新能源汽车领域的企业之一，具备丰富的技术研发经验积累。先后经历技术研究、产业化推广和市场化运行 3 个阶段，完成了从样车到产品的正向开发历程；构建了从开发流程、核心技术、核心产品，到生产制造、供应链等成体系的市场竞争能力。2018 年 5 月，成立重庆长安新能源汽车科技有限公司，2019 年 12 月完成 A 轮融资，专职人员已超过 1 000 人。

长安新能源以“第三次创新创业”为指引，聚焦落地香格

里拉计划，构建价值伙伴关系的整车、零部件、创新服务一体化产业平台、为客户提供极致体验的智慧新能源汽车及服务、做最有价值的新能源汽车出行方案解决者，打造世界一流新能源汽车科创企业。

到2020年，致力于成为“高质量新能源汽车提供者，成为全国一流、国际知名的新能源科创企业，进入行业第一阵营，达成年销量目标15万辆。

2020年后，长安汽车将打造“智慧新能源汽车领导者”品牌形象。

进入2025年，成为国内领先、国际一流的新能源科创企业，年销量目标36万辆。

二、经营情况

公司成立以来，先后在整车、科技、能源、充电、出行等多个领域，与一汽、BAT、宁德时代、国家电网、滴滴出行等多个行业领先企业开展深度合作，创建了庞大、权威的产业链联盟。长安新能源积极整合社会资源，实现价值共创、价值共享，努力打造成为拥有多元化股权结构的世界一流新能源汽车科创企业，并最终形成“智慧新能源汽车领导者”的品牌形象。

三、产品出口

形成重庆、北京、保定、合肥、深圳五大新能源整车生产基地。截至2017年12月，累计销售新能源汽车逾9.1万辆；搭建长安出行平台，开展分时租赁、网约、试乘试驾等活动，布局重庆、杭州、南京、合肥等地。

四、产能建设

投资1.2亿元，建成占地面积5 000 m^2 的新能源动力电池生产基地；产品涵盖EV及PHEV动力电池集成，年产能4万套/年，形成规模化制造能力。

在长安鱼嘴基地投资建设全新动力电池生产线，满足长安新能源动力电池产品需求。

五、技术进展及研发能力建设

长安新能源一直坚持自主掌握核心技术，基于长安在传统车领域强大的开发能力，差异化掌握了纯电动整车平台开发、“大三电”核心技术开发、新能源热管理系统开发等技术。

整车平台开发方面，进行3个纯电专用平台的打造，其中大平台采用四驱架构，定位为高性能车，面向中高端客户，最大里程达到600 km，其首发车型将于2020年上市。

轻量化技术方面，基于全新纯电专用平台，通过轻量化结构设计、轻量化材料应用、全新工艺设计，具备零件集成化、尺寸形状优化、整车及零部件多学科/多目标拓扑优化等结构轻量化设计能力，掌握激光焊接及激光钎焊、搅拌摩擦焊、锁铆及自锁铆技术、流钻螺钉、胶粘连接等整车工艺设计关键技术。

热管理方面，具备整车热管理多场耦合模型开发、多源数据融合的热管理控制系统开发、带余热回收的高能效比一体化热泵空调的匹配应用等能力，构建了两个热管理系统平台架构，实现耦合动力系统冷却、电池总成热管理、乘员舱热管理3个系统的一体化热管理，能量利用效率最大化，冬季采暖工况续航里程较传统热管理技术提升20%以上。

整车性能集成方面，将“超低能耗”打造成技术标签，体现长安新能源高水平集成能力，提升用户使用经济性，突出绿色续航的理念。建立整车能量流分析能力，通过降阻、动力系统效率优化、开发高效热管理系统、整车轻量化等措施持续进行能耗优化，逸动EV460百公里电耗达到13.2 kWh，达到国际一流水平。

电控系统开发方面，自主掌握了控制器硬件开发、软件开发、系统集成、标定匹配四大关键能力，是国内第一家通过ISO 26262功能安全认证的汽车企业。基于传统车电气平台，融合新能源专用系统，进行第二代控制系统平台搭建，具有智能域控、高速互联、安全可靠、适应性高的特点。

电池系统集成与控制方面，自主掌握了动力电池集成设计、电池管理与控制、动力电池生产制造三大关键能力，逸动EV460搭载自主设计、自主生产的电池系统，其系统集成效率达69.5%、能量密度达151Wh/kg，具备主动热管理（液冷/暖）能力，国内领先。同时，与清华大学开展电池安全关键技术开发合作，从机理上研究电池热安全，开发电池包的火灾安全策略及电池系统的内短路识别技术，提升电池安全性。

电驱系统开发方面，具备电机、电机控制器、减速器、充电机、直流变换器等零部件自主开发能力，掌握电驱系统结构集成开发关键技术，具有全面的NVH、EMC开发能力，具备产品设计、仿真、测试及问题整改的能力。首个自主开发的电驱“三合一”集成产品搭载逸动EV460实现产业化应用，较传统分体式产品实现体积、重量、价格降低，NEDC效率提升。

在仿真与试验领域，形成了整车及零部件性能分析及优化、新能源系统结构可靠性分析及轻量化设计、热管理性能评价及优化三大仿真分析能力。基于传统车完善的试验验证体系，搭建了新能源汽车专属的CA-ETVS验证体系，并建成了新能源五大领域的13个实验室，形成2127项试验验证能力。

六、主要产品

序号	产品型号	产品名称	品牌	通用名称
1	SC7003ACBEV	纯电动轿车	逸动 EV	EV460/EV520
2	SC7001AGBEV	纯电动轿车	新奔奔 EV	奔奔 EC450
3	SC7004CBBEV	纯电动轿车	CS15EV	CS15EV
4	SC7104AA5HEV	插电式混合动力轿车	逸动 PHEV	CS75PHEV
5	SC7005AABBEV	纯电动 suv	CS55EV	CS55 纯电版

七、合资合作及重大项目建设

长安汽车在与宁德时代、博世集团、蔚来汽车、滴滴集团、华为、百度、腾讯、阿里巴巴等形成战略合作的基础上，也通过合资参股、联合开发、产业链合作等多种方式，在电池研究、智能网联新能源汽车研发、充电方式及环境的建设、出行方案等多个领域，与各大行业标杆企业开展深度创新合作。

其中，2014年9月出资4 000万元，成立国联汽车动力电池研究院有限责任公司，持股比例为 4.3%；2016 年 9 月出资 1 000 万元，成立重庆长安特来电有限公司，持股比例为 10%；2017 年 4 月，与蔚来汽车签署战略合作框架协议，就整车研发、生产、销售、服务以及安全领域开展合作。2017 年 11 月，出资 5.19 亿元参股 CATL，持股比例为 0.57%；2018 年 8 月，出资成立南京车来出行科技有限责任公司，持股比例为 10%；2018 年 10 月，出资 2 500 万元，成立湖南国芯半导体科技有限公司，持股比例为 25%。2018 年 8 月，与百度在线网络技术（北京）有限公司签署战略合作协议；2018 年 9 月，与国网电动签署战略合作协议；2018 年 11 月，与中国航空工业集团公司洛阳电光设备研究所签署战略合作协议；2019 年 1 月，与华为针对整车平台签署战略合作协议；2019 年 6 月，与重庆市经信委、两江新区签署新能源产业园正式协议；2019 年 9 月，与华为、恩智浦、特来电、联想、中汽研、清研理工等 11 家企业及机构成立联合创新中心；2019 年 10 月，与重庆南方工业股权投资基金管理有限公司签署战略合作协议。

八、发展目标与规划

2017 年 10 月 19 日，长安汽车发布新能源战略——“香格里拉计划”。提出到 2020 年，完成三大新能源专用平台打造；到 2025 年，全面停售传统意义燃油车，实现全谱系产品电气化。并制定四大战略行动——千亿行动、万人研发、伙伴计划、极致体验。到 2025 年，将在全产业链上累计投入超过 1 000 亿元。其中，新能源产品研发领域的投入将超过 400 亿元，新能源专有平台的打造投入将超过 100 亿元，动力电池领域的投入将超过 300 亿元，共享、充电设施和服务等领域的投入将达到 200 亿元。

依托长安“全球研发”体系、1.1 万名研发人员队伍、17 个国籍的近 500 名专家团队、10 余名“千人计划”专家，全面加速新能源研发，致力于打造世界领先、中国最强大的新能源研发能力。整合全球最优秀的资本、顶尖的技术、专业的人才等资源，携手跨界企业，构建新能源生态圈。

资本链：打造专业的新能源产业基金投资平台——长安新能源产业基金。

产品：2020 年前打造三大新能源汽车专用平台，2025 年前累计推出多种形态的全新纯电动汽车 21 款、插电式混合动力汽车 12 款。

里程：实现电动汽车“充电 5 分钟，续航百公里”，插电式混合动力续航里程将超过 1 000 km。

安全：依托 200 余人安全团队，打造五星安全新能源产品。

智能：将率先在新能源汽车上实现 L3 ~ L4 级自动驾驶功能。

比亚迪汽车工业有限公司

一、单位概况

比亚迪汽车工业有限公司（原名：深圳市比亚迪汽车有限公司，以下简称“比亚迪”）是 2006 年 8 月 3 日经深圳市工商行政管理局批准成立的有限责任公司，由比亚迪股份有限公司和 BYD（H.K.）CO. LIMITED 共同出资组建的合资公司，公司注册资本 44 800 万美元。比亚迪汽车工业有限公司具有乘用车、商用车生产资质。主要承担着汉、全新一代唐、e6、腾势等车型的生产任务以及 K 系、C 系、T 系等一系列新能源车型的研发、试制任务。

公司占地约 250 万 m^2，位于深圳市坪山新区比亚迪汽车生产园区内，地处比亚迪葵涌工业园和宝龙工业园之间，距盐田港、平湖编组站、大亚湾港等交通枢纽 30 ~ 40 km，比亚迪是集研发试制、整车生产、销售为一体的新的汽车企业。

二、经营情况

比亚迪的汽车业务包括新能源汽车和传统燃油汽车两大板块。其中，传统燃油汽车主要车型有：秦 Pro 燃油版、宋、宋 MAX、宋 Rro、宋 Plus、元、唐燃油版等。新能源汽车主要车型有：汉 EV、e1、e2、e3、e5、e6、S2 腾势、腾势 X、秦 ProEV、宋 EV、宋 RroEV、宋 Plus EV、元 EV、唐 EV；插电式混合动力车汉 DM、秦 Pro、宋、宋 MAX、宋 Pro、唐、元；纯电动物流车 T3 ~ T7、纯电动洗扫车 T8SA；纯电动渣土车 T10、纯电动客车 K6 ~ K12 和 C6 ~ C10 等。

2019 年，比亚迪收入约 1 217.78 亿元，同比下降 0.01%，其中汽车及相关产品业务的收入约 595.37 亿元，同比下降 17.04%，当中新能源汽车业务收入约 395.81 亿元，同比下降 23.07%，占总收入的比例下降至 32.50%。

2019 年，比亚迪汽车总销量为 46.14 万辆。其中，新能源车产销分别达到 22.77 万辆和 22.95 万辆。2019 年，比亚迪新能源汽车产品结构进一步完善，销量依旧位列全球前列，品牌影响力持续提升。

比亚迪新能源汽车历年销量统计情况如下。

年份	2009	2010	2011	2012	2013	2014	2015	2016	2017	2018	2019	合计
销量（辆）	48	480	1 323	3 153	3 125	20 972	65 851	115 743	126 977	247 811	229 506	814 989

三、产品出口

2019 年，比亚迪汽车累计出口 10 286 辆。

四、产能建设

2018 年，比亚迪乘用车和客车产能利用率分别约为 85.92% 和 162.67%。

五、技术进展及研发能力建设

1. 技术创新能力

技术是比亚迪的 DNA，强大的研发实力是公司迅速发展的根本。在汽车领域，比亚迪是全球率先同时掌握电池、电机、电控、IGBT 等新能源汽车核心技术的车企。比亚迪始终坚持“技术为王，创新为本”的发展理念，坚信技术改变生活，并最终改变世界。投入巨资成立“六大研究院”，即中央研究院、汽车工程研究院、汽车智慧生态研究院、卡车研究院、客车研究院、产品规划及汽车新技术研究院。从硬件、软件及测试等方面配备1.5万名高精尖的技术队伍，在新材料、汽车、新能源等多领域积累了丰富的自主开发经验。研发人员数量约3.11万人，占比达14.12%，2019年公司研发投入56.29亿元，同比增长12.83%。

(1)“542科技”，从性能、安全、油耗3方面重新定义汽车标准，动力更强劲、能耗更节省、操控更灵活。

(2)驱动电机及控制技术：在电机技术方面，比亚迪自主开发了永磁同步电机系统，能够开发更为节能、环保的电动汽车产品，比亚迪生产的高能效电机完全可以替代国外的同类产品；在电控系统方面，比亚迪完全掌握了能量控制系统、再生制动控制系统、电动助力转向控制系统、动力总成控制系统，且诸多技术指标达到国际先进水平。

(3)动力电池技术：比亚迪是国内最早开展车用动力电池领域研发的企业之一，时为国内唯一实现动力电池全产业链研发与生产的企业。作为全球领先的动力电池生产者，比亚迪自主研发设计的铁电池具有安全性高、充电速度快、循环寿命长、绿色环保等特点。同时，具备强大的电池制造能力，拥有从原材料输入到电池产出过程的全自动化生产线，在保证电池品质的基础上实现高效率、高精度的生产。

(4)BYD双向逆变充放电技术：集驱动电机、车载充电器、直流充电站三者功能于一身，使电动车摆脱对专业充电站的依赖，同时也使得电动车成为移动电站，有效解决充电站带来的占地空间大、成本高、不利普及等问题。

2. 全球领先的汽车三大实验室

比亚迪汽车已建成120多个专业实验室，实验室总占地面积约30万平方米，可以进行4 000多项汽车试验。汽车工程研究院汽车及零部件检测中心和中央研究院材料分析测试中心，均通过了中国合格评定国家认可委员会认可。比亚迪斥资数十亿元建成的碰撞实验室、EMC实验室、NVH实验室更是达到了世界一流水平。

六、主要新产品

1. 整车				
序号	产品型号	产品名称	品牌	通用名称
1	BYD7009BEV	纯电动轿车	比亚迪	汉 EV
2	BYD7008BEVA7	纯电动轿车	比亚迪	秦 Pro
3	BYD6461ST6HEV1	插电式混合动力多用途乘用车	比亚迪	宋 Pro DM
4	BYD6461SBEV	纯电动多用途乘用车	比亚迪	宋 Pro EV
5	BYD7003BEV4	纯电动轿车	比亚迪	元 EV
6	BYD6470SBEV	纯电动多用途乘用车	比亚迪	宋 Plus
7	BYD7005BEV8	纯电动轿车	比亚迪	e5(5AEC)400
8	BYD5030XXYBEV6	纯电动厢式运输车	比亚迪	T3 货车
9	BYD6110HLEV2	纯电动客车	比亚迪	C8
10	BYD6122LGEV7	纯电动低入口城市客车	比亚迪	K9KA

续上表

1. 整车				
序号	产品型号	产品名称	品牌	通用名称
11	XBE5180GQXBEV	纯电动清洗车	比亚迪	T8QX
12	BYD3310EL9BEV	纯电动自卸车	比亚迪	T10
2. 零部件				
序号	产品名称	产品型号	产品应用	
1	磷酸铁锂蓄电池	FADM07315B	比亚迪纯电动自卸车	
2	涡轮增压/缸内直喷/分层燃烧/自动延时冷却/可变气门正时/全铝合金发动机	BYD476ZQA	比亚迪插电式混合动力多用途乘用车	
3	镍钴锰酸锂电池	FADM07326	比亚迪插电式混合动力多用途乘用车	
4	镍钴锰酸锂电池	FADM07328	比亚迪插电式混合动力多用途乘用车	
5	永磁同步电机	BYD-2217TZ-XS-F	比亚迪插电式混合动力多用途乘用车	

七、合资合作及重大项目建设

比亚迪以电池起家，先后成为MOTOROLA、NOKIA等第一个中国锂离子电池供应商。

2010年5月27日，比亚迪股份有限公司与戴姆勒股份公司签署合同，成立深圳比亚迪戴姆勒新技术有限公司，双方各占一半股权。2012年3月30日，推出了中国首个专注于新能源汽车的品牌腾势(DENZA)。

2017年10月31日，比亚迪汽车工业有限公司与佛吉亚(中国)投资有限公司合资设立深圳佛吉亚汽车部件有限公司。2018年7月5日，深圳佛吉亚汽车部件有限公司正式成立。

2018年6月27日，比亚迪青海动力电池工厂正式投产。

2018年7月5日，比亚迪与长安汽车签署战略合作协议，合资成立动力电池公司。

2018年12月10日，比亚迪发布IGBT4.0技术。

2019年3月，比亚迪首次发布全新三电技术平台“e平台”。

2019年11月，比亚迪与滴滴合资成立美好出行(杭州)汽车科技有限公司，其中比亚迪占65%。

2019年12月31日，比亚迪在深圳坪山基地举行弗迪模具有限公司、弗迪动力有限公司、弗迪电池有限公司、弗迪视觉有限公司、弗迪科技有限公司5家弗迪公司授牌仪式，正式成立5家弗迪公司，进一步加快新能源汽车核心零部件的对外销售。

2020年3月29日，比亚迪正式发布刀片电池，并确认比亚迪“汉”新车型将首发搭载刀片电池。

2020年4月2日，比亚迪股份有限公司与丰田汽车公司合资成立纯电动车研发公司——比亚迪丰田电动车科技有限公司。

八、发展目标与规划

比亚迪力争把中国道路交通领域所有用油的地方全部用电替代，逐步实现全市场布局。在个人消费领域，比亚迪以插电式双模电动汽车为主、纯电动车为辅，二者共同推进；在公共交通领域，坚持发展纯电动汽车。公交电动化和出租车电动化是大势所趋，接下来的3～5年，比亚迪将积极推进新能源汽车从一线及限购城市向二、三线城市的拓展，最终实现新能源汽车在全国范围的销售。

比亚迪将把握新能源汽车行业蓬勃发展的历史机遇，进一步加强研发，提升产品竞争力，全面推进技术、产品和品牌三大战略。通过技术创新，颠覆传统，打造汽车互联网生态，重新定义汽车动力和安全；贯彻“7+4”全市场战略，面向全国范围内大力推广新能源汽车；投入更多资源和精力到品牌升级中，并进行一系列旨在提升品牌的战略部署，引入更多世界级团队，在不断丰富“王朝”系列车型的基础上，推出更多高性价比并具有竞争力的产品。

九、2019年1月—12月企业在新能源汽车方面经济指标统计

填报单位名称	指标名称	单位	本期累计
比亚迪汽车工业有限公司	2019年末资产总计	万元	19 564 159
	2019全年完成投资额	万元	—
	2019年营业收入	万元	12 177 811
	2019年利润总额	万元	1 807 599
	2019年产品销售率	%	—
	2019年销售利润率	%	—

安徽江淮汽车集团股份有限公司

一、单位概况

安徽江淮汽车集团股份有限公司是一家集全系列商用车、乘用车及动力总成研产销于一体、以“先进节能汽车、新能源汽车、智能网联汽车”并举，涵盖汽车出行、金融服务等众多领域的综合型汽车企业集团。先后获“国家火炬计划重点高新技术企业”“中国企业500强”“中国自主汽车品牌前4强”。

江淮新能源iEV品牌创新能力获得行业认可。2019年9月，中国新能源汽车产业发展报告显示，江淮企业综合竞争力排名第3，其中私人购买领域的主流新能源乘用车销量第1，研发能力第2，品牌竞争力第4。

二、经营情况

全年销售各类整车及底盘42.12万辆，其中新能源乘用车5.8万辆；实现营业收入473.62亿元，研发费用投入16亿元。

三、产品出口

江淮汽车矢志为全球客户制造更好产品，创世界知名汽车品牌。产品远销全球130多个国家和地区。截至2019年底，江淮汽车累计出口超64万辆，中高端轻卡连续多年行业出口第1，乘用车出口位列行业前3。

四、产能建设

具有年产70万辆整车、80万台发动机及相关核心零部件的生产能力，其中乘用车拥有40万辆，商用车拥有30万辆的生产能力。

五、技术进展及研发能力建设

1. 形成了完整的产品结构

乘用车方面，A00级iEV6E系列产品，采用磷酸铁锂电池，售价区间5万～8万元，工况续航里程152～302 km；A级iS4作为主推产品，采用三元电池，售价15万元左右，工况续驶里程470 km；面向公共出行领域的iEVA50，采用液冷圆柱磷酸铁锂电池，实现百万公里长寿命，工况续驶里程达到402 km。面向中高端私人市场的iC5，由国际大师“操刀”的最美纯电轿跑，搭载江淮iEV平台第九代“硬核”技术，工况续驶里程530 km，0～100 km加速时间7.6 s。

商用车方面，完成3.5 t级纯电动微卡和皮卡、4.5 t级纯电动轻卡和轻客产品性能升级，全面进入国网、铁塔、机场、快递等行业客户，电动皮卡销量行业第1，全年行业客户订单累计超1 000台；完成符合新技术标准的19款纯电动客车和1款混合动力客车开发，全年累计销售2 556辆。

2. 关键技术有效突破，产业化驱动力增强

一是车规级安全“蜂窝电池”技术。能量密度达到235 Wh/kg的高比能三元电芯，极具成本竞争力；高体积比能量密度的蜂窝电池模组，保证单个电芯爆炸后电池包不失控、整车不失火，解决热失控产业难题；集中式热管理系统，通过智能温控中心，实现电池高温时快速降温，低温时快速加热以及利用电驱动余热加热。

二是长寿命“磷酸铁锂”技术。经过10年大数据模型研究和400辆出租车两年的使用验证，江汽集团已经开发出国内独有的圆柱磷酸铁锂电芯与液冷技术，实现百万公里长寿命。

三是“三合一”静音高效电驱动技术。峰值功率142 kW，峰值扭矩340 Nm，最高转速11 000 r/min，可用于四驱；通过结构设计和电控软硬件开发解决了电机啸叫，NVH性能优于标杆，最高系统效率92%，达到国内领先，成本优于标杆产品5%。

四是掌握整车电控技术。构建了满足智能网联电动汽车所需的“分布式网联+域控制器”整车EE架构，已开发出整车域控制器，融合江淮汽车整车电控技术经验，集成VCU等5个控制器，完全掌控软硬件；开发出车身域控制器，具备OTA功能，成本更优。

五是突破智能刹车系统技术（eBooster）。与国内协同方联合，通过结构优化和电控软件设计，攻关解决了全生命周期制动踏板一致性及7个层次的制动安全冗余，形成160万次整车台架制动耐久性和车队可靠性试验开发标准，突破了外企垄断局面，并大幅降低了开发费。

六、主要新产品

序号	产品型号	产品名称	品牌	通用名称
1	HFC7002BEV/ HFC7002BEV1	纯电动轿车	江淮	iC5
2	HFC7000BEV9/ HFC7000BEV10	纯电动轿车	江淮	iEVA50
3	HFC7002MEV3/ HFC7002MEV4	纯电动轿车	江淮	iEVS4
4	HFC7000EWEV7/ HFC7000EWEV8/ HFC7000WEV8	纯电动轿车	江淮	iEV6E

七、合资合作及重大项目建设

2019年7月11日，江淮汽车、大众汽车、中国第一汽车、星星充电，在江苏常州联合成立开迈斯新能源科技有限公司。

2019年12月9日，江淮汽车与华为正式签署全面合作框架协议暨MDC平台项目合作协议。双方将在智能汽车解决方案、企业信息化、智慧园区、智能工厂等领域展开深入合作。

八、发展目标与规划

江淮汽车自2007年启动新能源汽车技术研究和产业化工作。历时14年，基于对锂离子电池电动汽车产业发展规律的深刻洞察，江淮汽车在新能源汽车领域规划了“三步走”战略。2007—2010年，产业处于萌芽期，系统集成先出车；2011—2019年，产业处于过热期，潜心研究和实践，掌握关键核心技术；2020年起，面向规模化，启动产业化深耕。产品规划方面，形成小型车、中大型车和公共出行车3类重点产品，满足不同细分市场需求。面向未来市场竞争，构建全新A级平台。技术规划方面，基于全新一代新能源电动车平台开发，进一步突破电池、智能驾驶等多项“卡脖子”技术，紧跟国际一流标杆步伐。

上汽通用五菱汽车股份有限公司

一、单位概况

2002年11月18日，正式挂牌成立的上汽通用五菱汽车股份有限公司（英文缩写SGMW），是由上海汽车集团股份有限公司、美国通用汽车公司、广西汽车集团有限公司（原柳州五菱汽车有限责任公司）三方共同组建的大型中外合资汽车公司。上汽通用五菱汽车股份有限公司积极响应国家能源战略和节能减排的要求，宝骏品牌共推出宝骏E100、E200两款新能源汽车，产品自面世以来，以突出的便利性优势受到了用户的青睐。宝骏新能源挖掘城市家庭的用车需求、创造新能源汽车个人用户的实际使用场景，让产品作为“家庭第二辆车”“城市穿梭小精灵”进入了广大城市家庭的日常生活中。宝骏新能源以出行场景出发，为用户解决出行难、停车难、用车成本高等城市出行痛点，凭借其卓越的便利性优势、过硬的安全品质、亲民的销售价格，为用户提供城市短途代步出行的全新解决方案，带来便捷、经济、安全的出行体验。

二、经营情况

2019年6月，宝骏E100全国上市，迅速赢得全国消费者的认可。2019年9月，E200全国上市。2019年，宝骏新能源品牌销售60 050辆，在新能源国家补贴后，持续保持正增长，同比增长132.0%。在2019年7月—12月全国新能源乘用车细分市场连续6个月的“六连冠”，累计销量排名前3。在EV Sales官方公布数据中，宝骏新能源位列全球新能源2019年累计销量排名第6位，细分市场第1位。

三、技术进展及研发能力建设

随着5G、大数据、物联网等前沿技术的发展，当下汽车制造业已经从“高速”增长升级步入“高质”增长阶段，以人工智能、大数据为代表的及大趋势愈趋明朗，新生代互联网用户迅速崛起，智能化已经成为他们日常生活中不可或缺的一部分。

“无人物流”——上汽通用五菱汽车股份有限公司对智能网联技术进行布局。2020年3月5日，上汽通用五菱汽车股份有限公司对外宣布，以宝骏新能源无人物流车作为运输载体，率先基于宝骏基地厂区，建成国内第一条无人驾驶物流线路。12天之后，无人驾驶物流线路的快速扩展工作就正式启动，经过20多个昼夜的艰苦奋战，4月9日，河西基地厂区首条无人驾驶物流线路也正式交付使用，并于4月底实现宝骏基地和河西基地批量覆盖，再展“五菱速度”。无人驾驶物流线路的批量覆盖，也标志着上汽通用五菱厂内物流运输进入E智能时代，处于行业领先。

“储能电站”——由上汽通用五菱汽车股份有限公司组织研发的宝骏基地兆瓦级大型光伏风能一体化梯次利用储能电站已投入使用，该电站采用退役动力电池建成，是广西首个动力电池梯次利用储能系统。宝骏基地光伏风能一体化梯次利用储能电站可蓄电1 000 kWh，具备250 kW的额定功率，在工厂日常生产活动中，实现动力电池价值回收和能源节约的目的。

上汽通用五菱致力于构建能源生态，在开发新能源汽车之初，着手研究动力电池的回收利用技术。上汽通用五菱通过技术研究打造出梯次利用储能电站，一定程度上解决了动力电池回收的技术难题。这项成果不仅体现了民族企业对于环境保护的担当与责任感，对新能源汽车动力电池回收利用技术研发也起到了带头作用。

四、主要新产品

序号	产品型号	产品名称	品牌	通用名称
1	LZW7004EVJDJ	纯电动乘用车	五菱	宏光 MINI EV

续上表

序号	产品型号	产品名称	品牌	通用名称
2	LZW7003EVMET	纯电动乘用车	新宝骏	E300
3	LZW5024XXYEVHCAC	纯电动物流车	五菱	荣光电动车

五、合资合作及重大项目建设

为配合无人驾驶研究，上汽通用五菱汽车股份有限公司联合华为、中国移动、驭势科技及广西壮族自治区政府、柳州市政府共同打造“柳州智能网联示范区”项目，建成了全球首条5G通信、V2X、远程驾控、无人驾驶四位一体的公开测试道路，将主要配合上汽通用五菱产品在实际场景中应用智能网联技术。2019年6月，宝骏E100在国家智能网联汽车(上海)试点示范区封闭测试区通过了为期3周的智能网联测试车辆实车检查与试验，其中实车试验共11个项目、44个场景，E100通过率高于90%，总体通过率高于99.8%。

六、发展目标与规划

上汽通用五菱汽车股份有限公司将加快数字化转型，推动数字经济与实体经济的充分融合。在国家“新基建”趋势下，通过不断探索，上汽通用五菱汽车股份有限公司将持续引领汽车行业在数字化方面的转型升级，打造中国智造新名片，为消费者带来更便捷、智能的体验。

东风柳州汽车有限公司

一、单位概况

东风柳州汽车有限公司(以下简称“东风柳汽”)前身为创立于1954年的柳州农械厂。1969年进入汽车行业，同年生产出广西第一辆汽车——“柳江”牌载货汽车；1981年加入东风汽车集团；1997年改制为东风柳州汽车有限公司。在50多年的造车育人历程中，秉承“自立自强、创优创新、同心同德、为国为民”的企业精神，创造数项中国汽车工业史上的“第一”：1981年开发生产中国第一款中型柴油载货汽车；1991年开发生产中国第一款平头柴油卡车；2001年推出国内第一款自主品牌MPV——风行菱智，确立了“MPV制造专家”的地位；2007年推出国内第一款采用龙骨框架结构驾驶室的霸龙507重卡产品；2013年推出国内第一款自主品牌高端多功能公商务车风行CM7；2017年推出国内第一款高端长头驾驶室乘龙T7牵引车。

东风柳汽拥有员工5 800多人，其中研发人员2 081人，占地面积345.4万m^2，已形成商用车基地年产10万辆商用车、乘用车基地年产40万辆乘用车、发动机年产10万台的生产能力，拥有“乘龙”商用车品牌和“风行菱智”、“风行景逸”等乘用车品牌，在全国拥有近2 500个营销服务网点，覆盖全国30多个省、市、自治区，产品远销美洲、非洲、中东、东南亚等近40个国家和地区。东风柳汽始终注重把握市场的脉搏、重视用户的需求，不断开发适应市场发展、满足市场需求的高品质产品。凭借优质的产品和服务被中国保护消费者协会评为“重质守信3·15放心单位”、“维护消费者权益3·15满意单位”、“2017五星服务100强”和“全国售后服务十佳单位”。近年来荣获“全国质量先进企业”、“全国质量诚信标杆典型企业”、“首届中国100佳自主品牌”、“全国产品和服务质量诚信示范企业”和“广西十佳企业”等称号。

二、经营情况

2019年全年汽车销量17.4万辆，其中商用车实现销售5.8万辆，同比增长5.9%，市占率4.5%，同比增长0.35个百分点，销量连续3年创历史新高；乘用车实现销售11.6万辆，实现自2019年6月以来连续7个月销量同比增长，销量逐渐企稳。营业收入达213亿元。

三、产品出口

2019年海外市场销量明显提升，全年实现出口6 510辆，同比增长16%，出口销量创历史新高。出口目的地主要为东南亚的越南，老挝，菲律宾等国，以及南美洲的秘鲁、智利等国。

四、技术进展及研发能力建设

东风柳汽深入把握新一轮科技革命和汽车产业轻量、电动、智能、网联、共享的“五化”变革机遇，从核心技术攻关、有效发明专利、科技平台建设等方面，增强自主创新能力。以振兴民族工业为己任，用实际行动支持汽车强国建设。2019年东风柳汽获“中国机械500强”、“中国环境标志优秀企业奖”、“全国质量诚信标杆企业”、“全国售后服务十佳单位”及“广西质量等级5A级企业”等系列荣誉。

产品研发方面通过加大“五化”技术攻关力度，逐步掌握核心技术能力。2019年东风柳汽研发投入8.6亿元，占营业收入4%。公司研制成功首台自动驾驶功能商用车乘龙T7，实现智能跟车、路径规划、动态避障等自动驾驶功能，初步掌握L4级自动驾驶技术。开展燃料电池和增程式等新能源技术预研，风行高端商务车M7燃料电池样车，单次加注续航达400 km，并圆满完成在2019年武汉军运会的展示和体验任务。

加强推动知识产权强企工程，不断完善科技平台布局。东风柳汽2019年新增有效专利至247件，其中“具有双通道传力的麦弗逊悬架顶置支撑”荣获“第九届广西发明创造成果展览交易会金奖”。东风柳汽建有国家级博士后科研工作站、广西院士工作站、自治区级研发中心、广西工业设计中心等8个科技创新平台。东风柳汽在2019年广西首次发布的“高新技术企业百强”“创新能力10强”榜单中均排名第2。

五、主要新产品

序号	产品名称	产品型号	通用名称
1	S50EV	LZ7000SLAEV	纯电动轿车
		LZ7001SLAEV	
		LZ7002SLAEV	
		LZ7003SLAEV	
		LZ7004SLAEV	
2	M5EV	LZ6512MLAEV	纯电动多用途乘用车
		LZ6511MLAEV	
		LZ6510MLANEV	
		LZ6510MLAEV	

六、合资合作及重大项目建设

东风柳汽的两大生产基地位于柳州柳东新区的广西汽车城园区内，其中商用车生产基地占地面积212.8万m^2，乘用车基地占地130.8万m^2。2010年，两大生产基地从开工建设；2014年，乘用车生产基地交付使用；2018年8月，商用车生产基地交付使用。

东风柳汽建成研发大楼、造型室、试验检测中心、试验试制中心、研发试验中心及配套设施，研发中心项目建筑总面积约9.3万m^2，投入研发试验设备158台(套)，具备完善的整车设计、整车试验、底盘、车身及零部件试验、新产品试制的能力。试验能力建设，开展新能源试验能力建设的同时整合提升自治区内外新能源试验检测能力，解决试验开展进度无法有效把控、对试验技术掌握不全面、对试验经验及研发设计积累不足、委外周期长费用高、自有试验设备不足导致技术创新能力不强等问题。

数字化智能工厂建设，针对公司柳东乘用车基地智能工厂建设的需求，推进数字化设计、装备智能化柔性化升级、工艺流程优化、精益生产、可视化管理、质量控制与追溯、智能物流等应用，推动企业全业务流程智能化整合。

七、发展目标与规划

东风柳汽视“五化技术”作为实现企业转型升级的突破口；未来五年在“轻量化”方面，开展铝合金防撞梁、后轴液压成型、热成型整体门环等技术预研及应用，从关注车身轻量化到关注整车轻量化转变，系统开展整车轻量化工作，建立整车轻量化体系。在新能源方面，技术路线以EV为主，HEV、FCV为辅。在“智能互联化”方面，持续开展汽车智能座舱、园区自动驾驶、无人代客泊车系统等L3/L4级别智能化技术预研工作，力争到2025年实现量产应用。

东风柳汽以“企业发展，员工幸福”为经营理念，以“务实奋斗，提供专业移动运输解决方案”为使命，以事业计划为指引，坚持商用车、乘用车并重的发展战略，不断提升产品的核心竞争力，为实现“贴近用户的专业移动运输引领者”的企业愿景而努力奋斗，让广大客户和员工共享企业发展的成果。

奇瑞新能源汽车股份有限公司

一、单位概况

奇瑞新能源汽车股份有限公司(以下简称“公司”)始于1999年，率先开启新能源汽车自主研发之路。2010年4月22日注册成立，是集新能源汽车研发、生产、销售及售后服务于一体的新能源整车制造企业，是安徽省战略性新兴产业中具有较高成长性的高新技术企业。

2015年6月，以公司为龙头的芜湖市新能源汽车产业集聚发展基地被批准为安徽省战略性新兴产业集聚发展基地。2016年10月25日，公司通过国家发改委关于新建纯电动乘用车项目的核准。2017年度获“安徽省先进集体”“安徽省智能工厂”“安徽省服务性制造示范企业”等荣誉称号，牵头组建了安徽省纯电动汽车工程中心、安徽省新能源汽车知识产权联盟、芜湖市新能源汽车协会等；2018年9月6日，获国家工信部新能源车辆生产资质。是公司继2016年10月获得国家发改委核准之后再次拿下工信部批复，获得独立生产、销售的“双资质”。公司还设有国家级的博士后科研工作站。

二、产能建设

芜湖城北传统车身工厂占地20.5万m^2，年产2.5万辆；芜湖城南全铝车身工厂占地80 624 m^2，年产6万辆；齐河分公司占地199 800 m^2，年产3万辆；合肥分公司占地19 200 m^2，年产3万辆；石家庄分公司占地269 060 m^2，年产5万辆；宜宾分公司占地3.23 m^2，年产5万辆。

三、主要产品

序号	产品型号	产品名称	品牌	通用名称
1	NEQ7000BEVJ72A	纯电动轿车	奇瑞	eQ1
2	NEQ7000BEVJ60	纯电动轿车	奇瑞	艾瑞泽5e
3	SQR7000BEVJ696	纯电动轿车	奇瑞	瑞虎3Xe
4	SQR7000BEVT19	纯电动轿车	奇瑞	瑞虎5Xe
5	S61EV	纯电动轿车	奇瑞	S61 SUV

四、发展目标与规划

2018—2022，公司计划上市纯电动12款。2022年奇瑞新能源公司目标：新能源技术第1，行业领先者；具有新能源独立资质和品牌的上市公司；奇瑞新能源市场与国内市场、国际市场并肩形成三大主力市场。

东风汽车有限公司东风日产乘用车公司

一、发展概况

东风汽车有限公司东风日产乘用车公司（以下简称“东风日产”），成立于2003年6月，为东风汽车集团股份有限公司（以实物形式出资83.5亿元）与日产自动车株式会社（以现金形式出资83.5亿元）共同投资的东风汽车有限公司（总部位于武汉）旗下的事业单元，从事NISSAN品牌乘用车的研发、采购、制造、销售、服务业务，是国内为数不多的具备全价值链的汽车企业。

自2018年以来，东风日产致力于打造智能化品牌战略，通过导入全球领先的日产智行（Nissan Intelligent Mobility），传递“智爱生活，简而不凡”的品牌理念。未来，东风日产将以“智能汽车生活引领者”的形象，布局智能驾驶、智能动力、智能互联，为消费者带来更自信、更兴奋、更互联的“人·车·生活”。东风日产以中国消费者需求为中心，凭借领先的自主研发技术储备，聚势破局，主力在售车型车联网100%覆盖，以行业最快速度实现车联网用户破百万，接入总量超150万，为更多消费者带来智慧出行新体验。

新能源车方面，东风日产“Nissan Interlligent Moblilty 日产智行”战略下首款重磅车型，轩逸·纯电 SYLPHY Zero Emission，搭载日产全球领先纯电技术，使用与日产Leaf聆风同源的E-Platform日产专业电动车平台。凭借日产72年电动车研发制造经验，及27年汽车电池研发制造经验，日产Leaf聆风上市以来一直雄踞全球电动车销量榜首。截至2019年3月，全球累计销售超过40万台，并保持累计行驶100亿km，电池“零”重大事故纪录。

二、生产经营

东风日产年销量从2003年的单品牌6.5万辆增长到2019年的117万辆，行业排名从成立初的第10名前进到前5（合资排名第4），累计销量超过1 100万辆，累计产值超过1.3万亿元，累计纳税1 864亿元；销售服务网络稳步增长，有效一级营业网点超过823家，城市覆盖率超90%。

三、产能建设

东风日产扎根广州，面向全国，形成广州、襄阳、郑州、大连和常州纵贯南北、各有侧重的战略布局。总部花都基地是最大的生产基地，着力于NISSAN品牌入门级和中级轿车、发动机的生产，整车年产能60万辆，发动机年产能96万台；襄阳基地生产NISSAN品牌高端车型，并于2014年11月投入生产东风英菲尼迪品牌车型；郑州工厂主导NISSAN品牌SUV车型和东风启辰品牌车型的生产；大连工厂于2014年10月投产，集中生产NISSAN品牌SUV车型和东风英菲尼迪品牌车型；常州工厂建设之中，预计于2020年投产。东风日产整车年产能124万辆，发动机年产能134万台。

四、技术进展及研发能力进展

东风日产技术中心是日产全球四大研发中心之一，具备完善的整车自主研发和实验能力，团队1 800余人，承担着东风日产及东风启辰、东风英菲尼迪3个品牌车型的产品开发工作，在承接日产全球同步开发的同时，也基于本地化的优势资源，致力于新动力、新能源、智能网联等前沿技术的开发，研发能力实现了从国产化阶段到共同、自主开发阶段再到创新开发阶段的提升，实现了以中国消费者需求为主导的自主开发，引领智能化、电动化、网联化技术革新。2019年9月，东风日产技术中心深圳分院正式投入运行。“背靠”粤港澳大湾区的科技和人才优势，东风日产奉行“创新价值”，以优厚待遇吸纳高端科技人才。

五、主要产品

产品型号	产品名称	通用名称
DFL7000NAH2BEV	SYLPHY 轩逸 EV	轩逸纯电

六、发展规划

产品方面，东风日产将围绕日产智行技术愿景继续开展技术创新，持续导入优秀的日产产品和技术。同时，将继续从设计、开发、生产和销售各个环节进一步满足中国消费者需求，全方位提升客户满意度，致力于为消费者提供更加优质的产品和服务。日产e-POWER智充电动技术于2018年4月首次在国内亮相。该技术整合了汽油发动机、逆变器、电池及电机等驱动系统，其中汽油机仅负责发电，与传统的内燃机相比，可提供极为出众的燃油经济性与更低的排放效果；与纯电动汽车相比，不需要很大的动力电池组就可以极大提升车辆续航里程，车辆更具空间优势。该技术于2018年获得中国科学技术协会主办的“全球新能源汽车前沿及创新技术”大奖。

四川野马汽车股份有限公司

一、单位概况

四川野马汽车股份有限公司（以下简称“野马汽车”）创建于1988年，是国家“十一五”重点发展的汽车制造企业。专注于SUV车型的研发制造30余年，具备传统能源和新能源完整的生产资质，涵盖了乘用车、客车和专用车，布局成都基地、成都新能源基地和绵阳基地三大整车生产基地，年产能超过50万高品质汽车。野马汽车把技术创新作为核心竞争力，注重人才培养，近年来取得了快速发展，现拥有300多人的专业汽车研发团队，六大产品研发平台，并斥资数十亿元打造野马技术中心,在发动机、变速器、整车造型、整车设计、CAE、试制试验等环节都形成了自主的技术和标准。2019年3月,野马博骏及电动款EC60上市;7月,野马雷丁I3、I5电动轿车上市;10月,野马雷丁I9上市。

二、经营情况

公司的主营业务范围:汽车制造与销售及售后服务;汽车研发;新能源汽车的技术开发、转让、咨询及技术服务;汽车项目投资;汽车租赁;汽车美容;货物及技术进出口;其他仓储〔依法须经批准的项目,经相关部门批准后方可开展经营活动;未取得相关行政许可(审批),不得开展经营活动〕。研发人员超过300人,90%以上拥有本科以上学历。主营车型涵盖轿车、SUV、MPV、客车和专用车等,注册资金12亿元。2019年1月,雷丁汽车与野马汽车战略重组;3月,召开战略发布会,宣布"万马奔腾2025战略"。

三、产品出口

随着野马双子星的上市,野马汽车在国内销量快速拉升;同时,积极拓展海外市场,EC30,EC60等纯电动车型已出口到俄罗斯、柬埔寨、菲律宾、马来西亚和沙特阿拉伯等国家。

四、产能建设

野马汽车具备年产15万辆新能源及传统能源乘用车生产能力。其中,绵阳分公司项目总投资16.8亿元,占地面积468亩;成都工厂占地面积500亩。公司建有新能源及传统能源整车冲压、焊装、涂装、总装四大工艺,拥有下线试车跑道、整车淋雨实验室、汽车综合性能检测线、污水处理站等附属设施。

五、技术进展及研发能力建设

野马汽车始终坚持技术引领,研发先行的发展战略。公司对研发高度重视,每年8%的营业收入投入研发;邀请国际知名专家加入研究院参与研发设计过程,并与行业知名汽车研发、设计公司建立深层次的合作关系,深化现有平台的电动化、智能化和互联化,形成独立的整车开发能力及全球领先的先进研发理念,在智能驾驶与车辆安全方面拥有独有技术。公司拥有新能源汽车三电系统的核心开发能力,具有全自主知识产权的整车控制器产品,并掌握了动力电池智能温控技术,一体化电驱动技术,动力电池失效预测等核心技术。同时,在低成本线控底盘、自主泊车、自主召唤、低速自动驾驶等方向取得了一系列的研发成果。

野马汽车建有国家级标准的整车试制试验中心,主要研发设备包含四驱四电机底盘测功机、整车性能环境模拟系统、轻型汽油车排放分析仪、vbox整车道路测试系统、振动噪声测试分析系统、轮胎耦合道路模拟试验系统、道路载荷谱采集与分析系统、安全带固定点试验机、前后端防护摆锤碰撞试验台、四门两盖开闭耐久试验台、白车身刚度试验台、8通道伺服液压动态试验系统、CAN总线网络和功能自动测试系统、VCU HIL硬件在环开发测试系统、整车电性能测试及标定台架、动力总成控制及标定测试台架(三电联调)、新能源电池包及芯体测试系统、电池包三轴向三综合试验系统、整车复合盐雾试验舱、蓄电池综合性能试验机、倾翻试验台、车顶静压及车门侵入试验台、多通道数据记录仪、底盘悬架K & C性能试验台、整车密封性测试系统、电子万能试验机、高低温立变试验箱、臭氧老化试验箱、水压爆破试验机、全数字超声波探伤仪、烟雾试验机、数字式绝缘电阻测试仪、匝间绝缘耐压测试仪、电池内阻测试仪、金相显微镜、氙灯老化试验箱、邵氏硬度计、电子布氏硬度、数显洛式硬度计、盐雾试验箱等。

六、合资合作及重大项目建设

野马汽车试验中心建设总投资1亿万元,建设4 000 m^2试验中心,新增新能源汽车研发试验设备200多台(套),形成完整的新能源汽车整车及三电系统研发能力,整车安全性、经济性、动力性、耐久性、操控稳定性测试能力和道路模拟试验、路试和耐环境试验模拟能力。

七、发展目标与规划

野马汽车产品聚焦"6亿城镇百姓出行",在2019年3月制定了"万马奔腾2025战略",规划"到2020年销量超过15万台,2025年销量超过70万台"的近远期目标:研发方面,每年投入8%营收用于研发,加快产品迭代;产品方面,在2025年之前推出包括燃油车和新能源车在内的10款全新车型。

浙江合众新能源汽车有限公司

一、单位概况

浙江合众新能源汽车有限公司(以下简称"合众"),于2014年10月在浙江省桐乡市成立,注册资金6.26亿元,总投资超过25亿元。是一家集创新设计、产品研发、生产制造和销售服务于一体的高新技术企业,同时也是新创车企中唯一一家具有"双资质""双工厂"的企业。

合众拥有业内领先的独立研发机构,汇聚全球顶尖的前瞻技术,构建国际领先的研发体系,形成"四国八地"研发布局。公司围绕汽车制造全价值链环节,建立了一整套汽车零部件开发与核心技术研发能力,形成了新能源汽车的正向研发体系和能力。并且在域控制系统技术上达到行业领先水平,从选车、购车、用车等全生命周期为消费者提供值得放心的产品。

二、经营情况

合众作为企业品牌英文名称为"HOZON",旗下产品品牌命名为哪吒汽车,秉承"智能纯电汽车先锋"的品牌定位,哪吒汽车持续以"让高品质的智能电动汽车触手可及"为企业愿景,让每一位用户都能享受更加简单、轻松、自在的出行体验。

首款量产车哪吒 N01，中期改款车哪吒 N01 2020 款，以及第二款量产车情感科技纯电 SUV 哪吒 U 已上市销售。

三、产能建设

合众拥有桐乡全生态智慧工厂和宜春全生态智慧工厂，综合年产能 15 万辆。

1. 桐乡全生态智慧工厂：桐乡全生态智慧工厂占地 400 余亩，总建筑面积达 96 762 m^2，一期投资 11.56 亿元，一期规划产能为 5 万台/年，于 2018 年建成投产。

工厂拥有完整的整车制造五大工艺，包括冲压车间、焊装车间、涂装车间、总装车间及 PACK 线，配套设施也一应俱全。该工厂以智能化、柔性化、模块化、定制化及信息化为建设理念，全面贯彻精益生产方式，全力打造国内新能源汽车智能工厂新标杆。

2. 宜春全生态智慧工厂：宜春全生态智慧工厂占地面积 50 万 m^2，总投资 50 亿元，规划产能 10 万辆/年，于 2019 年 6 月正式动工建设，并将在 2020 年建成投产。新工厂将建设冲压、涂装、焊装、总装四大工艺车间，并建有树脂车间、PACK 车间等数字化全自动生产体系配备及标准化办公配套工程设施。工厂将采用业界领先的自动化工艺生产线及精益化生产制造模式，是合众在工业智造 4.0 智慧制造体系下，聚焦智能化、定制化的全新突破。

四、技术进展及研发能力建设

合众拥有业内领先的独立研发机构，汇聚全球顶尖的前瞻技术，构建国际领先的研发体系，将形成包括桐乡（生产基地 + 测试中心）、宜春（生产基地）、嘉兴（研发分布）、上海（总部 + 研发中心）、北京（造型中心）、美国（硅谷智能驾驶研发中心）、意大利〔造型中心（筹建）〕、德国〔工程与技术中心（筹建）〕在内的“四国八地”研发布局。

技术研发上，合众在新能源汽车的整车、底盘、车身、三电、汽车安全、轻量化、智能化、网联化等相关技术领域申请了百余项专利。2019 年 11 月，合众推出了全新技术成果——哪吒汽车 PIVOT 2.0 智点系统，该系统打破软件与硬件的界限，完成了从“支点”向“智点”的迭代。助力哪吒 U 从“出行工具”向“出行伙伴”的演变进化，通过聚焦 EPT2.0 动力总成平台，PIVOT2.0 智能座舱，PIVOT Driver 2.0 智能驾驶，及域控制器，深度赋能产品系列。

五、主要新产品

序号	产品型号	产品名称	品牌	通用名称
1	THZ6450BEVS305	纯电动多用途乘用车	哪吒	哪吒 U
2	THZ7003BEVS009	纯电动轿车	哪吒	哪吒 N01

六、发展目标与规划

2018 年 7 月 26 日，合众在乌镇发布了企业中期战略——阿基米德计划 1.0 版。阿基米德计划从产品规划、整车技术、智能系统、服务和销量五方面出发，以此搭建完整的出行生态体系。

1. 产品规划

公司计划开发 2 个平台 5 款车型，主打高品质用车，覆盖 A0 ~ A + 级主流市场，保持一年一款新车的速度。

2. 整车技术

3 年内，产品续航里程将突破 600 km，同时为用户提供低耗能产品，达到百公里 10 kWh 水平，而目前行业平均水平是 15 kWh；核心零部件将严格遵循 UL 安全标准进行设计，保证出行安全；专利总数将达到 2 000 项，充分体现以技术为核心的企业经营理念。

3. 智能系统

阿基米德计划的支点是 PIVOT 智能系统，包括智能座舱和智能驾驶，通过硬件、软件和服务的结合，未来将产生海量人车数据，2020 年单车数据量将达 50 TB，通过大数据分析不断优化产品和服务，持续提升用户体验。合众已发布哪吒汽车 PIVOT 2.0 智点系统。

（1）智能座舱技术：遵循从“出行工具”到“出行伙伴”到最终成为用户的“第三空间”的产品路线。现阶段着力打造“有情感的出行伙伴”，紧密围绕用户日益增长的美好出行需求迭代演化。

（2）智能驾驶技术：合众划出了清晰的技术路线图，即从“陪驾司机”到“代驾司机”最终成为能在特定情境下实现无人驾驶的“专属司机”。合众在智能驾驶方面已构建起一套成熟完整的研发体系，包括多元感知定位的融合、多元场景优化的算法、多元环境信息的交互、多元计算需求的平台。以域控制器为智能驾驶大脑（IDB），以智能座舱为核心人机界面，以人工智能、深度学习、区块链、大数据等先进技术提供算法解决方案，云端服务作为增值服务触角，全面定义智能出行新体验，并期望以此为支点，撬动未来智能出行的大市场。

4. 服务方面

规划 500 个哪吒储能站，为家庭提供储能服务，并计划为用户提供合计 500 万人次的个性化哪吒数据服务。

5. 销量目标

2020 年计划实现累计超过 10 万辆的销售规模。力争在国内新能源车企中市场地位进入前 10。

上海蔚来汽车有限公司

一、单位概况

上海蔚来汽车有限公司（以下简称“蔚来”）是一家全球化高端智能电动汽车公司，致力于通过提供高性能的智能电动汽车与极致用户体验，为用户创造愉悦的生活方式。蔚来成立于 2014 年，截至 2019 年底共有员工 7 442 人，资产总额 146 亿元，在上海、北京、圣何塞、慕尼黑及伦敦等多地设立研发与生产机构，搭建起覆盖全国超过 200 座城市的销售及售后服务网络。

二、经营情况

2019 年，蔚来营业收入 78 亿元，累计交付新车 20 565 辆，同比增长 81.2%。其中，蔚来智能电动旗舰 SUV ES8 累计交付 9 132 辆，在可选装 3 排座国内豪华 SUV 细分市场销量排名第 6；蔚来智能电动全能 SUV ES6 累计交付 11 433 辆，自 10 月起，连续 3 个月拿下纯电动 SUV 市场销量冠军，位列国内豪华中型 SUV 细分市场销量前 10。

三、技术进展及研发能力建设

蔚来坚持正向研发，注重技术储备，累计研发投入超 120 亿元，全球范围已获得授权专利及已公开专利申请 3 800 多件，是国内唯一一家同时掌握"三电三智"（电机、电控、电池包和智能网关、智能座舱、自动辅助驾驶系统）核心技术的汽车公司。在整车方面，蔚来启动了下一代智能电动平台研发工作，独立研发并交付 ES8、ES6 两款产品，关键技术指标和用户体验在全球范围内达到同级领先，蔚来 ES8 获欧洲车身大奖高端组别第 3、J. D. Power 中国新能源汽车体验研究所在细分市场第 1，产品力得到行业认可。在"三电三智"方面，蔚来研发及量产高功率、大扭矩、高转速电驱动系统和高能量密度、长生命周期、高安全保障储能系统；整车实现大规模远程软件升级，拥有以车载人工智能伙伴为核心的沉浸式智能座舱系统，搭载自研 L2 级别自动驾驶辅助系统，产品力行业领先。同时，蔚来积极参与政府重点科研项目，成功申报基于移动互联网及大数据智能优化的电动汽车能量无忧体系建设及核心设备研发项目、基于 FOTA 及快换技术的智能电动汽车底盘改造项目等，有效促进高新技术成果转化，提高企业竞争力。

四、合资合作及重大项目建设

2019 年，蔚来继续加强与国内外行业龙头企业的合作，完善汽车全产业链布局，不断提升品牌影响力。在生产制造方面，蔚来坚持生产组织模式创新，与江淮汽车联合打造世界一流生产基地，成为"互联网 + 先进制造"的行业标杆。在投资合作方面，蔚来与广汽集团合创成立广汽蔚来新能源汽车科技有限公司，从产业、技术、用户服务等多维度，整合双方优势资源，打造"合创"品牌，占领中端智能电动汽车市场。蔚来与长安汽车共同探索创新商业模式，合创成立长安蔚来新能源汽车科技有限公司，将在纯电动整车研发、智能汽车前沿技术、销售服务模式等方面做出积极探索。在核心零部件合作方面，蔚来与英特尔旗下自动驾驶技术公司 Mobileye 就自动驾驶系统达成合作框架协议，双方将基于蔚来第二代整车平台打造 L4 级别自动驾驶车型，蔚来亦将通过向 Mobileye 提供专门用于智能出行服务的车型，实现在智能出行服务领域的战略布局。

五、发展目标与规划

2020 年，蔚来仍将坚持技术和商业模式创新双轮驱动，持续提升产品力和品牌力，将以用户为中心的发展理念更加深入贯彻到公司运营的全过程，努力成为全世界用户满意度最高的公司。一方面，将建立以用户体验为核心、软件驱动的研发体系，加强产品开发过程中的成本和质量管理，持续交付极具竞争力的新产品，另一方面，将尽早落地以"电池即服务"（BaaS）为核心的创新商业模式，建立和完善用户发展和服务体系，完成全年销量目标。同时，蔚来将在不断优化产品性能设计的基础上，通过降本增效，保持整车售价稳定，完成全年财务目标。

爱驰汽车有限公司

一、单位概况

爱驰汽车有限公司（以下简称"爱驰汽车"）组建于 2016 年 6 月，2017 年 2 月正式注册，是一家国际化的新能源智能汽车公司，也是一家用户深度参与的智能出行服务公司，致力于以领先的智能制造、智能产品和运营服务加速汽车产业进化，创造全新出行生活方式。

截至 2019 年底，爱驰实现横跨欧亚的全球化布局。公司行政总部和技术中心位于上海，在江西以工业 4.0 标准自建具备整车资质的数字化、智能化、柔性化超级智慧工厂，在江苏建设有电池包工厂，在德国拥有电动跑车研发中心和欧洲市场销售公司，在丹麦拥有甲醇制氢科研中心和制造基地。爱驰汽车管理层具有深厚的汽车行业和人工智能背景，员工数超过 1 500 人，技术及人工智能团队合计约占总人数的 70%。

爱驰汽车拥有两大产品平台和两大产品品牌：高度可扩展的纯电动平台 MAS 和全球首款赛道级电动跑车平台 GES；定位欧美高端运动市场的 Gumpert AIWAYS 品牌、定位国内一二线及欧美主流市场的爱驰品牌。围绕用户第一理念，爱驰汽车深耕电动化、智能化两大核心技术领域，以创新科技解决用户和行业的痛点，相关国内外专利申请量达到 881 项，获得授权 440 项。

二、经营情况

爱驰汽车旗下首款量产车"新势代品质 SUV"爱驰 U5 于 2019 年 12 月 19 日在海南万宁正式上市，新车补贴后售价为 19.79 万 ~ 29.21 万元。U5 是一款以深厚造车功底铸就优越品质，带来美好创享体验的 A + 级中高端纯电动 SUV。

爱驰旗下第二款准量产车型 U6 ion 于 2020 年 3 月 3 日在斯图加特造型发布。U6 ion 是一款为年轻活力人群打造的 A + 级纯电动智能轿跑 SUV，配备新一代智能车联系统，融合跨界休旅与轿跑车的特色，具有鲜明的运动气息，更加贴近现代年轻新锐用户动感个性的追求和新奇体验。

三、产品出口

2020 年 4 月，爱驰汽车获选 2019 年度江西省唯一一家"独角兽企业"。2020 年 5 月，首批出口欧盟 500 辆欧版 U5 正式启运，标志着爱驰汽车成为国内首个大批量出口欧盟国家的智能电动车创新企业。

四、产能建设

爱驰超级智慧工厂：秉承数字化、柔性化、智能、环保理念。2017 年 5 月，爱驰汽车超级智慧工厂开工建设占地 950 亩，为集合冲压、焊装、涂装、总装与电池包生产为一体的全工序工厂，2018 年的 12 月完成全线贯通，2019 年 2 月 18 日首台 U5 下线一二期产能各 15 万辆，自动化率达 90%。

电池包工厂：全资投资建设位于江苏常熟的电池包工厂，一期年产能 3.5 万台（套）。

五、技术进展及研发能力建设

1. 三明治结构电池包特点

高性能：峰值放电功率 300 kW，0～80% 充电时间小于 44 min。

耐久性：采用先进的热管理技术，夏标温差可控制在 2 ℃以内，大大延长电池的使用寿命。

平台化：采用铝型材框架结构，可以进行灵活更改，适用于各类 A、A＋、B、C 车型。

轻量化：采用挤出铝型材和薄铝板铆焊工艺及口琴管冷却板结构大大降低整包重量，能量密度达到 181 Wh/kg。

安全性：通过对电芯供应商的严格赛选和测试、采用创新的干湿分离结构及先进的 BMS 及热管理确保整个生命周期的产品安全。

可靠性：通过大量的模拟分析和试验验证确保产品的可靠性。

2. L2＋智能场景化驾驶系统

交通拥堵辅助（TJA）、高速公路跟车（HWA）、车道保持辅助（LKA）、交通信号识别（TSR）、前侧碰撞预警（FCW）、自动紧急制动（AEB）。

六、主要新产品

产品型号	产品名称	品牌	通用名称
JX6470UBEV	纯电动乘用车	爱驰	U5

七、合资合作及重大项目建设

爱驰汽车整合全球优秀资源的供应链体系，拥有国际一流的供应商和合作伙伴，如博世、西门子、乔治费歇尔等全球顶尖企业。这些优秀的供应商和合作伙伴在动力和充电、内饰与外饰、制造与生产、电子电器、底盘车身与安全、车联网等方面给予支持，助力爱驰汽车快速地落地优质产品。

八、发展目标与规划

得益于 MAS 平台的可扩展性，爱驰汽车每年都可以推出一款新车。未来 U6 ion 将与 U5、U7 及更多智能化产品，共同组成爱驰汽车的产品阵营。

秉持以用户为中心的设计理念，爱驰同步推出“一诺千金、大道至简”的“诺道”服务，打造智能化、全场景的服务体验，并通过与合作伙伴共建创新的营销和服务模式、能源监控平台和“5AI”充电解决方案，推动新能源汽车使用的生态环境良性发展。

国机智骏汽车有限公司

一、单位概况

国机智骏汽车有限公司是中国机械工业集团有限公司旗下国机汽车股份有限公司联合集团内外企业成立的一家新能源汽车整车公司。2017 年 3 月 28 日成立于江西省赣州市赣州经济技术开发区新能源汽车科技城旭日大道 6 号，注册资本 8 亿元，主要从事新能源汽车及其关键零部件的技术研发、制造、销售和技术咨询等业务。

国机智骏汽车有限公司是一家“创业型、科技型、国际化”的新能源汽车整车企业，秉持“产品大众化、企业国际化”的发展定位，以持续创业创新精神推动跨越发展，致力于成为新能源汽车市场后发优胜者。

二、经营情况

国机智骏汽车有限公司首批 3 款车型（GX5、GC1、GC2）于 2019 年底正式上市销售，处于市场推广阶段。

三、产品出口

国机智骏汽车有限公司采用“国内国际同步开拓”的策略，与欧洲、亚洲、南美洲等 35 个市场接洽并达成意向，首批出口样车于 2019 年 12 月发运出海。

四、产能建设

在江西省赣州市赣州经济技术开发区新能源汽车科技城建设完成 10 万辆产能的制造工厂，涵盖冲压、涂装、焊装、总装、电池和轻量化六大工艺。

五、技术进展及研发能力建设

1. 已形成 300 人以上的研发团队，团队成员主要来自通用、福特、北汽、上汽、吉利、长安等主流整车企业，以及博世、华为、西门子等核心零部件企业，汽车背景浓厚；研发人员中 5 年以上工作经验人员占 50%、3 年以上新能源汽车研发经验人员比例超过 60%。

2. 构建起全球先进的 GPMP 整车开发流程，覆盖产品概念、造型设计、工程设计、供应链管理、试制试验和大规模生产等模块。

3. 初步形成“三国五地”的全球化研发体系布局，研发总部位于江苏省南京市，在北京市、江西省赣州市、德国慕尼黑、美国硅谷（筹建中）等地设有研发院。

4. 基于深厚的整车集成能力以及对三电的深度理解，

搭建完成 ZES、ZEK 等两个纯电动专属整车平台。

六、主要新产品

序号	产品型号	产品名称	品牌	通用名称
1	ZHT7000SU00EV	纯电动轿车	国机智骏	GX5
2	ZHT7000KD00EV	纯电动轿车	国机智骏	GC1
3	ZHT7000KB00EV	纯电动轿车	国机智骏	GC2

七、合资合作及重大项目建设

在产业链及产学研方面充分整合国内外优势资源，实现协同发展。产业链方面，与 FEV、上海电驱动、UE、博泰等优质企业达成深度合作关系；产学研方面，与慕尼黑工业大学、北京理工大学、山东大学、武汉理工大学等知名高校达成深度合作关系。

八、发展目标与规划

国机智骏汽车有限公司将基于“1 + N”发展战略，以整车产业为核心，有序布局上下游价值链重点环节，打造新能源汽车产业生态集群。整车业务聚焦 A 级及以下细分市场，打造五大平台、布局 16 款新车型，通过打造最高性价比纯电动国民车，支撑 2025 年 20 万辆整车销售目标的实现。

北京车和家信息技术有限公司

一、单位概况

北京车和家信息技术有限公司于 2015 年 7 月 1 日由李想先生创立，秉承着“用科技改变出行，让更多人受益”的使命，打造出高质量、高科技感的全新汽车品牌“理想汽车”。理想汽车融合了汽车、互联网、信息科技三大领域的顶尖人才，合力在研发、生产、供应链、销售等各个方面进行创新，并寻求更高效地经营方式，成功于 2019 年 12 月上市第一款车型“理想 ONE”，获得消费者和行业各界人士的一致好评。截止 2020 年 7 月底，理想汽车交付用户约 12 000 台，连续 3 个月荣登国内插电式混合动力 SUV 榜第 1 名。

理想汽车研发中心从造型设计、工程设计、工程试制等全流程自主研发，致力于新型智能汽车的研发工作，响应客户的真正需求，解决客户用车的“痛点”问题，打造真正没有里程焦虑的智能电动汽车，最终成为全球领先的智能电动车企业。同时，理想汽车在研发和供应方面与国际顶级供应商博世、宁德时代、弗吉亚等国际一流供应商确立战略合作伙伴关系，为顶级汽车设计与缔造做支撑。

北京车和家信息技术有限公司旗下的理想汽车常州生产基地，位于江苏省常州市武进高新技术产业开发区凤林南路 108 号，占地面积约 50 万 m^2。基地涵盖冲压、焊装、涂装、总装、检测线、物流、IT 等完整的整车生产工艺，设计年产能 10 万辆。工厂采用绿色材料、绿色工艺及节能减排技术，实现“高品质、智能化、零污染”的生产。焊装车间具备钢铝混合焊接能力，点焊自动化率达到 100%，生产线整体自动化率达到 97%；涂装车间承担白车身的车身前处理、阴极电泳、焊缝密封、阻尼胶和面漆喷涂、漆后修饰等涂装任务。涂装线采用锆化前处理、“免中涂”工艺，色漆涂料均采用环保水性涂料，清漆采用环保型 2K 清漆。工厂三废排放均远优于当地环保法规要求；

总装车间布置有 4 条主线及分装线，配有滑板式摩擦输送线、吊具摩擦线、链式输送线、ABB 机器人等先进设备。同时，生产线智能制造系统涵盖 MES 制造系统、AVI 车辆自动识别系统等先进的生产线技术。

北京车和家信息技术有限公司于 2018 年 10 月发布北京车和家信息技术有限公司的首款增程式智能电动车“理想 ONE”，该车定位于豪华中大型 SUV，满足 6 ~ 7 人的家庭出行需要。它采用增程电动解决方案，NEDC 综合续航超过 800 km。在智能系统方面，将配备四屏交互和全车语音功能。首批在北京、上海、广州、深圳、成都、重庆、天津、武汉、西安、郑州、南京、苏州、杭州、石家庄、宁波、济南、长沙 17 个城市建有 19 个直营交付中心，到第三季度，理想汽车零售中心覆盖城市预计将达到 38 个，零售中心门店数目将增至 40 个，到 2020 年底，理想汽车零售网络将覆盖全国绝大多数的省份。公司创建之初的理念就是深耕于满足客户的需求出发，一切以客户的实际需求来处理各类服务，全部都是在线上进行预定，采用订单制。客户在直营的零售中心进行看车试驾，最终通过理想汽车 App 进行预订，客户预订以后由理想常州制造基地进行生产，并通过高效的物流团队运送到直营交付中心，客户可选择去直营交付中心提车，也可以选择远程交付。当车辆出现故障，理想汽车直营的维修中心可以通过远程检测锁定车辆故障并根据故障进行有针对性的维修；理想汽车售后服务网点已经覆盖 25 个省及直辖市。到 2020 年 7 月，理想汽车售后服务将拓展至除港澳台以外的所有省及直辖市，预计年底覆盖范围将达全国 100 个城市，为用户做好售后保障。

二、技术进展及研发能力建设

1. 设计开发全球首款增程电动大型 SUV 车型（理想 ONE），在广义 PHEV 插电式混合动力车型中，实现最长的 180 km 纯电续驶里程和 800 km 总续驶里程；整车具有燃油/慢充/快充 3 种能源补给方式，满足用户城市用电/长途用油的实际使用场景，实现车辆用户便利性/经济性和节能减排社会效益的整体目标。

2. 自主研发的先进增程系统及控制技术，整车排放水平满足全球最严格的国Ⅵ标准 b 阶段排放限值要求；配合动力电池和四驱电机系统，整车动力性能优于同级别传统 3.0T 燃油发动机车型，同时综合燃油消耗率降低 10% 以上。

3. 基于先进的增程电动架构建立的整车热管理系统，综合循环利用增程器/动力电池/驱动电机/驾驶舱空调系统的热能，在各种复杂环境条件下进行整车能量的优化匹配，在极端高低温条件下的整车性能大大优于同级别纯电动汽车。

公司员工 3 000 余人，其中有国际知名车企及互联网公司工作背景的研发人员 1 600 人，其中造型设计中心共有国内外设计人员约 30 人，具备从效果图、油泥模型到 CAS 数据的全流程正向设计能力。具有自主软件开发人员约 700 人，自主研发 XCU、算力平台、车联网及自动驾驶等整车核心关键系统。试制车间设置焊接工艺、总装工艺及新车下线检测功能，预计每年试制车辆台数为 300 台，主要负责样车试制及检测，试验车返修、拆解等研发活动。试验中心预设试验室 7 个，包含人机工程试验室、理化试验室、结构强度试验室、整车试验室、动力与三电系统试验室、低压电器试验室、智能网联试验室，主要负责整车开发的整车和系统的试验验证工作，涵盖实验功能约 36 个，可进行上百种试验，同时试验室未来计划对外开放冗余试验能力，实现二次收益。

三、主要新产品

产品型号	产品名称	品牌	通用名称
LXA6500SHEVM1	插电式混合动力多用途乘用车	理想智动	理想 ONE

四、发展目标与规划

理想汽车规划未来在技术投入上将继续深耕增程式电动汽车，充分发掘增程电动技术在能源使用效率上的潜力。在满足用户多元化的能源补给需求的同时，逐步减少对石油资源的依赖，尽可能提升出行过程中的电力使用比例。通过对保有车辆提供的大数据的分析，理想汽车会通过 OTA 技术进一步优化增程发电系统的工作逻辑，即使在使用汽油作为主要能源时，也能逐步降低综合油耗。通过开发自有的 Li OS 操作系统，在智能化上掌握核心科技实力，通过 4G/5G 技术在车辆端的普及和推广，以及车辆 OTA 的常态化，使所有车辆都可以享受不断迭代的智能化体验，保证车型常用常新，保证持久的智能化竞争力。将辅助驾驶和自动驾驶功能普惠到普通消费者，降低拥有和使用的门槛，提升驾驶安全，降低事故率。通过数据驱动功能的不断完善，逐步提升辅助驾驶的使用率，并在技术成熟时提供有限场景自动驾驶服务。通过以上几个方面不断的研发投入，最终在 2025 年销量达到中国新能源市场份额的 20%，并在 2025 年以后进入自动驾驶的赛道与全球车企竞争。

天际汽车科技集团有限公司

一、单位概况

天际汽车科技集团有限公司（以下简称“天际汽车”）是集新能源汽车研发、生产、销售和服务于一体的高端出行科技企业，秉承“全球设计、顶尖品质、智能互联”的品牌理念，致力于用创新科技去重构汽车的设计、品质、豪华与智能体验，不断颠覆对于汽车的想象，探寻未来出行的无限可能。天际团队由来自大众、通用、保时捷、沃尔沃等车企精英汇聚而成，核心成员均拥有 20 年以上深厚的行业积淀。

二、经营情况

天际汽车设立天际（ENOVATE）品牌用于乘用车、电咖（DCCV）品牌用于商用车。天际（ENOVATE）首款车型高端智能 SUV ME7 已于 2018 年广州车展亮相，并在 2019 年上海车展开启预售。

天际汽车拥有各类整车生产资质。天际汽车位于绍兴滨海新区的乘用车生产基地，于 2018 年 4 月动工，2018 年 12 月主体结顶，2019 年正式量产下线。天际品牌的 ME7 也将在此生产。天际汽车位于长沙高新区的乘用车生产基地，于 2019 年 3 月动工，2021 年将正式建成并投入使用。

三、产能建设

天际汽车科技集团有限公司绍兴工厂位于浙江省绍兴市滨海新城，是浙江省“十二五”重点布局的 15 个省级产业集聚区和重点开发区（园区）之一。绍兴工厂选址位于云帆道以北、汇通路以东、听海路以西、北塘河以南区域，占地约 1 000 亩。工厂主要建构筑物有冲压、焊装、涂装、总装四大车间和研发试车跑道等公用配套设施，建构筑物占地面积 117 520 m^2。工厂主要生产产品为 ME7 BEV 纯电动汽车。绍兴工厂规划产能 18 万辆/年，分两期建设。其中，一期规划产能 6 万辆/年，二期规划产能 12 万辆/年。

天际汽车科技集团有限公司长沙工厂位于长沙国家高新技术产业开发区，2009 年以来，长沙高新区先后获批国家级首批 9 个创新型科技园区之一、国家 3 个科技与金融结合试点高新区之一、国家 15 个科技服务体系试点园区之一和湖南省首个国家海外高层次人才创新创业基地。长沙工厂选址位于长沙市高新区麓谷园区用地北侧为长延路，西侧为荷叶路，南侧为金州大道，东侧为许龙路，占地约 390 亩。工厂主要建构筑物有焊装、涂装、总装三大车间和研发试车跑道等公用配套设施，建构筑物占地面积 126 945 m^2。工厂主要生产产品为 IC321 BEV 纯电动汽车和 IC321 增程版汽车，工厂规划产能共计 6 万辆/年。

四、技术进展及研发能力建设

天际汽车是一家基于深刻洞察用户的智能科技公司，紧紧围绕年轻用户的诉求，通过电动化、智能化、网联化等技术打造极具科技感的产品及极致的用户体验。为此，天际汽车的科技创新紧密围绕三电系统和智能网联两大核心方面展开。

在电池技术方面，天际汽车进行前瞻性的布局，首款产品 ME7 搭载高性能三元锂电池，其电芯能量密度高达 258 Wh/kg，电池包能量密度为 165 Wh/kg，整车续驶里程高达 530 km。另外，天际汽车在固态电池技术领域进行前瞻性的布局。天际汽车与国际领先的供应商台湾辉能科技合作，双方于 2018 年 5 月签署战略合作协议，共同推动固态电池技术的研发落地。

在电驱及电控系统技术方面，天际汽车采用高功率永磁同步电驱技术，第一代电驱系统采用分体式，电机和电机控制器采用博世技术，电机峰值功率 160 kW，峰值扭矩 330 Nm，效率高达 98%。下一代电驱系统将采用电机、电机控制器、减速器三合一方案。第一代整车控制器硬件采用博世技术，应用层自主开发。第二代整车控制器将与 BMS 融合成为 VBU 集成方案，由天际汽车自主开发，已完成 B 样件开发。

在智能网联方面，为了打造极致用户体验，在硬件平台方面，ME7 采用 4 核 CPU 的高通 S820A pre 处理器，该处理器具备 320G FLOPS 的视频和 55K DMIPS 高速处理能力。在架构层面，前后大屏分别配备两台主机驱动，主机之间通过百兆以太网连接，为海量数据快速处理、快速交互提供了硬件基础。在云端大数据处理方面采用 AI 技术，对云端车辆及用户行为数据进行挖掘，车辆分析诊断的结果自动与售后系统对接，通过用户行为数据的分析进行用户画像并将结果传输到车端，使车辆更了解用户并提供智能化的服务。另外，语音语义交互融合方案也采用了 AI 技术保证人车自然交互，同时 AI 技术也运用到了人脸识别功能上，提高识别精度。此外，ME7 大量采用 3D 虚拟技术，在车辆控制、虚拟展示、导航地图方面采用 3D 渲染、AR 技术相结合，使画面更逼真，大大提升了用户体验。

在智能驾驶方面，ME7 车型可实现 L2.5 的智能驾驶功能。ME7 车型上搭载高达数量 22 个环境感知传感器，全范围、360°无死角地对车辆周围行驶环境进行监控。基于此，16 种驾驶辅助功能可让用户在复杂的驾驶场景中应对自如。前向系统基于视觉与毫米波雷达融合技术方案，应用博世最新技术；自动泊车系统基于环视与超声波雷达融合技术，与国内供应商德赛合作研发可实现全自动泊车及遥控泊车功能。侧向采用毫米波雷达，可实现盲点检测、倒车辅助、开门预警等功能。相比于同行业竞品车型，ME7 车型推出的智能驾驶功能具有很强优势。

五、主要新产品

产品型号	产品名称	品牌	通用名称
QAC6461BEVAA	纯电动多用途乘用车	天际	ME7

六、合资合作及重大项目建设

天际汽车 2018 年下半年与长沙高新区签订合作协议，项目已列入湖南省省重点项目。项目主要建设焊装车间、涂装车间、总装车间及生产辅助设施，生产制造完全采用德系造车标准，并全面融入绿色科技、节能环保的理念。

天际汽车在核心零部件、共享出行，充电服务，电池梯度利用等领域都已与博世、德赛、EV CARD、星星充电、特来电等上下游企业开启了合作，共同打造天际汽车的生态圈。

七、发展目标与规划

天际汽车正快速打造包括整车、造型、底盘、车身、电子电器、新能源、车联网、智能驾驶在内的完整研发体系，未来 5 年，天际汽车将不断完善产品布局，围绕主流到高端，包括乘用车及商用车打造多款车型，全面覆盖各细分市场。

销售体系方面，天际汽车围绕用户为中心提供多样生活场景的在线商品与服务购买体验，覆盖在线订车、服务套餐购买、金融增值产品购买、精品配附件购买、维保产品购买、新生态平台构建的综合零售模式。建立线上线下一体化的新零售购车模式，“实现全渠道 + 流量池（OMO）”、线上线下统一定价（ONE PRICE）、7 × 24 全时在线（ALWAYS ONLINE）、订单透明化（ORDER TRANSPARENCY）、个性化定制按订单生产模式（C2M）。

网络体系方面，天际汽车采取直营体验中心与品牌授权经销商相结合的创新零售渠道模式。在重点城市核心商圈设立厂家直营的天际中心，可让品牌快速起步为目标消费者提供高端统一的品牌、产品体验和丰富的客户活动，配合由经销商运营的智选空间，充分调动地方关系和最强营销资源，为品牌提供可持续性的客流导入和转化的销售模式。

渠道建设方面，天际汽车规划了 4 种渠道，将建设全方位、多层次的线下销售服务体系，包括天际中心（品牌体验店）、智选空间（销售中心）、安心工场（服务中心）和速捷驿站（快捷网点）。

郑州宇通客车股份有限公司

一、单位概况

郑州宇通客车股份有限公司是一家集客车产品研发、制造与销售为一体的大型制造业企业，主要产品可满足 5 ~ 18 m不同长度的需求，拥有 123 个产品系列的完整产品链，主要用于公路客运、旅游客运、公交客运、团体通勤、校车、景区车、机场摆渡车、客车专用车等各个细分市场。公司的业务覆盖国内所有市县市场及全球主要的客车进口国家，以直销为主，经销为辅，以订单模式提供标准化及定制化的产品。经营业绩主要取决于行业需求增长情况、公司产品竞争力和自身的成本控制能力。

二、经营情况

根据中国客车统计信息网统计，2019 年客车行业 7 m 及以上客车实现销售 134 331 辆，较 2018 年下降 11.31%。受此影响，郑州宇通客车股份有限公司销量也出现了下降，但好于行业整体水平，占有率大幅提升，继续领跑客车行业。

公司认真落实和推进“十三五”和“五条主线”的战略规划要求，在新能源补贴政策持续退坡的情况下，攻坚克难，全年累计实现客车销售 58 688 辆，同比下降 3.58%；实现营业收入 304.79 亿元，同比下降 3.99%；实现归属于上市公司股东的净利润 19.40 亿元，同比下降 15.70%。郑州宇通客车股份有限公司净利润出现下降的主要原因是受2019年国家新能源补贴标准进一步下调的影响，公司新能源客车盈利能力有所下降，但仍好于行业整体水平。面对行业政策和市场需求的下行压力，公司积极应对外部环境变化，凝心聚力抓好产品质量和技术创新，随着产品经过时间的检验，技术实力强、产品优质且综合性价比高的企业将在未来新能源客车市场中居于主导地位。

三、产品出口

近年来，郑州宇通客车股份有限公司正在从“制造型+销售产品”企业向“制造服务型+解决方案”进行转型。独创中国制造出口的“古巴模式”，成为中国汽车工业由产品输出走向技术输出的典范，批量销售至全球30多个国家和地区，形成覆盖欧洲、美洲、亚太、独联体、中东、非洲六大区域的发展布局。

截至2019年12月，公司累计出口各类客车超过7万辆，产品远销至法国、英国、俄罗斯、哈萨克斯坦、智利、埃塞俄比亚、南非、尼日利亚、新加坡、菲律宾、澳大利亚、沙特、科威特等全球主要客车需求国家与地区。在主要目标市场，公司已成为主流客车供应商之一。在新能源客车领域，公司正在稳步开发海外市场，已在法国、英国、保加利亚、冰岛、丹麦、芬兰、新加坡、智利、墨西哥、哈萨克斯坦等国家，以及中国澳门等市场形成批量订单销售，并在澳大利亚、新西兰、哥伦比亚、俄罗斯等市场成功示范运营。

四、产能建设

2019年，郑州宇通客车股份有限公司大型客车累计生产23 597辆、中型客车25 385辆、轻型客车8 030辆、合计产量57 012辆。其中，新能源汽车纯电动20 961辆、纯电动720辆、燃料电池231辆，合计产量21 912辆。

五、技术进展及研发能力建设

1. 领先的研发成果

（1）按照国家纯电驱动的技术转型战略，公司坚持电动化、智能化、网联化的产业发展方向，确立“三横五纵”的研发布局，开发插电式、纯电动、燃料电池三大动力系统，重点突破动力电池与电池管理、电机驱动与电力电子、电动客车智能化、充电/加氢技术、高效电附件等共性核心技术，自主研发的新能源客车综合技术处于国际先进水平，其中整车节能与控制技术、高压隔离电源变换技术、高密度电驱动控制技术等方面处于国际领先水平。

（2）拥有国内最完备的节能与新能源客车产品型谱，其中包括6~18 m纯电动客车、8~18 m混合动力客车、8~12 m燃料电池客车。截至2019年底，公司获365款纯电动客车公告、118款混合动力客车公告和15款燃料电池客车公告，其中455款入选《新能源汽车推广应用工程推荐车型目录》，486款入选《免征车辆购置税的新能源汽车车型目录》。

（3）截至2019年12月底，公司新能源技术共获得授权专利及软件著作权1 021项，其中发明专利136项，软件著作权111项。

2. 研发能力建设

郑州宇通客车有限公司有国家电动客车电控与安全工程技术研究中心、国家认定企业技术中心等6个国家级研发平台，以及客车安全控制技术河南省工程实验室、河南省客车工程技术研究中心、河南省智能网联客车工程技术研究中心等6个创新平台，为集聚优秀的创新人才、技术和产品，为持续创新、科技成果工程化和产业化创建了优良环境。

六、主要新产品

序号	产品型号	产品名称	品牌	通用名称
1	ZK6105BEVG65	纯电动城市客车	宇通客车	E10
2	ZK6816BEVG5	纯电动城市客车	宇通客车	E8

七、合资合作及重大项目建设

1. 建立了插电式、纯电动、燃料电池动力系统及整车共性技术等创新研发平台，在安全、节能、环保、舒适、电子化、智能化等客车核心技术领域处于国内领先地位，公司先后承担了国家“863”计划、国家科技支撑计划、新能源汽车产业技术创新工程、国家重大科技成果转化、国家重点研发计划、河南省重大科技专项等46项国家和省市级科研项目，突破多项制约产业发展的关键技术难题。

2. 与高校和科研院所合作开展基础研究，共同开展人才培养，实现成果转化；与供应商通过联合开发，实现技术升级和产品改进；与用户合作实现成果应用，促进产品性能提升；与行业企业合作制定标准规范，推动产业技术升级。形成产业成果转化反哺技术创新的良性循环，拉动了行业整体技术水平的提高。

八、发展目标与规划

郑州宇通客车股份有限公司持续开展技术创新、产品创新、管理创新，围绕“十三五”战略目标和方向，不断引领客车行业及相关产业链向电动化、智能化、网联化方向转型，全面提升整车及零部件设计、工艺、制造、质量标准，实现标准领先、协同创新、产业融合、自主可控，成为全球领先的客车及出行解决方案提供商。

公司将继续围绕“成为全球领先的客车及出行解决方案提供商”的远景目标，在全球范围内实现规模和竞争力的提升。聚焦“产品升级、技术升级、模式创新、扩展海外、夯实基础、外延发展、升级文化”七大主题，推动多项战略举措高标准的落地，支撑企业完成管理转型和品牌影响力的双提升，为客户、股东、社会等利益相关者创造更大价值。

北汽福田汽车股份有限公司

一、单位概况

北汽福田汽车股份有限公司(简称“福田汽车”)成立于1996年,是中国品种最全、规模最大的商用车企业,2019年品牌价值1 528.97亿元,连续15年蝉联中国商用车行业第1位,累计产销汽车900万辆,连续9年位居中国商用车出口第1,产品覆盖全球110个国家和地区。

福田汽车秉承“聚焦价值精益运营”的经营理念,围绕“智能化、新能源化、网联化、轻量化”创新理念,引领行业突破创新。福田汽车积极参与国家强制性标准制定29项,占现有标准总数1/4,授权专利达7 900件。紧跟全球趋势打造智能制造标杆,入选工信部智能制造试点示范项目,并荣获“国家级绿色工厂”称号。2019年“国创中心——福田汽车新能源智能物流车实验室”揭牌,正式加入国家级技术创新中心,作为国内最早一批布局新能源领域的商用车企业,福田汽车自主掌握核心三电科技,并成为国内首家获得智能重卡开放道路测试牌照的商用车企业,积极推动新能源与智能技术的研发与落地,推动产业良性发展。

二、经营情况

北汽福田汽车股份有限公司形成集整车制造、核心零部件、汽车金融、车联网、福田电商为一体的汽车生态体系。其中,福田新能源业务覆盖客运、货运及专用车产品系列,包括纯电动,插电式混合动力和氢燃料电池三大技术路线,产品包含轻卡、中重卡、VAN类、皮卡、大中客系列。福田汽车围绕新能源汽车业务战略,积极开发战略合作伙伴,加大新能源汽车业务资金投入,重点投入新能源汽车实验室、充电站、试制车间的新建与扩建,提升系统开发、零部件开发、控制器开发能力。新能源汽车研发持续累计投入数十亿元,已具备新能源汽车动力系统集成、电机控制、整车控制软件开发等核心研发能力,新能源汽车实验室能够实现电动汽车动力总成主要功能、性能、安全性、可靠性的测试。2019年福田新能源汽车在行业整体大幅下滑的情况下实现逆势增长,全年累计销售5 988台,同比上升61%,其中大中客销量同比上升92%,位列行业前3。

三、产品出口

2019年福田汽车欧辉客车海外订单出口720台(其中整车560台、底盘160台);按能源类型分,其中传统能源268台,清洁能源452台(NG类325台、纯电动119台、混合动力8台),清洁能源订单主要分布在印度、俄罗斯、埃及、智利、韩国等国家,以及中国澳门等地区;按产品平台分,其中城市客车498台、城间客车222台,发展中国家全新建设/规划公交系统带来的新增需求逐步显现,如柴油车升级为NG天然气或纯电动等。

四、产能建设

福田汽车在国内京、鲁、湘、粤、冀、浙布局六大生产基地,建设专业化的中高端重卡工厂、绿色环保的商务车制造基地、柔性协同的中轻卡工厂群以及核心零部件制造基地,共计20个工厂,整车总体产能74.05万辆/年(不含宝沃汽车)。2019年通过对福田汽车欧辉客车北京工厂和广东工厂、诸城奥铃汽车厂、山东超级卡车工厂、诸城汽车厂、山东多功能汽车厂、佛山汽车厂现有生产线改造升级,逐步实现传统能源与新能源产品共线生产;已具备新能源整车生产能力3.30万辆/年。福田智蓝新能源汽车工厂建成后新增新能源产能2.00万辆/年。

五、技术进展及研发能力建设

福田已建立新能源系统集成、电机系统、电池系统和整车控制系统的开发能力,具备零部件软硬件开发测试验证、整车功性能的测试验证能力。福田汽车结合新能源产品多场景的使用需求和产业政策,实时规划纯电动、混合动力和燃料电池等不同技术路线,满足全系新能源商用车需求。

系统集成方面:已建立平台化新能源动力系统规划,并在整车开发项目中全面应用,通过仿真分析实现系统正向开发能力的提升,建立了新能源系统功能测试规范和整车标定试验流程。

应用开发方面:电池模块与电驱动模块建立了系统选型能力、测试评估体系,掌握功能定义及系统集成的能力;具备电池管理和电机控制功能定义、策略开发能力。结合新能源产品规划,对各产品线进行了新能源核心模块平台规划。

自主开发方面:整车控制模块具备完全自主开发能力,32位整车控制器实现新能源车型全覆盖,并能快速响应不同车型/功能的开发需求。电池系统具备PACK及BMS自主设计、开发与测试验证能力;电驱动系统已建立电机的电磁、结构设计能力,具备电驱桥和三合一动力总成的集成设计能力,具备电机控制系统需求定义、策略开发能力。

六、主要新产品

序号	产品型号	产品名称	品牌	通用名称
1	BJ6105CHEVCA-12; BJ6105CHEVCA-15; BJ6105CHEVCA-17; BJ6107SHEVCA; BJ6123CHEVCA-10; BJ6123CHEVCA-11; BJ6123CHEVCA-9; BJ6123SHEVCA-2; BJ6123SHEVCA-7; BJ6127SHEVCA-2; BJ6147SHEVCA; BJ6855SHEVCA-1; BJ6855SHEVCA-2	插电式混合动力城市客车	福田	欧辉插电式混合动力城市客车

续上表

序号	产品型号	产品名称	品牌	通用名称
2	BJ6160SHEVCA-3	插电式混合动力铰接城市客车	福田	插电式混合动力铰接城市客车
3	BJ6128SHEVCA-5	插电式混合动力双层城市客车	福田	插电式混合动力双层城市客车
4	BJ4259EVPA;BJ4259EVPA1	纯电动半挂牵引车	福田	纯电动半挂牵引车
5	BJ5048XCCEV1	纯电动餐车	福田	纯电动餐车
6	BJ6105EVCA-26;BJ6105EVCA-27;BJ6105EVCA-28;BJ6105EVCA-29;BJ6105EVCA-30;BJ6105EVCA-31;BJ6105EVCA-32;BJ6105EVCA-33;BJ6105EVCA-35;BJ6105EVCA-36;BJ6105EVCA-37;BJ6105EVCA-38;BJ6105EVCA-39;BJ6105EVCA-40;BJ6105EVCA-41;BJ6105EVCA-42;BJ6105EVCA-43;BJ6105EVCA-45;BJ6105EVCA-46	纯电动城市客车	福田	欧辉纯电动城市客车
7	BJ6105EVCA-47;BJ6105EVCA-48;BJ6105EVCA-49;BJ6105EVCA-50;BJ6105EVCA-51;BJ6117EVCA;BJ6117EVCA-1;BJ6117EVCA-2;BJ6123EVCA-42;BJ6123EVCA-43;BJ6123EVCA-46;BJ6123EVCA-47;BJ6123EVCA-48;BJ6123EVCA-52;BJ6123EVCA-53;BJ6123EVCA-55;BJ6127EVCA-6;BJ6650EVCA-7;BJ6650EVCA-8;BJ6650EVCA-9;BJ6680EVCA;BJ6805EVCA-16;BJ6805EVCA-17;BJ6805EVCA-18;BJ6805EVCA-19;BJ6805EVCA-20;BJ6805EVCA-21;BJ6805EVCA-22;BJ6805EVCA-23;BJ6805EVCA-30;BJ6805EVCA-31;BJ6805EVCA-32;BJ6816EVCA;BJ6851EVCA-16;BJ6851EVCA-17;BJ6851EVCA-18;BJ6851EVCA-19;BJ6851EVCA-20;BJ6851EVCA-21;BJ6851EVCA-22;BJ6851EVCA-23;BJ6851EVCA-25;BJ6851EVCA-26;BJ6851EVCA-30;BJ6851EVCA-31;BJ6851EVCA-32;BJ6851EVCA-33;BJ6851EVCA-8;BJ6851EVCA-9	纯电动城市客车	福田	欧辉纯电动城市客车
8	BJ6425EVAA3;BJ6455EVAA2	纯电动多用途乘用车	福田	图雅诺
9	BJ6533EVCA1	纯电动多用途乘用车	福田	拓陆者纯电动多用途乘用车
10	BJ1037EVMA1	纯电动多用途货车	福田	拓陆者纯电动多用途货车
11	BJ5033XGCEV1	纯电动工程车	福田	拓陆者纯电动工程车
12	BJ6117EVUA-5;BJ6117EVUA-6;BJ6802EVUA-7;BJ6816EVUA	纯电动客车	福田	欧辉纯电动客车
13	BJ5034TYHEV-H1	纯电动路面养护车	福田	纯电动路面养护车
14	BJ6608EVUA2	纯电动轻型客车	福田	图雅诺纯电动轻型客车
15	BJ5102GQXEV-H2;BJ5182GQXEV-H1	纯电动清洗车	福田	纯电动清洗车
16	BJ5122TSLEV-H1	纯电动扫路车	福田	纯电动扫路车
17	BJ5122TXSEV-H1	纯电动洗扫车	福田	纯电动洗扫车
18	BJ5010XXYEV1;BJ5020XXYEV2	纯电动厢式运输车	福田	递哥纯电动厢式运输车
19	BJ5039XXYEV1;BJ5039XXYEV3;BJ5039XXYEV4	纯电动厢式运输车	福田	风景纯电动厢式运输车
20	BJ5045XXYEV3;BJ5045XXYEV4;BJ5045XXYEV7	纯电动厢式运输车	福田	奥铃纯电动厢式运输车
21	BJ5048XXYEV3;BJ5048XXYEV5	纯电动厢式运输车	福田	图雅诺纯电动厢式运输车
22	BJ5049XXYEV4	纯电动厢式运输车	福田	奥铃纯电动厢式运输车
23	BJ5065XXYEV1	纯电动厢式运输车	福田	欧马可智蓝纯电动厢式运输车
24	BJ5182ZYSEV-H1	纯电动压缩式垃圾车	福田	欧马可智蓝 18T、9.5 m 纯电动压缩式翻桶垃圾车
25	BJ5020XYZEV2	纯电动邮政车	福田	递哥纯电动邮政车
26	BJ5025XYZEV1	纯电动邮政车	福田	福田纯电动邮政车
27	BJ5035XYZEV1	纯电动邮政车	福田	福田纯电动邮政车
28	BJ5039XYZEV1	纯电动邮政车	福田	风景纯电动邮政车

续上表

序号	产品型号	产品名称	品牌	通用名称
29	BJ5045XYZEV1	纯电动邮政车	福田	欧马可纯电动邮政车
30	BJ5048XYZEV2	纯电动邮政车	福田	图雅诺纯电动邮政车
31	BJ5025XXYEV1；BJ5025XXYEV2；BJ5025XXYEV3；BJ5025XXYEV4；BJ5035XXYEV2	纯电动厢式运输车	福田	纯电动厢式运输车
32	BJ6105FCEVCH；BJ6123FCEVCH-1；BJ6123FCEVCH-2；BJ6851FCEVCH；BJ6851FCEVCH-1；BJ6851FCEVCH-2	燃料电池城市客车	福田	欧辉燃料电池城市客车
33	BJ6123FCEVCH-3	燃料电池低入口城市客车	福田	燃料电池低入口城市客车
34	BJ6116FCEVUH-1	燃料电池客车	福田	欧辉燃料电池客车
35	BJ5088XXYFCEV	燃料电池厢式运输车	福田	欧马可燃料电池厢式轻卡

七、合资合作及重大项目建设

1. 福田汽车与丰田汽车、亿华通合作推出 FC 客车项目。2019 年 1 月 15 日，福田汽车与丰田汽车、亿华通三方签署《FC 整车开发合作意向书》。2019 年 4 月 21 日，丰田汽车在清华大学举办小型氢燃料汽车展示，FC 客车（9 m）在活动中亮相。2019 年 4 月 22 日，北汽集团、福田汽车、丰田汽车、亿华通通过官方平台正式对外宣布 FC 客车合作项目。2019 年 11 月 5 日，第二届中国国际进口博览会在上海拉开帷幕，FC 客车（9 m）进入博览会汽车创新技术和自动驾驶体验区。

2. 为加强福田汽车新能源产品的市场竞争力，福田汽车于 2018 年设立北京福田智蓝新能源汽车科技有限公司及河南福田智蓝新能源汽车有限公司，北京福田智蓝新能源汽车科技有限公司作为福田汽车新能源产品营销运营主体，河南福田智蓝新能源汽车有限公司作为福田汽车新能源产品制造运营主体，集中打造纯电动商用车领域智蓝品牌。

八、发展目标与规划

2019 年，福田汽车发布了以“开启智蓝新能源　打赢蓝天保卫战”为主题的智蓝新能源 2025 战略，到 2025 年将实现销量 20 万辆，市场占有率 30%，销售收入 150 亿元，成为中国新能源商用车第一品牌。

业务规划：坚持纯电动、插电式混合动力、氢燃料电池 3 条技术路线并举，各有侧重。针对城市配送和末端物流的轻、微型商用车主推纯电技术路线，满足用户市内运营场景的全工况需求；氢燃料电池技术应用于重卡、客车，侧重示范运营，满足特定场景的物流、客运需求；插电式混合动力技术应用于长距离行驶工况。依据不同的运输场景，打造最适合客户需求的新能源产品。

中车时代电动汽车股份有限公司

一、单位概况

中车时代电动汽车股份有限公司（简称“中车电动”）是承担国家“863”电动汽车项目最多的企业，涉及电机、电控、电源、动力系统集成、电动整车集成、电动整车试验与运营管理等全纵深的技术领域。公司拥有“国家企业技术中心”，专利 911 项，其中发明专利 445 项，海外专利 22 项，主持和参与制定国家及行业相关标准 26 项，获国家级及省部级科技进步奖励 7 项。

二、经营情况

新能源汽车整车产品以高铁技术为核心，研发和提升其他道路交通载体，打造绿色公交、绿色公路交通、绿色景区车、绿色轻型车、绿色物流车、绿色货车等，把各种交通系统整合到一个网络中，从而实现更高效、高安全、更环保的运送乘客和货物，构建一个绿色智慧交通体系。产品涵盖 4～18 m 段纯电动客车，8～12 m 段插电式客车、燃料电池客车，可满足 150～400 km 不同续驶里程需求。

截至 2019 年 12 月，整车累计销量 4.3 万多台，电驱动系统累计 14 万套，产品批量服务全国各省、直辖市、自治区，并相继突破白俄罗斯、新西兰、法国、马来西亚、匈牙利市场，系统产品进入北美。

三、产品出口

公司产品批量服务湖南、广东、北京、上海、河北、山西、广西、云南、海南、贵州等 30 多个省市，并相继突破白俄罗斯、新西兰、法国、沙特等国际市场。

四、产能建设

中车电动建成了行业一流的底盘、焊装、电泳、涂装、总装、检测生产流水线，具备年产整车 3 万辆的生产能力，是我国新能源客车重要的产业化基地。为满足当前新能源客车市场高品质、短交期、定制化的需求，中车电动搭建了包括 ERP、MES、PLM、CRM 等平台的智能化生产管理体系，有效提升产品质量，缩短产品生产周期，确保产品及时交付。

五、技术进展及研发能力建设

2017 年，推出拳头产品 T-power 5，是以高度集成化设计理念打造出的行业领先控制总成产品，系统减重 30%，能耗降低 50%，安全防护性能达到军工产品级别。这款电驱动系统产品在 2018 年获“iF 国际工业设计奖”和“红点奖”。

公司历经十余年研制的最新一代整车技术平台——

"T6",包括智联、可靠、安全、节能四大领域,广泛应用到公司生产的新能源汽车,公司已成为全国首家获得全球"最顶级"ISO 26262 道路车辆功能安全认证企业。

在商用车智能驾驶方面,2017 年推出全球首发的12 m智能驾驶客车,成为行业焦点,并且在 2018 年取得开放道路测试首批牌照,实现智能驾驶"L3"等级的示范运营,在长沙湘江新区已实现批量推广。

在"车电网云"方面,实现融合发展。公司完成智能网联 2.0 平台开发,驾驶成就系统、车身控制系统等功能产品实现批量推广,赋能车辆网联属性,云、车、人协同提升驾驶体验。云控系统、碰撞缓解系统等完成产品定型,实现驾驶辅助功能全覆盖,赋能整车车辆智能驾驶属性和主动安全属性。"云盾"24 h 安全监控系统实现"车—云—数据"三位一体,预警准确率、应用工程化率行业领先。

公司将以电动化为基础,通过整合自动驾驶、智能互联、车电网云技术,为客户提供一个绿色智慧交通解决方案。

六、主要新产品

1. 整车				
序号	产品型号	产品名称	品　牌	通用名称
1	TEG6120BEV	纯电动城市客车	中国中车	X12
2	TEG6530BEV	纯电动城市客车	中国中车	V5
3	TEG6600BEV01	纯电动城市客车	中国中车	X6
4	TEG6125BEV	纯电动城市客车	中国中车	H12

续上表

2. 零部件			
序号	产品名称	产品型号	产品应用
1	控制总成	T-Power-DE5	上海申龙纯电动客车、奇瑞万达纯电动客车
2	单电机控制器	T-Power-DM5S	扬州亚星纯电动客车、珠海银隆纯电动客车
3	单电机控制器	T-Power-TVN7	长春一汽纯电动客车、上海万象纯电动客车
4	永磁同步电机	tDriver-MD31	上海申龙纯电动客车、奇瑞万达纯电动客车、扬州亚星纯电动客车
5	永磁同步电机	tDriver-2001A	云南五龙纯电动客车、扬州亚星纯电动客车
6	传动总成	tDriver-MD2002	云南五龙纯电动客车
7	传动总成(AMT)	tDriver-MD2004D + 4D500	上海申龙纯电动客车
8	DC/DC 大功率变换器	BDC/DCF	上汽捷氢科技有限公司

七、发展目标与规划

新能源汽车整车产品以高铁技术为核心,研发和提升其他道路交通载体,打造绿色公交、公路交通、景区车、轻型车、专用车等,把各种交通系统整合到一个网络中,从而实现更高效、高安全、更环保的运送乘客和货物,构建一个绿色智慧交通体系。打造中国中车新的支柱产业,成为全球知名的智能交通综合服务方案提供商。

中通客车控股股份有限公司

一、单位概况

中通客车控股股份有限公司是省国资委直属股份制企业,具有近 50 年专业生产大中型客车的历史,是中国客车行业最早的上市公司之一。公司总资产 120.7 亿元,净资产 27.4 亿元,总股本 5.929 亿股。现有员工 6 000 余人,厂区面积 93.4 万 m^2,主要生产设备 2 000 多台,具有年产 3 万辆节能与新能源客车的生产能力。

中通客车产品体系涵盖 6 ~ 18 m,包括公路客运、公交、旅游、团体、高端商务、校车、物流车、房车等各个细分市场,共 15 大系列 260 多个品种。具有极强的市场竞争力,畅销世界 100 多个国家和地区。

公司为"国家级高新技术企业""国家火炬计划重点高新技术企业",拥有国家级工业设计中心、国家级企业技术中心、国家认证认可重点实验室、博士后科研工作站、山东省院士工作站、山东省新能源汽车动力与控制工程研究中心、山东省新能源汽车节能与安全重点实验室等研发平台。近 5 年累计投入研发费用 14.4 亿元,累计承担国家科技支撑计划、国家新能源汽车创新工程、国家重点研发计划、山东省重大科技创新工程项目等国家和省部级科研项目 22 项。截至 2019 年 12 月,公司获得软件著作权 10 项,授权专利 372 项,其中发明专利 57 项,参与制定国家、行业及地方标准 26 项,荣获"国家科技进步二等奖""山东省科技进步一等奖""山东省省长杯工业设计大赛金奖""山东省省长质量奖""中国交通运输协会科技进步特等奖"等 30 余项,多项研发成果经行业院士专家鉴定达到国际领先或国际先进水平。

公司坚持"创新科技,领航绿色交通新时代"的企业使命和"富员强企,回报社会,与事业伙伴共成长"的企业宗旨,求真务实,开拓创新,努力打造服务民生与造福社会的优秀企业,以一流的产品、一流的管理和一流的营销,向"世界一流绿色客车产业集群"的目标前进。

二、经营情况

2019 年,受行业新能源政策再次退坡影响,行业需求进一步下降,市场有效需求不足。在行业整体下滑 12.1% 的情况下,中通销售客车 15 054 辆,营业收入 67.41 亿元,同比分别增长 15.1%、11%;市场占有率 10.5%,同比增长 2.5%,进一步巩固行业第 2 位置。随着市场与产品结构调整不断深入,中通加快实施四大转型,打赢市场攻坚战,稳步提升市场占有率。积极进入一线市场阵地,先后批量进入北京、武汉、太原、深圳、重庆、杭州等一线市场;旅团车市场实现快速增长,销售旅团车 2 851 辆,同比增长 32.2%;高端化、大型化进一步优化,全年销售大中型车 12 640 辆,同比增长 17.6%;全年销售氢燃料车 735 辆,居行业首位。

三、产品出口

2019年,公司加快向国际营销转型,集中优势资源聚焦主要市场,打赢国际市场占有率提升攻坚战,海外出口实现较快增长,海外累计销售客车2 807辆、增幅77.5%,收入11.69亿元,增幅41.5%。其中沙特市场完成超3亿元,东南非区域市场占有率43.3%,居行业出口市场占有率第1。新能源客车批量出口海外,中标交付南美市场第一条电动车线路,同时正式启动欧洲纯电动车项目。公司在东南非区域市场占有率43.27%,行业第1;在赞比亚、津巴布韦、莫桑比克、尼日利亚等国家超过竞争对手,成为行业标杆;圆满交付莫桑比克200辆援外项目,为争取更多援外项目奠定基础;50辆13 m大型公交车进入危地马拉市场长途客运市场,实现突破。

四、产能建设

2019年,公司在原有年产3万辆节能与新能源客车产能基础上,顺利推进新能源汽车产能扩建项目,征地723.23亩,用于提高新能源汽车生产制造能力,同时配套建设国家新能源及节能型客车工程技术研究中心、车辆检测中心等。建设完工后,公司将新增新能源客车产能1.5万辆,新增新能源轻型货车产能1.5万辆。同时,公司启动大VAN项目建设工程,该项目在开发区新厂区及轻客新厂区联合生产实施,新建技改生产车间11万m^2,总投资规模21.5亿元,其中项目厂房设施计划投资约3.6亿元。计划2020年11月项目竣工验收并初步达到投产条件,达到年产1 000辆的生产能力,到2023年完成产能提升设备安装调试,达到年产5万辆的产能。

五、技术进展及研发能力建设

中通客车控股股份有限公司致力于创新和发展,融合国外先进客车生产技术,展现了客车行业最前沿的研发技术。开发的第三代节能控制技术,通过深度制动能量回收技术开发、高压附件系统降耗、空调系统节能优化、辅件系统节能提升等措施,实现整车降耗7%~10%。针对燃料电池商用车核心动力总成及整车关键技术开展研究,创造性的研发了整车高经济性多目标寻优算法整车控制技术、燃料电池发动机低温冷启动技术和燃料电池多参数多目标融合控制技术,建立了燃料电池商用车整车开发及大规模产业化技术体系,解决了燃料电池系统及整车研发和批量生产过程中面临的关键问题。在智能驾驶方面,开发了新能源客车三维空间动力学稳定性控制方法、多源传感感知融合方法、人车路系统最优能量控制迭代模型和客车智能驾驶多复杂应用场景的多目标耦合模型。在多场景、工况复杂的交通环境下,解决了智能驾驶车辆安全行驶、节能高效运行、舒适性等多目标复杂耦合难题,已具备开放道路自动驾驶能力。

中通客车控股股份有限公司是最早同时拥有"博士后科研工作站""国家认定企业技术中心"和"国家认可实验室"三大核心技术研发平台的客车企业;2019年,新能源客车工业设计中心被工信部认定为国家级工业设计中心;2019年10月,正式获批成立院士工作站,拥有研究团队30余人,主要开展氢能利用及燃料电池汽车核心技术攻关工作。现有专业研发队伍633人,其中院士1人、国家特聘专家2人、研究生及高级职称人员156人。2019年投入科研经费3.05亿元,研发投入占比达4.53%。在试验验证能力方面,国家认可实验室已通过CNAS认证、拥有奥地利AVL动力电池试验台、动力系统联调试验台和德国MAHA转鼓试验台等国际领先的专业实验设备,搭建了国际先进的整车振动试验台,建设了AMT及其机电耦合驱动系统中试检测线、动力电池中试检测线、整车控制器中试检测线等3条中试检测线和1个整车中试车间。

六、主要新产品

1. 整车

序号	产品型号	产品名称	品牌	通用名称
1	LCK6106EVG	纯电动公交车	中通	新N系纯电动客车
2	LCK6906H6A1	豪华旅游中巴	中通	—
3	LCK6105FCEVG	燃料电池城市客车	中通	新N系燃料电池客车
4	LCK6128H	豪华旅游大巴	中通	新世嘉
5	LCK6850D	美洲前置中巴	中通	—

2. 零部件

序号	产品名称	产品型号	产品应用
1	中通客车整车控制器	ZTVCU_EE_T005	中通纯电动客车
2	中通客车整车控制器	ZTVCU_PH_T006	中通混合动力客车
3	氢系统控制器	ZTHMS_FCV_H1	中通燃料电池客车、燃料电池物流车

七、合资合作及重大项目建设

中通客车承担的国家智能制造专项——《基于产品定制化背景下的客车智能制造新模式应用项目》顺利通过山东省工信厅组织的专家验收,该项目投资额达3.05亿元,涉及1 800余台(套)装备(含软件系统),安全可控核心装备高达93.57%。通过引进激光切割机、焊接机器人、舱门柔性线、自动喷粉线、喷漆机器人、AGV输送、涂胶机器人、助力机械手等先进的自动化装备,同时推广应用MES、工业云、物联网、数字仿真等信息化技术,生产运营成本降低25%,产品竞争力和市场占有率逐年提高,在行业内起到明显的引领示范作用,并且在一定程度上也带动了客车行业核心智能制造装备的升级发展,同时促进了产品制造模式的智能化升级,改变了企业用工结构,提高了企业全员综合素质水平。

中通承担在研的国家重点研发计划"高效纯电动客车动力平台及整车集成关键技术"、"燃料电池商用车大规模产业化技术研究"及山东省重点研发计划"新能源商用车智能驾驶关键技术及产业化应用"等项目正在按任务书要求顺利实施。

八、发展目标与规划

2020年,面对行业严峻的发展形势,中通以"破冰、出海、提质、冲关”为年度经营主题，调整业务战略布局，构建新能源客车、旅团客车、海外市场多点并举的营销策略，全年产销客车2万辆、实现销售73亿元，市场占有率提高3个百分点，夯实行业地位。

中通将进一步加强新能源客车技术的研发与应用，掌握新能源客车核心技术，不断降低新能源客车成本。深入研究新能源客车商业模式创新，逐渐从销售产品向提供整体解决方案转型，提升市场占有率和产品附加值。

针对国内市场需求萎缩的风险，中通加强对市场需求的研究和分析，针对不同的细化市场打造有竞争力的产品，加大旅团产品等盈利能力强的产品研发和推广，积极占领细分市场，如高端商务车、城乡一体化用车等。在出口方面，加强海外市场和客户风险评估，对可能出现的贸易保护，及时制定应对策略；整合集团内外部资源，聚焦核心市场，实现出口业务更大突破；拓展海外融资能力，提升海外业务金融服务水平。

开沃新能源汽车集团股份有限公司

一、单位概况

开沃新能源汽车集团股份有限公司成立于2010年12月，是集新能源整车及核心零部件研发、生产、销售、服务于一体的高新技术企业、独角兽企业，是南京市唯一的新能源商用车总部企业，连续6年江苏省的产销冠军。其总部位于南京溧水开发区，占地面积83万m^2，建筑面积50万m^2，总投资43亿元，可年产2万台大中型客车、20万台轻型客车、10万台乘用车。公司现有员工4 000余人。布局全国，分别在深圳、武汉、西安、呼和浩特、徐州、渭南、威海建立生产基地。公司已拥有齐全的产品链，涵盖4～18m全系列新能源汽车产品，在乘用车、公交、旅游、通勤、物流、专用车、卡车、无人驾驶等领域均有相应的汽车产品可供选择。产品品种齐全，质量可靠，畅销国内市场，远销海外市场。

二、经营情况

据工信部统计，2014年南京金龙纯电动客车销量1 890台，位居全国第2。2015年南京金龙纯电动客车销量8 796台位居全国第2。2016年南京金龙纯电动客车销量7 921台，位居全国第4。2017年南京金龙纯电动客车销量破万，达到10 633台，位居全国第4。2018年纯电动客车销量8 524台，位居全国第3。2019年纯电动客车销量9 542台，位居全国第2。

三、产品出口

从2017年开始，开沃纯电动客车陆续获得智利、蒙古国、韩国、菲律宾、泰国、印度、乌克兰、克罗地亚、南非等多个国家，以及中国香港、澳门地区的订单。开沃纯电动客车已经初步打开海外市场。

四、产能建设

开沃新能源汽车集团股份有限公司占地面积83万m^2，建筑面积50万m^2，总投资43亿元，可年产2万台大中型客车、20万台轻型客车、10万台乘用车。

五、技术进展及研发能力建设

在技术研发上，开沃汽车拥有一支以专家、博士、硕士为技术领头人的近800人的技术团队，集中了国内优秀的研究、试验队伍和先进的技术成果。新能源技术开发平台在自主研发和试验检测方面均做到国内一流；技术成果在电驱动智能化、整车控制策略、电安全保障、轻量化、舒适性设计、内外饰等方面打造国内一流产品。2014年，通过“南京市高端人才团队引进项目”审核，成为南京唯一一家入围的新能源汽车企业。除了紧跟国家新能源战略步伐以外，公司在产学研合作创新方面也有所突破，被评为“2017年中国产学研合作好案例”。通过自主创新和对外合作，开沃已累计申请专利939项，其中发明专利285项；获得专利授权625项，其中发明专利28项。

六、主要新产品

1. 整车				
序号	产品型号	产品名称	品牌	通用名称
1	NJL6470BEV400	纯电动城市SUV	天美汽车	天美ET5
2	NJL6450ICEV	纯电动智能驾驶观光车	开沃汽车	蓝鲸号
3	NJL6420EV	纯电动多功能乘用车	开沃汽车	创业者
4	NJL5026XXYEV	纯电动物流车	开沃汽车	D07
5	NJL5038XXYEV	纯电动物流车	开沃汽车	D10
6	NJL5040XXYEV	纯电动物流车	开沃汽车	D11
7	NJL6600EV	纯电动城市客车	开沃汽车	H6
8	NJL6851EV	纯电动城市客车	开沃汽车	H85
9	NJL6822EV	纯电动客车	开沃汽车	W80
10	NJL6106EV	纯电动城市客车	开沃汽车	H10
11	NJL6117EV	纯电动客车	开沃汽车	W10
12	NJL6859FCEV	氢燃料城市客车	开沃汽车	F85
13	NJL6113FCEV	氢燃料城市客车	开沃汽车	F13
14	NJL6129GSEV	纯电动双层巴士	开沃汽车	G12
15	NJL5040TSLBEV	纯电动扫路车	开沃汽车	Z04
16	NJL5040TYHBEV	纯电动路面养护车	开沃汽车	纯电动路面养护车
17	NJL5060ZZZBEV	纯电动自装卸式垃圾车	开沃汽车	纯电动自装卸式垃圾车
18	NJL5080TCABEV1	纯电动餐厨垃圾车	开沃汽车	纯电动餐厨垃圾车
19	NJL5100GPSBEV	纯电动绿化喷洒车	开沃汽车	纯电动绿化喷洒车
20	NJL5180TDYBEV	纯电动多功能抑尘车	开沃汽车	Z18

续上表

1. 整车				
序号	产品型号	产品名称	品　牌	通用名称
21	NJL5250ZYSBEV	纯电动压缩式垃圾车	开沃汽车	
22	NJL5310ZLJBEV	纯电动自卸式垃圾车	开沃汽车	Z31
23	NJL5900TELBEV	纯电动宽体自卸车	开沃汽车	
24	NJL5320GJBZHGBEV	纯电动混凝土搅拌车	开沃汽车	
25	NJL4250ZEKBEV	纯电动半挂牵引车	开沃汽车	

2. 零部件			
序号	产品名称	产品型号	产品应用
1	动力电池标准箱	LF105/LF280	纯电动客车、专用车等
2	天玑系列标准箱	LF230/LF173/LF304	纯电动客车、专用车等
3	动力电池 D07	CY-D07-1P96S-1	纯电动物流车等
4	动力电池 D10	CY-D10-2P100S-1	纯电动物流车等
5	动力电池 BE11	INP81E	纯电动乘用车

续上表

2. 零部件			
序号	产品名称	产品型号	产品应用
6	动力电池 T5	T5-80L-2P42S	纯电动专用车等

七、合资合作及重大项目建设

2018 年 10 月，开沃汽车自主研发的“新一代 VCU 和 BMS 二合一控制器”荣获国家级技术金桥奖“优秀项目奖”，这也是开沃汽车首次获得国家级技术奖项。2019 年开沃汽车推出了自主研发的 L4 级无人驾驶观光车“蓝鲸号”，获“2019 年度 ICT 中国创新项目最佳城市创新应用奖”。同年 5 月，开沃汽车荣登中国独角兽企业榜单。

八、发展目标与规划

2017 年开沃汽车正式进军乘用车市场，商乘并举。预计在 2025 年实现大客车年产销 2 万台，实现主营业务收入 200 亿元；轻型车年产销 20 万台，主营业务收入 200 亿元；乘用车年产销 50 万台，主营业务收入 500 亿元；零部件主营业务收入 300 亿元，全年总收入突破 1200 亿元。实现开沃新能源汽车的千亿级目标。

中国重汽集团济南豪沃客车有限公司

一、发展概况

2010 年中国重汽集团按照国家汽车产业政策的要求，为进一步优化企业产业布局，实现全系列商用车产品的发展，进行了客车板块的投入，在原济南客车厂的基础上实施整体搬迁、改造，落户章丘重汽工业园，更名设立中国重汽集团济南豪沃客车有限公司（以下简称“豪沃客车”），具备年产 1.2 万台大中型客车的生产能力。

豪沃客车凭借中国重汽集团在核心总成零部件发动机、前后桥、变速箱等方面的独特优势，导入战略伙伴德国曼，截至 2019 年 12 月共计开发产品及通过目录公告 249 个，产品涵盖各型中高档公路客车、城市公交客车、旅游客车和团体客车 60 多个品种。按动力种类分为燃油车、燃气车、纯电车、氢燃料电池、油电及气电混合动力新能源车和无轨电车。

依托中国重汽在卡车领域庞大的售后服务体系，豪沃客车在服务上更加及时有效。秉持集团公司“客户满意是我们的宗旨”核心价值观，豪沃客车将坚持“中、高端产品定位”不动摇，为用户创造最大价值，实现自身更快、更健康发展。

二、生产经营

豪沃客车国内销售部分覆盖大部分省市，在国内建立经销单位 50 余个；海外营销部分依托集团国际部下设非洲部、亚澳部、亚俄部、美洲部、亚欧部、台港澳等部门，形成较为健全的营销网络。

豪沃客车销量持续保持较快增长，2019 年共销售新能源客车千余辆，产品销往北京、重庆、山东、山西、内蒙古、福建、四川、贵州等地区。

三、产能建设

豪沃客车为中国重型汽车集团有限公司的全资子公司，前身为济南客车厂，是集客车及客车底盘的研发、生产、销售为一体的综合性客车生产企业。公司成立于 2010 年 2 月 23 日，注册资本 5.8 亿元，总投资额 8 亿元。拥有生产设备 609 台（套），工装模具 150 套，关键检测及检验设备 19 台；具有年产 1.2 万台大中型客车的生产能力。拥有国家级工程技术研究中心、质量监督检验中心和博士后科研工作站。

产品核心总成部件均由中国重汽自己生产，无论是技术、生产还是质量控制都具有独特的优势，依托中国重汽集团在卡车领域庞大的售后服务体系，服务更及时、成本更低。为追求安全、节能、环保、智能的发展目标，2015 年起豪沃客车侧重于生产新能源客车、清洁能源客车等“绿色交通”产品。

四、技术进展及研发能力进展

中国重汽集团技术发展中心（以下简称“技术中心”）为首批国家级企业技术中心，成立于 1983 年，总部设在济南，现拥有浙江杭州、山西大同和山东济宁 3 个分支机构，是中国重汽新产品研发和试验的综合科研基地，集产品开发、科研试验、质量检测、计算机应用、信息资料、产品工艺、生产准备于一体。技术中心下辖济南汽车质量监督检验鉴定试验所和山东省汽车质量监督检验站。1994 年 11 月，被国家经济贸易委员会、国家税务总局、国家海关总署确认为国家级企业技术开发中心；1994 年 12 月，被山东省技术进步领导小组确认为省级企业技术开发中心；1999 年 8 月，被国家机械工业局确认为汽车行业中的排放检测单位，同时也被北京市环保局确认为进京车辆排放的检测单位；2009 年 2 月，被国家科技部批准成为汽车行业唯一一家重型汽车工程技术研究中心，汇聚了国内最优秀的商用汽车技术人才，一流的试验设备，创新能力国内领先。

技术中心员工总数 1 200 余人，其中专职研发人员 979 人，各类行业专家 50 余人，下设整车设计、零部件设计、基础研发、综合管理、技术支持、检测等 15 个业务单元，已形成一支由本科、硕士及博士（后）组成的年龄梯次及专业结构合理、高层次科研队伍格局。并具备先进的车身、底盘、动力系统、传动系统、电子控制系统和整车匹配等系统开发能力的专业人才队伍。

技术中心相继被国家及省市主管部门认定为山东省重型汽车行业技术中心、山东省重型汽车工程技术研究中心、国家重型汽车工程技术研究中心，以及山东省“泰山学者”设岗单位和国家人事部认定的博士后科研工作站。同时，技术中心下属产品试验部门也被认定为山东省汽车质量监督检验站、济南汽车质量监督检验鉴定试验所、济南汽车检测中心和国家重型汽车质量监督检验中心，具备向社会提供公正检测技术服务的资质条件。

技术中心历年来承担了国家级项目 13 项（重点研发计划 4 项、国家“863”项目 5 项、国家科技支撑计划项目 4 项）、省级项目 2 项、市级项目 4 项，有力地支持了集团公司研发实力的提升，并主持和参与了国家、行业和地方标准的制修订。在知识产权保护方面拥有有效专利 2 653 项，其中发明专利 174 项。

多年来，技术中心通过对整车及车身技术、关键总成及核心零部件技术、整车及总成零部件试验检测、重型汽车新材料、新工艺开发的研究与推广，形成了行业领先的车身、动力系统、传动系统、电子控制系统和整车匹配等五大核心优势，建立了技术管理、设计开发、中试生产和试验检测等软硬件相对完善的研发体系，搭建起可同时启动多个并行项目的产品研发平台。

技术中心拥有完善的新能源汽车开发工具链以及强大的研发团队，并且不断继续大力引进燃料电池系统集成、动力电池 PACK、电机及电机控制器、新能源专用 AMT、新能源汽车核心零部件开发和子系统集成等领域的专业技术人才。具备新能源汽车整车控制系统的硬件设计、软件开发和集成测试能力，以及动力总成的集成开发、测试和标定能力，搭建了包括新能源整车控制器硬件在环仿真平台（HIL），基于 Altium Designer、Multisim 等硬件电路设计和仿真平台，集成 Matlab/Simulink 仿真软件、快速原型开发工具、代码自动生成工具的软件开发平台，以及包括自主知识产权柔性多能源动力总成综合试验台、振动试验台、高低温、湿热试验箱、盐雾试验箱等在内的试验检测平台在内的新能源综合研发平台。

此外，技术中心于 2016 年底建设完成新能源动力总成多功能试验台，并匹配动力电池模拟器，使台架能够模拟动力总成的整车运行工况；2017 年启动了“氢动能汽车及动力总成平台”项目，该项目作为 2017 年济南市重大科技专项，到 2022 年，将围绕新能源商用车整车和核心零部件，着力开展关键技术研究、产品开发、技术合作、人才培养、研发能力建设，其中整车覆盖中重卡、轻卡、客车、特种车等商用车系列车型；核心零部件包括氢燃料电池系统、驱动电机及其控制系统、动力电池 PACK 及其管理系统、整车控制系统、高效 AMT 系统、电驱桥系统等领域。

自 2010 年开展与新能源汽车相关的研究工作以来，已开发出多款拥有自主知识产权的新能源汽车整车控制器，并相继开发出混合动力、纯电动客车等多种系列产品，并成功进入工信部新能源汽车推荐推广目录。新能源客车产品主要有混合动力、纯电动、双源无轨、氢燃料电池车型。技术中心节能与新能源汽车产品技术水平、质量水平达到国内领先、国际先进水平。

五、主要产品

序号	名称	型号
1	纯电动城市客车	ZZ6661GBEVQ
2	纯电动城市客车	ZZ6806GBEVQ1、ZZ6806GBEVQ2、JK6806GBEVQ4、JK6806GBEVQ5、ZZ6806GBEVQ6、ZZ6806GBEVQ7
3	纯电动城市客车	ZZ6856GBEVQ1
4	纯电动城市客车	ZZ6106GBEVQ1、ZZ6106GBEVQ2
5	纯电动城市客车	JK6106GBEVQ4、JK6106GBEVQ5、JK6106GBEVQ8
6	纯电动城市客车	JK6126GBEVQ1、JK6126GBEVQ4
7	纯电动城市客车	ZZ6126GBEVQ1、ZZ6126GBEVQ2、ZZ6126GBEVQ3、ZZ6126GBEVQ5
8	纯电动客运车	ZZ6186GBEVQ1
9	纯电动客运车	ZZ6907HBEVQA
10	纯电动客运车	JK6116HBEVQA
11	纯电动客运车	JK6126HBEVQA1
12	纯电动客运车	ZZ6126HBEVQA2
13	双源无轨城市客车	ZZ6126GBEVQ10
14	双源无轨城市客车	ZZ6186GBEVQ10
15	燃料电池城市客车	ZZ6106GFCEVHQ1
16	燃料电池城市客车	ZZ6126GFCEVHQ1

六、合资合作

2009 年 7 月 15 日，中国重汽集团与德国曼公司签署战略合作协议，双方将在重型汽车、发动机、车桥、客车的生产制造、质量控制、销售和售后服务等方面开展合作。豪沃客车利用曼项目契机，以国产化的曼总成产品和曼客车底盘技术，实施自主创新和集成创新，实现中国重汽客车底盘及大客车产品技术的全面升级，形成豪沃客车公司独有的竞争优势。

已有德国、美国、意大利、日本、奥地利等国家著名企业与中国重汽集团建立了战略合作关系：ZF（方向机）、福士（插接件）、威伯科（AMT 控制系统、ABS 系统）、曼 · 胡墨尔（滤清器）、瀚瑞森（橡胶悬架）、贝耳（散热系统）、VDO（仪表和控制系统）均已在济南建厂或已开工建厂，生产专供中国重汽集团与国际重型汽车同步配套的汽车部件。

七、发展规划

豪沃客车公司自2010年开展与新能源汽车相关的研究工作以来，以中国重汽集团自有技术和自身产业链为依托，自主研发了一系列领先于国内同行业先进水平的客车产品，截至2019年12月共计开发产品及通过目录公告249个，产品涵盖了从6～18 m的新能源公交客车、新能源旅游客车、新能源团体客车等60多个品种。

按照中国重汽集团节能与新能源汽车战略规划，豪沃客车公司未来将围绕引进吸收曼技术高端旅游客车及城市公交车，并在纯电动专用车及纯电动物流车等重点领域，开发更加符合客户需求的节能与新能源产品，为我国乃至全球新能源汽车产业发展作出更大的贡献。

银隆新能源股份有限公司

一、单位概况

银隆新能源股份有限公司(以下简称“银隆新能源”)成立于2008年，是一家集锂电池核心材料、电池、电机电控、充电设备、智能储能系统、纯电动整车研发、生产、销售及动力电池回收梯次利用为一体的全球综合性新能源产业集团。公司以科技创新为核心，打造新能源闭合式循环产业链，旗下拥有广通汽车、奥钛储能两大品牌，总部位于珠海，拥有邯郸、石家庄、成都、天津、南京、洛阳、兰州等产业园。

2019年，银隆新能源获得“2019年度中国储能产业最具影响力企业奖”；上榜“2019中国制造业企业500强”；入围“全球新能源企业500强”；入选广东省企业联合会、广东省企业家协会发布的“2019广东企业500强”“广东民营企业100强”“广东省制造业企业100强”“广东创新企业100强”；上榜“2019年珠海市高成长创新型企业(独角兽企业)培育库入库企业”。

二、经营情况

公司生产的新能源汽车在北京、天津、成都、南京、洛阳、西安、武汉、长沙、青岛、杭州、哈尔滨、海口、珠海等全国130多个城市运营。

三、产品出口

银隆新能源生产的新能源汽车，凭借过硬的品质，在市场上获得了客户的一致好评。并远销意大利、德国、马来西亚、印度、菲律宾、泰国、越南等国家、以及中国香港、澳门等地区。

四、技术进展及研发能力建设

1. 技术创新能力

(1)空气恒效净化、表面病菌消杀、红外体温预警三大核心技术：针对公共交通工具人员密度大、流动性强和空间密闭的特点，银隆新能源积极响应号召，加紧研发力度，首次推出“恒效净化健康车”，通过空气恒效净化、表面病菌消杀、红外体温预警三大核心技术，实现全方位车内健康环境，保障公众的出行卫生安全，减轻运输企业疫情防控工作压力。

(2)无人驾驶技术：2019年2月，“三车自动驾驶编队行驶”系统的研发，可解决公交公司高峰时间车辆不足，低峰时间车辆闲置及驾驶员紧缺问题，该项技术在公交领域首创。广通汽车L4级第二代自动驾驶客车已进入立项阶段。该自动驾驶车型全新正向研发，集外观造型、内饰及线控底盘、各种感知系统设计等融为一体，具有科技时尚的外形、无方向盘无制动踏板等设备，整车将达到L4级全自动驾驶水准。

(3)氢钛动力总成技术：该项技术集氢燃料电池的高能量转化效率与钛酸锂电池的高功率、高安全、长寿命的优势，具有续航里程高、动力强劲、环境适应性强、运行噪声低、排放零污染、运行高安全等优势。

2. 研发能力建设

公司以6+1的研发体系，加快技术创新与产业升级的步伐。在全球拥有材料研究院、电池研究院、商用/专用车研究院、电池应用及工艺研究院、储能系统研究院、燃料电池研究院6个研究院和1个省级技术中心。

银隆新能源研发的锂电池系列产品，具有高能量、高倍率、高安全、耐宽温、长寿命等特性，可覆盖全储能应用场景，被广泛应用于新能源汽车及工商业园区、通信基站、电网调频、轨道交通、船舶岸电、家庭住宅、军事科研等储能领域，具有广阔的市场前景和应用价值。

3. 检测中心

银隆新能源产业园拥有8大检测中心、1个省级实验室、24个行业先进实验室、8条场景一体化的实验试车跑道，具备检测能力项目500多项，覆盖从电池原材料到整车检测的所有项目，保证出厂车辆100%的合格率，坚持以“立足开拓创新、追求精工品质、创立一品牌、实现客户满意”为质量目标。

4. 专利数据

截至2019年12月31日，银隆新能源共申请专利2 286件，其中发明专利724件，实用新型1 197件；累计授权专利1 108件，其中发明专利54件，实用新型773件，涵盖锂电池材料、电动汽车动力总成、智能储能等各领域。

五、主要新产品

序号	产品型号	产品名称	品牌	通用名称
1	CAT6680CRBEVT2	纯电动城市客车	成都广通	6.8 m海豚车
2	GTQ6800BEVB25	纯电动城市客车	珠海广通	8 m公交车
3	GTQ6103BEVBT21	纯电动城市客车	珠海广通	10.5 m锴锴车
4	CAT6122CRBEVT	纯电动城市客车	成都广通	12 m奔马车
5	GTQ6119BEVH22	纯电动客车	珠海广通	10.7 m客运车

续上表

序号	产品型号	产品名称	品牌	通用名称
6	GTQ6131BEVST6	纯电动双层城市客车	珠海广通	12.8 m 双层公交车
7	GTQ5045XXYBEV1	纯电动厢式运输车	珠海广通	T02 厢式物流车

六、合资合作及重大项目建设

银隆奥钛钛酸锂 1 MWh 集装箱储能系统成功落地中国科学院工程热物理研究所大同，这也是银隆新能源在国内第一个 1 MWh 集装箱大型储能应用案例；银隆为中国铁塔公司四川、青海、西藏、云南等地区的通信基站提供钛酸锂备电电池将近 100 MWh。

银隆新能源与珠海机场达成战略合作意向，逐步引进的新能源车辆涉及机场工作人员摆渡、安保巡视、航班保障、道路保洁等多个方面。18 m 机场摆渡车获颁“航空地面设备检测合格证”，成为经中国民用航空局指定检测机构认证的民用机场专用车辆，正式获得机场车辆准入资格。

银隆新能源分别与珠海联通公司和成都电信合作“5G/网联智慧道路通勤车”项目，在珠海总部和成都园区模拟实际道路应用场景，打造车路协同。该项目已实现在规划轨迹内直线行驶、路口转弯、遇障碍（行人）减速及停车、障碍（行人）离开后，车辆自动继续行驶，已测试遇障碍变道行驶、自动泊车等功能。

国唐汽车有限公司

一、单位概况

国唐汽车有限公司（以下简称“国唐汽车”）是中国信息通信科技集团有限公司（国务院国有资产监督管理委员会管理的中央企业）旗下大唐高鸿数据网络技术股份有限公司（sz.000851）控股的子公司，前身是江苏登达汽车有限公司，成立于 2011 年，坐落于水乡明珠——江苏省盐城市建湖高新经济区。

国唐汽车客车产品车型覆盖车长 4 ~ 12 m，包括节能型柴油及 CNG/LNG、插电式混合动力、纯电动、燃料电池等多种动力类型，可服务于城市 BRT 公交、城市干线/支线公交、城乡公交、旅游客运、公务通勤、城市物流等多种应用场景。

国唐汽车已通过 ISO 9001 质量管理体系认证、IATF 16949 质量管理体系认证、ISO 14001 环境管理体系认证、ISO 45001 职业健康安全管理体系认证、售后服务体系完善度五星认证，建立了完善的管理流程和人员培训体系，实现从研发、采购生产、检验、服务全过程控制产品品质。

二、产能建设

国唐汽车占地面积 700 余亩，建筑面积约 20 万 m^2。是集整车设计研发、生产销售一体化的大型整车制造企业，可年产大中型客车 5 000 台，轻型客车 1 万台。公司具有完整的整车生产制造工艺，拥有冲压、焊装、涂装、总装全过程生产工艺，各车间配备国内先进的生产设备，为客车的加工制作提供充分的设备保障，并提升生产效率。U 形厂房布局，充分考虑到车辆生产工序流转的特点，焊装—涂装—总装—调试—检测，布置更加合理有序，制造效率明显提升。

三、技术进展及研发能力建设

国唐汽车研究院拥有通用技术平台、动力系统平台、智能网联平台三大研发平台，具有新能源整车、客车底盘、汽车零部件、汽车电子、汽车安全、智能驾驶等核心部件的研发测试能力。

国唐汽车“智能悬轨”充电技术系统是国唐汽车具有自主知识产权的公交电动化解决方案，能够实现多车智能捕捉悬轨的充电模式，根据车辆的优选顺序进行顺序充电，自适应充电容量优化。“智能悬轨”充电技术系统设施（也称“充电走廊”）包含微型撬装直流变电站、充电线网（悬轨）、智能充电调度管理平台。采用“智能悬轨”充电技术系统组建的纯电动公交车运营车队，可利用公交现有停车场站布置充电设施，取代充电桩，大幅提升场站土地利用率，降低充电基础设施建设成本，避免纯电动公交车往返于集中式充电站之间的无效空驶，降低能耗。根据公交线路运行里程合理配置车载电池容量，利用发车间隔进行快速补电，既可提升公交车载客能力，也让行车安全性进一步提升。应用互联网技术实现远程智能监控与管理，每车充电功率自动分配，充电过程无须专人职守，能够自动捕获充电轨，实现人电分离，不存在触电风险，既消除充电安全隐患，又可降低充电运维成本。

国唐汽车自主研发的 L3 级无人驾驶巴士——“鸿智号”，以安全管理系统和人机交互系统为核心，搭载了激光雷达、毫米波雷达、摄像头等设备用于道路环境感知，能够主动进行车辆、行人检测，实现主动减速避让、紧急停车、障碍物绕行、变道、自动停靠站点等功能。依托高鸿股份在 C-V2X 领域的积累，部署安全可靠的 C-V2X 网络，使用基于自研芯片的 OBU、RSU 和 T-Box，实现了 C-V2X 多场景下的应用。

截至 2020 年 6 月，国唐汽车累计申报受理与授权的智能网联新能源公交车相关专利 104 件，软件著作权若干。

四、主要新产品

序号	产品型号	产品名称	品牌	通用名称
1	SGK6600BEVGK01	5.99 m 纯电动公交车	国唐	纯电动客车
2	SGK6606BEVGK01	6 m 纯电动公交车	国唐	纯电动客车
3	SGK6809BEVGK15	8 m 纯电动公交车	钻石	纯电动客车
4	SGK6856BEVGK01	8.5 m 纯电动公交车	国唐	纯电动客车
5	SGK6856BEVGK02	8.5 m 纯电动公交车	国唐	纯电动客车
6	SGK6851BEVGK15	8.5 m 纯电动公交车	钻石	纯电动客车
7	SGK6106BEVGK01	10.5 m 纯电动公交车	国唐	纯电动客车
8	SGK6109BEVGK13	10.5 m 纯电动公交车	钻石	纯电动客车

续上表

序号	产品型号	产品名称	品牌	通用名称
9	SGK6109BEVGK15	10.5 m 纯电动公交车	钻石	纯电动客车
10	SGK6106BEVGK02	10.5 m 纯电动公交车	国唐	纯电动客车
11	SGK6106BEVGK11	10.5 m 纯电动公交车	国唐	纯电动客车
12	SGK6126BEVGK11	12 m 纯电动公交车	国唐	纯电动客车

五、发展目标与规划

国唐汽车深入实施创新驱动发展战略，推进技术、管理、体制和模式创新，实现重点领域和关键环节的突破发展；加快推进设计、制造和服务一体化，实现产品全生命周期网络协同；创新整车与零部件合作模式，推进协同发展。依托中国信科集团、高鸿股份在信息化、智能化、网联化领域的领先优势，加快智能网联汽车技术研究，推动智能驾驶技术与智能网联技术并轨，强化技术应用与场景应用的融合，促进新一代智能网联汽车规模化商业应用。

规划到 2025 年新能源汽车销量达到 2 500 辆，市占率 3% 以上，整车性能达到行业一流水平。

佛山市飞驰汽车制造有限公司

一、单位概况

佛山市飞驰汽车制造有限公司（以下简称“飞驰汽车”）始建于 1971 年，专业从事研发、生产、销售公路客车、旅游客车和城市客车，发展至今已有 40 多年，是首批列入国家公告目录的大中型客车生产厂家之一。公司拥有客车整车、纯电动客车、燃料电池客车、专用车及专用客厢车等多项汽车生产资质，同时即将获批的燃料电池客车整车生产资质，已经取得“1998 年度科技进步奖”“新能源客车突出贡献奖”等，2017 年被授予“国家高新技术企业”称号，评为“安全生产标准化二级企业”，目前公司正在进行在深交所上市 IPO。

二、经营情况

飞驰汽车主营业务为汽车制造、销售；汽车零部件加工、销售；特种设备安装改造维修（仅限车用 LNG 气瓶安装）；货物进出口、技术进出口。作为国内燃料电池汽车行业的先行者，尤其是燃料电池客车在国内行业连续 3 年领先。2019 年氢燃料电池客车数量全省排名第 1、全国排名第 3；2018 年，氢燃料电池客车数量全省排名第 1、全国排名第 2；2017 年，氢燃料电池客车数量全省排名第 1、全国排名第 3。2016 年 9 月 28 日和 10 月 18 日，公司成功研发的首款 11 m 氢燃料电池城市客车分别投入佛山三水区、云浮市区的国内首条和第二条氢能公交示范线路。2017 年 6 月 16 日，在云浮正式投入全国首条商业化载客运营的氢能源公交示范线。2017 年 8 月，投入佛山 616 路、620 路公交线路载客运行。

主要产品为氢燃料电池客车，2017 年，氢燃料电池客车 28 辆，国内市场占有率达 17% 以上，保守计算省内市场占有率达 78% 以上。2018 年，氢燃料电池客车 298 辆，国内市场占有率达 41.97%，保守计算省内市场占有率达 95% 以上。2019 年，氢燃料电池客车 332 辆，国内市场占有率达 23%、省内 96%。

三、产品出口

2019 年，飞驰汽车在马来西亚沙捞越州投入运营，是国内氢能公交车首次出口海外。

四、产能建设

为贯彻落实广东省委、省政府关于振兴粤东西北地区的战略部署，推动佛山、云浮两地氢能产业的发展，2016 年 10 月，飞驰汽车将生产基地从佛山市转移至云浮思劳氢能产业园，该基地占地 350 亩、总建筑面积 23 万 m^2、总投资额 20 亿元，飞驰汽车在当地注册了云浮市飞驰新能源汽车有限公司，年产新能源客车可达到 5 000 台。

五、技术进展及研发能力建设

飞驰汽车的主要研发人员来自中国和日本各大新能源企业技术精英，经验丰富，涵盖整车控制、燃料电池控制、动力电池控制和电机控制方面专精人才和团队，是当前市场上属稀缺资源。从事研发和技术创新活动的科技人员有 113 人，其中本科 81 人、研究生 12 人、博士 1 人、科技人员占了总职工数的 22% 以上。近年，研发并申请了 23 项专利，目前授权了 1 项发明专利，9 项实用新型专利和 6 项外观专利

六、主要新产品

序号	产品型号	产品名称	品牌
1	FSQ6860FCEVG1	燃料电池城市客车	飞驰牌
2	FSQ6860FCEVG2	燃料电池城市客车	飞驰牌
3	FSQ6860FCEVG3	燃料电池城市客车	飞驰牌
4	FSQ6850BEVG2S	纯电动城市客车	飞驰牌

七、合资合作及重大项目建设

飞驰汽车成立以来非常重视技术创新，于 2013 年成立研发中心，近年来不断对产品进行创新，研发出多种新产品投放市场，满足了广大消费者的需求。公司重视产学研的结合，与北京理工大学、华南理工大学、佛山科学技术学院等国内知名高等院校建立产学研联合实验室，自主研发新能源客车整车控制核心技术，掌握了客车系统概念设计、系统工程设计、零部件需求定义、开发实施、零部件测试、动力系统验证和整车系统验证等技术，形成了动力系统设计与验证、网络通信、整车控制器等开发能力，并具备整车标定、控制器诊断标定能力。

八、发展目标与规划

飞驰汽车的目标是以氢能产品为主，利用 3 ~ 5 年的时间，从生产成本、产品品种及产量，满足市场需求。生

产成本方面，控制在和同类纯电动车相比不超过20%；产品品种方面，能够满足客运、公交、物流等运输领域使用需求。

1. 通过不断升级，着力打造高效氢燃料电池汽车，以大功率燃料电池系统和小容量高功率动力电池系统形成的电电混合动力系统特征，不断积累数据，不断优化和完善能量分配策略。同时，深度开展关键动力子系统技术研究，掌握动力总成的关键核心技术，开发新型底盘技术，为“全功率燃料电池系统 + 极小容量动力电池系统”做准备。

2. 研究燃料电池汽车动力系统构型、燃料电池发动机、电驱动动力总成和面向智能化的域控制器，突破氢能高效安全利用、高环境适应性、低成本等关键技术，开发高性能燃料电池动力系统共性技术平台，实现多车型推广应用，成为技术上和市场上屈指可数的燃料电池汽车企业。

北京北方华德尼奥普兰客车股份有限公司

一、单位概况

北京北方华德尼奥普兰客车股份有限公司（以下简称“北方客车”）是由中国交通建设股份有限公司全资子公司中国公路车辆机械有限公司控股、中国兵器工业集团公司直管单位北京北方车辆集团有限公司参股的大型国有股份制客车生产企业，是中国首家豪华大客车生产制造基地。

二、品牌概述

北方客车于1986年率先引进世界著名客车企业德国尼奥普兰公司全套车型和制造工艺技术，致力于产品创新和发展，通过技术引进、消化吸收、自主研发相结合的模式，制造出了一系列符合国际最新标准的客车。产品涵盖8.0～13.7 m全系列，全面覆盖公路客运、旅游客运、公交客运、自行走房车、团体通勤、机场摆渡、景区接驳等细分市场。新能源产品覆盖纯电动公交、纯电动旅游团体客车。

北方客车凭借着良好的产品品质和企业实力，先后被指定为“驻港驻澳部队”、“2008年北京奥运会”、“2010年上海世博会”、“2014亚信峰会”、“国庆60周年花车方阵”、“93阅兵”及历届“全国两会”等具有国际影响力的会议、赛事专用车辆；并先后获得由中国权威行业协会颁发的“公路客车金奖”、“旅游客车最佳造型奖”、“最佳新能源客车奖”、“中国高等级精品客车”及“中国著名品牌”等多项殊荣。北方客车已成为国内极具竞争力的客车生产企业，并远销亚洲、非洲、欧洲等国际市场。

三、产能建设

北方客车拥有4条总装生产线、3条焊装生产线、20间喷漆房、整车自动检测线和两个大型综合库房。拥有德国进口大合拢工装、蒙皮电热胀拉设备、电动汽车电机加载试验平台、电动网架等设备及各类工位器具。具备年产3 000台大中型豪华客车的生产能力，设备水平及工艺水平处于国内领先地位。

四、技术进展及研发能力建设

北方客车研发的纯电动高端城市客车在国内已有产品上进行技术创新、提升技术性能指标和整车品质，如采用轮边电机驱动、全低地板，超轻量化镁铝合金车身骨架、高强度钢底架、智能双充电方式、超宽塞拉门结构、碳纤维电池壳、智能照明系统等新技术、新材料的应用，是将产品投放市场的强有力支撑。

1. 七大安全控制策略，实现车辆安全更有保障

①电池系统：匹配行业高性能锂电管理系统，可靠性、一致性较好的电池单体选择，同专业化、模块化的PACK，使电池系统更加可靠，可提供8年质保，SOC保持率在80%以上。已完成新型高能量密度电池、耐寒电池、耐高温电池的技术储备；已经成熟掌握双枪充电技术、无线充电技术。

②专业高压绝缘、漏电防护系统：实时监测车辆绝缘状态，两级绝缘预警系统。同时设有手工高压通断装置，有效保障车辆高压的行驶及维护安全。

③规范、合理管线布控技术：油、热、气、电四源有效分离，专业的高低压电磁屏蔽设计，保证了整车管线安全。

④高效、稳定的核心控制：依托高校完善提升的二代N-VCU2.0车辆核心控制系统，使整车的营运状态更加平顺、稳定、可靠。同时优化后能量回收策略，能使整车能耗控制在较低水平。

⑤高级别关键件防护等级：电池、电机等关键高压部件其防护等级均达到IP67甚至IP68的行业高级水平。

⑥智能、灵敏的灭火系统：多点控制、灵敏有效的灭火系统，可实现智能响应，最大限度减少车辆极端状态危害系数。

⑦模块、集成化零部设计：高压连接点减少，减少故障率，最大程度优化车辆布置空间，提高施工效率和维护方便性。

2. 零部件的三级选配规则，使零部件的匹配更加合理

不同级别的零部件，分别对应不同的选配规则，既保证车辆的安全、舒适，又可为用户提供高性价比的高水平产品。

3. 驱动系统

体积小、重量轻、效率高、维护简单。

车辆动力性提升：随着新能源客车在全国各地的普及，运行环境对新能源客车的动力性提出了更高的要求，为满足市场实际需求北方客车新能源产品通过动力总成优化实现全系动力提升，一些代表行业发展方向的先进技术如两指箱驱动技术、轮边电机驱动技术等都已经成熟的应用在北方新能源产品上，15%的爬坡度、0～50 km/h加速时间12 s为用户提供不一样的驾驶体验。

永磁同步电机效率可到92%以上，可选配高充放电倍率电池，可大大提高制动能量回馈效率，一次性回收率可达40%以上，进一步降低整车能耗；北方新能源产品除特殊市场特殊要求外，正向规划的产品均能满足 $E_{kg} \leqslant 0.15$ 达到产品最高补贴技术指标要求。

4. 车身结构

整车车身骨架采用 CAE 有限元分析，全承载车身技术，金刚封闭环结构设计，撞击时变形小，生存空间大、侧翻时安全性能高；近几年大北方不断探索与研究客车轻量化技术，在材料轻量化、结构轻量化以及零部件轻量化上都取得了突破性进展；材料方面高强度钢材、镁铝合金材料以及复合型材料的合理搭配利用最大可实现整车整备质量下降 2%；零部件方面北方公司近年来对所有零部件提出了“提质降重”的要求，通过新材料应用、零部件集成等手段一批轻量化零部件入住北方客车，如轻量化座椅、轮边驱动技术、多合一电控系统等将北方客车轻量化水平推向了一个新的高度，目前瘦身成功的北方客车较之前整备质量最大可下降 5%。

5. 舒适性

无级变速，让操控更轻松更便捷；优化车内空间布局设计，增大站立区面积，部分低地板低入口车型上下车更方便，提高高峰期的载客量。

产品研发：(1)纯电动客车，北方纯电动产品线已经非常全面，8 ~ 12 m 公交客车，10 ~ 12 m 公路、团体旅游客车，从长度和用途上均满足市场需求，各米段车型均已经实现产业化，车辆性能极具竞争力；(2)燃料电池客车，北方客车在燃料电池领域的技术已经成熟，12 m 氢燃料电池公交 BFC6129CFCEV 于 2019 年初开发完成。车型采用高性能质子交换膜燃料电池，最高效率可达 52%，寿命 1 万 h 以上，燃料电池成熟可靠。采用先进节能控制核心技术，等速续驶里程达 600 km，综合氢耗小于7.5 kg/100 km。

试验能力：公司先后投入大量资金购置新能源测试设备，并设立整车性能测试实验室和整车电控测试室。配备专业的试验测试人员，购置新能源商用车底盘测功机、整车基本性能测试系统、四通道轮胎耦合道路模拟试验机、车辆疲劳载荷谱采集及分析系统、三电联调电力测功机系统、新能源电机耐久试验台、三电 HIL 测试系统、整车控制系统下线检测系统、整车安规检测系统、三综合试验系统、20 t 振动试验台、盐雾试验箱、电池包充放电测试系统、汽车内饰材料燃烧试验机、气动冲击碰撞台、柔性关节臂测量机等设备。具备了新能源客车的整车、整车控制系统、动力电池系统、驱动系统的试验验证能力。具备新能源客车的整车、整车控制系统、动力电池系统、驱动系统的试验验证能力。

(1)关键试验试验设备如下。

①72 in 重型底盘测功机：系统可在室内模拟出道路状况，并在所模拟的道路状况下对整车或部分部件进行各种性能试验。系统可全电惯量模拟道路阻力，并可以再现被测车辆的道路行驶阻力或者自定义道路阻力。系统采用两个500 kW 双电机，可测试最大整备质量 3.5 ~ 20 t 的商用汽车，系统测试最高车速可达 150 km/h，最大加速度可达 ±5.2 m/s^2。

②四通道轮胎耦合道路模拟试验机：用来完全或局部模拟整车道路行驶时的振动环境，以及汽车在不同路面条件下的行驶状况。能够对整车、车厢、车架及车载设备等进行耐久性试验；能够对车厢、机架及车载设备等进行动态响应测试试验。设备作动缸最大速度 2.6 m/s(托盘处)，最大加速度 25 g/20 g(前桥/后桥)，路谱迭代误差(RMS)≤10%。

③三电联调电力测功机：适用于电动汽车驱动电机的性能研究和耐久试验，系统采用测控一体化操作控制、自动采集数据、自动生成报表。具有数据统计处理功能，可直接生成及打印多种电子格式存档。系统可用于输入峰值功率在 315 kW 以下，最高输出转速 3 300 r/min 以内的多种交/直流电机的综合电力测功测试试验系统。系统符合整车动力系统的联调需求，实现装车前的模拟仿真调试，具备三电联调功能。

④新能源电机耐久试验台：采用全新一代 FST5 数控系统作为台架系统控制核心，可自动完成相关法规规定的电机测试循环和自定义的测试循环。配备数据采集系统，用于电机各测量参数的采集，并通过 FST5 数控系统实时记录、处理、显示并生成试验报表等。配置两个交流电力测功机，恒功率范围可测试 800 ~ 1 600 r/min 和 2 000 ~ 4 000 r/min。

⑤三综合试验系统：其功能是提供温、湿度环境输入，用以对电池包或其他系统和零部件进行快速温变、湿热冲击及温湿度与振动综合环境下的相关试验。箱体标称内容积 12.5 m^3，可对不同规格的电池包及零部件进行相关试验，温度测试范围：-55℃ ~ 150℃，湿度测试范围：20% RH ~ 98% RH，升降温速率带负载线性控制≥5℃/min。

⑥盐雾试验箱：其功能是提供盐雾环境输入，用以对电池包或其他系统和零部件进行盐雾试验。

⑦三电 HIL 测试系统：包含 VCUHIL、BMSHIL、MCUHIL 及 RCP，它适用于自主设计开发过程中的仿真测试，提高产品的可靠性，也适用于对选型的测试评价，选出符合车辆设计目标的产品。

⑧电池包充放电测试设备：可实现对单体电池模块及电池包的充放电性能测试工作。单通道输出电压 150 kW，双通道同时工作恒功率可达 300 kW，输出直流电压范围 24 ~ 800 V，整机效率≥94%。

(2)主要验证能力如下。

①整车性能试验：对整车的设计及性能进行验证，能够完成整车动力性、经济性、操稳、平顺性、制动、通过性、可靠性等测试项目。

②零部件性能试验：包含驱动电机、动力电池、VCU 等关键零部件的测试和验证工作。

③三综合试验系统：验证关键零部件的抗振、耐高低温及温湿度变化能力。

④盐雾试验箱：盐雾性能综合试验，验证电池包及零部件的耐盐雾性能。

五、主要新产品

序号	产品型号	产品名称	品牌	通用名称
1	BFC6128GBEV6	纯电动城市客车	北方客车	—
2	BFC6129GFCEV	燃料电池城市客车	北方客车	—
3	BFC6128GBEV5	纯电动城市客车	北方客车	—

六、发展目标与规划

北方客车将在中国交建“五商中交”战略引领下，在车辆公司“交通车辆全产业链供应服务商”发展目标下，逐步完善“产品研究＋产品孵化＋交易＋物流＋管理平台”五位一体的全产业链模式。以 NEOPLAN 平台为基础，持续发展大中型高等级客车，大力拓展新能源车辆全产业链，构建新能源车辆产业生态圈。以更为开放的视野、更为优质的平台和更具性价比的产品积极参与国际市场竞争。北方客车将秉承“让世界更畅通、让城市更宜居、让生活更美好”的企业愿景，向世界领先的汽车制造商目标迈进。

大运汽车股份有限公司

一、单位概况

大运汽车股份有限公司（简称“大运公司”）由原山西大运汽车制造有限公司实行股份制改造而来，总部位于山西省运城经济技术开发区，注册资本 10.7 亿元，是一个集汽车研发、生产、销售、服务为一体的民营企业，总资产逾 110 亿元，拥有全系列汽车生产资质，旗下拥有运城、成都、十堰三大生产基地，其中运城基地以重卡、新能源汽车为主，成都基地以轻卡为主，十堰基地以中卡为主。

大运汽车运城生产基地创建于 2004 年，于 2009 年 10 月 26 日正式投产，厂区占地面积约 2 500 亩，总建筑面积 50 万 m^2，拥有国内一流的冲压、焊装、涂装、总装、专用车五大工艺生产线，主要生产设备、检测试验设备均达到了国内先进水平。大运汽车成都生产基地创建于 2009 年，位于成都经济技术开发区，厂区占地面积 1 085 亩，总建筑面积 25 万 m^2，拥有冲压、焊装、涂装、总装四大工艺及货厢、车架等 7 条现代化生产线。大运汽车十堰基地创建于 2010 年，位于湖北省十堰市郧阳区，厂区占地面积 1 136 亩，总建筑面积15 万 m^2。大运公司高度重视自主创新，综合了国内外同类产品设计之大成，严格以国际质量标准为品质管理目标，以高品位、大吨位、优价位为市场拓展点，先后开发了牵引车、自卸车、载货车、专用车和挂车五大系列车型，涵盖燃油、燃气、新能源等产品类别。产品研发以人为本，技术先进、性能稳定、质量可靠、外观威猛，在经济性、安全性、舒适性方面具有十分明显的竞争优势。凭借优越的综合性能，大运重卡先后创造了“卡车漂移入最短距离”“卡车侧两轮行驶过最窄通道”“卡车斜坡飞跃最远距离”等 3 项吉尼斯世界纪录。公司被认定为高新技术企业，大运商标被认定为中国驰名商标；企业技术中心被评为“省级企业技术中心和省级工程技术中心”。

二、经营情况

大运公司在发展传统燃油车的同时，紧跟国家“绿色发展”战略布局，将新能源汽车作为企业的核心战略着力点，超前谋划、精准发力，实现纯电动重卡、中卡、轻卡、客车、乘用车全系列产品布局。2019 年 5 月按照 39 号令、132 号公告、37 号公告要求通过新能源货车生产资质复审、新能源其他乘用车生产资质复审和纯电动轿车生产资质准入审查，具有纯电动轿车生产资质。2019 年 9 月按照 39 号令、50 号令要求通过燃料电池货车生产资质生产准入审查，具有燃料电池货车生产资质。此外，大运公司在山西省内率先拥有新能源实验室，在纯电动汽车整车集成匹配设计、整车控制器方面拥有完全的自主知识产权，已具备电动汽车关键技术和整车匹配开发的能力。

三、产能建设

大运公司现有产能为年产中重型货车 7 万辆（新能源 1.2 万辆）、轻型货车 5.3 万辆（新能源 1.3 万辆）、乘用车 2.7 万辆（新能源 2.3 万辆）。大运汽车运城生产基地占地面积 2 000 多亩，建筑面积约 40 万 m^2，拥有国内一流的整车冲压、焊装、涂装、总装四大工艺生产线及车架、专用车生产车间，主要生产设备、检测试验设备均达到国内先进水平。运城分公司已有产能为年产中重型货车 5 万辆（纯电动 1 万辆）、纯电动轻型货车 1 万辆、纯电动乘用车 2 万辆。

冲压车间长 144 m，宽 162 m，占地面积 23 328 m^2，主要包括开卷校平生产线、剪板机、清洗涂油生产线、冲压 A 线、冲压 B 线、冲压 C 线、冲压 E 线、模具维修区、物料存放区、模具存放区等，实现车身冲压件的生产。焊装车间长 270 m，宽 48 m，建筑面积 13 666 m^2，设有焊接生产线 1 条，主要承担驾驶室总成焊接、装配等工作。驾驶室总成焊接生产线包含地板总成焊接线 1 条、驾驶室组焊线 1 条、驾驶室调整线 1 条，及车身分总成焊接线 1 条。涂装车间长 188 m，宽 103 m，建筑面积约 21 357 m^2，主要承担重卡驾驶室和车架的涂装任务。车架车间厂房总面积 3.5 万 m^2，分为南北两个生产车间。拥有数控剪切中心、数控平板冲孔机、数控小梁冲孔机、数控激光切割机、数控折弯生产线、镶梁点焊生产线、6 000 T 成形压力机、数控等离子切割机、车架总成拼装夹具、车架小件总成拼装夹具等一系列国内高端的车架自动化生产设备和工装夹具，可实现年产 5 万件车架。总装车间，长约 525 m，宽约 64 m，建筑面积约 3.36 万 m^2。车间设计有 4 条生产装配线，分别是总装线、内饰线、分装线、检测线。采用柔性化生产技术，可以满足多种产品共线生产。总装一部拥有年产 2 万台（单班）的生产能力。

大运纯电动商用车试制车间长度为 104 m，宽度为 72 m，面积为 7 448 m^2，主要负责商用车新产品的开发试制。新能源乘用车试制车间长 165 m，宽 30 m，面积为 4 950 m^2，主要负责项目骡车改制、试验样车试制焊接/总装配、设计工艺验证等工作；拥有适用于多款产品的柔性化试制焊接及总装配生产线。

四、技术进展及研发能力建设

大运公司以技术中心作为集团研发主体，严格按照正向开发流程体系来搭建队伍。技术中心包括运城、成都、十堰 3 个分中心，其中氢燃料货车产品开发主要由运城分中心的新能源研发部、产品规划部、产品综合管理部、试制工艺部、检测中心 5 个部门完成，共计人员 300 余人，主要负责大运汽车从“产品策划—造型设计—工程设计—试制试验—小批量试生产”各阶段产品开发及验证工作。

大运公司建立了完整的新产品开发流程，共分为8个阶段，分别为产品规划、项目策划、概念设计、工程设计、试制验证、试验验证、生产线验证和项目总结。

大运技术中心运城分中心曾被评为省级企业技术中心和省级工程技术中心。在电动汽车三大核心技术中，大运公司已完全掌握整车控制器开发技术，且具备动力电池、驱动电机、电机控制器匹配应用能力。2010年被山西省科技厅评为“省级企业技术中心”；2013年被山西省科技厅评为“省级工程技术中心”；2013年技术中心运城分中心与太原理工大学共同成立山西省车辆工程研究生教育创新中心；技术中心与太原科技大学联合组建实践教学基地。大运公司经过多年发展，积累了丰富专利技术，拥有关键总成、重要零部件专利1 058项，其中发明专利17项，实用新型540项、外观设计专利501项。

五、主要新产品

序号	产品型号	产品名称	品牌	通用名称
1	CGC5045XXYBEV1Z14	4.5 t 4×2纯电动厢式运输车	大运	奥普力
2	CGC5095XXYBEV1Z1	9 t 4×2纯电动物流车	大运	奥普力
3	CGC5095XXYFCEV6Z1	燃料电池厢式运输车	大运	奥普力
4	CGC5045XLCBEV1Z5	4×2纯电动冷藏车	大运	奥普力
5	CGC5180TXSBEV1Z1	18 t纯电动洗扫车	大运	N6
6	CGC5180GQXBEV1Z1	18 t纯电动清洗车	大运	N6
7	CGC5180TDYBEV1Z1	18 t纯电动抑尘车	大运	N6
8	CGC5125TXSBEV1Z1	12 t纯电动洗扫车	大运	祥龙
9	CGC4180BEV1Z1	4×2纯电动牵引车	大运	N8
10	CGC4250BEV1Z2	6×4纯电动牵引车	大运	N8
11	CGC4250FCEV1Z1	燃料电池牵引汽车	大运	N8
12	—	8×4纯电动自卸车	大运	N8V

六、合资合作及重大项目建设

大运公司在不断完善和提升自身研发能力的同时，注重与相关科研机构和设计公司的合作，合作的主要伙伴有：上海龙创汽车设计股份有限公司（主要合作造型设计、结构设计等合作开发）；延峰百利得（上海）汽车安全系统有限公司（驾驶室造型及内、外饰设计合作开发）；重庆中汽研（主要为底盘操稳调教等合作开发）；上海拾音科技（主要为NVH性能合作开发）；上海德尔福（ADAS系统合作开发）；中国汽车技术研究中心（主要合作动力性经济性、整车EMC等合作开发）；大运技术中心与太原理工大学建立了长期的产、学、研长效合作模式。

七、发展目标与规划

大运公司新能源汽车的研发工作仍以纯电动汽车（BEV）技术为基础核心，新能源汽车模块重点研发燃料电池商用车（FCEV），将插电式、增程式混合动力（PHEV、REEV）型商用车作为产品平台和技术补充进行开发。与此同时，还将重点加强智能化与网联化相关技术的储备应用，加快推进全系共性平台的搭建，为后续智能汽车、自动驾驶技术的发展应用提供战略基础。

北奔重型汽车集团有限公司

一、单位概况

北奔重型汽车集团有限公司（以下简称“北奔重汽”）是中国兵器工业集团直属大型高端支柱型重型商用汽车制造企业。集团总部在内蒙古包头市，拥有资产总额70.71亿元，占地面积655.75亩。公司拥有较为先进的整车总装、驾驶室、车架及车桥生产线。北奔重汽以先进独特的奔驰技术为核心，深度融合严谨领先的军工技术，通过消化吸收，自主创新，集成开发，建成学科门类齐全的科研开发队伍和专业成熟完善的科技创新体系。

北奔重汽作为国家企业技术中心、国家高新技术企业和武器装备高机动轮式化发展的重要承载平台，构建NG80、NG08、NG09、NG10四大产品平台，通过先进的整车总装、驾驶室、车架、车桥生产线打造北奔重卡精品，并以卓越军工品质在重要领域大显身手，产品远销“一带一路”百余个国家和地区。北奔重汽积极探索开展产业转型升级，高度关注、聚焦新能源汽车产业发展。2019年7月，已取得国家工信部核准的新能源汽车生产资质。2019年11月，北奔8×4纯电动换电版自卸车被第一商用车评选为“2019年度第一新能源重卡”。北奔重汽将全力履行好强军首责，坚持打造“选北奔重卡、可靠更安全，奔驰技术、兵器出品”的品牌特性，实现“产品终身可托付”的服务目标，为国家国防建设和国民经济建设作出更大贡献。

二、经营情况

北奔重汽2019年在“军品、外贸、中高端民品”三大目标市场取得积极进展。2019年，公司全面贯彻落实集团公司各项决策部署，围绕质量效益可持续发展，按照“为客户创造全生命周期产品价值最大化”经营理念，调整战略战术，狠抓工作落实，充分发挥全面预算引领作用，各项工作取得了积极成效，为后续良性发展奠定了基础。全年实现整车销售9 318台、同比增长13.3%。

北奔重汽经过两年的发展，在新能源板块已建立较为完备的纯电动牵引车、纯电动自卸车等系列车型的开发和生产环境，正在积极推进新能源电动车在全国地区的示范运营工作，在新能源汽车产业化道路上迈出了坚实的步伐。2020年，公司将加大新能源卡车板块的研发投入，发挥企业优势，积极创新营销模式，充分利用政府机关，企事业单位等大客户资源，在中重型新能源环卫车、物流车、自卸车等方面完成开发和销售。

三、产能建设

北奔重汽拥有较为先进的整车总装、驾驶室、车架及车桥生产线，有各类设备 2 218 台（套），其中进口设备 252（套），专业化的生产线和制造设备成为整车卓越品质的坚强保证，拥有年产 5 万台重卡的生产能力。未来在新能源重卡板块，北奔重汽将取缔新能源汽车与传统车并线生产的方式，计划 2021 年前完成新能源车辆生产线建设投产工作。新能源车辆生产线建成后，新具备能源智能网联汽车生产线具备机械化焊（铆）、预装、底盘装配能力，新建电机装配生产线，下线自动检测台等，产能将达到 3 000 台/年。

四、技术进展及研发能力建设

本着军民融合发展的原则，北奔重汽投入大量资金建成国内一流的综合研发基地。占地面积 5.3 万 m^2，拥有图形工作站 28 余台，具备综合办公、部件及整车台架试验、数据采集、工艺验证等功能。技术中心现有科技人员 306 人，其中研究生及以上学历 39 人、本科学历 188 人；研高工 10 人、高级工程师 50 人、工程师 99 人；中国兵器科技首席科学家 1 人、科技带头人 2 名、技能带头人 2 人。北奔新产品开发已实现了全数字化开发环境和工作流程，建立了基于 BOM 和 VPM 系统的同步设计系统，实现协同开发同步设计；3D 数据应用贯穿产品定义、概念设计到 SOP 整个开发过程。技术中心目前采用 CATIA 进行三维设计，干涉检查，装配工艺性检查，采用 HyperMesh/ANSA、MSC. NASTRAN、DYTRAN、MSC. ADAMS、FEMFAT、LS-DYNA、HyperViewCRUISE、KULI 等专业设计、分析和计算软件，在专家团队的带领下，形成了整车性能开发能力。产品验证中心试制车间采用全新的工艺定置方案，同时具备 3 台整车的试制能力。拥有 INTEST、VBOX、M + P3 套先进的试验设备，主要用于温度、压力、加速度、方向盘转角转矩、车速的测量。能够独立完成整车的平顺性、动力性、制动性、经济性、热平衡、NVH 等基本定型试验。

在研发能力建设方面，北奔重汽目前拥有新能源生产企业准入要求的整车及系统试验验证能力，结合企业发展要求，进一步发展新能源汽车试验能力，建设先进的新能源汽车试验中心，推动北奔自主研发体系不断趋于完善，大幅提高北奔的核心竞争力。新能源汽车试验中心的职能将承担北奔新能源重型汽车开发的试验验证工作，以及为产品质量提升、结构优化、各项基础研发、专项科研任务提供试验支持。逐步成为提高北奔可持续创新能力，实现技术跨越，增强市场竞争力的平台。北奔新能源汽车试验中心将多层次、分阶段、全方位的逐步建设。

试验中心逐步建设 4 个试验室、1 个试验场以及 1 个平台，分别为“新能源道汽车路性能与环境试验室”“新能源汽车动传系统试验室”“新能源汽车强度与疲劳试验室”“新能源汽车电器试验室”“新能源汽车智能网联试验场”“新能源智能网联汽车云平台”。

五、主要新产品

序号	产品型号	产品名称	品牌
1	ND4250BBXJ7Z02BEV	纯电动牵引车	北奔
2	ND4250BBXJ7Z01BEV	纯电动牵引车	北奔
3	ND3310DBXJ7Z01BEV	纯电动自卸车	北奔
4	ND3310DBXJ7Z00BEV	纯电动自卸车	北奔
5	—	纯电动宽体车	北奔

六、发展目标与规划

北奔重汽将在新能源领域发力，在重卡板块，率先完成纯电动牵引车、自卸车、90 T 矿用宽体车等系列车型的开发的产品研发，后续根据市场需求及政策，完成纯电动城市环卫车、城市渣土车等系列产品开发，掌握新能源整车集成开发、整车控制、新能源轻量化、新能源 NVH 等核心技术及先进的试验验证能力，成为内蒙古地区率先拥有纯电动重卡研发能力的汽车企业。

上汽大通汽车有限公司

一、单位概况

上汽大通汽车有限公司（以下简称“上汽大通”）是上海汽车集团股份有限公司全资子公司。公司成立于 2011 年 3 月 21 日，总部位于上海市杨浦区军工路 2500 号，注册资本 58.2 亿元。经过 9 年的蓄势积累和滚动式发展，从第一台宽体轻客 V80 诞生，发展到产品覆盖 MPV、SUV、皮卡、房车、新能源车等不同细分市场，以及救护车、公共事业用车、军品用车、旅居车等特种改装车等领域，形成了上海、南京、无锡、溧阳四大国内生产基地、两大海外制造基地、两大智能研发中心的布局。在上汽集团新四化战略的正确引领下，上汽大通秉承“生而与众不同”的品牌理念，持续打造“定制化、智能化、国际化、年轻化”的品牌形象和口碑，凭借卓越品质和硬核实力，上汽大通产品畅销海内外，复合增长率达到 60%，创造了业界瞩目的“大通速度”。同时，作为一个正在走向世界的中国汽车品牌，上汽大通的产品已经遍及全球 48 个国家和地区，澳大利亚、新西兰、英国、爱尔兰等国家是上汽大通海外销量的主要来源，打响“中国制造”，2019 年出口销量占比达 20%。

在 2019 年度，上汽大通设计中心获评“国家级工业企业设计中心”；上汽大通确定为智能制造标杆企业（第一批）和上海市第一批服务型制造示范企业。上汽大通的南京智能工厂荣膺达沃斯论坛工业 4.0“灯塔工厂”。

二、经营情况

2019 年，上汽大通新能源车生产 2 310 辆，销售 2 273 辆。其中，纯电动轻客 EV80 生产 1 321 辆，销售 1 330 辆；燃料电池轻客 EV80 生产 17 辆，销售 17 辆；纯电动厢货 EV30

生产533辆，销售495辆；纯电动MPV中，EG10生产219辆，销售218辆；EG50生产220辆，销售213辆。

三、产品出口

2019年，上汽大通新能源车出口1 160辆。其中，纯电动轻客EV80出口1 153辆，纯电动MPV EG50出口1辆；纯电动厢货EV30出口6辆。

四、技术进展及研发能力建设

技术中心以整车及动力总成开发为基础，新能源及智能网联技术为核心，研发满足并超越顾客期望的汽车产品。产品涵盖多功能乘用车（MPV、SUV）、宽体轻客、中大型客车、皮卡、轻型货车、重卡等。

技术中心建立了适用于整车开发特点的CVDP产品研发体系与PQRR项目全周期质量阀管控体系，并围绕CVDP流程搭建并完善了由工程开发流程及工作指导书组成的标准文件管理基础，实现了全周期研发体系保障、全过程工程质量管控以及高效、严苛的验证过程。同时运用互联网思维打造体系化、个性化和智能化的知识生态系统i-Maxus，实现分散知识集成化、隐性知识显性化。

面对未来的市场演变、科技进步和产业变化，技术中心开展前瞻技术探索和研究，夯实产品未来发展核心技术基础，通过高效合理配置，深入推进协同创新和开放创新，构建高效强大的关键技术创新体系，将前瞻技术从内在逐步转化到产品及服务应用上，实现可持续发展，已经形成：以多技术路线的动力电池开发能力、平台化高效电驱系统解决方案、三大电核心电控技术为核心，实现纯电动、混合动力、燃料电池多种新能源技术路线的产品市场化应用；以智能感知技术和决策与控制技术为架构，实现面向未来的智慧物流以及智能出行；以互联网科技为基础，通过无线互联平台、垂直化行业升级、构建智能生态，实现用户个性化、定制化智联平台。

五、主要新产品

序号	产品型号	产品名称	品牌	通用名称
1	SH6523C1BEV	纯电动多用途乘用车	大通	EG10
2	SH6471P1PHEV	插电式混合动力多用途乘用车	大通	EUNIQ6 PLUG IN
3	SH6481N1BEV	纯电动多用途乘用车	大通	EUNIQ5
4	SH5022XXYK6BEV-1	纯电动厢式运输车	大通	EV30
5	SH5022XYZK6BEV-1	纯电动邮政车	大通	EV30
6	SH5033XXYK6BEV-1	纯电动厢式运输车	大通	EV30
7	SH5030XXYK6BEV-2	纯电动厢式运输车	大通	EV30
8	SH5020XXYK6BEV	纯电动厢式运输车	大通	EV30
9	SH5020XXYK6BEV-1	纯电动厢式运输车	大通	EV30
10	SH5020XYZK6BEV-1	纯电动邮政车	大通	EV30
11	SH5031XXYK6BEV-1	纯电动厢式运输车	大通	EV30
12	SH5031XXYK6BEV-2	纯电动厢式运输车	大通	EV30
13	SH5020XXYK1BEV	纯电动厢式运输车	大通	EV30
14	SH6451K1BEV	纯电动多用途乘用车	大通	EV30
15	SH5041XXYA7BEV-6	纯电动厢式运输车	大通	EV80
16	SH5041XXYA9EV-6F	纯电动厢式运输车	大通	EV80
17	SH5041XDWA7BEV-6	纯电动流动服务车	大通	EV80
18	SH5041XLCA7BEV-D6	纯电动冷藏车	大通	EV80
19	SH5041XXYA7BEV-D6	纯电动厢式运输车	大通	EV80
20	SH5040XXYA7BEV-D5	纯电动厢式运输车	大通	EV80
21	SH6632A4BEV-5	纯电动客车	大通	EV80
22	SH5042XXYA7BEV-5	纯电动厢式运输车	大通	EV80
23	SH6601A4BEV-5	纯电动客车	大通	EV80
24	SH1041A7EV-6P	纯电动载货汽车底盘	大通	EV80
25	SH5043XXYA7BEV-9	纯电动厢式运输车	大通	EV80
26	SH5040XXYA7BEV-5	纯电动厢式运输车	大通	EV80
27	SH5043XLCA7BEV-9	纯电动冷藏车	大通	EV80
28	SH5043XXYA7BEV-7	纯电动厢式运输车	大通	EV80
29	SH5040XXYA7BEV	纯电动厢式运输车	大通	EV80
30	SH5040XXYA7BEV-4	纯电动厢式运输车	大通	EV80
31	SH5040XXYA7BEV-D4	纯电动厢式运输车	大通	EV80
32	SH5041XDWA7BEV-7	纯电动流动服务车	大通	EV80
33	SH5041XLCA7BEV-7	纯电动冷藏车	大通	EV80
34	SH5041XXYA7BEV	纯电动厢式运输车	大通	EV80
35	SH5041XXYA7BEV-7	纯电动厢式运输车	大通	EV80
36	SH5041XXYA7BEV-9	纯电动厢式运输车	大通	EV80
37	SH5041XXYA7BEV-D7	纯电动厢式运输车	大通	EV80
38	SH6631A4BEV-5	纯电动客车	大通	EV80
39	SH6632A4BEV-1	纯电动客车	大通	EV80
40	SH6632A4BEV-2	纯电动客车	大通	EV80
41	SH1040A7EV-7P	纯电动载货汽车底盘	大通	EV80
42	SH1040A7EV-P	纯电动载货汽车底盘	大通	EV80
43	SH5040XXYA9EV-7F	纯电动厢式运输车	大通	EV80
44	SH5041XYZA7BEV-7	纯电动邮政车	大通	EV80
45	SH6612A4FCEV	燃料电池客车	大通	FCV80

山西成功汽车制造有限公司

一、单位概况

山西成功汽车制造有限公司（以下简称“成功汽车”）成立于2009年6月24日，是山西成功投资集团有限公司的全资子公司。位于山西省长治市经济技术开发区光明路100号，占地800亩。汽车产业从业人数1 900余人，注册资本为10.8亿元，是一家汽车研发、生产、销售、售后全过程的整车制造公司。2012年12月，工信部243号公告发布，公司获得汽车整车生产资质,2016 年通过新能源汽车纯电动专用客厢车、纯电动专用货车的生产准入;2018 年获得山西省发改委关于"调整产品结构跨类生产轿车项目"的批复;2019 年通过工信部按照第 39 号《新能源汽车生产企业及产品准入管理规定》的要求进行的准入审核。拥有多用途乘用车、多用途货车、轻型货车、运动型乘用车、纯电动多用途乘用车、纯电动轿车、纯电动厢式货车、纯电动封闭货车、纯电动载货汽车、纯电动载货汽车底盘等车型的生产资质。

成功汽车作为山西省重点企业,也是省内唯一的一家微车整车制造企业,先后从德国、日本、意大利等国家引进了先进的生产制造工艺和生产线,拥有完整的四大工艺生产车间,并通过质量管理体系 IATF 16949—2016 及国家强制性产品 3C 认证。

二、经营情况

1. 在产品研发方面,推出多款满足国Ⅵ汽车排放标准的载货汽车及纯电动版物流车。

2. 截至 2019 年底成功汽车整车生产 1 752 台,销售 1 691 台。

3. 积极响应国家工信部对新能源汽车安全大排查工作文件,针对市场上的新能源汽车进行大排查,在排查过程中曾受到大多数客户的好评。

4. 于 11 月通过省级高新技术汽车的认定,同年新增专利 22 项,其中外观设计专利 7 项,实用新型专利 15 项。

三、产品出口

2019 年成功汽车出口埃及、阿联酋、乌拉圭、叙利亚、阿尔及利亚等南美、非洲国家总计 974 台,出口创汇 2 483.67 万元。

四、产能建设

成功汽车总产能 30 万辆,项目分两期建设,一期年产 12 万辆新能源汽车生产能力已经建成,二期年产 18 万辆生产线正在建设中。

五、技术进展及研发能力建设

1. 技术进展

(1)动力电池热失控预警——抑制联控技术:为避免动力电池热失控导致的新能源汽车着火事故,提高电动车安全性,自 2018 年开始,成功汽车开始研究动力电池热失控预警——抑制联控技术。根据动力电池热失控早期电池内部关键参数的变化规律,采集电池温度、单池压差、环境可燃性气体浓度、环境湿度等参数,经预警单元综合判断热失控发生的概率,对电池热失效进行有效预警。抑制单元接收到预警单元启动信号时,可自动喷射灭火剂,抑制热失控的扩展。预警单元实时将热失控相关参数发送至整车控制器,提高整车安全系数。

(2)燃料电池汽车混合动力智能能量管理技术:燃料电池发电技术负载跟随性差,为满足汽车复杂工况下整车的动力性能,研究了基于神经网络的整车驱动功率预测模型,实现了基于功率需求预测的混合动力(锂电池 + 燃料电池)自适应能源管理。同时,燃料电车发电模型建立在膜电极水/热/气平衡基础上,提高了燃料电池系统发电的稳定性,缓解了膜电极的衰减,可延长燃料电池工作寿命。

(3)储能式新能源汽车技术:为拓展未来汽车的使用功能,成功汽车策划了搭载双向充电机的电动车。配置 40 kWh 动力电池的成功汽车的 2.3 t 微面,其双向充电机正向、反向工作时的各项电气参数均得到了试验验证,并通过了长治铁塔公司的测试。该车载双向充电机可实现车对负载(V2L)、车对车(V2V)、车对家庭电气(V2H)等的供电需求。

2. 研发能力建设

成功汽车工程研究院现有工程技术人员 100 余人,主要包括车辆工程、电气、电子等相关专业的本科、硕士、博士及外聘专家,其中具有高级技术职称人员 20 人、中级技术职称人员 60 人。通过几年的不断研发、探索,已成功开发出 SCH6400 系列成功一号微型客车、SCH5025 型系列厢式货车、SCH1025 系列单双排微卡、S1028 型皮卡、SUV、SCH5022 系列纯电动封闭货车、厢式货车并已投放市场。主要研发软件有 UG、CATIAV5、CAE、成型工艺分析、三维设计软件、数据管理系统、整车性能仿真软件等,可以完成相关设计和分析。主要研发设备有:底盘测功机、整车高低温环境试验仓、电池包充放电性能测试设备、电池模组充放电性能测试设备、电机电控驱动系统测试台架、VCU HIL 开发平台、英国 RACELOGIC 公司的 RLVB3I 车载性能测试系统、电力测功机、电池包来料测试系统、功率分析仪、三电联调、温度湿度振动三综合试验箱、高低温试验箱、可编程直流电源、硬件在环测试设备等,可满足不同车型性能及安全方面的试验验证,其指标达到相关技术标准的要求。

六、主要新产品

序号	产品型号	产品名称	品　牌	通用名称
1	SCH1025D2	载货汽车	太行成功	K3
2	SCH1025S2	载货汽车	太行成功	K4
3	SCH5025CCYD1	仓栅式运输车	太行成功	K3
4	SCH5025CCYS1	仓栅式运输车	太行成功	K4
5	SCH1025DP1	载货汽车底盘	太行成功	—
6	SCH5035XXYD	厢式运输车	太行成功	K32
7	SCH5035XYKD	翼开启厢式车	太行成功	K31
8	SCH5025XXYD-BEV4	纯电动厢式货车	太行成功	KE4
9	SCH1025D-BEVB	纯电动载货汽车	太行成功	KEB
10	SCH1025DBEV1	纯电动载货汽车底盘	太行成功	—
11	SCH5032XXY-BEV1	纯电动封闭货车	太行成功	创业 2
12	SCH6450BEV	纯电动多用途乘用车	太行成功	企鹅
13	SCH6450BEVC	纯电动多用途乘用车	太行成功	企鹅
14	SCH7001BEV	纯电动轿车	太行成功	企鹅

七、合资合作及重大项目建设

1. 2019 年初,成功汽车与潞安集团达成战略合作意向,共同构建氢能产业链,推进山西省氢能源电动车的试点运行。确定合作开发 9 t 氢燃料电池物流车、环卫车。依托成功汽车的整车开发平台,搭载潞安集团的战略合作方东方氢能燃料电池系统,完成了动力性能的计算与仿真、续航里程的计算与储氢系统设计、整车布置及 CAE 分析等工作。

2. 2019 年 3 月,与北京宏瑞汽车签署战略合作框架协议,就整车研发、生产、销售以及售后服务开展合作。

3. 同年,启动成功汽车新能源“换电版出租车”企鹅牌纯电动多用途乘用车的项目开发,完成该项目前期策划、调研、整车及系统试验验证。

八、发展目标与规划

抓住汽车产业深度调整的战略机遇期,围绕“中国制造 2025”总体规划和《汽车产业发展的中长期规划》,结合山西省转型发展的战略需求,切实抓好新能源汽车和燃油汽车发展,打造以城市物流汽车为品牌,兼顾发展皮卡、SUV、MPV、A00 级经济型乘用车协同发展的汽车制造企业。

浙江新吉奥控股集团有限公司

一、单位概况

浙江新吉奥控股集团有限公司(以下简称“新吉奥集团”)位于上海浦东新区。新吉奥集团下辖房车智造、新能源汽车智造和融资租赁三大板块,拥有桐乡、台州及澳大利亚墨尔本三大智造基地,在桐乡和上海分别设有研发中心和互联网运营中心。新吉奥集团在“互联网 + 汽车”领域主动探索,研发并运营共享房车、新能源物流车互联网平台,已成为国内造车企业进军互联网的先锋。新吉奥集团以十余年整车研发及制造经验为基础,联合清华大学新能源研究院、合肥工业大学、同济大学、德国亚琛工业大学等国内外权威机构,整合新能源汽车生产制造的新材料、新技术、新工艺,全力聚焦新能源物流车、新能源城市公交车及新能源关键零部件的研发及智造。在桐乡设有新能源汽车研发中心和试制试验中心,拥有专业、资深的研发、工艺团队,构建了完备的研发体系,是新吉奥集团新能源汽车产业的科技创新平台和技术研发平台。在台州路桥建有新能源汽车智造基地,同时在台州湾循环经济产业集聚区一期投资 42 亿元,建设占地 600 余亩、年产 2 万辆商用车的智造基地。在上海成立融资租赁公司,专门从事汽车融资租赁,尤其是新能源汽车金融服务,为客户提供一站式的汽车金融服务体验。集团新能源汽车产品包括小型车平台、中型车平台和大型车平台,涵盖纯电动汽车、增程式电动汽车以及氢燃料汽车。

新吉奥集团在沪、杭、苏金三角中心、世界互联网大会永久会址地——中国桐乡成立了国内首家房车研发中心,占地 550 亩,投资 21.6 亿元,是亚洲具有一定影响力的房车领域综合性企业。并积极在全球进行战略布局,成功收购澳大利亚第二大房车生产商 Regent 公司,成为国内特种车行业率先在国外建立了完整研发、制造、销售和售后服务体系的房车企业。集团房车产品涵盖自行式旅居车与旅居挂车,可提供高端私人定制化设计服务,配备国际化的室内设计团队,在科技与舒适感方面具有独特优势。

新吉奥集团在“互联网 + 汽车”领域主动探索,成功开发房车共享互联网平台,与旅游产业紧密对接,包含 O2O 房车共享、房车租赁及销售、高速公路服务区微营地、旅游景区房车营地连锁酒店开发建设、招商加盟、运营辅导、客户引流、培育房车出行智慧旅游新生态,打造互联网运营服务平台,通过线上引流、输出品牌、提供产品,联创共投、合作加盟多模式构建房车旅游产业生态圈,全力推动房车互联网化运营。

二、经营情况

新吉奥集团下设桐乡、台州及澳大利亚墨尔本三大智造基地,健全营销售网络及售后服务网络,2019 年车销售 766 辆。

三、产品出口

新吉奥集团在聚焦国内市场的同时,加速海外市场的战略布局,已成功开拓澳洲房车市场,并已形成完整的销售及售后服务网络,2019 年出口 411 辆。

四、产能建设

2019 年,新吉奥集团在台州基地建设完成了年产 2 万台商用车(其中轻型客车 5 000 台、轻型货车 15 000 台)的生产能力,同时取得商用车的生产资质。

五、技术进展及研发能力建设

新吉奥集团建立了完善的新能源汽车开发团队和新能源汽车试验能力。已掌握纯电动汽车、增程式电动汽车、氢燃料汽车整车及关键零部件的集成应用能力,具备新能源汽车整车控制器、电池管理系统、驱动电机、电机控制器、车联网、动力电池集成自主开发能力,并已有成熟产品应用。

集团与全球知名的轻量化科研院所——德国亚琛工业大学签署了轻量化战略合作合同,通过学习亚琛工业大学轻量化科研所的轻量化策略,利用研究所研发的轻量化新型材料,实现轻量化目标,使新吉奥集团走在了行业的前列。

六、主要产品

序号	产品型号	产品名称	品牌
1	ZDD5020XXYBEV	纯电动厢式运输车	戴德牌
2	ZDD9020XLJ	旅居挂车	戴德牌
3	ZDD9025XLJ	旅居挂车	戴德牌
4	ZDD9030XLJ	旅居挂车	戴德牌
5	ZDD5041XLJC	旅居车	戴德牌
6	ZDD5043XLJ	旅居车	戴德牌
7	ZDD5047XLJ	旅居车	戴德牌
8	ZDD5047XLJ1	旅居车	戴德牌
9	ZDD5048XLJ	旅居车	戴德牌
10	ZDD5049XLJ	旅居车	戴德牌

续上表

序号	产品型号	产品名称	品　牌
11	ZDD9021XLJ	旅居挂车	隆翠牌
12	ZDD5040XLJC	旅居车	隆翠牌
13	ZDD5049XLJ1	旅居车	隆翠牌
14	ZDD5049XLJ2	旅居车	戴德牌
15	ZDD5048XLJ5	旅居车	隆翠牌
16	ZDD5040XLJ1	旅居车	隆翠牌
17	ZDD5040XJH1	救护车	戴德牌
18	ZDD5040XJH2	救护车	戴德牌
19	NGA1040BEVE1	纯电动载货汽车底盘	吉奥牌

续上表

序号	产品型号	产品名称	品　牌
20	NGA1040BEV1	纯电动载货汽车	吉奥牌

七、发展目标与规划

新吉奥集团将持续加大技术、市场、服务等方面的投入，基于互联网思维，依托O2O共享经济模式，以核心零部件技术开发、整车轻量化、智能驾驶以及前沿技术等核心领域为切入点，不断打造卓越的产品，提供优质的服务，满足更多客户群体的需求，始终引领行业发展。

华晨鑫源重庆汽车有限公司

一、单位概况

华晨鑫源重庆汽车有限公司是由华晨汽车集团与东方鑫源控股有限公司合资组建的大型汽车企业，拥有独立的汽车生产资质和新能源资质，拥有完善的设计、研发、制造、销售、服务体系。在意大利米兰、重庆建有设计中心和研发中心。旗下拥有的品牌包括：SWM斯威汽车——乘用车品牌、华晨金杯——商用车品牌和SRM鑫源新能源——新能源汽车品牌（SUV、MPV、微客、微卡等）。在重庆涪陵建有年产30万辆乘用车、30万台发动机以及5万辆新能源汽车的生产基地，在重庆九龙坡区含谷建有年产10万辆商用车生产基地。销售、服务网络覆盖全国1 000多个县市，产品远销海外。

二、经营情况

华晨鑫源新能源汽车从2012年开始研发，2017年第一款新能源车型新海狮EV300下线上市，在纯电动城市物流车领域取得跨越式发展。截至2019年底，新能源微卡做到部分市场排名第1、微面物流车销量全国排名前3。在大客户市场上，与国家电网、深圳地上铁、深圳货拉拉、京东物流等企业结成深度战略合作伙伴关系，联合打造绿色城市物流生态体系。并在浙江、山西、广东、云南等部分城市城乡客运上取得优异的成绩，获得客户广泛的认可。

三、产品出口

产品远销泰国、老挝、越南等东南亚市场。

四、产能建设

在重庆涪陵建有年产30万辆乘用车、30万台发动机及5万辆新能源汽车的生产基地，在重庆九龙坡区含谷建有年产10万辆商用车生产基地。

涪陵生产基地，和位于沈阳的宝马铁西工厂均采用世界先进的联合厂房设计理念，由同一家设计院开发设计，与宝马莱比锡工厂异曲同工。园区占地1 704亩，分南北厂区两期建成，一期设计15万辆整车及发动机产能，二期设计15万辆整车及发动机产能，总投资45亿元，建成后年产值可达300亿元。

五、技术进展及研发能力建设

华晨鑫源新能源汽车的研发、制造，具备强大的研发团队及研究实力，拥有完整的整车资质、新能源资质和完善的产品谱系。研究设计中心位于米兰中心，研究院总人数1 000余人，在整车设计、发动机开发、性能匹配等方面有丰富开发经验，已具备数据分析、CAE仿真设计、NVH分析、可靠性验证、底盘匹配、整车电器匹配等关键设计能力。在建有多功能环境仓、排放仓等先进试验室，具有NVH等高端检测设备。并与沈阳华晨研究院强强合作，完成了多款新能源车型的开发。

除了硬件保障，SRM鑫源新能源由宝马设计师担当顾问，其生产质量由华晨集团首席质量官（原德国BMW集团质量总监）弗朗兹·高尔曼把控，确保每一辆车都符合欧洲品质与安全标准。先进的硬件设备投入、严格的质量管控体系、强大的供应体系支撑为SRM鑫源新能源品质提供了可靠而坚实的保障。

六、主要新产品

序号	产品型号	产品名称	品牌	通用名称
1	JKC6420FXBEV	纯电动多用途乘用车	鑫源	X30EV
2	JKC5020XXY-FXBEV	纯电动厢式运输车	鑫源	X30EV
3	JKC5031XXY-FXBEV	纯电动厢式运输车	鑫源	X30LEV
4	JKC1031DDBEV	纯电动载货汽车	鑫源	T50EV
5	JKC5031XXY-DDBEV	纯电动厢式运输车	鑫源	T50EV

七、合资合作及重大项目建设

随着物流业的高速发展和政府对于新能源汽车的政策扶持，越来越多的运营商和物流公司选用纯电动的微面车型作为短途业务运输车。公司同深圳货拉拉签订战略合作，好运一号车队将担当西南地区货拉拉的物流配送服务，为合作伙伴带来高品质的物流服务体验。在城乡客运方面，浙江台州率先选择公司新海狮EV300车型作为台州市村村通的主力交通运力，服务台州600万群众。

八、发展目标与规划

公司从创办之初，始终坚持“创造物质、知识、精神财富，分享给员工、客户及社会”的企业使命，不断开拓进取，并积极响应国家号召和顺应市场趋势，在新能源板块创立了SRM新能源品牌，为未来绿色出行提供解决方案。按照集团发展新能源汽车产业的总体战略规划布局，公司依托重庆汽车之都产业集聚优势，稳步推进“新能源汽车＋专用汽车”两项战略，以优异的产品服务致力于品牌价值提升，未来，随着口碑沉淀和产能释放，SRM鑫源新能源还将在新能源汽车市场上有更大作为，成为中国新能源品牌城配物流的最优选择。

天津清源电动车辆有限责任公司

一、发展概况

天津清源电动车辆有限责任公司（以下简称“清源汽车”）是一家集新能源汽车研发、生产、销售于一体的高新技术企业，由中南创发国际有限公司、中国汽车技术研究中心有限公司、天津力神电池股份有限公司等单位共同组建，致力于链合全球资源，成为国际一流的新能源汽车企业。

2001年清源汽车成立，2002被天津市政府授权为天津市电动车辆研究中心，2003年被国家人事部授予博士后科研工作站，2006年被认定为国家高新技术企业，2008年取得国家工信部授权的“新能源汽车整车生产企业资质”，2007年“幸福使者”出口美国3 000余辆，占全国出口销量第1，2009年公司动力系统关键零部件试验室通过国家实验室认可委员会的资质认定，为行业提供产品准入所需的评价试验，先后通过了ISO 9001、1SO/TS 16949认证，2018年清源汽车成功实现增资重组。

清源汽车共参与制定新能源汽车国家及行业标准25项，2014年荣获中国标准创新二等奖；承担并完成国家及省部级课题30余项，申请国家专利200余项，获得国家及省部级科技奖励15余项。2017—2019连续3年年获得中国智能驾驶挑战赛、世界智能驾驶挑战赛无人驾驶组大奖。2019年4月，清源汽车旗下“清源小尊”、“清源尊者”、新能源整车底盘及Pro-Blue深蓝无人车4款明星产品亮相第十八届上海国际汽车工业展览会。经过近20年的科研攻关和技术积累，清源汽车培养了一批专业分布合理、理论基础全面、技术经验丰富的电动汽车技术研发团队，拥有国家工信部装备中心新能源汽车领域特聘专家。建立了国际先进的电动汽车整车及其动力系统研发和评价的软硬件条件，具备了全新整车车型正向开发、电动汽车动力系统核心部件开发以及电动车辆工程技术开发等方面的研发能力。

二、产能建设

清源汽车拥有年产2万辆纯电动汽车装配线和年产2 000套的小批量电池包生产线，率先实现纯电动汽车大批量出口。具备电动汽车整车、电驱动系统、动力电池包、控制系统等关键零部件的开发、试验和检测能力，是国内重要的电动汽车开发、试验和生产基地。2019年11月，获工信部“新能源商用车生产企业”资质，是天津市唯一一家新能源整车货车资质的企业。

三、技术及研发能力进展

清源汽车将以纯电动物流车及无人驾驶技术的研究开发为重点发展目标，快速发展并打造自己的核心竞争力。2018年，清源汽车被天津市政府列入新能源汽车重点发展企业。2018年7月，清源汽车与中国汽车技术研究中心有限公司签署了《关于智能网联汽车的战略合作协议》，双方在无人驾驶系统、智能网联终端、电子电气架构的设计与测试、智能网联交通场景的设计与开发等方面开展深度合作，致力于为智能化未来出行提供解决方案。

清源汽车已掌握新能源汽车研发制造的核心技术，具备整车控制器VCU、电机电控系统和动力电池系统的研发和生产能力。尤其电池PACK方面，依托近20年的整车和关键零部件开发和技术积累，形成了完全正向开发的电池PACK开发流程，打造了集高性能、低成本、高安全性和高可靠性于一身的模块化电池PACK，技术达到世界领先水平。清源汽车开发了风电互补技术，在提升充电便利性的同时，有效解决纯电动汽车充电随机性对电网运行带来的不确定性。

整车研发方面，清源汽车打造了A0级系列产品平台，与合作伙伴共同打造了B级产品系列平台。由这两个平台分别衍生的产品“清源小尊”及“清源尊者”业已在上海国际车展正式发布。此外，清源汽车开发了多款3.5 t级、4.5 t级纯电动货车，并根据客户需求开发出满足韩国标准的纯电动物流车，出口韩国。

无人驾驶技术方面，清源汽车搭建了满足功能安全设计的软件和硬件架构，实现了无人车整车控制器、电机控制器、电池管理系统产品的平台化，线性控制技术的总线架构开发，掌握了PACK核心技术及底盘动力系统、制动系统（eBooster＋ABS/ESC）、转向系统（EPS）、电子驻车制动系统（EPB）的电控技术。清源汽车将“平台化、模块化、共享化”的创新模式付诸实践，基于自有三电系统与线控技术打造通用无人物流车线控底盘平台，形成适合多场景的无人物流车、扫地车、消毒喷洒车、移动贩卖机等车型应用。其核心模块由自有技术与国内知名的供应商共同开发，通过模块化的柔性组合，根据客户以及市场的不同需求，能够最大限度地满足纷繁复杂的各种应用场景。

四、主要产品

序号	产品型号	产品名称
1	W01	无人驾驶客车
2	Z01	无人驾驶扫地车
3	Z02	无人驾驶物流车
4	Z03	无人驾驶消毒喷洒车
5	Z04	无人驾驶观光车

续上表

序号	产品型号	产品名称
6	Z05	无人驾驶摆渡车
7	W02	线控底盘
8	Y01	A0 级纯电动轿车
9	U02	B 级纯电动轿车
10	QY5040XXYBEV	纯电动厢式运输车
11	QY5041BEV	纯电动载货汽车
12	QY5041XXYBEV	纯电动厢式运输车
13	QY5041CCYBEV	纯电动仓栅式运输车

五、发展目标与规划

清源汽车将以三电系统及线控底盘核心技术研发凝聚发展内核，以无人驾驶车辆及新能源商用车的研发及市场推广应用为发展方向，发展成为具有前沿技术水平，可以在特定领域为客户提供定制化、差异化产品的新能源汽车企业。清源汽车将在 2020 年实现机场环境下固定场景无人驾驶车辆落地，并在全国乃至全球范围内进行机场无人驾驶的实地推广应用。同时，将开发封闭半封闭场景下多款无人驾驶车型，以领先的无人驾驶技术赋能智慧交通建设。

郑州比克新能源汽车有限公司

一、单位概况

郑州比克新能源汽车有限公司 2013 年 12 月注册成立，是深圳市比克电池有限公司的子公司，位于中牟汽车工业园内，是主要从事电动汽车整车的正向研发、制造及销售的高新技术企业。2018 年 4 月省发改委核准获得新能源专用车资质，2019 年初获得工信部批准并公告，2018 年收购获得了四川国宏新能源客车资质，已上市轻卡、微卡、微面等新能源物流车、纯电动公交车以及抢险、工程、环卫等新能源专用车 10 多款，累计生产新能源汽车接近 6 万辆。规划建设用地约 553 亩，建筑面积约 15 万 m^2。

公司致力于以动力电池、电控、整车动力系统匹配为核心技术的研究，建立有完备的整车开发体系，为新能源汽车领域的整车及零部件开发提供一流的产品、技术和服务，为用户提供“新能源车辆销售、租赁、充电及售后服务、金融支持和新能源车辆运营”的综合解决方案。

二、经营情况

2019 年，公司主营业务为纯电动物流车的研发、合作生产和销售，专用车(环卫车和救险车)的研发，拥有独立自主发明专利 240 余项。截至 2019 年底，公司资产总额 7.5 亿元，流动资产 6.4 亿元。2019 年，营业收入 1.4 亿元，投入科技开发费 2 030 万元，占营业收入的 14.4%，2017—2019 年连续 3 年共计投入研发费用 4 335 万元，为公司科研活动的高效进行提供了有力保障。

三、产能建设

公司拥有专用车和新能源客车生产资质，已建设具有下料、焊接、涂装、总装四大工艺的专用车生产线，客车生产场地正在规划建设中，同步建设车辆检测站、充电站、车辆运营服务中心、销售展厅、试验场地 CANS 认证、新能源车辆自动驾驶项目。

比克新能源客车项目建成后可形成年产 3 000 台产品的生产能力，年实现产值约 20 亿元，提供就业岗位约 2 500 个，实现税收约 1.5 亿元；车辆检测线建成后可满足 2 万台/年车辆线上检测工作。

四、技术进展及研发能力建设

比克汽车拥有雄厚的研发实力，已建有省级工程技术研究中心和市级企业技术中心，拥有独立自主发明专利 240 余项，已累计授权专利 230 余项，专利涵盖零部件、三电系统设计、制作工艺和装备等多个领域，形成了自主的动力/储能电池设计及规模化生产知识产权。公司研发成员均来自国内知名车企的一线骨干，拥有多年的整车开发、制造工作背景，掌握轻量化车身，成熟底盘系统，整车控制系统、动力电机系统、动力电池系统的设计、控制策略设计、试验验证设计、整车功能验证等各项核心技术。已完成新能源汽车核心零部件检测试验室建设，具有动力电池测试仪、动力电机试验台、步入式环境舱、高低温环境试验箱、盐雾试验箱、振动试验台等设备，依据 ISO 17025 标准进行建设与执行，力求建立国家级的动力电池、电机、电控实验室，可满足从单体、模组、PACK 的全方位测试。

五、主要新产品

序号	产品型号	产品名称	品牌	通用名称
1	BAK5020XXYBEV	纯电动厢式运输车	光翼	宏翼
2	BAK5030XXH	救险车	光翼	救险车
3	BAK5031XXH	救险车	光翼	救险车

六、合资合作及重大项目建设

锂离子电池 PACK 温度管理系统开发及应用项目，该项目的建设使郑州比克汽车在锂离子电池热管理技术方面积累了一定的经验，在电池包设计开发、VCU(软件和硬件)设计开发、BMS 控制及 CAE 分析方面，形成了系统的设计试验研发团队，并搭建了电池包液冷测试台架，实地开展风冷和液冷的测试及验证工作，从电池模组成组设计研究、模组风道的设计、风扇选型，到电池包轻量化设计、安全设计、动力电池热管理控制系统设计、动力电池仿真分析，再到动力电池热管理实验测试技术、动力电池系统结构与电连接设计、动力电池温差控制及试验等多方面逐步进行了技术攻关，确定了单项技术性能指标要求，采用了整体系统设计的方法，并综合考虑电池包的高能量、高安全性、高可靠性、重量轻、成本低、易维护、易实现梯次利用等多方面性能，在电池包热管理系统的设计和应用方面取得了很大的进步。

七、发展目标与规划

比克汽车未来致力于研发、生产和销售氢能和纯电动汽车，主要产品涵盖氢燃料卡车、氢燃料客车、纯电动卡车、纯电动客车、纯电动物流车、专用车（救险车、环卫车、电源车、指挥车、卫生消毒车等）、新能源物流车无人驾驶等。

未来3~5年，公司产值达到50亿元，新能源商用车和专用车自主品牌，新能源物流车无人驾驶与车路协同，打造新能源充电、维保、检测试验、上牌服务综合体，在中牟建设成一个以比克汽车为中心的新能源汽车产业园。

八、2019年1月—12月企业在新能源汽车方面经济指标统计

填报单位名称	指标名称	单位	本期累计	同期累计	增长率(%)	增长额（提高百分点）
郑州比克新能源汽车有限公司	2019年末资产总计	万元	75 324.17	74 139.78	1.60	1 184.39
	2019年营业收入	万元	14 097.04	4 995.58	182.17	9 101.46
	2019年利润总额	万元	-1 023.29	-7 474.15	-86.31	6 450.86
	2019年产品销售率	%	100	100	—	—
	2019年销售利润率	%	15.2	12.6	20.63	2.6

云南力帆骏马车辆有限公司

一、单位概况

云南力帆骏马车辆有限公司成立于2004年。经过10多年发展，现已成为以商用汽车研发、制造、销售为主的生产制造厂商。近年来，公司积极推进项目技改，努力开拓“一带一路”沿线各国市场，先后在缅甸、老挝、柬埔寨、斯里兰卡、孟加拉国、巴基斯坦等10多个东南亚、南亚国家建立了近300个销售、服务代理网点。2017年云南力帆骏马车辆有限公司位列“中国民营企业500强”第314位、“中国民营企业制造业500强”第181位、“云南省非公企业100强”第2位、“云南省非公企业制造业20强”第1位，成为全省现代装备制造产业的龙头企业。提供就业岗位8 600余个，为大理州经济社会发展作出了较大贡献。

二、产能建设

云南力帆骏马车辆有限公司注册资金11 818万元，园区占地面积813亩，建筑面积25万m^2，综合产能为20万辆商用车。建设有综合办公楼、冲压车间、焊装车间、车架焊装车间、车架电泳车间、涂装车间、技术中心以及其他生产配套设施，具有国际先进ABB机器人、AGV物料输送系统、MES、ERP、WMS系统，建有冲压、焊接、涂装、总装生产线。

三、技术进展及研发能力建设

云南力帆骏马车辆有限公司新能源汽车产品的总体发展规划是重点加快推进纯电动汽车和插电式混合动力电动汽车产业化，同时推动氢燃料电池汽车的研发升级工作。

2014年，云南力帆骏马车辆有限公司投入巨资研发节能与新能源汽车，坚持技术引进和自主研发相结合的原则，逐步开发了电动观光车、纯电动商用车（含物流车和环卫车）等；氢燃料电池汽车正在研发推动中。同时还掌握了整车控制策略核心技术，并攻破了增程器、电动空调、电子真空泵、电动助力转向、电动空气压缩机等系列核心零部件技术，这使得公司的电动汽车整车技术相对成熟，为产业化打下了良好基础。此外，针对用户“里程焦虑”、“充电不便捷”、“购买成本高”及“安全顾虑”等新能源用车痛点，公司在电池、电机、电控三电核心技术上充分自主创新、并在技术进化中不断突破。

已建成新能源车辆制造厂，具备了新能源汽车产品研发、试验检测和生产能力。

四、合资合作及重大项目建设

通过与各知名高校联合，内联外引，建立不同职能的联合研发中心、专家（院士）工作站，进一步提升集团技术中心的整体研究能力。同时在海内外不同的区域，吸引不同层次的专业技术人才，在上海成立前沿技术研究院，东南亚、欧洲区域等区域建立相应的专业技术研究院，以达到集技术中心全球化布局的需求。

集团技术中心的工作职能，在实现汽车研发设计、产品验证及相关技术培训的技术服务外，将汽车检测、车辆鉴定和计量等工作也作为集团技术中心的重点建设目标。

宁德时代新能源科技股份有限公司

一、单位概况

宁德时代新能源科技股份有限公司（以下简称“公司”）是全球领先的动力电池系统提供商，专注于新能源汽车动力电池系统、储能系统的研发、生产和销售，致力于为全球新能源应用提供一流解决方案。公司在电池材料、电池系统、电池回收等产业链关键领域拥有核心技术优势及可持续研发能力，形成了全面、完善的生产服务体系。

二、经营情况

公司拥有独立的研发、采购、生产和销售体系，主要通过销售锂离子动力电池系统、储能系统和锂电池材料等产品实现盈利。研发方面，公司产品以自主研发为主，凭借经验丰富的研发团队和广泛、深入开展的对外合作，公司建立了面向市场需求和多部门、内外协同的研发模式，构建了规范、标准、高效、持续的研发体系；采购方面，公司通过严格的评估和考核程序遴选合格供应商，并通过技术合作、长期协议等方式与供应商紧密合作，以保证原料或设备的可靠性以及成本的竞争力；生产方面，公司综合考虑市场需求及季节性销售特征安排生产；销售方面，公司根据客户的采购合同及具体订单需求，向客户提供相应产品及售后服务。

统计期内，公司各业务的主要经营情况如下。

1. 动力电池系统

动力电池系统销售是公司主要收入来源。2019 年，公司动力电池系统销售收入为 3 858 352.57 万元，较 2018 年增长 57.38%。公司在新能源汽车动力锂电池领域保持技术、规模、供应链与客户等领先优势，统计期内产能逐渐释放，实现销量 40.25 GWh，较 2018 年增长 90.04%，市场占有率进一步提高。

2. 储能系统

在储能市场开始逐步启动的背景下，公司持续加强研发投入，不断提升产品性能以满足不同客户的需求，完成了采用低锂耗技术，长电芯循环寿命的电芯单体和相应系统平台产品的开发。2019 年，公司储能系统销售收入为 61 008.24 万元，较 2018 年增长 221 95%，百兆瓦时级项目在福建晋江实现应用落地，前期储能市场布局及推广开始取得成效。

3. 锂电池材料

2019 年，公司进一步加大在锂电池材料回收及生产领域的投资建设力度，在宁德福鼎启动投资建设正极材料产业园；公司锂电池材料销售收入为 430 517.28 万元，较 2018 年增长 11.51%。

三、产能建设

公司现有产能 53 GWh，在建产能 22.2 GWh，产能利用率 89.17%。

四、技术进展及研发能力建设

公司动力电池系统采用三元锂离子电池、磷酸铁锂电池等路线，主要应用于下游乘用车、商用车和其他出行工具，能够满足启停、快充、长寿命、长续航里程等多种功能需求，产品具有能量密度高、循环寿命长、安全可靠等特点。公司量产电芯能量密度已超过 240 Wh/kg，倍率性能可满足最大 2C 充电，4C 放电；产品循环寿命可超过 6 000 次。

五、合资合作及重大项目建设

公司为应对快速增长的市场需求，启动湖西锂离子电池扩建项目，扩大欧洲生产研发基地的投资规模，并在四川省宜宾市启动建设动力电池制造基地。同时，公司与吉利汽车、一汽集团分别合资成立电池公司。

六、发展目标与规划

2020 年，公司将继续加快全球业务布局，优化业务流程，加速研发步伐，多梯次多路径地驱动新技术商用化；优化质量和售后管理体系，坚持打造“以客户为中心”的服务理念，提升客户满意度，加强管理水平的提升和成本的管控，提高技术和产品的综合竞争力。同时，公司将加速推进在电池回收业务的布局，实现资源的有效回收循环利用，履行社会责任。

天津力神电池股份有限公司

一、单位概况

天津力神电池股份有限公司（以下简称“力神公司”）是一家国有控股的国家高新技术企业，创立于 1997 年 12 月 25 日，注册资本约 17.3 亿元，是国内首家锂离子电池研发与制造企业，拥有超过 20 年锂离子电池研发与制造经验。力神公司已具备 300 亿 Wh 锂离子蓄电池的年生产能力，国际高端市场占有率位居全球锂电行业前列。

力神公司秉承“技术质量、国际一流、绿色能源、造福人类”的经营理念，致力于为客户提供整体电源解决方案，是国内新能源领域的先行者和引导者。产品包括圆（柱）形、方形、动力和聚合物电池，以及光伏系统、超级电容器等六大系列近千个型号。产品应用涵盖“动力、消费、储能、特电”四大领域。2019 年成为本田、东风雷诺、北汽福田、一汽解放、江铃福特、重庆长安等客户核心供应商，也是江淮大众（思皓）唯一供应商。

二、经营情况

2019 年销售额达到 57 亿元，同比增长 10.9%，动力电池装机量 1 954.56 MWh，位居全国第 4。

三、产品出口

2019 年，力神公司东南亚市场（泰国、马来西亚、印度等）得到进一步拓展，市场占有率稳步提升。欧洲市场戴姆勒、大众等客户合作加深，取得实质性突破。2019 年，三元电池出口 7 979.8 kWh，磷酸铁力电池出口 180 120.55 kWh。

四、产能建设

2019 年，天津苏州两个智能工厂进一步释放，智能化建设逐步完善，产能大幅度提升。青岛基地投产，具备 2 GWh 产能。

五、技术进展及研发能力建设

2019 年，力神公司研发投入 34 458 万元，占销售收入 5.8%。公司坚持以科技创新为核心，加强自主创新和知识产权建设，提升企业竞争力。

高比能量动力电池开发及产业化方面，通过科技部测试，同行业产品性能优异。固态电池开发取得重大技术突破，能量密度大于 310 Wh/kg，达到国内先进水平。21700 电池自从量产以来，取得良好市场反应。2019 年，继续进行深耕，在浆料、极组、极耳方面都取得技术成果，将公司 21700 结构研究推向世界先进水平。

六、主要新产品

序号	产品名称	产品型号	产品应用
1	圆形电池	AMG-21700-3.0 Ah	梅赛德斯 AMG
2	动力电池模组	PUJ2222197BA	大众纯电动汽车
3	动力电池模组	PAG54173210ARA	北汽福田纯电动汽车

七、合资合作及重大项目建设

2019 年，力神公司为加大市场布局，积极寻求战略合作机会，与中电科 29 所、桐乡市政府等签订全面战略合作协议，并与东风汽车、五菱汽车、福田汽车探讨资本层面合作促进业务开展，实现福田商用车型全覆盖，业务同比 2018 年增长 100%。深入布局可再生能源发电侧储能、电网侧储能及基站电源三大重点领域，聚焦 IHI、GE、NEC 等海外重点客户，与 GE 签订战略合作协议，绑定未来市场。

八、发展目标与规划

产业上进一步完善全国产能布局，2020 年产能达到 200 亿 Wh，2025 年达到 500 亿 Wh；科技创新上，充分发挥科技创新体系优势，到 2021 年实现 240 ~ 260 Wh/kg 方形和圆柱形电池、300 Wh/kg 软包电池的产业化应用；根据消费类电池的发展规律及 2021 年后的客户需求，力神公司认为软包电芯是未来的一个重要发展方向，到 2025 年实现 350 Wh/kg 软包电池的产业化应用；在下一代电池开发方面，固态锂电池由于安全性好、比能量密度高的特点，成为业界的研究热点，2025 年前开发完成具备优异性能的 350 Wh/kg 固态电池小试样品，并在 2030 年具备成熟稳定的工艺技术，实现固态电池的产业化应用。

九、2019 年 1 月—12 月企业在新能源汽车方面经济指标统计

填报单位名称	指标名称	本期累计（万元）	同期累计（万元）
天津力神电池股份有限公司	2019 年末资产总计	1 140 508	1 114 874
	2019 全年完成投资额	27 393	42 852
	2019 年营业收入	393 938	403 204
	2019 年利润总额	20 772	8 081

欣旺达电动汽车电池有限公司

一、单位概况

欣旺达电动汽车电池有限公司（以下简称“欣旺达”）是一家以“创新驱动新能源世界进步”为使命的国家级高新技术企业，致力于以先进的锂电池集成技术，为全球新能源车企提供电动汽车电池系统整体解决方案。公司坚持以客户为中心，以服务为导向，在提供优质产品的同时为客户提供高效快速的响应服务。

欣旺达电动汽车电池有限公司围绕“全产业链深度参与，培养综合竞争力；全区域化战略布局，建立战略客户资源；全生命周期质量管理，夯实可持续经营基础”的“三全”战略，以锂离子电池产业为核心，向上游电芯正负极材料、动力电芯制造、下游电动汽车、分时租赁、动力电池梯次利用等产业延伸，全力创建产业链一体化宏伟蓝图。

二、经营情况

欣旺达始终致力于通过先进的锂电池集成技术，为海内外整车纯电动、混合动力电池系统的研发及制造提供整套解决方案。2019 年动力电池产品得到多家国内外品牌车企的认可，并获得了易捷特、雷诺日产等知名车企的长期订单，相关产品实现批量出货。截至 2019 年底，新增 5 款公告目录车型，公告车型累计增加至 17 款。公司 BEV 产品累计出货达到 21 736 台，合计约 1.11 GWh，其中自主电芯出货 13 092 台，合计约 0.7 GWh。2019 年装机量排名全国第 10 位。

公司自主研发的三元锂电池获得客户及市场的一致好评，获“优先供应商”“战略供应商”“质量贡献奖”等奖项，同时获五星售后服务体系证书、荣获 2019 年动力电池十大品牌榜荣誉；获第一锂电网颁发的“中国锂电行业年度优秀企业”；获电池中国网颁发的“锂想 2019 产品信赖奖、庆祝新中国成立 70 周年——行业风范奖”；获高工锂电颁发的“年度十佳表现上市公司奖”。

三、产能建设

截至 2019 年年底，惠州生产基地具备实现多类型产品量产能力，产能约 4 GWh。为更好地服务于客户，欣旺达同步规划贴近主机厂扩充产能，在南京溧水建立动力电池及 PACK 制造研发生产基地，总产能可达 30 GWh。项目一期、二期分别于 2019 年 3 月、7 月启动，预计 2020 年实现投产，以形成锂电池为核心的产业集群，服务于整个华东地区新能源汽车。根据公司与国外客户的合作进展，海外市场正快速布局和产地选址，具体地址本着服务客户，本地化经营，区域化就近服务的原则，国外和国内产能规划由 30% ~ 70% 逐步转化到 40% ~ 60%，划未来 5 年在法国、德国或东欧建立电池工厂，以满足欧洲客户对电池的需求。

四、技术进展及研发能力建设

欣旺达在研发方面非常重视并投入较大，已量产的 BEV 动力电芯产品，达到 224 Wh/kg；公司实验室研发的动力电芯能量密度最高可达到 300 Wh/kg；公司动力电池系统能量密度已达到 180 Wh/kg。结合市场需求，公司在系统 CTP 方案、高端车型的矮模组方案和换电模式的方案都进行了专项开发和关键技术的验证，并且结合产品特性及客户需求形成自己的产品和技术亮点。

在知识产权方面，截至 2019 年，底动力电池共有 331 项知识产权相关申请，其中发明型专利申请 78 项、已取得授权专利 6 项；实用新型专利申请 192 项、已取得授权专利 84 项；外观专利申请 3 项，已取得授权专利 2 项；软件著作权申请 33 项、已取得授权软件著作权 30 项；对关键材料和工艺的设计拥有自主知识产权和专利。

与北京大学深圳研究生院、北京交通大学等多所国内知名高校在电动汽车电池、石墨烯、BMS、电池材料等领域开展产学研合作；与清华大学研究生院建设工程硕士研究生实践基地；与南开大学合作建立院士工作站和联合实验室，充分借助和发挥院士及团队在锂离子电池材料产业领域内的科研优势，推动产学研紧密合作。

五、主要新产品

序号	产品名称	产品型号	产品应用
1	56.97 KWh 动力电池系统	S50EV	东风柳汽纯电动轿车
2	52.56 KWh 动力电池系统	EV450/GSe. 几何 A	吉利纯电动轿车/SUV
3	47.17 KWh 动力电池系统	G3	小鹏纯电动 SUV

六、合资合作及重大项目建设

为更好服务客户，实现全区域战略布局。2019 年 3 月，欣旺达在南京溧水正式落地 30 GWh 动力电池项目。该项目总投资 120 亿元，分为三期建设，其中一期投入 35 亿元，建设约 8 GWh 电芯和 8 GWh 电池系统生产线项目；二期计划投入 40 亿元，项目将新增 10 GWh 电芯和 10 GWh 电池系统生产线；三期计划投入 45 亿元，项目将新增 12 GWh 电芯和 12 GWh 电池系统生产线；项目达产后可分别形成 30 GWh 电芯和系统的产能。

七、发展目标与规划

发展定位：成为全球中高端客户值得信赖的动力电池合作伙伴，实现集团千亿目标的关键支撑业务；成为国内领先、世界一流的动力电池整体解决方案提供商。

发展目标：1. 2022 年，HEV 细分领域全球领先，动力电池整体业务收入进入国内前 5 名；2. 到 2024 年电动汽车电池出货量达 30 GWh，发展成为年产值超 300 亿级的动力电池提供商。

八、2019 年 1 月—12 月企业在新能源汽车方面经济指标统计

填报单位名称	指标名称	单位	本期累计	同期累计	增长率(%)
欣旺达电动汽车电池有限公司	2019 年末资产总计	万元	283 527.63	99 130.53	186
	2019 年营业收入	万元	84 743.63	28 607.57	196
	2019 年产品销售率	%	98	88	—

中航锂电科技有限公司

一、单位概况

中航锂电科技有限公司（以下简称“中航锂电”）是专业从事新能源电池、电源系统研发、生产及销售的高科技企业。公司成立于 2007 年，注册资本 70 亿元，员工 5 500 余人。公司现有常州、洛阳、厦门三大生产基地及一个专业研发机构中航锂电技术研究院。中航锂电拥有国家级企业技术中心、博士后科研工作站等科研平台，先后承担了数十项国家级技术研发和产业化项目，形成了以专利为核心的雄厚技术储备，是行业标准的重要起草单位。

公司相继取得了国内权威质量体系认证，以及 CE、UL、TUV、RoHS 等国际认证，是国内首家获得煤矿安标备案证明的企业，产品拥有广阔的市场前景和很高的美誉度。

二、经营情况

2019 年开始，新能源行业发展进入阶段性调整，中航锂电相继调整市场战略，加快乘用车市场三元电池产品布局。2019 年实现整车配套 2.9 万辆，电池装机量 1.5 GWh，同比增长 107.9%，整体市场份额从 2018 年的 1.3% 上升至 2.4%，市场排名上升 3 位。在乘用车主要配套的三元方形电池市场，中航锂电市场份额 4.3%，国内排名第 3。客户方面，中航锂电全面聚焦车储市场，与行业一线厂商实现战略合作。公司具备配套一线品牌主机厂车型的能力，已经与长安、吉利、广汽、厦门金龙等主机厂全面开展战略合作，与一汽、上汽、大众、戴姆勒等国内外一流车企进入技术开发阶段。另外，中航锂电也通过定向开发的方式开展客户合作，有效保证产品和生产线的生产稳定性，从上下游产业链以稳定的批量化生产，在行业竞争中更具成本优势。

三、产品出口

2019 年，中航锂电锂电池出口总量达 3 442 万美元。主要出口产品为 72 Ah、100 Ah、180 Ah 和 200 Ah 等，产品广泛应用于乘用车、商用车、低速车、特种车和船用储能电源等细分市场领域，已基本实现主要市场应用领域的全覆盖。其中，印度乘用车市场装机排名第 1；美国市场保持了 10 年的市场开拓和本土化服务，客户基础稳定；欧洲市场发展

迅速，与商用车市场核心系统方案解决商建立了长期稳定的合作关系。

四、技术进展及研发能力建设

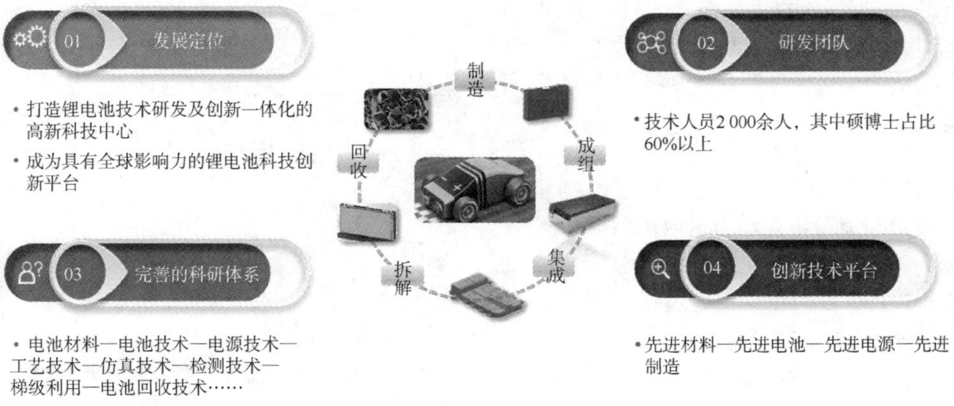

中航锂电技术研究院作为新能源高科技平台机构，以中航锂电技术发展为主线，着眼全球新能源锂电的前沿技术，着力成为国家级锂电技术研发、创新基地，打造具有全球影响力的锂电池科技创新平台，在产品、技术、工程能力、标准化和产业生态方向持续投入，构建新能源产业的基石。

中航锂电坚持产品与技术领先，每年投入数亿研发资金，着力打造高水平的研发队伍及创新平台，拥有专业技术人员 2 000 人以上，形成以工程院士、“千人计划”人才为首的专家团队。

中航锂电坚持自主创新，倡导“敢为天下先”，专注基础研发，深究机理，以终为始，已建成先进材料—先进电池—先进电源—先进制造四大技术平台，涵盖了纳米储能材料—电芯体系—电池/模组/系统产品—制造—检测等全链条核心技术。打造以本质安全，长寿命，快充为特性的超级动力电池，为全球客户提供完整的产品解决方案和完善的全生命周期服务，与客户携手共赢。

五、主要新产品

序号	产品名称	产品型号	产品应用
1	方形三元锂电池	148 系列	广汽/长安/吉利纯电动乘用车
2	方形三元锂电池	221 系列	广汽/长安/吉利纯电动乘用车

续上表

序号	产品名称	产品型号	产品应用
3	方形磷酸铁锂电池	173 系列	宇通/金龙纯电动客车
4	方形磷酸铁锂电池	135 系列	储能项目
5	方形磷酸铁锂电池	160 系列	基站储能项目

六、合资合作及重大项目建设

1. 顺利完成重大资产重组

为加强锂电池业务的产业链上下游协同，中航锂电理顺股权结构，完善管理流程，将公司各板块业务在同一平台下进行管理，有效地提升了公司一体化竞争力。

2. 扩大产业布局

（1）成立厦门公司，扩大国内产业布局。为抢占市场，赢得客户，加快实现公司发展战略，2019 年 6 月，厦门市人民政府派出机构及投资平台总投资 100 亿元，与公司合作在厦门投资建设新型动力锂电池生产线项目，并由公司在厦门市成立全资子公司实施投资项目。

（2）成立欧洲公司，布局欧洲市场。为快速响应国际市场需求，更好的贴身服务国际终端客户，提升公司在动力锂电池市场的综合服务能力、市场竞争力及国际知名度，在德国斯图加特市设立全资子公司。

深圳市比克动力电池有限公司

一、单位概况

比克电池于 2001 年在中国深圳成立，现已发展成为集锂离子电池、新能源汽车、电池回收梯次利用三大核心业务为一体的国际领先的新能源企业。

公司产品主要包括动力电池、生活数码电池、储能电池以及电池封装、电池解决方案等，主要应用于新能源汽车、智能终端产品及储能等领域。尤其在动力电池领域，应用范围遍布全系车型，服务全球十余家一线汽车制造商，坚持用智慧创造动力，为新能源汽车打造一颗可信赖的“芯”。

二、经营情况

深圳市比克动力电池有限公司产品和服务包括圆柱、方形和聚合物电芯，以及电池封装、电池解决方案等，主要应用于新能源交通出行、消费数码及后备储能等领域。

比克以 18650 圆柱动力电池为基础，配合 21700 圆柱电池及大方型电池，以超强循环寿命、稳定安全性能、领先续航里程、超强温度和空间适应性等优势，为国内外知名新能源汽车整车厂商提供动力驱动。此外,依托锂离子电池核心技术,比克已提前布局并持续发力纯电动商用车领域的研发、制造和推广。2019年,比克电池与南方电网罗成国内首个电池整包梯次利用储能项目并投入运营,同年助力新疆第一批光储联合示范落地,就此开启比克电池储能领域的发展。

三、产能建设

比克电池推动智能制造升级,进行动力电池智能生产制造体系建设,着重推进新能源汽车动力电池产能提升;以深圳、郑州生产基地为主,实现高质量产能扩张;重点布局储能市场,扩大方形电池产能提升。2018年已达到8 GWh产能。计划2020年达到16 GWh产能,到2022年达到30 GWh产能。

四、技术进展及研发能力建设

比克电池拥有一个国家级博士后科研工作站,多个研发团队,遍及国内和欧洲、北美等地。拥有专职研发人员800余人,并与多家国内知名院校、科研机构保持着长期合作。研发投入方面,比克每年保持8%以上的营业收入投入研发体系。比克在数码、储能、动力电池等应用领域具备从电芯、模组及系统完整的批量化制造能力。

五、主要新产品

续上表

序号	产品名称	产品型号	产品应用
1	N18650CP	18650 圆柱 3.2 Ah 电池	新能源电动车
2	N18650CK	18650 圆柱 3.0 Ah 电池	新能源电动车
3	N21700CB	21700-圆柱 4.6 Ah 电池	新能源电动车、电摩
4	N21700CG	21700 圆柱 4.8 Ah 电池	新能源电动车、电摩、移动电源等

六、发展目标与规划

在动力电池领域,作为新能源汽车的"芯"脏,比克坚持从"芯"出发,为整车企业和消费者提供安全性更高,续航里程更远,使用寿命更长,充电速度更快,高低温适应性更强的动力电池解决方案。

在小动力电池领域,比克电池聚焦小动力全球市场中高端领域与客户,依托比克圆柱电池在全球品牌的影响力,实现以性价比替代日韩市场,同时依托圆柱国内绝对综合实力、建立相对于竞争对手在技术、质量、产能等方面的优势,以及在车电市场上的卓越表现和实战经验,迅速成为比克最有力的新增业务,填补车电市场空缺。

在储能领域,比克电池把握ICT网络能源和电力体制改革契机,依托新能源汽车高速发展为基础,致力于构建以先进锂电池储能系统为核心的智慧能源关联产品经营与服务,聚焦提升核心竞争力与创新商业模式,通过打造智慧能源生态链促进业务发展,致力成为全球优秀的全生命管理储能系统提供商。

惠州亿纬锂能股份有限公司

一、单位概况

惠州亿纬锂能股份有限公司成立于2001年,于2009年在深圳创业板首批上市,历经19年快速发展,已成为中国锂电池行业的核心制造商。专注于锂电池的创新发展,拥有锂原电池、消费电子电池、动力储能电池 & 系统核心技术,致力于为物联网、能源互联网提供绿色高能、安全可靠的电源解决方案。

二、经营情况

2019年公司在动力储能/消费电子/物联网等领域销售额64亿元。

三、产能建设

截至2019年,动力电池产能规模11 GWh;方形三元2 GWh;软包三元3 GWh;方形铁锂6 GWh。

四、技术进展及研发能力建设

公司拥有40名博士领衔,超过800人的研发工程师团队。与多个高等院校和科研机构保持良好合作关系。荣获4项"中国专利优秀奖";2项"广东省科学技术一等奖";2019年中国轻工联"科学技术发明一等奖"。拥有国家专利1 370项。

五、发展目标与规划

公司是国际领先的锂电池企业,建立了可服务全球的销售和售后网络。未来3年,公司将在动力储能电池领域投资超过70亿元。

愿景:打造最具创造力的锂电池龙头企业。

惠州市亿鹏能源科技有限公司

一、发展概况

惠州市亿鹏能源科技有限公司(以下简称"亿鹏能源")成立于2014年1月,注册资金10 625万元。公司总部位于惠州市惠城区水口街道东江工业区,是一家专注于新能源汽车动力锂离子电池系统和储能设备用锂离子电池系统的高新技术企业。公司主营业务为插电式混合动力汽车和纯电动汽车锂离子动力电池及系统的研发、制造、销售和服务；亿鹏能源是郑州宇通、苏州金龙、厦门金旅、上海申龙、南京金龙、奇瑞、东风商用等十几家大型汽车企业的正式供应商。尤其在混合动力客车细分市场，亿鹏能源电池凭借领先的技术优势，丰富的行业经验，快速的占领了市场，赢得了良好的口碑，行业排名位居全国前列。有1万余台装配亿鹏电池的车辆在全国各地运行，累积安全行驶里程总行驶里程突破8亿km。

亿鹏能源自创立以来，以年均增长率超100%的速度高速发展，2018年实现销售锂电池系统5 000套，销售收入达3.5亿元。

二、产能建设

亿鹏能源已形成从锂电池电芯、电池系统（PACK）和废旧电池回收循环利用为一体的完整产业链；拥有赣州和惠州2个生产基地；赣州基地以电芯生产制造为主，惠州基地以电池系统（PACK）生产为主。赣州基地一期项目投资2亿元，生产厂房面积2.4万m^2，拥有2条生产线，年产能0.5 GWh，于2019年初已完成投产；二期项目预计总投资10亿元，总占地100亩，共建设6条生产线，达产后年产能2.8 GWh，将于2020年年底全面投产。惠州基地拥有3条完整的自动化电池系统（PACK）生产线，主要工序涵盖电芯检测，模组拼装、全自动激光焊接、PACK总装、总检调试等；能实现纯电动汽车用能量型磷酸铁锂、氢燃料及混合动力汽车用功率型锰酸锂等各类型动力电池的整装集成，年交付能力达3万套。

三、技术及研发能力

亿鹏能源汇聚了一大批专业技术和管理人才，研发团队由海外归国的电池和BMS专家组成，在国际主流的锰酸锂电池技术的基础上自主研发了高功率锂离子动力电池，技术性能居领先地位；BMS采用国际先进的实时动态自适应技术，保障电池系统的安全、可靠和长寿命。公司技术工程中心配备国内先进、安全可靠的锂离子电池实验室，具备GB/T 31484、GB/T 31485、GB/T 31486测试能力。亿鹏能源通过了GB/T 24001—2016/ISO 14001：2015环境体系、IATF 16964：2016质量体系等体系认证，2018年公司售后获得GB/T 27922—2011《商品售后服务评价体系》五星级标准。

四、产品介绍

序号	产品名称	产品类型	产品系列
1	软包磷酸铁锂电芯20 Ah	能量型——磷酸铁锂	YPF89118170
2	软包磷酸铁锂电芯51 Ah	能量型——磷酸铁锂	YPF12166246
3	软包磷酸铁锂电芯68 Ah	能量型——磷酸铁锂	YPF118213245
4	软包锰酸锂电芯16 Ah	功率型——锰酸锂	YPMP16N
5	软包锰酸锂电芯26 Ah	功率型——锰酸锂	YPMTP26 Ah
6	软包锰酸锂电芯48 Ah	功率型——锰酸锂	YPMTE48 Ah
7	海狮纯电动物流车（4.8～5.3 m）	能量型——磷酸铁锂	41.08～51.8 kWh
8	纯电动公交客车（6～12 m）	能量型——磷酸铁锂	68～300 kWh
9	混合动力客车（8～12 m）	功率型——锰酸锂	20～60 kWh
10	混合动力重卡（49 t）	功率型——锰酸锂	5.5～55 kWh
11	氢燃料电池客车（8～12 m）	功率型——锰酸锂	30～60 kWh
12	氢燃料电池物流车	功率型——锰酸锂	42.6 kWh

联动天翼新能源有限公司

一、单位概况

联动天翼新能源有限公司（以下简称“联动天翼”）成立于2009年，总部位于北京海淀区，生产基地分布于珠海、无锡和江阴。江阴产业基地项目投资200亿元，总规划用地1 050亩，可形成年产30 GWh锂电池及PACK系统的生产能力，年产值可达500亿元。

2016年，联动天翼与“行业巨人”松下握手，正式签署了战略合作协议。松下通过战略投资，共建高性能锂电池产线以及海外市场资源共享等多种渠道赋能联动天翼，与联动达成了深度战略合作，实现技术与市场的共赢。

公司秉承技术为先的理念，以最先进的产业技术优势，推动新能源应用的普及与行业进步。联动天翼与行业翘楚深度合作，产品现已广泛应用到共享终端、港口、通信、工商业储能，汽车动力等领域，为能源小镇，智慧社区提供全套产品解决方案。

二、经营情况

2019年，联动天翼实现营业收入17亿元，比2018年同期增长12%。锂离子电池2019年全年实现销售收入13亿元，与2018年相比增长40%。锂离子电池业务在广泛分布于小动力电池、汽车类电池及储能类电池，在该领域中保持过往优势，实现持续增长。

联动天翼新能源依托松下技术团队，积极研发自主核心技术，不断追求更高性能，此外联动天翼还拥有整车电池PACK系统，电子电控系统，IOT“智慧大脑”系统与原材料回收系统的全产业链技术开发团队与工艺生产团队。在2018年凭借核心竞争力产品与多家企业进行深入合作，成功与德国、法国著名主机厂达成全面深入的合作。

三、产品出口

2019年，联动天翼产品出口总额约7 600万美元，产品畅销北美、欧洲、新西兰，澳大利亚，东南亚等20多个国家和地区，随着一带一路从愿景到越来越多沿线国家的响应，可再生能源产业将受益此项国家建设，为亚洲乃至全世界带去更多的绿色电力,联动天翼海外业务销售也带来了可观的快速增长。

四、产能建设

为进一步完善公司在江苏地区布局,联动天翼新能源产业基地一期项目于2019年11月正式投产,预计2020年开始逐步完成3 GWh产能爬坡。

五、技术进展及研发能力建设

联动天翼拥有CNAS级别实验测试中心,可以完成从原材料分析到电性能、机械性能和安全性能的全方位分析,实现锂电能量密度、安全性、一致性、模块自动组装的高度融合。已拥有锂电相关产品全套技术专利数百项。

六、主要新产品

序号	产品名称	产品型号	产品应用
1	30 kWh 动力电池系统	—	华晨新日乘用车
2	54 kWh 动力电池系统	—	奇瑞艾瑞泽乘用车
3	294 kWh 动力电池系统	—	北方奔驰重卡

七、合资合作及重大项目建设

2016年12月,北京联动天翼与松下电器(中国)签署战略合作协议,并入股联动天翼。

2017年12月5日,在江苏无锡举行首条国内高速化锂离子动力自动电池线启动仪式。

2018年9月27日,江阴产业基地一期200亩规划用地建设启动开工仪式。

2018年11月20日,联动天翼、广联达、松下签署"百年健康城市"合作协议。

2019年11月18日,锂离子动力电池及储能用锂离子电池生产项目(一期)举行了投产仪式活动,无锡市委书记李小敏宣布投产。

2019年12月24日,联动天翼与云南水务战略合作协议在云南水务总部举行,双方携手服务于城市绿色环保出行领域,在锂离子电池的回收及资源化利用以及运营等方面展开深度合作。

江西远东电池有限公司

一、单位概况

江西远东电池有限公司(简称"远东电池")成立于2009年7月,是一家专业从事锂离子电池和动力电池研发、生产、销售及服务于一体的国家高新技术企业,是远东智慧能源股份有限公司(股票代码600869)旗下全资控股子公司。

远东电池总部坐落于国家锂电新能源高新技术产业化基地——江西省宜春经济技术开发区,注册资金3.02亿元,占地700余亩,10年来专注圆柱形锂电池设计、制造,现员工人数2 000余人,拥有近20万 m^2 的高洁净厂房。先进的自动化生产设备;拥有百余项自主知识产权,掌握了行业先进的生产工艺技术;管理团队稳定优秀;产品竞争力强、交期准时。

远东电池18650、21700锂电池、动力电池(组)产品广泛应用于新能源汽车、储能以及电动自行车、笔记本电脑、移动电源等领域。

二、经营情况

远东电池18650、21700锂电池、动力电池(组)产品广泛应用于新能源汽车、储能以及电动自行车、笔记本电脑、移动电源等领域。远东电池通过了ISO 9001:2015质量管理体系认证、ISO 14001:2015环境管理体系认证、TS 16949:2016汽车质量管理认证体系、ISO45001:2018职业健康安全体系认证、两化融合管理体系;产品通过了CE、CB、UN38.3、BIS、UL等认证。

三、产能建设

远东电池现日产21 700锂电池40万支和18 650锂电池120万支,产能6 GWh,动力电池现生产规模为年产10万组。2018年公司启动投资38.89亿元的"年产3 GWh高能量密度动力储能锂电池研发及产业化项目",重点提升锂电池产品性能和产能,率先布局21 700型锂电池市场,引进了以日本、韩国为主的两条日产40万支200 PPM的3 GWh 21700动力电池智能化、绿色化生产线,2018年10月已全面量产。远东电池21700型锂电池在辅材的选择、轻量化、生产制造等环节均有所创新,提升了电池的能量密度、成组效率、循环寿命、产品的一致性及可靠性,降低了电池的成本,各项性能指标均达到行业动力电池最优指标,进而获得市场领先地位。

四、技术进展及研发能力建设

近年来,公司高度重视生产效率和整体运营效率的提升,在自动化生产和信息化运营方面取得了较大的突破。2018年10月投产的3 GWh-21700全自动化、智能化进口动力电池生产线,实现了生产方式由半自动向全自动方式的升级。该项目引进以日本、韩国为主的两条智能化、绿色化生产线,日产21700电池40万支。远东电池的21700-4.5 Ah电池单体能量密度在240 Wh/kg以上。同时,公司加大力度进行信息化平台项目建设,引入Oracle ERP、MES、PLM、EXCEL服务器、OA自动化办公等信息系统,实现了公司在采购、生产、仓储、物流、财务等方面的信息集成和统一管理,大大提升了企业管理运营的效率和科学性。

通过对生产自动化和运营信息化等方面的持续升级,公司的自动化生产和信息化运营水平在同行业处于相对领先位置,为行业内企业运营效率的提升起到了较强的示范作用。

远东电池研究院自主投入近5 000万元购进国内外先进的检测设备,包括原子光谱仪、比表面仪、气相色谱-质谱仪、激光粒度仪、万能试验机、氩气手套箱、电化学工作站、高精度电池及电池包测试系统、大型振动试验机、大型防爆挤压试验机等行业领先的测试设备。研究院下辖研发实验室，动力实验室，电池中试线，PACK 中试线等多个实验室，具备锂电池原材料理化性能测试，动力电池性能测试，动力电池模块、电动汽车 PACK 性能测试，电池、模块、PACK 安全性能测试，动力电池中试实验（1.5 万 pcs），PACK 中试实验的能力。

远东电池拥有 83 项创新专利技术。远东电池 18650、21700 锂电池、动力电池（组）产品广泛应用于新能源汽车、储能以及电动自行车、笔记本电脑、移动电源等领域。经国家工信部审核进入第三批锂离子电池行业规范条件目录。

远东电池是宜春锂电龙头企业，拥有一批以博士后、博士、硕士、资深工程师为核心的研发技术团队，现有研发技术人员 200 多人，团队专业背景以化学、材料类为主，是一支项目经验丰富、具有超强创新能力的技术团队，荣获“江西省高能电池技术创新团队”，获批“国家博士后科研工作站”和“院士工作站”。

公司与中科院、清华大学、复旦大学、浙江大学、南昌大学、江西理工大学、宜春学院等重点高校、学术机构建立了广泛的产学研合作关系。并承担建设了复合材料锂电池制造技术国家地方联合工程研究中心、江西省锂电池工程研究中心、江西省锂离子动力电池工程技术研究中心、江西省高能电池技术创新团队、宜春市钛-锰电池工程技术研究中心和宜春市锂电产业服务平台。

五、主要新产品

序号	产品型号	产品名称	产品应用
1	2 000 mAh	18650 圆柱锂离子动力电池	—
2	2 500 mAh	18650 圆柱锂离子动力电池	—
3	2 400 mAh	18650 圆柱锂离子动力电池	—
4	2 600 mAh	18650 圆柱锂离子动力电池	—
5	4 000 mAh	21700 圆柱锂离子动力电池	—
6	4 400 mAh	21700 圆柱锂离子动力电池	—
7	4 500 mAh	21700 圆柱锂离子动力电池	—
8	E100B	汽车动力电池组	江铃纯电动轿车
9	E100A	汽车动力电池组	江铃纯电动轿车
10	E200	汽车动力电池组	江铃纯电动轿车
11	E200P	汽车动力电池组	江铃纯电动轿车
12	E200CP	汽车动力电池组	江铃纯电动轿车

续上表

序号	产品型号	产品名称	产品应用
13	E200L	汽车动力电池组	江铃纯电动轿车
14	E160	汽车动力电池组	江铃纯电动轿车
15	STJ5029	汽车动力电池组	陕汽纯电动物流车
16	LW01-P	汽车动力电池组	御捷纯电动轿车

六、合资合作及重大项目建设

远东电池积极响应紧抓住新能源汽车发展的契机，与上游企业建立了长期的战略合作关系；下游与江铃、东风、众泰、奇瑞、陕汽通家等新能源汽车厂商配套销售超过 8 万多组动力电池组，2018 年启动投资 38.89 亿元的“年产 3 GWh 高能量密度动力储能锂电池研发及产业化项目”，一期投资 20 亿元重点布局 18650 型升级产品——21700 型动力电池已全面量产，3 GWh 21700-4.0 Ah、4.5 Ah、5.0 Ah 产品，适用于高端纯电动乘用车、物流车等，产品能量密度高，品质好、内阻低，循环寿命长，性能稳定，性价比高，安全环保。项目通过 ERP 系统和 MES 系统开创锂电池智能制造的新模式，构建基于工业总线的智能装备与智能制造系统的交互机制，通过新型传感技术，树立成为锂电行业“绿色数字化工厂”标杆。

七、发展目标与规划

远东电池立志成为“全球领先的动力系统和储能系统服务商”，力争进入行业前 3。结合“智慧能源”产业链，未来定位以下有 3 点。第一，做精做强现有业务，争取实现圆柱锂电池全球第一的目标。第二，通过与智慧能源及其下属子公司的协同整合，通过与智慧能源及其下属子公司的协同整合，发展 BMS（电池管理系统）以及电池云业务，抢占交通用户的数据流量入口：充分利用各方资源，广泛接触，集中力量对一线整车厂等优质客户重点攻克。通过合资/合作，获得上游锂矿资源并与下游整车厂重点客户在 PACK、电池回收等领域结成战略联盟合作伙伴关系；探索动力电池新的商业模式创新，积极切入整车厂和终端市场针对智能出行等领域未来重点布局，深化合作。第三，发挥电池的梯级利用效应，发展储能业务，抢抓全球未来趋势，投入研发布局缆储一体化业务。

天津市捷威动力工业有限公司

一、单位概况

天津市捷威动力工业有限公司成立于 2009 年 4 月，位于天津西青汽车工业区，主要投资方为上海复星高科技（集团）有限公司和悦达汽车发展有限公司。公司注册资本 8.15 亿元，主营业务为新能源汽车锂离子动力电池设计、研发、制造及销售。

公司采用国际先进的锂离子电池制备技术和工艺，聚焦于乘用车领域和软包叠片技术，专注于生产软包叠片锂离子动力电池产品，用于满足 PHEV（插电式混合动力汽车）、BEV（纯电动汽车）、HEV（混合动力汽车）等高端新能源汽车的应用需求，拥有完善的汽车关键零部件产业链，是国内主流动力电池企业。具有产 4 GWh 动力电池的能力，其中天津基地 1.5 GWh，盐城基地 2.5 GWh，为全球一流的整车企业客户提供系统解决方案。

秉承“诚信、担当、创新、坚韧、和合”的核心价值，公捷威品牌创立以来注重核心技术研发与创新，产学研同步发展，砥砺前行。公司现为国家高新技术企业，依托于国家企业技术中心、天津市企业技术中心、天津市锂离子动力电池企业重点实验室、天津市院士专家工作站等平台，具备单体电池、BMS、电池系统的完整开发能力，以及全产品体系的仿真能力，累计申请专利257项，授权专利117项，已通过ISO 9001、ISO/IATF 16949、ISO 14001、GB/T 28001/OHSAS18001多项体系认证。2016年进入国家工信部批准的《汽车动力蓄电池行业规范条件》企业目录（第三批），2018年第一批入选中国汽车工业协会《汽车动力蓄电池行业白名单》。

捷威动力秉承“客户置顶”的服务理念，为客户创造全方位、互动式、一站式的服务体验，并不断开拓客户价值增值新领域，用高品质的产品与服务回馈全国乃至全球客户，全心全意为客户创造完善、高度吻合的服务体验。公司严格执行汽车工业的高标准要求，脚踏实地，深耕锂离子电池行业，持续提升综合竞争能力，旨在“成就一流汽车工业，改变世界！”

二、经营情况

主要面向奇瑞、东风、长安、上汽、吉利、长城、广汽、江淮、现代、丰田、福特等国内外新能源乘用车企业，并持续多年获得客户认可。截至2019年底，累计装载新能源车超过6万辆，单车最长累计行驶里程超过24万km，在快充使用条件的情况下，能量保持率高于85%。

在BEV方面，捷威动力245 Wh/kg高能量密度电芯已于2018年投入规模量产，定位300 km及以上续航里程。在HEV方面，捷威动力已经获得了现代汽车、东风汽车的项目定点。未来两年，将陆续实现批量化供货。

三、产品出口

插电式混合动力与钛酸锂电池长期出口、欧美等国家。

四、产能建设

已建成年产4 GWh动力电池的能力，其中天津基地1.5 GWh，盐城基地2.5 GWh。为进一步提升规模效应，盐城基地二期2.5 GWh项目于2019年7月开工建设，计划2020年投产。届时，盐城基地产能将提升至5 GWh。2018年11月，公司20 GWh动力电池项目在浙江嘉兴签约，一期规划产能6 GWh，包括研发中心、生产基地等基础建设。到2023年累计达到39.5 GWh的生产能力。

五、技术进展及研发能力建设

公司具备电芯、模组、BMS、电池系统的完整开发以及全产品体系的仿真能力，采用国际先进的锂离子电池制备技术和工艺，聚焦于乘用车领域和软包叠片技术，专注于生产软包叠片锂离子动力电池产品，用于满足PHEV（插电式混合动力汽车）、BEV（纯电动汽车）、HEV（混合动力汽车）等高端新能源汽车的应用需求，拥有完善的汽车关键零部件产业链，业已成为国内主流动力电池企业。公司研发投入两大设计中心和六大设计平台，拟增加投8亿元。公司研发人员占比22%，其中博士26人、硕士166人；2023年研发人员拟增加到2 500人，占比30%。具有各项专利，其中发明专利183项，天津市高价值专利项目试点。承担国家项目：14项，地方项目7项。

六、主要新产品

序号	产品名称	产品型号	产品应用
1	BEV 电芯	47.5 Ah、53.5 Ah、51 Ah	奇瑞、合众纯电动乘用车
2	PHEV 电芯	37 Ah	奇瑞、中华插电式混合动力乘用车
3	商用车电芯	30 Ah、70 Ah、46 Ah	商用车
4	BEV 标准模组	2P6S、3P4S、4P3S	纯电动乘用车
5	PHEV 标准模组	1P12S	插电式混合动力

七、合资合作及重大项目建设

与欧美、日韩等国际一流客户洽谈项目合作开发事宜。智能工厂建设采用先进的锂离子电池制备技术和工艺，实现产线自动化、信息化、智能化全覆盖。

八、发展目标与规划

目标：未来5年提高发展质量，打造综合竞争力，实现技术领先，产品领先，市场领先。

电芯：2020年电芯能量密度300 Wh/kg，2025年电芯能量密度400 Wh/kg。

产能：性能驱动产能，适度超前配置。2023年产能达到39.5 GWh，市场占有率达到15%以上。

IPO：2022年科创板IPO申报。

广州鹏辉能源科技股份有限公司

一、单位概况

广州鹏辉能源科技股份有限公司创立于2001年，是一家拥有自主知识产权核心技术的股份制高科技企业，专注于锂离子电池的技术研发、生产和营销。鹏辉公司注册资本6 300万元，总资产6.7亿元，产品囊括圆柱形、软包、聚合物、储能、动力电池五大系列几百个型号，广泛应用于个人电子消费产品、电动工具、交通运输和储能等领域。借助国家新能源汽车示范推广优惠政策和国家汽车产业振兴和调整规划，鹏辉公司将产业重点转移到新能源汽车方向，主要集中于动力电池开发、电池模组开发、电池热管理、BMS的开发与应用，成功打造了新能源汽车关键零部件的循环产业链。

二、经营情况

2019年，广州鹏辉能源科技股份有限公司共实现营业收入33.08亿元，与2018年同期相比增长28.8%。公司加大新能源汽车生产研发投入，凭借核心竞争力产品，获得战略合作客户上汽通用五菱的大批量订单。公司继续与东风汽车股份有限公司保持合作，与奇瑞汽车、长安汽车开始合作。为贴近客户，公司在柳州设立了主要从事 PACK 业务的子公司柳州鹏辉。根据中国化学与物理电源行业协会动力电池应用分会的统计分析，2019 年，公司动力锂离子电池装机量在全国排名第 11 位。在研发端，公司成功研发出行业领先的 6C 快充电池产品、720 km 超长续航软包动力电池、48 V 磷酸铁锂体系启停电池，为公司在新能源汽车动力电池领域的快速拓展提供了充足的技术支持。

三、产品出口

2019 年，广州鹏辉能源科技股份有限公司共实现境外营业收入 4.14 亿元。

四、产能建设

广州鹏辉能源科技股份有限公司在国内拥有六大园区，2019 年锂离子电池产能达 8.90 亿 Ah，在建产能 5.41 亿 Ah，全年产量 9.88 亿 Ah。

五、技术进展及研发能力建设

广州鹏辉能源科技股份有限公司一贯坚持市场驱动研发为、秉承技术引领产品的宗旨，始终相信创新是企业发展的灵魂，高度重视产品研发能力和技术储备。作为国家火炬计划重点高新技术企业，已获得国家专利 132 项。拥有博士后科研工作站，公司与天津大学、中山大学、中南大学等知名高校长期合作，在新产品和新技术的研发上不断取得突破。拥有先进的实验室以及研发检测设备，能完成可靠性和安全性模拟性实验，成功研发出行业领先的 6C 快充电池产品、720 km 超长续航软包动力电池、48 V 磷酸铁锂体系启停电池，为广州鹏辉能源科技股份有限公司在新能源汽车动力电池领域的快速拓展提供了充足的技术支持。

六、主要新产品

零部件			
序号	产品名称	产品型号	产品应用
1	方形铝壳电池	GSP34135192-100	长安星卡
2	方形铝壳电池	GSP42173166-135	奇瑞 Q22
3	方形铝壳电池	54173192-206	上通五菱 E200

七、合资合作及重大项目建设

年产 4.71 亿 Ah 新能源锂离子动力电池建设项目；广州鹏辉能源科技股份有限公司增资广州市骥鑫汽车有限公司、增资广东幸福叮咚出行科技有限公司；广州鹏辉能源科技股份有限公司收购广州绿圆鑫能汽车租赁有限公司；广州鹏辉能源科技股份有限公司投资设立柳州鹏辉能源科技有限公司、投资设立江苏天辉锂电池有限公司。

八、发展目标与规划

广州鹏辉能源科技股份有限公司将加大锂电池的自主创新能力，提高开发效率，提升产品性能和质量，进一步增强企业的总体竞争实力和经营能力。坚持以专业化、规模化和总成本领先战略，逐步实现在现有 3C 数码类电池业务稳步增长，在新能源汽车稳中求进，在储能市场积极布局，致力于发展成为中国最大最强的电池生产企业之一，争取在 2 ~ 3 年内实现营收百亿的目标。

在传统 3C 数码领域发挥公司以市场为导向，快速反应的特点，不断开发适销对路、性价比高、附加值高的锂离子电池产品满足客户的需要，提升市场占有率和客户满意度，在蓝牙音响、蓝牙耳机、平板电脑和移动电源等细分市场保持领先地位；在人工智能市场和智能穿戴产品市场拓展更多有发展潜力的客户，进一步提升公司在 3C 数码类各细分市场的竞争力，逐步成为多个细分行业龙头，实现行业总体前 3 的目标。

在电动汽车动力电池市场一方面加强自身研发投入和全自动化设备导入，针对电动车细分市场不同客户的差异化需求，根据各类电芯的技术特点用不同的工艺路线开发满足不同类型电动汽车需要的电池模组或电池系统，增加核心客户对公司的依赖度和黏性，打造产品竞争力。另一方面在市场开拓中稳中求进，积极拓展优质客户，严控账款风险，与客户深入合作，逐步实现行业前 5 的目标。

在储能、轻型动力领域持续进行研发投入，积极进行市场布局和开拓，同时开展外部战略合作或合资的方式站稳坐实，实现进入行业第 1 梯队的目标。

九、2019 年 1 月—12 月企业在新能源汽车方面经济指标统计

（单位：万元）

填报单位名称	指标名称	本期累计
广州鹏辉能源科技股份有限公司	2019 年末资产总计	539 824
	2019 年营业收入	330 844

桑顿新能源科技有限公司

一、单位概况

桑顿新能源科技有限公司成立于 2011 年，位于湖湘文化的重要发祥地——湘潭，是桑德集团旗下专业提供锂电能源研发及生产解决方案的锂电创新领先型企业。公司致力于新能源电池系统、动力电池创新平台等研究与生产，业务以正极材料、单体电芯、电池系统集成（PACK）、储能技术为核心。正极材料广泛用于动力电池、储能电池、数码电池产品等。动力及储能产品广泛应用于纯电动乘用车、纯电动专用车、智能电网、风光电储能、大型 UPS、基站、高端电动工具等领域。

二、产能建设

湘潭产业园产能：正极材料3万t，三元软包电池9 GWh。

长沙产业园产能：长沙项目于2019年开工，项目实施后将形成年产8 GWh三元软包电池包产能、3 GWh方形铝壳储能电池总产能11 GWh规模。

三、主要新产品

续上表

序号	产品名称	产品型号	产品应用
1	三元软包电芯	SEPNi11100302P-50 Ah	纯电动轿车、纯电动商用车
2	铁锂软包电芯	SEPFe12212268P-50 Ah	储能电池
3	正极材料	三元、磷酸铁锂、锰酸锂	动力电池、储能电池
4	低速车电池包	—	雷丁四轮车或电动自行车
5	专用车电池包	—	瑞驰 EC35
6	乘用车电池包	—	一汽 B30、东南
7	工程机械车电池包	—	湘潭牵引车

东软睿驰汽车技术(上海)有限公司

一、单位概况

东软睿驰汽车技术(上海)有限公司(以下简称"东软睿驰")成立于2015年10月，作为一家汽车行业的创新型企业，东软睿驰凭借软件能力的优势，通过融合人工智能和大数据等前沿技术，在智能网联、自动驾驶、EV动力系统、出行服务及车联网安全领域，为全球整车企业提供智能化产品、技术、服务及整体解决方案。

二、技术进展及研发能力建设

公司已具备动力电池PACK、电池管理、电机控制、3in1、整车热管理等新能源汽车核心系统的研发能力。在汽车基础软件方面具备完整符合AUTOSAR标准的产品和工具链。在自动驾驶方面具备L2+级别的量产技术，在构建未来结合出行服务的L4+自动驾驶技术。已构建面向未来车辆网服务的VSP平台。

未来3~5年逐步挖掘大数据在电动化产品和车辆网平台的深度应用。在电动化方面，构建电动化平台及整车EE架构能力，打造具有灵活可扩展性的平台化电动化系统。在自动驾驶方面强化核心感知，控制和融合算法，结合出行服务构建更符合产业场景的自动驾驶。

三、合资合作及重大项目建设

1. 东软睿驰与电装中国合资成立"睿驰电装(大连)电动系统有限公司"。

2. 东软睿驰和蜂巢能源战略合作签约。

3. 东软睿驰和福田汽车战略合作签约。

4. 东软睿驰和广汽研究院共同成立SDC联合创新中心。

5. 东软睿驰和XILINX战略合作签约。

6. 中国汽车动力电池产业创新联盟电池系统分会成立，东软睿驰任首届理事长单位。

7. 国家动力电池创新中心动力电池系统分中心成立，东软睿驰任唯一建设与运营单位。

四、发展目标与规划

公司将围绕数据赋能服务(Data Enabled Services)、车联网生态(Connected Ecosystem)、支撑的软件(NeuSAR Powered Software NeuSAR)和智能化硬件(Hardware Intelligence)4个核心方向推进战略目标和技术发展。

1. 数据赋能服务：深度挖掘大数据的价值，为产品质量、整车价值和用户体验的提升提供关键支撑。

2. 车联网生态：通过不断更新的车联网生态为用户提供Fun，Fresh和Personal的服务与体验。

3. NeuSAR支撑的软件：以降低基础软件成本，增强产品价格竞争力和加快开发速度为基础，构建NeuSAR设计下一代汽车E/E架构的能力。

4. 智能化硬件：以智能化硬件为基础不断探索硬件的通用化，集成化和平台化，实现成本的降低和开发速度的提升。

北京科易动力科技有限公司

一、单位概况

北京科易动力科技有限公司(以下简称"科易动力")成立于2010年，是一家以新能源汽车为主要应用、专注于新兴能源管理的高新技术企业。公司创业团队成员为清华大学毕业并具有海外留学经历，多曾任职于行业内知名企业，具有丰富的技术积累和广泛的行业联系。科易动力旗下有员工约300人，拥有一支由博士、硕士组成的专业技术队伍，公司立足于新能源汽车行业，以技术创新为核心竞争力，已形成完善的科研、生产、营销、服务体系。

科易动力拥有多项具有自主知识产权的核心技术，已获得16项发明专利、54项实用新型和10项外观专利授权。由于在新能源动力电池系统技术与产业化方面的不断积累，公司获"国家高新技术企业"、"中关村高新技术企业"、"北京市瞪羚企业"和"北京市海淀区海帆企业"称号，电池管理系统产品和动力电池系统产品等获北京市新技术新产品认证，并在和清华大学、上海汽车、一汽轿车、宇通客车等行业重要单位的科研合作中，共同承担科技部"863"、工信部"创新工程”等国家项目。2016 年，经“中国汽车工业科学技术奖”评审委员会评审，科易动力与清华大学共同申报项目“车用锂离子动力电池性能优化控制与系统集成设计及应用”获中国汽车工业技术发明奖一等奖。并通过 IAFT 16949、ISO 14001、OHSAS 18001 等资质认证。

二、经营情况

以掌握的核心技术为基础，科易动力围绕着先进能源管理展开业务，已在新能源汽车业务方面全面地拓展了市场，并积极开展基于能源管理的其他业务，已形成 5 个主要的产品和业务方向，分别是新能源汽车动力电池系统、电动自行车及机器人等新领域电池系统、国防与非道路用途能源系统、能源系统安全与装备、电池系统大数据与梯次利用体系，这 5 个业务方向中，以新能源汽车动力电池系统为主业，电动自行车电池系统为第二主业，其余 3 个业务处于重点发展阶段，形成了“一主一辅三发展”的格局。

三、产能建设

以北京为总部及研发中心，在苏州建立电动汽车动力电池系统生产线，具备双班年产 8 万套动力电池系统及 10 万套电池管理系统的生产能力。公司产品已配套国内多家知名汽车企业，为新能源汽车产业发展提供了有力的支撑。

四、技术进展及研发能力建设

科易动力创业团队，在动力电池系统与电池管理系统应用方面，尤其是新能源汽车领域，具备多年的实际研发经验，与清华大学汽车工程系形成紧密的产学研合作关系，全面掌握动力电池系统与电池管理系统方面的核心技术，建立了全特征电池性能测试建模仿真技术、高安全高可靠性电池管理系统技术、高安全高可靠性动力电池系统技术和智能制造装备与关键工艺技术四大核心技术体系。

科易动力从电池管理系统、动力电池系统到批量生产装备的核心技术，形成了核心零部件、电子电控、算法策略、系统集成、工艺参数、测试验证、数据积累、生产装备、批量质控的系列闭环技术壁垒，尤其是在动力电池系统的高安全性和高可靠性方面，具有较强的领先优势。

五、主要新产品

序号	产品名称	产品应用
1	动力电池系统	上汽通用五菱 A00 级轿车
2	动力电池系统	上汽通用五菱 A00 级轿车
3	燃料电池巡检控制器	上汽集团等 5 家公司的燃料电池上

六、合资合作及重大项目建设

2016 年，“车用锂离子动力电池性能优化控制与系统集成设计及应用”获中国汽车工业技术发明奖一等奖，其中科易动力为第二完成单位。中国汽车工业技术发明奖是汽车领域的最高奖项，此次获得中国汽车工业技术发明奖一等奖，代表着科易动力在动力电池系统集成方面的技术已经达到国内领先水平。

2017 年，经过层层角逐，科易动力从 100 多家候选企业中脱颖而出，成为宝马 ACES 开放式创新项目电动化领域的唯一获胜公司。科易动力正式成为宝马的技术创新合作伙伴，双方将在技术和产品上开展合作。

七、发展目标与规划

1. 科研目标

基于新一代电池管理系统及动力电池系统的研制，预期主要技术和性能指标将达到国际领先水平，所开发新一代电池管理系统及动力电池系统符合我国新能源汽车发展的主流技术路线和国际趋势，力争到 2020 年底，科易动力新授权专利超过 100 项，其中发明专利不少于 30 项。建立起新一代电池管理系统的智能制造生产装备，产品质量控制指标满足汽车行业标准要求，批量配套多家整车厂客户。针对新能源汽车行业高比能量电池的技术路线，实现对高比能量电池的精确控制，对高比能量电池可能存在的热失控安全问题，进行基于模型的评估和预测，提高现有动力电池系统的安全性，实现高比能量电池在新能源汽车上的安全应用。按照 ISO 26262 的标准要求，新一代电池管理系统产品通过第三方权威机构的功能安全认证，在软件开发方面，通过第三方权威机构的 ASPICE 体系认证。

2. 人才培养目标

通过新一代电池管理系统及动力电池系统的研制，预期掌握主导我国新能源汽车自主发展的核心关键产品技术，通过上述技术的产品化转化，建成各关键部件的高自动化水平制造装备与制造工艺，培养一批从研发、生产、制造、销售、市场、管理方面的人才。计划在 5 年以内，培养正高级职称 5 人，高级工程师 20 人，建立起一批以博士和硕士为主的人才梯队，具备完善的科研体系和管理体系。

3. 预期经济效益和社会效益等方面

在经济效益方面，通过新一代电池管理系统及动力电池系统的研制，促进企业向高端装备、高技术含量、高附加值产品的转型升级，带动企业跨越发展和争先进位，促进了新能源汽车产业的发展。利用该项目平台技术，预期成为国内领先的独立新能源汽车动力电池系统供应商，在 2017—2020 年，配套所研发的新一代电池管理系统的动力电池系统预期销售累计 5 万套，产值超过 10 亿元，为公司创造持续增长的利润，力争申报创业板 IPO。

在社会效益方面，预期在车用锂离子动力电池优化管理的核心技术问题方面取得突破，推动新能源汽车的技术创新，使我国新能源汽车核心技术的研究水平保持先进。实现新一代电池管理系统产品的产业化，打通理论研究到实际产业化的全创新链，推动我国新能源汽车行业的发展，为我国汽车产业由大到强的转型作出贡献。减少 CO_2 排放 400 万 t，有效改善城市空气质量，减少温室气体排放，降低环境污染，促进汽车工业与环境保护的和谐发展。

辉能科技股份有限公司

一、单位概况

辉能科技股份有限公司(以下简称“辉能”)成立于2006年,是全球第一个成功研发并量产固态锂陶瓷电池芯的创业公司,2018、2019年胡润研究院《胡润大中华区独角兽指数》中新能源领域唯一入榜企业,技术与量产进程领先市场5~10年。

辉能采用固态陶瓷电解质取代传统易燃易爆的聚合物电解液,创造具绝对安全性与稳定性的固态电池,并导入卷自动化式生产制程,成为全球首家走出实验室、实现大规模量产的固态电池企业。为满足各市场应用需求,辉能推出多种类的固态电池,如FLCB(超薄可弯曲固态锂陶瓷电池)、PLCB(高容量软包固态锂陶瓷电池)、BLCB(高电压固态锂陶瓷电池)及MAB固态电池包。

产品获国际安规与飞航认证:UL1642、IEC62133、PSE、BSMI、RoSH、UN38.3。

二、经营情况

2012年发表超薄可弯曲电池产品FLCB后,以安全、超薄可弯曲的特性打进穿戴、消费性、IOT与智能卡市场,与HTC、日本软银(Softbank C&S)、Digitsole等品牌协力推出更轻薄安全的电子产品。

随着电池技术与生产规模提升,辉能于2017年进入对电池容量与电性要求更高的新能源车市场,电芯通过欧美中日各大车厂安全测试并获得极高评价,分别与各车厂进行合作案商讨,并开始进行样车打造。

2018年,辉能发布突破传统锂电框架的BiPolar+技术(双极电池),直接于电芯内部串并联,从机构面大幅拉升能量密度,并于2019年发表了全球首个固态电池包设计,结合双极电池技术与固态锂陶瓷电池技术,创造出体积仅传统电池包一半、七成成本的颠覆性固态电池包方案,荣获全球两大科技创新奖项——美国CES创新奖与美国爱迪生奖金奖,并与车厂共同完成固态电池装车测试。

2020年,辉能获得中银投资及一汽产业基金等指标性投资管理企业注资,此轮募资所得将应用于固态电池量产线扩张计划,加速固态电池产业化进度。

三、产能建设

自有产能部分,辉能2013年完成在台湾桃园市建设G1工厂,是全球首条实现固态电池卷片生产的产线,于2017年完成全线自动化,产能40 MWh/年。于2018年底开始于台湾桃园兴建G2厂,规划产能1~2 GWh/年,将成为全球首个跃上10亿瓦时级生产规模的固态电池厂。

为满足新能源市场急迫且大量的固态电池需求,辉能与车厂及相关企业合作,共同为固态电池的产业化而努力,计划将于2022年前于国内完成首个固态动力电池生产基地,随后向外发展至欧、日、美等重点地区,布局全球次世代动力电池市场。

四、技术进展及研发能力建设

辉能12年来专注自主研发电芯与生产技术,在全球建立100%自有专利布局,累计203张专利证书及有152个在申请中,范畴广含产品、技术、机构/化学系统、设备、制程、应用等。

动力电池技术方面,辉能同时发展固态电池芯技术以及针对固态电池所发展出的机构组装技术——MAB(多轴双极电池包),发挥陶瓷固态电池本质安全与高散热能力的优势,开发出气冷式MAB电池包,大幅拉升“成组效率”,创造高能量密度、低成本的创新电池包技术。

产品连续多年荣获多项国际奖项:

2013—2015年,连续3年荣获Computex台北国际计算机展“创新设计奖”;

2013—2014年,连续2年荣获Computex台北国际计算机展“最佳产品奖”;

2015年04月,荣获2015年“台湾第23届精品奖”;

2017—2019年,连续3年荣获美国CES消费性电子展“创新奖”;

2018年11月,入榜胡润研究院《2018第三季度胡润大中华区独角兽指数》;

2019年4月,荣获美国“爱迪生奖”(Edison Awards)(金奖);

2019年5月,入榜胡润研究院《2019第一季度胡润大中华区独角兽指数》。

科力美汽车动力电池有限公司

一、单位概况

科力美汽车动力电池有限公司(以下简称“科力美”)是由Primearth EV Energy株式会社(PEVE)、丰田通商株式会社、丰田汽车(中国)投资有限公司与湖南科力远新能源股份有限公司、常熟新中源创业投资有限公司共同出资建立的一家中外合资企业。是PEVE首次在日本本土之外投资建厂,其生产的镍氢动力电池主要用于配套一汽丰田、广汽丰田国产化混合动力汽车。

科力美成立于2014年8月,主要产品为汽车用镍氢动力电池。工厂建设和生产准备期两年,公司总占地面积130 930 m^2,于2016年末正式投产。在过去的时间里,科力美传承工匠理念,以不断优化升级改造产能,满足了市场的需求。为了更好地满足中国混合动力汽车市场的需求科力美正在做扩建的相关准备工作，扩建项目预计于2021年全部建成并投产。伴随着产能的逐步稳定，科力美的产能将在满足一汽丰田、广汽丰田对镍氢动力电池需求的同时，还将能满足中国国内品牌的节能车用镍氢动力电池的需求。科力美公司将发挥各出资方的技术优势及产业链资源优势，制造综合性能优越的、最安全的汽车动力电池，推动中国汽车混合动力产业发展，实现节能及环境改善使命。

二、经营情况

科力美为打造高品质的电池产品，进行了缜密精细的各项准备工作。一方面，科力美携手PEVE生产技术部历时数月对设备进行精密调试，并对出现的问题逐一排查、彻底解决，以此实现坚决不给客户生产不良品的信念。另一方面是人才的培养，科力美秉承“企业发展与人才培养密不可分”的管理理念，在提高技术技能的同时，培养众多具有“工匠精神”的优秀员工。

科力美生产的动力电池模块组主要搭载于一汽丰田卡罗拉双擎和亚洲龙双擎、广汽丰田雷凌双擎和凯美瑞双擎，产品在全球的销售实绩已达1 300万台同时，为了让更多的顾客使用优质的电池，科力美一直积极开展营业活动。陆续与多家家镍氢电池包组装厂商进行了不同程度的接触与磋商。

三、产品出口

产品100%应对中国市场需求，根据客户（丰田汽车）的经营战略，不排除将来出口海外市场的可能性。

四、产能建设

公司实行三班两运转体制，即保证了机器设备的24 h运转。在市场的牵引下，科力美销售额又冲新高，不仅实现当年销售当年盈利，而且经营业绩也大幅超出预期目标。这是科力美进入电池销售旺季及产销连创新高之后的又一个新的里程碑。科力美于2016年底正式投产，同年12月产能达到1 000台，2017年初开始供货，2017年5月基本开始满负荷稳定运转。2018年科力美全年销售台数15.7万台。2019年全年销售台数17.4万台（含部分进口）。科力美始终秉持着安全第一、品质是企业的根本的方针理念，推动着中国混合动力汽车的发展。此外，公司在对环境贡献方面，着眼于引领汽车节能能科技最前沿，减少车辆废气的排放；同时在社会责任方面，着眼于中国汽车工业、提供优质技术产品、供应链；创造和谐工作环境，提供更多就业机会培养更加专业的人才。

五、技术进展及研发能力建设

产品采用日本PEVE和丰田汽车最新、最安全的产品设计和制造工艺，不断与PEVE、丰田汽车更新的技术相匹配，在提升产品性能的同时也力争降低成本。

六、主要新产品

序号	产品名称	产品型号	产品应用
1	汽车镍氢动力电池模块组（28模块）	G9028-02010	一汽丰田卡罗拉双擎和广汽丰田雷凌双擎
2	汽车镍氢动力电池模块组（34模块）	G9028-06010	一汽丰田亚洲龙双擎和广汽丰田凯美瑞双擎

七、合资合作及重大项目建设

合资状况：PEVE占比41%、湖南科力远新能源股份有限公司占比40%、常熟新中源创业投资有限公司占比10%、丰田汽车（中国）投资有限公司占比5%、丰田通商株式会社占比4%。

八、发展目标与规划

积极进行对外销售的宣传和推广活动，加强与潜在客户的接触与技术交流，争取尽早实现对外销售。另外，随着中国对环境管控越来越严格，对汽车新能源市场整个体系提出更多更苛刻的要求，科力美公司正着眼于环保科技的最前沿，并积极为环境事业和汽车新能源产业作出更大的贡献。

赣州市豪鹏科技有限公司

一、单位概况

赣州市豪鹏科技有限公司（以下简称“赣州豪鹏”）是首批工业和信息化部新能源汽车废旧动力蓄电池综合利用行业准入公告企业之一，主要从事废旧新能源汽车动力电池回收及梯次利用，废旧电池无害化和资源循环利用；现有处理能力1万t。经过近10年的砥砺前行，赣州豪鹏通过股权纽带，既整合产业资源，形成了“材料—电池—新能源整车制造—动力锂电池回收的”上下游企业联动的产业体系，又走出了一条锂电行业优势互补、资源相互对接、企业共同发展的新路；已发展成为国内外多家知名整车和电池生产企业信赖的配套服务商。

二、经营情况

赣州豪鹏在近10年的迅速发展中，一直围绕企业定位“专业、专注、专致”发展，积极开展废旧动力电池的回收、拆解、梯次利用、再生利用技术研究。专业的废旧电池回收处理团队、专业的废旧电池运输车辆和贮存仓库和专业的回收处理生产线；废旧电池回收市场开发、废旧电池无害化处理技术研究及为客户提供优质的绿色服务；专注于把废旧电池回收和无害化处理做好。

基于成熟的技术团队、自主的知识产权，标准化的信息管理手段，以顾客为关注焦点的服务，赣州豪鹏绿色回收无害化处理网络体系正在形成。

三、产能建设

赣州豪鹏一期项目2015年已建成投产，年回收处理废旧锂电池1万t。

四、技术进展及研发能力建设

以技术创新为发展之魂：赣州豪鹏依托本企业技术研发中心积极开展废旧动力电池的回收、拆解、梯次利用、再生利用技术研究。

(1)回收再利用技术方面：近年来，赣州豪鹏研制并应用了金属锂回收提纯、负极碳粉回收利用、电池粉料连续浸出工艺、镍钴锰协同萃取提纯、钴镍锰离子交换净化、精细拆解技术等，与中国科学院过程工程研究所等单位共同研制的退役锂离子电池短程回收技术，大幅简化废旧动力蓄电池处理流程和降低二次污染。赣州豪鹏研发的"废旧电池无害化处理技术"和"废旧新能源汽车动力电池无害化技术"分别入选工信部《绿色数据中心先进适用技术产品目录》及《江西省污染防治先进适用技术指导目录》。

(2)梯次利用技术方面：赣州豪鹏开发的异构兼容梯次利用系列技术，可实现不同状态退役电池的交叉使用和替换；并基于此开发了500 kWh梯次利用储能系统，该系统支持接入各种新能源发电设备、负荷设备、储能设备、动环监测设备等；储能系统的能量调度策略可以根据电网峰、平、谷段电价和储能电池的SOC状态灵活的调整/设置，系统接受能量管理系统(EMS)的调度，由能量管理系统智能化充放电控制，该储能系统具备完善的通信、检测、管理、控制、预警和保护功能，长时间持续安全运行，可通过上位机软件对系统运行状态进行检测，具备丰富的数据分析功能。

赣州豪鹏与中国铁塔股份有限公司赣州市分公司合作成立创新研究中心，深耕退役动力电池在基站、备电等方面的技术开发与应用。

五、主要新产品

序号	产品名称	产品型号	产品应用
1	氯化钴	电子级	生产正极材料
2	硫酸钴	电子级	生产正极材料

六、合资合作及重大项目建设

2017年8月10日，厦门钨业股份有限公司向赣州豪鹏增资控股。至此，从股东结构分析，赣州豪鹏动力电池回收闭合生态圈已初步构成。

七、发展目标与规划

赣州豪鹏围绕用地集约化、生产洁净化、废物资源化、能源低碳化原则，开展绿色改造，重点实行清污分流、废水循环利用、固废资源化和无害化利用。实施绿色设计和绿色采购，开发生产绿色产品，采用先进适用的清洁生产工艺技术和高效末端治理装备，建立资源回收循环利用机制，实现工厂持续绿色发展。赣州豪鹏废旧电池绿色回收无害化处理工厂在自身实现绿色工厂建设目标的同时，助力实现电池全生命周期的绿色化。

长沙矿冶研究院有限责任公司

一、单位概况

长沙矿冶研究院有限责任公司(以下简称"长沙矿冶院")始建于1955年，曾先后隶属于中国科学院、国防科工委、冶金工业部，1999年转制为中央直属大型科技企业，2003年开始由国务院国资委直接管理，2009年成为中国五矿集团有限公司(以下简称"中国五矿")的直管科研单位。拥有国家金属矿产资源综合利用工程技术研究中心、深海矿产资源开发利用技术国家重点实验室等国家及省部级研发平台13个。

作为国家金属资源开发利用重大创新基地，长沙矿冶院自建院以来一直是国家金属矿产资源开发利用科技计划项目的主要承担单位，取得国家及省部级科技成果1 200余项，为行业技术进步作出了突出贡献。践行国家海洋战略30年，先后成功开展我国首次深海输运试验和海底采矿试验，掌握了深海矿产资源开发利用核心技术，跻身国际先进行列。

作为中央企业电动车产业联盟成员单位，专业从事新能源材料研究开发30年，形成了完整的"基础研究—技术开发—中试孵化—产业转化—龙头示范"创新创业链，以"一院二园一基地一基金"(长沙新能源材料工业技术研究院、中国五矿麓山科技创新园、中国五矿麓谷科技产业园、中国五矿国家新能源材料产业基地、新能源材料双创基金)为建设内容，与长沙市人民政府共建"中国五矿新能源材料双创示范基地"，聚集全球高端人才和领军人物，吸引国内外创业创新企业，打造全球最重要的新能源材料科技协同创新平台。

长沙矿冶院坚持"技术研发、产业孵化、成果转移"创新发展模式，经过60余年的改革发展，培养造就了以余永富、刘宝琛院士为首的一大批科技创新人才，荣获"中国十大科技成就""国家科学技术进步奖特等奖"等国家及省部级科技成果奖励500多项，孵化了以金瑞科技(现更名为五矿资本，股票代码600390)、惠同新材(股票代码833751)、长远锂科、金驰材料、金炉科技等公司为代表的高新技术企业集群，为集团公司打造"世界一流的金属矿产企业集团"提供强有力的科技支撑。

二、经营情况

长沙矿冶院近年来以战略定位调整和管理变革为主线，推进落实各项重大战略举措，巩固提升传统优势业务，大力拓展战略性新兴业务，全院经营业绩快速提升并达到历史最好水平，科研与产业发展呈现稳中有进、进中向好的优良态势。2019 年，长沙矿冶院根据五矿集团公司战略部署，面对复杂多变的市场挑战，迎难而上，科技业务和内部协同成果丰硕，科技体制机制改革取得重大突破实现。经营规模持续增长，2019 年营业收入 18.5 亿元，同比增加 1.44 亿元；经营效益再创新高，含投资收益的报表利润总额 2.11 亿元。

三、产能建设

长沙院以传统优势专业有色金属选矿冶金技术为基础，以 1992 年承担国家“863”计划项目镍氢电池正极材料研发为契机，进入新能源电池材料研发领域，是动力电池材料领域最重要的技术创新源与产品供应商。2013—2015 年发展规划布局“原料提纯—前驱体—正极材料—动力电池—废旧动力电池回收”的产业链发展战略，2025 年正极材料产能 10 万 t，镍钴锂原料的需求量分别 3 万 t、1.2 万 t、0.72 万 t。

多年的多金属复杂矿选冶技术积累为处理配方繁杂多变的电池体系提供了技术保障和持续开发能力，对报废动力电池的资源化回收处理技术已有扎实的技术储备。以院现有业务为基础，围绕新能源材料、环保工程、海洋工程等业务领域，大力拓展战略性新兴业务。推进实施新型负极材料及石墨烯制备技术、新体系电池与关键材料、动力电池回收利用(回收体系建设、退役动力电池梯级利用、废旧电池资源再生利用)、工业固废处置及资源化利用、土壤修复、湖泊清淤、光伏组件回收技术应用开发研究等一批重大研发和产业孵化培育项目，已逐步形成核心技术或特色产品，抢占发展先机，培育新业务增长点。

依托自身产业配套优势，第一条高纯四氧化三锰生产线按期投产，产品技术指标和成本指标均达预期；新产品高纯硫酸锰和高纯无硒锰正处于试生产和市场开拓阶段，将尽快推进项目达产达效。

长沙矿冶院已建立从基础研究到产业转化的完整研发与运营体系，形成“资源—材料—器件—回收利用”一体的新能源化循环产业链，贯通上下游“新动力板块”，并实现绿色、高质量发展转型。

四、技术进展及研发能力建设

2019 年，申请专利 118 项，其中发明专利 53 项，授权专利 72 项。首次获得 1 项国际发明专利授权，专利授权量较 2018 年增长 16%，对长沙矿冶院进一步开拓国内外市场和提升核心竞争力起到积极影响。

“十二五”国家科技支撑计划“低品位难处理金属矿选冶关键技术研究”项目和“多金属矿产资源高效综合利用关键技术研究与示范”项目顺利通过科技部验收。制定了“钴含量的测定火焰原子吸收光谱法”等 4 项国家标准。金炉科技与长远锂科、长沙矿冶院与鲁中矿业各获得集团公司科技协同奖 1 项，金属表面处理技术研究团队获集团公司科技创新团队奖。“鲲龙 500”海底集矿车入选“湖湘创新七大名片”。

新兴业务进展顺利，战略布局初见成效，推进实施工业固废处置及资源化利用、土壤修复、湖泊清淤等项目，逐步形成核心技术和特色产品，抢占发展先机。废旧电池梯级利用项目已完成 0.5 MWh/1.5 MWh 级储能系统研究开发，并在广东佛山和长沙矿冶院本部建设 3 套示范工程；长远锂科 5 000 t 废旧动力电池资源循环利用项目建设已完成，进入调试阶段；与德国 RLG 公司签订了回收体系技术协议，12 月平台第一期正式上线；新型硅负极制备技术，锂硫、全固态、新体系电池及关键材料研发取得阶段性成果，完成电池制作及工艺评估中试线建设。

五、合资合作及重大项目建设

配合长远锂科全面完成“2 + 1”项目和环保配套项目建设；积极开展柿竹园一号矿带难选萤石多金属矿的高效综合回收技术研究，取得优良指标；升级改造鲁中矿业小官庄选矿厂，大幅度提高铁精矿回收率、稳定精矿质量，年增铁精矿 10 万 t，降低了精矿成本，经济效益显著；开展杜加尔河铅锌矿和邦巴斯铜矿的选矿研究工作，为两矿经济技术指标的提升提供解决方案和技术储备。

与澳大利亚、秘鲁、捷克、德国等国近 30 余家矿山企业开展技术交流，签订合同 8 项，合同总额超过 1 亿元，资源所“含锰尾矿高效利用技术”首次走向欧洲，获得了良好的国际声誉。与德国逆向物流有限公司(RLG)紧密合作，借助 RLG 端到端管理和逆向物流供应链集成能力，共同打造新能源废旧电池回收网络体系，完成“电池回收公共服务平台”电脑端、手机端的整体上线，各项基础功能运行稳定，满足基本功能使用要求。“电池回收公共服务平台”已注册企业及个人用户 593 家，其中企业用户 123 家。共实现信息撮合 479 条/次，其中通过平台确认成交交易额 576.4 万左右。

在湖南省工业和信息化厅指导下，作为“湖南省新能源汽车动力蓄电池回收利用产业联盟”理事长单位，积极推进湖南省新能源汽车动力蓄电池回收利用试点工作，开展电池回收体系建设，针对回收流程：回收网点——一段物流—分拣仓储—二段物流—综合回收，开展行业服务标准规范制定工作；开始长、株、潭地区回收网点规范化建设，与物流公司签订道路运输合同，完成长沙地区多个回收网点和分拣中心设置。

六、发展目标与规划

2020 年，长沙矿冶院主要针对双创示范基地建设、战略性新兴业务培育、科技成果转化与产业发展、内部业务协同等层面推动落实重要经营事项。重点突破、以点带面，促进科技创新、产业孵化培育的成果产出和经营效益稳定增长。退役动力电池回收网络平台建设方面，以长沙矿冶院为依托，借助欧洲成熟技术合作以致力于成为“全球退役动力电池综合回收及信息溯源服务商”为目标，2020 年实现平台二期功能开发建设，业务覆盖中南地区。至 2025 年，回收体系覆盖全国，引领行业标准、规范的制定，平台回收资源控量占全国比例达 20%。

3M 中国有限公司

一、单位概况

3M 创建于 1902 年,全球总部位于美国明尼苏达州。3M 是最早进入中国的外商独资企业之一。自 1984 年起,3M 始终秉承“扎根中国,服务中国”的本土化发展战略,凭借多元化的技术和解决方案,积极支持中国经济的建设和发展。3M 在中国设立了全球第一个“3M 汽车材料科学学院”,与客户共同探讨汽车行业新技术、新产品和新应用。未来,3M 还将继续坚持本土化发展方针,服务好本土客户,以客户为导向,从客户角度出发,为本土客户提供更多、更全、更新的解决方案。

作为一家多元化科技创新企业,3M 在过去 100 多年里开发了 6 万多种产品,涵盖家庭、医疗、运输、建筑、商业、教育和电子、通信等各个领域。针对新能源汽车的相关新材料开发,3M 在防火隔热、保温、密封、导热、粘接等方面投入了大量资源,以帮助解决和优化动力电池的安全、轻量化、长续航等诉求。3M 期待与中国的各大汽车主机厂一起,不断挖掘新应用,开发新产品,持续紧密合作,共同引领汽车行业未来新趋势。

二、经营情况

3M 中国有限公司于 1984 年 11 月在上海注册成立,是在深圳经济特区外成立的第一家外商独资企业。3M 中国最早的办公地点位于浦东的民生路 40 号,仅租用了一个几十平方米的小工厂外加办公室和 10 多位员工。当时公司以简单加工和贸易为主,销售进口核准的产品,主要是交通安全产品、通信产品和电力产品。截至 2019 年末,3M 公司建立 9 个生产基地、27 个办事处、4 个技术中心和 1 个研发中心,员工近 8 000 人。

三、产品出口

3M 凭借多元化的技术和解决方案,积极支持中国经济的建设和发展。从基础设施建设到制造业崛起,从中国制造到中国创造,从出口驱动到推动内需,3M 将企业的发展战略与中国的发展步伐紧密相连,助力中国市场的快速发展。这也使得 3M 成为中国本土化成功的企业之一。

四、产能建设

3M 从确保流程顺利运行的超强磨料到减轻工作负担的新型材料,创新解决方案能确保生产流程的顺利运行,并有效提高员工的工作效率。3M 在生产制造领域的专业技术,将帮助客户减少重复作业,确保按时交付。从黏合剂,空气过滤器到净水器和安防窗膜,3M 的目标是让客户的生产能更高效地运行,创新方案让复杂的生产制造流程运行得更为流畅。3M 就一直是汽车制造商的合作伙伴,已与全球各大领先的汽车原厂建立起合作关系。3M 始终致力于满足全球汽车原厂和零部件供应商不断变化的需求。

五、技术进展及研发能力建设

作为公认的研发领域的企业先驱,3M 在全球 55 个国家和地区拥有研发能力。3M 中国研发中心成立于 1994 年,是 3M 全球四大研发中心之一。此外,3M 在中国还设有 4 个技术中心。凭借 51 个核心技术平台、多元化技术领域的交流和研究,为客户提供从技术服务到新品开发,从解决方案到流程设计的全方位技术支持,并协助建立相关的技术规范。

为了让客户与社会各界能够更好地了解 3M 的科技创新,公司在 3M 中国研发中心(上海)和各个技术中心内建立了 3M 客户创新中心。3M 客户创新中心被誉为 3M 的“创新摇篮”,集中展示了 3M 的核心科技和多元化的市场应用,通过新奇有趣的互动体验带领每位来宾进入 3M 魅力无穷的创新世界。

2020 年 1 月,3M 全球首个汽车材料科学学院(AMSA)在上海开幕。

六、主要新产品

序号	产品名称	产品型号	产品应用
1	热固化绝缘材料	1604B	用于模组侧板,高强度与侧板粘接。具备优异的剥离强度和耐高温性能,同时具有优良的绝缘性能
2	丙烯酸导热垫	6652	丙烯酸导热垫 6652 专为发热零部件和散热装置之间的界面提供优良的导热路径。无硅油析出
3	导热结构胶	TC6000	双组分车规级导热结构胶水,内含 3M 特有的高分子聚合材料和导热陶瓷填料,可提供优异的导热性能和黏接强度
4	玻璃微球	注塑加工(热塑性材料减重):im16K/ (表面处理、提高树脂强度):im16K-mas; 模压加工(热固性材料):S32HS; 塑溶胶(地盘防撞、保温涂料):VS7000	中空玻璃微球为高强度、低密度、低导热系数填料;可以用于热塑性、热固性材料以及结构发泡和橡胶等不同原料中起到减重和保温等作用
5	火焰阻隔 TFRB 系列	TFR-Board	动力电池模组间热扩散防护
6	缓冲泡棉	SJCEF-XXX-SR	自带黏性的黑色阻燃 PU 泡棉,具有优异的缓回弹和耐高温特性。可用于动力电池软包电芯之间起到吸收公差,适应电芯“呼吸”和吸收振动冲击的作用

续上表

序号	产品名称	产品型号	产品应用
7	双组分结构胶	DP-系列	动力电池部件粘接
8	绝缘胶带	1350 系列	电子元器件绝缘防护,PET 胶带满足欧盟 UL510 阻燃要求,内含 UL 认证的多种绝缘体系材料,并且达到 UL 130°C 耐温等级
9	双面胶带	无基材胶膜 ATT 和薄型双面胶带 DCT	动力电池部件粘接

七、合资合作及重大项目建设

自汽车问世以来,3M 始终致力于开发新的材料。通过遍布 36 个国家的材料开发实验室和客户创新中心,3M 仍在坚持不懈地开发材料的新用途。3M 的工作横跨 46 个技术平台,包括声学、光学控制、聚合物加工等,并在此启发之下开发出了应对各种汽车设计挑战的汽车原厂和零部件解决方案。

3M 可通过全球数十个演示实验室和 50 多个客户技术中心,与全球各大汽车原厂展开合作。数十年来,3M 不断开发新的产品和解决方案,并逐步建立起全球综合服务网络。因此,无论采用何种解决方案,无论客户身处何地,3M 均能持续、可靠地提供服务。3M 借助能源、电子和汽车领域的专业技术,携手车厂和零部件供应商,为客户提供汽车电动化、轻量化、个性化和汽车生产高效化的解决方案。

八、发展目标与规划

2018 年,3M 公司连续第 19 年入选"道琼斯可持续发展指数榜单"。3M 始终致力于以可持续发展为目标,激发创新。

企业愿景:3M 以科技举百业、3M 以产品兴万家、3M 以创新利个人。

凭借四大市场导向型的事业部门,3M 将创意转化成为成千上万种创新产品和解决方案,为客户创造价值。

九、2019 年 1 月—12 月企业在新能源汽车方面经济指标统计

填报单位名称	指标名称	单位	本期累计	同期累计	增长率(%)	增长额(提高百分点)
3M 中国有限公司	2019 年末资产总计	万元	339 665	430 689	-21.1	-91 024
	2019 全年完成投资额	万元	35 668	48 260	-26.1	-12 592
	2019 年营业收入	万元	503 846	553 699	-9.0	-49 853
	2019 年利润总额	万元	16 046	63 929	-74.9	-47 883
	2019 年销售毛利率	%	25.4	28.5	-10.9	-3.1
	2019 年销售利润率	%	3.2	11.5	-72.2	-8.3

上海奥威科技开发有限公司

一、单位概况

上海奥威科技开发有限公司(以下简称"奥威")成立于 1998 年,注册资本 6 000 万元,是上海市高新技术企业。公司总部及研发基地位于中国(上海)自由贸易试验区郭守敬路 188 号(张江高科技园区),在浦东老港拥有一个占地 66 600 m^2 的产业化基地。

作为国家高新技术企业,奥威专业从事超级电容器及其应用系统的技术开发 20 余年,是国内最早的超级电容器生产企业,也是"国家车用超级电容器系统工程技术研究中心"依托单位,已建成国内最具规模的超级电容器研发基地。奥威拥有"上海超级电容工程技术研究中心"、"上海市超级电容技术创新中心"、"上海市超级电容材料及检测专业技术服务平台"和"上海市企业技术中心"等 4 个省级研究平台。奥威先后承担了包括国家"863"计划、国家科技支撑计划、科技部重大专项及上海市科委登山行动计划等在内的国家和地方重大科研项目攻关。奥威拥有超级电容器的自主知识产权,产品广泛应用于电子电器和机械制造等行业,其中 UCK 系列产品能量密度大于 100 Wh/kg,达国际领先水平,产品已广泛应用于电动城市客车、纯电动重型牵引车、有轨电车、电动游览车、混合动力汽车、港口机械、AGV 等诸多领域,并进军以色列、白俄罗斯、保加利亚、奥地利等海外市场。

二、经营情况

作为超级电容器行业的领军企业,奥威产品的技术水平已得到国内外广泛认可,国内外多份超级电容行业调研报告和国家发改委市场分析报告均将奥威作为中国超级电容器行业的龙头企业。2018 年奥威成为首批通过"上海品牌"认证的 53 家企业之一。2019 年获"长三角区域绿色技术应用十佳"。

奥威 UCK 系列超级电容器的能量密度大于 100 Wh/kg,已达到国际领先水平,奥威科技超级电容技术作为新能源产业的代表,获选"一带一路"首批项目正式落户白俄罗斯工业园,产业化基地已于 2018 年 8 月正式建成投产,是中白工业园第一个建成投产的项目。具有自主知识产权超级电容器产品,已经广泛应用于超级电容城市客车、纯电动港口牵引车、矿用牵引车、超级电容电动游览车、混合动力汽车、重型

机械、特种车辆、太阳能风能储能等领域。

三、产品出口

奥威一直以来秉承全球化发展的战略，车用超级电容系统在纯电动公交车上的应用主要在海外，已经在多个国家开辟纯电动公交市场，并获得一系列的好评。2014 年 4 月底，保加利亚索菲亚 11 路超级电容公交示范线开通运营；2016 年 8 月，塞尔维亚贝尔格莱德和奥地利格拉茨公交示范线开通运营；2016 年 9 月，以色列特拉维夫 4 路超级电容公交示范线投入运营；2017 年 5 月，中白合作打造的新型 18 m 超级电容公交车样车在白俄罗斯首都明斯克正式开通运营；2018 年 5 月，超级电容公交车驶入马其顿共和国最大的城市斯科普里，同月，意大利拉兹佩齐亚超级电容公交示范线正式开通运营；2019 年 6 月，超级电容电动城市客车在丹麦奥尔堡正式开通公交试运营。

奥威科技在目前电动城市客车用超级电容系统领域的市场占有率全球第 1。2017 年在中白工业园设立白俄罗斯生产基地用于当地生产和售后，2019 年设立丹麦分公司进一步开拓欧洲市场，解决欧洲特别是北欧寒冷地区的新能源储能问题。

四、产能建设

年产各种超级电容器单体 60 万只。

五、技术进展及研发能力建设

作为国内最早从事超级电容器研发与应用的企业，奥威始终将创新作为推动企业发展的源动力，不仅创建了国内第一家超级电容器研发中心，还以之为基础，不断提升创新实力。

奥威科技已在产品的设计、研发和制造等关键环节形成了一批具有国际先进水平的自主知识产权和核心技术成果，申请专利百余项，UCK 系列超级电容器的能量密度大于 100 Wh/kg，已达到了国际领先水平；通过与上游企业及高校等合作开发高性能活性炭等先进材料实现国产化；具有国际先进和领先水平的无机混合型超级电容器、有机对称型超级电容器和有机混合型超级电容器技术，特别是开创了我国有机混合型超级电容器的产业化和应用之先河；以高能量超级电容器城市客车等为代表的先进超级电容电动汽车技术，在实现应用推广的同时进入了国际市场；在节能电梯、消防电梯、储能电源等一批应用成果。

奥威科技通过不断整合优化资源配置，扩展使用场地，并针对科研任务购置先进仪器设备，建成车用超级电容器系统技术开发、试验和检测的七大技术平台，充实加强了研发团队，完善内部管理制度，增强了公司的技术研发能力和水平。奥威已经成为国家车用超级电容器系统技术创新基地、产品开发基地、应用推广基地、技术交流合作平台、人才培养平台和标准体系建设平台。在多年的研发过程中，奥威科技逐步引进、培养了一支由行业专家、学者和技术工人组成的专业团队，拥有超级电容器材料研究、产品设计、工艺研究、电源系统设计集成、应用开发等领域的专业人才，并已经形成了一个老、中、青结合的人才梯队。同时公司还与包括清华大学、复旦大学、同济大学、湖南大学、华东理工大学、上海空间电源研究所、防化院、中科院上海微系统所、成都材料所、北京所、上汽、陕汽、潍柴等国内相关机构及企业建立了牢固和紧密的产学研用联盟，拥有一个实力雄厚的智囊团，并制订了一系列人才培养的近期和远期规划。

奥威科技申请国内外专利百余项，主持和参与制定行业及地方标准 17 项，曾获“全国职工优秀技术创新成果一等奖”“上海市科学技术一等奖”“浦东新区科学技术一等奖”等荣誉，产品已通过 ISO 9001、ISO 14001、IATF 16949、SA 8000、OHSAS 18001 等体系认证和 ROHS、CE、UL、ECER10、ECER100 等产品认证，产品还通过了阿尔斯通模拟工况、法国国际轨道交通极端试验检测。

六、主要新产品

序号	产品名称	产品型号	产品应用
1	24 V 车用超级电容器模块	MUCK24V2870	有轨电车、船用储能电源、功率补偿装置
2	48 V 车用超级电容器模块	MUCR48V196A	有轨电车、城市地铁、混合动力汽车、节能电梯
3	UCK 系列超级电容器	UCK42V14000C	城市公交车、隧道机车、矿用机车、码头车
4	UCK 系列超级电容器	UCK42V9000	城市公交车、矿用机车、船用电源、节能电梯
5	UCR 系列超级电容器	UCR27V3000B	有轨电车、城市地铁、混合动力车辆、节能电梯

七、合资合作及重大项目建设

2019 年 3 月 5 日，奥威全资子公司 Shanghai Aowei Technology Development 丹麦奥威科技公司，Nordic Ultra Capacitor Engineering Research Center 国家工程中心丹麦分中心分别在丹麦奥尔堡市注册成立。

八、发展目标与规划

奥威科技的定位是成为超级电容研发、制造、集成为一体，为用户提供整体解决方案包括延伸的技术售后服务的服务供应商。作为国内超级电容器产业的龙头企业，奥威科技将立足现有的技术优势、系统集成优势和工程化应用优势，依托工程中心和产业化基地，进一步强化现有竞争优势，同时着重进行市场开拓和推广，通过引入资本迅速做大做强，辅以行业整合和并购，将奥威科技发展成为全国乃至全球的超级电容器产业领军者。力争在 2 年实现产值过 5 亿元，发展创造新的商业模式，努力提高服务收入，成为国内超级电容器产品体系最齐全的、名列前茅的超级电容器供应商和集成商。

奥威将以国家“一带一路”建设为契机，以市场需求为原则，以企业多年研发为基础，通过优化股东结构争取在上海科创版上市为目标，分阶段在2年内引入1～2家重量级战略投资者，计划在2022年前完成IPO上市计划。

北京机械工业自动化研究所有限公司

一、单位概况

北京机械工业自动化研究所有限公司（简称“北自所”）创建于1954年，是原机械工业部直属的综合性科研机构，1999年转制，现为国务院国资委监管的大型科技企业。

北自所致力于制造业领域自动化、信息化、集成化、智能化技术的创新、研究、开发和应用，为客户提供包括开发、设计、制造、安装和服务的整体解决方案，是离散制造领域智能制造系统集成的卓越实践者和引领者。

北自所为国家重大工程和企业的技术进步作出了卓越的贡献，成功研制了我国第一台液压伺服喷漆机器人、我国第一座自动化立体仓库、我国第一台高能电子直线加速器、我国第一个拥有自主知识产权的MRPII软件、我国首创的MIC系列可编程序控制器等高新产品。取得科研成果500多项，完成了数千项国家攻关项目及企业定制的装备工程。包括承担我国第一颗人造地球卫星的地面模拟振动试验；承接备受瞩目的三峡工程和引黄工程项目；承建首都国际机场T3航站楼智能配电系统；开发我国的第一条机器人喷漆生产线；研发出我国第一台高能电子直线加速器；完成目前世界上最大的玻纤行业的物流生产线；开发出具有自主知识产权的RS10信息化软件；研发了具有国际先进水平的汽车发动机柔性自动化装配线，北自所为我国装备制造业自动化技术的发展发挥了不可替代的作用。

二、科研项目及成果

北自所业务覆盖制造业信息化、智能物流和自动化立体仓库、自动控制系统开发与应用、工业机器人开发与应用、金属板材加工自动化装备、自动装配与实验装备、流体传动与控制、无损检测和电器物理装备制造、新能源汽车动力电池智能装配、拉膜生产线等。

近5年，北自所承担的纵向项目50余个，其中“863”计划项目7项，“智能制造专项”项目18项，国家省部级以上其他重点项目30余个。此外，北自所承担的课题曾多次获得全国科学大会奖、国家科技进步奖、中国机械工业科学技术奖等国家级奖项，科技成果奖等省部级奖项。

截至2019年10月，北自所拥有智能工厂解决方案相关的核心技术专利41项，其中发明12项，实用新型29项，拥有53项软件著作权。北自所是中国智能制造系统解决方案供应商联盟理事长单位，中国机器人产业联盟副理事长单位、中国工业互联网产业联盟理事单位、两化融合管理体系贯标咨询优秀服务机构。

三、科研设施及科研能力建设

北自所现有员工800余人，其中工程技术人员600余人。建有8个研究开发中心。拥有“制造业自动化国家工程研究中心”“国家液压元件质量监督检验中心”“国家‘863’计划智能机器人产业化基地”“制造业自动化国家工程研究中心（NERC-MA）”“国家智能化系统集成体验验证中心”等国家级先进科研机构。并在兴建以“智能专机设备”和“高附加值工业产品”为主题的两个产业园区。有“全国工业自动化系统与集成标委会”“全国液压与气动标委会”等15个全国性行业组织依托在北自所，负责自动化领域的国际标准、国家标准和行业标准的研究制定工作。北自所是国家批准的“控制理论与控制工程、计算机应用技术”两个专业的硕士学位授予点，已培养硕士研究生160多名。编辑发行两本中文核心期刊《制造业自动化》和《液压与气动》。

四、主要研究方向

北自所成立60多年来，一直致力于制造业领域自动化、信息化、集成化、智能化技术与设备的创新、研究、开发和应用，是离散制造领域智能制造系统集成的实践者和引领者。为企业提供自动化专机/单元、集成化产线/系统、数字化车间、智能工厂等多种解决方案，为客户实现高效、优质、柔性、绿色制造，助力企业提质增效、转型升级。

以装备研制为标准来划分的研究方向如下。

（1）智能加工装备：双向拉伸薄膜生产线、带钢彩色辊涂生产线、连续带钢热镀锌生产线、带钢电镀铬/锡生产线、热管式真空集热管生产线、机器人焊接/涂胶/高压水切割工作站。

（2）智能物流装备：自动化信息化立体仓库、智能控制堆垛机系统、货到人智能分拣线、分拣机、自动导引小车（AGV）/穿梭车（RGV）。

（3）智能装配装备：专用输送设备发动机/变速箱柔性自动装配生产线、中压绝缘中空断路器智能装配生产线、汽车动力电池PACK生产线、电子产品自动化装配生产线、开关柜自动检测装配生产线。

（4）智能监控装备：数字化车间装备和生产线自动检测与控制系统、基于物联网的车间数据采集系统、大坝计算机监控系统/船闸电气工程、城市供水及污水处理工程自动化仪表监控系统。

（5）智能管理软件：基于电子商务的企业资源计划管理系统RS10、集团版ERP、仓库管理系统（WMS）、基于电子商务的企业资源计划管理系统RS10。

（6）智能检测装备：数字化车间装备和生产线自动检测与控制系统、基于物联网的车间数据采集系、大坝计算机监控系统/船闸电气工程、城市供水及污水处理工程自动化仪表监控系统。

五、国内外交流

北自所一贯重视国内外技术合作与交流，每年组织参加国内各种行业协会、技术交流会、专题研讨会等交流活动，平均每年派出50多人出国参加国际博览会、学术交流会、考察访问活动，平均每年邀请外国专家100余人到公司进行技术交流、访问洽谈；与国外著名企业、研究机构、大学进行多形式多层次的技术交流与合作，通过互访、交流，及时了解国际学术发展现状，学习国外先进技术与管理，促进公司技术发展。北自所还定期举办科技节、技术研讨和专题交流等专项活动，邀请广大客户、行业领导和业内专家公司探讨技术发展趋势，研究技术难题，交流市场和行业经验，谋求合作和发展，与十几家国外公司建立了战略合作关系。

六、发展规划

公司使命：努力引领我国装备制造业自动化、信息化、智能化、集成化技术的创新与发展。愿景：成为国内一流、国际知名的行业智能制造整体解决方案提供商。坚持市场导向，以客户需求带动业务发展，驱动技术研发升级和行业市场扩张；以市场机制推动整体发展，对外依托智能化示范工厂发展产业化，对内健全现代企业制度，提高集团资源管控，打通外部市场和内部管理机制。

上海重塑能源科技有限公司

一、单位概况

上海重塑能源科技有限公司（以下简称“重塑科技”）成立于2014年，是中国领先的氢燃料电池系统供应商，主营业务包括氢燃料电池系统的研发、制造及相关工程服务。截至2020年第一季度，公司已为包括一汽解放、东风、宇通、中通等国内一线整车企业累计配套超过60款氢燃料电池车车型，是国内开发氢燃料电池车型及配套应用最多的企业之一，中国超一半的已投运氢燃料电池汽车上均搭载了重塑科技的氢燃料电池系统，同时还被应用于日本、马来西亚、德国等国家和地区的氢燃料电池车辆上。

作为国内首批进入中国汽车工业协会《氢燃料电池行业白名单》的企业，以及工信部指导下的“中国汽车动力电池产业创新联盟燃料电池分会”的理事长单位，重塑科技致力于携手产业链上相关企业和机构共同推动氢燃料电池汽车行业的长足发展。公司长期深入参与产学研合作研究，加速高效的科技成果转化，包括与同济大学、北京理工大学在内的多所高校成立联合实验室进行氢燃料电池的相关研究。另外，公司还积极与海外产业伙伴共同解决行业发展的瓶颈问题，为政策和标准的制定建言献策。公司是继长城汽车、潍柴动力、国家能源集团、中石化之后第五家加入“国际氢能委员会 Hydrogen Council”的中国企业，也是该组织中首家以氢燃料电池系统的集成开发为主要业务的民营企业。

自成立以来，凭借核心研发实力和自主创新能力，重塑科技相继获得“上海市高新技术企业”“上海市专精特新企业”“上海市科技小巨人企业”“上海市企业技术中心”“嘉定区政府质量金奖”“中国科创百强企业”等荣誉。

二、经营情况

重塑科技旗下拥有多款不同功率等级的标准化氢燃料电池系统产品。其中，公司自主研发并已批量生产的32 kW至50 kW CAVEN系列氢燃料电池系统已得到广泛的市场验证，应用于不同类型的商用车上。截至2020年一季度，这些车辆累计行驶里程突破2 200万km。在此基础上，2020年2月，重塑科技发布新一代60 kW至110 kW中、高功率PRISMA镜星系列氢燃料电池系统，通过模块化集成方案覆盖典型商用车轻、中和重型应用场景，适用于市内物流、城市公交、市政服务、城际货运及省际长途运输等不同车辆，实现更广阔交通运输应用场景的“零碳”目标。

三、产品出口

2019年4月，首批3辆搭载重塑科技氢燃料电池系统的飞驰客车登陆马来西亚沙捞越州首府古晋，标志着东南亚地区首个氢能公交项目正式落地。

2019年6月，重塑科技与三菱扶桑正式启动首款氢燃料电池轻卡 FUSO Vision F-CELL 的原型车项目合作，基于三菱扶桑首款纯电动轻卡 eCanter 底盘，为该项目提供氢燃料电池系统产品，以及车辆前期总布置、动力系统配置、整车集成、装车调试等工程应用服务。该车在2019年第46届东京车展首次亮相，并将作为其后量产氢燃料电池卡车的基础车型。

四、产能建设

2017年7月，重塑科技位于广东省云浮市的燃料电池制造基地正式投产，现阶段产能为年产5 000套燃料电池系统，基地总设计产能可达年产2万套燃料电池系统。

五、技术进展及研发能力建设

重塑科技现有近500名员工，其中研发团队中硕士及博士占比近40%。核心研发团队具有10年以上氢燃料电池领域研究背景及丰富的整车开发经验。经过持续的技术沉淀和经验积累，公司已全面培育起涵盖有关氢燃料电池系统零部件评价、仿真模拟、控制技术、模块集成、整车动力系统等方面的核心技术能力，为氢燃料电池系统的商业化奠定了坚实基础。重塑科技已申请专利累计超过88件，授权专利超过45件，主要包括氢燃料电池集成技术、热管理系统技术、系统控制技术等。

2019年11月，公司全新的上海集团总部研发中心正式启用，研发中心总建筑面积约2.5万m^2，配套先进的研发实验室和测试设备，具备从关键零部件到车载动力系统及功能样车的全套开发、测试、试制与验证能力。

六、主要新产品

序号	产品名称	产品型号	产品应用
1	60 kW 燃料电池系统	镜星六	适用于轻型物流车，城市公交车和如洒水车、垃圾车类市政服务车辆

续上表

序号	产品名称	产品型号	产品应用
2	80 kW 燃料电池系统	镜星八	适用于较大型客车及市政服务车辆,同时可应用于城际高速物流运输车辆
3	110 kW 燃料电池系统	镜星十一	适用于重载及省际长途运输车辆,进一步提升扭矩实现持续高速工况需求
4	32 kW 燃料电池系统	卡文三	适用于轻、中型车辆
5	46 kW 燃料电池系统	卡文四	适用于轻、中型车辆

七、合资合作及重大项目建设

合资合作:

2019 年 1 月,重塑科技和佛山市南海区人民政府签约,共同投资建设"重塑科技氢能产业基地项目。

2019 年 7 月,重塑科技与丰田汽车、苏州金龙达成氢燃料电池客车合作,携手打造可持续的公共交通解决方案;重塑科技与丰田汽车、一汽股份达成氢燃料电池商用车合作,共同推动可持续的交通解决方案。

2019 年 9 月,中国石化集团资本有限公司战略投资重塑集团,共同布局氢能产业链。

2019 年 11 月,重塑科技与欧洲车载电驱系统工程服务商 eCap 公司达成战略合作关系,共同为欧洲市场开发氢能应用解决方案。

2019 年 12 月,重塑科技与常熟高新区、丰田通商达成氢燃料电池重卡示范应用合作意向,携手打造氢燃料电池重型卡车示范应用项目。

重大项目建设:

2019 年重塑科技投建一个燃料电池研发中心(上海嘉定),在建一个燃料电池产业化基地(江苏常熟)。

八、发展目标与规划

公司未来发展战略以市场开拓和研发为基石逐步推进。

1. 加强市场开拓和产品应用:以商用车为重点快速开拓客户,推广产品,提升市场占有率。

2. 坚持技术研发为核心:通过自主开发和批量生产,按照降本优先的顺序逐步推进燃料电池零部件、核心电堆成本的快速下降,提高燃料电池技术的经济性。

北京亿华通科技股份有限公司

一、单位概况

作为中国氢能产业先行者,北京亿华通科技股份有限公司(简称"亿华通")始终专注于氢燃料电池发动机系统技术研发与产业化,致力打造更好的氢能解决方案。亿华通已形成以自主氢燃料电池发动机为核心,包括双极板、电堆、整车控制器、智能 DC/DC、氢系统、测试设备、燃料电池实验室全套解决方案等在内的纵向一体化产品与服务体系。建立在核心自主知识产权基础上的全新一代氢燃料电池发动机,提前完成国家燃料电池系统技术目标,达到国际先进水平。自主开发的全系列测试服务体系为众多主流商用车企燃料电池实验室提供全套解决方案。凭借多年来的产品优势,公司先后参与或承担了国家"863 计划""973 计划""国家重点研发计划"中众多燃料电池重大专项课题及联合国开发计划署(UNDP)GEF 示范项目,并参与多个世界级重大活动的燃料电池客车示范运营,率先建立起高效、专业的服务团队。产业化层面,亿华通既是先行者,也是核心推动者。公司分别与宇通、福田、中通、申龙、苏州金龙、安凯、中植、东风、重汽、陕汽、北汽、广汽、长安等企业合作,联合推出客车、物流车、乘用车、叉车、有轨电车、固定电源等全系列产品,企业覆盖与公告车型数量均实现大幅领先。

公司依托北京、上海、张家口、成都、苏州等核心城市的产业基础,采用"点—线—面"的发展模式,推动当地氢能产业生态构建。未来,公司将继续专注于氢燃料电池发动机系统技术创新,联合氢能产业上下游,持续引领中国氢燃料电池汽车工业产业化步伐,推动中国氢能产业健康发展。

二、经营情况

2019 年,亿华通实现主营业务收入 55 362 万元,在国内率先开启了氢燃料电池发动机批量商业化的进程。

三、产能建设

已具备 2 000 台/年的生产能力,年产能 8 000 台燃料电池发动机系统自动化生产线正在建设中。

四、技术进展及研发能力建设

在技术创新方面,亿华通一直以来坚持正向开发策略,采取由表及里的纵向开发模式,已完成从燃料电池发动机系统研发到核心电堆研发的突破。

亿华通坚持自主创新,与清华大学等众多高校院所开展基础研发合作,依托在北京、上海的研发中心进行产品迭代开发,最新一代的产品关键性能已接近国际先进水平。

自 2019 年起,亿华通致力于深化核心技术与产品迭代,推进燃料电池发动机大规模产业化。亿华通积极对标国际先进水平,坚持前瞻、在研、应用三代产品同步推进,围绕燃料电池发动机系统低温环境适应性、耐久性、可靠性、效率、安全性、成本六大设计指标开展研发活动。亿华通正在实施的燃料电池领域国家课题多达 14 项,覆盖重型商用车开发、大功率燃料电池发动机研发、车载氢系统研发等技术领域,具备丰富的技术储备和科研成果。

2019 年 4 月,亿华通与丰田汽车、北汽福田签署合作备忘录,拟共同合作向北京 2022 年冬奥会提供燃料电池大巴,公司投入大量研发资源开发基于丰田汽车金属双极板电堆的大功率燃料电池发动机,完善技术与产品体系。公司员工人数自 2016 年末的 233 人增至 2019 年末 482 人,其中研发团队规模自70人增至174人。

五、主要新产品

产品名称	产品型号
60 kW 氢燃料电池发动机	YHTG60SS

六、发展目标与规划

1. 技术创新规划

将继续坚持正向开发策略，层层深入继续布局膜电极等燃料电池核心部件，通过自主创新与国际合作相结合，保证前瞻、在研、应用三代产品同步推进，围绕燃料电池发动机系统低温环境适应性、耐久性、可靠性、效率、安全性、成本六大设计指标开展研发活动。探索新工艺、新材料、新构型，不断提升功率密度；提升测试能力，验证车用极限条件下的耐受性及保护策略，不断提升安全性；加强落实全面质量管理，根绝缺陷源头，不断提升可靠性；提升材料寿命，优化控制策略，不断提升耐久性；增强模块复用性，精简零件数量，不断降低成本。

2. 市场推广规划

结合现阶段燃料电池产业的发展情况和我国氢能资源分布，制定了“点—线—面”的燃料电池市场推广发展战略。“点”：在北京、张家口、上海、郑州、成都、苏州、滨州等燃料电池产业资源或氢能资源丰富的城市，积极布局氢能产业落地和燃料电池汽车示范运营；“线”：以核心城市为中心，拓展直线距离500 km内的燃料电池汽车推广城市，形成“点—线”辐射的推广布局；“面”：以大规模制氢技术突破为契机，利用前期已推广城市、城间管网为纽带，建设我国氢能产业大区域，从而实现“点—线—面”战略。

3. 人才发展规划

人才是企业持续发展的基础和保障，将在强化内部人才培养、加快引进外部人才和完善人才激励机制3方面开展公司人才战略，打造一支能够适应燃料电池产业竞争和公司发展需求的人才队伍。强化内部人才培养：优化公司内部人才结构，完善公司内部员工培养和发展体制，深挖员工潜力，通过理论与实践相结合，加大能力培训的广度和深度，不断拓宽专业技术人员的业务能力和水平，在公司内部发现、培养一批高技能、高素质专业人才，推动人才全面发展。加快引进外部人才：依托清华大学等高校资源，每年引进多名燃料电池学科毕业的硕士、博士生，为企业研发团队增加新鲜血液。同时多渠道引进高素质的经营管理人才和专业素质过硬的技术人才，推动人才结构战略性调整。除提供有竞争力的薪酬之外，制定科学合理的高端人才认定标准和职业发展通道，为高端人才的引进营造良好的发展环境。完善人才激励机制：完善岗位价值评估体系，最大限度地满足不同层次的人才需求。进一步完善股权激励、员工持股，不断提升企业的凝聚力和创新精神，实现公司利益和员工利益的长久共赢。

七、2019年1月—12月企业在新能源汽车方面经济指标统计

填报单位名称	指标名称	本期累计（万元）
北京亿华通科技股份有限公司	2019年末资产总计	118 787.12
	2019全年完成投资额	25 387.05
	2019年营业收入	55 362
	2019年利润总额	3 207.17

新源动力股份有限公司

一、单位概况

新源动力股份有限公司（以下简称“新源动力”）成立于2001年4月，注册于辽宁省大连市高新技术产业园区，是中国第一家致力于燃料电池产业化的股份制企业，主要从事氢燃料电池膜电极、电堆模块、系统及相关测试设备的设计开发、生产制造和技术服务。新源动力集科研开发、工程转化、产品生产、人才培养于一体，发展愿景是成为具有国际竞争力的燃料电池电堆及系统供应商。团队总人数已超200人，其中技术团队80余人，高级职称30余人、中级职称30余人，70%具有博士、硕士学历。公司现有产能1 000套/年，2019年实现总收入10 136万元。

二、企业资质信息

新源动力自成立以来始终坚持自主创新，已具备完善的产品开发体系、测试评价体系、生产管理体系、售后服务体系，掌握了车用燃料电池电堆及零部件正向开发、批量制造的核心技术，是中国氢燃料电池技术商业化实践的引领者，是国家燃料电池技术标准制定的副主任委员单位。

2006年获国家发改委授牌并承建“燃料电池及氢源技术国家工程研究中心”，同年获国家人事部授牌“博士后科研工作站”，是国家级高新技术企业、国家级知识产权试点单位。2009年通过ISO 9001质量体系认证，2010年取得CE产品安全认证证书，2014年取得中国电器工商协会会员证书，2015年获批“大连市燃料电池工程技术研究中心”，2016年荣获标准化良好行为证书，2016年取得知识产权管理体系认证证书，2017年第四次被认定为高新技术企业，2018年取得科技型中小企业入库编号，同年顺利通过ISO 9001体系换版认证及IATF 16949认证。2019年成为首家上榜国家专利500强燃料电池企业，排名第286位。

三、技术能力

新源动力从“十一五”“十二五”到“十三五”，一直承担“863”计划、国家重点研发计划等多个科技部重大专项——车用燃料电池发动机研制课题，完成的各项技术指标国内领先，部分关键技术已达到国际一流水平，并以此为基础在燃料电池发动机技术领域取得了多项创新成果，拥有完整独立的自主知识产权。累计拥有专利498项，其中国际专利4件，涵盖了质子交换膜燃料电池关键材料、关键部件、电堆、系统各个层面。

技术研发方向主要包括燃料电池关键材料及部件选型与评价、燃料电池电堆及关键部件的设计与开发、燃料电池结构及流体仿真、新产品试制和批量制造工艺开发、燃料电池电堆及发电系统关键零部件检测。新源动力秉承现代企业管理理念，以顾客为中心，本着“加强过程管理，致力于持续改进，提供顾客满意的产品和服务”的质量方针，通过18年的研发和制造积累，建立健全了产品开发体系，测试评价体系，生产管理体系，售后服务等体系。为满足车企要求制定了基于APQP和GVDP的燃料电池产品的开发流程，详细定义各阶段的工作内容及输出，并进行评审，严格控制研发质量。

凭借雄厚的技术实力，新源动力研制和开发的燃料电池相关产品已成功应用在多个领域，并在2008年北京奥运会、2009年联合国开发计划署（UNDP）上海示范项目、2010年上海世博会、2011年德国柏林第十一届必比登挑战赛、创新征程——2014年新能源汽车万里行活动等相关重要的示范运行活动中均取得优异的成绩。

2014年新能源汽车万里行巡游活动中，搭载新源动力燃料电池模块的燃料电池轿车，全程参与了巡游，途径全国14个省市自治区的25个城市，行程超过1万km，全程“零”故障，体现了新源动力可靠设计能力和电堆的优异性能。

2015年，新源动力向战略合作客户上汽集团前瞻技术研究部提交荣威750轿车用燃料电池电推模块59台（套），实现了单一定型产品100台/年小批量生产和销售。

2017年，搭载新源动力HYMOD®-36燃料电池模块的全球第4款、国内首款燃料电池汽车——FCV80正式量产投放市场。它的上市代表着我国最先进的氢燃料电池技术成果落地，代表着我国燃料电池汽车正式步入商业化进程。

新源动力在确保技术先进性的同时持续扩充产能，现已初步完成产业化布局和1 000台（套）/年的产能建设，规划至2020年底，筹资投入3.5亿元，提升产能至每年3 000台（套）。

四、主要产品

新源动力开发的燃料电池产品已经完全能够满足乘用车、商用车和专用车辆需求，并已通过第三方的转动实验检测。研制开发的氢燃料电池模块HYMOD®-36、HYMOD®-50、HYMOD®-60、HYMOD®-70及燃料电池系统HYSYS®-70，均已小批量生产并与国内多家大型车企建立商务合作，主要客户包括上汽集团、广汽集团、一汽集团、中国重汽、华菱汽车、大运汽车、中植汽车、宇通客车、江淮汽车等，上述产品成功应用于多款燃料电池汽车。其中，HYMOD®-36型车用燃料电池电堆模块已耐久性突破8 000 h，实现－10℃低温启动，防水防尘等级达到IP67，通过GB/T 33978—2017《道路车辆用质子交换膜燃料电池模块》要求的－40℃～60℃储存试验。

新源动力生产的电堆累计装车量已超过750台，累计行驶里程已超过1 200万km。

五、近期科技奖励

2019年，新源动力承担的《道路车辆用质子交换膜燃料电池模块》国家标准项目获得大连市标准化资助奖金。“燃料电池汽车关键技术研发及其产业化项目”荣获“中国汽车工业科学技术进步特等奖”

2020年荣获上海市科学技术奖特等奖。

六、研发进展

2020年6月，新源动力推出最新款110 kW大功率金属双极板HYMOD®-110燃料电池模块，相比2019年发布的额定功率为60 kW的HYMOD®-70，HYMOD®-110同样为370片串联组成的单堆，但额定输出功率提升了57%，峰值功率可达130 kW，单堆体积比功率达到4.2 kW/L，产品技术水平在国内处于行业领先地位，与国际先进水平持平。该款产品性能稳定、集成度高，更适用于公路客车、重卡等大功率车型。

新源动力将继续坚持燃料电池核心技术的自主创新、正向开发，提高产品性能，降低产品成本；将继续坚持开放合作、独立商业化运营的共赢理念，以满足所有整车企业、系统集成商等客户的产品需求。作为中国燃料电池产业化实践的领跑者，新源动力一直践行着公司成立的初心与愿景：“燃料电池　驱动世界”，并将竭尽全力推动中国燃料电池产品技术的创新和氢能燃料电池产业的蓬勃发展。

苏州弗尔赛能源科技股份有限公司

一、单位概况

苏州弗尔赛能源科技股份有限公司（以下简称“弗尔赛”），是以“氢能高效利用”为业务核心的综合能源设备与解决方案提供商，业务覆盖以氢能为核心的燃料电池领域、以天然气为核心的分布式能源系统领域及能源终端管理平台增值服务领域三大业务领域，是掌握氢能燃料电池核心技术并具备综合能源气体解决方案提供能力的国家高新技术企业。公司作为国内最大的系列化自主开发燃料电池产品企业已在新三板挂牌，股票代码834626。

作为中国自主燃料电池技术与产品的领航者，公司掌握车用燃料电池与燃料电池电源系统关键零部件（电堆）与系统的设计开发、检测评价与生产制造的核心技术，并先后承担了多项国家“863”和国家科技支撑计划燃料电池专项课题的研发任务，参与了上海世博会、广州亚运会和深圳大运会等重大活动的燃料电池新能源汽车示范运营；联合三大运营商开展了国内最大规模的通信用燃料电池的示范运营，在长期的产品开发与运营中积累了完善的自主研发经验，形成了一支高学历、高技术的管理团队和研发团队。公司申请专利累计近200项，已在获得授权专利100项，其中发明专利32项。

公司已形成车用燃料电池和固定电源系统两大产品开发平台，燃料电池模块、车用燃料电池发动机、固定式燃料电池电源三大产品系列，产品广泛应用于乘用车、客车、商用轻卡车、商用轻型/重载货车、物流车、专用车、观光车、通信电源等诸多领域，并与安凯客车、江苏奥新、亚星客车、中通客车、陕重汽、山东汽车、中国移动等大型企业建立了良好的合作关系。

公司在燃料电池技术领域与国际、国内行业龙头企业开展合作，联合打造氢能燃料电池全产业链，合作建设燃料电池车用产品开发平台，持续拓展产品的应用领域。未来将以自主创新为基础，结合国内外优势资源，持续引领中国氢燃料电池技术发展，开创氢能社会可持续发展的未来。

二、经营情况

具备电堆模块系列化（3～120 kW）的自主开发能力，在车用燃料电池电堆领域，国内同类型产品应用规模最大。数据积累最丰富，累计应用量达300余套，累计应用时间超10万h，性能获第三方检测"车用电堆模块"获国家高新技术产品认证。关键零部件及系统均为自主开发设计，产品功率等级覆盖12～120 kW，应用覆盖乘用车、物流车、客车、专用车、重型载货车等多种车型。

三、产能建设

弗尔赛已建成的国内首条燃料电池双极板自动化生产线及系统组装线，具备年产千套级燃料电池模块和燃料电池系统的生产组装能力和配套的检测检验能力。

1. 关键零部件自动化生产线生产能力6 000 kW/年；实现关键工序的自动化；多年工艺积累的体现，自主开发并有专利保护；保障了产品的一致性与合格率。

2. 国内首条自动化电堆产线：生产效率达25 s/cell；关键部件装配实现主要参数控制和数据存取功能；产线可多产品系列兼容，质量可控制及追溯；整体线体控制系统具备线体和设备、机构联动功能，可接入智慧工厂系统。

四、技术进展及研发能力建设

企业通过与多家国内大型车企开展合作，已形成匹配客户需求的自主开发能力，具备系列化车用燃料电池模块/系统的开发能力，已拥有从零部件开发、检测到系统开发及检测等多个产品开发环节所需的软硬件设备，如单电池检测、燃料电池电堆开发与标定，多功能燃料电池电堆活化/检测平台，燃料电池系统全真模拟测试平台等，形成了燃料电池直至百千瓦级的独立开发与测试能力，并具备多功率等级燃料电池动力系统的匹配与集成能力。

功率等级覆盖单电池—短堆—长堆开发全流程，支撑分阶段设计合理性评估与优化，实现电堆运行全真工况模拟测试，可对电堆极化性能、最大功率、额定功率、额定电压、循环寿命等关键指标进行标定，满足电堆密封性、敏感性和单电池一致性综合性能测试。

五、主要新产品

序号	产品名称	产品型号	产品应用
1	燃料电池电堆	60 kW	—
2	氢燃料电池发动机	50 kW	轻型载货领域
3	氢燃料电池发动机	80 kW	中/重载领域

六、合资合作及重大项目建设

在新能源汽车领域产品开发方面，弗尔赛与国内外知名大型企业建立起良好合作伙伴关系，带动了燃料电池的产业化发展。已为安凯、中通、亚星、山东汽车等整车厂提供燃料电池解决方案。已和北京卡达克汽车技术开发有限责任公司签署相关业务战略合作框架协议。

七、发展目标与规划

弗尔赛将坚持技术自主创新，继续开展燃料电池关键技术的突破，持续提高产品的市场化开发能力，形成覆盖多功率等级的车用燃料电池模块、系统产品组合；带动应用规模的扩大，成为国内率先具备国际竞争力的燃料电池厂商。

德燃（浙江）动力科技有限公司

一、单位概况

德燃（浙江）动力科技有限公司（以下简称"德燃动力"）成立于2017年7月，总部位于浙江清华长三角研究院，在上海设有技术中心，在重庆、安徽设有全资子公司，拥有先进的氢燃料电池发动机及核心部件生产基地、试验与试制中心，与同济大学成立联合实验室，和浙江清华长三角研究院联合成立氢燃料电池汽车技术研究中心。公司核心骨干是国内最早从事燃料电池发动机开发与示范运营的团队成员，早在2003年起就开展燃料电池技术及产品的研发及国际重大活动的示范推广，积累了丰富的产业化经验，硕士博士人员比例超过40%。德燃动力以核心技术与部件为业务支撑，产业布局涉及系统产品（燃料电池系统和动力系统）、核心部件（空压机和供氢回氢组件及其他）、工程服务三大板块，实现行业全面发展。已完成国内多家一流车企的多款车型开发与配套，并发布多款自主研发的燃料电池发动机与核心部件产品，技术指标国内领先并填补国内多项空白，实现进口替代，始终坚持以技术创新助推行业发展，为中国燃料电池国产化起到显著的引领及促进作用。

公司于2019年获得浙江省高新技术企业证书，已通过ISO 9001与IATF 16949质量体系认证，具有多项燃料电池相关发明专利。获2019年第八届中国创新创业大赛浙江区新能源行业总决赛优胜奖及省内总决赛三等奖、2019年第八届中国创新创业大赛优秀企业奖、2019年中科协双创活动"颠覆性创新潜力榜全国40强"、2020年度氢电产业链风云奖"年度优秀技术创新企业"等。

二、经营情况

德燃动力是一家从事氢燃料电池发动机与核心部件研发与生产的企业，产品营运车型覆盖乘用车、物流车、客车、专用车及特种车辆等。在乘用车领域的合作客户包括一汽、长安、大众、上汽、北汽、广汽等；在商用车领域的合作客户有中车、上依红、安凯客车、中通、奇瑞万达、江淮、重汽等。

德燃动力产品配套的3款燃料电池车型已上榜工信部《道路机动车辆生产企业及产品公告》(以下简称《公告》)，与安徽安凯汽车股份有限公司联合开发的12 m燃料电池客车，已申报完成工信部第325批《公告》，与浙江锋源氢能科技有限公司联合车企开发的9 t燃料电池保温车已申报完成工信部第333批《公告》，与中车时代电动汽车股份有限公司联合开发的燃料电池低入口城市客车申报完成工信部第334批《公告》。

三、产能建设

德燃动力设有氢燃料电池发动机及核心部件研发与生产基地，已具备年产千套级燃料电池发动机的生产组装能力和配套的检测检验能力，整个厂区设有“5区1场”，即燃料电池系统产线与测试区、零部件产线与测试区、仓储区、动力系统与车辆调试区、办公区、室外车辆调试场。规划在建年产3000套车用燃料电池动力系统及核心零部件生产基地。

四、技术进展及研发能力建设

德燃动力具备完善的产品正向研发能力，遵照ISO 26262功能安全国际标准体系，具有先进的“V”开发流程。在产品研发与生产环节，遵照ISO 9001与IATF 16949质量体系，具备完整的系统及关键部件研发及测试能力。

1. 氢燃料电池发动机产品

德燃动力发布的10～100 kW级燃料电池发动机系列产品已应用于轿车及各种商用车。发动机产品基于自主开发的核心部件，采用中高压进气与引射回氢技术路线，具有配套多种应用场景的车型产品方案供用户选取，高度的集成化设计，具高可靠性与安全性。发布的FCE-100的燃料电池系统产品适用于乘用车、商用车及特种车辆的全应用场景，基于关键零部件自主研发，具有性能可靠、稳定性高，结构紧凑，功率密度高，环境适应性强等特点，系统额定功率90 kW，最高效率55%，可实现－30℃低温冷启动。产品具有：(1)空气路采用国际主流的离心式高速电机直驱技术，具有两级增压、无油润滑、低噪声等技术特点，模块高度集成，可实现进堆空气压力、温度、流量和湿度的快速调节与闭环控制；(2)氢气路采用引射回氢技术，具有可靠性高、功耗低、供氢量大、压力输出稳定等技术特点，可在系统全工况范围内满足回氢要求；(3)氢水分离器和氢排电磁阀的集成，可实现氢水的高效分离与循环利用，提高氢气利用率；(4)冷却水路中的电子三通阀可以更精准的控制冷却系统温度，平稳过渡温差。

2. 关键部件产品

氢燃料电池发动机专用空压机完全自主研发，采用高速电机直驱、离心式增压、无油润滑等技术，有效降低传动系统噪声，避免润滑油泄漏导致电堆损坏，更符合中高压电堆对高压比的运行要求。供氢回氢组件产品，采用“电控喷氢＋引射回氢”的国际主流技术路线，满足各工况范围内氢循环要求，实现大工况范围内高当量比的氢气循环效果，并有效提高氢气利用率。

3. 氢燃料电池观光车产品

(1)正向开发高端燃料电池观光车产品，可应用于VIP接待车、景区观光车、巡逻车、接驳车等多种场景。

(2)整车产品具备环境友好、运行平稳、爬坡能力强、整车续驶里程长(≥200 km)、加氢时间短(约5 min)等优点。

(3)全新底盘系统，采用前后双横臂悬架，车辆操稳性和舒适性达到乘用车性能。

(4)整车具有纯电、燃料电池与混动3种工作模式，兼容动力性与经济性的要求。

(5)整车具备完善的氢电安全技术，安全有保障。

(6)预留智能驾驶功能接口。

五、主要新产品

序号	产品名称	产品型号	产品应用
1	氢燃料电池发动机	FCE-10	应用于观光车、叉车、无人机等
2	氢燃料电池发动机	FCE-30	应用于乘用车、商用车、专用车
3	氢燃料电池发动机	FCE-60	应用于乘用车、商用车、专用车
5	氢燃料电池发动机	FCE-100	应用于乘用车、商用车、专用车
6	氢燃料电池发动机专用空压机	FAC-40-D	适用15-30 kW燃料电池发动机
7	氢燃料电池发动机专用空压机	FAC-50-D	适用30～60 kW燃料电池发动机
8	氢燃料电池发动机专用空压机	FAC-53-D	适用60～80 kW燃料电池发动机
9	氢燃料电池发动机专用空压机	FAC-100-S	适用80～100 kW燃料电池发动机
10	供氢回氢组件	HSE-22-P	适用10 kW燃料电池发动机
11	供氢回氢组件	HSE-42-P	适用15～45 kW燃料电池发动机
12	供氢回氢组件	HSE-72-M/P	适用45～60 kW燃料电池发动机
13	供氢回氢组件	HSE-13-P	适用60～100 kW燃料电池发动机
14	高压水泵	FCP-100-H	适用60～100 kW燃料电池发动机

六、合资合作及重大项目建设

德燃动力与同济大学、浙江清华长三角研究院、德国下萨克森州汽车研究中心等国际一流科研机构建立长期合作伙伴关系，与中国一汽、长安汽车、中国中车等一线车企建立长期业务伙伴关系，共同推动燃料电池技术的发展与产品示范推广。

七、发展目标与规划

德燃公司将始终致力于技术的创新与突破，追求行业的共同进步，为新能源社会的发展贡献企业的力量。在行业政策推动的背景下，公司整合先进的技术和资源，完善产品体系，踏实进取，在原有产品体系布局上做精做强。不断提升燃料电池发动机及核心部件的自主研发能力，为客户提供可行、可信、可再生的产品，成为行业一流氢能动力系统企业。

上海捷氢科技有限公司

一、单位概况

上海捷氢科技有限公司（以下简称“捷氢科技”）承载了上汽集团近20年的自主研发技术积累和燃料电池商业化的使命。从2001年“凤凰一号”燃料电池汽车研发开始，历经2008年北京奥运会、2010年上海世博会，2011年及2014年必比登挑战赛、2014年创新征程新能源汽车万里行、2018年联合国UNDP三期等国际性重大项目，积累了宝贵的自主研发和实践经验。

捷氢科技是一家坚持自主研发、具备自主技术的燃料电池产品和解决方案提供商，以加快燃料电池产业化为己任，致力于推动氢能与燃料电池行业的发展，开创氢能时代新篇章。捷氢科技汇聚国内燃料电池的中坚力量，核心团队来自“燃料电池＋汽车”多元化背景，具有资深燃料电池电堆、系统、整车开发及应用经验，研发人员占比65%以上，研究生以上学历占比70%以上。捷氢科技已形成了30～100 kW级以上较为完整的燃料电池产品组合，为产品应用打下了扎实的基础。

二、经营情况

上海捷氢成立于2018年6月27日，注册资本5.8亿元。上海捷氢掌握电堆核心零部件（双极板、膜电极设计）、电堆集成、燃料电池系统集成到动力系统集成、整车集成的完全正向开发能力，并具备完整的自主知识产权。拥有产品系列如下。

（1）燃料电池电堆，采用超薄金属双极板、超薄质子交换膜、高活性合金催化剂。

（2）燃料电池系统PROME P240、PROME P260、PROME P390，系统功率涵盖30 kW到100 kW级以上。

（3）燃料电池储氢系统HSS 35、HSS 70，提供35 MPa和70 MPa储氢系统及整车氢安全的解决方案。

捷氢科技PROME品牌的P240、P260、P390燃料电池系统产品及工程服务已与上汽大通、跃进、上汽红岩、南京依维柯、申沃客车、中车电动、吉利汽车、德燃动力等诸多整车和相关零部件企业达成合作，应用于燃料电池轿车、乘用车MPV、城市客车、公交客车、轻卡、中重卡等产品，为氢能产业的发展提供丰富的应用场景。已经投入商业化运营的汽车应用覆盖乘用车和商用车，经验证适应各类严苛环境。其中，上汽大通FCV80燃料电池轻型客车，已推广409辆，实现上海、青岛、无锡、佛山、云浮、抚顺、大连、长治、乌鲁木齐、青岛等城市的商业化运营，累计运行超300万km，实际运营车辆已经经受－25℃极端低温考验；申沃燃料电池客车开辟了上海市首条燃料电池公交线路“嘉定114路”，推广6辆，累计运行里程超35万km，运行以来，其出行率和平均日出行里程均达业内领先水平。上汽荣威950燃料电池轿车于2016年推出，是国内首款完成公告、销售和上牌的燃料电池轿车，用于租赁和UNDP示范运行（科技部/联合国开发计划署“促进中国燃料电池汽车商业化发展项目”），累计运营里程超过50万km。

三、产能建设

2020年3月，捷氢科技上海新园区项目正式开工，项目位于嘉定氢能港。建成后园区将实现研发办公、测试验证、生产制造、氢气供应四大功能，一期产能将达到1.2万台（套）/年。为了推动捷氢科技的中性化发展并进一步扩大产品的市场占有率，公司将于2020年5月落地常熟高新区并投资建设燃料电池系统生产线，借助苏州及常熟大力推进燃料电池产业的势头，推动公司快速发展，进一步夯实燃料电池产业化基础，一期产能将达到2 000台（套）/年。

四、技术进展及研发能力建设

捷氢科技于2019年完成高度一体化集成的大功率燃料电池系统PROME P390的技术和产品开发，满足乘用车和商用车多平台应用需求，最高效率可达60%，实现无外加热源的－30℃低温冷启动，启动时间小于30 s，具备了车用全功率燃料电池动力系统应用的条件。配套新一代自主研发的大功率车用质子交换膜燃料电池电堆，采用超薄金属双极板、超薄质子交换膜、高活性合金催化剂。燃料电池电堆及系统产品现均可对外销售，具有一体化集成、高功率密度、高耐久性、高可靠性和强环境适应性等优点，几大核心指标均达国际一流水平。

（1）电堆功率115 kW，国际先进水平为114 kW。

（2）电堆体积功率密度3.1 kW/L，对标国际先进水平。

（3）电堆贵金属Pt载量0.35 mg_{Pt}/cm^2，优于国际先进水平0.4 mg_{Pt}/cm^2，有效降低成本及节约资源。

（4）系统额定功率可达92 kW，高于国际先进水平90 kW，更高的功率对设计、集成、热处理等要求更高。

（5）系统体积功率密度高达1021 W/L，实现电堆和零部件的高度一体化集成，比国际先进技术和产品更加接近整车前舱一体化布置的设计思路。

（6）动态响应速率实现加载和减载30 kW/s，为全功率燃料电池汽车动力系统的设计提供基础。

公司成立以来，不断规范及完善HPDP流程，建立燃料电池专用开发体系，完善动力系统、系统及电堆的正向设计能力和测试验证技术规范标准。已具备完整的开发体系、工程化开发能力、多维度仿真分析、全方位的试验能力及完备的售后服务体系等能力建设。通过技术不断迭代，提升性能及降低成本，保证产品在市场上具有较强的竞争力。

五、主要新产品

序号	产品名称	产品型号	产品应用
1	燃料电池系统	PROME P390	上汽 MAXUS EUNIQ 7 燃料电池多用途车、跃进燃料电池物流车、跃进燃料电池专用车、红岩燃料电池重卡等
2	燃料电池系统	PROME P260	中车燃料电池客车、申沃燃料电池客车等
3	燃料电池系统	PROME P240	大通 FCV80 燃料电池轻客、荣威 950 燃料电池轿车等

六、发展目标与规划

捷氢科技坚持“应用一代、研发一代、规划一代”的产品开发思路，300 型燃料电池产品能满足整车前舱一体化的设计要求，可直接替换车辆的内燃机，最大输出功率可达 98 kW，并实现快速的动态响应要求，实现整车最高车速可达 170 km/h 以上。同时匹配一定的储氢罐，可实现快速加注，长续航的需求，用户体验与传统汽车无异；中重型货车作为燃料电池未来重点发展方向，其要求高功率和效率，一些重型货车需要几百千瓦的功率，小功率型的燃料电池则需要采用多个系统共同运行，空间受到一定的限制，可靠性也存在一定的风险。为满足重型车辆应用以及为行业提供丰富且具有竞争力的产品组合，捷氢科技 400 型燃料电池产品开发工作已启动，产品性能进一步提升，推出时间及技术水平将与国际水平齐平。公司规划两代产品的迭代，争取在 500 型燃料电池产品上处于国际引领水平，可实现满足市场需求的定制化功率。在产品应用方面，后续以中、重卡为主，兼顾大中型客车、乘用车的应用。除此之外，捷氢科技开发的燃料电池产品也可应用于船舶、分布式发电及氢燃料电池应急电源等领域。在销量方面，2020 年到 2025 年，预计 300 型燃料电池产品实现销量 1 万台；2023 年到 2027 年，预计 400 型燃料电池产品实现销量 5 万台；2026 年到 2030 年，预计 500 型燃料电池产品实现销量 10 万台。

安徽明天氢能科技股份有限公司

一、单位概况

安徽明天氢能科技股份有限公司（以下简称“明天氢能公司”），是集自主燃料电池研发、生产、制造、销售与服务为一体的高科技公司。明天氢能公司 2017 年 8 月成立，工厂位于六安金安经济开发区，毗邻合肥市界，总占地 2 km^2。氢能及燃料电池研究院设在上海安亭汽车城金融港，拥有研究员、博导、博士、硕士 50 余名。

明天氢能公司核心技术为自主研发的高性能燃料电池电堆及系统，产品有 30 kW/40 kW/50 kW/60 kW 电堆与系统，10～150 kW 测试台架，功率密度达 3.0 kW/L，技术水平国内领先，接近国际先进水平 3.1 kW/L。技术来源于中国科学院大连化学物理研究所和同济大学。中科院大化所是燃料电池国家科研责任单位，有着 50 年的研发历史。同济大学是最早从事燃料电池系统研发和应用的国家级责任单位，研发的系统应用于奥运会、世博会示范运营车辆，系统成熟稳定。

明天氢能公司是 2019 科技部“可再生能源与氢能国家重点研发项目”膜电极量产工业化技术及装备课题承担单位，安徽省“三重一创”重大新兴产业专项承担单位，获得“高新技术企业”、安徽省“高层次科技人才团队”等荣誉。

二、经营情况

明天氢能公司 2019 年已投放 2 台 8.5 m 燃料电池客车，开通了安徽省六安市首条燃料电池公交车示范运行线路，预计 2020 年 8 月再投放 8 台 10.5 m 燃料电池公交车。预计 2020 年明天氢能公司在全国至少投放 20 台燃料电池公交、5 台燃料电池物流车进行示范运行，燃料电池系统销量至少 50 套。

2019 年，明天氢能公司与奇瑞商用车、东风汽车、广汽集团、福田客车、申龙客车、安凯客车等重点主机厂联合开发燃料电池商用车、乘用车，完成多种车型样车试制；在轨道交通领域，与中铁轨道联合开发燃料电池有轨电车项目；在固定式电站领域，与国家电网联合开发打造兆瓦级氢能源储能电站。

三、产能建设

明天氢能公司是国内唯一一家率先完成万套级自主燃料电池电堆冲压、焊接、组装、测试等工艺装备的解决方案企业，关键指标达到国内领先水平：不良率控制在 50 PPM 以内；采用高度自动化、智能化的装备，大大提升生产效率；成本降低 30%～40%；3 年内产品寿命超过 2 万 h。

公司与中科院大连化学物理研究所、同济大学等联合开发了自主的生产工艺及生产线。

（1）自主生产工艺：燃料电池系统过程工艺、电堆装配工艺、电堆测试工艺、金属双极板冲压工艺、金属双极板激光焊接工艺、MEA 生产工艺、金属双极板表面处理工艺及燃料电池系统测试工艺八大工艺。

（2）自主生产线：全自动化燃料电池极板冲压、双极板焊接、双极板镀膜、MEA 制备、电堆组装、电堆测试、系统组装、系统测试 8 条生产线。

四、技术进展及研发能力建设

1. 明天氢能公司采用体积小、重量轻的金属双极板燃料电池，基于中科院大化所第二代金属双极板电堆的基础上开发而成，结构紧凑、故障点少，可维修性强，体积比功率 3.0 kW/L。

2. 存储温度 －40℃～85℃，工作温度 －30℃～85℃，可适应高原环境。

3. 耐久性能好，使用超过 1 万 h，功率衰减小于 10%。

4. 明天氢能公司产品 30 kW 燃料电池系统、46 kW 燃料电池系统、51 kW 燃料电池系统、60 kW 燃料电池系统均已通过国家检测机构强检认证。公司已开发出具有完全自主知识产权的燃料电池系统测试台架。整个测试系统，包括阴阳极供气系统、加湿器、超温检测，氢气检测报警系统。研究燃料电池在不同氢气流量、氧气流量和负载等情况下的电池性能及其规律。明天氢能公司已开发三大系列燃料电池测试平台，分别满足 40～100 kW 燃料电池电堆、100～500 kW 膜电极、10～150 kW 燃料电池系统的需求。

五、主要新产品

序号	产品名称	产品型号	产品应用
1	30 kW 燃料电池电堆系统	HD30	安凯燃料电池客车、南京金龙燃料电池轻型客车
2	46 kW 燃料电池电堆系统	MT40	奇瑞燃料电池卡车
3	51 kW 燃料电池电堆系统	MT50	安凯燃料电池客车、申龙燃料电池客车、广汽燃料电池乘用车、中铁轨道有轨电车
4	60 kW 燃料电池电堆系统	MT60	东风燃料电池乘用车、福田燃料电池客车、中通燃料电池客车

六、合资合作及重大项目建设

2018 年 12 月—2019 年 10 月陆续对接近 80 家融资机构进行首轮融资，含证券、投资机构、基金、战略合作公司及上市公司，经过财务尽调、法务尽调、技术尽调及双方协商投资条款，最终选择龙蟠科技作为股权筹资对象对母公司安徽明天新能源科技有限公司进行增值入股 8 000 万元，占股 10% 投后估值 8 亿元，注册资本增加 1 111.11 万元。

明天氢能公司 2019 年 4 月建成氢能及燃料电池院士工作站，由燃料电池领域唯一院士——中国工程院院士衣宝廉支持。

七、发展目标与规划

希望为清洁能源应用提供优化的系统解决方案。

公司规划：

1. 2018 年建成加氢站、万套级电堆及系统工厂，启动核心零部件工厂建设。

2. 2020 年实现电堆批量生产，万套级工厂达产。

3. 2022 年实现 10 万套级电堆及系统生产能力，核心零部件工厂全面投产。

4. 2028 年形成 30 万套产能，完成产业链布局。

深圳国氢新能源科技有限公司

一、单位概况

深圳国氢新能源科技有限公司（SFCC）（以下简称“公司”）是中国氢燃料电池技术研究、动力系统研发及产业化的领导者，是拥有自主创新核心技术的国家高新技术企业，是深圳本土第一家燃料电池批量商业化运营的企业。公司在深圳设立了氢燃料电池研究院、氢燃料电池应用开发中心、工程检测中心和技术服务中心。在海外设立亚太氢能和燃料电池基础技术研发中心。公司将打造以氢燃料电池、氢燃料汽车、加氢站设计建设管理全方位的氢能源产业集团公司。

二、经营情况

公司成立于 2016 年。公司的主营业务范围：国际领先的燃料电池动力系统解决方案（领先的燃料电池动力系统及核心零部件研发生产制造、燃料电池应用开发等）；燃料电池产业生态闭环解决方案（加氢站能源基础设施的核心装备研发生产及设计建设运营、新能源汽车运营管理等）。

公司关注和投资氢燃料电池产业生态链，并已投资中电氢枫、国科氢能、中电联投、亚太氢能研发院等相关企业完善氢能源和燃料电池汽车产业生态布局，打造氢能产业集群，促进中国氢能产业健康、可持续发展。从业人员 58 人，其中本科及本科以上学历 28 人，并具有专业的从业经历，适应企业的发展及业务需要。

三、产能建设

公司生产车间面积 1 000 m^2，使用先进的半自动化产线，主要生产 SFCC-MG45 氢燃料电池动力系统，目前日产 7～10 台，年产超过 2 000 台。

四、技术进展及研发能力建设

公司燃料电池实验室总占地面积 520 m^2，其中建筑面积 350 m^2，具有安全性高、功能完善、设备先进的多功能于一体的大型化氢燃料电池实验室。实验室主要由燃料电池系统测试中心、燃料电池零部件测试中心、燃料电池汽车服务中心和氢气存放室组成。实验室现有燃料电池发动机测试平台、直流回馈式电子负载、可编程高压双向直流电源、恒温恒湿试验箱、纯水机、超声波清洗机等大型设备十几台。实验室具有燃料电池系统测试、燃料电池电堆测试、燃料电池辅助系统零部件测试、燃料电池车辆调试等功能，具备燃料电池系统开发、新零部件功能验证、批量化的燃料电池系统成品性能检验等功能。

截至 2019 年底，公司完成 27 项发明专利、29 项实用新型专利、15 项软著，涉及燃料电池控制、燃料电池 BOP 核心零部件、低温启动、泄漏检测等领域。

五、主要新产品

序号	产品名称	产品型号	产品应用
1	30 kW 燃料电池系统	SFCC-MG30	东风燃料电气物流车、东风柳汽燃料电气物流车
2	47 kW 燃料电池系统	MG-47K/88-N	—
3	85 kW 燃料电池系统	HG-85K-300-N	—

武汉雄韬氢雄燃料电池科技有限公司

一、单位概况

武汉雄韬氢雄燃料电池科技有限公司（以下简称“雄韬氢雄”）由深圳市雄韬电源科技股份有限公司（股票代码002733）投资成立，致力于成为全球燃料电池解决方案引领者。公司自主研发的45～120 kW燃料电池发动机系统，各项性能处于国内领先水平，并已实现在公交车、物流车、环卫车、重卡等多种车型上的应用；同时正开发用于船舶以及发电领域的大功率燃料电池发动机系统，推动国产燃料电池向全功率技术迈进。

雄韬氢雄在深圳、武汉、大同、广州均投建了产业园，旨在协同各地、全面发展。深圳的首条电堆产线已落地，年产能5 000套；武汉、大同两地的首条燃料电池发动机产线均已落成，年产能1万套。公司在上海建立了产品监控中心，在华东、华南、华中和华北地区都组建了产品运维团队，提供全面的售后维保服务。

2019年，由雄韬氢雄提供动力系统的氢燃料电池公交车分别在武汉、大同投入示范运营。截至2019年底，70辆公交车总运营里程达260万km。同时，公司参与研发的100辆燃料电池物流车在上海成功上牌交付。

二、经营情况

2019年11月，雄韬氢雄与物拉邦、上海华熵能源签订战略合作协议，计划于2020—2022年三年内投放1 800辆氢能源物流车。2019年12月，由雄韬氢雄提供动力系统的100辆氢燃料物流车在上海成功上牌交付。

三、产能建设

雄韬氢雄在武汉、大同两地均建有氢能产业园，均具备燃料电池发动机系统1万套/年的生产能力。2019年12月4日，雄韬氢雄深圳电堆产线达产，产能5 000套/年。

四、技术进展及研发能力建设

由雄韬氢雄自主研发的燃料电池发动机系统，功率已覆盖45～120 kW，寿命、稳定性、环境适应性等各项性能均为国内先进水平。公司2019年与各主机厂合作开发燃料电池整车车型及底盘15款，其中与大运汽车联合开发的燃料电池牵引车为国内首款搭载自主研发燃料电池系统的49 t级重卡，与福建龙马环卫装备联合开发的清洗车与路面养护车也位列国内最早的一批氢能源环卫之中。雄韬氢雄与同济大学、华南理工大学、武汉理工大学等业界知名高校均建立了良好的合作关系。公司2019年申报燃料电池相关专利70项（含发明专利29项）。

五、主要新产品

序号	产品名称	产品型号	产品应用
1	45 kW燃料电池发动机系统	XTQX-3045C	开沃燃料电池城市客车、申龙燃料电池保温车、中通燃料电池城市客车、福龙马燃料电池路面养护车、申龙燃料电池城市客车、紫象燃料电池城市客车、东风燃料电池城市客车、飞驰燃料电池城市客车
2	60 kW燃料电池发动机系统	VISH-60A/VISH-60B	申龙燃料电池城市客车、中车燃料电池城市客车
3	90 kW燃料电池发动机系统	VISH-90A	大运燃料电池牵引车

六、合资合作及重大项目建设

2019年6月，雄韬股份、穗恒运、华南理工大学合资成立广州雄韬氢恒科技有限公司，为雄韬氢雄在广州的分部。

2019年12月，雄韬氢雄氢燃料电池电堆产线在深圳正式投产，产能5 000套/年。

七、发展目标与规划

依托于雄韬股份智慧能源管理与服务全球化平台，雄韬氢雄重点布局智慧氢能产业链，着力于氢燃料电池系统研发及核心零部件国产化，分别在深圳、武汉、大同、上海、广州等地建立产学研一体化基地与营销中心，协同各地政府打造氢能产业集群。

未来，雄韬氢雄将以专业化平台、联盟性合作、强有力落地模式，携手合作伙伴共建氢能生态社区，共绘氢能宏伟蓝图，共创氢能智慧生活。

北京氢璞创能科技有限公司

一、单位概况

北京氢璞创能科技有限公司（以下简称“氢璞创能”）成立于2019年12月，公司核心研发团队具有10年以上燃料电池行业研发和生产经验。专注于燃料电池电堆的研发和产业化，拥有74项专利，参与了22项国标的撰写。公司已通过ISO 9001、IATF 16949认证企业。

总部及研发中心在北京，中试基地在江苏扬州，公司在国外建有前瞻研发实验室。氢璞拥有完整的电堆设计、材料研究及工艺验证团队，其中超过20年的燃料电池技术专家有4人,主要骨干力量行业经验也都在8年以上。

氢璞产品及技术有三大亮点:第一,氢璞已经完成碳复合板电堆四代产品的研发,金属板电堆二代产品的研发,性能参数在国内外都属领先地位。第二氢璞自主研发的电堆自动化生产线2018年初实现全面投产,时为中国第一条电堆自动化生产线,该产线产能达到15个电堆/日,产品合格率超过95%。第三,氢璞自主研发了碳复合材料及模压工艺技术,大幅降低碳复合板电堆的生产成本。氢璞创能研究攻破金属板电堆核心材料和工艺技术,有望2020年实现先进金属板电堆工艺与材料的国产化。

二、经营情况

市场上共有6款装有氢璞电堆的物流车及客车通过公告,其中2019年5月起在山东德州20辆物流车队的运营,每日承担当地圆通及中通物流任务,已经上路行驶近50万km,部分单车行驶超过5万km。

三、产品出口

小型车载氢气提纯PSA出口台湾。

四、产能建设

扬州工厂电堆自动化生产线产能6 000套/年,山东德州工厂、河南新乡工厂预计年底完成自动化产线建设,产能分别为5 000套/年和3 000套/年。

五、技术进展及研发能力建设

氢璞创能技术来源自主研发,拥有核心技术自主知识产权。公司核心团队来自德国、加拿大等燃料电池行业知名公司,研发团队75人,核心成员18人,从原材料到电堆生产,具备完整的产品设计、研发、测试、验证能力。

氢璞第四代碳复合板电堆额定功率60 kW,功率密度2.8 kW/L;第二代金属板电堆额定功率130 kW,功率密度4.2 kW/L。

六、主要新产品

序号	产品名称	产品型号	产品应用
1	T/F系列复合板电堆	ST55F	车载动力
2	V系列复合板电堆	ST129V	车载动力
3	鈊二代金属电堆	ST100X、ST118X	车载动力

七、合资合作及重大项目建设

1. 天津高新区合作,成立天津新氢动力科技有限公司。

2. 河南新乡市合作,成立河南氢璞创能科技有限公司。

3. 山东德州建立电堆自动化产线工厂。

八、发展目标与规划

2020年,采用氢璞电堆的整车里程超过200万km,装车量超过1 000辆。

2021年,采用氢璞电堆的整车里程合计超过1000万km,装车量合计超过3 000辆。

爱德曼氢能源装备有限公司

一、单位概况

爱德曼氢能源装备有限公司(以下简称“公司”)2016年在浙江嘉善成立。主要业务涉及设计和制造金属双极板、膜电极、燃料电池电堆及燃料电池系统。公司拥有40余人的燃料电池核心研发团队和200余人的燃料电池生产队伍。2018年,公司在广东佛山成立子公司。

经过3年的不懈努力,公司迅速发展成为技术开发能力强、制造工艺水平高、生产规模大的燃料电池制造商。公司先后开发了5款燃料电池发动机产品,功率范围在30~80 kW。产品已全部通过国家机动车产品质量监督中心的强制检测,且实现量产。

公司建立了创新研发、智能制造、服务保障三大体系,先后为东风商用车、东风乘用车、东风柳汽、金旅客车、北汽福田、中车时代等大型央企和国企汽车产品提供燃料电池动力总成,成为国内金属板燃料电池领先品牌。2018年,公司为东风配套的36台载重7.5 t物流车,累计行驶超过160万公里。2019年,公司为金旅配套的236台公交车分别在浙江嘉善和广东佛山投入运营。公司已配套车辆的行驶里程数领先业内。

二、经营情况

随着国家及地方政府加强对氢燃料电池行业的支持力度,2019年公司业务快速发展,整体运营水平显著提高,主营业务收入大幅增加,研发投入也随之大幅增长。

三、产能建设

嘉善生产基地及佛山生产基地各2 000套/年,合计4 000套/年。

四、技术进展及研发能力建设

技术进展

1. 密封材料

拟寻找或者开发密封材料,主要集中在EPDM材料,用以满足燃料电池密封性能要求。密封材料首先在公司第三代产品上实验,进行短堆验证。

2. 模具的设计开发

因为单电池概念和形式的存在,模具首先起到了至关重要的作用:它可以将阴极板、膜电极、3D流场、密封胶、阳极板组装到一起。

3. 空气泵

由于 Mirai 的操作条件在 0.25 MPa 绝压,所使用的离心式空气泵不能够满足要求。丰田自行开发的燃料电池专用双螺杆泵,在国内处于技术空白。开在这个压力点的原因有三:第一,根据 Nernst 方程,高压能提高电池性能,但是高压也会增加空气泵损耗,在这个操作点,电池性能的增加减去空气泵损耗的增加达到最大值;第二,由于 Mirai 采用无外增湿技术,在高压下,流速减慢,膜电极容易保水;第三,高压使得间隙排液态水更为有效。

4. 电堆技术开发

设计与开发 120 kW 的单堆。电堆的体积比功率密度大约能达到 3.5 kW/L。

研发能力建设

爱德曼氢能源装备有限公司拥有美国归国的化学工程博士,在燃料电池领域积累了 14 年经验,在催化剂和表面涂层方面积累深厚;高级工程师、工艺专家,在工艺开发领域积累了 30 年的经验,拥有专利上百件;大连化物所毕业的化学工程博士,拥有 6 年燃料电池领域经验;德国知名的化学、材料专家,在表面涂层方面拥有世界水平的专利;膜电极专家在膜电极研发、生产领域积累了 10 年经验;系统控制专家拥有 30 年系统集成、控制经验。

2018 年公司成功申报国家级高新技术企业,2019 年公司成为嘉兴市级高新技术研究开发中心、嘉兴市企业技术中心。2020 年公司将积极申报省级企业研究院。

五、主要新产品

产品名称	产品型号	产品应用
60 kW 燃料电池系统	C02-60	金旅燃料电池城市客车、云南五龙燃料电池城市客车、北汽福田燃料电池城市客车、湖南中车燃料电池城市客车、东风柳汽 MPV

六、发展目标与规划

(一)公司体系建设

建立人才培养体系

1. 以人为本,坚持人力资源是第一资源的思想,配合公司战略,组建公司人力资源中心,制定人才培养引进计划,建立一套人才激励机制。

2. 建立融资与战略投资体系

2020 年组建公司战略投资规划部,结合国家和地方政策,按照董事会的要求,研究各地的要素资源优势,采用不同的合作模式,制定合作方案,科学布局,制定投融资模式和计划。

(二)融资路径

1. 股权融资

选择志同道合、有实力、有资源、机制灵活、决策反应迅速、市场化程度较高的战略合作伙伴,齐心协力,按照现代企业治理结构,深入合作,最终走向资本市场。借助资本市场力量,加速推动爱德曼氢能产业发展。

2. 产城合作项目融资

各地方政府积极引进燃料电池产业化项目。充分发挥公司产业化优势,研究战略布局,总结嘉善、佛山两个制造基地的成功经验,进一步改进完善合作模式,一城一策,以爱德曼的技术、制造、管理优势,结合地方政府的资金、市场等资源优势,双方优势互补,共同推进各地方氢能产业发展。

(三)技术开发体系建设

1. 研究方向

(1)根据市场需求,从当前的车用氢燃料电池市场,延伸至未来大容量分布发电用的固体氧化物燃料电池市场。以这两类产品为开发方向,组织资源,继续研发。

(2)现阶段主要方向是氢燃料电池,围绕基础零部件,实现从氢燃料电池设计到制造工艺工装设计、从小功率到大功率、从电堆到系统再到动力总成的自主设计制造。

(3)围绕基础材料,加快催化剂国产化进程。未来将进一步实现从催化剂到碳纸,再到金属板涂层材料的国产化进程。

2. 研发目标

当前的研发主要是应用技术研发,不是基础理论研究。在日本丰田的推动下,燃料电池产品已实现商业化。主要是通过研究结构、材料和制造工艺,来解决成本、性能和寿命 3 方面问题,争取 5 年内追赶上日本的技术水平,早日使燃料电池产品普及到普通百姓的生活中。

(四)智能制造体系建设

生产制造以保证质量和成本管理为导向,制定高效工艺流程,充分发挥爱德曼公司的工艺制造优势,自主研发工艺工装和专用设备,根据产品结构改进和材料更新,及时调整工艺路线,改进设备和生产线,在产品定型后,尽快加大技改投资,提高自动化装备的研发和生产能力。及时提供最新生产装备,提高产品制造过程的自动化和智能化水平。

(五)市场服务保障体系建设

燃料电池属于新产品培育期,在现有的嘉兴和佛山两个市场上,保证车辆正常运行,不断积累大数据和经验。为此,爱德曼氢能源设备有限公司将实时检测、反馈数据,不断提升产品品质,挖掘大数据价值,提高服务质量。

上海骥翀氢能科技有限公司

一、单位概况

上海骥翀氢能科技有限公司成立于 2018 年 12 月,是一家专注于自主国产化燃料电池研发与产业化的科技公司,主营业务涵盖车用燃料电池电堆定制开发、电堆销售及其他电堆技术服务等;公司致力于将具备自主知识产权的国产高性能高可靠性低成本车用燃料电池产品不断推向市场,并在此基础上拓展到备用电源、固定电站、船舶、飞行器等应用领域;骥翀氢能将秉承“以人为本、精一执中、互联共生”的价值观,肩负“做中国人自己的电堆”的使命,为实现“立足技术尖端,勇为燃料电池产业先锋”的企业愿景而不懈奋斗。

二、技术进展及研发能力建设

1. 技术进展

(1)专利

公司燃料电池专利累计申请39项(其中发明15项、外观设计1项,其余为实用新型),授权19项。

(2)金属双极板和MEA设计

设计7套双极板结构和流场,匹配MEA设计,完成测试和试验,具有多种应用场景双极板和MEA方案。

(3)金属双极板涂层

完善金属板表面第三代涂层技术方案,完成第四代涂层技术方案测试和试验。第四代涂层技术在模拟燃料电池环境的耐久性方面取得突破性进展。

(4)金属双极板密封

完善金属双极板激光焊接工艺,探索新型金属双极板密封方案。新型金属双极板密封方案已完成模具设计和密封试验。

(5)金属双极板电堆

金属双极板电堆完成MH170-1和MH170-2开发。MH170-2是MH170-1的改进型,单电堆实现输出功率143 kW,是目前最大单堆功率电堆。

2. 发展方向

骥翀氢能的公司定位是具备国际竞争力的车用氢燃料电池电堆解决方案供应商,公司愿景是让骥翀电堆成为中国新动力。公司将以以人为本,精一执中,互联共生的价值观开发中国人自己的电堆,2020年度将推出75~120 kW MH170燃料电池电堆,2021年度将推出120~150 kW MH290燃料电池电堆。

3. 研发能力建设

(1)队伍建设

总人数20人,其中博士1人、硕士8人、高级工程师2人。

(2)平台建设

①检测仪器:GREENLIGHT-60、200、400燃料电池测试台各1台、三维检测仪、水表面接触角测试仪、电化学工作站、接触电阻测试仪、气密性测试仪、其他燃料电池专用和通用检测仪器。

②实验设备:50 kN电子万能试验机、恒温恒湿试验箱、真空恒温干燥箱、超声波清洗槽、1 000m^{2}综合实验室。

(3)研发能力建设下一步计划

①进一步引进专业人才,未来1~2年,开发人员将增至15~20人,以适应公司规模和研发水准。

②进一步完善电堆开发检测和试验平台建设,按照科技部标准要求建设燃料电池工程实验室。

三、发展目标与规划

年份	融资计划	发展规划	年产能(台)	行业定位
2019	天使轮,数千万(已完成)	设立上海研发中心	500	形成行业影响力
2020	Pre-A轮,数千万	设立中试产线一期	2 000	成为国内领先的电堆研发生产企业
2021	A轮融资	设立中试产线二期	5 000	具备国际影响力的电堆企业
2022—2023	B轮融资	扩充产能,建设燃料电池电堆量产产业园	50 000	电堆行业龙头企业,具备较强的国际竞争力

武汉海亿新能源科技有限公司

一、单位概况

武汉海亿新能源科技有限公司(以下简称“公司”)成立于2017年,位于武汉东湖新技术开发区(光谷),由留美电子工程海归博士、长期从事燃料电池系统和汽车动力系统的著名大学教授等联合创立。公司核心技术团队来源于氢燃料电池汽车领域与清华大学和同济大学齐名的武汉理工大学。现有员工50余人,研发人员占比70%以上,其中硕士研究生及以上学历员工占比60%以上。母公司武汉海亿新能源科技有限公司为国家高新技术企业、湖北省“双创战略团队”自主创业企业、“3551光谷人才计划”创业人才企业、武汉市创新创业“新四军”创业企业;拥有已授权的发明专利7项、实用新型专利9项,软件著作权5项,另有实审中专利20余项。

作为国内氢燃料电池汽车关键技术研发最早的一批探路人,公司的核心技术团队自2001年以来先后承担国家“863”计划中多个关于燃料电池汽车的重大专项课题,积累了深厚的实践经验,具有成熟的技术储备,并取得多项创新成果。团队拥有多项自主知识产权专利技术,形成了国内领先、国际先进的燃料电池系统及汽车动力系统技术平台的技术力量。公司现已完成多项技术和工程开发,开发完成多种核心产品,包括氢燃料电池发动机系统、氢燃料电池汽车动力系统技术平台、燃料电池发动机系统测试台架、燃料电池电堆测试台架、燃料电池汽车动力系统综合测试台架、整车控制器、燃料电池主控制器、燃料电池单片电压巡检仪、燃料电池升压变换器等;并提供多种类型氢燃料电池汽车的动力系统集成、动力系统优化控制、工程服务的完整解决方案。公司已和老河口市政府签订合作投资协议,在老河口市设立智能制造中心,一期已完成年产1 000~3 000台/(套)燃料电池发动机系统的半自动化生产线的建设,全部达产后预计年销售达3亿元~9亿元。

二、经营情况

海亿新能是一家专注于氢燃料电池发动机系统、氢燃料电池汽车动力系统技术平台及其产业化的高科技初创企业。

在武汉市设置有工程技术研发中心、测试验证中心，设置有燃料电池发动机系统测试区、燃料电池电堆测试区、燃料电池整车动力系统综合测试区、氢气供给试验区、空气供给试验区、水热管理试验区、系统研发试制区、控制系统研发区等；配置有燃料电池发动机系统测试台架、燃料电池电堆测试台架、燃料电池整车动力系统综合测试台架、高低温湿度环境舱等；在老河口市设置制造中心，建设有配套的产品半自动生产线和燃料电池发动机系统总装与测试车间，开展氢燃料电池发动机智能制造和氢能公交车示范运营；项目第一期已完成燃料电池示范车辆装配和调试、建成年产1 000～3 000台(套)氢燃料电池发动机系统生产线并已投产。预计2020年研发投入1 000万元，核心产品销售30～40套，2021—2022年研发投入3 000万元～5 000万元，产品销售120～300套，实现收入5 000万元～15 000万元。2025年实现年产总值8亿元～10亿元，主要指标占据行业领先地位，成为国内行业技术标准的制定者，寻求资本市场上市，2030年前后达成百亿生产总值企业。

三、产能建设

1. 试点与样板工程：优化完善100 kW以内燃料电池发动机系统核心产品，提高产品性能，加强质量控制。重点车型样车系统匹配交付，产线生产能力提升。

2. 规模化市场推广：再建3 000台(套)/年生产线，实现流水线生产。环卫、公交、中重卡等车型燃料电池发动机系统试验。系统功率达120 kW，与主机厂开展广泛业务合作，重点车型商业化推广应用。引入行业资源，增大投入，布局产业链。

3. 快速占领市场：不断推出升级产品，提供定制化解决方案。乘用车燃料电池系统研发和生产线建设，超大功率燃料电池发动机系统研发，最大到140～200 kW，技术能力占据行业前列，年产值翻番。

4. 联合打造氢能产业平台：主导建设氢能产业创新研究院，氢能产业公共平台，燃料电池各类车型涉及与研发，产业链项目投资，商用整车融资租赁，国内外先进技术引进和商业对接。

四、技术进展及研发能力建设

技术进展主要是已完成数款燃料电池发动机系统核心技术产品，并具备完整的研发体系，拥有氢燃料电池汽车核心动力全套解决方案，具体包括以下4点。

1. 海亿研发的最新一代HY系列氢燃料电池发动机，产品覆盖30～100 kW，具有高环境适应性；高功率密度；高一致性、耐久性、可靠性等特点，可适用于包括公交车、工程车、物流车、中重卡等各类车型。数款完全自主研发的氢燃料电池发动机系统通过国家性能强检和高低温储存和启动试验，已满足最新补贴政策和技术要求。

2. 掌握燃料电池整车动力系统的全套技术方案和整车控制器VCU核心技术。

3. 建立具有自主知识产权的燃料电池商用车与燃料电池乘用车动力系统技术平台。

4. 形成燃料电池系统、辅助动力电池、DC/DC变换器、驱动电机、供氢系统等关键部件的配套研发体系。

研发能力建设主要体现在提升燃料电池系统性能，形成核心技术优势，重点突破关键节点技术，贯通产业链上下游，具体举措包括以下4点。

1. 关键技术突破，重点突破材料技术、电堆技术、系统集成与控制技术、动力系统开发技术、燃料电池汽车的设计与集成技术。

2. 关键环节卡位，完成质子交换膜、膜电极、电堆、燃料电池系统、系统关键零部件、燃料电池汽车动力系统等关键环节的卡位布局。

3. 形成研发体系，形成动力电池、DC/DC变换器、驱动电机、储氢系统等关键配套设备的研发体系。

4. 产业化发展，培育产业链，推进产业化，扩大商业应用范围，并为燃料电池乘用车的推广做好技术储备和商业化发展准备。

五、主要新产品

序号	产品名称	产品型号	产品应用
1	氢燃料电池发动机系统	HY40-G01	8.5 m氢燃料电池公交车、物流车
2	氢燃料电池发动机系统	HY50-G01	18 t氢燃料电池抑尘车、物流车
3	氢燃料电池发动机系统	HY60-G01	10.5 m氢燃料电池公交车、工程车
4	氢燃料电池发动机系统	HY80-G01	12 m氢燃料电池公交车、工程车
5	燃料电池主控制器FCU	HYF10-FCU	燃料电池发动机系统
6	燃料电池整车控制器VCU	HYV10-VCU	燃料电池汽车
7	燃料电池单片巡检仪CVM	HYC10-CVM	燃料电池发动机系统检测
8	车载中控显示终端RTU	HYR10-RTU	燃料电池汽车
9	燃料电池发动机系统测试台	HG80-FGT	用于燃料电池发动机系统测试验证
10	燃料电池电堆测试台	HS80-FST	用于燃料电池电堆测试验证
11	燃料电池整车动力系统综合测试台	HP80-PIT	用于燃料电池整车动力系统综合测试验证

六、合资合作及重大项目建设

2019年11月，“老河口市氢燃料电池城市公交车采购项目”采购公告：老河口市拟采购10辆8.5 m级氢燃料城市客车。10辆氢能源公交车将全部装配由海亿提供的氢燃料电池发动机系统。

2019年底，与东风特商、东风智新科技等签订合作协议，联合开发氢燃料电池抑尘车和工程车等新车型。

2020年，8.5 m氢燃料电池公交车示范线产品订单批量交付。

2020 年,10.5 m 氢燃料电池公交车示范线产品订单及示范运营。

七、发展目标与规划

公司将围绕燃料电池发动机系统及整车动力系统坚持技术创新,打造核心技术链。联合产业链上下游各个关键节点,努力推动高新成果转化,助力新兴产业升级;为我国新能源汽车发展作出卓越贡献,推动我国向全面资源节约型、环境友好型社会健康前进。

八、2019 年 1 月—12 月企业在新能源汽车方面经济指标统计

填报单位名称	指标名称	单位	本期累计	同期累计	增长率(%)
武汉海亿新能源科技有限公司	2019 年末资产总计	万元	726.35	300.1	142.03
	2019 全年完成投资额	万元	400	280	42.85
	2019 年营业收入	万元	520.5	340.5	52.86
	2019 年利润总额	万元	120.5	60.5	99.17
	2019 年产品销售率	%	60%	50%	20.00
	2019 年销售利润率	%	23.15%	21.60%	7.17

武汉泰歌氢能汽车有限公司

一、单位概况

2016 年 9 月 21 日,武汉市人民政府、同济大学、中国地质大学(武汉)三方共建氢能汽车产业创新发展平台合作协议在武汉签约,作为市场化运营主体,武汉泰歌氢能汽车有限公司(以下简称“武汉泰歌”)应运而生。

同济大学的燃料电池动力系统集成技术处于国际、国内领先水平,是非常宝贵的氢能产业战略性创新资源。武汉泰歌以资本和产业为纽带,面向全球整合氢能汽车技术创新资源和优势产业资源,发挥同济大学国内外一流的燃料电池汽车系统集成与控制技术能力,对氢能动力整车系统集成产业化中的关键技术进行攻关研究,突破汽车氢能化、智能化、轻量化、互联网化的技术瓶颈,大力推进氢能汽车整车系统集成创新与产业化应用示范推广。公司依托武汉资环工研院的开放性、全球化的战略性创新资源整合平台,整合欧美领先的核心资源,致力于氢能燃料电池动力系统的研发,为整车提供氢能燃料电池发动机产品和系统集成控制服务。

二、经营情况

2019 年公司完成了 50 kW、60 kW、80 kW 燃料电池发动机系统的开发工作,并联合整车厂再次投入 10 台氢能公交用于武汉市场示范,合同金额 1 300 余万元。

2019 年公司与物流运输合作伙伴签署燃料电池销售合同,合同金额 7 000 余万元。

三、产品出口

与澳大利亚、保加利亚、尼泊尔等国家的当地伙伴建立合作关系,共同推动氢能汽车推广应用。

四、产能建设

氢能动力发动机装配线第一期已于 2019 年 7 月投产。在保证过程、质量一致性的前提下,可实现单班年产 1 000 台产能;中长期结合核心零部件自制等规划,建设契合“中国制造 2025”要求的现代化、智能化示范线生产基地。

五、技术进展及研发能力建设

以燃料电池动力系统开发为核心业务,开发相关应用场景的商用车燃料电池系统;公司主要产品已批量投入使用,上海新研发中心一期占地面积 4 000 m^2,二期预留 8 000 m^2,规划了 4 个燃料电池发动机系统功能/耐久测试台架,2 个电堆测试平台,1 个振动测试平台,1 个环境适应性模拟测试仓以及各类子系统、零部件测试平台若干。

六、主要新产品

序号	产品名称	产品型号	产品应用
1	氢能动力系统	T40-FC11111	开沃 NJL6859FCEV 燃料电池公交车
2	氢能动力系统	T40-FC11112	东风 EQ5080XXYACFC-EV1 燃料电池厢式物流车
3	氢能动力系统	T40-FC11112	东风 EQ1080TACFCEVJ4 燃料电池载货汽车底盘
	氢能动力系统	T40-FC1111X	公交 & 物流汽车通用平台

七、合资合作及重大项目建设

1. 武汉泰歌与南京金龙(武汉开沃)合作开发的氢燃料公交车 NJL6859FCEV 在武汉首条氢能公交 359 路示范线及汉南 272 路示范线批量投入运营,截至 2019 年 12 月,累计运行里程超 12 万 km。

2. 武汉泰歌与东风汽车合作开发的氢燃料物流车完成样车试制及公告申报,具备批量推广条件。

3. 武汉泰歌、陕重汽合作开发的氢燃料干线重卡正在研发中。

4. 重庆泰歌氢能汽车有限公司注册成立,计划建设万台氢能系统生产基地,并计划于 2020 年 4 季度进行氢燃料公交示范运营。

八、发展目标与规划

1. 2020 年:氢能动力系统核心零部件 80% 以上全部自主;开拓电堆自主研发业务。

2. 2021 年:电堆实现量产,氢能动力系统 100% 自主;其他领域产品达到量产水平,完成产业链布局。

佛山市清极能源科技有限公司

一、单位概况

佛山市清极能源科技有限公司成立于2017年7月11日，并于2018年1月入驻佛山力合科技园。作为佛山市南海区引进的新能源（燃料电池）汽车创新创业团队，核心成员均来自清华大学。公司与清华大学及清华深圳研究院在氢能领域有深度合作，正全力推进氢能在国内尤其是粤港澳大湾区的发展。公司已经跟清华大学、中船重工、国家电力投资集团、无锡先导及国内知名整车企业建立了战略合作关系。现有办公场所的600 m^2，已拥有2 000 m^2发动机研发、组装和测试车间，实现燃料电池系统的组装、测试、电堆组装、测试以及关键零部件，如空压机、引射器、氢气循环泵、阀门等开发测试。

二、经营情况

主营业务为车用燃料电池发动机动力系统（30 kW/45 kW/60 kW/90 kW）的设计、生产与销售。企业主要为国内新能源汽车厂家及大型央企提供车用氢燃料电池发动机动力系统产品及技术解决方案

企业合作单位有清华大学、中国船舶重工集团公司第712研究所、台州新顺航游艇科技股份有限公司、中国船舶重工集团公司第七零二所、安能创意股份有限公司、国家电投集团氢能科技发展有限公司、广东力合创智科技有限公司、佛山市南海佛广交通集团有限公司、北京正拓气体科技有限公司、无锡先导智能装备股份有限公司、东风汽车集团有限公司、广州汽车集团股份有限公司、广东福迪汽车有限公司等。

三、产品出口

2018年9月，佛山市清极能源科技有限公司获得南海区新能源汽车发展扶持资格。同年10月，佛山市清极能源科技有限公司在南海氢能展推出E30发动机产品，E30是清极能源专门为城市公交、轻型物流车打造的一体化氢燃料电池动力系统。2019年10月，清极能源携两款发动机产品E45和E60亮相佛山氢能展。清极能源的发动机产品已经迭代三代，实现30～90 kW全功率范围覆盖，实现关键零部件：氢气引射器、水气分离器的自主设计、生产。

四、产能建设

佛山市清极能源科技有限公司一直致力于燃料电池发动机系统的自主要发与生产能力的建设，已经推出E30、E45、E60等多款车用燃料电池发动机系统产品。在产能建设方面，清极能源也在积极地进行产线建设，已经建成日产4～5台E45发动机产线，未来将会进一步升级产线生产能力达到5 000台/年的能力，适应产业发展需求。

五、技术进展及研发能力建设

佛山市清极能源科技有限公司从2018年开始推出第一款为城市公交和轻型物流车专用的E30燃料电池发动机动力系统，已推出多个系列的燃料电池发动机产品，功率实现30～90 kW的范围覆盖。清极能源开发的燃料电池发动机动力系统具有以下特点。

（1）多功率平台实现城市公交车、轻型物流车、城市物流车以及重载物流车多种应用。

（2）一体化集成PCU技术，将多种控制器相结合，实现更紧凑更简洁的发动机结构设计，显著提升发动机的功率密度。

（3）氢气引射器替代氢气循环泵，降低发动机的辅机能耗，降低发动机的结构复杂性以及提升发动机的效率，自主研发的引射器替代进口产品，降低发动机系统成本。

（4）无油空气轴承空压机的引入有效提升系统运行的寿命。

（5）通过清极自主开发的控制技术，实现发动机系统实现－20°C低温启动，可以应用在更广的地域范围。

（6）通过发动机在线交流阻抗监测，实现对电堆内部水的良好管理，降低水淹、膜干的风险，提升电堆及系统的寿命，同事实现更快的低温启动时间。

（7）清极开发的停机阴极闭合保护功能，降低停堆过程对电堆可能造成的降解，提升系统的寿命。

清极能源开发的燃料电池发动机动力系统的主要关键零部件（电堆、空压机、DC-DC、加湿器、引射器）均实现国产化，并且清极能源再积极地开展进口件的国产及自主研发产品的替代，基本实现90%以上的国产化。

佛山清极能源科技有限公司具有较强的自主研发和生产能力，自主研发了燃料电池发动机辅机测试设备，如空压机、氢气循环泵、引射器及水泵等，以及10～100 kW级燃料电池发动机测试台架。

六、主要新产品

序号	产品名称	产品型号	产品应用
1	一体化氢气引射系统	E-Hydrogen	燃料电池发动机系统
2	30 kW燃料电池发动机系统	E30	—
3	45 kW燃料电池发动机系统	E45	—
4	60 kW燃料电池发动机系统	E60	—

七、合资合作及重大项目建设

佛山清极能源科技有限公司联合产业上下游企业进行氢能产业的联合开发和应用。佛山市清极能源与整车企业如福迪汽车、东风汽车等进行燃料电池车辆的开发与应用，联合佛山当地的加氢站建设与运营企业广东清极氢能有限公司进行氢能车辆的示范运行。

八、发展目标与规划

佛山市清极能源科技有限公司是一家致力于氢能应用

的高新技术企业，主要产品为燃料电池发动机系统以及相关工程技术服务，致力于打造高可靠性、易于集成、性能稳定的氢燃料电池发动机系统。

未来，佛山清极能源将会进一步提升燃料电池发动机系统的可靠性，从电堆、空压机、氢气引射系统、水泵等关键零部件匹配以及寿命等方面，降低燃料电池发动机系统的故障率；提升氢燃料电池车辆的整车匹配性能，优化控制策略，提升燃料电池与锂电池匹配能力，使燃料电池效率提升，增加纯氢续航能力；通过技术手段实现系统运行状态的监控，实现在线检测及寿命预测能力，进一步优化系统；与不同应用场景相结合，优化燃料电池发动机的结构，提升系统的体积功率密度。

上海恒劲动力科技有限公司

一、单位概况

上海恒劲动力科技有限公司（以下简称“恒劲动力”）成立于2009年6月，注册资本1.4亿元，是一家以燃料电池技术为核心，致力于燃料电池产业化的创新型高科技企业。恒劲动力在拥有海量国外先进技术及经验的基础上，独立研发出属于自己的氢燃料电池技术，从电堆设计制作到系统搭建不复制任何其他国家或公司的成果，100%采用恒劲独创工艺，产品的部分性能参数超越北美、日本等知名企业，达到国际先进水平。公司拥有国际国内发明/实用新型专利超70余项，涉及电堆设计，系统控制、电源管理等核心技术领域。拥有各类氢能燃料电池领域专有技术和商业机密200余项。拥有全球先进的从材料、零部件到大功率整堆（百千瓦级电堆）全套氢能燃料电池产品测试和模拟环境设备。

二、经营情况

2019年，恒劲动力与国内龙头车企达成合作协议，成为其唯一指定合作ODM/OEM公司，签订框架协议及合作生产协议。提供的60 kW动力公交车已上（2019年）工信部公告，首批合同订单为100套动力系统并已完成首批5套的交付。

2020年4月，通过公开招标，恒劲成功中标国网系统的氢燃料应急发电车研发设备购置项目。出于恒劲拥有全自主开发的技术及完善的后期维护保障能力，击败了北京当地的氢能企业，独家入选为北京冬奥（招标合同）定制400 kW氢能电源车。首批已成功完成第一期验收交付，后续意向（第二批）订单为6 MW（15×400 kW）

三、产能建设

恒劲动力位于上海的总部设计建设产能为年产60 kW车动力系统600套，120 kW车动力系统200套，可逆式30 kW电堆200套，以及适用于5G基站备用电源10 kW系统500套。恒劲动力预计与股东汉缆股份合资于山东成立子公司，专职氢能电源类产品的生产，已规划厂区3万m^2，预计年产值2亿元。

四、技术进展及研发能力建设

恒劲动力拥有自主专利的先进流场设计；独有的氢气回收技术，比日本的循环方案大幅降低能耗；领先的多回路循环系统技术；独创的自主开发加湿器以及完整的全面数字模拟。已成功开发额定净功率输出100 W，30～100 kW氢能动力系统，其中HAWLB120A型号的动力系统产品为国内最早通过国家轿车质量监督检验中心（天津）强检认证的100 kW以上级别的单电堆系统。

五、主要产品

序号	产品名称	产品型号	产品应用
1	60 kW燃料电池发动机	HAWLB060A	10.5 m公交客车
2	100 kW/200 kW燃料电池发动机	HAWLB0100A/HAWLB0200A	商用车，乘用车及重卡
3	30 kW氢燃料电池系统	HAWSPDA026	30 kW燃料电池应急电源车
4	100 kW氢燃料电池系统	HAWMS100	100 kW/200 kW/400 kW燃料电池应急电源车
5	100 W燃料电池发动机	HAWLK010A	100～500 W微型助力自行车
6	5 kW燃料电池发动机	HAWLS005A	2～30 kW小型场地车
7	PEM燃料电池加湿器	HJ15/30/60/100	15～100 kW燃料电池系统
8	PEM燃料电池电堆	1～130 kW	1～1 MW燃料电池系统

六、发展目标与规划

恒劲动力的未来发展主要有两个方向：加大技术研发和不断推出新产品。

（1）加大技术研发

氢能电源领域属于集基础科学研究、技术产品创新、应用方案引领的新兴清洁能源市场与产业的结合。而且，涉及的学科技术领域之多、应用市场领域之广，是其他能源电源不可比拟的。进入这样的领域，要求企业既有核心的自有技术，又有丰富的产业经验，恒劲动力的团队二者兼备，这种综合实力为恒劲动力在氢能电源领域建立了门槛，构成了恒劲动力的核心竞争力。从2014年联通公司全球集采恒劲获得最高技术评分，超过一同参与竞标的美国加拿大企业，到恒劲动力在开发百千瓦级电堆过程中得到的各项参数指标都超过国内现有水平且可对标国际先进水平，恒劲动力一直在整个氢能行业中属于具有较高技术水平的领先企业。因此，公司必须维持在技术上的领先优势，不断加大研发，向上游进一步迅速扩大，开发出一系列从基础材料（催化剂、膜、纤维材料、极板材料、密封材料）、零部件（加湿器、电控系统、空气系统、氢气回收系统）、电堆、整系统的新技术。而这些能够满足各个市场定位的新技术将促成恒劲动力成为新能源、氢能产业中的“高通”，以技术服务，技术输出为主，辐射整个产业链。

（2）不断推出新产品

氢能产品的应用面及其宽泛，小到百千瓦机家电类电源，大致兆瓦、百兆瓦级储能电站，为了迎合各种各样不同的市场需求，恒劲动力应该做到能够根据客户需求，自由的开发定制出新一代高新能、高可靠性、长寿命的产品。随后将这些产品交付至那些有产业化，规范化生产设备及生产能力的企业去完成生产。做到技术上保持领先，产品上保持先进，强有力的支持兄弟公司的产业化进程，同时扩大研发团队，跟国内外相关企业的资源整合，迅速扩大发展，为中国新一轮能源革命奠定基础。

石家庄金士顿轴承科技有限公司

一、单位概况

石家庄金士顿轴承科技有限公司（以下简称“公司”）凭借多年在流体机械行业的技术积淀，于2017年底开发出了氢燃料电池用无油空压机，核心技术拥有自主知识产权，已实现批量上车应用。

公司产品主要涉及新能源、环保、军民融合、冶金4个领域。在新能源领域，自主研发的氢燃料电池空压机，已与国内多家知名系统集成商建立稳固的合作关系，产品成功的运用到公交、大巴、物流等类型的氢燃料电池车辆。公司ZCJSD空压机成为国内为数不多的能够与国外同类产品同台竞争的品牌并成为我国氢燃料电池行业坚定的推动者。

二、经营情况

2019年国内市场燃料电池空压机出货量TOP5供应商市场占有率高达85.44%，其中公司所占市场份额位列前3，同时也是离心式空压机中的第1名。2018年公司单级压缩空压机凭借优异性能，赢得燃料电池头部企业大批量订单，应用于申龙客车、福田客车、宇通客车和吉利客车等多个主机厂。

公司自行研发的氢燃料电池用无油空压机，成为国内各大系统集成商的首选配套商，该产品已成功在北京、张家口冬奥会公交车、物流车运行，配套测试车辆已达600余辆，产品累计行驶里程已达2 000万km。空压机系列化完成，已完全匹配所有型号氢燃料电池系统，极大地降低了燃料电池系统成本，为国内燃料电池产业的健康发展提供了有力支撑。

公司空压机机型已经完全覆盖40～120 kW系统功率，并全部实现批产，空压机控制器已全面升级为碳化硅，效率更好，动态响应更快。

三、产能建设

金士顿能够率先推出单级压缩空压机并拔得头筹，如今又创新推出两款新型两级压缩空压机。金士顿拥有燃料电池空压机产能5 000-8 000台/年，同时公司正在扩张产能，新建工厂一期产能达5万台/年。

四、技术进展及研发能力建设

基于燃料电池大功率发展趋势及公司核心技术定制化开发能力，公司推出了两款两级压缩新机型，分别针对60～80 kW、80～120 kW大功率燃料电池系统而开发。这两款机型压比高、流量大，配合采用碳化硅芯片的高效控制器，相比之前从整机功率、电机温升、控制响应、加载、刹车反馈速度都较前一代有非常明显的优势，采用碳化硅的空压机控制器势必成为未来趋势。

五、主要新产品

序号	产品名称	产品型号	产品应用
1	RDGF8.0-2.2	燃料电池空压机＋高频控制器	40 kW系统，物流车
2	RDGF8.5-2.0	燃料电池空压机＋高频控制器	60 kW系统，大巴车
3	RDGF15-2.7	燃料电池空压机＋高频控制器	60～80 kW系统，公交，大巴
4	RDGF22-3.0	燃料电池空压机＋高频控制器	80～120 kW，公交，重卡

六、合资合作及重大项目建设

公司正在扩张产能，修建二期项目。项目总占地面积5.4 hm^2，预计总投资2亿元。项目建设将以绿色化的智能示范工厂为目标，融合精益生产的理念，响应“中国制造2025”的国家战略规划，完全实现自动化、智能化、数字化等先进技术应用，力争把本项目打造成制造业的样板示范工程。

七、发展目标与规划

公司未来发展战略以市场开拓和研发为基石逐步推进。

1. 加强市场开拓和产品应用，提升市场占有率。

2. 坚持技术研发为核心，通过自主开发和批量生产，按照降本优先的顺序逐步推进燃料电池零部件成本的快速下降，提高燃料电池技术的经济性。

未来，公司产品规划将以空压机为依托，发展成为空气子系统模块集成商和技术服务商，为客户提供定制化的优质服务，以开放包容的姿态同各方携手，共同推动中国氢能产业的发展。

宁波鲍斯能源装备股份有限公司

一、单位概况

宁波鲍斯能源装备股份有限公司（以下简称“公司”）始创于2005年，2015年深圳交易所挂牌上市（股票代码300441）。公司总部位于浙江弥勒圣地——奉化，公司主要生产压缩机、刀具、轴等高端精密零部件及成套设备。公司以学习、和谐、坚持、专业为企业文化的核心思想，倡导弥勒文化、弥勒精神，锐意进取，致力把公司建设成一家拥有核心竞争力能和谐发展的国际型公司。

二、经营情况

公司主营产品技术水平、能效水平已处于行业领先地位，且具有规模优势、品牌优势及成本优势，通过不断地提高工业机械基础零部件及整机制造技术，提升产品品质，抢占国内中高端市场，实现公司产品在工业制造领域中高端市场的进口替代。公司2019年营业收入77 914.47万元，毛利率为31.06%，公司实际经营利润总额为12 532.07万元，经营情况良好。

三、产品出口

东南亚地区：已与越南一家企业建立供销关系且成品销售，并签约泰国独代理，代理商持续订货中，且市场反馈较好。

土耳其：已与土耳其当地最大空压机企业签署初步合作意向，往战略目标方向发展，已向土耳其输出一批全系列主机。

澳大利亚：已签约澳洲独家代理，持续订货中，应代理商的要求，新推出澳洲市场畅销的3合1机型，市场反馈较好。

四、产能建设

2019年，螺杆主机销售规模达到22万余台，已经成为全球销量第1，因此具备规模优势和性价比优势，在此基础上，公司大力布局新能源汽车行业相关产品，形成了刹车气泵、氢燃料电池空压机、氢循环泵的全产业链布局。未来3～5年，公司会不断扩大生产规模，满足市场需要。

五、技术进展及研发能力建设

在知识经济时代，创新是企业的核心，没有创新，企业也就失去了核心竞争力。于2010年成立了企业研发机构，并获“省级企业技术中心”“省级企业研究院”等荣誉称号，技术中心现有独立科研场地1 050 m^2，有专职研发人员155人，其中博士1人，硕士3人，本科以上学历51名，占研发人员总数的32.9%，中心人才结构和制度合理，基础设施完善，科研设备原值超4 500万元。公司研发的新能源商用车螺杆空压机，已批量生产；正在研发的应用于氢燃料电池的压缩机，样机已经开发完成，相关的测试和实验正在进行中；应用于氢燃料电池的氢循环泵，样机已经开发完成，相关的测试和实验正在进行中。

公司重视研发成果，保障研发投入，在创新带头人张炯炎带领下，创新团队承担过多项国家及省市级科研项目，成功研发了BS第三代螺转子杆型线技术和双级节能螺杆主机技术。公司通过研发和转让获得专利126项，其中发明专利18项，并参与制定5项标准。公司注重突出企业在科技创新中的主体地位，通过整合企业优势资源，构建了以企业为主体、以市场为导向、产学研相结合的技术创新体系，为公司的可持续发展奠定的基础。

六、主要新产品

序号	产品名称	产品型号	产品应用
1	螺杆刹车气泵	EVS240	纯电动商用车，氢燃料电池商用车
2	螺杆刹车气泵	EVS400	纯电动商用车，氢燃料电池商用车
3	燃料电池空压机	GD105	氢燃料电池商用车
4	氢循环泵	BHV300	氢燃料电池商用车

七、合资合作及重大项目建设

公司注重产、学、研、用的合作开展各类高层次、高水平的科技合作，和英国城市大学、浙江大学等国内外高等院校及科研型企业建立了良好的技术交流渠道与合作关系，通过搭建技术交流平台，整合资源，发挥各自优势，解决工程实际问题，培育高素质的工程技术人员，实现技术攻关，为项目研发搭桥铺路。公司近两年合作创新情况如下。

2019年1月3日，公司与苏州索进技术开发有限公司签订技术开发合同，目标是设计并制造高效且可长期稳定运行的两级喷油螺杆空气压缩机主机。

2019年9月10日，公司与重庆鲍斯净化设备科技有限公司签订技术开发合同，目标是开发一台集深度除油功能的干燥设备，可灵活地运用于有油空气压缩机和无油机后端，实现集除油、除水、除尘、除菌的一站式压缩空气净化设备。

2019年10月15日，公司与浙江大学宁波理工学院签订合作共建“国际（宁波）能源动力技术研发中心”协议，将闻雪友院士团队的技术和成果应用到离心式压缩机、真空泵、中小型燃气轮机等民用市场，做实做强，提升宁波高端制造、智能制造水平，推动我国压缩机、燃气轮机技术高端装备产业化发展。

2019年11月30日，公司与伦敦城市大学签订咨询协议与授权协议，基于伦敦城市大学与世界领先压缩机企业的合作经验及螺杆压缩机技术30多年的技术积累，通过合作设计型线设计开发，性能模拟，软件购买等多个方向，引领行业创新，为节能减排作出贡献。

依托于高校、研究院、科研型企业的人才优势和较为完善的测试条件，与公司的生产实际相结合，实现资源共享，并针对压缩机的相关技术进行联合攻关，并取得多项成果。公司一直以来都本着“通力合作，互惠互利”的原则，开展横向联合，充分发挥科研院所、高等院校在科学技术、信息、人才等方面的优势，走产学研联合开发之路，快速提升公司的研发水平。

八、发展目标与规划

公司已经完成新能源行业刹车气泵，氢循环泵，燃料电池空压机的产业链布局，打造性价比高，可靠性高，国产化的产品。秉承学习，和谐，坚持，专业的企业文化，不断推陈出新，持续赋能未来，为我国的氢能源事业添砖加瓦。

江苏国富氢能技术装备有限公司

一、单位概况

江苏国富氢能技术装备有限公司(原称张家港富瑞氢能装备有限公司)成立于2016年6月,公司专业从事氢液化装置、液氢容器、液氢储运、氢气增压装置与加氢站、车载燃料供氢系统等产品的设计、制造和相关的技术服务。旨在实现新能源汽车从试点示范向商业化、规模化的方向转变,推动与氢燃料电池汽车相关的经济、高效的氢能装备与加氢站基础设施建设。

江苏国富氢能技术装备有限公司是江苏省高新技术企业,民营科技企业,拟科创板上市企业。“35 MPa、70 MPa混合式集装箱式高压智能加氢成套装置”和“低成本高储氢密度70 MPa车载高压储氢供气系统”获得江苏省汽车产业重点领域先进技术产品;“QN35集装箱式增压加氢装置与氢气加气机”获江苏省首台套重大装备认定;“35 MPa集装箱增压加氢装置与氢气加气机”于2017年12月通过省级新产品鉴定;《智能化氢气增压加注装置》《铝内胆碳纤维全缠绕高压氢瓶》2020年4月通过中国机械工业联合会科技成果鉴定。

江苏国富氢能技术装备有限公司已获得受理及授权的氢能源产业领域专利知识产权120余件,企业产品核心技术拥有已授权的自主知识产权59项,包括6项发明专利权,49项实用新型专利权;4项软件著作权,所有知识产权均来自企业自有技术。参与编制GB/T 35544—2017《车用压缩氢气铝内胆碳纤维全缠绕气瓶》、修订GB/T 18442等国家标准并主持制定1项团体标准,参与编写我国氢标委国家标准3项,已于质量监督局备案完成的企标共7份,其中与液氢容器相关的2份标准(《固定式液氢容器技术条件》《液氢罐式集装箱技术条件》)属于国内首例,助力中国第一个油氢合建站——中石化樟坑站落地广东佛山,并参与中石化广东石油加氢站专项标准的编制工作。

二、经营情况

江苏国富氢能技术装备有限公司致力于氢能源应用设备的研发和制造,为客户提供氢能装备整体解决方案,是一站式设备提供服务商,在上游的制氢,中下游的储运、配送和终端供氢装备等领域,以提供清洁能源装备为使命,依靠先进的技术和专业经验,建立氢能装备全产业链整体解决方案。

江苏国富氢能技术装备有限公司车载供氢系统已为近60款车型超过2 000余辆燃料电池物流车和客车配套车载供氢系统,已给京东、顺丰、菜鸟物流管理系统搭载配套,是国内最大的量产供应商。

江苏国富氢能技术装备有限公司加氢站成套设备已为国内客户提供30余套加氢装置,其中80%为日加氢量500 kg以上的商业化运营加氢站。产品以市场占有率超过50%的优势在国内市场遥遥领先。

江苏国富氢能技术装备有限公司液氢工厂拥有目前国内唯一的氢液化工厂商业化解决方案;同时,公司是国内第一家制定液氢容器、液氢罐式集装箱企业标准的企业,填补了我国液氢民用储运标准的空白。

江苏国富氢能技术装备有限公司发起我国首批商业化运行的“上海燃料电池汽车商业化促进中心”和氢能产业联盟,并分别主导了上海市500台、苏州市200台、佛山市400台燃料电池物流车的示范运营和配套基础设施建设工作。率先在苏州地区号召发起专业氢能基础设施建设平台——嘉化氢能,并已同时开启3个加氢站建设的相关工作(张家港,常熟两地加氢站已在建设中),配套苏州地区200台物流车的示范运行,其中80辆物流车等待加氢站可以商用加注后即可投入运行。

三、产品出口

2018年11月,供氢系统产品配套飞驰汽车等出口欧洲。

四、产能建设

江苏国富氢能技术装备有限公司拥有国内领先、国际先进的高压氢瓶、供氢系统和加氢站、加氢机的批量化生产与装配流水线。拥有专用生产厂房面积3万m^2,公司产业化的万只高压储氢瓶(3 000套车载供氢系统)、50套加氢站生产线,以及引进国际先进设备,收口机、强旋机等关键设备由美国MJC公司设计制造,是目前国内产能最大、最先进的高压氢瓶生产线。

为更好地满足氢能源市场及氢燃料电池汽车的发展需求,江苏国富氢能技术装备有限公司于2019年10月开始动工的智能化高压氢瓶生产线车间正在建设中,建成后可形成年产液氢加氢高压加氢站36套、大型液氢容器10台,4 200套供氢系统(1.5万只瓶)。届时江苏国富氢能技术装备有限公司将更具产业化优势和产能批量降本,更利用企业进一步加大市场占有率,有效地抓住氢能产业发展关键期。

五、技术进展及研发能力建设

公司重视技术创新,建立工程技术中心,并依托研发平台组建了60余人的技术研发团队,其中博士4人、硕士10人、中高级职称20余人,技术与研发人员占公司人员30%以上。国际化技术研发团队有来自德国、美国、澳大利亚、俄罗斯等国家的海归人才,以张家港为中心,在北京、上海、南京、莫斯科等地设有研发分中心。公司拥有控制技术研究室、关键零部件研究室、液氢装备试验基地等专业研发实验室及设备,同时引进Matlab、HSC Chemistry、Altium Design、Multisim、ANSYS等大型仿真平台,全面提升研发效率与水平。在保持现有产品优化及先进性的同时,在氢气液化、液氢、超临界储氢以及70 MPa高压储氢、70 MPa加氢站等系列装备产品进行重点攻关和技术储备,并和东南大学、上海交大、合肥通用机械研究院、北京航天试验研究所等开展紧密的技术合作。

近3年公司累计研发投入费用3 738.45万元,其中2017年894.27万元占销售收入10.3%,2018年877.08万元占销售收入12.8%,2019年1 967.1万元占销售收入13.4%,取得较好的研究成果。在持续研发的基础上,公司亦特别注重研发成果的转化,近两年公司研发立项4个,均取得较好的成果,科技成果转化的年平均数达到8个。研发成果相应转化到公司核心的2个高新技术产品中,这两类产品均通过了第三方权威机构的检测,并已批量生产销售,市场反应良好,有效奠定公司在氢能装备行业的龙头地位。

六、主要新产品

序号	产品名称	产品型号	产品应用
1	加氢站成套设备	60 kg/d 撬装式加氢站	南通百应加氢站
2	加氢站成套设备	60 kg/d 撬装式制氢加氢站	深圳凯豪达制氢加氢站
3	加氢站成套设备	80 kg/d 加氢站	云浮兆通油氢合建站
4	加氢站成套设备	200 kg/d 集装箱式加氢站	吉利四川南充加氢站
5	加氢站成套设备	200 kg/d 集装箱式加氢站	四川德阳加氢站
6	加氢站成套设备	500 kg/d 集装箱式加氢站	十堰东风加氢站
7	加氢站成套设备	500 kg/d 集装箱式加氢站	中山大洋加氢站
8	加氢站成套设备	500 kg/d 集装箱式加氢站	上海电驱动加氢站
9	加氢站成套设备	500 kg/d 集装箱式加氢站	广东国鸿加氢站
10	加氢站成套设备	500 kg/d 集装箱式加氢站	成都郫都区加氢站
11	加氢站成套设备	500 kg/d 集装箱式加氢站	佛山佛汽佛罗路加氢站
12	加氢站成套设备	500 kg/d 固定加氢站	佛山禅城区塱沙路加氢站
13	加氢站成套设备	500 kg/d 固定加氢站	佛山高明区更合镇加氢站
14	加氢站成套设备	500 kg/d 固定加氢站	佛山高明区有轨电车加氢站
15	加氢站成套设备	500 kg/d 固定加氢站	联新广州开发区加氢站
16	加氢站成套设备	500 kg/d 集装箱式加氢站	武汉氢宇军运会加氢站
17	加氢站成套设备	500 kg/d 固定式制氢加氢站	山西雄韬大同制氢加氢站
18	加氢站成套设备	500 kg/d 固定式油氢合建站	中石化佛山樟坑油氢合建站

续上表

序号	产品名称	产品型号	产品应用
19	加氢站成套设备	500 kg/d 固定式加氢站	佛山三水区锦江路加氢站
20	加氢站成套设备	500 kg/d 集装箱式加氢站	佛山佛汽佛罗路加氢站二期
21	加氢站成套设备	500 kg/d 固定式油气氢电综合站	安徽铜陵大通加氢站
22	加氢站成套设备	500 kg/d 固定式加氢站	苏州公交平海路保养场加氢站
23	加氢站成套设备	500 kg/d 集装箱式加氢站	中山大洋广丰加氢站
24	加氢站成套设备	500 kg/d 固定式加氢站	东华港城公交车配套加氢站二期
25	加氢站成套设备	500 kg/d 固定式加氢站	山西阳泉开发区加氢站
26	加氢站成套设备	500 kg/d 固定式加氢站	常熟重塑厂内站
27	加氢站成套设备	500 kg/d 固定式油氢合建站	中石化广州开泰北油氢合建站
28	加氢站成套设备	500 kg/d 固定式气氢合建站	常德中车加氢加气站
29	加氢站成套设备	750 kg/d 撬装式加氢站	上海重塑江桥加氢站(时为全球日加注量最大的加氢站)
30	加氢站成套设备	1 000 kg/d 固定式加氢站	郑州宇通加氢站扩建站
31	加氢站成套设备	1 000 kg/d 固定式加氢站	佛山三水区广海大道西加氢站
32	加氢站成套设备	1 000 kg/d 固定式加氢站	东华港城加氢站
33	加氢站成套设备	1 000 kg/d 固定式加氢站	嘉化氢能张家港加氢站
34	加氢站成套设备	1 000 kg/d 固定式加氢站	常嘉氢常熟加氢站
35	加氢站成套设备	1 000 kg/d 固定式油氢合建站	中石化佛山河滘油氢合建站
36	加氢站成套设备	1 000 kg/d 固定式加氢站	佛山顺德顺风加氢站
37	供氢系统	氢瓶、氢系统	中通、宇通、金旅、一汽、东风、苏龙、南龙、飞驰、五龙等

七、合资合作及重大项目建设

1. 承接国家重点研发计划:70 MPa车载高压储氢瓶技术。

2. 承接国家重点研发计划:重型车辆液氢储供关键技术。

3. 参与国家重点研发计划:氢能储运装备性能检测及质量评价技术研究。

八、发展目标与规划

加快发展氢能产业，是应对全球气候变化、保障国家能源供应安全，构建清洁低碳、安全高效能源体系的百年大计，也是保护生态环境，节能减排、替代柴油车辆，实现交通领域全面电气化的重要路径。发展氢能的关键在于高效的储运加氢基础设施和高密度的储氢技术与装备。

依托江苏国富氢能技术装备有限公司团队在能源装备领域丰富经验，聚焦燃料电池交通工具所需的车载燃料罐及其所需的加氢基础设施服务，在上游氢液化，中下游的储运、配送、加注和终端车载供氢系统等领域，为客户提供有竞争力的氢能装备全产业链整体解决方案。公司致力于智能制造提升产能规模和产品一致性，以引进吸收和自主创新相结合的先进技术引领行业，超前布局加氢基础设施，建立高效的液氢产业链，不断提升国产化率和降低成本，推进有中国特色的氢能经济和产业发展。

苏州先莱新能源汽车零部件有限公司

一、单位概况

苏州先莱新能源汽车零部件有限公司是苏州斯莱克精密设备股份有限公司（股票代码300382）在2018年设立的全资子公司。主要研发是、生产制造、销售电动汽车电池用电池壳，氢燃料汽车用高速空压机等汽车零部件，并通过控股公司蓝斯视觉，提供3D视觉实时质量检测、引导和抓取系统。

二、经营情况

1. 生产经营情况

苏州先莱新能源汽车零部件有限公司控股的子公司新乡盛达新能源拥有员工约200人，60余台数控冲床，数条全自动电镀生产线及完善的配套检测设备，集冲压、清洗和电镀生产为一体，专业生产圆柱电池钢壳。正在建设使用全自动电池壳生产线的生产基地。先莱控股的安徽斯翔正在建设专业生产磷酸铁锂圆柱电池铝壳的生产基地，位于肥东县开发区，占地约50亩。

2. 利润实现、分配及企业亏损情况

2019年全年收入（新乡基地10、11和12月）约1 100万元。随着新乡和肥东生产基地的建成，苏州先莱新能源汽车零部件有限公司会加速为汽车新能源电池行业提供大批量优质的电池壳，努力成为电池壳专业制造的优秀供应商。

三、产能建设

新乡盛达新能源将建设18650和21700生产线，预计2020年新增建成约8亿只的钢壳产能。位于肥东的先莱控股子公司安徽斯翔将在2020年新建产能每年2亿只33135磷酸铁锂电池铝壳。

四、技术进展及研发能力建设

研发大批量生产圆柱电池壳的自动化生产线，用于生产圆柱钢壳和圆柱铝壳，服务新能源汽车电池行业。与韩国NEX-D共同研发用于氢燃料乘用汽车的高速空压机。

五、主要新产品

序号	产品名称	产品型号	产品应用
1	18 kW 空气压缩机	NTC-018-023	重塑科技氢燃料汽车
2	800W 氢气循环泵	NBH-008-015	重塑科技氢燃料汽车
3	圆柱型钢壳	18650	特斯拉电动汽车
4	圆柱型钢壳	21700	特斯拉电动汽车
5	圆柱型铝壳	33135	特斯拉电动汽车

六、合资合作及重大项目建设

1. 与韩国NEX-D公司合资共同研发、生产氢燃料汽车用高速空压机与氢气循环泵。NEX-D公司在鼓风机与压缩机领域专注30余年，在永磁同步电机，高速用空气轴承领域有深厚的技术积累及相关专利。采用空气轴承的空压机效率高、维护简单、噪声振动小、无润滑泄露危险。NEX-D长期配合韩国现代公司研发燃料电池用空压机与氢气循环泵，相关样机通过现代氢燃料汽车测试要求。为NEX-D公司量产空压机与循环泵提供制作经验与资金的同时，苏州先莱新能源汽车零部件有限公司在片料冲压上的丰富经验也帮助NEX-D公司提高空气轴承的产能与质量稳定。

2. 与加拿大蓝腕公司合资共同提供汽车3D视觉检测与自动装配服务，3D视觉质量检测与自动装配服务由全自动3D检测可以应用于机器人、固定形式或者搭配的方式实现全自动的对三维尺寸进行精确测量，亦可对特征的有无和缺陷进行检测。SPCWorks数据分析系统可以对生成的数据进行统一的管理，强大的数据分析功能对减少工艺差异，提升生产品质提供了强有力的支持。

3. 持有新乡盛达70%的股份，公司决定通过新乡盛达在河南省新乡市启动年产30亿只圆柱型动力电池钢壳项目，项目总投资8亿元。公司将使用自己专业研发的新型电池壳全自动生产线，生产电动汽车用电池钢壳。

七、发展目标与规划

1. 近年来，随着全球能源危机和环境污染问题日益突出，节能、环保等有关行业的发展被高度重视，发展新能源汽车已经在全球范围内形成共识，全球新能源汽车销量也随之持续高增长。在世界汽车电动化的大浪潮下，国际主流整车企业纷纷加大新能源汽车战略布局。苏州先莱新能源汽车零部件有限公司充分利用苏州斯莱克精密设备股份有限公司多年来积淀的易拉罐自动化生产线技术，从新能源汽车圆柱电池壳自动化生产线入手，进军新能源汽车业务。

2. 随着电动汽车的普及和电池用量井喷式发展，苏州先莱新能源汽车零部件有限公司凭借苏州斯莱克精密设备股份有限公司在相关领域的多年积累，争取使国内电池行业能够尽早应用电池壳大批量生产自动线。易拉罐在材料和形状上与电池壳具有共同特点，且同样对生产效率具有高要求。公司利用其独特的高速超薄金属板成型技术，创新设计研发出电池壳自动化生产线，这种设备在国内还是空白。该生产线具有成型、清洗、检验、包装等功能，其生产工艺与现有国内市场上使用的设备不同，生产出的电池钢壳称为“镜面壳”，一致性更好，生产线效率更高，使用的人员更少，相对成本较低。该生产线运用公司部分已有专利技术，在市场的同类产品中具有独到的竞争优势。订单方面，已有国内和国际部分电池厂家有意向购买本公司的电池壳生产线，除公司为下属公司新乡盛达、安徽斯翔生产的电池壳自动线以外，其他订单尚在意向和方案讨论阶段。

3. 现苏州先莱新能源汽车零部件有限公司新能源电池壳生产线已处于调试阶段，待相关工作完成，将提供大批量生产验证用的样品给客户，未来公司将加快新乡盛达和安徽斯翔的项目落地。该业务未来发展方向具体如下。

（1）成为特斯拉的优秀供应商，进入世界一流供应商的行列。并努力服务国际国内一流的新能源汽车或新能源电池制造商，如LG化学、三星、国轩高科、宁德时代、力神和亿纬锂能等。

（2）在成功做好圆柱电池壳的前提下，适时努力拓展产品范围，如拓展到电池盖帽业务，既生产电池壳，同时生产配套的电池盖帽，也可以通过并购，实现产品范围的增加。在条件成熟的情况下，研究如何改善方形铝壳的制造工艺，进入方形铝壳的制造领域。

4. 继续重视专业人才的引进：通过实施员工持股计划和股权激励吸引和留住优秀人才，充分调动公司中高层管理人员、核心技术（业务）人员及其他员工的积极性，打造一支技术过硬、不断创新、世界一流的设计和制造队伍。

上海治臻新能源装备有限公司

一、单位概况

上海治臻新能源装备有限公司（以下简称“上海治臻”）由上海交通大学技术团队发起，于2016年3月成立，是国内第一家专注于金属双极板研发与制造的高新技术企业。15年来专注于燃料电池金属极板的开发，在极板构型设计、超薄板精密成形和高速激光焊接、高性能复合纳米涂层和一体化密封等方面拥有完全自主知识产权的关键核心技术。

上海治臻在2017年建成国内首条具有独立自主知识产权的燃料电池金属双极板生产线，首次在国内实现金属双极板由板型设计到全工艺链加工的交付能力，设计年产能达到50万片，是国内最大的金属双极板供应商之一。上海治臻已申请专利70余项，2018获得中国汽车工业技术发明奖一等奖，2020年荣获上海市技术发明奖特等奖，并通过IATF 16949和ISO 9001体系认证，成为全国首家通过该体系认证的金属双极板设计和制造企业。

二、经营情况

上海治臻新能源装备有限公司依托于上海交通大学研发团队，研发了超薄、精度超高、寿命最长的金属双极板，形成完整的金属双极板产业链。累计制备50万片金属双极板，助力上汽捷氢、长城未势、东风、新源动力等燃料电池项目开发及金属双极板供应。铸就了拥有国产“心脏”的高性能燃料电池电堆产品。为满足市场需求，公司把原来上海临港研发及生产基地，在2019年新扩充成为更自动化，更智能化的燃料电池金属双极板研发及生产第二基地。其中上海临港生产基地5 000 m^2，常熟高新区生产基地总占地50亩，一期工程建设生产需求2万 m^2，预计2021年正式投产，成为氢燃料电池行业重要的零部件供应商之一。

上海治臻主要为客户提供燃料电池金属双极板的研发及批量生产，同时出售自主知识产权的金属双极板。2019年营业收入5 000万元，在金属双极板行业占据市场主要位置。

三、产能建设

上海临港产业园生产基地——2017年建成，拥有国内首条具有独立自主知识产权的燃料电池金属双极板生产线，生产用地3 000 m^2，研发用地1 000 m^2，设计年产能50万片。苏州常熟生产基地——上海治臻于2019年10月成立全资子公司苏州治臻新能源装备有限公司，总投资2.6亿元，新基地于2020年中旬开工建设，计划2021年中旬一期项目投产，产能规模达170万片/年，项目全部达产后将具备1 000万片/年，总产值可达10亿元。

四、技术进展及研发能力建设

金属双极板采用精密成形、激光焊接、高性能纳米涂层、密封等技术，全工艺链集于一体，大大提高产品的一致性、稳定性、为满足市场需求大规模量产低成本化奠定了基础。

金属双极板设计能力:上海治臻发明了具有自主知识产权的流场结构燃料电池金属双极板,实现氢氧冷却水 3 个流场独立分割,便于冲压成行加工,提升燃料电池反应效率;分别与上汽捷氢、新源动力、长城未势定制化开发了不同规格极板,积累大量实际经验。

精密制造技术能力:金属双极板制备工艺为成形—焊接—涂层(现代、通用、日产等均采用这种方式实现金属极板的制造且应用于电堆生产);公司在复杂流道微细薄板成形方面,通过金属薄板微细成形新工艺,利用弹性与板料表面层间摩擦增强的尺度效应,建立流道成形质量和反应效率的成形工艺设计,大大提升精密制造能力及产品良率;公司在高精度成形、焊接热变形控制等方面达到了国际一流水平。

耐久性技术能力:公司发明了基于非平衡磁控溅射离子镀技术,提升了极板的导电率和耐腐蚀性,设计并制备了铬梯度涂层。金属电堆使用寿命达 1 万 h 以上。

批量化生产能力:上海治臻开发了具有自主知识产权的连续生产线及试验室;从极板设计,模具制备,到产品批量生产集于一体,拥有丰富设计及制造经验,为产品底成本打下坚实基础,助力中国燃料电池行业发展。

五、主要新产品

产品名称	产品型号	产品应用
金属双极板	S06	90 kW 燃料电池系统

六、合资合作及重大项目建设

上海治臻承担国家重点研发项目,上海市科委项目、广东省科技计划项目、苏州科技人才项目等。

七、发展目标与规划

上海治臻集金属双极板构型设计、工艺研发、量产制造及装备开发能力于一身,助力国内汽车生产企业和系统集成企业燃料电池研发,自上海开始逐步向长三角、珠三角,以及汽车产业集群地开拓科研合作及产业布局。进一步结合批量化制造相关核心技术开发,将提升金属双极板寿命、降低金属双极板的成本,依托产业应用场景逐步推广应用范围,随着大规模制氢、用氢技术和政策法规等各方面的突破,将更有利于燃料电池的应用落地,共同推动上海、长三角乃至全国的产业发展与升级

山西美锦能源股份有限公司

一、单位概况

美锦起步于 1981 年。山西美锦能源股份有限公司(以下简称“美锦能源”)成立于 1992 年,前身为福州天宇电气股份有限公司(天宇电气),1997 年在深圳证券交易所上市(股票代码 000723)。主要从事焦炭及其制品、煤炭、液化天然气及煤层气、氢燃料电池汽车等生产经营,拥有“煤—焦—气—化”比较完整的产业链,在市场上具有较强的竞争力,是全国最大的独立商品焦和炼焦煤生产商之一。拥有焦化产能 570 万 t/年,煤炭产能 540 万 t/年。其生产的焦炭品质稳定优良,包括标准一级焦炭和准一级焦炭。美锦能源和母公司美锦集团共储备优质煤炭资源 35 亿 t,涵盖了炼焦所需的全部煤种,国家发改委核准产能 3 080 万 t/年。

近年来,美锦能源正从传统能源企业向综合能源供应商转变。传统板块以煤炭及焦化作为核心业务,未来公司将逐渐整合母公司美锦集团优质煤矿资源,逐步提高煤炭自给率,同时正在分阶段建设华盛化工新材料项目,项目以精细化工、循环经济为主要特点,经过产能置换并淘汰落后产能后,公司总焦化产能将达到 715 万 t/年,巩固焦化企业龙头地位,并利用富产氢气优势向氢能产业延伸。

2017 年,美锦能源紧跟国家和行业政策导向,实施转型升级战略进入氢能产业。抓住国家发展氢能源产业的战略机遇期,按照“一点(整车制造)、一线(燃料电池上下游产业链)、一网(加氢站网络)”的总体规划,在氢能领域进行全产业链布局,打通产业链关键环节,打造具备国际竞争实力的氢能产业集群,陆续在山西晋中、山东青岛、浙江嘉兴以及山西晋中地区落地氢能产业园,正在形成“产业链 + 区域 + 综合能源站网络”的三维总体格局。

美锦能源已全面布局制氢、加氢、膜电极、燃料电池电堆及系统、整车等氢能全产业链,推动产业升级、能源转型,形成“研发—生产制造—商业化应用”的生态闭环。

二、技术进展及研发能力建设

美锦能源控股的飞驰汽车,具备燃料电池汽车正向开发的能力。2016 年,飞驰生产的 28 台氢燃料电池车,就率先作为全国首批示范车辆在佛山和云浮投入运营,截至 2019 年底这 28 台车累计安全运行里程已超过 40 万 km。近几年,飞驰已经投放市场的燃料电池车中,公交车累计运营里程 200 万 km,物流车累计运营里程 80 万 km,始终保持着“零”安全事故的记录。2019 年年底在行业内率先成功研制出了首款氢燃料电池牵引车,满载的情况下,续航里程可达到 400 km。2020 年,飞驰再次行业率先研发了氢燃料电池。飞驰在氢能汽车维保中心的设立方面,走在了行业的前列,可以做到对车辆运行的实时监控。也是得益于这样的领先技术,2019 年,飞驰汽车向马来西亚出口了氢燃料电池客车,这是国产燃料电池汽车首次出口海外市场。2019 年,飞驰汽车销售整

体市场占比为 13.7%,仍然是国内产销氢燃料电池客车最多的企业之一。

美锦能源向产业链核心技术靠近的关键之举是布局国鸿氢能。世界首列载客的氢燃料电池有轨电车在唐山运营,其系统模块由国鸿氢能技术团队设计开发。国鸿可以说是国内最强的燃料电池电堆和动力系统总成供应商之一,也是唯一取得全部军工资质和军民融合项目的专业燃料电池企业。国鸿的电堆市场占有率在70%以上,有着全球最大的电堆及系统生产线,产能为2万台电堆和5 000套系统,生产设备均为自主知识产权,可全部国产化。动力系统总成,零部件国产化率达90%。2019年,国鸿氢能合计销售电堆8万多kW,较2018年增长约60%,新增了国家电网和中车四方等重要客户。

美锦能源具备自主知识产权的拳头产品是鸿基创能。鸿基创能2019年发布了1.0产品,是行业内填补国内技术空白的产品技术,也是国内第1个投产的低成本、高性能膜电极规模化国产生产线项目,且膜电极产品技术水平世界领先,成本还降低了30%~40%。鸿基创能还完成了国内规模最大的CCM生产线,产能可达30万 m^2/年。自2019年9月实现膜电极产品量产以来,已经有超过20家国内外电池电堆厂商采购了鸿基膜电极,累积订单额超过5 500万元。鸿基团队2018年、2019年同时参与"广东省重点领域研发计划",并入选2019年"珠江人才计划创新创业团队"项目。2020年获得"国家能源局科技助力经济2020"项目立项。此外,美锦能源另一项备受关注的战略布局是与中国科学院山西煤炭化学研究所合作研制开发的"超级电容器电极材料中试技术"暨电容炭的研制开发项目取得重大进展,已经建成了10 t级的电容炭中试示范线,并完成全部研发任务,达到了预期的目标,列入了山西省重大科技专项。2019年下半年来,中试产品先后在宁波中车新能源公司、上海奥威等重点用户完成评测。上述客户反馈,研发的电容炭产品的综合性能与占据国际市场主流的日本可乐丽公司YP-50F产品相当,个别指标已超越,达到国际先进水平,预计项目建成后将填补国内空白实现电容炭的进口替代。

三、合资合作及重大项目建设

按照"产业链+区域+综合能源站网络"的三维布局思路,美锦能源分别推进粤港澳大湾区、长三角区域、环渤海区域以及山西晋中地区的氢能产业园建设。

在山西晋中氢能产业园,正在通过建设制氢工厂,消化传统板块富产的焦炉煤气。仅在清徐美锦华盛化工循环产业园内,工业高纯制氢项目利用焦炉尾气,就可年产7 560 t高纯氢气,满足2 100辆商用车使用。通过建设加氢站网络,构建氢能公交、市政、通勤、物流车辆等示范运营场景,形成制、储、运、加完整的氢能产业链基础设施。通过建设氢能产业园,生产、销售大功率氢燃料电池系统、氢燃料电池电堆、城市客车、厢式物流车与重载货运卡车。在山西综改示范区晋中开发区,美锦氢能产业园采用世界领先、拥有自主知识产权的核心装备,将建设可年产5万辆氢燃料商用车、5万套氢燃料电池动力系统及相关核心部件。通过美锦氢能科技创新中心,引入大量国内外顶尖专家,与太原理工大学等省内一流学府、科研院所、驼队物流等产业链上下游倾力合作,在填补国内空白技术、原创性技术、颠覆性技术、前沿性技术、应用性技术方面进行研发测试,形成产学研联动,占领自主创新技术高地。

在青岛,美锦氢能科技园以"一园多中心"思路进行整体规划,在泊里镇建设氢能源整车制造中心,在青岛经济技术开发区建设氢能核心装备制造中心,在桥头堡商务区建设科创孵化中心。其控股子公司青岛美锦新能源汽车制造有限公司利用本地现有厂房升级改造的整车生产线,已经基本具备生产能力;新能源整车生产资质申报工作正在完成;新车产品公告发布在即;氢能公交示范线具备正式投运能力。得益于青岛良好的高端制造业基础,青岛美锦已经聚合了盘毂动力、双星轮胎、青岛力神、朗进空调、赛轮轮胎、奥扬科技等,多家本地的汽车零部件供应商,近期从青岛美锦下线,并在当地投入示范运营的第一批氢能源公交车。

在浙江嘉兴,与嘉兴港区开发建设管理委员会、广东国鸿氢能科技有限公司签订了《氢动力项目投资协议书》,项目一期计划总投资6亿元,建设周期为24个月。签订协议后,与相关专业公司设立了美锦国鸿(浙江)氢能科技有限公司负责氢动力项目的实施建设。公司全资子公司美锦能源(浙江)有限公司与嘉兴当地专业的燃气能源公司签署了《加氢站建设和运营平台合作协议》,在浙江及长三角其他地区投资加氢站建设和运营展开合作。

四、发展目标与规划

1. 公司将继续坚持"发展循环经济、转型氢能新材料、推进节能减排、深化综合利用"的发展方针,完善煤—焦—气—化一体化发展产业链,巩固公司焦化行业龙头地位。加快建设子公司山西美锦华盛化工新材料有限公司项目,在技术改造升级现有焦化设备工艺同时,利用焦炉煤气富氢的特点,生产高纯氢气和高端化学品,发展循环经济、提升资源综合利用率,实现"近零排放",促进我国焦化行业的绿色转型。

2. 氢能作为未来能源体系的重要组成部分,也是国家发展战略之一。公司将着眼于氢全产业链,发力于关键环节,着手于实际应用,与主业协同,贯通上下游。联合国内专业研发机构,设立氢能研发中心和新材料研发中心,建立自己的生态技术机构,进一步完善粤港澳大湾区氢能产业链布局，建设青岛、晋中、嘉兴等氢能生产基地，壮大产业实力，增强核心竞争力。重点支持子公司飞驰汽车开拓市场、扩大产量销量，并配合国家“一带一路”倡议，扩大氢能客车出口。此外，为配套氢能源汽车发展和天然气项目，公司将加大布局加气站和加氢站，加快燃料电池核心技术组件及催化剂的研制和产业化，在较大产业化背景的研发团队努力下，打通产业链关键环节，打造具备国际竞争力的氢能产业集群。公司产业链、区域、综合能源站网络的三维战略格局将形成产业带动研发，研发推动产业升级的良性循环，各区域发挥平台优势，将吸引更多的优质氢能企业入驻。

3. 公司与中国科学院山西煤炭化学研究所合作研发的“超级电容器电极材料中试技术”暨电容炭的研制开发项目加快落地，进行产业化建设，实现电容炭的进口替代。电容炭作为军民融合产品，将主要用于高铁、军工、航天等重点领域。项目规划产能是年产 1 000 t，生产线就落在清徐精细化工循环产业园，项目计划分两期实施。联合国际上顶级研发机构在煤矿智能化领域合作，公司将为产品提供应用场景。

北京华氢科技有限公司

一、单位概况

北京华氢科技有限公司（以下简称“华氢公司”）于 2014 年 9 月创办，注册于中关村科技园区海淀园，通过 ISO 质量认证，是一家专门从事氢能与燃料电池技术开发与工程实施的清洁能源科技公司。华氢公司坚持“技术为本，服务企业”，为各类能源、汽车企业提供氢能燃料电池系统设计与技术解决方案。主要业务范围包括可再生能源制氢系统、氢气天然气混合燃气（HCNG）制备与系统运行、燃料电池系统与零部件开发等。华氢公司拥有来自清华大学、中石油等核心团队成员，坚持为企业服务，坚持新技术开发和解决实际工程难题，拥有“低碳气体燃料的制备系统”“新型自适应气体燃料控制系统”等 10 多项知识产权和多项专有技术，承担国家标准编写和科技部新能源汽车重大专项实施工作。

二、经营情况

2015 年，华氢公司与金风科技（股票代码 002202）全资子公司北京天润新能投资有限公司紧密合作，成立北京天润华氢科技有限公司，发展风电制氢技术；为“吉林省长岭县龙凤湖 20 万 kW 风电制氢示范项目”提供成套系统设计与技术解决方案。该项目是国家能源局批准的我国首座风电制氢 HCNG 应用国家示范项目。

2016 年，项目已经完成吉林省核准手续。吉林长岭风电制氢国家示范项目启动。

2017 年，华氢公司与福建雪人股份有限公司（股票代码 002639）达成战略合作，成立北京雪人华氢新能源技术有限公司，发展燃料电池与加氢站技术。并且收购加拿大著名燃料电池生产商 Hydrogenics 公司认购加拿大 Hydrogenics 公司 17.6% 的股权，合作进行燃料电池、空压机、加氢站技术与项目开发。同年，华氢公司主持编制的《车用压缩氢气天然气混合燃气》标准由国家标准化管理委员会正式批准发布，标准号为 GB/T 34537—2017。

2018 年，华氢公司参与科技部重点研发计划——“新能源汽车重点专项——4.4 快速动态响应燃料电池发动机研发项目”。华氢公司联合武汉 712 所、清华大学、雪人股份、宇通客车、安泰科技等 12 家企业高校参加，承担科技部“新能源汽车重点专项”项目承担课题“开展结合快速响应燃料电池电堆的低成本、高紧凑型发动机设计与关键工艺研究”（课题编号 2017YFB0103003）部分研究内容。

2019 年，完成科技部重点研发计划——“新能源汽车重点专项——4.4 快速动态响应燃料电池发动机研发项目”中期审核，完成 30 kW 级燃料电池用 DC/DC 变换器研发任务。

三、产能建设

2019 年 3 月，华氢根据中国氢能源在各行各业的发展情况，进行调查研究，主要调查研究内容包括氢能源各组成零部件氢燃料电池系统、储氢制氢系统的调查，为轨道行业氢能源的研究发展指明方向，并于 3 月向青岛中车提交《中国氢能源应用调查研究报告》。

2019 年 3 月—8 月，华氢公司就“制氢加氢站沙盘和燃料电池系统沙盘模型制作”项目为深圳中氢提供技术服务，于 8 月将两套规格为 1.2 m×2.3m 的沙盘交付深圳中氢。

2019 年 9 月，华氢公司与新疆华冉东方签订合同为其提供多能互补氢能子系统的技术咨询工作。华氢公司负责风电制氢系统的设计工作，并参与了可研报告的编写。于 2020 年4 月将《可行性研究报告》交付新疆华冉。

2019 年 9 月 1 日，与上海华西化工签订合同为其提供一年技术咨询工作，并每月向其提供一份“氢能行业动态”，于每月 5 日前交付。

2019 年 1 月—12 月，华氢公司参与的中国船舶重工集团公司第七一二研究所牵头的科技部新能源汽车重大专项《车用快速动态响应燃料电池发动机研发》，完成单机 30 kW DC-DC 样机的硬件电路板设计（控制板和驱动板）、单机 30 kW DC-DC 样机的软件算法（控制算法和 CAN 通信协议）、单机结构设计和功率电感设计等，于 12 月将 30 kW DC-DC 样机交付第七一二研究所。

上海电驱动股份有限公司

一、单位概况

上海电驱动股份有限公司成立于2008年，专业从事节能与新能源汽车用永磁同步驱动电机、控制器及总成的研发、生产、销售和服务。公司技术团队覆盖车用电机系统领域各方面，多人次获“上海市青年科技启明星”、“上海市浦江人才”、“上海市优秀学科带头人”、“上海市领军人才”及“国家万人计划中青年领军人才”等称号。

公司先后承担多项科技部“863”计划、科技支撑计划、工信部创新工程、国家重点研发计划等项目，掌握车用驱动电机、控制器及总成设计技术及产业化关键技术，形成多规格车用驱动电机、控制器及总成系列产品。其中，集成驱动电机、电机控制器和高速减速器的“三合一”电驱动总成，具有集成高，体积小，重量轻，EMC及NVH性能优良等特点，2018年该产品在全球范围内率先实现了量产，搭载应用于国内外多家主流整车企业多种纯电动新能源汽车车型；开发的48 V BSG集成一体化总成，是我国第一个实现量产配套的产品。

公司完成多项国家和行业标准制修订，拥有新开发产品检测、试运行能力的实验室，拥有多个大功率高转速电机的性能及可靠性测试的测试平台，配置有三综合等先进的环境适应性测试设备。建成车用驱动电机系统中试及产业化生产能力，电机及控制器产能达到42万台(套)。

发起成立“电动汽车电驱动系统全产业链创新联盟”，以联盟为平台，在车用硅钢、磁钢、绝缘材料、高速轴承、IGBT器件、碳化硅器件、膜电容器、传感器、集成芯片等方面取得很大进展，推出一大批适用于电动汽车电机及其控制系统工况的上游产品，推动了电驱动上游关键材料和关键部件的行业发展和技术进步。

二、经营情况

2019年，公司主要产品为车用驱动电机、控制器及总成。其中，集驱动电机、电机控制器、高速减速器的“二合一”“三合一”电驱动总成，具有集成高，体积小，重量轻，EMC及NVH性能优良等特点，产品大量搭载应用于多家主流整车企业多种纯电动新能源汽车车型，同时向国外数家知名汽车企业成功推广应用。2019年公司实现产品销售10.2亿元，新能源汽车驱动电机及控制器累计销售数量达18万台。

在产品开发及应用方面，应用于长城、雷诺等车厂的“二合一”电驱动总成以及为上汽集团开发的低电压平台电机控制器在报告期内均已实现量产；为上汽通用混合动力汽车配套的48 V BSG总成产品在报告期内完成开发验证并实现量产，成功搭载于上汽通用别克英朗车型，成为上汽通用汽车首款搭载48 V轻混技术的车型；此外，为小鹏纯电动汽车开发的高效、高功率密度驱动电机在报告期内搭载G3车型完成开发验证并实现量产；应用于A/B级乘用车的集驱动电机、控制器和高速减速器为一体的“三合一”电驱动总成产品成功配套于长安汽车、奇瑞汽车、国能汽车、合众汽车、塔塔汽车等多个客户车型，相关产品的重量、体积以及成本均有较大幅度的下降，并成功解决了噪声振动难题；第二代的“三合一”产品先后获得塔塔汽车、现代汽车的订单；同时完成了为现代汽车开发的插电式混合动力汽车驱动电机的设计验证工作。

公司承担国家重点研发计划项目12项，上海市科委科技项目6项，完成横向委托任务100多项，通过这些项目的开展在节能与新能源汽车用永磁同步驱动电机、控制器及总成方面形成了一系列的科技成果。2019年公司新申请专利34项，新获授权专利18项。

三、产品出口

公司35 kW“二合一”驱动电机系统出口法国雷诺汽车、95 kW“三合一”电驱动总成产品出口印度塔塔汽车、高压BSG产品出口现代汽车等，2019年销售2 300万元。

四、产能建设

上海电驱动股份有限公司嘉定生产基地，占地123亩，2019年建成“三合一”总成生产线，产能≥12万台(套)；建成电机控制器生产线，产能≥20万台；两条生产线均配套建设了RFID、QIS、MES等信息系统，实现了生产过程自动化、智能化与信息化的较深融合。两条生产线基于产品工艺技术的优化改进，规划上采用紧凑的平面布局方案，线上、线下物流经济合理，按照精益生产思想采用单件流设计，从零件上料直至产品包装全部在线完成，充分发挥了系统的效率。

五、技术进展及研发能力建设

1. 规划开发了第二代“三合一”电驱动总成产品，分为35 kW、55 kW、100 kW、160 kW四个产品系列，涵盖A00级、A0级、A级、B级/SUV等多种规格纯电动汽车应用，“三合一”电驱动总成产品较第一代产品体积和重量降低15%～20%，在NVH、效率等方面均有大幅度提升，并可实现

ISO 26262功能安全 ASIL C 以上。

2. 研发了高速扁导线驱动电机、驱动电机与减速器集成油冷、芯片双面焊接/双面冷却的电机控制器、基于碳化硅器件的电机控制器等多个新技术和新样机，持续保持技术优势。

3. 建成多个温湿度可控的电测功机系统、"三合一"电驱动总成测试系统、高精度大功率电测功机系统等，规划振动噪声实验室，进一步提升产品设计开发与验证能力。

六、主要新产品

序号	产品名称	产品型号	产品应用
1	乘用车用二合一电驱动总成	EP35	长城、雷诺纯电动轿车
2	乘用车用三合一电驱动总成	EP120	长安、印度塔塔纯电动轿车

续上表

序号	产品名称	产品型号	产品应用
3	48VBSG 集成一体化总成	YS146HF02C YS146HF02D	上汽通用别克商务车、轿车
4	乘用车用驱动电机系统	EM30/EC30	奇瑞小蚂蚁纯电动轿车

七、合资合作及重大项目建设

公司商用车业务主体佩特来电器与塔塔汽车在印度成立合资公司，共同开发商用车和纯电动汽车市场，延伸新能源汽车产品应用。

八、发展目标与规划

1. 开发第2代"三合一"电驱动系统产品平台，完成产品开发与验证，实现量产销售，产品体积和重量降低15%～20%；

2. 持续提升产品制造品质和稳定供应链质量，提升生产线利用率和制造水平。

株洲中车时代电气股份有限公司

一、单位概况

株洲中车时代电气股份有限公司（以下简称"公司"）是中国中车的二级子公司，2006年12月20日在香港H股上市（股票代码03898. HK），是中国轨道交通装备制造业首家境外上市公司。

公司具备超强的自主研发能力，经过多年发展，不仅自主掌握了具有列车"心脏"和"大脑"之称的牵引电传动和网络控制关键核心技术，同时坚持"同心多元化"发展战略，将轨道交通牵引电传动技术应用于新能源汽车领域，形成以电动汽车电机驱动系统为核心的系列产品及配套产业链。公司在高功率密度、高可靠性、高安全性等设计技术上实现了多项技术突破，性能指标处于国内先进水平。产品已应用于纯电动乘用车及专用车、混合动力轿车等领域。公司致力于成为国内领先、世界知名的新能源汽车核心部件供应商。

公司拥有以中国工程院院士丁荣军先生领衔的电动汽车核心技术研发团队，将中国中车50年来在轨道交通领域长期积累的电机及其控制系统、变流技术、网络控制等核心技术拓展到电动汽车领域，建立了完备的技术研发体系。

二、经营情况

公司2019年营销收入163亿元，其中汽车事业部2019年电驱系统及其他部件销量超过3万台规模。

三、产能建设

L001电机控制器产线、L002电驱系统产线、L003动力总成系统产线、L001电机产线（圆线）、L002电机产线（扁线）、SMT贴片生产线各1条。

四、技术进展及研发能力建设

依托株洲所在轨道交通领域积累的核心技术，充分发挥产业链优势，形成独有的定制化能力，满足高端定制需求；上下游协同，具备半导体研制及应用、电气集成、动力总成、整车应用等系列产品的研发生产能力。

经过多年的技术研究积累，完全掌握了双面冷却模块开发，碳化硅控制器开发，电磁兼容——CISPR25标准Class 4，智能驱动技术，IGBT寿命评估技术，辅助同步磁阻技术，油冷技术，电驱动系统场路协同仿真技术等核心技术。

技术推广研究包括混动控制器开发、增程器控制技术研究、双面冷却模块市场推广、功能安全技术、无位置传感器控制技术、系统深度集成技术。

五、主要新产品

序号	产品名称	产品型号	产品应用
1	55～150 kW电机控制器	tPower-DM系列	新能源乘用车
2	40～200 kW双面水冷电机控制器	IPU-系列	新能源乘用车
3	55～150 kW永磁同步电机	tDriver-MD系列	新能源乘用车
4	55～150 kW动力总成	tPower-DM系列	新能源乘用车

六、发展目标与规划

充分借助中国中车的品牌影响力，以及时代电气在半导体器件和变流器领域的优势，成为国内领先、世界知名的新能源汽车电机驱动系统供应商，提供全方位系统解决方案，满足不同层次的客户需求。按汽车行业要求的标准和要求，建立以客户为向导，搭建高效、低成本的管理体系，实现管理的标准化、一体化、协作化；实现高性价比的电驱动系统，新材料、新拓扑、新驱动、新器件、新结构、新工艺、新冷却等关键技术取得重点突破；"十四五"规划市场占有率排名 TOP5。

精进电动科技股份有限公司

一、单位概况

精进电动科技股份有限公司（以下简称"精进电动"）是行业领先的新能源汽车电机和动力系统提供商，以卓越的产品和系统的解决方案大力支持新能源汽车市场的快速发展，凭借出众的品质和技术优势赢得全球客户的信赖，成功把中国新能源汽车电驱动产品推向产业化和国际化。

二、经营情况

精进电动坚持科技创新，技术路线覆盖纯电动、插电混合动力、混合动力等，驱动电机产品形成了高功率密度、高转矩密度和高可靠性的技术特色，释放出强大的产品竞争力。以驱动电机产品为依托，精进电动把技术和产品拓展到电驱动总成及其核心零部件，形成了包括电机、电机控制器、新能源汽车专用变速器、减速器总成和先进控制软件的综合供应能力，为客户提供更全面的电驱动总成及核心零部件解决方案。

精进电动国内外客户包括美国菲斯科、美国克莱斯勒、一汽、东风、上汽、广汽、吉利、北汽、长城、福田集团、中通客车、海格客车、厦门金龙、开沃客车、银隆客车等知名整车企业，并且在继续扩展与国内外主流车企的合作。公司在乘用车电机系统市场的持续保持领先，给美国三大配套的 10 万台油冷电机项目于 2015 年投产，2018 年产能扩展到年产 30 ~ 40 万台，精进电动是国际行业四家油冷电机系统企业之一，也是唯一的中国企业。精进电动大力度地拓展市场，2019 年公司销售收入近 10 亿元，连续多年乘用车和商用车配套份额领先，近 5 年来年均增长率超过 30%。

三、产品出口

精进电动出口到克莱斯勒、卡玛汽车、US Hybrid、Dana、EDI、Transpower 等美国客户、加拿大的 Encount 公司、澳大利亚的 SEA Auto 公司、法国的 ACTIA 公司等。2017 年出口电机 3 万台，2018 年全年突破 5 万台。公司凭借 200 kW 三合一电驱动总成项目一举获得北美知名乘用车主机厂之一客户的量产订单，也是精进电动历史上最大的量产供货合同，标志着精进电动已跻身于国际电驱动行业第一梯队。

出口的产品主要覆盖乘用车、卡车和客车。主要车型是 FISKER 跑车、PACIFICA 面包车和大指挥官吉普车、港口卡车、轻型物流卡车、海狮系列客车、美国定义的 3 ~ 7 级卡车和 8 级重载卡车。主要技术路线覆盖纯电驱动、增程和混合动力系统的电机和电控。

四、产能建设

在上海嘉定、石家庄正定、山东菏泽和浙江余姚，精进电动先后建设先进研发及产业化基地，配备具有自主知识产权的自动化生产线，在生产过程中实施从供应链开发、生产制造、质量保障到物流管理的全面质量管理，质量第一的理念和标准全程贯穿。精进电动还在美国底特律设立子公司，为前沿技术的研发和国际市场拓展提供了平台。

五、技术进展及研发能力建设

公司组建了一支国际化的产业化团队，在电机系统和电驱动总成的研发、生产、质量、供应链、项目管理、营销、售后服务等整个价值链上与国际标准接轨。公司在北京建立行业领先的新能源汽车电机系统研发中心，拥有先进的 2 万转电机动态性能测试台、国际上总装机功率较高的电机可靠性试验台组，以及全面的温度、湿度、腐蚀、振动等环境试验能力。

六、主要新产品

序号	产品名称	产品型号	产品应用
1	SD220 电驱动系统	TZ220XS701/TZ220XS529	小鹏 P7
2	1 000 Nm 驱动电机系统	TZ290XSA05	考斯特纯电纯动客车
3	1 000 Nm 驱动电机＋电磁换挡自动变速器	IS5020B/AG2150	东风襄旅纯电动客车
4	精进电动高压 PII 控制器	CU5156	东风襄旅纯电动客车、福田欧辉混动客车
5	3 600 Nm 双电机驱动系统	TM5058	中国重汽、上海申沃纯电动客车

七、合资合作及重大项目建设

精进电动携手合作伙伴共同前行，在乘用车电机系统市场，持续增加技术投入、扩大产能，满足包括美国三大汽车公司在内的大批量配套需求，商用车领域，积极发挥技术优势，与国内一线企业强强联合，打造出一系列冠军产品。

广西玉柴机器股份有限公司

一、单位概况

广西玉柴机器股份有限公司（以下简称"玉柴"）始建于 1951 年，是国内行业首家赴境外上市的中外合资企业。公司总部设在广西玉林市，下辖 11 家子公司，生产基地布局广西、江苏、安徽、山东等地，是中国产品型谱齐全、应用领域广的内燃机制造基地,年销售收入超 200 亿元,发动机年生产能力60 万台。广西玉柴机器股份有限公司从 2004 年开始研发和投放混合动力系统,累计投放市场的混合动力系统达 6 000 多台(套)。

2015 年底,响应国家大力扶持新能源汽车产业的政策,在新能源汽车领域早有布局的玉柴成立了新能源动力事业部,并正式向市场投放新能源产品(混合动力系统、纯电系统),独立专业运作新能源动力市场。

2019 年 5 月 28 日,玉柴在北京举行新能源动力战略暨产品发布会,以动力行业领军者的姿态全面吹响了玉柴新能源化和环保化的号角。在发布会上亮相的集成发电式发动机动力总成(YC IE-Power)、eCVT 功率分流型混合动力总成(YC eCVT)、集成式电驱动桥总成(YC E-Axel)、燃料电池系统(YC FCS)四大新能源动力系统共 7 款新能源动力产品,充分表达了玉柴带领行业和用户奔向绿色未来的决心。

二、经营情况

2016 年 1 月,玉柴正式成立新能源动力事业部。玉柴新能源动力拥有完善的研发和营销体系,具备独立的动力仿真分析、控制器策略开发、电机仿真分析等研发能力,独立研发燃料电池系统、eCVT 混合动力总成、集成式电驱动桥总成、集成发电式发动机动力总成、纯电系统、混联混合动力系统、并联混合动力系统。具备年产 1 万台(套)电机的生产线、混合动力生产线,并启动了 eCVT 混合动力系统生产线建设工作。与 AVL、爱尔玲、大陆、博世、苏州驿力、汇川技术、上海电驱动、中信国安盟固利、CATL、浙江方正等国内外企业合作,共同开拓新能源动力市场。

配套厦门金龙、厦门金旅、北汽福田、东风股份、东风柳汽、陕汽、苏州金龙、中通客车、广西申龙、杭州叉车、安徽合力、三一集团、山西同力、吉利新能源商用车、中车电动、海通科创、三环集团、江西百路佳、重庆恒通、青年客车、龙华客车、通联客车等国内主流主机厂,累计投放市场 6 000 多台(套)新能源动力系统。

三、产能建设

2018—2020 年建成年产 2 万台混合动力系统的产能;2018—2020 年建成年产 500 台燃料电池产能;2019—2020 年混合动力系统规划产能为 2 万台(套)。

四、技术进展及研发能力建设

集成发电式发动机动力总成(增程器):采用“发动机 + FISG(飞轮集成式)电机”的高度集成设计的技术方案。发动机与 FISG 电机直连,高度集成,结构紧凑,满足多种安装要求。国内首创 FISG 永磁同步电机,取消传统飞轮、柔性连接盘,具有长度短、惯量小、加速快、重量轻、能耗低等优势,整体结构简单,故障点少,FISG 电机替代发动机起动机。实现机电耦合混合动力控制。FISG 电机可以匹配玉柴国Ⅳ(T4)平台的 6 款混合动力专用发动机系列,FISG 电机额定功率覆盖 48 ~ 280 kW,额定扭矩覆盖 296 ~ 1 910 Nm。

eCVT 功率分流型混合动力总成:采用高功率密度、高速永磁同步电机,最高转速达到 15 000 r/min;系统集成了双行星齿轮组、变速机构、双高速电机和多个换挡机构,具备八大工作模式,模式切换灵活,能满足不同应用环境;采用模块化设计,在同一机械结构下,通过选配不同的模块,能兼容满足卡车、客车、专用车等多个商用车型;系统节油率高,最高节油率超过 65%(公交工况);系统对发动机进行深度专用化耦合开发,实现高效燃烧、低能耗、低排放,各项技术指标均达到国际先进水平。可匹配 12 ~ 49 t 卡车、专用车以及 10 ~ 12 m 客车。

集成式电驱动桥总成:采用“高速电机 + 减速器 + 差速器 + 桥壳(选装) + 轮毂(选装)”的技术方案。高速电机与减速器、差速器集成在一个壳体内,组成电驱单元。具有集成度高,结构紧凑的特点,并可实现通过副车架安装(应用在采用独立悬架的前桥或对簧下质量要求高的客车)与整体式安装(一般为卡车)的方式。系统集成度高,减少了传动轴,降低了驱动系统的重量,可以把电池包布置在车辆的大梁中间,提高安全性与降低整车能耗。玉柴电桥型谱可匹配 4.5 ~ 8 t 货车/物流车,或 5 ~ 7 m 客车/公交车。功率范围涵盖 45 ~ 85 kW。

燃料电池系统:玉柴第一款自主集成开发的高集成度、高效、零排放的燃料电池动力系统。采用高集成模块化设计,系统体积比功率达到 0.2 kW/L,国内一流水平;采用优化、智能的控制策略,系统最高效率达 61%,领先业内平均水平 10%;独创余热回收利用,冬季整车节约能耗 20%。可以适配 4 ~ 8 t 卡车、8 ~ 10 m 客车。

五、主要新产品

序号	产品名称	产品型号	产品应用
1	48 kW 集成发电式发动机动力总成(IE-Power 增程器)	YC048ZQ-1	港口牵引车、公交客车、旅游车、工程机械
2	55 kW 集成发电式发动机动力总成(IE-Power 增程器)	YC055ZQ-1	港口牵引车、公交客车、旅游车、工程机械
3	65 kW 集成发电式发动机动力总成(IE-Power 增程器)	YC065ZQ-1	港口牵引车、公交客车、旅游车、工程机械
4	100 kW 集成发电式发动机动力总成(IE-Power 增程器)	YC100ZQ-1	港口牵引车、公交客车、旅游车、工程机械
5	65 kW 集成发电式发动机动力总成(IE-Power 大集成增程器)	YC065ZQ-1	大功率直流电源机组
6	280 kW 集成发电式发动机动力总成(IE-POWER 大集成增程器)	YC280ZQ-2	大功率直流电源
7	eCVT 功率分流型混合动力系统	YCPD170-1	10 ~ 12 m 客车
8	eCVT 功率分流型混合动力系统	YCPD230-1	12 ~ 20 t 卡车
9	65 kW 集成式电驱动桥总成	YCEA065-11	4.5 ~ 6 t 卡车、5 ~ 6 m 客车
10	40 kW 燃料电池系统	YCFC40-A10	4 ~ 8 t 卡车、8 ~ 10 m客车
11	100 kW 集成发电式发动机动力总成(IE-Power P1)	YCHP100-351	12 ~ 18 t 卡车、18 ~ 23 t 专用车

六、发展目标与规划

未来,玉柴将根据2025战略规划,聚力打造"品质玉柴""技术玉柴""国际玉柴:实现从以中重型动力为主到轻型动力、中型动力、重型动力与大型动力并举的升级转型;实现从以国内市场为主到国内市场与海外市场并举的升级转型;实现从以传统动力为主到传统动力与新能源动力并举的升级转型。用5年时间超越国内同行,争当中国内燃机行业第1,成为行业一流的专业新能源动力系统供应商,用十年时间成为全球最先进的发动机制造企业,实现"成为全球专业动力系统领航者"的企业愿景。

苏州绿控传动科技股份有限公司

一、单位概况

苏州绿控传动科技股份有限公司(以下简称"绿控")是一家致力于发展成为新能源汽车行业领先的驱动产品及整车动力系统解决方案和服务提供商。公司成立于2011年,注册资金5 129万元,占地面积190余亩,已建成厂房8万 m^2。在职员工近600人,其中博士7人、硕士54人、本科及以上员工占50%;核心技术人员均来自国内"985""211"高校及高端研究机构,主要管理层都有着丰富的新能源汽车动力系统的研发、生产以及运营管理经验。

绿控的主营业务为汽车AMT变速箱、新能源汽车驱动电机、纯电动及混合动力汽车动力总成的研发、生产和销售。拥有国际先进的研发和生产设备,已实现电机、变速箱等关键部件完全自主的设计和生产能力;产品涵盖客车、环卫、物流车、自卸车、牵引车、工程机械等领域,既有有混合动力也有纯电动,既有电机直驱、带减速箱、带变速箱产品,也有双电机、电驱桥产品,基本满足不同种类新能源商用车的需求。

绿控致力开发高性能、低成本、能确实让用户获得效益的产品,为客户创造更大价值;不忘初心、用实干笃定前行,牢记使命、通过创新驱动企业发展,为实现中国汽车强国梦砥砺奋进。

二、经营情况

绿控产品已在海外14个国家、在国内超过300个城市的近6万多辆新能源汽车上运营,累计运营里程超过100亿km;客户包括中通客车、北汽福田、厦门金龙、厦门金旅、苏州金龙、申龙客车等国内40余家客车企业,以及中国一汽、东风汽车、中国重汽、陕汽、江淮、柳汽、大运、徐工等20余家卡车企业。

绿控的混动产品,获"国家科学技术进步奖二等奖"等殊荣,服务保障"杭州G20峰会"等重大活动;自2015年以来,在商用车市场的占有率保持超过30%。绿控的纯电动产品,年销量超过1.5万台;获"新能源公交最佳口碑电机"等殊荣,在物流车挑战赛中赢得最佳爬坡、节电、续航3个奖杯;在国庆70周年阅兵式上,"第零方阵"的环卫洗扫车,半数搭载了绿控的纯电总成。

2019年工信部发布的《新能源汽车推荐车型目录》中,绿控累计的配套数量达411款(客车+专用车),行业占比为13.7%;在新能源商用车的电机配套排行中,绿控位列第1名。

三、产能建设

绿控建立了新能源汽车专用齿轴、壳体等零部件的智能化、数字化生产车间,引进国际先进的定转子自动化生产线、电机和控制器的自动装配线;并形成研发管理PLM系统、生产管理ERP系统以及过程管理MES系统的高度融合,满足产品设计、工艺、制造、检测、物流等全生命周期各环节的智能化管理要求,大幅提高了产品的制造效率。

绿控已由发展初期的研发型企业,朝向"研发+制造"双轮驱动型企业成功转型,并实现了生产、检测的高效自动化,以及信息的有效集成,大步向智能制造迈进。

四、技术进展及研发能力建设

绿控将年收入的10%投入研发中,建立了国内一流的产品开发试验平台,有20多辆试验车、100多台先进的试验设备,以及专业完善的实验测试管理流程。

绿控采用的PLM研发管理系统,可以与OFFICE、CAD、UG、Altium Designer、加密系统等软件相融合,统一管理项目开发过程中的资料;且产品开发流程也在该系统中融合,实现了产品开发的实时监控;APQP/PPAP/FMEA/MSA/SPC工具的使用,为项目开发、产品的设计开发、过程设计开发与验证提供支持与保证,确保研发的产品稳健到达量产过程。

另外,绿控所有产品都要经过三轮、六大类型的验证(模块、功能、性能、失效、耐久、可靠性),涉及146种试验、337个标准,确保产品研发达到严格的质量要求。

五、主要新产品

序号	产品名称	产品型号	产品应用
1	基于AMT纯电动系统	TED3380	客车、卡车
2		TED6610S	环卫车
3		TED5080	牵引车
4		STEA33300Z	公交、环卫
5		HTED12000	环卫车、专用车
6	纯电动直驱系统	DM1700	客车、上装电机
7	混合动力系统	PHD6300	客车
8		PHD29000	重卡
9		MHD3900	客车

六、发展目标与规划

绿控将以新能源汽车驱动系统为主线，发挥机电控制一体化的优势，不断超越自己引领行业发展，改变中国关键汽车零部件缺失的局面，成为世界级关键汽车部件生产商，用技术为人类创造更加绿色、美好的出行生活。

南京越博动力系统股份有限公司

一、单位概况

南京越博动力系统股份有限公司（以下简称“越博动力”）是国内领先的新能源汽车动力总成系统产品和解决方案提供商。公司成立于2012年，总部位于南京市新城科技园，拥有国家级新区南京江北新区、国家级新区重庆两江新区、南京江宁三大产业基地。2018年5月8日在深交所创业板成功上市（股票代码300742）。

越博动力始终坚持以自主创新和领先科技为核心驱动力的内涵式发展道路，拥有新能源汽车整车控制技术、驱动电机及控制技术、自动变速器及控制技术、动力系统集成一体化技术等核心技术。

客户包括上汽、一汽、东风、长安、奇瑞、吉利、中通、大运、三一、徐工等国内60多家整车企业。根据国家工信部公示数据统计，配套越博产品的纯电动商用车型公告超过420个。

先后获“国家高新技术企业”、“工信部品牌培育试点企业”、“国家智能制造综合标准化与新模式应用项目实施单位”、“江苏省隐形冠军企业”及“江苏省科技小巨人企业”等荣誉；承担了国家火炬计划产业化示范项目、江苏省科技成果转化专项等项目30余项。

获批国家级创新平台为国家企业技术中心、国家级博士后科研工作站、国家智能制造综合标准化与新模式应用项目实施单位、国家高新技术企业等；获批省级创新平台为江苏省新能源汽车动力总成工程技术研究中心、江苏省新能源汽车动力总成工程研究中心、江苏省认定企业技术中心、江苏省博士后创新实践基地、江苏省新能源汽车动力系统重点实验室等。

与吉林大学汽车仿真与控制国家重点实验室、北京理工大学、南京理工大学等著名国内外10多家高校和科研机构形成了长期战略合作关系。

越博动力始终秉持“诚信为本、客户至上、专注品质、追求卓越”的经营理念，致力打造全球最具竞争力的新能源汽车动力系统，推动新能源汽车行业发展。

二、经营情况

主营产品覆盖1.5 t到99 t全系列新能源车型，包括环卫车、物流车、公交车、通勤车、重卡、矿卡、工程机械等，为一汽、上汽、吉利、东风、长安、陕汽、宇通、三一、奇瑞、中通等国内整车厂提供配套服务，连续多年市场占有率行业领先。

三、产能建设

三大产业基地：国家级新区南京江北新区基地、国家级新区重庆两江新区基地、南京江宁基地。

拥有同行业中最先进的AVL测功机试验台、静音室、盐雾试验箱、高低温试验箱、温湿度循环箱、浸水试验箱、智能负载控制平台、HIL硬件在环测试平台、整车数据分析/参数优化平台等先进仪器设备。建有总成装配流水线5条、其中重型商用车动力总成装配流水线1条、机构装配流水线3条、整车控制器装配流水线2条、电机装配流水线1条、电机控制器生产线2条，具有纯电动汽车动力总成年产6万套的生产能力。

四、技术进展及研发能力建设

1. 技术进展：拥有新能源汽车整车控制技术、驱动电机及控制技术、车速传感器、自动变速器及控制技术、动力系统集成一体化技术、燃料电池发电机系统等核心技术。

2. 研发能力建设：越博动力聚集了一批知名管理专家、技术专家和行业专家，以及一大批具有丰富经验的硕士研究生为主的研发队伍，并始终坚持研发投入“上不封顶”理念，每年投入研发费用占销售收入的4%以上。与吉林大学汽车仿真与控制国家重点实验室、北京理工大学、南京理工大学等著名国内外10多家高校和科研机构形成了长期战略合作关系。

依托越博新能源汽车研究院，越博动力先后组建了国家企业技术中心、国家级博士后科研工作站、国家CNAS认可实验室、江苏省企业重点实验室、江苏省工程技术研究中心等省级以上研发创新平台9个。公司拥有一系列研发及实验设备，具备优秀的研发及实验能力。

五、主要新产品

序号	产品名称	产品型号	产品应用
1	2.5～3 t微面总成	A1760/A2300/D480	长安客车、安徽泰新汽车工业有限公司
2	3.5 t微卡总成	A3000/D630	五征集团、唐骏汽车、陕汽商用车、聊城中通
3	3.5 t环卫车总成	E640	上汽集团、上汽大通、陕汽商用车、吉利
4	4.5 t轻卡总成	E830/E1200	一汽解放、陕汽商用车、奇瑞商用车、大运汽车
		E1500/D930	一汽解放、陕汽商用车、奇瑞商用车、东风汽车股份有限公司
		D1200/EC1300	吉利
5	4.5 t箱式物流车总成产	A4000/A5000	—
6	7.5 t物流车总成	E1600/EC1600	开沃汽车、南京金龙、XCMG、徐工汽车事业部、吉利

续上表

序号	产品名称	产品型号	产品应用
7	8 t 环卫车总成	E2000/EC1650	一汽解放、南京金龙、吉利
8	12 t 环卫车总成	E3800	上汽集团、上汽大通
9	18 t 环卫车/18 t环卫车总成	E6600	陕西重型汽车有限公司、森源重工
10	25 t 物流车/25 t水泥搅拌车/25 t 环卫车总成	E9000	三环十通、大运汽车、森源重工、南京金龙、开沃汽车
11	60 t 港口牵引车总成	0E10000	三一集团
12	60 t 矿卡、6×4牵引车、8×4 自卸车总成	E26000/E18000	大运汽车、南京金龙、北奔、徐工汽车事业部
13	90 t 矿卡总成	E176000	三一集团、开沃汽车、南京金龙、徐工汽车事业部
14	5 t 装载机总成	行走电驱总成、泵控电驱总成	徐工汽车事业部、柳工
15	4.5～7.5 t 轻卡混动总成	—	陕汽商用车
16	18 t 商用车混动总成	—	—
17	49 t 商用车混动总成	—	—
18	150 t 矿卡总成	—	三一集团

六、合资合作及重大项目建设

1. 产学研合作创新机制建设

（1）有计划推进与国家科研院所的战略联盟。

（2）采取多元化的产学研合作模式，联合上下游产业链，深入产业化运作，与江苏省产业技术研究院共建“JITRI——越博动力联合创新中心”。

（3）建立相对稳定的与高等院校、科研院所的合作渠道，与多所高等院校建立稳定的合作关系。与同济大学、歌石氢能科技共建“同济越博歌石氢能源与燃料电池联合实验室”。与吉林大学机械学院变速与分动系统研究所签订战略合作协议；与南京理工大学签订企业研究生工作站项目合作协议和校企共建工程实践教育中心协议等。

2. 国家省市级重点项目建设

（1）工信部智能制造综合标准化和新模式应用项目——高性能一体化电驱动系统数字化车间新模式。

（2）江苏省科技成果转化专项资金——基于自动变速器的纯电动客车动力总成研发及产业化。

（3）江苏省创新能力建设计划暨中央引导地方科技发展专项资金立项项目（第 1 批）——江苏省新能源汽车动力系统重点实验室。

（4）南京市工业和信息化发展专项资金（第 1 批）——轻型清洁能源商用车辆高效电驱动桥集成及控制技术开发等。

七、发展目标与规划

1. 优化产品结构，布局乘用车产品。继续致力于新能源汽车动力总成事业，立足商用车、布局乘用车产品，打造越博动力“三横三纵”产品平台发展战略，即打造以纯电动汽车动力总成系统、混合动力汽车动力总成系统和机械式自动变速器系统三大主力产品作为核心三横，以新能源客车、专用车及乘用车动力总成系统为核心三纵的产品体系。

2. 紧跟市场新变化，拓展专用车新用途。在工程机械出现了明显的电动化趋势时，公司开发出矿卡、装载机等产品，为三一、徐工等提供配套。

3. 保持技术研发储备与投入，积极探索先进研发技术领域。越博动力秉承“研发投入上不封顶”，全力打造企业的核心竞争力。公司与同济大学共建燃料电池实验室，开发供氢燃料电池使用的动力总成系统。并购华为核心 5G 设备供应商，实现 5G 通信项目建设在南京落地，助力南京智能网联汽车的发展。

4. 整合市场资源，深耕优质客户。公司紧跟行业调整客户群，聚焦大车企，与东风集团、吉利集团、陕汽、上汽大通、长安、三一重工等国内一流车企共同发展，围绕重点车企发力。

5. 高度重视创新平台建设，开展产学研合作对接，注重科技项目开发与科技成果转化。与越博动力与东南大学就教育部“卓越工程师联合培养基地”举行签约暨揭牌仪式。

6. 全面推行精益生产管理，加快智能工厂建设。为实现公司由传统的生产模式向信息化、智能化的运营模式转变。越博借助江北一期、二期，新能源汽车动力总成的信息化、数字化、智能化国家研发平台及智能制造基地和商务车市场的稳定扩大发展，促进乘用车领域快速进入市场的发展势头。

福建万润新能源科技有限公司

一、单位概况

福建万润新能源科技有限公司是一家集新能源汽车动力总成的研发、生产、销售和技术服务为主营的高新技术企业，主要生产驱动电机、电机控制器、整车控制器、变速传动系统、多合一集成控制器等新能源汽车动力总成的相关产品，覆盖新能源乘用车、新能源客车、新能源专用车等应用领域。

福建万润新能源科技有限公司相继推出的动力总成系统推广范畴覆盖国内 40 余个省市，广泛应用于公交、旅游、商务、物流、通勤及专用车市场，为各类客户提供完善的绿色出行解决方案。

二、经营情况

2015 年初，福建泉州的创业板上市公司福建纳川管材科技股份有限公司入驻福建万润新能源科技有限公司，斥资2 亿元助力产品研发和市场开拓，当年营收近 3 亿元，已在福建市场占有率达 70% 以上，成为福建省新能源汽车动力总成的领军企业。省外市场与宇通重工、陕西法士特等优质企业的合作取得阶段性进展，具备核心竞争力的 DAT 系列自动变速器产品已经与国内主流的客车和重卡企业，如南京金龙、上海申龙、上汽跃进等进行深度接洽，未来市场可期。

福建万润新能源科技有限公司坚持自主创新，陆续研发出 DAT 系列自动变速器技术、制动能高回收技术、底盘驱动辅件技术、双稳态离合器、电机直驱助力转向器、变频驱动技术、整车能源综合管理技术等，在高新区斥资 4 000 多万元用于技术研发，建立电子实验室、机械实验室、车辆实验室。

DAT 系列自动变速器技术优势尤为突出，是公司团队独立正向开发并拥有完整自主知识产权的产品，其应用在新能源汽车上能够提高车辆爬坡能力、降低运营电耗，节省车辆全生命周期成本。与市场上其他新能源汽车变速器相比 DAT 自动变速器换挡更平顺，换挡成功率更高，换挡时间更短，能带来更好的驾驶操控感和乘坐舒适性。

三、产能建设

在福州青口设立电机和变速器生产基地，拥有两条驱动电机自动化产线，月产能单班 6 000 台；一条变速器自动化产线，月产能单班 3 000 台。在高新区本部设立整车控制器和电机控制器生产基地，拥有 5 条控制器生产线。并且拥有 10 万级 SMT 无尘化生产车间、五轴数控系统、六轴数控系统、立式加工中心、德国 DMC 机床、振动试验台、半消声室、制动能回收实验台等先进的制造和检测设备。

四、技术进展及研发能力建设

2015 年，福建万润新能源科技有限公司通过 TS 16949 国际汽车供应链品质管理体系认证，取得了"福建省高新技术企业"资格证。研发人员均为全日制本科以上学历，其中有 30% 拥有硕士以上学历，具有高级以上职称 10 余人，专业涉及软件、硬件、结构、机械与汽车等专业。

由福建万润新能源科技有限公司牵头组建的"电动汽车国家重点工程实验室"福建福州基地项目已经成形，与清华大学在（ADAS）车辆高级驾驶辅助系统上深入开展合作，一期产品客车紧急制动系统（AEBS）已经推向市场，成为首个通过国家标准测试的 AEBS 产品，市场前景广阔。

独立正向开发，具备完整知识产权的 DAT 自动变速器产品已经形成系列化，开始批量进行市场应用，正在加速建设制造体系，规划变速器年产能两万套。

五、主要新产品

序号	产品名称	产品型号	产品应用
1	30 kW 永磁同步电机	WR510-01048	新龙马 2 t 纯电微面
	45 kW 电机控制器	WR300-01018	新龙马 2 t 纯电微面
	12 V 整车控制器	WR200-01005	新龙马 2 t 纯电微面
2	60 kW 永磁同步电机	WR510-01072	宏远 5. 99 m 纯电公交
	132 kW 电机控制器	WR300-01014	宏远 5. 99 m 纯电公交
	24 V 整车控制器	WR200-01008	宏远 5. 99 m 纯电公交
	四合一辅件控制器	WR300-01411	宏远 5. 99 m 纯电公交
3	90 kW 永磁同步电机	WR510-01030	金旅 8 m 纯电公交
	五合一主驱控制器	WR300-01505	金旅 8 m 纯电公交
4	90 kW 永磁同步电机	WR510-02026. 2	金旅 10 m 纯电公交
	160 kW 电机控制器	WR300-01021	金旅 10 m 纯电公交
5	90 kW 永磁同步电机	WR510-01070	金龙 10 m 纯电通勤
	两档 DAT 自动变速器	WR700-01210	金龙 10 m 纯电通勤
6	90 kW 永磁同步电机	WR510-01062	宇通重工 18 t 纯电环卫
	两档 DAT 自动变速器	WR700-01216	宇通重工 18 t 纯电环卫

六、合资合作及重大项目建设

福建万润新能源科技有限公司是福建纳川管材科技股份有限公司（股票代码 300198）的全资子公司，纳川股份是福建泉州唯一一家创业板上市公司。

公司已陆续与厦门金龙、厦门金旅、东南汽车、东莞宏远、福汽新龙马、宇通重工、龙马环卫、陕西法士特等国内一流客车与专用车生产企业达成战略合作。

福建万润新能源科技有限公司与天津清智科技有限公司联合开发了关于商用车自动驾驶（ADAS）的关键技术 AEBS，为新能源客车的无人驾驶领域助力。通过检验，AEBS 符合 ECE R131《关于批准机动车自主紧急制动系统（AEBS）的统一规定》的要求，且公司团队在 AEBS 的硬件基础上开发了基于前方安全时距的智慧节能系统（IECS）。

七、发展目标与规划

福建万润新能源科技有限公司将充分利用行业领军地位，配合上市公司整合新能源产业链上下游资源，进一步增强企业研发、经营管理和市场开拓能力，为绿色出行提供智慧节能和完整的动力解决方案。

博世贸易（上海）有限公司

一、单位概况

博世贸易（上海）有限公司是由罗伯特·博世（1861—1942 年）于 1886 年在斯图加特创立，当时名为"精密机械和电气工程车间"。博世集团独特的所有权形式保证了其财务独立和企业发展的自主性，使集团能够进行长期战略规划和前瞻性投资以确保其未来发展。慈善性质的罗伯特·博世基金会拥有罗伯特·博世有限公司92% 的股权，多数投票权由罗伯特·博世工业信托公司负责。该信托公司也行使企业所有权职能。其余股份则分属博世家族和罗伯特·博世有限公司。

博世业务划分为 4 个业务领域，涵盖汽车与智能交通技术、工业技术、消费品以及能源与建筑技术领域。目前博世为中国市场和用户提供汽车与智能交通、工业、消费品以及能源与建筑技术领域先进的技术和解决方案，在各个业务领域深刻地践行并诠释“科技成就生活之美”的理念。

二、经营情况

博世集团是一家创新的技术及服务供应商。博世集团约40万名员工（截至2019年12月31日）在2019财政年度创造了约777亿欧元的销售业绩。集团包括罗伯特·博世有限公司及其遍布约60个国家的440家分公司和区域性公司。博世的研发网络拥有72 600名研发人员，遍布全球126个国家和地区。

博世在中国生产和销售汽车零配件和售后市场产品、工业传动和控制技术、包装技术、电动工具、博世家电、博世服务解决方案、安防和通信系统以及热力技术。2019年，博世在中国经营着59家公司，销售额达到1 093亿元人民币。截至2019年12月31日，公司在华员工人数约为55 200名，是博世除德国以外拥有员工人数最多的国家。中国已经连续5年成为博世集团销售额最大的海外市场。

江苏马威动力技术有限公司

一、单位概况

江苏马威动力技术有限公司是马威动力控制技术（上海）有限公司（上海马威）控股的一家企业，上海马威是一家致力于新能源汽车的电驱动系统的前瞻研究的公司，其意大利母公司在1999年成立，曾经为航空，军工企业大量设计、开发、制造过多款超高转速电机。2005年最有创意的欧洲100强企业法国国家能源科学院IFP的加入，马威得到其开发的变频器的生产授权，助力马威成为世界级的新能源汽车驱动系统世界顶级供应商。

二、产能建设

于江苏泰州征地100亩，建设厂房面积5万m^2，办公楼面积8 000 m^2，项目总投资10亿元、注册资本5亿元。一期电机与电控系统EMS平台在2019年达到10万台产能，二期在2021年达到30万台总成产能，三期在2020年减速器总成生产线开建的同时确保达到10万台减速器总成的产能，四期是在2023年电机与电控总成的产能达到40万台、减速机总成产能达到30万台。客户包含所有国际主流传统OEM以及国内大牌新能源汽车厂家。

三、技术进展及研发能力建设

为解决新能源汽车需求的高效率，高功率密度等问题，MAVEL开创性地采用混磁及软开关技术。MAVEL在两个关键指标上具有明显优势，同时对比欧洲量产车型采用的先进技术，MAVEL在功率密度指标上也有明显优势。MAVEL的超高速电机，采用空气轴承，转速达到15万转以上，潜在应用于氢能源汽车等领域。拥有70余项发明专利。MAVEL核心技术主要包括：混磁同步电机技术，软开关技术，高速化结构等。最终实现电机高功率，小体积，高节能性，以及高度集成化设计。该3项技术，对应未来新能源汽车领域高功率密度、高效率、低成本及高集成化的需求。在国内外市场有着广泛应用前景。

团队由3部分构成，包括意大利MAVEL，53人的开发团队；与意大利合作的法国石油能源科学院（IFPEN）近百人的试制及实验认证团队；中国MAVEL，生产以及开发团队共计30余人。公司主要扩张中方团队，致力国产化及市场开拓。其中意大利及中国MAVEL团队，包含大学教授3名（都林理工大学）、博士5名、硕士30余人。

四、主要新产品

序号	产品名称	产品型号	产品应用
1	35 kW 混磁同步电驱系统	eMISSA200PK90	纯电动及混动汽车
2	130 kW 混磁同步电驱系统	eMISS P160PK130	纯电动及混动汽车
3	60 kW 超高速电机	MGU-H-MSPD106	燃料电池车，电涡轮发电机
4	180kW 3in1 驱动系统	—	纯电动机及燃料电池车

五、合资合作及重大项目建设

1. 为戴姆勒开发最新一代混合动力汽车用电机。
2. 针对三菱汽车，开发超高速发电机系统。
3. 与国内主机厂合作开发最新一代三合一电驱动系统。
4. 与国内主机厂合作，协同开发下一代混合动力汽车用高密度电机。

六、发展目标与规划

整体发展规划主要包括3个维度。

工厂建设：泰州工程于2020年建设成为先进制造中心，产品线囊括电驱系统，超高速电机及减速器系统。

中方工程：进一步扩展中方工程团队规模，计划于2019年建设50人开发团队，实现独立承接及开发项目，包括电机，控制器以及减速器。

新产品线：产品主推电机及控制器二合一构成，计划于2020年冻结大功率（150 kW）三合一同轴驱动产品设计。

绿传（北京）汽车科技股份有限公司

一、单位概况

绿传（北京）汽车科技股份有限公司（以下简称“绿传科技”）成立于2018年，是一家致力于新能源汽车高效动力总成产品研发、生产、销售及整车动力系统解决方案的生产和技术服务咨询企业。主营产品包括新能源汽车两挡自动变速器、两挡电驱动总成、商用车电驱动桥、P4 方案混合动力总成及适配于增程式和混合动力汽车的专用变速器等，能够广泛应用于纯电动乘用车、纯电动轻型商用车、混合动力汽车和燃料电池汽车等不同细分市场。主营技术服务包括新能源汽车及传统车型动力传动系统的结构优化、性能提升、控制策略开发、匹配标定、对标评估等业务。

绿传科技致力于新能源汽车高效智能电驱动系统研发，打造新能源汽车动力换挡两挡自动变速器（2DET）。围绕 2DET 核心技术拓展形成五大电传动产品平台，覆盖纯电动乘用车和轻型商用车、混合动力汽车 P4 方案、增程式方案和燃料电池汽车等应用领域，产品序列包括：两挡自动变速器（2DET）、两挡电驱动总成（2DEP）、两挡双离合变速器（增程式 2DET）、商用车用两挡双离合电驱动总成（增程式2DET-R）、适配增程式的双电机方案变速器。

绿传秉承突破创新的正向设计研发理念，立足于整车高效动力传动系统研发，将智能算法植入传统自动变速器领域，并运用到新能源汽车电驱动产品中。通过构筑智能传动结构方案寻优、智能电驱动系统匹配提升、智能驾驶及换挡控制、智能自我补偿修复系统等核心技术壁垒，将公司打造成具有强大品牌影响力的国内领先、世界一流的新能源汽车智能驱动系统专家，产品质量、成本和性能具备与国际同类产品同台竞争的能力，为用户提供高效集成电驱动总成产品和整车动力传动系统解决方案。

二、经营情况

绿传成立 2 年期间，前期的经营性投入主要为产品的研发、厂房的建设及产线的建设，已累计投资近 5 000 万元，形成研发、采购、质量、试验、生产等正向的产品开发能力。

与北汽新能源、东风汽车、蔚来汽车、奇瑞商用车及汉腾汽车等多家主机厂针对新能源汽车两挡自动变速器及其平台化产品开展项目合作，部分项目已进展至 B 样机阶段。TCU 及控制软件咨询开发业务已与国内多家独立供货自动变速器企业形成项目合作，帮多家企业解决软件开发能力不足难题，该部分业务已帮助公司实现可观的营收。

三、产能建设

在建一期 5 万台/年的两挡自动变速器产品生产线，2021 年初可形成产品量产能力。

四、技术进展及研发能力建设

技术研发已形成两大电传动产品平台。TCU 工程化服务、两挡自动变速器（2DET），以及以 2DET 为基础拓展的两挡电驱动总成（2DEP）、增程式两挡自动变速器（增程式 2DET）、两挡自动变速器三合一总成（三合一）、两挡双离合变速器（2EDCT）、商用车用两挡电驱动总成（2EDCT-R）。其中，TCU 工程化服务产品已与国内多家独立乘用车与商用车自动变速箱企业开展项目合作，产品已在多家整车企业产品上进行搭载应用。针对新能源汽车市场开发匹配的两挡自动变速器（2DET）以及基于其衍生出的平台化产品，已与国内多家新能源汽车生产企业开展项目合作，部分项目进展至 B 样机阶段。

绿传拥有研发人员近 50 人。其中，拥有博士学历 10 人，高等工程师职称 5 人，荣获国家科技进步一等奖 6 人，公司已形成包括中国工程院院士增选候选人、国家“万人计划”专家、国家创新创业领军人才、国家“百千万人才”在内的高层次人才团队。实验室建设方面，公司建成 1500 m^2 试验中心，其中包括综合性能试验台、液压综合实验台、倾斜润滑试验台、高低温环境舱试验台及油泵性能试验台等，形成了自动变速器正向开发与试验的能力。

五、主要新产品

序号	产品名称	产品型号	产品应用
1	两挡自动变速器	2DET-360-01	B 样机：北汽新能源 EU5、汉腾汽车 EM11
2	双离合两挡变速器	2EDCT-360-01	A 样机，在研中
3	纵置双离合器两挡变速器	2EDCT-R-360-01	A 样机，在研中
4	两挡电驱动总成	2DEP-360-01	A 样机：Arcfox N60
5	两挡电驱动总成	2DEP-360-02	A 样机：北汽新能源 EX5
6	TCU 平台化产品	TCU-01	某型号军用自动变速器

六、合资合作及重大项目建设

1. 2019 年 3 月，公司新能源汽车变速器项目已被自治区发改委列入“广西重大项目”。

2. 2019 年 7 月，公司新能源汽车传动项目已入选“广西双百双新工程”。

3. 2019 年 11 月，公司新能源乘用车动力换挡两挡变速器研发产业化项目入选“广西创新驱动发展专项”。

4. 2019 年 11 月，公司纯电动汽车的集成式动力换挡电驱动总成产品研发项目入选广西壮族自治区科技厅和钦州市人民政府《厅市会商议题议定书》议题支撑项目建议表。

5. 2019 年 12 月，公司新能源汽车传动项目入选钦州市 2019 年领军型创新创业人才项目。

七、发展目标与规划

在未来 3～6 年内，绿传在产品研发、试验能力与生产线建设、资金支持、市场开发等 4 个方面统筹规划，分为初创期、成长期跟壮大期 3 个发展阶段。

1. 初创期发展框架为北京总部研发、试验、销售、“结算中心 + 钦州试验”、生产基地，实现第 1 期 5 万台/年的产能释放。

2. 成长期发展框架为北京产业化布局，形成控制系统产业化能力。

3. 壮大期发展框架为行业产业链整合，预计到 2023 年 6 月 2DET、2DEP、2EDCT 以及 2EDCT-R 等 4 款产品陆续实现批产，并完成建设二期 30 万台/年产能建设。

北京理工华创电动车技术有限公司

一、单位概况

北京理工华创电动车技术有限公司成立于2010年，是广东华锋新能源科技股份有限公司全资子公司(上市代码002806)，是北京理工大学电动汽车技术唯一的产业化依托单位。公司长期致力于新能源汽车关键技术的研究，在整车动力学控制、电池成组及高压安全、电驱动与传动系统、分布式驱动和车辆智能网联等领域掌握了一系列核心技术，形成整车控制器、功率转换集成控制器、分布式驱动系统控制器及电驱动传动系统等产品，可提供电动汽车动力系统平台解决方案，已成为我国电动汽车领域技术发展方向的引领者、先进动力系统平台及关键零部件提供者。

二、主要新产品

序号	产品名称	产品型号
1	整车控制器	HCDN67VCU-42B
2	智能网联整车控制器	HCDN67VCU-41A
3	动力总成	HC2U38PWT-MRA
4	动力总成	HCIN03PWT-LMC
5	动力总成	HC4U05PWT-BZA
7	动力总成	HC2U08PWT-EQA
8	高压集成控制器	HC60LFPIC-F20
9	高压集成控制器	HC60LCPIC-F20
10	高压集成控制器	HC60L9PIC-F60
11	高压集成控制器	HC6015PIC-720
12	高压集成控制器	HC60LKPIC-K21
13	高压集成控制器	HC60LLPIC-B11
14	高压集成控制器	HC30LYPIC-K20
15	高压线束/充电插座	HC6S14GXS/HC6S08GXS

合肥阳光电动力科技有限公司

一、单位概况

合肥阳光电源股份有限公司(以下简称“公司”)(股票代码300274)是一家专注于太阳能、风能、储能、电动汽车等新能源电源设备的研发、生产、销售和服务的国家重点高新技术企业。

自1997年成立以来，公司始终专注于新能源发电领域，坚持以市场需求为导向、以技术创新作为企业发展的动力源，培育了一支研发经验丰富、自主创新能力较强的专业研发队伍；先后承担了20余项国家重大科技计划项目，主持起草了多项国家标准，是行业内为数极少的掌握多项自主核心技术的企业之一。并先后荣获“国家重点新产品”、“中国驰名商标”、“中国新能源企业30强”、“全球新能源企业500强”国家级“守合同重信用”企业及“亚洲最佳企业雇主”等荣誉，是国家级博士后科研工作站设站企业、国家高新技术产业化示范基地、国家认定企业技术中心、国家级工业设计中心、《福布斯》“中国最具发展潜力企业”等。

公司核心产品先后通过TÜV、UL、CSA等多家国际权威认证机构的认证与测试，已批量销往全球120多个国家和地区。公司在全球市场已累计实现逆变设备装机超120 GW。

阳光电源电动车事业部成立于2010年，专注于新能源汽车驱动系统的开发、生产、销售和服务，产品适用于各类新能源乘用车、客车及专用车。2016年注册为阳光电源全资子公司——合肥阳光电动力科技有限公司，进一步整合集团人才、技术、供应链等优势资源，致力于为新能源汽车提供高品质的电控产品。系列产品凭借优异的设计、领先的控制技术、高可靠的性能和稳定的供货能力，先后获得“中国工业设计红星奖”、全球顶尖工业设计大奖“红点最佳设计奖”“2019中国电动汽车核心零部件100强”“年度电驱供应商APS黑马奖”“2019年度中国新能源汽车最佳配套企业金熊猫奖”等荣誉。

未来，阳光将秉承“让人人享用清洁电力”的使命，将逆变技术深度拓展至汽车领域，用技术助推青山绿水梦的早日实现。

二、经营情况

公司主营新能源汽车驱动系统开发、生产、销售和服务，产品具有高效能、高可靠和高功率密度的特点。自2010年以来，公司已连续多年为优质新能源乘用车、商用车、客车企业提供产品及服务，其中包括吉利、江淮、奇瑞、东风、上汽通用五菱、江铃、开沃、雷丁等综合性企业，也包括安凯、苏州金龙、厦门金龙、厦门金旅、亚星等专业客车企业，还包括华晨鑫源、瑞驰、飞碟、昌河等专用车企业。

三、产能建设

公司具备年产20万套产品的能力。

四、技术进展及研发能力建设

公司极其重视研发人才队伍建设，全公司3 000多名员工，其中35%以上为研发技术人员，汽车驱动业务的技术人才有200人以上。在产品开发上，采用源自IBM公司的IPD集成产品开发模式，以降低试错风险并在确保质量的前提下最大化缩短开发周期。为了保障研发能力，公司设有独立的检测中心，负责对开发的产品进行内部检测。

作为多年向欧美地区出口电气产品的公司，公司有着经验丰富的 EMC 设计团队，此外，还投入 4 000 万元建设了业内最大的 10 m 法电波暗室，可自主完成电驱动系统的传导、辐射等各项测试。阳光电动力有别于其他厂家先设计再测试整改的流程，采用完全的正向设计理念，每一款电机控制产品自概念设计时便有专业的电磁兼容设计团队介入。并在电驱功能安全领域，协助国内一线车企，完成了功能安全软件和系统的开发，得到了客户的充分肯定。

公司的电控产品具有高效能、高可靠和高功率密度的“三高”特色。作为全球最大的逆变器出货商，效能一直是阳光孜孜不倦的追求，公司光伏产品效率全线突破 99%，电控产品最高效率也达到了 99%。除了做好电控本身的高效率，更关注于如何通过电机设计和算法优化，以提升电机系统的效率，使系统高效区尽可能落在符合 NEDC 工况或实际工况运行概率较大的区域。

由于采用模块化的软硬件设计，历经多年数万台产品的市场检验，驱动系统在可靠性上的表现也显出超过行业平均水平。此外在功率密度上也是阳光产品的一大特色，阳光拥有自主设计和制造层叠母排的能力，同时率先在行业内量产应用了立体热管理技术，使得产品功率输出能力更强，体积更小，从而功率密度更高，目前，EC30 产品可以实现 29.8 kVA/L 的容量密度。

基于 HIL 平台搭建整车模型包括整车动力学模型，电池模型，传动模型以及各种路况模型和驾驶意图模型，对驱动器网络接口、主动阻尼、主动防滑、驻坡防溜，系统效率，续航里程等进行充分评估，并借助自动化测试软件实现了全自动化的测试，确保交付客户的产品功能充分验证且能快速装车试验。

开发了在线 IGBT 结温观测算法，实时观测 IGBT 结温，根据结温最大化低速扭矩输出，确保整车低速性能。阳光电动力的主动阻尼算法可以有效地改善整车的低速抖动，使得起步，刹车，蠕行更加平稳，减少消费者“晕电动车”的抱怨。针对电动车的中高速电机啸叫，公司开发了智能匹配电机的谐波注入算法，能够在中速段大幅降低电机 24 阶、48 阶噪声，使得整车运行更加舒适。

五、主要新产品

序号	产品名称	产品型号	典型应用车型
1	乘用车电机控制器	EC10 系列	适用各类 A00、A0 级微型纯电动乘用车
2	乘用车电机控制器	EC30 系列	适用各类 A、B 级高端纯电动乘用车
3	商用车电机控制器	EC50 系列	适用于 6 ~ 12 m 大中型纯电动商用车
4	商用车集成式控制器	EE50 系列	适用于 6 ~ 12 m 大中型纯电动商用车
5	电气与机械集成单元	EM 系列	适用于 A 级、B 级纯电动乘用车
6	电辅驱集成控制单元	EA 系列	适用于各类新能源车辆

六、发展目标与规划

随着我国提高资源利用率，实现节能减排战略的推进以及新能源汽车的大力发展，电机控制器作为新能源汽车核心零部件之一，市场需求将逐步提高。行业正在由政策驱动市场转化为市场驱动，如何开发出综合成本更优的产品是行业当前面临的重要问题。

公司始终专注于电机控制技术的开发与应用，并已历经 23 年。正是高度的聚焦和心无旁骛，使得公司在单管并联、碳化硅、功能安全、Autosar 软件架构等领域均有着独特、先进的技术积累。近年来，公司持续强化与汽车业内人才的交流，并以高度开放的方式积极与业内优秀的整车及零部件企业开展技术及产品合作，持续为新能源汽车提供更高品质的电驱动系统。

未来，公司将继续发挥自身优势，专注于控制技术的优化与提升，并持续加强与一线主机厂客户的合作，以客户实际需求为导向，成为具有强竞争力的新能源汽车电子零部件供应商。致力于开发高效率、高功率密度和高可靠性的新能源汽车驱动系统。并坚持和践行诚恳务实、严谨开放和成就客户的价值观，牢记“让人人享用清洁电力”的企业使命，致力于成为清洁电力转换技术的全球领跑者。

上海易巴汽车动力系统有限公司

一、单位概况

上海易巴汽车动力系统有限公司（简称“上海易巴”）成立于 2015 年，是一家专注于新能源汽车与轮式载运工具智能化技术的国家高新技术企业，具备系统解决方案及关键总成的研发、生产、销售和服务能力。在新能源汽车领域，产品包括整车控制器（VCU）、变速箱控制器（TCU）、增程器控制器（RCU）等各类车规级控制器，电控机械式自动变速器（AMT）、电动机械式自动变速器（EMT）、一体化电驱桥、增程式动力系统等新能源动力总成，以及新能源车载电力管理系统；在轮式载运工具智能化领域，产品包括线控底盘系统（涵盖道路车辆和非道路车辆）和智能驾驶系统等。

上海易巴始终坚持“多维多能，创新驱动”的发展理念。在节能与新能源领域拥有 20 多项专利和软件著作权，通过了 IATF 16949 质量体系认证，产品通过了电磁兼容性（EMC）测试要求。公司具有年产 20 万套车规级控制器（VCU、TCU、RCU 等）的生产能力，生产的 VCU、AMT、EMT 等产品已经批量配套国内各大主机厂；开发的一体化电驱动桥开始小批量配套，正在建设生产线；正在研发商用车/船用增程式动力系统和新能源车载电力管理系统，预期 2021 年可以批产。公司拥有先进动力系统开发实验室、电子电气开发实验室、环境测试实验室等检测设施，具备节能与新能源汽车相关产品的自主开发和批量配套能力。

上海易巴是“中国汽车工业协会”会员单位，与上海交通大学、南京理工大学等多所国内知名高校、研究机构和企业开展技术合作，是“国家智能驾驶联合实验室”副理事长单位、“国家创新型卓越工程师”培养基地，成立了南理工-上海易巴“新能源与智能汽车工程研究院”、上海易巴-深圳海梁

"智能驾驶联合试验中心"。

二、经营情况

上海易巴具有年产20万套车规级控制器(VCU、TCU、RCU等)的生产能力,生产的VCU、AMT、EMT等产品已经批量配套国内各大主机厂;开发的一体化电驱动桥开始小批量配套,正在建设生产线;正在研发商用车/船用增程式动力系统和新能源车载电力管理系统,预期2021年可以批产。公司拥有先进动力系统开发实验室、电子电气开发实验室、环境测试实验室等检测设施,具备节能与新能源汽车相关产品的自主开发和批量配套能力。

上海易巴产品得到市场广泛认可和欢迎。近一年来,公司与珠海银隆新能源有限公司、金龙联合汽车工业(苏州)有限公司、南京金龙特种车有限公司、山东蓬翔汽车有限公司、重庆长安汽车股份有限公司、深圳中集专用车有限公司、深圳市鑫吉顺房车工业有限公司、广州新穗巴士有限公司、深圳市海梁科技有限公司、越海全球物流(苏州)有限公司等多个客户签订产品配套和技术合作协议,市场订单增长快速,发展势头良好。

三、产能建设

1. 公司已建成产能≥20万套/年的无尘化、防静电控制器生产车间,产线将先进制造和检测装备与智能化的质量控制系统高度融合,使每道工序每个产品特性准确一致,确保车规级的高品质。

2. 公司正在推进落地"新能源与智能网联汽车产品制造基地"项目,未来两年,公司将陆续建成10万台(套)/年的动力总成及增程器生产车间、5万辆/年的新能源与智能网联汽车(含无人重载IGV)制造生产车间,推进公司技术产品产业化。

四、技术进展及研发能力建设

上海易巴研发人员占比达65%,现有研发人员中博士占10%,硕士占30%,员工毕业于国内清华大学、上海交通大学、北京理工大学、东南大学等知名高校,具有丰富的先进技术研发经验和产品工程化能力;公司与上海交通大学、南京理工大学等多所国内知名高校、研究机构和企业开展技术合作,具有很好的科研支撑基础;公司拥有先进动力系统开发实验室、电子电气开发实验室、环境测试实验室等检测开发设施,能满足绝大部分研发业务的需要。公司于2019年获得了国家高新技术企业认证,研发实力在不断提升,技术路线也逐渐丰满。研发的产品主要包括:商用车/船用增程式动力系统、新型中央电机式电驱动变速箱、新一代一体化电驱动桥总成、新能源车载电力管理系统、基于百度Apollo平台的无人驾驶客车和港口IGV、低成本智能域控制器。

五、主要新产品

序号	产品名称	产品应用
1	整车控制器	陕汽、一汽、长安、东风轻卡等
2	EMT动力系统	梅花客车、中通客车、唐骏轻卡等
3	一体化电驱动桥	一汽蓬翔汽车等
4	AMT动力系统	嘉定公交、东北虎林园等
5	智能驾驶系统	苏州金龙客车、珠海银龙客车、一汽蓬翔及深圳中集AGV等

六、发展目标与规划

上海易巴实施"科技创新"与"产业资本"双轮驱动战略,以服务产业生态为导向,按照"产线+技术+产品+服务"战略布局,依靠产线、技术、产品、服务实现对新能源与智能驾驶产业链前端、中端和末端的闭环模式,计划全国各地落地新能源与智能驾驶研究院、制造生产基地、检测中心、智能驾驶AI交通示范区等,成为行业领军企业、新能源+智能化生态体系核心建设企业,用科技硬实力开创行业新未来。

鲲腾泰克科技(深圳)有限公司

一、单位概况

鲲腾泰克科技(深圳)有限公司(以下简称"鲲腾泰克")是一家有完整自主知识产权的高科技公司,主要从事新能源汽车的集成驱动系统及高性能充电系统的研发、制造和销售。鲲腾泰克由一群在中国、美国,以及欧洲一流技术公司长期历练,对新能源汽车和高性能驱动系统有极大热忱,且富有创新精神的技术和管理人才创办。核心团队平均具有20年在汽车电驱,电力电子或能源领域的工业经历,在技术开发、产品设计与制造和市场推广方面有丰富经验。

鲲腾泰克自主研发的"动态配置电机与系统"技术深入融合了新型电机,电力电子和先进驱动控制算法,通过软件控制实时配置电机内部电磁结构,特别适合汽车这样的大动态系统。系统的动力性能,全工况能效和系统可靠性与成本均大幅改善系统性能。

二、经营情况

经过几年的努力,鲲腾泰克已完成"动态配置电机与系统"原理样机验证和工程样机开发,产品进入多个纯电动和混动项目。其48 V集成驱动、高效电机、控制器和车载充电机在电动摩托车、电动汽车和工程车等多个领域展示了卓越的性能。特别是针对商用车开发的48 V大功率轻混系统功率可达50 kW以上,是业内功率最大,效率最高,节能效果最好的轻混产品之一。

三、产能建设

鲲腾泰克与供应链伙伴合作,每年可提供10万套以上的产品。

四、技术进展及研发能力建设

鲲腾泰克在电机设计，电力电子与驱动控制方面有长期技术积累，在全球范围取得和申请了数十项发明专利。鲲腾泰克与美国北卡州立大学 FREEDM 中心合作了驱动系统设计与测试技术，也是美国威斯康星大学 WEMPEC 中心会员，并与清华大学，重庆大学等国内一流高校著名教授合作，研究核心控制算法与下一代功率模块的前沿研究。

五、主要新产品

序号	产品名称	产品型号	产品应用
1	50 kW 高效轻混与电动驱动(电机＋控制器)	IDS254801	大型轿车，工程车辆，重卡，轻卡，大巴
2	8 kW 高效驱动电机	JQX044801	电动摩托，游艇，观光车，市政车
3	8 kW 电机控制器	QTI044801A	电动摩托，游艇，观光车，市政车
4	1 600 W 高效高密车载充电机	QTC256601	电动摩托，游艇，观光车，市政车
5	10 kW 高效集成驱动(三合一)	IDS044801	电动摩托，游艇，观光车，市政车

苏州达思灵新能源科技有限公司

一、单位概况

苏州达思灵新能源科技有限公司(以下简称“达思灵”)是国家高科技企业，专注于增程式新能源电动汽车车载直流发电系统(增程器)及高转速驱动系统技术和产品的开发，凭借达思灵拥有的“双凸极励磁直流发电机”核心发明专利和技术优势，在双凸极电励磁直流电机的基础上通过技术创新，开发了不同功率范围的系列增程器产品和多款高转速二合一驱动电机系统，经过 8 年多的各种不同车载测试机验证，拥有了成熟的产品系列，赢得了客户的信赖。

达思灵的增程器产品覆盖了新能源乘用车、客车、专用车、工程车等各领域的电动化应用，燃料体系包括柴油、汽油和 M100 甲醇，各系列增程器产品具有高性价比、高功率密度和高发电燃油效率，分别支持国Ⅴ排放和国Ⅵ排放，产品均通过了 800 h 耐久测试。为了保障产品的批量生产的标准化和一致性，达思灵独立研发和设计了增程器系统集成组装生产线，采用 100% 系统产品下线前负载测试(快速插拔、自动负载模拟)，从原材料上线到半成品、成品到产品检测下线都全部按照 IATF 16949 体系管理，具有产品各部件及生产过程的可追溯能力。在应用方面，模块化系统集成技术可以将增程式电动汽车整车调试和性能标定时间缩短到一个月内，大大缩短整车开发周期，同时支持自主增程器能量管理或整车 VCU 进行能量管理。在售后方面，全部产品系列均支持远程监控、数据调试和下载能力，提供 5 000 h 或 10 万 kWh 发电量的三包服务。

达思灵的高转速二合一驱动电机系统(电机＋控制器)包括 2 万转 120 kW，1.6 万转 150 kW 和 1.2 万转 4.5 kW 等，具有高扭矩密度和高功率密度，系统最高效率高达 94%，且系统高效转速和温度范围广。

达思灵拥有一支国际化产业化的研发团队，在电机电控系统、增程发电系统和高转速电驱动系统等领域获得了优异的成绩和实际应用效果。达思灵于 2019 年分别成立了新能源汽车电机系统研发中心和测试中心，进口多套测试设备，包括 AVL 2 万转 240 kW 电机测试台、AVL 国Ⅵ排放测试设备、油耗水平测试/评估设备、增程器噪声评估测试半消音测试能力，全面覆盖新能源汽车电机系统、增程发电系统及高转速电驱动系统(电机、电控、传动、动力总成)的试验检测范围，涵盖安规、功能性能、环境可靠性、耐久性寿命、振动噪声(NVH)、电磁兼容(EMC)等各个方面。为了保障产品质量，始终坚持以 IATF 16949 质量管理体系质量检测要求为标准，以不接受不良品，不生产不良品，不流出不良品为公司原则。使达思灵产品得到了客户和市场的检验和认可。

达思灵携手合作伙伴在乘用车及商用车直流电机发电系统、直流增程器发电系统及高转速驱动系统市场共同前行，持续展开技术投入、不断提高产品性能和扩大产能，满足包括国内以及海外客户大批量配套需求。秉承“中国创造”、“中国智造”、“中国制造”和“中国品牌”战略，坚持为汽车电动化提供更好的产品和系统解决方案。

二、经营情况

达思灵拥有约 15 000 m^2 的厂房、测试中心和研发中心面积，6 个系列的增程器产品均完成了实验室耐久测试和车载测试。短期内在纯电动 4.5 t 厢式货车后装改装市场进行了大力开发，积极盘活市场上大量的因为续驶里程焦虑而趴窝的商用专用车；中期内积极开发商用车增程式电动化前装市场，迅速扩大产品的销售规模和市场占有率；长期以大型乘用车增程式应用开发为目标，积极拓展国内、外大批量商业化市场。

三、产能建设

基于成熟的稳定的供应链开发和 TS 16949 品质管理，形成电机打样生产能力、建立了控制器生产线和增程器系统集成打样生产线，具备年产 3 万套增程器系统的生产能力。

四、技术进展及研发能力建设

作为专业的系列增程器开发和生产企业，达思灵着眼于国际市场，具有前瞻性和行业的领导地位。达思灵在国际市场范围内筛选采购先进高热效率(40% 左右)、高功率密度(体积小、重量轻)和低噪声的汽车发动机进行自主的改装开发，形成系列的增程式发动机系列。同时以具有自主知识产权的系统集成平台技术，使得增程器系统开发可以快速针对 OEM 车厂的特别要求使用指定的目标发动机进行增程器集成开发，缩短开发周期、节约开发成本。

为了更好把控产品质量、可靠性及性能，提高产品的研发和生产水平,达思灵依据国内行业检测标准建立了自己的实验室,具有高效可靠的先进生产设备及实验室检测设备(如高/低速电机拖动实验台、总装机功率最大的 AVL 可靠性实验平台、先进的电机试制生产线、高转转子速动平衡机;进口蔡司三坐标测量仪、光学影像测量仪、超声波探伤仪、电机振动测试台、AVL 内燃机国Ⅵ排放检测等设备)。项目从立项到研发、产品设计、生产再到产品测试都是可以独立完成。最后组建了一只优秀的技术开发和实验测试工程师团队,拥有 16 项发明专利(授权),其中 4 项为国际发明专利;获得了 24 项实用新型专利和软著。同时积极推动增程器领域的测试与评价标准体系,建立了相关企业标准,具有智能化、效率高、低噪音、适用环境强、集产品研发和技术集成于一体的系统开发能力。

五、主要新产品

序号	产品名称	产品型号	产品应用
1	12 kW 三合一增程发电机	DSM01260036S	2 500 ~ 4 000 r/min,发电机 + GCU + RCU
2	20 kW 三合一增程发电机	DSM02060036S	2 500 ~ 4 000 r/min,发电机 + GCU + RCU
3	30 kW 三合一增程发电机	DSM03060036S	2 500 ~ 4 000 r/min,发电机 + GCU + RCU
4	35 kW 三合一增程发电机	DSM03560036S	2 500 ~ 4 000 r/min,发电机 + GCU + RCU
5	15 kW 柴油增程器(国Ⅴ)	DSMS01560036S	144 ~ 540 V 直流发电,自主发电管理
6	25 kW 汽油增程器(国Ⅴ)	DSMS02560036S	280 ~ 540 V 直流发电,自主发电管理
7	30 kW 甲醇增程器(国Ⅵ)	DSMS03060136S	300 ~ 540 V 直流发电,自主发电管理
8	35 kW 汽油增程器(国Ⅵ)	DSMS03560036S	300 ~ 540 V 直流发电,自主发电管理
9	40 kW 汽油增程器(国Ⅵ)	DSMS04060036S	480 ~ 540 V 直流发电,自主发电管理
10	50 kW 汽油增程器(国Ⅵ)	DSMS05060036S	480 ~ 540 V 直流发电,自主发电管理

六、合资合作及重大项目建设

10 万套增程器生产合资合作开发项目

(1)投资规模:5 年,总投资 3 亿元(包括:生产设备及模具 1.2 亿元,租金及管理费用 0.8 亿元,物料储备 0.4 亿元,流动资金 0.6 亿元),实现增程器年产 10 万套产能。

(2)建设周期:一期投资 1 亿元,2020—2022 年完成;二期投资 2 亿元,2023—2024 年完成。

(3)销售承诺:2021 年度 1 亿元、2022 年度 2 亿元、2023 年度 4 亿元、2024 年度 8 亿元、2025 年度 15 亿元。

(4)税收承诺:年实际纳税额不低于开票销售额的 4%。

(5)实现就业:250 ~ 350 人

七、发展目标与规划

2021 年:增程器市场和开发形成规模,实现 1 亿元以上的销售、收支平衡。

2022 年:科创板挂牌,商用车前装市场初步形成,公司快速盈利。

2023 年:商用车市场快速发展,乘用车市场初步成型。

2024 年:乘用车市场成熟,形成规模。

苏州奥易克斯汽车电子有限公司

一、单位概况

苏州奥易克斯汽车电子有限公司(以下简称“奥易克斯”),是清华大学科技成果转化企业,成立于 2013 年,主要从事新能源汽车电控产品和传统动力汽车电控产品,均拥有自主知识产权,处于国内领先地位。奥易克斯已经在清华大学苏州汽车研究院(吴江)完成孵化,并实现了大规模产业化,新建南通基地已完成 2 万 m^2 一期的建设工作,正在进行内部装修和生产线施工,预计 2020 年年底投产。

奥易克斯产品包括国Ⅵ汽车发动机电控产品和新能源汽车电控产品,主要客户包括上汽通用五菱、东风柳汽、江淮汽车、长安商用车、奇瑞商用车、北京汽车、昌河汽车、东风商用车、上汽大通、一汽吉林、广西汽车集团、厦门金龙、厦门金旅、江苏九龙、华晨鑫源、福田汽车、南京开沃等。

二、技术情况

电控产品是汽车的大脑,随着汽车行业的发展和新能源汽车的普及,未来汽车上电子产品的应用也会越来越广泛,预计到 2025 年可以接近 50%。传统动力汽车电控和新能源汽车电控产品的供应商以国际大公司为主,如博世(含中国合资公司联合电子)、德尔福、大陆、电装、日立等,基本占据市场份额的 99%。中国汽车线路图的规划是希望自主品牌的电控企业能够在 2025 年占据前装市场份额的 15% 左右,约 80 亿元。

奥易克斯拥有国内最齐全的发动机电控产品,涵盖汽油发动机和双燃料发动机,并已完全掌握了纯电动车整车电控技术、增程式电动车增程器电控技术、48 V 弱混系统电控技术和插电混合动力汽车整车电控技术等主流的新能源汽车电控技术,是国内一家同时掌握多种新能源汽车电控技术的公司。

三、科技成果及获奖情况

奥易克斯是清华大学科技成果转化企业,团队主要成员均有国际大公司的长期工作经验。团队在汽车电子尤其是汽车动力总成电控技术方面已经进行了 10 多年的技术积累,累计申请的专利等知识产权超过 70 项。奥易克斯是国家高新技术企业,同时被评为“江苏省民营科技企业”,于 2019 年承担苏州市重点研发产业化项目,通过 GB/T

24001—2016 环境管理体系认证和 IATF 16949:2016 质量管理体系认证公司仅在 2019 年就获得了“长安凯程的最佳技术合作奖”、“五菱集团最佳供应商”、“东风柳汽技术开发奖和交付贡献奖”及“东风开发最佳供应商”等诸多奖项。

四、产能建设

为扩大公司产业规模，紧紧把握国家大力发展节能环保领域和新能源汽车领域的良好机遇，贯彻落实省政府加快培育 13 个先进制造产业集群。为把奥易克斯建设成为更高水平的技术型企业，结合公司产品特点和生产实际，于 2018 年筹建新基地，经过了积极的准备，位于南通港闸区新建生产基地已竣工，正式进入工厂实施阶段，建设总投资 10 亿元，包括土地、厂房、研发和生产设备以及知识产权等投入。新基地地块总面积约 50 亩，包括技术中心、生产制造中心、实验中心，新基地拟于 2020 年下半年正式运营，预计产能达到 120 万套。

五、技术进展及研发能力建设

1. 产能建设

南通基地计划于 2020 年底投入使用，包括多个发动机台架和一个国Ⅵ排放实验室。

（1）一期具备 3 条传感器生产线，产能 60 万套，主要产品氧传感器、TMAP、凸位传感器。

（2）二期预计 2020 年下半年投产，新增 ECU 产能 40 万套，自动化生产线，全自动 SMT 生产线等。

苏州基地占地 2 000 m^2，两条 ECU 生产线（半自动/自动），年产能 60 万套，并通过 TS 16949 质量体系认证。建有专业的生产专用软件和设备：生产管理 ERP 系统、完善的 BOOTLOADER 功能、工厂测试程序、输入输出测试设备、电源适应性测试设备、工况模拟测试设备、标定刷写工具等。

2. 技术进展

（1）新能源电控技术的开发重点，放在混合动力车型上。尤其是油电混动和增程，预计 2020 年年底可以批量投产。

（2）针对 2025 即将实施的国Ⅶ排放法规，已经开展产品规划，预计 3 年后完成开发。

六、主要新产品

序号	产品名称	产品型号	产品应用
1	国Ⅵ发动机电控单元	FC34	匹配多种车型
2	新一代国Ⅵ发动机电控单元	FC50	—
3	两用燃料汽车发动机电控单元	FC51	匹配多种车型
4	混动专用电控单元	HECU	支持 HEV、PHEV 混动车型的整车 VCU 和发动机 ECU 控制功能
5	直喷增压发动机电控单元	FC36	—

七、发展目标与规划

在传统汽车产品方面，公司将针对即将到来的国Ⅶ排放法规，提前布局，争取更多的客户。在新能源汽车产品方面，与客户和业内合作伙伴成立联盟，重点推动增程式电动汽车、插电混动汽车和油点混合汽车的产业化工作。与上汽通用五菱、江淮汽车、奇瑞汽车等客户正在进行 10 余个增程式、插混和油混的前期预研项目，争取 2021 年底具备批量生产条件。

杭州赫日新能源科技有限公司

一、单位概况

杭州赫日新能源科技有限公司（以下简称“公司”）创立于 2014 年 4 月，是一家专注于增程式电动汽车动力总成及关键核心部件研发、生产、销售和服务的高科技创新型企业，致力为客户提供高效、清洁、可靠的新能源动力技术解决方案和成套技术装备。公司采用精益信息化生产管理模式，创造性地推出国内首个实现产业化、满足汽车级要求的高效、轻量化、集成化的增程器总成产品系列，产品功率涵盖 20 ~ 80 kW，主要应用于新能源增程式纯电动乘用车、新能源增程式纯电动商用车、工程机械、新能源高技术船舶等领域。公司已获得和申请中的专利逾 30 多项，并通过了汽车行业 IATF 16949 质量管理体系认证，先后曾荣获浙江省科技型中小企业、杭州市“雏鹰计划”企业等奖项。

二、经营情况

公司经过多年自主研发，已掌握了增程式纯电动汽车动力总成（增程器）的核心技术，开发出了多种具有自主知识产权的国内领先的增程器产品，并形成了完善的产业配套及生产体系。自主研发核心技术的增程器产品已完成研发并通过中试，应用于新能源增程式乘用车领域的 HRE 4000 平台产品已实现批量生产，该产品系国内实现产业化、满足汽车级要求的高效、轻量化、集成化的增程器总成系列；此外，公司积极在新能源增程式商用车（冷链物流、轻卡、微面等）、新能源高技术船舶、新能源工程机械（增程式电动工程机械车、增程式电动农业机械车等）等领域开拓市场。

三、产能建设

公司研发中心及总部位于浙江省杭州市，一期生产基地位于山东省济宁市，二期生产基地正在规划建设中。杭州赫日公司济宁生产基地于 2019 年正式投产运行，占地面积 63 亩、总建筑面积的 2 万 m^2，主要进行 HRE 4000 平台增程器专用发电机及增程器总成的生产制造，可满足年产 6 万台（套）的产能输出；二期生产基地建成后将形成年产 10 万台（套）增程器系统（包括增程器总装、增程器专用发电机、增程器专用控制器等）的生产能力，并致力于打造为新能源增程式电动汽车动力总成高端智能制造基地。

四、技术进展及研发能力建设

公司聚焦新能源增程式电动汽车动力总成系统及关键零部件的开发应用，已形成多学科、多领域、集成化的研发体系，具备集产品设计、控制软件开发、试验测试及产业化设计和生产制造为一体的综合能力，开展极具中国新能源技术特色的和适合中国汽车市场需求的增程式电动汽车（Extended-Range Electric Vehicle，E-REV）动力总成关键技术研究，包括：低成本高效节能专用发动机及增程器设计技术、低成本高效增程式电动汽车动力总成设计及匹配技术、先进电动车混合动力机电耦合及控制技术等。产品从预研阶段的独立分体式模块，不断升级迭代，逐渐形成高度集成化的二代产品，在重量、体积、燃油经济性、排放、NVH、成本等方面均有显著的提升。

五、主要新产品

序号	产品名称	产品型号	产品应用
1	增程器总成（20～80 kW）	HRE2000A	微型新能源汽车、复合能源基站、长效发电设备等
2		HRE4000A	轻型新能源汽车（SUV/皮卡）、冷链物流车（3.5～4.5 t）、环卫车等
3		HRE6000A	中型新能源汽车（SUV/MPV/客车）、冷链物流车（5～7 t）、环卫车等
4		HRE8000A	新能源客车、新能源中重型卡车、工程机械、高技术船舶等
5	增程驱动二合一系统（20～80 kW）	HRE2000B	微型新能源汽车、复合能源基站、长效发电设备等
6	增程驱动二合一系统（20～80 kW）	HRE4000B	轻型新能源汽车（SUV/皮卡）、冷链物流车（3.5～4.5 t）、环卫车等
7		HRE6000B	中型新能源汽车（SUV/MPV/客车）、冷链物流车（5～7 t）、环卫车等
8		HRE8000B	新能源客车、新能源中重型卡车、工程机械、高技术船舶等
9	增程驱动储能三合一系统（20～80 kW）	HRE2000C	微型新能源汽车、复合能源基站、长效发电设备等
10		HRE4000C	轻型新能源汽车（SUV/皮卡）、冷链物流车（3.5～4.5 t）、环卫车等
11		HRE6000C	中型新能源汽车（SUV/MPV/客车）、冷链物流车（5～7 t）、环卫车等
12		HRE8000C	新能源客车、新能源中重型卡车、工程机械、高技术船舶等

六、发展目标与规划

公司秉承“生产一代、研发一代、储备一代”发展战略，以前期开发成功的国内领先的高效新能源汽车增程器为基础，尽快开拓和占领迅猛发展的新能源汽车市场，同时也开发和示范新能源工程机械、新能源船舶、5G 混合电力基站等非道路机械新兴市场，并迅速形成规模化“生产一代”的生产能力。同时，与浙江大学等高校联合开展包括燃料电池（氢能）在内的“多源动力域控制系统”研发工作，形成具有国际领先技术水平的“研发一代”新产品和研发能力及技术团队，以满足我国未来新能源汽车电动化、智能化、网联化的市场需求。

宁波洁程汽车科技有限公司

一、单位概况

宁波洁程汽车科技有限公司位于宁波市高新区凌云产业园内，公司成立于 2018 年 1 月，主营业务为增程式电动车增程器总成、增程器控制系统、燃气发动机控制系统、整车控制器等产品的研发、生产和销售，致力于成为增程式电动汽车整体解决方案的首先供应商。宁波洁程汽车科技有限公司对高效增程器及其控制系统进行了深入的研究，拥有完整自主知识产权，已经申报增程器相关专利 25 项（其中 15 项发明专利），申请软件著作权 8 项。

宁波洁程汽车科技有限公司为国内最早开始增程式电动车增程器研究的企业之一，依靠多年积累的领先技术，公司已经与吉利汽车、北汽福田、恒天汽车、德先汽车、众新汽车等车厂建立了配套合作关系，为客户提供增程式电动汽车开发的一站式解决方案。宁波洁程汽车科技有限公司建设完成了完整的研发、生产和测试能力，拥有发动机实验室、增程器实验室、电子电气实验室、环境实验室等设施。公司已经通过 IATF 16949 质量体系认证，并严格按照体系要求进行全过程质量管控，产品质量得到了用户的一致好评。

二、经营情况

宁波洁程汽车科技有限公司依靠领先的技术和丰富的工程经验积累获得了车厂的信任和支持，先后完成了吉利汽车、北汽福田、恒天汽车、德先汽车、众新汽车等客户的合作开发和配套，2020 年预计实现销售 1 500 万元。随着国家对增程式电动车政策的逐步明朗，越来越多的客户开始讨论增程式车型的配合开发，预计 2020 年将完成东风汽车、中车新能源、长江汽车等新客户的开发。随着开发车型的逐步上市，公司的业务将出现爆发式增长。

三、产能建设

宁波洁程汽车科技有限公司一期投资 5 000 万元，用于增程器和相关控制系统的开发和小批量生产。相继购置了测功机、车辆模拟器、信号发生器、示波器、功率分析仪、AUTOSAR 基础软件、增程器控制器生产线、测试流水线、在线测试仪（ICT）、老化试验台等基础开发和试验设备，建设完成了发动机台架实验室、增程器实验室、增程器试制车间、增程器控制器生产和测试车间等基础条件。随着配套开发车型的逐步量产，计划追加投资 1 亿元，用于增程器总成和控制系统的批量供货和质量保证。

四、技术进展及研发能力建设

宁波洁程汽车科技有限公司在研发上进行大量的投入，购置了 AUTOSAR 基础软件，并基于 AUTOSAR 开发了包括发动机控制系统、增程器控制器、电机控制器在内的增程器控制系统快速开发平台，可以快速完成增程器控制系统的原型开发和模拟匹配。利用该平台可以进行增程器控制系统的系列化开发和验证。

宁波洁程汽车科技有限公司与发动机厂家合作开发了最高效率超过 40% 的增程器专用高效发动机，定制开发的发电系统效率超过 94%，增程器总成系统效率国内领先。

宁波洁程汽车科技有限公司现有全职和兼职研发和试验人员 20 余人，其中博士 4 人、研究生 5 人、高工 3 人，平均年龄 35 岁，团队结构合理。团队成员具有丰富的汽车动力系统开发经验，多人具有 10 年以上汽车动力系统开发经验。

宁波洁程汽车科技有限公司拥有完整的研发能力，包括结构设计能力、电力电子和微电子硬件设计能力、基础软件和应用层软件开发能力和系统仿真能力。拥有发动机实验室、增程器实验室、电子电气实验室、环境实验室等验证手段。

五、主要新产品

序号	产品名称	产品型号	产品应用
1	50 kW 燃气增程器	RE50N	移动充电车、增程式矿车、增程式物流
2	60 kW 汽油增程器	RE60G	增程式冷链车、增程式房车、增程式医疗车、增程式客车
3	增程器控制器	RECU-KB02	增程器总成控制
4	增程器专用发动机控制单元	SID 607	增程器专用发动机控制
5	电机控制器(GCU)	CM100	增程器专用发电机控制
6	ISG 电机	HP22910-G322W-R1N0	增程器专用 ISG 电机
7	整车控制单元	VCU3	纯电、混动、增程式整车控制

六、合资合作及重大项目建设

宁波洁程汽车科技有限公司增程器项目 2019 年获得“科技创新 2025 重大专项”新能源汽车增程器关键技术研究 500 万元支持。

2019 年，获“创客中国”新能源车中小企业创新创业大赛全国总决赛季军。

2019 年，公司创始人孙强获宁波市“高新精英计划”创业个人 100 万元支持。

七、发展目标与规划

1. 成立增程式电动汽车研究院，掌握增程器及其控制系统的核心技术，拥有自主知识产权。参与国家标准制定 3 项，申请专利 100 个以上，软件著作权 10 项以上。

2. 成为国内增程器及其控制系统的知名供应商，为吉利汽车、福田汽车、东风汽车、中车等国内主流车厂提供增程器控制系统。

3. 开发对增程式电动车有“刚需”的行业应用，形成增程式冷链车、增程式房车、增程式医疗车、增程式城市专用车等产品，成为提供增程式电动汽车行业应用整体解决方案的引领企业。

4. 实现销售 10 亿元，利润 1 亿元，公司 IPO 为目标。

东莞正扬电子机械有限公司

一、单位概况

东莞正扬电子机械有限公司（以下简称“KUS 集团”）创立于 1984 年，是集研发、生产、销售、服务为一体的全球化汽车零部件供应商。KUS 集团致力于为运输行业和工业客户提供选择性催化还原、高级驾驶辅助系统及新能源集成方案，拥有 70 多家全球知名车厂的一级供应商资质，配套客户有戴姆勒，沃尔沃，博世，卡特彼勒，一汽，东风，福田等。KUS 集团已在美国、墨西哥、荷兰、印度、中国设立 12 间分/子公司，全球员工近 5 000 人，可为全球客户提供优质快速的服务。

二、经营情况

2019 年，KUS 集团新能源产品出货数万套，新能源业务营业收入占公司业务总额的 2%，较 2018 年同比增长 100%。KUS 集团于 2019 年成功研发用于氢燃料电池的 PTC 水加热器，并实现小批量产，作为公司新兴业务，新能源产品营业额逐年倍增。

三、产品出口

KUS 集团已在美国、墨西哥、荷兰、印度、中国设立 12 间分/子公司，公司立足中国、欧美和日韩市场，布局印度、南美等新兴国家市场；开放其他国家和地区的渠道代理，促进 KUS 品牌传播和业务拓展。

四、产能建设

KUS 集团于 2015 年布局新能源及高级辅助驾驶领域，并于 2016 年成立新能源事业部，成功开发了 PTC 水加热器，整车控制器，并开始打造汽车高级辅助驾驶等产品。

2019 年 KUS 集团建立了年产能 20 万台的整车控制器生产线，同年新能源及高级辅助驾驶产品成功纳入 IATF 16949 研发质量管理体系，并导入 ISO 26262 和 A-SPICE。车间完善了 MES 智能化管理，产线智能化和自动化提升。

五、技术进展及研发能力建设

KUS 集团拥有高学历经验丰富创新能力强的技术研发

团队,有专业技术人员600人以上,均为大学以上学历,硕博士占比超过20%,具有年轻化、高素质的特点;研发单位负责人拥有自主专利总计超过200多项,是汽车零部件制造领域中创新创造的领军人物。硬件方面,KUS集团现拥有强大的自动化生产设备和试制及测试实力;软件方面,KUS集团研发团队熟练掌握CAD/Matlab/TruckMaker/CATIA/Pro/E/Polyspace/Tessy等软件运用,能熟练运用IATF 16949五大核心工具进行产品质量先期策划管理,以及ISO 26262功能安全研发体系质量管理。

六、主要新产品

序号	产品名称	产品型号	产品应用
1	PTC水加热器(商用车/乘用车版)	—	博世
2	VCU整车控制器	NKE100001	开沃新能源乘用车,上饶客车
3	T-BOX	—	上饶客车

七、合资合作及重大项目建设

KUS集团与博世合作开发氢燃料电池的PTC水加热器,氢燃料电池未来作为新能源的一个主要发展方向,PTC水加热器作为氢燃料电池在冷启动下必需的加热器,已经小批量交货给博世。

公司与台湾交通大学,台湾大学,台湾科技大学合作建立产品研发技术中心,签订"产学研"协议,建立了长期的技术协作关系,长期聘请这些大学相关博士和教授作为公司的技术顾问。

八、发展目标与规划

少量多样:客制化生产,从单件样品到批量生产满足不同客户的需求。

一站式服务:工艺齐全,涵盖制管、弯管、冲压、CNC、注塑、吹塑、橡胶、电子、压铸、模具加工、五金加工到成品组装,具备从零配件加工到总成组装能力。

快速反应:从客户下单—内部排产—资源准备—生产出货,部门之间高效协同,满足客户最短交期。

经过30年生产制造的累积,11年KUS品牌的全球推广,未来KUS集团在特定的领域里成为与ABCD齐名的世界级企业。

广州领世汽车科技有限公司

一、单位概况

广州领世汽车科技有限公司(以下简称"领世")成立于2015年,致力于研究和发展新能源汽车、智能网联汽车等前沿汽车科技,为国家高新技术企业。公司办公地点位于交通便利、环境优雅的广州清华科技园。公司主营新能源和智能汽车控制系统产品和技术开发,其愿景是成为品牌一流的汽车控制技术和产品提供商。

公司依托所掌握的汽车ECU(电子控制单元)开发平台、电动汽车控制、智能汽车控制三大核心技术,面向整车企业、汽车零部件企业、互联网汽车公司提供各类汽车控制系统产品和服务。

二、经营情况

1. VCU产品经营情况

2018年6月,领世发布第一代VCU产品,并同步启动东莞工厂的VCU生产线,着手建立VCU研发和生产质量管理体系。2018年11月,领世VCU开始进入整车企业供应链,成为国内某纯电动乘用车车企A点供应商,该项目计划配套数量(2020—2023年)超过20万台。2019年6月,领世发布第二代VCU产品,并启动与国内多家主流新能源车企的合作与互动。预计截至2020年底,VCU出货量累计将超过1万台。

2. ACU产品经营情况

2018年3月,领世开发出第一款ACU应用,即满足自动驾驶测试车需求的线控套件ADAS-Kit。该线控套件已经成功应用于林肯MKZ和广汽Aion LX,作为产品提供给数十家客户,其中包括整车企业、Tier1系统供应商、互联网巨头、通信行业巨头、自动驾驶创业公司、科研院所、高校等,并受到自动驾驶行业同仁的一致青睐。

三、产能建设

领世汽车科技与台湾KUS集团在汽车电子产品研发、生产和销售领域展开战略合作,所研发的汽车电子产品将主要在KUS集团位于东莞的工厂批量生产。领世已经在该工厂建立年产能20万台的VCU生产线。

KUS和领世已经具备IATF 16949生产质量管理体系认证,KUS和领世已经于2019年内完成IATF 16949研发质量管理体系认证。

四、技术进展及研发能力建设

1. VCU技术进展

领世第一代VCU已经与车厂进行前装量产配套,成功应用于新能源乘用车和商用车。此后,领世与国内多家主流新能源车企保持合作、互动的同时,针对不断升级的市场需求,快速开发出了业内领先水平的第二代VCU产品。第二代VCU产品相比第一代VCU产品在多个方面有较大提升,主要表现在。

(1)更高的安全等级:功能安全等级从ASIL-B提升到ASIL-C。

(2)更强的硬件性能:①采用英飞凌Aurix三核MCU;②CPU计算性能提升450%;③FLASH和RAM容量提升300%;④更多的I/O资源,共42路输入和35路输出;⑤更强的总线通信,共5路CAN-FD和1路LIN。

(3)更全的软件功能:①全面支持AUTOSAR 4.2;②更完善的UDS和CCP/XCP通信协议栈;③更完善的模型开发和

代码生成技术；④覆盖各种 EV 和 PHEV 车型；⑤支持 4WD 和各种 ADAS 控制。

2. ACU 技术进展

领世 ACU 最早应用于自动驾驶测试车线控套件，即 ADAS-Kit。该套件包含一个 ACU、一个安全辅助控制单元 S-BOX，一个电源分配器 PDM 和一个人机交互接口 HMI。ACU 通过 CAN 总线接口与上层智能驾驶系统 IDS 交互，实现完整的线控功能，即油门、刹车、转向、挡位、驻车和声光系统均可以通过软件进行完全控制。领世自动驾驶系统架构图如图 4-1 所示。

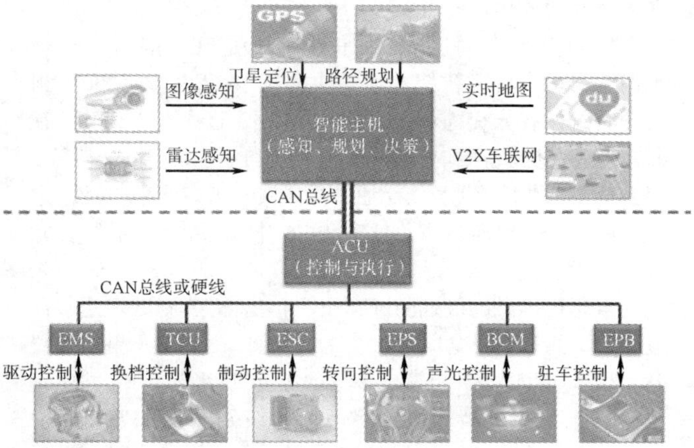

图 4-1　领世自动驾驶系统架构图

领世 ADAS-Kit 采用车规级控制器 ACU 保证了与前装零部件相同的可靠性；通过实施严格的功能安全方案保证 ASIL-C 级的功能安全等级，其主要的安全目标是安全驾驶员总是能够接管车辆；通过采用明确的分层架构，以及制定标准的控制接口协议保证了产品的易用性，使得客户与领世之间非常容易建立清晰的分工，实现有效的合作。

2019 年 9 月，领世发布 ACU 产品的第二个应用，即自动泊车 APA。该系统采用 12 个超声波雷达和 4 个环视摄像头探测周边车位和障碍物，在 ACU 的控制下实现自动泊入和泊出功能，泊车场景适应率超过 70%。

2020 年 9 月，领世发布 ACU 产品的第三个应用，即高速公路 L2 级自动驾驶功能，采用 1 个前视摄像头和 1 个前向毫米波雷达，实现包括 ACC、AEB、LKA 等 ADAS 功能。

五、主要新产品

序号	产品名称	产品型号	产品应用
1	整车控制器 VCU	LS-V100	新能源电动/混动乘/商用车
2	整车控制器 VCU	LS-V200	新能源电动/混动乘/商用车
3	ADAS 控制器 ACU	LS-A100	乘/商用车 ADAS 系统

上述产品中，整车控制器 LS-V100、LS-V200 已经批产，LS-A100 已经完成工程样件开发。

六、发展目标与规划

领世从成立之初就制定了 9 年发展计划（2016—2025 年），公司正在坚定不移地按照所制定的发展目标和规划前进。领世将 9 年计划划分成 3 个阶段，每个阶段的时间跨度是 3 年。

第一个 3 年（2016—2018 年），重点研发整车控制器产品，并实现批量生产和配套，截至 2018 年底该目标已经实现。

第二个 3 年（2020—2022 年），重点研发自动驾驶控制器产品，并实现批量生产和配套。同时，VCU 国内市场占有率超过 10%。

第三个 3 年（2023—2025 年），重点研发并推广网联驾驶控制器，并实现批量生产和配套。同时，VCU 国内市场占有率超过 30%，ACU 国内市场占有率超过 10%。

北京百度网讯科技有限公司

一、单位概况

北京百度网讯科技有限公司百度 Apollo 是一个开放的、完整的、安全的平台，将帮助汽车行业及自动驾驶领域的合作伙伴结合车辆和硬件系统，快速搭建一套属于自己的完整的自动驾驶系统。Apollo 将提供一套完整的软硬件和服务系统，包括车辆平台、硬件平台、软件平台、云端数据服务等四大部分。百度将开放环境感知、路径规划、车辆控制、车载操作系统等功能的代码或能力，并且提供完整的开发测试工具。此外，百度还会在车辆和传感器等领域选择协同度和兼容性最好的合作伙伴，推荐给接入 Apollo 开放平台的第三方合作伙伴使用，进一步降低自动驾驶的研发门槛。

Apollo 已经开放了 Apollo1. 0 封闭场景循迹自动驾驶；Apollo1. 5 昼夜定车道自动驾驶；Apollo2. 0 简单城市道路自动驾驶；Apollo2. 5 限定区域视觉高速自动驾驶；Apollo3. 0 量产园区自动驾驶五个版本的能力并完成平台四大模块全部开放；Apollo3. 5 支持包括市中心和住宅小区场景等在内的复杂城市道路自动驾驶，包含窄车道、减速带、人行道、十字路口、无信号灯路口通行、借道错车行驶等多达十几种路况。Apollo5. 0 支持量产限定区域自动驾驶，开放数据流水线，使开发者可以通过云端 30 min 完成一辆车的动力学标定，一周可完成百辆标定。Apollo5. 5 开放“点到点城市自动驾驶”能力，这是全球范围内首次该能力的对外开放。Apollo 5. 5 还为可量产落地的自动驾驶场景，升级打造了多套成熟的自动驾驶解决方案。

二、经营情况

百度 Apollo 平台汇聚了 97 个国家的近 200 家合作伙伴，以及 3. 6 万名开发者，开源代码数 56 万行，成为全球最大的自动驾驶生态之一。Apollo 驾驶生态几乎囊括了国内外所有的主流汽车制造商（宝马、戴姆勒、大众、丰田、福特、现代、一汽、北汽、长城、吉利、奇瑞等）、一级零部件供应商（博世、大陆、德尔福、法雷奥、采埃孚）、芯片公司、传感器公司、交通集成商、出行企业等，覆盖了从硬件到软件的完整产业链。

三、产品出口

百度 Apollo 赋能下游生态企业，在 97 个国家有合作伙伴基于 Apollo 平台开发产品。

四、技术进展及研发能力建设

自 2017 年 7 月开放 Apollo 1.0 之后，平台不断开放和积累技术能力。截至 2019 年 12 月平台历经了 8 个版本的迭代升级，实现了从 1.0 版本封闭区域内的简单循迹，到 Apollo 5.5 的城市区域内点到点的自动驾驶；其间，累计开放代码超过 56 万行，发布了量产限定区域的自动驾驶方案，孵化了无人驾驶新物种车。平台已实现多核异构计算、复杂环境感知、多目标决策与规划、高精度地图和定位、信息安全保障等关键技术能力；可自如处理大车流环岛和变道、窄路会车、相邻障碍车意图切车等海量城市道路场景；拥有智能停车、车联网、智能交通等产品；专利申请超过 1 800 项，全国第 1、全球第 4，并获得“中国专利银奖”荣誉奖项。

打造了三大产品体系，提供四大层级服务能力。3 类产品体系分别为：(1) 智能驾驶汽车产品，包括 L4 级、L3 级自动驾驶车辆解决方案以及 AVP(自主代客泊车)解决方案；(2) 智能交通产品，包括车路协同解决方案、智能停车解决方案、智能信控系统解决方案等；(3) 智慧出行产品，包括车载智能交互系统、智能交通云、智慧导航地图等。4 个层级的服务能力分别为：(1) 车辆认证服务，包括提供线控车辆的改装集成方案，车辆接口标准化定制能力；(2) 硬件开发服务能力，包括车载计算单元、激光雷达、毫米波雷达、GPS/IMU 组合惯导、摄像头、黑匣子、人机交互 HMI(人机接口)、V2X(车对外界的信息交换)车载单元等；(3) 软件开发能力，包括地图引擎、高精定位、感知、预测、规划、控制、操作系统等；(4) 云端服务能力，包括高精度地图、虚拟仿真服务、量产服务套件、数据流水线服务、安全、OTA(空中下载技术)、V2X 等。

研发了多款自动驾驶量产车。百度与厦门金龙、一汽红旗等车企研发了多款 L4 级自动驾驶量产车。2018 年率先量产下线全球首款 L4 级“阿波龙”接驳巴士，先后在北京、雄安等 20 多个城市落地应用。同时，百度与一汽红旗发布了首款 L4 级自动驾驶乘用车，并已在 2019 年实现小批量下线示范运行。

拥抱智能网联，打造“聪明的车 + 智能的路”车路协同方案。平台在自动驾驶基础上，发布了 Apollo 车路协同开源方案，先后牵手大唐电信、中国联通、千方科技等单位，共同建设雄安新区、北京亦庄等自动驾驶与车路协同项目；联合交通部公路院、中交建等成立 Apollo 雄安智能交通研究院，探索未来智慧型城市建设；承担了长沙市 113 km 面向自动驾驶的车路协同项目建设。

2020 年 4 月，百度 Apollo 正式对外发布国内外第一个车路行融合的全栈式智能交通解决方案“ACE 交通引擎”，相比于传统的智能交通解决方案，“ACE 交通引擎”不仅具有技术优势，还具备成本优势，是行业内唯一“既面向未来，又兼容当下”的下一代智能交通解决方案。已在北京、长沙、重庆、保定等 10 余座城市落地实践，推进国内智能交通和智能城市建设。

获得国内最高级别测试牌照，制定严格的测试规范。百度 Apollo 累计获得全国 150 张测试牌照，其中载人测试牌照达 120 张。百度累计申请到 52 张北京市 T3 测试牌照，并获得全国首批 5 张最高等级牌照——T4 级别测试牌照。百度 Apollo 成立了测试安全管理中心，制定“6 大安全标准、23 项管理规范”，对测试车辆和驾驶员实行严格管理。百度 Apollo 累计测试里程超过 600 万 km，上路测试以来未发生交通事故。

技术/场景打造了 L4 级自动驾驶乘用车 Robotaxi。

2019 年的最主要成果是打造了面向开放道路 L4 级的自动驾驶乘用车 Robotaxi。与单纯的改装车不同，红旗 Robotaxi 从电子电气架构、到线性转向、刹车、油门，以及系统接口等方面进行了优化，冲压、焊接、总装等部分的流水线被重新设计，线束、底盘线控及车辆供电系统等设计规范按照车规级标准执行，标准化的工艺、工序确保了装配的一致性。红旗 Robotaxi 通过了一汽环境舱实验室严苛的高温测试，测试条件模拟覆盖到全国范围内 99% 以上的高温天气场景。该车辆搭载的是 Apollo 5.0 量产限定区域自动驾驶能力，已经获得了北京、长沙和武汉的测试牌照，进入载人测试运行阶段，提供 Robotaxi 试运营能力。

是德科技有限公司

一、单位概况

是德科技有限公司(以下简称“是德科技”)自 1939 年惠普公司成立，2014 年 11 月 1 日，是德科技作为一家新电子测试测量公司独立运营，致力于为电子设计、测试、测量和优化提供突破性的解决方案和可信赖的洞察力，帮助客户加速创新，创造一个安全互联的世界。公司从硅谷的车库中开始创业，已经发展成为一家在设计、测量和网络安全情报研究等领域享誉全球的精英企业，全球总部设在加州圣罗莎，拥有大约 13 000 位员工，客户遍布全球 100 多个国家和地区，在美国、欧洲和亚太地区均设有工厂和研发中心。

二、经营情况

数十年来是德科技一直坚持不懈地帮助客户创造、创新和交付新产品。世界 25 强科技公司均选择了与是德科技合作，在《财富》排名 100 强的企业中，有 78 家是是德科技的客户，全球前 25 大电信运营商/服务提供商，无一例外，都在使用是德科技的产品。2019 年，是德科技共服务超过 32 000 位客户，占市场比例 24%，共盈利 43 亿美元。

三、产能建设

无论您是汽车 OEM、电子元器件供应商、半导体芯片组制造商、电池和充电基础设施提供商还是合规性实验室，在互联汽车的整个生态系统中，是德都能提供解决方案。是德在电动交通，自动驾驶和互联汽车三大应用方向上提供创新型解决方案，使技术更快更新地推向市场。

四、技术进展及研发能力建设

无论在设计新的电力电子设备以推动可再生能源并网，还是在开发新技术以推动电动和混动汽车技术或是能源管理系统的进步，能源生态系统中的设计和测试参数都在迅速发展变化，使用最新的是德科技测试解决方案，可以将突破性的能源和电气动力总成创新技术更快、更安全地推向市场。先进驾驶辅助系统（ADAS）用于当前主流的人工驾驶车辆和处于原型阶段的自动驾驶系统，可以大大提高安全性，并将挽救许多人的生命。是德科技测试和仿真解决方案可以验证设计和实施，确保自动驾驶汽车准确和可靠地应对道路上的潜在危险。利用 V2X，互联汽车可以与其他设备、车辆或附近的基础设施结点相互通信。它们共享道路和交通状况信息，让所有的互联汽车采取相应的操作。为确保 V2X 正常工作并实现互联汽车愿景，是德科技提供功能强大的“蜂窝 + Wi-Fi”仿真与测试解决方案，使用户可以验证在互联汽车中使用的各种无线技术，包括 LTE、LTE-Advanced、5G、DSRC(802.11p)、WiFi、蓝牙®和近场通信（NFC）。汽车电子系统是确保汽车的所有操作和诊断功能运行正常，并提供出色便利性、舒适性和安全性的基础平台。它是电动交通、自动驾驶汽车和互联汽车领域实现技术创新的主要支柱。是德科技为汽车电子领域提供全方位的 ECU 和功能测试解决方案，帮助客户缩短产品开发和制造时间。

五、主要新产品

序号	产品名称	产品型号	产品应用
1	C-V2X 测试解决方案	SA8700A	对 R14 C-V2X 设备执行功能测量、协议测量和射频测量
2	汽车雷达信号生成与分析解决方案	E8740A	Keysight E8740A 汽车雷达信号生成与分析解决方案能够生成和分析 24 GHz、77 GHz 和 79 GHz 各种频率范围内的汽车雷达信号，并能根据测试要求，提供从 2.5 GHz 到 5 GHz 以上的可扩展的分析带宽。
3	雷达目标仿真器 76 GHz 至 81 GHz	E8708A	仿真从 76 GHz 到 81 GHz 工作频率的雷达目标
4	车载以太网一致性测试解决方案	AE6900T，AE6900R	为 BroadR-Reach V3.2、IEEE 802.3bw（100BASE-T1）、OPEN 联盟 ECU TC8 和 IEEE 802.3bp（1000BASE-T1）设计提供自动一致性测试。
5	动态功率器件分析仪/双脉冲测试仪	PD1500A	PD1500A 可以对宽带隙半导体进行可靠且可重复的测量
6	Scienlab Charging Discovery 系统	SL1040A	对电动汽车（EV）和电动汽车供电设备（EVSE）的所有交流和直流充电接口进行整体测试

格陆博科技有限公司

一、单位概况

格陆博科技有限公司是国内领先的汽车智能驾驶系统供应商。是以智能底盘线控技术正向研发为主导，具有整车线控底盘系统匹配能力和智能驾驶系统集成能力，集研发、设计、生产、销售、服务于一体的高科技企业。公司主营电子制动、防抱死制动、集成化制动系统等线控底盘核心产品，并可提供智能驾驶线控底盘平台。

格陆博科技有限公司一直坚持技术为主导的发展模式，累积了大量的智能驾驶及底盘控制技术，申请专利 78 项，涉及机械、硬件、软件、算法、自学习、执行、控制等方面，其中发明专利 35 项，为格陆博的技术应用和创新提供了保证。格陆博科技不忘初心，砥砺前行，屡屡获得国内外各项创新比赛大奖，这也是对格陆博人不懈努力的一种肯定。

格陆博科技有限公司在南通拥有 53 亩生产及试验基地，建有研发、验证、生产及验证跑道，配备世界先进的电子总成组装测试线，无尘自动化流水线等，电子制动、防抱死制动、集成化制动系统、电子稳定控制、底盘域控制器、制动总成等产品年产能均能达到 100 万件（套）以上。

格陆博科技有限公司于 2017 年成为全国创新创业大赛获奖企业以来，2019 年获得了江苏省潜在独角兽企业、国家高新技术企业、江苏省“双创人才”落地单位、南通市十大科技新锐企业等一系列荣誉。睿鲸资本、软银中国、汇银资本、方广资本、朗盛资本、达晨创投、三正金融等都是格陆博科技有限公司的战略投资股东。

二、经营情况

格陆博科技公司自 2016 年成立以来，发展迅速，销售收入从 2016 年不足千万，到 2019 年的 2 565 万。2019 年，格陆博科技有限公司搬入新厂区，新厂区占地面积 53 亩，其中办公区域 12 000 m^2，实验区域 4 000 m^2，生产车间 8 000 m^2。格陆博科技有限公司 2019 年新增两条生产线，截至 2020 年 8 月，公司共有生产线累积 10 条。公司融资进度已经到达 B+ 轮，估值约 7.5 个亿元。

三、产品出口

无直接进出口贸易。

四、产能建设

格陆博科技有限公司目前具有世界先进的电子驻车系统、防抱死制动器、集成化制动系统、电子稳定控制系统、底盘域控制器、制动器总成等无尘自动化流水线 10 条，产品年产能均能达到 100 万件（套）以上。

五、技术进展及研发能力建设

格陆博科技有限公司以技术引导企业发展，注重研发投入的比例，自成立之日起，研发投入占销售收入的比例一直超过50%，同时研发投入的数值也是逐年增长，到2019年，格陆博科技有限公司用于研发的投入金额达到1 400万元。格陆博科技有限公司注重研发的同时也非常注重知识产权的管理，2019年，格陆博科技有限公司申请的发明专利新增30多个，累计申请发明专利40多个，所有类型专利合计100多个。格陆博科技有限公司和同济大学、湖北汽车学院等国内知名高校建立合作，共同研发智能驾驶线控制动领域的新技术、先产品。

六、合资合作及重大项目建设

2019年，格陆博科技有限公司和海螺集团合作智慧矿山无人矿车项目，格陆博科技有限公司负责其中无人驾驶线控底盘技术方案的解决。

七、发展目标与规划

未来5年，格陆博科技有限公司力争达到规模。

2021年，力争销售收入1.6亿元，员工200人，厂房及研发中心1.4万m^2，研发及生产设备投入4 000万，预计新增国内主流自主品牌客户4家，合资品牌客户1家。

2022年，力争销售收入3.0亿元，员工350人，厂房、研发中心及综合办公2万m^2，研发及生产设备投入5 000万元，预计新增国内主流自主品牌客户3家，合资品牌客户2家，国际客户1家。

2023年，力争销售收入5.8亿元，员工500人，厂房、研发中心及综合办公2.5万m^2，研发及生产设备投入5 000万元，预计新增国内主流自主品牌客户4家，合资品牌客户2家，国际客户1家。

2024年，力争销售收入10亿元，员工900人，厂房、研发中心及综合办公3万m^2，研发及生产设备投入6 000万元，预计新增国内主流自主品牌客户3家，合资品牌客户2家，国际客户1家。

2025年，力争销售收入15亿元，员工1 200人，厂房、研发中心及综合办公3.5万m^2，研发及生产设备投入7 000万元，预计新增国内主流自主品牌客户3家，合资品牌客户3家，国际客户2家。

格陆博科技有限公司立足当下，未来5年以智能线控底盘及无人驾驶系统为公司发展大纲，经不断更新迭代，形成了以电子驻车系统（EPB）、稳定性控制系统（ESC），电子制动助力系统（GIBS）为一体L2～L3级别车规级底盘线控系统，未来3～5年将迭代、扩展以电子驻车系统（EPB）、One-box系统（GIBC）、底盘域控制系统（CDM）、无人驾驶控制平台ADM为一体L3～L5级别车规级底盘平台系统、无人驾驶系统。积极引进更多的、优秀的投资股东，为格陆博研发投入以及生产规模的扩张奠定经济基础。以数字软件设计、机电设计一体化、智能感知系统化提升为技术手段，依托智能生产制造改造、完善完备的质量检验检测体系，打造线控底盘国家级技术中心，建成初具规模、数字化、产品线完备的线控底盘国内第一品牌，技、产、销国内一流综合实力的高新技术企业。

上海加冷松芝汽车空调股份有限公司

一、单位概况

上海加冷松芝汽车空调股份有限公司（以下简称“松芝”）创立于1998年，专业研发、制造各类车辆空调系统。2010年在深交所成功上市，股票简称“松芝股份”（股票代码002454）。控股厦门松芝、安徽松芝、重庆松芝、成都松芝、柳州松芝、武汉松芝、南京博士朗等20余家分子公司。上海总部建有春光路、华宁路、颛兴路三大厂区，总计占地面积18.1万m^2，建筑面积22.4万m^2。员工约3 000人，其中技术人员近500人。依托20年的卓越管理与雄厚的技术积淀，松芝股份业务领域逐步覆盖大中型客车空调、乘用车空调、轨道车空调、冷冻冷藏车空调、车用空调零部件、新能源汽车空调及压缩机领域。

二、经营情况

松芝股份致力于打造移动式空调系统的民族第一品牌，始终坚持“高效、节能、环保”的产品战略和“高技术、高品质、高服务”的技术营销市场理念。已拥有20余家分子公司，形成以上海为中心，以安徽、重庆、武汉、柳州、成都、北京、厦门等地区为主要基地的国内市场布局，业务覆盖全国34个省市。2016年，在印度尼西亚设立子公司。2017年，收购3家公司，新同创（苏州）、首钢福田（北京）、Lumikko（芬兰）。2018年，成立全资子公司上海松芝酷能汽车技术有限公司。

三、产品出口

松芝产品远销俄罗斯、智利、土耳其、巴西、马来西亚、印度尼西亚等海外30多个国家。2019年，境外营收184 811 392.27元，同比上涨31.14%。

四、产能建设

公司已具备上千种产品的产业化能力，客车空调年产能达6.5万套，换热器芯体年产能达400万件，空调总成年产能180万套。引入国内领先的自动总装线、芯体装配线、自动焊接机、自动氦检机、激光切割等，形成以上海为中心，覆盖厦门、江淮、柳州、重庆、南京、武汉等地的全国生产布局。

通过企业资源计划系统（ERP）、制造执行系统（MES系统）及仓库管理系统（WMS）等信息化系统进行资源整合，实现生产物料透明化、作业指导信息化、生产过程可视化，贯彻信息化和工业化深度融合，打造数字化智能制造的标杆工厂。

五、技术进展及研发能力建设

通过外部引进和内部培养相结合的方式，公司坚持打造高质量的研发团队。专业技术人员超过500人，其中博士、硕士超过30人；涉及前瞻技术、产品开发、应用研究、仿真/试验技术等各领域，构建了比较完善的开发系统。

公司持续投资,新建、改造研发设备,投资1.5亿元。具有国际先进水平的环模风洞试验室自落成以来持续保持较高负荷运行,不仅满足内部试验的需求,还为标致-雪铁龙、蔚来汽车、长安汽车、江淮汽车、上海泛亚、上海大众等客户提供试验服务。持续对新能源热管理系统试验台、多功能试验室等关键设备进行技术升级,拓展了热泵空调、高性能换热器的试验能力。

构建自主创新与知识产权体系,核心技术累计申请专利600余项,参与制定国家标准2件、行业标准6件,注册商标25项。自主研发的产品获得国家科技进步二等奖、上海市科技进步二等奖、国家重点新产品、上海市重点新产品、国家机械工业科技进步二等奖、国家发明展"发明创造奖"项目奖金奖、产学研一等奖、闵行区科技进步奖一等奖等。

六、主要新产品

序号	产品名称	产品型号	产品应用
1	大中型客车空调	SZA ~ SZR 系列、JLD 系列、JLE 系列等	大中型客车空调
2	乘用车空调	江淮 J10、东风柳汽景逸 S50、上汽通用五菱宝骏系列等	乘用车空调
3	轨道车空调	KLD29/35/40 系列等	轨道车空调
4	冷冻冷藏车空调	全电式半挂车冷藏机组、新能源全电式机组等	冷冻冷藏车空调
5	电动涡旋压缩机	新能源 C 型、EVH 型电动压缩机等	电动涡旋压缩机

七、发展目标与规划

加快推进公司产品功能的模块化,推进产品体系整体的平台化、规格的系列化、零部件的通用化,从全球市场的视野高度,谋划公司的布局和产能建设,立足上海、辐射全国。加快上海标杆工厂的建设,推动两化融合进程,向智能化、信息化迈进。

实现移动式空调热系统主要产品系列全面正向开发,有计划地推进冷却模块和相关热系统产品的研发,把新能源电动空调系统、电动压缩机、电池冷却系统的研发摆在优先位置,加快集团分子公司产品研究中心和集团研究院布局,加强基础研究和产品研发的功能配置。

八、2019年1月—12月企业在新能源汽车方面经济指标统计

填报单位名称	指标名称	单位	本期累计	同期累计	增长率(%)
上海加冷松芝汽车空调股份有限公司	2019 年末资产总计	万元	580 744	590 127	-1.59
	2019 全年完成投资额	万元	14 424	22 396	-35.6
	2019 年营业收入	万元	340 599	368 781	-7.64
	2019 年利润总额	万元	20 983	23 755	-11.67
	2019 年产品销售率	%	98	98	0
	2019 年销售利润率	%	6.16	6.44	-4.36

奥特佳新能源科技股份有限公司

一、单位概况

奥特佳新能源科技股份有限公司(以下简称"公司")是一家为汽车热管理提供整体解决方案的企业,主营业务是汽车热管理系统技术开发、产品生产及销售,主要包含汽车空调压缩机、汽车空调系统、发动机散热、新能源汽车电池热管理等研发生产业务。公司的主要产品是汽车空调压缩机、汽车空调系统及相关技术产品。报告期内,汽车空调压缩机业务收入约占公司主营业务总收入的69.6%,汽车空调系统业务收入约占公司主营业务总收入的30.4%。公司业务的运营主体是全资子公司南京奥特佳新能源科技有限公司和牡丹江富通汽车空调有限公司,两者均从事汽车空调压缩机的研发、生产和销售。南京奥特佳是世界领先的涡旋式汽车空调压缩机生产企业,牡丹江富通是国内产能领先的自主品牌活塞式压缩机生产企业。报告期本公司共计销售各类汽车空调压缩机531万台。

公司的全资附属公司空调国际集团是技术领先的汽车空调系统生产商,在世界范围内开展业务,在亚洲、欧洲、美洲设有工厂、研发机构等,主要服务通用、福特、捷豹-路虎、大众等世界知名汽车生产厂商,报告期该公司共销售汽车空调系统及其配件产品191万套。

二、经营情况

公司是乘用车零配件行业,从事汽车热管理技术研发及其产品的生产,生产经营情况与汽车整车市场的状态息息相关。2019年是世界范围内汽车市场较为萧条的一年,国内外汽车销量都出现了下降,其中国内市场出现了继2018年以来连续第二年下降,降幅明显,传统的燃油动力汽车和新能源汽车销售态势双双遭受重创,连带汽车热管理行业转入整体销量下滑的通道,汽车全产业链历经前期高增长时期后,进入了产销量整体下滑调整期。2019年,公司在国内乘用车新车空调压缩机领域的市占率约25%,尽管产量随大势下滑,公司主营业务收入及利润相应出现明显下滑,但仍继续保持自主品牌汽车空调压缩机行业的领先位置。

三、产品出口

南京奥特佳和牡丹江富通空调获得了大众汽车印度公司、标志-雪铁龙汽车巴西公司等新增的空调压缩机海外批量供货订单,使公司空调压缩机业务除了对外出口满足后市场需求及在当地建厂满足境外客户配套需求之外,开始以国内为生产基地,成规模地向海外市场直接出口终端产品,实现主要产品国际化战略的多轮驱动;空调国际获得了美国某知名电动汽车公司某车型空调系统的定点合同,在传统汽车

空调业务领域，获得了福特汽车欧洲公司的新车型项目，将为福特的土耳其工厂供货，同期还获得了菲亚特克莱斯勒汽车公司的低温散热器项目。

四、产能建设

公司拥有国内领先的汽车空调压缩机生产技术，具备国内较大的汽车空调压缩机产能，其规模化、体系化的生产能力也构成了自身独特的优势。首先，大规模专业化生产满足了下游客户对汽车空调压缩机的多批次、不同批量的弹性需求，巩固了与客户的合作关系，并使公司具备承接客户大订单的能力；其次，在规模化生产情况下，公司大规模原材料采购可以有效提升公司对上游供应商的议价能力，控制和降低公司原材料采购成本；规模化生产还有利于公司减少固定成本的分摊，提升产品的成本优势。

五、技术进展及研发能力建设

南京奥特佳是全球领先的涡旋式汽车空调压缩机和国内产销量领先的汽车空调压缩机的生产企业，是《汽车空调用小排量涡旋压缩机》（GB/T 27942—2011）行业国家标准的起草单位。公司在"汽车用高效电动空调（热泵）压缩机技术关键技术开发与应用"项目上取得中国机械工业科学技术一等奖，公司此项技术在国际上处于领先水平。公司在新能源汽车领域也拥有丰富的开发经验，是国内首批进入该市场的生产商，在多年的市场打磨中，形成了高水平、低故障率、低能耗的优势电动压缩机产品，产品广泛供应国内自主品牌电动汽车生产商。

公司通过不断研发积累，逐步形成自身的核心技术集群，涉及能效提升、原理优化、制造加工技术等多个方面，全方位地构筑了产业技术优势。南京奥特佳 2019 年获得专利 13 项，至报告期末，共拥有相关技术专利 106 项，其中发明专利 26 项，当年新增 3 项（以上数据不含报告期内失效的专利数）。南京奥特佳继续积极引入外国专家，强化技术优势，在报告期聘请国外业界技术专家或团队，以指导提升产品开发水平、工艺制造水平，强化质量管理体系建设，大幅提高相应生产效率，空调压缩机的设计水平及制作工艺进一步优化，尤其是电动空调压缩机产品的性能质量出现了明显的提升。

牡丹江富通空调是国内具备独立自行设计并生产可变排量汽车空调压缩机产品的少数企业之一。公司长期深耕于汽车空调压缩机领域，通过不断的技术创新，在斜盘式压缩机领域已处于国内领先水平。富通空调掌握了"无极可变排量调节技术"，使得斜盘压缩机排量可根据车室温度自动调节，保持车室温度处于恒定的舒适状态，消除了离合器循环切断所导致的发动机喘振现象，产品具有功耗低、节能节油等特点；掌握了"消音腔降噪降脉冲技术"，可以减少气流脉冲现象、进而实现降低压缩机噪音；掌握了"空心喷涂活塞技术"、减轻活塞重量进而降低惯性，使压缩机运行平稳，并减少材料耗损。上述技术的使用，使得牡丹江富通空调压缩机产品始终能够跟踪前沿技术，保持国内同行业领先水平。

空调国际具备系统的研发体系与强大的创造能力，拥有众多经验丰富的工程师，在设计和开发概念到生产方面有着出色的成绩。公司拥有完整的热能管理系统开发经验和专业制造技术，为全球主流厂商设计和开发了大量的完整系统、模块和热交换器部件项目。近年来，公司还不断拓展技术和市场触角，将产品延伸到电池的热管理系统。

六、主要新产品

2019 年，在空调压缩机业务方面，公司主要研发了全新平台圈销压缩机、小排量 60 cc 压缩机、电动第四代产品 E26F 及 E34F 平台机型、活塞 6 缸 140 定排量压缩机、6 缸 140 变排量压缩机等项目；在空调系统业务方面，主要研发了福特汽车欧洲公司的 V4 车型项目、菲亚特克莱斯勒公司的低温散热器项目、福特汽车美国公司 CX48X 车型的低温散热器和油冷器项目、德国大众的 T6 项目和捷豹－路虎汽车的 L663 项目、美国某电动汽车公司的相关车型的空调系统零部件项目等。

七、合资合作及重大项目建设

2019 年，公司将电动汽车热管理业务作为未来优先发展方向，增大对电动压缩机及电动空调系统的研发力度，在推陈出新与提升质量品质上双管齐下，通过持续研发电动空调热管理系统的新技术保持公司的在新能源汽车空调零配件及管理方案领域内的技术领先优势。报告期内，公司投入大量资金，对电动压缩机生产线进行调整升级，进一步优化电动产品的生产流程，提高生产效率。

2020 年，公司将以再融资募投项目为基点，进一步开展新能源汽车热泵空调项目、第四代电动空调压缩机项目和压缩机活塞自产项目建设，加快建设进度，推动公司生产体系的转型升级。

八、发展目标与规划

公司近期的发展目标：继续走技术领先路线，瞄准业界技术高地，下大力气深入开展研发工作，开发新技术类型、新适应型号和新生产工艺，全面提高产品的技术水准和质量水平，打造具有鲜明技术特色的过硬产品，以产品力铸造市场力，稳步提高国内外市占率，扩大销售规模，形成更加稳定、均衡的规模效应。

全力以赴发展新能源汽车热管理系统的综合技术，提供从压缩机到空调系统及相关软硬件的综合解决方案，以当前与业内前沿厂商的合作为契机，磨炼提升技术水平，在技术体系尚未形成技术壁垒和垄断的当前阶段，利用新能源整车热管理研发方面的先发优势，全面构筑先进的技术优势，打造行业标杆，不断提升规范化、国际化水平，创造更多的新能源汽车热管理系统精品。

公司 2020 年的工作规划：以再融资募投项目为基点，开展好新能源汽车热泵空调项目、第四代电动空调压缩机项目和压缩机活塞自产项目建设，加快建设进度，推动公司生产体系的转型升级，同步开展公司中央研究院建设，软件上开展研发团队的进一步整合，硬件上稳步推进研究院施工工程进度，争取早日建成助推公司发展的"大脑"。

浙江银轮机械股份有限公司

一、单位概况

浙江银轮机械股份有限公司(以下简称“公司”)由始建于1958年的国营天台机械厂,于1999年改制而成的一家民营上市公司,已发展成我国具有国际化布局的热交换器和后处理产品行业领先的零部件企业。公司专注于热交换产品及后处理排气系统相关产品的研发生产,产品广泛应用于商用车、乘用车、工程机械、农业机械、风力发电、火车机车、轮船等行业领域。公司建有国家级企业技术中心和博士后科研工作站,是我国内燃机标准化技术委员会热交换器行业标准的牵头制定单位、国家级高新技术企业。公司在国内的浙江、上海、江苏、湖北、潍坊、广州、重庆、南昌等地建有工厂,同时在海外的北美、德国、波兰、印度等建有研发和生产基地,2019年实现销售55.2亿元。

二、主营业务

公司围绕“节能、减排、智能、安全”4条产品发展主线,专注于油、水、气、电介质间的热交换产品及后处理排气系统相关产品的研发、生产与销售。公司是国家级高新技术企业,是中国内燃机标准化技术委员会热交换器行业标准的牵头制定单位,建有国家级技术研究中心、国家试验检测中心、省级重点企业研究院、省级工程实验室和国家级博士后科研工作站。公司近来年不断进行全球国际化战略布局,不仅在浙江、上海、湖北、山东等地建有生产基地和研发中心,在北美、欧洲等地也建有生产基地和研发分中心。主要产品有:新能源汽车热管理相关的高低温水箱、Chiller(电池深冷器)、电池冷却板、电机冷却器、电控冷却器、前端冷却模块、PTC加热器、电子风扇、电子水泵、电子阀、热泵空调系统;乘用车热管理相关的发动机机油冷却器及总成、机油滤清器及总成、EGR(废气再循环)冷却器及总成、阀、中冷器、水箱、铝铸件、前端冷却模块;商用车热管理相关的发动机机油冷却器及总成、机油滤清器及总成、前端冷却模块、铝铸件、EGR(废气再循环)冷却器及总成、空调系统;工程机械热管理相关的前端冷却模块、铝铸件、空调系统;工业及船用热管理相关的ORC(余热回收)、工业换热器、铝铸件;农业机械及其他行业热管理相关的冷却模块;尾气后处理相关的SCR、DPF、DOC等系统。公司产品广泛应用于汽车、工程机械、农业机械、压缩机、风力发电、火车机车、轮船、空调等热交换及尾气后处理领域。

三、主要客户

新能源汽车领域的主要客户有通用、福特、宁德时代、吉利、广汽、比亚迪、宇通、威马、江铃等。

乘用车领域的主要客户有福特、通用、雷诺、曼胡默尔、捷豹路虎、广汽三菱、东风日产、吉利、广汽、长城、长安、比亚迪、上汽等。

超级跑车领域的主要客户有法拉利、奥迪、奔驰、兰博基尼、宾利、宝马、迈凯伦、福特等。

商用车领域的主要客户有戴姆勒、康明斯、纳威司达、斯堪尼亚、一汽解放、东风汽车、中国重汽、北汽福田、玉柴、锡柴、潍柴等。

工程机械领域的主要客户有卡特彼勒、约翰迪尔、住友、徐工、龙工、三一重工、久保田等。

民用空调领域的主要客户有格力空调等。

四、经营模式

公司是集研发、生产、销售于一体的国家级高新技术企业。

公司具备为客户同步开发、同步规划的能力,积极为客户提供高效换热以及排气系统的最佳解决方案。公司根据客户提出的技术、质量、开发周期、成本等要求,为其配套开发产品,并依据订单数量,安排采购及生产计划。公司利用敏捷、精益、信息化、自动化、智能物联和防错技术,因地制宜地采用世界上先进的制造技术和管理方法,不断提高产品的质量,降低成本、缩短交期,使得公司的制造水平达到世界先进水平。公司建立了从技术、生产、服务一体化的快速反应体系,不断增强全球属地化市场拓展及技术与售后服务能力。公司成立客户经理、项目经理、技术经理组成的“金三角”自营体团队,点线面结合的立体销售网络与服务体系,为客户提供端对端服务。在国内外已拥有200多家知名企业客户,具备了较为优质的客户资源。

五、行业发展情况及公司所处行业地位

公司主要生产热管理产品以及尾气处理产品,所处行业属于汽车制造下的汽车零部件制造业,汽车行业的发展直接影响了公司的经营发展。报告期内,我国汽车行业在转型升级过程中,受中美经贸摩擦、环保标准切换、新能源补贴退坡等因素的影响,承受了较大压力。根据中国汽车工业协会发布数据,2019年汽车产销分别完成2 572.1万辆和2 576.9万辆,产销量同比分别下降7.5%和8.2%,产销量降幅比2018年分别扩大3.3和5.4个百分点。在基建投资回升、国Ⅲ汽车淘汰、新能源物流车快速发展,治超加严等利好因素促进下,商用车产销好于乘用车,商用车产销分别完成436万辆和432.4万辆,产量同比增长1.9%,销量下降1.1%。乘用车产销分别完成2 136万辆和2 144.4万辆,产销量同比分别下降9.2%和9.6%。新能源汽车产销分别完成124.2万辆和120.6万辆,同比分别下降2.3%和4.0%。

从中长期看,汽车产业的发展将带动汽车零部件的发展。汽车产业是国民经济战略性、支柱性产业,是支撑贸易高质量发展的重点产业之一。汽车产业是衡量一个国家工业化水平、综合经济实力和科技创新能力的重要指标,也是全球化程度最高的产业之一。汽车零部件是实现汽车强国的关键,产业政策方面,国家和地方出台了一系列支持汽车零部件做大做强的政策体系。通过宏观、财税、研发支持、关键技术引导等多层次支持零部件企业转型升级。

公司始终坚持“加快推进国际化发展、实现技术引领、提

升综合竞争力”三大战略方向，一直致力于汽车热交换领域提供换热解决方案，努力将公司打造成为提供高效换热及排气系统解决方案的世界级优秀企业。公司经过近60年的发展，已经拥有一批海内外优质的客户资源，是全球众多知名主机厂以及车企的供应商，公司的产品获得了客户的高度认可。

扬州嘉和新能源科技有限公司

一、单位概况

扬州嘉和新能源科技有限公司成立于2017年9月，位于高邮苏中循环经济产业园，是一家专业从事新能源汽车系统解决方案的供应商。公司专业从事新能源汽车领域电池、电机、电控和电空调等“四电”的热管理系统的开发、生产和销售。产品主要包括3方面：氢燃料电池冷却系统、电动乘用车热管理系统（包括电机、电控和电池的冷却系统）、商用车（大巴和物流车）电池恒温机组。主要零部件有液冷板、电池冷却器（Chiller）、管路等。

扬州嘉和新能源科技有限公司拥有近10年新能源汽车行业热交换器研发制造经验的技术团队，具有自主研发、创新能力，在行业内处于领先地位。良好的技术研发能力，优越的产品性能以及卓越的售后服务等综合管理优势，将扬州嘉和新能源科技有限公司打造成“国际一流、国内领先”的新能源汽车专业供应商。

二、经营情况

扬州嘉和新能源科技有限公司坚持以客户为中心，客户群体覆盖主流整车制造企业和电池PACK企业，主要聚焦于新能源汽车领域热管理系统产品的开发。根据客户的需求开发了机组和水冷板的产品，并逐步扩大生产规模。公司已与数十家企业签订了开发协议，并开始试配或批量供货，2019年实现销售收入6 200万元。

三、产能建设

扬州嘉和新能源科技有限公司与整车制造企业、电池PACK企业开展生产合作，已建成氢燃料散热模块1.2万套，电池水冷机组1.2万套，电池液冷板15万套的生年能力。

四、技术进展及研发能力建设

1. 技术进展

（1）氢燃料散热模块

①形成系列化产品设计及装车验证，功率覆盖30～200 kW燃料电池系统。

②通过优化管带配合，减小管子截面提升管内流速，使放热系数达到最大值。

③通过发动机不同功率需求确定散热量，根据散热模块不同工况确定风扇、水泵的输出，实现节能减排。

④形成模块化供货，加快整车的装配速度，降低了整车的制造成本；改善生产过程控制，降低管理费用。

⑤对于散热器关键指标“离子析出速率”，已形成成套设备处理工艺，实现≤5 us/cm@48H。

（2）电池水冷机组

①形成系列化产品设计，覆盖3～8 kW制冷要求。

②结构上完成立式及卧式结构的实车验证，满足耐久及可靠性的要求。

③为满足系统常规及高温工况的要求，电控系统进行策略优化设计，实现节能。

④电气系统满足IP67、EMC三级。

（3）电池液冷板

①产品结构类型覆盖口琴管、冲压板、蛇形管，广泛应用与乘用车及商用车标准箱。

②过程工艺实现突破，全钎焊及平面度控制方法全系应用。

③形成内部水冷板的工程规范。

2. 研发能力建设

扬州嘉和新能源科技有限公司聚集了业内优秀的研发团队，以整车热管理开发专业人才为基础，整合合作单位优秀科研队伍并进一步吸引优秀人才，组建了一支约110人的研发团队，形成了“高端人才领衔、专业技术人员为骨干、优秀科技青年为储备”的多层次人才梯队，涵盖产品设计、系统仿真、工程研究、试验验证和项目管理等多个领域。

五、主要新产品

序号	产品名称	产品型号	产品应用
1	液冷板	SF-002（F15A）	宁德时代、东风纯电动乘用车
2	液冷板	SF-001（BE11）	宁波威睿、吉利纯电动乘用车
3	电池水冷机组	BTMS-4500A	湖州微宏、中通、金旅纯电动客车
4	电池水冷机组	BTMS-001	扬州亚星纯电动客车
5	氢燃连散热模块	L15、L12	上海重塑物流车、城市公交车

六、合资合作及重大项目建设

扬州嘉和新能源科技有限公司参与中汽研（天津）汽车工程研究院有限公司成立“联合工程技术研发中心”的项目，主要在燃料电池汽车关键技术开发与平台搭建、产品策划、集成开发研究、核心性能开发专项研究、智能化车辆技术创新研究等方面开展深入研究。

七、发展目标与规划

未来2～3年，为满足日益增长的市场需求，扬州嘉和新能源科技有限公司将加大投入，不断完善现有产品，开发新品，拟建成氢燃料散热模块5万套，电池水冷机组5万套，电池液冷板30万套的生年能力。

广州通达汽车电气股份有限公司

一、单位概况

广州通达汽车电气股份有限公司（以下简称“通达电气”）成立于1994年，注册资本3.52亿元，是一家专业从事车载智能终端综合信息管理系统及配套汽车电气产品研发、生产、销售的高新技术企业。2019年11月25日，通达电气在上海证券交易所首次公开发行A股上市（股票代码603390）。公司主要为客车、物流车生产厂商提供车载智能系统系列产品、新能源汽车电机与热管理系统系列产品、公交多媒体信息发布系统系列产品、车载部件系列产品等，致力于成为国内车载电气领域最具竞争力的企业之一。

通达电气旗下拥有10家全资、控股或参股公司，分布在广东、湖北、海南、北京、天津、香港等核心地区。其中包括与广州市第二公共汽车司共同成立的“广州思创科技发展有限公司”，与中国汽车技术研究中心（央企）共同发起成立的“天津英捷利汽车技术有限责任公司”，与中国恒天集团（央企）共同发起成立的“北京恒天鑫能新能源汽车技术有限公司”，公司员工总数超过1 000名。

二、经营情况

通达电气产品业务主要围绕“互联网+”、新能源汽车、智能交通运输三大市场提供服务并进行业务拓展，产品涵盖车载智能系统系列产品、公交多媒体信息发布系统系列产品、车载部件系列产品、新能源汽车电机与热管理系统系列产品。车载智能系统系列产品指智能公交综合信息管理系统主要配套智能硬件，硬件产品主要包括车载智能终端、新能源车载远程监控终端、乘客信息管理系统（LED动态显示屏、中央控制器、线路管理及播报器）、漏气报警器、监控录像系统、电子信息公交站台等；公交多媒体信息发布系统系列产品主要为车载广告媒体硬件，包括多媒体风道、全彩广告屏、可视变光信息广告一体化系统等；车载部件系列产品主要包括车载照明产品、普通风道、车内外装饰件和公交车载收银系统等构成；新能源汽车电机与热管理系统系列产品主要为新能源汽车发动机、电池、电机热管理系统、新能源电机热管理系统、直流无刷磁力泵等新能源汽车电机产品。

通达电气经营状况良好，总资产、净资产均实现可持续增长，销售收入、利润增长保持稳健。2019年，通达电气实现含税销售收入7.84亿元，资产总额21.41亿元，实现净利润1.44亿元。

三、产品出口

通达电气客户囊括国内众多客车企业并成功挺进国际市场，作为郑州宇通、比亚迪客车、厦门金龙、安凯客车、中通客车等国内前10名客车生产厂家的标准配套商，通达电气的产品覆盖我国全部一线城市和大部分二三线城市；在国际市场上，通达电气产品已出口到亚洲、非洲、欧洲、南美洲等30多个国家和地区。同时，通达电气多款产品在2008年北京奥运会、2010年广州亚运会、2011年深圳世界大学生运动会、2013年沈阳全运会、2014年青奥会，以及2018年春晚等国内大型活动中均有应用。

四、产能建设

通达电气位于广州市黄埔区广州开发区东区枝山路13号的电气信息系统产业园，建筑面积7万m^2，位于白云区的广州民营科技园车联网产业园建筑面积13万m^2。两个产业园集研发中心、行政中心、销售中心于一体，并承担产品制造功能。通达电气有专业的研发实验室和检测从业人员，同时也有充足的场地，能够满足产品批量生产。企业拥有成熟的产品实现策划机制，确保公司具有足够的产品产业化能力。

近年来，通达电气进行了乘客信息系统生产线升级技术改造项目、车载电气柔性生产线升级技术改造项目、新能源汽车车载部件自动化生产线项目、车联网配套零部件自动化生产线项目等多个技术改造项目，公司购买贴片机、数控折弯机、数控剪板机、自动插片机和全自动锡膏印刷机、光纤激光切割机、雕刻机、全自动切铝机等一批自动化数控生产设备、全自动光学检测设备等智能化检测设备，购买并配套组建关于车载电气产品的智能化、自动化生产线，根据生产规模和产品加工工艺的需要，形成系统化生产流程；实现对产品性能和生产工艺的进一步改善、提升，完成车载电气产品生产线的更新升级，最终实现车载电气产品的自动化生产，大大提高了新增车载IT系统、巴士在线智能公交管理系统和车载电气等产品的生产产能、工艺质量和生产效率。通过技术改造项目的完成，生产产能提升超过30%，劳动生产率得到大幅提升。

五、技术进展及研发能力建设

通达电气技术中心成立于2008年，建立了较为完善的技术研发管理体系，以“广东省省级企业技术中心”“广东省智能公交工程技术研究中心”“全国院士专家企业工作站”为技术创新平台，制定了规范的研发管理制度，各职能部门分工明确、职责清晰，实现了技术研发的制度化、流程化、规范化、标准化的运作管理机制，运行良好。通达电器参加省市级科技项目5项以上，并与中山大学、华南理工大学、广州大学建立密切产学研合作关系，承接广东省科技厅重大专项技术研究项目——《“巴士在线”大数据管理分析平台关键技术研究与应用》《基于移动车联网的智能物流支撑平台的关键技术研发及应用》《面向智能交通的人工智能理论和算法研究与应用》等。作为行业内的技术领先企业，从2012年开始，通达电气也一直保持“国家高新技术企业”的光荣称号。

通达电气针对专利的申请、办理、奖励等活动制定了《知识产权管理制度》，以进一步加强公司自主知识产权工作，提高产品自主开发能力，提高员工创新意识，鼓励自主开发，推动企业技术水平的不断提高。经过几年时间的努力，已经取得了一定的成果。通达电气已经获得知识产权管理体系认证，截至2019年4月，通达电气共有核心知识产权118项，包括国家专利(含发明专利)64 项、软件著作权 30 项,商标 15 项,域名 9 项。

通达电器十分注重技术工程师的综合能力发展,拥有一支以华南理工大学等"985"高校背景为主的高素质的核心技术团队;拥有专门从事软、硬件研发人员 337 人,研发人员占比超过 30%。公司通过积极开展内部培训、专家讲学、外派学习、产学研合作等形式多样的培训活动,培养出了一批高素质、高知识层次、科技成果转化能力强的综合型人才,为通达电气的发展提供强大的技术支持。公司组建的由优秀专业技术和管理人才队伍组成的团队,人员层次结构合理,可保障公司科技创新各项工作的顺利开展。

通达电气近年来持续加大对于研发的经费投入,尤其是对于车联网、智能交通系统软硬件的研发投入。近 3 年年均研发投入占主营业务收入的 4.8% 以上。其中,2017 年研发经费为 3 609.93 万元,占营业收入的 4.61%;2018 年研发经费为 5 564.70 万元,占营业收入的 5.86%;2019 年研发经费为 5 740.91 万元,占营业收入的 7.32%,同比增长 3.17%。

六、主要新产品

序号	产品名称	产品型号	产品应用
1	乘客信息管理系统(LED 动态显示屏、LCD 液晶多媒体信息屏、线路管理及播报器)	TD-D-48	郑州宇通、厦门金龙、苏州金龙、安凯客车、中通客车、比亚迪客车等客车生产厂家
2	客车铝风道系列产品	TD-L-06	郑州宇通、厦门金龙、苏州金龙、安凯客车、中通客车、比亚迪客车等客车生产厂家
3	DSM 司机行为监控系统	TD-ADSK-DSM	郑州宇通、厦门金龙、苏州金龙、安凯客车、中通客车、比亚迪客车等客车生产厂家
4	车载智能远程终端	TD-D-55-WNSLB2	郑州宇通、厦门金龙、苏州金龙、安凯客车、中通客车、比亚迪客车等客车生产厂家
5	新能源电机热管理系统	TD-ATS-DS222A0	郑州宇通、厦门金龙、苏州金龙、安凯客车、中通客车、比亚迪客车等客车生产厂家
6	车载易燃挥发物智能报警系统	TD-C-37-V	郑州宇通、厦门金龙、苏州金龙、安凯客车、中通客车、比亚迪客车等客车生产厂家

七、合资合作及重大项目建设

1. 2019 年 11 月 25 日,通达电气在上海证券交易所首次发行 A 股上市(股票代码 603390)。

2. 2019 年 7 月 30 日,通达电气在广州市黄埔区广州开发区东区枝山路 13 号的电气信息系统产业园正式投入使用。

3. 通达电气与中山大学产学研合作获批广东省科技厅 2018 年省科技发展专项资金项目"面向智能交通的人工智能理论和算法研究与应用"

八、发展目标与规划

发展战略:通达电气一直致力于车载智能终端综合信息管理系统及配套汽车电气产品研发、生产、销售。坚持工业化、信息化、智能化深度融合,开发公交车客车、新能源商用车的智能信息化监管平台,并围绕平台打造车载智能、电机与热管理、信息发布、车载部件四大系列产品,为客户提供一站式软硬件系统解决方案。致力于成为国内车载电气领域最具竞争力的企业之一。

经营计划:通达电气经过 20 多年的行业积累,已与国内主要客车厂家建立长期稳定的业务配套关系,并积极开拓商用车市场。未来将继续坚持以客户需求为导向,以产品开发与服务创新为根本,以持续研发投入及人才引进与培养为保障,以规范管理为基础,积极推进研发及产品检测中心建设,继续在细分领域内稳步发展,做大做强,不断推出符合客户需求的产品和服务,保持企业行业领先地位和较快速发展势头。通达电气已成功实现 A 股主板上市,为公司规范化发展提供了有利保障,通达电气将进一步在车载智能相关领域深耕,积极为广大投资者创造更多收益。

九、2019 年 1 月—12 月企业在新能源汽车方面经济指标统计

填报单位名称	指标名称	本期累计(万元)	同期累计(万元)	增长率(%)
广州通达汽车电气股份有限公司	2019 年末资产总计	214 111.28	126 260.34	69.58
	2019 年营业收入	78 439.89	95 247.09	-17.65
	2019 年利润总额	14 374.88	17 132.15	-16.09

威晟汽车科技(宁波)有限公司

一、单位概况

威晟汽车科技(宁波)有限公司(以下简称"威晟")成立于 2016 年,位于中国宁波。是一家致力于为高效动力及新能源汽车提供技术解决方案,集产品研发、测试及生产制造为一体的创新型科技公司。依靠领先的技术能力,快速反应以及专业的服务替客户增加价值。威晟的团队凭借多年的技术沉淀和经验积累,秉承"创新改变世界"的愿景,以创新为本,以技术为驱动力,致力于研发优越的产品。坚持"产品领先,快速反应",为产品研发及项目管理注入更多创新思维,以完成新能源汽车热管理系统产品的持续迭代及发布,迅速完成了国内主流客户的业务布局。

自成立以来,威晟先后荣获中国创新创业优秀企业,浙江省科技型企业,宁波市科技创新十大创新企业,新能源汽车创新力产品奖等殊荣,通过了 IATF 16949 的质量管理体系认证,拥有发明专利 2 项,实用新型专利 8 项,于 2019 年获得国家高新技术企业认定。

二、经营情况

面对激烈的市场竞争，威晟始终坚持以领先的技术为根本，在产品研发，市场开拓等方面形成独有的战略规划，坚持安全第一，质量至上的理念，质量保证且有提升。2019 年，威晟全年销售电子水泵 28 万套，同比增长 240%，实现销售收入 6 300 万元，同比增长 300%，圆满完成了 2019 年度的经营目标，发展迅速。

三、产能建设

2019 年，威晟立足市场，根据项目需求与规划，不断加大技改投入，扩大生产规模，使各生产线的生产能力得到全面提升。坚持安全第一与质量至上，力求技术领先与快速反应。在生产线智能化、自动化的规划上实现突破，在坚持产品质量优越的目标上实现保证。在全面投入与规划智能化自动化生产装配线的过程中，可追溯性，集软件防错与硬件防错为一体，全程自动检测成为威晟生产装配线保障产品品质重要的一环。

威晟在保证产品质量的同时全面提升产线效能，全面保证全系列全功率段的各类电子水泵，电子水阀的研发，全面部署各系列产品的产线规划。2019 年，威晟已建成 4 条电子水泵生产线和一条电子水阀生产线，形成年产 300 万套的生产能力。

四、技术进展及研发能力建设

技术创新能力是威晟的核心竞争力。威晟致力于为客户提供系统的技术解决方案，一方面，为高效动力及新一代涡轮增压发动机提供完整的热管理解决方案，包括输入功率超过 400 W 的主电子冷却水泵，48 V 系统发动机热管理部件，也包括其他各类电子水泵及智能水阀对涡轮增压器冷却及水冷中冷器方案优化支持等。另一方面，为新能源汽车提供完整的热管理解决方案，包括全系列全功率段的各类电子冷却水泵，电子水阀等，同时可对电池，电机，空调等新能源车辆的核心部件在热管理领域进行仿真、计算等技术深度支持。

2019 年，威晟从技术的前期开发及应用，电子及软件的设计与分析，包括电路设计，流体设计，结构强度分析等，再至测试及验证等的各个环节入手，在技术进展及研发能力建设中有显著成果：一是全面搭建电机控制及软硬件控制能力；二是深化技术团队的应用工程能力；三是强化产品开发中的可靠性及验证能力。

五、主要新产品

序号	产品名称	产品型号	产品应用
1	400 W 电子水泵	U400	吉利汽车
2	150 W 电子水泵	U150	上汽燃料电池汽车、吉利商用车
3	100 W 电子水泵	U100	上汽电动车、吉利电动车
4	60 W 电子水泵	U060	吉利电动车/混动车、上汽电动车/柴油车、威马电动车、小鹏电动车、东风电动车
5	40 W 电子水泵	U040	吉利电动车/混动车、上汽电动车/混动车、威马电动车、小鹏电动车、东风电动车
6	20 W 电子水泵	U020	吉利电动车、上汽电动车、威马电动车、东风电动车/混合动力车/汽油车
7	电控开关阀	V010	上汽电动车

六、合资合作及重大项目建设

2019 年，威晟以产品领先为本，专注电子水泵，电子水阀的开发及市场的开拓：一是立足国内，充分利用国内丰富的资源前景，整合国内优质资源及资本，与国内主流汽车企业开展项目合作，建立良好的合作关系，实现互利共赢；二是放眼世界，结合国内国外新能源汽车的发展趋势，积极抓住与全球化企业合作交流的机会，开展技术交流，以产品为本，寻求技术的升级与突破。

七、发展目标与规划

威晟致力于以卓越的服务及创新的技术为高效动力及新能源汽车提供技术解决方案，在创新改变世界的愿景下，为客户提供系统的解决方案，主要从以下 3 个方面展开。

1. 价值理念。威晟坚持“安全第一、质量至上、技术领先、快速反应”的文化价值理念，追求精益求精。细分热管理领域的产品型谱，扩大产品应用领域，包括电动汽车、燃料电池汽车及传统汽车，突出技术优势。

2. 技术能力。全面提升工程能力，构建包括产品前期开发及应用，电子及软件的设计与分析，电路设计，水力设计及流体设计，结构强度分析，测试及验证等的全面系统解决方案。

3. 产品规划。面对全球汽车产业加速升级及科技进步，坚持自主创新，做好对未来产品的技术发展的路线规划，从零部件，模块化，系统化的解决方案至最后的平台化，实现技术的不断创新突破。

大连海纳新能源汽车零部件制造有限公司

一、单位概况

大连海纳新能源汽车零部件制造有限公司（以下简称“海纳”）坐落于风景优美、充满人文关怀的大连经济技术开发区。公司成立于 2008 年，是一家专业致力于汽车动力转向泵、电子真空泵研发及生产的企业。已成功为国内多家主机厂配套，其中包括长城汽车、吉利汽车、东南汽车、厦门金龙、长丰猎豹、长安汽车、众泰汽车，云内动力，御捷新能源，金彭新能源汽车集团，淮海集团、云度新能源、天际汽车、国能新能源等多家知名汽车生产商。

海纳自 2008 年成立以来，海纳新能源始终以造福一方、回馈社会为己任，内抓管理、外抓市场，凭借广大客户和社会各界的关心和支持，自强不息、拼搏进取，秉承“任何困难也难不倒勇敢团结的海纳人”工作精神，由小变大，从弱到强，逐步发展成为国内知名的集汽车动力转向泵、电子真空泵研发与生产为一身的制造型企业，达到如今与客户精诚合作、互利双赢良好局面。

未来，海纳将继续秉承“创造价值，服务社会”的企业使命，恪守“团结、拼搏、仁爱、感恩”的不变信念，逐步成长为一个令客户放心、令员工满意、令社会信任的汽车零部件制造企业。

二、经营情况

2019 年，实现转向泵系列产品 5 000 万，电子真空泵系列产品 8 500 万，总计 1.37 亿元的销售额。连续 3 年稳步增长。

三、产品出口

电子真空泵系列产品及转向泵产品，远销东南亚、南非、南美以及澳洲等多个国家和地区。

四、产能建设

拥有自动化及半自动化电子真空泵、转向泵生产线各两条。具备 70 万台/年转向泵及 90 万台/年电子真空泵的生产能力。

五、技术进展及研发能力建设

与大连理工大学汽车学院及国内外企业合作开始智能线控制动系统的研发和投入。

六、主要新产品

序号	产品名称	产品型号	产品应用
1	叶片式辅助电子真空泵	EVP-HN01	长城汽车、长安汽车、东南汽车
2	叶片式新能源电子真空泵	EVP-HN02	长城欧拉、吉利汽车、天际汽车
3	叶片式新能源电子真空泵	EVP-HN03	吉利汽车、金龙客车、日产汽车等
4	活塞式新能源电子真空泵	EVP-HN04	金彭集团、宗申集团、御捷电动车、易咖电车、鸿日电动车等
5	膜片式新能源电子真空泵	EVP-HN05	北京汽车、昌河汽车、吉利商用车、中通客车等
6	转向助力泵	HPS-HN 系列	长安汽车、华晨汽车、东南汽车、金龙客车等

七、合资合作及重大项目建设

无刷电机研发及生产：2021—2023 年，开始研发投入到批量生产，达到产量 50 万件/年。

石墨转子叶片生产工厂：2021 年，开始研发投入到批量生产，达到产量 80 万件/年。

与大连理工大学汽车学院签订合作协议，共同开发新能源汽车制动系统 E-Booster，2021—2026 批量生产达到产量 20 万件/年。

八、发展目标与规划

2020—2024 年，电子真空泵产品达到占市场 10%~20% 比例，并批量生产 E-Booster，预计累计实现销售收入 16.39 亿元。

杭州沃镭智能科技股份有限公司

一、单位概况

杭州沃镭智能科技股份有限公司（以下简称“公司”）位于杭州经济技术开发区，是汽车零部件领域领先的工业自动化、信息化智能制造整体解决方案提供商，是集技术研究、产品开发、专业服务为一体的高新技术企业，公司产品主要有智能检测装备、自动化生产线、智能制造管理信息系统、工业机器人集成应用等几大系列。

公司产品涵盖汽车电子电控、智能驾驶系统、新能源电机电控、轨道交通等领域。近几年来，先后研发了 I/E-Booster、EPB 卡钳、ABS/ESC、EBS、IGBT、控制器（ECU）等零部件的检测、装配生产智能装备，荣获浙江省首台（套）产品 5 台（套），在汽车电子、电控、电机领域，沃镭的装配检测技术处于国内领先地位。

公司是“国家高新技术企业”“双软企业”，浙江省第一批“机器换人先进适用装备推广企业”，浙江省“机器换人”工程服务公司。先后获得省级科技进步奖二等奖 4 项，省级科学技进步奖三等奖 4 项，市级科技进步奖三等奖 2 项。2018 年，承担浙江省重点研发计划项目“智造新模式及执行系统技术在汽车零部件生产领域的技术示范应用”、杭州市科技发展计划项目“基于工业互联网的新能源汽车电控制动控制器制造智能工厂”等省市重点研发项目。

产品广泛应用于中国中车、柳州五菱、比亚迪汽车、一汽集团、中国重汽、电装（中国）、万向集团、京西重工、瑞立集团、亚太机电、东科克诺尔、上海汇众、丰田爱德克斯、北京万都、万安科技、重庆金康、湖南机油泵等企业，奠定了良好的客户基础，获得用户一致好评。

作为新一代专注于智能装备与成套自动化装备的高科技企业，沃镭智能不断开拓进取，加强自主研发，始终站在国内该领域研发的前沿，为客户提供更全面、更专业的服务，为中国制造业的发展进步与转型升级作出贡献。

二、经营情况

近年来，企业经营业绩稳步增长，2017 年实现年销售收入 9 612.43 万元，利润总额 916.46 万元，税金 560.46 万元（数据来源：天健审字〔2018〕第 7714 号审计报告）。2018 年实现年销售收入 15 274.48 万元，利润总额 2 010.5 万元，税金 143.87 万元（数据来源：天健审〔2019〕7145 号审计报告)。2019 年实现年销售收入 18 113.87 万元,利润总额 1 773.9 万元,税金 562.97 万元(数据来源:杭钱塘审字〔2020〕第 1236 号审计报告)。

三、产能建设

沃镭共有 3 个生产车间,占地面积 7 600 m^2。生产装配员工 70 余人,其中具备气控及液压方向的综合装配员工 30 余人,具备售后及硬件调试全方位技能型员工 10 余人。车间配有坐标测量机、硬度仪、粗糙度仪等检测设备 40 余台(套)。生产车间的设备装配调试产能超 2 000 万元/月,年产能达 2.5 亿元。

公司拥有机械加工中心、数控车床、激光切割机等先进加工设备 50 余台,机械加工技术工人 40 余人,可完成工装夹具,钣金件等非标零件的加工生产,年产值达 1 500 万元。

公司为进一步提升一线生产员工的复合型生产技能,建立了多支在液压、真空、高压及电控方向相结合的综合性生产装配人员队伍,高技能的生产装配人员能够适应公司试验室装备、新能源电控装备等领域的生产装配工作,快速、高效、高质量地完成生产任务。

此外,公司根据自身企业生产情况,建立健全了信息化生产 MES 系统,通过信息化的生产管理手段,对生产物料管理、物料配送、生产问题反馈、问题限时处理及问题升级等生产中关键要素进行全过程的追溯管控,进一步推进生产环节的产能提升,打通了仓储、生产、质检、技术等环节的沟通壁垒,解决了非标制造业生产装配各环节的频繁沟通成本,提升了生产环节的响应速度,从而降低成本,提高效益。

四、技术进展及研发能力建设

公司注重企业技术创新体系的建设和发展,建立的企业技术中心为核心装备研发、关键技术开发提供服务平台,核心产品覆盖汽车电控与智能驾驶系统、新能源三电系统、高铁与轨道交通制动系统、汽车底盘安全与控制系统等重点领域。公司建立了浙江省高新技术企业研发中心、浙江省企业研究院、浙江省院士工作站、杭州市汽车零部件智能检测科技创新服务平台。

公司设有研发中心、工程技术中心、生产制造部等核心技术部门,公司共拥有 150 多名高素质研发人员的研发团队,其中博士 3 名、硕士 26 名、高级职称 7 人、中级职称 32 人。专业领域涵盖机械、电气、电子、自动化、软件、仪器等学科。公司与清华大学、天津大学、浙江大学、南京航空航天大学、浙江工业大学、中国计量大学、浙江省计量科学研究院等科研院所携手合作,建立了长期的战略合作关系;公司还建有设施齐全的"沃云数字工厂"和检测中心。近 3 年公司用于试验与研发经费合计 2 300 万元,占主营业务入的 30.1%,主要用于科研测试仪器、检测装置的添置,产品技术升级及技术改造等,可确保各项关键核心装备的研发项目顺利进行。

近年来,公司先后承担了多项国家质检总局科技计划项目专项项目、国家级火炬计划项目等科技项目,并圆满顺利地完成了验收。公司先后研发汽车制动卡钳智能化检测管理系统、制动器智能化柔性生产系统、底盘零部件性能测试装置、新能源汽车电控制动系统智能检测、汽车电子水泵智能制造成套装备、面向典型离散制造的智能工厂(车间)等多项新产品,多次荣获国家质检总局"科技兴检"二等奖、中国仪器仪表学会科学技术奖三等奖、杭州市科技进步三等奖、"中国机械工业科学技术奖"二等奖、浙江省科技进步三等奖。公司研发的成套装备核心技术都具有完全自主知识产权,拥有 88 项各类授权专利,其中包括 47 项已授权发明专利和 20 项软件著作权,公司荣获"浙江省发明专利授权量百强企业"称号。

公司的相关产品与服务已在柳州五菱、比亚迪汽车、一汽集团、中国重汽、陕汽集团、万向集团、亚太机电、万安科技、KNORR、WABCO、上海汇众、丰田爱德克斯等知名的汽车零件及整车生产企业实施,应用于汽车整车制造、汽车零部件制造、轨道交通、机械制造、空调制冷等先进检测技术、自动化控制与机器人集成核心技术领域的生产过程,实现生产效率的提高、运营成本的降低、产品不良率的降低和单位产值能耗的降低。公司注重研发,每年投入大量资金、人力进行研发工作,年均研发经费近 2 000 万元,占公司销售收入的 30%。相关核心技术的推广应用,实现 3 年产值累计超过 6 亿元。

五、主要新产品

序号	产品名称	产品应用
1	汽车电控 ECU 自动化装配线及测试设备	瑞立 ABS-ECU 自动装配生产线 格陆博科技 IBC-ECU 装配检测线 万向 EPB-ECU 自动装配线
2	汽车电子驻车 EPB 柔性装配线及检测设备	浙江万向精工 EPB 卡钳带电机自动生产装配线、 烟台孚瑞克森-EPB 制动钳总成装配检测线 浙江众泰-epb 制动钳总成装配检测线
3	汽车 ABS/ESC 柔性装配线及检测设备	浙江万安 ABS 装配检测线 温州立晨 ABS 电磁阀装配线 瑞立液压 ABS 装配检测生产线
4	汽车电子水泵柔性装配线及测试设备	宁波拓普电子水泵高低温性能试验台 东风汽车-电子水泵装配线 瑞立瑞安电子水泵性能试验台

六、合资合作及重大项目建设

项目一:北京海松元汽车部件有限公司的电动汽车压缩机变频器自动装配线

北京海松元基于国内市场及日本松下的技术,开发了汽车压缩机变频器控制器,与公司联系开发压缩机变频器控制器的产业化设备。产线实现了全自动化生产,项目工程部统一协调组织不同门类的工艺技术人员,集成完成了自动化输送线体、焊接装置、涂层装置、高温耐压装置、数据采集信息化管理系统等各个分系统的设计及安装工作,接着进行单机调试和全线联调,之后进行试生产和容错能力验证,最后进行验收和交付。装配线可完成电动汽车压缩机变频器产品总成的装配与测试,装配过程包括电路板上料、微电脑涂层涂敷、微电脑涂层干燥、基板分板机、电容安装/锡焊、变频器箱上料、O 形圈安装、玻璃端子/卡环安装、氦气气密性检测、连接器安装螺丝紧固、接头线束安装并紧固、油复合物涂敷、电容器固定用孔涂胶、后装零部件锡焊、人工焊点/ICT 检测、后装零部件涂层、后装零部件涂层干燥、螺丝自动上料拧紧、气密性检测、常温/高温绝缘耐压检测、工作特性检测等。整个生产过程采用封闭式自动化模式。配备 MES 系统,生产过程数据保存,质量可控,数据可追溯。基板的上料、拧紧、焊接、视觉检测采用八工位集成装置,装置采用智能旋转及工位锁定机构实现工位的自动切换,上、下料工位采用工业机器人完成,实现了装配检测过程无人化和协同化。

项目二:浙江万向精工有限公司的 EPB 制动卡钳智能装配生产线

电子驻车制动系统是智能汽车重要的安全系统作为电子驻车系统的执行部件,EPB 制动卡钳有广泛的市场前景。万向精工与沃镭智能联系开发 EPB 制动卡钳生产线,以实现 EPB 卡钳的量产。集成式 EPB 卡钳智能装配生产线是 EPB 制动卡钳的装配、检测、生产为一体的生产线,钳体采用工业机器人自动上料,可以完成铜套、矩形圈、防尘罩、活塞组件、卡簧、MGU 组件、支架组件等产品零部件的装配,以及密封性、MGU 电特性、卡钳制动特性、拖滞力矩、滑移阻力等性能测试。EPB 制动卡钳生产线采用回形流水线设计,以倍速链线作为组装件输送线体,采用“工业机器人 + 机械手”协同装配方式,关键工位采用冗余设计,以提高整线设备的高可靠性,产品一次性下线合格率高达 99.9%。生产现场配备 MES 系统和暗灯管理系统,以获取生产现场与制造过程中的品质信息,建立集成的生产现场控制与品质管理平台,实时动态显示生产数据和设备状态,满足对生产装配过程的实时监控与全面的追溯需求。

产线具有以下优点:①采用自动化流水线模式,以及“工业机器人 + 机械手”协同装配方式,实现了 EPB-ECU 的高度自动化生产,减少生产过程中的人为干预,提高的产品的一致性和合格率;②针对制动卡钳耗液量传统手工检测方法,无法满足自动作业下的在线检测,引入精密伺服控制和高速同步数据采集技术,基于检测系统 AMEsim 仿真模型,采用多模式模糊控制策略,实现了 EPB 制动卡钳耗液量自动化检测。③利用 RFID 技术、条码扫描技术、数字连接终端、数据库存储技术等数据采集手段,实时获取、保存制造过程中的品质信息,搭建数据分析与品质控制管理平台,建立集成的生产现场暗灯管理系统、MES 系统,进行生产的智能化信息化管理,满足了企业对生产装配过程的信息化需求。

七、发展目标与规划

未来 5 ~ 10 年,公司将围绕以下 4 个发展目标。

1. 完善现有检测产品系列,补全汽车底盘、转向、传动系统、功率芯片等领域的产品研发,研发通用化检测平台。提高检测仪的测试精度、稳定性及重复性,提升信息化、智能化水平,拓展市场销售渠道,完善公司产品认证体系,实现产品市场的国际化。汽车电控制动部件(EPB、ECU、EBS 等智能制动系统部件)、高铁制动零部件、空调制冷部件、IGBT 芯片等综合性能检测装备是公司下一阶段的研发方向,作为新的市场方向和利润增长点。

2. 基于柔性自动化、信息物理融合系统的汽车零部件智能装配检测生产线及智能制造车间开发。柔性自动化已是自动化生产线发展的大势所趋,基于以前生产线的基础,充分利用 PLM、MES、ERP 及机器人协同技术、物联网互联技术、自动化控制技术、大数据诊断计算技术、智能检测技术、工业总线控制技术、AGV 智能生产物流技术,建立现代化高效生产线,实现生产设备网络化、生产数据可视化、生产过程透明化,实施汽车零部件制造业的“机器换人”产业升级换代是公司以后主要研发重点。

3. 工业自动化装配专机开发。自动化装配专机是工业自动化中关键基础设备之一,其标准化程度好,市场前景巨大,能够有效降低生产成本,提高生产效率,提高产品质量。

4. 模块化技术研究。在公司多年的设计过程中,形成了多项具有自主知识产权的技术,在其基础进行组合式的模块化设计,使自动化装配、检测系统具有更高的灵活性、方便维护及快速移植的特性,可为公司设计研发工作提供快速化解决方案和稳定性。

八、2019 年 1 月 —12 月企业在新能源汽车方面经济指标统计

填报单位名称	指标名称	单位	本期累计	同期累计	增长率(%)	增长额(提高百分点)
杭州沃镭智能科技股份有限公司	2019 年末资产总计	万元	29 449.00	21 562.76	36.57	7 886.24
	2019 全年完成投资额	万元	1 358.67	513.33	164.68	845.34
	2019 年营业收入	万元	10 908.17	9 181.49	18.81	1 726.68
	2019 年利润总额	万元	1 539.14	1 116.47	37.86	422.67
	2019 年产品销售率	%	100.00	100.00	—	—
	2019 年销售利润率	%	14.11	12.16	16.04	1.95

深圳市力辉电机有限公司

一、单位概况

深圳市力辉电机有限公司(以下简称“力辉电机”)成立于 2001 年,是一家可靠的电机解决方案供应商和制造商。领先的电机技术、丰富的电机应用经验和完善的定制平台,使力辉电机成为各领域应用开发项目的理想合作伙伴。力辉电机致力于通过提供卓越的差异化产品,帮助客户在市场竞争中获得成功。对于需要保证电机性能和大批量稳定供

货的企业来说，力辉电机是可靠的选择。力辉电机从2010年开始涉足汽车电机领域，已在汽车技术领域自主开发了数十款适用于传统汽车以及新能源汽车的电机，应用于汽车电动座椅、电动汽车排挡系统、电动汽车循环冷却系统等。随着业务的不断扩大以及良好的产品品质，力辉电机及其产品已在国内外市场赢得很高的声誉。

二、产品出口

主要出口美国，以及亚洲和欧洲国家和地区。

三、产能建设

新开2条用于汽车电机制造的全自动化生产线，拥有40余条全自动及半自动化的生产线，月总产能超过350万台，年产能超4 000万台。在汽车电机生产线方面，拥有新能源汽车电机生产线、座椅电机生产线等10余条，月产量达到10万台。

四、技术进展及研发能力建设

获得国家级高新技术企业资质；获广东省科学技术厅颁发的“广东省智能化高效节能微电机工程技术研究中心”。

五、发展目标与规划

1. 预计未来3年，汽车电机自动化生产线的投入将达上亿元，不断提高汽车电机的产量。

2. 结合国内外最新技术，力辉电机将引进先进人才，不断改善原有产品以及开发新产品，产品设计不断实现轻量化及无刷化的转变。

3. 着力于新能源汽车的车身系统的舒适性和自动化发展。

上海赢双电机有限公司

一、单位概况

上海赢双电机有限公司成立于2005年，是一家致力于旋变位置传感器技术研发、产品制造和营销服务的高新技术企业。在旋变领域具有扎实技术基础和丰富的产品制造与工程应用经验，具备产业化生产能力。是该领域国内企业的龙头单位，产品性能处于国际先进国内领先水平。

上海赢双电机有限公司成立以来先后参与10多项国家“863”计划重大专项、上海市科委、上海市经信委科技项目技术攻关，在新能源电机驱动系统中的位置传感器——磁阻式旋转变压器的研发取得了一系列重大突破。经过多年的努力，已形成44项专利，其中授权发明专利5项、授权实用新型专利25项，授权外观专利3项，参与制定国家标准（GB/T 31996—2015）1项，拥有企业标准2项，软件著作权1项，注册商标2项。公司自主研发的磁阻式旋转变压器已随着国内重点新能源汽车电机驱动系统企业的产品应用于各大知名汽车企业的整车中。

2010年，上海赢双电机有限公司通过ISO 9001质量体系认证；2014年，通过TS 16949汽车质量管理体系认证；2018年6月，通过IATF 16949：2016/ISO 9001：2015体系认证。2012年，被授予“上海市高新技术企业”；2015年，被授予上海市“专精特新”企业；2016年，被上海市科委评为“上海市科技小巨人培育企业”。

二、经营情况

上海赢双电机有限公司磁阻式旋转变压器应用于各大汽车厂家，如中通客车、安凯客车、北汽汽车、比亚迪汽车等新能源车中，包括纯电动汽车、混合动力轿车及客车、燃料电池汽车、电动环卫车、电动叉车、电动场馆车等。此外，磁阻式旋变压器还应用于包括高铁、轨道交通等。

为满足国家电动汽车产业化配套需求，上海赢双电机有限公司组建了磁阻式旋转变压器自动化生产线，加强质量管控和产品的环境试验验证，确保产品性能的可靠性与稳定性。一些磁阻式旋变试制品已应用在国外汽车企业的新能源汽车中，并为全球几大新能源汽车零部件配套商进行了样品开发，获得全球知名五百强企业的业务定点函。磁阻式旋转变压器已完成产品系列化开发，其外径尺寸 $\phi37\sim424$ mm，可满足从微型电动车到混合动力大客车等车型的需求。通过多年来的技术创新积累，企业产品具有高性能、高可靠性、低成本的特点，能替代同类进口产品，国内市场占有率进一步提升。2019年，上海赢双电机有限公司磁阻式旋变压器市场销售量较2018年增长10.6%，企业营业收入和盈利能力保持稳步发展。

三、产品出口

公司产品主要出口德国、意大利、加拿大、美国等国家，以及欧洲和美洲其他国家和市场。

四、产能建设

上海赢双电机有限公司为了满足当前和数年后的国内电动汽车电机驱动系统中旋变的需求，加快了磁阻式旋转变压器的产能建设，已有1条全自动化生产线、2条柔性化自动化生产线自动化，以及半自动化生产线，可满足年200万套的配套需求。预计2021年可达年产200万套配套能力，2022年可达300万套，公司通过产能建设不断完善智能制造的生产方式，适应新能源汽车市场发展的需要。

五、技术进展及研发能力建设

上海赢双电机有限公司非常注重人才队伍建设，注重人才的引进和培养，制定了系列激励政策引进和培育人才。已建立一支研发、设计与制造的骨干队伍，形成以专家带队、青年科技工程人员为主的研发团队。通过承担国家“863”计划等重大科研项目的研发任务，锻炼了技术队伍。通过在新能源汽车电机系统中的磁阻式旋转变压器的设计、生产和制造工艺等方面的研发，能够快速满足客户的各种定制磁阻式旋转变压器的需求。产品既满足BEV纯电动汽车、HEV混合动力汽车电机的要求，同时公司技术储备瞄准下一代电机—减变速箱—驱动控制三合一一体化同油冷产品，所需的耐油、耐高温型接线柱磁阻式旋转变压器开展研发。

上海赢双电机有限公司拥有研发实验室，配备专业研发仪器设备和环境试验设备，为产品的研发、性能的可靠性、一致性和稳定性，提供必要的软件和硬件支持。2018 年上海赢双电机有限公司被评为上海市闵行区“区级研发机构”。

六、合资合作及重大项目建设

在上海市闵行区政府的支持下，上海赢双电机有限公司获得上海市闵行区北吴路都会路地块 16.2 亩的工业用地，厂房建筑面积为 21 600 m^2。新厂房于 2019 年动工，2020 年下半年建成，上海赢双电机有限公司将在新落成的生产基地中扩大磁阻式旋转变压器的生产规模，为我国新能源汽车的发展努力作出贡献。

七、发展目标与规划

1. 重点突破产业化关键工艺与装备，推进生产制造智能化，提高生产效率和产品质量可靠性，降低成本。

2. 旋变的产业化能力与研发能力继续保持国内领先、达到国际先进水平；建立旋变企业研发中心。

3. 将赢双产品塑造成具有国际影响力的民族品牌产品。

盛瑞传动股份有限公司

一、单位概况

盛瑞传动股份有限公司成立于 2003 年，主要从事汽车高端自动变速器和重型发动机零部件产品的研发制造。总部位于山东省潍坊(国家)高新区，是国家高新技术企业、国家技术创新示范企业、国家智能制造试点示范企业、国家知识产权示范企业。拥有国家乘用车自动变速器工程技术研究中心、国家认定企业技术中心、山东省企业重点实验室、山东省工程实验室、山东省工业设计中心等省级以上平台 5 个，形成了“三国五地”的研发布局。先后承担国家重大科技项目、国际科技合作项目等国家级项目 10 余项、省级创新项目 70 多个；公司拥有有效专利 612 项，其中发明专利 127 项；8 挡自动变速器发明专利“可动力换挡多挡变速器”于 2011 年 11 月 2 日荣获“中国专利金奖”；制定国家标准 2 项，行业标准 2 项，企业标准 176 项，其中自动变速器总成技术标准是山东省首批 8 家企业标准领跑者之一；盛瑞传动股份有限公司“前置前驱 8 挡自动变速器(8AT)研发及产业化”项目荣获国家科技进步一等奖，是新中国成立以来中国汽车零部件行业首个一等奖；8 挡自动变速器项目荣获“全国质量奖卓越项目奖”，8 挡自动变速器产品荣获工信部“制造业单项冠军产品”。

二、经营情况

在自动变速器研发创新领域，累计投入超过 12 亿元，8 挡自动变速器已实现与一汽、奇瑞、江铃等 10 家汽车厂 20 余款车型匹配，累计销量超过 30 万台，打破了国外在高端自动变速器领域对我国自主品牌汽车的技术封锁和产品垄断。2019 年全年，营业收入共计 13.1 亿元，上缴税费总额 4 759.9 万元。380 Nm 的 8 挡自动变速器于 2019 年成功搭载一汽奔腾 T99 上市销售，晋级世界 10 佳变速器，标志着盛瑞传动股份有限公司 8 挡自动变速器由上升期进入成熟期。

三、产能建设

盛瑞传动股份有限公司完成国内首条年产 30 万台混合动力变速器智能生产线建设、自动变速器总成智能仓储物流建设，以及自动变速器关键零部件智造车间建设，总体形成年产 55 万台自动变速器产能格局。在各级政府支持下，采取以商招商模式，建设了国内首个自动变速器配套产业园，培育了一条自主的自动变速器产业链条。

四、技术进展及研发能力建设

(一)技术进展

8 挡自动变速器项目历时 10 余年，产学研用协同创新，取得三大核心技术创新：一是建立了 4 自由度行星变速机构方案优选方法和方案数据库，创造性地发明了 4 自由度“行星齿轮 + 定轴齿轮”双轴复合传动 8 挡自动变速器，形成了自动变速器方案平台；二是提出了基于模型和离合器控制的复合换挡控制方法、感知驾驶意图的敏捷时序控制算法和换挡过程聚类识别自适应算法，开发了自主知识产权电控系统软件，突破了机电液控精准控制等工程化关键技术，建立了集成设计体系；三是独创了双轴复合传动自动变速器制造工艺，发明了基于 SUBROM 的下线检测与自匹配技术，突破了自动变速器产业化关键技术，建立了产品制造体系。三大核心技术创新集成，建立了自主的自动变速器创新平台，实现了系列化产品开发和产业化。

盛瑞传动股份有限公司还开发了四驱、启停、混动、纵置后驱的 8 挡自动变速器和国际领先的 13 挡自动变速器，形成了 8 挡变速器产品系列。产品产业化生产主要依托以下 2 种关键技术，一是先进设计技术的应用。盛瑞传动股份有限公司将三维计算机辅助设计 Proe3.0 作为基础三维与二维设计的工具，支撑快速协同研发以及产品设计需求的实现。二是关键技术装备应用。盛瑞传动股份有限公司独立开发的 TCU 应用软件通过了国际 CMMI L3 国际质量管理体系认证，结合自主制定的自动检测规范、测试方法和测试节拍，形成了一套完整的自动变速器下线检测流程。

(二)研发能力基础及建设

1. 研发能力基础

(1)盛瑞传动股份有限公司已拥有 2 个国家级研发平台，3 个省级平台，汇聚了国家“千人专家”、国家“万人计划”专家、国家“百千万人才”工程专家、科技部中青年科技创新领军人才、国家“百千万人才”工程专家暨国家有突出贡献的中青年专家、“泰山人才”等 300 余人的自动变速器研发团队和专家团队，为自动变速器研发提供人才保障。

（2）自动变速器实验室建筑面积 3 500 m^2，中试车间 5 000 m^2。先后投资 9 000 多万元，打造了国际先进的集技术开发、试验检测、中试、技术服务于一体的乘用车自动变速器试验开发平台。拥有 Matlab SimulationX、CANape、PROE、ERP、PDM 等国际先进的设计开发和管理软件，拥有自动变速器高动态综合性能试验台、液压模块试验台、转子油泵试验台等一大批国际一流的自动变速器开发仪器设备，形成了电控系统实验室、整车匹配标定实验室、车辆传动系统多学科系统仿真实验室、自动变速器综合性能实验室、自动变速器零部件实验室等七大实验研究单元，打造了高水平的研发平台，从产业技术源头上强化技术创新体系。

2. 研发能力建设

（1）打造“三国五地”的研发布局。先后在英国、德国等国家，以及北京、青岛等地与国际、国内知名的工程公司、研发机构、高校等合作建立研发分中心，构建了“三国五地”的研发布局，集成了全球最优的创新资源，打造了正向设计开发的完整创新链条。

（2）以市场为导向，以项目为引领。一项新技术开发成功，没有客户就不能称之为产品。盛瑞传动股份有限公司在开发样机阶段就积极寻找客户，与客户签订意向协议后，客户全程参与研发过程，由客户的判断产品的好坏，技术指标是否可行，不断共同解决问题。与客户共享开发成果，这样保证产品开发的针对性和成功。

（3）强化人才支撑，牢筑企业创新基石。盛瑞传动股份有限公司大力实施人才强企战略，通过股权奖励、业绩奖励、以老带新等多种方式，培养自主团队队伍，为青年人才发挥才干搭建舞台，继续抢占世界自动变速器技术的制高点，打造企业发展的新引擎。

五、主要新产品

序号	产品名称	产品型号
1	二代 8AT（启停）	SR-8AT300A/SR-8AT300F
2	三代 8AT	SR-8AT300F/A
3	混合动力 8HT	SR-8HT380F

六、合资合作及重大项目建设

盛瑞传动股份有限公司与北京航空航天大学、山东大学、中国汽车工程研究院股份有限公司、机械科学研究总院集团有限公司建立了深度产学研合作，保障公司重大项目研发。联合北京航空航天大学、大连豪森瑞德设备制造有限公司、沈阳新松机器人自动化股份有限公司，启动了“自动变速器智能工厂”项目建设。项目建成后，自动变速器生产线自动化率达到73%，关键核心装备数控化率达到95%，生产数据自动采集率达到95%，将工业自动控制、通信、智能机器人、螺栓紧固机器人、信息控制、自动测试等多项技术结合应用，30% 的工位实现自动化装配，43% 的工位实现半自动化装配。同时，将智能机器人、核心关键装备信息和生产线数据进行网络监控和管理，实现后台操作、调整机器人工况数据，集中控制决策，使自动变速器装配过程智能化、柔性化，保证一次下线合格率达到 95% 以上。

七、发展目标与规划

盛瑞传动股份有限公司未来发展战略从“大客户战略”，转向“高品质客户战略”，在自动变速器领域，依托大众项目，叩响“国际队”的大门，在拓展中国一流市场版图的同时，奋力迈向国际市场领域；与行业知名企业联合电子建立战略合作关系，开展新能源汽车用电机开发；与清华大学、北京航空航天大学等知名高校、院所开展产学研合作，开展纯电动汽车轮毂电机开发；重点打造新能源混合动力自动变速器、8 挡前置前驱和纵置后驱自动变速器三大产品平台，强化全系列、多品种的产品战略布局；实现 60 万台年销量，形成规模效应，成为国际知名品牌；强化人才支撑，牢铸企业创新基石，强化产业链协同发展，提升产业链的品质保障能力，形成抱团发展、共同提升的多赢格局，打造百亿级自动变速器产业基地。

下一步，盛瑞传动股份有限公司将以现有自动变速器产品能力提升为基础，以汽车电驱动为方向，实施纵向和横向发展的两大战略。一方面，从传统汽车自动变速器到新能源汽车混合动力自动变速器、再到电驱动的纵向发展战略；另一方面，实施从 200 Nm 到 1 000 Nm，从两驱到四驱、从前置到纵置的横向发展战略，实现变速器产品的全系列布局，全面满足中国汽车市场的多层次需求。

中国汽车市场连续下滑，自主品牌市场受到进一步挤压，给盛瑞传动股份有限公司带来了挑战。未来，盛瑞传动股份有限公司将持续坚持科技创新，全力提升产品品质，努力实现动能转换、实现高质量发展，为社会作出更大的贡献。

重庆青山工业有限责任公司

一、单位概况

重庆青山工业有限责任公司是国有大型工业企业。公司始建于 1965 年 1 月，资产总额逾 36 亿元。

公司专注于传动系统领域。拥有重庆、成都、郑州三大生产基地，年产能达 300 万台，累计产销各类变速器 2 000 余万台。

公司技术力量雄厚，自主研发能力强，拥有国家认证企业技术中心、CNAS 认可实验室、博士后科研工作站，形成“两国三地五中心”的全球性布局，具备设计、分析、试制、匹配、试验、验证、工程化七大研发能力。专注于打造出满足 3.0 L 以下乘用车的 MT、DCT、纯电动、混合动力四大产品平台，形成 20 个产品系列、近 300 个型号的产品谱系，覆盖轿车、SUV、MPV、微客等多种车型。

二、经营情况

公司经过50余年的发展，拥有员工2 000余人，其中技术研发人员300余人，资产总额逾36亿元。

三、产能建设

拥有重庆、成都、郑州三大生产基地，已具备年产200万台MT手动变速器，30万台新能源变速器，70万台DCT双离合自动变速器的生产制造能力，累计产销各类变速器2 000余万台。

四、技术进展及研发能力建设

公司技术力量雄厚，自主研发能力强。截至2019年，累计申请了543项国家专利，其中发明263项；共拥有有效专利215项，其中发明专利80项，专利覆盖了DCT、AMT、新能源以及传统手动变速器等关键技术。代表行业主持制定发布了《汽车机械式变速器总成技术条件》等4项行业标准，1项正在审批中。公司拥有国家认证企业技术中心、CNAS认可实验室、博士后科研工作站，形成“两国三地五中心”的全球性布局，具备设计、分析、试制、匹配、试验、验证、工程化七大研发能力。专注于打造出满足扭矩400 Nm以下乘用车的MT、DCT、纯电动、混合动力四大产品平台，形成20个产品系列、近300个型号的产品谱系，覆盖轿车、SUV、MPV、微客等多种车型。

五、主要新产品

序号	产品名称	产品型号	产品应用
1	5速横置160 Nm手动变速器	MF515	长安汽车、上汽通用五菱、一汽集团、东风小康、北汽集团、江陵控股

续上表

序号	产品名称	产品型号	产品应用
2	6速横置220 Nm手动变速器	MF622	东风柳汽、东风小康、北汽集团、江淮汽车
3	6速横置280 Nm手动变速器	MF628	东风柳汽、海马汽车
4	5速纵置150 Nm手动变速器	MR515	长安汽车、东风柳汽、东风小康、北汽福田
5	6速纵置230 Nm手动变速器	MR625	东风柳汽
6	5速160 Nm双离合自动变速器	DF515	长安汽车
7	7速300 Nm双离合自动变速器	DF727	长安汽车、东风柳汽、奇瑞汽车
8	7速270 Nm双离合自动变速器	DF727C	开发中
9	减速器产品(单档+两档)	EF115	开发中
10	减速器产品(单档+两档)	EF120	海马汽车、奇瑞汽车、力帆汽车、北汽新能源、东风电动车、东风电汽、河南速达、泰国MINE
11	减速器产品(单档+两档)	EF135	长安汽车、奇瑞汽车、北汽集团、天津国能、绿驰汽车、联电
12	电驱动总成(三合一)	PEF06	开发中
13	电驱动总成(三合一)	PEF10	开发中
14	电驱动总成(三合一)	PEF15	长安汽车、合肥巨一
15	电桥产品(P4)	ED120	开发中
16	混合动力产品	HF630	开发中
17	混合动力产品	HF640	开发中
18	混合动力产品	HEF30	开发中

六、2019年1月—12月企业在新能源汽车方面经济指标统计

填报单位名称	指标名称	单位	本期累计	同期累计	增长率(%)	增长额(提高百分点)
重庆青山工业有限责任公司	2019年末资产总计	万元	358 482.00	364 137.00	-1.55	—
	2019全年完成投资额	万元	10 301.00	25 507.00	-59.62	—
	2019年营业收入	万元	232 657.00	259 647.00	-10.39	—
	2019年利润总额	万元	-11 036.00	-3 711.00	397.39	—
	2019年产品销售率	%	99.78	101.49	—	-1.71
	2019年销售利润率	%	-4.74	-1.43	—	-3.31

加特可(广州)自动变速箱有限公司

加特可株式会社(以下简称“加特可”，总部在日本静冈县富士市，注册资金为2 993 530万日元)是汽车用变速器AT·CVT的专业制造厂商。自前身日产汽车工厂生产开始，加特可已有70余年的历史，其中生产AT达50余年，生产CVT超过20余年。特别是在呵护环境的无级自动变速器CVT领域，加特可多次打造出世界首款，也是全球唯一一家拥有从微小型车到3.5 L大型车用CVT全系列产品的制造厂商，一直引领全球CVT市场的发展。

为助力中国汽车市场的发展，为中国汽车市场提供更符合客户需求的产品。2007年，加特可集团在广州开发区独资设立加特可(广州)自动变速箱有限公司(以下称“加特可广州”)以应对中国市场需求。自2009年开始量产以来，加特可广州经过10余年的发展，已发展成员工人数超2 000人，年产能超过120万台的工厂。为能够快速应对中国市场需求，

除了生产外，加特可广州还建立了具备研发、市场调查、品质保证、销售等职能为一体的体制。加特可广州主要生产“Jatco CVT8”“Jatco CVT7”“Jatco CVT7 W/R”等加特可明星产品。

加特可广州扎根中国，倾听中国客户的声音，一直以“中国的事业，在中国倾听、在中国思考、在中国实践”为基本原则，致力于实现“四个现代化”〔制品（制造和产品）现代化、人才现代化、技术现代化、经营管理现代化〕从4个方面全力提升企业核心竞争力。同时，加特可广州还积极践行“极致造物、匠心育人、技术生根、信赖有加”的企业文化，在现有的基础上进一步加快打造魅力企业、构建阳光职场，全面打造企业品牌力。

（一）极致造物

1. 持续提升生产制造水平

加特可广州延用集团特有的“JEPS（JATCO Excellent Production System）”生产方式，秉承日本惯有的精密严谨，坚持“安全绝对”的理念，把从原料采购、加工、组装、检查到出货的所有工序整合到一条生产线上，在品质、成本、交货期等方面都以世界第一的生产制造为目标，在现状与目标差距上无限改善与变革，持续提升生产制造的水平。

2. 践行绿色制造

加特可广州响应“绿色制造”的国家方针，大力推行光伏发电工程，着力降低电能消耗；不断改造工艺技术，提升材料利用率；建设废水、废气处理设施，有效管理废水、废气排放；推进无纸化办公，倡导绿色出行，培养员工的绿色素养，为绿色制造奠定思想基础。

3. 打造环保产品

不断完成技术革新的CVT在获得市场肯定的同时，也使全球的汽车燃油经济性提升了5%、10%，加特可持续生产环境性能优越的产品，便是极致造物理念的一大体现。

（二）匠心育人

1. 造物先育人

中国正全力建设创新型国家，用知识驱动创新是未来企业发展的必经之路。加特可广州早已开展实践，秉承“造物先育人”的理念，加特可广州把人财当作企业最宝贵的财产，用匠心培养匠人，让员工在工作中学习，在学习中成长。

2. 全方位人财培养体系

加特可广州建成了覆盖全员并满足各级别、各职种需求的全方位培训体系，并培养了一批优秀的培训管理、企业内训师团队，还为员工提供大量的出国培训机会，让员工与公司共同成长。中方管理人员已经达到88%，各项技能竞赛上也不断获奖，人才现代化战略取得显著成效。

（三）深耕技术

1. 技术生根

加特可广州以“不做简单的技术拷贝”为宗旨，2012年设立了品质技术中心，建立起一支能够快速应对中国市场需求的体制，让技术能够在现地生根。加特可广州极力推行自动变速器CVT国产化，降低产品成本，满足中国市场对CVT的需求。自2007年企业成立以来，在实施国产化的道路上稳健经营，几年来不断增资扩产，企业规模不断扩大，国产化水平不断提高，公司产品国产化率达85%以上。

2. 技术创新

配合国家环境保护政策，加特可广州大胆进行技术创新、降低油耗，使国内CVT的燃油经济性能提高了10%～13%，为推动中国汽车行业节能减排及国家环境保护政策的贯彻落实发挥了积极的示范作用。2015年，加特可广州率先量产的Jatco CVT7 W/R就是为了应对中国市场需求，加特可集团首次在日本以外的地区量产成功的母级自动变速器CVT，Jatco CVT7 W/R已占加特可广州约一半的产品销量，深受全球客户的青睐。

加特可广州联合东风日产、中国汽车技术研究中心全国汽车标准化技术委员会变速器分会一起制定了《无级自动变速器（CVT）技术要求及实验方法》的行业标准，弥补了中国在CVT领域的空白，为行业发展起到了极大的积极促进作用。

（四）信赖有加

1. 合法安全经营

安全绝对、守法合规，是加特可广州合法经营的指导思想。保持高伦理水平、彻底遵守法令，是加特可广州备受好评，为行业、社会所认可的重要原因。

2. 友好合作共赢

公正、公平、透明、高效，加特可广州明确了与合作伙伴协同推进业务的姿态，这也使加特可广州获得了诸多客户、供应商的肯定与赞许，实现了双方共赢、共同成长。

3. 回馈社会

中国的CVT教育任重而道远，加特可广州一直将此重任视为己任，不断开展面向大学生的“CVT夏令营”、面向小学生的“小小工程师”等CVT教育活动，开放工厂参观与体验，进行教育支援。同时，作为优秀企业市民，加特可广州还持续开展植树、清扫、捐物等环保活动，并号召所有员工参与到环保活动中去，为地区环保做贡献，成为良好生态环境的创造者之一。在成为一家负责任的模范企业的道路上，加特可广州从未停止对社会的回馈：慈善义卖、爱心捐赠、义务捐献……加特可广州通过员工们一个又一个举动，将公益内化为系统的、常态的企业市民责任之举，为社会带来了无穷的正能量。

加特可通过自由的想象汇聚点子，孜孜不倦地挑战技术，不断研发出切实满足客户与社会需求的高品质产品，将驾驶乐趣传递于人，将活力传递于社会，将友好传递于地球，为客户、汽车文化和社会创造价值。

奥动新能源汽车科技有限公司

一、单位概况

奥动新能源汽车科技有限公司（以下简称“奥动新能源”），2000年成立至今，一直专注新能源汽车换电技术研发和换电站商业化运营。

愿景：共建开放的绿色能源生态体系，换出一片蓝天。

使命:为用户提供高效的、便捷的、高价值的绿色能源补给服务。

定位:成为技术领先、网络最广、成本最优、体验最好的全球新能源汽车换电补给领军企业。

二、经营情况

奥动新能源,专注新能源汽车换电技术研发和换电站商业化运营,已在北京、广州、厦门、昆明、海口、三亚、郑州、张家口等15座城市投放263座换电站,为出租车等营运车辆提供换电补能服务。

三、产品出口

奥动新能源,一直积极拓展国际市场,换电技术与产品应用于世界多国,包括西班牙、泰国、波兰和德国等;具体车型包括大巴、卡车、城市功能车等。

四、产能建设

截至2019年底,奥动新能源已在全国建成200余座换电站,为超过5万辆新能源汽车提供换电服务,累计安全运营换电里程突破6亿km,单车最长运营里程超过75万km。

五、技术进展及研发能力建设

奥动新能源,拥有全球换电技术专利近700项,掌握快换连接系统、底盘换电系统、电池全生命周期管理技术、快换电池箱、换电网络运营管理等多项关键技术。多年来,凭借安全高效的新能源汽车换电技术,曾荣获"北京市科学技术奖二等奖""中国汽车工业科学技术奖"、ISO/TS 16949认证和世界首张电动汽车欧盟CE认证等多个资质证书,包括ISO/TS 16949认证、世界首张电动汽车欧盟CE认证等多项全球资质证书,并参与起草建立6项国家及国际行业标准。

六、合资合作及重大项目建设

2019年11月4日,奥动新能源与北汽集团签订战略合作协议,双方将进一步在乘用车领域推广应用换电模式,并将在商用车(物流车)领域共同探索并将实现换电模式商业化运用。

七、发展目标与规划

2020年底之前,奥动新能源预计将进驻10~15个新城市,总体建设及运营换电站500座以上。

未来,奥动新能源将继续联合社会各界优势资源,共同探索"新换电"商业模式,积极推动电池梯次利用解决方案的应用,加快布局换电网络;计划5年内遍布国内100座城市,建成运营5 000座换电站,为200万辆新能源汽车提供换电服务,为城市提供更高效的新能源补给网络。

杭州伯坦科技工程有限公司

一、单位概况

杭州伯坦科技工程有限公司(以下简称"伯坦科技")成立于2014年10月,是一家专注于"换电技术体系"的电动汽车产业研发和创新的国家高新技术企业,是换电电动汽车产业实践者,是"车电分离、分箱换电"的商业生态和技术体系的构建者。伯坦科技"分箱换电"目前应用车型10余款(涵盖乘用车、商用车),是实现生态内所有车型一站通换的技术方案解决服务商。

二、经营情况

伯坦科技构建的"车电分离、分箱换电"体系,累计推广"分箱换电"版新能源汽车超3万辆,累计提供换电服务超887万次,累计换电行驶里程超13.4亿km。

三、产能建设

伯坦科技主要围绕"标准电池箱"、"车辆换电总成"、"车辆中央控制器VCS"及"换电站核心控制系统GCS"构建了"车电分离、分箱换电"的商业生态和技术体系。

1. 设计定义一种标准电池箱,适配所有车型(乘用车、物流车、大巴车),实现了体系内所有车型的换电兼容。标准电池箱通过换电站内的"单包充电"和"均衡充电"技术大大提高了动力电池使用寿命,实现了动力电池的梯次利用。

2. 设计了适配各种车型的车辆换电总成,并研发了中央控制器VCS,利用区块链等先进技术进行,确保车电分离和分箱换电后的车辆与电池的互联互通。

3. 全新设计了手工、半自动、全自动换电站及换电宝,自主研发换电站核心控制系统GCS,保障换电网络的功能运营。伯坦科技构建的"车电分离、分箱换电"技术体系和商业生态在终端产品定制方面已与7家主机厂合作开发车型10余款车型,产品涵盖乘用车、商用车。"车电分离、分箱换电"商业模式的市场应用为用户创造了良好的使用体验和更高的经济价值。

四、技术进展及研发能力建设

1. 伯坦科技在电动汽车领域坚持创新研发,累计授权专利100余项,并获得"2016年度浙江省高新技术企业百强""2016年度浙江省高新技术行业十强""2018绿色网约车运营平台奖""2016年度最佳绿色汽车解决方案提供商"等荣誉。

2. 伯坦科技研发并集成应用了"标准电池箱""车辆换电总成""车辆中央控制器VCS""换电站核心控制系统GCS"等关键部件,设计并完成了换电站从手工换电站、半自动换电站、全自动换电站的技术迭代升级。

3. 伯坦科技首先提出并商业化"车电分离、分箱换电"的生态和技术体系,该模式在当前电动汽车领域具有十分显著的优势,类似于"燃油车+加油站"的"电动车+换电站"的模式使电动汽车具备了大规模推广的可行性。

(1)具备更高的经济效益:在标准化分箱换电体系下,电池延长了使用寿命并实现了全生命周期的梯次利用,比充电车辆多创造了至少30%的经济效益。并且在同样的场地和电量条件下,换电网络的土地利用率是快充充电站的3倍,慢充的30倍以上。

(2)具备更好的车主体验:传统充电站快充需要45 min以上,慢充6 h以上。而标准化分箱换电站能够将能量补给控制在5 min以内,能极大满足电动车快速高效能量补给需求,解决里程焦虑。同时更换电池模式,更接近客户熟悉的燃油车加油的能量补充方式,符合用户的使用习惯,体验更好。

(3)具备更高的安全性:换电模式将充电过程从车端集中到换电站内,换电站统一进行集中管控的低功率充电,每次都包含优化过程,保证电池使用寿命的同时,有效提高安全性,24 h值守,智能监控系统远程监控,安全隐患均可得到快速及时处理。

(4)具备更高规模化推广可行性:快充设施配套受限于电网基建,车桩比提升有较大的瓶颈,且大规模推广大功率快充后,突发性无规律的高用电负荷将对电网形成挑战,而换电站用电负荷均衡,可响应电网调度,对电网系统更加友好,更适合开展大规模电动汽车推广。

五、主要新产品

序号	产品名称	产品应用
1	标准电池箱	车端
2	车辆换电总成	车端
3	车辆中央控制器 VCS	车端
4	换电站核心控制系统 GCS	换电站

六、发展目标与规划

展望未来,伯坦科技将持续定位于新能源汽车的换电领域,并继续在换电领域的“车电分离、分箱换电”生态技术中深耕,通过产品为广大客户提供更完善的技术服务。让新能源汽车走进大街小巷,使得更多消费者能够享受到电动汽车带来的便利,从而为人们构筑起美好的生存环境。

国网电动汽车服务有限公司

一、单位概况

国网电动汽车公司(以下简称“公司”)成立于2015年12月29日,注册资本30亿元。已与23个省电力公司设立属地电动汽车合资公司,服务全国电动汽车后市场,综合利用大数据、云计算、物联网、人工智能技术,建设具有最专业、全面客户服务能力的电动汽车服务体系,打造全国乃至世界规模的电动汽车公共服务平台。

公司致力于构造电动汽车服务生态圈,与产业链上下游企业合资设立雄安联行、苏创中心、国网恒大、国网广汇、国网招商、国网什马、国新智电等混合所有制子公司,积极拓展汽车租赁、设施运营业务,为政府、企业、公众提供能力服务与数据共享,实现企业间的合作营销与引流,引领充电基础设施建设从扩大规模向提质增效、技术创新转型。

二、经营情况

2019年,公司全年营业收入46.08亿元,同比增长34.02%;资产总额65.18亿元,同比增长115.99%;实现利润总额0.84亿元,同比增长37.66%。智慧车联网平台注册用户数超200万,平均活跃用户占比22.5%,累计接入充电桩43.54万根,年充电量9.4亿kWh,同比增长56.6%。

三、产品出口

研制商业化推广的小功率V2G充放电桩,与吉利、威马、上汽、广汽、蔚来等主机厂达成合作意向,开展大客户V2G商业化试运营合作。联合比亚迪、广汽等主机厂,创新推出“车电包”产品,签约充电量2.9亿kWh,增强用户黏性,引领消费变革。创新推出“e车购”新零售服务,累计完成124家营业厅业务转型,首创“选—订—验—提”全流程在线服务,全年实现在线订单2 380单。

四、产能建设

完成“e充电”App架构升级,新增社区、路线规划等贴近用户需求的功能,全面优化用户体验。累计接入全国社会运营商超百家,覆盖全国85%以上公共充电桩,深度互联互通比例超50%。开展“一省一市一策”专项行动,全年建设专用场站199座,初步扭转市场占有率下降趋势。建成世界首个跨地区、跨河域岸电云网系统,累计接入岸电设备284套。建设3 500根有序充电桩,完成技术与商业模式验证。发布“e约车”4.0版本,完成华能、中旅等系统内外121家单位推广应用,聚合全国90%网约运力资源,累计服务公务出行18万人次。开展驻京办划转车辆运营、系统内超编车辆分时租赁、共享巴士班车等服务,车辆运营规模近8 000辆。积极拓展销售渠道,合作主机厂超40家、经销商超300家,全年销售车辆1.9万辆,开展5款国网定制车辆示范应用。

五、技术进展及研发能力建设

全面应用统一支付清分结算系统,累计完成4 059万笔订单结算,平台线上交易额超6.8亿元,有效支撑各省电动汽车公司和加盟商户的清分结算与营销活动。研发专用场站控制系统与商户管理系统,平台接入能力进一步提升。在行业内率先完成“即插即充”技术攻坚,将充电步骤从5步减少为1步,大幅提升用户充电体验,并实现北京、上海、杭州、成都、西安等城市1.7万根国网桩全覆盖。建成国内首座360 kW大功率快充站,缩短2/3充电时长,相关技术标准获得国际认可。

六、合资合作及重大项目建设

公司牵头开展国家重点研发项目“充电设施检定和型式评价”,“国家电网智慧车联网平台解决方案”入选工信部工业互联网试点示范项目。在研国家科技项目1项、国家基金项目1项、参编国际标准5项、牵头国标4项、行标6项、团标5项、企标7项。组织召开面向政府部委、行业协会、产业单位的充电行业高峰论坛,打造产学研用创新服务平台。筹建中电联能源区块链标准化技术委员会,开展能源区块链标准体系建设。举办第二季创业大赛,推动内部创新孵化,获批国网营销大数据创新培育基地,创建浙江智慧云创中心“生命体”班组示范点。

七、发展目标与规划

全面贯彻落实国家电网有限公司党组决策部署,坚持“两个服务”战略,以客户为中心、以市场为导向,以“工业+消费互联网”打造新一代智慧车联网平台,全力推进能源互联网示范区与智慧车联网先行区建设,为国家电网有限公司建设具有竞争力的世界一流企业作贡献。

主要发展和经营目标如下。

安全生产:保持安全稳定局面,不发生人身死亡事故,不发生设备、火灾、交通事故及信息安全事件。

经营管理:营业收入70亿元,利润总额1.2亿元,企业估值120亿元。

平台运营:平台累计注册用户数500万,月活用户占比25%,广告运营增值服务收入4 500万元,平台日订单量超30万条。

充电出行服务:累计接入充电桩100万根,年充电量15亿kWh。

能源服务:实现电力交易40亿kWh,V2G应用电量500万kWh,聚合灵活负荷参与电网辅助服务500 MW。

南方电网电动汽车服务有限公司

一、单位概况

南方电网电动汽车服务有限公司(以下简称“公司”)于2019年3月22日正式挂牌成立,是中国南方电网旗下专业从事电动汽车产业服务的企业,业务范围涵盖电动汽车服务全产业链,以能源服务为核心,以充电服务为基础,以服务出行为导向,搭建产业链生态平台,以建设“智慧能源、智慧交通、智慧生活、智慧城市”为目标,坚持“绿色发展、创新驱动、能者无疆、相融共赢”的发展理念,开展“技术、服务、商业模式”创新。公司整合发展产业规模效应和叠加效应,坚持“以客户为中心”,为客户提供“最安全、最便捷、最优惠”的服务。打造卓越的电动汽车服务运营商,电动汽车产业价值链整合商,绿色能源生态服务商。

二、经营情况

2019年,公司营业收入2.02亿元,同比上升67.15%;新签合同额2.73亿元,增长约110.93%。充电设施建设全网已布局超过3.2万台充电桩,覆盖南方区域城际高速及遍布城区的充电网络,在南网5省内为客户提供充电服务,成为全国第4,南方第1的充电运营商。公司充电网服务平台已介入第三方运营商平台20家、政府监管平台7家,现有注册用户47万,日活跃用户约6万人次。

三、技术进展及研发能力建设

作为中国电力企业联合会理事单位、中国电力企业联合会能源行业电动汽车充电设施标准技术委员会委员单位、中国电力企业联合会电动汽车与储能分会副会长单位、中国电力技术市场协会充电技术与设备专业委员会会长单位、中国电动汽车百人会理事单位、广东省充电设施协会会长单位,公司设有专门的研发中心,拥有自主研发在内的一批先进、专业检测设备,支持公司产品研发、科学实验、质量检验的技术需求,获得“2019中国充电桩十大最具品牌影响力及运营商”称号。团队研发骨干多长期从事新能源汽车产业链相关产品的设计研发工作,深耕电力系统自动化、电力电子技术、自动控制技术、装备成套技术等领域,研发团队成员已获得“广东省科技进步奖”、“中国电工技术学会科学技术奖”、“全国电力行业信息化成果奖”、“全国电力设备管理创新奖”及“南方电网公司专利一等奖”等诸多荣誉,已申请电动汽车充电设施相关专利50项,软件著作权30项。

作为国家高新技术企业,公司构建了“三横一纵”研发体系,集科研、技术服务、解决方案和产品销售于一体,整合产学研等各方资源,消化运用最先进、最实用、最好用的技术、产品,转化为技术引领的核心竞争力。聚焦用户体验和技术前沿,专注新能源汽车能源服务设备研发制造,产品线涵盖交直流充电设备、充电连接装置、电源模块、集装箱式配电房、配充一体化智能柜、换电设备、充电检测设备、动力电池检测设备、港口岸电设备、移动补电设备、无线充电设备、便携式充电设备以及车载智慧终端等系列,掌握智能控制、物联网、功率定制等核心研发能力。

四、主要新产品

序号	产品名称	产品型号
1	240 kW(750 V)单/双枪直流充电机	NWDD-YL-D750/240-1/2
2	160 kW(750 V)单/双枪直流充电机	NWDD-YL-D750/160-1/2
3	20 kW 超宽范围恒功率充电模块 20 kW/300~750 V	NWDD-CMS-207530F
4	20 kW 恒功率充电模块 20 kW/400~750 V	NWDD-CMC-207540F
5	20 kW 充电模块 20 kW/400~500 V	NWDD-CMN-205040F
6	20 kW 充电模块 20 kW/600~750 V	NWDD-CMN-207560F
7	15 kW 超宽范围恒功率充电模块 15 kW/300~750 V	NWDD-CMS-157530F
8	充电平台	顺易充3.0
9	车联网平台	畅易行2.0

五、合资合作及重大项目建设

公司以“能者无疆　相融共赢”的合作理念与百余家电动汽车产业链上下游企业建立了良好生态关系，在战略合作之外，也通过合资参股、联合开发等多种合作模式，为实现智慧能源、智慧交通、智慧生活、智慧城市的愿景，布局充电网络、汽车租售、出行方案解决等多个领域，与各大行业标杆企业开展深度创新合作。

公司坚持自主创新和集成创新并举，持续保持产品技术的更新迭代，服务于数字南网建设并引领绿色能源革命，走在技术、服务和商业模式创新的前沿。公司与宁德时代拟成立合资公司，并在电动重卡及其他营运车辆电池资产持有及运营、电动物流车、船舶电动化、特殊行业储能等领域开展合作；与清华大学四川能源互联网研究院联合创立能源互联网创新工作室将在分布式资源智慧调控与聚合交易机制、充换电网络动态智能规划、有序充电等多个科研领域广泛合作，共同推进智慧能源网建设，服务公司四网融合的产业发展目标，同时拉动公司跨领域的复合型人才建设；与腾讯云共建电动生态服务联合创新实验室。促进互联网技术与电动汽车服务产业的深度融合，全面助推智慧能源领域“新基建”进程。共同打造电动汽车服务产业互联网的创新和创业高地，在国内树立电动汽车服务标杆与典范，引领科技成果创新；开展科技创新典型示范项目的建设；与华为技术有限公司建立了智慧能源技术联合创新实验室，将以其作为载体重点开展技术、服务等方面的创新合作，充分发挥各自优势，加强智慧能源领域的联合技术创新，携手构建智慧能源新生态，提升研发创新效能，改善客户服务质量，更好地服务于能源行业；与中建科工集团智慧停车科技有限公司、智慧互通科技有限公司合作探索开发分布式数据中心，搭建新能源汽车产业生态平台，共同开发、建设、运营静态交通大数据平台，拓展“智慧停车＋充电”一体化模式。公司已完成《电动汽车充电站运营服务管理规范》等13项标准编制，在充电设施产品及验收、充电场站建设运维、充电设施典型设计等全产业链搭建属于南网电动的统一技术标准体系，将在分布式资源智慧调控与聚合交易机制、充换电网络动态智能规划、有序充电等多个科研领域广泛合作，共同推进智慧能源网建设，公司以四网融合的产业发展目标，同时拉动公司跨领域的复合型人才建设。

组建独资项目公司开展属地化充电业务，与华东相关合作方开展合作，参与多地新能源汽车租赁运营项目，与永联科技公司就深圳电动公交充电服务、充电模块标准制定、场站投资建设运营、前沿技术研究、充电桩市场拓展等方面开展合作，国内外一流企业就无线充电、V2G等业务展开合作。

六、发展目标与规划

南网电动希望立足南方、布局全国、抱团出海，构建大生态，发挥行业引领作用，以市场为导向，以技术为引领，以服务为驱动，着重打造更便捷的公共快充网络、更专业的专用充电场站、更智能的社区充电网络，形成适应不同充电需求的立体充电服务网络体系，力争成为具有全球竞争力的绿色能源生态服务商。未来以“发挥一个优势、实现两个突破、着力三个提升、做好四个示范、夯实五个基础”为工作主线，积极响应国家加快“新基建”号召，计划在未来4年投资251亿元建设充电设施，建成大规模集中充电站150座，充电桩38万个，实现高质量跨越式发展。

主要发展和经营目标如下。

技术方面：利用V2G试点项目，探索实现电网互动、绿色能源聚合交易，建设能源网，孕育能源服务生态；筹备国家级研发中心积累产学研资源，筹建院士工作站、博士后创新实践基地、省工程实验室以及省工程技术研究中心等科研机构；实现四网融合平台1.0版，构建“四网融合”大数据智能平台。

充电服务：电动汽车充电桩充电电量2亿万kWh、充电桩销售收入9 000万元、充电服务费收入1 800万元。

平台运营：累计注册用户65万，月活跃用户占比10%，月充电订单45万单，月充电电量3 500万kWh。

特来电新能源有限公司

一、企业介绍

特来电新能源有限公司是中国创业板第一股（股票代码300001）特锐德的控股子公司。投建27万个充电桩，市场占有率达41%以上，累计充电45亿kWh，规模行业第1。创新充电网的技术路线，1 100人研发团队，专利1 200项，技术水平世界领先。打造了充电网最大的云平台，注册用户290万，拥有行业最大的充电大数据。全国设立105家子公司，在334个城市为客户保障充电安全及运营服务。无桩充电、无电插头、群管群控、模块结构、主动防护、柔性充电引领充电网技术充电网“两层防护”对车安全实现可监视、可预警、可控制、可追溯，减少烧车70%。

二、团队创新

特来电拥有智能充电、电力电子、云平台、大数据、智能调控、无线充电、智能箱变、德国电气技术、储能技术、新能源微网十大研发中心，打造了汽车充电网和新能源微网的人才世界高地。其充电网技术的大功率充电、无人驾驶公交车的人工智能充电弓、无线充电及新能源微网系统经国家鉴定为“产品世界首创、技术水平国际领先”；充电设备的主动防护、柔性充电、工业品质、智能运维等创新，都成为世界充电行业技术的引领者。

建有国家企业技术中心等9个国家、省市创新平台。承担了"十三五"首个科技部充电设施重点研发计划、首批工信部绿色制造专项、智能制造专项等13项国家级研发项目。秉承着并不是客户需要什么,公司就开发什么,而是公司创新了什么,客户就需要什么的创新理念,实现了技术一步领先、步步领先。

三、技术创新

创新发布"面向新能源车安全的充电网两层防护技术"解决了世界性烧车难题。"充电网两层防护技术"是指在充电网体系下的"设备防护层+数据防护层"的安全防护技术,分别涵盖"两侧、双轴、19个模型、27个维度"。"两侧"是指设备防护层的"车端侧+充电侧";"双轴"是指数据防护层的"时间轴+空间轴"。

只要在特来电充电网上充电,都会进行19个模型、27个维度的安全检测,好比体检,每次充电过程也是一次安全"体检"过程,要通过"19个科室"的诊断和27个指标的检测,让车辆在充电过程中时刻"联网、在线"接受特来电两层安全防护体系的保护。使得充电过程对汽车安全隐患,做到可监视、可预警、可追溯、可控制,减少烧车事故70%。

四、特来电目标及使命

目标:打造政府放心、客户满意的汽车充电网生态运营公司。

使命:实现新能源车充新能源电,让尾气和雾霾远离人类。

江苏万帮德和新能源科技股份有限公司

一、单位概况

江苏万帮德和新能源科技股份有限公司(以下简称"星星充电")总部位于中国常州,专注于新能源汽车充电设备研发制造,平台兼容全部国标车型,产品线涵盖交直流设备、充电枪头、电源模块、智能电柜、换电设备等,掌握着智能控制、物联网、大功率定制等核心研发能力。为全球客户提供设备、平台、用户和数据运营服务,借助车辆销售、私人充电、公共充电、金融保险等业务打造用户充电全生命周期平台,通过"一端能源互联,一端产业互联"的企业战略,最终实现"推动人类交通电动化,引领全球能源数字化"的长远梦想。现已发展为我国主流的民营电动汽车充电运营商,在大功率充电技术、智能运维平台等方面优势显著。

星星充电是全国唯一获得国家能源局"能源互联网重大应用示范"项目、国家工信部"智能制造2025新模式应用"项目、国家科技部"新能源汽车"2018年度重点专项3个国家级项目立项的桩企,并牵头成立全国唯一一个新能源汽车智慧能源装备创新中心。

二、经营情况

星星充电是我国日均充电量位于前列的电动汽车充电运营商,平台上共有自建充电设备终端17万余个,日充电量约500万kWh。2019年企业营业额257 855万元,实际纳税6 419万元,2020年第1季度企业营业额24 551.09万元,税收1 891.58万元,作为持续盈利的充电运营商,星星充电更快更智能。

星星充电是全球近60家知名车企的战略合作伙伴,其中不仅包括梅赛德斯奔驰、保时捷、宝马、捷豹路虎、大众等国际品牌,还包括比亚迪、北汽等国内车企。

三、产品出口

2019年,出口120 kW国际直流桩、125 A国标直流枪、14 kW欧标交流桩、250 A国标直流枪、30 kW国标交流桩、30 kW欧标直流桩、40 kW欧标交流桩、50 kW欧标直流桩、60 kW国标直流桩、7 kW国标交流桩等共计380台,覆盖哥伦比亚、土耳其、乌拉圭、日本、荷兰、西班牙等多个国家。

2020年,已经出口120 kW国标直流桩、180 kW国标直流桩、30 kW国标直流桩、7 kW美标交流桩、星充自制枪等共计58台,覆盖澳洲、波兰、智利等多个国家。

四、产能建设

星星充电有PCBA车间、直流桩车间、交流桩车间及充电枪4个车间,总占地面积超过2万m^2。二期厂房建设中,预计10月投产,二期总占地面积4万m^2。

直流车间满足一年3.6万套直流桩的产能规划,待二期投入使用后,可以满足一年10万套直流桩的产能需求;交流车间产能是36万台,拥有一条全自动化产线、两条半自动化产线及两条手工线,预计2020年产能可以达到50万台;PCBA车间拥有一条SMT线,两条DIP线,可以做到36万套控制板,设备均为进口设备,一致性较好;充电枪车间目前国标直流充电枪可以做到4万只/年,欧标直流枪可以做到1万只/年。

五、技术进展及研发能力建设

重点开展了大功率液冷连接器技术、自动充电技术、新一代绝缘监测模块、B型漏电保护技术、车规级PLC通信模块、家庭/楼宇能量管理系统、双向充放电设备、新一代宽禁带功率器件封装设计与驱动控制技术等关键共性技术研发;具备了充电系统相关核心器件的自主研发能力,开发了MW级专用车大功率传导式自动充电系统,以及面向多场景需求的车网融合能源解决方案。

2019年申请专利99余件,其中发明专利71件、实用新型28件。研发团队中,硕士及以上学历占比60%以上,并引进了近10名博士领军人才。

六、主要新产品

序号	产品型号	产品名称
1	1.7 kW/2.8 kW/3.5 kW 便携式交流充电桩	DH-AC0035XG08-A
2	星星充电第二代 7 kW 智能交流充电桩	DH-AC0070XG20 系列
3	星星充电第三代 7 kW 智能交流充电桩	DH-AC0070XG60 系列
4	30 kW 电动汽车直流一体机(单枪)	DH-DC0300HG35
5	60 kW 电动汽车直流一体机(双枪)	DH-DC0600SG36
6	120 kW 电动汽车直流一体机(双枪)	DH-DC1200SG30-B
7	180 kW/240 kW 电动汽车直流一体机(双枪)	DH-DC1800SG30 DH-DC2400SG30
8	360 kW 分体式直流充电机	DC750RC36012-3012-C(柜) DC750SC36002-S30-A(桩)
9	智能下压式充电弓系统	DH-DC750SC22501-S00-A
	DH-EV-DC200A-L5-001	直流充电枪

七、合资合作及重大项目建设

1. 开迈斯新能源科技有限公司(以下简称"开迈斯")

开迈斯由大众汽车(中国)投资有限公司、中国第一汽车股份有限公司、江苏万帮德和新能源科技股份有限公司和安徽江淮汽车集团股份有限公司合资成立,在中国乘用车市场车辆保有量占比超过 30%。开迈斯作为大众全球新能源战略布局在中国市场的一个重要角色,集车企与充电企业优势于一体,提供从充电基础设施的研发制造到软件的智能互联,从私人充电用户到半公共、公共以及商务用户、从电力供应的行业源头到服务平台的终端体验,实现每一个业态的前后端无缝连接。

"十四五"时期是我国由全面建成小康社会向基本实现社会主义现代化迈进的关键时期,也是我国经济由高速增长向高质量发展转型的攻坚期,全国新能源行业也将进入全面深化改革的重要时刻。开麦斯将在新能源汽车重点销售城市开展业务,范围逐步覆盖主要城市一线、二线城市,已接入 5 700 多个优质充电桩,覆盖全国 21 个城市,到 2020 年底,将覆盖 40 个城市,并形成骨干充电网络,为客户提供全面的充电服务解决方案。充电基础设施建设前景广阔,2030 年全球私人充电桩保有量预计达到 12 800 万 ~ 24 500 万台,总充电量达 480T ~ 820 TWh;全球公共充电桩保有量预计达 1 000 万 ~ 2 000 万台,总充电量达 70 T ~ 124 TWh。

2. 联行网络科技有限公司(以下简称"联行科技")

联行科技由国家电网、南方电网、特来电和星星充电共同创建,是独立的第三方电动汽车生态服务平台公司。以参与构建开放合作的新能源汽车服务生态为目标,以电动汽车充电服务为基础,聚焦数据服务,通过跨行业数据融合和大数据挖掘,加速新能源产业的互联互通,提升终端用户体验,助力行业健康发展。

联行科技互联互通平台合作运营商已达 140 家,接入充电设施超 48 万个,占比超过全国总量的 85%;其中深度互联互通超 27 万,全面支持启停、充电和付款,覆盖全国 300 多个城市和 5 万 km 的高速路网,充电设施"全国一张网"已初具规模。

联行科技在充电设施行业首创"联行模式",以联行科技互联互通平台为枢纽,整合充电供给侧资源,将充电运营商的公共自营充电设施数据,反向接入各运营商平台及其他流量平台,实现任一接入方用户使用其产品,在所有接入方充电设施完成充电服务。通过联行科技进行数据交互、清分结算,实现充电运营商之间的通存通兑,提高运营商的运营管理能力。"联行模式"真正实现了充电设施领域的互联互通,通过多维互通带动产业链上下游多方共赢。车主可使用任意加入"联行模式"的充电运营商 App,大幅提升用户充电体验;运营商可获得提效增收和广泛引流;主机厂、出行公司、物流公司等企业用户可加深上下游合作,赢得降本增效和发展新契机。

八、发展目标与规划

国家推出的"新基建",涵盖了七大领域,自央视对"新基建"进行报道之后,受到了市场的热捧。在浩大的新基建超 10 万亿的市场中,新能源汽车充电,几乎是中小及个人投资者能参与的唯一选择。市场开放、增长空间大,有强大的平台企业支撑。强调科技导向,与之前的 4 万亿基建本质上非常不同。既要完成市场拉动,也需要完成科技领先。

星星充电作为全国充电桩行业的领军平台企业,通过硬件、软件、服务的全平台支撑,抓住新基建的空前机遇。星星充电平台累计超过 15 万个充电终端,同时与数十家汽车主机厂品牌完成了超过 20 万个私家车充电桩配套。全球近 60 家主机厂品牌,大众、戴姆勒、保时捷、捷豹路虎、北汽、奥迪、蔚来等,都与星星充电建立了合作。未来将全面布局国际市场,同时深耕发展移动能源互联网,通过一个个充电终端,上游链接能源,下游链接交通,实现横跨 3 个万亿级市场。充电是能源与交通取得联系的主要的能量入口、交易入口、交互入口、信息入口和行为入口。通过创新应用能源互联网,向上托起两朵云,一朵叫作智慧能源,一朵叫作智能交通,进而实现公司使命。

珠海泰坦科技股份有限公司

一、单位概况

珠海泰坦科技股份有限公司成立于 1992 年,是中国泰坦能源技术集团有限公司(港股代码 2188)下属全资附属公司,主要从事电力电子、自动控制、电动汽车充电设备、节能增效等产品的开发、制造和营销。

珠海泰坦科技股份有限公司在电动汽车充电行业砥砺前行 15 年,建设了一批强有力的研发、销售、维护团队,产品覆盖设备、方案、工程、平台、运维服务、大数据、储能等领域。曾参与包括北京奥运会、上海世博会、广州亚运会等众多大型电动汽车充换电站项目,是有着超10年充电站设备供应、规划、建设、运维经验的企业。

二、经营情况

泰坦科技主营业务为电动汽车充电设备、岸电设备、直流电源、储能产品的研发、生产与销售,项目覆盖全国(含港澳台)近百所城市,主要客户为国家电网、南方电网、各运营商、代理商等。自2005年以来,供应充电产品数量15 000余台(套),参与建设上千座集中式充电站项目,建设变电站1万多座,遍及港澳在内的全国130多座城市。2019年泰坦科技整体营业额26 000万元,其中电动汽车充电桩及关联业务营业收入13 354万元。

三、产能建设

珠海泰坦科技股份有限公司在珠海高新技术产业园区建设了自有规模化的生产基地,建筑面积32 840 m^2,能满足500~800人生产作业。生产基地设有直流系统、车充系统生产线两大高新产品的生产供应链,配备装配线、插装线、SMT产线、手工焊接线等多个区。珠海泰坦科技股份有限公司研发的充电设备及相关核心部件皆由珠海生产基地自主生产制造,2019年度实际产值达4亿元。

四、技术进展及研发能力建设

珠海泰坦科技股份有限公司现有员工人数300多人,约50%为专业技术人员。建有博士后科研工作站与业内高水准的EMC电磁兼容实验室及3 m法半电波暗室;珠海泰坦科技股份有限公司具有20多年电力电子产品的研发、制造及应用经验,5项产品被评为国家级重点新产品、3项产品纳入国家“863”计划、多项产品应用于国家重大项目。

在新能源汽车充电领域,逐步形成包括交流充电桩、一体式直流充电机、分体式直流充电机、充电岛、充电站监管平台、分箱式充电机、储能系统、微网系统等诸多不同用途的系列产品;累积发明专利11项、实用新型专利38项、外观设计专利24项、计算机软件著作权42项。

五、主要新产品

序号	产品名称	产品型号	产品应用
1	交流充电桩	TCZ-J-32A/220V	符合新国标的纯电动汽车
2	120 kW 一体式直流充电机	TEVC-120 kW/750V	符合新国标的纯电动汽车
3	150 kW 组合式直流充电机	TEVC-150 kW/750V	符合新国标的纯电动汽车
4	240 kW 分体式直流充电机	TEVC-240 kW/750V	符合新国标的纯电动汽车
5	480 kW 智能充电岛	TEVC-480 kW/750V	符合新国标的纯电动汽车

六、合资合作及重大项目建设

2019年,珠海泰坦科技股份有限公司延续在新能源汽车行业优势,以多元化、高品质的充电产品、优秀的服务品质,陆续中标安徽、广东、广西、四川、福建、陕西、云南、江西、北京、深圳等省市的电动汽车充电设备招标项目;与国家电网、南方电网、各地公交公司、运营商等,签订了国网上海市区供电公司内江路公交充电站二期工程、茂名市电动汽车基础设施建设项目、深圳机场充电机项目、韶关粤运仁化汽车站及粤运南站项目、广东中世发设备采购项目、合肥市电动汽车充电设备及供配电系统设备材料采购项目、宿迁市综合客运枢纽建设工程停车场充电桩项目、惠州风光储充建设等200余个项目合同,并陆续供应货品。

七、发展目标与规划

2020年,珠海泰坦科技股份有限公司将全系产品升级到三统一的模块标准,在降低客户后期维护成本的同时,全部出厂产品均具备设备远程运维监控能力,提高运维反应效率。未来3年,在新基建政策的加持下,随着公司新技术、新模式加快落地和应用,泰坦电动汽车充电桩产值将实现倍增,年营业利润不低于4 000万元。

厦门ABB低压电器设备有限公司深圳分公司

一、单位概况

厦门ABB低压电器设备有限公司深圳分公司是世界五百强ABB集团旗下子公司,坐落于深圳宝安。《财富》杂志发布的2018年“改变世界”企业榜中,ABB凭借在加快清洁能源电动交通领域的突出贡献,荣登榜单第8位。ABB是电动交通基础设施领域的全球领导企业,作为电动汽车提供全方位充电解决方案,已在全球76个国家安装了11 000个直流快速充电机,包括1 500余台大功率充电桩。ABB OppCharge充电弓技术,实现了全自动连接,能在3~6 min为电动大巴充入下一行程所需的电能,引领全球公交电动化。

厦门ABB低压电器设备有限公司深圳分公司通过了ISO 9001、ISO 14001、OHSAS 18001体系认证。作为ABB在中国的电动汽车基础设施业务单元,依托于ABB集团在电气产品领域长期积累的产品优势,公司提供全面、可靠、安全的新能源汽车充电解决方案,包括适用于高速公路及交通枢纽的Terra CA CB系列直流快速充电机,以及与新能源汽车及住宅商建配套的EVinn交流充电机。同时,ABB提供充电设备的在线连接云服务,能够帮助充电设施业主实现远程监控、远程诊断、远程升级等功能,实现充电桩的互联和智能化。

二、技术进展及研发能力建设

ABB拥有全球先进的充电桩技术，参与制订了多个充电标准。ABB在大功率充电桩方面的研究也取得巨大突破，最新在欧洲推出Terra High Power DC充电桩，充电功率高达350 kW，可满足充电8 min行驶200 kM，领先行业水平。ABB在全球拥有3个充电桩技术研究中心，分别位于荷兰、意大利和中国。其中厦门ABB低压电器设备有限公司深圳分公司在国内拥有超过40人的研发团队，包含软件、硬件以及结构等完整的研发链条，同时保持与欧洲ABB充电桩的研发团队的紧密合作，立足本土，面向全球，致力于提供全面、领先、安全、可靠的新能源汽车充电方案。

三、主要新产品

序号	产品名称	产品型号	产品应用
1	7 kW交流充电桩	EVinn-OP7/BC7	在住宅、公建、停车车场的泊车慢充
2	60 kW一体式直流充电桩	Terra CA60/CB60	在商建、园区充电站点的直流快充
3	120 kW一体式直流充电桩	Terra CA120/CB120	在公交、公共充电站点的直流快充
4	180 kW分体式直流充电桩	Terra 184 Z	在路边、高速、油站充电站点的直流快充

北京四维图新股份有限公司

一、单位概况

北京四维图新股份有限公司成立于2002年，是中国导航地图产业的开拓者。经10余年的创新发展，四维图新已成为导航地图、导航软件、动态交通信息、位置大数据，以及乘用车和商用车定制化车联网解决方案领域的领导者。如今，四维图新以全面的技术发展战略迎接汽车"新四化"时代的来临，致力于以自动驾驶地图、高精度定位、云服务平台，以及应用于ADAS和自动驾驶的车规级芯片等核心业务，打造"智能汽车大脑"，赋能智慧出行，创造美好生活，成为中国市场乃至全球更值得客户信赖的智能出行科技公司。

基于高精定位与地图导航等核心技术优势，四维桩家平台深度聚合行业上中下游充电服务资源，为企业客户提供以"充电服务集成""能源大数据运营""营销服务管理"为核心的一站式新能源出行服务解决方案。服务产品涵盖公共充电、私桩控制、品牌专充站、移动充电等多维场景，赋能企业客户搭建品牌专属的智能化、生态化新能源出行服务运营平台。

二、经营情况

四维桩家平台已经与戴姆勒奔驰、宝马、丰田、福特、上汽等多家国际知名厂商建立了深度技术合作，服务项目涵盖智能充电、跨平台运营控制、即插即充、便捷支付、品牌专充运营、私桩管控、移动充电等技术服务产品，以及电卡电包等营销服务产品。

三、产能建设

1. 产品技术开发人员占比80%。
2. 市场商务人员占比15%。
3. 行政办公人员占比5%。

四、技术进展及研发能力建设

1. 即插即充——一种通过车桩匹配实现电动汽车即插即充的方案。

四维满电云平台通过聚合市场上90%以上的充电桩，对客户提供标准化的充电服务和体验外，增加本发明方案对应的即插即充功能。让用户充电的最终体验变成找桩—插枪—拔枪即可充电完成。整个流程关键点在于如何解决选择合适的App、注册、充值、扫码充电、主动停止对用户无感，给用户提供插枪充电拔枪即走的充电体验。

2. 充电桩空闲度预测——一种充电桩空闲度预测的方案

空闲度预测为电动汽车车主提供出行找桩充电提供数据指导，解决用户找可用充电桩的痛点。综合分析影响充电站空闲度的因素，结合充电站历史空闲度数据，通过机器学习模型对空闲数据训练和预测，提高空闲度预测的可信度。

五、主要新产品

序号	产品名称
1	充电服务平台
2	能源大数据运营中心
3	营销管理平台

六、合资合作及重大项目建设

戴姆勒奔驰"星服务"项目合作案例如下。

星管家：家用智能充电墙盒在线管控服务。

星随行：一站式公共充电在线运营管控服务。

星驿站：奔驰品牌专充站在线运营管控服务。

星助理：专属代客充电运营管控服务。

七、发展目标与规划

新能源出行智能服务"从新开始"。聚合市场99%以上的优质CPO资源，实现对B端用户一站式布局及对C端用户无障碍服务。不断优化平台大数据计算及分析能力，协助企业级客户提供智能化充电运营服务和用户营销服务。通过不断的技术创新和产品迭代，为B端用户提供行业领先的平台化、生态化、定制化的运营服务解决方案。为C端用户提供便捷、智能、经济的新能源出行产品及服务。

四川永贵科技有限公司

一、单位概况

四川永贵科技有限公司(以下简称“公司”)创办于2008年,坐落于中国科技电子城绵阳市,公司建筑面积10.8万m^2,注册资本8 100万元,资产总值7.7亿元,系浙江永贵电器股份有限公司(股票代码300351)的全资子公司,是为国家重点装备业提供可靠连接器系列产品及技术服务,为互连系统提供整体解决方案的国家高新技术企业。

公司拥有一支具有丰富电连接器专业知识的专家队伍和管理团队,技术中心被评为“省级技术中心”,并成功开发出了广泛用于轨道交通、新能源、军工、通信、石油防爆、港口机械等领域的上万种规格的电连接系列产品。同时,公司产品直接或间接出口到全球10多个国家和地区,深得客户的好评。

公司先后通过了ISO 9001质量管理体系、ISO 14001环境管理体系、QHSAS 18001职业健康与安全管理体系、GJB 9001C军工质量管理体系认证、三级保密资格单位证书、武器装备科研生产许可证、装备承制单位资格证、IATF 16949:2016质量管理体系、ISO/TS 22163质量管理体系、EN 15085-2体系和ISO 3834国际焊接体系认证。

公司产品通过了CRCC、ETL、UL等产品质量认证,通过了西门子、三菱、日立、东洋、艾默生等世界知名公司的供应商资质认证。也是中国中车股份有限公司和中国十二大军工集团的主要供应商。

二、产能建设

公司拥有高速动车连接器、地铁车辆连接器、机车连接器、通信连接器、石油防爆、军工连接器、新能源连接器、部件组装、针孔件组装等生产线40余条,装配生产用各类自动或半自动机器设备260余台,具有月组装连接80万套以上的生产能力。

三、合资合作及重大项目建设

外延并购,实现战略目标。借助资本市场平台,进行同行业并购整合,以轨道交通连接器市场为核心,重点拓展新能源和通信领域市场,同时积极拓展军工等领域市场,努力形成四大领域齐头并进的发展格局。

四、发展目标与规划

1. 打造专业高端连接器制造商

公司坚持以同心多元化发展战略,一是以连接器为核心,新的应用领域的多元化拓展;二是以产业为核心,上下游产业链的纵深拓展,目标成为多领域、多产业齐头并进的平台型公司,同时积极拓展国际市场。

2. 进入新领域、新产业推动未来高速增长

在新能源、通信、军工领域,公司已拓展大量客户并开始贡献利润,未来将推动公司业绩不断高速增长,而公司新领域包括减振器、计轴、传感器、消费类电子正处于孵化阶段,未来可以为公司创造新的利润点。

乐清市八达光电科技股份有限公司

一、单位概况

乐清市八达光电科技股份有限公司(以下简称“公司”)创建于2012年,是一家集专业生产新能源汽车高压控制装置、充电及放电系统、高压连接器、高压线束总成等系列产品的高新技术企业,坐落于浙江省乐清市经济开发区内。

公司总部厂房面积超过4万m^2,下设深圳分公司,重庆分公司,员工640人左右;具有冲压、注塑、机加、激光焊接、超声波焊接、端子全自动组装、高压线束与高压连接器组装、SMT贴片等加工能力。

公司已通过IATF 16949:2016质量管理体系认证,ISO 14001:2015环境管理体系认证、OHSAS 18001:2007职业健康安全体系认证、试验中心已通过CNAS认证;主要产品通过中汽研、UL、TUV、SGS、CTI等第三方产品检验和认证,建立了完善的产品管理体系。

公司先后荣获“高新技术企业”“八达光电新能源汽车关键零部件省级高新技术企业研究开发中心”“八达光电新能源汽车关键零部件省级高新技术企业研究开发中心”“浙江省科技型中小企业”“温州市企业技术研究开发中心”“乐清市企业技术研究开发中心”“科技进步先进单位”等荣誉。

二、经营情况

公司主营电动汽车高压控制装置、充电及放电系统、高压连接器系列、高压线束总成等系列产品。其中,公司市场销售规模位居国内电动汽车同类零部件行业内排列前茅,2019年完成整车配套20万台,同类产品市场占有率15%以上。

三、产品出口

暂无产品直接出口,产品通常是在国内装车,然后随着车发往国外。

四、产能建设

具有冲压、注塑、机加、激光焊接、超声波焊接、端子全自动组装、高压线束与高压连接器组装、SMT贴片等加工能力;公司具有超过50万台整车高压线束配套能力和1 000万套高压连接器生产能力、300万套充电枪座生产能力。

五、技术进展及研发能力建设

参与制定国家标准1项、行业标准3项、行业团体标准2项。公司研制的新产品取得自主知识产权90项，其中授权发明专利8项、实用新型专利74项、外观专利6项、软著登记2项。荣获“浙江省省级新产品”。公司在扭转线簧大电流端子技术行业领先，在充放电系列产品行业领先。

公司拥有1 300 m^2 试验中心，32台试验设备，实验室划分为电气性能测试区（载流量曲线及温升测试台、接触电阻、耐压、绝缘等）、环境性能测试区（高低温交变湿热试验、高温老化、冷热冲击、臭氧老化、盐雾腐蚀等）、模拟验证区（振动、瞬断、冲击、插拔寿命、IP67、IP6K9K等）等；引进PLM软件，建立产品设计数据库。

六、合资合作及重大项目建设

2017年，重庆工厂投产，厂房面积6 000 m^2。

2020年，全自动立体仓库，高压线束自动化生产建立中。

2020年，青岛工厂规划中，厂房面积12 000 m^2。

2020年，杭州研发中心建设中。

2021年，乐清总部模具中心建立，2 000 m^2，具备年产600套模具能力。

七、发展目标与规划

通过5～10年努力，建设成为面向主机配套、满足前后端市场需求、立足国内、面向国际的优秀企业——建设一流的现代科技型企业，具体两阶段目标。

1. 第一阶段，2020—2025年目标

（1）全面形成核心业务产品自主研发、与主机厂同步研发能力。

（2）形成较高两化融合水平、生产基本自动化，具有较为先进的生产制造系统，主要核心产品产能实现50万辆配套。

（3）实现与中国品牌新能源汽车前30家企业中的10家以上配套资格，销售额实现20亿元。

（4）高压线束总成、充电枪座领域占15%～20%的市场份额，连接器领域占15%的市场份额，其他产品市场占有率达10%以上。

（5）品牌升级，企业和产品成为具有相当影响力的行业、国家名牌；企业文明升级，成为省级以上文明企业。

（6）成为国内一流的新能源汽车零部件供应商。

2. 第二阶段，2025—2030年目标

建成国内一流、国际知名的新能源汽车零部件供应商。

八、2019年1月—12月企业在新能源汽车方面经济指标统计

填报单位名称	指标名称	单位	本期累计	同期累计	增长率(%)
乐清市八达光电科技股份有限公司	2019年末资产总计	万元	75 000	68 000	10
	2019全年完成投资额	万元	3 000	2 500	20
	2019年营业收入	万元	52 000	42 000	25
	2019年利润总额	万元	2 500	2 300	10
	2019年产品销售率	%	92	95	-3.2
	2019年销售利润率	%	4.8	5.4	-15

苏州智绿环保科技有限公司

一、单位概况

苏州智绿环保科技有限公司（以下简称“智绿”）从事新能源汽车领域大功率电子器件、高压电气领域的技术研发、生产、销售及提供系统的解决方案服务；业务链涵盖动力电池、驱动电机、电控技术、整车制造、充换电设施等若干细分领域。产品有纯电动及混合动力汽车提供内部的大功率电子器件，高压连接产品，高压配电盒等；电池高压断路器等；充电接口、换电接口装置；便携式充电设备等。为整机厂提供电动汽车整车的高压电气化系统布局的解决方案服务。

二、经营情况

智绿成立于2010年，位于苏州园区，占地21 000 m^2，公司员工260多人，其中大专以上学历占40%以上，是江苏省高新技术企业、电动汽车零部件100强供应商。

勇于创新、技术领先是“智绿”发展的原动力。公司连续6年每年投入销售额的10%以上的资金用于研发，逐步成为具备9个品类的高压连接器、5个系列MSD、全球3大标准的充电连接器、5种换电连接器、多种电池成组连接产品、及若干客户定制化的BDU/PDU（高压配电单元）；参与起草国标及行业标准7项，申请专利超过120项，逐步成为该领域技术领先、系统完整的标杆企业。

三、产品出口

智绿是国内首个产品通过UL认证的企业，公司的主打产品系列——充电接口已出口北美、日韩、欧洲等地区及日韩国家，是新能源零部件走出国门的佼佼者。

四、产能建设

智绿在苏州园区已建成可满足年产30万台整车充电和高压连接线束、35万套BDU/PDU高压配电单元的生产线及相关配套设施，并持续提升制造能力。

到2021年前将在江苏常州建设配套能力超过100辆新能源汽车的制造基地，在广西柳州建设配套能力超过30辆新能源汽车的分基地。

五、技术进展及研发能力建设

智绿被评定为苏州式高压连接工程技术中心，正在建设省级的技术研发中心。

智绿针对新能源汽车领域的研发路线为：充换电连接系统—高压连接系统—配电系统—整车高压电气系统解决方案、核心零部件国产化、高压电气解决方案的研发应用。

1. 充换电连接系统 AC 8A-63A、DC 80A-250A 符合国标的四种充电模式的全产品线的开发，符合全球三大标准（GB/T20234、IEC62196、SAE j1772）的充电产品，整车智能化充电定制方案，高防护等级的换电装置等。

2. 高压连接系统：20～400 A 多品类的高压连接器、高压连接与线束总成、电流传导安全保护技术、高压连接轻量化技术等。

3. 电池成组与安全：电连接成组技术和母排技术、电池电气中心管理技术、安全维修开关。

4. 集成高压电池配电管理技术；整车高压配电管理系统。

5. 多种高压大电流端子技术、电媒介技术。

6. 整车高压连接的系统化解决方案。

7. 重要高压电气零部件的国产化。

六、主要新产品

序号	产品名称	产品应用
1	充电接口	通用五菱
2	直流充电枪	许继、南瑞、普瑞特等
3	MSD	CATL、A123、奇瑞、广汽、东风等
4	高压连接器	通用五菱、长安、电驱动等
5	高压配电单元	吉利、奇瑞、广汽、上汽、柳汽等

七、合资合作及重大项目建设

1. 在江苏常州投资建设配套能力超过 100 万辆新能源汽车的制造基地。

2. 在广西柳州投资建设配套能力超过 30 万辆新能源汽车的分基地。

八、发展目标与规划

未来 4 年是新能源汽车快速发展的 4 年，智绿将紧紧抓住这一千载难逢的机遇，争取在 2021 年前成为新能源汽车核心部件供应商的佼佼者，并达成下列目标。

1. 中国电动汽车高压电连接与电管理的第一品牌，市场占有率超过 15%。

2. 2021 年前投资建设智绿的总部基地，满足到 2025 年公司业务发展的需要。

3. 研发和技术发展目标：成立省级以上的实验室及研发中心，提升企业的研发水平和国际竞争力。

4. 人才战略目标：加大专业技术人才的储备和行业领军人物的引进，构建学习型组织。

5. 资本市场启动 IPO，使智绿成为管理先进、运作规范、遵章守法、公开透明、有社会责任感的公众企业。并通过整合资源，逐步形成产业链优势突出，市场影响力大的卓越企业。

南京康尼新能源汽车零部件有限公司

一、单位概况

南京康尼新能源汽车零部件有限公司（以下简称“公司”）是南京康尼机电股份有限公司控股子公司，位于南京经济技术开发区内，公司专业从事新能源汽车的高压电气系统的设计、制造、销售与服务。

公司注册资金 3 000 万元，生产办公面积约为 1.5 万 m^2，年产能达到 200 万只。公司主要产品有交、直流充电插座线束，交、直流充电枪、充电模式二、模式三、高压连接器、充电桩、小功率充电机、车载高压配电盒、电池系统配电盒、维修开关、电锁、氛围灯及整车高压线束等，成为国内主要自主品牌新能源汽车企业的重要供应商。

公司组建了专业技术团队进行市场开拓、产品和制造过程开发，参与国家标准和产品认证规则的讨论，制定并执行汽车行业的体系要求。公司人才荟萃，从事市场、研发、工程和质量的管理人员有 180 余人，其中本科以上学历100 余人。

二、经营情况

康尼新能源立足于新能源汽车产业爆发式增长的关键时期，凭借自主开发技术，以产品质量好、可靠性高、性价比高的优势，开辟华东、华南、华北、华中等多个片区一级市场，取得了与上汽、比亚迪、吉利、奇瑞、广汽、长城、北汽新能源、一汽客车、北汽福田、宇通客车等主机厂合作，成为这些新能源整车生产厂商充电系统的重要供应商。在服务好自主品牌的主机厂的同时，康尼新能源还获得了合资品牌广汽丰田充电连接线项目、上汽通用高压配电箱项目、捷豹路虎充电枪项目、长安马自达交直流一体插座项目，项目将于 2020 年陆续开始量产。

三、产能建设

公司生产办公面积约 1.5 万 m^2，年产能达到 200 万只。

四、技术进展及研发能力建设

康尼参与制定两项国家标准，并与主机厂共同制定 1 项行业标准，已实施、发布。拥有 84 项授权专利，其中包括 67 项实用新型专利、15 项国家发明专利、2 项外观专利。荣获中国标准创新贡献二等奖；荣获“中国知识产权优势企业”称号。康尼新能源是中国大功率充电标准委员会委员单位、中德大功率充电标准委员会中方委员单位、铝/铝导体标准发起单位、电动汽车模式二用插头标准工作组成员单位、充电接口、高压线束、高压模块产品是国内八大主流整机厂的一级供应商。公司小型化电子锁产品国内领先。围绕高压电气系统的开发，提供全面的解决方案。

五、主要新产品

序号	产品名称	产品应用
1	交流充电枪	国内各乘用车主机厂及充电桩
2	直流充电枪	国内各乘用车、商用车主机厂及充电桩
3	充电模式二、三	国内各乘用车主机厂及充电桩
4	交流充电桩	国内各乘用车主机厂
5	交流充电插座线束	国内各乘用车主机厂

续上表

序号	产品名称	产品应用
6	直流充电插座线束	国内各乘用车主机厂
7	电子锁	国内各乘用车主机厂
8	PDU	国内各乘用车主机厂
9	MSD	国内各乘用车主机厂、商用车主机厂、电池厂
10	高压连接器	国内各乘用车主机厂、商用车主机厂、电池厂
11	高压线束	国内各乘用车主机厂、商用车主机厂
12	小功率充电机	国内各乘用车主机厂

张家港友诚新能源科技股份有限公司

一、单位概况

张家港友诚新能源科技股份有限公司(证券代码873087),下设全资子公司有苏州工业园区多思达科技有限公司和苏州多思达连接技术有限公司。在电动汽车传导式充电连接装置、电动汽车高压连接器及总成、工业电源连接器的研发与制造方面取得了骄人的业绩,居行业前端。

“多思达科技”主要生产电动汽车交、直流充电接口、快速拔插连接器、充电桩等产品,已被应用于比亚迪、江淮、雷诺等数十家汽车企业的电动汽车、电动公交大巴等项目。由于产品性能稳定可靠,还被选用于“上海世博园区电动汽车及充电站”,中国首座国家电网标准大型电动汽车充电站——“唐山南湖国家充电示范站”、京沪高速等若干国家重点项目,深受用户好评。

二、经营情况

“友诚新能源”建于2004年,在电动汽车传导式充电连接装置、电动汽车高压连接器及总成、工业电源连接器的研发与制造方面取得了骄人的业绩,居行业前端。设有精密模具、数控机加、塑胶成型、金属冲压、成品总装整链生产线。

三、产品出口

自营出口全球58个国家或地区,如德国、法国、英国、荷兰等欧洲国家及美国。

四、产能建设

拥有制造厂房5万m^2,员工400余人。四大系列,400余种规格,设备达到150台,电动汽车充电插头、插座及线束总成100万套,电动汽车高压连接器及线束总成60万套,工业电源连接器2 000万个,充电桩10万套。

健和兴科技(苏州)有限公司

一、单位概况

健和兴科技(苏州)有限公司是全球电工冷压端子生产行业的先导者,生产基地和物流总部位于苏州相城区,占地100多亩,现有职工人数超过300人;工厂集合产品设计开发、精密金属连续冲压、塑胶射出、自动化电镀、组装包装等全自动化生产线及物流功能;健和兴从台湾开始发展,已累积40多年的产品开发与模具设计经验,拥有2万种以上产品与4 000多套模具的核心技术,能以专业的经验与服务,独力开发或协同客户开发,是客户最佳的工程技术伙伴。2003年,成立健和兴科技(苏州)有限公司,2004年,设立自动化电镀生产线;2007年,取得ISO/TS 16949与ISO 9001证书。自动化连续端子冲压厂建成投产;2010年,成立广州分公司;2011年,成立中国区青岛、北京、长春等办事处;2013年,成立汽车产品实验中心,拥有40余种的新型测试仪器;2014年,家电类端子产品陆续取得CQC认证;2014年,取得ISO 14001证书,环安卫体系全面提升;2014年,取得CNAS L7338证书,符合ISO/IEC 17025:2005检测和校准实验室能力通用规范;2015年,设立电动车(EV)用充电连接器生产线;2015年,取得电动车(EV)充电连接器CQC认证。

二、主要新产品

序号	产品名称	产品型号
CQC认证 GB20234	32 A 国标 GB 版车载充电枪	VCCG2A032DO
	32 A 国标 GB 版双枪充电枪	VCCG2A032DO-GO
	32 A 国标 GB 版二代新外观充电枪	VCCG2A032C2
	32 A 国标 GB 版车载充电座	VCIG2A032B0
	32 A 国标 GB 版供电端充电座左翻盖	VCSG2A032C0
	32 A 国标 GB 版供电端充电座右翻盖	VCSG2A032D0
	125 A 国标 GB 版 DC 充电座组立	VCIGXD125A0
UL认证 SAEJ172 UL 2251	80 A 美规 UL 版 240 V 充电枪	VCPU2A080D0
	40 A 美规 UL 版充电枪	VCPU2A040D0
	80 A 美规 UL 版右翻盖充电座(法兰盘螺丝孔位 54 mm × 52 mm)	VCSU2A080D0

续上表

序号	产品名称	产品型号
UL 认证 SAEJ172 UL 2251	80 A 美规 UL 版左翻盖充电座 (法兰盘螺丝孔位 54 mm×52 mm)	VCSU2A080E0
	40 A 美规 UL 版右翻盖充电座 (法兰盘螺丝孔位 52 mm×54 mm)	VCSU2A032D0
	40 A 美规 UL 版左翻盖充电座 (法兰盘螺丝孔位 52 mm×54 mm)	VCSU2A032E0
	32 A 美规 UL 版 240 V 充电枪	VCPU2A032D0
TUV 认证 IEC62196 Type 1 五孔	32 A 欧规 Type1 充电座 (法兰盘螺丝孔位 49 mm×49 mm)	VCSS2A032B0
	32 A 欧规 Type1 充电座 (法兰盘螺丝孔位 55 mm×55 mm)	VCSS2A032C0
TUV 认证 IEC62196 Type 2 七孔	63A 欧规 Type2 车载三相充电枪	VCCICA063B0
	32A 欧规 Type2 充电桩单相充电座	VCSICA032B0
	32A 欧规 Type2 车载三相充电枪	VCCICA032B0
	32A 欧规 Type2 + Type2 三相双枪	VCCICA032B0-I0

三、发展目标与规划

1. 电动车充电枪(座)

健和兴充电枪(座)产品符合 UL 2251、SAE J1772、IEC 62196-2、GB 20234、CNS 15511 等多种充电接口与各国测试标准,并已取得包括 TUV、UL、CNS、CQC 等第三方或指定机构的产品认证,可应用于车载充电枪、充电桩连接器线组、旅行用充电枪线组,适用多种接口规格与充电桩系统。

2. 其他车用产品

(1)摩托车 ABS 刹车系统连接器;(2)电磁阀连接器;(3)电动车马达连接器;(4)超高电流铜管端子(通过 UL 认证);(5)电动车电池接头模块。

健和兴不断投入研发资源,开发创新产品与制程技术,积极拓展新能源、电动车、轨道交通等产业应用的端子、连接器产品,以专业的工程技术服务、设计解决方案与模块化产品,成为客户优选合作伙伴。

开发完成的电动车辆专用连接器产品包括小型化多孔连接器、电子燃油喷射系统连接器、电动马达控制线组与电池组连接器,已经成功切入台湾、中国与东南亚的车用市场,并达到经济生产规模,将面向更大的市场客户进行推广;未来也会持续推出新一代的 AC 与 DC 规格电动车充电枪(座)产品,配合专用生产车间的扩建,导入自动化生产与检测产线,进一步提高产品质量与生产量。

东莞市日新传导科技有限公司

一、单位概况

东莞市日新传导科技有限公司(以下简称“日新传导”)成立于2000年,注册地为东莞市桥头镇东部工业园桥头园区,是一家产品领先型的技术服务公司,专业从事新能源汽车配套的充电连接器、高压连接器、通信连接器、PDU 控制盒、铜母铝软排,以及充电线缆、高压线缆和线束组件系统的研发、制造与销售,力争成为电能连接系统解决方案的全产业链提供商。产品适用于新能源客车、乘用车、物流车、商用车、特种车,以及为汽车配套产品电池、电机、电控的连接系统。

2016 年正式加入中航工业宝胜集团,成为中航工业旗下宝胜科技创新股份有限公司的全资子公司,中航工业在世界五百强排名第 159 位,集团拥有 30 多家上市公司,营业收入近 5 000 亿元,员工总人数超过 50 万人。日新坚持以安全、节能、环保为市场需求导向,以清洁生产、绿色节能、低碳减排为制造发展目标,始终深信人才是企业发展的根本,创新是企业发展的灵魂,秉承敬德修业、辉光日新的企业精神,经过在技术领域不断自主创新,培育自有品牌,打造自主知识产权,倡导走“引进—消化—吸收—再创新”的发展之路,在新能源汽车电能连接的研发和制造专业方向上已取得了重大的突破,并得到了政府和业界客户的广泛认可,力争从无到有,从小到大,以客户为中心、以人才为资本、以成效为目标的企业价值观,迅速发展成为全球卓越的电能与智能产业集团。

二、经营情况

日新传导隶属中央国资委旗下中航工业宝胜股份控股的 100% 全资子公司,宝胜集团是中国企业 500 强,2018 年中国电线电缆综合排名第 1,拥有博士后科研工作站和院士工作创新平台,2018 年销售收入 456 亿元,员工近 5 000 名,东莞日新驻车资本 16 800 万元,主营新能源汽车配套的充电连接器、高压连接器、通信连接器、PDU 控制盒、铜母铝软排,以及充电线缆、高压线缆和线束组件的系统解决方案,力争成为中国新能源汽车零部件的优质供应商。

三、产品出口

公司具备进出口权,每年出口占比 65% 左右。

四、产能建设

日新公司在总公司的大力支持下,首批投入 2.16 亿元的资金,在东莞工厂已经建成独立的新能源汽车零部件生产车间,拥有国际一流生产制造和检测设备,打造成中国电能连接产品产业链最全的新能源汽车配套服务企业。

五、技术进展及研发能力建设

从充电连接器、高压连接器、高压线束再到 PDU 等产品,全系列均有开发,大部分已完成量产。研发人才大部分来自行业标杆企业技术骨干自愿加入,具有丰富的行业经验和设计理念。

六、主要新产品

续上表

序号	产品名称	产品型号	产品应用
1	高压连接器	16～600 A 单芯～三芯金属塑胶	乘用车、物流车、商用车、特种车
2	充电连接器	16～80 A 交流，40～250 A 直流	乘用车、物流车、商用车、特种车
3	高低压线束	根据客户要求定制整车高低压线束	乘用车、物流车、商用车、特种车
4	同母铝软排	根据客户要求定制储能、电池等用	乘用车、物流车、商用车、特种车
5	新能源线缆	0.5～240 m^2 多材质高压充电线缆	乘用车、物流车、商用车、特种车
6	PDU 控制器	根据客户要求定制二合一到七合一	乘用车、物流车、商用车、特种车

七、发展目标与规划

日新传导的发展目标规划：整体规划、统一管理、分步实施的步进式发展战略，以华东上海为研发中心、逐步发展的德国慕尼黑、美国底特律的研发部；以华南东莞为公司新能源汽车零部件制造基地；逐步进入华东上海、华北天津、华中武汉、西南成都、西北兰州、日本、德国、美国 9 个生产装配工厂；在全球建立 22 个销售网点。

贵州航天电器股份有限公司

一、单位概况

贵州航天电器股份有限公司（以下简称“航天电器”）是中国航天科工集团第十研究院上市公司，始创于 1968 年，由原国营朝晖电器厂（三四一二厂）和国营朝阳电器厂（三四一九厂）改制而成。2004 年 7 月，在深圳交易所挂牌上市（股票代码 002025），是“全国五一劳动奖状”获得者、“国家级企业技术中心”、“国家精密微特电机工程技术研究中心”、“中国电子元器件百强企业”、“国家创新型企业”、“国家技术创新示范企业”、“全国企事业知识产权示范创建单位”、“国家火炬计划高新技术重点企业”、“中国市场电子元器件领军厂商”及“国家级智能制造新模式应用示范企业”。

航天电器始终坚守“致力高科技领域，追求卓越，共享成就”的使命，在高端连接器、微特电机、继电器、光电模块、集成化产品、智能装备等领域从事研制、生产和技术服务，是中国电子元器件行业高端产品研制生产的骨干企业之一。航天电器现有员工 4 700 余人，2019 年营业收入 35.3 亿元，已形成集团化、跨地域、专业优势互补的产业化布局，在贵阳、上海、苏州、泰州、镇江、东莞和遵义设有 8 家子公司，2 个研发中心，2 个可靠性试验中心，每年研发投入不低于营业收入的 8%，持有有效专利 700 余项。建有完备的 ISO 9001 质量管理体系、IATF 16949 质量管理体系、GBT 24001 环境管理体系、OHSAS 18001 职业健康安全管理体系等体系，部分产品通过 UL、3C、CE 等认证。

航天电器产品应用于航天、航空和军工、通信/数据通信、石油装备、轨道交通、电力设备、新能源汽车等高端装备领域，并承担我国载人航天、北斗导航、探月工程、深空探测、C919 大飞机、“复兴号”高速动车、4G/5G 网络、陆上和深海石油测井等重大工程和设备的配套研制任务，为我国高端装备的发展等贡献力量。

航天电器秉承“以客户为中心、勇于争先，体现奋斗价值”的核心价值观，以顾客需求为牵引，围绕新能源汽车市场开发了交/直流充电枪和充电插座、金属壳体高压圆形连接器、塑胶壳体高压自锁矩形连接器、高压线束、汇流排（软/硬）、Fakra 射频连接器、HSD 四同轴高速传输连接器、维护开关、多合一（PDU/DCDC/DCAC/OBC/MCU）九大系列互连产品，以及大电流接触器产品，具备新能源汽车互连和电路保护的全套解决能力，已成为奇瑞、比亚迪、飞碟汽车等整车厂，以及众多电池、电机、电控的供应商和合作伙伴。同时掌握了大电流传输、高速数据传输、防凝露、导线压接等多项核心技术，为客户创造价值。

苏州华旃航天电器有限公司是航天电器全资子公司，于 2005 年在苏州市高新区嵩山路 268 号申请用地 150 亩建设民品生产基地，建筑面积 6.7 万 m^2，注册资金 30 亿元，现有员工 1 800 人，下辖 6 个专业车间，11 个职能部门，77 条生产线和一个实验中心。苏州航天电器主要从事连接器、继电器、线束的研制、生产和销售。其产品广泛应用于通信、新能源、家电、石油、轨道交通、医疗、工业等领域。经过近 14 年的发展，苏州华旃航天电器已获得良好的市场口碑，先后多次被华为、美的等世界五百强企业评为“核心供应商和战略供应商”，并被江苏省认定为“高新技术企业”“企业技术中心”“抗电磁波干扰滤波连接器工程技术中心”等。通过并获得 GB/T 28001—2011 职业健康安全管理体系认证证书、GB/T 19001—2008 质量管理体系认证证书、GB/T 24001—2004 环境管理体系认证证书、IATF 16949—2009 认证证书。公司主要客户有诺基亚、三星、华为、中兴、奇瑞汽车、飞碟汽车、比亚迪汽车、美的、哈里伯顿、中海油服、株洲中车、迈瑞医疗、GE 等。为更好地服务客户公司先后设立国内服务机构 8 处、海外销售服务机构 4 处。

二、经营情况

苏州华旃航天电器有限公司立足于民用产业发展，致力于推动新能源领域主营充电传导装置、高压线束、高压连接器、多合一（PDU/DCDC/DCAC/OBC/MCU）等产品的市场应用与提升;企业凭借连接器行业的良好口碑及开发技术,以高品质、高可靠、高性价比等优势,先后取得与奇瑞汽车、五征飞碟汽车、比亚迪汽车等主机厂的合作,成为新能源整车生产厂商的重要供应商。

三、产能建设

公司生产办公面积约 5 500 m^2,未来规划建设年产 100 万套高压线束和 1 000 万只连接器生产能力。

四、技术进展及研发能力建设

苏州华旃航天电器有限公司积极引进各类人才,现有新能源领域从业 3 年以上资深专业设计研发人才 50 余人,技术实力雄厚。

五、主要产品

序号	产品名称	产品型号	产品应用
1	汽车高压连接器	HVQ 系列 HVQJ 系列 HVL 系列 HVPL 系列 MMSD 系列 HVB 系列	新能源乘用车及商用车、"三电"企业
2	充电传到连接器	EV01-DC 系列 EV01-AC 系列 EV01-DCV 系列 EV01-ACV 系列	新能源乘用车及商用车、充电桩企业
3	高压线束	—	新能源汽车
4	多合一(PDU/DCDC/DCAC/OBC/MCU)	—	新能源汽车

山东龙立电子有限公司

一、单位概况

山东龙立电子有限公司(以下简称"公司")位于临沂国家高新区,成立于 2002 年,是集研发、生产销售高端电连接器于一体的国家高新技术企业。公司生产的智能电网专用连接器、新能源汽车专用连接器、铁路机车专用连接器、军工连接器等几十个系列、近万个规格品种,广泛应用于航空航天、军事电子装备、电网、铁路、新能源、通信、石油、煤矿等国民经济各领域,用户遍及五大洲的多个国家和地区。其中,新能源汽车连接器系列产品主要包括交、直流充电连接器、车载高压大电流连接器、车载信号连接器和高低压线束总成等系列产品,并有高压配电盒(PDU),低压控制盒等新能源汽车小三电产品,主要用于电动汽车的交直流充电和高压配电、车载充电器、空调、电池组等的电路连接。

多年以来,公司专科研、重人才,不断加大研发经费的投入,积极建立高效执行力的人才梯队,先后荣获了"山东省创新型企业"、"山东省专利明星企业:"守合同重信用"企业、山东省"一企一技术"创新企业、"山东隐形冠军企业"、"山东省创新型民营企业"、"山东省电子信息优秀创新企业"及"临沂市十佳科技创新企业"等荣誉。龙立牌新能源汽车交直流充电及高压大电流连接器、高压线束总成产品,被认定为山东名牌产品。在业内打响了品牌知名度,实现了公司的快速发展。

全新世界,从连接开始。公司将始终坚持"以质量为生命,以客户为中心"的经营宗旨,秉承"拼搏　创新　务实　求精"的企业精神,努力打造成为国内技术领先、实力雄厚的电连接器品牌企业。

二、经营情况

公司坚持差异化发展战略,重点围绕智能电网、铁路机车、新能源汽车和军工等领域发展,近年来重点加大新能源汽车连接器、交直流充电桩等充电设备的研发投入,开发系列产品,布局市场,主导产品市场占有率力争 10% 以上。

三、产品出口

公司产品出口 20 多个国家和地区,重点市场是欧洲、东南亚、北美等地,以及中国台湾等地区。

四、产能建设

公司拥有先进的工艺装备、检测设备和完善的管理体系,生产设备 1 500 多台(套),其中主要生产设备 800 多台(套),引进了国内最先进设备,包括了从产品设计研发,零件的冷热加工、工装模具的设计制造、产品的组装检测、试验等主要生产过程采用了业内最先进的工艺过程和装备,有效地保证了产品质量的稳定。公司各种实验检测设备齐全,满足了各种连接器性能指标检测需求,为企业技术创新和新产品开发提供了强有力的技术支撑。可实现年产符合国标、国军标的各类电连接器 600 余万套。

五、技术进展及研发能力建设

公司现有 50 余人的研发团队,其中电连接器行业专家 6 人、高级工程师 8 人。科研团队结构合理、技术素质高、创新能力强。拥有博士后科研工作站、山东省电接插元件工程研究中心、山东省智能化电接插元件工程技术研究中心、山东省认定企业技术中心、山东省一企一技术研发中心、临沂市电连接器重点实验室等科研创新平台 6 处;公司承担各类科研项目 50 余项,包括科技部火炬计划、省科技重大专项、省重点研发计划等;获各类科技进步奖 19 项,包括省科学技术进步奖、省中小企业科技进步奖等。通过省市科技成果鉴定 20 项,其中 2 项达到国际先进水平、14 项达到国内领先水平。公司拥有专利 51 项,其中授权发明专利 6 项。

六、主要新产品

序号	产品名称	产品型号
1	充电枪	LDAC 国标交流充电枪系列 LDDC 国标直流充电枪系列 LDFC 非标交流充电枪系列 LDEA 欧标交流充电枪系列
2	充电插座	LDAC 系列国标交流充电插座 LDDC 系列国标直流充电插座 LDFC 系列非标交流充电插座 LDEA 系列欧标交流充电插座

续上表

序号	产品名称	产品型号
3	高压连接器	LGY 系列卡扣式高压连接器 LGC 系列推拉式高压连接器 LGP 系列高压连接器 IGS 系列塑壳高压连接器
4	低压信号连接器	LGCA26 系列圆形推拉锁紧式连接器 LGCA20-3 圆形推拉锁紧式连接器 LGY 系列卡扣式低压信号连接器 LXS 系列推拉式低压信号连接器 LDY 系列卡扣式低压连接器 LDY1 卡扣式低压连接器
5	线束	LG 系列充电线束、高压线束和低压线束

七、合资合作及重大项目建设

公司注重与高校、科研机构的产学研合作,与北京交通大学、北京邮电大学、中国科学院、山东省科学院、山东省电力科学院、山东大学、山东理工大学、临沂大学等有着密切的合作关系,为企业的创新发展提供了有力的技术支撑。

由山东龙立电子有限公司全资控股的济南无线电九厂有限公司,成立于 1965 年,是专业研制和生产电连接器的国有军工企业;是总装备部“装备承制单位”;国防科工局“科研生产许可单位”;是三级保密单位、国军标体系认证单位,是海、陆、空三军合格供方单位,积累了 50 余年的科研、生产经验,技术力量雄厚,研制生产的高可靠连接器先后为导弹、火箭、飞机、飞船、卫星、舰船等重点军事工程配套。

八、发展目标与规划

在现有交直流充电连接装置、高压连接器、高低压线束等产品的基础上,继续拉伸新能源汽车配套产品的产业链,丰富产品品种,重点开发车内高压控制盒、低压控制盒、交流充电桩、直流快充充电装置、便携式快速充电器及欧标美标充电装置等产品,预计到 2021 年,年生产各类新能源汽车配套产品 40 万台(套),公司将由此发展成为国内知名的新能源汽车的配套企业。

河南航瑞电子科技有限公司

一、单位概况

河南航瑞电子科技有限公司(以下简称“公司”)位于鹤壁市国家经济技术开发区,是在国家大力发展新能源汽车产业背景下,注册成立的一家新能源汽车高压配电系统总成产品研发、生产、销售、技术服务于一体的高科技企业。航瑞科技由鹤壁市瑞丰电器有限公司和航天领域的新能源技术专家共同设立,总投资 2.5 亿元。与重庆航天工业公司、北京航空航天大学共同建立了新能源汽车零部件技术开发平台和北航新能源与智能车辆博士工作站,并先后在鹤壁、北京和郑州设立了技术中心。公司现占地 80 余亩,厂房约 15 000 m^2。公司现有员工 269 人,其中研发技术人员 50 人,占企业人数近 20%,博士 3 人,行业带头人 2 人。

公司自成立以来,专注于新能源汽车高低压部件、智能控制部件的研发、生产及销售,以创新的精神,最大限度为客户提供性价比较高的产品。公司覆盖开发的产品领域包括智能接线盒(SJB)、中央电器盒(CJB)、三合一控制器、DCDC、OBC、高压配电盒(PDU)、高压线束、高压连接器产品。

二、经营情况

公司产品为国内多家大型主机厂配套服务有宇通客车、东风小康、东风金康、重庆瑞驰、上汽大通、长安汽车、通用五菱、奇瑞汽车、三一重工等。2019 年,公司年末资产总计 6 592 万元,较 2018 年同期增长 7.22%。营业收入 13 895 万元,较 2018 年同期增长 15%。预计 2021 年营业收入将达到 25 000 万元。

三、产能建设

公司现有各类生产设备、检测设备和装配生产流水线 80 余套,具备年产各类接线盒、PDU 高压配电总成 40 万套的生产能力。关键设备包括雅马哈贴片机、回流焊、波峰焊、GKG 印刷机、AOI、注塑机、进口全自动电脑下线机、数字化信息化倍速链流水线、剖面分析仪等。公司产品提倡“零缺陷”和“一次把事情做对”的理念,严格按照 IATF 16949 质量管理标准生产。

高端仪表产线:2 条标准化 L 型产线。

低压中央配电盒和后封闭配电盒产线:1 条标准化贴片、自动插装、回流焊产线,2 条标准化 U 形装配产线。

三合一(DCDC/OBC/PDU)产线:1 条信息化、自动化倍速链流水线产线。

PDU 产线:3 条数字化、自动化倍速链流水线产线标准化产线。

高压线束产线:3 条数字化、自动化倍速链流水线产线标准化产线。

高压连接器产线:2 条标准化流水组装产线。

四、技术进展及研发能力建设

公司未来 3 年的发展战略,将以自主品牌主流市场为核心,以科学管理为手段,努力发挥公司科研特长,聚焦于新能源汽车,以新能源汽车零部件为主力,同时布局“智能化”产品领域。以“新能源、智能化”为核心打造布局产品,形成系统总成供货能力,建立市场壁垒高、总成技术优势和成本优势明显的发展方向。关键举措如下。

(1)按照产品线建立成熟的产品技术平台,打造总成技术集成能力,快速实现客户定向开发。

(2)前端设计推动原材料通用化、标准化,支持后端规模化采购、生产。

(3)智能化产品技术的前瞻性储备。

(4)强化工艺体系建设,提升工程标准化能力,不断优化制程。

(5)根据技术发展趋势和产品特点,形成低压产品规模化供应、新能源控制类产品核心打造、智能化关键产品长期预演布局。形成产品实现的创新性、标准化、平台化、通用化、仿真性研发设计能力。

五、主要新产品

序号	产品名称	产品型号	产品应用
1	彩屏仪表	HR328-SY003	三一纯电动重卡
2	带 BCM 中央电器盒	—	宇通纯电动客车
3	140 V 高压配电系统	E100/E200EV	通用五菱纯电动乘用车
4	350 V 高压配电盒	S513EVR	重庆金康增程乘用车
5	350 V 三合一控制器	EC35EV	重庆瑞驰物流车
6	350 V 高压配电系统	EC35IIEV	重庆瑞驰物流车
7	630 V 高压配电盒	EC101EV	上汽大通物流车

六、合资合作及重大项目建设

1. 辅助电源三合一项目

项目对应产品规格：IPS101_1k5_3k3，该产品是一个新能源汽车辅助三合一产品，包括 DCDC、OBC 和 PDU 三部分，其中 DCDC 为 1.5 kW，OBC 为 3.3 kW。项目总投入 600 万元，其中产品开发及实验费用 230 万元，产线投入 370 万元，项目于 2019 年 10 月立项，2020 年 11 月开始执行 SOP。

2. 新能源汽车仪表项目

项目对应产品规格，IC211，该产品是一款新能源卡车用仪表，项目总投入 300 万元，其中研发及实验费用 180 万元，产线费用 120 万元，项目于 2019 年 12 月立项，2020 年 9 月开始执行 SOP。

七、发展目标与规划

公司愿景：成为国内主流新能源汽车核心零部件供应商。

战略目标：1. 销售规模：年均增长率不低于 45%，2023 年销售额达到 4.84 亿元。

2. 市场：成为通用五菱、奇瑞、长安汽车、上汽荣威、比亚迪等国内一线客户的主流供应商。

3. 总成化：以“新能源、智能化”为核心布局产品，形成系统总成供货能力，建立市场壁垒和成本优势。

4. 快速化：通过成熟产品快速进入核心客户市场，并建立良好的合作关系，加速新业务布局和市场推广，快速提升规模。

5. 稳健化：重点打造一线品牌客户市场，做好项目、订单、回款评估，严控经营风险。

发展规划：形成传统低压配电盒、高压配电系统总成及智能化产品分阶段、分步骤发展模式。

深圳欣锐科技股份有限公司

一、单位概况

深圳欣锐科技股份有限公司（以下简称“欣锐科技”）（股票代码 300745），2005 年 1 月在中国深圳成立，公司是以新能源汽车产业为核心业务的国家高新技术企业，是国家科技部“863”项目和国家发改委战略性新兴产业项目的主承接单位。拥有汽车级 IATF 16949 体系认证标准的专业化工厂，为客户提供高效率、高功率密度、智能化、高可靠性的高压“电控”解决方案，产品服务全球。

欣锐科技自 2006 年初进入新能源汽车产业，专注新能源汽车高压“电控”解决方案（其主要技术集中在车载 DC/DC 变换器和车载充电机，统称为“车载电源”）。欣锐科技拥有车载电源原创性核心技术的全部自主知识产权，在车载电源和大功率充电领域积累了丰富的研发及产业经验，拥有业界领先的研发创新能力及工程制造能力，产品技术水平居行业前列。欣锐科技的车载电源配套了国内外众多主流车型，是车载电源细分领域的龙头企业，促进国内新能源汽车朝市场化方向发展。

公司秉承锐意进取、特设服务的理念，通过频繁的国际交流开拓全球化专业视野。以卓越的产品创新理念，为行业客户提供专业价值服务，致力于成为全球技术领先的新能源汽车高压“电控”解决方案供应商。

二、产能建设

作为新能源汽车车载电源细分领域的龙头企业，欣锐科技在不断积累和总结产业化经验的基础之上，加大对制造工厂的资金投入与系统升级，顺利于 2017 年完成领亚工厂的建设并投产，规模 3 万 m^2，拥有自动化及信息化生产流程，信息平台化管理。

欣锐科技定义车载电源专业化制造的四大工艺、16 道工序、9 个质量控制门，为客户提供大批量量产的全方位专业化制造服务，提升客户满意度，朝服务型制造企业方向发展。

三、技术进展及研发能力建设

欣锐科技拥有新能源汽车车载电源（DC/DC 变换器和车载充电机）的全部自主知识产权，已拥有核心技术专利超过 200 项，核心软件著作权超过 300 项，正在申请的 PCT 74 项。欣锐科技研发团队是全球范围内重要的技术研究、产品开发团队之一。欣锐科技始终专注在新能源汽车车载电源细分领域，产品技术迭代升级。

欣锐科技拥有符合国家实验室 CNAS 标准的创新研发中心，规模 6 000 m^2，共有 5 个专用开发场地，每个开发场地 8 个单元，可同时开展 40 个全新技术平台研究或 160 个汽车级零部件项目开发。

四、主要新产品

序号	产品名称	产品应用
1	车载充电机	乘用车、商用车
2	DC/DC 变换器	乘用车、商用车
3	D + C 一体化集成产品	乘用车、商用车
4	CDU 系统集成产品	乘用车、商用车
5	燃料电池车专用产品	乘用车、商用车

五、发展目标与规划

公司秉承锐意进取、特设服务的理念，通过频繁的国际交流开拓全球化专业视野。以卓越的产品创新理念，为行业客户提供专业价值服务，致力于成为全球技术领先的新能源汽车高压“电控”解决方案供应商。

石家庄通合电子科技股份有限公司

一、单位概况

石家庄通合电子科技股份有限公司（以下简称“公司”）成立于1998年。注册资金16 076.150 3万元，现有员工400余人，是一家致力于电力电子行业技术创新、产品创新和管理创新，以电力电子行业产品研发、生产、销售、服务于一体，为客户提供能源解决方案的智力密集型和知识密集型高新技术企业。随着电动汽车群产业的起步，通合公司在继续保持传统电力配套产品市场领先地位的同时，从2008年起将工作的重心转移到电动汽车充换领域技术与产品的研发上，并取得了长足的发展。公司坚持“技术立企”，专注于前沿技术发展平台，在研发领域持续投入，研发投入累计超过1.5亿元，是国内率先实现功率变换全程软开关的电力电子企业，累计获得专利90余项。持续的研发投入，使公司在电力操作电源、充电站、车载电源领域实现了较高的市场占有率。公司于2015年底成功登陆创业板，股票简称“通合科技”，股票代码300491。公司先后通过了ISO国际质量体系认证，国际认证及双软认证，并多次被评为优秀高新技术企业和河北省优秀软件企业。公司是中国电源学会常务理事单位、国家创新基金立项单位、科技创新进步企业、全国诚信建设示范单位和创新型企业。“通合”商标是河北省著名商标。公司的“电力工程直流电源设备”被评为河北省优质产品。

二、产品出口

外贸团队有30人，产品主要出口俄罗斯、印度，以及欧洲和东南亚国家。出口产品范围包括电力电源产品、充电模块产品和车载充电机产品。凭着可靠稳定的性能、高品质的产品和优质的服务，产品受到广大海外用户的赞誉。

三、产能建设

生产部强调以客户需求为中心，以ISO 9001质量管理体系、军标体系和用友ERP管理系统为指导，已形成科学的工艺加工路线和完善的质量保证体系，交付的产品在质量、交货及时率方面平均客户满意度达95%以上，充分保证了客户的利益。引进贴片机、回流焊、高低温箱、振动台等大型自动化设备，以流水线方式进行产品的焊接、装配，常规10 A机型以平均4.8 min/台的速度下线。产能每年12万台。

随着经营规模迅速扩大，生产面积已经达到1.5万m^2，年产能50万台模块。

四、技术进展及研发能力建设

公司市场需求为导向，近10年来连年以销售收入10%以上的资金比例进行技术研发投入，先后承担了石家庄市企业技术中心、石家庄市电力电子应用工程技术研究中心等多项科技课题，每年研发科技课题数十项。公司已拥有90余项国家专利和30余项软件著作权，并有多项技术创新处于专利申报中。公司技术研发中心是产品研发和技术改进的核心部门。现有研发人员130余人，其中具有丰富实践经验的专业设计人员60名，大部分设计人员来自中国科技大学、华中理工大学、山东大学、燕山大学等重点学府，在公司领导带领下，多项最新技术发明专利为持续推出创新产品提供了充足的资源保障。

LLC的使用范围小，是业界公认的技术难题。以贾彤颖为首的公司创始人立志于攻克该技术难题，形成了以“双环控制”为核心技术的控制模式，该技术的主要原理在于克服了LLC谐振软开关电路内部固有震荡与外部反馈控制的匹配问题，通过逐周期检测电路谐振参数来实时调控驱动控制频率，这样就使得原有的高阶LLC系统模型实现“降阶”，使得LLC可靠性能够适用于大功率工业场合。

公司发明专利“谐振电压控制型功率变换技术”，应用于多谐振模式以提高其可靠性，将双环控制机制应用于多谐振模式以提高其工作稳定性；压缩谐振电路的工作频带宽度以提高其可生产性。

五、主要新产品

序号	产品名称	产品型号	产品应用
1	充电模块	TH750Q61ND-AX-G	公交站场、出租车充电站、城市运营充电站
2	充电模块	TH750Q50ND-AX	公交站场、出租车充电站、城市运营充电站
3	整机	60 kW/80 kW/120 kW	公交站场、出租车充电站、城市运营充电站

深圳市瑞凯诺科技有限公司

一、单位概况

深圳市瑞凯诺科技有限公司是一家聚焦于电动汽车、充电桩出口解决方案商，以电子软硬件技术为核心，深耕于欧标（CCS2）、美标（CCS1）、日标（CHAdeMO）通信协议和PLC（电力载波通信）技术的理解及研究。为客户提供在原有国标（GB/T 27930）基础上转换欧标（CCS2）、美标（CCS1）、日标（CHAdeMO）的解决方案，同时提供扩展性强、定制化程度高的自定义私有协议解决方案。主要生产车端通信协议转换模块(EVCC)、桩端通信协议转换模块(SECC)系列产品。

公司方案拥有核心知识产权、满足车规级生产要求，通过了 TUV、DERKA 的通信测试认证。凭借着国内新能源产业的优势地位，使用瑞凯诺方案的合作商已将产品远销德国、法国、英国、挪威、芬兰、西班牙、荷兰、日本、韩国、新加坡、印度、新西兰、美国、智利、巴西、哥伦比亚、以色列、埃及、阿联酋等近 40 个国家。

二、经营情况

公司自 2015 年成立以来，借助于新能源产业出口的趋势及自身研发、品质、营销、售后服务体系的不断改进和完善，创下了每年营收 50% 以上的增长率，成交项目近 500 余项，涉及公交大巴、物流车、港口机械、工程机械、便携式充电桩、大功率充电桩、光储充充电站、调试检测设备，累计投放市场近 2.8 万台。

配套宁德时代、比亚迪、力神、国轩高科、宇通客车、南京金龙、中车时代、中通客车、银隆客车、徐工机械、东风小康、佰路佳、追日电气、星星充电、大连罗宾森、合康智能、易事特、车电网、嘉盛电源等主流车厂和桩企。

三、产能建设

2017—2018 年，韩国首尔建成年产通信协议转换模块 2 万台；2019—2020 年，广东惠州新增年产通信协议转换模块 2 万台；规划 2024 年底实现年产 10 万台的产能。

四、技术进展及研发能力建设

瑞凯诺科技拥有专业的软硬件研发团队，核心研发人员均来自韩国现代、三星，针对 ISO 15118、DIN 70121、SAE J1772、CHAdeMO、GB/T 27930 相关协议的差异化及兼容性拥有近 7 年的技术积累。自 2015 年以来，公司均参与国际 ISO 和 IEC 每年举办两次的测试研讨会，以确保方案在 EV 与 EV 充电桩之间的互操作性。针对 ISO 15118 的前沿技术 PNC(即插即用)、TLS(用户信息加密技术)、V2G(车辆到电网)已做充足的技术储备。

为满足国内主机厂技术平台差异化、产品测试标准不统一、使用工况不同的现状，公司方案在电气、环境、机械、EMC、EMI 均通过了高规格的延展性测试。同时针对海外终端客户的特殊需求，瑞凯诺已研发出多枪加受电弓的整体解决方案、VAS 预约空调加热方案、电池预约加热方案等。

五、主要新产品

序号	产品名称	产品型号	产品应用
1	车端通信协议转换模块	GQEVPLC_V3.3	宁德时代、南京金龙、宇通
2	车端通信协议转换模块	GQEVPLC_V4.1	比亚迪、东风小康、东风柳汽
3	车端通信协议转换模块	GQVCCU_V1	比亚迪、中国动力
4	桩端通信协议转换模块	GQEVSE32PLC_V3.1	追日电气、大连罗宾森、星星充电
5	桩端通信协议转换模块	GQEVSE32PLC_V3.2_CHA	易事特、英飞源

六、发展目标与规划

未来，公司将通过战略合作及资源整合等方式，不断巩固和发展产品在设计、研发、生产、营销及售后服务的能力，大幅度提升公司在新能源产业的技术水平及综合实力，打造新能源产业出口解决方案行业第一品牌，引领产品技术潮流，持续为中国新能源产业出口发展提供源泉与动力。

1. 生产品质方面：计划于 2020 年 11 月完成扩产 2 万台通信转换模块的工作任务，届时公司将拥有年产 4 万台的产能领先优势，在此基础上将淘汰落后的生产设备、整合生产要素的投入、改进质量检测设备及提高质量标准衡量的精度。

2. 市场扩展方面：为提升市场份额，将进一步细化市场区域、产品应用领域，客户差异化需求，提升与业内上下游零部件供应商的协作能力。

3. 技术研发方面：未来 2 年内实现通信转换模块的功能安全 C 级和芯片级集成技术，并将继续采用新材料、新原理、新工艺，打造可靠性更高、兼容性更强、制造成本更低的方案，使方案一直保持在行业领先地位。

4. 售后服务方面：为提升产品售后服务的及时性和客户满意度，售后服务将分为国内、国外两大板块。国内将规划出华南、华东、华北三大售后网点，国外将规划出亚太、欧洲、美洲、中非售后服务网点。

三友联众集团股份有限公司

一、单位概况

三友联众集团股份有限公司(以下简称“三友联众”)，是一家专业的集继电器研发、制造、销售为一体的国家级高新技术企业、中国电子元件百强企业，旗下目前拥有东莞制造中心、安徽省明光市三友电子有限公司、安徽省明光万佳联众电子有限公司、安徽省砀山万佳联众电子有限公司、浙江省宁波市甬友电子有限公司、景德镇市三友新能源电控有限公司、北美三友有限公司、韩国三友、欧洲三友有限公司等多家全资或控股子公司，职工 3 000 余名。拥有完备可靠的质量、环境保证体系，完美的技术服务，遍布全球的营销服务网络和最佳性能价格比。

二、经营情况

三友联众目前生产的继电器包括 80 多个系列、2 万多种产品规格，产品涵盖了磁保持继电器、通用功率继电器、汽车继电器、新能源继电器四大类。广泛应用于家电、交通、工业、能源、信息、医疗等领域。与各领域的众多知名企业建立了良好的合作关系。

三、产品出口

立足东莞，放眼全球，是三友联众的全球发展战略。公司拥有全球化的营销服务网络，在华南、华北、华东等地设有销售办事处；在韩国、德国、北美等地建有海外销售子公司，波兰、印度、墨西哥等地提供全套技术支持和销售服务，产品出口到全球80多个国家和地区，具备全球化技术服务能力，可以更方便、更快捷地为全球客户及时有效地解决问题。

四、产能建设

三友联众拥有一流的自动化装配设备设计能力，目前有100余条全自动或半自动生产线，多种型号的产品使用全自动生产线生产，继电器年生产能力达10亿只。

五、技术进展及研发能力建设

三友联众拥有一整套完整的质量保证体系，建有业内先进的产品检测中心，是国内第二家通过了美国UL目击实验室、德国VDE数据实验室认证、CNAS国家级实验室等三大机构认可的企业。三友联众斥巨资引进电力继电器性能测试实验台，包括短路测试及寿命测试两部分，是目前业内仅有的两家能自行进行此类实验的企业之一。三友联众建有完善的管理体系，通过了ISO 9001、IATF 16949、ISO 14001标准认证，产品全部通过美国UL、CUL及中国CQC认证，满足欧盟ROHS、REACH指令要求，大部分产品获得德国VDE、TUV认证。

技术研发和产品创新是三友联众生存和发展的动力和源泉。三友联众多年来取得丰硕的研发成果，共获得国家专利400余项。公司十分注重引进先进国家的继电器设计和制造技术、生产设备，先后与日本、韩国、英国等知名企业建立广泛合作，现已建立自有的高精度、高品质的模具、五金、注塑零件制造体系，保证了产品设计、模具开发、零件制造和成品生产方面的技术、品质、工艺水平处于国际同行领先地位。

三友联众拥有高素质的产品研发团队，拥有继电器行业内顶尖的技术人才，研发人员近200人。在技术支持上成立了专门的销售技术支持团队，对客户的问题可以提供最专业最优质的技术服务。

六、发展目标与规划

三友联众是在以振兴民族产业为己任，20余年执着坚持继电器主业，将继电器做到极致，并通过产品、品牌、企业文化，推动三友联众不断成长，从国内迈向国际。三友联众站在历史的新起点，将通过不断提升产品能力、品质能力、营销能力，使“三友继电器”成为海内外客户的最佳选择。

峰范新能源汽车技术（太仓）有限公司

一、单位概况

峰范新能源汽车技术（太仓）有限公司（以下简称“公司”）成立于2018年6月，坐落于江苏省苏州市太仓港经济技术开发区，公司致力于打造汽车试制与测评相结合的平台，为国内外整车厂家提供轻量化车辆开发设计、高质量试制、轻量化连接及其相关验证测试服务。

公司按照汽车行业的标准和要求建设一套领先的以轻量化连接技术为核心的一站式车辆试制平台，以及对整车相关性能进行测试和验证，可提供的产品和服务为如下。

交钥匙车辆试制：根据客户需要进行样车试制，帮助客户快速完成车型从零件到总成的小批量、短周期、低成本验证试制，加速验证产品设计和车辆制造工艺的开发。

车辆的轻量化设计制造和连接技术及展开应用：轻量化材料的零部件制造；SPR、FDS等铝材料相关的连接技术在制造工程中的选用数据库及连接工艺验证；SPR铆钉的制造；轻量化连接工艺在CAE计算环境中的参数验证等。

试制车辆的相关性能测试：汽车动刚度、静刚度、模态等方面的结构力学测试，测试结果提供给整车厂商进行性能改进；积累的测试数据形成结构数据库，指导车辆结构开发和轻量化方案，为客户提供结构开发和轻量化服务。

二、经营情况

公司打造“峰范”产业生态链，将传统车企、互联网车企、零部件供应商等有机结合，形成资源共享、技术互补。公司为汽车厂商提供整车轻量化设计、样展车试制和相关测试等业务。公司成立以来，已与国内多家知名企业达成配套合作，主要客户有：上汽乘用车、泛亚汽车技术中心、东风技术中心、华人运通、小鹏汽车、观致汽车、宝能汽车等。

三、产能建设

公司已建成试制和试验中心，包含软模零件生产、车身（含轻量化车身）试制、总装试制3个制造部分，以及整车结构性能测试平台。

四、技术进展及研发能力建设

1. 夯实汽车试制技术，整合国内资源并产业化。国内有一大批从零件制造，生产线制造转行到试制行业的企业，他们对零件和工装有一定的理解，但对整车的试制工作很难说标准，甚至低质量；在轻量化试制方面也没有任何经验。峰范将在未来5年内打造业内试制企业标杆，并纵横中国南北整车企业，联合专业的零部件企业和工装企业，捭阖试制项目。

2. 把轻量化的资源和取得的成果输入到汽车开发整个过程。设计—制造—验证—优化设计—再制造—完成验证，整条链上都要有亮点有优势。在轻量化连接铆钉方面，也要取得一定突破，打造国内名牌替代进口。

3. 整车测评系统应用多点开花。汽车测评系统开发运用，将是对中国汽车开发行业 20 年发展从向国外学习到自我积累和不断提升的转折，填补汽车行业综合评价系统空白。该系统不光应用在开发过程，还可以在售后市场发挥专业化的作用，甚至在汽车媒体，车评网站起到标尺的作用。

4. 汽车试制和性能测评相结合，通过对试制产品进行性能测评，结合车身刚度测试模态测试结果，对车身设计的问题做出快速响应，在试制初期发现、解决或者优化汽车结构设计，为整车厂提供更好的试制—测试—产品优化服务。

五、发展目标与规划

公司通过不断引入先进的研发、制造等资源，通过 3 ~ 5 年的建设，发展成为具有一流研发和生产团队的创新型企业，根据不同的市场需求，开发满足国内外市场的产品和服务，提高公司的综合竞争能力。

道达尔润滑油（中国）有限公司

一、单位概况

道达尔集团是全球知名的石油与天然气一体化上市公司，拥有 800 多家生产厂，逾 98 000 名员工，业务遍及全球 130 多个国家和地区，覆盖整个石油产业链，包括勘探与生产业务，天然气、可再生能源与电力业务，炼油与化工业务，贸易与运输业务，营销与服务业务。

道达尔在中国拥有近 5 000 名本土员工和逾 25 家子公司，积极参与中国能源行业全产业链业务——从上游到下游与化工，与中国合作伙伴们分享经验、技术和专业知识，建立双赢互利的合作关系，共同发展国内外能源业务。

道达尔润滑油（中国）有限公司作为世界上主要的润滑油生产商之一，道达尔润滑油在中国已有 20 年的销售历史，总部设立在上海。道达尔润滑油为中国用户提供一系列的高质量产品，主要产品包括：汽车润滑油（快驰系列、埃尔夫速胜系列）、商用车润滑油（红运系列、埃尔夫速胜系列）、摩托车润滑油（动驰、摩速系列）及齿轮油、清洗油、防冻液等各种配套附属油产品。同时，道达尔工业油和油脂种类多达上千种，业绩在集团内排名不断攀升，已成为道达尔全球润滑油业务中最重要的市场之一。道达尔工业油致力于提供国际领先的一体化方案，全方位持续以高新技术、卓越产品和周到服务携手钢铁、电力、水泥、矿山、造纸、化工、压缩机、纺织、金属加工、食品等行业客户共同努力，降低成本，提高效益。

道达尔润滑油在中国拥有 3 家润滑油调配厂及 1 个润滑脂工厂，年产量逾 30 万 t，分别坐落于天津、广州和镇江，承担着整个中国地区道达尔品牌和埃尔夫品牌的润滑油生产。工厂设有码头、油罐、加工、仓储、办公等功能区，拥有世界先进水平的调配、灌装、包装、检验、测量和试验设备。同时拥有多套电脑控制全自动调和系统，多条自动化包装线以及配有世界先进的测试仪器的实验室，高度实现生产自动化。采用世界一流的技术与设备，达到严苛的欧洲质量标准；严格执行国际严格的安全，健康和环境标准；使用世界上高质量的进口基础油添加剂；拥有多台世界先进的测试仪器的实验室。

工厂获得以下认证：ISO 9001 质量管理体系认证、ISO 14001 环境管理体系认证、OHSAS 18001 职业健康与安全管理体系认证、TS 16949 质量管理体系认证。

通过不断优化革新、高效运作的仓储及物流配套，道达尔可实现稳定及时供应，全面配合及支持全国客户应对挑战，实现快速发展。

二、发展与规划

1. 充电桩

2018 年 9 月，道达尔收购了法国公司 G2mobility，该公司管理着约 1 万个充电点。道达尔的充电网并不限于在法国拓展，通过其子公司 Total Gas & Power 与英国充电商 ChargePoint 达成合作伙伴关系，将为英国的电动车主们提供充电服务。

2018 年，与美国 ChargePoint 充电桩运营公司宣布建立伙伴关系，为英国市场提供全面的电动汽车充电解决方案和服务。

2020 年初，法国石油巨头道达尔宣布，将在荷兰新建 2 万根电动汽车充电桩。据悉，道达尔将为荷兰大阿姆斯特丹都市区的 320 万居民提供电动汽车充电服务，这也是迄今为止欧洲最大的一份电动汽车充电桩合同。作为合同的一部分，道达尔负责为该地区的电动汽车充电网络提供电力，且 100% 来自可再生能源，如太阳能和风能。

道达尔也积极投身中国电动汽车充电桩市场。未来 5 年，道达尔计划将在全国重要城市开设 5 000 个充电桩，积极促进中国新能源事业发展。

2. 电动车润滑油液

随着人们对尾气排放担忧的日益加剧，能源转型正在影响整个汽车行业，混合动力汽车和电动汽车逐渐成为了未来的发展趋势。道达尔现已开发出两种创新性的产品系列，TOTAL QUARTZ EV FLUID 和 TOTAL RUBIA EV FLUID，可满足汽车制造商的要求，并将帮助他们设计效率越来越高的电动和混合动力汽车。作为研发混动及电动车流体解决方案的品牌，道达尔润滑油也积极出席国内外知名论坛及展会，并将多项研究成果刊登在知名 CTI 杂志上。2019 年，道达尔快驰电动/混动车型油液系列获“亚洲燃料及润滑油 2019 年度产品”。

3. 道达尔电动车润滑油针对性解决方案

在介电性能、热性能、与材料的兼容性、标准润滑功能和摩擦性能、使用寿命这些方面，道达尔创新性产品系列都能够满足所需要求并解决相应问题，达到电动和混合动力汽车的标准。

凭借 TOTAL QUARTZ EV FLUID 和 TOTAL RUBIA EV FLUID，道达尔润滑油为汽车行业中日益普遍的问题提供了针对性的解决方案，同时也帮助其进一步践行了发展清洁交通和推动环保事业的承诺。

道达尔润滑油始终与客户携手合作，开发满足其特定需求的定制解决方案，并保证其车辆和设备的运行和维护。为了加快研发速度，道达尔与汽车制造商合作伙伴合作，根据他们的特定需求定制流体，确保其车辆和部件拥有更长使用寿命。

中国汽车技术研究中心有限公司

一、2019 年科研项目及成果

2019 年，中国汽车技术研究中心有限公司（以下简称“汽研中心”）新立项科研课题 103 项，其中指南类课题 2 项、重点课题 26 项、培育类课题 55 项、青年基金课题 20 项。

2019 年，汽研中心在研国拨项目 64 项，总经费 8 931.75 万元，新增国拨项目 6 项，总经费 905.4 万元。

汽研中心从事的重要科研项目包括：科技部国家重点研发计划“自动驾驶电动汽车测试与评价技术”、“国Ⅵ排放标准技术体系研究”、“动力电池测试与评价技术”和“典型区域多种燃料电池汽车示范运行研究”，天津市科技计划项目“基于历史数据分析的退役动力电池梯次利用关键技术研究”，以及中心自立项目“智能汽车仿真测试技术研究及软件平台开发”、“氢燃料电池发动机集成开发及测评技术研究”、“智能网联汽车关键电控系统功能安全和预期功能安全（SOTIF）技术要求及测试评价体系研究”等。

2019 年，汽研中心主持或参与的项目中获得省部级奖项共 14 项，其中“新能源汽车能源系统关键共性检测技术及标准体系”项目获得“国家科学技术进步奖二等奖”；“基于 LTE 网络的标准 API 开发及车载 T-BOX 研制”、“柴油车用 SCR 系统关键技术及应用”、“乘用车动力系统振动噪声控制关键技术的研发与应用”、“在用机动车污染综合防治体系研究与应用”项目获得“天津市科学技术进步奖二等奖”；“车用材料关键性能测评方法及数据管理平台研究与应用”获得“天津市科学技术进步奖三等奖”；“乘用车企业双积分管理制度与积分平台方案研究及应用”项目获得“中国汽车工业科学技术进步奖二等奖”；“电动汽车电磁兼容技术研究及示范推广应用”、“基于 LTE 网络的标准 API 开发及车载T-BOX 研制”、“新能源汽车推广应用财税支持政策体系研究”及“全球汽车专利数据库服务平台建设与应用研究”项目获得“中国汽车工业科学技术进步奖三等奖”；“一种汽车胎压监测系统测试装置及测试方法”项目获得“天津市专利奖金奖”等。

二、2019 年科研设施及科研能力建设

2019 年，汽研中心加强了对国内外先进共性基础技术的跟踪研究投入，有利于打造应用技术开发平台和咨询服务平台，开展一批前瞻性技术创新课题研究项目，为解决行业技术关键问题奠定基础，确保了汽研中心引领行业技术进步的地位。

此外，在战略性新兴产业新能源汽车的检验测试领域，2019 年汽研中心共实施固定资产投资项目 14 个，全年完成投资额 10 705 万元。2019 年，汽研中心在“工程和技术研究和试验发展”领域共完成投资 152 329 万元。其中，“智能网联汽车试验中心一期”“发动机室二期试验能力完善”等重点固定资产投资项目完成投资 72 530 万元，“中汽中心呼伦贝尔冬季汽车试验场有限公司增资项目”“中汽研汽车检验中心（天津）有限公司欧洲试验室建设项目”等股权投资项目共完成投资27 093 万元。在“信息技术咨询服务”领域完成投资 604 万元。

2019 年，汽研中心继续落实《京津冀协同发展规划纲要》，强化天津基地的规模优势，积极响应天津市建设全国先进制造研发基地的定位，共实施固定资产投资项目 83 个（其中重点投资项目 3 个），股权投资项目 2 个（均为重点投资项目），完成投资 68 267 万元。同时，汽研中心不断提升北京检测基地能力，突出特色优势，响应北京市建设“科技创新中心”的区域定位，2019 年共实施固定资产投资项目 7 个，股权投资项目 1 个，完成投资 2 116 万元。

三、2019 年国际合作

2019 年，汽研中心积极贯彻落实“一带一路”倡议，搭建全球汽车产业交流与合作平台，先后与美国、加拿大、俄罗斯等国，相关机构以及中亚、东盟的汽车研究机构和法规认证主管机构签署战略合作协议和谅解备忘录。在工信部指导下，作为 C-WP.29 秘书处，汽研中心组织、协调行业力量，更加全面、深入参与 WP.29 及其下属各专家工作组各项活动，我国在国际车辆法规协调过程中逐渐由被动的“跟随者”转变为主动的“参与者”。支撑工信部、国家标准委与欧盟、德国等政府间对话交流，与欧盟、德国、日本的相关机构进行技术交流。通过举办“中国-中亚国家汽车标准法规合作推进会”，与印尼、塔吉克斯坦、摩洛哥、美国等国家标准化机构签署合作备忘录。开展联合国欧洲总部日内瓦办事处可行性调研，完成中国汽车标准国际化中心（CASIC）前期论证及注册工作。

中国汽车工程研究院股份有限公司

一、发展概况

2019 年 5 月，中国汽车工程研究院股份有限公司（以下简称“中国汽研”）获批筹建国内首个国家氢能动力质量监督检验中心。2019 年 8 月，中国汽研与重庆市两江新区签订投资协议，国家氢能动力质量监督检验中心拟在重庆市两江

新区鱼复工业开发区投资建设，总投资约5亿元，占地约190亩，规划建设氢源实验室、燃料电池实验室、氢能产品实验室、测试技术研究实验室等。2020年4月项目将进入工程设计阶段，并于2020年8月开工建设。

二、科研项目及成果

科研项目：牵头国家重点研发计划《百千瓦级燃料电池电堆及辅助系统部件测试技术开发及样机工程化应用》，参与国家重点研发计划《增程式燃料电池轿车动力系统平台及整车集成技术》，参与重庆市重点项目《高性能燃料电池发动机系统集成关键技术研发及应用》和《金属双极板燃料电池模块电堆研发及附件系统匹配设计应用》。

成果：完成了国内首款氢燃料电池乘用车的-30℃低温冷启动的测试和评价分析。参与制定了氢燃料电池汽车低温冷启动测试的团体标准。

三、科研设施及科研能力建设

国家氢能动力质量监督检验中心将建成包含整车转毂（含环境仓）测试台、燃料电池测试台、动力总成测试台、氢能关键部件测试台及相关配套设施等。建成氢气品质、燃料电池电堆及组件、燃料电池系统及部件、燃料电池动力系统和燃料电池汽车整车、无人机、电源等电气产品的安全及性能检测能力。开展氢能动力相关测试评价方法研究、标准体系建设、测试装备开发等科研能力。

四、主要研究方向

1. 产品测试评价

构建覆盖氢能全产业链的检测服务平台，对氢燃料电池膜电极、氢燃料电池电堆、氢燃料电池系统、氢燃料电池整车及整车、氢燃料电池无人机、氢燃料电池叉车及氢燃料电池系统关键部件的性能和安全进行测试评价，加强氢能产业的质量管理、保障产业发展安全、提高氢能产业市场效率。

2. 标准体系建设

联合企业、高校、研究机构等，通过课题研究、产品检测分析、国外标准体系解读、国内标准的制修订，在氢气品质、空压机、循环泵、燃料电池，以及氢能产品等测试方面建立和完善氢能标准体系，既为国标的建立和完善提供依据，也为企业的建设和产品开发提供参照。

3. 测试装备开发

进行燃料电池系统及其关键部件测试设备开发，主要包含燃料电池发动机测试平台、氢气循环泵测试平台、燃料电池用空气压缩机测试平台、氢气品质快速检测平台等，助力氢能领域技术及产业发展。

4. 测评技术研究

通过对燃料电池、氢能产品关键部件、氢能动力系统、氢能产品等的深度测评和优化分析，研究新的氢能产品测试评价方法，协助企业进行系统匹配、优化产品设计、概念设计，指导关键零部件开发。氢能相关测评技术研究，是解决氢能相关标准协调性、配套性及避免重复与矛盾的重要保障。

五、国内外交流

与同济大学、清华大学、吉林大学、武汉理工大学、大连化物所、电子科技大学等多所高校，在氢能应用研究和安全评价等方面进行了课题研究。与上海重塑、东方电气、上海神力、德燃动力、明天氢能、上汽红岩依维柯、国创中心、北汽福田、中通客车等企业，在燃料电池部件和整车的产品集成开发和性能优化方面展开了密切的合作。

六、发展规划

国家氢能动力质量监督检验中心将以氢能为核心，建成氢能和燃料电池产品全产业链的测试能力体系，将在检测认证、标准体系、测评研究、技术服务、应用推广、产业孵化等方面，为氢能产业化提供有力支撑。积极协助政府主管部门政策制定及行业管理工作开展，促进我国氢能动力产业发展，提高氢能利用，加快能源结构优化升级和绿色、可持续发展，为我国能源、汽车和装备制造产业的战略转型发展提供有力保障。

国汽（北京）智能网联汽车研究院有限公司

一、单位概况

国汽（北京）智能网联汽车研究院有限公司（简称“国汽智联”）成立于2018年3月19日，位于北京经济技术开发区，注册资本9亿元，2019年5月30日，获批国家智能网联汽车创新中心（简称“创新中心”）。

创新中心以“国汽智联”为运营主体，联合“中国智能网联汽车产业创新联盟”，采用“公司”加“联盟”构成创新中心核心运营模式。创新中心定位于智能网联汽车领域创新技术的研发中心、创新服务的公共平台、创新人才的聚集基地、国家智能网联汽车创新战略的核心智库。

2019年，公司共有员工200余人，借调、联合研发及其他人员10人；聚集院士1人，长江学者2人，“千人计划”6人；研发人员占比76%，硕士及以上占比72%。

公司重点围绕“行驶环境融合感知、智能网联决策控制、复杂系统重构设计、智能网联安全和多模式测试评价”等四大共性关键技术突破进行方案研究，重点建设集研发设计平台、中试验证基地、公共测试平台、共性技术服务平台、成果转化基地为一体的、支撑行业和产业良性发展和运转的研发中心。

二、技术进展及研发能力建设

1. 技术进展

公司在协同机制下，正在开展7个重点项目。包括战略与标准法规专项、中国ICV系统架构规划与设计、中国ICV场景库、自动驾驶操作系统、智能座舱操作系统、智能网联汽车信息安全和高精度动态地图基础平台。

公司累计申请专利 12 项；承担工信部、科技部、北京市地方各类科技项目 10 项；是工信部批复的国家智能网联汽车创新中心；同时也是北京市创新中心与开发区创新中心；获批成立了院士专家工作站，建立了企业科协；被认定为中关村高新技术企业；被开发区授予“科技创新企业”称号；此外技术成果多次获奖。

2. 试验和测试能力建设

一期实验室：国汽智联围绕智能网联汽车 4 项关键共性技术研究，规划建设国家智能网联汽车试验能力，支撑关键技术突破。已完成一期 H5 试验室建设，包含计算平台研发试验室、高精度动态地图与定位试验室、车载高速网络试验室、信息安全试验室 4 个智能网联汽车试验室。主要测试项目包括软、硬件在环测试，高精度定位、外业采集更新系统测试、车载以太网通信技术测试验证、信息安全攻防、虚拟云测试等。

规划实验室：规划建设自动驾驶汽车智能化试验中心、自动化驾驶汽车网联化试验中心、数据中心与信息安全试验中心、整车虚拟试验中心、整车暗室试验中心 5 个试验中心，共计 15 个试验室，预计 2022 年建设完成。

三、合资合作及重大项目建设

1. 中国智能网联汽车产业技术战略与标准研究

组织编制完成《节能与新能源汽车技术路线图》的智能网联汽车技术路线图专题；编制并发布《中国智能网联汽车蓝皮书 2019》。推动相关标准的研究与制定工作，与汽标委就中国智能网联汽车标准化工作签署合作备忘录，明确双方合作开展中国智能网联汽车团体标准体系研究框架与原则，全年实现国家标准牵头 2 项、参与 5 项、团体标准发布 3 项、立项 10 项。

2. 中国智能网联汽车信息物理体系架构规划与设计

联合清华大学、信通院、赛迪等 13 家单位共同研究编制《智能网联汽车信息物理系统参考架构 1.0》，并分别在世界智能网联大会和中国汽车工程学会年会上进行发布。11 月 22 日，2022 年北京冬奥会奥组委和北京市经信局正式确认国家智能网联汽车创新中心作为北京 2022 冬奥会智能网联汽车示范项目顶层设计单位，12 月 2 日，项目组正式组建。

3. 中国标准智能网联汽车场景库

牵头组织 14 家单位，完成中国标准智能网联汽车场景库理论架构体系报告的开发；主导联合 17 家单位成功申报并中标了工信部专项“基础数据服务和基础地图服务平台建设”和“中国智能网联场景数据库建设”两个专项；完成了采集平台、数据融合、数据标注和场景切分等多项技术方案的验证；基于真实的自然驾驶场景和事故场景，开发了 2 000 余例基于自然驾驶的测试用例和 200 余例事故场景仿真模型。完成了拟人化驾驶员模型仿真插件 V1.0 的开发，实现了 4 种基础驾驶功能、12 种拟人化驾驶功能，支持基于中国标准场景库的模型参数标定，支持驾驶风格的个性化参数配置。

4. 高精动态地图基础平台

完成基于智能网联汽车高精度定位导航基础公共服务平台的架构设计及平台推进的关键路径，成功获得工信部“基础地图服务平台建设”专项主导权。初步达成与四维图新、百度、比亚迪、奇瑞等企业的合作意向。全年完成团体标准立项 5 项、牵头地方标准 1 项、参与国家标准 1 项、申请发明专利 6 项。

5. 自动驾驶 OS

协同行业优势资源，联合开发以自动驾驶 OS 为核心的、自主可控的计算基础平台，明确计算基础平台的产品定义，完成自动驾驶操作系统架构设计，发布《车载智能计算平台白皮书》及《车载智能计算基础平台参考架构 1.0》。

6. 智能座舱 OS

智能座舱 OS 项目组在全面调研国内外相关企业和产品的基础上，完成了 OS 系统的产品定义及架构设计，完成智能座舱 OS 平台项目初步实施方案；已与斑马/阿里、中科院软件所、百度等 9 家企业签署了战略合作协议。

7. 信息安全

基于智能网联汽车信息的功能安全、预期安全和网络安全等特殊特性，积极推动技术链和产业链相关企业联合建设车辆安全漏洞预警与分析平台。已申报发明专利 11 项、软件著作 3 项、国家标准牵头 2 项、商标及顶级域名等 10 余项；初步完成平台主系统的开发及内部测试，众测及态势感知系统的示范方案开发；完成了联合 3 家主机厂、5 家信息安全企业共同发起“车辆信息安全漏洞预警与分析平台”共建、共享的方案策划。

V2X 安全认证防护体系项目在 2019 年度智能网联汽车技术年会上完成了体系发布及证书管理平台的开发部署并上线试运行，有效地支撑 C-V2X“四跨”互联互通测试示范，与此同时联合相关方积极推进 V2X-CA 终端产品的研发及推广应用，以及 V2X 安全测试验证能力。

四、发展目标与规划

建设目标：聚集国内外高端专业人才，突破关键技术，提升创新能力，培育一批在智能网联汽车领域具有国际竞争力的企业，持续高效引领和支撑行业发展，提升我国智能网联汽车及相关产业的全球格局地位，努力把国汽智联建设成具有世界影响力的研发机构。

清华大学汽车安全与节能国家重点实验室

一、发展概况

2019 年队伍建设进入快速发展阶段，规模显著增长。固定人员共有 85 人，其中研究人员 74 人、技术人员 10 人、管理人员 1 人。研究人员中，正高级 31 人、副高级 36 人、中级 7 人，包括院士 3 人、国家高层次人才特殊支持计划 6 人、国家海外高层次人才引进计划 5 人、中青年科技创新领军人才 6 人、教育部长江学者奖励计划 6 人、国家杰出青年科学基金获得者 1 人、国家优秀青年科学基金获得者 3 人。

2019 年，新引进固定人员 9 人，包括顶尖人才 1 名(美国艺术与科学院院士、澳洲国家工程院院士、IEEE 会士、国家海外高层次人才)，国家海外高层次人才 1 名、研究员 1 名、副研究员 3 名、助理教授 1 名、助理研究员 2 名。新增海外人才储备 10 余人。

二、科研项目及成果

2019 年新增科研项目 168 项，合同总额度 4.9 亿元，共承担科研项目 292 项，到款科研总经费 24 077 万元，其中国家重点研发计划、"973"计划、"863"计划、科技支撑计划、自然科学基金等国家级项目，和省部级项目总到款 14 194 万元(59%)，军工专项到款 686 万元(3%)，国际合作项目到款 3 454万元(14%)，横向项目到款 5 743 万元(24%)。作为项目负责人新增国家重点研发计划项目 3 项，国家自然科学基金项目 12 项(包括联合基金重点 1 项、面上基金 7 项、青年基金 4 项)。王建强"基于人—车—路协同的行车安全场理论及车辆拟人化控制"的面上基金项目获评优秀结题项目。

2019 年授权发明专利 107 项，发表 SCI 论文 272 篇(其中作为第一完成单位 145 篇)，EI 论文 365 篇(其中作为第一完成单位 243 篇)，出版著作 6 部(其中作为第一完成单位 6 部)。欧阳明高院士入选 2019 年度全球"高被引科学家"名单，同时也是清华工程领域唯一上榜者；此外，欧阳明高院士担任主编的爱思唯尔(Elsevier)旗下新刊《交通电动化》(eTransportation)举办了全球创刊启动典礼，2019 年共出版2 期，23 篇文章。郝瀚老师在《自然·通信》(Nature Communications)在线发表了题为"重型车电动化对关键金属资源可持续发展冲击"(Impact of transport electrification on critical metal sustainability with a focus on the heavy-duty segment)的研究论文。

2019 年科研成果经多年积累，持续绽放，荣获多项科技奖励。以第一完成单位获国家科技进步二等奖 2 项、汽车行业特等奖 1 项、省部级一等奖 1 项、机械行业一等奖 1 项。其中，"高效自动机械变速式并联混合动力系统总成"项目，获国家科技进步二等奖；"车用高性能制动系统关键技术及产业化"项目，获国家科技进步二等奖。

三、科研设施及科研能力建设

实验室现有 50 万以上大型仪器 54 台，总价值 8 047 万元。按照实验室的要求，大型实验设备需要由专人进行管理，每台设备均必须建立设备台账和技术档案。同时，鼓励和支持设备共享和设备开放，所有的大型设备均在清华大学实验室与设备处的网站上进行了开放使用备案，面向社会开放。同时，基于实验室开放课题合作和企业课题合作，很多国内外高校和科研单位的工作人员也经常到我室科研平台上从事研究与开发工作。如实验室动力系统集成测试平台的发动台架既帮助了烟台大学的老师进行课题研究，也为奇瑞、吉利、东风、壳牌等多家企业进行了发动机的匹配和标定。

四、主要研究方向

实验室的主要研究方向为：汽车主动安全性、汽车被动安全性、先进发动机与排放控制、电动汽车与新型动力、汽车电子控制。汽车主动安全性包括汽车动力学与控制、汽车振动与噪声控制、驾驶行为识别与安全辅助系统、交通安全与事故再现；汽车被动安全性包括汽车碰撞力学、汽车安全性设计、乘员保护及人体损伤机理、汽车新型材料与轻量化；先进发动机与排放控制包括发动机燃料与燃烧、发动机排放控制、发动机热流体学、动力总成与性能优化；电动汽车与新型动力包括车用动力电池系统、纯电驱动系统、混合动力系统、燃料电池动力系统；汽车电子控制包括发动机电子控制、底盘电子控制、智能汽车、智能交通。

五、国内外交流

实验室继续开展"实验室开放日活动"，接待实验室参观共61 次，其中参观访问 54 次、学生实践 2 次、科普讲座 5 次；参观总人次为 1 091 人次，其中大学生 291 人次、中学生 100 人次、社会其他 650 人次。依托单位在校庆日当天，对公众开放 100 个实验室活动。实验室积极配合该主题活动，开放了能够接待参观的所有实验室，包括碰撞实验室、氢能与燃料电池实验室、整车转鼓实验室、驾驶模拟器实验室、电池安全实验室、涡轮增压与余热发电实验室、混合动力系统实验室、燃烧与排放实验室、小型发动机实验室、汽车结构实验室、发动机喷雾燃烧光学诊断实验室、汽车造型设计教学实验室、车用智能动力系统实验室、智能网联汽车实验室、分布式驱动实验室、电动汽车驱动电机与控制实验室等。在 2019 年 4 月 23 日接待清华大学财务处的 25 名党员，在 11 月 6 日接待来自北京八中的 40 名优秀初二中学生等，进行科普讲座并展开互动活动。各实验室的讲解人员以现场讲解、播放视频、PPT、某些环节邀请公众参与体验的方式，让大家更深入了解实验室的研究内容和日常运转，得到广泛好评。此外，实验室配合新华网科普频道联合中国科协打造的"走进国家重点实验室"栏目录制"走进汽车安全与节能国家重点实验室"科普宣传视频 1 次、配合中央电视台录制科普节目 1 次、配合人民日报、科技日报等新闻报道各 2 次，配合其他多家重要新闻媒体对实验室进行科学传播等新闻报道 36 次，各类新媒体报道 40 次。充分利用自身的科技和资源优势，积极传播科学知识，围绕安全、节能、环保三大主题，提升公众对国家重点实验室的了解、增强全社会科技意识、提高全民族科学文化素质、激发了公众对科学尤其是汽车安全与节能方面的关注度和探索欲。

六、发展规划

1. 争创优秀级的车辆领域国家重点实验室，联合国内优势学术团队，引领国家汽车技术发展。

2. 建立起适应国家重点实验室改革的人才队伍体系：一方面调整人员结构，实现汽车、能源、先进交通、人工智能、互联网与大数据等人才多样化；另一方面改善人才梯队，加强顶尖人才突破的支持力度、加强中青年人才蓄积。

3. 结合汽车系升级为车辆与运载学院，突出学科发展的新思路：一方面形成优势学科团队，聚焦“智能汽车 + 新能源汽车”；另一方面加强发展新学科和交叉学科，以更好适应车辆学科高度交叉融合的特点。

同济大学新能源汽车工程中心

一、发展概况

同济大学新能源汽车工程中心成立于2000 年，同时也是国家燃料电池及动力系统工程技术研究中心、新能源汽车及动力系统国家工程实验室、国家级国际联合研究中心、中德电动汽车联合研究中心、中国燃料电池汽车技术创新战略联盟秘书长单位、工信部授权的第一个国家智能网联汽车试点示范区（上海）。此外，受科技部委托，中心同时承担了国际氢能经济和燃料电池伙伴计划（IPHE）联络办公室的工作，代表科技部出席相关会议，定期向科技部汇报国际上氢能燃料电池的最新进展。现阶段主要专注于新能源与智能化汽车相关技术的研究。

二、科研项目及成果

同济大学新能源汽车工程中心承担或参与了国家“十五”、“十一五”、“十二五”和“十三五”期间 30 余项 863 项目和 973 项目和国家重点研发计划的科研任务，代表性的项目有：燃料电池轿车动力系统技术平台研究与开发；兼容 V2G 技术的高性能电动汽车关键技术；燃料电池发动机及动力系统的全工况仿真及试验研究；青岛氢能与燃料电池汽车研发与集成应用示范重大专项；质子交换膜燃料电池堆可靠性、耐久性及制造工程技术；大功率燃料电池发动机系统集成与控制、可再生能源专项测试系统多维度在线监测、健康诊断及寿命预测模块开发；四轮驱动电动汽车关键技术研究；轮边电驱动系统应用技术研究；乘用车混合动力总成开发与整车集成；高性能分布式驱动电动汽车关键基础问题研究；大型城市综合体高密度智能泊车系统工程化关键技术研究与产业化；新能源商用大轿车第一阶段关键技术研究及工程化等。历年来，出色完成了多项国家和省部级重点项目，并获得了数十项国家、地方及行业奖项。代表性的奖项包括：燃料电池轿车动力平台关键技术（国家科学技术进步奖二等奖）、燃料电池汽车供氢关键技术（国家科学技术进步奖二等奖）、燃料电池汽车关键技术研发及其产业化（中国汽车工业科学技术科技进步奖特等奖）、燃料电池轿车动力系统集成与控制技术（上海市科学技术奖一等奖）、世博新能源汽车研发与应用示范项目组（上海世博会先进集体）、同济增程式混合动力系统（中国国际工业博览会“创智汇”路演最具人气路演项目）等。同济大学新能源汽车团队自 2006 年起，累计发表论文1 900 多篇，已获授权专利 262 项（其中发明专利 87 项）。通过承担上述科技项目，已形成了一支科研实力雄厚、年龄结构合理的技术团队。近年来引进高级人才 13 名，分别来自德国、日本、美国和国内著名高校与企业。该技术团队现有 127 人，拥有正高职称 38 名，副高职称 21 人，其中博士68 人，平均年龄不超过 45 岁；拥有国家重点研发计划总体组责任专家 2 名，教育部长江学者特聘教授 1 名，国家杰青1 人，“千人计划”3 人，“万人计划”2 人，海外名师 1 人，聘请多名国内外著名汽车专家为兼职教授或客座教授；是一支知识结构合理、国际交流经验丰富、富有创新精神的研发团队。近年来，先后获得国家教育部长江学者及创新团队计划中的“节能环保汽车”创新团队、科技奥运先进集体、上海世博会先进集体、“十一五”国家科技计划执行优秀团队等荣誉。

三、科研设施及科研能力建设

同济大学新能源汽车工程中心已建成国内领先的智能与新能源汽车研发与试验平台，具备了从零部件至整车的全系列测试和研发能力，具有代表性的科研设施主要有：整车空气动力学风洞、整车热力学风洞、半消声环境的四转鼓整车性能测试实验室、整车环境舱与动力性能测试平台、整车耐久性测试平台、全路况智能汽车试车场、整车及零部件振动测试台、汽车尾气测试与分析系统、新能源汽车动力系统测试与模拟实验室、燃料电池发动机测试平台、智能网联汽车测试与评价基地、国家工信部授权的第一个国家智能网联汽车试点示范区、燃料电池发动机环境舱、燃料电池电堆测试平台、新能源汽车关键材料分析仪器、各零部件至整车等级的完善模拟仿真计算平台等。相关科研能力建设为本单位的前瞻性科学研究和工程技术开发奠定了良好的基础。

面向车用新能源的发展需求，围绕高压储供氢、燃料电池复合电源、燃料电池发动机系统 3 个主要研究方向，着力发展车用燃料电池复合电源相关的新材料和动力系统的开发、测试、集成技术，完善学科交叉、产学研结合和成果转化机制，实现车用新能源领域的基础性、前瞻性、战略性科技创新。面向智能汽车技术领域，围绕智能动力系统、感知与决策、运动控制与组合定位、测试与评价四大研究方向，开展深入应用基础研究、工程化应用研究及产学研合作研究。

四、主要研究方向

主要研究方向为智能动力系统、感知与决策、运动控制与组合定位、测试与评价、燃料电池复合电源动力系统、燃料电池关键材料、燃料电池电堆、燃料电池发动机、氢能综合利用、氢能与燃料电池测试评价。

五、国内外交流

1. 第四届上海 - 斯图加特汽车及动力技术国际研讨会（SSSAET）。

2. “自动驾驶汽车感知与规划技术”学术报告。

3. “认知自动驾驶”学术报告。

4.“集成控制方法在车辆控制和全气候无人校园巴士上的应用”学术报告。

5.“自动驾驶汽车测试与评价技术”学术报告。

6. 中德电动汽车联合研究中心。

7. IPHE 联络办公室的工作。

8. 中瑞交通安全研究中心。

9. 中国-加拿大(安大略省)氢能燃料电池科技合作研讨会。

六、发展规划

致力于智能型新能源汽车关键技术的前瞻性研究和工程化开发,推动国内先进汽车技术发展与产业的推广落地,拓展国际合作扩大中国汽车技术世界影响力,确保我国汽车技术与产业的持续健康发展。

北京理工大学机械与车辆学院

一、发展概况

北京理工大学机械与车辆学院(以下简称“机械与车辆学院”)的科研工作始终瞄准国家重大战略需求和国际科技发展前沿,在车辆总体、车辆传动、车辆电子、车辆悬架、新概念车辆、车辆结构强度与振动噪声、大功率柴油机总体技术、发动机燃烧与排放、发动机增压、先进加工、微小型制造、数字化制造、工业工程、激光微纳制造、检测与控制、机电系统与装备、交通规划与控制等方向达到了国内先进水平,在车辆传动、新能源车辆、智能车辆、大功率柴油机、难加工材料加工、激光微纳制造等研究方向上形成鲜明的特色和优势。

近5年,学院承担了国家重大专项、“973”基础研究项目(以首席单位获批国防“973”项目4项,科技部“973”项目1项,青年“973”项目1项)、国家自然科学基金重大研究计划(集成和重点)/重点/杰青/仪器专项/优青项目、科技部国际合作项目、“863”高技术项目、总装探索一代项目、总装预研项目和国防基础科研项目等,年均科研经费超过3亿元。近5年来,学院总计授权国家或国防发明专利301项,在国内外学术刊物及学术会议上共发表论文2 000多篇,其中SCI收录论文600余篇,EI收录1 000余篇,ESI论文28篇。

近年来,学院在多个方面取得重大成果,“一种电动车辆动力系统关键技术产品及其应用”获国家科技发明二等奖(2004),“某车辆系列变矩器及其设计理论”获国家科技进步二等奖(2006),“纯电动客车关键技术在公交系统中的应用”获国家科技进步二等奖(2008),“车辆电传动系统关键技术”获国家科技发明二等奖(2009),“某车辆液力机械综合传动技术与应用”获国家科技进步二等奖(2012),“超快激光微纳制造机理、方法及新材料制备的基础研究”或国家自然科学二等奖(2016),“车辆大功率告诉机电复合传动技术与装置”获国家技术发明一等奖(2019),“装甲车辆自动机械变速操控系统”获国家科技进步二等奖(2019)。

二、科研项目及成果

2019年,机械与车辆学院实现年度科技经费投入4.8亿元,其中国家自然科学基金项目2 453万元,国家重大基础研究(“973”项目)和军委科技委基础加强项目1 768万元。获批国家自然科学基金项目25项,总计获批直接资助经费1 874万元。其中重点项目2项、优青项目2项、面上项目15项和青年科学基金6项。

2019年,学院牵头获国家科技奖励2项,其中国家技术发明一等奖1项、国家科技进步二等奖1项;牵头获省部级科技奖励4项,其中国防科技进步一等奖1项、二等奖1项、三等奖2项。

2019年,共发表学术论文500余篇,其中SCI收录339篇,EI收录142篇;年度入选ESI被引论文37篇,一人入选“中国百篇最具影响国际学术论文”,3人入选2018年“高被引科学家”名单;出版专著13本;授权发明专利205项。

积极组织承担国防重大工程任务,学院牵头通过军委科技委基础加强重点项目1项、参与课题2项;学院作为副总师单位承担的某新型装甲车辆、某综合传动型号研制、4型装备可靠性增长专项等军工研制任务进展顺利。完成“动力和传动系统自主研发能力建设项目”初设,年度到校经费1.5亿元。

三、科研设施及科研能力建设

北京电动车辆协同创新中心是中国国家级的电动车辆技术创新基地、人才培养和技术孵化基地。协同创新中心汇集了整车、驱动与传动、发动机、电池、电机、基础设施、智能电网等门类的试验与测试总计90台(套)。该中心具有中国功能最完备的电动车辆动力驱动系统开发及测试系统,其功能包括:针对电动车辆3种典型的动力驱动系统(纯电动、混合动力和燃料电池),能够动态模拟整车行驶道路负载功能,能够开展电机驱动系统控制策略试验、双电机驱动系统协调控制策略试验、发动机-发电机组控制策略试验、综合冷却系统的试验考核、燃料电池电堆特性测试、燃料电池动力系统匹配标定和测试、道路车辆电气/电子零部件电磁兼容性和电气性能试验等。拥有中国规模最大的电动汽车监控平台,能够对北京市的电动公交车、电动环卫车、电动出租车以及电动乘用车的电池状态、车辆状态和地理位置等信息予以不间断实时监控。

车辆传动国家级重点实验室于1998年正式成立,是我国车辆传动领域唯一的国家级实验室。实验室拥有大型仪器设备220余台(套),包括动态性能仿真试验台、综合传动转向性能试验台、传动环境模拟试验台、机电传动试验台、传动装置减振降噪试验平台、摩擦元件润滑与密封试验台、虚拟装配试验平台、现代设计中心等。同时实验室还拥有履带车辆全工况性能试验台,可完成1 400 kW大功率履带车辆综合传动装置转向性能试验。采用高低温—湿度—振动综合的环境试验系统平台来全天候的模拟车辆传动装置的各种使用工作环境试验。对综合传动装置进行低温至高温温度范围内的环境适应性试验和湿度试验，进行产品的振动环境与冲击环境试验，可对整车及零部件开发过程中振动噪声提供声学测试。

电动车辆国家工程实验室于2008年成立，是我国唯一的国家级电动车辆整车工程实验室，也是中国电动车辆电机及其控制器测试的权威检测机构。实验室现有仪器设备68台(套)，包括：电动车辆电机及其控制器测试基地、电动车辆系统集成与仿真技术平台、电动车辆数据库系统、电动车辆关键部件电动化开发与试验平台等实验设施和条件。具备多套高性能车用电机系统专用试验测功机，可满足全型号车用驱动电机及其控制器的性能测试和研发试验需求。具有多轴驱动底盘测功系统8×8转鼓实验台，可完成轴距12 m以下车辆的底盘测功测试、失效安全等控制模式测试，而且能够对不同工况下电动汽车的制动回收性能进行测试。部件电动化开发与试验平台可以满足车用电动助力转向、电制动、电空调等关键部件的性能开发和试验需求。电动车辆系统集成、控制与仿真技术平台能够按照电动车辆开发流程，实现整车总体布置和匹配计算、整车造型设计和轻量化设计、电动车辆整车综合控制策略半实物仿真和性能预测、结构安全和高压安全仿真分析、电动车辆整车性能测试和标定等功能。

无人车技术重点实验室2015年获工业和信息化部批准成立。实验室拥有仪器设备等100多台(套)。实验室地面无人车辆配备了先进的外部传感器设备、车辆底层平台电控系统，同时具备适应地面无人系统测试与仿真所需要的软件平台，能够完成的实验有：(1)地面无人车辆电控技术相关实验：转向、制动、发动机、电动车辆电机车辆平台系统适应自动驾驶的电控化技术与线控技术实验；(2)车辆平台动力学与运动学特性对无人驾驶车辆感知、规划、控制的影响实验；复杂动力学系统的建模与仿真研究实验；(3)地面无人车辆环境感知技术实验：环境感知多传感器信息融合测试实验、特定环境检测实验、交通要素包括车辆行人等检测实验等，目标识别与搜索测试实验；(4)地面无人车辆行为决策技术实验：驾驶行为研究与类人经验与知识的学习实验；(5)地面无人车辆规划控制技术测试：全局路径规划测试实验、局部路径规划测试实验、车辆纵向速度跟踪测试实验、车辆路径跟踪控制实验，地面车辆自主导航系统综合开发及实验；(6)编队与智能车辆联网技术实验：多智能体协同规划与综合智能控制实验，基于互联网的网络控制系统技术测试。此外实验室每学年能够接待本科学生50人课外科技活动以及课程教学任务，同时满足研究生60人的课程、课题研究实验与验证测试实验任务。

先进加工技术重点学科实验室于2007年7月批准成立立项建设，是我国先进加工技术的重要研究基地。实验室拥有设备总计230台(套)，包括飞秒时域/空域整形加工平台、飞秒泵浦-探测显微成像平台、飞秒激光诱导击穿光谱平台、光纤传感器加工检测平台、残余应力检测平台、残余应力调控平台、超声显微检测平台、双机械手超声自动扫查平台等仪器设备。

微细结构加工技术研究应用中心2007年正式成立，主要开展用传统加工方法无法实现的、尺度从微米级到厘米级的三维结构及系统的加工、检测、装配工艺方法与装备的工程化开发和技术推广。中心实验室现有仪器设备数总计277台(套)，包括最高转速精密微小型车铣复合中心、数控万能复合加工机床，微小型系统超高转速加速度实验系统等。

四、主要研究方向

机械与车辆学院经过多年发展建设，形成了8个特色鲜明、享有较高学术声誉的研究方向如下。

1. 现代车辆理论与技术：重点研究车辆系统理论与集成、车辆系统动力学、车辆仿真、车辆NVH、车辆可靠性理论、车辆新型传动系统理论与技术等。在车辆综合传动、液力传动、大功率液压传动、机电复合传动、车辆悬挂等技术方面达到国际先进水平。

2. 节能与新能源车辆技术：重点研究电动车辆设计理论/系统集成与控制、车载能量源安全和高效利用、高效高能量密度一体化电驱动系统、电池系统智能管理系统、新型燃料电池系统等。在纯电动商用车平台技术和纯电动客车应用技术方面处于国际前列。

3. 无人车和智能车技术：重点研究感知与测控、微小型无人系统设计与集成、先进控制与驱动、信息与综合电子控制技术等。在无人系统的智能控制方面具有明显优势和特色。

4. 车用动力技术：重点研究燃料燃烧与高效热功转换、车辆动力系统综合控制理论和集成设计方法、内燃机涡轮增压系统设计与调节技术、动力机械热机耦合失效及振动噪声机理、新概念动力系统理论与方法、内燃机排放物生成机理及其环境效应等。在高强化柴油机方面达到国际先进水平。

5. 流体机械水动力学与强化传热传质：重点研究流体机械内部复杂流动特性、水中航行器减阻、空化和超空化流动现象、强化传热与高效冷却、太阳能高效利用等。在水中武器空化流动方面具有明显优势和特色。

6. 先进制造技术：重点研究数字化设计与制造、难加工材料高效精密加工理论与工具、质量控制与监控检测、生产过程管理与控制技术等。在难加工材料的切削、CAD/CAM、无损检测技术等具有明显特色和优势。

7. 非硅微纳制造：重点研究超快激光微纳制造多尺度建模、电子动态调控的超快激光微纳制造新方法、超快激光微纳制造新应用、精密微小型制造技术、纳米材料的合成与微纳加工等，在精密微细制造与装备技术方面具有明显特色，在激光微纳制造方面居国际前列。

8. 机械设计理论与方法：重点研究微小型动力系统设计理论与方法、微纳机械表/界面行为与调控机理、高效精密驱动与传动新原理、极端工况机械零部件摩擦学设计等。在微小型动力系统设计理论与方法、高速重载传动摩擦学以及微/纳机械表界面设计等方面具有鲜明特色。

五、国内外交流

2019 年,机械与车辆学院深化同国际一流高校在人才培养、科学研究领域的全方位合作。获批 111 引智项目 2 项(含参与 1 项),新建国际联合实验室 2 个(北京理工大学国际系统实现联合实验室、北京理工大学-弗吉尼亚大学旋转机械技术联合创新中心),新建中俄学院,稳步推进与俄罗斯莫斯科鲍曼国立技术大学、德国汉诺威工业大学联合学位项目合作。

加强与国际学术同行的交流,主办、承办国际学术会议 6 场、交流论文 672 篇,教师参加国际会议 92 人次、特邀报告 47 个;申请获批短期外专引智项目 24 项,来自 12 个国家的 36 名外专到校开展学术交流或课程讲授;教师在国际学术组织或重要国际刊物任职 43 人次;教师因公出国境交流 127 团组、194 人次。

高质量承办北京市"一带一路"国家大学生科技创新集训营;实施京港澳大学机械与航空工程专业交流与合作项目;强化与大众汽车学院战略合作,共同组织 15 名本科生赴德国大众总部实践项目;2018 年度本科生出国交流人数有创新高,达 236 人次,其中参与长期项目(3 个月及以上)本科生 64 人,短期项目 144 人,获 CSC 资助 13 人。

六、发展规划

围绕"理工品牌,中国特色,国际一流"的办院目标,培养兼具道德情怀、科学精神、人文素养、实践能力和创新思维的综合能力突出的领军领导人才,为国家重大工程和国民经济作出不可替代的系列重大贡献。

全面深化人才培养综合改革,以校院两级管理机制局部重构为保障,重点实施本研培养供给侧改革,进一步营造教师潜心育人、科研,学生潜心学习、研究的学术氛围。

瞄准军民领域重大需求,巩固车辆传动、电动车辆、激光制造、绿色能源与高效动力等方向领先优势,重点发展全域高速无人机动平台、智能网联车辆、新能源车辆大数据、新概念动力、军用储能技术、新型增材制造、生物制造、智能交通等新兴科研方向。

上海交通大学汽车工程研究院

一、发展概况

上海交通大学车辆工程学科始建于 1936 年,1954 年北迁至长春市。车辆工程专业于 1986 年重建,1996 年被评为"上海市重点学科",1998 年建立车辆工程博士点。系所瞄准国际汽车科技前沿技术,在政府、学校以及企业等多方面的支持下,通过整合和优化上海交通大学汽车工程相关学科和研究方向,组建的具有上海交通大学特色的汽车学科大平台。学科下建有两大研究基地平台,分别是汽车电子控制技术国家工程实验室和上海市复杂薄板结构数字化重点实验。

汽车电子控制技术国家工程实验室在 2008 年由国家发改委批准成立,定位为围绕国家节能减排和汽车产业升级的重大需求,突破汽车电子控制技术瓶颈,在汽车电子核心技术原始创新方面为行业技术进步、企业产品创新提供有力支撑。实验室拥有一支事业心强、富于创新精神的科研团队以及 1 万 m^2 的汽车实验大楼,研究涵盖汽车底盘与控制、汽车发动机以及汽车电子等各个方面。响应智能网联汽车国家战略。最近学科新成立了智能汽车研究所,形成了一支跨学科合作、学术思想活跃、工程实践能力强的研究团队。目前依托汽车电子控制技术国家工程实验室,重点开展先进汽车电子技术、汽车发动机开发与测试技术、汽车底盘与控制、新能源汽车电机和电池技术、无人驾驶和智能网联汽车技术等研究。

上海市复杂薄板结构数字化重点实验室于 1996 年创建,原名"汽车车身制造技术中心"(Auto-Body Manufacturing Technology Center,BMTC);2004 年由上海市科委批准成立"上海市数字化汽车车身工程重点实验室";2012 年更名为"上海市复杂薄板结构数字化重点实验室"。实验室重点发展薄板精益成形技术、制造质量控制技术、薄板连接技术、车身轻量化设计技术、装配工艺数字化设计技术等高水平研究。主要研究方向包括:(1)薄板成形模拟与精益成形技术;(2)薄板先进连接工艺技术;(3)薄板装配工艺数字化设计技术;(4)薄板产品制造质量控制技术;(5)薄板结构轻量化技术。研究所与国内外著名企业建立了紧密的产学研合作关系,与美国通用、宝钢股份、上汽集团、上汽通用五菱、重庆长安、中国商飞、中国中车等建立了 7 个产学研合作基地,拥有实验室面积超过 2 000 m^2,形成了完善的薄板成形、连接、装配及其质量控制的实验平台,为工程应用与高端人才培养建立了国际一流的实验室。

智能汽车研究所成立于 2019 年,依托车辆工程、自动化、信息安全、计算机、机器人等优势学科,以跨学科交叉研究为基础,发挥基础研究拔尖的优势,深度融合智能化、网联化和电动化相关专业,联合上海交大已有平台优势,包括上海市新能源汽车公共数据采集与检测研究中心、上海市北斗导航与位置服务重点实验室、上海市信息安全综合管理技术研究重点实验室、上海云计算联合实验室等交大核心学院和实验室。中心以核心共性基础技术为战略目标,以电动化、智能化、信息化、个性化、网络化、轻量化、共享化、终端化的先进理念打造下一代汽车。建立适应行业发展的人才培养、教育体系,为行业培养领军人与技术骨干,建成促进科技成果转化的产学研融合平台,为政府推进汽车产业发展提供的公共服务平台。

二、科研项目及成果

上海市复杂薄板结构数字化重点实验室承担了国家"973"、国家"863"、国家自然科学基金、国际合作以及企业攻关等大量科研课题,形成了汽车板精益成形、车身制造质量控制(中国 2 mm 工程)、车身数字化封样等一批核心技术,在上汽集团、宝钢集团、柳州五菱等企业得到推广应用,为我国汽车制造业质量进步作出了重要贡献,并在航天、航空、高铁、军工等国家基础制造业技术的自主开发中取得了显著成效。在ASME、IEEE、中国科学等国内外期刊上发表1 000多篇学术论文，获得了80余项发明专利；建成上海市复杂薄板结构数字化重点实验室、机械系统与振动国家重点实验室（制造系统及质量控制方向）、GM-CRL-AMP、宝钢汽车板使用技术联合实验室、PACE中心、重庆长安、柳州五菱、上飞制造工艺技术中心等科研基地和工程服务中心。先后获得国家级科技成果奖励5项、省部级科技成果奖励11项。

汽车电子控制技术国家工程实验室以对接国家战略、进行人才培养和开展产学研合作为重心，承担包括科技部重点研发计划、自然科学基金、上海市科委/经信委项目在内的一大批国家及省部级项目，服务于国家对推动科技进步和提升自主创新能力的战略性需求。国家工程实验室旨在培养面向企业的高端人才，同时以产学研合作的方式，从学科层面服务于产业界的发展，与美国通用、上海汽车、上汽通用五菱、江淮汽车、吉利汽车、华为、百度等国内外知名车企长期合作，建成了多个研究中心，在国际合作和校企合作方面做出了特色。近期典型科研成果包括：创新性48 V电驱动车辆，全线控驾驶底盘系统，高效增程式发动机系统，车载无线充电系统，高效电池管理系统等。

三、科研设施及科研能力建设

汽车电子控制技术国家工程实验室定位为围绕国家节能减排和汽车产业升级的重大需求，突破汽车电子控制技术瓶颈，在汽车电子核心技术原始创新方面为行业技术进步、企业产品创新提供有力支撑。发展的方向：形成一个以公共平台为支撑，面向整车与关键零部件企业服务的“三纵三横”（“三纵”为动力与传动、底盘与安全和汽车总线电子；“三横”为基础核心技术、共性关键技术和工程应用技术）研发布局。实验室建有基础元器件研发、控制仿真与策略研发、动力传动系统控制、汽车总线与电子电器、底盘控制与主动安全等5个研发平台。国家工程实验室的具备科研设备先进、功能合理、管理科学的实验平台，有一支国际水平的研发创新团队；通过产学研合作，突破了数项汽车电子行业急需解决的共性关键技术和基础核心技术，承担一批重大产业工程，开发一批自主知识产权的汽车电控产品并推广应用。同时为行业提供技术支撑与服务，培训高级工程技术人员。实验室根据车辆工程专业特点，紧密联合企业，构建汽车行业公共研发平台；进行汽车电子核心技术攻关；促进先进技术的成果转化；研究与制定我国汽车电子技术产品标准；检测与评估汽车电子产品和技术；培养我国汽车电子行业发展所需的高级人才；起到作为我国汽车电子行业资讯交流及国际合作交流的枢纽作用。

四、主要研究方向

薄板成形模拟与精益成形技术：汽车板成形技术正在向轻质高强材料和非确定性成形质量稳定控制方向发展。开展高强钢板成形性能评估、先进成形技术和成形工艺稳健设计方法研究，将传统汽车板成形技术和精益六西格玛质量控制方法相结合，形成汽车板精益成形技术，提供降低车身冲压件废品率和提高车身零件质量的关键技术。

薄板先进连接工艺技术：针对汽车轻量化对车身连接技术的挑战，开发新型连接工艺，研究连接机理及接头质量监测与控制技术，形成技术规范、标准和软硬件系统，推动先进高强钢、超高强钢，以及铝、镁等轻量化材料在轿车车身中的应用。新型连接工艺主要包括：伺服电阻点焊技术、磁控电阻点焊技术、电弧点焊技术、胶接变形控制技术以及摩擦铆焊技术等。

薄板装配工艺数字化设计技术：通过板壳力学、工程统计学与制造工艺学相结合，研究复杂薄板产品装配偏差流仿真和精度控制理论方法，建立面向精度控制的薄板产品数字化工艺设计平台，开发制造过程质量检测、分析与诊断的软硬件工具，形成数据驱动的制造质量控制技术体系。

薄板结构轻量化技术：面向汽车工业快速发展以及节能、减排的需求，基于多领域知识及多学科的轿车车身结构性能综合仿真技术与现代优化设计方法，开展现代轿车车身优化设计、多学科性能仿真、轻量化等关键技术研究，形成支持车身产品开发全过程的数字化技术体系。

先进汽车发动机技术：发动机燃烧喷雾研究，发动机使能装置研发与产业化，发动机工程化开发，汽车电子使能装置研发与产业化，先进发动机技术研发。

先进汽车电动化技术：汽车功率电力电子系统设计和开发，新能源动力总成系统研究，电池管理系统研究与开发，无线充电系统研究与开发，电动汽车整车热管理技术。

汽车底盘与控制技术：车辆动力学理论与控制，线控转向/制动系统设计与开发，汽车底盘控制技术，汽车变速箱开发和先进传动技术。

智能网联汽车技术：全面覆盖智能网联电动汽车的关键技术领域，包括面向自动驾驶的多源异构传感器信息融合方法；研究汽车驾驶路径规划和智能行为决策技术；智能网联电动汽车车载信息系统安全和网络安全防护技术。面向智能驾驶的线控底盘优化控制技术；基于大数据分析的无人驾驶行为优化和测试评价分析。

五、发展规划

上海交通大学汽车电子控制技术国家工程实验室和复杂薄板结构数字化重点实验室将继续加大科研投入，加强与海内外各科研机构的学术交流。如今汽车产业挑战与机遇并存，如何发挥高校在学术界和工业界的推动作用十分棘手。上海交通大学汽车工程学科将立足中国，放眼全球，一方面为汽车产业培养优秀人才，另一方面进一步促进产学结合，使前沿科技成果更好地服务汽车产业，提高中国汽车产业的国际竞争力。

江苏大学汽车与交通工程学院

一、发展概况

江苏大学汽车与交通工程学院现有车辆工程、动力机械工程、交通运输工程3个学科。车辆工程学科是全国高校第四个获得该领域博士学位授予点的学科，动力工程及工程热物理学科是江苏省重点一级博士点学科和江苏省优势学科，交通运输工程学科为江苏省重点一级博士点学科，新能源汽车学科是江苏省优势学科。

学院拥有一个国家级科研平台：混合动力车辆技术国家地方联合工程研究中心。9个省级科研平台：江苏省汽车工程重点实验室、江苏省动力机械清洁能源与应用重点实验室、江苏省道路载运工具新技术应用重点实验室、江苏省中小功率内燃机工程研究中心、江苏省生物柴油动力机械应用工程中心、江苏省电动车辆驱动与智能控制重点实验室、江苏省新能源汽车运行智能化技术工程实验室、江苏省汽车零部件中小企业公共服务平台、江苏省内燃机学会。

二、科研项目及成果

1. 科研项目

2018年，新增纵向项目立项31项。其中，国家重点研发计划子课题3项、国家自然科学基金项目11项、江苏省省重点研发计划项目1项、江苏省自然科学基金面上项目1项、江苏省成果转化项目1项、省"六大人才高峰"项目立项5项、江苏省高校自然科学重大研究项目2项、江苏省高校自然科学基金项目2项，其他省级项目2项。

2. 科研成果

全年以第一单位发表科技论300余篇。发表ESI论文63篇。申请国家发明专利244项，授权发明专利87项。年度获省级政府二等奖两项，行业奖3项；其中"高性能大马力农用动力关键技术及应用"和"节能环保型塑料燃油系统关键技术研究与应用"均获得江苏省科学技术三等奖两项，"低排放高性能中小功率系列舷外机的研发"与"产业化和G系列农用柴油机关键技术"均获中国机械工业科学技术二等奖，"混合电动公交客车动力电池热失控长效预警"和"抑制与阻断技术及产业化"获中国产学研合作促进一等奖。

三、科研设施及科研能力建设

现拥有6 000多m^2的实验室用房，仪器设备近千台(套)，设备资产总值5 000余万元。中心实验室是江苏省汽车工程重点实验室、江苏省动力机械清洁能源重点实验室、江苏省中小功率内燃机工程研究中心、江苏省生物柴油工程研究中心、江苏省道路载运工具新技术应用重点实验室、江苏大学汽车电子研究所、混合动力车辆技术国家地方联合工程研究中心的主要实验基地。依托中心实验室建立的江苏大学车辆产品实验室于2003年通过了中国实验室国家认可委员会的认可。

中心实验室下设车辆、内燃机、交通、排放和振动噪声5个学科方向模块。各个学科方向模块分别拥有MTS320型道路模拟试验机、INSTRON单通道电液伺服试验系统、车辆结构部件模态测试分析系统、车辆动态性能测试系统、动感型驾驶模拟器、中小功率内燃机性能试验台架、喷油嘴高压液体流量试验台、汽车及发动机排放测试分析系统、Head Acoustics噪声诊断分析系统、发动机半消声室、轮胎动力学性能测试分析系统、电涡流缓速器性能试验台、自动变速器试验台、制动能量回收及控制试验台、电动助力转向综合性能试验台、电磁转差离合器(电磁滑差耦合器)性能试验台、迪卡龙电池充放电测试系统、BMS仿真开发系统、电池正负极材料制备及单体电池测试系统、智能泊车开发测试平台、车-路协同智能交通模拟系统、智能电动汽车开发测试平台、空气悬架及互联油气悬架测试平台、ISD惯容式悬架测试平台等大型设备和其他实验仪器。

四、主要研究方向

热管理技术、热失控技术、轻量化技术、低摩擦技术、自动泊车技术、先进轮胎技术、电磁悬架技术、能量回收技术、助力转向技术、动力电池材料技术、振动噪声控制技术、高效清洁发动机技术、智能汽车底盘线控技术、智能汽车融合感知技术、先进模具技术。

五、国内外交流

在国内与上汽集团、北汽集团、奇瑞汽车、中国重汽集团、徐工集团等著名整车生产企业进行了产学研合作关系。同时，与汽车零部件各龙头企业同样进行着深入的合作。

六、发展规划

学院在坚持围绕传统汽车节能减排技术研究不放松的同时，积极拓展新能源汽车、智能驾驶等领域的研究工作，并取得了一定的成果。

辽宁省节能与新能源汽车动力控制与整车技术重点实验室

一、发展概况

2019年实验室有固定人员44人，其中教学科研岗位38人、专职实验岗位6人；正高级职称12人、副高级职称20人、中级职称12人；博士生导师15人。在整个师资队伍中，有"长江学者"特聘教授1人、国家"千人计划"引进专家1人、国务院"政府特殊津贴"获得者1人、国家人事部"百千万"人才工程第一、二层次人选1人、国家"杰出青年基金"获得者2人、"863"主题专家1人、国家"青年千人计划"入选者1人、辽宁省"百千万人才""千人"层次1人、辽宁省高等学校学科拔尖人才1人、辽宁省汽车工业协会专家3人。师资队伍中，60%以上的教师具有国外学习、进修或作为访问学者的经历，最高学位为博士的教师占85%以上，45岁以下教师占85%以上，教授、副教授大部分是年富力强的中青年教师，师资队伍整体结构呈年轻化、专业化。在这些教师中，26名教师具有在企业工作过或在企业实践6个月以上的经历，10名教师作为企业技术咨询专家长期为企业提供技术咨询，18名教师承担技术合作项目，合计75%以上具有企业实践经验。现任实验室主任周雅夫教授长期从事电动汽车整车技术、电机及控制系统和发动机电子控制等方面的研究，连续12年获得科技部"863"专项资助，是科技部项目评审专家、教育部科技奖励评审专家、中国汽车工程学会科技奖励评审委员会专家、大连市节能与新能源汽车示范项目专家、辽宁省汽车工业协会专家库专家，在新能源车辆动力系统领域具有较高声誉，在中德电动汽车合作战略平台中承担着重要角色。

二、科研项目及成果

1. 燃料电池汽车双源驱动系统

针对燃料电池电动汽车驱动系统在效率、成本和技术成熟度等方面的不足，实验室研发了一种新型双源驱动系统。该系统省去了DC/DC变换器，通过对双源电机的控制，可实现驱动、制动能量回收、燃料电池和二次电池的能量交换、对燃料电池内阻进行测量等系列功能。

2. 适用于燃料电池动力系统的DC/DC解决方案

面向燃料电池车辆现有的驱动系统，实验室开发了具有自己特色的DC/DC变换器，其主要特点在于输入输出双重控制、多相工作的拓扑结构、多模式的控制方法及相互转换机制、适合燃料电池特性的控制策略，燃料电池电流纹波得到最大优化，转换效率大于93%的高效工作区域达到100%。

3. 电动汽车安全运营智能监控管理平台

实验室建立了电动汽车安全运营智能监控管理平台，开发了车载电池安全性预测终端，通过远程后台服务器与车载终端的协调工作，实现对各种电动汽车的锂离子动力电池安全性和老化程度的综合分级，可有效减少动力电池起火爆炸等恶性事故的发生。

4. 燃料电池水含量测试技术

利用高分辨率ad采样芯片、高精度隔离放大器、高精度前向处理电路，并采用高阶傅里叶变换对信号进行分析，找出基波电阻和电压的对应关系，利用多核高频DSP，来提高燃料电池内阻的测量精度。

5. 新能源汽车整车控制技术

为了降低新能源车辆的成本、提高效率和性能，提供一套完整的新能源车辆整车控制方案，包括新能源车辆动力系统匹配技术、新能源车辆能量管理策略技术、新能源车辆整车控制器硬件开发技术和新能源车辆软件开发技术。实验室所开发的纯电动整车控制器现已应用于纯电动客车，试验运行时间达3年，所开发的燃料电池整车控制器预计在9月进行实车试验。

三、科研设施及科研能力建设

实验室现有科研、办公、实验用房3 800 m^2，拥有的大型仪器设备包括高性能电机试验台架、整车试验台架、电池模拟器、安全监测与保护系统、升速箱、调压器、锂离子动力电池组、功率分析仪、汽车CAN总线测试工具、车身NVH实验台等，能够满足新能源汽车驱动系统、整车系统研究与产品化设计开发的需求，设备总资产2 582万元，已实现全面的对外开放和共享。

在自行研制和改造仪器设备方面，实验室自行开发有新能源汽车驱动电机动态测试台架、电机控制器、电动汽车原型样车、节能与新能源汽车车载信息化平台，并研制有全新的“彩虹”电动汽车、轻量化房车等。

四、主要研究方向

实验室立足辽宁，瞄准国际前沿，针对我国节能与新能源汽车发展诸多关键科学问题，以电气化、智能化、轻量化为特色，坚持基础研究与应用基础研究并重，研究方向包括：节能与新能源汽车动力总成及控制、新能源汽车整车匹配设计与控制、基于车联网的新能源汽车信息化、燃料电池车双源驱动系统，燃料电池用DC/DC、导航AGV车、自动化物流运输系统、智能感知技术、特种智能车辆设计、基于深度学习的车载环境认知与自主导航控制、主动安全技术、传感器技术、汽车轻量化制造工艺与自动化装备、汽车车身工程、汽车材料、汽车服务工程等。

五、国内外交流

实验室与美国密歇根大学、美国Kettering大学、美国纽约州立大学、美国密执安大学汽车研究中心、英国杜伦大学、德国DFKI RIC人工智能研究中心——机器人创新中心、Fraunfofer IFAM Bremen研究所、韩国科学技术研究院（KAIST）多所国际著名大学建立了稳定的科技合作、研究生培养和人才交流关系。其中，学院与美国Kettering大学之间的师生国际交流活动自2008年启动以来，已成功举办10年。实验室定期邀请国外专家到学院访问讲学，派遣优秀教师出国进修。

六、发展规划

加强组织申报国家级重大课题及相关科技奖励，预期在3年内承担国家重大/重点项目2项、国家自然科学基金8～10项，获省部级科技奖励（二等奖以上）1～3项，发表本领域高水平论文40～60篇，授权国家发明专利30～40项，进一步引进或培育领域内高端人才，加强产学研合作，促进科研成果在省内至全国的转化，积极筹备申报国家级重点实验室。

湖南大学汽车车身先进设计制造国家重点实验室

一、发展概况

汽车车身先进设计制造国家重点实验室于2006年7月经科技部批准筹建，2010年5月通过国家验收并正式运行和对外开放，分别于2008年、2013年和2018年在工程与材料科学类国家重点实验室评估中获得良好成绩。现任学术委员会主任为北京理工大学孙逢春院士，实验室主任为徐世伟教授。

实验室总体定位于汽车车身设计制造中的应用基础研究，围绕我国汽车产业发展对车身技术的战略需求，根据国家"自主创新，重点跨越，支撑发展，引领未来"的科技工作指导方针，结合国际车身技术发展趋势和实验室的优势特色，确定的研究方向为：汽车造型与评价、汽车结构与优化、车辆安全与人体损伤、汽车新材料与应用、车身制造与装备。

实验室现有用房面积约 12 000 m^2，实验基地约 20 000 m^2，拥有一批性能先进的大型设备、仪器和软件，固定资产总值 19 620 余万元。实验室现有固定人员 91 人，有中国工程院院士 3 人、国家高层次人才特殊支持计划（万人计划）7 人、人社部"百千万人才"工程 7 人、国家海外高层次人才引进计划（千人计划）9 人、长江学者特聘教授 2 人、青年长江学者 1 人、国家杰出青年科学基金获得者 6 人、国家优秀青年科学基金获得者 4 人和基金委创新研究群体 1 个。

二、科研项目及成果

2018 年度，实验室围绕 5 个重点研究方向，在车身设计制造的新理论、新方法和新技术以及国防科研等方面取得较大进展。实验室 2018 年共承担科研项目 184 项，总经费 26 211万元，2018 年度总到账经费 9 830 万元；其中国家级项目 80 项，总经费 13 112. 7 万元，到账经费 4 853. 1 万元，省部级项目 50 项，总经费 2 959. 3 万元，到账经费1 045. 4万元，国际合作 7 项，总经费 861 万元，到账经费 154. 8 万元，横向项目 54 项，总经费 9 909 万元，到账经费 4 358. 6 万元。

本年度新增科研项目 68 项，总合同经费 8 887. 2 万元，到账经费 4 355. 43 万元，其中，国家级项目 26 项，总合同经费 4 829. 63 万元，到账经费 2 094. 43 元。

2018 年实验室共发表杂志论文 561 篇，其中 SCI 论文 381 篇，影响因子大于 2. 0 的论文 285 篇，影响因子大于 3. 0 的论文 205 篇，影响因子 4. 0 以上的论文 91 篇，影响因子在 5. 0 以上的有 43 篇；1 区论文 77 篇，2 区论文 141 篇，权威论文 53 篇，EI 源刊论文 70 篇；ESI 高被引论文 11 篇，热点论文 2 篇，中国百篇最具影响国际学术论文 1 篇；出版专著 1 本；获授权发明专利 25 项，软件著作权 8 项；申请发明专利 51 项。

三、科研设施及科研能力建设

实验室现有仪器设备价值 18 332 万元，其中 30 万元以上的设备 105 台，主要包括五轴轻型高速数控龙门铣床、汽车虚拟现实设计系统、汽车安全实验平台以及原位观察疲劳试验机等，设备运行状态良好。

作为国家级科学研究平台，实验室通过开放课题和项目合作的方式积极面向高校及行业内相关企业开放，利用实验室在基础研究和仪器设备方面的优势为行业解决共性问题，目前实验室大型仪器设备的共享率基本上都超过了 30%。

四、主要研究方向

汽车造型与评价：研究汽车造型品牌基因的表达与进化、造型评价模型的建立等关键科学问题，建立大数据驱动的汽车造型创造式设计方法，为汽车造型中科学、艺术和文化的高度融合提供理论模型、计算方法和设计手段支撑。

汽车结构与优化：研究高性能车身结构高效高精度设计计算理论，建立基于形式化表达与可满足性计算的车身结构智能设计方法，为创新车身设计标准、优化设计流程提供科学系统的理论和方法支持。

车辆安全与人体损伤：研究汽车主、被动安全集成设计方法，开发基于中国人体的安全保护技术，推动符合中国人体特征的碰撞安全检测体系及法规标准建设，促进我国汽车安全性能的全面提高。

汽车新材料与应用：研究材料、结构、工艺与性能之间的相互作用机制，建立材料、结构一体化设计方法与技术体系，突破现有理论和认识的局限，开发更安全、更环保、更节能、更舒适的车身新结构。

车身制造与装备：开展轻量化车身结构制造中的应用基础研究，通过适应于新材料、新结构的车身制造新工艺与新装备的开发，解决轻质结构成形与异种材料结构连接中的技术难题，为汽车轻量化提供制造方法与装备支撑。

五、国内外交流

2018 年，实验室共主办、承办学术会议 6 次，参会人数 1 000 余人。参加国内外学术会议 200 余人次，在国内外学术会议上做特邀报告 16 人次。通过对外开放交流与合作，进一步提高了实验室在国际学术界的地位和知名度。

六、发展规划

根据当前发展情况，实验室未来将进一步加强国际合作交流、高水平实验队伍及实验平台服务地方的能力。另外，实验室的研究方向必须适应智能网联新能源汽车技术的快速发展。在新能源与智能网联汽车的研究背景下，实验室将更深入分析车身设计制造的研究内涵，充分发挥多学科交叉的优势，拓宽研究方向，在引领行业的科技进步中发挥更大作用。

西华大学汽车与交通学院

一、发展概况

西华大学汽车与交通学院有教职工 80 人，其中教学科研岗位 55 人，专职实验岗位 10 人；正高级职称 11 人，副高级职称 36 人，中级职称 33 人。在整个师资队伍中，有四川省"千人计划"特聘专家 2 人、四川省有突出贡献优秀专家 1 人、四川省教学名师 1 人、四川省学术技术带头人后备人选 3 人、四川省优秀教师 1 人。

在教学科研岗教师中，高级职称教师占72%以上，最高学位为博士的教师占46%以上，60%以上的教师具有国外学习、进修或作为访问学者的经历。学院45岁以下教师占67%以上，教授、副教授大部分是年富力强的中青年教师，师资队伍整体结构呈年轻化、专业化。教学科研岗教师中，具有企业或相关工程实践经验的教师占35%以上；从事过工程设计和研究背景的教师占65%以上。

二、科研项目及成果

成果1　纯电动专用汽车关键技术研究及应用

项目简介：在汽车产品面临"电动化，智能化，网联化"发展的产业升级换代浪潮中，团队研究人员积极联系相关企业开展产学研合作研究。在与中国重汽集团成都王牌商用车有限公司（简称"重汽王牌"）合作完成的"重汽王牌CDW系列纯电动专用汽车关键技术研究及应用"中，汽车学院研究人员协助重汽王牌建立了系统、先进的自主创新研发和验证体系，持续开发出两大系列纯电动专用汽车及关键零部件，提升了纯电动专用汽车性能和自主研发水平，提高了我国纯电动专用汽车的国际竞争力。同时，项目的实施加快了四川省新能源汽的推广应用，带动了四川省纯电动汽车从原材料—动力电池—驱动电机—纯电动汽车整车—充（换）电系统—售后服务整条产业链的发展。在项目评价过程中，评价委员会专家一致认为，成果的创新性强，总体技术达到了国内同类产品的先进水平，其中单位质量能耗、比能量等指标处于国内领先水平。该项成果获得2017年四川省科技进步三等奖。

成果2　柴油机尾气治理关键核心技术研究及应用

项目简介：针对在用汽油车的排放污染物减排，汽车学院研究人员联合本地的汽车一类资质的企业共同申报了成都市科技局的科技治霾项目，为在用汽油车的污染治理管控找到了方向，并提供了切实可行的技术方案；此外，在柴油车的污染治理领域，联合本地的中自环保和威特电喷企业，采取柴油车的缸内控制污染物电控技术和后处理技术相结合的方法，解决了柴油车排放污染物减排的难题，填补了国内在该领域的技术空白。该项技术已通过由罗平亚院士为组长的专家组评价，结论为：该项目总体技术达到国际先进水平，所研发的催化剂经过耐久性的实验后，材料性能指标（T50和T90）处于国际领先水平。该项成果获得2018年四川省科技进步奖三等奖。

成果3　混合气分层燃烧等效协同控制技术及其应用

项目简介：迫于四川"油少气多"的能源结构，且省会逾500万的汽车保有量，以及日益严格的排放法规，开发环境友好、节能、超低排放的发动机燃烧技术成为核心目标。针对国家颁布的全球最严格"国Ⅵ"排放标准，尾气后处理技术方案使内燃机成本大幅增加，转化效率也面临前所未有的挑战；基于燃烧过程变革的缸内净化方案（不加或只加简单后处理），则面临传统石油能源失火和爆震极限过窄，高效清洁燃烧工况区域范围过小的问题。本项目利用可再生能源与传统石油能源相结合，创造性地揭示缸内多种燃料的混合气活性分层、浓度分层和温度分层对混合气制备过程和化学反应过程的等效作用机理，提出空间分布与时间历程协同控制的分层理论，巧妙地通过油路和气路的耦合分层控制技术，极大地突破了单一石油资源燃烧极限，实现了高热效率、"零排放"工况范围的拓展。基于本项目提出的层流燃烧模型与准维燃烧模型相结合的混合气分层燃烧过程计算方法和系统化等效评价体系，实现了多种燃料发动机系统的设计、匹配、标定及系统优化一体化开发流程，并应用于多款轻、重型汽、柴油发动机，为内燃机节能、减排、降低石油能源对外依存度做出了贡献。本项目授权专利100余项，发表论文100余篇。

成果4　节能与新能源汽车动力传动系统优化与控制技术

项目简介：（1）针对有级自动变速汽车个性化、智能化和高性能发展需求，建立了汽车有级自动变速器多性能综合最优个性化智能换挡优化技术体系，解决了有级自动变速汽车在满足驾驶员换挡性能期望和适应道路行驶条件变化的前提下，实现整车动力、经济和排放等性能综合最优的问题；（2）针对提高电动汽车驱动电机及传动系统综合性能和控制品质的问题，开发了电动汽车动力传动系统参数优化设计方法和驱动电机及自动变速器集成控制技术；（3）针对城市坡道行驶性能测试基准工况缺失问题，构建了城市坡道行驶工况；（4）顺应汽车电动智联发展趋势，研发基于人—车—路—云协同的电动汽车动力传动系统优化与控制技术。

成果5　智能网联汽车通信与控制技术

项目简介：（1）针对基于V2X的车辆协同控制需求，开发了支持DSRC的车载通信终端；（2）针对网联汽车运行状态远程监控需求，开发了基于车联网的电动车辆运行状态远程监控系统和大客车运行状态、燃料消耗和尾气排放远程实时监控系统；（3）针对车辆控制系统内部状态监控，开发了基于CAN总线的控制器网络监控系统和便携式ECU监测系统；（4）针对汽车嵌入式控制软件性能验证需求，采用元建模技术构建了一种汽车嵌入式控制系统性能建模语言，开发了基于该语言的软件设计早期实时性分析工具；（5）针对智能汽车高可靠性和高安全性要求，研发支持5G的V2X通信技术和基于V2X的协同控制技术。

成果6　智能驾驶汽车线控底盘系统开发与整车集成

项目简介：在一系列国家重点研发计划项目、四川省科技厅项目及企事业横向项目的基础上，自主设计开发了智能驾驶汽车线控系统，包括线控转向、线控制动及运动控制器等，既可在已有车辆基础上进行适应性改装，又可实现小型底盘车辆的全新定制。团队具备结构设计、强度仿真与应力测试、车辆动力学仿真、测试与控制等相关能力及设备。

成果7　车辆动力学及结构强度仿真与测试

项目简介：车辆动力学仿真、测试与控制方面，根据客户及相关标准要求，进行车辆动力学仿真并出具报告；利用先进测试设备，实现平顺性及操稳性的评价；根据车辆控制要求，进行车辆控制策略与控制器的开发。车辆结构设计、强度仿真与测试方面，根据客户及相关标准要求，进行车辆结构优化设计及有限元分析，并出具相应的强度与耐久仿真分析报告，同时结合应力测试设备对车辆结构应力测试，并出具相应测试报告。团队承担了一系列企事业横向项目、国家及省部级项目，已成功完成了包括汽车、工程车辆、虚拟轨道列车及铁道机车车辆等方面的仿真与测试工作。

成果 8　汽车转向系统缺陷工程分析与检测技术

项目简介：作为汽车安全行驶的重要保障，汽车转向系统在汽车生产中具有非常重要的作用。学院具有五轴汽车转向系统性能试验台可对机械式转向器、液压助力转向器、电动助力转向进行性能测试与工程缺陷分析。

成果 9　车载系统调平及隔振装置设计

项目简介：国防及特种机械工程中有需要对车载设备进行调平和隔振，满足其使用要求。该项目采用先进的传感器及测量技术，集成应用相关调平和隔振技术，在军事相关领域实现了在特种车辆上对车载仪器进行调平和隔振，满足车载仪器的使用要求。

三、科研设施及科研能力建设

学院现有科研、办公、实验用房 7 500 m^2，汽车性能试验场占地 12 000 m^2，拥有价值 5 156 万元仪器设备 1 866 台(套)，拥有的大型仪器设备包括传动系统试验台、转向系统试验台、制动盘试验台、电池模拟器、各型发动机试验台、新能源汽车电池系统硬件在环试验系统等，能够满足新能源汽车驱动系统、整车系统研究与产品化设计开发的需求。

四、主要研究方向

学院立足西南，面向全国，瞄准国际前沿，针对四川省及我国智能与新能源汽车发展诸多关键科学问题，以智能化、网联化、电动化为特色，坚持基础研究与应用基础研究并重，现有研究领域包括：智能与新能源汽车动力总成及控制、新能源汽车整车匹配设计与控制、基于车联网的新能源汽车信息化、燃料电池车双源驱动系统、特种智能车辆设计、主被动安全技术、汽车服务工程等。

五、国内外交流

学院与美国加州伯克利分校、弗吉尼亚理工、英国伯明翰大学等多所国际著名大学建立了稳定的科技合作，开展研究生培养和人才交流。同时，学院利用汽车测控与安全四川省重点实验室科研平台，积极吸纳国内知名高校，如天津大学、湖南大学、江苏大学等的研究人员，作为客座人员，参与重点实验室开放基金研究，并取得成效，一些高水平论文已经进入 ESI 高被引论文行列。

六、发展规划

学院奖进一步加强组织申报国家级重大课题及相关科技奖励，预期在 5 年内承担国家及省部级科研项目 20 余项，力争获得高等级省部级科技奖，发表相关领域高水平论文 20 篇，授权国家发明专利 30 项，进一步引进或培育领域内高端人才，加强产学研合作，促进科研成果在省内至全国的转化。

中国科学院青岛生物能源与过程研究所

一、发展概况

中国科学院青岛生物能源与过程研究所(以下简称“青岛能源所”)是由中国科学院、山东省人民政府、青岛市人民政府于 2006 年 7 月启动筹建，2009 年 11 月 30 日通过验收并纳入中国科学院“知识创新工程”管理序列的国立科研机构。青岛能源所通过实施“人才系统工程”计划，已经组建了 30 多个创新研究组，建设了一支富有朝气、创造力强的科技人才队伍，2017 年获批“国家创新人才培养示范基地”。现有中国工程院院士 1 人、双聘院士 5 人、科技部创新领军人才 3 人、人社部“百千万人才工程”2 人、基金委“杰青”4 人、“优青”3 人、入选中科院青年促进会成员 35 人(其中优秀会员 2 人)、青岛市创业创新领军人才 8 人。2017 年 10 月中国科学院批准依托大连化物所、青岛能源所筹建中国科学院洁净能源创新研究院。2019 年山东省委、省政府通过决议依托青岛能源所成立山东能源研究院。山东能源研究院下设 5 个功能实验室，氢能与燃料电池功能实验室作为其中一个功能实验室，聚焦燃料电池系统、燃料电池电堆和制储运加氢 3 方面，计划在 3 ~ 5 年内建立一支衣宝廉院士任顾问的基础研究与工程开发并重的队伍，会聚培养 1 ~ 2 名顶尖人才，3 ~ 5名杰出人才，15 名左右领军人才。

青岛能源所电化学过程研究组，成立于 2015 年 1 月，目前有 10 名科研人员，包括工作人员 8 名，硕博士研究生2 名。研究团队以质子交换膜燃料电池的应用基础研究和产业化开发为目标，面向我国能源安全、环境安全的战略发展机遇与挑战，突破质子交换膜燃料电池关键部件、燃料电池系统集成与控制等领域关键技术，并推动其在绿色交通、分布式发电、军民融合等领域的示范应用和产业化推广。团队负责人李晓锦，中科院青岛能源所研究员、博导，青岛市创新领军人才，山东氢能源与燃料电池产业联盟专家委员会专家，中国先进技术转化应用大赛评审专家，国家重点研发计划项目评审专家；长期从事质子交换膜燃料电池材料、部件与过程的应用基础研究与工程开发，主持国家重点研发计划政府间国际科技创新合作、山东省重点研发计划、国家“863”项目等项目 10 余项，在质子交换膜燃料电池研究、燃料电池双极板与电堆开发、燃料电池系统集成与过程模拟等方面取得一系列创新性成果；发表高水平学术论文 40 余篇，申请国家发明专利 30 余项，已授权 8 项，获大连市技术进步一等奖 1 项。

二、科研项目及成果

1. 模压石墨双极板电堆设计与开发

石墨复合材料双极板成本远低于石墨双极板，机械强度强于石墨双极板，单堆体积功率密度高于石墨双极板堆；与金属双极板相比，复合材料耐腐蚀性远优于金属双极板。青岛能源所电化学过程研究组面向国内新能源应用市场经济，以市场为导向，目标实现模压石墨复合双极板的批量化生产及市场推广应用。目前已完成模压石墨双极板中试阶段验证，模压石墨双极板已达到现有商业化纯石墨板的技术指标；并突破了多项核心关键技术，包括石墨基导电复合材料制备技术、高一致性流场构型设计、高效模压批量制备技术；依托该技术，设计开发了大面积、超薄模压石墨极板（单板厚度0.7 mm），基于超薄模压石墨板电堆功率密度达到3.0 kW/L以上，满足国家以奖代补政策对燃料电池电堆功率密度的指标要求。模压石墨极板实物图测试性能如图4-2所示。

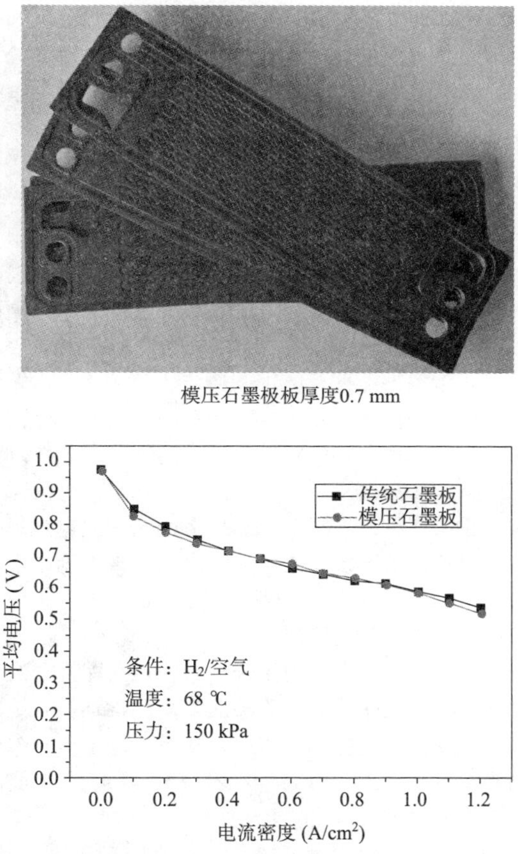

图4-2　模压石墨极板实物图及测试性能

2. 自增湿燃料电池电堆设计与开发

自增湿燃料电池电堆非常好的耐久性，寿命可以达到8万~10万h；该电堆集成系统后具有系统简化、寄生功耗低等技术优势，在车用、分布式发电领域具有非常好的产业前景。青岛能源所突破高一致性自增湿双极板设计与制备技术、电堆多节一致性与稳定性提升技术。该项技术已在10千瓦级电堆模块中得以验证，结果表明电堆样机具有优异的均一性、稳定性，达到国际先进水平。下一步，将依托山东能源研究院氢能与燃料电池功能实验室，将自增湿电堆作为重要目标之一，基于山东、青岛氢能发展规划，开发燃料电池产业链关键技术和示范应用。自增湿极板实物如图4-3所示。

图4-3　自增湿极板实物图

3. 中高温质子交换膜、膜电极及电堆

中高温质子交换膜燃料电池，可直接使用重整气为燃料，适用于热电联供系统和分布式发电系统。青岛能源所电化学过程研究组自成立以来在中高温燃料电池方面具有较好的技术积累：基于国产原材料开发了新型高电导率、高稳定性的中温质子交换膜，包括聚苯并咪唑（PBI）膜、聚四氟乙烯（PTFE）增强PBI复合膜等有机无机复合膜，并建立了批量、高效的复合膜微观结构可控制备工艺；另外通过构建膜电极有效三相界面结构获得了高性能、低铂中温质子交换膜燃料电池膜电极一体化制备工艺，性能可达0.6 V@1A/cm^2，处于国际先进水平，以及针对性地从设计、制备、操作3方面调控开发出了高一致性的千瓦级中温质子交换膜燃料电池电堆。中高温膜电极及测试性能如图4-4所示。在中温燃料电池领域申报发明专利10项、授权5项，发表论文20余篇。

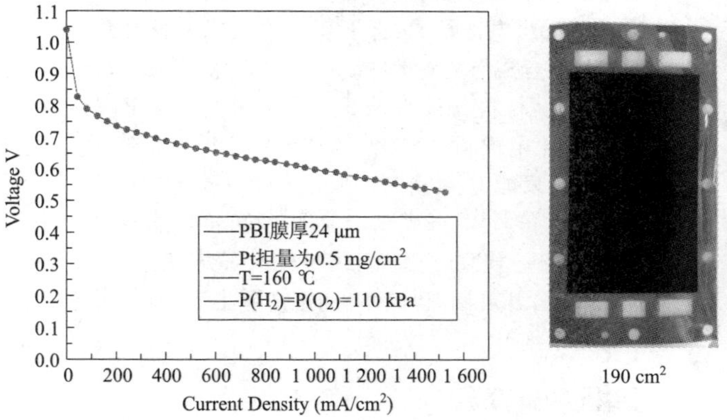

图4-4　中高温膜电极及测试性能

主要科研项目：

（1）科技部中日政府间合作项目——低铂、高性能中温质子交换膜燃料电池电堆技术研究（2017.1—2019.12）

（2）山东省重大科技创新工程项目——低铂高性能车用质子交换膜燃料电池关键技术研究（2019.6—2021.12）

（3）中国科学院科技服务网络计划（STS计划）——模压石墨双极板产业化技术开发（2020.1—2020.12）

（4）中国科学院洁净能源创新研究院合作基金项目——高性能非铂氢燃料电池阴极材料的研制及氧还原机理研究（2019.10—2021.9）

(5)青岛市创新领军人才项目——燃料电池关键部件产业化技术开发(2017.1—2018.12)

三、科研设施及科研能力建设

青岛能源所目前建有中科院生物燃料重点实验室、中科院生物基材料重点实验室、山东省合成生物技术创新中心等16个省部级平台。构建了完善的国际合作网络，与波音、宝洁、壳牌、道达尔等世界500强企业及牛津大学、德国亥姆霍兹联合会、香港大学等知名科研机构/大学建立科技合作，共建了"可持续航空生物燃料联合研究实验室""皮肤与口腔微生物组联合科学研究中心"等8个合作研发平台。

青岛能源所承担了一批国家和中科院重大任务，截至2019年底，共承担各类科研项目1 800余项，获得竞争性科研经费15.8亿元。累计发表论文3 117篇；申请专利1 088件。2016—2018年度专利创新能力连续3年位居驻青高校科研机构第1名。

青岛能源所通过构建成果转移转化政策体系，建设中试、产业育成基地等平台载体，着力培养知识产权与成果转化专业化人才，联合社会资本设立成果转化基金等重点举措，不断提升成果转化能力与水平。截至2019年底，研究所与200余家企业建立了实质性合作。近5年，实现13项重大成果的转化，与青岛华通集团、琅琊台集团、汉河集团等龙头企业合作成立产业化公司8家。

四、主要研究方向

1. 燃料电池前沿基础：燃料电池关键材料及过程机理研究，电堆过程建模仿真、状态观测及寿命评价方法研究，新型质子交换膜燃料电池研究。

2. 先进燃料电池技术：开展新一代低成本长寿命燃料电池关键材料合成与关键部件制备技术研究，突破车用燃料电池电堆、关键材料与核心零部件等关键技术及工程化技术，形成大功率电堆和系列化、多规格燃料电池发动机技术开发与产业开发能力，并进行产业化推广与示范应用。

3. 先进氢能技术：开展副产氢纯化、可再生能源制氢技术研究，开展新一代高能效制氢储氢技术研究，开展氢/电安全及标准研究，开展制氢、储氢、加氢产业工程示范，支撑引领氢能源技术创新与产业发展。

五、国内外交流

青岛能源所电化学过程研究组与国际国内多所高校和企业，例如同济大学、潍柴动力、宇通客车、青岛院士港、日本名古屋大学、日本富山大学等建立了稳定的科技合作与人才交流关系。

2019年8月应日本科学技术国际交流中心及日本科学技术振兴机构、富山大学、九州大学邀请，团队负责人李晓锦赴日本参加中日大学展暨 in Innovation JAPAN 论坛并对日本相关大学进行交流访问。2019年12月应日本科学技术振兴机构有马朗人博士邀请，团队负责人李晓锦赴日本执行"中-日新能源车用动力电池论坛及合作项目进展交流"任务，并对早稻田大学、名古屋大学、大阪大学和尼桑公司开展了学术访问，就双方联合承担的科技部中日政府间合作项目进展进行了研讨。

2019年9月，日本富山大学氢同位素研究中心研究员鲁保旺博士应李晓锦研究员邀请对青岛能源所进行了访问，双方就甲烷的低温制氢与二氧化碳甲烷化载氢技术进行了深入交流，探讨了该技术国内落地和共同申报国际合作的可行性。

六、发展规划

山东能源研究院氢能与燃料电池功能实验室，实验室规划面积15 000 m^2，在未来3～5年将搭建燃料电池关键部件及电堆制造与装备平台，燃料电池发动机及动力系统测试平台，以及新一代高能效制氢储氢技术研发平台。

燃料电池关键部件及电堆制造与装备平台。建立关键材料(催化剂、质子交换膜)及核心部件(膜电极、双极板)制备与表征、原位分析与衰减机理、性能测试与耐久性研究平台，实现燃料电池关键材料及核心部件的综合评价；建立部分燃料电池关键材料与部件先进制造平台，建立电堆高耐久性密封组件的高精度原位快速成型平台，开发系列电堆模块的堆型设计及工程化制造平台，开发电堆模块快速在线活化、加速寿命测试在线检测平台。

燃料电池发动机及动力系统平台。建立燃料电池动力系统全工况仿真软硬件平台，建立燃料电池发动机系统集成与动态测试平台，建立燃料电池电-电深度混合动力系统设计及健康管理平台，实现燃料电池发动机及电-电深度混合系统全工况参数测量与控制策略评价。

新一代高能效制储运氢技术研发平台。高能效光解水直接制氢、高效电解水制氢、甲醇现场重整制氢，氢液化技术、车载高密度液态固态储氢技术等新一代高能效制储运氢技术研发平台。

中国汽车技术研究中心有限公司汽车工程研究院

一、主要研究领域

新能源和燃料电池汽车关键技术领域涉及典型新能源/燃料电池汽车对标、经济性动力性开发、整车热管理开发及测试验证、整车电子电器架构设计开发、整车EMC优化、整车电平衡、整车功能安全设计、整车NVH正向开发及测试验证、电池PACK安全性设计及测试验证、燃料电池发动机系统集成设计及测试验证、关键零部件HIL测试、高压电安全设计、续航里程提升、新能源监控平台搭建、新能源汽车底盘校核、碰撞安全设计、系统集成、三电产品关键算法开发及多核底层软件开发、电控系统功能安全研发测试、三合一电驱动系统研发、线控底盘技术研发、电池梯次利用方案研发、氢燃料电池控制系统、AUTOSAR集成软件服务等技术领域，支持VCU、BMS、MCU、FCU等多款控制器的产业化。在新能源汽车的整车功能开发和性能开发上,具备正向开发及整改优化的设计能力及测试设备支持。此外,在新能源专用电控零部件产品开发、动力总成产品、新能源用售后服务诊断仪、新能源专用测试和下线设备方面,具备产品配套能力。

二、2019 年科研项目及成果

发表节能与新能源相关的论文 85 篇,其中 SCI 论文 6 篇,授权专利 24 项,申请专利 13 项。申请省部级课题 6 项,厅局级课题 15 项。获得"2019 中国汽车工业科学技术进步奖——三等奖"、"天津市科学技术进步奖——二等奖"、"2019 年天津市创新人才推荐计划重点领域创新团队"、"2019 江苏省汽车工程学会汽车工业科学技术奖——三等奖"、"2019 年第二批天津市智能制造专项资金项目"。

三、2019 年科研设施及科研能力建设

具备电动汽车性能开发手段,包含 NVH、结构安全、主动安全、热管理、EE 架构、EMC、HIL、动力系统以及电动汽车整车性能测试验证设备手段。此外,还具备电动汽车在专用关键系统的开发手段,包含 AVL 电力测功机测试系统、Bitrode 电池 PACK 测试系统、电池 PACK 振动测试系统、电动汽车动力模拟装置标定系统、高压电器的路试数据采集系统、三综合测试系统、电磁兼容、转毂环境仓、整车振动测试系统、NVH 整车及动力系统测试环境、ECU 快速开发平台、全套 dSPACE HIL 台架、全套 Vector 总线开发工具、标定工具、多种主流 MCU 工具链以及各领域的仿真计算软件、协议栈软件、ETAS AUTOSAR 开发工具、多核控制器底层配置软件 MCAL、燃料电池 HIL 测试台架。

四、2019 年国际合作

3 人次的美国 SAE 国际会议,并与俄亥俄州立大学进行了新能源及智能驾驶的技术交流,与澳大利亚半导体公司签订嵌入式系统软件测试的合作意向。与 IPG、NI、Vector、英飞凌、凌特、巴拉德、海拉电子、AVL、Greenhill 等国外企业在新能源电控系统研发测试、功能安全评估、燃料电池系统研发测试、锂离子电池系统研发验证、车路协同的智能驾驶、新能源专用测试设备等方面进行深入合作。

五、主要产品

整车控制器 VCU、混合动力控制器 HCU、电池管理系统 BMS、电机控制器 MCU、燃料电池控制器 FCU、监控系统车载终端、高压三合一、高压四合一、高压五合一、VCU/BMS 生产下线测试设备、便携式车辆故障诊断仪。

中国汽车技术研究中心有限公司汽车标准化研究所

一、主要研究领域

汽车节能和新能源标准是国家进行新能源汽车和汽车节能管理的重要抓手,是我国汽车电动化、低碳化发展的有效手段,也是汽车企业产品研发的重要依据和输入。中国汽车技术研究中心有限公司标准化研究所(以下简称"标准所")是全国汽车标准化技术委员会汽车节能分技术委员会秘书处、电动车辆分技术委员会秘书处承担单位,对内负责我国节能和新能源领域标准的归口管理工作,对外承担着全球技术法规和国际标准对口协调工作。同时,标准所也是从事汽车节能标准和新能源汽车标准、政策研究和制定的技术组织和科研单位,多年来以国家和汽车产业整体利益为导向,在相关政府主管部门的指导下,作为牵头单位组织开展了一系列重要的新能源汽车及汽车节能标准、政策、标准化科研项目的研究工作,建立起了包括试验方法、限值和标识在内,相对完善的轻型和重型汽车节能标准体系,以及包括基础通用、整车、关键系统及零部件和接口及设施在内的电动汽车标准体系,并且为工信部双积分、公告、标识等相关新能源汽车及节能管理提供坚实保障,推动了新能源汽车及节能汽车产业发展和技术进步。

二、2019 年科研项目及成果

2019 年,标准所在工业和信息化部、国家标准化管理委员会等主管部门的指导下,根据"十三五"技术标准体系建设方案开展了一系列汽车节能、新能源相关科研和标准制定工作,进一步完善了我国汽车节能与新能源标准体系。主要科研项目和成果如下。

(1)乘用车第五阶段燃料消耗量标准《乘用车燃料消耗量评价方法及指标》正式发布,将成为贯彻落实《汽车产业中长期发展规划》中提出的"2025 年乘用车新车整体油耗降至 4 L/100 km 左右"目标的重要抓手。

(2)《乘用车燃料消耗量限值》《轻型汽车燃料消耗量试验方法》《轻型混合动力电动汽车能量消耗量试验方法》《插电式混合动力电动乘用车技术条件》等节能领域重要标准顺利通过审查,预计将于 2020 年发布,并为我国下一阶段双积分管理政策出台及实施提供参考。

(3)《中国汽车行驶工况》系列标准正式发布,自此建立起了中国自主的汽车行驶工况体系,填补了国内空白。该系列标准作为我国汽车标准体系中重要的共性基础标准,是我国进行车辆和发动机产品研发的重要技术依据,对落实我国机动车节能减排任务具有重要意义。以中国工况为基础,推动纯电动汽车、燃料电池汽车能量消耗率和续驶里程试验方法《重型商用车辆燃料消耗量测量方法》等标准的修订,预计将于 2020 年报批。

(4)《车用动力电池回收利用 材料回收要求》《车用动力电池回收利用 拆卸要求》和《车用动力电池回收利用 包装运输规范》3 项动力电池回收利用标准完成审查,预计于 2020 年发布,对电动汽车动力电池回收再利用起到规范作用。

(5)《燃料电池电动汽车 定型试验规程》和《燃料电池电动汽车 安全要求》两项标准完成审查,预计于 2020 年发布,以上两项标准的发布对于我国燃料电池的推广应用具有重要的支撑作用。

推进国家重点研发计划课题"基于中国工况的轻型和重型插电式混合动力电动汽车能耗与排放测试方法研究"、"无

线充电系统互操作性测试与安全评价技术"和"中德燃料电池电动汽车标准合作与研究"等项目的研究工作。

三、2019 年科研设施及科研能力建设

2019 年,标准所在节能与新能源领域,围绕《汽车产业中长期发展规划》等产业政策文件,开展了一系列重要标准和相关科研课题的研究工作。相继完成了乘用车五阶段、中国工况、轻型汽车燃料消耗量试验方法、电动汽车安全、燃料电池电动汽车安全、电动汽车充电安全、轻型混合动力电动汽车能量消耗量试验方法、纯电动汽车能量消耗率试验方法等受到政府、行业广泛关注标准的研究与制定,同时还以标准化工作为基础承担国家相关重点课题的研究任务,在推动这些重点领域标准的研究与制定以及推进科研项目实施的过程中,标准所在标准的技术研究与验证、相关管理政策研究等各个环节加强了科研能力的建设。

在科研过程中,标准所始终坚持注重科研设施及科研能力的建设,不断完善科研管理制度,加大科研经费投入,加强人才团队建设与管理,推动科研项目成果与汽车标准化工作实践结合,加大科研项目成果的转化、输出和宣传。节能与新能源领域有研究员级高级工程师 2 名、高级工程师 3 名、中级工程师 5 名,学科带头人 1 名、青年科技骨干 2 名。形成了以研究员级高级工成为负责人,学科带头人与青年科技骨干共同协作的人才梯队。同时鼓励年轻人通过积极申请培育类、青年基金课题快速进步成长。除标准制定及相关科研活动外,还通过参加各类各种学术会议及交流活动,与相关技术机构展开研究成果沟通与共享,促进科研能力提升。

四、2019 年国际合作

我国汽车节能与新能源领域标准法规的制定向来受到国际主要汽车市场、相关研究机构的高度关注。2019 年,在汽车节能领域,为推动标准顺利实施,完善标准发布后的汽车节能管理制度,标准所与宝马、戴姆勒、沃尔沃、丰田、本田、日产、博世等整车及部件生产企业,以及能源基金会、欧洲汽车工业协会等国际机构通过互访交流、合作项目等形式就乘用车第五阶段燃料消耗量标准制定、轻型汽车燃料消耗量试验方法、标准过渡方案、车辆系族管理等领域的内容进行了广泛的探讨、交流和合作。在新能源汽车领域,标准所作为我国 WP. 29 框架下,积极履行电动汽车安全(EVS-GTR)、电动汽车与环境(EVE-GTR)和燃料电池电动汽车(GTR13)国内专家组秘书处单位,配合主管部门协调国内专家履行副主席过职责,牵头参与国际法规研究制定;国际标准方面,标准所作为 ISO 和 IEC 电动汽车领域对口单位,组织国内专家参与电动汽车相关工作组的国际标准起草过程,在动力电池、传导充电以及无线充电等方面研提国际标准提案;同时标准所与德国、日本等国家的标准制定单位及相关企业在电动汽车安全、能耗、关键部件及充电基础设施等领域进行了广泛的标准交流合作。

汉阳专用汽车研究所

一、发展概况

汉阳专用汽车研究所隶属于中国汽车技术研究中心有限公司,是承担全国专用汽车行业技术归口管理的唯一科研机构。下设中汽研汽车检验中心(武汉)有限公司、武汉专用汽车杂志社有限责任公司及多个业务部门,同时是全国汽车标准化委员会专用汽车分技术委员会、全国汽车标准化委员会车身附件分技术委员会、中国汽车工业协会专用车分会和中国汽车工程学会专用车分会等 4 个行业分支机构秘书处的管理单位。主办有"中国国际商用车展览会""中国专用汽车产业发展国际论坛"等行业活动。截至 2019 年 12 月,汉阳专用汽车研究所全体员工约 220 人,总资产超过7 亿元。

2019 年,汉阳专用汽车研究所收入 22 614 万元,较 2018 年同期增长 57%;净利润 8 549 万元,较 2018 年同期增长 73%。全国客户数近 600 家,具备检测能力 1 700 余项,在湖北随州和山东梁山运营有 2 个综合检测试验场。

二、科研项目及成果

1. 项目"专用运输车辆安全部件关键测试技术及成套设备开发"获 2019 年湖北省科学技术奖三等奖。

2. 成功申报武汉市科技计划项目"智能网联汽车测试设备开发与测试技术研究"。

3. 成功完成交通运输部项目"挂车支承装置标准制定项目"结题验收。

4. 完成 GB 20300—2018 等 7 项标准报批,申报《清洗车》《洗扫车》《自卸车》《舞台车》等 10 项标准制修订计划。

5. 配合交通运输部公路科学研究院编写标准 QC/T 699—2019《车用起重尾板》宣贯教材。

6. 成功获批武汉市科技"小巨人"企业荣誉称号。

7. 获得武汉开发区 2018 年度"最佳检验检测机构""最具创新活力企业"称号。

8. 获得"湖北省汽车产业技术创新联盟"。

三、科研设施及科研能力建设

1. 2019 年 7 月,汉阳专用汽车研究所下属中汽研汽车检验中心(武汉)有限公司申报建设的"国家新能源汽车质量监督检验中心"项目正式获得国家认监委授权资质证书。

2. 节能排放试验室完成能力提升,满足重型车国Ⅴ排放法规、京Ⅴ排放法规的测试需求,具备测试国Ⅵ排放法规的储备能力。

3. 碰撞试验室、新能源及零部件试验室完成建设并投入使用。

成功开发非标设备 6 项,均通过 CNAS 能力认可,包括机器人刚性测试设备、车门开关耐久测试设备、手动座椅综合测试台电动座椅综合测试台、挂车气制动响应时间测试、燃料电池发动机测试系统。

四、主要研究方向

前瞻技术研究：开展燃料电池测试评价技术研究，研发高可靠性燃料电池发动机测试设备；搭建智能网联汽车测试仿真平台，开展半封闭道路无人驾驶测试技术研究。

行业技术研究：利用 CAE 仿真技术，跟踪国内外先进技术与产品，围绕轻量化、专用车智能化等开展专用车、挂车、商用车等结构优化设计、产品概念设计、功能优化设计等工作。

五、国内外交流

参加东京卡车展，了解日本最新最前沿的商用车和专用车产品技术、生产设备及配套零部件产品及技术发展情况。与日本市场占有率最高的 3 家箱式汽车、罐式汽车、车辆运输车等生产企业交流沟通，学习了解先进的生产工艺和管理经验等。

举办 6 次标准研讨会议，对 GB/T 17350、GB 29753、环卫车、应急救援车、油田车等开展专题研讨。

六、发展规划

汉阳所紧扣国家和产业发展的系统性、前瞻性需求，聚集优势资源，拓展服务领域，开展新能源汽车、商用汽车、发动机、汽车零部件等领域检验检测、工程技术研发、标准政策研究和认证咨询服务，建设新能源汽车测试技术服务平台，提升科技创新能力，解决行业共性技术难题，为汽车行业的发展贡献力量。

工业和信息化部电子第五研究所

一、发展概况

工业和信息化部电子第五研究所（中国赛宝实验室），又名中国电子产品可靠性与环境试验研究所，始建于 1955 年，是中国最早从事可靠性研究的权威机构。广州总部（天河、花都、增城）现有占地面积 122 万 m^2，科研生产用房面积约 11 万 m^2，各类试验、分析测试和计量设备仪器 10 555 台（套），现有人员 4 900 余人，占地面积 122 万 m^2。1979 年引入“认证”新概念，1989 年成为国内首个 IECEE/CB 实验室。年服务企业 2 万多家，各类证书报告 40 万多份。实验室可提供从材料到整机设备、从硬件到软件直至复杂大系统的认证计量、试验检测、分析评价、数据服务、软件评测、信息安全、技术培训、标准信息、工程监理、节能环保、专用设备和专用软件研发等技术服务。实验室具有多项认证、检测资质和授权，建立了良好的国际合作互认关系，可在世界范围内开展认证、检测业务，代表中国进行国际技术交流、标准和法规的制订。同时，作为工业和信息化部的直属单位，为部的行业管理和地方政府提供技术支撑。

二、测试技术及规范研究与制定

参与制定了多项新能源汽车领域相关标准，包括《道路车辆　电气/电子部件对窄带辐射电磁能的抗扰性试验方法》（第 7 部分：射频（RF）功率直接注入法；第 8 部分：磁场抗扰法；第 9 部分：便携式发射机模拟法；第 10 部分：扩展音频范围的传导抗扰法）、《智能网联汽车测试场设计技术要求》《基于视觉的辅助驾驶系统离线测试方法》《汽车驾驶员异常行为监测系统技术要求》《车载毫米波雷达测试方法》《梯次利用锂离子蓄电池检验方法》等。

检测技术能力具有实验室环境下的相关检测能力、封闭道路测试验证规范及半开放/开放道路的测试管理体系。基于上述 3 方面的测试技术能力，已开展新能源及智能网联汽车零部件，电磁兼容、功能信息安全、硬件在环、车辆在环仿真等测试技术研究；建立了自动驾驶功能、研发，ADAS、V2X、网络安全等相关的测试能力并具备了全流程的测试管理办法。

三、检测能力建设

2017 年，牵头筹建“广州市智能网联汽车与智慧交通应用示范区”。2019 年 4 月，获批“国家汽车电子产品质量监督检验中心”。是中国强制产品认证（CCC）委托检测实验室、中国国家认证认可监督管理委员会 CNAS 认可实验室、中国科技成果检测国家级检测机构。参与编写国家车联网产业标准体系建设指南。2017 年牵头申报工信部-广东省省部共建“广州市创建国家级基于宽带移动互联网智能网联汽车及智慧交通应用示范区”（2018 年 3 月获批）。2020 年 6 月，研究所正式成为《公告》检验工作第二批备案的检验检测机构，可受理承担新能源汽车零部件部分《公告》检验工作。

四、国内外交流

国内方面，牵头组建广州市智能网联汽车示范区运营中心，发起成立广州市智能网联汽车电子产业发展促进会、广州市智能网联汽车与智慧交通专家委员会，作为智能汽车测试评价的行业代表受邀成为中国电动汽车百人会“首批粤港澳大湾区智能汽车合作伙伴”。2017 年底，发起成立广东省无人智能技术标准化技术委员会（GD/TC 128）。与广州开发区共建国家级 5G 车联网先导区。2019 年 10 月 12 日，与广州公交集团、华为发起成立“粤港澳大湾区自动驾驶产业联盟”。2019 年已举办已主办 4 次论坛，发表主题演讲 5 次。已主办《5G 创新发展大会——5G 车联网（智能网联汽车）产业创新发展论坛》《第一届深圳（国际）智能网联交通产业创新高峰论坛》《第二届中国（广东）人工智能发展高峰论坛“AI 赋能交通，为城市提速”》《中国无人系统安全性和可靠性技术论坛》论坛，受邀参加《第一届中国汽车质量技术大会》《世界智能网联汽车大会》并发表主题演讲，传播车联网政策和理念，扩大广州市车联网先导区影响力。2020 年 6 月，与中汽研汽车检验中心（广州）有限公司签署了框架合作协议，推动新能源及智能网联汽车的前瞻性技术领域科技进步。2020 年 6 月，成立广州市新能源智能汽车发展促进会，促进广州市、粤港澳大湾区汽车工业的电动化、智能化发展。国外方面，2018 年 10 月陪同工信部及产学研各界相关人员赴德国开展智能网联汽车调研。

五、发展规划

2020 年,五所规划在新能源汽车领域完善能力并探索新的模式。旨在推进 V2X 测试验证体系建立,信息安全、功能安全与预期功能安全评价体系核心技术能力深入研究,最终打造具备车联网的测试评价、科学研究、试验示范的多功能综合性平台,推动电子五所在长三角地区的测试能力建设,为新能源汽车相关技术发展提供理论支撑和技术体系,支撑粤港澳大湾区乃至全国范围内新能源与智能网联汽车检验业务的发展,继续以优质的技术服务能力为汽车电子信息行业和企业高质量发展贡献力量。

国家轿车质量监督检验中心

一、主要研究领域

国家轿检中心研究领域主要包括新能源整车及关键零部件测试评价技术。动力电池方面托六大工作平台引领科研与业务双发展,形成电化学分析技术平台、匹配评价技术平台、安全分析技术平台、模拟仿真技术平台、全价值链分析技术平台、产品对标认证技术平台。燃料电池方面主要研究:FCV 低温冷启动测试和评价方法、FCV 氢耗和能耗测试和评价方法、FCV 密闭试验舱氢气泄漏测试和评价方法、FCV 尾气氢排放测试方法、整机性能综合测试评价技术、耐久性测试工况开发、可靠性测试评价技术、水状态及其分布测试与预测技术、空压机测试评价技术、氢气泵测试评价技术、气瓶安装强度等。电动汽车驱动系统及充电技术方面包括:电动汽车充电安全测评技术研究、无线充电测试评价、MCU、OBC 与 DCDC 功能安全测试平台、五电机的能量流测试评价、高速电机与电驱动总成的 NVH 测试评价技术、电机控制器 MCU 可靠性及加速寿命测试评价。

在排放节能领域开展的工作包括:轻型排放测试技术和后处理技术研究;轻型整车国Ⅵ尾气和蒸发排放开发标定;轻型混合动力汽车 OBD 系统设计开发;轻型整车高海拔、高湿,高热等环境下实际道路排放、OBD 测试技术研究和性能标定;轻型车燃油蒸发及加油排放正向研发;轻型量产车评估(PVE)测试;中国工况下的大数据分析研究;重型商用车三阶段油耗标准的验证工作;重型混合动力电动汽车能耗及续驶里程试验研究及参与下阶段标准(GB/T 19754)的制修订工作;重型混合动力汽车整车 OBD 测试研究工作;开展基于发动机在环的方法论研究工作;开展先进发动机对标技术研究工作;汽/柴油清净增效剂性能试验研究;汽车系统及部件清洁度试验研究工作。

二、2019 年科研项目及成果

在新能源领域,承担及参与国拨课题 13 项,省部级课题 3、中心重点课题 10 项。与吉利研究院联合申报的宁波市科技创新 2025 重大专项“智能 PHEV 车辆控制系统架构开发”,项目总经费 1 000 万元。燃料电池方面通过完成天津市科委科技服务业重大专项项目“燃料电池汽车整车性能检验检测共性关键技术研究与开发”;基本建立起了完整的燃料电池汽车测试能力,提出了氢耗、低温冷启动、密闭舱氢安全测试评价方法,建立了燃料电池汽车、总成、关键零部件综合测评体系。动力电池方面牵头承担的国家重点研发计划新能源汽车专项动力电池测试与评价技术(2018YFB01044),该项目涉及科研经费达 4 000 余万元,涵盖动力电池管理系统精准评价技术、动力电池系统性能量化评价技术、动力电池数据库开发与应用技术。科研成果方面,全年共发表论文 50 篇,其中 EI 检索 10 篇,获得中汽中心优秀论文一等奖 1 篇;申请发明、实用新型专利 20 项,软件著作授权 4 项;牵头或参与各类标准 32 项,其中国际标准 2 项、国标 12 项、行标 3 项、团标 15 项;参与 EVS GTR 电动汽车安全全球技术法规、ISO 6469—1AMD 动力电池热扩散实验方法修订全球及国际法规 2 项;牵头制订的 T/CSAE 122—2019《燃料电池电动汽车　低温冷起动性能试验方法》获得了中国汽车工程学会优秀团标项目奖;完成国内外各类科研类会议报告共 50 余次;主编科技类图书 1 本,获国家科技进步二等奖 1 项。

在排放节能领域,承担国家重点研发计划:汽油车车载排放测试和后处理关键部件性能评价技术研究;基于中国工况的轻型车国Ⅵ排放标准技术路线研究;汽车排放标准评估与重要标准研究;满足国Ⅵ排放标准的汽油车燃油蒸发控制技术研究;国Ⅵ排放标准技术体系研究;整车智能化控制及性能提升技术;中型混合动力专用发动机排放控制技术研究;典型插电增程式混合动力系统关键技术测试评价;中石油委托项目“低温尿素性能评估项目”;玉柴委托项目“发动机在环和虚拟标定比对项目”等。工信部项目包括“基于 OBD 的车辆大数据监管平台的研究”;深度参与了多项国家标准的制修订工作,包括“轻型汽车燃料消耗量试验方法”,“乘用车燃料消耗量限值”,“乘用车燃料消耗量评价方法及指标”,“轻型混合动力电动汽车能量消耗量试验方法”,“燃用甲醇汽油的轻型汽车污染物排放限值及测量方法”,“重型混动汽车 PEMS 测试实施细则”及“重型混动整车 OBD 验证”等。发表高水平论文论文 28 篇,申请发明专利 19 项,实用新型专利 4 项,中心科技论文一等奖 1 篇、二等奖 2 篇、三等奖 1 篇、APC 联合会议二等奖 1 篇。

三、2019 年科研设施及科研能力建设

1. 在新能源汽车领域

主要进行电驱动系统 NVH 优化及测试评价技术,基于 5 电机的能量流测试评价,完成电驱动系统/总成耐久工况开发,研究电驱动总成失效模式及失效机理及不同应力加速方法和关键部件耐久测评技术;建设了电驱动系统 HIL & PHIL 功能安全测试平台;研究无线充电互操作性、通信协议一致性等测试评价方法;形成大功率充电评价方法和测试平台;燃料电池领域搭建低温冷启动试验台,研究低温冷启动技术;开发密闭舱,进行另外综合的整车氢气排放安全测评;联合开发氢电能耗测评设备,开展 FCV 氢电能耗和续驶里程测评;利用燃料电池堆和燃料电池发动机的综合性能测评平台,开展疲劳

耐久测评技术和性能衰减参数识别和评价研究；利用合作开发专用空气压缩机试验台，进行空压机综合性能测评价研究等。动力电池方面，电化学分析技术平台综合检测、分析、优化、研发，实现“材料—电池—性能”测试能力贯通。匹配评价技术平台打造BMS系统性能和功能安全的多层级综合评价体系。安全分析技术平台向热扩散、振动预警、火灾致灾减灾等安全量化分析领域拓展。模拟仿真技术平台形成电池结构、电化学、热管理多场仿真分析能力。全价值链分析技术平台结合退役动力电池再利用场景分析及可用周期评价，从状态评估、残余价值、可用周期、收益分析等方面的深入研究。产品对标认证技术平台开展动力电池和新体系电池对标测试，提升“材料—电芯—系统”纵向深度对标评价能力。

2. 在排放节能领域

（1）针对国Ⅵ标准的发布后，试验室在现有排放设备的基础上新增2套轻型PEMS测试设备，增加3套重型及非道路PEMS测试设备，升级盐城重型环境仓为海拔仓，完善了国Ⅵ、欧Ⅵ认证研发测试能力。

（2）新增国内唯一一套轻型车运行损失排放测试系统，可以针对美标的运行损失排放测试要求进行测试。

（3）依托天检中心——广西玉柴“整车排放虚拟标定测试平台”联合开发项目，组建国Ⅵ整车排放虚拟标定测试系统（VTB）。

（4）建立了PVE测试能力，增加了测试所需的软硬件，增加重型车远程监控数据一致性测试研发能力，及相应的比对测试设备2套。

（5）新增技术清洁度试验室，满足德国VDA19清洁度要求的汽车零部件检测中心及培训中心建设，实现了德国VDA中国标准体系的建立。

四、2019年国际合作

1. 在新能源汽车领域

（1）与本田合作开展“充电适应性课题共同研究”项目。

（2）与日本Nidec合作开展“电动汽车电驱动总成研发验证测试（GE13、PMA1等项目）”。

（3）与戴姆勒中国合作开展“直流充电领域调研及测试”项目。

（4）与丰田合作开展“城市充电互操作”项目。

（5）与丰田汽车开展燃料电池汽车密闭舱氢安全测试技术研究、低温起动技术研究、燃料电池汽车能耗测试技术研究、对MIRAI汽车进行测试评价。

（6）与JARI和丰田汽车合作开展密闭舱氢气安全和氢电能耗测试标准研究。

（7）与宝马、奥迪、戴姆勒，三星、SK、松下、本田等新能源电池企业合作开展动力电池研发验证开发试验。

（8）参与国际标准法规的沟通协调工作，参与第17次、第18次EVS-GTR电动汽车安全全球技术法规会议和ISO/TC 22/SC 37/WG 3会议。

（9）通过政府间合作项目“面向中美合作的纯电动力系统前沿技术联合研究”，研究新能源汽车电池领域共同研究共性基础热点问题。

（10）委派访问学者加州大学戴维斯分校开展“动力电池中子成像无损分析”项目研究。

2. 在排放节能领域

（1）与丰田中国进行了轻型车国Ⅵ常温排放的比对工作，并在标准法规和检测试验方面进行深入的解读和交流，进一步加深双方的合作。

（2）与宝马、戴姆勒奔驰等国外企业开展电动汽车研发验证测试工作。

（3）与奥地利AVL李斯特联合开展“柴油机及其后处理系统建模”项目。

（4）与日本ISUZU合作进行重型车实际道路PEMS测试方法研究。

（5）在润滑油国标开发方面，与美国Afton建立长期的合作研讨机制。

（6）向美国西南研究院、Afton学习润滑油关键零部件评分方法及能力比对，对油品评价台架试验、拆解装配、专业评分、试验流程精细化管理交流培训，进一步加深双方合作，实现资源共享和试验室互认奠定基础。

（7）与德国VDA QMC开展关于VDA 19.1 & VDA 19.2标准的培训授权合作并建立TATC & VDA QMC技术清洁度实验室。

五、主要产品

1. 电动汽车续驶里程测试系统。
2. 机油称量车装置。
3. 活塞专业评分设备。

上海机动车检测认证技术研究中心有限公司

一、发展概况

上海机动车检测认证技术研究中心有限公司（以下简称“上海汽检”）成立于2003年9月，2016年上海机动车检测中心（上海汽检前身）完成事转企改制。上海汽检是经国家认可委员会认可，国家工业与信息化部，生态环境部、市场监督管理总局、交通运输部、认证认可监督管理委员会等政府主管部门授权，是华南华东地区唯一获得国内全部机动车检测资质具有独立第三方地位的国家级机动车产品检测机构。2012年11月，成立国家新能源机动车产品质量监督检验中心。上海汽检位于上海安亭国际汽车城内，占地面积18万m^2，总资产超过20亿元，具有投资规模大、检测门类全、技术水平高、综合技术服务能力强等特点。

经过多年持续建设，上海汽检在新能源机动车检测领域已经形成了完整的检测技术能力和检测研究体系。除具有纯电动、混合动力、燃料电池、代用燃料等完整的机动车整车检测能力外，在驱动电机、车用动力电池、电驱动力系统总成、燃料电池发动机、燃料电池模块、燃料电池电堆、加氢口、车载氢系统等新能源机动车关键零部件方面，具有包括环境模拟和硬件在环在内较完整的试验评价能力，特别是在燃料电池汽车和电动汽车电磁兼容领域、燃料电池汽车涉氢性能测试领域，填补了国内空白，综合检测能力和设备水平处于国内领先地位。上海汽检目前正在开展的动力电池关键材料的检测评价研究、车用电力电子系统及关键零部件检测评价技术研究、燃料电池堆在实际强化道路条件下的振动耐久性试验技术研究、基于数据监控平台的燃料电池汽车数据采集标准及测评方法研究、基于大功率氢燃料电池电堆的耐久可靠性及环境适应性研究、70 MPa 预冷加注一体化加氢机开发，从关键材料、关键零部件、产品寿命、测试设备开发、数据采集等多层面、全方位进行检测评价技术研究，为我国电动汽车及燃料电池汽车的发展提供技术支撑。

2018 年 8 月，上海汽检联合多方合资组建了上海临港智能网联汽车研究中心有限公司（以下简称“上研智联”）。该公司是临港智能交通和自动驾驶产业发展的技术依托平台，为了推动临港地区智能网联汽车产业的发展，上研智联规划设计并实施建设了上海临港智能网联汽车综合测试示范区，示范区内包含的封闭测试区、26.1 km 开放道路、数据中心于 2019 年 8 月投入使用；并于 2019 年 9 月成功获得了交通运输部、工业和信息化部对于智能网联汽车自动驾驶封闭场地测试基地的联合认定。上海汽检作为上研智联的主要股东单位，组织上研智联的工作团队形成了“测试、研究、标准、示范”于一体的产业公共服务功能。

上海汽检紧密围绕国家在新能源及智能网联汽车领域的检测认证服务需求，建设的新能源及智能网联汽车检测认证公共服务平台，为上海及国家新能源及智能网联汽车产业化发展提供检测评价技术支撑，为新能源及智能网联汽车产业全面、可持续、健康发展提供保障。

二、测试技术及规范研究与制定

上海汽检承担了上海市新能源汽车及应用标准化技术委员会以及上海市智能网联汽车及应用标准化工作组秘书处工作，在上海市市场监督管理局、上海市经济和信息化委员会、上海市新能源汽车推进领导小组办公室等上级主管部门的指导下，按照上海市标准化工作的总体要求，积极开展新能源能汽车及配套基础设施、智能网联汽车地方标准的制定工作，努力使上海市新能源及智能网联汽车标准化工作为推进上海市新能源及智能网联汽车产业发展发挥更大的作用。2019 年开展了《新能源汽车及充电设施公共数据采集技术规范》《电动乘用车运行安全和维护保障技术规范》等多项上海市地方标准的制修订工作。上海汽检 2019 年牵头开展国家标准——《道路车辆盲区监视系统（BSD）性能要求及试验方法》的制定工作，并完成标准公示；牵头制定的《燃料电池汽车及加氢站公共数据采集关键技术研究与标准》，已在上海市地标委立项；参与 GB/T 19233—2020 轻型汽车燃料消耗量试验方法的研究；参与动力电池、驱动电机、EMC、燃料电池汽车、乘用车/商用车 AEBs 和 LDKs、夜视系统、后门开启盲区、后部穿行等多项国家标准的制修订工作。

新能源地标委及智能网联工作组联合制定《上海市新能源和智能网联汽车标准化工作行动方案（2018—2020）》于 2019 年正式发布，该方案解决技术标准“不全面、不适应、不同步”的问题，加快上海市新能源汽车和智能网联汽车领域的标准研究和制修订步伐，保障上海市汽车产业健康可持续发展。

2019 年，上海汽检牵头承担上海市科委项目《基于实际路况的燃料汽车测试与验证技术研究》《燃料电池汽车及加氢站公共数据采集关键技术研究与标准制定》，上海市经信委工业强基项目《基于蜂窝网的车联网（C-V2X）系统产业链关键技术提升“一条龙”》，并参与国家重点研发计划项目《70 MPa 预冷加注一体化加氢机开发》、工业和信息化部 2019 年产业技术基础公共服务平台项目《智能系统级测试验证平台建设》、上海市科委项目《基于数据监控平台的燃料电池汽车数据采集标准及测评方法研究》《基于大功率氢燃料电池电堆的耐久可靠性及环境适应性研究》等多项科研项目的研究工作。

三、检测能力建设

上海汽检在“十三五”期间计划投入 16.8 亿元，在机动车安全、环保、节能、氢能源和电动化、智能化、信息化等领域加快相关检测能力建设。

在新能源汽车领域聚焦整车及关键零部件的驱动电机、车用动力电池（含管理系统）和燃料电池 4 个核心检测试验技术领域，建设纯电动、混合动力、代用燃料、燃料电池等新能源汽车整车及其关键零部件的安全、节能、环保等综合技术性能的试验和评价技术能力，可开展新能源汽车、关键零部件、电池、电控系统和电机系统的各项检测，实验室通过中国国家计量认证和国家实验室认可。近年来，投资建成轻型汽车国Ⅵ排放测试系统、密闭蒸发综合试验系统、重型车车载排放试验系统等，进一步完善和提升节能与新能源汽车领域的检测能力，为企业提供研发和检测认证的全方位服务。

在智能网联汽车领域，上海汽检的检测能力已经覆盖 Euro-NCAP 2018 主动安全项目的测试技术能力，并顺利完成《自动紧急制动车对车的测试 v201》《自动紧急制动对道路弱势使用车的测试 v202》的 CNAS 评审工作，同时完成智能网联汽车自然驾驶场景采集方案，在临港地区和嘉定地区的开放道路开展了部分自然驾驶场景数据采集工作。

同时，上海汽检加快推进布局全国的发展步伐，在湖南、江苏、安徽、福建、河南、天津等地采用多种投资合作模式，实现共赢发展。其中，2019 年与江苏如皋市氢能小镇投资开发有限公司合作，建立了目前国内最大的第三方氢燃料电池整车与部件检测基地，已经具备燃料电池整车、燃料电池发动机、燃料电池电堆性能测试、环境测试、IP 测试、振动测试等能力以及加氢口、车载氢系统性能测试能力。

四、国内外交流

上海汽检非常注重与国内外汽车知名企业、科研院校和检测机构保持密切沟通，定期开展技术交流和合作。

2019 年组织召开了“北京汽车行业协会及北京汽车企业新能源及智能网联技术交流会”“长三角汽车工程学会团

体技术标准合作研讨会”“氢能及燃料电池汽车法规与技术发展国际交流会”，在业内取得热烈反响。

在动力电池领域，先后与美国 UL 公司，Intertek 公司，TUV 南德及 TUV 莱茵公司建立了合作关系。

在驱动电机领域，检测能力获 TUV 认证，可为电机产品出口提供认证检测服务，同时为特斯拉、大众、奥迪、沃尔沃等进口产品提供进口认证测试。

在燃料电池领域，开展了国内外燃料电池行业调研工作，与日本丰田东富士研究所、日本本田总部、加拿大巴拉德、大连化物所、清华大学、同济大学、Greenlight、AVL、MAXIMATOR、群奕、新源动力、亿华通、上海舜华、重塑能源、上海攀业等企事业单位和科研院所进行了调研考察及业务和项目洽谈工作。

五、发展规划

上海汽检正在积极策划编制“十四五”发展规划，“十四五”期间将继续加强新能源汽车整车及关键零部件技术领域检测技术能力建设的投入力度和速度，不断提高技术能级，根据产业发展趋势进一步构建和提升测试评价体系，全面提升上海汽检的综合技术服务能力，适应和满足我国新能源机动车产业发展的要求。

在新能源汽车三电技术领域，重点建设动力电池材料的检测和评价技术能力、四驱分布式电驱系统动力总成检测和评价技术能力，电驱动系统 NVH 测试和评价能力，充电桩电磁兼容测试和评价能力，完善新能源电池模拟碰撞测试和评价能力。

在燃料电池汽车领域，重点建设燃料电池汽车整车氢电安全评价技术能力、燃料电池汽车氢排和氢耗评价测试能力、燃料电池汽车低温冷启动、燃料料电池电堆、燃料电池发动机系统关键零部件检测和评价技术能力。

针对插电式混合动力汽车，研究整车匹配技术，总布置优化技术等底盘系统集成优化技术，智能化，信息化融合的整车智能控制技术，围绕以能量管理为核心的整车控制技术，开发符合真实道路场景和驾驶习惯的节能减排测试方法，构建新一代插电式混合动力汽车节能减排评价体系。

重庆车辆检测研究院有限公司

一、发展概况

重庆车辆检测研究院有限公司（以下简称“重庆车检院”）是国内具备汽车和摩托车国家级质检中心的检测机构之一，正在筹建国家智能网联汽车质量检验中心（重庆）。公司拥有电动汽车安全评价重庆市工业和信息化重点实验室，设有新能源汽车中心，是集公司各个实验室的优势资源而打造的一个综合性试验研究中心，同时也是为了适应我国战略性新兴产业发展的任务要求，在现有基础上，补充建设技术能力并完善了服务功能建设而成的，中心是面向全社会开放，为全国新能源汽车产业化发展提供检测评价技术支撑，为新能源产业发展提供技术依托的公共技术服务平台，助力新能源汽车产业全面、可持续、健康的发展。

新能源汽车中心拥有新能源汽车检测设备 100 余台（套），具备新能源汽车产品准入管理要求的新能源整车（含纯电动、混合动力和燃料电池汽车等）、驱动电机系统及动力电池系统的全部检测能力，能够按照国家标准、欧盟指令、ECE 法规及行业标准开展新能源汽车整车、动力电池系统、驱动电机及控制器的各类测试；可以根据用户需求帮助新能源汽车及关键零部件生产企业进行产品前期研发试验及各种产品鉴定试验；还可以进行整车、驱动电机系统、电池及管理系统、电磁兼容（EMC）技术提升等试验研究工作和技术咨询服务。

汽车节能减排方面，国Ⅵ排放试验能力率先通过 CNAS 评审，获得工业和信息化部、生态环境部授权；新能源汽车方面，实现动力电池系统功率及类型检测全覆盖。公司立足重庆、辐射西南、放眼全国，拥有占地 730 余亩的高新区金凤和两江新区金山两个研究测试基地，建有机动车强检试验场和整车、排放、动力、碰撞、电磁兼容、智能网联汽车、新能源汽车、摩托车等 10 余个专业试验研究部门，设立了华北、华南、华东办事处，在黑河设立寒区试验基地，在重庆、大连、深圳设立控股子公司开展进口汽车和新能源汽车关键部件检测。

二、测试技术及规范研究与制定

随着新能源汽车技术水平的不断提高，相关产品标准也在不断升级，重庆车检院作为全国汽车标准化技术委员会电动车辆分技术委员会委员单位和全国汽车标准化技术委员会电动汽车整车标准工作组成员单位，积极参与新能源汽车相关标准和测试技术、规范的研究中。参与制修订的 GB 18384—2020《电动汽车安全要求》、GB 38032—2020《电动客车安全要求》和 GB 38031—2020《电动汽车用动力蓄电池安全要求》3 项强制性国家标准已由国家市场监督管理总局、国家标准化管理委员会批准发布，将于 2021 年 1 月 1 日起开始实施。参与了 JT/T 1241—2019《城市公共汽电车驾驶区防护隔离设施技术要求》、JT/T 888—201X《公共汽车类型划分及等级评定》等标准的制修订工作。

三、检测能力建设

重庆车检院拥有“试验室 + 试验场”一体化试验检测技术平台，电动汽车安全评价重庆市工业和信息化重点实验室获得认定并启动运行。公司拥有国内一流、国际先进的各种仪器设备 1 750 台（套），立足重庆、辐射西南、放眼全国，拥有占地 730 余亩的高新区金凤和两江新区金山两个研究测试基地，建有机动车强检试验场和整车、排放、动力、碰撞、电磁兼容、智能网联汽车、新能源汽车、摩托车等 10 余个专业试验研究部门，设立了华北、华南、华东办事处，在黑河设立寒区试验基地，在重庆、大连、深圳设立控股子公司开展进口汽车和新能源汽车关键部件检测。同时，试验场占地 480

亩,投资5亿元,建有国内最大的动态广场、国内最平直的性能路、国际最新标准的噪声路、300 m长ABS低附路、国内首条弯道制动路等8类试验区域,是我国西部地区第一家第三方试验场,具有水平领先、承载力强、集约化高等特点。可开展各种车辆法规和研发试验,已为全国各地企业提供场地服务2万余车次。

四、国内外交流

重庆车检院积极组织和参加行业内技术研讨交流活动。2019年10月,重庆车检院联合电车资源主办"2019第四届中国新能源物流车性能挑战赛"取得圆满成功。共有来自全国主流新能源物流车企业16家携23款车型参赛,在重庆机动车强检试验场经过两天的激烈比拼,共决出了"全能奖""节能优胜奖""续驶里程优胜奖"等5大奖项。2019年9月,重庆车检院等机构承办的"2019 EB-PAC全国新能源公交车性能评价赛"在渝成功举办,来自全国的14家车企23款车型参加比赛,最终5家车企7款车型获得奖项。交通运输部运输服务司、重庆市市场监管局、重庆市交通局、重庆市运管局、重庆高新区管委会等行业主管部门、各地骨干公交运输企业主要领导及技术负责领导、汽车行业专家、公交企业嘉宾莅临本次活动。同时,重庆车检院受邀参加2019未来汽车技术大会暨重庆汽车行业第32届年会分论坛之一"新能源汽车及关键零部件技术论坛",并作《基于用户视角的新能源汽车性能测试评价研究》的报告。

五、发展规划

随着电动汽车技术水平的不断发展,相关的整车及零部件标准也需要不断提升(如燃料电池电动汽车技术不断发展、电动汽车远程监控体系不断完善、电动汽车互联互通技术水平不断提升、电动汽车无线充电技术水平不断发展等),为了更好地为企业服务,重庆车检院将努力提升自身的检测水平与能力,加强新能源汽车检测能力建设,其中包括燃料电池电动汽车、远程监控、电动汽车车桩互连互通及电动汽车无线充电等方面的检测与科研能力。

重庆车检院将紧跟时代发展步伐,密切关注新能源汽车技术水平的不断进步和标准体系的不断更新,持续加大新能源汽车检测能力投入,在国家级汽车检测中心中率先实现试验检测、科研开发及技术咨询的全面协调发展。

试验室一期工程已于2018年底建成投用,建筑面积3.6万m^2,概算投资4亿元,包括碰撞试验室、整车排放试验室、发动机试验室、新能源试验室和主动安全及智能网联汽车试验室。

试验室二期工程正在建设中,被列入市政府2020年社会保障类重大民生项目。建筑面积约5.5万m^2,概算投资5亿元,建设内容包括整车试验室、部件试验室、电磁兼容试验室、新能源安全试验室和综合办公大楼,预计2020年底建成投用。

重庆车检院将大力推进汽车主被动安全、汽车节能减排、新能源汽车和智能网联汽车四大领域检测、研发技术研究,不断加强能力建设,提升技术水平,完善服务功能,努力打造成为国内领先、行业一流的汽摩产品检验检测公共技术服务平台。

国家汽车质量监督检验中心(襄阳)

一、发展概况

国家汽车质量监督检验中心(襄阳)暨襄阳达安汽车检测中心有限公司,成立于1995年10月,是经中国合格评定国家认可委员会认可,国家工业与信息化部、国家环境保护部、国家质量监督检验检疫总局,国家交通运输部、国家认证认可监督管理委员会等政府主管部门授权,具有独立法律地位的第三方综合性汽车检测及技术服务机构。

经过20多年的发展,在能力形成、技术积累、人才培养、市场服务等方面奠定一定的基础,已成为国内检测设施及功能最完善、测试技术最先进、测试环境最优越的国际化汽车测试基地,拥有一个综合性汽车试验场和14个专业试验室,职工总数近500人,先进的仪器设备1 000余台(套),能够承担乘用车、商用车、农用车,摩托车、发动机、底盘、零部件、机动车仪表、灯光、电器、非金属制品等各种产品的检测和检查;汽车专用测试仪器的校准;汽车、摩托车及其零部件产品的CCC工厂检查。具备222大类汽车及零部件产品共计1 023项标准的国家授权的检测能力、20项汽车专用测试仪器的校准能力、14项汽车产品工厂审查能力、99项国家专利,参与国家标准制修订56项,行业标准制修订21项,连续多年被评为"优秀高新技术企业"。

国家汽车质量监督检验中心(襄阳)具备新能源汽车产品准入管理要求的整车、驱动电机系统及车载储能装置的全部检测能力,具备新能源汽车减免税的全部检测项目的试验能力。主要设备从美国、德国、英国、日本等国进口,其中,用于整车动力性、安全性、经济性相关的检测设备近100余台(套),驱动电机及其控制器的动态性能、安全性能及环境适应性相关的检测设备近20余台(套),动力电池的充放电性能、安全性能的检测设备近40余台(套),燃料电池单片、BOP、电堆、系统检测设备20余台(套)。

二、测试技术及规范研究与制定

国家汽车质量监督检验中心(襄阳)积极参加国标和行业标准制修订,是全国汽车标准化技术委员会电动车辆分委会委员、燃料电池电动汽车标准工作组副组长单位、汽车节能分技术委员会委员、客车分委会委员,是电动汽车碰撞安全要求标准研究工作组、电动车整车标准研究工作组、插电式混合动力汽车标准项目组、电驱动系统及关键零部件EMC标准研究专项工作组、电动汽车电磁兼容工作组、混合动力城市客车技术要求标准工作组和纯电动城市客车通用技术条件标准工作组、电动车动力蓄电池标准工作组成员单位等。

2019年参与以下11项标准制修订工作：GB/T 37337—2019：汽车侧面柱碰撞的乘员保护、GB 5920—2019：汽车及挂车前位灯、后位灯、示廓灯和制动灯配光性能；GB/T 37437—2019：正面安全气囊 离位乘员保护技术要求、GB 15083—2019：汽车座椅、座椅固定装置及头枕强度要求和试验方法、GB 38262—2019：客车内饰材料的燃烧特性、GB/T 37474—2019：汽车安全气囊系统误作用试验的方法和要求、GB 4785—2019：汽车及挂车外部照明和光信号装置的安装规定、GB/T 19951—2019：道路车辆 电气/电子部件对静电放电抗扰性的试验方法、JT/T 1242—2019：营运车辆自动紧急制动系统性能要求和测试规程、JT/T 1178.2—2019：营运货车安全技术条件 第2部分：牵引车辆与挂车、QC/T 1126—2019：汽车驱动桥术语和定义。

三、检测能力建设

国家汽车质量监督检验中心（襄阳）可按国家标准、欧盟指令，ECE法规及行业标准的有关技术要求和试验规程进行新能源汽车整车、动力电池系统、驱动电机系统、燃料电池系统的性能试验和环境测试试验能力。包括：新能源汽车及燃料电池汽车法规试验能力；燃料电池发动机系统性能测试、可靠性及耐久性测试等；新能源汽车的“三高”试验及地区适应性试验；新能源汽车车辆动力学性能的开发（底盘调校、操纵稳定性试验）；新能源汽车整车及零部件的电磁兼容试验，新能源汽车续驶里程和能量消耗率试验；电动汽车用驱动电机系统试验；电动汽车锂电池、镍氢电池、超级电容、铅酸电池等的性能及安全试验；燃料电池汽车场地试验等。

2019年新能源主要能力建设项目如下。

1. 燃料电池汽车开发试验能力建设

为填补氢能源汽车试验能力空白，公司启动定位“面向社会共享的新能源汽车开发试验平台”的专项能力建设，在武汉建成燃料电池系统试验台架、电堆试验台架、单片试验台架、燃料电池控制器在环仿真、燃料电池系统综合开发台架（含步入式环境舱）、35 MPa及70 MPa加氢站等设备能力。建设工作已经全面启动，除系统综合开发台架、加氢站外其他设备已全面投入使用。

2. 新能源汽车碰撞专线

在已有汽车碰撞试验能力的基础上，新建一条专为新能源汽车服务的汽车碰撞专线，全面升级了试验过程的全面监控能力、安全防护能力及环保能力。预计2020年底投入使用。

3. 新能源EMC试验能力补充

形成了针对新能源汽车充电过程中的EMC测试能力。启动新能源部件EMC试验室建设，对如驱动电机系统、储能部件、车载充电机及DCDC等高压部件进行可设定工作状态的EMC测量，预计2020年底投入使用。

4. 电池安全试验室建设

电池安全试验过程中常伴随冒烟、起火等环保事件，同时，试验排放物及残余物质的处置一直是行业难点。公司履行试验技术研究的职责，启动电池安全试验室建设，设计建设一座具备防爆、烟尘处理、污水处理为一体的“绿色”电池安全试验室。试验室内部，结合视频、音频、红外等监控设施，及对设备、消防设施的中远程操作，实现测试人员、技术人员与高危试验场景隔离，全面提升试验过程中的安全防护能力。预计2021年中投入使用。

四、国内外交流

2019年，国家汽车质量监督检验中心（襄阳）积极组织与主管部门（如北京环保局）、认证机构、国内外企业开展法规、认证技术交流，提升法规认证技术服务能力和行业知名度。

五、发展规划

国家汽车质量监督检验中心（襄阳）以“建设卓越的、可信赖的国际化汽车检测、认证技术服务机构”为目标，在汽车检测技术服务、法规、认证、先行技术研究4个关键领域进行了系统规划。根据新能源汽车法规检测的需求，以及对国内外多个新能源汽车生产商的调研对标，2020—2021年补充完成燃料电池及燃料电池汽车相关检测能力、电机系统及其他高压部件电磁兼容检测能力、传导充电系统通信协议一致性及互操作性等检测能力等，在此基础上提供构建新能源电池、电机、电控、电传动四电联调系统。

未来，国家汽车质量监督检验中心（襄阳）将以集中度、前瞻性、备受信赖为战略目标，保证检测质量，提升新技术引领能力，在新能源、智能网联等新项目中实现“抢先、领先”，逐步形成“1 + 1 + N”战略布局。已开展的重大项目有：试验场三期、四期工程建设、汽车环境风洞试验室建设项目、新能源汽车法规检测能力补充投资项目、智能网联汽车试验场建设。积极推动的项目有：ADAS试验能力、试验场智能化管理系统建设项目、“三高”试验基地、涉氢环模中心项目。在法规检测和认证服务领域，在国内外树立达安（NAST）品牌形象；作为独立企业法人，不断扩大业务领域，国有资产保值增值；注重科技创新，开展新能源、智能汽车、“互联网 + ”等先行技术研究；关爱员工，改善环境，打造更具活力、凝聚力、竞争力的技术服务机构。

国家汽车质量监督检验中心（长春）

一、发展概况

国家汽车质量监督检验中心（长春）暨长春汽车检测中心有限责任公司位于中国汽车摇篮之城吉林省长春市，是经中国合格评定国家认可委员会认可的检测类实验室。1986年10月正式成立，有着深厚的底蕴和积淀。2017年12月，完成了公司化改制，成立了长春汽车检测中心有限责任公司。

长春汽车检测中心有限责任公司先后被国家有关部门授权为国家级汽车质量监督检验中心、汽车新产品申报国家级检测机构、汽车产品强制性认证国家级检测机构、机动车排气污染物国家级检测单位、道路运输车辆燃油消耗量检测机构、科技成果检测鉴定国家级检测机构。2017 年 12 月，被批准为试验检测类产业技术基础公共服务平台。

长春汽车检测中心有限责任公司本部设在长春，同时在大连、天津、广州、无锡等地设有分公司。公司现有员工 237 名、仪器设备 900 台(套)、固定资产 51 000 万元。具有汽车整车、发动机及其附件、底盘部件、车身及其附件、电气和电子部件、非金属制品及材料等的检测能力，同时具备标准制修订、认证制度和检测政策制定、检测技术和设备研发等能力。

在新能源领域，长春汽车检测中心有限责任公司具备新能源汽车产品准入(除燃料电池)管理要求的整车、驱动电机系统及车载储能装置的全部检测能力；具备新能源汽车减免税及补贴检测项目的检测能力；具备进口汽车的 CCC 强制性产品认证检测能力；同时具备一汽集团企业标准、一汽—大众公司企业标准的大部分检测试验能力。

二、测试技术及规范研究与制定

长春汽车检测中心有限责任公司积极参加国标和行业标准制修订，是全国汽车标准化委员会电动车辆分委会委员、汽车电子于电磁兼容分委会委员、全国无线电干扰委员会汽车分会委员、汽车节能分技术委员会委员、客车分委员会委员，是电动汽车整车标准研究制定工作组、电动汽车用驱动电机系统标准研究工作组、电动汽车动力电池标准研究工作组成员单位。作为国家认监委汽车及部件技术专家组副组长单位，在制定新能源汽车强制性产品认证项目、研究认证技术上，勇于承担，积极贡献。

长春汽车检测中心有限责任公司是高寒地区新能源汽车产业联盟创始成员单位，积极推动新能源车辆在高寒地区推广应用。2019 年在吉林省汽车电子协会领导下，积极参与高寒地区新能源汽车标准制定工作，试验验证工作。参与制定了“T/GHDQ 41—2019 纯电动轻型卡车高寒性能综合评价指数”等 22 个团体标准。同年应用这些标准在长白山举办的低温性能评价及拉力赛活动中对参赛车辆进行了测试和性能评价。

三、检测能力建设

长春汽车检测中心有限责任公司可按国家标准、行业标准及企业标准的有关技术要求和试验规程进行新能源汽车整车、动力电池系统、驱动电机系统的性能和环境测试试验。整车试验包括：电动汽车安全要求、碰撞后安全要求、电磁兼容、能量消耗、电动汽车传导充电及车辆远程服务与管理系统等。电机试验包括机电性能、可靠性能、安全性及环境试验。电池试验品种包括铅酸电池、镍氢电池、超级电容、锂离子电池，试验范围包括单体、模块、包组，试验项目包括电性能、安全性能、环境性能、耐久性能。

2019 年新能源主要能力建设项目

1. 动力电池检测能力扩充

新增试验面积 3 000 m^2。新购 1 000 V/1 000 A 进口充放电设备、20 t 三综合试验台、冲击试验台、步入式低气压试验仓、步入式环境仓、步入式盐雾仓，电池火烧试验台等 20 台(套)。使长春汽车检测中心南北两个试验基地在 2019 年同时具有完善的电池试验能力。

2. 充电互操作性检测能力扩充

进行“电动汽车传导充电互操作性测式规范”和“电动汽车非车载传导式充电机与电池管理系统之间的通信协议一致性测试”检测能力建设，并通过 CNAS 认可。

四、国内外交流

2019 年长春汽车检测中心有限责任公司积极组织和参与主管部门、认证机构、国内外企业技术交流。在中国质量认证中心的协调下，与德国奔驰公司、英国路虎公司、中国一汽等公司进行 48 V 系统车辆技术交流。研究 48 V 系统技术路线、工作原理、认证试验方法，并最终向“国家认监委汽车及部件技术专家组”提交“48 V 系统车辆认证技术研究报告”。同年还与日本本田公司交流电机液冷系统冷却回路密封性能试验技术，最终确定使用气体介质的试验方法。与保时捷—中国、一汽—大众进行“电池热扩散成员保护分析”的技术交流，为即将颁布实施的电池国标进行技术积累和储备。

五、发展规划

长春汽车检测中心有限责任公司随着新能源汽车技术的进步和发展，不断加大检测试验能力的开发和投入。2020 年，长春汽车检测中心有限责任公司将把新能源的发展重点向燃料电池方向倾斜，计划建设燃料电池汽车整车试验仓、燃料电池总成部件试验室、燃料电池加氢口试验室。购买 150 kW 燃料电池发动机系统试验设备、20 kW 和 150 kW 燃料电池堆试验设备、加氢口试验设备、车载氢系统试验设备。预计 2020 年第 4 季度具备试验能力。同时长春汽车检测中心有限责任公司重视新能源汽车高压部件电磁兼容特性对车辆安全和环境的影响，计划在 2020 年 8 月建成高压部件电磁兼容试验室，届时将可完成所有型号驱动电机、电池、DC-DC 等高压部件的 EMC 测试及检测。为提高产品的质量提供技术支持。

国家汽车电气化产品及系统质量监督检验中心

一、单位概况

上海电器设备检测所有限公司(简称 STIEE)即国家汽车电气化产品及系统质量监督检验中心(简称“汽车国家中心”)是上海电器科学研究所(集团)有限公司(简称 SEARI)下设的检测机构，SEARI 创建于 1953 年，业务领域涵盖电机与系统节能、智能电网、智慧城市与智能交通、船用电气、智能制造与工业互联网、智能电网用户端与能源互联网、检测与认证等，面向战略性新兴产业与传统产业转型升级，是系统解决方案与产业技术服务优秀提供者。

60余载专注电工领域，STIEE是支撑国家质量基础战略、推动产业发展的核心力量，结合产业发展阶段，面向产业需求，发展成为集检测、计量、认证、认可、检验评估、标准、技术研究、教育培训、技术咨询为一体的综合技术服务提供商。作为行业最具实力和影响力的品牌，具有深厚的技术底蕴和积淀，拥有一系列国际国内资质授权，是我国首个参加电工领域国际电工委员会IECEE-CB互认体系的机构，先后获得低压电器、中小电机、智能电网、机器人、汽车、工业互联网中心领域的国家质量监督检验中心授权，以极致的专业化服务支撑产业技术进步和质量提升，开展产品标准化检测方法研究及建模建标工作，通过标准引领我国电工行业检验检测整体技术发展。

国家汽车电气化产品及系统质量监督检验中心落户在上海奉贤基地，具备新能源汽车产品及系统的全面测试能力，专注于汽车电气化产品的委托检测及研发性测试，测试能力覆盖动力电池、驱动电机、电机控制器、充电系统、接触器、高压线缆等新能源汽车高压部件，共性技术实验室包括电磁兼容、环境适应性、绝缘、功能安全、材料、软件、射频通信等，可按国家标准、ISO/IEC、行业标准、企业标准的有关技术要求和试验规范进行相关性能试验和安全测试，已获得国内多家主流汽车企业的试验室认可，快速成长为华东地区规模最大、测试能力最全的检测中心之一。

STIEE发展汽车电气化产品及检测能力的同时，以电磁兼容、可靠性、材料等电工领域学科技术实力为基础开展失效分析服务，STIEE失效分析中心分析范围涵盖各类产品及材料，可提供电气产品、金属和非金属类构件、电子元器件、PCB板等的故障定位与失效分析，并协助企业评估新器件/新工艺/新材料的可靠性，在产品大规模生产前识别可靠性风险，避免批量失效的产生。

二、测试技术及规范研究与制定

承担低压电器、旋转电机、无线电干扰等7个全国性标委会、4个分标委和2个行业标委会秘书处工作，承担9个团标组织。深度参与国际标准化工作，承担9个IEC/TC(SC)国内对口工作，担任IEC/TC125主席、CISPR副主席，选派注册专家20人，承办国际标准化活动10余次。在智能电网用户端、低压、机器人、汽车等新领域积极开展标准化研究，牵头编制《国家机器人标准体系建设指南》，参与国家智能制造标准体系建设。研究并主持完成207项国家及138行业标准制订，以标准化为引领，推动行业高质量发展。

搭建中国汽车工程学会电磁兼容分会行业平台，联合国内多家整车企业、研究院所及高校、检测认证机构、部件制造商，融合理论、检测、整车和产品的知识和经验，指导及运行汽车电磁兼容团体标准专家组，结合市场需要组织行业专家制定/维护汽车电磁兼容团体标准。

2019年开展以下标准制修订工作。

1. 国家标准

(1)GB 14023 车辆、船和内燃机 无线电骚扰特性 用于保护车外接收机的限值和测量方法。

(2)GB/T 51313 电动汽车分散充电设施工程技术标准。

2. 电磁兼容分会团体标准

(1)电动汽车整车电磁兼容性能测试方法。

(2)电动汽车高压屏蔽线缆及连接器表面转移阻抗测试方式。

(3)智能网联汽车电磁抗扰性能技术要求与测试评价方法。

3. 技术规范

(1)电化学储能装置传导式充电设施技术规范。

(2)电动客车顶部接触式充电系统。

(3)电动汽车家用充电设施安装要求和验收办法。

三、检测能力建设

国家汽车电气化产品及系统质量监督检验中心专注于新能源汽车电气化产品及系统的委托检测及研发性测试。

1. 动力电池：拥有单体电芯试验室、模组试验室、电池包试验室、BMS试验室，提供电性能、环境适应性及安全等测试。PACK试验设备最大功率500 kW，最大电流1 600 A，响应及切换时间控制在5 ms以内；电芯及模组试验设备电流最大2 400 A，精度达到0.05% FS；能够实现充放电设备—冷水机—温箱集成联动测试；热失控试验及分析；水冷板的冷热冲击耐久、流阻试验等。

2. 驱动电机：覆盖新能源乘用车电机及控制器、商用车电机及控制器、电动重卡/工程牵引车电机、电机减速器、控制器测试，测试最大功率250 kW最高转速15 000 r/min，直流供电能力1 000 V 1 200 A，测功机最大功率2 000 kW最大扭矩12 000 Nm。

3. 汽车电器：试验能力覆盖高压继电器、高压熔断器、BDU、PDU等产品的电性能测试需求。拥有大容量短路试验室，电寿命试验室，高压继电器试验室、高压熔断器试验室；短路试验能力达到电压DC250～2 000 V，电流2 500 A～100 kA；电寿命试验能力可实现电压DC24～1 500 V，电流100 A～6 kA；继电器试验能力范围DC200～1 500 V，电流15～1 300 A；熔断器试验室能力可达试验电流0～1 200 A。

4. 充电设施：实验室具有1个630 kW大功率充放电测试平台、2个240 kW非车载及车载直流充电测试平台、3个交流充电桩测试平台、电动汽车充电连接器实验室、电动汽车互操作性及协议一致性测试实验室、CAN总线协议一致性实验室、光储充实车实桩验证平台等，测试对象覆盖所有规格电动汽车、车载与非车载充放电设备、汽车电气通信零部件、控制器及充电连接器等。

5. 汽车线缆：实验室拥有40 kV交直流耐压试验仪、低温性能测试装置、导体电阻和绝缘电阻测试系统、垂直燃烧试验仪等，可进行线缆屏蔽性能、电性能、机械力学性能、环境适应性、安全性能等试验，覆盖产品包括低压线束、高压线束以及高频通信线束等。

6. 电磁兼容：实验室拥有30 m法开阔试验场、10 m法电波暗室、3 m法电波暗室、全电波暗室、汽车零部件暗室等多个类型的测试场地，且供电能力达到600 kW，低压电流高达15 000 A，测试对象覆盖动力电池、DCDC、高压空调、充电系统、高压线缆等新能源汽车高压部件。新增电机加载测试暗室，最大功率250 kW，最大转速12 000 r/min，最大扭矩500 Nm。

7. 环境可靠性：提供完整的机械环境、气候环境、综合环境、安全防护试验测试条件，拥有 12 t 推力 15 m^3 三综合试验系统、可进行产品加速应力试验的 HALT & HASS 试验系统、60 m^3 步入式交变湿热房、15 m^3 复合盐雾房、IP69/IK10 防护试验系统、10 m^3 模拟高原/高空低气压试验箱、20 m^3 提篮式温度冲击箱等多台大型环境测试设备，试中可进行应力监测、交直流大功率加载等满足不同测试条件需求。

8. 绝缘：实验室拥有 120 kV 交流耐压试验仪、40 kV 直流耐压试验仪，20 kV-1/2.5/5 kHz 高频电压试验仪，高精度高频介电损耗试验仪，10 T 高精度高阻计，最大承重 4 T，最大尺寸 45 m^3 高温箱，温度覆盖 −70 ℃ ~300 ℃，200 kN 万能试验机，测试对应覆盖汽车电机、电机绝缘系统和绝缘材料、汽车配件材料等新能源汽车的绝缘部件。新增 2.5/5 kHz 高频电压试验仪和绝缘系统耐油试验系统，满足更多新能源汽车电机绝缘系统高频电性能和耐油性能的检测。

9. 功能安全：覆盖系统软件设计测试、基础测试及仿真测试等服务能力，包含软件设计、编码、集成全生命周期，为汽车产品软件的安全性和可靠性提供专业支撑，为智能汽车测评提供全新的解决方案。服务项目包含咨询、测试平台搭建、工具租赁、软件测试、培训等。

四、国内外交流

上海电器设备检测所积极组织和参加行业技术交流活动，和国内外知名汽车厂商、部件制造商保持着技术交流与合作关系。

2019 年 4 月，受邀参加 2019 年第九届中国国际储能大会，并获得 2019 年度中国储能产业最佳检测认证机构奖项。

2019 年 5 月，主办储充技术及充电设施退运鉴定技术与标准研讨会，会议主要内容涵盖储充技术现状、新能源微网综合解决方案、能源储充产品应用介绍及技术交流、大功率充电应用现状等。

2019 年 5 月，主办中国汽车工程学会汽车电磁兼容技术论坛，来自中汽中心、北汽新能源、吉利汽车、重庆理工大学等资深技术专家分享交流汽车电磁兼容热点技术话题。

2019 年 10 月，第 83 届 IEC 大会期间，上电科向世界各国专家开放展示电机系统节能、智能交通、智能电网用户端共性与关键技术等行业领域核心技术以及集研发、检测、标准为一体的国家级质检机构，与专家围绕电工领域各共性技术话题开展讨论和交流。

2019 年 10 月，举办中国汽车工程学会电磁兼容分会成立大会暨汽车电磁兼容技术研讨会，来自 IEC CISPR D 主席、尼桑、韩国现代、德国宝马等国内外行业组织、车企、检测机构顶尖技术专家参加会议，以“汽车电磁兼容技术”为主题分享前沿技术与热点话题。

五、发展规划

国家汽车电气化产品及系统质量监督检验中心面向行业需求，以建设汽车专业化服务平台为目标，密切关注汽车电气领域技术水平提升与新技术发展。

1. 以电工领域经验为基础，面向汽车领域需求，做好新能源电气化产品及系统的技术支撑，开展技术培训、技术咨询服务，培养汽车电气化领域的人才，对电气化产品性能及质量水平提升积极贡献力量。

2. 搭建汽车电气领域交流平台，组织论坛、技术研讨会等行业活动，关注行业动向、产品新技术研发、共性学科技术需求、企业个性需求等，推动电工领域与汽车领域进行资源对接。

3. 发展共性学科技术优势，不断加深电磁兼容、可靠性、绝缘、功能安全等领域的技术研究深度。

4. 关注新能源汽车电气化产品研发检测需求，不断完善新能源电气化产品检测能力。

国家汽车质量监督检验中心（北京顺义）

一、发展概况

根据北京市汽车产业调整与振兴发展的需求和国家质检中心服务当地经济发展的功能定位，2009 年 2 月 18 日，原国家质检总局批复，由原北京市质量技术监督局负责，在北京市产品质量监督检验院基础上，积极联合交通运输部公路科学研究院等北京及周边地区汽车检测优势资源，并通过市政府立项投资，建设国内第一个由质检系统内机构主导，多方参与的国家汽车质量监督检验中心（北京顺义）（以下简称“中心”），打造功能齐全、设施完善的独立、公正、科学、权威的第三方汽车专业检测研究机构。

二、测试技术及规范研究与制定

中心作为北京市电动汽车产业标准化工作组成员，参与了北京市地方标准指导性技术文件《电动汽车电能供给与保障技术规范　充电站》《电动汽车电能供给与保障技术规范　车载充电机》《电动汽车电能供给与保障技术规范　非车载充电机》等标准的研究和制修订工作。此外，中心参与起草了国家计量技术规范《汽车正面碰撞试验用人形试验装置校准规范》《汽车侧面碰撞试验用人形试验装置校准规范》等。中心已承担国家科技部及北京市科委电动汽车领域科研课。

三、检测能力建设

中心占地总面积 14.3 万 m^2，建设用地面积 9.5 万 m^2，规划总面积 12.3 万 m^2，一期建设 7.8 万 m^2，建有碰撞安全实验室、零部件实验室、整车性能实验室、排放节能实验室、灯光电器实验室、电磁兼容实验室、材料与用品实验室、仿真分析实验室、新能源实验室、缺陷工程分析实验室，拥有先进设备 400 多台（套）。中心检测能力覆盖 116 个产品，1 682 个参数，具备汽车及相关产品强制性检验能力。

四、国内外交流

中心多次参与汽车标准委员会年会等技术交流活

动，积极开展汽车检测方法研究和标准制定。在电动汽车准入和检测方法研究、标准制修订和实施等工作中发挥积极作用。为打造合作共赢的战略目标，中心积极开展国际互认，与国际知名技术机构间进行检测结果互认，与中汽认证中心 CCAP 等机构签订互认协议，并先后同多家实验室开展交流合作，不断提升中心权威性和影响力。

五、发展规划

中心自筹建以来，得到原国家质检总局、北京市政府、原北京市质量技术监督局等各级领导的关心与支持。随着深化改革的步伐，中心将以"创新业务模式、开展特色经营"为方向，建立现代企业管理制度，进行市场化运作，打造汽车检测专业服务品牌。

中心积极为政府主管部门汽车产品市场准入、质量监管、政策研究以及促进产业创新发展等方面提供技术支撑与服务。与中国汽车工业协会、工程学会等深入合作，开展汽车产品自愿性认证、性能评价、信息发布、国际交流、标准制修订等工作，发挥行业引领作用。为汽车及零部件企业产品研发、质量提升和认证检测提供技术服务，与国际权威实验室进行互认合作，参与国际标准和贸易准则研究，为企业走向国际市场开拓绿色通道。中心将探索联合建设国家质检中心的管理机制，创新运营模式，实现合作单位的互利共赢。

展望未来，为推进北京质量首善之区，中心作为第三方公正的汽车检测技术服务和研究机构，将继续秉承以责任赢信任的宗旨、以市场为导向的原则，以"服务当地汽车产业，服务政府行政监管，促进首都汽车产业升级，带动周边地区经济发展"为己任，实现可持续发展，打造现代服务业领先品牌，为首都经济发展贡献力量。

信息产业化学物理电源产品质量监督检验中心

一、发展概况

信息产业化学物理电源产品质量监督检验中心于 1985 年成立，是国内最大的综合性的化学物理电源产品质量检验的第三方机构。2013 年 2 月，经国家认监委正式发文授权，成为国内第一家综合性的新能源产品测试国家中心。多年来，受国家有关部委、部门委托，中心先后对各类化学物理电源产品进行了全国统检、监督抽查、性能评估等；产品司法鉴定、技术鉴定和仲裁检测；产品选型、进出口检测、产品应用及可行性评估等各类检测和试验；中心具备 CCC 中国强制性（自愿性）产品认证（简称"3C 认证"）的软硬件条件。

二、测试技术及规范研究与制定

具备的第三方检测机构资质：

1. 国家化学与物理电源产品质量监督检验中心；
2. 工业和信息化部工业产品（化学物理电源）质量保证和技术评价实验室；
3. 中国实验室认可委员会（CNAS）认可的实验室（NO L0591）；
4. 国防科技工业实验室认可委员会认可的实验室（NO DL014）；
5. 中国国家认证认可监督管理委员会考核批准，取得资质认定计量认证合格的实验室（部中心）（16001701593）；
6. 中国国家认证认可监督管理委员会考核批准，取得资质认定计量认证合格的实验室（国家中心）（160017013368），认定授权（2016）国认鉴认字（528 号）；
7. 世界上 4 个具有光伏计量基准标定资格的实验室之一；
8. 国家工信部电动汽车动力蓄电池产品强制性检测单位；
9. 铁道部机车和客车用蓄电池的专检和发证单位；
10. 国内第一个 IECEE 关于光伏测试的 CBTL 实验室；
11. 美国认证机构 UL 签约光伏、动力电池认证测试的实验室
12. 德国 TUV-SUD 公司关于光伏、动力电池认证测试的签约实验室；
13. 美国 CEC（美国加州能源委员会）指定实验室；
14. 中国质量认证中心（CQC）签约实验室；
15. 北京鉴衡认证中心签约实验室

三、检测能力建设

中心现已具备的条件主要包括：化学与物理电源产品检测评估实验室、环境力学实验室、计量实验室、理化分析实验室等部分，各类实验室总面积达到 6 000 m^2，其中恒温面积 1 700 m^2，拥有各种国内外先进的检测仪器和设备 532 台（套），固定资产总值达到 8 000 余万元。检测手段先进，能够按照 IEC、JIS、MIL 等国际标准、国家标准、行业标准和企业标准等对包括动力蓄电池在内的化学物理电源产品进行电性能、环境、力学、安全性及寿命等的检测评估工作。

测试能力涉及的相关标准：

1. GB 38031—2020《电动汽车用动力蓄电池安全要求》；
2. GB/T 31467. 1—2015《电动汽车用锂离子动力蓄电池包和系统　第 1 部分：高功率应用测试规程》；
3. GB/T 31467. 2—2015《电动汽车用锂离子动力蓄电池包和系统　第 2 部分：高能量应用测试规程》；
4. GB/T 31467. 3—2015《电动汽车用锂离子动力蓄电池包和系统　第 3 部分：安全性要求和测试方法》；
5. GB/T 31484—2015《电动汽车用动力蓄电池循环寿命要求及试验方法》；
6. GB/T 31485—2015《电动汽车用动力蓄电池安全要求及试验方法》；
7. GB/T 31486—2015《电动汽车用动力蓄电池电性能要求及试验方法》；
8. QC/T 741—2014《车用超级电容器》；

9. CGC/GF 025:2013 CNCA/CTS 0037—2014《储能系统用锂离子电池》;

10. GB/T 22473—2008《储能用铅酸蓄电池》;

11. GB 31241—2014《便携式电子产品用锂离子电池和电池组安全要求》;

12. GB/T 24533—2009《锂离子电池石墨类负极材料》;

13. UL 2580—2011《电动汽车用电池 UL 安全性试验标准》;

14. UL 1642—2015《锂电池安全标准》;

15. QB/T 2947. 3—2008《电动自行车用蓄电池及充电器 第三部分:锂离子蓄电池及充电器》。

四、国内外交流

中心多年来与国内外多家动力电池企业保持着技术交流关系,同时与多家国外认证机构、科研院所、高校保持着合作关系。多次与中央电视台和地方电视台合作拍摄化学电源相关科普类节目。积极参加工信部、科技部相关测试课题的研究工作,承担了科技部《动力电池系统测试验证技术研究》和《基于客车大数据的动力电池系统集成分析与评价》等课题。

五、发展规划

加强与政府机构的合作。发挥检测机构在专业领域的优势,协助国家各部委和地方政府机构进行产品市场调研、产品质量监督、国家和行业标准的制订以及问题反馈等工作,服务社会。加强试验室内部管理。进行信息化建设,完成试验室软件管理系统上线运行,提高检测工作运行的效率和水平。同时结合军工产品质量管理经验,开展针对典型问题的故障分析,通过故障分析、定位,采取措施加以解决,为提高产品质量提供技术支持。

广州广电计量检测股份有限公司

一、发展概况

广州广电计量检测股份有限公司(股票简称“广电计量”,股票代码 002967)始建于 1964 年,于 2019 年 11 月 8 日登陆中小企业板,是广州市国资系统 2019 年上市第一股,是广州无线电集团旗下的第三家 A 股上市公司,专注于为客户提供计量、检测、认证以及技术咨询与培训等专业技术服务,在计量校准、可靠性与环境试验、电磁兼容检测等多个领域的技术能力及业务规模处于国内领先水平。

广州广电计量检测股份有限公司构建了覆盖全国的服务保障网络,在国内建有 23 个计量检测基地和 50 多家分子公司,实验室总面积超过 16 万 m^2,配置国内外高端设备仪器 15 000 多台(套),搭建的全国一体化计量检测与认证技术公共服务平台,可迅速响应客户需求,为客户提供近距离、本地化的专业服务。

广州广电计量检测股份有限公司建有技术研究院,在新能源汽车、轨道交通、无线通信等领域,先后主持编写 30 多项国家级和地方计量测试标准及规程,承担 50 多项国家、省部级等重点科研项目,累计获得专利授权 247 项,另获得软件著作权 119 项,积极推动了行业新技术的创新和产业化应用。

2019 年公司实现营业收入 158 815. 67 万元,同比增长 29. 34%;实现净利润 16 978. 52 万元,同比增长 37. 93%。

广州广电计量检测股份有限公司在新能源领域的投资建设,主要体现在汽车动力电池、通信设备储能装置、动力装置与驱动控制系统的电性能、环境适应性、可靠性、电磁兼容性等诸多技术领域,具备较为完备的产品能力,可服务于新能源从材料到整车的整体产业链。广州广电计量检测股份有限公司已为宁德时代、比亚迪、电产、北汽新能源、广汽研究院、广汽新能源、威睿、上海卡耐、国轩动力、万向一二三、上海金脉、安波福、上海电驱动、上海大郡、博泽电机等客户提供更好的服务。

二、测试技术及规范研究与制定

广州广电计量检测股份有限公司牵头制定了《电动汽车用动力电池管理系统功能安全评价技术》《电动汽车用动力电池系统热失控测试方法》《电动汽车用动力电池复合动态工况下能效及电量估算测试方法》《电动汽车用动力电池内阻测试方法》《聚合物准固态电解质动力电池性能指标要求》等团体标准。

三、检测能力建设

广州广电计量检测股份有限公司在全国布局了深圳、东莞、上海、天津、北京、武汉、长沙 7 个新能源实验室,立足于本地、并为全国主要新能源汽车集群提供新能源检测服务。具备电池电芯、模组、电池系统多层级测试能力,兼顾电控和电机测试,配备了多套进口设备。

在动力电池领域,投入了多台(套)进口充放电测试设备(2 通道/800 V/600 A/250 kW、6 通/800 V/900 A/480 kW 等)、温箱、大吨位振动台、海水浸泡,可完成电性能、安全性、可靠性、循环寿命类测试,试验标准满足 GB/T 38031—2020。

为了满足日益增长的电机电控测试需求,广州广电计量检测股份有限公司在东莞与长沙已建成相应能力,其中长沙配备了微电机测试系统,东莞具备驱动电机测试能力,试验标准满足 GB/T 18488. 1—2015。另外,也建设了 DC/DC 变换器、及车载充电机能力,主要设备包括高压可编程电源、程控式冷水机和可回馈式负载等。

在充电桩方面,广州广电计量检测股份有限公司可完成直流充电桩及交流充电桩的测试,配备了专用电性能测试系统,可为充电桩产品提供一般检查、功能检查、功能检查、绝缘性能试验、充电输出试验、低压辅助电源试验、谐波电流试验、安全要求试验、安全防护试验、兼容性试验等项目。

在电磁兼容领域,从 2018 年开始陆续于上海新建了 2 个暗室、建成了 120 kW 充放电系统、高压线缆屏蔽效能、电快速瞬变脉冲群、浪涌冲击、工频磁场等测试的能力,2020 年将建成电机带载测试能力,总投入 1 000 万元的资金,建成后将覆盖新能源汽车电机、电控、电池的测试能力,确保新能源汽车零部件检测领域的全套能力。

四、国内外交流

广州广电计量检测股份有限公司与北汽新能源、重庆车检院、襄阳达安汽车国检中心等机构建立了联合实验室，旨在发挥公司在汽车质量管控方面的技术优势，聚集汽车产品安全质量提升，开展协同创新合作与资源整合。

广州广电计量与华南理工大学、广东省标准化研究院、广汽研究院等单位联合开展重大专项研究。2019年5月，由广州广电计量检测股份有限公司牵头，联合华南理工大学、广州汽车集团股份有限公司、深圳比克动力电池有限公司及广东省标准化研究院等华南地区新能源整车厂、零部件企业、高校及科研院所，启动了“新能源汽车”重大科技专项——“动力电池系统检测评价技术研究”。“动力电池系统检测评价技术研究”项目由广东省科学技术厅设立，是2018—2019年度广东省重点领域研发计划“新能源汽车”重大科技专项唯一立项的课题。该项目将聚焦新能源汽车动力电池，开展检测评价技术标准研究，建立综合检测服务平台，为未来我国新能源汽车进行大规模部署提供重要技术保障，打造具有国际竞争力的新能源汽车产业发展引擎。项目的启动对于新能源汽车行业发展意义重大，与此同时，也对承担课题的单位在科研能力与技术条件等方面提出了较高要求。

五、发展规划

未来几年，广州广电计量检测股份有限公司将在新能源服务领域深度发展，提供带载动力总成验证、高功率OBC、DC-DC测试服务。联合新能源龙头企业如制造商、整车厂建立共建试验室，集聚新能源动力电池、驱动电机及其控制器等技术人才，联合申报国家级新能源基础科学研究项目，为我国新能源领域技术与基础建设保驾护航。智能驾驶、V2X、大功率电机等先进技术将陆续应用与新能源汽车，包括车辆在复杂电磁环境中的使用，都将使得车辆零部件对于电磁兼容的要求更高。未来5年规划中，实验室将先后投入整车电磁兼容实验室、大功率电机带载的测试能力、构建激光雷达、车联网测试系统，以更好地帮助新能源汽车企业实现技术迭代、降低质量风险。

中国汽车战略与政策研究中心

一、主要研究领域

汽车产业政策研究室：专业从事汽车产业相关政策规划研究和咨询服务，研究领域主要包括：汽车产业发展战略/产业政策、循环经济、技术战略/政策、智能制造/智能汽车、WTO与自贸区、国际化战略与政策和区域产业咨询等，服务内容包括项目可研、技术尽职调查、方案评估和商业策划等投资咨询。

新能源汽车与财税政策研究室：专业从事新能源汽车、财税相关政策规划研究和咨询服务，研究领域主要包括：新能源汽车财税收优惠、发展规划、行业管理、推广应用、基础设施、回收利用和低速电动汽车等政策，新能源汽车市场分析及预测，项目可研、技术尽职调查、方案评估和商业策划等投资咨询。

二、2019年科研项目及成果

汽车产业政策研究室：开展了“汽车产品及典型部件全生命周期追溯体系设计及示范应用（2018YFC1902704）”，“快速识别、材质检测和传感技术及车载计量与监控一体化技术集成研发（2018YFC1902702）”和“动力电池全生命周期价值链生态耦合模式研究（2018YFC1902205）”共3个国家重点研发计划固废资源化专项课题的研究工作。协助北京市经信局完成“京津冀地区新能源汽车动力蓄电池回收利用试点工作推动”工作。开展了中心培育科研课题“报废电动汽车回收拆解技术规范研究”的研究工作。

新能源汽车与财税政策研究室：完成了国家重点研发计划子课题“中美电动汽车政策及激励工具效果评估”研究和验收工作；完成了国家重点研发计划固废资源化专项“汽车产品及典型部件全生命周期追溯体系设计及示范应用”“动力电池全生命周期价值链生态耦合模式研究”两个课题的年度研究工作。获得科研奖项如下。

（1）《新能源汽车蓝皮书：中国新能源汽车产业发展报告（2018）》，获得中国社会科学院皮书学术评审委员会颁发的优秀皮书奖一等奖；

（2）《新能源汽车推广应用财税支持政策体系研究》，获得中国汽车工程学会颁发的中国汽车工业科学技术进步奖三等奖；

（3）《新能源汽车产业化推进措施及应用》，获得中汽中心科技成果奖一等奖。

三、2019年科研设施及科研能力建设

政研中心以国家、部委、中心及横向课题项目为依托，持续提升科研能力。理论研究方面，从“动态变迁理论”和“生命周期理论”出发，以发展的视角探讨政府与产业的关系，并提出了涵盖产业现状分析、政策作用机制分析、政策体系构建、政策评估和政策优化五大环节的“闭环式”产业政策制定与优化分析框架，为推进产业化提供了指导框架。模型研究方面，构建了新能源汽车技术、成本、市场税收、基础设施及政策贡献度量化评估模型等5个评估分析模型，以及产业、产品、企业、城市、消费者、社会带动效应6个评价模型，建立了一套成体系、科学的政策研究方法，有效支撑了政策制定与优化工作。

四、2019年国际合作

2019年，政研中心依托中美荷新能源汽车政策实验室开展了广泛的国际合作，受邀赴美国、英国、挪威、瑞典、德国、日本、韩国等多个国家，就新能源汽车、燃料电池汽车等领域的产业和政策情况展开国际交流，在荷兰、美国加州等地组织召开了国际会议。

五、主要产品

1. 专著：《中国新能源汽车产业发展报告（2019）》；
2. 政策汇编：《新能源汽车产业与汽车税收政策白皮书（2019）》；
3. 信息月报：新能源汽车信息服务月报。

节能与新能源汽车

年鉴

YEARBOOK OF ENERGY-SAVING AND NEW ENERGY VEHICLES

第五篇 Section V

整车产量统计

Vehicle Output Statistics

一、2019 年新能源汽车累计产量汇总表

Chapter 1 Summary of Cumulative Production of New Energy Vehicles in 2019

车 型	2019 年												
	1 月	2 月	3 月	4 月	5 月	6 月	7 月	8 月	9 月	10 月	11 月	12 月	合计(辆)
纯电动客车	6501	1203	3996	4964	4689	6273	12847	1749	3668	2897	7679	16507	72973
纯电动乘用车	69845	37201	82342	79040	81623	98071	43258	54260	59214	60996	78674	94966	839490
纯电动专用车	2563	244	1912	1856	8909	8800	1324	2108	2876	7896	10600	22529	71617
插电式混合动力客车	779	696	235	147	144	748	211	0	70	81	646	1512	5269
插电式混合动力乘用车	21817	13406	19107	20432	15432	14760	15879	10091	10460	10994	10361	16429	179168
插电式混合动力专用车	15	1	3	1	2	6	2	26	15	8	18	143	240
燃料电池客车	332	80	44	74	5	33	5	15	103	55	12	582	1340
燃料电池乘用车	0	0	0	0	0	0	0	0	0	0	0	0	0
燃料电池专用车	1	0	0	4	354	486	0	0	0	0	2	836	1683
合计(辆)	101853	52831	107639	106518	111158	129177	73526	68249	76406	82927	107992	153504	1171780

二、2019 年新能源汽车产量统计

Chapter 2 Statistics on Output of New Energy Vehicle in 2019

1. 纯电动汽车产量统计/Statistics on Output of Pure Electric Vehicle

(1)大中型客车、轻型客车/Large and Medium Sized Bus and Light Bus

企业名称	品牌	车辆型号	底盘型号	外形尺寸(mm)			轴距(mm)	总质量(kg)	整备质量(kg)	续驶里程(等速法 km)	30 min 最高车速(km/h)	最高车速(km/h)	1 月	2 月	3 月	4 月	5 月	6 月	7 月	8 月	9 月	10 月	11 月	12 月	2019 年产量合计(辆)	2019 年产量合计(辆)
				长	宽	高																				
郑州宇通客车股份有限公司	宇通	ZK6105BEVG39	—	10500	2500	3050,3215	5800	18000	9000,9400,9800,10200	285	69	69	1	0	0	0	0	0	0	0	0	0	0	32	33	20564
		ZK6105BEVG40	—	10500	2500	3050,3215	5800	18000	9800,10200,10600,11100	400	69	69	1	0	0	0	0	0	0	0	0	0	0	0	1	
		ZK6105BEVG42	—	10500	2500	3050,3215	5800	18000	9900,10300,10700,11200	505	69	69	1	0	0	0	0	0	0	0	0	0	0	0	1	

续上表

企业名称	品牌	车辆型号	底盘型号	外形尺寸(mm)			轴距(mm)	总质量(kg)	整备质量(kg)	续驶里程(等速法km)	30 min最高车速(km/h)	最高车速(km/h)	1月	2月	3月	4月	5月	6月	7月	8月	9月	10月	11月	12月	2019年产量合计(辆)	2019年产量合计(辆)
				长	宽	高																				
郑州宇通客车股份有限公司	宇通	ZK6105BEVG46L	—	10500	2500	3050,3215	5800	18000	10000,10400,10800,11200	395	69	69	1	0	0	0	0	0	0	0	0	0	0	0	1	20564
		ZK6105BEVG48L	—	10500	2500	3050,3215	5800	18000	11050,11200	590	69	69	1	0	0	0	0	0	0	0	0	0	0	0	1	
		ZK6105BEVG53	—	10500	2500,2540	3050,3215	5800	18000	9000,9400,9800,10200	305	69	69	251	0	119	366	23	26	231	32	1	40	103	36	1228	
		ZK6105BEVG55	—	10500	2500	3050,3215	5800	18000	9400,9800,10200,10550	385	69	69	124	0	78	320	43	61	467	0	62	111	47	266	1579	
		ZK6105BEVG56	—	10500	2500	3050,3215	5800	18000	9800,10200,10600,11100	470	69	69	1	0	0	0	0	0	0	0	0	0	0	0	1	
		ZK6105BEVG57	—	10500	2500	3050,3215	5800	18000	9800,10200,10600,11100	470	69	69	93	0	33	89	92	75	410	22	178	2	52	142	1188	
		ZK6105BEVG59	—	10500	2500	2980,3050,3215	5800	18000	10800,11200	585	69	69	1	0	0	66	184	56	116	50	43	39	89	158	802	
		ZK6105BEVG59C	—	10500	2500	3050,3215	5800	18000	12250	650	69	69	0	0	6	13	0	0	0	0	0	0	0	0	19	
		ZK6105BEVG60	—	10500	2500	3050,3215	5800	18000	11000,11400,11800	690	69	69	0	0	0	0	0	0	1	15	4	0	30	31	81	
		ZK6105BEVG61	—	10500	2500	3050,3215	5800	18000	9750,10150,10600,11100	400	69	69	1	0	0	8	0	29	43	0	31	48	13	178	351	
		ZK6105BEVG63	—	10500	2500	3050,3215	5800	18000	9850,10250,10700,11200	470	69	69	1	0	0	0	0	0	64	12	20	6	38	71	212	
		ZK6105BEVG65	—	10500	2500,2540	3050,3215	5800	18000	9500,9900,10350,10800	330	69	69	0	0	0	0	0	0	0	0	0	0	0	77	77	
		ZK6106BEVG1B	—	10500	2550	3235	5800	18000	10900,11200,11500,11800	600	69	69	0	0	0	0	0	0	0	0	0	0	30	1	31	
		ZK6106BEVG2	—	10500	2550	3030,3225	5800	14000	8500,8750,9000	450	69	69	1	0	0	0	0	0	0	0	0	0	0	0	1	
		ZK6106BEVG4E	—	10500	2550	3305	5800	18000	10450,10900,11350,11800	505	69	69	0	0	0	0	0	0	0	0	0	0	0	8	8	
		ZK6106BEVG5E	—	10500	2550	3305	5800	18000	10900,11200,11500,11800	575	69	69	0	0	0	0	0	0	0	0	0	64	148	107	319	
		ZK6106BEVG6	—	10500	2550	3050,3200	5100	18000	9450,9880,10330,10800	400	69	69	0	0	0	0	0	0	0	0	0	0	0	10	10	
		ZK6115BEVG13A	ZK6106EVGC13A	10690	2500	3200,3430	5250	17000	11600,11000	302	69	69	2	0	5	1	0	0	0	0	0	0	0	0	8	

续上表

企业名称	品牌	车辆型号	底盘型号	外形尺寸(mm)			轴距(mm)	总质量(kg)	整备质量(kg)	续驶里程(等速法km)	30 min最高车速(km/h)	最高车速(km/h)	1月	2月	3月	4月	5月	6月	7月	8月	9月	10月	11月	12月	2019年产量合计(辆)	2019年产量合计(辆)
				长	宽	高																				
郑州宇通客车股份有限公司	宇通	ZK6115BEVG13B	ZK6106EVGC13B	10690	2500	3200,3430	5250	18000	11100,11700	315	69	69	0	0	0	30	2	0	59	0	0	8	26	33	158	20564
		ZK6115BEVG13C	ZK6106EVGC13C	10690	2500	3200,3430	5250	18000	10650,10950,11250	285	90	90	19	0	0	47	8	4	94	0	0	40	1	38	251	
		ZK6115BEVG16	ZK6106EVGC16	10690	2500	3200,3430	5250	18000	11100,11400,11700	470	69	69	37	0	0	115	337	9	271	0	7	3	25	52	856	
		ZK6115BEVG16C	ZK6106EVGC16C	10690	2500	3200,3260,3430	5250	18000	11200,11500,11800,12000	480	90	90	0	0	0	0	0	0	0	0	0	0	4	112	116	
		ZK6115BEVY13A	ZK6106EVC32	10690	2500	3200,3430	5250	17000	11600,11000	267	90	90	12	0	6	0	0	0	0	0	0	0	0	0	18	
		ZK6115BEVY13B	ZK6106EVC33	10690	2500	3200,3430	5250	18000	10650,10950,11250	285	90	90	31	0	81	36	54	44	12	11	3	6	24	12	314	
		ZK6115BEVY16A	ZK6106EVC36	10690	2500	3200,3430	5250	18000	11200,11500,11800,12100	435	90	90	10	0	11	0	25	2	0	0	0	0	0	0	48	
		ZK6115BEVY16B	ZK6106EVC37	10690	2500	3200,3260,3430	5250	18000	10700,11000,11300,11580	435	90	90	0	0	0	0	30	43	1	5	23	21	5	47	175	
		ZK6115BEVZ13A	ZK6106EVC31	10690	2500	3200,3430	5250	17000	11600,11000	310	90	90	12	0	20	5	0	0	0	0	0	0	0	0	37	
		ZK6115BEVZ13B	ZK6106EVC38	10690	2500	3200,3430	5250	18000	10700,11000,11300,11580	290	90	90	0	0	0	0	0	0	0	1	0	0	1	3	5	
		ZK6119BEVQY15P	—	11300	2500	3450,3650	5680	17000	11870,11600	308	90,100	90,100	0	0	3	0	0	0	0	0	0	0	0	0	3	
		ZK6119BEVQY16K	—	11300	2500	3480,3520,3650	5680	18000	12340,11400,11700,12000	450	90,100	90,100	0	0	0	0	24	37	8	18	28	5	34	11	165	
		ZK6119BEVQY16P	—	11300	2500	3450,3650	5680	18000	12250,11900	401	90,100	90,100	29	0	29	0	0	0	0	0	0	0	0	0	58	
		ZK6119BEVQY18P	—	11300	2500	3450,3650	5680	18000	12600	655	90,100	90,100	11	0	0	0	0	37	0	3	2	0	24	21	98	
		ZK6119BEVQY18P2	—	11300	2500	3450,3650	5680	18000	13000	670	100	100	0	0	0	0	0	0	0	0	0	0	0	44	44	
		ZK6119BEVQZ15B	—	11300	2500	3450,3650	5680	18000	11400,11580	315	90	90	0	0	0	0	0	0	0	0	2	1	0	0	3	
		ZK6125BEVG27	—	12000	2550	3050,3200,3360	6100	18000	12900	530	69	69	1	0	0	0	0	0	0	0	0	0	0	0	1	
		ZK6125BEVG31A	—	12000	2550	3320,3360,3400	6100	18000	11650,12100,12500,12900	240	69	69	0	0	0	0	0	0	1	0	0	0	0	0	1	
		ZK6125BEVG39E	—	12000	2550	3050,3215	6100	18000	10800,11200,11700,12200	280	69	69	1	0	0	0	0	0	0	0	0	0	0	0	1	
		ZK6125BEVG49A	—	12000	2550	3360	6100	18000	12250,12600	620	69	69	1	0	0	0	0	0	0	0	0	0	0	0	1	
		ZK6125BEVG55	—	12000	2550	3050,3215	6100	18000	10500,10950,11400	490	69	69	21	0	0	12	0	0	0	0	0	0	28	52	113	

续上表

企业名称	品牌	车辆型号	底盘型号	外形尺寸(mm)			轴距(mm)	总质量(kg)	整备质量(kg)	续驶里程(等速法 km)	30 min 最高车速(km/h)	最高车速(km/h)	1月	2月	3月	4月	5月	6月	7月	8月	9月	10月	11月	12月	2019年产量合计(辆)	2019年产量合计(辆)
				长	宽	高																				
		ZK6125BEVG57	—	12000	2550	3050,3215	6100	18000	12500,11200,11600,12000	565	69	69	44	0	0	0	0	0	0	0	0	0	0	0	44	
		ZK6125BEVG57A	—	12000	2550	3050,3215	6100	18000	11200,11600,12000,12400	590	69	69	0	0	0	0	0	0	40	0	0	0	0	0	40	
		ZK6125BEVG58L	—	12000	2550	3050,3215	6100	18000	11700,12100,12590,13100	585	69	69	1	0	0	0	0	0	0	0	0	0	0	0	1	
		ZK6125BEVG59	—	12000	2550	3050,3215	6100	18000	12250,12600,12900	640	69	69	1	0	0	0	1	32	0	0	0	0	0	0	34	
		ZK6125BEVG59A	—	12000	2550	3050,3215	6100	18000	11750,12140,12550,13000	680	69	69	0	0	0	0	0	0	0	0	0	0	0	20	20	
		ZK6125BEVG59E	—	12000	2550	3360	6100	18000	12250,12650,13100	650	69	69	1	0	20	0	0	0	0	0	0	0	0	0	21	
		ZK6125BEVG59F	—	12000	2550	3360	6100	18000	12250,12650,13000	680	69	69	0	0	0	0	0	15	6	50	18	0	55	91	235	
		ZK6125BEVG60E	—	12000	2550	3360	6100	18000	12500,12750,13000	660	69	69	0	0	0	0	140	0	0	0	0	0	0	0	140	
郑州宇通客车股份有限公司	宇通	ZK6126BEVG1	—	12000	2550	3235	6100	18000	12250,12500,13000	655	69	69	1	0	0	0	0	0	0	0	0	0	0	0	1	20564
		ZK6126BEVG1A	—	12000	2550	3235	6100	18000	12250,12500,12750,13000	680	69	69	0	0	0	0	0	20	4	0	0	0	0	1	25	
		ZK6126BEVG5L	—	12000	2550	3290	6000	18000	12250,12500,12750,13000	675	69	69	0	0	0	0	0	0	0	0	0	0	0	60	60	
		ZK6126BEVGS3	—	12300	2550	4140	5500 + 1600	25000	16900	375	69	69	4	0	0	0	0	0	0	0	0	0	0	0	4	
		ZK6126BEVGS4	—	12300	2550	4140	5500 + 1600	25000	17250	490	69	69	0	0	0	0	50	0	0	0	4	0	0	14	68	
		ZK6180BEVG31	—	18000	2550	3360	5725 + 6150	28000	18150,18800,19400	203	69	69	0	0	0	0	0	0	1	0	0	0	0	0	1	
		ZK6605BEVG1	—	5970	2100	2980,2770	3150	7600	4870,5030,5200	355	69	69	1	0	0	0	0	0	20	0	5	17	55	8	106	
		ZK6650BEVG18	—	6540	2100	2770,2980	3320	7800	4850,5050,5200	330	69	69	1	0	0	0	0	0	0	0	0	0	0	0	1	
		ZK6650BEVG20	—	6540	2100	2770,2980	3320	8300	4720,4920,5120	255	69	69	1	0	0	0	0	0	0	0	0	0	0	0	1	

续上表

企业名称	品牌	车辆型号	底盘型号	外形尺寸(mm) 长	宽	高	轴距(mm)	总质量(kg)	整备质量(kg)	续驶里程(等速法km)	30 min最高车速(km/h)	最高车速(km/h)	1月	2月	3月	4月	5月	6月	7月	8月	9月	10月	11月	12月	2019年产量合计(辆)	2019年产量合计(辆)
郑州宇通客车股份有限公司	宇通	ZK6650BEVG21	—	6540	2100	2770,2980	3320	8500	5270,4620,4870,5070	350	69	69	122	0	56	27	30	30	117	26	9	0	0	0	417	20564
		ZK6650BEVG23	—	6540	2100	2770,2980	3320	9500	5350,5550,5750,5950	455	69	69	7	72	7	2	97	12	31	0	25	0	106	61	420	
		ZK6650BEVG27	—	6540	2100	2770,2980	3320	9500	5050,5250,5450,5650	280	69	69	0	0	0	0	12	25	72	0	12	37	43	44	245	
		ZK6710BEV1	ZK6700EVC1	7148	2075	2745,2805	4000	7500	5700,5900	460	120	120	0	0	0	0	0	0	12	0	0	1	0	0	13	
		ZK6805BEVG55	—	8050	2350	2975,3150	4450	13000	6550,6850,7150,7500	320	69	69	4	0	0	0	0	0	0	0	0	0	0	0	4	
		ZK6809BEVG12	—	8035	2245	2890,3030	4250	10500	6610,6870	320	69	69	2	0	0	0	0	0	0	0	0	0	0	0	2	
		ZK6809BEVG12A	—	8035	2245	2890,3030	4250	10500	7200	305	90,69	90,69	10	0	0	13	0	0	0	0	0	0	0	0	23	
		ZK6809BEVG12B	—	8035	2245	2890,3030	4250	10500	7200	305	69	69	23	0	0	0	0	0	0	0	0	0	0	0	23	
		ZK6809BEVG12B1	—	8035	2245	2910,2950,3050	4250	11500	7260,6380,6670,6940	330	69	69	0	0	0	0	0	10	46	0	0	5	3	4	68	
		ZK6809BEVG12C	—	8035	2245	2910,2950,3050	4250	11500	6500,6700,6970,7200	330	90,69	90,69	0	0	0	6	30	23	61	0	0	3	0	55	178	
		ZK6809BEVQZ12	—	8035	2245	2890,3030	4250	10500	6870,6610	305	69,90	90,69	24	0	23	0	0	0	0	5	0	0	0	0	52	
		ZK6809BEVQZ12B	—	8035	2245	2890,3030	4250	10500	7200	305	69,90	90,69	1	0	4	0	0	0	0	0	0	0	0	0	5	
		ZK6809BEVQZ12B1	—	8035	2245	2910,2950,3050	4250	11500	6320,6520,6800,7070	315	90,69	90,69	0	0	0	2	22	62	1	4	3	9	16	23	142	
		ZK6815BEVG1	—	8145	2350	2975,3150	4200	13700	6400,6650,6950,7300	210	69	69	133	0	189	525	82	67	228	60	129	12	34	57	1516	
		ZK6815BEVG11	—	8145	2350	2975,3150	4200	13700	6600,6900,7200,7550	305	69	69	1	0	0	26	0	23	218	0	50	20	151	316	805	
		ZK6815BEVG13	—	8145	2350	2975,3150	4200	13700	6750,7050,7350,7700	355	69	69	1	0	2	105	6	11	360	0	82	16	58	381	1022	
		ZK6815BEVG15	—	8145	2350	2975,3150	4200	13700	7200,7500,7800,8150	450	69	69	1	0	3	0	100	9	52	0	2	44	4	158	373	
		ZK6815BEVG16	—	8145	2350	2975,3150	4200	13700	6750,7050,7350,7700	285	69	69	0	0	0	0	0	0	0	0	0	0	0	6	6	
		ZK6815BEVG19	—	8145	2350	2975,3150	4200	13700	6550,6850,7150,7500	210	69	69	1	0	11	0	0	0	40	0	0	0	0	0	52	
		ZK6815BEVG3	—	8145	2350	2975,3150	4200	13700	6550,6850,7150,7500	250	69	69	351	0	95	340	24	67	512	12	38	73	14	48	1574	

续上表

企业名称	品牌	车辆型号	底盘型号	外形尺寸(mm)			轴距(mm)	总质量(kg)	整备质量(kg)	续驶里程(等速法km)	30 min最高车速(km/h)	最高车速(km/h)	1月	2月	3月	4月	5月	6月	7月	8月	9月	10月	11月	12月	2019年产量合计(辆)	2019年产量合计(辆)
				长	宽	高																				
郑州宇通客车股份有限公司	宇通	ZK6815BEVG3K	—	8145	2350	2975,3150	4200	13700	6900,7200,7500,7700	300	69	69	0	0	0	0	0	0	0	0	0	0	4	19	23	20564
		ZK6815BEVG4L	—	8145	2350	2975,3150	4200	13700	6850,7150,7450,7800	290	69	69	1	0	0	0	0	0	0	0	0	0	0	0	1	
		ZK6815BEVG5	—	8145	2350	2975,3150	4200	13700	6700,7000,7300,7500	300	69	69	121	0	156	144	31	291	257	15	55	125	88	163	1446	
		ZK6815BEVG6	—	8145	2350	2975,3150	4200	13700	6700,7000,7300,7500	305	69	69	1	0	0	0	0	0	0	0	0	0	0	0	1	
		ZK6815BEVG9A	—	8145	2350	2975,3150	4200	13700	7200,7500,7850	410	69	69	36	0	13	85	10	116	171	0	12	0	31	56	530	
		ZK6816BEVG3	—	8145	2420	3015,3200	4200	13700	7100,7420,7750,8100	400	69	69	0	0	0	0	0	0	0	0	0	0	0	8	8	
		ZK6816BEVG6	—	8145	2420	3015,3200	4200	13700	7100,7420,7750,8100	400	69	69	0	0	0	0	0	0	0	0	0	0	0	3	3	
		ZK6826BEVG12A	—	8245	2500	3240,3460	4000	13500	9130,8730	305	69	69	9	0	16	13	0	0	0	0	0	0	0	0	38	
		ZK6826BEVG12B	—	8245	2500	3240,3460	4000	14000	8450,8900	300	69	69	0	0	0	44	4	0	51	0	0	0	0	2	101	
		ZK6826BEVG13A	—	8245	2500	3240,3460	4000	13500	9300,8900	370	69	69	102	0	30	1	6	4	33	1	33	0	0	93	303	
		ZK6826BEVG13B	—	8245	2500	3240,3460	4000	13500	8900,9300	370	90,100	90,100	0	0	0	14	30	0	0	0	0	0	0	0	44	
		ZK6826BEVG13C	—	8245	2500	3240,3300,3460	4000	14200	8510,8790,9070,9350	395	90,100	90,100	0	0	0	0	0	0	3	15	0	0	0	43	61	
		ZK6826BEVQY12A	—	8245	2500	3240,3460	4000	13500	9130,8730	305	100,90	100,90	0	0	0	3	0	0	0	0	0	0	0	0	3	
		ZK6826BEVQY12B	—	8245	2500	3240,3460	4000	14000	8300,8700	285	90,100	90,100	1	0	0	4	0	0	1	0	2	0	2	0	10	
		ZK6826BEVQY13A	—	8245	2500	3240,3460	4000	13500	9300,8900	370	90,100	90,100	21	0	27	0	0	0	0	0	0	0	0	0	48	
		ZK6826BEVQY13B	—	8245	2500	3240,3300,3460	4000	14200	8310,8590,8870,9150	380	100,90	100,90	0	0	0	0	4	5	3	19	7	0	9	7	54	
		ZK6850BEVG39	—	8500	2500	3020,3215	4300	14000	7500,7800,8100,8400	230	69	69	0	0	0	0	0	0	0	0	0	0	0	13	13	
		ZK6850BEVG53	—	8500	2500	3020,3215	4300	14000	7700,8000,8200	345	69	69	1	0	0	24	38	0	35	0	0	10	0	54	162	
		ZK6850BEVG55	—	8500	2500	3020,3215	4300	14000	7900,8200,8400	420	69	69	1	0	0	11	0	0	35	19	0	76	57	6	205	
		ZK6850BEVG57	—	8500	2500	3020,3215,2960	4300	14000	9100,8200,8500,8800	430	69	69	1	0	0	0	0	0	0	0	0	0	0	0	1	

续上表

企业名称	品牌	车辆型号	底盘型号	外形尺寸(mm) 长	宽	高	轴距(mm)	总质量(kg)	整备质量(kg)	续驶里程(等速法 km)	30 min最高车速(km/h)	最高车速(km/h)	1月	2月	3月	4月	5月	6月	7月	8月	9月	10月	11月	12月	2019年产量合计(辆)	2019年产量合计(辆)
郑州宇通客车股份有限公司	宇通	ZK6850BEVG57A	—	8500	2500	2960,3020,3215	4300	14000	8200,8500,8800	550	69	69	1	69	6	58	105	54	315	5	41	193	222	177	1246	20564
		ZK6856BEVG1	—	8550	2420	3030,3140,3215	4500	11700	6700,7000,7300,7600	400	69	69	2	0	0	0	0	0	0	0	0	0	0	0	2	
		ZK6906BEVQY13A	—	8995	2500	3240,3460	4750	14000	9900,9600	365	90,100	90,100	1	0	0	0	0	0	0	0	0	0	0	0	1	
		ZK6906BEVQY15	—	8995	2500	3240,3450,3460	4750	14000	10050,9840	450	100,90	100,90	2	0	2	0	0	0	0	0	0	0	0	0	4	
		ZK6906BEVQY15B	—	8970	2500	3270,3330,3460	4725	15000	8800,9100,9400,9700	440	100,90	100,90	0	0	0	0	29	11	30	10	5	0	0	11	96	
安徽安凯汽车股份有限公司	安凯	HFF6100G03EV-62	—	10450	2550	3150,3250	5500	18000	11400,11700	695	68	69	0	0	0	103	0	25	0	10	110	0	0	0	248	2468
		HFF6100G03EV-71	—	10450	2550	3150,3250	5500	17900	10800,11200	607	68	69	0	0	0	0	0	0	0	8	0	0	0	0	8	
		HFF6100G03EV-9	—	10450	2550	3150,3250	5500	17900	11000,11580	668	68	69	30	0	0	0	0	0	0	0	0	0	0	0	30	
		HFF6109G03EV14	—	10450	2550	3150,3250	6100	17900	10200,10800	420	68	69	0	0	0	30	0	2	0	1	0	0	1	12	46	
		HFF6109G03EV15	—	10450	2550	3150,3250	6100	18000	10600,11200	505	68	69	0	0	0	0	0	0	0	28	10	0	0	0	38	
		HFF6109G03EV16	—	10450	2550	3150,3250	6100	18000	11100,11600	575	68	69	0	0	0	0	0	0	0	0	0	0	0	10	10	
		HFF6109G03EV2	—	10450	2500	3150,3250,3360	6100	16500	10300,10900	255	68	69	1	0	0	0	0	0	0	0	0	0	0	0	1	
		HFF6119KEV2	—	10990	2500	3290,3430	5500	18000	11000,11300	335	88	90	0	0	0	0	0	0	0	0	1	0	0	0	1	
		HFF6124GS03EV	—	12000	2550	4200	5170+1520	23400	16950	480	68	69	0	0	15	0	0	0	0	0	0	0	0	0	15	
		HFF6124GS03EV1	—	12000	2550	4200	5170+1520	25000	16700,17460	530	68	69	0	0	0	0	0	0	0	0	0	20	0	0	20	
		HFF6129G03EV11	—	12000	2550	3150,3250,3400	6100	18000	12100,12300	715	68	69	0	170	0	70	0	0	0	0	0	0	0	0	240	
		HFF6129G03EV12	—	12000	2550	3250	6100	18000	12300,12900	650	68	69	0	0	0	0	0	0	0	0	100	41	59	100	300	
		HFF6600GEV1	—	5990	2100	2870,2970	2850	7000	4650,4800	421	68	69	0	60	0	0	0	2	0	10	0	0	0	30	102	
		HFF6600GEV2	—	5990	2100	2870,2970	2850	8500	5000,5200	405	68	69	0	0	0	0	0	0	0	8	4	18	5	60	95	
		HFF6650GEV1	—	6540	2100	2870,2970	3200	8500	5050,5200	336	68	69	0	0	0	9	0	0	40	0	0	0	10	30	89	
		HFF6650GEV3	—	6540	2100	2870,2970	3200	8990	5000,5100	296	68	69	156	0	0	30	194	0	4	0	0	2	0	5	391	
		HFF6650GEV31	—	6540	2100	2870,2970	3200	8990	5200,5300	454	68	69	0	0	0	0	0	0	10	0	0	0	2	0	12	
		HFF6650GEV32	—	6540	2100	2870,2970	3200	8990	5200,5300	440	68	69	0	0	0	0	0	0	0	0	0	0	0	50	50	
		HFF6650GEV33	—	6540	2100	2870,2970	3200	8990	5050,5200	288	68	69	0	0	0	0	0	0	0	0	0	0	0	3	3	

续上表

企业名称	品牌	车辆型号	底盘型号	外形尺寸(mm)			轴距(mm)	总质量(kg)	整备质量(kg)	续驶里程(等速法km)	30 min最高车速(km/h)	最高车速(km/h)	1月	2月	3月	4月	5月	6月	7月	8月	9月	10月	11月	12月	2019年产量合计(辆)	2019年产量合计(辆)
				长	宽	高																				
安徽安凯汽车股份有限公司	安凯	HFF6668GEV	—	6605	2320	2870	4400	8980	5500	105	68	69	0	0	0	0	0	0	0	0	0	2	0	0	2	2468
		HFF6800G03EV64	—	8005	2350	3000,3100	4450	13000	6850,7000	270	68	69	0	0	0	0	0	0	60	0	0	0	0	0	60	
		HFF6800G03EV75	—	8005	2350	3000,3100	4450	11000	6850,7000	345	68	69	0	0	0	27	0	0	10	0	0	0	0	0	37	
		HFF6800G03EV76	—	8005	2350	3000,3100	4450	11500	6700,6850	270	68	69	0	0	0	0	7	0	3	20	0	0	0	1	31	
		HFF6800G03EV77	—	8005	2350	3000,3100	4450	13000	6850,7000	350	68	69	20	0	0	60	12	160	67	10	0	0	0	16	345	
		HFF6800G03EV78	—	8005	2350	3000,3100	4450	13000	6850,7190	320	68	69	0	0	0	0	0	0	0	0	0	8	2	15	25	
		HFF6800G03EV79	—	8005	2350	3000,3100	4450	13000	7200,7500	365	68	69	0	0	0	0	0	0	0	0	0	0	0	22	22	
		HFF6803KEVB1	—	8010	2280	2750,2980	4500	9700	6120,6320	380	98	100	0	0	0	2	0	0	0	0	1	0	0	0	3	
		HFF6821KEV1	—	8200	2280	2745,2975	4500	10500	5955,6155	373	98	100	0	0	0	0	0	0	0	0	10	0	0	0	10	
		HFF6829GEV	—	8245	2500	3430,3290	4000	13500	8500	320	68	69	0	0	0	0	8	0	16	0	0	0	9	0	33	
		HFF6854G03EV	—	8540	2350	3000,3100	4500	13500	7900,8100	405	68	69	0	0	0	0	0	0	0	10	0	0	0	0	10	
		HFF6855G03EV1	—	8540	2550	3000,3100	4370	14000	8500,8800	565	68	69	0	0	0	0	0	15	0	12	49	0	15	0	91	
		HFF6855G03EV6	—	8540	2550	3000,3100	4370	14500	8900,9350	605	68	69	0	0	0	0	0	0	0	0	0	0	50	50	100	
中通客车控股股份有限公司	中通	LCK6106EVGA2	—	10500	2550	3230	5800	18000	11000,11500	650	65	69	0	0	0	0	0	0	0	0	0	0	100	0	100	6547
		LCK6106EVGRA1	—	10500	2550	3265	5800	18000	10100,10700	395	65	69	0	0	0	0	0	0	0	0	50	0	0	0	50	
		LCK6106EVGRA2	—	10500	2550	3265	5800	18000	11000,11500	650	65	69	0	0	0	0	0	0	0	0	0	0	0	20	20	
		LCK6108EVG3A1	—	10480	2500	3280,3120	5600	18000	10000,10500	308	69	69	0	0	1	0	50	4	10	30	0	0	0	0	95	
		LCK6108EVG3A12	—	10480	2500	3280,3120	5600	18000	10700,11200	600	65	69	0	0	0	0	0	0	0	0	1	0	24	10	35	
		LCK6108EVG3A13	—	10480	2500	3280,3120	5600	18000	10400,10900	505	65	69	0	0	0	0	0	0	0	0	0	0	0	91	91	
		LCK6108EVG3A2	—	10480	2500	3280,3120	5600	18000	10500,11000	463	69	69	146	0	91	20	0	0	19	10	54	4	0	0	344	
		LCK6108EVG3A3	—	10480	2500	3280,3120	5600	18000	10200,10700	373	65	69	11	0	1	4	25	0	20	1	0	21	212	0	295	
		LCK6108EVG3A4	—	10480	2500	3280,3120	5600	18000	10700,11200	580	65	69	85	0	0	0	0	60	32	0	0	1	0	0	178	
		LCK6108EVG3A5	—	10480	2500	3280,3120	5300	18000	10400,10900	474	65	69	0	0	0	0	0	0	20	0	0	0	0	0	20	
		LCK6108EVG3A6	—	10480	2500	3280,3120	5300	18000	10200,10700	414	65	69	0	0	21	24	0	0	4	0	0	0	0	0	49	
		LCK6108EVG3A7	—	10480	2500	3280,3120	5600	18000	10200,10700	390	65	69	0	0	0	0	0	24	166	0	0	0	0	0	190	
		LCK6108EVG3D2	—	10480	2500	3280,3120	5600	18000	10500,11000	474	65	69	0	0	0	0	0	0	0	0	0	0	0	40	40	
		LCK6108EVG3L1	—	10480	2500	3280,3120	5600	18000	10500,11000	460	69	69	0	0	1	0	0	0	0	0	0	0	0	0	1	
		LCK6117EVA	—	10980	2500	3330,3450	5700	17900	11700	380	90	90	0	0	9	0	0	0	0	0	0	0	0	0	9	
		LCK6117EVA1	—	10980	2500	3330,3450	5700	17900	11700	380	90	90	1	0	32	60	0	10	0	0	1	0	3	3	110	
		LCK6117EVAA	—	10980	2500	3330,3450	5700	17900	11300	290	90	90	0	0	5	0	1	0	0	0	0	0	0	0	6	

续上表

企业名称	品牌	车辆型号	底盘型号	外形尺寸(mm)			轴距(mm)	总质量(kg)	整备质量(kg)	续驶里程(等速法 km)	30 min 最高车速(km/h)	最高车速(km/h)	1月	2月	3月	4月	5月	6月	7月	8月	9月	10月	11月	12月	2019 年产量合计(辆)	2019 年产量合计(辆)
				长	宽	高																				
中通客车控股股份有限公司	中通	LCK6117EVG3A1	—	10980	2500	3330,3450	5700	18000	11300,11600	490	69	69	0	0	0	0	0	0	0	0	0	0	17	22	39	6547
		LCK6117EVGA	—	10980	2500	3330,3450	5700	17900	11700	380	69	69	0	0	1	0	0	0	2	4	0	0	0	0	7	
		LCK6117EVGA1	—	10980	2500	3330,3450	5700	18000	10600,11250	320	69	69	9	0	20	8	0	0	0	0	0	0	0	0	37	
		LCK6117EVGA3	—	10980	2500	3330,3450	5700	18000	10600,11250	320	90	90	0	0	0	0	0	13	0	0	0	0	8	0	21	
		LCK6117EVGA4	—	10980	2500	3330,3450	5700	17900	11050,11700	380	90	90	0	0	0	0	0	5	33	0	0	0	6	13	57	
		LCK6120EVG3A1	—	11990	2550	3280,3120	6100	18000	12400,11800	560	65	69	0	0	21	0	0	0	16	0	0	0	0	0	37	
		LCK6120EVG3A11	—	12000	2550	3380	6100	18000	12500,12150,11800	690	65	69	0	0	0	0	0	0	0	0	0	0	200	0	200	
		LCK6120EVG3A3	—	12000	2550	3350	6100	18000	12900,12550,12250	710	65	69	0	0	0	0	0	0	40	0	0	0	0	0	40	
		LCK6180EVGDA1	—	18000	2550	3265	5900 + 6100	28000	17600,18450	295	65	69	0	0	0	0	0	0	0	0	0	10	0	0	10	
		LCK6600EVGA	—	5995	2100	2830,2970	3000	8500	4800,4950,5150	325	65	69	0	0	0	0	0	0	0	0	0	0	0	1	1	
		LCK6669EVGB	—	6645	2280	2880,3000	3300	9000	5750,5550	456	65	69	38	0	0	0	0	0	8	1	0	6	0	24	77	
		LCK6669EVGC	—	6645	2280	2880,3000	3300	9000	5300,5500	305	65	69	2	0	20	0	27	22	6	35	0	0	83	47	242	
		LCK6669EVGD	—	6645	2280	2880,3000	3300	9000	5300,5500,5600	320	65	69	0	0	0	0	0	0	0	0	0	0	0	21	21	
		LCK6806EVGA	—	8045	2245	2920,2800	4395	12100	6700,6320	270	65	69	34	0	56	29	1	10	40	0	0	0	0	0	170	
		LCK6806EVGA1	—	8045	2245	2920,2800	4395	12100	6900,6500,6320	320	65	69	0	0	0	0	0	0	0	0	0	0	0	20	20	
		LCK6806EVGL	—	8045	2245	2920,2800	4395	12100	6700,6320	270	65	69	0	0	2	0	0	0	0	0	0	0	0	0	2	
		LCK6808EVQA1	—	8040	2480	3355,3210	4250	14000	8650,8150,7700	255	85	90	1	0	0	0	0	0	0	0	0	0	0	0	1	
		LCK6808EVQA11	—	8040	2480	3355,3210	4250	14000	8800,8300,7900	255	85	90	1	0	22	0	0	10	0	0	0	0	0	0	33	
		LCK6808EVQGA1	—	8040	2480	3355,3210	4250	14000	8500,8150,7700	290	65	69	95	0	2	10	0	0	0	0	0	0	22	0	129	
		LCK6808EVQGA2	—	8040	2480	3355,3210	4250	14000	8250,7800	270	65	69	0	0	1	0	0	0	17	0	0	0	0	0	18	
		LCK6808EVQGA3	—	8040	2480	3355,3210	4250	14000	8500,8150,7700	305	85	90	0	0	111	20	0	0	22	0	0	0	0	0	153	
		LCK6809EVG3A11	—	8010	2390	3090,2950	4500	13000	7450,7050,6700	310	65	69	9	0	0	1	2	0	60	0	0	0	0	0	72	

续上表

企业名称	品牌	车辆型号	底盘型号	外形尺寸(mm)			轴距(mm)	总质量(kg)	整备质量(kg)	续驶里程(等速法km)	30 min最高车速(km/h)	最高车速(km/h)	1月	2月	3月	4月	5月	6月	7月	8月	9月	10月	11月	12月	2019年产量合计(辆)	2019年产量合计(辆)
				长	宽	高																				
中通客车控股股份有限公司	中通	LCK6809EVG3A12	—	8010	2390	3090,2950	4500	13000	7450,7100,6700	310	65	69	0	0	0	0	0	0	2	0	0	0	29	2	33	6547
		LCK6809EVG3A13	—	8010	2390	3090,2950	4500	13000	7500,7100,6700	335	65	69	0	0	0	0	0	0	0	8	0	0	52	38	98	
		LCK6809EVG3A5	—	8010	2390	3090,2950	4500	13000	7200,6800,6450	211	65	69	0	0	9	20	10	0	0	0	0	0	0	0	39	
		LCK6809EVG3A6	—	8010	2390	3090,2950	4500	13000	7250,6850,6500	253	65	69	50	10	234	48	47	2	120	0	0	0	2	64	577	
		LCK6809EVG3A7	—	8010	2390	3090,2950	4500	13000	7450,7050,6700	310	65	69	45	16	128	6	22	62	120	11	6	2	40	10	468	
		LCK6809EVG3A9	—	8010	2390	3090,2950	4500	13000	7450,7050,6700	335	65	69	1	0	34	0	2	60	138	0	0	0	0	0	235	
		LCK6809EVG3D6	—	8010	2390	3090,2950	4500	13000	7350,7000,6600	298	65	69	6	0	0	0	0	0	0	0	0	0	0	0	6	
		LCK6809EVG3F2	—	8010	2390	3090,2950	4500	13000	7250,6850,6500	229	65	69	0	0	0	0	0	0	0	0	0	9	0	0	9	
		LCK6809EVG3L1	—	8010	2390	3090,2950	4500	13000	7250,6850,6500	240	65	69	0	0	1	0	0	0	0	0	0	0	0	0	1	
		LCK6809EVG3L2	—	8010	2390	3090,2950	4500	13000	7350,6950,6550	282	65	69	0	0	1	0	0	0	0	0	0	0	0	0	1	
		LCK6809EVG3L4	—	8010	2390	3090,2950	4500	13000	7450,7050,6700	320	65	69	0	0	0	0	0	0	30	0	0	0	0	0	30	
		LCK6809EVG3X2	—	8010	2390	3090,2950	4500	13000	7400,7000,6700	290	65	69	0	0	1	0	0	0	0	0	0	0	0	0	1	
		LCK6816EVGA	—	8080	2340	2980,3130	4500	12400	6700,6900	293	65	69	37	0	84	48	0	21	251	3	29	10	50	141	674	
		LCK6816EVGB	—	8080	2340	2980,3150	4500	12400	6500,6700,6900	226	65	69	0	0	0	0	0	0	0	0	0	0	12	2	14	
		LCK6816EVGC	—	8080	2340	2980,3150	4500	12400	6600,6800,7000	285	65	69	0	0	0	0	0	0	0	0	0	0	0	1	1	
		LCK6826EVG3A1	—	8190	2390	3090,2935	4250	13400	7450,7050,6700	270	65	69	0	0	0	0	0	0	132	0	0	0	0	10	142	
		LCK6826EVG3A10	—	8190	2390	3090,2935	4250	13400	7670,7250,6850	318	65	69	0	0	0	0	0	0	0	0	0	0	0	23	23	

续上表

企业名称	品牌	车辆型号	底盘型号	外形尺寸(mm)			轴距(mm)	总质量(kg)	整备质量(kg)	续驶里程(等速法km)	30 min最高车速(km/h)	最高车速(km/h)	1月	2月	3月	4月	5月	6月	7月	8月	9月	10月	11月	12月	2019年产量合计(辆)	2019年产量合计(辆)
				长	宽	高																				
中通客车控股股份有限公司	中通	LCK6826EVG3A2	—	8190	2390	3090,2935	4250	13400	7650,7250,6850	350	65	69	0	0	0	0	0	0	0	0	0	0	30	185	215	6547
		LCK6826EVG3A3	—	8190	2390	3090,2935	4250	13600	7900,7450,7050	420	65	69	0	0	0	0	0	0	25	0	0	0	12	0	37	
		LCK6826EVG3A5	—	8190	2390	3090,2935	4250	13400	7550,7150,6750	305	65	69	0	0	0	0	0	0	0	0	0	0	0	36	36	
		LCK6826EVG3A7	—	8190	2390	3090,2935	4250	13400	7450,7050,6700	255	65	69	0	0	0	0	0	0	0	0	0	0	0	240	240	
		LCK6826EVG3A8	—	8190	2390	3090,2935	4250	13600	7950,7500,7070	423	65	69	0	0	0	0	0	0	0	0	0	0	0	4	4	
		LCK6826EVGA1	—	8190	2390	3090,2950	4250	13600	7800,7350,6950	410	65	69	0	0	44	16	0	0	34	0	18	0	10	52	174	
		LCK6828EVQA1	—	8245	2480	3355,3225	4250	14200	8380,8880	345	100	100	0	0	0	0	0	0	0	0	0	0	1	3	4	
		LCK6828EVQGA1	—	8245	2480	3355,3225	4250	14200	8380,8880	345	69,90	69,90	0	0	0	0	0	10	7	0	5	0	0	17	39	
		LCK6840EVG3T1	—	8350	2390	3090,2950	4500	13000	7450,7050,6700	310	65	69	0	0	1	0	0	0	0	0	0	0	0	0	1	
		LCK6850EVG3A11	—	8545	2480	3280,3120	4350	14800	9250,8750	500	65	69	0	0	0	0	0	0	0	0	0	0	0	96	96	
		LCK6850EVG3A2	—	8545	2480	3280,3120	4200	14800	9200,9600	460	65	69	0	0	22	0	0	0	50	0	13	0	0	0	85	
		LCK6850EVG3M1	—	8545	2480	3250,3120	4350	14000	8100,8300	224	65	69	0	0	0	1	140	0	0	0	0	0	0	0	141	
		LCK6850EVGA1	—	8545	2480	3280,3120	4200	14800	8900,9300	390	65	69	0	0	1	0	0	0	22	20	0	0	0	51	94	
		LCK6906EVQA1	—	8980	2480	3355,3225	4985	15200	9150,9700	400	100	100	0	0	0	0	0	0	0	0	7	0	0	0	7	
		LCK6906EVQGA1	—	8980	2480	3355,3225	4985	15200	9150,9700	400	69,90	69,90	0	0	0	0	0	0	0	2	0	0	0	0	2	
中车时代电动汽车股份有限公司	中国中车	TEG6102BEV01	—	10500	2500,2540	3300	5800	18000	11850,11550,11250	666	65	69	0	0	0	0	0	0	0	0	0	0	20	0	20	5207
		TEG6105BEV01	—	10500	2500	3280,3150	5800	18000	10200,9900,9600	258	65	69	0	0	0	0	0	200	162	0	0	0	0	0	362	
		TEG6105BEV02	—	10500	2500	3280,3150	5800	18000	10600,10300,10000	320	65	69	61	0	0	0	0	0	127	0	0	0	0	0	188	
		TEG6105BEV03	—	10500	2500	3280,3150,3380	5800	18000	10750,10450,10150	350	65	69	0	0	0	0	26	0	234	0	0	0	0	0	260	
		TEG6105BEV04	—	10500	2500	3280,3150	5800	18000	11000,10600,10300	390	65	69	138	0	26	0	12	71	314	0	0	0	0	0	561	
		TEG6105BEV05	—	10500	2500	3280,3150	5800	18000	10150,9850,9550	251	65	69	0	0	0	0	0	0	0	0	20	0	0	0	20	

续上表

企业名称	品牌	车辆型号	底盘型号	外形尺寸(mm) 长	宽	高	轴距(mm)	总质量(kg)	整备质量(kg)	续驶里程(等速法km)	30 min最高车速(km/h)	最高车速(km/h)	1月	2月	3月	4月	5月	6月	7月	8月	9月	10月	11月	12月	2019年产量合计(辆)	2019年产量合计(辆)
中车时代电动汽车股份有限公司	中国中车	TEG6105BEV06	—	10500	2500	3280,3150	5800	18000	11450,11150,10850	586	65	69	0	0	0	0	0	15	40	0	0	0	0	0	55	5207
		TEG6105BEV07	—	10500	2500	3280,3150	5800	18000	10750,10450,10150	440	65	69	0	0	0	0	0	0	0	0	0	0	115	20	135	
		TEG6105BEV08	—	10500	2500	3380	5800	18000	11850,11550,11250	622	65	69	0	0	0	0	0	0	0	0	3	32	2	102	139	
		TEG6105BEV09	—	10500	2500	3280,3150	5800	18000	10300,10000,9700	339	65	69	0	0	0	0	0	0	0	0	0	0	0	68	68	
		TEG6105BEV10	—	10500	2500	3280,3150	5800	18000	10600,10300,10000	382	65	69	0	0	0	0	0	0	0	0	0	10	0	8	18	
		TEG6105BEV11	—	10500	2500	3280,3150	5800	18000	11000,10600,10300	490	65	69	0	0	0	0	0	0	0	0	9	0	0	20	29	
		TEG6105BEV13	—	10500	2500	3280,3150	5800	18000	11450,11150,10850	600	65	69	0	0	0	0	0	0	0	0	0	41	178	40	259	
		TEG6105BEV15	—	10500	2500	3280,3150	5800	18000	11550,11250,10950	647	65	69	0	0	0	0	0	0	0	0	0	0	0	5	5	
		TEG6105BEV21	—	10500	2500	3380	5800	18000	11100,10800	475	69	69	0	0	0	0	0	0	0	0	0	0	66	0	66	
		TEG6106BEV34	—	10490	2490	3280,3150	5600	17000	11300,11900	490	65	69	3	0	94	0	0	0	0	0	0	0	0	0	97	
		TEG6106BEV37	—	10490	2490	3150,3280	5600	16500	11000,11500	380	65	69	11	0	0	0	0	0	0	0	0	0	0	0	11	
		TEG6106BEV41	—	10490	2490	3280,3150	5600	17900	10900,10600	300	65	69	20	0	0	0	0	0	0	0	0	0	0	0	20	
		TEG6106BEV46	—	10490	2490	3280,3150	5600	18000	11200,10700	350	65	69	219	0	0	0	0	0	0	0	0	0	0	0	219	
		TEG6106BEV49	—	10490	2490	3280,3150	5600	17500	10300,9900	260	65	69	11	0	0	0	0	0	0	0	0	0	0	0	11	
		TEG6110BEV04	—	10900	2540	3470,3340	5400	18000	11950,11550	360	65	69	0	0	0	0	0	0	0	0	0	0	2	4	6	
		TEG6110EV08	—	10900	2540	3470,3340	5400	16900	11400,11000	250	90	100	0	0	1	0	0	0	0	0	0	0	0	0	1	
		TEG6110EV10	—	10900	2540	3470,3340	5400	18000	11400,11000	333	90	100	0	0	0	0	30	0	0	0	0	6	0	61	97	
		TEG6110EV11	—	10900	2540	3470,3340	5400	18000	11800,11500	456	90	100	0	0	0	0	0	0	0	0	0	0	0	17	17	
		TEG6120EV01	—	11650	2540	3470,3340	6000	18000	11800,11400	256	90	100	0	0	1	0	0	0	0	0	0	0	0	0	1	
		TEG6125BEV05	—	11980	2540	3200,3280	5900	18000	11300,11700	204	65	69	0	0	1	0	0	0	0	0	0	0	0	0	1	
		TEG6125BEV09	—	11980	2540	3280	5900	18000	12500,12100,11700	540	65	69	0	0	0	0	0	0	0	0	0	28	0	9	37	
		TEG6129BEV11	—	11950	2540	3380	5900	18000	12450,12250	640	65	69	0	0	0	0	0	0	0	30	4	0	274	95	403	
		TEG6180BEV01	—	17980	2540	3300	5800+6100	28000	17500,18400	212	65	69	0	0	1	0	0	0	0	0	0	0	0	0	1	

续上表

企业名称	品牌	车辆型号	底盘型号	外形尺寸(mm) 长	宽	高	轴距(mm)	总质量(kg)	整备质量(kg)	续驶里程(等速法 km)	30 min 最高车速(km/h)	最高车速(km/h)	1月	2月	3月	4月	5月	6月	7月	8月	9月	10月	11月	12月	2019 年产量合计(辆)	2019 年产量合计(辆)
中车时代电动汽车股份有限公司	中国中车	TEG6591BEV01	—	5995	2100	2830,2980	3000	8000	4750,5000	390	65	69	0	0	0	0	0	0	0	0	0	0	0	33	33	5207
		TEG6660BEV01	—	6645	2250	2850,2960	3400	8500	5500,5700	380	65	69	0	0	0	0	0	28	0	0	0	0	0	0	28	
		TEG6660BEV02	—	6645	2250	2850,2960	3400	8500	5200,5400	240	65	69	0	0	0	2	0	0	0	0	0	0	0	0	2	
		TEG6660BEV03	—	6645	2250	2850,2960	3400	9500	5500,5700	440	65	69	0	0	0	0	0	0	0	0	0	0	0	125	125	
		TEG6660BEV04	—	6645	2250	2850,2960	3400	9500	5200,5400,5600,5800	310	65	69	0	0	0	0	0	0	0	0	0	0	0	11	11	
		TEG6801BEV15	—	8040	2400	3000,3150	4400	12500	7400,7700	305	65	69	7	0	156	0	0	64	195	205	0	0	0	0	627	
		TEG6801BEV17	—	8040	2400	3000,3150	4400	12300	7400,7100	220	65	69	58	0	0	0	0	0	24	0	0	0	0	0	82	
		TEG6801BEV18	—	8040	2400	3000,3150	4400	12500	7200,7500	240	65	69	41	0	8	26	0	8	0	1	0	0	0	0	84	
		TEG6802BEV01	—	8040	2400,2450,2500	3000,3150,3200	4200	13500	8000,7700	378	65	69	0	0	0	0	0	30	0	0	39	0	26	26	121	
		TEG6802BEV04	—	8040	2400,2450	3000,3150,3200	4200	12800	7500,7200,6900	312	65	69	0	0	0	0	0	0	0	0	0	0	20	0	20	
		TEG6802BEV05	—	8040	2400,2450,2500	3000,3150,3200	4200	12800	7000,7300,7600	368	65	69	0	0	0	0	0	0	0	0	0	0	0	10	10	
		TEG6802BEV06	—	8040	2400,2450	3000,3150,3200	4200	12800	7550,7250,6950	331	65	69	0	0	0	0	0	8	0	0	0	0	20	29	57	
		TEG6802BEV07	—	8040	2400,2450,2500	3000,3150,3200	4200	12800	7700,7400,7100	391	65	69	0	0	0	0	0	0	0	0	9	0	0	22	31	
		TEG6803BEV01	—	8040	2400,2450,2500	3000,3150,3200	4200	12500	6900,6700	280	69	69	0	0	0	0	0	0	0	0	0	0	10	42	52	
		TEG6803BEV02	—	8040	2400,2450,2500	3000,3150,3200	4200	12500	7150,6950	320	69	69	0	0	0	0	0	0	0	0	0	0	0	26	26	
		TEG6851BEV32	—	8540	2470	3180,3030	4500	13200	8300,8000	374	65	69	0	0	0	0	0	50	20	0	0	0	0	0	70	
		TEG6851BEV33	—	8540	2470	3180,3030	4500	13500	8500,8200	405	65	69	0	0	0	0	0	95	13	0	0	0	0	0	108	
		TEG6851BEV34	—	8540	2470	3180,3030	4500	13500	8900,8600	520	65	69	0	0	0	0	20	0	0	0	0	0	0	0	20	
		TEG6852BEV01	—	8540	2400,2450,2400,2450,2500	3000,3150,3000,3150,3200	4500	13500	8500,8200,7900	488	65	69	0	0	0	0	0	0	0	0	0	0	0	24	24	

续上表

企业名称	品牌	车辆型号	底盘型号	外形尺寸(mm) 长	宽	高	轴距(mm)	总质量(kg)	整备质量(kg)	续驶里程(等速法 km)	30 min 最高车速(km/h)	最高车速(km/h)	1月	2月	3月	4月	5月	6月	7月	8月	9月	10月	11月	12月	2019 年产量合计(辆)	2019 年产量合计(辆)
中车时代电动汽车股份有限公司	中国中车	TEG6852BEV02	—	8540	2400, 2450, 2500	3000,3150, 3200	4500	13500	8700, 8400,8100	622	65	69	0	0	0	0	0	0	0	15	40	40	86	273	454	5207
		TEG6852BEV03	—	8540	2400, 2450, 2500	3000,3150, 3200	4500	13500	8300, 8000,7700	364	65	69	0	0	0	0	0	0	0	0	0	0	15	40	55	
		TEG6852BEV05	—	8540	2400, 2450, 2500	3000,3150, 3200	4500	13500	8350, 8050,7750	425	65	69	0	0	0	0	0	0	0	12	0	2	18	19	51	
		TEG6900EV02	—	8995	2450	3260,3130	4750	14000	8800,8500	230	85	90	0	0	1	0	0	0	0	0	0	2	0	6	9	
比亚迪汽车工业有限公司	比亚迪	BYD6100LSEV4	BYD6100DSEEV	10350	2550	4200	5800	18000	12600	537	69	69	188	0	0	0	0	0	0	0	0	0	0	0	188	4195
		BYD6100LSEV5	BYD6100DSFEV	10350	2550	4200	5800	18000	12500	560	69	69	0	0	0	0	0	0	26	0	0	0	0	0	26	
		BYD6101LGEV10	BYD6101DGTEV	10500	2550	3180	5000	18000	12150,11600	535	69	69	0	0	0	0	0	45	42	0	0	0	0	100	187	
		BYD6101LGEV11	BYD6101DGUEV	10500	2550	3360	5000	18000	11400,11150	590	69	69	0	0	0	0	0	0	0	0	0	0	50	106	156	
		BYD6101LGEV12	BYD6101DGVEV	10500	2550	3180	5000	18000	11400,11150	590	69	69	0	0	0	0	0	0	0	103	34	18	61	330	546	
		BYD6101LGEV3	BYD6101DGDEV	10500	2550	3180	5000	18000	11100,10700	400	69	69	0	0	0	0	31	11	0	0	0	0	0	7	49	
		BYD6101LGEV5	BYD6101DGFEV	10500	2550	3180	5000	18000	10700,11200	475	69	69	0	0	0	0	20	0	81	0	0	0	0	41	142	
		BYD6101LGEV8	BYD6101DGQEV	10500	2550	3180	5000	18000	11800,11400	580	69	69	0	0	0	50	0	0	6	0	0	0	0	0	56	
		BYD6110HLEV2	BYD6100DLHEV	10690	2500	3530	5250	18000	12200,11800	575	90	90,100	0	0	0	0	0	1	0	0	10	5	0	2	18	
		BYD6110LLEV3	BYD6100DLDEV	10690	2500	3580,3530	5250	18000	12700,13100	495	100	100	8	0	0	0	0	0	0	0	0	0	0	0	8	
		BYD6112HGEV	BYD6102DGBEV	10690	2500	3530	5250	18000	12200,11800	575	90	90,100	0	0	0	0	0	0	0	0	0	32	0	0	32	
		BYD6122LGEV1	BYD6122DGBEV	12000	2550	3360	6050	18000	12500	620	69	69	305	202	198	0	0	0	0	0	0	0	0	377	1082	
		BYD6122LGEV7	BYD6122DGHEV	12000	2550	3360	6050	18000	12450	625	69	69	0	0	0	0	0	66	68	0	0	0	0	125	259	
		BYD6710HLEV2	—	7110	2060	2685,2760, 2845	3985	8900	5700	370	100	100	3	0	0	5	0	5	2	2	0	0	0	1	18	
		BYD6710HLEV4	BYD6670DLBEV	7140	2060	2685,2760, 2815	3990	9400	5700	475	100	100	0	0	0	0	0	0	0	2	0	0	0	5	7	
		BYD6810HZEV5	BYD6770DZBEV	8090	2420	3230,3400	4040	14000	8100	410	69	69	0	0	0	0	0	0	20	0	0	0	0	34	54	
		BYD6810HZEV7	BYD6770DZDEV	8090	2420	3230,3400	4040	14000	7650	270	69	69	0	0	0	0	0	2	0	0	0	0	0	0	2	
		BYD6811HZEV	BYD6791DZAEV	8120	2500	3410,3290, 3450	3800	14000	9200,8800	475	69	69	0	30	0	0	0	0	0	0	0	0	6	10	46	
		BYD6850HZEV2	BYD6800DZEEV	8490	2420	3200	4440	14000	7580, 8030,8530	410	69	69	50	0	0	0	0	0	0	0	51	30	138	96	365	

续上表

企业名称	品牌	车辆型号	底盘型号	外形尺寸(mm) 长	宽	高	轴距(mm)	总质量(kg)	整备质量(kg)	续驶里程(等速法 km)	30 min 最高车速(km/h)	最高车速(km/h)	1月	2月	3月	4月	5月	6月	7月	8月	9月	10月	11月	12月	2019 年产量合计(辆)	2019 年产量合计(辆)
比亚迪汽车工业有限公司	比亚迪	BYD6850HZEV3	BYD6800DZFEV	8490	2420	3200	4440	14000	7880,8330,8830	500	69	69	0	0	0	0	145	15	0	0	35	32	0	63	290	4195
		BYD6850HZEV5	BYD6800DZKEV	8490	2420	3200	4440	14000	8830,8330,7880	530	69	69	0	0	0	0	0	0	0	0	474	13	97	60	644	
		BYD6900HLEV2	BYD6880DLDEV	8995	2500	3305,3410,3450	4675	15000	9550	400	100,90	100,90	0	0	0	0	0	20	0	0	0	0	0	0	20	
金龙联合汽车工业(苏州)有限公司	海格	KLQ6106GAEVN2	—	10490	2550	3260,3300	5700	18000	11500,11200,10900	595	69	69	0	0	0	0	0	0	0	0	0	0	0	52	52	2937
		KLQ6106GAEVN2A	—	10490	2550	3260,3300	5700	18000	11500,11200,10900	685	69	69	0	0	0	0	0	0	0	0	104	197	234	40	575	
		KLQ6106GAEVX1	—	10490	2550	3080,3260	6000	18000	11500,11200,10900	495	69	69	0	0	0	0	0	0	0	0	0	0	0	20	20	
		KLQ6109GAEVN10	—	10490	2550	3080,3120,3240,3280	6000	18000	10950,10750	385	69	69	0	0	0	90	0	0	29	0	26	10	0	72	227	
		KLQ6109GAEVN11	—	10490	2550	3080,3120,3240,3280	6000	18000	10650,10470,10200	265	69	69	8	0	0	0	0	0	0	0	0	0	0	0	8	
		KLQ6109GAEVN7	—	10490	2550	3060,3180,3220,3300	6000	18000	11500,11800	445	69	69	23	0	0	0	0	0	0	0	0	0	0	0	23	
		KLQ6109GAEVN7A	—	10490	2550	3080,3120,3250,3280	6000	18000	10800,11100	465	69	69	26	0	0	0	0	0	0	0	0	0	0	4	30	
		KLQ6109GAEVN8	—	10490	2550	3060,3180,3220,3280	6000	18000	10800,11000	335	69	69	27	0	0	0	0	2	20	0	0	0	0	14	63	
		KLQ6109GAEVN9	—	10490	2550	3080,3120,3240,3280	6000	18000	11200,10800	595	69	69	0	0	0	0	0	0	0	0	0	0	0	40	40	
		KLQ6111HZEV0N	—	10760	2550	3300,3450	5420	18000	10950	290	90	90	0	0	0	2	0	0	0	0	1	0	0	0	3	
		KLQ6111HZEV1N1	—	10760	2550	3300,3450	5420	18000	11050	315	90	90	0	0	0	5	0	15	0	3	0	0	0	0	23	
		KLQ6111HZEV1N2	—	10760	2550	3300,3450	5420	17000	11300,11800	400	90,100	90,100	0	0	0	0	0	0	0	0	0	0	8	0	8	
		KLQ6111HZEV1N3	—	10760	2550	3300,3450	5420	18000	11000,11400	475	100	100	0	0	0	0	0	0	0	0	4	1	0	0	5	
		KLQ6111HZGEVN	—	10760	2550	3300,3450	5420	18000	11700	590	69,100	69,100	0	0	0	0	0	0	40	4	0	0	0	0	44	
		KLQ6115HZGEVN	—	10990	2500	3390,3530	5670	18000	10900	302	69	69	0	0	0	0	0	0	1	0	0	0	0	0	1	
		KLQ6121HZEV1N	—	11600	2550	3310,3465	5850	18000	11700	355	100	100	0	0	10	0	0	22	0	0	0	0	1	0	33	
		KLQ6126GAEVN1	—	12000	2550	3180,3280,3300,3350	6100	18000	12450,12750,13000	680	69	69	0	0	0	0	0	0	0	0	0	7	3	0	10	

续上表

企业名称	品牌	车辆型号	底盘型号	外形尺寸(mm)			轴距(mm)	总质量(kg)	整备质量(kg)	续驶里程(等速法 km)	30 min最高车速(km/h)	最高车速(km/h)	1月	2月	3月	4月	5月	6月	7月	8月	9月	10月	11月	12月	2019年产量合计(辆)	2019年产量合计(辆)
				长	宽	高																				
金龙联合汽车工业(苏州)有限公司	海格	KLQ6129GAEVN2	—	12000	2550	3110,3150,3280,3320	6100	18000	12000,12580	570	69	69	74	0	0	0	0	0	0	0	0	0	0	0	74	2937
		KLQ6601GBEVN7	—	6045	2020	2690,2860	3670	4995	2960,3035	280	69	69	0	0	0	0	0	0	0	0	0	0	0	62	62	
		KLQ6605GEVN2	—	5980	2100	2770,2810,2920,2980	2820	8500	5070,5270	270	69	69	0	0	0	0	0	0	0	0	25	0	0	36	61	
		KLQ6650GEVN1	—	6530	2100	2740,2780,2855,2895,2960	3320	8500	5250,4950	215	69	69	0	0	0	0	0	0	0	0	82	3	0	0	85	
		KLQ6650GEVN2	—	6530	2100	2740,2780,2855,2895,2960	3320	8500	5270,5070	330	69	69	0	0	0	4	0	0	26	0	0	20	20	4	74	
		KLQ6650GEVN3	—	6530	2100	2770,2810,2920,2980	3320	9000	5100,5350,5550	470	69	69	2	0	0	0	0	14	22	0	0	0	26	14	78	
		KLQ6650GEVN4	—	6530	2100	2740,2780,2855,2895,2960	3320	9000	5300,5500	360	69	69	0	0	0	0	0	0	0	0	29	1	0	0	30	
		KLQ6800GEVN10	—	8040	2340,2385	3020,3180	4500	13700	7400,7600	225	69	69	8	0	50	52	5	0	31	0	0	0	0	22	168	
		KLQ6800GEVN7	—	8040	2340	3020,3180	4500	13000	6900,7200,7500	230	69	69	0	0	0	4	0	0	28	0	6	0	0	0	38	
		KLQ6800GEVN8	—	8040	2340	3020,3180	4500	13700	7500,7750	285	69	69	14	0	0	5	0	9	7	0	14	0	5	75	129	
		KLQ6800GEVN9	—	8040	2340,2385	3020,3180	4500	14000	7700,8100	340	69	69	0	0	0	35	0	0	22	27	0	0	50	28	162	
		KLQ6812KAEV1N3	—	8110	2480	3310,3420	3900	14200	8600,8900	445	100	100	0	0	0	0	0	0	0	1	1	1	3	2	8	
		KLQ6812KAGEVN1	—	8110	2480	3310,3420	3900	15000	8800,9000	302	69	69	10	0	0	15	0	0	10	0	1	7	4	1	48	
		KLQ6812KAGEVN2	—	8110	2480	3310,3420	3900	14200	8600,8900	445	90,100	90,100	0	0	0	0	0	0	0	0	0	0	0	36	36	
		KLQ6816GAEVN1	—	8140	2350,2400	3020,3180	4200	14000	7700,8150,8300	445	69	69	0	0	0	0	0	0	0	0	0	0	0	4	4	
		KLQ6822EV0N1	—	8200	2270	2845,2950	4200	10090	6250,6390	277	90	90	2	0	0	0	0	6	6	0	0	0	0	0	14	
		KLQ6822EV0N2	—	8200	2270	2845,2950	4200	11800	6600,6900	316	90	90	0	0	0	0	0	0	0	2	0	0	0	0	2	
		KLQ6822GEVN1	—	8200	2270	2845,2950	4200	10580	6100,6200	283	69	69	0	0	0	0	0	0	0	0	0	0	0	3	3	
		KLQ6822GEVN2	—	8200	2270	2845,2950	4200	10580	6000,6130	398	69	69	0	0	0	0	2	0	0	2	0	0	8	2	14	
		KLQ6850GEVN10	—	8540	2440	3050,3190,3250	4200	14000	9100,9300	425	69	69	26	0	0	0	0	0	0	0	0	0	0	0	26	

续上表

企业名称	品牌	车辆型号	底盘型号	外形尺寸(mm) 长	宽	高	轴距(mm)	总质量(kg)	整备质量(kg)	续驶里程(等速法 km)	30 min 最高车速(km/h)	最高车速(km/h)	1月	2月	3月	4月	5月	6月	7月	8月	9月	10月	11月	12月	2019 年产量合计(辆)	2019 年产量合计(辆)
金龙联合汽车工业(苏州)有限公司	海格	KLQ6850GEVN11	—	8540	2440	3080,3220,3250	4200	14000	8400,8700	385	69	69	0	0	0	0	0	0	40	0	22	0	5	20	87	2937
		KLQ6850GEVN12	—	8540	2440	3050,3190,3250	4200	14000	8500,8800	540	69	69	0	0	0	0	10	0	0	0	0	52	58	47	167	
		KLQ6850GEVN9	—	8540	2440	3050,3190,3250	4200	14000	8150,8440,8670	290	69	69	0	0	60	0	0	0	0	0	1	19	5	2	87	
		KLQ6856GAEVN2	—	8545	2440,2480	3300	4500	14500	8850,9200	540	69	69	0	0	0	0	0	0	0	0	30	125	152	8	315	
厦门金龙旅行车有限公司	金旅	XML6102JEVW02	—	10490	2550	3430,3600	5200	17100	11700	256	100	100	1	0	0	0	0	0	0	0	0	0	0	0	1	2934
		XML6102JEVY01	—	10490	2550	3430,3600	5200	18000	11100,11900	384	100	100	0	0	0	0	0	31	1	0	5	0	12	0	49	
		XML6102JEVY0C	—	10490	2550	3430	5200	17000	11200,11600	234	69	69	4	0	0	0	0	0	0	0	0	0	0	0	4	
		XML6105JEVJ0C3	—	10480	2550	3300,3150	5000	18000	10800	300	69	69	0	0	0	20	100	0	0	0	0	0	0	30	150	
		XML6105JEVJ0C5	—	10480	2550	33003150,3340	5000	18000	11300	560	69	69	31	0	0	0	0	0	60	4	0	0	4	0	99	
		XML6105JEVJ0C6	—	10480	2550	3340,3190	5700	18000	10900,10600	407	69	69	0	0	0	0	0	0	195	0	0	0	0	1	196	
		XML6105JEVJ0CA	—	10480	2550	3500,3340,3190	5700	18000	10900,10600	368	69	69	0	0	0	0	0	0	0	0	0	0	0	30	30	
		XML6105JEVJ0CB	—	10480	2550	3500,3340,3190	5700	18000	10900,10600	467	69	69	0	0	0	0	0	0	0	0	0	0	0	100	100	
		XML6105JEVK0C1	—	10480	2550	3340,3190	5700	18000	11100,11500	511	69	69	0	0	0	0	0	0	2	0	0	0	0	0	2	
		XML6105JEVY0C3	—	10480	2550	3500	5000	18000	11000	361	69	69	0	0	0	0	6	0	0	0	0	0	0	0	6	
		XML6105JEVY0C5	—	10480	2550	3300,3150,3340,3450,3500	5000	18000	11000	445	69	69	24	0	0	10	10	0	122	0	0	19	0	5	190	
		XML6105JEVY0C6	—	10480	2550	3340,3190	5700	18000	11300	424	69	69	0	0	0	0	0	0	0	0	0	1	0	0	1	
		XML6105JEVY0C7	—	10480	2550	3500,3340,3190	5700	18000	10900,11300	598	69	69	0	0	0	0	0	0	0	0	0	0	0	78	78	
		XML6112JEVY0	—	10990	2550	3430,3600	5550	18000	12000,12350	466	100	100	0	0	0	0	0	0	0	0	0	0	9	0	9	
		XML6112JEVY0C	—	10990	2550	3430,3600	5550	18000	12000,12350	480	100	100	0	0	0	0	0	0	0	0	0	0	4	0	4	
		XML6122JEVY60	—	11600	2550	3430,3600	5900	18000	12250,12850	660	100	100	0	0	0	0	0	5	0	0	0	0	0	0	5	
		XML6185JEVJ0C	—	18000	2550	3280	5410+6930	28000	21000,18500	804	69	69	0	0	0	0	0	0	0	0	0	0	0	20	20	

续上表

企业名称	品牌	车辆型号	底盘型号	外形尺寸(mm) 长	宽	高	轴距(mm)	总质量(kg)	整备质量(kg)	续驶里程(等速法km)	30 min最高车速(km/h)	最高车速(km/h)	1月	2月	3月	4月	5月	6月	7月	8月	9月	10月	11月	12月	2019年产量合计(辆)	2019年产量合计(辆)
厦门金龙旅行车有限公司	金旅	XML6532JEVL0	—	5330	1700	2260,2066,1980	2890	3490	1950	240	100	100	0	0	0	0	0	0	0	0	0	0	0	3	3	2934
		XML6601JEVY0	—	5990	2050	2700,2780,2870,2900	3300	8500	4650,4900	241	100	100	0	0	1	0	0	0	0	6	10	1	2	62	82	
		XML6605JEVY0C	—	5995	2100	2790,3000	2775	7700	5100,5250	282	69	69	0	0	0	0	0	0	0	10	0	0	10	45	65	
		XML6606JEV20C	—	6045	2020	2560,2640,2695	3820	5440	3100,3300	275	69	69	0	0	0	0	0	0	0	0	0	0	0	1	1	
		XML6606JEV60C	—	6045	2020	2560,2640,2695	3820	5440	3250,3450	287	50	50	0	0	0	0	1	0	0	0	0	0	0	0	1	
		XML6606JEVA0C	—	5995	2020	2560,2640,2695	3790	5440	3250,3450	287	50	50	10	0	2	0	0	0	0	0	0	0	0	0	12	
		XML6606JEVA0C1	—	5995	2020	2560,2640,2695	3790	5440	3450	445	50	50	0	0	0	0	0	0	32	42	62	5	110	104	355	
		XML6606JEVA0C2	—	5995	2020	2560,2640,2695	3790	5440	3310	351	50	50	0	0	0	0	0	0	0	0	0	11	4	0	15	
		XML6606JEVY0C	—	6045	2020	2560,2640,2695	3820	5440	3380,3190	447	50	50	0	0	0	0	0	0	0	0	0	0	8	22	30	
		XML6606JEVY0C1	—	6045	2020	2560,2640,2695	3820	5440	3280,3090	340	50	50	0	0	0	0	0	0	105	0	17	34	0	0	156	
		XML6655JEVY0C	—	6540	2100	2790,2830,2950,3000	3320	9000	5250,5500	460	69	69	0	0	0	0	0	0	61	0	0	8	0	0	69	
		XML6655JEVY0C1	—	6540	2100	2790,3000	3320	9500	5500	406	69	69	0	0	0	0	0	0	0	0	0	0	0	47	47	
		XML6700JEVJ0	—	7045	2050	2715,2770,2890	3935	9100	4900,5100	278	100	100	0	0	0	0	0	4	4	1	5	26	2	6	48	
		XML6700JEVJ0C	—	6995	2050	2640,2770,2890	3905	9100	5100	358	69	69	0	0	1	0	0	0	0	0	0	0	0	4	5	
		XML6700JEVY0	—	7045	2050	2715,2770,2890	3935	9450	5350,5550	443.4	100	100	0	0	0	0	0	0	0	0	0	0	0	14	14	
		XML6805JEVJ0C6	—	8045	2350	2980,3135	4550	13000	7350,7800	300	69	69	0	0	0	0	0	0	0	0	0	0	0	74	74	
		XML6805JEVS0C	—	8045	2350	2980,3135	4550	13000	7500,7800	449	69	69	0	0	0	0	0	0	0	0	0	0	0	23	23	
		XML6805JEVY0C	—	8045	2350	2930,3050	4550	12400	7450,7850	263	69	69	0	0	0	0	0	0	0	0	0	0	0	1	1	
		XML6805JEVY0C1	—	8045	2350,2360	2980,3135	4550	13000	7200,7500	323	69	69	25	0	0	0	0	16	122	0	0	4	20	0	187	

续上表

企业名称	品牌	车辆型号	底盘型号	外形尺寸(mm)			轴距(mm)	总质量(kg)	整备质量(kg)	续驶里程(等速法km)	30 min最高车速(km/h)	最高车速(km/h)	1月	2月	3月	4月	5月	6月	7月	8月	9月	10月	11月	12月	2019年产量合计(辆)	2019年产量合计(辆)
				长	宽	高																				
厦门金龙旅行车有限公司	金旅	XML6805JEVY0C2	—	8045	2350,2360	2980,3135	4550	13000	7300,7100	224	69	69	64	0	0	0	70	0	0	0	6	0	0	0	140	2934
		XML6809JEVJ0C1	—	8050	2280	2860,2980	4160	10600	6100	300	69	69	25	0	0	20	8	0	26	0	0	0	6	12	97	
		XML6809JEVW0C1	—	8050	2280	2860,2980	4160	9850	6100	240	69	69	2	0	0	0	0	0	0	0	0	0	0	0	2	
		XML6809JEVY0	—	8050	2280	2860,3035	4160	10600	6200,5900	322	100	100	0	0	0	0	2	1	1	0	1	1	11	0	17	
		XML6809JEVY0C	—	8050	2280	2860,3035	4160	10600	6200	340	100	100	0	0	0	0	0	0	0	0	0	0	0	4	4	
		XML6827JEVY0	—	8190	2500	3240,3350	4470	14000	9000	370	100	100	0	0	0	2	0	0	0	5	0	0	20	0	27	
		XML6827JEVY0C	—	8190	2500	3240,3350	4470	14000	9000	375	69	69	0	0	0	0	0	10	44	0	0	2	0	71	127	
		XML6855JEVJ0C2	—	8520	2460	3050,3195	4700	14000	8500	332	69	69	0	0	0	0	0	0	16	0	0	0	14	0	30	
		XML6855JEVJ0C3	—	8520	2460	3050,3195	4700	14200	8850,8550	550	69	69	0	0	0	0	0	8	76	0	0	0	6	0	90	
		XML6855JEVJ0C5	—	8520	2460	3050,3195	4700	14200	8300,8800	441	69	69	0	0	0	0	0	0	0	0	0	0	0	60	60	
		XML6855JEVS0C1	—	8520	2460	3050,3195	4700	14200	8800	460	69	69	0	0	0	0	0	0	12	0	0	0	20	0	32	
		XML6855JEVW0C6	—	8520	2460	3050,3195	4700	14000	8650,8150	266	69	69	0	0	0	0	0	0	0	0	0	0	0	1	1	
		XML6855JEVY0C2	—	8520	2460	3050,3195	4700	14000	8100,8400	369	69	69	0	0	0	15	0	60	25	0	0	0	0	58	158	
		XML6855JEVY0C7	—	8520	2460	3050,3195	4700	14200	8350,8850	544	69	69	0	0	0	0	0	0	0	0	0	0	0	17	17	
南京金龙客车制造有限公司	开沃	NJL6100BEV55	—	10490	2550	3050,3200	6100	18000	11400,12000,12650	560	69	69	0	0	0	0	0	25	0	0	0	0	0	24	49	2911
		NJL6100EV10	—	10490	2550	3050,3200	5950	18000	11300,11600	562	69	69	0	0	0	0	0	0	0	0	0	1	0	0	1	
		NJL6100EV11	—	10490	2550	3050,3200	5950	18000	11300,11600	550	69	69	0	0	0	0	0	0	0	0	0	1	0	0	1	
		NJL6100EV13	—	10490	2550	3050,3200	6100	18000	11100,11450,11800	588	69	69	0	0	0	0	0	0	42	0	0	0	0	0	42	
		NJL6100EV14	—	10490	2550	3050,3200	6100	18000	10650,11000,11350	420	69	69	0	0	0	0	0	0	0	0	0	0	0	11	11	
		NJL6100EV16	—	10490	2550	3050,3200	6100	18000	10800,11150,11500	480	69	69	0	0	0	0	0	0	193	0	0	0	0	0	193	
		NJL6100EV2	—	10490	2550	3050,3200	6100	18000	10940,11240	420	69	69	12	0	0	0	0	0	0	0	0	0	0	0	12	
		NJL6100EV20	—	10490	2550	3050,3200	6100	18000	10520,10870,11220	380	69	69	0	0	0	0	0	0	0	0	0	0	0	4	4	
		NJL6100EVG	—	10490	2550	3050,3200	6100	18000	10400,10700,11100	398	69	69	25	0	0	0	0	0	132	0	0	0	0	21	178	
		NJL6100EVG1	—	10490	2550	3050,3200	6100	18000	10200,10500,10900	290	69	69	0	0	0	0	0	0	0	0	1	0	0	0	1	

续上表

企业名称	品牌	车辆型号	底盘型号	外形尺寸（mm） 长	宽	高	轴距（mm）	总质量（kg）	整备质量（kg）	续驶里程（等速法 km）	30 min 最高车速（km/h）	最高车速（km/h）	1月	2月	3月	4月	5月	6月	7月	8月	9月	10月	11月	12月	2019 年产量合计（辆）	2019 年产量合计（辆）
南京金龙客车制造有限公司	开沃	NJL6100EVG2	—	10490	2550	3050，3200	6100	18000	10940，11240	460	69	69	0	0	0	0	0	2	15	0	0	0	0	21	38	2911
		NJL6101EV	—	10095	2440	3035，3120	5950	14000	9150，9350	350	69	69	0	0	10	0	0	0	20	0	0	0	0	0	30	
		NJL6113EV2	—	10840	2550	3050，3200	6100	18000	11220，11520	435	69	69	0	0	0	0	0	0	0	0	0	0	0	11	11	
		NJL6117EV1	—	10995	2480	3450，3540	5600	17500	11300，11800	300	90	90	0	1	0	0	0	31	0	4	21	0	1	0	58	
		NJL6117EV2	—	10995	2480	3450，3540	5600	17500	11470，11970	300	90	90	0	0	5	0	0	0	0	0	0	0	0	0	5	
		NJL6117EV5	—	10995	2480	3450，3540	5600	17500	11960，12460	516	90	90	89	0	96	0	54	61	0	0	9	5	0	0	314	
		NJL6117EV6	—	10995	2480	3450，3540	5600	17500	12420，12720	613	90	90	0	0	0	0	0	0	0	0	0	1	0	0	1	
		NJL6117EV7	—	10995	2480	3450，3540	5600	18000	11850，12300	483	90	90	0	0	0	0	0	0	0	0	5	3	0	0	8	
		NJL6117EV8	—	10995	2480	3450，3540	5600	18000	11400，11850	388	90	90	0	0	0	0	0	0	0	0	10	3	3	0	16	
		NJL6117EV9	—	10995	2480	3450，3540	5600	18000	12300，12600	650	90	90	0	0	0	0	0	0	0	3	0	0	0	1	4	
		NJL6117EVG10	—	10995	2480	3450，3540	5600	18000	11900，12150	635	90	90	0	0	0	0	0	0	0	0	0	0	0	9	9	
		NJL6117EVG2	—	10995	2480	3450，3540	5600	17500	11470，11970	320	69	69	20	0	0	0	0	0	0	0	0	0	0	0	20	
		NJL6117EVG5	—	10995	2480	3450，3540	5600	17500	11960，12460	516	69	69	0	0	0	0	0	0	0	0	1	0	21	5	27	
		NJL6123EV2	—	11990	2550	3280	6100	18000	12400，12700	610	69	69	0	0	0	0	0	25	0	0	0	0	0	0	25	
		NJL6129EV1	—	11990	2550	3050，3200	6100	18000	11700，12100，12600	400	69	69	285	155	0	0	0	0	0	0	0	0	0	0	440	
		NJL6129EV9	—	11990	2550	3050，3200	6000	18000	12050，12350，12650	640	69	69	0	0	0	0	0	0	0	0	0	0	1	100	101	
		NJL6129EVG1	—	11990	2550	3050，3200	6100	18000	11700，12100	410	69	69	0	0	0	0	0	0	0	0	0	0	0	161	161	
		NJL6180BEV	—	18000	2550	2914，3130	5835 + 6165	27900	18200	300	69	69	0	0	0	0	0	0	0	0	0	1	0	0	1	
		NJL6600EV	—	6005	2130	2850，2980	3000	7960	4500，4740	290	69	69	0	0	0	0	0	0	0	0	0	1	0	0	1	
		NJL6600EV1	—	6005	2130	2850，2980	3000	7960	4500，4740，4950，5130	267	69	69	23	0	0	0	0	6	5	0	0	10	0	0	44	
		NJL6600EV50	—	5995	2130	2850，2980	3000	7500	4900，5110，5290	290	69	69	0	0	0	0	0	20	0	0	0	0	0	0	20	
		NJL6600EV51	—	5995	2130	2850，2980	3000	7960	4500，4740，4950，5130	267	69	69	0	20	0	1	0	0	30	0	0	0	0	0	51	
		NJL6600EVQ1	—	6005	2130	2850，2980	3000	8300	5100，5300	340	69	69	0	0	0	0	0	0	0	0	0	0	0	1	1	
		NJL6600EVQ50	—	5995	2130	2850，2980	3000	7500	4980，5190，5370	290	69	69	0	0	0	0	0	0	0	6	0	0	0	0	6	

续上表

企业名称	品牌	车辆型号	底盘型号	外形尺寸(mm)			轴距(mm)	总质量(kg)	整备质量(kg)	续驶里程(等速法 km)	30 min 最高车速(km/h)	最高车速(km/h)	1月	2月	3月	4月	5月	6月	7月	8月	9月	10月	11月	12月	2019年产量合计(辆)	2019年产量合计(辆)
				长	宽	高																				
南京金龙客车制造有限公司	开沃	NJL6600EVQ51	—	5995	2130	2850,2980	3000	7500	4820,5030,5210	260	69	69	0	0	0	0	0	0	18	0	0	0	0	0	18	2911
		NJL6600EVY	—	5995	2130	2760,2850,2980	3000	7960	5030,5340,5670	260	100	100	0	0	0	0	0	15	0	0	0	0	0	0	15	
		NJL6600EVYQ52	—	5995	2130	2760,2850,2980	3000	7960	5150,5460	340	90	90	0	0	0	0	0	0	0	0	0	0	12	0	12	
		NJL6680BEV28	—	6800	2270	2821,2952	3700	9500	5935,6235,6535	420	69	69	20	0	0	0	0	0	0	0	0	0	0	0	20	
		NJL6680EV3	—	6800	2270	2821,2952	3700	9500	5935,6235,6535	330	69	69	0	0	0	0	0	0	12	0	2	0	0	20	34	
		NJL6680EV4	—	6800	2270	2821,2952	3700	9500	5935,6135	285	69	69	0	0	0	0	0	0	0	0	0	0	100	0	100	
		NJL6706EV1	—	7000	2050	2640,2860	3935	8000	4800,5000	260	100	100	0	0	0	0	0	0	0	0	1	0	0	0	1	
		NJL6706EV2	—	7000	2050	2640,2740,2860	3935	8000	4800,5000	220	100	100	0	0	1	0	0	0	0	0	0	0	0	0	1	
		NJL6802BEV	—	8040	2450	3150,3300	4450	11500	8200,8500,8800	285	90	90	0	0	9	0	0	0	0	0	0	0	0	0	9	
		NJL6806EV1	—	8010	2160	2720,2860	4500	9000	5700,5900	315	100	100	10	0	0	0	0	0	0	0	0	0	1	0	11	
		NJL6809EV10	—	8030	2370	2800,3060	4550	13000	7350,7650,7950	304	69	69	0	0	0	0	0	0	21	0	0	0	0	16	37	
		NJL6809EV5	—	8030	2370	2800,3060	4550	10700	7250,7450	390	69	69	0	0	0	0	0	0	16	0	0	0	0	0	16	
		NJL6809EV7	—	8030	2370	2800,3060	4550	13000	7450,7650,8000	310	69	69	0	0	0	0	0	0	39	0	0	0	20	0	59	
		NJL6809EV9	—	8030	2370	2800,3060	4550	13000	7350,7700	225	69	69	0	0	0	0	0	0	0	0	1	0	0	1	2	
		NJL6809EVG	—	8030	2370	2800,3060	4550	13000	6950,7250,7500	230	69	69	12	0	6	24	0	0	14	0	0	0	0	0	56	
		NJL6809EVG1	—	8030	2370	2800,3060	4550	13000	6950,7250,7500	283	69	69	102	0	21	4	0	30	41	0	0	0	0	0	198	
		NJL6809EVG7	—	8030	2370	2800,3060	4550	13000	7450,7650,7980	360	69	69	0	0	0	0	0	0	0	0	0	0	0	5	5	
		NJL6822EV	—	8245	2480	3180,3330	4450	14200	8650,8920	468	90	90	0	0	0	0	0	0	0	2	0	1	0	2	5	
		NJL6822EV1	—	8245	2480	3180,3330	4450	14200	8400,8550	320	90	90	0	0	0	0	0	0	0	0	0	6	0	8	14	
		NJL6822EVG	—	8245	2480	3180,3330	4450	14200	8650,8920	470	90	90	0	0	0	0	0	0	0	0	30	0	0	0	30	
		NJL6822EVG1	—	8245	2480	3180,3330	4450	14200	8400,8550	320	90	90	0	0	0	0	0	0	0	0	2	0	0	0	2	

续上表

企业名称	品牌	车辆型号	底盘型号	外形尺寸(mm)			轴距(mm)	总质量(kg)	整备质量(kg)	续驶里程(等速法 km)	30 min 最高车速(km/h)	最高车速(km/h)	1月	2月	3月	4月	5月	6月	7月	8月	9月	10月	11月	12月	2019 年产量合计(辆)	2019 年产量合计(辆)
				长	宽	高																				
南京金龙客车制造有限公司	开沃	NJL6859BEV47	—	8490	2460	3035,3120	4465	12200	8400,8600	350	69	69	5	0	0	0	0	0	0	0	0	0	0	0	5	2911
		NJL6859EV11	—	8545	2440	3035,3150	4320	14000	8500,8700,8900	362	69	69	0	0	0	0	0	0	0	0	0	0	0	31	31	
		NJL6859EV12	—	8545	2440	3035,3150	4320	14500	8800,9050	430	69	69	0	0	0	0	0	0	0	0	0	0	0	10	10	
		NJL6859EV15	—	8545	2440	3035,3150	4320	14000	8400,8650	297	69	69	0	0	0	0	0	0	0	0	0	0	0	30	30	
		NJL6859EV3	—	8545	2440	3035,3150	4465	13200	8600,8800	320	69	69	13	0	0	0	0	0	0	0	0	0	0	0	13	
		NJL6859EV6	—	8545	2440	3035,3150	4465	14000	7950,8150	210	69	69	0	0	0	0	0	0	0	0	1	0	0	31	32	
		NJL6859EV7	—	8545	2440	3035,3150,3270	4465	13200	8900,9100,9400	550	69	69	0	0	0	0	20	0	0	0	0	0	0	0	20	
		NJL6859EV8	—	8545	2440	3035,3150	4465	13200	8100,8300	250	69	69	0	0	0	0	0	0	0	0	1	0	0	0	1	
		NJL6859EVG	—	8545	2440	3035,3150	4465	14000	8150,8350,8550	286	69	69	0	0	0	0	0	0	110	0	0	0	0	0	110	
		NJL6859EVG1	—	8545	2440	3035,3150	4320	14000	8500,8700	386	69	69	68	0	0	2	0	30	5	0	0	0	25	0	130	
北汽福田汽车股份有限公司	福田	BJ6105EVCA-27	—	10500	2500,2550	3060,3100,3200,3250	5700	17500	10600,11000,11400	250	69	69	0	0	0	0	40	60	0	0	0	0	0	0	100	2598
		BJ6105EVCA-28	—	10500	2500,2550	3060,3100,3200,3250,3420	5700	17500	11000,11600,12000	配置1、3:370,配置2、4:408	69	69	50	0	58	0	0	0	0	0	0	0	0	0	108	
		BJ6105EVCA-35	—	10500	2500,2550	3060,3100,3200,3250	5700	18000	10400,10800,11200	275	69	69	20	0	0	0	0	0	0	0	0	0	0	0	20	
		BJ6105EVCA-37	—	10500	2500,2550	3060,3100,3200,3250	5700	18000	10800,11200	400	69	69	0	0	0	0	0	20	0	0	0	0	0	0	20	
		BJ6105EVCA-38	—	10500	2500,2550	3060,3100,3200,3250	5700	18000	10800,11200	455	69	69	1	0	0	0	0	0	0	0	0	0	0	0	1	
		BJ6105EVCA-39	—	10500	2500,2550	3060,3100,3200,3250	5700	18000	11200	551	69	69	35	0	0	0	0	0	1	0	0	0	0	0	36	
		BJ6105EVCA-42	—	10500	2500,2550	3060,3100,3200,3250	5700	17500	12300,12500	536	69	69	0	50	0	0	0	0	0	0	0	0	0	0	50	
		BJ6105EVCA-47	—	10500	2500,2550	3060,3100,3200,3250,3300	5700	18000	10800,11200	463	69	69	0	0	0	0	0	0	0	0	0	0	0	10	10	

续上表

企业名称	品牌	车辆型号	底盘型号	外形尺寸(mm)			轴距(mm)	总质量(kg)	整备质量(kg)	续驶里程(等速法km)	30 min最高车速(km/h)	最高车速(km/h)	1月	2月	3月	4月	5月	6月	7月	8月	9月	10月	11月	12月	2019年产量合计(辆)	2019年产量合计(辆)
				长	宽	高																				
北汽福田汽车股份有限公司	福田	BJ6105EVCA-49	—	10500	2500,2550	3060,3100,3200,3250,3300	5700	18000	11000,11400,11800	606	69	69	0	0	0	0	0	0	0	0	0	0	0	80	80	2598
		BJ6117EVCA	—	11210	2550	3420,3560	5700	16400	11500,11700	410,470	69	69	0	0	0	0	0	12	0	0	0	0	0	0	12	
		BJ6117EVCA-1	—	10990	2500	3430,3400	5550	18000	11350,11500	435	69	69	0	0	0	0	0	0	0	0	0	0	12	0	12	
		BJ6117EVUA-5	—	11210	2550	3420,3560	5700	16400	11200,11450	285	100	100	5	1	0	0	0	0	0	0	0	0	0	0	6	
		BJ6117EVUA-6	—	10990	2500	3430,3400	5550	18000	11500,11750	498	100	100	0	0	0	0	0	0	0	0	3	0	2	18	23	
		BJ6123EVCA-42	—	12000	2550	3100,3200,3250	5900	18000	12000,12450	480	69	69	0	0	1	0	0	30	0	0	0	0	0	0	31	
		BJ6123EVCA-43	—	12000	2550	3100,3200,3250	5900	18000	11300,11800	210,240	69	69	0	0	0	0	0	0	16	0	0	0	0	0	16	
		BJ6123EVCA-47	—	12000	2550	3050,3150,3250	5900	18000	12500,12700	180	69	69	337	315	600	2	0	0	0	0	0	0	0	0	1254	
		BJ6123EVCA-48	—	12000	2550	3050,3150,3250	6100	18000	12300,12600	445	69	69	0	0	0	0	137	0	0	0	0	0	0	0	137	
		BJ6127EVCA-6	—	12000	2550	3200,3300,3330	6000	18000	12800,12600	423	69	69	0	0	0	100	0	0	0	0	0	0	0	0	100	
		BJ6608EVUA2	—	5990	2000	2450,2675	3750	4250	2840	350	100	100	0	0	5	2	1	0	0	17	4	5	15	13	62	
		BJ6650EVCA-7	—	6545	2100	2890,2930	3290	9500	5450,5650	288	69	69	0	0	0	0	0	0	0	0	0	0	0	20	20	
		BJ6680EVCA	—	6845	2100	2860	3200	8600	5400	257	69	69	0	0	0	150	0	0	0	0	0	0	0	0	150	
		BJ6805EVCA-18	—	8005	2350	3000,3100	4250	11200	6900,7100	235	69	69	12	10	0	0	0	0	0	0	0	0	0	0	22	
		BJ6805EVCA-20	—	8005	2350	3000,3100	4250	11200	6900,7200	310,260	69	69	0	0	0	0	0	0	24	0	0	0	0	0	24	
		BJ6816EVCA	—	8075	2500	3360	3800	14000	8600	373	69	69	0	0	0	0	0	0	0	0	0	0	0	25	25	
		BJ6816EVUA	—	8075	2500	3360	3800	14000	8750	470	100	100	0	0	0	0	0	0	0	0	0	44	0	0	44	
		BJ6851EVCA-19	—	8540	2450	3100,3000	4450	13700	8200,8500	204,220	69	69	0	0	1	0	0	0	0	0	0	0	0	0	1	
		BJ6851EVCA-20	—	8540	2435	3100,3000	4450	13700	8800,9100	450	69	69	0	0	0	0	0	0	20	0	0	0	0	0	20	
		BJ6851EVCA-22	—	8540	2450	3100,3000	4450	14000	8200,8500	230	69	69	0	0	0	0	0	0	0	0	0	0	0	5	5	
		BJ6851EVCA-25	—	8540	2435	3100,3000	4450	14000	8400,8600	508	69	69	0	0	0	0	0	42	18	0	0	0	0	0	60	
		BJ6851EVCA-30	—	8540	2450	3060,3090,3120	4350	14000	8400,8700	533	69	69	0	0	0	0	0	0	0	0	0	0	0	124	124	
		BJ6851EVCA-33	—	8540	2450	3060,3090,3120	4350	14000	8000,8300	297	69	69	0	0	0	0	0	0	0	0	0	0	0	25	25	

续上表

企业名称	品牌	车辆型号	底盘型号	外形尺寸(mm)			轴距(mm)	总质量(kg)	整备质量(kg)	续驶里程(等速法 km)	30 min 最高车速(km/h)	最高车速(km/h)	1月	2月	3月	4月	5月	6月	7月	8月	9月	10月	11月	12月	2019 年产量合计(辆)	2019 年产量合计(辆)
				长	宽	高																				
厦门金龙联合汽车工业有限公司	金龙	XMQ6105AGBEVL1	—	10500	2550	3290	5800	18000	10950,11600	605	69	69	0	0	0	0	0	0	0	0	0	0	72	0	72	2299
		XMQ6105AGBEVM	—	10500	2550	3600	5100	18000	11200,11800,12400	610	69	69	0	0	0	0	0	0	0	0	10	0	6	0	16	
		XMQ6106AGBEVL16	—	10500	2500	3070,3120,3230,3270	5700	18000	10800,11400,12000	460	69	69	10	0	0	0	0	0	0	0	0	0	0	0	10	
		XMQ6106AGBEVL24	—	10500	2500	3070,3120,3230,3270	5700	18000	10200,10800,11400	375	69	69	0	0	0	0	0	0	198	0	30	0	0	0	228	
		XMQ6106AGBEVL25	—	10500	2500	3070,3120,3230,3270	5700	18000	10600,11200,11800	486	69	69	56	0	23	0	20	36	29	0	0	0	0	20	184	
		XMQ6106AGBEVL26	—	10500	2500	3070,3120,3230,3270	5700	18000	10600,11200,11800	486	69	69	0	0	0	0	0	45	0	0	0	0	0	0	45	
		XMQ6106AGBEVL27	—	10500	2500	3070,3120,3230,3270,3400,3450	5700	18000	10800,11300,11800	590	69	69	0	0	0	0	0	0	78	0	0	0	7	0	85	
		XMQ6106AGBEVL28	—	10500	2500	3070,3120,3230,3270	5700	18000	10000,10600,11200	350	69	69	0	0	0	0	0	0	0	0	0	0	0	12	12	
		XMQ6106AGBEVL29	—	10500	2500	3070,3120,3230,3270	5700	18000	10200,10800,11400	410	69	69	0	0	0	0	0	0	0	0	0	0	2	18	20	
		XMQ6106AGBEVL30	—	10500	2500	3070,3120,3230,3270,3400,3450	5700	18000	10400,11000,11600	490	69	69	0	0	0	0	0	0	0	0	9	0	32	60	101	
		XMQ6106AGBEVL31	—	10500	2500	3070,3120,3230,3270,3400,3450	5700	18000	10600,11200,11800	635	69	69	0	0	0	0	0	0	0	0	0	36	20	0	56	
		XMQ6106AGBEVM3	—	10500	2500	3400,3450,3070,3120,3230,3270	5700	18000	10000,10600,11200	270	69	69	0	0	0	0	0	0	0	0	11	0	0	0	11	
		XMQ6110BCBEVL14	—	10700	2500	3200,3300,3380	5350	17000	10700	290	100	100	0	0	8	0	0	1	0	0	1	0	0	0	10	
		XMQ6110BGBEVL8	—	10700	2500	3200,3300,3380	5350	17000	10700	290	69	69	0	0	0	10	0	0	10	0	0	0	0	0	20	
		XMQ6112AGBEVL1	—	10990	2500	3610,3470	5590	18000	11900	355	100	100	0	0	0	0	0	0	0	0	0	0	4	5	9	
		XMQ6112AGBEVL3	—	10990	2500	3610,3470	5590	18000	12000	510	100	100	0	0	0	0	0	0	0	0	0	0	4	77	81	
		XMQ6112AYBEVL	—	10990	2500	3610	5590	18000	12900	580	100	100	0	0	56	0	0	0	0	0	0	0	0	0	56	
		XMQ6112AYBEVL1	—	10990	2500	3610,3470	5590	18000	11900	355	100	100	0	0	0	0	0	0	0	0	0	0	0	9	9	

续上表

企业名称	品牌	车辆型号	底盘型号	外形尺寸(mm) 长	宽	高	轴距(mm)	总质量(kg)	整备质量(kg)	续驶里程(等速法 km)	30 min最高车速(km/h)	最高车速(km/h)	1月	2月	3月	4月	5月	6月	7月	8月	9月	10月	11月	12月	2019年产量合计(辆)	2019年产量合计(辆)
厦门金龙联合汽车工业有限公司	金龙	XMQ6112AYBEVL3	—	10990	2500	3610,3470	5590	18000	12000	510	100	100	0	0	0	0	0	0	0	0	0	0	0	1	1	2299
		XMQ6112SGBEVM	—	10880	2550	4130,4160	5650	18000	12400,12700	520	69	69	0	0	0	0	0	0	0	0	4	0	0	0	4	
		XMQ6125AGBEVL	—	11980	2550	3290	6300	18000	12100,12800	659	69	69	0	0	0	0	0	0	0	0	0	0	1	67	68	
		XMQ6127AGBEVL10	—	11980	2550	3400,3450	6100	18000	12100,12800	642	69	69	0	0	0	0	0	0	0	0	0	0	60	0	60	
		XMQ6605AGBEVL	—	5990	2100	2740,2780,2855,2895	2790	7500	4750,5000	280	69	69	0	0	0	0	0	0	0	0	19	0	18	6	43	
		XMQ6650AGBEVL2	—	6520	2100	2740,2780,2855,2895	3320	9000	5000,5200,5450	425	69	69	30	0	3	0	0	0	36	18	0	0	0	0	87	
		XMQ6650AGBEVL3	—	6520	2100	2740,2780,2855,2895	3320	9000	4900,5100,5300	310	69	69	0	0	0	0	0	0	24	4	0	0	0	0	28	
		XMQ6650AGBEVL4	—	6520	2100	2740,2780,2855,2895	3320	9000	5000,5200,5400	425	69	69	0	0	0	0	0	0	0	0	5	10	66	33	114	
		XMQ6802AGBEVL12	—	8005	2350	2930,2985,3030,3090	3850	13000	7150,7450,7750	250	69	69	0	0	0	15	0	15	0	0	0	0	0	0	30	
		XMQ6802AGBEVL13	—	8005	2350	2930,2985,3030,3090	3850	13000	7300,7600,7900	280	69	69	43	0	8	0	0	0	0	0	0	0	0	0	51	
		XMQ6802AGBEVL14	—	8005	2350	2930,2985,3030,3090	3850	13000	7500,7800,8100	340	69	69	0	0	8	0	0	0	29	0	60	0	0	0	97	
		XMQ6806BGBEVL2	—	8080	2280	2870,2990	4200	9500	5950,6250	270	69	69	20	0	0	0	0	0	0	0	0	0	0	0	20	
		XMQ6806BYBEVL2	—	8080	2280	2870,2990	4200	9500	5800,6090	270	100	100	1	0	1	0	0	0	0	0	0	0	0	0	2	
		XMQ6810AGBEVL2	—	8100	2450	3090,3115,3145,3175	4250	13500	7800,8100,8400	345	69	69	0	0	0	0	0	0	0	0	0	20	6	6	32	
		XMQ6810AGBEVL3	—	8100	2450	3090,3115,3145,3175	4250	13500	8000,8300,8600	420	69	69	0	0	0	0	0	0	0	0	1	0	0	0	1	
		XMQ6810AGBEVL4	—	8100	2450	3090,3115,3145,3175	4250	13500	7700,8000,8300	290	69	69	0	0	0	0	0	0	0	0	27	0	0	0	27	
		XMQ6821CGBEVL3	—	8210	2500	3340,3410,3470	3850	14000	8500,9000	328	69	69	0	0	8	0	15	0	9	0	0	0	0	14	46	
		XMQ6821CGBEVL5	—	8210	2500	3290,3410,3470	4000	14000	8500,9000	335	100	100	0	0	0	0	0	0	0	0	0	10	0	20	30	
		XMQ6821CGBEVL6	—	8210	2500	3290,3410,3470	4000	14000	8700,9200	450	100	100	0	0	0	0	0	0	0	0	0	0	0	26	26	

续上表

企业名称	品牌	车辆型号	底盘型号	外形尺寸(mm)			轴距(mm)	总质量(kg)	整备质量(kg)	续驶里程(等速法 km)	30 min 最高车速(km/h)	最高车速(km/h)	1月	2月	3月	4月	5月	6月	7月	8月	9月	10月	11月	12月	2019 年产量合计(辆)	2019 年产量合计(辆)
				长	宽	高																				
厦门金龙联合汽车工业有限公司	金龙	XMQ6821CYBEVL3	—	8210	2500	3340,3410,3470	3850	14000	8500,9000	328	100	100	0	0	0	0	4	0	0	0	0	0	0	0	4	2299
		XMQ6821CYBEVL5	—	8210	2500	3290,3410,3470	4000	14000	8500,9000	335	100	100	0	0	0	0	0	0	0	0	0	0	2	0	2	
		XMQ6821CYBEVL6	—	8210	2500	3290,3410,3470	4000	14000	8700,9200	450	100	100	0	0	0	0	0	0	0	0	0	0	2	1	3	
		XMQ6850AGBEVL14	—	8545	2450	3030,3090,3130,3190	4250	13000	8300,8700,9100	510	69	69	25	0	0	0	0	0	0	0	0	0	0	0	25	
		XMQ6850AGBEVL16	—	8545	2450	3030,3090,3130,3190	4250	14000	8300,8700,9100	410	69	69	0	0	0	0	0	8	84	0	0	0	0	0	92	
		XMQ6850AGBEVL17	—	8545	2450	3090,3115,3145,3175	4250	14000	8500,8900,9300	560	69	69	0	0	0	0	0	0	71	0	0	0	0	0	71	
		XMQ6850AGBEVL18	—	8545	2450	3090,3115,3145,3175	4250	14000	8100,8400,8700	330	69	69	0	0	0	0	0	0	0	0	0	20	0	0	20	
		XMQ6850AGBEVL19	—	8545	2450	3090,3115,3145,3175	4250	14000	8300,8600,8900	400	69	69	0	0	0	0	0	0	0	0	0	100	0	0	100	
		XMQ6850AGBEVL20	—	8545	2450	3090,3115,3145,3175	4250	14000	8400,8700,9000	450	69	69	0	0	0	0	0	0	0	0	0	10	0	10	20	
		XMQ6850AGBEVL21	—	8545	2450	3090,3115,3145,3175	4250	14000	8600,8900,9200	525	69	69	0	0	0	0	0	0	0	0	20	30	52	6	108	
		XMQ6860AGBEVM	—	8640	2550	3600	4050	14500	9300,9600	525	69	69	0	0	0	4	0	0	0	0	0	0	0	0	4	
		XMQ6905AYBEVL	—	8995	2500	3330,3440,3480	4750	15000	9520,10100	550	100	100	0	0	0	0	2	1	0	0	0	0	0	0	3	
		XMQ6905AYBEVL1	—	8995	2500	3330,3440,3480	4750	15000	9520,10100	550	100	100	0	0	0	0	0	0	0	14	0	0	0	41	55	
东莞中汽宏远汽车有限公司	宏远	KMT6106GBEV	—	10450	2480	3220,2980	5250	18000	11400,11150	480	69	69	0	0	0	0	1	0	30	0	0	0	0	0	31	2103
		KMT6106GBEV4	—	10450	2480	3220,2980	5250	18000	11400,11150	560	69	69	0	0	0	0	0	0	0	0	0	0	288	142	430	
		KMT6119HBEV	SLK6118BEVT	10995	2530	3395,3295	5550	18000	11600	510	100	100	0	0	0	0	0	0	0	0	0	0	0	116	116	
		KMT6600GBEV	—	5990	2150	2780,2980	2800	7500	5000,5200	297	69	69	0	0	50	0	0	0	0	0	24	10	0	2	86	
		KMT6601GBEV	SLK6563BEVL	5985	2180	2820,2995	3250	8200	4800,5000	300	69	69	0	0	0	0	0	0	0	0	0	0	0	51	51	
		KMT6602HBEV	—	5990	2240	2880	3300	7500	4850	255	100	100	15	0	0	0	0	0	0	0	0	0	0	0	15	
		KMT6802GBEV3	—	8010	2410	3050,2800	4250	11200	6700,6450	393	69	69	0	0	0	0	0	0	49	0	0	0	0	47	96	
		KMT6803GBEV	—	8050	2450	3270,3360	4100	14200	8200,8400	420	100	100	0	0	0	0	0	0	0	0	0	0	6	0	6	

续上表

企业名称	品牌	车辆型号	底盘型号	外形尺寸(mm) 长	宽	高	轴距(mm)	总质量(kg)	整备质量(kg)	续驶里程(等速法 km)	30 min 最高车速(km/h)	最高车速(km/h)	1月	2月	3月	4月	5月	6月	7月	8月	9月	10月	11月	12月	2019年产量合计(辆)	2019年产量合计(辆)
东莞中汽宏远汽车有限公司	宏远	KMT6861GBEV	—	8560	2410	3080,2910	4600	14000	8300,8050	396	69	69	0	0	0	0	1	0	0	0	0	0	0	0	1	2103
		KMT6861GBEV1	—	8560	2410	3080,2910	4600	14000	8300,8050	213	69	69	0	0	0	0	0	0	0	0	166	0	0	0	166	
		KMT6861GBEV5	—	8560	2410	3080,2910	4600	14000	9000,8850	540	69	69	0	0	0	0	0	0	0	0	0	0	641	308	949	
		KMT6861GBEV6	—	8560	2410	3080,2910	4600	14000	9000,8850	330	69	69	0	0	0	0	0	0	0	0	0	0	156	0	156	
扬州亚星客车股份有限公司	亚星	JS6101GHBEV28	—	10100	2400	3020,3190	5600	15000	8700,9150	394	69	69	0	0	0	20	0	0	10	0	22	5	0	0	57	1769
		JS6108GHBEV18	—	10500	2500	3050,3265	5600	16500,18000	10000,10500	335,335	69	69	90	0	0	63	0	0	1	0	16	1	0	16	187	
		JS6108GHBEV20	—	10500	2500	3050,3210,3265	5600	16500	10100,10600	521	69	69	0	0	0	0	0	4	0	0	0	0	0	0	4	
		JS6108GHBEV21	—	10500	2500	3050,3210,3265	5600	16500	10000,10400	412,493	69	69	65	0	0	0	0	12	0	0	0	0	0	0	77	
		JS6108GHBEV22	—	10500	2500	3050,3210,3265	5950	16500	9500,10000	322	69	69	0	0	0	30	0	0	5	0	0	0	0	0	35	
		JS6108GHBEV23	—	10480	2400	3020,3190	5500	14000	8400,8800,8500,9000	306,344	69	69	0	0	0	20	0	0	0	0	0	0	0	0	20	
		JS6108GHBEV25	—	10500	2500	3050,3210,3265	5600	18000	10100,10600	410	69	69	0	0	0	0	0	80	0	0	0	0	0	0	80	
		JS6108GHBEV26	—	10500	2500	3050,3210,3265	5600	18000	10200,10700	501	69	69	0	0	0	0	0	0	100	0	0	1	0	0	101	
		JS6108GHBEV28	—	10500	2500	3050,3210,3265	5600	18000	10100,10600	422,466	69	69	0	0	0	0	0	0	0	0	0	0	0	40	40	
		JS6108GHBEV29	—	10500	2500	3050,3210,3265	5600	18000	10400,10900	473	69	69	0	0	0	0	0	0	0	0	0	0	20	51	71	
		JS6108GHBEV31	—	10500	2500	3050,3210,3265	5600	18000	10100,10500	348	69	69	0	0	0	0	0	0	0	0	0	0	0	197	197	
		JS6108GHBEV32	—	10480	2400	3020,3190	5370	15000	8700,9150	371	69	69	0	0	0	0	0	0	0	0	0	0	0	61	61	
		JS6111SHBEV	—	10800	2500	3980,4180	5650	18000	11200,11700,11800,12400	322,357	69	69	0	0	0	0	0	2	4	0	0	0	0	0	6	
		JS6128GHBEV19	—	12000	2550	3050,3210,3265	6150	18000	11600,12200	546	69	69	0	0	0	0	0	26	0	0	0	0	0	0	26	
		JS6600GHBEV2	—	5985	2190	2755,2840,3000	2990	8000	4900,5100	286	69	69	0	0	0	0	0	0	0	0	0	1	0	8	9	
		JS6661GHBEV	—	6640	2190	2840,3000	3300	9500	5450,5650	359	69	69	0	0	0	0	0	0	36	0	0	0	10	0	46	

续上表

企业名称	品牌	车辆型号	底盘型号	外形尺寸(mm) 长	宽	高	轴距(mm)	总质量(kg)	整备质量(kg)	续驶里程(等速法 km)	30 min 最高车速(km/h)	最高车速(km/h)	1月	2月	3月	4月	5月	6月	7月	8月	9月	10月	11月	12月	2019 年产量合计(辆)	2019 年产量合计(辆)
扬州亚星客车股份有限公司	亚星	JS6661GHBEV1	—	6640	2190	2840,3000	3300	9500	5450,5650	340	69	69	0	0	0	0	0	30	0	0	0	0	0	0	30	1769
		JS6815GHBEV	—	8125	2400	2950,3150	4180	11600	6600,6950	238	69	69	10	10	1	0	0	0	0	0	0	0	0	0	21	
		JS6815GHBEV1	—	8125	2400	2950,3150	4180	11600	6600,6950,7280	295,297	69	69	9	0	0	0	0	10	48	0	0	0	0	0	67	
		JS6815GHBEV2	—	8145	2400	2950,3150	4180	14000	7300,7700	303	69	69	0	0	0	0	0	10	49	0	0	0	12	0	71	
		JS6815GHBEV3	—	8145	2400	2950,3150	4180	14000	7600,8000	381	69	69	0	0	0	0	0	8	90	0	0	0	0	0	98	
		JS6815GHBEV5	—	8145	2400	2950,3150	4180	14000	6800,7100,7400	211	69	69	0	0	0	0	0	0	42	0	0	0	0	0	42	
		JS6815GHBEV6	—	8145	2400	2950,3150	4180	14000	7600,8000	379	69	69	0	0	0	0	0	67	0	0	0	0	0	0	67	
		JS6815GHBEV7	—	8145	2400	2950,3150	4180	14000	7000,7300	275	69	69	0	0	0	0	0	0	0	0	0	0	0	40	40	
		JS6815GHBEV9	—	8145	2400	2950,3150	4180	14000	6900,7200	217	69	69	0	0	0	0	0	0	0	0	0	0	0	34	34	
		JS6851GHBEV16	—	8540	2400	2950,3150	4600	12500	7200,7580	289	69	69	2	0	0	0	0	0	0	0	0	6	0	0	8	
		JS6851GHBEV17	—	8540	2400	2950,3150	4600	12500	7200,7580,7800,8200	341,356	69	69	0	0	16	0	0	0	0	0	0	0	0	0	16	
		JS6851GHBEV21	—	8540	2400	2950,3150,3210	4400	14000	7700,8100	385	69	69	0	0	0	0	0	0	12	0	0	0	0	0	12	
		JS6851GHBEV22	—	8540	2400	2950,3150	4400	14000	7800,8200	440	69	69	0	0	0	0	0	0	0	0	0	0	0	33	33	
		JS6851GHBEV23	—	8540	2400	2950,3150	4400	14000	8200,8600	486	69	69	0	0	0	0	0	0	10	0	0	102	30	0	142	
		YBL6111HBEV3	—	10990	2500	3690,3580,3510,3400	5440	17500	9800,10200,10500	310,334	100	100	0	0	0	0	30	0	0	0	0	0	0	0	30	
		YBL6119GHBEV1	—	10990	2550	3490,3355	5580	16900	10200,10700	502	90	90	0	0	0	0	0	0	0	0	0	0	1	40	41	
成都广通汽车有限公司	广通	CAT6100CRBEVT2	—	10200	2500	3160	6085	14300	10300,10500	175	69	69	0	0	0	0	1	999	0	0	0	0	0	0	1000	1206
		CAT6105CRBEV	—	10480	2500	3000,3150	5350	18000	11000,11200	450	69	69	0	0	0	0	0	0	0	0	0	0	16	28	44	
		CAT6123CRBEVT	—	12000	2550	3460	6100	18000	14200,14450	310	69	69	0	0	0	0	0	0	0	0	0	0	0	4	4	
		CAT6146CRBEV	—	13640	2550	3350	6150+1470	24000	15300,15800	450	69	69	0	0	0	0	0	0	0	0	0	0	0	15	15	
		CAT6601CRBEV	—	5985	2160	2775,2960	3300	7600	4800,5050	280,300	69	69	0	0	0	1	0	0	0	0	0	0	0	74	75	
		CAT6680CRBEVT2	—	6840	2290	3060	4080	9500	6400,6600	105	69	69	0	0	0	0	0	0	0	0	0	0	0	60	60	
		CAT6858CRBEV	—	8490	2480	2950,3065	4300	14500	8350,8600	310	69	69	0	0	0	0	0	0	0	0	0	0	0	8	8	

续上表

企业名称	品牌	车辆型号	底盘型号	外形尺寸(mm)			轴距(mm)	总质量(kg)	整备质量(kg)	续驶里程(等速法km)	30 min最高车速(km/h)	最高车速(km/h)	1月	2月	3月	4月	5月	6月	7月	8月	9月	10月	11月	12月	2019年产量合计(辆)	2019年产量合计(辆)
				长	宽	高																				
上海申龙客车有限公司	申龙	SLK6101UBEVN1	—	10490	2500	3350	5800	18000	11500,12000	520	69	69	0	0	0	0	81	87	26	0	0	0	0	0	194	1145
		SLK6101UBEVN3	—	10490	2500	3350	5800	18000	11600	530	69	69	0	0	0	0	0	0	20	0	0	0	0	0	20	
		SLK6109UBEVB1	—	10500	2500	3200,3060	6100	18000	10900,11200	530,530	69	69	0	0	0	0	0	0	0	0	0	0	12	0	12	
		SLK6109UBEVB3	—	10500	2500	3200,3060	6100	18000	10700,11000	435	69	69	0	0	0	0	0	0	50	0	0	0	0	0	50	
		SLK6109UBEVL5	—	10500	2500	3200,3060	6100	18000	10700,11000	280	69	69	0	0	0	0	0	20	30	0	0	0	0	30	80	
		SLK6109UBEVN2	—	10500	2500	3260	6100	18000	10700,11000	270	69	69	0	0	0	0	0	0	0	0	0	0	26	0	26	
		SLK6109UBEVN3	—	10500	2500	3200,3060	6100	18000	10700,11000	290	69	69	0	0	0	0	0	11	0	0	0	0	0	80	91	
		SLK6109UBEVW17	—	10500	2500	3200,3060	6100	18000	10700,11000,11200	380	69	69	0	0	0	13	0	8	0	0	0	40	0	4	65	
		SLK6109UBEVW7	—	10500	2500	3200,3060	6100	16500	10700,11300,12000	550	69	69	0	0	0	0	0	0	33	0	0	0	0	10	43	
		SLK6111UBEVZ1	—	10920	2500	3350	5800	18000	11600,11950	610	69	69	0	0	0	0	0	0	0	0	80	0	0	0	80	
		SLK6118ABEVL5	—	10995	2500	3395,3295	5550	17200	11900	515	100	100	0	0	0	0	0	0	0	0	8	0	1	0	9	
		SLK6118ABEVL7	—	10995	2500	3395,3295	5550	18000	11000	305,305	100	100	0	0	0	0	0	0	0	0	0	0	0	20	20	
		SLK6118UBEVL11	—	10995	2500,2530	3395,3295	5550	18000	11400	408	90	90	0	0	0	0	0	0	30	0	0	0	0	21	51	
		SLK6118UBEVL7	—	10995	2500	3395,3295	5550	18000	11000	305	100	100	0	0	0	0	0	0	2	0	0	0	0	0	2	
		SLK6118UBEVN3	—	10995	2500	3395,3295	5550	17200	11700,12400	550	100	100	20	0	0	0	0	0	0	0	0	0	0	0	20	
		SLK6118UBEVW3	—	10995	2500	3395,3295	5550	16400	11200,11500	290	69	69	3	0	0	0	0	0	0	0	0	0	0	0	3	
		SLK6128UBEVN1	—	11995	2500,2530	3395,3295	6200	18000	13000	635	100	100	0	0	0	0	0	0	6	0	0	0	0	0	6	
		SLK6128UBEVN3	—	11995	2530	3395,3295	6200	18000	12400	592	100	100	0	0	0	0	0	0	0	0	0	15	0	0	15	
		SLK6129UBEVN1	—	11995	2500	3080,3220	6100	18000	12500	550	69	69	0	0	0	0	0	0	0	0	0	0	0	10	10	
		SLK6663UBEVL3	—	6640	1920	2755,2895	3320	8200	4950	300	69	69	0	0	0	0	0	0	0	30	0	0	15	0	45	
		SLK6663USBEVL1	SLK6623BEVL1	6640	2180	2820,2995	3320	8500	5300,5500	418	69	69	0	0	0	0	0	0	0	0	0	0	0	4	4	
		SLK6803ABEVL1	—	8045	2480	3235,3430	4400	14000	8350	310	100	100	0	0	0	0	0	0	0	0	0	0	7	0	7	
		SLK6803UBEVL1	—	8045	2480	3235,3430	4400	12200	8350	320	69	69	2	0	0	0	0	0	0	0	0	0	0	0	2	
		SLK6819UBEVC1	—	8090	2350	2920,3050	4200	14000	7500,7800	215	69	69	0	0	0	0	0	0	0	0	0	14	0	0	14	
		SLK6819UBEVL7	—	8090	2350,2420	2920,3050	4200	13700	7800,8100	345,345	69	69	0	0	0	0	0	0	0	0	0	0	31	7	38	
		SLK6819UBEVN1	—	8090	2350	2920,3050	4200	14000	7500,7800	215,215	69	69	0	0	0	0	0	0	50	0	0	0	5	0	55	

续上表

企业名称	品牌	车辆型号	底盘型号	外形尺寸(mm)			轴距(mm)	总质量(kg)	整备质量(kg)	续驶里程(等速法km)	30 min最高车速(km/h)	最高车速(km/h)	1月	2月	3月	4月	5月	6月	7月	8月	9月	10月	11月	12月	2019年产量合计(辆)	2019年产量合计(辆)
				长	宽	高																				
上海申龙客车有限公司	申龙	SLK6819UBEVN3	—	8090	2350	2920,3050	4200	14000	7500,7800	280,280	69	69	0	0	0	0	0	0	6	0	0	0	1	0	7	1145
		SLK6819UBEVW21	—	8090	2350,2420	2920,3050	4200	14000	7500,7800	235,235	69	69	0	0	0	0	0	0	20	29	0	0	36	6	91	
		SLK6859UBEVL1	—	8545	2500	3200,3060	4430	14000	8700	440	69	69	0	0	0	0	0	10	0	0	0	1	0	0	11	
		SLK6859UBEVL3	—	8545	2500	3200,3060	4430	14200	8700	343	69	69	0	0	0	0	0	30	0	0	0	0	0	0	30	
		SLK6903ABEVL1	—	8995	2480	3445,3255	4800	14850	9400	415	100	100	0	0	0	0	0	0	17	0	2	0	10	14	43	
		SLK6903ABEVW3	—	8995	2480	3445,3255	4800	13200	9300,9700	535	100	100	1	0	0	0	0	0	0	0	0	0	0	0	1	
东风汽车股份有限公司	东风	DFA6100CBEV2	—	10480	2500,2550	3080,3125,3250	5800	18000	10900,11200,11500	590	69	69	0	0	0	0	0	0	0	0	0	0	57	0	57	1052
		DFA6118LBEV	—	10990	2550	3500,3620	5550	18000	12250,12600,12900	515	100	100	0	0	1	0	0	0	0	0	0	0	0	0	1	
		DFA6600GBEV1	EQ6570RACEV1	5995	2120	2790,2900	3050	7700	4800,5000	340	69	69	0	0	0	0	0	0	0	0	0	0	0	15	15	
		DFA6650GBEV1	EQ6620RACEV1	6540	2120	2770,2960	3300	9000	4970,5170	320	69	69	0	0	0	0	3	15	32	1	0	0	0	0	51	
		DFA6800EBEV3	EQ6760RACEV3	8050	2260	2875,2910,3050	4100	11000	6430,6670	425	69	69	0	0	65	75	61	2	135	0	11	0	12	19	380	
		DFA6800EBEV4	EQ6760RACEV4	8050	2260	2875,2910,3050	4100	11000	6220,6460	330	69	69	0	0	0	0	135	14	230	0	6	13	40	24	462	
		DFA6800EBEV5	EQ6760RACEV4	8050	2260	2875,2910,3050	4100	11000	6400,6700	320	75	75	0	0	0	0	0	0	27	0	4	0	0	0	31	
		DFA6811CBEV	EQ6761RACEV	8110	2420	3100,3140,3245	4100	11200	7330,7560,7010,7240	380	100	100	0	0	2	0	0	0	0	5	0	0	0	2	9	
		DFA6811CBEV1	EQ6761RACEV	8110	2420	3100,3140,3245	4100	11200	7330,7560	380	100	100	0	0	0	5	6	1	0	0	0	0	6	3	21	
		DFA6850EBEV1	EQ6800RACEV1	8470	2400,2495	2960,2980,3140,3170	4500	12500	7350,7600	380	69	69	0	0	0	0	0	0	1	0	0	0	0	1	2	
		DFA6850EBEV2	EQ6800RACEV2	8470	2400,2495	2960,3140	4100	12500	7500,7750	440	69	69	0	0	0	0	0	20	0	0	3	0	0	0	23	
上海申沃客车有限公司	申沃	SWB6108BEV32	SWB6108BEV32	10495	2520	3250,3400,3275	5000	18000	11800	550	65	69	0	0	0	0	0	96	5	0	0	6	29	0	136	1025
		SWB6109BEV36	—	10500	2550	3200	5600	18000	11900	560	65	69	0	0	0	0	0	0	0	0	50	179	1	0	230	
		SWB6109BEV63	—	10500	2550	3200	5600	18000	11100	72	65	69	0	0	0	0	0	0	0	0	27	0	0	0	27	
		SWB6128BEV59	—	11990	2530	3300	6100	18000	12400	629	96	100	0	0	0	0	0	0	0	0	30	0	10	0	40	

续上表

企业名称	品牌	车辆型号	底盘型号	外形尺寸(mm)			轴距(mm)	总质量(kg)	整备质量(kg)	续驶里程(等速法 km)	30 min 最高车速(km/h)	最高车速(km/h)	1月	2月	3月	4月	5月	6月	7月	8月	9月	10月	11月	12月	2019 年产量合计(辆)	2019 年产量合计(辆)
				长	宽	高																				
上海申沃客车有限公司	申沃	SWB6129BEV38	SWB6129BEV38	12000	2550	3200	5900	18000	12300	625	65	69	0	0	0	6	231	56	0	60	0	0	70	0	423	1025
		SWB6868BEV61	SWB6818BEV61	8600	2500	3200	4500	13300	9000	624	65	69	0	0	0	0	0	0	20	0	40	38	0	71	169	
天津广通汽车有限公司	广通	TJR6105BEVBT3	GTQ6105EV2	10480	2500	3200	5350	17500	11700,12000	182	69	69	0	0	0	0	0	0	0	0	0	0	0	728	728	728
天津比亚迪汽车有限公司	金马	TJK6100GCLEV	BYD6101DGWEV	10500	2550	3360	5000	18000	11800	670	69	69	0	0	0	0	0	0	0	0	0	0	0	129	129	700
		TJK6110CBDEV	BYD6102DGCEV	10690	2500	3530	5250	18000	13000	720	90	90	0	0	0	0	0	0	0	0	0	0	0	36	36	
		TJK6120GCLEV	BYD6122DGJEV	12000	2550	3360	6050	18000	12700	650	69	69	0	0	0	0	0	0	0	0	0	0	0	269	269	
		TJK6850GBDEV	BYD6800DZLEV	8490	2420	3200	4440	14000	9150	620	69	69	0	0	0	0	0	0	0	0	0	0	0	266	266	
中国重型汽车集团有限公司	豪沃	ZZ6126GBEVQ3	—	11990	2550	3410	6000	18000	11800,11480	310	69	69	0	0	0	0	0	0	0	0	0	0	0	20	20	654
		ZZ6186GBEVQ1	—	17975	2550	3410	5900 + 6100	28000	18200,18700	370	69	69	0	0	0	0	0	0	0	0	0	0	0	40	40	
	黄河	JK6106GBEVQ4	—	10500	2500	3120,3250	5800	16500	10150	290	69	69	0	0	0	0	0	0	0	0	0	1	0	0	1	
		JK6106GBEVQ5	—	10500	2500	3120,3250	5600	18000	10880,11180	515	69	69	0	0	0	0	0	0	0	0	8	1	0	112	121	
		JK6116HBEVQA	—	10990	2500	3575,3605	5550	18000	12000,12300	555	90	100	0	0	0	0	0	0	0	0	1	0	0	0	1	
		JK6126GBEVQ2	—	11990	2500	3220,3375	6000	18000	12250,12600	540	69	69	0	0	0	0	0	0	0	0	0	0	0	1	1	
		JK6126GBEVQ4	—	11990	2550	3400	6000	18000	12250,12600	590	69	69	0	0	0	0	0	0	0	0	6	1	0	275	282	
		JK6806GBEVQ3	—	8050	2500	3120,3250	4250	12500	8350,8600	380	69	69	0	0	0	0	0	0	0	0	1	0	0	0	1	
		JK6806GBEVQ4	—	8050	2500	3120,3260	4350	13700	7500,7800	325	69	69	0	0	0	0	0	0	0	0	15	0	0	170	185	
		JK6806GBEVQ5	—	8050	2500	3120,3260	4350	13700	7150,6800	240	69	69	0	0	0	0	0	0	0	0	0	0	0	2	2	
江西博能上饶客车有限公司	上饶	SR6101BEVG	—	10090	2460	3050,3200	5000	14500	9070,9525	258	69	69	0	0	0	0	0	1	0	0	0	0	0	0	1	593
		SR6101BEVG1	—	10090	2460	3050,3200	5000	14500	9070,9525	258	69	69	0	0	0	0	0	1	0	0	0	0	0	0	1	
		SR6101BEVG5	—	10090	2460	3050,3200	5000	14500	9350,9610	388	69	69	0	0	0	0	0	1	0	0	0	0	0	0	1	
		SR6106BEVG2	—	10500	2500	3050,3200	6100	18000	10810,11160	385	69	69	0	0	0	0	0	1	0	0	0	0	0	0	1	
		SR6107BEVTS2	—	10490	2490	3490,3590	5300	16550	10570,10870,10620,10920	382	100	100	193	1	0	0	0	1	0	0	0	0	0	0	195	
		SR6660BEVG	—	6620	2270	2810,2980	3300	8500	4880,5090	251	69	69	0	0	0	0	0	6	0	0	0	0	0	0	6	
		SR6660BEVG1	—	6620	2260	2810,2980	3300	8500	4980,5210	331	69	69	0	0	0	0	0	5	0	0	0	0	0	0	5	
		SR6660BEVG2	FZ6620UDBEV	6620	2260	2810,2980	3300	9300	5130,5280	285	69	69	0	0	0	0	0	0	0	0	45	0	0	20	65	
		SR6800BEVGS	—	8040	2280	2870,3000	4200	9800	6250,6450	383	69	69	0	0	0	0	0	41	0	0	0	0	0	0	41	
		SR6800BEVGT	FZ6770UDBEV01	8040	2280	2880,3020	4200	10700	6250,6450	375	69	69	0	0	0	0	0	0	0	0	0	0	8	0	8	
		SR6820BEVGS	—	8200	2360	2920,3120	4450	12200	7410,7580	310	69	69	4	0	3	0	13	108	0	0	0	0	0	0	128	

续上表

企业名称	品牌	车辆型号	底盘型号	外形尺寸(mm)			轴距(mm)	总质量(kg)	整备质量(kg)	续驶里程(等速法 km)	30 min 最高车速(km/h)	最高车速(km/h)	1月	2月	3月	4月	5月	6月	7月	8月	9月	10月	11月	12月	2019 年产量合计(辆)	2019 年产量合计(辆)
				长	宽	高																				
江西博能上饶客车有限公司	上饶	SR6820BEVGS1	FZ6780UDBEV01	8200	2360	2920,3120	4450	13700	7150,7320	218	69	69	0	0	0	0	0	0	0	19	0	0	0	16	35	593
		SR6820BEVGS2	FZ6780UDBEV02	8200	2360	2920,3120	4450	13700	7310,7480	272	69	69	0	0	0	0	0	0	1	23	23	12	0	43	102	
		SR6820BEVGS3	FZ6780UDBEV03	8200	2360	2920,3120	4450	13700	7700,7870	403	69	69	0	0	0	0	0	0	0	0	3	0	0	0	3	
		SR6826BEVTS	—	8225	2500	3300,3470	4100	12800	8310,8610,8360,8660	386	100	100	0	0	0	0	0	1	0	0	0	0	0	0	1	
丹东黄海汽车有限责任公司	黄海	DD6100EV4	—	10010	2440,2500	3080,3120,3200,3240	5670	15700	9000,9300,9600	配置1:460,配置2:390	65	69	4	0	0	0	0	7	0	0	0	0	0	0	11	584
		DD6109EV10	—	10490	2500	3110,3230	6100	18000	10450,10800,11200	配置1:530,配置2:470	65	69	50	0	0	14	0	0	200	0	0	0	0	0	264	
		DD6109EV7	—	10490	2482	3100,3250	6100	17700	10500,10900	380	65	69	0	0	0	0	0	0	301	0	1	0	0	0	302	
		DD6110KEV5	—	11200	2500	3430,3580	6100	17500	11500,11900	300,260	75	95	0	0	0	0	0	0	0	0	0	0	0	1	1	
		DD6129EV20	—	12000	2550	3350	6100	18000	13000,12500	640	65	69	0	0	0	0	0	0	0	0	0	1	0	0	1	
		DD6810EV3	—	8149	2440,2500	3020,3070,3200,3250	4200	13500	7850,7550,7250	配置1:290,配置2:250	65	69	0	0	0	0	0	1	4	0	0	0	0	0	5	
杭州长江汽车有限公司	长江	FDC6750TDABEV05	—	7490	2195	2735	4135	9900	5560	305	100	100	0	0	0	0	0	25	0	0	0	0	0	0	25	525
		FDC6850PBABEV05	—	8500	2380	3200,3100	4400	14000	8000,7800	510	60	69	0	0	0	269	231	0	0	0	0	0	0	0	500	
吉利四川商用车有限公司	远程	DNC6100BEVG4	—	10500	2550	3300	5200	16500	11000,11400	504	69	69	0	0	0	0	0	0	58	0	0	0	47	0	105	497
		DNC6100BEVG6	—	10500	2550	3300	5200	18000	10800,11200	585	69	69	0	0	0	0	0	12	0	0	0	0	0	100	112	
		DNC6100BEVG8	—	10500	2550	3300	5200	17500	10900	380	69	69	0	0	0	0	0	0	80	0	0	0	0	16	96	
		DNC6120BEVG6	—	12000	2550	3300	6200	18000	11000,11400	490	69	69	0	0	0	0	0	107	0	0	0	0	0	0	107	
		DNC6850BEVG1A	—	8545	2550	3100,3200	4250	13700	8250,8650	470	69	69	0	0	0	0	0	0	0	0	0	0	6	0	6	
		DNC6850BEVG2	—	8545	2550	3100,3200	4250	13700	8250,8650	405	69	69	0	0	0	0	0	0	22	9	0	9	9	7	56	
		DNC6850BEVG3	—	8545	2550	3200	4250	13700	8700	320	69	69	0	0	0	0	0	0	15	0	0	0	0	0	15	
江西江铃集团晶马汽车有限公司	晶马	JMV6105GRBEV8	—	10480	2500	3150,3300	5000	17000	10990,11340	360	69	69	0	0	0	0	0	19	0	0	0	0	0	0	19	492
		JMV6601BEV	—	5995	2280	2920,2740,2670	2955	8200	4710	320	100	100	0	0	0	0	0	0	0	0	0	0	0	15	15	

续上表

企业名称	品牌	车辆型号	底盘型号	外形尺寸(mm)			轴距(mm)	总质量(kg)	整备质量(kg)	续驶里程(等速法km)	30 min最高车速(km/h)	最高车速(km/h)	1月	2月	3月	4月	5月	6月	7月	8月	9月	10月	11月	12月	2019年产量合计(辆)	2019年产量合计(辆)
				长	宽	高																				
江西江铃集团晶马汽车有限公司	晶马	JMV6660BEV	—	6570	2280	2920,2840,2740,2670	3250	7500	4610	228	100	100	0	0	6	0	0	0	1	0	0	0	0	0	7	492
		JMV6660BEV1	—	6570	2280	2920,2840,2740,2670	3250	8200	4710	325	100	100	2	0	0	0	0	2	6	0	0	0	3	4	17	
		JMV6660GRBEV	—	6570	2280	2920,2740	3250	7500	4610	228	69	69	1	0	0	0	0	0	0	0	0	0	0	0	1	
		JMV6660GRBEV1	—	6570	2280	2920,2740	3250	8200	4710	325	69	69	0	0	0	0	0	2	0	0	0	0	0	0	2	
		JMV6660GRBEV2	—	6570	2280	2920,2840,2740,2670	3250	8200	4710	325	100	100	0	0	0	0	0	0	0	0	0	0	5	0	5	
		JMV6801GRBEV2	—	8045	2400	2960,3130	4200	11200	7350	295	69	69	0	0	0	0	18	0	13	0	0	0	0	0	31	
		JMV6801GRBEV3	—	8045	2400	2960,3130	4200	11200	7230	251	69	69	50	0	0	0	0	0	1	0	0	0	0	0	51	
		JMV6801GRBEV7	—	8045	2400	2960,3130	4200	12000	7450	400	69	69	0	0	0	0	0	0	8	0	0	2	0	16	26	
		JMV6821BEV	—	8200	2280	2950,2900,2820,2750	4260	10000	6365	315	100	100	27	0	9	6	0	20	0	0	0	0	0	0	62	
		JMV6821BEV2	—	8200	2280	2950,2900,2820,2750	4260	11000	6365	315	100	100	0	0	0	0	0	0	10	0	14	2	3	8	37	
		JMV6821BEV5	—	8200	2280	2950,2900,2820,2750	4260	11800	6690	385	100	100	0	0	0	0	0	0	0	0	0	0	4	1	5	
		JMV6821GRBEV	—	8200	2280	2950,2820	4260	10000	6270	310	69	69	12	0	0	0	40	50	2	0	0	0	0	0	104	
		JMV6821GRBEV1	—	8200	2280	2950,2820	4260	10000	6160	260	69	69	1	0	0	0	0	0	0	0	0	0	0	0	1	
		JMV6821GRBEV2	—	8200	2280	2950,2820	4260	11000	6320	315	69	69	0	0	0	0	0	0	0	0	0	0	0	8	8	
		JMV6821GRBEV3	—	8200	2280	2950,2900,2820,2750	4260	11000	6365	315	100	100	0	0	0	0	0	0	24	5	4	9	16	27	85	
		JMV6821GRBEV6	—	8200	2280	2950,2900,2820,2750	4260	11800	6690	385	100	100	0	0	0	0	0	0	0	0	0	0	0	16	16	
珠海广通汽车有限公司	广通	GTQ6103BEVBT3	—	10490	2520	3450	5000	16500	11200,11800	151	69	69	10	0	0	0	0	12	0	0	0	0	0	0	22	481
		GTQ6105BEVB26	—	10480	2500	3000,3150	5350	18000	11000,11300	490	69	69	0	0	0	0	0	0	0	0	0	0	0	70	70	
		GTQ6105BEVB27	—	10480	2500	3000,3150	5350	18000	10900,11200	350	69	69	0	0	0	0	0	0	0	0	0	0	0	8	8	
		GTQ6119BEVH20	—	10700	2500	3335,3460	5700	16500	11200,11800	570	100	100	0	0	0	0	0	0	0	0	0	0	20	0	20	
		GTQ6119BEVH21	—	10700	2500	3335,3460	5700	17500	11900	530	100	100	0	0	0	0	0	60	0	0	0	0	0	0	60	
		GTQ6121BEVB20	—	12000	2540	2950,3050,3150	6100	18000	12600,12300,11800	480	69	69	0	0	0	0	0	0	0	0	0	0	0	20	20	
		GTQ6126BEVB25	—	12000	2550	3350	5980	18000	11800,12200	450	69	69	0	0	0	0	0	0	0	0	0	0	3	0	3	

续上表

企业名称	品牌	车辆型号	底盘型号	外形尺寸(mm) 长	宽	高	轴距(mm)	总质量(kg)	整备质量(kg)	续驶里程(等速法km)	30 min最高车速(km/h)	最高车速(km/h)	1月	2月	3月	4月	5月	6月	7月	8月	9月	10月	11月	12月	2019年产量合计(辆)	2019年产量合计(辆)
珠海广通汽车有限公司	广通	GTQ6126BEVBT20	—	12000	2550	3350	5980	18000	11800,12200,12500	130	69	69	10	0	0	0	0	0	0	0	0	0	0	21	31	481
		GTQ6186BEVBT20	—	18000	2550	3350	5900+6000	28000	20300,19500	158	69	69	0	0	0	0	0	0	2	0	0	0	0	10	12	
		GTQ6702BEV1	—	7045	2050	2715,2770,2890	3935	9100	4900,5100	278	100	100	0	0	0	0	0	6	0	0	7	0	1	4	18	
		GTQ6800BEVB25	—	8050	2350	3080	4600	11200	6500,6800	310	69	69	0	0	0	0	0	0	0	0	0	0	0	66	66	
		GTQ6851BEVBT20	—	8545	2500	3160	4430	13500	8750,8500	110	69	69	0	0	0	0	0	0	0	0	0	0	0	53	53	
		GTQ6853BEVB22	—	8500	2500	3450	3900	14800	8850	310	69	69	0	0	0	0	0	0	5	0	1	0	0	0	6	
		GTQ6853BEVH20	—	8500	2500	3460	3900	13500	8600,8850	320	100	100	15	0	0	0	0	0	0	0	0	0	0	0	15	
		GTQ6858BEVB21	—	8490	2480	2950,3065	4300	13500	8500,8800	310	69	69	0	0	0	10	0	0	0	0	0	0	0	0	10	
		GTQ6858BEVB26	—	8490	2480	2950,3065	4300	14500	8350,8600	310	69	69	0	0	0	0	0	0	0	26	0	0	37	0	63	
		GTQ6858BEVBT11	—	8490	2480	3050	4300	13500	9100	115	69	69	0	0	0	0	0	0	4	0	0	0	0	0	4	
奇瑞万达贵州客车股份有限公司	万达	WD6105BEVG01	—	10490	2500	3200,3080	5800	15800	10050,9700,9400	305	65	69	32	0	0	5	0	0	0	0	0	0	0	0	37	394
		WD6105BEVG02	—	10490	2500	3270,3140	5800	15800	9900,9600,9300	275	65	69	0	0	0	0	0	0	17	0	0	0	0	0	17	
		WD6105BEVG05	—	10490	2500	3270,3140	5800	17000	10600	405	65	69	1	0	0	0	0	0	0	0	0	0	0	0	1	
		WD6105BEVG07	—	10490	2500	3270	5800	16500	10200	305	65	69	0	0	0	0	0	0	21	0	10	0	10	0	41	
		WD6105BEVG09	—	10490	2500	3270	5800	17500	11100	535	65	69	0	0	0	0	0	0	0	0	0	0	15	0	15	
		WD6120BEVG01	—	11990	2550	3320	6000	18000	12400	465	65	69	0	0	0	0	52	0	0	0	0	0	0	0	52	
		WD6602BEV7	—	5990	1920	2314	3690	4470	2885	320	100	100	2	0	14	0	0	0	1	0	1	10	0	0	28	
		WD6815BEVG01	—	8055,8145	2365	3070,3200	4300	11300	6950,7100	260	69	69	14	0	2	0	0	0	0	0	0	0	0	0	16	
		WD6815BEVG02	—	8145	2365	3190,3050	4300	11300	7050	210	65	69	0	0	0	0	0	8	0	0	0	0	0	0	8	
		WD6815BEVG03	—	8145	2365	3190,3050	4300	11300	7200	265	65	69	0	0	52	0	0	0	20	25	2	12	0	36	147	
		WD6815BEVG05	—	8145	2365	3190,3050	4300	13800	8000	335	65	69	0	0	0	0	0	0	6	0	0	0	10	0	16	
		WD6815BEVG07	—	8145	2365	3190,3050	4300	13800	7800	295	65	69	0	0	0	0	0	0	0	0	0	0	0	16	16	
浙江中车电车有限公司	中国中车	CSR6113GLEV1	—	10500	2550	3100,3250	5100	18000	10600,10900	382	69	69	0	0	0	0	80	36	1	0	0	0	0	0	117	388
		CSR6113GLEV2	TEG6103BEVC01	10500	2550	3300	5100	18000	11400,11700	697	69	69	0	0	0	0	0	0	10	0	0	0	80	0	90	
		CSR6113GLEV3	TEG6103BEVC02	10500	2550	3300	5100	18000	11400,11700	590	69	69	0	0	0	0	0	0	30	0	0	0	0	0	30	

续上表

企业名称	品牌	车辆型号	底盘型号	外形尺寸(mm)			轴距(mm)	总质量(kg)	整备质量(kg)	续驶里程(等速法 km)	30 min 最高车速(km/h)	最高车速(km/h)	1月	2月	3月	4月	5月	6月	7月	8月	9月	10月	11月	12月	2019年产量合计(辆)	2019年产量合计(辆)
				长	宽	高																				
浙江中车电车有限公司	中国中车	CSR6121GLEV2	—	12000	2540	3370	5950	18000	11200,11600,11990	238.5	69	69	1	0	0	0	0	0	0	0	0	0	0	0	1	388
		CSR6121GLEV4	—	12000	2540	3370	5950	18000	11600,12250	580.6	69	69	32	0	0	0	0	0	0	0	0	0	0	0	32	
		CSR6123GLEV1	—	12000	2550	3100,3250	5950	18000	11400,11700	377.8	69	69	0	0	0	0	0	23	0	0	0	0	0	0	23	
		CSR6123GLEV4	TEG6123BEVC02	12000	2550	3380	5900	18000	11500,11800,12100	600	69	69	0	0	0	0	0	0	0	0	0	0	30	0	30	
		CSR6180GLEV3	—	17945	2540	3370	5800 + 6200	28000	18300,18800	232	69	69	1	0	0	0	0	0	0	0	0	0	0	0	1	
		CSR6850GLEV7	—	8490	2500	3050,3100	4300	13000	7800,8100	228	69	69	0	0	0	0	0	18	0	0	0	0	0	0	18	
		CSR6853GLEV1	TEG6853BEVC01	8500	2500	3050,3150	4300	14000	8500,8800	550	69	69	0	0	0	0	0	0	0	0	0	0	0	46	46	
河北长安汽车有限公司	长安	SC6105ABEV	—	10490	2500	3085,3255	6000	18000	10150,10550,10950	421	69	69	9	0	0	0	0	0	0	0	0	0	0	0	9	379
		SC6805ABEV	—	8005	2260	2815,2950	4500	11700	6400,6600	265	69	69	0	0	0	3	50	32	16	0	0	0	0	1	102	
		SC6805BBEV	—	8005	2260	2815,2950	4500	11700	6550,6750	335	69	69	20	0	0	24	0	16	72	0	0	1	0	85	218	
		SC6836EBEV	—	8345	2400	3060,3210	4500	13500	7100,7400,7600	320	69	69	0	0	0	0	0	50	0	0	0	0	0	0	50	
上海万象汽车制造有限公司	象	SXC6105CBEV	—	10490	2500	3550	5100	16700	11410	312	100	100	0	0	0	0	2	0	0	0	0	0	0	8	10	356
		SXC6106GBEV1	—	10500	2550	3200	5800	18000	11500	560	69	69	0	0	0	0	0	0	50	66	0	0	0	0	116	
		SXC6110GBEV12	—	10800	2500	3200	6100	18000	11690	520	69	69	0	0	0	0	0	20	8	0	0	8	0	0	36	
		SXC6120GBEV10	—	12000	2500	3220	6100	18000	13050	630	69	69	0	0	0	0	0	3	18	0	0	0	0	0	21	
		SXC6120GBEV11	—	12000	2500	3220	6100	18000	12800	682	100	100	0	0	0	0	0	0	0	0	25	0	0	0	25	
		SXC6660GBEV	—	6600	2210	2850,2980	3300	9500	5700,5900	305	69	69	0	0	0	0	0	0	0	0	0	0	0	18	18	
		SXC6750GBEV5	—	7530	2300	2980	4600	9500	6650	450	69	69	0	0	0	0	0	8	0	0	69	0	0	0	77	
		SXC6810GBEV2	—	8150	2390	3160	4310	13000	8650	540	69	69	0	0	0	0	0	0	15	0	0	0	0	38	53	
中国重汽集团济南豪沃客车有限公司	黄河	JK6106GBEVQ5	—	10500	2500	3120,3250	5600	18000	10880,11180	515	69	69	0	0	21	58	0	10	0	0	0	0	0	0	89	355
		JK6106GBEVQ8	—	10500	2500	3120,3250	5600	18000	10880,11180	580	69	69	0	0	0	0	0	0	20	0	0	0	0	0	20	
		JK6116HBEVQA	—	10990	2500	3575,3605	5550	18000	12000,12300	555	90	100	0	0	0	0	0	0	0	8	0	0	0	0	8	
		JK6126GBEVQ2	—	11990	2500	3220,3375	6000	18000	12250,12600	540	69	69	0	0	0	0	50	0	0	0	0	0	0	0	50	
		JK6126GBEVQ70	—	12000	2530	3575,3605	6100	18000	12100,12400	485	90	90	0	0	0	0	0	0	0	10	0	0	0	0	10	
		JK6806GBEVQ4	—	8050	2500	3120,3260	4350	13700	7500,7800	325	69	69	0	0	40	57	30	0	0	1	0	0	0	0	128	
		JK6806GBEVQ5	—	8050	2500	3120,3260	4350	13700	7150,6800	240	69	69	0	0	0	0	0	10	0	40	0	0	0	0	50	

续上表

企业名称	品牌	车辆型号	底盘型号	外形尺寸(mm)			轴距(mm)	总质量(kg)	整备质量(kg)	续驶里程(等速法 km)	30 min 最高车速(km/h)	最高车速(km/h)	1月	2月	3月	4月	5月	6月	7月	8月	9月	10月	11月	12月	2019年产量合计(辆)	2019年产量合计(辆)
				长	宽	高																				
陕西秦星汽车有限责任公司	原点之星	SYD6101GBEV	—	10495	2500	3180,3300	4970	18000	10400,10600	420	69	69	0	0	0	99	1	0	0	0	0	0	0	0	100	341
		SYD6102GBEV1	SQJ6101KDEV1	10495	2500	3180,3300	4970	18000	10500,10700,10800	500	69	69	0	0	0	0	0	0	0	1	19	0	0	10	30	
		SYD6810GBEV	—	8140	2380	3130,3270	4200	13400	7760,7950	445	69	69	0	0	0	0	3	53	0	0	0	0	0	0	56	
		SYD6811GBEV	SQJ6771KDEV3	8140	2380	3130,3270	4200	13400	7760,7950,7970,8160	445	69	69	0	0	0	0	0	0	10	0	20	20	100	5	155	
成都客车股份有限公司	蜀都	CDK6116CBEV5	—	10600	2550	3150,3000,3250	6200	16500	10900,10500	460	69	69	12	0	0	0	70	100	0	0	0	0	0	0	182	315
		CDK6590CBEV1	—	5990	2150	2775,2900	3300	7500	4500,4300	330	69	69	0	0	0	0	0	0	0	25	0	0	0	40	65	
		CDK6801CBEV2	—	8070	2390	3030	4300	12500	7250,7550	325	69	69	0	0	0	0	4	4	0	0	0	0	0	0	8	
		CDK6810CBEV	—	8135,8225	2410	3120,3000	4300	12500	7000,7250,7550	325	69	69	0	0	0	30	0	0	0	0	0	0	0	0	30	
		CDK6850CBEV9	—	8535	2460	3120,3000	4700	13300	7400,7850	370	69	69	0	0	0	0	0	0	0	0	0	0	30	0	30	
山西新能源汽车工业有限公司	远程	JHC6100BEVG4	—	10500	2550	3300	5200	16500	11000,11400	504	69	69	0	0	0	0	0	0	0	0	0	0	0	237	237	305
		JHC6850BEVG1	—	8545	2550	3100,3200	4250	13700	8900,9300	470	69	69	0	0	0	0	0	58	0	0	0	0	10	0	68	
南京市公共交通车辆厂	建康	NJC6105GBEV8	—	10490	2550	3150	6100	17900	10350	260	69	69	0	0	0	0	105	0	0	0	0	0	0	0	105	300
		NJC6805GBEV3	—	8040	2500	3100	4400	11200	7400	270	69	69	0	0	0	0	195	0	0	0	0	0	0	0	195	
中山市顺达客车有限公司	上佳	HA6660BEVB1	—	6645	2250	2960,2850	3400	8500	5700,5500	380	65	69	100	0	0	0	0	0	0	0	0	0	0	0	100	300
		HA6805BEVB1	—	8005	2350	3100	4250	12500	7100	230	69	69	22	0	50	128	0	0	0	0	0	0	0	0	200	
贵州长江汽车有限公司	贵州	GK6851GBEV3	SLK6849BEVN1	8500	2380	3040,3200	4400	14000	8100,8300	530	69	69	0	0	0	0	0	0	0	0	0	0	0	253	253	253
中国第一汽车集团有限公司	解放	CA6100URBEV25	CA6100CREV25	10490	2500	3100,3300	5100	17000	10750,11000	380	69	69	0	0	0	0	0	126	104	0	0	0	0	0	230	230
广西申龙汽车制造有限公司	紫象	HQK6109USBEVZ3	SLK6109BEVZ3	10500	2500	3200,3060	6100	18000	11200,11600	537	69	69	0	0	0	0	0	0	0	0	0	0	69	0	69	219
		HQK6118USBEVU1	SLK6118BEVU1	10995	2500	3395,3295	5550	18000	11600	460	100	100	0	0	0	0	0	0	0	0	0	0	0	15	15	
		HQK6803USBEVL1	SLK6773BEVL1	8045	2480	3215,3410	4400	14000	8500	285	100	100	0	0	0	0	0	0	0	0	0	0	0	10	10	
		HQK6859BEVB15	—	8545	2500	3200,3060	4430	14500	8800,9300	462	69	69	0	0	0	0	0	0	0	0	0	0	31	7	38	
		HQK6859USBEVU1	SLK6819BEVU1	8545	2500	3200,3060	4430	14500	9000	373	69	69	0	0	0	0	0	0	15	0	0	0	0	70	85	
		HQK6859USBEVU11	SLK6819BEVU11	8545	2500	3200,3060	4430	14500	8800	309	69	69	0	0	0	0	0	0	0	0	0	0	0	1	1	
		HQK6859USBEVZ11	SLK6819BEVZ11	8545	2500	3200,3060	4430	14500	8800	309	69	69	0	0	0	0	0	0	0	0	0	0	0	1	1	
万向集团公司	万向	WXB6100GEV8	—	10495	2500	3350	5000	18000	11500,11900	490	65	69	0	0	0	0	0	0	0	0	0	0	0	60	60	205

续上表

企业名称	品牌	车辆型号	底盘型号	外形尺寸(mm)			轴距(mm)	总质量(kg)	整备质量(kg)	续驶里程(等速法km)	30 min最高车速(km/h)	最高车速(km/h)	1月	2月	3月	4月	5月	6月	7月	8月	9月	10月	11月	12月	2019年产量合计(辆)	2019年产量合计(辆)
				长	宽	高																				
万向集团公司	万向	WXB6121GEV10	—	11990	2500	3350	6100	18000	12300	556	65	69	0	0	0	0	0	0	0	100	0	0	0	0	100	205
		WXB6860GEV3	—	8600	2500	3200	4500	13200	8900	396	65	69	0	0	0	0	0	0	0	0	0	0	0	45	45	
中兴智能汽车有限公司	广客	GTZ6107BEVB	—	10490	2520	3250,3320	5400	16700	11100	485	69	69	0	0	0	0	0	0	0	0	0	0	20	0	20	200
		GTZ6107BEVB1	—	10490	2520	3320,3250	5400	16700	11400	510	69	69	0	0	0	0	0	0	0	0	0	0	20	0	20	
		GTZ6127BEVB	—	11990	2520	3320,3250	6100	17900	12000	575	69	69	0	0	0	0	0	0	0	0	0	0	110	50	160	
云南五龙汽车有限公司	威驰腾	FDE6810PBABEV01	EQ6790RACEV1	8100	2380	3200,3100	4000	13000	7200,7000	320	60	69	0	0	0	0	0	0	0	0	0	0	0	10	10	168
	长江	FDE6100PBABEV03	—	10480	2500	3300,3120	5500	18000	10850,10500	320	60	69	0	2	0	0	0	0	0	0	0	0	0	0	2	
		FDE6100PBABEV12	—	10480	2500	3300,3120	5500	18000	10600,10350	340	60	69	50	0	0	0	0	0	0	0	0	0	0	0	50	
		FDE6101PBABEV01	EQ6100RACEV2	10480	2500	3300,3120	5500	18000	10300,10050	355	60	69	0	0	0	0	0	0	0	0	0	0	0	2	2	
		FDE6120PDABEV07	—	12000	2550	3090,2920,3240,3070	5900	18000	12000,11750	560	60	69	0	0	0	0	0	42	0	0	0	0	0	0	42	
		FDE6670PBABEV01	SLK6653BEVZ1	6710	2280	2950,2800	3150	8500	5200,5050	350	69	69	0	0	0	0	0	0	0	0	0	1	0	0	1	
		FDE6810PBABEV01	EQ6790RACEV1	8100	2380	3200,3100	4000	13000	7200,7000	320	60	69	0	0	0	0	0	0	10	0	0	0	0	0	10	
		FDE6850PBABEV02	—	8500	2380	3200,3100	4400	12500	7200,6950	245	60	69	0	1	0	0	0	0	0	0	0	0	0	0	1	
		FDE6850PBABEV04	—	8500	2380	3200,3100	4400	12500	7450,7250	295	60	69	25	0	0	0	0	25	0	0	0	0	0	0	50	
东风特种汽车有限公司	东风	EQ6105CTBEV8	—	10490	2500	3020,3060,3200	5000	18000	11360,11700	625	69	69	0	0	0	0	0	0	0	0	0	0	0	72	72	149
		EQ6601CTBEV1	EQ6570KSTEV	6020	2100	2825,2925	2800	6500	3940,4100	250	69	69	0	0	0	0	0	0	0	0	2	0	0	0	2	
		EQ6603CTBEV	EQ6570KSTEV	5990	2100	2825,2925	2800	6500	3940,4100	250	69	69	4	0	0	0	0	0	0	0	2	0	0	0	6	
		EQ6810CTBEV2	—	8060	2260	2860,2990	4400	11000	6300,6500	295	69	69	0	0	0	0	0	0	20	0	1	0	0	0	21	
		EQ6810CTBEV4	—	8060	2260	2860,2990	4400	12500	6600,6800	330	69	69	0	0	0	0	0	0	0	0	0	0	0	48	48	
兰州广通新能源汽车有限公司	广通	LZG6119BEVH1	GTQ6119EVH	10700	2550	3460,3335	5700	17500	11800	570	100	100	0	0	0	0	0	0	0	0	0	0	41	0	41	141
		LZG6121BEVBT1	GTQ6121EV1	12000	2540	3150	6100	18000	12750	185	69	69	50	0	0	0	0	0	0	50	0	0	0	0	100	
广州广汽比亚迪新能源客车有限公司	广汽	GZ6101LGEV	—	10500	2550	3180	5000	18000	12150,11600	560	69	69	0	0	0	0	0	0	44	0	0	0	0	0	44	137
		GZ6850HZEV	—	8490	2420	3360,3200	4440	14000	9050	550	69	69	0	0	0	0	0	0	0	5	0	0	0	88	93	
潍柴(扬州)亚星新能源商用车有限公司	亚星	YBL6815GHBEV2	—	8145	2400	2950,3150	4180	13800	7100,7500	242	69	69	60	0	0	60	0	0	0	0	0	0	0	0	120	120
石家庄中博汽车有限公司	广通客车	SQ6105BEVBT21	—	10480	2500	3050,3150	5350	16500	11700,12200	180	69	69	0	0	0	0	82	0	0	0	0	0	0	0	82	114
		SQ6858BEVBT20	—	8490	2480	3050	4300	13500	9100	115	69	69	0	0	0	0	32	0	0	0	0	0	0	0	32	

续上表

企业名称	品牌	车辆型号	底盘型号	外形尺寸(mm)			轴距(mm)	总质量(kg)	整备质量(kg)	续驶里程(等速法 km)	30 min 最高车速(km/h)	最高车速(km/h)	1月	2月	3月	4月	5月	6月	7月	8月	9月	10月	11月	12月	2019年产量合计(辆)	2019年产量合计(辆)
				长	宽	高																				
江苏友谊汽车有限公司	友谊	ZGT6831LBEV	—	8300	2280	2860	4600	9700	6320,6180	380	99	99	0	8	0	2	0	0	0	0	0	0	0	0	10	104
		ZGT6858LBEV	HFC6790EVY	8510	2500	3250,3110	4300	11500	8000,7800	380	69	69	0	0	0	0	0	0	0	0	0	0	0	94	94	
辽宁乾丰专用车有限公司	易圣达	QF6105BEVG1	SLK6109BEVW17	10500	2500	3200,3060	6100	18000	10700,11000,11400	380	69	69	0	0	52	48	0	0	0	0	0	0	0	0	100	100
东风汽车集团有限公司	东风	EQ6620CACBEV	EQ6540KSACEV	6200	2000	2750,2890	3300	6500	4160,4310	210	69	69	15	0	0	0	0	0	0	0	0	0	0	0	15	95
		EQ6651CACBEV	EQ6621KRACEV	6540	2120	2730,2930	3300	8500	4730,4930	275	69	69	31	0	0	0	0	0	0	0	0	0	0	0	31	
		EQ6800CACBEV10	EQ6760KRACEV18	8050	2260	2875,3050	4100	11000	6090,6340	330	69	69	1	0	20	0	0	0	0	0	0	0	0	0	21	
		EQ6800CACBEV11	EQ6760KRACEV19	8050	2260	2875,3050	4100	11000	6080,6320	270	69	69	1	0	0	0	0	0	0	0	0	0	0	25	26	
		EQ6810CACBEV5	EQ6760KRACEV23	8100	2400	2950,3150	4100	12000	6750,7000	350	69	69	2	0	0	0	0	0	0	0	0	0	0	0	2	
四川省客车制造有限责任公司	峨嵋	EM6640BEVG	—	6390	2160	2785,2955	3050	8000	5120,5250	290	69	69	8	0	0	0	0	0	0	0	0	0	0	0	8	90
		EM6640BEVG1	EQ6590RACEV	6390	2160	2785,2955	3050	8500	5120,5250	305	69	69	0	0	0	0	0	20	0	0	0	0	0	0	20	
		EM6810BEVG2	EQ6740RACEV	8100	2420	3100,3320	4000	11500	7250,7500	385	69	69	0	0	0	2	30	0	0	0	0	0	0	0	32	
		EM6810BEVG3	EQ6740RACEV1	8100	2420	3100,3320	4000	11700	6950,7150	335	69	69	0	0	0	0	0	0	20	0	0	0	0	0	20	
		EM6850BEVG	—	8540	2500	3050,3200	4350	12500	8050,8300	415	69	69	0	0	0	0	0	8	0	0	0	0	0	0	8	
		EM6850BEVG1	—	8540	2500	3100,3320	4350	12500	7500,7750	330	69	69	0	0	0	0	0	1	0	0	0	0	0	0	1	
		EM6850BEVG4	EQ6790RACEV2	8540	2500	3100,3320	4350	12500	7500,7750	395	69	69	0	0	0	0	0	0	1	0	0	0	0	0	1	
武汉客车制造股份有限公司	华中	WH6110GBEV2	EQ6100KRACEV11	10550	2530	3030,3180	5350	17300	10750,10450	410	69	69	0	0	0	0	0	0	0	0	0	0	0	40	40	90
		WH6850GBEV	EQ6830RACEV	8540	2480	3190,3060	4550	12960	8560,8350	385	69	69	50	0	0	0	0	0	0	0	0	0	0	0	50	
湖北三江航天万山特种车辆有限公司	金旅	WS6105WEVJ0C3	—	10480	2550	3300,3150	5000	18000	10800	300	69	69	0	0	0	0	0	0	30	0	0	0	0	2	32	85
		WS6805WEVY0C2	—	8045	2350	2980,3135	4550	13000	7300	224	69	69	0	0	0	0	0	0	0	0	0	10	0	43	53	
四川国宏汽车有限公司	乐达	LSK6105GEV1	EQ6100ACEV1	10500	2550	3150	5600	17400	10200	300	69	69	2	0	0	0	0	0	40	0	0	0	0	0	42	82
		LSK6850GEV1	EQ6810ACEV	8529	2430	3150	4250	12700	7900	265	69	69	0	0	0	0	0	0	40	0	0	0	0	0	40	
长沙梅花汽车制造有限公司	同心	TX6831BEV2	TX6790EV2	8260	2400	3150	4300	12000	7220	255	69	69	0	0	0	0	0	0	0	0	0	0	20	59	79	79
国唐汽车有限公司	钻石	SGK6109BEVGK13	EQ6990RACEV3	10500	2490	3000,3200	5700	18000	10700,11000	510	69	69	0	0	0	0	0	0	0	0	0	0	0	70	70	72
		SGK6809BEVGK13	—	8020	2440	2850,3050	4400	12500	7500,7700	375	69	69	0	0	0	0	0	0	0	1	0	0	0	0	1	
		SGK6851BEVGK12	—	8540	2440	2900,3150	4900	13500	7900,8100	300	69	69	0	0	0	0	0	0	0	1	0	0	0	0	1	
江西宜春客车厂有限公司	中宜	JYK6101GBEV2	—	10490	2500	3130,3250	5950	18000	10600,10800	400	69	69	0	0	0	0	0	21	1	0	0	0	0	0	22	70
		JYK6102GBEV1	JS6108GHDBEV	10490	2500	3390	5950	18000	10800,11000	520	69	69	0	0	0	0	0	0	0	0	4	0	0	0	4	
		JYK6660GBEV1	—	6600	2250	2740,2940	3200	9000	5200,5400	255	69	69	0	0	0	0	0	1	0	0	0	0	0	0	1	
		JYK6800GBEV5	—	8050	2400	2930,3040	4100	12500	7000,7200	270	69	69	0	0	0	0	0	0	30	0	0	0	0	0	30	

续上表

企业名称	品牌	车辆型号	底盘型号	外形尺寸(mm)			轴距(mm)	总质量(kg)	整备质量(kg)	续驶里程(等速法 km)	30 min 最高车速(km/h)	最高车速(km/h)	1月	2月	3月	4月	5月	6月	7月	8月	9月	10月	11月	12月	2019年产量合计(辆)	2019年产量合计(辆)
				长	宽	高																				
江西宜春客车厂有限公司	中宜	JYK6803GBEV5	—	8050	2250	2910,2980	4100	10700	6100	270	69	69	10	0	0	0	0	1	0	0	0	0	0	0	11	70
		JYK6806BEV1	—	8050	2450	3270,3360	4100	14200	8200,8400	320	100	100	0	0	0	0	0	1	0	0	0	0	0	0	1	
		JYK6806GBEV1	—	8050	2450	3270,3360	4100	14200	8200,8400	320	69	69	0	0	0	0	0	1	0	0	0	0	0	0	1	
烟台舒驰客车有限责任公司	舒驰	YTK6830GEV8	—	8280	2400	3220,3070	4380	11230	7180,7000	275	65	69	0	0	0	0	0	70	0	0	0	0	0	0	70	70
江苏九龙汽车制造有限公司	大马	HKL6600BEV11	—	5990	1880	2320	3720	4450	2885	350	100	100	0	0	0	1	0	59	0	0	0	1	0	0	61	61
上汽大通汽车有限公司	大通	SH6601A4BEV-5	—	5995	1998	2370	4180	4050	2600	292	100	100	0	0	0	0	0	0	0	0	0	2	8	6	16	59
		SH6632A4BEV-5	—	6120,6030,6320	1998	2370	4180	4180	2605	288	100	100	9	0	0	1	24	1	0	2	1	0	2	3	43	
哈尔滨通联客车有限公司	哈尔滨	HKC6101BEV	DD6109DEV7	10490	2482	3100,3250	6100	18000	10500,11000	350	65	69	0	0	0	0	0	0	50	0	0	0	0	0	50	50
陕西汉中客车有限公司	汉龙	SHZ6103GEV	EQ6100ACEV	10490	2500	3060,3230	5600	17400	9700,9390	280	69	69	0	0	0	0	0	0	1	0	0	0	0	0	1	46
		SHZ6103GEV1	EQ6100RACEV6	10490	2500	3230,3060	5600	17400	9800,9490	300	69	69	0	0	0	0	0	0	0	0	19	0	5	0	24	
		SHZ6811GEV	EQ6760ACEV1	8080	2360	2950,3120	4500	12200	6900,6655	260	69	69	0	0	10	1	1	1	0	8	0	0	0	0	21	
珠海市广通客车有限公司	广客	GTZ6112BEV5	—	10970	2500	3510	5850	15500	11500	342	100	100	0	0	0	1	1	1	0	0	0	0	0	0	3	34
		GTZ6810BEV1	—	8050	2280	2860,2980	4160	9800	6100	275	100	100	0	0	0	1	0	0	0	0	0	0	0	0	1	
		GTZ6859BEVB2	—	8490	2520	3250	4400	13000	8765	585	69	69	0	0	0	0	5	25	0	0	0	0	0	0	30	
福建新福达汽车工业有限公司	福达	FZ6108UFBEV05	—	10480	2500	3300,3150	5000	18000	11300	428	69	69	0	0	0	0	0	0	23	0	0	0	0	0	23	23
江西之信汽车有限公司	之信	YLK6801BEVG1	EQ6750KRACEV1	8050	2380	2980,3100	4450	11500	7350,7150	325	69	69	0	0	0	21	2	0	0	0	0	0	0	0	23	23
江西凯马百路佳客车有限公司	江西	JXK6107BEV	—	10480	2550	3250	6100	16500	10800	420	62	69	0	0	0	0	0	20	0	0	0	0	0	0	20	20
山东沂星电动汽车有限公司	飞燕	SDL6841EVG	EQ6780RACEV2	8440	2500	3150,3000	4600	12500	7400	380	69	69	0	0	0	0	0	0	0	0	0	0	0	20	20	20
一汽延边现通汽车有限责任公司	长白山	ZY6106BEV01	BFC6100BEVD01	10500	2500	3040,3150	6100	18000	10440,10700	445	69	69	0	0	0	0	0	0	0	0	0	0	0	20	20	20
云南航天神州汽车有限公司	神州	YH6600LBEV1	—	5998	2025	2820,2500	3715	5220	3000	300	100	100	0	0	0	2	0	3	0	0	0	0	0	0	5	16
		YH6600LBEV2	EQ6560SACEV	5950	2025	2820,2500	3715	5220	3000	280	100	100	0	0	0	0	0	0	0	0	0	0	0	10	10	
		YH6600LBEV-A	—	5995	2050	2630	3300	6700	4100,4200	220	90	90	0	0	0	0	1	0	0	0	0	0	0	0	1	

续上表

企业名称	品牌	车辆型号	底盘型号	外形尺寸(mm)			轴距(mm)	总质量(kg)	整备质量(kg)	续驶里程(等速法km)	30 min最高车速(km/h)	最高车速(km/h)	1月	2月	3月	4月	5月	6月	7月	8月	9月	10月	11月	12月	2019年产量合计(辆)	2019年产量合计(辆)
				长	宽	高																				
佛山市飞驰汽车制造有限公司	飞驰	FSQ6850BEVG2S	—	8545	2500	3100	4350	14000	8770,8445	490	69	69	0	0	0	0	0	0	0	0	0	0	0	12	12	12
安徽江淮汽车集团股份有限公司	江淮	HFC6601EV6H	—	5995	2098	2775,2875	3570	4775	3450	400	100	100	0	0	0	0	0	0	0	0	0	7	0	4	11	11
湖州恩驰汽车有限公司	恩纳德	HZK6820BEVH	EQ6780KRACEV1	8210	2460	3095	4300	12200	7490	260	69	69	0	0	0	0	0	0	0	0	1	0	0	0	1	11
		HZK6820BEVH3	EQ6780KRACEV3	8190	2460	3035	4300	12200	7220	250	69	69	0	0	0	3	0	0	0	0	0	0	0	0	3	
		HZK6820BEVH4	EQ6780KRACEV4	8190	2460	3035	4300	12200	7150	200	69	69	0	0	0	7	0	0	0	0	0	0	0	0	7	
唐山上汽客车有限公司	德纳迪	SK6105BEV	FZ6105UDBEV	10495	2530	3227,3217	5000	18000	11300,11500	466	69	69	0	0	0	0	0	0	0	0	0	1	0	0	1	11
		SK6820BEV	FZ6770UDBEV	8185	2480	3072,2807	4550	12500	7500,7700	396	69	69	0	0	0	0	0	0	0	0	0	0	0	10	10	
中植一客成都汽车有限公司	中植汽车	CDL6101URBEV1	—	10490	2500	3250	5800	16900	10900	450	69	69	0	0	0	0	0	2	0	2	0	0	0	0	4	11
		CDL6110LRBEV5	—	10990	2500	3600	5700	17700	11600	410	100	100	0	0	0	0	5	0	0	0	0	0	0	0	5	
		CDL6701URBEV1	—	6920	2270	2880,2925,2950	3560	9800	6200,6300,6400	390	69	69	0	0	0	0	0	1	1	0	0	0	0	0	2	
四川新筑通工汽车有限公司	通工	TG6810GBEV1	EQ6770RACEV1	8145	2360	2930,3160	4300	13300	7350,7550	380	69	69	0	0	0	0	0	0	10	0	0	0	0	0	10	10
江苏国唐汽车有限公司	钻石	SGK6109BEVGK12	—	10500	2500	3050,3300	6000	17500	9500,9800	255	69	69	0	0	0	0	0	5	0	0	0	0	0	0	5	5
北汽(常州)汽车有限公司	北京	BJ6600CJ01EV	—	6040	2020	2650,2360,2850,2560	3665	4680	2960	255	100	100	0	0	0	0	0	0	0	0	0	0	2	0	2	3
		BJ6821B21EV	—	8200	2400	3200	5300	12200	8100,8400	330	69	69	0	0	0	0	0	0	0	0	0	1	0	0	1	
哈尔滨龙江客车制造有限公司	龙江	LJK6100PBABEV03	—	10480	2500	3300,3120	5500	16500	10690,10390	320	60	69	0	0	0	0	0	2	0	0	0	0	0	0	2	2
桂林客车工业集团有限公司	五菱	GL6608BEV	—	6005	2098	2645,2735,2765,2895	3310	5700	3500	254	69	69	0	0	0	1	0	0	0	0	0	0	0	0	1	1
昆明客车制造有限公司	云海	KK6660GEV01	LCK6619REVGA	6645	2280	2880,3020	3300	8000	5300,5500	320	65	69	1	0	0	0	0	0	0	0	0	0	0	0	1	1
四川野马汽车股份有限公司	野马	SQJ6101S2BEV	SQJ6971KDEV1	10130	2400	3035,3050	5300	14000	7700	280	69	69	1	0	0	0	0	0	0	0	0	0	0	0	1	1
苏州益茂电动客车有限公司	东鸥	ZQK6810EV6	EQ6770KRACEV5	8100	2280,2160	2780,2980,2720,2840	4500	9400	6000	220	100	100	1	0	0	0	0	0	0	0	0	0	0	0	1	1
襄阳九州汽车有限公司	九州	SYC6100CBEVA1	—	10500	2500	3140,3270	5800	18000	10900,11200	495	69	69	0	0	0	0	0	1	0	0	0	0	0	0	1	1
2019 年产量合计(辆)													6501	1203	3996	4964	4689	6273	12847	1749	3668	2897	7679	16507	72973	72973

(2)乘用车/Passenger Car

企业名称	品牌	车辆型号	外形尺寸(mm) 长	宽	高	轴距(mm)	总质量(kg)	整备质量(kg)	续驶里程(工况法 km)	续驶里程(等速法 km)	30 min 最高车速(km/h)	最高车速(km/h)	1月	2月	3月	4月	5月	6月	7月	8月	9月	10月	11月	12月	2019 年产量合计(辆)	2019 年产量合计(辆)
北京汽车股份有限公司	北京	BJ7000C5D2-BEV	4650	1820	1510	2670	2055	1680	460	570	155	155	392	170	243	692	345	124	102	2314	0	0	0	1	4383	77232
		BJ7000C5D3-BEV	4650	1820	1510	2670	1975	1600	416	520	155	155	3715	3183	4824	6041	4597	15142	5077	9847	7203	1529	1900	2349	65407	
		BJ7000C5D4-BEV	4650	1820	1510	2670	2055	1680	501	635	155	155	0	0	0	0	0	0	1	12	12	7	8	6	46	
		BJ7000C5D5-BEV	4650	1820	1510	2670	1975	1600	452	575	155	155	0	0	0	0	0	0	2	0	117	78	127	58	382	
		BJ7000C5D7-BEV	4650	1820	1510	2670	2015	1640	416	525	155	155	0	0	0	0	0	0	0	0	0	52	15	136	203	
		BJ7000C5E6-BEV	4602	1794	1515	2650	2053	1633	300	380	100	100	3	0	0	0	0	0	0	0	0	0	0	300	303	
		BJ7000C5E7-BEV	4602	1794	1515	2650	2053	1613	300	380	100	100	0	0	50	0	1	79	106	6	15	48	96	4	405	
		BJ7001U5E2-BEV	4480	1837	1673	2665	2137	1762	415	520	150	160	210	567	1715	2	13	123	86	392	66	36	59	51	3320	
		BJ7003U3D2-BEV	4122	1750	1583	2519	1830	1430	415	540	100	100	0	0	0	0	0	139	688	214	520	290	276	261	2388	
		BJ7003U3D3-BEV	4122	1750	1583	2519	1830	1430	403	505	100	100	0	0	0	0	0	0	0	0	0	0	192	203	395	
比亚迪汽车有限公司	比亚迪	BYD6460SBEV4	4565	1870	1700,1675	2660	2425	2050	360	400	140	140	0	0	0	0	0	12	0	0	0	0	0	0	12	75340
		BYD6460SBEV7	4600	1870	1700,1675	2660	2445,2465	2070,2090	400	500	140	150	636	65	549	569	248	1	0	0	0	0	0	0	2068	
		BYD6461SBEV	4650	1860	1700	2712	2205	1830	502	600	140	150	0	0	0	0	0	238	60	207	359	592	313	353	2122	
		BYD6461SBEV1	4650	1860	1700	2712	2120	1745	405	500	140	150	0	0	0	0	0	0	0	0	251	176	101	111	639	
		BYD7005BEV1	4680	1765	1500	2660	2275	1900	400	480	130	130	1116	0	163	0	0	0	0	0	0	0	0	0	1279	
		BYD7005BEV8	4680	1765	1500	2660	2025	1650	405	480	130	130	9081	4186	14018	9489	5872	7060	574	244	477	786	284	2602	54673	
		BYD7005BEVA4	4675	1770	1500	2670	1895	1520	421	505	130	130	0	0	0	0	0	0	0	0	1089	707	346	648	2790	
		BYD7005BEVA7	4675	1770	1500	2670	1895	1520	400	480	130	130	0	0	0	0	0	0	0	0	0	0	215	1057	1272	
		BYD7008BEV3	4740	1770	1490	2670	2325	1950	400	480	145	150	132	54	217	235	2	0	0	0	0	0	0	0	640	
		BYD7008BEVA	4765	1837	1515	2718	2025	1650	420	500	150	150	370	489	710	1203	570	526	265	52	1	8	38	30	4262	
		BYD7008BEVA1	4765	1837	1515	2718	2085	1710	520	650	150	150	0	0	0	469	483	1243	472	97	5	20	40	17	2846	
		BYD7008BEVA4	4765	1837	1515	2718	1980	1605	401	500	130	130	0	0	0	0	0	613	460	243	357	309	466	289	2737	
比亚迪汽车工业有限公司	比亚迪	BYD6450VBEV1	4460	1720	1875	2725	2275	1750	360	430	100	100	0	0	0	0	49	113	0	0	14	16	27	26	245	65597
		BYD6470MBEV1	4680	1810	1690	2785	2515	1830	401	500	150	150	0	0	0	0	0	0	0	0	5	34	6	7	52	
		BYD6490SBEV	4870	1950	1725	2820	2820	2295	500	600	140	180	0	500	806	579	459	205	307	8	54	76	29	74	3097	
		BYD6490SBEV1	4870	1950	1725	2820	2680	2155	520	620	140	160	0	0	0	393	34	89	225	8	17	12	31	30	839	
		BYD7001BEV	3465	1618	1500	2340	1425	1050,1070	305	360	101	101	0	0	0	182	239	111	176	13	7	10	25	21	784	
		BYD7001BEV1	3465	1618	1500	2340	1425,1445	1050,1070	305	360	101	101	0	0	1	1839	333	206	142	39	73	86	242	435	3396	

续上表

企业名称	品牌	车辆型号	外形尺寸(mm)			轴距(mm)	总质量(kg)	整备质量(kg)	续驶里程(工况法 km)	续驶里程(等速法 km)	30 min 最高车速(km/h)	最高车速(km/h)	1月	2月	3月	4月	5月	6月	7月	8月	9月	10月	11月	12月	2019 年产量合计(辆)	2019 年产量合计(辆)
			长	宽	高																					
比亚迪汽车工业有限公司	比亚迪	BYD7002BEV	4240	1760	1530	2610	1625	1250	305	380	125	125	0	0	0	0	0	0	281	909	965	822	678	505	4160	65597
		BYD7002BEV2	4240	1760	1530	2610	1700	1325	405	480	130	130	0	0	0	0	0	0	0	12	1269	1953	1418	946	5598	
		BYD7002BEV3	4240	1760	1530	2610	1700	1325	405	480	130	130	0	0	0	0	0	0	0	0	80	361	426	469	1336	
		BYD7002BEVA	4450	1760	1520	2610	1630	1255	305	380	130	130	0	0	0	0	0	0	0	0	0	219	197	29	445	
		BYD7002BEVA2	4450	1760	1520	2610	1705	1330	405	500	130	130	0	0	0	0	0	0	0	0	1	498	496	341	1336	
		BYD7002BEVA3	4450	1760	1520	2610	1705	1330	405	500	130	130	0	0	0	0	0	0	0	0	0	0	212	406	618	
		BYD7003BEV	4100, 4360	1785	1680	2535	1870	1495	305	360	101	101	9475	2900	6449	846	49	1220	90	389	145	101	79	288	22031	
		BYD7003BEV1	4100	1785	1680	2535	1825	1450	305	360	101	101	0	0	0	0	85	1428	831	378	126	50	13	22	2933	
		BYD7003BEV3	4360	1785	1680	2535	2020	1645	410	535	120	120	0	0	0	1736	1614	1460	883	295	39	17	32	46	6122	
		BYD7003BEV4	4360	1785	1680	2535	1955	1580	410	535	101	101	0	0	1	2868	2194	2090	2617	1649	587	262	69	138	12475	
		BYD7006BEVG	4560	1822	1630	2830	2855	2450	450	550	140	140	0	1	0	0	0	0	0	0	0	0	0	104	105	
		BYD7006BEVH	4560	1822	1630	2830	2795	2420	400	520	140	140	20	3	0	0	0	0	0	0	0	0	0	0	23	
	腾势	QCJ6490SBEV	4890	1950	1725	2820	2700	2175	520	620	140	160	0	0	0	0	0	0	0	0	0	0	0	2	2	
安徽江淮汽车集团股份有限公司	江淮	HFC7000BEV10	4590, 4640	1765	1490	2710	2175	1800	410	—	130	150	0	0	0	0	0	0	0	0	6	2	3	20	31	56616
		HFC7000BEV5	4590	1765	1490	2710	2165	1790	402	500	120	130	1300	0	0	0	0	0	0	0	0	0	0	0	1300	
		HFC7000BEV7	4590	1765	1490	2710	2120	1745	410	—	120	130	0	229	384	372	269	12	0	0	0	0	0	0	1266	
		HFC7000BEV8	4590	1765	1490	2710	2150	1775	410	—	130	150	0	0	0	52	4	0	0	0	0	0	0	0	56	
		HFC7000EWEV3	3690, 3775	1685	1570	2390	1620	1320	310	390	102	102	1308	300	528	0	0	0	0	0	0	0	0	0	2136	
		HFC7000EWEV4	3690, 3775	1685	1570	2390	1695	1340	301	—	102	102	30	770	1513	900	1465	1344	0	0	0	0	0	0	6022	
		HFC7000EWEV6	3690, 3775	1685	1570	2390	1715	1340	320	—	102	102	0	0	0	0	0	0	0	1	30	0	18	2	51	
		HFC7000EWEV7	3690, 3775	1685	1570	2390	1675	1270	310	—	102	102	0	0	0	0	0	0	0	0	0	0	0	110	110	
		HFC7000WEV1	3630	1670	1475	2390	1475	1175	255	310	102	102	1507	0	0	0	0	0	0	0	0	0	0	0	1507	
		HFC7000WEV2	3630	1670	1475	2390	1500	1200	302	—	102	102	0	0	659	2100	3040	1950	0	0	0	0	0	0	7749	
		HFC7000WEV4	3630, 3660	1670	1475, 1500	2390	1530	1230, 1185	310	—	102	102	0	0	0	0	0	0	0	30	369	148	251	138	936	
		HFC7001AEV3	4320	1710	1515	2500	1715	1340	302	—	120	120	0	244	1520	1077	727	402	0	0	0	0	0	0	3970	
		HFC7001AEV5	4320	1710	1515	2500	1725	1350	302	—	110	110	0	0	0	0	0	0	146	101	2	0	0	0	249	
		HFC7001CEV	4995	1890	1520	2915	2365	1990	405	—	130	150	0	0	0	4	0	6	0	0	0	0	20	14	44	

续上表

企业名称	品牌	车辆型号	外形尺寸(mm) 长	宽	高	轴距(mm)	总质量(kg)	整备质量(kg)	续驶里程(工况法 km)	续驶里程(等速法 km)	30 min 最高车速(km/h)	最高车速(km/h)	1月	2月	3月	4月	5月	6月	7月	8月	9月	10月	11月	12月	2019 年产量合计(辆)	2019 年产量合计(辆)
		HFC7001EAEV10	4135	1750	1565	2500	1855	1480	420	—	102	102	0	0	0	0	0	0	1	0	1	50	0	0	52	
		HFC7001EAEV11	4135	1750	1565	2500	1835	1460	320	—	102	102	0	0	0	0	434	996	0	0	0	0	0	0	1430	
		HFC7001EAEV5	4135	1750	1560,1565	2490	1835	1460	301	350	102	102	170	0	0	0	0	1	0	0	0	0	0	0	171	
		HFC7001EAEV7	4135	1750	1565	2500	1855	1480	402	—	102	102	30	27	620	556	453	477	2	0	0	0	0	0	2165	
	江淮	HFC7002MEV	4410	1800	1660	2620	2045	1670	402	—	130	150	1	0	0	19	1216	1982	0	0	0	0	0	0	3218	
		HFC7002MEV1	4410	1800	1660	2620	2045	1670	355	—	130	150	0	0	3	310	49	12	0	0	0	0	0	0	374	
		HFC7002MEV2	4410	1800	1660	2620	2045	1670	420	—	130	150	0	0	0	0	131	11	0	0	0	0	0	0	142	
		HFC7002MEV3	4410	1800	1660	2620	2085	1710	470	—	130	150	0	0	0	0	0	0	3	47	67	128	22	0	267	
		HFC7002MEV4	4410	1800	1660	2620	2065	1690	402	—	130	150	0	0	0	0	0	0	83	115	3	0	7	13	221	
安徽江淮汽车集团股份有限公司	思皓	HFC7001E1AEV	4135	1750	1565	2490	1855	1460,1480	302	380	130	130	19	0	0	0	0	0	0	0	0	0	0	0	19	56616
		HFC7001E1AEV5	4135	1750	1565	2490	1855	1480	402	—	102	102	0	0	0	0	4	7	4	309	1090	750	610	259	3033	
		HFC6483ECEV1-W	4850	1965	1731	2900	2820	2345	510	700	180	200	0	0	0	0	0	0	0	0	242	161	46	22	471	
		HFC6483ECEV2-W	4850	1965	1758	2900	2780	2290	420	560	180	200	0	0	0	0	0	0	0	0	462	1214	832	1594	4102	
		HFC6483ECEV3-W	4850	1965	1758	2900	2780	2290	490	650	180	200	0	0	0	0	0	0	0	0	0	27	13	9	49	
		HFC6483ECEV4-W	4850	1965	1731	2900	2820	2345	430	600	180	200	0	0	0	0	0	0	0	0	0	52	1	0	53	
	蔚来	HFC6483ECEV-W	4850	1965	1731	2900	2820	2345	430	600	180	200	0	0	0	0	117	673	1060	2252	1499	426	515	667	7209	
		HFC6502ECEV1-W	5022	1962	1756	3010	3099	2460	355	500	180	200	643	155	531	439	176	10	1	0	0	0	23	51	2029	
		HFC6502ECEV2-W	5022	1962	1756	3010	3099	2460	355	500	180	200	1202	324	1000	1071	700	484	430	465	268	111	33	0	6088	
		HFC6502ECEV3-W	5022	1962	1756	3010	3099	2485	425	600	180	200	0	0	0	0	0	0	0	0	20	21	29	12	82	
		HFC6502ECEV-W	5022	1962	1756	3010	3099	2460	355	500	180	200	11	2	1	0	0	0	0	0	0	0	0	0	14	
		LZW7001EVABC	2488	1506	1670	1600	870	700,720	81	85	80	80	2	0	0	0	0	0	0	0	0	0	0	0	2	
		LZW7001EVABP	2488	1506	1670,1646	1600	990	840	250	330	100	100	0	0	0	0	0	1352	3472	4012	1561	1090	393	422	12302	
		LZW7001EVACP	2488	1506	1670,1646	1600	990	840	250	330	100	100	0	0	0	0	0	0	0	0	549	641	1525	984	3699	
		LZW7001EVAEP	2488	1506	1670,1646	1600	990	840	250	330	100	100	0	0	0	402	2592	1667	2762	4076	2638	2188	624	485	17434	
上汽通用五菱汽车股份有限公司	宝骏	LZW7001EVAHW	2488	1506	1670,1646	1600	999	849	250	330	100	100	0	0	0	0	0	0	0	0	649	1765	621	1030	4065	55706
		LZW7002EVBBG	2497	1526	1616	1600	980	830	210	270	100	100	2393	2266	18	9	35	0	0	0	0	1	0	0	4722	
		LZW7002EVBBP	2497	1526	1616	1600	992	842	250	330	100	100	0	0	0	0	912	1893	1	0	0	2	0	0	2808	
		LZW7002EVBCP	2497	1526	1616	1600	992	842	250	330	100	100	0	0	951	1649	1281	133	55	0	24	0	1	0	4094	
		LZW7002EVBEP	2497	1526	1616	1600	992	842	250	330	100	100	0	0	2194	2912	58	219	9	48	51	3	31	5	5530	
		LZW7002EVBHH	2497	1526	1616	1600	996	846	250	330	100	100	850	200	0	0	0	0	0	0	0	0	0	0	1050	

续上表

企业名称	品牌	车辆型号	外形尺寸(mm) 长	宽	高	轴距(mm)	总质量(kg)	整备质量(kg)	续驶里程(工况法 km)	续驶里程(等速法 km)	30 min最高车速(km/h)	最高车速(km/h)	1月	2月	3月	4月	5月	6月	7月	8月	9月	10月	11月	12月	2019年产量合计(辆)	2019年产量合计(辆)
长城汽车股份有限公司	欧拉	CC7000ZM00ABEV	3495	1660	1530,1560	2475	1300	990	351	—	102	102	1376	1474	3573	3154	25	0	0	0	0	0	0	0	9602	40558
		CC7000ZM00BEV	3495	1660	1530,1560	2475	1300	990	351	—	102	102	0	0	0	0	0	5	452	408	32	0	0	0	897	
		CC7000ZM00CBEV	3495	1660	1530,1560	2475	1300	990	351	—	102	102	0	0	0	0	3342	1757	613	684	64	631	2056	2226	11373	
		CC7000ZM01BEV	3495	1660	1530,1560	2475	1280	970	310	—	102	102	398	0	473	482	1877	1614	0	0	0	0	0	0	4844	
		CC7000ZM02ABEV	3495	1660	1530,1560	2475	1287	977	301	—	102	102	0	0	0	0	0	0	0	7	0	0	0	0	7	
		CC7000ZM02CBEV	3495	1660	1530,1560	2475	1287	977	301	—	102	102	0	0	0	0	0	0	0	0	5	448	130	342	925	
		CC7001CE03ABEV	4445,4460	1735	1567	2650	1855	1480	401	—	100	100	0	0	0	0	857	458	636	252	0	0	0	0	2203	
		CC7001CE03BEV	4445,4460	1735	1567	2615	1855	1480	401	—	140	150	3025	1683	3577	1621	94	150	0	0	0	75	350	26	10601	
		CC7001CE04BEV	4460	1735	1567	2650	1855	1460	421	—	140	150	0	0	0	0	0	0	0	25	80	0	0	0	105	
		CC7001ZM01BEV	3625	1660	1530	2490	1320	1010	360	—	102	102	0	0	0	0	0	0	0	0	0	0	1	0	1	
上海汽车集团股份有限公司	名爵	CSA7001UBEV1	4314	1809	1620,1644	2585	1950	1518	335	428	140	140	0	33	194	818	899	57	200	100	0	0	0	0	2301	38487
	荣威	CSA6456BEV2	4554	1855	1686,1716	2700	2155	1710	320	425	130	135	0	49	1	2	0	0	0	0	0	0	0	0	52	
		CSA6461FBEV1	4678	1919	1616	2800	2185	1759	403	500	160	170	884	350	211	6	2	5	7	41	5	4	2	4	1521	
		CSA6461FBEV2	4678	1919	1618	2800	2290	1870	370	500	160	170	172	55	12	7	0	0	0	1	0	2	1	1	251	
		CSA7002FBEV1	4544	1818	1509,1532	2665	1859	1420	301	401	145	145	0	0	0	0	0	3	0	0	0	0	0	0	3	
		CSA7002FBEV3	4544	1818	1513,1536	2665	1974	1535	400	540	145	145	1110	833	686	1700	2869	3650	1	0	756	431	0	0	12036	
		CSA7002FBEV4	4544	1818	1513,1536	2665	1994	1555	420	570	145	150	2647	1941	2002	3186	2278	323	0	0	13	48	0	0	12438	
		CSA7002FBEV5	4544,4550	1818	1513,1536	2665	1974	1535	400	540	145	145	0	0	0	0	0	0	0	0	0	3023	4932	1416	9371	
		CSA7002FBEV6	4544	1818	1513,1536	2665	1979	1540	420	570	145	150	0	0	0	0	0	0	0	0	0	453	50	11	514	
浙江豪情汽车制造有限公司	帝豪	HQ7002BEV05	4631	1789	1495	2650	1970	1595	400	480	140	140	1910	3422	4523	3119	646	220	0	0	0	0	0	0	13840	37396
		HQ7002BEV15	4440	1833	1560	2700	2010	1635	353	460	140	140	2802	1352	2190	151	673	0	287	13	0	0	0	2	7470	
		HQ7002BEV35	4631	1789	1495	2650	1970	1595	400	480	140	140	0	0	0	0	747	1437	213	124	0	0	0	0	2521	
		HQ7002BEV36	4631	1789	1495	2650	1970	1595	400	480	140	140	1	3	0	3	106	1	0	0	0	0	0	0	114	
		HQ7002BEV37	4736	1804	1503	2700	2025	1650	410	510	150	150	0	0	0	1700	2641	173	84	742	0	0	0	0	5340	
		HQ7002BEV39	4736	1804	1503	2700	2025	1650	410	510	150	150	0	0	0	0	32	0	0	0	0	0	0	0	32	
		HQ7002BEV45	4631	1789	1495	2650	1970	1570	400	450	140	140	0	0	0	129	1	7	0	0	0	0	0	0	137	
		HQ7002BEV51	4631	1789	1495	2650	1970	1570	400	480	140	140	0	0	0	357	1736	7	466	44	0	0	0	0	2610	
		HQ7002BEV56	4631	1789	1495	2650	1970	1570	400	480	140	140	0	0	0	0	4	0	0	0	0	0	0	0	4	

续上表

企业名称	品牌	车辆型号	外形尺寸(mm)			轴距(mm)	总质量(kg)	整备质量(kg)	续驶里程(工况法km)	续驶里程(等速法km)	30 min最高车速(km/h)	最高车速(km/h)	1月	2月	3月	4月	5月	6月	7月	8月	9月	10月	11月	12月	2019年产量合计(辆)	2019年产量合计(辆)
			长	宽	高																					
浙江豪情汽车制造有限公司	帝豪	HQ7002BEV57	4631	1789	1495	2650	1970	1570	400	450	140	140	0	0	0	0	217	4983	0	0	0	0	2	25	5227	37396
		HQ7002BEV63	4631	1789	1495	2650	1970	1570	400	480	140	140	0	0	0	0	0	0	0	47	3	0	0	0	50	
		HQ7002BEV66	4631	1789	1495	2650	1970	1570	400	450	140	140	0	0	0	0	0	0	0	47	3	1	0	0	51	
北京新能源汽车股份有限公司	北京	BJ7000C5EB-BEV	4602	1794	1515	2650	1918	1543	305	380	100	100	0	0	0	0	0	0	0	0	0	0	0	2	2	36101
		BJ7000C5EC-BEV	4602	1794	1515	2650	1918	1543	321	380	100	100	0	0	0	0	0	0	0	10	0	0	0	0	10	
		BJ7000C5ED-BEV	4602	1794	1515	2650	1938,2033	1563,1593	321	380	100	100	0	0	0	0	0	150	529	1202	1370	1372	1253	801	6677	
		BJ7000CTD-BEV	4650	1820	1510	2670	1975	1600	416	525	155	155	0	0	0	0	0	0	0	0	0	0	1	6935	6936	
		BJ7000USD1-BEV	4200	1780	1638	2585	2000	1600	501	600	150	150	0	0	0	0	95	913	1351	1328	1836	572	98	207	6400	
		BJ7000USD2-BEV	4200	1780	1638	2585	1975	1575	421	536	150	150	0	0	0	0	0	0	0	0	6	0	0	0	6	
		BJ7000USD-BEV	4200	1780	1638	2585	2040	1640	476	585	150	150	0	0	0	162	1574	138	0	0	0	0	0	0	1874	
		BJ7001BPH6-BEV	3684	1630	1518	2360	1430	1110	261	315	120	120	0	0	0	2	0	0	0	0	0	0	0	0	2	
		BJ7001BPHD-BEV	3684	1630	1518	2360	1430	1110	301	395	100	100	14	31	3386	449	187	2453	330	213	855	2499	431	0	10848	
		BJ7001BPHF-BEV	3684	1630	1518	2360	1440	1140	330	410	100	100	0	0	0	0	0	0	0	5	0	49	341	2951	3346	
东风汽车集团有限公司	东风雷诺	EQ7000FR2F1BEV	3735	1579	1515,1484	2423	1240	921	271	350	105	105	0	0	0	0	0	0	0	0	72	285	1539	1284	3180	32134
	东风	EQ6510LM5F1BEV	5145	1720	1980	3000	2500	1880	200	—	100	120	0	0	0	0	0	0	4	0	0	0	0	0	4	
		EQ7000FL2F1BEV	3699	1579	1515,1484	2423	1240	921	271	350	105	105	0	0	0	0	0	0	0	0	0	7	0	0	7	
		EQ7000FS2F1BEV	3699	1579	1515,1484	2423	1240	921	271	350	105	105	0	0	0	0	0	0	0	0	0	36	0	2082	2118	
		EQ7000LS1F1BEV	4665	1790	1526	2700	1915	1540	255	—	110	150	0	0	0	15	0	1	0	1	0	0	0	2	19	
	风神	DFM7000G1F3BEV	4680	1720	1530	2700	1939	1564	351	—	135	145	307	0	0	0	0	0	0	0	0	0	0	0	307	
		DFM7000G1F6BEV	4680	1720	1530	2700	1939	1550	401	—	145	150	120	627	1459	1201	610	3465	167	397	834	825	2543	1701	13949	
		DFM7000G1F7BEV	4680	1720	1530	2700	1969	1555	508	—	145	150	0	0	0	0	0	0	0	0	1	46	32	15	94	
		EQ7000FA2F1BEV	3732	1579	1515	2423	1240	921	271	350	105	105	0	0	0	0	0	0	0	1	7	7	0	43	58	
	富康	DFM7000G1F6PBEV	4680	1720	1530	2700	1939	1550	401	—	145	150	0	0	0	100	1100	0	0	0	0	0	0	0	1200	
	俊风	DFA7000A1F4BEV	4665	1700	1540	2700	1925	1500	405	—	115,105	125,110	200	0	462	753	878	1185	612	230	413	807	41	0	5581	
		DFA7000A1F7BEV	4665	1700	1540	2700	1925	1530	405	—	115	125	0	0	0	0	0	723	0	0	0	0	0	0	723	
		DFA7000A1F8BEV	4665	1700	1540	2700	1925	1530	452,410	—	105	110	0	0	0	0	0	0	0	0	0	583	1200	44	1827	
		DFA7000A1FABEV	4665	1700	1540	2700	1925	1550	351	—	105	110	0	0	0	0	0	7	22	10	51	0	29	0	119	
		DFA7000A1FDBEV	4665	1700	1540	2700	1925	1530	415	—	105	110	0	0	0	0	0	0	0	0	1	0	0	0	1	
		DFA7000C1A1BEV	4427	1748	1476	2652	1780	1350	305	—	105	115	0	0	0	0	0	28	0	0	0	0	0	0	28	

续上表

企业名称	品牌	车辆型号	外形尺寸(mm) 长	宽	高	轴距(mm)	总质量(kg)	整备质量(kg)	续驶里程(工况法km)	续驶里程(等速法km)	30 min最高车速(km/h)	最高车速(km/h)	1月	2月	3月	4月	5月	6月	7月	8月	9月	10月	11月	12月	2019年产量合计(辆)	2019年产量合计(辆)
东风汽车集团有限公司	俊风	DFA7000C1A2BEV	4427	1748	1476	2652	1650	1250	255	—	105	110	0	0	0	0	0	0	0	0	25	31	436	414	906	32134
		DFA7000C1A3BEV	4427	1748	1476	2652	1680	1280	255	—	105	110	0	0	0	0	0	0	0	0	1	25	80	420	526	
		DFA7000C1A4BEV	4427	1748	1476	2652	1600	1200	143	—	100	110	0	0	0	0	0	0	0	0	0	0	0	104	104	
		DFA7000C1A5BEV	4427	1748	1476	2652	1630	1230	143	—	100	110	0	0	0	0	0	0	0	0	0	0	0	905	905	
		DFA7000G1F7BEV	4680	1720	1545	2700	1925	1540	405	—	115	125	2	0	0	0	0	0	0	0	0	0	0	0	2	
		DFA7000L2ABEV4	3775	1665	1530	2450	1400	1100	255	—	115	115	0	0	0	0	0	0	0	0	18	3	0	0	21	
	启辰	EQ7000FV2F1BEV	3732	1579	1515	2423	1240	921	271	350	105	105	0	0	0	0	0	0	0	0	2	0	177	276	455	
广汽乘用车有限公司	传祺	GAC7000BEVH0A	4337	1825	1637,1662	2560	2080	1667	310	475	145	156	0	0	0	0	0	0	0	0	0	1	0	0	1	34854
		GAM6480BEVB0B	4786	1935	1685	2920	2325	1900	520	652	165	170	0	0	0	0	0	0	0	1	0	5	46	66	118	
		GAM6480BEVB0C	4786	1935	1685	2920	2445	2040	650	860	165	170	0	0	0	0	0	0	0	0	11	171	1184	710	2076	
		GAM6480BEVB0E	4786	1935	1685	2920	2600	2180	600	800	170	180	0	0	0	0	0	0	0	0	0	0	20	0	20	
		GAM7000BEVA0C	4768	1880	1530	2750	2035	1625	510	630	150	156	0	0	1	27	110	2592	2868	4753	1565	2358	2354	3926	20554	
		GAM7000BEVA0E	4768	1880	1530	2750	2035	1610	410	530	130	130	0	0	0	0	15	0	0	0	0	0	0	0	15	
		GAM7000BEVA0F	4768	1880	1530	2750	2000	1575	410	530	130	130	0	0	0	0	0	0	0	0	0	0	2	19	21	
		GAM7000BEVA0G	4768	1880	1530	2750	2035	1610	410	530	130	130	0	0	0	0	0	0	0	17	2595	3617	2749	3071	12049	
重庆长安汽车股份有限公司	长安	SC6388CVBEV	3800	1700	1670	2505	1715	1340	310	370	100	130	1	0	0	0	0	0	0	0	0	0	0	0	1	34109
		SC6458AGBEV	4465	1725	1685,1700	2680	1895	1520	405	—	130	130	0	0	0	0	728	272	0	0	0	0	0	0	1000	
		SC6458AHBEV	4510	1725	1685,1700	2680	1970	1580	402	—	130	130	0	0	498	866	942	509	500	0	1	6	0	0	3322	
		SC6458AJBEV	4520	1725	1692,1707	2700	1970	1560	405	—	130	130	0	0	0	0	0	2	0	0	71	145	0	164	382	
		SC6458FAABEV	4465	1725	1685,1700	2680	1895	1520	401	—	130	130	0	0	0	0	0	326	373	135	10	133	0	0	977	
		SC6478AABBEV	4705	1860	1720	2780	2255	1855	405	—	145	160	0	0	0	0	0	0	0	0	0	0	0	9	9	
		SC7001AAABEV	3770	1650	1570	2410	1555	1180	301	—	101	101	0	0	0	0	0	0	0	0	0	0	0	40	40	
		SC7001AMBEV	3730	1650	1528	2410	1510	1135	210	260	100	105	0	0	1	0	0	0	0	0	0	0	0	0	1	
		SC7001ATBEV	3730	1650	1528	2410	1615	1240	301	380	105	125	0	520	619	84	261	791	0	0	0	0	0	0	2275	
		SC7001BABEV	2770	1545	1690	1680	945	795	205	—	100	100	100	0	0	0	0	0	0	0	0	0	0	0	100	
		SC7002BAABEV	2770	1545	1690	1680	973	823	251	—	100	100	0	0	0	0	0	0	0	3	0	0	0	0	3	
		SC7003AABBEV	4740	1820	1515,1530	2700	2025	1650	405	—	120	145	0	0	0	0	0	0	0	0	0	0	100	0	100	
		SC7003ACBEV	4620	1820	1540	2660	1985	1610	305	360	120	140	1	0	0	0	0	0	0	0	0	0	0	0	1	
		SC7003AEBEV	4740	1820	1515,1530	2700	2025	1650	405	500	120	145	1400	300	1648	1942	1872	1513	701	1220	2353	1424	3	0	14376	
		SC7003AHBEV	4740	1820	1515,1530	2700	2025	1650	405	—	120	145	888	709	1598	2407	1287	1512	500	252	0	328	1573	0	11054	

续上表

企业名称	品牌	车辆型号	外形尺寸(mm)			轴距(mm)	总质量(kg)	整备质量(kg)	续驶里程(工况法km)	续驶里程(等速法km)	30 min最高车速(km/h)	最高车速(km/h)	1月	2月	3月	4月	5月	6月	7月	8月	9月	10月	11月	12月	2019年产量合计(辆)	2019年产量合计(辆)
			长	宽	高																					
重庆长安汽车股份有限公司	长安	SC7003ALBEV	4535	1820	1530	2700	2025	1650	405	—	120	140	0	49	163	153	50	0	0	0	26	0	2	0	443	34109
		SC7005AABBEV	4515	1860	1690	2650	2295	1920	605	—	120	150	0	0	0	0	0	0	0	0	0	0	0	25	25	
中国第一汽车集团有限公司	红旗	CA7002EV	4490	1874	1613	2750	2122	1742	377	—	142	160	108	221	607	1254	1825	1112	1268	1137	425	348	72	121	8498	26175
		CA7002EVA	4490	1874	1613	2750	2270	1890	344	—	142	160	30	0	0	0	0	8	74	48	88	48	16	36	348	
	一汽	CA7001BEV	3735	1655	1550	2415	1420	1120	305	350	100	100	505	0	0	0	0	1	0	0	0	0	0	0	506	
		CA7001BEVB	3745	1655	1550	2415	1420	1120	305	—	100	100	0	0	0	0	455	73	356	0	16	34	275	120	1329	
		CA7003BEV	4632	1790	1500	2652	1838	1463	402	—	130	130	0	0	0	0	0	0	0	153	321	0	0	0	474	
		CA7003BEVA	4632	1790	1500	2652	1838	1463	402	—	130	130	0	0	0	0	0	0	0	0	0	1102	1825	1811	4738	
		CA7003BEVB	4632	1790	1500	2652	1838	1463	406	—	100	130	0	0	0	0	0	0	0	0	0	36	1169	1415	2620	
		CA7003BEVC	4632	1790	1500	2652	1838	1463	402	—	100	130	0	0	0	0	0	0	0	0	0	428	2259	4438	7125	
		CA7003BEVH	4632	1790	1500	2652	1838	1463	303	—	100	130	0	0	0	0	0	0	0	0	0	0	0	5	5	
		CA7006BEV	4315	1780	1655	2600	1955	1580	310	400	140	160	67	58	1	0	0	0	0	2	0	4	0	0	132	
		CA7006BEVA	4315	1780	1655	2600	1955	1580	352	—	140	160	0	0	0	0	145	219	20	2	14	0	0	0	400	
奇瑞汽车股份有限公司	奇瑞	SQR7000BEVJ601	4572，4602	1825	1496	2670	1935	1560	351	400	100	152	0	0	0	0	0	1	0	0	0	0	0	0	1	25139
		SQR7000BEVJ602	4572，4602	1825	1496	2670	1920	1545	401	—	100	152	394	0	105	469	414	0	0	0	0	1	24	0	1407	
		SQR7000BEVJ604	4572，4602	1825	1496	2670	1935	1560	401	—	100	152	5	0	35	60	631	0	37	0	0	12	8	33	821	
		SQR7000BEVJ605	4572，4602	1825	1496	2670	1920	1545	415	—	100	160	0	0	0	0	25	3	0	0	0	0	0	0	28	
		SQR7000BEVJ692	4200	1760	1570	2555	1875	1500	401	—	100	100	0	0	310	20	5	0	0	0	0	0	0	0	335	
		SQR7000BEVJ694	4200	1760	1570	2555	1890	1515	401	—	100	100	600	0	1	0	0	0	0	0	0	0	0	0	601	
		SQR7000BEVJ696	4200	1760	1570	2555	1890	1515	401	—	100	100	0	0	90	400	300	0	0	0	0	0	0	0	790	
		SQR7000BEVJ727	3200	1670	1550，1590	2150	1125，1295	975，995	301	—	100	100	1082	202	388	0	0	0	0	0	0	0	0	0	1672	
		SQR7000BEVJ728	3200	1670	1550，1590	2150	1115，1285	965，985	301	—	100	100	1678	1110	1712	2149	2916	1191	0	0	1261	0	1504	0	13521	
		SQR7000BEVJ729	3200	1670	1550，1590	2150	1115，1285	965，985	301	—	100	100	375	397	0	0	0	0	0	0	0	0	0	0	772	
		SQR7000BEVT19	4358	1830	1670	2630	1935	1560	401	—	120	160	0	0	0	0	0	19	200	0	457	199	213	160	1248	
		SQR7000BEVT191	4358	1830	1670	2630	1980	1605	401	—	120	160	0	0	0	0	0	17	74	478	140	0	5	52	766	

续上表

企业名称	品牌	车辆型号	外形尺寸(mm)			轴距(mm)	总质量(kg)	整备质量(kg)	续驶里程(工况法 km)	续驶里程(等速法 km)	30 min 最高车速(km/h)	最高车速(km/h)	1月	2月	3月	4月	5月	6月	7月	8月	9月	10月	11月	12月	2019 年产量合计(辆)	2019 年产量合计(辆)
			长	宽	高																					
奇瑞汽车股份有限公司	奇瑞	SQR7001BEVJ72	3200	1670	1550,1590	2150	1125,1305	975,1005	301	—	100	100	0	0	0	0	1734	757	586	0	0	0	0	0	3077	25139
		SQR7003BEVJ51	4250	1726	1510	2510	1700,1650	1325,1275	251	300	102	102	100	0	0	0	0	0	0	0	0	0	0	0	100	
奇瑞新能源汽车股份有限公司	奇瑞	NEQ7000BEVJ60	4572,4602	1825	1496	2670	1920	1545	401	—	100	152	0	0	0	0	0	29	0	0	0	0	0	0	29	21157
		NEQ7000BEVJ60A	4572,4602	1825	1496	2670	1920	1545	401	—	100	152	0	0	0	0	0	0	0	113	318	238	120	130	919	
		NEQ7000BEVJ72	3200	1670	1550,1590	2150	1115,1285	965,985	301	—	100	100	0	0	0	0	0	1	0	0	0	0	0	0	1	
		NEQ7000BEVJ72A	3200	1670	1550,1590	2150	1145,1315	995,1015	301,302	—	100	100	975	380	672	818	826	792	35	117	386	0	70	0	5071	
		NEQ7000BEVJ72B	3200	1670	1550,1590	2150	1125,1305	975,1005	301	—	100	100	0	0	0	0	409	2174	1401	2582	1066	98	2918	345	10993	
		NEQ7000BEVJ72D	3200	1670	1550,1590	2150	1115,1275	965,975	301	—	100	100	0	0	0	0	0	0	0	0	0	0	1575	2079	3654	
		NEQ7000BEVJ72E	3200	1670	1550,1590	2150	1115,1275	965,975	301	—	100	100	0	0	0	0	0	0	0	0	0	0	0	490	490	
山西新能源汽车工业有限公司	帝豪	JHC7002BEV25	4631	1789	1495	2650	1970	1570	400	480	140	140	0	0	0	0	0	0	0	0	382	0	0	0	382	18963
		JHC7002BEV27	4631	1789	1495	2650	1970	1570	500	590	140	140	0	0	0	0	0	0	0	0	26	0	0	0	26	
		JHC7002BEV33	4631	1789	1495	2650	1970	1570	400	450	140	140	0	0	0	0	0	0	0	1764	3619	1062	108	117	6670	
		JHC7002BEV34	4631	1789	1495	2650	1970	1570	400	450	140	140	0	0	0	0	0	0	0	0	2	16	54	66	138	
		JHC7002BEV38	4736	1804	1503	2700	2025	1650	410	510	150	150	0	0	0	0	0	0	0	85	525	43	650	524	1827	
		JHC7002BEV41	4736	1804	1503	2700	2025	1650	500	600	150	150	0	0	0	0	0	0	0	123	521	110	72	14	840	
		JHC7002BEV46	4736	1804	1503	2700	2025	1650	410	510	150	150	0	0	0	0	0	0	0	0	0	0	3087	2191	5278	
		JHC7002BEV51	4440	1833	1560	2700	2010	1635	450	560	140	140	0	0	0	0	0	0	1	52	136	14	7	8	218	
		JHC7002BEV55	4440	1833	1560	2700	2010	1635	400	480	140	140	0	0	0	0	0	0	0	229	868	281	255	83	1716	
		JHC7002BEV60	4440	1833	1560	2700	2010	1635	400	480	140	140	0	0	0	0	0	0	0	118	874	573	228	70	1863	
		JHC7002BEV63	4440	1833	1560	2700	2010	1635	400	480	140	140	0	0	0	0	0	0	0	0	0	0	3	2	5	
威马汽车制造温州有限公司	威尔马斯特	SZS6460A05BEV	4585	1835	1672	2703	2166	1791	403	—	145	160	1303	563	2633	1871	438	575	111	142	85	137	103	80	8041	17847
		SZS6460A06BEV	4585	1835	1672	2703	2101	1726	303	—	145	160	37	8	9	19	17	0	17	0	449	500	0	250	1306	
		SZS6460A07BEV	4585	1835	1672	2703	2178	1803	460	—	145	160	19	222	205	161	30	10	20	13	1	0	0	0	681	
		SZS6460A11BEV	4585	1835	1672	2703	2178	1803	460	—	145	160	0	0	0	1	0	0	0	0	0	0	0	0	1	

续上表

企业名称	品牌	车辆型号	外形尺寸(mm) 长	宽	高	轴距(mm)	总质量(kg)	整备质量(kg)	续驶里程(工况法 km)	续驶里程(等速法 km)	30 min 最高车速(km/h)	最高车速(km/h)	1月	2月	3月	4月	5月	6月	7月	8月	9月	10月	11月	12月	2019 年产量合计(辆)	2019 年产量合计(辆)
威马汽车制造温州有限公司	威尔马斯特	SZS6460A12BEV	4585	1835	1672	2703	2152	1777	403	—	145	160	0	0	0	1	144	186	0	0	0	0	0	0	331	17847
		SZS6460A13BEV	4585	1835	1672	2703	2093	1718	303	—	145	160	0	0	0	0	0	235	0	0	0	0	151	0	386	
		SZS6460A14BEV	4591	1853	1682	2703	2195	1820	460	—	145	160	0	0	1	87	21	35	49	0	1	0	0	20	214	
		SZS6460A20BEV	4585	1835	1672	2703	2136	1761	403	—	145	160	0	0	0	0	0	268	350	960	833	723	382	33	3549	
		SZS6460A21BEV	4585	1835	1672	2703	2085	1710	323	—	145	160	0	0	0	0	0	0	0	0	301	500	0	250	1051	
		SZS6460A25BEV	4585	1835	1672	2703	2093	1718	323	—	145	160	0	0	0	0	0	0	0	0	0	0	203	0	203	
		SZS6460A30BEV	4585	1835	1672	2703	2184	1809	520	—	145	160	0	0	0	0	0	0	0	0	192	455	641	387	1675	
		SZS6480A01BEV	4802	1839	1710	2715	2245	1870	503	—	145	160	0	0	0	0	0	0	0	0	0	0	162	235	397	
		SZS6480A03BEV	4802	1839	1710	2715	2213	1838	408	—	145	160	0	0	0	0	0	0	0	0	0	0	11	1	12	
海马汽车有限公司	海马	HMA7000ABBEV	3680	1570	1530,1560	2340	1335	1035	301	401	100	100	0	0	0	0	0	0	0	0	0	0	0	7	7	17070
		HMA7000ACBEV	3680	1570	1530	2340	1320	1020	251	301	100	100	0	0	0	0	0	619	0	0	0	0	0	0	619	
		HMA7000ADBEV	3662	1540,1570	1502,1550	2332	1130	830	100	—	100	100	0	0	0	0	0	0	0	0	0	0	0	2	2	
		HMA7000AEBEV	3662	1540,1570	1502,1550	2332	1140	840	132	—	100	100	0	0	0	0	0	0	0	0	0	0	0	2	2	
		HMA7000AFBEV	3680	1570	1530,1560	2340	1260	960	251	301	100	100	0	0	0	0	0	0	0	0	0	0	0	10	10	
		HMA7002S302BEV	4553	1737	1510	2600	1808	1433	315	400	120	130	0	0	0	0	0	4	0	0	0	0	0	0	4	
		HMA7003S203BEV	3680	1550	1530	2340	1370	1070	302	352	100	100	63	0	0	0	0	430	3	0	0	0	0	0	496	
		HMA7003S204BEV	3680	1550	1530	2340	1298	998	301	351	100	100	0	0	0	0	0	54	11	0	0	0	0	0	65	
	小鹏	HMA7000S68BEV	4450	1820	1600,1668	2610	2035	1585	351	500	150	170	6	0	144	458	868	739	259	0	0	0	0	0	2474	
		HMA7001DABEV	4450	1820	1610,1678	2625	2040	1578	401	—	150	170	0	0	0	0	0	11	0	0	0	21	6	85	123	
		HMA7001DDBEV	4450	1820	1610,1678	2625	2040	1578	401	—	150	170	0	0	0	0	0	5	0	151	108	34	0	0	298	
		HMA7001DEBEV	4450	1820	1610,1678	2625	2040	1637	520	—	150	170	0	0	0	0	0	28	0	754	1609	588	807	1208	4994	
		HMA7001S68BEV	4450	1820	1600,1668	2610	2035	1585	351	—	150	170	20	0	336	276	267	342	73	0	0	0	0	0	1314	
		HMA7002S68BEV	4450	1820	1600,1668	2610	2035	1585	365	—	150	170	573	40	644	1365	2065	387	292	0	0	0	0	0	5366	
		HMA7003S68BEV	4450	1820	1600,1668	2610	2035	1585	351	—	150	170	0	0	97	165	158	94	65	0	0	0	0	0	579	
		HMA7004S68BEV	4450	1820	1600,1668	2610	2035	1585	365	—	150	170	0	0	0	0	321	271	125	0	0	0	0	0	717	
东风汽车有限公司	东风日产	DFL7000NAH1BEV	4677	1760	1520	2700	1940	1520	338	389	144	144	900	0	0	0	0	45	0	0	0	0	0	0	945	14067
		DFL7000NAH2BEV	4677	1760	1520	2700	1940	1501	338	389	144	144	0	0	0	358	2164	1352	1104	1511	1154	0	0	0	7643	
	启辰	DFL7000NA62BEV	4764	1803	1494	2700	1950	1520	481	585	140	140	0	0	0	0	0	0	0	298	1997	821	820	1071	5007	
		DFL7000NA81BEV	4415	1820	1668	2640	2010	1590	442	565	125	145	0	0	0	0	0	0	0	0	0	0	246	226	472	

续上表

企业名称	品牌	车辆型号	外形尺寸(mm) 长	宽	高	轴距(mm)	总质量(kg)	整备质量(kg)	续驶里程(工况法 km)	续驶里程(等速法 km)	30 min 最高车速(km/h)	最高车速(km/h)	1月	2月	3月	4月	5月	6月	7月	8月	9月	10月	11月	12月	2019年产量合计(辆)	2019年产量合计(辆)
上汽通用汽车有限公司	别克	SGM7008LFBEV	4650	1817	1510	2660	1940	1540	301	—	140	150	0	0	0	591	739	298	203	208	0	0	774	1314	4127	11897
		SGM7008LHBEV	4650	1817	1510	2660	2075	1675	410	—	140	150	0	0	0	0	0	0	0	0	899	3	1989	4380	7271	
	雪佛兰	SGM7007LABEV	4665	1813	1538,1513	2660	2060	1660	410	—	140	150	0	0	0	0	0	0	0	0	0	0	62	437	499	
江西江铃集团新能源汽车有限公司	易至	JX7001ESABEV	3720	1640	1494,1485	2390	1470	1170	252	—	120	120	0	0	0	0	0	1	0	0	0	0	0	0	1	11382
		JX7001ESBBEV	3720	1640	1494,1485	2390	1470	1170	252	—	120	120	0	0	7	0	0	0	0	0	0	0	0	0	7	
		JX7001ESDBEV	3720	1640	1494,1485	2390	1415	1115	301	—	100	100	200	108	398	691	455	4	1	0	0	0	0	1	1858	
		JX7001ESEBEV	3720	1640	1494,1485	2390	1385	1085	320	—	100	100	0	0	0	0	0	1	53	2	0	0	0	0	56	
		JX7001ESFBEV	3720	1640	1494,1485	2390	1385	1085	320	—	100	100	0	0	0	0	587	499	91	42	8	657	196	35	2115	
		JX7001ESGBEV	3720	1640	1494,1485	2390	1440	1140	302	—	100	100	0	0	0	0	1	1	0	0	0	2	0	108	112	
		JX7001ESHBEV	3720	1640	1494,1485	2390	1420	1120	302	—	100	100	0	0	0	0	0	0	0	0	0	0	5	45	50	
		JX7001EUABEV	4160	1810	1670	2560	1905	1530	401	—	100	100	0	0	0	0	0	5	0	0	36	18	63	40	162	
		JX7001EUBBEV	4160	1810	1670	2560	1905	1530	405	—	100	100	0	0	0	0	0	30	0	75	4	17	160	82	368	
		JX7002ESCBEV	3500	1646	1450	2340	1325	1025	305	—	100	100	0	0	0	0	0	0	0	0	2	1	17	6	26	
		JX7002ESDBEV	3500	1646	1450	2340	1278	978	252	—	100	100	0	0	0	0	0	0	0	2	0	0	0	1	3	
		JX7002ESFBEV	3500	1646	1450	2340	1305	1005	252	—	100	100	0	0	0	0	0	0	0	0	0	0	1	21	22	
		JX7003ESABEV	3580,3650	1570	1485	2345	1278	978	302	—	100	100	2512	1435	1814	49	456	336	0	0	0	0	0	0	6602	
一汽－大众汽车有限公司	奥迪	FV70010AABEV	4237	1785	1548	2628	2090	1610	265	347	145	150	0	0	0	0	0	0	0	0	0	0	0	78	78	11201
		FV70010BABEV	4237	1785	1548	2628	2090	1610	265	347	145	150	0	0	0	0	0	0	0	0	0	799	1220	699	2718	
	大众	FV7002AABEV	4671,4663	1815	1473	2680	1980	1560	270	—	150	150	0	0	0	0	0	0	16	25	0	613	80	0	734	
		FV7002BABEV	4671,4663	1815	1473	2680	1980	1560	270	—	150	150	0	0	0	0	0	0	0	0	1	1550	1831	930	4312	
		FV7004AABEV	4259,4267	1799	1479	2631	1990	1580	270	—	150	150	0	0	0	0	0	0	21	0	26	0	1	136	184	
		FV7004BABEV	4259,4267	1799	1479	2631	1990	1580	270	—	150	150	0	0	0	0	0	0	0	0	0	475	1214	1486	3175	
上汽大众汽车有限公司	大众汽车	SVW7001AEV	4670	1806	1474	2680	1970	1560	278	350	150	150	0	0	0	0	0	0	0	7	0	0	0	0	7	9204
		SVW7002AEV	4670	1806	1474	2680	1970	1560	278	350	150	150	0	0	0	0	24	1556	2640	978	346	117	8	667	6336	
		SVW7003AEV	4670	1806	1474	2680	1970	1560	278	350	150	150	0	0	0	0	0	0	0	0	0	2397	135	329	2861	

续上表

企业名称	品牌	车辆型号	外形尺寸(mm) 长	宽	高	轴距(mm)	总质量(kg)	整备质量(kg)	续驶里程(工况法km)	续驶里程(等速法km)	30 min最高车速(km/h)	最高车速(km/h)	1月	2月	3月	4月	5月	6月	7月	8月	9月	10月	11月	12月	2019年产量合计(辆)	2019年产量合计(辆)
浙江合众新能源汽车有限公司	哪吒	THZ7000BEVS003	3872	1648	1611,1571	2370	1476	1176	301	380	100	102	50	116	31	0	0	0	0	0	0	0	0	0	197	8820
		THZ7000BEVS004	3872	1648	1611,1571	2370	1476	1176	301	380	100	102	118	181	604	0	0	0	0	0	0	0	0	0	903	
		THZ7000BEVS005	3872	1648	1611,1571	2370	1476	1176	301	380	100	102	123	206	482	0	0	0	0	0	0	0	0	0	811	
		THZ7000BEVS008	3872	1648	1611,1571	2370	1516	1216	301	380	100	102	0	0	0	0	0	0	0	89	0	0	0	0	89	
		THZ7000BEVS009	3872	1648	1611,1571	2370	1469	1169	301	380	100	102	0	0	0	0	0	0	0	49	273	420	729	412	1883	
		THZ7000BEVS00A	3872	1648	1611,1571	2370	1481	1181	301	380	100	102	0	0	0	0	0	89	11	0	0	0	0	0	100	
		THZ7000BEVS00B	3872	1648	1611,1571	2370	1469	1169	351	430	100	102	0	0	0	0	0	0	0	161	529	275	62	0	1027	
		THZ7000BEVS00D	3872	1648	1611,1571	2370	1481	1181	301	380	100	102	0	0	0	0	0	0	0	0	0	308	492	0	800	
		THZ7001BEVS001	3872	1648	1611,1571	2370	1512	1212	301	380	100	102	0	0	0	687	522	421	54	0	0	0	0	0	1684	
		THZ7001BEVS004	3872	1648	1611,1571	2370	1512	1212	301	380	100	102	0	0	0	111	0	0	0	0	0	0	0	4	115	
		THZ7001BEVS005	3872	1648	1611,1571	2370	1512	1212	301	380	100	102	0	0	0	121	250	238	195	0	0	0	0	4	808	
		THZ7001BEVS00B	3872	1648	1611,1571	2370	1469	1169	330	410	100	102	0	0	0	0	0	0	0	0	0	0	315	88	403	
广汽乘用车(杭州)有限公司	传祺	GAH7000BEVH0A	4337	1825	1637,1662	2560	2080	1667	310	475	145	156	0	0	20	5	0	0	0	0	0	0	0	0	25	6968
		GAH7000BEVH0B	4337	1825	1640,1665	2560	2080	1648	410	530	145	156	1503	386	1106	1535	803	780	0	0	0	0	0	0	6113	
		GAH7000BEVH0C	4337	1825	1658,1665	2560	2080	1526,1540	410	530	145	165	0	0	0	0	0	0	0	0	0	0	387	425	812	
		GAH7000BEVH0D	4337	1825	1658,1665	2560	2080	1562,1576	410	530	145	165	0	0	0	0	0	0	0	0	0	0	18	0	18	
东风柳州汽车有限公司	东风	LZ6462MLAEV	4620	1810	1740,1720	2750	1995	1620	220	—	110	150	0	0	0	0	0	2	1	0	0	0	0	0	3	6111
		LZ6463MLAEV	4620	1810	1740,1720	2750	2185	1660	220	—	110	150	3	0	0	0	0	8	4	1	0	0	0	0	16	
		LZ6510MLAEV	5145	1720	1980	3000	2500	1880	200	—	100	120	0	0	0	0	0	0	3	1	0	0	0	0	4	
		LZ6510MLANEV	5145	1720	1995	3000	2570	1980	330	—	100	120	2	0	1	0	0	0	0	0	0	0	0	0	3	
		LZ6511MLAEV	5145	1720	1995	3000	2420	1870	353	—	100	120	8	0	0	0	0	0	0	0	0	0	0	0	8	
		LZ6511MLANEV	5145	1720	1995	3000	2525	1850	313	—	100	105	0	0	0	0	0	0	0	0	0	0	7	317	324	
		LZ6512MLAEV	5145	1720	1995	3000	2570	1950	330	—	100	120	2	0	8	0	0	0	0	0	0	0	0	0	10	
		LZ6513MLAEV	5145	1720	1995	3000	2280	1720	313	—	100	105	0	0	0	0	0	0	0	0	0	0	0	36	36	
		LZ6514MLAEV	5145	1720	1995	3000	2525	1820	313	—	100	105	0	0	0	0	0	0	0	0	0	6	71	857	934	
		LZ7000SLAEV	4705	1790	1540	2700	2036	1661	410	—	110	150	103	10	59	294	408	1138	6	1	0	1	0	0	2020	
		LZ7001SLAEV	4665	1790	1526	2700	1929	1554	403	—	110	130	1	1	0	2	0	3	0	0	0	0	0	0	7	
		LZ7003SLAEV	4705	1790	1540	2700	2036	1661	415	—	110	150	0	0	0	0	0	0	0	67	162	57	69	1890	2245	
		LZ7004SLAEV	4665	1790	1540	2700	1975	1600	401	—	110	120	0	0	0	0	0	0	0	0	0	0	0	501	501	

续上表

企业名称	品牌	车辆型号	外形尺寸(mm) 长	宽	高	轴距(mm)	总质量(kg)	整备质量(kg)	续驶里程(工况法 km)	续驶里程(等速法 km)	30 min 最高车速(km/h)	最高车速(km/h)	1月	2月	3月	4月	5月	6月	7月	8月	9月	10月	11月	12月	2019年产量合计(辆)	2019年产量合计(辆)
东风本田汽车有限公司	汇威	DHW7001DHBEV	4280	1772	1625	2610	2024	1572	401	532	120	140	0	0	0	0	0	0	0	0	5	1131	729	780	2645	5295
		DHW7002DHBEV	4280	1772	1625	2610	2024	1606	401	532	120	140	0	0	0	0	0	0	0	0	10	957	783	900	2650	
合肥长安汽车有限公司	长安	SC7004CCBEV	4135	1740	1630	2520	1905	1530	401	501	101	101	0	0	0	0	0	0	0	10	20	196	689	616	1531	2913
		SC7004DBBEV	4100	1740	1630	2510	1905	1530	351	420	110	110	0	99	283	370	566	39	22	3	0	0	0	0	1382	
江铃控股有限公司	爱驰	JX6470UBEV	4680	1865	1700	2800	2135	1700,1750	503	660	160	160	0	0	0	0	0	0	0	0	0	2	24	107	133	2867
	江铃	JX70028BEV	3994	1626	1505	2400	1345	1045	252	—	102	102	0	0	0	1	0	0	0	0	0	0	0	0	1	
		JX70033BEV	4160	1810	1670	2560	1865	1490	305	—	102	102	330	170	0	0	0	9	0	0	0	0	0	0	509	
		JX70034BEV	4160	1810	1670	2560	1865	1490	310	—	100	100	0	0	0	0	0	1	0	0	0	0	0	0	1	
		JX70036BEV	3580,3650	1570	1485	2345	1278	978	260	—	100	100	200	0	0	0	0	0	0	0	0	0	0	0	200	
		JX70038BEV	3580,3650	1570	1485	2345	1278	978	252	—	100	100	523	700	800	0	0	0	0	0	0	0	0	0	2023	
广汽本田汽车有限公司	理念	GHA7000PAN0ABEV	4308	1824	1625	2610	2110	1625,1635,1670	340	430	120	140	0	14	34	0	2	0	0	0	0	0	0	0	50	2517
		GHA7000PAN0BBEV	4308	1824	1625	2610	2110	1571,1581,1615	401	500	120	140	0	0	0	0	0	0	0	76	169	1252	905	65	2467	
湖南江南汽车制造有限公司	众泰	JNJ6491EV	4900	1700	2050	2590	2400	1860	286	—	100	100	0	0	0	0	0	0	0	0	0	2	0	0	2	2349
		JNJ7000EVB1	4405	1830	1640,1665	2610	2000	1625	350	450	140	140	5	0	0	0	0	6	0	0	0	0	0	5	16	
		JNJ7000EVC4	4750	1810	1510	2750	1995	1620	330	440	140	140	135	0	60	104	0	0	0	0	0	0	0	0	299	
		JNJ7000EVK9	2735	1600	1630	1810	1270	1080	301	330	100	105	887	0	37	57	21	88	0	0	0	0	0	937	2027	
		JNJ7000EVKA	2735	1600	1630	1810	1270	1080	301	330	100	105	0	0	0	0	0	5	0	0	0	0	0	0	5	
北汽新能源汽车常州有限公司	北京	BJ7000KPC4C-BEV	2986	1676	1517	1870	1180	1030	301	380	100	100	139	0	3	107	0	67	0	25	63	0	0	160	564	2277
		BJ7003URD4C-BEV	4122	1750	1583,1545	2519	1830	1430	403	505	100	100	0	0	0	0	0	0	0	0	0	296	1099	318	1713	
东南(福建)汽车工业有限公司	东南	DN7007HBEVS3	4354	1840	1648,1664	2610	2015	1640	351	400	110	125	263	168	670	305	288	294	0	0	20	55	0	182	2245	2275
		DN7007MBEVS3	4354	1840	1648,1664	2610	2015	1640	351	400	110	125	0	0	0	0	0	0	0	0	0	15	0	15	30	
广汽丰田汽车有限公司	广汽	GTM70002BEV	4792	1880	1530	2750	2035	1625	510	630	150	156	0	0	0	0	0	0	0	0	0	0	989	1250	2239	2239
金华青年汽车制造有限公司	迈迪	JNP7008BEV1	2995	1600	1580	1920	1250	1100	305	355	100	100	0	0	0	0	0	0	0	5	295	410	165	675	1550	2003
	欧联	JNP7003BEV1	2727	1565	1558	1860	1070	920	302	—	100	100	0	0	0	0	50	203	0	0	200	0	0	0	453	
北汽(广州)汽车有限公司	北京	BJ7000C5E7G-BEV	4602	1794	1515	2650	2053	1613	300	380	100	100	679	0	0	0	0	0	0	0	0	0	0	1	680	1803
		BJ7000C5FBEV	4805	1835	1528	2785	2100	1725	451	550	155	155	0	0	0	0	0	13	48	5	199	259	242	354	1120	
		BJ7000U3D7G-BEV	4110	1750	1583	2519	1880	1480	318	390	100	100	0	0	0	0	0	0	3	0	0	0	0	0	3	

续上表

企业名称	品牌	车辆型号	外形尺寸(mm)			轴距(mm)	总质量(kg)	整备质量(kg)	续驶里程(工况法 km)	续驶里程(等速法 km)	30 min 最高车速(km/h)	最高车速(km/h)	1月	2月	3月	4月	5月	6月	7月	8月	9月	10月	11月	12月	2019 年产量合计(辆)	2019 年产量合计(辆)
			长	宽	高																					
华晨鑫源重庆汽车有限公司	鑫源	JKC6420FXBEV	4200	1680	1930	2700	1960	1360	255	—	100	100	0	0	0	0	0	0	0	0	0	16	69	2	87	1761
		JKC6421FXBEV	4200	1680	1930	2700	1960	1360,1338	255	—	100	100	0	0	0	0	0	0	0	0	0	0	96	0	96	
		JKC6451AXBEV	4495	1680	1990	2925	2495	1615	305	—	100	110	0	0	0	2	150	278	0	0	0	0	0	0	430	
		JKC6451FXBEV	4495	1680	1990	2925	2510	1610	277	—	100	100	0	0	0	0	0	0	0	0	0	0	323	824	1147	
		JKC6453AXBEV	4495	1680	1990	2925	2495	1660	350	—	100	110	0	0	1	0	0	0	0	0	0	0	0	0	1	
杭州长江乘用车有限公司	零跑	FDH7000BEV03	4075	1760	1380	2500	1490	1215	305	420	120	135	0	0	0	0	0	10	180	254	170	377	76	40	1107	1732
		FDH7000BEV04	4075	1760	1380	2500	1490	1215	305	420	120	135	0	0	0	0	0	0	0	0	0	83	482	60	625	
东风小康汽车有限公司	东风	DXK6450EC5BEV	4500	1680	2000	3050	2250	1690	252	—	100	100	0	0	5	0	0	0	0	0	0	0	0	0	5	1507
		DXK6450EC6BEV	4500	1680	2000	3050	2250	1690	260	—	100	100	0	0	319	0	0	0	0	0	0	0	0	0	319	
		DXK6450EC7BEV	4500	1680	2000	3050	2135	1575	302	—	100	100	0	0	0	0	0	0	0	10	0	12	34	9	65	
		DXK6450EC8BEV	4500	1680	2000	3050	2135	1575	302	—	100	100	0	0	0	0	0	0	0	0	0	0	0	1118	1118	
北京现代汽车有限公司	北京现代	BH7000BEVBA	4569,4601	1777	1493	2655	1845	1429,1470	270	335	140	140	0	0	0	0	0	0	0	1	0	0	0	2	3	1415
		BH7000BEVCAA	4705	1790	1435	2700	2080	1603	490	610	155	165	0	0	0	0	0	0	0	0	0	0	8	0	8	
		BH7000BEVSCA	4195	1800	1580	2600	2085	1658	500	625	160	170	0	0	0	0	0	0	0	0	0	283	565	546	1394	
		BH7001BEVBA	4569,4601	1777	1493	2655	1845	1470	310	355	140	140	1	0	0	3	1	4	0	0	0	0	0	1	10	
中恒天智骏(赣州)汽车有限公司	国机智骏	ZHT7000KB00EV	3310	1675	1535	2100	1350,1335	1050,1035	368	440	120	120	0	0	0	0	0	0	0	0	0	1	131	17	149	1403
		ZHT7000KD00EV	3710	1675	1535	2500	1430	1130	338	410	120	120	0	0	0	0	0	0	0	0	0	2	485	241	728	
		ZHT7000KD01EV	3710	1675	1535	2500	1418	1118	288	355	105	105	0	0	0	0	0	0	0	0	0	0	0	95	95	
		ZHT7000SU00EV	4150	1800	1611	2650	1825	1450	338	430	130	140	0	0	0	0	0	0	0	1	0	0	375	55	431	
河南速达电动汽车科技有限公司	速达	SDE7001DCFBEV	4417	1737	1576	2500	1765	1390	270	365	120	134	0	0	4	10	2	24	81	47	74	14	667	1	924	1262
		SDE7001DCGBEV	4417	1737	1576	2500	1765	1390	305	440	125	130	0	0	0	0	0	0	0	0	0	0	0	338	338	
四川野马汽车股份有限公司	野马	SQJ6450C3BEV	4505,4360	1830	1680	2550	2100	1635	460	—	140	150	1	0	12	0	3	54	0	0	0	2	1	0	73	1201
		SQJ6450C4BEV	4505,4360	1830	1680	2550	2100	1530	403	—	105	105	0	0	0	0	0	0	0	0	1	1	0	0	2	
		SQJ6450C5BEV	4505,4360	1830	1680	2550	2100	1510	410	—	105	105	0	0	0	0	0	0	0	0	0	0	3	10	13	
		SQJ6460B9BEV	4555	1835	1715,1688	2665	2250	1760	402	—	105	105	0	0	0	0	0	1	0	0	0	0	0	0	1	
		SQJ6460M1BEV	4580	1730	1825	2800	2290	1765	255	—	110	110	0	0	0	0	0	0	0	0	0	0	0	1	1	

续上表

企业名称	品牌	车辆型号	外形尺寸(mm) 长	宽	高	轴距(mm)	总质量(kg)	整备质量(kg)	续驶里程(工况法km)	续驶里程(等速法km)	30 min最高车速(km/h)	最高车速(km/h)	1月	2月	3月	4月	5月	6月	7月	8月	9月	10月	11月	12月	2019年产量合计(辆)	2019年产量合计(辆)
四川野马汽车股份有限公司	野马	SQJ7001EK1BEV	4055	1630	1510	2400	1360	1010	255	—	100	100	0	0	0	0	0	0	0	0	106	133	133	129	501	1201
		SQJ7001SC1BEV	3420	1500	1570	2297	1190	830	160	—	100	100	0	0	0	0	0	0	0	0	88	54	23	2	167	
		SQJ7001SC2BEV	3420	1500	1570	2297	1190	830	100	—	80	80	0	0	0	0	0	0	0	1	193	98	41	86	419	
		SQJ7001SC3BEV	3420	1500	1570	2297	1190	830	160	—	100	100	0	0	0	0	0	0	0	0	0	7	4	0	11	
		SQJ7001SC4BEV	3420	1500	1570	2297	1190	830	100	—	80	80	0	0	0	0	0	0	0	0	0	9	4	0	13	
广汽三菱汽车有限公司	广汽	GMC7000BEV	4337	1825	1640	2560	2080	1648	410	530	145	156	291	259	44	2	1	0	0	0	0	0	0	0	597	1001
		GMC7000CEV	4331	1825	1640	2560	2080	1648	410	530	145	156	0	0	0	0	25	5	106	19	71	166	12	0	404	
特斯拉(上海)有限公司	特斯拉	TSL7000BEVAR0	4694	1850	1443	2875	2017	1614	455,445	—	180	225	0	0	0	0	0	0	0	0	0	0	0	928	928	928
奇瑞商用车(安徽)有限公司	捷途	SQR6480BEVF11	4750	1910	1710	2745	2295	1765,1770	401	—	120	140	0	0	0	0	0	156	0	20	0	3	73	43	295	903
	开瑞	SQR6461BEVK091	4618	1790	1780,1760	2765	2136	1611	351	—	120	120	0	0	0	0	0	600	0	0	0	0	0	8	608	
北京汽车制造厂有限公司	北京	BJ6330CA41BEV	3290	1482	1624	2143	1260	960	112	135	102	102	0	0	0	0	0	0	0	0	72	136	0	20	228	822
		BJ6330CB42BEV	3290	1482	1624	2143	1250	950	82	106	80	80	0	0	0	0	0	0	0	0	0	15	175	61	251	
	燕铃	BJ7000UB41BEV	3239	1585	1541	2240	1170	870	100	136	80	80	0	0	0	0	0	0	0	0	0	0	0	330	330	
		BJ7000UL4BEV	2365	1400	1680	1560	760	600	103	132	80	80	0	0	0	0	0	0	0	0	0	0	0	13	13	
福建省汽车工业集团云度新能源汽车股份有限公司	云度	YDE7000BEV1H	4010	1729	1621	2460	1785	1410	402	526	100	100	1	0	1	0	0	0	0	0	0	0	0	0	2	817
		YDE7000BEV1M	4010	1729	1621	2460	1785	1410	426	—	100	100	0	0	0	78	60	121	32	0	19	0	0	0	310	
		YDE7000BEV1N	4010	1729	1621	2460	1755	1380	430	—	105	105	0	0	0	0	0	0	0	9	28	76	88	22	223	
		YDE7000BEV2L	4340	1765	1610	2602	1845	1470	401	—	120	140	0	0	0	31	48	40	25	8	64	27	4	0	247	
		YDE7000BEV2N	4340	1765	1610	2602	1815	1440	401	—	120	140	0	0	0	0	0	0	0	0	0	0	34	1	35	
郑州日产汽车有限公司	东风	ZN6452V1YBEV	4500	1695	1870	2695	2320	1720	301	345	105	120	0	0	1	2	0	0	0	0	0	0	0	2	5	764
		ZN6453V1YBEV	4500	1695	1870	2695	2310	1710	304	345	105	110	0	0	18	42	14	341	0	1	1	0	0	2	419	
		ZN6454V1YBEV	4500	1695	1870	2695	2310	1710	320	—	100	100	0	0	0	0	0	0	15	3	9	6	17	16	66	
		ZN6495H2YBEV	4949	1820	1940	2950	2650	2050	300	345	105	120	0	0	0	9	4	5	0	11	11	3	8	6	57	
		ZN6496H2YBEV	4949	1820	1940	2950	2640	2040	255	300	105	110	0	0	198	1	0	0	0	0	0	0	3	0	202	
		ZN6497H2YBEV	4949	1820	1940	2950	2640	2040	305	—	100	100	0	0	0	0	0	1	0	0	0	0	11	3	15	
东风悦达起亚汽车有限公司	华骐	YQZ7002BEV	4535	1735	1470	2610	1835	1445	265	310	140	140	14	0	0	0	0	0	0	0	0	0	0	0	14	728
		YQZ7003BEV	4535	1735	1470	2610	1870	1480	300	420	140	140	10	0	100	187	218	2	0	0	0	0	0	43	560	
	起亚	YQZ6420BEV	4290	1780	1635,1650	2590	2065	1650	300	380	150	150	8	0	146	0	0	0	0	0	0	0	0	0	154	
东风裕隆汽车有限公司	纳智捷	DYM7003BABEV	4415	1783	1603	2650	2034	1615	320	365	150	150	35	0	48	4	0	33	0	0	0	0	0	0	120	673
		DYM7003BBBEV	4415	1783	1603	2650	2034	1615	360	450	150	150	0	0	0	0	0	214	211	0	3	53	29	43	553	

续上表

企业名称	品牌	车辆型号	外形尺寸(mm)			轴距(mm)	总质量(kg)	整备质量(kg)	续驶里程(工况法km)	续驶里程(等速法km)	30 min最高车速(km/h)	最高车速(km/h)	1月	2月	3月	4月	5月	6月	7月	8月	9月	10月	11月	12月	2019年产量合计(辆)	2019年产量合计(辆)
			长	宽	高																					
浙江吉利汽车有限公司	帝豪	MR7002BEV22	4736	1804	1503	2700	2025	1650	410	510	150	150	0	0	0	0	52	15	1	0	0	0	0	0	68	673
		MR7002BEV23	4736	1804	1503	2700	2025	1650	410	510	150	150	0	0	0	0	27	391	17	1	0	0	0	0	436	
	吉利美日	MR7002BEV03	4631	1789	1495	2650	1945,1973	1570,1598	253,300	330,360	140	140	2	0	0	0	0	0	0	0	0	0	0	0	2	
		MR7002BEV08	4631	1789	1495	2650	1970	1595	400	480	140	140	0	0	0	0	0	0	0	0	0	0	0	2	2	
	康迪	SMA7001BEV47	3974	1636	1625	2650	1715	1315	302	—	102	102	0	0	0	0	2	0	0	0	0	0	0	0	2	
		SMA7001BEV48	3971	1745	1496	2461	1615	1240	302	—	102	102	0	0	0	0	0	2	0	0	0	0	0	0	2	
		SMA7001BEV49	4005	1760	1575	2480	1745	1370	365,365	—	102	102	0	0	0	0	5	155	0	0	0	0	0	0	160	
	知豆	SMA7001BEV75	2806	1540	1555	1765	1000	820	255	265	100	100	1	0	0	0	0	0	0	0	0	0	0	0	1	
南京金龙客车制造有限公司	开沃	NJL6420BEV5	4165	1690	1930	2605	2360	1480	302	—	102	105	17	0	0	12	8	14	0	0	0	0	0	0	51	634
		NJL6420EV	4165	1680	1930	2605	2330	1450	285	—	100	100	0	0	0	0	0	0	0	0	73	37	107	330	547	
		NJL6420EV9	4165	1680	1930	2605	2080	1340	155	—	100	100	0	0	0	0	0	0	0	0	6	2	8	20	36	
北京奔驰汽车有限公司	梅赛德斯-奔驰	BJ6480LABEV	4774	1923	1622	2873	2975	2485	415	—	180	180	0	0	0	0	0	0	0	0	30	29	194	140	393	574
		BJ6480LABEV3	4774	1923	1625	2873	2975	2485	408	—	180	180	0	0	0	0	0	0	0	0	26	72	82	1	181	
重庆金康新能源汽车有限公司	东风	SKE7000BEVF5	4385	1850	1650	2655	2065	1690	405	—	140	155	0	0	0	0	0	0	0	0	0	0	0	16	16	529
		SKE7000BEVF6	4385	1850	1650	2655	2065	1690	405	—	140	155	0	0	0	0	0	0	0	0	0	0	77	116	193	
	瑞驰	SKE7000BEVF2	4385	1850	1650	2655	2065	1690	405	—	140	155	0	0	0	2	0	0	0	0	0	0	0	0	2	
		SKE7000BEVF3	4385	1850	1650	2655	2065	1690	405	—	140	155	0	0	0	0	0	0	18	0	31	6	127	9	191	
		SKE7000BEVF4	4385	1850	1650	2655	2065	1690	405	—	140	155	0	0	0	0	0	0	120	0	5	0	0	0	125	
		SKE7001BEVF	4385	1850	1650	2655	2130	1755	305	—	140	155	1	0	0	1	0	0	0	0	0	0	0	0	2	
领途汽车有限公司	领途	YGM7001BEVB	4100	1710	1595	2520	1775	1400	310	—	102	102	133	0	0	0	0	0	0	0	0	0	0	0	133	518
		YGM7001BEVB1	4100	1710	1595	2520	1775	1400	405	—	102	102	334	0	0	0	0	0	0	6	0	0	12	0	352	
	御捷马	YGM7004BEVA2	2980	1485	1545	1815	1010	710	81	—	81	81	0	0	0	0	0	0	0	0	19	9	0	5	33	
江西昌河汽车有限责任公司	昌河	CH7000BEVFA3B5	3400	1575	1705,1735	2335	1265	845,865	101	—	101	100	0	0	0	0	0	0	0	0	0	5	440	60	505	510
		CH7005BEVA2CC	3400	1575	1685,1750	2335	1335	980	165	200	100	100	5	0	0	0	0	0	0	0	0	0	0	0	5	
上汽大通汽车有限公司	大通	SH6481N1BEV	4825	1825	1778,1800	2800	2335	1810	350	—	130	130	0	0	0	0	0	1	19	51	31	48	33	37	220	450
		SH6523C1BEV	5168	1980	1928	3198	3210	2685	308	450	130,100	150,100	29	17	15	4	6	18	14	9	13	31	49	25	230	
北汽福田汽车股份有限公司	福田	BJ6455EVAA2	4495	1680	1890	2995	2500	1500,1520	360,324	—	128,100	128	0	0	0	0	0	0	0	4	0	11	53	298	366	369
		BJ6533EVCA1	5310	1860,1880	1980,2070	3105	2900	2400	305	350	100	120	2	0	0	0	0	0	0	0	0	0	1	0	3	

续上表

企业名称	品牌	车辆型号	外形尺寸(mm) 长	宽	高	轴距(mm)	总质量(kg)	整备质量(kg)	续驶里程(工况法 km)	续驶里程(等速法 km)	30 min 最高车速(km/h)	最高车速(km/h)	1月	2月	3月	4月	5月	6月	7月	8月	9月	10月	11月	12月	2019年产量合计(辆)	2019年产量合计(辆)
湖南猎豹汽车股份有限公司	猎豹	LBA7000CABEV	4315	1840	1650	2600	1985	1610	360	480	130	130	239	54	0	0	0	5	0	0	0	0	0	0	298	316
		LBA7002AABEV	3845	1685	1545	2410	1450	1150	305	350	105	105	0	0	17	1	0	0	0	0	0	0	0	0	18	
兰州知豆电动汽车有限公司	知豆	LZD7001BEV07	2806	1540	1555	1765	1025	875	255	310	100	100	10	0	0	0	0	0	0	0	0	0	0	0	10	227
		LZD7001BEV15	2806	1540	1555	1765	1010	860	255	310	100	100	23	0	0	0	0	0	0	0	0	0	0	0	23	
		LZD7001BEV18	2806	1540	1555	1765	1015	865	265	320	100	100	0	0	0	0	0	0	0	0	0	0	20	174	194	
山东国金汽车制造有限公司	国金汽车	SGA6460BEV	4615	1845	1655	2840	2330	1880	350	—	135	150	0	0	0	0	0	0	0	0	37	2	12	104	155	155
江铃汽车股份有限公司	福特	JX6462PE5BEV	4570	1936	1674	2716	2135	1760	360	—	150	150	0	0	0	0	0	0	2	26	37	28	25	11	129	149
	江铃	JX6540PD5BEV	5375	1905	1995	3085	2895	2285	335	—	120	120	0	0	0	0	0	4	0	10	0	0	5	1	20	
汉腾汽车有限公司	汉腾	GXQ6450BEVT	4501	1820	1648	2600	1995	1620	252	330	140	140	1	0	9	1	0	0	2	0	1	1	0	1	16	145
		GXQ6450BEVT1	4501	1820	1648	2600	2025	1650	351	—	140	140	0	0	0	0	3	0	17	0	0	0	0	1	21	
		GXQ7000BEV1	3721	1658	1522	2360	1440	1140	255	350	100	110	0	0	0	0	1	0	74	0	0	0	0	0	75	
		GXQ7000BEV2	3721	1658	1522	2360	1389	1089	302,310	—	100	100	0	0	2	0	0	0	0	0	2	13	10	6	33	
前途汽车(苏州)有限公司	前途	QTE7000BEV02	4634	2069	1253	2650	2110	1960	≥380	≥510	≥150	200	53	6	20	13	9	6	2	4	10	4	3	0	130	130
北京宝沃汽车股份有限公司	宝沃	BW6471N2BEV	4713	1923	1690	2760	2410	1950	308	375	165	195	0	3	1	8	0	0	0	0	0	0	0	0	12	94
		BW6472N2BEV	4713	1923	1690	2760	2445	1985	339	460	165	190	0	0	0	0	0	0	0	0	0	0	0	82	82	
江西大乘汽车有限公司	大乘汽车	JML6451BEV01	4523	1836	1682	2680	2085	1710	300	350	130	140	5	0	0	24	0	2	0	0	3	0	0	0	34	92
		JML7000BEV01	2871	1563	1568	1765	1090	940	250	280	105	105	3	0	0	0	0	13	0	0	0	0	0	0	16	
		JML7000BEV02	2871	1563	1568	1765	1050	900	310	350	100	105	0	0	29	0	0	2	0	0	0	0	0	0	31	
		JML7000BEV03	2871	1563	1568	1765	1070	920	302	—	105	105	0	0	0	4	0	2	0	0	0	0	0	0	6	
		JML7000BEV05	2871	1563	1568	1765	1080	930	302	—	102	102	0	0	0	0	0	0	0	0	0	0	5	0	5	
成都大运汽车集团有限公司	大运	CGC6371BEV2S1	3695	1685	1595	2410	1550	1250	255	—	120	120	0	0	0	0	0	0	0	0	14	18	12	48	92	92
湖南恒润汽车有限公司	恒润	HRQ6350BEV	3560	1610	1705	2250	1420	1100	352	—	102	102	8	0	0	20	0	0	0	0	45	0	0	0	73	73
河北长安汽车有限公司	长安	SC6453BAABEV	4498	1680	1990	3000	2580	1700	220	—	100	100	0	0	0	0	0	0	0	0	0	0	0	5	5	50
		SC6459ABEV	4450	1685	1810,1835	2750	1980	1510	310	—	105	105	0	0	0	0	0	0	0	0	1	0	0	0	1	
		SC7002AACBEV	3780	1650	1530	2410	1505	1130	305	—	100	102	0	0	0	0	0	36	1	0	4	0	0	3	44	
江苏九龙汽车制造有限公司	大马	HKL6320BEV1	3180	1495	1720	2100	1530	1155	385	—	100	100	1	0	0	0	0	3	0	0	0	0	1	0	5	28
		HKL6320BEV2	3180	1495	1720	2100	1245	945	105	—	80	80	0	0	0	0	0	0	0	0	2	0	0	0	2	

续上表

企业名称	品牌	车辆型号	外形尺寸(mm)			轴距(mm)	总质量(kg)	整备质量(kg)	续驶里程(工况法 km)	续驶里程(等速法 km)	30 min 最高车速(km/h)	最高车速(km/h)	1月	2月	3月	4月	5月	6月	7月	8月	9月	10月	11月	12月	2019 年产量合计(辆)	2019 年产量合计(辆)
			长	宽	高																					
江苏九龙汽车制造有限公司	大马	HKL6320BEV3	3180	1495	1720	2100	1485	1110	255	—	100	100	0	0	0	0	0	0	0	0	0	0	1	0	1	28
		HKL6520BEV	5150	1835	1890	3200	3275	2610	450	—	120	120	8	0	0	0	10	0	0	0	2	0	0	0	20	
东风雷诺汽车有限公司	风诺	DFR7000K2EV	4752	1814	1458	2701	2043	1593	195	237	135	136	0	0	0	0	0	0	2	1	0	0	0	0	3	22
		DFR7000K3EV	4752	1814	1458	2701	2043	1589	300	359	136	136	0	0	0	0	0	0	9	1	0	0	0	0	10	
		DFR7000K4EV	4752	1814	1458	2701	2043	1593	300	359	136	136	0	0	0	0	0	0	8	1	0	0	0	0	9	
重庆力帆乘用车有限公司	力帆	LF7002KEV	4625	1715	1510	2610	1815	1440	300	—	100	110	0	0	0	1	0	0	0	0	0	0	0	0	1	15
		LF7002PEV	4625	1715	1510	2610	1850	1470	305	—	105	140	0	0	0	2	1	0	0	0	0	0	0	0	3	
		LF7002SEV	4625	1715	1510	2650	1910	1530	401	—	120	135	0	0	0	0	9	0	1	0	0	0	0	0	10	
		LF7007FEV1	4865	1835	1500	2775	2145	1770	401	—	100	103	0	0	0	1	0	0	0	0	0	0	0	0	1	
江西志骋汽车有限责任公司	昌河	CH7000BEVFA2BA	3400	1575	1705,1735	2335	1265	845,865	101	—	101	100	0	0	0	0	0	0	0	0	0	0	0	9	9	11
		CH7000BEVH2CA	3675	1630	1518	2360	1360	1050	156	202	100	101	0	0	0	0	0	0	2	0	0	0	0	0	2	
河北红星汽车制造有限公司	红星	HX6340BBEV	3140,3410	1605	1680	2025	1445	1110,1145	252	—	100	100	0	0	0	0	0	0	0	0	0	0	10	0	10	10
海马新能源汽车有限公司	奥路卡	ZQ6420DP1BEV	4198	1666	1933	2715	2050	1556	320	365	100	100	9	0	0	0	0	0	0	0	0	0	0	0	9	9
国能新能源汽车有限责任公司	龙基	GNE7001AFCBEV	4684	1778	1514	2677	2200	1700	355	450	140	140	0	0	0	0	8	0	0	0	0	0	0	0	8	8
华晨汽车集团控股有限公司	中华	SY7000BEVDAE1	4390	1703	1497	2570	1730	1340	150	180	125	135	0	0	0	0	0	5	0	0	0	0	0	0	5	5
安徽猎豹汽车有限公司	猎豹	LBA6431BABEV	4315	1840	1650	2600	2095	1645	265	330	130	130	0	0	0	0	0	0	4	0	0	0	0	0	4	4
天津一汽夏利汽车股份有限公司	骏派	CA7004EV	4500	1835	1690	2700	2110	1700	370	—	140	160	0	0	0	0	0	3	0	0	0	0	0	0	3	3
明君汽车有限公司	华凯	MJC6450BEV1	4495	1680	1990	2925	2495	1615	305	—	100	110	0	0	0	2	0	0	0	0	0	0	0	0	2	2
一汽海马汽车有限公司	海马	HMC7000NS0BEV	4553	1737	1510	2600	1808	1433	315	—	120	130	0	0	0	0	0	0	0	0	0	0	0	2	2	2
北汽蓝谷麦格纳汽车有限公司	北京	BJ6450UD4EV	4510	1837	1673	2665	2137	1762	415	520	150	160	0	0	0	0	0	0	2	0	0	0	0	0	2	2
北汽云南瑞丽汽车有限公司	北京	BJ6410U3DX-BEV	4110	1750	1605	2519	1810	1410	250	300	100	100	0	0	0	0	1	0	0	0	0	0	0	0	1	1
观致汽车有限公司	观致	QAL7000EAABEV	4633	1839	1510	2702	2180	1700	460	610	160	160	0	0	0	0	0	0	0	0	0	0	1	0	1	1
一汽吉林汽车有限公司	森雅	CA7007REV	4305	1780	1682	2600	1975	1600	270	—	130	140	0	1	0	0	0	0	0	0	0	0	0	0	1	1
2019 年产量合计(辆)													69845	37201	82342	790400	81623	98071	43258	54260	59214	60996	78674	94966	839490	839490

（3）专用车（运输车、邮政车、服务车、垃圾车、自卸车、扫路车、洒水车、售货车、载货车、工程车等）/Special Vehicles（Transport Truck，Postal Vehicle，Service Truck，Garbage Truck，Dump Truck，Sweeper，Sprinkler，Vending Truck，Cargo Truck，Engineering Vehicle，etc.）

企业名称	品牌	车辆型号	底盘型号	外形尺寸（mm）			轴距（mm）	总质量（kg）	整备质量（kg）	续驶里程（工况法 km）	续驶里程（等速法 km）	30 min 最高车速（km/h）	最高车速（km/h）	1月	2月	3月	4月	5月	6月	7月	8月	9月	10月	11月	12月	2019年产量合计（辆）	2019年产量合计（辆）
				长	宽	高																					
奇瑞商用车（安徽）有限公司	开瑞	SQR1032BEVH08	SQR1032BEVH08-E	4873	1603	1890	3050	2670	1420	238	—	100	105	0	0	0	0	0	0	30	85	62	59	51	88	375	10188
		SQR1045BEVH16	SQR1045BEVH16-E	5995	2000	2310	3360	4495	2930	—	300	80	80	0	0	0	0	0	0	0	0	0	0	0	7	7	
		SQR5021XXYBEVK061	—	4430	1626	1965	2800	2600	1480	254	—	105	110	0	0	9	4	2185	921	0	0	0	0	0	1	3120	
		SQR5030XXYBEVK06	—	4430	1626	1965	2800	2600	1455	258	—	105	110	0	0	0	0	0	0	0	0	0	0	0	7	7	
		SQR5031XXYBEVK06	—	4430	1626	1965	2800	2600	1455	258	—	105	110	0	0	0	0	0	0	0	0	0	0	1	6	7	
		SQR5032XXYBEVH08	SQR1032BEVH08-E	4910	1600，1650	2385	3050	2670	1505	238	—	100	105	0	0	0	9	0	0	15	45	99	2	35	96	301	
		SQR5032XXYBEVH12	—	5457	1850	2046	3380	2800	1600	251	—	100	100	0	0	0	0	0	0	0	1	35	210	785	697	1728	
		SQR5032XXYBEVK06	—	4430	1626	1965	2800	2600	1480	254	—	90	90	0	0	0	0	0	0	50	148	243	210	1837	1676	4164	
		SQR5036XYZBEVK06	—	4430	1626	1965	2800	2600	1480	254	—	90	90	0	0	0	0	0	0	0	0	0	0	61	29	90	
		SQR5041XLCBEVH16	SQR1043BEVH16-E	5995	2060，2160，2210，2260	3040，3140，3240	3360	4495	3020	—	440	80	80	0	0	0	0	0	0	1	2	10	4	31	86	134	
		SQR5043XXYBEVH16	SQR1043BEVH16-E	5995	2000，2150，2200，2300	2950，3050，3150，3250，3350，3450，2700，2760	3360	4495	2950	—	450	80	80	0	0	0	0	0	0	5	0	2	1	28	169	205	
		SQR5044XXYBEVH16	SQR1044BEVH16-E	5995	2000，2150，2200，2300	2950，3050，3150，3250，3350，3450，2850	3360	4495	2995	—	390	80	80	0	0	0	0	0	0	0	0	0	0	0	4	4	
		SQR5045XXYBEVH16	SQR1045BEVH16-E	5995	1980，2030，2080，2130，2180，2020，2070，2120，2170，2220	2700，2750，2900，2950，3000，3050，3100	3360	4495	2930	—	300	80	80	0	0	0	0	0	0	0	0	0	0	0	46	46	

续上表

企业名称	品牌	车辆型号	底盘型号	外形尺寸(mm)			轴距(mm)	总质量(kg)	整备质量(kg)	续驶里程(工况法km)	续驶里程(等速法km)	30 min最高车速(km/h)	最高车速(km/h)	1月	2月	3月	4月	5月	6月	7月	8月	9月	10月	11月	12月	2019年产量合计(辆)	2019年产量合计(辆)
				长	宽	高																					
吉利四川商用车有限公司	远程	DNC1030BEV31	DNC1030BEVJ31	5515,5615	1830,1850,1940,1960	2140,2170,2200	2850	3495	2140	270	—	90	90	0	0	0	0	0	0	0	5	4	32	102	43	186	6519
		DNC1049BEVK1	DNC1049BEVJ05	5995	2100	2390	3360	4495	3020	—	390	90	90	0	0	0	0	0	0	0	7	0	7	32	38	84	
		DNC5020XXYBEV01	—	4150	1620	1905	2700	2345	1325	260	—	90	90	0	0	0	0	844	181	0	0	0	0	0	0	1025	
		DNC5030XXYBEV02	—	5450	1700	2160	3110	3495	2130	230	—	100	100	0	1	0	0	0	0	0	0	0	0	0	0	1	
		DNC5030XXYBEV04	—	5450	1700	2160	3110	3495	2035	233	—	100	100	0	0	0	0	55	45	0	0	25	81	96	559	861	
		DNC5030XXYBEV05	—	4495	1680	1990	2925	2510	1415	280	—	90	90	0	0	0	0	0	0	0	0	0	0	0	10	10	
		DNC5030XXYBEV31	DNC1030BEVJ31	5650	1790,1830,1850,1890,1990,2030	2000,2680,2710	2850	3495	2140	270	—	90	90	0	0	0	0	3	47	0	2	8	2	5	122	189	
		DNC5032XXYBEVK1	—	4495	1680	1990	2925	2510	1415	280	—	90	90	0	0	0	0	0	0	0	0	0	0	10	934	944	
		DNC5037XYZBEVK1	—	4495	1680	1990	2925	2510	1415	280	—	90	90	0	0	0	0	0	0	0	0	0	0	0	1	1	
		DNC5040XLCBEVK1	—	5450	1700	2380	3110	3650	2350	—	260	100	100	0	0	0	0	0	0	0	0	0	2	2	35	39	
		DNC5042XXYBEVK2	DNC1042BEVKJ2	5995	2100	3020,3120,3170	3360	4495	2995	—	360	90	90	0	0	0	0	599	921	0	0	0	0	0	0	1520	
		DNC5042XXYBEVK3	DNC1042BEVKJ3	5995	2100,2200	3050,3150,3250,3000	3308	4495	3045	—	445	90	90	0	0	0	0	0	0	0	0	0	0	0	10	10	
		DNC5045XXYBEV02	DNC1045BEVJ02	5995	2100,2350	3150	3360	4495	3010	230	320	90	90	10	0	14	0	0	0	0	0	0	0	0	0	24	
		DNC5047XXYBEV03	DNC1047BEVJ03	5995	2100	3050	3360	4495	2960	270,270	385,385	80	80	187	1	0	0	0	0	0	0	0	0	0	0	188	
		DNC5047XXYBEV05	DNC1047BEVJ05	5995	2100	3150,3050	3360	4495	3060	230	330	90	90	0	0	0	0	0	0	0	0	0	1	0	0	1	
		DNC5049CCYBEVK1	DNC1049BEVJ06	5995	2180	3110	3360	4495	3020	—	400	90	90	0	0	0	0	0	0	0	0	0	0	20	53	73	
		DNC5049XXYBEV02	DNC1049BEVJ02	5995	2100	3050,3150	3360	4495	3070	—	345	90	90	0	0	3	0	0	0	0	0	0	0	0	0	3	
		DNC5049XXYBEV05	DNC1049BEVJ05	5995	2100,2000	3020,3120,3170,2820	3360	4495	3020	—	390	90	90	0	0	0	0	1094	193	0	0	0	7	0	39	1333	
		DNC5049XXYBEVK2	DNC1049BEVKJ2	5995	2100	3020,3120,3170	3360	4495	3020	—	400	90	90	0	0	0	0	0	0	0	0	0	0	0	10	10	

续上表

企业名称	品牌	车辆型号	底盘型号	外形尺寸(mm)			轴距(mm)	总质量(kg)	整备质量(kg)	续驶里程(工况法 km)	续驶里程(等速法 km)	30 min最高车速(km/h)	最高车速(km/h)	1月	2月	3月	4月	5月	6月	7月	8月	9月	10月	11月	12月	2019年产量合计(辆)	2019年产量合计(辆)
				长	宽	高																					
吉利四川商用车有限公司	远程	DNC5049XXYJBEVK1	DNC1049JBEVKJ1	5180	1950	2430	2920	4495	3020	—	400	90	90	0	0	0	0	0	0	0	0	1	0	0	1	2	6519
		DNC5049XYZBEV05	DNC1049BEVJ06	5995	2100	3020,3120,3170	3360	4495	3020	—	400	90	90	0	0	0	0	0	0	0	0	0	0	0	15	15	
东风汽车股份有限公司	东风	DFA1040KBEV1	EQ1040KACEVJ17	5995	2100	2340	3308	4495	2895	—	320	80	90	0	0	0	0	0	0	1	0	0	0	0	2	3	6427
		DFA1040TBEV3	EQ1040TACEV3	5750	1800	2070	3000	4300	2150	—	220	90	90	0	0	0	0	0	0	0	0	0	0	1	3	4	
		DFA5030TYHZBEV	EQ1030ZACEV2	4640	1610	1950	2400	2990	1700	160	—	75	75	0	0	0	0	0	0	0	0	0	0	0	1	1	
		DFA5030XGCPBEV	EQ1030PACEV	5619,5730	1870	1864,2075	3500	3300	2200	370	—	110	110	0	0	0	0	0	0	2	0	20	19	0	9	50	
		DFA5030XXYABEV1	—	4495	1680	1990	2925	2520	1480	290	—	110	110	0	0	0	0	0	1	0	0	0	0	0	0	1	
		DFA5030XXYABEV10	—	4495	1680	1990	2925	2550	1450	185	—	75	90	0	0	0	0	0	0	0	0	0	0	0	1000	1000	
		DFA5030XXYABEV2	—	4495	1680	1990	2925	2520	1500	290	—	110	110	0	0	0	0	0	1	0	0	0	0	0	0	1	
		DFA5030XXYABEV7	—	4495	1680	1990	2925	2550	1450	255	—	90,75	90	0	0	0	0	0	0	0	0	102	870	989	41	2002	
		DFA5030XXYABEV8	—	4495	1680	1990	2925	2550	1450	255	—	90	90	0	0	0	0	0	0	0	0	0	0	0	400	400	
		DFA5030XXYABEV9	—	4495	1680	1990	2925	2550	1450	255	—	90,75	90	0	0	0	0	0	0	0	0	0	0	0	6	6	
		DFA5030XXYFBEV4	—	4500	1680	2000	3050	2550	1530	255	—	75	90	0	0	0	0	2	650	2	0	0	0	0	0	654	
		DFA5030XXYFBEV6	—	4500	1680	2000	3050	2550	1530	255	—	75	90	0	0	0	0	0	0	0	0	0	1	0	0	1	
		DFA5030XXYFBEV7	—	4500	1680	2000	3050	2550	1460	185	—	75	90	0	0	0	0	0	0	12	0	0	0	0	0	12	
		DFA5030XXYFBEV8	—	4500	1680	2000	3050	2550	1530	255	—	75	90	0	0	0	0	0	0	0	498	102	1	0	0	601	
		DFA5040TSLTBEV	EQ1040TACEV	5620	1700	2230	2800	4300	2760,3450	—	220	90	90	0	0	0	0	1	0	2	0	0	0	1	0	4	
		DFA5040XDWBEV1	—	5800,5980	2036	2375,2590	3610	4495	3020	—	380	100	100	0	0	0	0	0	0	0	0	0	0	2	0	2	
		DFA5040XXYBEV	—	5800,5980	2036	2375,2590	3610	4495	3050	—	570	95	100	0	0	0	0	1	0	0	0	0	0	0	0	1	
		DFA5040XXYBEV1	—	5800,5980	2036	2375,2590	3610	4495	2900	—	340	80	100	0	0	0	0	0	0	6	0	0	0	0	0	6	
		DFA5040XXYBEV2	—	5800,5980	2036	2375,2590	3610	4495	2900	—	380	100	100	0	0	0	0	0	0	0	0	0	0	0	2	2	
		DFA5040XXYKBEV17	EQ1040KACEVJ17	5995	2100,2240	2890,3090	3308	4495	2895	—	320	80	90	0	0	0	0	1	600	0	0	6	20	1	335	963	
		DFA5040XXYKBEV18	EQ1040KACEVJ18	5995	2100,2240	2890,3090	3308	4495	2960	—	320	80	90	0	0	0	0	0	0	0	0	0	0	0	200	200	

续上表

企业名称	品牌	车辆型号	底盘型号	外形尺寸(mm) 长	外形尺寸(mm) 宽	外形尺寸(mm) 高	轴距(mm)	总质量(kg)	整备质量(kg)	续驶里程(工况法km)	续驶里程(等速法km)	30 min最高车速(km/h)	最高车速(km/h)	1月	2月	3月	4月	5月	6月	7月	8月	9月	10月	11月	12月	2019年产量合计(辆)	2019年产量合计(辆)
东风汽车股份有限公司	东风	DFA5040XXYKBEV20	EQ1040KACEVJ20	5995	2100,2240	2890,3090	3308	4495	2960	—	330	80	90	0	0	0	0	0	0	0	0	0	0	228	272	500	6427
		DFA5040XXYKBEV21	EQ1040KACEVJ21	5995	2100,2150,2240	2890,3090	3308	4495	2850,2960	—	355	80	90	0	0	0	0	0	0	0	0	0	0	1	2	3	
		DFA5040XXYTBEV3	EQ1040TACEV3	5750,5995	1820,1910	2670	3000	4300	2400	—	220	90	90	0	0	0	0	0	0	0	0	0	1	0	0	1	
		DFA5041ZXXTBEV	EQ1041TACEV1	4890	1675	1980	2800	4200	2230	—	225	90	90	0	0	0	0	0	0	0	0	0	0	2	0	2	
		DFA5041ZZZTBEV1	EQ1041TACEV1	5195	1710	2140	2800	4200	2570	—	220	90	90	0	0	0	0	0	0	0	0	0	0	3	0	3	
		DFA5070XDYKBEV	EQ1070KEVJ	5995	2100	2890,3090	3308	7320	7190	—	220	80	90	0	0	0	0	0	0	0	0	0	0	0	2	2	
	俊风	DFA5010XXYBEV	DFA1010BACEV	3470	1270	1935,2200	2240	1000	650,670	150	—	70	80	0	0	0	0	0	0	0	0	0	0	0	2	2	
重庆瑞驰汽车实业有限公司	瑞驰	CRC1030DC1-BEV	CRC1030DC1E-BEV	4730	1670	1880	3050	2600	1280	300	—	70	80	0	0	0	0	0	0	0	0	0	0	0	8	8	6220
		CRC5020XXYFK2-BEV	—	4070	1575	1945	2760	2050	1190	268	—	70	80	0	0	0	0	0	0	0	0	0	0	1	0	1	
		CRC5030XXYDC1-BEV	CRC1030DC1E-BEV	4750	1670	2400	3050	2600	1410	300	—	70	80	0	0	0	0	0	0	0	0	0	0	0	4	4	
		CRC5030XXYK-LBEV	—	4500	1680	1985	3050	2600	1510	270	—	70	80	0	0	0	0	0	0	0	0	0	0	1	0	1	
		CRC5031XXYE-LBEV	—	4500	1680	1985	3050	2600	1540	295	—	70	80	1	0	0	0	0	0	0	0	0	0	0	0	1	
		CRC5032XXYE-LBEV	—	4500	1680	1985	3050	2600	1510	290	—	70	80	0	0	0	0	0	0	0	0	0	926	1038	1256	3220	
		CRC5033XXYB-LBEV	—	4500	1680	1985	3050	2600	1520	302	—	70	80	0	0	0	0	0	20	0	0	0	0	44	5	69	
		CRC5034XXYD-LBEV	—	4500	1680	1985	3050	2600	1500	295	—	70	80	0	0	700	349	744	623	0	0	0	331	143	26	2916	
江西昌河汽车有限责任公司	北京	CH5031XXYBEVR-A3B3	—	4500	1650	1940	2920	2680	1500	210	—	90	90	0	0	0	0	0	0	0	0	500	303	327	302	1432	6135
		CH5031XXYBEV-RA3B4	—	4500	1650	1940	2920	2680	1560	270	—	90	90	0	0	0	0	0	0	0	0	0	438	703	1366	2507	
		CH5031XYZBEV-RA3B3	—	4500	1650	1940,2150	2920	2680	1500	210	—	90	90	0	0	0	0	0	0	0	0	0	0	1	224	225	
	昌河	CH5010XXYBE-VFA1B4	—	3400	1575	1690,1730	2335	1100	630	80	—	71	71	0	0	0	0	0	0	0	33	7	9	0	0	49	
		CH5020XXYBEV-FA1B4	—	3400	1575	1690,1730	2335	1505	660	103	—	71	71	0	0	0	0	0	0	0	0	321	1556	12	33	1922	
南京金龙客车制造有限公司	开沃	NJL5026XXYEV	NJL6420EV	4165	1680	1930	2605	2330	1380	301	—	85	85	0	0	0	0	0	0	0	0	52	32	95	286	465	5013
		NJL5026XXYEV9	NJL6420EV9	4165	1680	1930	2605	2080	1250	200	—	80	80	0	0	0	0	0	0	0	0	6	2	8	20	36	

续上表

企业名称	品牌	车辆型号	底盘型号	外形尺寸(mm)			轴距(mm)	总质量(kg)	整备质量(kg)	续驶里程(工况法km)	续驶里程(等速法km)	30 min最高车速(km/h)	最高车速(km/h)	1月	2月	3月	4月	5月	6月	7月	8月	9月	10月	11月	12月	2019年产量合计(辆)	2019年产量合计(辆)
				长	宽	高																					
南京金龙客车制造有限公司	开沃	NJL5030ZXXBEV	KMC1030BEVA-240WK	4145	1517	1870	2400	2510	1500	160	—	85	90	0	0	0	0	0	0	0	0	0	0	1	0	1	5013
		NJL5038XXYBEV3	—	5200	1700	2240,1980	2890	3250	1900	236	—	100	100	67	0	0	0	0	0	0	0	0	0	0	0	67	
		NJL5038XXYBEV4	—	5200	1700	2240,1980	2890	3250	1900	220	—	100	100	175	0	0	0	370	1638	0	30	48	205	262	543	3271	
		NJL5038XXYBEV5	—	5200	1700	2240,1980	2890	3250	1900	216	—	100	100	0	0	0	0	2	7	0	0	0	0	0	0	9	
		NJL5038XXYBEV7	—	5200	1700	2240,1980	2890	3250	1900	218	—	100	100	1	0	0	0	0	0	0	0	0	0	0	0	1	
		NJL5038XXYEV1	—	5200	1700	2260,1980	2890	3360	1900	248	—	100	100	0	0	0	0	0	0	0	0	38	127	64	371	600	
		NJL5038XXYEV3	—	5200	1700	2260,1980	2890	3360	1830	200	—	100	100	0	0	0	0	0	0	0	0	0	0	2	398	400	
		NJL5040TSLBEV	QL1040BEVEGFAY	5160	1960	2345	2765	4495	4050	—	300	80	85	0	0	0	0	0	0	0	0	4	0	1	3	8	
		NJL5040TYHBEV	QL1040BEVEGFAY	5290	1985	2290	2765	4495	3250	—	300	80	85	0	0	0	0	0	0	0	0	4	0	1	3	8	
		NJL5040XXYBEV28	—	5960	2020	2650,2360	3665	4490	2910	—	290	100	100	2	0	0	0	0	0	0	0	0	0	0	0	2	
		NJL5040XXYEV	—	5960	2020	2650,2360	3665	4490	2800	—	335	100	100	0	0	0	0	0	0	0	0	0	30	0	0	30	
		NJL5040XXYEV1	—	5960	2020	2650,2360	3665	4490	2700	—	305	100	100	0	0	0	0	0	0	0	0	1	0	0	30	31	
		NJL5040XYZBEV6	—	5960	2020	2650,2360	3665	4490	2910	—	290	100	100	40	0	0	0	0	0	0	0	0	0	0	0	40	
		NJL5040ZXXBEV	QL1040BEVEGFAY	4880	1980	2160	2765	4495	2980	—	300	80	85	0	0	0	0	0	0	0	0	0	0	0	4	4	
		NJL5060ZZZBEV	QL1060BEVEGFAY	5215	1985	2435	2765	5980	3700	—	280	80	85	0	0	0	0	0	0	0	0	2	0	0	0	2	
		NJL5100GPSBEV	QL1100BEVEHKAY	7480	2190	2695	3815	10495	6100	—	280	80	85	0	0	0	0	0	0	0	0	0	0	0	3	3	
		NJL5100GQXBEV	QL1100BEVEFKAY	6500	2280	2805	3815	10495	6830	—	280	80	85	0	0	0	0	0	0	0	0	0	0	0	2	2	
		NJL5100TCABEV	QL1100BEVEFKAY	6430	2260	2700	3815	10495	6240	—	280	80	85	0	1	0	0	0	0	0	0	0	0	0	1	2	
		NJL5100TCABEV1	QL1100BEVEHKAY	6430	2260	2700	3815	10495	6240	—	280	80	85	0	0	0	0	0	0	0	0	0	0	1	0	1	
		NJL5139XDYEV	—	8230	2370	2935,3035	3900	13500	12680,12880	—	280	90	90	0	0	0	0	0	0	0	0	0	15	0	0	15	
		NJL5180GQXBEV	QL1180BEVEKMHY	9290	2550	3055	4600	18000	10500	—	265	80	85	0	0	0	0	0	0	0	0	0	0	0	1	1	
		NJL5180GSSBEV	QL1180BEVEKMHY	9140	2550	3055	4600	18000	10150	—	265	80	85	0	0	0	0	0	0	0	0	0	0	0	1	1	
		NJL5180TXSBEV	QL1180BEVEKMHY	8160	2550	3150	4600	18000	13200	—	265	80	85	0	0	0	0	0	0	0	0	1	0	0	1	2	
		NJL5180ZYSBEV	QL1180BEVEKMHIY	8915	2545	3380	4600	18000	12870	—	365	80	85	0	0	0	0	0	0	0	0	0	0	0	1	1	
		NJL5250GQXBEV	QL1250BEVEPSHY	10795	2550	3320	4565+1370	25000	14180	—	316	80	85	0	0	0	0	0	0	0	0	0	0	0	2	2	
		NJL5250TDYBEV	QL1250BEVEPSHY	11655	2540	3750	4565+1370	25000	15980	—	316	80	85	0	0	0	0	0	0	0	0	0	0	0	2	2	
		NJL5139XDYEV	—	8230	2370	2935,3035	3900	13500	12680,12880	—	280	90	90	0	0	0	0	0	0	0	0	0	15	0	0	15	

续上表

企业名称	品牌	车辆型号	底盘型号	外形尺寸(mm) 长	宽	高	轴距(mm)	总质量(kg)	整备质量(kg)	续驶里程(工况法 km)	续驶里程(等速法 km)	30 min 最高车速(km/h)	最高车速(km/h)	1月	2月	3月	4月	5月	6月	7月	8月	9月	10月	11月	12月	2019 年产量合计(辆)	2019 年产量合计(辆)
南京金龙客车制造有限公司	开沃	NJL5180GQXBEV	QL1180BEVEKMHY	9290	2550	3055	4600	18000	10500	—	265	80	85	0	0	0	0	0	0	0	0	0	0	0	1	1	5013
		NJL5180GSSBEV	QL1180BEVEKMHY	9140	2550	3055	4600	18000	10150	—	265	80	85	0	0	0	0	0	0	0	0	0	0	0	1	1	
		NJL5180TXSBEV	QL1180BEVEKMHY	8160	2550	3150	4600	18000	13200	—	265	80	85	0	0	0	0	0	0	0	0	1	0	0	1	2	
		NJL5180ZYSBEV	QL1180BEVEKMH1Y	8915	2545	3380	4600	18000	12870	—	365	80	85	0	0	0	0	0	0	0	0	0	0	0	1	1	
		NJL5250GQXBEV	QL1250BEVEPSHY	10795	2550	3320	4565 + 1370	25000	14180	—	316	80	85	0	0	0	0	0	0	0	0	0	0	0	2	2	
		NJL5250TDYBEV	QL1250BEVEPSHY	11655	2540	3750	4565 + 1370	25000	15980	—	316	80	85	0	0	0	0	0	0	0	0	0	0	0	2	2	
		NJL5250ZXXBEV	QL1250BEVEPSHY	8640	2540	3100	4565 + 1370	25000	14250	—	316	80	85	0	0	0	0	0	0	0	0	0	0	0	2	2	
		NJL5250ZYSBEV	QL1250BEVEPSHY	10270	2545	3380	4565 + 1370	25000	16620	—	316	80	85	0	0	0	0	0	0	0	0	0	0	0	3	3	
		NJL5310ZLJBEV	XGA3310BEVWEX	9600	2550	3200,3500	1950 + 3200 + 1400	31000	18000	—	305	75	80	0	1	0	0	0	0	0	0	0	0	0	0	1	
比亚迪汽车工业有限公司	比亚迪	BYD10311N7BEV	BYD10311N7BEVD	5180	1750	2060	2700	3495	1920	180	—	95	100	0	0	0	0	0	0	0	0	0	1	0	0	1	2986
		BYD10411N7BEV	BYD10411N7BEVD	5180	1750	2060	2700	4000	2190	—	280	110	110	0	0	0	0	0	0	0	1	0	0	0	0	1	
		BYD3310EH9BEV2	BYD1310EH9B-EVD1	9610	2550	3110	1850 + 3200 + 1350	31000	17950,18300	—	320	85	85	105	70	575	1019	753	246	0	0	0	0	0	0	2768	
		BYD4180D8CBEV1	—	5955	2550	3080	3550	18000	8000	—	170	85	85	0	0	0	0	0	0	1	0	0	0	1	3	5	
		BYD4260DDDBEV	—	7395	2520	3080	3800 + 1350	26000	11000,11370	—	200	89	89	0	0	0	0	0	0	0	0	0	0	3	0	3	
		BYD5020XFZBEV1	—	4460	1720	1875	2725	2305	1780	360	430	100	100	0	0	0	0	0	0	0	0	0	0	0	100	100	
		BYD5030XXYBEV5	—	4460	1720	1875	2725	2720	1610	270	320	100	100	0	0	0	0	11	63	0	0	2	1	2	1	80	
		BYD5030XXYBEV6	—	4460	1720	1875	2725	2720	1700	360	430	100	100	0	0	0	0	0	0	0	0	8	2	1	3	14	
		BYD5040XXYBEV1	BYD104014BBEVD1	5995	2090,2260	3150	3360	4495	3000	—	355	100	100	0	0	0	0	0	3	0	0	0	0	0	0	3	
		BYD5040XXYBEV3	BYD104014BBEVD3	5995	2090,2260	3150	3360	4495	2845	—	355	90	100	0	0	0	0	0	0	1	0	0	0	0	2	3	
		BYD5040XXYBEV5	BYD104014BBEVD5	5995	2090,2240	3150	3360	4495	3100	—	385	90	100	0	0	0	0	0	0	0	0	0	0	0	4	4	

续上表

企业名称	品牌	车辆型号	底盘型号	外形尺寸(mm)			轴距(mm)	总质量(kg)	整备质量(kg)	续驶里程(工况法 km)	续驶里程(等速法 km)	30 min最高车速(km/h)	最高车速(km/h)	1月	2月	3月	4月	5月	6月	7月	8月	9月	10月	11月	12月	2019年产量合计(辆)	2019年产量合计(辆)
				长	宽	高																					
比亚迪汽车工业有限公司	比亚迪	BYD5042XXYBEV	BYD10411N7BEVD	5180	1750	2550	2700	4000	2190	—	280	110	110	0	0	0	0	0	0	0	3	0	0	0	1	4	2986
河北长安汽车有限公司	长安	SC1027DACABEV	SC1027DACABEV	4560,4860	1600	1870,1890	2900,3060	2250	1250,1270	215230	—	100	110	0	0	0	0	0	0	201	370	81	35	79	1	767	2676
		SC1032SAAABEV	SC1032SAAABEV	5285	1605	1985	3200	2555	1420	200	—	100	105	0	0	0	0	0	0	0	0	0	0	72	1	73	
		SC5022XXYAABBEV	—	4430	1655	1925	2800	2400	1415	245	—	100	105	0	0	0	0	0	0	0	0	0	0	0	10	10	
		SC5022XXYDAA-ABEV	SC1022DAABBEV	4615	1600	2300	2900	2350	1320	220	—	100	105	0	0	0	0	0	0	0	0	0	458	330	2	790	
		SC5031XXYAAABEV	—	4560	1715	1990	3000	2810	1500	320	—	80	80	0	0	0	0	0	0	5	2	0	0	0	0	7	
		SC5031XXYAAEBEV	—	4805	1715	2200	3050	2870	1630	251	—	80	80	0	0	0	0	0	0	0	0	0	0	4	295	299	
		SC5031XXYAAFBEV	—	4805	1715	1990	3050	2810	1560,1590	251	—	80	80	0	0	0	0	0	0	0	0	0	0	0	456	456	
		SC5032XXYDAAABEV	SC1032DAAABEV	5100	1615	2445	3200	2695	1480	190	—	100	100	0	0	0	0	0	0	0	0	0	16	141	31	188	
		SC5033XXYHBEV	—	4805	1715	2200	3050	2870	1610	315	—	80	80	0	0	0	0	0	0	0	48	2	0	0	36	86	
郑州日产汽车有限公司	东风	ZN1030U5YBEV	ZN1030U5YEV	5095	1820	1675	3050	3150	1860	305	—	100	100	0	0	0	0	11	0	3	11	42	12	26	14	119	2113
		ZN1032U5PBEV	ZN1032U5PEV	5290	1850	1820	3150	3200	1985	403	—	100	100	0	0	0	0	0	0	0	0	0	1	0	14	15	
		ZN5030XGCU5PBEV	ZN1032U5PBEV	5290	1850	2130	3150	2510	2150	350	—	90	90	0	0	0	0	0	0	0	0	0	0	1	189	190	
		ZN5030XXYV2YBEV	—	4495	1680	1990	2925	2520	1410	230	—	100	100	0	0	0	0	0	0	0	0	0	0	56	945	1001	
		ZN5031XXYV2YBEV	—	4495	1680	1990	2925	2550	1500	260	—	75	90	0	0	0	0	0	0	0	0	0	0	0	760	760	
		ZN5034XXYV1YBEV	—	4500	1695	1870	2695	2600	1650	295	330	100	110	0	0	0	0	7	2	0	2	0	2	0	7	20	
		ZN5035XXYV1YBEV	—	4500	1695	1870	2695	2600	1650	366	—	80	80	0	0	0	0	0	0	0	0	0	0	0	2	2	
		ZN5036XGCH2YBEV	ZN6495H2YEV	4949	1690,1820	1940	2950	2900	2039	235,255	280,300	100	120	0	0	0	0	0	0	1	0	0	0	0	0	1	
		ZN5039XGCH2YBEV	ZN6497H2YBEV	4949	1820	1920	2950	2510	2090	270	—	90	90	0	0	0	0	0	0	0	0	0	1	4	0	5	
北汽福田汽车股份有限公司	福田	BJ1037EVMA1	BJ1037EVMA1	5310	1860,1880	1860	3105	3000	2150,2200	305	—	120	120	0	0	0	0	0	0	1	0	0	5	6	7	19	1895
		BJ1045EVJA3	BJ1045EVJA3	5995	2060,2200	2330	3360	4495	2990	—	410	90	90	0	0	0	0	0	0	0	0	0	0	0	34	34	
		BJ5010XXYEV1	—	3400	1575	1690,1730	2335	1100	630	80	—	71	71	0	0	0	0	0	0	0	3	2	1	1	0	7	
		BJ5020XXYEV2	—	3400	1575	1690,1730	2335	1505	660,700	100,105	—	71	71	0	0	0	0	0	0	0	8	24	4	26	13	75	
		BJ5025XXYEV2	—	4495	1680	1840	2995	2160	1100	190	—	80	80	0	0	0	0	0	0	0	0	2	0	1	0	3	
		BJ5025XXYEV3	—	4495	1680	1840	2995	2230	1170	280	—	80	80	0	0	0	0	0	0	0	0	1	0	1	0	2	

续上表

企业名称	品牌	车辆型号	底盘型号	外形尺寸(mm)			轴距(mm)	总质量(kg)	整备质量(kg)	续驶里程(工况法 km)	续驶里程(等速法 km)	30 min最高车速(km/h)	最高车速(km/h)	1月	2月	3月	4月	5月	6月	7月	8月	9月	10月	11月	12月	2019年产量合计(辆)	2019年产量合计(辆)
				长	宽	高																					
北汽福田汽车股份有限公司	福田	BJ5030XXYEV3	BJ1030EVJA3	4745	1707	2440	2400	2950	1600	235	—	85	85	0	0	0	0	0	0	0	0	3	0	0	0	3	1895
		BJ5033XGCEV1	BJ6533EVCA1	5310	1860,1880	1980,2070	3105	2900	2400	310	350	100	100	0	0	0	0	0	0	0	0	1	0	0	2	3	
		BJ5035XXYEV2	BJ6455EVAA2	4495	1680	1890	2995	2500	1470,1490	360,324	—	128,100	128	0	0	0	0	0	0	0	2	0	10	53	0	65	
		BJ5035XYZEV1	BJ6455EVAA2	4495	1680	2120	2995	2500	1500,1520	360,324	—	128,100	128	0	0	0	0	0	0	0	0	0	0	0	298	298	
		BJ5039XXYEV4	—	5320	1695	2280	3050	3495	2115	248	—	100	100	0	0	0	0	0	0	0	0	0	0	0	200	200	
		BJ5045XXYEV3	BJ1045EVJA3	5995	2100,2240	2980,3180	3360	4495	2990	—	410	90	90	0	0	0	0	99	17	51	32	5	21	79	129	433	
		BJ5045XXYEV7	BJ1045EVJA7	5995	2100,2160,2240	29,803,180	3360	4495	2990	—	310	90	90	0	0	0	0	0	0	0	0	0	0	30	569	599	
		BJ5048XXYEV3	—	5990	2000	2460	3750	4250	2600	—	350	100	100	0	0	0	0	0	2	0	0	28	9	51	12	102	
		BJ5048XXYEV5	—	5990	2000	2460	3750	4250	2630	—	360	100	100	0	0	0	0	0	0	0	0	0	0	0	50	50	
		BJ5048XYZEV2	—	5990	2000	2630,2460	3750	4250	2600	—	350	100	100	0	0	0	0	1	0	0	0	0	0	0	0	1	
		BJ5073XXYEV1	BJ1073EVJA1	5995	2200	3180	3360	7360	3550	—	180	85	85	0	0	0	0	0	0	0	0	0	1	0	0	1	
华晨鑫源重庆汽车有限公司	鑫源	JKC1021DABEV	JKC1021DABEV	4600	1560	1870	2760	2100	1080	245	290	85	85	0	0	0	0	81	109	0	0	0	0	0	0	190	1723
		JKC1030DDBEV	JKC1030DDBEV	5588	1780	2120	3400	3495	1910	337	—	90	90	0	0	0	0	102	224	0	0	1	0	0	50	377	
		JKC5020XXY-FXBEV	—	4200	1680	1930	2700	2280	1300,1325	255	—	90	90	0	0	0	0	0	0	0	0	0	109	25	4	138	
		JKC5022XXY-DABEV	JKC1021DABEV	4600	1560	2300	2760	2100	1210	300	—	85	85	0	0	0	0	0	0	0	0	6	0	0	32	38	
		JKC5030XXY-AXBEV	—	4495	1680	1990	2925	2510	1500	285	—	100	110	0	0	0	2	0	0	0	0	0	0	0	0	2	
		JKC5030XXY-DDBEV	JKC1030DDBEV	5588	1795	2440	3400	3495	2040	330	—	90	90	1	0	1	0	10	80	0	0	1	0	0	0	93	
		JKC5030XXY-FXBEV	—	4495	1680	1990	2925	2510	1350	300	—	90	90	0	0	0	0	0	0	0	0	41	57	36	0	134	
		JKC5031XXY-FXBEV	—	4495	1680	1990	2925	2510	1360	271	—	90	90	0	0	0	0	0	0	0	0	1	295	305	150	751	
安徽江淮汽车集团股份有限公司	江淮	HFC1031EV4	HFC1031EV4	5560	1710	2090	2850	3195	1890	295	325	90	90	0	0	0	0	37	95	0	9	6	3	1	12	163	1543
		HFC1037D1EV4	HFC1037D1EV4	5605	1830	1885	3380	3455	2100	330	—	90	90	0	0	0	0	0	99	13	207	41	0	0	8	368	
		HFC1047D4EV2	HFC1047D4EV2	5615	1880	1830	3380	3505	2190	—	330	90	90	0	0	0	0	0	0	0	0	0	0	0	50	50	
		HFC5031XXYEV41	HFC1031EV4	5605	1660	2650	2850	3195	1980	295	325	90	90	0	0	0	0	76	260	0	24	8	6	15	0	389	
		HFC5037XJED1EV4	HFC1037D1EV4-1	5605	1830	2150	3380	2505	2180	330	—	90	90	0	0	0	0	0	0	0	0	0	0	0	2	2	
		HFC5037XXYD4EV1	HFC1037D4EV1	5615	1880	1970,2040	3380	3455	2150	330	—	90	90	0	0	0	0	0	1	0	1	3	7	1	18	31	

续上表

企业名称	品牌	车辆型号	底盘型号	外形尺寸(mm)			轴距(mm)	总质量(kg)	整备质量(kg)	续驶里程(工况法 km)	续驶里程(等速法 km)	30 min 最高车速(km/h)	最高车速(km/h)	1月	2月	3月	4月	5月	6月	7月	8月	9月	10月	11月	12月	2019年产量合计(辆)	2019年产量合计(辆)
				长	宽	高																					
安徽江淮汽车集团股份有限公司	江淮	HFC5041XXYEV10	HFC1041EV10	5995	2260,2310	3050	3308	4495	3160	—	425	90	90	0	0	0	0	1	0	0	1	0	0	0	0	2	1543
		HFC5041XXYEV8	HFC1041EV8	5995	2015,1965	3010	3360	4495	3090	—	460	90	90	0	0	0	0	0	0	3	0	0	0	0	2	5	
		HFC5045XXYEV1	HFC1045EV1	5995	2170,2120	3240	3308	4495	3090	—	440	90	90	0	0	0	0	202	1	4	26	99	43	5	8	388	
		HFC5045XXYEV5	HFC1045EV5	5995	2170,2120	3240	3308	4495	3120	—	470	90	90	0	0	0	0	0	0	0	0	5	0	0	0	5	
		HFC5045XXYEV6	HFC1045EV6	5995	2170,2120,2015	3240,3040	3308	4495	3120	—	470	90	90	0	0	0	0	0	0	0	0	0	5	34	0	39	
		HFC5049XXYEV6H	—	5995	2098	2645	3570	4495	3050	—	430	100	100	0	0	0	0	0	0	0	0	25	0	0	76	101	
山东丽驰新能源汽车有限公司	丽驰	HLD5010XXYBEV	HLD5010XXYBEV	2780	1482	1715	1803	1156	870	40	50	65	70	0	0	0	101	1100	0	0	0	0	0	0	0	1201	1231
		HLD5011XXYBEV	HLD5011XXYBEV	2780	1482	1715	1803	1096	810	140	160	65	70	0	0	0	0	0	0	0	0	0	0	4	25	29	
		HLD5021XXYBEV	HLD5021XXYBEV	4365	1625	2060	2650	2010	1080	100	118	80	80	0	0	0	0	0	1	0	0	0	0	0	0	1	
深圳开沃汽车有限公司	开沃	XQX5310ZLJBEV1	XGA3312BEVWEX	9710	2550	3300,3500	1950+3200+1400	31000	18000	—	305	75	80	0	0	0	0	0	0	10	90	102	248	300	451	1201	1201
上海万象汽车制造有限公司	象	SXC5030XLCBEV	BJ1030EVJA1	4733	1707	2440	2400	2950	1900	203	—	85	85	0	0	0	0	0	0	0	1	0	1	10	0	12	1025
		SXC5031XXYBEV	JKC6451FXBEV	4495	1680	1990	2925	2510	1500	277	—	100	100	0	0	0	0	0	0	0	0	0	0	190	823	1013	
厦门金龙旅行车有限公司	金旅	XML5032XXYEV10	—	4490	1680	2066,1980,2260	2330	2980	1680	180	—	100	100	0	0	0	0	0	0	0	0	0	0	0	3	3	1018
		XML5032XYZEV10	—	4490	1680	2066,1980,2260	2330	2980	1670	200	—	100	100	0	0	0	0	0	0	0	0	0	0	73	107	180	
		XML5036XXYEVL05	—	5330	1700	2260,2066,1980	2890	3400	1980	220	—	100	100	0	0	0	0	0	0	0	0	0	62	66	300	428	
		XML5036XXYEVL06	—	5330	1700	2260,2066,1980	2890	3490	1820	220	—	100	100	0	0	0	0	0	0	0	0	0	0	0	1	1	
		XML5038XXYEV10	—	4750	1700	2066,1980	2330	3050	1720	184	—	100	100	0	0	0	0	39	93	0	107	0	5	0	162	406	
山东东方曼新能源汽车有限公司	东方曼	MAN5034XXYBEV0	MAN1032BEV0	4715	1710	2470	2900	2510	1310	230	—	80	80	0	0	0	0	0	0	0	0	0	0	0	1003	1003	1003
海马新能源汽车有限公司	奥路卡	ZQ5030XXYZC1BEV	—	4430	1626	1950	2800	2600	1390	345	—	81	81	0	0	0	0	0	0	0	0	0	0	0	1001	1001	1001

续上表

企业名称	品牌	车辆型号	底盘型号	外形尺寸(mm) 长	外形尺寸(mm) 宽	外形尺寸(mm) 高	轴距(mm)	总质量(kg)	整备质量(kg)	续驶里程(工况法 km)	续驶里程(等速法 km)	30 min最高车速(km/h)	最高车速(km/h)	1月	2月	3月	4月	5月	6月	7月	8月	9月	10月	11月	12月	2019年产量合计(辆)	2019年产量合计(辆)
陕西通家汽车股份有限公司	通家福	STJ5020XXYEV6A	—	4030	1620	1900	2700	2100	1305	305	—	80	80	328	0	0	0	0	0	0	0	0	0	0	0	328	925
		STJ5022XXYEV6P	—	4030	1620	1900	2700	2100	1280	296	—	80	80	108	0	0	0	0	0	0	0	0	0	0	0	108	
		STJ5025XXYEV6H	—	4030	1620	1900	2700	2100	1280	301	—	80	80	160	0	0	0	0	0	0	0	0	0	0	0	160	
		STJ5029XXYEV6	—	4030	1620	1900	2700	2100	1250	278,300	—	80	80	29	0	0	0	0	0	0	0	0	0	0	0	29	
		STJ5029XXYEV6R	—	4030	1620	1900	2700	2100	1325	300	—	80	80	100	0	200	0	0	0	0	0	0	0	0	0	300	
北京华林特装车有限公司	华林	HLT5036CTYEV	BYD10311N7BEVD1	5110	1760	1970	2700	3495	2440	230	—	110	110	0	0	14	0	0	0	0	0	0	0	0	0	14	796
		HLT5040CTYEV	SH1047PBEVNZ	5200	1820	1990	2650	4300	2170	—	180	90	90	0	0	0	0	0	0	3	0	0	0	0	0	3	
		HLT5040GXEEV	SH1047PBEVNZ	4900	1836	2200	2650	4300	2700	—	180	90	90	0	0	0	1	0	0	0	0	0	0	0	0	1	
		HLT5040TSLEV	EQ1046PBEVJ2	5320	1780	2240	2800	4000	3250	—	200	80	80	0	0	0	0	0	0	0	1	0	0	0	0	1	
		HLT5040ZLJEV	SH1047PBEVNZ	4890	1670	1990	2650	4300	2280	—	180	90	90	0	0	0	0	0	0	0	0	0	10	14	0	24	
		HLT5040ZXXEV	SH1047PBEVNZ	4770	1635	1990	2650	4300	2055	—	180	90	90	0	0	0	0	0	0	0	0	0	1	0	0	1	
		HLT5041CTYEV	SH1047PBEVNZ	5270	1690	1990	2650	4300	2210	—	180	90	90	0	0	0	0	0	0	0	0	0	1	0	0	1	
		HLT5041XTYEV	BYD104014BBEVD3	5995	2360	2635	3360	4495	3540	—	355	90	100	0	0	0	0	0	0	0	0	0	50	7	20	77	
		HLT5041XXYEV	BYD104014BBEVD1	5995	2090	3150	3360	4495	3000,3250	—	355	100	100	0	0	0	0	0	0	0	42	0	0	0	0	42	
		HLT5070GXEEV	—	5995	2100	2665	3360	7320	5310	—	450	100	100	0	0	0	0	10	0	0	1	10	27	6	1	55	
		HLT5070TCAEV	BYD1070A7BBEVD	5850	2095	2450	3360	7320	5740	—	450	100	100	5	0	20	20	0	0	0	10	7	0	0	1	63	
		HLT5070ZLJEV	BYD1070A7BBEVD	5995	2295	2320	3360	7320	5190	—	450	100	100	0	0	0	0	0	0	0	0	0	65	2	0	67	
		HLT5075ZYSEV	—	6370,6770,6670,6480,6880,6780	2046	2450	3360	7320	5650,5810,5850,6130,6290,6330	—	450	100	100	11	0	0	0	0	29	62	0	6	9	16	0	133	
		HLT5120TSLEV	BYD5120TSLBEVD	7060	2280	2460,2550	4250	11860	9040	—	400	90	100	0	0	4	0	0	5	1	0	1	2	0	1	14	
		HLT5120TXSEV	—	7180	2310	2650	4250	11860	9260	—	400	90	100	0	1	0	2	15	0	2	0	0	7	5	0	32	
		HLT5160TSLEV	BYD5160TXSBEVD	8200	2500	3270	4500	16000	14300	—	470	85	85	0	0	0	0	1	1	1	8	0	12	0	0	23	
		HLT5160TXSEV	BYD5160TXSBEVD	8265	2500	3260	4500	16000	15150	—	470	85	85	0	0	11	4	2	7	7	0	2	18	1	0	52	
		HLT5180GSSEV	EQ1180GEVJ2	7920,7560	2510	2850	4500	18000	9700	—	175	100	100	0	0	0	0	7	0	0	0	0	0	0	0	7	
		HLT5180TCAEV	BYD1180D8HB-EVD1	7880	2550	3150	4500	18000	11300	—	250	85	85	0	0	0	0	0	0	0	0	0	0	0	5	5	

续上表

企业名称	品牌	车辆型号	底盘型号	外形尺寸(mm) 长	宽	高	轴距(mm)	总质量(kg)	整备质量(kg)	续驶里程(工况法 km)	续驶里程(等速法 km)	30 min最高车速(km/h)	最高车速(km/h)	1月	2月	3月	4月	5月	6月	7月	8月	9月	10月	11月	12月	2019年产量合计(辆)	2019年产量合计(辆)
北京华林特装车有限公司	华林	HLT5180ZXXEV	BYD1180D8HB-EVD1	7510	2530	3200	4500	18000	10350	—	250	85	85	31	0	0	0	0	0	0	10	0	0	0	0	41	796
		HLT5181GSSEV	BYD1180D8HB-EVD1	8270,7915	2550	3060	4500	18000	10345	—	250	85	85	0	0	0	0	0	0	1	0	0	29	0	0	30	
		HLT5181TXSEV	BYD1180D7MBEVD	9200	2550	3320	5300	18000	15800	—	380	85	85	0	0	0	0	0	0	0	16	0	0	0	4	20	
		HLT5181ZYSEV	BYD1180D8HB-EVD1	8480,9030,8860	2540	3080	4500	18000	12100,12360,12580	—	250	85	85	31	0	6	0	0	0	0	15	0	0	0	0	52	
		HLT5182TXSEV	QL1180BEVELPHY	8920	2550	3285	5300	18000	15380	—	365	80	100	0	0	0	0	0	0	0	16	0	2	0	0	18	
		HLT5251ZXXEV	EQ1250GEVJ1	9540	2550	3070	5000+1350	25000	14680	—	250	80	90	0	0	0	0	0	0	0	0	1	0	0	0	1	
		HLT5321GSSEV	BYD1320DH9BEVD	10550	2550	3150	1850+3200+1350	32000	15440	—	240	85	85	0	0	0	0	0	0	0	0	0	0	7	12	19	
上汽大通汽车有限公司	大通	SH5020XXYK6BEV	—	4500	1780	1895	2910	2380	1420	230	—	90	90	16	15	11	4	15	95	4	23	24	9	25	35	276	780
		SH5022XXYK6BEV-1	—	4500	1780	1895	2910	2380	1420	234	—	90	90	0	0	0	0	0	0	0	0	3	6	64	58	131	
		SH5030XXYK6BEV-2	—	4500	1780	1895	2910	2520	1480	335	—	90	90	0	0	0	0	0	0	0	0	0	0	1	0	1	
		SH5031XXYK6BEV-2	—	5090	1780	1910	3285	2570	1560	325	—	90	90	0	0	0	0	0	0	0	0	0	0	1	4	5	
		SH5033XXYK6BEV-1	—	5090	1780	1910	3285	2520	1500	223	—	90	90	0	0	0	0	0	0	0	0	2	2	59	57	120	
		SH5040XXYA7BEV	—	4950,5160,5035	1998	2345,2132	3100	3760	2745	—	250	100	100	2	0	0	0	0	0	0	0	0	0	0	0	2	
		SH5040XXYA7BEV-D5	—	4939,5024,5149	1998	2174,2380	3100	3760	2230	—	290	100	100	0	0	0	0	1	0	0	0	0	0	0	0	1	
		SH5041XLCA7BEV-D6	SH5041XXYA7BEV-D6	5700,5785,5910	1998	2650	3850	4100	3020	—	355	100	100	0	0	0	0	0	0	0	0	0	1	0	0	1	
		SH5041XXYA7BEV	—	5700,5910,5785	1998	2345,2552	3850	4100	2810	—	295	100	100	2	0	0	0	0	0	0	0	0	0	0	0	2	
		SH5041XXYA7BEV-D6	—	5700,5910,5785	1998	2376,2574	3850	4100	2440	—	355	100	100	6	0	0	0	4	12	0	7	0	0	23	65	117	

续上表

企业名称	品牌	车辆型号	底盘型号	外形尺寸(mm) 长	宽	高	轴距(mm)	总质量(kg)	整备质量(kg)	续驶里程(工况法 km)	续驶里程(等速法 km)	30 min 最高车速(km/h)	最高车速(km/h)	1月	2月	3月	4月	5月	6月	7月	8月	9月	10月	11月	12月	2019年产量合计(辆)	2019年产量合计(辆)
上汽大通汽车有限公司	大通	SH5043XXYA7BEV-9	—	5700,5785,5910	1998	2345,2552	3850	4100	2540	—	368	100	100	1	0	0	0	0	0	0	0	0	0	0	0	1	780
	跃进	SH1047ZFEVNZ4	SH1047ZFEVNZ4	5995	2010,2190	2270	3308	4495	2370	—	330	100	100	0	0	0	0	0	0	0	0	0	0	0	1	1	
		SH5047XXYZFEVNZ4	SH1047ZFEVNZ4	5995	1980,2160	2850,3050	3308	4495	2505	—	330	100	100	0	0	0	0	0	0	0	0	0	0	1	0	1	
		SH5047XXYZFEVNZ5	SH1047ZFEVNZ4	5995	1980,2160	2850,3050	3308	4445	2820	—	333	100	100	0	0	0	0	0	0	0	0	0	20	0	65	85	
		CSH5047XYZZFE-VNZ3	SH1047ZFEVNZ3	5995	1980,2160	2850,3050	3308	4425	2800	—	325	100	100	0	0	0	0	0	0	0	0	0	0	0	36	36	
山东吉海新能源汽车有限公司	吉海	JHN1024CCBEV2	JHN1024CCEV2	4360	1600	1865	2900	1990	1160	215	—	70	70	2	0	1	3	0	0	26	6	0	0	0	0	38	701
		JHN1024CCBEV3	JHN1024CCEV3	4360	1600	1865	2900	2100	1230	250	—	70	70	0	0	1	0	0	0	0	0	0	0	0	0	1	
		JHN1032CGBEV1	JHN1032CGEV1	4745	1600	1925	2900	2510	1315	210	—	80	80	0	0	0	6	0	10	0	0	0	0	0	0	16	
		JHN1032CGBEV2	JHN1032CGEV2	4745	1600	1925	2900	2510	1250	180	—	80	80	0	0	0	0	0	0	0	0	0	5	0	0	5	
		JHN5024CCXXYBEV1	JHN1024CCEV1	4390	1710	2220	2900	2100	1240	250	—	70	70	0	0	0	0	0	0	2	0	0	0	0	0	2	
		JHN5024CCXXYBEV2	JHN1024CCEV2	4390	1710	2220	2900	1990	1210	215	—	70	70	18	0	50	37	50	212	142	7	0	0	0	0	516	
		JHN5032CGXLCBEV1	JHN1032CGEV1	4745	1735	2500	2900	2510	1500	210	—	80	80	0	0	0	6	0	19	1	0	0	0	0	0	26	
		JHN5032CGXSHBEV1	JHN1032CGEV1	4715	1710	2470	2900	2510	1650	205	—	80	80	0	0	0	0	0	1	0	0	0	0	1	0	2	
		JHN5032CGXSHBEV2	JHN1032CGEV2	4715	1710	2470	2900	2510	1550	175	—	80	80	0	0	0	0	0	0	0	0	36	59	0	0	95	
长沙中联重科环境产业有限公司	中联	ZBH5040CTYSHBEV	SH1047PBEVNZ	5160,4960	1850,1930	1990	2650	4300	2340	—	230	90	90	0	2	0	0	0	0	0	0	0	0	0	0	2	694
		ZBH5040TYHSABEV	SH1047ZFEVNZ	5907	2080,2030	2350	3308	4495	3760	—	295	100	100	0	0	2	1	4	0	3	0	0	1	4	0	15	
		ZBH5040TYHSHABEV	SH1047PCEVNZ	5270	1645	2240	2850	4495	2670	—	275	90	90	0	0	0	0	0	0	0	0	0	3	8	14	25	
		ZBH5040TYHSHBEV	SH1047PBEVNZ	5395	1640	2165	2650	4300	2540	—	230	90	90	2	0	0	0	0	31	2	1	1	10	2	19	68	
		ZBH5040ZZZSHABEV	SH1047PCEVNZ	5475	1670	2485	2850	4495	3540	—	275	90	90	0	0	0	0	0	0	0	0	0	6	0	0	6	
		ZBH5040ZZZSHBEV	SH1047PBEVNZ	5170	1670	2350	2650	4300	3050,3295,3140	—	230	90	90	0	0	0	0	9	3	3	0	0	16	6	8	45	
		ZBH5043TSLSHBEV	SH1047PBEVNZ	5100	1660	2240	2650	4300	2860	—	230	90	90	9	1	1	1	1	0	4	0	4	0	0	5	26	
		ZBH5100GQXSHBEV	SH1107ZKEVWZ	6853,6673	2310	2630	4200	9995	7840	—	311	80	80	0	0	0	1	0	0	0	0	0	0	0	0	1	

续上表

企业名称	品牌	车辆型号	底盘型号	外形尺寸(mm) 长	宽	高	轴距(mm)	总质量(kg)	整备质量(kg)	续驶里程(工况法 km)	续驶里程(等速法 km)	30 min最高车速(km/h)	最高车速(km/h)	1月	2月	3月	4月	5月	6月	7月	8月	9月	10月	11月	12月	2019年产量合计(辆)	2019年产量合计(辆)
长沙中联重科环境产业有限公司	中联	ZBH5100TCASHBEV	SH1107ZKEVWZ	7050，7015	2125，2133	2660，2700	4200	9995	7100，6800	—	311	80	80	0	0	0	0	0	0	0	0	0	1	0	0	1	694
		ZBH5100ZYSEQBEV	EQ1100TTEVJ	7555，7980	2220	2620	4200	10000	8100，8000，7800	—	305	90	90	1	0	0	0	0	0	0	0	0	0	0	0	1	
		ZBH5100ZYSSHBEV	SH1107ZKEVWZ	7565，7990，7610	2133	2575	4200	9995	7600，7860，7920	—	311	80	80	0	2	0	1	0	0	0	0	0	0	0	2	5	
		ZBH5103GQXSHBEV	SH1107ZKEVWZ	7430	2175	2410	4200	9995	6400	—	311	80	80	1	0	2	0	0	2	0	0	0	0	0	1	6	
		ZBH5103TSLSHBEV	SH1107ZKEVWZ	7068	2200	2618	4200	9995	7980	—	311	80	80	1	0	0	1	1	0	3	0	0	41	0	0	47	
		ZBH5120TXSSHBEV	SH1127ZKEVCWZ	7730	2325	2760	4720	12495	9860	—	406	90	90	0	0	0	0	0	0	0	0	1	0	11	0	12	
		ZBH5122ZYSCABEV	CA1120P62L2BEV	8230	2440	3340，2980	4500	12490	9630	—	310	90	90	0	0	0	0	0	0	0	1	0	0	0	0	1	
		ZBH5123TSLBYBEV	BYD5120TSLBEVD	7145	2270	2670	4250	11860	8540	—	400	100	100	1	0	0	0	0	0	0	0	0	0	0	0	1	
		ZBH5123TSLSABEV	SH1127ZKEVCWZ	7065	2325	2660	4170	12495	8780	—	406	90	90	0	0	0	0	0	0	0	0	0	0	0	1	1	
		ZBH5160TXSBYBEV	BYD5160TXSBEVD	8470	2500	3345	4500	16000	14560	—	470	85	85	0	1	0	0	0	0	0	0	0	0	0	0	1	
		ZBH5180TXSEQABEV	EQ1180GEVJ1	8950	2500	3150，2980	5300	18000	13700	—	365	100	100	0	0	0	8	15	32	10	0	12	11	30	17	135	
		ZBH5180TXSEQBEV	EQ1180GEVJ	8950	2500	3150	5300	18000	14180，13780	—	300	100	100	0	0	4	0	16	2	0	0	0	0	0	0	22	
		ZBH5180TXSEQCBEV	DFH1180BEV	8950	2500	3150	5300	18000	13300	—	365	89	89	0	0	0	0	0	0	0	0	0	0	0	6	6	
		ZBH5180ZXXCABEV	CA1181P62L2BEV	7200	2500	2950	4500	18000	8420，8720	—	300	90	90	0	0	0	0	0	0	0	0	1	0	0	1	2	
		ZBH5180ZYSEQABEV	EQ1180GEVJ5	9620，10020，9710，9660，9800，9930	2510	3120	5300	18000	12150，12430，12580，12730	—	250	100	100	0	0	0	0	0	0	0	0	0	0	0	2	2	
		ZBH5181TDYEQ-ABEV	EQ1180GEVJ1	10620	2510	3910	5300	18000	12050	—	365	100	100	0	0	0	0	0	0	0	0	2	0	0	1	3	
		ZBH5181TDYEQBEV	EQ1180GEVJ	10620	2500	3855	5300	18000	12960	—	300	100	100	0	0	0	0	0	0	0	0	0	2	0	0	2	
		ZBH5182GQXEQ-ABEV	EQ1180GEVJ5	8235，9105	2505	2785	5000	18000	9650，9800，9850	—	255	100	100	0	0	0	21	31	31	27	0	9	30	20	19	188	
		ZBH5182GQXEQBEV	EQ1180GEVJ2	9110	2495	2860	4500	18000	9340	—	175	100	100	0	19	11	0	0	1	1	0	0	0	7	0	39	
		ZBH5182GQXLZBEV	LZ1180M3AZBEVT	9030	2530	2960	4500	18000	9200	—	280	90	90	0	0	0	0	0	0	1	0	0	0	0	0	1	

续上表

企业名称	品牌	车辆型号	底盘型号	外形尺寸(mm)			轴距(mm)	总质量(kg)	整备质量(kg)	续驶里程(工况法 km)	续驶里程(等速法 km)	30 min最高车速(km/h)	最高车速(km/h)	1月	2月	3月	4月	5月	6月	7月	8月	9月	10月	11月	12月	2019年产量合计(辆)	2019年产量合计(辆)
				长	宽	高																					
长沙中联重科环境产业有限公司	中联	ZBH5183TSLEQABEV	EQ1180GEVJ1	8810	2500	3100	5300	18000	13200	—	365	100	100	0	0	0	0	3	14	1	0	0	0	1	2	21	694
		ZBH5184TSLEQBEV	EQ1180GEVJ	8650	2500	3020	5300	18000	13980	—	300	100	100	0	7	1	0	0	0	0	0	0	0	0	0	8	
		ZLJ5104TSLEQBEV	EQ1100TTEVJ	6940	2200,2120	2790	4200	10000	8400	—	260	90	90	1	0	0	0	0	0	0	0	0	0	0	0	1	
湖北新楚风汽车股份有限公司	楚风	HQG5035XXYEV1	HQG1035EV1	5605	1660	2600	2850	3490	2050	185	—	85	85	0	0	1	0	0	0	0	0	0	0	0	0	1	691
		HQG5035XXYEV2	HQG1035EV2	5000,5200,5400	1950	2680	3300	3490	1970	190	—	90	90	2	0	0	0	0	0	0	0	0	0	0	0	2	
		HQG5037XXYEV1	—	4430	1626	1940	2800	2600	1550	310	—	80	80	0	0	2	0	0	2	0	0	0	0	1	2	7	
		HQG5043XXYEV10	HQG1043EV10	5990	2110,2210	2900,3000	3300	4495	2870	—	275	85	85	0	0	0	0	0	0	134	0	0	0	0	0	134	
		HQG5043XXYEV3	HQG1043EV3	5880,5990	1940,2110	2780,2880,2980	3300	4495	2985	—	345	85	85	103	0	0	0	0	0	0	0	0	0	0	0	103	
		HQG5043XXYEV5	HQG1043EV5	5880,5990	1940,2110	2780,2880,2980	3300	4495	2870	—	270	85	85	99	0	0	0	0	0	0	0	0	0	0	0	99	
		HQG5043XXYEV7	HQG1043EV7	5880,5990	1950,2110	2780,2880,2980	3300	4495	2950	—	255	85	85	29	0	0	0	0	0	0	0	0	0	0	0	29	
		HQG5043XXYEV9	HQG1043EV9	5990	2110,2200	2900,3000	3300	4495	3030	—	390	85	85	0	0	0	0	0	65	250	0	0	0	1	0	316	
郑州宇通重工有限公司	宇通	YTZ5030TYHZ1BEV	YTZ5030P01BEV	4880,4960	1700,1760	2370,2430	2500	3495	2730,2860	251	—	80	80	13	0	0	0	2	8	0	0	0	0	0	0	23	626
		YTZ5030ZZZD0BEV	ZKH1030P1BEVJ	4745,4650	1625,1705	2115,2075	3050	2670	1950,2144	120	—	75	75	0	0	0	0	0	0	0	0	0	0	1	0	1	
		YTZ5040TSLZ2BEV	YTZ5040PBEV	5530	1760	2400,2495	3000	4490	4100	—	330	80	80	0	0	0	0	1	0	0	0	0	0	0	0	1	
		YTZ5040TXSD0BEV	ZKH1040P1BEVJ	5625	1760	2365,2500	3000	4495	4100	—	330	80	80	0	0	0	0	0	0	0	1	25	5	0	2	33	
		YTZ5040TXSZ2BEV	YTZ5040PBEV	5530	1760	2400,2495,2350	3000	4490	4070	—	330	80	80	4	0	1	0	1	1	0	0	0	0	0	0	7	
		YTZ5040TYHD0BEV	ZKH1041P1BEVJ	5280,4845	1760	2330,2390,2445	2600	4495	2880,2960	—	265	80	80	0	0	0	0	0	0	0	9	21	11	2	5	48	
		YTZ5040XTYD0BEV	ZKH1041P1BEVJ	5465	1960	2325	2600	4495	2980	—	259	80	80	0	0	0	0	0	0	0	0	0	2	0	1	3	
		YTZ5040XTYZ1BEV	YTZ5043PBEV	5950	1950	2330	3000	4490	3000,3180	—	275	80	80	0	0	5	0	0	0	0	0	0	0	0	0	5	
		YTZ5040ZXXD0BEV	ZKH1041P1BEVJ	4830	1760	2195	2600	4495	2550	—	265	80	80	0	0	0	0	0	0	0	0	0	0	2	1	3	

续上表

企业名称	品牌	车辆型号	底盘型号	外形尺寸(mm) 长	宽	高	轴距(mm)	总质量(kg)	整备质量(kg)	续驶里程(工况法 km)	续驶里程(等速法 km)	30 min最高车速(km/h)	最高车速(km/h)	1月	2月	3月	4月	5月	6月	7月	8月	9月	10月	11月	12月	2019年产量合计(辆)	2019年产量合计(辆)
郑州宇通重工有限公司	宇通	YTZ5040ZXXZ1BEV	YTZ5041PBEV	5110	1760	2205	3000	4490	2820	—	310	80	80	0	0	38	0	0	0	0	0	0	0	0	0	38	626
		YTZ5040ZZZD0BEV	ZKH1041P1BEVJ	5150	1760	2480	2600	4495	3070,3200	—	265	80	80	0	0	0	0	0	0	0	0	22	42	28	14	106	
		YTZ5040ZZZZ2BEV	YTZ5042PBEV	5335	1825	2525	3000	4490	3200	—	310	80	80	2	0	0	6	0	0	0	0	0	0	0	0	8	
		YTZ5040ZZZZ3BEV	YTZ5043PBEV	5415,5520	1760	2525	3000	4490	3480	—	290	80	80	0	0	0	0	0	1	0	0	0	0	0	0	1	
		YTZ5080TSLZ0BEV	YTZ5080PBEV	6975	2100	2600	3850	8495	6300	—	300	80	80	0	0	0	0	0	1	0	0	0	0	0	0	1	
		YTZ5080TSLZ1BEV	YTZ5080P01BEV	6975	2100	2630,2730	3850	8495	6300,6600	—	330	80	80	0	0	0	0	0	1	0	0	0	0	0	0	1	
		YTZ5080TXSZ1BEV	YTZ5080P01BEV	6975	2100	2630,2730,2560	3850	8495	6500,6850	—	330	80	80	6	0	0	15	0	1	0	0	0	0	0	0	22	
		YTZ5080ZYSZ0BEV	YTZ5081PBEV	7795,7630	2030	2390	3850	8495	6350,6600	—	365	80	80	0	2	3	0	10	0	0	0	0	0	0	0	15	
		YTZ5100TSLD0BEV	ZKH1100P1BEVJ	7075	2200	2625,2740	3850	9900	7000	—	340	80	80	0	0	0	0	0	0	0	0	4	1	0	3	8	
		YTZ5100TXSD0BEV	ZKH1100P1BEVJ	7075	2200	2625,2740	3850	9900	7100	—	340	80	80	0	0	0	0	0	0	0	1	12	0	0	0	13	
		YTZ5100ZYSD0BEV	ZKH1100P1BEVJ	7870,7660	2030,2050	2430	3850	9900	6850	—	330	80	80	0	0	0	0	0	0	0	5	1	12	0	0	18	
		YTZ5180GQXD0BEV	ZKH1181P1BEVJ	8520,9120,9500,7970,8570,8950	2520	2865,2890	4500	18000	10250,9850	—	350	90	90	0	0	0	0	0	0	11	6	13	11	13	12	66	
		YTZ5180GQXZ0BEV	YTZ5180P01BEV	9160,8080,9060,8680	2520	2890	4500	18000	10530,10300	—	410	90	90	10	3	3	3	10	7	0	0	0	0	0	0	36	
		YTZ5180GQXZ1BEV	YTZ5180P01BEV	8026,9000	2520	3020,2835	4500	18000	10500,10350	—	180	85	85	0	0	0	0	0	1	0	0	0	0	0	0	1	
		YTZ5180GQXZ2BEV	YTZ5180P01BEV	8026,9000	2520	2835	4500	18000	10500,10350	—	410	85	85	1	0	0	0	0	0	0	0	0	0	0	0	1	
		YTZ5180TDYD0BEV	ZKH1180P1BEVJ	9570	2520	3260,3325	4500	18000	12380	—	405	90	90	0	0	0	0	0	0	0	0	0	0	3	5	8	
		YTZ5180TDYZ0BEV	YTZ5180P01BEV	9370	2510	3970,3800	4500	18000	12360	—	350	90	90	0	0	0	2	0	0	0	0	0	0	0	0	2	
		YTZ5180TSLD0BEV	ZKH1180P1BEVJ	8520	2510	3170,3050	4500	18000	13000	—	405	90	90	0	0	0	0	0	0	1	0	0	1	0	0	2	
		YTZ5180TSLZ1BEV	YTZ5180P01BEV	8180	2500	3250,3140	4500	18000	12800	—	410	90	90	0	0	0	0	0	5	0	0	0	0	0	0	5	

续上表

企业名称	品牌	车辆型号	底盘型号	外形尺寸(mm) 长	宽	高	轴距(mm)	总质量(kg)	整备质量(kg)	续驶里程(工况法km)	续驶里程(等速法km)	30 min最高车速(km/h)	最高车速(km/h)	1月	2月	3月	4月	5月	6月	7月	8月	9月	10月	11月	12月	2019年产量合计(辆)	2019年产量合计(辆)
郑州宇通重工有限公司	宇通	YTZ5180TXSD0BEV	ZKH1180P1BEVJ	9020	2510	3170,3050,2970	5000	18000	13200,13600	—	405	90	90	0	0	0	0	0	0	10	11	9	13	13	18	74	626
		YTZ5180TXSZ2BEV	YTZ5180P01BEV	8276	2500	3200,3140	4500	18000	12950	—	410	90	90	12	5	2	13	12	5	0	0	0	0	0	0	49	
		YTZ5180ZYSD0BEV	ZKH1182P1BEVJ	8700,8530	2520	3030	4500	18000	12200	—	360	90	90	0	0	0	0	0	0	0	0	2	0	3	1	6	
		YTZ5181GQXZ0BEV	YTZ5181P01BEV	9500,8520,9120	2520	2870	4500	18000	9770	—	275	100	100	0	0	7	7	4	3	0	0	0	0	0	0	21	
中通客车控股股份有限公司	中通	LCK5030XXYEV	—	4740	1700	1998,2090,2260	2330	2900	1700	251	—	100	100	0	0	0	0	0	10	12	0	20	0	0	1	43	594
		LCK5031XXYEV	—	5310	1700	1988,2080,2250	2890	3460	1830	245	—	100	100	0	0	0	0	0	0	0	0	1	50	217	93	361	
		LCK5035XXYEV1	—	4495	1680	1990	2925	2600	1490	360	—	100	100	0	0	0	0	0	0	0	0	0	12	20	40	72	
		LCK5035XXYEV5	—	4495	1680	1990	2925	2510	1500	270	—	80	100	0	0	0	0	0	0	0	0	0	24	5	87	116	
		LCK5035XYZEV6	—	4495	1680	1990	2925	2510	1500	240	—	80	100	0	0	0	0	0	0	0	0	0	0	0	1	1	
		LCK5036XXYEV3	—	4430	1626	1965	2800	2600	1500	251	—	80	90	0	0	0	0	0	0	0	0	0	0	0	1	1	
湖南江南汽车制造有限公司	众泰	JNJ5020XXYEV10	—	4090	1645	1880	2700	2200	1310	350	440	91	91	0	0	0	0	0	135	4	0	0	0	0	0	139	543
		JNJ5030XXYEV	—	4900	1700	2050	2590	3250	1750	280	—	90	90	0	0	0	0	0	0	30	0	132	41	200	1	404	
山东昊宇车辆有限公司	超雷	CLP3020ZEV	—	4400	1528	1880	2740	2320	1500	110	130	70	70	54	10	38	43	3	0	0	0	0	0	0	0	148	335
		CLP5020EV-XXY	—	3695	1510	1823	2355	2190	1430	80	110	80	80	55	11	68	43	10	0	0	0	0	0	0	0	187	
南京汽车集团有限公司	畅达	NJ5040XTYEV	SH1047PCEVNZ	5410	1730	2130	2850	4495	2450	—	270	90	90	0	0	0	0	0	0	0	0	0	0	11	7	18	333
	依维柯	NJ5047XLCEVFC3	NJ6457CYEV1	5990	2000	2930	3310	4490	3200	—	355	70	100	0	0	0	0	0	0	0	0	0	4	0	0	4	
		NJ5047XSHEVFC	NJ6457CYEV3	5990	2000	2890,2950	3310	4490	4150	—	410	70	100	0	0	0	0	1	0	0	0	0	0	0	1	2	
		NJ5047XXYCEV3	NJ6457CYEV1	5990	2000	2730	3310	4490	2800,2890	—	355	70	100	1	1	0	1	0	3	1	4	16	0	52	70	149	
		NJ5047XXYCEV5	NJ6457CYEV3	5990	2000	2730	3310	4490	2950	—	410	70	100	15	0	0	0	0	49	0	0	47	0	18	22	151	
		NJ5047XXYEEV	NJ6567EYEVC	5999	2011	2730	3300	4490	2560	—	335	70	100	0	0	0	0	0	0	0	0	0	0	1	0	1	
		NJ5047XXYLCEV3	NJ1047CFEV	5995	2180,2240	3120	3310	4495	2995	—	355	70	100	0	0	0	0	0	1	0	0	0	0	0	4	5	
		NJ5047XYCEVCC1	NJ6457CYEV	5085,4905	2000	2570	2800	4490	3220	—	350	70	100	1	0	0	0	0	1	0	0	0	0	0	0	2	
		NJ5057XXYCEV7	NJ6577CYEV7	5990	2000	2750	3310	4490	3400,3095	—	410	70	100	0	0	0	0	0	0	0	0	0	0	0	1	1	

续上表

企业名称	品牌	车辆型号	底盘型号	外形尺寸(mm) 长	宽	高	轴距(mm)	总质量(kg)	整备质量(kg)	续驶里程(工况法km)	续驶里程(等速法km)	30 min最高车速(km/h)	最高车速(km/h)	1月	2月	3月	4月	5月	6月	7月	8月	9月	10月	11月	12月	2019年产量合计(辆)	2019年产量合计(辆)
上海申龙客车有限公司	申龙	SLK5032XXYBEV1	—	4430	1626	1930	2800	2550	1400	240	—	90	90	0	0	0	0	0	30	0	0	0	0	0	0	30	330
		SLK5032XYZBEV3	—	4430	1626	1930	2800	2550	1380	230	—	90	90	0	0	0	0	145	155	0	0	0	0	0	0	300	
一汽解放青岛汽车有限公司	解放	CA1048P40L2BE-VA84	CA1048P40L2B-EVA84	5995	2220	2405,2475	3300	4495	2995	—	345	85	90	0	0	0	0	0	0	0	0	0	0	0	2	2	296
		CA5048CCYP40L2-BEVA84	CA1048P40L2B-EVA84	5995	2220	2790,2910,3110,3310,3035	3300	4495	3050	—	345	85	90	0	0	0	0	0	0	0	0	0	0	3	80	83	
		CA5048XXYP40L2-BEVA84	CA1048P40L2B-EVA84	5995	2250	2910,3110,3310	3300	4495	2995	—	345	85	90	0	0	0	0	0	0	0	0	0	43	82	86	211	
东风汽车集团有限公司	东风	EQ5034XDWTZBEV1	—	5300	1700	1995	2890	2870	2610	380	—	80	85	8	0	0	0	0	0	0	0	0	0	30	20	58	282
		EQ5040XLCTZBEV	EQ1040TTZEVJ	5995	2100,2200	3010,3230	3300	4495	3150	—	425	80	80	0	0	0	0	0	1	0	0	0	19	0	0	20	
		EQ5040XLCTZBEV1	EQ1040TTZEVJ1	5995	2100,2200	3010,3230	3300	4495	3180	—	460	80	80	0	0	0	0	0	0	0	0	1	0	0	0	1	
		EQ5040XXYACBEV7	EQ1040TACEVJ9	5995	2120,2240	2890,3090	3308	4495	2980	—	300	80	90	72	0	0	0	0	0	0	0	0	0	0	0	72	
		EQ5045XXYTBEV19	EQ1045TTEVJ19	5995	2200	2890,3120	3300	4495	3110	—	308	80	100	5	1	0	5	0	0	0	0	0	0	0	0	11	
		EQ5045XXYTBEV36	EQ1045TTEVJ36	5995	2100,2200	2950,3080,3130	3300	4495	2995,3150	—	360	80	95	0	0	0	0	0	0	0	0	0	3	0	2	5	
		EQ5045XXYTBEV4	EQ1045TTEVJ3	5900,5995	2020,2100,2200	2840,2970,3030	3300	4495	2805,2930	—	240	75	100	5	0	0	0	0	0	0	0	0	0	0	0	5	
		EQ5045XXYTBEV7	EQ1045TTEVJ7	5900,5995	2020,2100,2200	2840,2970,3030	3300	4495	3060	—	284	75	95	110	0	0	0	0	0	0	0	0	0	0	0	110	
浙江飞碟汽车制造有限公司	飞碟	FD1043D66KBEV	FD1043D66KEV	5630	1850,1950	2050	2860	3510	1980	—	248	90	90	0	0	0	0	0	0	0	0	0	8	51	79	138	273
		FD5024XXYBEV	FD1020DPBEV	3910	1400	1905	1800	1700	1070	240	—	80	80	0	0	0	0	0	0	0	0	1	5	7	3	16	
		FD5041XXYW17-KBEV	FD1041W17KEV	5995	2160,2220,2420	2950,3150,3350	3360	4495	2995	—	300	90	90	2	1	0	0	0	0	0	0	0	0	0	0	3	
		FD5042XXYW17-KBEV	FD1042W17KEV	5995	2160,2220	2950,3150	3360	4495	2955	—	358	90	90	0	0	0	0	0	0	0	1	6	2	7	0	16	
		FD5043XXYD66-KBEV	FD1043D66KEV	5670	1870,1970	2625,2725	2860	3510	2200	—	248	90	90	0	0	0	0	0	0	0	0	10	15	45	30	100	

续上表

企业名称	品牌	车辆型号	底盘型号	外形尺寸(mm) 长	宽	高	轴距(mm)	总质量(kg)	整备质量(kg)	续驶里程(工况法 km)	续驶里程(等速法 km)	30 min最高车速(km/h)	最高车速(km/h)	1月	2月	3月	4月	5月	6月	7月	8月	9月	10月	11月	12月	2019年产量合计(辆)	2019年产量合计(辆)
福建龙马环卫装备股份有限公司	福龙马	FLM5040CTYDTBEV	EQ1046TTEVJ	4690	1880	1995	2960	4150	2250,2300	—	220	80	90	0	0	4	0	0	0	0	0	0	0	0	1	5	261
		FLM5040TSLNJBEV	SH1047PBEVNZ	5020	1690	2200	2650	4300	2750	—	230	90	90	1	0	0	1	0	0	0	0	0	0	10	1	13	
		FLM5040TYHDGBEV	EQ1040TACEV	5510	1650	2135	2800	4300	2620	—	220	90	90	0	0	0	0	1	0	3	8	0	0	5	16	33	
		FLM5040TYHDTBEV	EQ1046TTEVJ1	5000,4980	1760,1800	2090,2120	2960	4150	2590	—	210	80	90	7	0	0	0	6	6	3	0	0	0	0	1	23	
		FLM5040TYHNJBEV	SH1047PBEVNZ	5270	1640	2080	2650	4300	2400	—	230	90	90	1	0	0	0	0	0	0	0	0	0	0	0	1	
		FLM5040XTYDGBEV	EQ1040TACEV1	5740	1885	2235	2800	4300	2600	—	220	90	90	0	0	0	0	0	0	0	0	0	0	9	4	13	
		FLM5040ZZZDTBEVH	EQ1046TTEVJ	4620	1770	2230,2265	2960	4150	2580,2660	—	220	80	90	0	0	0	0	0	0	1	2	0	4	0	0	7	
		FLM5041TSLNJBEV	SH1047PCEVNZ	5265	1695	2265	2850	4495	3000	—	276	90	90	0	0	0	0	0	0	0	1	0	0	2	0	3	
		FLM5041TYHDGBEV	EQ1040TACEV4	5700	1670	2120	3000	4495	2760	—	220	90	90	0	0	0	0	0	0	0	0	0	0	0	10	10	
		FLM5041TYHDTBEV	EQ1041TTZEVJ	5500	1650	2160	2800	4300	2770	—	255	80	90	0	0	0	0	0	0	0	0	0	0	0	1	1	
		FLM5041TYHNJBEV	SH1047PCEVNZ	5470	1660	2120	2850	4495	2620	—	276	90	90	0	0	0	0	0	0	0	0	0	0	0	1	1	
		FLM5080TXSDTBEVL	EQ1080TTZEVJ	6840	2200	2525	3850	8495	6940	—	420	70	85	0	0	0	0	0	0	0	0	0	0	0	2	2	
		FLM5080XTYDGBEV	EQ1081KACEVJ2	7000	2325	2480	3858	8495	4850	—	240	75	85	0	0	0	0	0	0	0	0	0	0	0	1	1	
		FLM5120GQXNJBEV	SH1127ZKEVCWZ	7165,8050,7615	2350	2560	4170	12495	7690	—	406	90	90	0	0	0	0	0	0	0	0	0	0	0	1	1	
		FLM5120TCADLBEV	LZ1121L3AZBEVT	7090	2380	2730	4200	11900	7620,7920	—	320	88	88	0	0	0	0	0	0	0	0	0	0	1	0	1	
		FLM5120TSLDTBEV	EQ1120TTEVJ	7025	2235	2590	4200	11900	8400	—	420	80	90	0	0	0	0	0	0	0	0	0	0	6	1	7	
		FLM5120TXSDTBEVL	EQ1120TTEVJ	7165	2210	2645	4200	11900	8320	—	420	80	90	0	0	1	0	0	0	0	0	0	1	0	10	12	
		FLM5120ZYSDTBEV	EQ1120TTEVJ	7620,7250,7490	2200	2520,2630	4200	11900	7780,7630,7880	—	420	80	90	0	0	0	0	0	0	0	0	0	0	8	0	8	
		FLM5120ZYSNJBEV	SH1127ZKEVCWZ	7655,7285,7665	2350	2540	4170	12495	8060,7880,8160	—	406	90	90	0	0	0	0	0	0	0	0	0	0	1	0	1	
		FLM5180GQXDFBEV	EQ1180GEVJ3	9110	2500	2840	4500	18000	8630	—	175	100,89	100,89	0	0	0	0	5	0	1	2	0	0	0	8	16	
		FLM5180GQXDFBEVS	EQ1180GEVJ3	7845	2500	2840	4500	18000	8375	—	175	100,89	100,89	0	0	0	0	0	0	0	1	1	0	0	2	4	
		FLM5180GQXDGBEV	EQ1180DACEV1	8310,9055,8785	2520	2900	5300	18000	8970,9430	—	270	90	90	0	0	0	0	0	0	0	0	0	0	0	1	1	

续上表

企业名称	品牌	车辆型号	底盘型号	外形尺寸(mm)			轴距(mm)	总质量(kg)	整备质量(kg)	续驶里程(工况法 km)	续驶里程(等速法 km)	30 min最高车速(km/h)	最高车速(km/h)	1月	2月	3月	4月	5月	6月	7月	8月	9月	10月	11月	12月	2019年产量合计(辆)	2019年产量合计(辆)
				长	宽	高																					
福建龙马环卫装备股份有限公司	福龙马	FLM5180GQX-DLBEV	LZ5183XXYM3A-ZBEVT	8530,9270,8980	2520	2960	5300	18000	9190,9650	—	260	88	88	0	0	0	0	0	0	0	0	0	1	0	0	1	261
		FLM5180GQXDL-BEVS	LZ1180M3AZB-EVT	7780	2520	2960	4500	18000	8240	—	280	90	90	0	0	0	0	0	1	0	0	0	0	0	0	1	
		FLM5180TSLDFBEV	EQ1180GEVJ1	8970	2500	3020	5300	18000	12200	—	365	100,89	100,89	0	0	0	0	0	0	0	0	0	0	4	0	4	
		FLM5180TSLNJBEV	SH1187ZPEVWZ1	8670	2500	3045	5200	18000	11550	—	436	90	90	0	0	0	0	0	0	0	0	0	0	0	1	1	
		FLM5180TXCDFBEV	EQ1180GEVJ1	8950	2500	3210	5300	18000	12850	—	365	100,89	100,89	0	0	0	0	1	0	0	0	0	0	0	0	1	
		FLM5180TXCNJBEV	SH1187ZPEVWZ1	8650	2500	3275	5200	18000	12300	—	436	90	90	0	0	0	0	0	0	0	0	0	0	0	1	1	
		FLM5180TXCYJBEV	CA1180P62L3BEV	9220	2545	3310	5600	18000	12850	—	480	90	90	0	0	0	0	0	0	0	0	0	0	0	1	1	
		FLM5180TXSDFBEV	EQ1180GEVJ	8810	2500	3020	5300	18000	13140	—	320	100	100	2	0	0	1	0	0	0	0	0	0	0	0	3	
		FLM5180TXSDLBEV	LZ5184XXYM3AZ-BEVT	8845	2500	3050	5300	18000	12625	—	380	88	88	0	0	0	0	0	0	0	0	1	0	0	0	1	
		FLM5180TXSDTBEV	EQ1180GTZEVJ1	8725	2520	3030	5300	18000	12115	—	400	89	89	0	0	0	0	0	0	0	0	0	0	0	1	1	
		FLM5180TXSYJBEV	CA1180P62L3BEV	9120	2545	3080	5600	18000	12520	—	480	90	90	0	0	0	0	0	0	0	0	0	0	0	1	1	
		FLM5180ZXXDLBEV	LZ5183XXYM3A-ZBEVT	8200	2500	3005	5300	18000	9465	—	260	88	88	0	0	0	0	0	0	0	0	0	0	0	1	1	
		FLM5180ZYSDFBEVK	EQ1180GEVJ3	8935,8450,8760	2500	2990	4500	18000	10900,10610,11050	—	175	100,89	100,89	0	0	0	0	0	1	0	1	0	0	3	0	5	
		FLM5180ZYSDL-BEVK	LZ5183XXYM3A-ZBEVT	9950,9465,9760	2510	3040	5300	18000	11870,11680,12150	—	260	88	88	0	0	0	0	0	0	0	0	0	0	1	0	1	
		FLM5180ZYSNJBEVK	SH1187ZPEVWZ	9475,8990,9285	2510	3000	5200	18000	11230,10940,11410	—	305	90	90	0	0	0	0	0	0	0	0	0	0	0	1	1	
		FLM5181GQXDFBEV	EQ1180GEVJ5	8515,9235,8965	2520	2800,2840	5300	18000	9190,9650	—	250	100,89	100,89	0	0	0	0	0	0	1	0	2	5	4	15	27	
		FLM5181TXSDFBEV	EQ1180GEVJ1	8850	2500,2540	3040	5300	18000	12565	—	365	100,89	100,89	0	0	0	0	2	5	6	4	0	0	13	11	41	
		FLM5181TXSDTBEV	EQ1180GTZEVJ2	8780	2520	3050	5400	18000	12115	—	385	89	89	0	0	0	0	0	0	0	0	0	0	1	0	1	

续上表

企业名称	品牌	车辆型号	底盘型号	外形尺寸(mm) 长	宽	高	轴距(mm)	总质量(kg)	整备质量(kg)	续驶里程(工况法 km)	续驶里程(等速法 km)	30 min最高车速(km/h)	最高车速(km/h)	1月	2月	3月	4月	5月	6月	7月	8月	9月	10月	11月	12月	2019年产量合计(辆)	2019年产量合计(辆)
福建龙马环卫装备股份有限公司	福龙马	FLM5181ZYSDFBEVK	EQ1180GEVJ5	9935,9450,9745	2510	3020	5300	18000	11900,11710,12180	—	250	100,89	100,89	0	0	0	0	0	0	0	0	1	0	0	0	1	261
		FLM5250GQXDF-BEVS	EQ1250GEVJ1	9700	2520	3060	5000+1350	25000	13700	—	250	80	90	0	0	0	0	0	0	0	0	0	0	0	1	1	
		FLM5250TDYDFBEV	EQ1250GEVJ1	10560,10100	2530	3980,3600	5000+1350	25000	16470,15520	—	250	80	90	0	0	0	0	0	0	0	0	0	0	0	1	1	
		FLM5250ZXXDFBEV	EQ1250GEVJ1	9535	2530	3105	5000+1350	25000	14560,13960	—	250	80	90	0	0	0	0	0	0	0	0	0	0	0	1	1	
陕西汽车集团有限责任公司	陕汽	SX5043XLCBEV331S	SX1043EV331S	5995	2100,2150,2200,2250,2300,2350	2850,2880,2980,3080,3150,3250	3300	4495	2990	—	350	90	90	0	0	0	0	0	0	16	9	9	7	11	48	100	259
		SX5044CCYBEV331S	SX1044EV331S	5995	2100,2200	3120	3300	4495	3100	—	370	90	90	0	0	0	0	0	0	0	0	0	0	0	22	22	
		SX5044XLCBEV331S	SX1044EV331S	5995	2100,2150,2200,2250,2300,2350	2880,2950,3050,3150	3300	4495	3100	—	370	90	90	0	0	0	0	0	0	0	0	0	2	0	14	16	
		SX5048CCYBEV331L	SX1048EV331L	5995	2100,2200,2300	2850,2930,3030,3130	3300	4495	2990	—	395	90	90	0	0	0	0	0	0	0	0	1	4	0	10	15	
		SX5048XLCBEV331L	SX1048EV331L	5995	2100,2150,2200,2250,2300,2350	2850,2880,2980,3080,3150,3250	3300	4495	2990	—	395	90	90	0	0	0	0	0	0	0	0	4	0	0	0	4	
		SX5048XXYBEV331L	SX1048EV331L	5995	2100,2200,2300	2850,2880,2930,3030,3130	3300	4495	2990	—	395	90	90	0	0	0	0	0	0	0	0	0	0	0	44	44	

续上表

企业名称	品牌	车辆型号	底盘型号	外形尺寸(mm)			轴距(mm)	总质量(kg)	整备质量(kg)	续驶里程(工况法 km)	续驶里程(等速法 km)	30 min最高车速(km/h)	最高车速(km/h)	1月	2月	3月	4月	5月	6月	7月	8月	9月	10月	11月	12月	2019年产量合计(辆)	2019年产量合计(辆)
				长	宽	高																					
陕西汽车集团有限责任公司	陕汽	SX5048XXYBEV-331L1	SX1048EV331L1	5995	2100,2150,2200,2250,2300	2880,2980,3080	3300	4495	3100	—	418	90	90	0	0	0	0	0	0	0	0	1	1	2	49	53	259
		SX5049XXYBEV331L	SX1049EV331L	5995	2100,2200,2300	2850,2880,2930,3030,3130	3300	4495	2990	—	290	90	90	0	0	0	0	0	0	0	0	0	0	0	5	5	
深圳东风汽车有限公司	东风	EQ5040TSLBEVS	EQ1040TACEV	5290	1670	2170	2800	4300	3300	—	220	90	90	0	0	0	0	1	0	0	0	0	0	4	0	5	251
		EQ5040TYHBEVS	EQ1040TACEV	5385	1700	2090	2800	4300	2460	—	220	90	90	0	0	0	0	1	0	4	0	0	0	0	0	5	
		EQ5040XTYBEVS	EQ1040TACEV1	5795,5995	1920	2150,2190	2800	4300	2650	—	220	90	90	0	0	0	11	0	2	0	0	0	0	0	0	13	
		EQ5040ZZZBEVS	EQ1040TACEV	5330	1700	2330	2800	4300	3020	—	220	90	90	0	0	8	0	1	0	0	0	0	0	0	0	9	
		EQ5041ZZZBEVS	EQ1040TACEV1	5190	1840	2450	2800	4300	3025,3175	—	220	90	90	0	0	0	0	1	0	0	5	3	2	1	0	12	
		EQ5070XTYBEVS	EQ1070TACEVJ8	6070,5870	2300	2510	3308	7320	4500	—	230	80	90	0	0	0	20	0	70	0	0	25	5	0	0	120	
		EQ5082XTYSBEV	EQ1080TTZEVJ1	6170,5970,7500,7300	2300	2530	3300,3850	8270	4650,5070	—	300	70	90	0	0	0	0	0	0	0	0	0	0	10	44	54	
		EQ5180GQXSBEV	EQ1180GEVJ5	8505,9375	2500	2840	5000	18000	9210,9500	—	250	100	100	0	0	0	0	0	0	0	0	7	0	1	11	19	
		EQ5180TXSBEVS	EQ1180GEVJ1	9050	2520	3200,3265	5300	18000	13690,13890	—	360	100	100	0	0	0	0	0	0	1	3	0	0	0	10	14	
奇瑞万达贵州客车股份有限公司	万达	WD5040XXYBEV	WD6540BEV	5410,5571	1920	2290	3110	3740	2340	—	220	100	100	1	0	0	0	0	0	0	0	0	0	0	0	1	182
		WD5040XXYBEV1	WD6540BEV1	5410,5571	1920	2290	3110	3740	2340	—	205	100	100	168	0	0	0	0	0	0	0	0	0	0	0	168	
		WD5120XSHBEV	—	9680	2500	3080	6100	11980	9150	—	205	65	69	0	0	0	0	0	2	0	0	1	10	0	0	13	
珠海广通汽车有限公司	广通	GTQ5024XXYBEV3	—	4030	1620	1900	2700	2100	1270	343	—	80	80	0	0	0	0	0	1	0	0	0	0	0	0	1	180
		GTQ5043XXYBEV2	—	5990	1986,2200	2740,3040	3360	4495	2850,2897	—	310	95	100	1	0	1	0	0	10	20	0	0	0	0	0	32	
		GTQ5043XXYBEV3	—	5990	1986	2740	3360	4495	2970	—	340	100	100	0	0	15	1	9	2	7	12	1	15	24	61	147	

续上表

企业名称	品牌	车辆型号	底盘型号	外形尺寸(mm)			轴距(mm)	总质量(kg)	整备质量(kg)	续驶里程(工况法 km)	续驶里程(等速法 km)	30 min最高车速(km/h)	最高车速(km/h)	1月	2月	3月	4月	5月	6月	7月	8月	9月	10月	11月	12月	2019年产量合计(辆)	2019年产量合计(辆)
				长	宽	高																					
徐州工程机械集团有限公司	徐工	XZJ5040TSLSBEV	SH1047PBEVNZ	5450	1700	1990	2650	4300	3050	—	230	90	90	1	0	0	0	0	0	0	0	0	0	0	0	1	145
		XZJ5040XTYSBEV	SH1047ZFEVNZ	6220	1960	2600	3308	4495	2960	—	295	80	100	1	0	0	0	0	0	0	0	0	0	0	0	1	
		XZJ5040ZYSSBEV	SH1047PBEVNZ	5110	1700	2090	2650	4300	2880	—	230	90	90	1	0	0	0	0	0	0	0	0	0	0	0	1	
		XZJ5041TYHSBEV	SH1047ZFEVNZ	6350	1940	2300	3308	4495	3600	—	295	80	100	1	0	0	0	0	0	0	0	0	0	0	0	1	
		XZJ5070XTYQBEV	QL1070BEVECCAY	6620	2190	2620	3360	7300	4460	—	245	100	100	0	0	0	0	1	49	45	5	0	0	12	0	112	
		XZJ5080XTYDBEV	EQ1080TTEVJ3	6560	2200	2630	3300	8270	4720	—	160	80	100	1	0	0	0	0	0	0	0	0	0	0	0	1	
		XZJ5080ZYSNBEV	XGA1081BEVXAX	6515,6795,6900	2100	2400	3360	8280	5920,6040,6090	—	240	80	95	1	0	0	0	0	0	0	0	0	0	0	0	1	
		XZJ5160TSLBBEV	BYD5160TXSBEVD	8350	2500	3350	4500	16000	14020	—	470	85	85	0	0	0	0	1	0	0	0	0	0	0	0	1	
		XZJ5180TDYDBEV	EQ1180GEVJ	9580,9115	2500	3628	5000	18000	12875,12635	—	320	100	100,89	2	0	0	0	0	0	0	0	0	0	0	0	2	
		XZJ5180TXSDBEV	EQ1180GEVJ1	8950	2500	3100	5300	18000	13950,13770	—	365	100	100,89	0	0	0	0	1	4	1	2	4	2	0	0	14	
		XZJ5181GQXDBEV	EQ1180GEVJ5	9760,9550,9290,8690	2510	2840	5000	18000	9970,10090	—	255	100	100,89	0	0	0	0	2	2	1	0	4	1	0	0	10	
江铃汽车股份有限公司	江铃	JX1032PSED5BEV	JX1032PSED5BEV	5375	1905	1835	3085	3340	2175	320	—	120	120	0	0	0	0	0	0	0	0	3	0	0	0	3	127
		JX1032PSEE5BEV	JX1032PSEE5BEV	5375	1905	1835	3085	3495	2175	320	—	120	120	0	0	0	0	2	8	1	15	0	2	20	5	53	
		JX5040XXYTC-M5BEV	—	4944	1972	2215,2025	2835	3510	2040	—	420	120	120	1	0	2	0	0	6	0	1	0	0	0	2	12	
		JX5040XXYTHA-M5BEV	—	5696	1972	2240,2625	3570	3510	2300,2360	—	505	120	120	1	0	0	1	0	9	1	0	3	0	13	28	56	
		JX5043XLCTG25BEV	JX1043TG25BEV	5995	2270	3110,3210	3360	4495	2900	—	374	90	90	1	0	0	0	0	0	0	0	0	0	0	0	1	
		JX5043XXYTGF-25BEV	JX1043TGF25BEV	5995	2225	3135,2965	3360	4495	2995	—	475	100	100	0	0	0	0	0	0	0	0	0	0	0	2	2	
山东凯马汽车制造有限公司	凯马	KMC1030BEVA-240WK	KMC1030BEVA-240WK	4575,4360,4610,4395	1590	1970	2400	2510	1260	160	—	85	90	0	0	0	0	0	0	0	0	0	0	0	2	2	122
		KMC1033BEVA-285X1	KMC1033BEVA-285X1	5990,5490,5610	1840,1950	2100	2860	3495	2116	305	—	85	90	1	9	3	0	0	0	0	0	0	0	0	1	14	

续上表

企业名称	品牌	车辆型号	底盘型号	外形尺寸(mm)			轴距(mm)	总质量(kg)	整备质量(kg)	续驶里程(工况法 km)	续驶里程(等速法 km)	30 min最高车速(km/h)	最高车速(km/h)	1月	2月	3月	4月	5月	6月	7月	8月	9月	10月	11月	12月	2019年产量合计(辆)	2019年产量合计(辆)
				长	宽	高																					
山东凯马汽车制造有限公司	凯马	KMC1033BEVA-318X1	KMC1033BEVA-318X1	5990,5490,5610	1840,1950	2100	2860,3180	3495	2116	360	—	75	80	0	0	0	0	0	0	0	0	0	21	11	0	32	122
		KMC1035BEVA-296W1	KMC1035BEVA-296W1	4880,5360	1700,1840	2100	2960	3490	1890	190	—	85	90	0	17	13	0	0	0	0	0	0	0	0	0	30	
		KMC1041BEVA-28M1	KMC1041BEVA-28M1	5930,5995	2020,1960	2330	3300	4495	2760	—	260	85	90	0	0	0	0	0	20	0	0	0	0	0	0	20	
		KMC1042BEVA-33M3	KMC1042BEVA-33M3	5995	2280,2100	2400	3360	4495	3060	—	295	85	90	0	0	0	0	0	1	0	0	0	0	0	0	1	
		KMC3311GCBEVA-77M3	—	9380,10500	2400	2950,3060	1800+3650+1350,1800+4600+1350	31000	10800	—	210	80	85	0	0	0	0	0	0	0	0	0	0	8	0	8	
		KMC5030CCYBEV-A240WK	KMC1030BEVA-240WK	4605,4390,4640,4425	1590	2320	2400	2510	1385	160	—	85	90	1	0	0	0	0	0	0	0	0	0	0	0	1	
		KMC5030XTYBEVA-240WK	KMC1030BEVA-240WK	4610,4645	1517	1990	2400	2510	1510	160	—	85	90	0	0	0	0	0	0	0	0	0	3	0	0	3	
		KMC5030XXYBEVA-240WK	KMC1030BEVA-240WK	4605,4390,4640,4425	1630	2290,2090	2400	2510	1385	160	—	85	90	1	0	0	0	0	0	0	0	0	0	0	1	2	
		KMC5033XXYBEV-A285X1	KMC1033BEV-A285X1	5990,5540,5660	1880,1990	2640	2860	3375	2250	305	—	85	90	0	1	0	0	0	0	0	0	0	0	0	0	1	
		KMC5033XXYBEV-A318X1	KMC1033BEVA-318X1	5990,5540,5660	1790,1840,1890,1900,1950,2000	2090,2640	2860,3180	3495	2200	360	—	75	80	0	0	0	0	0	0	0	0	0	0	4	0	4	
		KMC5035ZZZBEVA-296W1	KMC1035BEVA-296W1	5520	1830	2330	3300	3490	2630	180	—	75	80	0	0	0	0	0	0	0	0	1	0	0	0	1	

续上表

企业名称	品牌	车辆型号	底盘型号	外形尺寸(mm) 长	宽	高	轴距(mm)	总质量(kg)	整备质量(kg)	续驶里程(工况法 km)	续驶里程(等速法 km)	30 min最高车速(km/h)	最高车速(km/h)	1月	2月	3月	4月	5月	6月	7月	8月	9月	10月	11月	12月	2019年产量合计(辆)	2019年产量合计(辆)
山东凯马汽车制造有限公司	凯马	KMC5036XXYBEVA-260K1	KMC1036BEVA-260K1	4990,4550,4930	1840,1710	2660,2270,2590	2600	3495	1980	230	—	85	90	0	0	0	0	0	0	0	0	0	0	1	0	1	122
		KMC5041XXYBEV-A28M1	KMC1041BEVA-28M1	5930,5995	2040,1980	3200,3000	3300	4495	2900	—	260	85	90	1	0	0	0	0	0	0	0	0	0	0	0	1	
		KMC5041XXYBEVB-330M1	KMC1041BEVB-330M1	5995,5890	2040,1980,1910	3200,3000,2800	3300	4495	2900	—	295	85	90	0	0	0	0	0	0	0	0	0	0	1	0	1	
柳州五菱汽车工业有限公司	五菱	LQG5036XXYBEV	LQG1036BEV	4580,4715	1595,1635	2080,2320	3050	2505	1430	280	—	80	100	0	0	0	0	0	121	0	0	0	0	0	0	121	121
杭州西湖比亚迪新能源汽车有限公司	比亚迪	XBE5040TYHBEV	BYD10411N7BEVD3	5490	1750	2070	2700	4300	2400	—	250	110	110	0	0	0	0	0	0	0	0	2	1	0	0	3	108
		XBE5040ZZZBEV	BYD10411N7BEVD3	5280	1750	2390	2700	4300	2700	—	250	110	110	0	0	0	0	0	0	0	0	0	18	0	24	42	
		XBE5070ZYSBEV	BYD107017BBEVD3	6865	2095	2580	3360	7490	6080	—	350	90	90	0	0	0	0	0	0	0	0	0	0	0	1	1	
		XBE5120TSLBEV	BYD112117HBEVD	7565	2300	2990	4500	11800	7760	—	350	90	95	0	0	0	0	0	3	0	0	1	0	0	1	5	
		XBE5180GQXBEV	BYD1180D8HBE-VD1	8990,8130	2530	3080	4500	18000	10830,10530	—	250	85	85	0	0	0	0	0	0	6	11	2	1	0	19	39	
		XBE5180TXSBEV	BYD1180D7M-BEVD1	8870	2530	3300	5300	18000	13360	—	380	85	85	0	0	0	0	0	0	0	0	0	17	0	1	18	
金龙联合汽车工业(苏州)有限公司	北斗航天汽车	KLQ5041XXYBEV8	—	5480,5450	1700	2220	3110	3570	2070	—	235	100	100	0	0	0	0	0	100	0	0	0	0	7	0	107	107
河南德力新能源汽车有限公司	德帅	DLP1030BEVT01	DLP1030BEVT01	3990	1506	1957	2000	2510	1320	270	—	90	90	0	0	0	0	0	0	0	0	0	0	0	17	17	105
		DLP5030XXYBEVT01	DLP1030BEVT01	4055	1587,1524	2360	2000	2510	1450	260	—	90	90	0	0	0	0	0	0	0	0	0	0	0	87	87	
		DLP5040XXYB-EVT20A	DLP1040BEVT-20A	5995	2200	3100	3365	4495	2950	—	320	90	90	0	0	0	0	0	0	0	0	0	0	0	1	1	
江西大乘汽车有限公司	骐铃	JML5041XXYBEV04	JML1041BEV04	5995	1995,2095,2195	3045,3145	3360	4495	2960	—	297	90	90	0	0	0	0	0	0	0	1	0	0	0	1	2	102
		JML5041XXYBEV05	JML1041BEV05	5995	1995,2095,2195	3045,3145	3360	4495	2960	—	357	90	90	0	0	0	0	0	100	0	0	0	0	0	0	100	
安徽华菱汽车有限公司	华菱之星	HN3250B20D4BEV	HN3250B20D4-BEVJ	9150	2550	3600	4400+1350	25000	12500	—	200	85	85	3	0	0	0	0	0	0	0	0	0	0	0	3	98

续上表

企业名称	品牌	车辆型号	底盘型号	外形尺寸(mm)			轴距(mm)	总质量(kg)	整备质量(kg)	续驶里程(工况法 km)	续驶里程(等速法 km)	30 min最高车速(km/h)	最高车速(km/h)	1月	2月	3月	4月	5月	6月	7月	8月	9月	10月	11月	12月	2019年产量合计(辆)	2019年产量合计(辆)
				长	宽	高																					
安徽华菱汽车有限公司	华菱之星	HN3310B36C7BEV	HN3310B36C7-BEVJ	10020,9920,9420	2550	3800,3600,3360,3250	1850+3200+1350+3700	31000	15500,17000	—	305	85	85	0	0	0	0	4	0	1	15	0	0	2	0	22	98
		HN4250H36C8BEV	—	7390	2550	3835,3800,3520,3200	3800+1350	25000	12800,11900	—	190	85	85	0	0	0	0	0	0	0	0	0	1	2	30	33	
		HN4251H35C8BEV	—	7490	2550	3200,3520,3835	3800+1350	25000	11800,10780	90	135	85	85	0	0	19	0	0	0	0	0	0	0	0	1	20	
		HN4252H35C8BEV	—	7490	2550	3200,3520,3835	3800+1350	25000	12900	120	190	90	90	0	0	4	2	0	14	0	0	0	0	0	0	20	
东风柳州汽车有限公司	乘龙	LZ5045XXYL2A-ZBEV	LZ1045L2AZBEVT	5998	2150,2400	3150,3350	3360	4495	2970	—	270	90	90	95	0	0	0	0	0	0	0	0	0	0	0	95	97
		LZ5046XXYL2A-ZBEV	LZ1046L2AZBEVT	5998	2050,2150,2400	2850,3000,3150,3250,3350	3360	4495	2830	—	310	88	88	0	0	0	0	0	2	0	0	0	0	0	0	2	
北汽(常州)汽车有限公司	北京	BJ5040XDWCJ03EV	BJ6600CJ01EV	5960	2020	2850,2560,2650,2360	3665	4200	3810	—	345	100	100	0	0	1	0	0	0	0	0	0	0	0	0	1	91
		BJ5040XSWCJ04EV	BJ6600CJ01EV	5960	2020	2850,2560,2650,2360	3665	4495	3100	—	380	100	100	0	0	0	0	0	1	0	0	0	0	0	0	1	
		BJ5040XXYCJ08EV	—	5960	2020	2650,2360	3665	4495	2810	—	355	100	100	5	0	0	0	0	0	0	0	0	0	0	0	5	
		BJ5040XXYCJ09EV	—	5960	2020	2650,2360	3665	4495	2860	—	420	100	100	28	0	0	10	14	0	0	0	0	0	0	0	52	
		BJ5040XXYCJ11EV	—	5960	2020	2650,2360	3665	4495	2760	—	360	100	100	0	0	0	0	0	5	0	0	0	0	1	26	32	
山东唐骏欧铃汽车制造有限公司	欧铃	ZB5040XXYBEVADC3	ZB1040BEVADC3	4925	1690,1750	2570	2700	3580	1960	—	230	85	90	0	0	0	0	0	0	0	0	0	0	20	0	20	90
		ZB5040ZXXBEVADC3	ZB1040BEVADC3	4355	1675	1940	2700	3580	1990	—	230	85	90	0	0	0	0	0	0	0	0	0	0	20	0	20	
		ZB5045XXYBEVKDD6	ZB1045BEVKDD6	5997	1980,2035	2940	3360	4495	2950	—	310	85	95	0	0	0	0	0	0	0	0	0	0	20	0	20	
		ZB5060XXYBEVJDD6	ZB1060BEVJDD6	5995	2180,2245	3180	3360	5995	3250	—	210	80	90	10	0	0	0	0	0	0	0	0	0	20	0	30	
山西成功汽车制造有限公司	太行成功	SCH5022XXY-BEVE	—	4330	1650	1920	2850	2150	1325	280	—	85	90	66	0	0	0	0	0	0	0	0	0	0	0	66	77
		SCH5032XXY-BEV1	—	4330	1650	1920	2850	2510	1380	250	—	85	90	0	0	0	0	0	0	0	0	0	0	11	0	11	
程力专用汽车股份有限公司	程力威	CLW5030XJXBEV	CLW5030XJXBEV	5475	1740	2170	3380	2950	2425	200	—	100	110	5	5	5	5	5	0	5	0	0	0	0	0	30	60
		CLW5032XSHBEV	CLW5033BEV	4600	1750	2580	2900	2550	1770	100	—	70	70	5	5	5	5	5	0	5	0	0	0	0	0	30	

续上表

企业名称	品牌	车辆型号	底盘型号	外形尺寸(mm) 长	宽	高	轴距(mm)	总质量(kg)	整备质量(kg)	续驶里程(工况法km)	续驶里程(等速法km)	30 min最高车速(km/h)	最高车速(km/h)	1月	2月	3月	4月	5月	6月	7月	8月	9月	10月	11月	12月	2019年产量合计(辆)	2019年产量合计(辆)
天津路通电动汽车有限公司	牧夫	LTA5012XXYEV	LTA5012	3510	1445	1710	2364	1360	830	120	150	55	62	0	0	16	44	0	0	0	0	0	0	0	0	60	60
长沙梅花汽车制造有限公司	同心	TX5040XXYBEV6	—	5980	2005	2650	3665	4490	2990	—	280	100	100	0	0	0	0	0	0	0	0	0	0	5	54	59	59
鞍山森远路桥股份有限公司	森远	AD5030ZZZBEV	SC1035DDBEV	5080,5280	1690	2330	3300	3490	2660	255	—	80	80	54	0	0	0	0	0	0	0	0	0	0	0	54	54
江西江铃汽车集团改装车股份有限公司	江铃	JX5032XXHMSBEV	JX1032PSEE5BEV	5375	1905,1925	1980,2045,2285,2015,2355	3085	3495	2600,2680	320	—	120	120	0	0	0	0	0	0	0	0	0	0	1	0	1	51
		JX5045XGCML2BEV	JX1040TH25BEV	5995	2062	2460	3570	4200	2780	—	471	120	120	0	0	0	0	0	0	0	0	0	0	2	1	3	
	智道	JSV5030XXYMBEV	JSV1030MEV	5190,5305	1860	191,018,001,785	3095	3100	2030	320	—	115	115	0	2	0	1	0	44	0	0	0	0	0	0	47	
烟台舒驰客车有限责任公司	舒驰	YTK5040XXYEV11	—	5960	1995	2650	3665	4490	2870	—	275	95	100	0	0	0	1	0	0	0	0	0	0	0	0	1	50
		YTK5040XXYEV14	—	5960	1995	2650	3665	4490	2870	—	275	95	100	0	0	0	0	0	11	0	0	0	0	0	0	11	
		YTK5040XXYEV2	—	5960	1995	2650	3665	4490	3000	—	380	98	100	0	38	0	0	0	0	0	0	0	0	0	0	38	
航天晨光股份有限公司	三力	CGJ5040GXEBEV	EQ1041TACEV1	5260,5435,5610	1700	2000	3000	4200	2755	—	230	90	90	0	0	0	0	0	0	0	0	0	17	0	0	17	45
		CGJ5040ZXXBEV	EQ1041TACEV1	5180	1670	2010	3000	4200	2150	—	230	90	90	0	0	0	0	0	0	0	0	0	3	0	3	6	
		CGJ5070GXEBEV	QL1070BEVECCAY	6020,6060,6195,6370,6110,6300,6475,6650	1995	2420	3360	7300	4410,4480	—	245	100	100	0	0	0	0	0	0	0	0	0	13	2	2	17	
		CGJ5127TCASHBEV	SH1127ZKEVCWZ	7470	2460	2950	4170	12495	8300	—	406	90	90	0	0	0	0	0	0	0	0	0	0	0	3	3	
		CGJ5180TXSDFBEV	EQ1180GEVJ1	8950	2500	3100	5300	18000	13350	—	365	100,89	100,89	0	0	0	0	0	0	0	0	0	0	0	2	2	
河北中兴汽车制造有限公司	田野	BQ1023FBEV	BQ1023FBEV	5060	1715	1710	2900	2395	1550	155	—	80	80	0	0	0	0	0	0	0	0	2	0	0	0	2	38
		BQ1030E2V1BEV	BQ1030E2V1BEV	5060	1715	1730	2900	2995	1910	320	—	100	100	0	0	1	1	0	1	0	0	0	2	3	11	19	
		BQ5023XLHFBEV	BQ1030E2BEV	5060	1715	1710	2900	1810	1550	145(仅采用市区循环)	—	80	80	0	0	0	0	3	11	0	0	0	0	0	3	17	

续上表

企业名称	品牌	车辆型号	底盘型号	外形尺寸(mm)			轴距(mm)	总质量(kg)	整备质量(kg)	续驶里程(工况法km)	续驶里程(等速法km)	30 min最高车速(km/h)	最高车速(km/h)	1月	2月	3月	4月	5月	6月	7月	8月	9月	10月	11月	12月	2019年产量合计(辆)	2019年产量合计(辆)
				长	宽	高																					
柳州延龙汽车有限公司	延龙	LZL5030XXYBEV	—	4740,L4440	1510	2360	2950	2505	1190	230	—	80	80	0	0	1	1	2	5	0	0	0	0	0	0	9	38
		LZL5031CTYBEV	—	4875	1510	2500,2300	2950	2505	1450	235	—	80	80	6	0	0	0	2	3	0	0	0	0	0	0	11	
		LZL5031GQXBEV	CL1030JBEV	4730,4375	1570	1820	2950	2505	1475	230	—	80	80	0	0	0	0	0	0	0	0	5	7	6	0	18	
中国第一汽车集团有限公司	解放	CA1033BEV21	CA1033BEV21	3950,4360	1630	1960	2370	2710	1320	155	—	80	80	0	0	0	0	0	0	0	1	0	0	0	0	1	35
		CA5032XXYBEV21	—	4405	1680	1910	2800	2520	1500	252	—	96	100	0	0	0	0	0	0	0	0	30	0	0	0	30	
		CA5033XXYBEV21	CA1033BEV21	3960,4360	1630	1960,2460	2370	2710	1370	145	—	80	80	0	0	0	0	0	0	0	2	0	0	0	0	2	
		CA5180XYKP62-L5BEV	CA5180XXYP62L-5BEV	10000	2550	4000	5800	18000	9420	—	230	100	100,90	0	0	0	0	0	0	0	0	0	0	0	2	2	
桂林客车工业集团有限公司	五菱	GL5035XXYBEV	—	4490	1615	1900	3050	2510	1400,1430	295	—	80	100	0	0	0	0	14	0	6	0	0	0	0	0	20	34
		GL5040XXYBEV	—	5995	2098	2690	3310	4495	3050	—	330	80	100	2	0	0	0	7	5	0	0	0	0	0	0	14	
安徽爱瑞特新能源专用汽车股份有限公司	爱瑞特	ART5030TYHQ-26BEV	SQR1032BEVH08-E	5160	1640	2055	3050	2670	2100	225	—	100	105	0	0	0	0	0	5	4	0	5	0	0	1	15	28
		ART5040ZZZY50BEV	SH1047PBEVNZ	5190	1645	2300	2650	4300	2770	—	230	90	90	0	0	0	0	0	0	0	0	1	12	0	0	13	
河南森源重工有限公司	森源	SMQ5030XXYBEV	SMQ5031BEV	4380	1635	2265	2600	2510	1410	211	—	90	90	0	0	0	0	0	1	0	0	0	0	0	0	1	26
		SMQ5040XLCBEV	SMQ5040BEV	5990	2200	2920	3360	4495	3210	—	295	90	90	5	0	0	0	0	0	0	0	0	0	0	0	5	
		SMQ5041XXYBEV	SMQ5040BEV	5995	2200	3080	3360	4495	3190	—	295	90	90	0	0	0	0	0	1	0	0	0	0	0	0	1	
		SMQ5073XXYBEV	SMQ5075BEV	5970	2200	3075	3315	7490	3490	—	205	80	80	0	0	0	0	0	4	0	0	0	0	0	0	4	
		SMQ5080GQXBEV	YBM1080BDA1-BABEV	6530,6995	2060	2340	3800	8495	4920	—	300	100	100	0	0	0	0	0	0	0	0	0	0	0	1	1	
		SMQ5080TXSBEV	SMQ5080BEV	6855	2060	2530	3800	8495	6300	—	240	80	80	0	8	0	0	0	2	0	0	0	0	0	0	10	
		SMQ5120TCABEV	YBM1120BDA1-BABEV	7500	2310	2890	4200	12495	8100,7875	—	325	89	89	0	0	0	0	0	0	0	0	0	0	0	1	1	
		SMQ5182TDYBEV	SMQ5182BEV	8935	2500	3730	4500	18000	10210	—	220	80	80	0	0	0	0	0	2	0	0	0	0	0	0	2	
		SMQ5183TDYBEV	YBM1180BDA1-BABEV	9710	2500	3110	5300	18000	10750	—	330	90	90	0	0	0	0	0	0	0	0	0	0	0	1	1	
中国重汽集团济南卡车股份有限公司	豪沃	ZZ4257N324GZ1BEV	—	6880	2496,2550	3135,3635	3200+1400,3225+1350	25000	10450	—	150	75	75	0	0	0	4	0	0	1	0	0	0	0	20	25	25

续上表

企业名称	品牌	车辆型号	底盘型号	外形尺寸(mm) 长	宽	高	轴距(mm)	总质量(kg)	整备质量(kg)	续驶里程(工况法km)	续驶里程(等速法km)	30 min最高车速(km/h)	最高车速(km/h)	1月	2月	3月	4月	5月	6月	7月	8月	9月	10月	11月	12月	2019年产量合计(辆)	2019年产量合计(辆)
程力汽车集团股份有限公司	程力	CL1040SBEV	CL1040JBEV	5950	1950	2410	3100	4495	2800	—	220(40km/h)	90	90	0	0	0	1	0	0	0	0	0	0	0	0	1	23
		CL5030XXYBEV	CL1030JBEV	4740	1510	2360	2950	2505	1235	235	—	80	80	0	0	0	0	0	0	0	0	6	0	6	5	17	
		CL5090GSSBEV	CL1090JBEV	6550,6850	2170	2470	3300	8995	4950	—	320	90	90	0	0	0	0	0	0	0	0	1	0	3	1	5	
合加新能源汽车有限公司	合加	HJK5180TDYEQBEV	EQ1180GTEVJ4	10580	2520	3580	5100	18000	10800	—	260	70	85	0	0	0	0	0	0	0	0	2	0	0	0	2	22
		HJK5180ZYSEQBEV	EQ1180GTEVJ5	9190,8970	2500	3100	4500	18000	11100,11350	—	245	85	85	0	0	0	0	0	2	1	0	3	0	0	0	6	
		HJK5186GQXEQBEV	EQ1180GTEVJ4	9550	2520	3015	5100	18000	10075	—	260	70	85	0	0	0	0	0	0	0	0	1	0	0	0	1	
		HJK5186GSSEQBEV	EQ1180GTEVJ4	8460	2520	3015	5100	18000	9600	—	260	70	85	0	0	2	0	0	0	0	0	3	0	0	0	5	
		HJK5186TXSEQBEV	EQ1180GTEVJ4	8760	2520	3000	5100	18000	12250,12800	—	270,290	70	85	2	0	0	0	0	0	0	0	6	0	0	0	8	
洛阳中集凌宇汽车有限公司	凌宇	CLY5041TSLEQBEV	EQ1040TACEV	5590	1700	2220	2800	4300	3520	—	220	90	90	0	0	0	0	0	0	0	0	0	0	1	1	2	22
		CLY5120TXSSHBEV	SH1127ZKEVCWZ	7670	2330	2750	4720	12495	9800	—	406	90	90	0	0	0	0	0	0	0	0	0	0	1	14	15	
		CLY5180TXSSHBEV	SH1187ZPEVWZ1	8730	2500	3140	5200	18000	12800	—	436	90	90	0	0	0	0	0	0	0	0	0	0	1	4	5	
东风云南汽车有限公司	东风	EQ5046XXYPBEVB	EQ1046PBEVJB	5900	2025	2790	3300	4495	2925	—	310	85	85	0	0	0	0	1	0	0	0	0	0	0	0	1	21
		EQ5046XXYPBEVD	EQ1046PBEVJD	5995	2150,2200,2250,2300	3060,3150	3360	4495	3150	—	450	90	90	0	0	0	0	0	0	0	0	0	0	0	20	20	
聊城中通新能源汽车装备有限公司	东岳	ZTQ5040ZZZE2Y-28BEV	EQ1041TTZEVJ1	5260,5150	1810	2290	2800	4300	3010	—	280	80	90	0	0	0	0	0	0	0	0	0	0	0	8	8	20
		ZTQ5080TXSE5K-38BEV	EQ1080KACEV	7020	2300	2750	3800	8495	6950	—	202	80	80	0	0	0	1	0	1	0	0	0	0	0	0	2	
		ZTQ5180TXSCAJ-53BEV	CA1180P62L3BEV	8900	2545	3280	5300	18000	14590	—	480	90	90	0	0	0	0	0	0	0	0	1	0	0	0	1	
		ZTQ5180TXSE1J-53BEV	EQ1180GEVJ	8950	2480	3205	5300	18000	14750	—	320	100	100	0	0	0	0	0	0	1	0	0	0	0	0	1	
		ZTQ5181TDYE1J-53BEV	EQ1180GEVJ1	10010,9440,9240	2540	3390	5300	18000	12690	—	365	100	100,89	0	0	0	0	0	0	0	0	0	0	0	3	3	
		ZTQ5181TXSE1J-53BEV	EQ1180GEVJ1	8950	2500	3215	5300	18000	14750	—	365	100	100,89	0	0	0	0	0	0	0	0	3	2	0	0	5	

续上表

企业名称	品牌	车辆型号	底盘型号	外形尺寸(mm)			轴距(mm)	总质量(kg)	整备质量(kg)	续驶里程(工况法 km)	续驶里程(等速法 km)	30 min最高车速(km/h)	最高车速(km/h)	1月	2月	3月	4月	5月	6月	7月	8月	9月	10月	11月	12月	2019年产量合计(辆)	2019年产量合计(辆)
				长	宽	高																					
大运汽车股份有限公司	大运	DYX5044XXYBEV1-DBNLQAGK	CGC1044EV1DB-NLQAGK	5995	2050，2150，2250，2200	2870，2970，3070，2770	3300	4490	2800	—	280	80	80	0	0	0	0	0	0	1	0	0	0	19	0	20	20
北奔重型汽车集团有限公司	北奔	ND3310DBXJ7-Z00BEV	ND3310DBXJ7-Z00BEV	9700，10865	2550	3515	1950 + 3100 + 1450 + 4000	31000	22000，22600	—	210	80	80	0	0	0	0	0	0	0	0	0	0	0	18	18	18
江苏卡威汽车工业集团股份有限公司	卡威	JNQ5039XXYBEV	—	4430	1626	1940	2800	2650	1390	290	—	100	100	0	0	0	0	0	0	0	0	0	0	14	0	14	14
庆铃汽车股份有限公司	庆铃（繁体）	QL1041BEVECHA1	QL1041BEVECHA1Y	5950	2090	2320	3360	4495	2800	—	330	100	100	0	0	0	0	0	0	0	0	0	0	2	0	2	13
		QL5041XXYBEVECHA	QL1041BEVECHAY	5995	2100	3090	3360	4495	2900	—	365	100	100	0	0	0	0	0	0	0	0	0	0	0	4	4	
		QL5041XXYBEV-ECHA1	QL1041BEVEC-HA1Y	5995	2100	3090	3360	4495	2880	—	330	100	100	0	0	0	0	0	0	0	0	0	0	0	1	1	
		QL5041XXYBEV-ECHA2	QL1041BEVEC-HA2Y	5995	2100	3100	3360	4495	2940	—	435	100	100	0	0	0	0	0	0	0	0	0	4	0	0	4	
		QL5070XXYBEV-ECCA	QL1070BEVEC-CAY	5995	2350	3110	3360	7300	3346	—	245	100	100	0	0	0	0	0	0	0	0	0	0	0	1	1	
		QL5071XXYBEV-ECDA	QL1071BEVEC-DAY	6750	2115	2740	3815	7300	3600	—	210	100	100	0	0	0	0	0	0	0	0	0	0	1	0	1	
中国一拖集团有限公司	东方红	LT5041TSLBEV	SH1047PCEVNZ	5460	1710	2165	2850	4495	3100，2950	—	276	—	90	0	0	0	0	0	0	0	0	0	0	1	0	1	13
		LT5121TXSBEV	EQ1120TTEVJ	7900，7650	2215	2665	4700	11900	8990，8910	—	420	80	90	0	0	0	0	0	0	0	0	0	0	1	0	1	
		LT5182TXSBEV	EQ1180GEVJ1	8930	2500	3090，3050	5300	18000	14100，12900	—	370	100	100	0	0	0	0	0	0	0	0	1	0	0	10	11	
沈阳金杯车辆制造有限公司	金杯	SY1030DEV3AK	SY1030DEV3AK	5030	1620	1980	2770	2640	1600	150	—	85	85	2	0	0	0	0	0	0	0	0	0	0	0	2	12
		SY1030DEV6AK	SY1030DEV6AK	5030	1620	1980	2770	2800	1795	260	—	95	95	0	0	0	0	0	0	0	0	0	0	1	0	1	
		SY1040DEV4S	—	5990	2000	2220	3350	4495	2568	—	165	85	85	3	0	0	0	0	0	0	0	0	0	0	0	3	
		SY1040DEV5S	SY1040DEV5S	5990	2000	2220	3350	4495	2920	—	260	95	95	0	0	0	0	0	0	0	0	0	0	1	0	1	
		SY1046DEV2S	SY1046DEV2S	5995	2000	2335	3350	4495	2980	—	320	95	95	0	0	0	0	0	0	0	0	0	0	1	0	1	
		SY5030XXYDAK-EV6	SY1030DEV6AK	5030	1620	2450	2770	2800	1830	260	—	95	95	0	0	0	0	0	0	0	0	0	0	1	0	1	
		SY5030ZXXDAK-EV7	SY1030DEV3AK	4355	1582	1960	2770	2640	1720	150	—	85	85	1	0	0	0	0	0	0	0	0	0	0	0	1	
		SY5040XXYD-EV5	SY1040DEV5S	5990	2000	2940，3040	3350	4495	3195	—	260	95	95	0	0	0	0	0	0	0	0	0	0	1	0	1	
		SY5046XXYD-EV2	SY1046DEV2S	5995	2000	2950，3050	3350	4495	3260	—	320	95	95	0	0	0	0	0	0	0	0	0	0	1	0	1	

续上表

企业名称	品牌	车辆型号	底盘型号	外形尺寸(mm) 长	外形尺寸(mm) 宽	外形尺寸(mm) 高	轴距(mm)	总质量(kg)	整备质量(kg)	续驶里程(工况法km)	续驶里程(等速法km)	30 min最高车速(km/h)	最高车速(km/h)	1月	2月	3月	4月	5月	6月	7月	8月	9月	10月	11月	12月	2019年产量合计(辆)	2019年产量合计(辆)
一汽红塔云南汽车制造有限公司	解放	CA1030C90BEV	CA1030C90EV	5600	1880	1850	3405	3495	2180	390	—	110	110	0	0	0	0	0	0	0	0	0	0	0	10	10	12
		CA5040XXYL3BEV	CA1040L3BEV	5995	2150	2950	3360	4495	3200	200	380	100	100	2	0	0	0	0	0	0	0	0	0	0	0	2	
江西五十铃汽车有限公司	江西五十铃	JXW1032WSDBEV	JXW1032WSDBEV	5305	1860	1785	3095	3200	2000	320	—	115	115	0	0	0	0	0	0	0	0	0	2	2	6	10	12
		JXW5032XXYW-SGBEV	JXW1032WSDBEV	5305	1860	1950	3095	3200	2045	320	—	115	115	0	0	0	0	0	0	0	0	0	0	0	2	2	
贵州航天成功汽车制造有限公司	航天	GHT5021XXYD-BEV6	—	4010	1620	1915	2700	2290	1460	306	—	85	90	1	0	0	0	0	0	0	0	0	0	0	0	1	10
		GHT5021XXYD-BEV7	—	4010	1620	1955	2700	2510	1340	250	—	85	90	0	0	0	0	0	0	0	0	0	0	0	2	2	
		GHT5030XXYD-BEV	—	4010	1620	1955	2700	2510	1400	280	—	85	90	0	0	0	0	0	0	0	0	0	0	0	7	7	
山东蓝诺汽车有限公司	吉海	JHN5032CGXLCBEV3	JHN1032CGEV3	4735	1680,1735	2500	2900	2510	1680	285	—	80	80	0	0	0	0	0	0	0	0	0	0	0	10	10	10
江西江铃集团晶马汽车有限公司	晶马	JMV5020TXFQC-20/BEV	EQ1021TTEVJ	3960	1485	1845	2700	1910	1520	180	—	100	100	0	0	0	0	0	0	0	0	4	2	3	0	9	9
成都大运汽车集团有限公司	大运	CGC4180BEV1Z1	—	6030	2500	2980	3600	18000	8400	—	157	80	90	0	0	0	0	0	0	0	0	0	0	0	1	1	9
		CGC4250BEV1Z2	—	6835	2500,2550	2980	3300+1350	25000	11880,13000	—	205	85	90	0	0	0	0	0	7	0	0	0	0	0	0	7	
		CGC4250BEV1Z3	—	7335,7395	2500,2550	3100,3500	3800+1350	25000	13100	—	205	85	90	0	0	0	0	0	0	0	0	1	0	0	0	1	
烟台海德专用汽车有限公司	海德	CHD5080TQXJ-FBEV	CA1083P40L1BE-VA84	6530	2240	3180	3300	8280	6400	—	310	85	90	0	0	0	0	0	0	0	0	0	0	0	4	4	9
		CHD5180GQXZQBEV	ZZ1187K451GZ1EV	9210	2510	3020	4500	18000	9630	—	325	70	105	0	0	0	0	0	0	0	0	0	0	4	0	4	
		CHD5180GSSBEV	CA1180P62L2B-EVA80	8300	2500	3095	5000	18000	10350	—	503	85	85	0	0	0	1	0	0	0	0	0	0	0	0	1	
镇江天洋汽车有限公司	江天	ZKJ5040XXYEV4	—	5995	1995	2650	3665	4490	2800	—	335	100	100	0	0	0	0	0	9	0	0	0	0	0	0	9	9
中国重汽集团成都王牌商用车有限公司	王牌	CDW4180A1TBEV	—	6120	2500	3050	3600	18000	7100	—	100	80	80	0	0	0	0	0	0	0	0	1	1	2	2	6	8
		CDW5020XXYNEV	CDW1020NEV	3910	1400	1905	1800	1800	1120	250	—	80	80	0	0	0	1	0	0	0	0	0	0	0	0	1	
		CDW5040XXYH4PEV	CDW1040H4PEV	5995	2100	3300	3360	4495	2995	—	270	90	90	0	0	0	1	0	0	0	0	0	0	0	0	1	
淄博舜泰汽车制造有限公司	舜泰	ZST5021XXYBEV	BJ6420MA42BEV	4212	1656	1910	2850	1950	1400	200	—	100	100	0	0	0	0	0	0	0	0	1	0	0	0	1	8
		ZST5031XSHBEV	EQ1033TACEVJ	4540	1750	2550	2500	2510	1800	70	—	65	70	2	0	0	0	0	0	0	0	0	0	0	0	2	
		ZST5033TYHBEV2	YBM1031BEVST	4780	1660	2025	2600	2510	1740	56	—	70	70	0	0	0	0	0	0	0	0	5	0	0	0	5	
江苏银宝专用车有限公司	银宝	SYB5071TCAQLBEV	QL1070BEVECCAY	5890	2300	2560	3360	7300	5030,5200	—	245	100	100	0	0	0	0	0	0	0	0	1	0	0	0	1	7
		SYB5071ZYSBEV	SC1070EAD53BEV	5940	2060	2400	3360	7350	4750	—	200	80	80	0	0	0	0	0	1	0	0	0	0	4	0	5	
		SYB5072ZZZQLBEV	QL1070BEVECCAY	6340	2260	2410	3360	7300	5400	—	245	100	100	0	0	0	0	0	0	0	0	0	0	0	1	1	

续上表

企业名称	品牌	车辆型号	底盘型号	外形尺寸(mm)			轴距(mm)	总质量(kg)	整备质量(kg)	续驶里程(工况法km)	续驶里程(等速法km)	30 min最高车速(km/h)	最高车速(km/h)	1月	2月	3月	4月	5月	6月	7月	8月	9月	10月	11月	12月	2019年产量合计(辆)	2019年产量合计(辆)
				长	宽	高																					
四川南骏汽车集团有限公司	南骏	NJA5030XXYSDB-32BEV	NJA1030SDB32EV	5425,5375,5325,5275	1760,1700	2580	3200	2525	1650,1510	205,210	280	100	100	2	0	0	0	0	0	0	0	0	0	1	0	3	6
		NJA5040XXYPD-B33BEV	NJA1040PDB33EV	5995	2150,2000,1950	3050,2900	3300	4495	2920	150	255	90	90	0	0	0	0	0	0	0	0	0	0	1	0	1	
		NJA5042XXYPDB-33BEV	NJA1042PDB33EV	5995	2150,2000,1950,2250	3050,2900	3300	4495	3060	305	350	90	90	0	0	1	0	1	0	0	0	0	0	0	0	2	
郑州宏达汽车工业有限公司	郑龙	JYC5020XXYCABEV	CA6420EVK3	4205	1680	1910	2700	2480	1540	301	—	100	120	0	0	0	0	0	0	0	0	0	0	1	5	6	6
明君汽车有限公司	华凯	MJC5030XXYBEV1	—	4495	1680	1990	2925	2510	1500	285	—	100	110	0	0	0	0	0	0	0	0	0	0	0	4	4	5
		MJC5040XXYBEV1	MJC1040EV1	5995	2085	3020	3300	4495	2950	—	285	90	90	0	0	0	1	0	0	0	0	0	0	0	0	1	
广东顺肇专用汽车制造有限公司	顺肇	SZP5032XLCGC1BEV	SC1031GTD51BEV	4220,4380	1560	2485	2830	2995	1960	210	—	90	90	0	0	0	0	0	0	0	0	0	0	0	4	4	5
		SZP5041XXYGC3BEV	SC1040EAD55BEV	5995	1980	2930	3360	4495	2900	—	295	85	85	0	1	0	0	0	0	0	0	0	0	0	0	1	
重庆迪马工业有限责任公司	迪马	DMT5045XYCEV1-AM	JX5040XXYTC-M5BEV	4744,4888,5040,5096,5240,5390	1972	2025,2080,2220,2240,2280	2835	3510	2480,2540,2610	200	420	120	120	0	0	0	0	0	0	0	0	0	0	0	2	2	4
		DMT5045XYCEV2-AM	JX1040TH25BEV	5646,5790	2080	2140,2240,2280	3570	4200	3030,3140	—	471	120	100	0	0	0	0	0	0	0	0	0	0	1	0	1	
		DMT5090XJCEVL2	XMQ6806BYBEVL2	8080	2280	3060	4200	9000	8935	—	270	100	100	0	0	0	0	0	0	0	0	0	0	1	0	1	
丹东黄海汽车有限责任公司	黄海	DD1032BEV	DD1032BEV	5560	1840	1870	3405	3435	2110	360	—	110	110	0	0	0	0	0	0	0	0	2	1	0	0	3	4
		DD5040XXYEV	—	5930	2110	2950	3360	4495	3200	—	260	90	90	1	0	0	0	0	0	0	0	0	0	0	0	1	
三一汽车制造有限公司	三一	SYM3311ZZX1BEV	SYM1311T1BEV	9530	2540	3420	1800+3200+1350	31000	16500	314	360	85	85	0	0	0	0	0	0	0	0	0	0	0	1	1	4
		SYM5180ZLJBEV	SYM1180TEV	6990	2490	3425	4100	18000	8340	100	100	60	100	0	0	0	1	0	0	0	0	0	0	0	0	1	

续上表

企业名称	品牌	车辆型号	底盘型号	外形尺寸(mm)			轴距(mm)	总质量(kg)	整备质量(kg)	续驶里程(工况法 km)	续驶里程(等速法 km)	30 min最高车速(km/h)	最高车速(km/h)	1月	2月	3月	4月	5月	6月	7月	8月	9月	10月	11月	12月	2019年产量合计(辆)	2019年产量合计(辆)
				长	宽	高																					
三一汽车制造有限公司	三一	SYM5310GJB2BEV	SYM1310T1BEV	10255	2530	3980	1700 + 3450 + 1350	31000	14930	220	280	85	85	0	0	0	0	0	0	0	0	0	0	0	2	2	4
江西宜春客车厂有限公司	中宜	JYK5030XXYBEV	—	5330	1700	1980, 2066, 2260	2890	3260	1970	220	—	100	100	0	0	0	0	0	1	0	0	0	0	0	0	1	3
		JYK5030XXYBEV2	—	4740	1700	1960, 2066, 2260	2330	3250	1750	200	—	100	100	0	0	0	0	0	2	0	0	0	0	0	0	2	
森源汽车股份有限公司	森源	YBM5030XXYBEV	YBM1030BDA2D-ABEV	4900	1700	2505, 2160	3050	2800	1660	230	—	105	105	0	0	0	0	0	0	0	0	1	0	0	0	1	3
		YBM5040XXYBEV	YBM1040BDA2D-ABEV	5995	2200	3090, 2790	3360	4495	3155	—	395	90	90	0	0	0	0	0	0	0	0	1	0	0	0	1	
		YBM5041XXYBEV	YBM1040BDA2D-ABEV	5995	2200	3090	3360	4495	3155	—	395	90	90	0	0	0	0	0	0	0	0	0	0	0	1	1	
四川现代汽车有限公司	致道	CHM5040XXYZDC-33BEV	CHM1040ZDC33-BEV	5995	2280, 2240, 2000	3100, 2800, 2550	3300	4495	3050, 3290	305	430	92	92	0	0	0	0	0	0	0	0	0	1	1	0	2	3
		CHM5041XXYZDC-33BEV	CHM1041ZDC33-BEV	5995	2000, 2160, 2240, 2280	2800, 3100, 3200	3300	4495	2910	240	340	92	92	0	0	0	0	0	0	0	0	0	0	1	0	1	
重庆长安汽车股份有限公司	长安	SC5031XXYKDD0-2BEV	SC1031KDT02-BEV	4498	1735	1940	2900	2930	1570	290	—	80	80	0	0	0	0	0	0	0	0	0	0	0	2	2	3
		SC5031XXYYG-D51BEV	SC1031YGD51-BEV	5280	1750	2570	3190	3495	1890	225	—	85	85	0	0	0	0	0	0	0	0	0	0	0	1	1	
一汽客车(大连)有限公司	解放	CA5021XXYBEV32	—	4405	1680	1910	2800	2350	1460	260	—	100	100	0	0	0	0	0	0	0	0	0	0	3	0	3	3
湖北世纪中远车辆有限公司	中悦	ZYP5030ZXXBEV4	ZYP1030TEVJ6	4850	1690	2055	3300	3495	1980	255	—	72	85	0	0	0	0	0	0	0	0	0	0	0	1	1	2
		ZYP5030ZZZBEV	ZYP1030TEVJ2	4900	1720	2055	3300	3380	1950	105	—	72	85	0	0	0	0	0	0	0	0	0	0	0	1	1	
中国重汽集团柳州运力专用汽车有限公司	运力	LG5181GSSCBEV	LZ1181M3AZBEVT	8060	2530	3000	4500	18000	7325	—	220	90	90	0	0	0	0	0	0	0	0	0	0	1	0	1	2
	运力	LG5180GSSCBEV	LZ1180M3AZBEVT	8015	2530	2990	4500	18000	8100	—	230	90	90	0	0	0	0	0	0	0	0	1	0	0	0	1	
重庆盛时达汽车有限公司	炫虎	DAT5048XXYEVC	DAT1040EVCA2	5995	2095	2820	3360	4495	2960	—	330	85	85	0	0	0	0	1	0	0	1	0	0	0	0	2	2
河南少林客车股份有限公司	少林	SLG5041XXYEV2	EQ1042FACEV	5995	2020	2850	3300	4495	2950	—	306	90	90	0	0	1	0	0	0	0	0	0	0	0	0	1	1

续上表

企业名称	品牌	车辆型号	底盘型号	外形尺寸(mm)			轴距(mm)	总质量(kg)	整备质量(kg)	续驶里程(工况法 km)	续驶里程(等速法 km)	30 min最高车速(km/h)	最高车速(km/h)	1月	2月	3月	4月	5月	6月	7月	8月	9月	10月	11月	12月	2019年产量合计(辆)	2019年产量合计(辆)
				长	宽	高																					
江苏安华汽车股份有限公司	大力士	JAT5022XLCBEV	FD1020DPBEV	3910	1376	2090	1800	1700	1150	240	—	80	80	0	0	0	0	0	0	1	0	0	0	0	0	1	1
陕西秦星汽车有限责任公司	原点之星	SYD5020XXYBEV	JKC6451AXBEV	4495	1680	1990	2925	2495	1500	295	—	100	110	0	0	0	1	0	0	0	0	0	0	0	0	1	1
昆明客车制造有限公司	云海	KK5043XXYEV01	EQ6570KSACEV	5990	2150	2695	3800	4495	2970	—	345	100	100	0	1	0	0	0	0	0	0	0	0	0	0	1	1
上海龙澄专用车辆有限公司	三环	SQN5181ZZZBEV	EQ1180GEVJ3	7760	2500	3310	4500	18000	11850	—	175	100,89	100,89	0	0	0	0	0	0	0	0	0	0	0	1	1	1
上汽依维柯红岩商用车有限公司	红岩	CQ1150BEVAP461	CQ1150BEVAP1	8465	2550	2970	4635	15000	7500	—	297	75	75	0	0	0	0	0	0	0	0	0	0	1	0	1	1
徐州海伦哲专用车辆股份有限公司	海伦哲	XHZ5071JGKDBEV	EQ1070TACEVJ8	6926	2200	2995	3308	7100	6905	—	230	80	90	0	0	0	0	0	0	0	0	0	0	0	1	1	1
扬州金威环保科技有限公司	金뻬	YJW5120TQXBEV	SH1127ZKEVCWZ	8016	2400	3296	4170	12495	9520	—	380	90	90	0	0	0	0	0	0	0	0	1	0	0	0	1	1
中国重汽集团济南专用车有限公司	绿叶	JYJ5187GQXEV	ZZ1187K451GZ1EV	8620	2520	2950	4500	18000	10180	—	325	70	105	0	0	0	0	0	0	0	0	0	0	0	1	1	1
云南航天神州汽车有限公司	神州	YH5024XXYBEV	—	4495	1680	1990	2925	2510	1520	300	—	100	100	1	0	0	0	0	0	0	0	0	0	0	0	1	1
中通汽车工业集团有限责任公司	东岳	ZTQ5180GSSE1J-50BEV	EQ1180GEVJ4	9250	2520	2800	5000	18000	9555	—	213	100	100	1	0	0	0	0	0	0	0	0	0	0	0	1	1
重庆金冠汽车制造股份有限公司	圣路	SLT5040XYCEBEV-AM	JX5040XXYTC-M5BEV	4944,4744,5084,4884,5304,5104,5444,5244	1972	2040,2080,2240,2280	2835	3510	2495,2580,2650	200	420	120	120	0	0	0	0	0	0	0	0	0	0	1	0	1	1
安徽猎豹汽车有限公司	猎豹	LBA5020XXYBEV	JKC6453AXBEV	4495	1680	1990	2925	2495	1530	310	—	100	110	0	0	0	0	0	0	0	0	0	0	1	0	1	1
安徽鑫盛汽车制造有限公司	沿锋	AXS5022XXYBEV	—	3960	1510	1920,2170	2700	1960	1120	205	230	82	85	0	1	0	0	0	0	0	0	0	0	0	0	1	1
成都客车股份有限公司	蜀都	CDK5180XCCBEV	—	12000	2550	3285	6200	17900	12920	—	180	69	69	0	0	0	0	0	0	0	0	1	0	0	0	1	1

续上表

企业名称	品牌	车辆型号	底盘型号	外形尺寸(mm) 长	宽	高	轴距(mm)	总质量(kg)	整备质量(kg)	续驶里程(工况法 km)	续驶里程(等速法 km)	30 min 最高车速(km/h)	最高车速(km/h)	1月	2月	3月	4月	5月	6月	7月	8月	9月	10月	11月	12月	2019年产量合计(辆)	2019年产量合计(辆)
北京汽车股份有限公司	北京	BJ5023XXYV3RK-BEV	—	4500	1650	1940	2920	2410	1600	220	260	80	80	1	0	0	0	0	0	0	0	0	0	0	0	1	1
北京事必达汽车有限责任公司	驰远	BSP5040GXEEV	EQ1040TACEV1	5390	1760	2100	2800	4300	2825	—	220	90	90	0	0	0	0	0	0	0	0	1	0	0	0	1	1
北京天路通科技有限责任公司	天路	BTL5180TXCDEV	EQ1180GEVJ1	8935	2500	2960,3040	5300	18000	11900,12150	—	367	100	100	0	0	0	0	0	0	0	0	0	0	1	0	1	1
北京天坛海乔客车有限责任公司	天坛	BF5045XCCBEV	NJ5047XXYCEV3	5990	2000	2985	3310	4490	4295	—	355	70	100	0	0	0	0	0	0	0	0	0	0	1	0	1	1
2019年产量合计(辆)														2563	244	1912	1856	8909	8800	1324	2108	2876	7896	10600	22529	71617	71617

2. 插电式混合动力汽车产量统计/Statistics on Output of Plug-in Hybrid Electric Vehicle(PHEV)

(1)大中型客车、轻型客车/Large and Medium Sized Bus and Light Bus

企业名称	品牌	车辆型号	底盘型号	外形尺寸(mm) 长	宽	高	轴距(mm)	总质量(kg)	整备质量(kg)	油耗(L/100km)	混动电功率比(%)	续驶里程(等速法 km)	30 min 最高车速(km/h)	混合动力汽车纯电动模式下1km最高车速(km/h)	最高车速(km/h)	1月	2月	3月	4月	5月	6月	7月	8月	9月	10月	11月	12月	2019年产量合计(辆)	2019年产量合计(辆)
北汽福田汽车股份有限公司	福田	BJ6105CHEVCA-9	—	10500	2500	3100,3200,3250,3420	5000	16550	11200,11700,12150	—	49.7,49.2	101	69	69	69	0	0	0	0	0	0	1	0	0	0	0	0	1	1204
		BJ6123CHEVCA-7	—	12000	2550	3100,3200,3250,3420	5900	18000	11950,12500,12950	—	49.5	80	69	60	69	0	0	1	0	0	50	0	0	0	0	0	0	51	
		BJ6123SHEVCA-5	—	12000	2550	3200,3250,3300	5900	18000	12700,13100,13600	—	64.6	60	69	69	69	201	97	1	1	0	0	0	0	0	0	0	0	300	
		BJ6127SHEVCA	—	12000	2550	3200,3320,3340	6000	18000	13650	—	62	70	69	69	69	1	199	1	0	0	0	0	0	0	0	0	0	201	
		BJ6140SHEVCA-1	—	13700	2550	3100,3200,3250	6150+1450	23600	15400,16200	—	69.3	65	69	69	69	1	275	75	99	0	0	0	0	0	0	0	0	450	

续上表

企业名称	品牌	车辆型号	底盘型号	外形尺寸(mm)			轴距(mm)	总质量(kg)	整备质量(kg)	油耗(L/100km)	混动电功率比(%)	续驶里程(等速法 km)	30 min最高车速(km/h)	混合动力汽车纯电动模式下1km最高车速(km/h)	最高车速(km/h)	1月	2月	3月	4月	5月	6月	7月	8月	9月	10月	11月	12月	2019年产量合计(辆)	2019年产量合计(辆)
				长	宽	高																							
北汽福田汽车股份有限公司	福田	BJ6680SHEVCA-1	—	6845	2100	2860	3200	8500	6450	—	63	90	69	69	69	1	0	0	0	0	0	0	0	0	0	0	0	1	1204
		BJ6855SHEVCA	—	8540	2435	2930, 3030, 3160	4000	12500	8600, 9000	—	69.4	110	69	69	69	1	125	74	0	0	0	0	0	0	0	0	0	200	
中车时代电动汽车股份有限公司	中国中车	TEG6106EHEV19	—	10490	2490	3280, 3150	5050	16510	11800, 11400, 11000	14.8	123.4	65	65	65	69	0	0	0	0	0	0	0	0	70	0	0	0	70	1088
		TEG6106EHEVN11	—	10490	2490	3120, 3280, 3460	5050	17000	12750, 12350, 11950	—	123.5	70	69	65	69	0	0	0	0	0	0	0	0	0	0	0	287	287	
		TEG6129EHEVN08	—	11980	2540	3120, 3280, 3460	6000	18000	13500, 13100, 12700, 12300	—	123.5	65	69	65	69	0	0	0	0	0	0	0	0	0	0	0	731	731	
郑州宇通客车股份有限公司	宇通	ZK6105CHEVNPG35C	—	10500	2500	3400	5200	16550	11400, 11900, 12380, 12640	—	121.94	68	69	50	69	201	0	0	0	0	0	0	0	0	0	0	0	201	720
		ZK6105CHEVNPG36	—	10500	2550	3050, 3200, 3360	5050	16550	10650, 11100, 11600, 12100	—	121.94, 106.78	68	69	50	69	2	0	11	0	0	0	0	0	0	0	0	0	13	
		ZK6105CHEVNPG37	—	10500	2550	3050, 3200, 3360	5050	16550	10650, 11100, 11600, 12100	—	116.67	68	69	50	69	0	0	0	0	0	0	0	0	0	0	129	1	130	
		ZK6105CHEVNPG39	—	10500	2550	3360	5050	16550	11000, 11500, 11990, 12500	—	154.94	68	69	50	69	0	0	0	0	0	0	0	0	0	27	18	29	74	
		ZK6105CHEVPG36	—	10500	2550	3050, 3200	5050	16550	10350, 10800, 11250, 11750	14.9	128.57, 107.39	68	69	50	69	2	0	0	0	0	30	0	0	0	0	36	20	88	

续上表

企业名称	品牌	车辆型号	底盘型号	外形尺寸(mm) 长	宽	高	轴距(mm)	总质量(kg)	整备质量(kg)	油耗(L/100km)	混动电功率比(%)	续驶里程(等速法km)	30 min最高车速(km/h)	混合动力汽车纯电动模式下1km最高车速(km/h)	最高车速(km/h)	1月	2月	3月	4月	5月	6月	7月	8月	9月	10月	11月	12月	2019年产量合计(辆)	2019年产量合计(辆)
郑州宇通客车股份有限公司	宇通	ZK6113CHEVPQY51	—	11300	2550	3695	5350	16600	12700	18.0	105.53	50	100	70	100	0	0	0	0	0	0	0	0	0	0	0	1	1	720
		ZK6125CHEVNPG35	—	12000	2550	3400,3480	6100	18000	12350,12850,13330,13750	—	121.94	68	69	50	69	2	0	0	0	0	0	0	0	0	0	0	0	2	
		ZK6125CHEVNPG36	—	12000	2550	3360	6050	18000	11600,12100,12650,13200	—	106.78,121.94	63	69	50	69	1	0	1	0	0	0	0	0	0	0	0	0	2	
		ZK6125CHEVNPG37	—	12000	2550	3360	6050	18000	11600,12100,12650,13200	—	121.94,106.78	63	69	50	69	2	0	0	0	0	30	0	0	0	0	0	0	32	
		ZK6825CHEVN-PG23C	—	8250	2350	3265	3850	12550	8700,9000	—	121.40	51	69	—	69	2	0	0	0	0	0	0	0	0	0	0	0	2	
		ZK6850CHEVNPG23	—	8500	2500	3400	4050	13000	8350,8750,9150,9450	—	121.40	51	69	69	69	1	0	0	0	0	0	0	0	0	0	0	0	1	
		ZK6850CHEVNPG35	—	8530	2500	3400,3480	4050	12600	9050,9450,9780,9990	—	121.36	52	69	50	69	1	0	0	0	0	0	0	0	0	0	0	0	1	
		ZK6850CHEVNPG36	—	8540	2500	3050,3180,3360	4120	13000	8600,8950,9300,9740	—	121.36	55	69	50	69	1	0	10	3	0	49	0	0	0	0	0	0	63	
		ZK6850CHEVPG36	—	8540	2500	3050,3180	4120	12650	8250,8600,8900,9190	12.1	113.64,121.36	55	69	50	69	1	0	0	0	0	0	0	0	0	14	25	70	110	

续上表

企业名称	品牌	车辆型号	底盘型号	外形尺寸(mm)			轴距(mm)	总质量(kg)	整备质量(kg)	油耗(L/100km)	混动电功率比(%)	续驶里程(等速法 km)	30 min最高车速(km/h)	混合动力汽车纯电动模式下1km最高车速(km/h)	最高车速(km/h)	1月	2月	3月	4月	5月	6月	7月	8月	9月	10月	11月	12月	2019年产量合计(辆)	2019年产量合计(辆)
				长	宽	高																							
厦门金龙联合汽车工业有限公司	金龙	XMQ6106AGCH-EVD511	—	10500	2500	3070,3120,3230,3270,3400,3450	5100	16550	11200,11750,12400	14.9	54.4,54.4	90	69	69	69	0	0	0	17	0	87	40	0	0	0	79	0	223	696
		XMQ6106AGCHE-VN61	—	10500	2500	3070,3120,3230,3270,3400,3450	5100	16550	11100,11750,12400,13000	—	51.94	80	69	69	69	0	0	0	0	0	0	0	0	0	0	16	58	74	
		XMQ6127AGCHE-VN513	—	11980	2550	3400,3450	6000	18000	12500,13000,13500	—	53.0,53.0	85	69	69	69	0	0	0	0	0	50	0	0	0	0	0	0	50	
		XMQ6127AGCH-EVN61	—	11980	2550	3190,3230,3400,3450	6000	18000	12500,13000,13500	—	51.94	71	69	69	69	0	0	0	0	0	0	0	0	0	0	0	2	2	
		XMQ6850AGCHE-VD55	—	8545	2450	3030,3090,3130,3190,3290	4250	13000	9000,9400,9800	12.1,12.0	59.0,56.3	70	69	69	69	0	0	0	4	0	0	152	0	0	0	62	0	218	
		XMQ6850AGCH-EVN56	—	8545	2450	3030,3090,3130,3190,3290,3350	4250	13000	9200,9600,10100	—	59.0,56.3	70	69	69	69	0	0	0	0	0	60	0	0	0	0	0	0	60	
		XMQ6850AGCH-EVN61	—	8545	2450	3030,3090,3130,3190,3290,3350	4250	13000	9200,9600,10100	—	59.0	70	69	69	69	0	0	0	0	0	0	0	0	0	0	0	69	69	

续上表

企业名称	品牌	车辆型号	底盘型号	外形尺寸(mm) 长	宽	高	轴距(mm)	总质量(kg)	整备质量(kg)	油耗(L/100km)	混动电功率比(%)	续驶里程(等速法km)	30 min最高车速(km/h)	混合动力汽车纯电动模式下1km最高车速(km/h)	最高车速(km/h)	1月	2月	3月	4月	5月	6月	7月	8月	9月	10月	11月	12月	2019年产量合计(辆)	2019年产量合计(辆)
金龙联合汽车工业(苏州)有限公司	海格	KLQ6109GAHEVC5K	—	10490	2480，2550	3120，3250，3350，3485	5100	17000	11650，11850，12200	—	103.2	68	69	50	69	0	0	10	0	0	30	0	0	0	0	0	0	40	551
		KLQ6109GAHEVC6K	—	10490	2550	3120，3250，3320，3350，3430	5100	17000	11650，11850，12200	—	86.4，89.7	68	69	50	69	0	0	0	0	0	0	0	0	0	0	29	79	108	
		KLQ6109GAHEVC6N	—	10490	2550	3120，3250，3320，3350，3430	5100	17000	11650，11850，12200	—	86.4，89.7	78	69	50	69	0	0	0	0	0	0	0	0	0	0	52	0	52	
		KLQ6109GAHEVE5K1	—	10490	2480，2550	3120，3250	5100	16600	11180，11500	14.9，14.9	52.1	62	69	50	69	0	0	0	0	0	0	0	0	0	0	2	18	20	
		KLQ6129GAHEVC5K	—	12000	2550	3120，3250，3350，3485，3430	6100	18000	12800，13200，13430	—	103.2，98.4	59	69	50	69	279	0	0	0	0	0	0	0	0	0	0	0	279	
		KLQ6850GAHEVE5K1	—	8549	2440	3080，3200	4000	13000	9400，9600	12.1，12.1	50.4	53	69	50	69	0	0	0	0	8	0	17	0	0	0	27	0	52	
厦门金龙旅行车有限公司	金旅	XML6105JHEVD6CN	—	10480	2550	3150，3300，3500	5000	16550	12500，12200	—	86.4	89	69	50	69	0	0	0	0	0	0	0	0	0	0	30	0	30	276
		XML6105JHEVL5C	—	10480	2550	3500，3300，3150	5000	17500	11820，12340	14.9	91.8，83.3，90.6，91.8	64	69	50	69	0	0	0	0	0	0	0	0	0	30	0	0	30	
		XML6105JHEVS5C	—	10480	2550	3500，3300，3150	5000	16550	12125，11825	14.9	108.8	90	69	50	69	0	0	30	0	0	0	1	0	0	0	0	0	31	

续上表

企业名称	品牌	车辆型号	底盘型号	外形尺寸(mm) 长	外形尺寸(mm) 宽	外形尺寸(mm) 高	轴距(mm)	总质量(kg)	整备质量(kg)	油耗(L/100km)	混动电功率比(%)	续驶里程(等速法 km)	30 min最高车速(km/h)	混合动力汽车纯电动模式下1km最高车速(km/h)	最高车速(km/h)	1月	2月	3月	4月	5月	6月	7月	8月	9月	10月	11月	12月	2019年产量合计(辆)	2019年产量合计(辆)
厦门金龙旅行车有限公司	金旅	XML6125JHEVD6CN	—	12000	2550	3500,3300,3150	5980	18000	12400,13100,13500	—	102	98	69	50	69	0	0	0	0	0	0	0	0	0	0	0	24	24	276
		XML6125JHEVS5CN	—	12000	2550	3500,3300,3150	5980	18000	12400,13100,13500	—	103.2	85	69	50	69	0	0	0	0	0	30	0	0	0	0	0	0	30	
		XML6125JHEVS6CN	—	12000	2550	3500	5980	18000	12400,13100,13500	—	98.8	74	69	50	69	0	0	0	0	0	0	0	0	0	0	0	100	100	
		XML6855JHEVC5C	—	8520	2460	3085,3195,3340	4000	13200	9465,9920	12.1	112,127.1	52	69	50	69	11	0	20	0	0	0	0	0	0	0	0	0	31	
中通客车控股股份有限公司	中通	LCK6107CHEV6NGA1	—	10500	2500	3120,3280,3455	5000	16600	10600,11200,11880	—	76	68	65	69	69	0	0	0	0	0	0	0	0	0	0	0	1	1	166
		LCK6107PHEVCG21	—	10500	2500	3150,3280	5000	16600	10600,11200,11880	14.9	86.4	80	65	69	69	0	0	0	1	0	26	0	0	0	0	0	0	27	
		LCK6107PHEVCNG23	—	10500	2500	3150,3280,3455	5000	16600	10600,11200,11880	—	90.3	80	65	69	69	0	0	0	0	0	16	0	0	0	0	0	0	16	
		LCK6127PHEVNC	—	11990	2540	3280,3180,3480	6000	18000	11600,12100,12700	—	90.4	55	69	69	69	0	0	0	0	0	120	0	0	0	0	0	0	120	
		LCK6850PHEVCG21	—	8545	2480	3455	4200	12600	8200,8500,8900	12.1	107.1	52	65	69	69	0	0	0	1	0	0	0	0	0	0	0	0	1	
		LCK6850PHEVNG21	—	8545	2480	3455	4200	12600	8400,8900,9200	—	90.9	52	65	69	69	0	0	0	1	0	0	0	0	0	0	0	0	1	
中国重汽集团济南豪沃客车有限公司	黄河	JK6106GPHEVN5Q2	—	10500	2500	3050,3250,3350	5000	16700	11600,12000	—	43.6	75	69	69	69	0	0	0	20	73	0	0	0	0	0	0	0	93	156

续上表

企业名称	品牌	车辆型号	底盘型号	外形尺寸(mm) 长	宽	高	轴距(mm)	总质量(kg)	整备质量(kg)	油耗(L/100km)	混动电功率比(%)	续驶里程(等速法km)	30 min最高车速(km/h)	混合动力汽车纯电动模式下1km最高车速(km/h)	最高车速(km/h)	1月	2月	3月	4月	5月	6月	7月	8月	9月	10月	11月	12月	2019年产量合计(辆)	2019年产量合计(辆)
中国重汽集团济南豪沃客车有限公司	黄河	JK6126GPHEVN5Q2	—	11990	2500	3110,3350,3450	6000	18000	12080,12400	—	43.6	71	69	69	69	0	0	0	0	63	0	0	0	0	0	0	0	63	156
扬州亚星客车股份有限公司	亚星	JS6108GHEV21	—	10500	2500	3090,3210,3420	5000	16550	11100,11700	14.9	98.8	68	69	69	69	0	0	0	0	0	0	0	0	0	10	140	0	150	151
		JS6108GHEVC16	—	10500	2500	3090,3210,3460	5000	16500	11100,11700,12400	—	103	68.2	69	69	69	0	0	0	0	0	1	0	0	0	0	0	0	1	
安徽安凯汽车股份有限公司	安凯	HFF6850G03CHEV1	—	8540	2350	3050,3150,3450	4240	12700	8200,8600	12	57.5	56	68	68	69	68	0	0	0	0	0	0	0	0	0	0	0	68	68
江西凯马百路佳客车有限公司	江西	JXK6126BPHEVN	JXK6126BPHEVN	11980	2550	3450,3350,3210,3070	6000	18000	13400,13000	—	79	61	62	68	69	0	0	0	0	0	67	0	0	0	0	0	0	67	67
广西申龙汽车制造有限公司	紫象	HQK6109CHEVNG3	SLK6109NHEVZ	10500	2500	3150,3200,3400	5000	16500	12000,12600	—	52.3	52	69	69	69	0	0	0	0	0	56	0	0	0	0	0	0	56	56
奇瑞万达贵州客车股份有限公司	万达	WD6102PHEVG01	—	10490	2500	3410	5250	16550	12050	—	46.7	53	69	69	69	0	0	0	0	0	25	0	0	0	0	0	0	25	25
南京金龙客车制造有限公司	开沃	NJL6129HEVN6	—	11990	2550	3200,3300	6000	18000	12300,12800,13200	—	53.6	100	69	69	69	0	0	0	0	0	0	0	0	0	0	1	22	23	23
哈尔滨通联客车有限公司	哈尔滨	HKC6123CHEV02	—	11990	2550	3380	6000	18000	13100,12400	—	64.50	65	69	69	69	0	0	0	0	0	20	0	0	0	0	0	0	20	20
上海申龙客车有限公司	申龙	SLK6129UNHEVL1	—	11995	2500	3470	6000	18000	12600,13000	—	44.4	80	69	69	69	0	0	1	0	0	0	0	0	0	0	0	0	1	1
四川国宏汽车有限公司	乐达	LSK6110GPHEV1	EQ6101KRAC-PHEV7	10600	2550	3330	5000	16500	11000	—	82	55	69	69	69	0	0	0	0	0	1	0	0	0	0	0	0	1	1
2019年产量合计(辆)																779	696	235	147	144	748	211	0	70	81	646	1512	5269	5269

（2）乘用车/Passenger Car

企业名称	品牌	车辆型号	外形尺寸（mm）长	宽	高	轴距（mm）	总质量（kg）	整备质量（kg）	油耗（L/100km）	混动电功率比（%）	续驶里程（工况法 km）	续驶里程（等速法 km）	30 min 最高车速（km/h）	混合动力汽车纯电动模式下 1km 最高车速（km/h）	最高车速（km/h）	1月	2月	3月	4月	5月	6月	7月	8月	9月	10月	11月	12月	2019年产量合计（辆）	2019年产量合计（辆）
华晨宝马汽车有限公司	宝马	BMW6462ABHEV（BMWX1）	4565	1821	1613	2780	2340	1900	2	70	60	—	190	120	195	100	111	1	0	0	0	0	0	0	0	0	0	212	32879
	宝马	BMW6462ACHEV（BMWX1）	4565	1821	1613	2780	2340	1910	1.3	70	110	—	190	120	195	0	0	0	494	1103	983	441	391	261	677	414	1	4765	
	宝马	BMW6462ADHEV（BMWX1）	4565	1821	1613	2780	2330	1909	1.3	70	110	—	190	120	195	0	0	0	0	0	0	0	0	0	0	0	1	1	
	宝马	BMW7201EMHEV	5087	1868	1490	3108	2495	2005	1.6	51.8519	67	—	210	140	225	100	1803	2679	2729	2458	2899	3227	3160	2377	2374	3089	975	27870	
	之诺	BBA6461ABHEV（ZINORO100H）	4582	1820	1609	2780	2340	1900	1.4	70	110	—	190	120	190	0	0	0	1	14	7	9	0	0	0	0	0	31	
比亚迪汽车工业有限公司	比亚迪	BYD6470MT6HEV2	4680	1810	1680	2785	2580	1930	1.2	103	81	—	160	120	170	0	0	0	0	126	440	263	15	169	92	107	63	1275	24015
	比亚迪	BYD6470MT6HEV4	4680	1810	1680	2785	2580	1885	1.7	103	51	—	160	100	170	0	0	0	0	0	63	272	25	164	94	139	147	904	
	比亚迪	BYD6470MTHEV	4680	1810	1680	2785	2580	1930	1.4	97	81	100	160	120	170	19	0	0	0	0	0	0	0	0	0	0	0	19	
	比亚迪	BYD6470MTHEV1	4680	1810	1680	2785	2580	1930	1.2	103	81	100	160	120	170	0	0	600	457	165	229	0	0	0	0	0	2	1453	
	比亚迪	BYD6480STHEV5	4815	1875	1725	2720	2995	2390	1.8	72.85	81	105	180	150	180	173	0	0	0	0	0	0	0	0	0	0	0	173	
	比亚迪	BYD6490ST6HEV	4870	1950	1725	2820	2995	2390	1.8	51.45	81	—	180	150	180	0	0	0	1023	752	371	582	153	101	222	339	191	3734	
	比亚迪	BYD6490ST6HEV1	4870	1950	1725	2820	2995	2390	1.5	51.45	100	—	180	—	180	0	0	0	727	384	319	969	160	176	259	407	377	3778	
	比亚迪	BYD6490ST6HEV2	4870	1950	1725	2820	2895	2290	1.8	51.45	81	—	180	150	180	0	0	0	0	0	0	0	5	84	409	256	303	1057	
	比亚迪	BYD6490STHEV	4870	1950	1725	2820	2995	2390	1.8	51.45	81	105	180	150	180	2252	723	1649	2221	86	37	0	6	0	0	0	0	6974	
	比亚迪	BYD6490STHEV1	4870	1950	1725	2820	2995	2390	1.6	51.45	100	120	180	150	180	2231	938	351	621	95	13	1	0	0	4	0	0	4254	
	腾势	QCJ6490ST6HEV	4890	1950	1725	2820	2995	2390	1.8	59.83	81	—	180	150	180	0	0	0	0	0	0	0	0	0	0	0	359	359	
	腾势	QCJ6490ST6HEV1	4890	1950	1725	2820	2995	2390	1.5	59.83	100	—	180	150	180	0	0	0	0	0	0	0	0	0	0	0	35	35	
比亚迪汽车有限公司	比亚迪	BYD6460STHEV10	4600	1870	1700，1675	2660	2485	2110	1.4	58.6	80	100	160	140	180	137	1309	1944	1714	106	97	0	0	0	0	0	0	5307	23294
	比亚迪	BYD6461ST6HEV	4650	1860	1700	2712	2330	1955	1.4	101.7	81	—	160	140	180	0	0	0	0	16	182	154	149	228	68	19	12	828	
	比亚迪	BYD6461ST6HEV1	4650	1860	1700	2712	2260	1885	1.3	101.7	81	—	160	140	180	0	0	0	0	0	805	2511	1165	1054	680	430	314	6959	
	比亚迪	BYD7150WT5HEV4	4740	1770	1480	2670	2135	1760	1.4	97.3	80	100	150	150	185	0	0	0	182	1	1	0	0	0	0	0	0	184	
	比亚迪	BYD7150WT5HEV5	4740	1770	1480	2670	2160	1785	1.2	97.3	100	120	150	150	185	0	0	0	2	0	0	0	0	0	0	0	0	2	
	比亚迪	BYD7150WT5HEV6	4740	1770	1480	2670	2150	1775	1.1	97.3	80	100	150	150	185	110	104	451	83	59	181	0	0	0	0	0	0	988	
	比亚迪	BYD7152WT6HEVB	4765	1837	1495	2718	2065	1690	1.0	97.35	82	—	200	150	200	0	0	5	0	0	276	136	27	62	153	90	84	833	

续上表

企业名称	品牌	车辆型号	外形尺寸（mm）			轴距（mm）	总质量（kg）	整备质量（kg）	油耗（L/100km）	混动电功率比（%）	续驶里程（工况法 km）	续驶里程（等速法 km）	30分钟最高车速（km/h）	混合动力汽车纯电动模式下1km最高车速（km/h）	最高车速（km/h）	1月	2月	3月	4月	5月	6月	7月	8月	9月	10月	11月	12月	2019年产量合计（辆）	2019年产量合计（辆）
			长	宽	高																								
比亚迪汽车有限公司	比亚迪	BYD7152WT6HEVB1	4765	1837	1495	2718	2040	1665	1.4	97.35	53	—	200	150	200	0	0	78	1034	524	970	685	225	430	519	346	216	5027	23294
		BYD7152WTHEVB	4765	1837	1495	2718	2065	1690	1.0	97.35	82	105	200	150	200	2368	474	306	16	1	1	0	0	0	0	0	0	3166	
上汽大众汽车有限公司	大众汽车	SVW6471APV	4720	1839	1673	2791	2300	1830	1.9	50	52	—	—	130	200	1432	402	286	222	129	130	50	50	50	50	50	305	3156	22596
		SVW7141BPV	4948	1836	1469	2871	2190	1730	1.4	50	63	—	—	130	200	261	1839	3630	2811	3488	2044	385	587	467	562	0	0	16074	
		SVW7142BPV	4948	1836	1469	2871	2190	1730	1.6	77	63	—	—	135	200	0	0	0	0	0	0	0	0	0	0	101	3265	3366	
上海汽车集团股份有限公司	名爵	CSA6463NEPHEV	4574	1876	1685	2720	2196	1775	1.3	72.58	75	—	180	132	200	0	0	0	0	0	0	0	0	0	3	869	13	885	22174
		CSA7102SDPHEV	4695	1848	1458	2715	1889	1465	1.5	39.47	53	70	185	—	200	477	317	7	2	1	5	0	0	0	0	0	0	809	
		CSA7152SEPHEV2	4695	1848	1458	2715	1919	1495	1.5	36.08	51	60	200	132	200	0	0	0	12	236	87	6	27	250	185	200	151	1154	
	荣威	CSA6454NDPHEV2	4554	1855	1689，1719	2700	2105	1730	1.6	32.6	60	80	185	—	200	1138	1008	510	15	0	0	0	0	0	0	0	0	2671	
		CSA6454NEPHEV2	4554	1855	1689，1719	2700	2146	1771	1.5	32.6	60	80	185	—	200	0	0	0	10	13	220	1014	409	625	493	500	644	3928	
		CSA6468NEPHEV	4647	1891	1725	2760	2311	1881	1.4	72.58	70	—	170	129	200	0	0	0	0	0	0	0	0	0	0	298	1498	1796	
		CSA7104SDPHEV3	4671	1835	1460	2715	1875	1450	1.5	39.47	53	70	185	—	200	2883	1049	699	27	0	0	0	0	0	0	0	0	4658	
		CSA7144CDPHEV2	4995	1857	1500	2837	2135，2210	1835	1.7	34.88	60	81	185	—	185	140	437	215	2	0	0	0	0	0	3	0	0	797	
		CSA7154SEPHEV2	4671	1835	1460	2715	1905	1480	1.5	36.08	51	60	200	132	200	0	0	0	52	9	403	921	1144	1144	1117	174	512	5476	
天津一汽丰田汽车有限公司	丰田	TV7186HEV	4635	1775	1470	2700	1975	1505，1535，1540	1.3	72.6	55	—	80	—	159	0	126	538	100	7	0	0	0	0	0	0	0	771	9103
		TV7186HEV6	4635	1775	1470	2700	1975	1505，1535，1540	1.3	72.6	55	—	80	—	159	0	162	1467	1839	1791	223	104	2	710	283	516	1235	8332	
广汽丰田汽车有限公司	丰田	GTM7180LCHEVE	4645	1775	1480	2700	1975	1510，1535，1540	1.3	72.6	55	—	80	—	159	0	0	0	8	0	0	0	0	0	0	0	0	8	7748
		GTM7180LCHEVM	4645	1775	1480	2700	1975	1510，1535，1540	1.3	72.6	55	—	80	—	159	0	0	0	1293	1740	1158	1102	455	196	491	506	799	7740	
浙江吉利汽车有限公司	吉利	MR6463PHEV01	4605	1878	1643	2700	2185	1810	1.2	46.2	80	100	195	120	195	0	0	0	0	35	51	38	91	37	26	24	16	318	7663
	美日	MR6463PHEV05	4605	1878	1643	2700	2185	1810	1.6	46.2	56	80	195	120	195	0	0	0	0	72	108	56	75	38	42	28	34	453	

续上表

企业名称	品牌	车辆型号	外形尺寸(mm) 长	宽	高	轴距(mm)	总质量(kg)	整备质量(kg)	油耗(L/100km)	混动电功率比(%)	续驶里程(工况法 km)	续驶里程(等速法 km)	30 min最高车速(km/h)	混合动力汽车纯电动模式下1km最高车速(km/h)	最高车速(km/h)	1月	2月	3月	4月	5月	6月	7月	8月	9月	10月	11月	12月	2019年产量合计(辆)	2019年产量合计(辆)
浙江吉利汽车有限公司	吉利美日	MR7152PHEV01	4631	1789	1492	2650	1913	1538	1.4	25	61(纯电模式)	70(等速60纯电模式)	90(纯电模式)	90	175	0	3	0	0	0	0	0	0	0	0	0	0	3	7663
浙江吉利汽车有限公司	吉利美日	MR7153PHEV01	4986	1861	1513	2870	2165,2215	1790,1840	1.6	27	60	65	100	125	210	150	60	99	75	27	0	0	0	0	0	0	0	411	7663
		MR7153PHEV08	4986	1861	1513	2870	2165,2215	1790,1840	1.6	45.5	60	65	180	125	210	371	137	119	225	295	4	4	0	0	0	0	0	1155	
		MR7153PHEV18	4986	1861	1513	2870	2165,2215	1790,1840	1.5	45.5	60	—	180	135	210	0	0	0	0	0	0	218	106	158	173	180	141	976	
		MR7153PHEV19	4986	1861	1513	2870	2165,2215	1790,1840	1.5	45.5	60	—	180	135	210	0	0	0	0	0	0	0	7	5	8	0	0	20	
	吉利	MR6471PHEV04	4706	1909	1690	2805	2371	1846	1.6	46.15	56	80	180	120	200	99	97	402	637	893	504	227	186	88	146	121	149	3549	
		MR6471PHEV06	4706	1909	1713	2805	2371	1846	1.5	46.15	56	—	180	120	200	0	0	0	0	0	0	0	0	0	29	17	105	151	
		MR6471PHEV08	4706	1909	1713	2805	2371	1846	1.5	46.15	56	—	180	120	200	0	0	0	0	0	0	0	0	0	0	0	2	2	
	领克	MR7152PHEV08	4657	1840	1460	2730	2105	1730	1.7	45.45	51	79	93	125	210	0	1	0	0	0	0	0	0	0	0	0	0	1	
		MR7153PHEV15	4448	1890	1528	2702	2104	1729	1.7	27.47	51	79	93	125	207	0	0	0	1	0	0	0	1	0	0	0	0	2	
		MR7153PHEV21	4657	1840	1460	2730	2105	1730,1680	1.6	45.45	51	—	93	120	210	0	0	0	0	0	0	0	2	0	81	19	122	224	
		MR7153PHEV22	4448	1890	1528,1572	2702	2104	1729	1.6	45.45	51	—	93	125	207	0	0	0	0	0	0	0	2	0	106	146	144	398	
浙江豪情汽车制造有限公司	帝豪	HQ7152PHEV05	4631	1789	1492	2650	1913	1538	1.4	25	61(纯电模式)	70(等速60纯电模式)	90(纯电模式)	90	175	70	179	199	5	0	0	0	0	0	0	0	0	453	6286
		HQ7152PHEV10	4725	1802	1493	2700	2025	1650	1.4	46.2	66	75	100	120	200	0	0	0	0	0	279	34	63	62	55	32	156	681	
		JL6432PHEV01	4330	1800	1609	2600	1917	1542	1.4	46.2	62	73	100	120	210	0	0	0	0	0	3	0	0	0	0	0	0	3	
		JL6432PHEV07	4330	1800	1609	2600	1923	1548	1.4	46.2	62	73	100	120	210	0	0	0	0	0	43	54	6	15	1	0	2	121	
		JL6432PHEV10	4330	1800	1609	2600	1923	1548	1.4	46.2	62	73	100	120	210	0	0	0	0	139	189	333	164	68	110	32	61	1096	
	极星	VCC7201H01PPHEV	4586	1958	1352	2742	2670	2343	1	63.7	135	—	—	160	250	0	0	0	0	0	0	0	0	0	0	0	7	7	
	领克	JL6453PHEV01	4512	1857	1673	2734	2197	1769	1.7	45.45	51	79	93	125	205	414	985	587	147	0	0	0	0	0	0	0	0	2133	
		JL6453PHEV04	4512	1857	1689	2734	2197	1769	1.6	45.45	51	—	93	120	205	0	0	0	0	0	0	0	2	95	252	212	106	667	

续上表

企业名称	品牌	车辆型号	外形尺寸(mm) 长	宽	高	轴距(mm)	总质量(kg)	整备质量(kg)	油耗(L/100km)	混动电功率比(%)	续驶里程(工况法km)	续驶里程(等速法km)	30 min最高车速(km/h)	混合动力汽车纯电动模式下1km最高车速(km/h)	最高车速(km/h)	1月	2月	3月	4月	5月	6月	7月	8月	9月	10月	11月	12月	2019年产量合计(辆)	2019年产量合计(辆)
浙江豪情汽车制造有限公司	领克	JL6453PHEV08	4512	1857	1673	2734	2250	1769	1.7	27.47	51	79	93	125	210	295	0	0	0	0	0	0	0	0	0	0	0	295	6286
	沃尔沃	VCC6474E41UPHEV	4688	1902	1658	2865	2660	2186	2.1	26.2	50	—	—	125	230	0	0	0	0	0	0	0	0	0	0	11	106	117	
		VCC6474H29PHEV	4688	1902	1658	2865	2660	2153	2.3	13.8	50	—	—	125	230	137	168	145	51	1	0	1	0	0	0	0	0	503	
		VCC6474H30UPHEV	4688	1902	1658	2865	2660	2153	2.1	24.8	50	—	—	125	230	0	0	0	0	0	0	8	6	87	108	1	0	210	
东风悦达起亚汽车有限公司	起亚	YQZ7160GPHEV	4660	1780	1450	2700	1980	1545	1.0	53.5	80	—	175	120	175	0	0	0	0	0	0	0	0	0	0	3	0	3	5906
		YQZ7160PHEV	4660	1780	1450	2700	1980	1545	1.0	53.5	80	—	175	120	175	0	0	0	0	0	11	181	5	103	128	9	87	524	
		YQZ7201PHEV	4855	1835	1475	2805	2200	1776	1.3	46.5	75	—	192	120	192	4532	195	0	1	0	1	0	0	0	0	0	0	4729	
		YQZ7202GPHEV	4855	1835	1475	2805	2200	1776	1.3	46.5	75	—	192	120	192	0	0	0	0	0	0	0	1	0	0	2	1	4	
		YQZ7202PHEV	4855	1835	1475	2805	2200	1776	1.3	46.5	75	—	192	120	192	0	0	1	4	0	149	3	3	118	25	194	149	646	
长安福特汽车有限公司	福特	CAF7200A5PHEV	4873	1852	1470	2850	2233	1836	2.0	87.6	52	—	72	136	166	3	0	0	0	4	1	0	0	0	0	0	1	9	3278
		CAF7200A6PHEV	4873	1852	1470	2850	2233	1836	2.0	87.6	52	—	72	136	166	85	7	15	26	174	1197	1755	0	3	3	2	2	3269	
北京现代汽车有限公司	北京现代	BH7160PHEVCBAS	4610	1800	1450	2700	2000	1545	1.0	57.6	85	—	175	120	175	0	0	0	0	0	0	57	508	629	430	99	68	1791	2224
		BH7200PHEVRAS	4855	1835	1475	2805	2230	1768	1.3	43.5	75	90	192	120	192	140	2	11	22	9	20	11	3	0	0	0	0	218	
		BH7200PHEVRAV	4855	1835	1475	2805	2230	1768	1.3	43.50	75	90	192	120	192	30	1	13	3	6	1	2	0	0	0	13	3	72	
		BH7201PHEVRAS	4855	1835	1475	2805	2230	1768	1.3	43.5	75	90	192	120	192	0	0	0	0	0	0	0	10	32	51	1	49	143	
大庆沃尔沃汽车制造有限公司	沃尔沃	VCD7204E41PPHEV	5083	1879	1450	3061	2620	2090	1.8	26.2	53	—	—	125	230	0	0	0	0	0	0	0	0	0	0	60	456	516	2194
		VCD7204E42PPHEV	5083	1879	1450	3061	2620	2161	1.9	26.2	53	—	—	125	230	0	0	0	0	0	0	0	0	0	0	0	1	1	
		VCD7204E44ZPHEV	4761	1850	1437	2872	2510	2030	1.9	26.2	52	—	—	—	250	0	0	0	0	0	0	0	0	0	0	11	40	51	
		VCD7204H21PHEV	5083	1879	1450	3061	2620	2093	2.0	24.8	50	—	—	125	230	144	135	84	126	26	0	0	0	0	0	0	0	515	
		VCD7204H23PHEV	5083	1879	1450	3061	2620	2177	2.1	24.8	50	—	—	125	230	9	5	2	37	14	0	0	0	0	0	0	0	67	
		VCD7204H24PPHEV	5083	1879	1450	3061	2620	2090	1.7	24.8	55	—	—	125	230	0	0	0	0	0	1	22	533	191	271	25	0	1043	
		VCD7204H25PPHEV	5083	1879	1450	3061	2620	2161	1.8	24.8	53	—	—	125	230	0	0	0	0	0	0	0	1	0	0	0	0	1	
重庆理想智造汽车有限公司	理想智动	LXA6500SHEVM1	5020	1960	1785	2935	2825	2300	1.5	250	148	—	135	135	172	0	0	0	0	0	0	0	127	120	109	118	1401	1875	1875
广汽乘用车有限公司	传祺	GAC6450CHEVA5D	4510,4525	1852	1677,1708	2650	2150	1760	1.6	183.1	58	80	130	150	180	0	162	3	0	1	0	0	0	0	0	0	0	166	1659
		GAC6450CHEVA5E	4510,4525	1852	1677,1708	2650	2135	1760	1.6	183.1	60	80	130	150	180	0	134	585	767	3	0	0	0	0	0	0	0	1489	
		GAC7150CHEVA5D	4600	1790	1530	2620	2012	1623	1.5	183.1	63	90	140	180	180	3	1	0	0	0	0	0	0	0	0	0	0	4	

续上表

企业名称	品牌	车辆型号	外形尺寸(mm)			轴距(mm)	总质量(kg)	整备质量(kg)	油耗(L/100km)	混动电功率比(%)	续驶里程(工况法km)	续驶里程(等速法km)	30 min最高车速(km/h)	混合动力汽车纯电动模式下1km最高车速(km/h)	最高车速(km/h)	1月	2月	3月	4月	5月	6月	7月	8月	9月	10月	11月	12月	2019年产量合计(辆)	2019年产量合计(辆)
			长	宽	高																								
广汽本田汽车有限公司	广汽	GHA6450NAC5A-PHEV	4516	1852	1708	2640	2135	1760	1.6	183	60	80	130	150	180	115	130	613	314	363	0	0	0	0	0	0	0	1535	1535
长城汽车股份有限公司	魏派	CC6481AD23CPHEV	4774	1931	1672	2950	2791	2281	1.6	50.9	70	—	200	130	210	0	0	0	0	0	0	0	0	0	10	13	24	47	1384
		CC6483AD22FPHEV	4760	1931	1655	2950	2791	2281	1.6	50.9	70	—	200	130	210	0	0	0	0	0	0	0	1	0	1	0	0	2	
		CC6483AD23CPHEV	4760	1931	1655	2950	2791	2281	1.6	50.9	70	—	200	130	210	0	0	0	0	0	0	0	0	0	20	72	144	236	
		CC6484AD21APHEV	4760	1931	1655	2950	2791	2281	2.3	51.5	50	—	190	121	210	428	67	332	259	13	0	0	0	0	0	0	0	1099	
一汽－大众汽车有限公司	奥迪	FV7201BAQCHEV	5050	1886	1475	3024	2645	2150	2.1	56.7	54	—	90	135	240	0	0	0	0	0	0	0	0	0	0	0	260	260	964
		FV7201FAABHEV	5036	1874	1480	3012	2477	2035	2.3	65	50	55	84	130	210	374	20	0	0	0	0	0	0	0	0	0	0	394	
	大众	FV7147FADCHEV	4865	1832	1469	2871	2210	1750	1.8	77.3	56	—	100	135	200	0	0	0	0	0	0	0	0	0	0	0	310	310	
重庆长安汽车股份有限公司	长安	SC6469GA5HEV	4650	1850	1695,1705	2700	2445	2020	1.6	66.67	60	—	—	120	180	500	115	88	0	4	16	0	0	0	0	0	2	725	762
		SC6469GA6HEV	4650	1850	1695,1705	2700	2445	2020	1.6	66.67	60	—	—	120	180	0	0	20	1	0	0	0	7	0	0	0	0	28	
		SC7104AA5HEV	4620	1820	1525	2660	1975	1600	1.6	98	55	—	130	120	185	5	0	4	0	0	0	0	0	0	0	0	0	9	
广汽菲亚特克莱斯勒汽车有限公司	吉普	GFA6490CHEV1DA	4873	1892	1738	2800	2540	2115	1.6	52.7	70	80	160	125	160	0	0	0	0	0	1	43	26	63	70	55	195	453	453
广汽三菱汽车有限公司	广汽	GMC6450BCHEV	4510	1852	1677,1708	2650	2135	1760	1.6	183.1	60	80	130	150	180	92	0	333	5	0	0	0	0	0	0	0	0	430	430
北京奔驰汽车有限公司	梅赛德斯-奔驰	BJ7205JLHEV6	5065	1860	1476,1463	3079	2660	2115	2.1	0.5806	50	—	250	150	250	0	0	0	0	0	0	0	0	0	0	0	403	403	403
东风小康汽车有限公司	东风	DXK6470ASCHEVF	4680	1845	1715	2780	2300	1740	1.4	42.9	70	—	180	90	180	0	0	36	29	47	37	0	0	0	1	11	88	249	249
重庆金康新能源汽车有限公司	瑞驰	SKE7150SHEVF1	4385	1850	1650	2655	2115	1740	1.5	—	100	—	120	—	155	0	0	0	0	0	0	0	0	0	0	0	10	10	88
重庆金康新能源汽车有限公司	赛力斯牌	SKE6470SHEVF	4700	1930	1625	2875	2605	2230	1.1	—	150	—	160	190	190	0	0	0	0	0	0	0	0	0	0	0	4	4	88
		SKE6470SHEVFS	4700	1930	1625	2875	2745	2370	1.2	—	150	—	180	230	230	0	0	0	0	0	0	0	0	0	0	0	74	74	
汉腾汽车有限公司	汉腾	GXQ6470PHEV1	4775	1902	1697	2810	2380	2005	1.8	52	60	70	185	100	185	0	0	0	0	0	0	0	0	0	0	0	3	3	3
上汽通用汽车有限公司	别克	SGM7156LACHEV	4648	1817	1491	2660	1980	1580	1.4	57.63	60	—	170	—	170	0	0	0	0	2	0	0	0	0	0	0	0	2	2

续上表

企业名称	品牌	车辆型号	外形尺寸(mm) 长	宽	高	轴距(mm)	总质量(kg)	整备质量(kg)	油耗(L/100km)	混动电功率比(%)	续驶里程(工况法 km)	续驶里程(等速法 km)	30 min最高车速(km/h)	混合动力汽车纯电动模式下1km最高车速(km/h)	最高车速(km/h)	1月	2月	3月	4月	5月	6月	7月	8月	9月	10月	11月	12月	2019年产量合计(辆)	2019年产量合计(辆)
东风汽车集团有限公司	风神	DFM6460D5F1CHEV	4645	1880	1690	2715	2162	1787	1.6	45	61	—	95	140	170	0	0	0	0	0	0	0	0	0	0	0	1	1	1
2019年产量合计(辆)																21817	13406	19107	20432	15432	14760	15879	10091	10460	10994	10361	16429	179168	179168

(3)专用车(运输车、邮政车、服务车、垃圾车、自卸车、扫路车、洒水车、售货车、载货车、工程车等)/Special Vehicles(Transport Truck, Postal Vehicle, Service Truck, Garbage Truck, Dump Truck, Sweeper, Sprinkler, Vending Truck, Cargo Truck, Engineering Vehicle, etc.)

企业名称	品牌	车辆型号	底盘型号	外形尺寸(mm) 长	宽	高	轴距(mm)	总质量(kg)	整备质量(kg)	油耗(L/100km)	混动电功率比(%)	续驶里程(工况法 km)	续驶里程(等速法 km)	30 min最高车速(km/h)	混合动力汽车纯电动模式下1km最高车速(km/h)	最高车速(km/h)	1月	2月	3月	4月	5月	6月	7月	8月	9月	10月	11月	12月	2019年产量合计(辆)	2019年产量合计(辆)
吉利四川商用车有限公司	远程	DNC5047XLCSH-EVG13	DNC1047SHEVGJ12	5995	2100, 2200, 2350	3050, 3150	3360	4495	3450, 3700	9.5	166.7	—	103	80	90	90	0	0	0	0	0	0	0	0	2	4	4	22	32	203
		DNC5047XLJSHE-VG13	DNC1047SHEVGJ12	5995	2320, 2380	3180	3360	4495	4085	9.5	166.7	—	65	80	90	90	0	0	0	0	0	0	0	0	6	0	2	52	60	
		DNC5047XXYSH-EVG11	DNC1047SHEVGJ11	5995	2100	3100	3360	4495	2996	9.5	166.7	—	103	80	90	90	14	1	2	1	1	0	0	0	0	0	0	0	19	
		DNC5047XXYSH-EVG12	DNC1047SHEVGJ12	5995	2100, 2350	3050, 3150, 3250	3360	4495	3350	9.5	166.7	—	103	80	90	90	0	0	0	0	1	0	2	26	7	4	11	41	92	
东风汽车集团有限公司	东风	EQ5045XLCTZPHEV	EQ1045TTZPHEVJ1	5995	2200, 2300, 2400	2940, 3140, 3240	3390	4495	3600	6.88	68.8	—	52	40	38	100	0	0	0	0	0	0	0	0	0	0	1	2	3	29
		EQ5045XXYTZPHEV1	EQ1045TTZPHEVJ1	5995	2200, 2300, 2400	2940, 3140, 3240	3390	4495	3600	6.88	68.8	—	52	40	38	100	0	0	0	0	0	0	0	0	0	0	0	26	26	
四川南骏汽车集团有限公司	南骏	NJA5040XXYPDB3-3HEV	NJA1040PDB33HEV	5995	2150, 2000, 1950	3050, 2900	3300	4495	3050	9.9	—	—	250	90	—	90	1	0	1	0	0	0	0	0	0	0	0	0	2	2

续上表

企业名称	品牌	车辆型号	底盘型号	外形尺寸(mm)			轴距(mm)	总质量(kg)	整备质量(kg)	油耗(L/100km)	混动电功率比(%)	续驶里程(工况法 km)	续驶里程(等速法 km)	30 min 最高车速(km/h)	混合动力汽车纯电动模式下1km最高车速(km/h)	最高车速(km/h)	1月	2月	3月	4月	5月	6月	7月	8月	9月	10月	11月	12月	2019年产量合计(辆)	2019年产量合计(辆)
				长	宽	高																								
中天高科特种车辆有限公司	中天之星	TC5021XJE5EV	BYD6460STHEV5	4565	1870	2385	2660	2495	2365	1.4	41.5	80	100	160	140	180	0	0	0	0	0	6	0	0	0	0	0	0	6	6
2019年产量合计(辆)																	15	1	3	1	2	6	2	26	15	8	18	143	240	240

3. 燃料电池汽车产量统计/Statistics on Output of Fuel Cell Vehicle

(1)大中型客车、轻型客车/Large and Medium Sized Bus and Light Bus

企业名称	品牌	车辆型号	底盘型号	长	宽	高	轴距(mm)	总质量(kg)	整备质量(kg)	续驶里程(等速法 km)	30 min 最高车速(km/h)	最高车速(km/h)	1月	2月	3月	4月	5月	6月	7月	8月	9月	10月	11月	12月	2019年产量合计(辆)	2019年产量合计(辆)
上汽大通汽车有限公司	大通	SH6612A4FCEV	—	6120	1998	2612	4180	4220	3105,3130	430	80	100	290	0	0	0	0	4	0	0	0	3	0	10	307	307
郑州宇通客车股份有限公司	宇通	ZK6125FCEVG10	—	12000	2550	3400	6100	18000	12750,13100,13550	140(氢系统不工作),600(氢系统工作)	69	69	0	0	0	0	0	0	0	0	30	0	0	50	80	232
		ZK6126FCEVG3	—	12000	2550	3400	6000	18000	12350,12800,13250,13700	150(氢系统不工作),700(氢系统工作)	69	69	0	0	0	0	0	0	0	0	0	0	0	150	150	
		ZK6906FCEVQ1	—	8995	2500	3550	4750	13500	10000,10500	160(氢系统不工作),460(氢系统工作)	90	90	0	0	0	0	0	0	0	0	0	0	1	1	2	
佛山市飞驰汽车制造有限公司	飞驰	FSQ6110FCEVG1	EQ6110KRACFCEV	10960	2490	3500	5500	17900	12700	30(氢系统不工作),360(氢系统工作)	69	69	0	0	0	2	4	0	0	0	0	0	0	0	6	189
		FSQ6860FCEVG	EQ6820KRACFCEV	8645	2490	3300	4350	13000	8590,8850	85(氢系统不工作),308(氢系统工作),500(氢系统工作)	69	69	20	80	0	0	0	0	0	0	0	0	0	0	100	
		FSQ6860FCEVG1	—	8645	2500	3320	4350	14000	9200,8990	600	69	69	0	0	0	0	0	0	0	0	0	0	0	83	83	
厦门金龙旅行车有限公司	金旅	XML6112JFCEV20	—	10990	2550	3430	5550	16000	12000	110(氢系统不工作)/510(氢系统工作)	100	100	0	0	0	0	0	0	0	0	0	0	8	0	8	121
		XML6809JFCEV30	—	8050	2280	2990,3310	4160	9500	6800	140(氢系统不工作),360(氢系统工作)	100	100	0	0	0	0	0	0	0	0	0	1	1	0	2	

续上表

企业名称	品牌	车辆型号	底盘型号	长	宽	高	轴距(mm)	总质量(kg)	整备质量(kg)	续驶里程(等速法 km)	30 min最高车速(km/h)	最高车速(km/h)	1月	2月	3月	4月	5月	6月	7月	8月	9月	10月	11月	12月	2019年产量合计(辆)	2019年产量合计(辆)
厦门金龙旅行车有限公司	金旅	XML6855JFCEV10C	—	8540	2480	3500	4400	14400	9600	120(氢系统不工作)/700(氢系统工作)	69	69	0	0	0	0	0	0	0	0	1	0	0	0	1	121
		XML6855JFCEVJ0CA	—	8540	2480	3500	4400	14400	9900,9600	120(氢系统不工作)/700(氢系统工作)	69	69	0	0	0	0	0	0	0	0	0	50	0	60	110	
上海申龙客车有限公司	申龙	SLK6109UFCEVX	—	10500	2500	3470	5700	16500	12000,12500	135(氢系统不工作),500(氢系统工作)	69	69	0	0	0	0	0	0	0	0	0	0	0	1	1	92
		SLK6128AFCEVH	—	11995	2550	3695	6200	18000	13300	135(氢系统不工作),545(氢系统工作)	100	100	0	0	0	0	0	0	0	0	0	0	1	59	60	
		SLK6129UFCEVH	—	11995	2500	3470	6000	18000	12600,13200	135(氢系统不工作),575(氢系统工作)	69	69	0	0	0	0	0	0	0	0	30	0	0	0	30	
		SLK6129UFCEVX	—	11995	2500	3470	6000	18000	12600,13200	135(氢系统不工作),671(氢系统工作)	69	69	0	0	0	0	0	0	0	0	1	0	0	0	1	
成都客车股份有限公司	蜀都	CDK6110CFCEV	—	10700	2550	3380	5800	17500	11200,10600	500(氢系统工作)	69	69	0	0	0	0	0	0	0	0	0	0	0	75	75	90
		CDK6900CEFCEV	EQ6860KRACFCEV	8975	2500	3390	4500	13800	9300,9650	500(氢系统工作)	69	69	0	0	0	0	0	0	0	15	0	0	0	0	15	
金华青年汽车制造有限公司	青年	JNP6103BFCEV	—	10150	2500	3405	5100	15000	10200	440(纯氢350+纯电90)	66	69	0	0	0	72	0	0	0	0	0	0	0	0	72	72
云南五龙汽车有限公司	威驰腾	FDE6850PBFCEV04	SLK6849FCEVT2	8500	2380	3450	4300	13000	8600,8900,9000	180(氢不工作),700(氢工作)	69	69	0	0	0	0	0	0	0	0	0	0	0	60	60	60
中通客车控股股份有限公司	中通	LCK6105FCEVG1	—	10500	2550	3450	5600	16500	10600,11200	510(氢系统工作),165(氢系统不工作)	65	69	0	0	0	0	0	0	0	0	0	0	1	0	1	55
中通客车控股股份有限公司	中通	LCK6105FCEVG2	—	10500	2550	3450	5600	16500	10600,11200	510(氢系统工作),165(氢系统不工作)	65	69	0	0	40	0	0	0	0	0	0	0	0	0	40	55
		LCK6900FCEVG4	—	8955	2550	3350	4900	13500	8700,9100	90(氢系统不工作),350(氢系统工作)	65	69	11	0	0	0	0	0	0	0	0	0	0	0	11	
		LCK6900FCEVG5	—	8955	2550	3350	4900	13500	8700,9100	90(氢系统不工作),350(氢系统工作)	65	69	1	0	0	0	0	0	2	0	0	0	0	0	3	
北汽福田汽车股份有限公司	福田	BJ6123FCEVCH-3	—	12000	2550	3460	5900	18000	12350,12850,13550	160(氢系统不工作),655(氢系统工作)	69	69	0	0	0	0	0	0	0	0	40	0	0	0	40	41
		BJ6851FCEVCH-1	—	8540	2435	3320	4450	13000	8800,9100	100(氢系统不工作),420,630(氢系统工作)	69	69	0	0	0	0	1	0	0	0	0	0	0	0	1	

续上表

企业名称	品牌	车辆型号	底盘型号	长	宽	高	轴距(mm)	总质量(kg)	整备质量(kg)	续驶里程(等速法 km)	30 min最高车速(km/h)	最高车速(km/h)	1月	2月	3月	4月	5月	6月	7月	8月	9月	10月	11月	12月	2019年产量合计(辆)	2019年产量合计(辆)
金龙联合汽车工业(苏州)有限公司	海格	KLQ6106GAFCEV1	—	10490	2550	3470	5100	17000	12400,12100,11750	纯电动续驶里程72,氢系统工作时的续驶里程560	69	69	0	0	0	0	0	0	0	0	0	0	0	20	20	30
		KLQ6106GAFCEV2	—	10490	2550	3470	5100	17000	12400,12100,11750	纯电动续驶里程72,氢系统工作时续驶里程560	69	69	0	0	0	0	0	0	0	0	0	0	0	5	5	
		KLQ6109GAFCEV3	—	10490	2550	3470	5700	17000	12400,12100,11750	纯电动续驶里程160,氢系统工作时的续驶里程602	69	69	0	0	0	0	0	0	0	0	0	0	0	5	5	
中植汽车(淳安)有限公司	中植汽车	SPK6101FCEVG	—	10485	2500	3430	5800	16500	11150	65(氢系统不工作),500(氢系统工作)	69	69	0	0	0	0	0	20	0	0	0	0	0	0	20	20
南京金龙客车制造有限公司	开沃	NJL6100FCEV	—	10490	2550	3510	5400	18000	11900	180(氢系统不工作)/420(氢系统工作)	69	69	0	0	0	0	0	0	0	0	0	0	0	1	1	16
		NJL6859FCEV	—	8545	2440	3370	4465	13200	8800,9000	420	69	69	0	0	4	0	0	0	0	0	0	0	0	0	4	
		NJL6859FCEV2	—	8545	2440	3370	4465	13200	8800,9000	400	69	69	10	0	0	0	0	0	0	0	0	0	0	0	10	
		NJL6859FCEV3	—	8545	2440	3470	4465	13200	9000,9500,10000	350	69	69	0	0	0	0	0	0	0	0	1	0	0	0	1	
安徽安凯汽车股份有限公司	安凯	HFF6120G03FCEV	—	12000	2550	3370	6100	18000	12800	130(氢系统不工作),600(氢系统工作)	68	69	0	0	0	0	0	0	0	0	0	1	0	0	1	5
		HFF6850G03FCEV	—	8540	2350	3400	4500	13000	8600,9100	69(氢系统不工作),405(氢系统工作)	68	69	0	0	0	0	0	0	2	0	0	0	0	0	2	
安徽安凯汽车股份有限公司	安凯	HFF6852G03FCEV	—	8540	2350	3400	4500	13000	8600,9100	100(氢系统不工作),405(氢系统工作)	68	69	0	0	0	0	0	0	0	0	0	0	0	2	2	5
江苏陆地方舟新能源车辆股份有限公司	陆地方舟	RQ6101GFCEVH0	EQ6100KRACFCEV1	10480	2500	3500	5800	17000	11600	180(氢系统不工作),330(氢系统工作)	69	69	0	0	0	0	0	5	0	0	0	0	0	0	5	5
扬州亚星客车股份有限公司	亚星	YBL6818HFCEV	—	8110	2260	3150	4300	9250	6600	300(氢系统工作),100(氢系统不工作)	95	95	0	0	0	0	0	4	0	0	0	0	0	0	4	4
厦门金龙联合汽车工业有限公司	金龙	XMQ6850AGFCEV	—	8545	2450	3390	4250	14000	9300,9700	230(氢系统不工作),460(氢系统工作)	69	69	0	0	0	0	0	0	1	0	0	0	0	0	1	1
2019年产量合计(辆)													332	80	44	74	5	33	5	15	103	55	12	582	1340	1340

（2）专用车（运输车、邮政车、服务车、垃圾车、自卸车、扫路车、洒水车、售货车、载货车、工程车等）/Special vehicles（transport truck，postal vehicle，service truck，garbage truck，dump truck，sweeper，sprinkler，vending truck，cargo truck，engineering vehicle，etc.）

企业名称	品牌	车辆型号	底盘型号	外形尺寸(mm)			轴距(mm)	总质量(kg)	整备质量(kg)	续驶里程(等速法 km)	30 min 最高车速(km/h)	最高车速(km/h)	1月	2月	3月	4月	5月	6月	7月	8月	9月	10月	11月	12月	2019年产量合计/辆	2019年产量合计/辆
				长	宽	高																				
北汽福田汽车股份有限公司	福田	BJ5088XXYFCEV	BJ1088FCEVJH	6965	2240	3250	3800	8275	4400	100(氢气不工作),410(氢气工作)	90	90	0	0	0	0	0	40	0	0	0	0	0	0	40	40
东风汽车集团有限公司	东风	EQ5080XXYTFCEV7	EQ1080TTFCEVJ8	7350,7900	2200,2300	2850,3180	4500	8250	4835	350	80	90	1	0	0	0	0	13	0	0	0	0	0	0	14	14
佛山市飞驰汽车制造有限公司	飞驰	FSQ5080XXYFCEV	EQ1080TACFCEVJ	6800	2200	2840	3800	7985	4315	90(氢系统不工作),350(氢系统工作)	85	85	0	0	0	0	0	100	0	0	0	0	0	0	100	100
广州广日专用汽车有限公司	广和	GR5090XLCFCEV	EQ1090TACFCEVJ3	7580	2460	3150	4100	9000	5860	50(氢系统不工作),350(氢系统工作)	85	90	0	0	0	0	0	0	0	0	0	0	1	0	1	1
广州市环境卫生机械设备厂	广环	GH5080XTYFCEV	EQ1080TACFCEVJ	7355	2210	2840	3800	7985	5500	90(氢系统不工作),350(氢系统工作)	85	85	0	0	0	0	0	0	0	0	0	0	0	2	2	3
		GH5091GSSFCEV	EQ1090TACFCEVJ3	7600	2350	2440	4100	9000	5700	50(氢系统不工作),350(氢系统工作)	85	90	0	0	0	0	0	0	0	0	0	0	1	0	1	
江铃重型汽车有限公司	江铃	SXQ4180J1A2FCEV	—	6525	2550	3960,3610	4200	18000	8800	401	70	89	0	0	0	0	0	0	0	0	0	0	0	12	12	12
江苏奥新新能源汽车有限公司	达福迪	JAX5080XXYFCEV1	JAX1080FCEV	5995	2250	3030	3350	7510	4350	385	80	85	0	0	0	0	0	1	0	0	0	0	0	0	1	12
		JAX5081XXYFCEVA01	JAX1081FCEV	6995	2300	3210	3800	8000	4735	375	75	85	0	0	0	4	6	1	0	0	0	0	0	0	11	
南通皋开汽车制造有限公司	大禹	DYC5082XXY-FCEV	DYC1082EBTBT3-FCEV	7200	2200	3185	3800	8250	4850	140(氢系统不工作),350(氢系统工作)	90	90	0	0	0	0	0	57	0	0	0	0	0	0	57	57
上海申龙客车有限公司	申龙	SLK5080XBWEFCEVQ	EQ1080TACFCEVJ3	6950	2280	3320	3800	7990	5200,5400	185(氢系统不工作),405(氢系统工作)	90	90	0	0	0	0	0	0	0	0	0	0	0	301	301	812
		SLK5090XBWEFCEVC	EQ1090TACFCEVJ6	7630	2370	3080	4100	8990	5550	55(氢系统不工作),340(氢系统工作)	90	90	0	0	0	0	0	0	0	0	0	0	0	210	210	
		SLK5090XBWEFCEVH	EQ1090TACFCEVJ4	7080	2370	3090	4100	8990	5195	101(氢系统不工作)/480(氢系统工作)	90	90	0	0	0	0	0	0	0	0	0	0	0	200	200	
		SLK5090XBWEFCEVX	EQ1090TACFCEVJ5	7630	2370	3060	4100	8990	5450	101(氢系统不工作)/480(氢系统工作)	90	90	0	0	0	0	0	0	0	0	0	0	0	101	101	
中通客车控股股份有限公司	中通	LCK5095XBWFCEV6	EQ1090TACFCEVJ7	7630	2370	3060	4100	9000	4900,5150	420	85	90	0	0	0	0	0	0	0	0	0	0	0	10	10	632
		LCK5095XXYFCEVH9C	EQ1090TACFCEVJ1	7630	2370	3060	4100	8695	4900,5100	40(氢系统不工作),320(氢系统工作)	70	90	0	0	0	0	348	252	0	0	0	0	0	0	600	
		LCK5095XXYFCEVH9D	EQ1090TACFCEVJ2	7630	2370	3060	4100	9000	5000,5290	420	70	90	0	0	0	0	0	22	0	0	0	0	0	0	22	
2019年产量合计(辆)													1	0	0	4	354	486	0	0	0	0	2	836	1683	1683

节能与新能源汽车年鉴

YEARBOOK OF ENERGY-SAVING AND NEW ENERGY VEHICLES

第六篇 Section Ⅵ

关键零部件配套数量统计

Matching Statistics of Key Components and Accessories

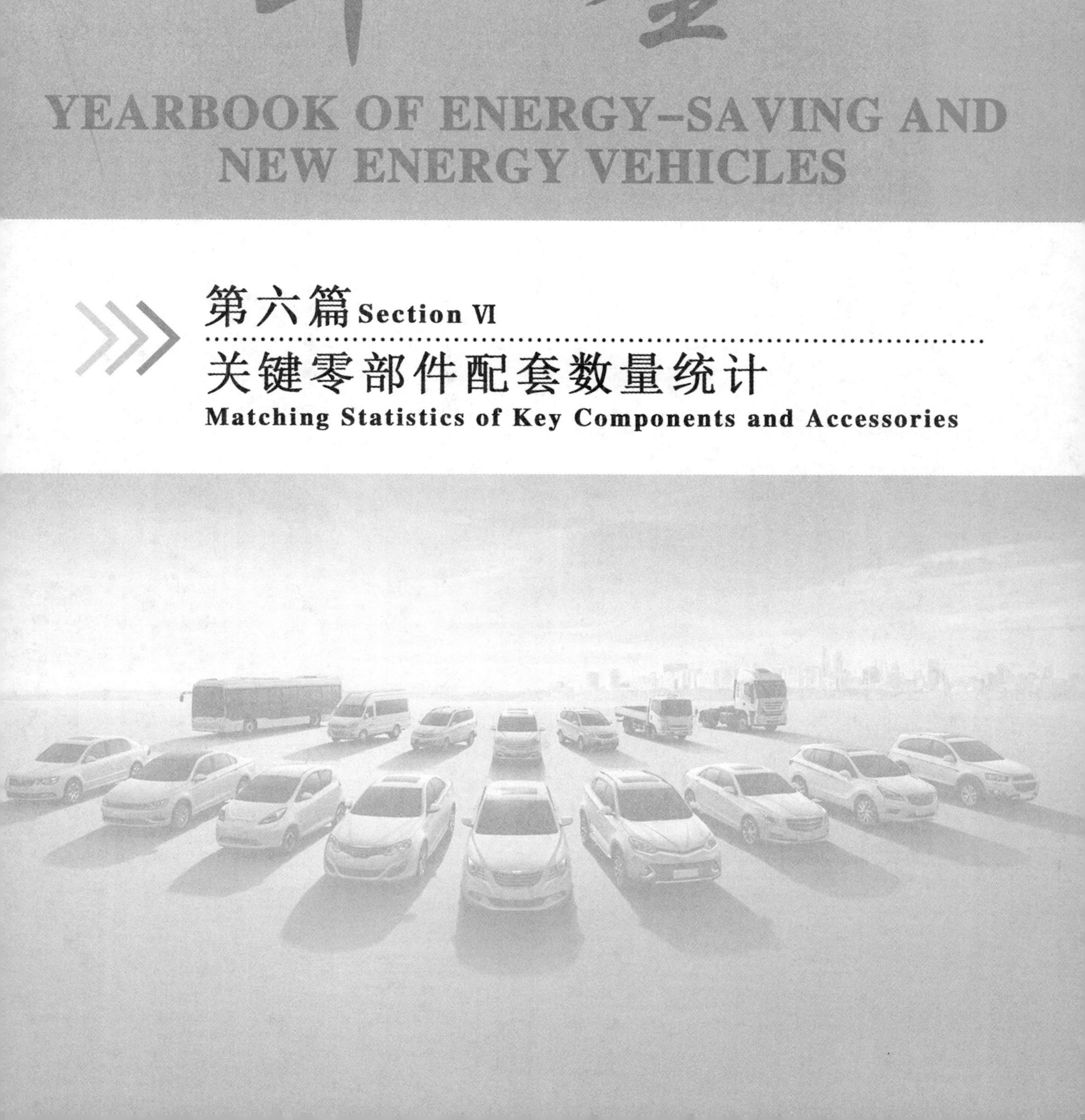

一、储能装置配套统计

Chapter 1 Statistics on Output of Energy Storage Devices

储能装置单体生产企业	储能装置种类	储能装置单体型号	储能装置单体标称电压(V)	储能装置单体质量(kg)	超级电容器单体标称静电容量(F)	储能装置单体数量	储能装置总成生产企业	储能装置总成标称电压(V)	储能装置总成额定输出电流(A)	储能装置总成质量(kg)	储能装置总成标称容量(Ah)	超级电容器总成标称静电容量(F)	储能装置总储电量(kWh)	动力蓄电池箱是否具有快换装置	车载能源管理系统型号(包括软件和硬件)	车载能源管理系统生产企业	配套车辆类型	2019年配套车型产量小计(辆)	2019年配套车型产量总计(辆)
宁德时代新能源科技股份有限公司	磷酸铁锂	001CB230	3.22	4.17±0.3	—	174	宁德时代新能源科技股份有限公司	560.28	228	806	228	—	127.74	否	CEB-B70S/CEB-B70H	宁德时代新能源科技股份有限公司	纯电动客车	1	534018
	磷酸铁锂	1AL0H2	3.2	2.28±0.3	—	220	宁德时代新能源科技股份有限公司	352	200	639	200	—	70.4	否	S00BMU0HSD/H00BMU0198	宁德时代新能源科技股份有限公司	纯电动专用车	1	
	磷酸铁锂	1AL0H2	3.2	2.28±0.3	—	336	宁德时代新能源科技股份有限公司	537.6	200	932	200	—	107.52	否	软件:CES-B60S/硬件:CES-B60H	宁德时代新能源科技股份有限公司	纯电动专用车	1	
	磷酸铁锂	1AL0H2	3.2	2.28±0.3	—	504	宁德时代新能源科技股份有限公司	537.6	250	1398	300	—	161.2	否	软件:CES-B60S/硬件:CES-B60H	宁德时代新能源科技股份有限公司	纯电动专用车	60	
	磷酸铁锂	48/173/170	3.2	2.93±0.3	—	180	宁德时代新能源科技股份有限公司	576	120	770	120	—	69.1	—	S05BMS000DV01Y13/H05BMS0010Y13	宁德时代新能源科技股份有限公司	燃料电池客车	15	
	磷酸铁锂	48/173/170	3.2	2.93±0.3	—	504	宁德时代新能源科技股份有限公司	537.6	360	1996	360	—	193.5	否	CATL-EV-BMS-SW-V01/CATL-EV-BMS-HW-V01	宁德时代新能源科技股份有限公司	纯电动专用车	1	
	磷酸铁锂	48/173/170	3.2	2.93±0.3	—	720	宁德时代新能源科技股份有限公司	576	250	2900	480	—	276.4	否	S05BMS000DV01Y13/H05BMS0010Y13	宁德时代新能源科技股份有限公司	纯电动客车	1	
	磷酸铁锂	6LH3L7	3.2	5	—	168	宁德时代新能源科技股份有限公司	537.6	240	995	240	—	129.02	否	CEB-B60SV01/CEB-B60H	宁德时代新能源科技股份有限公司	纯电动专用车	1	
	磷酸铁锂	6LH3L7	3.2	5.0±0.3	—	162	宁德时代新能源科技股份有限公司	518.4	240	961	240	—	124.4	否	CEB-B60SV01/CEB-B60H	宁德时代新能源科技股份有限公司	纯电动客车	3	
	磷酸铁锂	6LH3L7	3.2	5.0±0.3	—	396	宁德时代新能源科技股份有限公司	633.6	250	2340	480	—	304	否	CEB-B60SV01/CEB-B60H	宁德时代新能源科技股份有限公司	纯电动客车	15	
	磷酸铁锂	6LH3L7	3.2	5.00	—	360	宁德时代新能源科技股份有限公司	576	250	2120	480	—	276.48	否	CEB-B60SV01/CEB-B60H	宁德时代新能源科技股份有限公司	纯电动客车	20	
	磷酸铁锂	6LH3L8	3.22	3.92±0.20	—	336	宁德时代新能源科技股份有限公司	540	300	1536	404	—	218.54	否	软件:CES-B60S/硬件:CES-B60H	宁德时代新能源科技股份有限公司	纯电动专用车	1	
	磷酸铁锂	6LH3L8	3.22	5.21	—	156	宁德时代新能源科技股份有限公司	502.32	250	941	271	—	136.12	否	CEB-B60SV01/CEB-B60H	宁德时代新能源科技股份有限公司	纯电动客车	2	
	磷酸铁锂	6LH3L8	3.22	5.21	—	165	宁德时代新能源科技股份有限公司	531	250	995	271	—	143.98	否	软件:CEB-B60SV01/硬件:CEB-B60H	宁德时代新能源科技股份有限公司	纯电动客车	2	
	磷酸铁锂	6LH3L8	3.22	5.21	—	165	宁德时代新能源科技股份有限公司	531.3	250	995	271	—	143.98	否	CEB-B60SV01/CEB-B60H	宁德时代新能源科技股份有限公司	纯电动客车	1450	
	磷酸铁锂	6LH3L8	3.22	5.21	—	168	郑州深澜动力科技有限公司	540.96	250	1043	271	—	146.60	否	YN-B50SV01/YN-B50H	惠州市亿能电子有限公司	纯电动客车	1022	
	磷酸铁锂	6LH3L8	3.22	5.21	—	174	宁德时代新能源科技股份有限公司	560	250	1043	271	—	151.83	否	CEB-B60SV01/CEB-B60H	宁德时代新能源科技股份有限公司	纯电动客车	154	
	磷酸铁锂	6LH3L8	3.22	5.21	—	174	宁德时代新能源科技股份有限公司	560.28	250	1043	271	—	151.83	否	CEB-B60SV01/CEB-B60H	宁德时代新能源科技股份有限公司	纯电动客车	1302	
	磷酸铁锂	6LH3L8	3.22	5.21	—	180	宁德时代新能源科技股份有限公司	579.6	250	1075	271	—	157.07	否	CEB-B60SV01/CEB-B60H	宁德时代新能源科技股份有限公司	纯电动专用车	39	
	磷酸铁锂	6LH3L8	3.22	5.21	—	180	宁德时代新能源科技股份有限公司	579.6	250	1075	271	—	157.07	无	CEB-B60SV01/CEB-B60H	宁德时代新能源科技股份有限公司	纯电动客车	313	
	磷酸铁锂	6LH3L8	3.22	5.21	—	186	宁德时代新能源科技股份有限公司	598.92	250	1130	271	—	162.3	无	CEB-B60SV01/CEB-B60H	宁德时代新能源科技股份有限公司	纯电动客车	1	
	磷酸铁锂	6LH3L8	3.22	5.21	—	186	宁德时代新能源科技股份有限公司	598.92	250	1130	271	—	162.30	否	CEB-B60SV01/CEB-B60H	宁德时代新能源科技股份有限公司	纯电动客车	1390	
	磷酸铁锂	6LH3L8	3.22	5.21	—	192	宁德时代新能源科技股份有限公司	618	250	1162	271	—	167.54	否	CEB-B60SV01/CEB-B60H	宁德时代新能源科技股份有限公司	纯电动客车	182	
	磷酸铁锂	6LH3L8	3.22	5.21	—	192	宁德时代新能源科技股份有限公司	618	250	1162	271	—	167.54	否	软件:CEB-B60SV01/硬件:CEB-B60H	宁德时代新能源科技股份有限公司	纯电动客车	91	
	磷酸铁锂	6LH3L8	3.22	5.21	—	192	宁德时代新能源科技股份有限公司	618.24	250	1162	271	—	167.54	否	CEB-B60SV01/CEB-B60H	宁德时代新能源科技股份有限公司	纯电动客车	6	
	磷酸铁锂	6LH3L8	3.22	5.21	—	195	宁德时代新能源科技股份有限公司	628	250	1178	271	—	170.16	否	软件:CEB-B60SV01/硬件:CEB-B60H	宁德时代新能源科技股份有限公司	纯电动客车	30	
	磷酸铁锂	6LH3L8	3.22	5.21	—	198	宁德时代新能源科技股份有限公司	637.6	250	1194	271	—	172.8	否	CEB-B60SV01/CEB-B60H	宁德时代新能源科技股份有限公司	纯电动客车	71	
	磷酸铁锂	6LH3L8	3.22	5.21	—	288	宁德时代新能源科技股份有限公司	463.68	500	1720	542	—	251.31	否	CEB-B60SV01/CEB-B60H	宁德时代新能源科技股份有限公司	纯电动客车	1301	
	磷酸铁锂	6LH3L8	3.22	5.21	—	288	郑州深澜动力科技有限公司	463.68	500	1776	542	—	251.31	否	YN-B50SV01/YN-B50H	惠州市亿能电子有限公司	纯电动客车	212	

续上表

储能装置单体生产企业	储能装置种类	储能装置单体型号	储能装置单体标称电压(V)	储能装置单体质量(kg)	超级电容器单体标称静电容量(F)	储能装置单体数量	储能装置总成生产企业	储能装置总成标称电压(V)	储能装置总成额定输出电流(A)	储能装置总成质量(kg)	储能装置总成标称容量(Ah)	超级电容器总成标称静电容量(F)	储能装置总储电量(kWh)	动力蓄电池箱是否具有快换装置	车载能源管理系统型号(包括软件和硬件)	车载能源管理系统生产企业	配套车辆类型	2019年配套车型产量小计(辆)	2019年配套车型产量总计(辆)
宁德时代新能源科技股份有限公司	磷酸铁锂	6LH3L8	3.22	5.21	—	312	宁德时代新能源科技股份有限公司	502.32	500	1894	542	—	272.25	否	CEB-B60SV01/CEB-B60H	宁德时代新能源科技股份有限公司	纯电动专用车	92	534018
	磷酸铁锂	6LH3L8	3.22	5.21	—	324	宁德时代新能源科技股份有限公司	521.64	250	1958	542	—	282.72	无	CEB-B60SV01/CEB-B60H	宁德时代新能源科技股份有限公司	纯电动客车	210	
	磷酸铁锂	6LH3L8	3.22	5.21	—	330	宁德时代新能源科技股份有限公司	531.3	542	1990	542	—	287.96	否	CEB-B60SV01/CEB-B60H	宁德时代新能源科技股份有限公司	纯电动客车	1	
	磷酸铁锂	6LH3L8	3.22	5.21	—	336	宁德时代新能源科技股份有限公司	541	250	2022	542	—	293.20	否	软件:CEB-B60SV01/硬件:CEB-B60H	宁德时代新能源科技股份有限公司	纯电动客车	9	
	磷酸铁锂	6LH3L8	3.22	5.21	—	342	宁德时代新能源科技股份有限公司	550.62	500	2054	542	—	298.43	否	CEB-B60SV01/CEB-B60H	宁德时代新能源科技股份有限公司	纯电动专用车	84	
	磷酸铁锂	6LH3L8	3.22	5.21	—	348	宁德时代新能源科技股份有限公司	560	250	2086	542	—	303.67	否	CEB-B60SV01/CEB-B60H	宁德时代新能源科技股份有限公司	纯电动客车	99	
	磷酸铁锂	6LH3L8	3.22	5.21	—	348	宁德时代新能源科技股份有限公司	560.28	500	2086	542	—	303.67	否	CEB-B60SV01/CEB-B60H	宁德时代新能源科技股份有限公司	纯电动客车	917	
	磷酸铁锂	6LH3L8	3.22	5.21	—	354	宁德时代新能源科技股份有限公司	569.9	250	2118	542	—	308.9	否	CEB-B60SV01/CEB-B60H	宁德时代新能源科技股份有限公司	纯电动客车	70	
	磷酸铁锂	6LH3L8	3.22	5.21	—	360	宁德时代新能源科技股份有限公司	579.6	250	2150	542	—	314.14	否	软件:CEB-B60SV01/硬件:CEB-B60H	宁德时代新能源科技股份有限公司	纯电动客车	160	
	磷酸铁锂	6LH3L8	3.22	5.21	—	360	宁德时代新能源科技股份有限公司	579.6	250	2150	542	—	314.14	否	CEB-B60SV01/CEB-B60H	宁德时代新能源科技股份有限公司	纯电动客车	3	
	磷酸铁锂	6LH3L8	3.22	5.21	—	360	宁德时代新能源科技股份有限公司	579.6	250	2150	542	—	314.14	否	软件:CEB-B60SV01/硬件:CEB-B60H	宁德时代新能源科技股份有限公司	纯电动专用车	3	
	磷酸铁锂	6LH3L8	3.22	5.21	—	360	宁德时代新能源科技股份有限公司	579.6	250	2150	542	—	314.14	否	软件:CEB-B60SV01/硬件:CEB-B60H	宁德时代新能源科技股份有限公司	纯电动专用车	1	
	磷酸铁锂	6LH3L8	3.22	5.21	—	360	宁德时代新能源科技股份有限公司	580	250	2150	542	—	314.14	否	软件:CEB-B60SV01/硬件:CEB-B60H	宁德时代新能源科技股份有限公司	纯电动客车	40	
	磷酸铁锂	6LH3L8	3.22	5.21	—	384	宁德时代新能源科技股份有限公司	618	250	2324	542	—	335.08	否	CEB-B60SV01/CEB-B60H	宁德时代新能源科技股份有限公司	纯电动客车	42	
	磷酸铁锂	6LH3L8	3.22	5.21	—	384	宁德时代新能源科技股份有限公司	618.24	250	2324	542	—	335.08	否	CEB-B60SV01/CEB-B60H	宁德时代新能源科技股份有限公司	纯电动客车	9	
	磷酸铁锂	6LH3L8	3.22	5.21	—	96	宁德时代新能源科技股份有限公司	309	250	581	271	—	83.77	否	CEB-B60SV01/CEB-B60H	宁德时代新能源科技股份有限公司	纯电动客车	82	
	磷酸铁锂	6LH3L8	3.22	5.21±0.26	—	104	宁德时代新能源科技股份有限公司	334.88	200	614	271	—	90.75	否	CEB-B60SV01/CEB-B60H	宁德时代新能源科技股份有限公司	纯电动专用车	153	
	磷酸铁锂	6LH3L8	3.22	5.21±0.26	—	144	宁德时代新能源科技股份有限公司	463.68	250	860	271	—	125.65	否	CEB-B60SV01/CEB-B60H	宁德时代新能源科技股份有限公司	纯电动客车	153	
	磷酸铁锂	6LH3L8	3.22	5.21±0.26	—	153	宁德时代新能源科技股份有限公司	492.66	250	931	271	—	133.51	否	CEB-B60SV01/CEB-B60H	宁德时代新能源科技股份有限公司	纯电动客车	87	
	磷酸铁锂	6LH3L8	3.22	5.21±0.26	—	153	宁德时代新能源科技股份有限公司	492.66	250	931	271	—	133.51	否	CEB-B60SV01/CEB-B60H	宁德时代新能源科技股份有限公司	纯电动客车	1430	
	磷酸铁锂	6LH3L8	3.22	5.21±0.26	—	156	北京普莱德新能源电池科技有限公司	502.32	271	965	271	—	136.128	否	PBMA001-01A/b.02b.1801.001	北京普莱德新能源电池科技有限公司	纯电动客车	1	
	磷酸铁锂	6LH3L8	3.22	5.21±0.26	—	156	宁德时代新能源科技股份有限公司	502.32	250	947	271	—	136.12	否	CEB-B60SV01/CEB-B60H	宁德时代新能源科技股份有限公司	纯电动客车	174	
	磷酸铁锂	6LH3L8	3.22	5.21±0.26	—	156	宁德时代新能源科技股份有限公司	502.32	250	947	271	—	136.128	否	CEB-B60SV01/CEB-B60H	宁德时代新能源科技股份有限公司	纯电动客车	889	
	磷酸铁锂	6LH3L8	3.22	5.21±0.26	—	162	宁德时代新能源科技股份有限公司	521.64	250	979	271	—	141.36	否	CEB-B60SV01/CEB-B60H	宁德时代新能源科技股份有限公司	纯电动客车	50	
	磷酸铁锂	6LH3L8	3.22	5.21±0.26	—	165	宁德时代新能源科技股份有限公司	531.3	200	995	271	—	143.982	否	CEB-B60SV01/CEB-B60H	宁德时代新能源科技股份有限公司	纯电动客车	16	
	磷酸铁锂	6LH3L8	3.22	5.21±0.26	—	165	宁德时代新能源科技股份有限公司	531.3	250	995	271	—	143.98	否	CEB-B60SV01/CEB-B60H	宁德时代新能源科技股份有限公司	纯电动客车	570	
	磷酸铁锂	6LH3L8	3.22	5.21±0.26	—	165	宁德时代新能源科技股份有限公司	531.30	250	995	271	—	143.98	否	软件:CEB-B60SV01/硬件:CEB-B60H	宁德时代新能源科技股份有限公司	纯电动客车	7	
	磷酸铁锂	6LH3L8	3.22	5.21±0.26	—	168	宁德时代新能源科技股份有限公司	540.96	250	1011	271	—	146.6	否	CEB-B60SV01/CEB-B60H	宁德时代新能源科技股份有限公司	纯电动客车	418	
	磷酸铁锂	6LH3L8	3.22	5.21±0.26	—	168	宁德时代新能源科技股份有限公司	540.96	250	1011	271	—	146.60	否	CEB-B60SV01/CEB-B60H	宁德时代新能源科技股份有限公司	纯电动客车	96	
	磷酸铁锂	6LH3L8	3.22	5.21±0.26	—	171	宁德时代新能源科技股份有限公司	550.62	250	1027	271	—	149.21	否	CEB-B60SV01/CEB-B60H	宁德时代新能源科技股份有限公司	纯电动客车	59	
	磷酸铁锂	6LH3L8	3.22	5.21±0.26	—	174	宁德时代新能源科技股份有限公司	560.28	250	1043	271	—	151.83	否	CEB-B60SV01/CEB-B60H	宁德时代新能源科技股份有限公司	纯电动客车	30	
	磷酸铁锂	6LH3L8	3.22	5.21±0.26	—	180	宁德时代新能源科技股份有限公司	579.6	200	1075	271	—	157.07	否	CEB-B60SV01/CEB-B60H	宁德时代新能源科技股份有限公司	纯电动客车	77	
	磷酸铁锂	6LH3L8	3.22	5.21±0.26	—	180	宁德时代新能源科技股份有限公司	579.6	220	1075±32	271	—	157.07	否	CEB-B60SV01/CEB-B60H	宁德时代新能源科技股份有限公司	纯电动客车	66	

续上表

储能装置单体生产企业	储能装置种类	储能装置单体型号	储能装置单体标称电压(V)	储能装置单体质量(kg)	超级电容器单体标称静电容量(F)	储能装置单体数量	储能装置总成生产企业	储能装置总成标称电压(V)	储能装置总成额定输出电流(A)	储能装置总成质量(kg)	储能装置总成标称容量(Ah)	超级电容器总成标称静电容量(F)	储能装置总储电量(kWh)	动力蓄电池箱是否具有快换装置	车载能源管理系统型号(包括软件和硬件)	车载能源管理系统生产企业	配套车辆类型	2019年配套车型产量小计(辆)	2019年配套车型产量总计(辆)
宁德时代新能源科技股份有限公司	磷酸铁锂	6LH3L8	3.22	5.21±0.26	—	180	宁德时代新能源科技股份有限公司	579.6	250	1075	271	—	157.1	否	软件:CEB-B60SV01/硬件:CEB-B60H	宁德时代新能源科技股份有限公司	纯电动客车	3	534018
	磷酸铁锂	6LH3L8	3.22	5.21±0.26	—	183	宁德时代新能源科技股份有限公司	589.26	250	1114	271	—	159.68	否	CEB-B60SV01/CEB-B60H	宁德时代新能源科技股份有限公司	纯电动客车	4	
	磷酸铁锂	6LH3L8	3.22	5.21±0.26	—	186	宁德时代新能源科技股份有限公司	598.92	250	1130	271	—	162.3	否	CEB-B60H/CEB-B60SV01	宁德时代新能源科技股份有限公司	纯电动专用车	1	
	磷酸铁锂	6LH3L8	3.22	5.21±0.26	—	186	宁德时代新能源科技股份有限公司	598.92	250	1130	271	—	162.3	否	CEB-B60SV01/CEB-B60H	宁德时代新能源科技股份有限公司	纯电动客车	618	
	磷酸铁锂	6LH3L8	3.22	5.21±0.26	—	186	宁德时代新能源科技股份有限公司	598.92	250	1130	271	—	162.3	否	CEB-B60SV01/CEB-B60H	宁德时代新能源科技股份有限公司	纯电动专用车	26	
	磷酸铁锂	6LH3L8	3.22	5.21±0.26	—	186	宁德时代新能源科技股份有限公司	598.92	250	1130	271	—	162.30	否	CEB-B60SV01/CEB-B60H	宁德时代新能源科技股份有限公司	纯电动客车	208	
	磷酸铁锂	6LH3L8	3.22	5.21±0.26	—	186	宁德时代新能源科技股份有限公司	598.92	250	1130	271	—	162.30	否	软件:CEB-B60SV01/硬件:CEB-B60H	宁德时代新能源科技股份有限公司	纯电动客车	80	
	磷酸铁锂	6LH3L8	3.22	5.21±0.26	—	189	宁德时代新能源科技股份有限公司	608.58	250	1146	271	—	164.92	否	CEB-B60SV01/CEB-B60H	宁德时代新能源科技股份有限公司	纯电动客车	10	
	磷酸铁锂	6LH3L8	3.22	5.21±0.26	—	192	宁德时代新能源科技股份有限公司	618.24	250	1162	271	—	167.54	否	CEB-B60SV01/CEB-B60H	宁德时代新能源科技股份有限公司	纯电动客车	347	
	磷酸铁锂	6LH3L8	3.22	5.21±0.26	—	192	宁德时代新能源科技股份有限公司	618.24	250	1162	271	—	167.54	否	CEB-B60SV01/CEB-B60H	宁德时代新能源科技股份有限公司	纯电动专用车	4	
	磷酸铁锂	6LH3L8	3.22	5.21±0.26	—	192	宁德时代新能源科技股份有限公司	618.24	250	1162	271	—	167.543	否	CEB-B60SV01/CEB-B60H	宁德时代新能源科技股份有限公司	纯电动客车	64	
	磷酸铁锂	6LH3L8	3.22	5.21±0.26	—	192	宁德时代新能源科技股份有限公司,北京普莱德新能源电池科技有限公司	618.24	250	1162,1186	271	—	167.54	否	CEB-B60SV01/CEB-B60H,b.02b.1801.001/PBMA001-01A	宁德时代新能源科技股份有限公司,北京普莱德新能源电池科技有限公司	纯电动客车	100	
	磷酸铁锂	6LH3L8	3.22	5.21±0.26	—	195	宁德时代新能源科技股份有限公司	627.9	250	1178	271	—	170.16	否	CEB-B60SV01/CEB-B60H	宁德时代新能源科技股份有限公司	纯电动客车	99	
	磷酸铁锂	6LH3L8	3.22	5.21±0.26	—	198	宁德时代新能源科技股份有限公司	637.56	250	1194	271	—	172.77	否	CEB-B60SV01/CEB-B60H	宁德时代新能源科技股份有限公司	纯电动客车	1	
	磷酸铁锂	6LH3L8	3.22	5.21±0.26	—	271	宁德时代新能源科技股份有限公司	560.28	250	1043	271	—	151.84	否	CEB-B60SV01/CEB-B60H	宁德时代新能源科技股份有限公司	纯电动专用车	1	
	磷酸铁锂	6LH3L8	3.22	5.21±0.26	—	318	宁德时代新能源科技股份有限公司	511.98	250	1926	542	—	277.49	否	CEB-B60SV01/CEB-B60H	宁德时代新能源科技股份有限公司	纯电动客车	4	
	磷酸铁锂	6LH3L8	3.22	5.21±0.26	—	336	宁德时代新能源科技股份有限公司	540.9	300	2022	542	—	293.2	—	软件:CEB-B60SV01/硬件:CEB-B60H	宁德时代新能源科技股份有限公司	纯电动客车	32	
	磷酸铁锂	6LH3L8	3.22	5.21±0.26	—	336	宁德时代新能源科技股份有限公司	540.96	250	2022	542	—	293.20	否	CEB-B60SV01/CEB-B60H	宁德时代新能源科技股份有限公司	纯电动客车	1	
	磷酸铁锂	6LH3L8	3.22	5.21±0.26	—	348	宁德时代新能源科技股份有限公司	560	250	2086	542	—	303.67	否	CEB-B60SV01/CEB-B60H	宁德时代新能源科技股份有限公司	纯电动客车	627	
	磷酸铁锂	6LH3L8	3.22	5.21±0.26	—	348	宁德时代新能源科技股份有限公司	560.28	250	2086	542	—	303.67	否	CEB-B60SV01/CEB-B60H	宁德时代新能源科技股份有限公司	纯电动客车	74	
	磷酸铁锂	6LH3L8	3.22	5.21±0.26	—	348	宁德时代新能源科技股份有限公司	560.28	250	2086	542	—	303.67	否	CEB-B60SV01/CEB-B60H	宁德时代新能源科技股份有限公司	纯电动客车	174	
	磷酸铁锂	6LH3L8	3.22	5.21±0.26	—	348	宁德时代新能源科技股份有限公司	560.28	250	2086	542	—	303.67	否	软件:CEB-B60SV01/硬件:CEB-B60H	宁德时代新能源科技股份有限公司	纯电动客车	12	
	磷酸铁锂	6LH3L8	3.22	5.21±0.26	—	348	宁德时代新能源科技股份有限公司	560.28	250	2086	542	—	303.671	否	CEB-B60SV01/CEB-B60H	宁德时代新能源科技股份有限公司	纯电动客车	178	
	磷酸铁锂	6LH3L8	3.22	5.21±0.26	—	348	宁德时代新能源科技股份有限公司,北京普莱德新能源电池科技有限公司	560.28	250	2086,2146	542	—	303.67	否	CEB-B60SV01/CEB-B60H,b.02b.1801.001/PBMA001-01A	宁德时代新能源科技股份有限公司,北京普莱德新能源电池科技有限公司	纯电动客车	31	
	磷酸铁锂	6LH3L8	3.22	5.21±0.26	—	348	配置1:北京普莱德新能源电池科技有限公司,配置2:宁德时代新能源科技股份有限公司	560.28	250	配置1:2146,配置2:2086	542	—	303.67	否	配置1:b.02b.1801.001/PBMA001-01A;配置2:CEB-B60SV01/CEB-B60H	配置1:北京普莱德新能源电池科技有限公司;配置2:宁德时代新能源科技股份有限公司	纯电动客车	36	
	磷酸铁锂	6LH3L8	3.22	5.21±0.26	—	354	宁德时代新能源科技股份有限公司	569.94	250	2118	542	—	308.9	否	CEB-B60SV01/CEB-B60H	宁德时代新能源科技股份有限公司	纯电动客车	152	
	磷酸铁锂	6LH3L8	3.22	5.21±0.26	—	360	宁德时代新能源科技股份有限公司	579.6	250	2150	542	—	314.1	否	CEB-B60SV01/CEB-B60H	宁德时代新能源科技股份有限公司	纯电动客车	56	
	磷酸铁锂	6LH3L8	3.22	5.21±0.26	—	360	宁德时代新能源科技股份有限公司	579.6	250	2150	542	—	314.14	—	CEB-B60SV01/CEB-B60H	宁德时代新能源科技股份有限公司	纯电动专用车	2	
	磷酸铁锂	6LH3L8	3.22	5.21±0.26	—	360	宁德时代新能源科技股份有限公司	579.6	250	2150	542	—	314.14	否	CEB-B60SV01/CEB-B60H	宁德时代新能源科技股份有限公司	纯电动客车	288	
	磷酸铁锂	6LH3L8	3.22	5.21±0.26	—	360	宁德时代新能源科技股份有限公司	579.6	250	2150	542	—	314.14	否	CEB-B60SV01/CEB-B60H	宁德时代新能源科技股份有限公司	纯电动专用车	272	

续上表

储能装置单体生产企业	储能装置种类	储能装置单体型号	储能装置单体标称电压(V)	储能装置单体质量(kg)	超级电容器单体标称静电容量(F)	储能装置单体数量	储能装置总成生产企业	储能装置总成标称电压(V)	储能装置总成额定输出电流(A)	储能装置总成质量(kg)	储能装置总成标称容量(Ah)	超级电容器总成标称静电容量(F)	储能装置总储电量(kWh)	动力蓄电池箱是否具有快换装置	车载能源管理系统型号(包括软件和硬件)	车载能源管理系统生产企业	配套车辆类型	2019年配套车型产量小计(辆)	2019年配套车型产量总计(辆)
	磷酸铁锂	6LH3L8	3.22	5.21±0.26	—	360	宁德时代新能源科技股份有限公司	579.6	250	2150	542	—	314.14	否	软件:CEB-B60SV01/硬件:CEB-B60H	宁德时代新能源科技股份有限公司	纯电动客车	230	
	磷酸铁锂	6LH3L8	3.22	5.21±0.26	—	360	宁德时代新能源科技股份有限公司	579.6	250	2150	542	—	314.14	否	软件:CEB-B60SV01/硬件:CEB-B60H	宁德时代新能源科技股份有限公司	纯电动专用车	1	
	磷酸铁锂	6LH3L8	3.22	5.21±0.26	—	360	宁德时代新能源科技股份有限公司	579.6	250	2150	542	—	314.143	否	CEB-B60SV01/CEB-B60H	宁德时代新能源科技股份有限公司	纯电动客车	37	
	磷酸铁锂	6LH3L8	3.22	5.21±0.26	—	360	宁德时代新能源科技股份有限公司	579.6	250	2150±64	542	—	314.14	否	CEB-B60SV01/CEB-B60H	宁德时代新能源科技股份有限公司	纯电动客车	60	
	磷酸铁锂	6LH3L8	3.22	5.21±0.26	—	360	宁德时代新能源科技股份有限公司	579.60	250	2130	542	—	314.14	否	软件:CEB-B60SV01/硬件:CEB-B60H	宁德时代新能源科技股份有限公司	纯电动客车	237	
	磷酸铁锂	6LH3L8	3.22	5.21±0.26	—	360	宁德时代新能源科技股份有限公司	580	250	2130	542	—	314.14	否	软件:CEB-B60SV01/硬件:CEB-B60H	宁德时代新能源科技股份有限公司	纯电动客车	69	
	磷酸铁锂	6LH3L8	3.22	5.21±0.26	—	360	宁德时代新能源科技股份有限公司	580	300	2150	542	—	314.14	否	CEB-B60SV01/CEB-B60H	宁德时代新能源科技股份有限公司	纯电动专用车	5	
	磷酸铁锂	6LH3L8	3.22	5.21±0.26	—	360	宁德时代新能源科技股份有限公司	580	300	2150	542	—	314.14	否	软件:CES-B60S/硬件:CES-B60H	宁德时代新能源科技股份有限公司	纯电动专用车	2	
	磷酸铁锂	6LH3L8	3.22	5.21±0.26	—	390	宁德时代新能源科技股份有限公司	627.9	250	2356	542	—	340.32	否	CEB-B60SV01/CEB-B60H	宁德时代新能源科技股份有限公司	纯电动客车	403	
	磷酸铁锂	6LH3L8	3.22	5.21±0.26	—	配置1:348,配置2:306	宁德时代新能源科技股份有限公司	配置1:560,配置2:493	250	配置1:2086,配置2:1862	542	—	配置1:303.6,配置2:267	否	CEB-B60SV01/CEB-B60H	宁德时代新能源科技股份有限公司	纯电动客车	264	
	磷酸铁锂	7AL0H2	3.2	2.67±0.3	—	168	宁德时代新能源科技股份有限公司	537.6	120	560	120	—	64.5	无	软件:CES-B60S/硬件:CES-B60H	宁德时代新能源科技股份有限公司	燃料电池专用车	14	
	磷酸铁锂	CB220	3.22	3.2	—	108	宁德时代新能源科技股份有限公司	347.76	173	386	173	—	60.16	否	CEB-B70S/CEB-B70H	宁德时代新能源科技股份有限公司	纯电动专用车	160	
	磷酸铁锂	CB220	3.22	3.2	—	120	宁德时代新能源科技股份有限公司	386.4	173	435	173	—	66.84	否	软件:CEB-B70S/硬件:CEB-B70H	宁德时代新能源科技股份有限公司	纯电动专用车	10	
	磷酸铁锂	CB220	3.22	3.2	—	162	宁德时代新能源科技股份有限公司	521.64	173	579	173	—	90.2	否	软件:CEB-B70S/硬件:CEB-B70H	宁德时代新能源科技股份有限公司	燃料电池客车	60	
	磷酸铁锂	CB220	3.22	3.2	—	162	宁德时代新能源科技股份有限公司	521.64	173	579	173	—	90.24	否	CEB-B70S/CEB-B70H	宁德时代新能源科技股份有限公司	纯电动专用车	33	
宁德时代新能源科技股份有限公司	磷酸铁锂	CB220	3.22	3.2	—	162	宁德时代新能源科技股份有限公司	522	173	579	173	—	90.24	否	CEB-B70S/CEB-B70H	宁德时代新能源科技股份有限公司	纯电动客车	385	534018
	磷酸铁锂	CB220	3.22	3.2	—	162	宁德时代新能源科技股份有限公司	522	173	579	173	—	90.24	否	CEB-B70S/CEB-B70H	宁德时代新能源科技股份有限公司	燃料电池客车	10	
	磷酸铁锂	CB220	3.22	3.2	—	171	宁德时代新能源科技股份有限公司	551	173	609	173	—	95.25	否	CEB-B70S/CEB-B70H	宁德时代新能源科技股份有限公司	燃料电池客车	50	
	磷酸铁锂	CB220	3.22	3.2	—	360	宁德时代新能源科技股份有限公司	579.6	346	1278	346	—	200.54	否	CEB-B70S/CEB-B70H	宁德时代新能源科技股份有限公司	纯电动客车	2	
	磷酸铁锂	CB220	3.22	3.2	—	360	宁德时代新能源科技股份有限公司	580	250	1278	346	—	200.54	否	CEB-B70S/CEB-B70H	宁德时代新能源科技股份有限公司	纯电动客车	30	
	磷酸铁锂	CB220	3.22	3.2	—	540	宁德时代新能源科技股份有限公司	579.6	250	1917	519	—	300.81	否	CEB-B70S/CEB-B70H	宁德时代新能源科技股份有限公司	纯电动客车	57	
	磷酸铁锂	CB220	3.22	3.2±0.3	—	192	宁德时代新能源科技股份有限公司	618.24	173	710±25	173	—	106.95	否	软件:CEB-B70S/硬件:CEB-B70H	宁德时代新能源科技股份有限公司	纯电动专用车	1	
	磷酸铁锂	CB220	3.22	3.2±0.3	—	360	宁德时代新能源科技股份有限公司	580	250	1278	346	—	200.5	否	CEB-B70S/CEB-B70H	宁德时代新能源科技股份有限公司	纯电动客车	50	
	磷酸铁锂	CB220	3.22	3.2±0.30	—	160	宁德时代新能源科技股份有限公司	515	173	580	173	—	89.12	否	CEB-B70S/CEB-B70H	宁德时代新能源科技股份有限公司	纯电动专用车	1	
	磷酸铁锂	CB220	3.22	3.20	—	180	宁德时代新能源科技股份有限公司	580	173	639	173	—	100.27	否	软件:CEB-B70S/硬件:CEB-B70H	宁德时代新能源科技股份有限公司	燃料电池客车	60	
	磷酸铁锂	CB220	3.22	3.20	—	378	宁德时代新能源科技股份有限公司	609	250	1338	346	—	210.56	否	CEB-B70S/CEB-B70H	宁德时代新能源科技股份有限公司	纯电动客车	54	
	磷酸铁锂	CB220	3.22	3.20	—	540	宁德时代新能源科技股份有限公司	579.6	519	1917	519	—	300.81	否	CEB-B70S/CEB-B70H	宁德时代新能源科技股份有限公司	纯电动客车	319	
	磷酸铁锂	CB220	3.22	3.20±0.3	—	120	宁德时代新能源科技股份有限公司	386	173	435	173	—	66.84	否	CEB-B70S/CEB-B70H	宁德时代新能源科技股份有限公司	纯电动专用车	54	
	磷酸铁锂	CB220	3.22	3.20±0.3	—	120	宁德时代新能源科技股份有限公司	386.4	173	435	173	—	66.84	否	CEB-B70S/CEB-B70H	宁德时代新能源科技股份有限公司	纯电动专用车	1	
	磷酸铁锂	CB220	3.22	3.20±0.3	—	162	宁德时代新能源科技股份有限公司	521.64	173	579	173	—	90.24	否	CEB-B70S/CEB-B70H	宁德时代新能源科技股份有限公司	纯电动客车	171	
	磷酸铁锂	CB220	3.22	3.20±0.3	—	162	宁德时代新能源科技股份有限公司	521.64	173	579	173	—	90.24	无	CEB-B70S/CEB-B70H	宁德时代新能源科技股份有限公司	燃料电池客车	75	
	磷酸铁锂	CB220	3.22	3.20±0.3	—	171	宁德时代新能源科技股份有限公司	550.6	173	609	173	—	95.2	否	CEB-B70S/CEB-B70H	宁德时代新能源科技股份有限公司	纯电动客车	9	

续上表

储能装置单体生产企业	储能装置种类	储能装置单体型号	储能装置单体标称电压(V)	储能装置单体质量(kg)	超级电容器单体标称静电容量(F)	储能装置单体数量	储能装置总成生产企业	储能装置总成标称电压(V)	储能装置总成额定输出电流(A)	储能装置总成质量(kg)	储能装置总成标称容量(Ah)	超级电容器总成标称静电容量(F)	储能装置总储电量(kWh)	动力蓄电池箱是否具有快换装置	车载能源管理系统型号(包括软件和硬件)	车载能源管理系统生产企业	配套车辆类型	2019年配套车型产量小计(辆)	2019年配套车型产量总计(辆)
宁德时代新能源科技股份有限公司	磷酸铁锂	CB220	3.22	3.20±0.3	—	171	宁德时代新能源科技股份有限公司	550.62	173	609±18.3	173	—	95.25	否	CEB-B70S/CEB-B70H	宁德时代新能源科技股份有限公司	纯电动客车	71	534018
	磷酸铁锂	CB220	3.22	3.20±0.3	—	171	宁德时代新能源科技股份有限公司	550.62	173	609±18.3	173	—	95.25	否	CEB-B70S/CEB-B70H	宁德时代新能源科技股份有限公司	燃料电池客车	1	
	磷酸铁锂	CB220	3.22	3.20±0.3	—	171	宁德时代新能源科技股份有限公司	551	173	639	173	—	95.25	否	CEB-B70S/CEB-B70H	宁德时代新能源科技股份有限公司	纯电动客车	91	
	磷酸铁锂	CB220	3.22	3.20±0.3	—	176	宁德时代新能源科技股份有限公司	566.72	173	640	173	—	98.04	否	CEB-B70S/CEB-B70H	宁德时代新能源科技股份有限公司	纯电动专用车	20	
	磷酸铁锂	CB220	3.22	3.20±0.3	—	176	宁德时代新能源科技股份有限公司	566.72	173	640±5	173	—	98.04	否	CEB-B70S/CEB-B70H	宁德时代新能源科技股份有限公司	纯电动专用车	1	
	磷酸铁锂	CB220	3.22	3.20±0.3	—	176	宁德时代新能源科技股份有限公司	566.72	173	640±5	173	—	98.04	否	CEB-B70S/CEB-B70H	宁德时代新能源科技股份有限公司	纯电动专用车	1	
	磷酸铁锂	CB220	3.22	3.20±0.3	—	189	宁德时代新能源科技股份有限公司	608.5	173	669	173	—	105.2	否	CEB-B70S/CEB-B70H	宁德时代新能源科技股份有限公司	纯电动客车	34	
	磷酸铁锂	CB220	3.22	3.20±0.3	—	189	宁德时代新能源科技股份有限公司	608.58	173	669	173	—	105.28	否	CEB-B70S/CEB-B70H	宁德时代新能源科技股份有限公司	纯电动客车	24	
	磷酸铁锂	CB220	3.22	3.20±0.3	—	192	宁德时代新能源科技股份有限公司	618.24	173	700	173	—	106.95	否	软件:CEB-B70S/硬件:CEB-B70H	宁德时代新能源科技股份有限公司	纯电动专用车	4	
	磷酸铁锂	CB220	3.22	3.20±0.3	—	192	宁德时代新能源科技股份有限公司	618.24	173	700	173	—	106.952	否	软件:CEB-B70S/硬件:CEB-B70H	宁德时代新能源科技股份有限公司	纯电动专用车	54	
	磷酸铁锂	CB220	3.22	3.20±0.3	—	192	宁德时代新能源科技股份有限公司	618.24	173	700±5	173	—	106.95	否	软件:CEB-B70S/硬件:CEB-B70H	宁德时代新能源科技股份有限公司	纯电动专用车	2	
	磷酸铁锂	CB220	3.22	3.20±0.3	—	192	宁德时代新能源科技股份有限公司	618.24	173	700±5	173	—	106.955	否	CEB-B70S/CEB-B70H	宁德时代新能源科技股份有限公司	纯电动专用车	1	
	磷酸铁锂	CB220	3.22	3.20±0.3	—	324	宁德时代新能源科技股份有限公司	521.6	250	1158	346	—	180.4	否	CEB-B70S/CEB-B70H	宁德时代新能源科技股份有限公司	纯电动客车	61	
	磷酸铁锂	CB220	3.22	3.20±0.3	—	360	宁德时代新能源科技股份有限公司	579.6	250	1278	346	—	200.54	否	CEB-B70S/CEB-B70H	宁德时代新能源科技股份有限公司	纯电动客车	62	
	磷酸铁锂	CB220	3.22	3.20±0.3	—	378	宁德时代新能源科技股份有限公司	608.5	250	1338	346	—	210.5	否	CEB-B70S/CEB-B70H	宁德时代新能源科技股份有限公司	纯电动客车	230	
	磷酸铁锂	CB220	3.22	3.20±0.3	—	378	宁德时代新能源科技股份有限公司	608.58	250	1338	346	—	210.56	否	CEB-B70S/CEB-B70H	宁德时代新能源科技股份有限公司	纯电动客车	50	
	磷酸铁锂	CB220	3.22	3.20±0.3	—	378	宁德时代新能源科技股份有限公司	608.58	250	1338±40.2	346	—	210.56	否	CEB-B70S/CEB-B70H	宁德时代新能源科技股份有限公司	纯电动客车	183	
	磷酸铁锂	CB220	3.22	3.20±0.3	—	540	宁德时代新能源科技股份有限公司	579.6	250	1917	519	—	300.81	—	CEB-B70S/CEB-B70H	宁德时代新能源科技股份有限公司	纯电动客车	70	
	磷酸铁锂	CB220	3.22	3.20±0.3	—	540	宁德时代新能源科技股份有限公司	579.6	250	1917	519	—	300.81	否	CEB-B70S/CEB-B70H	宁德时代新能源科技股份有限公司	纯电动客车	10	
	磷酸铁锂	CB230	3.22	4.17	—	117	宁德时代新能源科技股份有限公司	377	228	546	228	—	85.89	否	CEB-B70S/CEB-B70H	宁德时代新能源科技股份有限公司	纯电动客车	117	
	磷酸铁锂	CB230	3.22	4.17	—	165	宁德时代新能源科技股份有限公司	531	250	767	228	—	121.13	否	CEB-B70S/CEB-B70H	宁德时代新能源科技股份有限公司	纯电动客车	78	
	磷酸铁锂	CB230	3.22	4.17	—	165	郑州深澜动力科技有限公司	531.3	228	773	228	—	121.13	否	SL-B15SV01/SL-B15H	郑州深澜动力科技有限公司	纯电动客车	6	
	磷酸铁锂	CB230	3.22	4.17	—	174	宁德时代新能源科技股份有限公司	560	228	806	228	—	127.74	否	CEB-B70S/CEB-B70H	宁德时代新能源科技股份有限公司	纯电动客车	47	
	磷酸铁锂	CB230	3.22	4.17	—	183	宁德时代新能源科技股份有限公司	589	228	845	228	—	134.35	否	CEB-B70S/CEB-B70H	宁德时代新能源科技股份有限公司	纯电动客车	30	
	磷酸铁锂	CB230	3.22	4.17	—	183	宁德时代新能源科技股份有限公司	589.26	228	845	228	—	134.35	否	CEB-B70S/CEB-B70H	宁德时代新能源科技股份有限公司	纯电动客车	20	
	磷酸铁锂	CB230	3.22	4.17	—	195	宁德时代新能源科技股份有限公司	628	228	910	228	—	143.16	否	CEB-B70S/CEB-B70H	宁德时代新能源科技股份有限公司	纯电动客车	10	
	磷酸铁锂	CB230	3.22	4.17	—	288	郑州深澜动力科技有限公司	463.68	456	1332	456	—	211.43	否	SL-B15SV01/SL-B15H	郑州深澜动力科技有限公司	纯电动客车	10	
	磷酸铁锂	CB230	3.22	4.17	—	312	宁德时代新能源科技股份有限公司	502	250	1456	456	—	229.05	否	CEB-B70S/CEB-B70H	宁德时代新能源科技股份有限公司	纯电动客车	30	
	磷酸铁锂	CB230	3.22	4.17	—	330	宁德时代新能源科技股份有限公司	531	250	1534	456	—	242.27	否	CEB-B70S/CEB-B70H	宁德时代新能源科技股份有限公司	纯电动客车	2	
	磷酸铁锂	CB230	3.22	4.17	—	348	宁德时代新能源科技股份有限公司	560	250	1612	456	—	255.48	否	CEB-B70S/CEB-B70H	宁德时代新能源科技股份有限公司	纯电动客车	100	
	磷酸铁锂	CB230	3.22	4.17	—	348	宁德时代新能源科技股份有限公司	560.28	456	1612	456	—	255.48	否	CEB-B70S/CEB-B70H	宁德时代新能源科技股份有限公司	纯电动客车	8	
	磷酸铁锂	CB230	3.22	4.17	—	348	宁德时代新能源科技股份有限公司	560.28	456	1612	456	—	255.48	否	CEB-B70S/CEB-B70H	宁德时代新能源科技股份有限公司	纯电动专用车	6	
	磷酸铁锂	CB230	3.22	4.17	—	366	宁德时代新能源科技股份有限公司	589.26	250	1690	456	—	268.7	否	CEB-B70S/CEB-B70H	宁德时代新能源科技股份有限公司	纯电动客车	59	

续上表

储能装置单体生产企业	储能装置种类	储能装置单体型号	储能装置单体标称电压(V)	储能装置单体质量(kg)	超级电容器单体标称静电容量(F)	储能装置单体数量	储能装置总成生产企业	储能装置总成标称电压(V)	储能装置总成额定输出电流(A)	储能装置总成质量(kg)	储能装置总成标称容量(Ah)	超级电容器总成标称静电容量(F)	储能装置总储电量(kWh)	动力蓄电池箱是否具有快换装置	车载能源管理系统型号(包括软件和硬件)	车载能源管理系统生产企业	配套车辆类型	2019年配套车型产量小计(辆)	2019年配套车型产量总计(辆)
	磷酸铁锂	CB230	3.22	4.17	—	96	宁德时代新能源科技股份有限公司	309	228	442	228	—	70.47	否	CEB-B70S/CEB-B70H	宁德时代新能源科技股份有限公司	纯电动客车	171	
	磷酸铁锂	CB230	3.22	4.17±0.3	—	156	宁德时代新能源科技股份有限公司	502	228	728	228	—	114.52	否	CEB-B70S/CEB-B70H	宁德时代新能源科技股份有限公司	纯电动客车	2	
	磷酸铁锂	CB230	3.22	4.17±0.3	—	156	宁德时代新能源科技股份有限公司	502.3	200	728	228	—	114.5	否	CEB-B70S/CEB-B70H	宁德时代新能源科技股份有限公司	纯电动客车	46	
	磷酸铁锂	CB230	3.22	4.17±0.3	—	156	宁德时代新能源科技股份有限公司	502.32	228	728	228	—	114.52	否	CEB-B70S/CEB-B70H	宁德时代新能源科技股份有限公司	纯电动客车	292	
	磷酸铁锂	CB230	3.22	4.17±0.3	—	156	宁德时代新能源科技股份有限公司	502.32	228	728±22	228	—	114.52	否	CEB-B70S/CEB-B70H	宁德时代新能源科技股份有限公司	纯电动客车	27	
	磷酸铁锂	CB230	3.22	4.17±0.3	—	156	宁德时代新能源科技股份有限公司	502.32	228	728	228	—	114.52	否	CEB-B70S/CEB-B70H	宁德时代新能源科技股份有限公司	纯电动客车	20	
	磷酸铁锂	CB230	3.22	4.17±0.3	—	165	宁德时代新能源科技股份有限公司	531.3	228	767	228	—	121.13	否	CEB-B70S/CEB-B70H	宁德时代新能源科技股份有限公司	纯电动客车	297	
	磷酸铁锂	CB230	3.22	4.17±0.3	—	165	宁德时代新能源科技股份有限公司	531.30	228	767	228	—	121.13	否	CEB-B70S/CEB-B70H	宁德时代新能源科技股份有限公司	纯电动客车	49	
	磷酸铁锂	CB230	3.22	4.17±0.3	—	165	宁德时代新能源科技股份有限公司	531.30	228	767	228	—	121.13	否	CEB-B70S/CEB-B70H	宁德时代新能源科技股份有限公司	纯电动客车	8	
	磷酸铁锂	CB230	3.22	4.17±0.3	—	174	宁德时代新能源科技股份有限公司	560.28	228	806	228	—	127.74	否	CEB-B70S/CEB-B70H	宁德时代新能源科技股份有限公司	纯电动客车	25	
	磷酸铁锂	CB230	3.22	4.17±0.3	—	174	宁德时代新能源科技股份有限公司	560.28	228	806	228	—	127.74	否	CEB-B70S/CEB-B70H	宁德时代新能源科技股份有限公司	燃料电池专用车	12	
	磷酸铁锂	CB230	3.22	4.17±0.3	—	174	宁德时代新能源科技股份有限公司	560.28	228	806±24.2	228	—	127.74	否	CEB-B70S/CEB-B70H	宁德时代新能源科技股份有限公司	纯电动客车	114	
	磷酸铁锂	CB230	3.22	4.17±0.3	—	183	宁德时代新能源科技股份有限公司	589.2	200	845	228	—	134.3	否	CEB-B70S/CEB-B70H	宁德时代新能源科技股份有限公司	纯电动客车	40	
	磷酸铁锂	CB230	3.22	4.17±0.3	—	183	宁德时代新能源科技股份有限公司	589.26	228	845	228	—	134.35	否	CEB-B70S/CEB-B70H	宁德时代新能源科技股份有限公司	纯电动客车	92	
	磷酸铁锂	CB230	3.22	4.17±0.3	—	183	宁德时代新能源科技股份有限公司	589.26	228	845±25.3	228	—	134.35	否	CEB-B70S/CEB-B70H	宁德时代新能源科技股份有限公司	纯电动客车	84	
	磷酸铁锂	CB230	3.22	4.17±0.3	—	192	宁德时代新能源科技股份有限公司	618.24	228	884	228	—	140.95	否	CEB-B70S/CEB-B70H	宁德时代新能源科技股份有限公司	纯电动客车	64	
宁德时代新能源科技股份有限公司	磷酸铁锂	CB230	3.22	4.17±0.3	—	192	宁德时代新能源科技股份有限公司	618.24	228	884	228	—	140.95	否	软件:CEB-B70S/硬件:CEB-B70H	宁德时代新能源科技股份有限公司	纯电动客车	16	534018
	磷酸铁锂	CB230	3.22	4.17±0.3	—	195	宁德时代新能源科技股份有限公司	627.9	228	910	228	—	143.16	否	CEB-B70S/CEB-B70H	宁德时代新能源科技股份有限公司	纯电动客车	9	
	磷酸铁锂	CB230	3.22	4.17±0.3	—	195	宁德时代新能源科技股份有限公司	627.9	228	910	228	—	143.16	否	CEB-B70S/CEB-B70H	宁德时代新能源科技股份有限公司	纯电动客车	22	
	磷酸铁锂	CB230	3.22	4.17±0.3	—	312	宁德时代新能源科技股份有限公司	502	250	1456	456	—	229.05	否	CEB-B70S/CEB-B70H	宁德时代新能源科技股份有限公司	纯电动客车	5	
	磷酸铁锂	CB230	3.22	4.17±0.3	—	312	宁德时代新能源科技股份有限公司	502.3	250	1456	456	—	229.05	否	CEB-B70S/CEB-B70H	宁德时代新能源科技股份有限公司	纯电动客车	46	
	磷酸铁锂	CB230	3.22	4.17±0.3	—	312	宁德时代新能源科技股份有限公司	502.32	250	1456	456	—	229.05	否	CEB-B70S/CEB-B70H	宁德时代新能源科技股份有限公司	纯电动客车	1584	
	磷酸铁锂	CB230	3.22	4.17±0.3	—	312	宁德时代新能源科技股份有限公司	502.32	250	1456	456	—	229.05	否	CEB-B70S/CEB-B70H	宁德时代新能源科技股份有限公司	纯电动客车	96	
	磷酸铁锂	CB230	3.22	4.17±0.3	—	312	宁德时代新能源科技股份有限公司	502.32	400	1456	456	—	229.05	否	CEB-B70S/CEB-B70H	宁德时代新能源科技股份有限公司	纯电动客车	12	
	磷酸铁锂	CB230	3.22	4.17±0.3	—	330	宁德时代新能源科技股份有限公司	531.3	250	1534	456	—	242.2	否	CEB-B70S/CEB-B70H	宁德时代新能源科技股份有限公司	纯电动客车	142	
	磷酸铁锂	CB230	3.22	4.17±0.3	—	330	宁德时代新能源科技股份有限公司	531.3	250	1534	456	—	242.27	否	CEB-B70S/CEB-B70H	宁德时代新能源科技股份有限公司	纯电动客车	39	
	磷酸铁锂	CB230	3.22	4.17±0.3	—	348	宁德时代新能源科技股份有限公司	560.2	250	1612	456	—	255.4	否	CEB-B70S/CEB-B70H	宁德时代新能源科技股份有限公司	纯电动客车	41	
	磷酸铁锂	CB230	3.22	4.17±0.3	—	348	宁德时代新能源科技股份有限公司	560.28	250	1612	456	—	255.48	否	CEB-B70S/CEB-B70H	宁德时代新能源科技股份有限公司	纯电动客车	224	
	磷酸铁锂	CB230	3.22	4.17±0.3	—	348	宁德时代新能源科技股份有限公司	560.28	250	1612±48.4	456	—	255.48	否	CEB-B70S/CEB-B70H	宁德时代新能源科技股份有限公司	纯电动客车	183	
	磷酸铁锂	CB230	3.22	4.17±0.3	—	348	宁德时代新能源科技股份有限公司	560.28	400	1612	456	—	255.48	否	CEB-B70S/CEB-B70H	宁德时代新能源科技股份有限公司	纯电动客车	33	
	磷酸铁锂	CB230	3.22	4.17±0.3	—	348,384	宁德时代新能源科技股份有限公司	560.2,618.2	250,250	1612,1768	456,456	—	255.4,281.9	否	CEB-B70S/CEB-B70H	宁德时代新能源科技股份有限公司	纯电动客车	40	
	磷酸铁锂	CB230	3.22	4.17±0.3	—	384	宁德时代新能源科技股份有限公司	618.24	250	1768	456	—	281.9	否	软件:CEB-B70S/硬件:CEB-B70H	宁德时代新能源科技股份有限公司	纯电动客车	15	
	磷酸铁锂	CB230	3.22	4.17±0.3	—	384	宁德时代新能源科技股份有限公司	618.24	250	1768	456	—	281.91	否	CEB-B70S/CEB-B70H	宁德时代新能源科技股份有限公司	纯电动客车	44	

续上表

储能装置单体生产企业	储能装置种类	储能装置单体型号	储能装置单体标称电压(V)	储能装置单体质量(kg)	超级电容器单体标称静电容量(F)	储能装置单体数量	储能装置总成生产企业	储能装置总成标称电压(V)	储能装置总成额定输出电流(A)	储能装置总成质量(kg)	储能装置总成标称容量(Ah)	超级电容器总成标称静电容量(F)	储能装置总储电量(kWh)	动力蓄电池箱是否具有快换装置	车载能源管理系统型号(包括软件和硬件)	车载能源管理系统生产企业	配套车辆类型	2019年配套车型产量小计(辆)	2019年配套车型产量总计(辆)
宁德时代新能源科技股份有限公司	磷酸铁锂	CB230	3.22	4.17±0.3	—	384	宁德时代新能源科技股份有限公司	618.24	450	1804	456	—	281.92	否	CEB-B70S/CEB-B70H	宁德时代新能源科技股份有限公司	纯电动专用车	33	534018
	磷酸铁锂	CB230	3.22	4.17±0.3	—	384	宁德时代新能源科技股份有限公司	618.24	456	1768	456	—	281.9	否	CEB-B70S/CEB-B70H	宁德时代新能源科技股份有限公司	纯电动客车	4	
	磷酸铁锂	CB230	3.22	4.17±0.3	—	576	宁德时代新能源科技股份有限公司	618.24	400	2695.6	684	—	422.88	否	CEB-B70S/CEB-B70H	宁德时代新能源科技股份有限公司	纯电动专用车	1	
	磷酸铁锂	CB230	3.22	4.17±0.3	—	配置1:192,配置2:165	宁德时代新能源科技股份有限公司	配置1:618,配置2:531	228	配置1:884,配置2:767	228	—	配置1:140.9,配置2:121.1	否	CEB-B70S/CEB-B70H	宁德时代新能源科技股份有限公司	纯电动客车	5	
	磷酸铁锂	CB230	3.22	4.17±0.3	—	312	宁德时代新能源科技股份有限公司	502.32	250	1456	456	—	229.05	否	CEB-B70S/CEB-B70H	宁德时代新能源科技股份有限公司	纯电动客车	17	
	磷酸铁锂	CB230	3.22	4.17±0.3	—	312	宁德时代新能源科技股份有限公司	502.32	250	1456	456	—	229.05	否	CEB-B70S/CEB-B70H	宁德时代新能源科技股份有限公司	纯电动客车	90	
	磷酸铁锂	CB240	3.22	5.46	—	120	宁德时代新能源科技股份有限公司	386	250	732	302	—	116.69	否	CEB-B70S/CEB-B70H	宁德时代新能源科技股份有限公司	纯电动客车	4	
	磷酸铁锂	CB240	3.22	5.46	—	160	宁德时代新能源科技股份有限公司	515.2	250	1094	302	—	155.59	否	CEB-B60SV01/CEB-B60H	宁德时代新能源科技股份有限公司	纯电动客车	13	
	磷酸铁锂	CB240	3.22	5.46	—	162	宁德时代新能源科技股份有限公司	522	250	983	302	—	157.53	否	CEB-B70S/CEB-B70H	宁德时代新能源科技股份有限公司	纯电动客车	14	
	磷酸铁锂	CB240	3.22	5.46	—	168	宁德时代新能源科技股份有限公司	541	250	1017	302	—	163.36	否	CEB-B70S/CEB-B70H	宁德时代新能源科技股份有限公司	纯电动客车	38	
	磷酸铁锂	CB240	3.22	5.46	—	168	宁德时代新能源科技股份有限公司	541	250	1017	302	—	163.36	否	软件:CEB-B70S/硬件:CEB-B70H	宁德时代新能源科技股份有限公司	纯电动客车	7	
	磷酸铁锂	CB240	3.22	5.46	—	180	宁德时代新能源科技股份有限公司	579.6	250	1085	302	—	175.03	否	CEB-B70S/CEB-B70H	宁德时代新能源科技股份有限公司	纯电动客车	8	
	磷酸铁锂	CB240	3.22	5.46	—	180	宁德时代新能源科技股份有限公司	580	250	1085	302	—	175.03	否	软件:CEB-B70S/硬件:CEB-B70H	宁德时代新能源科技股份有限公司	纯电动客车	22	
	磷酸铁锂	CB240	3.22	5.46	—	180	郑州深澜动力科技有限公司	579.6	250	1095	302	—	175.03	否	SL-B15SV01/SL-B15H	郑州深澜动力科技有限公司	纯电动客车	3	
	磷酸铁锂	CB240	3.22	5.46	—	186	宁德时代新能源科技股份有限公司	599	250	1132	302	—	180.87	否	CEB-B70S/CEB-B70H	宁德时代新能源科技股份有限公司	纯电动客车	72	
	磷酸铁锂	CB240	3.22	5.46	—	186	郑州深澜动力科技有限公司	598.92	250	1144	302	—	180.87	否	SL-B15SV01/SL-B15H	郑州深澜动力科技有限公司	纯电动客车	77	
	磷酸铁锂	CB240	3.22	5.46	—	192	宁德时代新能源科技股份有限公司	618	250	1166	302	—	186.7	否	CEB-B70S/CEB-B70H	宁德时代新能源科技股份有限公司	纯电动客车	32	
	磷酸铁锂	CB240	3.22	5.46	—	312	宁德时代新能源科技股份有限公司	502	250	1920	604	—	303.40	否	软件:CEB-B70S/硬件:CEB-B70H	宁德时代新能源科技股份有限公司	纯电动客车	116	
	磷酸铁锂	CB240	3.22	5.46	—	324	宁德时代新能源科技股份有限公司	521.64	250	1966	604	—	315.07	无	CEB-B70S/CEB-B70H	宁德时代新能源科技股份有限公司	纯电动客车	20	
	磷酸铁锂	CB240	3.22	5.46	—	324	宁德时代新能源科技股份有限公司	522	250	1966	604	—	315.07	否	CEB-B70S/CEB-B70H	宁德时代新能源科技股份有限公司	纯电动客车	78	
	磷酸铁锂	CB240	3.22	5.46	—	336	宁德时代新能源科技股份有限公司	540.96	250	2034	604	—	326.73	无	CEB-B70S/CEB-B70H	宁德时代新能源科技股份有限公司	纯电动客车	282	
	磷酸铁锂	CB240	3.22	5.46	—	336	宁德时代新能源科技股份有限公司	541	250	2034	604	—	326.73	否	CEB-B70S/CEB-B70H	宁德时代新能源科技股份有限公司	纯电动客车	5	
	磷酸铁锂	CB240	3.22	5.46	—	348	宁德时代新能源科技股份有限公司	560.28	500	2102	604	—	338.40	否	CEB-B70S/CEB-B70H	宁德时代新能源科技股份有限公司	纯电动客车	44	
	磷酸铁锂	CB240	3.22	5.46	—	360	宁德时代新能源科技股份有限公司	580	250	2170	604	—	350.07	否	软件:CEB-B70S/硬件:CEB-B70H	宁德时代新能源科技股份有限公司	纯电动客车	15	
	磷酸铁锂	CB240	3.22	5.46	—	360	郑州深澜动力科技有限公司	579.6	500	2190	604	—	350.07	否	SL-B15SV01/SL-B15H	郑州深澜动力科技有限公司	纯电动客车	60	
	磷酸铁锂	CB240	3.22	5.46	—	558	宁德时代新能源科技股份有限公司	599	500	3396	906	—	542.62	否	CEB-B70S/CEB-B70H	宁德时代新能源科技股份有限公司	纯电动客车	20	
	磷酸铁锂	CB240	3.22	5.46±0.3	—	156	宁德时代新能源科技股份有限公司	502.32	302	949	302	—	151.7	否	CEB-B70S/CEB-B70H	宁德时代新能源科技股份有限公司	纯电动客车	48	
	磷酸铁锂	CB240	3.22	5.46±0.3	—	162	宁德时代新能源科技股份有限公司	521.64	250	983	302	—	157.53	否	CEB-B70S/CEB-B70H	宁德时代新能源科技股份有限公司	纯电动客车	258	
	磷酸铁锂	CB240	3.22	5.46±0.3	—	162	宁德时代新能源科技股份有限公司	521.64	250	997	302	—	157.54	否	软件:CEB-B70S/硬件:CEB-B70H	宁德时代新能源科技股份有限公司	纯电动专用车	2	
	磷酸铁锂	CB240	3.22	5.46±0.3	—	168	宁德时代新能源科技股份有限公司	540.96	250	1017	302	—	163.36	否	CEB-B70S/CEB-B70H	宁德时代新能源科技股份有限公司	纯电动客车	98	
	磷酸铁锂	CB240	3.22	5.46±0.3	—	168	宁德时代新能源科技股份有限公司	540.96	250	1017±30.5	302	—	163.36	否	CEB-B70S/CEB-B70H	宁德时代新能源科技股份有限公司	纯电动客车	101	
	磷酸铁锂	CB240	3.22	5.46±0.3	—	180	宁德时代新能源科技股份有限公司	579.6	250	1085	302	—	175.03	否	CEB-B70S/CEB-B70H	宁德时代新能源科技股份有限公司	纯电动客车	8	
	磷酸铁锂	CB240	3.22	5.46±0.3	—	180	宁德时代新能源科技股份有限公司	580	250	1085	302	—	175.03	否	CEB-B70S/CEB-B70H	宁德时代新能源科技股份有限公司	纯电动客车	36	

续上表

储能装置单体生产企业	储能装置种类	储能装置单体型号	储能装置单体标称电压(V)	储能装置单体质量(kg)	超级电容器单体标称静电容量(F)	储能装置单体数量	储能装置总成生产企业	储能装置总成标称电压(V)	储能装置总成额定输出电流(A)	储能装置总成质量(kg)	储能装置总成标称容量(Ah)	超级电容器总成标称静电容量(F)	储能装置总储电量(kWh)	动力蓄电池箱是否具有快换装置	车载能源管理系统型号(包括软件和硬件)	车载能源管理系统生产企业	配套车辆类型	2019年配套车型产量小计(辆)	2019年配套车型产量总计(辆)
宁德时代新能源科技股份有限公司	磷酸铁锂	CB240	3.22	5.46±0.3	—	186	宁德时代新能源科技股份有限公司	598.92	250	1132	302	—	180.87	否	CEB-B70S/CEB-B70H	宁德时代新能源科技股份有限公司	纯电动客车	68	534018
	磷酸铁锂	CB240	3.22	5.46±0.3	—	186	宁德时代新能源科技股份有限公司	598.92	250	1132±34	302	—	180.87	否	CEB-B70S/CEB-B70H	宁德时代新能源科技股份有限公司	纯电动客车	79	
	磷酸铁锂	CB240	3.22	5.46±0.3	—	192	宁德时代新能源科技股份有限公司	618	250	1166	302	—	186.7	否	CEB-B70S/CEB-B70H	宁德时代新能源科技股份有限公司	纯电动客车	89	
	磷酸铁锂	CB240	3.22	5.46±0.3	—	192	宁德时代新能源科技股份有限公司	618.24	250	1166	302	—	186.7	否	CEB-B70S/CEB-B70H	宁德时代新能源科技股份有限公司	纯电动客车	28	
	磷酸铁锂	CB240	3.22	5.46±0.3	—	192	宁德时代新能源科技股份有限公司	618.24	250	1166	302	—	186.70	否	CEB-B70S/CEB-B70H	宁德时代新能源科技股份有限公司	纯电动客车	46	
	磷酸铁锂	CB240	3.22	5.46±0.3	—	192	宁德时代新能源科技股份有限公司	618.24	250	1166	302	—	186.708	否	CEB-B70S/CEB-B70H	宁德时代新能源科技股份有限公司	纯电动客车	6	
	磷酸铁锂	CB240	3.22	5.46±0.3	—	312	宁德时代新能源科技股份有限公司	502.3	250	1898	604	—	303.4	否	CEB-B70S/CEB-B70H	宁德时代新能源科技股份有限公司	纯电动客车	131	
	磷酸铁锂	CB240	3.22	5.46±0.3	—	312	宁德时代新能源科技股份有限公司	502.3	250	1898	604	—	303.401	否	CEB-B70S/CEB-B70H	宁德时代新能源科技股份有限公司	纯电动客车	9	
	磷酸铁锂	CB240	3.22	5.46±0.3	—	312	宁德时代新能源科技股份有限公司	502.32	250	1898	604	—	303.4	否	CEB-B70S/CEB-B70H	宁德时代新能源科技股份有限公司	纯电动客车	35	
	磷酸铁锂	CB240	3.22	5.46±0.3	—	312	宁德时代新能源科技股份有限公司	502.32	250	1898	604	—	303.40	否	CEB-B70S/CEB-B70H	宁德时代新能源科技股份有限公司	纯电动客车	430	
	磷酸铁锂	CB240	3.22	5.46±0.3	—	312	宁德时代新能源科技股份有限公司	502.32	400	1898	604	—	303.4	否	CEB-B70S/CEB-B70H	宁德时代新能源科技股份有限公司	纯电动客车	80	
	磷酸铁锂	CB240	3.22	5.46±0.3	—	324	宁德时代新能源科技股份有限公司	521.64	250	1966	604	—	315.07	否	CEB-B70S/CEB-B70H	宁德时代新能源科技股份有限公司	纯电动客车	555	
	磷酸铁锂	CB240	3.22	5.46±0.3	—	336	宁德时代新能源科技股份有限公司	540.96	250	2034±61	604	—	326.73	否	CEB-B70S/CEB-B70H	宁德时代新能源科技股份有限公司	纯电动客车	56	
	磷酸铁锂	CB240	3.22	5.46±0.3	—	348	宁德时代新能源科技股份有限公司	560.28	250	2102	604	—	338.4	否	CEB-B70S/CEB-B70H	宁德时代新能源科技股份有限公司	纯电动客车	25	
	磷酸铁锂	CB240	3.22	5.46±0.3	—	360	宁德时代新能源科技股份有限公司	579.6	250	2170	604	—	350.07	否	CEB-B70S/CEB-B70H	宁德时代新能源科技股份有限公司	纯电动客车	220	
	磷酸铁锂	CB240	3.22	5.46±0.3	—	360	宁德时代新能源科技股份有限公司	579.6	250	2170±65	604	—	350.07	否	CEB-B70S/CEB-B70H	宁德时代新能源科技股份有限公司	纯电动客车	128	
	磷酸铁锂	CB240	3.22	5.46±0.3	—	360	宁德时代新能源科技股份有限公司	580	250	2170	604	—	350.07	否	CEB-B70S/CEB-B70H	宁德时代新能源科技股份有限公司	纯电动客车	10	
	磷酸铁锂	CB240	3.22	5.46±0.3	—	378	宁德时代新能源科技股份有限公司	608.58	250	2340	604	—	367.58	否	CEB-B70S/CEB-B70H	宁德时代新能源科技股份有限公司	纯电动专用车	2	
	磷酸铁锂	CB240	3.22	5.46±0.3	—	348	宁德时代新能源科技股份有限公司	560	250	2102	604	—	338.4	否	CEB-B70S/CEB-B70H	宁德时代新能源科技股份有限公司	纯电动客车	1	
	磷酸铁锂	CB260	3.22	2.95	—	104	宁德时代新能源科技股份有限公司	335	150	364	150	—	50.23	否	CEC-B60S/CEC-B60H	宁德时代新能源科技股份有限公司	纯电动客车	3	
	磷酸铁锂	CB260	3.22	2.95	—	104	宁德时代新能源科技股份有限公司	335	150	364	150	—	50.23	否	CEC-B60S/CEC-B60H	宁德时代新能源科技股份有限公司	纯电动专用车	1	
	磷酸铁锂	CB260	3.22	2.95±0.3	—	168	宁德时代新能源科技股份有限公司	540	150	554	150	—	81.14	否	CEB-B70S/CEB-B70H	宁德时代新能源科技股份有限公司	纯电动专用车	87	
	磷酸铁锂	CB260	3.22	2.95±0.3	—	168	宁德时代新能源科技股份有限公司	540.96	150	554	150	—	81.14	否	软件:CEB-B70S/硬件:CEB-B70H	宁德时代新能源科技股份有限公司	纯电动专用车	6	
	磷酸铁锂	CB260	3.22	2.95±0.3	—	168	宁德时代新能源科技股份有限公司	540.96	150	554±16	150	—	81.14	否	CEB-B70S/CEB-B70H	宁德时代新能源科技股份有限公司	纯电动专用车	599	
	磷酸铁锂	CB260	3.22	2.95±0.3	—	168	宁德时代新能源科技股份有限公司	540.96	150	554±16	150	—	81.144	否	CEB-B70S/CEB-B70H	宁德时代新能源科技股份有限公司	纯电动专用车	1	
	磷酸铁锂	CB260	3.22	2.95±0.3	—	336	宁德时代新能源科技股份有限公司	540.96	300	1108±8	300	—	162.28	否	CEB-B70S/CEB-B70H	宁德时代新能源科技股份有限公司	纯电动专用车	1	
	磷酸铁锂	CB260	3.22	2.95±0.30	—	104	宁德时代新能源科技股份有限公司	334.88	150	363.6±10	150	—	50.23	否	CEC-B60S/CEC-B60H	宁德时代新能源科技股份有限公司	纯电动专用车	200	
	磷酸铁锂	CB260	3.22	2.95±0.30	—	104	宁德时代新能源科技股份有限公司	334.88	150	363.6±10	150	—	50.232	否	CEC-B60S/CEC-B60H	宁德时代新能源科技股份有限公司	纯电动专用车	361	
	磷酸铁锂	CB290	3.22	3.17	—	189	宁德时代新能源科技股份有限公司	608.58	157	672	157	—	95.54	否	CEB-B70S/CEB-B70H	宁德时代新能源科技股份有限公司	燃料电池客车	150	
	磷酸铁锂	CB290	3.22	3.17	—	342	宁德时代新能源科技股份有限公司	551	250	1224	314	—	172.89	否	CEB-B70S/CEB-B70H	宁德时代新能源科技股份有限公司	纯电动客车	26	
	磷酸铁锂	CB290	3.22	3.17	—	378	宁德时代新能源科技股份有限公司	608.58	250	1344	314	—	191.09	无	CEB-B70S/CEB-B70H	宁德时代新能源科技股份有限公司	纯电动客车	20	
	磷酸铁锂	CB300	3.22	4.13	—	384	宁德时代新能源科技股份有限公司	618.24	400	1776	418	—	258.42	否	CEB-B70S/CEB-B70H	宁德时代新能源科技股份有限公司	纯电动客车	40	

续上表

储能装置单体生产企业	储能装置种类	储能装置单体型号	储能装置单体标称电压(V)	储能装置单体质量(kg)	超级电容器单体标称静电容量(F)	储能装置单体数量	储能装置总成生产企业	储能装置总成标称电压(V)	储能装置总成额定输出电流(A)	储能装置总成质量(kg)	储能装置总成标称容量(Ah)	超级电容器总成标称静电容量(F)	储能装置总储电量(kWh)	动力蓄电池箱是否具有快换装置	车载能源管理系统型号(包括软件和硬件)	车载能源管理系统生产企业	配套车辆类型	2019年配套车型产量小计(辆)	2019年配套车型产量总计(辆)
宁德时代新能源科技股份有限公司	磷酸铁锂	CB300	3.22	4.13±0.3	—	384	宁德时代新能源科技股份有限公司	618.24	350	1776	418	—	258.42	否	CEB-B70S/CEB-B70H	宁德时代新能源科技股份有限公司	纯电动客车	10	534018
	磷酸铁锂	CB320	3.22	2.43	—	104	宁德时代新能源科技股份有限公司	334.88	125	308	125	—	41.86	否	CEC-B60S/CEC-B60H	宁德时代新能源科技股份有限公司	纯电动专用车	1	
	磷酸铁锂	CB320	3.22	2.43	—	104	宁德时代新能源科技股份有限公司	334.88	125	308	125	—	41.86	无	CEC-B60S/CEC-B60H	宁德时代新能源科技股份有限公司	纯电动专用车	2002	
	磷酸铁锂	CB320	3.22	2.43	—	104	宁德时代新能源科技股份有限公司	334.9	125	308	125	—	41.86	否	CEC-B60S/CEC-B60H	宁德时代新能源科技股份有限公司	纯电动专用车	760	
	磷酸铁锂	CB320	3.22	2.43±0.3	—	104	宁德时代新能源科技股份有限公司	334.88	125	308±9	125	—	41.86	否	软件:CEC-B60S/硬件:CEC-B60H	软件:宁德时代新能源科技股份有限公司,硬件:宁德时代新能源科技股份有限公司	纯电动专用车	2	
	磷酸铁锂	CB320	3.22	2.43±0.30	—	104	宁德时代新能源科技股份有限公司	334.88	125	308	125	—	41.86	否	CEC-B60S/CEC-B60H	宁德时代新能源科技股份有限公司	纯电动专用车	11	
	磷酸铁锂	CB320	3.22	2.43±0.30	—	104	宁德时代新能源科技股份有限公司	334.88	125	308	125	—	41.86	否	软件:CEC-B60S/硬件:CEC-B60H	宁德时代新能源科技股份有限公司	纯电动专用车	1013	
	磷酸铁锂	CB320	3.22	2.43±0.30	—	104	宁德时代新能源科技股份有限公司	334.88	125	308	125	—	41.86	无	软件:CEC-B60S/硬件:CEC-B60H	宁德时代新能源科技股份有限公司	纯电动乘用车	1147	
	磷酸铁锂	CB320	3.22	2.43±0.30	—	104	宁德时代新能源科技股份有限公司	334.88	125	308±9	125	—	41.86	否	CEC-B60S/CEC-B60H	宁德时代新能源科技股份有限公司	纯电动专用车	146	
	磷酸铁锂	CB320	3.22	2.43±0.30	—	104	宁德时代新能源科技股份有限公司	334.88	125	309	125	—	41.86	否	软件:CEC-B60S/硬件:CEC-B60H	宁德时代新能源科技股份有限公司	纯电动乘用车	5	
	磷酸铁锂	CB320	3.22	2.43±0.30	—	104	宁德时代新能源科技股份有限公司	334.88	125	309	125	—	41.86	否	CEC-B60S/CEC-B60H	宁德时代新能源科技股份有限公司	纯电动专用车	755	
	磷酸铁锂	CB320	3.22	2.43±0.30	—	104	宁德时代新能源科技股份有限公司	334.88	125	309±9	125	—	41.86	否	软件:CEC-B60S/硬件:CEC-B60H	宁德时代新能源科技股份有限公司	纯电动专用车	3220	
	磷酸铁锂	CB320	3.22	2.43±0.30	—	104	宁德时代新能源科技股份有限公司	334.88	125	309±9	125	—	41.86	否	软件:CEC-B60S/硬件:CEC-B60H	宁德时代新能源科技股份有限公司	纯电动乘用车	1118	
	磷酸铁锂	DAL0H2	3.2	3.06±0.3	—	—	宁德时代新能源科技股份有限公司	588.8	140	692±10	140	—	82.432	—	软件:CES-B60S/硬件:CES-B60H	宁德时代新能源科技股份有限公司	纯电动专用车	1	
	磷酸铁锂	DAL0H2	3.2	3.06±0.3	—	108	宁德时代新能源科技股份有限公司	345.6	140	420	140	—	48.38	否	软件:CES-B60S/硬件:CES-B60H	宁德时代新能源科技股份有限公司	纯电动专用车	23	
	磷酸铁锂	DAL0H2	3.2	3.06±0.3	—	184	宁德时代新能源科技股份有限公司	588.8	140	692	140	—	82.4	否	软件:CES-B60S/硬件:CES-B60H	宁德时代新能源科技股份有限公司	纯电动专用车	1	
	磷酸铁锂	DAL0H2	3.2	3.06±0.3	—	184	宁德时代新能源科技股份有限公司	588.8	140	692	140	—	82.43	否	软件:CES-B60S/硬件:CES-B60H	宁德时代新能源科技股份有限公司	纯电动专用车	11	
	磷酸铁锂	DAL0H2	3.2	3.06±0.30	—	176	宁德时代新能源科技股份有限公司	563.2	140	668	140	—	78.8	否	软件:CES-B60S/硬件:CES-B60H	宁德时代新能源科技股份有限公司	纯电动专用车	1	
	磷酸铁锂	DAL0H2	3.2	3.06±0.30	—	176	宁德时代新能源科技股份有限公司	563.2	140	668	140	—	78.8	否	软件:CES-B60S/硬件:CES-B60H	宁德时代新能源科技股份有限公司	纯电动专用车	16	
	磷酸铁锂	DAL0H2	3.2	3.06±0.30	—	46	宁德时代新能源科技股份有限公司	588.8	140	692	140	—	82.4	否	Etuck V6.0(软件:CES-B60S/硬件:CES-B60H)	宁德时代新能源科技股份有限公司	纯电动专用车	1	
	磷酸铁锂	DAL0H2	3.2	3.06	—	104	宁德时代新能源科技股份有限公司	332.8	140	396	140	—	46.6	否	软件:CES-B60S/硬件:CES-B60H	宁德时代新能源科技股份有限公司	纯电动专用车	1	
	磷酸铁锂	MFH3L7	3.2	3.8	—	198	宁德时代新能源科技股份有限公司	633.6	176	918	176	—	111.51	否	CEB-B60SV01/CEB-B60H	宁德时代新能源科技股份有限公司	纯电动客车	1	
	磷酸铁锂	MFH3L7	3.2	3.8	—	366	宁德时代新能源科技股份有限公司	585.6	250	1640	352	—	206.1	否	CEB-B60SV01/CEB-B60H	宁德时代新能源科技股份有限公司	纯电动客车	4	
	磷酸铁锂	MFH3L7	3.2	3.8	—	486	宁德时代新能源科技股份有限公司	518.4	528	2202	528	—	273.71	否	CEB-B60SV01/CEB-B60H	宁德时代新能源科技股份有限公司	纯电动专用车	1	
	磷酸铁锂	MFH3L7	3.2	3.8	—	576	宁德时代新能源科技股份有限公司	614.4	528	2568	528	—	324.40	否	CEB-B60SV01/CEB-B60H	宁德时代新能源科技股份有限公司	纯电动客车	5	
	磷酸铁锂	MFH3L7	3.2	3.8±0.3	—	96	宁德时代新能源科技股份有限公司	307.2	176	428	176	—	54	否	CEB-B60SV01/CEB-B60H	宁德时代新能源科技股份有限公司	纯电动客车	1	
	磷酸铁锂	MFH3L7	3.2	3.80±0.30	—	540	宁德时代新能源科技股份有限公司	576	250	2424	528	—	304.1	否	软件:CEB-B60SV01/硬件:CEB-B60H	宁德时代新能源科技股份有限公司	纯电动专用车	1	
	磷酸铁锂	MFH3L8	3.22	3.92	—	123	宁德时代新能源科技股份有限公司	396	202	562	202	—	80.00	否	CEB-B60SV01/CEB-B60H	宁德时代新能源科技股份有限公司	纯电动客车	45	
	磷酸铁锂	MFH3L8	3.22	3.92	—	126	宁德时代新能源科技股份有限公司	405.72	202	576	202	—	81.95	否	CEB-B60SV01/CEB-B60H	宁德时代新能源科技股份有限公司	纯电动专用车	8	
	磷酸铁锂	MFH3L8	3.22	3.92	—	132	宁德时代新能源科技股份有限公司	425.04	202	616	202	—	85.85	否	CEB-B60SV01/CEB-B60H	宁德时代新能源科技股份有限公司	纯电动客车	769	
	磷酸铁锂	MFH3L8	3.22	3.92	—	144	宁德时代新能源科技股份有限公司	464	202	648	202	—	93.66	否	CEB-B60SV01/CEB-B60H	宁德时代新能源科技股份有限公司	纯电动客车	66	
	磷酸铁锂	MFH3L8	3.22	3.92	—	156	宁德时代新能源科技股份有限公司	502	202	716	202	—	101.46	否	CEB-B60SV01/CEB-B60H	宁德时代新能源科技股份有限公司	燃料电池客车	1	

续上表

储能装置单体生产企业	储能装置种类	储能装置单体型号	储能装置单体标称电压(V)	储能装置单体质量(kg)	超级电容器单体标称静电容量(F)	储能装置单体数量	储能装置总成生产企业	储能装置总成标称电压(V)	储能装置总成额定输出电流(A)	储能装置总成质量(kg)	储能装置总成标称容量(Ah)	超级电容器总成标称静电容量(F)	储能装置总储电量(kWh)	动力蓄电池箱是否具有快换装置	车载能源管理系统型号(包括软件和硬件)	车载能源管理系统生产企业	配套车辆类型	2019年配套车型产量小计(辆)	2019年配套车型产量总计(辆)
宁德时代新能源科技股份有限公司	磷酸铁锂	MFH3L8	3.22	3.92	—	156	宁德时代新能源科技股份有限公司	502.32	202	716	202	—	101.46	否	CEB-B60SV01/CEB-B60H	宁德时代新能源科技股份有限公司	纯电动客车	1516	534018
	磷酸铁锂	MFH3L8	3.22	3.92	—	168	宁德时代新能源科技股份有限公司	540.96	202	768	202	—	109.27	否	软件:CEB-B60H/硬件:CEB-B60SV01	宁德时代新能源科技股份有限公司	纯电动客车	147	
	磷酸铁锂	MFH3L8	3.22	3.92	—	168	宁德时代新能源科技股份有限公司	541	202	768	202	—	109.27	否	CEB-B60SV01/CEB-B60H	宁德时代新能源科技股份有限公司	纯电动客车	114	
	磷酸铁锂	MFH3L8	3.22	3.92	—	168	宁德时代新能源科技股份有限公司	541	202	768	202	—	109.27	否	软件:CEB-B60SV01/硬件:CEB-B60H	宁德时代新能源科技股份有限公司	燃料电池客车	31	
	磷酸铁锂	MFH3L8	3.22	3.92	—	168	宁德时代新能源科技股份有限公司	541	202	768	202	—	109.273	否	CEB-B60SV01/CEB-B60H	宁德时代新能源科技股份有限公司	燃料电池客车	41	
	磷酸铁锂	MFH3L8	3.22	3.92	—	171	宁德时代新能源科技股份有限公司	550.62	202	778	202	—	111.22	否	CEB-B60SV01/CEB-B60H	宁德时代新能源科技股份有限公司	纯电动客车	493	
	磷酸铁锂	MFH3L8	3.22	3.92	—	171	宁德时代新能源科技股份有限公司	550.62	202	780	202	—	111.22	无	CEB-B60SV01/CEB-B60H	宁德时代新能源科技股份有限公司	纯电动客车	52	
	磷酸铁锂	MFH3L8	3.22	3.92	—	171	宁德时代新能源科技股份有限公司	551	202	780	202	—	111.22	否	CEB-B60SV01/CEB-B60H	宁德时代新能源科技股份有限公司	纯电动客车	193	
	磷酸铁锂	MFH3L8	3.22	3.92	—	177	宁德时代新能源科技股份有限公司	570	202	802	202	—	115.12	否	CEB-B60SV01/CEB-B60H	宁德时代新能源科技股份有限公司	纯电动客车	5	
	磷酸铁锂	MFH3L8	3.22	3.92	—	180	宁德时代新能源科技股份有限公司	579.6	202	816	202	—	117.07	否	CEB-B60SV01/CEB-B60H	宁德时代新能源科技股份有限公司	纯电动客车	152	
	磷酸铁锂	MFH3L8	3.22	3.92	—	180	宁德时代新能源科技股份有限公司	579.6	202	816	202	—	117.07	否	CEB-B60SV01/CEB-B60H	宁德时代新能源科技股份有限公司	燃料电池客车	32	
	磷酸铁锂	MFH3L8	3.22	3.92	—	189	宁德时代新能源科技股份有限公司	608.58	202	852	202	—	122.93	否	CEB-B60SV01/CEB-B60H	宁德时代新能源科技股份有限公司	纯电动客车	2017	
	磷酸铁锂	MFH3L8	3.22	3.92	—	189	宁德时代新能源科技股份有限公司	609	202	852	202	—	122.93	否	CEB-B60SV01/CEB-B60H	宁德时代新能源科技股份有限公司	纯电动客车	69	
	磷酸铁锂	MFH3L8	3.22	3.92	—	192	宁德时代新能源科技股份有限公司	618.24	202	864	202	—	124.88	否	CEB-B60SV01/CEB-B60H	宁德时代新能源科技股份有限公司	纯电动专用车	38	
	磷酸铁锂	MFH3L8	3.22	3.92	—	192	郑州深澜动力科技有限公司	618.24	202	896	202	—	124.88	否	SL-B10SV01/SL-B10H	郑州深澜动力科技有限公司	纯电动客车	805	
	磷酸铁锂	MFH3L8	3.22	3.92	—	288	宁德时代新能源科技股份有限公司	463.68	404	1296	404	—	187.32	否	CEB-B60SV01/CEB-B60H	宁德时代新能源科技股份有限公司	纯电动客车	836	
	磷酸铁锂	MFH3L8	3.22	3.92	—	288	郑州深澜动力科技有限公司	463.68	404	1344	404	—	187.32	否	YN-B50SV01/YN-B50H	惠州市亿能电子有限公司	纯电动客车	373	
	磷酸铁锂	MFH3L8	3.22	3.92	—	312	宁德时代新能源科技股份有限公司	502	250	1432	404	—	202.93	否	CEB-B60SV01/CEB-B60H	宁德时代新能源科技股份有限公司	纯电动客车	196	
	磷酸铁锂	MFH3L8	3.22	3.92	—	312	宁德时代新能源科技股份有限公司	502.32	404	1432	404	—	202.93	否	CEB-B60SV01/CEB-B60H	宁德时代新能源科技股份有限公司	纯电动客车	1579	
	磷酸铁锂	MFH3L8	3.22	3.92	—	312	宁德时代新能源科技股份有限公司	502.32	404	1432	404	—	202.93	否	CEB-B60SV01/CEB-B60H	宁德时代新能源科技股份有限公司	纯电动专用车	21	
	磷酸铁锂	MFH3L8	3.22	3.92	—	324	郑州深澜动力科技有限公司	521.64	404	1532	404	—	210.74	否	YN-B50SV01/YN-B50H	惠州市亿能电子有限公司	纯电动客车	351	
	磷酸铁锂	MFH3L8	3.22	3.92	—	336	宁德时代新能源科技股份有限公司	540.96	250	1536	404	—	218.54	否	软件:CEB-B60SV01/硬件:CEB-B60H	宁德时代新能源科技股份有限公司	纯电动客车	253	
	磷酸铁锂	MFH3L8	3.22	3.92	—	342	宁德时代新能源科技股份有限公司	550.6	250	1560	404	—	222.45	否	CEB-B60SV01/CEB-B60H	宁德时代新能源科技股份有限公司	纯电动客车	8	
	磷酸铁锂	MFH3L8	3.22	3.92	—	342	宁德时代新能源科技股份有限公司	550.62	250	1560	404	—	222.45	否	CEB-B60SV01/CEB-B60H	宁德时代新能源科技股份有限公司	纯电动客车	500	
	磷酸铁锂	MFH3L8	3.22	3.92	—	342	宁德时代新能源科技股份有限公司	550.62	250	1560	404	—	222.45	否	软件:CEB-B60H/硬件:CEB-B60SV01	宁德时代新能源科技股份有限公司	纯电动客车	1	
	磷酸铁锂	MFH3L8	3.22	3.92	—	342	宁德时代新能源科技股份有限公司	550.62	404	1560	404	—	222.45	否	CEB-B60SV01/CEB-B60H	宁德时代新能源科技股份有限公司	纯电动客车	1247	
	磷酸铁锂	MFH3L8	3.22	3.92	—	342	宁德时代新能源科技股份有限公司	551	250	1560	404	—	222.54	否	CEB-B60SV01/CEB-B60H	宁德时代新能源科技股份有限公司	纯电动客车	90	
	磷酸铁锂	MFH3L8	3.22	3.92	—	348	宁德时代新能源科技股份有限公司	560.28	404	1584	404	—	226.35	否	CEB-B60SV01/CEB-B60H	宁德时代新能源科技股份有限公司	纯电动客车	1418	
	磷酸铁锂	MFH3L8	3.22	3.92	—	384	宁德时代新能源科技股份有限公司	618	250	1728	404	—	249.76	否	CEB-B60SV01/CEB-B60H	宁德时代新能源科技股份有限公司	纯电动客车	190	
	磷酸铁锂	MFH3L8	3.22	3.92	—	384	宁德时代新能源科技股份有限公司	618	250	1728	404	—	249.76	否	软件:CEB-B60SV01/硬件:CEB-B60H	宁德时代新能源科技股份有限公司	纯电动客车	51	
	磷酸铁锂	MFH3L8	3.22	3.92	—	384	宁德时代新能源科技股份有限公司	618.24	250	1728	404	—	249.76	否	CEB-B60SV01/CEB-B60H	宁德时代新能源科技股份有限公司	纯电动客车	10	
	磷酸铁锂	MFH3L8	3.22	3.92	—	384	宁德时代新能源科技股份有限公司	618.24	250	1728	404	—	249.76	否	软件:CEB-B60SV01/硬件:CEB-B60H	宁德时代新能源科技股份有限公司	纯电动客车	40	
	磷酸铁锂	MFH3L8	3.22	3.92	—	384	宁德时代新能源科技股份有限公司	618.24	404	1728	404	—	249.76	否	CEB-B60SV01/CEB-B60H	宁德时代新能源科技股份有限公司	纯电动专用车	66	

续上表

储能装置单体生产企业	储能装置种类	储能装置单体型号	储能装置单体标称电压(V)	储能装置单体质量(kg)	超级电容器单体标称静电容量(F)	储能装置单体数量	储能装置总成生产企业	储能装置总成标称电压(V)	储能装置总成额定输出电流(A)	储能装置总成质量(kg)	储能装置总成标称容量(Ah)	超级电容器总成标称静电容量(F)	储能装置总储电量(kWh)	动力蓄电池箱是否具有快换装置	车载能源管理系统型号(包括软件和硬件)	车载能源管理系统生产企业	配套车辆类型	2019年配套车型产量小计(辆)	2019年配套车型产量总计(辆)
宁德时代新能源科技股份有限公司	磷酸铁锂	MFH3L8	3.22	3.92	—	42	宁德时代新能源科技股份有限公司	135.24	202	192	202	—	27.31	否	CEB-B60SV01/CEB-B60H	宁德时代新能源科技股份有限公司	纯电动专用车	1	534018
	磷酸铁锂	MFH3L8	3.22	3.92	—	513	宁德时代新能源科技股份有限公司	550.62	606	2340	606	—	333.67	否	CEB-B60SV01/CEB-B60H	宁德时代新能源科技股份有限公司	纯电动客车	98	
	磷酸铁锂	MFH3L8	3.22	3.92	—	531	郑州深澜动力科技有限公司	569.94	606	2493	606	—	345.38	否	YN-B50SV01/YN-B50H	惠州市亿能电子有限公司	纯电动客车	140	
	磷酸铁锂	MFH3L8	3.22	3.92	—	540	宁德时代新能源科技股份有限公司	579.6	606	2448	606	—	351.23	否	CEB-B60SV01/CEB-B60H	宁德时代新能源科技股份有限公司	纯电动客车	505	
	磷酸铁锂	MFH3L8	3.22	3.92	—	576	宁德时代新能源科技股份有限公司	618	250	2592	606	—	374.65	否	软件:CEB-B60SV01/硬件:CEB-B60H	宁德时代新能源科技股份有限公司	纯电动客车	6	
	磷酸铁锂	MFH3L8	3.22	3.92	—	90	宁德时代新能源科技股份有限公司	289.8	202	408	202	—	58.53	否	CEB-B60SV01/CEB-B60H	宁德时代新能源科技股份有限公司	纯电动专用车	75	
	磷酸铁锂	MFH3L8	3.22	3.92±0.2	—	156	宁德时代新能源科技股份有限公司	502.32	202	716	202	—	101.46	否	CEB-B60SV01/CEB-B60H	宁德时代新能源科技股份有限公司	纯电动客车	82	
	磷酸铁锂	MFH3L8	3.22	3.92±0.2	—	171	宁德时代新能源科技股份有限公司	550.62	202	780	202	—	111.22	否	CEB-B60SV01/CEB-B60H	宁德时代新能源科技股份有限公司	纯电动客车	84	
	磷酸铁锂	MFH3L8	3.22	3.92±0.2	—	180	宁德时代新能源科技股份有限公司	579.6	200	816	202	—	117.07	否	CEB-B60SV01/CEB-B60H	宁德时代新能源科技股份有限公司	纯电动客车	120	
	磷酸铁锂	MFH3L8	3.22	3.92±0.2	—	288	宁德时代新能源科技股份有限公司	463.68	250	1296	404	—	187.3	否	CEB-B60SV01/CEB-B60H	宁德时代新能源科技股份有限公司	纯电动客车	108	
	磷酸铁锂	MFH3L8	3.22	3.92±0.2	—	294	宁德时代新能源科技股份有限公司	473.3	250	1356	404	—	191.22	否	CEB-B60SV01/CEB-B60H	宁德时代新能源科技股份有限公司	纯电动客车	57	
	磷酸铁锂	MFH3L8	3.22	3.92±0.2	—	312	宁德时代新能源科技股份有限公司	502.32	250	1432	404	—	202.93	否	CEB-B60SV01/CEB-B60H	宁德时代新能源科技股份有限公司	纯电动客车	188	
	磷酸铁锂	MFH3L8	3.22	3.92±0.2	—	336	宁德时代新能源科技股份有限公司	540	300	1536	404	—	218.54	否	CEB-B60SV01/CEB-B60H	宁德时代新能源科技股份有限公司	纯电动专用车	3	
	磷酸铁锂	MFH3L8	3.22	3.92±0.2	—	336	宁德时代新能源科技股份有限公司	540.96	250	1536	404	—	218.55	否	CEB-B60SV01/CEB-B60H	宁德时代新能源科技股份有限公司	纯电动专用车	219	
	磷酸铁锂	MFH3L8	3.22	3.92±0.2	—	336	宁德时代新能源科技股份有限公司	540.96	250	1536	404	—	218.55	否	软件:CEB-B60SV01/硬件:CEB-B60H	宁德时代新能源科技股份有限公司	纯电动专用车	28	
	磷酸铁锂	MFH3L8	3.22	3.92±0.2	—	336	宁德时代新能源科技股份有限公司	540.96	404	1536	404	—	218.54	否	充电插头:HVCOM;充电插座:HVCO/HVCOF;充电插头:YGC762-EV-P9P-250;充电插座:YGC762-EV-S9RA-250	安费诺精密连接器(深圳)有限公司,四川永贵科技有限公司	纯电动专用车	1	
	磷酸铁锂	MFH3L8	3.22	3.92±0.2	—	336	宁德时代新能源科技股份有限公司	540.96	404	1536	404	—	218.54	否	软件:CES-B60S/硬件:CES-B60H	宁德时代新能源科技股份有限公司	纯电动专用车	27	
	磷酸铁锂	MFH3L8	3.22	3.92±0.2	—	342	宁德时代新能源科技股份有限公司	550.62	250	1560	404	—	222.45	否	CEB-B60SV01/CEB-B60H	宁德时代新能源科技股份有限公司	纯电动客车	499	
	磷酸铁锂	MFH3L8	3.22	3.92±0.2	—	360	宁德时代新能源科技股份有限公司	579.6	400	1632	404	—	234.16	否	软件:CEB-B60SV01/硬件:CEB-60H	宁德时代新能源科技股份有限公司	纯电动专用车	18	
	磷酸铁锂	MFH3L8	3.22	3.92±0.2	—	372	宁德时代新能源科技股份有限公司	598.92	250	1680	404	—	241.96	否	CEB-B60SV01/CEB-B60H	宁德时代新能源科技股份有限公司	纯电动客车	6	
	磷酸铁锂	MFH3L8	3.22	3.92±0.2	—	384	宁德时代新能源科技股份有限公司	618.24	250	1728	404	—	249.76	否	CEB-B60SV01/CEB-B60H	宁德时代新能源科技股份有限公司	纯电动客车	561	
	磷酸铁锂	MFH3L8	3.22	3.92±0.20	—	120	宁德时代新能源科技股份有限公司	386.4	202	556	202	—	78.05	否	CEB-B60SV01/CEB-B60H	宁德时代新能源科技股份有限公司	纯电动专用车	159	
	磷酸铁锂	MFH3L8	3.22	3.92±0.20	—	129	宁德时代新能源科技股份有限公司	415.38	202	586	202	—	83.9	否	CEB-B60SV01/CEB-B60H	宁德时代新能源科技股份有限公司	纯电动客车	24	
	磷酸铁锂	MFH3L8	3.22	3.92±0.20	—	132	宁德时代新能源科技股份有限公司	425.04	202	600	202	—	85.85	否	CEB-B60SV01/CEB-B60H	宁德时代新能源科技股份有限公司	纯电动客车	74	
	磷酸铁锂	MFH3L8	3.22	3.92±0.20	—	132	宁德时代新能源科技股份有限公司	425.04	202	616	202	—	85.85	否	CEB-B60SV01/CEB-B60H	宁德时代新能源科技股份有限公司	纯电动客车	391	
	磷酸铁锂	MFH3L8	3.22	3.92±0.20	—	132	宁德时代新能源科技股份有限公司	425.04	202	616	202	—	85.85	否	CEB-B60SV01/CEB-B60H	宁德时代新能源科技股份有限公司	纯电动专用车	147	
	磷酸铁锂	MFH3L8	3.22	3.92±0.20	—	135	宁德时代新能源科技股份有限公司	434.7	202	612	202	—	87.8	—	CEB-B60SV01/CEB-B60H	宁德时代新能源科技股份有限公司	纯电动客车	65	
	磷酸铁锂	MFH3L8	3.22	3.92±0.20	—	135	宁德时代新能源科技股份有限公司	434.7	202	612	202	—	87.809	否	CEB-B60SV01/CEB-B60H	宁德时代新能源科技股份有限公司	纯电动客车	243	
	磷酸铁锂	MFH3L8	3.22	3.92±0.20	—	144	宁德时代新能源科技股份有限公司	463.68	200	648	202	—	93.66	否	CEB-B60SV01/CEB-B60H	宁德时代新能源科技股份有限公司	纯电动客车	21	
	磷酸铁锂	MFH3L8	3.22	3.92±0.20	—	144	宁德时代新能源科技股份有限公司	463.68	202	648	202	—	93.66	否	CEB-B60SV01/CEB-B60H	宁德时代新能源科技股份有限公司	纯电动客车	1	
	磷酸铁锂	MFH3L8	3.22	3.92±0.20	—	144	宁德时代新能源科技股份有限公司	463.68	202	648	202	—	93.66	否	CEB-B60SV01/CEB-B60H	宁德时代新能源科技股份有限公司	纯电动客车	83	
	磷酸铁锂	MFH3L8	3.22	3.92±0.20	—	144	宁德时代新能源科技股份有限公司	463.68	202	648	202	—	93.663	否	CEB-B60SV01/CEB-B60H	宁德时代新能源科技股份有限公司	纯电动客车	39	

续上表

储能装置单体生产企业	储能装置种类	储能装置单体型号	储能装置单体标称电压(V)	储能装置单体质量(kg)	超级电容器单体标称静电容量(F)	储能装置单体数量	储能装置总成生产企业	储能装置总成标称电压(V)	储能装置总成额定输出电流(A)	储能装置总成质量(kg)	储能装置总成标称容量(Ah)	超级电容器总成标称静电容量(F)	储能装置总储电量(kWh)	动力蓄电池箱是否具有快换装置	车载能源管理系统型号(包括软件和硬件)	车载能源管理系统生产企业	配套车辆类型	2019年配套车型产量小计(辆)	2019年配套车型产量总计(辆)
宁德时代新能源科技股份有限公司	磷酸铁锂	MFH3L8	3.22	3.92±0.20	—	156	宁德时代新能源科技股份有限公司	502.3	200	716	202	—	101.46	否	CEB-B60SV01/CEB-B60H	宁德时代新能源科技股份有限公司	纯电动客车	42	534018
	磷酸铁锂	MFH3L8	3.22	3.92±0.20	—	156	宁德时代新能源科技股份有限公司	502.32	202	716	202	—	101.46	否	CEB-B60SV01/CEB-B60H	宁德时代新能源科技股份有限公司	纯电动客车	107	
	磷酸铁锂	MFH3L8	3.22	3.92±0.20	—	156	宁德时代新能源科技股份有限公司	502.32	202	716	202	—	101.46	否	CEB-B60SV01/CEB-B60H	宁德时代新能源科技股份有限公司	纯电动专用车	1	
	磷酸铁锂	MFH3L8	3.22	3.92±0.20	—	168	宁德时代新能源科技股份有限公司	540.96	200	801.6	202	—	109.27	否	CEB-B60SV01/CEB-B60H	宁德时代新能源科技股份有限公司	纯电动客车	18	
	磷酸铁锂	MFH3L8	3.22	3.92±0.20	—	168	宁德时代新能源科技股份有限公司	540.96	202	768	202	—	109.27	否	CEB-B60SV01/CEB-B60H	宁德时代新能源科技股份有限公司	纯电动客车	243	
	磷酸铁锂	MFH3L8	3.22	3.92±0.20	—	168	宁德时代新能源科技股份有限公司	540.96	202	768	202	—	109.27	否	CEB-B60SV01/CEB-B60H	宁德时代新能源科技股份有限公司	纯电动客车	137	
	磷酸铁锂	MFH3L8	3.22	3.92±0.20	—	168	宁德时代新能源科技股份有限公司	540.96	202	768	202	—	109.27	否	软件:CEB-B60SV01/硬件:CEB-B60H	宁德时代新能源科技股份有限公司	纯电动客车	55	
	磷酸铁锂	MFH3L8	3.22	3.92±0.20	—	171	宁德时代新能源科技股份有限公司	550.62	202	780	202	—	111.22	否	CEB-B60SV01/CEB-B60H	宁德时代新能源科技股份有限公司	纯电动客车	219	
	磷酸铁锂	MFH3L8	3.22	3.92±0.20	—	171	宁德时代新能源科技股份有限公司	551	202	780	202	—	111.22	否	CEB-B60SV01/CEB-B60H	宁德时代新能源科技股份有限公司	燃料电池客车	5	
	磷酸铁锂	MFH3L8	3.22	3.92±0.20	—	171	宁德时代新能源科技股份有限公司,北京普莱德新能源电池科技有限公司	550.62	202	780,787	202	—	111.22	否	CEB-B60SV01/CEB-B60H,b.02b.1801.001/PBMA001-01A	宁德时代新能源科技股份有限公司,北京普莱德新能源电池科技有限公司	纯电动客车	22	
	磷酸铁锂	MFH3L8	3.22	3.92±0.20	—	174	宁德时代新能源科技股份有限公司	560.28	202	792	202	—	113.176	否	CEB-B60SV01/CEB-B60H	宁德时代新能源科技股份有限公司	纯电动客车	577	
	磷酸铁锂	MFH3L8	3.22	3.92±0.20	—	177	宁德时代新能源科技股份有限公司	570	202	804	202	—	115	—	CEB-B60SV01/CEB-B60H	宁德时代新能源科技股份有限公司	纯电动专用车	2	
	磷酸铁锂	MFH3L8	3.22	3.92±0.20	—	180	宁德时代新能源科技股份有限公司	579.6	202	816	202	—	117.079	否	CEB-B60SV01/CEB-B60H	宁德时代新能源科技股份有限公司	纯电动客车	170	
	磷酸铁锂	MFH3L8	3.22	3.92±0.20	—	186	宁德时代新能源科技股份有限公司	598.92	200	840	202	—	120.98	否	CEB-B60SV01/CEB-B60H	宁德时代新能源科技股份有限公司	纯电动客车	8	
	磷酸铁锂	MFH3L8	3.22	3.92±0.20	—	186	宁德时代新能源科技股份有限公司	598.92	202	840	202	—	120.98	否	软件:CEB-B60SV01/硬件:CEB-B60H	宁德时代新能源科技股份有限公司	纯电动客车	91	
	磷酸铁锂	MFH3L8	3.22	3.92±0.20	—	189	宁德时代新能源科技股份有限公司	608.58	202	852	202	—	122.93	否	CEB-B60SV01/CEB-B60H	宁德时代新能源科技股份有限公司	纯电动客车	155	
	磷酸铁锂	MFH3L8	3.22	3.92±0.20	—	192	宁德时代新能源科技股份有限公司	618.24	202	864	202	—	124.88	否	CEB-B60SV01/CEB-B60H	宁德时代新能源科技股份有限公司	纯电动客车	178	
	磷酸铁锂	MFH3L8	3.22	3.92±0.20	—	192	宁德时代新能源科技股份有限公司	618.24	202	864	202	—	124.88	否	CEB-B60SV01/CEB-B60H	宁德时代新能源科技股份有限公司	纯电动专用车	4	
	磷酸铁锂	MFH3L8	3.22	3.92±0.20	—	192	宁德时代新能源科技股份有限公司	618.24	202	864	202	—	124.884	否	CEB-B60SV01/CEB-B60H	宁德时代新能源科技股份有限公司	纯电动客车	18	
	磷酸铁锂	MFH3L8	3.22	3.92±0.20	—	288	宁德时代新能源科技股份有限公司	463.68	250	1296	404	—	187.32	否	CEB-B60SV01/CEB-B60H	宁德时代新能源科技股份有限公司	纯电动客车	174	
	磷酸铁锂	MFH3L8	3.22	3.92±0.20	—	288	宁德时代新能源科技股份有限公司	463.68	250	1296	404	—	187.326	否	CEB-B60SV01/CEB-B60H	宁德时代新能源科技股份有限公司	纯电动客车	268	
	磷酸铁锂	MFH3L8	3.22	3.92±0.20	—	312	宁德时代新能源科技股份有限公司	502.32	250	1432	404	—	202.93	否	CEB-B60SV01/CEB-B60H	宁德时代新能源科技股份有限公司	纯电动客车	719	
	磷酸铁锂	MFH3L8	3.22	3.92±0.20	—	330	宁德时代新能源科技股份有限公司	531.3	250	1540±46	404	—	214.645	否	CEB-B60SV01/CEB-B60H	宁德时代新能源科技股份有限公司	纯电动专用车	1	
	磷酸铁锂	MFH3L8	3.22	3.92±0.20	—	336	北京普莱德新能源电池科技有限公司,宁德时代新能源科技股份有限公司	540.96	250	配置1:1544,配置2:1536	404	—	218.54	否	b.02b.1801.001/PBMA001-01A,CEB-B60SV01/CEB-B60H	北京普莱德新能源电池科技有限公司,宁德时代新能源科技股份有限公司	纯电动客车	20	
	磷酸铁锂	MFH3L8	3.22	3.92±0.20	—	336	宁德时代新能源科技股份有限公司	540	300	1536	404	—	218.54	否	CEB-B60SV01/CEB-B60H	宁德时代新能源科技股份有限公司	纯电动专用车	31	
	磷酸铁锂	MFH3L8	3.22	3.92±0.20	—	336	宁德时代新能源科技股份有限公司	540.96	250	1536	404	—	218.5	否	CEB-B60SV01/CEB-B60H	宁德时代新能源科技股份有限公司	纯电动专用车	2	
	磷酸铁锂	MFH3L8	3.22	3.92±0.20	—	336	宁德时代新能源科技股份有限公司	540.96	250	1536	404	—	218.54	否	CEB-B60SV01/CEB-B60H	宁德时代新能源科技股份有限公司	纯电动客车	33	
	磷酸铁锂	MFH3L8	3.22	3.92±0.20	—	336	宁德时代新能源科技股份有限公司	540.96	250	1536	404	—	218.54	否	CEB-B60SV01/CEB-B60H	宁德时代新能源科技股份有限公司	纯电动客车	514	
	磷酸铁锂	MFH3L8	3.22	3.92±0.20	—	336	宁德时代新能源科技股份有限公司	540.96	250	1536	404	—	218.54	否	CEB-B60SV01/CEB-B60H	宁德时代新能源科技股份有限公司	纯电动专用车	2	
	磷酸铁锂	MFH3L8	3.22	3.92±0.20	—	336	宁德时代新能源科技股份有限公司	540.96	250	1536	404	—	218.54	否	软件:CEB-B60SV01/硬件:CEB-B60H	宁德时代新能源科技股份有限公司	纯电动客车	203	
	磷酸铁锂	MFH3L8	3.22	3.92±0.20	—	336	宁德时代新能源科技股份有限公司	540.96	250	1536	404	—	218.54	否	软件:CEB-B60SV01/硬件:CEB-B60H	宁德时代新能源科技股份有限公司	纯电动专用车	1	

续上表

储能装置单体生产企业	储能装置种类	储能装置单体型号	储能装置单体标称电压(V)	储能装置单体质量(kg)	超级电容器单体标称静电容量(F)	储能装置单体数量	储能装置总成生产企业	储能装置总成标称电压(V)	储能装置总成额定输出电流(A)	储能装置总成质量(kg)	储能装置总成标称容量(Ah)	超级电容器总成标称静电容量(F)	储能装置总储电量(kWh)	动力蓄电池箱是否具有快换装置	车载能源管理系统型号（包括软件和硬件）	车载能源管理系统生产企业	配套车辆类型	2019年配套车型产量小计(辆)	2019年配套车型产量总计(辆)
宁德时代新能源科技股份有限公司	磷酸铁锂	MFH3L8	3.22	3.92±0.20	—	336	宁德时代新能源科技股份有限公司	540.96	250	1536	404	—	218.547	否	CEB-B60SV01/CEB-B60H	宁德时代新能源科技股份有限公司	纯电动客车	232	534018
	磷酸铁锂	MFH3L8	3.22	3.92±0.20	—	336	宁德时代新能源科技股份有限公司	540.96	280	1536±45.6	404	—	218.54	否	CEB-B60SV01/CEB-B60H	宁德时代新能源科技股份有限公司	纯电动客车	230	
	磷酸铁锂	MFH3L8	3.22	3.92±0.20	—	336	宁德时代新能源科技股份有限公司	540.96	400	1536	404	—	218.55	否	CEB-B60SV01/CEB-B60H	宁德时代新能源科技股份有限公司	纯电动专用车	1	
	磷酸铁锂	MFH3L8	3.22	3.92±0.20	—	336	宁德时代新能源科技股份有限公司	541	250	1536	404	—	218.54	否	CEB-B60SV01/CEB-B60H	宁德时代新能源科技股份有限公司	纯电动客车	482	
	磷酸铁锂	MFH3L8	3.22	3.92±0.20	—	336,384	北京普莱德新能源电池科技有限公司	540.96,618.24	250	1544,1768	404	—	218.54,249.76	否	b.02b.1801.001/PBMA001-01A	北京普莱德新能源电池科技有限公司	纯电动客车	12	
	磷酸铁锂	MFH3L8	3.22	3.92±0.20	—	342	北京普莱德新能源电池科技有限公司,宁德时代新能源科技股份有限公司	550.62	250	配置1:1574,配置2:1560	404	—	222.45	否	b.02b.1801.001/PBMA001-01A,CEB-B60SV01/CEB-B60H	北京普莱德新能源电池科技有限公司,宁德时代新能源科技股份有限公司	纯电动客车	20	
	磷酸铁锂	MFH3L8	3.22	3.92±0.20	—	342	宁德时代新能源科技股份有限公司	550.62	250	1560	404	—	222.45	否	CEB-B60SV01/CEB-B60H	宁德时代新能源科技股份有限公司	纯电动客车	60	
	磷酸铁锂	MFH3L8	3.22	3.92±0.20	—	348	宁德时代新能源科技股份有限公司	560.28	250	1584	404	—	226.35	否	软件:CEB-B60SV01/硬件:CEB-B60H	宁德时代新能源科技股份有限公司/宁德时代新能源科技股份有限公司	纯电动客车	30	
	磷酸铁锂	MFH3L8	3.22	3.92±0.20	—	348	宁德时代新能源科技股份有限公司	560.28	250	1584	404	—	226.35	否	CEB-B60SV01/CEB-B60H	宁德时代新能源科技股份有限公司	纯电动客车	3	
	磷酸铁锂	MFH3L8	3.22	3.92±0.20	—	348	宁德时代新能源科技股份有限公司	560.28	250	1584	404	—	226.353	否	CEB-B60SV01/CEB-B60H	宁德时代新能源科技股份有限公司	纯电动客车	85	
	磷酸铁锂	MFH3L8	3.22	3.92±0.20	—	354	宁德时代新能源科技股份有限公司	569.94	250	1608	404	—	230.25	否	CEB-B60SV01/CEB-B60H	宁德时代新能源科技股份有限公司	纯电动客车	50	
	磷酸铁锂	MFH3L8	3.22	3.92±0.20	—	360	宁德时代新能源科技股份有限公司	579.6	250	1632	404	—	234.15	否	CEB-B60SV01/CEB-B60H	宁德时代新能源科技股份有限公司	纯电动客车	53	
	磷酸铁锂	MFH3L8	3.22	3.92±0.20	—	360	宁德时代新能源科技股份有限公司	579.6	250	1632	404	—	234.158	否	CEB-B60SV01/CEB-B60H	宁德时代新能源科技股份有限公司	纯电动客车	20	
	磷酸铁锂	MFH3L8	3.22	3.92±0.20	—	360	宁德时代新能源科技股份有限公司	579.6	404	1632	404	—	234.15	否	软件:CES-B60S/硬件:CES-B60H	宁德时代新能源科技股份有限公司	纯电动专用车	1	
	磷酸铁锂	MFH3L8	3.22	3.92±0.20	—	366	宁德时代新能源科技股份有限公司	589.26	250	1656	404	—	238.06	否	软件:CEB-B60SV01/硬件:CEB-B60H	宁德时代新能源科技股份有限公司	纯电动客车	5	
	磷酸铁锂	MFH3L8	3.22	3.92±0.20	—	372	宁德时代新能源科技股份有限公司	598.92	250	1680	404	—	241.96	否	软件:CEB-B60SV01/硬件:CEB-B60H	宁德时代新能源科技股份有限公司	纯电动专用车	4	
	磷酸铁锂	MFH3L8	3.22	3.92±0.20	—	372	宁德时代新能源科技股份有限公司	598.92	250	1680	404	—	241.96	否	软件:CEB-B60SV01/硬件:CEB-B60H	宁德时代新能源科技股份有限公司	纯电动专用车	1	
	磷酸铁锂	MFH3L8	3.22	3.92±0.20	—	372	宁德时代新能源科技股份有限公司	598.92	250	1680	404	—	241.96	否	CEB-B60SV01/CEB-B60H	宁德时代新能源科技股份有限公司	纯电动客车	20	
	磷酸铁锂	MFH3L8	3.22	3.92±0.20	—	372	宁德时代新能源科技股份有限公司	598.92	250	1680	404	—	241.96	无	CEB-B60SV01/CEB-B60H	宁德时代新能源科技股份有限公司	纯电动客车	182	
	磷酸铁锂	MFH3L8	3.22	3.92±0.20	—	384	北京普莱德新能源电池科技有限公司	618.2	250	1768	404	—	249.76	否	b.02b.1801.001/PBMA001-01A	北京普莱德新能源电池科技有限公司	纯电动客车	100	
	磷酸铁锂	MFH3L8	3.22	3.92±0.20	—	384	北京普莱德新能源电池科技有限公司,宁德时代新能源科技股份有限公司	618.24	250	配置1:1768,配置2:1728	404	—	249.76	否	b.02b.1801.001/PBMA001-01A,CEB-B60SV01/CEB-B60H	北京普莱德新能源电池科技有限公司,宁德时代新能源科技股份有限公司	纯电动客车	1	
	磷酸铁锂	MFH3L8	3.22	3.92±0.20	—	384	宁德时代新能源科技股份有限公司	618	404	1728	404	—	249.7	否	软件:CEB-B60SV01/硬件:CEB-B60H	宁德时代新能源科技股份有限公司	纯电动专用车	20	
	磷酸铁锂	MFH3L8	3.22	3.92±0.20	—	384	宁德时代新能源科技股份有限公司	618.24	250	1728	404	—	249.76	否	CEB-B60SV01/CEB-B60H	宁德时代新能源科技股份有限公司	纯电动客车	229	
	磷酸铁锂	MFH3L8	3.22	3.92±0.20	—	384	宁德时代新能源科技股份有限公司	618.24	250	1728	404	—	249.76	否	软件:CEB-B60SV01/硬件:CEB-B60H	宁德时代新能源科技股份有限公司	纯电动客车	50	
	磷酸铁锂	MFH3L8	3.22	3.92±0.20	—	384	宁德时代新能源科技股份有限公司	618.24	250	1728	404	—	249.768	否	CEB-B60SV01/CEB-B60H	宁德时代新能源科技股份有限公司	纯电动客车	364	
	磷酸铁锂	MFH3L8	3.22	3.92±0.20	—	384	宁德时代新能源科技股份有限公司	618.24	250	1765	404	—	249.77	否	软件:CEB-B60SV01/硬件:CEB-B60H	宁德时代新能源科技股份有限公司	纯电动客车	169	
	磷酸铁锂	MFH3L8	3.22	3.92±0.20	—	384	宁德时代新能源科技股份有限公司	618.24	404	1728	404	—	249.76	否	CEB-B60SV01/CEB-B60H	宁德时代新能源科技股份有限公司	纯电动客车	53	
	磷酸铁锂	MFH3L8	3.22	3.92±0.20	—	504	宁德时代新能源科技股份有限公司	540.96	250	2218	606	—	327.82	否	CEB-B60SV01/CEB-B60H	宁德时代新能源科技股份有限公司	纯电动专用车	3	
	磷酸铁锂	MFH3L8	3.22	3.92±0.20	—	540	宁德时代新能源科技股份有限公司	579.6	250	2440	606	—	351.24	否	软件:CEB-B60SV01/硬件:CEB-B60H	宁德时代新能源科技股份有限公司	纯电动客车	463	

续上表

储能装置单体生产企业	储能装置种类	储能装置单体型号	储能装置单体标称电压(V)	储能装置单体质量(kg)	超级电容器单体标称静电容量(F)	储能装置单体数量	储能装置总成生产企业	储能装置总成标称电压(V)	储能装置总成额定输出电流(A)	储能装置总成质量(kg)	储能装置总成标称容量(Ah)	超级电容器总成标称静电容量(F)	储能装置总储电量(kWh)	动力蓄电池箱是否具有快换装置	车载能源管理系统型号(包括软件和硬件)	车载能源管理系统生产企业	配套车辆类型	2019年配套车型产量小计(辆)	2019年配套车型产量总计(辆)
宁德时代新能源科技股份有限公司	磷酸铁锂	MFH3L8	3.22	3.92±0.20	—	540	宁德时代新能源科技股份有限公司	579.6	250	2448	606	—	351.237	否	CEB-B60SV01/CEB-B60H	宁德时代新能源科技股份有限公司	纯电动客车	40	534018
	磷酸铁锂	MFH3L8	3.22	3.92±0.20	—	540	宁德时代新能源科技股份有限公司	579.60	250	2448	606	—	351.23	否	软件:CEB-B60SV01/硬件:CEB-B60H	宁德时代新能源科技股份有限公司	纯电动客车	10	
	磷酸铁锂	MFH3L8	3.22	3.92±0.20	—	576	宁德时代新能源科技股份有限公司	618	400	2592	606	—	374.65	否	软件:CEB-B60SV01/硬件:CEB-B60H	宁德时代新能源科技股份有限公司	纯电动专用车	22	
	磷酸铁锂	MFH3L8	3.22	3.92±0.20	—	576	宁德时代新能源科技股份有限公司	618.24	250	2604	606	—	374.65	否	CEB-B60SV01/CEB-B60H	宁德时代新能源科技股份有限公司	纯电动客车	46	
	磷酸铁锂	MFH3L8	3.22	3.92±0.20	—	576	宁德时代新能源科技股份有限公司	618.24	606	2592±76.8	606	—	374.65	否	CEB-B60SV01/CEB-B60H	宁德时代新能源科技股份有限公司	纯电动专用车	7	
	磷酸铁锂	MFH3L8	3.22	3.92±0.20	—	96	宁德时代新能源科技股份有限公司	309.1	202	432	202	—	62.44	否	CEB-B60SV01/CEB-B60H	宁德时代新能源科技股份有限公司	纯电动客车	15	
	磷酸铁锂	MFH3L8	3.22	3.92±0.20	—	96	宁德时代新能源科技股份有限公司	309.1	202	432	202	—	62.44	否	CEB-B60SV01/CEB-B60H	宁德时代新能源科技股份有限公司	纯电动客车	86	
	磷酸铁锂	MFH3L8	3.22	3.92±0.20	—	96	宁德时代新能源科技股份有限公司	309.12	202	432	202	—	62.44	—	CEB-B60SV01/CEB-B60H	宁德时代新能源科技股份有限公司	纯电动客车	8	
	磷酸铁锂	MFH3L8	3.22	3.92±0.20	—	96	宁德时代新能源科技股份有限公司	309.12	202	432	202	—	62.44	否	CEB-B60SV01/CEB-B60H	宁德时代新能源科技股份有限公司	纯电动客车	62	
	磷酸铁锂	MFH3L8	3.22	3.92±0.20	—	96	宁德时代新能源科技股份有限公司	309.12	202	432	202	—	62.44	否	CEB-B60SV01/CEB-B60H	宁德时代新能源科技股份有限公司	纯电动客车	93	
	磷酸铁锂	MFH3L8	3.22	3.92±0.20	—	配置1,3:336,配置2,4:384	配置1,2:宁德时代新能源科技股份有限公司,配置3,4:北京普莱德新能源电池科技有限公司	配置1,3:540.96,配置2,4:618.24	250	配置1:1536,配置2:1728,配置3:1544,配置4:1768	404	—	配置1,3:218.54,配置2,4:249.76	否	配置1,2:CEB-B60SV01/CEB-B60H,配置3,4:b.02b.1801.001/PBMA001-01A	配置1,2:宁德时代新能源科技股份有限公司,配置3,4:北京普莱德新能源电池科技有限公司	纯电动客车	108	
	磷酸铁锂	MFH3L8	3.22	3.92±0.20	—	312	宁德时代新能源科技股份有限公司	502	250	1448	404	—	202.9	否	CEB-B60SV01/CEB-B60H	宁德时代新能源科技股份有限公司	纯电动客车	302	
	磷酸铁锂	MFH3L8	3.22	3.92±0.20	—	配置1:372,配置2:312	宁德时代新能源科技股份有限公司	配置1:599,配置2:502	250	配置1:1680,配置2:1432	404	—	配置1:241.9,配置2:202.9	否	CEB-B60SV01/CEB-B60H	宁德时代新能源科技股份有限公司	纯电动客车	11	
	磷酸铁锂	V6H3L7	3.2	(2.10±0.15)	—	201	宁德时代新能源科技股份有限公司	643.2	140	534	92	—	59.17	否	CEB-B60SV01/CEB-B60H	宁德时代新能源科技股份有限公司	插电式混合动力客车	52	
	磷酸铁锂	V6H3L7	3.2	2.1	—	180	宁德时代新能源科技股份有限公司	576	184	483	92	—	52.99	否	软件:CEB-B60SV01/硬件:CEB-B60H	宁德时代新能源科技股份有限公司	燃料电池专用车	2	
	磷酸铁锂	V6H3L7	3.2	2.1	—	486	宁德时代新能源科技股份有限公司	518.4	280	1230	276	—	143.07	否	CEB-B60SV01/CEB-B60H	宁德时代新能源科技股份有限公司	纯电动客车	1	
	磷酸铁锂	V6H3L7	3.2	2.10	—	201	宁德时代新能源科技股份有限公司	643	140	534	92	—	59.17	否	CEB-B60SV01/CEB-B60H	宁德时代新能源科技股份有限公司	插电式混合动力客车	24	
	磷酸铁锂	V6H3L7	3.2	2.10	—	648	宁德时代新能源科技股份有限公司	518.4	552	1640	368	—	190.77	否	CEB-B60SV01/CEB-B60H	宁德时代新能源科技股份有限公司	纯电动客车	1	
	磷酸铁锂	V6H3L7	3.2	2.10±0.15	—	162	宁德时代新能源科技股份有限公司	518	184	424	92	—	47.69	否	软件:CEB-B60SV01/硬件:CEB-B60H	宁德时代新能源科技股份有限公司	燃料电池专用车	101	
	磷酸铁锂	V6H3L7	3.2	2.10±0.15	—	162	宁德时代新能源科技股份有限公司	518.4	140	424	92	—	47.6	否	CEB-B60SV01/CEB-B60H	宁德时代新能源科技股份有限公司	插电式混合动力客车	150	
	磷酸铁锂	V6H3L7	3.2	2.10±0.15	—	162	宁德时代新能源科技股份有限公司	518.4	184	424	92	—	47.69	否	CEB-B60SV01/CEB-B60H	宁德时代新能源科技股份有限公司	插电式混合动力客车	70	
	磷酸铁锂	V6H3L7	3.2	2.10±0.15	—	168	宁德时代新能源科技股份有限公司	576	140	483	92	—	52.99	否	软件:CEB-B60SV01/硬件:CEB-B60H	宁德时代新能源科技股份有限公司	燃料电池客车	20	
	磷酸铁锂	V6H3L7	3.2	2.10±0.15	—	180	宁德时代新能源科技股份有限公司	576	184	483	92	—	52.99	否	CEB-B60SV01/CEB-B60H	宁德时代新能源科技股份有限公司	插电式混合动力客车	731	
	磷酸铁锂	V6H3L7	3.2	2.10±0.15	—	486	宁德时代新能源科技股份有限公司	518.4	250	1230	276	—	143.1	—	软件:CEB-B60SV01/硬件:CEB-B60H	宁德时代新能源科技股份有限公司	纯电动客车	1	
	磷酸铁锂	V6H3L7	3.2	2.10±0.15	—	486	宁德时代新能源科技股份有限公司	518.4	300	1230	276	—	143.07	否	CEB-B60SV01/CEB-B60H	宁德时代新能源科技股份有限公司	纯电动客车	1	
	磷酸铁锂	V6H3L7	3.2	2.10±0.15	—	648	宁德时代新能源科技股份有限公司	518	250	1640	368	—	190.6	否	CEB-B60SV01/CEB-B60H	宁德时代新能源科技股份有限公司	纯电动客车	1	
	磷酸铁锂	V6H3L7	3.2	2.10±0.15	—	648	宁德时代新能源科技股份有限公司	518.4	300	1640	368	—	190.77	否	CEB-B60SV01/CEB-B60H	宁德时代新能源科技股份有限公司	纯电动客车	1	
	燃料电池	CB220	3.22	3.2	—	171	宁德时代新能源科技股份有限公司	551	173	609	173	—	95.25	否	CEB-B70S/CEB-B70H	宁德时代新能源科技股份有限公司	燃料电池客车	60	

续上表

储能装置单体生产企业	储能装置种类	储能装置单体型号	储能装置单体标称电压(V)	储能装置单体质量(kg)	超级电容器单体标称静电容量(F)	储能装置单体数量	储能装置总成生产企业	储能装置总成标称电压(V)	储能装置总成额定输出电流(A)	储能装置总成质量(kg)	储能装置总成标称容量(Ah)	超级电容器总成标称静电容量(F)	储能装置总储电量(kWh)	动力蓄电池箱是否具有快换装置	车载能源管理系统型号(包括软件和硬件)	车载能源管理系统生产企业	配套车辆类型	2019年配套车型产量小计(辆)	2019年配套车型产量总计(辆)
宁德时代新能源科技股份有限公司	燃料电池	CB220	3.22	3.20	—	180	宁德时代新能源科技股份有限公司	580	173	639	173	—	100.27	否	CEB-B70S/CEB-B70H	宁德时代新能源科技股份有限公司	燃料电池客车	1	534018
	燃料电池	MFH3L8	3.22	3.92	—	180	宁德时代新能源科技股份有限公司	579.6	202	816	202	—	117.07	否	CEB-B60SV01/CEB-B60H	宁德时代新能源科技股份有限公司	燃料电池客车	50	
	三元材料	001CE370	3.65	3.01	—	100	江苏悦达新能源电池有限公司	365	200	468	176	—	64.2	否	B004(HW ver.:V1.1/SW ver.:R4000)	软件:HYUNDAI MOTOR COMPANY/硬件:HYUNDAI MOBIS Co., Ltd.	纯电动乘用车	1394	
	三元材料	001CE370	3.65	3.01	—	88	江苏悦达新能源电池有限公司	321	200	426	176	—	56.5	否	B005(HW ver.:V1.1/SW ver.:R4000)	软件:HYUNDAI MOTOR COMPANY/硬件:HYUNDAI MOBIS Co., Ltd.	纯电动乘用车	8	
	三元材料	299A0-0C	3.63	0.90	—	192	东风汽车有限公司	350	258	286	110	—	38	否	293A0 4AF0A/293A0-0C	Calsonic Kansei	纯电动乘用车	7643	
	三元材料	299A0-0C	3.63	0.90	—	192	东风汽车有限公司	350	258	307	110	—	38	否	293A0 4AF0A/293A0-0C	Calsonic Kansei	纯电动乘用车	945	
	三元材料	7FE891	3.65	1.25	—	176	国能新能源汽车有限责任公司	321	48	370	140	—	45	否	(软件:M531/硬件:M3237),(软件:BMC:KRSD1703M CMC:KRSD1703S/硬件:BMC:EPC005001 CMC:EPM005001)	马夸特开关(上海)有限公司,国能新能源汽车有限责任公司,江西科然科技有限公司	纯电动乘用车	8	
	三元材料	7FE891	3.65	1.25	—	192	芜湖奇达动力电池系统有限公司	350	210	390	140	—	49	否	GVB-QR-M1AEV-96/M1AEV_BP_01_T2_06049096	安徽贵博新能科技有限公司	纯电动乘用车	1	
	三元材料	7FE891	3.65	1.25±0.03	—	176	重庆长安新能源汽车有限公司	321	80	370	140	—	45	否	XLBCU01	重庆长安新能源汽车有限公司	纯电动乘用车	1	
	三元材料	7FE891	3.65	1.25±0.03	—	180	宁德时代新能源科技股份有限公司	328	140	381	140	—	45.99	否	软件:2510015ADU0300S.A/硬件:2510015ADU0300H.A	宁德时代新能源科技股份有限公司	纯电动乘用车	26	
	三元材料	7FE891	3.65	1.25±0.03	—	192	上海捷新动力电池系统有限公司	350	140	357	140	—	48.3	否	RX5140/BMS-01	上海捷能汽车技术有限公司	纯电动乘用车	52	
	三元材料	AAH385	3.6	1.460	—	77	宁德时代新能源科技股份有限公司	277.2	171	171.5	86.5	—	23.97	否	BMU SP11	PREH	插电式混合动力乘用车	1354	
	三元材料	B9A23E	3.65	0.86	—	384	北京奔驰汽车有限公司	357	480	634	222	—	79.254	否	BT0024/BT0024	戴姆勒股份公司	纯电动乘用车	574	
	三元材料	CB320	3.22	2.43±0.30	—	104	宁德时代新能源科技股份有限公司	334.88	125	308±9	125	—	41.86	无	软件:CEC-B60H/硬件:CEC-B60S	宁德时代新能源科技股份有限公司	纯电动专用车	751	
	三元材料	CE0H0	3.68(1C)	2.58	—	97	宁德时代新能源科技股份有限公司	357(1C)	159(1C)	346	150(1C)	—	53.5(1C)	否	软件:S00BMUC254V/硬件:810224-00277V	宁德时代新能源科技股份有限公司	纯电动乘用车	5278	
	三元材料	CE360	3.6	3.49	—	112	广汽乘用车有限公司	403	231	528	231	—	93.139	否	2510015ACN0400S/2510015ACN0400H	广汽乘用车有限公司,联合汽车电子有限公司	纯电动乘用车	397	
	三元材料	CE360	3.6	3.49	—	112	广汽乘用车有限公司	403	231	533	231	—	93.139	否	2510015ACN0800S/2510015ACN0800H	广汽乘用车有限公司,联合汽车电子有限公司	纯电动乘用车	20	
	三元材料	CE360	3.6	3.49	—	112	广州汽车集团乘用车有限公司	403	231	528	231	—	93.139	否	2510015ACN0400S/2510015ACN0400H	广州汽车集团乘用车有限公司,联合汽车电子有限公司	纯电动乘用车	1679	
	三元材料	CE360	3.6	3.49	—	88	广汽乘用车有限公司	317	231	425	231	—	73.181	否	2510015ACN0700S/2510015ACN0700H	广汽乘用车有限公司,联合汽车电子有限公司	纯电动乘用车	65	
	三元材料	CE360	3.6	3.49	—	88	广州汽车集团乘用车有限公司	317	231	425	231	—	73.181	否	2510015ACN0700S/2510015ACN0700H	广州汽车集团乘用车有限公司,联合汽车电子有限公司	纯电动乘用车	53	
	三元材料	CE440	3.69	2.66	—	90	宁德时代新能源科技股份有限公司	332.1	153	320	153	—	50.81	否	BMS-C40-S008/H001	北京新能源汽车股份有限公司	纯电动乘用车	203	
	三元材料	CE460	3.65	2.02	—	102	宁德时代新能源科技股份有限公司	372	130	310	130	—	48.399	否	2510015ARD0200S/2510015ARD0200H	宁德时代新能源科技股份有限公司	纯电动乘用车	21	
	三元材料	CE460	3.65	2.02±0.10	—	102	宁德时代新能源科技股份有限公司	372	130	295	130	—	48.39	否	2510015ADU1300S/2510015ADU1300H	宁德时代新能源科技股份有限公司	纯电动乘用车	830	
	三元材料	DCH3D3	3.65±0.02	2.1±0.15	—	208	宁德时代新能源科技股份有限公司	379.6	190	636±5	190	—	72.1	否	CEB-B60SV01/CEB-B60H	宁德时代新能源科技股份有限公司	纯电动专用车	5	
	三元材料	DCH3D3	3.65±0.02	2.1±0.15	—	240	北京普莱德新能源电池科技有限公司	438	190	765	190	—	83.2	否	PBMA096-06A	北京普莱德新能源电池科技有限公司	纯电动专用车	1	

续上表

储能装置单体生产企业	储能装置种类	储能装置单体型号	储能装置单体标称电压(V)	储能装置单体质量(kg)	超级电容器单体标称静电容量(F)	储能装置单体数量	储能装置总成生产企业	储能装置总成标称电压(V)	储能装置总成额定输出电流(A)	储能装置总成质量(kg)	储能装置总成标称容量(Ah)	超级电容器总成标称静电容量(F)	储能装置总储电量(kWh)	动力蓄电池箱是否具有快换装置	车载能源管理系统型号(包括软件和硬件)	车载能源管理系统生产企业	配套车辆类型	2019年配套车型产量小计(辆)	2019年配套车型产量总计(辆)
宁德时代新能源科技股份有限公司	三元材料	DCH3D3	3.65±0.02	2.1±0.15	—	288	宁德时代新能源科技股份有限公司	525.6	190	840	190	—	99.8	否	软件:CEB-B60SV01/硬件:CEB-B60H	宁德时代新能源科技股份有限公司	纯电动专用车	188	534018
	三元材料	ELE897	3.65	2.61	—	96	中国第一汽车集团有限公司	350	230	380	150	—	52.5	否	9260080-F09/9260015-F09	长春一汽延锋伟世通电子有限公司	纯电动乘用车	3	
	三元材料	ELE897	3.65	2.63	—	96	宁德时代新能源科技股份有限公司	350.4	145	350	145	—	50.8	否	S00BMUC039/810224-00120V1.3	宁德时代新能源科技股份有限公司	纯电动乘用车	15149	
	三元材料	ELE897	3.65	2.63±0.13	—	90	常州普莱德新能源电池科技有限公司	328.5	145	350	145	—	47.6	是	BMS-S051/H001	宁德时代新能源科技股份有限公司	纯电动乘用车	6687	
	三元材料	ELE897	3.65	2.63±0.13	—	96	上海捷新动力电池系统有限公司	350	145	359	145	—	50.8	否	ROEWE148P/BMS-20	上海捷能汽车技术有限公司	纯电动乘用车	12036	
	三元材料	ELE897	3.65	2.67	—	110	北京普莱德新能源电池科技有限公司	401.5	150	425	150	—	60.2	否	BMS-C40-S008/H001	北京新能源汽车股份有限公司	纯电动乘用车	4429	
	三元材料	ELE897	3.65	2.67	—	110	北京普莱德新能源电池科技有限公司	401.5	150	425	150	—	60.2	否	BMS-C53-S008/H001	北京新能源汽车股份有限公司	纯电动乘用车	1120	
	三元材料	ELE897	3.65	2.67	—	112	北京普莱德新能源电池科技有限公司	409	150	428	150	—	61.3	否	BMS-C35-S008/H001	北京新能源汽车股份有限公司	纯电动乘用车	1772	
	三元材料	ELE897	3.65	2.67	—	112	常州普莱德新能源电池科技有限公司	408.8	150	393	150	—	61.3	否	BMS-C35-S008/H001	北京新能源汽车股份有限公司	纯电动乘用车	248	
	三元材料	ELE897	3.65	2.67	—	113	北京普莱德新能源电池科技有限公司	412	150	450	150	—	61.8	否	BMS-C51-S008/H001	北京新能源汽车股份有限公司	纯电动乘用车	3322	
	三元材料	ELE897	3.65	2.67	—	92	欣旺达电动汽车电池有限公司	336	150	339	150	—	50.4	否	软件:2101AAA/硬件:2196AAA	南京军上电子科技有限公司	纯电动乘用车	2	
	三元材料	ELE897	3.65	2.67	—	98	北京普莱德新能源电池科技有限公司	357.7	150	380	150	—	53.6	否	BMS-C40-S008/H001	北京新能源汽车股份有限公司	纯电动乘用车	65789	
	三元材料	ELE897	3.65	2.67	—	98	常州普莱德新能源电池科技有限公司	357.7	150	380	150	—	53.6	否	BMS-C40-S008/H001	北京新能源汽车股份有限公司	纯电动乘用车	6936	
	三元材料	ELE897	3.65	2.67	—	98	芜湖奇达动力电池系统有限公司	357	210	390	150	—	53.6	否	M1AEV_BP_01_T2_06960062/CNEV-BMS-M1AEV	奇瑞新能源汽车股份有限公司	纯电动乘用车	3006	
	三元材料	ELE897	3.65	2.67±0.2	—	104	威马汽车制造温州有限公司	379.6	200	412	150	—	56.940	无	软件:S00BMUC025/硬件:800224-00112V1.0	宁德时代新能源科技股份有限公司	纯电动乘用车	681	
	三元材料	ELE897	3.65	2.67±0.2	—	84	威马汽车制造温州有限公司	306.6	200	333	150	—	45.99	无	软件:S00BMUWM88/硬件:H00BMU0143	宁德时代新能源科技股份有限公司	纯电动乘用车	1306	
	三元材料	ELE897	3.65	2.67±0.2	—	96	上海捷新动力电池系统有限公司	350	150	362	150	—	52.5	否	ROEWE153P/BMS-20	上海捷能汽车技术有限公司	纯电动乘用车	12438	
	三元材料	ELE897	3.65	2.67±0.2	—	96	威马汽车制造温州有限公司	350.4	200	384	150	—	52.560	无	软件:S00BMUWM96/硬件:H00BMU0143	宁德时代新能源科技股份有限公司	纯电动乘用车	8041	
	三元材料	ELE897	3.65	2.67±0.2	—	96	中国第一汽车集团有限公司	350.4	150	374	150	—	54	否	软件:9260080AF07/硬件:9260010-F09	长春一汽延峰伟世通电子有限公司	纯电动乘用车	8498	
	三元材料	ELE897	3.65	2.67±0.2	—	96	中国第一汽车集团有限公司	350.4	150	378	150	—	54	否	软件:9260080AF07/硬件:9260010-F09	长春一汽延峰伟世通电子有限公司	纯电动乘用车	348	
	三元材料	ELE897	3.65	2.67±0.2	—	96	中国第一汽车集团有限公司	350.4	230	380	150	—	48	否	软件:9260080-F09/硬件:9260015-F09	中国第一汽车集团有限公司,长春一汽延锋伟世通电子有限公司	纯电动乘用车	532	
	三元材料	ELE897	3.65	2.67±0.2	—	96	重庆长安汽车股份有限公司	350.4	150	365	150	—	52.56	否	XLBCU01	重庆长安汽车股份有限公司	纯电动乘用车	11054	
	三元材料	ELE897	3.65	2.67±0.20	—	100	宁德时代新能源科技股份有限公司	365	150	353	150	—	54.75	否	2510015ADU0400S/2510015ADU0400H	宁德时代新能源科技股份有限公司	纯电动乘用车	6113	
	三元材料	ELE897	3.65	2.67±0.20	—	100	宁德时代新能源科技股份有限公司	365	150	353	150	—	54.75	否	软件:2510015ADU0400S/硬件:2510015ADU0400H	宁德时代新能源科技股份有限公司	纯电动乘用车	1001	
	三元材料	ELE897	3.65	2.67±0.20	—	100	威马汽车制造温州有限公司	365	200	400	150	—	54.75	否	软件:WM_100_EV/硬件:BMS_104_Cell	威马汽车制造温州有限公司	纯电动乘用车	12	

续上表

储能装置单体生产企业	储能装置种类	储能装置单体型号	储能装置单体标称电压(V)	储能装置单体质量(kg)	超级电容器单体标称静电容量(F)	储能装置单体数量	储能装置总成生产企业	储能装置总成标称电压(V)	储能装置总成额定输出电流(A)	储能装置总成质量(kg)	储能装置总成标称容量(Ah)	超级电容器总成标称静电容量(F)	储能装置总储电量(kWh)	动力蓄电池箱是否具有快换装置	车载能源管理系统型号(包括软件和硬件)	车载能源管理系统生产企业	配套车辆类型	2019年配套车型产量小计(辆)	2019年配套车型产量总计(辆)
宁德时代新能源科技股份有限公司	三元材料	ELE897	3.65	2.67±0.20	—	84	威马汽车制造温州有限公司	306.6	200	333	150	—	45.99	否	软件:WM_84_EV/硬件:BMS_84_Cell	威马汽车制造温州有限公司	纯电动乘用车	1051	534018
	三元材料	ELE897	3.65	2.67±0.20	—	92	江西优特汽车技术有限公司	335.8	200	358	150	—	50.37	否	软件:YT-SW03/硬件:YT-HW03	江西优特汽车技术有限公司	纯电动乘用车	21	
	三元材料	ELE897	3.65	2.67±0.20	—	96	北京普莱德新能源电池科技有限公司	350.4	150	385.0±11.0	150	—	52.56	否	软件:S00BMUC038/硬件:800224-000	宁德时代新能源科技股份有限公司	纯电动乘用车	82	
	三元材料	ELE897	3.65	2.67±0.20	—	96	上海捷新动力电池系统有限公司	350	150	380	150	—	52.5	否	ROEWE153N/BMS-01	上海捷能汽车技术有限公司	纯电动乘用车	1772	
	三元材料	ELE897	3.65	2.67±0.20	—	96	威马汽车制造温州有限公司	350.4	200	384	150	—	52.56	否	软件:WM_96_EV/硬件:BMS_96_Cell	威马汽车制造温州有限公司	纯电动乘用车	3549	
	三元材料	ELE897	3.65(1C)	2.63	—	95	宁德时代新能源科技股份有限公司	346(1C)	159(1C)	368	145(1C)	—	50(1C)	否	软件:S00BMUC026V/硬件:810224-00151V	宁德时代新能源科技股份有限公司	纯电动乘用车	6859	
	三元材料	ELE897	3.65(1C)	2.63	—	95	威睿电动汽车技术(宁波)有限公司	346(1C)	159(1C)	368	145(1C)	—	50(1C)	否	软件:S00BMUC026V/硬件:810224-00151V	宁德时代新能源科技股份有限公司	纯电动乘用车	5227	
	三元材料	ELE897	3.65(1C)	2.63	—	95	威睿电动汽车技术(苏州)有限公司	346(1C)	159(1C)	368	145(1C)	—	50(1C)	否	软件:S00BMUC026V/硬件:810224-00151V	宁德时代新能源科技股份有限公司	纯电动乘用车	137	
	三元材料	ELE897	3.65(1C)	2.67	—	95	宁德时代新能源科技股份有限公司	346(1C)	140	384	150(1C)	—	51.9(1C)	否	软件:S00BMU0H22/硬件:H00BMU0143	宁德时代新能源科技股份有限公司	纯电动乘用车	2263	
	三元材料	ELE897	3.65(1C)	2.67	—	95	宁德时代新能源科技股份有限公司	346(1C)	140	384	150(1C)	—	51.9(1C)	否	软件:S00BMU0H22/硬件:H00BMU0143	宁德时代新能源科技股份有限公司	纯电动乘用车	5408	
	三元材料	ELE897	3.65(1C)	2.67	—	95	宁德时代新能源科技股份有限公司	346(1C)	140	384	150(1C)	—	51.9(1C)	否	软件:S00BMU0H22/硬件:H00BMU0143	宁德时代新能源科技股份有限公司	纯电动乘用车	21312	
	三元材料	ELE897	3.65(1C)	2.67	—	95	威睿电动汽车技术(宁波)有限公司	346(1C)	140	374	150(1C)	—	51.9(1C)	否	软件:S00BMU0H22/硬件:H00BMU0143	宁德时代新能源科技股份有限公司	纯电动乘用车	32	
	三元材料	ELE897	3.65(1C)	2.67	—	95	威睿电动汽车技术(宁波)有限公司	346(1C)	140(1C)	374	150(1C)	—	51.9(1C)	否	软件:S00BMU0H22/硬件:H00BMU0143	宁德时代新能源科技股份有限公司	纯电动乘用车	4	
	三元材料	ELE897	3.65(1C)	2.67	—	95	威睿电动汽车技术(苏州)有限公司	346(1C)	140	374	150(1C)	—	51.9(1C)	否	软件:S00BMU0H22/硬件:H00BMU0143	宁德时代新能源科技股份有限公司	纯电动乘用车	2635	
	三元材料	ELE8A3	3.61	2.71	—	104	宁德时代新能源科技股份有限公司	375	177	384	177	—	66.5	否	软件:2500010DC20000500/硬件:2500010DC20000H.5	宁德时代新能源科技股份有限公司	纯电动乘用车	2707	
	三元材料	ELE8A3	3.61	2.71	—	91	东风时代(武汉)电池系统有限公司	328	177	352	177	—	58	否	293A0-VSRA/293A0-VA	宁德时代新能源科技股份有限公司	纯电动乘用车	5007	
	三元材料	ELE8A3	3.61	2.71	—	92	宁德时代新能源科技股份有限公司	332	177	354	177	—	58.78	否	2510015ARD0000S/2510015ARD0000H	宁德时代新能源科技股份有限公司	纯电动乘用车	2239	
	三元材料	ELE8A3	3.61	2.71	—	95	东风时代(武汉)电池系统有限公司	342	177	366	177	—	60.7	否	293A0-VSRB/293A0-VB	宁德时代新能源科技股份有限公司	纯电动乘用车	472	
	三元材料	ELE8A3	3.61	2.71	—	96	宁德时代新能源科技股份有限公司	346.5	177	365	177	—	61.3	否	S00BMUC049/810224-00199	宁德时代新能源科技股份有限公司	纯电动乘用车	94	
	三元材料	ELE8A3	3.61	2.71±0.2	—	105	东风时代(武汉)电池系统有限公司	379.05	169	398±3	177	—	67.09	否	HS-AB118SW/HS-AB118HW	东风航盛(武汉)汽车控制系统有限公司	纯电动专用车	205	
	三元材料	ELE8A3	3.61	2.71±0.2	—	108	威马汽车制造温州有限公司	389.9	200	432	177	—	69.01	否	软件:WM_108_P177_EV/硬件:BMS_108_P177_Cell	威马汽车制造温州有限公司	纯电动乘用车	1861	
	三元材料	ELE8A3	3.61	2.71±0.2	—	92	宁德时代新能源科技股份有限公司	332	177	354±10	177	—	58.78524	否	2510015ARD0000S/2510015ARD0000H	宁德时代新能源科技股份有限公司	纯电动乘用车	20569	
	三元材料	ELE8A3	3.61	2.71±0.20	—	96	江苏爱骋新能源科技有限公司	347	177	359	177	—	65	否	AB115(软件:311002/硬件:V06A)	深圳市航盛新能源有限公司	纯电动乘用车	133	
	三元材料	ELE8A3	3.61(1C)	2.71	—	97	威睿电动汽车技术(宁波)有限公司	350(1C)	159	356	177(1C)	—	61.9(1C)	否	软件:S00BMUC068V/硬件:810224-00203V	宁德时代新能源科技股份有限公司	纯电动乘用车	840	
	三元材料	ELE8A3	3.61(1C)	2.71	—	97	威睿电动汽车技术(宁波)有限公司	350(1C)	159	356	177(1C)	—	61.9(1C)	否	软件:S00BMUC068V/硬件:810224-00203V	宁德时代新能源科技股份有限公司	纯电动乘用车	218	

续上表

储能装置单体生产企业	储能装置种类	储能装置单体型号	储能装置单体标称电压(V)	储能装置单体质量(kg)	超级电容器单体标称静电容量(F)	储能装置单体数量	储能装置总成生产企业	储能装置总成标称电压(V)	储能装置总成额定输出电流(A)	储能装置总成质量(kg)	储能装置总成标称容量(Ah)	超级电容器总成标称静电容量(F)	储能装置总储电量(kWh)	动力蓄电池箱是否具有快换装置	车载能源管理系统型号(包括软件和硬件)	车载能源管理系统生产企业	配套车辆类型	2019年配套车型产量小计(辆)	2019年配套车型产量总计(辆)
宁德时代新能源科技股份有限公司	三元材料	ELE8A3	3.61(1C)	2.71	—	97	威睿电动汽车技术(宁波)有限公司	350(1C)	159	356	177(1C)	—	61.9(1C)	否	软件:S00BMUC068V/硬件:810224-00203V	宁德时代新能源科技股份有限公司	纯电动乘用车	26	534018
	三元材料	LAE895	3.65	1.75±0.08	—	138	北京普莱德新能源电池科技有限公司	503.7	100	352	100	—	50.37	否	FT_32BMS04	北汽福田汽车股份有限公司	燃料电池专用车	40	
	三元材料	LAE895	3.65	1.77	—	84	北京普莱德新能源电池科技有限公司	306.6	100	221	100	—	30.6	否	S00BMUC016/800221-000	宁德时代新能源科技股份有限公司	纯电动乘用车	10850	
	三元材料	LAE895	3.65	1.77	—	96	上汽时代动力电池系统有限公司	350	100	265	100	—	35	否	ROEWE102P/BMS-20	上海捷能汽车技术有限公司	纯电动乘用车	4127	
	三元材料	LAE895	3.65	1.77	—	96	芜湖奇达动力电池系统有限公司	350	79	235	100	—	35	否	S51EV_BP_06640060/CNEV-BMS-S51EV	奇瑞新能源汽车股份有限公司	纯电动乘用车	1	
	三元材料	LAE895	3.65	1.77	—	96	芜湖奇达动力电池系统有限公司	350	79	247	100	—	35	否	S51EV_BP_06640060/CNEV-BMS-S51EV	奇瑞新能源汽车股份有限公司	纯电动乘用车	772	
	三元材料	LAE895	3.65	1.77±0.08	—	192	上海捷新动力电池系统有限公司	350	200	531.7	200	—	70	无	ROEWE102P/BMS-01	上汽捷能汽车技术有限公司	纯电动专用车	1	
	三元材料	LAE895	3.65	1.77±0.08	—	192	苏州正力蔚来新能源科技有限公司	350	200	525	200	—	70	是	软件:BMS_ES8/硬件:BMC 8.0	软件:上海蔚来汽车有限公司,硬件:联合汽车电子有限公司	纯电动乘用车	6088	
	三元材料	LAE895	3.65	1.77±0.08	—	192	苏州正力蔚来新能源科技有限公司	350	200	525	200	—	70	是	软件:P0085472/硬件:BMC 8.0	软件:上海蔚来汽车有限公司,硬件:联合汽车电子有限公司	纯电动乘用车	11311	
	三元材料	LAE895	3.65	1.77±0.08	—	192	蔚然(南京)储能技术有限公司	350	200	525	200	—	70	是	软件:BMS_ES8/硬件:BMC 8.0	软件:上海蔚来汽车有限公司,硬件:联合汽车电子有限公司	纯电动乘用车	2029	
	三元材料	LAE895	3.65	1.77±0.08	—	78	蜂巢能源科技有限公司	285	100	193±5	100	—	28.5	否	B64V15/DZ06-4	惠州市亿能电子有限公司	纯电动乘用车	925	
	三元材料	LAE895	3.65	1.77±0.08	—	90	蜂巢能源科技有限公司	329	100	218	100	—	33.0	否	B64V07/DZ06-2	惠州市亿能电子有限公司	纯电动乘用车	11373	
	三元材料	LAE895	3.65	1.77±0.08	—	90	蜂巢能源科技有限公司	329	100	218±6	100	—	33.0	否	B64V07/DZ06-2	惠州市亿能电子有限公司	纯电动乘用车	1	
	三元材料	LAE895	3.65	1.77±0.08	—	90	长城汽车股份有限公司	328.5	100	218	100	—	33	否	B64V07/DZ06-2	惠州市亿能电子有限公司	纯电动乘用车	9602	
	三元材料	LAE895	3.65	1.77±0.08	—	96	上海捷新动力电池系统有限公司	350	100	265	100	—	35	否	ROEWE102P/BMS-01	上海捷能汽车技术有限公司	纯电动乘用车	3	
	三元材料	LAE895	3.65	1.77±0.08	—	96	上汽时代动力电池系统有限公司	350.4	100	237	100	—	35	否	软件:BMSY11D12CA/硬件:BMSY11D12CA	江苏天宝汽车电子有限公司	纯电动专用车	276	
	三元材料	LAE895	3.65	1.77±0.08	—	96	浙江合众新能源汽车有限公司	350	71.3	249	100	—	35.04	否	HZ-EP1000D(软件:34.11.80/硬件:H1.20)	浙江合众新能源汽车有限公司	纯电动乘用车	4	
	三元材料	LAE895	3.65	1.77±0.08	—	96	浙江合众新能源汽车有限公司	350	71.3	249	100	—	35.04	否	HZ-EP1000D(软件:35.11.80/硬件:H1.20)	浙江合众新能源汽车有限公司	纯电动乘用车	4	
	三元材料	LAE8A3	3.61	1.83±0.2	—	192	蔚然(南京)储能技术有限公司	347	234	505	234	—	81.1	是	软件:P0089175/硬件:P0059009	软件:上海蔚来汽车有限公司,硬件:联合汽车电子有限公司	纯电动乘用车	602	
	三元材料	LAE8A3	3.61	1.83±0.2	—	192	蔚然(南京)储能技术有限公司	350	200	505	200	—	70	是	软件:P0089175/硬件:P0059009	软件:上海蔚来汽车有限公司,硬件:联合汽车电子有限公司	纯电动乘用车	53	
	三元材料	LAE8A3	3.65	1.84	—	108	上汽时代动力电池系统有限公司	394.2	110	280	110	—	44.5	否	MG110A/BMS-02	上海捷能汽车技术有限公司,江苏天宝汽车电子有限公司	纯电动乘用车	80	
	三元材料	LAE8A3	3.65	1.84±0.10	—	96	宁德时代新能源科技股份有限公司	350.4	110	250±7.5	110	—	38.5	否	S00BMUC032V23000/810224-00189V3.5	宁德时代新能源科技股份有限公司	插电式混合动力乘用车	473	
	三元材料	LAE8A3	3.65	1.84±0.10	—	96	宁德时代新能源科技股份有限公司,江苏时代新能源科技有限公司	350.4	110	250±7.5	110	—	38.5	否	S00BMUC032V23000/810224-00189V3.5	宁德时代新能源科技股份有限公司	插电式混合动力乘用车	1402	
	三元材料	MFH3G8	3.65	3.55	—	32	宁德时代新能源科技股份有限公司	117	170	167	202	—	23.6	否	C-S01/C-H01	宁德时代新能源科技股份有限公司	纯电动乘用车	7793	
	三元材料	P2-42NSR-A1	3.67,3.65	0.83	—	294,285	宁德时代新能源科技股份有限公司	359.66,346	140	400,416	126,120	—	45.3,41	否	软件:S00BMU0H05/硬件:H00BMU0007	宁德时代新能源科技股份有限公司	纯电动乘用车	2	
	三元材料	S5E891	3.65	0.82	—	8	一汽-大众汽车有限公司	382	150A	137.76	37	—	14.1	—	4KD.915.233	马夸特开关(上海)有限公司	插电式混合动力乘用车	260	

续上表

储能装置单体生产企业	储能装置种类	储能装置单体型号	储能装置单体标称电压(V)	储能装置单体质量(kg)	超级电容器单体标称静电容量(F)	储能装置单体数量	储能装置总成生产企业	储能装置总成标称电压(V)	储能装置总成额定输出电流(A)	储能装置总成质量(kg)	储能装置总成标称容量(Ah)	超级电容器总成标称静电容量(F)	储能装置总储电量(kWh)	动力蓄电池箱是否具有快换装置	车载能源管理系统型号(包括软件和硬件)	车载能源管理系统生产企业	配套车辆类型	2019年配套车型产量小计(辆)	2019年配套车型产量总计(辆)
宁德时代新能源科技股份有限公司	三元材料	S5E891	3.65	0.82	—	84	欣旺达电动汽车电池有限公司	306.6	37	127	37	—	11.3	否	90125-088(软件:BMS_B019430701/硬件:HW version:5)	宁波普瑞均胜汽车电子有限公司	插电式混合动力乘用车	453	534018
	三元材料	S5E891	3.65	0.82	—	84	欣旺达电动汽车电池有限公司	308.28,306.6	37,37	127,127	37,37	—	11.4,11.3	否	软件:BMS_B019430701/硬件:HW version:5	宁波普瑞均胜汽车电子有限公司	插电式混合动力乘用车	3	
	三元材料	S5E891	3.65	0.82	—	90	上海捷新动力电池系统有限公司	329	110	141	37	—	12	否	ROEWE37S/BMS-02	上海捷能汽车技术有限公司,江苏天宝汽车电子有限公司	插电式混合动力乘用车	3928	
	三元材料	S5E891	3.65	0.82	—	90	上海捷新动力电池系统有限公司	329	111	141	37	—	12	否	RX537/BMS-01	上海捷能汽车技术有限公司	插电式混合动力乘用车	3465	
	三元材料	S5E891	3.65	0.82	—	96	江苏悦达新能源电池有限公司	350	18	150(后排座椅下方:45+原备胎盆位置:105)	37	—	12.9	否	B003	HYUNDAI MOBIS Co.,Ltd.	插电式混合动力乘用车	527	
	三元材料	S5E891	3.65	0.82	—	96	江苏悦达新能源电池有限公司	350	18	150(后排座椅下方:45+原备胎盆位置:105)	37	—	12.9	否	软件:R4600/硬件:V2.1	软件:HYUNDAI MOTOR COMPANY/硬件:HYUNDAI MOBIS Co.,Ltd.	插电式混合动力乘用车	1791	
	三元材料	S5E891	3.65	0.82	—	96	江苏悦达新能源电池有限公司	350	18	155(后排座椅靠背后方85+原备胎盆位置70)	37	—	12.9	否	B002	HYUNDAI MOBIS Co.,Ltd.	插电式混合动力乘用车	72	
	三元材料	S5E891	3.65	0.82	—	96	江苏悦达新能源电池有限公司	350	18	155(后排座椅靠背后方85+原备胎盆位置70)	37	—	12.9	否	B002	软件:HYUNDAI MOTOR COMPANY/硬件:HYUNDAI MOBIS CO.,LTD	插电式混合动力乘用车	361	
	三元材料	S5E891	3.65	0.82	—	96	江苏悦达新能源电池有限公司	350	18	155(后排座椅靠背后方85+原备胎盆位置70)	37	—	12.9	否	B002	HYUNDAI MOBIS Co.,Ltd.	插电式混合动力乘用车	5379	
	三元材料	S5E891	3.65	0.82	—	96	宁德时代新能源科技股份有限公司	350	100	140±4	37	—	12.965	否	BMU SP11	宁德时代新能源科技股份有限公司	插电式混合动力乘用车	453	
	三元材料	S5E891	3.65	0.82	—	96	上汽大众动力电池有限公司	350	37	125	37	—	13	否	软件:ECU_BMCeECU_MQB48_AP1-CN/硬件:5NG 915 183 *	软件:Volkswagen Aktiengesellschaft/硬件:法可赛(太仓)汽车配件有限公司	插电式混合动力乘用车	3366	
	三元材料	S5E891	3.65	0.82	—	96	上汽大众汽车有限公司	350	37	127	34.7	—	12.1	否	软件:0221/硬件:5KE 915 227	软件:Volkswagen Aktiengesellschaft/硬件:Zollner Electronik AG	插电式混合动力乘用车	16074	
	三元材料	S5E891	3.65	0.82	—	96	上汽大众汽车有限公司	350	37	127	34.7	—	12.1	否	软件:0221/硬件:5KE 915 227	软件:Volkswagen Aktiengesellschaft/硬件:Zollner Electronik AG	插电式混合动力乘用车	3156	
	三元材料	S5E891	3.65	0.82	—	96	一汽-大众汽车有限公司	350	110	125	37	—	13	否	ECU_BMCeECU_MQB48_AP1-CN	法可赛(太仓)汽车配件有限公司	插电式混合动力乘用车	310	
	三元材料	S5E891	3.65	0.82	—	96	重庆长安汽车股份有限公司	350	—	136	37	—	12.9	否	XLBCU01	重庆长安汽车股份有限公司	插电式混合动力乘用车	28	
	三元材料	S5E891	3.65	0.82±0.03	—	96	广州汽车集团乘用车有限公司	350	37	130	37	—	13	否	2520105ART0000S.A/2520105ART0000H.A	深圳市航盛电子股份有限公司	插电式混合动力乘用车	1965	

续上表

储能装置单体生产企业	储能装置种类	储能装置单体型号	储能装置单体标称电压(V)	储能装置单体质量(kg)	超级电容器单体标称静电容量(F)	储能装置单体数量	储能装置总成生产企业	储能装置总成标称电压(V)	储能装置总成额定输出电流(A)	储能装置总成质量(kg)	储能装置总成标称容量(Ah)	超级电容器总成标称静电容量(F)	储能装置总储电量(kWh)	动力蓄电池箱是否具有快换装置	车载能源管理系统型号(包括软件和硬件)	车载能源管理系统生产企业	配套车辆类型	2019年配套车型产量小计(辆)	2019年配套车型产量总计(辆)
宁德时代新能源科技股份有限公司	三元材料	S5E891	3.65	0.82±0.03	—	96	广州汽车集团乘用车有限公司	350	37	130	37	—	13	否	2520105ART0000S. A/2520105ART0000H. A	深圳市航盛新能源有限公司	插电式混合动力乘用车	1493	534018
	三元材料	S5E891	3.65	0.82±0.03	—	96	华晨宝马汽车有限公司	350.4	135	117.2	37	—	12.9	否	SME BK AS4	PREH	插电式混合动力乘用车	8935	
	三元材料	S5E891	3.65	0.86±0.10	—	384	苏州正力蔚来新能源科技有限公司	350	192	525	192	—	67.2	是	软件:BMS_ES8/硬件:BMC 8.0	软件:上海蔚来汽车有限公司/硬件:联合汽车电子有限公司	纯电动乘用车	14	
	三元材料	S5E891	3.65(1小时率放电)	0.82±0.03	—	96	长城汽车股份有限公司	350.4(1小时率放电)	37(1小时率放电)	140±5	37(1小时率放电)	—	12.96(1小时率放电)	否	S00BMU0G01/H00BMU0190	宁德时代新能源科技股份有限公司	插电式混合动力乘用车	1099	
	三元材料	S5E891	3.65±0.02	0.82±0.03	—	192	威睿电动汽车技术(苏州)有限公司	350.4	74	240	74	—	25.9	否	软件:97HH01MS/硬件:97HH01MH	惠州市蓝微新源技术有限公司	插电式混合动力专用车	2	
	三元材料	S5E891	3.65±0.02	0.82±0.03	—	192	威睿电动汽车技术(苏州)有限公司	350.4	74	240	74	—	25.9	否	软件:97HH01MS/硬件:97HH01MH	惠州市蓝微新源技术有限公司	插电式混合动力专用车	17	
	三元材料	S5E891	3.65±0.02	0.82±0.03	—	192	威睿电动汽车技术(苏州)有限公司	350.4	74	240	74	—	25.9	否	软件:97HH01MS/硬件:97HH01MH	惠州市蓝微新源技术有限公司	插电式混合动力专用车	184	
	三元材料	S5E891	3.65±0.02	0.82±0.03	—	84	威睿电动汽车技术(苏州)有限公司	306.6	37	116	37	—	11.3	否	PBMS-4(软件:0007B11D10/AA/硬件:0007B11C02)	威睿电动汽车技术(苏州)有限公司	插电式混合动力乘用车	453	
	三元材料	S5E891	3.65±0.02	0.82±0.03	—	84	威睿电动汽车技术(苏州)有限公司	306.6	37	116	37	—	11.3	否	PBMS-4(软件:0007B11D10/AA/硬件:0007B11C02)	威睿电动汽车技术(苏州)有限公司	插电式混合动力乘用车	4769	
	三元材料	S5E891	3.65±0.02	0.82±0.03	—	84	威睿电动汽车技术(苏州)有限公司	306.6	37	116	37	—	11.3	否	PBMS-4(软件:0007B11D10/AA/硬件:0007B11C0201)	威睿电动汽车技术(苏州)有限公司	插电式混合动力乘用车	2	
	三元材料	S5E891	3.65±0.02	0.82±0.03	—	84	威睿电动汽车技术(苏州)有限公司	306.6	37	116	37	—	11.3	否	PBMS-4(软件:0007B11D10/AA/硬件:0007B11C02)	威睿电动汽车技术(苏州)有限公司	插电式混合动力乘用车	3223	
	三元材料	S5E891	3.65±0.02	0.82±0.03	—	96	重庆长安汽车股份有限公司	350	37	136	37	—	12.9	否	XLBCU01	重庆长安汽车股份有限公司	插电式混合动力乘用车	725	
	三元材料	S5E891	3.65±0.02	0.82±0.03	—	96	重庆长安新能源汽车有限公司	350	37	143	37	—	12.9	否	XLBCU01	重庆长安新能源汽车有限公司	插电式混合动力乘用车	9	
	三元材料	S5E891-51Ah	3.62	0.83	—	90	宁德伊控动力系统有限公司	326	153	139	51	—	16.6	否	ROEWE51S/BMS-02	上海捷能汽车技术有限公司,江苏天宝汽车电子有限公司	插电式混合动力乘用车	2681	
	三元材料	S5E891-51Ah	3.62	0.83±0.03	—	84	威睿电动汽车技术(宁波)有限公司	304.1	51	116	51	—	15.5	否	PBMS-4(软件:0007B14D10/AA/硬件:0007B11C02)	威睿电动汽车技术(宁波)有限公司	插电式混合动力乘用车	318	
	三元材料	S5E891-51Ah	3.62	0.83±0.03	—	96	蜂巢能源科技有限公司	347	51	141	51	—	17.7	否	S00BMUC021/810221-00042	宁德时代新能源科技股份有限公司	插电式混合动力乘用车	285	
	三元材料	V5E897	3.65	0.98	—	192	上汽大众汽车有限公司	350	102	317.5	108	—	38.1	否	软件:ECU_BMC6E37_MQB37_ABx/硬件:5KE 915 180 *	VOLKSWAGEN(软件),法可赛(太仓)汽车配件有限公司(硬件)	纯电动乘用车	6336	
	三元材料	V5E897	3.65	0.98	—	192	上汽大众汽车有限公司	350	102	329	99	—	34.8	否	软件:ECU_BMC6E37_MQB37_ABx/硬件:5KE 915 180 *	VOLKSWAGEN(软件),法可赛(太仓)汽车配件有限公司(硬件)	纯电动乘用车	7	
	三元材料	V5E897	3.65	0.98	—	192	一汽-大众汽车有限公司青岛分公司	350	125	317	113.6	—	39.76	否	ECU_BMC6E37_MQB37_ABx	法可赛(太仓)汽车配件有限公司	纯电动乘用车	3175	
	三元材料	V5E897	3.65	0.98	—	192	一汽-大众汽车有限公司青岛分公司	350	125	317	113.6	—	39.76	无	ECU_BMC6E37_MQB37_ABx	法可赛(太仓)汽车配件有限公司	纯电动乘用车	2718	
	三元材料	V5E897	3.65	0.98	—	192	一汽-大众汽车有限公司青岛分公司	350	125	318	113.6	—	39.76	无	ECU_BMC6E37_MQB37_ABx	法可赛(太仓)汽车配件有限公司	纯电动乘用车	4312	
	三元材料	V5E897	3.65	0.98	—	192	一汽-大众汽车有限公司青岛分公司	352	125	317	106	—	37.2	否	ECU_BMC6E37_MQB37_ABx	法可赛(太仓)汽车配件有限公司	纯电动乘用车	262	
	三元材料	V5E897	3.65	0.98	—	192	一汽-大众汽车有限公司青岛分公司	352	125	318	106	—	37.2	无	ECU_BMC6E37_MQB37_ABx	法可赛(太仓)汽车配件有限公司	纯电动乘用车	734	
	三元材料+NCM	ELE8A3	3.61	2.71	—	104	宁德时代新能源科技股份有限公司	375	177	384	177	—	66.5	否	软件:2500010DC2000500/硬件:2500010DC20000H.5	宁德时代新能源科技股份有限公司	纯电动乘用车	2287	

续上表

储能装置单体生产企业	储能装置种类	储能装置单体型号	储能装置单体标称电压(V)	储能装置单体质量(kg)	超级电容器单体标称静电容量(F)	储能装置单体数量	储能装置总成生产企业	储能装置总成标称电压(V)	储能装置总成额定输出电流(A)	储能装置总成质量(kg)	储能装置总成标称容量(Ah)	超级电容器总成标称静电容量(F)	储能装置总储电量(kWh)	动力蓄电池箱是否具有快换装置	车载能源管理系统型号(包括软件和硬件)	车载能源管理系统生产企业	配套车辆类型	2019年配套车型产量小计(辆)	2019年配套车型产量总计(辆)
宁德时代新能源科技股份有限公司	三元材料+NCM	LAE895	3.65	1.77±0.08	—	96	浙江合众新能源汽车有限公司	350	71.3	249	100	—	35.04	否	HJ_BMS_HV_T2(软件:43.11.80/硬件:H2.01)	芜湖宏景电子股份有限公司	纯电动乘用车	800	534018
	三元材料-NCM	7FE891	3.65	1.25	—	184	北京普莱德新能源电池科技有限公司	336	140	370	140	—	45	是	S00BMU1/H00BMU0007V51100	宁德时代新能源科技股份有限公司	纯电动乘用车	1388	
	三元材料-NCM	7FE891	3.65	1.25	—	192	宁德时代新能源科技股份有限公司	350.4	140	387	140	—	49	否	S00BMU0F15A22Y16/H00BMU0143	宁德时代新能源科技股份有限公司	纯电动乘用车	307	
	三元材料-NCM	7FE891	3.65±0.02	1.25±0.03	—	192	北京普莱德新能源电池科技有限公司	350	140	379.0±11.0	140	—	49	否	S00BMU0S7N1/H00BMS	宁德时代新能源科技股份有限公司	纯电动乘用车	12	
	三元材料-NCM	AAH385	3.6	1.460	—	77	宁德时代新能源科技股份有限公司	277.2	171	171.5	86.5	—	23.97	否	BMU SP11	PREH	插电式混合动力乘用车	3443	
	三元材料-NCM	DCH3D3	3.65±0.02	2.1±0.15	—	288	宁德时代新能源科技股份有限公司	525.6	95	840	190	—	99.8	否	软件:S05BMS000DV01Y13/硬件:H05BMS0010Y13	宁德时代新能源科技股份有限公司	纯电动专用车	72	
	三元材料-NCM	DCH3D3	3.65±0.02	2.1±0.15	—	288	宁德时代新能源科技股份有限公司	525.6	95	880	190	—	99.8	否	软件:S05BMS000DV01Y13/硬件:H05BMS0010Y13	宁德时代新能源科技股份有限公司	纯电动专用车	121	
	三元材料-NCM	LAE895	3.65	1.77±0.08	—	96	安徽舟之航电池有限公司	350	71.3	249	100	—	35.04	否	HZ-EP1000D(软件:34.11.80/硬件:H1.20)	浙江合众新能源汽车有限公司	纯电动乘用车	1684	
	三元材料-NCM	LAE895	3.65	1.77±0.08	—	96	浙江合众新能源汽车有限公司	350	71.3	249	100	—	35.04	否	HZ-EP1000D(软件:34.11.80/硬件:H1.20)	浙江合众新能源汽车有限公司	纯电动乘用车	111	
	三元材料-NCM	LAE895	3.65	1.77±0.08	—	96	浙江合众新能源汽车有限公司	350	71.3	249	100	—	35.04	否	HZ-EP1000D(软件:35.11.80/硬件:H1.20)	浙江合众新能源汽车有限公司	纯电动乘用车	1733	
	三元材料-NCM	LAE895	3.65	1.77±0.08	—	96	浙江合众新能源汽车有限公司,安徽舟之航电池有限公司	350	71.3	249	100	—	35.04	否	HZ-EP1000D(软件:35.11.80/硬件:H1.20),HZ-EP1000D(软件:34.11.80/硬件:H1.20)	浙江合众新能源汽车有限公司	纯电动乘用车	785	
	三元材料-NCM	M0H385	3.6	0.701	—	154	宁德时代新能源科技股份有限公司	277.2	152	169	53	—	14.7	否	BMU SP11	PREH	插电式混合动力乘用车	212	
	三元材料-NCM	S5E891	3.65	0.82±0.03	—	96	华晨宝马汽车有限公司	350.4	135	117.2	37	—	12.9	否	SME BK AS4	PREH	插电式混合动力乘用车	18935	
	磷酸铁锂	6LH3L8	3.22	5.21±0.26	—	192	宁德时代新能源科技股份有限公司	618.24	250	1162	271	—	167.54	否	CEB-B60SV01/CEB-B60H	宁德时代新能源科技股份有限公司	纯电动客车	30	
	磷酸铁锂	CB220	3.22	3.20±0.3	—	189	宁德时代新能源科技股份有限公司	608.58	173	669	173	—	105.28	否	CEB-B70S/CEB-B70H	宁德时代新能源科技股份有限公司	纯电动客车	23	
	三元材料	CE0H0	3.68(1C)	2.58	—	97	宁德时代新能源科技股份有限公司	357(1C)	159(1C)	346	150(1C)	—	53.5(1C)	否	软件:S00BMUC254V/硬件:810224-00277V	宁德时代新能源科技股份有限公司	纯电动乘用车	5	
	三元材料	ELE897	3.65	2.67	—	112	北京普莱德新能源电池科技有限公司	409	150	428	150	—	61.3	否	BMS-C35-S008/H001	北京新能源汽车股份有限公司	纯电动乘用车	102	
	三元材料	ELE897	3.65	2.67	—	112	常州普莱德新能源电池科技有限公司	408.8	150	393	150	—	61.3	否	BMS-C35-S008/H001	北京新能源汽车股份有限公司	纯电动乘用车	6152	
	三元材料	ELE897	3.65	2.67	—	96	常州普莱德新能源电池科技有限公司	350.4	150	377	150	—	52.56	否	BMS-C35-S008/H001	北京新能源汽车股份有限公司	纯电动乘用车	6	
青海比亚迪锂电池有限公司	三元材料	05ICE412,05ICE41B	3.65	1.75	—	84	包头市比亚迪矿用车有限公司	306.6	105	207	105	—	32.2	否	软件:D100/硬件:D100	惠州比亚迪电池有限公司	纯电动乘用车	256	114559
	三元材料	05ICE412/05ICE41B	3.65	05ICE412:1.75 05ICE41B:1.75	—	106	深圳市比亚迪锂电池有限公司	386.9	105	265	105	—	40.62	否	D100	惠州比亚迪电池有限公司	纯电动乘用车	233	
	三元材料	C08MCC,C08MSC	3.65	2.35	—	112	西安众迪锂电池有限公司	408.8	130	347	130	—	53.1	否	软件:D100/硬件:D100	惠州比亚迪电池有限公司	纯电动乘用车	2509	
	三元材料	C08MSC/C08MCC	3.65	2.35±0.05/2.35±0.05	—	180	深圳市比亚迪锂电池有限公司	328.5	260	545	260	—	84.24	否	D109	惠州比亚迪电池有限公司	纯电动乘用车	25	
	三元材料	CE086,CE08F	3.65	2.35	—	96	青海比亚迪锂电池有限公司	350.4	123	300	135	—	47.3	否	D100	惠州比亚迪电池有限公司	纯电动乘用车	849	

续上表

储能装置单体生产企业	储能装置种类	储能装置单体型号	储能装置单体标称电压(V)	储能装置单体质量(kg)	超级电容器单体标称静电容量(F)	储能装置单体数量	储能装置总成生产企业	储能装置总成标称电压(V)	储能装置总成额定输出电流(A)	储能装置总成质量(kg)	储能装置总成标称容量(Ah)	超级电容器总成标称静电容量(F)	储能装置总储电量(kWh)	动力蓄电池箱是否具有快换装置	车载能源管理系统型号(包括软件和硬件)	车载能源管理系统生产企业	配套车辆类型	2019年配套车型产量小计(辆)	2019年配套车型产量总计(辆)
青海比亚迪锂电池有限公司	三元材料	CE086/CE08F	3.65	CE086:2.35/CE08F:2.35	—	120	西安众迪锂电池有限公司	438	135	369	135	—	59.1	否	D100/D100	惠州比亚迪电池有限公司	纯电动乘用车	639	114559
	三元材料	CE086/CE08F	3.65	CE086:2.35/CE08F:2.35	—	144	西安众迪锂电池有限公司	525.6	135	443	135	—	71	否	D100/D100	惠州比亚迪电池有限公司	纯电动乘用车	1884	
	三元材料	CE08F,CE086	3.65	2.35	—	168	深圳市比亚迪锂电池有限公司	613.2	150	514	135	—	82.8	否	D100	惠州比亚迪电池有限公司	纯电动乘用车	2	
	三元材料+NCM	05ICE412,05ICE41B	3.65	1.75	—	92	青海比亚迪锂电池有限公司	335.8	105	220	105	—	35.2	否	D100	惠州比亚迪电池有限公司	纯电动乘用车	3984	
	三元材料+NCM	C08MCC,C08MSC	3.65	2.35	—	112	西安众迪锂电池有限公司	408.8	130	347	130	—	53.1	否	软件:D100/硬件:D100	惠州比亚迪电池有限公司	纯电动乘用车	1553	
	三元材料+NCM	C08MCC,C08MSC	3.65	2.35	—	119	太原比亚迪汽车有限公司	434.4	162	360	130	—	56.4	否	D100	惠州比亚迪电池有限公司	纯电动乘用车	76	
	三元材料+NCM	C08MCC,C08MSC	3.65	C08MSC:2.35,C08MCC:2.35	—	112	西安众迪锂电池有限公司	408.8	130	347	130	—	53.1	否	软件:D100/硬件:D100	惠州比亚迪电池有限公司	纯电动乘用车	1247	
	三元材料+NCM	CE086,CE08F	3.65	2.35	—	96	青海比亚迪锂电池有限公司	350.4	123	300	135	—	47.3	否	D100	惠州比亚迪电池有限公司	纯电动乘用车	8039	
	三元材料+NCM	CE086,CE08F	3.65	CE086:2.35,CE08F:2.35	—	141	包头市比亚迪矿用车有限公司	514.7	135	440	135	—	69.5	否	软件:D100/硬件:D100	惠州比亚迪电池有限公司	纯电动乘用车	79	
	三元材料-NCM	05ICE412,05ICE41B	3.65	1.75	—	84	包头市比亚迪矿用车有限公司	306.6	105	207	105	—	32.2	否	软件:D100/硬件:D100	惠州比亚迪电池有限公司	纯电动乘用车	528	
	三元材料-NCM	05ICE412,05ICE41B	3.65	1.75	—	84	包头市比亚迪矿用车有限公司	306.6	105	208	105	—	32.2	否	软件:D100/硬件:D100	惠州比亚迪电池有限公司	纯电动乘用车	3396	
	三元材料-NCM	05ICE412,05ICE41B	3.65	1.75	—	92	青海比亚迪锂电池有限公司	335.8	105	220	105	—	35.2	否	D100	惠州比亚迪电池有限公司	纯电动乘用车	621	
	三元材料-NCM	05ICE412/05ICE41B	3.65	05ICE412:1.75 05ICE41B:1.75	—	106	深圳市比亚迪锂电池有限公司	386.9	105	265	105	—	40.62	否	D100	惠州比亚迪电池有限公司	纯电动乘用车	2700	
	三元材料-NCM	C08MCC,C08MSC	3.65	2.35	—	119	太原比亚迪汽车有限公司	434.4	162	360	130	—	56.4	否	D100	惠州比亚迪电池有限公司	纯电动乘用车	4186	
	三元材料-NCM	C08MCC,C08MSC	3.65	C08MCC:2.35,C08MSC:2.35	—	108	太原比亚迪汽车有限公司	394.2	≤147	334	130	—	51.2	否	D100	惠州比亚迪电池有限公司	纯电动乘用车	54673	
	三元材料-NCM	C08MCC,C08MSC	3.65	C08MSC:2.35,C08MCC:2.35	—	112	西安众迪锂电池有限公司	408.8	130	347	130	—	53.1	否	软件:D100/硬件:D100	惠州比亚迪电池有限公司	纯电动乘用车	1490	
	三元材料-NCM	CE086,CE08F	3.65	2.35,2.35	—	120	西安众迪锂电池有限公司	438	135	369	135	—	59.1	否	软件 D100/硬件 D100	惠州比亚迪电池有限公司	纯电动乘用车	52	
	三元材料-NCM	CE086,CE08F	3.65	CE086:2.35,CE08F:2.35	—	141	包头市比亚迪矿用车有限公司	514.7	135	440	135	—	69.5	否	软件:D100/硬件:D100	惠州比亚迪电池有限公司	纯电动乘用车	2767	
	三元材料-NCM	CE086/CE08F	3.65	CE086:2.35 CE08F:2.35	—	108	深圳市比亚迪锂电池有限公司	394.2	135	342	135	—	53.22	否	软件:D100/硬件:D100	惠州比亚迪电池有限公司	纯电动乘用车	18597	
	三元材料-NCM	CE086/CE08F	3.65	CE086:2.35/CE08F:2.35	—	144	西安众迪锂电池有限公司	525.6	135	443	135	—	71	否	D100/D100	惠州比亚迪电池有限公司	纯电动乘用车	238	
	三元材料-NCM	CE08F,CE086	3.65	2.35	—	168	深圳市比亚迪锂电池有限公司	613.2	≤150	515	135	—	82.8	否	D100	惠州比亚迪电池有限公司	纯电动乘用车	3097	
	三元材料-NCM	CE08F/CE086	3.65	2.35	—	168	深圳市比亚迪锂电池有限公司	613.2	≤150	514	135	—	82.8	否	D100	惠州比亚迪电池有限公司	纯电动乘用车	839	

续上表

储能装置单体生产企业	储能装置种类	储能装置单体型号	储能装置单体标称电压(V)	储能装置单体质量(kg)	超级电容器单体标称静电容量(F)	储能装置单体数量	储能装置总成生产企业	储能装置总成标称电压(V)	储能装置总成额定输出电流(A)	储能装置总成质量(kg)	储能装置总成标称容量(Ah)	超级电容器总成标称静电容量(F)	储能装置总储电量(kWh)	动力蓄电池箱是否具有快换装置	车载能源管理系统型号(包括软件和硬件)	车载能源管理系统生产企业	配套车辆类型	2019年配套车型产量小计(辆)	2019年配套车型产量总计(辆)
深圳市比亚迪锂电池有限公司	磷酸铁锂	C15FHE	3.2	6.9	—	144	汕尾比亚迪汽车有限公司	460.8	340	1111.6	340	—	156.672	—	4A52000D/BMC-C211A	惠州比亚迪电池有限公司	纯电动客车	7	81105
	磷酸铁锂	C15FHE	3.2	6.9	—	160	汕尾比亚迪汽车有限公司	512	340	1232	340	—	174.08	—	4A52000D/BMC-C211A	惠州比亚迪电池有限公司	纯电动客车	431	
	磷酸铁锂	C15FHE	3.2	6.9	—	200	汕尾比亚迪汽车有限公司	640	300	1665	340	—	217.6	否	BYDBMC-120601	惠州比亚迪电池有限公司	纯电动专用车	172	
	磷酸铁锂	C15FHE	3.2	6.9	—	200	汕尾比亚迪汽车有限公司	640	340	1540	340	—	217.6	—	4A52000D/BMC-C211A	惠州比亚迪电池有限公司	纯电动客车	983	
	磷酸铁锂	C15FHE	3.2	6.9	—	280	汕尾比亚迪汽车有限公司	448	680	2156	680	—	304.64	—	4A52000D/BMC-C211A	惠州比亚迪电池有限公司	纯电动客车	188	
	磷酸铁锂	C15FHE	3.2	6.9	—	288	汕尾比亚迪汽车有限公司	460.8	680	2223.2	680	—	313.344	—	4A52000D/BMC-C211A	惠州比亚迪电池有限公司	纯电动客车	802	
	磷酸铁锂	C15FHE	3.2	6.9	—	304	汕尾比亚迪汽车有限公司	486.4	680	2343.6	680	—	330.752	—	4A52000D/BMC-C211A	惠州比亚迪电池有限公司	纯电动客车	1341	
	磷酸铁锂	C15FHE	3.2	6.9	—	320	汕尾比亚迪汽车有限公司	512	600	2664	680	—	348	否	BYDBMC-120601	惠州比亚迪电池有限公司	纯电动专用车	60	
	磷酸铁锂	C15FHE	3.2	6.9	—	320	汕尾比亚迪汽车有限公司	512	680	2464	680	—	348.16	—	4A52000D/BMC-C211A	惠州比亚迪电池有限公司	纯电动客车	434	
	磷酸铁锂	C15FHE	3.2	6.9	—	400	汕尾比亚迪汽车有限公司	640	600	3330	680	—	435.2	无	BYDBMC-120601	惠州比亚迪电池有限公司	纯电动专用车	2768	
	磷酸铁锂	C15FHE	3.2	6.90	—	160	汕尾比亚迪汽车有限公司	512	340	1232	340	—	174.08	—	4A52000D/BMC-C211A	惠州比亚迪电池有限公司	纯电动客车	54	
	磷酸铁锂	C16FHA	3.2	4.53	—	120	汕尾比亚迪汽车有限公司	384	220	601.2	220	—	84.4	—	BMC-C211A	惠州比亚迪电池有限公司	纯电动专用车	42	
	磷酸铁锂	C16FHA	3.2	4.53	—	120	汕尾比亚迪汽车有限公司	384	220	601.2	220	—	84.4	否	BMC-C211A	惠州比亚迪电池有限公司	纯电动专用车	87	
	磷酸铁锂	C16FHA	3.2	4.53	—	162	汕尾比亚迪汽车有限公司	518.4	220	811.5	220	—	114.048	—	4A52000D/BMC-C211A	惠州比亚迪电池有限公司	纯电动客车	2	
	磷酸铁锂	C16FHA	3.2	4.53	—	168	汕尾比亚迪汽车有限公司	537.6	220	841.6	220	—	118.272	—	4A52000D/BMC-C211A	惠州比亚迪电池有限公司	纯电动客车	18	
	磷酸铁锂	C16FHA	3.2	4.53	—	360	汕尾比亚迪汽车有限公司	576	440	1803.6	440	—	253.44	—	4A52000D/BMC-C211A	惠州比亚迪电池有限公司	纯电动客车	551	
	磷酸铁锂	C16FHA	3.2	4.53	—	360	汕尾比亚迪汽车有限公司	576	440	1803.6	440	—	253.44	否	4A52000D/BMC-C211A	惠州比亚迪电池有限公司	纯电动客车	8	
	磷酸铁锂	C16FHA	3.2	4.53	—	408	汕尾比亚迪汽车有限公司	652.8	440	2044	440	—	287.232	—	4A52000D/BMC-C211A	惠州比亚迪电池有限公司	纯电动客车	213	
	磷酸铁锂	FADM07315F	3.2	6.52	—	168	汕尾比亚迪汽车有限公司	537.6	200	1374	300	—	161.28	—	电池管理控制器型号:BYDBMC-120601;电池信息采集器型号:BYDBIC-120929	惠州比亚迪电池有限公司	纯电动专用车	196	
	磷酸铁锂	FADM07315F	3.2	6.52	—	168	汕尾比亚迪汽车有限公司	537.6	200	1374	300	—	161.28	—	电池管理控制器型号:BYDBMC-120601;电池信息采集器型号:BYDBIC-120929	惠州比亚迪电池有限公司	纯电动专用车	122	
	磷酸铁锂	FADM07315F	3.2	6.52	—	204	汕尾比亚迪汽车有限公司	650	200	1680	300	—	195	—	电池管理控制器型号:BYDBMC-120601	惠州比亚迪电池有限公司	纯电动专用车	46	
	磷酸铁锂	FADM07315F	3.2	6.52	—	204	汕尾比亚迪汽车有限公司	650	200	1680	300	—	195	否	电池管理控制器型号:BYDBMC-120601	惠州比亚迪电池有限公司	纯电动专用车	1	
	磷酸铁锂	FADM07315F	3.2	6.52	—	344	汕尾比亚迪汽车有限公司	550	145	2856	600	—	330	—	BYDBMC-120601	惠州比亚迪电池有限公司	纯电动专用车	23	
	磷酸铁锂	FADM07315F	3.2	6.52	—	344节	汕尾比亚迪汽车有限公司	550	145	2856	600	—	330	—	BYDBMC-120601	惠州比亚迪电池有限公司	纯电动专用车	52	
	磷酸铁锂	FADM07315F	3.2	6.52	—	344节	汕尾比亚迪汽车有限公司	550	500	2856	600	—	330	—	BYDBMC-120601	惠州比亚迪电池有限公司	纯电动专用车	1	
	磷酸铁锂	FADM07315F	3.2	6.52±0.1	—	344节	汕尾比亚迪汽车有限公司	550	500	2856	600	—	330	否	BYDBMC-120601	惠州比亚迪电池有限公司	纯电动专用车	1	
	三元材料	05FCE20E/05FCE205	3.65	0.87/0.88	—	108	太原比亚迪汽车有限公司	394.2	100	135	40	—	15.76	否	F100/F100	惠州比亚迪电池有限公司	插电式混合动力乘用车	6222	
	三元材料	C08MCA,C08MSA	3.65	2.3	—	120	深圳市比亚迪锂电池有限公司	438	120	359	115	—	50.3	否	D100	惠州比亚迪电池有限公司	纯电动乘用车	32	
	三元材料	C08MCA,C08MSA	3.65	2.3	—	120	深圳市比亚迪锂电池有限公司	438	120	359	115	—	50.3	否	软件:D100/硬件:D100	惠州比亚迪电池有限公司	纯电动专用车	100	
	三元材料	C20MSC,C20MCC	3.6	0.86,0.87	—	120	深圳市比亚迪锂电池有限公司	432	100	148	37	—	15.98	否	软件:HA/硬件:HA	惠州比亚迪电池有限公司	插电式混合动力乘用车	438	
	三元材料	C20MSC,C20MCC	3.6	0.86,0.87	—	168	深圳市比亚迪锂电池有限公司	604.8	100	190	37	—	22.37	否	D100/D100	惠州比亚迪电池有限公司	插电式混合动力乘用车	35	

续上表

储能装置单体生产企业	储能装置种类	储能装置单体型号	储能装置单体标称电压(V)	储能装置单体质量(kg)	超级电容器单体标称静电容量(F)	储能装置单体数量	储能装置总成生产企业	储能装置总成标称电压(V)	储能装置总成额定输出电流(A)	储能装置总成质量(kg)	储能装置总成标称容量(Ah)	超级电容器总成标称静电容量(F)	储能装置总储电量(kWh)	动力蓄电池箱是否具有快换装置	车载能源管理系统型号(包括软件和硬件)	车载能源管理系统生产企业	配套车辆类型	2019年配套车型产量小计(辆)	2019年配套车型产量总计(辆)
深圳市比亚迪锂电池有限公司	三元材料	C20MSC,C20MCC	3.6	0.86,0.87	—	180	深圳市比亚迪锂电池有限公司	648	74	210	37	—	23.97	否	软件:ST/硬件:ST	惠州比亚迪电池有限公司	插电式混合动力乘用车	1990	81105
	三元材料	CE085/CE08E	3.65	CE085:2.35/CE08E:2.35	—	132	深圳市比亚迪锂电池有限公司	481.8	125	399	125	—	60.225	否	BYDBMC-130408	惠州比亚迪电池有限公司	纯电动专用车	46	
	三元材料	CE085/CE08E	3.65	CE085:2.35/CE08E:2.35	—	264	深圳市比亚迪锂电池有限公司	481.8	250	798	250	—	120.45	否	BYDBMC-120601	惠州比亚迪电池有限公司	纯电动专用车	1	
	三元材料	FADM07326,FADM07328	3.6	0.83,0.85	—	156	深圳市比亚迪锂电池有限公司	561.6	100	176	33	—	18.53	否	D100/D100	惠州比亚迪电池有限公司	插电式混合动力乘用车	359	
	三元材料	FADM07326,FADM07328	3.6	0.83,0.85	—	168	深圳市比亚迪锂电池有限公司	604.8	66	195	33	—	19.96	否	软件:ST/硬件:ST	惠州比亚迪电池有限公司	插电式混合动力乘用车	1909	
	三元材料	FADM07326,FADM07328	3.6	0.83,0.85	—	84	深圳市比亚迪锂电池有限公司	302.4	100	105	33	—	9.97	否	软件:HA/硬件:HA	惠州比亚迪电池有限公司	插电式混合动力乘用车	544	
	三元材料+NCM	CE085/CE08E	3.65	CE085:2.35/CE08E:2.35	—	132	深圳市比亚迪锂电池有限公司	481.8	125	399	125	—	60.225	否	BYDBMC-130408	惠州比亚迪电池有限公司	纯电动专用车	3	
	三元材料-NCM	05FCE20E/05FCE205	3.65	0.87/0.88	—	108	太原比亚迪汽车有限公司	394.2	100	135	40	—	15.76	否	F100/F100	惠州比亚迪电池有限公司	插电式混合动力乘用车	1565	
	三元材料-NCM	C08MCA,C08MSA	3.65	2.3	—	120	深圳市比亚迪锂电池有限公司	438	120	359	115	—	50.3	否	D100	惠州比亚迪电池有限公司	纯电动乘用车	213	
	三元材料-NCM	C08MCA,C08MSA	3.65	2.3	—	120	深圳市比亚迪锂电池有限公司	438	120	359	115	—	50.3	否	D100	惠州比亚迪电池有限公司	纯电动专用车	14	
	三元材料-NCM	C08MCA,C08MSA	3.65	2.3	—	88	深圳市比亚迪锂电池有限公司	321.2	120	271	115	—	36.9	否	软件:D100/硬件:D100	惠州比亚迪电池有限公司	纯电动专用车	80	
	三元材料-NCM	C08MCA/C08MSA	3.65	C08MCA:2.3/C08MSA:2.3	—	100	深圳市比亚迪锂电池有限公司	365	115	300	115	—	42	否	HA	惠州比亚迪电池有限公司	纯电动乘用车	22031	
	三元材料-NCM	C20MSC,C20MCC	3.6	0.86,0.87	—	108	深圳市比亚迪锂电池有限公司	388.8	74	142	37	—	14.38	否	HA	惠州比亚迪电池有限公司	插电式混合动力乘用车	3166	
	三元材料-NCM	C20MSC,C20MCC	3.6	0.86,0.87	—	108	深圳市比亚迪锂电池有限公司	388.8	74	142	37	—	14.38	否	软件:HA/硬件:HA	惠州比亚迪电池有限公司	插电式混合动力乘用车	833	
	三元材料-NCM	C20MSC,C20MCC	3.6	0.86,0.87	—	120	深圳市比亚迪锂电池有限公司	432	100	148	37	—	15.98	否	软件:HA/硬件:HA	惠州比亚迪电池有限公司	插电式混合动力乘用车	2290	
	三元材料-NCM	C20MSC,C20MCC	3.6	0.86,0.87	—	132	深圳市比亚迪锂电池有限公司	475.2	74	160	37	—	17.58	否	HA	惠州比亚迪电池有限公司	插电式混合动力乘用车	19	
	三元材料-NCM	C20MSC,C20MCC	3.6	0.86,0.87	—	180	深圳市比亚迪锂电池有限公司	648	74	210	37	—	23.97	否	ST	惠州比亚迪电池有限公司	插电式混合动力乘用车	4254	
	三元材料-NCM	C20MSC,C20MCC	3.6	0.86,0.87	—	180	深圳市比亚迪锂电池有限公司	648	74	210	37	—	23.97	否	软件:ST/硬件:ST	惠州比亚迪电池有限公司	插电式混合动力乘用车	1788	
	三元材料-NCM	C20MSC/C20MCC	3.6	0.86/0.87	—	132	深圳市比亚迪锂电池有限公司	475	74	152	37	—	17.5	—	C100	惠州比亚迪电池有限公司	插电式混合动力乘用车	5307	
	三元材料-NCM	CE085/CE08E	3.65	CE085:2.35/CE08E:2.35	—	132	深圳市比亚迪锂电池有限公司	481.8	125	399	125	—	60.225	否	BYDBMC-130408	惠州比亚迪电池有限公司	纯电动专用车	15	
	三元材料-NCM	CE085/CE08E	3.65	CE085:2.35/CE08E:2.35	—	352	深圳市比亚迪锂电池有限公司	642.4	250	1065	250	—	160.6	否	BYDBMC-120601	惠州比亚迪电池有限公司	纯电动专用车	5	
	三元材料-NCM	CE085/CE08E	3.65	CE085:2.35/CE08E:2.35	—	88	深圳市比亚迪锂电池有限公司	321.2	125	266	125	—	40.15	否	BYDBMC-130408	惠州比亚迪电池有限公司	纯电动专用车	1	

续上表

储能装置单体生产企业	储能装置种类	储能装置单体型号	储能装置单体标称电压(V)	储能装置单体质量(kg)	超级电容器单体标称静电容量(F)	储能装置单体数量	储能装置总成生产企业	储能装置总成标称电压(V)	储能装置总成额定输出电流(A)	储能装置总成质量(kg)	储能装置总成标称容量(Ah)	超级电容器总成标称静电容量(F)	储能装置总储电量(kWh)	动力蓄电池箱是否具有快换装置	车载能源管理系统型号(包括软件和硬件)	车载能源管理系统生产企业	配套车辆类型	2019年配套车型产量小计(辆)	2019年配套车型产量总计(辆)
深圳市比亚迪锂电池有限公司	三元材料-NCM	FADM07326,FADM07328	3.6	0.83,0.85	—	168	深圳市比亚迪锂电池有限公司	604.8	66	195	33	—	19.96	否	ST	惠州比亚迪电池有限公司	插电式混合动力乘用车	6974	81105
	三元材料-NCM	FADM07326,FADM07328	3.6	0.83,0.85	—	168	深圳市比亚迪锂电池有限公司	604.8	66	195	33	—	19.96	否	软件:ST/硬件:ST	惠州比亚迪电池有限公司	插电式混合动力乘用车	2882	
	三元材料-NCM	FADM07326,FADM07328	3.6	0.83,0.85	—	76	太原比亚迪汽车有限公司	273.6	66	106	33	—	9.03	否	软件:D100/硬件:D100	惠州比亚迪电池有限公司	插电式混合动力乘用车	5027	
	三元材料-NCM	FADM07326,FADM07328	3.6	0.83,0.85	—	84	深圳市比亚迪锂电池有限公司	302.4	100	105	33	—	9.97	否	软件:HA/硬件:HA	惠州比亚迪电池有限公司	插电式混合动力乘用车	360	
	三元材料-NCM	FADM07329,FADM07332	3.6	FADM07329:2.3,FADM07332:2.3	—	168	深圳市比亚迪锂电池有限公司	604.8	120	444	100	—	60.5	否	EVDBMS006	比亚迪汽车工业有限公司	纯电动乘用车	1279	
	三元材料-NCM	FADM07329,FADM07332	3.6	FADM07329:2.3,FADM07332:2.3	—	168	深圳市比亚迪锂电池有限公司	604.8	120	444	100	—	60.5	否	EVDBMS006	比亚迪汽车工业有限公司	纯电动乘用车	640	
	三元材料-NCM	FADM07329/FADM07332	3.6	FADM07329:2.3/FADM07332:2.3	—	172	深圳市比亚迪锂电池有限公司	619.2	100	456	100	—	61.9	否	SAEV	惠州比亚迪电池有限公司	纯电动乘用车	2080	
合肥国轩高科动力能源有限公司	磷酸铁锂	IFP20100140-27Ah	3.2	0.595±0.005	—	1488	合肥国轩高科动力能源有限公司	595.2	216	1085±31	216	—	128.56	否	软件:GXEVSW-01/硬件:GXEV-1	合肥国轩高科动力能源有限公司	纯电动客车	1	68907
	磷酸铁锂	IFP20100140A	3.2	0.6	—	1040片	合肥国轩高科动力能源有限公司	332.8	250	700	225	—	75	否	GXBMS-CCU	合肥国轩高科动力能源有限公司	纯电动专用车	2	
	磷酸铁锂	IFP20100140A	3.2	0.6	—	832片	合肥国轩高科动力能源有限公司	332.8	250	685	180	—	60	否	GXBMS-CCU	合肥国轩高科动力能源有限公司	纯电动专用车	2	
	磷酸铁锂	IFP20100140A	3.2	0.62	—	1800	合肥国轩高科动力能源有限公司	576	250	1425.2	250	—	144	否	软件:GXEVSW-01/硬件:GXEV-1	合肥国轩高科动力能源有限公司	纯电动客车	1	
	磷酸铁锂	IFP20100140A	3.2	0.620	—	648	合肥国轩高科动力能源有限公司	345.6	120	513.3	150	—	51.84	否	软件:GXEVSW-01/硬件:GXEV-1	合肥国轩高科动力能源有限公司	纯电动客车	2	
	磷酸铁锂	IFP20100140A-30Ah	3.2	0.36	—	416	合肥国轩高科动力能源有限公司	332.8	120	306	120	—	39.9	否	软件:DT1802-V1.0/硬件:C10	合肥国轩高科动力能源有限公司	纯电动专用车	2	
	磷酸铁锂	IFP20100140A-30Ah	3.2	0.603±0.015	—	1008	合肥国轩高科动力能源有限公司	537.6	180	728±20	180	—	96.768	否	软件:GXEVSW-01/硬件:GXEV-1	合肥国轩高科动力能源有限公司	纯电动专用车	16	
	磷酸铁锂	IFP20100140A-30Ah	3.2	0.603±0.015	—	1008	合肥国轩高科动力能源有限公司	537.6	180	728±20	180	—	96.77	否	软件:B39618D0/硬件:EV05	惠州市亿能电子有限公司	纯电动专用车	395	
	磷酸铁锂	IFP20100140A-30Ah	3.2	0.603±0.015	—	336	合肥国轩高科动力能源有限公司	358.4	90	263	90	—	32.3	否	软件:C10/硬件:DT1912-V1.0	合肥国轩高科动力能源有限公司	纯电动专用车	1657	
	磷酸铁锂	IFP20100140A-30Ah	3.2	0.603±0.015	—	416	合肥国轩高科动力能源有限公司	332.8	124.22	306	124.22	—	41.34	否	软件:DT1837-V1.0/硬件:C10	合肥国轩高科动力能源有限公司	纯电动专用车	691	
	磷酸铁锂	IFP20100140A-30Ah	3.2	0.603±0.015	—	448	合肥国轩高科动力能源有限公司	358.4	120	338	120	—	43	否	软件:C10/硬件:DT1911-V1.0	合肥国轩高科动力能源有限公司	纯电动专用车	2507	
	磷酸铁锂	IFP20100140A-30Ah	3.2	0.603±0.015	—	456	合肥国轩高科动力能源有限公司	364.8	122	339	122	—	44.5	否	软件:KQ71.01.00.00/硬件:0.0.2	奇瑞商用车(安徽)有限公司	纯电动专用车	1728	
	磷酸铁锂	IFP20100140A-30Ah	3.2	0.603±0.015	—	570	合肥国轩高科动力能源有限公司	364.8	150	425±12	150	—	54.72	否	软件:GXEVSW-01/硬件:GXEV-1	合肥国轩高科动力能源有限公司	纯电动专用车	3	
	磷酸铁锂	IFP20100140A-30Ah	3.2	0.603±0.015	—	576	合肥国轩高科动力能源有限公司	307.2	180	420±20	180	—	55.296	否	软件:B39631D0/硬件:EV05	惠州市亿能电子有限公司	纯电动专用车	552	

续上表

储能装置单体生产企业	储能装置种类	储能装置单体型号	储能装置单体标称电压(V)	储能装置单体质量(kg)	超级电容器单体标称静电容量(F)	储能装置单体数量	储能装置总成生产企业	储能装置总成标称电压(V)	储能装置总成额定输出电流(A)	储能装置总成质量(kg)	储能装置总成标称容量(Ah)	超级电容器总成标称静电容量(F)	储能装置总储电量(kWh)	动力蓄电池箱是否具有快换装置	车载能源管理系统型号(包括软件和硬件)	车载能源管理系统生产企业	配套车辆类型	2019年配套车型产量小计(辆)	2019年配套车型产量总计(辆)
合肥国轩高科动力能源有限公司	磷酸铁锂	IFP20100140A-30Ah	3.2	0.603 ±0.015	—	960	合肥国轩高科动力能源有限公司	384	240	707±10	240	—	92.16	否	软件:B39629D1/硬件:EV05	惠州市亿能电子有限公司	纯电动专用车	101	68907
	磷酸铁锂	IFP20100140A-30Ah	3.2	0.603 ±0.015	—	960	合肥国轩高科动力能源有限公司	384	240	707±10	240	—	92.16	否	软件:B39629D1/硬件:EV05	惠州市亿能电子有限公司	纯电动客车	11	
	磷酸铁锂	IFP20100140A-30Ah	3.2	0.603 ±0.015, 0.640 ±0.01	—	570	合肥国轩高科动力能源有限公司	364.8	150	425±12,432±12	150	—	54.72	否	软件:GXEVSW-01/硬件:GXEV-1	合肥国轩高科动力能源有限公司	纯电动专用车	97	
	磷酸铁锂	IFP20100140A-30Ah	3.2	0.64±0.01	—	1008	合肥国轩高科动力能源股份公司	537.6	180	748±20	180	—	96.77	否	软件:GXEVSW-01/硬件:GXEV-1	合肥国轩高科动力能源有限公司	纯电动专用车	17	
	磷酸铁锂	IFP20100140A-30Ah	3.2	0.64±0.01	—	1008	合肥国轩高科动力能源有限公司	537.6	180	748	180	—	96.77	否	软件:GXEVSW-01/硬件:GXEV-1	合肥国轩高科动力能源有限公司	纯电动专用车	20	
	磷酸铁锂	IFP20100140A-30Ah	3.2	0.64±0.01	—	1008	合肥国轩高科动力能源有限公司	537.6	180	748	180	—	96.77	否	软件:GXEVSW-01/硬件:GXEV-1	合肥国轩高科动力能源有限公司	纯电动专用车	103	
	磷酸铁锂	IFP20100140A-30Ah	3.2	0.64±0.01	—	1008	合肥国轩高科动力能源有限公司	537.6	180	748±20	180	—	96.76	否	软件:GXEVSW-01/硬件:GXEV-1	合肥国轩高科动力能源有限公司	纯电动专用车	10	
	磷酸铁锂	IFP20100140A-30Ah	3.2	0.64±0.01	—	1008	合肥国轩高科动力能源有限公司	537.6	180	748±20	180	—	96.77	—	软件:GXEVSW-01/硬件:GXEV-1	合肥国轩高科动力能源有限公司	纯电动专用车	2	
	磷酸铁锂	IFP20100140A-30Ah	3.2	0.64±0.01	—	1008	合肥国轩高科动力能源有限公司	537.6	180	748±20	180	—	96.77	否	软件:GXEVSW-01/硬件:GXEV-1	合肥国轩高科动力能源有限公司	纯电动专用车	2	
	磷酸铁锂	IFP20100140A-30Ah	3.2	0.64±0.01	—	1008	合肥国轩高科动力能源有限公司	537.6	180	748±20	180	—	96.77	否	软件:GXEVSW-01/硬件:GXEV-1	合肥国轩高科动力能源有限公司	纯电动专用车	116	
	磷酸铁锂	IFP20100140A-30Ah	3.2	0.64±0.01	—	1008	合肥国轩高科动力能源有限公司	537.6	180	748±20	180	—	96.78	否	软件:GXEVSW-01/硬件:GXEV-1	合肥国轩高科动力能源有限公司	纯电动专用车	100	
	磷酸铁锂	IFP20100140A-30Ah	3.2	0.64±0.01	—	416	合肥国轩高科动力能源有限公司	332.8	120	306	120	—	39.9	否	软件:DT1802-V1.0/硬件:C10	合肥国轩高科动力能源有限公司	纯电动专用车	7	
	磷酸铁锂	IFP20100140A-30Ah	3.2	0.64±0.01	—	416	合肥国轩高科动力能源有限公司	332.8	120	306	120	—	39.936	否	软件:DT1802-V1.0/硬件:C10	合肥国轩高科动力能源有限公司	纯电动专用车	7418	
	磷酸铁锂	IFP20100140A-30Ah	3.2	0.64±0.01	—	792	天津恒天新能源汽车研究院有限公司	422.4	180	586	180	—	76.03	否	软件:CHTC-LMUs-36S/硬件:CHTC-LMU-36S	天津恒天新能源汽车研究院有限公司	纯电动专用车	233	
	磷酸铁锂	IFP20100140A-30Ah	3.2	0.64±0.01	—	840	合肥国轩高科动力能源有限公司	537.6	150	620±18	150	—	80.6	否	软件:GXEVSW-01/硬件:GXEV-1	合肥国轩高科动力能源有限公司	纯电动专用车	2	
	磷酸铁锂	IFP20100140A-30Ah	3.2	0.64±0.01	—	840	合肥国轩高科动力能源有限公司	537.6	150	620±18	150	—	80.64	否	软件:GXEVSW-01/硬件:GXEV-1	合肥国轩高科动力能源有限公司	纯电动专用车	1520	
	磷酸铁锂	IFP20100140A-30Ah	3.2	0.640±0.01	—	416	合肥国轩高科动力能源有限公司	332.8	120	306	120	—	39.936	否	软件:DT1802-V1.0/硬件:C10	合肥国轩高科动力能源有限公司	纯电动专用车	944	
	磷酸铁锂	IFP20100140A-30Ah	3.2	0.640±0.01	—	416	合肥国轩高科动力能源有限公司	332.8	120	306	120	—	39.936	否	软件:DT1802-V1.0/硬件:C10	合肥国轩高科动力能源有限公司	纯电动专用车	1	
	磷酸铁锂	IFP20100140A-30Ah	3.2	0.640±0.01	—	570	合肥国轩高科动力能源有限公司	364.8	150	432	150	—	54.72	否	软件:GXEVSW-01/硬件:GXEV-1	合肥国轩高科动力能源有限公司	纯电动专用车	375	
	磷酸铁锂	IFP20100140A-30Ah	3.2	0.640±0.01	—	570	合肥国轩高科动力能源有限公司	364.8	150	432±12	150	—	54.72	否	软件:GXEVSW-01/硬件:GXEV-1	合肥国轩高科动力能源有限公司	纯电动专用车	138	
	磷酸铁锂	IFP20100140A-30Ah	3.2	0.640± 0.010	—	1008	天津恒天新能源汽车研究院有限公司	537.6	180	748	180	—	96.77	否	软件:CHTC-LMUs-36S/硬件:CHTC-LMU-36S	天津恒天新能源汽车研究院有限公司	纯电动专用车	316	
	磷酸铁锂	IFP2265146A-21Ah	3.2	0.425	—	432	合肥国轩高科动力能源有限公司	346	85	243	85	—	29.2	否	210126EC6	惠州市亿能电子技术有限公司	纯电动乘用车	1507	
	磷酸铁锂	IFP2265146A-23Ah	3.2	0.435	—	132	合肥国轩高科动力能源有限公司	70.4	138	89.2	138	—	9.715	否	DT19130101R/GX-CBI-NP24-V1.00(yj)	合肥国轩高科动力能源有限公司	纯电动乘用车	33	
	磷酸铁锂	IFP2265146A-23Ah	3.2	0.435	—	468	合肥国轩高科动力能源有限公司	374	92	249	92	—	34.9	否	210126EC8	惠州市亿能电子技术有限公司	纯电动乘用车	7749	
	磷酸铁锂	IFP2265146A-23Ah	3.2	0.435	—	468	合肥国轩高科动力能源有限公司	374	92	249	92	—	34.9	否	210126EC8	惠州市亿能电子有限公司	纯电动乘用车	1046	
	磷酸铁锂	IFP27175200A-105Ah	3.2	2.06	—	1026	合肥国轩高科动力能源有限公司	547	630	2492	630	—	344.73	否	软件:GXEV-SW-V1/硬件:GXEV-HW-V1	合肥国轩高科动力能源有限公司	纯电动客车	80	
	磷酸铁锂	IFP27175200A-105Ah	3.2	2.06	—	540	合肥国轩高科动力能源有限公司	576	250	1314	315	—	181.44	否	GXEV-SW-V1/GXEV-HW-V1	合肥国轩高科动力能源有限公司	纯电动客车	60	
	磷酸铁锂	IFP27175200A-105Ah	3.2	2.06±0.05	—	384	合肥国轩高科动力能源有限公司	614.4	210	930	210	—	129	否	软件:GXEV-SW-V1/硬件:GXEV-HW-V1	合肥国轩高科动力能源有限公司	纯电动客车	94	
	磷酸铁锂	IFP27175200A-105Ah	3.2	2.060	—	768	合肥国轩高科动力能源有限公司	614.4	420	1824	420	—	258.04	否	软件:GXEV-SW-V1/硬件:GXEV-HW-V1	合肥国轩高科动力能源有限公司	纯电动客车	1	

续上表

储能装置单体生产企业	储能装置种类	储能装置单体型号	储能装置单体标称电压(V)	储能装置单体质量(kg)	超级电容器单体标称静电容量(F)	储能装置单体数量	储能装置总成生产企业	储能装置总成标称电压(V)	储能装置总成额定输出电流(A)	储能装置总成质量(kg)	储能装置总成标称容量(Ah)	超级电容器总成标称静电容量(F)	储能装置总储电量(kWh)	动力蓄电池箱是否具有快换装置	车载能源管理系统型号(包括软件和硬件)	车载能源管理系统生产企业	配套车辆类型	2019年配套车型产量小计(辆)	2019年配套车型产量总计(辆)
合肥国轩高科动力能源有限公司	磷酸铁锂	IFP27175200A-105Ah	3.2	2.060 ±0.050	—	1026	合肥国轩高科动力能源有限公司	547.2	315	2406.4	630	—	344.73	否	软件:GXEV-SW-V1/硬件:GXEV-HW-V1	合肥国轩高科动力能源有限公司	纯电动客车	240	68907
	磷酸铁锂	IFP27175200A-105Ah	3.2	2.060 ±0.050	—	1026	合肥国轩高科动力能源有限公司	547.2	315	2499	630	—	344.73	否	软件:GXEV-SW-V1/硬件:GXEV-HW-V1	合肥国轩高科动力能源有限公司	纯电动客车	300	
	磷酸铁锂	IFP27175200A-105Ah	3.2	2.060 ±0.050	—	200	合肥国轩高科动力能源有限公司	320	210	490±10	210	—	67.2	否	软件:B39639D0/硬件:EV05	惠州市亿能电子有限公司	纯电动专用车	401	
	磷酸铁锂	IFP27175200A-105Ah	3.2	2.060 ±0.050	—	288	合肥国轩高科动力能源有限公司	460.8	210	684	210	—	96.768	否	软件:GXEV-SW-V1/硬件:GXEV-HW-V1	合肥国轩高科动力能源有限公司	纯电动客车	191	
	磷酸铁锂	IFP27175200A-105Ah	3.2	2.060 ±0.050	—	324	合肥国轩高科动力能源有限公司	518.4	210	772	210	—	108.9	否	软件:GXEV-SW-V1/硬件:GXEV-HW-V1	合肥国轩高科动力能源有限公司	纯电动客车	1	
	磷酸铁锂	IFP27175200A-105Ah	3.2	2.060 ±0.050	—	330	合肥国轩高科动力能源有限公司	528	210	790	210	—	110.88	否	软件:GXEV-SW-V1/硬件:GXEV-HW-V1	合肥国轩高科动力能源有限公司	纯电动客车	60	
	磷酸铁锂	IFP27175200A-105Ah	3.2	2.060 ±0.050	—	330	合肥国轩高科动力能源有限公司	528	210	790	210	—	110.88	否	软件:GXEV-SW-V1/硬件:GXEV-HW-V1	合肥国轩高科动力能源有限公司	燃料电池客车	1	
	磷酸铁锂	IFP27175200A-105Ah	3.2	2.060 ±0.050	—	354	合肥国轩高科动力能源有限公司	566.4	210	842	210	—	118.94	否	软件:GXEV-SW-V1/硬件:GXEV-HW-V0	合肥国轩高科动力能源有限公司	纯电动客车	5	
	磷酸铁锂	IFP27175200A-105Ah	3.2	2.060 ±0.050	—	384	合肥国轩高科动力能源有限公司	614.4	210	912	210	—	129.02	—	软件:GXEV-SW-V1/硬件:GXEV-HW-V1	合肥国轩高科动力能源有限公司	纯电动客车	195	
	磷酸铁锂	IFP27175200A-105Ah	3.2	2.060 ±0.050	—	384,324	合肥国轩高科动力能源有限公司	614.4, 518.4	210	912,772	210	—	129.02, 108.86	否	软件:GXEV-SW-V1/硬件:GXEV-HW-V1	合肥国轩高科动力能源有限公司	纯电动客车	24	
	磷酸铁锂	IFP27175200A-105Ah	3.2	2.060 ±0.050	—	390	合肥国轩高科动力能源有限公司	624	210	930	210	—	131.04	否	软件:GXEV-SW-V1/硬件:GXEV-HW-V1	合肥国轩高科动力能源有限公司	纯电动客车	6	
	磷酸铁锂	IFP27175200A-105Ah	3.2	2.060 ±0.050	—	486	合肥国轩高科动力能源有限公司	518.4	250	1162	315	—	163.3	否	软件:GXEV-SW-V1/硬件:GXEV-HW-V1	合肥国轩高科动力能源有限公司	纯电动客车	10	
	磷酸铁锂	IFP27175200A-105Ah	3.2	2.060 ±0.050	—	486	合肥国轩高科动力能源有限公司	518.4	315	1162	315	—	163.29	否	软件:GXEV-SW-V1/硬件:GXEV-HW-V1	合肥国轩高科动力能源有限公司	纯电动客车	10	
	磷酸铁锂	IFP27175200A-105Ah	3.2	2.060 ±0.050	—	486	合肥国轩高科动力能源有限公司	518.4	315	1162	315	—	163.296	否	软件:GXEV-SW-V1/硬件:GXEV-HW-V1	合肥国轩高科动力能源有限公司	纯电动客车	10	
	磷酸铁锂	IFP27175200A-105Ah	3.2	2.060 ±0.050	—	513	合肥国轩高科动力能源有限公司	547.2	300	1226	315	—	172.37	否	软件:GXEV-SW-V1/硬件:GXEV-HW-V1	合肥国轩高科动力能源有限公司	纯电动客车	211	
	磷酸铁锂	IFP27175200A-105Ah	3.2	2.060 ±0.050	—	513	合肥国轩高科动力能源有限公司	547.20	315	1226	315	—	172.36	否	软件:GXEV-SW-V1/硬件:GXEV-HW-V1	合肥国轩高科动力能源有限公司	纯电动客车	3	
	磷酸铁锂	IFP27175200A-105Ah	3.2	2.060 ±0.050	—	540	合肥国轩高科动力能源有限公司	576	315	1297	315	—	181.44	无	软件:GXEV-SW-V1/硬件:GXEV-HW-V1	合肥国轩高科动力能源有限公司	纯电动客车	105	
	磷酸铁锂	IFP27175200A-105Ah	3.2	2.060 ±0.050	—	708	合肥国轩高科动力能源有限公司	566.4	300	1684	420	—	237.88	否	软件:GXEV-SW-V1/硬件:GXEV-HW-V1	合肥国轩高科动力能源有限公司	纯电动客车	100	
	磷酸铁锂	IFP27175200A-105Ah	3.2	2.060 ±0.050	—	708	合肥国轩高科动力能源有限公司	566.4	300	1684	420	—	237.89	否	软件:GXEV-SW-V1/硬件:GXEV-HW-V1	合肥国轩高科动力能源有限公司	纯电动客车	4	
	磷酸铁锂	IFP27175200A-105Ah	3.2	2.060 ±0.050	—	768	合肥国轩高科动力能源有限公司	614	350	1856	420	—	258.04	否	软件:GXEV-SW-V1/硬件:GXEV-HW-V1	合肥国轩高科动力能源有限公司	纯电动客车	20	
	磷酸铁锂	IFP27175200A-105Ah	3.2	2.060 ±0.050	—	768	合肥国轩高科动力能源有限公司	614.4	210	1856	420	—	258.04	否	软件:GXEV-SW-V1/硬件:GXEV-HW-V1	合肥国轩高科动力能源有限公司	纯电动客车	100	
	磷酸铁锂	IFP27175200A-105Ah	3.2	2.060 ±0.050	—	768	合肥国轩高科动力能源有限公司	614.4	300	1824	420	—	258.048	否	软件:GXEV-SW-V1/硬件:GXEV-HW-V1	合肥国轩高科动力能源有限公司	纯电动客车	1	

续上表

储能装置单体生产企业	储能装置种类	储能装置单体型号	储能装置单体标称电压(V)	储能装置单体质量(kg)	超级电容器单体标称静电容量(F)	储能装置单体数量	储能装置总成生产企业	储能装置总成标称电压(V)	储能装置总成额定输出电流(A)	储能装置总成质量(kg)	储能装置总成标称容量(Ah)	超级电容器总成标称静电容量(F)	储能装置总储电量(kWh)	动力蓄电池箱是否具有快换装置	车载能源管理系统型号(包括软件和硬件)	车载能源管理系统生产企业	配套车辆类型	2019年配套车型产量小计(辆)	2019年配套车型产量总计(辆)
合肥国轩高科动力能源有限公司	磷酸铁锂	IFP27175200A-105Ah	3.2	2.060 ±0.050	—	780	合肥国轩高科动力能源有限公司	624	300	1860	420	—	262.08	否	软件:GXEV-SW-V1/硬件:GXEV-HW-V1	合肥国轩高科动力能源有限公司	纯电动客车	40	68907
	磷酸铁锂	IFP27175200A-105Ah	3.2	2.060 ±0.050	—	972	合肥国轩高科动力能源有限公司	518.4	315	2278.4	630	—	326.59	否	软件:GXEV-SW-V1/硬件:GXEV-HW-V1	合肥国轩高科动力能源有限公司	纯电动客车	248	
	磷酸铁锂	IFP27175200A-105Ah	3.2	2.060 ±0.050	—	549,486	合肥国轩高科动力能源有限公司	586,518	315	1313,1162	315	—	184.4,163.2	否	GXEV-SW-V1/GXEV-HW-V1	合肥国轩高科动力能源有限公司	纯电动客车	1	
	磷酸铁锂	IFP28148115A-52Ah	3.2	0.95	—	336	合肥国轩高科动力能源有限公司	358	156	399	156	—	55.91	否	软件:DJ1818-V1.0/硬件:C20	奇瑞商用车(安徽)有限公司	纯电动乘用车	295	
	磷酸铁锂	IFP28148115A-52Ah	3.2	0.950 ±0.015	—	180	合肥国轩高科动力能源有限公司	288	104	226	104	—	29.952	否	软件:DJ1910-V1.0/硬件:C20C	合肥国轩高科动力能源有限公司	纯电动乘用车	95	
	磷酸铁锂	IFP28148115A-52Ah	3.2	0.95 ±0.015	—	360	合肥国轩高科动力能源有限公司	384	156	442	156	—	59.9	—	软件:BM3.001_DJ19020S01a/硬件:GXGKBMS V3	合肥国轩高科动力能源有限公司	纯电动乘用车	9	
	磷酸铁锂	IFR32131-12.8Ah	3.2	0.242 ±0.005	—	1470	合肥国轩高科动力能源有限公司	313.6	192	500	192	—	60.211	否	软件:B39631/硬件:EV05	惠州市亿能电子有限公司	纯电动专用车	15	
	磷酸铁锂	IFR32135-15Ah	3.2	0.268	—	1111	安徽江淮华霆电池系统有限公司	323	170	393	170	—	55.1	否	21012S4C2	华霆(合肥)动力技术有限公司	纯电动乘用车	595	
	磷酸铁锂	IFR32135-15Ah	3.2	0.268	—	1196	安徽江淮华霆电池系统有限公司	294	200	428	200	—	60	否	210127TC6	华霆(合肥)动力技术有限公司	纯电动乘用车	1353	
	磷酸铁锂	IFR32135-15Ah	3.2	0.268	—	1235	安徽江淮华霆电池系统有限公司	304	190	490	190	—	59	否	210127TC5	华霆(合肥)动力技术有限公司	纯电动乘用车	1300	
	磷酸铁锂	IFR32135-15Ah	3.2	0.268	—	700	合肥国轩高科动力能源有限公司	320	108	251	108	—	35.2	否	210127LC2	惠州市亿能电子有限公司	纯电动乘用车	3970	
	磷酸铁锂	IFR32135-15Ah	3.2	0.268	—	700	合肥国轩高科动力能源有限公司,安徽江淮华霆电池系统有限公司	320	108	251	108	—	35.2	否	210127LC2	惠州市亿能电子有限公司,华霆(合肥)动力技术有限公司	纯电动乘用车	249	
	磷酸铁锂	IFR32135-15Ah	3.2	0.268	—	816	安徽江淮华霆电池系统有限公司	326	124	292	124	—	41	否	210126EC7	华霆(合肥)动力技术有限公司	纯电动乘用车	6073	
	磷酸铁锂	IFR32135-15Ah	3.2	0.268	—	864	安徽江淮华霆电池系统有限公司	307	139	305	139	—	42.8	否	210127SC8	华霆(合肥)动力技术有限公司	纯电动乘用车	1430	
	磷酸铁锂	IFR32135-15Ah	3.2	0.268 ±0.005	—	216	苏州安靠电源有限公司	76.8	135	82	135	—	10.37	否	软件:LEV02A-SW-APP-V1.0.0/ 硬件:LEV02A-BMS	苏州安能新能源技术有限公司	纯电动专用车	72	
	磷酸铁锂	IFR32135-15Ah	3.2	0.268 ±0.005	—	216	苏州安靠电源有限公司	76.8	135	82.5±2	135	—	10.37	否	软件:LEV02A-SW-APP-V1.0.0/ 硬件:LEV02A-BMS	苏州安能新能源技术有限公司	纯电动专用车	1922	
	磷酸铁锂	IFR32135-15Ah	3.2	0.268 ±0.005	—	500	苏州安靠电源有限公司	320	75	192±5.5	75	—	24	否	主控硬件:BCMU44AV0101/ 主控软件:SBCMU44A19C012V01; 48S 从机硬件:BMU4816V0101; 48S 从控软件:SBMU481619C012V01/ 60S 从机硬件:BMU6024V0101/ 60S 从控软件:SBMU602419C012V01	苏州安能新能源技术有限公司	纯电动专用车	3	
	磷酸铁锂	IFR32135-15Ah	3.2	0.268 ±0.005	—	700	合肥国轩高科动力能源有限公司	320	105	249	105	—	33.6	否	BMS-S051/H001	合肥国轩高科动力能源有限公司	纯电动乘用车	3346	
	磷酸铁锂	IFR32135-15Ah	3.2	0.268 ±0.005	—	756	苏州安靠电源有限公司	345.6	105	283.2 ±5.5kg	105	—	36.3	否	主控硬件:BCMU44AV0101/ 主控软件:SBCMU44A19C013V01; 48S 从机硬件:BMU4816V0101/ 48S 从控软件:SBMU481619C013V01; 60S 从机硬件:BMU6024V0101; 60S 从控软件:SBMU602419C013V01	苏州安能新能源技术有限公司	纯电动专用车	2	
	磷酸铁锂	IFR32135-15Ah	3.2	0.268 ±0.005	—	770	合肥国轩高科动力能源有限公司	352	105	274	105	—	36.96	否	C20-M3B-H100(软件:50.11.80/硬件:H1.00)	安徽锐能科技有限公司	纯电动乘用车	89	
	磷酸铁锂	IFR32135-15Ah	3.2	0.268 ±0.005	—	909	合肥国轩高科动力能源有限公司	323.2	135	323	135	—	43.6	否	BMS-C50-S008/H001	北京新能源汽车股份有限公司	纯电动乘用车	2	

续上表

储能装置单体生产企业	储能装置种类	储能装置单体型号	储能装置单体标称电压(V)	储能装置单体质量(kg)	超级电容器单体标称静电容量(F)	储能装置单体数量	储能装置总成生产企业	储能装置总成标称电压(V)	储能装置总成额定输出电流(A)	储能装置总成质量(kg)	储能装置总成标称容量(Ah)	超级电容器总成标称静电容量(F)	储能装置总储电量(kWh)	动力蓄电池箱是否具有快换装置	车载能源管理系统型号(包括软件和硬件)	车载能源管理系统生产企业	配套车辆类型	2019年配套车型产量小计(辆)	2019年配套车型产量总计(辆)
合肥国轩高科动力能源有限公司	磷酸铁锂	IFR32135-15Ah	3.2	0.27	—	742	合肥国轩高科动力能源有限公司	339	81	264	105	—	35.6	否	S51EV_BP_0669006A/CNEV-BMS-S51EV	奇瑞新能源汽车股份有限公司	纯电动乘用车	10993	68907
	三元材料	IFP20100140A-30Ah	3.2	0.64±0.01	—	1008	合肥国轩高科动力能源有限公司	537.6	180	748	180	—	96.768	否	软件:GXEVSW-01/硬件:GXEV-1	合肥国轩高科动力能源有限公司	纯电动专用车	10	
	三元材料	INP2714897A-50Ah	3.6	0.87	—	168	合肥国轩高科动力能源有限公司	302	100	215	100	—	30.24	否	软件:DJ1809_C20C/硬件:C20C	安徽锐能科技有限公司	纯电动乘用车	18	
	三元材料	INP2714897A-50Ah	3.6	0.87	—	200	合肥国轩高科动力能源有限公司	360	74	257	100	—	36	否	S51EV_BP_06640064/CNEV-BMS-S51EV	奇瑞新能源汽车股份有限公司	纯电动乘用车	4749	
	三元材料	INP2714897A-50Ah	3.6	0.87±0.01	—	276	合肥国轩高科动力能源有限公司	331.2	150	360	150	—	49.68	否	软件:KL_SWM12E_1/硬件:KL_ASHEV6	深圳市科列技术股份有限公司	纯电动乘用车	5	
	三元材料	INP2714897A-50Ah	3.6	0.87±0.01	—	288	合肥国轩高科动力能源有限公司	346	173	370	144	—	49.766	否	软件:KL-ASSEV6/硬件:KL-ASHEV6	深圳市科列技术股份有限公司	纯电动乘用车	34	
	三元材料-NCM	INP2714891A-38AH	3.6	0.81	—	96	江西优特汽车技术有限公司	345.6	190	145.7	38	—	13.1	否	软件:KL-SW235102/硬件:KL-HW235102	江西优特汽车技术有限公司	插电式混合动力乘用车	3	
	三元材料-NCM	INP2714891A-43Ah	3.6	0.85±0.005	—	276	江西优特汽车技术有限公司	331.2	155	357	129	—	42.7	否	软件:KL_SW235102/硬件:BMU05A-1-12V-400	深圳市科列技术股份有限公司	纯电动乘用车	16	
	三元材料-NCM	INP2714897A-50Ah	3.6	0.87±0.01	—	276	合肥国轩高科动力能源有限公司	331.2	150	360	150	—	49.68	否	软件:KL_SWM12E_1/硬件:KL_ASHEV6	深圳市科列技术股份有限公司	纯电动乘用车	11	
	三元材料-NCM	INP2714897A-50Ah	3.6	0.87±0.01	—	288	合肥国轩高科动力能源有限公司	345.6	173	370	144	—	49.7	否	软件:KL-ASSEV6/硬件:KL-ASHEV6	深圳市科列技术股份有限公司	纯电动乘用车	299	
力神动力电池系统有限公司	磷酸铁锂	LP27148204-76Ah	3.2	1.63	—	320	武汉力神动力电池系统科技有限公司	512	140	624	152	—	77.8	否	软件:LS_EV_BMS_SW_V01/硬件:LS_EV_BMU_FS_AA4	力神动力电池系统有限公司	纯电动专用车	5	29015
	磷酸铁锂	LP27148204-76Ah	3.2	1.63	—	684	力神动力电池系统有限公司	547.2	200	1372	304	—	166.34	无	LS-EV-BMS-SW-V01/LS-EV-BMS-HW-V01	力神动力电池系统有限公司	纯电动客车	1	
	磷酸铁锂	LP27148204-76Ah	3.2	1.63±0.05	—	320	武汉力神动力电池系统科技有限公司	512	152	640±10	152	—	77.8	无	软件:LS_EV_BMS_SW_V01/硬件:LS_EV_BMU_FS_AA4	力神动力电池系统有限公司	纯电动专用车	1	
	磷酸铁锂	LP27148204-76Ah	3.2	1.63±0.05	—	320	武汉力神动力电池系统科技有限公司	512	152	652	152	—	77.8	否	软件:LS_EV_BMS_SW_V01/硬件:LS_EV_BMU_FS_AA4	力神动力电池系统有限公司	纯电动专用车	95	
	磷酸铁锂	LP2770134-24Ah	3.2	0.55±0.01	—	1872cps	力神动力电池系统有限公司	499.2	230	1513	288	—	143.77	否	LS-EV-BMS-SW-V01/LS-EV-BMS-HW-V01	力神动力电池系统有限公司	纯电动专用车	2	
	磷酸铁锂	LP54173210-202Ah	3.2	3.9±0.1	—	100	武汉力神动力电池系统科技有限公司	320	162	486±14	202	—	64.64	无	LS_EV_BMS_SW_V01/LS_EV_BMU_FS_AA4	力神动力电池系统有限公司	纯电动专用车	8	
	磷酸铁锂	LP54173210-202Ah	3.2	3.9	—	160	武汉力神动力电池科技系统有限公司	512	162	767	202	—	103.42	否	软件:LS_EV_BMS_SW_V01/硬件:LS_EV_BMU_FS_AA4	力神动力电池系统有限公司	纯电动专用车	15	
	磷酸铁锂	LP54173210-202Ah	3.2	3.9	—	160	武汉力神动力电池系统科技有限公司	512	162	760	202	—	103.42	否	软件:LS_EV_BMS_SW_V01/硬件:LS_EV_BMU_FS_AA4	力神动力电池系统有限公司	纯电动专用车	53	
	磷酸铁锂	LP54173210-202Ah	3.2	3.9	—	160	武汉力神动力电池系统科技有限公司	512	162	767	202	—	103.42	否	软件:LS_EV_BMS_SW_V01/硬件:LS_EV_BMU_FS_AA4	力神动力电池系统有限公司	纯电动专用车	48	
	磷酸铁锂	LP54173210-202Ah	3.2	3.9	—	190	力神动力电池系统有限公司	608	202	874	202	—	122.81	否	LS-EV-BMS-SW-V01/LS-EV-BMS-HW-V01	力神动力电池系统有限公司	纯电动客车	1	
	磷酸铁锂	LP54173210-202Ah	3.2	3.9	—	320	力神动力电池系统有限公司	512	250	1472	404	—	206.84	否	LS-EV-BMS-SW-V01/LS-EV-BMS-HW-V01	力神动力电池系统有限公司	纯电动客车	1	
	磷酸铁锂	LP54173210-202Ah	3.2	3.9	—	38	苏州科易新动力科技有限公司	122	170	198	202	—	24.6	否	KY-S01/KY-H01	苏州科易新动力科技有限公司	纯电动乘用车	1050	
	磷酸铁锂	LP54173210-202Ah	3.2	3.9	—	384	力神动力电池系统有限公司	614.4	320	1752	404	—	248.217	否	软件:LS-EV-BMS-SW-V01/硬件:LS-EV-BMS-HW-V01	力神动力电池系统有限公司	纯电动专用车	25	
	磷酸铁锂	LP54173210-202Ah	3.2	3.9	—	480	力神动力电池系统有限公司	512	250	2208	606	—	310.27	否	LS-EV-BMS-SW-V01/LS-EV-BMS-HW-V01	力神动力电池系统有限公司	纯电动客车	2	
	磷酸铁锂	LP54173210-202Ah	3.2	3.9±0.1	—	135	力神动力电池系统有限公司	432.0	202	646.0±19.3	202	—	87.264	无	软件:LS-EV-BMS-SW-V01/硬件:LS-EV-BMS-HW-V01	力神动力电池系统有限公司	纯电动专用车	296	
	磷酸铁锂	LP54173210-202Ah	3.2	3.9±0.1	—	100	安徽瓯鹏动力科技有限公司	320	202	510±15	202	—	64.64	否	软件:OFB-SW19262/硬件:OFB-HW19262	安徽瓯鹏动力科技有限公司	纯电动专用车	50	

续上表

储能装置单体生产企业	储能装置种类	储能装置单体型号	储能装置单体标称电压(V)	储能装置单体质量(kg)	超级电容器单体标称静电容量(F)	储能装置单体数量	储能装置总成生产企业	储能装置总成标称电压(V)	储能装置总成额定输出电流(A)	储能装置总成质量(kg)	储能装置总成标称容量(Ah)	超级电容器总成标称静电容量(F)	储能装置总储电量(kWh)	动力蓄电池箱是否具有快换装置	车载能源管理系统型号(包括软件和硬件)	车载能源管理系统生产企业	配套车辆类型	2019年配套车型产量小计(辆)	2019年配套车型产量总计(辆)
力神动力电池系统有限公司	磷酸铁锂	LP54173210-202Ah	3.2	3.9±0.1	—	108	力神动力电池系统有限公司	345.6	202	502	202	—	69.811	否	软件:LS-EV-BMS-SW-V01/硬件:LS-EV-BMS-HW-V01	力神动力电池系统有限公司	纯电动专用车	50	29015
	磷酸铁锂	LP54173210-202Ah	3.2	3.9±0.1	—	156	力神动力电池系统有限公司	499	202	727.6	202	—	100.8	否	LS-EV-BMS-SW-V01/LS-EV-BMS-HW-V01	力神动力电池系统有限公司	纯电动客车	102	
	磷酸铁锂	LP54173210-202Ah	3.2	3.9±0.1	—	160	安徽瓯鹏动力科技有限公司	512	202	782±20	202	—	103.42	否	OFB-BMS19260	安徽瓯鹏动力科技有限公司	纯电动专用车	44	
	磷酸铁锂	LP54173210-202Ah	3.2	3.9±0.1	—	160	武汉力神动力电池系统科技有限公司	512	202	760±11	202	—	103.42	否	软件:LS_EV_BMS_SW_V01/硬件:LS_EV_BMU_FS_AA4	力神动力电池系统有限公司	纯电动专用车	1	
	磷酸铁锂	LP54173210-202Ah	3.2	3.9±0.1	—	162	力神动力电池系统有限公司	518.4	200	748	202	—	104.716	否	LS-EV-BMS-SW-V01/LS-EV-BMS-HW-V01	力神动力电池系统有限公司	纯电动客车	1	
	磷酸铁锂	LP54173210-202Ah	3.2	3.9±0.1	—	162	力神动力电池系统有限公司	518.4	202(常温)	766.0±22.9	202	—	104.7	否	软件:08SA040010917/硬件08HA040010917	北汽福田汽车股份有限公司	纯电动专用车	467	
	磷酸铁锂	LP54173210-202Ah	3.2	3.9±0.1	—	177	力神动力电池系统有限公司	566.4	200	812	202	—	114.412	否	LS-EV-BMS-SW-V01/LS-EV-BMS-HW-V01	力神动力电池系统有限公司	纯电动客车	2	
	磷酸铁锂	LP54173210-202Ah	3.2	3.9±0.1	—	192	力神动力电池系统有限公司	614	202	897	202	—	124	否	LS-EV-BMS-SW-V01/LS-EV-BMS-HW-V01	力神动力电池系统有限公司	纯电动客车	218	
	磷酸铁锂	LP54173210-202Ah	3.2	3.9±0.1	—	192	力神动力电池系统有限公司	614.4	200	876	202	—	124.108	否	LS-EV-BMS-SW-V01/LS-EV-BMS-HW-V01	力神动力电池系统有限公司	纯电动客车	1	
	磷酸铁锂	LP54173210-202Ah	3.2	3.9±0.1	—	204	力神动力电池系统有限公司	652.8	202	939	202	—	131.86	—	LS-EV-BMS-SW-V01/LS-EV-BMS-HW-V01	力神动力电池系统有限公司	纯电动客车	1	
	磷酸铁锂	LP54173210-202Ah	3.2	3.9±0.1	—	384	力神动力电池系统有限公司	614.4	200	1752	404	—	248.217	否	LS-EV-BMS-SW-V01/LS-EV-BMS-HW-V01	力神动力电池系统有限公司	纯电动客车	1	
	磷酸铁锂	LP54173210-202Ah	3.2	3.9±0.10	—	576	河南锂想动力科技有限公司	614.4	606	2700±81kg	606	—	372.33	否	软件:CRlxdl192S4M12S/硬件:CR-BMS80-24V-192S-4M12S	河南锂想动力科技有限公司	纯电动专用车	1	
	磷酸铁锂	LP54173210-202Ah	3.2	3.90	—	38	苏州科易新动力科技有限公司	122	170	198	202	—	24.6	否	KY-S01/KY-H01	苏州科易新动力科技有限公司	纯电动乘用车	4065	
	三元材料	2.6Ah	3.6	0.045	—	4224	力神动力电池系统有限公司	316.8	125	265	124.8	—	39.5	—	软件:LS-EV-BMS-FW-V01/硬件:LS-EV-BMS-HW-V01	力神动力电池系统有限公司	纯电动专用车	3	
	三元材料	21700(4.0Ah)	3.65	0.069±0.002	—	2800	力神电池(苏州)有限公司	365	98	300	112	—	40.88	否	LS-EV-BMS-SW-V01/LS-EV-BMS-HW-V01	力神动力电池系统有限公司	纯电动专用车	11	
	三元材料	21700(4.0Ah)	3.65	0.069±0.002	—	4650	力神动力电池系统有限公司	547.5	124	470±14.1	124	—	67.89	—	FT_32BMS03	北汽福田汽车股份有限公司	纯电动专用车	3	
	三元材料	21700(4.0Ah)	3.65	0.069±0.002	—	6400	武汉力神动力电池系统科技有限公司	584	145	663±10	160	—	93.4	否	LS-EV-BMS-SW-V01/LS-EV-BMS-HW-V01	力神动力电池系统有限公司	纯电动专用车	5	
	三元材料	21700(4.0Ah)	3.65	0.069	—	6400	武汉力神动力电池系统科技有限公司	584	145	663	160	—	93.44	—	软件:LS-EV-BMS-SW-V01/硬件:LS-EV-BMS-HW-V01	力神动力电池系统有限公司	纯电动专用车	2	
	三元材料	21700(4.0Ah)	3.65	0.069±0.002	—	3360	力神动力电池系统有限公司	350.4	140	360	140	—	49	无	BMU05A-I-12-400	力神动力电池系统有限公司	纯电动乘用车	432	
	三元材料	21700(4.0Ah)	3.65	0.069±0.002	—	3360	力神动力电池系统有限公司	350.4	140	360	140	—	49	无	BMU05A-I-12-400	力神动力电池系统有限公司	纯电动专用车	1	
	三元材料	21700(4.0Ah)	3.65	0.069±0.002	—	3360	力神动力电池系统有限公司	350.4	140	360	140	—	49.1	无	BMU05A-I-12-400	力神动力电池系统有限公司	纯电动专用车	6	
	三元材料	21700(4.0Ah)	3.65	0.069±0.002	—	3456	苏州精控能源科技有限公司	350.4	144	359	144	—	50.4	否	软件:JK-BMU-S5.0/硬件:JK-BMU-H5.0	苏州精控能源科技有限公司	纯电动专用车	107	
	三元材料	21700(4.0Ah)	3.65	0.069±0.002	—	4650	力神动力电池系统有限公司	547.5	124	470±14.1	124	—	67.89	否	FT_32BMS03	北汽福田汽车股份有限公司	纯电动专用车	22	
	三元材料	21700(4.0Ah)	3.65	0.069±0.002	—	4650	力神动力电池系统有限公司	547.5	124	470±14.1	124	—	67.89	否	FT_32BMS03	北汽福田汽车股份有限公司	纯电动乘用车	3	
	三元材料	21700(4.0Ah)	3.65	0.069±0.002	—	7272	苏州安靠电源有限公司	368.65	288	740	288	—	106.17	否	AKEV-BCUA-A0(主板)/AKEV-BMUA60-A0(从板)	苏州安靠电源有限公司	纯电动专用车	52	

续上表

储能装置单体生产企业	储能装置种类	储能装置单体型号	储能装置单体标称电压(V)	储能装置单体质量(kg)	超级电容器单体标称静电容量(F)	储能装置单体数量	储能装置总成生产企业	储能装置总成标称电压(V)	储能装置总成额定输出电流(A)	储能装置总成质量(kg)	储能装置总成标称容量(Ah)	超级电容器总成标称静电容量(F)	储能装置总储电量(kWh)	动力蓄电池箱是否具有快换装置	车载能源管理系统型号(包括软件和硬件)	车载能源管理系统生产企业	配套车辆类型	2019年配套车型产量小计(辆)	2019年配套车型产量总计(辆)
力神动力电池系统有限公司	三元材料	21700(4.0Ah)	3.65	0.069 ±0.002	—	2400	力神动力电池系统有限公司	350.4	100	255	100	—	35.04	否	AKEV-YTA48-A1/AKEV-BMUA48-A1	苏州安靠电源有限公司	纯电动专用车	228	29015
	三元材料	21700(4.0Ah)	3.65	0.069 ±0.002	—	4704	力神动力电池系统有限公司	350.4	196	481	196	—	68.6	否	KL-ASS EV6/AKEV-BCUA-A1	苏州安靠电源有限公司	纯电动专用车	470	
	三元材料	3.6V,2.6Ah,能量型	3.6	0.045	—	4608	苏州安靠电源有限公司	345.6	124.8	305	124.8	—	43.1	否	软件:B65PD4D0/硬件:AKEV-BCUA-A0	苏州安靠电源有限公司	纯电动乘用车	1	
	三元材料	3.6V,2.6Ah,能量型	3.6	0.045	—	4608	苏州安靠电源有限公司	345.6	124.8	305	124.8	—	43.1	是	软件:B65PD4D0/硬件:AKEV-BCUA-A0	苏州安靠电源有限公司	纯电动乘用车	3	
	三元材料	3.6V,2.6Ah,能量型	3.6	0.045 ±0.002	—	4557	苏州安靠电源有限公司	334.8	127.4	320	127.4	—	42.653	否	BMU400 V2.0	创驱(上海)新能源科技有限公司	纯电动乘用车	1	
	三元材料	3.6V,2.6Ah,能量型	3.6	0.045 ±0.002	—	9702	苏州安靠电源有限公司	352.8	257.4	660	257.4	—	90.8	否	EV05	惠州市亿能电子有限公司	纯电动专用车	38	
	三元材料	3.6V,2.6Ah,能量型	3.6	0.046	—	6120	力神动力电池系统有限公司	324	176.8	445	176.8	—	57.2	否	LS_EV_ LMU 48S _PCBA、LS_EV_BMU_FS_AA3_PCBA	力神动力电池系统有限公司	纯电动乘用车	259	
	三元材料	3.6V,2.6Ah,能量型	3.6	0.046	—	6120	力神动力电池系统有限公司	324	176.8	445	176.8	—	57.2	否	LS_EV_ LMU 48S _PCBA、LS_EV_BMU_FS_AA3_PCBA	力神动力电池系统有限公司	纯电动专用车	1	
	三元材料	LP2714897(37Ah)	3.65	0.81	—	94	武汉力神动力电池系统科技有限公司	343.1	111	122	37	—	12.69	否	软件:KL-ASSEV6/硬件:KL-ASHEV6	深圳市科列技术股份有限公司	插电式混合动力乘用车	249	
	三元材料	LP2714897(37Ah)	3.65	0.82	—	576	力神动力电池系统有限公司	525.6	148	736	148	—	77.78	否	LS_EV_BMS_SW_V01/LS_EV_BMU_FS_AA4	力神动力电池系统有限公司	纯电动专用车	1	
	三元材料	LP2714897(39Ah)	3.65	0.81	—	264	力神动力电池系统有限公司	321	117	349.4	117	—	37.58	否	软件:BMU:HDCB_BMU_HAVE_HEAT_V2.0/LMU:LQEL_LMU_X0d/硬件:BMU:LS_EV_BMU_FS-A1_PCB_X04/LMU:E01496LS_EV_LMU48_FS_PAC2_PCB FR4 94V0 2.0MM	力神动力电池系统有限公司	纯电动乘用车	560	
	三元材料	LP2714897-37Ah	3.65	0.81 ±0.01	—	84	威睿电动汽车技术(宁波)有限公司	306.6	37	116	37	—	11.3	否	PBMS-4(软件:0007B12D10/AA/硬件:0007B11C02)	威睿电动汽车技术(宁波)有限公司	插电式混合动力乘用车	20	
	三元材料	LP2714897-37Ah	3.65	0.81 ±0.01	—	84	威睿电动汽车技术(苏州)有限公司	306.6	37	116	37	—	11.3	否	PBMS-4(软件:0007B12D10/AA/硬件:0007B11C02)	威睿电动汽车技术(苏州)有限公司	插电式混合动力乘用车	151	
	三元材料	LP2714897-51Ah	3.65	0.925	—	144	力神动力电池系统有限公司	262.8	102	188.6	102	—	26.8	否	软件:雷诺 BBG_BMS LN2018001/硬件:雷诺 BBG_BMS LN2018001	欣旺达电动汽车电池有限公司	纯电动乘用车	5818	
	三元材料	LP2714897-51Ah	3.65	0.925	—	188	重庆长安汽车股份有限公司	343.1	75	255	102	—	35	否	XLBCU01	重庆长安汽车股份有限公司	纯电动乘用车	2275	
	三元材料	LP2714897-51Ah	3.65	0.925	—	288	睿驰新能源动力系统(武汉)有限公司	350	—	376	153	—	53.6	否	软件:1.0/硬件:RB0033A1V01	东软睿驰汽车技术(沈阳)有限公司	纯电动乘用车	5295	
	三元材料	LP2714897-51Ah	3.65	0.925 ±0.015	—	180	力神动力电池系统有限公司	328.5	112.6	239	102	—	33.51	否	软件:B61601MS/硬件:EV05	惠州市亿能电子有限公司	纯电动乘用车	92	
	三元材料	LP2714897-51Ah	3.65	0.925 ±0.015	—	264	北京海博思创科技有限公司	321	51	380	153	—	50	否	K1A0500AY001	北京海博思创科技有限公司	纯电动乘用车	120	
	三元材料	LP2714897-51Ah	3.65	0.925 ±0.015	—	264	北京海博思创科技有限公司	321	51	380	153	—	52.13	否	K1A0500AY001	北京海博思创科技有限公司	纯电动乘用车	553	
	三元材料	LP2714897-51Ah	3.65	0.925 ±0.015	—	264	重庆长安汽车股份有限公司	321	153	356	153	—	49.14	否	XLBCU02	重庆长安汽车股份有限公司	纯电动乘用车	1382	
	三元材料	LP2714897-51Ah	3.65	0.925 ±0.015	—	288	武汉力神动力电池系统科技有限公司	350.4	153	370±10	153	—	53.61	否	KL-ASHEV6/KL-ASSEV6	深圳市科列技术股份有限公司	纯电动乘用车	320	
	三元材料	LP2714897-51Ah	3.65	0.925 ±0.015	—	312	武汉力神动力电池系统科技有限公司	569.4	130	424	102	—	58.1	否	软件:KL-ASSEV6/硬件:KL-ASHEV6	力神动力电池系统有限公司	纯电动专用车	2	

续上表

储能装置单体生产企业	储能装置种类	储能装置单体型号	储能装置单体标称电压(V)	储能装置单体质量(kg)	超级电容器单体标称静电容量(F)	储能装置单体数量	储能装置总成生产企业	储能装置总成标称电压(V)	储能装置总成额定输出电流(A)	储能装置总成质量(kg)	储能装置总成标称容量(Ah)	超级电容器总成标称静电容量(F)	储能装置总储电量(kWh)	动力蓄电池箱是否具有快换装置	车载能源管理系统型号(包括软件和硬件)	车载能源管理系统生产企业	配套车辆类型	2019年配套车型产量小计(辆)	2019年配套车型产量总计(辆)
力神动力电池系统有限公司	三元材料	LP2714897-51Ah	3.65	0.925±0.015	—	312	武汉力神动力电池系统科技有限公司	569.4	130	424	102	—	58.1	否	软件:KL-ASSEV6/硬件:KL-ASHEV6	力神动力电池系统有限公司	纯电动专用车	12	29015
	三元材料	LP2714897-51Ah	3.65	0.925±0.015	—	312	武汉力神动力电池系统科技有限公司	569.4	130	424	102	—	58.1	无	软件:KL-ASSEV6/硬件:KL-ASHEV6	力神动力电池系统有限公司	纯电动专用车	1	
	三元材料	LP2714897-51Ah	3.65	0.925±0.015	—	432	武汉力神动力电池系统科技有限公司	525.6	150	578	153	—	80.4	—	软件:KL-ASSEV6/硬件:KL-ASHEV6	力神动力电池系统有限公司	纯电动专用车	3	
	三元材料	LP2714897-51Ah	3.65	0.925±0.015	—	432	武汉力神动力电池系统科技有限公司	525.6	150	578	153	—	80.4	否	软件:KL-ASSEV6/硬件:KL-ASHEV6	力神动力电池系统有限公司	纯电动专用车	56	
	三元材料	LP2714897-51Ah	3.65	0.925±0.015	—	432	武汉力神动力电池系统科技有限公司	525.6	150	578	153	—	80.4	无	软件:KL-ASSEV6/硬件:KL-ASHEV6	力神动力电池系统有限公司	纯电动专用车	1	
	三元材料	LP2714897-51Ah	3.65	0.93	—	288	睿驰新能源动力系统(武汉)有限公司	350	153	376	153	—	53.6	否	软件:1.0/硬件:BIC:RB0032A1V01/BMU:RB0033A1V01/HVM:RB0034A1V01	东软睿驰汽车技术(沈阳)有限公司	纯电动乘用车	2467	
	三元材料	LP2714897-51Ah	3.65	0.93	—	288	睿驰新能源动力系统(武汉)有限公司	350	153	430	153	—	53.6	否	软件:1K101-6V6-H010/硬件:BIC:HMP001SA/BMU:HMP002SA/HVM:HMP003SA	软件:东软睿驰汽车技术(沈阳)有限公司/硬件:大连阿尔派电子有限公司	纯电动乘用车	50	
	三元材料	LP2714897-53Ah	3.67	0.920±0.035	—	342	常熟华兴创一新能源科技有限公司	418.4	159	440	159	—	63.66	否	主控软件:BCU_S601/主控硬件:BCU-01-02T,从控软件:C1E01-BMU-S001.01/从控硬件:BMU-01-24	北京航博新能科技有限责任公司	纯电动乘用车	1	
	三元材料	LP2714897AR-53Ah	3.6	0.900±0.035	—	252	威马汽车制造温州有限公司	302.4	200	341.5	159	—	48.08	否	软件:LS_84_EV/硬件:BMS_84_Cell	威马汽车制造温州有限公司	纯电动乘用车	203	
	三元材料	LP2714897AR-53Ah	3.6	0.900±0.035	—	252	威马汽车制造温州有限公司	302.4	200	341.5	159	—	48.08	无	软件:LS_84_EV/硬件:BMS_84_Cell	成都明然智能科技有限公司	纯电动乘用车	386	
	三元材料	LP2714897AR-53Ah	3.6	0.900±0.035	—	288	威马汽车制造温州有限公司	345.6	200	400	159	—	54.95	无	软件:LS_96_EV/硬件:BMS_96_Cell	成都明然智能科技有限公司	纯电动乘用车	331	
	三元材料	LP2714897AR-53Ah	3.6	0.900±0.035	—	312	威马汽车制造温州有限公司	374.4	200	423.5	159	—	59.52	无	软件:LS_104_EV/硬件:BMS_104_Cell	成都明然智能科技有限公司	纯电动乘用车	215	
	三元材料	LP2770120	3.7	0.51	—	288	华晨汽车集团控股有限公司	355	132	250	66	—	23.443	否	SF_V9/HW_V3	力神动力电池系统有限公司	纯电动乘用车	5	
	三元材料-NCM	21700(4.0Ah)	3.65	0.069	—	3196	武汉力神动力电池系统科技有限公司	343	136	331	136	—	46.6	否	软件:LS_EV_BMS_SW_V01/硬件:LS_EV_BMU_FS_AA4	力神动力电池系统有限公司(软件),力神动力电池系统有限公司(硬件)	纯电动乘用车	4	
	三元材料-NCM	21700(4.0Ah)	3.65	0.069±0.002	—	3196	武汉力神动力电池系统科技有限公司	343	136	331	136	—	46.6	否	LS_EV_BMS_SW_V01/LS_EV_BMU_FS_AA4	力神动力电池系统有限公司	纯电动乘用车	2	
	三元材料-NCM	3.65V,2.5Ah,能量型	3.65	0.05	—	5280	力神动力电池系统有限公司	321.2	150	392	150	—	48.18	—	软件:B65PA5D0/硬件:LS_EV_BMU_FS_AA2	力神动力电池系统有限公司	纯电动乘用车	4	
	三元材料-NCM	LP2714897(37Ah)	3.65	0.81	—	264	力神动力电池系统有限公司	321	111	330,350	111	—	35.6	否	软件:BMU:LQEB_BMU_X0d,HDCB_BMU_HAVE_HEAT_V1.0/LMU:LQEL_LMU_X0d/硬件:BMU:LS_EV_BMU_FS-A1_PCB_X04/LMU:ED1496LS_EV_LMU48_FS_PAC2_PCB FR494V0 2.0MM	力神动力电池系统有限公司	纯电动乘用车	1	
	三元材料-NCM	LP2714897(37Ah)	3.65	0.81	—	264	力神动力电池系统有限公司	321	111	330,350	111	—	35.6	否	软件:BMU:LQEB_BMU_X0d,HDCB_BMU_HAVE_HEAT_V1.0/LMU:LQEL_LMU_X0d/硬件:BMU:LS_EV_BMU_FS-A1_PCB_X04/LMU:ED1496LS_EV_LMU48_FS_PAC2_PCB-FR494V02.0MM	力神动力电池系统有限公司	纯电动乘用车	2	

续上表

储能装置单体生产企业	储能装置种类	储能装置单体型号	储能装置单体标称电压(V)	储能装置单体质量(kg)	超级电容器单体标称静电容量(F)	储能装置单体数量	储能装置总成生产企业	储能装置总成标称电压(V)	储能装置总成额定输出电流(A)	储能装置总成质量(kg)	储能装置总成标称容量(Ah)	超级电容器总成标称静电容量(F)	储能装置总储电量(kWh)	动力蓄电池箱是否具有快换装置	车载能源管理系统型号(包括软件和硬件)	车载能源管理系统生产企业	配套车辆类型	2019年配套车型产量小计(辆)	2019年配套车型产量总计(辆)
	三元材料-NCM	LP2714897(37Ah)	3.65	0.81	—	264	力神动力电池系统有限公司	321	111	330	111	—	35.6	否	软件:LQEB_BMU_X0d,LQEL_LMU_X0d/硬件:BMU:LS_EV_BMU_FS-A1_PCB_X04,LMU:E01496LS_EV_LMU48_FS_PAC2_PCB FR4 94V0 2.0MM	力神动力电池系统有限公司	纯电动乘用车	14	
力神动力电池系统有限公司	三元材料-NCM	LP2714897(39Ah)	3.65	0.81	—	264	力神动力电池系统有限公司	321	117	350	117	—	37.5	否	软件:BMU:HDCB_BMU_HAVE_HEAT_V2.0/LMU:LQEL_LMU_X0d/硬件:BMU:LS_EV_BMU_FS-A1_PCB_X04/LMU:E01496LS_EV_LMU48_FS_PAC2_PCB FR4 94V0 2.0MM	力神动力电池系统有限公司	纯电动乘用车	10	29015
	三元材料-NCM	LP2714897-43.0Ah	3.65	0.863	—	288	力神动力电池系统有限公司	350.4	129	375	129	—	45.2	否	软件:BMU:LS_EV_BMU_SW_KCEV_NOBOOT_HAVEHEAT_0017,LMU:LS_EV_LMU_48S_SW_APP_X10/硬件:BMU:LS_EV_BMU_FS_AA4,LMU:LS_EV_LMU48_FS_PAC3	力神动力电池系统有限公司	纯电动乘用车	154	
	磷酸铁锂	L135F80B	3.2	1.87±0.1	—	336	北京海博思创科技有限公司	537.6	160	770±20	160	—	86.02	否	软件:2.0版/硬件:EVS-200	北京海博思创科技有限公司	纯电动专用车	2	
	磷酸铁锂	L173F130	3.2	2.95±0.15	—	100	中航锂电(洛阳)有限公司	320	130	359	130	—	41.6	否	软件:CA-B01SVA/硬件:CA-B01H	中航锂电(洛阳)有限公司	纯电动专用车	1	
	磷酸铁锂	L173F176A	3.2	3.9	—	180	中航锂电(洛阳)有限公司	576	176	817	176	—	101.3	否	软件:CA-B02SVA/硬件:CA-B02H	中航锂电(洛阳)有限公司	纯电动客车	26	
	磷酸铁锂	L173F176A	3.2	3.9	—	384	中航锂电(洛阳)有限公司	614.4	352	1744	352	—	216.26	否	CA-B02SVA/CA-B02H	中航锂电(洛阳)有限公司	纯电动客车	1	
	磷酸铁锂	L173F176A	3.2	3.9±0.3	—	288	中航锂电(洛阳)有限公司	460.8	352	1308	352	—	162.2	否	CA-B02SVA/CA-B02H	中航锂电(洛阳)有限公司	纯电动客车	6	
	磷酸铁锂	L173F176A	3.2	3.9±0.3	—	540	中航锂电(洛阳)有限公司	576	528	2424	528	—	304.12	否	CA-B02SVA/CA-B02H	中航锂电(洛阳)有限公司	纯电动客车	50	
	三元材料	L148N50	3.65	0.9	—	160	宁波利维能储能系统有限公司	146	200	206	200	—	29.2	否	软件:B6A006MS/硬件:YT03CM48	江西江铃集团新能源汽车有限公司	纯电动乘用车	26	
	三元材料	L148N50	3.65	0.9	—	164	宁波利维能储能系统有限公司	149.65	200	206	200	—	29.93	否	软件:B6A005MS7C12D0/硬件:YT03CM48	惠州市亿能电子有限公司	纯电动乘用车	1	
	三元材料	L148N50	3.65	0.9±0.05	—	288	中航锂电(洛阳)有限公司	350.4	150	365±10	150	—	52.56	否	CA-B01H/CA-B01SVA	中航锂电(洛阳)有限公司	纯电动乘用车	191	
	三元材料	L148N50	3.65	0.9±0.05	—	288	重庆长安汽车股份有限公司	350.4	150	372	150	—	52.56	否	XLBCU01	重庆长安汽车股份有限公司	纯电动乘用车	14819	
中航锂电(洛阳)有限公司	三元材料	L148N50B	3.66	0.87	—	270	广汽乘用车有限公司	329	150	340	150	—	49.41	否	2510015ARD0300S/2510015ARD0300H	东软睿驰汽车技术(沈阳)有限公司	纯电动乘用车	2717	28947
	三元材料	L148N50B	3.66	0.87	—	270	广州汽车集团乘用车有限公司	329	150	340	150	—	49.41	否	2510015ARD0300S/2510015ARD0300H	东软睿驰汽车技术(沈阳)有限公司	纯电动乘用车	9332	
	三元材料	L148N50B	3.66	0.87±0.05	—	140	宁波利维能储能系统有限公司	128.1	200	170	200	—	25.62	否	软件:LIBMS-E-SW-1AM/硬件:LIBMS-E-HW-1AM	江西江铃集团新能源汽车有限公司	纯电动乘用车	22	
	三元材料	L148N50B	3.66	0.87±0.05	—	176	重庆长安汽车股份有限公司	322.08	100	230	100	—	32.2	否	XLBCU02	重庆金美通信有限责任公司电子技术分公司	纯电动乘用车	40	
	三元材料	L148N50B	3.66	0.87±0.05	—	264	重庆长安汽车股份有限公司	322	150	345	150	—	48.31	否	XLBCU02	重庆金美通信有限责任公司电子技术分公司	纯电动乘用车	1531	
	三元材料	L148N50B	3.66	0.87±0.05	—	288	重庆金康动力新能源有限公司	351.36	150	350±10	150	—	52.7	否	软件:JKDLSW513E053B/硬件:JKDLHW513E053	重庆金康动力新能源有限公司	纯电动乘用车	16	
	三元材料	L148N50B	3.66	0.87±0.05	—	288	重庆长安汽车股份有限公司	351	150	355	150	—	52.7	否	XLBCU02	重庆金美通信有限责任公司电子技术分公司	纯电动乘用车	100	
	三元材料	L148N50B	3.66(1C)	0.87	—	285	威睿电动汽车技术(宁波)有限公司	347(1C)	159(1C)	368	150(1C)	—	52(1C)	否	软件:BMUBE113011TA/硬件:0000BMUBE11301B	威睿电动汽车技术(宁波)有限公司	纯电动乘用车	50	
	三元材料	P161N28	3.65	0.52±0.02	—	276	江苏金坛绿能新能源科技有限公司	336	84	228	84	—	28.2	否	LN-KLB-BMS V1.0/LN-KLB-BMS V1.0	江苏金坛绿能新能源科技有限公司	纯电动乘用车	16	
	三元材料	IMP06160230	3.65	0.51	—	303	孚能科技(赣州)股份有限公司	368.6	87	235	87	—	32	否	BMS-C11-S008/H001	北京新能源汽车股份有限公司	纯电动乘用车	564	
孚能科技(赣州)股份有限公司	三元材料	IMP06160230	3.65	0.51	—	455	孚能科技(赣州)股份有限公司	332	145	353	145	—	48.1	否	BMS-S008/H001	北京新能源汽车股份有限公司	纯电动乘用车	3344	25162
	三元材料	IMP06160230	3.65	0.51±0.01	—	440	蜂巢能源科技有限公司	321.2	145	354±5	145	—	46.57	否	RCH-BMS-G02-SV1.0.0/RCH-BMS-G02-HV-1.0.0	东软睿驰汽车技术(沈阳)有限公司	纯电动乘用车	2203	

续上表

储能装置单体生产企业	储能装置种类	储能装置单体型号	储能装置单体标称电压(V)	储能装置单体质量(kg)	超级电容器单体标称静电容量(F)	储能装置单体数量	储能装置总成生产企业	储能装置总成标称电压(V)	储能装置总成额定输出电流(A)	储能装置总成质量(kg)	储能装置总成标称容量(Ah)	超级电容器总成标称静电容量(F)	储能装置总储电量(kWh)	动力蓄电池箱是否具有快换装置	车载能源管理系统型号(包括软件和硬件)	车载能源管理系统生产企业	配套车辆类型	2019年配套车型产量小计(辆)	2019年配套车型产量总计(辆)
孚能科技(赣州)股份有限公司	三元材料	IMP06160230	3.65	0.51±0.01	—	440	长城汽车股份有限公司	321.2	145	354±5	145	—	46.57	否	RCH-BMS-G02-SV1.0.0/RCH-BMS-G02-HV1.0.0	东软睿驰汽车技术(沈阳)有限公司	纯电动乘用车	10601	25162
	三元材料	IMP07160230	3.65	0.57	—	258	孚能科技(赣州)股份有限公司	313.9	130	230	102	—	31.4	否	软件: EV05S/B69815MS8124D0/硬件: EV05SM112A	江西江铃集团新能源汽车有限公司	纯电动乘用车	57	
	三元材料	IMP10160230	3.64	0.82	—	264	孚能科技(赣州)股份有限公司	320.32	160.5	335	160.5	—	51.411	否	FN_96S_PL455_REV04/V1.0	孚能科技(赣州)股份有限公司	纯电动乘用车	7125	
	三元材料	IMP10160230	3.64	0.82±0.02	—	264	蜂巢能源科技有限公司	320.3	55.5	330±9	160.5	—	54.35	否	RCH-BMS-G05-SV1.0.0/RCH-BMS-G05-HV1.0.0	东软睿驰汽车技术(沈阳)有限公司	纯电动乘用车	105	
	三元材料+NCM	IMP06160230	3.65	0.51	—	455	孚能科技(赣州)股份有限公司	332	145	353	145	—	48.1	否	BMS-S008/H001	北京新能源汽车股份有限公司	纯电动乘用车	395	
	三元材料-NCM	IMP06160230	3.65	0.51	—	217	孚能科技(赣州)股份有限公司	113.1	203	198	203	—	20.3	否	BMS-S008/H001	北京新能源汽车股份有限公司	纯电动乘用车	7	
	三元材料-NCM	IMP06160230	3.65	0.51	—	384	孚能科技(赣州)股份有限公司	350	116	340	116	—	38.6	否	BMS-S008/H001	北京新能源汽车股份有限公司	纯电动乘用车	1	
	三元材料-NCM	IMP06160230	3.65	0.51	—	455	孚能科技(赣州)股份有限公司	332	145	353	145	—	48.1	否	BMS-S008/H001	北京新能源汽车股份有限公司	纯电动乘用车	757	
	三元材料-NCM	IMP06160230	3.65	0.51	—	455	孚能科技(赣州)股份有限公司	332	145	395	145	—	48.1	否	BMS-S008/H001	北京新能源汽车股份有限公司	纯电动乘用车	3	
河南省鹏辉电源有限公司	多元复合	GSP34135192E	3.45	2.01	—	64	河南省鹏辉电源有限公司	110	170	176	220	—	24.3	否	PH-S03/PH-H02	广州鹏辉能源科技股份有限公司	纯电动乘用车	15834	24672
	磷酸铁锂	GSP27135206H	3.2	1.65±0.02	—	336	河南省鹏辉电源有限公司	537.6	160	660	160	—	86.016	否	软件:PH2F03-94S/硬件:PH2F03-94S	广州鹏辉能源科技股份有限公司	纯电动专用车	4	
	磷酸铁锂	GSP34135192/100AH	3.2	1.88	—	36	湖南海博瑞德电智控制技术有限公司	115.2	100	104	100	—	11.52	否	HBRD-Y36S-BMS	湖南海博瑞德电智控制技术有限公司	纯电动乘用车	514	
	磷酸铁锂	GSP34135192/100AH	3.2	1.88±0.02	—	104	河南省鹏辉电源有限公司	332.8	100	265	100	—	33.28	否	GP-AP-D-MF-01-01A/GP-AP-D-MH-01-01A	河南省鹏辉电源有限公司	纯电动专用车	261	
	磷酸铁锂	GSP34135214F/113Ah	3.2	2.14±0.03	—	22	湖南海博瑞德电智控制技术有限公司	70.4	113	63±2	113	—	7.95	否	BMS 型号: HBRD-Y25S-BMS/硬件: HBRD-Y25SBCU-HW1.0/软件:Y25SBCU-SW1.0	湖南海博瑞德电智控制技术有限公司	纯电动专用车	56	
	磷酸铁锂	GSP34135214F/113Ah	3.2	2.14±0.03	—	230	河南省鹏辉电源有限公司	368	226	692	226	—	83.16	否	主控:PHMBMS05/从控:PH2305-24S/PH2305-60S	广州鹏辉能源科技股份有限公司	纯电动客车	15	
	磷酸铁锂	GSP40173200	3.2	3.3±0.02	—	104	广州鹏辉能源科技股份有限公司	332.8	175	416	175	—	58.24	无	软件: GP-AP-D-MF-01-01A/硬件: GP-AP-D-MH-01-01A	广州鹏辉能源科技股份有限公司	纯电动专用车	1	
	磷酸铁锂	GSP40173200	3.2	3.3±0.02	—	104	广州鹏辉能源科技股份有限公司	332.8	175	416	175	—	58.24	无	软件: GP-AP-D-MF-01-01A/硬件: GP-AP-D-MH-01-01A	广州鹏辉能源科技股份有限公司	纯电动乘用车	1	
	磷酸铁锂	GSP42173166-135Ah	3.2	2.58	—	96	河南省鹏辉电源有限公司	307.2	135	306	135	—	41.472	否	PH-EM16	广州鹏辉能源科技股份有限公司	纯电动专用车	654	
	磷酸铁锂	GSP42173166-135Ah	3.2	2.58	—	96	河南省鹏辉电源有限公司	307.2	135	306	135	—	41.472	无	PH-EM16	广州鹏辉能源科技股份有限公司	纯电动专用车	6	
	磷酸铁锂	GSP42173166-135Ah	3.2	2.58±0.03	—	100	河南省鹏辉电源有限公司	320	135	332	135	—	43.2	否	软件: GP-AP-D-MF-01-01A/硬件: GP-AP-D-MH-01-01A	河南省鹏辉电源有限公司	纯电动专用车	141	
	磷酸铁锂	GSP42173166-135Ah	3.2	2.58±0.03	—	100	露笑新能源技术有限公司	320	135	320±10	135	—	43.2	否	软件: RS-Q22-SW-V004/硬件: RS-Q22-HW-V004	奇瑞商用车(安徽)有限公司	纯电动专用车	14	
	三元材料	GSP34135192E	3.45	2.01	—	64	河南省鹏辉电源有限公司	110	170	176	220	—	24.3	否	PH-S03/PH-H02	广州鹏辉能源科技股份有限公司	纯电动乘用车	7130	
	三元材料	GSP34135192E	3.45	2.01±0.03	—	200PCS	山东航天威能新能源动力系统有限公司	345	220	542±15kg	220	—	75.9	否	软件:LG201905132901/硬件:主机 BCU350B9(1.2A),从机 BMU60B5	山东航天威能新能源动力系统有限公司	纯电动专用车	10	
	三元材料	INR18650C-2800D01	3.6	0.045±0.001	—	3160	江苏金坛绿能新能源科技有限公司	144	221	216	221.2	—	31.8528	否	软件: LN-FBM-BMS-V3.0/硬件: LN-FBM-BMS-V3.0	江苏金坛绿能新能源科技有限公司	纯电动乘用车	31	

续上表

储能装置单体生产企业	储能装置种类	储能装置单体型号	储能装置单体标称电压(V)	储能装置单体质量(kg)	超级电容器单体标称静电容量(F)	储能装置单体数量	储能装置总成生产企业	储能装置总成标称电压(V)	储能装置总成额定输出电流(A)	储能装置总成质量(kg)	储能装置总成标称容量(Ah)	超级电容器总成标称静电容量(F)	储能装置总储电量(kWh)	动力蓄电池箱是否具有快换装置	车载能源管理系统型号(包括软件和硬件)	车载能源管理系统生产企业	配套车辆类型	2019年配套车型产量小计(辆)	2019年配套车型产量总计(辆)
SANYO ELECTRIC CO., LTD. PANASONIC GROUP AUTOMOTIVE & INDUSTRIAL SYSTEMS COMPANY	三元材料	NCR18650SE	3.7	0.05	—	1200	新中源丰田汽车能源系统有限公司	296	81.1	129	27	—	7.99	否	软件:BMSLC02010/硬件:HBMSLC01010	DENSO CORPORATION	插电式混合动力乘用车	9103	20129
	三元材料+NCA	NCR18650SE	3.7	0.05	—	1200	新中源丰田汽车能源系统有限公司	296	81.1	129	27.0	—	7.99	无	软件:BMSLC02010/硬件:HBMSLC01010	DENSO CORPORATION	插电式混合动力乘用车	793	
	三元材料-NCA	NCR18650SE	3.7	0.05	—	1200	新中源丰田汽车能源系统有限公司	296	81.1	129	27.0	—	7.99	无	软件:BMSLC02010/硬件:HBMSLC01010	DENSO CORPORATION	插电式混合动力乘用车	6955	
	三元材料-NCM	UF261591Q	3.69	0.72	—	84	Ford Motor Company	310	250	121	28.9	—	9	否	JS78-14C197-＊＊/JS78-10B687-＊＊	Ford motor company,Delphi America	插电式混合动力乘用车	3278	
广西卡耐新能源有限公司	三元材料	CEB-LM34	3.65	0.605	—	64	广西卡耐新能源有限公司	117	68	92	68	—	8	否	S03/H01	上海卡耐新能源有限公司	纯电动乘用车	2	19899
	三元材料	CEB-LM39	3.66	0.617	—	155	广西卡耐新能源有限公司	113	170	164	195	—	22.1	否	S05/H01	上海卡耐新能源有限公司	纯电动乘用车	4722	
	三元材料	CEB-LM42	3.67	0.66	—	160	广西卡耐新能源有限公司	117	170	173	205	—	24	否	S06/H01	上海卡耐新能源有限公司	纯电动乘用车	15110	
	三元材料-NCM	CEB-LM39	3.66	0.617	—	228	上海卡耐新能源有限公司	139	234	203	234	—	32.54	否	软件:SC0000001-00/硬件:HC0480001-00	上海卡耐新能源有限公司	纯电动乘用车	65	
多氟多新能源科技有限公司	三元材料	PSP10161227-46Ah	3.7	0.74	—	176	多氟多新能源科技有限公司	325.6	92	205	92	—	29.955	否	软件:DFDYTDCE02H-01/硬件:DFDYT0J-108S	多氟多新能源科技有限公司	纯电动乘用车	5	15088
	三元材料	PSP10161227-46Ah	3.7	0.74	—	180	多氟多新能源科技有限公司	333	81	224	92	—	30.63	否	S51EV_BP_065C005A/CNEV-BMS-S51EV	奇瑞新能源汽车股份有限公司	纯电动乘用车	3654	
	三元材料	PSP12161227-55Ah	3.7	0.85	—	180	多氟多新能源科技有限公司	333	83	251	110	—	36.6	否	S51EV_BP_066E005A/CNEV-BMS-S51EV	奇瑞新能源汽车股份有限公司	纯电动乘用车	1504	
	三元材料	PSP12161227-55Ah	3.7	0.85	—	180	多氟多新能源科技有限公司	333	83	251	110	—	36.6	否	S51EV_BP_066E005A/CNEV-BMS-S51EV	奇瑞新能源汽车股份有限公司	纯电动乘用车	9907	
	三元材料	PSP12161227-55Ah	3.7	0.85	—	288	多氟多新能源科技有限公司	355.2	165	375	165	—	58.608	否	软件:DFDFTYM-58/硬件:主控 DFDBMSFT-02,从控 DFDBMU-56S	多氟多新能源科技有限公司	纯电动乘用车	1	
	三元材料+NCM	PSP10161227-46Ah	3.7	0.74	—	144	多氟多新能源科技有限公司	133.2	184	174	184	—	24.5	否	软件:DFDYTHME1-L/硬件:DFDBMS-YT-E1	多氟多新能源科技有限公司	纯电动乘用车	10	
	三元材料+NCM	PSP10161227-46Ah	3.7	0.74	—	168	多氟多新能源科技有限公司	310.8	92	207	92	—	28.59	否	软件:DFDYTHME1-H/硬件:DFDBMS-ZC-E1	多氟多新能源科技有限公司	纯电动乘用车	7	
郑州比克电池有限公司	三元材料	H18650CIL 2.4Ah	3.6	0.046 ±0.003	—	4606	郑州比克电池有限公司	352.8	112.8	296±8.8	112.8	—	39.8	否	ZBAK-BMS-W103-98	深圳市比克动力电池有限公司	纯电动专用车	1001	13046
	三元材料	H18650CIL 2.4Ah	3.6	0.046 ±0.003	—	8968	郑州比克电池有限公司	547.2	109	658±10	141.6	—	77.4	否	ZBAK-BMS-Q503-152/软件:V1.0/硬件:V1.0	郑州比克电池有限公司	纯电动专用车	3	
	三元材料	N18650CK(3.0Ah)	3.6	0.05	—	4032	安徽江淮华霆电池系统有限公司	346	122	314	122	—	41	否	210127SC4	华霆(合肥)动力技术有限公司	纯电动乘用车	19	
	三元材料	N18650CK(3.0Ah)	3.6	0.048	—	3120	郑州比克电池有限公司	144	234	210	234	—	33.69	否	软件:SW-JL-01/硬件:HW-JL-01	江西江铃集团新能源汽车有限公司	纯电动乘用车	6602	
	三元材料	N18650CL-29 2.75Ah	3.6	0.046 ±0.003	—	4608	郑州比克电池有限公司	345.6	132	360±10	132	—	45.6	无	ZBAK-BMS-W102-96	郑州比克电池有限公司	纯电动专用车	2	
	三元材料	N18650CL-29 2.75Ah	3.6	0.046 ±0.003	—	5490	郑州比克电池有限公司	324	167.75	388	167.75	—	54.351	否	软件:SW-BAKA06-01/硬件:HW-BAKA06-01	深圳市比克动力电池有限公司	纯电动乘用车	485	
	三元材料	N18650CL-29 2.75Ah	3.6	0.046 ±0.003	—	5490	郑州比克电池有限公司	324	167.75	388	167.75	—	54.351	否	软件:SW-BAKA06-01/硬件:HW-BAKA06-01	深圳市比克动力电池有限公司	纯电动专用车	22	
	三元材料	N18650CL-29 2.75Ah	3.6	0.05	—	2640	郑州比克电池有限公司	144	181.5	188	181.5	—	26.13	否	软件:SW-BAKE1-02/硬件:HW-BAKE1-02	深圳市比克动力电池有限公司,深圳市比克动力电池有限公司	纯电动乘用车	619	
	三元材料-NCM	N18650CK(3.0Ah)	3.6	0.05	—	4368	十堰猛狮新能源科技有限公司	374	126	325	126	—	47.1	否	软件:B6CZ01/硬件:EV05	惠州市亿能电子有限公司	纯电动乘用车	1314	
	三元材料-NCM	N18650CK(3.0Ah)	3.6	0.05	—	4368	欣旺达电动汽车电池有限公司	374	126	325	126	—	47.1	否	软件:B6CZ01/硬件:EV05	惠州市亿能电子有限公司	纯电动乘用车	2474	

续上表

储能装置单体生产企业	储能装置种类	储能装置单体型号	储能装置单体标称电压(V)	储能装置单体质量(kg)	超级电容器单体标称静电容量(F)	储能装置单体数量	储能装置总成生产企业	储能装置总成标称电压(V)	储能装置总成额定输出电流(A)	储能装置总成质量(kg)	储能装置总成标称容量(Ah)	超级电容器总成标称静电容量(F)	储能装置总储电量(kWh)	动力蓄电池箱是否具有快换装置	车载能源管理系统型号(包括软件和硬件)	车载能源管理系统生产企业	配套车辆类型	2019年配套车型产量小计(辆)	2019年配套车型产量总计(辆)
郑州比克电池有限公司	三元材料-NCM	N18650CL-29	3.6	0.05	—	4800	郑州比克电池有限公司	346	137.5	378	137.5	—	47.52	否	软件:sw-bakrd-01/硬件:hw-bakrd-01	深圳市比克动力电池有限公司,深圳市比克动力电池有限公司	纯电动乘用车	9	13046
	三元材料-NCM	N18650CL-29 2.75Ah	3.6	0.05	—	3440	郑州比克电池有限公司	144	236.5	224	236.5	—	34.05	否	软件:sw-bake1-01/硬件:hw-bake1-01	深圳市比克动力电池有限公司,深圳市比克动力电池有限公司	纯电动乘用车	496	
天津市捷威动力工业有限公司	三元材料	EE048AG	3.7	0.79	—	172	天津市捷威动力工业有限公司	318	87	224	97	—	30.8	否	S51EV_BP_06610056/CNEV-BMS-S51EV	奇瑞新能源汽车股份有限公司	纯电动乘用车	490	12987
	三元材料	IXP116/103/306	3.7	0.74±0.02	—	264	国机智骏汽车有限公司	326	142.5	330	142.5	—	46.398	否	软件:S1.0.00.0/硬件:2101S11020A	国机智骏汽车有限公司	纯电动乘用车	431	
	三元材料	IXP116/103/306	3.7	0.77	—	288	天津市捷威动力工业有限公司	355	210	348	153	—	54.3	否	CNEV-BMS-M1AEV/M1AEV_BP_01_T2_06990060	奇瑞新能源汽车股份有限公司	纯电动乘用车	2196	
	三元材料	IXP116/103/306	3.7	0.77	—	288	天津市捷威动力工业有限公司	355	210	360	153	—	54.3	否	CNEV-BMS-M1AEV/M1AEV_BP_01_T2_06990060	奇瑞新能源汽车股份有限公司	纯电动乘用车	1742	
	三元材料	IXP116/103/306	3.7	0.77±0.02	—	192	安徽舟之航电池有限公司	355	70.4	226	102	—	36.23	否	HJ_BMS_HV_T2(软件:35.11.80/硬件:H1.20)	芜湖宏景电子股份有限公司	纯电动乘用车	1906	
	三元材料	IXP116/103/306	3.7	0.77±0.02	—	192	国机智骏汽车有限公司	355	102	233	102	—	36.23	否	软件:S1.1.00.0/硬件:2101S11020A	国机智骏汽车有限公司	纯电动乘用车	877	
	三元材料	IXP74/229/269	3.7	0.88	—	192	天津市捷威动力工业有限公司	355	76	271	107	—	38	否	S51EV_BP_066B0060/CNEV-BMS-S51EV	奇瑞新能源汽车股份有限公司	纯电动乘用车	5071	
	三元材料-NCM	IXP116/103/306	3.7	0.77±0.02	—	192	安徽舟之航电池有限公司	355	70.4	226	102	—	36.23	否	HJ_BMS_HV_T2(软件:35.11.80/硬件:H1.20)	芜湖宏景电子股份有限公司	纯电动乘用车	77	
	三元材料-NCM	IXP116/103/306	3.7	0.77±0.02	—	192	浙江合众新能源汽车有限公司	355	70.4	238	102	—	36.23	否	HZ-EP1000D(软件:35.11.80/硬件:H1.20)	浙江合众新能源汽车有限公司	纯电动乘用车	197	
万向一二三股份公司	磷酸铁锂	WX12I3267	3.2	1.3	—	1344	万向一二三股份公司	537.6	320	2136	536	—	288.15	否	软件:WX-BSF0223AV600/硬件:WX-BF02V102	万向一二三股份公司	纯电动客车	60	12674
	磷酸铁锂	WX12I3267	3.2	1.3	—	1540	万向一二三股份公司	492.8	320	2450	670	—	330.18	否	软件:WX-BSF0223AV700/硬件:WX-BF02V102	万向一二三股份公司	纯电动客车	100	
	磷酸铁锂	WX12I3267	3.2	1.3	—	880	万向一二三股份公司	563.2	320	1400	335	—	188.67	否	软件:WX-BSF0223AV700/硬件:WX-BF02V102	万向一二三股份公司	纯电动客车	45	
	磷酸铁锂	WX12I3267	3.2	1.3±0.1	—	192	安徽舟之航电池有限公司	307.2	134	329±9.8	134	—	41.165	无	HJ_BMS_HV_T3	芜湖宏景电子股份有限公司	纯电动专用车	104	
	三元材料	2101AAT	3.65	0.84	—	88	万向一二三股份公司	321	170	138	36	—	11.56	否	WX-BF02V105	万向一二三股份公司	插电式混合动力乘用车	166	
	三元材料	WX14I3726	3.65	0.56	—	96	上海捷新动力电池系统有限公司	350	78	105	26	—	9.1	否	ROEWE26S/BMS-02	上海捷能汽车技术有限公司,江苏天宝汽车电子有限公司	插电式混合动力乘用车	6630	
	三元材料	WX14I3726	3.65	0.56	—	96	上海捷新动力电池系统有限公司	350	78	108	26	—	9.1	否	55026A/BMS-01	上海捷能汽车技术有限公司	插电式混合动力乘用车	5467	
	三元材料	WX14I3727	3.6	0.59	—	104	上汽通用汽车有限公司	374	104	121	27.2	—	10.2	否	Global A/VICM	延锋伟世通汽车电子有限公司	插电式混合动力乘用车	2	
	三元材料-NCM	WX12I3752	3.7	0.86	—	168	万向一二三股份公司	310.8	114	249	104	—	32.3	否	S15EV_BD_05_01_06680054/BCU_FSC_VG	万向一二三股份公司	纯电动乘用车	100	
惠州亿纬锂能股份有限公司	磷酸铁锂	LF105	3.2	1.98	—	352	东风海博襄阳新能源科技有限公司	563.2	210	830	210	—	118.27	否	软件:2.0版/硬件:EVS-200	东风海博襄阳新能源科技有限公司	纯电动客车	493	12558
	磷酸铁锂	LF105	3.2	1.98	—	384	惠州亿纬锂能股份有限公司	409.6	315	892	315	—	129.02	否	SEV6/HEV6	惠州亿纬锂能股份有限公司	纯电动客车	25	
	磷酸铁锂	LF105	3.2	1.98	—	432	惠州亿纬锂能股份有限公司	460.8	315	1011	315	—	145.15	否	SEV6/HEV6	惠州亿纬锂能股份有限公司	纯电动客车	1	
	磷酸铁锂	LF105	3.2	1.98	—	504	惠州亿纬锂能股份有限公司	537.6	315	1182	315	—	169.34	否	SEV6/HEV6	惠州亿纬锂能股份有限公司	纯电动客车	56	
	磷酸铁锂	LF105	3.2	1.98	—	528	惠州亿纬锂能股份有限公司	563.2	315	1234	315	—	177.4	否	SEV6/HEV6	惠州亿纬锂能股份有限公司	纯电动客车	50	
	磷酸铁锂	LF105	3.2	1.98	—	576	惠州亿纬锂能股份有限公司	614.4	315	1338	315	—	193.53	否	SEV6/HEV6	惠州亿纬锂能股份有限公司	纯电动客车	74	
	磷酸铁锂	LF105	3.2	1.98	—	704	惠州亿纬锂能股份有限公司	563	250	1648	420	—	236.54	否	SEV6/HEV6	惠州亿纬锂能股份有限公司	纯电动客车	1	
	磷酸铁锂	LF105	3.2	1.98	—	704	惠州亿纬锂能股份有限公司	563.2	420	1648	420	—	236.54	否	SEV6/HEV6	惠州亿纬锂能股份有限公司	纯电动客车	40	

续上表

储能装置单体生产企业	储能装置种类	储能装置单体型号	储能装置单体标称电压(V)	储能装置单体质量(kg)	超级电容器单体标称静电容量(F)	储能装置单体数量	储能装置总成生产企业	储能装置总成标称电压(V)	储能装置总成额定输出电流(A)	储能装置总成质量(kg)	储能装置总成标称容量(Ah)	超级电容器总成标称静电容量(F)	储能装置总储电量(kWh)	动力蓄电池箱是否具有快换装置	车载能源管理系统型号(包括软件和硬件)	车载能源管理系统生产企业	配套车辆类型	2019年配套车型产量小计(辆)	2019年配套车型产量总计(辆)
惠州亿纬锂能股份有限公司	磷酸铁锂	LF105	3.2	1.98	—	752	惠州亿纬锂能股份有限公司	601.6	420	1750	420	—	252.67	否	SEV6/HEV6	惠州亿纬锂能股份有限公司	纯电动客车	1	12558
	磷酸铁锂	LF105	3.2	1.98	—	768	东风海博襄阳新能源科技有限公司	614.4	420	1810	420	—	258	否	软件:2.0版/硬件:EVS-200	东风海博襄阳新能源科技有限公司	纯电动客车	1	
	磷酸铁锂	LF105	3.2	1.98	—	768	惠州亿纬锂能股份有限公司	614.4	420	1784	420	—	258.04	否	SEV6/HEV6	惠州亿纬锂能股份有限公司	纯电动客车	449	
	磷酸铁锂	LF105	3.2	1.98	—	96	东风海博新能源科技有限公司	307.2	105	246	105	—	32.256	否	软件:2.0版/硬件:EVS-200	东风海博新能源科技有限公司	纯电动专用车	1012	
	磷酸铁锂	LF105	3.2	1.98±0.05	—	1152	南京创源天地动力科技有限公司	614.4	500	2724	630	—	387	否	软件:SKSS/硬件:SKSH-05	南京创源天地动力科技有限公司	纯电动专用车	501	
	磷酸铁锂	LF105	3.2	1.98±0.05	—	1152	南京创源天地动力科技有限公司	614.4	500	2724	630	—	387	否	软件:SKSS/硬件:SKSH-05	南京创源天地动力科技有限公司	纯电动专用车	9	
	磷酸铁锂	LF105	3.2	1.98±0.05	—	120	南京创源天地动力科技有限公司	384	105	294	105	—	40.32	否	SKSH-05	南京创源天地动力科技有限公司	纯电动乘用车	547	
	磷酸铁锂	LF105	3.2	1.98±0.05	—	120	南京创源天地动力科技有限公司	384	105	294	105	—	40.32	否	SKSH-05	南京创源天地动力科技有限公司	纯电动专用车	465	
	磷酸铁锂	LF105	3.2	1.98±0.05	—	192	惠州亿纬锂能股份有限公司	614.4	315	1338	315	—	193.536	否	SEV6/HEV6	惠州亿纬锂能股份有限公司	纯电动专用车	6	
	磷酸铁锂	LF105	3.2	1.98±0.05	—	312	南京创源天地动力科技有限公司	499.2	210	756	210	—	104.832	否	软件:SKSS/硬件:SKSH-05	南京创源天地动力科技有限公司	纯电动客车	34	
	磷酸铁锂	LF105	3.2	1.98±0.05	—	312	南京创源天地动力科技有限公司	499.2	210	756	210	—	104.832	否	软件:SKSS/硬件:SKSH-05	南京创源天地动力科技有限公司	纯电动客车	2	
	磷酸铁锂	LF105	3.2	1.98±0.05	—	312	南京创源天地动力科技有限公司	499.2	210	775	210	—	104.832	否	软件 SKSS/硬件 SKSH-05	南京创源天地动力科技有限公司	纯电动客车	13	
	磷酸铁锂	LF105	3.2	1.98±0.05	—	312	南京创源天地动力科技有限公司	499.2	250	738.6	210	—	104.832	否	软件:SKSS/硬件:SKSH-05	南京创源天地动力科技有限公司	纯电动客车	56	
	磷酸铁锂	LF105	3.2	1.98±0.05	—	336	南京创源天地动力科技有限公司	537.6	250	796.2	210	—	112.896	否	软件:SKSS/硬件:SKSH-05	南京创源天地动力科技有限公司	纯电动客车	11	
	磷酸铁锂	LF105	3.2	1.98±0.05	—	348	南京创源天地动力科技有限公司	556.8	210	838	210	—	116.928	否	软件 SKSS/硬件 SKSH-05	南京创源天地动力科技有限公司	燃料电池客车	1	
	磷酸铁锂	LF105	3.2	1.98±0.05	—	384	南京创源天地动力科技有限公司	614.4	210	920	210	—	129.024	否	软件:SKSS/硬件:SKSH-05	南京创源天地动力科技有限公司	纯电动客车	67	
	磷酸铁锂	LF105	3.2	1.98±0.05	—	384	南京创源天地动力科技有限公司	614.4	250	908	210	—	129.024	否	软件:SKSS/硬件:SKSH-05	南京创源天地动力科技有限公司	纯电动客车	308	
	磷酸铁锂	LF105	3.2	1.98±0.05	—	480	南京创源天地动力科技有限公司	512	250	1135	315	—	161.28	否	软件:SKSS/硬件:SKSH-05	南京创源天地动力科技有限公司	纯电动专用车	15	
	磷酸铁锂	LF105	3.2	1.98±0.05	—	480	南京创源天地动力科技有限公司	512	250	1135	315	—	161.28	否	软件:SKSS/硬件:SKSH-05	南京创源天地动力科技有限公司	纯电动客车	30	
	磷酸铁锂	LF105	3.2	1.98±0.05	—	504	惠州亿纬锂能股份有限公司	537.6	315	1182	315	—	169.34	否	SEV6/HEV6	惠州亿纬锂能股份有限公司	纯电动客车	35	
	磷酸铁锂	LF105	3.2	1.98±0.05	—	504	南京创源天地动力科技有限公司	537.6	250	1192.6	315	—	169.344	否	软件:SKSS/硬件:SKSH-05	南京创源天地动力科技有限公司	纯电动客车	1	
	磷酸铁锂	LF105	3.2	1.98±0.05	—	504	南京创源天地动力科技有限公司	537.6	250	1192.6	315	—	169.344	否	软件:SKSS/硬件:SKSH-05	南京创源天地动力科技有限公司	纯电动客车	188	
	磷酸铁锂	LF105	3.2	1.98±0.05	—	504,576	惠州亿纬锂能股份有限公司	537.6,614.4	315,315	1182,1338	315,315	—	169.34,193.53	否	SEV6/HEV6	惠州亿纬锂能股份有限公司	纯电动客车	30	
	磷酸铁锂	LF105	3.2	1.98±0.05	—	528	南京创源天地动力科技有限公司	563.2	250	1267	315	—	177.4	否	软件:SKSS/硬件:SKSH-05	南京创源天地动力科技有限公司	纯电动专用车	8	
	磷酸铁锂	LF105	3.2	1.98±0.05	—	576	南京创源天地动力科技有限公司	614.4	250	1362	315	—	193.536	否	软件:SKSS/硬件:SKSH-05	南京创源天地动力科技有限公司	纯电动客车	38	
	磷酸铁锂	LF105	3.2	1.98±0.05	—	576	南京创源天地动力科技有限公司	614.4	250	1380	315	—	193.536	否	软件:SKSS/硬件:SKSH-05	南京创源天地动力科技有限公司	纯电动客车	61	
	磷酸铁锂	LF105	3.2	1.98±0.05	—	624	南京创源天地动力科技有限公司	499.2	420	1523.6	420	—	209.664	否	软件:SKSS/硬件:SKSH-05	南京创源天地动力科技有限公司	纯电动客车	4	
	磷酸铁锂	LF105	3.2	1.98±0.05	—	672	南京创源天地动力科技有限公司	537.6	420	1592.4	420	—	225.792	否	软件:SKSS/硬件:SKSH-05	南京创源天地动力科技有限公司	纯电动客车	178	
	磷酸铁锂	LF105	3.2	1.98±0.05	—	696	南京创源天地动力科技有限公司	556.8	420	1676	420	—	233.856	否	软件:SKSS/硬件:SKSH-05	南京创源天地动力科技有限公司	纯电动客车	11	
	磷酸铁锂	LF105	3.2	1.98±0.05	—	696	南京创源天地动力科技有限公司	556.8	420	1676	420	—	233.856	否	软件:SKSS/硬件:SKSH-05	南京创源天地动力科技有限公司	纯电动客车	11	
	磷酸铁锂	LF105	3.2	1.98±0.05	—	696	南京创源天地动力科技有限公司	556.8	500	1646.6	420	—	233.856	否	软件:SKSS/硬件:SKSH-05	南京创源天地动力科技有限公司	纯电动客车	601	
	磷酸铁锂	LF105	3.2	1.98±0.05	—	704	惠州亿纬锂能股份有限公司	563.2	420	1648	420	—	236.54	否	SEV6/HEV6	惠州亿纬锂能股份有限公司	纯电动专用车	1	
	磷酸铁锂	LF105	3.2	1.98±0.05	—	768	南京创源天地动力科技有限公司	614.4	420	1840	420	—	258.048	否	软件:SKSS/硬件:SKSH-05	南京创源天地动力科技有限公司	纯电动客车	193	

续上表

储能装置单体生产企业	储能装置种类	储能装置单体型号	储能装置单体标称电压(V)	储能装置单体质量(kg)	超级电容器单体标称静电容量(F)	储能装置单体数量	储能装置总成生产企业	储能装置总成标称电压(V)	储能装置总成额定输出电流(A)	储能装置总成质量(kg)	储能装置总成标称容量(Ah)	超级电容器总成标称静电容量(F)	储能装置总储电量(kWh)	动力蓄电池箱是否具有快换装置	车载能源管理系统型号(包括软件和硬件)	车载能源管理系统生产企业	配套车辆类型	2019年配套车型产量小计(辆)	2019年配套车型产量总计(辆)
惠州亿纬锂能股份有限公司	磷酸铁锂	LF105	3.2	1.98±0.05	—	768	南京创源天地动力科技有限公司	614.4	420	1840	420	—	258.048	否	软件:SKSS/硬件:SKSH-05	南京创源天地动力科技有限公司	纯电动客车	8	12558
	磷酸铁锂	LF105	3.2	1.98±0.05	—	768	南京创源天地动力科技有限公司	614.4	420	1886	420	—	258	否	软件:SKSS/硬件:SKSH-05	南京创源天地动力科技有限公司	纯电动专用车	1	
	磷酸铁锂	LF105	3.2	1.98±0.05	—	768	南京创源天地动力科技有限公司	614.4	500	1816	420	—	258.048	否	软件:SKSS/硬件:SKSH-05	南京创源天地动力科技有限公司	纯电动客车	391	
	磷酸铁锂	LF105	3.2	1.98±0.05	—	960	南京创源天地动力科技有限公司	512	500	2270	630	—	322.56	否	软件:SKSS/硬件:SKSH-05	南京创源天地动力科技有限公司	纯电动客车	49	
	磷酸铁锂	LF105	3.2	1.98±0.05	—	960	南京创源天地动力科技有限公司	512	500	2270	630	—	322.560	否	软件:SKSS/硬件:SKSH-05	南京创源天地动力科技有限公司	纯电动客车	1	
	磷酸铁锂	LF105	3.2	1.98±0.05	—	960	南京创源天地动力科技有限公司	512	500	2345	630	—	322.5	否	软件:SKSS/硬件:SKSH-05	南京创源天地动力科技有限公司	纯电动专用车	4	
	磷酸铁锂	LF105	3.2	1.98±0.05	—	960	山西城市动力新能源有限公司	512	500	2270	630	—	322.56	否	软件:SKSS/硬件:SKSH-05	南京创源天地动力科技有限公司	纯电动客车	101	
	磷酸铁锂	LF105	3.2	1.98±0.1	—	96	东风海博襄阳新能源科技有限公司	153.6	210	226±20	210	—	32.25	否	软件:2.0版/硬件:EVS-200	东风海博襄阳新能源科技有限公司	纯电动专用车	1	
	磷酸铁锂	LF280	3.2	5.22	—	108	东风海博襄阳新能源科技有限公司	345.6	280	691	280	—	96.76	否	软件:2.0版/硬件:EVS-200	东风海博襄阳新能源科技有限公司	纯电动客车	66	
	磷酸铁锂	LF280	3.2	5.22	—	108	惠州亿纬锂能股份有限公司	345.6	280	660	280	—	96.768	无	EV05	惠州亿纬锂能股份有限公司	纯电动专用车	58	
	磷酸铁锂	LF280	3.2	5.22	—	168	东风海博襄阳新能源科技有限公司	537.6	280	1055	280	—	150.528	否	软件:2.0版/硬件:EVS-200	东风海博襄阳新能源科技有限公司	纯电动客车	410	
	磷酸铁锂	LF280	3.2	5.22	—	168	东风海博襄阳新能源科技有限公司	537.6	280	1055	280	—	150.53	否	软件:2.0版/硬件:EVS-200	东风海博襄阳新能源科技有限公司	纯电动客车	2	
	磷酸铁锂	LF280	3.2	5.22	—	192	东风海博襄阳新能源科技有限公司	614.4	280	1210	280	—	172	否	软件:2.0版/硬件:EVS-200	东风海博襄阳新能源科技有限公司	纯电动客车	23	
	磷酸铁锂	LF280	3.2	5.22	—	336	惠州亿纬锂能股份有限公司	537.6	560	2054	560	—	301.05	否	SEV6/HEV6	惠州亿纬锂能股份有限公司	纯电动客车	112	
	磷酸铁锂	LF280	3.2	5.22±0.05	—	168	南京创源天地动力科技有限公司	537.6	250	1064	280	—	150.528	否	软件:SKSS/硬件:SKSH-05	南京创源天地动力科技有限公司	纯电动客车	100	
	磷酸铁锂	LF280	3.2	5.22±0.05	—	192	南京创源天地动力科技有限公司	614.4	250	1220	280	—	172.032	否	软件:SKSS/硬件:SKSH-05	南京创源天地动力科技有限公司	纯电动客车	31	
	磷酸铁锂	LF280	3.2	5.22±0.05	—	336	南京创源天地动力科技有限公司	537.6	500	2128	560	—	301.056	否	软件:SKSS/硬件:SKSH-05	南京创源天地动力科技有限公司	纯电动客车	1	
	磷酸铁锂	LF280	3.2	5.22±0.05	—	336	南京创源天地动力科技有限公司	537.6	500	2128	560	—	301.056	否	软件:SKSS/硬件:SKSH-05	南京创源天地动力科技有限公司	纯电动客车	42	
	磷酸铁锂	LF280	3.2	5.22±0.05	—	360	东风海博新能源科技有限公司	576	560	2220±66.6	560	—	322.56	否	软件:2.0版/硬件:EVS-200	东风海博新能源科技有限公司	纯电动客车	72	
	磷酸铁锂	LF280	3.2	5.22±0.05	—	360	南京创源天地动力科技有限公司	576	500	2270	560	—	322.560	否	软件:SKSS/硬件:SKSH-05	南京创源天地动力科技有限公司	纯电动客车	25	
	磷酸铁锂	LF280	3.2	5.22±0.05	—	360	南京创源天地动力科技有限公司	576	500	2270	560	—	322.560	否	软件:SKSS/硬件:SKSH-05	南京创源天地动力科技有限公司	纯电动客车	4	
	磷酸铁锂	LF80	3.2	1.58	—	112	东风海博新能源科技有限公司	358.4	160	456±13	160	—	57.344	否	软件:2.0版/硬件:EVS-200	东风海博新能源科技有限公司	纯电动专用车	5	
	磷酸铁锂	LF80	3.2	1.58±0.05	—	336	东风海博新能源科技有限公司	537.6	160	675±20	160	—	86.016	否	软件:2.0版/硬件:EVS-200	东风海博新能源科技有限公司	纯电动专用车	966	
	磷酸铁锂	LF80	3.2	1.58±0.05	—	336	东风海博新能源科技有限公司	537.6	160	675±20	160	—	86.016	否	软件:2.0版/硬件:EVS-200	东风海博新能源科技有限公司	纯电动专用车	500	
	磷酸铁锂	LF80	3.2	1.58±0.05	—	336	惠州亿纬锂能股份有限公司	537.6	160	660	160	—	86	否	SEV6/HEV6	惠州亿纬锂能股份有限公司	纯电动专用车	1422	
	磷酸铁锂	LF80	3.2	1.58±0.05	—	336	南京创源天地动力科技有限公司	537.6	160	686	160	—	86	否	软件:SKSS/硬件:SKSH-05	南京创源天地动力科技有限公司	纯电动专用车	22	
	磷酸铁锂	LF80	3.2	1.58±0.05	—	360	东风海博新能源科技有限公司	384	240	735	240	—	92.16	否	软件:2.0版/硬件:EVS-200	东风海博新能源科技有限公司	纯电动专用车	2	
	磷酸铁锂	LF80	3.2	1.58±0.05	—	360	东风海博新能源科技有限公司	384	240	735	240	—	92.16	否	软件:2.0版/硬件:EVS-200	东风海博新能源科技有限公司	纯电动专用车	2	
	磷酸铁锂	LF80A	3.2	1.68±0.05	—	200	南京创源天地动力科技有限公司	320	164	418	164	—	52.48	否	SKSH-05	南京创源天地动力科技有限公司	纯电动专用车	600	
	磷酸铁锂	LF80A	3.2	1.68±0.05	—	336	惠州亿纬锂能股份有限公司	537.6	164	676±20	164	—	88	否	SEV6/HEV6	惠州亿纬锂能股份有限公司	纯电动专用车	100	
	磷酸铁锂	LF80A	3.2	1.68±0.05	—	96	南京创源天地动力科技有限公司	307.2	82	201	82	—	25.19	否	NJL-KPV15	南京金龙客车制造有限公司	纯电动专用车	36	
	磷酸铁锂	LF80A	3.2	1.68±0.05	—	96	南京创源天地动力科技有限公司	307.2	82	201	82	—	25.19	否	NJL-KPV15		纯电动乘用车	36	
	磷酸铁锂	LF90	3.2	2.0±0.05	—	180	惠州亿纬锂能股份有限公司	576	45	450	90	—	51.84	否	软件:K928/硬件:DK928	惠州亿纬锂能股份有限公司	燃料电池客车	4	

续上表

储能装置单体生产企业	储能装置种类	储能装置单体型号	储能装置单体标称电压(V)	储能装置单体质量(kg)	超级电容器单体标称静电容量(F)	储能装置单体数量	储能装置总成生产企业	储能装置总成标称电压(V)	储能装置总成额定输出电流(A)	储能装置总成质量(kg)	储能装置总成标称容量(Ah)	超级电容器总成标称静电容量(F)	储能装置总储电量(kWh)	动力蓄电池箱是否具有快换装置	车载能源管理系统型号(包括软件和硬件)	车载能源管理系统生产企业	配套车辆类型	2019年配套车型产量小计(辆)	2019年配套车型产量总计(辆)
惠州亿纬锂能股份有限公司	磷酸铁锂	LF90	3.2	2.0±0.05	—	480	南京创源天地动力科技有限公司	512	270	1160	270	—	138.2	否	软件:SKSS/硬件:SKSH-05	南京创源天地动力科技有限公司	纯电动客车	5	12558
	磷酸铁锂	LF90	3.2	2.0±0.05	—	576	南京创源天地动力科技有限公司	614.4	270	1392	270	—	165.88	否	软件:SKSS/硬件:SKSH-05	南京创源天地动力科技有限公司	纯电动客车	9	
	磷酸铁锂	LF90	3.2	2.00	—	176	山东魔方新能源科技有限公司	563	135	460	90	—	50.68	否	软件:C601V1.0/硬件C601	山东魔方新能源科技有限公司	燃料电池专用车	200	
	磷酸铁锂	LF90	3.2	2.00±0.05	—	1008	惠州市亿能电子有限公司	537.6	370	2406	540	—	290	否	软件版本号:EV05/硬件版本号:EV05	惠州市亿能电子有限公司	纯电动专用车	3	
	三元材料	3.6V2.6Ah	3.6	0.045±0.002	—	5400	贵州贵安阳光新能源科技有限公司	324	153	405	153	—	49.572	否	B6AA05MS7602/EV05S-DM	贵州贵安阳光新能源科技有限公司	纯电动乘用车	5	
	三元材料	ICR18650	3.68	0.045±0.002	2.5	4224	惠州亿纬锂能股份有限公司	323.84	120	277	120	—	38.86	—	AKEV-YTA48-A1/AKEV-BMUA48-A1(硬件:KL-ASHEV5/软件:KL-ASSEV5)	苏州安靠电源有限公司	纯电动乘用车	28	
	三元材料	ICR18650/26V	3.68	0.045±0.002	—	8000	南京创源天地动力科技有限公司	368	208	610	208	—	76.5	否	软件:SKSS-01/硬件:SKSH-05	南京创源天地动力科技有限公司	纯电动专用车	42	
	三元材料	ICR18650/29V	3.68	0.045	—	4048	上海鼎研智能科技有限公司	338.56	120	292	121	—	40.96	是	DY801	上海鼎研智能科技有限公司	纯电动乘用车	1	
	三元材料	INP10165227	3.7	0.83±0.02	—	192	惠州亿纬锂能股份有限公司	355	102	226	102	—	36.23	否	PWMBMS07(软件:51.11.80/硬件:H1.10)	东莞钜威动力技术有限公司	纯电动乘用车	1255	
	三元材料+NCM	INP10165227	3.7	0.83±0.02	—	192	惠州亿纬锂能股份有限公司	355	102	226	102	—	36.23	否	PWMBMS07(软件:51.11.80/硬件:H1.10)	东莞钜威动力技术有限公司	纯电动乘用车	175	
	三元材料-NCM	ICR18650/26V	3.68	0.045±0.002	—	4752	惠州亿纬锂能股份有限公司	397.4	55	370	110	—	43.72	—	软件:BMS.21A01/硬件:YJ2101415-12A(CSC盒)、YJ2101416-12A(BMU盒)	成都雅骏新能源汽车科技股份有限公司	纯电动专用车	4	
	三元材料-NCM	ICR18650/26V	3.68	0.045±0.002	—	9792	惠州亿纬锂能股份有限公司	529.9	85	728	170	—	90.1	—	软件:BMS.41A11/硬件:YJ2101415-12A(CSC盒)、YJ2101416-12A(BMU盒)	成都雅骏新能源汽车科技股份有限公司	纯电动专用车	6	
宁德时代新能源科技股份有限公司,时代上汽动力电池有限公司	三元材料	ELE897	3.65	2.67±0.2	—	96	上汽时代动力电池系统有限公司	350	150	382	150	—	52.5	否	ROEWE153P1/BMS-20	伟创力电脑(苏州)有限公司,上海捷能汽车技术有限公司	纯电动乘用车	7271	12356
	三元材料	LAE8A3	3.65	1.84	—	108	上汽时代动力电池系统有限公司	394.2	110	280	110	—	44.5	否	MG110A/BMS-02	上海捷能汽车技术有限公司,江苏天宝汽车电子有限公司	纯电动乘用车	2221	
	三元材料	S5E891	3.65	0.82	—	90	上海捷新动力电池系统有限公司	329	111	141	37	—	12	否	RX537/BMS-01	上海捷能汽车技术有限公司	插电式混合动力乘用车	3	
	三元材料	V5E897	3.65	0.98	—	192	上汽大众动力电池有限公司	350	102	318	113.6	—	39.76	否	软件:ECU_BMC6E37_MQB37_ABx/硬件:5KE 915 180 *	软件:VOLKSWAGEN/硬件:法可赛(太仓)汽车配件有限公司	纯电动乘用车	2861	
力神电池(苏州)有限公司	三元材料	21700(4.0Ah)	3.65	0.069±0.004	—	4300	力神电池(苏州)有限公司	313.9	200	448±13.44	200	—	62.78	否	AK18C042-1.0、AKEV-BCUA-A1	力神电池(苏州)有限公司	纯电动专用车	124	12266
	三元材料	21700(4.0Ah)	3.65	0.069±0.004	—	4300	力神电池(苏州)有限公司	313.9	200	448±13.44	200	—	62.78	否	AK18C042-1.0、AKEV-BCUA-A1	力神电池(苏州)有限公司	纯电动乘用车	15	
	三元材料	21700(4.0Ah)	3.65	0.069±0.004	—	2816	力神动力电池系统有限公司	321.2	128	292	128	—	41.1	否	软件:LS-EV-BMS-FW-V01/硬件:LS-EV-BMS-HW-V01	力神动力电池系统有限公司	纯电动专用车	1015	
	三元材料	21700(4.0Ah)	3.65	0.069±0.004	—	2816	力神动力电池系统有限公司	321.2	128	292	128	—	41.11	否	软件:LS-EV-BM S-FW-V01/硬件:LS-EV-BMS-HW-V01	力神动力电池系统有限公司	纯电动专用车	17	
	三元材料	21700(4.0Ah)	3.65	0.069±0.004	—	2816	力神动力电池系统有限公司	321.2	128	292	128	—	41.11	否	软件:LS-EV-BMS-FW-V01/硬件:LS-EV-BMS-HW-V01	力神动力电池系统有限公司	纯电动专用车	38	
	三元材料	21700(4.5Ah)	3.6	0.072	—	2646	安徽江淮华霆电池系统有限公司	352	120	296	120	—	41.5	否	210126EC5	华霆(合肥)动力技术有限公司	纯电动乘用车	2136	
	三元材料	21700(4.5Ah)	3.6	0.072	—	3168	安徽江淮华霆电池系统有限公司	346	147	345	147	—	49.5	否	210127SC6	华霆(合肥)动力技术有限公司	纯电动乘用车	5198	
	三元材料	21700(4.5Ah)	3.6	0.072	—	3920	安徽江淮华霆电池系统有限公司	353	180	408	180	—	61.2	否	21012S4C1	华霆(合肥)动力技术有限公司	纯电动乘用车	3218	
	三元材料	21700(4.5Ah)	3.6	0.072	—	4320	安徽江淮华霆电池系统有限公司	346	202	462	202	—	67	否	21012A60C1	华霆(合肥)动力技术有限公司	纯电动乘用车	44	
	三元材料	21700(4.8Ah)	3.5	0.072	—	3168	安徽江淮华霆电池系统有限公司	336	158	333	158	—	53.5	否	210127SC9	华霆(合肥)动力技术有限公司	纯电动乘用车	52	
	三元材料	21700(4.8Ah)	3.5	0.072	—	3920	安徽江淮华霆电池系统有限公司	343	192	408	192	—	66	否	21012S4C3	华霆(合肥)动力技术有限公司	纯电动乘用车	409	

续上表

储能装置单体生产企业	储能装置种类	储能装置单体型号	储能装置单体标称电压(V)	储能装置单体质量(kg)	超级电容器单体标称静电容量(F)	储能装置单体数量	储能装置总成生产企业	储能装置总成标称电压(V)	储能装置总成额定输出电流(A)	储能装置总成质量(kg)	储能装置总成标称容量(Ah)	超级电容器总成标称静电容量(F)	储能装置总储电量(kWh)	动力蓄电池箱是否具有快换装置	车载能源管理系统型号(包括软件和硬件)	车载能源管理系统生产企业	配套车辆类型	2019年配套车型产量小计(辆)	2019年配套车型产量总计(辆)
桑顿新能源科技有限公司	三元材料	SEPNi1100302P-50Ah	3.7	0.735	—	276	桑顿新能源科技有限公司	340.4	150	319	150	—	51.06	否	软件:PK18003S16/硬件:PK18003H16	桑顿新能源科技有限公司	纯电动乘用车	15	11638
	三元材料	SEPNi1100302P-50Ah	3.7	0.735±0.04	—	276	桑顿新能源科技有限公司	340.4	150	318	150	—	51.06	否	软件:IBP06/硬件:BMS2.1	创驱(上海)新能源科技有限公司	纯电动乘用车	5212	
	三元材料	SEPNi11217127P-32Ah	3.65	0.545	—	352	桑顿新能源科技有限公司	321.2	128	293	128	—	41.1	否	软件:PK18001S32/硬件:PK18001H32	桑顿新能源科技有限公司	纯电动专用车	12	
	三元材料	SEPNi11217127P-32Ah	3.65	0.545	—	360	桑顿新能源科技有限公司	328.5	128	300	128	—	42.05	无	软件:PK18001S19/硬件:PK18001H19	桑顿新能源科技有限公司	纯电动乘用车	65	
	三元材料	SEPNi11217127P-32Ah	3.65	0.545	—	780	桑顿新能源科技有限公司	569.4	160	650	160	—	91.104	否	软件:PK18001S07/硬件:PK18001H07	桑顿新能源科技有限公司	纯电动专用车	22	
	三元材料	SEPNi11217127P-32Ah	3.65	0.545	—	780	桑顿新能源科技有限公司	569.4	160	650	160	—	91.104	无	软件:PK18001S07/硬件:PK18001H07	桑顿新能源科技有限公司	纯电动专用车	116	
	三元材料	SEPNi11217127P-32Ah	3.65	0.545±0.015	—	360	桑顿新能源科技有限公司	328.5	128	300	128	—	42.04	—	软件:PK18001S19/硬件:PK18001H19	桑顿新能源科技有限公司	纯电动专用车	2916	
	三元材料	SEPNi11217127P-32Ah	3.65	0.545±0.015	—	384	桑顿新能源科技有限公司	350.4	128	320	128	—	44.85	否	软件:A602+M603 SW1.00/硬件:A602+M603 HW1.00	桑顿新能源科技有限公司	纯电动乘用车	1	
	三元材料	SEPNi11217127P-32Ah	3.65	0.55	—	352	桑顿新能源科技有限公司	321.2	92	328	128	—	41.1	无	软件:A600+M600 SW1.00/硬件:A600+M600 HW1.00	桑顿新能源科技有限公司	纯电动乘用车	5	
	三元材料	SEPNi8688190P-15Ah	3.6	0.278±0.015	—	4200	桑顿新能源科技有限公司	540	210	1972	420	—	226.8	无	软件:V1.0.0/硬件:1.12	桑顿新能源科技有限公司	纯电动专用车	16	
	三元材料	SEPNi8688190P-17	3.6	0.290±0.015	—	3150	桑顿新能源科技有限公司	540	357	1488	357	—	192.78	无	软件:C601/硬件:M601	桑顿新能源科技有限公司	纯电动专用车	6	
	三元材料	SEPNi8688190P-17.5Ah	3.65	0.29	—	240	桑顿新能源科技有限公司	146	105	128	105	—	15.33	否	软件:PK19003S15/硬件:PK19003H15	桑顿新能源科技有限公司	纯电动乘用车	178	
	三元材料	SEPNi8688190P-17.5Ah	3.65	0.29	—	400	桑顿新能源科技有限公司	146	175	181	175	—	25.55	否	软件:PK19003S16/硬件:PK19003H16	桑顿新能源科技有限公司	纯电动乘用车	501	
	三元材料	SEPNi8688190P-17.5Ah	3.65	0.29	—	792	桑顿新能源科技有限公司	321.2	157.5	360	157.5	—	50.58	—	软件:PK18003S09/硬件:PK18003H09	桑顿新能源科技有限公司	纯电动乘用车	298	
	三元材料	SEPNi8688190P-17.5Ah	3.65	0.29±0.025	—	784	桑顿新能源科技有限公司	358	140	354	140	—	50	否	S004/H004	桑顿新能源科技有限公司	纯电动乘用车	2275	
时代上汽动力电池有限公司,宁德时代新能源科技股份有限公司	三元材料	ELE897	3.65	2.63±0.13	—	96	上海捷新动力电池系统有限公司	350	145	359	145	—	50.8	否	ROEWE148P/BMS-20	上海捷能汽车技术有限公司	纯电动乘用车	9371	9371
江苏塔菲尔新能源科技股份有限公司	磷酸铁锂	48/173/170-115Ah	3.2	2.84±0.3	—	168	山东魔方新能源科技有限公司	537.6	115	650	115	—	61.82	否	BC54B	安徽力高新能源技术有限公司	燃料电池专用车	22	8447
	磷酸铁锂	YPH3L7-280Ah	3.2	5.25±0.3	—	360	江苏塔菲尔新能源科技股份有限公司	576	450	2307	560	—	322	否	软件:YJ-SW-SF03601/硬件:YJ-SW-HD01Z01	江苏塔菲尔新能源科技股份有限公司	纯电动专用车	20	
	三元材料	FFH3D3-120Ah	3.66	2.25±0.30	—	90	河南速达电动汽车科技有限公司	329.4	120	315	120	—	39.5	否	软件:6760/硬件:KL-ASHEV5	深圳市科列技术股份有限公司,河南速达电动汽车科技有限公司	纯电动乘用车	924	
	三元材料	FFH3D3-135Ah	3.66	2.34±0.3	—	100	山东航天威能新能源动力系统有限公司	366	135	308	135	—	49.4	否	软件:HW/WI-YF-1825-071801/硬件:HW/WI-YF-1826-071801	山东航天威能新能源动力系统有限公司	纯电动乘用车	51	
	三元材料	FFH3D3-135Ah	3.66	2.34±0.3	—	104	江苏明美新能源科技有限公司	380.64	135	350	135	—	51.3864	否	软件:TWS100.004.001/硬件:TWS100	江苏明美新能源科技有限公司	纯电动专用车	40	
	三元材料	FFH3D3-135Ah	3.66	2.34±0.3	—	96	江苏明美新能源科技有限公司	351.36	135	355±10	135	—	47.4	否	TWS100.003.001/TWS100	江苏明美新能源科技有限公司	纯电动专用车	1	
	三元材料	FFH3D3-135Ah	3.66	2.34±0.3	—	99	山东航天威能新能源动力系统有限公司	362.3	135	344	135	—	48.2	否	软件:HW/WI-YF-1425-052101/硬件:HW/WI-YF-1426-052101	山东航天威能新能源动力系统有限公司	纯电动专用车	9	
	三元材料	FFH3D3-135Ah	3.66	2.365±0.03	—	90	河南速达电动汽车科技有限公司	329.4	135	317±9	135	—	44.5	否	软件:6960/硬件:SDEV06	河南速达电动汽车科技有限公司	纯电动乘用车	338	

续上表

储能装置单体生产企业	储能装置种类	储能装置单体型号	储能装置单体标称电压(V)	储能装置单体质量(kg)	超级电容器单体标称静电容量(F)	储能装置单体数量	储能装置总成生产企业	储能装置总成标称电压(V)	储能装置总成额定输出电流(A)	储能装置总成质量(kg)	储能装置总成标称容量(Ah)	超级电容器总成标称静电容量(F)	储能装置总储电量(kWh)	动力蓄电池箱是否具有快换装置	车载能源管理系统型号(包括软件和硬件)	车载能源管理系统生产企业	配套车辆类型	2019年配套车型产量小计(辆)	2019年配套车型产量总计(辆)
江苏塔菲尔新能源科技股份有限公司	三元材料	LAE895-100Ah	3.66	1.70±0.30	—	78	蜂巢能源科技有限公司	285	100	191±5	100	—	28.5	否	B64V13/DZ06-4	惠州市亿能电子有限公司	纯电动乘用车	7	8447
	三元材料	LAE895-100Ah	3.66	1.70±0.30	—	84	蜂巢能源科技有限公司	307	100	206	100	—	30.7	否	B64V12/DZ06-2	惠州市亿能电子有限公司	纯电动乘用车	4844	
	三元材料	LAE895-100Ah	3.66	1.70±0.30	—	90	蜂巢能源科技有限公司	329	100	216±6	100	—	32.9	否	B64V11/DZ06-2	惠州市亿能电子有限公司	纯电动乘用车	897	
	三元材料	YXE897-150Ah	3.66	2.59±0.10	—	92	江苏塔菲尔新能源科技股份有限公司	336	150	315.5	150	—	50.5	否	0401/TFL-BCU01-12V-600V	江苏塔菲尔新能源科技股份有限公司	纯电动乘用车	1294	
联动天翼新能源有限公司	三元材料	LD18650-3000	3.6	0.0495	—	4450	南京越博动力系统股份有限公司	320.4	151.5	365	151.5	—	48.5	否	ZY-11	上海正昀新能源技术有限公司	纯电动专用车	1	7084
	三元材料	LD18650-3150	3.65	0.0465	—	4368	十堰猛狮新能源科技有限公司	380	133	322	133	—	50.5	否	软件:2530000DE40001400/硬件:2530000DE40001H.0	惠州市亿能电子有限公司	纯电动乘用车	298	
	三元材料	LD18650-3150	3.65	0.0465	—	4368	欣旺达电动汽车电池有限公司	380	133	322	133	—	50.5	否	软件:2531000DE20001500/硬件:2531000DE20001H.1;软件:2531000DE30001400/硬件:2531000DE30001H.0	欣旺达电动汽车电池有限公司,惠州市亿能电子有限公司	纯电动乘用车	33	
	三元材料+NCA	LD18650-3150	3.65	0.0465	—	4368	欣旺达电动汽车电池有限公司	380	133	322	133	—	50.5	否	软件:2531000DE20001500/硬件:2531000DE20001H.1;软件:2531000DE30001400/硬件:2531000DE30001H.0	欣旺达电动汽车电池有限公司,惠州市亿能电子有限公司	纯电动乘用车	90	
	三元材料-NCA	LD18650-3000	3.6	0.05	—	4368	十堰猛狮新能源科技有限公司	374	127.2	329	127.2	—	47.6	否	软件:B6CZ03/硬件:EV05	惠州市亿能电子有限公司	纯电动乘用车	717	
	三元材料-NCA	LD18650-3000	3.6	0.05	—	4368	欣旺达电动汽车电池有限公司	374	127.2	329	127.2	—	47.6	否	软件:2531000DB20000500/硬件:2531000DB20000H.1	欣旺达电动汽车电池有限公司	纯电动乘用车	5945	
欣旺达电动汽车电池有限公司	三元材料	SBP-01-075H	3.65	1.30±0.02	—	184	苏州星瑞合电气有限公司	336	150	359	150	—	50.3	否	S50EVC_BCU_C01.01/BMS_4.17R1	苏州星瑞合电气有限公司	纯电动乘用车	501	7072
	三元材料	SBP-01-075H	3.65(1C)	1.3	—	194	威睿电动汽车技术(宁波)有限公司	354(1C)	159	347	150(1C)	—	53.1(1C)	否	软件:BMUBE113011T9/硬件:0000BMUBE11301B	威睿电动汽车技术(宁波)有限公司	纯电动乘用车	3579	
	三元材料	SBP-01-075H	3.65(1C)	1.31	—	190	威睿电动汽车技术(宁波)有限公司	346(1C)	159(1C)	365	150(1C)	—	51.9(1C)	否	软件:BMUBE113011T9/硬件:0000BMUBE11301B	威睿电动汽车技术(宁波)有限公司	纯电动乘用车	2992	
河南锂动电源有限公司	磷酸铁锂	GLP60Ah-13188236	3.2	1.075	—	76	河南锂动电源有限公司	121.6	120	112.6	120	—	14.592	否	软件:HZ059.07.V01/硬件:主控:LDBCU01,从控:LDBMU4801	河南锂动电源有限公司	纯电动专用车	2	6889
	三元材料	GLM38Ah-75188236	3.65	0.685±0.015	—	576	河南锂动电源有限公司	525.6	152	570±17.1	152	—	79.8912	否	软件:HZ104.08.V01/硬件:主控 LDBCU01,从控 LDBMU3601	河南锂动电源有限公司	纯电动专用车	200	
	三元材料	GLM43Ah-80188236	3.65	0.74	—	264	河南锂动电源有限公司	321.2	129	290	129	—	41.434	否	主控:LDBCU01,从控:LDBMU4801	河南锂动电源有限公司	纯电动专用车	601	
	三元材料	GLM43Ah-80188236	3.65	0.74	—	264	河南锂动电源有限公司	321.2	129	290	129	—	41.434	无	主控:LDBCU01,从控:LDBMU4801	河南锂动电源有限公司	纯电动专用车	400	
	三元材料	GLM43Ah-80188236	3.65	0.74	—	312	河南锂动电源有限公司	379.6	129	334	129	—	48.97	否	软件:HZ104.05.V01/硬件:主控:LDBCU01,从控:LDBMU6001	河南锂动电源有限公司	纯电动专用车	4	
	三元材料	GLM43Ah-80188236	3.65	0.74	—	368	河南锂动电源有限公司	335.8	172	360	172	—	57.757	否	软件:HZ104.01.V01/硬件:主控 LDBCU01,从控 LDBMU6001	河南锂动电源有限公司	纯电动乘用车	5583	
	三元材料	GLM43Ah-80188236	3.65	0.74±0.015	—	312	河南锂动电源有限公司	379.6	129	334	129	—	48.97	否	软件:HZ104.05.V01/硬件:主控:LDBCU01,从控:LDBMU6001	河南锂动电源有限公司	纯电动专用车	93	
	三元材料	GLM43Ah-80188236	3.65	0.740±0.015	—	192	江苏金坛绿能新能源科技有限公司	350.4	86	216±6.4	86	—	30.134	否	软件:LN-E02S-BMS V1.0/硬件:LN-E02S-BMS V1.0	江苏金坛绿能新能源科技有限公司	纯电动乘用车	6	
浙江衡远新能源科技有限公司	三元材料	FE30	3.6	0.55	—	90	浙江衡远新能源科技有限公司	324	30	95	30	—	9.4	否	8888741800/EABS00172AA	乐金电子部品(烟台)有限公司	插电式混合动力乘用车	1065	6751
	三元材料	FE30	3.6	0.55	—	90	浙江衡远新能源科技有限公司	324	30	95	30	—	9.4	否	软件:8888741800/硬件:EABS00172AA	乐金电子部品(烟台)有限公司	插电式混合动力乘用车	102	

续上表

储能装置单体生产企业	储能装置种类	储能装置单体型号	储能装置单体标称电压(V)	储能装置单体质量(kg)	超级电容器单体标称静电容量(F)	储能装置单体数量	储能装置总成生产企业	储能装置总成标称电压(V)	储能装置总成额定输出电流(A)	储能装置总成质量(kg)	储能装置总成标称容量(Ah)	超级电容器总成标称静电容量(F)	储能装置总储电量(kWh)	动力蓄电池箱是否具有快换装置	车载能源管理系统型号(包括软件和硬件)	车载能源管理系统生产企业	配套车辆类型	2019年配套车型产量小计(辆)	2019年配套车型产量总计(辆)
浙江衡远新能源科技有限公司	三元材料	FE30	3.6	0.55	—	96	浙江衡远新能源科技有限公司	346	90	114	30	—	10.1	否	31499074	LG Innotek	插电式混合动力乘用车	503	6751
	三元材料	FEPEC362034L	3.62	0.555 ±0.010	—	前:96;后:192	威睿电动汽车技术(苏州)有限公司	348	前:68,后:136	前:113±2,后:226.5±2	前:34,后:68	—	前:11.6,后:23.2	否	EBA01874AA	LGIT	插电式混合动力乘用车	7	
	三元材料	FEPEC362034L	3.62	0.56 ±0.010	—	96	浙江衡远新能源科技有限公司	348	102	114±2	34	—	11.6	否	EBA01756AA	LGIT	插电式混合动力乘用车	1939	
	三元材料+NCM	FE30	3.6	0.55	—	90	浙江衡远新能源科技有限公司	324	30	95	30	—	9.4	否	软件:8888741800/硬件:EABS00172AA	乐金电子部品(烟台)有限公司	插电式混合动力乘用车	122	
	三元材料-NCM	FE30	3.6	0.55	—	90	浙江衡远新能源科技有限公司	324	30	95	30	—	9.4	否	8888741800/EABS00172AA	乐金电子部品(烟台)有限公司	插电式混合动力乘用车	2430	
	三元材料-NCM	FE30	3.6	0.55	—	90	浙江衡远新能源科技有限公司	324	30	95	30	—	9.4	否	软件:8888741800/硬件:EABS00172AA	乐金电子部品(烟台)有限公司	插电式混合动力乘用车	1	
	三元材料-NCM	FE30	3.6	0.55	—	96	浙江衡远新能源科技有限公司	346	90	114	30	—	10.1	否	31499074	LG Innotek	插电式混合动力乘用车	582	
江西安驰新能源科技有限公司	磷酸铁锂	IFP23140160-55AH	3.2	1.1	—	144	江西安驰新能源科技有限公司	153.6	204	206	165	—	25.344	否	主控:BMU05,从控:BSU05	江西安驰新能源科技有限公司	纯电动专用车	9	6043
	磷酸铁锂	IFP23140160-55AH	3.2	1.15	—	216	东莞市德尔能新能源股份有限公司	345.6	110	325	110	—	38.01	—	软件:STJDRNN060101/硬件:STJDRN010101	东莞市德尔能新能源股份有限公司	纯电动专用车	300	
	磷酸铁锂	IFP23140160-55AH	3.2	1.15	—	360	江西安驰新能源科技有限公司	576	220	530±10	110	—	63.36	否	软件:36ANCBBDK1701S1/硬件:36ANCBBDK1701H1	江西安驰新能源科技有限公司	纯电动客车	6	
	磷酸铁锂	IFP23140160-55AH	3.2	1.15±0.1	—	192	江西安驰新能源科技有限公司	307.2	110	270	110	—	33.792	—	软件:36ANCBBDK1701S1/硬件:36ANCBBDK1701H1	江西安驰新能源科技有限公司	纯电动专用车	790	
	磷酸铁锂	IFP23140160-55AH	3.2	1.15±0.1	—	204	江西安驰新能源科技有限公司	326.4	110	292±10	110	—	35.904	否	软件:IBP06/硬件:BMS2.1	江西安驰新能源科技有限公司	纯电动专用车	10	
	磷酸铁锂	IFP23140160-59Ah	3.2	1.16	—	104	江西安驰新能源科技有限公司	332.8	59	155	59	—	19.635	否	软件:IBP06/硬件:BMS2.1	创驱(上海)新能源科技有限公司	纯电动乘用车	1009	
	磷酸铁锂	IFP23140160-59Ah	3.2	1.16±0.1	—	208	山东航天威能新能源动力系统有限公司	332.8	118	305±9	118	—	39.27	否	软件:HW201905132901/硬件:主机 HWB-CU350B9(1.2A),从机 HWBMU60B5,从机 HWBMU48B5	山东航天威能新能源动力系统有限公司	纯电动专用车	1	
	磷酸铁锂	IFP23140160-61.5AH	3.2	1.16	—	1080	江西安驰新能源科技有限公司	576	369	1500	369	—	212.5	无	主控:BMU05,从控:BSU05/硬件:36ANCBBDK1701H1/软件:36ANCBBDK1701S1	江西安驰新能源科技有限公司	纯电动客车	2	
	磷酸铁锂	IFP23140160-61.5AH	3.2	1.16	—	552	江西安驰新能源科技有限公司	588.8	184.5	771	184.5	—	108.63	否	软件:36ANCBBDK1701S1/硬件:36ANCBBDK1701H1	江西安驰新能源科技有限公司	纯电动客车	35	
	磷酸铁锂	IFP23140160-61.5AH	3.2	1.16	—	672	江西安驰新能源科技有限公司	537.6	246	935	246	—	132.25	否	软件:36ANCBBDK1701S1/硬件:36ANCBBDK1701H1	江西安驰新能源科技有限公司	纯电动客车	128	
	磷酸铁锂	IFP23140160-61.5AH	3.2	1.16	—	672	江西安驰新能源科技有限公司	537.6	246	936	246	—	132.2	否	软件:36ANCBBDK1701S1/硬件:36ANCBBDK1701H1	江西安驰新能源科技有限公司	纯电动客车	102	
	磷酸铁锂	IFP23140160-61.5AH	3.2	1.16	—	936	江西安驰新能源科技有限公司	499.2	369	1318	369	—	184.2	否	软件:36ANCBBDK1701S1/硬件:36ANCBBDK1701H1	江西安驰新能源科技有限公司	纯电动客车	3	
	磷酸铁锂	IFP23140160-61.5AH	3.2	1.16	—	1080	江西安驰新能源科技有限公司	576V	369	1500	369	—	212.5	否	主控:BMU05,从控:BSU05/硬件:36ANCBBDK1701H1/软件:36ANCBBDK1701S1	江西安驰新能源科技有限公司	纯电动客车	195	
	磷酸铁锂	IFP23140160-61.5AH	4.2	1.16	—	456	江西安驰新能源科技有限公司	486.4	184.5	635	184.5	—	89.74	否	软件:36ANCBBDK1701S1/硬件:36ANCBBDK1701H1	江西安驰新能源科技有限公司	纯电动客车	70	
	磷酸铁锂	IFP23140160-61.5AH	3.3	1.16	—	648	江西安驰新能源科技有限公司	518.4	246	900	246	—	127.5	否	软件:36ANCBBDK1701S1/硬件:36ANCBBDK1701H1	江西安驰新能源科技有限公司	纯电动客车	8	
	磷酸铁锂	IFP23140160-61.5AH	5.2	1.16	—	648	江西安驰新能源科技有限公司	518.4	246	900	246	—	127.5	否	主控:BMU05,从控:BSU05/硬件:36ANCBBDK1701H1/软件:36ANCBBDK1701S1	江西安驰新能源科技有限公司	纯电动客车	41	

续上表

储能装置单体生产企业	储能装置种类	储能装置单体型号	储能装置单体标称电压(V)	储能装置单体质量(kg)	超级电容器单体标称静电容量(F)	储能装置单体数量	储能装置总成生产企业	储能装置总成标称电压(V)	储能装置总成额定输出电流(A)	储能装置总成质量(kg)	储能装置总成标称容量(Ah)	超级电容器总成标称静电容量(F)	储能装置总储电量(kWh)	动力蓄电池箱是否具有快换装置	车载能源管理系统型号(包括软件和硬件)	车载能源管理系统生产企业	配套车辆类型	2019年配套车型产量小计(辆)	2019年配套车型产量总计(辆)
江西安驰新能源科技有限公司	磷酸铁锂	IFP23140160-61.5AH	3.4	1.16	—	768	江西安驰新能源科技有限公司	614.4	246	1075	246	—	151.1	—	软件:36ANCBBDK1701S1/硬件:36ANCBBDK1701H1	江西安驰新能源科技有限公司	纯电动客车	1	6043
	磷酸铁锂	IFP23140160-61.5AH	6.2	1.16±0.1	—	212	江西安驰新能源科技有限公司	339.2	123	298±10	123	—	41.7216	是	软件:LG201910123001/硬件:主机 BCU350B9,从机 BMU60B5	江西安驰新能源科技有限公司	纯电动乘用车	5	
	磷酸铁锂	IFP23140160-61.5AH	3.5	1.16±0.1	—	216	江西安驰新能源科技有限公司	345.6	123	300±10	123	—	42.5	—	软件:36ANCBBDK1701S1/硬件:36ANCBBDK1701H1	江西安驰新能源科技有限公司	纯电动专用车	6	
	磷酸铁锂	IFP23140160-61.5AH	7.2	1.16±0.1	—	288	江西安驰新能源科技有限公司	307	184.5	395	184.5	—	56.678	否	软件:IBP06E54/硬件:BMS2.1	创驱(上海)新能源科技有限公司	纯电动乘用车	3322	
深圳市比克动力电池有限公司	三元材料	H18650CIL 2.4Ah	3.6	0.046±0.003	—	4680	深圳市比克动力电池有限公司	374.4	120	370	108	—	40.4	否	24MDT001/24M13T01	深圳市比克动力电池有限公司	纯电动乘用车	4	5314
	三元材料	H18650CIL 2.4Ah	3.6	0.047	—	2592	四川省同华科技有限公司	129	172.8	177	172.8	—	22.2	否	TH-BN316V20	四川省同华科技有限公司	纯电动专用车	19	
	三元材料	H18650CIL 2.4Ah	3.6	0.047	—	6912	四川省同华科技有限公司	345	180	470	172.8	—	59.7	否	TH-BN316V20	四川省同华科技有限公司	纯电动专用车	19	
	三元材料	H18650CQ	3.6	0.046	—	3456	郑州比克电池有限公司	345.6	91.8	226.6	91.8	—	31.726	否	软件:SW-BAKDFEV-01/硬件:HW-BAKDFEV30-01	深圳市比克动力电池有限公司	纯电动乘用车	1432	
	三元材料	H18650CQ	3.6	0.046	—	3840	深圳市比克动力电池有限公司	345.6	102	251±7	102	—	35.25	—	软件:主控:BAK-X30E60011905;从控:BAK-X30E60021905/硬件:主控:BAK40B156,从控:BAK40C056	深圳市比克动力电池有限公司	纯电动乘用车	183	
	三元材料	H18650CQ	3.6	0.046	—	3840	深圳市比克动力电池有限公司	345.6	102	251±7	102	—	35.25	无	软件:主控:BAK-X30E60011905;从控:BAK-X30E60021905/硬件:主控:BAK40B156,从控:BAK40C056	深圳市比克动力电池有限公司	纯电动专用车	138	
	三元材料	H18650CQ	3.6	0.046±0.003	—	1080	郑州比克电池有限公司	144	68.85	89.5	68.85	—	9.91	否	软件:sw-bakhms100-01/硬件:hw-bakhms100-01	深圳市比克动力电池有限公司	纯电动乘用车	2	
	三元材料	H18650CQ	3.6	0.046±0.003	—	1440	郑州比克电池有限公司	144	91.8	105.5	91.8	—	13.21	否	软件:sw-bakhms130-01/硬件:hw-bakhms130-01	深圳市比克动力电池有限公司	纯电动乘用车	2	
	三元材料	H18650CQ	3.6	0.046±0.003	—	4606	深圳市比克动力电池有限公司	352.8	119.8	300±9	119.8	—	42.2	无	软件:一体机软件:BAK-X30E60011902,从控软件:BAK-X30E60021902/硬件:一体机硬件:BAK40B156,从控硬件:BAK40C056	深圳市比克动力电池有限公司	纯电动专用车	134	
	三元材料	N18650CK(3.0Ah)	3.6	0.048±0.005	—	3300	浙江零跑科技有限公司	360	33	254	99	—	35.6	否	软件:1.6.0/硬件:LP-BMU500-AA	浙江零跑科技有限公司	纯电动乘用车	1107	
	三元材料	N18650CL	3.6	0.05	—	4032	华霆(合肥)动力技术有限公司	346	117	310	117	—	39	否	210127SC2	华霆(合肥)动力技术有限公司	纯电动乘用车	171	
	三元材料	N18650CL-29	3.6	0.046	—	4224	金华市康迪新能源车辆有限公司	158	133	296	264	—	41.8	否	KD-BCU01V5.0/KD-BCU05	金华市康迪新能源车辆有限公司	纯电动乘用车	2	
	三元材料	N18650CL-29 2.75Ah	3.6	0.046±0.003	—	3848	欣旺达电动汽车电池有限公司	374	120	316	101.75	—	38.09	否	OX0103/BMS-4.01	欣旺达电动汽车电池有限公司	纯电动乘用车	19	
	三元材料+NCM	H18650CIL 2.4Ah	3.6	0.046±0.003	—	6136	深圳市比克动力电池有限公司	374.4	141.6	400±5.0	141.6	—	53	否	主控:BAK-BMS-BMU-X3/硬件:2311/软件:0001/从控:BAK-BMS-LECU	深圳市比克动力电池有限公司	纯电动专用车	1	
	三元材料-NCM	H18650CIL 2.4Ah	3.6	0.046	—	3696	杭州杰能动力有限公司	316	100.8	226	100.8	—	31.9	否	V3.0/JN-FBM-BMS	杭州杰能动力有限公司	纯电动乘用车	2032	
	三元材料-NCM	H18650CIL 2.4Ah	3.6	0.046	—	8832	捷星新能源科技(苏州)有限公司	345.6	175	600	220.8	—	76.3	否	FSBMS-YWK-A36-BAK220Ah-V3.06/FSBMS-EV-F3	捷星新能源科技(苏州)有限公司	纯电动专用车	2	
	三元材料-NCM	H18650CIL 2.4Ah	3.6	0.047	—	9408	捷星新能源科技(苏州)有限公司	345.6	180	650	235.2	—	81.3	否	FSBMS-YWK-BAK235Ah-V2.75/FSBMS-EV-F1	捷星新能源科技(苏州)有限公司	纯电动专用车	1	
	三元材料-NCM	N18650CL-29	3.6	≤0.048	—	4488	深圳市比克动力电池有限公司	367.2	121	310	121	—	44.43	否	软件:1018070100/硬件:主控:BAK400223010101,从控:BAK400224025401	深圳市比克动力电池有限公司	纯电动专用车	3	

续上表

储能装置单体生产企业	储能装置种类	储能装置单体型号	储能装置单体标称电压(V)	储能装置单体质量(kg)	超级电容器单体标称静电容量(F)	储能装置单体数量	储能装置总成生产企业	储能装置总成标称电压(V)	储能装置总成额定输出电流(A)	储能装置总成质量(kg)	储能装置总成标称容量(Ah)	超级电容器总成标称静电容量(F)	储能装置总储电量(kWh)	动力蓄电池箱是否具有快换装置	车载能源管理系统型号(包括软件和硬件)	车载能源管理系统生产企业	配套车辆类型	2019年配套车型产量小计(辆)	2019年配套车型产量总计(辆)
深圳市比克动力电池有限公司	三元材料-NCM	N18650CL-29	3.6	0.046±0.003	—	8140	大连中比动力电池有限公司	532.8	151.25	560±16.8	151.25	—	80.586	否	软件:047SEAX01YC/硬件:047HEAX01YC	大连中比动力电池有限公司	纯电动专用车	20	5314
	三元材料	H18650CIL 2.4Ah	3.6	0.046±0.003	—	4680	深圳市比克动力电池有限公司	374.4	120	370	108	—	40.4	否	24MDT001/24M13T01	深圳市比克动力电池有限公司	纯电动乘用车	4	
	三元材料	N18650CL-29 2.75Ah	3.6	0.046±0.003	—	3848	欣旺达电动汽车电池有限公司	374	120	316	101.75	—	38.09	否	OX0103/BMS-4.01	欣旺达电动汽车电池有限公司	纯电动乘用车	19	
星恒电源股份有限公司	锰酸锂	IMP26/148/97EAR	3.75	0.86	—	264	星恒电源股份有限公司	330	120	293	120	—	39.6	否	软件:SWX9002104/硬件:HWX9002101	星恒电源股份有限公司	纯电动专用车	1025	5298
	三元材料	ISP21/115/103(24)EA	3.7	0.540	—	435	星恒电源股份有限公司	321.9	120	308.5	120	—	38.62	否	软件:SSY_SXHH35_RCV00001/硬件:SSYRC12450V1103	星恒电源股份有限公司	纯电动专用车	1	
	三元材料	ISP26/148/97(50)EAR	3.65	0.9	—	264	星恒电源股份有限公司	321.2	144	328	144	—	46.2528	否	软件:SSY_BCAG10_RCV000011808/硬件:SSYRC12450V11031710	星恒电源股份有限公司	纯电动专用车	7	
	三元材料	ISP26/148/97(50)EAR	3.65	0.9	—	276	星恒电源股份有限公司	335.8	150	345	150	—	50.37	否	软件:SWX9001104/硬件:HWX9001101	星恒电源股份有限公司	纯电动专用车	900	
	三元材料	ISP26/148/97(50)EAR	3.65	0.9	—	180	星恒电源股份有限公司	328.5	100	205	100	—	32.85	否	软件:SSY_BCAA00_TCV000001810/硬件:SSYRC12500V2001	星恒电源股份有限公司	纯电动乘用车	44	
	三元材料	ISP26/148/97(52)EAR	3.65	0.86	—	288	上海精虹新能源科技有限公司	350	156	340	156	—	54.66	否	软件:3005/硬件:QT-BCU-36T12C	上海精虹新能源科技有限公司	纯电动乘用车	382	
	三元材料	ISP26/148/97(52)EAR	3.65	0.865±0.02	—	276	上饶市安瑞合动力系统有限公司	335.8	156	325	156	—	52.384	否	软件:IBP06/硬件:BMS2.1	创驱(上海)新能源科技有限公司	纯电动乘用车	2620	
	三元材料	ISP26/148/97EAR	3.65	0.86	—	276	星恒电源股份有限公司	335.8	128	358	128	—	42.98	无	软件:SSY_DXKC36_RCV300011809/硬件:SSYRC12450V11031709	星恒电源股份有限公司	纯电动乘用车	319	
欣旺达电子股份有限公司	三元材料	SBP-01-0750	3.65	1.32	—	184	欣旺达电动汽车电池有限公司	336	150	336	150	—	51	否	软件:2196AAH/硬件:2196AAA	南京军上电子科技有限公司	纯电动乘用车	557	4822
	三元材料	SBP-01-0750	3.65	1.32	—	208	欣旺达电动汽车电池有限公司	380	150	406	150	—	56.9	否	OX0101/BMS-V4.17	欣旺达电动汽车电池有限公司	纯电动乘用车	4265	
南昌卡耐新能源有限公司	三元材料	CEA-LM36	3.65	0.612	—	222	江西江铃集团新能源汽车有限公司	135	180	200	216	—	29.17	否	软件:B67H53MS/硬件:YT03CM48	江西江铃集团新能源汽车有限公司	纯电动乘用车	200	4292
	三元材料	CEA-LM36	3.65	0.612	—	243	江西江铃集团新能源汽车有限公司	295.6	130	235	108	—	31.9	否	软件:EV05S/B67H46MS8124/硬件:EV05SM112A	江西江铃集团新能源汽车有限公司	纯电动乘用车	4092	
苏州宇量电池有限公司	三元材料	26800HE	3.6	0.111±0.006	—	2000	苏州宇量电池有限公司	360	124	318	124	—	44.64	否	软件:YOULION-BMU-S5.0/硬件:YOULION-BMU-H5.0	苏州宇量电池有限公司	纯电动专用车	400	4047
	三元材料	26800HE	3.6	0.111±0.006	—	2016	苏州精控能源科技有限公司	345.6	130.2	320	130.2	—	45	否	软件:JK-BMU-S5.0/硬件:JK-BMU-H5.0	苏州精控能源科技有限公司	纯电动专用车	2	
	三元材料	26800HE	3.6	0.111±0.006	—	2208	苏州宇量电池有限公司	331.2	148.8	364	148.8	—	49.2	否	软件:YOULION-BMU-S5.0/硬件:YOULION-BMU-H5.0	苏州宇量电池有限公司	纯电动专用车	3271	
	三元材料	26800SE	3.65	0.11	—	360	山东元齐新动力科技有限公司	73	126	73	126	—	9.198	否	CA28S-100P38	天津易鼎丰动力科技有限公司	纯电动乘用车	13	
	三元材料	26800SE	3.65	0.111±0.003	—	3162	苏州宇量电池有限公司	339.45	238	576	238	—	80.79	否	软件:YOULION-BMU-S5.0/硬件:YOULION-BMU-H5.0	苏州宇量电池有限公司	纯电动专用车	31	
	三元材料	2714897HE	3.65	0.83	—	60	山东元齐新动力科技有限公司	73	150	87	150	—	10.95	否	YQBMSⅢ	山东元齐新动力科技有限公司	纯电动乘用车	330	
上海德朗能动力电池有限公司	三元材料	INR18650-3000	3.6	0.046	—	3300	浙江零跑科技有限公司	360	33	254	99	—	35.6	否	软件:1.6.0/硬件:LP-BMU500-AA	浙江零跑科技有限公司	纯电动乘用车	625	3753
	三元材料	NCA18650-320	3.7	0.046	—	5104	浙江伊卡新能源汽车有限公司	325.6	185.6	420	185.6	—	60.43	否	软件:0101/硬件:BSC20	浙江高泰昊能科技有限公司	纯电动乘用车	723	
	三元材料	NCA18650-320	3.7	0.046	—	5104	浙江伊卡新能源汽车有限公司	325.6	185.6	420	185.6	—	60.43	是	软件:QT-EVCU-2528/硬件:QT-EVCU-2528	浙江高泰昊能科技有限公司	纯电动乘用车	1	
	三元材料	NCA18650-320	3.7	0.046	—	5104	浙江伊卡新能源汽车有限公司	325.6	92.8	372	185.6	—	60.43	是	软件:V1.0/硬件:BSC23	浙江高泰昊能科技有限公司	纯电动乘用车	1827	
	三元材料	NCA18650-320	3.7	0.046	—	7656	浙江时空能源技术有限公司	81.4	1113.6	600	1113.6	—	90.65	是	BT-VCU-8849-01	杭州伯坦动力科技有限公司	纯电动专用车	20	

续上表

储能装置单体生产企业	储能装置种类	储能装置单体型号	储能装置单体标称电压(V)	储能装置单体质量(kg)	超级电容器单体标称静电容量(F)	储能装置单体数量	储能装置总成生产企业	储能装置总成标称电压(V)	储能装置总成额定输出电流(A)	储能装置总成质量(kg)	储能装置总成标称容量(Ah)	超级电容器总成标称静电容量(F)	储能装置总储电量(kWh)	动力蓄电池箱是否具有快换装置	车载能源管理系统型号(包括软件和硬件)	车载能源管理系统生产企业	配套车辆类型	2019年配套车型产量小计(辆)	2019年配套车型产量总计(辆)
上海德朗能动力电池有限公司	三元材料	NCM18650-260	3.6	0.045	—	3402	航天钧和科技有限公司	97.2	150	248	327.6	—	31.8	否	软件:MDJMV1.0/硬件:BCUV1.0BMUV2.0	航天钧和科技有限公司	纯电动专用车	554	3753
	三元材料	NCM18650-260	3.6	0.045	—	4212	航天钧和科技有限公司	97.2	135	290	405.6	—	39.4	否	软件:JH-DS97405-1.0/硬件:JH-BMU01-24	航天钧和科技有限公司	纯电动专用车	2	
	三元材料	NCM18650-260	3.6	0.046	—	9116	上海德朗能动力电池有限公司	381.6	200	620	200	—	76.32	否	SJ-BMS-20-V2.2	上海中科深江电动车辆有限公司	纯电动专用车	1	
银隆新能源股份有限公司	钛酸锂	2717397	2.3	1.03	—	720	银隆新能源股份有限公司	552	460	1220	90	—	49.68	否	YLP-BMS-1205A	珠海银隆电器有限公司	插电式混合动力客车	651	3601
	钛酸锂	66160F	2.3	1.18	—	1008	银隆新能源股份有限公司	580	840	2022	140	—	81.2	否	YLP-BMS-1205A	珠海银隆电器有限公司	纯电动客车	22	
	钛酸锂	66160F	2.3	1.18	—	1260	银隆新能源股份有限公司	580	543	2405	175	—	101.5	否	YLP-BMS-1205A	珠海银隆电器有限公司	纯电动客车	100	
	钛酸锂	66160F	2.3	1.18	—	480	银隆新能源股份有限公司	552	360	920	70	—	38.64	否	YLP-BMS-1205A	珠海银隆电器有限公司	插电式混合动力客车	300	
	钛酸锂	66160F	2.3	1.18	—	756	银隆新能源股份有限公司	580	540	1430	105	—	60.9	否	YLP-BMS-1205A	珠海银隆电器有限公司	纯电动客车	53	
	钛酸锂	66160F	2.3	1.18	—	756	银隆新能源股份有限公司	580	550	1415	105	—	60.90	否	YLP-BMS-1205A	珠海银隆电器有限公司	纯电动客车	36	
	钛酸锂	66160H	2.3	1.24	—	1008	银隆新能源股份有限公司	580	485	1945	160	—	92.8	否	YLP-BMS-1205A	珠海银隆电器有限公司	纯电动客车	82	
	钛酸锂	66160H	2.3	1.24	—	1008,1104	银隆新能源股份有限公司	580,634.8	960	1800,2120	160	—	92.8,101.6	否	YLP-BMS-1205A	珠海银隆电器有限公司	纯电动客车	31	
	钛酸锂	66160H	2.3	1.24	—	1260	银隆新能源股份有限公司	579.6	632	2485	200	—	115.92	否	YLP-BMS-1205A	珠海银隆电器有限公司	纯电动客车	1254	
	钛酸锂	66160H	2.3	1.24	—	1500,1506	银隆新能源股份有限公司	575,577.3	610×2612×2	2890,3200	240	—	138.0,138.5	否	YLP-BMS-1205A	珠海银隆电器有限公司	纯电动客车	12	
	钛酸锂	66160H	2.3	1.24	—	432	银隆新能源股份有限公司	496.8	405	840	80	—	39.744	否	YLP-BMS-1205A	珠海银隆电器有限公司	纯电动客车	60	
	钛酸锂	66160H	2.3	1.24	—	840	银隆新能源股份有限公司	644	610	1600	120	—	77.28	否	YLP-BMS-1205A	珠海银隆电器有限公司	纯电动客车	1000	
中信国安盟固利动力科技有限公司	锰酸锂	SPIM08161227-25	3.7	0.5±0.03	—	544	中信国安盟固利动力科技有限公司	503.2	100	510	100	—	50.32	否	16.8.14.1/A20	中信国安盟固利动力科技有限公司	插电式混合动力客车	1	3400
	锰酸锂	SPIM09243181-25	3.68	0.645	—	162	中信国安盟固利动力科技有限公司	596.16	25	168±5.04	25	—	14.904	否	18.80.3.6/A25	中信国安盟固利动力科技有限公司	燃料电池客车	41	
	锰酸锂	SPIM11245181-48	3.65	0.88	—	172	中信国安盟固利动力科技有限公司	627.8	48	251	48	—	30.13	否	18.80.0.1/A20	中信国安盟固利动力科技有限公司	插电式混合动力客车	64	
	锰酸锂	SPIM11245181-48	3.65	0.88	—	172	中信国安盟固利动力科技有限公司	627.8	96	251	48	—	30.13	否	软件:18.80.0.1/硬件:A20	中信国安盟固利动力科技有限公司	插电式混合动力客车	25	
	锰酸锂	SPIM11245181-48	3.65	0.88	—	288	中信国安盟固利动力科技有限公司	525.6	96	366	96	—	50.45	否	18.80.0.1/A20	中信国安盟固利动力科技有限公司	插电式混合动力客车	79	
	锰酸锂	SPIM11245181-48	3.65	0.88	—	288	中信国安盟固利动力科技有限公司	526	192	366	96	—	50.45	否	18.80.0.1/A20	中信国安盟固利动力科技有限公司	燃料电池客车	14	
	锰酸锂	SPIM11245181-48	3.65	0.88±0.02	—	152	中信国安盟固利动力科技有限公司	554.8	48	251±7.5	48	—	26.63	否	18.80.0.1/A20	中信国安盟固利动力科技有限公司	燃料电池专用车	600	
	锰酸锂	SPIM11245181-48	3.65	0.88±0.02	—	172	中信国安盟固利动力科技有限公司	627.8	48	251	48	—	30.13	否	18.80.0.1/A20	中信国安盟固利动力科技有限公司	燃料电池客车	10	
	锰酸锂	SPIM11245181-48	3.65	0.88±0.02	—	288	中信国安盟固利动力科技有限公司	525.6	96	366	96	—	50.456	否	18.80.0.1/A20	中信国安盟固利动力科技有限公司	燃料电池客车	1	
	锰酸锂	SPIM11245181-48	3.65	0.88±0.02	—	288	中信国安盟固利动力科技有限公司	525.6	96	366	96	—	50.457	否	18.80.0.1/A20	中信国安盟固利动力科技有限公司	燃料电池客车	4	
	锰酸锂	SPIM11245181-48	3.65	1.04±0.02	—	172	中信国安盟固利动力科技有限公司	627.8	48	251	48	—	30.13	否	18.80.0.1/A20	中信国安盟固利动力科技有限公司	插电式混合动力客车	1	
	锰酸锂	SPIM11245181-48	3.65	1.04±0.02	—	172	中信国安盟固利动力科技有限公司	627.8	96	251	48	—	30.13	否	18.80.0.1/A20	中信国安盟固利动力科技有限公司	插电式混合动力客车	217	
	锰酸锂	SPIM11245181-48	3.65	1.04±0.02	—	288	中信国安盟固利动力科技有限公司	525.6	192	360	96	—	50.45	否	18.80.0.1/A20	中信国安盟固利动力科技有限公司	插电式混合动力客车	194	

续上表

储能装置单体生产企业	储能装置种类	储能装置单体型号	储能装置单体标称电压(V)	储能装置单体质量(kg)	超级电容器单体标称静电容量(F)	储能装置单体数量	储能装置总成生产企业	储能装置总成标称电压(V)	储能装置总成额定输出电流(A)	储能装置总成质量(kg)	储能装置总成标称容量(Ah)	超级电容器总成标称静电容量(F)	储能装置总储电量(kWh)	动力蓄电池箱是否具有快换装置	车载能源管理系统型号(包括软件和硬件)	车载能源管理系统生产企业	配套车辆类型	2019年配套车型产量小计(辆)	2019年配套车型产量总计(辆)
中信国安盟固利动力科技有限公司	锰酸锂	SPIM11245181-48	3.65	1.04±0.02	—	288	中信国安盟固利动力科技有限公司	525.6	192	360	96	—	50.456	否	18.80.0.1/A20	中信国安盟固利动力科技有限公司	插电式混合动力客车	43	3400
	锰酸锂	SPIM11245181-48	3.65	1.04±0.02	—	288	中信国安盟固利动力科技有限公司	525.6	96	360	96	—	50.45	否	18.80.0.1/A20	中信国安盟固利动力科技有限公司	插电式混合动力客车	71	
	锰酸锂	SPIM11245181-48	3.65	1.04±0.02	—	288	中信国安盟固利动力科技有限公司	525.6	96	360	96	—	50.45	否	18.80.0.1/A20	中信国安盟固利动力科技有限公司	燃料电池客车	1	
	锰酸锂	SPIM11245181-48	3.65	1.04±0.02	—	288	中信国安盟固利动力科技有限公司	525.60	192	320	96	—	50.45	否	18.80.0.1/A20	中信国安盟固利动力科技有限公司	插电式混合动力客车	1	
	锰酸锂	SPIM11245181-48	3.65	1.04±0.02	—	312	中信国安盟固利动力科技有限公司	569.4	96	588	96	—	54.66	否	18.80.0.1/A20	中信国安盟固利动力科技有限公司	插电式混合动力客车	200	
	锰酸锂	SPIM11245190	3.7	0.77	—	276	中信国安盟固利动力科技有限公司	510	220	430	50	—	25.53	否	ZTPHEV25	中通客车控股股份有限公司	插电式混合动力客车	120	
	锰酸锂	SPIM1124519032	3.7	0.79	—	432	中信国安盟固利动力科技有限公司	532.8	96A	700	96Ah	—	51	否	软件:16.8.14.1/硬件:A20	中信国安盟固利动力科技有限公司	插电式混合动力客车	67	
	锰酸锂	SPIM1124519032	3.7	0.79	—	220	中信国安盟固利动力科技有限公司	407	64	430	64	—	26.04	否	16.8.14.1/A20	中信国安盟固利动力科技有限公司	插电式混合动力客车	1	
	锰酸锂	SPIM1124519032	3.7	0.79	—	220	中信国安盟固利动力科技有限公司	407	64	430	64	—	26.048	否	16.8.14.1/A20	中信国安盟固利动力科技有限公司	插电式混合动力客车	68	
	锰酸锂	SPIM1124519032	3.7	0.79	—	432	中信国安盟固利动力科技有限公司	532.8	96	700	96	—	51.14	否	16.8.14.1/A20	中信国安盟固利动力科技有限公司	插电式混合动力客车	359	
	锰酸锂	SPIM12161227-50	3.7	0.88	—	264	中信国安盟固利动力科技有限公司	325.6	150	405	150	—	48.8	否	软件:ES50A3B08A/硬件:FCh0169A	上海度普新能源科技有限公司	纯电动专用车	156	
	锰酸锂	SPIM12161227-50	3.7	0.88	—	264	中信国安盟固利动力科技有限公司	325.6	150	405	150	—	48.8	否	软件:ES50A3B08A/硬件:FCh0169A	上海度普新能源科技有限公司	纯电动专用车	1	
	锰酸锂	SPIM12161227-50	3.7	0.88	—	264	中信国安盟固利动力科技有限公司	325.6	150	405	150	—	48.8	否	软件:ES50A3B08A/硬件:FCh0169A	上海度普新能源科技有限公司	纯电动专用车	30	
	锰酸锂	SPIM12161227-50	3.7	0.88	—	264	中信国安盟固利动力科技有限公司	325.6	150	405	150	—	48.8	否	软件:ES50A3B08A/硬件:FCh0169A	上海度普新能源科技有限公司	纯电动专用车	13	
	锰酸锂	SPIM12161227-50	3.7	0.88	—	288片	中信国安盟固利动力科技有限公司	355.2	240	410	150	—	53	否	V1.0/BMSD11D1CQA	上海度普新能源科技有限公司	纯电动客车	53	
	锰酸锂	SPIM12161227-50	3.7	0.88	—	288片	中信国安盟固利动力科技有限公司	355.2	240	410	150	—	53	否	V1.0/BMSD11D1CQA	上海度普新能源科技有限公司	纯电动专用车	1	
	锰酸锂	SPIM12161227-50	3.7	0.88	—	384片	中信国安盟固利动力科技有限公司	355.2	240	570	200	—	71	否	V1.0/BMSD11D18QA	上海度普新能源科技有限公司	纯电动专用车	54	
	锰酸锂	SPIM12161227-50	3.7	0.88	—	388	中信国安盟固利动力科技有限公司	359	200	548	200	—	71.8	否	软件:120.1.0.1/硬件:A25 BMS 12V	中信国安盟固利动力科技有限公司	纯电动乘用车	214	
	锰酸锂	SPIM12161227-50	3.7	0.88	—	432	中信国安盟固利动力科技有限公司	532.8	150	570	150	—	79.92	否	FT_32BMS01	北汽福田汽车股份有限公司	纯电动客车	62	
	锰酸锂	SPIM12161227-50	3.7	0.88kg	—	432	中信国安盟固利动力科技有限公司	532.8	150	570	150	—	79.92	否	FT_32BMS01	北汽福田汽车股份有限公司	纯电动专用车	103	
	锰酸锂	SPIM12202238-64	3.7	1.36±0.02	—	1152	中信国安盟固利动力科技有限公司	532.8	256	1936	512	—	272.79	否	18.80.3.6/A25	中信国安盟固利动力科技有限公司	纯电动客车	137	
	锰酸锂	SPIM12202238-64	3.7	1.36±0.02	—	288	中信国安盟固利动力科技有限公司	532.8	128	484	128	—	68.19	否	18.80.3.6/A25	中信国安盟固利动力科技有限公司	纯电动客车	150	
	锰酸锂	SPIM12202238-64	3.7	1.36±0.02	—	387,423	中信国安盟固利动力科技有限公司	477.3,521.7	400	652,740	192	—	91.64,100.16	否	18.80.3.6/A25	中信国安盟固利动力科技有限公司	纯电动客车	1	
	锰酸锂	SPIM12202238-64	3.7	1.36±0.02	—	423	中信国安盟固利动力科技有限公司	521.7	192	726	192	—	100.16	否	18.80.3.6/A25	中信国安盟固利动力科技有限公司	纯电动客车	141	
	锰酸锂	SPIM12202238-64	3.7	1.36±0.02	—	423	中信国安盟固利动力科技有限公司	521.7	192	726	192	—	100.16	否	18.80.3.6/A25	中信国安盟固利动力科技有限公司	燃料电池客车	40	
	锰酸锂	SPIM12202238-64	3.7	1.36±0.02	—	576,640	中信国安盟固利动力科技有限公司	532.8,592	256	960,1100	256	—	136.39,151.55	否	18.80.3.6/A25	中信国安盟固利动力科技有限公司	纯电动客车	16	
	锰酸锂	SPIM12202238-68	3.65	1.18±0.03	—	864	中信国安盟固利动力科技有限公司	525.6	408	1362±40.86	408	—	214.44	否	18.80.3.6/A25	中信国安盟固利动力科技有限公司	纯电动客车	4	
	锰酸锂	SPIM14245190	3.7	1.03	—	167	中信国安盟固利动力科技有限公司	617.9	35	320	35	—	21.626	否	MGL-HEV-BMS-SW-V01/MGL-HEV-BMS-HW-V01	中信国安盟固利动力科技有限公司	插电式混合动力客车	1	

续上表

储能装置单体生产企业	储能装置种类	储能装置单体型号	储能装置单体标称电压(V)	储能装置单体质量(kg)	超级电容器单体标称静电容量(F)	储能装置单体数量	储能装置总成生产企业	储能装置总成标称电压(V)	储能装置总成额定输出电流(A)	储能装置总成质量(kg)	储能装置总成标称容量(Ah)	超级电容器总成标称静电容量(F)	储能装置总储电量(kWh)	动力蓄电池箱是否具有快换装置	车载能源管理系统型号(包括软件和硬件)	车载能源管理系统生产企业	配套车辆类型	2019年配套车型产量小计(辆)	2019年配套车型产量总计(辆)
中信国安盟固利动力科技有限公司	锰酸锂	SPIM14245190	3.7	1.03	—	167	中信国安盟固利动力科技有限公司	617.9	35	320	35	—	21.63	否	MGL-HEV-BMS-SW-V01/MGL-HEV-BMS-HW-V01	中信国安盟固利动力科技有限公司	插电式混合动力客车	3	3400
	燃料电池	SPIM11245181-48	3.65	0.88±0.02	—	288	中信国安盟固利动力科技有限公司	525.6	192	366	96	—	50.456	否	18.80.0.1/A20	中信国安盟固利动力科技有限公司	燃料电池客车	2	
	三元材料	SPIM11309102-50	3.6	0.780±0.1	—	432	江苏国安盟固利动力科技有限公司	518	150	522	150	—	77.76	否	DP01000058/硬件: BMSPH03AHV10/软件: BMSPH03ASV10	上海度普新能源科技有限公司	纯电动专用车	36	
芜湖天弋能源科技有限公司	磷酸铁锂	CLH3L0	3.22	5.35	—	168	芜湖天弋能源科技有限公司	540.96	277	1057	277	—	149.84	否	软件: BSU-FXM3-1224P/硬件: BSU-FXM3-1224P	芜湖天弋能源科技有限公司	纯电动客车	1	2262
	磷酸铁锂	CLH3L0	3.22	5.35	—	171	芜湖天弋能源科技有限公司	550.6	250	1074	277	—	152.5	否	BSU-FXM3-1224P	芜湖天弋能源科技有限公司	纯电动客车	16	
	磷酸铁锂	CLH3L0	3.22	5.35	—	198	芜湖天弋能源科技有限公司	637.56	250	1248	277	—	176.6	否	BSU-FXM3-1224P	芜湖天弋能源科技有限公司	纯电动客车	15	
	磷酸铁锂	CLH3L0	3.22	5.35	—	330	芜湖天弋能源科技有限公司	531.3	277	2080	554	—	294.34	否	软件:1.0/硬件:BSU-FXM3-1224P	芜湖天弋能源科技有限公司	纯电动客车	52	
	磷酸铁锂	CLH3L0	3.22	5.35±0.27	—	150	芜湖天弋能源科技有限公司	483	277	955	277	—	133.8	否	软件:1.0/硬件:BSU-FXM3-1224P	芜湖天弋能源科技有限公司	纯电动客车	50	
	磷酸铁锂	CLH3L0	3.22	5.35±0.27	—	180	湖南中车时代电动汽车股份有限公司	579.6	277	1125±50	277	—	160.54	否	T-power BSU-01/vs4801	湖南中车时代电动汽车股份有限公司	纯电动客车	11	
	磷酸铁锂	CLH3L0	3.22	5.35±0.27	—	180	芜湖天弋能源科技有限公司	579.6	277	1125	277	—	160.5	否	软件:1.0/硬件:BSU-FXM3-1224P	芜湖天弋能源科技有限公司	纯电动客车	41	
	磷酸铁锂	CLH3L0	3.22	5.35±0.27	—	354	芜湖天弋能源科技有限公司	569.9	350	2216	554	—	315.7	否	BSU-FXM3-1224P	芜湖天弋能源科技有限公司	纯电动客车	41	
	磷酸铁锂	CLH3L7	3.2	5±0.3	—	168	上海索锂科技股份有限公司	537.6	240	1042	240	—	129	否	软件: TK-CCM-V1.0-170420/硬件: TK-BMS-YT01	安徽特凯贝电子科技有限公司	纯电动客车	10	
	磷酸铁锂	NAH3H0	3.22	3.4	—	160	迪斯达新能源(上海)有限公司	515.2	170	680	170	—	87.58	否	A152/MBMS02	迪斯达新能源(上海)有限公司	燃料电池专用车	301	
	磷酸铁锂	NAH3L0	3.2	4.20±0.21	—	384	陕西长风动力有限公司	614.4	456	1812	456	—	280.16	否	WRP1_BMS_SW_V10;WRP1_BMS_HW_V10	陕西长风动力有限公司	纯电动客车	30	
	磷酸铁锂	NAH3L0	3.22	4.0±0.2	—	126	湖南中车时代电动汽车股份有限公司	405.72	206	600±30	206	—	83.57	否	T-power BSU-01/vs4801	湖南中车时代电动汽车股份有限公司	纯电动客车	2	
	磷酸铁锂	NAH3L0	3.22	4.0±0.2	—	189	湖南中车时代电动汽车股份有限公司	608.58	206	887±40	206	—	125.36	否	T-power BSU-01/vs4801	湖南中车时代电动汽车股份有限公司	纯电动客车	100	
	磷酸铁锂	NAH3L0	3.22	4.0±0.2	—	288	湖南中车时代电动汽车股份有限公司	463.68	250	1350±60	412	—	191.03	否	T-power BSU-01/vs4801	湖南中车时代电动汽车股份有限公司	纯电动客车	20	
	磷酸铁锂	NAH3L0	3.22	4.0±0.2	—	336	湖南中车时代电动汽车股份有限公司	540.96	250	1600±80	412	—	222.87	否	T-power BSU-01/vs4801	湖南中车时代电动汽车股份有限公司	纯电动客车	11	
	磷酸铁锂	NAH3L0	3.22	4.00±0.20	—	360	芜湖天弋能源科技有限公司	579.6	412	1696±80	412	—	238.8	否	1.0/BSU-FXM3-1224P	芜湖天弋能源科技有限公司	纯电动客车	9	
	磷酸铁锂	NAH3L7	3.2	3.8±0.3	—	180	山东魔方新能源科技有限公司	576	176	880	176	—	101.3	否	BC54B/BC54B	安徽力高新能源技术有限公司	纯电动专用车	2	
	三元材料	S5E895	3.72	0.94	—	176	芜湖天弋能源科技有限公司	327.4	106	237	106	—	34.7	否	软件:KL/KL-ASHEV5/硬件:KL/KL-BMU05A-56901-6950	深圳市科列技术股份有限公司	纯电动乘用车	675	
	三元材料-NCM	S5E895	3.72	0.94	—	176	芜湖天弋能源科技有限公司	327.4	106	237	106	—	34.7	否	软件:KL/KL-ASHEV5/硬件:KL/KL-BMU05A-56901-6950	深圳市科列技术股份有限公司	纯电动乘用车	875	
远东福斯特新能源有限公司	三元材料	18650-2400mAh	3.65	0.048	—	1258	山东奥冠新能源科技有限公司	60	100	108	177.6	—	11	否	E-Series-10.18.1.8/E-Series-10-10	石家庄杰泰特动力能源有限公司	纯电动专用车	60	2225
	三元材料	18650-2600mAh	3.6	0.0475	—	3040	远东福斯特新能源有限公司	144	180	192.5	197.5	—	28.4	否	BY5248D(硬件:HW1.1/软件:LG201712030501)	江西江铃集团新能源汽车有限公司	纯电动乘用车	2023	
	三元材料	18650-2600mAh	3.6	0.0475	—	4500	远东福斯特新能源有限公司	324	130	293	130	—	42	否	V1.0/CN-BMS03-96S	铜陵创能动力机械有限公司	纯电动专用车	139	
	三元材料	21700-4400mAh	3.6	0.071	—	1560	远东福斯特新能源有限公司	144	170	154	171.6	—	24.7	否	软件:LIBMS-E-SW-1AM/硬件:LIBMS-E-HW-1AM	江西江铃集团新能源汽车有限公司	纯电动乘用车	3	

续上表

储能装置单体生产企业	储能装置种类	储能装置单体型号	储能装置单体标称电压(V)	储能装置单体质量(kg)	超级电容器单体标称静电容量(F)	储能装置单体数量	储能装置总成生产企业	储能装置总成标称电压(V)	储能装置总成额定输出电流(A)	储能装置总成质量(kg)	储能装置总成标称容量(Ah)	超级电容器总成标称静电容量(F)	储能装置总储电量(kWh)	动力蓄电池箱是否具有快换装置	车载能源管理系统型号(包括软件和硬件)	车载能源管理系统生产企业	配套车辆类型	2019年配套车型产量小计(辆)	2019年配套车型产量总计(辆)
多氟多(焦作)新能源科技有限公司	三元材料	PSP10161227-46Ah	3.7	0.74	—	160	多氟多(焦作)新能源科技有限公司	148	120	175	184	—	27.23	否	软件:DFDYTD2-27/硬件:DFDYT03-48S	多氟多(焦作)新能源科技有限公司	纯电动乘用车	10	2209
	三元材料	PSP10161227-46Ah	3.7	0.74	—	192	多氟多(焦作)新能源科技有限公司	355.2	85	220	92	—	32.7	否	软件:DFDFT-HXK21-001/硬件:DFDFT01-928(主板),DFDFT02-56S(从板)	多氟多(焦作)新能源科技有限公司	纯电动乘用车	10	
	三元材料	PSP10161227-46Ah	3.7	0.74	—	288	多氟多(焦作)新能源科技有限公司	532.8	92	292±5	92	—	49.02	否	软件:DFDXL2P72S-01/硬件:DFDBMSFT-01/DFDBMU-72S	多氟多(焦作)新能源科技有限公司	纯电动专用车	28	
	三元材料	PSP10161227-46Ah	3.7	0.74	—	444	多氟多(焦作)新能源科技有限公司	547.6	138	475	138	—	75.569	无	软件:DFDXL3P148S-01/硬件:主控:DFDBMS-FT-01,从控:DFDBMU-148S	多氟多(焦作)新能源科技有限公司	纯电动专用车	50	
	三元材料	PSP12161227-55Ah	3.7	0.85	—	180	多氟多(焦作)新能源科技有限公司	333	83	251	110	—	36.6	否	S51EV_BP_066E005A/CNEV-BMS-S51EV	奇瑞新能源汽车股份有限公司	纯电动乘用车	2110	
	三元材料	PSP76161227-32Ah	3.7	0.57	—	352	河南森源重工有限公司	325.6	128	306±5	128	—	41.7	否	1621B(主控模块:C10D/硬件:HW1.1/软件:V1.02.S19)	河南森源重工有限公司	纯电动专用车	1	
惠州市亿鹏能源科技有限公司	磷酸铁锂	YPFTE55Ah	3.22	0.94	—	232	惠州市亿鹏能源科技有限公司	374	110	282	110	—	41.08	否	YP-SW05/YP-HW05	惠州市亿鹏能源科技有限公司	纯电动专用车	589	2186
	磷酸铁锂	YPMTF68Ah	3.22	1.31	—	144	惠州市亿鹏能源科技有限公司	154.56	204	232	204	—	31.53	否	YP-SW05/YP-HW05	惠州市亿鹏能源科技有限公司	纯电动专用车	3	
	磷酸铁锂	YPMTF68Ah	3.22	1.31	—	216	惠州市亿鹏能源科技有限公司	347.76	136	336	136	—	47.29	否	软件:YP-SW05/硬件:YP-HW05	惠州市亿鹏能源科技有限公司	纯电动专用车	168	
	磷酸铁锂	YPMTF68Ah	3.22	1.31	—	230	惠州市亿鹏能源科技有限公司	370	136	359	136	—	50.36	否	YP-SW05/YP-HW05	惠州市亿鹏能源科技有限公司	纯电动专用车	428	
	磷酸铁锂	YPMTF68Ah	3.22	1.31	—	768	惠州市亿鹏能源科技有限公司	618	272	1242	272	—	168.16	否	软件:YP-SW05/硬件:YP-HW05	惠州市亿鹏能源科技有限公司	纯电动客车	16	
	磷酸铁锂	YPMTF68Ah	3.22	1.31±0.03	—	324	惠州市亿鹏能源科技有限公司	521.64	136	504	136	—	70.943	否	YP-SW05/YP-HW04	惠州市亿鹏能源科技有限公司	纯电动客车	114	
	磷酸铁锂	YPMTF68Ah	3.22	1.31±0.03	—	360	惠州市亿鹏能源科技有限公司	386.4	204	576	204	—	78.8256	否	软件:YP-SW05/硬件:YP-HW05	惠州市亿鹏能源科技有限公司	纯电动客车	28	
	磷酸铁锂	YPMTF68Ah	3.22	1.31±0.03	—	384	惠州市亿鹏能源科技有限公司	618.24	136	600	136	—	80.08064	否	YP-SW05/YP-HW05	惠州市亿鹏能源科技有限公司	纯电动客车	15	
	磷酸铁锂	YPMTF68Ah	3.22	1.31±0.03	—	384	惠州市亿鹏能源科技有限公司	618.24	136	600	136	—	84.08064	否	YP-SW05/YP-HW05	惠州市亿鹏能源科技有限公司	纯电动客车	26	
	锰酸锂	YPMT18Ah	3.6	0.525	—	408	惠州市亿鹏能源科技有限公司	489	54	520	54	—	26.4	否	YP-SW05/YP-HW05	惠州市亿鹏能源科技有限公司	插电式混合动力客车	52	
	锰酸锂	YPMTE30Ah	3.7	0.550±0.015	—	672	惠州市亿鹏能源科技有限公司	621.6	120	530	120	—	74.59	否	YP-SW05/YP-HW05	惠州市亿鹏能源科技有限公司	纯电动客车	13	
	锰酸锂	YPMTE30Ah	3.7	0.550±0.015	—	672	惠州市亿鹏能源科技有限公司	621.6	120	530	120	—	74.59	否	软件:YP-SW05/硬件:YP-HW05	惠州市亿鹏能源科技有限公司	纯电动客车	1	
	锰酸锂	YPMTE32Ah	3.7	0.73	—	432	惠州市亿鹏能源科技有限公司	533	96	600	96	—	51.14	否	软件:YP-SW05/硬件:YP-HW05	惠州市亿鹏能源科技有限公司	插电式混合动力客车	30	
	锰酸锂	YPMTE32Ah	3.7	0.73±0.02	—	432	惠州市亿鹏能源科技有限公司	532.8	96	600	96	—	51.14	否	YP-SW05/YP-HW05	惠州市亿鹏能源科技有限公司	插电式混合动力客车	61	
	锰酸锂	YPMTE32Ah	3.7	0.73±0.02	—	432	惠州市亿鹏能源科技有限公司	532.8	96	600	96	—	51.14	否	软件:YP-SW05/硬件:YP-HW05	惠州市亿鹏能源科技有限公司	插电式混合动力客车	1	
	锰酸锂	YPMTE48Ah	3.7	0.89±0.02	—	240	惠州市亿鹏能源科技有限公司	444	96	370	96	—	42.62	否	软件:YP-SW05/硬件:YP-HW05	惠州市亿鹏能源科技有限公司	燃料电池专用车	102	
	锰酸锂	YPMTE48Ah	3.7	0.89±0.02	—	312	惠州市亿鹏能源科技有限公司	577	96	395	96	—	55.411	否	YP-SW05/YP-HW05	惠州市亿鹏能源科技有限公司	燃料电池客车	20	
	锰酸锂	YPMTE48Ah	3.7	0.89±0.02	—	312	惠州市亿鹏能源科技有限公司	577	96	395	96	—	55.411	否	软件:YP-SW05/硬件:YP-HW05	惠州市亿鹏能源科技有限公司	燃料电池客车	5	
	锰酸锂	YPMTP26Ah	3.7	0.78±0.02	—	276	惠州市亿鹏能源科技有限公司	510.6	52	405	52	—	26.55	否	软件:YP-SW05/硬件:YP-HW05	惠州市亿鹏能源科技有限公司	插电式混合动力客车	31	
	锰酸锂	YPMTP26Ah	3.7	0.78±0.02	—	296	惠州市亿鹏能源科技有限公司	547.6	52	427	52	—	28.47	否	YP-SW05/YP-HW05	惠州市亿鹏能源科技有限公司	燃料电池客车	6	
	锰酸锂	YPMTP26Ah	3.7	0.78±0.02	—	444	惠州市亿鹏能源科技有限公司	547.6	78	616	78	—	42.71	否	YP-SW05/YP-HW05	惠州市亿鹏能源科技有限公司	插电式混合动力客车	20	
	锰酸锂	YPMTP26Ah	3.7	0.78±0.02	—	444	惠州市亿鹏能源科技有限公司	547.6	78	616	78	—	42.71	否	软件:YP-SW05/硬件:YP-HW05	惠州市亿鹏能源科技有限公司	插电式混合动力客车	30	

续上表

储能装置单体生产企业	储能装置种类	储能装置单体型号	储能装置单体标称电压(V)	储能装置单体质量(kg)	超级电容器单体标称静电容量(F)	储能装置单体数量	储能装置总成生产企业	储能装置总成标称电压(V)	储能装置总成额定输出电流(A)	储能装置总成质量(kg)	储能装置总成标称容量(Ah)	超级电容器总成标称静电容量(F)	储能装置总储电量(kWh)	动力蓄电池箱是否具有快换装置	车载能源管理系统型号(包括软件和硬件)	车载能源管理系统生产企业	配套车辆类型	2019年配套车型产量小计(辆)	2019年配套车型产量总计(辆)
惠州市亿鹏能源科技有限公司	锰酸锂	YPMTP26Ah	3.7	0.78±0.02	—	528	惠州市亿鹏能源科技有限公司	651	78	700,624	78	—	50.79	否	YP-SW05/YP-HW05	惠州市亿鹏能源科技有限公司	插电式混合动力客车	108	2186
	锰酸锂	YPMTP26Ah	3.7	0.78±0.02	—	528	惠州市亿鹏能源科技有限公司	651.2	78	700	78	—	50.79	否	YP-SW05/YP-HW05	惠州市亿鹏能源科技有限公司	插电式混合动力客车	319	
横店集团东磁股份有限公司	三元材料	INR18650-26E	3.65	0.045±0.001	—	3344	横店集团东磁股份有限公司	321.2	98.8	226	98.8	—	31.73	否	软件:GMHDM010101/硬件:QT-BCU-48T16C	横店集团东磁股份有限公司	纯电动乘用车	453	1973
	三元材料	INR18650-26E	3.65	0.046	—	4410	横店集团东磁股份有限公司	328.5	122.5	340	122.5	—	39.44	否	软件:STJHDMN060101001/硬件:STJHDM010101	陕西中九汽车工程研究院有限公司	纯电动专用车	160	
	三元材料	INR18650-26E	3.65	0.046	—	4410	横店集团东磁股份有限公司	328.5	127.4	330	127.4	—	41.85	否	软件:STJHDMN060101001/硬件:STJHDM010101	陕西中九汽车工程研究院有限公司	纯电动专用车	1	
	三元材料	INR18650-26E	3.65	0.046	—	4888	福建易动力电子科技股份有限公司	379.6	75	330	122.2	—	46.39	否	软件:001/硬件:EP-BMS-03	福建易动力电子科技股份有限公司	纯电动专用车	2	
	三元材料	INR18650-26E	3.7	0.05	—	3960	南京中欧威能新能源动力系统有限公司	333	115	270	114.4	—	38.09	否	ZO-13	南京中欧威能新能源动力系统有限公司	纯电动专用车	300	
	三元材料	INR18650-2850	3.7	0.0455	—	5336	浙江伊卡新能源汽车有限公司	340	165.3	380	165.3	—	56.286	否	软件:IBP06E33/硬件:BMS2.1	创驱(上海)新能源科技有限公司	纯电动乘用车	1000	
	三元材料-NCM	INR18650-26E	3.7	0.046±0.003	—	8352	江苏维科新能源科技有限公司	532.8	150.8	530±15.9	150.8	—	80.35	否	软件:WK-BMS-C-SV/硬件:WK-BMS-C	江苏维科新能源科技有限公司	燃料电池专用车	57	
东莞塔菲尔新能源科技有限公司	三元材料	FFH3D3-120Ah	3.66	2.25	—	300	江苏明美新能源科技有限公司	366	144	944	360	—	131.76	否	型号:TWSRC12VV1.1/软件:TWSRC12VV1.1/硬件:TWSRC12VV1.1	江苏明美新能源科技有限公司	纯电动专用车	1	1968
	三元材料	LAE895-100Ah	3.66	1.69	—	96	惠州市亿能电子有限公司	351	100	249	100	—	35.13	否	软件:EV05/硬件:EV05	惠州市亿能电子有限公司	纯电动乘用车	1835	
	三元材料	LAE895-100Ah	3.66	1.695	—	180	惠州市亿能电子有限公司	329.4	200	443	200	—	65.88	否	EV05(硬件:EV05SM114A/软件:E64Z03MS8619)	惠州市亿能电子有限公司	纯电动乘用车	73	
	三元材料	LAE895-100Ah	3.66	1.695±0.3	—	156	惠州市亿能电子有限公司	571	100	400	100	—	57.1	—	EV05/EV05	惠州市亿能电子有限公司	纯电动专用车	47	
	三元材料	LAE895-100Ah	3.66	1.695±0.3	—	156	惠州市亿能电子有限公司	571	100	400	100	—	57.1	否	软件:EV05/硬件:EV05	惠州市亿能电子有限公司	纯电动专用车	12	
广东天劲新能源科技股份有限公司	磷酸铁锂	81F6Q0	3.2	0.58±0.03	—	312	广东天劲新能源科技股份有限公司	332.8	90	239(不含托架)	90	—	29.95	否	软件:SSY_GTJK05_RCV00001/硬件:SSYRC12500V2001	广东天劲新能源科技股份有限公司	纯电动专用车	1	1748
	磷酸铁锂	81F6Q0	3.2	0.58±0.03	—	420	广东天劲新能源科技股份有限公司	336	120	322	120	—	40.3	否	软件:SSY_GTJC35_RCV00001/硬件:SSYRC12450V1103	广东天劲新能源科技股份有限公司	纯电动专用车	69	
	三元材料	80F6Q0	3.7	0.55	—	336	广东天劲新能源科技股份有限公司	310.8	128	318	128	—	38.97	—	软件:STJGTJN060101/硬件:STJGTJ010101	陕西中九汽车工程研究院有限公司	纯电动专用车	328	
	三元材料	80F6Q0	3.7	0.55±0.03	—	465	广东天劲新能源科技股份有限公司	344.1	160	450	160	—	55	否	软件:STJGTJK010101001/硬件:STJGTJ010101	陕西中九汽车工程研究院有限公司	纯电动乘用车	155	
	三元材料	80F6Q0	3.7	0.55±0.03	—	810	广东天劲新能源科技股份有限公司	599.4	160	680	160	—	96	否	软件:00.01.00/硬件:0.0.1	奇瑞商用车(安徽)有限公司	纯电动专用车	303	
	三元材料	88B4b7	3.7	0.69	—	352	广东天劲新能源科技股份有限公司	325.6	186	372	186	—	60.56	是	软件:V1.0/硬件:QT-VBU-2538	浙江高泰昊能科技有限公司	纯电动乘用车	1	
	三元材料	TLP84F6Q0-37Ah	3.7	0.63	—	200	广东天劲新能源科技股份有限公司	148	120	194	185	—	27.38	否	软件:B6DG01D0MS/硬件:YT03-48S	广东天劲新能源科技股份有限公司	纯电动乘用车	194	
	三元材料+NCM	12A0Y2	3.7	0.74±0.03	—	288	广东天劲新能源科技股份有限公司	355.2	216	350	144	—	51.15	否	软件:SW3.1/硬件:HW1.2	奇瑞商用车(安徽)有限公司	纯电动乘用车	8	
	三元材料+NCM	80F6Q0	3.7	0.55±0.03	—	624	广东天劲新能源科技股份有限公司	577.2	128	550	128	—	73.88	否	软件:TG-H16-SW-V001/硬件:TG-H16-HW-V001	奇瑞商用车(安徽)有限公司	纯电动专用车	53	
	三元材料-NCM	12A0Y2	3.7	0.74±0.03	—	288	广东天劲新能源科技股份有限公司	355.2	216	350	144	—	51.15	否	软件:SW3.1/硬件:HW1.2	奇瑞商用车(安徽)有限公司	纯电动乘用车	600	
	三元材料-NCM	80F6Q0	3.7	0.55±0.03	—	810	广东天劲新能源科技股份有限公司	599.4	160	680	160	—	96	否	软件:00.01.00/硬件:0.0.1	奇瑞商用车(安徽)有限公司	纯电动专用车	36	

续上表

储能装置单体生产企业	储能装置种类	储能装置单体型号	储能装置单体标称电压(V)	储能装置单体质量(kg)	超级电容器单体标称静电容量(F)	储能装置单体数量	储能装置总成生产企业	储能装置总成标称电压(V)	储能装置总成额定输出电流(A)	储能装置总成质量(kg)	储能装置总成标称容量(Ah)	超级电容器总成标称静电容量(F)	储能装置总储电量(kWh)	动力蓄电池箱是否具有快换装置	车载能源管理系统型号(包括软件和硬件)	车载能源管理系统生产企业	配套车辆类型	2019年配套车型产量小计(辆)	2019年配套车型产量总计(辆)
微宏动力系统(湖州)有限公司	锰酸锂	DCF021EA	3.7	0.348	—	1296	微宏动力系统(湖州)有限公司	599.4	168	738	168	—	100.69	否	MPS-BMS-HV3.0/MPS-BMS-SV3.0	微宏动力系统(湖州)有限公司	纯电动客车	65	1639
	锰酸锂	DCF021EA	3.7	0.348	—	1944	微宏动力系统(湖州)有限公司	599.4	252	1088	252	—	151.04	否	MPS-BMS-HV3.0/MPS-BMS-SV3.0	微宏动力系统(湖州)有限公司	纯电动客车	34	
	锰酸锂	DCF021EA	3.7	0.348	—	2016	微宏动力系统(湖州)有限公司	622	252	974	252	—	156.6	否	MPS-BMS-V4.0/MPS-MS-SV4.0	微宏动力系统(湖州)有限公司	纯电动客车	2	
	锰酸锂	DCF021EA	3.7	0.348	—	792	微宏动力系统(湖州)有限公司	488.4	126	427	126	—	61.53	否	MPS-BMS-HV3.0/MPS-BMS-SV3.0	微宏动力系统(湖州)有限公司	纯电动客车	1	
	锰酸锂	DCF021EA	3.7	0.348 ±0.010	—	1152	微宏动力系统(湖州)有限公司	532.8	168	604±16	168	—	89.5104	否	软件:MPS-BMS-HV3.0/硬件:MPS-BMS-SV3.0	微宏动力系统(湖州)有限公司	纯电动客车	8	
	锰酸锂	DCF021EA	3.7	0.348 ±0.010	—	1296	微宏动力系统(湖州)有限公司	599.4	168	684	168	—	100.699	否	MPS-BMS-HV3.0/MPS-BMS-SV3.0	微宏动力系统(湖州)有限公司	纯电动客车	9	
	锰酸锂	DCF021EA	3.7	0.348 ±0.010	—	1296	微宏动力系统(湖州)有限公司	599.4	168	738	168	—	100.699	否	MPS-BMS-HV3.0/MPS-BMS-SV3.0	微宏动力系统(湖州)有限公司	纯电动客车	166	
	锰酸锂	DCF021EA	3.7	0.348 ±0.010	—	1296	微宏动力系统(湖州)有限公司	599.4	168	738	168	—	100.7	否	MPS-BMS-HV3.0/MPS-BMS-SV3.0	微宏动力系统(湖州)有限公司	纯电动客车	223	
	锰酸锂	DCF021EA	3.7	0.348 ±0.010	—	1728	微宏动力系统(湖州)有限公司	532.8	252	836	252	—	134.26	否	MPS_BMS_SV4.0/MPS_BMS_HV4.0	微宏动力系统(湖州)有限公司	纯电动客车	15	
	锰酸锂	DCF021EA	3.7	0.348 ±0.010	—	1728	微宏动力系统(湖州)有限公司	532.8	252	841.6	252	—	134.26	否	MPS-BMS-HV4.0/MPS-BMS-SV4.0	微宏动力系统(湖州)有限公司	纯电动客车	25	
	锰酸锂	DCF021EA	3.7	0.348 ±0.010	—	1728	微宏动力系统(湖州)有限公司	532.8	252	841.6	252	—	134.265	否	MPS-BMS-HV4.0/MPS-BMS-SV4.0	微宏动力系统(湖州)有限公司	纯电动客车	156	
	锰酸锂	DCF021EA	3.7	0.348 ±0.010	—	1728	微宏动力系统(湖州)有限公司	532.8	252	888±24	252	—	134.2656	否	软件:MPS-BMS-HV3.0/硬件:MPS-BMS-SV3.0	微宏动力系统(湖州)有限公司	纯电动客车	17	
	锰酸锂	DCF021EA	3.7	0.348 ±0.010	—	1944	微宏动力系统(湖州)有限公司	599.4	252	1088	252	—	151	否	MPS-BMS-HV3.0/MPS-BMS-SV3.0	微宏动力系统(湖州)有限公司	纯电动客车	20	
	锰酸锂	DCF021EA	3.7	0.348 ±0.010	—	1944	微宏动力系统(湖州)有限公司	599.4	252	1088	252	—	151.04	否	MPS-BMS-HV3.0/MPS-BMS-SV3.0	微宏动力系统(湖州)有限公司	纯电动客车	31	
	锰酸锂	DCF021EA	3.7	0.348 ±0.010	—	1944	微宏动力系统(湖州)有限公司	599.4	252	1088	252	—	151.048	—	MPS-BMS-HV3.0/MPS-BMS-SV3.0	微宏动力系统(湖州)有限公司	纯电动客车	5	
	锰酸锂	DCF021EA	3.7	0.348 ±0.010	—	2592	微宏动力系统(湖州)有限公司	599.4	336	1254	336	—	201.39	否	MPS_BMS_SV4.0/MPS_BMS_HV4.0	微宏动力系统(湖州)有限公司	纯电动客车	96	
	锰酸锂	DCF021EA	3.7	0.348 ±0.010	—	2592	微宏动力系统(湖州)有限公司	599.4	336	1276.8	336	—	201.39	—	软件:MPS-BMS-SV4.0/硬件:MPS-BMS-HV4.0	微宏动力系统(湖州)有限公司	纯电动客车	140	
	锰酸锂	DCF021EA	3.7	0.348 ±0.010	—	3456	微宏动力系统(湖州)有限公司	533	504	1684	504	—	268.4	否	MPS-BMS-V4.0/MPS-MS-SV4.0	微宏动力系统(湖州)有限公司	纯电动客车	15	
	锰酸锂	DCF021EA	3.7	0.348 ±0.010	—	648	微宏动力系统(湖州)有限公司	599.4	84	342	84	—	50.34	否	MPS-BMS-HV3.0/MPS-BMS-SV3.0	微宏动力系统(湖州)有限公司	插电式混合动力客车	1	
	锰酸锂	DCF021EA	3.7	0.348 ±0.010	—	648	微宏动力系统(湖州)有限公司	599.4	84	370	84	—	50.3	否	MPS-BMS-HV3.0/MPS-BMS-SV3.0	微宏动力系统(湖州)有限公司	插电式混合动力客车	310	
	锰酸锂	DCF021EA	3.7	0.348 ±0.010V	—	1296	微宏动力系统(湖州)有限公司	599.4	168	738	168	—	100.699	否	MPS-BMS-HV3.0/MPS-BMS-SV3.0	微宏动力系统(湖州)有限公司	纯电动客车	32	
	锰酸锂	DCF021EA	3.7	0.35	—	576	微宏动力系统(湖州)有限公司	533	84	302	84	—	44.75	否	MPS-BMS-HV3.0/MPS-BMS-SV3.0	微宏动力系统(湖州)有限公司	插电式混合动力客车	100	
	锰酸锂	DCF021EA	3.7	0.348 ±0.010	—	1728	微宏动力系统(湖州)有限公司	532.8	252	841.6	252	—	134.265	否	MPS-BMS-SV4.0/MPS-BMS-HV4.0	微宏动力系统(湖州)有限公司	纯电动客车	55	

续上表

储能装置单体生产企业	储能装置种类	储能装置单体型号	储能装置单体标称电压(V)	储能装置单体质量(kg)	超级电容器单体标称静电容量(F)	储能装置单体数量	储能装置总成生产企业	储能装置总成标称电压(V)	储能装置总成额定输出电流(A)	储能装置总成质量(kg)	储能装置总成标称容量(Ah)	超级电容器总成标称静电容量(F)	储能装置总储电量(kWh)	动力蓄电池箱是否具有快换装置	车载能源管理系统型号(包括软件和硬件)	车载能源管理系统生产企业	配套车辆类型	2019年配套车型产量小计(辆)	2019年配套车型产量总计(辆)
微宏动力系统(湖州)有限公司	锰酸锂	MV07220126MPE	3.6	0.336 ±0.003	—	2560	微宏动力系统(湖州)有限公司	576	240	1171	240	—	138.2	否	MPS-BMS-HV3.0/MPS-MS-SV3.0	微宏动力系统(湖州)有限公司	纯电动客车	1	1639
	锰酸锂	MV07220126MPE	3.6	0.336 ±0.003	—	768	微宏动力系统(湖州)有限公司	345.6	120	405	120	—	41.47	—	MPS-BMS-HV3.0/MPS-MS-SV3.0	微宏动力系统(湖州)有限公司	燃料电池客车	100	
	锰酸锂	MV07335132MPE	3.6	0.50 ±0.01	—	432	微宏动力系统(湖州)有限公司	518.4	300	390	72	—	37.3	否	MPS-BMS-HV3.0/MPS-BMS-SV3.0	微宏动力系统(湖州)有限公司	纯电动客车	2	
	三元材料	CEF052EA	3.7	0.735 ±0.035	—	288	微宏动力系统(湖州)有限公司	355.2	156	337	150	—	53.28	否	软件:MPS_BMS_SW_V4.0/硬件:MPS_BMS_HW_V4.0	微宏动力系统(湖州)有限公司	纯电动乘用车	10	
惠州比亚迪电池有限公司	磷酸铁锂	FADM07315B	3.3	6.45	—	92	惠州比亚迪电池有限公司	303.6	81	700	270	—	82	否	e6A	比亚迪汽车工业有限公司	纯电动乘用车	23	1481
	磷酸铁锂	FADM07315F	3.3	6.52	—	92	惠州比亚迪电池有限公司	303.6	150	730	300	—	91	无	e6A	比亚迪汽车工业有限公司	纯电动乘用车	105	
	三元材料-NCM	FADM07326	3.6	0.83	—	143	惠州比亚迪电池有限公司	514	66	200	33	—	16.9	—	SAH	比亚迪汽车工业有限公司	插电式混合动力专用车	6	
	三元材料-NCM	FADM07326	3.6	0.83	无	128	惠州比亚迪电池有限公司	460.8	66	177	33	—	15.2	—	HA/HA	比亚迪汽车工业有限公司	插电式混合动力乘用车	1172	
	三元材料-NCM	FADM07326	3.6	0.83	无	144	惠州比亚迪电池有限公司	518.4	66	183	33	—	17.1	—	HA/HA	比亚迪汽车工业有限公司	插电式混合动力乘用车	2	
	三元材料-NCM	FADM07326,FADM07328	3.6	0.83,0.85	无	168	惠州比亚迪电池有限公司	604	66	230	33	—	19.9	否	SEH/SEH	比亚迪汽车工业有限公司	插电式混合动力乘用车	173	
荣盛盟固利新能源科技有限公司	锰酸锂	SPIM09243181-25	3.68	0.645	—	162	荣盛盟固利新能源科技有限公司	596.16	25	168±5.04	25	—	14.904	否	18.80.3.6/A25	荣盛盟固利新能源科技有限公司	燃料电池客车	42	1275
	锰酸锂	SPIM11245181-48	3.65	0.88	—	172	荣盛盟固利新能源科技有限公司	627.8	48	251	48	—	30.13	否	18.80.0.1/A20	荣盛盟固利新能源科技有限公司	插电式混合动力客车	110	
	锰酸锂	SPIM11245181-48	3.65	0.88	—	288	荣盛盟固利新能源科技有限公司	525.6	96	366	96	—	50.45	否	18.80.0.1/A20	荣盛盟固利新能源科技有限公司	插电式混合动力客车	260	
	锰酸锂	SPIM11245181-48	3.65	0.88±0.02	—	152	荣盛盟固利新能源科技有限公司	554.8	48	251±7.5	48	—	26.63	否	18.80.0.1/A20	荣盛盟固利新能源科技有限公司	燃料电池专用车	10	
	锰酸锂	SPIM11245181-48	3.65	1.04±0.02	—	172	荣盛盟固利新能源科技有限公司	627.8	96	251	48	—	30.13	否	18.80.0.1/A20	荣盛盟固利新能源科技有限公司	插电式混合动力客车	131	
	锰酸锂	SPIM11245181-48	3.65	1.04±0.02	—	288	荣盛盟固利新能源科技有限公司	525.6	192	360	96	—	50.45	否	18.80.0.1/A20	荣盛盟固利新能源科技有限公司	插电式混合动力客车	155	
	锰酸锂	SPIM12161227-50	3.7	0.88	—	288片	荣盛盟固利新能源科技有限公司	355.2	240	410	150	—	53	否	V1.0/BMSD11D1CQA	上海度普新能源科技有限公司	纯电动客车	6	
	锰酸锂	SPIM12161227-50	3.7	0.88	—	384片	荣盛盟固利新能源科技有限公司	355.2	240	570	200	—	71	否	V1.0/BMSD11D18QA	上海度普新能源科技有限公司	纯电动专用车	64	
	锰酸锂	SPIM12161227-50	3.7	0.88	—	388	荣盛盟固利新能源科技有限公司	359	200	548	200	—	71.8	否	软件:120.1.0.1/硬件:A25 BMS 12V	荣盛盟固利新能源科技有限公司	纯电动乘用车	16	
	锰酸锂	SPIM12202238-68	3.65	1.18±0.03	—	1152	荣盛盟固利新能源科技有限公司	525.6	544	1816	544	—	285.92	否	18.80.3.6/A25	荣盛盟固利新能源科技有限公司	纯电动客车	20	
	燃料电池	SPIM11245181-48	3.65	0.88	—	152	荣盛盟固利新能源科技有限公司	555	48	251	48	—	26.63	否	软件:18.80.0.1/硬件:A20	荣盛盟固利新能源科技有限公司	燃料电池专用车	210	
	三元材料	SPIM11309102-50	3.6	0.78±0.02	—	192	荣盛盟固利新能源科技有限公司	345.6	100	250	100	—	34.56	否	软件:BMSY31D12CA/硬件:BMSY31D12CA	江苏天宝汽车电子有限公司	纯电动专用车	251	
时代上汽动力电池有限公司	三元材料	ELE897	3.65	2.67±0.2	—	96	上海捷新动力电池系统有限公司	350	150	345	150	—	52.5	否	ROEWE153P/BMS-20	上海捷能汽车技术有限公司,上海丸旭电子科技有限公司	纯电动乘用车	514	1239
	三元材料	ELE897	3.65	2.67±0.2	—	96	上汽时代动力电池系统有限公司	350	150	382	150	—	52.5	否	ROEWE153P2/BMS-20	软件:上海捷能汽车技术有限公司,硬件:伟创力电脑(苏州)有限公司	纯电动乘用车	499	
	三元材料	ELE897	3.65	2.67±0.2	—	96	上汽时代动力电池系统有限公司	350.4	150	335	150	—	52.5	—	软件:BMSY31D12CA/硬件:BMSY31D12CA	江苏天宝汽车电子有限公司	纯电动乘用车	220	
	三元材料	ELE897	3.65	2.67±0.2	—	96	上汽时代动力电池系统有限公司	350.4	150	335	150	—	52.5	否	软件:BMSY31D12CA/硬件:BMSY31D12CA	江苏天宝汽车电子有限公司	纯电动专用车	6	

续上表

储能装置单体生产企业	储能装置种类	储能装置单体型号	储能装置单体标称电压(V)	储能装置单体质量(kg)	超级电容器单体标称静电容量(F)	储能装置单体数量	储能装置总成生产企业	储能装置总成标称电压(V)	储能装置总成额定输出电流(A)	储能装置总成质量(kg)	储能装置总成标称容量(Ah)	超级电容器总成标称静电容量(F)	储能装置总储电量(kWh)	动力蓄电池箱是否具有快换装置	车载能源管理系统型号(包括软件和硬件)	车载能源管理系统生产企业	配套车辆类型	2019年配套车型产量小计(辆)	2019年配套车型产量总计(辆)
天津中聚新能源科技有限公司	磷酸铁锂	SP-FA41255AM	3.2	3.32±0.2	—	22	天津中聚新能源科技有限公司	70.4	最大持续200	97.5	125	—	8.8	否	V1.0	天津中聚新能源科技有限公司	纯电动专用车	1201	1201
福建冠城瑞闽新能源科技有限公司	三元材料	PE06	3.7	0.71±0.03	—	288	福建冠城瑞闽新能源科技有限公司	355.2	90	293	105	—	37.3	否	软件:GCRM-SDJHEV(V)-V1.0/硬件:BC54B	福建冠城瑞闽新能源科技有限公司	纯电动专用车	44	1024
	三元材料	PE21	3.65	0.621	—	168	福建冠城瑞闽新能源科技有限公司	306	82	157	82	—	25.14	否	GCRM-BP1836E-V1.00/C20C_HW1.02	安徽锐能科技有限公司	纯电动乘用车	3	
	三元材料-NCM	PE16	3.65	0.6	—	368	苏州星瑞合电气有限公司	336	160	333	160	—	53.728	否	软件:IBP06/硬件:BMS2.1	苏州星瑞合电气有限公司	纯电动乘用车	977	
珈伟龙能固态储能科技如皋有限公司	三元材料	INP08161225E	3.7	0.61±0.05	—	285	珈伟龙能固态储能科技如皋有限公司	351.5	108	260	108	—	37.962	否	软件:V7.50/硬件:DK938V3	苏州妙益科技股份有限公司	纯电动专用车	1003	1003
Panasonic，LG化学(南京)信息电子材料有限公司	三元材料	1497738,1489210	3.7,3.7	0.0695,0.0677	—	2976,2976	特斯拉公司,特斯拉(上海)有限公司	355.2	150,	345	148.8,145.7	—	52.9,51.8	否	E1	特斯拉公司	纯电动乘用车	928	928
江西安驰新能源科技有限公司,河南省鹏辉电源有限公司	磷酸铁锂	IFP23140160-55AH,GSP34135192/100Ah	3.2	1.15±0.1,1.88±0.02	—	192104	江西安驰新能源科技有限公司,河南省鹏辉电源有限公司	307.2,332.8	110100	270,265	110100	—	33.792,33.28	—	软件:36ANCBBDK1701S1 GP-AP-D-MH-01-01A/GP-AP-D-MF-01-01A/硬件:36ANCBBDK1701H1	江西安驰新能源科技有限公司,河南省鹏辉电源有限公司	纯电动专用车	767	767
河北银隆新能源有限公司	钛酸锂	66160K	2.3	1.26	—	1104	银隆新能源股份有限公司	634.8	600	2140	180	—	114.3	否	YLP-BMS-1205A	珠海银隆电器有限公司	纯电动客车	728	732
	钛酸锂	66160K	2.3	1.26	—	1440	银隆新能源股份有限公司	552	1000	2780	270	—	149.04	否	YLP-BMS-1205A	珠海银隆电器有限公司	纯电动客车	4	
力神电池(苏州)有限公司,力神动力电池系统有限公司	三元材料	21700(4.5Ah),21700(4.0Ah)	3.6,3.65	0.072±0.004,0.069±0.002	—	3267,3465	力神动力电池系统有限公司	356.4,361.35	148.5,140	360±10.8,365±10.8	148.5,140	—	52.92,50.59	—	FT_32BMS01,14HS1040010401	北汽福田汽车股份有限公司	纯电动乘用车	366	729
	三元材料	21700(4.5Ah),21700(4.0Ah)	3.6,3.65	0.072±0.004,0.069±0.002	—	3267,3465	力神动力电池系统有限公司	356.4,361.35	148.5,140	360±10.8,365±10.8	148.5,140	—	52.92,50.59	—	FT_32BMS01,14HS1040010401	北汽福田汽车股份有限公司	纯电动专用车	363	
惠州亿纬锂能股份有限公司,合肥国轩高科动力能源有限公司	磷酸铁锂	LF105,IFP27175200A-105Ah,LF105	3.2,3.2,3.2	1.98±0.05,2.060±0.050,1.98±0.05	—	1152,1152,1152	南京创源天地动力科技有限公司,合肥国轩高科动力能源有限公司	614.4,614.4,614.4	500,500,500	2724,2784,2824	630,630,630	—	387,387,387	否	软件:SKSS/硬件:SKSH-05,软件:GXEV-SW-V1/硬件:GXEV-HW-V1,软件:SKSS/硬件:SKSH-05	南京创源天地动力科技有限公司,合肥国轩高科动力能源有限公司	纯电动专用车	701	701
力信(江苏)能源科技有限责任公司	磷酸铁锂	EFP54175200	3.22	4.0±0.2	—	192	力信(江苏)能源科技有限责任公司	618.24	206	932	206	—	127.357	否	CTS1_BMU_S08_02_01/CTS1_BMU48S_V10	镇江科信动力系统设计研究有限公司	纯电动客车	1	671
	三元材料	ENP27148130	3.65	1.13±0.02	—	420	河南森源重工有限公司	511	156	660	156	—	79.716	否	1621B(主控模块:C10D/硬件:HW1.1/软件:V1.02.S19)	河南森源重工有限公司	纯电动专用车	6	
	三元材料	ENP27148130	3.65	1.13±0.02	—	420	河南森源重工有限公司	511	156	660	156	—	79.716	否	1621B(主控模块:C10D/硬件:HW1.1/软件:V1.02.S19)	河南森源重工有限公司	纯电动专用车	4	
	三元材料	ENP27148130	3.65	1.13±0.02	—	96	陕西长风动力有限公司	350.4	52	155±5	52	—	18.22	否	软件:WRP1_BMS_SW_V10/硬件:WRP1_BMS_HW_V10	陕西长风动力有限公司	插电式混合动力专用车	29	
	三元材料	ENP27148130	3.65	1.175±0.03	—	432	力信(江苏)能源科技有限责任公司	525.6	186	700	186	—	97.7	否	ETPG_BMS_SW_V10/ETPG_BMS_HW_V10	力信(江苏)能源科技有限责任公司	纯电动专用车	1	
	三元材料	ENP27148130	3.65	1.175±0.03	—	96	湖南金杯新能源发展有限公司	350	58	148	58	—	21.03	否	GCBMSG1302M001-A/GCBMSG1302M0-B	湖南金杯新能源发展有限公司	纯电动乘用车	100	
	三元材料	ENP2714897	3.67	0.9	—	288	惠州市亿能电子有限公司	352.3	156	347	156	—	55	否	软件:E6BB02MS/硬件:EV05	惠州市亿能电子有限公司	纯电动乘用车	162	
	三元材料	ENP2714897	3.67	0.9	—	288	惠州市亿能电子有限公司	352.3	156	350	156	—	55	否	软件:E6BB02MS/硬件:EV05	惠州市亿能电子有限公司	纯电动乘用车	368	
北京国能电池科技股份有限公司	磷酸铁锂	PL11181250	3.22	1.01	—	504	北京国能电池科技股份有限公司	540.96	150	635	150	—	81.144	否	软件:BNBBMSSW1.1/硬件:BNB-BMS-03	北京国能电池科技股份有限公司	纯电动专用车	30	610
	磷酸铁锂	PL15161227	3.2	1.2	—	216	北京国能电池科技股份有限公司	345.6	126	346	126	—	43.5456	否	软件:BNBBMSSW1.1/硬件:BNB-BMS-02	北京国能电池科技股份有限公司	纯电动专用车	7	
	磷酸铁锂	PL15161227	3.22	1.2	—	216	北京国能电池科技股份有限公司	347.76	126	365	126	—	43.8	否	软件:BNBBMSSW1.1/硬件:BNB-BMS-02	北京国能电池科技股份有限公司	纯电动专用车	1	

续上表

储能装置单体生产企业	储能装置种类	储能装置单体型号	储能装置单体标称电压(V)	储能装置单体质量(kg)	超级电容器单体标称静电容量(F)	储能装置单体数量	储能装置总成生产企业	储能装置总成标称电压(V)	储能装置总成额定输出电流(A)	储能装置总成质量(kg)	储能装置总成标称容量(Ah)	超级电容器总成标称静电容量(F)	储能装置总储电量(kWh)	动力蓄电池箱是否具有快换装置	车载能源管理系统型号(包括软件和硬件)	车载能源管理系统生产企业	配套车辆类型	2019年配套车型产量小计(辆)	2019年配套车型产量总计(辆)
北京国能电池科技股份有限公司	磷酸铁锂	PL15181210	3.22	1.25	—	1008	北京国能电池科技股份有限公司	540.96	408	1430	408	—	220.711	否	软件:BNBBMSSW1.1/硬件:BNB-BMS-03	北京国能电池科技股份有限公司	纯电动客车	22	610
	磷酸铁锂	PL15181210	3.22	1.25	—	1440	北京国能电池科技股份有限公司	579.6	350	2040	544	—	315.3	否	软件:BNBBMSSW1.1/硬件:BNB-BMS-04	北京国能电池科技股份有限公司	纯电动客车	20	
	磷酸铁锂	PL15181210	3.22	1.25	—	1440	北京国能电池科技股份有限公司	579.6	544	2040	544	—	315.3	否	软件:BNBBMSSW1.1/硬件:BNB-BMS-04	北京国能电池科技股份有限公司	纯电动客车	30	
	磷酸铁锂	PL15181210	3.22	1.25	—	240	北京国能电池科技股份有限公司	386.4	136	352	136	—	52.55	否	软件:BNBBMSSW1.1/硬件:BNB-BMS-02	北京国能电池科技股份有限公司	纯电动客车	15	
	磷酸铁锂	PL15181210	3.22	1.25	—	324	北京国能电池科技股份有限公司	521.64	136	460	136	—	70.94	否	软件:BNBBMSSW1.1/硬件:BNB-BMS-02	北京国能电池科技股份有限公司	纯电动客车	1	
	磷酸铁锂	PL15181210	3.22	1.25	—	360	北京国能电池科技股份有限公司	386.4	204	525	204	—	78.82	否	软件:BNBBMSSW1.1/硬件:BNB-BMS-03	北京国能电池科技股份有限公司	纯电动客车	31	
	磷酸铁锂	PL15181210	3.22	1.25	—	384	北京国能电池科技股份有限公司	618.24	136	549	136	—	84.08064	否	软件:BNBBMSSW1.1/硬件:BNB-BMS-02	北京国能电池科技股份有限公司	纯电动客车	1	
	磷酸铁锂	PL15181210	3.22	1.25	—	558	北京国能电池科技股份有限公司	598.92	204	840	204	—	122.17	否	软件:BNBBMSSW1.1/硬件:BNB-BMS-03	北京国能电池科技股份有限公司	纯电动客车	21	
	磷酸铁锂	PL15181210	3.22	1.25	—	648	北京国能电池科技股份有限公司	521.64	272	920	272	—	141.88	否	软件:BNBBMSSW1.1/硬件:BNB-BMS-04	北京国能电池科技股份有限公司	纯电动客车	2	
	磷酸铁锂	PL15181210	3.22	1.25	—	648	北京国能电池科技股份有限公司	521.64	272	920	272	—	141.886	否	软件:BNBBMSSW1.1/硬件:BNB-BMS-04	北京国能电池科技股份有限公司	纯电动客车	2	
	磷酸铁锂	PL15181210	3.22	1.25(±0.03)	—	1440	北京国能电池科技股份有限公司	579.6	544	2040	544	—	315.3	否	软件:BNBBMSSW1.1/硬件:BNB-BMS-04	北京国能电池科技股份有限公司	纯电动专用车	8	
	磷酸铁锂	PL15181210	3.22	1.25(±0.03)	—	360	北京国能电池科技股份有限公司	579.6	136	510	136	—	78.83	否	软件:BNBBMSSW1.1/硬件:BNB-BMS-02	北京国能电池科技股份有限公司	纯电动专用车	32	
	磷酸铁锂	PL15181210	3.22	1.25(±0.03)	—	360	北京国能电池科技股份有限公司	579.6	136	516	136	—	78.8256	否	软件:BNBBMSSW1.1/硬件:BNB-BMS-02	北京国能电池科技股份有限公司	纯电动客车	1	
	磷酸铁锂	PL15181210	3.22	1.25(±0.03)	—	468	北京国能电池科技股份有限公司	502.32	204	665	204	—	102.47	否	软件:BNBBMSSW1.1/硬件:BNB-BMS-03	北京国能电池科技股份有限公司	纯电动客车	79	
	磷酸铁锂	PL15181210	3.22	1.25(±0.03)	—	756	北京国能电池科技股份有限公司	608.58	272	1139±27	272	—	165.53376	否	软件:BNBBMSSW1.1/硬件:BNB-BMS-04	北京国能电池科技股份有限公司	纯电动客车	37	
	磷酸铁锂	PL15181210	3.22	1.25±0.03	—	240	北京国能电池科技股份有限公司	386.4	136	352±10	136	—	52.55	否	软件:BNBBMSSW1.1/硬件:BNB-BMS-02	北京国能电池科技股份有限公司	纯电动专用车	1	
	磷酸铁锂	PL15181210	3.22	1.25±0.03	—	360	北京国能电池科技股份有限公司	386.4	204	510	204	—	78.83	否	软件:BNBBMSSW1.1/硬件:BNB-BMS-03	北京国能电池科技股份有限公司	纯电动专用车	9	
	磷酸铁锂	PL15181210	3.22	1.25±0.03	—	360	北京国能电池科技股份有限公司	579.6	136	562	136	—	78.8256	否	软件:BNBBMSSW1.1/硬件:BNB-BMS-02	北京国能电池科技股份有限公司	纯电动专用车	1	
	磷酸铁锂	PL15181210	3.22	1.25±0.03	—	477	北京国能电池科技股份有限公司	511.98	204	675	204	—	104.442	否	软件:BNBBMSSW1.1/硬件:BNB-BMS-03	北京国能电池科技股份有限公司	纯电动客车	11	
	磷酸铁锂	PL15181210	3.22	1.25±0.03	—	504	北京国能电池科技股份有限公司	540.96	204	749±15	204	—	110.35584	否	软件:BNBBMSSW1.1/硬件:BNB-BMS-03	北京国能电池科技股份有限公司	纯电动客车	16	
	磷酸铁锂	PL15181210	3.22	1.25±0.03	—	954	北京国能电池科技股份有限公司	511.98	408	1416±30	408	—	208.89	否	软件:BNBBMSSW1.1/硬件:BNB-BMS-03	北京国能电池科技股份有限公司	纯电动客车	20	
	磷酸铁锂	LP13181250	3.2	1.25±0.3	—	1050	河南森源重工有限公司	560	360	1561	360	—	201.6	否	1621B(主控模块:C10D/硬件:HW1.1/软件:V1.02.S19)	河南森源重工有限公司	纯电动专用车	2	
	磷酸铁锂	PL13181250	3.2	1.25	—	736	北京国能电池科技股份有限公司	588.8	240	1177.1	240	—	141.3	否	软件:A06511216B30/硬件:PWMBMS05,主控软件:BMUB00PL/主控硬件:BMU10B142	东莞钜威动力技术有限公司,北京国能绿控科技有限公司	纯电动客车	1	
	磷酸铁锂	PL13181250	3.2	1.25	—	1080	北京国能电池科技股份有限公司	576	360	1720	360	—	207.36	否	软件:A06530817328/硬件:PW2904	东莞钜威动力技术有限公司	纯电动专用车	1	
	磷酸铁锂	PL13181250	3.2	1.25	—	1620	北京国能电池科技股份有限公司	576	540	2580	540	—	311.04	否	软件:A06523717328/硬件:PW2904	东莞钜威动力技术有限公司	纯电动专用车	33	
	磷酸铁锂	PL13181250	3.2	1.25	—	1620	北京国能电池科技股份有限公司	576	540	2580	540	—	311.04	否	软件:A06523717328/硬件:PW2F01	东莞钜威动力技术有限公司	纯电动专用车	3	
	磷酸铁锂	PL13181250	3.2	1.25	—	1620	北京国能电池科技股份有限公司	576	540	2580	540	—	311.04	否	软件:A06523717328/硬件:PW2904	东莞钜威动力技术有限公司	纯电动专用车	2	
	磷酸铁锂	PL13181250	3.2	1.25	—	480	北京国能电池科技股份有限公司	512	180	767.5	180	—	92.16	否	软件:A06516617210/硬件:PW2F01+PW2904	东莞钜威动力技术有限公司	纯电动客车	1	
	磷酸铁锂	PL13181250	3.2	1.25	—	900	北京国能电池科技股份有限公司	576	300	1400	300	—	172.8	—	软件:A06530817328/硬件:PW2904	东莞钜威动力技术有限公司	纯电动专用车	7	

续上表

储能装置单体生产企业	储能装置种类	储能装置单体型号	储能装置单体标称电压(V)	储能装置单体质量(kg)	超级电容器单体标称静电容量(F)	储能装置单体数量	储能装置总成生产企业	储能装置总成标称电压(V)	储能装置总成额定输出电流(A)	储能装置总成质量(kg)	储能装置总成标称容量(Ah)	超级电容器总成标称静电容量(F)	储能装置总储电量(kWh)	动力蓄电池箱是否具有快换装置	车载能源管理系统型号(包括软件和硬件)	车载能源管理系统生产企业	配套车辆类型	2019年配套车型产量小计(辆)	2019年配套车型产量总计(辆)
北京国能电池科技股份有限公司	磷酸铁锂	PL13181250	3.2	1.25	—	900	北京国能电池科技股份有限公司	576	300	1400	300	—	172.8	否	软件:A06523717328/硬件:PW2904	东莞钜威动力技术有限公司	纯电动专用车	39	610
	磷酸铁锂	PL13181250	3.2	1.25	—	900	北京国能电池科技股份有限公司	576	300	1440	300	—	172.8	否	软件:A06536117913/硬件:PWMBMS04	东莞钜威动力技术有限公司	纯电动客车	8	
	磷酸铁锂	PL13181250	3.2	1.25±0.03	—	900	北京国能电池科技股份有限公司	576	300	1338	300	—	172.8	否	软件:A06549718413/硬件:PW2904	东莞钜威动力技术有限公司	纯电动专用车	1	
	磷酸铁锂	PL13181250	3.2	1.25±0.03	—	900	北京国能电池科技股份有限公司	576	300	1338	300	—	172.8	否	软件:A06549718413/硬件:PW2904	东莞钜威动力技术有限公司	纯电动专用车	2	
	磷酸铁锂	PL14161227	3.2	1.17±0.03	—	416	北京国能电池科技股份有限公司	332.8	240	691±15	240	—	79.872	—	软件:A06533017821/硬件:PWMBMS05	北京国能电池科技股份有限公司	纯电动专用车	59	
	磷酸铁锂	PL15181210	3.22	1.25(±0.03)	—	174	北京国能电池科技股份有限公司	560.28	204	740±20	204	—	114.30	否	软件:BNBBMSSW1.1/硬件:BNB-BMS-04	北京国能电池科技股份有限公司	纯电动客车	21	
	磷酸铁锂	PL15181210	3.22	1.25(±0.03)	—	360	北京国能电池科技股份有限公司	608.58	272	1075±10	272	—	165.53	否	软件:BNBBMSSW1.1/硬件:BNB-BMS-03	北京国能电池科技股份有限公司	纯电动客车	1	
	磷酸铁锂	PL15181210	3.22	1.25±0.03	—	684	北京国能电池科技股份有限公司	550.62	272	1030	272	—	149.77	否	软件:BNBBMSSW1.1/硬件:BNB-BMS-04	北京国能电池科技股份有限公司	纯电动客车	1	
	三元材料	PL62181250	3.7	0.65	—	660	北京国能电池科技股份有限公司	407	180	630	180	—	73.26	否	软件:A06514317104/硬件:PWMBMS05	东莞钜威动力技术有限公司	纯电动专用车	29	
	三元材料	PL62181250	3.7	0.65±0.04	—	864	北京国能电池科技股份有限公司	532.8	180	770±21	180	—	95.904	否	软件:A06526017410/硬件:PWMBMS05(主控)PW2305-36S(从控)	东莞钜威动力技术有限公司	纯电动专用车	1	
大连中比动力电池有限公司	磷酸铁锂	26650FS3	3.2	0.088	—	936	大连中比动力电池有限公司	77	150	125	140.4	—	10.782	否	软件:047SWK001/硬件:047HWK001	大连中比动力电池有限公司	纯电动乘用车	432	520
	磷酸铁锂	B71173200FA	3.22	5.3±0.3	—	144	大连中比动力电池有限公司	463.68	275	902±27	275	—	127.512	否	软件:047SAA001/硬件:047HAA001	大连中比动力电池有限公司	纯电动客车	40	
	磷酸铁锂	B71173200FA	3.22	5.3±0.3	—	198	大连中比动力电池有限公司	637.56	275	1244±37	275	—	175.329	否	软件:047SAA001/硬件:047HAA001	大连中比动力电池有限公司	纯电动客车	42	
	三元材料	26650HC 4.5Ah	3.6	0.093	—	4864	大连中比动力电池有限公司	547.2	144	690	144	—	78.8	否	软件:ZSE32F2/硬件:ZHE32F2	大连中比动力电池有限公司	纯电动专用车	4	
	三元材料	26650HC2-5.0Ah	3.6	0.095	—	2754	大连中比动力电池有限公司	367.2	135	409	135	—	49.6	否	软件:ZSE27A2/硬件:ZHE27A2	大连中比动力电池有限公司	纯电动专用车	1	
	三元材料	26650HC2-5.0Ah	3.6	0.095	—	2754	大连中比动力电池有限公司	367.2	135	446	135	—	49.6	否	软件:ZSE27A2/硬件:ZHE27A2	大连中比动力电池有限公司	纯电动专用车	1	
浙江超威创元实业有限公司	三元材料	NCM2614897P42	3.65	0.83	—	294	浙江超威创元实业有限公司	357.7	126	334	126	—	45.07	否	JMEV-CWCY-BMU-E400L/软件:B62S18MS8124D0/硬件:EV05SM112A	江西江铃集团新能源汽车有限公司	纯电动乘用车	509	509
哈尔滨光宇电源股份有限公司	三元材料	NCMP1690200A	3.7	0.64	—	420	哈尔滨光宇电源股份有限公司	310.8	140	389	140	—	43.5	否	软件:M31RB01-BCU-S008/硬件:H001	北京新能源汽车股份有限公司	纯电动专用车	1	488
	三元材料	NCMP40148102A	3.65	1.32	—	176	哈尔滨光宇电源股份有限公司	321.2	144	320	144	—	46.25	否	软件: BMS-EX52-V1.0/硬件: GYB-EVBMS-V3.6	哈尔滨光宇电源股份有限公司	纯电动乘用车	352	
	三元材料	NCMP4014898A	3.6	1.21	—	120	重庆长安汽车股份有限公司	144	180	185±3	180	—	25.9	否	BMS-A301-V1.0/GYB-EVBMS-V3.5B	哈尔滨光宇电源股份有限公司	纯电动乘用车	1	
	三元材料	NCMP4014898A	3.6	1.32	—	176	哈尔滨光宇电源股份有限公司	317	128	295	128	—	40.55	否	软件:BMS-EX51-V1.0/硬件:GYB-EVBMSV3.6	哈尔滨光宇电源股份有限公司	纯电动乘用车	133	
	三元材料	NCMP4014898A	3.65	1.32	—	176	哈尔滨光宇电源股份有限公司	321.2	163	305	128	—	41	否	软件:V1.0/硬件:GYB-EVBMSV3.5B	哈尔滨光宇电源股份有限公司	纯电动乘用车	1	
瑞浦能源有限公司	磷酸铁锂	CB71173200EA	3.2	5.27±0.3	—	348	瑞浦能源有限公司	556.8	400	2185.2	560	—	311.80	否	MBCU-XMQ01V01/BHN02A-BCU	瑞浦能源有限公司	纯电动客车	72	450
	磷酸铁锂	CB71173200EA	3.2	5.27±0.3	—	360	瑞浦能源有限公司	576	400	2120	560	—	322.56	否	MBCU crrcV1.0/BHN02A-BCU	瑞浦能源有限公司,惠州市蓝微新源技术有限公司	纯电动客车	90	
	磷酸铁锂	CB71173200EA	3.2	5.27±0.3	—	360	瑞浦能源有限公司	576	400	2254	560	—	322.56	—	软件:MBCU crrcV1.0/硬件:BHN02A-BCU	瑞浦能源有限公司	纯电动客车	30	
	三元材料	INP7914897-155Ah	3.65	2.57	—	88	华霆(合肥)动力技术有限公司莆田分公司	321	155	323	155	—	49.8	否	软件:2196AAK/硬件:2101AAB	南京军上电子科技有限公司	纯电动乘用车	258	
苏州安靠电源有限公司	磷酸铁锂	IFR32/140-15Ah	3.2	0.268±0.005	—	1040	苏州安靠电源有限公司	332.8	150	370	150	—	49.92	否	AK19C009-1.0/AKEV-YTA48-A4	苏州安靠电源有限公司	纯电动专用车	404	418
	磷酸铁锂	IFR32/140-15Ah	3.2	0.268±0.005	—	1040	苏州安靠电源有限公司	332.8	150	370	150	—	49.92	否	AK19C009-1.0/AKEV-YTA48-A4	苏州安靠电源有限公司	纯电动乘用车	2	

续上表

储能装置单体生产企业	储能装置种类	储能装置单体型号	储能装置单体标称电压(V)	储能装置单体质量(kg)	超级电容器单体标称静电容量(F)	储能装置单体数量	储能装置总成生产企业	储能装置总成标称电压(V)	储能装置总成额定输出电流(A)	储能装置总成质量(kg)	储能装置总成标称容量(Ah)	超级电容器总成标称静电容量(F)	储能装置总储电量(kWh)	动力蓄电池箱是否具有快换装置	车载能源管理系统型号(包括软件和硬件)	车载能源管理系统生产企业	配套车辆类型	2019年配套车型产量小计(辆)	2019年配套车型产量总计(辆)
苏州安靠电源有限公司	磷酸铁锂	IFR32/140-15Ah	3.2	0.268±0.005	—	776	苏州安靠电源有限公司	310.4	120	293	120	—	37.248	否	主控硬件：BCMU44AV0101/主控软件：SBC-MU44A19C015V01； 48S 从机硬件：BMU1816V0101/48S 从控软件：SB-MU481619C015V01； 60S 从机硬件：BMU6024V0101/60S 从控软件：SB-MU602419C15V01	苏州安能新能源技术有限公司	纯电动专用车	12	418
爱思开综合化学投资(中国)有限公司	三元材料	E370	3.65	0.7	—	100	Deutsche ACCUmotive	365	140	123	37	—	13.5	否	BT0023	Deutsche ACCUmotive	插电式混合动力乘用车	403	403
韩国乐金化学有限公司(LG Chem (KOREA))	三元材料	L4A	3.73	0.88	—	192	南京乐金化学新能源电池有限公司	360	300	282	74	—	22	否	软件：L38 BMS/硬件：L38 BMS	韩国乐金依诺特有限公司(LG Innotek(Korea))	纯电动乘用车	3	397
	三元材料-NCM	5QE915123 *	3.62	0.7	—	104	三星(长春)动力电池有限公司	382	37	142	37.5	—	14.08	否	4GD915233 * /4GD915233 *	MarquardtGmbH	插电式混合动力乘用车	394	
天能电池集团有限公司	铅酸电池	3-EVF-200	6	35.5	—	12	天能电池集团有限公司	72	200	426	200	—	14.4	—	—	—	纯电动专用车	30	365
	铅酸电池	3-EVF-200	6	36	—	12	天能电池集团有限公司	72	200	432	200	—	14.4	—	—	—	纯电动专用车	187	
	铅酸电池	3-EVF-200	6	36	—	12只	天能电池集团有限公司	72	200	432	200	—	14.4	—	—	—	纯电动专用车	148	
上海卡耐新能源有限公司	多元复合	CEA-LM36	3.65	0.612±0.007	—	234	江西优特汽车技术有限公司	142.4	216	220±6	216	—	30.75	否	型号：CA42S-01，软件：YT-SW02/硬件：YT-HW01	江西优特汽车技术有限公司	纯电动乘用车	3	315
	三元材料	CEA-LM36	3.65	0.612	—	600个	苏州华特瑞思电动汽车技术有限公司	365	216(1C放电)	587	216	—	78.84	否	软件：BMU_HG11B_V214/硬件：BMS0102	北京华特智控电动汽车技术有限公司	纯电动乘用车	130	
	三元材料	CEA-LM36	3.65	0.612±0.007	—	234	江西优特汽车技术有限公司	142.4	216	220±6	216	—	30.75	否	型号：CA42S-01，软件：YT-SW02/硬件：YT-HW01	江西优特汽车技术有限公司	纯电动乘用车	105	
	三元材料	CEA-LM36	3.65	0.619±0.007	—	504	上海卡耐新能源有限公司	613.2	125	500	108	—	66.23	否	软件：SC000001-00/硬件：CNEVA1-BCU0600	上海卡耐新能源有限公司	纯电动专用车	57	
	三元材料	CEA-LM36	3.65	0.619±0.007	—	504	上海卡耐新能源有限公司	613.2	125	500	108	—	66.23	否	软件：SC000001-00/硬件：CNEVA1-BCU0600	上海卡耐新能源有限公司	纯电动乘用车	20	
新源动力股份有限公司，合肥国轩高科动力能源有限公司	燃料电池	XY-200A-3/IFP20100140	0.68/3.2	-/0.58	—	220/224	上海汽车集团股份有限公司，合肥国轩高科动力能源有限公司	358.4	83.7	-/230	40	—	14.3	否	SQDT-EV68-V1.0/C10	合肥国轩高科动力能源有限公司	燃料电池客车	303	307
	燃料电池/磷酸铁锂	XY-200A-3/IFP20100140	0.68/3.2	-/0.58	—	220/224	上海汽车集团股份有限公司，合肥国轩高科动力能源有限公司	358.4	83.7	-/230	40	—	14.3	否	SQDT-EV68-V1.0/C10	合肥国轩高科动力能源有限公司	燃料电池客车	4	
江苏春兰清洁能源研究院有限公司	磷酸铁锂	IFPE202	3.2	3.95	—	168	江苏春兰清洁能源研究院有限公司	537.6	202	774	202	—	108.6	否	软件：春兰客车锂电电源物联监管软件V3.0/硬件：HEV-BMS-V3	江苏春兰清洁能源研究院有限公司	纯电动客车	30	294
	磷酸铁锂	IFPE202	3.2	3.95	—	288	江苏春兰清洁能源研究院有限公司	460.8	404	1326	404	—	186.16	否	软件：春兰客车锂电电源物联监管软件V3.0/硬件：HEV-BMS-V3	江苏春兰清洁能源研究院有限公司	纯电动客车	67	
	磷酸铁锂	IFPE202	3.2	3.95	—	384	江苏春兰清洁能源研究院有限公司	614.4	404	1768	404	—	248.2	否	软件：春兰客车锂电电源物联监管软件V3.0/硬件：HEV-BMS-V3	江苏春兰清洁能源研究院有限公司	纯电动客车	80	
	磷酸铁锂	IFPE272	3.2	5.28	—	198	江苏春兰清洁能源研究院有限公司	633.6	272	1224	272	—	172.3	否	软件：春兰纯电动商务车用锂电电源管理系统软件V2.0/硬件：HEV-BMS-V3	江苏春兰清洁能源研究院有限公司	纯电动客车	24	
	磷酸铁锂	IFPE272	3.2	5.28	—	360	江苏春兰清洁能源研究院有限公司	576	544	2220	544	—	313.3	否	软件：春兰客车锂电电源物联监管软件V3.0/硬件：HEV-BMS-V3	江苏春兰清洁能源研究院有限公司	纯电动客车	26	
	磷酸铁锂	IFPP50	3.2	1.32	—	312	江苏春兰清洁能源研究院有限公司	499.2	100	760	100	—	50.0	否	软件：DYL500-100B2-A11/硬件：HEV-BMS-V3	江苏春兰清洁能源研究院有限公司	插电式混合动力客车	1	
	三元材料-NCM	ITPE60	3.6	1.06	—	202只	江苏春兰清洁能源研究院有限公司	363.6	120	290	120	—	43.63	否	软件：DYLT364-120B2-A11/硬件：HEV-BMS-V3	江苏春兰清洁能源研究院有限公司	纯电动专用车	66	

续上表

储能装置单体生产企业	储能装置种类	储能装置单体型号	储能装置单体标称电压(V)	储能装置单体质量(kg)	超级电容器单体标称静电容量(F)	储能装置单体数量	储能装置总成生产企业	储能装置总成标称电压(V)	储能装置总成额定输出电流(A)	储能装置总成质量(kg)	储能装置总成标称容量(Ah)	超级电容器总成标称静电容量(F)	储能装置总储电量(kWh)	动力蓄电池箱是否具有快换装置	车载能源管理系统型号(包括软件和硬件)	车载能源管理系统生产企业	配套车辆类型	2019年配套车型产量小计(辆)	2019年配套车型产量总计(辆)
山东玉皇新能源科技有限公司	磷酸铁锂	LFP2614897-40Ah	3.2	0.87	—	88	山东元齐新动力科技有限公司	70.4	160	134	160	—	11.26	否	YQBMSⅢ	山东元齐新动力科技有限公司	纯电动乘用车	251	251
湖北金泉新材料有限责任公司	磷酸铁锂	LF105	3.2	1.98±0.05	—	46	山东元齐新动力科技有限公司	147.2	105	148	105	—	15.456	否	YQBMSⅢ	山东元齐新动力科技有限公司	纯电动乘用车	228	228
宁德时代新能源科技股份有限公司,江苏时代新能源科技有限公司	三元材料	ELE8A3	3.61	2.71±0.2	—	108	威马汽车制造温州有限公司	389.9	200	432	177	—	69.01	否	软件:WM_108_P177_EV/硬件:BMS_108_P177_Cell	威马汽车制造温州有限公司	纯电动乘用车	211	211
江苏智航新能源有限公司	三元材料	ISR18650	3.7	0.046	—	4140	浙江远威动力技术有限公司	333	119.6	277	119.6	—	39.82	否	软件:A288003/硬件:PW2305-36S、PW2305-60S、PWMBMS04	东莞钜威动力技术有限公司	纯电动乘用车	28	205
	三元材料	ISR18650	3.7	0.046	—	7800	江苏智航新能源有限公司	577.2	100	600	130	—	75	否	软件:A15800161015/硬件:PWMBMS04	东莞钜威动力技术有限公司,江苏智航新能源有限公司	纯电动专用车	38	
	三元材料	ISR18650	3.7	0.046±0.002	—	3330	江苏智航新能源有限公司	333	28	230	96.2	—	32.03	否	软件:MY-BCU730/硬件:DK928	江苏智航新能源有限公司	纯电动专用车	100	
	三元材料	ISR18650	3.7	0.046±0.002	—	4224	江苏智航新能源有限公司	325.6	63	310	124.8	—	40.63	—	软件:MY-BCU735/硬件:DK928	江苏智航新能源有限公司	纯电动专用车	3	
	三元材料	ISR18650	3.7	0.046±0.002	—	7304	江苏智航新能源有限公司	325.6	216	450	215.8	—	70.264	否	软件:ZH-BCU730/硬件:ZH938	江苏智航新能源有限公司	纯电动专用车	36	
广州鹏辉能源科技股份有限公司	多元复合	GSP09184165	3.7	0.55	—	240	广州鹏辉能源科技股份有限公司	148	120	196	180	—	26.64	否	软件:GP-AP-D-MF-01-01A/硬件:GP-AP-D-MH-01-01A	广州鹏辉能源科技股份有限公司	纯电动乘用车	23	205
	磷酸铁锂	GSP34135214F/113Ah	3.2	2.14±0.03	—	216	江苏金阳光新能源科技有限公司	345.6	226	576	226	—	78.1	否	软件:345.6V226Ah/硬件:GSEBMS	江苏金阳光新能源科技有限公司	纯电动客车	61	
	三元材料	GSP09184165	3.7	0.55	—	240	广州鹏辉能源科技股份有限公司	148	120	196	180	—	26.64	否	软件:GP-AP-D-MF-01-01A/硬件:GP-AP-D-MH-01-01A	广州鹏辉能源科技股份有限公司	纯电动乘用车	1	
	三元材料	GSP34135214E/110Ah	3.55	2.15±0.03	—	76	广州鹏辉能源科技股份有限公司	539.6	110	412	110	—	59.35	否	软件:T30120171205-1/硬件:PHBMU06/PHB-SU76S6T	广州鹏辉能源科技股份有限公司	纯电动专用车	12	
	三元材料	ICR18650P2500MA	3.6	0.045	—	4488	广州鹏辉能源科技股份有限公司	316.8	127.5	335	127.5	—	38.37	否	软件:STJGPHN060101001/硬件:STJGPH010101	陕西中九汽车工程研究院有限公司	纯电动专用车	108	
肇庆遨优动力电池有限公司	磷酸铁锂	AYP100265200F36	3.2	1.070±0.043	—	297	肇庆遨优动力电池有限公司	316.8	174	450±13.5	174	—	55.1	否	软件:AYP-EV124001-S1.0/硬件:AYP-EV124001-H1.0	肇庆遨优动力电池有限公司	纯电动专用车	67	198
	磷酸铁锂	AYP100265200F36	3.2	1.070±0.043	—	300	肇庆遨优动力电池有限公司	320	174	416.0±12.5	174	—	55.68	否	软件:KL-ASSEV05/硬件:KL-ASHEV05	肇庆遨优动力电池有限公司	纯电动专用车	72	
	磷酸铁锂	AYP100265200F36	3.2	1.070±0.043	—	640	肇庆遨优动力电池有限公司	512	232	868	232	—	118.78	否	软件:AYP-EV000108-C004-S1.0/硬件:AYP-EV000108-C004-H1.0	肇庆遨优动力电池有限公司	纯电动专用车	13	
	磷酸铁锂	AYP100265200F36	3.2	1.070±0.043	—	720	肇庆遨优动力电池有限公司	576	232	968	232	—	133.632	否	B004-4P30S-F58:硬件:AYP-EV000107-B004-H1.0/软件:AYP-EV000107-B004-S1.0 C004-4P40S-F58:硬件:AYP-EV000108-C004-H1.0/软件:AYP-EV000108-C004-S1.0	肇庆遨优动力电池有限公司	纯电动客车	23	
	三元材料	AYP128188236N50	3.65	1.26±0.05	—	208	肇庆遨优动力电池有限公司	379.6	152	378	152	—	57.7	否	AYP-EV0902001-H1.00/AYP-EV0902001-S1.00	肇庆遨优动力电池有限公司	纯电动乘用车	8	
	三元材料	AYP128188236N50	3.65	1.26±0.05	—	208	肇庆遨优动力电池有限公司	379.6	152	378	152	—	57.7	否	AYP-EV0902001-H1.00/AYP-EV0902001-S1.00	肇庆遨优动力电池有限公司	纯电动乘用车	13	
	三元材料	AYP128188236N50	3.65	1.26±0.05	—	304	肇庆遨优动力电池有限公司	554.8	152	532	152	—	84.3	否	AYP-EV114002-S1.00/AYP-EV114002-H1.00	肇庆遨优动力电池有限公司	纯电动专用车	2	
安徽益佳通电池有限公司,宁德时代新能源科技股份有限公司	磷酸铁锂	YJT40110413-175Ah,MFH3L8	3.2,3.22	3.65,3.92±0.20	—	336,324	安徽益佳通电池有限公司,宁德时代新能源科技股份有限公司	537.6,521.64	196,250	1595,1480	350,404	—	188.16,210.74	否	BC54B、SW1.1,CEB-B60SV01/CEB-B60H	安徽益佳通电池有限公司,宁德时代新能源科技股份有限公司	纯电动客车	187	187

续上表

储能装置单体生产企业	储能装置种类	储能装置单体型号	储能装置单体标称电压(V)	储能装置单体质量(kg)	超级电容器单体标称静电容量(F)	储能装置单体数量	储能装置总成生产企业	储能装置总成标称电压(V)	储能装置总成额定输出电流(A)	储能装置总成质量(kg)	储能装置总成标称容量(Ah)	超级电容器总成标称静电容量(F)	储能装置总储电量(kWh)	动力蓄电池箱是否具有快换装置	车载能源管理系统型号(包括软件和硬件)	车载能源管理系统生产企业	配套车辆类型	2019年配套车型产量小计(辆)	2019年配套车型产量总计(辆)
江苏春兰清洁能源研究院有限公司,宁德时代新能源科技股份有限公司	磷酸铁锂	IFPE202,MFH3L8	3.2,3.22	3.95,3.92±0.2	—	180,180	江苏春兰清洁能源研究院有限公司,宁德时代新能源科技股份有限公司	576,579.6	202,200	828,816	202,202	—	116.35,117.07	否	软件:DYL576-202-A11,CEB-B60SV01/CEB-B60H/硬件:HEV-BMS-V3	江苏春兰清洁能源研究院有限公司,宁德时代新能源科技股份有限公司	纯电动客车	67	166
	磷酸铁锂	IFPE202,MFH3L8	3.2,3.22	3.95,3.92±0.20	—	288,336	江苏春兰清洁能源研究院有限公司,宁德时代新能源科技股份有限公司	460.8,540.96	404,250	1326,1536	404,404	—	186.16,218.5	否	软件:DYL461-404B2-A11,CEB-B60SV01/CEB-B60H/硬件:HEV-BMS-V3	江苏春兰清洁能源研究院有限公司,宁德时代新能源科技股份有限公司	纯电动客车	6	
	磷酸铁锂	IFPE202,MFH3L8	3.2,3.22	3.95,3.92±0.20	—	336,384	江苏春兰清洁能源研究院有限公司,宁德时代新能源科技股份有限公司	537.6,618.24	404,250	1548,1728	404,404	—	217.19,249.76	否	软件:DYL538-404B2-C11,CEB-B60SV01/CEB-B60H/硬件:HEV-BMS-V3	江苏春兰清洁能源研究院有限公司,宁德时代新能源科技股份有限公司	纯电动客车	77	
	磷酸铁锂	IFPE272,6LH3L8	3.2,3.22	5.28,5.21±0.26	—	165,189	江苏春兰清洁能源研究院有限公司,宁德时代新能源科技股份有限公司	528,608.58	272,250	1020,1146	272,271	—	143.6,164.92	否	软件:DYL528-272-C11,CEB-B60SV01/CEB-B60H/硬件:HEV-BMS-V3	江苏春兰清洁能源研究院有限公司,宁德时代新能源科技股份有限公司	纯电动客车	16	
深圳市比克动力电池有限公司,江苏天鹏电源有限公司	三元材料	N18650CL-29,ICR18650	3.6,3.6	0.046,0.047	—	4224,4224	金华市康迪新能源车辆有限公司,金华市康迪新能源车辆有限公司	158,158	133,133	296,296	264,264	—	41.8,41.8	否	KD-BCU01V5.0/KD-BCU05	金华市康迪新能源车辆有限公司	纯电动乘用车	160	160
江苏海基新能源股份有限公司	磷酸铁锂	HJLFP48173155E-135Ah	3.2	2.65	—	112	江苏索尔新能源科技股份有限公司	358.4	135	345	135	—	48.384	是	BMS-112S	江苏索尔新能源科技股份有限公司	纯电动乘用车	119	130
	磷酸铁锂	HJLFP48173155E-135Ah	3.2	2.65±0.05	—	99	江苏海基新能源股份有限公司	316.8	135	342±9	135	—	42.768	否	软件:HGJH-SWEV02/硬件:HGJH-EV02	江苏海基新能源股份有限公司	纯电动专用车	10	
	三元材料	HJNCM2714897-45Ah	3.65	0.85±0.02	—	243	江苏海基新能源股份有限公司	98.55	160	300±6	405	—	39.912	否	软件:IHIGEE-BMU-G1.0/硬件:BY5248D	江苏海基新能源股份有限公司	纯电动专用车	1	
力神动力电池科技有限公司	三元材料	LP2714897-51Ah	3.65	0.925	—	264	武汉力神动力电池系统科技有限公司	321.2	153	360	153	—	49.14	无	KL-ASSEV6/KL-ASHEV6	深圳市科列技术股份有限公司	纯电动乘用车	129	129
三洋能源(苏州)有限公司	三元材料	UR1865ZL2	3.6	0.045	—	10080	捷星新能源科技(苏州)有限公司	518.4	161	695	161	—	83.46	否	FSBMS-DF-EQ5040-SY161Ah-V3.22/FSBMS-EV-F3	捷星新能源科技(苏州)有限公司	纯电动专用车	110	110
西安众迪锂电池有限公司	三元材料	CE32BNCD	3.6	0.85±0.05	—	180	重庆金康动力新能源有限公司	324	100	235	100	—	32.4	否	软件:JKDLSW106R032A/硬件:JKDLHW106R032	重庆金康动力新能源有限公司	插电式混合动力乘用车	78	88
	三元材料	CE32BNCD	3.6	0.85±0.05	—	96	重庆金康动力新能源有限公司	345.6	50	123	51	—	17.28	否	JKDLSW513R017A/JKDLSW513R017	重庆金康动力新能源有限公司	插电式混合动力乘用车	10	
浙江南都鸿芯动力科技有限公司	三元材料	i50	3.67	0.75±0.02	—	264	北京智行鸿远汽车有限公司	322.96	150	322	150	—	48.4	否	ZX-BCU-154-1506	北京智行鸿远汽车有限公司	纯电动专用车	86	86
江苏海四达电源股份有限公司	磷酸铁锂	IFP36115220-78	3.2	1.68	—	558	迪斯达新能源(上海)有限公司	595.2	234	1180	234	—	139.38	否	主控:PWMBMS05/软件:A147001M6228	东莞钜威动力技术有限公司	纯电动客车	1	85
	磷酸铁锂	IFP36115220-78	3.2	1.68±0.10	—	214	江苏海四达电源股份有限公司	342.4	156	460	156	—	53.4	否	软件:HSD-BMS-1-V1.0/硬件:HSD-BMS-01	江苏海四达电源股份有限公司	纯电动专用车	1	
	磷酸铁锂	IFP53173200-200	3.2	3.87±0.1	—	121	江苏海四达电源股份有限公司	387.2	200	627	200	—	77.44	否	软件:HSD-BMS-3-V1.0/硬件:HSD-BMS-03 系列	江苏海四达电源股份有限公司	纯电动专用车	12	
	磷酸铁锂	IFP53173200-200	3.2	3.87±0.1	—	180	江苏海四达电源股份有限公司	576	200	845	200	—	115.2	无	软件:HSD-BMS-3-V1.0/硬件:HSD-BMS-03	江苏海四达电源股份有限公司	纯电动客车	70	
	三元材料	ISR18650-2600	3.6	0.045±0.002	—	9500	江苏海四达电源股份有限公司	360	195	668	247	—	88.92	否	软件:HSD-BMS-V1.0/硬件:HSD-BMS-01	江苏海四达电源股份有限公司	纯电动专用车	1	
力神(青岛)新能源有限公司	磷酸铁锂	LP71173207-272Ah	3.2	5.265	—	372	力神动力电池系统有限公司	595.2	272	2389	544	—	323.78	无	LS-EV-BMS-SW-V01/LS-EV-BMS-HW-V01	力神动力电池系统有限公司	纯电动客车	51	82
	磷酸铁锂	LP71173207-272Ah	3.2	5.265±0.100	—	162	力神动力电池系统有限公司	518.4	200	1014	272	—	141.004	否	LS-EV-BMS-SW-V01/LS-EV-BMS-HW-V01	力神动力电池系统有限公司	纯电动客车	30	
	磷酸铁锂	LP71173207-272Ah	3.2	5.265±0.100	—	171	力神动力电池系统有限公司	547.2	218	1059	272	—	148.83	—	LS-EV-BMS-SW-V01/LS-EV-BMS-HW-V01	力神动力电池系统有限公司	纯电动客车	1	

续上表

储能装置单体生产企业	储能装置种类	储能装置单体型号	储能装置单体标称电压(V)	储能装置单体质量(kg)	超级电容器单体标称静电容量(F)	储能装置单体数量	储能装置总成生产企业	储能装置总成标称电压(V)	储能装置总成额定输出电流(A)	储能装置总成质量(kg)	储能装置总成标称容量(Ah)	超级电容器总成标称静电容量(F)	储能装置总储电量(kWh)	动力蓄电池箱是否具有快换装置	车载能源管理系统型号(包括软件和硬件)	车载能源管理系统生产企业	配套车辆类型	2019年配套车型产量小计(辆)	2019年配套车型产量总计(辆)
河南新太行电源股份有限公司	磷酸铁锂	IFR26650-3600mAh	3.2	0.086 ±0.005	—	5643	河南新太行电源股份有限公司	547.2	118.8	666±15	118.8	—	65	否	软件:XTH3.0/硬件:XTH-YH-EV-01	河南新太行电源股份有限公司	纯电动客车	1	79
	三元材料	INR26650-4300mAh	3.6	0.088	—	2880	河南新太行电源股份有限公司	345.6	130.5	364	130.5	—	45.1	否	软件:XTH4.0/硬件:XTH-HNZL-EV-01	河南新太行电源股份有限公司	纯电动专用车	31	
	三元材料	INR26650-4300mAh	3.6	0.088	—	2880	河南新太行电源股份有限公司	345.6	130.5	364	130.5	—	45.1	否	软件:XTH4.0/硬件:XTH-HNZL-EV-01	河南新太行电源股份有限公司	纯电动专用车	1	
	三元材料	INR26650-4300mAh	3.6	0.088	—	4500	河南新太行电源股份有限公司	540	130.5	545	130.5	—	70.47	否	软件:XTH2.0/硬件:XTH-JL-EV-01	河南新太行电源股份有限公司	纯电动专用车	21	
	三元材料	INR26650-4300mAh	3.6	0.088	—	5280	河南新太行电源股份有限公司	576	143.5	628	143.5	—	82.656	否	软件:XTH1.0/硬件:XTH-JL-EV-01	河南新太行电源股份有限公司	纯电动专用车	1	
	三元材料	INR26650-4300mAh	3.6	0.088 ±0.005	—	5280	河南新太行电源股份有限公司	576	143.5	628±5	143.5	—	82.6	否	软件:XTH1.0/硬件:XTH-JL-EV-01	河南新太行电源股份有限公司	纯电动专用车	24	
湖州南浔遨优电池有限公司	磷酸铁锂	AYP100265200F36	3.2	1.070 ±0.043	—	324	湖州南浔遨优电池有限公司	345.6	174	440	174	—	60.14	是	软件:AYP-EV000110A-C005-S1.0/硬件:AYP-EV000110A-C005-H1.0	湖州南浔遨优电池有限公司	纯电动专用车	54	78
	磷酸铁锂	AYP100265200F36	3.2	1.070 ±0.043	—	540	湖州南浔遨优电池有限公司	576	174	736	174	—	100.224	否	软件:AYP-EV000109A-B005-S1/硬件:AYP-EV000109A-B005-H1,软件:AYP-EV000110A-C005-S1/硬件:AYP-EV000110A-C005-H1	湖州南浔遨优电池有限公司	纯电动客车	7	
	磷酸铁锂	AYP100265200F36	3.2	1.070 ±0.043	—	594	湖州南浔遨优电池有限公司	633.6	174	808	174	—	110.246	否	B005-3P36S-F58:硬件:AYP-EV000109A-B005-H1.0/软件:AYP-EV000109A-B005-S1.0 C005-3P54S-F58:硬件:AYP-EV000110A-C005-H1.0/软件:AYP-EV000110A-C005-S1.0	湖州南浔遨优电池有限公司	纯电动客车	1	
	锰酸锂	AYP115188220MN35	3.8	1.06±0.03	—	164	湖州南浔遨优电池有限公司	311.6	96	232.0 ±7.0	96	—	29.9	否	软件:V1.00/硬件:AYP-EV054002-BMS	湖州南浔遨优电池有限公司	纯电动专用车	10	
	三元材料	AYP90133200N45	3.65	0.55	—	864	湖州南浔遨优电池有限公司	394.2	240	715	240	—	94.6	否	软件:V1.0/硬件:HW1.0	湖州南浔遨优电池有限公司	纯电动专用车	6	
宁德时代新能源科技股份有限公司,芜湖天弋能源科技有限公司	磷酸铁锂	MFH3L8,NAH3L0	3.22,3.22	3.92±0.20,4.0±0.20	—	144,144	宁德时代新能源科技股份有限公司,芜湖天弋能源科技有限公司	463.68,463.8	202,206	648,675	202,206	—	93.66,95.54	否	CEB-B60SV01/CEB-B60H,1.0/BSU-FXM3-1224P	宁德时代新能源科技股份有限公司,芜湖天弋能源科技有限公司	纯电动客车	74	74
四川绿鑫电源科技有限公司	磷酸铁锂	16181217	3.2	1.26±0.02	—	360	四川绿鑫电源科技有限公司	576	136	540	136	—	78.336	否	软件:V1.45/硬件:FS BMO1V1.0	绵阳孚盛科技有限公司	纯电动客车	20	73
	磷酸铁锂	16181217	3.2	1.26±0.02	—	576	四川绿鑫电源科技有限公司	614.4	204	872	204	—	125.33	否	软件:V1.45/硬件:FS BMO1V1.0	绵阳孚盛科技有限公司	纯电动客车	20	
	磷酸铁锂	16181217	3.2	1.26±0.02	—	704	四川绿鑫电源科技有限公司	563.2	272	1084	272	—	153.19	否	软件:V1.45/硬件:FS BMO1V1.0	绵阳孚盛科技有限公司	纯电动客车	32	
	磷酸铁锂	16181217	3.2	1.26±0.02	—	720	四川绿鑫电源科技有限公司	576	272	1049.2	272	—	156.672	否	软件:V1.45/硬件:FS BMO1V1.0	绵阳孚盛科技有限公司	纯电动客车	1	
南通百应能源有限公司,微宏动力系统(湖州)有限公司	燃料电池	BYFC-A30KW-002/MV07220126MPE	3.6	0.336±0.003	—	1120	南通百应能源有限公司,微宏动力系统(湖州)有限公司	576	210	518±15	105	—	60.48	否	3600001FCU/软件:MPS-BMS-HV3.0/硬件:MPS-MS-SV3.0	南通百应能源有限公司,微宏动力系统(湖州)有限公司	燃料电池客车	72	72
江苏双登富朗特新能源有限公司	磷酸铁锂	IFP15180230-058	3.2	1.2±0.05	—	1500	江苏双登富朗特新能源有限公司	480	290	2020	580	—	278.4	否	SD2F02	江苏双登富朗特新能源有限公司	纯电动客车	71	71
万向一二三股份公司,深圳市今朝时代股份有限公司	磷酸铁锂/超级电容	WX12I3250,TCPR002R73000S5	3.2,2.7	1.1,0.5	3000	168,144	万向一二三股份公司,深圳市今朝时代股份有限公司	269,384	100,138	360	100	20.625	26.88	否	软件:BMS-M-01-500-001/硬件:BMS-SGA-001/003	天津市松正电动汽车技术股份有限公司	插电式混合动力客车	56	56
安徽利维能动力电池有限公司	三元材料	ISPt116/84/310-430E	3.7	0.65	—	192	宁波利维能储能系统有限公司	355.2	86	203	86	—	30.547	否	软件:B6A012MS/硬件:DZ06ACA813A	江西江铃集团新能源汽车有限公司	纯电动乘用车	50	50

续上表

储能装置单体生产企业	储能装置种类	储能装置单体型号	储能装置单体标称电压(V)	储能装置单体质量(kg)	超级电容器单体标称静电容量(F)	储能装置单体数量	储能装置总成生产企业	储能装置总成标称电压(V)	储能装置总成额定输出电流(A)	储能装置总成质量(kg)	储能装置总成标称容量(Ah)	超级电容器总成标称静电容量(F)	储能装置总储电量(kWh)	动力蓄电池箱是否具有快换装置	车载能源管理系统型号(包括软件和硬件)	车载能源管理系统生产企业	配套车辆类型	2019年配套车型产量小计(辆)	2019年配套车型产量总计(辆)
惠州亿纬锂能股份有限公司,力神电池(苏州)有限公司	三元材料	ICR18650, 21700 (4.0Ah)	3.68,3.65	0.045 ±0.002, 0.069 ±0.004	—	4224,1980	惠州亿纬锂能股份有限公司,苏州安靠电源有限公司	323.84, 328.5	120,88	277,206	120,88	—	38.86, 28.9	—	AKEV-YTA48-A1/AKEV-BMUA48-A1(硬件:KL-ASHEV5/软件:KL-ASSEV5);主板软件:SBCMU44A19C022V01,48S 从板软件:SBMU481619C022V01,60S 从板软件:SBMU602419C022V01,主板硬件:BCMU44AV0101,48S 从板软件:BMU4816V0101,60S 从板软件:BMU6024V0101	苏州安靠电源有限公司,苏州安靠电源有限公司	纯电动乘用车	45	45
东莞市迈科新能源有限公司	三元材料	MC-NCM6.3Ah	3.6	0.15	—	1456	东莞市迈科新能源有限公司	327.6	50.4	315	100.8	—	33	否	软件:DHN001SS6118/硬件:BHN01	惠州市蓝微新源技术有限公司	纯电动专用车	1	31
	三元材料-NCM	MC-NCM6.3Ah	3.60	0.15	—	2200	东莞市迈科新能源有限公司	360	138.6	530kg	138.6	—	49.68	—	软件:DHN001SS6118/硬件:BHN01	东莞市迈科新能源有限公司	纯电动专用车	30	
福建巨电新能源股份有限公司	磷酸铁锂	210790430F	3.2	9.9±0.3	—	156	福建巨电新能源股份有限公司	499.2	250	1750	500	—	249.6	否	JD-ASSEV6/JD-ASHEV6	福建巨电新能源股份有限公司	纯电动客车	23	30
	磷酸铁锂	210790430F	3.2	9.9±0.5	—	189	福建巨电新能源股份有限公司	604.8	250	2052	500	—	302.4	否	JD-ASSEV6/JD-ASHEV6	福建巨电新能源股份有限公司	纯电动专用车	6	
	磷酸铁锂	210790430F	3.2	9.9±0.5	—	189	福建巨电新能源股份有限公司	604.8	250	2100	500	—	302.4	否	JD-ASSEV6/JD-ASHEV6	福建巨电新能源股份有限公司	纯电动专用车	1	
广西卓能新能源科技有限公司	三元材料	INP 18650P-2600	3.65	0.046 ±0.002	—	10064	江苏索尔新能源科技股份有限公司	540.2	176.8	700	176.8	—	95.5	否	S148KST/BMS-24B	江苏索尔新能源科技股份有限公司	纯电动专用车	1	30
	三元材料	INR18650P	3.6	0.047	—	5400	江苏正昀新能源技术股份有限公司	324	132	360	132	—	42.8	否	软件:30822/硬件:ZY11	上海正昀新能源技术有限公司	纯电动专用车	3	
	三元材料	INR18650P	3.6	0.047	—	6000	江苏正昀新能源技术有限公司	360	132	430	132	—	47.52	否	软件:30812/硬件:ZY11	上海正昀新能源技术有限公司	燃料电池专用车	1	
	三元材料	INR1865P	3.7	0.046 ±0.003	—	7920	江苏维科新能源科技有限公司	532.8	143	620	143	—	76.19	否	软件:30818/硬件:WK11	江苏维科新能源科技有限公司	燃料电池专用车	11	
	三元材料	INR1865P	3.7	0.048 ±0.002	—	8288	江苏索尔新能源科技股份有限公司	547.6	145.6	590	145.6	—	79.73	否	V1.0/BMS-24B	江苏索尔新能源科技股份有限公司	纯电动专用车	14	
杭州南都动力科技有限公司	磷酸铁锂	FE85A	3.2	1.85	—	45	山东丽驰新能源汽车有限公司	144	最大持续255	110	85	—	12.24	否	V1.0	山东元齐新动力科技有限公司	纯电动专用车	29	30
	磷酸铁锂	FP55	3.2	1.46±0.10	—	100	山东丽驰新能源汽车有限公司	320	最大持续110	182	55	—	17.6	否	V3.0/V3.0	山东丽驰新能源汽车有限公司	纯电动专用车	1	
天臣新能源(渭南)有限公司	三元材料	TCR18650WD	3.6	0.045±2	—	5432	苏州孔雀动力能源有限公司	349.2	140	398	145.6	—	50.843	否	软件:STJDRNN060101/硬件:STJDRN060101	东莞市德尔新能源股份有限公司	纯电动专用车	1	30
	三元材料	TCR18650WD 锂离子电池(3.6V、2.6Ah、能量型)	3.6	0.045	—	3948	东莞市德尔能新能源股份有限公司	338.4	109.2	280	109.2	—	35.84	—	软件:STJDRNN060101/硬件:STJDRN010101	陕西中九汽车工程研究院有限公司	纯电动专用车	29	
浙江天能能源科技股份有限公司	三元材料-NCM	TNL-ITR18650-2600E	3.6	0.047 ±0.0015	—	4050	南京中欧威能新能源动力系统有限公司	324	60.4	280	117	—	37.9	否	软件:ZO-BCU706/硬件:DK918	南京中欧威能新能源动力系统有限公司	纯电动专用车	30	30
河南平煤国能锂电有限公司	磷酸铁锂	PL15161227	3.2	1.2	—	408	河南平煤国能锂电有限公司	326.4	252	660	252	—	82.25	否	软件:V1.00/硬件:C10	河南平煤国能锂电有限公司	纯电动专用车	30	30
江苏金阳光新能源科技有限公司	三元材料	GSE26800-60NP	3.6	0.112 ±0.003	—	1260	江苏金阳光新能源科技有限公司	324	84	213±3	84	—	27.2	否	软件:GSE-324V84Ah/硬件:GSEBMS	江苏金阳光新能源科技有限公司	纯电动乘用车	1	28
	三元材料	GSE26800-60NP	3.6	0.112 ±0.003	—	480	江苏金阳光新能源科技有限公司	72	144	80±2	144	—	10.368	否	软件:72V144Ah/硬件:GSEBMS	江苏金阳光新能源科技有限公司	纯电动乘用车	2	
	三元材料	GSE26800-68NP	3.6	0.115 ±0.003	—	1674	江苏金阳光新能源科技有限公司	334.8	122.4	278±3	122.4	—	41.0	否	软件:GSE-334.8V122.4Ah/硬件:GSEBMS	江苏金阳光新能源科技有限公司	纯电动乘用车	5	
	三元材料	GSE26800-68NP	3.6	0.115 ±0.003	—	4200	江苏金阳光新能源科技有限公司	360	285.6	710±5	285.6	—	102.8	否	软件:GSE-360V285.6Ah/硬件:GSEBMS	江苏金阳光新能源科技有限公司	纯电动乘用车	20	

续上表

储能装置单体生产企业	储能装置种类	储能装置单体型号	储能装置单体标称电压(V)	储能装置单体质量(kg)	超级电容器单体标称静电容量(F)	储能装置单体数量	储能装置总成生产企业	储能装置总成标称电压(V)	储能装置总成额定输出电流(A)	储能装置总成质量(kg)	储能装置总成标称容量(Ah)	超级电容器总成标称静电容量(F)	储能装置总储电量(kWh)	动力蓄电池箱是否具有快换装置	车载能源管理系统型号(包括软件和硬件)	车载能源管理系统生产企业	配套车辆类型	2019年配套车型产量小计(辆)	2019年配套车型产量总计(辆)
上海奥威科技开发有限公司	超级电容	UCK42V20000	4.2	0.46±0.023	20000	1080	上海奥威科技开发有限公司	720	400	1140	67	1089	40	否	AW500C(硬件:V1.3/软件:SWBmsV0.1)	上海奥威科技开发有限公司	纯电动客车	27	27
珠海鹏辉能源有限公司,河南省鹏辉电源有限公司	磷酸铁锂	GSP34135214F/113Ah	3.2	2.14	—	88	广州鹏辉能源科技股份有限公司,河南省鹏辉电源有限公司	281.6	113	227	113	—	31.82	否	软件:KL-ASSEV5/硬件:KL-ASHEV5,软件:PH R30EV/硬件:PH2306H-48S/PH2305-48S	深圳市科列技术股份有限公司,广州鹏辉能源科技股份有限公司	纯电动乘用车	21	21
江苏春兰清洁能源研究院有限公司,力神(青岛)新能源有限公司	磷酸铁锂	IFPE272,LP71173207-272Ah	3.2,3.2	5.28,5.265±0.1	—	168,189	江苏春兰清洁能源研究院有限公司,力神动力电池系统有限公司	537.6,604.8	272,250	1038,1180	272,272	—	146.2,164.5	否	软件:DYL538-272-A11,LS-EV-BMS-SW-V01/LS-EV-BMS-HW-V01/硬件:HEV-BMS-V3	江苏春兰清洁能源研究院有限公司,力神动力电池系统有限公司	纯电动客车	20	20
河南力旋科技股份有限公司	磷酸铁锂	LX100270235B63	3.2	1.20±0.05	—	492	河南力旋科技股份有限公司	524.8	189	687	189	—	99.18	否	软件:C10-LX-V1.0/硬件:C10-LX-HW1.0	河南力旋科技股份有限公司	燃料电池客车	5	19
	磷酸铁锂	LX100270235B63	3.2	1.20±0.05	—	576	河南力旋科技股份有限公司	614.40	189	806	189	—	116.12	否	软件:C10-LX-V1.0/硬件:C10-LX-HW1.0	河南力旋科技股份有限公司	纯电动客车	14	
南京乐金化学新能源电池有限公司	三元材料	E57	3.6	0.87	—	192	南京乐金化学新能源电池有限公司	345.6	400	282	104	—	35.9	否	软件:L38LR BMS/硬件:L38LR BMS	韩国乐金依诺特有限公司(LG Innotek(Korea))	纯电动乘用车	19	19
浙江谷神能源科技股份有限公司	三元材料	GSNCM46160M-25	3.6	0.605±0.01	—	288	浙江谷神能源科技股份有限公司	86.4	140	221(含高压箱)	300	—	25.92	否	软件:BMSXHZMBAA0.1/硬件:GBMSHZM-BAA024V1.2	浙江谷神能源科技股份有限公司	纯电动专用车	1	18
	三元材料	GSNCM46160M-25	3.6	0.605±0.01	—	288	浙江谷神能源科技股份有限公司	86.4	140	221(含高压箱)	300	—	25.92	否	软件:BMSXHZMBAA0.1/硬件:GBMSHZM-BAA024V1.2	浙江谷神能源科技股份有限公司	纯电动专用车	16	
	三元材料	GSNCM46160M-25	3.6	0.605±0.01 kg	—	288	浙江谷神能源科技股份有限公司	86.4	140	221(含高压箱)	300	—	25.92	否	软件:BMSXHZMBAA0.1/硬件:GBMSHZM-BAA024V1.2	浙江谷神能源科技股份有限公司	纯电动专用车	1	
北京国能电池科技股份有限公司,四川绿鑫电源科技有限公司	磷酸铁锂	PL15181210,16181217	3.22,3.2	1.25±0.03,1.26±0.02	—	360	北京国能电池科技股份有限公司,四川绿鑫电源科技有限公司	579.6,576	136	544,540	136	—	78.83,78.336	否	软件:BNBBMSSW1.1/硬件:BNB-BMS-03/硬件:FS BM01V1.0/软件:V1.45	北京国能电池科技股份有限公司,绵阳孚盛科技有限公司	纯电动客车	8	8
浙江遨优动力系统有限公司	三元材料	AYP120146295N50	3.65	1.17±0.035	—	192	苏州星瑞合电气有限公司	350.4	148	355	144	—	50.457	否	高压接线盒 HVB3.0(电池管理系统主机BMS2.1,软件平台:IBP06D20)	创驱(上海)新能源科技有限公司	纯电动乘用车	7	7
江西星盈科技有限公司	磷酸铁锂	SLA45173184-155Ah	3.2	3.1±0.05	—	320PCS	江西星盈科技有限公司	512	200	1248±20	310	—	158.72	—	软件:B3140AMS9415/硬件:XV01-BCU01;XV01-BMU01;XV01-CCM12A	广东思诺伟智能技术有限公司	纯电动专用车	5	6
	三元材料	SNCMA2714895-50Ah	3.65	0.9±0.02	—	420	江西星盈科技有限公司	383.2	200	585	200	—	76.65	—	软件:B61402MS8718 V1.0/硬件:XV01-BCU01A-14A,XV01-BMU01A-11A,XV01-CCM12A-11A	广东思诺伟智能技术有限公司	纯电动专用车	1	
北汽舜泰(淄博)汽车有限公司	铅酸电池	6-EVF-100	12	35	—	8	北汽舜泰(淄博)汽车有限公司	96	100	306	100	—	9.6	否	SW_N215_Pb_BF00_08T07_277,V01	西安诺万电子科技有限公司	纯电动专用车	5	5
天津力神电池股份有限公司	三元材料	2.6Ah	3.6	0.045	—	8288	天津新艺电子有限公司	532.8	145.6	600	145.6	—	77.575	—	软件:SD-BMU-X8-5.6.1/硬件:SD-BMU-X8-4.3	山东谦恒电子科技有限公司	插电式混合动力专用车	2	3
	三元材料	2.6Ah	3.6	0.045	—	8288	天津新艺电子有限公司	532.8	145.6	600	145.6	—	77.575	—	软件:SD-BMU-X8-5.6.1/硬件:SD-BMU-X8-4.3	山东谦恒电子科技有限公司	纯电动专用车	1	
安徽益佳通电池有限公司	三元材料	YJT2714897-43Ah	3.65	0.835	—	576	安徽益佳通电池有限公司	350.4	230	672(单箱336)	258	—	90.4	否	软件:SW2.1/硬件:BC52B_HW1.23	安徽益佳通电池有限公司	纯电动专用车	2	3
	三元材料	YJT2714897-43Ah	3.65	0.835±0.1	—	288	安徽益佳通电池有限公司	350.4	140	339	129	—	45.2	否	主控:BC52B,从控:BM5160S	安徽益佳通电池有限公司	纯电动专用车	1	
合肥国轩高科动力能源有限公司,力神(青岛)新能源有限公司	磷酸铁锂	IFR32135-15Ah,LP37173207-150Ah	3.2,3.2	0.268±0.005,2.90±0.05	—	216,22	苏州安靠电源有限公司,力神动力电池系统有限公司	76.8,70.4	135,150	82,81.7±2.4	135,150	—	10.37,10.56	否	软件:LEV02A-SW-APP-V1.0.0/硬件:LEV02A-BMS,软件:LS-EV-BMS-SW-V01/硬件:LS-EV-BMS-HW-V01	苏州安能新能源技术有限公司,力神动力电池系统有限公司	纯电动专用车	3	3

续上表

储能装置单体生产企业	储能装置种类	储能装置单体型号	储能装置单体标称电压(V)	储能装置单体质量(kg)	超级电容器单体标称静电容量(F)	储能装置单体数量	储能装置总成生产企业	储能装置总成标称电压(V)	储能装置总成额定输出电流(A)	储能装置总成质量(kg)	储能装置总成标称容量(Ah)	超级电容器总成标称静电容量(F)	储能装置总储电量(kWh)	动力蓄电池箱是否具有快换装置	车载能源管理系统型号(包括软件和硬件)	车载能源管理系统生产企业	配套车辆类型	2019年配套车型产量小计(辆)	2019年配套车型产量总计(辆)
惠州亿纬锂能股份有限公司,广西卓能新能源科技有限公司	三元材料	3.6V2.6Ah,INR1865P	3.6,3.7	0.045,0.046±0.003	—	7920	江苏正昀新能源技术股份有限公司	518,532.8	140,143	620	140,143	—	72.5,76.2	否	软件:30818/硬件:ZY11	上海正昀新能源技术有限公司	纯电动专用车	3	3
深圳市沃特玛电池有限公司	磷酸铁锂	32650-5.5Ah	3.2	0.136	—	1728	深圳市沃特玛电池有限公司	307.2	98	309	99	—	30.4	无	OPT BMS	深圳市沃特玛电池有限公司	纯电动专用车	1	2
	磷酸铁锂	32700-6.5Ah	3.2	0.143±0.005	—	3696	深圳市沃特玛电池有限公司	537.6	250	660	143	—	76.87	否	OTM-BMS-PB(主机:OTM-BMS-M-002,采集模块:OTM-BMS-BSU-PB)	深圳市沃特玛电池有限公司	纯电动专用车	1	
湖南科霸汽车动力电池有限责任公司	镍氢电池	CHR800D5B0	1.2	0.17±0.01	—	3168	湖南科霸汽车动力电池有限责任公司	316.8	288	850	96	—	30.4	否	CEP_V2.0	湖南科霸汽车动力电池有限责任公司	燃料电池客车	2	2
江苏天鹏电源有限公司	三元材料	INR18650-28HE1	3.7	0.047	—	4224	金华市康迪新能源车辆有限公司	162	130	293	254	—	41.4	是	KD-BCU01V5.0/KD-BCU05	金华市康迪新能源车辆有限公司	纯电动乘用车	2	2
三星(天津)电池有限公司	三元材料	INR21700-48G	3.63	0.0675	—	3072	重庆金康动力新能源有限公司	348.5	150.4	320±5	150	—	52.4	否	软件:JKDLSW1.0/硬件:JKDLHW1.0	重庆金康动力新能源有限公司	纯电动乘用车	2	2
超威电源有限公司	铅酸电池	6-EVF-150	12	52	—	8	东风汽车集团有限公司	96	150	416	150	—	14.4	否	—	—	纯电动专用车	2	2
湖南三迅新能源科技有限公司	磷酸铁锂	PF48173166	3.2	2.90±0.08	—	104	湖南三迅新能源科技有限公司	332.8	152	350	152	—	50.59	无	软件:SX-ASSEV5-A/硬件:SX-ASHEV5-A	湖南三迅新能源科技有限公司	纯电动专用车	1	1
东风时代(武汉)电池系统有限公司	三元材料	S5E891	3.65	0.82±0.03	—	96	东风时代(武汉)电池系统有限公司	350.4	148	137±5	37	—	12.9	否	软件:S00BMUC035/硬件:8800224-00039	宁德时代新能源科技股份有限公司	插电式混合动力乘用车	1	1
东莞市振华新能源科技有限公司	三元材料	SW18650-26HP	3.6	0.045±0.001	—	5040	惠州市蓝微新源技术有限公司	324	≤145.6	390	145.6	—	47.17	否	主板软件版本:72PH01MS710E,从板软件版本:BHN01ASS6B18/主板硬件版本:BHN01MH6729_V02,从板硬件版本:BHN01ASH5810_V02	惠州市蓝微新源技术有限公司	纯电动乘用车	1	1
2019年配套车型产量总计(辆)																		1171780	1171780

二、驱动电机配套数量统计

Chapter 2 Statistics on Output of Drive Motor Matching

电动汽车驱动电机生产企业	电动汽车驱动电机类型	电动汽车驱动电机型号	驱动电机数量(台/辆)	驱动电机额定功率/转速/转矩(kW/r/min/Nm)	驱动电机峰值功率/转速/转矩(kW/r/min/Nm)	控制器生产企业	电机控制器型号	配套车辆类型	2019年配套车型产量小计(辆)	2019年配套车型产量总计(辆)
长沙市比亚迪汽车有限公司	永磁同步电动机	BYD-3425TZ-XS-A	1	150/1910/750	180/5000/1500	比亚迪汽车工业有限公司	KTZ54X44SC06A,KTZ54X44S	纯电动专用车	5	130042
	永磁同步电机	BYD-1810TZ-XS-A	1	25/4775/50	45/14000/110	长沙市比亚迪汽车有限公司	KTZ32X18S-A	纯电动乘用车	4180	
	永磁同步电机	BYD-1814-TZ-XS-A	1	35/4775/70	70/12100/180	长沙市比亚迪汽车有限公司	KTZ36X26S-A	纯电动乘用车	26960	
	永磁同步电机	BYD-1814TZ-XS-B	1	35/4775/70	100/12100/180	长沙市比亚迪汽车有限公司	KTZ43X26S-A	纯电动乘用车	63671	
	永磁同步电机	BYD-1814TZ-XS-B	1	35/4775/70	100/12100/180	长沙市比亚迪汽车有限公司	KTZ43X26S-A	纯电动专用车	194	

续上表

电动汽车驱动电机生产企业	电动汽车驱动电机类型	电动汽车驱动电机型号	驱动电机数量（台/辆）	驱动电机额定功率/转速/转矩（kW/r/min/Nm）	驱动电机峰值功率/转速/转矩（kW/r/min/Nm）	控制器生产企业	电机控制器型号	配套车辆类型	2019年配套车型产量小计（辆）	2019年配套车型产量总计（辆）
长沙市比亚迪汽车有限公司	永磁同步电机	BYD-2015TZ-XS-D	1	65/5172/120	120/15000/280	长沙市比亚迪汽车有限公司	KTZ40X37S-A	插电式混合动力乘用车	6959	130042
	永磁同步电机	BYD-2015TZ-XS-D	1	65/5172/120	120/15000/280	长沙市比亚迪汽车有限公司	KTZ40X37S-A	纯电动乘用车	11075	
	永磁同步电机	BYD-2015TZ-XS-E	1	65/5172/120	135/15000/280	长沙市比亚迪汽车有限公司	KTZ58X32S-A	纯电动乘用车	4968	
	永磁同步电机	BYD-2018TZ-XS-A	1	65/4600/135	180/15000/330	惠州比亚迪电池有限公司	KTZ67X33S-A	纯电动乘用车	841	
	永磁同步电机	BYD-2018TZ-XS-A，BYD-2018TZ-XS-B	2	65/4600/135，后 65/4600/135	180/15000/330，后 180/15000/330	惠州比亚迪电池有限公司	KTZ67X33S-A，KTZ67X33S-B	纯电动乘用车	3097	
	永磁同步电机	BYD-2217TZ-XS-V	1	60/3820/150	100/10200/300	深圳市蓝海华腾技术股份有限公司	KTZ32X40S-VT4D90	纯电动专用车	1	
	永磁同步电机	BYD-2217TZ-XS-W	1	60/3820/150	100/10200/300	深圳市蓝海华腾技术股份有限公司	KTZ48X33S-VT4D90	纯电动专用车	64	
	永磁同步电机	BYD-3425TZ-XS-A	1	115/1464/750	140/5000/1500	比亚迪汽车工业有限公司	KTZ51X44S6AB	纯电动专用车	18	
	永磁同步电机	BYD-3425TZ-XS-A	1	150/1910/750	180/5000/1500	比亚迪汽车工业有限公司	KTZ54X44S，KTZ54X44SC06A	纯电动客车	804	
	永磁同步电机	BYD-3425TZ-XS-A	1	150/1910/750	180/5000/1500	比亚迪汽车工业有限公司	KTZ64X44S6A2	纯电动专用车	167	
	永磁同步电机	BYD-3425TZ-XS-A	2	115/1464/750	140/5000/1500	比亚迪汽车工业有限公司	KTZ51X44S6AB	纯电动专用车	19	
	永磁同步电机	BYD-3425TZ-XS-A	2	150/1910/750	180/5000/1500	比亚迪汽车工业有限公司	KTZ54X44SC06A，KTZ54X44S	纯电动客车	8	
	永磁同步电机	BYD-3425TZ-XS-A	2	150/1910/750	180/5000/1500	比亚迪汽车工业有限公司	KTZ64X44S6A2	纯电动专用车	457	
	永磁同步电机	BYD-3425TZ-XS-A，TZ270XSD	2	150/1910/750，125/4189/285	180/5000/1500，180/9000/450	比亚迪汽车工业有限公司	KTZ64X44S6A2，KTZ64X44S6AB	纯电动专用车	2311	
	永磁同步电机	TZ270XSD	1	115/4068/270	140/9000/450	比亚迪汽车工业有限公司	KTZ51X44S6AB	纯电动专用车	20	
	永磁同步电机	TZ270XSD，BYD-3425TZ-XS-A	2	115/4068/270，115/1464/750	140/9000/450，140/5000/1500	比亚迪汽车工业有限公司	KTZ51X44S6AB	纯电动专用车	3	
	永磁同步电机	TZ270XSE	1	75/2600/280	110/8500/700	比亚迪汽车工业有限公司	KTZ54X41S5A1	纯电动客车	7	
	永磁同步电机	TZ2712XSB	2	75/2600/280	100/7500/430	比亚迪汽车工业有限公司	KTZ54X33S，KTZ54X33SC06A，KTZ54X33S6A0	纯电动客车	3133	
	永磁同步电机	TZ365XSA	1	100/1200/800	165/3200/1650	比亚迪汽车工业有限公司	KTZ54X42S5A1，KTZ54X42S6A0	纯电动客车	974	
	永磁同步电机	TZ500XSA	1	135/850/1520	200/3000/2800	比亚迪汽车工业有限公司	KTZ60X46S6A0	纯电动客车	106	
北京新能源汽车股份有限公司	交流异步电机	YS15H001	1	15/2200/65	30/7500/140	北京新能源汽车股份有限公司	KTZ11M60F001	纯电动乘用车	7	117121
	永磁同步	PM50W01	1	50/3300/145	100/10000/250	北京新能源汽车股份有限公司	PEU e200	纯电动乘用车	7762	
	永磁同步	TZ180XS450	1	35/3714/90	70/11000/200	北京新能源汽车股份有限公司	PEU e201	纯电动乘用车	12	
	永磁同步	TZ220XS560	1	80/5100/150	160/11000/300	北京新能源汽车股份有限公司	PEU e400	纯电动乘用车	81799	
	永磁同步电机	TZ180X40001	1	18/2865/60	40/9200/140	北京新能源汽车股份有限公司	KTZ30X23F001	纯电动乘用车	564	
	永磁同步电机	TZ180XS01	1	22/3000/70	45/9700/150	北京新能源汽车股份有限公司	KTZ29X23S001	纯电动乘用车	14196	
	永磁同步电机	TZ180XS450	1	35/3714/90	70/11000/200	北京新能源汽车股份有限公司	PEU e201	纯电动乘用车	395	
	永磁同步电机	TZ180XS450	1	35/3714/90	70/11000/200	北京新能源汽车股份有限公司	PEU e201	纯电动乘用车	1713	
	永磁同步电机	TZ190XS30	1	30/2720/105	62/7500/220	北京新能源汽车股份有限公司	KYS3126S01	纯电动专用车	1	
	永磁同步电机	TZ220XS420	1	40/3300/116	80/9000/230	北京新能源汽车股份有限公司	PEU e201	纯电动乘用车	2391	
	永磁同步电机	TZ220XS560	1	80/5100/150	160/11000/300	北京新能源汽车股份有限公司	PEU e400	纯电动乘用车	2020	
	永磁同步电机	TZ30S01	1	30/2812/102	53/9000/180	北京新能源汽车股份有限公司	E10000051，KTZ3328S01	纯电动乘用车	1	
	永磁同步电机	TZ220XS560	1	80/5100/150	160/11000/300	北京新能源汽车股份有限公司	PEU e400	纯电动乘用车	6260	

续上表

电动汽车驱动电机生产企业	电动汽车驱动电机类型	电动汽车驱动电机型号	驱动电机数量（台/辆）	驱动电机额定功率/转速/转矩（kW/r/min/Nm）	驱动电机峰值功率/转速/转矩（kW/r/min/Nm）	控制器生产企业	电机控制器型号	配套车辆类型	2019年配套车型产量小计（辆）	2019年配套车型产量总计（辆）
精进电动科技股份有限公司	三相交流永磁同步电动机	TZ460XSF01	1	135/850/1520	196/2600/2800	精进电动科技股份有限公司	KTZ57X48SF01	纯电动客车	57	85548
	三相调速永磁同步电机	TM5028	1	42/4000/105	95/11000/240	联合汽车电子有限公司	INVCON2. 3-CN	纯电动乘用车	2	
	三相调速永磁同步电机	TZ220XS503	1	42/4200/105	120/12000/250	联合汽车电子有限公司	INVCON2. 3-CN	纯电动乘用车	13842	
	永磁同步	TZ180XS401	1	40/4500/85	96/12000/230	法雷奥西门子新能源汽车(深圳)有限公司	KTZ32X40S000	纯电动乘用车	485	
	永磁同步	TZ365XSB03	1	67/2000/320	112/4300/750	精进电动科技股份有限公司	KTZ35X46SB03	纯电动客车	62	
	永磁同步电动机	TZ290XS902	1	60/1430/400	130/5000/850	精进电动科技股份有限公司	KTZ53X32S902	纯电动专用车	6	
	永磁同步电动机	TZ290XS905	1	70/1500/450	140/4500/1000	精进电动科技股份有限公司	KTZ56X31S905	纯电动专用车	2	
	永磁同步电动机	TZ365XSB01	1	85/2500/325	135/6000/600	精进电动科技股份有限公司	KTZ35X50SB01	纯电动客车	15	
	永磁同步电动机	TZ365XSD02	1	103/900/1100	165/2800/2000	精进电动科技股份有限公司	KTZ57X40SD02	纯电动客车	30	
	永磁同步电动机	TZ460XSE03	1	102/750/1310	150/2600/2500	精进电动科技股份有限公司	KTZ57X41SE03	纯电动客车	179	
	永磁同步电动机	TZ460XSJ01	1	196/750/2495	260/3000/4260	精进电动科技股份有限公司	KTZ57X82SJ01	纯电动客车	10	
	永磁同步电机	2，GM3001	2	电机一（2）：45/5055. 8/85；电机二（GM3001）：35/6553. 9/51	2：89/12000/315，GM3001：66/12500/117	Magneti Marelli	PIM	插电式混合动力乘用车	453	
	永磁同步电机	TM4018	1	40/5300/72	75/14000/165	精进电动科技股份有限公司	CU4012	纯电动乘用车	433	
	永磁同步电机	TM4018	1	40/5300/72	75/14000/165	精进电动科技股份有限公司	CU4012	纯电动专用车	10	
	永磁同步电机	TM5027	1台	113/1200/900	160/3000/1500	精进电动科技股份有限公司	CU5028	插电式混合动力客车	120	
	永磁同步电机	TZ154XS301	1	40/4800/72	72/14000/165	精进电动科技股份有限公司	KTZ35X30S301	纯电动专用车	470	
	永磁同步电机	TZ154XS309	1	40/4800/79	72/14000/175	精进电动科技股份有限公司	KTZ35X30S309	纯电动专用车	1118	
	永磁同步电机	TZ180XSA01	1	30/4500/90	60/9000/230	深圳英威腾电动汽车驱动技术有限公司	KTZ31X32SP01	纯电动专用车	2372	
	永磁同步电机	TZ180XSA02	1	42/4500/90	70/12000/230	深圳市英威腾电动汽车驱动技术有限公司	KTZ34X37S-GVD52031	纯电动专用车	15	
	永磁同步电机	TZ220XS504	1	60/5285/110	140/12000/290	精进电动科技股份有限公司	KTZ37X50S504	纯电动专用车	9	
	永磁同步电机	TZ220XS504，TZ220XS504	2	60/5285/110，60/5285/110	140/12000/290，140/12000/290	精进电动科技股份有限公司	KTZ37X50S504，KTZ37X50S504	纯电动乘用车	130	
	永磁同步电机	TZ220XS507	1	70/5500/122	130/12000/280	BORGWARNER GATESHEAD LIMITED，BORGWARNER GATESHEAD LIMITED	KTZ35X42S001，KTZ35X42S001	纯电动乘用车	8	
	永磁同步电机	TZ220XS518	1	68/4500/144	145/12000/300	精进电动科技股份有限公司（软件），精进电动科技股份有限公司（硬件）	软件：1040001DB10000130/硬件：KTZ37X50S518	纯电动乘用车	9733	
	永磁同步电机	TZ220XS518	1	68/4500/144	145/12000/300	精进电动科技股份有限公司（软件），精进电动科技股份有限公司（硬件），德尔福柴油系统（烟台）有限公司苏州分公司（硬件），德尔福科技（苏州）有限公司（硬件）	软件：1040001DB10000130/硬件：KTZ37X50S518，软件：1040001DB20000213/硬件：KTZ37X50S001	纯电动乘用车	717	
	永磁同步电机	TZ220XS518	1	68/4500/144	145/12000/300	精进电动科技股份有限公司（软件），精进电动科技股份有限公司（硬件），德尔福科技（苏州）有限公司（软件），德尔福科技（苏州）有限公司（硬件）	软件：1040001DC1/硬件：KTZ37X50S518，软件：1040001DB2/硬件：KTZ37X50S001	纯电动乘用车	3038	
	永磁同步电机	TZ220XSA5H01	1	50/3980/120	132/12000/290	法雷奥汽车内部控制（深圳）有限公司	KTZ32X40S000	纯电动乘用车	1	
	永磁同步电机	TZ220XSA5H01	1	50/3980/120	132/12000/290	法雷奥西门子新能源汽车（深圳）有限公司	KTZ32X40S000	纯电动乘用车	25	

续上表

电动汽车驱动电机生产企业	电动汽车驱动电机类型	电动汽车驱动电机型号	驱动电机数量（台/辆）	驱动电机额定功率/转速/转矩（kW/r/min/Nm）	驱动电机峰值功率/转速/转矩（kW/r/min/Nm）	控制器生产企业	电机控制器型号	配套车辆类型	2019年配套车型产量小计（辆）	2019年配套车型产量总计（辆）
精进电动科技股份有限公司	永磁同步电机	TZ220XSA5H02	1	50/3980/120	132/12000/290	法雷奥西门子新能源汽车（深圳）有限公司	1520013ADU0000S，KTZ32X40S001	纯电动乘用车	6113	85548
	永磁同步电机	TZ220XSA5H02	1	50/3980/120	132/12000/290	法雷奥西门子新能源汽车（深圳）有限公司	软件：1520013ADU0000S/硬件：KTZ32X40S001	纯电动乘用车	1001	
	永磁同步电机	TZ220XYA51T	1	55/4377/120	130/4138（基准转速）/300	上海大郡动力控制技术有限公司	KTZ35X50SA51A	插电式混合动力乘用车	430	
	永磁同步电机	TZ220XYA51T	1	55/4377/120	130/4138/300	上海大郡动力控制技术有限公司	KTZ35X50SA51A	插电式混合动力乘用车	3194	
	永磁同步电机	TZ290XS901	1	70/1400/479	120/4500/1000	精进电动科技股份有限公司	KTZ38X40S901	纯电动客车	82	
	永磁同步电机	TZ290XSA011	1	60/1280/450	125/4500/1000	精进电动科技股份有限公司	KTZ38X40SA011	纯电动客车	8	
	永磁同步电机	TZ290XSA05	1	70/1500/450	140/4500/1000	精进电动科技股份有限公司	KTZ56X31SA05	纯电动客车	18	
	永磁同步电机	TZ365XSB03	1	67/2000/320	112/4300/750	精进电动科技股份有限公司	KTZ35X46SB03	纯电动客车	15	
	永磁同步电机	TZ365XSB05	1	89/1700/500	160/4500/950	精进电动科技股份有限公司	KTZ57X34SB05	纯电动专用车	4	
	永磁同步电机	TZ365XSC02	1	100/1200/800	150/3000/1440	精进电动科技股份有限公司	KTZ57X34SC02	插电式混合动力客车	31	
	永磁同步电机	TZ365XSD01	1	75/900/800	127/2600/1700	精进电动科技股份有限公司	KTZ57X34SD01	插电式混合动力客车	1	
	永磁同步电机	TZ365XSD01	1	75/900/800	127/2600/1700	精进电动科技股份有限公司	KTZ57X34SD01	纯电动客车	25	
	永磁同步电机	TZ365XSD02	1	103/900/1100	165/2800/2000	精进电动科技股份有限公司	KTZ57X40SD02	插电式混合动力客车	24	
	永磁同步电机	TZ365XSD02	1	103/900/1100	165/2800/2000	精进电动科技股份有限公司	KTZ57X40SD02	纯电动客车	1919	
	永磁同步电机	TZ365XSD02	1	103/900/1100	165/2800/2000	精进电动科技股份有限公司	KTZ57X40SD02	纯电动专用车	2	
	永磁同步电机	TZ460XSE01	1	102/750/1310	135/2600/2100	精进电动科技股份有限公司	KTZ57X34SE01	插电式混合动力客车	1	
	永磁同步电机	TZ460XSE01	1	102/750/1310	135/2600/2100	精进电动科技股份有限公司		纯电动客车	45	
	永磁同步电机	TZ460XSE05	1	102/750/1310	135/2600/2100	精进电动科技股份有限公司	KTZ57X34SE05	插电式混合动力客车	30	
	永磁同步电机	TZ460XSE06	1	102/750/1310	150/3000/2500	精进电动科技股份有限公司	KTZ57X41SE06	纯电动客车	169	
	永磁同步电机	TZ460XSF01	1	135/850/1520	196/2600/2800	精进电动科技股份有限公司	KTZ57X48SF01	纯电动客车	576	
	永磁同步电机	TZ460XSF03	1	150/1000/1432	240/3000/2800	精进电动科技股份有限公司	KTZ57X62SF03	纯电动客车	1	
	永磁同步电机	TZ460XSJ01	1	196/750/2495	260/3000/4260	精进电动科技股份有限公司	KTZ57X82SJ01	纯电动客车	40	
	永磁同步电机	TZ460XSJ01	1	196/750/2495	260/3000/4260	精进电动科技股份有限公司	KTZ57X82SJ01	纯电动专用车	25	
	永磁同步驱动电机	TZ220XS503	1	42/4200/105	120/12000/250	联合汽车电子有限公司	INVCON2. 3-CN	纯电动乘用车	13637	
	永磁同步驱动电机	TZ220XS503	1	42/4200/105	120/12000/250	联合汽车电子有限公司	INVCON2. 3-CN，KTZ34X45SUAES	纯电动乘用车	18691	
	永磁同步驱动电机	TZ220XS503	1	42/4200/105	120/12000/250	联合汽车电子有限公司	KTZ34X45SUAES	纯电动乘用车	26	
	永磁同步驱动电机	TZ220XS503	1	42/4200/105	120/12000/250	联合汽车电子有限公司，威睿电动汽车技术（宁波）有限公司	INVCON2. 3-CN，KTZ34X45SG02，KTZ34X45SUAES	纯电动乘用车	439	
	永磁同步驱动电机	TZ220XS519	1	42/4200/105	130/12000/270	联合汽车电子有限公司	KTZ34X45SUAES	纯电动乘用车	286	
	永磁同步驱动电机	TZ220XS519，TZ220XS503	1	42/4200/105，42/4200/105	130/12000/270，120/12000/250	联合汽车电子有限公司	KTZ34X45SUAES，INVCON2. 3-CN	纯电动乘用车	5372	
	永磁同步直流电机	TZ460XSE03	1	102/750/1310	150/2600/2500	精进电动科技股份有限公司	KTZ57X41SE03	纯电动客车	1	

续上表

电动汽车驱动电机生产企业	电动汽车驱动电机类型	电动汽车驱动电机型号	驱动电机数量(台/辆)	驱动电机额定功率/转速/转矩(kW/r/min/Nm)	驱动电机峰值功率/转速/转矩(kW/r/min/Nm)	控制器生产企业	电机控制器型号	配套车辆类型	2019年配套车型产量小计(辆)	2019年配套车型产量总计(辆)
比亚迪汽车工业有限公司	永磁同步电动机	BYD-2912TZ-XY-A	1	110/2600/400	150/10000/550	比亚迪汽车工业有限公司	KTZ54X50S-C06A	纯电动专用车	364	66962
	永磁同步电动机	BYD-3425TZ-XS-A	1	150/1910/750	180/5000/1500	比亚迪汽车工业有限公司	KTZ55X50S-C06A	纯电动专用车	76	
	永磁同步电机	BYD-1814-TZ-XS-A	1	35/4775/70	70/12100/180	比亚迪汽车工业有限公司	KTZ36X26S-A	纯电动乘用车	22031	
	永磁同步电机	BYD-2011TZ-XS-A	1	40/8127/47	110/12000/250	比亚迪汽车工业有限公司	KTZ48X32S-D12B,KTZ51X60S-D16A	插电式混合动力乘用车	3651	
	永磁同步电机	BYD-2011TZ-XS-A, BYD-2011TZ-XS-B	2	40/8127/47/,40/8127/47	110/4202/250/,110/4202/250	比亚迪汽车工业有限公司	KTZ70X30S-C12A,KTZ70X30S-A	插电式混合动力乘用车	173	
	永磁同步电机	BYD-2011TZ-XS-C	1	40/8127/47	110/12000/250	比亚迪汽车工业有限公司	KTZ48X32S-D12B	插电式混合动力乘用车	9026	
	永磁同步电机	BYD-2011TZ-XS-C, BYD-2011TZ-XS-B	2	40/8127/47,40/8127/47	110/12000/250,110/12000/250	比亚迪汽车工业有限公司	KTZ51X35SA,KTZ51X35S-D16A	插电式混合动力乘用车	5307	
	永磁同步电机	BYD-2011TZ-XS-C, BYD-2011TZ-XS-B	2	40/8127/47,40/8127/47	110/4202/250,110/4202/250	比亚迪汽车工业有限公司	KTZ51X35SA,KTZ51X35S-D16A	插电式混合动力专用车	6	
	永磁同步电机	BYD-2011TZ-XS-C, BYD-2015TZ-XS-D	2	40/8127/47,65/5172/120	110/12000/250,120/15000/280	比亚迪汽车工业有限公司,长沙市比亚迪汽车有限公司	KTZ48X32S-B14,KTZ40X37S-A	插电式混合动力乘用车	828	
	永磁同步电机	BYD-2011TZ-XS-F, BYD-2018TZ-XS-B	2	40/8127/47,65/4600/135	110/12000/250,180/15000/330	比亚迪汽车工业有限公司	KTZ65X25S-D16B,KTZ67X33S	插电式混合动力乘用车	394	
	永磁同步电机	BYD-2011TZ-XS-F, BYD-2217TZ-XS-F	2	40/8127/47,80/4775/160	110/12000/250,180/12000/380	比亚迪汽车工业有限公司	KTZ65X25S-D16B,KTZ65X32S-A	插电式混合动力乘用车	18740	
	永磁同步电机	BYD-2217TZ-XS-B	1	80/4775/160	160/12000/310,160/4929/310	比亚迪汽车工业有限公司	KTZ64X30S-C06A	纯电动乘用车	3999	
	永磁同步电机	BYD-2217TZ-XS-F	1	80/4775/160	180/12000/380	比亚迪汽车工业有限公司	KTZ65X32S-A	插电式混合动力乘用车	1057	
	永磁同步电机	BYD-2912TZ-XY-A	1	110/2600/400	150/10000/550	比亚迪汽车工业有限公司	KTZ65X60S-C06A	纯电动专用车	1	
	永磁同步电机	BYD-2912TZ-XY-A	1	110/2600/400	150/10000/550	深圳市蓝海华腾技术股份有限公司	KTZ48X50S-VT4D13,KTZ64X50S-VT4D13	纯电动专用车	6	
	永磁同步电机	BYD-3425TZ-XS-A	1	150/1910/750	180/5000/1500	比亚迪汽车工业有限公司	KTZ55X50S-C06A	纯电动专用车	1	
	永磁同步电机	BYD-TYC110A	1	40/8127/47	110/10000/200	比亚迪汽车工业有限公司	KTZ48X60S-D12A	插电式混合动力乘用车	1174	
	永磁同步电机	BYD-TYC120A	1	75/2550/280	120/2550/450	比亚迪汽车工业有限公司	KTZ31X60S-C06A	纯电动乘用车	128	
浙江方正电机股份有限公司	永磁同步	TZ205XSFDM30C	1	30/4000/72	60/9000/220	深圳市依思普林科技有限公司	KTZ34X30SI21YSPL	纯电动乘用车	183	64636
	永磁同步电机	ETG029	1	15/4775/30	29/7500/110	博格华纳汽车零部件(武汉)有限公司,珠海英搏尔电气股份有限公司	SN125,KETG029,YSW200,KETG029	纯电动乘用车	25198	
	永磁同步电机	ETG029	1	15/4775/30	29/7500/110	赛伟科新能源科技(湖北)有限公司,上海汽车电驱动有限公司	SN125,KETG029,ESW110,KETG029	纯电动乘用车	2	
	永磁同步电机	ETG029	1	15/4775/30	29/7500/110	珠海英搏尔电气股份有限公司	YSW200,KETG029	纯电动乘用车	12302	
	永磁同步电机	TZ160X129	1	15/4775/30	29/7500/110	博格华纳汽车零部件(武汉)有限公司,上海汽车电驱动有限公司	SN125,KETG029,ESW110,KETG029	纯电动乘用车	58	
	永磁同步电机	TZ160X129	1	15/4775/30	29/7500/110	博格华纳汽车零部件(武汉)有限公司,珠海英搏尔电气股份有限公司	SN125,KETG029,YSW200,KETG029	纯电动乘用车	9624	
	永磁同步电机	TZ160X129	1	15/4775/30	29/7500/110	赛伟科新能源科技(湖北)有限公司,上海汽车电驱动有限公司	SN125,KETG029,ESW110,KETG029	纯电动乘用车	5714	
	永磁同步电机	TZ160X129	1	15/4775/30	29/7500/110	珠海英搏尔电气股份有限公司	YSW200,KETG029	纯电动乘用车	2808	
	永磁同步电机	TZ205XFDM20C	1	20/3500/54.6	45/8000/205	浙江奥思伟尔电动科技有限公司	KTZ34X24F10B	纯电动专用车	1025	
	永磁同步电机	TZ205XSFDM	1	30/3600/80.0	60/9000/200	深圳市英威腾电动汽车驱动技术有限公司	KTZ34X29S520	纯电动乘用车	1118	

续上表

电动汽车驱动电机生产企业	电动汽车驱动电机类型	电动汽车驱动电机型号	驱动电机数量（台/辆）	驱动电机额定功率/转速/转矩（kW/r/min/Nm）	驱动电机峰值功率/转速/转矩（kW/r/min/Nm）	控制器生产企业	电机控制器型号	配套车辆类型	2019年配套车型产量小计（辆）	2019年配套车型产量总计（辆）
浙江方正电机股份有限公司	永磁同步电机	TZ205XSFDM30	1	30/3000/95	60/9000/220	深圳市蓝海华腾技术股份有限公司	KTZ33X35S453	纯电动乘用车	66	64636
	永磁同步电机	TZ205XSFDM30	1	30/3000/95	60/9000/220	深圳市蓝海华腾技术股份有限公司	KTZ33X35S453	纯电动乘用车	424	
	永磁同步电机	TZ205XSFDM30	1	30/3000/95	60/9000/220	深圳市蓝海华腾技术股份有限公司	KTZ33X35S453	纯电动专用车	22	
	永磁同步电机	TZ205XSFDM30C	1	30/4000/72	60/9000/220	深圳市依思普林科技有限公司	KTZ34X30SI21YSPL	纯电动专用车	889	
	永磁同步电机	TZ205XSFDM30D	1	30/4000/72	60/8000/260	苏州汇川技术有限公司	KTZ34X32S	纯电动专用车	19	
	永磁同步电机	TZ220XSFDM35	1	35/2800/120	85/9000/290	深圳市蓝海华腾技术股份有限公司	KTZ33X40S603	纯电动专用车	5	
	永磁同步电机	TZ220XSFDM35	1	35/2800/120	85/9000/290	深圳市蓝海华腾技术股份有限公司	KTZ33X40S603	纯电动乘用车	217	
	永磁同步电机	TZ220XSFDM35	1	35/2800/120	85/9000/290	深圳市蓝海华腾技术股份有限公司	KTZ33X40S603	纯电动专用车	119	
	永磁同步电机	TZ220XSFDM42A	1	42/3820/105	120/12000/250	联合汽车电子有限公司，威睿电动汽车技术（宁波）有限公司	KTZ34X45SUAES，KTZ34X45SG02	纯电动乘用车	50	
	永磁同步电机	TZ220XSFDM42A	1	42/3820/105	120/12000/250	上海大郡动力控制技术有限公司，威睿电动汽车技术（宁波）有限公司	KTZ34X45SDJ026，KTZ34X45SG02	纯电动乘用车	2521	
	永磁同步电机	TZ220XSFDM42A	1	42/3820/105	120/12000/250	威睿电动汽车技术（宁波）有限公司，联合汽车电子有限公司	KTZ34X45SG02，KTZ34X45SUAES	纯电动乘用车	138	
	永磁同步电机	TZ220XSFDM50	1	50/2800/170	120/9000/420	深圳市英威腾电动汽车驱动技术有限公司	KTZ38X20S060	纯电动专用车	205	
	永磁同步驱动电机	TZ205XSFDM30C	1	30/4000/72	60/8000/200	苏州汇川技术有限公司	KTZ36X29SCG	纯电动专用车	66	
	永磁同步驱动电机	TZ220XSFDM42A	1	42/3820/105	120/12000/250	威睿电动汽车技术（宁波）有限公司，联合汽车电子有限公司	KTZ34X45SG02，KTZ34X45SUAES	纯电动乘用车	1863	
华域汽车电动系统有限公司	永磁同步电机	290TZ-XS150K	1	75/2000/360	150/6000/800	华域汽车电动系统有限公司	KTZ380X320S	纯电动乘用车	230	59926
	永磁同步电机	TZ180XY1151	1	35/4500/75	100/12000/230	联合汽车电子有限公司	KTZ35X33SUAES	插电式混合动力乘用车	6630	
	永磁同步电机	TZ180XY1151	1	35/4500/75	90/12000/230	联合汽车电子有限公司	KTZ33X33SUAES	插电式混合动力乘用车	2681	
	永磁同步电机	TZ204XS105K01	1	60/3000/168	105/10000/350	联合汽车电子有限公司	KTZ35X36SUAES	纯电动专用车	1	
	永磁同步电机	TZ204XS105K02	1	53/4000/126	110/3000/350	联合汽车电子有限公司	KTZ40X45SUAES	纯电动乘用车	2301	
	永磁同步电机	TZ204XS105K04	1	60/4000/142	110/3000/350	联合汽车电子有限公司	KTZ35X45SUAES	纯电动乘用车	7770	
	永磁同步电机	TZ204XS1151	1	40/3100/125	93/5000/178	联合汽车电子有限公司	KTZ35X34SUAES	纯电动乘用车	9371	
	永磁同步电机	TZ204XS85K01，TZ204XS52K01	2	40/3100/125/，25/3500/70	85/3200/255/，52/3200/155	联合汽车电子有限公司	KTZ35X34SUAES，KTZ35X34SUAES	纯电动乘用车	1521	
	永磁同步电机	TZ204XS85K02	1	40/3100/125	85/3100/255	联合汽车电子有限公司	KTZ35X34SUAES	纯电动乘用车	4127	
	永磁同步电机	TZ204XS85K02	1	40/3100/125	85/3200/255	联合汽车电子有限公司	KTZ35X34SUAES	纯电动乘用车	25043	
	永磁同步电机	TZ204XS85K02， TZ204XS85K01，TZ204XS52K01	3	40/3100/125/后 1；40/3100/125/后 2；25/3500/70	85/3200/255/， 85/3200/255/， 52/3200/155	联合汽车电子有限公司	KTZ35X34SUAES， KTZ35X34SUAES，KTZ35X34SUAES	纯电动乘用车	251	
奇瑞新能源汽车股份有限公司	永磁同步电机	112AAC	1	15.5/2500/59	30/2387/120	奇瑞新能源汽车股份有限公司	112AAD	纯电动乘用车	39251	44788
	永磁同步电机	112AAE	1	40/3183/120	95/3629/250	奇瑞新能源汽车股份有限公司	112AAF	纯电动乘用车	4590	
	永磁同步电机	112AAJ	1	30/2809/102	60/3183/180	奇瑞新能源汽车股份有限公司	112AAK	纯电动乘用车	28	
	永磁同步电机	112AAM	1	40/3183/120	120/4584/250	奇瑞新能源汽车股份有限公司	112AAN	纯电动乘用车	919	
大众汽车自动变速器（天津）有限公司	永磁同步电机	EBB	1	55/3090/170	85/6200/330	联合汽车电子有限公司	KTZ 32 X 45 S	插电式混合动力乘用车	22906	43311
	永磁同步电机	EBD	1	85/5073/160	100/12000/290	联合汽车电子有限公司	KTZ 32 X 45 S	纯电动乘用车	20405	

续上表

电动汽车驱动电机生产企业	电动汽车驱动电机类型	电动汽车驱动电机型号	驱动电机数量(台/辆)	驱动电机额定功率/转速/转矩(kW/r/min/Nm)	驱动电机峰值功率/转速/转矩(kW/r/min/Nm)	控制器生产企业	电机控制器型号	配套车辆类型	2019年配套车型产量小计(辆)	2019年配套车型产量总计(辆)
上海汽车电驱动有限公司	永磁同步电机	2103YAA	1	25/2984/80	55/9000/175	上海汽车电驱动有限公司	2142YAA(软件:V L2_06/硬件:H1.23)	纯电动乘用车	2702	40720
	永磁同步电机	264TYZ-XS25DF	1	60/3183/180	110/9000/350	上海汽车电驱动有限公司	264TYZ-XS25DF	纯电动专用车	119	
	永磁同步电机	4DB400	1	18.6/2960/60	33/8200/125	上海汽车电驱动有限公司	EC2064	纯电动乘用车	5818	
	永磁同步电机	TZ180XS62BZ	1	18.5/2945/60	35/8500/125	上海汽车电驱动有限公司	KTZ33X11S01ZL	纯电动乘用车	27654	
	永磁同步电机	TZ230XS25DT	1	55/2950/180	100/9000/350	上海汽车电驱动有限公司	KTZ36X45S04K	燃料电池客车	307	
	永磁同步电机	TZ230XS36EY	1	31/3402/87	90/9350/270	上海汽车电驱动有限公司	软件:2196AAB/硬件:KTZ34X41S13P	纯电动乘用车	559	
	永磁同步电机	TZ230XS45FD	1	60/4775/120	125/12000/300	上海汽车电驱动有限公司	KTZ33X41S04ZK	纯电动乘用车	295	
	永磁同步电机	TZ230XSS11	1	45/3500/123	90/10000/280	上海汽车电驱动有限公司	KTZ32X48SS11	纯电动乘用车	431	
	永磁同步电机	TZ230XSXTA	1	25/3089/80	55/9000/170	上海汽车电驱动有限公司	KTZ34X23SXTA	纯电动乘用车	1835	
	永磁同步电机	TZ368XSD08	1	60/1100/521	120/4000/1600	上海汽车电驱动有限公司	KTZ51X37SD01	燃料电池专用车	210	
	永磁同步电机	TZ368XSD12	1	60/1100/521	120/4000/1600	上海汽车电驱动有限公司	KTZ54X37SD02	燃料电池专用车	600	
	永磁同步电机	YTD060W23	1	60/1850/310	110/4500/1000	上海汽车电驱动有限公司	KTZ50X35S	纯电动专用车	144	
	永磁同步驱动电机	TZ368XSD08	1	60/1100/521	120/4000/1600	上海汽车电驱动有限公司	KTZ51X37SD01	燃料电池专用车	2	
	永磁同步驱动电机	TZ368XSD16	1	65/1500/415	120/4500/1000	上海汽车电驱动有限公司	KTZ54X36S08ZM,KTZ54X36SHC600302	纯电动专用车	44	
日本电产汽车马达(浙江)有限公司	永磁同步电机	TZ180XYA1201	1	60/4093/140	135/16000/350	日本电产汽车马达(浙江)有限公司	KTZ32X48S001	纯电动乘用车	118	37092
	永磁同步电机	TZ180XYA1203	1	60/4093/140	150/16000/350	日本电产汽车马达(浙江)有限公司	KTZ40X48S003	纯电动乘用车	2076	
	永磁同步电机	TZ180XYA1203,TZ180XYA1203	2	60/4093/140,60/4093/140	150/16000/350,150/16000/350	日本电产汽车马达(浙江)有限公司	KTZ40X48S003,KTZ40X48S003	纯电动乘用车	20	
	永磁同步电机	TZ180XYA2601	1	60/4093/140	135/16000/300	日本电产汽车马达(浙江)有限公司	KTZ33X48S001	纯电动乘用车	34857	
	永磁同步电机	TZ180XYA2602	1	60/4093/140	150/16000/300	日本电产汽车马达(浙江)有限公司	KTZ37X48S002	纯电动乘用车	21	
北京博格华纳汽车传动器有限公司	永磁同步电机	TZ242XS002	1	45/4000/105	120/11000/280	联合汽车电子有限公司	KTZ34X19SXXX	纯电动乘用车	12804	31018
	永磁同步电机	TZ242XS002	1	45/4000/105	120/11000/280	苏州汇川联合动力系统有限公司	KTZ33X42SGW1	纯电动乘用车	105	
	永磁同步电机	TZ242XS003	1	60/4500/127	160/10600/315	苏州汇川技术有限公司	KTZ34X45SWM,KTZ38X45SWM	纯电动乘用车	17847	
	永磁同步电机	TZ242XS004	1	55/4000/140	140/10600/315	联合汽车电子有限公司	KTZ35X45SPEU	纯电动乘用车	133	
	永磁同步驱动电机	TZ242XS005	1	60/4000/150	120/11000/280	联合汽车电子有限公司	KTZ32X42SUAES	纯电动乘用车	129	
ZF Friedrichshafen AG	永磁同步电机	TZ269XY	1	45/4000/120	100/5000/230	ContinentalAG	KTZ38X45S015	插电式混合动力乘用车	394	28264
	永磁同步机	GC1P25A	1	32/5000/61/	70/2700/250/	BOSCH	软件:35up/硬件:LEB450D	插电式混合动力乘用车	27870	
重庆长安汽车股份有限公司	永磁同步电机	XTDM10	1	22/3900/55	100/12000/245	重庆长安汽车股份有限公司	XTDM10	纯电动乘用车	25973	27529
	永磁同步电机	XTDM10,XTDM14	1	22/3900/55	100/12000/245,120/12000/245	重庆长安汽车股份有限公司	XTDM10,XTDM14	纯电动乘用车	1531	
	永磁同步电机	XTDM13	1	35/3000/112	160/12000/300	重庆长安汽车股份有限公司	XTDM13	纯电动乘用车	25	
深圳市大地和电气股份有限公司	交流永磁同步电机	TZ210XSR41	1	30/3600/80	60/9000/200	深圳市大地和电气股份有限公司	KTZ33X26SF6H	纯电动专用车	2928	27433
	交流永磁同步电机	TZ260XSDE4	1	40/1575/242	80/5000/550	深圳市大地和电气股份有限公司	KTZ38X40SG3B	纯电动专用车	2	
	永磁同步	TZ190XD45	1	15/3680/39	30/7000/150	深圳市大地和电气股份有限公司	KTZ14X45A1C	纯电动乘用车	8825	
	永磁同步	TZ190XK9F	1	17/3900/41.6	35/9000/150	深圳市大地和电气股份有限公司	KTZ32X18D9H	纯电动乘用车	4029	
	永磁同步	TZ210XSD42	1	30/3600/80	60/9000/200	深圳市大地和电气股份有限公司	KTZ33X027S99H	纯电动专用车	1003	

续上表

电动汽车驱动电机生产企业	电动汽车驱动电机类型	电动汽车驱动电机型号	驱动电机数量（台/辆）	驱动电机额定功率/转速/转矩（kW/r/min/Nm）	驱动电机峰值功率/转速/转矩（kW/r/min/Nm）	控制器生产企业	电机控制器型号	配套车辆类型	2019年配套车型产量小计（辆）	2019年配套车型产量总计（辆）
深圳市大地和电气股份有限公司	永磁同步	TZ400XSF03	1	120/1169/980	200/3400/2450	深圳市大地和电气股份有限公司	KTZ54X072S49A	燃料电池客车	6	27433
	永磁同步电机	TZ160XD00	1	7.5/3000/24	15/6500/105	深圳市大地和电气股份有限公司	KTZ07X40C6K	纯电动乘用车	33	
	永磁同步电机	TZ160XK41	1	10/4000/24	20/7000/105	深圳市大地和电气股份有限公司	KTZ07X44I3K	纯电动乘用车	432	
	永磁同步电机	TZ180XSDAB	1	30/3000/95.5	60/9000/200	深圳市大地和电气股份有限公司	KTZ32X25SB6H	纯电动乘用车	319	
	永磁同步电机	TZ190XD45	1	15/3680/39	30/7000/150	深圳市大地和电气股份有限公司	KTZ14X45A1C	纯电动乘用车	1	
	永磁同步电机	TZ190XD97	1	20/4900/39	40/8000/135	深圳市大地和电气股份有限公司(软件)，深圳市大地和电气股份有限公司(硬件)	软件:300/硬件:KTZ14X45D4C	纯电动乘用车	1180	
	永磁同步电机	TZ190XD9D	1	15/3680/39	30/7000/150	深圳市大地和电气股份有限公司	KTZ14X40F1C	纯电动乘用车	26	
	永磁同步电机	TZ190XK9F	1	17/3900/41.6	35/9000/150	深圳市大地和电气股份有限公司	KTZ32X18D9H	纯电动乘用车	453	
	永磁同步电机	TZ210XFD00	1	20/3820/50	40/7000/180	深圳市大地和电气股份有限公司	KTZ14X045F102C	纯电动专用车	19	
	永磁同步电机	TZ210XSC00	1	30/2600/110	70/9500/240	深圳市大地和电气股份有限公司	KTZ35X040S01B	纯电动乘用车	6	
	永磁同步电机	TZ210XSD42	1	30/3600/80	60/9000/200	深圳市大地和电气股份有限公司	KTZ33X027S99H	纯电动专用车	3905	
	永磁同步电机	TZ210XSD5F	1	50/4300/110	100/10000/300	深圳市大地和电气股份有限公司	KTZ38X45SD3H	纯电动乘用车	14	
	永磁同步电机	TZ210XSDBH	1	40/4000/96	80/8500/90	深圳市大地和电气股份有限公司	KTZ35X29SG5H	纯电动乘用车	608	
	永磁同步电机	TZ210XSR41	1	30/3600/80	60/9000/200	深圳市大地和电气股份有限公司	KTZ33X26SF6H	纯电动专用车	3354	
	永磁同步电机	TZ210XSR41	1	30/3600/80.0	60/9000/200	深圳市大地和电气股份有限公司	KTZ33X26SF6H	纯电动乘用车	65	
	永磁同步电机	TZ230XSD10	1	45/3200/135	90/10000/280	深圳市大地和电气股份有限公司，深圳市大地和电气股份有限公司	X3SW1，KTZ35X45SC2H	纯电动乘用车	30	
	永磁同步电机	TZ230XSD91	1	60/4580/125	120/12000/350	深圳市大地和电气股份有限公司	KTZ54X40SF9I	纯电动专用车	50	
	永磁同步电机	TZ260XSD00	1	45/1950/220	90/5000/480	深圳市大地和电气股份有限公司	KTZ38X040S23A	纯电动专用车	1	
	永磁同步电机	TZ260XSDE4	1	40/1575/242	80/5000/550	深圳市大地和电气股份有限公司	KTZ38X40SG3B	纯电动专用车	98	
	永磁同步电机	TZ327XSF37	1	80/849/900	160/3500/1800	深圳市大地和电气股份有限公司	KTZ54X055S76A	纯电动客车	21	
	永磁同步电机	TZ400XSF03	1	120/1169/980	200/3400/2450	深圳市大地和电气股份有限公司	KTZ54X072S49A	纯电动客车	25	
合肥道一动力科技有限公司	永磁同步电机	JEETZ260XS7545JH04	1	60/1400/400	120/4500/750	合肥道一动力科技有限公司	JEEKTZ36X48S01JH04	纯电动客车	11	25201
	永磁同步电机	JEETZ260XS7545JH04	1	60/1400/400	120/4500/750	合肥道一动力科技有限公司	JEEKTZ36X48S01JH04	纯电动专用车	101	
	永磁同步电机	TZ200XSJH6，TZ220XSJHG	1	30/3000/96	85/9000/270，92/9000/270	合肥道一动力科技有限公司	KTZ33X50SJH6，KTZ33X36JHG	纯电动乘用车	1300	
	永磁同步电机	TZ200XSJHB	1	20/3000/64	50/7500/215	合肥道一动力科技有限公司	KTZ35X23SJHB	纯电动乘用车	10242	
	永磁同步电机	TZ200XSJHB，TZ200XSJHH	1	20/3000/64	50/7500/215，60/8000/220	合肥道一动力科技有限公司	KTZ35X23SJHB，KTZ30X23SJHG	纯电动乘用车	50	
	永磁同步电机	TZ220XSJH9	1	40/3000/130	110/11000/330	合肥道一动力科技有限公司	KTZ32X45SJH9	纯电动乘用车	4353	
	永磁同步电机	TZ220XSJH9	1	40/3000/130	110/11000/330	合肥道一动力科技有限公司	KTZ32X45SJH9	纯电动专用车	1003	
	永磁同步电机	TZ220XSJHG	1	30/3000/96	92/9000/270	合肥道一动力科技有限公司	KTZ33X36JHG	纯电动乘用车	5781	
	永磁同步电机	TZ260XSJHD	1	60/1432/400	110/4100/950	合肥道一动力科技有限公司	KTZ53X49JHD	纯电动专用车	5	
	永磁同步内转子电机	TZ200XSJH6	1	30/3000/96	85/9000/270	合肥道一动力科技有限公司	KTZ33X50SJH6	纯电动乘用车	2336	
	永磁同步内转子电机	TZ200XSJH6，TZ200XSJHE	1	30/3000/96	85/9000/270，88/9000/275	合肥道一动力科技有限公司	KTZ33X50SJH6，KTZ33X34SJHE	纯电动乘用车	19	

续上表

电动汽车驱动电机生产企业	电动汽车驱动电机类型	电动汽车驱动电机型号	驱动电机数量（台/辆）	驱动电机额定功率/转速/转矩（kW/r/min/Nm）	驱动电机峰值功率/转速/转矩（kW/r/min/Nm）	控制器生产企业	电机控制器型号	配套车辆类型	2019年配套车型产量小计（辆）	2019年配套车型产量总计（辆）
创驱（上海）新能源科技有限公司	永磁同步	TZ186XSM02	1	30/3016/95	55/10000/220	创驱（上海）新能源科技有限公司	KTZ36X18SP02	纯电动专用车	1828	23613
	永磁同步电机	TZ186XSM01	1	40/3500/110	67/8000/240	创驱（上海）新能源科技有限公司	KTZ33X25SP01	纯电动乘用车	8	
	永磁同步电机	TZ186XSM02	1	30/3016/95	55/10000/220	创驱（上海）新能源科技有限公司	KTZ36X18SP02	纯电动乘用车	1009	
	永磁同步电机	TZ186XSM02	1	30/3016/95	55/10000/220	创驱（上海）新能源科技有限公司	KTZ36X18SP02	纯电动专用车	6	
	永磁同步电机	TZ186XSM03	1	40/3500/110	90/10000/245	创驱（上海）新能源科技有限公司	KTZ33X28SP01	纯电动乘用车	20762	
郑州宇通客车股份有限公司	车载永磁同步电机	TZ327XSYTH06	1	63/2000/300	125/6000/600	郑州宇通客车股份有限公司	KTZ50X35SYTH06	插电式混合动力客车	2	22142
	车载永磁同步电机	TZ327XSYTH15	1	84/2000/400	189/6000/900	郑州宇通客车股份有限公司	KTZ50X50SYTH15	插电式混合动力客车	203	
	永磁同步电机	TZ210XFYTB51	1	20/3500/55	42/7000/180	郑州宇通客车股份有限公司	KTZ14X40FYTB51	纯电动专用车	1	
	永磁同步电机	TZ210XSYTH16	1	105/2000/500	210/6000/1000	郑州宇通客车股份有限公司	KTZ50X50SYTH16	插电式混合动力客车	1	
	永磁同步电机	TZ270XSYTB20	1	40/1100/350	75/3500/650	郑州宇通客车股份有限公司	KTZ30X35SYTB20	纯电动专用车	75	
	永磁同步电机	TZ270XSYTB30	1	40/1100/350	75/3500/650	郑州宇通客车股份有限公司	KTZ40X23SYTB30	纯电动专用车	8	
	永磁同步电机	TZ270XSYTB62	1	40/1100/350	85/3500/750	郑州宇通客车股份有限公司	KTZ54X27SYTB62	纯电动专用车	193	
	永磁同步电机	TZ290XSYTB19，TZ290XSYTB19	2	60/3370/170，60/3370/170	90/9000/300，90/9000/300	郑州宇通客车股份有限公司	KTZ54X24SYTB19	纯电动客车	2	
	永磁同步电机	TZ290XSYTB29，TZ290XSYTB29	2	80/3056/250，80/3056/250	120/8000/450，120/8000/450	郑州宇通客车股份有限公司	KTZ46X29SYTB29	纯电动客车	1	
	永磁同步电机	TZ327XSYTB06	1	50/1000/478	100/3500/955	郑州宇通客车股份有限公司	KTZ52X28SYTB06	纯电动客车	1189	
	永磁同步电机	TZ327XSYTB06	1	50/1000/478	100/3500/955	郑州宇通客车股份有限公司	KTZ52X28SYTB06	纯电动专用车	1	
	永磁同步电机	TZ327XSYTH06	1	63/2000/300	125/6000/600	郑州宇通客车股份有限公司	KTZ50X35SYTH06	插电式混合动力客车	175	
	永磁同步电机	TZ327XSYTH20	1	84/2000/400	189/6000/900	郑州宇通客车股份有限公司	KTZ50X50SYTH20	插电式混合动力客车	265	
	永磁同步电机	TZ368XSYTB04	1	100/800/1200	200/3000/2400	郑州宇通客车股份有限公司	KTZ52X60SYTB04	纯电动客车	458	
	永磁同步电机	TZ368XSYTB04	1	100/800/1200	200/3000/2400	郑州宇通客车股份有限公司	KTZ52X60SYTB04	纯电动专用车	93	
	永磁同步电机	TZ368XSYTB05	1	80/1000/764	160/3000/1530	郑州宇通客车股份有限公司	KTZ52X60SYTB05	纯电动客车	55	
	永磁同步电机	TZ368XSYTB11	1	215/1700/1200	350/3000/2800	郑州宇通客车股份有限公司	KTZ60X80SYTB11	纯电动客车	498	
	永磁同步电机	TZ368XSYTB18	1	140/2700/495	240/5000/850	郑州宇通客车股份有限公司	KTZ54X45SYTB18	纯电动客车	13	
	永磁同步电机	TZ368XSYTB21	1	80/1000/764	160/3500/1530	郑州宇通客车股份有限公司	KTZ52X60SYTB21	纯电动专用车	38	
	永磁同步电机	TZ368XSYTB33	1	100/800/1200	200/3500/2400	郑州宇通客车股份有限公司	KTZ52X58SYTB33	燃料电池客车	2	
	永磁同步电机	TZ368XSYTH12	1	157/2000/750	251/6000/1200	郑州宇通客车股份有限公司	KTZ50X60SYTH12	插电式混合动力客车	74	
	永磁同步电机	TZ400XSYTB24	1	100/955/1000	200/3000/2000	郑州宇通客车股份有限公司	KTZ52X52SYTB24	纯电动客车	147	
	永磁同步电机	TZ400XSYTB25	1	80/955/800	160/3000/1600	郑州宇通客车股份有限公司	KTZ52X42SYTB25	纯电动客车	7645	
	永磁同步电机	TZ400XSYTB26，TZ400XSYTB26	2	（125/1000/1200）/（125/1000/1200）	（250/3000/2400）/（250/3000/2400）	郑州宇通客车股份有限公司	KTZ52X60SYTB26，KTZ52X60SYTB26	纯电动专用车	6	
	永磁同步电机	TZ400XSYTB26，TZ400XSYTB26	2	（125/1000/1200）/（125/1000/1200）	（250/3000/2400）/（250/3000/2400）	郑州宇通客车股份有限公司	KTZ52X60SYTB26，KTZ52X60SYTB26	纯电动专用车	150	
	永磁同步电机	TZ400XSYTB28	1	120/955/1200	240/3000/2400	郑州宇通客车股份有限公司	KTZ52X58SYTB28	纯电动客车	9681	
	永磁同步电机	TZ400XSYTB31	1	120/955/1200	240/3000/2400	郑州宇通客车股份有限公司	KTZ52X58SYTB31	纯电动客车	283	
	永磁同步电机	TZ400XSYTB36	1	95/1300/700	190/3300/1400	郑州宇通客车股份有限公司	KTZ54X40SYTB36	纯电动专用车	21	
	永磁同步电机	TZ400XSYTB39	1	100/682/1400	200/2500/2850	郑州宇通客车股份有限公司	KTZ52X58SYTB39	燃料电池客车	230	

续上表

电动汽车驱动电机生产企业	电动汽车驱动电机类型	电动汽车驱动电机型号	驱动电机数量（台/辆）	驱动电机额定功率/转速/转矩（kW/r/min/Nm）	驱动电机峰值功率/转速/转矩（kW/r/min/Nm）	控制器生产企业	电机控制器型号	配套车辆类型	2019年配套车型产量小计（辆）	2019年配套车型产量总计（辆）
郑州宇通客车股份有限公司	永磁同步电机	TZ400XSYTB41	1	80/955/800	160/3000/1600	郑州宇通客车股份有限公司	KTZ52X42SYTB41	纯电动客车	11	22142
	永磁同步电机	TZ400XSYTB44	1	120/818/1400	240/2500/2800	郑州宇通客车股份有限公司	KTZ52X56SYTB44	纯电动客车	210	
	永磁同步电机	TZ400XSYTB49	1	215/1630/1260	350/3000/2800	郑州宇通客车股份有限公司	KTZ60X80SYTB49	纯电动客车	44	
	永磁同步电机	TZ400XSYTB52	1	120/818/1400	240/2500/2800	郑州宇通客车股份有限公司	KTZ52X56SYTB52	纯电动客车	327	
	永磁同步电机	TZ400XSYTB53	1	80/955/800	180/3500/1800	郑州宇通客车股份有限公司	KTZ52X50SYTB53	纯电动专用车	39	
	永磁同步电机	YTM280-CV4-H	1	100/800/1200	200/3000/2400	郑州宇通客车股份有限公司	YTMC-CV4-H	纯电动专用车	1	
蔚然(南京)动力科技有限公司	交流异步电机	YS240S001，YS240S001	2	60/5500/120，60/5500/120	240/15000/420，240/15000/420	蔚然(南京)动力科技有限公司昆山分公司	KYS3593S001，KYS3593S001	纯电动乘用车	8213	20097
	交流永磁同步电机	TZ160S001，TZ160S001	2	60/4500/130，60/4500/130	160/15000/305，160/15000/305	蔚然(南京)动力科技有限公司	KTZ3550S001，KTZ3550S001	纯电动乘用车	4151	
	交流永磁同步电机，交流异步电机	TZ160S001，YS240S001	2	60/4500/130，60/5500/120	160/15000/305，240/15000/420	蔚然(南京)动力科技有限公司昆山分公司	KTZ3550S001，KYS3593S001	纯电动乘用车	7733	
丰田汽车(常熟)零部件有限公司	永磁同步电动机	3JM	1	16.0/4685/32.6	53/5000/207	天津电装电子有限公司	G9200-02030	插电式混合动力乘用车	9103	16851
	永磁同步电动机	3JM	单电动机	16/4685/32.6	53/5000/207	软件：TOYOTA MOTOR CORPORATION/硬件：天津电装电子有限公司	软件：8988412000/硬件：G9200-02030	插电式混合动力乘用车	7748	
东风电动车辆股份有限公司	永磁同步电机	TZ228XS001	1	42/4000/100	90/10000/260	东风电动车辆股份有限公司	KTZ34X50SB005	纯电动乘用车	307	15573
	永磁同步电机	TZ228XS007	1	42/4000/100	110/10000/260	东风电动车辆股份有限公司	KTZ34X50SB018	纯电动乘用车	15243	
	永磁同步电机	TZ236XS001	1	30/3750/76	80/12500/260	东风电动车辆股份有限公司，东风航盛(武汉)汽车控制系统有限公司	KTZ35X84S001	插电式混合动力乘用车	1	
	永磁同步电机	TZ260XSC21	1	25/1000/240	48/4000/480	东风电动车辆股份有限公司	KTZ34X34SC21	纯电动专用车	1	
	永磁同步电机	TZ262XSC41	1	70/1800/371	120/4500/850	东风电动车辆股份有限公司	KTZ54X34SC42	纯电动专用车	21	
联合汽车电子有限公司	永磁同步电机	TZ180XS，TZ180XS	前驱电机：1台，后驱电机：1台	49/4600/101	89/12000/195	联合汽车电子有限公司	KTZ35X19SF，KTZ35X19SF	纯电动乘用车	94	13112
	永磁同步电机	TZ180XSUAES	1	63/4000/150	120/12000/250	联合汽车电子有限公司	KTZ33X40SUAES	纯电动乘用车	155	
	永磁同步电机	TZ290XSUAES	1	30/2000/147	56/7000/318	联合汽车电子有限公司	KTZ33X34SUAES	插电式混合动力乘用车	7396	
	永磁同步电机	TZ290XSUAES	1	30/2000/147	59/7000/318	联合汽车电子有限公司	KTZ35X34SUAES	插电式混合动力乘用车	5467	
南京乐金汽车零部件有限公司	永磁同步电机	TZ204XSLM1	1	40/3070/124	90/12000/280	南京乐金汽车零部件有限公司	KTZ38X40SLI1	纯电动乘用车	2020	10904
	永磁同步电机	TZ204XSLM1	1	40/3070/124	90/12000/280	南京乐金汽车零部件有限公司	02.01，KTZ38X40SLI1	纯电动乘用车	19	
	永磁同步电机	TZ204XSLM2	1	40/3000/140	114/9220/340	南京乐金汽车零部件有限公司	KTZ34X40SLI2	纯电动乘用车	8498	
	永磁同步电机	TZ204XSLM2	2	40/3000/140	114/9220/340	南京乐金汽车零部件有限公司	KTZ34X40SLI2，KTZ34X40SLI3	纯电动乘用车	348	
	永磁同步电机	TZ204XSLM1	1	40/3070/124	90/12000/280	南京乐金汽车零部件有限公司	02.01，KTZ38X40SLI1	纯电动乘用车	19	
西门子电动汽车动力总成系统(上海)有限公司	永磁同步电机	HyFAD	1	25/5000/48	60/11500/160	DELPHI AUTOMOTIVE SYSTEMS LLC	CIDD2	插电式混合动力乘用车	8669	9768
	永磁同步电机	SIVETEC MRS 5500	1	40/4775/80	85/13300/195	西门子电动汽车动力总成系统(上海)有限公司	SIVETEC PES 4200	插电式混合动力乘用车	1099	
苏州汇川技术有限公司	永磁同步电机	TZ180XSIN101	1	30/3183/90	60/3200-9000/65-220	苏州汇川技术有限公司	IEVD170-34Z50AL	纯电动专用车	955	9508
	永磁同步电机	TZ180XSIN101	1	30/3183/90	60/9000/220	苏州汇川技术有限公司	IEVD170-34Z50AL	纯电动专用车	184	

续上表

电动汽车驱动电机生产企业	电动汽车驱动电机类型	电动汽车驱动电机型号	驱动电机数量（台/辆）	驱动电机额定功率/转速/转矩（kW/r/min/Nm）	驱动电机峰值功率/转速/转矩（kW/r/min/Nm）	控制器生产企业	电机控制器型号	配套车辆类型	2019年配套车型产量小计（辆）	2019年配套车型产量总计（辆）
苏州汇川技术有限公司	永磁同步电机	TZ180XSIN101	1	30/3183/90	60/9000/220	苏州汇川技术有限公司	软件:00.01.00/硬件:IEVD170-34Z50AL	纯电动专用车	7	9508
	永磁同步电机	TZ180XSIN101	1	30/3183/90	60/9000/220	苏州汇川技术有限公司	软件:A00/硬件:IEVD170-34Z50AL	纯电动专用车	4254	
	永磁同步电机	TZ204XSB50	1	25/3000/80	50/8000/200	苏州汇川技术有限公司	KTZ33X26S330	纯电动专用车	1	
	永磁同步电机	TZ230XS090	1	45/3200/135	90/10000/280	苏州汇川技术有限公司,苏州汇川技术有限公司	X3SW0,KTZ35X42S160	纯电动乘用车	2245	
	永磁同步电机	TZ230XSIN101	1	60/3820/150	120/12000/320	苏州汇川技术有限公司	IEVD169-54Z75FL-ZC	纯电动专用车	324	
	永磁同步电机	TZ230XSIN101	1	60/3820/150	120/12000/320	苏州汇川技术有限公司	KTZ54X28S826	纯电动专用车	16	
	永磁同步电机	TZ230XSIN101	1	60/3820/150	120/12000/320	苏州汇川技术有限公司	KTZ54X32S803	纯电动专用车	969	
	永磁同步电机	TZ230XSIN101	1	60/3820/150	120/12000/320	苏州汇川技术有限公司	IEVD169-54Z75FL-ZC	纯电动专用车	1	
	永磁同步电机	TZ230XSIN107	1	50/4000/120	120/12000/300	苏州汇川技术有限公司	KTZ35X42S160DFSK	插电式混合动力乘用车	10	
	永磁同步电机	TZ230XSIN107	1	50/4000/120	120/12000/300	苏州汇川技术有限公司	KTZ35X42S160DFSK	纯电动乘用车	529	
	永磁同步驱动电机	TZ180XSIN101	1	30/3183/90	60/9000/220	苏州汇川技术有限公司	IEVD170-34Z50AL	纯电动专用车	13	
珠海英搏尔电气股份有限公司	交流异步电机	Y13120007	1	18/3000/58	50/7000/200	珠海英搏尔电气股份有限公司	MC3903-F	纯电动专用车	55	9323
	永磁同步电机	2103AAA	1	25/2984/80	55/8350/170	珠海英搏尔电气股份有限公司	软件:2196AAS/硬件:2141AAA	纯电动乘用车	223	
	永磁同步电机	2103AAB	1	31/3402/87	90/9350/270	珠海英搏尔电气股份有限公司	软件:2196AAJ/硬件:2141AAB	纯电动乘用车	35	
	永磁同步电机	TZ180X15H-320CA	1	15/3500/41	30/7500/120	珠海英搏尔电气股份有限公司	MC3903	纯电动乘用车	103	
	永磁同步电机	TZ180XS-EP04514	1	22/3000/70	45/9000/150	珠海英搏尔电气股份有限公司	MC3902	纯电动乘用车	7	
	永磁同步电机	TZ180XS-EP04515	1	20/2728/70	45/9000/150	珠海英搏尔电气股份有限公司	KTZ28X20K11	纯电动乘用车	95	
	永磁同步电机	TZ180XS-PM22H201	1	25/3980/60	45/11000/150	珠海英搏尔电气股份有限公司	PMU33JH45-336-001	纯电动乘用车	110	
	永磁同步电机	TZ180XS-PM2C6202	1	25/4000/60	55/9000/165	珠海英搏尔电气股份有限公司	MC3903-W3	纯电动乘用车	7749	
	永磁同步电机	TZ180XS-PM2C6202, TZ180XS-PM22H201	1	25/4000/60,25/3980/60	55/9000/165,45/11000/150	珠海英搏尔电气股份有限公司	MC3903-W3,PMU33JH45-336-001	纯电动乘用车	936	
	永磁同步电机	TZ180XSXKA	1	20/3000/64	45/8500/150	珠海英搏尔电气股份有限公司	KTZ32X20SXKA	纯电动专用车	1	
	永磁同步电机	TZ220XS-EP15031	1	63/4628/130	150/12300/310	珠海英搏尔电气股份有限公司	MC3906	纯电动乘用车	9	
苏州汇川联合动力系统有限公司	永磁同步电机	TZ180XSIN101	1	30/3183/90	60/9000/220	苏州汇川联合动力系统有限公司	KTZ33X26S330	纯电动专用车	2	9321
	永磁同步电机	TZ180XSIN102	1	30/3183/90	60/9000/220	苏州汇川联合动力系统有限公司	KTZ33X26S330	纯电动乘用车	1170	
	永磁同步电机	TZ180XSIN102	1	30/3183/90	60/9000/220	苏州汇川联合动力系统有限公司	KTZ33X26S330	纯电动专用车	5937	
	永磁同步电机	TZ180XSIN102,TZ180XSIN101	1	30/3183/90	60/9000/220	苏州汇川联合动力系统有限公司	KTZ33X26S330	纯电动专用车	1000	
	永磁同步电机	TZ230XSA7701	1	50/3980/120	132/12800/290	苏州汇川联合动力系统有限公司	1520013ADU0300S,KTZ37X45SP02	纯电动乘用车	830	
	永磁同步电机	TZ230XSIN102	1	45/3438/125	90/10000/250	苏州汇川联合动力系统有限公司	KTZ33X38S710	纯电动乘用车	382	
NISSAN	永磁同步电机	TZ200XS5UR	1	70/6380/105	80/3008/254	NISSAN	KTZ30X40S5UR	纯电动乘用车	8588	8588
北汽福田汽车股份有限公司	永磁同步	FTTB100	1	100/1000/955	150/3000/2800	北汽福田汽车股份有限公司	FTIVT150	纯电动客车	208	8131
	永磁同步	FTTB100B	1	100/1000/955	165/3000/2500	北汽福田汽车股份有限公司	FTIVT100B	纯电动客车	77	
	永磁同步	FTTB100D	1	100/2400/400	150/7500/830	北汽福田汽车股份有限公司	FTIVT100D	纯电动客车	50	
	永磁同步电动机	FTTB055B	1	55/4000/170	100/9000/360	北汽福田汽车股份有限公司	FTIVT200	纯电动乘用车	3	

续上表

电动汽车驱动电机生产企业	电动汽车驱动电机类型	电动汽车驱动电机型号	驱动电机数量（台/辆）	驱动电机额定功率/转速/转矩（kW/r/min/Nm）	驱动电机峰值功率/转速/转矩（kW/r/min/Nm）	控制器生产企业	电机控制器型号	配套车辆类型	2019年配套车型产量小计（辆）	2019年配套车型产量总计（辆）
北汽福田汽车股份有限公司	永磁同步电动机	FTTB055B	1	55/4000/170	100/9000/360	北汽福田汽车股份有限公司	FTIVT200	纯电动专用车	22	8131
	永磁同步电机	FTTB006	1	6/3000/19	13/7300/70	北汽福田汽车股份有限公司	FTIVT15	纯电动专用车	2053	
	永磁同步电机	FTTB018A	1	18/3200/55	45/8000/140	北汽福田汽车股份有限公司	FTIVT050	纯电动专用车	5	
	永磁同步电机	FTTB030	1	30/2865/100	60/9000/220	北汽福田汽车股份有限公司	FTIVT114	纯电动专用车	15	
	永磁同步电机	FTTB035	1	35/3500/120	80/8500/240	北汽福田汽车股份有限公司	FTIVT110	纯电动乘用车	366	
	永磁同步电机	FTTB035	1	35/3500/120	80/8500/240	北汽福田汽车股份有限公司	FTIVT110	纯电动专用车	363	
	永磁同步电机	FTTB039B	1	39/2800/135	85/7000/290	北汽福田汽车股份有限公司	FTIVT180	纯电动专用车	200	
	永磁同步电机	FTTB055B	1	55/4000/170	100/9000/360	北汽福田汽车股份有限公司	FTIVT200	纯电动客车	62	
	永磁同步电机	FTTB055B	1	55/4000/170	100/9000/360	北汽福田汽车股份有限公司	FTIVT200	纯电动专用车	103	
	永磁同步电机	FTTB055C	1	55/3000/170	90/8000/360	北汽福田汽车股份有限公司	FTIVT180	纯电动专用车	50	
	永磁同步电机	FTTB058	1	58/1200/462	160/3000/1600	北汽福田汽车股份有限公司	FTIVT058	燃料电池客车	1	
	永磁同步电机	FTTB060	1	60/1270/450	100/4200/1000	北汽福田汽车股份有限公司	FTIVT150	纯电动专用车	1	
	永磁同步电机	FTTB060	1	60/1270/450	100/4200/1000	北汽福田汽车股份有限公司	FTIVT200	纯电动专用车	1066	
	永磁同步电机	FTTB060	1	60/1910/300	120/4500/600	北汽福田汽车股份有限公司	FTIVT150	纯电动专用车	1	
	永磁同步电机	FTTB060	1	60/3000/190	115/12000/370	北汽福田汽车股份有限公司	FTIVT160	插电式混合动力客车	1	
	永磁同步电机	FTTB060	1	60/3000/190	115/12000/370	北汽福田汽车股份有限公司	FTIVT160	纯电动客车	150	
	永磁同步电机	FTTB060A	1	60/1050/546	95/3500/1300	北汽福田汽车股份有限公司	FTIVT060A	纯电动客车	24	
	永磁同步电机	FTTB060C	1	60/1910/300	120/5000/500	北汽福田汽车股份有限公司	FTIVT200	燃料电池专用车	40	
	永磁同步电机	FTTB075	2	75/2400/300	130/7500/600	北汽福田汽车股份有限公司	FTIVT090	插电式混合动力客车	450	
	永磁同步电机	FTTB080	1	80/1390/550	150/4500/1000	北汽福田汽车股份有限公司	FTIVT120	纯电动客车	42	
	永磁同步电机	FTTB080A	1	80/2500/300	130/8000/600	北汽福田汽车股份有限公司	FTIVT160	插电式混合动力客车	200	
	永磁同步电机	FTTB090	1	90/955/900	135/3000/1600	北汽福田汽车股份有限公司	FTIVT120	插电式混合动力客车	1	
	永磁同步电机	FTTB090	1	90/955/900	135/3000/1600	北汽福田汽车股份有限公司	FTIVT120	纯电动客车	104	
	永磁同步电机	FTTB095B	1	95/900/1008	165/2800/2000	北汽福田汽车股份有限公司	FTIVT095B	纯电动客车	149	
	永磁同步电机	FTTB100	1	100/1000/955	150/3000/2800	北汽福田汽车股份有限公司	FTIVT150	纯电动客车	47	
	永磁同步电机	FTTB100	1	100/1000/955	150/3000/2800	北汽福田汽车股份有限公司	FTIVT150	燃料电池客车	40	
	永磁同步电机	FTTB100A	1	100/2400/400	160/7500/900	北汽福田汽车股份有限公司	FTIVT100A	插电式混合动力客车	501	
	永磁同步电机	FTTB100A	1	100/2400/400	160/7500/900	北汽福田汽车股份有限公司	FTIVT100A	纯电动客车	1491	
	永磁同步电机	FTTB102	1	102/2000/1400	135/3000/2100	北汽福田汽车股份有限公司	FTIVT120	插电式混合动力客车	51	
	永磁同步电机	FTTB120	1	120/955/1200	200/3000/2500	北汽福田汽车股份有限公司	FTIVT170	纯电动客车	90	
	永磁同步电机	FTTB135	1	135/850/1520	200/3000/3000	北汽福田汽车股份有限公司	FTIVT135	纯电动客车	35	
	永磁同步驱动电机	FTTB095C	1	95/1060/850	185/3500/2100	北汽福田汽车股份有限公司	FTIVT095C	纯电动客车	69	
湖南中车时代电动汽车股份有限公司	交流永磁同步电机	TZ405XSD11	1	80/800/955	135/3000/2000	湖南中车时代电动汽车股份有限公司	KTZ38X40SP25	纯电动客车	8	8080
	永磁同步电机	JD189	1	235/1100/2040	300/2600/3500	湖南中车时代电动汽车股份有限公司	KTZ54X60SP07-S1.0，KTZ54X60SP07	纯电动客车	1	

续上表

电动汽车驱动电机生产企业	电动汽车驱动电机类型	电动汽车驱动电机型号	驱动电机数量（台/辆）	驱动电机额定功率/转速/转矩（kW/r/min/Nm）	驱动电机峰值功率/转速/转矩（kW/r/min/Nm）	控制器生产企业	电机控制器型号	配套车辆类型	2019年配套车型产量小计（辆）	2019年配套车型产量总计（辆）
湖南中车时代电动汽车股份有限公司	永磁同步电机	TZ290XS15A	1	60/1600/358	110/3600/1000	湖南中车时代电动汽车股份有限公司	KTZ54X40SP5S	纯电动客车	30	8080
	永磁同步电机	TZ290XSD15	1	60/1600/358	100/3600/1000	湖南中车时代电动汽车股份有限公司	KTZ38X40SP25	纯电动客车	100	
	永磁同步电机	TZ290XSD15	1	60/1600/358	100/3600/1000	湖南中车时代电动汽车股份有限公司	KTZ38X40SP25-S1.0,KTZ38X40SP25	纯电动客车	166	
	永磁同步电机	TZ330XS002	1	100/900/1061	200/2400/3100	湖南中车时代电动汽车股份有限公司	KTZ38X40SP25-S1.0,KTZ38X40SP25	纯电动客车	378	
	永磁同步电机	TZ330XSD16	1	100/2800/340	150/7500/1000	湖南中车时代电动汽车股份有限公司	KTZ38X40SP05	纯电动客车	54	
	永磁同步电机	TZ330XSD16	1	100/2800/340	150/7500/1000	湖南中车时代电动汽车股份有限公司	KTZ38X40SP25-S1.0,KTZ38X40SP25	纯电动客车	347	
	永磁同步电机	TZ366XS001E	1	75/800/900	150/3000/1800	湖南中车时代电动汽车股份有限公司	KTZ38X40SP25	纯电动客车	46	
	永磁同步电机	TZ368XS041	1	60/1685/340	100/3100/1000	湖南中车时代电动汽车股份有限公司	KTZ54X40SP02S-S1.0,KTZ54X40SP02S	纯电动客车	10	
	永磁同步电机	TZ368XS041	1	60/1685/340	100/3100/1000	湖南中车时代电动汽车股份有限公司	KTZ54X40SP02S-S1.0,KTZ54X40SP02S	纯电动客车	23	
	永磁同步电机	TZ380XS031E	1	120/955/1200	200/2500/2500	湖南中车时代电动汽车股份有限公司	KTZ38X40SP25	纯电动客车	60	
	永磁同步电机	TZ390XS07B	1	80/900/850	135/3000/1700	湖南中车时代电动汽车股份有限公司	KTZ54X40SP02S-S1.0,KTZ54X40SP02S	纯电动客车	78	
	永磁同步电机	TZ390XS07B	1	90/900/955	165/3000/2000	湖南中车时代电动汽车股份有限公司	KTZ54X40SP5S	纯电动客车	67	
	永磁同步电机	TZ400XS021	1	165/1650/955	240/3300/3200	湖南中车时代电动汽车股份有限公司	KTZ38X40SP25-S1.0,KTZ38X40SP25	纯电动客车	115	
	永磁同步电机	TZ405XS001	1	80/800/955	135/3100/2000	湖南中车时代电动汽车股份有限公司	KTZ54X40SP5S	纯电动客车	253	
	永磁同步电机	TZ405XS001	1	80/800/955	150/3100/1700	湖南中车时代电动汽车股份有限公司	KTZ54X40SP5S	纯电动客车	77	
	永磁同步电机	TZ405XS001	1	80/800/955	175/3000/1700	湖南中车时代电动汽车股份有限公司	KTZ38X40SP25	纯电动客车	53	
	永磁同步电机	TZ405XS001	1	80/800/955	175/3000/1700	湖南中车时代电动汽车股份有限公司	KTZ38X40SP25-S1.0,KTZ38X40SP25	纯电动客车	823	
	永磁同步电机	TZ405XSD11	1	80/800/955	135/3000/2000	湖南中车时代电动汽车股份有限公司	KTZ38X40SP25	纯电动客车	23	
	永磁同步电机	TZ405XSD11	1	80/800/955	135/3000/2000	湖南中车时代电动汽车股份有限公司	KTZ38X40SP25-S1.0,KTZ38X40SP25	纯电动客车	936	
	永磁同步电机	TZ405XSD17	1	150/1200/1194	200/3500/3000	湖南中车时代电动汽车股份有限公司	KTZ54X40SP01-S1.0,KTZ54X40SP01	纯电动客车	2	
	永磁同步电机	TZ405XSD17	1	150/1200/1194	200/3500/3000	湖南中车时代电动汽车股份有限公司	KTZ54X60SP07	纯电动客车	87	
	永磁同步电机	TZ405XSD23	1	100/900/1057	150/2400/2500	湖南中车时代电动汽车股份有限公司	KTZ54X60SP07	纯电动客车	230	
	永磁同步电机	TZ405XSD23	1	100/900/1057	150/3000/2500	湖南中车时代电动汽车股份有限公司	KTZ38X40SP25	纯电动客车	397	
	永磁同步电机	TZ405XSD23	1	100/900/1057	150/3000/2500	湖南中车时代电动汽车股份有限公司	KTZ38X40SP25	纯电动专用车	13	
	永磁同步电机	TZ405XSD23	1	80/700/1091	150/2400/2500	湖南中车时代电动汽车股份有限公司	KTZ54X40SP5S	纯电动客车	91	
	永磁同步电机	TZ405XSD31	1	100/900/1057	150/3000/2500	湖南中车时代电动汽车股份有限公司	KTZ54X40SP5S	纯电动客车	106	
	永磁同步电机	TZ405XSD31	1	100/900/1061	200/2400/2650	湖南中车时代电动汽车股份有限公司	KTZ38X40SP25	纯电动客车	90	
	永磁同步电机	TZ405XSD31	1	100/900/1061	200/2400/2650	湖南中车时代电动汽车股份有限公司	KTZ38X40SP25-S1.0,KTZ38X40SP25	纯电动客车	2256	
	永磁同步电机	TZ405XSD31,TZ400XS021	1,1	100/900/1061,165/1650/955	200/2400/2650,240/3300/3200	湖南中车时代电动汽车股份有限公司	KTZ38X40SP25-S1.0,KTZ38X40SP25,KTZ38X40SP25-S1.0,KTZ38X40SP25	纯电动客车	8	
	永磁同步牵引电动机	TZ405XSD31	1	100/900/1061	200/2400/2650	湖南中车时代电动汽车股份有限公司	KTZ38X40SP25-S1.0,KTZ38X40SP25	插电式混合动力客车	70	
	永磁同步驱动电机	TZ330XS002,TZ327XS002	1,1	100/900/1061,120/882/1300	200/2400/3100,240/2400/3100	湖南中车时代电动汽车股份有限公司	KTZ38X40SP25-S1.0,KTZ38X40SP25,KTZ60X53SP7S-S1.0,KTZ60X53SP7S	插电式混合动力客车	731	
	永磁同步驱动电机	TZ405XSD11,TZ290XS014	1,1	80/800/955,75/2388/300	135/3000/2000,130/8300/700	湖南中车时代电动汽车股份有限公司	KTZ38X40SP25-S1.0,KTZ38X40SP25,KTZ38X40SP25-S1.0,KTZ38X40SP25	纯电动客车	64	

续上表

电动汽车驱动电机生产企业	电动汽车驱动电机类型	电动汽车驱动电机型号	驱动电机数量（台/辆）	驱动电机额定功率/转速/转矩（kW/r/min/Nm）	驱动电机峰值功率/转速/转矩（kW/r/min/Nm）	控制器生产企业	电机控制器型号	配套车辆类型	2019年配套车型产量小计（辆）	2019年配套车型产量总计（辆）
湖南中车时代电动汽车股份有限公司	永磁同步驱动电机	TZ405XSD31，TZ327XS027	1，1	100/900/1061，120/882/1300	200/2400/2650，240/2400/3100	湖南中车时代电动汽车股份有限公司	KTZ38X40SP25-S1.0，KTZ38X40SP25，KTZ60X53SP7S-S1.0，KTZ60X53SP7S	插电式混合动力客车	287	8080
合肥巨一动力系统有限公司	永磁同步	TZ200XSJL1	1	16/2547/60	36/8000/140	合肥巨一动力系统有限公司	KTZ30X18SJL1	纯电动乘用车	162	8008
	永磁同步电机	TZ200XSDM1	1	30/3000/96	85/9000/270	合肥巨一动力系统有限公司	KTZ35X45SDM1	纯电动乘用车	34	
	永磁同步电机	TZ220XSBT1	1	60/5500/105	120/11500/280	合肥巨一动力系统有限公司	1K021-66E，KTZ33X45SBT1	纯电动乘用车	5295	
	永磁同步电机	TZ220XSBT1	1	60/5500/105	120/11500/280	合肥巨一动力系统有限公司	KTZ33X45SBT1	纯电动乘用车	2517	
南京金龙客车制造有限公司	永磁同步电机	PM6030L100	1	55/3280/160	100/10000/310	南京金龙客车制造有限公司	SD2065L090	纯电动专用车	1	6365
	永磁同步电机	TZ205XS-NLZ	2	50/2400/195	110/6000/385	南京金龙客车制造有限公司	KTZ54X30S-NLZ	纯电动专用车	4	
	永磁同步电机	TZ208XS103	1	55/3280/160	100/10000/310	南京金龙客车制造有限公司	KTZ35X34S103	纯电动专用车	3280	
	永磁同步电机	TZ208XS103；TZ230XSR9E	1	55/3280/160；55/3280/160	100/10000/310；100/10000/310	南京金龙客车制造有限公司	KTZ35X34S103，KTZ35X45SG4H	纯电动专用车	67	
	永磁同步电机	TZ208XS104	1	36/4220/81.5	70/9000/230	南京金龙客车制造有限公司	KTZ32X30S104	纯电动乘用车	51	
	永磁同步电机	TZ380XSA10	1	60/1300/440	100/3500/1000	南京金龙客车制造有限公司	KTZ54X41SAA87	纯电动客车	324	
	永磁同步电机	TZ430XSNL6	1	80/1400/545	150/3500/1700	南京金龙客车制造有限公司	KTZ54X42SNL6	纯电动客车	826	
	永磁同步电机	TZ430XSNL6	1	80/1400/545	150/3500/1700	南京金龙客车制造有限公司	KTZ54X42SNL6	纯电动专用车	15	
	永磁同步电机	TZ430XSNL6	1	80/1400/545	150/3500/1700	南京金龙客车制造有限公司	KTZ54X42SNL6	燃料电池客车	15	
	永磁同步电机	TZ445XSNL1	1	110/955/1100	160/3000/2200	南京金龙客车制造有限公司	KTZ54X42SNL1	插电式混合动力客车	20	
	永磁同步电机	TZ450XSNL7	1	120/1200/955	200/3000/2800	南京金龙客车制造有限公司	KTZ54X55SNL7	纯电动客车	1761	
	永磁同步电机	TZ460XSNL9	1	90/1264/680	155/3250/1800	南京金龙客车制造有限公司	KTZ57X41SNL9	燃料电池客车	1	
江苏摩比斯汽车零部件有限公司	永磁同步电机	MG50	1	10/4000/24	50/6000/205	软件：HYUNDAI MOTOR COMPANY/硬件：江苏摩比斯汽车零部件有限公司	软件：GLFPJCAHMS0-C000/硬件：KTZ360H80SM	插电式混合动力乘用车	5812	5812
株洲中车时代电气股份有限公司	永磁同步电机	2103TA	1	25/3511/68	55/9500/175	株洲中车时代电气股份有限公司	tPower-DM3028	纯电动乘用车	4202	5651
	永磁同步电机	CAM210PT1	1	60/4092/140	140/12000/320	株洲中车时代电气股份有限公司	CAM210PT1	纯电动乘用车	532	
	永磁同步电机	TZ180XSK11	1	25/3511/68	55/9000/170	珠海英搏尔电气股份有限公司	KTZ33X22SK11	纯电动乘用车	877	
	永磁同步电机	XTDM11	1	23/3230/68	55/9500/170	株洲中车时代电气股份有限公司	XTDM11	纯电动乘用车	40	
法雷奥西门子新能源汽车（常熟）有限公司	永磁同步电机	TZ235XS2GR	1	50/4500/105	120/12000/250	法雷奥西门子新能源汽车（深圳）有限公司	KTZ35X53S000	纯电动乘用车	5479	5479
苏州绿控新能源科技有限公司	交流永磁同步电机	TZ370XS-LKM1101	1	80/1270/600	160/4500/1100	苏州绿控新能源科技有限公司	KTZ54X45S-LKC1101	纯电动专用车	8	5355
	交流永磁同步电机	TZ370XS-LKM1305	1	100/1273/750	185/3500/1300	上海鑫国动力科技有限公司	KTZ54X42S5MC54SA02	纯电动专用车	5	
	永磁同步	TZ370XS-LKM0851	1	75/2000/350	120/5000/850	深圳市蓝海华腾技术股份有限公司	KTZ54X35S-LKC0851	纯电动专用车	97	
	永磁同步	TZ370XS-LKM1101	1	80/1270/600	160/4500/1100	苏州绿控新能源科技有限公司	KTZ54X45S-LKC1101	纯电动专用车	6	
	永磁同步电动机	GC-TM450-02	1	60/1910/300	120/5500/450	苏州绿控新能源科技有限公司	GC-CU450-02	纯电动客车	1	
	永磁同步电动机	TZ310XS-LKM1002	1	70/1670/400	130/4500/1000	苏州绿控新能源科技有限公司	KTZ54X40S-LKC1002	纯电动专用车	1	
	永磁同步电动机	TZ370XS-LKM1101	1	80/1270/600	160/4500/1100	苏州绿控新能源科技有限公司	KTZ54X45S-LKC1101	纯电动专用车	1	
	永磁同步电动机	TZ370XS-LKM1302	1	120/2292/500	185/3500/1300	苏州绿控新能源科技有限公司	KTZ54X55S-LKC1302	纯电动专用车	1	
	永磁同步电机	GC-TM1000-05	1	80/1280/600	135/3500/1000	苏州绿控新能源科技有限公司	GC-CU1000-05	插电式混合动力客车	68	

续上表

电动汽车驱动电机生产企业	电动汽车驱动电机类型	电动汽车驱动电机型号	驱动电机数量（台/辆）	驱动电机额定功率/转速/转矩（kW/r/min/Nm）	驱动电机峰值功率/转速/转矩（kW/r/min/Nm）	控制器生产企业	电机控制器型号	配套车辆类型	2019年配套车型产量小计（辆）	2019年配套车型产量总计（辆）
苏州绿控新能源科技有限公司	永磁同步电机	GC-TM1000-07	1	80/1280/600	135/3500/1000	苏州绿控新能源科技有限公司	GC-CU1000-07	插电式混合动力客车	156	5355
	永磁同步电机	GC-TM1300-01	1	100/1270/750	185/3500/1300	苏州绿控新能源科技有限公司	GC-CU1300-01	纯电动客车	475	
	永磁同步电机	GC-TM1300-01	1	100/1270/750	185/3500/1300	苏州绿控新能源科技有限公司	GC-CU1300-01	纯电动专用车	18	
	永磁同步电机	GC-TM1300-01	1	100/1270/750	185/3500/1300	苏州绿控新能源科技有限公司	GC-CU1300-01	燃料电池客车	60	
	永磁同步电机	GC-TM1300-01	1	100/1270/750	185/3500/1300	苏州绿控新能源科技有限公司	V6-H-4D110G，GC-CU1300-01	纯电动客车	1	
	永磁同步电机	GC-TM750-06	1	75/2000/350	120/5000/750	苏州绿控新能源科技有限公司	GC-CU750-06	纯电动专用车	1	
	永磁同步电机	TZ230XS-LKM0231	1	35/3038/110	70/6000/230	苏州绿控新能源科技有限公司	KTZ54X30S-LKC0231	纯电动专用车	28	
	永磁同步电机	TZ230XS-LKM0352	1	55/3040/180	120/6000/350	苏州绿控新能源科技有限公司	KTZ54X35S-LKC0352	纯电动专用车	102	
	永磁同步电机	TZ245XS-LKM0711	1	70/1800/380	140/4800/710	苏州绿控新能源科技有限公司	KTZ36X50S-LKC0711	纯电动客车	28	
	永磁同步电机	TZ310XS-LKM0501	1	60/1910/300	120/5000/500	苏州绿控新能源科技有限公司	KTZ54X35S-LKC0501	纯电动客车	339	
	永磁同步电机	TZ310XS-LKM0502	1	60/1910/300	120/5000/500	苏州绿控新能源科技有限公司	KTZ54X35S-LKC0502	纯电动客车	81	
	永磁同步电机	TZ310XS-LKM0502	1	60/1910/300	120/5000/500	苏州绿控新能源科技有限公司	KTZ54X35S-LKC0502	燃料电池专用车	1	
	永磁同步电机	TZ310XS-LKM0503	1	60/2600/220	110/5500/500	苏州汇川技术有限公司	KTZ54X32S750	纯电动专用车	1	
	永磁同步电机	TZ310XS-LKM1003	1	50/1061/450	90/4500/1000	苏州绿控新能源科技有限公司	KTZ38X38S-LKC1003	纯电动客车	51	
	永磁同步电机	TZ370XS-LKM0757	1	60/1637/350	120/5000/750	深圳市蓝海华腾技术股份有限公司	KTZ54X45S-LKC0757	燃料电池专用车	102	
	永磁同步电机	TZ370XS-LKM0758	1	60/1637/350	120/5000/750	武汉合康动力技术有限公司	KTZ54X45S-LKC0758	燃料电池专用车	32	
	永磁同步电机	TZ370XS-LKM0851	1	75/2000/350	120/5000/850	苏州绿控新能源科技有限公司	KTZ54X35S-LKC0851	插电式混合动力客车	1	
	永磁同步电机	TZ370XS-LKM0851	1	75/2000/350	120/5000/850	苏州绿控新能源科技有限公司	KTZ54X35S-LKC0851	纯电动客车	10	
	永磁同步电机	TZ370XS-LKM1101	1	80/1270/600	160/4500/1100	苏州绿控新能源科技有限公司	8C17，KTZ54X45S-LKC1101	纯电动客车	313	
	永磁同步电机	TZ370XS-LKM1101	1	80/1270/600	160/4500/1100	苏州绿控新能源科技有限公司	KTZ54X45S-LKC1101	插电式混合动力客车	25	
	永磁同步电机	TZ370XS-LKM1101	1	80/1270/600	160/4500/1100	苏州绿控新能源科技有限公司	KTZ54X45S-LKC1101	纯电动客车	290	
	永磁同步电机	TZ370XS-LKM1101	1	80/1270/600	160/4500/1100	苏州绿控新能源科技有限公司	KTZ54X45S-LKC1101	纯电动专用车	463	
	永磁同步电机	TZ370XS-LKM1101	1	80/1270/600	160/4500/1100	苏州绿控新能源科技有限公司	KTZ54X45S-LKC1101	燃料电池客车	72	
	永磁同步电机	TZ370XS-LKM1101；TZ370XS-LKM1103	1	80/1270/600	160/4500/1100	苏州绿控新能源科技有限公司，深圳市英威腾电动汽车驱动技术有限公司	KTZ54X45S-LKC1101，KTZ54X59S-GVD55050	纯电动专用车	19	
	永磁同步电机	TZ370XS-LKM1103	1	80/1270/600	160/4500/1100	深圳市英威腾电动汽车驱动技术有限公司	KTZ54X59S-GVD55050	纯电动专用车	34	
	永磁同步电机	TZ370XS-LKM1104	1	80/1273/510	165/1500-2500/650-1050	深圳市英威腾电动汽车驱动技术有限公司	KTZ54X46S-GVD55060	纯电动客车	15	
	永磁同步电机	TZ370XS-LKM1104	1	80/1528/500	160/4500/1100	苏州绿控新能源科技有限公司	KTZ54X38S-LKC1104	纯电动客车	53	
	永磁同步电机	TZ370XS-LKM1105	1	85/1630/500	160/4500/1100	苏州绿控新能源科技有限公司	KTZ54X40S-LKC1105	纯电动客车	7	
	永磁同步电机	TZ370XS-LKM1302	1	120/2292/500	185/3500/1300	苏州绿控新能源科技有限公司	KTZ54X55S-LKC1302	纯电动专用车	5	
	永磁同步电机	TZ370XS-LKM1303	1	100/1270/750	185/3500/1300	湖北东格新能源汽车科技有限公司	KTZ54X42S-DG1	纯电动专用车	1	
	永磁同步电机	TZ370XS-LKM1303	1	100/1273/750	185/1500-2800/620-1200	深圳市英威腾电动汽车驱动技术有限公司	KTZ54X77S-GVD55060	纯电动客车	96	
	永磁同步电机	TZ370XS-LKM1305	1	100/1273/750	185/3500/1300	上海鑫国动力科技有限公司	KTZ54X42S5MC54SA02	纯电动专用车	3	

续上表

电动汽车驱动电机生产企业	电动汽车驱动电机类型	电动汽车驱动电机型号	驱动电机数量（台/辆）	驱动电机额定功率/转速/转矩（kW/r/min/Nm）	驱动电机峰值功率/转速/转矩（kW/r/min/Nm）	控制器生产企业	电机控制器型号	配套车辆类型	2019年配套车型产量小计（辆）	2019年配套车型产量总计（辆）
苏州绿控新能源科技有限公司	永磁同步电机	TZ370XS-LKM1306	1	50/955/500	100/3000/1300	合肥阳光电动力科技有限公司	KTZ54X31S-LKC1306	纯电动客车	22	5355
	永磁同步电机	TZ370XS-LKM1702	1	80/1020/750	150/3000/1700	苏州绿控新能源科技有限公司	KTZ54X40S-LKC1702	插电式混合动力客车	1	
	永磁同步电机	TZ370XS-LKM1702	1	80/1020/750	150/3000/1700	苏州绿控新能源科技有限公司	KTZ54X40S-LKC1702	纯电动客车	411	
	永磁同步电机	TZ370XS-LKM1704	1	80/1020/750	150/3000/1700	苏州绿控新能源科技有限公司	KTZ54X38S-LKC1704	纯电动客车	94	
	永磁同步电机	TZ370XS-LKM1705	1	80/1020/750	150/3000/1700	合肥阳光电动力科技有限公司	KTZ54X41S0SG	纯电动客车	15	
	永磁同步电机	TZ370XS-LKM2102	1	85/900/900	160/3500/2100	苏州绿控新能源科技有限公司	8K16，KTZ54X45S-LKC2102	纯电动客车	5	
	永磁同步电机	TZ370XS-LKM2102	1	85/900/900	160/3500/2100	苏州绿控新能源科技有限公司	KTZ54X45S-LKC2102	纯电动客车	30	
	永磁同步电机	TZ370XS-LKM2106	1	85/900/900	160/3500/2100	苏州绿控新能源科技有限公司	KTZ54X52S-LKC2106	纯电动客车	41	
	永磁同步电机	TZ370XS-LKM2108	1	85/900/900	160/3500/2100	苏州绿控新能源科技有限公司	0303001，KTZ54X38S-LKC2108	纯电动客车	12	
	永磁同步电机	TZ370XS-LKM2110	1	90/859/1000	200/3500/2100	苏州绿控新能源科技有限公司	KTZ54X41S-LKC2110	燃料电池客车	83	
	永磁同步电机	TZ410XS-LKM2001	1	240/2292/1000	360/3000/2000	苏州绿控新能源科技有限公司	KTZ54X84S-LKC2001	纯电动专用车	1	
	永磁同步电机	TZ410XS-LKM2100	1	80/795/960	140/2500/2100	苏州绿控新能源科技有限公司	KTZ54X38S-LKC2100	插电式混合动力客车	73	
	永磁同步电机	TZ410XS-LKM2501	1	130/950/1300	250/3000/2500	苏州绿控新能源科技有限公司	KTZ54X70S-LKC2501	纯电动专用车	4	
	永磁同步电机	TZ410XS-LKM2502	1	130/950/1300	250/3000/2500	苏州绿控新能源科技有限公司	KTZ54X58S-LKC2502	纯电动客车	120	
	永磁同步电机	TZ410XS-LKM2504	1	100/955/1000	200/2800/2500	苏州绿控新能源科技有限公司	KTZ54X54S-LKC2504	燃料电池客车	31	
	永磁同步电机	TZ410XS-LKM2505	1	85/810/1000	178/3000/2500	苏州绿控新能源科技有限公司	KTZ54X54S-LKC2505	纯电动客车	50	
	永磁同步电机	TZ410XS-LKM2505	1	85/810/1000	178/3000/2500	苏州绿控新能源科技有限公司	KTZ54X54S-LKC2505	燃料电池客车	1	
	永磁同步驱动电机	TZ370XS-LKM0853	1	60/1637/350	120/5000/850	苏州绿控新能源科技有限公司	KTZ54X29S-LKC0853	燃料电池专用车	501	
	永磁同步驱动电机	TZ370XS-LKM0901	1	75/2046/350	120/5000/900	苏州绿控新能源科技有限公司	KTZ54X36S-LKC0901	纯电动专用车	390	
	永磁同步驱动电机	TZ370XS-LKM2102	1	85/900/900	160/3500/2100	苏州绿控新能源科技有限公司	KTZ54X45S-LKC2102	纯电动客车	2	
	永磁同步驱动电机	TZ410XS-LKM2502	1	130/950/1300	250/3000/2500	苏州绿控新能源科技有限公司	KTZ54X58S-LKC2502	纯电动客车	75	
	永磁同步驱动电机	TZ410XS-LKM2802	1	100/795/1200	200/2600/2800	苏州绿控新能源科技有限公司	KTZ54X54S-LKC2802	纯电动客车	51	
	永磁同步直流电机	TZ370XS-LKM1702	1	80/1020/750	150/3000/1700	苏州绿控新能源科技有限公司	KTZ54X40S-LKC1702	纯电动客车	128	
	永磁同步直流电机	TZ370XS-LKM1703	1	80/1020/750	150/3000/1700	深圳市蓝海华腾技术股份有限公司	KTZ54X40S-LKC1703	纯电动客车	140	
	永磁同步直流电机	TZ370XS-LKM2102	1	85/900/900	160/3500/2100	苏州绿控新能源科技有限公司	KTZ54X45S-LKC2102	纯电动客车	1	
	永磁同步直流电机	TZ410XS-LKM2501	1	130/950/1300	250/3000/2500	苏州绿控新能源科技有限公司	KTZ54X70S-LKC2501	纯电动客车	2	
BMW AG	永磁同步电机	IA1P16B	1	28/8000/33.4	70/4000/165	DELPHI	LEB452D	插电式混合动力乘用车	5009	5009
武汉乐创世纪科技有限公司，东风电驱动系统有限公司	永磁同步电机	TZ228XS005，TZ228XS020	1	45/4000/108，38/4000/90	100/10000/260，96/9000/230	武汉乐创世纪科技有限公司，深圳市英威腾电动汽车驱动技术有限公司	KTZ34X48S202，KTZ34X40SP01	纯电动乘用车	4337	4337
法雷奥西门子电动汽车动力总成（天津）有限公司	永磁同步电机	HyFAD	1	25/5000/48	60/11500/160	德尔福科技（苏州）有限公司	CIDD2	插电式混合动力乘用车	3987	4272
	永磁同步电机	SIVETEC MRS 5500	1	40/4775/80	85/13300/195	北京西门子汽车电驱动系统（常州）有限公司	SIVETEC PES 4200	插电式混合动力乘用车	285	

续上表

电动汽车驱动电机生产企业	电动汽车驱动电机类型	电动汽车驱动电机型号	驱动电机数量（台/辆）	驱动电机额定功率/转速/转矩（kW/r/min/Nm）	驱动电机峰值功率/转速/转矩（kW/r/min/Nm）	控制器生产企业	电机控制器型号	配套车辆类型	2019年配套车型产量小计（辆）	2019年配套车型产量总计（辆）
重庆长安新能源汽车有限公司，上海电驱动股份有限公司	永磁同步电机	XTDM03	1	20/3000/25	55/9500/170	重庆长安新能源汽车有限公司，上海电驱动股份有限公司，株洲中车时代电气股份有限公司	XIPU04，XIPU08，XIPU11，XIPU12	纯电动乘用车	2275	3657
	永磁同步电机	XTDM06	1	20/3000/25	55/10600/170	重庆长安新能源汽车有限公司，上海电驱动股份有限公司，株洲中车时代电气股份有限公司	XIPU04，XIPU10，XIPU13	纯电动乘用车	1382	
吉利四川商用车有限公司	永磁同步电机	TZ185XSMJ1	1	40/3820/100	90/11000/255	吉利四川商用车有限公司	KTZ36X37SMJ1	纯电动专用车	375	3440
	永磁同步电机	TZ300XSM01	1	50/1360/350	100/1300～4200/130～850	吉利四川商用车有限公司	KTZ54X42SC01	纯电动专用车	3041	
	永磁同步电机	TZ300XSM01	1	50/1360/350	100/4200/850	吉利四川商用车有限公司	KTZ54X42SC01	纯电动专用车	24	
金龙联合汽车工业（苏州）有限公司	永磁同步	TZ370XSH25	1	70/955/700	140/3000/1600	金龙联合汽车工业（苏州）有限公司	KTZ54X42SH25	纯电动客车	129	3309
	永磁同步	TZ370XSH26	1	80/850/900	155/2800/2150	金龙联合汽车工业（苏州）有限公司	KTZ54X42SH26	纯电动客车	508	
	永磁同步电机	TZ365XSH30，TZ368XSH19	1，1	120/955/1200，100/868/1100	200/2700/2800，200/2700/2500	金龙联合汽车工业（苏州）有限公司	KTZ58X55SH30，KTZ60X40SH19	纯电动客车	74	
	永磁同步电机	TZ368XSH17	1	100/1404/680	200/3500/2500	金龙联合汽车工业（苏州）有限公司	KTZ60X45SH17	纯电动客车	117	
	永磁同步电机	TZ368XSH18	1	100/1060/900	160/3000/2150	金龙联合汽车工业（苏州）有限公司	KTZ56X50SH18	插电式混合动力客车	339	
	永磁同步电机	TZ368XSH19	1	100/868/1100	200/2700/2500	金龙联合汽车工业（苏州）有限公司	KTZ60X40SH19	纯电动客车	433	
	永磁同步电机	TZ368XSH19	1	100/868/1100	200/2700/2500	金龙联合汽车工业（苏州）有限公司	KTZ60X40SH19	燃料电池客车	30	
	永磁同步电机	TZ368XSH20	1	100/1060/900	120/3000/1500	金龙联合汽车工业（苏州）有限公司	KTZ52X42SH20	插电式混合动力客车	52	
	永磁同步电机	TZ370XSH25	1	70/955/700	140/3000/1600	金龙联合汽车工业（苏州）有限公司	KTZ54X42SH25	纯电动客车	385	
	永磁同步电机	TZ370XSH26	1	80/850/900	155/2800/2150	金龙联合汽车工业（苏州）有限公司	KTZ54X42SH26	纯电动客车	135	
	永磁同步电机	TZ370XSH28	1	70/1910/350	120/4500/750	金龙联合汽车工业（苏州）有限公司	KTZ54X31SH28	纯电动客车	234	
	永磁同步电机	TZ370XSH33	1	80/1450/520	140/4000/1050	金龙联合汽车工业（苏州）有限公司	KTZ54X42SH33	纯电动客车	78	
	永磁同步电机	TZ370XSH35	1	80/955/800	160/3000/1600	金龙联合汽车工业（苏州）有限公司	KTZ54X42SH35	纯电动客车	6	
	永磁同步电机	TZ370XSH36	1	90/860/1000	160/2800/2150	金龙联合汽车工业（苏州）有限公司	KTZ54X42SH36	纯电动客车	44	
	永磁同步电机	TZ378XSH38	1	145/1260/1100	250/3000/3300	金龙联合汽车工业（苏州）有限公司	KTZ60X38SH38	纯电动客车	10	
	永磁同步电机	TZ410XSH39	1	80/795/960	140/2500/2150	金龙联合汽车工业（苏州）有限公司	KTZ54X42SH39	插电式混合动力客车	160	
	永磁同步电机	TZ460XSH32	1	150/870/1650	198/2600/2500	金龙联合汽车工业（苏州）有限公司	KTZ54X54SH32	纯电动客车	575	
Toshiba Japan	永磁同步电机	Gen Ⅲ	1	30/4480/64	92/15000/228	Ford motor company，Toshiba Japan	HG98-14G077-＊＊，HG98-7B012-＊＊	插电式混合动力乘用车	3278	3278
Hyundai MOBIS Co.，Ltd.	永磁同步电机	36500-0E200	1	20/4000/48	81.4/9800/285	HYUNDAI MOBIS	36601-QE000	纯电动乘用车	728	3059
	永磁同步电机	PM04	1	25.4/4117/58.9	44.5/6000/170	HYUNDAI MOBIS Co.，Ltd	KTZ360H80SM-2B	插电式混合动力乘用车	527	
	永磁同步电机	PM04	1	25.4/4117/58.9	44.5/6000/170	软件：HYUNDAI MOTOR COMPANY/硬件：江苏摩比斯汽车零部件有限公司	软件：GADHKCAHMP0-K000/硬件：KTZ360H80SM-2B	插电式混合动力乘用车	1791	
	永磁同步电机	PMSM81	1	20/4000/48	81.4/9800/285	HYUNDAI MOBIS	36601-0E080，36601-0E085	纯电动乘用车	1	
	永磁同步电机	PMSM81	1	20/4000/48	81.4/9800/285	HYUNDAIMOBIS	36601-0E080，36601-0E085	纯电动乘用车	2	
	永磁同步电机	PMSM81	1	20/4000/48	81.4/9800/285	软件：HYUNDAI MOTOR COMPANY/硬件：HYUNDAI MOBIS	软件：EHDC02/硬件：36601-0E080，软件：EHDC03/硬件：36601-0E085	纯电动乘用车	10	
厦门金龙联合汽车工业有限公司	永磁同步电机	KLBEVTM200	1	100/800/1250	200/3000/2800	厦门金龙联合汽车工业有限公司	KLBEVMC260	纯电动客车	21	3055
	永磁同步电机	KLSTMAD150	1	90/760/1140	150/3000/2000	厦门金龙联合汽车工业有限公司	KLMCAD197	纯电动客车	55	

续上表

电动汽车驱动电机生产企业	电动汽车驱动电机类型	电动汽车驱动电机型号	驱动电机数量（台/辆）	驱动电机额定功率/转速/转矩（kW/r/min/Nm）	驱动电机峰值功率/转速/转矩（kW/r/min/Nm）	控制器生产企业	电机控制器型号	配套车辆类型	2019年配套车型产量小计（辆）	2019年配套车型产量总计（辆）
厦门金龙联合汽车工业有限公司	永磁同步电机	TZ210XSWT40AXL	1	40/3000/128	80/7500/280	厦门金龙联合汽车工业有限公司	KTZ38X35SE5H	纯电动专用车	58	3055
	永磁同步电机	TZ290XSKL080	1	60/1400/400	110/4000/870	厦门金龙联合汽车工业有限公司	KTZ30X30SKL100	纯电动客车	87	
	永磁同步电机	TZ290XSKL100	1	63/1180/510	160/4500/1000	厦门金龙联合汽车工业有限公司	KTZ57X38SKL130	纯电动客车	185	
	永磁同步电机	TZ365XS-150	1	100/1200/850	148/3000/1500	厦门金龙联合汽车工业有限公司	KTZ57X33S-100	插电式混合动力客车	347	
	永磁同步电机	TZ365XSKL140	1	88/1120/750	140/4500/1300	厦门金龙联合汽车工业有限公司	KTZ54X39SKL290	纯电动客车	22	
	永磁同步电机	TZ365XSKL140	1	88/1120/750	140/4500/1300	厦门金龙联合汽车工业有限公司	KTZ54X39SKL290	纯电动专用车	1	
	永磁同步电机	TZ365XSKL200	1	103/900/1100	165/2800/2000	厦门金龙联合汽车工业有限公司	KTZ57X40SKL110	插电式混合动力客车	349	
	永磁同步电机	TZ365XSKL210	1	105/1000/1000	188/3500/2100	厦门金龙联合汽车工业有限公司	KTZ53X52SKL180	纯电动客车	71	
	永磁同步电机	TZ370XSKL110	1	80/1270/600	160/4500/1100	厦门金龙联合汽车工业有限公司	KTZ54X40SKL120	纯电动客车	53	
	永磁同步电机	TZ370XSKL130	1	160/2040/750	270/5000/1300	厦门金龙联合汽车工业有限公司	KTZ53X52SKL180	纯电动客车	216	
	永磁同步电机	TZ370XSKL210	1	90/1000/850	210/3500/2100	厦门金龙联合汽车工业有限公司	KTZ53X52SKL180	纯电动客车	4	
	永磁同步电机	TZ370XSKLJ210	1	90/1000/850	180/3500/2100	厦门金龙联合汽车工业有限公司	KTZ57X53SKLJ180	纯电动客车	308	
	永磁同步电机	TZ370XSKLJ211	1	59/700/810	150/3500/2100	厦门金龙联合汽车工业有限公司	KTZ57X53SKLJ180	燃料电池客车	1	
	永磁同步电机	TZ390XSKL280	1	110/900/1170	200/2600/2800	厦门金龙联合汽车工业有限公司	KTZ53X52SKL180	纯电动客车	16	
	永磁同步电机	TZ400XSKL130	1	100/1300/735	200/3500/1400	厦门金龙联合汽车工业有限公司	KTZ54X38SKL110	纯电动客车	56	
	永磁同步电机	TZ400XSKL140	1	90/1500/573	180/4000/1400	厦门金龙联合汽车工业有限公司	KTZ54X40SKL110	纯电动客车	30	
	永磁同步电机	TZ400XSKL170	1	90/1350/636.7	150/3100/1700	厦门金龙联合汽车工业有限公司	KTZ57X42SKL090	纯电动客车	240	
	永磁同步电机	TZ400XSKL250	1	100/955/1000	200/2500/2500	厦门金龙联合汽车工业有限公司	KTZ57X53SKL120	纯电动客车	412	
	永磁同步电机	TZ400XSKL280	1	120/955/1200	200/2500/2800	厦门金龙联合汽车工业有限公司	KTZ57X53SKL120	纯电动客车	406	
	永磁同步电机	TZ410XSKL250	1	100/900/1061	180/2800/2500	厦门金龙联合汽车工业有限公司	KTZ54X45SKL110	纯电动客车	45	
	永磁同步电机	TZ460XSKL280	1	150/1000/1430	260/3300/2800	厦门金龙联合汽车工业有限公司	KTZ62X52SKL180	纯电动客车	72	
珠海银隆电器有限公司	永磁同步	YLP-HMP60-W	1	60/1640/350	100/4500/750	珠海银隆电器有限公司	YLP-HCP160-W	纯电动专用车	32	2831
	永磁同步	YLP-HMP60-WZC	1	60/1800/318	100/4000/850	珠海银隆电器有限公司	YLP-HCP80-WZC	纯电动专用车	147	
	永磁同步电机	YLP-HMP101-WPTL	1	100/1404/680	200/3500/2500	珠海银隆电器有限公司	YLP-HCP101-WPTL	纯电动客车	15	
	永磁同步电机	YLP-HMP103-WJJ	1	103/900/1100	165/2800/2000	珠海银隆电器有限公司	YLP-HCP103-WJJ	纯电动客车	32	
	永磁同步电机	YLP-HMP115-WJJ	1	115/965/1140	180/2600/2800	珠海银隆电器有限公司	YLP-HCP150-WJJ	纯电动客车	20	
	永磁同步电机	YLP-HMP150-WKB	1	100/800/1200	200/2600/2800	珠海银隆电器有限公司	YLP-HCP150-WKBJ	纯电动客车	104	
	永磁同步电机	YLP-HMP150-WKB，YLP-HMP280-WKB	1	100/800/1200，120/1150/1000	200/2600/2800，200/2600/2800	珠海银隆电器有限公司	YLP-HCP155-WKB，YLP-HCP280-WSD	纯电动客车	728	
	永磁同步电机	YLP-HMP150-WZC	1	150/1650/868	200/3350/2800	珠海银隆电器有限公司	YLP-HCP200-WZC	纯电动客车	121	
	永磁同步电机	YLP-HMP65-WZC	1	60/1600/358	100/3600/1000	珠海银隆电器有限公司	YLP-HCP65-WZC	纯电动客车	75	
	永磁同步电机	YLP-HMP85-WGVD	1	85/1350/601	160/3000/1700	珠海银隆电器有限公司	YLP-HCP85-WGVD	纯电动客车	137	
	永磁同步电机	YLP-HMP90-W	1	90/760/1140	150/3000/2000	珠海银隆电器有限公司	YLP-HCP120-W	纯电动客车	4	
	永磁同步电机	YLP-HMP90-WHT	1	85/1050/773	150/2800/2200	珠海银隆电器有限公司	YLP-HCP120-WHT	纯电动客车	69	

续上表

电动汽车驱动电机生产企业	电动汽车驱动电机类型	电动汽车驱动电机型号	驱动电机数量（台/辆）	驱动电机额定功率/转速/转矩（kW/r/min/Nm）	驱动电机峰值功率/转速/转矩（kW/r/min/Nm）	控制器生产企业	电机控制器型号	配套车辆类型	2019年配套车型产量小计（辆）	2019年配套车型产量总计（辆）
珠海银隆电器有限公司	永磁同步电机	YLP-MP120-W	1	100/800/1250	200/3000/2800	珠海银隆电器有限公司	YLP-CP150-W	纯电动客车	22	2831
	永磁同步电机	YLP-MP120-WKB	1	100/800/1250	200/2600/2500	珠海银隆电器有限公司	YLP-CP150-WKBJ	纯电动客车	13	
	永磁同步电机	YLP-MP120-WKB	1	100/800/1250	200/2600/2500	珠海银隆电器有限公司	YLP-CP150-WKBL	纯电动客车	204	
	永磁同步电机	YLP-MP135-W	1	135/760/1650	220/2700/3000	珠海银隆电器有限公司	YLP-CP260-W	纯电动客车	12	
	永磁同步电机	YLP-MP135-WPTL	1	150/900/1600	245/3000/3400	珠海银隆电器有限公司	YLP-CP260-WPTL	纯电动客车	15	
	永磁同步电机	YTP-MP75-WZC	1	60/1600/358	110/3600/1200	珠海银隆电器有限公司	YTP-CP90-WZC	纯电动客车	60	
	永磁同步驱动电机	YLP-HMP100-WZC，YLP-HMP90-WZC	1,1	100/1200/796,100/900/1054	150/3000/2200,150/3000/2200	珠海银隆电器有限公司	YLP-HCP120-WZC,YLP-HCP80-WZC	纯电动客车	1000	
	永磁同步驱动电机	YLP-MP120-WKB，YLP-HMP110-WKBYK	1,1	100/800/1250,110/955/1100	200/2600/2500,200/2800/2500	珠海银隆电器有限公司	YLP-CP150-WKBJ,YLP-HCP110-WKBYK	纯电动客车	21	
安徽安凯汽车股份有限公司	永磁同步电机	TZ260XS050	1	50/1200/400	100/3000/1000	安徽安凯汽车股份有限公司	KTZ54X41SG50	纯电动客车	744	2506
	永磁同步电机	TZ330XS080	1	80/1200/700	160/4000/1500	安徽安凯汽车股份有限公司	KTZ70X40S080	纯电动客车	3	
	永磁同步电机	TZ365XS060	1	60/1300/440	120/3500/1200	安徽安凯汽车股份有限公司	KTZ75X40S060	燃料电池客车	4	
	永磁同步电机	TZ365XS080	1	80/1200/630	150/3500/1500	安徽安凯汽车股份有限公司	KTZ75X40S080	纯电动客车	631	
	永磁同步电机	TZ365XS082	1	82/1000/780	151/3000/1480	安徽安凯汽车股份有限公司	KTZ41X50S082	插电式混合动力客车	68	
	永磁同步电机	TZ420XS100	1	100/1500/650	200/3000/2800	安徽安凯汽车股份有限公司	KTZ70X90S100	纯电动客车	1	
	永磁同步电机	TZ425XS100	1	100/1005/950	200/3000/2400	安徽安凯汽车股份有限公司	KTZ75X60S100	纯电动客车	1054	
	永磁同步电机	TZ425XS100	1	100/1005/950	200/3000/2400	安徽安凯汽车股份有限公司	KTZ75X60S100	燃料电池客车	1	
合普动力股份有限公司	永磁同步	TZ210XS25H-336	1	25/3000/80	50/9000/180	株洲中车时代电气股份有限公司	tPower-DM12	纯电动乘用车	8	2496
	永磁同步电动机	TZ160X15H-144	1	15/4500/32	30/8700/95	合普动力股份有限公司	KTZ14X35HPA	纯电动乘用车	14	
	永磁同步电动机	TZ210X22H-336	1	22/3500/60	45/8000/200	苏州汇川技术有限公司	KTZ34X29FHM	纯电动乘用车	9	
	永磁同步电机	JMEV-TB2550LV	1	25/3000/80	50/9000/200	江西江铃集团新能源汽车有限公司	JMEV-MCPCHW001	纯电动乘用车	510	
	永磁同步电机	TZ180XS22H-320	1	22/3000/70	45/9700/160	珠海英搏尔电气股份有限公司	MC3903-W	纯电动乘用车	44	
	永磁同步电机	TZ210XS30H-353	1	30/3000/95	60/9000/220	合肥阳光电动力科技有限公司	KTZ34X30S0SG	纯电动乘用车	530	
	永磁同步电机	TZ210XS45H-320	1	45/3500/128	90/10000/260	苏州汇川技术有限公司	软件：LBCS9V10/硬件：KTZ34X45SLB	纯电动乘用车	4	
	永磁同步电机	TZ210XS45H-330	1	45/3500/128	90/10000/300	株洲中车时代电气股份有限公司	tPower-DM3019	纯电动乘用车	1294	
	永磁同步电机	TZ260XS55H	1	55/1500/350	85/4500/750	比亚迪汽车工业有限公司	KTZ38X30S4A0	纯电动专用车	4	
	永磁同步电机	TZ300XSM02	1	50/1360/350	100/4000/850	深圳市航盛新能源有限公司	KTZ35X52SC01	插电式混合动力专用车	79	
精进电动科技股份有限公司,合普动力股份有限公司,上海汽车电驱动有限公司	永磁同步电机	TZ220XS518,TZ228XS68H,TZ230XS65A	1,1,1	68/4500/144，68/4500/144，68/4500/144	145/12000/300，145/12000/300，145/12000/300	精进电动科技股份有限公司（软件），精进电动科技股份有限公司（硬件），德尔福科技（苏州）有限公司（软件），德尔福科技（苏州）有限公司（硬件）	软件：1040001DC1/硬件：KTZ37X50S518，软件：1040001DB2/硬件：KTZ37X50S001，软件：1040002DC1/硬件：KTZ37X50S001，软件：1040003DC1/硬件：KTZ37X50S001	纯电动乘用车	2287	2287
南京越博动力系统股份有限公司	交流永磁同步电机	TZ342XS-YBM211	1	105/2000/500	180/4000/1100	上海鑫国动力科技有限公司	KTZ54X56S5MC54SA01	纯电动专用车	15	2274
	永磁同步电机	TZ200XS-YBM410	1	40/4050/90	80/12000/210	南京越博动力系统股份有限公司	KTZ36X30S-YBC410	纯电动专用车	138	
	永磁同步电机	TZ200XS-YBM417	1	35/4150/70	70/12000/160	南京越博动力系统股份有限公司	KTZ36X30S-YBC417	纯电动专用车	40	
	永磁同步电机	TZ205XS-YBM320	1	45/2800/140	85/6000/280	南京越博动力系统股份有限公司	KTZ54X35S-YBC305	纯电动专用车	30	

续上表

电动汽车驱动电机生产企业	电动汽车驱动电机类型	电动汽车驱动电机型号	驱动电机数量（台/辆）	驱动电机额定功率/转速/转矩（kW/r/min/Nm）	驱动电机峰值功率/转速/转矩（kW/r/min/Nm）	控制器生产企业	电机控制器型号	配套车辆类型	2019年配套车型产量小计（辆）	2019年配套车型产量总计（辆）
南京越博动力系统股份有限公司	永磁同步电机	TZ220XS-YBM400	1	70/4400/150	130/12000/310	南京越博动力系统股份有限公司	KTZ54X30S-YBC400	纯电动专用车	500	2274
	永磁同步电机	TZ220XS-YBM408	1	67/3000/215	159/12000/419	苏州汇川技术有限公司	KTZ54X32SYB2	纯电动专用车	63	
	永磁同步电机	TZ220XS-YBM603	1	30/3000/100	60/9000/210	南京越博动力系统股份有限公司	KTZ32X31S-YBC603	纯电动乘用车	5	
	永磁同步电机	TZ220XS-YBM603	1	30/3000/100	60/9000/210	南京越博动力系统股份有限公司	KTZ32X31S-YBC603	纯电动专用车	456	
	永磁同步电机	TZ230XS-YBM402	1	40/3000/127	60/6000/250	南京越博动力系统股份有限公司	KTZ36X44S-YBC402	纯电动专用车	30	
	永磁同步电机	TZ230XSYBM406	1	50/2800/170	85/6000/320	苏州汇川技术有限公司	KTZ54X32S788	纯电动专用车	396	
	永磁同步电机	TZ230XS-YBM406	1	50/2800/170	85/6000/320	南京越博动力系统股份有限公司	KTZ54X26S-YBC406	纯电动专用车	2	
	永磁同步电机	TZ230XS-YBM407	1	45/2800/140	85/6000/280	南京越博动力系统股份有限公司	KTZ54X29S-YBC407	纯电动专用车	191	
	永磁同步电机	TZ230XS-YBM415	1	50/2800/170	94/7000/320	南京越博动力系统股份有限公司	KTZ36X44S-YBC408	纯电动专用车	1	
	永磁同步电机	TZ327XS-YBM308	1	60/2300/250	120/5500/450	南京越博动力系统股份有限公司	KTZ54X36S-YBC308	纯电动客车	77	
	永磁同步电机	TZ327XS-YBM308	1	60/2300/250	120/5500/450	南京越博动力系统股份有限公司	KTZ54X36S-YBC308	纯电动专用车	7	
	永磁同步电机	TZ327XS-YBM350	1	75/2300/310	145/5500/600	南京越博动力系统股份有限公司	KTZ54X38S-YBC351	纯电动客车	191	
	永磁同步电机	TZ327XS-YBM350	1	75/2300/310	145/5500/600	南京越博动力系统股份有限公司	KTZ54X38S-YBC351	纯电动专用车	22	
	永磁同步电机	TZ342XS-YBM211	1	105/2000/500	180/4000/1100	南京越博动力系统股份有限公司	KTZ54X53S-YBC212	纯电动客车	11	
	永磁同步电机	TZ342XS-YBM211	1	105/2000/500	180/4000/1100	上海鑫国动力科技有限公司	KTZ54X56S5MC54SA01	纯电动专用车	18	
	永磁同步电机	TZ342XS-YBM211	1	105/2000/500	180/4000r/1100	上海鑫国动力科技有限公司	KTZ54X56S5MC54SA01	纯电动专用车	1	
	永磁同步电机	TZ342XS-YBM212	1	80/2000/500	140/4000/1100	南京越博动力系统股份有限公司	KTZ54X53S-YBC214	燃料电池客车	20	
	永磁同步电机	TZ365XS-YBM303	1	60/2300/250	100/5500/460	南京越博动力系统股份有限公司	软件：V1.00/硬件：KTZ54X26S-YBC302A	纯电动专用车	1	
	永磁同步电机	TZ368XS-YBM100	1	125/1500/800	245/3500/1500	南京越博动力系统股份有限公司	KTZ54X85S-YBC100	纯电动专用车	9	
	永磁同步电机	TZ368XS-YBM101	1	245/1700/1370	350/3500/2800	南京越博动力系统股份有限公司	KTZ60X85S-YBC101	纯电动专用车	1	
	永磁同步电机	TZ380XS-YBM210	1	80/1300/600	160/3200/1200	南京越博动力系统股份有限公司	KTZ54X63S-YBC210	纯电动客车	49	
长沙市比亚迪汽车有限公司，东风电动车辆股份有限公司	永磁同步电机	BYD-2015TZ-XS-D，TZ228XSP01	1	65/5172/120，55/4377/120	120/15000/280，120/10000/260	长沙市比亚迪汽车有限公司，东风电动车辆股份有限公司	KTZ40X37S-A，KTZ34X50SP01	纯电动乘用车	2245	2245
大洋电机新动力科技有限公司	永磁同步电机	TZ180XSD01	1	21/3500/57.3	50/9000/165	大洋电机新动力科技有限公司	KTZ34X25SD01	纯电动乘用车	22	2186
	永磁同步电机	TZ180XSD02	1	25/3500/68	50/9000/165	大洋电机新动力科技有限公司	软件：1111 01 01/硬件：KTZ30X25SD01	纯电动乘用车	18	
	永磁同步电机	TZ290XSD02	1	60/1850/310	110/4100/1000	大洋电机新动力科技有限公司	KTZ31X37SD01	纯电动客车	15	
	永磁同步电机	TZ368XSD01	1	135/900/1430	200/2850/2800	大洋电机新动力科技有限公司	KTZ57X75SD01	纯电动客车	221	
	永磁同步电机	TZ368XSD03	1	75/1100/650	135/3000/1600	大洋电机新动力科技有限公司	KTZ54X37SD01	纯电动客车	200	
	永磁同步电机	TZ368XSD03	1	75/1100/650	135/3000/1600	大洋电机新动力科技有限公司	KTZ54X37SD01	纯电动专用车	54	
	永磁同步电机	TZ368XSD04	1	90/955/900	155/3100/2000	大洋电机新动力科技有限公司	KTZ35X75SD01	燃料电池客车	100	
	永磁同步电机	TZ368XSD05	1	120/955/1200	165/3000/2500	大洋电机新动力科技有限公司	KTZ57X55SD01	纯电动客车	42	
	永磁同步电机	TZ368XSD06	1	100/1061/900	165/3100/2000	大洋电机新动力科技有限公司	KTZ57X36SD02	纯电动客车	131	
	永磁同步电机	TZ368XSD06	1	100/1061/900	165/3100/2000	大洋电机新动力科技有限公司	KTZ57X37SD02	纯电动客车	550	

续上表

电动汽车驱动电机生产企业	电动汽车驱动电机类型	电动汽车驱动电机型号	驱动电机数量（台/辆）	驱动电机额定功率/转速/转矩（kW/r/min/Nm）	驱动电机峰值功率/转速/转矩（kW/r/min/Nm）	控制器生产企业	电机控制器型号	配套车辆类型	2019年配套车型产量小计（辆）	2019年配套车型产量总计（辆）
大洋电机新动力科技有限公司	永磁同步电机	TZ368XSD09	1	120/955/1200	200/3000/2500	大洋电机新动力科技有限公司	KTZ57X55SD09	纯电动客车	514	2186
	永磁同步电机	TZ368XSD11	1	90/900/955	180/2500/2800	大洋电机新动力科技有限公司	KTZ53X55SD02	燃料电池客车	1	
	永磁同步电机	TZ368XSD13	1	60/900/637	155/3100/2000	大洋电机新动力科技有限公司	KTZ57X37SD03	燃料电池客车	3	
	永磁同步电机	YTD050W07	1	53/4000/127	95/9000/260	大洋电机新动力科技有限公司	KM7035W03	纯电动乘用车	16	
	永磁同步电机	YTD050W07	1	53/4000/127	95/9000/260	大洋电机新动力科技有限公司	KM7035W03	纯电动乘用车	299	
南京创源天地动力科技有限公司	永磁同步电机	TZ185XS023	1	36/4220/81.5	70/9000/230	南京创源天地动力科技有限公司	KTZ33X32S065	纯电动乘用车	547	2145
	永磁同步电机	TZ185XS023	1	36/4220/81.5	70/9000/230	南京创源天地动力科技有限公司	KTZ33X32S065	纯电动专用车	465	
	永磁同步电机	TZ208XS103	1	55/3280/160	100/10000/300	南京创源天地动力科技有限公司	KTZ35X34S103	纯电动专用车	400	
	永磁同步电机	TZ208XS103	1	55/3280/160	100/10000/300	南京创源天地动力科技有限公司	KTZ35X34S103	纯电动专用车	600	
	永磁同步电机	TZ208XS109	1	30/3600/80	60/9000/180	南京创源天地动力科技有限公司	KTZ32X30S109	纯电动乘用车	36	
	永磁同步电机	TZ208XS109	1	30/3600/80	60/9000/180	南京创源天地动力科技有限公司	KTZ32X30S109	纯电动专用车	36	
	永磁同步电机	TZ365XS101	1	70/1700/380	130/5200/750	南京创源天地动力科技有限公司	KTZ36X45S101	纯电动专用车	31	
	永磁同步电机	TZ365XS101	1	70/1700/380	130/5200/750	南京创源天地动力科技有限公司	KTZ36X45S101	纯电动专用车	30	
珠海英搏尔电气股份有限公司，合肥道一动力科技有限公司	交流感应电动机，永磁同步内转子电机	Y13120008，TZ200XSJHB	1	20/3000/64	50/7500/215	珠海英搏尔电气股份有限公司，合肥道一动力科技有限公司	MC3903-W，KTZ35X23SJHB	纯电动乘用车	2136	2136
德州浦益希机电科技有限公司	交流异步电动机	IM171601	1	7.5/4900/14.6	22/9000/122	山东元齐新动力科技有限公司	SDJ-7.5kW-14425E	纯电动专用车	29	2052
	交流异步电动机	YS175H72V-7.5	1	7.5/4000/17.9	18/7000/74	福州欣联达电子科技有限公司	SDJ-7.5kW-7240	纯电动专用车	1201	
	交流异步电机	IM150801，IM171607	2	3/3000/9.55，7.5/4900/14.6	9/6000/55，18/6000/100	福州欣联达电子科技有限公司	SDJ-3kW-7225GC，SDJ-7.5kW-7240	纯电动乘用车	251	
	交流异步电机	IM171601，IM171301	2	7.5/4900/14.6，5.6/4900/10.9	22/9000/122，15.5/9000/90	山东元齐新动力科技有限公司	SDJ-7.5kW-14425E	纯电动乘用车	228	
	交流异步电机	IM171607	1	7.5/4900/14.6	18/6000/100	福州欣联达电子科技有限公司	SDJ-7.5kW-7240	纯电动乘用车	330	
	交流异步电机	YS175H72V-7.5K5	1	7.5/4000/17.9	18/7000/74	福州欣联达电子科技有限公司	SDJ-7.5kW-7240E	纯电动乘用车	13	
杭州杰能动力有限公司	永磁同步电机	TZ180XS30H-316	1	30/3000/95	60/8000/180	杭州杰能动力有限公司	KTZ31X23S101	纯电动乘用车	2027	2032
	永磁同步电机	TZ180XS30Z-316	1	28/3000/90	52/8000/170	杭州杰能动力有限公司	KTZ32X25S110	纯电动乘用车	5	
安徽鸿创新能源动力有限公司	永磁同步电机	2103YAB	1	25/2984/80	55/9000/175	安徽鸿创新能源动力有限公司	2142YAB（软件:01.01.03/硬件:H1.34）	纯电动乘用车	1916	2020
	永磁同步电机	2103YAB	1	25/2984/80	55/9000/175	安徽鸿创新能源动力有限公司	2142YAB	纯电动专用车	104	
武汉乐创世纪科技有限公司	永磁同步电机	TZ228XS005	1	45/4000/108	100/10000/260	武汉乐创世纪科技有限公司	KTZ34X48S202	纯电动乘用车	1969	1969
联合汽车电子有限公司，北京博格华纳汽车传动器有限公司	永磁同步电机	TZ180XS001，TZ242XS001	2	50/5000/95，55/4500/116.7	100/12000/240，140/12000/290	苏州汇川技术有限公司	KTZ35X45SSDK，KTZ35X45SCHJ	插电式混合动力乘用车	1875	1875
杭州伯坦动力科技有限公司，东风电驱动系统有限公司	永磁同步电机	TZ190XSFT2，TZ228XS005	1	40/4000/95，45/4000/108	100/8200/240，100/10000/260	杭州伯坦动力科技有限公司，深圳市英威腾电动汽车驱动技术有限公司	KTZ32X35SFT2，KTZ34X40SP01	纯电动乘用车	1827	1827

续上表

电动汽车驱动电机生产企业	电动汽车驱动电机类型	电动汽车驱动电机型号	驱动电机数量（台/辆）	驱动电机额定功率/转速/转矩（kW/r/min/Nm）	驱动电机峰值功率/转速/转矩（kW/r/min/Nm）	控制器生产企业	电机控制器型号	配套车辆类型	2019年配套车型产量小计（辆）	2019年配套车型产量总计（辆）
露笑新能源技术有限公司	永磁同步电机	TZ185XS060B	1	30/2865/100	60/9000/225	合肥阳光电动力科技有限公司	软件:00.01.00/硬件:KTZ34X30S0SG	纯电动专用车	7	1735
	永磁同步电机	TZ185XS060C	1	30/3500/80	60/9000/230	合肥阳光电动力科技有限公司	KTZ34X30S0SG	纯电动专用车	1728	
浙江零跑科技有限公司	永磁同步电机	TZ230XSLPS01	1	30.7/4727/62	125/11700/250	浙江零跑科技有限公司	KTZ36X48SLPS01	纯电动乘用车	1732	1732
上海中科深江电动车辆有限公司	永磁同步电机	SJ040248A-2103	1	40/3700/125	97/10000/250	上海中科深江电动车辆有限公司	SJ080A-2104	纯电动乘用车	1550	1556
	永磁同步电机	SJ050300B-2103	1	50/2200/217	100/5000/500	上海中科深江电动车辆有限公司	SJ100D-2104	纯电动专用车	3	
	永磁同步电机	SJ2103P030-L1	1	30/2700/107	60/10000/220	上海中科深江电动车辆有限公司	SJ2104B3C1-L1	纯电动专用车	3	
合肥道一动力科技有限公司，珠海英搏尔电气股份有限公司	永磁同步内转子电机，交流感应电动机	TZ210XJH5，Y13120007	1	18/3000/58	45/6500/175，50/7000/200	合肥道一动力科技有限公司，珠海英搏尔电气股份有限公司	KTZ31X22FJH5，MC3903-F	纯电动乘用车	1507	1507
上海汽车电驱动有限公司，奇瑞新能源汽车股份有限公司	永磁同步电机	2103AAV（上海），112AAE（奇瑞）	1	46/4000/110（上海），40/3183/120（奇瑞）	90/3100/276（上海），95/3629/250（奇瑞）	上海汽车电驱动有限公司，奇瑞新能源汽车股份有限公司	2142AAQ（上海），112AAF（奇瑞）	纯电动乘用车	1407	1407
大陆汽车系统（天津）有限公司	永磁同步电机	EM13	1	55/6000/87.5	135/14000/310	软件:大陆汽车系统（天津）有限公司/硬件:大陆汽车系统（天津）有限公司	软件:EOSCKPL-RS0-D000/硬件:EM13	纯电动乘用车	8	1402
	永磁同步电机	EM15	1	60/6000/95.5	150/14000/310	软件:大陆汽车系统（天津）有限公司/硬件:大陆汽车系统（天津）有限公司	软件:EOSCKPL-RS0-D000/硬件:EM15	纯电动乘用车	1394	
潍柴（潍坊）新能源科技有限公司	永磁同步	TZ368XS09001	1	90/1264/680	155/3250/1900	潍柴（潍坊）新能源科技有限公司	KTZ60X40S09001	纯电动客车	71	1335
	永磁同步电机	TZ365XS10301	1	103/900/1100	170/2800/2000	潍柴（潍坊）新能源科技有限公司	KTZ54X41S10301	纯电动客车	280	
	永磁同步电机	TZ368XS06501	1	65/1500/415	130/4500/1200	潍柴（潍坊）新能源科技有限公司	KTZ54X36S06501	纯电动客车	55	
	永磁同步电机	TZ368XS09001	1	90/1264/680	155/3250/1900	潍柴（潍坊）新能源科技有限公司	KTZ60X40S09001	纯电动客车	446	
	永磁同步电机	TZ368XS10001	1	100/868/1100	200/2700/2500	潍柴（潍坊）新能源科技有限公司	KTZ60X40S10001	纯电动客车	368	
	永磁同步电机	TZ368XS10001，TZ368XS11001	1，1	100/868/1100，110/955/1100	200/2700/2500，200/3000/3300	潍柴（潍坊）新能源科技有限公司	KTZ60X40S10001，KTZ60X30S11001	纯电动客车	1	
	永磁同步电机	TZ400XS10004	1	100/1050/910	185/2800/2000	潍柴（潍坊）新能源科技有限公司	KTZ54X41S10004	纯电动客车	33	
	永磁同步电机	TZ400XS12001	1	120/1042/1100	200/2600/2500	潍柴（潍坊）新能源科技有限公司	KTZ54X41S12001	纯电动客车	40	
	永磁同步电机	TZ460XS13601	1	136/850/1525	220/3000/2800	潍柴（潍坊）新能源科技有限公司	KTZ54X53S13601	纯电动客车	41	
精进电动科技股份有限公司，苏州汇川联合动力系统有限公司	永磁同步电机	TZ180XSA01，TZ180XSIN101	1	30/4500/90，30/3183/90	60/9000/230，60/9000/220	深圳英威腾电动汽车驱动技术有限公司，苏州汇川联合动力系统有限公司	KTZ31X32SP01，KTZ33X26S330	纯电动专用车	1304	1304
三门峡速达交通节能科技股份有限公司	永磁同步电机	TZ210XSD40	1	40/3357/128	80/9000/240	三门峡速达交通节能科技股份有限公司	KTZ36X45SS40	纯电动乘用车	924	1262
	永磁同步电机	TZ210XSD40L	1	40/3357/128	80/9000/240	三门峡速达交通节能科技股份有限公司	KTZ36X45SS40L	纯电动乘用车	338	
ValeoSiemens eAutomotive Germany GmbH	永磁同步电机	ERAD2	1	28/3000/90	65/12500/240	ValeoSiemens eAutomotive Germany GmbH	SPA-IEM	插电式混合动力乘用车	1254	1261
	永磁同步电机	左后：ERAD2.2 L/R，右后：ERAD2.2 L/R	2	28/3000/90	85/12000/240	北京西门子汽车电驱动系统（常州）有限公司	IEM2.2	插电式混合动力乘用车	7	
南京越博动力系统股份有限公司；苏州绿控新能源科技有限公司	永磁同步电机	TZ368XS-YBM104，TZ410XS-LKM2001	1	245/1700/1370；240/2292/1000	365/3500/2800，360/3000/2000	南京越博动力系统股份有限公司，苏州绿控新能源科技有限公司	KTZ60X85S-YBC104，KTZ54X84S-LKC2001	纯电动专用车	1201	1201

续上表

电动汽车驱动电机生产企业	电动汽车驱动电机类型	电动汽车驱动电机型号	驱动电机数量（台/辆）	驱动电机额定功率/转速/转矩（kW/r/min/Nm）	驱动电机峰值功率/转速/转矩（kW/r/min/Nm）	控制器生产企业	电机控制器型号	配套车辆类型	2019年配套车型产量小计（辆）	2019年配套车型产量总计（辆）
厦门金龙汽车新能源科技有限公司	永磁同步	TZ365XS-D090-04	1	90/1000/860	180/2700/2150	厦门金龙汽车新能源科技有限公司	KTZ54X45SKLNEV02	纯电动客车	87	1173
	永磁同步电机	TZ210XS-M050-03	1	50/3000/160	90/8000/300	厦门金龙汽车新能源科技有限公司	KTZ34X32S-E130-01	纯电动专用车	107	
	永磁同步电机	TZ260XS-D060-01	1	60/1600/358	110/4500/950	厦门金龙汽车新能源科技有限公司	KTZ54X40S-A140-01	纯电动客车	5	
	永磁同步电机	TZ260XS-M060-02	1	55/1460/358	110/4500/950	厦门金龙汽车新能源科技有限公司	KTZ34X56S-A115-01	纯电动客车	66	
	永磁同步电机	TZ363XS-D120-01	1	78/745/1000	200/3500/2800	厦门金龙汽车新能源科技有限公司	KTZ58X55S-A120	燃料电池客车	8	
	永磁同步电机	TZ365XS-D090-01	1	90/1150/764	150/3100/1700	厦门金龙汽车新能源科技有限公司	KTZ58X50S-A090	纯电动客车	97	
	永磁同步电机	TZ365XS-D090-04	1	90/1000/860	180/2700/2150	厦门金龙汽车新能源科技有限公司	KTZ54X45SKLNEV02	纯电动客车	30	
	永磁同步电机	TZ365XS-D090-07	1	90/1000/850	188/3500/2100	厦门金龙汽车新能源科技有限公司	KTZ58X55S-A120-02	纯电动客车	60	
	永磁同步电机	TZ365XS-D090-07	1	90/1000/850	188/3500/2100	厦门金龙汽车新能源科技有限公司	KTZ58X55S-A120-02	燃料电池客车	110	
	永磁同步电机	TZ365XS-D090-10	1	58/740/750	150/3700/1700	厦门金龙汽车新能源科技有限公司	KTZ58X50S-A090-02	燃料电池客车	2	
	永磁同步电机	TZ365XS-D090-11	1	90/1150/764	160/3700/1700	厦门金龙汽车新能源科技有限公司	KTZ58X50S-A090-02	纯电动客车	74	
	永磁同步电机	TZ390XS-M180-01	1	180/955/1800	350/3200/3500	厦门金龙汽车新能源科技有限公司	KTZ58X98S-A360-01	纯电动客车	20	
	永磁同步电机	TZ400XS-D100-01	1	100/1000/955	200/2500/2500	厦门金龙汽车新能源科技有限公司	KTZ58X55S-A120	纯电动客车	507	
上海大郡动力控制技术有限公司	永磁同步	TZ200XSDJ009	1（BSG电机只有辅助驱动功能）	30/3000/95.5	53/9000/180	联合汽车电子有限公司	KTZ33X37SUAES	插电式混合动力乘用车	3	1123
	永磁同步电机	O150WA	1	90/760/1140	150/3000/2000	上海大郡动力控制技术有限公司	N490WSA	纯电动客车	11	
	永磁同步电机	O200WA	1	100/800/1250	200/3000/2800	上海大郡动力控制技术有限公司	N490WSA	纯电动客车	60	
	永磁同步电机	TZ220XSDJ029	1	45/2850/150	90/2400～2900/300～360	上海大郡动力控制技术有限公司	KTZ36X35SDJ029	纯电动专用车	1	
	永磁同步电机	TZ270XSDJ010	1	30/1910/150	60/6000/380	上海大郡动力控制技术有限公司	KTZ36X28SDJ006	纯电动专用车	1	
	永磁同步电机	TZ300XSDJ023	1	60/1640/350	100/4500/750	苏州汇川技术有限公司	KTZ51X34S784	纯电动专用车	125	
	永磁同步电机	TZ365XSDJ027	1	85/1150/705	125/3000/1700	上海大郡动力控制技术有限公司	KTZ57X28SDJ027	纯电动客车	922	
SIEMENS AG	永磁同步电机	ERAD2	1	28/3000/90	65/12500/240	SIEMENS AG	SPA-IEM	插电式混合动力乘用车	1085	1085
合肥阳光电动力科技有限公司	永磁同步电机	TZ185XS022SG	1	30/3000/100	62/9000/220	合肥阳光电动力科技有限公司	KTZ34X30S0SG	纯电动专用车	586	1018
	永磁同步电机	TZ220XS030D1SG	1	50/4000/130	80/8000/270	合肥阳光电动力科技有限公司	KTZ34X30S0SG	纯电动客车	3	
	永磁同步电机	TZ220XS030D1SG	1	50/4000/130	80/8000/270	合肥阳光电动力科技有限公司	KTZ34X30S0SG	纯电动专用车	429	
郑州中电新能源汽车有限公司	永磁同步电机	TZ238XSZDW	1	25/1800/133	56/4000/300	郑州中电新能源汽车有限公司	KTZ32X27SZDS223	纯电动专用车	1015	1015
上海鑫国动力科技有限公司	永磁同步	M135A-F	1	65/730/850	135/2800/1800	上海鑫国动力科技有限公司	C150	纯电动客车	314	981
	永磁同步	M200D-F-2	1	100/650/1550	200/680/2800	上海鑫国动力科技有限公司	PMSM_T9_HY200_V1.0_EV,C200D	纯电动专用车	1	
	永磁同步	TZ366XSM150A	1	85/1080/750	150/3500/1700	上海鑫国动力科技有限公司	KTZ54X60SC160B	纯电动客车	52	
	永磁同步电机	M200D-F-2	1	100/650//1500	200/3000/2800	上海鑫国动力科技有限公司	C200D	纯电动客车	231	
	永磁同步电机	M200D-F-2	1	100/650/1500	200/3000/2800	上海鑫国动力科技有限公司	C200D	纯电动客车	353	
	永磁同步电机	TZ370XS-LKM0759	1	70/1670/400	120/5000/880	上海鑫国动力科技有限公司	KTZ54X32S5MC54SB00	纯电动客车	30	

续上表

电动汽车驱动电机生产企业	电动汽车驱动电机类型	电动汽车驱动电机型号	驱动电机数量（台/辆）	驱动电机额定功率/转速/转矩（kW/r/min/Nm）	驱动电机峰值功率/转速/转矩（kW/r/min/Nm）	控制器生产企业	电机控制器型号	配套车辆类型	2019年配套车型产量小计（辆）	2019年配套车型产量总计（辆）
厦门金龙旅行车有限公司	永磁同步电机	TZ258XS-320D9C1	1	50/3000/160	90/6000/320	厦门金龙旅行车有限公司	KTZ38X27S-205050CA	纯电动客车	15	952
	永磁同步电机	TZ258XS-320D9C1	1	50/3000/160	90/6000/320	厦门金龙旅行车有限公司	KTZ54X27S-357060CA	纯电动客车	290	
	永磁同步电机	TZ258XS-320D9C1	1	50/3000/160	90/6000/320	厦门金龙旅行车有限公司	KTZ54X27S-357060CA，KTZ38X27S-205050CA	纯电动客车	51	
	永磁同步电机	TZ290XS-1K2D16W1	1	80/1400/546	160/3500/1160	厦门金龙旅行车有限公司	KTZ54X41S-4075125WA	纯电动客车	14	
	永磁同步电机	TZ310XS-1K0D15L1	1	70/1480/450	150/4500/1000	厦门金龙旅行车有限公司	KTZ54X45S-3575120HB	纯电动客车	69	
	永磁同步电机	TZ310XS-1K0D95L1	1	49/1030/450	95/4500/1000	厦门金龙旅行车有限公司	KTZ31X45S-224567HB	纯电动客车	65	
	永磁同步电机	TZ370XS-1K7D15L1	1	80/1020/750	150/3000/1700	厦门金龙旅行车有限公司	KTZ54X42S-357511HA	纯电动客车	117	
	永磁同步电机	TZ370XS-2K1D18L1	1	90/1011/850	188/3300/2100	厦门金龙旅行车有限公司	KTZ54X63S-3575180HC	纯电动客车	154	
	永磁同步电机	TZ370XS-750T12L1	1	75/2000/350	120/4500/750	厦门金龙旅行车有限公司	KTZ54X36S-357545HA	纯电动客车	1	
	永磁同步电机	TZ390XS-1K7D16S1	1	90/860/1000	160/3500/1700	厦门金龙旅行车有限公司	KTZ54X40S-357512SA	纯电动客车	21	
	永磁同步电机	TZ390XS-2K8D24S1	1	135/1100/1170	240/3000/2800	厦门金龙旅行车有限公司	KTZ54X53S-3575150SB	纯电动客车	78	
	永磁同步电机	TZ410XS-2K5D20L1	1	105/911/1100	200/2800/2500	厦门金龙旅行车有限公司	KTZ54X63S-3575180HB	纯电动客车	10	
	永磁同步电机	TZ410XS-2K5D21L1	1	115/1000/1100	205/3000/2500	厦门金龙旅行车有限公司	KTZ54X63S-3575180HD	纯电动客车	67	
中车株洲电机有限公司，苏州绿控新能源科技有限公司	永磁同步驱动电机	TZ366XS007A，TZ370XS-LKM2107	1	90/955/900，85/900/900	160/3000/2100，160/3500/2100	中车株洲电机有限公司，苏州绿控新能源科技有限公司	KTZ54X40S001，KTZ54X38S-LKC2107	纯电动客车	949	949
特斯拉公司	永磁同步电机	3D1	1	85/8100/100	202/5000/404	特斯拉公司	3D1	纯电动乘用车	928	928
中车株洲电机有限公司	永磁同步电机	TZ290XS012A	1	60/1145/500	120/4500/1100	中车株洲电机有限公司	KTZ54X40S001	纯电动客车	1	908
	永磁同步电机	TZ366XS007A	1	90/955/900	160/3000/2100	中车株洲电机有限公司	KTZ54X40S001	纯电动客车	156	
	永磁同步电机	TZ366XS007A	1	90/955/900	160/3000/2100	中车株洲电机有限公司	KTZ54X40S001	燃料电池客车	60	
	永磁同步电机	TZ380XSM01	1	75/800/900	150/800～2250/640～1800	深圳市英威腾电动汽车驱动技术有限公司	KTZ54X48SC01	纯电动客车	130	
	永磁同步电机	TZ380XSM12	1	100/1200/800	200/682～2400/800～2800	深圳市英威腾电动汽车驱动技术有限公司	KTZ54X70SC12	纯电动客车	454	
	永磁同步电机	TZ380XSM12	1	100/1200/800	200/682～2400/800～2800	深圳市英威腾电动汽车驱动技术有限公司	KTZ54X70SC12	纯电动客车	107	
江苏一东航空机械有限公司	永磁同步电机	TZ272XSM01	1	50/3500/136	100/3200-7000/137-300	深圳市蓝海华腾技术股份有限公司	KTZ36X40S-VT2D60	纯电动专用车	900	900
陕西中九汽车工程研究院有限公司	永磁同步电机	TZ185XSTJ017	1	30/2865/100	60/9000/225	陕西中九汽车工程研究院有限公司	KTZ31X28STJ017	纯电动专用车	268	896
	永磁同步电机	TZ204XSB50	1	25/3000/80	50/8000/200	陕西中九汽车工程研究院有限公司	KTZ34X28SA05	纯电动专用车	628	
苏州汇川联合动力系统有限公司，合普动力股份有限公司	永磁同步电机	TZ180XSIN102，TZ180XS30H-336P	1	30/3183/90，30/3750/76	60/9000/220，70/12000/185	苏州汇川联合动力系统有限公司，合普动力股份有限公司	KTZ33X26S330，KTZ34X25SHPF	纯电动乘用车	883	883
西门子电气传动有限公司	交流感应电机	1PV5138	2	85/3680/220	150/10000/530	西门子电气传动有限公司	MONO	纯电动客车	136	856
	永磁同步电机	1DB2016	1	160/1500/1400	230/3500/2800	西门子电气传动有限公司	ELFA3	纯电动客车	27	
	永磁同步电机	1DB2016	1	160/1500/1400	230/3500/3000	西门子电气传动有限公司	650WH	纯电动客车	693	

续上表

电动汽车驱动电机生产企业	电动汽车驱动电机类型	电动汽车驱动电机型号	驱动电机数量（台/辆）	驱动电机额定功率/转速/转矩（kW/r/min/Nm）	驱动电机峰值功率/转速/转矩（kW/r/min/Nm）	控制器生产企业	电机控制器型号	配套车辆类型	2019 年配套车型产量小计（辆）	2019 年配套车型产量总计（辆）
潍柴动力股份有限公司	永磁同步电机	TZ368XS06002	1	60/843/680	155/3250/1650	潍柴动力股份有限公司	KTZ60X40S06002	燃料电池客车	4	830
	永磁同步电机	TZ368XS09001	1	90/1264/680	155/3250/1900	潍柴动力股份有限公司	KTZ60X40S09001	纯电动客车	120	
	永磁同步电机	TZ368XS11002	1	110/1167/900	160/3000/2150	潍柴动力股份有限公司	KTZ56X50S11001	插电式混合动力客车	151	
	永磁同步电机	TZ368XSWE10A	1	100/868/1100	200/3100/2100	潍柴动力股份有限公司	KTZ60X45SWE10A	纯电动客车	339	
	永磁同步电机	TZ370XS06003	1	60/1637/350	120/5000/850	潍柴动力股份有限公司	KTZ54X30S06003	燃料电池客车	11	
	永磁同步电机	TZ370XS08001	1	80/1270/600	160/4500/1100	潍柴动力股份有限公司	KTZ54X45S08001	纯电动客车	33	
	永磁同步电机	TZ370XS08001	1	80/1270/600	160/4500/1100	潍柴动力股份有限公司	KTZ54X45S08001	燃料电池客车	40	
	永磁同步电机	WEM80-01	1	80/1550/493	140/2080/2100	潍柴动力股份有限公司	WEC80-01	纯电动客车	132	
无锡众联能创动力科技有限公司	永磁同步电机	TZ205XS70K01	1	35/3000/112	70/8000/220	无锡众联能创动力科技有限公司	KTZ35X30S001	纯电动专用车	533	817
	永磁同步电机	TZ205XS85K01	1	45/3300/130	85/11000/250	无锡众联能创动力科技有限公司	KTZ35X30S002	纯电动乘用车	220	
	永磁同步电机	TZ249XSS001	1	60/3600/159	100/10000/320	无锡众联能创动力科技有限公司	KTZ36X32SS001	纯电动客车	59	
	永磁同步电机	TZ249XSS001	1	60/3600/159	100/10000/320	无锡众联能创动力科技有限公司	KTZ36X32SS001	纯电动专用车	5	
上海电驱动股份有限公司，精进电动科技股份有限公司	永磁同步	XTDM07，XTDM08	1，1	23/3000/73，33/4500/71	70/3342/200，80/3918/195	上海电驱动股份有限公司，精进电动科技股份有限公司	XIPU06，XIPU07	插电式混合动力乘用车	28	753
	永磁同步	XTDM07，XTDM08	2	23/3000/73，33/4500/71	70/3342/200，80/3918/195	上海电驱动股份有限公司，精进电动科技股份有限公司	XIPU06，XIPU07	插电式混合动力乘用车	725	
精进百思特电动（上海）有限公司	永磁同步电机	IS2002，TM3003	2	32/3800/72，45/2550/159	46/10500/93，68/9000/246	联合汽车电子有限公司	F01R006003	插电式混合动力乘用车	249	705
	永磁同步电机	IS2002，TM3003	2	32/3800/72，45/2550/159	46/10500/93，68/9000/246	联合汽车电子有限公司	F01R006003，KTZ30X33SUAES	插电式混合动力乘用车	3	
	永磁同步电机	IS2002，TM3003	2	32/3800/72，45/2550/159	46/10500/93，68/9000/246	联合汽车电子有限公司	KTZ30X33SUAES	插电式混合动力乘用车	453	
江苏微特利电机股份有限公司	永磁同步电机	TZ150XSG15	1	15/3000/41	30/7000/150	合肥阳光电动力科技有限公司	KTZ14X400SG	纯电动乘用车	502	705
	永磁同步电机	TZ210XWT10ALD	1	10/3000/32	25/7000/115	合肥阳光电动力科技有限公司	KTZ14X350SG	纯电动乘用车	178	
	永磁同步电机	TZ210XWT15ANJ	1	15/3300/43	30/7000/150	合肥阳光电动力科技有限公司	KTZ14X400SG	纯电动乘用车	25	
山东吉海新能源汽车有限公司	交流异步电机	YS210HJ15	1	15/3000/48	30/6000/160	山东吉海新能源汽车有限公司	KYS10H50J15	纯电动专用车	557	701
	永磁同步电机	TZ210XSJ30	1	30/3600/80	60/9000/200	山东吉海新能源汽车有限公司	KTZ34X26SJ30	纯电动专用车	144	
ValeoSiemens eAutomotive Germany GmbH，法雷奥西门子电动汽车动力总成（天津）有限公司	永磁同步电机	ERAD2	1	28/3000/90	65/12500/240	ValeoSiemens eAutomotive Germany GmbH	SPA-IEM	插电式混合动力乘用车	685	685
无锡东元电机有限公司	交流永磁同步电机	TZ203XSA08000	1	52/5000/100	130/12000/250	株洲中车时代电气股份有限公司	tPower-DM3015	纯电动乘用车	120	673
	永磁同步电机	TZ203XSA08000	1	52/5000/100	130/12000/250	株洲中车时代电气股份有限公司	tPower-DM3015	纯电动乘用车	553	
新动力电机（荆州）有限公司	永磁同步电机	DZ50M16-3WRV	1	50/1000/500	100/3500/1000	深圳市汇川技术股份有限公司	IEVD059-52Z85BL-DFTZ	纯电动专用车	121	662
	永磁同步电机	TZ180XS16E	1	25/2500/95.5	45/4500/200	深圳市英威腾电动汽车驱动技术有限公司	KTZ34X37S-GVD52032	纯电动乘用车	526	
	永磁同步电机	TZ232XS16D	1	45/4500/95	90/8500/270	深圳市英威腾电动汽车驱动技术有限公司	KTZ34X34S-GVD52030	纯电动专用车	1	
	永磁同步电机	TZ380XSM150A	1	85/1050/773	140/2800/1800	上海鑫国动力科技有限公司	KTZ54X80SC160A	纯电动客车	14	
长沙威康动力技术有限公司	交流永磁同步电机	TZ290XSHK80	1	80/1250/611	150/3500/1800	长沙威康动力技术有限公司	KTZ60X57SHK1	纯电动客车	211	608
	永磁同步电机	TZ290XSHK80	1	80/1250/611	150/3500/1800	长沙威康动力技术有限公司	KTZ60X57SHK1	纯电动客车	287	

续上表

电动汽车驱动电机生产企业	电动汽车驱动电机类型	电动汽车驱动电机型号	驱动电机数量（台/辆）	驱动电机额定功率/转速/转矩（kW/r/min/Nm）	驱动电机峰值功率/转速/转矩（kW/r/min/Nm）	控制器生产企业	电机控制器型号	配套车辆类型	2019年配套车型产量小计（辆）	2019年配套车型产量总计（辆）
长沙威康动力技术有限公司	永磁同步电机	TZ350XSHK60	1	60/1470/390	120/4500/900	长沙威康动力技术有限公司	KTZ60X57S032	纯电动专用车	110	608
凯博易控驱动（苏州）股份有限公司	永磁同步电机	EK1352850PMS2	1	135/991/1300	200/2800/2850	凯博易控驱动（苏州）股份有限公司	E3K7，EK188MCU1	纯电动客车	1	575
	永磁同步驱动电机	EK1002050PMS1	1	100/955/1000	165/3000/2050	凯博易控驱动（苏州）股份有限公司	EK200MCU2	纯电动客车	419	
	永磁同步驱动电机	EK1352850PMS2	1	135/991/1300	200/2800/2850	凯博易控驱动（苏州）股份有限公司	EK188MCU1	纯电动客车	155	
ZF	交流异步电机	EM0016，EM0021	2	62/4603/130，78/6521/119	148/12500/375，162/12500/355	ZF	A293902，LE0012，A293902，LE0014	纯电动乘用车	574	574
山东通洋氢能动力科技有限公司	永磁同步电机	TZ368XSD17	1	135/900/1430	260/3000/2800	山东通洋氢能动力科技有限公司	KTZ57X64SD01	纯电动客车	420	558
	永磁同步电机	TZ368XSD18	1	100/1061/900	165/3100/2000	山东通洋氢能动力科技有限公司	KTZ57X36SD01	纯电动客车	40	
	永磁同步电机	TZ368XSD19	1	120/955/1200	200/3000/2500	山东通洋氢能动力科技有限公司	KTZ57X64SD02	纯电动客车	98	
铜陵创能动力机械有限公司	永磁同步电机	CNTZ320-30	1	30/4000/72	60/8000/240	铜陵创能动力机械有限公司	CNKTZ32X30S	纯电动专用车	139	545
	永磁同步电机	TZ204XSCNM10	1	40/3200/120	80/8000/300	铜陵创能动力机械有限公司	KTZ35X28SCNM10	纯电动乘用车	2	
	永磁同步电机	TZ204XSCNM10	1	40/3200/120	80/8000/300	铜陵创能动力机械有限公司	KTZ35X28SCNM10	纯电动专用车	404	
江西博致电子技术有限公司	永磁同步电动机	TZ180X157	1	15/3600/40	30/7000/110	海博瑞德（北京）汽车技术有限公司	KTZ12X15F009	纯电动乘用车	514	514
苏州绿控新能源科技有限公司，湖南中车时代电动汽车股份有限公司	永磁同步电机	GC-TM750-06，TZ405XS001	1	75/2000/350，80/800/955	120/5000/750，135/3100/2000	苏州绿控新能源科技有限公司，湖南中车时代电动汽车股份有限公司	GC-CU750-06，KTZ54X40SP5S	纯电动客车	500	500
天津市松正电动汽车技术股份有限公司	三相交流异步电机	MIM090-336SWD	1	100/800/1193	140/2600/2400	天津市松正电动汽车技术股份有限公司	CIM090-336SPD	插电式混合动力客车	56	493
	三相永磁同步电机	TZ290XSE54-180	1	85/1000/800	180/3000/1700	天津市松正电动汽车技术股份有限公司	KTZ54X53SFSS-220	纯电动客车	1	
	三相永磁同步电机	TZ390XSE54-180	1	90/860/1000	180/3500/2000	天津市松正电动汽车技术股份有限公司	KTZ54X53SFSS-300	纯电动客车	38	
	三相永磁同步电机	TZ390XSE54-220	1	110/900/1170	220/3000/2800	天津市松正电动汽车技术股份有限公司	KTZ54X53SFSS-330	纯电动客车	80	
	永磁同步电机	MSM150-540WSW	1	80/1250/611	150/3000/2000	天津市松正电动汽车技术股份有限公司	CSM160-540WSW-L	纯电动客车	50	
	永磁同步电机	TZ290XSE54-180	1	85/1000/800	180/3000/1700	天津市松正电动汽车技术股份有限公司	KTZ54X53SFSS-220	纯电动客车	23	
	永磁同步电机	TZ390XSE54-180	1	90/860/1000	180/3500/2000	天津市松正电动汽车技术股份有限公司	KTZ54X53SFSS-300	纯电动客车	12	
	永磁同步电机	TZ390XSE54-220	1	110/900/1170	220/3000/2800	天津市松正电动汽车技术股份有限公司	KTZ54X53SFSS-320	纯电动客车	69	
	永磁同步电机	TZ445XSE60	1	110/955/1100	160/3000/2200	天津市松正电动汽车技术股份有限公司	KTZ54X42SFSS	插电式混合动力客车	164	
苏州众联能创新能源科技有限公司	永磁同步	TZ249XSC7BY001	1	40/1700/225	75/5000/500	苏州众联能创新能源科技有限公	KTZ36X30S01	纯电动专用车	18	464
	永磁同步	TZ249XSC7BY001	1	40/1700/225	75/5000/500	苏州众联能创新能源科技有限公司	KTZ36X30S01	纯电动专用车	31	
	永磁同步电动机	TZ360XSC3BY001	1	100/868/1100	160/3000/2100	苏州众联能创新能源科技有限公司	KTZ54X50SC3BY001	纯电动客车	10	
	永磁同步电机	TZ249XSC7BY001	1	40/1700/225	75/5000/500	苏州众联能创新能源科技有限公司	KTZ36X30S01	纯电动专用车	5	
	永磁同步电机	TZ249XSC7BY001	1	40/1700/225	75/5000/500	苏州众联能创新能源科技有限公司	KTZ36X30S1	纯电动专用车	200	
	永磁同步电机	TZ300XS100K02	1	60/1500/400	100/4500/800	上海鑫国动力科技有限公司	KTZ54X32S4MC54SA00	纯电动专用车	87	
	永磁同步电机	TZ300XS100K02	1	60/1500/400	100/4500/800	上海鑫国动力科技有限公司	KTZ54X32S4MC54SA00	纯电动专用车	36	
	永磁同步电机	TZ300XSC5BY001	1	70/1000/600	115/4000/1200	苏州众联能创新能源科技有限公司	KTZ54X30S01	纯电动专用车	17	
	永磁同步电机	TZ360XSC2S01	1	100/800/1200	200/3000/2400	苏州众联能创新能源科技有限公司	KTZ54X45S01	纯电动专用车	60	

续上表

电动汽车驱动电机生产企业	电动汽车驱动电机类型	电动汽车驱动电机型号	驱动电机数量（台/辆）	驱动电机额定功率/转速/转矩（kW/r/min/Nm）	驱动电机峰值功率/转速/转矩（kW/r/min/Nm）	控制器生产企业	电机控制器型号	配套车辆类型	2019年配套车型产量小计（辆）	2019年配套车型产量总计（辆）
苏州凯博易控驱动技术有限公司	永磁同步电机	EK100830PMS1	1	100/2400/400	150/7500/830	苏州凯博易控驱动技术有限公司	9K06，EK160MCU2	纯电动客车	264	441
	永磁同步电机	EK-100kW-PSM	1	100/2400/400	160/7500/900	苏州凯博易控驱动技术有限公司	EK-200kW-PSMC1	纯电动客车	5	
	永磁同步电机	EK-75kW-PSM	1	75/2400/300	130/7500/600	苏州凯博易控驱动技术有限公司	EK-75kW-PSMC	纯电动客车	10	
	永磁同步驱动电机	EK080600PMS2	1	80/2500/300	130/8000/600	苏州凯博易控驱动技术有限公司	EK160MCU1	纯电动客车	141	
	永磁同步驱动电机	EK-100kW-PSM	1	100/2400/400	160/7500/900	苏州凯博易控驱动技术有限公司	EK-200kW-PSMC1	纯电动客车	20	
	永磁同步驱动电机	EK-75kW-PSM	1	75/2400/300	130/7500/600	苏州凯博易控驱动技术有限公司	EK-75kW-PSMC	纯电动客车	1	
特百佳动力科技有限公司	永磁同步电机	TZ290XSTPG04	1	60/1600/358	110/3500/1000	特百佳动力科技有限公司	KTZX38STPG04	纯电动客车	1	433
	永磁同步电机	TZ365XSTPG03	1	90/1000/860	180/2700/2150	特百佳动力科技有限公司	KTZ54X54STPG03	纯电动客车	167	
	永磁同步电机	TZ400XSTPG04	1	250/1492/1600	360/3500/2800	特百佳动力科技有限公司	KTZ65X71STPG04	纯电动专用车	22	
	永磁同步电机	TZ400XSTPG06	1	220/1401/1500	360/3400/2100	特百佳动力科技有限公司	KTZ54X53STPG06	纯电动客车	116	
	永磁同步电机	TZ400XSTPG06	1	220/1401/1500	360/3400/2100	特百佳动力科技有限公司	KTZ54X53STPG06	纯电动专用车	51	
	永磁同步直流电机	TZ365XSTPG02	1	115/2000/550	150/4500/1000	特百佳动力科技有限公司	KTZ54X40STPG02	纯电动客车	76	
潍坊佩特来电器有限公司	永磁同步电机	TZ368XSD23	1	135/900/1430	260/3000/2800	潍坊佩特来电器有限公司	KTZ57X64SD03	纯电动客车	430	430
江西精骏电控技术有限公司	永磁同步电动机	TZ180X01A	1	20/3500/55	42/7500/180	江西精骏电控技术有限公司	KTZ14X45F01A	纯电动乘用车	108	429
	永磁同步电机	TZ180X05F	1	10/3000/32	18/7000/95	江西精骏电控技术有限公司	KTZ11X3001A	纯电动专用车	2	
	永磁同步电机	TZ220XS01A	1	53/4000/127	95/9000/260	江西精骏电控技术有限公司	KTZ35X45S01A	纯电动乘用车	21	
	永磁同步电机	TZ220XS01C	1	45/3500/128	90/10000/260	苏州汇川技术有限公司	软件：V10/硬件：KTZ34X50SLB	纯电动乘用车	298	
EM-motive	永磁同步电机	EM0012	1	60/4000/144	90/6800/440	Continental	LE0010	插电式混合动力乘用车	403	403
武汉合康动力技术有限公司	永磁同步电机	TZ185XSHK90	1	30/2865/100	60/9000/225	武汉合康动力技术有限公司	KTZ34X31SHK25	纯电动专用车	30	397
	永磁同步电机	TZ210XS262A	1	50/3000/160	110/6000/400	武汉合康动力技术有限公司	KTZ60X57SHK1	纯电动专用车	2	
	永磁同步电机	TZ232XSHK1	1	45/3000/143	90/8500/350	武汉合康动力技术有限公司	KTZ34X31SHK2-B	纯电动专用车	361	
	永磁同步电机	TZ400XSHK100	1	100/950/1005	200/2600/2300	武汉合康动力技术有限公司	KTZ60X70SHK1-A	纯电动客车	4	
厦门金龙旅行车有限公司，福建万润新能源科技有限公司，厦门金龙汽车新能源科技有限公司	永磁同步电机	TZ370XS-1K7D15L1，TZ400XS090191，TZ365XS-D090-01	1	80/1020/750，90/900/955，90/1150/764	150/3000/1700，160/2800/1900，150/3100/1700	厦门金龙旅行车有限公司，福建万润新能源科技有限公司，厦门金龙汽车新能源科技有限公司	KTZ54X42S-357511HA，KTZ54X41S131，KTZ58X50S-A090	纯电动客车	187	353
	永磁同步电机	TZ410XS-2K5D20L1，WR510-02026，TZ400XS-D100-01	1	105/911/1100，100/900/1061，100/1000/955	200/2800/2500，180/2500/2800，200/2500/2500	厦门金龙旅行车有限公司，福建万润新能源科技有限公司，厦门金龙汽车新能源科技有限公司	KTZ54X63S-3575180HB，WR300-03029，KTZ58X55S-A120	纯电动客车	142	
	永磁同步电机	TZ410XS-2K5D20L1，WR510-02026，TZ400XS-D100-01，YTD100W04	1	105/911/1100，100/900/1061，100/1000/955，100/1000/955	200/2800/2500，180/2500/2800，200/2500/2500，180/3000/2800	厦门金龙旅行车有限公司，福建万润新能源科技有限公司，厦门金龙汽车新能源科技有限公司	KTZ54X63S-3575180HB，WR300-03029，KTZ58X55S-A120，KM6080W01	纯电动客车	24	
常州华盛电机有限公司	交流异步电机	XYQ-7.5-1HV	1	7.5/2500/48	15/5900/140	山东昊宇车辆有限公司	HY7401	纯电动专用车	335	335
武汉理工通宇新源动力有限公司	三相交流同步电机	WTEM80-40-2	1	80/1600/477	160/3200/1000	武汉理工通宇新源动力有限公司	WTMC160-40-1	纯电动客车	5	335
	永磁同步电动机	TZ420XSTY646	1	60/1273/450	120/3000/750	武汉理工通宇新源动力有限公司	KTZ54X27STY45	纯电动专用车	10	
	永磁同步电机	TZ210XSTY535	1	50/3000/159	90/6000/350	武汉理工通宇新源动力有限公司	KTZ34X27STY45	纯电动专用车	1	

续上表

电动汽车驱动电机生产企业	电动汽车驱动电机类型	电动汽车驱动电机型号	驱动电机数量（台/辆）	驱动电机额定功率/转速/转矩（kW/r/min/Nm）	驱动电机峰值功率/转速/转矩（kW/r/min/Nm）	控制器生产企业	电机控制器型号	配套车辆类型	2019年配套车型产量小计（辆）	2019年配套车型产量总计（辆）
武汉理工通宇新源动力有限公司	永磁同步电机	TZ338XSTY533	1	50/1900/250	100/4000/500	武汉理工通宇新源动力有限公司	KTZ54X27STY45	纯电动客车	70	335
	永磁同步电机	TZ380XSTY842	1	80/1300/600	160/3000/1200	武汉理工通宇新源动力有限公司	KTZ54X36STY60	纯电动专用车	28	
	永磁同步电机	TZ400XSTY1042	1	100/1150/830	250/3500/2800	武汉理工通宇新源动力有限公司	KTZ54X57STY90	纯电动客车	40	
	永磁同步电机	TZ420XSTY646	1	60/1273/450	120/3000/750	武汉理工通宇新源动力有限公司	KTZ54X27STY45	燃料电池专用车	14	
	永磁同步电机	TZ430XSTY841	1	80/1600/477	160/3200/850	武汉理工通宇新源动力有限公司	KTZ54X35STY60	纯电动专用车	2	
	永磁同步电机	TZ430XSTY847	1	92/1150/764	140/3000/1700	武汉理工通宇新源动力有限公司	KTZ54X35STY60	纯电动客车	50	
	永磁同步电机	WTEM40-38-1	1	40/1300/295	90/4000/750	武汉理工通宇新源动力有限公司	WTMC160-40-1	纯电动专用车	14	
	永磁同步驱动电机	TZ420XSTY646	1	60/1273/450	120/3000/750	武汉理工通宇新源动力有限公司	KTZ54X27STY45	燃料电池专用车	101	
河北长安汽车有限公司	永磁同步电机	TZ368XS-SC	1	80/1000/800	150/3000/1600	保定长安客车制造有限公司	KTZ54X41S-SC	纯电动客车	234	329
	永磁同步电机	TZ368XS-SC	1	80/1000/800	150/3000/1600	河北长安汽车有限公司	KTZ54X41S-SC	纯电动客车	86	
	永磁同步电机	TZ369XS-SC	1	120/955/1200	240/3000/2400	河北长安汽车有限公司	KTZ54X55S-SC	纯电动客车	9	
中车时代电动汽车股份有限公司	永磁同步电机	TZ290XSD15	1	60/1600/358	100/3600/1000	中车时代电动汽车股份有限公司	KTZ38X40SP05	纯电动专用车	315	317
	永磁同步电机	TZ330XSD16	1	100/2800/340	150/7500/1000	中车时代电动汽车股份有限公司	KTZ38X40SP05	纯电动客车	2	
成都客车股份有限公司	永磁同步电机	TZ290XSCD1	1	60/1600/358	110/3500/1000	成都客车股份有限公司	KTZ54X46SCD1	纯电动客车	65	316
	永磁同步电机	TZ350XSCD1	1	90/1150/750	140/3000/1600	成都客车股份有限公司	KTZ54X35SCD1	纯电动客车	68	
	永磁同步电机	TZ420XSCD1	1	100/1000/955	250/3200/2800	成都客车股份有限公司	KTZ60X70SCD1	纯电动客车	182	
	永磁同步电机	TZ420XSCD1	1	100/1000/955	250/3200/2800	成都客车股份有限公司	KTZ60X70SCD1	纯电动专用车	1	
江苏豪吉博电器科技有限公司，上海鑫国动力科技有限公司	永磁同步驱动电机	TZ290XS70HJB，TZ290XSM100A	1，1	70/2000/358，70/2000/334	100/4000/800，100/4500/800	江苏豪吉博电器科技有限公司，上海鑫国动力科技有限公司	KTZ38X45SS30AHJB，KTZ54X80SC160A	纯电动专用车	316	316
北京西门子汽车电驱动系统（常州）有限公司	永磁同步	TZ235XS01	1	60/4400/130	110/12000/240	北京西门子汽车电驱动系统（常州）有限公司	KTZ33X50S01	纯电动乘用车	303	303
厦门唯质电气科技有限公司	永磁同步电机	TZ180XSW60	1	32/2865/106	66/9000/220	厦门唯质电气科技有限公司	KTZ35X32SW60	纯电动专用车	300	300
河北电机股份有限公司	永磁同步电机	TZ238XS4080	1	40/3500/109	80/9000/230	深圳市依思普林科技有限公司	KTZ32X36SE30YSPL	纯电动专用车	299	299
苏州朗高电机有限公司	永磁同步电机	TZ260XSLGA02	1	50/1500/320	90/3800/800	苏州汇川技术有限公司	KTZ54X34S-HC	纯电动专用车	1	276
	永磁同步电机	TZ342XSLGY01	1	60/1800/318	100/3600/955	苏州汇川技术有限公司	KTZ54X34S-HC	纯电动专用车	200	
	永磁同步电机	TZ388XSLGD01	1	120/1050/1090	240/3600/2600	苏州汇川技术有限公司	KTZ61X30SA05	纯电动客车	1	
	永磁同步电机	YQW200Y-10A-RA2	1	50/1000/478	100/3500/955	苏州汇川技术有限公司	IEVD169-54Z75AL-DFTZ	纯电动专用车	74	
Volkswagen AG	PMSM	TZ 265 X Y&S	1	55/3000/170	105/7000/350	HITACHI Automotive Systems	KTZ38 X38 S318	插电式混合动力乘用车	260	260
厦门捷欧大地和新能源有限公司	永磁同步	TZ260XSDA4	1	60/2046/280	120/4500/800	厦门捷欧大地和新能源有限公司	KTZ54X40SF8I	纯电动专用车	71	243
	永磁同步	TZ260XSDA4	1	60/2046/280	120/4500/800	厦门捷欧大地和新能源有限公司	KTZ54X40SF8I	纯电动专用车	2	
	永磁同步电机	TZ210XSC60	1	40/1863/205	80/6000/450	厦门捷欧大地和新能源有限公司	KTZ37X040S57H	纯电动乘用车	21	
	永磁同步电机	TZ210XSC60	1	40/1863/205	80/6000/450	厦门捷欧大地和新能源有限公司	02. 01，KTZ37X040S57H	纯电动乘用车	4	
	永磁同步电机	TZ260XSD81	1	60/1146/500	120/4500/1000	厦门捷欧大地和新能源有限公司	KTZ54X040S105I	纯电动专用车	62	

续上表

电动汽车驱动电机生产企业	电动汽车驱动电机类型	电动汽车驱动电机型号	驱动电机数量（台/辆）	驱动电机额定功率/转速/转矩（kW/r/min/Nm）	驱动电机峰值功率/转速/转矩（kW/r/min/Nm）	控制器生产企业	电机控制器型号	配套车辆类型	2019年配套车型产量小计（辆）	2019年配套车型产量总计（辆）
厦门捷欧大地和新能源有限公司	永磁同步电机	TZ260XSDA4	1	60/2046/280	120/4500/800	厦门捷欧大地和新能源有限公司	KTZ54X40SF8I	纯电动专用车	57	243
	永磁同步电机	TZ260XSDA4	1	60/2046/280	120/4500/800	厦门捷欧大地和新能源有限公司	KTZ54X40SF8I	纯电动乘用车	20	
	永磁同步电机	TZ260XSDA4	1	60/2046/280	120/4500/800	厦门捷欧大地和新能源有限公司	KTZ54X40SF8I	纯电动专用车	2	
	永磁同步电机	TZ210XSC60	1	40/1863/205	80/6000/450	厦门捷欧大地和新能源有限公司	02. 01，KTZ37X040S57H	纯电动乘用车	4	
杭州德沃仕电动科技有限公司	永磁同步电机	DWS-TYC-320-18A	1	18/3000/57. 3	45/6000/170	深圳市依思普林科技有限公司	EMC25-336F(P,I)	纯电动专用车	228	236
	永磁同步驱动电机	TZ205XSDWS320300C	1	30/3600/80	60/9000/200	深圳市依思普林科技有限公司	KTZ33X27SE30YSPL	纯电动专用车	8	
东方电气成都智能科技有限公司	永磁同步电机	TZ365XSZN01	1	80/2000/382	150/4500/1000	东方电气成都智能科技有限公司	KTZ54X46SZN01	纯电动客车	28	233
	永磁同步电机	TZ365XSZN03	1	100/1000/955	220/2500/2800	东方电气成都智能科技有限公司	KTZ60X70SZN01	纯电动客车	130	
	永磁同步电机	TZ365XSZN03，TZ365XSZN04	1	100/1000/955，90/1000/860	220/2500/2800，200/2700/2500	东方电气成都智能科技有限公司	KTZ60X70SZN01，KTZ60X70SZN02	燃料电池客车	75	
北京佩特来电机驱动技术有限公司	永磁同步电机	TZ368XSPE180WH	1	90/1264/680	155/3250/1800	北京佩特来电机驱动技术有限公司	KTZ60X40SP090	纯电动客车	2	229
	永磁同步电机	TZ368XSPE180WH	1	90/1264/680	155/3250/1800	北京佩特来电机驱动技术有限公司	KTZ60X40SP090	纯电动客车	1	
	永磁同步电机	TZ368XSPE251WH	1	140/1215/1100	200/2700/2500	北京佩特来电机驱动技术有限公司	KTZ60X40SP100F	纯电动客车	160	
	永磁同步电机	TZ368XSPE251WH	1	140/1215/1100	200/2700/2500	北京佩特来电机驱动技术有限公司	KTZ60X40SP100F	纯电动专用车	3	
	永磁同步电机	TZ368XSPE300WH	1	130/1128/1100	200/3000/3100	北京佩特来电机驱动技术有限公司	KTZ60X45SP100B	纯电动客车	35	
	永磁同步电机	TZ488XSPE352WH	1	250/1195/2000	350/3400/3500	北京佩特来电机驱动技术有限公司	KTZ60X75SP155C	纯电动专用车	27	
	永磁同步电机	TZ488XSPE353WH	1	215/1030/2000	350/3400/2500	北京佩特来电机驱动技术有限公司	KTZ60X75SP155D	纯电动专用车	1	
苏州和鑫电气股份有限公司	永磁同步电机	TZ230XSA12	1	60/2000/286	120/4500/850	苏州和鑫电气股份有限公司	KTZ54X42SA12	纯电动专用车	1	228
	永磁同步电机	TZ230XSB09	1	50/1600/300	90/4500/600	苏州和鑫电气股份有限公司	KTZ36X42SA12	纯电动专用车	169	
	永磁同步电机	TZ260XS030	1	35/2800/120	85/9000/290	博格华纳汽车零部件（武汉）有限公司	KTZ30X30S203	纯电动专用车	1	
	永磁同步电机	TZ260XS030	1	35/2800/120	85/9000/290	赛伟科新能源科技（湖北）有限公司	KTZ30X30S203	纯电动乘用车	57	
厦门金龙汽车新能源科技有限公司，福建万润新能源科技有限公司	永磁同步电机	TZ365XS-D090-04，TZ400XS090203	1	90/1000/860，90/900/955	180/2700/2150，160/2800/2000	厦门金龙汽车新能源科技有限公司，福建万润新能源科技有限公司	KTZ54X45SKLNEV02，KTZ54X41S133	纯电动客车	90	220
	永磁同步电机	TZ400XS-D120-02，WR510-02026	1	120/1042/1100，100/900/1061	215/2700/2500，180/2500/2800	厦门金龙汽车新能源科技有限公司，福建万润新能源科技有限公司	KTZ58X55S-A120-02，WR300-03029	纯电动客车	30	
	永磁同步电机	TZ400XS-D120-02，YTD100W04	1	120/1042/1100，100/1000/955	215/2700/2500，180/3000/2800	厦门金龙汽车新能源科技有限公司，福建万润新能源科技有限公司	KTZ58X55S-A120-02，KM6080W01	纯电动客车	100	
厦门金龙旅行车有限公司，上海盘毂动力科技股份有限公司	永磁同步电机	TZ258XS-320D9C1，TZ260XS108ICS108K	1	50/3000/160，60/3500/164	90/6000/320，108/9000/420	厦门金龙旅行车有限公司，上海盘毂动力科技股份有限公司	KTZ54X27S-357060CA，KTZ54X32SPC450A4	纯电动客车	214	214
山东德洋电子科技有限公司	永磁同步电机	TZ175X15DYA	1	15/5200/27. 5	30/7200/90	山东德洋电子科技有限公司	软件：R61/硬件：KTZ14X45DYA	纯电动乘用车	194	194
浙江中车电车有限公司	永磁同步电机	TZ290XS002	1	80/1250/611	150/2900/1800	浙江中车电车有限公司	KTZ40X75S002	纯电动客车	18	192
	永磁同步电机	TZ380XS01	1	100/800/1250	200/3000/2800	浙江中车电车有限公司	KTZ35X70S03	纯电动客车	173	
	永磁同步电机	TZ420XS003	1	210/1000/2000	300/2600/3800	浙江中车电车有限公司	KTZ45X70S003	纯电动客车	1	
吉利四川商用车有限公司，苏州艾麦电子科技有限公司	永磁同步电机	TZ300XSM01，TZ280XSA10	1	50/1360/350	100/4200/850，100/4200/800	吉利四川商用车有限公司，苏州艾麦电子科技有限公司	KTZ54X42SC01，KTZ54X38SA01	纯电动专用车	188	188

续上表

电动汽车驱动电机生产企业	电动汽车驱动电机类型	电动汽车驱动电机型号	驱动电机数量(台/辆)	驱动电机额定功率/转速/转矩(kW/r/min/Nm)	驱动电机峰值功率/转速/转矩(kW/r/min/Nm)	控制器生产企业	电机控制器型号	配套车辆类型	2019年配套车型产量小计(辆)	2019年配套车型产量总计(辆)
江西江铃集团晶马汽车有限公司	永磁同步电机	TZ327XSM38	1	80/1213/630	160/3800/1800	江西江铃集团晶马汽车有限公司	KTZ54X56SE7I	纯电动客车	167	167
无锡市奕控新能源科技有限公司	永磁同步电机	TZ370XSY04	1	100/1270/750	185/3500/1300	无锡市奕控新能源科技有限公司	KTZ54X55SY02	纯电动客车	3	167
	永磁同步电机	TZ405XSY02	1	100/900/1057	150/2400/2500	无锡市奕控新能源科技有限公司	KTZ54X60SY01	纯电动客车	164	
永康市斯科若电器有限公司	交流异步	YS220H020	1	21/3500/53	49/7000/175	永康市斯科若电器有限公司	KYS16H40F020	纯电动乘用车	164	164
厦门金龙旅行车有限公司,厦门金龙汽车新能源科技有限公司,福建万润新能源科技有限公司	永磁同步电机	TZ370XS-2K1D18L1,TZ365XS-D090-04,TZ400XS090191	1	90/1011/850, 90/1000/860, 90/900/955	188/3300/2100, 180/2700/2150, 160/2800/1900	厦门金龙旅行车有限公司,厦门金龙汽车新能源科技有限公司,福建万润新能源科技有限公司	KTZ54X63S-3575180HC,KTZ54X45SKLNEV02,KTZ54X41S131	纯电动客车	158	158
厦门金龙旅行车有限公司,厦门金龙汽车新能源科技有限公司	永磁同步电机	TZ310XS-1K0D95L1,TZ260XS-M060-02	1	49/1030/450,55/1460/358	95/4500/1000,110/4500/950	厦门金龙旅行车有限公司,厦门金龙汽车新能源科技有限公司	KTZ31X45S-224567HB, KTZ34X56S-A115-01	纯电动客车	82	158
	永磁同步电机	TZ370XS-1K7D15L1,TZ365XS-D090-05	1	80/1020/750,90/1150/764	150/3000/1700,150/3700/1700	厦门金龙旅行车有限公司,厦门金龙汽车新能源科技有限公司	KTZ54X42S-357511HA,KTZ58X50S-A090	纯电动客车	76	
湖北绿驰精密电驱动系统有限公司	永磁同步电机	TZ260XSXL540700A	1	70/4000/167	120/8000/550	湖北绿驰精密电驱动系统有限公司	KTZ54X60S-ee15	纯电动客车	69	141
	永磁同步电机	TZ480XSLC12BB	1	120/800/1432	200/3000/2500	湖北绿驰精密电驱动系统有限公司	KTZ57X56SLC19B	纯电动客车	72	
广西玉柴机器股份有限公司	永磁同步电机	TZ365XS165	1	165/1500/1050	250/4000/1700	广西玉柴机器股份有限公司	KTZ62X51S180	纯电动客车	15	138
	永磁同步电机	TZ367XS075	1	75/800/900	150/3000/1650	广西玉柴机器股份有限公司	KTZ54X36S100	纯电动客车	123	
无锡市奕控新能源科技有限公司,苏州绿控新能源科技有限公司	永磁同步驱动电机	TZ405XSY01,TZ370XS-LKM0851	1,1	80/800/955,75/2000/350	135/3000/1700,120/5000/850	无锡市奕控新能源科技有限公司,深圳市蓝海华腾技术股份有限公司	KTZ38X40SY01,KTZ54X35S-LKC0851	纯电动客车	91	135
	永磁同步驱动电机	TZ405XSY02,TZ370XS-LKM1105	1,1	100/900/1057,85/1630/500	150/2400/2500,160/4500/1100	无锡市奕控新能源科技有限公司,苏州绿控新能源科技有限公司	KTZ54X60SY01,KTZ54X40S-LKC1105	纯电动客车	44	
上海力信电气技术有限公司	永磁同步电机	LXM065W120	1	70/1800/380	140/4800/710	上海力信电气技术有限公司	LXD060W150	纯电动专用车	42	135
	永磁同步电机	LXM070W150	1	70/1700/400	135/5200/780	上海力信电气技术有限公司	LXD060W150	纯电动客车	2	
	永磁同步电机	LXM070W150	1	70/1700/400	135/5200/780	上海力信电气技术有限公司	LXD060W150	纯电动专用车	91	
苏州索尔达动力科技有限公司	永磁同步电机	TM5002	1	100/2300/400	150/6000/600	苏州索尔达动力科技有限公司	CU5012	纯电动客车	15	135
	永磁同步电机	TZ210XSX10	1	45/3800/115	100/9000/250	苏州索尔达动力科技有限公司	KTZ36X30SK04	纯电动乘用车	119	
	永磁同步驱动电机	TZ175XSQ03	2	50/4200/114	90/10000/200	苏州索尔达动力科技有限公司	KTZ54X30SQ03	纯电动专用车	1	
江苏豪吉博电器科技有限公司,中冶南方(武汉)自动化有限公司	永磁同步驱动电机	TZ290XS70HJB,TZ302XS6M7	1,1	70/2000/358,60/1600/358	100/4000/800,100/4000/850	江苏豪吉博电器科技有限公司,中冶南方(武汉)自动化有限公司	KTZ38X45SS30AHJB,KTZ38X48S6D7	纯电动专用车	134	134
合普动力股份有限公司,江苏一东航空机械有限公司	永磁同步电机	TZ300XSM02,TZ300XSM03	1	50/1360/350	100/4000/850	深圳市航盛新能源有限公司,浙江艾麦电子科技有限公司	KTZ35X52SC01,KTZ35X42SC01	插电式混合动力专用车	124	124
苏州绿控新能源科技有限公司,苏州绿控新能源科技有限公司	永磁同步电机	TZ370XS-LKM1101, TZ370XS-LKM1103	1	80/1270/600	160/4500/1100	苏州绿控新能源科技有限公司,深圳市英威腾电动汽车驱动技术有限公司	KTZ54X45S-LKC1101,KTZ54X59S-GVD55050	纯电动专用车	117	117

续上表

电动汽车驱动电机生产企业	电动汽车驱动电机类型	电动汽车驱动电机型号	驱动电机数量（台/辆）	驱动电机额定功率/转速/转矩（kW/r/min/Nm）	驱动电机峰值功率/转速/转矩（kW/r/min/Nm）	控制器生产企业	电机控制器型号	配套车辆类型	2019年配套车型产量小计（辆）	2019年配套车型产量总计（辆）
湖南中车时代电动汽车股份有限公司，苏州众联能创新能源科技有限公司	永磁同步驱动电机	TZ405XSD19，TZ350XS220K01	1	150/1200/1193，130/886/1400	240/3500/3000，220/3000/2800	湖南中车时代电动汽车股份有限公司，苏州众联能创新能源科技有限公司	KTZ60X53SP7S，KTZ54X50SC2BY001	纯电动客车	116	116
福建万润新能源科技有限公司	永磁同步电机	TZ290XS050951	1	50/1600/298	100/3000/950	福建万润新能源科技有限公司	KTZ54X41S751	纯电动客车	86	112
	永磁同步电机	TZ400XS060192	1	60/600/955	160/2800/2000	福建万润新能源科技有限公司	KTZ54X41S132	燃料电池客车	1	
	永磁同步电机	WR510-02021	1	90/900/955	180/4000/2000	福建万润新能源科技有限公司	WR300-03027	纯电动客车	1	
	永磁同步电机	WR510-02023	1	120/1200/955	220/3500/2300	福建万润新能源科技有限公司	WR300-03028	纯电动客车	1	
	永磁同步电机	WR510-02026	1	100/900/1061	180/2500/2800	福建万润新能源科技有限公司	WR300-03029	纯电动客车	23	
深圳市蓝海华腾技术股份有限公司	永磁同步电机	TZ370XS185	1	100/1270/750	185/3500/1300	深圳市蓝海华腾技术股份有限公司	KTZ54X38S-VT4D12	纯电动客车	105	105
保定长安客车制造有限公司	永磁同步电机	TZ210XSD4D	1	30/4000/72	60/9500/200	保定长安客车制造有限公司	KTZ32X033S109I	纯电动专用车	54	104
	永磁同步电机	TZ365XS-SC	1	60/2300/250	100/5500/460	保定长安客车制造有限公司	KTZ54X26S-SC	纯电动客车	50	
北京德威利新能源科技股份有限公司，天津德力新能科技发展有限公司	永磁同步驱动电机	TZ340XSA07，TZ340XSD31	1，1	60/1600/358，55/1734/303	85/3600/800，100/4000/730	北京德威利新能源科技股份有限公司，天津德力新能科技发展有限公司	KTZ38X40SB07，KTZ54X40SP31	纯电动专用车	103	103
芜湖杰诺瑞汽车电器系统有限公司	永磁同步电机	2103AAS	1	21/3000/67	41.8/2660/150	芜湖杰诺瑞汽车电器系统有限公司	2142AAM	纯电动乘用车	100	100
北京德威利新能源科技股份有限公司，江苏豪吉博电器科技有限公司，上海鑫国动力科技有限公司，中冶南方（武汉）自动化有限公司	永磁同步驱动电机	TZ340XSA07，TZ290XS70HJB，TZ290XSM100A，TZ302XS6M7	1，1，1，1	60/1600/358，70/2000/358，70/2000/334，60/1600/358	85/3600/800，100/4000/800，100/4500/800，100/4000/850	北京德威利新能源科技股份有限公司，江苏豪吉博电器科技有限公司，上海鑫国动力科技有限公司，中冶南方（武汉）自动化有限公司	KTZ38X40SB07，KTZ38X45SS30AHJB，KTZ54X80SC160A，KTZ38X48S6D7	纯电动专用车	99	99
深圳市大地和电气股份有限公司，南京越博动力系统股份有限公司	永磁同步驱动电机	TZ260XSDE4，TZ200XS-YBM410	1	40/1575/242，40/4050/90	80/5000/550，80/12000/210	深圳市大地和电气股份有限公司，南京越博动力系统股份有限公司	KTZ38X40SG3B，KTZ36X30S-YBC410	纯电动专用车	97	97
卧龙电气集团股份有限公司，深圳市大地和电气股份有限公司	永磁同步电机，交流异步电机	TZ185XSH1，YS155XI7C	电机：1，后电机：1	30/3000/100，2/1330/14.3	62/9000/220，6/5500/60	苏州汇川技术有限公司，深圳市大地和电气股份有限公司	前电机控制器：IEVD170-34Z50AL，后电机控制器：KYS32X0318K	纯电动乘用车	92	92
精进电动科技股份有限公司，合普动力股份有限公司	永磁同步电机	TZ220XS518，TZ228XS68H	1，1	68/4500/144，68/4500/144	145/12000/300，145/12000/300	精进电动科技股份有限公司（软件），精进电动科技股份有限公司（硬件），德尔福科技（苏州）有限公司（软件），德尔福科技（苏州）有限公司（硬件）	软件：1040001DC1/硬件：KTZ37X50S518，软件：1040001DB2/硬件：KTZ37X50S001，软件：1040002DC1/硬件：KTZ37X50S001	纯电动乘用车	90	90
江苏九龙汽车制造有限公司	永磁同步电机	TZ160X18	1	9/3000/28.6	18/6500/100	江苏九龙汽车制造有限公司	KTZ07X4218	纯电动乘用车	2	89
	永磁同步电机	TZ180X40	1	15/3000/43	40/7500/150	江苏九龙汽车制造有限公司	KTZ34X22F	纯电动乘用车	6	
	永磁同步电机	TZ230XS100	1	50/3000/159	100/7000/320	江苏九龙汽车制造有限公司	KTZ38X45SJL1	纯电动乘用车	20	
	永磁同步电机	TZ230XS100	1	50/3000/159	100/7000/320	江苏九龙汽车制造有限公司	KTZ38X45SJL1	纯电动客车	61	

续上表

电动汽车驱动电机生产企业	电动汽车驱动电机类型	电动汽车驱动电机型号	驱动电机数量（台/辆）	驱动电机额定功率/转速/转矩（kW/r/min/Nm）	驱动电机峰值功率/转速/转矩（kW/r/min/Nm）	控制器生产企业	电机控制器型号	配套车辆类型	2019年配套车型产量小计（辆）	2019年配套车型产量总计（辆）
厦门金龙旅行车有限公司，福建万润新能源科技有限公司	永磁同步电机	TZ260XS-950D13J1，TZ290XS060950	1	60/1600/358，60/1600/360	125/4500/950，120/4000/950	厦门金龙旅行车有限公司，福建万润新能源科技有限公司	KTZ54X42S-4068140JA，KTZ54X41S130	纯电动客车	47	88
	永磁同步电机	TZ390XS-2K0D21S1，TZ400XS090205	1	100/955/1000，90/900/955	210/3500/2000，175/2800/2000	厦门金龙旅行车有限公司，福建万润新能源科技有限公司	KTZ54X53S-3575150SA，KTZ54X41S135	纯电动客车	17	
	永磁同步电机	TZ410XS-2K5D20L1，WR510-02026	1	105/911/1100，100/900/1061	200/2800/2500，180/2500/2800	厦门金龙旅行车有限公司，福建万润新能源科技有限公司	KTZ54X63S-3575180HB，WR300-03029	纯电动客车	24	
深圳市聚马新能源汽车科技有限公司	永磁同步电动机	JM-TZ210XS30	1	30/3000/96	70/9000/220	深圳市聚马新能源汽车科技有限公司	JM-KTZ33X35S	纯电动专用车	1	83
	永磁同步电动机	JM-TZ230XS45	1	60/4775/120	125/12000/320	深圳市聚马新能源汽车科技有限公司	JM-KTZ35X40S	纯电动专用车	10	
	永磁同步电机	JM-TZ210XS30A	1	30/3000/96	70/9000/220	深圳市聚马新能源汽车科技有限公司	JM-KTZ33X31S	纯电动专用车	72	
山东凯马汽车制造有限公司	永磁同步电机	KM-25A	1	25/2400/100	50/6000/200	山东凯马汽车制造有限公司	KMK-25A	纯电动专用车	81	82
	永磁同步电机	KM-25A	1	25/2400/100	50/6000/200	山东凯马汽车制造有限公司	KMK-25A	纯电动专用车	1	
深圳熙斯特新能源技术有限公司	永磁同步电机	TZ445XSBSB	1	80/1000/764	150/3000/2000	深圳熙斯特新能源技术有限公司	KTZ54X40SBSB	纯电动客车	79	79
重庆金康动力新能源有限公司	交流异步电机	SEP200	1	85/6500/125	255/16000/520	重庆金康动力新能源有限公司	SEP200	插电式混合动力乘用车	4	78
	交流异步电机	SEP200，SEP200	2	85/6500/125，85/6500/125	255/16000/520，255/16000/520	重庆金康动力新能源有限公司	SEP200，SEP200	插电式混合动力乘用车	74	
成都富临精工新能源动力有限公司	永磁同步电机	TZ195XS30A	1	30/3000/96	85/9000/270	成都富临精工新能源动力有限公司	KTZ36X40SF21	纯电动乘用车	1	77
	永磁同步电机	TZ220XS45A	1	45/3300/130	115/10000/300	成都富临精工新能源动力有限公司	KTZ34X40SF41	纯电动乘用车	1	
	永磁同步电机	TZ220XS45B	1	45/3300/130	115/9000/270	成都富临精工新能源动力有限公司	KTZ34X30SF41	纯电动乘用车	75	
东方电气集团东风电机有限公司	永磁同步电机	TZ420XSD02	1	90/1350/636.5	150/3000/1700	东方电气集团东风电机有限公司	KTZ54X53SDF2	纯电动客车	62	77
	永磁同步电机	TZ420XSD02	1	90/1350/636.5	150/3000/1700	东方电气集团东风电机有限公司	KTZ54X53SDF2	燃料电池客车	15	
湘电莱特电气有限公司	交流永磁同步电机	TZ210XS30A	1	30/3000/95.5	60/9000/200	湘电莱特电气有限公司	KTZ32X27S004	纯电动专用车	70	76
	永磁同步电机	TYC30-8，180	1	30/3000/95.5	60/8500/191	湘电莱特电气有限公司	XEMC-KZQ-30-1	纯电动乘用车	5	
	永磁同步电机	TZ210XS30A	1	30/3000/95.5	60/9000/200	湘电莱特电气有限公司	KTZ32X27S004	纯电动专用车	1	
湖南恒润汽车研究院有限公司	永磁同步电机	TZ181X16C320	1	16/4000/36	32/9000/140	湖南恒润汽车研究院有限公司	KTZ33X23FE30YSPL	纯电动乘用车	73	73
江西特种电机股份有限公司	永磁同步电机	TZ290XS1800A	1	80/1250/611	160/2800/1800	江西特种电机股份有限公司	KTZ54X50SJTA	纯电动客车	41	63
	永磁同步电机	TZ400XS250	1	100/1150/830	250/2800/2800	江西特种电机股份有限公司	KTZ54X60SJL1	纯电动客车	22	
无锡华宸控制技术有限公司	永磁同步	TZ238XSWT50HSC	1	50/1800/280	110/4000/800	无锡华宸控制技术有限公司	KTZ52X42SHC600701	纯电动专用车	9	61
	永磁同步电机	HEVM50W-240	1	50/1800/266	100/4000/745	无锡华宸控制技术有限公司	HEVDU120V60GW280MDP	纯电动专用车	38	
	永磁同步电机	TZ210XHC18A01	1	18/3000/57	42/7000/170	无锡华宸控制技术有限公司	KTZ14X40FHC100201	纯电动专用车	3	
	永磁同步电机	TZ238XSWT50HSC	1	50/1800/280	110/4000/800	无锡华宸控制技术有限公司	KTZ52X42SHC600701	纯电动专用车	11	
威海力源动力科技有限公司	三相交流异步电机	LYQ5-60B	1	5/3000/15.9	10/6000/70	合肥凯利科技投资有限公司	KAC100G	纯电动专用车	60	60
湖南鸿翔新能源开发投资有限公司	永磁同步电机	TZ290XSHX421	1	60/1600/358	100/4500/650	湖南鸿翔新能源开发投资有限公司	KTZ34X27SHX45	纯电动专用车	59	59
武汉市深蓝动力科技有限公司	永磁同步电机	TZ420XSSL641	1	60/1273/450	120/4000/750	武汉市深蓝动力科技有限公司	KTZ54X27SSL1A	燃料电池专用车	57	57

续上表

电动汽车驱动电机生产企业	电动汽车驱动电机类型	电动汽车驱动电机型号	驱动电机数量（台/辆）	驱动电机额定功率/转速/转矩（kW/r/min/Nm）	驱动电机峰值功率/转速/转矩（kW/r/min/Nm）	控制器生产企业	电机控制器型号	配套车辆类型	2019年配套车型产量小计（辆）	2019年配套车型产量总计（辆）
湖南中车时代电动汽车股份有限公司，苏州绿控新能源科技有限公司	永磁同步牵引电机，永磁同步电机	TZ405XS001，TZ370XS-LKM0851	1，1	90/900/955，75/2000/350	165/3000/2000，120/5000/850	湖南中车时代电动汽车股份有限公司，深圳市蓝海华腾技术股份有限公司	KTZ38X40SP05，KTZ54X35S-LKC0851	纯电动客车	55	55
东风特汽（十堰）专用车有限公司	永磁同步电机	TZ210XSM301	1	65/3100/200	125/6000/380	东风特汽（十堰）专用车有限公司	KTZ54X31SC301	纯电动专用车	12	51
	永磁同步电机	TZ230XSM302	1	65/3100/200	125/6000/380	东风特汽（十堰）专用车有限公司	KTZ54X30SC302	纯电动专用车	23	
	永磁同步电机	TZ290XSH50	1	70/1500/450	140/4500/1000	东风特汽（十堰）专用车有限公司	KTZ56X31SH50	纯电动专用车	11	
	永磁同步电机	TZ368XSM726F	1	65/1500/415	130/4500/1200	东风特汽（十堰）专用车有限公司	KTZ54X36SC726F	纯电动专用车	5	
上海联孚新能源科技集团有限公司	永磁同步电机	LFTZ390XSA01	1	120/1100/1050	200/2500/2500	上海联孚新能源科技集团有限公司	9K12，LFKTZ54X55S001	纯电动客车	50	50
宁德时代电机科技有限公司	永磁同步电机	TZ260XS-60-04	1	60/1600/358	120/4500/1000	宁德时代电机科技有限公司	KTZ54X41SUBA00	纯电动专用车	1	45
	永磁同步电机	TZ260XS-75ZQ	1	75/2025/350	150/4800/850	福建中青合康新能源科技有限公司	KTZ60X57SHK1	纯电动客车	2	
	永磁同步电机	TZ296XS-80SD	2	80/4500/170	160/9050/500	中冶南方（武汉）自动化有限公司	KTZ54X50S-EV6DK	纯电动客车	42	
苏州绿控新能源科技有限公司，天津市松正电动汽车技术股份有限公司	永磁同步电机，三相永磁同步电机	TZ370XS-LKM1704，TZ290XSE54-180	1，1	80/1020/750，85/1000/800	150/3000/1700，180/3000/1700	苏州绿控新能源科技有限公司，天津市松正电动汽车技术股份有限公司	KTZ54X38S-LKC1704，KTZ54X53SFSS-200	纯电动客车	38	38
上海电驱动股份有限公司，山东德洋电子科技有限公司	永磁同步驱动电机	190TYZ-XS54BF，TZ175X15DYA	1，1	15/3450/41.5，15/5200/27.5	30/7250/85，30/7200/90	上海电驱动股份有限公司，山东德洋电子科技有限公司	软件：R20、R21、R22/硬件：07F64X11G，软件：R6.1/硬件：KTZ14X45DYA	纯电动乘用车	1	34
	永磁同步驱动电机	190TYZ-XS54BF，TZ175X15DYA	1，1	15/3450/41.5，15/5200/27.5	30/7250/85，30/7200/90	上海电驱动股份有限公司，山东德洋电子科技有限公司	软件：R20、R21、R22、R23、R24/硬件：07F64X11G，软件：R61/硬件：KTZ14X45DYA	纯电动乘用车	23	
	永磁同步驱动电机	190TYZ-XS54BF，TZ175X15DYA	1，1	15/3450/41.5，15/5200/27.5	30/7250/85，30/7200/90	上海电驱动股份有限公司，山东德洋电子科技有限公司	软件：R20、R21、R22、R23、R24/硬件：07F64X11G/软件：R61、R62/硬件：KTZ14X45DYA	纯电动乘用车	10	
格雷博智能动力科技有限公司	永磁同步电机	TZ190X001	1	20.5/3500/56	40/8000/145	格雷博智能动力科技有限公司	KTZ14X32001	纯电动乘用车	31	31
旭利无锡电气技术有限公司	永磁同步电机	CM4020L060	1	30/2870/100	60/9000/200	旭利无锡电气技术有限公司	SD2065L060	纯电动专用车	30	30
淄博哈普沃动力科技有限公司	交流异步电机	SPQ10-72-3900H1	1	10/3900/24.5	20/7800/70	淄博哈普沃动力科技有限公司	M2-150-6-01	纯电动专用车	30	30
中汽动力（沈阳）有限公司	永磁同步电机	TZ290XS25CGE	1	25/2000/120	55/3500/260	中汽动力（沈阳）有限公司	KTZ34X28SCGE	插电式混合动力专用车	29	29
陕西中九汽车工程研究院有限公司，苏州汇川技术有限公司	永磁同步电机	TZ185XSTJ017，TZ204XSB50	1	30/2865/100，25/3000/80	60/9000/225，50/8000/200	陕西中九汽车工程研究院有限公司，苏州汇川技术有限公司	KTZ31X28STJ017，KTZ33X26S330	纯电动专用车	29	29
东湖科技（北京）有限公司	交流异步电机	IM045W	1	45/1400/307	90/5000/921	东湖科技（北京）有限公司	MC6055W	纯电动专用车	1	29
	三相异步电机	IM115LA	1	150/3000/480	270/4000/1150	东湖科技（北京）有限公司	MC630LA	纯电动专用车	8	
	永磁同步电机	PM170LA	1	80/1060/720	160/3000/1700	东湖科技（北京）有限公司	MC620LB	纯电动客车	20	
北京德威利新能源科技股份有限公司，江苏豪吉博电器科技有限公司，上海鑫国动力科技有限公司	永磁同步驱动电机	TZ274XSD01，TZ290XS70HJB，TZ290XSM100A	1，1，1	60/1600/358，70/2000/358，70/2000/334	100/4000/800，100/4000/800，100/4500/800	北京德威利新能源科技股份有限公司，江苏豪吉博电器科技有限公司，上海鑫国动力科技有限公司	KTZ38X40SP01，KTZ38X45SS30AHJB，KTZ54X80SC160A	纯电动专用车	29	29

续上表

电动汽车驱动电机生产企业	电动汽车驱动电机类型	电动汽车驱动电机型号	驱动电机数量（台/辆）	驱动电机额定功率/转速/转矩（kW/r/min/Nm）	驱动电机峰值功率/转速/转矩（kW/r/min/Nm）	控制器生产企业	电机控制器型号	配套车辆类型	2019年配套车型产量小计（辆）	2019年配套车型产量总计（辆）
浙江云迪电气科技有限公司	永磁同步电机	TZ180XS16C	1	25/2500/95.5	45/4500/200	浙江云迪电气科技有限公司	KTZ32X35SYD01	纯电动乘用车	28	28
唐山普林亿威科技有限公司	永磁同步电动机	TZ290XS-PLM060G01	1	60/1500/382.5	110/3500/1200	深圳市英威腾电动汽车驱动技术有限公司	KTZ50X30S-GVD550	纯电动专用车	4	27
	永磁同步电动机	TZ368XS-PLM100G01	1	100/1000/955	180/2400/2950	深圳市蓝海华腾技术股份有限公司	GVD550-5L10-240	纯电动专用车	2	
	永磁同步电机	TZ290XS-PLM070G01	1	70/1650/405	140/4500/1000	深圳市英威腾电动汽车驱动技术有限公司	KTZ54X40S-GVD55050	纯电动专用车	21	
卧龙电气集团股份有限公司	永磁同步电机	JAS70-D1-R	2	37/2800/126	74/10000/382	中冶南方（武汉）自动化有限公司	EV551-V10.7.2539.02，EV551-5L11-250A	纯电动客车	25	25
湖南意谱电动系统有限公司	永磁同步电机	TZ200XS035M0303	1	35/3000/110	65/8500/260	湖南意谱电动系统有限公司，湖南意谱电动系统有限公司	控制器型号：KTZ35X32S2AA/软件：RC17518V1.00.20180118A	纯电动乘用车	1	23
	永磁同步电机	TZ368XSYP095-1800T540B	1	95/1000/900	150/3000/1800	湖南意谱电动系统有限公司	KTZ54X45S-100	纯电动专用车	22	
德国大陆汽车有限公司（Continental Automotive（Germany））	励磁同步电机	5AMB450	1	35/5571/60	70/3046/220	匈牙利大陆有限公司（Continental Corporation（Hungary））	H8201148071	纯电动乘用车	22	22
杭州伯坦动力科技有限公司	永磁同步电机	FT175TZX-001	3	15/3500/40	30/8000/150	杭州伯坦动力科技有限公司	FT80TZX35F001	纯电动专用车	20	22
	永磁同步电机	TZ190XSFT2	1	40/4000/95	100/8200/240	杭州伯坦动力科技有限公司	KTZ32X35SFT2	纯电动乘用车	2	
东风汽车电气有限公司，武汉乐创世纪科技有限公司，东风电动车辆股份有限公司	永磁同步驱动电机	TZ205XS001，TZ205XS001，TZ180XSP01	1，1，1	30/4000/72，30/4000/72，30/4000/72	60/9000/200，60/9000/200，60/9000/200	东风汽车电气有限公司，武汉乐创世纪科技有限公司，东风电动车辆股份有限公司	KTZ30X30S003，KTZ30X30S003，KTZ31X32SP01	纯电动乘用车	21	21
山东联孚汽车电子有限公司	永磁同步电机	LFTZ390XSA01	1	120/1100/1050	200/2500/2500	山东联孚汽车电子有限公司	LFKTZ54X55S001	插电式混合动力客车	20	20
上海博玺智能科技有限公司	永磁同步电机	TZ368XS-BXM001	1	245/1700/1370	350/3000/2800	上海博玺智能科技有限公司	KTZ60X70S-BXC001	纯电动专用车	20	20
天津市松正电动汽车技术股份有限公司，广西玉柴机器股份有限公司	永磁同步电机	TZ390XSE54-180，TZ367XS075	1	90/860/1000，75/800/900	180/3500/2000，150/3000/1800	天津市松正电动汽车技术股份有限公司，广西玉柴机器股份有限公司	KTZ54X53SFSS-300，KTZ54X36S150	纯电动客车	20	20
昆明五威科工贸有限公司	永磁同步电动机	TZ260XS-705ND02	1	60/1150/500	120/4750/1000	昆明五威科工贸有限公司	KTZ53X40S-705ND02	纯电动专用车	20	20
苏州绿控新能源科技有限公司，上海鑫国动力科技有限公司	永磁同步驱动电机	GC-TM1300-01，TZ380XSM200G	1，1	100/1270/750，100/1200/800	185/3500/1300，200/3000/2800	苏州绿控新能源科技有限公司，上海鑫国动力科技有限公司	GC-CU1300-01，KTZ54X80SC160A	纯电动客车	20	20
格至控智能动力科技（上海）有限公司	三相永磁同步电机	G175TZX024-027	1	12/3200/36	24/6000/110	格至控智能动力科技（上海）有限公司	ACL9635XF-01	纯电动专用车	18	18
重庆众泰新能源汽车技术研究院有限公司	永磁同步电机	TZ230XS53Z-345	1	53/4000/127	95/9000/260	重庆众泰新能源汽车技术研究院有限公司	KTZ35X42SIFL10036	纯电动乘用车	16	16
山东得普达电机股份有限公司	交流异步电机	YS210H1514H1	1	15/3000/48	35/6800/192	山东凯马汽车制造有限公司	KYS14H40FH61-KM	纯电动专用车	10	15
	三相交流异步电机	YS210H1096H61-LU	1	10/3000/31.8	26/6000/130	珠海英搏尔电气股份有限公司	MC3336-9650	纯电动专用车	5	
深圳市英威腾电动汽车驱动技术有限公司	永磁同步电机	GTZ-XS-L0030	1	30/3500/82	60/9000/200	深圳市英威腾电动汽车驱动技术有限公司	GVD520-3L11-065	纯电动专用车	1	14

续上表

电动汽车驱动电机生产企业	电动汽车驱动电机类型	电动汽车驱动电机型号	驱动电机数量（台/辆）	驱动电机额定功率/转速/转矩（kW/r/min/Nm）	驱动电机峰值功率/转速/转矩（kW/r/min/Nm）	控制器生产企业	电机控制器型号	配套车辆类型	2019年配套车型产量小计（辆）	2019年配套车型产量总计（辆）
深圳市英威腾电动汽车驱动技术有限公司	永磁同步电机	TZ260XS30H-360CA	1	30/1500/191	70/5000/500	深圳市英威腾电动汽车驱动技术有限公司	KTZ38X32S-01KY	纯电动专用车	1	14
	永磁同步电机	TZ368XS-PLM150G01	1	150/1800/800	250/3500/1600	深圳市英威腾电动汽车驱动技术有限公司	KTZ54X64S-GVD55010	燃料电池专用车	12	
苏州凯博易控驱动技术有限公司，天津市松正电动汽车技术股份有限公司	永磁同步驱动电机，三相永磁同步电机	EK100830PMS1，TZ390XSE54-178	1，1	100/2400/400，85/810/1000	150/7500/830，178/3000/2800	苏州凯博易控驱动技术有限公司，天津市松正电动汽车技术股份有限公司	EK160MCU2，KTZ54X53SFSS-260	纯电动客车	12	12
山东休普动力科技股份有限公司	永磁同步电机	TZ210X-XP018	1	18/3000/57	45/7200/180	山东休普动力科技股份有限公司	KTZ32X26F-XP018	纯电动专用车	1	11
	永磁同步电机	TZ210X-XP021	1	21.5/3000/68.4	45/8000/200	山东休普动力科技股份有限公司	KTZ32X28F-XP021	纯电动专用车	9	
	永磁同步电机	TZ260SX-XP035	1	35/1750/191	70/5000/570	山东休普动力科技股份有限公司	kTZ33X41S-XP035	纯电动专用车	1	
江苏艾鑫科电气技术有限公司	永磁同步电机	TZ230XS-A02	1	55/2900/180	120/6000/350	江苏艾鑫科电气技术有限公司	KTZ54X26S-A02	燃料电池专用车	11	11
卧龙电气集团股份有限公司，浙江优力仕机电科技股份有限公司	永磁同步电机，交流异步电机	TZ185XSH1，YS155XE03	2	30/3000/100，后：3/3000/9.5	62/9000/220 后：6/6000/20	苏州汇川技术有限公司，浙江优力仕机电科技股份有限公司	IEVD170-34Z50AL 后：KYS35X02FY101	纯电动乘用车	10	10
苏州众联能创新能源科技有限公司，南京越博动力系统股份有限公司，苏州绿控新能源科技有限公司	永磁同步电机	TZ360XSC2BY001，TZ368XS-YBM206，TZ370XS-LKM1302	1	125/800/1400，120/2000/573，120/2292/500	230/3000/2800，180/4000/1400，185/3500/1300	苏州众联能创新能源科技有限公司，南京越博动力系统股份有限公司，苏州绿控新能源科技有限公司	KTZ54X50SC2BY001，KTZ54X55S-YBC206，KTZ54X55S-LKC1302	纯电动客车	10	10
上海瑞华新能源汽车有限公司	永磁同步电机	TQSL2251X	1	90/1200/716	160/3000/1600	上海瑞华新能源汽车有限公司	RHXNY-W90-D6	纯电动客车	10	10
卧龙电气驱动集团股份有限公司	永磁同步电机	TZ230XS-HD001	1	60/3700/155	115/3700～11500/96～296	浙江艾麦电子科技有限公司	KTZ54X42SA12	纯电动专用车	10	10
山东蓝诺汽车有限公司	永磁同步电机	TZ210XSJ30	1	30/3600/80	60/9000/200	山东蓝诺汽车有限公司	KTZ34X26SJ30	纯电动专用车	10	10
苏州绿控新能源科技有限公司，中车株洲电机有限公司	永磁同步电机	TZ370XS-LKM0851，TZ366XS007A	1	75/2000/350，85/955/850	120/5000/850，140/3000/2100	苏州绿控新能源科技有限公司，中车株洲电机有限公司	KTZ54X35S-LKC0851，KTZ54X40S001	纯电动客车	10	10
成都雅骏新能源汽车科技股份有限公司	三相交流电动机	TZ245XS-025-01YJ	1	25/1600/150	45/4700/500	成都雅骏新能源汽车科技股份有限公司	KTZ38X32S-01YJ	纯电动专用车	4	9
	三相交流电动机	YPQ180L-90-YJ	1	60/1600/358	90/3500/1200	成都雅骏新能源汽车科技股份有限公司	512D12V180-YJ	纯电动专用车	5	
舍弗勒贸易（上海）有限公司	永磁同步电机	CLDJ00YAQL	1	33/2400/132	80/2940/260	重庆长安新能源汽车有限公司	XIPU03	插电式混合动力乘用车	9	9
湖南中车时代电动汽车股份有限公司，厦门唯质电气科技有限公司	永磁同步牵引电机，永磁同步电机	TZ405XS001，TZ400XSW16	1，1	90/900/955，85/1000/810	165/3000/2000，165/3000/1800	湖南中车时代电动汽车股份有限公司，厦门唯质电气科技有限公司	KTZ38X40SP05，KTZ54X42SW17	纯电动客车	7	7
北京德威利新能源科技股份有限公司	永磁同步电机	TZ250XA05	1	18/3000/57	42/8000/175	北京德威利新能源科技股份有限公司	KTZ33X32FB05	纯电动专用车	7	7
中通客车控股股份有限公司	永磁同步电机	TZ368XSZTA2	1	100/900/1061	165/2800/2000	中通客车控股股份有限公司	KTZ57X37SZTA2	纯电动客车	6	6
德纳（北京）电机有限公司	永磁同步电机	TZ368XSPE251WH	1	140/1215/1100	200/2700/2500	德纳（北京）电机有限公司	KTZ60X40SP100F	纯电动专用车	6	6

续上表

电动汽车驱动电机生产企业	电动汽车驱动电机类型	电动汽车驱动电机型号	驱动电机数量（台/辆）	驱动电机额定功率/转速/转矩（kW/r/min/Nm）	驱动电机峰值功率/转速/转矩（kW/r/min/Nm）	控制器生产企业	电机控制器型号	配套车辆类型	2019年配套车型产量小计（辆）	2019年配套车型产量总计（辆）
北京瑞显动控科技有限公司	永磁同步驱动电机	TZ230XS08B，TZ260XS09A	1	40/2000/200，45/1950/220	80/4000/400，90/6000/480	北京瑞显动控科技有限公司，北京瑞显动控科技有限公司	KTZ38X42S16C，KTZ38X40S23D	纯电动专用车	6	6
大陆汽车系统（天津）有限公司，上海电驱动股份有限公司	电励磁同步电机，永磁同步电机	CTX61（大陆汽车），264TYZ-XS09AJ（上海电驱动）	1	35/5570/60（大陆汽车），30/3200/90（上海电驱动）	70/11500/218（大陆汽车），65/10000/180（上海电驱动）	大陆汽车系统（天津）有限公司，上海电驱动股份有限公司	MCU_SW_v1.0，EPF2-4（大陆汽车），Edrive_N2_V1.0，31S34X01AG（海电驱动）	纯电动乘用车	5	5
广东新高电驱动系统技术有限公司	交流异步电机	YS390XSGW1	1	100/1000/955	150/2600/2850	广东新高电驱动系统技术有限公司	KYS60XS58SGW1	燃料电池客车	5	5
成都中车电机有限公司	交流永磁同步电机	TZ290XSZ	1	80/1250/611	145/3500/1800	成都中车电机有限公司	KTZ51X41S-01ZZ	纯电动专用车	5	5
厦门格邦科技有限公司	永磁同步电机	TZ280XSGB085D54X7	1	60/2000/286	120/4500/850	厦门格邦科技有限公司	KTZ58X40SGBM4X7H	纯电动专用车	2	5
	永磁同步电机	TZ290XSXMGB1400	1	80/1600/477	150/4000/1400	厦门格邦科技有限公司	KTZ58X50SGBM1	插电式混合动力专用车	2	
	永磁同步电机	TZ290XSXMGB1400	1	80/1600/477	150/4000/1400	厦门格邦科技有限公司	KTZ58X50SGBM1	纯电动专用车	1	
精进电动科技股份有限公司，长沙威康动力技术有限公司	永磁同步电机	TZ290XS505；TZ380XS04009	1	75/2000/358，70/2000/335	134/4000/720；135/4500/700	精进电动科技股份有限公司；长沙威康动力技术有限公司	KTZ35XS505，KTZ38X57SHK1	纯电动专用车	5	5
POSCO TMC Co.，LTD	永磁同步电机	IP-M131101	1	60/3600/159	100/12000/320	POSCO TMC Co.，LTD	IP-I131101	纯电动专用车	4	4
上海电驱动股份有限公司	永磁同步电机	264TYZ-XS20CA	1	25/2000/100	55/3500/250	上海电驱动股份有限公司	34S21X09D	纯电动专用车	3	4
	永磁同步电机	TZ275XS01A	1	40/3350/114	80/12000/228	电装（中国）投资有限公司长春公司	9100510-E08	纯电动乘用车	1	
上海汽车电驱动有限公司，福建万润新能源科技有限公司	永磁同步电机	TZ310XS05AF，TZ290XS075753	1	50/1195/400，55/2000/358	90/3500/1000，100/5000/840	上海汽车电驱动有限公司，福建万润新能源科技有限公司	KTZ55S28X86AV，KTZ54X43S131	纯电动专用车	1	4
	永磁同步电机	TZ310XS05AF，TZ290XS075753	1	50/1195/400，55/2000/358	90/3500/1000，100/5000/840	上海汽车电驱动有限公司，福建万润新能源科技有限公司	KTZ55S28X86AV，KTZ54X43S131	纯电动专用车	1	
	永磁同步电机	TZ310XS17AH，WR510-02032	1	40/1736/220，40/1800/186	75/4000/500，85/4500/550	上海汽车电驱动有限公司，福建万润新能源科技有限公司	KTZ36X34S88AV，WR300-03030	纯电动专用车	1	
	永磁同步驱动电机	TZ310XS17AH，WR510-02032	1	40/1736/220，40/1800/186	75/4000/500，85/4500/550	上海汽车电驱动有限公司，福建万润新能源科技有限公司	KTZ36X34S88AV，WR300-03030	纯电动专用车	1	
深圳市正宇电动汽车技术有限公司	永磁同步电机	TZ210XS25	1	25/2000/120	55/6000/300	深圳市正宇电动汽车技术有限公司	KTZ38X30S	纯电动专用车	3	3
陕西法士特齿轮有限责任公司	永磁同步电动机	TZ260XSSFZ03	1	60/1910/300	120/4500/600	陕西法士特齿轮有限责任公司	KTZ54X29SSFZ001	纯电动专用车	1	3
	永磁同步电机	TZ368XSSFD01	1	215/1700/1207	350/3000/2800	陕西法士特齿轮有限责任公司	KTZ54X85SSFZ025	纯电动专用车	2	
丹东黄海汽车有限责任公司	永磁同步电机	TZ230XSH36	1	65/3650/170	110/9000/360	丹东黄海汽车有限责任公司	DDIVT180	纯电动专用车	3	3
上海汽车电驱动有限公司，株洲中车时代电气股份有限公司	永磁同步电机	CAM210PT1	1	60/4092/140	140/12000/320	上海汽车电驱动有限公司，株洲中车时代电气股份有限公司	CAM210PT1	纯电动乘用车	3	3
江西江特电机有限公司	永磁同步电机	TZ230XS250A	1	30/3500/60	60/9000/250	江西江特电机有限公司	KTZ38X45SJL1	纯电动专用车	1	3
	永磁同步电机	TZ290XS1800f	1	90/1400/611	160/3200/1800	江西江特电机有限公司	KTZ54X54S350A	纯电动客车	2	
合肥阳光电动力科技有限公司，福建万润新能源科技有限公司	永磁同步电机	TZ185XS022SG，TZ190XS030225	1	30/3000/100，30/2900/100	62/9000/220，60/9000/225	合肥阳光电动力科技有限公司，福建万润新能源科技有限公司	KTZ34X30S0SG，KTZ32X30S455	纯电动专用车	3	3

续上表

电动汽车驱动电机生产企业	电动汽车驱动电机类型	电动汽车驱动电机型号	驱动电机数量（台/辆）	驱动电机额定功率/转速/转矩（kW/r/min/Nm）	驱动电机峰值功率/转速/转矩（kW/r/min/Nm）	控制器生产企业	电机控制器型号	配套车辆类型	2019年配套车型产量小计（辆）	2019年配套车型产量总计（辆）
厦门泰中大地科技有限公司	永磁同步电机	TZ-280-X-S-D01	1	55/2200/240	90/4000/600	厦门泰中大地科技有限公司	KTZ-54-X-38-S-D01	纯电动专用车	3	3
Hitachi Automotive systems America, Lnc	永磁同步电机	TZ264XYAKF, TZ264XYBKF	2	23/5000/44, 51/4000/123	49/5000/94, 82/4000/197	日立汽车系统（中国）有限公司	KTZ35X62SS55	插电式混合动力乘用车	2	2
广东合普动力科技有限公司	交流异步电机	HPQ10-96	1	10/3000/31.8	20/6500/129	珠海英搏尔电气股份有限公司	MC3336-9650	纯电动专用车	2	2
航天安华（深圳）科技有限公司	永磁同步电机	TZ230XS-HTM001	1	30/3500/60	60/9000/250	航天安华（深圳）科技有限公司	KTZ35X30S-M03001	纯电动专用车	2	2
江苏航天万源科技有限公司	永磁同步电动机	TZ230XS-W903820	1	45/2000/215	90/5000/490	江苏航天万源科技有限公司	KTZ33X35S-WYK60G	纯电动专用车	2	2
福建万润新能源科技有限公司，厦门金龙汽车新能源科技有限公司	永磁同步驱动电机	WR510-02020, TZ365XS-D090-01	1	90/900/537, 90/1150/764	150/4000/1500, 150/3100/1700	福建万润新能源科技有限公司，厦门金龙汽车新能源科技有限公司	WR300-03004, KTZ58X50S-A090	纯电动客车	2	2
重庆长安新能源汽车有限公司	永磁同步电机	264TYZ-XS14BA	1	45/3500/123	90/10000/280	重庆长安新能源汽车有限公司	34S42X01AX	纯电动乘用车	1	1
湖北泰特机电有限公司	永磁同步电机	WTZ470XS1.1-80	2	103/265/3700	170/500/9500	湖北泰特机电有限公司	KWTZ80X85S1.1	纯电动客车	1	1
河南新能微特利电机技术有限公司	永磁同步电机	TZ210XXWD	1	18/3000/57	45/8000/180	河南新能微特利电机技术有限公司	KTZ32X20FXWD	纯电动专用车	1	1
上海大郡动力控制技术有限公司，天津市松正电动汽车技术股份有限公司	永磁同步电机	O150WA, MSM150-540WSW	1	90/760/1140, 80/1250/611	150/3000/2000, 150/3000/2000	上海大郡动力控制技术有限公司，天津市松正电动汽车技术股份有限公司	N490WSA, CSM160-540WSW-L	纯电动客车	1	1
苏州汇川技术有限公司，深圳市大地和电气股份有限公司	永磁同步电动机	TZ180XSIN101, TZ210XSD42	1	30/3183/90, 30/3600/80	60/9000/220, 60/9000/200	苏州汇川技术有限公司，深圳市大地和电气股份有限公司	IEVD170-34Z50AL, KTZ33X027S99H	纯电动专用车	1	1
上海众联能创新能源科技股份有限公司	永磁同步电动机	TZ300XS100K01	1	60/1000/600	100/4000/1000	上海众联能创新能源科技股份有限公司	KTZ54X30S01	纯电动客车	1	1
深圳市泉胜新技术开发有限公司	永磁同步电机	TZ210XS30QSC	1	30/3600/80	60/9000/210	深圳市泉胜新技术开发有限公司	KTZ33X32SQS	纯电动专用车	1	1
上海汽车电驱动有限公司，奇瑞安川电驱动系统有限公司	永磁同步电机	2103AAV（上海电驱动，112AAA（安川）	1	46/4000/110（上海电驱动），40/3183/120（安川）	90/3100/276（上海电驱动），95/3629/250（安川）	上海汽车电驱动有限公司，奇瑞安川电驱动系统有限公司	2142AAQ（上海电驱动），112AAB（安川）	纯电动乘用车	1	1
四川野马汽车股份有限公司	永磁同步电机	TZ415XS80B	1	80/1270/600	160/4500/1100	四川野马汽车股份有限公司	KTZ54X40SF11	纯电动客车	1	1
菲仕绿能科技（北京）有限公司	永磁同步电机	TZ220XS160	1	80/5100/150	160kW/11000r/min/300N.m	菲仕绿能科技（北京）有限公司	KTZ41X45S4A	纯电动乘用车	1	1
柳州五菱汽车工业有限公司	永磁同步电机	W210300025	1	85/2300/350	130/6000/600	柳州五菱汽车工业有限公司	W214200054	纯电动客车	1	1
深圳市民富沃能新能源汽车有限公司	永磁同步	TZ210X-MFM30G02	1	30/3000/95	55/7200/210	深圳市民富沃能新能源汽车有限公司	KTZ31X26S-MFK37G01, KTZ31X35S-MFK65G01	纯电动专用车	1	1
成都雅骏汽车制造有限公司	永磁同步电机	TZ290XS-060-01YJ	1	60/1800/318	100/4500/850	成都雅骏汽车制造有限公司	KTZ52X35S-01YJ	纯电动专用车	1	1

续上表

电动汽车驱动电机生产企业	电动汽车驱动电机类型	电动汽车驱动电机型号	驱动电机数量（台/辆）	驱动电机额定功率/转速/转矩（kW/r/min/Nm）	驱动电机峰值功率/转速/转矩（kW/r/min/Nm）	控制器生产企业	电机控制器型号	配套车辆类型	2019年配套车型产量小计（辆）	2019年配套车型产量总计（辆）
苏州赫行新能源汽车科技有限公司	三相交流永磁同步电机	TZ380XSA350D1	1	250/1500/1600	350/2500/2500	苏州赫行新能源汽车科技有限公司	KTZ60X70S-SZHX	纯电动专用车	1	1
福建冠龙新能源汽车科技有限公司	永磁同步电机	TZ390XSGL2	1	90/1543/557	150/3500/1500	福建冠龙新能源汽车科技有限公司	KTZ54X55SGL1	纯电动客车	1	1
2019年配套车型产量总计（辆）									1171780	1171780

三、插电式混合动力发动机配套数量统计

Chapter 3 Statistics of Matching Quantity of Plug-in Hybrid Electric Engine

发动机生产企业	发动机型号	排量（mL）	功率（kW）	配套车型油耗（L/100km）	配套车型续驶里程（工况法，km）	配套车型续驶里程（等速法，km）	配套车型最高车速（km/h）	配套车辆类型	2019年配套车型产量小计（辆）	2019年配套车型产量总计（辆）
比亚迪汽车有限公司	BYD476ZQA	1497	113	1.0	82	105	200	插电式混合动力乘用车	3166	47315
	BYD476ZQA	1497	113	1.1	80	100	185	插电式混合动力乘用车	988	
	BYD476ZQA	1497	113	1.2	100	120	185	插电式混合动力乘用车	2	
	BYD476ZQA	1497	113	1.2	81	100	170	插电式混合动力乘用车	1453	
	BYD476ZQA	1497	113	1.4	80	100	180	插电式混合动力乘用车	5307	
	BYD476ZQA	1497	113	1.4	80	100	180	插电式混合动力专用车	6	
	BYD476ZQA	1497	113	1.4	80	100	185	插电式混合动力乘用车	184	
	BYD476ZQA	1497	113	1.4	81	100	170	插电式混合动力乘用车	19	
	BYD476ZQB	1497	118	1.0	82	—	200	插电式混合动力乘用车	833	
	BYD476ZQB	1497	118	1.2	81	—	170	插电式混合动力乘用车	1275	
	BYD476ZQB	1497	118	1.3	81	—	180	插电式混合动力乘用车	6959	
	BYD476ZQB	1497	118	1.4	53	—	200	插电式混合动力乘用车	5027	
	BYD476ZQB	1497	118	1.4	81	—	180	插电式混合动力乘用车	828	
	BYD476ZQB	1497	118	1.7	51	—	170	插电式混合动力乘用车	904	
	BYD487ZQA	1999	151	1.6	100	120	180	插电式混合动力乘用车	4254	
	BYD487ZQA	1999	151	1.8	81	105	180	插电式混合动力乘用车	7147	
	BYD487ZQB	1999	141	1.5	100	—	180	插电式混合动力乘用车	3813	
	BYD487ZQB	1999	141	1.8	81	—	180	插电式混合动力乘用车	5150	

续上表

发动机生产企业	发动机型号	排量（mL）	功率（kW）	配套车型油耗（L/100km）	配套车型续驶里程（工况法，km）	配套车型续驶里程（等速法，km）	配套车型最高车速（km/h）	配套车辆类型	2019年配套车型产量小计（辆）	2019年配套车型产量总计（辆）
华晨宝马汽车有限公司	B38A15C	1499	100	1.30	110	—	195	插电式混合动力乘用车	4765	32879
	B38A15C	1499	100	1.40	110	—	190	插电式混合动力乘用车	31	
	B38A15C	1499	100	2.00	60	—	195	插电式混合动力乘用车	212	
	B38A15C	1499	111	1.30	110	—	195	插电式混合动力乘用车	1	
	B48B20C	1998	135	1.60	67	—	225	插电式混合动力乘用车	27870	
上海大众动力总成有限公司	DJZ	1395	110	1.40	63	—	200	插电式混合动力乘用车	16074	22596
	DJZ	1395	110	1.90	52	—	200	插电式混合动力乘用车	3156	
	DUK	1395	110	1.60	63	—	200	插电式混合动力乘用车	3366	
上海汽车集团股份有限公司	10E4E	999	92	1.5	53	70	200	插电式混合动力乘用车	5467	22174
	14E4E	1399	112	1.7	60	81	185	插电式混合动力乘用车	797	
	15E4E	1490	124	1.3	75	—	200	插电式混合动力乘用车	885	
	15E4E	1490	124	1.4	70	—	200	插电式混合动力乘用车	1796	
	15E4E	1490	124	1.5	51	60	200	插电式混合动力乘用车	6630	
	15E4E	1490	124	1.5	60	80	200	插电式混合动力乘用车	3928	
	15E4E	1490	124	1.6	60	80	200	插电式混合动力乘用车	2671	
天津一汽丰田发动机有限公司	8ZR	1798	73	1.3	55	—	159	插电式混合动力乘用车	16851	16851
浙江吉利罗佑发动机有限公司	JLH-3G15TD	1477	130	1.2	80	100	195	插电式混合动力乘用车	318	8827
	JLH-3G15TD	1477	130	1.4	62	73	210	插电式混合动力乘用车	124	
	JLH-3G15TD	1477	130	1.4	66	75	200	插电式混合动力乘用车	681	
	JLH-3G15TD	1477	130	1.6	56	80	195	插电式混合动力乘用车	453	
	JLH-3G15TD	1477	130	1.6	56	80	200	插电式混合动力乘用车	3549	
	JLH-3G15TD	1477	132	1.6	60	65	210	插电式混合动力乘用车	1566	
	JLH-3G15TD	1477	132	1.7	51	79	205	插电式混合动力乘用车	2133	
	JLH-3G15TD	1477	132	1.7	51	79	207	插电式混合动力乘用车	2	
	JLH-3G15TD	1477	132	1.7	51	79	210	插电式混合动力乘用车	1	
山东现代威亚汽车发动机有限公司	G4NG	1999	115	1.3	75	90	192	插电式混合动力乘用车	5812	5812
广州汽车集团乘用车有限公司	4A15K2	1495	71	1.5	63	90	180	插电式混合动力乘用车	4	3624
	4A15K2	1495	71	1.6	58	80	180	插电式混合动力乘用车	166	
	4A15K2	1495	71	1.6	60	80	180	插电式混合动力乘用车	3454	
浙江吉利动力总成有限公司	JLH-3G15TD	1477	130	1.4	62	73	210	插电式混合动力乘用车	1096	3534
	JLH-3G15TD	1477	130	1.5	56	—	200	插电式混合动力乘用车	153	

续上表

发动机生产企业	发动机型号	排量（mL）	功率（kW）	配套车型油耗（L/100km）	配套车型续驶里程（工况法，km）	配套车型续驶里程（等速法，km）	配套车型最高车速（km/h）	配套车辆类型	2019 年配套车型产量小计（辆）	2019 年配套车型产量总计（辆）
浙江吉利动力总成有限公司	JLH-3G15TD	1477	132	1.5	60	—	210	插电式混合动力乘用车	996	3534
	JLH-3G15TD	1477	132	1.6	51	—	205	插电式混合动力乘用车	667	
	JLH-3G15TD	1477	132	1.6	51	—	207	插电式混合动力乘用车	398	
	JLH-3G15TD	1477	132	1.6	51	—	210	插电式混合动力乘用车	224	
福特墨西哥奇瓦瓦发动机工厂	CAF488Q10	1999	107	2.0	52	—	166	插电式混合动力乘用车	3278	3278
广西玉柴机器股份有限公司	YC4D140N-50	4214	103	—	—	51	69	插电式混合动力客车	2	2905
	YC4FA80N-53	2982	60	—	—	110	69	插电式混合动力客车	200	
	YC4FA80N-53	2982	60	—	—	90	69	插电式混合动力客车	1	
	YC6G230N-50	7800	170	—	—	61	69	插电式混合动力客车	67	
	YC6G230N-50	7800	170	—	—	80	69	插电式混合动力客车	1	
	YC6J210N-52	6494	155	—	—	52	69	插电式混合动力客车	56	
	YC6J210N-52	6494	155	—	—	55	69	插电式混合动力客车	1	
	YC6J210N-52	6494	155	—	—	65	69	插电式混合动力客车	20	
	YC6J210N-52	6494	155	—	—	85	69	插电式混合动力客车	30	
	YC6JA200-50	6870	147	14.9	—	90	69	插电式混合动力客车	31	
	YCA07220N-60	6871	162	—	—	100	69	插电式混合动力客车	23	
	YCA07220N-60	6871	162	—	—	65	69	插电式混合动力客车	731	
	YCA07220N-60	6871	162	—	—	68	69	插电式混合动力客车	204	
	YCA07220N-60	6871	162	—	—	70	69	插电式混合动力客车	287	
	YCA07220N-60	6871	162	—	—	71	69	插电式混合动力客车	2	
	YCA07220N-60	6871	162	—	—	74	69	插电式混合动力客车	100	
	YCA07220N-60	6871	162	—	—	80	69	插电式混合动力客车	74	
	YCA07220N-60	6871	162	—	—	89	69	插电式混合动力客车	30	
	YCA07220N-60	6871	162	—	—	98	69	插电式混合动力客车	24	
	YCS04140N-53	4156	93	—	—	60	69	插电式混合动力客车	300	
	YCS04160N-53	4156	106	—	—	65	69	插电式混合动力客车	450	
	YCS04160N-53	4156	106	—	—	70	69	插电式混合动力客车	201	
	YCS04160N-62	4156	118	—	—	70	69	插电式混合动力客车	69	
	YCS06270-58	6234	199	18.0	—	50	100	插电式混合动力客车	1	
张家口沃尔沃汽车发动机制造有限公司	B4204T35	1969	262	1.7	55	—	230	插电式混合动力乘用车	1043	2339
	B4204T35	1969	262	1.8	53	—	230	插电式混合动力乘用车	1	

续上表

发动机生产企业	发动机型号	排量（mL）	功率（kW）	配套车型油耗（L/100km）	配套车型续驶里程（工况法，km）	配套车型续驶里程（等速法，km）	配套车型最高车速（km/h）	配套车辆类型	2019年配套车型产量小计（辆）	2019年配套车型产量总计（辆）
张家口沃尔沃汽车发动机制造有限公司	B4204T35	1969	262	2.0	50	—	230	插电式混合动力乘用车	515	2339
	B4204T35	1969	262	2.1	50	—	230	插电式混合动力乘用车	277	
	B4204T35	1969	262	2.3	50	—	230	插电式混合动力乘用车	503	
哈尔滨东安汽车动力股份有限公司	DAM12TD	1199	96	1.5	148	—	172	插电式混合动力乘用车	1875	1875
北京现代汽车有限公司	G4LE	1580	77.2	1.0	85	—	175	插电式混合动力乘用车	1791	1791
长城汽车股份有限公司	E20CB	1967	167	1.6	70	—	210	插电式混合动力乘用车	285	1384
	GW4C20A	1967	170	2.3	50	—	210	插电式混合动力乘用车	1099	
广西玉柴机器股份有限公司；潍柴西港新能源动力有限公司	YC4EG160N-50；WP5NG180E51	4730；4980	118；132	—	—	70	69	插电式混合动力客车	60	848
	YC6J210N-52；WP6NG210E50	6494；6750	155；155	—	—	68	69	插电式混合动力客车	203	
	YC6J210N-52；WP6NG210E50	6494；6750	155；155	—	—	85	69	插电式混合动力客车	50	
	YC6J210N-52；WP7NG240E51	6494；7470	155；177	—	—	59	69	插电式混合动力客车	279	
	YC6J210N-52；WP7NG240E51	6494；7470	155；177	—	—	63	69	插电式混合动力客车	32	
	YC6J210N-52；WP7NG240E51	6494；7470	155；177	—	—	68	69	插电式混合动力客车	13	
	YC6J210N-52；WP7NG240E51	6494；7470	155；177	—	—	80	69	插电式混合动力客车	51	
	YCA07220N-60；WP7NG210E61	6871；7470	162；156	—	—	68	69	插电式混合动力客车	108	
	YCA07220N-60；WP7NG210E61	6871；7470	162；156	—	—	78	69	插电式混合动力客车	52	
重庆长安汽车股份有限公司	JL372ZQ1	999	86	1.6	55	—	185	插电式混合动力乘用车	9	762
	JL476ZQCG	1499	115	1.6	60	—	180	插电式混合动力乘用车	753	
Volvo Personvagnar AB；Motor	B4204T25	1969	267	1	135	—	250	插电式混合动力乘用车	7	692
	B4204T34	1969	248	1.8	53	—	230	插电式混合动力乘用车	516	
	B4204T34	1969	248	1.9	52	—	250	插电式混合动力乘用车	51	
	B4204T34	1969	248	1.9	53	—	230	插电式混合动力乘用车	1	
	B4204T34	1969	248	2.1	50	—	230	插电式混合动力乘用车	117	
大众一汽发动机（大连）有限公司	CPE	1984	155	2.30	50	55	210	插电式混合动力乘用车	394	654
	DPM	1984	185	2.1	54	—	240	插电式混合动力乘用车	260	
东风悦达起亚汽车有限公司	G4LE	1580	77.2	1.0	80	—	175	插电式混合动力乘用车	527	527
浙江吉利汽车有限公司	JLγ-4G15	1498	76	1.4	61（纯电模式）	70（等速60纯电模式）	175	插电式混合动力乘用车	456	456
广汽菲亚特克莱斯勒汽车有限公司	46338538	1995	169	1.6	70	80	160	插电式混合动力乘用车	453	453
北京奔驰汽车有限公司	274920	1991	155	2.1	50	—	250	插电式混合动力乘用车	403	403

续上表

发动机生产企业	发动机型号	排量（mL）	功率（kW）	配套车型油耗（L/100km）	配套车型续驶里程（工况法，km）	配套车型续驶里程（等速法，km）	配套车型最高车速（km/h）	配套车辆类型	2019年配套车型产量小计（辆）	2019年配套车型产量总计（辆）
广西玉柴机器股份有限公司；潍柴动力股份有限公司	YC4EG160-50；WP5. 180E51	4730；4980	118；132	12. 1，12. 0	—	70	69	插电式混合动力客车	218	358
	YC4EG160-50；WP5. 180E51	4730；4980	118；132	12. 1，12. 1	—	53	69	插电式混合动力客车	52	
	YC6JA200-50；WP7. 240E51	6870；7470	147；176	14. 9	—	68	69	插电式混合动力客车	88	
重庆小康动力有限公司	SFG15R	1498	62	1. 5	100	—	155	插电式混合动力乘用车	10	337
	SFG15TR	1498	82	1. 1	150	—	190	插电式混合动力乘用车	4	
	SFG15TR	1498	82	1. 2	150	—	230	插电式混合动力乘用车	74	
	SFG18H	1798	98	1. 4	70	—	180	插电式混合动力乘用车	249	
一汽-大众汽车有限公司	DUK	1395	110	1. 8	56	—	200	插电式混合动力乘用车	310	310
张家口沃尔沃汽车发动机制造有限公司；浙江吉利罗佑发动机有限公司	B2APHEV；JLH-3G15TD	1477；1477	132；132	1. 7	51	79	210	插电式混合动力乘用车	295	295
潍柴（潍坊）中型柴油机有限公司；广西玉柴机器股份有限公司	WP6. 200E50；YC6J200-52	6750；6494	147；147	14. 9	—	90	69	插电式混合动力客车	223	223
吉利四川商用车有限公司	GS92MG4	1477	68	9. 5	—	103	90	插电式混合动力专用车	143	203
	GS92MG4	1477	68	9. 5	—	65	90	插电式混合动力专用车	60	
潍柴（潍坊）中型柴油机有限公司	WP6. 220E50	6750	162	14. 9	—	68	69	插电式混合动力客车	150	177
	WP6. 220E50	6750	162	14. 9	—	80	69	插电式混合动力客车	27	
中国重型汽车集团有限公司	MT07. 24-50	6870	176	—	—	71	69	插电式混合动力客车	63	156
	MT07. 24-50	6870	176	—	—	75	69	插电式混合动力客车	93	
潍柴动力西港（潍坊）新能源发动机有限公司	WP7NG240E50	7140	177	—	—	55	69	插电式混合动力客车	120	120
潍柴动力扬州柴油机有限责任公司；广西玉柴机器股份有限公司	WP4. 1Q140E50；YC4S150-50	4088；3767	103；110	12. 1	—	55	69	插电式混合动力客车	110	110
一汽解放汽车有限公司无锡柴油机厂	CA6DLD-22E5	6600	164	14. 8	—	65	69	插电式混合动力客车	70	70
潍柴动力扬州柴油机有限责任公司	WP4. 1Q140E50	4088	103	12	—	56	69	插电式混合动力客车	68	68
广西玉柴机器股份有限公司公司	YC4D140N-50	4214	103	—	—	55	69	插电式混合动力客车	63	63
潍柴西港新能源动力有限公司	WP5NG180E51	4980	132	—	—	52	69	插电式混合动力客车	1	44
	WP6NG210E50	6750	155	—	—	53	69	插电式混合动力客车	25	
	WP6NG210E50	6750	155	—	—	68. 2	69	插电式混合动力客车	1	
	WP7NG210E51	7470	155	—	—	80	69	插电式混合动力客车	16	
	WP7NG240E61	7470	177	—	—	68	69	插电式混合动力客车	1	
广西玉柴机器股份有限公司；潍柴动力西港（潍坊）新能源发动机有限公司	YC6J210N-52；WP7NG210E51	6494；7470	155；155	—	—	68	69	插电式混合动力客车	40	40
一汽解放汽车有限公司无锡柴油机厂；广西玉柴机器股份有限公司	CA4DLD-18E5；YC4EG160-50	4400；4730	134；118	12. 1	—	52	69	插电式混合动力客车	31	31

续上表

发动机生产企业	发动机型号	排量（mL）	功率（kW）	配套车型油耗（L/100km）	配套车型续驶里程（工况法，km）	配套车型续驶里程（等速法，km）	配套车型最高车速（km/h）	配套车辆类型	2019 年配套车型产量小计（辆）	2019 年配套车型产量总计（辆）
广西玉柴机器股份有限公司；潍柴（潍坊）中型柴油机有限公司；一汽解放汽车有限公司无锡柴油机厂；广西玉柴机器股份有限公司	YC6J200-52；WP6. 220E50；CA6DLD-20E5；YC6J200-58	6494；6750；6600；6500	147；162；149；147	14. 9	—	64	69	插电式混合动力客车	30	30
东风朝阳朝柴动力有限公司	NV30-C6G	2968	115	6. 88	—	52	100	插电式混合动力专用车	29	29
广西玉柴机器股份有限公司；潍柴（潍坊）中型柴油机有限公司	YC6J200-50；WP6. 200E50	6500；6750	147；147	14. 9，14. 9	—	62	69	插电式混合动力客车	20	20
锐展（铜陵）科技有限公司	TN4G18T	1799	130	1. 8	60	70	185	插电式混合动力乘用车	3	3
广西玉柴机器股份有限公司；潍柴动力扬州柴油机有限责任公司	YC4D140N-50；WP4. 1NG140E50	4214；4088	103；103	—	—	51	69	插电式混合动力客车	1	2
	YC4D140N-50；WP4. 1NG140E50	4214；4088	103；103	—	—	52	69	插电式混合动力客车	1	
上汽通用东岳动力总成有限公司	L2B	1485	72	1. 4	60	—	170	插电式混合动力乘用车	2	2
柳州五菱柳机动力有限公司	LJ375QEB	1193	42	9. 9	—	250	90	插电式混合动力专用车	2	2
潍柴西港新能源动力有限公司；广西玉柴机器股份有限公司	WP7NG240E51；YC6J210N-52	7470；6494	177；155	—	—	63	69	插电式混合动力客车	2	2
广西玉柴机器股份有限公司；潍柴西港新能源动力有限公司；一汽解放汽车有限公司无锡柴油机厂；湖北函宇动力科技有限公司	YC6J210N-52；WP6NG210E50；CA6SF2-21E5N；B6. 7GE5 210	6494；6750；7130；6700	155；155；158；155	—	—	101	69	插电式混合动力客车	1	1
东风汽车集团有限公司	DFMA14T	1396	98	1. 60	61	—	170	插电式混合动力乘用车	1	1
潍柴动力股份有限公司	WP4. 1NQ190E50	4088	140	12. 1	—	52	69	插电式混合动力客车	1	1
2019 年配套车型产量总计（辆）									184677	184677

四、车载充电电机配套数量统计

Chapter 4　Statistics on Output of Vehicle on-Board Charging Motor

电动汽车车载充电机生产企业	充电方式	充电插头/插座型号	充电插头/插座生产企业	车辆名称配套车辆类型	2019 年配套车型产量小计（辆）	2019 年配套车型产量总计（辆）
比亚迪汽车工业有限公司	AC	EVP-V-16A5/BCG-AVR-2A-SN	南京康尼新能源汽车零部件有限公司，深圳巴斯巴科技有限公司	插电式混合动力乘用车	1174	186512
	恒功率充电	DQ-9Z（125A-750V）-20-A01（直流充电插座），GVL-D-750125-A1（直流充电插座），BCG-GACR-001G（交流充电插座），GVL-S-250032-A1（交流充电插座），GVL-T-440063-A1（交流充电插座），EVP-V-16A5（充电插头），GVC-S-250032-A1（充电插头）	中航光电科技股份有限公司（直流充电插座），比亚迪汽车工业有限公司（直流充电插座），比亚迪汽车工业有限公司（交流充电插座），南京康尼新能源汽车零部件有限公司（充电插头）	纯电动乘用车	1279	
	恒功率充电	EVP-V-16A5/BCG-AVR-2A-SN	南京康尼新能源汽车零部件有限公司，深圳巴斯巴科技有限公司	插电式混合动力乘用车	8054	
	恒功率充电	EVP-V-16A5/BCG-AVR-2A-SN	南京康尼新能源汽车零部件有限公司，深圳巴斯巴科技有限公司	插电式混合动力专用车	6	

续上表

电动汽车车载充电机生产企业	充电方式	充电插头/插座型号	充电插头/插座生产企业	车辆名称配套车辆类型	2019 年配套车型产量小计（辆）	2019 年配套车型产量总计（辆）
比亚迪汽车工业有限公司	恒功率充电	EVP-V-16A5/BCG-AVR-2A-SN，EVP-V-16A5/BCG-GACR-001G	南京康尼新能源汽车零部件有限公司，深圳巴斯巴科技有限公司，比亚迪汽车工业有限公司	插电式混合动力乘用车	3999	186512
	恒功率充电	EVP-V-16A5/BCG-AVR-2A-SN，EVP-V-16A5/BCG-GACR-001G，GVC-S-250032-A1/GVL-S-250032-A1	南京康尼新能源汽车零部件有限公司，深圳巴斯巴科技有限公司，比亚迪汽车工业有限公司	插电式混合动力乘用车	19797	
	恒功率充电	EVP-V-16A5/BCG-AVR-2A-SN；GVC-S-250032-A1/GVL-S-250032-A1	南京康尼新能源汽车零部件有限公司，深圳巴斯巴科技有限公司，比亚迪汽车工业有限公司	插电式混合动力乘用车	173	
	恒功率充电	EVP-V-16A5/BCG-GACR-001G，GVL-D-750125-A1，DQ-9Z（125A-750V）-20-A01，GVL-T-440063-A1，GVC-S-250032-A1/GVL-S-250032-A1	南京康尼新能源汽车零部件有限公司，比亚迪汽车工业有限公司，中航光电科技股份有限公司	纯电动乘用车	2080	
	恒功率充电	交流：N/A（插头），XR02-C-V3（插座）；直流：N/A（插头），QED2-9Z250（插座）	交流：（插头），深圳巴斯巴科技发展有限公司（插座）；直流：（插头），深圳市通茂电子有限公司（插座）	纯电动专用车	20	
	恒功率充电	交流：N/A（插头），XR02-C-V3（插座）；直流：N/A（插头），XR61-C-V4（插座）	交流：（插头），深圳巴斯巴科技发展有限公司（插座）；直流：（插头），深圳巴斯巴科技发展有限公司（插座）	纯电动专用车	93	
	恒功率充电	交流：N/A（插头），XR02-C-V3（插座）；直流：N/A（插头），XR61-C-V4（插座），QED2-9Z250（插座）	交流：（插头），深圳巴斯巴科技发展有限公司（插座）；直流：（插头），深圳巴斯巴科技发展有限公司（插座），深圳通茂电子有限公司	纯电动专用车	35	
	恒功率充电	交流：N/A（插头），XR02-C-V3（插座）；直流：N/A（插头），XR61-C-V4（插座）；QED2-9Z250（插座）	交流：（插头），深圳巴斯巴科技发展有限公司（插座）；直流：（插头），深圳巴斯巴科技发展有限公司（插座），深圳通茂电子有限公司	纯电动专用车	39	
	恒功率充电	交流插头：EVP-V-10A5，XP06-C-V0，XP06-C-V1/XP06-C-V2-S，交流插头/插座：GVC-S-250032-A1/GVL-S-250032-A1，EVP-V-16A5/BCG-AVR-2C-TN-0020；直流插座：GVL-D-750200-A1，GVL-D-750125-A1	交流插头：南京康尼新能源汽车零部件有限公司，深圳巴斯巴科技发展有限公司；交流插头/插座：比亚迪汽车工业有限公司，南京康尼科技实业有限公司/深圳巴斯巴科技发展有限公司；直流插座：比亚迪汽车工业有限公司	纯电动乘用车	52	
	恒功率充电	交流插头：EVP-V-16A5，EVP-V-10A5，GVC-S-250032-A1，XP06-C-V0，XP06-C-V1，XP06-C-V2-S，HVCO-M16，HVCO-M32，LZ-GB02-M32；交流插座：GVL-S-250032-A1，直流插座：GVL-D-750125-A1，GVL-D-750200-A1	交流插头：南京康尼新能源汽车零部件有限公司，比亚迪汽车工业有限公司，深圳巴斯巴科技发展有限公司，资阳中车电气科技有限公司；交流插座：比亚迪汽车工业有限公司；直流插座：比亚迪汽车工业有限公司	纯电动乘用车	79	
	恒功率充电	交流插头：EVP-V-16A5，EVP-V-10A5，GVC-S-250032-A1，XP06-C-V0，XP06-C-V1，XP06-C-V2-S，HVCO-M16，HVCO-M32；交流插座：GVL-S-250032-A1，直流插座：GVL-D-750125-A1，GVL-D-750200-A1	交流插头：南京康尼新能源汽车零部件有限公司，比亚迪汽车工业有限公司，深圳巴斯巴科技发展有限公司，资阳中车电气科技有限公司；交流插座：比亚迪汽车工业有限公司；直流插座：比亚迪汽车工业有限公司	纯电动乘用车	1817	
	恒功率充电	交流插头：EVP-V-16A5，EVP-V-10A5，GVC-S-250032-A1，XP06-C-V0，XP06-C-V1，XP06-C-V2-S，HVCO-M32，LZ-GB02-M32；交流插座：GVL-S-250032-A1，直流插座：GVL-D-750125-A1，GVL-D-750200-A1	交流插头：南京康尼新能源汽车零部件有限公司，比亚迪汽车工业有限公司，深圳巴斯巴科技发展有限公司，资阳中车电气科技有限公司，浙江联桩新能源科技有限公司；交流插座：比亚迪汽车工业有限公司；直流插座：比亚迪汽车工业有限公司	纯电动乘用车	1247	
	恒功率充电	交流插头：EVP-V-16A5，EVP-V-10A5，GVC-S-250032-A1，XP06-C-V0，XP06-C-V1，XP06-C-V2-S，HVCO-M32；交流插座：GVL-S-250032-A1，直流插座：GVL-D-750125-A1，GVL-D-750200-A1	交流插头：南京康尼新能源汽车零部件有限公司，比亚迪汽车工业有限公司，深圳巴斯巴科技发展有限公司，资阳中车电气科技有限公司；交流插座：比亚迪汽车工业有限公司；直流插座：比亚迪汽车工业有限公司	纯电动乘用车	1490	
	恒功率充电	交流插头：EVP-V-16A5，EVP-V-10A5，GVC-S-250032-A1，XP06-C-V0，XP06-C-V1，XP06-C-V2-S，HVCO-M32；交流插座：V4C-DSI-GEL-EV16S，BCG-AVR-2C-TN-0020，GVL-S-250032-A1；直流充电插座：GVL-D-750125-A1，GVL-D-750200-A1	交流插头：南京康尼新能源汽车零部件有限公司，比亚迪汽车工业有限公司，深圳巴斯巴科技发展有限公司，资阳中车电气科技有限公司；交流插座：多思达科技有限公司，深圳巴斯巴科技发展有限公司，比亚迪汽车工业有限公司；直流充电插座：比亚迪汽车工业有限公司	纯电动乘用车	4062	
	恒功率充电	交流插头：EVP-V-16A5，EVP-V-10A5，GVC-S-250032-A1，XP06-C-V0，XP06-C-V1，XP06-C-V2-S，WOER-GB-C-AC16-06，WOER-GB-C-AC32-06，6801107021，6801107031，HVCO-M16，HVCO-M32；交流插座：BCG-AVR-2A-SN，BCG-AVR-2C-TN-0020，GVL-S-250032-A1；直流插座：DQ-9Z（125A-750V）-20-A01，GVL-D-750125-A1，N/	交流插头：南京康尼新能源汽车零部件有限公司，比亚迪汽车工业有限公司，深圳巴斯巴科技发展有限公司，深圳市沃尔新能源电气科技股份有限公司，资阳中车电气科技有限公司；交流插座：深圳巴斯巴科技有限公司，比亚迪汽车工业有限公司；直流插座：中航光电科技股份有限公司	纯电动乘用车	4180	

续上表

电动汽车车载充电机生产企业	充电方式	充电插头/插座型号	充电插头/插座生产企业	车辆名称配套车辆类型	2019年配套车型产量小计（辆）	2019年配套车型产量总计（辆）
比亚迪汽车工业有限公司	恒功率充电	交流插头：EVP-V-16A5，EVP-V-10A5，GVC-S-250032-A1，XP06-C-V0，XP06-C-V1，XP06-C-V2-S，WOER-GB-C-AC16-06，WOER-GB-C-AC32-06，6801107021，6801107031，HVCO-M16，HVCO-M32，LZ-GB02-M32；交流插座：V4C-DSI-GEL-EV16S，BCG-AVR-2C-TN-0020，GVL-S-250032-A1，直流充电插座：GVL-D-750125-A1，GVL-D-75020	交流插头：南京康尼新能源汽车零部件有限公司，比亚迪汽车工业有限公司，深圳巴斯巴科技发展有限公司，深圳市沃尔新能源电气科技股份有限公司，资阳中车电气科技有限公司，浙江联桩新能源科技有限公司；交流插座：多思达科技有限公司，深圳巴斯巴科技发展有限公司，比亚迪汽车工业有限公司	纯电动乘用车	76	186512
	恒功率充电	交流插头：EVP-V-16A5，EVP-V-10A5，GVC-S-250032-A1，XP06-C-V0，XP06-C-V1，XP06-C-V2-S，WOER-GB-C-AC16-06，WOER-GB-C-AC32-06，6801107021，6801107031，HVCO-M16，HVCO-M32；交流插座：V4C-DSI-GEL-EV16S，BCG-AVR-2C-TN-0020，GVL-S-250032-A1，直流充电插座：GVL-D-750125-A1，GVL-D-750200-A1	交流插头：南京康尼新能源汽车零部件有限公司，比亚迪汽车工业有限公司，深圳巴斯巴科技发展有限公司，深圳市沃尔新能源电气科技股份有限公司，资阳中车电气科技有限公司；交流插座：多思达科技有限公司，深圳巴斯巴科技发展有限公司，比亚迪汽车工业有限公司；直流充电插座：比亚迪汽车工业有限公司	纯电动乘用车	4186	
	恒功率充电	交流插头：EVP-V-16A5，EVP-V-10A5，GVC-S-250032-A1，XP06-C-V0，XP06-C-V1，XP06-C-V2-S；交流插座：GVL-S-250032-A1，直流插座：GVL-D-750125-A1，GVL-D-750200-A1	交流插头：南京康尼新能源汽车零部件有限公司，比亚迪汽车工业有限公司，深圳巴斯巴科技发展有限公司；交流插座：比亚迪汽车工业有限公司；直流插座：比亚迪汽车工业有限公司	纯电动乘用车	950	
	恒功率充电	交流插头：EVP-V-16A5，EVP-V-10A5，GVC-S-250032-A1，XP06-C-V0，XP06-C-V1，XP06-C-V2-S 交流插座：GVL-S-250032-A1 直流插座：GVL-D-750125-A1，GVL-D-750200-A1	交流插头：南京康尼新能源汽车零部件有限公司，比亚迪汽车工业有限公司，深圳巴斯巴科技发展有限公司；交流插座：比亚迪汽车工业有限公司；直流插座：比亚迪汽车工业有限公司	纯电动乘用车	2761	
	恒功率充电	交流插头：EVP-V-16A5，EVP-V-10A5，GVC-S-250032-A1；交流插座：GVL-S-250032-A1，BCG-GACR-001G，GVL-T-440063-A1，BCG-GACR-001G，GVL-S-250032-A1；直流插座：GVL-D-750125-A1，GVL-D-750125-A1，GVL-D-750200-A1，BCG-GDCR-001G	交流插头：南京康尼新能源汽车零部件有限公司，比亚迪汽车工业有限公司；交流插座：比亚迪汽车工业有限公司，长沙市比亚迪汽车有限公司；直流插座：比亚迪汽车工业有限公司，长沙市比亚迪汽车有限公司	纯电动乘用车	12872	
	恒功率充电	交流插头：EVP-V-16A5，EVP-V-10A5，GVC-S-250032-A1；交流插座：GVL-S-250032-A1；直流插座：GVL-D-750125-A1	交流插头：南京康尼新能源汽车零部件有限公司，比亚迪汽车工业有限公司；交流插座：比亚迪汽车工业有限公司；直流插座：比亚迪汽车工业有限公司	纯电动乘用车	621	
	恒功率充电	交流插头：EVP-V-16A5，EVP-V-10A5，GVC-S-250032-A1；交流插座：GVL-S-250032-A1；直流插座：GVL-D-750125-A1，GVL-D-750200-A1	交流插头：南京康尼新能源汽车零部件有限公司，比亚迪汽车工业有限公司；交流插座：比亚迪汽车工业有限公司；直流插座：比亚迪汽车工业有限公司	纯电动乘用车	2	
	恒功率充电	交流插头：EVP-V-16A5，EVP-V-10A5，XP06-C-V0，XP06-C-V1，XP06-C-V2-S；直流插座：GVL-D-750200-A1；交流插头/插座：GVC-S-250032-A1/GVL-S-250032-A1	南京康尼新能源汽车零部件有限公司，深圳巴斯巴科技发展有限公司，比亚迪汽车工业有限公司	纯电动乘用车	34925	
	恒功率充电	交流插头：EVP-V-16A5，GVC-S-250032-A1，XP06-C-V1；交流插座：V4C-DSI-GEL-EV16S，GVL-S-250032-A1，XP06-C-V2-S；直流插座：GVL-D-750200-A1	交流插头：南京康尼新能源汽车零部件有限公司，比亚迪汽车工业有限公司，深圳巴斯巴科技发展有限公司；交流插座：多思达科技有限公司，比亚迪汽车工业有限公司，深圳巴斯巴科技发展有限公司；直流插座：比亚迪汽车工业有限公司	纯电动乘用车	19720	
	恒功率充电	交流插头：EVP-V-16A5；直流插座：GVL-D-750200-A1；交流插头/插座：GVC-S-250032-A1/GVL-S-250032-A1	南京康尼新能源汽车零部件有限公司，比亚迪汽车工业有限公司	纯电动乘用车	19748	
	恒功率充电	交流充电插头：GVC-S-250032-A1/EVP-V-16A5；插座：GVL-S-250032-A1/BCG-GACR-001G；直流充电插座：BCG-GDCR-001G	交流充电插头：比亚迪汽车工业有限公司/南京康尼新能源汽车零部件有限公司；插座：比亚迪汽车工业有限公司，直流充电：插座：比亚迪汽车工业有限公司	纯电动乘用车	640	
	恒功率充电	直流插座：GVL-D-750125-A1，BCG-GDCR-001G；交流插座：GVL-S-250032-A1，交流插头：EVP-V-10A5，EVP-V-16A5，GVC-S-250032-A1，XP06-C-V0，XP06-C-V1，XP06-C-V2-S，HVC0-M32	直流插座：比亚迪汽车工业有限公司，比亚迪汽车工业有限公司；交流插座：比亚迪汽车工业有限公司；交流插头：南京康尼新能源汽车零部件有限公司，比亚迪汽车工业有限公司，深圳巴斯巴科技发展有限公司，资阳中车电气科技有限公司	纯电动乘用车	12475	
	恒功率充电	直流插座：GVL-D-750125-A1，BCG-GDCR-001G；交流插座：GVL-S-250032-A1，交流插头：EVP-V-10A5，EVP-V-16A5，GVC-S-250032-A1，XP06-C-V0，XP06-C-V1，XP06-C-V2-S，HVC0-M32，V6C-DSI-GEL-EV32S	直流插座：比亚迪汽车工业有限公司，比亚迪汽车工业有限公司；交流插座：比亚迪汽车工业有限公司；交流插头：南京康尼新能源汽车零部件有限公司，比亚迪汽车工业有限公司，深圳巴斯巴科技发展有限公司，资阳中车电气科技有限公司，张家港友诚新能源科技股份有限公司	纯电动乘用车	233	

续上表

电动汽车车载充电机生产企业	充电方式	充电插头/插座型号	充电插头/插座生产企业	车辆名称配套车辆类型	2019年配套车型产量小计（辆）	2019年配套车型产量总计（辆）
比亚迪汽车工业有限公司	恒功率充电	直流插座:GVL-D-750125-A1,BCG-GDCR-001G;交流插座:GVL-S-250032-A1,交流插头:EVP-V-10A5,EVP-V-16A5,GVC-S-250032-A1,XP06-C-V0,XP06-C-V1,XP06-C-V2-S,HVC0-M32,V6C-DSI-GEL-EV32S	直流插座:比亚迪汽车工业有限公司,比亚迪汽车工业有限公司;交流插座:比亚迪汽车工业有限公司;交流插头:南京康尼新能源汽车零部件有限公司,比亚迪汽车工业有限公司,深圳巴斯巴科技发展有限公司,资阳中车电气科技有限公司,张家港友诚新能源科技股份有限公司	纯电动乘用车	2700	186512
	恒功率充电	直流插座:GVL-D-750125-A1/GVL-D-750200-A1,BCG-GDCR-001G;交流插座:GVL-S-250032-A1,交流插头:EVP-V-10A5,EVP-V-16A5,GVC-S-250032-A1,XP06-C-V0,XP06-C-V1,XP06-C-V2-S,WOER-GB-C-AC16-06,WOER-GB-C-AC32-06,6801107021,6801107031,HVCO-M16,HVCO-M32	直流插座:比亚迪汽车工业有限公司;交流插座:比亚迪汽车工业有限公司;交流插头:南京康尼新能源汽车零部件有限公司,比亚迪汽车工业有限公司,深圳巴斯巴科技发展有限公司,深圳市沃尔新能源电气科技股份有限公司,资阳中车电气科技有限公司	纯电动乘用车	2311	
	恒功率充电	直流插座:GVL-D-750125-A1/GVL-D-750200-A1BCG-GDCR-001G;交流插座:GVL-S-250032-A1,交流插头:EVP-V-10A5,EVP-V-16A5,GVC-S-250032-A1,XP06-C-V0,XP06-C-V1,XP06-C-V2-S,WOER-GB-C-AC16-06,WOER-GB-C-AC32-06,6801107021,6801107031,HVCO-M16,HVCO-M32	直流插座:比亚迪汽车工业有限公司;交流插座:比亚迪汽车工业有限公司,交流插头:南京康尼新能源汽车零部件有限公司,比亚迪汽车工业有限公司,深圳巴斯巴科技发展有限公司,深圳市沃尔新能源电气科技股份有限公司,资阳中车电气科技有限公司,	纯电动乘用车	6122	
	恒功率充电	直流插座:GVL-D-750125-A1;交流插头:EVP-V-16A5,GVC-S-250032-A1;交流插座:GVL-S-250032-A1	比亚迪汽车工业有限公司,南京康尼新能源汽车零部件有限公司	纯电动专用车	100	
	恒功率充电	直流插座:GVL-D-750125-A1;交流插头:GVC-S-250032-A1,EVP-V-10A5,EVP-V-16A5;交流插座:GVL-S-250032-A1	比亚迪汽车工业有限公司,南京康尼新能源汽车零部件有限公司	纯电动乘用车	245	
	恒功率充电	直流插座:GVL-D-750125-A1;交流插头:GVC-S-250032-A1,EVP-V-10A5,EVP-V-16A5;交流插座:GVL-S-250032-A1	比亚迪汽车工业有限公司,南京康尼新能源汽车零部件有限公司	纯电动专用车	94	
	恒功率充电	直流插座:GVL-D-750125-A1;交流插座:GVL-S-250032-A1;交流插头:EVP-V-10A5,EVP-V-16A5,GVC-S-250032-A1,XP06-C-V0,XP06-C-V1,XP06-C-V2-S,WOER-GB-C-AC16-06,WOER-GB-C-AC32-06,6801107021,6801107031,HVCO-M16;HVCO-M32	直流插座:比亚迪汽车工业有限公司;交流插座:比亚迪汽车工业有限公司;交流插头:南京康尼新能源汽车零部件有限公司,比亚迪汽车工业有限公司,深圳市沃尔新能源电气科技股份有限公司,资阳中车电气科技有限公司	纯电动乘用车	3936	
	恒功率充电,恒电流充电	GVL-T-440063-A1,GVL-D-750250-A1	比亚迪汽车工业有限公司	纯电动客车	18	
	恒功率充电,恒流充电	GVL-T-440063-A1,GVL-D-750250-A1	比亚迪汽车工业有限公司	纯电动客车	1978	
	恒流充电	交流:N/A(插头);GVL-T-440063-A1(插座);直流:N/A(插头);GVL-D-750250-A1(插座)	交流:(插头),比亚迪汽车工业有限公司(插座);直流:(插头),比亚迪汽车工业有限公司(插座)	纯电动专用车	1	
	恒流充电	交流:N/A(插头);GVL-T-440063-A1(插座);直流:N/A(插头);GVL-D-750250-A1(插座)	交流:(插头),比亚迪汽车工业有限公司(插座);直流:(插头),比亚迪汽车工业有限公司(插座)	纯电动专用车	23	
	恒流充电	交流:N/A(插头);GVL-T-440063-A1(插座);直流:N/A(插头)GVL-D-750250-A1	交流:(插头),比亚迪汽车工业有限公司(插座);直流:(插头),比亚迪汽车工业有限公司(插座)	纯电动专用车	1	
	恒流充电	交流:N/A(插头);GVL-T-440063-A1(插座);直流:N/A(插头);GVL-D-750250-A1(插座)	交流:(插头),比亚迪汽车工业有限公司(插座);直流:(插头),比亚迪汽车工业有限公司(插座)	纯电动专用车	52	
	恒流充电	交流:N/A(插头);GVL-T-440063-A1,XR02-C-V3(插座);直流:N/A(插头);GVL-D-750250-A1,XR61-C-V4(插座)	交流:(插头),比亚迪汽车工业有限公司,深圳巴斯巴科技发展有限公司(插座);直流:(插头),比亚迪汽车工业有限公司,深圳巴斯巴科技发展有限公司(插座)	纯电动专用车	4	
	恒流充电	交流:N/A(插头);GVL-T-440063-A1,XR02-C-V3(插座);直流:N/A(插头);GVL-D-750250-A1,XR61-C-V4,QED2-9Z250(插座)	交流:(插头),比亚迪汽车工业有限公司,深圳巴斯巴科技发展有限公司(插座);直流:(插头),比亚迪汽车工业有限公司,深圳巴斯巴科技发展有限公司,深圳通茂电子有限公司(插座)	纯电动专用车	1	
	恒流充电	直流:N/A(插头),XR61-C-V4(插座),QED2-9Z250(插座);交流:N/A(插头),XR02-C-V3(插座)	直流:(插头)/深圳巴斯巴科技发展有限公司(插座),深圳市通茂电子有限公司(插座);交流:(插头)/深圳巴斯巴科技发展有限公司(插座)	纯电动专用车	19	

续上表

电动汽车车载充电机生产企业	充电方式	充电插头/插座型号	充电插头/插座生产企业	车辆名称配套车辆类型	2019 年配套车型产量小计（辆）	2019 年配套车型产量总计（辆）
比亚迪汽车工业有限公司	恒流充电，恒功率充电	BCG-GDCR-001G（直流充电插座），BCG-GDCP/R-001G（交流充电插头），EVP-V-16A5（交流充电插头），BCG-GACR-001G（交流充电插座），GVC-S-250032-A1（交流充电插头）	比亚迪汽车工业有限公司，南京康尼新能源汽车零部件有限公司	纯电动乘用车	23	186512
	恒流充电，恒功率充电	EVP-V-16A5/BCG-AVR-2A-SN，GVC-S-250032-A1/GVL-S-250032-A1	南京康尼新能源汽车零部件有限公司，深圳巴斯巴科技有限公司，比亚迪汽车工业有限公司	插电式混合动力乘用车	394	
	恒流充电，恒功率充电	EVP-V-16A5；BCG-GACR-001G；BCG-GDCR-001G	南京康尼新能源汽车零部件有限公司，比亚迪汽车工业有限公司	纯电动乘用车	105	
	恒流充电，恒功率充电	GVL-D-750250-A1，GVL-T-440063-A1	比亚迪汽车工业有限公司	纯电动客车	935	
	恒流充电，恒功率充电	充电插头：EVP-V-10A5，EVP-V-16A5，XP06-C-V0，XP06-C-V1，WOER-GB-C-AC16-06，6801107021，HVCO-M16；充电插座：BCG-AVR-2A-SN，BCG-GACR-001G	充电插头：南京康尼新能源汽车零部件有限公司，深圳巴斯巴科技发展有限公司，深圳市沃尔新能源电气科技股份有限公司，资阳中车电气科技有限公司；充电插座：深圳巴斯巴科技有限公司，比亚迪汽车工业有限公司	插电式混合动力乘用车	7787	
	交流充电，直流充电	交流：N/A（插头）；GVL-T-440063-A1（插座）；直流：N/A（插头）；GVL-D-750250-A1（插座）	交流：（插头）比亚迪汽车工业有限公司（插座）；直流：（插头）比亚迪汽车工业有限公司（插座）	纯电动专用车	196	
	交流充电，直流充电	交流：N/A（插头）；GVL-T-440063-A1（插座）；直流：N/A（插头）；GVL-D-750250-A1（插座）	交流：（插头）比亚迪汽车工业有限公司（插座）；直流：（插头）比亚迪汽车工业有限公司（插座）	纯电动专用车	122	
	交流充电，直流充电	交流：N/A（插头）；交流：GVL-T-440063-A1（插座）直流：N/A（插头）；直流：BCG-DVR-1D-000X/BCG-DVR-2D-000X（插座）	交流：（插头）交流：比亚迪汽车工业有限公司（插座）；直流：（插头）直流：深圳巴斯巴科技发展有限公司，深圳巴斯巴科技发展有限公司（插座）	纯电动专用车	1	
	交流充电，直流充电	交流车辆插头：N/A；直流车辆插头：N/A；交流车辆插座：GVL-T-440063-A1；直流车辆插座：BCG-DVR-1D-000X，BCG-DVR-2D-000X	交流车辆插头/直流车辆插头/交流车辆插座：比亚迪汽车工业有限公司；直流车辆插座：深圳巴斯巴科技发展有限公司	纯电动专用车	46	
	先恒流后恒压充电	DQC-9Z（250A-750V）-20，DQC-9Z（125A-750V）-20，EVS-4-125D9-S，EVS-4-250D9-S，CS05，ZL125A750VKH，ZL250A750VKH，CZAGC633ZDA001，BCG-GDCP/R-001G，BCG-GACR-001G	中航光电科技股份有限公司，南京康尼新能源汽车零部件有限公司，安费诺-泰姆斯（常州）通信设备有限公司，郑州宇通客车股份有限公司，深圳乔合里科技股份有限公司，比亚迪汽车工业有限公司	纯电动客车	413	
北京新能源汽车股份有限公司	恒流充电	YGC691C-EV-P7（5）P-16/YGC691C-EV-S7（5）RA-T-16，F08-660150-020/F08-660051-04L	四川永贵科技有限公司，乐清市八达光电科技股份有限公司	纯电动乘用车	2	117424
	恒流充电	YGC691C-EV-P7（5）P-16/YGC691C-EV-S7（5）RA-T-16；F08-660150-020/F08-660051-04L；L61-B836-07P-016/L61-B1690-07S-016	四川永贵科技有限公司，乐清市八达光电科技股份有限公司，惠州领先精密科技有限公司	纯电动乘用车	5	
	恒流充电	快充：车辆插座：BJEV-DVRS-2P-00125，车辆插座：BJEV-DVSS-2P-00125；慢充：车辆插头：BJEV-AVSP-1P-0016/车辆插座：BJEV-AVLS-1P-0016	北京新能源汽车股份有限公司	纯电动乘用车	564	
	先恒功率后恒压限流	BJEV-AVSP-1P-0016/BJEV-AVLS-1P-0016	北京新能源汽车股份有限公司	纯电动乘用车	1	
	先恒功率后恒压限流	BJEV-AVSP-1P-0016/BJEV-AVRS-1P-0016，BJEV-AVSP-1P-0232/BJEV-AVSS-1P-0232	北京新能源汽车股份有限公司	纯电动乘用车	1085	
	先恒功率后恒压限流	BJEV-AVSP-1P-0232/BJEV-AVSS-1P-0232	北京新能源汽车股份有限公司	纯电动乘用车	303	
	先恒功率后恒压限流	BJEV-DVLS-2P-00125，BJEV-AVSS-1P-0232/BJEV-AVSP-1P-0232	北京新能源汽车股份有限公司	纯电动专用车	1	
	先恒功率后恒压限流	慢充：BJEV-AVSP-1P-0232/BJEV-AVSS-1P-0232；快充：BJEV-DVLS-2P-00250	北京新能源汽车股份有限公司	纯电动乘用车	2783	
	先恒功率后恒压限流	慢充：BJEV-AVSP-1P-0232/BJEV-AVSS-1P-023；快充：-/BJEV-DVLS-2P-00250	北京新能源汽车股份有限公司	纯电动乘用车	3	
	先恒功率后恒压限流	慢充：BJEV-AVSP-1P-0232/BJEV-AVSS-1P-0232；快充：BJEV-DVLS-2P-00250	北京新能源汽车股份有限公司	纯电动乘用车	1713	
	先恒功率后恒压限流	直流插座：BJEV-DVLS-2P-00250；交流插头/插座：BJEV-AVSP-1P-0232/BJEV-AVSS-1P-0232	直流插座：北京新能源汽车股份有限公司；交流插头/插座：北京新能源汽车股份有限公司	纯电动乘用车	6587	

续上表

电动汽车车载充电机生产企业	充电方式	充电插头/插座型号	充电插头/插座生产企业	车辆名称配套车辆类型	2019年配套车型产量小计（辆）	2019年配套车型产量总计（辆）
北京新能源汽车股份有限公司	先恒功率后恒压限流	直流插座：BJEV-DVLS-2P-00250；交流插头/插座：BJEV-AVSP-1P-0232/BJEV-AVSS-1P-0232	直流插座：北京新能源汽车股份有限公司；交流插头/插座：北京新能源汽车股份有限公司	纯电动乘用车	102	117424
	先恒功率后恒压限流	直流插座：BJEV-DVSS-2P-00250；交流插头/插座：BJEV-AVSP-1P-0232/BJEV-AVSS-1P-0232	直流插座：北京新能源汽车股份有限公司；交流插头/插座：北京新能源汽车股份有限公司	纯电动乘用车	2022	
	先恒功率后恒压限流	直流插座：BJEV-DVSS-2P-00250；交流插头/插座：BJEV-AVSP-1P-0232/BJEV-AVSS-1P-0232	直流插座：北京新能源汽车股份有限公司；交流插头/插座：北京新能源汽车股份有限公司	纯电动乘用车	6260	
	先恒功率后恒压限流	直流插座：BJEV-DVSS-2P-00250；交流插头/插座：BJEV-AVSP-1P-0232/BJEV-AVSS-1P-0232	直流插座：北京新能源汽车股份有限公司；交流插头/插座：北京新能源汽车股份有限公司	纯电动乘用车	3320	
	先恒流后恒压	BJEV-AVSP-1P-0232/BJEV-AVSS-1P-0232/BJEV-DVLS-2P-00250	北京新能源汽车股份有限公司	纯电动乘用车	78477	
	先恒压后恒流充电	BJEV-AVSP-1P-0016/BJEV-AVLS-1P-0016，BJEV-DVLS-2P-00125	北京新能源汽车股份有限公司	纯电动乘用车	14196	
深圳欣锐科技股份有限公司	车载交流充电，地面直流充电	直流车端充电插座型号：L61-B1691-09S-125，YGC762-EV-S9RA-125，1104-03X-0002，C&BHVFSF125；交流车端充电插座型号：L61-B1690-07S-032，YGC691C-EV-S7(5)RA-T-32，1204-01X-0004，C&BHVFSS32S	惠州领先精密科技有限公司，四川永贵科技有限公司，深圳容一电动科技有限公司，深圳市凯瑞博新能源汽车部件有限公司	纯电动专用车	9	104290
	车载慢充，非车载快充	直流充电插座型号：NDQ-9Z(200A-750V)-R；交流充电插座型号：NDQC-7Z(32A-250/440V)-R；交流充电插头型号：NDQC-7T(32A-250/440V)	中航光电科技股份有限公司	纯电动专用车	1	
	车载慢充和非车载快充	直流充电插座型号：NDQ-9Z(125A-750V)-0；交流充电插座型号：NDQC-7Z(32A-250/440V)-0；交流充电插头型号：NDQC-7T(32A-250/440V)	中航光电科技股份有限公司	纯电动乘用车	20	
	车载慢充和非车载快充	直流充电插座型号：NDQ-9Z(125A-750V)-0；交流充电插座型号：NDQC-7Z(32A-250/440V)-0；交流充电插头型号：NDQC-7T(32A-250/440V)	中航光电科技股份有限公司	纯电动专用车	57	
	电池包电压≤285V恒流充电，电池包电压＞285V恒功率充电	七芯插头：CP16V/七芯插座：CSEVM32；九芯插座：CS200C	安费诺汽车连接系统（常州）有限公司，安费诺汽车连接系统（常州）有限公司	纯电动乘用车	299	
	电池包电压≤295V，恒流充电，电池包电压＞295V，恒功率充电	七芯插头：CP16V/七芯插座：CSEVM32；七芯插头：YGC691C-EV-P7(5)P-16/1010；九芯插座：CS250C；九芯插座：YGC762-EV-S9RA-250	七芯插头：安费诺汽车连接系统（常州）有限公司；七芯插座：安费诺汽车连接系统（常州）有限公司；七芯插头：四川永贵科技有限公司，九芯插座：安费诺汽车连接系统（常州）有限公司；九芯插座：四川永贵科技有限公司	纯电动乘用车	16	
	分段式恒流充电	直流充电插座：DC1-XZI125；交流充电插头：RAC3-TI16K4-5A，NDQC-7T(16A-250/440V)，UEVC-AC03100A；交流充电插座：RAC-ZI16F-1A	直流充电插座：苏州瑞可达连接系统股份有限公司；交流充电插头：四川瑞可达连接系统有限公司，中航光电科技股份有限公司，浙江优充新能源科技有限公司；交流充电插座：苏州瑞可达连接系统股份有限公司	纯电动乘用车	1185	
	分段式恒流充电	直流充电插座：DC1-XZI125；交流充电插头：RAC3-TI16K4-5A，NDQC-7T(16A-250/440V)；交流充电插座：RAC-ZI16F-1A	直流充电插座：苏州瑞可达连接系统股份有限公司；交流充电插头：四川瑞可达连接系统有限公司，中航光电科技股份有限公司；交流充电插座：苏州瑞可达连接系统股份有限公司	纯电动乘用车	547	
	恒功率充电，恒流充电	EVP-V-16A5/BCG-AVR-2A-SN	南京康尼新能源汽车零部件有限公司，深圳巴斯巴科技有限公司	插电式混合动力乘用车	904	
	恒功率充电，恒流充电	交流插头：EVP-V-10A5，EVP-V-16A5，XP06-C-V0，XP06-C-V1，WOER-GB-C-AC16-06，6801107021，HVCO-M16；交流插座：BCG-AVR-2A-SN，BCG-GACR-001G	交流插头：南京康尼新能源汽车零部件有限公司，深圳巴斯巴科技发展有限公司，深圳市沃尔新能源电气科技股份有限公司，资阳中车电气科技有限公司；交流插座：深圳巴斯巴科技有限公司，比亚迪汽车工业有限公司	插电式混合动力乘用车	5027	
	恒流充电	EVPⅡ-V-16A5-G（交流插头）/EVS-V-32A5-GSLD（交流插座），EVS-4-125D9-GS（直流插座）	南京康尼新能源汽车零部件有限公司	纯电动乘用车	12909	
	恒流充电	插头：DQC-7(16A-250/440V)，F08-660150-020；插座：RAC-ZI16F2-2C	插头：重庆长安新能源汽车有限公司，乐清市八达光电科技股份有限公司；插座：苏州瑞可达连接系统股份有限公司	插电式混合动力乘用车	25	

续上表

电动汽车车载充电机生产企业	充电方式	充电插头/插座型号	充电插头/插座生产企业	车辆名称配套车辆类型	2019年配套车型产量小计（辆）	2019年配套车型产量总计（辆）
深圳欣锐科技股份有限公司	恒流充电	插头：DQC-7（16A-250/440V）；插座：RAC-ZI16F2-2C	重庆长安新能源汽车有限公司	插电式混合动力乘用车	700	104290
	恒流充电	插头：F08-660150-020；插座：RAC-ZI16F2-2C	插头：乐清市八达光电科技股份有限公司；插座：苏州瑞可达连接系统股份有限公司	插电式混合动力乘用车	28	
	恒流充电	车辆端交流插头：HM00260H，RAC-TI16K-5A，NDQC-7T（32A-250/440V）；交流插座：NDQC-7Z（32A-250/440V）-R；直流插座：NDQ-9Z（125A-750V）-L	车辆端交流插头：苏州富晟一杭汽车部件有限公司，四川瑞可达连接系统有限公司，中航光电科技股份有限公司；交流插座：中航光电科技股份有限公司/直流插座：中航光电科技股份有限公司	纯电动乘用车	431	
	恒流充电	CP16SAB，CSEVM32，CS250C	插头：四川瑞可达连接系统有限公司，苏州富晟一杭汽车部件有限公司；插座：中航光电科技股份有限公司	纯电动乘用车	728	
	恒流充电	CP16SAB，CSEVM32，CS250C	四川瑞可达连接系统有限公司，苏州富晟一杭汽车部件有限公司；中航光电科技股份有限公司	纯电动乘用车	149	
	恒流充电	充电插头：220152；交流插座：220249；直流插座：220248	充电插头：YURA CORPORATION；插座：YURA CORPORATION	纯电动乘用车	1394	
	恒流充电	直流快充插座：NDQ-9Z（125A-750V）-L；慢充插座/插头：NDQC-7Z（32A-250/440V）-L/NDQC-7T-32A-1	中航光电科技股份有限公司	纯电动专用车	15	
	恒流充电	直流快充插座：NDQ-9Z（125A-750V）-L；慢充插座/插头：NDQC-7Z（32A-250/440V）-L/NDQC-7T-32A-1	中航光电科技股份有限公司	纯电动专用车	44	
	恒流充电	快充插座：F08-730090-50T；慢充插座：F08-831200-06T；慢充插头：YGC1143C-EV-P7（5）P-WH-16XL1	快充，慢充插座：乐清市八达光电科技股份有限公司；慢充插头：四川永贵科技有限公司	纯电动乘用车	9	
	恒流充电（慢充/快充）	慢充充电枪（插头）：IHA-016TC；慢充插座：IHA-016ZC，快充插座：IHD-125ZC	山东英迈德电子科技有限公司	纯电动乘用车	18	
	恒流充电，车载充电机与BMS通信，BMS实时采集单体电池情况，控制充电机充电。	NDQC-7T-16A-1/NDQC-7Z（16A-250/440V）-L，NDQ-9Z（80A-750V）-L	中航光电科技股份有限公司	纯电动乘用车	100	
	恒流充电，车载充电机与BMS通信，BMS实时采集单体电池情况，控制充电机充电。	交流插头/插座：YGC1143C-EV-P7（5）P-WH-16XL1/NDQC-7Z（16A-250/440V）-L；直流插座：NDQ-9Z（80A-750V）-R	四川永贵科技有限公司，中航光电科技股份有限公司	纯电动乘用车	3	
	恒流充电，恒压充电	CP16SAB，CSEVM32，CS250C	安费诺汽车连接系统（常州）有限公司	插电式混合动力乘用车	78	
	恒流充电，恒压充电，恒压限流充电	HVCOM/HVCOF	安费诺精密连接器（深圳）有限公司（模式二充电枪）	纯电动乘用车	5295	
	恒流充电/恒功率充电	充电插头：220152；交流插座：220267；直流插座：220268	充电插头：YURA CORPORATION；插座：YURA CORPORATION	纯电动乘用车	8	
	恒流恒压	NDQC-7T（16A-250/440V）/NDQC-7Z（16A-250/440V）-R	中航光电科技股份有限公司	纯电动乘用车	31	
	恒流恒压	NDQC-7T（16A-250/440V）/NDQC-7Z（16A-250/440V）-R，YGC762-EV-S9RB-125	中航光电科技股份有限公司，四川永贵科技有限公司	纯电动乘用车	27	
	恒流恒压充电	充电插头：TXJL-Q91361122，EVG-SP-C1-016-LP，NDQC-7T（16A-250/440V）；充电插座交流：NV4C-DSI-GEL-EV32S，直流：NV3-DSD-G-EV200S	插头厂家：江西聚力新能源科技有限公司，山东优安新能源汽车零部件有限公司，中航光电科技股份有限公司；插座厂家：张家港友诚新能源科技股份有限公司	纯电动专用车	1	
	交流	HVCO-M16、HVCO-F16、HVCO-M16P	成都晨风绿能电气技术有限公司	插电式混合动力乘用车	1	
	交流，直流	充电模式3插头：NDQC-7T-32A-1；充电模式2插头：NDQC-7T-16A-1；交流插座：NDQC-7Z（32A-250/440V）-L；直流插座：NDQ-9Z（200A-750V）-L	中航光电科技股份有限公司	纯电动专用车	2	
	交流，直流	充电模式3插头：NDQC-7T-32A-1；充电模式2插头：NDQC-7T-16A-1；交流插座：NDQC-7Z（32A-250/440V）-L；直流插座：NDQ-9Z（200A-750V）-L	中航光电科技股份有限公司	纯电动专用车	1	

续上表

电动汽车车载充电机生产企业	充电方式	充电插头/插座型号	充电插头/插座生产企业	车辆名称配套车辆类型	2019年配套车型产量小计（辆）	2019年配套车型产量总计（辆）
深圳欣锐科技股份有限公司	交流，直流	充电模式3插头：NDQC-7T-32A-1；充电模式2插头：NDQC-7T-16A-1；交流插座：NDQC-7Z(32A-250/440V)-L；直流插座：NDQ-9Z(200A-750V)-L	中航光电科技股份有限公司	纯电动专用车	1	104290
	交流：恒流充电，恒功率充电，恒压限流充电，直流：恒流充电，恒压充电	HVCOM/HVCOF，DTN-PC-AC-0001/HVCOF	安费诺精密连接器（深圳）有限公司，武汉德泰纳新能源技术有限公司	纯电动乘用车	2517	
	交流充电，直流充电	EVPⅡ-V-16A5-G（插头16A），EVPⅡ-V-32A5-G（插头32A）/EVS-V-16A5-GSB（交流插座16A），EVS-V-32A5-GSLB（交流插座32A），EVS-4-125D9-GSE（直流插座125A），EVS-4-125D9-GSB（直流插座125A）	南京康尼新能源汽车零部件有限公司	纯电动乘用车	5	
	交流充电：恒功率，直流充电：恒流	M2充电插头：1060-PSE-16-XC-NS，1160-PSE-16-XC-NS；M3充电插头：1040-1060-32-XC，1160-1170-32-XC；交流充电插座总成：NV4C-DSI-GEL-EV32S；直流充电插座总成：NV2-DSD-G-EV80S	苏州工业园区多思达科技有限公司	纯电动乘用车	4219	
	交流充电：恒功率，直流充电：恒流	M2充电连接总成：1060-PSE-16-XC-NS，1160-PSE-16-XC-NS；M3充电连接总成：1040-1060-32-XC，1160-1170-32-XC；车辆插座：NV4C-DSI-GEL-EV32S（交流）；车辆插座：V3-DSD-G-EV200S（直流）	苏州工业园区多思达科技有限公司	纯电动乘用车	2653	
	交流充电：恒功率，直流充电：恒流	M2充电连接总成：1060-PSE-16-XC-NS；M3充电连接总成：1040-1060-32-XC，车辆插座：NV4C-DSI-GEL-EV32S（交流），车辆插座：V3-DSD-G-EV200S（直流）	苏州工业园区多思达科技有限公司	纯电动乘用车	488	
	交流充电：恒功率，直流充电：恒流	M2充电连接总成：1060-PSE-16-XC-NS；M3充电连接总成：1040-1060-32-XC/车辆插座：NV4C-DSI-GEL-EV32S（交流）/车辆插座：V3-DSD-G-EV200S（直流）	苏州工业园区多思达科技有限公司	纯电动乘用车	3734	
	交流连接设备（模式二）：采用民用交流220Vac插座供应电源，通过CPID线缆控制盒进行握手认证，将交流电源输入至车辆，再由车载充电机以恒流，恒压模式将交流转换为直流给电池包充电	交流充电插座：EVS-V-32A5-GHLD；交流车辆充电枪：EVPIV-V-16A5-G	南京康尼新能源汽车零部件有限公司	插电式混合动力乘用车	1491	
	交流连接设备（模式二）：采用民用交流221Vac插座供应电源，通过CPID线缆控制盒进行握手认证，将交流电源输入至车辆，再由车载充电机以恒流，恒压模式将交流转换为直流给电池包充电	交流充电插座：EVS-V-32A5-GHLD；交流车辆充电枪：EVPIV-V-16A5-G；充电枪：XBC-1AC10A；充电插座：CSEV32S	南京康尼新能源汽车零部件有限公司，威海市泓淋电力技术股份有限公司，安费诺汽车连接系统（常州）有限公司	插电式混合动力乘用车	2	
	交流连接设备（模式二）：采用民用交流222Vac插座供应电源，通过CPID线缆控制盒进行握手认证，将交流电源输入至车辆，再由车载充电机以恒流，恒压模式将交流转换为直流给电池包充电	交流充电插座：EVS-V-32A5-GHLD；交流车辆充电枪：EVPIV-V-16A5-G；充电枪：XBC-1AC10A；充电插座：CSEV32S	南京康尼新能源汽车零部件有限公司，威海市泓淋电力技术股份有限公司，安费诺汽车连接系统（常州）有限公司	插电式混合动力乘用车	151	
	交流连接设备（模式二）：采用民用交流223Vac插座供应电源，通过CPID线缆控制盒进行握手认证，将交流电源输入至车辆，再由车载充电机以恒流，恒压模式将交流转换为直流给电池包充电	交流充电插座：EVS-V-32A5-GHLD；交流车辆充电枪：EVPIV-V-16A5-G；充电枪：XBC-1AC10A	南京康尼新能源汽车零部件有限公司，南京康尼新能源汽车零部件有限公司，威海市泓淋电力技术股份有限公司	插电式混合动力乘用车	1651	

续上表

电动汽车车载充电机生产企业	充电方式	充电插头/插座型号	充电插头/插座生产企业	车辆名称配套车辆类型	2019年配套车型产量小计（辆）	2019年配套车型产量总计（辆）
深圳欣锐科技股份有限公司	交流连接设备(模式二):采用民用交流224Vac插座供应电源,通过CPID线缆控制盒进行握手认证,将交流电源输入至车辆,再由车载充电机以恒流,恒压模式将交流转换为直流给电池包充电	交流充电插座:EVS-V-32A5-GHLD;交流车辆充电枪:EVPIV-V-16A5-G;充电枪:XBC-1AC10A;充电插座:CSEV32S	南京康尼新能源汽车零部件有限公司,威海市泓淋电力技术股份有限公司,安费诺汽车连接系统(常州)有限公司	插电式混合动力乘用车	407	104290
	交流连接设备(模式二):采用民用交流220Vac插座供应电源,通过CPID线缆控制盒进行握手认证,将交流电源输入至车辆,再由车载充电机以恒流,恒压模式将交流转换为直流给电池包充电	交流充电插座:EVS-V-16A5-GHLD;交流充电插座:EVS-V-32A5-GHLD;交流车辆充电枪:EVPIV-V-16A5-G;交流车辆充电枪:XBC-1AC10A	南京康尼新能源汽车零部件有限公司,威海市泓淋电力技术股份有限公司	插电式混合动力乘用车	376	
	交流连接设备(模式二):采用民用交流221Vac插座供应电源,通过CPID线缆控制盒进行握手认证,将交流电源输入至车辆,再由车载充电机以恒流,恒压模式将交流转换为直流给电池包充电	交流充电插座:EVS-V-16A5-GHLD;交流充电插座:EVS-V-32A5-GHLD,交流车辆充电枪:EVPIV-V-16A5-G;交流车辆充电枪:XBC-1AC10A,交流充电插座:XR08-C-V2-S;交流充电插座:XR08-C-V1	南京康尼新能源汽车零部件有限公司,威海市泓淋电力技术股份有限公司,贵州遵义巴斯巴科技发展有限公司	插电式混合动力乘用车	325	
	交流连接设备(模式二):采用民用交流222Vac插座供应电源,通过CPID线缆控制盒进行握手认证,将交流电源输入至车辆,再由车载充电机以恒流,恒压模式将交流转换为直流给电池包充电	交流充电插座:EVS-V-16A5-GHLD;交流充电插座:EVS-V-32A5-GHLD;交流车辆充电枪:EVPIV-V-16A5-G;交流充电插座:XR08-C-V2-S,交流充电插座:XR08-C-V1	南京康尼新能源汽车零部件有限公司,贵州遵义巴斯巴科技发展有限公司	插电式混合动力乘用车	8	
	交流连接设备(模式二):采用民用交流223Vac插座供应电源,通过CPID线缆控制盒进行握手认证,将交流电源输入至车辆,再由车载充电机以恒流,恒压模式将交流转换为直流给电池包充电	交流充电插座:EVS-V-16A5-GHLD;交流充电插座:EVS-V-32A5-GHLD ;交流车辆充电枪:EVPIV-V-16A5-G	南京康尼新能源汽车零部件有限公司	插电式混合动力乘用车	12	
	交流连接设备(模式二):采用民用交流224Vac插座供应电源,通过CPID线缆控制盒进行握手认证,将交流电源输入至车辆,再由车载充电机以恒流,恒压模式将交流转换为直流给电池包充电	交流充电插座:EVS-V-16A5-GHLD;交流充电插座:EVS-V-32A5-GHLD;交流车辆充电枪:EVPIV-V-16A5-G;交流车辆充电枪:XBC-1AC10A	南京康尼新能源汽车零部件有限公司,威海市泓淋电力技术股份有限公司	插电式混合动力乘用车	275	
	交流慢充	慢充插座:YGC691C-EV-S7(5)RA-T-32;慢充插头:YGC691C-EV-P7(5)P-16/1010	四川永贵科技有限公司	插电式混合动力乘用车	10	
	交流慢充,直流快充	M2充电连接总成:1060-PSE-16-XC-NS,1160-PSE-16-XC-NS;M3充电连接总成:1040-1060-32-XC,1160-1170-32-XC;交流充电插座:NV4C-DSI-GEL-EV32S;直流充电插座:NV2-DSD-G-EV125S	苏州工业园区多思达科技有限公司	纯电动乘用车	14609	

续上表

电动汽车车载充电机生产企业	充电方式	充电插头/插座型号	充电插头/插座生产企业	车辆名称配套车辆类型	2019 年配套车型产量小计（辆）	2019 年配套车型产量总计（辆）
深圳欣锐科技股份有限公司	交流慢充，直流快充	M2 充电连接总成：1060-PSE-16-XC-NS；M3 充电连接总成：1040-1060-32-XC/车辆插座：NV4C-DSI-GEL-EV32S（交流）/车辆插座：V3-DSD-G-EV200S（直流）	苏州工业园区多思达科技有限公司	纯电动乘用车	44	104290
	交流慢充，直流快充	M2 充电连接总成：1160-PSE-16-XC-NS，1060-PSE-16-XC-NS；M3 充电连接总成：1160-1170-32-XC，1040-1060-32-XC；交流充电插座：NV4C-DSI-GEL-EV32S，NV4C-DSI-GEL-EV16S；直流充电插座：NV2-DSD-G-EV80S	苏州工业园区多思达科技有限公司	纯电动乘用车	1507	
	交流慢充，直流快充	M2 充电连接总成：1060-PSE-16-XC-NS，1160-PSE-16-XC-NS；M3 充电连接总成：1040-1060-32-XC，1160-1170-32-XC；交流充电插座：NV4C-DSI-GEL-EV32S；直流充电插座：NV2-DSD-G-EV125S	苏州工业园区多思达科技有限公司	纯电动乘用车	19	
	交流慢充，直流快充	M2 充电连接总成：1060-PSE-16-XC-NS；M3 充电连接总成：1040-1060-32-XC/交流充电插座：NV4C-DSI-GEL-EV32S；直流充电插座：NV2-DSD-G-EV125S	苏州工业园区多思达科技有限公司	纯电动乘用车	401	
	交流慢充，直流快充	M2 充电连接总成：1160-PSE-16-XC-NS，1060-PSE-16-XC-NS；M3 充电连接总成：1160-1170-32-XC，1040-1060-32-XC；交流充电插座：NV4C-DSI-GEL-EV16S，NV4C-DSI-GEL-EV32S；直流充电插座：NV2-DSD-G-EV80S	苏州工业园区多思达科技有限公司	纯电动乘用车	7749	
	交流慢充，直流快充	慢充插座：YGC691C-EV-S7（5）RA-T-32，YGC691C-EV-S7（5）RA-T/1-32；慢充插头：YGC691C-EV-P7（5）P-16/1010；快充插座：YGC762-EV-S9RB-250，YGC762-EV-S9RB-200	四川永贵科技有限公司	纯电动乘用车	209	
	交流慢充，直流快充	慢充插座：YGC691C-EV-S7（5）RA-T-32；慢充插头：YGC691C-EV-P（5）P-16/1010；快充插座：YGC762-EV-S9RB-250	四川永贵科技有限公司	纯电动乘用车	2	
	交流慢充，直流快充	慢充插座：YGC691C-EV-S7（5）RA-T-32；慢充插头：YGC691C-EV-P7（5）P-16/1010；快充插座：YGC762-EV-S9RB-250	四川永贵科技有限公司	纯电动乘用车	318	
	具备交流充电，直流充电两种方式	交流：NDQC-7Z（32A-250/440V）-L；直流：NDQ-9Z（125A-750V）-L	中航光电科技股份有限公司	纯电动专用车	1	
	具备快充，慢充两种充电方式	插头/插座型号（直流 125A）：插头 NV3-DSD-EV125P/插座 NV2-DSD-G-EV125S；插头/插座型号（交流 32A）：插头 1040-1060-32-XC/插座 NV4C-DSI-GEL-EV32S	苏州工业园区多思达科技有限公司	纯电动专用车	1	
	快充，可选装慢充	直流插头：RDC-TI250/插座：RDC-ZI250；交流车辆插头：RAC-2TI32/车辆插座：RAC-ZI32F	苏州瑞可达连接系统股份有限公司	纯电动专用车	1	
	快充，快充/慢充	直流充电插座：NV3-DSD-G-EV200S，直流充电插座：NV3-DSD-G-EV200S；交流充电插头：1040-1060-32-XC，交流充电插座：NV4C-DSI-GEL-EV32S	苏州工业园区多思达科技有限公司	纯电动专用车	633	
	快充：由 BMS 和充电桩根据不同工况限流充电，慢充：恒压限流充电	插头：NDQC-7T-32A-1，NDQC-7T-16A-1；交流插座：NDQC-7Z（32A-250/440V）-L；直流插座：NDQ-9Z（200A-750V）-L	中航光电科技股份有限公司	纯电动专用车	71	
	慢充（恒流充电，恒压充电，恒功率充电）	HVCOM（16A 250V）（插头）；HVCOF（16A 250V）（插座），HVCOF（750V 80A）（插座）	安费诺精密连接器（深圳）有限公司	纯电动专用车	1	
	先恒功率后恒压限流	BJEV-DVLS-2P-00125，BJEV-AVSS-1P-0232/BJEV-AVSP-1P-0232	北京新能源汽车股份有限公司	纯电动专用车	4164	
	先恒流充电，后恒压充电	国标七芯充电插头：YGC691C-EV-P7（5）P-16/1010；国标七芯充电插座：YGC691C-EV-S7（5）RA-T-32；国标九芯充电插座：YGC762-EV-S9RA-250	国标七芯充电插头：四川永贵科技有限公司，国标七芯充电插座：四川永贵科技有限公司，国标九芯充电插座：四川永贵科技有限公司	纯电动乘用车	21	
	先恒流充电，后恒压限流充电	交流：ZC-16VSP/CE-124-1XXX001	交流：广州知崇新能源科技有限公司/东莞市日新传导科技有限公司	纯电动乘用车	2	
	先恒流充电，后恒压限流充电	交流：ZC-16VSP/CE-124-1XXX001，直流：-/E6-ZC-EV80S	交流：广州知崇新能源科技有限公司/东莞市日新传导科技有限公司，直流：-/广州知崇新能源科技有限公司	纯电动乘用车	6	
	先恒流充电，后恒压限流充电	直流：-/XR61-C-V2；交流：XP02-C-V2/XR02-C-V2	直流：-/深圳巴斯巴科技发展有限公司/交流：深圳巴斯巴科技发展有限公司/深圳巴斯巴科技发展有限公司	纯电动乘用车	20	

续上表

电动汽车车载充电机生产企业	充电方式	充电插头/插座型号	充电插头/插座生产企业	车辆名称配套车辆类型	2019年配套车型产量小计（辆）	2019年配套车型产量总计（辆）
深圳欣锐科技股份有限公司	先恒流充电，后恒压限流充电	直流：-/XR61-C-V2；交流：XP02-C-V2/XR02-C-V2	直流：深圳巴斯巴科技发展有限公司，交流：深圳巴斯巴科技发展有限公司	纯电动客车	61	104290
	先恒流充电，再恒功率充电，末端恒压充电	交流充电插头型号：NDQC-7T（16A-250/440V），EV01-AC16A；交流充电插座型号：NDQC-7Z（32A-250/440V）-L，EV01-ACV32A；直流充电插座型号：NDQC-9Z（125A-750V）-R，EV01-DCV125A	中航光电科技有限公司，苏州华旃航天电器有限公司	纯电动专用车	1728	
	先恒流充电，再恒压充电	XP01-C-V1/XR02-C-V2（交流），XR61-C-V4（直流）	深圳巴斯巴科技发展有限公司	纯电动专用车	1	
	先恒流充电，再恒压充电	XP01-C-V1/XR02-C-V2（交流），XR61-C-V4（直流），RAC-TI16K-5A（交流）	深圳巴斯巴科技发展有限公司，苏州瑞可达连接系统股份有限公司	纯电动专用车	204	
	先恒流充电再恒压充电	交流慢充插头型号：NDQC-7T（16A-250/440V）；交流慢充插座型号：NDQC-7Z（16A-250/440V）-L；直流快充型号：NDQ-9Z（125A-750V）-L	中航光电科技股份有限公司	纯电动专用车	7	
	先恒流后恒功率充电	交流充电插头/插座：NDQC-7T（16A-250/440V）/NDQC-7Z（32A-250/440V）-L；直流充电插座：NDQ-9Z（125A-750V）-R G005	中航光电科技股份有限公司	纯电动乘用车	275	
	先恒流后恒压充电	LDAC-016CT（交流插头），YGC691C-EV-P7（5）PW-16（交流插头）/YGC691C-EV-S7（5）RA-T-32（交流插座），YGC691C-EV-S7（5）RB-T-32（交流插座），NDQC-7Z（32A-250/440V）-L G002（交流插座），YGC762-EV-S9RA-125（直流插座），YGC762-EV-S9RB-125（直流插座），NDQ-9Z（125A-750V）-L（直流插座），LCS-125L（直流插座）	山东龙立电子有限公司（交流插头），四川永贵科技有限公司（交流插头）/四川永贵科技有限公司（交流插座），中航光电科技股份有限公司（交流插座），四川永贵科技有限公司（直流插座），中航光电科技股份有限公司（直流插座），广东林一新能源科技有限公司（直流插座）	纯电动乘用车	421	
	先恒流后恒压充电	插头：LDAC-016CT；YGC691C-EV-P7（5）PW-16；交流插座：YGC691C-EV-S7（5）RA-T-32/YGC691C-EV-S7（5）RB-T-32；NDQC-7Z（32A-250/440V）-L G002；直流插座：YGC762-EV-S9RA-125/YGC762-EV-S9RB-125；NDQ-9Z（125A-750V）-L；LCS-125L	交流插头（山东龙立电子有限公司，四川永贵科技有限公司）；交流插座（四川永贵科技有限公司，中航光电科技股份有限公司）；直流插座（四川永贵科技有限公司，中航光电科技股份有限公司，广东林一新能源科技有限公司，）	纯电动乘用车	4994	
	先恒流后恒压式充电	慢充：RAC-ZI32F，NDQC-7Z（32A-250/440V）-L，XHY101-ZK07C-Y32A；快充：RDC-ZI125，NDQ-9Z（125A-750V）-L，XHY102-ZK09-Y125A	慢充：四川瑞可达连接系统有限公，中航光电科技股份有限公司，新海宜科技集团股份有限公司；快充：四川瑞可达连接系统有限公司，中航光电科技股份有限公司，新海宜科技集团股份有限公司	纯电动专用车	160	
	先恒流后恒压式充电	慢充：RAC-ZI32F，NDQC-7Z（32A-250/440V）-L，XHY101-ZK07C-Y32A；快充：RDC-ZI125，NDQ-9Z（125A-750V）-L，XHY102-ZK09-Y125A	慢充：四川瑞可达连接系统有限公司，中航光电科技股份有限公司，新海宜科技集团股份有限公司；快充：四川瑞可达连接系统有限公司，中航光电科技股份有限公司，新海宜科技集团股份有限公司	纯电动专用车	1	
	先恒流后恒压式充电	慢充插座：RAC-ZI32F，快充插座：RDC-ZI125；慢充插座：XHY101-ZK07C-Y32A，快充插座：XHY102-ZK09-Y125A；慢充插座：NDQC-7Z（32A-250/440V）-L，快充插座：NDQ-9Z（125A-750V）-L	慢充：四川瑞可达连接系统有限公司，快充：四川瑞可达连接系统有限公司；慢充：新海宜科技集团股份有限公司，快充：新海宜科技集团股份有限公司；慢充：中航光电科技股份有限公司，快充：中航光电科技股份有限公司	纯电动专用车	328	
	限压限流充电	插头（交流）：EVG12-16P5；插座（直流）：F08-630090-70R；插座（交流）：F08-831200-06L	插头（交流）：胜蓝科技股份有限公司；插座（直流）：乐清市八达光电科技股份有限公司；插座（交流）：乐清市八达光电科技股份有限公司	纯电动乘用车	247	
	限压限流充电	插头（交流）：EVG12-16P5；插座（直流）：F08-630090-70R；插座（交流）：F08-841200-06L	插头（交流）：胜蓝科技股份有限公司；插座（直流）：乐清市八达光电科技股份有限公司；插座（交流）：乐清市八达光电科技股份有限公司	纯电动乘用车	1614	
	限压限流充电	插头（交流）：LDAC-016CT；插座（直流）：F08-630090-70R；插座（交流）：F08-841200-06L	插头（交流）：山东龙立电子有限公司；插座（直流）：乐清市八达光电科技股份有限公司；插座（交流）：乐清市八达光电科技股份有限公司	纯电动乘用车	15763	
	限压限流充电	插座（直流）：F08-630090-70R；插座（交流）：F08-831200-06L	插座（直流）：乐清市八达光电科技股份有限公司；插座（交流）：乐清市八达光电科技股份有限公司	纯电动乘用车	12	
	直流	YGC762-EV-S9RA-250，NDQ-9Z（250A-750V）-L，680411101052，LCS-250L	四川永贵科技有限公司，中航光电科技股份有限公司，深圳市沃尔新能源电气科技有限责任公司，广东林一新能源科技有限公司	纯电动专用车	300	

续上表

电动汽车车载充电机生产企业	充电方式	充电插头/插座型号	充电插头/插座生产企业	车辆名称配套车辆类型	2019 年配套车型产量小计（辆）	2019 年配套车型产量总计（辆）
深圳欣锐科技股份有限公司	直流快充,交流慢充	直流充电:EVS-4-200D9-GS;交流充电:EVS-V-32A5-GSLB	南京康尼新能源汽车零部件有限公司	纯电动乘用车	8	104290
深圳威迈斯电源有限公司	初期恒功率,末期涓流充电	EVP Ⅱ-V-16A5-G/EVS-V-16A5-GSE	南京康尼新能源汽车零部件有限公司	插电式混合动力乘用车	5476	103547
	初期恒功率末端涓流充电	EVP II-V-16A5-G/EVS-4-200D9-GSG/EVS-V-32A5-GSE	南京康尼新能源汽车零部件有限公司	纯电动乘用车	2301	
	初期恒功率末端涓流充电	交流:EVP Ⅱ-V-16A5-G/EVS-V-32A5-GSE;直流:-/EVS-4-200D9-GHD	南京康尼新能源汽车零部件有限公司	纯电动乘用车	1772	
	初期恒功率末期涓流充电	EVP Ⅱ-V-16A5-G/EVS-V-16A5-GSE	南京康尼新能源汽车零部件有限公司	插电式混合动力乘用车	1154	
	初期恒功率末期涓流充电	EVP Ⅱ-V-16A5-G/EVS-V-32A5-GSE/EVS-4-200D9-GHC	南京康尼新能源汽车零部件有限公司	纯电动乘用车	24474	
	分段式恒流充电	交流:NDQC-7T(16A-250/440V)/NDQC-7Z(32A-250/440V)-L(中航);直流:N/A/EVS-4-125D9-GSC(康尼)	中航光电科技股份有限公司,康尼新能源汽车零部件有限公司	纯电动乘用车	2897	
	分段式恒流充电	交流:NDQC-7T(16A-250/440V)/NDQC-7Z(32A-250/440V)-L(中航);直流:N/A/EVS-4-125D9-GSC(康尼)	中航光电科技股份有限公司,南京康尼新能源汽车零部件有限公司	纯电动乘用车	7730	
	分段式恒流充电	交流:车辆插头型号:EVP Ⅱ-V-16A5-G(南京),NDQC-7T(16A-250/440V)(中航);车辆插座型号:EVS-V-16A5-GSG(南京),NDQC-7Z(32A-250/440V)-L(中航);直流:车辆插座:NDQ-9Z(125A-750V)-L-02(中航),NDQ-9Z(200A-750V)-L-03(中航)	南京康尼新能源汽车零部件有限公司,中航光电科技股份有限公司	纯电动乘用车	1	
	分段式恒流充电	交流插头/插座:J00-2107032/J00-2107031(康尼),对应直流插头/插座:N/A/NDQ-9Z(125A-750V)-R G005(中航)	南京康尼新能源汽车零部件有限公司,中航光电科技股份有限公司	纯电动乘用车	100	
	分段式恒流充电	交流插头/插座:NDQC-7T(16A-250/440V)/NDQC-7Z(32A-250/440V)-L;直流插座:EVS-4-125D9-GSC	中航光电科技股份有限公司	纯电动乘用车	7821	
	分段式恒流充电	交流插头/插座:NDQC-7T(16A-250/440V)/NDQC-7Z(32A-250/440V)-L;直流插座:EVS-4-125D9-GSC	中航光电科技股份有限公司	纯电动乘用车	1672	
	分段式恒流充电	直流插座:NDQ-9Z(200A-750V)-L-03;交流插头/插座:NDQC-7T(16A-250/440V)/NDQC-7Z(32A-250/440V)-L	直流:中航光电科技股份有限公司,交流:中航光电科技股份有限公司	纯电动乘用车	936	
	分段式恒流充电	直流插座:NDQ-9Z(200A-750V)-L-03;交流插头/插座:NDQC-7T(16A-250/440V)/NDQC-7Z(32A-250/440V)-L	直流:中航光电科技股份有限公司,交流:中航光电科技股份有限公司	纯电动乘用车	790	
	分段式恒流充电	直流插座:NDQ-9Z(200A-750V)-L-03;交流插头/插座:NDQC-7T(16A-250/440V)/NDQC-7Z(32A-250/440V)-L	直流:中航光电科技股份有限公司,交流:中航光电科技股份有限公司	纯电动乘用车	2175	
	分段式恒流充电	直流插座:NDQ-9Z(200A-750V)-L-03;交流插头/插座:NDQC-7T(16A-250/440V)/NDQC-7Z(32A-250/440V)-L	直流:中航光电科技股份有限公司,交流:中航光电科技股份有限公司	纯电动乘用车	29	
	分段式恒流充电	直流插座:NDQ-9Z(200A-750V)-L-03;交流插头/插座:NDQC-7T(16A-250/440V)/NDQC-7Z(32A-250/440V)-L	直流:中航光电科技股份有限公司,交流:中航光电科技股份有限公司	纯电动乘用车	28	
	恒流充电	EVP Ⅱ-V-16A5-G/EVS-V-16A5-GSE	南京康尼新能源汽车零部件有限公司	插电式混合动力乘用车	5467	
	恒流充电	EVP Ⅱ-V-16A5-G/EVS-V-32A5-GHF/EVS-4-200D9-GHC	南京康尼新能源汽车零部件有限公司	纯电动乘用车	52	
	恒流充电	EVP Ⅱ-V-16A5-G/EVS-V-32A5-GSE/EVS-4-200D9-GHC	南京康尼新能源汽车零部件有限公司	纯电动乘用车	3	
	恒流充电	F08-660150-020(慢充枪)、RAC-ZI32F(慢充座)、RDC-ZI250(快充座)	乐清市八达光电科技股份有限公司,四川瑞可达连接系统有限公司	纯电动乘用车	1382	
	恒流充电	交流充电插头:ZWCG01;交流充电插座:ZWCS01;直流充电插座:HPDCI-MOL2T0-O-A	交流充电插头:浙江致威电子科技有限公司,交流充电插座:浙江致威电子科技有限公司,直流充电插座:德尔福中央电气(上海)有限公司	纯电动乘用车	4127	

续上表

电动汽车车载充电机生产企业	充电方式	充电插头/插座型号	充电插头/插座生产企业	车辆名称配套车辆类型	2019 年配套车型产量小计（辆）	2019 年配套车型产量总计（辆）
深圳威迈斯电源有限公司	恒流充电	交流充电插座型号：RAC-ZI16F2-2A；充电插头型号：F08-660150-020	交流充电插座生产企业：四川瑞可达连接系统有限公司，充电插头生产企业：乐清市八达光电科技股份有限公司	纯电动乘用车	1	103547
	恒流充电	快充插座：NDQ-9Z（200A-750V）-L；慢充插头/插座型号：F08-720100-020/F08-710000-06L	快充插座：中航光电科技股份有限公司；慢充插头/插座：乐清市八达光电科技股份有限公司	纯电动乘用车	535	
	恒流充电	快充插座：NDQ-9Z（200A-750V）-L；慢充插头/插座型号：F08-720100-020/F08-710000-06L	快充插座：中航光电科技股份有限公司；慢充插头/插座：乐清市八达光电科技股份有限公司	纯电动乘用车	282	
	恒流充电，恒功率充电，恒压充电	慢充座：F08-740050-04T；快充座：F08-730090-50T；慢充插头：F08-660150-020	乐清市八达光电科技股份有限公司	纯电动乘用车	21560	
	恒流恒压恒功率	慢充插头：YG196G-EVSE-691/G-16，YGC691G/C-EV-P7（5）P/PW-32，XWAC-032C/GT；慢充插座：YGC691C-EV-S7（5）RA-T-32，XWAC-032LCZ；快充插座：YGC762-EV-S9RA-200，XWDC-250CZX1	慢充插头：四川永贵科技有限公司，四川永贵科技有限公司，陕西心网新能源科技有限公司；慢充插座：四川永贵科技有限公司，陕西心网新能源科技有限公司；快充插座：四川永贵科技有限公司，陕西心网新能源科技有限公司	纯电动乘用车	155	
	交流慢充，直流快充	XP01-C-V2/XR02-C-V2（交流）/XR61-C-V2（直流）	深圳巴斯巴科技发展有限公司	纯电动乘用车	419	
	交流慢充，直流快充	XP01-C-V2/XR02-C-V2（交流）/XR61-C-V2（直流）	深圳巴斯巴科技发展有限公司	纯电动专用车	20	
	交流慢充，直流快充	YGC691C-EV-P7（5）P-32/YGC691C-EV-S7（5）RA-T-32（交流）/YGC762-EV-S9RA-125（直流）	四川永贵科技有限公司	纯电动乘用车	202	
	慢充，快充	交流充电插头：EVPIV-V-16A5，EVPIV-V-16A5-G；交流充电插座：EVS-V-32A5-GHLD，CSEV63S，CSEV32S，YGC691C-EV-S7（5）RHA-T/1-32；直流充电插座：EVS-4-125D9-GHD，EVS-4-200D9-GHD，EVS-4-250D9-GHD，CS125，CS200，CS250，YGC762-EV-S9RC/1-125，YGC762-EV-S9RC/1-200	南京康尼新能源汽车零部件有限公司，安费诺汽车连接系统（常州）有限公司，四川永贵科技有限公司	纯电动乘用车	26	
	慢充，快充	交流充电插头：EVPIV-V-16A5-G；交流充电插座：CSEV32S/CSEV16S，EVS-V32A5-CHLD；直流充电插座：CS250R/CS125R，EVS-4-125D9-GHF；交流充电插头：XBC-1AC10A	安费诺汽车连接系统（常州）有限公司，南京康尼新能源汽车零部件有限公司，威海市泓淋电力技术股份有限公司	纯电动乘用车	6	
	慢充，快充	交流充电插头：EVPIV-V-16A5-G；交流充电插座：CSEV32S/CSEV16S；直流充电插座：CS250R/CS125R	南京康尼新能源汽车零部件有限公司，安费诺汽车连接系统（常州）有限公司	纯电动乘用车	5340	
	慢充：恒流充电转恒压充电，快充：恒流充电	16A 交流充电插头/插座：RAC-TI16K-5A/RAC-ZI16F2-2A；32A 交流插座：RAC-ZI32F，直流插座：NDQ-9Z（125A-750V）-L	苏州瑞可达连接系统股份有限公司，中航光电科技股份有限公司	纯电动乘用车	412	
	慢充：恒流充电转恒压充电，快充：恒流充电	车辆插头：RAC-TI16K-5A/车辆插座：RAC-ZI16F2-2A；车辆插头：F08-660150-020；车辆插座：EV-250/32-S；直流插座：NDQ-9Z（125A-750V）-L	苏州瑞可达连接系统股份有限公司，乐清市八达光电科技股份有限公司，江阴信邦电子有限公司，中航光电科技股份有限公司	纯电动乘用车	4202	
杭州富特科技股份有限公司	非车载充电，车载充电	HVCOM/HVCOF，HVCO/HVCOF	安费诺精密连接器（深圳）有限公司，安费诺精密连接器（深圳）有限公司	纯电动专用车	6	72879
	非车载充电，车载充电	HVCOM/HVCOF；HVCO/HVCOF；	安费诺精密连接器（深圳）有限公司	纯电动专用车	1	
	恒功率充电	交流：EVPⅡ-V-16A5/EVS-V-16A5-GSC；直流：N/A/CS06	交流插头：南京康尼新能源汽车零部件有限公司；交流插座：南京康尼新能源汽车零部件有限公司；直流插座：安费诺汽车连接系统（常州）有限公司	纯电动乘用车	16	
	恒流，恒功率充电	–/TA35191925，-/TA35191927	安波福中央电气（上海）有限公司	纯电动乘用车	32639	
	恒流，恒功率充电	EVP-V-16A5/NDQC-7Z（32A-250/440V）-L G002，NDQ-9Z（250A-750V）-0 G002	南京康尼新能源汽车零部件有限公司，中航光电科技股份有限公司	纯电动乘用车	830	
	恒流，恒功率充电	慢充：-/TA35191925；快充：-/TA35191927	安波福中央电气（上海）有限公司	纯电动乘用车	2239	
	恒流充电	NDQC-7T-16A-1/NDQC-7Z（32A-250/440V）-L G006，NDQ-9Z（125A-750V）-L	中航光电科技股份有限公司	纯电动乘用车	30	
	恒流充电	NDQC-7T-16A-1/NDQC-7Z（32A-250/440V）-L G006，NDQ-9Z（125A-750V）-L，NDQC-7Z（16A-250/440V）-L G011	中航光电科技股份有限公司	纯电动乘用车	2245	
	恒流充电	NDQC-7Z（32A-250/440V）-L（RN），NDQ-9Z（125A-750V）-L（RN）	中航光电科技股份有限公司	纯电动乘用车	5818	

续上表

电动汽车车载充电机生产企业	充电方式	充电插头/插座型号	充电插头/插座生产企业	车辆名称配套车辆类型	2019年配套车型产量小计（辆）	2019年配套车型产量总计（辆）
杭州富特科技股份有限公司	恒流充电	NV4C-DSI-GEL-EV32S/NV2-DSD-G-EV125S	张家港友诚新能源科技股份有限公司	纯电动客车	28	72879
	恒流充电	车辆插座：RAC-ZI32L-2E；车辆插座：RDC1-XZI200W	苏州瑞可达连接系统股份有限公司	纯电动乘用车	220	
	恒流充电	车辆插座：RDC1-XZI125；车辆插座：RAC-ZI32F-2E	四川瑞可达连接系统有限公司，苏州瑞可达连接系统股份有限公司	纯电动专用车	533	
	交流，直流	NDQC-7T（32A-250/440V）/NDQC-7Z（32A-250/440V）-L，NDQC-7T（16A-250/440V）/NDQC-7Z（16A-250/440V）L，-/NDQ-9Z（125A-750V）-0，-/NDQ-9Z（250A-750V）-0，HVCOM/HVCOF，-/HVCOF	中航光电科技股份有限公司，安费诺精密连接器（深圳）有限公司	纯电动客车	25	
	交流充电，直流充电	NDQC-7T-16A-1，XR09-C-V1，XR09-C-V2-S，XR64-C-V2-L	中航光电科技股份有限公司，深圳巴斯巴科技发展有限公司	纯电动乘用车	1	
	交流慢充，直流快充	29695 E1500/29695 E1501，YG196G-EVSE-691/G-16/YGC691C-EV-S7（5）RA-T-16（交流）/YGC762-EV-S9RA-125（直流），YGC691C-EV-P7（5）P-32/YGC691C-EV-S7（5）RA-T-32（交流）/YGC762-EV-S9RA-125（直流）	南京康尼科技实业有限公司，四川永贵科技有限公司	纯电动专用车	1	
	交流慢充，直流快充	XP01-C-V1/XR02-C-V1（交流）/XR61-C-V2（直流）	深圳巴斯巴科技发展有限公司	纯电动乘用车	5	
	交流慢充，直流快充	YGC691C-EV-P7（5）P-32/YGC691C-EV-S7（5）RA-T-32（交流）/YGC762-EV-S9RA-125（直流）	四川永贵科技有限公司	纯电动乘用车	57	
	输出小于330V恒流充电，大于330V恒功率充电	HVCOM/HVCOF	安费诺精密连接器（深圳）有限公司	燃料电池客车	307	
	先恒流再恒压	车辆插座：HVCO/HVCOF，HVCOM/HVCOF	快充：安费诺精密连接器（深圳）有限公司；慢充：安费诺精密连接器（深圳）有限公司	纯电动乘用车	71	
	先恒流再恒压	车辆插座：HVCO/HVCOF，HVCOM/HVCOF；车辆插座：HVCOF，HVCOF	快充：安费诺精密连接器（深圳）有限公司；慢充：安费诺精密连接器（深圳）有限公司	纯电动乘用车	159	
	直流充电，交流充电	NDQC-7T-16A-1（交流插头），F08-660150-020（交流插头）/NDQC-7Z（16A-250/440V）-R（交流插座），NDQ-9Z（125A-750V）-L（直流插座），680211310311（交流插座），F08-831200-06（交流插座），F08-630090-35L（直流插座）	中航光电科技股份有限公司，乐清市八达光电科技股份有限公司，深圳市沃尔新能源电气科技股份有限公司	纯电动乘用车	2226	
	直流充电，交流充电	NDQC-7T-16A-1，NDQC-7Z（16A-250/440V）-R，NDQ-9Z（125A-750V）-L，680211310311	中航光电科技股份有限公司，深圳市沃尔新能源电气科技股份有限公司	纯电动乘用车	25422	
台达电子企业管理（上海）有限公司	初期恒功率末期涓流充电	EVPⅡ-V-16A5-G/EVS-V-16A5-GSE	南京康尼新能源汽车零部件有限公司	插电式混合动力乘用车	3928	46185
	恒流，恒功率充电	EVP-V-16A5，EVPⅡ-V-32A5-G/NDQC-7Z（16A-250/440V）-LG004，NDQ-9Z（250A-750V）-0 G002，NDQC-7Z（32A-250/440V）-LG002	南京康尼新能源汽车零部件有限公司，中航光电科技股份有限公司	纯电动乘用车	1001	
	恒流，恒功率充电	EVP-V-16A5/NDQC-7Z（32A-250/440V）-LG002，NDQ-9Z（250A-750V）-0G002	南京康尼新能源汽车零部件有限公司，中航光电科技股份有限公司	纯电动乘用车	6113	
	恒流充电	EVP-2-16A5-0J1/EVS-V-16A5-WSXLE-0J0	南京康尼新能源汽车零部件有限公司	插电式混合动力乘用车	797	
	恒流充电	EVPⅡ-V-16A5-G/EVS-V-16A5-GSE	南京康尼新能源汽车零部件有限公司	插电式混合动力乘用车	2671	
	恒流充电	慢充插头（桩端/车端）：GBCV162117GBCE-V1/GBCV162117GBCE-V2；慢充插头（车端）：CP16；慢充插座（车端）：9340040-E08；快充插座（车端）：XR61-C	慢充插头（桩端/车端）：埃梯梯科能电子（深圳）有限公司；慢充插头（车端）：安费诺-泰姆斯（常州）通信设备有限公司；慢充插座（车端）：深圳巴斯巴科技发展有限公司；快充插座（车端）：深圳巴斯巴科技发展有限公司	纯电动乘用车	1	
	恒流充电	慢充充电插头：EVPⅡ-V-16A5（康尼）、6808020101（沃尔）；慢充充电插座：CS32（安费诺）、680211310311（沃尔）；快充充电插座：CS06（安费诺）、680411101052（沃尔）	慢充充电插头：南京康尼新能源汽车零部件有限公司，深圳沃尔新能源电气科技股份有限公司；慢充充电插座：安费诺-泰姆斯（常州）通信设备有限公司，深圳沃尔新能源电气科技股份有限公司；快充充电插座：安费诺-泰姆斯（常州）通信设备有限公司，深圳沃尔新能源电气科技股份有限公司	纯电动乘用车	19	

续上表

电动汽车车载充电机生产企业	充电方式	充电插头/插座型号	充电插头/插座生产企业	车辆名称配套车辆类型	2019年配套车型产量小计（辆）	2019年配套车型产量总计（辆）
台达电子企业管理(上海)有限公司	恒流充电	慢充充电插头:EVPⅡ-V-16A5(康尼)、6808020101(沃尔);慢充充电插座:CS32(安费诺)、680211310311(沃尔);快充充电插座:CS06(安费诺)、680411101052(沃尔)	慢充充电插头:南京康尼新能源汽车零部件有限公司,深圳沃尔新能源电气科技股份有限公司;慢充充电插座:安费诺-泰姆斯(常州)通信设备有限公司,深圳沃尔新能源电气科技股份有限公司;快充充电插座:安费诺-泰姆斯(常州)通信设备有限公司,深圳沃尔新能源电气科技股份有限公司	纯电动乘用车	4	46185
	恒流充电	慢充充电插头:EVPII-V-16A5-G(康尼)、6808020101(沃尔);慢充充电插座:CS32(安费诺)、680211310311(沃尔)　快充充电插座:CS06(安费诺)、680411101052(沃尔)	慢充充电插头:南京康尼新能源汽车零部件有限公司,深圳市沃尔新能源电气科技有限责任公司;慢充充电插座:安费诺-泰姆斯(常州)通信设备有限公司,深圳市沃尔新能源电气科技有限责任公司;快充充电插座:安费诺-泰姆斯(常州)通信设备有限公司,深圳市沃尔新能源电气科技有限责任公司	纯电动乘用车	2020	
	恒流充电	模式2插头:GBCV162117GBCE-V2;模式3插头(车辆端及供电端):YGC691G/C-EV-P7(5)P/PW-32;交流插座:YGC691C-EV-S7(5)R-T-32/1002,直流插座:CS200	模式2插头:埃梯梯科能电子(深圳)有限公司;模式3插头(车辆端及供电端):四川永贵科技有限公司;交流插座:四川永贵科技有限公司;直流插座:安费诺汽车连接系统(常州)有限公司	纯电动乘用车	532	
	恒流充电	模式2交流充电插头型号:GBCV162117GBCE-V2,YGC691C-EV-P7(5)P-16/1010;模式3交流充电插头型号:YGC691G/C-EV-P7(5)P/PW-32;交流充电插座型号:YGC691C-EV-S7(5)R-T-32/1002;直流充电插座型号:CS200R	模式2交流充电插头生产企业:埃梯梯科能电子(深圳)有限公司/四川永贵科技有限公司;模式3交流充电插头生产企业:四川永贵科技有限公司;交流充电插座生产企业:四川永贵科技有限公司;直流充电插座生产企业:安费诺汽车连接系统(常州)有限公司	纯电动乘用车	8305	
	恒流充电	模式2交流充电插头型号:GBCV162117GBCE-V2,YGC691C-EV-P7(5)P-16/1010;模式3交流充电插头型号:YGC691G/C-EV-P7(5)P/PW-32;交流充电插座型号:YGC691C-EV-S7(5)R-T-32/1002;直流充电插座型号:CS200R	模式2交流充电插头生产企业:埃梯梯科能电子(深圳)有限公司/四川永贵科技有限公司;模式3交流充电插头生产企业:四川永贵科技有限公司;交流充电插座生产企业:四川永贵科技有限公司;直流充电插座生产企业:安费诺汽车连接系统(常州)有限公司	纯电动乘用车	193	
	恒流充电	模式2交流充电插头型号:GBCV162117GBCE-V2,YGC691C-EV-P7(5)P-16/1010;模式3交流充电插头型号:YGC691G/C-EV-P7(5)P/PW-32;交流充电插座型号:YGC691C-EV-S7(5)R-T-32/1002;直流充电插座型号:CS200R	模式2交流充电插头生产企业:埃梯梯科能电子(深圳)有限公司,四川永贵科技有限公司;模式3交流充电插头生产企业:四川永贵科技有限公司;交流充电插座生产企业:四川永贵科技有限公司;直流充电插座生产企业:安费诺汽车连接系统(常州)有限公司	纯电动乘用车	348	
	恒流充电	慢充充电插头:EVPⅡ-V-16A5(康尼)、6808020101(沃尔);慢充充电插座:CS32(安费诺)、680211310311(沃尔);快充充电插座:CS06(安费诺)、680411101052(沃尔)	慢充充电插头:南京康尼新能源汽车零部件有限公司,深圳沃尔新能源电气科技股份有限公司;慢充充电插座:安费诺-泰姆斯(常州)通信设备有限公司,深圳沃尔新能源电气科技股份有限公司;快充充电插座:安费诺-泰姆斯(常州)通信设备有限公司,深圳沃尔新能源电气科技股份有限公司	纯电动乘用车	3	
	恒流充电	慢充充电插头:EVPⅡ-V-16A5(康尼)、6808020101(沃尔);慢充充电插座:CS32(安费诺)、680211310311(沃尔);快充充电插座:CS06(安费诺)、680411101052(沃尔)	慢充充电插头:南京康尼新能源汽车零部件有限公司,深圳沃尔新能源电气科技股份有限公司;慢充充电插座:安费诺-泰姆斯(常州)通信设备有限公司,深圳沃尔新能源电气科技股份有限公司;快充充电插座:安费诺-泰姆斯(常州)通信设备有限公司,深圳沃尔新能源电气科技股份有限公司	纯电动乘用车	20	
	恒压限流充电(脉冲充电)	CSEVM32(交流插座),CS200R(直流插座)	安费诺汽车连接系统(常州)有限公司	纯电动乘用车	130	
	交流充电,直流充电	模式二交流充电插头型号:GBCV162117GBCE-V2,模式三交流充电插头型号:YGC691G/C-EV-P7(5)P/PW-32;交流充电插座型号:YGC691C-EV-S7(5)R-T-32/1003;直流充电插座型号:YGC762-EV-S9RA-200	模式2交流充电插头生产企业:埃梯梯科能电子(深圳)有限公司;模式3交流充电插头生产企业:四川永贵科技有限公司;交流充电插座生产企业:四川永贵科技有限公司;直流充电插座生产企业:四川永贵科技有限公司	纯电动乘用车	3	
	快充方式:恒流,慢充方式:恒流+恒压	交流充电插头:ACP08A1612;交流充电插座:EV-250/32-S;直流充电插座:EV-1000/250	江阴信邦电子有限公司	纯电动乘用车	14	
	快充方式:恒流,慢充方式:恒流+恒压	交流充电插座:EV-250/32-S;直流充电插座:EV-1000/250	江阴信邦电子有限公司	纯电动乘用车	11966	
	快充方式:恒流+降流/慢充方式:恒流+恒压	交流充电插座:EV-250/32-S;直流充电插座:EV-1000/250	江阴信邦电子有限公司	纯电动乘用车	8117	

续上表

电动汽车车载充电机生产企业	充电方式	充电插头/插座型号	充电插头/插座生产企业	车辆名称配套车辆类型	2019年配套车型产量小计(辆)	2019年配套车型产量总计(辆)
深圳威迈斯新能源股份有限公司	初期恒功率末期涓流充电	N/A/TA35190037,EVP Ⅱ-V-16A5-G(选装)/TA35190037	安波福中央电气(上海)有限公司,南京康尼新能源汽车部件有限公司(选装)	插电式混合动力乘用车	885	44808
	初期恒功率末期涓流充电	N/A/TA35190037,EVP Ⅱ-V-16A5-G/TA35190037	安波福中央电气(上海)有限公司,南京康尼新能源汽车零部件有限公司	插电式混合动力乘用车	1796	
	分段式恒流充电	交流:NDQC-7T(16A-250/440V)/NDQC-7Z(32A-250/440V)-L(中航);直流:N/A/EVS-4-125D9-GSC(康尼)	中航光电科技股份有限公司,南京康尼新能源汽车零部件有限公司	纯电动乘用车	4144	
	分段式恒流充电	交流:NDQC-7T(16A-250/440V)/NDQC-7Z(32A-250/440V)-L(中航);直流:N/A/EVS-4-125D9-GSC(康尼)	中航光电科技股份有限公司,南京康尼新能源汽车零部件有限公司	纯电动乘用车	2175	
	分段式恒流充电	交流:NDQC-7T(16A-250/440V)/NDQC-7Z(32A-250/440V)-L(中航);直流:N/A/EVS-4-125D9-GSC(康尼)	中航光电科技股份有限公司,南京康尼新能源汽车零部件有限公司	纯电动乘用车	3263	
	分段式恒流充电	交流插头/插座:NDQC-7T(16A-250/440V)/NDQC-7Z(32A-250/440V)-L(中航);直流插座:EVS-4-125D9-GSC(康尼)	中航光电科技股份有限公司,南京康尼新能源汽车零部件有限公司	纯电动乘用车	6472	
	分段式恒流充电	交流插头/插座:NDQC-7T(16A-250/440V)/NDQC-7Z(32A-250/440V)-L;直流插座:EVS-4-125D9-GSC	中航光电科技股份有限公司,南京康尼新能源汽车零部件有限公司	纯电动乘用车	3077	
	分段式恒流充电	直流插座:NDQ-9Z(200A-750V)-L-03;交流插头/插座:NDQC-7T(16A-250/440V)/NDQC-7Z(32A-250/440V)-L	直流:中航光电科技股份有限公司;交流:中航光电科技股份有限公司	纯电动乘用车	2014	
	分段式恒流充电	直流插座:NDQ-9Z(200A-750V)-L-03;交流插头/插座:NDQC-7T(16A-250/440V)/NDQC-7Z(32A-250/440V)-L	直流:中航光电科技股份有限公司;交流:中航光电科技股份有限公司	纯电动乘用车	53	
	分段式恒流充电	直流插座:NDQ-9Z(200A-750V)-L-03;交流插头/插座:NDQC-7T(16A-250/440V)/NDQC-7Z(32A-250/440V)-L	直流:中航光电科技股份有限公司;交流:中航光电科技股份有限公司	纯电动乘用车	919	
	恒功率充电	插座:HVCOCGFAC32DC125ATL	插座:安费诺精密连接器(深圳)有限公司	插电式混合动力乘用车	1875	
	恒流充电	MKCG01,ZWCG01/ZWCS01,TA35295630	米高(上海)汽车配件有限公司,浙江致威电子科技有限公司/浙江致威电子科技有限公司,安波福中央电气(上海)有限公司	纯电动乘用车	499	
	恒流充电	NDQC-7T(32A-250/440V)(充电插头),NDQ-9Z(200A-750V)-0(直流充电插座);NDQC-7Z(32A-250/440V)-0(交流充电插座)	中航光电科技股份有限公司	纯电动乘用车	129	
	恒流充电	车辆插座:F08-740050-04T;车辆插座:F08-750100-50R;车辆插座:RAC-ZI32F;车辆插座:RDC-ZI250;车辆插头:RAC-TI16K-5A	乐清市八达光电科技股份有限公司,苏州瑞可达连接系统股份有限公司	纯电动乘用车	25	
	恒流充电	交流充电插头:MK CG01;交流充电插座:ZWCS01;直流充电插座:HPDCI-MOL2T0-O-A	交流充电插头:米高(上海)汽车配件有限公司;交流充电插座:浙江致威电子科技有限公司;直流充电插座:德尔福中央电气(上海)有限公司	纯电动乘用车	7271	
	恒流充电	快充插座:CS200NC/慢充插座:CSEVM32B	安费诺汽车连接器(常州)有限公司	纯电动乘用车	472	
	恒流充电	快充插座:CS200NC;慢充插座:CSEVM32B;慢充插头:CP32SAC,CP32VS(选装)	安费诺汽车连接器(常州)有限公司	纯电动乘用车	5007	
	恒流充电,恒功率充电,恒压充电	慢充座:F08-740050-04T;快充座:F08-730090-50T;慢充插头:F08-660150-020	乐清市八达光电科技股份有限公司	纯电动乘用车	4413	
	交流充电	SACSVC-B1	南京创源天地动力科技有限公司	纯电动乘用车	36	
	交流充电	SACSVC-B1	南京创源天地动力科技有限公司	纯电动专用车	36	
	交流慢充,直流快充	XP01-C-V2/XR02-C-V2(交流)/XR61-C-V2(直流)	深圳巴斯巴科技发展有限公司	纯电动乘用车	66	
	交流慢充,直流快充	XP01-C-V2/XR02-C-V2(交流)/XR61-C-V2(直流)	深圳巴斯巴科技发展有限公司	纯电动专用车	2	
	交流慢充,直流快充	YGC691C-EV-P7(5)P-32/YGC691C-EV-S7(5)RA-T-32(交流)/YGC762-EV-S9RA-125(直流)	四川永贵科技有限公司	纯电动乘用车	15	

续上表

电动汽车车载充电机生产企业	充电方式	充电插头/插座型号	充电插头/插座生产企业	车辆名称配套车辆类型	2019年配套车型产量小计（辆）	2019年配套车型产量总计（辆）
深圳威迈斯新能源股份有限公司	交流慢充,直流快充	YGC691C-EV-P7（5）P-32/YGC691C-EV-S7（5）RA-T-32（交流）/YGC762-EV-S9RA-125（直流）	四川永贵科技有限公司	纯电动专用车	124	44808
	交流慢充,直流快充	交流插座型号：RAC-ZI16F2-2A；直流插座型号：RDC-ZI125；充电插头型号（10A）：RAC-TI10K-5A；充电插头型号（16A）：RAC-TI16K-5A	充电插座生产企业：四川瑞可达连接系统有限公司；充电插头生产企业：苏州瑞可达连接系统股份有限公司	纯电动乘用车	40	
杭州铁城信息科技有限公司，重庆力华自动化技术有限责任公司	恒流恒压充电	A：RAC-TI10K-5A/RAC-ZI10F2-0. 3A；B：RAC-TI10K-5A/CL-C1GIA02；C：RAC-TI10K-5A/CL-C1GIA03；D：RAC-TI10K-5A/RAC-ZI32F-2E；E：RAC-TI10K-5A/CL-C1GIA06TE；F：RAC-TI10K-5A/YGC691C-EV-S7（5）RA-T/1-32；G：CL-C1GCA01W/RAC-ZI10F2-0. 3A；H：CL-C1GCA01W/CL-C1GIA02；I：CL-C1GCA01W/CL-C	四川永贵科技有限公司，苏州瑞可达连接系统股份有限公司，苏州智绿环保科技有限公司	纯电动乘用车	17434	43402
	恒流恒压充电	A：RAC-TI10K-5A/RAC-ZI10F2-0. 3A；B：RAC-TI10K-5A/RAC-ZI32F-2E；C：RAC-TI10K-5A/CL-C1GIA02；D：RAC-TI10K-5A/CL-C1GIA06TE；E：RAC-TI10K-5A/YGC691C-EV-S7（5）RA-T/1-32；F：CL-C1GCA01W/CL-C1GIA02；G：CL-C1GCA01W/CL-C1GIA06TE；H：CL-C1GCA01W/RAC-ZI10F2-0. 3A；I：CL-C1GCA01W/RAC-Z	苏州瑞可达连接系统股份有限公司，苏州智绿环保科技有限公司	纯电动乘用车	7764	
	恒流恒压充电	A：RAC-TI10K-5A/RAC-ZI32F-2E，B：RAC-TI10K-5A/CL-C1GIA06TE，C：RAC-TI10K-5A/YGC691C-EV-S7（5）RA-T/1-32，D：RAC-TI10K-5A/WOER-GB-I-AC32-04，E：CL-C1GCA01W/RAC-ZI32F-2E，F：CL-C1GCA01W/CL-C1GIA06TE，G：CL-C1GCA01W/YGC691C-EV-S7（5）RA-T/1-32，H：CL-C1GCA01W/WOER-GB-I-AC32-04	苏州瑞可达连接系统股份有限公司，苏州智绿环保科技有限公司，四川永贵科技有限公司，深圳市沃尔新能源电气科技股份有限公司	纯电动乘用车	13482	
	恒流恒压充电	A：RAC-TI10K-5A/RAC-ZI32F-2E；B：RAC-TI10K-5A/CL-C1GIA06TE；C：RAC-TI10K-5A/YGC691C-EV-S7（5）RA-T/1-32；D：RAC-TI10K-5A/WOER-GB-I-AC32-04；E：CL-C1GCA01W/RAC-ZI32F-2E；F：CL-C1GCA01W/CL-C1GIA06TE；G：CL-C1GCA01W/YGC691C-EV-S7（5）RA-T/1-32；H：CL-C1GCA01W/WOER-GB	苏州瑞可达连接系统股份有限公司，四川永贵科技有限公司，苏州智绿环保科技有限公司，深圳市沃尔新能源电气科技股份有限公司	纯电动乘用车	4722	
法雷奥集团/Valeo GmbH	恒流充电	插头：8607498；插座：0-2288610-1	插头：Delphi；插座：TE	插电式混合动力乘用车	27870	27870
科世达（上海）管理有限公司，上海欣锐电控技术有限公司，深圳威迈斯电源有限公司	慢充，快充	交流充电插头：EVPIV-V-16A5，EVPIV-V-16A5-G；交流充电插座：EVS-V-32A5-GHLD，CSEV63S，CSEV32S；直流充电插座：EVS-4-125D9-GHD，EVS-4-200D9-GHD，EVS-4-250D9-GHD，CS125，CS200，CS250	南京康尼新能源汽车零部件有限公司，安费诺汽车连接系统（常州）有限公司	纯电动乘用车	5227	21702
	慢充，快充	交流充电插头：EVPIV-V-16A5，EVPIV-V-16A5-G；交流充电插座：EVS-V-32A5-GHLD，CSEV63S，CSEV32S；直流充电插座：EVS-4-125D9-GHD，EVS-4-250D9-GHD，CS125，CS250	南京康尼新能源汽车零部件有限公司，安费诺汽车连接系统（常州）有限公司	纯电动乘用车	2635	
	慢充，快充	交流充电插头：EVPIV-V-16A5/EVPIV-V-16A5-G；交流充电插座：EVS-V-32A5-GHLD，CSEV63S，CSEV32S；直流充电插座：EVS-4-125D9-GHD/EVS-4-250D9-GHD，CS125，CS250	南京康尼新能源汽车零部件有限公司，安费诺汽车连接系统（常州）有限公司	纯电动乘用车	13840	
杭州铁城信息科技有限公司	车载充电机	交流充电插头：DYL16-7TJ-A/交流充电插座：DYL16-7ZK-A；直流充电插头：DYL21-9TJ-125A/直流充电插座：DYL21-9ZK-125A	浙江中杭电子有限公司	纯电动乘用车	28	19701
	车载充电机	交流充电插头：DYL16-7TJ-A/交流充电插座：DYL16-7ZK-A；直流充电插头：DYL21-9TJ-125A/直流充电插座：DYL21-9ZK-125A；交流充电插头：HV18-ACT-1B25-5000/交流充电插座：HV18-ACZ-1225-3600TG；直流充电插座：HV18-DCZ	浙江中杭电子有限公司，山东银浦动力科技有限公司，临沂市海纳电子有限公司	纯电动乘用车	45	
	初始恒流充电，达到截止电压后降流充电	YGC691C-EV-P7（5）P-16/YGC691C-EV-S7（5）RB-T-16，YG505-01-00-00XLV/YG505-02-00-00XLV，RAC-TI16K-5A/RAC-ZI16F2-2A，LDAC-016CT/IC-CPD/LDAC-016CZ，ZC-16VSP/ZC-16VSR，XCB-1AC16A/XIA-1AC16A，HT-GB-AC16A-P3/HT-GB-AC016AS	四川永贵科技有限公司，四川瑞可达连接系统有限公司，山东龙立电子有限公司，广州知崇新能源科技有限公司，威海市泓淋电力技术股份有限公司，江苏亨通新能源电气技术有限公司	纯电动乘用车	194	

续上表

电动汽车车载充电机生产企业	充电方式	充电插头/插座型号	充电插头/插座生产企业	车辆名称配套车辆类型	2019 年配套车型产量小计（辆）	2019 年配套车型产量总计（辆）
杭州铁城信息科技有限公司	恒流	6808020101；680211310311/680211310211；680411101052，RAC-TI16K-5A/RAC-ZI16F2-2A；RAC-ZI32F/RAC-ZI32FG；RDC1-XZI125	深圳市沃尔新能源电气科技有限责任公司，四川瑞可达连接系统有限公司	纯电动乘用车	183	19701
	恒流	6808020101；680211310311/680211310211；680411101052，RAC-TI16K-5A/RAC-ZI16F2-2A；RAC-ZI32F/RAC-ZI32FG；RDC1-XZI125	深圳市沃尔新能源电气科技有限责任公司，四川瑞可达连接系统有限公司	纯电动专用车	138	
	恒流，恒压	DYL16-7TJ/DYL16-7ZK（交流插头/插座），DYL21-9TJ-80A/DYL21-9ZK-80A（直流插头/插座）	浙江中杭电子有限公司	纯电动乘用车	453	
	恒流，恒压	V2C-DSI-EV16P（慢充插头），YGC691C-EV-P7（5）P-16（慢充插头）/NV4C-DSI-G-EV16S（慢充插座），NV4C-DSI-GEL-EV32S（慢充插座），NDQC-7Z（16A-250/440V）-L（慢充插座），NDQC-7Z（32A-250/440V）-L（慢充插座），YGC691C-EV-S7（5）RA-T-16（慢充插座），YGC691C-EV-S7（5）RA-T-32（慢充插座）	苏州工业园区多思达科技有限公司，四川永贵科技有限公司，中航光电科技股份有限公司	纯电动乘用车	65	
	恒流，恒压	V2C-DSI-EV16P（慢充插头），YGC691C-EV-P7（5）P-16（慢充插头）/NV4C-DSI-G-EV16S（慢充插座），NV4C-DSI-GEL-EV32S（慢充插座），NDQC-7Z（16A-250/440V）-L（慢充插座），NDQC-7Z（32A-250/440V）-L（慢充插座），YGC691C-EV-S7（5）RA-T-16（慢充插座），YGC691C-EV-S7（5）RA-T-32（慢充插座）	苏州工业园区多思达科技有限公司，中航光电科技股份有限公司，四川永贵科技有限公司	纯电动乘用车	1115	
	恒流，恒压	插头型号：EVP Ⅱ-V-16A5-G，插座型号：（1）快充 HVCOFBTR12SF950RL，慢充 HVCOFBTR6SF506L0000；（2）快充 HT-GB-DC200AS，慢充 HT-GB-AC032AS	插头生产企业：南京康尼新能源汽车零部件有限公司；插座生产企业：安费诺精密连接器（深圳）有限公司，江苏亨通新能源电气技术有限公司	纯电动专用车	19	
	恒流，恒压	插头型号：EVP Ⅱ-V-16A5-G，插座型号：（1）快充 HVCOFBTR12SF950RL，慢充 HVCOFBTR6SF506L0000；（2）快充 HT-GB-DC200AS，慢充 HT-GB-AC032AS	插头生产企业：南京康尼新能源汽车零部件有限公司；插座生产企业：安费诺精密连接器（深圳）有限公司，江苏亨通新能源电气技术有限公司	纯电动专用车	35	
	恒流，恒压	交流充电插座：EVS-V-32A5-GSLB；直流充电插座：EVS-4-125D9-GS；充电枪：EVP Ⅱ-V-16A5-G	南京康尼新能源汽车零部件有限公司	纯电动专用车	141	
	恒流，恒压	交流充电插座：EVS-V-32A5-GSLB；直流充电插座：EVS-4-125D9-GS；充电枪：EVP Ⅱ-V-16A5-G	南京康尼新能源汽车零部件有限公司	纯电动专用车	15	
	恒流，恒压	交流充电插座：EVS-V-32A5-GSLB；直流充电插座：EVS-4-125D9-GS；充电枪：EVP Ⅱ-V-16A5-G	南京康尼新能源汽车零部件有限公司	纯电动专用车	1	
	恒流，恒压	交流充电插座：EVS-V-32A5-GSLB；直流充电插座：EVS-4-125D9-GS；充电枪：EVP Ⅱ-V-16A5-G	南京康尼新能源汽车零部件有限公司	纯电动专用车	30	
	恒流，恒压	慢充插头 HT-GB-AC16A-P3 慢充插座 HT-GB-AC016AS 快充插座 HT-GB-DC125AS	江苏亨通新能源电气技术有限公司	纯电动乘用车	5212	
	恒流，恒压	直流：EVS-4-125D9-GS；交流：EVS-V-32A5-GSLB；模式二充电枪：EVP Ⅱ-V-16A5-G	南京康尼新能源汽车零部件有限公司	纯电动专用车	15	
	恒流充电	6808020101；680211310311/680211310211；680411101052，YG196G-EVSE-691/G-16；YGC691C-EV-P7（5）P-16；YGC691C-EV-S7（5）RA-T-16/YGC691C-EV-S7（5）RA-T-32；YGC762-EV-S9RA-125	深圳市沃尔新能源电气科技股份有限公司，四川永贵科技有限公司	纯电动专用车	134	
	恒流充电	A：L61-B836-07P-016/L61-B1690-07S-016，L61-B836-07P-032/L61-B1690-07S-032，L61-B1691-09S-125A，B：DTN-C-AC-16/DTN-I-AC-16，DTN-C-AC-16/DTN-I-AC-32，DTN-I-DC-125	广东顺科汽车电气制造有限公司，武汉德泰纳新能源技术有限公司	纯电动专用车	20	
	恒流充电	A：L61-B836-07P-016/L61-B1690-07S-016；L61-B836-07P-032/L61-B1690-07S-032；L61-B1691-09S-125A，B：DTN-C-AC-16/DTN-I-AC-16，DTN-C-AC-16/DTN-I-AC-32，DTN-I-DC-125	广东顺科汽车电气制造有限公司，武汉德泰纳新能源技术有限公司	纯电动专用车	121	

续上表

电动汽车车载充电机生产企业	充电方式	充电插头/插座型号	充电插头/插座生产企业	车辆名称配套车辆类型	2019 年配套车型产量小计（辆）	2019 年配套车型产量总计（辆）
杭州铁城信息科技有限公司	恒流充电	NDQC-7T（16A-250/440V）/NDQC-7Z（16A-250/440V）-L，WOER-GB-C-AC16-05（插头）/680211310211（插座）	中航光电科技股份有限公司，深圳市沃尔新能源电气科技股份有限公司	纯电动专用车	1	19701
	恒流充电	NDQC-7T（16A-250/440V）/NDQC-7Z（16A-250/440V）-L，WOER-GB-C-AC16-05（插头）/680211310211（插座）	中航光电科技股份有限公司，深圳市沃尔新能源电气科技股份有限公司	纯电动专用车	556	
	恒流充电	XX101-TZ07C-Y16B/XX101-ZK07C-Y16A	浙江鑫喜电子科技有限公司	纯电动乘用车	33	
	恒流充电	交流：STG11-016-1110-00/STG12-016-1120-04	济宁圣泰电气科技有限公司	纯电动乘用车	178	
	恒流充电	慢充：HVCO-M16/HVCO-F16，XP01-C-V1/XR02-C-V1，NDQC-7T（16A-250/440V）/NDQC-7Z（16A-250/440V）-R；快充：HVCO-F125，XR61-C-V2，NDQ-9Z（125A-750V）-R	成都晨风绿能电气技术有限公司，深圳巴斯巴科技发展有限公司，中航光电科技股份有限公司	纯电动乘用车	510	
	恒流充电	慢充：XP01-C-V1/XR02-C-V1，HVCO-M16/HVCO-F16；快充：XR61-C-V2，HVCO-F125	深圳巴斯巴科技发展有限公司，成都晨风绿能电气技术有限公司	纯电动乘用车	8	
	恒流充电	慢充：XP01-C-V1/XR07-C-V1，HVCO-M16/HVCO-F16；快充：XR61-C-V2，HVCO-F125（快充为选装配置）	深圳巴斯巴科技发展有限公司，成都晨风绿能电气技术有限公司	纯电动乘用车	162	
	恒流充电	慢充充电插头：A：EVP II-V-16A5-G/B：EVP6-V-16A5/C：6808020101；慢充充电插座：A：WOER-GB-I-AC32-04/B：680211310311；快充充电插座：A：YGC762-EV-S9RPWA/1-200/B：LCS-250L	慢充充电插头：南京康尼新能源汽车零部件有限公司，深圳市沃尔新能源电气科技股份有限公司；慢充充电插座：深圳市沃尔新能源电气科技股份有限公司，快充充电插座：四川永贵科技有限公司，广东林一新能源科技有限公司	纯电动乘用车	1294	
	恒流充电，恒压充电	充电枪：EVPⅡ-2-16A5-G；交流充电插座：EVS-4-125D9-GS；直流充电插座：EVS-V-32A5-GSLB	南京康尼新能源汽车零部件有限公司	纯电动专用车	13	
	恒流充电转恒压充电	V2C-DSI-EV16P（慢充插头）；NV4C-DSI-GEL-EV32S（慢充插座），EVS-4-200D9-GS（快充插座）	苏州工业园区多思达科技有限公司，南京康尼新能源汽车零部件有限公司	纯电动乘用车	9	
	恒流恒压	HVCO-F-BT-R12-SF970R-L（安费诺直流）；HVCOFBTR6SF506L（安费诺-交流）；EVS-4-250D9-GS（康尼直流）；EVS-V-32A5-GSLB（康尼交流）	南京康尼新能源汽车零部件有限公司，安费诺精密连接器（深圳）有限公司	纯电动专用车	7	
	恒流恒压	HVCO-F-BT-R12-SF970R-L（安费诺直流）HVCOFBTR6SF506L（安费诺-交流）EVS-4-250D9-GS（康尼直流）EVS-V-32A5-GSLB（康尼交流）	南京康尼新能源汽车零部件有限公司，安费诺精密连接器（深圳）有限公司	纯电动专用车	53	
	恒流恒压	直流：EVS-4-125D9-GS；交流：EVS-V-32A5-GSLB；模式二充电枪：EVPⅡ-V-16A5-G	南京康尼新能源汽车零部件有限公司	纯电动专用车	1	
	恒流恒压	直流：EVS-4-125D9-GS；交流：EVS-V-32A5-GSLB；模式二充电枪：EVPⅡ-V-16A5-G	南京康尼新能源汽车零部件有限公司	纯电动专用车	1	
	恒流恒压充电	CL-C1GCA01W/CL-C1GIA06TE	苏州智绿环保科技有限公司	纯电动乘用车	2	
	恒流限压，恒压限流	NDQ-9Z（125A-750V）-0	中航光电科技股份有限公司	纯电动乘用车	2	
	恒流限压，恒压限流	QLZ-K125，QLQ-M16/QLZ-M16	襄阳群龙汽车部件股份有限公司	纯电动专用车	760	
	恒压，恒流充电	慢充：XP06-C-V1/XR02-C-V1，XP06-C-V2-S/XR02-C-V2；快充：XR61-C-V2	深圳巴斯巴科技发展有限公司	纯电动乘用车	530	
	恒压充电	6808020101；680211310311/680211310211；680411101052，YG196G-EVSE-691/G-16；YGC691C-EV-P7（5）P-16；YGC691C-EV-S7（5）RA-T-16/YGC691C-EV-S7（5）RA-T-32；YGC691C-EV-S7（5）RA-T/1-16/YGC691C-EV-S7（5）RA-T/1-32；YGC762-EV-S9RA-125，RAC-TI16K-5A/RAC-ZI16F2-2A；RAC-ZI32F；RDC1-XZ	深圳市沃尔新能源电气科技有限责任公司，四川永贵科技有限公司，四川瑞可达连接系统有限公司	纯电动乘用车	1147	

续上表

电动汽车车载充电机生产企业	充电方式	充电插头/插座型号	充电插头/插座生产企业	车辆名称配套车辆类型	2019年配套车型产量小计（辆）	2019年配套车型产量总计（辆）
杭州铁城信息科技有限公司	恒压充电	6808020101；680211310311/680211310211；680411101052，YG196G-EVSE-691/G-16；YGC691C-EV-P7(5)P-16；YGC691C-EV-S7(5)RA-T-16/YGC691C-EV-S7(5)RA-T-32；YGC691C-EV-S7（5）RA-T/1-16/YGC691C-EV-S7（5）RA-T/1-32；YGC762-EV-S9RA-125，RAC-TI16K-5A/RAC-ZI16F2-2A；RAC-ZI32F；RDC1-XZ	深圳市沃尔新能源电气科技有限责任公司，四川永贵科技有限公司，四川瑞可达连接系统有限公司	纯电动专用车	1013	19701
	恒压充电	交流充电接口：YGC691C-EV-P7（5）P-16/YGC691C-EV-S7（5）RA-T-16，YGC691C-EV-P7(5)P-32/YGC691C-EV-S7(5)RA-T-32，YG196G-EVSE-691/G-16；直流充电接口：YGC762-EV-S9RA-125	四川永贵科技有限公司	纯电动乘用车	433	
	恒压充电	交流充电接口：YGC691C-EV-P7（5）P-16/YGC691C-EV-S7（5）RA-T-16，YGC691C-EV-P7(5)P-32/YGC691C-EV-S7(5)RA-T-32，YG196G-EVSE-691/G-16；直流充电接口：YGC762-EV-S9RA-125	四川永贵科技有限公司	纯电动专用车	477	
	恒压充电	交流充电接口：YGC691C-EV-P7（5）P-16/YGC691C-EV-S7（5）RA-T-16，YGC691C-EV-P7(5)P-32/YGC691C-EV-S7(5)RA-T-32，YG196G-EVSE-691/G-16；NDQC-7T(16A-250/440V)/NDQC-7Z(16A-250/440V)-L 直流充电接口：YGC762-EV-S9RA-125；NDQC-9Z(125A-750V)-L	四川永贵科技有限公司，中航光电科技股份有限公司	纯电动专用车	228	
	恒压充电	交流充电口：YGC691C-EV-P7(5)P-16/YGC691C-EV-S7(5)RA-T-16，YGC691C-EV-P7(5)P-32/YGC691C-EV-S7(5)RA-T-32，YG196G-EVSE-691/G-16；直流充电接口：YGC762-EV-S9RA-125	四川永贵科技有限公司	纯电动专用车	1	
	恒压恒流	NDQC-7T(16A-250/440V)/NDQC-7Z(16A-250/440V)-L，TTSC101C-EV-P5T-16A(插头)；TTSC101C-EV-S5Z-16A(插座)，-/TTSC102-EV-S9Z-125A(直流插座)，-/680411101052(直流插座)	中航光电科技股份有限公司，特拉斯特新能源科技（上海）有限公司，深圳市沃尔新能源电气科技股份有限公司	纯电动专用车	5	
	恒压恒流	NDQC-7T(16A-250/440V)/NDQC-7Z(16A-250/440V)-L，TTSC101C-EV-P5T-16A(插头)/TTSC101C-EV-S5Z-16A(插座)，-/TTSC102-EV-S9Z-125A(直流插座)，-/680411101052(直流插座)	中航光电科技股份有限公司，特拉斯特新能源科技（上海）有限公司，深圳市沃尔新能源电气科技股份有限公司	纯电动专用车	95	
	恒压恒流	NDQC-7T(16A-250/440V)/NDQC-7Z(16A-250/440V)-L，TTSC101C-EV-P5T-16A(插头)/TTSC101C-EV-S5Z-16A(插座)，-/TTSC102-EV-S9Z-125A(直流插座)，-/680411101052(直流插座)	中航光电科技股份有限公司，特拉斯特新能源科技（上海）有限公司，深圳市沃尔新能源电气科技股份有限公司	纯电动专用车	10	
	恒压限流充电	XP01-C-V1/XR02-C-V1，XR61-C-V1	深圳巴斯巴科技发展有限公司	纯电动专用车	2	
	恒压限流充电	XP01-C-V1/XR02-C-V1，XR61-C-V2	深圳巴斯巴科技发展有限公司	纯电动专用车	1	
	恒压限流充电	XR02-C-V2，XR61-C-V2	深圳巴斯巴科技发展有限公司	纯电动专用车	6	
	恒压限流充电	插头 CE-112-0XXX004；125/插座直流 CE-114-0XXX004	东莞市日新传导科技有限公司	燃料电池专用车	57	
	恒压限流充电	交流插头：CDAC6-016CT；交流插座：NDQC-7Z(16A-250/440V)-L G002；直流插座：NDQ-9Z(125A-750V)-L	交流插头厂家：山东龙立电子有限公司；交直流充电插座：中航光电科技股份有限公司	纯电动乘用车	3	
	恒压限流充电	交流插头：LDAC6-016CT；交流插座：NDQC-7Z(16A-250/440V)-L G002；直流插座：NDQ-9Z(125A-750V)-L	交流插头厂家：山东龙立电子有限公司；交直流充电插座：中航光电科技股份有限公司	纯电动乘用车	1	
	恒压限流充电	交流插头：NDQC-7T-16A-1；交流插座：YGC691C-EV-S7(5)RA-T/1-32；直流插座：NDQ-9Z(200A-750V)-L	交流充电插头：中航光电科技股份有限公司；交流充电插座：四川永贵科技有限公司，直流充电座：中航光电科技股份有限公司	纯电动乘用车	10	
	交流充电，直流充电	插头型号：EVPⅡ-V-16A5-G；插座型号：(1)快充 HVCOFBTR12SF950RL，慢充 HVCOFBTR6SF506L0000；(2)快充 HT-GB-DC200AS，慢充 HT-GB-AC032AS	插头生产企业：南京康尼新能源汽车零部件有限公司；插座生产企业：安费诺精密连接器（深圳）有限公司，江苏亨通新能源电气技术有限公司	纯电动专用车	36	
	交流充电，直流充电	插头型号：EVPⅡ-V-16A5-G；插座型号：(1)快充 HVCOFBTR12SF950RL，慢充 HVCOFBTR6SF506L0000；(2)快充 HT-GB-DC200AS；慢充 HT-GB-AC032AS	插头生产企业：南京康尼新能源汽车零部件有限公司；插座生产企业：安费诺精密连接器（深圳）有限公司，江苏亨通新能源电气技术有限公司	纯电动专用车	87	

续上表

电动汽车车载充电机生产企业	充电方式	充电插头/插座型号	充电插头/插座生产企业	车辆名称配套车辆类型	2019年配套车型产量小计（辆）	2019年配套车型产量总计（辆）
杭州铁城信息科技有限公司	交流充电，直流充电	交流：CSEVM32；直流：CS200	安费诺汽车连接系统（常州）有限公司	纯电动专用车	4	19701
	交流慢充，直流快充	NDQC-7T（16A-250/440V），NDQC-7Z（16A-250/440V）-R，NDQ-9Z（125A-750V）-R，HVCO-M16，HVCO-F16，HVCO-F125，RAC3-TI16K4-5A，RDC1-XZI125，RAC-ZI16F2-2A	中航光电科技股份有限公司，成都晨风绿能电气技术有限公司，四川瑞可达连接系统有限公司，苏州瑞可达连接系统股份有限公司	纯电动专用车	1	
	交流慢充，直流快充	NDQC-7T（16A-250/440V），NDQC-7Z（16A-250/440V）-R，NDQ-9Z（125A-750V）-R；HVCO-F16，HVCO-F125，HVCO-M16；EVS-V-16A5-GSC，EVS-4-125D9-GS，EVPⅡ-V-16A5-G；DYL21-9ZK-125A，DYL16-7ZK，DYL16-7TJ	中航光电科技股份有限公司，成都晨风绿能电气技术有限公司，南京康尼新能源汽车零部件有限公司，杭州泰宏新能源技术有限公司	纯电动专用车	1	
	交流慢充，直流快充	NDQC-7T（16A-250/440V），NDQC-7Z（16A-250/440V）-R，NDQ-9Z（125A-750V）-R；HVCO-M16，HVCO-F16，HVCO-F125；RAC3-TI16K4-5A，RDC1-XZI125；RAC-ZI16F2-2C	中航光电科技股份有限公司，成都晨风绿能电气技术有限公司，四川瑞可达连接系统有限公司，苏州瑞可达连接系统股份有限公司	纯电动专用车	12	
	具备交流充电，直流充电两种方式	F08-730090-50T，F08-831200-06T	乐清市八达光电科技股份有限公司	纯电动专用车	944	
	具备交流充电，直流充电两种方式	F08-742050-06T，F08-630090-35L	乐清市八达光电科技股份有限公司	纯电动专用车	1025	
	先恒流后恒压	RDC-ZI125，NDQ-9Z（125A-750V）-L，XX102-ZK09-Y125A，QLZ-K125	四川瑞可达连接系统有限公司，中航光电科技股份有限公司，浙江鑫喜电子科技有限公司，襄阳群龙汽车部件股份有限公司	纯电动乘用车	21	
	先恒流后恒压	直流充电插座型号 BENT-DC80-CZ9，交流充电插座型号 BENT-AC16-CZ5，直流充电插座型号 KEC-DC-80-G9，交流充电插头/插座型号 KEC-AC-016-F5/KEC-AC-016-G5	江苏贝恩特汽配科技有限公司，温州凯业电器有限公司	纯电动专用车	66	
	先恒流后恒压充电	NDQC-7Z（16A-250/440V）-L，NDQC-7Z（32A-250/440V）-L	中航光电科技股份有限公司	纯电动专用车	1	
	先恒流后恒压充电	交流（巴斯巴）：XP01-C-V1/XR02-C-V2，XP02-C-V1/XR02-C-V2；交流（立讯）：LSC-AC11E00/LSC-AR12A03；交流（永贵）：YGC691C-EV-P7（5）PW-16/YGC691C-EV-S7（5）RA-T-32，YGC691C-EV-P7（5）P-16/YGC691C-EV-S7（5）RA-T-32；直流（巴斯巴）：XR61-C-V3；直流（立讯）：LSC-DR13A00；直流（永贵）：YGC762-EV-S9RA-200	深圳巴斯巴科技发展有限公司，东莞立讯智连电子科技有限公司，四川永贵科技有限公司	纯电动乘用车	13	
	先恒流再恒功率最后恒压	交流插头：EVPⅡ-V-16A5-G，NDQC-7T-16A-1，RAC-TI16K-5A；交流插座：EVS-V-16A5-GSC，NDQC-7Z（16A-250/440V）-L，RAC-ZI16F2-2A；直流插座：EVS4-125D9-GS，NDQ-9Z（125A-750V）-L，RDC-ZI125	南京康尼新能源汽车零部件有限公司，中航光电科技股份有限公司，四川瑞可达连接系统有限公司	纯电动专用车	3	
	先恒流再恒压方式充电	QLQ-M16/QLZ-M16，QLZ-K125	襄阳群龙汽车部件股份有限公司	纯电动专用车	103	
	先恒流再恒压方式充电	YGC762-EV-S9RA-125，CS06，YGC691C-EV-P7（5）P-16/YGC691C-EV-S7（5）RB-T-32，NDQ-9Z（125A-750V）-L，NDQ-9Z（125A-750V）-R，NDQC-7T（32A-250/440V）/NDQC-7Z（32A-250/440V）-L，NDQC-7T（32A-250/440V）/NDQC-7Z（32A-250/440V）-R，NDQC-7T（16A-250/440V）/NDQC-7Z（16A-250/440V）-L，NDQC-7T	四川永贵科技有限公司，安费诺汽车连接系统（常州）有限公司，中航光电科技股份有限公司，襄阳群龙汽车部件股份有限公司	纯电动专用车	1669	
	先恒流再恒压方式充电	交流充电插头/插座：QLQ-M16/QLZ-M16；直流充电插座：QLZ-K125	襄阳群龙汽车部件股份有限公司	纯电动专用车	4	
	先恒流再恒压方式充电	交流充电插头/插座：QLQ-M16/QLZ-M16，直流充电插座：QLZ-K125	襄阳群龙汽车部件股份有限公司	纯电动专用车	5	
	直流充电	交流：CSEVM32；直流：CS125	安费诺汽车连接系统（常州）有限公司	纯电动专用车	2	
	直流充电	交流：CSEVM32；直流：CS125	安费诺汽车连接系统（常州）有限公司	纯电动专用车	129	
	直流充电，交流充电	交流：CSEVM32；直流：CS125	安费诺汽车连接系统（常州）有限公司	纯电动专用车	1	
	直流充电，交流充电	交流：CSEVM32；直流：CS200	安费诺汽车连接系统（常州）有限公司	纯电动专用车	1	

续上表

电动汽车车载充电机生产企业	充电方式	充电插头/插座型号	充电插头/插座生产企业	车辆名称配套车辆类型	2019年配套车型产量小计（辆）	2019年配套车型产量总计（辆）
科士达爱尔兰股份有限公司/Kostal Ireland GmbH	恒流充电	插头：HVCC；插座：LDTypVAC162015	插头：德尔福中央电气（上海）有限公司；插座：菲尼克斯（南京）新能源汽车技术有限公司	插电式混合动力乘用车	19230	19230
TOYOTA INDUSTRIES CORPORATION	传导式充电	SVCC 41/SVCI 41	SUMITOMO WIRING SYSTEMS. LTD. /SUMITOMO WIRING SYSTEMS. LTD.	插电式混合动力乘用车	7748	16851
	传导型充电	插头：SVCC 41；插座：SVCI 41	插头：Sumitomo Wiring Systems. Ltd. ；插座：Sumitomo Wiring Systems. Ltd.	插电式混合动力乘用车	9103	
杭州铁城信息科技有限公司，杭州奥蒂电控有限公司	恒流限压，恒压限流	NDQ-9Z（125A-750V）-L，QLZ-K125，XX102-ZK09-Y125A	中航光电科技股份有限公司，襄阳群龙汽车部件股份有限公司，浙江鑫喜电子科技有限公司	纯电动乘用车	4201	13693
	恒流限压，恒压限流	NDQ-9Z（125A-750V）-L，QLZ-K125，XX102-ZK09-Y125A，RDC1-XZI125，YGC762-EV-S9RA-125	中航光电科技股份有限公司，襄阳群龙汽车部件股份有限公司，浙江鑫喜电子科技有限公司，四川瑞可达连接系统有限公司，四川永贵科技有限公司	纯电动乘用车	2103	
	交流慢充，直流快充	NDQC-7T（16A-250/440V），NDQC-7Z（16A-250/440V）-R，NDQ-9Z（125A-750V）-R；HVCO-F16，HVCO-F125，HVCO-M16；EVS-V-16A5-GSC，EVS-4-125D9-GS，EVPⅡ-V-16A5-G；DYL21-9ZK-125A，DYL16-7ZK，DYL16-7TJ	中航光电科技股份有限公司，成都晨风绿能电气技术有限公司，南京康尼新能源汽车零部件有限公司，杭州泰宏新能源技术有限公司	纯电动专用车	3290	
	交流慢充，直流快充	NDQC-7T（16A-250/440V），NDQC-7Z（16A-250/440V）-R，NDQ-9Z（125A-750V）-R；HVCO-F16，HVCO-F125，HVCO-M16；EVS-V-16A5-GSC，EVS-4-125D9-GS，EVPⅡ-V-16A5-G；DYL21-9ZK-125A，DYL16-7ZK，DYL16-7TJ；1204-01X-0001，1104-03X-0002，1202-01X-0012	中航光电科技股份有限公司，成都晨风绿能电气技术有限公司，南京康尼新能源汽车零部件有限公司，杭州泰宏新能源技术有限公司，深圳容一电动科技有限公司	纯电动专用车	2916	
	交流慢充及直流快充	YGC691C-EV-P7（5）P-16/1010，NDQC-7T-16A-1/YGC691C-EV-S7（5）RB-T/1-32/2，YGC691C-EV-S7（5）RB-N-16/2，NDQC-7Z（16A-250/440V）-R，NDQC-7Z（32A-250/440V）-R，YGC762-EV-S9RB-80，NDQ-9Z（80A-750V）-R	四川永贵科技有限公司，中航光电科技股份有限公司	纯电动乘用车	1118	
	交流慢充及直流快充	YGC691C-EV-P7（5）P-16/1010，NDQC-7T-16A-1/YGC691C-EV-S7（5）RB-T/1-32/2，YGC691C-EV-S7（5）RB-N-16/2，NDQC-7Z-（16A-250/440V）-R，NDQC-7Z-（32A-250/440V）-R，YGC762-EV-S9RB-80，NDQ-9Z（80A-750V）-R	四川永贵科技有限公司，中航光电科技股份有限公司	纯电动乘用车	65	
美达电器（深圳）有限公司，深圳欣锐科技股份有限公司	先恒流再恒压	XP01-C-V1（交流车辆端插头、选装）/XR61-C-V3（快充插座）/XR02-C-V2（交流插座），HVCO-M16（交流车辆端插头、选装）/HVCO-F200（快充插座）/HVCO-F32（交流插座），XP02-C-1（交流插头，选装）/XR63-C-V3（快充插座）/慢充插座XR07-C-V2，HVCO-M16（交流车辆端插头，选装）/HVCO-FB200（快充插座）/HVCO-FB32（交流插座）	深圳巴斯巴科技发展有限公司，成都晨风绿能电气技术有限公司	纯电动乘用车	6108	12524
	先恒流再恒压	XP01-C-V1（交流车辆端插头、选装）/XR61-C-V3（快充插座）/XR02-C-V2（交流插座），HVCO-M16（交流车辆端插头、选装）/HVCO-F200（快充插座）/HVCO-F32（交流插座），XP02-C-V1（交流插头，选装）/XR63-C-V3（快充插座）/慢充插座XR07-C-V2，HVCO-M16（交流车辆端插头，选装）/HVCO-FB200（快充插座）/HVCO-FB32（交流插座），QLZ-K125/QLZ-M32/QLQ-M32（选装）	深圳巴斯巴科技发展有限公司，成都晨风绿能电气技术有限公司	纯电动乘用车	20	
	先恒流再恒压	XP01-C-V1（交流车辆端插头、选装）/XR61-C-V3（快充插座）/XR02-C-V2（交流插座），HVCO-M16（交流车辆端插头、选装）/HVCO-F200（快充插座）/HVCO-F32（交流插座），XP02-C-V1（交流插头，选装）/XR63-C-V3（快充插座）/慢充插座XR07-C-V2，HVCO-M16（交流车辆端插头，选装）/HVCO-FB200（快充插座）/HVCO-FB32（交流插座），QLZ-K125/QLZ-M32/QLQ-M32（选装）	深圳巴斯巴科技发展有限公司，成都晨风绿能电气技术有限公司，襄阳群龙汽车部件股份有限公司	纯电动乘用车	6396	
杭州铁城信息科技有限公司，重庆力华自动化技术有限责任公司，常州市武进红光无线电有限公司	恒流恒压充电	A：RAC-TI10K-5A/RAC-ZI10F2-0. 3A；B：RAC-TI10K-5A/RAC-ZI32F-2E；C：RAC-TI10K-5A/CL-C1GIA02；D：RAC-TI10K-5A/CL-C1GIA06TE；E：RAC-TI10K-5A/YGC691C-EV-S7（5）RA-T/1-32；F：CL-C1GCA01W/CL-C1GIA02；G：CL-C1GCA01W/CL-C1GIA06TE；H：CL-C1GCA01W/RAC-ZI10F2-0. 3A；I：CL-C1GCA01W/RAC-Z	苏州瑞可达连接系统股份有限公司，苏州智绿环保科技有限公司	纯电动乘用车	12302	12302

续上表

电动汽车车载充电机生产企业	充电方式	充电插头/插座型号	充电插头/插座生产企业	车辆名称配套车辆类型	2019年配套车型产量小计（辆）	2019年配套车型产量总计（辆）
深圳威迈斯电源有限公司，上海欣锐电控技术有限公司	慢充，快充	交流充电插头：EVPIV-V-16A5/EVPIV-V-16A5-G；交流充电插座：EVS-V-32A5-GHLD；直流充电插座：EVS-4-125D9-GHD/EVS-4-250D9-GHD；交流充电插座：CSEV63S/CSEV32S；直流充电插座：CS125R/CS200R/CS250R	南京康尼新能源汽车零部件有限公司，安费诺汽车连接系统（常州）有限公司	纯电动乘用车	3621	12272
	慢充，快充	交流充电插头：EVPIV-V-16A5/EVPIV-V-16A5-G；交流充电插座：EVS-V-32A5-GHLD；直流充电插座：EVS-4-125D9-GHD/EVS-4-250D9-GHD；交流充电插座：CSEV63S/CSEV32S；直流充电插座：CS125R/CS200R/CS250R；直流充电插座：EVS-4-125D9-GHF/EVS-4-200D9-GHF	南京康尼新能源汽车零部件有限公司，安费诺汽车连接系统（常州）有限公司	纯电动乘用车	176	
	慢充，快充	交流充电插头：EVPIV-V-16A5-G；交流充电插座：CSEV32S/CSEV16S，EVS-V32A5-CHLD；直流充电插座：CS250R/CS125R，EVS-4-125D9-GHF；交流充电插头：XBC-1AC10A	安费诺汽车连接系统（常州）有限公司，南京康尼新能源汽车零部件有限公司，威海市泓淋电力技术股份有限公司	纯电动乘用车	1	
	慢充，快充	交流充电插头：EVPIV-V-16A5-G；交流充电插座：CSEV32S/CSEV16S；直流充电插座：CS250R/CS125R	南京康尼新能源汽车零部件有限公司，安费诺汽车连接系统（常州）有限公司	纯电动乘用车	8474	
上海锐镁新能源科技有限公司	恒流，恒压	HT-GB-AC032AS	江苏亨通新能源电气技术有限公司	纯电动乘用车	1009	10754
	恒流，恒压	快充插座：HT-GB-DC125AS，慢充插座：HT-GB-AC032AS，慢充插头：SZST-CDQ01-AC-32-GB	江苏亨通新能源电气技术有限公司，苏州舜唐新能源电控设备有限公司	纯电动乘用车	9745	
深圳威迈斯电源有限公司，深圳欣锐科技股份有限公司	先恒流后恒压充电	LDAC-016CT（交流插头），YGC691C-EV-P7（5）PW-16（交流插头）/YGC691C-EV-S7（5）RA-T-32（交流插座），YGC691C-EV-S7（5）RB-T-32（交流插座），NDQC-7Z（32A-250，440V）-L G002（交流插座），YGC762-EV-S9RA-125（直流插座），YGC762-EV-S9RB-125（直流插座），NDQ-9Z（125A-750V）-L（直流插座），LCS-125L（直流插座）	山东龙立电子有限公司（交流插头），四川永贵科技有限公司（交流插头）/四川永贵科技有限公司（交流插座），中航光电科技股份有限公司（交流插座），四川永贵科技有限公司（直流插座），中航光电科技股份有限公司（直流插座），广东林一新能源科技有限公司（直流插座）	纯电动乘用车	10450	10450
上海欣锐电控技术有限公司，深圳威迈斯电源有限公司	慢充，快充	交流充电插头：EVPIV-V-16A5，EVPIV-V-16A5-G；交流充电插座：EVS-V-32A5-GHLD，CSEV63S，CSEV32S，YGC691C-EV-S7（5）RHA-T/1-32；直流充电插座：EVS-4-125D9-GHD，EVS-4-200D9-GHD，EVS-4-250D9-GHD，CS125，CS200，CS250	南京康尼新能源汽车零部件有限公司，安费诺汽车连接系统（常州）有限公司，四川永贵科技有限公司	纯电动乘用车	51	9905
	慢充，快充	交流充电插头：EVPIV-V-16A5，EVPIV-V-16A5-G；交流充电插座：EVS-V-32A5-GHLD，CSEV63S，CSEV32S，YGC691C-EV-S7（5）RHA-T/1-32；直流充电插座：EVS-4-125D9-GHD，EVS-4-200D9-GHD，EVS-4-250D9-GHD，CS125，CS200，CS250，YGC762-EV-S9RC/1-125，YGC762-EV-S9RC/1-200	南京康尼新能源汽车零部件有限公司，安费诺汽车连接系统（常州）有限公司，四川永贵科技有限公司	纯电动乘用车	6808	
	慢充，快充	交流充电插头：EVPIV-V-16A5，EVPIV-V-16A5-G；交流充电插座：EVS-V-32A5-GHLD，CSEV63S，CSEV32S，YGC691C-EV-S7（5）RHA-T/1-32；直流充电插座：EVS-4-125D9-GHD，EVS-4-200D9-GHD，EVS-4-250D9-GHD，CS125，CS200，CS250，YGC762-EV-S9RC/1-125，YGC762-EV-S9RC/1-200	南京康尼新能源汽车零部件有限公司，安费诺汽车连接系统（常州）有限公司，四川永贵科技有限公司	纯电动乘用车	50	
	慢充，快充	交流充电插头：EVPIV-V-16A5，EVPIV-V-16A5-G；交流充电插座：EVS-V-32A5-GHLD，CSEV63S，CSEV32S，YGC691C-EV-S7（5）RHA-T/1-32；直流充电插座：EVS-4-125D9-GHD，EVS-4-200D9-GHD，EVS-4-250D9-GHD，CS125，CS200，CS250，YGC762-EV-S9RC/1-125，YGC762-EV-S9RC/1-200	南京康尼新能源汽车零部件有限公司，安费诺汽车连接系统（常州）有限公司，四川永贵科技有限公司	纯电动乘用车	382	
	慢充，快充	交流充电插头：EVPIV-V-16A5，EVPIV-V-16A5-G；交流充电插座：EVS-V-32A5-GHLD，CSEV63S，CSEV32S；直流充电插座：EVS-4-125D9-GHD，EVS-4-200D9-GHD，EVS-4-250D9-GHD，CS125，CS200，CS250	南京康尼新能源汽车零部件有限公司，安费诺汽车连接系统（常州）有限公司	纯电动乘用车	2614	
深圳威迈斯电源有限公司，深圳威迈斯新能源股份有限公司	初期恒功率末期涓流充电	LZ-GB01-M16/EVS-V-32A5-GSE/EVS-4-200D9-GHC	浙江联桩新能源科技有限公司/南京康尼新能源汽车零部件有限公司	纯电动乘用车	9885	9885

续上表

电动汽车车载充电机生产企业	充电方式	充电插头/插座型号	充电插头/插座生产企业	车辆名称配套车辆类型	2019年配套车型产量小计(辆)	2019年配套车型产量总计(辆)
松下电器/Panasonic	定功率充电	慢充插头:296M44NC1E(选装);慢充插座:296B1-4NCB/快充插座:296B1-4NCE	慢充插头:矢崎(中国)投资有限公司;慢充插座:矢崎(中国)投资有限公司;快充插座:矢崎(中国)投资有限公司	纯电动乘用车	8588	9565
	恒流充电	插头:HVCC,36277,36279;插座:GB AC 1P,Gen. 3 DC	插头:Delphi,MENNEKES;插座:TE	纯电动乘用车	574	
	恒压限流充电	车端插座:332004200;车辆插头:36277,36279,HVCC;供电插头:36277,36279	Delphi,MENNEKES/LEONI	插电式混合动力乘用车	403	
江苏摩比斯汽车零部件有限公司	恒流充电,恒压充电	充电插头:220152;插座:210175	YURA CORPORATION	插电式混合动力乘用车	433	8130
	恒流充电后,恒功率充电	插头:220152;插座:220161	YURA CORPORATION	插电式混合动力乘用车	1791	
	恒压充电,恒流充电	车辆插头:NCC15-10002,车辆插座:91666-Q9000	江苏京信电子有限公司	插电式混合动力乘用车	527	
	恒压充电,恒流充电	充电插头:NCC15-10002;插座:91996-E5100	江苏京信电子有限公司	插电式混合动力乘用车	5379	
台达电子(泰国)有限公司/Delta Electronics(Thailand) Public Company Limited,上海科世达-华阳汽车电器有限公司	先分段恒流充电,再恒压限流充电	插头/插座:LKM210-8UT-012015/LDTypVAC322015;插座:LDTypVDC1252015	插头/插座:安波福中央电气(上海)有限公司/菲尼克斯(南京)新能源汽车技术有限公司;插座:菲尼克斯(南京)新能源汽车技术有限公司	纯电动乘用车	7487	7487
科世达(上海)管理有限公司,深圳欣锐科技股份有限公司,深圳威迈斯电源有限公司,杭州富特科技股份有限公司,上海欣锐电控技术有限公司	慢充,快充	交流充电插头:EVPIV-V-16A5/EVPIV-V-16A5-G;交流充电插座:EVS-V-32A5-GHLD;直流充电插座:EVS-4-125D9-GHD/EVS-4-250D9-GHD;交流充电插座:CSEV63S/CSEV32S;直流充电插座:CS125R/CS200R/CS250R	南京康尼新能源汽车零部件有限公司,安费诺汽车连接系统(常州)有限公司	纯电动乘用车	7470	7470
纽福克斯光电科技(上海)有限公司	低压恒流,高压恒功率	插头/插座型号(直流125A):插头DC1-XT125-35/插座RDC-ZI125;插头/插座型号(直流125A):插头LDDC-125LCT/插座LDDC-125CZ;插头/插座型号(直流125A):插头:EV-013153111.21DQ/插座:EV-013151111.21DZ;插头/插座型号(交流16A):插头RAC-TI16K-5A/插座RAC-ZI16F2-2A;插头/插座型号(交流16A):插头LDAC6-016CT/插座LDAC-016CZ;插头/插座型号(交流16A):插头:EV-01	苏州瑞可达连接系统股份有限公司,山东龙立电子有限公司,宁波易威新能源科技有限公司	纯电动专用车	5	6928
	低压恒流或高压恒功率	慢充:F08-660150-020/F08-660051-04L	乐清市八达光电科技股份有限公司	纯电动专用车	1971	
	低压恒流或高压恒功率	慢充:F08-660150-020/F08-660051-04L;插头LDAC6-016CT/插座LDAC-016CZ;插头EV-011112121.21DQ/插座EV-011111111.21DZ;插头LDAC6-032CT/插座LDAC-032CZ;插头EV-012123121.21DQ/插座EV-012121111.21DZ	乐清市八达光电科技股份有限公司,山东龙立电子有限公司,宁波易威新能源科技有限公司	纯电动专用车	82	
	恒流充电	交流插头:YDG16-SAE-P1,插座YDG16-SAV-S1-N1;直流插头:YDG125-D-P1,插座:YDG125-D-S1	苏州怡达新能源科技有限公司	纯电动专用车	1	
	恒流充电	交流充电插头:NDQC-7T(16A-250/440V);交流充电插座:NDQC-7Z(16A-250/440V)-L;直流充电插座型号:NDQ-9Z(125A-750V)-L	中航光电科技股份有限公司	纯电动专用车	301	
	恒流充电	交流充电插头:NDQC-7T(16A-250/440V);交流充电插座:NDQC-7Z(16A-250/440V)-L;直流充电插座型号:NDQ-9Z(125A-750V)-L	中航光电科技股份有限公司	纯电动专用车	3119	
	恒流充电	交流充电插头:NDQC-7T(16A-250/440V);交流充电插座:NDQC-7Z(16A-250/440V)-L;直流充电插座型号:NDQ-9Z(125A-750V)-L	中航光电科技股份有限公司	纯电动专用车	15	
	恒流充电	交流充电插头:NDQC-7T(16A-250/440V);交流充电插座:NDQC-7Z(16A-250/440V)-L;直流充电插座型号:NDQ-9Z(125A-750V)-L	中航光电科技股份有限公司	纯电动专用车	825	
	恒流充电	交流充电插座:NDQC-7Z(16A-250/440V)-L;直流充电插座:NDQ-9Z(125A-750V)-L	中航光电科技股份有限公司	纯电动专用车	1	
	先恒流后恒压	交流充电插头:N/A/交流充电插座:NDQC-7Z(32A-250/440V)-L;直流充电插头:N/A/直流充电插座:NDQ-9Z(125A-750V)-R G005	中航光电科技股份有限公司	纯电动乘用车	8	

续上表

电动汽车车载充电机生产企业	充电方式	充电插头/插座型号	充电插头/插座生产企业	车辆名称配套车辆类型	2019年配套车型产量小计（辆）	2019年配套车型产量总计（辆）
纽福克斯光电科技（上海）有限公司	先恒流后恒压	交流充电插头：NDQC-7T（16A-250/440V）/交流充电插座：NDQC-7Z（32A-250/440V）-L；直流充电插头：N/A/直流充电插座：NDQ-9Z（125A-750V）-R G005	中航光电科技股份有限公司	纯电动乘用车	600	6928
杭州铁城信息科技有限公司，武汉科华动力科技有限公司	恒流，恒压	V2C-DSI-EV16P（慢充插头），YGC691C-EV-P7（5）P-16（慢充插头）/NV4C-DSI-G-EV16S（慢充插座），NV4C-DSI-GEL-EV32S（慢充插座），NDQC-7Z（16A-250/440V）-L（慢充插座），NDQC-7Z（32A-250/440V）-L（慢充插座），YGC691C-EV-S7（5）RA-T-16（慢充插座），YGC691C-EV-S7（5）RA-T-32（慢充插座），EVS4-125D9-S（快充插座），YGC762-EV-S9RA-125（快充插座）	苏州工业园区多思达科技有限公司，四川永贵科技有限公司，中航光电科技股份有限公司，南京康尼新能源汽车零部件有限公司	纯电动乘用车	10	6612
	恒流充电	慢充：XP01-C-V1/XR02-C-V1，NDQC-7T（16A-250/440V）/NDQC-7Z（16A-250/440V）-0；快充：XR61-C-V1，NDQ-9Z（125A-750V）-R	深圳巴斯巴科技发展有限公司，中航光电科技股份有限公司	纯电动乘用车	6602	
上海科世达-华阳汽车电器有限公司	恒流充电	LDTypVAC322015/LDTypVDC1252015/HVCC（交流充电插座/直流充电插座/交流充电插头）	菲尼克斯（南京）新能源汽车技术有限公司（插座）/德尔福中央电气（上海）有限公司（插头）	纯电动乘用车	2861	6537
	恒流充电	LKM210-8UT-012015/LDTypVAC162015	安波福中央电气（上海）有限公司/菲尼克斯（南京）新能源汽车技术有限公司	插电式混合动力乘用车	310	
	恒流充电	插头：HVCC；插座：LDTypVAC162015	插头：德尔福中央电气（上海）有限公司；插座：菲尼克斯（南京）新能源汽车技术有限公司	插电式混合动力乘用车	3366	
Delta Electronics power LTD.，科士达（上海）管理有限公司	恒流充电	LDTypVAC322015/LDTypVDC1252015/HVCC（交流充电插座/直流充电插座/交流充电插头）	南京菲尼克斯电气有限公司（插座）/德尔福中央电气（上海）有限公司（插头）	纯电动乘用车	6336	6336
杭州铁城信息科技有限公司，杭州富特科技股份有限公司	恒流充电	慢充：XP01-C-V1/XR07-C-V1，HVCO-M16/HVCO-F16；快充：XR61-C-V2，HVCO-F125（快充为选装配置）	深圳巴斯巴科技发展有限公司，成都晨风绿能电气技术有限公司	纯电动乘用车	4029	5857
	恒流限压，恒压限流	DYL16-7TJ/DYL16-7ZK，DYL21-9TJ-250A/DYL21-9ZK-250A，EC031205，EC010102/EC010202	浙江中杭电子有限公司，深圳灵科技术有限公司	纯电动乘用车	1	
	恒流限压，恒压限流	RAC-TI16K-5A/RAC-ZI16F2-2A， DYL16-7TJ/DYL16-7ZK， RDC-TI250/RDC-ZI250，DYL21-9TJ-250A/DYL21-9ZK-250A，EC031205，EC010102/EC010202	苏州瑞可达连接系统股份有限公司，浙江中杭电子有限公司，深圳灵科技术有限公司	纯电动乘用车	1827	
德尔福/Delphi	恒流充电	8607498/0-2208383-1	Delphi/TE	插电式混合动力乘用车	4978	5009
	恒流充电	8638671/0-2208383-1；8607498/0-2208383-1	Delphi/TE	插电式混合动力乘用车	31	
深圳威迈斯电源有限公司，深圳威迈斯电源有限公司，苏州舜唐新能源电控设备有限公司	慢充：恒流充电转恒压充电，快充：恒流充电	16A 交流充电插头/插座：RAC-TI16K-5A/RAC-ZI16F2-2A；32A 交流插座：RAC-ZI32F，直流插座：NDQ-9Z（125A-750V）-L；车辆插头：F08-660150-020；车辆插座：F08-660051-04L	苏州瑞可达连接系统股份有限公司，中航光电科技股份有限公司，乐清市八达光电科技股份有限公司	纯电动乘用车	2746	4106
	慢充：恒流充电转恒压充电，快充：恒流充电	16A 交流充电插头/插座：RAC-TI16K-5A/RAC-ZI16F2-2A；32A 交流插座：RAC-ZI32F；直流插座：NDQ-9Z（125A-750V）-L；车辆插头：F08-660150-020；车辆插座：F08-660051-04L；交流充电车辆插座：EV-250/32-S	苏州瑞可达连接系统股份有限公司，中航光电科技股份有限公司，乐清市八达光电科技股份有限公司，江阴信邦电子有限公司	纯电动乘用车	1360	
纽福克斯光电科技（上海）有限公司，深圳市康灿新能源科技有限公司	恒流充电	交流充电插座：NDQC-7Z（16A-250/440V）-L；直流充电插座：NDQ-9Z（125A-750V）-L	中航光电科技股份有限公司	纯电动专用车	97	3811
	恒流充电	交流充电插座：NDQC-7Z（16A-250/440V）-L；直流充电插座：NDQ-9Z（125A-750V）-L	中航光电科技股份有限公司	纯电动专用车	3714	
上海欣锐电控技术有限公司	交流连接设备（模式二）	交流充电插座：EVS-V-16A5-GHLD；交流充电插座：EVS-V-32A5-GHLD；交流充电插头：EVPIV-V-16A5，EVPIV-V-16A5-G	南京康尼新能源汽车零部件有限公司	插电式混合动力乘用车	681	3703

续上表

电动汽车车载充电机生产企业	充电方式	充电插头/插座型号	充电插头/插座生产企业	车辆名称配套车辆类型	2019年配套车型产量小计（辆）	2019年配套车型产量总计（辆）
上海欣锐电控技术有限公司	交流连接设备（模式二）：采用民用交流220Vac插座供应电源，通过CPID线缆控制盒进行握手认证，将交流电源输入至车辆，再由车载充电机以恒流，恒压模式将交流转换为直流给电池包充电	充电插头：EVPIV-V-16A5-G；充电插座：EVS-V-32A5-GHLD	南京康尼新能源汽车部件有限公司	插电式混合动力乘用车	771	3703
	交流连接设备（模式二）：采用民用交流221Vac插座供应电源，通过CPID线缆控制盒进行握手认证，将交流电源输入至车辆，再由车载充电机以恒流，恒压模式将交流转换为直流给电池包充电	交流充电插座：EVS-V-16A5-GHLD，EVS-V-32A5-GHLD，CSEV32S；交流充电插头：EVPIV-V-16A5，EVPIV-V-16A5-G，XBC-1AC10A	交流充电插座：南京康尼新能源汽车零部件有限公司，安费诺汽车连接系统（常州）有限公司；交流充电插头：南京康尼新能源汽车零部件有限公司，威海市泓淋电力技术股份有限公司	插电式混合动力乘用车	1096	
	交流连接设备（模式二）：采用民用交流220Vac插座供应电源，通过CPID线缆控制盒进行握手认证，将交流电源输入至车辆，再由车载充电机以恒流，恒压模式将交流转换为直流给电池包充电	交流充电插座：EVS-V-16A5-GHLD；交流充电插座：EVS-V-32A5-GHLD；交流车辆充电枪：EVPIV-V-16A5-G	南京康尼新能源汽车零部件有限公司	插电式混合动力乘用车	632	
	交流连接设备（模式二）：采用民用交流221Vac插座供应电源，通过CPID线缆控制盒进行握手认证，将交流电源输入至车辆，再由车载充电机以恒流，恒压模式将交流转换为直流给电池包充电	交流充电插座：EVS-V-16A5-GHLD；交流充电插座：EVS-V-32A5-GHLD；交流车辆充电枪：EVPIV-V-16A5-G；交流车辆充电枪：XBC-1AC10A	南京康尼新能源汽车零部件有限公司，威海市泓淋电力技术股份有限公司	插电式混合动力乘用车	523	
宁波普瑞均胜汽车电子有限公司	恒流充电，恒压充电	车辆插头：AD850，EVPIV-V-16A5-G；车辆插座：30659857	车辆插头：MENNEKES Stecker GmbH & Co. KG，南京康尼新能源汽车零部件有限公司；车辆插座：泰科电子（上海）有限公司	插电式混合动力乘用车	222	3425
	恒流充电，恒压充电	车辆插头：AD850；车辆插座：30659857	车辆插头：MENNEKES Stecker GmbH & Co. KG；车辆插座：泰科电子（上海）有限公司	插电式混合动力乘用车	3	
	恒流充电，恒压充电	充电插头：AD850；充电插座：30659857	插头：MENNEKES Stecker GmbH & Co. KG；插座：泰科电子（上海）有限公司	插电式混合动力乘用车	400	
	恒流充电，恒压充电	充电插头：AD85O；充电插座：30659857	插头：MENNEKES Stecker GmbH & Co. KG；插座：泰科电子（上海）有限公司	插电式混合动力乘用车	2800	
浙江爱特新能源汽车有限公司，浙江爱特新能源汽车有限公司	恒流充电，车载充电机与BMS通信，BMS实时采集单体电池情况，控制充电机充电。	直流充电插座型号：RDC-ZI125；交流充电插座型号：RAC-ZI16F2-2A；充电插头型号：RAC-TI16K-5A	苏州瑞可达连接系统股份有限公司	纯电动乘用车	3322	3322
TDK株式会社	恒压限流充电	充电插头：CC-C-L2-16-300-B；充电插座：HPACI-M0L2T0-0	德尔福中央电气（上海）有限公司	插电式混合动力乘用车	3270	3278
	恒压限流充电	充电插头：CC-C-L2-16-300-B；充电插座：HPACI-M0L2T0-0	德尔福中央电气（上海）有限公司	插电式混合动力乘用车	8	
深圳市核达中远通电源技术股份有限公司，杭州铁城信息科技有限公司	具备交流充电，直流充电两种方式	XP01-C-V2/XR02-C-V2，XR61-C-V3，F08-742050-06T，F08-730090-70T，1104-03x-0020，1104-03x-0003，1204-01x-0004，ES-DC-V200A，ES-AC-V32A-SP	深圳巴斯巴科技发展有限公司/深圳巴斯巴科技发展有限公司，乐清市八达光电科技股份有限公司，深圳容一电动科技有限公司，常州中电新能电器科技有限公司	纯电动专用车	2810	3075
	具备交流充电，直流充电两种方式	XP01-C-V2/XR02-C-V2、XR61-C-V2、XR61-C-V3、XR61-C-V4，F08-690150-060W/F08-742050-06T、F08-730090-35T、F08-730090-50T、F08-730090-70T，N/A/ES-AC-V32A-SP，ES-DC-V200A	深圳巴斯巴科技发展有限公司/深圳巴斯巴科技发展有限公司，乐清市八达光电科技股份有限公司/乐清市八达光电科技股份有限公司，-/常州中电新能电器科技有限公司	纯电动专用车	10	

续上表

电动汽车车载充电机生产企业	充电方式	充电插头/插座型号	充电插头/插座生产企业	车辆名称配套车辆类型	2019年配套车型产量小计（辆）	2019年配套车型产量总计（辆）
深圳市核达中远通电源技术股份有限公司，杭州铁城信息科技有限公司	具备交流充电，直流充电两种方式	XP01-C-V2/XR02-C-V2、XR61-C-V2、XR61-C-V3、XR61-C-V4，F08-690150-060W/F08-742050-06T、F08-730090-35T、F08-730090-70T	深圳巴斯巴科技发展有限公司/深圳巴斯巴科技发展有限公司，乐清市八达光电科技股份有限公司/乐清市八达光电科技股份有限公司	纯电动专用车	24	3075
	具备直流充电，交流充电两种方式	XR61-C-V2、XR61-C-V3、XR61-C-V4，F08-730090-35T、F08-730090-70T，1104-03X-0002、1104-03X-0020、1104-03X-0003，ES-DC-V125A、ES-DC-V200A，XP01-C-V2/XR02-C-V2，F08-742050-06T，1204-01x-0004，ES-AC-V32A-SP	深圳巴斯巴科技发展有限公司，乐清市八达光电科技股份有限公司，深圳容一电动科技有限公司，常州中电新能电器科技有限公司，深圳巴斯巴科技发展有限公司/深圳巴斯巴科技发展有限公司，乐清市八达光电科技股份有限公司，深圳容一电动科技有限公司，常州中电新能电器科技有限公司	纯电动专用车	1	
	具备直流充电方式（选装交流充电方式）	XP01-C-V2/XR02-C-V2、XR61-C-V2、XR61-C-V3、XR61-C-V4，F08-690150-060W/F08-742050-06T、F08-730090-35T、F08-730090-50T、F08-730090-70T，N/A/ES-AC-V32A-SP、ES-DC-V200A	深圳巴斯巴科技发展有限公司/深圳巴斯巴科技发展有限公司，乐清市八达光电科技股份有限公司/乐清市八达光电科技股份有限公司，-/常州中电新能电器科技有限公司	纯电动专用车	2	
	具备直流充电方式（选装交流充电方式）	XP01-C-V2/XR02-C-V2、XR61-C-V2、XR61-C-V3、XR61-C-V4，F08-690150-060W/F08-742050-06T、F08-730090-35T、F08-730090-50T、F08-730090-70T，N/A/ES-AC-V32A-SP、ES-DC-V200A	深圳巴斯巴科技发展有限公司/深圳巴斯巴科技发展有限公司，乐清市八达光电科技股份有限公司/乐清市八达光电科技股份有限公司，-/常州中电新能电器科技有限公司	纯电动专用车	228	
深圳市核达中远通电源技术股份有限公司	恒流充电	交流充电插头/插座：1060-PSE-16-XC-NS/NV4C-DSI-GEL-EV32S；直流充电插座：NV2-DSD-G-EV125S	张家港友诚新能源科技股份有限公司	纯电动专用车	168	3070
	恒流充电，涓流充电	直流充电插座：L61-B1691-09S-125；交流充电插座：L61-B1690-07S-032；充电插头：L61-B836-07P-032	惠州领先精密科技有限公司	纯电动乘用车	1	
	恒压限流充电	NDQC-7T-16A-1/NDQC-7Z(32A-250/440V)-L、NDQ-9Z(125A-750V)-L	中航光电科技股份有限公司	纯电动乘用车	1835	
	交流慢充，直流快充	HVCOF 32A/HVCOF 125A	安费诺精密连接器（深圳）有限公司	纯电动专用车	2	
	具备交流充电，直流充电两种方式	F08-831200-06T，F08-730090-50T	乐清市八达光电科技股份有限公司	纯电动专用车	861	
	具备交流充电，直流充电两种方式	XP01-C-V2/XR02-C-V2、XR61-C-V2、XR61-C-V3、XR61-C-V4，F08-690150-060W/F08-742050-06T、F08-730090-35T、F08-730090-70T	深圳巴斯巴科技发展有限公司，乐清市八达光电科技股份有限公司	插电式混合动力专用车	19	
	具备交流充电，直流充电两种方式	XP01-C-V2/XR02-C-V2、XR61-C-V2、XR61-C-V3、XR61-C-V4，F08-690150-060W/F08-742050-06T、F08-730090-35T、F08-730090-70T	深圳巴斯巴科技发展有限公司/深圳巴斯巴科技发展有限公司，乐清市八达光电科技股份有限公司/乐清市八达光电科技股份有限公司	插电式混合动力专用车	184	
美达电器（深圳）有限公司	先恒流再恒压	XP01-C-E2（交流车辆端插头）/XR61-C-V3（快充插座）/XP01-C-V2（充电枪供电端插头）/慢充插座 XR02-C-V2，HVC0-M32（交流车辆端插头）/HVC0-F200（快充插座）/HVC0-M32P（交流供电端插头）/HVC0-F32（交流插座）	深圳巴斯巴科技发展有限公司，成都晨风绿能电气技术有限公司	纯电动乘用车	307	3026
	先恒流再恒压	XP01-C-V1（交流车辆端插头、选装）/XR61-C-V3（快充插座）/XR02-C-V2（交流插座），HVC0-M16（交流车辆端插头、选装）/HVC0-F200（快充插座）/HVC0-F32（交流插座）	深圳巴斯巴科技发展有限公司，成都晨风绿能电气技术有限公司	纯电动乘用车	2719	
法雷奥汽车电气公司/Valeo Auto-Electric Hungary Ltd.	恒压充电，恒流充电	AD85O/2288553-4	Mennekes Steckter GmbH/Tyco Electronics	插电式混合动力乘用车	2521	3024
	恒压充电，恒流充电	AD85O/2288553-4	Mennekes Steckter GmbH/Tyco eletronic	插电式混合动力乘用车	503	
浙江爱特新能源汽车有限公司	恒流充电，车载充电机与 BMS 通信，BMS 实时采集单体电池情况，控制充电机充电	直流充电插座型号：RDC1-XZI125；交流充电插座型号：RAC-ZI16F2-2A；充电插头型号：RAC-TI16K-5A	苏州瑞可达连接系统股份有限公司，四川瑞可达连接系统有限公司	纯电动专用车	6	2835
	恒流充电，车载充电机与 BMS 通信，BMS 实时采集单体电池情况，控制充电机充电	直流充电插座型号：RDC-ZI125；交流充电插座型号：RAC-ZI16F2-2A；充电插头型号：RAC-TI16K-5A	苏州瑞可达连接系统股份有限公司	纯电动专用车	10	
	恒流充电，车载充电机与 BMS 通信，BMS 实时采集单体电池情况，控制充电机充电	直流充电插座型号：RDC-ZI125；交流充电插座型号：RAC-ZI16F2-2A；充电插头型号：RAC-TI16K-5A	苏州瑞可达连接系统股份有限公司	纯电动专用车	1818	

续上表

电动汽车车载充电机生产企业	充电方式	充电插头/插座型号	充电插头/插座生产企业	车辆名称配套车辆类型	2019年配套车型产量小计（辆）	2019年配套车型产量总计（辆）
浙江爱特新能源汽车有限公司	恒流充电，车载充电机与BMS通信，BMS实时采集单体电池情况，控制充电机充电	直流充电插座型号：RDC-ZI125；交流充电插座型号：RAC-ZI16F2-2A；充电插头型号：RAC-TI16K-5A	苏州瑞可达连接系统股份有限公司	纯电动乘用车	1001	2835
台达电子（泰国）有限公司/Delta Electronics(Thailand) Public Company Limited，上海科世达-华阳汽车电器有限公司	先分段恒流充电，再恒压限流充电	插头/插座：LKM210-8UT-012015/LDTypVAC322015，插座：LDTypVDC1252015	插头/插座：安波福中央电气（上海）有限公司/菲尼克斯（南京）新能源汽车技术有限公司，插座：菲尼克斯（南京）新能源汽车技术有限公司	纯电动乘用车	2718	2718
法雷奥西门子新能源汽车（深圳）有限公司	恒功率充电	交流充电接口：EVPⅡ-V-16A5（插头）/EVS-V-16A5-GSB（插座）	南京康尼新能源汽车零部件有限公司	插电式混合动力乘用车	3	2696
	恒流，恒功率充电	EVP-V-16A5/EVS-V-16A5-HB	南京康尼新能源汽车零部件有限公司	插电式混合动力乘用车	1923	
	恒流充电，恒压充电，恒压限流充电，脉冲充电	厂家1：交流（插头/插座）：1202-01X-0012/1204-01X-0001，直流（插座）：1104-03X-0002；厂家2：交流（插头/插座）：XX101-TZ07C-Y16B/XX101-ZK07C-Y16A，直流（插座）：XX102-ZK09-Y125A；厂家3：交流（插头）：CAP-3K	深圳容一电动科技有限公司，浙江鑫喜电子科技有限公司，汉宇集团股份有限公司	纯电动乘用车	18	
	恒流充电，恒压充电，恒压限流充电，脉冲充电	交流（插头/插座）：1202-01X-0012/1204-01X-0001，XX101-TZ07C-Y16B/XX101-ZK07C-Y16A；直流（插座）：1104-03X-0002，XX102-ZK09-Y125A	深圳容一电动科技有限公司，浙江鑫喜电子科技有限公司	纯电动乘用车	467	
	交流充电	HPACC-M2L2T0-0-B/TA35239961	安波福中央电气（上海）有限公司	插电式混合动力乘用车	2	
	交流充电	HPACC-M2L2T0-0-B/TA35239961，F08-660150-020/TA35239961	安波福中央电气（上海）有限公司，乐清市八达光电科技股份有限公司	插电式混合动力乘用车	283	
法雷奥汽车内部控制（深圳）有限公司	恒流，恒功率充电	EVPⅡ-V-16A5-G/EVS-V-16A5-HB	南京康尼新能源汽车零部件有限公司	插电式混合动力乘用车	1535	2634
	外插交流充电	HPACC-M2L2T0-0-B/HPACI-M0L2T0-0-D	德尔福中央电气（上海）有限公司	插电式混合动力乘用车	1099	
苏州舜唐新能源电控设备有限公司，杭州铁城信息科技有限公司，杭州奥蒂电控有限公司，苏州舜唐新能源电控设备有限公司	恒流限压，恒压限流	RDC-ZI125，NDQ-9Z（125A-750V）-L，QLZ-K125，YGC762-EV-S9RA-125	四川瑞可达连接系统有限公司，中航光电科技股份有限公司，襄阳群龙汽车部件股份有限公司，四川永贵科技有限公司	纯电动乘用车	119	2491
	恒流限压，恒压限流，恒流限压，恒压限流，恒流限压，恒压限流，恒流限压，恒压限流	RDC1-XZI125，NDQ-9Z（125A-750V）-R，QLZ-K125，YGC762-EV-S9RB-125	四川瑞可达连接系统有限公司，中航光电科技股份有限公司，襄阳群龙汽车部件股份有限公司，四川永贵科技有限公司	纯电动专用车	1318	
	恒流限压，恒压限流，恒流限压，恒压限流，恒流限压，恒压限流，恒流限压，恒压限流	RDC1-XZI125，NDQ-9Z（125A-750V）-R，QLZ-K125，YGC762-EV-S9RB-125，6808020101/68021110104312，YG196G-EVSE-691/G-16，680411101052，NDQ-9Z（125A-750V）-L，NDQC-7T（16A-250/440V）/NDQC-7Z（16A-250/440V）-L，YGC762-EV-S9RA-125，QLZ-K125，FDT-M16/FDZ-M16，FDZ-125，RAC-TI16K-5A/RAC-ZI16F2-2A	四川瑞可达连接系统有限公司，中航光电科技股份有限公司，襄阳群龙汽车部件股份有限公司，四川永贵科技有限公司，深圳市沃尔新能源电气科技有限责任公司，十堰东风福电汽车电气有限公司，苏州瑞可达连接系统股份有限公司	纯电动专用车	400	
	恒流限压，恒压限流，恒流限压，恒压限流，恒流限压，恒压限流，恒流限压，恒压限流	RDC-ZI125，NDQ-9Z（125A-750V）-L，QLZ-K125，YGC762-EV-S9RA-125，QLQ-M16/QLZ-M16，RAC-TI16K-5A/RAC-ZI16F2-2A	四川瑞可达连接系统有限公司，中航光电科技股份有限公司，襄阳群龙汽车部件股份有限公司，四川永贵科技有限公司	纯电动专用车	654	
威海天力电源有限公司	插电式	DCG1211-130-XX00	湖北智轩科技有限公司	纯电动专用车	60	2464
	恒流充电	交流：STG11-016-1110-00/STG12-016-1120-04	济宁圣泰电气科技有限公司	纯电动乘用车	432	
	恒流充电	交流：STG11-016-1110-00/STG12-016-11X0-04	济宁圣泰电气科技有限公司	纯电动乘用车	501	
	恒流恒压充电	C01-1C11122-16A、XX101-ZK07C-Y16A，STG11-016-1110-00、STG12-016-1120-04	华星动力（江苏）有限公司，济宁圣泰电气科技有限公司	纯电动乘用车	13	
	恒流恒压充电	YDG16-SAV-P1/YDG16-SAV-S1-N1	苏州怡达新能源科技有限公司	纯电动专用车	1230	
	恒流恒压充电	插头：YDG16-SAV-P1；插座：YDG16-SAV-S1-N1	苏州怡达新能源科技有限公司	纯电动乘用车	228	

续上表

电动汽车车载充电机生产企业	充电方式	充电插头/插座型号	充电插头/插座生产企业	车辆名称配套车辆类型	2019年配套车型产量小计（辆）	2019年配套车型产量总计（辆）
杭州铁城信息科技有限公司，深圳市康灿新能源科技有限公司	恒流限压，恒压限流	RDC1-XZI125，NDQ-9Z（125A-750V）-R，QLZ-K125，YGC762-EV-S9RB-125，QLQ-M16/QLZ-M16，NDQC-7T（16A-250/440V），NDQC-7Z（16A-250/440V）-R，FDZ-125，QLQ-M16/QLZ-M16，RAC-TI16K-5A/RAC-ZI16F2-2A，NDQC-7T（16A-250/440V）/NDQC-7Z(16A-250/440V)-L，FDT-M16/FDZ-M16，68021110104312/68080	四川瑞可达连接系统有限公司，中航光电科技股份有限公司，襄阳群龙汽车部件股份有限公司，四川永贵科技有限公司，襄阳群龙汽车部件股份有限公司，十堰东风福电汽车电气有限公司，深圳市沃尔新能源电气科技有限责任公司	纯电动专用车	1000	2298
	恒流限压，恒压限流，恒流限压，恒压限流	RDC1-XZI125，NDQ-9Z（125A-750V）-R，QLZ-K125，YGC762-EV-S9RB-125，6808020101/68021110104312，YG196G-EVSE-691/G-16，680411101052，NDQ-9Z（125A-750V）-L，NDQC-7T（16A-250/440V）/NDQC-7Z（16A-250/440V）-L，YGC762-EV-S9RA-125，QLZ-K125，FDT-M16/FDZ-M16，FDZ-125，RAC-TI16K-5A/RAC-ZI16F2-2A	四川瑞可达连接系统有限公司，中航光电科技股份有限公司，襄阳群龙汽车部件股份有限公司，四川永贵科技有限公司，深圳市沃尔新能源电气科技有限责任公司，十堰东风福电汽车电气有限公司，苏州瑞可达连接系统股份有限公司	纯电动专用车	1298	
重庆长安新能源汽车有限公司，深圳欣锐科技股份有限公司，法雷奥汽车内部控制（深圳）有限公司	交流慢充，直流快充	直流充电插座：RDC-ZI125；交流充电插座：RAC-ZI16F2-2A；充电插头：F08-660150-020，DQC-7T(16A-250/440V)	直流充电插座生产企业：四川瑞可达连接系统有限公司/重庆长安新能源汽车有限公司，交流充电插座生产企业：四川瑞可达连接系统有限公司/重庆长安新能源汽车有限公司，充电插头生产企业：乐清市八达光电科技股份有限公司/重庆长安新能源汽车有限公司	纯电动乘用车	2275	2275
北汽福田汽车股份有限公司	具备快充，慢充两种充电方式	插座（直流250A）：F08-630090-70L；插座（交流32A）：F08-831200-06L，插座（直流250A）：CS250C；插座（交流32A）：CSEVM32	乐清市八达光电科技股份有限公司，安费诺汽车连接系统（常州）有限公司	纯电动乘用车	3	2275
	具备快充，慢充两种充电方式	插座（直流250A）：F08-630090-70L；插座（交流32A）：F08-831200-06L，插座（直流250A）：CS250C；插座（交流32A）：CSEVM32	乐清市八达光电科技股份有限公司，安费诺汽车连接系统（常州）有限公司	纯电动专用车	22	
	具备快充，慢充两种充电方式	插座（直流250A）：F08-630090-70L；插座（交流32A）：F08-831200-06L；插头（直流250A）：F08-630190-700W；插头（交流32A）：F08-690150-060W；插座（直流250A）：CS250C；插座（交流32A）：CSEVM32；插头（交流32A）：CP32VN	乐清市八达光电科技股份有限公司，安费诺汽车连接系统（常州）有限公司	纯电动客车	62	
	具备快充，慢充两种充电方式	插座（直流250A）：F08-630090-70L；插座（交流32A）：F08-831200-06L；插头（直流250A）：F08-630190-700W；插头（交流32A）：F08-690150-060W；插座（直流250A）：CS250CLTFH50；插座（交流32A）：CSEVM32FLTA；插头（交流32A）：CP32VN	乐清市八达光电科技股份有限公司，安费诺汽车连接系统（常州）有限公司	纯电动专用车	103	
	具备快充，慢充两种充电方式	插座（直流250A）：F08-630090-70L；插座（交流32A）：F08-831200-06L；插座（直流250A）：CS250C；插座（交流32A）：CSEVM32	乐清市八达光电科技股份有限公司，安费诺汽车连接系统（常州）有限公司	纯电动专用车	200	
	具备快充，慢充两种充电方式	插座（直流250A）：F08-630090-70L；插座（交流32A）：F08-831200-06L；插座（直流250A）：CS250C；插座（交流32A）：CSEVM32	乐清市八达光电科技股份有限公司，安费诺汽车连接系统（常州）有限公司	纯电动乘用车	366	
	具备快充，慢充两种充电方式	插座（直流250A）：F08-630090-70L；插座（交流32A）：F08-831200-06L；插座（直流250A）：CS250C；插座（交流32A）：CSEVM32	乐清市八达光电科技股份有限公司，安费诺汽车连接系统（常州）有限公司	纯电动专用车	363	
	具备快充，慢充两种充电方式	插座（直流250A）：F08-630090-70L；插座（交流32A）：F08-831200-06L；插座（直流250A）：CS250C；插座（交流32A）：CSEVM32	乐清市八达光电科技股份有限公司，安费诺汽车连接系统（常州）有限公司	纯电动专用车	50	
	先恒流后恒压	供应商1：八达插座：直流250A：F08-630090-70L；交流32A：F08-831200-06L。供应商2：安费诺插座：直流250A：CS250C；交流32A：CSEVM32	供应商1：八达光电科技股份有限公司；供应商2：安费诺汽车连接系统（常州）有限公司	纯电动专用车	1066	
	先恒流后恒压	供应商1：八达插座：直流250A：F08-630090-70L；交流32A：F08-831200-06L。插头：直流250A：F08-630190-700W；交流32A：F08-690150-060W。供应商2：安费诺插座：直流250A：CS250C；交流32A：CSEVM32。插头：交流32A：CP32VN	供应商1：乐清市八达光电科技股份有限公司；供应商2：安费诺汽车连接系统（常州）有限公司	燃料电池专用车	40	
杭州铁城信息科技有限公司，杭州富特科技股份有限公司，武汉科华动力科技有限公司	恒流充电	XP01-C-V1/XR02-C-V1，NDQC-7T(16A-250/440V)/NDQC-7Z(16A-250/440V)-0	深圳巴斯巴科技发展有限公司，中航光电科技股份有限公司	纯电动乘用车	1	2250
	恒流充电	慢充：XP01-C-V1/XR02-C-V1，NDQC-7T（16A-250/440V）/NDQC-7Z（16A-250/440V）-0；快充：XR61-C-V1，NDQ-9Z(125A-750V)-R	深圳巴斯巴科技发展有限公司，中航光电科技股份有限公司	纯电动乘用车	2223	
	恒流充电	慢充：XP01-C-V1/XR07-C-V1；快充：XR61-C-V1（快充为选装）	深圳巴斯巴科技发展有限公司	纯电动乘用车	26	

续上表

电动汽车车载充电机生产企业	充电方式	充电插头/插座型号	充电插头/插座生产企业	车辆名称配套车辆类型	2019 年配套车型产量小计（辆）	2019 年配套车型产量总计（辆）
杭州铁城信息科技有限公司，台达电子企业管理（上海）有限公司	恒流充电	慢充充电插头：EVP II-V-16A5-G（康尼）、6808020101（沃尔），慢充充电插座：CS32（安费诺）、680211310311（沃尔），快充充电插座：CS06（安费诺）、680411101052（沃尔）	慢充充电插头：南京康尼新能源汽车零部件有限公司，深圳市沃尔新能源电气科技股份有限公司，慢充充电插座：安费诺-泰姆斯（常州）通信设备有限公司，深圳市沃尔新能源电气科技股份有限公司，快充充电插座：安费诺-泰姆斯（常州）通信设备有限公司，深圳市沃尔新能源电气科技股份有限公司	纯电动乘用车	2245	2245
深圳市英威腾电动汽车充电技术有限公司	传导充电连接方式	LDDC-125CZ1040	山东龙立电子有限公司	纯电动专用车	30	2216
	恒流充电	慢充插头：IHA-016TC，插座：IHA-032ZC；快充插座：IGD-125ZC	山东英迈德电子科技有限公司	纯电动乘用车	298	
	交流，直流	6808020101/680211310211/680411101082	深圳市沃尔新能源电气科技股份有限公司	纯电动乘用车	338	
	先恒流充电再恒压充电	直流插座：NDQ-9Z（125A-750V）-L；交流插头：NDQC-7T（16A-250/440V）；交流插座：NDQC-7Z（16A-250/440V-R）	中航光电科技股份有限公司	纯电动乘用车	1550	
杭州富特科技股份有限公司，华为技术有限公司	分段恒流，恒功率充电	–/TA35307805，-/TA35307760	安波福中央电气（上海）有限公司	纯电动乘用车	118	2214
	恒流，恒功率充电	–/TA35307805，-/TA35307760	安波福中央电气（上海）有限公司	纯电动乘用车	2096	
杭州奥蒂电控有限公司，杭州铁城信息科技有限公司	恒流充电	交流模式二控制盒：BCG-EVE-1C-G1-022，交流 16A 充电插座：BCG-AVR-2A-SN-0016（巴斯巴），直流充电插座总成：BCG-DVR-1D-0110（巴斯巴），16A 交流充电插座：C&BHVFSS16S（凯瑞博）；125A 直流充电座：C&BHVFSF125（凯瑞博），交流模式二控制盒：EVP-3-16A5（南京康尼）	深圳巴斯巴科技发展有限公司，深圳市凯瑞博新能源汽车部件有限公司，南京康尼新能源汽车零部件有限公司	纯电动乘用车	2027	2118
	先恒流后恒压	直流充电插座：YGC762-EV-S9RB-125、LDDC-125CZ，交流充电插头/插座：XP06-C-V2-S/YGC691C-EV-S7（5）RB-T-32、LDAC-032CZ	直流充电插座：四川永贵科技有限公司，山东龙立电子有限公司，交流充电插头/插座：深圳巴斯巴科技发展有限公司/四川永贵科技有限公司，山东龙立电子有限公司	纯电动专用车	58	
	先恒流后恒压	直流充电插座：YGC762-EV-S9RB-125、LDDC-125CZ、NV2-DSD-G-EV200S，交流充电插头/插座：XP06-C-V2-S/YGC691C-EV-S7（5）RB-T-32、YGC691C-EV-S7（5）RA-T/1-32、LDAC-032CZ、NV4C-DSI-GEL-EV32S	直流充电插座：四川永贵科技有限公司，山东龙立电子有限公司，苏州工业园区多思达科技有限公司，交流充电插头/插座：深圳巴斯巴科技发展有限公司/四川永贵科技有限公司，四川永贵科技有限公司，山东龙立电子有限公司，苏州工业园区多思达科技有限公司	纯电动专用车	32	
	现恒流后恒压	直流充电插座：YGC762-EV-S9RB-125、LDDC-125CZ，交流充电插头/插座：XP06-C-V2-S/YGC691C-EV-S7（5）RB-T-32、LDAC-032CZ	直流充电插座：四川永贵科技有限公司，山东龙立电子有限公司，交流充电插头/插座：深圳巴斯巴科技发展有限公司/四川永贵科技有限公司，山东龙立电子有限公司	纯电动专用车	1	
深圳威迈斯电源有限公司，深圳欣锐科技股份有限公司，深圳威迈斯新能源股份有限公司	恒流充电	车辆插头：F08-660150-020；车辆插座：RAC-ZI32F；车辆插座：RDC-ZI250	乐清市八达光电科技股份有限公司，四川瑞可达连接系统有限公司	纯电动乘用车	1531	1531
苏州舜唐新能源电控设备有限公司，杭州铁城信息科技有限公司，杭州奥蒂电控有限公司，深圳市康灿新能源科技有限公司	恒流限压，恒压限流	RDC1-XZI125，NDQ-9Z（125A-750V）-R，QLZ-K125，YGC762-EV-S9RB-125	四川瑞可达连接系统有限公司，中航光电科技股份有限公司，襄阳群龙汽车部件股份有限公司，四川永贵科技有限公司	纯电动乘用车	1432	1432
台达电子（泰国）有限公司/Delta Electronics（Thailand）Public Company Limited	恒流，恒压充电	插头：HVCC，插座：TA35187723	插头：安波福中央电气（上海）有限公司/插座：安波福中央电气（上海）有限公司	插电式混合动力乘用车	349	1109
	恒流，恒压充电	插头：HVCC，插座：TA35187723	插头：安波福中央电气（上海）有限公司/插座：德尔福中央电气（上海）有限公司	插电式混合动力乘用车	104	
	恒流充电	7PP971678 * */4GD971093 *	HARTINGAutomotiveGmbH/PHOENIXCONTACTE-MobilityGmbH	插电式混合动力乘用车	394	
	恒流充电	LKM210-8UT-012015/LDTypVAC322015	安波福中央电气（上海）有限公司/PHOENIX CONTACT E-Mobility GmbH.	插电式混合动力乘用车	260	
	恒流充电	充电插头：ZWCG01，充电插座：GBT AC RECEPTACLE	充电插头：浙江致威电子科技有限公司，充电插座：威海新凯帝电子有限公司	插电式混合动力乘用车	2	

续上表

电动汽车车载充电机生产企业	充电方式	充电插头/插座型号	充电插头/插座生产企业	车辆名称配套车辆类型	2019 年配套车型产量小计（辆）	2019 年配套车型产量总计（辆）
石家庄迪龙科技有限公司	插接式	交流插头：YDG16-SAE-P1，插座 YDG16-SAE-S1-N1；直流插头：YDG125-D-P1，插座：YDG125-D-S1	苏州怡达新能源科技有限公司	纯电动专用车	1	1086
	充电模式 2，充电模式 4	6808020101；B：CAP-3K；C：680211310311；D：680411101062	深圳市沃尔新能源电气科技有限责任公司，江门市地尔汉宇电器股份有限公司	纯电动专用车	17	
	充电模式 2，充电模式 5	6808020101；B：CAP-3K；C：680211310311；D：680411101062	深圳市沃尔新能源电气科技有限责任公司，江门市地尔汉宇电器股份有限公司	纯电动专用车	18	
	恒功率充电方式	NDQC-7T（16A-250/440V）/NDQC-7Z（16A-250/440V）-L，WOER-GB-C-AC16-05（插头）/680211310211（插座），-/NDQ-9Z（125A-750V）-L（直流插座），-/680411101052（直流插座）	中航光电科技股份有限公司，深圳市沃尔新能源电气科技股份有限公司	纯电动专用车	44	
	慢充 + 快充	车辆插头：TTSC101C-EV-P5T-16A；车辆插座：TTSC101C-EV-S5Z-16A，车辆插座：XX102-ZK09-Y125A	特拉斯特新能源科技（上海）有限公司	纯电动专用车	1003	
	先恒功率后恒压限流	EV01-DCV250A，EV01-ACV32A	苏州华旃航天电器有限公司	纯电动专用车	3	
郑州中电新能源汽车有限公司	先恒流后恒压	交流：插头 NDQC-7T-16A-1/插座 NDQC-7Z（16A-250/440V）-L，直流：插座 NDQ-9Z（125A-750V）-L	中航光电科技股份有限公司	纯电动专用车	1015	1015
郑州比克新能源汽车有限公司	恒流限压充电	交流：YGC691G/C-EV-P7（5）P/PW-32，YGC691C-EV-S7（5）RA-T-32；直流：YGC762-EV-S9RA-125	四川永贵科技有限公司	纯电动专用车	1001	1003
	交流充电，直流充电	交流充电接口：YGC691G/C-EV-P7（5）P/PW-32，YGC691C-EV-S7（5）RA-T-32；直流充电接口：YGC762-EV-S9RA-125，YGC762-EV-P9P-125.	四川永贵科技有限公司	纯电动专用车	2	
台达电子（泰国）有限公司/Delta Electronics（Thailand）Public Company Limited，科世达（上海）管理有限公司	先分段恒流充电，再恒压限流充电	插头/插座：LKM210-8UT-012015/LDTypVAC322015，插座：LDTypVDC1252015	插头/插座：安波福中央电气（上海）有限公司/菲尼克斯（南京）新能源汽车技术有限公司，插座：菲尼克斯（南京）新能源汽车技术有限公司	纯电动乘用车	996	996
苏州星瑞合电气有限公司	恒流充电，车载充电机与 BMS 通信，BMS 实时采集单体电池情况，控制充电机充电	直流充电插座：RDC-ZI125；交流充电插座：RAC-ZI16F2-2A；充电插头：RAC-TI16K-5A	苏州瑞可达连接系统股份有限公司	纯电动乘用车	977	977
深圳欣锐科技股份有限公司，杭州富特科技股份有限公司，珠海英搏尔电气股份有限公司	交流慢充，直流快充	M2 充电连接总成：1160-PSE-16-XC-NS，1060-PSE-16-XC-NS；M3 充电连接总成：1160-1170-16-XC，1040-1060-16-XC；交流充电插座：NV4C-DSI-GEL-EV16S；直流充电插座：NV2-DSD-G-EV80S	苏州工业园区多思达科技有限公司	纯电动乘用车	936	936
Sanmina Corp.	AC/DC	1449495	Yazaki	纯电动乘用车	928	928
保定长安客车制造有限公司	恒流充电，恒功率充电，恒压充电	YGC691C-EV-P7（5）P-16，YGC691C-EV-S7（5）RA-T-16；YGC762-EV-P9P-125，YGC762-EV-S9RA-125，YGC691C-EV-S7（5）RD-T/1-16	四川永贵科技有限公司	纯电动专用车	7	811
	交流慢充，直流快充	NDQC-7T-16A-1/NDQC-7Z（16A-250/440V）-0，NDQ-9Z（125A-750V）-0	中航光电科技股份有限公司	纯电动乘用车	44	
	直流快充，交流慢充	YGC691C-EV-P7（5）P-16，YGC691C-EV-S7（5）RA-T-16，YGC762-EV-P9P-125，YGC762-EV-S9RA-125，YGC691C-EV-S7（5）RD-T/1-16	四川永贵科技有限公司	纯电动专用车	299	
	直流快充，交流慢充	YGC691C-EV-P7（5）P-16，YGC691C-EV-S7（5）RA-T-16；YGC762-EV-P9P-125，YGC762-EV-S9RA-125，YGC691C-EV-S7（5）RD-T/1-16	四川永贵科技有限公司	纯电动乘用车	5	
	直流快充，交流慢充	YGC691C-EV-P7（5）P-16，YGC691C-EV-S7（5）RA-T-16；YGC762-EV-P9P-125，YGC762-EV-S9RA-125，YGC691C-EV-S7（5）RD-T/1-16	四川永贵科技有限公司	纯电动专用车	456	
珠海英搏尔电气股份有限公司	220V 交流充电	LDAC-016CT1050S/LDAC-016CZ1025	临沂市龙立电子有限公司	纯电动专用车	335	771
	充电模式 2，充电模式 4	A：68080201010001；B：CAP-3K；C：680211310311；D：680411101062	深圳市沃尔新能源电气科技股份有限公司，江门市地尔汉宇电器股份有限公司	纯电动专用车	20	
	恒流充电	YGC691C-EV-P7（5）P-16/YGC691C-EV-S7（5）RA-T-16	四川永贵科技有限公司	纯电动专用车	7	

续上表

电动汽车车载充电机生产企业	充电方式	充电插头/插座型号	充电插头/插座生产企业	车辆名称配套车辆类型	2019年配套车型产量小计（辆）	2019年配套车型产量总计（辆）
珠海英搏尔电气股份有限公司	恒流充电	车辆端交流插头：RAC-TI16K-5A，HM0026OH/交流插座：RAC-ZI16F2-2C/直流插座：TS0019DH	四川瑞可达连接系统有限公司，苏州富晟一杭汽车部件有限公司，苏州瑞可达连接系统股份有限公司	纯电动乘用车	95	771
	交流充电	KEC-AC-016-F5/H05-0706F-A04-W	湖南杰尼新能源科技有限公司，武汉合康亿盛电气连接系统有限公司	纯电动专用车	1	
	交流慢充，直流快充	M2 充电连接总成 1160-PSE-16-XC-NS，1060-PSE-16-XC-NS；M3 充电连接总成 1160-1170-16-XC，1040-1060-16-XC；交流充电插座 NV4C-DSI-GEL-EV16S；直流充电插座 NV2-DSD-G-EV80S	苏州工业园区多思达科技有限公司	纯电动乘用车	110	
	快充，慢充	交流车辆插头：6808020101；交流插座车辆端：680211310211；直流插座车辆端：680411101052，交流车辆插头：DYL16-7TJ；交流插座车辆端：DYL16-7ZK；直流插座车辆端：DYL21-9ZK-125A	深圳市沃尔新能源电气科技有限责任公司，浙江中杭电子有限公司	纯电动专用车	9	
	慢充	LDFC-1-060T-1040 LDFC-1-060Z-1040S	山东龙力电子有限公司	纯电动专用车	30	
	三段式充电：初段恒流充电，二段恒压充电，三段涓流浮冲	RAC-2TI32/RAC-ZI32F，TTSC101C-EV-P7T-32A/TTSC101C-EV-S7Z-32A，DC1-XZI250，TTSC102-EV-S9Z-250A	苏州瑞可达连接系统股份有限公司，特拉斯特新能源科技（上海）有限公司，苏州瑞可达连接系统股份有限公司	纯电动乘用车	2	
	三段式充电：初段恒流充电，二段恒压充电，三段涓流浮冲	TTSC101C-EV-P7T-32A/TTSC101C-EV-S7Z-32A，TTSC102-EV-S9Z-250A	特拉斯特新能源科技（上海）有限公司	纯电动乘用车	162	
杭州铁城信息科技有限公司，深圳市核达中远通电源技术股份有限公司	恒流充电	6808020101；680211310311/680211310211；680411101052，YG196G-EVSE-691/G-16；YGC691C-EV-P7（5）P-16；YGC691C-EV-S7（5）RA-T-16/YGC691C-EV-S7（5）RA-T-32；YGC691C-EV-S7（5）RA-T/1-16/YGC691C-EV-S7（5）RA-T/1-32；YGC762-EV-S9RA-125，RAC-TI16K-5A/RAC-ZI16F2-2A；RAC-ZI32F；RDC1-XZ	深圳市沃尔新能源电气科技有限责任公司，四川永贵科技有限公司，四川瑞可达连接系统有限公司	纯电动专用车	751	751
万都/Mando	恒流，恒压限流充电	充电插头：XP01-C-V2，XP01-C-E2，XP01-C-V1；插座：XR02-C-V2，220175	充电插头：深圳巴斯巴科技发展有限公司；插座：深圳巴斯巴科技发展有限公司，YURA CORPORATION	纯电动乘用车	11	741
	恒流，恒压限流充电	充电插头：XP01-C-V2，XP01-C-E2，XP01-C-V1；插座：XR02-C-V2，220175	充电插头：深圳巴斯巴科技发展有限公司；插座：深圳巴斯巴科技发展有限公司，YURACORPORATION	纯电动乘用车	2	
	恒压充电，恒流充电	NV4C-DSI-EV32P（交流插头）/NV4C-DSI-GEL-EV32S（交流插座），NV2-DSD-G-EV125S（直流插座）	张家港友诚科技机电有限公司	纯电动乘用车	574	
	恒压充电，恒流充电	NV4C-DSI-EV32P（交流插头）/NV4C-DSI-GEL-EV32S（交流插座），NV2-DSD-G-EV200S（直流插座）	张家港友诚科技机电有限公司	纯电动乘用车	154	
洛阳嘉盛电源科技有限公司	BMS 控制充电	14216151-03/14216655-03，RDC-TI250/RDC-ZI250，NDQ-9Z（250A-750V）-L，NDQC-7Z（32A-250/440V）-L，CS32，NDQC-7Z（16A-250/440V）-L，CS16，NDQ-9Z（125A-750V）-L	深圳乔合里科技股份有限公司，四川瑞可达连接系统有限公司，中航光电科技股份有限公司，安费诺-泰姆斯（常州）通信设备有限公司	纯电动专用车	117	698
	恒流或恒压或脉冲充电	14216151-03/14216655-03，RDC-TI250/RDC-ZI250，NDQ-9Z（250A-750V）-L，NDQC-7Z（32A-250/440V）-L，CS32，NDQC-7Z（16A-250/440V）-L，CS16，NDQ-9Z（125A-750V）-l，NDQ-9Z（250A-750V）-0，NDQ-9Z（125A-750V）-0	深圳乔合里科技股份有限公司，四川瑞可达连接系统有限公司，中航光电科技股份有限公司，安费诺-泰姆斯（常州）通信设备有限公司	纯电动专用车	361	
	恒流或恒压或脉冲充电或三段式充电或交流充电	NDQ-9Z（250A-750V）-L，EVS-4-250D9-GS，NDQC-7Z（32A-250/440V）-L，EVS-V-32A7-GSLB，EVS-V-63A7-GSLB，EVS-V-32A5-GSLB	中航光电科技股份有限公司，南京康尼新能源汽车零部件有限公司	纯电动客车	136	
	恒流或恒压或脉冲充电或三段式充电或交流充电	NDQ-9Z（250A-750V）-L，EVS-4-250D9-GSS，NDQC-7Z（32A-250/440V）-L，EVS-V-32A7-GSLB，EVS-V-63A7-GSLB，EVS-V-32A5-GSLB	中航光电科技股份有限公司，南京康尼新能源汽车零部件有限公司	纯电动客车	40	
	先恒流再恒压	14216151-03/14216655-03，RDC-TI250/RDC-ZI250，NDQ-9Z（250A-750V）-L，NDQC-7Z（32A-250/440V）-L，CS32，NDQC-7Z（16A-250/440V）-L，CS16，NDQ-9Z（125A-750V）-l，NDQ-9Z（250A-750V）-0，NDQ-9Z（125A-750V）-0	深圳乔合里科技股份有限公司，四川瑞可达连接系统有限公司，中航光电科技股份有限公司，安费诺-泰姆斯（常州）通信设备有限公司	纯电动专用车	44	

续上表

电动汽车车载充电机生产企业	充电方式	充电插头/插座型号	充电插头/插座生产企业	车辆名称配套车辆类型	2019年配套车型产量小计（辆）	2019年配套车型产量总计（辆）
武汉力行远方电源科技有限公司	先恒流充电再恒压充电	LDDC-200CZ，XR02-C-V2，LDAC-032CZ，HT-GB-AC032AS，HT-GB-DC200AS，RAC-ZT32F，RDC1-XZI200，YDG32-SAV-S1-L1，YDG200-D-S1	深圳巴斯巴科技发展有限公司，山东龙立电子有限公司，江苏亨通新能源电气技术有限公司，苏州瑞可达连接系统股份有限公司，苏州怡达新能源科技有限公司	纯电动专用车	450	688
	先恒流充电再恒压充电	LDDC-200CZ，XR02-C-V2，LDAC-032CZ，WTMDC750-200-Z0，HT-GB-AC032AS，HT-GB-DC200AS，RAC-ZT32F，RDC1-XZI200，YDG32-SAV-S1-L1，YDG200-D-S1	深圳巴斯巴科技发展有限公司，山东龙立电子有限公司，深圳市沃特玛电池有限公司，江苏亨通新能源电气技术有限公司，苏州瑞可达连接系统股份有限公司，苏州怡达新能源科技有限公司	纯电动专用车	202	
	先恒流充电再恒压充电	LDDC-200CZ，XR02-C-V2，LDAC-032CZ，WTMDC750-200-Z0，HVCO-F200，HVCO-32	深圳巴斯巴科技发展有限公司，山东龙立电子有限公司，深圳市沃特玛电池有限公司，成都晨风绿能电气技术有限公司	纯电动专用车	29	
	先恒流再恒压	HVCOF，YGC691C-EV-S7RA-T-63	安费诺精密连接器（深圳）有限公司，四川永贵科技有限公司	纯电动客车	7	
杭州奥蒂电控有限公司	先恒流再恒功率最后恒压	交流插头（选装）：EVPⅡ-V-16A5-G，EVP6-V-16A5，RAC-TI16K-5A；交流插座（选装）：EVS-V-16A5-GSC，RAC-ZI16F2-2A；交流插座（选装）：EVS-V-32A5-GSC，RAC-ZI32F；直流插座：EVS-4-125D9-GS，RDC1-XZI125	南京康尼新能源汽车零部件有限公司，四川瑞可达连接系统有限公司	纯电动专用车	3	681
	先恒流再恒功率最后恒压	交流插头（选装）：EVPⅡ-V-16A5-G，RAC-TI16K-5A；交流插座（选装）：EVS-V-16A5-GSC，RAC-ZI16F2-2A；交流插座（选装）：EVS-V-32A5-GSC，RAC-ZI32F；直流插座：EVS-4-125D9-GS，RDC1-XZI125	南京康尼新能源汽车零部件有限公司，四川瑞可达连接系统有限公司	纯电动专用车	586	
	直流快充（先恒流再恒压），交流慢充（恒流充电）	插座：NDQC-7Z（16A-250/440V）-O（交流），NDQ-9Z（125A-750V）-O（直流）；插头：NDQC-7T-16A-1（交流）	中航光电科技股份有限公司	纯电动乘用车	92	
泰达电子股份有限公司	慢充恒流，快充恒压	YGC691C-EV-S7（5）RA-T-32，EV-1000/250	四川永贵科技有限公司，江阴信邦电子有限公司	纯电动乘用车	120	673
	慢充恒流，快充恒压	YGC691C-EV-S7（5）RA-T-32，EV-1000/250，EVC01	四川永贵科技有限公司，江阴信邦电子有限公司，深圳市鑫海林电子科技有限公司	纯电动乘用车	553	
科世达（上海）管理有限公司	交流充电，直流充电	V2C-DSI-EV16P/NV4C-DSI-GEL-EV32S（慢充），EVS-4-125D9-S）（快充）	苏州工业园区多思达科技有限公司（慢充），南京康尼新能源汽车零部件有限公司（快充）	纯电动乘用车	2	595
	交流传导充电	交流充电插头：EVPIV-V-16A5/EVPIV-V-16A5-G，交流充电插座：EVS-V-16A5-GHLD	南京康尼新能源汽车零部件有限公司	插电式混合动力乘用车	453	
	交流传导充电	交流充电插座：EVS-V-16A5-SC，交流充电插头：EVPIV-V-16A5；车辆插座：EVS-V-16A5-GHLD，交流充电插头：EVPIV-V-16A5-G	南京康尼新能源汽车零部件有限公司	插电式混合动力乘用车	3	
	慢充，快充	交流充电插头：EVPIV-V-16A5，EVPIV-V-16A5-G，交流充电插座：EVS-V-32A5-GHLD，CSEV63S，CSEV32S，直流充电插座：EVS-4-125D9-GHD，EVS-4-250D9-GHD，CS125，CS250	南京康尼新能源汽车零部件有限公司，安费诺汽车连接系统（常州）有限公司	纯电动乘用车	137	
四川兴华福科技有限公司	恒流恒压充电	插头：YDG16-SAV-P1/插座：YDG16-SAV-S1-N1	苏州怡达新能源科技有限公司	纯电动乘用车	251	581
	恒流恒压充电	插头：YDG16-SAV-P1/插座：YDG16-SAV-S1-N1，插头：HV18-ACZ-1225-3600/插座：HV18-ACT-1B25-5000	苏州怡达新能源科技有限公司，山东银浦动力科技有限公司	纯电动乘用车	330	
铜陵创能动力机械有限公司	先恒流充电再恒压充电：BMS与充电机通信，控制充电机输出电压和输出电流	直流：HVDVP/HVDVS，交流：HVCVP/HVCVS	昆山惠禾新能源科技有限公司，昆山惠禾新能源科技有限公司	纯电动专用车	139	545
	先恒流充电再恒压充电：BMS与充电机通信，控制充电机输出电压和输出电流	交流：HVCVP/HVCVS，直流：HVDVP+HVDVS	昆山惠禾新能源科技有限公司	纯电动专用车	404	
	先恒流充电再恒压充电：BMS与充电机通信，控制充电机输出电压和输出电流	交流：HVCVP/HVCVS，直流：HVDVP+HVDVS	昆山惠禾新能源科技有限公司，昆山惠禾新能源科技有限公司	纯电动乘用车	2	

续上表

电动汽车车载充电机生产企业	充电方式	充电插头/插座型号	充电插头/插座生产企业	车辆名称配套车辆类型	2019年配套车型产量小计（辆）	2019年配套车型产量总计（辆）
法雷奥西门子新能源汽车（深圳）有限公司，上海欣锐电控技术有限公司	交流连接设备（模式二）：采用民用交流220Vac插座供应电源，通过CPID线缆控制盒进行握手认证，将交流电源输入至车辆，再由车载充电机以恒流，恒压模式将交流转换为直流给电池包充电	交流充电插座：EVS-V-16A5-GHLD，EVS-V-32A5-GHLD，CSEV32S；交流充电插头：EVPIV-V-16A5，EVPIV-V-16A5-G，XBC-1AC10A	交流充电插座：南京康尼新能源汽车零部件有限公司，安费诺汽车连接系统（常州）有限公司；交流充电插头：南京康尼新能源汽车零部件有限公司，威海市泓淋电力技术股份有限公司	插电式混合动力乘用车	121	535
	交流连接设备（模式二）：采用民用交流221Vac插座供应电源，通过CPID线缆控制盒进行握手认证，将交流电源输入至车辆，再由车载充电机以恒流，恒压模式将交流转换为直流给电池包充电	交流充电插座：EVS-V-16A5-GHLD，EVS-V-32A5-GHLD；交流充电插头：EVPIV-V-16A5，EVPIV-V-16A5-G	南京康尼新能源汽车零部件有限公司	插电式混合动力乘用车	3	
	交流连接设备（模式二）：采用民用交流220Vac插座供应电源，通过CPID线缆控制盒进行握手认证，将交流电源输入至车辆，再由车载充电机以恒流，恒压模式将交流转换为直流给电池包充电，交流连接设备（模式二）：采用民用交流220Vac插座供应电源，通过CPID线缆控制盒进行握手认证，将交流电源输入至车辆，再由车载充电机以恒流，恒压模式将交流转换为直流给电池包充电	交流充电插座：EVS-V-16A5-GHLD；交流充电插座：EVS-V-32A5-GHLD；交流车辆充电枪：EVPIV-V-16A5-G	南京康尼新能源汽车零部件有限公司	插电式混合动力乘用车	410	
	交流连接设备（模式二）：采用民用交流220Vac插座供应电源，通过CPID线缆控制盒进行握手认证，将交流电源输入至车辆，再由车载充电机以恒流，恒压模式将交流转换为直流给电池包充电，交流连接设备（模式二）：采用民用交流221Vac插座供应电源，通过CPID线缆控制盒进行握手认证，将交流电源输入至车辆，再由车载充电机以恒流，恒压模式将交流转换为直流给电池包充电	交流充电插座：EVS-V-16A5-GHLD；交流充电插座：EVS-V-32A5-GHLD；交流车辆充电枪：EVPIV-V-16A5-G	南京康尼新能源汽车零部件有限公司	插电式混合动力乘用车	1	
海博瑞德（北京）汽车技术有限公司	交流慢充	F08-660150-020/F08-660051-04L	乐清市八达光电科技股份有限公司	纯电动乘用车	514	514
创驱（上海）新能源科技有限公司	恒流充电	慢充充电插头：RAC-TI16K-5A（瑞可达），YGC691C-EV-P7(5)P-16/1010（永贵），6801107021（沃尔），6808020101（沃尔）；交流充电插座：680211310211（沃尔），RAC-ZI16F2-2A（瑞可达），YGC691C-EV-S7(5)RA-T-16（永贵）；YGC691C-EV-S7(5)RB-T-16（永贵）；交流充电插座：680211310211（沃尔）、RAC-ZI16F2-2A（瑞可达）、YGC691C-EV-S7(5)RA-T-16（永贵）、YGC691C-EV-S7(5)RB-T-16（永贵），直流充电插座：6804111101052（沃尔）、RDC-AI125（瑞可达）、YGC62-EV-S9RA-125（永贵）、YGC62-E	慢充充电插头：苏州瑞可达连接系统股份有限公司，四川永贵科技有限公司，深圳市沃尔新能源电气科技有限责任公司，深圳市沃尔新能源电气科技有限责任公司；交流充电插座：深圳市沃尔新能源电气科技有限责任公司，苏州瑞可达连接系统股份有限公司，四川永贵科技有限公司，四川永贵科技有限公司；直流充电插座：深圳市沃尔新能源电气科技有限责任公司，苏州瑞可达连接系统股份有限公司，四川永贵科技有限公司，四川永贵科技有限公司，深圳市沃尔新能源电气科技有限责任公司，四川永贵科技有限公司	纯电动乘用车	1	508

续上表

电动汽车车载充电机生产企业	充电方式	充电插头/插座型号	充电插头/插座生产企业	车辆名称配套车辆类型	2019年配套车型产量小计（辆）	2019年配套车型产量总计（辆）
创驱（上海）新能源科技有限公司	恒流充电	慢充充电插头：RAC-TI16K-5A（瑞可达）、YGC691C-EV-P7（5）P-16/1010（永贵）、6801107021（沃尔）、6808020101（沃尔） 交流充电插座：680211310211（沃尔）、RAC-ZI16F2-2A（瑞可达）、YGC691C-EV-S7（5）RA-T-16（永贵）、YGC691C-EV-S7（5）RB-T-16（永贵）；交流充电插座：680211310211（沃尔）、RAC-ZI16F2-2A（瑞可达）、YGC691C-EV-S7（5）RA-T-16（永贵）、YGC691C-EV-S7（5）RB-T-16（永贵），直流充电插座：6804111101052（沃尔）、RDC-AI125（瑞可达）、YGC62-EV-S9RA-125（永贵）、YGC62-E	慢充充电插头：苏州瑞可达连接系统股份有限公司，四川永贵科技有限公司，深圳市沃尔新能源电气科技有限责任公司；交流充电插座：四川永贵科技有限公司，苏州瑞可达连接系统股份有限公司，深圳市沃尔新能源电气科技有限责任公司；直流充电插座：四川永贵科技有限公司，苏州瑞可达连接系统股份有限公司，深圳市沃尔新能源电气科技有限责任公司	纯电动乘用车	6	508
	恒流充电	慢充充电插头：RAC-TI16K-5A（瑞可达）、YGC691C-EV-P7（5）P-16/1010（永贵）、6801107021（沃尔）、6808020101（沃尔），交流充电插座：680211310211（沃尔）、RAC-ZI16F2-2A（瑞可达）、YGC691C-EV-S7（5）RA-T-16（永贵）、YGC691C-EV-S7（5）RB-T-16（永贵），直流充电插座：6804111101052（沃尔）、RDC-ZI125（瑞可达）、YGC62-EV-S9RA-125（永贵）、YGC62-E	慢充充电插头：苏州瑞可达连接系统股份有限公司，四川永贵科技有限公司，深圳市沃尔新能源电气科技有限责任公司；交流充电插座：四川永贵科技有限公司，苏州瑞可达连接系统股份有限公司，深圳市沃尔新能源电气科技有限责任公司；直流充电插座：四川永贵科技有限公司，苏州瑞可达连接系统股份有限公司，深圳市沃尔新能源电气科技有限责任公司	纯电动乘用车	501	
杭州奥蒂电控有限公司（选装），深圳欣锐科技股份有限公司（选装），中汽研（天津）汽车工程研究院有限公司（选装）	恒流恒压充电	交流插头（选装）：EVP6-V-16A5，RAC-TI16K-5A；交流插座（选装）：EVS-V-16A5-GSC，RAC-ZI16F2-2A；交流插座（选装）：EVS-V-32A5-GSC，RAC-ZI32F；EVS-V-32A7-GSC 直流插座：EVS-4-125D9-GS，RDC1-XZI125	南京康尼新能源汽车零部件有限公司，四川瑞可达连接系统有限公司	纯电动专用车	428	429
	恒流恒压充电	交流插头（选装）：EVP6-V-16A5，RAC-TI16K-5A；交流插座（选装）：EVS-V-32A5-GSC，RAC-ZI32F；EVS-V-32A7-GSC 直流插座：EVS-4-125D9-GS，RDC1-XZI125	南京康尼新能源汽车零部件有限公司，四川瑞可达连接系统有限公司	纯电动专用车	1	
上海精虹新能源科技有限公司	先恒流后恒压充电	交流充电插头/插座：HVCOM/HVCOF；交流充电插头/插座：RAC-2TI32/RAC-ZI32F；直流充电插座：HVCOF；直流充电插座：DC1-XZI125	安费诺精密连接器（深圳）有限公司，苏州瑞可达连接系统股份有限公司	纯电动乘用车	382	382
湖南中车时代电动汽车股份有限公司	恒流限压，恒压限流	YGC762-EV-S9RA-250/YGC762-EV-S9RB-250，NDQ-9Z（250A-750V）-R，XR61-C-V4，XR02-C-V3	四川永贵科技股份有限公司，中航光电科技股份有限公司，深圳巴斯巴科技发展有限公司	纯电动客车	278	373
	恒流限压，恒压限流	YGC762-EV-S9RA-250/YGC762-EV-S9RB-250，NDQ-9Z（250A-750V）-R，XR61-C-V4，XR02-C-V3，TTSC102-EV-S9Z-250A	四川永贵科技股份有限公司，中航光电科技股份有限公司，深圳巴斯巴科技发展有限公司	纯电动客车	95	
杭州欣锐科技有限公司	恒流-恒功率-恒压，恒流-恒功率-恒压	插头：WB-GC-AC1.0-16AS，WB-GC-AC1.0-32AS/插座：TS0001OA	插头：苏州一航电子科技股份有限公司，插座：苏州富晟一杭汽车部件有限公司	纯电动乘用车	133	344
	限压限流充电	插座（直流）：F08-630090-70R/插座（交流）：F08-831200-06L	插座（直流）：乐清市八达光电科技股份有限公司，插座（交流）：乐清市八达光电科技股份有限公司	纯电动乘用车	150	
	限压限流充电	插座（直流）：F08-630090-70R/插座（交流）：F08-841200-06L	插座（直流）：乐清市八达光电科技股份有限公司，插座（交流）：乐清市八达光电科技股份有限公司	纯电动乘用车	61	
杭州富特科技股份有限公司，杭州铁城信息科技有限公司	交流慢充及直流快充	YG196G-EVSE-691/G-16，YGC691C-EV-S7（5）RB-T-16，YGC762-EV-S9RB-125；NDQC-7T（16A-250/440V），NDQC-7Z（16A-250/440V）-R，NDQ-9Z（125A-750V）-R；EVS-V-16A5-GSC，EVPⅡ-V-16A5-G，EVS-4-125D9-GSC	四川永贵科技有限公司，中航光电科技股份有限公司，南京康尼新能源汽车零部件有限公司	纯电动乘用车	319	324
	交流慢充及直流快充	YG196G-EVSE-691/G-16，YGC691C-EV-S7（5）RB-T-16，YGC762-EV-S9RB-125；NDQC-7T（16A-250/440V），NDQC-7Z（16A-250/440V）-R，NDQ-9Z（125A-750V）-R；EVS-V-16A5-GSC，EVS-4-125D9-GS（QA），EVPⅡ-V-16A5-G	四川永贵科技有限公司，中航光电科技股份有限公司，南京康尼新能源汽车零部件有限公司	纯电动乘用车	5	
浙江聚源电子有限公司	恒流恒压充电	YDG16-SAV-P1/YDG16-SAV-S1-N1	苏州怡达新能源科技有限公司	纯电动专用车	1	301
	先恒流后恒压	慢充：DYL16-7TJ/DYL16-7ZK，CEBEA-ev16-1-CT/CEBEA-ev16-CZ；快充：DYL21-9ZK-125A，CEBEA-DC125-CZ	江苏西比亚新能源科技有限公司，浙江中杭电子有限公司	纯电动专用车	300	
深圳欣锐科技股份有限公司，深圳市安能能源技术有限公司，杭州奥蒂电控有限公司	先恒流后恒压式充电，先恒流后恒压式充电，先恒流后恒压式充电	慢充插座：RAC-ZI32F；快充插座：RDC-ZI125	慢充：四川瑞可达连接系统有限公司，快充：四川瑞可达连接系统有限公司	纯电动专用车	300	300
康斯伯格汽车部件（无锡）有限公司，宁波普瑞均胜汽车电子有限公司	恒流充电，恒压充电	充电插头：AD850；充电插座：30659857	插头：MENNEKES Stecker GmbH & Co. KG，插座：泰科电子（上海）有限公司	插电式混合动力乘用车	295	295

续上表

电动汽车车载充电机生产企业	充电方式	充电插头/插座型号	充电插头/插座生产企业	车辆名称配套车辆类型	2019 年配套车型产量小计（辆）	2019 年配套车型产量总计（辆）
武汉力行远方电源科技有限公司，深圳陆巡科技有限公司	先恒流再恒压	HVCOF，YGC691C-EV-S7RA-T-63，RAC-ZI63F-2A	安费诺精密连接器（深圳）有限公司，四川永贵科技有限公司，四川瑞可达连接系统有限公司	纯电动客车	275	275
石家庄迪龙科技有限公司，杭州奥蒂电控有限公司	先恒功率后恒压限流	EV01-DCV250A，EV01-ACV32A	苏州华旃航天电器有限公司	纯电动专用车	235	235
深圳市核达中远通电源技术有限公司	恒功率充电	交流：N/A（插头）；XR02-C-V2（插座）直流：N/A（插头）；XR61-C-V2（插座）	交流：（插头），深圳巴斯巴科技发展有限公司（插座）直流：（插头），深圳巴斯巴科技发展有限公司（插座）	纯电动专用车	1	209
	恒功率充电	交流：N/A（插头）；XR02-C-V3（插座）直流：N/A（插头）；XR61-C-V2（插座）	交流：（插头），深圳巴斯巴科技发展有限公司（插座）直流：（插头），深圳巴斯巴科技发展有限公司（插座）	纯电动专用车	40	
	恒功率充电	交流：N/A（插头）；XR02-C-V3（插座）直流：N/A（插头）；XR61-C-V2（插座），QED2-9Z125（插座）	交流：（插头），深圳巴斯巴科技发展有限公司（插座）直流：（插头），深圳巴斯巴科技发展有限公司（插座），深圳市通茂电子有限公司（插座）	纯电动专用车	24	
	恒功率充电，恒流充电	交流：N/A（插头）；XR02-C-V3（插座），直流：N/A（插头）；XR61-C-V4（插座）	交流：（插头），深圳巴斯巴科技发展有限公司（插座），直流：（插头），深圳巴斯巴科技发展有限公司（插座）	纯电动专用车	5	
	恒功率充电，恒流充电	交流：XR02-C-V3（插座）；直流：XR61-C-V3（插座）	交流：深圳巴斯巴科技发展有限公司（插座）直流：深圳巴斯巴科技发展有限公司（插座）	纯电动专用车	1	
	恒流充电	交流：N/A（插头），XR02-C-V3（插座）；直流：N/A（插头），XR61-C-V3（插座）	交流：（插头），深圳巴斯巴科技发展有限公司（插座），直流：（插头），深圳巴斯巴科技发展有限公司（插座）	纯电动专用车	77	
	恒流充电	交流：N/A（插头），XR02-C-V3（插座）；直流：N/A（插头），QED2-9Z200（插座）	交流：（插头），深圳巴斯巴科技发展有限公司（插座）/直流：（插头），深圳市通茂电子有限公司（插座）	纯电动专用车	4	
	恒流充电	交流：N/A（插头），XR02-C-V3（插座）；直流：N/A（插头），XR61-C-V3（插座）	交流：（插头），深圳巴斯巴科技发展有限公司（插座）/直流：（插头），深圳巴斯巴科技发展有限公司（插座）	纯电动专用车	3	
	直流快充，交流慢充	插头：NDQC-7T-16A-1；插座：NDQC-7Z（32A-250/440V）-L，NDQ-9Z（125A-750V）-L	中航光电科技股份有限公司	纯电动专用车	54	
重庆力华科技有限责任公司，杭州铁城信息科技有限公司	交流慢充，交流慢充	NDQC-7T（16A-250/440V）/NDQC-7Z（16A-250/440V）-L，YG196G-EVSE-691/G-16/YGC691C-EV-S7（5）RA-T-16，YGC691C-EV-P7（5）P-16/1010/YGC691C-EV-S7（5）RA-N-16/2	中航光电科技股份有限公司，四川永贵科技有限公司	插电式混合动力乘用车	189	189
深圳市核达中远通电源技术有限公司，杭州铁城信息科技有限公司	具备交流充电，直流充电两种方式	XP01-C-V2/XR02-C-V2、XR61-C-V2、XR61-C-V3、XR61-C-V4，F08-690150-060W/F08-742050-06T、F08-730090-35T、F08-730090-70T，XX101-TZ07-Y32A/XX101-ZK07C-Y32A、XX102-ZK09-Y125A、XX102-ZK09-Y250A，EP-AC-V32A-SP/ES-AC-V32A-SP、ES-DC-V125A、ES-DC-V200A、ES-DC-V250A	深圳巴斯巴科技发展有限公司，乐清市八达光电科技股份有限公司，浙江鑫喜电子科技有限公司，常州中电新能电器科技有限公司	纯电动专用车	188	188
洛阳嘉盛电源科技有限公司，洛阳交运集团工业有限公司	恒流或恒压或脉冲充电或三段式充电或交流充电	NDQ-9Z（250A-750V）-L，EVS-4-250D9-GS，NDQC-7Z（32A-250/440V）-L，EVS-V-32A7-GSLB，EVS-V-63A7-GSLB，EVS-V-32A5-GSLB	中航光电科技股份有限公司，南京康尼新能源汽车零部件有限公司	纯电动客车	184	184
法雷奥汽车内部控制（深圳）有限公司，台达电子企业管理（上海）有限公司	恒流，恒功率充电	EVP-V-16A5/EVS-V-16A5-HB	南京康尼新能源汽车零部件有限公司	插电式混合动力乘用车	166	166
深圳硅山技术有限公司	直流恒流限压，交流慢充	充电插头：6801107031，车辆插座：680211310311，供电插座：680212310311，车辆插座：680411101062，供电插头：UEG-ACG-P-32A-T 车辆插座：UEG-ACC-S-32A-T，供电插座：UEG-ACG-S-32A-T，车辆插座：UEG-DC-S-250A	深圳市沃尔新能源电气科技股份有限公司，山东寰宇连接器科技有限公司，山东寰宇连接器科技有限公司	纯电动专用车	147	147
深圳欣锐科技股份有限公司，杭州奥蒂电控有限公司，深圳市安能能源技术有限公司	先恒流后恒压式充电	慢充：RAC-ZI32F，NDQC-7Z（32A-250/440V）-L，XHY101-ZK07C-Y32A；快充：RDC-ZI125，NDQ-9Z（125A-750V）-L，XHY102-ZK09-Y125A	慢充：四川瑞可达连接系统有限公司，中航光电科技股份有限公司，新海宜科技集团股份有限公司；快充：四川瑞可达连接系统有限公司，中航光电科技股份有限公司，新海宜科技集团股份有限公司	纯电动专用车	29	137

续上表

电动汽车车载充电机生产企业	充电方式	充电插头/插座型号	充电插头/插座生产企业	车辆名称配套车辆类型	2019年配套车型产量小计（辆）	2019年配套车型产量总计（辆）
深圳欣锐科技股份有限公司，杭州奥蒂电控有限公司，深圳市安能能源技术有限公司	先恒流后恒压式充电	慢充：RAC-ZI32F，NDQC-7Z（32A-250/440V）-L，XHY101-ZK07C-Y32A；快充：RDC-ZI125，NDQ-9Z（125A-750V）-L，XHY102-ZK09-Y125A	慢充：四川瑞可达连接系统有限公司，中航光电科技股份有限公司，新海宜科技集团股份有限公司；快充：四川瑞可达连接系统有限公司，中航光电科技股份有限公司，新海宜科技集团股份有限公司	纯电动专用车	108	137
杭州富阳恒泰汽车电器有限公司	交流，直流	交流充电插头：WM-CAD2-G16AA；交流插座：DYL16-7ZK-A，直流插座：DYL21-9ZK-125A	浙江万马集团特种电子电缆有限公司，浙江中杭电子有限公司，杭州泰宏新能源技术有限公司	纯电动专用车	102	111
	交流充电	KEC-AC-016-F5/H05-0706F-A04-W	湖南杰尼新能源科技有限公司/武汉合康亿盛电气连接系统有限公司	纯电动专用车	9	
南京中港电力股份有限公司，杭州奥蒂电控有限公司	交流，直流	交流：车辆插头 KEC-AC-016-F5；车辆插座 KEC-AC-016-G5；交流：车辆插头 WO-ER-GB-C-AC16-06；车辆插座 680211310211；直流：插座：KEC-DC-125-G；直流：插座：680411101052	湖南杰尼新能源科技有限公司，深圳市沃尔新能源电气科技有限公司，湖南杰尼新能源科技有限公司	纯电动乘用车	33	108
	交流，直流	交流：供电插头 KEC-AC-016-F5 供电插座 KEC-AC-016-G5；交流：车辆插头 WO-ER-GB-C-AC16-06 供电插头 WOER-GB-P-AC16-06；交流：充电插头 6801107021 车辆插座 680211310211 供电插座 680212310211；直流：车辆插座：KEC-DC-125-G；直流；车辆插座：680411101052	湖南杰尼新能源科技有限公司，深圳市沃尔新能源电气科技有限公司	纯电动乘用车	75	
江西聚力新能源科技有限公司	恒流恒压充电	充电插头：SEAC16A-220P，充电插座：交流：NDQC-7Z（32A-250/440V）-L，直流：NDQ-9Z（125A-750V）-L	插头厂家：河北神思新能源科技有限公司；插座厂家：中航光电科技股份有限公司	纯电动专用车	104	104
苏州舜唐新能源电控设备有限公司	恒流充电	插头：IGA-016TC；插座：IGA-016ZC/IGD-125ZC	山东英迈德电子科技有限公司	纯电动乘用车	4	103
	恒流充电，恒功率充电	NDQ-9Z（125A-750V）-L，QLZ-K125，14216655-01 125A 750V DC，NDQC-7Z（32A-250/440V）-L，QLZ-M32，CZAGC323ZDA001	中航光电科技股份有限公司，襄阳群龙汽车部件股份有限公司，深圳乔合里科技股份有限公司	纯电动专用车	50	
	恒流充电，恒压限流充电	NDQ-9Z（200A-750V）-L，QLZ-K125，14216151-03/14216655-03，NDQC-7T（32A-250/440V）/NDQC-7Z（32A-250/440V）-L，QLQ-M32/QLZ-M32，CQAGC323NNN001/CZAGC323ZDA001	中航光电科技股份有限公司，襄阳群龙汽车部件股份有限公司，深圳乔合里科技股份有限公司	纯电动专用车	3	
	恒流充电，恒压限流充电	NDQ-9Z（200A-750V）-L，QLZ-K125，14216151-03/14216655-03，NDQC-7T（32A-250/440V）/NDQC-7Z（32A-250/440V）-L，QLQ-M32/QLZ-M32，CQAGC323NNN001/CZAGC323ZDA001	中航光电科技股份有限公司，襄阳群龙汽车部件股份有限公司，深圳乔合里科技股份有限公司	纯电动专用车	20	
	恒流充电，恒压限流充电	NDQ-9Z（200A-750V）-L，QLZ-K125，14216151-03/14216655-03，NDQC-7T（32A-250/440V）/NDQC-7Z（32A-250/440V）-L，QLQ-M32/QLZ-M32，CQAGC323NNN001/CZAGC323ZDA001	中航光电科技股份有限公司，襄阳群龙汽车部件股份有限公司，深圳乔合里科技股份有限公司	纯电动专用车	5	
	直流充电，交流充电	YGC762-EV-P9P-125/YGC762-EV-S9RA-125（直流），YGC691C-EV-P7（5）P-32/YGC691C-EV-S7（5）RA-T-32（交流）	四川永贵科技有限公司	纯电动专用车	12	
	直流充电，交流充电	YGC762-EV-P9P-200，YGC762-EV-S9RA-200，YGC691C-EV-P7（5）P-16，YGC691C-EV-S7（5）RA-N-16，RDC-TI250；RDC1-XZI250，RAC-TI16K-5A；RAC-ZI16F2-2A	四川永贵科技有限公司，四川瑞可达连接系统有限公司	纯电动专用车	8	
	直流充电，交流充电	YGC762-EV-P9P-200；YGC762-EV-S9RA-200；YGC691C-EV-P7（5）P-16；YGC691C-EV-S7（5）RA-N-16；RDC-TI250；RDC1-XZI250；RAC-TI16K-5A；RAC-ZI16F2-2A	四川永贵科技有限公司，四川瑞可达连接系统有限公司	纯电动专用车	1	
深圳威迈斯电源有限公司，苏州舜唐新能源电控设备有限公司	慢充：恒流充电转恒压充电，快充：恒流充电	交流充电插头/插座：RAC-TI16K-5A/RAC-ZI16F2-2A，交流车辆插头/插座：F08-660150-020/F08-660051-04L，直流插座：NDQ-9Z（125A-750V）-L	苏州瑞可达连接系统股份有限公司，乐清市八达光电科技股份有限公司，中航光电科技股份有限公司	纯电动乘用车	100	100
LG电子	恒流充电	插头：RAC-2TI32/插座：RAC-ZI32F；插头：RDC-TI250/插座：RDC-ZI250；插座：NDQC-7Z（32A-250/440V）-L；插座：NDQ-9Z（250A-750V）-L	苏州瑞可达连接系统股份有限公司，中航光电科技股份有限公司	纯电动乘用车	82	94
	先恒流充电再恒压充电	插头：RAC-2TI32/插座：RAC-ZI32F；插头：RDC-TI250/插座：RDC-ZI250	苏州瑞可达连接系统股份有限公司	纯电动乘用车	12	

续上表

电动汽车车载充电机生产企业	充电方式	充电插头/插座型号	充电插头/插座生产企业	车辆名称配套车辆类型	2019年配套车型产量小计（辆）	2019年配套车型产量总计（辆）
中航光电科技股份有限公司	恒流充电,恒功率充电,恒压充电	YGC691C-EV-P7（5）P-16, YGC691C-EV-S7（5）RA-T-16; YG762-EV-P9P-125, YGC762-EV-S9RA-125, YG691C-EV-S7(5)RD-T/1-16	四川永贵科技有限公司	纯电动专用车	86	86
深圳市聚马新能源汽车科技有限公司	插电式	交流插头:QEC-5T16WA、插座:QEC-5Z16SCA,直流插座:QED-9Z125WCA;交流插头:HVCO-M16、插座:HVCO-F16,直流插座:HVCO-F125;交流:RAC-ZI16F2-2A,RAC-TI16K-5A,直流:RDC-ZI125	深圳市通茂电子有限公司,成都晨风绿能电气技术有限公司,四川瑞可达连接系统有限公司	纯电动专用车	1	83
		交流插头:QEC-5T16WA、插座:QEC-5Z32SCA;直流插座:QED-9Z125WCA、QED-9Z200WCA	深圳市通茂电子有限公司	纯电动专用车	10	
	先恒流再恒压	交流插头:QEC-5T16WA,插座:QEC-5Z16SCA,直流插座:QED-9Z125WCA,交流插头:HVCO-M16,插座:HVCO-F16,直流插座:HVCO-F125	深圳市通茂电子有限公司,成都晨风绿能电气技术有限公司	纯电动专用车	72	
成都富临精工新能源动力有限公司	先恒流后恒压充电	交流:（巴斯巴）XP01-C-V1/XR02-C-V2, XP02-C-V1/XR02-C-V2;交流:（容一）1202-01X-0012/1204-01X-0004,RG-AC-16A-SV001/1204-01X-0004;交流:（永贵）YGC691C-EV-P7(5)PW-16/YGC691C-EV-S7(5)RA-T-32, YGC691C-EV-P7(5)P-16/YGC691C-EV-S7(5)RA-T-32,（立讯）LSC-AC11E00/LSC-AR12A03;直流:（巴斯巴）XR61-C-V3;直流	深圳巴斯巴科技发展有限公司,深圳容一电动科技有限公司,四川永贵科技有限公司,东莞立讯智连电子科技有限公司	纯电动乘用车	68	76
	先恒流后恒压充电	交流:（巴斯巴）XP01-C-V1/XR02-C-V2, XP02-C-V1/XR02-C-V2;交流:（容一）1202-01X-0012/1204-01X-0004,RG-AC-16A-SV001/1204-01X-0004;交流:（永贵）YGC691C-EV-P7(5)PW-16/YGC691C-EV-S7(5)RA-T-32, YGC691C-EV-P7(5)P-16/YGC691C-EV-S7(5)RA-T-32;（立讯）LSC-AC11E00/LSC-AR12A03;直流:（巴斯巴）XR61-C-V3;直流	深圳巴斯巴科技发展有限公司,深圳容一电动科技有限公司,四川永贵科技有限公司,东莞立讯智连电子科技有限公司	纯电动乘用车	2	
	先恒流后恒压充电	交流:（巴斯巴）XP01-C-V1/XR02-C-V2, XP02-C-V1/XR02-C-V2;交流:（容一）1202-01X-0012/1204-01X-0004,RG-AC-16A-SV001/1204-01X-0004;交流:（永贵）YGC691C-EV-P7(5)PW-16/YGC691C-EV-S7(5)RA-T-32, YGC691C-EV-P7(5)P-16/YGC691C-EV-S7(5)RA-T-32;直流:（巴斯巴）XR61-C-V3;直流:（容一）1104-03X-0020;直流:（永贵）YGC7	深圳巴斯巴科技发展有限公司,深圳容一电动科技有限公司,四川永贵科技有限公司	纯电动乘用车	5	
	先恒流后恒压充电	交流:（巴斯巴）XP02-C-V1/XR02-C-V2, XP02-C-V1/XR02-C-V2,（立讯）LSC-AC11E00/LSC-AR12A03,（永贵）YGC691C-EV-P7（5）P-16/YGC691C-EV-S7（5）RA-T-32, YGC691C-EV-P7(5)P-16/YGC691G-EV-S7(5)RG-T/1-32;直流:（巴斯巴）XR61-C-V3,（立讯）LSC-DR13A00,（永贵）YGC762-EV-S9RA-200	深圳巴斯巴科技发展有限公司,东莞立讯智连电子科技有限公司,四川永贵科技有限公司	纯电动乘用车	1	
青岛特锐德电气股份有限公司	遵循国标 GB/T27930 通信协议由电池BMS与充电机通信并确定不同的充电方式，先恒流后恒压。或 GB/T 18487.1-2015 充电模式2,3	KLDK-DC(250A-750V)-H,EVS-4-250D9-S,DQ-9Z(250A-750V)-20,HVCOF,BCG-DVR,68021110104312	厦门金龙电控科技有限公司,南京康尼新能源汽车零部件有限公司,中航光电科技股份有限公司,安费诺精密连接器(深圳)有限公司,深圳巴斯巴科技发展有限公司,深圳市沃尔新能源电气科技有限责任公司	纯电动客车	60	60
重庆力华科技有限责任公司	交流慢充	NDQC-7T(16A-250/440V)/NDQC-7Z(16A-250/440V)-L, YG196G-EVSE-691/G-16/YGC691C-EV-S7(5)RA-T-16	中航光电科技股份有限公司,四川永贵科技有限公司	插电式混合动力乘用车	60	60
深圳市欣锐特科技有限公司	直流充电,交流充电	YDG200-D-P1/YDG200-D-S1, YDG32-SAV-S1-L1	江苏怡达新能源科技有限公司	纯电动专用车	59	59
深圳欣锐科技股份有限公司,深圳欣锐科技股份有限公司,珠海英搏尔电气股份有限公司	交流慢充,直流快充	M2 充电连接总成:1060-PSE-16-XC-NS,1160-PSE-16-XC-NS;M3 充电连接总成:1040-1060-32-XC,1160-1170-32-XC;交流充电插座:NV4C-DSI-GEL-EV32S;直流充电插座:NV2-DSD-G-EV125S	苏州工业园区多思达科技有限公司	纯电动乘用车	50	50
深圳欣锐科技有限公司,深圳市核达中远通电源技术有限公司	恒流充电	交流:N/A(插头);GVL-T-440063-A1(插座),XR02-C-V3(插座);直流:N/A(插头);GVL-D-750125-A1(插座),GVL-D-750250-A1(插座),XR61-C-V3(插座)	交流:(插头),比亚迪汽车工业有限公司(插座),深圳巴斯巴科技发展有限公司(插座),直流:(插头),比亚迪汽车工业有限公司(插座),比亚迪汽车工业有限公司(插座),深圳巴斯巴科技发展有限公司(插座)	纯电动专用车	42	42

续上表

电动汽车车载充电机生产企业	充电方式	充电插头/插座型号	充电插头/插座生产企业	车辆名称配套车辆类型	2019 年配套车型产量小计（辆）	2019 年配套车型产量总计（辆）
南京中港电力股份有限公司	插电式	交流车辆插头：F08-660150-020，交流车辆插座：F08-660051-04L，直流车辆插座：F08-630090-35L；交流车辆插头：EVPII-V-16A5-G，交流车辆插座：EVS-V-32A5-GSLB，直流车辆插座：EVS-4-125D9-GS	乐清市八达光电科技股份有限公司，南京康尼新能源汽车零部件有限公司	纯电动专用车	3	37
	恒流恒压	NTQC-7T（16A-250/440V）/NDQC-7Z（32A-250/440V）-L，NDQ-9Z（200A-750V）-L-03	中航光电科技股份有限公司	纯电动乘用车	34	
南京中港电力股份有限公司，杭州富特科技股份有限公司，杭州铁城信息科技有限公司	初始恒流充电，达到截止电压后降流充电	YG505-01-00-00XLV/YG505-02-00-00XLV，RAC-TI16K-5A/RAC-ZI16F2-2A，YGC691C-EV-P7（5）P-16/YGC691C-EV-S7（5）RB-T-16，ZC-16VSP/ZC-16VSR，LDAC-016CT/IC-CPD/LDAC-016CZ	四川永贵科技有限公司，四川瑞可达连接系统有限公司，广州知崇新能源科技有限公司，山东龙立电子有限公司	纯电动乘用车	10	34
	初始恒流充电，达到截止电压后降流充电	YG505-01-00-00XLV/YG505-02-00-00XLV，RAC-TI16K-5A/RAC-ZI16F2-2A，YGC691C-EV-P7（5）P-16/YGC691C-EV-S7（5）RB-T-16，ZC-16VSP/ZC-16VSR，LDAC-016CT/IC-CPD/LDAC-016CZ	四川瑞可达连接系统有限公司，四川永贵科技有限公司，广州知崇新能源科技有限公司，山东龙立电子有限公司	纯电动乘用车	1	
	初始恒流充电，达到截止电压后降流充电	YG505-01-00-00XLV/YG505-02-00-00XLV，RAC-TI16K-5A/RAC-ZI16F2-2A，YGC691C-EV-P7（5）P-16/YGC691C-EV-S7（5）RB-T-16，ZC-16VSP/ZC-16VSR，LDAC-016CT/IC-CPD/LDAC-016CZ，XCB-1AC16A	四川瑞可达连接系统有限公司，四川永贵科技有限公司，广州知崇新能源科技有限公司，山东龙立电子有限公司，威海市泓淋电力技术股份有限公司	纯电动乘用车	23	
武汉合康动力技术有限公司	恒流恒压充电	直流充电座型号：H04-0912R-A08，交流充电座型号：H05-0706F-A04-W	武汉合康亿盛电气连接系统有限公司	纯电动专用车	33	34
	兼具直流快充和交流慢充两种方式	YGC762-EV-S9RA-200（直流充电插座），YGC691C-EV-S7（5）RA-T-32（交流充电插座）	四川永贵科技有限公司	纯电动专用车	1	
深圳市康灿科技有限公司	先恒流再恒压	充电插头：6801107031 车辆插座：680211310311，供电插座：680212310311，车辆插座：680411101052，供电插头：UEG-ACG-P-32A-T 车辆插座：UEG-ACC-S-32A-T 供电插座：UEG-ACG-S-32A-T，车辆插座：UEG-DC-S-125A，NDQ-9Z（125A-750V）-L，插头：RDC-TI250/插座：RDC-ZI250，车辆插头：RAC-2TI32/车辆插座：RAC-ZI32F，车辆插头/供电插头：RAC-2TI32 车辆插座/供电插座：RAC-ZI32F	深圳市沃尔新能源电气科技股份有限公司，山东寰宇连接器科技有限公司，中航光电科技股份有限公司，四川瑞可达连接系统有限公司	纯电动专用车	32	32
张家港市华为电子有限公司，浙江迅捷电气科技有限公司	先恒流后恒压	交流：CEBEA-ev16-1-CT/CEBEA-ev16-CZ；直流：CEBEA-DC125-CZ	交流：江苏西比亚新能源科技有限公司；江苏西比亚新能源科技有限公司，直流：江苏西比亚新能源科技有限公司	纯电动专用车	30	30
武汉科华动力科技有限公司，杭州奥蒂电控有限公司，杭州铁城信息科技有限公司	恒功率充电	慢充：XP01-C-V1/XR07-C-V1；快充：XR61-C-V1（快充为选装）	深圳巴斯巴科技发展有限公司	纯电动乘用车	25	25
台达电子企业管理（上海）有限公司，法雷奥西门子新能源汽车（深圳）有限公司	恒流，恒功率充电	EVP-V-16A5，EVP Ⅱ-V-32A5-G/NDQC-7Z（16A-250/440V）-L G004，NDQ-9Z（250A-750V）-0 G002，NDQC-7Z（32A-250/440V）-L G002，NDQ-9Z（250A-750V）-0 G002	南京康尼新能源汽车零部件有限公司，中航光电科技股份有限公司	纯电动乘用车	25	25
法国雷诺汽车公司（RENAULT s. a. s）	恒输入功率充电	33329381	匈牙利德尔福有限公司［Delphi（Hungary）］	纯电动乘用车	22	22
台达电子企业管理（上海）有限公司，深圳市大地和电气股份有限公司	恒流充电	慢充充电插头：EVP Ⅱ-V-16A5-G（康尼）、6808020101（沃尔）慢充充电插座：CS32（安费诺）、680211310311（沃尔）快充充电插座：CS06（安费诺）、680411101052（沃尔）	慢充充电插头：南京康尼新能源汽车零部件有限公司，深圳市沃尔新能源电气科技有限责任公司，慢充充电插座：安费诺-泰姆斯（常州）通信设备有限公司，深圳市沃尔新能源电气科技有限责任公司；快充充电插座：安费诺-泰姆斯（常州）通信设备有限公司，深圳市沃尔新能源电气科技有限责任公司	纯电动乘用车	8	21
	恒流充电	慢充充电插头：EVP Ⅱ-V-16A5-G（康尼）、6808020101（沃尔）；慢充充电插座：CS32（安费诺）、680211310311（沃尔）；快充插座：CS06（安费诺）、680411101052（沃尔）	慢充充电插头：南京康尼新能源汽车零部件有限公司，深圳市沃尔新能源电气科技有限责任公司；慢充充电插座：安费诺汽车连接系统（常州）有限公司，深圳市沃尔新能源电气科技股份有限公司；快充电插座：安费诺-泰姆斯（常州）通信设备有限公司，深圳市沃尔新能源电气科技有限责任公司	纯电动乘用车	3	

续上表

电动汽车车载充电机生产企业	充电方式	充电插头/插座型号	充电插头/插座生产企业	车辆名称配套车辆类型	2019 年配套车型产量小计（辆）	2019 年配套车型产量总计（辆）
台达电子企业管理（上海）有限公司，深圳市大地和电气股份有限公司	恒流充电	慢充充电插头：EVP Ⅱ-V-16A5-G（康尼）、6808020101（沃尔）；慢充充电插座：CS32（安费诺）、680211310311（沃尔）；快充充电插座：CS06（安费诺）、680411101052（沃尔）	慢充充电插头：南京康尼新能源汽车零部件有限公司，深圳市沃尔新能源电气科技有限责任公司；慢充充电插座：安费诺汽车连接系统（常州）有限公司，深圳市沃尔新能源电气科技股份有限公司；快充充电插座：安费诺-泰姆斯（常州）通信设备有限公司，深圳市沃尔新能源电气科技有限责任公司	纯电动乘用车	10	21
深圳欣锐科技股份有限公司，深圳威迈斯新能源股份有限公司	先恒流后恒功率充电	交流充电插头/插座：NDQC-7T（16A-250/440V）/NDQC-7Z（32A-250/440V）-L；直流充电插座：NDQ-9Z（125A-750V）-R G005	中航光电科技股份有限公司	纯电动乘用车	20	20
杭州富特科技股份有限公司，浙江绿航新能源科技有限公司	非车载充电/车载充电	1060-PSE-16-XC-NS/NV3C-DSI-G-EV16S/NV2-DSD-G-EV250S，RAC-TI16K-5A/RAC-ZI16F2-2A/RDC-ZI250	苏州工业园区多思达科技有限公司，苏州瑞可达连接系统股份有限公司	纯电动专用车	20	20
杭州铁城信息科技有限公司，珠海英搏尔电气股份有限公司	先以恒流充电，再以恒压充电	车辆交流插头：F08-660150-020，车辆交流插座：F08-660051-04L，车辆交流插头：EVPII-V-16A5-G，车辆交流插座：EVS-V-32A5-GSLB	乐清市八达光电科技股份有限公司，南京康尼新能源汽车零部件有限公司	纯电动专用车	2	19
	先以恒流充电，再以恒压充电	车辆交流插头：F08-660150-020/车辆交流插座：F08-660051-04L/车辆直流插座：F08-630090-35L，车辆交流插头：EVPII-V-16A5-G/车辆交流插座：EVS-V-32A5-GSLB/车辆直流插座：EVS-4-125D9-GS	乐清市八达光电科技股份有限公司，南京康尼新能源汽车零部件有限公司	纯电动专用车	17	
常州市武进红光无线电有限公司	交流充电（慢充）	XP01-C-V1/XR02-C-V1	深圳巴斯巴科技发展有限公司	纯电动专用车	16	18
	交流充电（慢充）	XP01-C-V1/XR02-C-V1；XX101-TZ07C-Y16B/XX101-ZK07C-Y16A；JBT16-2TJ/JBT16-2ZK	深圳巴斯巴科技发展有限公司，浙江鑫喜电子科技有限公司，杭州玖柏图电气有限公司	纯电动专用车	2	
北京京环装备设计研究院有限公司	交流充电，直流充电	直流：CS05B；交流：CSEVM63	安费诺汽车连接系统（常州）有限公司	纯电动专用车	18	18
南京中港电力股份有限公司，苏州舜唐新能源电控设备有限公司	插电式	交流车辆插头：F08-660150-020；交流车辆插座：F08-660051-04L；直流车辆插座：F08-630090-35L 交流车辆插头：EVPII-V-16A5-G；交流车辆插座：EVS-V-32A5-GSLB；直流车辆插座：EVS-4-125D9-GS	乐清市八达光电科技股份有限公司，南京康尼新能源汽车零部件有限公司	纯电动专用车	2	16
	插电式	交流车辆插头：F08-660150-020；交流车辆插座：F08-660051-04L；直流车辆插座：F08-630090-35L 交流车辆插头：EVPII-V-16A5-G；交流车辆插座：EVS-V-32A5-GSLB；直流车辆插座：EVS-4-125D9-GS	乐清市八达光电科技股份有限公司，南京康尼新能源汽车零部件有限公司	纯电动专用车	14	
深圳欣锐科技股份有限公司，北京理工华创电动车技术有限公司，纽福克斯光电科技有限公司	具备快充充电方式，选装慢充	交流插头：RAC-2TI32；交流插座：RAC-ZI32F；直流插头：DC1-XTI125-35；直流插座：RDC-ZI125；	苏州瑞可达连接系统股份有限公司	纯电动专用车	3	15
	同时具备快慢充功能	插头/插座（瑞可达直流 125A）：插头 DC1-XT125-35，插座 RDC-ZI125；插头/插座（龙力直流 125A）：插头 LDDC-125LCT，插座 LDDC-125CZ，插头/插座（易威直流 125A）：插头 EV-013153111. 21DQ，插座 EV-013151111. 21DZ，插头/插座（瑞可达交流 16A）：插头 RAC-TI16K-5A；插座 RAC-ZI16F2-2A 插头/插座型号（交流 16A）：插头 F08-660150-020；插座 F08-660051-04L，插头/	苏州瑞可达连接系统股份有限公司，山东龙立电子有限公司，宁波易威新能源科技有限公司，苏州瑞可达连接系统股份有限公司，乐清市八达光电科技股份有限公司，山东龙立电子有限公司，宁波易威新能源科技有限公司	纯电动专用车	12	
珠海泰坦科技股份有限公司	恒压限流充电	YGC762-EV-P9P-250/BCG-DVR	四川永贵科技有限公司，南京创源天地动力科技有限公司	纯电动专用车	15	15
深圳市核达中远通电源技术股份有限公司，深圳市英威腾电动汽车充电技术有限公司	具备交流充电，直流充电两种方式	F08-730090-50T，F08-831200-06T	乐清市八达光电科技股份有限公司	纯电动专用车	11	11
苏州舜唐新能源电控设备有限公司，石家庄迪龙科技有限公司	先恒流后恒压	直流充电插座型号 BENT-DC80-CZ9，交流充电插座型号 BENT-AC16-CZ5，直流充电插座型号 KEC-DC-80-G9，交流充电插头/插座型号 KEC-AC-016-F5/KEC-AC-016-G5	江苏贝恩特汽配科技有限公司，温州凯业电器有限公司	纯电动专用车	11	11

续上表

电动汽车车载充电机生产企业	充电方式	充电插头/插座型号	充电插头/插座生产企业	车辆名称配套车辆类型	2019年配套车型产量小计（辆）	2019年配套车型产量总计（辆）
无锡华宸控制技术有限公司	恒流，恒压	LDDC-250CZ，LDAC-032CZ	山东龙立电子有限公司	纯电动专用车	11	11
杭州奥蒂电控有限公司，珠海英搏尔电气股份有限公司	慢充/快充	RAC-TI16K-5A；RAC-2TI32；RDC-ZI125；RAC-ZI132F；6808020101；6801107031；680411101052；680211310311；XX101-TZ07C-Y16B；XX101-TZ07-Y32A；XX101-ZK07C-Y32A；XX102-ZK09-Y125A；车辆插头：TXJL-Q91361122，车辆插座：TXJL-Z91361122	四川瑞可达连接系统有限公司，深圳市沃尔新能源电气科技有限责任公司，江西聚力新能源科技有限公司	纯电动乘用车	10	10
重庆长安新能源汽车有限公司	恒流充电	DQC-7T（16A-250/440V）（慢充枪）/F08-740050-04T（慢充座）、F08-730090-50T（快充座）	重庆长安新能源汽车有限公司	纯电动乘用车	1	10
	恒流充电	充电插座：F08-660050-02R、充电插头：DQC-7T（16A-250/440V）	重庆长安新能源汽车有限公司	插电式混合动力乘用车	9	
深圳市依思普林科技有限公司	先恒流后恒压	直流充电插座：BENT-DC80-CZ9，交流充电插头/插座：BENT-AC16-CT5/BENT-AC16-CZ5，直流充电插座：KEC-DC-125-C9，交流充电插头/插座：KEC-AC-016-F5/KEC-AC-016-G5，直流充电插座：XR61-C-V1，交流充电插头/插座：XP02-C-V1/XR02-C-V1	江苏贝恩特汽配科技有限公司，温州凯业电器有限公司，深圳巴斯巴科技发展有限公司	纯电动专用车	1	8
	先恒流后恒压	直流充电插座：BENT-DC80-CZ9，交流充电插头/插座：BENT-AC16-CT5/BENT-AC16-CZ5，直流充电插座：KEC-DC-125-G9，交流充电插头/插座：KEC-AC-016-F5/KEC-AC-016-G5，直流充电插座：XR61-C-V1，交流充电插头/插座：XP02-C-V1/XR02-C-V1	江苏贝恩特汽配科技有限公司，温州凯业电器有限公司，深圳巴斯巴科技发展有限公司	纯电动专用车	7	
Delta Electronics power LTD.	恒流充电	LDTypVAC322015/HVCC（插座/插头），LDTypVDC1252015/HVCC（插座/插头）	南京菲尼克斯电气有限公司（插座）/德尔福中央电气（上海）有限公司（插头）	纯电动乘用车	7	7
杭州奥蒂电控有限公司，纽福克斯光电科技（上海）有限公司	恒流充电	交流充电插座：NDQC-7Z（16A-250/440V）-L，直流充电插座：NDQ-9Z（125A-750V）-L	中航光电科技股份有限公司	纯电动专用车	7	7
Valeo-Siemens Automative	恒压充电，恒流充电	AD85O/2293546-1	Mennekes Steckter GmbH/Tyco Electronics	插电式混合动力乘用车	7	7
珠海英搏尔电气股份有限公司，杭州铁城信息科技有限公司	恒流，恒压	V2C-DSI-EV16P（慢充插头），YGC691C-EV-P7（5）P-16（慢充插头）/NV4C-DSI-G-EV16S（慢充插座），NV4C-DSI-GEL-EV32S（慢充插座），NDQC-7Z（16A-250/440V）-L（慢充插座），NDQC-7Z（32A-250/440V）-L（慢充插座），YGC691C-EV-S7（5）RA-T-16（慢充插座），YGC691C-EV-S7（5）RA-T-32（慢充插座），EVS-4-125D9-S（快充插座），YGC762-EV-S9RA-125（快充插座）	苏州工业园区多思达科技有限公司，中航光电科技股份有限公司，四川永贵科技有限公司，南京康尼新能源汽车零部件有限公司	纯电动乘用车	7	7
苏州舜唐新能源电控设备有限公司，深圳市康灿新能源科技有限公司	恒流限压，恒压限流，恒流限压，恒压限流	RDC1-XZI125，NDQ-9Z（125A-750V）-R，QLZ-K125，YGC762-EV-S9RB-125，6808020101/68021110104312，YG196G-EVSE-691/G-16，680411101052，NDQ-9Z（125A-750V）-L，NDQC-7T（16A-250/440V）/NDQC-7Z（16A-250/440V）-L，YGC762-EV-S9RA-125，QLZ-K125，FDT-M16/FDZ-M16，FDZ-125，RAC-TI16K-5A/RAC-ZI16F2-2A	四川瑞可达连接系统有限公司，中航光电科技股份有限公司，襄阳群龙汽车部件股份有限公司，深圳市沃尔新能源电气科技有限责任公司，四川永贵科技有限公司，十堰东风福电汽车电气有限公司，苏州瑞可达连接系统股份有限公司	纯电动专用车	6	6
深圳陆巡科技有限公司	交流慢充，直流快充	NV2-DSD-G-EV200S、NV4Z-DSI-EV32P、NV4C-DSI-GEL-EV32S	苏州工业园区多思达科技有限公司	纯电动专用车	2	5
	交流慢充，直流快充	NV2-DSD-G-EV200S、NV4Z-DSI-EV32P、NV4C-DSI-GEL-EV32S、RAC-2TI32、RAC-ZI32F、RDC1-XZI125	苏州工业园区多思达科技有限公司，四川瑞可达连接系统有限公司	纯电动专用车	1	
	交流慢充，直流快充	RAC-2TI32、RAC-ZI32F、RDC-ZI125、NV2-DSD-G-EV200S、NV4Z-DSI-EV32P、NV4C-DSI-GEL-EV32S	四川瑞可达连接系统有限公司，苏州工业园区多思达科技有限公司	插电式混合动力专用车	2	
深圳威迈斯电源有限公司深圳威迈斯电源有限公司，上海欣锐电控技术有限公司	慢充，快充	交流充电插头：EVPIV-V-16A5/EVPIV-V-16A5-G，交流充电插座：EVS-V-32A5-GHLD，直流充电插座：EVS-4-125D9-GHD/EVS-4-250D9-GHD，交流充电插座：CSEV63S/CSEV32S，直流充电插座：CS125R/CS200R/CS250R，直流充电插座：EVS-4-125D9-GHF/EVS-4-200D9-GHF	南京康尼新能源汽车零部件有限公司，安费诺汽车连接系统（常州）有限公司	纯电动乘用车	5	5

续上表

电动汽车车载充电机生产企业	充电方式	充电插头/插座型号	充电插头/插座生产企业	车辆名称配套车辆类型	2019 年配套车型产量小计（辆）	2019 年配套车型产量总计（辆）
杭州铁城信息科技有限公司，杭州杰能动力有限公司	先恒流充电/再恒压充电/最后恒压限流，先恒流充电/再恒压充电/最后恒压限流充电	交流模式二控制盒：BCG-EVE-1C-G1-022/交流 16A 充电插座：BCG-AVR-2A-SN-0016（巴斯巴），直流充电插座总成：BCG-DVR-1D-0110（巴斯巴），16A 交流充电插座：C & BHVFSS16S（凯瑞博），125A 直流充电座：C&BHVFSF125（凯瑞博）	深圳巴斯巴科技发展有限公司，深圳市凯瑞博新能源汽车部件有限公司	纯电动乘用车	5	5
深证市英威腾电动汽车充电技术有限公司	非车载充电，车载充电	HVCOM/HVCOF，HVCO/HVCOF	安费诺精密连接器（深圳）有限公司	纯电动专用车	4	4
科世达（上海）管理有限公司，苏州舜唐新能源电控设备有限公司	交流充电，直流充电	V2C-DSI-EV16P，EVP-V-16A5/（NV4C-DSI-G-EV16S，EVS-V-16A5，NV4C-DSI-GEL-EV32S，EVS-V-32A5-GSLD）（慢充），（V2-DSD-G-EV125S，EVS-4-125D9-S）（快充）	苏州工业园区多思达科技有限公司，南京康尼新能源汽车零部件有限公司	纯电动乘用车	4	4
南京康灿新能源科技有限公司	恒功率充电转恒压充电	V2C-DSI-EV16P（慢充插头），YGC691C-EV-P7（5）P-16（慢充插头）/NV4C-DSI-G-EV16S（慢充插座），NV4C-DSI-GEL-EV32S（慢充插座），NDQC-7Z（16A-250/440V）-L（慢充插座），NDQC-7Z（32A-250/440V）-L（慢充插座），YGC691C-EV-S7（5）RA-T-16（慢充插座），YGC691C-EV-S7（5）RA-T-32（慢充插座）	苏州工业园区多思达科技有限公司，四川永贵科技有限公司，中航光电科技股份有限公司	纯电动乘用车	4	4
上海中科深江电动车辆有限公司	直流快充，交流慢充	车辆插座：RDC-ZI125，车辆插头：RAC-TI16K-5A/车辆插座：RAC-ZI16F2-2A；车辆插头：HVCO-M125/车辆插座：HVCO-F125，车辆插头：HVCO-M16/车辆插座：HVCO-F16	四川瑞可达连接系统股份有限公司，成都晨风绿能电气技术有限公司	纯电动专用车	3	3
深圳欣锐科技有限公司，深圳市核达中远通电源技术有限公司	恒流充电	交流：N/A（插头）；GVL-T-440063-A1（插座），XR02-C-V3（插座）/直流：N/A（插头）；GVL-D-750125-A1（插座），GVL-D-750250-A1（插座），XR61-C-V3（插座）	交流：（插头），比亚迪汽车工业有限公司（插座），深圳巴斯巴科技发展有限公司（插座）/直流：（插头），比亚迪汽车工业有限公司（插座），比亚迪汽车工业有限公司（插座），深圳巴斯巴科技发展有限公司（插座）	纯电动专用车	3	3
中汽研（天津）汽车工程研究院有限公司	交流慢充，直流快充	NV2-DSD-G-EV200S、NV4Z-DSI-EV32P、NV4C-DSI-GEL-EV32S、RAC-2TI32、RAC-ZI32F、RDC-ZI125	苏州工业园区多思达科技有限公司，四川瑞可达连接系统有限公司	纯电动专用车	3	3
厦门泰中大地科技有限公司，杭州铁城信息科技有限公司	恒压限流充电	XR02-C-V2，XR61-C-V2	深圳巴斯巴科技发展有限公司，深圳巴斯巴科技发展有限公司	纯电动专用车	3	3
杭州奥蒂电控有限公司（选装），中汽研（天津）汽车工程研究院有限公司（选装）	恒流恒压充电	交流插头（选装）：EVP6-V-16A5，RAC-TI16K-5A；交流插座（选装）：EVS-V-32A5-GSC，RAC-ZI32F；EVS-V-32A7-GSC 直流插座：EVS-4-125D9-GS，RDC1-XZI125	南京康尼新能源汽车零部件有限公司，四川瑞可达连接系统有限公司	纯电动客车	3	3
丹东黄海汽车有限责任公司	直流/交流	YDG32-SAV-S1-L1（交流充电插座），YDG200-D-S1（直流充电插座）	苏州怡达新能源科技有限公司	纯电动专用车	3	3
惠州市阳光能动新能源科技有限公司	先恒流后恒功率	车辆插座：RDC1-XZI250；车辆插头/供电插头：RAC-2TI32，车辆插座/供电插座：RAC-ZI32F/RAC-ZI32FG	四川瑞可达连接系统有限公司	纯电动专用车	2	2
宁波市子华电器有限公司	先恒流后恒压	直流充电插座：BENT-DC80-CZ9，交流充电插头/插座：BENT-AC16-CT5/BENT-AC16-CZ5，直流充电插座：KEC-DC-125-G9，交流充电插头/插座：KEC-AC-016-F5/KEC-AC-016-G5	江苏贝恩特汽配科技有限公司，温州凯业电器有限公司	纯电动专用车	2	2
河北君瑞科技有限公司	交流	STG11-016-1110-00，STG12-016-1120-04	济宁圣泰电气科技有限公司，济宁圣泰电气科技有限公司	纯电动专用车	2	2
科世达（上海）管理有限公司，上海欣锐电控技术有限公司	慢充，快充	交流充电插头：EVPIV-V-16A5/EVPIV-V-16A5-G；交流充电插座：EVS-V-32A5-GHLD；直流充电插座：EVS-4-125D9-GHD/EVS-4-250D9-GHD	南京康尼新能源汽车零部件有限公司	纯电动乘用车	2	2
上海科世达-华阳汽车电器有限公司，科世达（上海）管理有限公司，深圳欣锐科技股份有限公司，深圳威迈斯电源有限公司	慢充，快充	直流充电插座：EVS-4-250D9-S，交流充电插座：EVS-V-16A5-SB，交流充电插头：EVPIV-V-16A5；直流充电插座：EVS-4-250D9-S，交流充电插座：EVS-V-16A5-SB，交流充电插头：EVPIV-V-16A5；交流插座：EVS-V-16A5-GSLD，交流插头：EVPIV-V-16A5，直流插座：EVS-4-125D9-GS；交流插座：EVS-V-16A5-GSLD，交流插头：EVPIV-V-16A5，直流插座：EVS-4-125D9-GS，直流充电插座：EVS-4-1	南京康尼科技实业有限公司，南京康尼新能源汽车零部件有限公司	纯电动乘用车	2	2

续上表

电动汽车车载充电机生产企业	充电方式	充电插头/插座型号	充电插头/插座生产企业	车辆名称配套车辆类型	2019 年配套车型产量小计（辆）	2019 年配套车型产量总计（辆）
成都雅骏汽车制造有限公司	车载交流充电，地面直流充电	直流车端充电插座：YGC762-EV-S9RA-125，1104-03X-0002，C & BHVFSF125；交流车端充电插座：YGC691C-EV-S7(5)RA-T-32，1204-01X-0004，C&BHVFSS32S	四川永贵科技有限公司，深圳容一电动科技有限公司，深圳市凯瑞博新能源汽车部件有限公司	纯电动专用车	1	1
菲什绿能科技（北京）有限公司	恒流充电，恒压充电，恒压限流充电	直流插座：CS250；交流插座：CSEVM32，交流插头：XP03-C-V3；交流插座：XR02-C-V3	安费诺汽车连接系统（常州）有限公司，深圳巴斯巴科技发展有限公司	纯电动乘用车	1	1
珠海英搏尔电气股份有限公司，常州市武进红光无线电有限公司	快充，慢充	交流车辆插头：6808020101；交流插座车辆端：680211310211；直流插座车辆端：680411101052，交流车辆插头：DYL16-7TJ；交流插座车辆端：DYL16-7ZK；直流插座车辆端：DYL21-9ZK-125A	深圳市沃尔新能源电气科技有限责任公司，浙江中杭电子有限公司	纯电动专用车	1	1
台达电子企业管理（上海）有限公司，法雷奥汽车内部控制（深圳）有限公司	恒流，恒功率充电	EVP-V-16A5，EVP Ⅱ-V-32A5-G/NDQC-7Z（16A-250/440V）-L G004，NDQ-9Z(250A-750V)-0 G002，NDQC-7Z(32A-250/440V)-L G002，NDQ-9Z(250A-750V)-0 G002	南京康尼新能源汽车零部件有限公司，中航光电科技股份有限公司	纯电动乘用车	1	1
南京越博动力系统股份有限公司	先恒流后恒压	NDQ-9Z(125A-750V)-L	中航光电科技股份有限公司	纯电动专用车	1	1
深圳市鼎硕同邦科技有限公司	恒流，恒压	LDDC-250CZ，LDAC-032CZ	山东龙立电子有限公司	纯电动专用车	1	1
深圳市核达中远通电源技术股份有限公司，深圳市核达中远通电源技术股份有限公司	直流快充，交流慢充	HVCOM 16A/HVCOF 16A，HVCOF 125A，HVCOM 32A/HVCOF 32A	安费诺精密连接器（深圳）有限公司/安费诺精密连接器（深圳）有限公司，安费诺精密连接器（深圳）有限公司，安费诺精密连接器（深圳）有限公司/安费诺精密连接器（深圳）有限公司	纯电动专用车	1	1
深圳欣锐科技股份有限公司，杭州铁城信息科技有限公司	车载交流充电，地面直流充电	直流车端充电插座：CS125C，RDC-ZI125，YGC762-EV-S9RA-125，1104-03X-0002，H04-0912R-A08；交流车端充电插座：CSEVM32，RAC-ZI132F，YGC691C-EV-S7(5)RA-T-32，1204-01X-0004，H05-0706F-A04-W	安费诺汽车连接系统（常州）有限公司，四川瑞可达连接系统有限公司，四川永贵科技有限公司，深圳容一电动科技有限公司，武汉合康亿盛电气连接系统有限公司	纯电动专用车	1	1
山东艾联信息科技有限公司	先恒流后恒压	KEC-AC-016-F5/H05-0706F-A04-W	湖南杰尼新能源科技有限公司，武汉合康亿盛电气连接系统有限公司	纯电动专用车	1	1
云南航天神州汽车有限公司	插电式，CAN 通信	RAC-ZI32F，RDC1-XZI125，EV01-AC32A/EV01-ACV32A，EV01-DCV125A	四川瑞可达连接系统有限公司，苏州华旃航天电器有限公司	纯电动客车	1	1
深圳欣锐科技股份有限公司，杭州铁城信息科技有限公司	恒流，恒压	交流：XP01-C-V1/XR02-C-V1，XP02-C-V1；XR02-C-V1，直流：XR61-C-V2	深圳巴斯巴科技发展有限公司	纯电动乘用车	1	1
其他纯电动汽车				纯电动客车	68374	83896
				纯电动乘用车	1556	
				纯电动专用车	13966	
其他插电式混合动力汽车				插电式混合动力客车	5269	5298
				插电式混合动力专用车	29	
其他燃料电池汽车				燃料电池客车	1033	2619
				燃料电池专用车	1586	
2019 年配套车型产量总计（辆）					1171780	1171780

第七篇 Section Ⅶ

技术成果应用案例

Application Case of Technology Achievement

风行景逸 S50EV 纯电动轿车开发

（供稿：东风柳州汽车有限公司 韦杰宏 黄 真）

一、成果简介

汽车产业是国民经济的重要支柱产业，在国民经济和社会发展中发挥着重要作用。随着我国经济持续快速发展和城镇化进程加速推进，今后以及较长一段时期内汽车需求量仍将保持增长势头，由此将导致能源紧张和环境污染问题更加突出。加快培育和发展节能汽车与新能源汽车，既能够有效缓解能源和环境压力，推动汽车产业可持续发展，也是我国加快汽车产业转型升级、培育新的经济增长点和国际竞争优势的战略举措。

东风柳州汽车有限公司（简称东风柳汽）高度重视并积极响应国家发展节能减排汽车的号召，从 2012 年起便逐步开展纯电动汽车、插电式混合动力汽车及燃料电池电动汽车的研究和试制。并与国内外先进汽车研发团队及公司开展多渠道的技术交流，引进吸收了大量新能源汽车设计开发技术。

风行景逸 S50EV 纯电动轿车（如图 7-1 所示）秉承着东风柳汽多年新能源技术研发的积淀，该车型项目从 2014 年正式成立。历经多轮路试、三高标定、耐久及环境耐候测试，于 2017 年 11 月正式上市销售，并逐年推出年度新款，不断提升各项性能。

图 7-1 风行景逸 S50EV 纯电动轿车

该产品在研发过程采用自主研发为主，充分利用了东风风行系列车型现有技术和资源，并联合国内外一流的乘用车配套企业，导入先进和成熟技术及产品，对车身、驱动系统总成、电池包、底盘、电器和内外饰等系统及零部件进行全面开发、整合和创新。最终将 S50EV 打造成一款动力性能处于国内先进水平、具备智能化、科技感和时尚感特点的 EV 产品。

二、成果创新及关键技术

本文将结合新能源电子电器架构、整车控制系统、动力电池系统、电机驱动系统、CFD 分析及热管理系统、能量回收模式和整车用电安全等方面对 S50EV 纯电动轿车所采用的技术进行介绍。

1. 新能源电子电器架构

按照电子电气架构正向开发流程，首先进行竞品分析、功能需求分析和法规分析等，然后进行功能需求规范、软件部件规范、功能逻辑仿真，开发出 S50EV 电动轿车的网络拓扑结构。

整车网络拓扑如图 7-2 所示，分成车身 CAN 和动力 CAN。车身 CAN 主要包括车身控制器 BCM、行人靠近警示系统、新能源数据通信系统、360 全景环视、仪表等；动力 CAN 主要包含动力电池管理系统 BMS、电机控制器 MCU、车载充电机 OBC、直流电源转换系统 DCDC、换挡系统等；其中整车控制系统 VCM 作为车身和动力网段的网关。动力 CAN 实现 OSEK 网络管理，达到保证功能方案实施的可靠性，实现最优的控制策略。

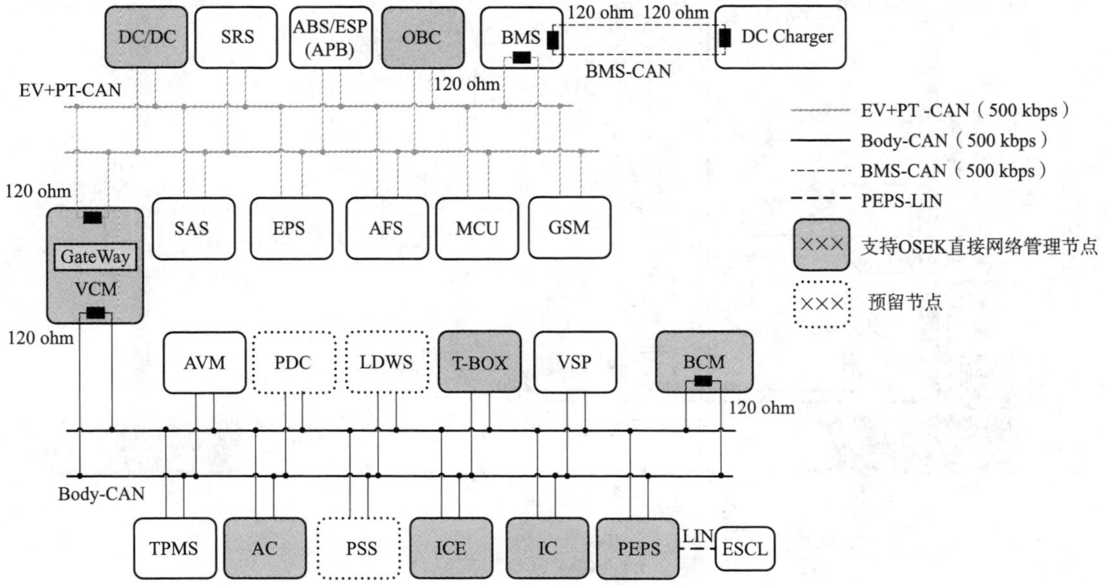

图 7-2 网络拓扑

2. 整车控制系统 VCM

纯电动汽车采用动力电池作为储能动力源，为驱动电机提供电能，驱动电机运转推动汽车前进，并通过车载充电机利用外部电源为动力电池进行充电。其中附件系统包括DC-DC（直流-直流转换模块）进行高压传12V，冷却系统回路进行驱动及电池包系统的冷却。这些系统的功能实现主要通过整车控制系统 VCM 来协调各控制单元，实现电动车的安全，有效工作。

整车控制系统 VCM 的硬件采用双处理芯片设计，主处理芯片采用飞思卡尔 32 位处理器，实现网络管理、车辆动力系统管理、模式控制、CAN 信息交互。为满足 ISO 26262 标准，实现功能安全，从处理芯片采用飞思卡尔 16 位处理器，作为安全控制单元主要完成完全冗余控制。主处理器和从处理器间通过 SPI 通信，从处理器负责协同主芯片共同完成对整车运行过程中的扭矩及系统安全的监控和处理。

VCM 软件控制拓扑如图 7-3 所示，完成控制的控制功能有：电源管理（包括强电、弱电）管理驾驶员、实现整车能量管理、网络管理、监控，扭矩解析，整车驱动，制动能量回收，档位管理，安全管理，系统保护，标定，故障诊断与检测（故障识别、在线和离线诊断），定速巡航功能，电动真空泵、电动冷却水泵、冷却风扇的控制。

3. 动力电池系统

动力电池包采用一体式设计，整体安装在车辆电底盘上，具备以下技术特点。

（1）长寿命：满足 8 年或者 12 万 km 使用寿命，电池系统的日历寿命可达 8 年，电芯循环充放次数达到1 000 次，电池箱体机械性能设计达到 12 万 km 以上。高效液冷技术，确保 8 年无泄漏，可快速调节温度至电芯最适宜工作范围，温差控制在 5 ℃以内；BMS 被动均衡有效调节电芯一致性水平，保证电池系统在生命周期内的一致性，延长使用寿命。

（2）环境适应性好：良好的环境适应能力，满足整车在极限工况下的使用。电池系统可在 －30 ℃ ～55 ℃环境温度下使用，与车载空调一体的热管理设计方案（液冷和加热），能有效保证电池系统适应极限高温或低温极限工况，扩大整车应用区域和使用便利性（低温可加热电池且加热时间短）且热效率高。电池箱体的密封等级达到 IP67，确保能适应全天候气候环境需求；电池包内外压力快速平衡设计，保证整车在高海拔区域的整车使用。

（3）安全防护强：多重安全防护设计，确保整车的运行安全和操作安全。选用的锂离子电池符合相关国家标准认证要求，满足 ISO/DIS 12405 对机械冲击、振动、模拟碰撞等安全性要求；电池包满足满足 GB/T 18384 对人员触电防护的要求；电池管理系统主动安全保护与被动防护相结合，确保发生危险时能采取安全措施和故障防护；电池管理系统（过电压、欠电压、过温、过电流等）功能安全设计等级达到 ASIL C，符合 ISO 26262 标准要求。

（4）长续航里程：高能量密度电芯和轻量化结构设计，有效提升整车续航里程。选用高能量型三元锂离子电池，整包能量密度从 120 Wh/kg 逐步提升至 160 Wh/kg，有效保证整车在 NEDC 工况下的纯电续驶里程达到 400 km 以上。

4. 电机驱动系统

S50EV 纯电动轿车选用了永磁同步电机，并创新采用了电机和减速器集成一体化，电机轴与驱动轴同轴输出的设计方案，有利于实现总成的轻量化和小型化，如图 7-4 所示。该电机峰值功率达到 90 kW，最高转速达到12 000 r/min，最大扭矩达到 280 Nm；采用速比为 8. 2 的减速器，能够实现最佳加速性能和最高车速，为整车提供了优异的动力性。

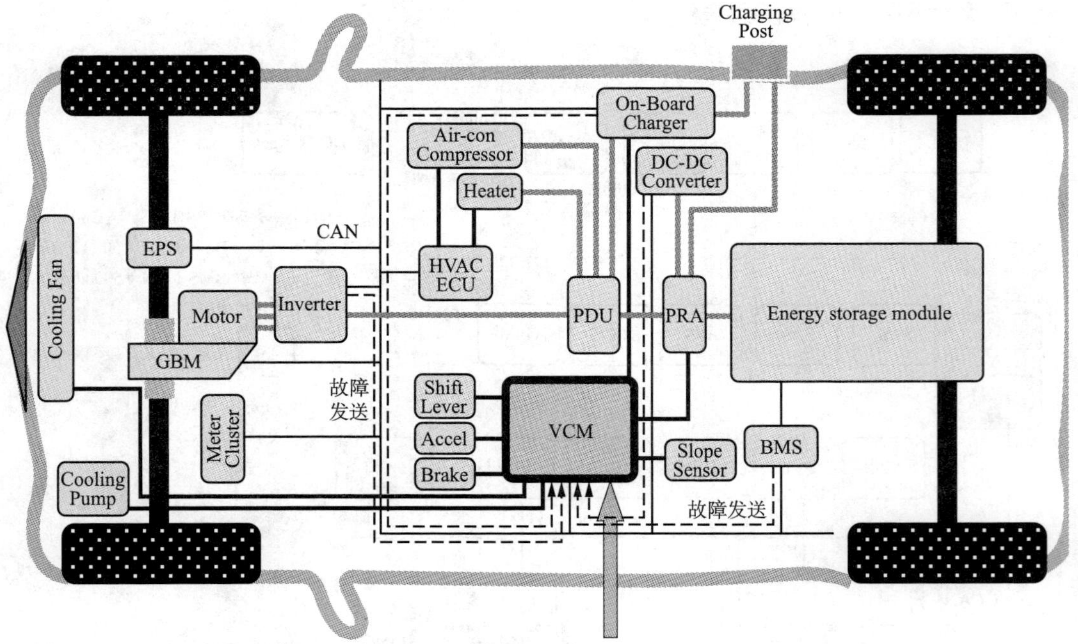

图 7-3　VCM 软件控制拓扑

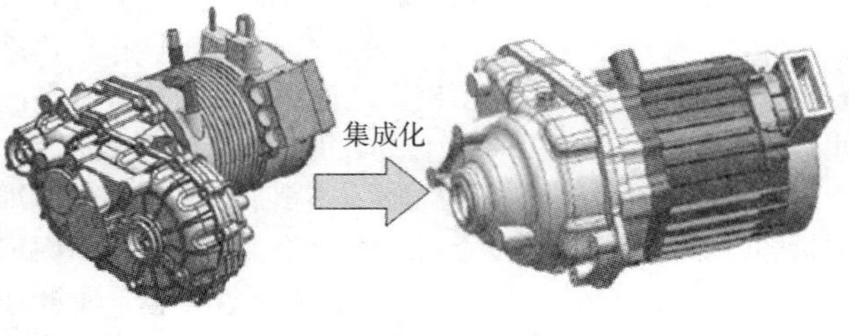

图 7-4 同轴式电机和减速器集成方案

同时驱动电机采用矩形分段式的绕组设计如图 7-5 所示，有利于提高效率、功率密度和 NVH 性能；驱动电机的最高效率达 96%；驱动电机的功率密度可达 2.3 kW/kg；驱动电机在 4 000 r/min 以下，噪声不超过 80 dB(A)，在高转速阶段，最大噪音不大于 90 dB(A)；搭载该驱动电机系统后，整车噪音在车速 0～120 km/h 范围内不大于 69 dB(A)。

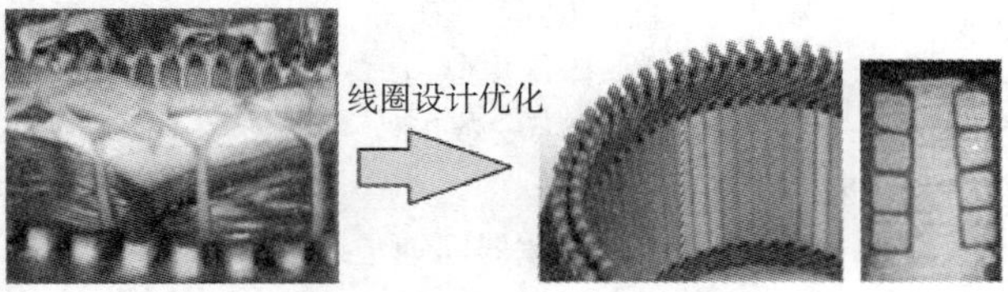

图 7-5 矩形分段绕组方案

5. CFD 分析及热管理系统

通过 1D 热管理匹配分析和 3D 流场分析，对整车的冷却系统性能进行校核，对前进气格栅的优化，对机舱内部流场的分布合理性进行分析，并对各核心工作零部件的工作温度进行预测，防止不良发生。机舱热流场和重点优化区域如图 7-6和 7-7 所示。

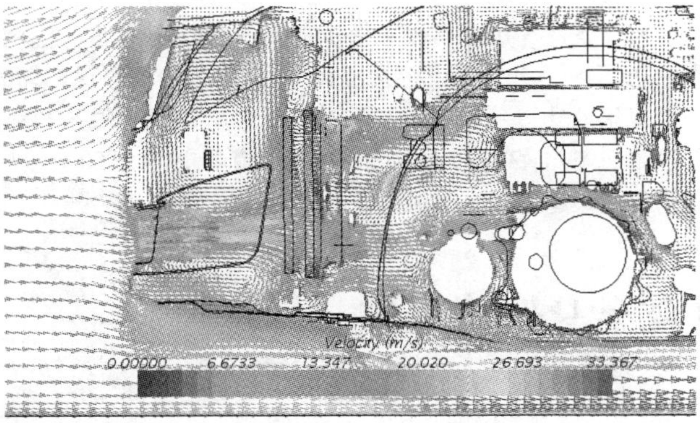

图 7-6 机舱热流场

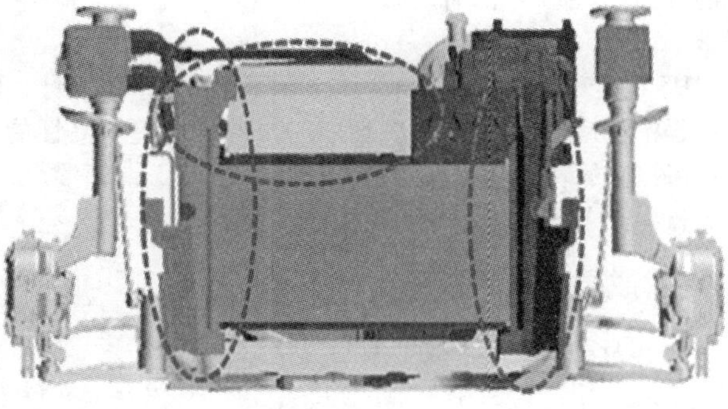
图 7-7 机舱热管理分析优化区域

结合电驱动系统、车载充电机、直流电源转换系统DCDC、动力电池包的热需求，热管理系统分成两套独立水冷却循环。如图 7-8 和 7-9 所示，采用 BOSCH 的电动水泵驱动，分别对驱动单元、电池包进行冷却。

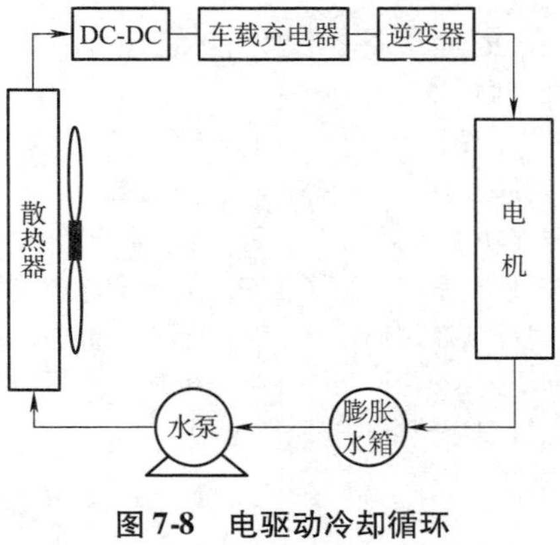

图 7-8 电驱动冷却循环

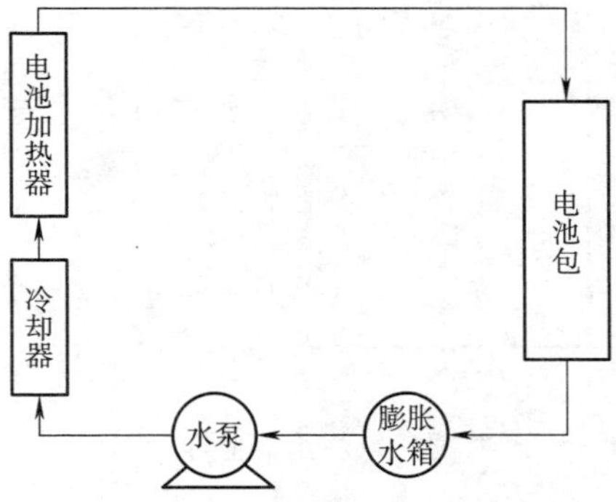

图 7-9 电池包冷却循环

6. 能量回收模式

S50EV 纯电动轿车同时搭载应用博世 ESP RBS 能量回收系统和自主研发的单踏板模式来实现电动汽车制动能量回收。自主研发的单踏板模式对续航里程的贡献率最高可达 20%。单踏板模式仅通过一个油门踏板实现整车的加速及减速功能；如图 7-10 所示，当进入单踏板模式下，油门踏板从开度 B(初步标定值为 30%)至最大开度 C(100%)，此段为加速驱动阶段，电机输出驱动扭矩从 0 Nm 对应至最大扭矩(280 Nm)；当驾驶员有刹车意图时，并将油门踏板从 B 开度松开至最小开度 A(0%)，对应地电机输出制动扭矩从 0 Nm至最大制动扭矩。

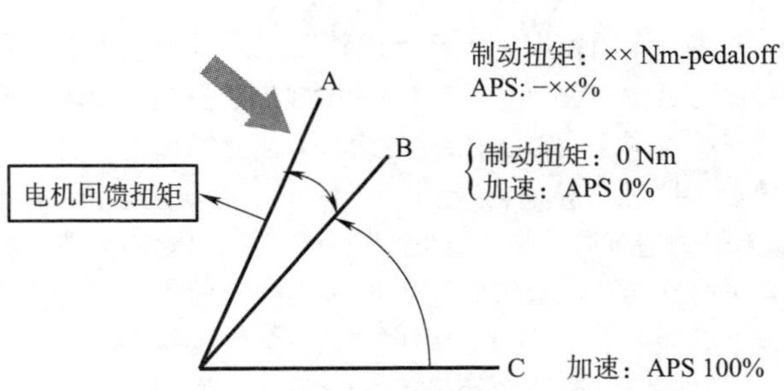

图 7-10 单踏板模式-油门踏板解析

通过该单踏板模式，驾驶员可以通过单独控制油门踏板，灵活驾驶汽车前进或制动；并且在制动过程，控制油门踏板开度即可控制电机制动扭矩大小，实现所需制动效果或减速度需求，将动能转化为电能，极大提升续航里程。

7. 整车高压安全

按照ISO 26262安全要求，对整车故障进行分级，实现5级故障处理机制。整车功能安全方面，具备高压互锁、绝缘监控、碰撞安全设计及保护、充电止动、能量锁定、手动维修开关以及行驶限功率、跛行等整车安全策略。

绝缘监控功能如图7-11所示，当电池管理系统BMS唤醒后，实时监控整车高压绝缘状态。设计了高压绝缘实时检测电路，通过高频控制高压正、负极绝缘检测电路开关实时监控整车高压绝缘情况，能够在整车出现绝缘风险的情况下及时预警进行安全警报及高压下电处理。

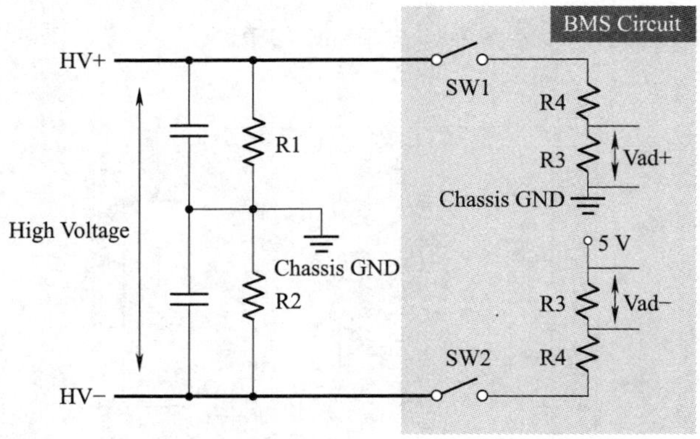

图 7-11 绝缘监控

碰撞安全设计及保护：储能系统在车身上布置严格按照最高碰撞等级要求进行结构布置设计，进行了全面的CAE分析以及大量实验验证，确保出现碰撞时不出现能量泄漏及绝缘降低的风险。同时设计了主动安全保护机制，通过VCM检测碰撞传感器信号，一旦出现问题，能够在瞬间断开高压系统实现能量锁定，并对各高压系统进行主、被动放电，确保整个高压回路能够在60 s内降到60 V以下的安全电压。

充电止动：设计了充电止动保护策略，整车必须在锁入P档时才能打开充电口盖，整车插入充电枪充电时，车辆进行锁定无法移动。双重保护设计确保充电时由于各种情况出现溜车导致线束、充电枪拉拽导致的安全事故不会发生。

手动维修开关及能量锁定：整车下电或者各储能系统维修拆卸时，通过设计确保裸露出来的任意两个高压端子间不形成高压回路。并能在紧急情况下通过手动维修开关断开高压，实现能量锁定，避免维修、装配等情况下出现意外高压触电事故。

行驶限功率、跛行：在整车行驶过程中出现故障，无法正常全功率输出时，根据实际情况实现限功率、跛行策略，让车辆能够顺利移动到安全区域进行服务。

三、国际水平对标分析

（1）提出高压系统一体化集成设计方案：将电机、电机控制器MCU、减速器、直流电源转换器DCDC、车载充电机OBC、高压配电盒PDU一体化集成，具备模块化、轻量化和平台化优势，能够大幅减少线上安装工位，优化生产效率，实现管路和线束最优设计。

（2）率先推出电机与减速器同轴集成化方案，采用扁铜线电机技术：将电机和减速器同轴集成方案，相比平行轴方案，大幅减少减速器体积和重量，具备轻量化和体积小等优势；扁铜线相比圆筒线，槽满率提高15%，线圈电阻减少30%，电机系统效率大幅提升。

（3）创新性开发单踏板能量回收模式：单独采用油门踏板即可实现加速、减速及能量回收，相比传统并联式制动能量回收，续航里程多提高5%。

四、成果应用情况

风行景逸S50EV纯电动轿车自上市销售以来，广泛应用在家用、网约和出租车和公商务接待等领域，市场好评如潮，销量逐年攀升，并于2019年获得东风汽车集团有限公司科技进步一等奖，截至2019年12月累计销量超过8 000台，实现销售收入超12亿元。

爱驰汽车上钢下铝混合车身架构开发

（供稿：爱驰汽车（上海）有限公司 孙占军 李 松 周 振 安 康 丁 波）

一、成果简介

随着汽车消费市场的日趋成熟和用户对生活水平追求的提高，人们对汽车车身结构的技术提出了更高的要求。爱驰汽车响应国家能源战略，通过汽车智能化积极参与智慧城市建设，以“客户导向，分享共享”为核心商业理念，秉承着“做新势力造车第一梯队”的企业目标和社会责任，打造一款完全适合新能源车型的平台架构，采用全新的车身架构形式来满足设计要求，从而追求更卓越的汽车性能和驾驶体验。

爱驰汽车打造的MAS钢铝混合车身架构，覆盖A、A+、B、B+级系列，可拓展SUV、Sedan、MPV、Cross等车型，大大缩短了整车开发周期，保证较高的安全性能和良好的NVH性能，同时节省了产品研发成本。目前该架构已成功应用于爱驰U5车型的开发，并投放市场。

U5在全球范围内首次采用“上钢下铝”的结构设计，开发过程中坚持合适材料用在合适地方的原则，追求高性能、成本可接受的轻量化开发策略。图7-12为U5钢铝混合白车身材料分布图。

二、成果创新点及解决的难点问题

1. 车身材料及零件成型工艺选择

在钢铝混合车身结构设计与开发过程中，铝合金材料选择、开发、成型以及热处理工艺等都极具挑战性。

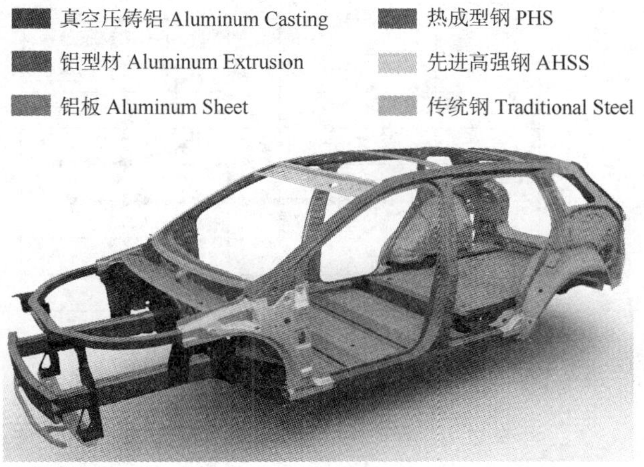

图 7-12 爱驰 U5 钢铝混合白车身材料分布

铝合金材料的选择主要根据零件使用部位的受力状态及零件成型工艺来确定。车身用铝合金系列牌号众多，如 5 系铝合金牌号有 5182、5754、5083 等，6 系铝合金有 6082、6061、6063、6005 等。针对受力较小的大平板类零件，可选择 5 系铝合金；而车辆碰撞传力路径相关区域的零件需选择 6 系或者 7 系铝合金来提升整车强度。在设计开发过程中，具体牌号铝合金的选择需要进行大量的材料试验、连接试验和整车试验，通过反复多轮的试验才能最终确定零件的材料牌号。

铝合金的成型工艺也比较多样，车身用铝合金零件常用工艺有铝板冲压成型、铝铸造成型和铝挤出成型。其中铝铸造成型最为复杂，铸造工艺较多，如低压铸造、差压铸造、真空高压铸造等。铸造工艺决定铝铸件性能，需根据车身铝铸件的使用区域决定铸造工艺。铝挤出成型多用于梁类零件，其截面的加强筋设计最为复杂，良好加强筋设计能够极大提升铝型材性能，且重量下降。铝板冲压成型较钢板冲压原理一致，但由于铝冲压件回弹严重，导致其模具设计难度加大，以及零件尺寸调整困难。

综上所述，相比于传统的钢制车身，钢铝混合车身涉及的材料和工艺十分复杂，不论对产品设计、验证，还是对后续的生产制造、质量控制和售后维修方便性都提出了更高的要求。爱驰汽车的研发团队，经过不懈的努力，克服各种困难，最终成功将首款上钢下铝混合车身推向市场。

2. 车身连接工艺

与全钢车身相比，钢铝混合车身连接工艺复杂多样，且缺少可借鉴的成功经验。全钢车身的连接工艺以传统的点焊为主，技术非常成熟。而钢铝混合车身连接的工艺，除了点焊，还有 SPR(Self piercing riveting 自穿刺铆接)、FDS(Flow drill screw 热熔自攻丝紧固)、结构胶黏结等连接技术。

(1)SPR 连接技术

SPR 是解决车身不同材料的零件组合的连接技术，如铝板材之间的连接和普通钢板与铝板之间的连接。随着热成型零件的大量应用，不可避免会出现热成型零件与铝薄板零件的连接，此组合连接给 SPR 带来巨大挑战。爱驰钢铝混合车身 A 柱内板为抗拉强度 1 500 Mpa 的热成型钢冲压件(料厚为 1.2 mm)，与 A 柱内板搭接的零件是强度较弱的铝板冲压件(料厚在 1.2 ~ 1.5 mm 范围内)，如图 7-13 所示。这种连接组合通过 SPR 连接，铆钉在铆杆推力作用下刺穿上层板，铆钉腿部在凹模支撑作用下，在下层板张开形成互锁，起到连接的作用。针对抗拉强度为 1 500 MPa 的上层板材料，强度较弱的铝板为下层板材料的此类搭接组合。首先，难点在于常规铆钉根本难以刺穿上层板，需要铆钉提高强度以刺穿上层板；其次，铆钉刺穿上层板后，需要在下层板内腿部张开形成互锁，则需要铆钉强度较低，否则铆钉难以变形，只会刺穿下层板导致铆接失效；最后，凹模的形状以及铆接速度的选择，对最终的铆接质量也有较大的影响。因此铆钉的强弱以及各项铆接参数的选择是解决此搭接组连接质量的关键，针对此搭接组，爱驰连接工程师与全球多家铆接供应商进行技术交流并进行大量的试验测试，最终找到解决方案，如图 7-14 所示，实现全球首创的相近料厚 1 500 MPa 热成型与铝板之间的 SPR 铆接，攻克等厚度的热成型与铝板连接难题，成功解决了铆接点失效的问题，突破该工艺连接极限的连接技术，国际领先。

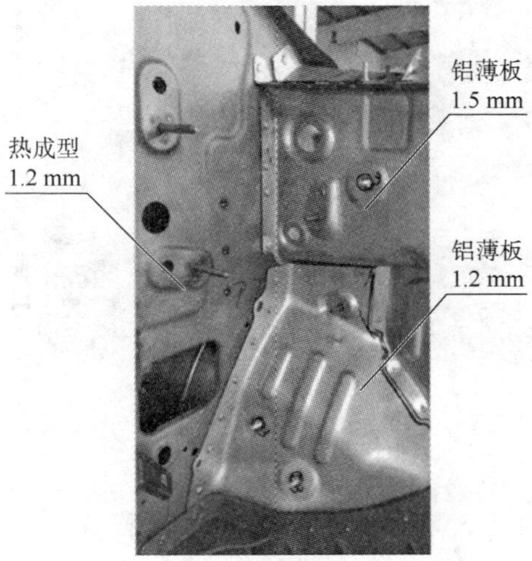

图 7-13 爱驰车身搭接结构

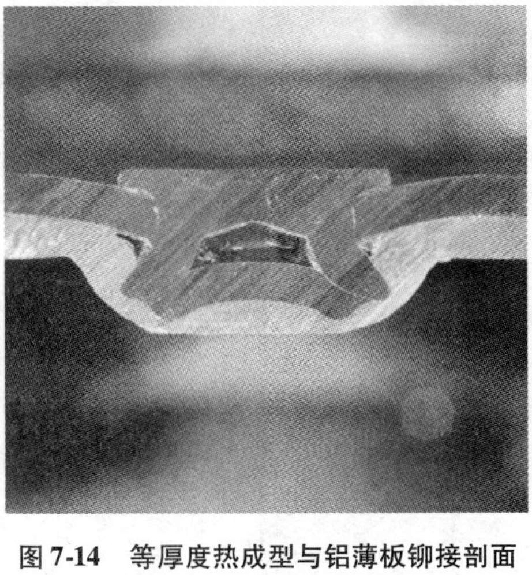

图 7-14 等厚度热成型与铝薄板铆接剖面

(2)FDS 连接技术

FDS 连接是解决不同材料的板材和型材之间的连接技术，FDS 连接工艺最难控制的指标是板材之间的间隙，板材间连接间隙不合格占所有连接质量不合格总数的70%左右。FDS连接一般都与结构胶进行组合使用，能够提升连接点抗剪强度2~3倍。但板材之间间隙的存在，会导致胶的抗剪强度下降，最终导致此处的连接强度下降，影响整车性能，因此连接间隙也是衡量FDS连接质量一个重要的参数。板材之间的连接间隙来源于两个方面，一方面是板材强度较高且存在零件匹配间隙，FDS连接过程中，无法将间隙消除。另一方面是材料在螺钉周围溢出，撑起上层板导致间隙存在。针对以上间隙来源，首先优化零件匹配面公差，消除匹配间隙，尤其是高强度或料厚较厚的零件，其次优化下层板材料厚度并提高FDS与上层板预开孔的对中度，最后加大连接质量的检测频次，发现问题及时优化。通过上述努力，爱驰汽车的FDS连接质量合格率达到99%以上，合格的FDS连接剖面如图7-15所示。

图7-15　FDS连接剖面

（3）结构胶黏结技术

钢铝混合车身广泛使用结构胶黏结技术，黏结强度较高。对普通钢板来说，剪切强度可在20 MPa，剥离强度在1.0 MPa以上。此种胶属于改性环氧树脂胶，用粘接替代焊接，降低连接点数量，消除外观可见焊点麻坑缺陷，提升汽车外观质量。结构胶粘接工艺虽然只是胶接工艺的一种，但是却具备某些别的连接工艺不能替代的优点。它不但可以粘接复杂的结构零件，具有较好的密封性。新兴的结构胶不仅刚度和强度高，而且承受冲击载荷时还具备较好的柔韧性，尤其是在汽车制造以及使用期间的复杂环境下都能保持这种好的特性。

结构胶主要优点如下。

①能够精简车身结构，增强车身框架的整体性，降低零件的个数，利于车身轻量化。

②能降低接头应力的集中，并且能够提升接头的疲劳寿命。传统连接技术，类似点焊、铆接以及螺接等，其连接处应力集中情况比较严重，然而结构胶接头受力均匀，正好弥补传统连接工艺存在的缺陷。通过图7-16及图7-17可明显看出，与传统连接技术相比，结构胶连接在接头应力分布以及疲劳性能方面有显著优势。

③接头表面光顺，具有优良的空气动力学性能，此外还具有优良的降噪性、隔振性和密封性。

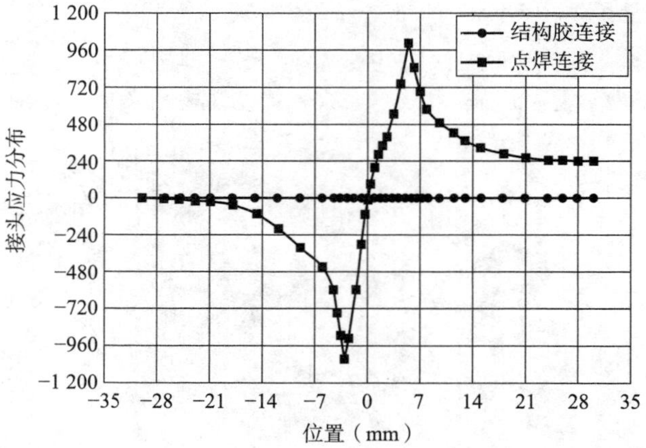

图7-16　结构胶连接与点焊连接的接头应力分布

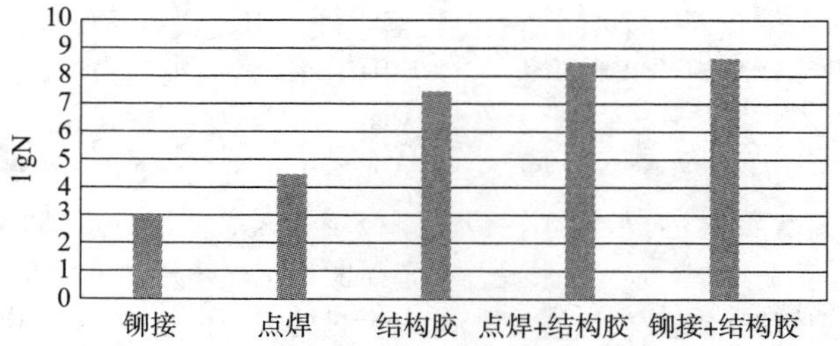

图7-17　不同连接技术下接头的动态疲劳性能

④具有良好的异种材料连接性能。

⑤以粘代焊，解决表面焊点麻坑问题，改善汽车外观质量。

⑥工艺简单，如表7-1所示，其具有较好的兼容性。

表7-1　结构胶连接与其他连接技术的兼容性

车身连接技术	与结构胶连接是否具有兼容性
点焊连接	是
螺栓连接	是
铆接	是
电弧焊	否
揩边连接	是
激光拼焊	否

结构胶接头由胶粘剂和被粘物两部分组成，因此结构胶接头的性能很容易受到其他因素的影响，胶接工艺和结构设计是两大类主要的影响因素。

①结构设计要素：主要是指在设计接头时就应该考虑的影响因素，如胶粘剂和被粘物的接头的几何参数、材料属性等。

②胶接工艺要素：是指在粘接过程中的工艺参数，如接头被粘物的表面处理工艺、固化温度和固化时间、工艺环境参数等参数。

（4）创新车身架构

通过拓展性的布置，整车性能的综合平衡及材料工艺的合理选择打造爱驰MAS平台独特的车身架构：

①铝合金挤出型材形成车身基本框架，便于轴距带宽的调整，不需要额外增加工装模具成本；

②为了满足平台最大整备质量车型性能的要求，在关键接头处使用高压铸铝件，优化碰撞传递路径，提高碰撞性能；

③强度要求较低的大平板件使用冲压铝板，合理分块，考虑平台差异的影响；

④与上车身连接处使用钢板件，便于实现上下车身的连接，使生产线简单化。

3. 提升架构平台的零件通用化率，降低成本

MAS 架构追求不同车型之间的快速迭代，提升零件通用化率，节省工装模具成本，同时也可以实现零件成本的规模效应。架构平台开发水平的高低，一个很重要的指标是全系车型零件通用化率的水平。爱驰在这方面做了大量工作来保证高的通用化率（图 7-18），从而降低了零件及整车的成本。

三、成果的产能建设情况

目前爱驰 U5 已经在上饶工厂实现批量生产，工厂的柔性化生产线，具备混线生产多种车型的能力。同时将生产、物流、质量监控、设备管理、能源管理等所有环节联网数字化管理，实现高度的自动化效率。工厂从规划、设计、设备投入到生产全部采用国际一流主机厂的技术要求，并和如西门子、阿特拉斯等一流供应商合作实施，保证爱驰柔性化智能智造工厂的建成和产品的落地投产。

四、社会及经济效益分析

MAS 平台 U5 纯电动车型已顺利量产，下一款 U6 车型也完成数据冻结为量产做准备，带动汽车产业上下游各个供应链的业务增长，直接提供几千人的就业岗位，为 GDP 的增长和解决就业问题提供了支持。随着 U5 量产并持续交付和使用，将为用户出现提供更绿色环保和便捷的选择，并大规模出口欧洲，创造出良好的社会经济效应。

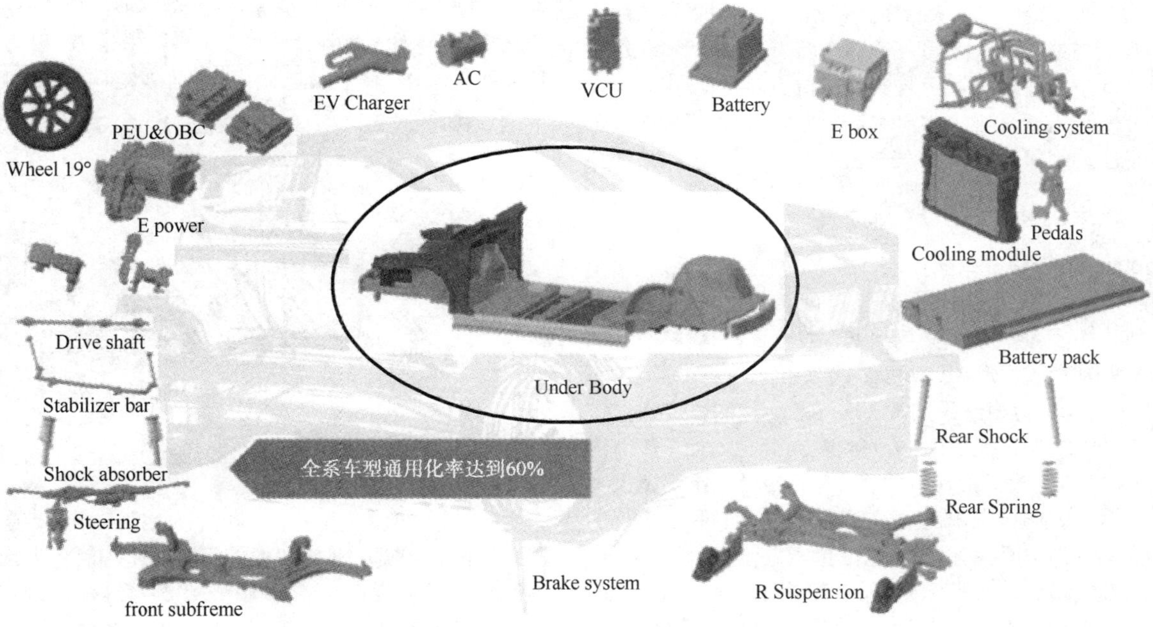

图 7-18 爱驰架构平台开发的零件通用化率

基于江淮新能源第四代产品、九代技术升级的 iC5 纯电动车产品开发及产业化

（供稿：安徽江淮汽车集团股份有限公司）

一、成果简介

1. 简介

基于江淮新能源“九代技术四代产品”开发纯电动 A 级轿车 iC5，车型整车尺寸 4 770 mm × 1 820 mm × 1 510 mm，轴距2 760 mm，整备质量 1 700 kg，采用峰值功率 142 kW，峰值扭矩 340 Nm 的永磁同步电机，64.5 kWh 三元锂离子电池，实现综合工况续驶里程 530 km，0 ~ 100 km/h 加速时间 7.6 s。

产品定位中高端私人市场，旋钮式换挡，起步加速快，动力性能强，低噪音，驾乘感觉愉悦；应用江淮联合国内战略协同方自主开发的蜂窝电池、高效静音大功率“三合一”电驱动系统、节能热泵空调、智能刹车系统，解决“卡脖子”技术难题，有成本竞争优势，集智能、趣味、灵动操控于一身，是一台节能、安全、环保的 A 级纯电动轿车，可满足中高端用户使用需求。目前项目已有 14 项受理发明专利。

2. 应用领域

江淮新能源第四代产品、九代技术升级已经全面应用于江淮新能源全系电动车产品。

3. 产品技术特点

（1）驾乘愉悦。相比市场上同级别竞品车型，iC5 轴距长，达到 2 760 mm，宽敞内部空间，为驾乘人员提供舒适的驾乘体验；加速起步快，动力强劲，最大功率 142 kW，最大扭矩

340 Nm,0～100 km/h 加速时间 7.6 s,属同级别领先水平。此外,天然的自动挡以及蠕行功能,使得 iC5 能够轻松应对城市频繁的停车、起步,有效减轻驾驶疲劳;NEDC 综合工况续驶里程 530 km,出行无忧便捷;采用智能刹车系统,实现 24% 高效能量回收,有效延长续驶里程。

(2)智能灵动。手机 App 远程互联,车辆远程控制,可实现智能手机远程开启空调、遥控充电、查看电池、车辆实时状态和定位寻车;10.4 in 中控大屏加 10.25 in 全液晶仪表,搭载车辆网功能,实现 GPS 导航、蓝牙电话、智能语音、充电设置、能耗显示等数十项功能,科技随心感触,拥有更多智能操作,PEPS、EPB、定速巡航,给驾驶体验更多可能,自在安心驾乘。

(3)安全。电池热失控安全,即使有一个单体失效,也不会引起电池包起火或爆炸。大量实践积累了软件可靠性技术,在功能安全方面,三层次安全架构可实现电动车:①任何时刻,车身不带高压电;②避免动力电池失火;③避免意外的低压掉电四种安全状态。大量实践积累了软件可靠性技术,在故障诊断与处理方面,积累了电动车特有的故障诊断及处理策略 226 条。碰撞安全,不同角度碰撞不起火;浸水安全,车辆浸水不伤人;远程监控,实时安全预防和提前识别故障,专业团队主动维保,确保用车安全。

二、成果创新点及解决的难点问题

(1)自主开发蜂窝电池技术。蜂窝电池技术,采用了蜂巢结构的仿生设计,通过外延包覆的 UE 技术(Unitized Encapsulation),实现单元化封装。iC5 采用了与全球豪华新能源品牌相似的圆柱形 21700 电芯,单颗电芯能量易控。全天候可用,蜂窝电池模组采用的 UE 技术,所有电芯 360°包覆导热胶,电芯热交换面积是方形电池与软包电池的 14 倍左右;可使蜂窝电池保持在 10 ℃～35 ℃的最佳温度范围。更高能量,蜂窝电池电芯尺寸小,模组结构灵活,可以充分利用电池包不规则空间,获得最大电池包能量,实现了 530 km 的超长续航。蜂窝电池示意图如图 7-19 所示。

(2)研发全新高效的“三合一”电驱动系统。高效三合一电驱动系统,将电机、电机控制器、减速器一体化高集成,

图 7-19　蜂窝电池示意图

体积减小 30%,重量降低 20%,峰值功率高达 142 kW,峰值扭矩高达 340 Nm。采用 0.27 mm 超薄的硅钢片、瑞典 SKF 低摩擦系数轴承、德国英飞凌 IGBT、瑞士 LEM 高精度电流传感器等核心部件进一步将电机效率提升至 97% 以上,有效降低能耗。通过了 IP、振动、EMC、NVH 等 200 余项极端试验,等效 100 万 km 的台架耐久性试验,经吐鲁番 42 ℃高温的急加减速试验,黑河 −30 ℃极寒的打滑试验,黄山山路的爬坡、制动试验验证,性能高效可靠。高效三合一电驱动系统如图 7-20所示。

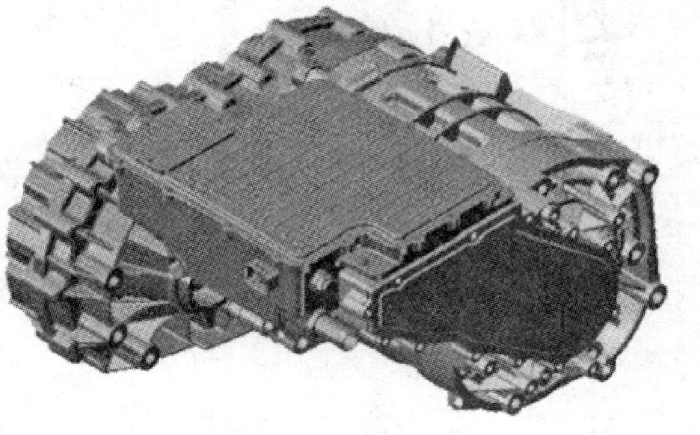

图 7-20　高效三合一电驱动系统

(3)节能热泵空调技术。节能热泵空调技术,iC5 搭载的节能热泵空调系统通过压缩机提供动力,在低温时将热源通过管路引入驾驶舱,车外的冷凝器则在低温时当作蒸发器使用,从环境中吸收热量。相比于 PTC(电阻丝加热)空调节能 40%,低温续驶里程提升约 50 km。热泵空调系统原理图如图 7-21所示。

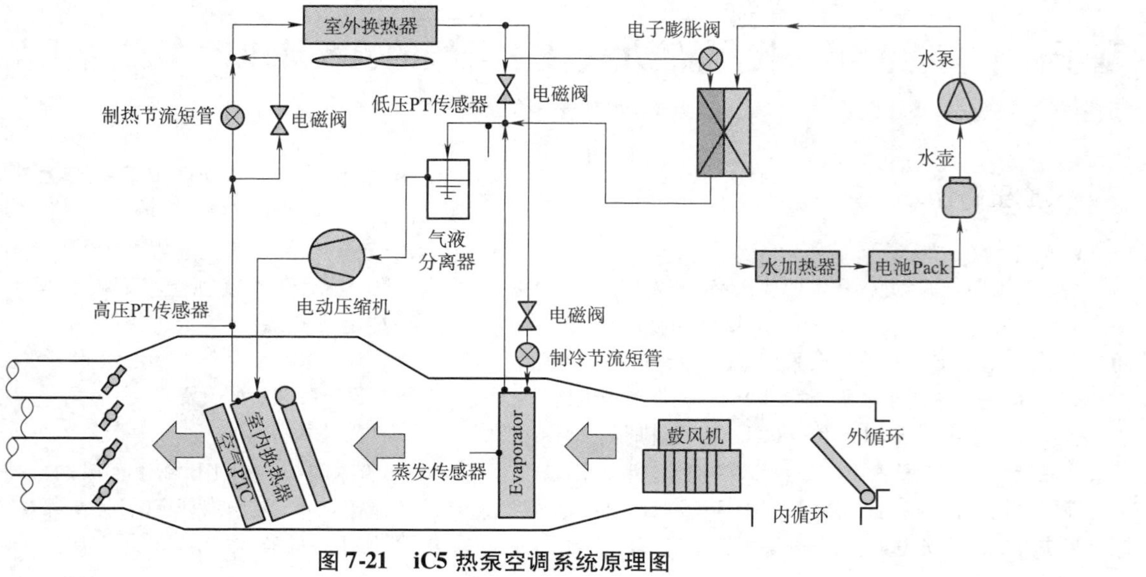

图 7-21　iC5 热泵空调系统原理图

三、国际水平对比分析

得益于蜂窝电池技术和高度集成的三合一电驱动系统，iC5 综合工况续驶里程 530 km，0～100 km/h 加速时间 7.6 s，热泵空调系统的应用，有效地提升冬季续驶里程，降低整车能耗，整车技术水平国内领先，国际先进。

四、成果应用情况

本产品开发实现蜂窝电池系统、"三合一"电驱动系统可靠应用；实现了"三大电""六小电"的纯电动车核心零部件正向开发和迭代升级；产品通过系统的设计验证、试验验证、量产调试准备，产品性能符合设计目标要求，动力性、经济性、操控、噪声等性能等优于竞品车型，2020 年 4 月实现批量生产，5 月正式发布上市。

五、成果的产能建设情况

目前已完成生产线的建设，具备年产 5 万辆的生产能力。

六、社会及经济效益分析

当前是全球汽车产业面临新一轮技术升级转型的关键时期，也是纯电动实现产业化的大好机遇，发展新能源汽车是我国从汽车大国迈向汽车强国的必由之路。通过 iC5 纯电动车项目，可以使得：

（1）纯电动轿车实现产业化，与电机、电池、电控等相关零部件企业构成行业产业链，形成有效合力，有利于提高我国电动汽车核心技术国际竞争力，改变我国汽车工业在技术上长期依赖外国的被动状况以技术创新推动增长方式转变和产业结构优化，实现由汽车大国向汽车强国转变；

（2）江淮 iC5 纯电动轿车产品实现产业化，整个产业链可提供约 1 000 个就业岗位，实现 3 000 人员就业；

（3）基于 iC5 的系列产品预计年新增销售收入 7.5 亿元。

面向冬奥环境氢燃料电池高速客车的研发

（供稿：北汽福田汽车股份有限公司　秦志东　魏长河　王　超　魏文博　张文辉）

一、成果简介

针对冬奥会赛时最低 －35 ℃的车辆运行环境特征及赛会服务 16% 的山地行车等运输场景，研究氢燃料电池车辆整车严寒、陡坡行驶等环境适应性及车辆综合热管理技术，集成开发氢燃料整车产品，并通过低温适应性和热管理关键指标检测，以满足冬奥场景需求；福田欧辉采用具备低温快速冷启动性能的大功率石墨双极板燃料电池系统及能够在 －35℃环境中自加热快速升温的动力电池系统搭建的"氢—电混合"动力架构，实现了全气候燃料电池高速客车平台设计，提高了极寒环境中整车动力性和经济性；在加氢方面实现了加氢站与车辆实时通信功能，提高了加氢安全性。福田欧辉 9 m 及 12 m 段燃料电池高速客车外观如图 7-22 所示。

图 7-22　福田欧辉 9 m 及 12 m 段燃料电池高速客车外观

二、成果创新点及解决的难点问题

1. 燃料电池与动力电池低温快速冷启动技术

燃料电池低温快速启动技术。攻克了电堆残留水含量关机吹扫技术，解决了关机水残余导致结冰问题，实现了电堆残留水含量最优控制；利用阴极反应气体浓度差控制电压边界控制技术，实现快速升温和有效水热管理。

动力电池采用内部自加热快速升温技术，攻克了外部加热形式温升慢，需要外部供电的难题，实现了极寒环境自加热快速升温；从 2018 年 3 ℃/min 的加热速率提升到 2020 年的 7.2 ℃/min 的速率。如图 7-23 所示。

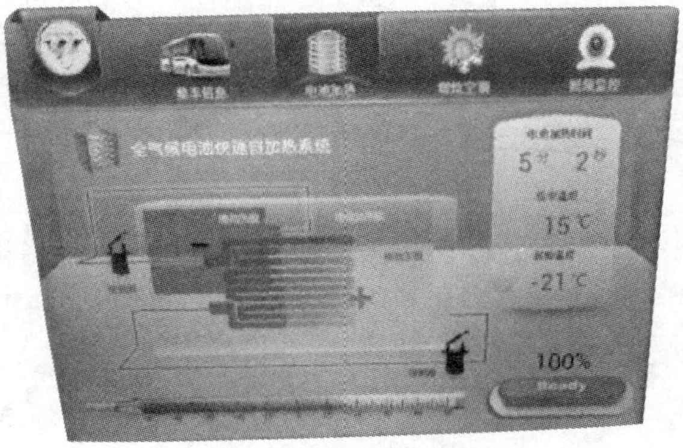

图 7-23　动力电池自加热实际效果展示

2. 燃料电池电堆功率点与余热利用效率综合控制策略研究

采用"功率—水温—水流速—余热利用综合监测控制方法"，提升动力系统的效率，并提升车厢暖风的节能效果，解决了燃料电池客车冬季氢耗高的难题。燃料电池可利用余热占采暖总功率的比例实际测试结果见表 7-2。

表 7-2　燃料电池可利用余热占采暖总功率的比例实际测试结果

燃料电池功率	燃料电池可利用余热占采暖总功率的比例
42% 额定功率	32%
50% 额定功率	35%
58% 额定功率	63%
67% 额定功率	75%
75% 额定功率	100%

3. 提升加氢站与车辆信息交互能力，确保加氢安全

车辆加氢时，按照 SAE-J2799 的要求，车载氢系统配置红外通信模块，实现加氢过程中加注信息（如氢系统容积、温度、压力等）在车载氢系统和加注系统（加氢机）之间的实时传输，确保对气瓶加氢状态下的安全监控。消除了加氢时由于漏氢或氢气温度过高等问题引起的安全隐患。加氢站/车辆通信逻辑如图 7-24 所示。

三、国际水平对比分析

在国际上尚未有能够在 -35 ℃环境中及 16% 的山地区域能够正常运营的高速燃料电池客车。

福田新一代燃料电池高速客车满足 -10 ℃时燃料电池动力系统能够在 120 s 以内快速加载到全功率输出能力，在 -35 ℃环境中 5 min 内快速加载到全功率输出能力填补了国际上研究的空白。在提高了燃料电池系统极寒启动性能的基础上，充分挖掘整车综合热管理能力，突破大功率燃料电池和升压 DC/DC 协同控制、大功率电驱动系统、大容量车载储氢和加氢安全监控技术，整车性能多数指标极大提高，为我国燃料电池客车的全气候高运行性能研发和产业化奠定技术基础。

四、成果应用情况

作为中国绿色客车领导品牌，早在 2006 年，福田就与清华大学联合承接了国家“863”计划节能与新能源汽车重点项目中氢燃料电池客车的研发，迈出了福田欧辉氢燃料电池客车的第一步；2008 年，其氢燃料电池客车助力北京奥运会，吸引了全球的目光；2012 年，其第二代氢燃料电池客车开始服务于北京公交集团；2016 年，其第三代 8.5 m 氢燃料电池城间客车已经成功问世，并获得当时全球最大的氢燃料电池客车批量订单；2017 年元月全程为钓鱼台国宾馆举办的“电动汽车百人会”提供摆渡用车，验证了 -15 ℃低温冷启动的可靠性能，满足北京严寒的环境工况；2018 年和 2019 年，福田欧辉连续两年将 10.5 m 和 12 m 燃料电池公交车在张家口地区投入运营，在张家口运行的两个冬季保持了无故障出勤，总运营里程已经超过了 500 万 km。

氢燃料电池客车现有车型已经涵盖 8.5 m、10.5 m、12 m，广泛应用于城市、旅游团体、定制班车等多种类型用途。

福田新一代的燃料电池高速客车打造了国际一流、国内领先的全天候燃料电池动力系统平台架构，实现了极寒环境下车辆的高经济性、高动力性及快速冷启动性能，提升了客户舒适性，降低了车辆运营成本；利用此动力平台搭载到了 9 m、11 m 和 12 m 段车型，此 3 类车型同时搭载了具备加氢站与车辆加氢信息实时交互的功能，提升了车辆的加氢安全性，此平台车型将在 2021 年搭载 70 MPa 氢系统。福田燃料电池高速客车动力系统技术路线如图 7-25 所示。

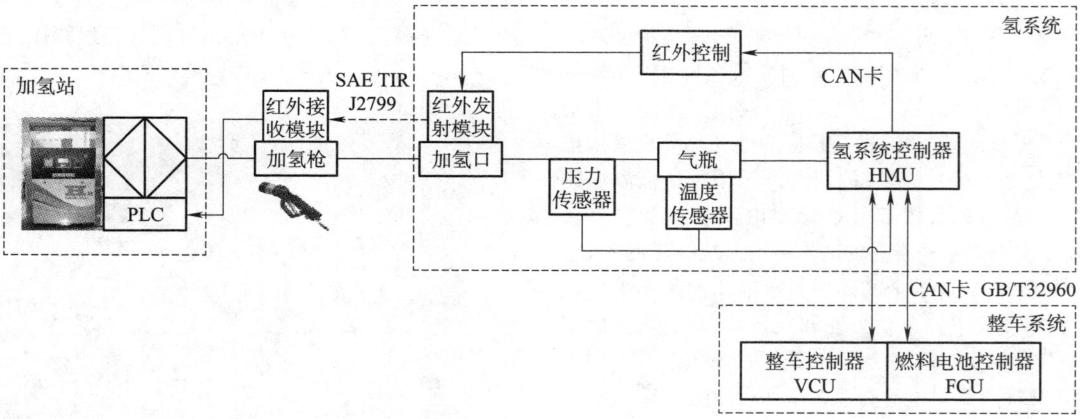

图 7-24　加氢站/车辆通信逻辑

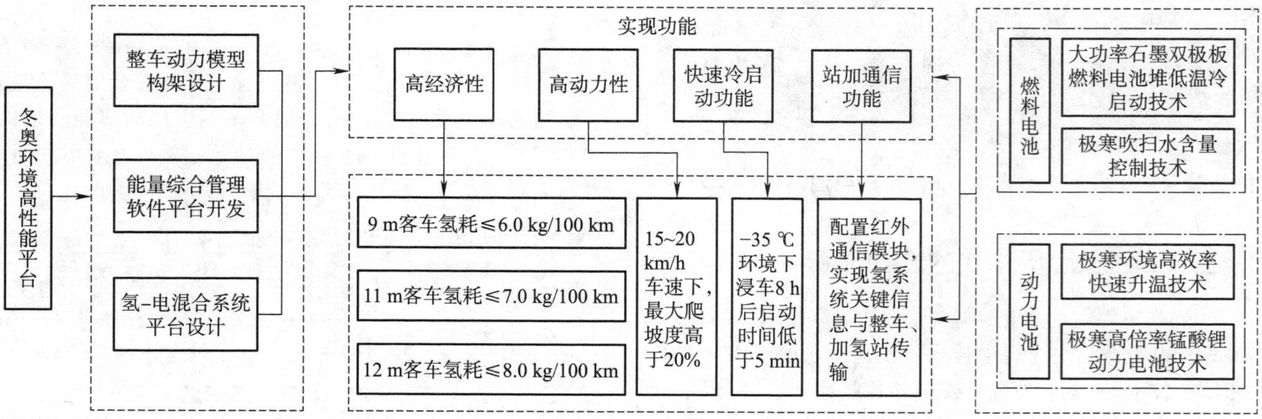

图 7-25　福田燃料电池高速客车动力系统技术路线

五、社会及经济效益分析

(1)服务首都建设是北汽福田作为在京企业义不容辞的责任。北汽福田将发挥新能源汽车产业和燃料电池集成优势,联合清华大学的燃料电池系统研发力量,推动实施"张电进京、谷电制氢、北京用氢",积极增加清洁能源供应,推动氢能基础设施建设和氢能产业创新发展,助力北京打赢蓝天保卫战和实现绿色冬奥目标,全力服务北京"科技创新中心"和"国际一流的和谐宜居之都"建设。

(2)燃料电池客车的大规模应用可以缓解我国的能源安全、环境污染和气候变化问题,有效降低我国城市环境污染,促进汽车工业与环境保护协调发展。公共交通车辆在城间机动车的数量占比约为2%,然而它们在城市车辆尾气排放量中却占到了1/3,因此大力推广燃料电池高速旅游大客车,对降低城市环境污染具有重要意义。

(3)燃料电池客车的大规模生产,能够有力促进我国燃料电池、驱动电机、整车电控等电动汽车核心部件及电动化辅助部件的技术进步与产业发展,对培育和发展我国新能源汽车战略性新兴产业、推进实施"中国制造 2025"战略具有重要的促进作用。

(4)燃料电池客车作为最具商业价值的高科技载体,大规模生产还可以带动新能源、物联网、新材料、电力电子、信息技术、先进制造等相关产业的发展,对培育新兴产业和新经济增长点,提升我国的综合实力具有重要的意义。

(5)项目的实施还会培养和建立一支技术研究、产品开发、经营管理、技术应用等高素质科技人才和应用人才队伍。

电动汽车提升电压平台的利弊分析

(供稿:北汽福田汽车股份有限公司工程研究总院新能源研究院　邵长宏　王永兴　张艳超　郭凤刚)

[摘要] 随着电池管理系统、电力电子半导体技术的发展,电动汽车的电压平台也在不断提升。本文基于不同电压平台、相同动力需求的电动汽车,对主要功率部件的系统损耗进行了分析,并在福田公司轻卡车型和V按类车型上进行了数据验证,结果表明电压平台升高,提升了系统的效率,减少车辆热损耗,有利于减小散热系统的体积;电压平台的升高,在同样载流能力下,提升了充放电功率,三电系统的成本也会降低。

一、高压系统电压平台现状

目前在乘用车领域,市场中纯电动车辆的动力电池标称电压大多数在275~350 V之间,在商用车领域,动力电池的标称电压在320~600 V之间。随着电动汽车电池管理系统、电力电子半导体技术的发展,对电动汽车的百公里能耗要求越来越低,使得电动汽车企业不断从技术上不断降低能耗。

在新能源汽车中,能量的损耗主要是因为电流而产生的热量,电流流经高压线缆、功率电子器件的发热而产生热量。为了减少系统发热,降低系统的损耗,最直接的方式就是减小电流,而在同样动力性能、充电性能的情况下,大小三电模块的功率等级不能降低,只能通过提升电压,降低电流,提升系统的效率,但系统绝缘水平也需要提高,保障系统的可靠安全性能。

二、不同电压平台下电缆损耗对比

在同样功率等级下,高压配电系统电压提升,电流减小,需要的电缆的截面变小,同样的布局下,成本降低,重量就会减轻;同时电缆发热量也会减小,电缆的温升也会降低。

下面以轻卡高压平台和 VAN 类低压平台,主驱额定功率 60 kW,350 V 和 600 V 两个电压平台为例,具体参数见表 7-3 和表 7-4。从电缆的损耗和发热、重量、成本 3 个方面进行对比(10 mm^2 以上高压电缆),铜线的电阻率为0.017 1 $mm^2/(S·m)$。

图 7-3　350 V 电压平台额定负载下的数据

线缆路由	电流值(A)	长度(mm)	截面(mm^2)	重量(kg/km)	价格(元)
控制器至电机	140	470×3	50	510.04	46
电池至 PEU	168	1 475×2	50	732.65	46
直流充电口至 PEU	200	1 555×2	50	732.65	46

表 7-4　600 V 电压平台额定负载下数据

线缆路由	电流值(A)	长度(mm)	截面(mm^2)	重量(kg/km)	价格(元)
控制器至电机	82	470×3	35	510.04	38
电池至 PEU	108	1 475×2	35	732.65	38
直流充电口至 PEU	100	1 555×2	50	732.65	46

1. 电缆的损耗发热量

35 mm^2电缆每米的电阻为:

$R_2=\rho\cdot L/S_2=0.017\,1\times1/35=0.000\,488\,57(\Omega)$

50 mm^2电缆每米的电阻为:

$R_1=\rho\cdot L/S_1=0.017\,1\times1/50=0.000\,342(\Omega)$

根据电流和线缆的电阻可以计算线缆的损耗。600 V 电压平台与350 V 电压平台相比,车辆在额定载荷、额定车速行车时,主线缆损耗减少 16.6 W,在快充过程中损耗减少62.18 W。

电缆上的功率损耗将直接转换成电缆的发热,对电缆温升产生影响,随着电压平台的提升,线缆的截面积下降,线缆直径减小,线缆折弯半径将减小,有利于线缆在车辆内部布线。

2. 整车电缆重量

电压平台提升后,系统工作电流减小,截面积减小,线缆用铜量减小,重量自然减轻,对车辆的轻量化有非常有利。

仍然以福田公司轻卡车型为例,对比分析高低压平台下线缆的重量。以目前使用的 1 500 V 电压等级的电缆,35 mm^2电缆重量是 549.75 g/m;电压 750 V 等级的电缆,

50 mm^2电缆重量是 732.65 g/m，依据线缆长度和线缆每千米的重量可以计算出两个电压平台的重量。600 V 平台与 350 V平台相比，主线缆重量减少 800 g。

因此，600 V 平台将比 350 V 平台电缆减重 800 g，有利于车身的轻量化。

3. 整车主动力电缆成本

根据使用的电缆价格计算，电压等级 1 500 V，35 mm^2电缆价格为 38 元/m，电压等级 750 V，50 mm^2电缆价格为 46 元/m，计算电缆成本相差，(46 − 38) × 4.36 = 34.88 元。不同电压平台下高压线缆的对比见表 7-5。

表 7-5　不同电压平台下高压线缆的对比

电压平台	电缆线径（mm^2）	电缆损耗（W）	电缆重量（kg）	线缆成本（不含连接器）（元）
350 V	50	120.82	5.47	200.86
600 V	35	42.05	4.67	165.68

因此，在不考虑高压连接器的情况下，主动力高压线束线缆，在高低压电压平台下的对比见表 7-5，每台车辆电缆节省成本近 34.88 元，其他电缆的成本变化不大，可以忽略。在相同功率需求时，提升电压平台后，高压线缆线径减小，线缆的折弯半径减小，有利于车辆的线束布置，如图 7-26 所示。

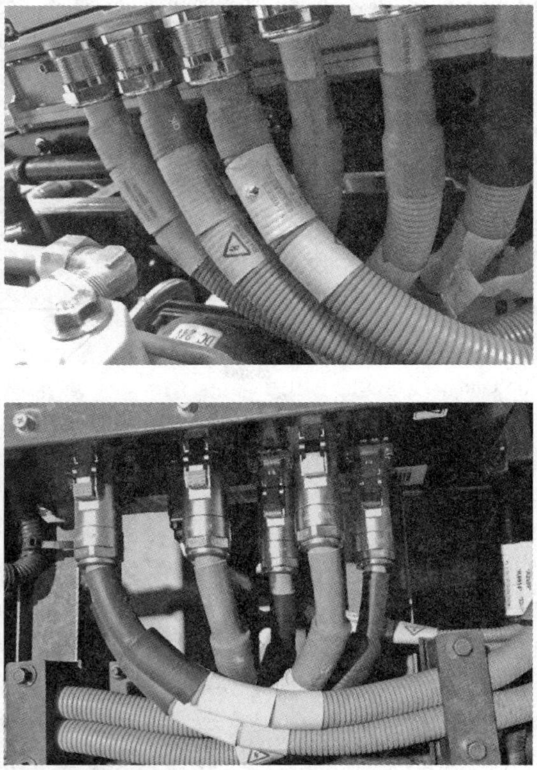

图 7-26　高压线缆线径对高压线束的布置影响

三、高压电力电子模块单元热损耗对比

在电动汽车中，高压零部件中主要有电机、电机控制器（MCU）、车载电源模块（DC/DC）和车载充电机模块（OBC），这些部件是电动汽车能量的消耗大户。功率器件的损耗主要有开关过程中的开关损耗和通态损耗，以 MCU 中功率器件 IGBT 损耗为例，具体损耗的组成如图 7-27 所示。

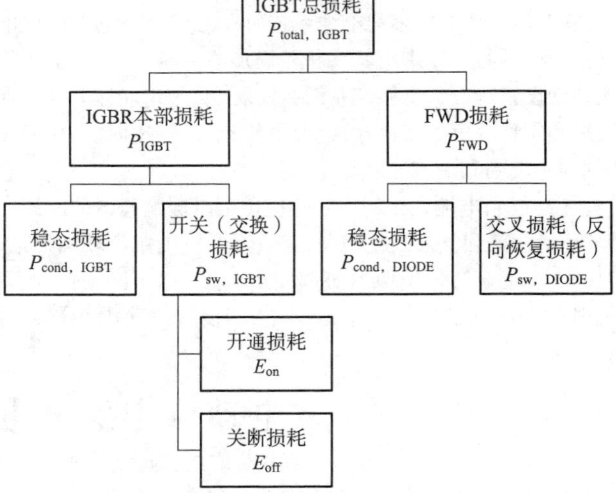

图 7-27　功率器件损耗主要组成

1. 电驱系统损耗分析

电动汽车的电控系统中，电机和电机控制模块（MCU）是电控系统中损耗较大零部件。在电驱系统中，电机可以通过改变设计使其具有相同的外特性，损耗基本不变。电机控制器由于其存在大功率的开关器件 IGBT 模块，损耗也较为突出，损耗主要是由 IGBT 和其续流二极管的通态损耗和开关损耗，下面通过计算分析其损耗有关因素。

（1）IGBT 通态损耗计算

$$P_{cond,IGBT} = \frac{1}{T_0}\int_0^{T_0/2} V_{CE}(t) \times i(t) \times \tau'(t)\,dt$$

其中：$i(t) = I\sin\omega t$：正弦的输出电流

$V_{CE}(t) = V_{CE0} + r \times i(t)$：导通情况下的 IGBT 的压降，其中 V_{CE0}为门槛电压，r 为斜率电阻

$\tau'(t)$：逆变桥输出的占空比（导通时为 1，关断时为 0），一般情况下，该变量的波形为 $\tau'(t) = \frac{1}{2}[1 + m\sin(\omega t + \varphi)]$

m 为调制比，φ 为输出电压与电流之间的相位差。

将其中的 $i(t)$、$V_{CE}(t)$、$\tau'(t)$ 分别带入上式得

$$\begin{aligned} P_{cond,IGBT} &= \frac{1}{T_0}\int_0^{T_0/2} V_{CE}(t) \times i(t) \times \tau'(t)\,dt \\ &= \frac{1}{T_0}\int_0^{T_0/2} (V_{CE0} + r \times i(t)) \times i(t) \times \tau'(t)\,dt \\ &= \frac{1}{T_0}\int_0^{T_0/2} (V_{CE0} + r \times I\sin\omega t) \times I\sin\omega t \times \\ &\quad \frac{1}{2}[1 + m\sin(\omega t + \varphi)]\,dt \\ &= \frac{1}{2}\left(V_{CE0} \times \frac{I}{\pi} + r \times \frac{I^2}{4}\right) + m\cos\varphi \times \\ &\quad \left(V_{CE0} \times \frac{I}{8} + r \times \frac{I^2}{3\pi}\right) \end{aligned}$$

由此可见，IGBT 的通态损耗与控制系统的调制比、器件的通态压降和电流直接相关，取 $m = 1.1$，分别对两种电压平台进行计算。

350 V 电压平台下，将 FF600R12ME4 功率模块参数和 M4 平台电流的参数代入上式计算可得到：$P_{\text{cond1,IGBT}}=216.5\ \text{W}$。

600 V 电压平台下，将 FF400R17ME4 模块和 M4 平台电流的参数代入上式计算可得到：$P_{\text{cond2,IGBT}}=107.68\ \text{W}$。

(2)IGBT 开关损耗

$$P_{\text{SW,IGBT}}=f_{\text{SW,IGBT}}\times\frac{1}{T_0}\int_0^{T_0/2}(E_{\text{on}}+E_{\text{off}})(t,I)\,\text{d}t$$

$$E_{\text{SW,IGBT}}=(E_{\text{on}}+E_{\text{off}})(I)$$

$$=\left[E_{\text{on,IGBT}}(I_{\text{nom}},V_{\text{nom}})+E_{\text{off,IGBT}}(I_{\text{nom}},V_{\text{nom}})\right]\times\frac{I}{I_{\text{nom}}}\times\frac{V_{\text{dc}}}{V_{\text{nom}}}$$

$$P_{\text{SW,IGBT}}=\frac{1}{T_0}\sum_n E_{\text{SW,IGBT}}(i_n)$$

$$=\frac{1}{T_0}\sum_n\left[E_{\text{on,IGBT}}(I_{\text{nom}},V_{\text{nom}})+E_{\text{off,IGBT}}(I_{\text{nom}},V_{\text{nom}})\right]\times\frac{i_n}{I_{\text{nom}}}\times\frac{V_{\text{dc}}}{V_{\text{nom}}}$$

$$=\frac{1}{\pi}\times f_{\text{SW}}\times\left[E_{\text{on,IGBT}}(I_{\text{nom}},V_{\text{nom}})+E_{\text{off,IGBT}}(I_{\text{nom}},V_{\text{nom}})\right]\times\frac{I}{I_{\text{nom}}}\times\frac{V_{\text{dc}}}{V_{\text{nom}}}$$

由此可见，IGBT 的开关损耗与开关频率、器件的开关特性参数、工作电压和工作电流直接相关，取 10 kHz，额定电流下的损耗计算。

350 V 电压平台下，将 FF600R12ME4 模块参数和电压和电流代入上式计算可得到：$P_{\text{SW1,IGBT}}=826.52\ \text{W}$。

600 V 电压平台下，将 FF600R17ME4 模块参数和工作电压和电流代入上式计算可得到：$P_{\text{SW2,IGBT}}=568.36\ \text{W}$。

(3)续流二极管导通损耗

与 IGBT 的导通损耗类似，只是针对续流二极管而言，上桥臂的 IGBT 导通意味着下桥臂的续流二极管关断，反之，上桥臂的 IGBT 关断意味着下桥臂的续流二极管导通。因此对于续流二极管来说

$$\tau'(t)=\frac{1}{2}[1-m\sin(\omega t+\varphi)]$$

$$P_{\text{cond,DIODE}}=\frac{1}{T_0}\int_0^{T_0/2}V_{\text{CE}}(t)\times i(t)\times\tau'(t)\,\text{d}t$$

$$=\frac{1}{2}\left(V_{\text{CE0}}\times\frac{I}{\pi}+r\times\frac{I^2}{4}\right)-m\cos\varphi\times\left(V_{\text{CE0}}\times\frac{I}{8}+r\times\frac{I^2}{3\pi}\right)$$

由此可见，二极管通态损耗与调制比、器件参数和电流相关，取调制制比 $m=1.1$ 为例。

350 V 电压平台下，将 FF600R12ME4 模块和电流参数代入上式计算可得到：$P_{\text{cond1,DIODE}}=24.58\ \text{W}$。

600 V 电压平台下，将 FF600R17ME4 参数和工作电流值代入上式计算可得到：$P_{\text{cond2,DIODE}}=13.36\ \text{W}$。

(4)续流二极管开关损耗

二极管开关损耗中的导通损耗可忽略不计，须考虑的是关断损耗：

$$P_{\text{SW,DIODE}}=\frac{1}{T_0}\sum_n\left[E_{\text{off,DIODE}}(I_{\text{nom}},V_{\text{nom}})\right]\times\frac{i_n}{I_{\text{nom}}}\times\frac{V_{\text{dc}}}{V_{\text{nom}}}$$

$$=\frac{1}{\pi}\times f_{\text{SW}}\times\left[E_{\text{off,DIODE}}(I_{\text{nom}},V_{\text{nom}})\right]\times\frac{I}{I_{\text{nom}}}\times\frac{V_{\text{dc}}}{V_{\text{nom}}}$$

计算中，$E_{\text{off,DIODE}}$ 与二极管的反向恢复能量并不成正比，以下式进行等同。

$$E_{\text{rec}}(I)=E_{\text{rec}}(I_{\text{nom}})\times\left(0.45\times\frac{I}{I_{\text{nom}}}+0.55\right)$$

综合后可得：$P_{\text{SW,DIODE}}=\frac{1}{\pi}\times f_{\text{SW}}\times\left[(E_{\text{rec}}(I_{\text{nom}})\times\left(0.45\times\frac{I}{I_{\text{nom}}}+0.55\right)\right]\times\frac{V_{\text{dc}}}{V_{\text{nom}}}$。

由此可见，续流二极管的开关损耗与器件开关频率、二极管特性参数 E_{rec}、工作电流和电压相关，两种电压平台取相同的额定工作状态进行计算。

350 V 电压平台下，将 FF600R12ME4 模块参数和电压值代入上式计算可得到：$P_{\text{SW1,DIODE}}=368.68\ \text{W}$。

600 V 电压平台下，将 FF600R17ME4 参数和电压值代入上式计算可得到：$P_{\text{SW2,DIODE}}=306.56\ \text{W}$。

(5)电机控制器模块损耗的总结对比

暂不考虑膜电容、卸荷电阻等其他损耗的影响，在相同功率需求、不同电压平台下的效率可以计算出来。两个电压平台下的总功率损耗计算如下：

$$P_{\text{total1}}=P_{\text{cond1,IGBT}}+P_{\text{SW1,IGBT}}+P_{\text{cond1,DIODE}}+P_{\text{SW1,DIODE}}$$

350 V 电压平台下的功率器件损耗为：

$$(216.5+826.52+24.58+368.68)\ \text{W}$$
$$=1\,436.28\ \text{W}$$

350 V电压平台下的 MCU功率损耗为$\frac{1\,436.28}{60\,000}\times100\%=2.39\%$。

$$P_{\text{total1}}=P_{\text{cond1,IGBT}}+P_{\text{SW1,IGBT}}+P_{\text{cond1,DIODE}}+P_{\text{SW1,DIODE}}$$

600 V 电压平台下的功率器件损耗为：

$$(107.68+568.36+13.36+306.56)\ \text{W}$$
$$=995.96\ \text{W}$$

600 V 电压平台下的 MCU 的损耗为$\frac{995.96}{60\,000}\times100\%=1.66\%$。

$$2.39-1.66=0.73$$

因此，在相同功率、不同电压平台下，对比参数见表 7-6，高电压平台电流减小，效率提高了 0.73 个百分点，效率提高了发热量也减小了，散热需求也就小了，器件电流等级降低，成本降低。在实际工况测试中，相同散热体积和水流量的情况下，温升差别有 5 ℃～8 ℃，由此可见，提升电压平台后，散热系统有较大的优化空间。

表 7-6　MCU 在两个电压平台下损耗对比

电压平台	IGBT 损耗	续流二极管	总损耗效率
350V	1.74%	0.66%	2.39%
600V	1.13%	0.58%	1.66%

2. 车载电源模块损耗计算对比

(1)车载模块的损耗对比

车载电源模块主要包括车载充电机 OBC、DC/DC。根据车载电源的拓扑结构、功率器件特性和控制方式，其损耗主要是功率器件的损耗、隔离变压器的损耗。

车载充电机前端主要与电网连接，前端 PFC 部分系统损耗基本没有变化，损耗差别在和隔离变压器和后级 DC/DC 变换部分，600 V 电压平台与 350 V 电压平台相比，理论损耗

可以降低0.28%,但是实际测试中差别较小,温升差别仅在1℃~2℃。DC/DC模块与OBC模块损耗基本一致。车载电源模块在不同电压平台时,除了提升了能源利用的效率,高压电压平台可以减小充电模块的体积。

(2)车载电源模块成本对比

高低压平台相比,在高压平台下,车载电源模块的隔离变压器成本会略有降低,但其电力电子半导体器件成本会略高。因此,两种电压平台下,相同功率的模块成本变化较小。

福田公司新能源汽车集成化程度越来越高,逐渐将MCU和DC/DC、DC/AC和车载充电机集成为一体,如图7-28所示,四合一产品已经应用于轻卡和VAN类车型,五合一产品也将逐渐应用于各类车型。

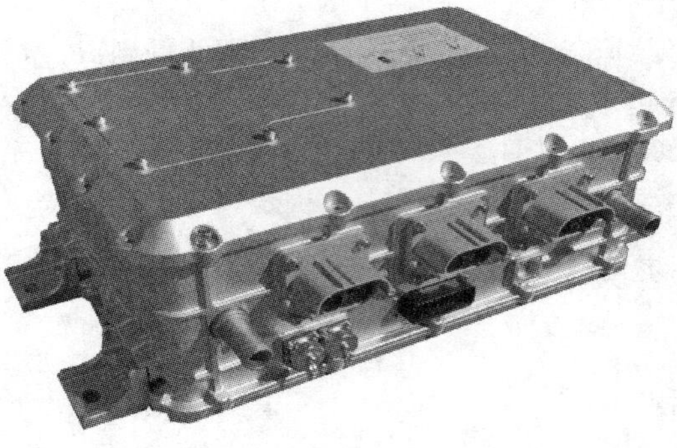

图7-28 北汽福田公司电力电子模块集成单元

四、总结分析

基于以上数据的分析和对比,可以看出电压平台的提升,有利于优化散热系统,降低散热系统体积及重量;提升电压平台,在同等充电电流情况下,有利于实现快速充电;提升电压平台,线缆用铜量减小,电机功率密度提升,有利于整车的轻量化,线缆线径的减小,有利于整车布局优化。

福田公司正在开展更高电压平台车型的开发,以提高系统的效率,提高充电速率。但提高电压平台后,带来的技术难度就越来越大,由于汽车级半导体器件的限制,满足750V以上电压平台的零部件厂家较少,而且多数为非汽车级器件,且成本较高;电压平台的提升,电池串联个数越来越多,对电池的管理系统也带来了新的挑战;对电动汽车的高压安全也提出了新的要求,对充电系统的配套设施也提出了新的要求。

高效一体化双电机动力总成的应用开发

(供稿:北汽福田汽车股份有限公司 张文辉 魏长河 王 超 王海龙 韩瑞静 赵 松)

随着国家对新能源汽车产业的持续投入和积极推广,作为其重要组成部分的纯电动汽车也迎来了蓬勃的发展,得到了市场的广泛应用,并展现出了巨大的节能环保效应。电驱动总成作为纯电动汽车的关键核心部件,日益受到行业的重视,技术革新日新月异。目前,纯电动汽车还主要以集中式电驱动为主,其构型已由最初的单电机简单替换传统发动机直驱,发展到现在的单电机直驱、单电机加减速箱、单电机加变速箱等多技术路线并存。其中,单电机加变速箱的方案,其换挡过程中不可避免地会出现动力中断、换挡时间长、动力响应滞后等问题,难以彻底解决,严重制约其全面推广。为了有效解决上述缺陷,双电机耦合动力输出技术架构的电驱动总成就应运而生了。

一、成果简介

1. 概述

高效一体化双电机动力总成构型新颖,采用辅驱动电机(以下简称AM电机)匹配两挡行星排式变速器再与直联于驱动桥的主驱动电机(以下简称TM电机)组成同轴动力耦合输出系统的方案,即将AM电机的输出通过合理的变速增扭后,与直连于驱动桥的TM电机进行同轴动力耦合输出,以实现更好的输出外特性和瞬态特性,易于满足车辆在不同工况下的行驶要求。AM电机与变速器一体化设计,共用端盖,轻量化优势明显。其结构简图如图7-29所示。

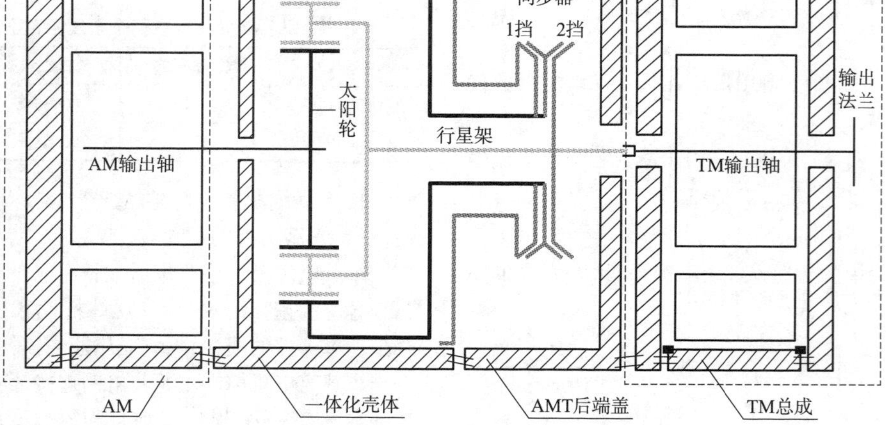

图7-29 一体化双电机动力总成结构简图

双电机加变速器耦合动力输出系统的最大特色是具有两个可协同工作的动力单元及多种工作模式，双电机既可以经动力耦合后同时驱动整车，亦可以 TM 电机单独驱动，尤其适合负载需求变化较大的复杂行驶工况。例如，在中低速低阻力城市工况下，可工作于单电机模式，提高电机的负载率，从而提高动力总成的驱动效率；当需求扭矩比较大时可以通过改变驱动模式提高动力总成输出扭矩的能力，满足车辆加速爬坡等需求；当车辆速度比较高时，也可以通过切换工作模式满足最高车速时的功率和转速需求。同时，双电机加变速器耦合动力输出系统的双动力源功率分配、模式切换控制等在能耗优化和瞬态响应方面也有巨大的潜力可挖。

本套动力总成通过两挡行星排式变速器的调节，以油门踏板开度作为电机转矩控制的矢量，可实现两种挡位下的多种工作模式：AM + AMT 1 挡 + TM，AM + AMT 1 挡，AM1 + AMT 2 挡 + TM，AM + AMT 2 挡等，完美契合起步及爬坡、城市中低速、大功率高速等车辆常见运行工况的动力需求，工况适应性好，整车适配性高；在满足动力性的同时可以提高车辆行驶经济性，并能在一定程度上实现无动力中断换挡。即变速箱换挡时 AM 电机转变成转速控制进行同步转速（TM 电机转速）工作，TM 电机提供驱动力以保证动力不中断。

2. 技术特点及关键参数

高效一体化双电机动力总成从方案匹配到产品定型，共经历 3 轮大的设计变更、优化调整及测试验证，已形成了一套极具特色的产品体系，其主要的技术特点有：

（1）智能识别工况和驾驶员意图，多模式切换，兼顾动力性与经济性需求；

（2）换挡过程双电机协同控制持续输出动力，无动力中断；

（3）兼容性系统构型及参数匹配设计，标准化接口，总成通用化程度高，平台扩展性好；

（4）输出能力强，高额定功率和峰值转矩，覆盖客车全工况动力需求，整车工况适应性好；

（5）冗余故障处理机制使系统具备跛行功能；

（6）采用高可靠性的行星齿轮传动，传动平稳、可靠、效率高、寿命长、结构紧凑、传动速度和功率范围广；

（7）采用丝杠式电动换挡关键技术，传递速度快，可实现快速、平顺、可靠的挡位切换；传递效率高，机械损耗低；

（8）变速箱壳体与电机端盖一体化设计，轻量化优势明显。

相较于同级别的传统单电机直驱方案、电机加减/变速箱总成或其他构型的双电机耦合驱动系统，无论是从系统的功率、转矩、重量等绝对指标来衡量，还是从总成的功率密度和扭矩密度等衍生指标来评价，本套高效一体化双电机动力总成均具有极大的竞争力。其关键性能数如表 7-7 所示。

表 7-7 关键性能

动力总成	平台分类		
	平台一	平台二	平台三
关键零部件参数	AM/TM 电机	AM/TM 电机	AM/TM 电机
电机峰值功率（kW）	139/139	139/195	195/195

续上表

动力总成	平台分类		
	平台一	平台二	平台三
电机峰值转矩（kW）	850/850	850/1 150	1 150/1 150
电机额定功率（Nm）	80/80	80/113	113/113
电机重量（kg）	95/95	95/135	135/135
变速器重量（kg）	45		
系统参数			
总成峰值功率（kW）	278	334	390
总成峰值转矩（kW）	3 383	3 683	4 577
总成额定功率（Nm）	160	193	226
总成尺寸（mm）	650 × 552 × 510	717 × 552 × 510	762 × 552 × 510
总成重量（kg）	235	275	315

二、成果创新点及解决的难点问题

1. 创新点

（1）突破了双电机 AMT 耦合驱动总成关键技术，攻克了行驶工况和驾驶员意图识别难题，充分发挥双电机耦合驱动构型特点，多目标分层优化控制，在挡位切换时兼顾动力性响应与经济性需求，在满足车辆动力性需求时，实现高效节能且平顺切换等多目标的连续控制，满足全地域、全气候、多工况使用需求。

（2）既继承了集中式驱动方案的诸多优点，又能克服现有构型在性能与控制层面的缺陷，换挡过程双电机协同控制持续输出动力，改善传统换挡过程平顺性，实现无动力中断、快速、平顺、可靠的模式平顺切换。

（3）采用能耗最优的模式识别和扭矩分配策略，通过遍历方法在线全局寻优，提取离线换挡规律和扭矩分配表；根据整车运行工况点实时需求，基于瞬态优化的模式识别策略的应用，在线查表得到当前最佳目标变速器挡位和扭矩分配系数，进而使动力总成实时都处在最优工作点，提升纯电动整车能量利用率。

（4）兼容性参数匹配设计提升了动力总成的多种整车平台适用性；电机与变速器壳体一体化设计，结构紧凑，轻量化优势明显；机械接口标准化设计，动力总成平台通用化系列化程度高，平台扩展性好。

2. 解决的难点问题

（1）有利于依据行驶需求优化动力系统输出外特性。与一般纯电动车驱动系统相比，双电机耦合驱动最大的优势是可通过模式切换及两电机动力分配，改善系统综合输出外特性，在起步爬坡过程中提供大扭矩输出，在高速行驶时提供大功率及高转速，进一步优化电机固有输出特性，提高整车动力性。

（2）有利于依据实时工况提高整车经济性，降低能耗。与一般纯电动车单电机输出相比，双电机耦合驱动存在两个动力源及多种耦合模式，通过双电机功率分配及模式切换组合可以将电机尽可能置于高效区工作，降低动力系统能量损耗，提高整车经济性。

（3）有利于改善传统换挡过程平顺性，实现无动力中断快速切换。与一般纯电动车单电机匹配变速箱构型相比，双电机及耦合器的协同控制能够在传统换挡过程中持续输出动力，从而消除清扭时的动力中断及加载时的动力波动，改善传动系冲击和扭震等问题；另一方面，通过对耦合器的合理设计及优化控制，可以大大改善传统换挡过程换挡时间长、调速复杂等难题。

(4)有利于提高驱动系统的容错能力，提高车辆安全性。与一般纯电动车驱动源配置相比，双电机耦合驱动属于一种过驱动系统，其冗余驱动特性可保证单电机故障时仍有可靠动力输出。

(5)有利于全地域全工况条件的应用。与一般纯电动车单电机输出相比，双电机动力总成后备驱动力充足，输出能力强，可满足多种极端工况下的动力需求，环境适应性好，在高温、高湿、高寒、高海拔、高坡度等极端环境下也能稳定可靠运行。实现了全气候条件下，客车在25%坡度下的长时间运营需求，解决了现有客车在高坡度下不能长时间运行的难题。

三、成果应用情况

目前，高效一体化双电机动力总成，已完成了多项系统台架测试，含动力总成基本性能测试（系统转矩矩、功率、最高转速、温升特性、效率、环境适应性等）、系统无动力中断性能测试（换挡过程中，系统输出端有持续扭矩输出）、系统换挡可靠性测试（不少于50万次，平均换挡时间小于600 ms，无换挡失败指标）、系统换挡过程性能测试（换挡快速、平稳、转速无波动，无冲击）、低温可靠性试验（满足－40 ℃情况下冷冻24 h系统能正常启动，满足环境温度低于－10 ℃时系统能正常换挡）等。如图7-30所示。

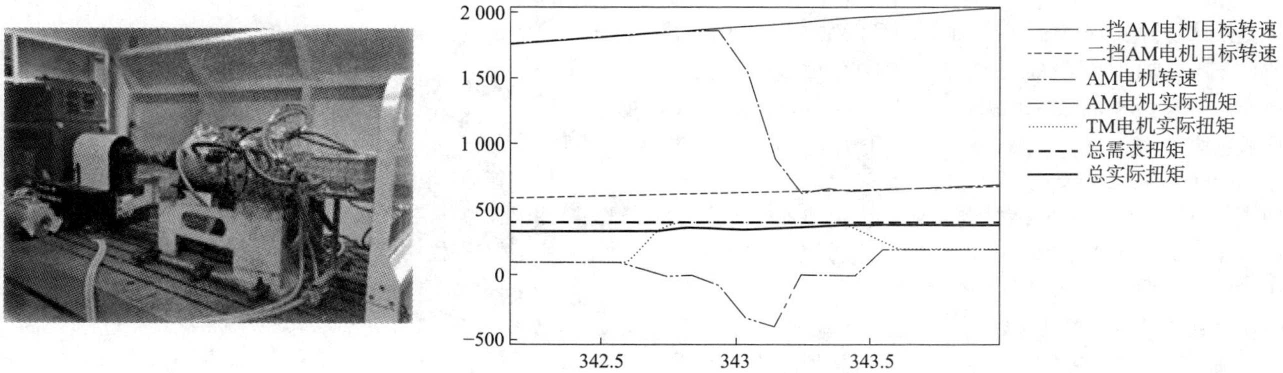

图7-30　动力总成性能台架测试

上述成果已在9 m级燃料电池客车、12 m级纯电动客车，12 m级燃料电客车等多款整车平台上进行了多台样车的搭载应用，经过在苛刻环境下的测试考核，试验效果显著。以搭载此动力总成的12 m高寒纯电动客车为例，动力表现强劲，0～50 km/h加速时间可以控制在10 s之内，轻松实现25%的爬坡度；等速40 km/h工况和CWTVC工况下，整车能耗表现均优于同级别直驱系统。同时，动力总成搭载整车一起经高温高湿（环境温度不低于35 ℃，空气湿度不低于95%）环境试验、极寒（环境温度不高于－30 ℃）环境试验（如图7-31所示）、10 000 km以上可靠性试验等考核，系统运行稳定，结构可靠，无渗水和绝缘失效等故障，无换挡失败，整体表现良好，完全满足整车苛刻的使用条件。

后续，会在现有测试情况的基础上，持续优化系统结构和控制策略，固化产品状态，逐步推向市场批量化应用。

四、社会及经济效益分析

随着新能源汽车补贴政策退步退坡以及市场对技术要求的不断提升和企业成本管控的加严，低成本、低能耗、高安全、高可靠性将是产品立足市场的根本。高效、高集成度的动力总成将是未来纯电动汽车电驱动系统的重要分支。高效一体化双电机动力总成，紧扣新能源商用车实际应用需求，成本可控，结构精简紧凑，性能完备优良，扭矩输出能力强、比功率密度高，既能通过多模式切换在满足整车动力性前提下提高经济性，又能在瞬态切换过程中实现无动力中断、快速、稳定、平顺切换。整套系统具有高集成度、高扩展性、高传动效率、高可靠性的优点，实现了真正意义上的多目标集成控制，动力强劲，节能潜力大，工况及环境适应性好，市场应用场景广泛，具有良好的产业化前景。

图7-31　动力总成搭载整车极寒试验

基于计算机集成控制技术的智能充电控制技术

（供稿：国唐汽车有限公司）

一、成果简介

“基于计算机集成控制技术的智能充电控制技术”是国唐汽车自主设计研发的集智能捕捉、多车悬轨充电、根据车辆优选顺序自主排序充电、自适应充电容量优化等功能为一体的智能化城市公交充电技术，该技术为现代化新能源城市公交项目建设提供了“智能纯电动、充电配套设施、远控管理平台、综合服务体系”四位一体的解决方案。

国唐智能充电控制技术系统主要包含集电单杆、撬装式箱式直流变电站和充电智能管理平台三大模块，图7-32为集电单杆示意图，集电杆杆身经轻量化设计后对优化整车电池电量设计和延长整车行驶里程具有明显增益。

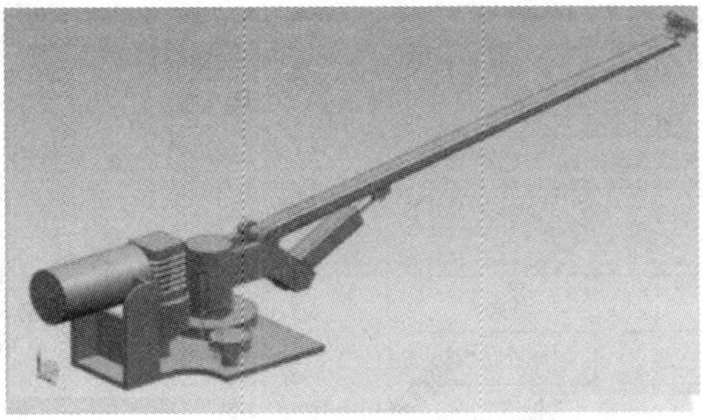

图7-32　集电单杆示意图

图7-33所示为箱式直流变电站，该变电站主要特点和功能如下。

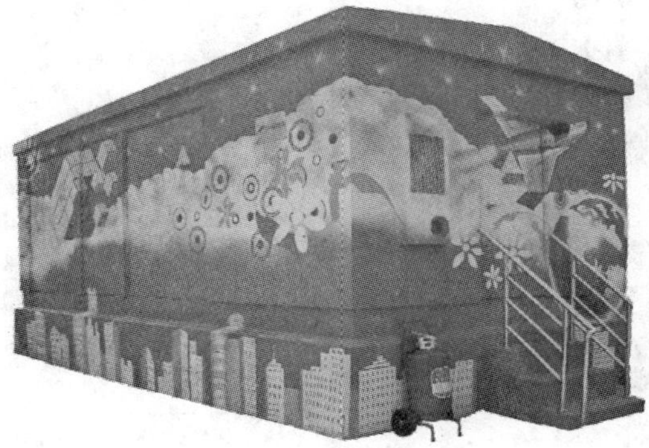

7-33　箱式直流变电站（长5m，宽3m，高3.5 m）

（1）功能：高压逆变。将10 kV高压交流电源转换成780 V直流电源并输出至直流充电轨，输出功率为630 kW。

（2）结构：充电系统模块化设计。充电模块可根据需要灵活配置，维护便捷、扩容方便、成本低。集成了所有智能检测与智能控制单元，并可靠地实现远程通信。

（3）运行：远程监控。直流变电站运行无人值守，所有主要设备实现远程监控。输出负荷由充电管理平台实时控制。

（4）保障：具有绝缘与温度监测、充电轨电气安全保障、智能化故障检测、快速切断大电流短路故障、快速恢复供电五大保护措施。

图7-34为智能充电控制技术系统的充电智能管理平台，该平台的主要功能如下。

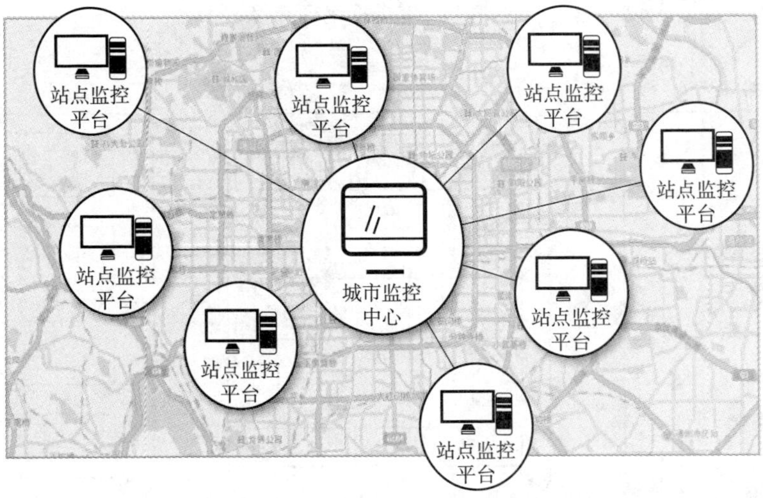

图7-34　充电智能管理平台

（1）充电模式：快充模式、慢充模式、慢充快补和等待模式。

（2）智能充电：根据撬装式电站总额定功率，平台根据车辆状态监测数据自动调节充电功率，智能实现快充和慢充。无须专人值守，节约成本、消除人为事故概率。

（3）分级管理：每个城市建设一个公交应用中心和监控中心，各站点建设站点监控分中心。

（4）数据监测：位置、车速、充电时长、充电开始时间、充电结束时间、累计充电量、关闭原因、订单上报时间、订单付费时间、SOC、总电流、总电压、单体最高电压、单体最低电压、监测点最高温度、监测点最低温度、电池组平均温度、驱动电机电压、驱动电机电流、驱动电机温度等。

二、成果创新点及优势

（一）创新点

1. 智能对接

升杆、降杆时进行请求、搜索、确认、操作循环多次智能对接，提高智能充电控制技术对接的安全性和成功率。每日静态测试 100 次，每日耗时 120 min，测试总次数约 10 000 次，故障率约 1.4%。充电杆运行流程如图 7-35 所示。

2. 模块拓展

国唐智能充电控制技术整体分 3 个部分：智能监控交互系统、集电杆控制系统、充电系统。智能悬轨充电系统的软、硬件架构为完全自主研发，可兼容多种功能模块，适应能力强。智能充电控制技术整体框架及软件构架如图 7-36 和图 7-37 所示。

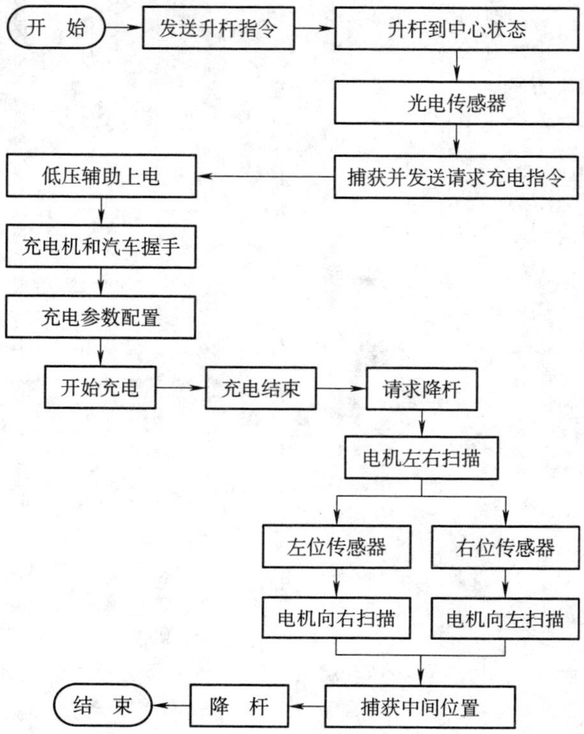

图 7-35 充电杆运行流程

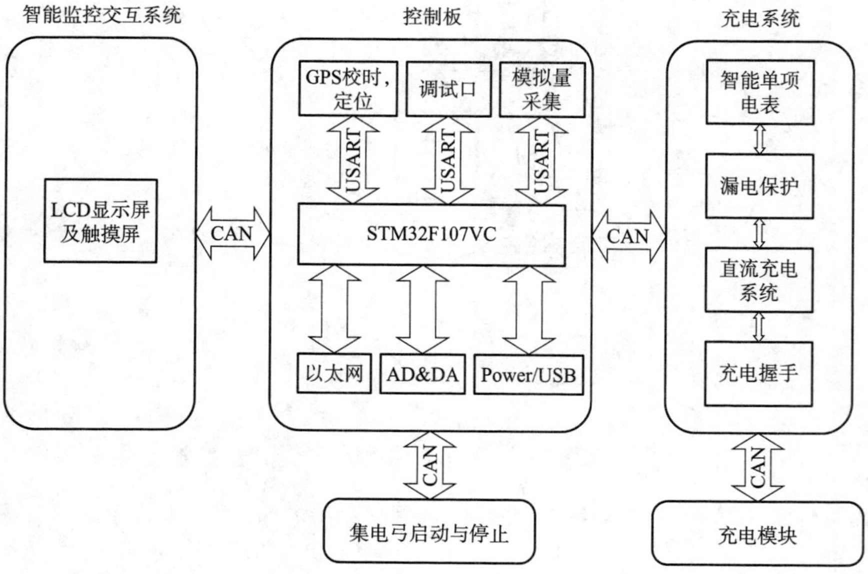

图 7-36 智能充电控制技术整体框架

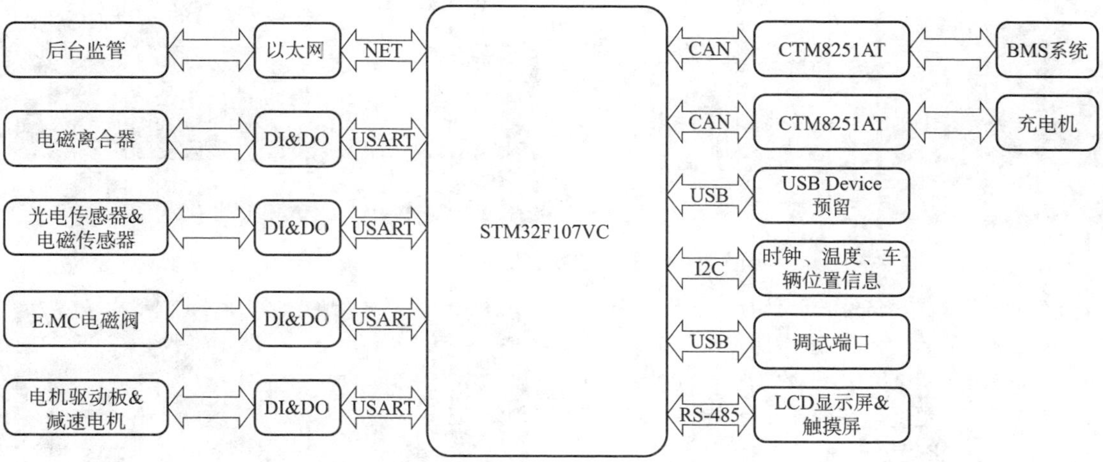

图 7-37　智能充电控制技术软件构架

（二）优势

1. 充电设施

类别	传统充电桩	新型充电设备
规划用地	需新批规划用地 每个充电桩需用地 50 m²（含停车位），建设 50 部规模的车队充电区需 50 个充电桩，新增土地面积约2 500 m²	无须新批规划用地
场站用地	需重新规划场站用地，区分出停车区和充电区，区域不能共用造成浪费	停车区即是充电区，不浪费场站土地资源
充电桩	使用充电桩	架设充电轨
充电方式	充电桩充电	悬轨充电/充电桩充电

2. 电池

类别	传统充电桩	新型充电设备
配置	约 300°电（2. 25 t），满足一辆车一天的运营需求	根据市内线路长短灵活确定电池配置，采用快充技术满足运营需要
充电	夜间充电 4 ~6 h	利用夜间停站期进行波谷充电，白天按需补电
空间	电池占用空间大，12 m 公交车仅载客 62 人	电池占用空间小，12 m 公交车可载客 83 人

3. 十大特点

类别	新型充电设备
四不变	不增加新批规划用地 不改变原站内行车方式 不减少原场站停车数量 不浪费原有充电桩设施
三核心	多角度自动捕获充电技术 固定和移动中点控充电技术 远程智能充电控制管理技术
二降低	有效降低了充电场站建设和扩容难度 有效降低了公交企业后期运营成本
一更高	全面提高了电动公交车的综合运营效率

三、难点突破

（一）轻量化设计

（1）集电杆截面优化，在保证功能要求的同时实现减重。

（2）充电端头设计，采用石墨材料确保轻量化与良好的导电性；

（3）底板材料的选型，使用复合材料制作，大大减轻底盘重量。

（二）多传感器信息融合

利用多传感器融合技术进行位置找寻与确认，通过对光电传感器、行程位置传感器、压力传感器等信息进行融合分析，确保升杆、对接、降杆过程的鲁棒性。

四、成果展示

（一）国内首批“远控单臂滑轨充电”运营

2017 年在青岛温馨巴士场站多次组织了智能充电控制技术“远控单臂滑轨充电”生产路试考察活动，共有 63 家公交企业相关领导参加，加强技术经验交流、扩大推广范围、提高服务质量，以适应全国各地公交运营需求。

2017 年 9 月，国内首批“远控单臂滑轨充电”纯电动国唐品牌公交车在青岛交运温馨巴士 774 路正式上路运营。11 月，在武汉公交 530 路正式载客运营。如图 7-38 所示。

图 7-38　青岛、武汉城市公交

（二）广东公交协会专家论证会（如图 7-39 所示）

2018 年 6 月，广东省公交协会专家一致认为“远控单臂

图 7-39　广东公交协会专家论证会

悬轨无桩充电”技术系统在经济性方面具有土地节约利用、电池配置少、运营成本低的优势，在适用性方面具有载客人数多、充电时间短、运营效率高的优势，在安全性方面能够实现人电分离，安全可靠。更适合在城市公交系统中应用，尤其在土地资源紧张的城市优势更加突出。建议在广东省各地市城市公交行业积极推广使用。

（三）2019 青岛智慧城市百佳典型案例（如图 7-40 所示）

2019 中国新型智慧城市发展论坛于 2019 年 12 月 9 日在青岛威斯汀酒店隆重召开，同期举办了“2019 青岛智慧城市百佳典型案例评选活动”颁奖典礼。国唐汽车“远控无桩悬轨充电系统”荣获“2019 青岛智慧城市百佳典型案例”。

图 7-40　2019 青岛智慧城市百佳典型案例

北奔纯电动重卡新能源系统集成的平台化开发

（供稿：北奔重汽集团有限公司　卜军军　王晓波）

一、成果简介

1. 应用领域

商用重卡新能源全系列车型，包括：电动牵引车、电动自卸车、电动环卫车、电动宽体车等。

2. 关键技术

新能源系统集成的平台化开发，包括：网络架构的平台化开发、控制策略的平台化模块化开发、高压电器系统集成的平台化开发。

二、成果创新点及解决的难点问题

1. 网络架构的平台化开发

根据整车功能划分及新能源相关控制器特点要求，整车划分为四条总线，动力 CAN、整车 CAN、车身 CAN、充电 CAN，便于平台化的开发和拓展，同时通过网关实现 3 条 CAN 网络之间的信息交互，如 VCU、CBCU 等。CAN 总线的两个 120Ω 终端电阻所在节点固定，不因项目车型变化而变化。基于平台化考虑，不同车型、不同项目，总线节点数量不同，但节点之间的通信协议平台化开发，统一功能通信协议保持一致，以保证各控制器通信的稳定性，提高整车总线通信的开发效率，如图 7-41所示。

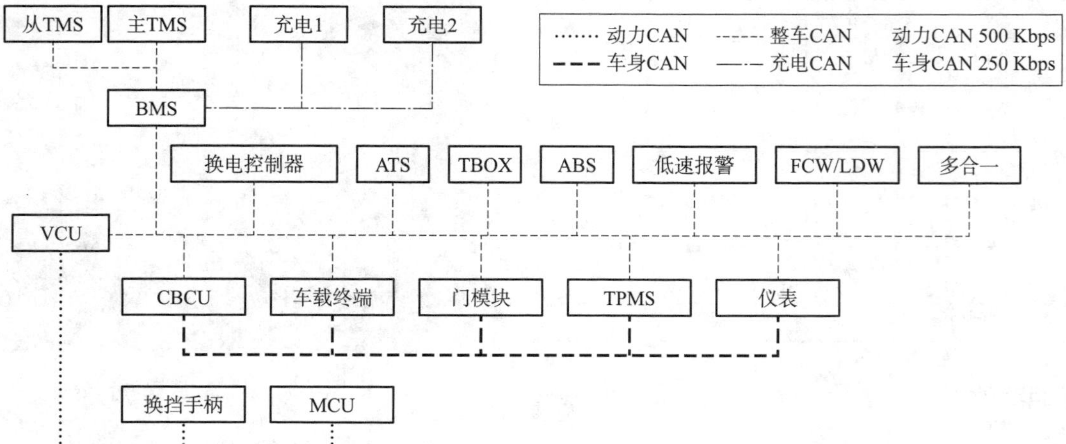

图 7-41　网络架构平台化设计图

2. 控制策略的平台化模块化开发

整车功能按模块划分，如高压上下电模块（如图 7-42 所示）、充电控制模块（如图 7-43 所示）、换电控制模块、行车控制模块、附件控制模块、冷却控制模块。针对不同车型、不同项目，需求相同的功能模块可复用，如果需求新的功能即编写新的功能定义模块及策略模型，达到稳定的模型基础上持续优化升级，实现策略功能模块平台化开发，提高了平台化开发的新车型、新项目的控制系统稳定性。

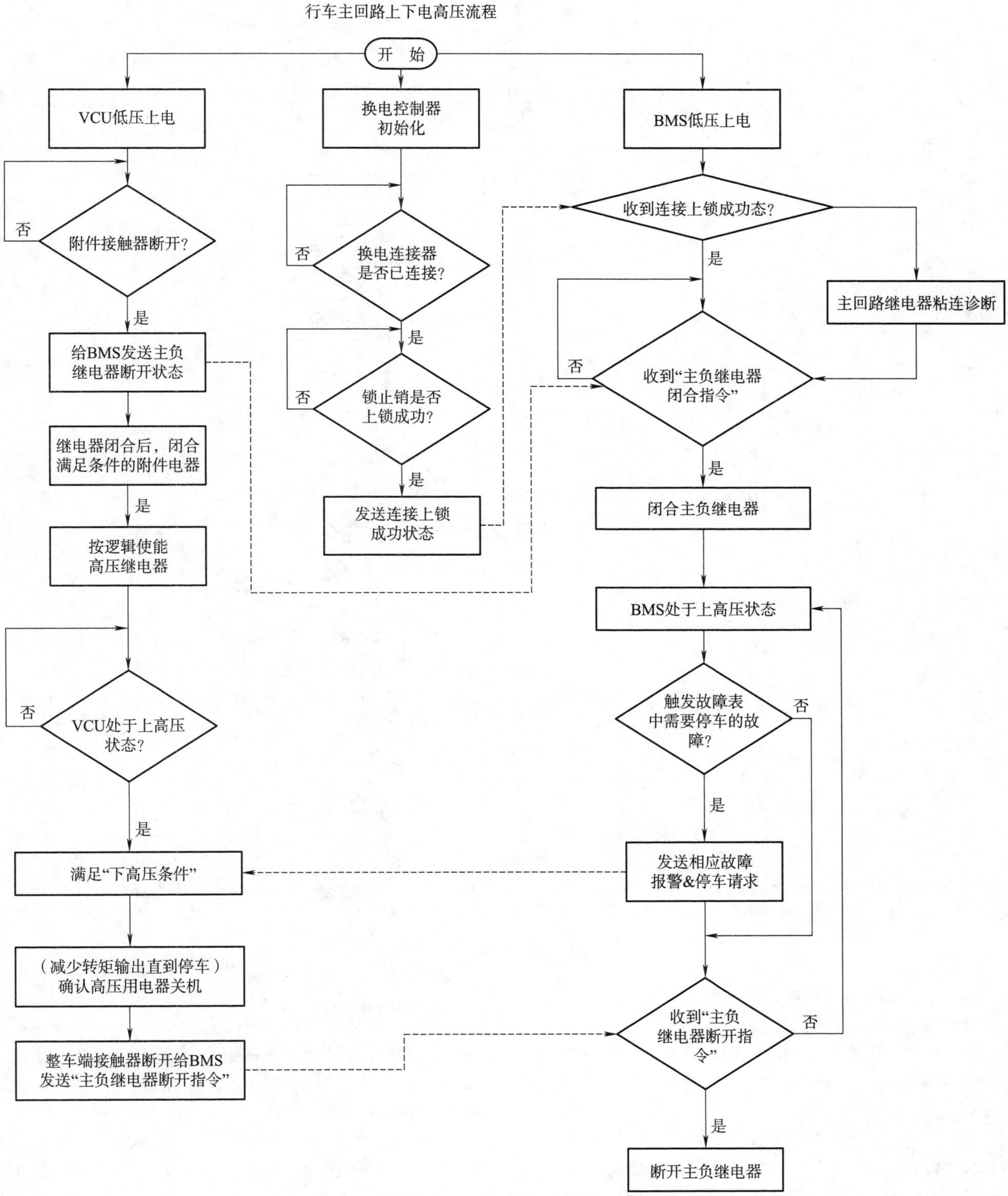

图 7-42　高压上下电模块

充电主回路上下电高压流程

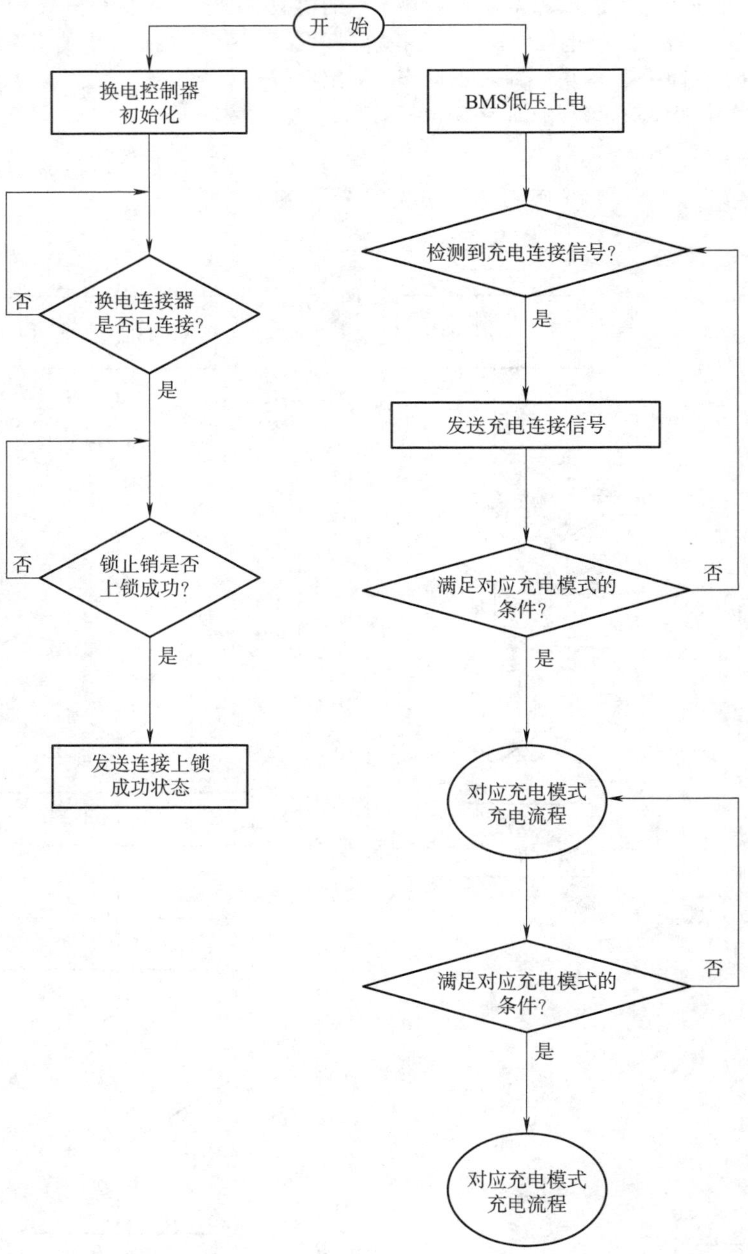

锁止销反馈状态：0×18FFF8A7 bit 0.1=2（上锁成功），0×18FFF8A7 bit 2.3=1（连接）整车低压24脚检测到24 V时（换电站充电），充电不判断锁止销状态及换电连接器状态。

图 7-43　充电控制模块

3. 高压电器系统硬件集成的平台化开发

将新能源相关部件按功能划分为几部分，包括：动力系统（VCU、MCU、SCU）、电池系统（BMS、TMS）、换电系统（充电插座、换电连接器）、辅助配电系统（转向、制动、DCDC、空调、PTC）。三大系统内部高度集成，可以分系统开发生产，减少了整车的开发繁杂程度和生产复杂度。电池系统与换电系统通过 4 个换电连接器分别由 4 根高压输出电缆、4 根高压充电电缆及两个低压插件相连，如图 7-44 所示，减少了电池与整车的连接复杂性，在保证通信、策略功能定义的一致性情况下，完全实现硬件的换电功能。

三、成果应用情况

北奔商用新能源项目换电自卸车、换电重载/轻量化 6X4 换电牵引车、宽体矿用车等均按此平台设计开发，经过批量应用，效果良好，运行稳定。

新车型开发、动力系统开发、冷却系统开发、电池系统开发等均在此平台化基础上，新功能添加新模块，系统优化不影响其他系统，保证整车稳定可靠的基础上衍生多种车型。电力牵引车、电力自卸车如图 7-45 和图 7-46 所示。

四、社会及经济效益分析

目前商用电动车新能源系统集成平台化开发成果已经在新能源全系列车型实现应用，平台化产生的效益：各系统保持软件、硬件的一致，各系统进行内部的定制化、升级化开发，省去各系统之间差异导致的大量匹配、选型问题；基于平台化，模块化设计的车型各系统运行状态成熟稳定，可以极大缩短开发周期、人员成本，提高车辆的稳定性、安全性，供应商切换更加快速便于管控。

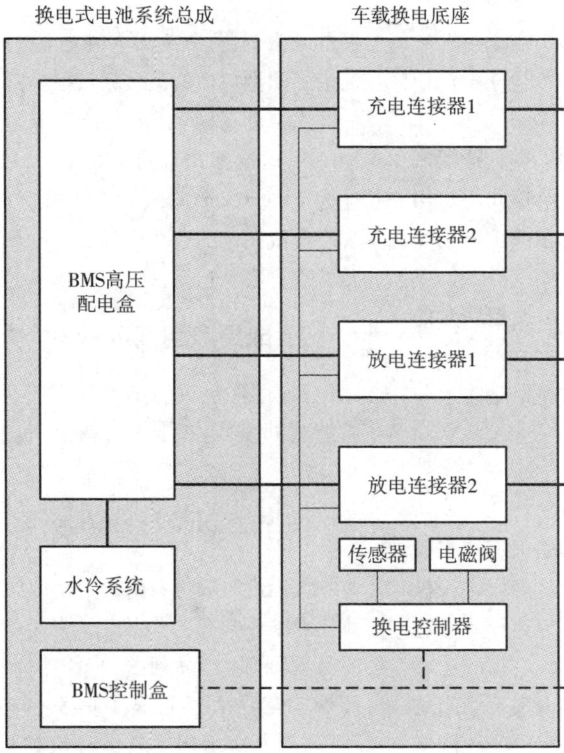

图 7-44　换电系统平台化开发设计原理

图 7-45　电动牵引车

图 7-46　电动自卸车

智能电动集卡开发（6×4 纯电动线控牵引车底盘）

（供稿：大运汽车股份有限公司）

一、成果简介

通过纯电动智能集卡的合作开发，大运汽车完成了无人驾驶技术在整车上的集成匹配设计，优化了无人驾驶的控制策略，完善了纵向控制和横向控制系统功能和性能参数。最终完成的纯电动重型无人驾驶牵引车可满足行业定义的 L3

级(SAE 定义 L0 级属于低端自动化,与传统汽车无甚区别;L1 和 L2 属于半自动化,有一定的驾驶辅助;L3 ~ L5 属于高端自动化,尤其 L5 级别的驾驶技术达到无人驾驶)及以上等级,属于企业及山西省重大战略产品和重大科技工程。

二、技术成果

(1)研究掌握了无人驾驶(无人集装箱牵引车)工作原理,掌握了无人驾驶技术在整车上的集成匹配。

(2)研究掌握了无人驾驶技术在特定工况区域、特定规划路线下的运行数据,通过分析数据,优化了线控底盘适用于无人驾驶的控制策略;形成了满足安全和批量要求的整车匹配方案和数据,支持共性技术开发。

(3)通过首台样车的试验测试,研究掌握了线控底盘的转向、制动性能参数和功能优化技术。

(4)研究 6×4 线控底盘在集装箱内陆港规划路线上与无人驾驶控制器的匹配技术和控制策略。

三、成果创新点及解决的难点问题

(1)整车系统集成。无人驾驶电动牵引车是大运汽车股份有限公司首次开发,完成了多系统、多行业紧密配合积极参与设计研发,保证无人驾驶整车满足要求,达到行业先进水平。

(2)信息融合技术及中央控制器控制策略开发。为满足无人驾驶系统要求,完成了传感器、信号采集及处理、控制策略决策和控制功能输出。

(3)整车电子控制系统匹配标定。满足无人驾驶需求,完成了自动转向控制系统开发设计和自动制动系统的开发设计。

四、国际水平对比分析

无人驾驶,是指通过给车辆装备智能软件和多种感应设备,包括车载传感器、雷达、GPS 以及摄像头等实现车辆自主安全驾驶,安全高效地到达目的地并能完全消除交通事故的目标。随着市场对汽车安全和智能化的要求越来越高,越来越多的企业与科研机构参与到了无人技术这个领域,而从技术层面来看,无人驾驶技术的完全实现也只是时间问题。

国外著名汽车企业及 IT 行业巨头谷歌都竞相着手研发无人驾驶汽车技术,研发进程十分迅速,不少研发车型已接近量产。从科技巨头到汽车制造商,再到各国政府、组织,越来越多的人将无人驾驶汽车看作整个汽车行业的未来,并积极投入金钱和精力进行相关研究。

目前,国内的百度、长安等企业以及国防科技大学、军事交通学院等军事院校的无人驾驶汽车走在国内研发的前列。例如长安汽车实现了无人驾驶汽车从重庆出发一路北上到达北京的国内无人驾驶汽车长途驾驶记录。百度汽车同样在北京进行了初次无人驾驶汽车在北京道路的实验并且取得了成功。按计划,无人驾驶车辆有望在北京到崇礼的延崇高速路上实现道路测试。相关技术的快速发展无疑为无人驾驶的未来提供了强有力的技术支持。

山西省汽车产业起步较晚,大运汽车作为山西省汽车发展的龙头企业,首个无人纯电动重卡,目标区域主要应用于河南郑州港口内的集装箱转运,实现汽车列车在特定区域内的无人自动驾驶,运输半径为 1.5 ~ 2 km,车辆运行时间为 5 h/天,运输方式来回满载状态,最高车速 60 km/h,常用车速为 20 ~ 30 km/h,最大牵引质量为 66 t,整车总质量 80 t。现已形成完善的整车设计流程和规范,集卡可在指定环境道路下进行安全运行。

五、成果应用情况

目前,首台智能集卡样车正处于实地调试标定阶段,后续将进行实地运营,对整车安全、可靠性做进一步验证。

六、成果的产能建设情况

大运汽车股份有限公司是山西省高新技术企业,省级企业技术中心共有各类技术人员 410 人,包含新能源研发部、产品规划部、产品研发一部、试制工艺部、产品综合管理部等。先后承担完成了一系列省市级重大科技攻关课题,先后 6 次承担了省级科研项目,其中省级科技创新项目 2 项,包括《DYX4180 码头电动卡车开发》及《轻量化 6×4 液化天然气(LNG)牵引车开发》项目,省级科技重大专项 2 项,包括《LNG 液化天然气重型牵引车》及《6×2 柴油液化天然气(LNG)双燃料牵引车》项目,产业化环境建设项目 1 项,为《8×4 压缩天然气(CNG)自卸车项目》项目,省重点研发计划项目 1 项,为《城市纯电动轻型货车关键技术及整车研究开发》项目,并获得了省政府的大力支持。

2019 年度大运公司新建成的重点实验室,具备了汽车整车及零部件试验验证能力:可进行整车性能、零部件耐环境、振动、机械性能及零部件理化分析等可靠性试验验证。同时具备新能源电动汽车产品开发以及法规项检测、试验验证能力,可按国家标准及行业标准的有关技术要求和试验规范进行新能源汽车整车、动力电池系统、驱动电机系统、氢燃料发动机系统、电控系统以及其他零部件的可靠性试验验证。

经过多年发展,拥有关键总成、重要零部件专利 1 177 项(新能源 194 项),其中发明专利 32 项(新能源 18 项),实用新型 577 项(新能源 57 项)、外观设计专利 568 项(新能源 119 项)。

大运汽车股份有限公司在中重型卡车设计方面拥有经验丰富的高级技术人员和专家,在新能源汽车方面也陆续引进了一批具有丰富电动车型设计经验的专业技术人才，现已形成整体素质较高、专业素质过硬的员工队伍。山西大运汽车股份有限公司经过十多年的发展，已具备电动汽车年产过万的生产能力，可保证项目正常进展。

七、社会及经济效益分析

智能车辆驾驶性能安全稳定，能够大幅改善公路交通效率，降低能源消耗量，降低驾驶员的工作强度，是现代化交通工具的发展方向。其核心技术之一是智能环境感知模块，该技术在当前交通堵塞、能源紧张的国际环境中日益受到国内外相关机构的关注。智能车辆环境感知模块是利用各种传感器对本车所处的周边环境进行数据采集，为处理模块控制操作提供有效依据。多种传感器的结合应用为智能车辆环境感知模块提供了技术保障。同时智能车辆是一个复杂的跨界交叉系统，技术领域覆盖广、专业跨度大、技术架构复杂，其核心关键技术还包括整车设计及信息通信等领域。

港口、码头、货场、矿区、厂区、机场等区域的货物和物料运输，固定区域的导航地图有别于结构化道路，需求采用基于特征的导航地图，并结合卫星定位、车辆姿态、视觉、激光与毫米波雷达的多传感器信息综合定位技术，在此基础上，采用基于非结构化场景的规划与控制技术。

结构化场景一般指高速道路、城区快速道路、城市道路等，针对在示范区内或示范运行区域构建自动驾驶地图（合作构建），一方面用于物流运输车辆的导航，另一方面从智慧物流、智慧城市系统层面完成高精度地图导航应用研究。

经济效益：后期该项目推广实施后，单台售价约 93 万元，年产值近 46.5 亿元，新增年利税 3.488 亿元。

社会效益：该项目可带来巨大的社会效益，同时带动 300 余人就业，可促进整个智能化电动汽车产业链的发展，加快智能化电动汽车的推广进程，减少汽车事故的发生，大大提高物流业效率。

一种新的电动汽车生态链系统技术

（供稿：苏州达思灵新能源科技有限公司 Walter Wu Ph. D.）

一、概述

电动汽车的核心部件是动力电池箱，无论是电动汽车换电运营模式、二手电池箱更换维修需求，还是退役电池箱的循环及梯次利用，都在呼唤电池箱的标准化。然而考虑动力电池的一致性要求，标准化的电池箱是不能进行串联使用而必须并联使用，要允许新、旧电池标准箱动态并联使用，甚至允许不同材料的标准电池箱动态并联使用。

苏州达思灵的 3 个核心发明专利为上述要求搭建了系统技术平台，提供了完整的生态链系统技术基础。这 3 个发明专利基本内容包括：

（1）标准电池箱技术及其管理方法，ZL201811571280.6（PCT/CN2019/100778）。

（2）增程式多电池标准箱动态并联集成与控制技术，ZL201710779935.8（PCT/CN2017/101685）。

（3）集装箱储能式离网可移动快充系统技术，ZL201910660868.7。

这 3 个发明专利首先从构建电池标准箱技术入手，进一步深入构建了基于增程器动态平衡各电池箱能力，从而允许电池标准箱动态并联使用的车载智能系统技术，最后拓展这一生态链，使用退役电池标准箱来构建建设成本低、建设周期短、调配灵活、可柔性管理的集装箱储能式离网可移动快充系统技术。展望基于这一生态链系统技术平台的新能源汽车市场的前景。

（1）不同的电池厂大批量生产电池标准箱。这些标准箱中电池性能的不同（如能量密度、安全性、寿命的不同等）表现在售价的差别，但是电压平台、外部电气接口、通信接口与机械接口均是标准的（可以有 3～5 个尺寸不同电池标准箱），使用统一的电池管理方法。

（2）不同车厂或同一车厂开发不同型号或性能的电动车，可以选择不同数量的电池箱（如 2～3 只）集成到一辆增程式电动车上，整车的性能与成本与所选电池标准箱中的电池材料性能（容量、寿命、充放电能力等）直接相关。

（3）电动汽车的维修可以用新的或二手电池标准箱更换故障电池标准箱。

（4）换电站可以存储各种尺寸的电池标准箱，为需要快速更换电池的电动车（不限型号和车厂）更换上已经充满电的电池标准箱。

（5）采用退役电池标准箱搭建的集装箱储能式可移动快充站（建造成本低、布局灵活、充电方便）可以使得市区内快充网点布局密度更高（集装箱占地小，不需要外部环境支持），快充方便。

（6）集装箱储能式可移动快充站的电能可以在夜间到市外郊区统一充电，采用谷电减低储能成本，白天可动态布置和调配到需要的快充网点。

新能源汽车的发展与国家能源安全战略和环境保护战略直接相关，这一大势不可逆转。然而纯电动汽车有着成本焦虑、里程焦虑、充电焦虑、低温焦虑等瓶颈，呼唤增程式电动汽车技术路线的快速发展。如今,基于增程器动态平衡能力的动力电池箱标准化系统技术平台的出现,完善了整个新能源汽车生态链,将使得新能源汽车的发展将更上一层楼。

二、标准电池箱技术

电池标准箱是指一系列通用型号(尺寸和形状)和相同接口(机械、电气、通信)的电池箱系列。其中通用的型号可以是由3~5个标准型号组成,如号1、号2、号3、号4、号5等型号,分别代表约定的尺寸和形状,使得电动汽车整车设计时可以根据所选相应的电池箱标准型号和数量直接规划空间安装方式。

由于增程式电动车所需要的电池容量一般为同级纯电动车特殊定制电池箱容量的30%左右,而每只电池标准箱的容量一般在纯电动车特殊定制电池箱的10%~15%,因此选用2~3只电池标准箱在整车上安装(集中安装或分布安装)是很容易实现的。对于同一个型号的电池标准箱,由于是由不同厂家生产或采用不同特性的电池材料,其实际容量、充放电特性、寿命等是有差别的。

同时,电池标准箱由于采用统一的电压平台(如510 V),使得不同型号的标准箱也可以并联使用,使得整车集成更加灵活,如图7-47所示。

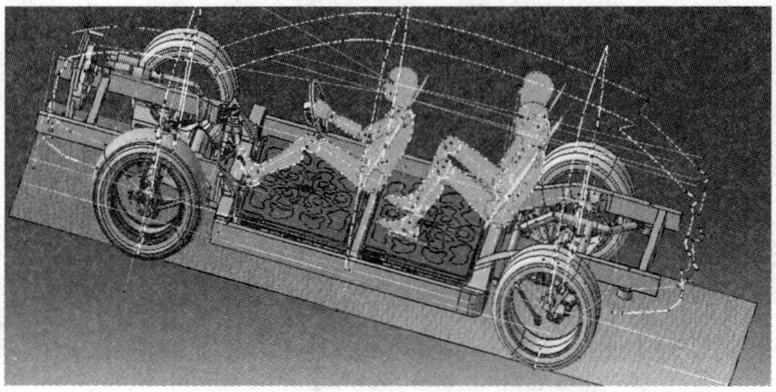

图7-47 双电池箱整车布置案例

三、增程式多电池标准箱动态并联集成与控制技术

一套车载智能能量系统主要由3个部分构成:系统控制器、N个($N=2,3,4,\cdots$)电池标准箱动态并联组和一套增程器发电系统。其中增程器发电系统除了在需要时根据整车能量管理控制策略给电动汽车供电延长续驶里程外,在多个电池标准箱电压不均衡时(如新旧电池箱之间、不同材料电池箱之间)通过系统控制器的自适应控制,为各电池标准箱均衡充电,确保电池标准箱之间的电压均衡,如图7-48所示。

在整车刚启动时,系统控制器如果发现各电池标准箱之间电压不一致,则会首先将最高电压的电池标准箱接入整车供电系统为驱动电机供电,同时启动增程器发电为其余电池标准箱充电,直至各电池箱电压与最高电压电池标准箱电压一致后再相继接入整车供电系统。在整车充电时,系统控制器如果发现各电池标准箱之间电压不一致,则会首先将最低电压的电池标准箱连接充电电路进行充电,系统控制器控制充电机的实际允许充电电流进行充电,直至与最高电压电池标准箱电压一致后再将其他电池标准箱相继接入充电电路,同时充电。

在车辆使用过程中,如果有一个电池标准箱出现故障,系统控制器会主动断开故障电池标准箱,允许其他电池标准箱继续工作,与增程器共同为整车供电。

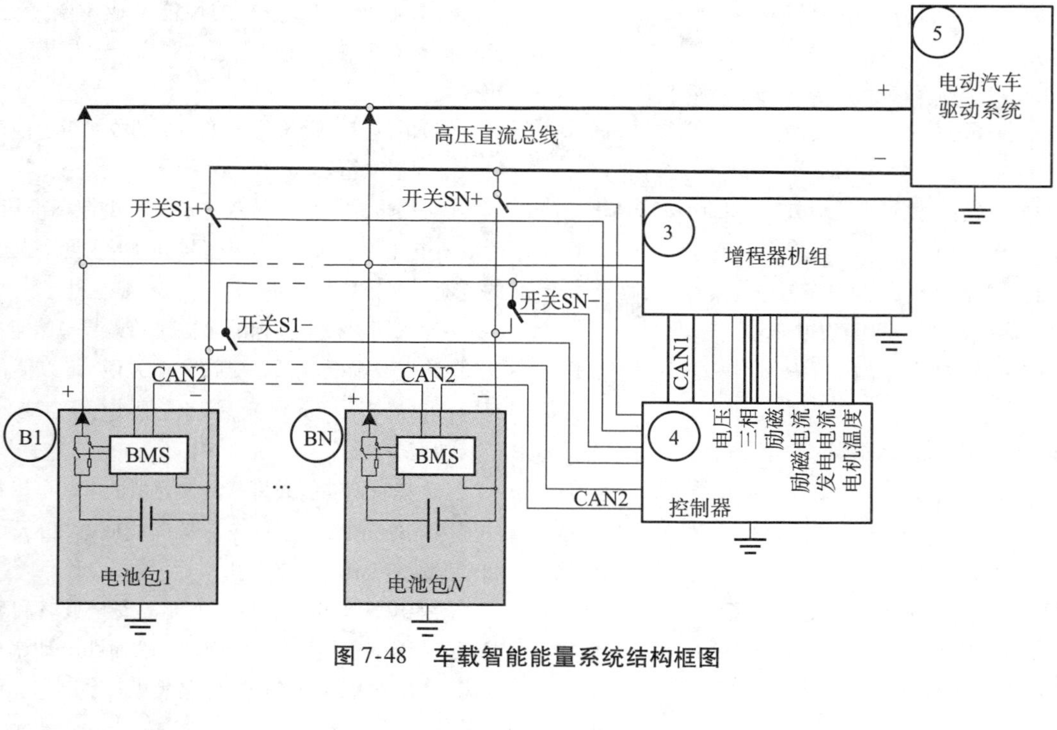

图7-48 车载智能能量系统结构框图

四、集装箱储能式离网可移动快充系统技术

集装箱储能式离网可移动快充系统技术主要包括离网可移动集装箱快充单元,郊区集中储能与调度管理和可加盟式集装箱快充单元入站管理系统。其中,离网储能式可移动集装箱快充单元使用退役电池标准箱动态并联连接构成储能电池堆,内置多个快充器可为新能源汽车提供快速充电服务。郊区集中储能与调度管理系统利用电网谷电、清洁能源或可再生能源在夜间或充电空闲时间为离网可移动集装箱快充单元进行快速补电,并实时监控分布在市区内分布各处的集装箱快充单元的充电状态和电量状态,及时调度集装箱拖车进行更换;可加盟式集装箱快充单元入站管理系统允许注册会员个人提供的集装箱快充单元动态加入运营,如图7-49所示。

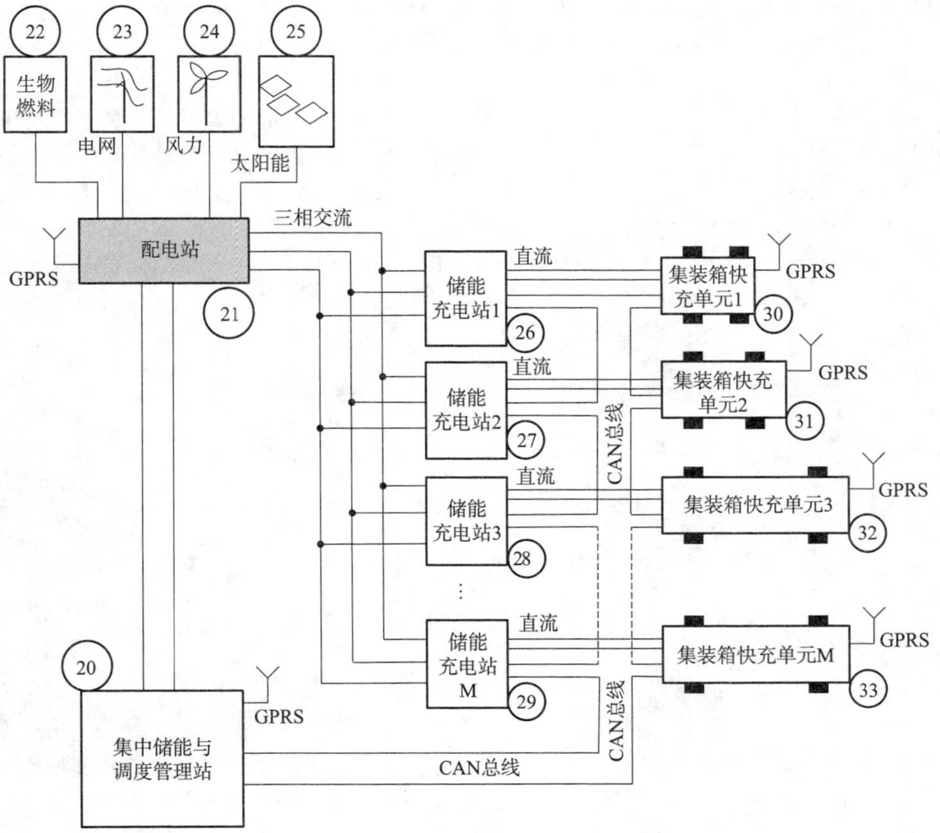

图7-49　装箱储能式离网可移动快充系统架构

建造离网储能式可移动充电集装箱的困难在于制造成本和投资回收周期。普通的储能式集装箱都是采用多个电池箱永久性串联或并联。出于电池芯一致性考虑,集装箱中的存储电能的容量只能一次性建成,之后不允许通过增加新的电池箱来增加容量,否则新加的电池箱健康状态与原来的不同,永久性串联或并联连接状态下在不使用时会产生电池箱之间的内部自循环。这样在早期建设储能式集装箱时如果配置容量较大而实际充电服务运营时很多电量用不完(卖不掉),就会导致建设成本过高,投资回收周期过长。早期建设时如果配置容量较小(建设成本低)的话而后期可能充电服务时不够用,但又不允许通过添加更多新电池箱进行容量扩展。

集装箱储能式离网可移动快充系统技术允许建设储能集装箱时采用退役的电池标准箱(电池箱成本低,建造成本负担小),由于允许各电池标准箱之间动力电路可以动态连接(电池箱之间的电压不平衡在充放电时进行主动动态平衡),不使用时各电池标准箱之间动力线是断开的。因此在储能式集装箱建设初期可安装较少的电池标准箱,随着需求的加大逐渐添加更多的电池标准箱来增加容量。维修时,也可以任意更换其他电池标准箱进行替换。

五、技术验证应用案例——双电池箱增程式电动车

苏州达思灵基于专利“增程式多电池标准箱动态并联集成与控制技术”采用双电池箱开发了增程式电动车进行了测试验证,见图7-50和表7-8。

图7-50　双电池包增程 MPV

表 7-8　双电池包增程 MPV 基本性能

增程器额定功率(kW)/额定电压(V)	20～345.6
电池规格(kWh)	2×22.9(双电池包动态并联)
驱动电机额定功率(kW)	40
整备质量(kg)	1 900

续上表

车长×车宽×车高(mm×mm×mm)	4 515×1 750×1 760
纯电动续驶里程(km)	单电池包:146 双电池包:248
综合续驶里程(km)	单电池包:R80/480 双电池包:R165/762

增程式电动汽车车载发电系统

(供稿:苏州达思灵新能源科技有限公司)

一、产品图片(表 7-9)

表 7-9　产品名称及图片

序号	产品名称	产品图片
1	25 kW 增程器 额定发电功率:20 kW 额定电压:144～600 V 发电电流:100 A	
2	32 kW 增程器 额定发电功率:30 kW 额定电压:300～600 V 发电电流:100 A	
3	35 kW 增程器 额定发电功率:30 kW 额定电压:300～600 V 发电电流:100 A	
4	40 kW 增程器 额定发电功率:35 kW 额定电压:360～510 V 发电电流:100 A	
5	50 kW 增程器 额定发电功率:45 kW 额定电压:510～614 V 发电电流:100 A	

苏州达思灵新能源科技有限公司位于苏州市相城区,是专业开发多种高性能、高可靠性、系列汽车增程器产品的高科技公司,各型号增程器均满足国Ⅵ排放标准、经过 800 h 耐久测试、开发和生产均遵循 IATF 16949 品质体系,关键部件具有第三方检测报告。

二、成果简介

(1)应用领域:增程式电动乘用车,增程式电动皮卡,增程式电动客车,增程式电动卡车/物流车。

(2)关键技术:达思灵应用新型高效和高可靠性双凸极直流励磁发电机技术及控制器,开发出模块化的增程器系统集成技术,可实现自主增程发电控制(简化整车集成调试,缩短开发周期)或者由整车控制器 VCU 进行发电控制。图 7-51是 30 kW 二合一双凸极发电机系统效率 MAP 图(发电机加控制器),可以看出不仅系统平均效率高(>93%)且高效区范围宽。

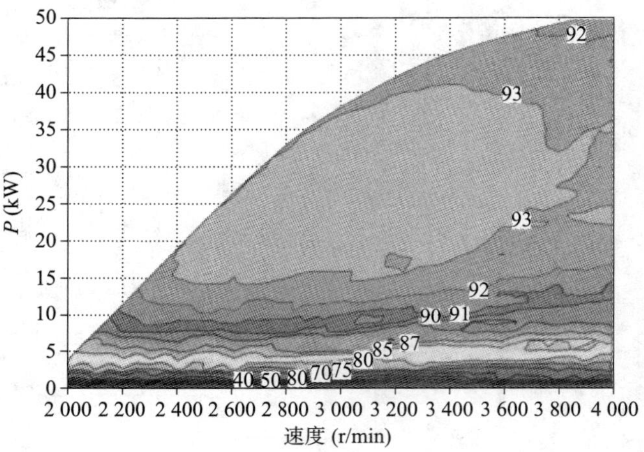

图 7-51　30 kW 二合一双凸极发电机系统效率 MAP 图

三、成果创新点及解决的难点

(1)增程器产品开发包括三大核心:增程发动机、直流发电机及集成控制器。达思灵增程器技术创新点:①模块化集成技术,控制策略经过 8 年长期十几个车型的车载测试,成熟且可以灵活标定,整车集成安装简单、系统调试周期短,有利于缩短增程式电动车开发周期。②将发电机、发电机控制器 GCU 与增程系统控制器 RCU 三合一集成(无逆变器),系统体积小,成本低,可靠性高。③采用恒功率发电为主要控制策略,同时考虑电池高温或低温条件下的功率跟随发电及噪声动态管理等发电策略。

(2)增程器应用的三大难点:体积大(安装空间受限)、发电噪声高、发电效率低。达思灵增程器技术适应各类整车应用:①达思灵开发的系列的增程器产品线可满足不同大小电动车的不同功率的发电需求,同时支持串混模式和补电增程模式。②达思灵增程器能量管理策略采用三个发动机转速平台,对应三级车速,将噪声水平与车速匹配(可标定)。③达思灵将发电机的高效区与所选发动机 MAP 进行匹配设计，可实现高效发电。图7-52是一个30 kW增程器发电效率油耗曲线（汽油燃料）。

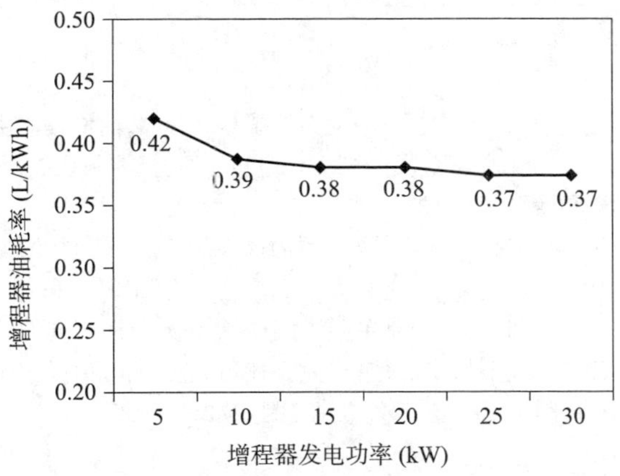

图7-52　30 kW增程器发电效率油耗曲线（汽油燃料）

四、国内、国际水平对比分析

表7-10给出了有代表性的几种增程器性能对比。

表7-10　几种增程器性能对比

	达思灵增程器（中国）	通用沃兰达（美国）	金康SF5（中国）	理想ONE（中国）
排量	1.4 L	1.4 L	1.5 L	1.2 T
缸数（罐）	四	四	四	四
转速（r/min）	4 000	4 800	4 200	4 500
直流功率（kW）	40	55	45	56
增程器系统重量（kg）	150	—（与驱动集成）	173	—（与驱动集成）
排放	国Ⅵ	欧Ⅴ	国Ⅵ	国Ⅵ
状态	量产	量产	样车	商业化

由此表进行分析可见：

（1）达思灵的增程器的重量功率密度处于相对优秀的状态。

（2）涡轮增压发动机驱动的增程器系统复杂（含中冷）、噪声较高、发热严重，因此主流增程器多采用自然吸气发动机。

五、成果应用情况

目前有的增程器与电动汽车的配置采用辅助增程（如BMW i3的配置），即以电池能源为主、燃油发电为辅助（增程器补电）的策略。这主要是考虑整车空间有限及成本因素，这种增程电动汽车的综合续驶里程较低，一般目标在300～400 km之间。主流的增程式电动汽车配置方向一般是纯电里程在120～150 km，综合续驶里程600～800 km。

表7-11是以达思灵两款增程器配置的两种增程式电动汽车的配置及续驶里程应用分析举例，包括电动车和电动厢式物流车。

表7-11　两种增程式电动汽车的配置及续驶里程应用分析举例

车型举例	曾程式MPV电动车	
车重（kg）	1 900	
电机额定功率（kW）	40	
平均车速（km/h）	80	
	纯电动（BEV）	增程式（REV）
增程器功率（kW）	—	20
电池容量（kWh）	45.8	22.9
纯电里程（NEDC工况A状态）（km）	248	80
综合里程（NEDC工况A+B）（km）	248	480

车型举例	4.2 m厢式物流车	
车重（kg）	4 500	
电机额定功率（kW）	70	
平均车速（km/h）	70	
	纯电动（BEV）	增程式（REV）
增程器功率（kW）	—	35
电池容量（kWh）	30.6	30.6
纯电里程（NEDC工况A状态）（km）	120	80
综合里程（NEDC工况A+B）（km）	120	600

六、结语

增程式电动汽车应用有3种基本配置：

（1）强增（如理想ONE，RE-HEV）

增程器额定功率车速＞120 km/h；

纯电里程＞80 km；

综合里程基本不限（加油就可）；

增程器体积很大，成本高。

（2）弱增（如BMW i3，RE-BEV）

增程器额定功率车速＞80 km/h；

纯电里程＞180 km；

综合里程＞350 km；

增程器体积很小，成本低。

（3）中增（推荐，REEV）

增程器额定功率车速＞100 km/h　纯电里程＞120 km；

综合里程：＞600 km；

增程器体积相对较小，成本合理；

增程式电动车属于纯电驱动电动车，符合中国乃至世界新能源汽车发展规划。

（1）强增是以油为主能量源、电为辅助。

（2）弱增是以电为主能量源、油为辅助。

（3）中增是以电满足95%以上日常使用需求，以增程发电消除续航焦虑、充电焦虑和低温焦虑。

随着增程器技术的深入发展，除了燃油增程器外还出现了天然气增程器、甲醇增程器、压缩空气增程器，未来还会有氢燃料电池增程器等。

随着增程器额定功率车速的提高，增程式电动车无限接近混合动力（RE-HEV）；随着纯电里程的不断提高，增程式电动车将无限接近纯电动车（RE-BEV）。

电动汽车高效增程器的技术与应用

（供稿：宁波洁程汽车科技有限公司　孙　强　杨铭铭）

一、电动汽车增程器简介

（一）系统介绍

增程式电动车是一种在纯电动模式下可以达到其所有的动力性能，而当车载可充电储能系统无法满足续航里程要求时，打开车载辅助供电装置为动力系统提供电能，以延长续航里程的电动汽车，且该车载辅助供电装置与驱动系统没有传动轴（带）等传动连接。

增程式电动汽车其主要核心动力系统是增程器，而增程器主要由5大部分组成：高效发动机、ISG电机、发动机控制系统、电机控制器和增程器控制器。

增程器控制系统又是增程器的核心部件，系统包括增程器控制器（RECU）、增程器专用发动机控制系统（REMS）和ISG电机控制器（GCU）3个控制单元，每个控制单元分属不同的控制领域，RECU主要是控制逻辑开发，REMS是多点恒转速/恒扭矩发动机控制，GCU是变频发电机控制。如图7-53所示。

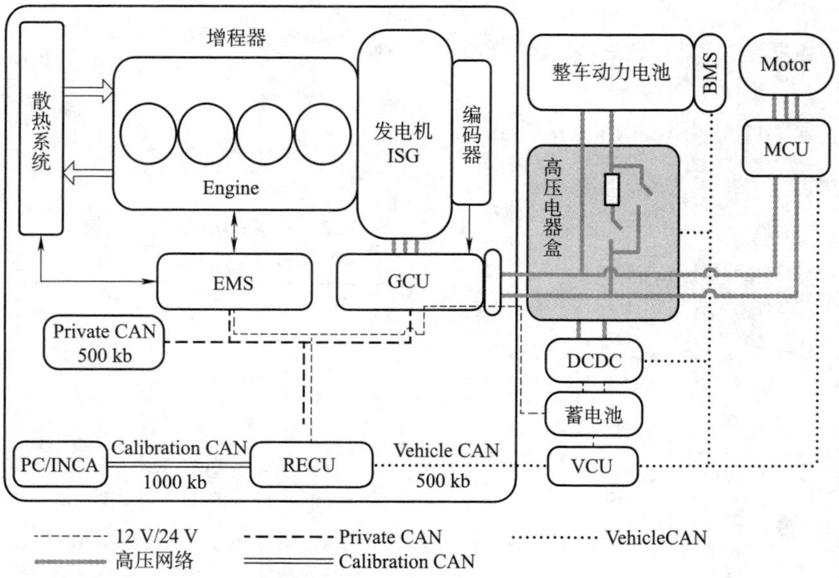

图7-53　增程式电动车整车系统架构

（二）应用场景介绍

增程式电动车作为新能源汽车发展的一个重要分支，在电池成本高、能量密度不够和寒冷区域不能有效使用等条件限制下，将起到很好的市场补充作用，特别是在商用车应用领域，城市物流车、冷链车、客车、公交等应用都有其独特的发展优势。

增程式电动车正是契合用户需求而得以推动：

（1）路权推动。运行时间长、里程要求高，有“里程焦虑”（城际物流）。

（2）传统车需要匹配大功率发动机，但是车辆行驶速度低，效率低下，使用成本高，有降低使用成本的需求（矿车、城市渣土车、港口牵引车）。

（3）上装部分需要单独动力，纯电很难满足要求的专用车（冷链车、环卫车、压缩垃圾车）。

（4）油耗无法满足第五阶段法规要求（4 L/100 km），采用增程方案满足法规要求。

（5）有正积分要求的车厂。

（6）不具备建设充电条件的使用场景（短租物流站场、电力增容、投资回收）。

（7）移动充电、应急救援充电。

（三）关键技术

1. 基于AUTOSAR基础软件二次开发

基础软件面向所有汽车电子产品的开发，但是具体到每种应用则可以对基础软件进行剪裁和补充，以满足具体的产品开发需求。针对RECU和GCU开发，不需要复杂驱动，外围驱动芯片也较少，需对系统进行剪裁以提高效率。对于REMS应用，需要有复杂的相位关系计算，有点火和喷气驱动、电子节气门驱动、各种修正信号输入等，需要有针对性的复杂驱动和外围芯片驱动。对基础软件进行剪裁和二次开发是本项目重要的一个环节。

2. 基于V模式的快速开发平台建设

基于AUTOSAR基础软件，借助于Matlab/Simulink进行功能仿真和模型搭建，并自动生成代码，通过NI的硬件在环仿真测试系统进行硬件在环仿真测试和虚拟标定，整改过程都时刻关注客户需求，并形成闭环反馈，可以大大缩短产品开发周期，降低开发成本，我们使用MATLAB自带的RTW模块工具，从而使程序的编写只需要开发人员将重心放在进行算法模型的搭建，在仿真结果正常后即可使用RTW生成C

语言代码,再使用编译链接工具将生成的代码下载到目标板中运行试验。

3. 增程器控制器(RECU)设计

基于 AUTOSAR 开发,协调 EMS、GCU 和 VCU;减少 EMS 和 GCU 的开发工作量;通过 RECU 控制策略优化,提升增程器的响应性;更好地满足 OBD 诊断法规的要求;有利于增程器的技术迭代升级,也易于增程器与不同车型的匹配;整套系统的匹配标定、故障诊断、热管理、功率闭环一体化开发。

4. 增程器专用发动机管理系统(REMS)研究

增程器专用发动机管理系统根据 RECU 传输过来的启停和转速需求等信息,结合发动机实际转速、水温、油门踏板电压、扭矩、负荷率等参数,计算出发动机各个控制部件的最佳控制参数,并驱动执行器完成控制任务,同时故障诊断模块收集各模块故障信息,并根据设定规则进行故障降级处理。

5. ISG 发电机及控制系统研究

发电机根据空间、成本、效率等要求确定是否需要增加增速机构。在发动机与发电机之间加装了齿轮增速,使发动机的低转速升速后与高速电机的高效区相匹配,从而降低电机扭矩需求,降低电机成本。

控制系统采用起动、发电一体控制,增程器起动时,需求标定合适的起动扭矩曲线,保证电机拖动发动机起动成功。同时要有防反转保护、超速保护等,控制系统需有以下功能:

(1)根据发电机高效区匹配电机控制器高效区间;

(2)基于位置域的力矩波动前馈补偿,提高扭矩控制精度;

(3)基于分段式前馈控制的振动抑制,降低振动;

(4)基于参数和转动惯量在线辨识的控制器参数自整定;

(5)电机的扭矩控制精度、功率闭环和响应性匹配。

(四)成果转换——知识产权

基于前期的开发成果,洁程公司在增程器及其控制系统的开发方面形成了明显的优势。公司已经申请增程器及其控制系统相关专利及软件著作权多项见表 7-12。

表 7-12 部分专利展示

序号	知识产权	申请号	知识产权名称
1	发明专利	CN201510465394.2	一种燃气发电机电子控制单元的标定方法
2	外观专利	CN201530256122.2	发动机控制器外壳
3	实用新型	CN201720134213.2	一种电动车控制器 MOS 管散热机构
4	发明专利	CN2018108985550	一种移动充电车对外供电系统以及方法
5	发明专利	CN2018109609780	一种基于小波分析的发动机气密性诊断方法以及系统
6	发明专利	CN2018113705352	一种基于增程器开发的充电装置用充电系统以及方法
7	发明专利	CN2018114019995	一种充电装置用增程器控制器系统以及方法
8	发明专利	CN2018112253004	一种基于增程式电动车开发的移动充电系统以及方法
9	发明专利	CN2018114011334	基于增程器开发的充电装置用发动机控制系统以及方法
10	发明专利	CN2019100347109	一种融合用户驾驶习惯的智能路径规划方法
11	实用新型	CN2018220968470	增程器
12	实用新型	CN2018220968502	一种增程器散热机构
13	软件著作权	2013SR002126	燃气车用发动机控制系统
14	软件著作权	2017SR146209	增程式燃气发电用发动机控制系统
15	软件著作权	2018SR1025042	增程器控制器基础软件平台 V1.0
16	软件著作权	2018SR1025035	增程器控制器应用软件系统 V1.0

二、增程器技术创新点及解决问题

(一)增程器技术创新点

(1)针对增程器用发动机,采用阿特金森循环、低摩擦、EGR 等手段,优化 EMS 控制策略,采用基于 SVM 技术、实例推理和专家控制系统方法,提高发动机的经济性和排放水平。

(2)开发 ISG 电机和发电机控制器(GCU)高效区模拟计算平台,快速匹配发动机高效区,提高开发效率和设计水平。

(3)基于粒子群算法(PSO)的配置方案寻优方法,研究系统架构映射问题的粒子编码方法,通过追踪当前控制单元的效率最优搜寻整个系统的全局效率最优。

(二)解决的难点

增程器是作为纯电驱动车辆为增加行驶里程而开发的一套高效发电装置,其作用是为电池充电,增加车辆行驶里程,并提供车辆需要的辅助动力源(如空调、电池加热、气泵等)。

解决了纯电动车辆使用过程中的以下难点:

(1)增加续航里程,解决"里程焦虑";

(2)解决纯电动车低温环境使用以及除霜和取暖问题;

(3)浅充浅放,提高电池的使用效率和寿命;

(4)减少电池布置数量,降低成本同时减轻车辆自重。

与传统混合动力车相比,其优势主要有:结构简单、技术难度相对低,而从控制上而言,增程器发动机与电机的控制相互独立而又通过增程器控制器相互关联,独立的控制逻辑便于不同产品间的快速切换,适合国内主机厂的平台化开发,有利于快速进入市场应用。

三、增程器产品对比分析

增程式电动车解决了混合动力汽车的复杂系统耦合和纯电动汽车的里程不足、成本高、受用受限等问题,具有很好的发展前景,但由于增程器的开发涉及网络管理、复杂逻辑管理、发动机控制、发电控制等各个领域,目前市面上增程器产品仍有以下不足:

(1)系统开发没有统一的开发规范,开发手段和工具落后,开发周期长,兼容性差。目前还没有采用 AUTOSAR 架构进行增程式电动汽车控制系统的开发应用;

(2)增程器主要部件(发动机、ISG 电机)和控制系统(RECU、REMS、GCU)一般由类似的产品改造转化而来,没有针对性开发,导致系统的先进性不够,增程器整体输出效率不高,安全性堪忧;

(3)使用传统发动机改制，导致增程器油耗高、性能差，用户体验不好；

(4)系统集成困难，调试周期长，优化难度大。

针对上述存在的问题，洁程科技针对增程器的特点，联合各大主机厂及制造商，选用米勒循环/阿特金森发动机进行对比和优化，提高发动机效率；优化 ISG 电机和电机控制器性能；通过产学研合作，进行控制系统平台开发，解决主要部件的集成、效率和安全性问题。主要的研究方向主要如下。

(一)高效率发动机及其控制系统的研究

(1)采用阿特金森循环或者米勒循环发动机，提高压缩比、低摩擦、EGR 等新技术，提高发动机在特定转速区间和特定功率点的工作效率。

(2)研究智能点火系统、稀燃/理论空燃比自适应闭环控制系统、多点恒转速精细控制系统，满足苛刻的排放和能耗要求。

(3)研究和优化发动机燃油蒸发系统，降低蒸发排放。

(4)开发 EOBD 排放诊断系统，满足国Ⅵ排放和 OBD 法规要求。

(5)研究发动机热管理系统，满足增程器在整车上的全工况匹配运行。

(6)通过发动机及其控制系统的优化，满足发动机最低比油耗≤205 g/kWh。

(二)高效率发电机及其控制系统的研究

(1)研究和优化电机壳体与发动机一体化设计；

(2)研究电机新材料应用，提高电机效率和功率密度；

(3)研究和优化电机散热，提高电机效率；

(4)研究和优化电机控制算法，提高电机与电机控制器的整体效率；

(5)研究和开发 ISG 电机和发电机控制器(GCU)高效区模拟计算平台，快速匹配发动机高效区，提高开发效率和设计水平；

(6)通过 ISG 电机和 GCU 的设计优化和匹配优化，达到发电系统最高效率≥94% 的水平。

(三)增程器和整车的集成和优化设计

(1)研究增程器与整车机械集成的优化设计，降低整车检修维护难度；

(2)研究增程器与整车电气集成的优化设计，优先使用总线，减少线束数量和长度；

(3)研究增程器与整车散热系统布置的优化设计，满足增程器发动机和发电机的散热需求；

(4)研究和优化发动机与整车的 NVH，以满足纯电动汽车增加增程器后对 NVH 表现的苛刻要求。

(四)增程器控制算法的研究

(1)研究发动机/发电机启停控制，优化发动机通过发电机拖动启动和停止的控制；

(2)研究发动机/发电机的扭矩分配控制，优化系统扭矩和转速的响应时间和目标精度；

(3)研究发动机/发电机热管理和安全管理，实现系统的自我保护；

(4)研究发动机/发电机故障诊断管理，完善和优化系统的故障和排放诊断。

四、增程器产品应用情况介绍

洁程科技与多家主机厂达成合作，配合其开发了多款不同型号的增程器产品，分别应用于不同的行业及场景。如图 7-54所示。

图 7-54　不同行业及场景

五、成果产能建设情况

在增程器产品研发过程中，洁程科技配备了电机实验室1个、发动机实验室2个、增程器实验室、环境试验和电子电器实验室各1个，以及产品开发的专业实验室在国内同行业中处于领先水平。

为了确保产品成果的上市及销售，洁程科技公司设有电子产品洁净厂房、SMT贴片线、10万台电子产品装配线、在线测试设备、电子料恒温恒湿料库等电子产品生产面积1 500 m^2。

同时与投资方合作投资新建了30 000 m^2新能源汽车专用电机生产车间，规划年产5万台增程器总成和10万台电机生产能力。

六、经济与社会效益

(1)随着增程式电动车型的逐步上市，采用本核心技术开发的高效增程器将产生巨大的经济效益，根据车厂的车型规划和上市计划，预计未来5年内，洁程科技增程式项目将增加销售收入10亿元，增加利税1亿元以上。

(2)通过项目实施，计划建设增程器及其控制系统测试实验平台示范中心，帮助汽车厂家快速完成增程式电动车的开发，为增程式电动车的推广应用提供产品和技术支持。

(3)匹配增程器专用发动机控制系统，降低发动机最低燃料消耗率至205 g/kWh，节能减排50%。

(4)规范增程器及其控制系统开发的规范及标准，提升我国增程式电动汽车关键部件的研发水平，为新能源汽车的发展，提高能源利用率等方面作出贡献。

(5)促进新的产业链的形成，带动本地区的企业发展，增加就业岗位，培养专业人才，促进区域经济发展。

(6)通过促进新能源汽车的推广，增加20 000台增程式电动车的推广应用，可以减少碳排放20万t以上。

三友汽车继电器的开发及应用

（供稿：三友联众集团股份有限公司）

一、成果简介

汽车继电器包含传统汽车和新能源汽车继电器，涵盖12 V、24 V、48 V、450 V、750 V等所有汽车电压平台。

公司朝着轻量化、节能化、智能化、低成本方向发展，在持续进行SARI、SARV、SARH、SARS-T、SEC150、SEC250-2P、SEC 350塑封型、SEV 300等新产品开发的同时，伴随48 V启停系统、电动车、新能源车未来趋势，大力研发高压直流继电器，并通过高压直流继电器、启停继电器配套方案来解决电池管理系统，优化电池，延长电池寿命，提高充电效率。不断开发大容量继电器，如300 A等，中低压的由12 V、24 V向48 V迈进，高压的由270 V向1 500 V迈进。并研发特种交通工具、军用继电器、光伏、5G基站储能继电器等。

知识产权保护方面，公司积极通过专利申请等方式对创新技术成果予以保护，以保证公司在行业内的领先地位，截至2019年12月31日，公司已经陆续取得了各项专利393项，其中包括中国发明专利52项，国外发明专利5项。

在产品检测方面，公司拥有获得美国UL数据实验室、德国VDE数据实验室和CNAS国家级实验室认可的国家级实验室，为产品研发及性能指标提供检测服务，打造了完善的研发创新体制平台。购入实验高端分析设备，延揽人才，进一步提升实验室分析能力，为技术及品质提升夯实基础。

二、成果创新

1. 技术创新

通过不断加大技术研究、产品开发投入力度，引进行业先进人才等方式，对产品技术不断进行改进和创新，公司产品功能、技术水平得到了提高和完善。公司通过持续增加研发投入、不断强化自身技术创新能力。公司先后掌握了陶瓷密封技术、推杆技术、簧片组件设计高抗冲击技术、双磁回路技术、静音继电器、碰撞响应继电器等核心技术，以及氩弧焊接技术、激光焊接技术、电阻焊接技术、冲压铆接技术、旋转铆接技术、热铆接技术、激光印字技术等工艺技术。

2. 模式创新

互联网消费模式创新引领了大量的模式创新，其中，工业互联网引导了制造业的创新变革，由自动化工厂向数字化工厂迈进，进而打造智慧工厂，公司早在成立之初便设立了设备研发中心，开始自主设计、制造、组装自动装配线，充分实现继电器自动化生产。

自主开发设备OEE(Overall Equipment Effectiveness，全局设备效率)系统，提升设备综合效率。创新使用视觉系统，结合自动化高精度技术，完成继电器机械参数检测。应用视觉系统加机器人，对材料进行智能识别完成自动柔性上料工艺。通过继电器参数与系统二维码绑定，快速完成参数统计与追溯。在线监控点焊工艺，智能调整。推进模拟仿真测试，提前进一步确保产品质量。创新使用钝化液替代电镀工艺，倡导绿色环保。

在打造自动化工厂的同时，逐步向数字化工厂迈进，导入ERP(Enterprise Resource Planning)系统，创建MES(Manufacturing Execution System)系统提升工厂信息化、智能化，以快速响应市场需求，在企业试点建设智能车间，推动人机智能交互、智能装备、智能物流管理、增材制造等技术和装备在生产过程中的应用，促进制造工艺的仿真优化和数字化控制、状态信息实时监测和自适应控制。加快产品全生命周期管理、客户关系管理、供应链管理系统的推广应用，促进集团管控、设计与制造、产供销一体、业务和财务衔接等关键环节集成，最终实现智能管控，打造智慧工厂。

3. 业态创新

继电器作为电子元器件之一，非终端消费品，早期更多的依赖传统销售方式，根据客户需求进行简易的卖产品，伴随互联网以及市场的变化，尤其是智能家居、新能源汽车、充电桩等领域的快速发展，继电器的销售逐步由卖产品转为卖方案，即整体项目方案销售。根据终端客户应用场景，设计产品，并配套系统集成，贴合客户甚至消费者需求推出整体项目可实施性方案，完善服务配套方案，全方位一站式解决方案。

供应链端：公司开始整合上游资源，打造纵向一体化。充分整合五金、模具、触点、塑胶等散件工艺，打造全产业链条，实现低成本、高质量的目标。

三、成果应用

公司汽车继电器（12 V、24 V、48 V、450 V、750 V 等电压平台）广泛应用于国内各汽车品牌，进入了国际汽车厂商的采购目录，并广泛应用于特种交通工具、军用、光伏、5G 基站、储能等各领域。

新能源汽车换电技术应用

（供稿：奥动新能源汽车科技有限公司）

一、成果简介

电动汽车的电能补给主要有慢充、快充和换电 3 种，其中换电是指在电动汽车动力电池电能消耗完之后，在撬装式集装箱换电站内将电池整包更换成满电电池包，车辆迅速获得连续行驶能力，换电过程全自动在 1.5 min 内完成。更换下来的电池包进行集中充电和管理，使电动汽车回归到行驶自由的状态。

奥动新能源申请专利近 700 项，核心专利在国际 13 个国家授权，大巴换电系统获得全球首张 TUV 莱茵颁发的欧盟 CE 证书，参与或主导制定了 1 项国际标准、3 项国家标准、5 项行业标准。

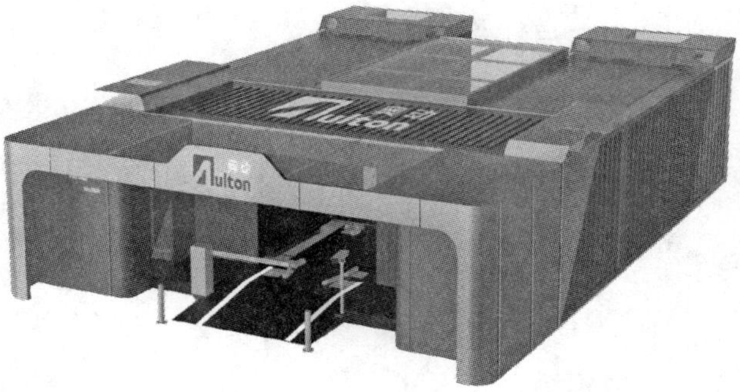

图 7-55　奥动新能源的第四代换电站

二、成果创新点及解决的难点问题

1. 创新的能源补充模式

可充可换的电动车辆具有 6 大优势：一是对于用户来说换电效率高、补能快、电池低损伤；二是集中充电和管理，采用小倍率（<0.5 C）保护性充电，这种“慢充 + 快换”模式解决了快速补充电池电能和充电安全及电池寿命之间的矛盾，提高了充电的安全性，延长电池寿命；三是化解司机充电焦虑和里程焦虑；四是换电站对土地和输配电社会资源的利用更加集约化，充电功率密度（单位面积充电功率）是 60 kW 快充桩的 3 倍以上；五是换电对电网友好，站内统一功率集中充电负荷波动小，配电总功率低，对电网冲击小，更能免除在电动汽车更大规模推广时普遍改造电网的巨额投入；六是商业模式上有利于实现车电分离，有利于实现电池的梯次利用。充换兼容的电动汽车尤其适合用作高频次连续行驶的出租车等运营类车辆，同时也给了城市中广大无固定车位（占车主 70% 左右）无建私桩条件的私家车用户顺畅使用电动汽车的机会，促进新能源汽车产业的发展。奥动新能源的第四代换电站如图 7-55 所示。

2. 创新的整车集成技术

奥动新能源已将复杂的连接技术集成为标准的“换电整体支架”部件——将高低压电气连接器、16 点同步错齿机械连接锁止、二级锁止保护，以及连接器密封防水、锁止状态安全监控等全部功能集成在整体的换电支架上（可选配液冷快速接头）。整车应用时只需将换电整体支架固定在底盘原电池箱的螺孔位置上，整车就具备了完整的换电功能，满足整车碰撞要求，应用及其简单。如图 7-56 所示。

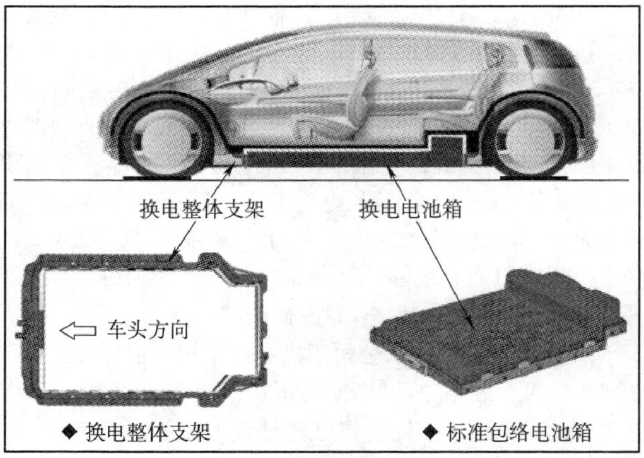

图 7-56　车端换电系统应用图

3. 创新的错齿机械连接技术（如图 7-57 所示）

在机械连接方面的难点在于实现不同车辆与电池包连接的定位和锁止机构设计，同时要实现快速、交叉、多次换电的成功率和稳定性，并且具备较高的误差容错能力。奥动新能源的机械连接和锁止机构采用错齿紧固锁止原理，16 个承载点同时连接，多点分布式承载载荷分散，对车身结构不构成集中载荷，单一承载负荷轻，承载结构具有高度可靠性和长期稳定性，开发时按照 10 年工作 1 万次的标准进行了设计和测试验证，满足车辆寿命要求。奥动新能源的连接机构特点是快速、可靠、通用性强，适合在从 A 到 B 级高频换电的乘用车上应用。

图 7-57 换电系统机械连接实物图

4. 创新的“平面 + 簧圈”的电连接技术(如图 7-58 所示)

电连接分为高压电连接和低压电连接,其难点主要有 3 个:一是实现连接器在 1 000 至 10 000 次插拔后不因磨损而出现电阻显著变化;二是实现电池浮动式连接器,与电池箱或电池包保持随动;三是实现 IP 67 以上的防尘和防水等级,保护端子不受水、尘的影响而出现老化和电阻变化。

奥动新能源的平面型电连接器设计上满足车用连接器、充电枪、整车振动有关的 7 项国家标准,通过浸水、老化、绝缘等 22 项性能指标的设计验证(DV)在实验室内按照企业标准进行了 1 万次的耐久实验,正负极高压极柱接触电阻始终控制在 0. 60 mΩ,实际应用实践表现了出色的可靠性。

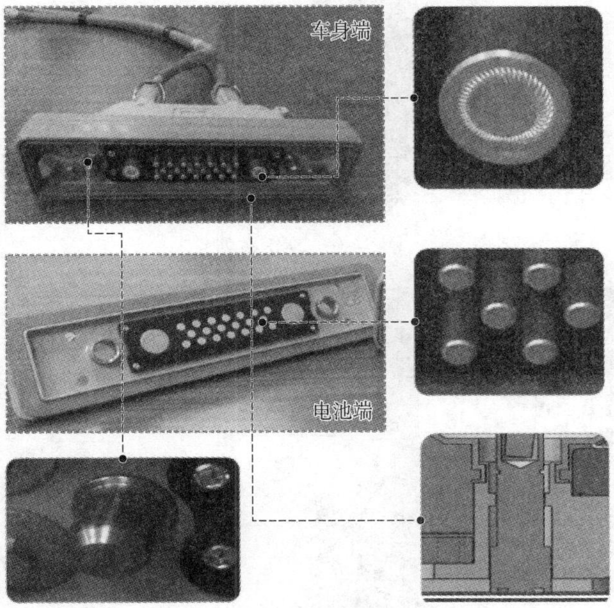

图 7-58 “平面 + 簧圈”电连接器实物图

三、国际水平对比分析

2017 年 8 月,奥动新能源《集装箱式纯电动乘用车换电系统》,经中国科学院上海科技查新咨询中心查新认定,该项目综合技术达到国内领先,国际先进水平。

四、成果应用情况

目前,奥动新能源换电站已在北京、广州、厦门等 15 个城市的出租车和网约车领域中得以应用,推广规模超过 1 万辆,应用效果良好。国内累计建成运营换电站 263 个,单车行驶里程最高超过 70 万 km,累计里程超过 7 亿 km,换电技术和产品可靠性以及商业化运营的可持续性得到市场验证,形成了政府主管机构、车企、土地和电力资源方、车辆用户、换电运营商五方共赢的局面。换电模式得到各地市场和各级政府的肯定,北京市政府更是把充换兼容作为出租车电动化的唯一技术路线推广。

五、成果的产能建设情况

奥动新能源投资 4. 5 亿元在上海市浦东新区临港重装备园区,建成新能源汽车充换电站设备研发生产基地,园区占地 67 000 m^2,该基地集新能源汽车应用、智能储能站、节能增效管理为一体,对电动汽车退役的电池进行梯次利用,建成 4 MWh 容量的梯次储能站,是世界上首个集“风、光、储、行”为一体的绿色能源产业基地,成为绿色能源和绿色出行协同发展模式的典范。

目前奥动新能源具备各种自动化机械加工设备及全机械手自动焊接生产线,形成了换电电池箱 4 万套、换电站 150 座的年生产配套能力,经全自动化改造后,生产产能可达到 20 万套电池箱,300 个换电站。

奥动新能源具备完整的生产及质量管控能力,通过“ISO 9001”“IATF 16949”“ISO 14001 & OHS 18001”的体系认证。

六、社会及经济效益分析

一是土地和电力能源集约化利用。以厦门岭兜换电站为例,该站利用充电场站空地和电力资源开展换电运营,统计数据显示土地利用率是充电桩的 19 倍,配电的利用率是充电桩 10 倍,具体表 7-13。

表 7-13　厦门岭兜站充电桩和换电站效率对比表

	指标	换电站	充电桩
基础资源需求	充电枪/备用电池数量	28	34
	土地(m^2)	180	850
	配电功率(kW)	630	1 570
售电量	日充电量(kWh)	8 000	2 000
效率	土地平效(kWh/m^2/天)	44.44	2.35
	电力增容利用率	53%	5.3%

二是为由于能量补充的便利，司机增加了运营时间，减少了空驶率，司机的收入增加 30% 左右。以厦门数据为例，充电版出租车日行驶里程在 400 km 左右，换电版行驶里程在 500 km 以上，司机收入单班比充电司机增加约 1 500 元。

三是节能减排。换电站为电动出租车提供电能补充服务，支撑各地电动出租车的正常运行，累计减少碳排放 4 672 万 t，为我国的低碳出行战略作出卓越贡献。

松芝电动涡旋压缩机的开发和产业化

（供稿：上海加冷松芝汽车空调股份有限公司）

一、产品开发背景

大力发展新能源汽车是我国的国家战略。根据工信部发布的《新能源汽车产业发展规划》，2025 年新能源新车销量占比将达到 25%。电动涡旋压缩机为新能源汽车空调系统的核心零部件，其技术水平直接决定了新能源汽车空调性能，并对续航里程有举足轻重的影响。在电动压缩机开发方面，日本公司起步较早，电装、三电等在 20 世纪 90 年代就推出第一代成熟产品；三菱、汉拿、松下等公司陆续跟进，国内厂商如海立、奥特佳等也在近几年开始发力，并占据了相当的市场份额；但总体上看，国内公司的技术积累比较欠缺、技术开发能力相对薄弱，在产品 NVH、可靠性、能效比、电机电控、小型化等方面与国外产品存在明显差距。

松芝集团于 2016 年成立团队，集中力量进行电动压缩机技术和产品开发。经过几年的努力，现已开发出使用 R407C 制冷剂的 SZA 系列（如图 7-59 所示）和使用 R134a 制冷剂的 SZB 系列（如图 7-60 所示）电动涡旋压缩机并推向市场，排量范围从 18cc 到 36cc；更大排量的压缩机正在开发中，针对低温热泵开发的 SZQ 系列也即将问世。

二、松芝电动涡旋压缩机关键技术简介

1. 整体设计（如图 7-61）

（1）轻量化设计，典型机型的重量 <6 kg。

（2）控制器轴装，主芯片、电源芯片和 IPM 等芯片满足车规级要求。

（3）采用高效的 8 极 12 槽永磁同步电机。

（4）内置油气分离器，有效降低系统油循环率。

图 7-59　SZA 系列

图 7-60　SZB 系列

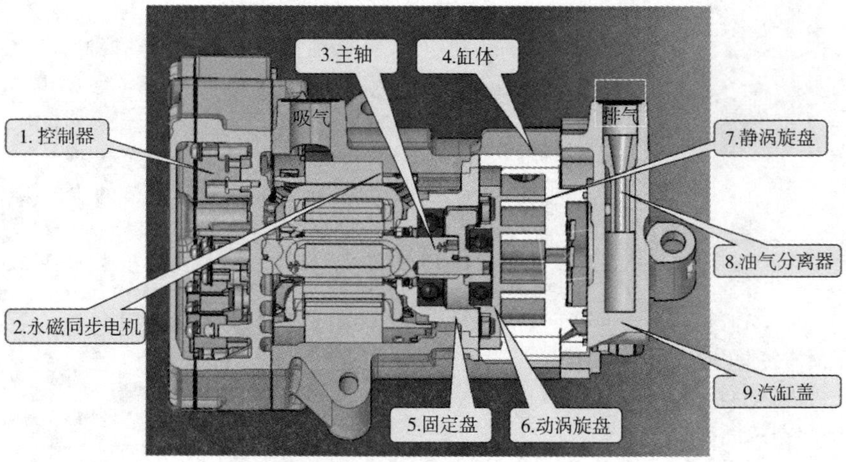

图 7-61　压缩机整体结构

2. NVH 性能优化设计

（1）基于柔性体的动力学仿真技术，对动涡旋盘、曲轴、平衡块等运动零件进行动平衡设计，降低零件高速旋转的不平衡量；再结合动平衡机测试（如图 7-62 所示），将旋转不平衡量控制在 3g 以内。

（2）优化的涡旋盘型线，延长气态制冷剂压缩时间、减小局部压力上升梯度；优化涡旋齿头部修正圆弧，减小第二压缩腔与排气腔联通时的制冷剂气体压力波动；从而使得压缩过程变得平缓、压力波动减小，进而降低了驱动力矩波动幅度，压缩机运行更加平稳。

（3）采用低速转矩波动抑制技术，克服压缩机低速运行时的周期性转矩波动；转速波动从 41 r/min 降到 16 r/min，从而减小转速振荡，稳定输入功率，提高效率。如图 7-63 所示。

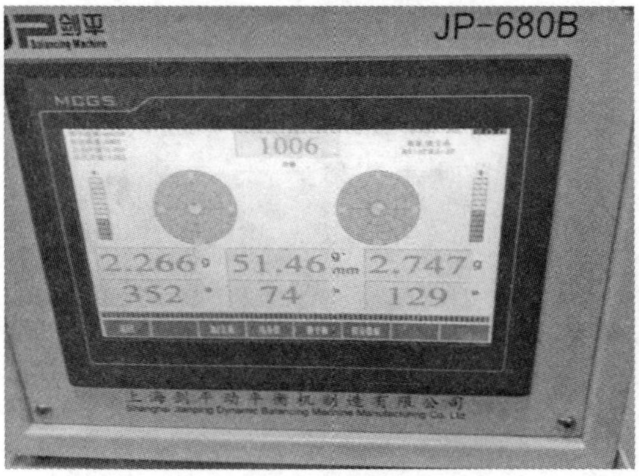

图 7-62　动平衡测试

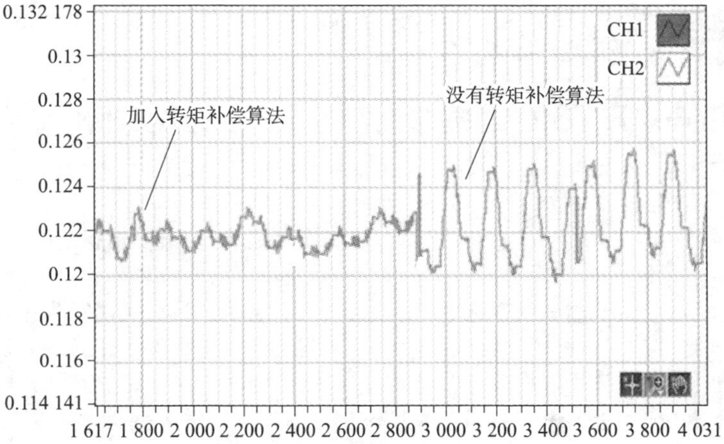

图 7-63　低速转矩波动

3. 高性能、高可靠性设计

（1）动涡旋盘径向、轴向双柔性设计：主轴曲柄销上设置偏心套补偿结构，使动涡旋盘可调整回转半径，从而确保压缩机高速运行时动涡盘外壁始终贴紧静涡盘内壁；设置背压腔结构，将中压气体引入压缩机动盘背面，从而确保动、静涡旋盘紧密贴合。通过上述柔性设计，有效减小泄露、提高压缩机容积效率，同时提高压缩机对液体、异物的耐受能力，保证压缩机可靠性。

（2）润滑油分离和内部循环结构：排气腔设有离心式油气分离器，绝大部分润滑油与制冷剂分离，降压后进入吸气段润滑运动零件，从而降低系统的油循环率，提高两器换热性能，并保证压缩机润滑良好。如图 7-64 所示。

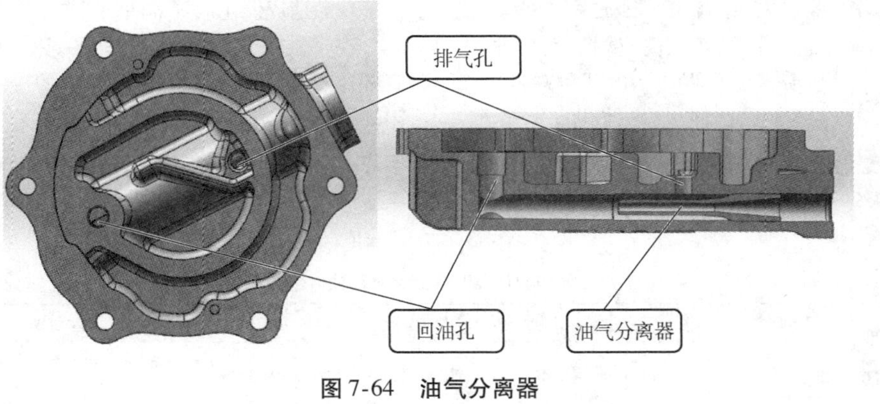

图 7-64　油气分离器

（3）采用 8 极 12 槽永磁同步电机，相比竞品常用的 6 极 9 槽电机，在功率密度、运行平稳程度、运行噪声等方面有明显优势；电机采用单 Y 绕线，相比竞品常用的 3Y 或多 Y 绕线，降低了环流损耗、提升效率。如图 7-65 所示。

三、技术特点和优势

松芝开发的系列电动涡旋压缩机具有如下技术特点：

（1）转速范围宽广，800 到 8 600 r/min 均能可靠运行；

（2）具有自主知识产权的涡旋盘型线和头部修正技术，

图 7-65　电机

结合低速转矩波动抑制技术，减小压缩机运行时驱动力矩波动幅度，NVH 性能优异；

（3）动涡旋盘径向、轴向运动柔性补偿技术，结合高效回油技术，保证压缩机高效率和可靠性。

根据实测结果，在标准制冷工况下，典型松芝机型的能效比 >3.0，噪声 <70dB(A)，整体技术水平国内领先。

四、技术水平和市场前景

目前，松芝自主开发的电动涡旋压缩机已经批量应用于多款客车和商用车上，乘用车领域的应用也已全面铺开，市场反馈良好。

在资源和环境的双重压力下、在政策引导和法规约束的驱动下、在改善生活质量的诉求下，预期新能源车市场将长期保持高速增长。松芝紧跟国际汽车行业的发展趋势，通过对电动涡旋压缩机的深入研究和产品开发，掌握核心设计和生产能力，从而为自主品牌新能源汽车的发展提供有力保障，并为公司发展提供新的增长点。

HY40/HY50 高性能氢燃料电池发动机系统

（供稿：武汉海亿新能源科技有限公司）

一、成果简介

燃料电池发动机系统是一种将氢气与氧气通过电化学反应产生电能的能量转化装置，它主要包含了燃料电池电堆、氢气循环泵、空气压缩机、水泵、气体增湿器等。燃料电池发动机系统的设计好坏直接决定了燃料电池能否发挥其最佳功效，因此燃料电池发动机系统是燃料电池新能源汽车的核心部件。

武汉海亿新能源科技有限公司研发生产的 HY40 燃料电池发动机系统和 HY50 燃料电池发动机系统是分别为 8.5 m公交车和 18 t 抑尘车开发的大功率动力系统，可靠性高，维护性好，工作寿命长，动态特性好，可适应较为恶劣的工况环境，满足大中型客车、货车、环卫车动力系统需求。燃料电池发动机系统通过电化学反应发电，为燃料电池汽车在运行过程中提供动力来源，具有运行中零排放、高效率等优异特性，可作为燃油发动机的良好替代被应用于整车中，大大缓解燃烧燃油与碳排放带来的环保压力。两款高性能燃料电池发动机系统均取得了国家强制性检测报告。

关键技术成果如下。

（1）模块集成：发动机系统内部各子系统结构采用集成式模块化设计，减小体积重量、节省空间、便于维护、降低成本，提高了系统功率密度。

（2）智能控制：实现发动机系统气体流量、压力、温度和湿度的自适应协调控制，采用开机/关机控制技术，准平稳功率控制技术，提高了系统耐久性。

（3）环境适应：采用世界领先干膜控制技术，实现零下低温存储、低温启动，停机自动保护；空气环境自动检测与自适应控制，提高了系统环境适应性。

（4）远程监控：具有发动机系统运行状态实时监控、单片电压实时采集功能，实现系统的远程监控、故障诊断和容错控制，提高了系统的安全性和可靠性。

针对燃料电池使用寿命开发了燃料电池柔性加减载控制技术，通过电-电混合动力系统控制策略，保持燃料电池温度恒定、气体提前供给、平滑负载曲线等手段，减少了欠气、膜干等现象造成催化剂等的活性下降，提升膜电极的使用寿命。

空气供应子系统建立了子系统模型，基于该模型设计了解耦控制算法，使得对流量和压力的控制解耦成两个独立的闭环控制环节，将从怠速功率到额定功率的响应时间从 30 s 缩短到了 10 s，将稳态误差从 5% 缩小到了 1%。

HY40/HY50 相关的专利和软件著作权情况见表 7-14。

表 7-14　HY40/HY50 相关专利和软件著作权情况

专利名称（含 PCT）	专利类型（不含外观）	专利号	授权日	专利权人	国别或地区
检测燃料电池正负单片电压的装置	实用新型	2018222695919	2019-11-26	武汉海亿新能源科技有限公司 武汉理工大学	中国
一种燃料电池空气供给系统测试装置	实用新型	2019206574205	2019-11-26	武汉海亿新能源科技有限公司	中国
一种燃料电池空气供给系统	实用新型	201920338926X	2019-10-15	武汉海亿新能源科技有限公司	中国
一种燃料电池电堆水路系统	实用新型	2019204099122	2019-10-1	武汉海亿新能源科技有限公司	中国
一种氢燃料电池低温储存装置	实用新型	201920439226X	2019-10-1	武汉海亿新能源科技有限公司	中国
一种燃料电池进出堆接头	实用新型	201920413197X	2019-10-1	武汉海亿新能源科技有限公司	中国

续上表

专利名称(含PCT)	专利类型(不含外观)	专利号	授权日	专利权人	国别或地区
一种燃料电池进出堆歧管	实用新型	2019204131984	2019-9-27	武汉海亿新能源科技有限公司	中国
一种燃料电池高低温冷却液循环系统	实用新型	2019204156375	2019-9-27	武汉海亿新能源科技有限公司	中国
一种燃料电池空气供给系统测试装置及其控制方法	发明专利	2019103803419	实审中	武汉海亿新能源科技有限公司	中国
一种燃料电池氢气和空气供给控制方法、装置和系统	发明专利	2019102272639	实审中	武汉海亿新能源科技有限公司	中国
一种氢燃料电池低温储存装置及其控制方法	发明专利	2019102628060	实审中	武汉海亿新能源科技有限公司	中国
检测燃料电池正负单片电压的装置及其控制方法	发明专利	201811653691X	实审中	武汉海亿新能源科技有限公司	中国
整车动力系统混合动力模式测试软件	软件著作权	2020SR0257789	2020-3-16	武汉海亿新能源科技有限公司	中国
一种可检测正负电压的燃料电池堆单片电压巡检系统	发明专利	2011102010979	2014-6-11	武汉海亿新能源科技有限公司	中国
一种分布式燃料电池控制系统与控制方法	发明专利	201210436746-8	2014-11-12	武汉海亿新能源科技有限公司	中国
一种通信用燃料电池备用电源系统	发明专利	2009100610321	2011-11-16	武汉海亿新能源科技有限公司	中国
基于燃料电池的增程式电动汽车动力系统及控制方法	发明专利	2011102255156	2013-9-18	武汉海亿新能源科技有限公司	中国
一种燃料电池交流阻抗在线测试系统与测控方法	发明专利	201110340568.4	2014-11-12	武汉海亿新能源科技有限公司	中国
整车动力系统燃料电池模式测试软件	软件著作权	2020SR0257260	2020-3-16	武汉海亿新能源科技有限公司	中国
整车动力系统纯电模式测试软件	软件著作权	2020SR0153124	2020-2-20	武汉海亿新能源科技有限公司	中国
燃料电池发电系统	软件著作权	2019SR0675222	2019-7-1	武汉海亿新能源科技有限公司	中国
燃料电池车载中控显示终端软件	软件著作权	2019SR0318277	2019-4-10	武汉海亿新能源科技有限公司	中国
专利对产品的贡献	掌握核心技术				

二、成果创新点及解决的难点问题

HY40和HY50燃料电池发动机系统都符合GB/T 24554—2009《燃料电池发动机性能试验方法》的要求。燃料电池系统采用一体化、模块化集成设计思路，整车布置灵活；体积功率密度高、快速功率响应；无须外加热可实现－30 ℃低温启动；耐久性和可靠性处于国内领先水平，形成了8项核心技术。

1. 高功率密度燃料电池系统模块化集成技术

根据系统设计目标，对各零部件的性能、尺寸边界、安装位置、电气接口、控制算法等多方面的需求，通过三维重建进行高度集成和模块化设计，降低在管路、线束、机械传动等各个环节能量的损失，从而降低辅助系统能耗，减少了结构冗余，实现轻量化。通过高功率密度燃料电池系统模块化集成技术，公司研发的HY40和HY50型燃料电池发动机产品质量功率密度由0.18 kW/kg提升到了超过0.3 kW/kg，处于国内领先水平，与国际先进水平接近。

2. 面向耐久性的燃料电池系统氢-空-热协调控制技术

针对燃料电池整车工况频繁变载对燃料电池耐久性能的影响，开发了燃料电池阳极压力随动控制以及氢空恒压差控制技术，将阳极压力调节时间由2 s减少到0.5 s，氢空压差由0.3 Bar减少0.2 Bar，减少了压力波动对质子交换膜的机械损伤，提升了膜电极的耐久性；针对空气供给系统，建立了基于空压机—背压阀的空气子系统模型，通过对负载电流进行预测，协调控制空压机转速和背压阀开度，实现空气流量与压力的快速跟随和解耦控制，将怠速功率到额定功率的响应时间从30 s缩短到了10 s，将稳态误差从5%缩小到了1%。

3. 氢—电混合燃料电池动力系统参数优化匹配及能量管理技术

针对整车的动力性、经济性等指标要求，进行基于多目标优化设计的动力系统匹配、氢-电混合动力系统动态建模，建立多目标优化能量管理和功率分配策略，保证整车动力性的同时实现最小等效氢耗，保证燃料电池系统耐久性在12 000 h以上，燃料电池综合发电效率为60%及以上。

4. 燃料电池系统超低温储存与快速冷启动技术

针对大功率燃料电池系统在结构上进行绝热和余热保温设计，优化调节空气和氢气的流量、压力、温度和吹扫时间等参数实现低温条件下的停机除水吹扫控制；综合利用氢氧催化反应预热（氢氧直接混合催化燃烧预热、氢气渗透至阴极反应预热）、控制反应条件法（瞬间突增电流升温预热、反应气体饥饿法升温预热、控制电流电压法）、电堆外部加热法（空压机压缩空气升温预热、冷却水加热循环、外电源接电堆电解冰水升温）、燃料电池低品位余热回收装置加热升温法，实现其－40 ℃低温储存，并将冷启动时间从 >600 s缩短到了 <120 s，有效提高了燃料电池发动机的低温环境适应性。

5. 基于大数据的燃料电池汽车群远程监控技术

针对多辆示范运行的燃料电池汽车远程实时监控和状

态预警的要求，基于嵌入式远程监控终端，结合大数据流处理技术，采用开源实时数据处理框架，开发了燃料电池汽车群运行状况监控系统，实现了对分布在国内多个示范区运行的燃料电池车辆实时数据采集、状态处理、预警监控和实时推送，可以对运行车辆路线轨迹、历史数据、车辆状况进行在线和离线显示，有效提升了区域监控中心对广域分布的燃料电池汽车远程监控管理的效率和质量，系统具备10万辆燃料电池车数据吞吐能力，数据处理最大时延低于2 s，能够满足远程监控和故障预警的要求。

6. 基于多源信息融合的燃料电池故障诊断及容错控制技术

针对燃料电池系统的电压、电流、温度、压力、流量传感器之间的耦合关系及冗余特征，提出并建立了一种主、从两级网络的联合故障诊断与容错模型，利用主网络和各个子网络的预测值与多传感器的实际输出值构建残差，当主网络的误差大于所设定的阈值并且持续的时间节拍大于一定值时判断传感器存在故障，此时利用误差超过设定阈值的子网络的预测值代替所对应的故障传感器输出值并进行在线刷新和故障值重构，实现燃料电池系统出现某1种或某2种传感器出现故障时，燃料电池系统不必关机而仍然保证正常运行，从而提高其容错控制性能。出现单一传感器故障时，诊断准确率在99%以上，故障信号重构误差在5%以内，出现两种传感器同时出现故障时，诊断准确率在80%以上，故障信号重构误差在10%以内。

7. 燃料电池内阻在线测试与湿度软测量技术

通过对燃料电池堆施加交流频率范围为1 Hz～20 kHz，交流电流幅值控制在燃料电池直流电流的5%～10%的程控交流激励电压，利用频率自寻优算法寻找电流电压相位差为零的交流信号频率，计算得到燃料电池欧姆内阻，根据燃料电池内部传热传质及水热平衡机理分析，以及湿度与燃料电池内阻及温度的关系模型来实现对其内部湿度的软测量，燃料电池欧姆内阻检测精度为0.0001 Ω，湿度测量误差小于5%。

8. 燃料电池废热高效利用与温差发电技术

针对燃料电池发电过程产生的热量通过水路进行散热排出造成的浪费情况，基于燃料电池系统和燃料电池汽车的热场分布和传热特征，设计了面向低温环境储热保温和常温环境的废热利用方案，将燃料电池产生的热量用于冬季的车舱暖风供给和前挡玻璃除雾除霜，同时综合利用相变材料、热交换器、热电器件充分吸收燃料电池中高功率发电时产生的热量进行100～1 000 W级别的温差发电，给蓄电池进行充电储存或给燃料电池相关电气设备进行供电，降低了散热器的散热面积和外部电源的功率需求，提高系统的效率5%以上。

三、国际水平对比分析

HY40/HY50是武汉海亿新能源科技有限公司具有自主知识产权的燃料电池发动机系统，均获得了国家强制性检测报告。

产品优势及特点如下：

（1）海亿新能在保证电堆性能、一致性和耐久性的情况下，完全独立自主完成HY40/HY50燃料电池发动机系统的开发，系统关键零部件独立开发，具备完整自主知识产权，系统性能处于国内先进水平。

（2）公司通过对燃料电池系统各子系统性能的优化、反应燃料智能加载、系统内部物理量精确控制等方式减少系统能量损耗，并使内部始终处于适宜的工作状态中，使系统整体最佳效率领先同类产品。

（3）燃料电池系统产品采用一体化、模块化集成设计思路，整车布置灵活；体积功率密度高、快速功率响应；无须外加热可实现－30 ℃低温启动；耐久性和可靠性处于国内领先水平。

（4）公司同时具有深厚的燃料电池汽车整车动力系统技术积累，可提供燃料电池汽车整车动力总成相应产品和全套开发方案及工程服务，在产品类型的深度和广度上对比同类企业具有更大竞争优势。

（5）面向市场需求，公司积极运用已有试验和研发平台，开发更大功率燃料电池发动机系统及核心产品，并进一步提升产品质量、可靠性、耐久性、经济性等指标。

四、成果应用情况

核心产品HY40型燃料电池发动机系统配套东风8.5 m氢燃料电池城市公交，该车型配备公司自主开发的燃料电池整车控制器（VCU）、燃料电池单片电压巡检仪（CVM）和燃料电池车载信息显示终端（RTU）。已获得工信部公告及进入新能源汽车推荐目录，正在进行小批量交付，成为襄阳地区第一条氢能公交示范专线。

HY50型燃料电池系统配套东风18 t氢燃料电池抑尘车，该车型配备公司自主开发的燃料电池整车控制器（VCU）、燃料电池单片电压巡检仪（CVM）和燃料电池车载信息显示终端（RTU），已研发成功，并将在省内重点地区进行推广运用。

其他产品应用包括：与客户合作定制化开发氢燃料电池发动机系统主控制器（FCU）；燃料电池单片电压巡检仪（CVM）和燃料电池整车控制器（VCU）等已在数家相关企业试用，初步达成批量采购意向等。

电池客车如图7-66所示。

图7-66　电池客车

五、成果的产能建设情况

公司已在湖北老河口市设置燃料电池发动机及配套产品生产线、总装车间等，年产1 000～3 000（三班）台套HY40和HY50型氢燃料电池发动机系统。并配置燃料电池发动机系统测试台架、燃料电池电堆测试台架、燃料电池整车动力系统测试台架、高低温环境舱等设备。高性能氢燃料电池发动机系统的生产已获得 ISO 9001 质量管理体系认证。

六、社会及经济效益分析

燃料电池汽车具备高载重、续航长、加氢快和环保等优势，非常契合中长途行驶场景，燃料电池商用车载重一般都大于 2 t，续航 300 ~ 700 km，加氢时间 5 ~ 10 min，具备路权优势，非常适合中长途距离的支干线运输。

伴随燃料电池产业化，氢气价格和燃料电池动力总成成本下降，燃料电池车可以有节奏应对补贴退坡，未来经济性将更加突出。目前补贴不退坡，燃料电池动力总成成本下降 50%，氢气 30 元/kg，燃料电池车全生命周期成本相对燃油车低 67%；到 2025 年地补完全退坡，燃料电池动力总成成本下降 90%，氢气 28 元/kg，燃料电池车全生命周期成本相对燃油车低 61%。

新能源汽车动力电池包智能装配线

（供稿：北京机械工业自动化研究所有限公司）

一、成果简介

近年来，在国家政策的大力扶持下，动力电池需求大幅增长，国内主要车企都在积极筹建动力电池生产车间。但是，这些企业普遍存在生产自动化水平低、工艺不完善、产品更新换代频繁等问题。因此，对电池 PACK 车间进行总体规划、深入探究瓶颈工艺和关键设备，可大幅提高车企的柔性化生产水平，可实现电池的生产流程规范化、制造过程智能化、生产管理可视化，进而可大幅减少传统工艺流程中的生产效率低下、产品质量一致性差等问题，提升我国新能源汽车的国际竞争力。

北京机械工业自动化研究所有限公司（简称“北自所”）自 2009 年独立研发国内首条汽车动力电池模组装配线以来，全面掌握了方形硬包电池 PACK、软包电池 PACK 的关键工艺，并开发了分档库、静置库、分档线、模组线、PACK 线、检测线、MES 系统等一系列先进专用设备和生产线，形成了一套完整的工艺解决方案，累计服务整车厂或电池系统厂达 30 家以上。

北自所与珠海银隆新能源股份有限公司签订了“模组组装及 PACK 线”项目，项目总金额约 2.3 亿元。该项目全面研究动力电池 PACK 智能制造车间的先进工艺及关键设备，重点研究动力电池立体库货位预警监控解决方案、电池模组高效激光焊接解决方案、3D 视觉检测技术、电池 PACK 轻量化解决方案、设备模块化设计、智能制造车间大规模集成应用等。

该成果累计获得 9 项实用新型专利、2 项软件著作权，发表 10 篇中文核心期刊科研论文。该成果形成的成熟工艺及成组成套智能化装备，在行业内得到了大范围的推广应用。

二、成果创新点及解决的难点问题

1. 总体概述

为引导国内电池行业高质量发展，对电池 PACK 车间进行总体规划，深入研究其瓶颈工艺和关键设备，对提高车企的智能化水平、提升产品品质等具有重要意义，对于提高本成果的技术创新水平也有了前所未有的时代要求。

该成果基于智能工厂理论模型，采用新一代信息技术和先进制造技术，以动力电池车间为主要实施载体，以数字化贯通全制造过程，以关键制造环节智能化为核心，以网络互联为支撑，通过智能装备、智能物流、MES 的集成应用，建立新能源汽车动力电池 PACK 智能工厂。通过智能设备和信息技术深度融合，实现动力电池全工序的智能化，利用传感器等智能物联手段实现全流程资源的数据采集，并打通从计划层、控制层到设备层的数据链，实现制造全流程资源要素信息交互。总体设计流程如图 7-67 所示。

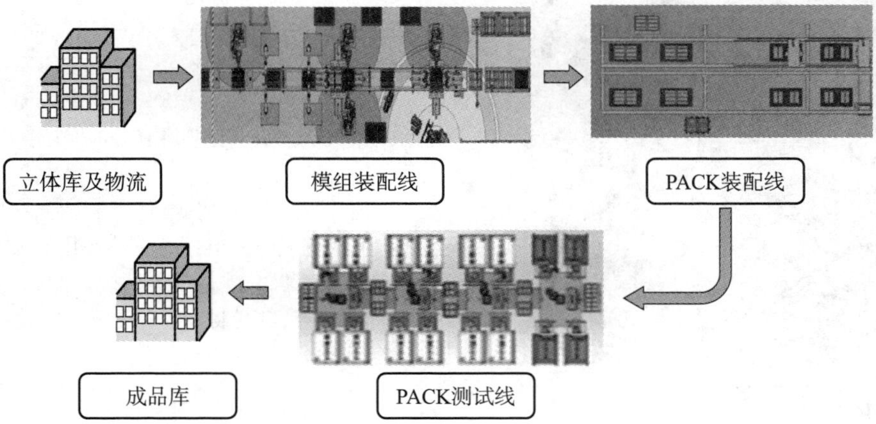

图 7-67 总体设计流程图

2. 成果主要技术创新点及其主要内容

(1)创新点1:高效高精度机器人激光振镜焊接技术。

主要内容:针对电池模组铝极柱与铝汇流排焊接的工艺特点,分析焊接区金相组织及交互结晶特征,提出沿边焊接的工艺方案,将六轴工业机器人、激光振镜焊、机器视觉、激光测距等技术深度融合,研制成功了综合精度可达±0.05 mm的6 kW机器人激光振镜焊接工作站,焊接效率提高了30%,解决了电池模组铝排自动纠偏、高效高精度穿透焊问题。大功率机器人激光焊接工作站效果如图7-68所示。

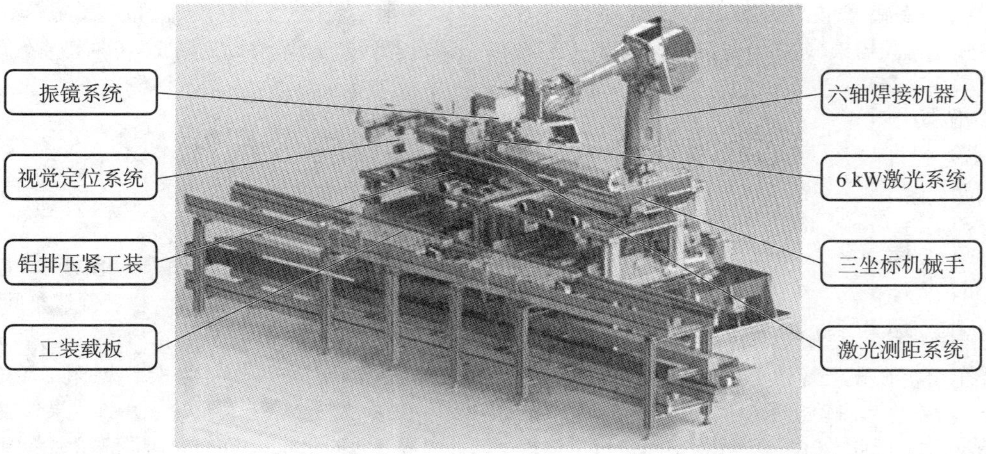

图7-68 大功率机器人激光焊接工作站效果图

(2)创新点2:焊缝3D视觉检测技术。

主要内容:针对焊缝成型的工艺特点,对缺陷进行分类,构建了基于光学三角测量原理的线性激光结构光3D视觉检测系统,系统可对焊缝进行三维重构,并通过深度学习建立了各种焊接缺陷关系模型,实现对焊接质量的智能化判定。

(3)创新点3:旋转等离子清洗及激光振镜清洗成套技术。

主要内容:研制旋转等离子清洗单元设备,增强了电池表面的浸润性能和附着力,由此形成的活化表面,确保电芯点胶后粘接的可靠性和持久性;研制激光振镜清洗单元设备(如图7-69所示),可高效去除铝电极表面的氧化膜,减少焊接缺陷,提高焊接良品率。

图7-69 激光振镜清洗单元设备

(4)创新点4:大拉力自动打扎带工艺研究及单元设备研制。

主要内容:针对动力电池成组的工艺特点,提出无长侧板及底板的电池模组轻量化成型工艺,研制出大拉力自动打扎带工艺及单元设备,促进电池PACK轻量化设计及能量密度提升。同时,该设备可确保电池模组成型的强度、外形尺寸稳定一致。

(5)创新点5:高安全性动力电池专用智能立体库研制。

主要内容:采用分布式光纤测温技术(DTS)实时监测各货位电池料箱、无盲点覆盖;各货位布设烟感报警器、自动消防系统、货位铠装机构,可对温度预警进行复核,并对异常料箱进行自动喷淋;巷道堆垛机亦采用铠装设计,内设烟感、自动灭火器与自动卷帘门,WCS(仓库控制系统)接到异常报警后,堆垛机可自动将异常料箱取出并移至消防水箱。该高防火等级立体库的研制,解决了电池立体库各货位实时监测预警问题,提高了电池存储的安全性。

(6)创新点6:将MES与PLM、ERP、智能产线设备等高效协同与集成,真正实现了车间人流、物流、工艺流、信息流等的互联互通。

主要内容:通过智能设备和信息技术深度融合,实现动力电池全工序的智能化管控,利用传感器等智能物联手段实现全流程资源的数据采集,并打通从计划层、控制层到设备层的数据链,实现制造全流程资源要素信息交互。MES系统业务架构如图7-70所示。

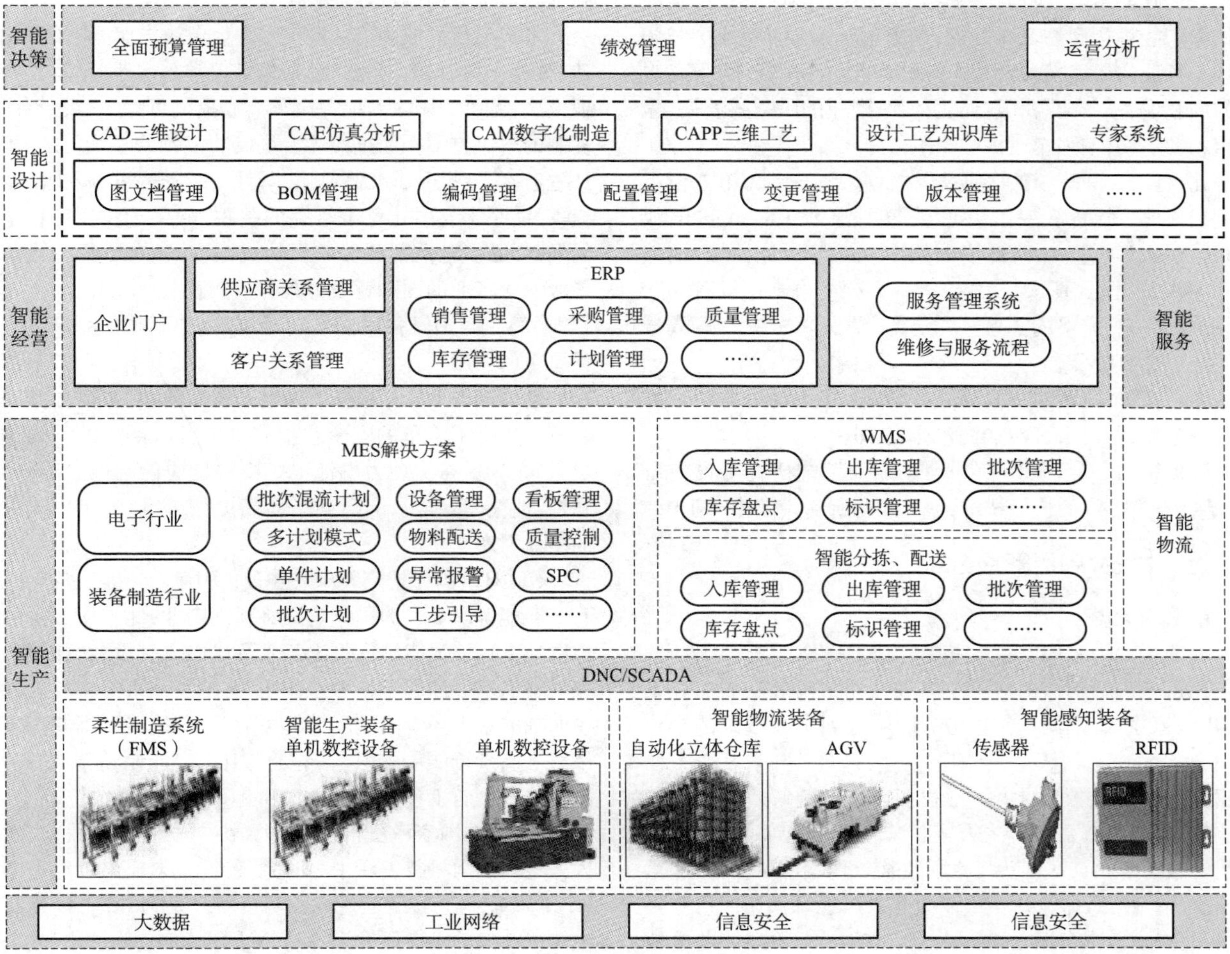

图 7-70 MES 系统业务架构图

三、国际水平对比分析

本成果总体上技术指标国内领先，主要指标达到国际先进水平。具体见表 7-15 ~ 表 7-17。

表 7-15 激光振镜焊接工作站

序号	本系统主要技术指标	国内先进水平	国外先进水平
1	激光振镜焊工作站综合精度 ±0.05 mm	国内以大族激光、联赢激光、光大激光等为代表，激光振镜焊系统综合精度 ±0.05 ~0.1 mm 之间	以德国通快、美国IPG、德国罗芬等为代表，激光振镜焊系统，综合精度 ±0.05 mm
2	高度检测综合精度 ±0.1 mm	多数无高度校准功能	高度检测综合精度 ±0.1 mm
3	单台焊接效率≥12 PPM	部分设备焊接效率≥12 PPM	单台焊接效率≥12 PPM
4	焊接一次优率≥95% 焊接二次优率≥98%	焊接一次优率≥90% 焊接二次优率≥95%	焊接一次优率≥97% 焊接二次优率≥99%
5	设备稼动率 95%	设备稼动率 90%	设备稼动率 98%
6	实现现场工艺数据、设备状态、物料数据等信息的实时采集，并能够通过图形看板等可视化工具实时展示和监控	可实现现场工艺数据、设备状态、物料数据等信息的实时采集，并能够通过图形看板等可视化工具实时展示和监控	可实现现场工艺数据、设备状态、物料数据等信息的实时采集，并能够通过图形看板等可视化工具实时展示和监控

表 7-16 激光振镜清洗设备

序号	本系统主要技术指标	国内先进水平	国外先进水平
1	等离子清洗表面达因值≥50 mN/m	等离子清洗表面达因值≥40 mN/m	等离子清洗表面达因值≥60 mN/m
2	等离子与激光清洗效率≥12 PPM	等离子与激光清洗效率≥12 PPM	等离子与激光清洗效率≥12 PPM
3	DT（设备故障率）≤5%	DT（设备故障率）≤5%	DT（设备故障率）≤2%

表 7-17 大拉力自动打扎带设备

序号	本系统主要技术指标	国内先进水平	国外先进水平
1	自动打扎带后，扎带最大拉紧力 4 000 N	自动打扎带后，扎带最大拉紧力 2 000 N	自动打扎带后，扎带最大拉紧力 4 000 N
2	打扎带效率≥12 PPM	打扎带效率≥12 PPM	打扎带效率≥12 PPM
3	适用 PET 带宽：16、19 mm，适用 PET 带厚：0.7 ~ 1.5 mm	适用 PET 带宽：16、19 mm，适用 PET 带厚：0.7 ~ 1.5 mm	适用 PET 带宽：16、19 mm，适用 PET 带厚：0.7 ~ 1.5 mm

四、成果应用情况

新能源汽车作为国家的新兴战略产业，属于国家重点扶持的领域，针对该行业的投资持续高速增长，带动了动力电池产线的旺盛需求，极具发展潜力。面向2020年，我国新能源汽车产能将达到约200万辆，动力电池产能将达到约240 GWh。行业的快速发展，激发了大量的设备投资，亟须高水平的配套设备以支撑我国新能源汽车产业的跨越式发展，赢得市场的主动，增强企业核心竞争力。

北自所自2009年独立研发国内首条汽车动力电池模组装配线以来，全面掌握了方形硬包电池PACK、软包电池PACK的关键工艺，并开发了分档库、静置库、分档线、模组线、PACK线、检测线、MES系统等一系列先进专用设备和产线，形成了一套完整的工艺解决方案，累计服务整车厂或电池系统厂达30家以上。

同时，北自所不断加大研发投入，除强化动力电池智能装备业务外，积极培育新能源汽车"三电"车间中的电机、电控业务板块，并开展氢燃料动力电池的工艺研究与设备研发，掌握自主可控的核心技术，形成北自所新兴优势产业。

五、社会及经济效益分析

1. 经济效益

近三年，北自所已累计完成电池PACK产线合同额约2.8亿元，该项目形成的成熟工艺及成组成套装备先后在下述10多家主流整车厂或电池系统厂得到了大范围的推广应用。

作为工信部推荐的第一批智能制造系统解决方案推荐供应商、智能制造系统解决方案供应商联盟理事长单位、中国智能制造产业技术创新战略联盟常务理事单位，北自所紧跟国家产业政策，未来3年重点与北京新能源汽车股份有限公司、北汽福田汽车股份有限公司、北京普莱德新能源电池科技有限公司、天津捷威动力工业有限公司、桑顿新能源科技有限公司、恒大新能源科技集团、湖北来度储能科技有限公司等客户展开合作，潜在合同额近10亿元。

2. 社会效益

(1)推动技术进步的作用。

本成果基于智能工厂理论模型，精确瞄准我国动力电池PACK行业普遍存在的生产自动化水平低、工艺不完善、产品更新换代频繁、标准不统一、信息化程度低等痛点、难点问题，对标国外先进工艺及装备，深入剖析了从单体电芯、电池模组到电池PACK的全部生产工艺过程，形成了涵盖智能立体仓库、分档线、模组线、PACK线、检测线、MES系统及车间智能物流等方面的成组成套设备。

本成果所形成的PACK车间整体解决方案，集柔性化制造、智能化物流、数字化信息采集等关键技术于一体，具有行业推广性，可为国家新能源汽车产业提供可参考、可借鉴、可复制的解决方案。通过前述大量成功案例的实施，提高了柔性生产水平，提升了产品品质，降低了劳动强度，减少了生产成本，缩小了与国外竞争对手的差距，解决了长期困扰企业的痛点问题，验证了项目成果的成熟度，这对于提高我国新能源汽车产业的国际竞争力具有重要意义。

(2)保障国家和社会安全、保护自然资源和生态环境、改善民生的作用。

动力电池PACK系统作为电动汽车的核心部件，其安全性直接决定了整车的安全水准。本项目所形成的系列研究成果，大幅提高了动力电池PACK质量的稳定性、检测的前瞻性，使整车安全水准达到了新高度，有力保障了广大乘客的生命财产安全。

(3)对全国科技创新中心建设的贡献。

新能源汽车作为国家的战略新兴产业，北自所开发的动力电池PACK智能制造关键工艺及成组成套设备，在服务国家战略需求方面起了生力军作用，在解决北京经济社会发展中面临的重大环境问题间接起了战斗堡垒作用。同时，本成果属于高端智能制造领域，符合"中国智能制造2025"关于高端装备创新工程的战略规划和北京市的战略定位。

当前，在国家稳步推进京津冀协同发展重大战略、北京大力建设全国科技创新中心的大背景下，本成果以动力电池PACK智能制造关键工艺与成套设备开发为导向，以具有自主知识产权的正向研发为基础，采用自动化、信息化、数字化和智能化设计制造新模式，实现了动力电池智能化生产，引领了高精尖产业结构的优化升级。本成果的实施，涉及机械、电气、软件、人工智能、材料科学等诸多领域，须更加注重高端人才的培养。为此，北自所依托国家授权的控制理论与控制工程、计算机应用技术两个硕士授予点，不断加大人才的培养力度，不断创新人才培养模式，为北京建设全国科技创新中心提供智力支持。同时，北自所不断强化团队的创新意识，立足国际科技前沿，将技术创新融入到团队的社会责任感中，旨在造就一支有国内外影响力的人才队伍，对提升北京作为全国科技创新中心的引领性和影响力起到了示范带头作用。

油冷电机现状和技术发展趋势

(供稿:壳牌中国有限公司)

随着新能源汽车驱动电机技术的不断发展，驱动电机越来越向高转矩密度、高功率密度的方向发展，这些都与电机的散热方式紧密相关，高效的散热能力可以提高电机的持续功率和持续扭矩。

从电动汽车的直观表现来看，高效的散热能力提高了电机的爬坡能力、加速能力，降低了电机的重量，实现了铁心的轻量化，或者在电机有效质量不增加的情况下增加了额定功率和峰值功率；降低了动力总成的空间体积及重量，有效提高了驱动电机的功率密度，从而降低整车重量，提高整车性能以及效率。

随着新能源汽车对电机功率密度要求越来越高，工信部和发改委提出规划在2025年乘用车电机的功率密度要大于4 kW/kg，电机的技术发展趋势必然要求提高冷却效率。因此选择油冷直接冷却，或者选择水冷直接冷却和外壳冷却等复合冷却方式是倒逼之下的选择。

在高功率密度和高转矩密度的指标下,电机温升是最难攻克的环节,且伴随着驱动集成化的发展趋势,如今的二合一、三合一、多合一、集成式混动系统、轮毂电机这些也对系统的散热能力提出了更高的要求。

如果新能源汽车的驱动电机没有良好的散热,在持续运行中很容易出现过热。温度不断升高之后,电机内部的电阻也会增加(见表 7-18),这时候电动机的效率和出力就会急剧下降,较高的温度也会影响到电动机内部的润滑和绝缘,极端情况下,甚至有可能烧坏电机(如图 7-71 所示)。对于有温度监控系统的车型,此时往往会限制动力输出,起到保护的作用。

表 7-18　铜导线电阻率温度变化对比表

温度(℃)	电阻率($\Omega \cdot mm^2/m$)
0	0.015 9
20	0.017 2
40	0.018 6
80	0.021 1
100	0.022 5

图 7-71　天津松正扁线电机

新能源汽车的驱动电机以超过 10 000 r/min 的转速旋转,对轴承的润滑有着非常高的要求,过高的温度会导致轴承润滑失效。电机内部温度升高到一定程度,就会破坏原有的润滑,造成轴承的烧蚀,有的则会破坏内部部件的绝缘功能,这些局部失效最终都可能导致电驱动系统功能失效。

对新能源汽车驱动电机的冷却系统来说,水是很好的冷却介质,它具有很大的比热和导热系数,价廉、无毒、不助燃、无爆炸危险。通水冷却的部件冷却效果较为显著,允许承受的电磁负荷比自然冷却要高很多,提高了材料的利用率。

但是水接头及各个密封点处由于水压漏水的问题有可能会造成短路、漏电以及烧毁绝缘的危险。所以水冷电动机对水道的密封性和耐蚀性要求非常严格,并且在冬天必须添加防冻液,否则易造成维护事故。

国内新能源汽车技术路线主要采用水冷的方式,技术难度较低,已经实现了大面积的产业化。新能源汽车的电机水冷系统通常不是独立的,而是和电池包以及电控系统的冷却形成一个完整的热管理系统。在电机壳体的内部,也有类似于内燃机缸体内部那样的水道,冷却液通过水泵的驱动在中间流动,从而达到散热效果。如图 7-72 所示。

图 7-72　电机定转子同时冷却

通过布置在电动机壳体内的水道,冷却液将电动机工作时产生的热量带走,确保电动机在高效率区间运行,同时保证电机的润滑和绝缘。

当然,水冷系统要兼顾电池包和驱动电机两方面的冷却,锂电池工作温度大约 25 ℃,不同于电机冷却液温度 60 ℃,有的热管理系统还和空调等系统相连,这样涉及多个子系统,在设计方面就比较复杂了。

现在的潮流是把电动机、电控单元和减速器做成三合一的一体设计,而都要发出热量的电控单元和电机都通过水冷系统散热。如图 7-73 所示。

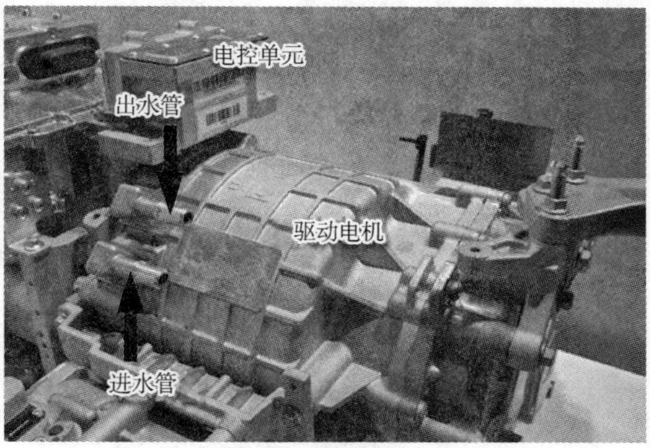

图 7-73　三合一电驱系统的集成化冷却示意图

当前 BEV 驱动电机主要以水冷方式为主,而在 HEV/PHEV 上多采用与发动机、变速箱更方便集成的油冷电机。见表 7-19。

表 7-19　现阶段主流电机产品冷却方式

类别	车型/技术路线	水冷	油冷
BEV	大众 MEB	●	
	宝马第五代总成	●	
	保时捷 Taycan	●	
	博世 e-Alxe	●	
	博格华纳 iDM	●	
	国内大多 e-Alxe	●	
	通用 Bolt		●
	特斯拉 Model3		●
	日电产 e-Alxe		●

续上表

类别	车型/技术路线	水冷	油冷
HEV/PHEV	丰田 Prius		●
	本田 i-MMD		●
	吉利 DHT		●
	广汽 G-MC		●
	比亚迪双模		●
	上汽 EDU		●
REV	理想 ONE	●	
	沃蓝达	●	
	日产 e-Power	●	

一、水冷与油冷电机的应用差异对比

水冷技术是目前主流的散热方式，但是由于电机高温部分主要集中在绕组端部，流体介质无法直接接触高温点、无法直接冷却热源，绕组处的热量需经过槽内绝缘层、电机定子才能传递至外壳被水带走，传递路径长、散热效率低，且各部件之间的配合公差也影响了传递路径的热阻大小。因为有热阻的存在，从绕组到水冷机壳，存在温度梯度，绕组无法直接冷却，导致温度堆积形成局部热点。

为了进一步提高电机的散热能力，需要直接冷却热源来提升冷却效率。而油本身因为局部不导磁、不易燃、不导电、导热好的特性，对电机磁路无影响，因此散热效率更高的油冷技术成为研究热点，国内外一些研究机构及企业大力发展喷油冷却方式，对电机绕组端部实现喷油冷却。

油冷相对于水冷的优势在于绝缘性能良好、机油沸点比水高、凝点比水低，使冷却液在低温下不易结冰、高温下不易沸腾。油冷电机对端部裸露面积更大的扁线绕组电机的冷却效果更明显，能够主动冷却到内部转子部件；同时有利于电机与变速箱的集成，提高轴承的润滑冷却效果、环境温度较低时加热变速箱油提高润滑搅拌效率，因此，从整个驱动系统上讲，油冷电机相对水冷具备一定的技术优势。

按照冷却油与定子轭部的接触形式主要分为直接油冷和间接油冷方式。直接油冷又包括浸油式和喷油式两类。浸油冷却方式是将电机的定、转子均浸没在冷却油里进行冷却；喷油冷却方式是通过油泵等装置喷到定子端部或其他发热处进行冷却。

由于冷却用油的绝缘性，使之可以深入到电动机转子、定子绕组等的内部进行更完全的热交换，冷却效果更佳，比如油冷电机可以采用定子喷油、转子甩油的油路结构，减速箱与电机间无油封，减速箱油一部分经过定子导油管对定子端部绕组进行冷却；另一部分经过电机空心轴对电机轴承与转子磁钢进行冷却，转轴两端开有径向油孔，转子高速旋转时甩油到定子端部绕组内壁面，进一步冷却定子绕组。油冷电机的特点和优势见表 7-20。

此外，为进一步提升冷却效果，国内外也有采用组合式冷却方式，在沿用定子水道水冷的基础上增加定转子同时油冷。

表 7-20　油冷电机的特点和优势

额定电压（V）	350
电机平台、定子铁心外径（mm）	OD 180
绕组类型	圆线
铁心长度（mm）	水冷电机：130；油冷电机：100
油冷电机的特点和优势	1. 油冷电机的定子油管或油道设计与安装方式不同，有些集成在定子铁心内，铁心与外壳体过盈配合；而有些采用专门的油管，此时定子铁心需专门的固定耳朵，暂不考虑此局部安装尺寸对铁心材料用量与料本的影响 2. 槽满率高，散热好，扁线电机能显著提高电机功率密度，此对比采样相同的圆线绕组方案 3. 同级别温升表现下，不同冷却条件影响热负荷选取，进而影响相同持续转矩下电机铁心长度。油冷电机体积小、功率密度高

二、水冷与油冷电机设计寿命与可靠性对比

（1）集成化、高速化对电机和总成轴承与油封的润滑冷却及可靠运行提出较高要求，油冷系统可省去电机与变速箱之间的油封，或采用寿命更高的油润滑轴承，提高使用寿命。

（2）通过特定的径向/轴向油路、油道设计，冷却转子磁钢，降低转子退磁风险的同时提高磁钢材料利用率。

（3）冷却、润滑高速轴承，降低轴承内外圈温差，提高轴承运行寿命与可靠性。

（4）油冷电机对从开发设计到批量生产制造整个寿命周期内电机绝缘系统耐油性、油质清洁度管控、电机油路一致性等提出较高要求。

三、水冷与油冷电机功率密度和输出扭矩对比

（1）驱动系统的高速化是未来趋势，为进一步提高功率密度，当电机的转速高到 20 000 r/min 以上时，转子散热与轴承的润滑。与冷却成为限制瓶颈因素，此时采用湿式转子如转子油冷是主要解决手段。

（2）电机额定输出特性主要取决于电机散热水平，由于采用直接冷却，冷却介质直接带走温度最高的端部绕组热量，相对间接水冷散热，油冷电机的散热效果更好，持续性能更好，能够满足部分性能车日益提高的最高车速对应持续性能要求。

四、水冷与油冷电机成本对比分析

（1）油冷电机定子直接冷却，散热好，热负荷选值高，电机总体体积及铜线用量相对少。

（2）油冷电机转子主动冷却，转子磁钢温度可控，辅助转子温升估算模型，实时控制转子磁钢温度，在保证磁钢不退磁的前提下调整磁钢牌号与永磁体用量，降低电机成本。

（3）油冷要求整个绝缘系统材料具备耐油性，一定程度上增加电机成本。

（4）油冷电机无内水套、取消高速油封，油润滑轴承替代脂润滑轴承。

（5）油冷电机旋变、NTC、接插件及三相高压出线考虑耐

油性增加一定成本。

(6)为冷却转子轴承与转子磁钢,油冷电机的转子大多要加工成空心轴,不同设计与加工工艺对空心轴成本有一定影响。

(7)目前水冷电机生产成本低,油冷电机生产成本高、设备折旧费用高,目前还有待新技术突破。

五、对油冷电机当前产业应用情况的分析

(1)由于A0、A级或紧凑SUV等整车运行工况对电机的持续性能要求相对没那么敏感;同时对于100 kW电桥或电机,功率相对较小,电机温升相对不是瓶颈因素,因此无论是常规的水冷冷却还是理论上冷却效果更好的油冷冷却对整个电机系统的成本、性能影响相对不大。

(2)对于某些B级或更高性能车,最高车速越来越高,峰值功率与持续功率要求高、对应持续时间长、运行工况恶劣,如多次急加急减等组合运行工况,电机的持续性能与温升表现相对关键,此时油冷电机的优势更易体现出来。

(3)电机的功率密度要求越来越高,一些混动等对结构空间布置、轴向尺寸等要求苛刻的场景,油冷电机表现出一定的竞争力;此外,20 000 r/min以上超高速电机会成为后续技术趋势,对应的转子润滑与冷却成为技术瓶颈,此时各种类型的油冷技术成为不可或缺的解决方案。

因此,油冷电机当前阶段在技术与应用上有了一定的经验积累,配套系统也相对成熟,但小功率规格的油冷电机无论是性能还是成本,相对水冷还没有表现出绝对的优势;技术成熟度上无论是温升一致性、清洁度管控、转子甩油(油速过低影响冷却效果,过高易损伤绕组表面绝缘及形成雾化,影响散热效果)等还有继续提升的空间。

然而随着市场与配套技术的进一步成熟,整车对驱动系统的功率密度与低温环境下续航里程的要求进一步提高,油冷电机在某些应用场合如持续功率密度要求高、安装空间苛刻、轴承油封可靠性要求高,尤其是超高速电机领域会取得进一步应用并体现出巨大竞争力。油冷电机的优点和缺点见表7-21。

表7-21 油冷电机的优点和缺点

冷却方式	优点	缺点	代表系统
环形喷油冷却	冷却效果较好	对油管管路要求高,布置困难。需要留出安全距离	通用沃兰达
单管喷油冷却	布置简单,成本低	冷却效果差,可能有局部死点	丰田P710
双管喷油冷却	布置简单,成本低	冷却效果较差,油管开孔要求高	本田IMMD
油道淋油冷却	冷却效果相对最好	对油量要求高	特斯拉MODEL3 BOLT
甩油冷却	散热均匀	高速容易雾化,散热能力变差	特斯拉BOLT

六、车载油冷系统对油品的要求

(1)油品含硫量及其他对铜的腐蚀性物质,长期工作不能出现对铜线的腐蚀。

(2)含水量要低,含水量过高会对绝缘材料造成水解,破坏绝缘。

(3)黏稠度过高,低温黏度过大,对油泵压力要求过大。

(4)润滑性能要好,油冷电机转速较高,一般采用主动油润轴承。

(5)耐热性能及热容要好,油冷电机主要散热介质是油,因此油品高温失效要求要高;由于热量主要靠油品带走,因此要求较好的热容。

七、壳牌油冷电机润滑方案——为客户量身定制的解决方案

壳牌与市场主流的OEM展开深入合作,取得了电机油冷技术的突破。与市场上比较普遍的水冷技术相比,油冷技术的热传导率更高即冷却效率更高,这主要得益于油品本身不导电、不导磁,可以直接接触绕组进行冷却。为实现更佳的冷却效果,研发人员充分考虑不同OEM硬件的设计特点及其润滑、冷却、电机材料兼容性等需求,进行油品的相关验证试验并获得OEM的技术认证。

从结构特点上看,大多数OEM新型设计结构由油冷电机和减速箱组成高度集成电驱系统,以实现结构紧凑、重量低、功率高等目标,而电机的高速旋转所带来的大量热量又会造成电机效率下降,因此油冷电机技术的发展,可以显著提高电机的冷却效果,同时兼顾电机定子甚至转子的冷却。油品直接冷却不仅能够有效地降低电机运行温度,而且能够减少电机核心部件的成本,提高电机的输出效率。

基于上述考虑,油冷电机润滑油需满足:

(1)出色的散热性能:Shell E-Fluids采用低黏度设计,保证了油品良好的导热性能,从而满足高温条件下的电驱动系统冷却和散热需求;

(2)优异的电气特性:Shell E-Fluids采用特殊基础油和添加剂配方,有针对性地控制油品导电性能,保证较高的抗击穿电压,以满足系统中的绝缘特性要求;

(3)卓越的油品兼容特性:Shell E-Fluids独特的腐蚀抑制方案,保证油品的化学稳定性,有效避免线束的腐蚀,同时确保产品与电机绕组绝缘漆,绝缘纸,密封件,套管等非金属材料的兼容特性;

(4)升级的抗氧化性能:Shell E-Fluids拥有更加优秀的氧化稳定性,防止高温热氧化,减少油泥漆膜的生成,并且减少氧化后油品的电气性能的变化,从而保证电驱动系统各部件的稳定运行。

同时,考虑到减速箱系统的润滑需求,油品依旧要对齿轮轴承等部件提供良好的润滑保护,针对电机转速高达12 000 r/min以上以及较高的输入扭矩,油品同时需满足减速箱的润滑要求:

(1)出色的抗磨承载特性:Shell E-Fluids采用独特配方,即使在低粘度下,也能对于高速旋转的齿轮齿面,输入端、输出端轴承提供抗磨承载特性,大大减少磨损量;

(2)良好的表面特性:Shell E-Fluids注重油品的泡沫和空气释放性的控制,即使在高速电机输入的运行状态下,从

配方上控制泡沫产生的倾向，以及可能产生的负面影响；

（3）良好的高低温性能：Shell E-Fluids 产品完全能够满足低温起动的要求，实现冬季启动无忧，减低启动扭矩；另外高温下，能够提供适宜的润滑油膜，保护啮合部件。

通过与 OEM 的共同开发，结合 OEM 的部件单体测试，模拟计算，以及台架测试，壳牌产品在油冷驱动电机系统中表现优良，同时在减速箱的实际运行过程中也表现出极佳的效果。如图 7-74 所示。

图 7-74　壳牌新能源传动系统润滑油

高速电驱动的新型润滑技术

（供稿：Hakim El Bahi. 白旸　研发工程师　道达尔，法国）

［摘要］　电动机的功率密度将在未来几年内增加，并且趋势是将电机与电力电子和减速器完全集成一体。为满足动力系统更小的尺寸和改善电机性能带来的对热管理系统的需求，用于传动润滑和电动机冷却的新型流体将会出现。本文将全面介绍电动车带来的对油品的新需求以及道达尔快驰电动车流体（TOTAL Quartz EV-Drive MP Fluid）提供的多功能流体解决方案。

一、电动车对油品的新需求

（一）冷却电机

热性能是电动车对流体核心的需求。新一代电动车的功率更大，体积更小，这意味着电机将产生更高密度的热量。传统的空气冷却或间接水冷不足以应对新的动力系统对散热的需求，因此直接油冷系统将逐渐占据主流。

道达尔与德国亚琛工业大学（RWTH Aachen University）的电力电子与电力传动研究所（ISEA）长期合作，对电动机的热管理系统做了全面深入的研究。绕组绝缘材料和转子磁体对于冷却系统有很高要求，因此我们模拟了绕组的最高温度和平均温度以及转子磁体温度。结果证实直接油冷却系统比水套层设计更有效，在模拟的工作点上前者比后者的温度低了一百多度。TOTAL Quartz EV-Drive MP Fluid 比参考 ATF 有更好的冷却性能，特别是对于绕组最高温度。如图 7-75 所示。

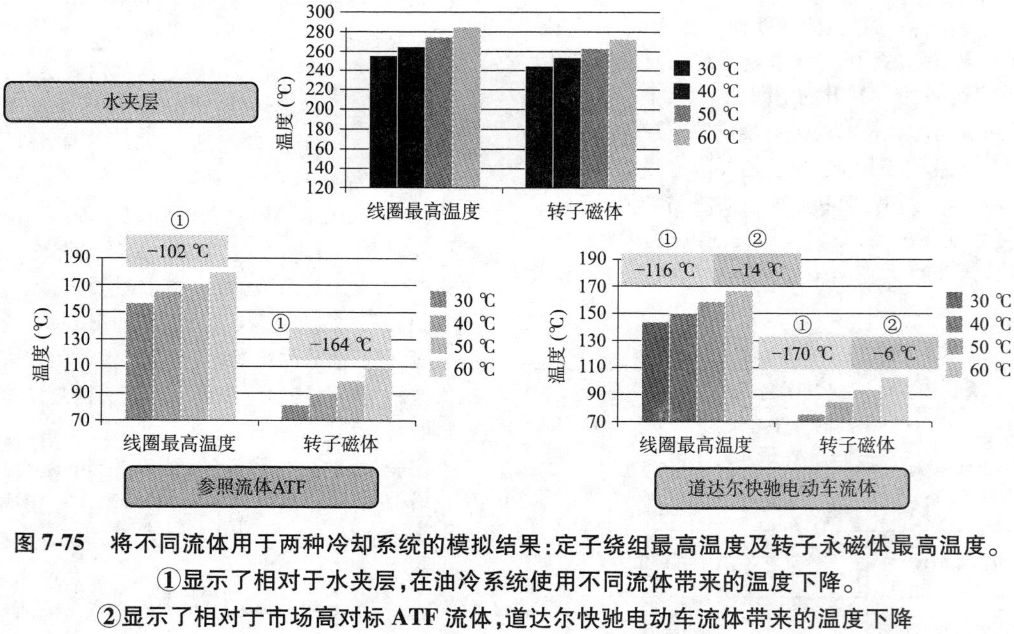

图 7-75　将不同流体用于两种冷却系统的模拟结果：定子绕组最高温度及转子永磁体最高温度。
①显示了相对于水夹层，在油冷系统使用不同流体带来的温度下降。
②显示了相对于市场高对标 ATF 流体，道达尔快驰电动车流体带来的温度下降

（二）高速条件下的润滑

多功能流体不仅是电动机的高效冷却剂，同时也是一种良好的润滑剂，以防止齿轮和轴承磨损。

FZG 标准测试 A/8.3/90 被广泛用于评估齿轮油的划伤性能。为使测试条件更加严苛，我们将测试温度升高到了 150 ℃，以验证 TOTAL Quartz EV-Drive MP Fluid 在如此严苛的条件下是否依然能够保护齿轮。

FZG 测试结果如图 7-76 所示。在浸渍润滑条件下，不对油液进行冷却，在赫兹压力 150 ~ 1 800 N/mm^2 之间的 12 个负载阶段逐步增加齿轮的载荷。当所有齿轮的表面显示损坏区域的总宽度等于或超过一个齿宽时，即为失效载荷。FZG 测试结果显示，尽管其黏度非常低，道达尔快驰电动车流体（TOTAL Quartz EV-Drive MP Fluid）仍有出色的机械保护性能。

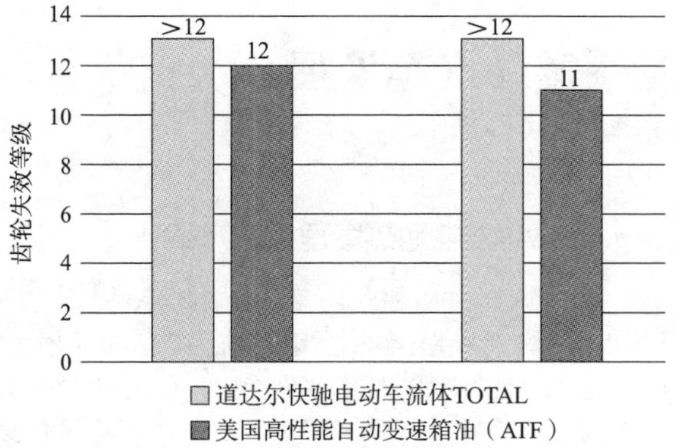

7-76 FZG 测试结果：TOTAL Quartz EV-Drive MP Fluid（蓝色）和美国 ATF 参考流体（红色）

（三）材料兼容性

铜被广泛用于电机的绕组和电子元件中，因此流体与铜的良好兼容性至关重要。

道达尔开发了一种针对电动车流体的测试，以精确监测铜线的腐蚀动力学。测试装置如图 7-77 所示：将一根铜线浸入 150 ℃的流体中，并在铜线上施加电流；电压表安装在铜线两端，以测量其电阻。由于铜线的电阻与其横截面积成反比，因此可以通过检测电阻的变化来跟踪腐蚀动力学。在具有良好铜相容性的流体中，铜线的直径长期都不会减少。铜线测试的结果显示出 TOTAL Quartz EV-Drive MP 流体与铜的良好兼容性，对应的铜线在 100 h 后直径的减小几乎为零。

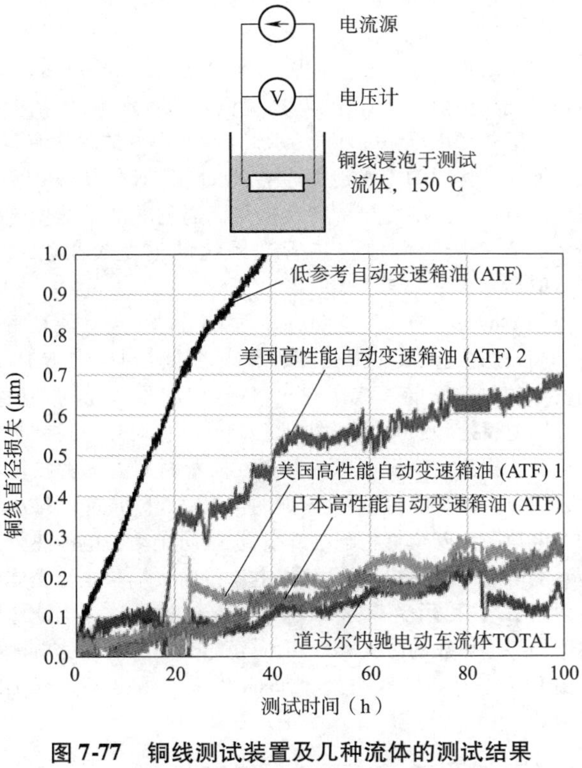

图 7-77 铜线测试装置及几种流体的测试结果

绕组线圈表面涂有非常薄的绝缘材料层。该绝缘材料通常为聚酰亚胺，它可能受到来自流体中侵蚀性化学物质的影响。绝缘材料的完整性对电动机的正常运行至关重要，因此流体必须有与绝缘材料良好兼容性。

道达尔使用的测试装置如图 7-78 所示。该“剥离试验”测试建立在 IEC 60851 标准上，用于评估绕组线圈承受扭曲而不会出现裂缝或丧失绝缘层黏附力的能力。实验首先将线圈浸入 120 ℃下油中，持续 1 000 h 以使其老化；然后通过测试设备旋转电线的绝缘层以将其剥离。实验测试涂层失去黏附力时相应的转数。如结果所示，在 TOTAL Quartz EV-Drive MP Fluid 中浸泡过的线圈给出了与没有油浸过的线圈几乎相同的转动圈数，而远远高出了在美国 ATF 参考流体中浸泡过的线圈，可见流体配方对于材料兼容性的巨大影响。

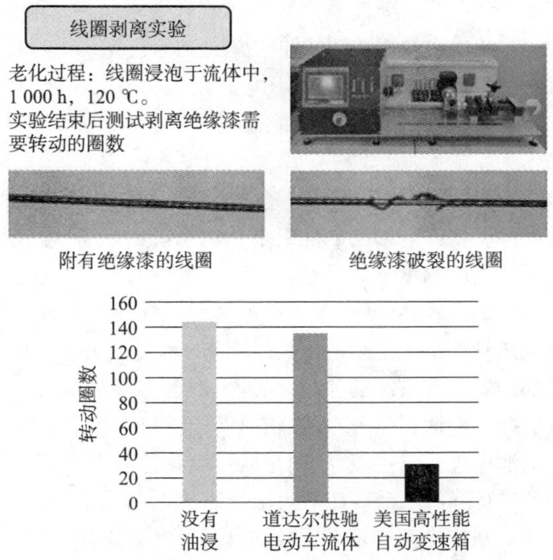

图 7-78 剥离实验测试条件及测试仪器

二、结论

在汽车电气化的背景下，道达尔针对高度集成的电力总成开发出了全新的多功能流体配方——道达尔快驰电动车流体（TOTAL Quartz EV-Drive MP Fluid）。这种新型的润滑技术不仅具有对电机很高的冷却效率，也提供了电机和减速器的机械元件的有效润滑。为研发这款流体而开发的一整套模拟和台架试验能有效地衡量流体的各方面性能。在未来，新的电驱动技术也将不断地为冷却润滑流体提出新的需求。TOTAL 的高度集成动力总成解决方案如图 7-79 所示。

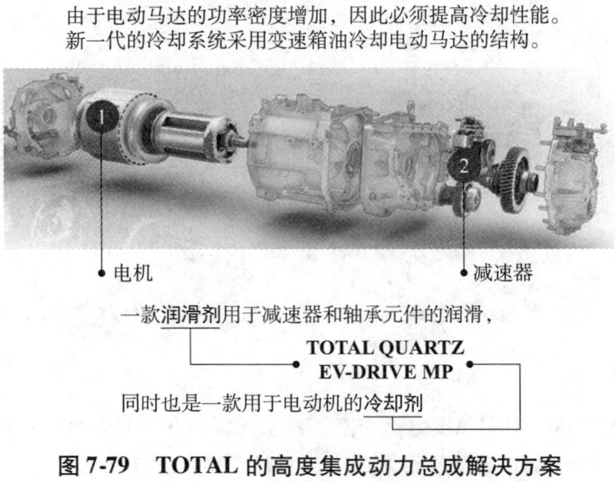

图 7-79 TOTAL 的高度集成动力总成解决方案

动力电池热管理材料赋能新能源汽车发展

（供稿：杜邦中国集团有限公司）

汽车行业经历了以煤和蒸汽机为代表（工业革命）的第一次变革，以及以石油和内燃机为代表的第二次变革，如今迎来了全新的电气化和智能化时代。热管理系统是保证汽车正常工作的关键部件，对整车的安全、性能、寿命、舒适和节能有着至关重要的影响。传统汽车热管理系统主要包括发动机冷却系统和空调系统。新能源汽车对热管理要求高于传统汽车，热管理系统也更加复杂，主要包括电池热管理系统、空调系统、电机电控冷却系统。而混动车还包括动力总成的热管理系统。多个系统的集成设计，大大增加了复杂性、技术难度和成本。

作为新能源汽车的"心脏"，动力电池的续航里程、安全性、寿命和成本直接影响消费者对电动汽车的接受度。过低或过高温度将严重影响电池组电化学系统的运行，电池包中各单元之间的温度不均衡会影响电芯性能的一致性及荷电状态估计的准确性，从而影响到电池包的性能及寿命。目前电池包热管理系统主要有风冷、直冷与液冷 3 种。3 种冷却方式都需要空调系统的参与，风冷系统会将乘员舱的空气经鼓风机鼓入电池包，直冷直接将空调压缩机压缩后的制冷剂导入电池包进行温控，液冷则是通过换热器利用空调系统对冷却液进行降温。液冷相对直冷具有更低的成本，相对于风冷具有更好的冷却效果，是业内应用最为广泛的冷却方式。

杜邦公司利用自身在材料领域的研发优势，推出了包括导热胶、胶粘剂和工程塑料在内的多种材料组合，将电池包热管理系统有效集成，从而拥有更高的安全系数，更长的续航里程以及更加优化的系统制造成本。如图 7-80 所示。

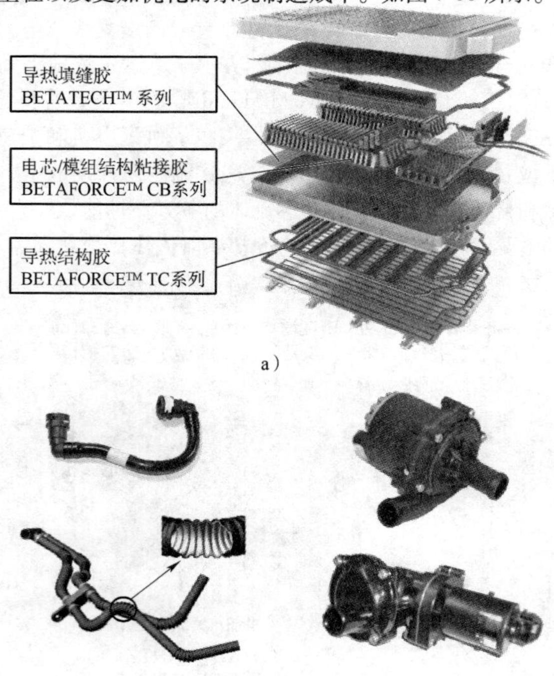

图 7-80　a）导热填缝胶、结构胶和粘结胶；b）PA612 和化学改性 PA612 冷却管路；c）Zytel® HTN 高温尼龙电子水泵

一、杜邦动力电池热管理解决方案

（1）导热填缝胶 BETATECH 系列：具有高导热、减振、压入/拉出力小、易施工等性能优势，适用于电池模组与散热器之间，在不同温度下能够保持稳定的机械性能和卓越的导热效果。

（2）导热结构胶 BETAFORCETC 系列：在宽泛的温度范围内可保持稳定有效的产品性能，具有高导热、高弹性、减振、固化速度快等性能优势，适用于冷却管与散热器之间的粘接。

（3）电芯/模组结构粘接胶 BETAFORCECB 系列：达到 UL94 V0 级阻燃，具有高弹性、减振、无硅氧烷释放等性能优势，适用于方形电池的电芯与电芯之间的粘接，电芯与侧板之间的粘接，CTP 中的电芯与电池包之间的粘接。

（4）Zytel® PA66：耐水解规格在冷却液中具有长寿命和高力学性能优势，广泛用于传统燃油车以及新能源汽车冷却系统快插接头，有 HB 和 UL 94 V0 规格可选。

（5）Zytel® LCPA PA612 和化学改性 PA612：良好的柔韧性，低水气渗透，良好的耐冷却液和耐盐性能，运行温度下高爆破压力，相比于 PA12 拥有更好的力学性能。可与改性 PP 制作双层管路，进一步降低水气渗透以及提高耐水解性能。相对于传统橡胶管，可以大幅度减小管壁厚度，降重 50% 以上。

（6）Zytel® HTN 高温尼龙：相对于 PA66，Zytel® HTN 高温尼龙结构中引入芳环结构，具有更低的吸水率，大幅度提高了在湿热环境里面的性能保持率，具有更好的耐冷液和耐盐性能，即使在 100°C 的冷却液中，Zytel® HTN 仍具有 10 万 h 以上的寿命。这些优异的特性使得高温尼龙非常适用于电子水泵。应用于电池包热管理系统的尼龙类聚合物如图 7-81所示。

（7）Nomex®防火安全解决方案：随着动力电池能量密度的提高，动力电池发生热失控和起火的风险也随之增加，近期发生的数起新能源汽车起火事故，引起了行业的普遍关注。同时，最新发布的动力电池强制标准也对热失控乘员舱安全防护提出了明确要求。基于在防火材料方面的技术积累，针对动力电池防火安全方面的挑战，杜邦 Nomex®推出了动力电池防火安全材料解决方案，包括防止动力电池热失控蔓延的电芯间隔热垫，以及防止电池包内火焰蔓延至壳体外的耐火材料（可耐受 1 200 ℃火焰 30 min 以上），为电池包壳体增加一层可靠的防火屏障，助力新能源汽车及动力电池厂商提升动力电池的安全性。Nomex®防火隔热层如图 7-82 所示。

二、杜邦汽车空调系统解决方案

（1）Zytel® PA6：对 R 1234yf 等制冷剂有优异的阻隔性能、高柔韧性、耐老化、优异加工性能，可以用作多层空调管的内层，厚度 0.1 ~ 0.2 mm。

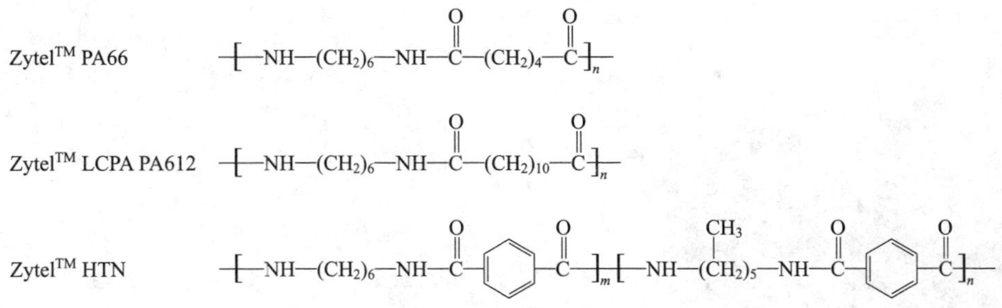

图 7-81 应用于电池包热管理系统的尼龙类聚合物

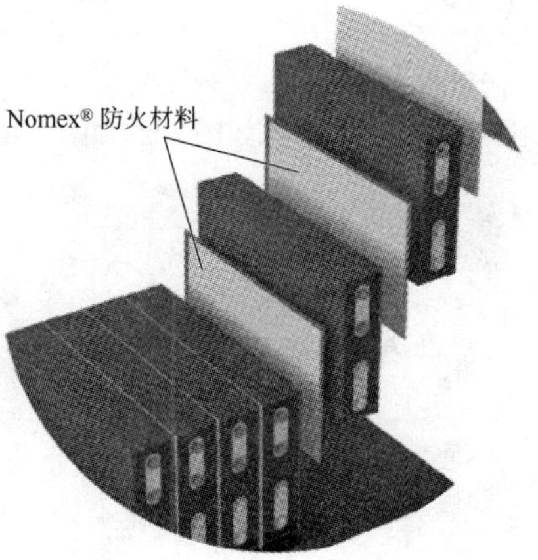

图 7-82 Nomex® 防火隔热层

(2) Zytel® LCPA PA612：专门设计配方用于单层空调管，相对于橡胶管和金属管减重 50% 以上，系统成本减少 20% 以上。对制冷剂具有优异的阻隔性能，爆破压力高于 80 bar，最高工作温度可达 125 ℃，耐长期热老化。

杜邦交通与工业事业部全球技术及研发总监 SCOTT COLLICK 介绍道："作为电动汽车的心脏，电池对热管理有着非常高的安全要求。杜邦基于 AHEAD™ 平台为新能源汽车行业开发出一站式创新解决方案，助力电池生产商及汽车厂进行安全升级，从而为全球交通动力系统低碳化、清洁化变革蓄力赋能。"

双源电机驱动系统及电动汽车安全运营智能监控管理平台

（供稿：辽宁省节能与新能源汽车动力控制与整车技术重点实验室）

一、双源电机驱动系统

1. 成果简介

应用领域：双电源供电的动力系统，特别地适用于燃料电池和二次电池组成的电—电混合驱动系统。

包含的关键技术：

(1) 双源驱动电机设计技术。

(2) 双源驱动总成匹配技术。

(3) 动力总成能量管理策略及双源电机控制技术。

2. 主要技术创新点

(1) 基于一种成本低、效率高和体积小的新型燃料电池驱动系统的新型双源电机控制器。

(2) 提出了一种用于双源电机的零转矩 d 轴交变磁场的控制方法。

(3) 提出了一种双绕组电机磁场解耦的独立矢量控制方法。

(4) 设计了一种二次电源制动能量回收与驱动功率非对称装置。

(5) 提出了一种识别燃料电池和二次电源性能衰减程度的方法，优化控制策略。

(6) 建立了包含电化学、热力学、控制理论、功率电子学、电机学、车辆动力学等多学科联合仿真的匹配模型。

3. 国际水平对标分析

(1) 打破了基于 DC/DC 的常规动力系统构型方案，最大限度兼顾燃料电池和二次电源的应用特点，具有成本低、效率高、延长燃料电池寿命和技术成熟度高等特点，处于国际领先水平。

(2) 提出一种用于双绕组电机的零转矩 d 轴交变磁场的控制方法，可以实现任意工况（如停车过程）下燃料电池和二次电源的能量交换，处于国际领先水平。

(3) 提出一种二次电源制动能量回收与驱动功率非对称装置，处于国际领先水平。

(4) 建立了基于电化学、热力学、控制理论、功率电子学、电机学、车辆动力学等多学科联合仿真模型，处于国际先进水平。

4. 成果应用情况

所研发的双源电机驱动系统已成功在燃料电池模拟台架系统中得到应用。双源电机样机和双源电机控制器样机如图 7-83 和图 7-84 所示。

二、电动汽车安全运营智能监控管理平台

1. 成果简介

电动汽车锂离子动力电池在理论和实践中均证明其存在不安全性，针对电动汽车动力电池起火爆炸问题，实验室

图 7-83　双源电机样机

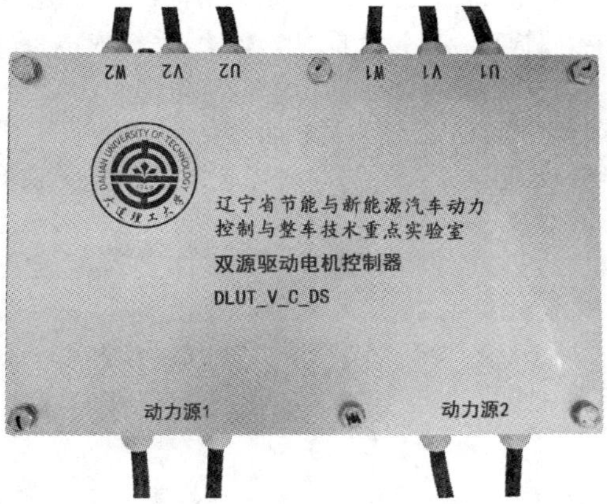

图 7-84　双源电机控制器样机

建立了电动汽车安全运营智能监控管理平台，通过远程后台服务器与车载电池安全性预测终端的协调工作，实现对各种电动汽车的锂离子动力电池安全性和老化程度的综合分级。若经过智能监控管理平台分析发现锂离子动力电池可能发生安全隐患，系统将通过向车内 CAN 网络发送报文、向相关人员手机自动发送报警短信、在远程后台服务器上形成报警文件等方式提醒人工干预，可有效减少动力电池起火爆炸等恶性事故的发生。

2. 主要技术创新点

（1）结合人工智能、大数据、云端计算技术的电池安全性预测方法。

（2）电池老化状态测试方法。

（3）异常电池离群点检测方法。

（4）基于电池多维数据安全结构的电池热失控预测方法。

3. 成果应用情况

所开发的电动汽车安全运营智能监控管理平台已成功大批量应用于纯电动汽车上。如图 7-85 和图 7-86 所示。

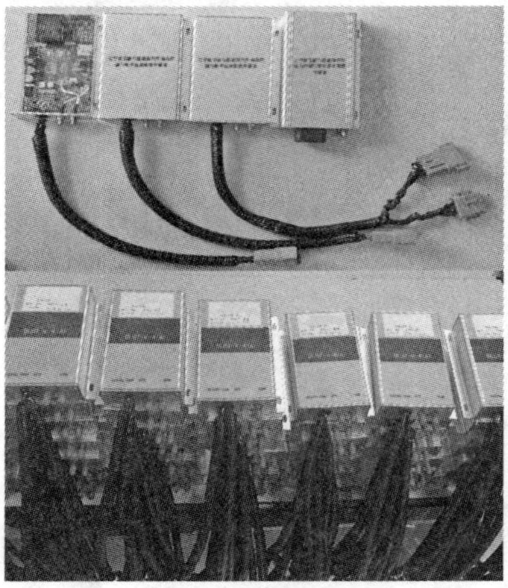

图 7-85　车载信息终端实物图

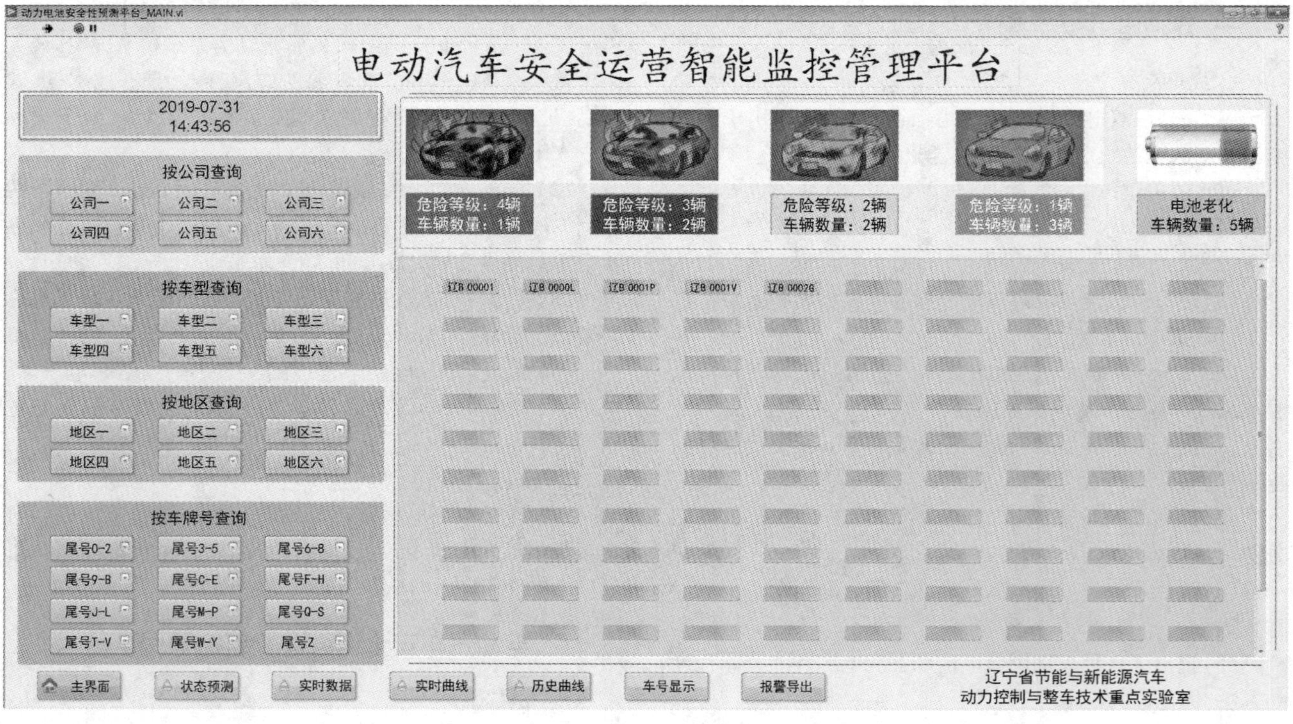

a）电动汽车安全运营智能监控管理平台的主界面

图 7-86　电动汽车安全运营智能监控管理平台的用户界面

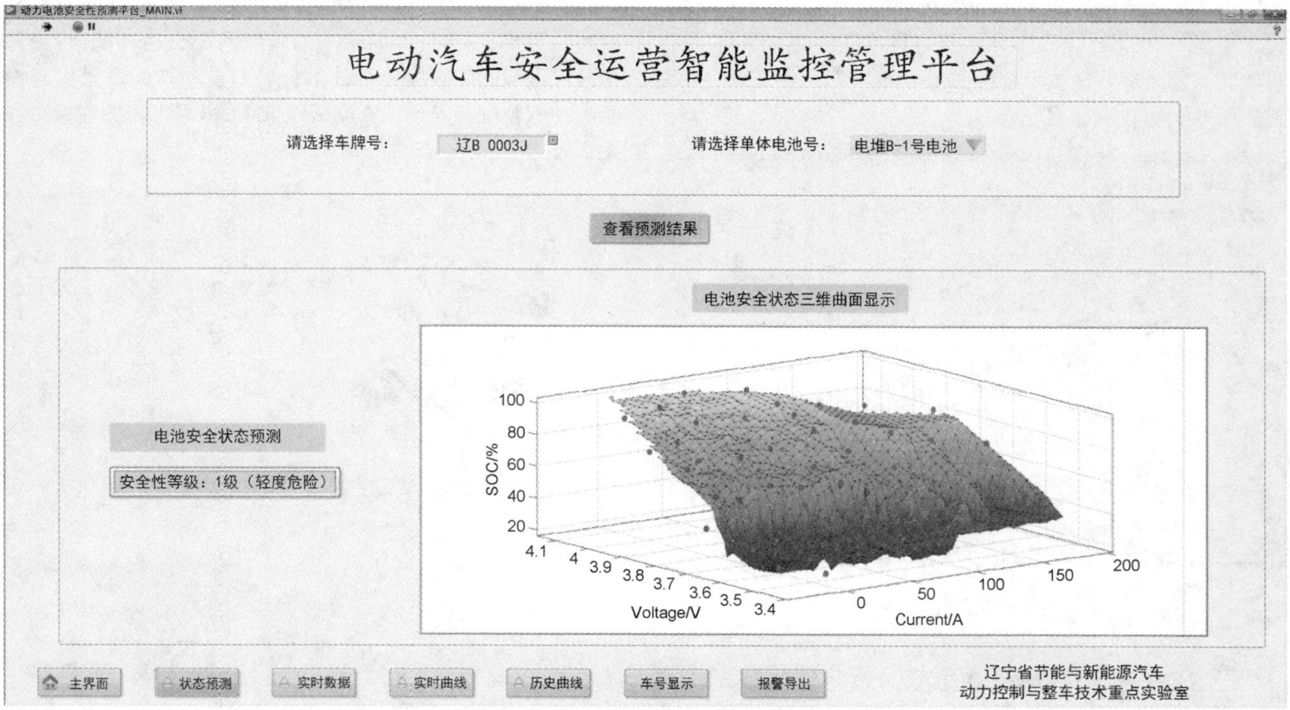

b）电动汽车安全运营智能监控管理平台的电池安全状态预测界面

图7-86 电动汽车安全运营智能监控管理平台的用户界面(续)

新能源汽车动力系统及交通安全鉴定技术

（供稿:西华大学汽车与交通学院）

一、成果名称:纯电动专用汽车关键技术研究及应用

成果简介:与中国重汽集团成都王牌商用车有限公司合作完成的“重汽王牌CDW系列纯电动专用汽车关键技术研究及应用”,总体技术达到了国内同类产品的先进水平,其中单位质量能耗、比能量等指标处于国内领先水平,提高了我国纯电动专用汽车的国际竞争力,加快了四川省新能源汽车的推广应用。该成果获得2017年四川省科技进步三等奖。纯电动洒水车如图7-87所示。图7-88为车辆整车装配仿真。

图7-87 纯电动洒水车

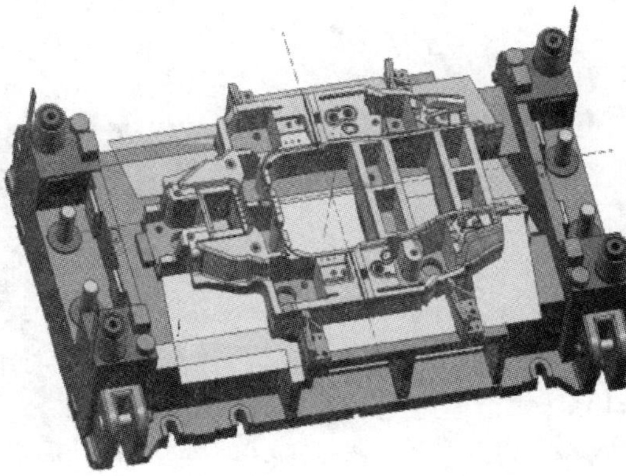

图7-88 车辆整车装配仿真

二、成果名称:柴油机尾气治理关键核心技术研究及应用

成果简介:该成果采取缸内燃烧控制和后处理技术相结合的方法,解决了柴油车污染物减排的技术难题,燃烧控制系统填补了国内在该领域的技术空白,所研发的催化剂经过耐久性的实验后,材料性能指标(T50和T90)处于国际领先水平。该技术在中自环保、威特电喷、成都云内和大运汽车等企业得到了推广应用,实现了核心技术的自主研发,形成了产业链的上下游配套,提升了四川省柴油车科技治霾水

平。近3年创造的直接经济效益达到7.45亿元,上缴利税1.26亿元。成果获得2018年四川省科技进步奖三等奖。高压共轨系统及后处理技术瓶颈如图7-89所示。图7-90为项目主要专利和技术标准成果。

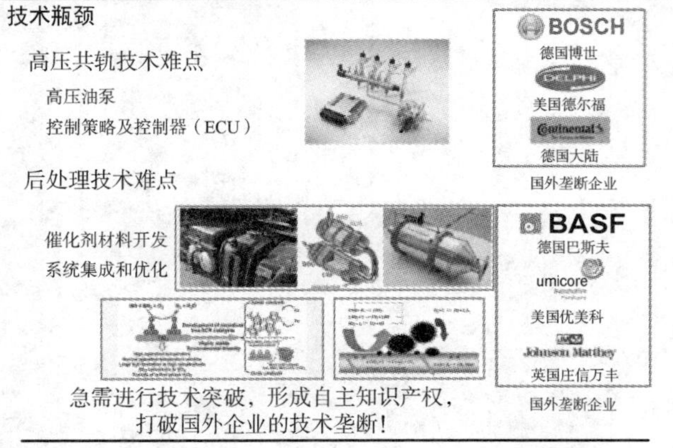

图7-89 高压共轨系统及后处理技术瓶颈

三、成果名称:汽车交通事故分析与鉴定技术研究

成果简介:研究团队参与制定了多项道路交通事故分析和鉴定技术标准,自主开发了汽车主动安全性能测试系统、数据仿真分析技术、事故再现技术,为交通事故分析鉴定提供了一套较完整、切实可行的技术方案。研究成果在多起国内影响较大的重特大道路交通事故的分析、鉴定中得到成功应用,研究成果达到国内领先水平,获得2011年四川省科技进步二等奖。同时,面向未来的智能网联交通环境,将交通事故深度调查和事故分析技术拓展到自动驾驶场景库建设及自动驾驶汽车安全仿真测试评价中,积累了新的成果。如图7-91所示。

图7-90 项目主要专利和技术标准成果

图7-91 项目产生的技术标准及教程

通达5G远程DR检查车

(供稿:广州通达汽车电气股份有限公司)

一、成果简介

广州通达汽车电气股份有限公司的5G远程DR检查车,将DR设备与货车的高机动性的优势相结合,通过一体化生产的方式,确保了结构的高稳定性和设备的高可靠性和高安全性。5G远程DR检查车的质量符合WS 521—2017和WS 76—2017标准要求,放射防护符合GBZ 264—2015《车载式医用X射线诊断系统的放射防护要求》,并成功向广州市卫生健康委员会进行放射诊疗行政许可报备,可为各个社区、医院、学校提供安全、专业的DR检测平台。车内搭载5G信号路由器,可极速将检测结果发送到云医生平台,与医院联动,以精准高效出具诊断报告。

规格参数见表7-22。

表7-22 规格参数

产品名称	通达5G远程DR检查车(纯电)
车辆整体配置	
公告型号	EQ5045XXYTBEV19
车辆功能	DR检测、5G终端可上云
燃料种类	纯电动
总长×总宽×总高(mm×mm×mm)	5 995×2 200×2 890(纯电)
总质量(kg)	4 495
电机型号	TZ290XSH50
额定功率(kW)	140
续航里程(km)	308
最高时速(km/h)	100
电池类型	磷酸铁锂电池
电池容量(kWh)	82.43
驾驶室参数	单排,准乘2人
是否配备空调	是
影像工作站·设备配置清单	
智能消毒系统	1套,含紫外线消毒灯
SONTU Smart-DR数字影像采集成像系统	1套,登记,采集,打印报告智能化集成
网络通信系统	1台,华为5G信号发射终端
照明系统	1套,LED灯条
配电系统	1套,220V供电,含电源开关、高精度全自动交流稳压器

续上表

台式电脑	1 套,含显示器、主机、鼠标、键盘
监控系统	1 套,含球形红外摄像头
新风系统	1 台,含壁挂式空调,1 级能耗
DR 影像采集室·设备配置清单	
车载 DR X 射线系统	1套,含球管、探测器、检测平板、稳压器、发生器、束光器 放射防护符合国家标准(GBZ 264—2015)规定的要求
新风系统	1 台,含壁挂式空调,1 级能耗
监控系统	1 套,含球形红外摄像头

二、关键技术

(1)DR 检查车由配电系统、操作室、影像采集室、照明设施、智能紫外线消毒设施、恒温恒湿系统、监控装置、网络通信部件构成。

(2)操作室内搭载华为 5G 信号发射器,网络端口可集成至医院网络,实现与 HIS、RIS、PACS 等系统的对接,使 DR 检查车成为云医生平台上的一个远程终端,车内配备电脑,可实现检测结果即时上云,医生可在医院中查看检测结果并进行诊断,并在线输送健康报告。每个人可以通过云医生平台移动端进行结果的查询。

(3)影像采集室的四周围绕设置有铅墙,内含 X 射线摄影系统,质量符合 WS 521—2017 和 WS 76—2017 标准要求,放射防护符合国家职业卫生标准 GBZ 264—2015 标准要求,安全可靠。

(4)车内有紫外线杀毒系统,能够进行全面消毒不留死角。

(5)操作室和影像采集室内都配套有恒温恒湿系统,能够保证车内各环境保持在恒定的温度和湿度,保持内外空气的流通顺畅,给操作者和病人提供较为舒适的环境。

(6)车内配套两个监控探头,实现 360°无死角监测机房内设备与病人的实时状态,能够有效地应对突发情况。

三、国内外移动 DR 产品

1. 国外主流厂家

(1)西门子。

西门子作为移动 DR 市场的早期进入者,积累了较为丰富的市场经验,其设备以运动性能著称,Mobilett Mira Max 这款移动 DR,球管到平板探测器最大距离 213. 5 cm、16 bit 碘化铯闪烁器结合非晶硅 TFT 矩阵技术平板探测器、重量 375 kg等,该款设备主要面向高端市场。

(2)岛津。

岛津是全球专业的 X 射线医疗设备生产商,MUX-200D (EFX 版本)是岛津公司一款全新数字化移动 DR 系统,系统配置了 14 in×17 in 和 11 in×14 in(选配)无线 FPD,主机操作性能高,为手术中、重症患者、骨科患者、儿科 ICU 以及传染病人在隔离区内摄影后的即时诊断、远程会诊提供了方便。

2. 国内主流厂家

安健科技:安健科技作为国内专业的 DR 生产制造商,DP316 是其近年推出的移动平板 DR 系列产品,该款设备在保证运动性能的同时,配备千万像素无线平板探测器,像素尺寸小至 125 μm,它采用了一颗高热容球管,具备当成固定 DR 使用的条件,能够解决二级医院移动 DR 设备闲置问题,提高设备使用效率。

四、成果应用情况

1. 社区养老照护

(1)解决居家老人不便出门就医的问题,移动 DR 检查车可以实现上门检测,将车开到社区,老人即刻上车检查,即刻回家等待报告的生成,免去出门就医问诊的麻烦。

(2)移动 DR 检查车可以作为社区医务工作者的移动办公中心,方便医务工作者上门进行社区老人的康复护理;配合居家老人的健康体征监测手环,可以实时查看社区内老人的健康情况,一旦有异常情况发生或紧急求援出现,医务工作者可快速到达老人身边以进行医疗服务。

2. 远程医疗生态

通达电气与广州互云医学影像中心达成深度合作,自研发云医助手健康管理小程序,配合云医生平台远程诊断功能,为市民提供多样化的线上医疗服务,构建远程医疗新生态。

5G 远程 DR 体检服务车采集到的肺部医学影像数据及核酸检测数据可自动上传至云医生平台进行诊断分析,市民可在云医助手小程序中实时跟进检测报告的输出进度,并可下载查询到相关诊疗检测报告。

五、社会与经济效益

下乡肺炎筛查:疫情期间,通达电气积极响应政府号召,协助医院进行新冠肺炎的排查、诊断。2020 年 5 月,公司为揭阳市第三人民医院无偿提供 5G 远程 DR 体检服务车车队,协助医院进行下乡肺炎筛查,同时为偏远山区群众提供胸部 DR 诊疗体检服务,有效排查乡镇(村)12 个,服务群众超过 2 000 名。

六、图片(见图 7-92 ~ 图 7-96)

图 7-92 车辆前侧

图 7-93　车辆后侧

7-95　数字化 DR 放射设备(静态平板探测器)

图 7-94　数字化 DR 放射设备(X 射线摄像系统)

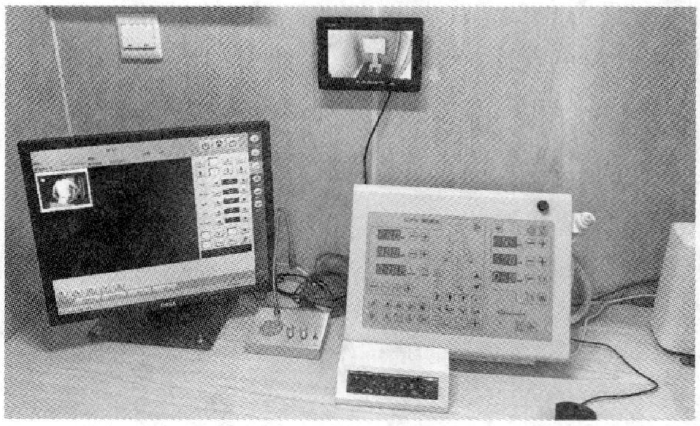

图 7-96　影像工作站——SONTU Smart-DR 数字影像采集成像系统含 DR 控制台、电脑、5G 信号发射终端、连接拍片室的麦克风与监视器等

氢能源汽车燃料电池用无油空压机

(供稿:石家庄金士顿轴承科技有限公司)

一、成果简介

空压机是车用燃料电池系统的核心部件,为决定燃料电池系统效率、功率密度和寿命等的关键因素。离心空压机为车用燃料电池空压机的主流技术路线。国内燃料电池离心空压机虽已研制出产品样机,但尚不能完全满足车用要求,目前国内车用燃料电池空压机主要依赖国外进口,严重制约我国车用燃料电池产业的发展,成为我国车用燃料电池发展急需突破的“卡脖子”核心技术瓶颈之一。

金士顿轴承科技凭借多年来在空气轴承、高速永磁电机以及流体机械行业的自主核心技术积累,长期的技术沉淀,凭借在流体机械行业丰富的工程化应用经验,金士顿“厚积薄发”,瞄准日益茁壮的氢燃料电池产业,精准发力,以燃料电池无油空压机为主打产品,开始了在新能源领域的新征程。但燃料电池空压机比鼓风机转速高、体积小很多,因此技术难度也高很多,2016 年就开始内部立项,对燃料电池空压机进行研发攻关,2018 年以来,为了更好地满足和响应系统集成商对空压机的技术性能指标要求,与燃料电池系统做了非常多的匹配验证工作。目前公司的空压机已经完全满足上车各项要求,公司空压机产品已经实现从 30 ~ 100 kW 系统功率全覆盖。

该技术突破将提升我国车用燃料电池行业的自主创新能力,对推动我国燃料电池空压机的技术发展以及参与国际前沿技术竞争将发挥引领作用。突破的关键技术将会产生显著的经济效益和社会效益,对我国氢能及车用燃料电池产业的发展具有积极的促进作用。技术成果可推广应用于国防装备领域,有效促进我国军用车辆、航空和无人系统等装备动力技术的发展。

为了应对汽车行业的高标准要求,金士顿已通过 ISO 16949 质量管理体系快速推进质量管理体系和供应商管理体系的升级,取得发明专利,同时从生产各环节严格把控,保证产品的品质提升,力争打造新能源汽车领域优质品牌,助力我国氢燃料电池技术的推广和普及,早日实现氢能产业完全市场化。

二、国内外研究现状

1. 国外研究现状

燃料电池空压机是燃料电池系统的关键部件之一，对燃料电池系统的效率、功率密度和寿命等均有重要影响。早期车用燃料电池系统主要采用罗茨或和螺杆容积式压缩机，体积、重量和噪声大。近年来随着空气轴承技术的发展，速度式离心空压机正在逐渐取代容积式空压机。目前本田 Clarity、现代 NEXO、戴姆勒 GLC F-Cell、通用 Equinox 等燃料电池车均采用离心空压机。离心空压机已成为车用燃料电池空压机发展的主要趋势。

国外燃料电池空压机研发主要集中在美、欧、韩、日，罗茨压缩机主要研究单位为美国伊顿和日本丰田，螺杆压缩机主要研究单位为瑞典 OPCON；离心空压机的相关研究机构主要包括美国 Garrett、德国 BorgWarner 和日本 IHI 等著名增压器公司，英国 Aeristech 和瑞士 Fisher 等新兴电机公司，以及韩国现代等整车企业。其中 Garrett 和现代对燃料电池离心空压机的研发较早，开发的产品代表了国际水平，已实现与整车配套和批量生产，技术成熟度较高。

国外主要的燃料电池离心空压机典型技术方案为采用空气轴承和超高速电机直驱压气机，以满足燃料电池无油和供气压力要求。目前技术水平主要为压比≥2.5、噪声<80 dB，怠速至额定转速响应时间<2 s；转速 100 000～120 000 r/min，电机效率≥95%，空气轴承起停次数已超 25 万次，可靠性基本满足车用要求。但空压机功耗约占燃料电池输出功率的 15%～25%，成本约占燃料电池系统 15%～20%，降低功耗和成本是当前国外燃料电池空压机研发的主要前沿和重点。

2. 国内研究现状

国内燃料电池空压机早期研发主要为浙大、西交大和清华三所高校，“十五”期间浙大和西交大在国家 863 项目支持下，分别从事螺杆和涡旋空压机研究；“十一五”起清华在国家 863 项目支持下，从事离心空压机研究。近年来因离心空压机成为主流技术路线，同济、北理工和山东大学等高校与相关企业合作，开始介入相关研究。

“十二五”期间，金士顿轴承科技基于空气轴承、高速永磁电机基础研发了压比 1.5 的国内首台燃料电池离心空压机，“十三五”期间将压比进一步提高至 2.5，相关产品应用于上汽和亿华通等的燃料电池发动机。近年来金士顿轴承科技采用空气轴承加超高速电机技术方案，分别针对15 kW、22 kW、40 kW、60 kW、80 kW、120 kW 燃料电池发动机研发了压比 2.5 的离心空压机，经测试基本达到配机要求，完全满足车用要求。截止目前公司在氢能源领域（氢燃料电池空压机）已成功在北京、张家口冬奥会公交车运行，并与福田、宇通、申龙、中通等企业进行合作。截至 2019 年底，配套测试车辆已达 600 余辆，产品累计行驶里程已达2 000 万 km。

截至 2019 年底，配套测试车辆已达 600 余辆，产品累计行驶里程已达 2 000 万 km，广泛应用于重卡、环卫等工程车辆。

三、预期经济社会效益

空压机技术突破具有重要的科学价值及应用价值，对我国车用燃料电池空压机和发动机的科技进步和行业发展有很大推动作用，同时所形成的技术有广阔的应用前景，将推动我国燃料电池汽车的发展，对改善我国能源结构、推动交通领域低碳转型以及提升我国新能源汽车零部件产业国际竞争力和科技创新力具有重要的战略意义和重大的经济效益与社会效益。

燃料电池发动机核心技术自主可控，是我国从汽车大国向汽车强国转变的关键，项目对突破燃料电池核心技术瓶颈实现汽车强国目标意义重大。根据《中国氢能源及燃料电池产业白皮书》，我国的近期目标（2020—2025 年）实现燃料电池车达到 5 万辆，燃料电池发动机为 6 万台，远期目标（2036—2050 年）燃料电池车将达到500 万辆，燃料电池发动机为 550 万台。预计未来 5 年，燃料电池空压机产量将新增约 10 万台，总产值达到 40 亿元；未来 30 年，燃料电池空压机产量将新增约 1 000 万台，总产值达到 2 000 亿元。同时该技术成果可推广应用于工业电动鼓风机、内燃机电动增压器和空调电动压缩机等领域，将产生显著的间接经济效益。

技术成果为典型的军民两用技术，燃料电池技术是我国军用动力发展的前沿关键技术，项目技术成果可推广应用于国防装备领域，将促进军用车辆、航空和无人系统等装备动力技术的跨越发展。

四、重点项目介绍

由石家庄金士顿轴承科技有限公司投资总 2 亿元空气悬浮轴承系列产品产业化项目占地 80 亩，分两期建设，2020 年完成一期项目建设，建成后，将实现年产 500 00 台燃料电池用无油空压机、2 000 台新型空浮风机的产能。

金士顿轴承科技 2020 年自主研发的“智云”系列鼓风机，成为了全国各大污水运营公司主要供应商，产品和市场占有率居世界首位，成为空浮风机的领跑者。

公司自行研发的氢燃料电池用无油空压机，成为国内各大系统集成商的首选配套商，该产品已成功在北京、张家口冬奥会公交车、物流车运行，配套测试车辆已达 600 余辆，产品累计行驶里程已达 2 000 万 km。空压机系列化完成，已完全匹配目前所有型号氢燃料电池系统，极大地降低了燃料电池系统成本，为国内燃料电池产业的健康发展提供了有力支撑。

燃料电池气体扩散层受压对水传输的影响研究

（供稿：上海交通大学　上海治臻新能源装备有限公司　吴卓航　邱殿凯　彭林法）

［摘要］　质子交换膜燃料电池（PEMFC）在运行过程中，反应层产生的水若不能及时排到流道，会导致传质受阻，电池性能降低。为了评估 PEMFC 中气体扩散层（GDL）受压后的水传输，提出一种流固结合的仿真分析方法。通过 GDL

与极板装配的固体力学仿真得到GDL变形后的应变分布，根据GDL压缩应变与渗透率分布之间对应关系的模型，建立变形后GDL中液态水流动模型，分析受压状态下水在GDL中的流动规律，从而进一步分析流道宽度、脊背宽度等极板构型设计参数对脊下液态水排出的影响规律。研究结果表明，在极板脊下位置，GDL受其挤压，排水困难，压缩率增大，排水难度略微增大；脊宽增大，整体排水难度增长较快，脊下积水迅速增多。

［关键词］ 气体扩散层(GDL)；水传输；渗透率；流固结合

一、研究背景

能源问题一直受到高度关注。质子交换膜燃料电池(PEMFC)把氢气的化学能直接转换成电能，产物清洁只有水，而且能量转换效率高，在汽车动力和备用储电等领域具有良好的应用前景。

燃料电池运行过程中水传输是影响燃料电池性能的关键因素，其中关键一环是气体扩散层(GDL)中的水传输。反应层生成的水通过GDL排出到流道，如果水不能及时排出，堆积在反应层表面和GDL中，将会影响传质效率，降低电池性能[1]。

很多学者致力于研究GDL中的水传输。PK Sinha[2]建立孔结构模型来研究GDL中液态水的传输过程和水淹现象，结果表明液态水在GDL中的传输是由毛细力控制的。U Pasaogullari[3]解释两相流在疏水GDL中的传输机理，建立液态水在其中传输的基础模型，并揭示水淹对电池性能的影响。Prodip K. Das[4]计算了GDL的有效传输系数，与实验文献结果契合度较高，可以为相关仿真提供关键参数。

然而，在以上关于GDL水传输的文献中，并未考虑GDL的压缩变形引起的和孔隙率、渗透率等物性参数发生的变化。实验发现，在电池的实际装配中，为了反应气体密封、减小GDL和极板间的接触电阻等原因，GDL会受到不同程度的压缩，其水传输机制发生改变，未考虑GDL受压的文献结果不能有效指导燃料电池水管理。

近年来，有一些学者开始关注GDL受压对水传输的影响。YiboZhou[5]仿真计算装配压力对不同厚度GDL的传输性能的影响，结果表明更厚的GDL积水量更少，在发生水淹状况前能承受更大的装配压力。H. Markötter[6]在电池运行过程中，用x射线断层成像技术观测GDL里的水分布和水通道。KuiJiao[7]研究了GDL不同压缩率下流道间气体流动对排水的影响，发现高压缩率下水的排出十分困难。A. Bazylak[8]使用原位观测了GDL受压后水通道的变化，展示了GDL受压后碳纤维的破裂。IwaoNitta[9]测量并对比了不同压缩率下GDL渗透率、接触电阻以及体电阻的差异。

现有关于GDL受压水传输的研究内容多集中于实验原位观测。虽然实验手段能展现GDL中真实的水传输情况，但其受影响因素多，可重复性差，不利于直接探究影响规律。而仿真手段有着独特的优势，在合理假设下，建立GDL水传输模型，可以方便快捷地研究特定因素的影响，为极板设计和电堆装配提供参考。

本文通过仿真手段模拟GDL受压后的水传输状态。由于燃料电池阴极产水较多，故研究对象选为阴极的GDL。结合GDL装配受压分析模型和液态水流动模型，分析了GDL受压后，截面形状和渗透率的变化对水传输的影响，并讨论了极板构型几何参数设计的影响规律。

二、仿真模型

1. 模型假设

图7-97是本文研究思路框架图。首先，在Abaqus中通过GDL装配受压仿真模拟实际装配过程中GDL的压缩过程，获得受压变形后的GDL形状和应变分布；然后，根据压缩应变与渗透率分布模型计算出变形后GDL的渗透率；最后，利用fluent模拟液态水由变形后的GDL进入流道的过程，采用流速分布等来判断排水的难易程度和容易积水的位置。

燃料电池一般采用层叠式装配结构，极板和膜电极组件(MEA，包括GDL、CL和PEM)交替堆叠，如7-98a)，极板直接接触并挤压GDL。考虑到燃料电池内部流道的周期性，采用单流道模型进行研究，图7-98b)是GDL装配受压仿真示意图，图7-98c)是受压后的GDL流体仿真示意图。在GDL受压仿真模型中，通过控制极板的位移并固定GDL的底部的方式，模拟极板挤压GDL的过程。在GDL流体仿真中(图7-98c))，采用上述装配受压后变形的GDL作为流域，反应生成水由催化层底部流入极板槽处。

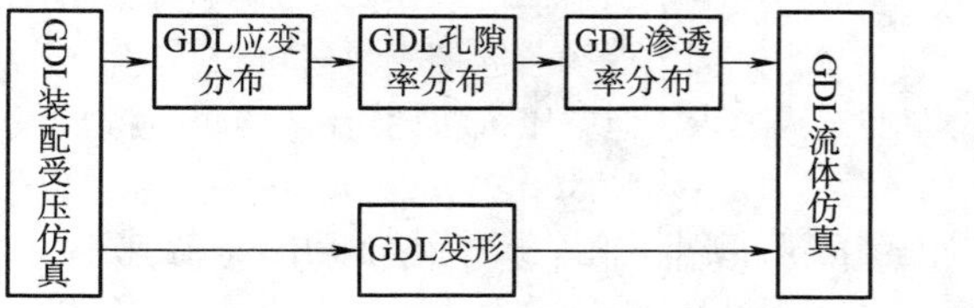

图7-97 仿真流程图

本文关注GDL形状和渗透率变化对液态水传输的影响，忽略气态水的传输，简化气液共存环境，气体对水传输的影响化为出口和入口的压强差。在GDL装配受压仿真中认为GDL符合连续介质力学且各项同性，忽略其塑性变形。本文引用经典的半经验公式Kozeny - Carman(KC)公式来计算渗透率。由于GDL在压缩方向的应变远远大于其他两个方向，故孔隙率只由压缩方向的应变计算获得。水在GDL中流动速度很低，故其阻力只考虑低速线性部分。假设总结如下：

(1)气体对液态水的影响简化为出口和入口的压强差；

(2)假设GDL纤维铺设均匀，GDL符合连续介质力学且只发生弹性变形，力学特性各项同性；

(3)GDL对水的渗透率各项同性，且其变化只与GDL孔隙率变化有关；

(4)GDL孔隙率变化只与垂直GDL平面的应变相关；

(5)水在GDL中的阻力只考虑低速线性部分。

2. 渗透率计算

GDL受压后各处的应变和孔隙率变化不同。由固体仿真结果可以获得GDL各处的应变，根据假设，取垂直GDL平面的应变。考虑到GDL孔隙结构和纤维高强度，GDL受压只是孔隙减少，忽略其内部碳纤维的微小形变，如未压缩孔

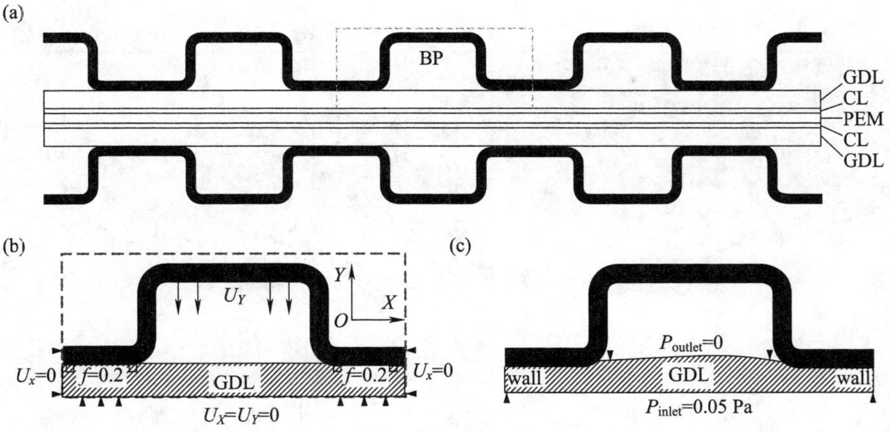

图 7-98　a) 燃料电池装配结构图　b) GDL 装配受压仿真示意图　c) GDL 流体仿真示意图

隙率为 γ_0，则垂直平面应变为 ε_{22} 处的孔隙率 γ 为：

$$\gamma = \frac{\gamma_0 - \varepsilon_{22}}{1 - \varepsilon_{22}} \quad ①$$

(1) Kozeny - Carman(KC) 公式描述了多孔材料的渗透率和孔隙率之间的关系：

$$k = c\frac{\gamma^3}{(1-\gamma)^2} \quad ②$$

(2) 其中 k 是渗透率，c 是系数值为 1.25×10^{22}。把①式带入②式得到渗透率的计算公式：

$$k = c\frac{(\gamma_0 - \varepsilon_{22})^3}{(1-\gamma)^2(1-\varepsilon_{22})}$$

(3) 在流体计算过程中，GDL 流域选用 fluent 中的多孔介质模块。多孔介质流域的计算相当于给标准流体方程加了一个动量源相：

$$S_i = -\left(\sum_{j=1}^{3} D_{ij}\mu\nu_j + \sum_{j=1}^{3} D_{ij}C_{ij}\frac{1}{2}\rho\,|\,\nu\,|\,\nu_j\right)$$

(4) 其中 S_i 是 $i(x,y,z)$ 方向的动量方程的源相，$|\nu|$ 是速度的数值，D 和 C 分别是系数矩阵。μ 是黏性系数，ρ 是密度。

由于水在 GDL 中流速很慢，忽略(1)中右式的关于 ν 的二次项。又由于假设中认为 GDL 的渗透率是各项同性的，(1)式可以简化成：

$$S_i = -\frac{\mu}{k}\nu_i$$

(5) 其中 k 是 GDL 各项同性的渗透率。流体计算中，每个节点的渗透率都可以由固体仿真结果中对应节点的应变代入(3)式求得。

3. 边界条件与参数

如图 7-98a) 所示，由于仿真模型选取周期性单元，故极板和 GDL 边界采用对称边界条件。电堆运行过程中，存在多种驱动力使得反应层产生的水通过 GDL 进入流道[10,11]，本文的仿真模型设置相同的驱动力并将其简化为压差边界条件。如图 7-98b) GDL 上表面为入口，压强设置为 0.05Pa；下表面为出口，压强设置为 0。水只能从 GDL 上表面未被极板覆盖的区域流出。

模型中，燃料电池双极板的参数如表 7-23 所示，GDL 的厚度和初始孔隙率使用 Toray TGP-H-60 碳纸的官方参数。极板的脊槽宽度均为 1mm，详细参数如表 7-24 所示。

表 7-23　极板参数

槽宽(mm)	1.0
脊宽(mm)	1.0
圆角(mm)	0.1
杨氏模量(MPa)	13 000
泊松比	0.21

表 7-24　GDL 参数

GDL 宽度(mm)	2.0
GDL 厚度(mm)	0.19
GDL 杨氏模量(MPa)	6.3
GDL 泊松比	0.09
GDL 初始孔隙率	0.78
GDL 初始渗透率	$1.6\times10^{-11}m^2$

三、结果和讨论

1. 结果分析

图 7-99 是流道挤压后 Y 方向的 GDL 应变分布图。从图中可以看出，由于极板的挤压，GDL 最大应变发生在圆角处，达到 0.411。槽处的 GDL 没有受到挤压，应变很小。从槽到脊的过渡处，应变梯度较大。而脊压的 GDL 整体应变差距不大，在 0.3 左右，从圆角往脊的中心，应变逐渐减小。

由(3)式可知，渗透率和应变呈负相关，那么渗透率的分布形式也应该和图 7-99 相近。槽处的 GDL 渗透率大，脊处的 GDL 渗透率小。

图 7-100 是 GDL 中水的流速分布图。流速最大的地方出现在槽和脊的交界处，因为水无法从脊处排出，脊下的水汇集到槽和脊的交界处，产生了较大的流速。贴近极板的地方流速都相对较低，因为只能沿着极板流动，过了圆角处，速度有很大的落差。槽处和脊处的流速较为均匀，原因是两处的 GDL 形状和渗透率变化较小。但槽处平均流速是脊处平均流速的约 15 倍，原因有①脊处 GDL 受压变形，不利于流动；②脊处 GDL 孔隙率和渗透率减小，增大流动阻力；③水无法从脊处流出，脊下水排出流程长。

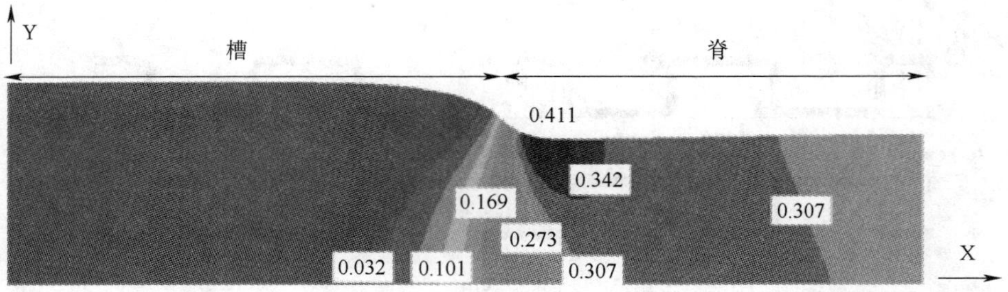

图 7-99　GDL 的 Y 方向应变 ε_{22} 分布图

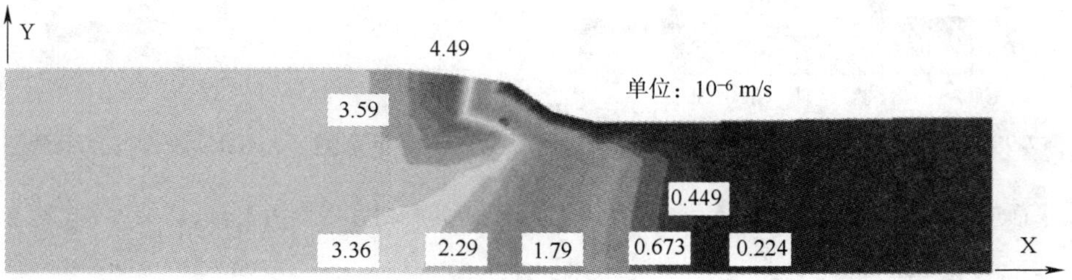

图 7-100　GDL 中流速分布图

根据流速分布可以推测：槽处的水较为容易排出，而对于脊处和贴近极板处的水，排出难度则大了很多。

如图 7-101 所示，引入小流速区域来分析水在 GDL 中的堆积情况，小流速区域是指流动速率小于 10^{-8} m/s 的区域。从图 7-101 可知，大部分区域的流速都在 10^{-6} m/s 以上，相较之下流速小 100 倍以上的，水的流动很慢，容易堆积。小流速区域越大，说明水容易堆积的地方越多。

由图 7-101 可知，小流速区域集中在 GDL 与极板接触处以及脊中心对应的 GDL，也就是说这些区域最容易产生积水。

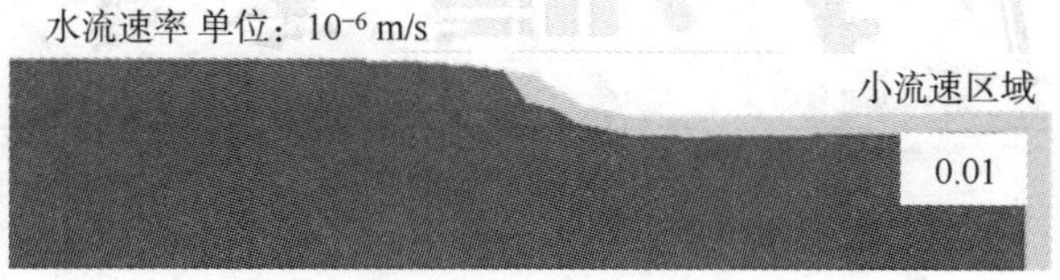

图 7-101　小流速区域

2. 参数讨论

为了研究极板流道设计和电池装配过程对 GDL 水传输的影响，选取不同的压缩率和脊宽槽宽进行仿真分析。在压缩率影响分析中，保持脊宽槽宽都为 1mm，压缩率分别为 0，0.019 mm（10%），0.038 mm（20%），0.057 mm（30%），0.076 mm（40%）；在脊宽槽宽影响分析中，保持压缩率为 30%，脊宽（mm）/槽宽（mm）分别为 0.6/1.4，0.8/1.2，0.9/1.1，1.0/1.0，1.2/0.8，1.4/0.6。

仿真指标使用出口平均流速和小流速区域面积。出口平均流速是指未被极板阻挡的 GDL 水流出口的平均流速，反应水从 GDL 排出的整体难度。小流速区域是指 GDL 中流速在 10^{-8} m/s 以下的区域，反应易积水区域大小。

图 7-102 为出口平均流速和小流速区域面积在不同压缩率下的变化。从图中可以看出，压缩率从 0 增加到 10%，出口平均流速下降明显且小流速区域快速增加，说明压缩 10% 后 GDL 的排水能力大幅下降；压缩率从 10% 增加到 20%，出口平均流速和小流速区域变化不大，排水能力稳定；压缩率从 20% 增加到 40%，出口平均流速下降并不明显，但小流速区域增长较快，说明易积水区域扩大，不利于水传输。从排水角度考虑，GDL 的压缩率不宜超过 20%。

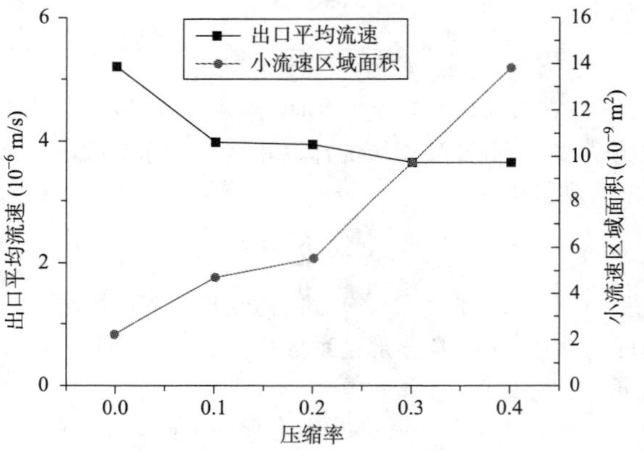

图 7-102　出口平均流速和小流速区域面积随压缩率变化关系图

图 7-103 是压缩率分别为 0，20% 和 40% 时，GDL 内水的流动速率分布云图。整体流速分布呈现相同的规律，槽处流速大且较为均匀，从槽到脊，流速逐渐减小。

对比不同压缩率下的局部流速，可以分析出压缩对水传输的影响规律。由于水只能从槽处排出，脊处的水流动路径较长，在 GDL 未压缩时流速就较低。随着压缩率增大，脊处 GDL 厚度减小，渗透率减小，水流阻力增大，不利于 GDL 内部水的横向流动，脊处流速越来越慢。

图 7-104 是出口平均流速和小流速区域面积与脊宽的关系图。随着脊宽增大，出口平均流速接近线性减小，排水能力下降。脊宽从 0.6 mm 增加到 1.0 mm，小流速区域增幅不大，意味着积水区域也不多；脊宽从 1.0 mm 增大到1.4 mm 时，小流速区域迅速扩大，说明积水情况恶化，水传输会受到严重影响。从排水角度考虑，设计极板时脊宽不要超过槽宽。

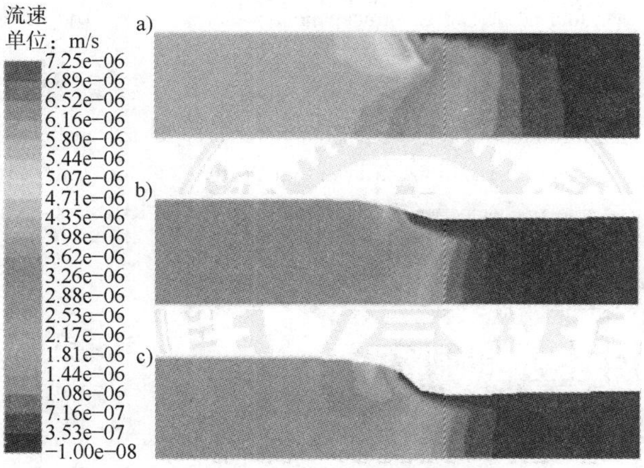

图 7-103 a) 压缩率 0 b) 压缩率 20% c) 压缩率 40% GDL 中流速分布图

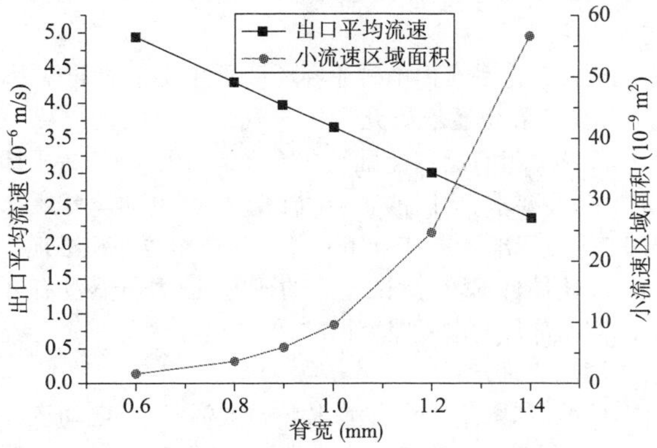

图 7-104 出口平均流速和小流速区域面积随脊宽变化关系图

再从云图来分析脊槽宽比对 GDL 水传输的影响，如图 7-105。可以看出，对于不同脊宽比，从槽到脊整个流速的渐变过程相似，槽处的普遍流速和圆角处最高流速也相当接近。不同的是，由于脊处压缩加大水侧向流动的难度，随着脊宽增加，低流速区域快速增长。

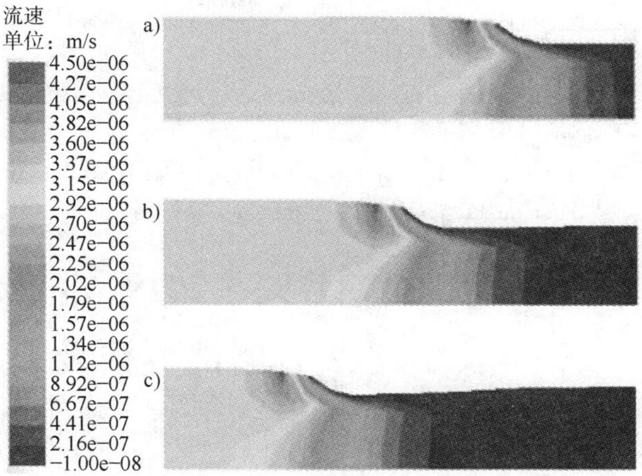

图 7-105 a) 脊宽 0.6 mm b) 脊宽 1.0 mm c) 脊宽 1.4 mm GDL 中流速分布图

四、结论

为了研究 GDL 受压对脊下排水的影响，本文结合 GDL 装配受压分析模型和液态水流动模型，用压差表征排水驱动力，模拟了 GDL 受压后形状和渗透率分布变化对其排水的影响。为了优化流道设计和电池装配，讨论了压缩率和脊宽槽宽对排水难度的影响，引入仿真结果中的出口平均流速和小流速区域面积作为评价指标。综合仿真结果分析和讨论，本文得出以下结论。

（1）GDL 受压后，槽处变形小，流速大，易于水传输；脊处变形大，流速小，容易积水；其中，GDL 与极板接触的圆角区域流量集中，是流速最大区域。

（2）压缩率增加导致整体流速下降，压缩超过 20%，排水难度快速增长。因此，从排水角度考虑，GDL 的压缩率不宜超过 20%。

（3）脊槽宽比几乎不改变流速分布，增加脊宽主要会导致脊下积水骤增；当脊宽大于槽宽时，小流速区域面积迅速扩大，若从排水角度考虑，脊宽应小于槽宽。

参考文献

[1] Lin G, Van Nguyen T. Effect of thickness and hydrophobic polymer content of the gas diffusion layer on electrode flooding level in a PEMFC [J]. Journal of the Electrochemical Society, 2005, 152(10): A1942-A1948.

[2] Sinha P K, Wang C Y. Pore-network modeling of liquid water transport in gas diffusion layer of a polymer electrolyte fuel cell[J]. Electrochimica Acta, 2007, 52(28): 7936-7945.

[3] Pasaogullari U, Wang C Y. Liquid water transport in gas diffusion layer of polymer electrolyte fuel cells[J]. Journal of the Electrochemical Society, 2004, 151(3): A399-A406.

[4] Das P K, Li X, Liu Z S. Effective transport coefficients in PEM fuel cell catalyst and gas diffusion layers: beyond Bruggeman approximation[J]. Applied Energy, 2010, 87(9): 2785-2796.

[5] Zhou Y, Jiao K, Du Q, et al. Gas diffusion layer deformation and its effect on the transport characteristics and performance of proton exchange membrane fuel cell[J]. International Journal of Hydrogen Energy, 2013, 38(29): 12891-12903.

[6] Markötter H, Manke I, Krüger P, et al. Investigation of 3D water transport paths in gas diffusion layers by combined in-situ synchrotron X-ray radiography and tomography [J]. Electrochemistry Communications, 2011, 13(9): 1001-1004.

[7] Jiao K, Park J, Li X. Experimental investigations on liquid water removal from the gas diffusion layer by reactant flow in a PEM fuel cell[J]. Applied Energy, 2010, 87(9): 2770-2777.

[8] Bazylak A, Sinton D, Liu Z S, et al. Effect of compression on liquid water transport and microstructure of PEMFC gas

diffusion layers[J]. Journal of Power Sources, 2007, 163(2): 784-792.

[9] Nitta I. Inhomogeneous compression of PEMFC gas diffusion layers[J]. 2008.

[10] Santamaria A D, Das P K, MacDonald J C, et al. Liquid-water interactions with gas-diffusion-layer surfaces[J]. Journal of The Electrochemical Society, 2014, 161(12): F1184-F1193.

[11] Gostick J T, Ioannidis M A, Fowler M W, et al. Direct measurement of the capillary pressure characteristics of water-air-gas diffusion layer systems for PEM fuel cells[J]. Electrochemistry Communications, 2008, 10(10): 1520-152.

T/CSAE 96—2019《电动汽车高压部件电磁兼容性能测试方法及要求》团体标准制定

（供稿：上海电器设备检测所有限公司）

一、标准制定背景

随着国内政策的推动和市场的逐步接受，电动汽车的销量与日俱增，电动汽车的品质受到更加广泛的关注，出于法规对整车的要求和客户体验度的日益重视，电动汽车的电磁兼容性问题不仅会影响车辆周围的无线电设备，还会通过传导或辐射方式影响到车辆上电子部件工作的可靠性，直接关系到车辆的安全行驶，电动汽车的电磁兼容特性成为了电动汽车品质提升最为关注的研究课题之一。

电动汽车的电磁兼容特性不仅与整车设计相关，与车内高压部件的电磁兼容特性密切相关。电动汽车上大量采用高压的电力电子器件，如DC-DC逆变器，电机控制器、电池管理器等，电磁发射能量比之前传统车内电子部件大好几倍，而且这些高压部件都是涉及到整车运行安全的重要部件，在车辆行驶过程中都有可能由于EMC问题引起部件失效，电动汽车所产生的电磁兼容问题的严重性和复杂性也远远高于传统燃油汽车，因此电磁兼容问题的解决对电动汽车显得尤为突出。

国内外对电动车内电磁兼容环境研究均非常重视，欧美车系、合资车系在逐步研究高压电气部件之间的电磁兼容性。国际欧盟组织近些年陆续出台了对于电动车高压部件的出口EMC要求，德国的企业也相继推出电动车高压部件的EMC企业标准要求，ISO/IEC相关工作组也在积极地进行电动车高压部件EMC测试方法的研究，国内虽然没有针对电动车高压部件的电磁兼容标准，但一流品牌的车企已经开启了该领域的研究。

本标准（如图7-106所示）紧贴行业需求，以电动汽车高压电气部件为主体，对产品在电磁场方面骚扰和抗干扰能力的综合评价方法，建立产品质量评价指标体系，为国内车企对高压电气部件EMC性能管控提供了很好的支撑。

ICS 43.040
T 09

团　　体　　标　　准

T/CSAE 96—2019

电动汽车高压部件电磁兼容性能测试方法及要求

EMC test method and requirement of high voltagecomponent of Electrical vehicle

2019-03-18 发布　　2019-03-18 实施

中国汽车工程学会　实施

a）

T/CSAE 96—2019

目　次

I

b）

图7-106　电动汽车高压部件电磁兼容性能测试方法及需求（续）

T/CSAE 96—2019

Ⅱ

c）

Ⅲ

d）

T/CSAE 96—2019

Ⅳ

e）

T/CSAE 96—2019

Ⅴ

f）

图 7-106 电动汽车高压部件电磁兼容性能测试方法及需求（续）

二、标准主要内容及关键技术指标

1. 标准主要内容

本标准适用于存在直流 60～1 000 V 供电或交流供电的车载高压电气部件的电磁兼容性测试，主要以驱动电机控制器、车载充电机、DC-DC 转换器、逆变器、动力电池、电加热器、电空调压缩机等高压电气部件为主，规定各项发射类试验和各项抗扰度试验的测试目的、测试条件、测试布置、测量程序和要求，并对各产品测试时的运行状态加以规定，以保证其在严酷的情况下能够符合要求。

本标准制定发射类试验是为了保证电动汽车高压部件在正常运行过程中对所在环境产生的电磁干扰不能超过一定的限值，不能影响到车辆周围的无线电设备；抗扰度类试验是指电动汽车高压部件自身对所在环境中存在的电磁干扰具有一定的抗干扰能力，不能受周围电磁环境的影响。电动汽车部分高压部件涉及到充电端口，本标准还规定了适用于充电端口端的测试项目，如浪涌、脉冲群、谐波发射等，全方面地覆盖了高压电气部件的电磁兼容性能评价。

经过深入研究各类高压部件的电磁特性，预计存在电磁兼容风险，制定了高压电气部件的种类及其测试项目矩阵表，见表 7-25。

表 7-25　测试要求矩阵图

测试项目	高压电气部件种类						
	驱动电机控缺制器注2	车载充电机	DC-DC 转换器	逆变器	动力电池	电加热器	电空调压缩机
传导发射——保护车载接收机（电压法）注1	√	√	√	√	√	√	√
传导发射——保护车载接收机（电流法）注1	√	√	√	√	√	√	√
辐射发射——保护车载接收机注1	√	√	√	√	√	√	√
低频辐射发射——保护车外接收机注1	√	√	√	√	√	√	√
大电流注入	√	√	√	√	√	√	√
静电放电	√	√	√	√	√	√	√
辐射抗扰度	√	√	√	√	√	√	√
快速瞬变/脉冲的抗扰度	N/A	√	N/A	N/A	√	N/A	N/A
浪涌抗扰度	N/A	√	N/A	N/A	√	N/A	N/A
电压跌落抗扰度	N/A	√	N/A	N/A	N/A	N/A	N/A
谐波和谐间波抗扰度	N/A	√	N/A	N/A	N/A	N/A	N/A
高压交流充电电源线的谐波发射	N/A	√	N/A	N/A	N/A	N/A	N/A
电压变化，电压波动和闪烁	N/A	√	N/A	N/A	N/A	N/A	N/A
充电电源线的传导发射——保护车外接收机	N/A	√	N/A	N/A	√	N/A	N/A

注 1：如果后期出现有其他部件，并满足以下条件，可以不用进行该项测试：
该部件不包含电动马达；
该部件不提供或驱动调制电源电压或调制电源电流；
该部件不包含晶闸管。
注 2：驱动电机控制器测试中测功机在暗室/屏蔽室内外均可。

2. 关键技术指标

本标准定义 14 个测试项目，适用于屏蔽高压供电系统测试项目 7 项，适用于充电端口测试项目 7 项。以下是标准研究的重要成果，具有较高的技术创新性。

（1）标准规定了电动汽车内部高压直流供电电气部件的测试方法及要求，包括辐射发射、传导发射、高低压耦合、磁场发射、射频电磁场抗扰等。

（2）标准规定了电动汽车内部交流供电部件的测试方法及要求，包括谐波发射、闪烁、快速瞬态脉冲群、浪涌等。

（3）标准规定了屏蔽系统进行 EMC 测试的搭建要求，包括完整的屏蔽特性的要求、供电端口阻抗稳定的要求、与实车一致性的要求等。

（4）标准规定了不同种类高压部件测试状态的要求，根据其加载大小对 EMC 特性影响的分析，给出 EMC 测试过程中的工况要求。

三、标准应用示范效果

本标准自立项以来就受到整车厂、汽车零部件供应商、第三方检测机构企业的广泛关注，在发布之后，更是得到各方广泛应用。

1. 协会/联盟应用成效

《电动汽车高压部件电磁兼容性能测试方法及要求》（T/CSAE 96—2019）是由上海电器科学研究院牵头组织工作组推进的中国汽车工程学会标准。该标准作为推动电动汽车产业发展的一项前瞻共性标准，自立项后便受到各方的广泛关注和参与，标准起草工作组涵盖 20 家单位，基本包括了中国汽车工程学会、汽车 OEM、科研院所、汽车高压零部件业内知名生产厂家以及相关第三方检测机构。

该标准发布后，每年在相关电动汽车电磁兼容学术会议上对该标准进行了宣贯，并通过微信推送、标准解读等网络媒介进行对标准的宣贯，得到了企业和供应商的积极响应。该项标准已被行业企业单位广泛采纳，深度应用到电动汽车高压电气部件产品研发及测试中。

2. 区域应用成效

该标准适用于电动汽车中高压电气部件产品，对汽车电磁兼容区域板块进行补充，结合整车电磁兼容要求、低压零部件电磁兼容要求以及民用产品的电磁兼容要求和经验，给出规范化、标准化的测试指导，包含每个测试项目的测试目的、测试条件、测试布置、测试程序和要求，弥补高压电气部件 EMC 板块的空缺。

3. 行业应用成效

该标准测试项目被汽车主机厂电磁兼容部门所采纳和认可。该标准技术水平先进，对不同的新能源汽车高压零部件的电磁兼容要求非常清晰，非常专业和全面地覆盖了汽车电磁兼容领域所涉及到的各种问题。汽车主机厂推荐供应商前期开发高压部件产品时，用该标准作为一个标杆标准进行考核 EMC 性能，至少要满足该标准中的测试限值要求及等级。同时很多国内车企都以该标准作为借鉴，引用其中的测试项目、测试条件、测试布置和测试程序等转换为自己的企业标准。

4. 国际/海外应用成效

国际跨国汽车及零部件企业积极参与我国电动汽车高压团体标准的探讨，并推动该标准在汽车企业中的应用实施。目前，我国在电动汽车高压部件电磁兼容领域标准制定与推动国际化应用具备一定的优先优势与基础。工作组会议正联合相关整车企业、零部件企业、科研院所以及高校积极推动该标准的发展。

通用、大众、长安、上汽、奇瑞、广汽、比亚迪等车企及德尔福、联电、博世、华域、电驱动、东软、捷能等三电龙头企业，都积极参与到标准的制定，并推动该标准在相关产品中研发及测试环节中的应用，以提高产品的电磁兼容品质。2019 年 10 月，中国汽车工程学会电磁兼容分会成立大会暨汽车电磁兼容技术研讨会在上海组织举办，该会议吸引到来自中、欧、日、韩等全球 100 多家企业的积极参与，这对推动该标准的国际化应用和全球化发展具有重要的示范意义。

上海电器科学研究院、上海电器设备检测所有限公司作为牵头组，会一直积极推进高压部件电磁兼容团体标准，支撑产业对该领域技术标准的需求，解决汽车行业 EMC 技术难题，推动汽车行业 EMC 技术水平的进步，引领全球电动汽车技术发展。

四、标准应用前景

随着该标准的推广应用，将加快我国电动汽车品质的发展，带来巨大的经济和社会效益。我国政府在发展电动汽车方面实施的一系列政策、重大研究计划，取得了重要进展。通过对中国燃料电池电动汽车、纯电动汽车和混合电气汽车技术现状的研究，以及对电池、电机、控制器等电动汽车关键技术的发展，以及各企业高校在电动汽车研发方面取得的成果分析，在未来对电动汽车的产品品质更加高标准、严要求，满足车内复杂的电磁干扰环境，还需要提高用户整体的满意度和舒适度。

我国汽车的电磁兼容标准体系已经初步建立，但在完备性、整体性、专业性上还存在欠缺，作为一项基础标准，该标准未来支撑国家标准制定，服务电动汽车高压电气部件，指导相关高压电气产品开发与测试方面将发挥重要作用，能够有效地降低其导致整车 EMC 问题的风险，可以在车辆开发初期找到问题、解决问题、节约成本，提升电动汽车高压部件品质，规范车辆开发流程，促进电动汽车产业的发展。

目前国内从事汽车整车研发和生产的企业数量达到 400 多家，从事电动汽车“大三电、小三电”的高压部件研发生产的主流企业有 30 多家，该标准对新能源高压零部件 EMC 的管控能有效地指导整车企业对整车 EMC 性能的管控，尽可能早地预测 EMC 风险，并且对于提高不同实验室之间测试的一致性起到很大的推动作用。

节能与新能源汽车年鉴

YEARBOOK OF ENERGY-SAVING AND NEW ENERGY VEHICLES

第八篇 Section Ⅷ

大事记

Chronicle of Events

一、2019 年新能源汽车行业新增项目

Chapter 1 New Projects of New Energy Automotive Industry in 2019

1 月

2019 年 1 月 4 日 江西省发展改革委核准江西荣成机械制造有限公司年产 5 000 辆新能源商用车生产项目，项目总投资 53 000 万元，建成后将形成年产 5 000 辆新能源商用车的生产能力。

2019 年 1 月 6 日 国轩高科动力能源有限公司工程研究院和 20 万套电动汽车动力总成控制系统项目奠基仪式在合肥举行，国轩高科包河项目总投资约 20 亿元，总建筑面积约 15 万平方米，项目以国轩高科工程研究总院为核心，从电池材料的基础研发入手，到多款电芯的设计开发，产品认证，到电池的梯次利用及回收，努力成为世界水平的电池研发基地。

2019 年 1 月 7 日 湖北恩施市政府和深圳市伟丰新能源有限公司就动力电池生产项目正式签订投资协议。项目总投资约 20 亿元，分 3 期建设。2019 年 8 月底前，建成 4 条动力电池生产线；2020 年，新建成 2 条充电桩及充电线、2 条动力电池电芯生产线和固态电芯生产线；2021 年，新建成 4 条动力电池生产线和 2 条动力电池电芯生产线。该项目 2022 年将形成完整的产业链体系，年收入 40 亿元以上。

2019 年 1 月 8 日 滴滴（北京小桔科技有限公司）与太原市政府签署战略合作协议，根据协议，双方将在共建新能源共享汽车产业园等方面展开合作，双方将基于滴滴的“洪流联盟”合作计划，推动在太原建成新能源共享汽车定制化研发、生产、经营完整的产业链、业务链和价值链。

2019 年 1 月 8 日 江苏省发展改革委核准盐城国投 · 江苏国新新能源乘用车有限公司年产 7 万辆碳纤维轻量化纯电动乘用车项目，项目位于盐城经济技术开发区内，总投资 29.5 亿元，总建筑面积 16.8 万 m^2，分两期建设，一期按照碳纤维复合材料热固成型（HP－RTM 为主）工艺建设年产 2 万辆碳纤维轻量化纯电动乘用车能力，二期按照碳纤维复合材料热塑成型工艺（C－SMC、LET－D 为主）建设年产 5 万辆轻量化纯电动乘用车能力。

2019 年 1 月 8 日 江苏省发改委核准康迪电动汽车江苏有限公司年产 5 万辆纯电动乘用车项目，项目位于江苏省如皋市。

2019 年 1 月 9 日 乐金化学（中国）投资有限公司（LG 化学）与南京市政府签订投资合同，根据合同，LG 化学将再投资 1.2 万亿韩元（73 亿人民币）扩大其在南京的工厂。LG 化学计划到 2020 年，在南京经济开发区的电动车电池以及小型电池工厂投资 6 000 亿韩元。此外，LG 化学计划在 2019 年年底前在南京滨江经济开发区建成第二家电动车电池厂，总投资 2.1 万亿韩元。

2019 年 1 月 10 日 河南省发改委核准批复河南森源电动汽车有限公司年产 5 万辆纯电动乘用车建设项目，该项目位于许昌市城乡一体化示范区，规划用地 3 000 亩作为森源乘用车生产基地，投入资金超百亿元。

2019 年 1 月 10 日 由中交科创科技有限公司与德国 Streetscooter 公司合资建设的智能制造新能源汽车项目正式签约，项目总投资约 38.4 亿元（人民币，下同），分为 STS 电动物流车和 e. GO 电动乘用车两期。其中，STS 电动物流车投资约 12.6 亿元，预计两年内建成；e. GO 电动乘用车投资约 11.3 亿元，将在 STS 电动物流车项目建成后启动建设；其他投资约 3.5 亿元。

2019 年 1 月 17 日 江西发改委同意对国机智骏新能源汽车项目予以备案，国机智骏汽车有限公司年产 10 万辆新能源汽车项目总投资 25.15 亿元，其中建设投资 21.775 7 亿元，流动资金 3.374 3 亿元，项目建成后可形成年产 10 万辆纯电动乘用车生产能力。

2019 年 1 月 20 日 星恒电源（滁州）有限公司举办星恒滁州基地揭牌典礼，项目占地面积 1 000 亩，设计总产能 50 GWh，分四期建设，一期产能规划 5 GWh，2018 年开工建设，2019 年 4 月建成投产；二期项目将于 2020 年底建成投产；整体项目将于 2022 年全部完成。

2019 年 1 月 21 日 知豆电动汽车有限公司、浦口经济开发区和金沙江资本就“年产 20 万辆新能源汽车制造基地项目”签订协议，项目总投资达 120 亿元，依托知豆公司自有知识产权和专利技术生产新能源乘用车整车，车型包括轿车和 SUV。项目一期 10 万辆整车（纯电动）建设项目达产后，预计实现年销售额 100 亿元；二期 20 万辆整车（纯电动）建设项目达产后，预计实现年销售额 200 亿元。

2019 年 1 月 23 日 烟台开发区管委与杭州长江汽车有限公司正式签约，根据协议，杭州长江汽车有限公司将在烟台开发区投资 100 亿元建设新能源汽车整车生产基地，主要从事纯电动商用车、纯电动乘用车及核心零部件研发、生产、销售。项目计划 2020 年底正式建成投产，达产后，预计年产值 600 亿元。

2019 年 1 月 30 日 江苏吉麦新能源汽车项目通过国家工信部新能源汽车生产准入评审，项目位于徐州贾汪区工业园区，由江苏金彭车业有限公司和香港苏中集团联合建设，总投资 34 亿元，规划建设新能源汽车 5 万辆、新能源载货汽车及物流车 10 万辆等。其中，新能源汽车生产项目是一期工程，总投资 19 亿元，占地 640 亩，建筑面积约 35 万 m^2，年产新能源乘用车 5 万辆，预计年营业额约 50 亿元，利税约 4 亿元。新能源载货汽车及物流车 10 万辆项目是二期工程，预计于 2019 年上半年开工建设，2020 年 9 月底建成投产。

2 月

2019 年 2 月 17 日 青海时代新能源科技有限公司 3 条锂电池生产线投料生产，这 3 条生产线是青海时代新能源二

期动力及储能电池项目建设内容之一，项目计划总投资9.95亿元，分两个阶段引进电池生产线6条，达产后年产动力及储能电池8 GWh。

2019年2月18日 浙江永源集团有限公司与江苏省连云港市经济技术开发区签署框架投资协议，双方就“年产10万辆新能源汽车整车制造项目”达成合作意向。该项目总投资约25亿元，涵括物流车、SUV、微型轿车等车型的研发、设计、制造、组装、销售为一体的整车制造项目，达产后可实现年销售收入约100亿元。

2019年2月18日 睢宁巨电动力电池项目在江苏徐州正式开工，该项目由福建巨电新能源股份有限公司投资建设，位于睢宁空港经济开发区，占地633亩，总投资30亿元，建筑面积20万^2，年产10亿Ah单体大容量固态聚合物动力锂电池，配套建设储能电站。其中，一期建筑面积10万m^2，年产500 Ah超大容量动力锂电池4亿Ah，项目全部建成后年产值75亿元。

2019年2月18日 开沃新能源乘用车徐州生产基地项目在江苏徐州市正式开工，项目设计为总产能30万辆/年，满足生产所需的核心零部件的电池PACK工厂。分二期实施，一期总投资约30亿元，产能为12万辆/年，可实现15万辆/年，计划2020年6月投产；乘用车销售达到15万辆/年后启动二期建设，总投资约40亿元，新增产能15万辆/年。

2019年2月19日 由LG化学与浙江华友合作投资的“LG化学动力电池正极材料项目”在无锡市正式开工，项目总投资340亿元，一期总投资约67亿元，产能规划10万t，年销售200亿元，2019年当年投资25亿元。项目占地259亩，一期建筑面积约6.4万m^2，2019年12月完成建设并进行试生产，2020年5月量产并对外销售。

2019年2月19日 远景投资集团“江阴远景AESC动力电池项目”在无锡市正式开工，该项目位于江苏省无锡市江阴临港经济开发区，总投资220亿元，2019年当年投资2亿元，用地总规模2 000亩，分三期建设，年产20 GWh的三元锂动力电池和电极材料，全部达产每年可满足约40万辆新能源汽车使用需求。

2019年2月19日 北京联动天翼科技股份有限公司“联动天翼锂电储能系统项目”在无锡市正式开工，项目总投资200亿元，2019年当年投资20亿元，项目占地面积1 000亩，年产30 GWh新型大功率轻量化高密度锂电池。其中一期项目占地约200亩，设计产能5 GWh，2019年9月完工投产，主要涉及锂离子电池和模组、EV动力系统、储能系统的研发和制造。

2019年2月19日 格林美股份有限公司“格林美锂电池正极材料智能制造二期项目”在无锡市正式开工，二期项目总投资8亿元，2019年当年投资2亿元，项目占地40.5亩，新建新能源汽车消费区、光伏储能电站等配套设施，建成后年产3万t锂电池正极材料。

2019年2月19日 安普瑞斯（无锡）有限公司“安普瑞斯高能量聚合物锂离子电池项目”在无锡市正式开工，项目总投资3亿元，新增年产1.8亿Ah（6 000万支电池）聚合物锂离子电池，2019年投资1.5亿元。

2019年2月19日 南京金龙纯电动商用车项目在渭南经开区集中开工，项目占地2 000亩，总投资约80亿元，主要建设纯电动商用车生产基地。计划分两期建设，一期建设1万辆电动专用车、9万辆电动卡车生产基地，二期建设按照一期生产规模进行建设，全部建成投产后将形成年产2万辆电动专用车、18万辆电动卡车生产规模。

2019年2月19日 中车新能源产业基地建设项目在渭南经开区集中开工，项目占地50亩，投资约3亿元，总建筑面积约1.9万m^2，项目建成后，将形成年产300台风电整机及300台（套）关键部件的生产能力，项目达产后，预计年实现产值约20亿元。

2019年2月20日 长城汽车集团与泰州市人民政府就长城汽车整车项目正式签约，“长城汽车整车项目”由长城控股集团旗下长城汽车股份有限公司投资兴建，先期投资80亿元，在高港区建设汽车整车、内外饰及底盘制造项目。同时，规划实施以汽车整车制造为核心、关键零部件为配套及汽车金融、汽车保险、共享出行等业务。

2019年2月20日 北京亿华通科技股份有限公司与成都市龙泉驿区政府签署战略合作协议，双方将依托成都市丰富的可再生水电资源优势，推动燃料电池汽车商业化应用，打造西部氢能产业生态。根据协议，双方将利用当地便利条件，建设面向中西部、面向“一带一路”的西南地区燃料电池产业研发与制造基地。

2019年2月22日 重庆比亚迪新能源汽车电池生产基地开工活动在璧山区举行，比亚迪新能源汽车电池生产基地项目总投资100亿元，建设锂离子电池生产线8条，生产动力电池电芯、模组等核心产品并发展相关配套产业，项目全部建成后将形成年产动力电池20 GWh能力，成为全国重要的新能源汽车电池生产基地。

2019年2月23日 长城控股集团有限公司与浙江省平湖市政府就“长城汽车平湖基地型项目”签约，项目位于开发区平湖经济技术开发区，包括整车项目、长三角研发中心、长城出行3部分，占地面积1 200亩，总投资110亿元。其中，整车项目总投资52亿元，备案年产10万辆，其中新能源汽车5万辆，整车项目预计2021年投产运营；研发中心总投资50亿元，将建设造型、试制、核心零部件、“自动驾驶+智能网联”等研发模块；长城出行总投资8亿元，主要面向新能源汽车着力打造移动出行服务平台，一期将投放新能源汽车2 000辆以上。

2019年2月25日 重庆西部物流园2019年将投资2亿元新建能源汽车智慧物流产业园，项目占地45亩，集新能源汽车体验中心、新能源汽车互联网数据服务及结算中心、新能源汽车仓储分拨中心、新能源汽车锂电池检测中心、新能源汽车充电站、汽车综合检测中心等功能于一体。

2019年2月26日 恒大集团有限公司与郑州市人民政府就“恒大新能源汽车和动力电池项目”举行签约仪式，项目包含恒大汽车组装厂和锂电池厂，占地2 000余亩，2019年4月奠基、6月动工。

3月

2019年3月4日 江西赣锋锂业股份有限公司固态电池产线建设项目装修及机电安装工程举行开工仪式。项目投资不超过2.5亿元，建设期2年，建设1条年产亿瓦时级的第一代固态锂电池研发中试生产线，开展第一代产品在新能源汽车用户的推广和市场投放。

2019年3月7日 惠州亿纬集能有限公司与惠州仲恺高新区管委会就亿纬集能在惠州仲恺（国家级）高新技术产业开发区辖区范围内投资建设动力电池项目签订《项目投资建设协议书》，项目计划固定资产投资总额约为30亿元，亿纬集能确保固定资产投资总额不低于20亿元，总建设期不超过3年，全部建设并达产后，汽车软包电池芯、模组和储能相关产品产能不低于5.8 GWh。项目建成后将主要面向高端新能源乘用车市场，研发生产汽车用软包电池芯、模组和储能相关产品。

2019年3月8日 沧州渤海新区与河北华伦泰兴物流有限公司签署投资合作战略协议，根据协议，华伦泰兴投资77亿元在沧州渤海新区建设纯电动重卡总装厂项目，项目于2020年年底前建成投产，可年产新能源纯电动牵引车、自卸车、特种车辆10万辆。

2019年3月12日 西安市政府与北京嘀嘀无限科技发展有限公司、中国普天信息产业集团有限公司两家企业签署战略合作框架协议，根据协议，三方将在建立滴滴丝路总部、发展城市智慧交通、完善西安新能源充电设施等方面开展合作。

2019年3月14日 长城控股集团有限公司旗下蜂巢能源科技有限公司“蜂巢能源研发中心项目”在江苏省无锡市锡州花园酒店举行签约仪式。项目位于锡山经济技术开发区，总投资约10亿元，注册资本3亿元，占地面积212亩，厂房面积96 781 m^2，2025年全面建成达产，总销售额将超过80亿元。

2019年3月20日 天际汽车长沙新能源项目启动建设，项目总占地面积500亩，总投资51亿元，2020年11月竣工，项目建成达产后，将形成年产6万辆新能源乘用车生产能力，可实现年产值130亿元以上，生产天际汽车旗下高端电动车型。

2019年3月21日 福建雪人股份有限公司与重庆两江新区管理委员会、重庆市经济和信息化委员会签署《投资燃料电池发动机及其核心零部件制造项目合作协议》。根据协议，雪人股份在重庆市两江新区投资设立燃料电池发动机及其核心零部件制造项目，项目总投资45.5亿元，将通过三期建设，最终达到年产10万套燃料电池发动机及电堆等核心部件的产能，同时在重庆市分期建设35座加氢站。

2019年3月21日 江门市科恒实业股份有限公司与溧阳经济开发区管理委员会签署《科恒锂电新能源智能产业园项目投资意向书》，根据协议，科恒股份在溧阳经济开发区依托其锂电设备和锂电正极材料等产业投资建设科恒锂电新能源智能产业园项目，项目总投资30亿元，总体规划土地面积400亩。

2019年3月22日 中能源氢能科技（茂名）有限公司氢能源产业基地举行启动仪式，氢能源产业基地项目投资1.5亿元，将分期建成8万套/年的生产能力。

2019年3月25日 由浙江氢谷新能源汽车有限公司投资建设的氢谷新能源产业园建设项目举行奠基仪式，项目总投资120亿元，总用地1 450亩，包括氢燃料电池总成制造、氢燃料商用车制造、锂离子电池PACK、新能源自动无极变速箱及IGBT等，项目年产燃料电池及系统集成3万套、镁基锂电池集成9万套/50 kW、新能源重卡专用自动变速箱15万套、氢能源重卡4万台。项目分两期建设完成，一期零部件生产基地总投资57.74亿元，用地829亩，于2021年前建成投产，建设后主要生产氢能源特种车、燃料电池、镁基锂电池、GCVT变速器等，将形成年产3万套新能源汽车氢燃料电池等零部件的生产能力。

2019年3月25日 山西美锦能源股份有限公司与嘉兴秀洲高新技术产业开发区管理委员会签署《美锦能源氢能汽车产业园合作框架协议》，根据协议，美锦能源成立氢能产业联盟，在嘉兴市秀洲区投资建设美锦氢能汽车产业园。产业园总体规划用地2 000亩，总投资100亿元。美锦能源将积极引进氢能产业投资项目落地嘉兴管委会区域，相关投资项目包括但不限于整车、电堆、制氢、储氢装备项目；美锦能源将积极搭建氢能基础设施建设运营平台，并积极利用嘉兴管委会本地金融资源，发起设立氢能源产业基金，用于产业链重大项目投资。

2019年3月27日 南京市溧水区人民政府与南京鼎通园区建设发展有限公司（华夏幸福基业股份有限公司下属全资子公司）、欣旺达电动汽车电池有限公司（欣旺达电子股份有限公司全资子公司）在江苏南京签署合作协议。根据协议，欣旺达在南京溧水产业新城建设动力电池电芯、PACK制造研发设计及生产基地，主要从事动力电池电芯、电池模组和电池系统的研发设计及生产销售。项目计划总投入120亿元，一期投入35亿元，投资建设8 GWh电芯和8 GWh电池系统生产线项目；二期投入40亿元，项目将新增10 GWh电芯和10 GWh电池系统生产线；三期投入45亿元，项目将新增12 GWh电芯和12 GWh电池系统生产线；项目达产后可形成30 GWh的产能。

2019年3月29日 南京嘉远特种电动车制造有限公司与安徽猎豹汽车有限公司就“高速电动汽车项目”签署合作协议，根据协议，双方正式达成整车代工生产项目合作，安徽猎豹将为南京嘉远一款2门4座小型高速电动汽车代工。南京嘉远负责车辆开发、制造的部分（包括模具、原材料的采购等）、车辆的营销及售后服务工作，安徽猎豹以收取代工费的方式在其生产线上生产组装此款纯电动汽车。该车NEDC工况下续驶里程为260 km，并将以安徽猎豹汽车嘉远牌取得公告。

2019年3月29日 江苏卫蓝新能源电池有限公司固态电池一期项目正式奠基。项目总投资5亿元，一期项目投资1.8亿元，建设内容主要包括固态电池生产厂房等，将于2020年3月投产，建成后将形成年产1亿Wh固态电池生产规模。

2019年3月30日 北汽勇士新能源汽车项目在盐城开发区正式启动，项目总投资42亿元，达产后年整车产能为15万辆，预计年销售收入300亿元。此次启动的一期项目总投资20亿元，建设冲压、焊接、涂装、总装四大生产线、电池PACK车间以及全厂性设施，年产两款计5万辆高档新能源越野车。项目2020年底实现SOP批量生产。

2019 年 3 月 30 日 中氢能源公司与河北定州市就氢能产业达成重大合作部署：成立由定州市委书记及市长任组长并各相关部门主要负责人组成的定州市氢能产业发展领导小组，负责全市氢能产业发展整体协调和各项相关工作的具体推进实施，打造成北方氢能源产业基地；由定州市发改委牵头，中氢能源公司联合清华大学负责迅速制定出台定州市氢能产业发展整体规划；定州市政府、中氢能源公司等各方联合成立联合股份公司，负责定州市氢能产业发展的具体实施；落实各合作单位、各合作企业的具体分工，由中氢能源公司负责提供技术支持及产业发展规划指导，推动从制储运氢、加氢、氢燃料电池研发生产、氢燃料电池汽车开发制造、氢能产品示范应用"五位一体"的氢能产业链的建设与形成。

4 月

2019 年 4 月 8 日 佛山市南海区人民政府、武汉理工大学、佛山市泰罗斯新能源汽车氢动力系统有限公司三方在丹灶镇政府共同签订《共建广东武汉理工大氢能产业技术研究院框架协议书》。根据协议，三方将共同探讨氢能技术与产业化实践应用的发展战略，增进双方在技术、人才和资本的良性互动，全面推动南海氢能产业的加速发展。通过氢能产业技术研究院的搭建，将武汉理工大学的一些技术、人才方面的资源转移到南海，为南海新能源汽车和氢能产业的发展作出贡献。

2019 年 4 月 12 日 美国 UL 与常州市武进区国家高新区签署投资协议，在常州建立大电池检测实验室。项目一期建设动力电池检测实验室，建筑面积 9 000 m^2，将于 2020 年年初投入运营。实验室的测试产品将覆盖动力电池电芯、组件、电池包、电池系统等整个汽车动力电池产业链，并将延伸至智能电动汽车相关业务的检测。

2019 年 4 月 13 日 重庆市南岸区政府、重庆盼达汽车租赁有限公司、重庆地大工业技术研究院有限公司签订三方战略合作协议，根据合作协议，将在重庆率先开展氢能"共享汽车"项目，通过新建加氢站、油氢合建站、气氢合建站等形式，建设氢、油、气、电 4 站合一的项目，快速推动重庆加氢站建设布局。2019 年年底，200 辆首批格罗夫氢能乘用车投入分时租赁业务，并在重庆和武汉两座城市示范运营。

2019 年 4 月 13 日 湖北襄阳市政府与武汉金凰实业集团有限公司签署战略合作补充协议，根据协议，武汉金凰将在襄阳增量投资 20 亿元，其中 10 亿元将用于氢燃料电源项目一期建设。一期项目建设年产 1 万台氢燃料电源系统，实现 50 亿元产值，项目总体建成后，氢燃料电源系统生产能力发展到 10 万台，并将形成 300 亿元的全产业链发展规模。

2019 年 4 月 14 日 三环集团有限公司、湖北省铁路建设投资集团、湖北氢阳新能源控股有限公司、中国民生信托有限公司、武汉金凰实业集团有限公司五方在武汉举行《氢能交通应用战略合作框架协议》签约仪式，根据协议，各方一致同意充分发挥各方的资本、技术和产业链整合能力等优势，共同推进新能源汽车、火车机车氢燃料电池动力装置研制，加快基于液体有机储氢技术燃料电池在汽车等领域大规模商用。

2019 年 4 月 17 日 福田汽车与华为技术有限公司签署战略合作协议，根据协议，双方将整合优势资源，在车载计算与智能驾驶等领域开展战略合作，开启 5G 时代商用车全智能化体系建设。

2019 年 4 月 19 日 中国石油天然气股份有限公司北京销售分公司与北京海珀尔氢能科技有限公司签署战略合作协议，根据协议，双方将联合把位于北六环和京藏高速交会处的加油站扩建为液气氢加氢、加油合建站，同时建设一座附属氢能应用示范展示中心。该站建成后将有效缓解市内现有燃料电池车辆能源需求，并为 2022 年冬奥会燃料电池示范车辆提供加氢保障。

2019 年 4 月 22 日 湖北来度储能科技有限公司与中铁二十四局集团有限公司在湖北来度储能公司总部举行《来度储能 4G 基建项目》签约仪式。项目一期产能 4 GWh 将按 6∶4 结构，分别应用于储能和大巴；二期、三期规模 16 GWh，建设周期 24 个月，除了加大储能和动力电池市场的拓展外，增加生产钛酸锂储能电池、燃料电池、电机、电控、电池三电总成产品。

2019 年 4 月 23 日 苏州市华昌能源科技有限公司建设的"氢燃料电池及检测设备中试生产线项目"收到张家港市环境保护局核发的环评批复该。项目主要从事燃料电池电堆、动力模块、测试平台生产并建立燃料电池测试中心，分两期建设，一期年产电堆 100 台、动力模块 50 台，测试平台 30 台并建立可对外承接 6 MW 测试任务的测试中心；二期年产电堆 50 台、动力模块 50 台，测试平台 20 台并建立可对外承接 7 MW 测试任务的测试中心。

2019 年 4 月 23 日 天际汽车新能源青岛基地项目在平度市正式开工，项目规划占地约 500 亩，总投资 26.8 亿元，一期计划投资 11.31 亿元，占地约 222.8 亩，计划于 2019 年底一期竣工，2020 年 4 月试生产，6 月投产。一期达产后，可实现年产新能源商用车 2 万台，实现销售收入 50 亿元。项目两期全部达产后，年可实现产值 160 亿元。

2019 年 4 月 23 日 成都市人民政府与中国东方电气集团有限公司、国家能源投资集团有限责任公司、中国长江三峡集团有限公司四方共同签署《氢能及燃料电池产业战略合作协议》，联手打造氢能及燃料电池产业链示范，推动氢能产业快速发展。

2019 年 4 月 23 日 中国一汽与长春市人民政府签署战略发展框架补充协议，根据补充协议，双方将深化战略合作，共同推进红旗品牌振兴和长春市汽车产业转型升级，共同打造一个有历史承载、宜产宜居、面向未来、彰显汽车文化的国际汽车名城。

2019 年 4 月 24 日 时代一汽动力电池有限公司（宁德时代新能源科技股份有限公司与中国第一汽车股份有限公司共同合资设立）在福建省宁德市霞浦县经济开发区投资建设动力电池项目，项目用地面积约 645 亩，建设期限 36 个月，投资总额不超过 44 亿元。合资公司主要从事锂离子电池、动力电池、超大容量储能电池及电池系统的开发、生产、销售等业务。

2019 年 4 月 24 日 宁德时代控股子公司宁德邦普循环科技有限公司在宁德市福鼎市生态合成革（龙安）工业园区投资建设正极材料项目，项目投资不超过 91.3 亿元，分两期建设,总体建设期为5年,建成后将拥有10万t NCM正极材料产能以及10万t前驱体产能。

2019年4月24日　湖南杉杉能源科技股份有限公司在长沙高新技术产业开发区投资建设锂离子电池高镍正极材料项目,设计综合产能28 800 t/年,固定资产投资金额约15.8亿元,进一步扩大杉杉能源高镍/NCA等高端动力产品生产规模。

2019年4月25日　常州市政府与比亚迪汽车有限公司就比亚迪华东新能源乘用车及核心零部件产业园基地项目在南京签约,项目总投资100亿元,规划年产能40万辆,达产后年产值可超500亿元。常州基地将主要生产王朝系列、e平台(纯电动车型平台,从A00到C级车型,共10款)系列车型,拟生产产品的百公里能耗17.3~17.9 kWh,续驶里程450~600 km。

2019年4月29日　力神电池青岛基地一期投产暨新产品发布会在青岛隆重举行,项目总体规划年产10 GWh磷酸铁锂方型锂离子电池系统,生产线环境设备能力可兼容磷酸铁锂和三元体系。项目一期总投资15.7亿元,年产能4 GWh,达产后每年将为2万辆大巴或者12万辆乘用车提供配套;项目二期总产能将达到10 GWh,全部达产后年产值将超过100亿元。

2019年4月30日　吉利科技集团与嘉兴秀洲区政府就"吉利科技集团新能源电池研究院项目"正式签约,项目位于嘉兴秀洲国家高新区,总投资约30亿元,将建设电芯研发中心、电源系统研发中心、分析测试中心、前沿技术开发中心等,2019年年内将正式运营。

5月

2019年5月6日　广州汽车集团股份有限公司合营公司广汽丰田汽车有限公司有关新能源车产能扩建项目一期、二期投资获双方股东批准,项目总投资1 132 988.6万元人民币,两期项目合计新增产能40万辆/年,计划2022年全部建成投产。

2019年5月9日　易高新能源公司锂离子动力电池项目在邵阳市正式签约,项目总投资8亿元,用地约300亩,将在经开区建设锂离子动力电池及组装生产基地。

2019年5月13日　北京首航艾启威节能技术股份有限公司(首航节能)与大同市政府签署《氢能产业项目框架合作协议》,根据协议,未来5年内,首航节能在大同投资建设10~20座加氢站,在2020年6月前,首航节能在城市区域内建设2~3座加氢站,大同市政府保证在加氢站投运前为首航节能指定燃料电池公交车型引导200~300台订单,首航节能每在城市区域内建设一座加氢站,在加氢站投产运营前,大同市政府为首航节能指定燃料电池车型引导不少于100台订单。

2019年5月13日　鸿达兴业股份有限公司与中国石化内蒙古分公司签署新能源发展合作框架协议,根据协议,鸿达兴业全资子公司乌海化工有限公司对制氢、储氢、运氢及氢能应用提供技术支持,保障合作项目(加氢站)正常运营;对现有加氢站项目的加注能力包含35 MPa和70 MPa两种气体加注方式,提供加氢站的设备及设置液氢储罐提供技术支持,对后期的液态氢气提供运输保障,以及加氢站的新能源推广工作。中国石化内蒙古分公司参与加氢站项目建设,并发挥已有381家站点网络布局优势,可以利用加油站附设加氢、加气功能或者加氢站附设加油及加气功能等,实现共建、共享、共赢的合作模式;负责综合站的整体运营工作。

2019年5月14日　孚能科技将投资6亿欧元(约合人民币46.4亿元)在德国建立工厂,新工厂预计首期产能6 GWh,到2022年正式投产,未来将进一步升级产能至10 GWh。

2019年5月14日　青海省与德阳东深新能源科技公司达成投资合作意向,项目总投资31.86亿元,包括年产15万t铝空气电池用燃料铝加工、5万套铝燃料电池、5 000辆纯电动环卫车、3万辆冷链车,以及一个铝空气电池实验室在内的全电池产业链项目。

2019年5月15日　北汽福田汽车股份有限公司将建设智能网联、电子电控、EMC、电动车、NVH、底盘传动、重型车环模、材料、车身、整车对标、整车评价11个试验室及氢燃料客车试制验证车间、研发用试车跑道,项目总投资126 757万元,建设期3年。

2019年5月16日　深圳市长盈精密技术股份有限公司在深圳投资设立全资子公司深圳市长盈氢能动力技术有限公司,新公司注册资本为1亿元,主营氢燃料电池金属极板的研发、生产和销售。

2019年5月16日　嘉兴德燃动力系统有限公司与重庆两江新区签约,德燃动力将投资建年产3 000套车用氢燃料电池系统与核心部件生产基地,项目达产后预计产值达25亿元。项目一期建设将于2019年年内正式启动,初期规划实现500辆燃料电池车示范运行,并形成有竞争力的产品,带动上下游产业转型升级,优化当地氢能与燃料电池产业生态链。

2019年5月19日　中能建投实业控股(广州)有限公司与重庆市忠县签署"氢能(低压储氢)商用车忠县汽车产业园"项目。项目总投资27亿元,分两期建设,一期投资7亿元,达到年产2万辆新能源汽车生产能力;二期投资20亿元,新建新能源汽车和氢燃料电池产业园,包括整车研发中心、氢能源轻卡、重卡和公交车总装线、氢燃料生产线、氢能源储存中心、氢燃料技术运用研究院等。

2019年5月20日　江苏金通灵流体机械科技股份有限公司与黑龙江省双鸭山市集贤县人民政府在南通签订《黑龙江省双鸭山市集贤县生物质气化提氢、热电联产项目合作协议》。根据合作协议,双方按照国家节能减排和发展循环经济的要求,对集贤经济开发区化工园区投资建设2×1亿立方生物质气化提氢项目及30MW生物质气化热电联产项目。

2019年5月23日　安徽利维能动力电池有限公司动力电池一期正式投产暨二期项目开工,项目总投资50亿元,分两期完成,年产能10 GWh,项目达产后预计可实现年产值100亿元。二期项目总设计产能5 GWh,占地202亩,建设周期2年,预计2021年投产,将具备总10 GWh锂离子动力电池的年生产能力。

2019年5月27日　大众汽车集团(中国)旗下全资子公司逸驾智能科技有限公司与合肥市人民政府及安徽江淮汽

车集团股份有限公司，就落户安徽合肥的智慧城市项目在西班牙巴塞罗那签订战略合作框架协议。根据协议，大众汽车集团（中国）将与逸驾智能、江淮汽车一起，在合肥市政府的支持下，在网约车、分时租赁、自动驾驶技术等智慧出行平台展开合作。

2019 年 5 月 27 日 第九城市有限公司和电动车充电设备及运营平台提供商深圳驿普乐氏科技有限公司签署合资协议，根据合作协议，双方共同成立合资公司，主要从事新能源电动汽车充电设备销售、充电站建设、投资、施工及运营等业务，为电动车城市充电设备及平台提供产品及运营服务。双方计划首年布局 1 ~ 2 个城市，设置 10 ~ 20 个大中型充电场站，第二年继续布局 3 ~ 5 个城市，设置 30 ~ 50 个大中型充电场站。

2019 年 5 月 28 日 宁乡比亚迪动力电池生产基地一期正式开工建设，项目总投资 50 亿元，主要包括动力电池电芯、模组以及相关配套产业等核心产品的制造。

2019 年 5 月 30 日 北汽鹏龙（沧州）新能源汽车服务股份有限公司动力电池梯次利用及资源化项目一期在河北省黄骅市正式奠基，项目将分两期建设。一期为梯次利用项目，选址黄骅，占地面积 230 亩，预计总投资 5.26 亿元，分 3 个阶段实施。其中，一阶段投资 1.27 亿元，主要用于土地、厂房和设备、产品与技术开发等，2020 年建成投产，形成 0.7 GWh 的产能。二阶段投资 2.08 亿元用于产能扩建，2022 年建成投产，总产能达到 4.9 GWh。三阶段投资 1.91 亿元用于产能扩建，2025 年投产，项目总产能达到 10.5 GWh（30 万套）。二期为资源化回收项目，拟投资 12 亿元，主要从事动力电池的回收处理、资源化。二期项目计划在一期项目建成投产后启动建设，建成后将具备年处理 40 万套（约 10 万 t）废旧动力电池的回收处理能力和 2 万 t 三元正级材料前驱体的生产能力。

2019 年 5 月 30 日 开沃新能源汽车智造基地项目正式开工，项目总投资 100 亿元，全部建成后将具备年产 1 万辆电动客车、18 万辆电动物流车、10 万辆电动乘用车的生产能力。项目一期投资 30 亿元，主要建设新能源客车车身冲焊联合厂房、车身涂装车间、车架联合厂房、总装车间、检测调整车间、电池 PACK 车间等生产配套设施。项目一期建成后，将具备年产 1 万辆新能源客车和 3 万辆新能源物流车的生产能力。

6 月

2019 年 6 月 1 日 浙江省内首座氢电综合供能服务站在嘉兴市开建，项目将在 2019 年 7 月底前建成并具备投运条件，服务站内布置两台充电功率达 60 kW 的分体式充电桩和一套加氢量达 500 kg 的加氢系统，将为氢燃料电池公交车和物流车提供加氢服务。

2019 年 6 月 2 日 比亚迪与广州增城市政府就“比亚迪锂电池增城生产基地项目”签订投资协议，项目固定资产总投资 40 亿元，主要从事聚合物锂离子电池的研发、生产和制造，达产可实现年产值 130 亿元。

2019 年 6 月 5 日 温州市苍南县人民政府与中国能源工程集团签署战略合作协议。根据协议，中国能源工程集团在苍南县龙港新城投资建设中国能源苍南县氢能源产业园，项目总投资约 20 亿元，建成后将用于氢燃料电池电堆及系统的产品研发、应用开发、生产制造以及氢能产业园相关产品的开发和推广，预计年产 5 000 套氢燃料电池堆系统集成。

2019 年 6 月 7 日 深圳市德方纳米科技股份有限公司与曲靖经济技术开发区管理委员会签订投资协议，根据协议，德方纳米在曲靖经济技术开发区管理委员会辖区内投资建设新能源电池原材料生产基地项目，项目总投资额为 4 亿元，总用地约 150 亩，主要生产纳米磷酸铁锂等锂电材料及相关副产品。

2019 年 6 月 11 日 广州市人民政府与恒大集团签署战略合作框架协议。根据协议，恒大集团投资 1 600 亿元在广州南沙区建设新能源汽车三大基地等项目。其中，新能源汽车整车研发生产基地投资额 680 亿元，将建成年产 100 万辆整车的生产基地；新能源电池研发生产基地投资额 360 亿元，将建成 50 GWh 生产规模的动力电池超级工厂；电机研发生产基地投资额 240 亿元，将建成可配套 100 万辆整车的电机和电控系统生产基地。

2019 年 6 月 15 日 恒大集团与沈阳市政府签署《沈阳市人民政府 中国恒大集团战略合作协议》，根据协议，恒大集团将在新能源汽车等诸多领域投资 1 200 亿元，助力沈阳建设国家汽车产业中心。其中，恒大新能源汽车的整车研发生产基地将落户浑南区，轮毂电机研发生产基地及动力电池超级工厂将落户铁西区。

2019 年 6 月 18 日 荣盛盟固利动力电池二期项目在天津宝坻举行开工仪式，盟固利二期项目规划产能为 6 GWh，计划于 2020 年 6 月建成投产，项目达产后，盟固利天津工厂动力电池产能将达到 9 GWh。

2019 年 6 月 19 日 上海重塑能源科技有限公司成为常熟氢能源汽车产业园首批入驻企业，重塑科技将在产业园建立常熟产业基地，基地将专注于氢燃料电池系统及核心零部件的生产，分三期建设，总投资 20 亿元，首期项目将在 2019 年年内投产，年产能可达 5 万套。

2019 年 6 月 19 日 开沃汽车集团纯电动重卡项目开工仪式在南京溧水举行，项目总投资 30 亿元，建成后具备年产 3 万台纯电动重卡底盘的生产能力。

2019 年 6 月 19 日 北斗航天集团与通辽市人民政府签署框架协议，双方将在绿色物流体系建设方面开展深度合作。根据协议，北斗航天将从城市绿色物流顶层设计入手，规划通辽市新型智慧物流建设和产业发展，通过北斗和遥感卫星、北斗云、“北斗 +5G”技术的融合应用，同时加大“车·桩·网”一体化运营平台的建设力度，助力通辽绿色物流的产业升级。

2019 年 6 月 19 日 常熟市氢能源汽车产业园项目启动，项目首期规划建设 4 万 m^2 高标准厂房作为启动区，规划银河路以东 1 500 亩作为承载区，在 5 年内引进 10 家氢能源领域具有高端水准和颇具影响力的核心零部件企业，搭建 2 个公共服务平台兼测试评价中心，建设 5 座加氢站，实现 100 辆氢燃料大巴和 300 辆氢燃料物流车的示范运营，总产值规模达 100 亿元。

2019 年 6 月 20 日 由福田汽车集团投资建设的河南福

田智蓝新能源商用车生产项目正式开工，项目总投资16.1亿元，建设新能源商用车生产基地，达产后可年产4万辆M4新能源轻、中卡车。

2019年6月22日　东风汽车股份有限公司与北京瑞和信业投资有限公司、汉江投资控股有限公司共同设立襄阳东风汉江新能源汽车供应链基金合伙企业。东风汉江基金总规模为12亿元，首期规模6亿元，投资领域主要面向新能源汽车产业领域，针对东风新能源汽车销售端，重点支持东风新能源汽车的运营项目。

2019年6月25日　宁德时代新能源科技股份有限公司增加对欧洲生产研发基地项目投资规模，项目投资总额不超过18亿欧元，选址于德国图林根州埃尔福特市，投资主体是德国时代新能源科技(图林根)有限公司，将建设锂离子动力电池生产基地及锂电池研发测试中心。

2019年6月25日　上海电气集团股份有限公司与天际汽车科技集团有限公司成立合资公司上海电气集团电池科技有限公司，合资公司将致力于动力电池系统相关技术自主研发、动力电池系统及关键零部件批量化生产。

2019年6月26日　中国铁塔股份有限公司成立全资子公司——铁塔能源有限公司，铁塔能源有限公司与中国邮政速递物流股份有限公司签署合作协议。根据协议，邮政速递新增1.5万辆低速电动车全部向铁塔能源有限公司租赁电池；使用铅酸蓄电池的4.8万辆自有存量电动车，将加速替换成铁塔能源有限公司提供的动力锂电池。

2019年6月26日　山西美锦能源股份有限公司、青岛市工业和信息化局、青岛西海岸新区管理委员会三方签署《青岛美锦氢能小镇合作框架协议》，根据协议，美锦能源投资建设青岛美锦氢能小镇，氢能小镇总产业用地规模约2000亩，总投资100亿元，美锦能源将利用自身在氢能布局优势，积极引进投资氢能上下游产业链项目落地西海岸新区管委会区域，相关投资项目包括但不限于新能源(含氢燃料电池)商用车整车、膜电极、燃料电池电堆和系统、燃料电池分布式能源以及相配套的产学研科创中心、燃料电池检测中心等项目；美锦能源将积极搭建氢能基础设施建设运营平台；发起设立氢能源产业基金，用于产业链上重大项目投资。

2019年6月27日　浙江合众新能源有限公司宜春全生态智慧工厂在江西宜春开启动工建设。新工厂占地面积50 m^2，总投资达50亿元，规划产能10万辆/年，将建设冲压、涂装、焊装、总装四大工艺车间，并建有PACK车间等数字化全自动生产体系配备及标准化办公配套工程设施。建成后，合众汽车年产能将增加到15万辆/年。

2019年6月28日　由大同氢雄云鼎氢能科技有限公司投资建设雄韬氢雄大同氢能产业园开工建设，项目总投资27亿元，一期氢燃料电池发动机自动化产线已投产，年产能1万套；二期三期将扩大规模并建设燃料电池电堆生产线，全线达产后，发动机系统及电堆产能均可达5万套/年。

2019年6月28日　佛山佛塑科技集团股份有限公司对外设立项目公司，项目公司计划投资1 107 609万元，建设新能源汽车动力电池及系统项目和动力锂离子电池研发中心，其中，投资87 979万元建设总产能为2 GWh的动力锂离子电池及系统生产线，预计建设期18个月，于2020年10月开始试产；投资19 630万元建设动力锂离子电池研发中心，预计建设期15个月，于2020年9月建设完成。

2019年6月30日　中航锂电科技有限公司、厦门火炬高技术产业开发区管理委员会与厦门金圆投资集团有限公司签署《中航锂电动力锂电池生产线项目投资合作协议》。根据协议，中航锂电科技在厦门成立全资子公司，子公司在厦门建设锂电池生产线项目，项目总投资100亿元，总用地规模850亩，达产后可形成年产20 GWh的产能。项目分两期实施，一期项目将在2019年第三季度开工，2020年第四季度投产，随后启动二期建设。

7月

2019年7月4日　国家电投集团资产管理有限公司在天津成立，成立后，国家电投集团资产管理有限公司与天津市国资委签署战略合作协议。根据协议，新公司将积极推动国家电投集团氢能战略在津落地并产业化，利用天津打造中国北方新能源汽车产业高地契机，在津建立氢能应用基地，快速实现燃料电池技术成果转化。

2019年7月6日　苏州清陶新能源科技有限公司与江西省宜春市就年产10 GWh固态锂电池项目签约，项目总投资约55亿元，分两期建设。项目一期投资5.5亿元，将建设年产1 GWh的固态锂电池项目，计划2019年年底投产；项目二期投资49.5亿元，2020年6月30日前开工建设，开工后两年内全部投产，产能为9 GWh。

2019年7月11日　天津市静海区人民政府与天津百利机械装备集团有限公司签署合作框架协议、与艾康尼克新能源汽车有限公司签署新能源汽车项目合作协议，加快推动静海地区新能源汽车产业基地建设。

2019年7月15日　中航锂电(厦门)科技有限公司在厦门火炬高新区注册成立，注册资本25亿元。项目总用地规模850亩，将建设电池和电源系统产业基地，达产后可形成年产20 GWh的产能。项目分两期实施，一期(A6项目)计划2019年第三季度开工，2020年第四季度投产，随后启动二期项目建设。

2019年7月18日　捷威动力工业江苏有限公司盐城基地项目二期开工，项目计划总投资60亿元，主要进行新能源汽车用锂离子动力电池、模组及电池系统等产品的研发、生产和销售，规划产能10 GWh。一期已完成2.5 GWh生产能力的建设，二期将形成2.5 GWh的生产能力，并将于2020年上半年投产。

2019年7月19日　长春生态环境局发布中国第一汽车集团有限公司新能源汽车分公司动力电池装配线产能升级项目公示信息。一汽新能源汽车分公司电池装配线产能升级项目总投资5.46亿元，改造后设计年产量为11.8万套，2020年3月工厂正式投产。项目主要产品为电动汽车用动力电池，型号主要为52.5 kWh动力电池、55 kWh动力电池、67 kWh动力电池、82 kWh动力电池和95 kWh动力电池。项目新建的动力电池装配线主要包括下箱体装配、水冷系统装配、涂导热胶、模组装配、PRA装配、BMS/BMU装配、连接排装配、低压线束装配、上箱体装配和EOL测试等主要生产工序。

2019 年 7 月 18 日 海口市新能源汽车充电基础设施建设项目开工建设，项目总投资额 1.44 亿元，共建设充电桩 2 221 个，其中直流桩 766 个、交流桩 1 455 个，建设总功率 5.6 万 kW，建成后可以满足 11 105 台电动汽车充电需求，项目建设期限为 2019 年 7 月—12 月。

2019 年 7 月 20 日 一汽解放汽车有限公司与柳州市人民政府、柳州市柳东新区管理委员会签署一汽解放柳州项目合作协议，在柳东新区中欧产业园片区为项目奠基。一汽解放柳州项目占地约 765 亩，将建设整车生产基地、专用车生产基地、面向东南亚的出口基地，同时协同构建和完善相关零部件本地化配套体系。新建的整车、上装、专用车工厂含轻、中、重型商用车、新能源商用车和专用车等。

2019 年 7 月 22 日 南京市欣旺达新能源项目在江苏南京溧水产业新城举行二期工程动工仪式，项目总投资 120 亿元，将建成华东区域首个 30 GWh 动力电池基地，一期工程于 2019 年 5 月开工建设，二期将新增 10 GWh 电芯和 10 GWh 电池系统生产线。

2019 年 7 月 24 日 北汽集团、麦格纳国际与镇江市政府共同签署新能源汽车高端制造基地合作协议，根据协议内容，北汽麦格纳合资公司将开展高端智能纯电动车共享平台的开发，根据客户需求进行具体车型定制，并提供新能源汽车工程服务。

2019 年 7 月 25 日 东风汽车股份有限公司与襄阳市人民政府、国家电投集团科学技术研究院有限公司、武汉理工大学在襄阳签订战略合作协议，根据协议，各方将在氢领域装备研发与制造、氢能交通应用示范与推广等方面展开合作。

2019 年 7 月 27 日 湖南株洲高新区政府与分别与上海汉兴能源科技有限公司、淳华氢能科技股份有限公司、北京铂陆氢能科技开发有限公司签订协议。其中，与上海汉兴能源科技有限公司签订"上海汉兴能源制氢加氢基地"项目，将整合国内外先进的天然气制氢、高压加氢技术，在株洲建设制氢、加氢及新能源综合研究基地；与淳华氢能科技股份有限公司签订"淳华氢能科技园"项目，将建设成为各种配套载体和设备的生产集聚及仓储物流基地；与北京铂陆氢能科技开发有限公司签订"北京铂陆氢能研究院"项目，将在株洲开展氢能相关的技术开发、技术引进、技术孵化方面的课题研究，建立株洲市与国内外城市在氢能产业相关领域的交流合作平台。

2019 年 7 月 27 日 浙江嘉兴港区开发建设管理委员会与浙江清华长三角研究院、空气化工产品（中国）投资有限公司签署《嘉兴氢能示范区合作共建框架协议》，根据协议，三方将依托嘉兴港区工业副产氢能资源、空气化工制氢等产业优势，建设包括氢能提纯、氢能装备制造、加氢站、氢能运用等项目，共同打造嘉兴氢能产业示范区。

2019 年 7 月 27 日 浙江嘉兴港区开发建设管理委员会与嘉兴德燃动力系统有限公司签署《氢能产业合作框架协议》。

8 月

2019 年 8 月 5 日 贵阳国家经济技术开发区与深圳市泰铭丰资产管理有限公司正式签订《新能源锂离动力电池项目合作协议》。根据协议，泰铭丰公司将分两期在经开区建设 6 条日产 120 万支新能源动力锂电池生产线，40 条新能源 PACK（电池组）生产线和型号 32650、型号 18 650 的储能及动力锂电池自动化生产线及配套设施。项目总投资 31.5 亿元，建成达产后，可实现年产值 62 亿元。

2019 年 8 月 6 日 浙江银轮机械股份有限公司与张家港经济技术开发区管理委员会签订框架性协议《新能源汽车热管理系统部件项目投资协议书》。根据框架协议内容，银轮股份或下属控股子公司在张家港经开区区域内进行新能源汽车热管理系统部件项目的建设与运营。项目总投资 5 亿元，建成达产后，将实现年销售超 8 亿元。

2019 年 8 月 9 日 福特汽车（中国）有限公司与南京江宁开发区管委会签署合作协议。根据协议，将在南京成立福特汽车产品研发中心和中国运营中心，福特汽车产品研发中心和中国运营中心在福特汽车南京工程研发中心基础上组建。

2019 年 8 月 9 日 哈尔滨市尚志市人民政府与中国氢能有限公司、北京东润环能投资有限公司就氢能产业与清洁能源投资项目签署框架协议，各方将共同促进尚志市氢能源产业发展，形成完整氢能源产业链。

2019 年 8 月 14 日 宝鸡秦能锂电新材料有限责任公司投资建设的"年产 3 万吨锂离子电池负极材料项目"一期工程正式供电试产运行，年生产负极材料能力可达到 1 万 t。项目总投资 10 亿元，分三期建设：一期投资 4.5 亿元，占地 110 亩，总建筑面积 3.5 万 m^2，主要建设石墨化车间、包装间、变压器、控制间、提纯气体专用房等；二期主要建设年产 2 万 t 高纯等静压制品和人造石墨负极材料生产线 1 条；三期主要为配备烧赔、整形、配料工艺。

2019 年 8 月 15 日 长城控股集团与上海市嘉定区人民政府在保定哈弗技术中心签署合作协议。根据协议，长城控股集团将在华东总部基地设立氢能产业全国总部、零部件以及其他创新性项目上海研发中心、共享出行华东总部、智能网联全国研发总部，并将在安亭成立项目公司。新基地将对长三角地区市场进行全覆盖，并辐射整个华东地区市场，形成长城控股"新四化"板块的产业布局。

2019 年 8 月 25 日 南京龙韵智能科技有限公司新能源汽车合作项目落户重庆市渝北区，南京龙韵将在渝北投资打造集新能源整车设计开发、新能源核心部件开发及生产于一体的高科技研发型总部。项目落户渝北后，南京龙韵核心团队将围绕整车开发、新能源汽车"车电分离"换电模式展开重点研发，预计在 3 年内，建设投用 500～1 000 个新能源物流车、轻卡电池换电柜。

2019 年 8 月 25 日 百度公司与重庆市人民政府就共同推进大数据融合创新发展进行合作签约，根据协议，双方将携手在自动驾驶、智能城市等多个层面展开合作。

2019 年 8 月 26 日 中国汽车工程研究院股份有限公司与重庆两江新区管理委员会签署《投资协议》，中国汽研将在重庆建设国家氢能动力质检中心项目，主要提供集氢能及燃料电池产品认证、检测、校准、标准化工作、技术咨询等服务为一体的社会第三方服务，项目总投资约 5 亿元。

2019年8月26日 中车时代电动汽车股份有限公司与重庆市璧山区就中车恒通重庆新能源客车专用车整车生产项目签订《投资合作协议》。根据协议,中车电动将在璧山投资20亿元建设中车恒通重庆新能源客车、专用车产能建设项目,产能为年产5 000台客车,投产后年产值不低于30亿元。

2019年8月26日 老河口市人民政府与武汉理工大学在武昌签订《共建武汉理工大学老河口市氢能源汽车及零部件技术研究中心协议》。根据协议,老河口技术中心将围绕氢能源汽车及零部件技术研发、试验检测、认证推广的产业链体系,开展科学研究、新产品开发和成果转化工作,建设成为湖北省乃至全国氢能行业内综合性产业科研和推广平台。

2019年8月27日 长城汽车、亮道智能、Ibeo就L3/L4自动驾驶量产研发签署战略合作协议,根据合作协议,长城汽车将选用新一代4D固态激光雷达ibeoNEXT作为自动驾驶传感器系统中的核心组成部分,亮道智能将负责ibeoNEXT和环境感知系统在长城量产项目中的验证工作。这是全球第一个纯固态激光雷达量产合作项目,也是全球范围内首个纯固态激光雷达的车规量产合作。

2019年8月28日 泰安航天特种车有限公司和中科润谷航天氢能系统(泰安)有限公司合作建设的氢能系统集成项目在泰安高新区正式投产。项目项目总投资10亿元,一期投资1.5亿元建设燃料电池检测实验室,氢燃料电池系统模块,主要研发生产配套氢燃料电池发动机系统,包括150 kW系统模块、车载移动式450 kW燃料电池热电联供系统以及氢能源网络保障体系系统。

2019年8月28日 穗港科技合作园核心区湾区氢谷项目在广州正式动工,湾区氢谷项目由广州开发区交通投资集团有限公司、广州开发区产业基金集团有限公司、雄川氢能科技(广州)有限责任公司、香港社会资本成立的湾区氢谷开发公司实施建设,项目总投资44.38亿元,总面积达19.18万m^2,将引导优质氢能产业链项目落户广州开发区,将围绕氢能全产业链布局,包括但不限于氢气制备与供应、氢气储运、氢燃料电池、燃料电池汽车等,重点投资开发区应用示范类项目、产业化项目等。通过专业化运营,专项用于扶持优质氢能产业项目,吸引国内外创新型氢能企业落户开发区,推进氢能产业的良性发展。

2019年8月29日 北京派瑞华氢能源公司就“北京市新建加氢站项目”与北京市政府签约,根据签约内容,派瑞华氢将为北京市建设加氢站,加氢站位于北京市房山区氢能产业园,采用撬装高压氢气加注装备,将为示范运行的氢燃料电池客车和物流车等各类车辆提供氢气加注服务,项目计划于2019年10月建成投运。

9月

2019年9月6日 安徽省铜陵市枞阳县经济技术开发区产业投资基金与北京清泰科新能源技术有限责任公司签订《新能源汽车动力总成电机、控制器及氢燃4料电池发动机核心部件生产项目》投资协议,根据投资协议,枞阳清泰科项目总投约1.2亿元,主要生产新能源汽车动力总成电机、控制器及氢燃料电池发动机核心部件。一期项目投资约2 000万元,二期项目投资约1亿元。

2019年9月7日 上海市奉贤区政府、上海交通大学、上海临港经济发展(集团)有限公司在奉贤南桥科技城举行智能网联新能源汽车“未来空间”战略合作签约仪式,根据签约协议,明确将以奉贤“未来空间”为载体,三方共同打造跨界融合的智能网联和新能源汽车产业生态体系,签约仪式上同时启动奉贤区智能网联汽车道路(场景)建设。

2019年9月9日 贵阳国家经济技术开发区在2019贵洽会引进新能源锂离动力电池生产线项目,项目由深圳市泰铭丰资产管理有限公司建设,总投资31.5亿元,主要建设两条日产20万支新能源动力锂电池生产线,10条新能源PACK线。二期将建设动力锂电池自动化生产线及相应配套设施。项目一期建成达产后可实现产值12亿元,二期建成达产后可实现产值50亿元。

2019年9月9日 贵阳国家经济技术开发区在2019贵洽会引进玖行充换电设施项目,玖行充换电设施项目由上海玖行能源科技有限公司负责建设,该项目投资2亿元,将建设交流充电桩、直流充电一体桩,充电堆自动化生产车间及检测中心等,项目集新能源电动汽车充换电核心技术研发和设备制造,提供充换电和能源系统解决方案。项投产后,第一年预计实现营收1亿元,第五年及以后每年实现营收8亿元。

2019年9月11日 青岛莱西夏格庄镇与江苏葑全新能源动力科技有限公司、四川绿燃科技集团有限责任公司签订新能源汽车动力锂电池项目,项目总投资约80.7亿元,占地954亩,共分三期进行建设。一期占地54亩,计划投资6.7亿元,将建设研究院和0.5 GWh量产工厂,2019年10月开工,2021年3月竣工投产;二期占地300亩,计划投资24亿元,建设4 GWh量产工厂,2021年12月开工,2023年6月竣工投产;三期占地600亩,计划投资50亿元,建设8 GWh量产工厂,2023年12月开工,2025年6月竣工投产。

2019年9月19日 江苏嘉化氢能科技有限公司承建的嘉化氢能港城加氢站开工奠基,嘉化氢能港城加氢站获得批准用地面积3 653.2 m^2,计划投资2 919万元,建设规模为二级加氢站,设计加氢能力1 000 kg/d,配有双枪加氢机2台,将在2019年底投入试运营。嘉化氢能港城加氢站站内储氢量达到1 795 kg,为张家港和常熟区域内的燃料电池物流车、公交大巴车等各种车辆提供商业化加氢服务。

2019年9月23日 东风腾讯车联网安全实验室、东风汽车-中国移动5G车联网实验室在东风汽车集团有限公司正式揭牌。东风腾讯车联网安全实验室主要立足智能网联、数字化转型、智慧出行等多个领域,通过布局前沿车联网安全技术研究、加强车联网安全产品研发与评测、提升内部安全体系能力、落实标准规范建设与监督审计等,为数字化汽车、数字化东风保驾护航。东风汽车-中国移动5G车联网实验室主要开展5G技术和车联网行业应用等方面的合作与研究,通过提出技术标准方案及网络解决方案,增强相关产品在国内外市场的竞争力。

2019年9月26日 长安汽车与福特汽车全面深化战略合作暨“长安福特加速计划”在重庆签约。根据签约内容,双方将共同推动“长安福特加速计划”,2019—2021年底,长安福特将陆续投放至少18款新产品，同时在2021年底前，推出5款新能源车型。

2019年9月26日 上海交通大学、申能集团有限公司、上海临港经济发展（集团）有限公司在临港签署中国（上海）自由贸易试验区临港新片区氢产业园战略合作协议。根据协议，三方将共同建立中国（上海）自由贸易试验区临港新片区氢产业园，建立健全集制氢、加氢、燃料电池关键部件、核心电堆、系统集成、示范运营及产业资本等跨界融合的氢能及燃料电池产业生态体系。

10月

2019年10月11日 大连市政府与国家电力投资集团有限公司签署战略合作框架协议，根据协议，国家电投集团将与大连市深化合作，在储能应用、氢能应用等方面与大连市有关科研机构和企业开展合作。

2019年10月12日 天津荣程祥泰投资控股集团有限公司、西安瀚海氢能源科技公司、陕西鼓风机（集团）有限公司就氢能源利用等项目与陕西省韩城市政府签约"时代记忆""西部氢都""能源互联岛"项目战略合作协议。其中，签约的"西部氢都"项目包含先进制氢、常温有机液态储存、基于氢能的能源互联岛供应体系等多方面内容，将依托韩城市现有化工产业优势和丰富的副氢资源，打造覆盖秦晋豫三省、辐射大西北的国家级氢能源开发与供应基地、氢能源应用技术研发基地和国际国内氢能源技术交流与合作中心。

2019年10月14日 广东韶能集团股份有限公司设立项目公司，项目公司注册资金1亿元，主要从事氢能业务的投资开发经营；加氢站的建设运营等；制氢设备的生产销售及工程服务；氢燃料电池、氢燃料电池动力系统（汽车动力总成）的研发生产制造及销售等业务。韶能股份以项目公司为平台，投资开发经营加氢站、制氢设备的制造及销售、储能等项目，开展电解水制氢的研究和应用，并结合其精密（智能）制造产业基础，实施氢燃料电池动力系统（汽车动力总成）及相关零部件制造项目。

2019年10月14日 中国科技部部长王志刚与德国联邦交通和数字基础设施部部长安德里亚斯·邵伊尔在柏林举行双边会晤，双方一致同意在各自职能范围内进一步深化和继续双方密切互信的合作伙伴关系，并就电动汽车领域的继续合作签署两部委《关于在创新驱动技术和相关基础设施领域继续开展合作的联合意向声明》。中德双方将继续积极促进纯电动汽车和氢燃料电池电动汽车（包括基础设施建设）的可持续发展。

2019年10月15日 爱驰汽车与新疆维吾尔自治区克拉玛依市人民政府签署战略合作协议，根据协议，双方将围绕新能源车辆及配套零配件、充电基础设施建设、产业投融资及高科技项目、废旧电池回收、动力能源等领域合作展开。双方还将就甲醇新能源项目进行深度洽谈，共同推进甲醇氢燃料电池动力系统研发制造项目（4万套）落地，项目总金额或将达12亿元，未来将应用于乘用车、商用车场景中。

2019年10月18日 国家电投集团、国家电投集团江苏电力有限公司、银环集团有限公司、灵谷化工集团有限公司、上海氢雄信息科技有限公司共同投资清洁能源（氢能）产业园项目。项目总投资50亿元，产业园规划总面积400亩，分三期建设，主要包括：投资建设40 MW分散式风电项目；加氢站和公交、物流运输示范项目（由输氢管道、示范加氢站、若干辆示范应用氢能公交车和物流车组成）；氢燃料电池关键零部件研发、设计和制造；氢燃料电池整车制造等。

2019年10月20日 浙江省能源集团有限公司与中国航天科技集团公司第六研究院（航天推进技术研究院）在北京签署战略合作协议，根据协议，双方将共同合资成立氢能工程公司和合建氢能研发中心，双方将围绕氢能设施的工程设计、工艺集成、工程总包、技术咨询和服务、安全检测等领域开展深层次合作，推动浙江省氢能产业高质量发展，加速推进浙江省氢能产业链建设。

2019年10月21日 格林美股份有限公司与韩国浦项市政府、ECOPRO就新能源汽车电池梯次利用及循环再生项目签署谅解备忘录，根据备忘录内容，双方将在2020年韩国浦项地区成立与新能源汽车电池梯次利用及循环再生项目相关的合资企业。

2019年10月23日 三环集团有限公司、武汉氢阳能源有限公司、英国Intelligent Energy公司在武汉共同签署谅解合作备忘录，根据备忘录内容，三方将合作探索基于"常温常压液态有机储氢技术"的燃料电池汽车商业化运用，在2022年1月前，结合IE高功率燃料电池技术和氢阳能源车载氢能储供系统，在中国批量生产三环氢燃料电池汽车。

2019年10月29日 山西美锦氢能产业园项目在示范区晋中开发区奠基，项目主要打造由广州鸿锦投资有限公司建设的氢燃料电池动力系统及氢燃料商用车氢能源产业基地，将建设年产5万套氢燃料电池动力系统、5万辆氢燃料商用车及部分配套产品生产线。一期项目投资45亿元，占地80 hm^2，主要建设年产1万套氢燃料电池动力系统及1万辆氢燃料商用车。

2019年10月30日 山东紫海高科技产业创业孵化园有限公司与武汉喜玛拉雅光电科技股份有限公司举行"打造新能源产业链，实现氢能源产业化"签约仪式，合资成立山东紫海喜玛拉雅氢燃料科技有限公司，根据签约内容，双方将合作打造新能源产业链，从事氢能催化剂、膜电极、双极板、氢能电堆和氢燃料电池集成等应用项目的研发及生产，推动氢能源产业发展。

11月

2019年11月5日 南沙区委书记蔡朝林调研广钢气体万顷沙基地生产经营情况，他表示将支持广钢林德气体（广州）有限公司在南沙发展壮大，推动其在南沙落地发展。广钢林德气体（广州）有限公司计划投资1.5亿元在南沙建设华南氦气中心、氢能源扩产项目、示范加氢站、氦基混合气项目、气体应用技术研发中心、全国运营中心，切实推动和落实大湾区新能源解决方案。

2019年11月7日 爱驰汽车与山西省高平市人民政府进行项目合作落地签约，根据签约协议，爱驰汽车将在山西高平落地建设甲醇制氢燃料电池动力系统制造基地。双方将合作加速推进甲醇氢燃料电池技术的产业化落地，并推动当地在智能制造和能源经济方面取得双向突破。

2019 年 11 月 12 日 华晨汽车集团与力帆实业(集团)股份有限公司就乌拉圭汽车组装项目签署战略合作协议,根据协议,华晨与力帆合作的乌拉圭工厂占地面积 21 hm^2,建筑物面积 3.8 万 m^2,是一家集发动机组装和汽车 SKD 组装的汽车生产集团公司,设计产能单班 2 万台。三年内华晨与力帆共享 1.8 万台汽车产能,其中首年产量 3 000 台,第二年 5 000 台,第三年 1 万台。

2019 年 11 月 18 日 国轩高科股份有限公司与唐山市人民政府就国轩高科(唐山)"5G"新能源产业基地项目签署合作框架协议,项目选址位于唐山市路北区,总投资55 亿元,将新建动力锂电池产能 7 GWh,建成后于先期项目合计形成 10 GWh 的总产能。项目建设周期约为 2 年,确保在 2020 年一季度开工,预计于 2021 年三季度全面建成并在同年的第四季度正式投产。

2019 年 11 月 22 日 广东省能源局原则同意惠州亿纬集能有限公司组织编制的《车用高性能软包锂离子动力电池智能制造项目》节能报告,项目主要建设内容包括:建设 4 条车用高性能软包锂离子软包动力电池生产线。

2019 年 11 月 27 日 上汽旗下华域汽车技术研发中心建筑工程项目开工,项目总投资 10 亿元,预计 2022 年竣工,研发中心将开展智能网联汽车、新能源汽车关键零部件及智能制造应用技术研发和试验。

2019 年 11 月 27 日 南宁市政府与浙江合众新能源汽车有限公司签署新能源汽车战略合作协议,根据合作协议,合众新能源将投资 35 亿元在南宁建设纯电动乘用车项目,达产后预计实现年产 10 万辆整车的生产规模,年产值约 120 亿元。

2019 年 11 月 27 日 蜂巢能源科技有限公司建设的车规级 AI 智能动力电池工厂一期项目正式投产。工厂位于常州金坛,总投资 80 亿元,产值超过 130 亿元,规划产能 18 GWh。工程建设分为三期,一期项目规划产能 4 GWh,二期项目规划产能 8 GWh,预计 2020 年年底投产,随后将进行三期 6 GWh 产能建设。

2019 年 11 月 29 日 宝马集团和长城汽车光束汽车项目在张家港正式启动。光束汽车项目注册资金为 17 亿元,总投资额约为51 亿美元,占地面积约为28 万 m^2。项目组成后,将具备年产 16 万辆燃油乘用车全出口以及纯电动乘用车的研发和制造能力,产品将面向全球市场销售。

2019 年 11 月 29 日 博世(中国)在无锡设立氢燃料电池中心,氢燃料电池中心将主要用于研发、试制氢燃料电池动力总成相关产品,具备从关键零部件到电堆乃至燃料电池系统全部测试设备以及电堆样件试制线,中心将于 2020 年底建成,并计划于 2021 年实现小批量生产。

2019 年 11 月 29 日 由中电智慧综合能源有限公司建设的北京延庆小型多能互补零排供能试验系统示范项目一期(延庆园加氢站)正式开工,项目总投资 2 800 万元,占地 5 622 m^2,建成后将作为延庆区氢能交通重要基础设施,为相关氢燃料车辆示范运营提供保障,加氢站加氢量为 500 kg/天,每天可为近 33 辆氢能公交提供加注服务。

2019 年 11 月 29 日 广东省佛塑新能源有限公司投资建设的新能源汽车动力锂离子电池及系统项目动工,项目一期投资 10 亿元,建设年产 2 GWh 的动力锂离子电池及系统生产线和动力锂离子电池研发中心,预计 2020 年 10 月竣工投产。

12 月

2019 年 12 月 2 日 长春市生态环境局公示中国第一汽车股份有限公司技术中心(研发总院)智能网联能力提升技术改造项目相关环评信息。根据环评信息,一汽集团将投资 1.39 亿元进行智能网联布局,预计 2020 年 5 月建成使用。智能网联能力提升技术改造项目包括试验所、智能驾驶所、电子电气研究所投资设备,用于满足控制器硬件/软件自主开发、OTS 环境试验、网络测试、智能驾驶虚拟仿真测试、场地试验、开放道路试验等需求,具体包括 DHT 变速器自主开发、零部件气候环境/机械环境/电气环境试验、Ethernet 硬件测试、LTE－V 数据协议测试、智能驾驶 HIL/VIL 测试、场地试验被测目标模拟、智能系统传感器测试、开放道路数据采集等。

2019 年 12 月 5 日 北电爱思特江苏科技有限公司 BEST(由北汽集团、北京电控、韩国 SK 三方联合成立)投产竣工仪式在江苏省金坛经济开发区举行。此次竣工投产的项目一期总投资 38 亿元,建设 2 条动力电池极片生产线和 4 条组装与分溶化成生产线,年产能 7.5 GWh,产出的 811(NCM)锂离子软包电池将为北汽新能源高端品牌 ARCFOX 配套。

2019 年 12 月 6 日 长城汽车与中国信息通信研究院(隶属工业和信息化部)签署战略协议。根据协议,双方将主要围绕智能网联汽车测试示范区合作建设和运营等 4 个方面开展合作,探索开展和建立整车 OTA、电磁兼容、新能源(如氢能源检测、动力电池检测)等方面的联合实验室,共同开展技术研究、国家专项研制、标准制定、试验平台建设等,研发和共享相关测试认证技术平台及产品,共同构建完整产业生态体系。

2019 年 12 月 9 日 东风力神(十堰)新能源汽车动力电池系统一期项目建成投产。项目由东风实业有限公司与天津力神电池股份有限公司合资建立的东风力神动力电池股份有限公司投资建设,项目总投资 5 亿元,分两期建设,一期设计产能 15 亿 Wh 新能源汽车动力电池(8 万辆);二期项目新增产能 25 亿 Wh 新能源汽车动力电池(12 万辆)。项目主要为东风集团旗下各主机厂生产的新能源汽车提供动力电池系统,配套车型涵盖商用车、乘用车、特种车等。

2019 年 12 月 10 日 上海重塑能源科技有限公司、常熟高新技术产业开发区管理委员会、丰田通商(上海)有限公司三方就打造氢燃料电池重型卡车示范应用项目签署协议,根据协议,重塑科技、丰田通商将在常熟高新技术产业开发区内合作率先开发氢燃料电池重型卡车示范项目,并在日后依托该项目经验将合作范围进一步扩展至其他地区,助力实现绿色物流运输的目标,加快常熟市氢燃料电池汽车的推广应用。

2019 年 12 月 12 日 营口市政府与中国石化燃料油销售有限公司签署战略合作协议。根据协议,双方将开展氢能产业合作,中石化燃油辽宁分公司在营口布局氢能产业园,建设中石化营口氢能产业基地。开展俄罗斯 LNG 清洁能源转运堆场项目，努力打造俄罗斯天然气在中国的重要集散地和销售中心。

2019 年 12 月 22 日 百度公司与银川市人民政府达成战略合作。根据合作协议，百度公司与银川市将共同打造自动驾驶商用车示范测试道路，面向多场景打造综合道路自动驾驶开放路段，共同深化“人工智能 + 交通”领域的合作。

2019 年 12 月 24 日 宜宾临港经开区政府与四川时代新能源科技有限公司（宁德时代新能源科技股份有限公司全资子公司）正式签署“四川时代动力电池项目”二期投资协议和深化合作备忘录，根据投资协议与备忘录，双方将进一步打造西部新能源产业基地。

2019 年 12 月 24 日 中国重汽集团济南卡车股份有限公司拟投资建设智能网联（新能源）重卡项目，项目位于山东省济南市莱芜区山东重工（济南莱芜）绿色制造产业城，分三期实施完成，其中一期预计于 2021 年投入使用。项目实施后将满足重汽智能网联汽车、新能源汽车的产能需求。

2019 年 12 月 26 日 江苏省生态环境厅官网公示：长城汽车股份有限公司投资成立长城汽车股份有限公司泰州分公司，拟建设年产 10 万辆纯电动轿车项目。项目投资 48.59 万元，位于泰州市高港区临港经济园，规划范围面积约 5.35 km^2，规划时段为 2019—2035 年。项目主要发展汽车整车及零部件、新型电子元器件、移动智能终端、集成电路及动力总成（高端装备）、医疗器材、建材及中药制剂等产业。建设内容包括冲压车间、焊装车间、涂装车间、总装车间等生产用房及相关辅房。项目建成后，该工厂将投产两款全新纯电动车，分别定位 A 级和 B 级产品。预计两款车型会划归到欧拉品牌中，定位要高于现有的欧拉 iQ、R1。

二、2019 年新能源汽车行业合资合作

Chapter 2 New Energy Automotive Industry Joint Venture Cooperation in 2019

1 月

2019 年 1 月 2 日 远景投资集团有限公司与红杉资本签署战略合作协议。根据协议，红杉中国战略投资远景集团 AESC 动力电池项目，支持远景在动力电池领域的布局与产能落地。

2019 年 1 月 3 日 国网电动汽车服务有限公司与北京京东世纪贸易有限公司正式达成战略合作协议。根据协议，双方将围绕商用新能源汽车业务达成全面战略合作，通过数据共享、区块链技术及智能采购等构建新能源电动车供应链及服务数字化网络。

2019 年 1 月 8 日 威马汽车和百度公司达成战略合作，双方将在 L3 及 L4 级别自动驾驶解决方案领域达成长期战略合作伙伴关系，并成立“威马 & Apollo 智能汽车联合技术研发中心”，研究成果将直接应用于威马量产车型中。其中，L3 级别高速自动驾驶解决方案将在 2021 年实现量产。

2019 年 1 月 10 日 广州鹏辉能源科技股份有限公司与上汽通用五菱汽车股份有限公司在柳州签订《关于新能源汽车产业战略合作框架协议》。根据协议，鹏辉能源向上汽通用五菱多车型平台提供适配的动力电池系统；鹏辉能源与上汽通用五菱共同开发并提供新能源汽车衍生产品，打造新能源汽车全面生态链；双方在新能源汽车动力电池梯次利用方面共同探索，开展废旧动力电池再生回收产业合作；双方在新能源汽车后市场运营开展深度合作等。

2019 年 1 月 11 日 重庆小康工业集团股份有限公司与阿里巴巴开启汽车智能领域深度合作，双方合作的技术成果将率先应用在小康集团旗下的金菓 EV 首款智能电动 SUV 车型中。

2019 年 1 月 11 日 格林美股份有限公司下属荆门格林美公司“年产 5 万吨电池级镍化学品（硫酸镍晶体）项目”在印尼举行奠基典礼，该项目由掌握资源的青山钢铁、掌握动力电池市场的广东邦普循环（CATL 下属企业）和掌握三元材料制造技术的荆门格林美联合投资建设，实施上游镍资源核心、中端材料制造与下游动力电池市场的大联合，将有效打通“红土镍矿—三元电池原材料—三元动力电池”镍资源新能源材料全产业链产业体系，建设全球竞争力的镍资源高镍三元材料制造体系。

2019 年 1 月 13 日 潍柴动力股份有限公司 1.64 亿美元入主加拿大巴拉德，双方开展业务合作，开发下一代氢燃料电池产品。双方将共同出资 11 亿元人民币成立合资公司，潍柴动力占 51% 股权，巴拉德占 49% 股权。

2019 年 1 月 15 日 长安汽车与华为签署全面深化战略合作协议，根据协议。双方将在智能化与新能源领域展开深度合作。长安汽车依托华为在 5G 技术的创新能力，推进长安在智能化、网联化、电动化、共享化的快速发展，打造 5G 时代人车生活一体化移动出行新空间。

2019 年 1 月 15 日 江苏智航新能源有限公司与河南锂想动力科技有限公司签订战略合作及产品销售协议。根据协议，锂想动力将在 2019 年 12 月 31 日前向智航新能源采购至少 1 亿支三元 18650 电芯，充分结合双方在电芯、PACK 等领域的优势资源，通过开展多种形式合作，推动双方在新能源产业方面共同打造一条具有较强竞争力的产业链，合作项目包含新能源车、储能等领域。

2019 年 1 月 16 日 天际汽车有限公司与华友循环签署战略合作协议。根据协议，双方将在新能源汽车动力电池梯次利用和材料回收领域不断深化合作。

2019 年 1 月 18 日 辽宁曙光汽车集团股份有限公司与普通合伙人元太宝满（苏州）股权投资管理有限公司共同设立苏州瑞盘能量股权投资合伙企业（有限合伙），加速其新能源汽车产业布局。

2019 年 1 月 18 日 中比能源科技股份公司(NASDAQ:CBAT)与 SimpliPhi Power 公司签订 3 亿元人民币供货协议。根据协议,SimpliPhi 于 3 年内向中比能源分批采购 1 900 万颗 26650 锂离子电芯,合计采购金额约为 3 亿元人民币。订单中的全部电芯将由中比能源的全资子公司大连中比动力电池有限公司生产和提供。

2019 年 1 月 18 日 重庆小康工业集团股份有限公司与华为技术有限公司签约。根据协议,双方将深入推动新能源汽车领域合作,在新能源汽车智能化、网联化等领域开展全面合作,为小康集团打造智能电动汽车提供坚实助力。

2019 年 1 月 23 日 福建星云电子股份有限公司与宁德时代新能源科技有限公司签订合资经营合同,设立福建时代星云科技有限公司,福建时代星云主要在全国推广电动车智能充电站,满足电动汽车充电服务市场需求,适时开展电动汽车电池系统售后检测。

2019 年 1 月 23 日 国家电投集团氢能科技发展有限公司、北京汽车集团有限公司、北京亿华通科技股份有限公司三方签署战略合作。根据协议,三方将发挥各自产业优势,共同推动氢能交通应用示范与推广,并在推动氢能产业链合作、推进冬奥会氢能交通应用示范、推动京津冀地区清洁能源利用和氢能交通应用推广领域深化合作。

2019 年 1 月 24 日 恒大健康产业集团有限公司以 10.6 亿元入主动力电池企业卡耐新能源,持股 58% 成第一大股东。卡耐新能源在上海、江西、广西、江苏已拥有四大生产基地,恒大入主后将迅速扩大公司生产规模,计划在 10 年内设立多个年产能 60 GWh 超级工厂。

2019 年 1 月 24 日 兖矿集团有限公司与武汉氢阳能源在山东签署战略合作协议。根据协议,双方将利用各自优势加快氢能示范项目推广应用,共同开拓中国氢能市场。

2019 年 1 月 24 日 诺力智能装备股份有限公司控股子公司无锡中鼎集成技术有限公司与孚能科技(赣州)有限公司签订合同,合同金额为 6 亿元,无锡中鼎将向孚能科技提供两套动力锂电池生产智能化物流成套系统。

2019 年 1 月 28 日 北汽蓝谷新能源科技股份有限公司与滴滴旗下小桔车服共同出资成立京桔新能源汽车科技有限公司,合资公司将整合双方优势资源,在新能源汽车运营、大数据应用、出行服务、网约定制车、充换电等领域深入探索布局。

2019 年 1 月 28 日 深圳市星源材质科技股份有限公司与孚能科技(赣州)有限公司签订合作协议。协议确定 2019 年度锂电池隔膜产品的采购计划、采购单价等具体要素。双方约定 2019 年度锂电池隔膜产品保供需求不少于 4 000 万m^2,年度采购总量允许有 20% 以内的调整,合同总金额将达到 1.02 亿元。

2019 年 1 月 29 日 长城汽车股份有限公司与中国移动通信集团河北有限公司在石家庄签订战略合作协议。根据协议内容,未来 5 年,长城汽车将与河北移动积极探索“物联网 +”在交通和汽车制造行业的应用,共同开展在汽车制造、无人驾驶等方面的信息化探索研究,共同探讨 5G 在汽车制造、交通等领域的合作探索和应用。

2019 年 1 月 29 日 无锡先导智能装备股份有限公司与瑞士 Northvolt 公司签订锂电池生产设备的框架协议。根据协议内容,双方就锂电池生产设备业务建立合作关系,进行约 19.39 亿元的业务合作。

2019 年 1 月 31 日 宁德时代新能源科技股份有限公司与中国第一汽车集团有限公司成立合资公司时代一汽动力电池有限公司,合资公司注册资本 20 亿元,经营范围包括锂离子电池、动力电池、超大容量储能电池及电池系统的开发、生产、销售以及提供相关售后和技术咨询服务。

2 月

2019 年 2 月 5 日 宁德时代新能源科技股份有限公司与日本本田技研工业株式会社签订合作协议,双方共同开发面向纯电动汽车(EV)等的锂离子电池。根据协议,在 2027 年前宁德时代将向本田提供总计 56 GWh 的电池,双方还将共同打造面向未来市场的电动汽车产品。

2019 年 2 月 12 日 广东光华科技股份有限公司与奇瑞万达贵州客车股份有限公司(奇瑞商用车(安徽)有限公司控股子公司)签署合作协议。根据协议,双方将在废旧电池回收处理以及循环再造动力电池材料等业务上开展合作,奇瑞万达将其符合光华科技回收标准的废旧电芯、模组、极片、退役动力电池包交由光华科技处置,共同建立废旧动力电池回收网络,保证废旧动力电池有序回收与规范处理。

2019 年 2 月 12 日 辽宁时代万恒股份有限公司控股子公司辽宁九夷锂能股份有限公司与德国 BMZ 集团签署为期 5 年的锂电池采购订单,总金额约合人民币 14.45 亿元。根据签订协议,BMZ 将于 2019 年 1 月 1 日—2023 年 12 月 31 日向九夷锂能采购锂电池总计 1.64 亿只,其中 2019—2023 年,年采购数量分别为 500 万只、2 800 万只、3 575 万只、4 250 万只、5 280 万只。

2019 年 2 月 13 日 合肥国轩高科动力能源有限公司与 Robert Bosch GmbH(博世)签订采购框架协议。根据协议,合肥国轩作为博世合格供应商,将为其提供锂离子电池、模组和电池包(零件、产品)等。

2019 年 2 月 14 日 福建星云检测技术有限公司与宁德时代新能源科技股份有限公司签订《福建星云检测技术有限公司动力电池性能检测实验室服务承包合同》,合同金额为 1.02 亿元,合同履行期限为 2019 年 2 月 1 日—2022 年 8 月 31 日。

2019 年 2 月 18 日 雷诺、日产、三菱联盟旗下的联盟战略风投基金(Alliance Ventures)与中国电动车充电平台初创企业上海电享信息科技有限公司签订投资合作协议。根据协议,雷诺、日产、三菱联盟向电享科技投资,电享科技有助于联盟在汽车电动化领域继续保持领导地位。电享科技提供的线上平台可以将电动车驾驶者,充电点经营者和电力供应商联结起来,从而优化电动车充电体验,其云端系统能够使电力供应商通过监控电动车的充电需求来调整电网的供给能力。

2019 年 2 月 18 日 苏州华清京昆新能源科技有限公司固体氧化物燃料电池项目正式开工,2019 年 6 月底首批 20 万片单电池片生产线将试产。项目一期建筑面积约 1 万m^2,主要产品为燃料电池动力系统、燃料电池热电联产、燃料重整系统、燃料电池辅助电源系统等。2020 年内可逐步实现全产能:年产单电池片 100 万片、单电堆 4 万套、热盒 1 万台、25 kW 发电系统 1 000 台(套)等,总年产能可达 25 MW。

2019 年 2 月 18 日 爱驰汽车有限公司与丹麦甲醇燃料电池系统开发商 Blue World Technologies 公司建立战略技术合作。根据合作协议,双方将在高温甲醇燃料电池领域合作,并在电动车增程技术与清洁能源应用方面进行探索。

2019 年 2 月 18 日 鸿达兴业股份有限公司与北京航天试验技术研究所签订《氢能项目合作协议》。根据合作内容,在鸿达兴业实施氢气液化示范项目,示范项目在内蒙古乌海生产液氢,采用铁路、公路等方式运输到广东等地销售,目标市场为当地政府正在推动的燃料电池汽车以及部分高纯氢气用户。此外,双方在加氢站等基础设施建设方面开展合作,鸿达兴业负责加氢站的规划、布局、项目用地等,航天研究所负责加氢站的技术及相关设备、设备安装调试、人员培训等。

2019 年 2 月 20 日 深圳市科陆电子科技股份有限公司与威马汽车科技集团有限公司签订战略合作协议。根据协议,双方在全国范围内推动梯次利用电池储能系统应用,后期开展储能项目运营,并且在梯次电池实验数据积累、整车厂家电池回收、拆解和再利用等方面做出有益探索。

2019 年 2 月 21 日 福建省汽车工业集团云度新能源汽车股份有限公司与中国一汽集团旗下的一汽轿车股份有限公司签署合作协议。根据协议,云度新能源与一汽轿车将共同研制开发新能源乘用车,计划于 2020 年投放市场,合作车型将借助一汽轿车生产体系,进行差异化零部件开发,并通过云度自身资质和销售渠道进行销售。

2019 年 2 月 22 日 瑞浦能源有限公司与奇瑞商用车(安徽)有限公司在温州生产基地签署战略合作协议,根据合作协议,瑞浦能源将配合奇瑞商用车产品和市场布局,以及战略需求,开发和制造出奇瑞商用车整车所需的高一致性、高性价比的动力锂离子电池,并与奇瑞商用车建立方向一致的长期战略合作关系,共同打造高性价比、受消费者高度欢迎的新能源电动汽车。

2019 年 2 月 25 日 宁德时代新能源科技股份有限公司、北京新能源汽车股份有限公司、北京普莱德新能源电池科技有限公司三方签署《中长期(2019—2023 年)深化战略合作协议》。根据协议,三方约定自 2019 年起后续 5 年的合作期内,在新能源电池包的采购额度、价格、新型动力电池包等方面深化合作。

2019 年 2 月 26 日 国家能源投资集团有限责任公司与国家电力投资集团有限公司签署战略合作协议。合作双方将在科技创新、新能源等重点领域全面深化战略合作。

2019 年 2 月 26 日 特来电新能源有限公司与重庆金康新能源汽车有限公司在重庆举行战略合作及充电安全技术合作签约仪式。根据协议,双方将在新能源汽车推广、充电安全服务、充电救援产品、平台互联互通、技术安全、充电服务体验等方面开展深入合作。

2019 年 2 月 26 日 天际汽车与首汽集团旗下分时租赁平台 GoFun 出行举行战略签约暨交车仪式,天际汽车向 GoFun 出行首批交付 400 台电咖 EV10 Pro 300,未来将逐步达到 2 000 台的交付规模。根据协议,双方将在车辆运营合作、车辆集采、品牌宣传和新车试驾体验、供应链金融、信息数据共享等领域深化战略合作关系。

3 月

2019 年 3 月 4 日 蜂巢能源科技有限公司与森萨塔科技有限公司在保定签署无线通信 BMS 合作预研备忘录。根据备忘录协议,森萨塔科技将向蜂巢能源科技有限公司提供用于汽车电池管理系统的无线通信模块及无线通信解决方案,成为蜂巢能源的战略合作伙伴。蜂巢能源则利用自身电池包产品的平台优势与森萨塔共同完成 BMS 无线通信模块的开发。双方将深入合作开展无线通信 BMS 项目,将在 2021 年推出首款量产的无线通信 BMS 产品。

2019 年 3 月 6 日 长城汽车股份有限公司与德国巴博斯汽车公司正式签署战略合作框架协议。根据协议,双方将展开关于动力总成、内外饰设计的研发及整车调校等方面的合作,并将推出 WEY 限量版、年度版车型以及高端车型定制版本。

2019 年 3 月 6 日 国家电力投资集团有限公司与中国船舶重工集团有限公司在京签署战略合作协议。根据协议,双方将在氢能等产业领域开展全方位深度合作。

2019 年 3 月 7 日 华为技术有限公司与北京市首都公路发展集团有限公司签署战略合作协议。根据协议,双方将在高速公路与城市道路、交通枢纽、停车、物流、5G 等领域智慧化建设开展合作,以共同推动首发集团智慧交通业务发展。

2019 年 3 月 11 日 蜂巢能源科技有限公司与天津市捷威动力工业有限公司签署合资项目协议。根据合资项目协议,双方将共同投资组建合资公司江苏威蜂动力工业有限公司,捷威动力持股 51%,蜂巢能源持股 49%。合资项目拟在江苏盐城投资 15 亿元,建设 4 条三元软包动力电池生产线,生产三元锂离子软包动力电池,首期实现产能 2.5 GWh,项目计划于 2020 年上半年建成投产。

2019 年 3 月 12 日 北京新能源汽车股份有限公司与孚能科技(赣州)有限公司签署中长期战略合作协议。根据协议,从 2019 年起始,双方后续 5 年的业务缔结以下战略合作。1. 为满足市场对电池能量密度和成本的双重要求,双方将共同开发先进的、具备成本竞争能力的技术方案,包括三元电池系统及新三元体系电池方案。2. 双方将加强市场售后服务合作,加强客户问题的响应速度和解决问题的专业服务能力。3. 双方持续交流,评审技术方案,在技术和商务价格满足北汽新能源需求的情况下,北汽新能源愿意将孚能科技电池推广应用到更多的车型。

2019 年 3 月 12 日 广东光华科技股份有限公司与深圳市五洲龙汽车股份有限公司签署《关于废旧动力电池回收处理合作协议》。根据协议,双方将在废旧电池回收处理以及循环再造动力电池材料等业务上开展合作,五洲龙汽车将符合光华科技回收标准的废旧电芯、模组、极片、退以动力电池包交由光华科技处置,共同建立废旧动力电池回收网络,保证废旧动力电池有序回收和规范处理。

2019 年 3 月 12 日 智车优行科技有限公司(奇点汽车)与西门子(中国)在北京签署战略合作协议。根据协议,西门子(中国)将为奇点汽车提供数字化企业软件套件、“数字化双胞胎”技术等一系列定制化产品及服务,加速奇点汽车生产基地的智能化建设,打通从产品设计、生产规划、生产工程、生产实施直至服务的各个环节。双方还将进行技术交流,整合国内外优质技术资源及创新技术发展动态。

2019 年 3 月 17 日 广东道氏技术股份有限公司与上海重塑能源科技有限公司、自然人马东先生共同出资设立广东道氏云杉氢能源科技有限公司,新公司主要从事氢燃料电池膜电极(MEA)等材料的研制和销售。

2019 年 3 月 21 日 重庆长安汽车股份有限公司在南京签订协议,与苏宁投资有限公司、中国第一汽车集团有限公司、东风汽车集团股份有限公司、深圳市腾讯从新出行有限合伙企业(有限合伙)、深圳世嘉利资产管理有限公司、杭州阿里巴巴创业投资管理有限公司、无锡飞叶投资有限公司)、咸宁荣巽智慧出行产业投资基金(有限合伙)、南京恒创云智网络科技有限公司、南京领行股权投资管理有限公司共同投资设立南京领行股权投资合伙企业(有限合伙),总份额为 97.6 亿元。南京领行股权投资合伙企业(有限合伙)投资以新能源汽车为主的共享出行产业,组建出行公司,且领行合伙仅投资出行公司,不从事其他业务。

2019 年 3 月 21 日 辉能科技股份有限公司与浙江南都电源动力股份有限公司举行先期授权协议的签约仪式,双方就固态电池生产技术授权合作案达成初步共识。合作初期将面向储能应用的固态锂电池,辉能科技授权能量密度约 240 Wh/kg 的固态电池电芯生产技术与南都电源,并提供生产所需之核心设备与材料。获得辉能技术授权后,南都电源将建国内首条 1 GWh 等级的固态电池量产线。

2019 年 3 月 22 日 北汽蓝谷子公司北京新能源汽车股份有限公司与麦格纳国际奥朗爱尔兰有限公司(Magna International Autolaunch Ireland Ltd.)共同出资设立制造合资公司,打造高端纯电动乘用车制造基地,项目建设规划产能 15 万辆/年,投资金额约 20 亿元。

2019 年 3 月 25 日 比亚迪与华为技术有限公司在深圳签署全面战略合作协议。根据合作协议,比亚迪将与华为共同助力出行领域智能化转型升级,并在智慧园区等方面进行探索和合作,共同推动企业数字化转型。

2019 年 3 月 28 日 戴姆勒股份公司和浙江吉利控股集团签署战略合作协议。根据协议,双方将在 2019 年底正式成立合资公司,双方各持股 50%,合资公司总部设在中国,致力于将 Smart 品牌打造成为纯电动智能汽车品牌。

4 月

2019 年 4 月 1 日 比亚迪股份有限公司与四川省机场集团签署绿色机场战略合作协议。根据协议,双方将在新能源车辆保障、充电基础设施、能源管理利用、机场智能物流等领域展开合作。

2019 年 4 月 1 日 浙江道明光电科技有限公司与天津力神电池股份有限公司签订年度框架协议,道明光电生产的铝塑膜产品用于锂电子电池软包装和绝大部分聚合物锂电池包装,根据协议,双方就铝塑膜产品合作达成合作意向。

2019 年 4 月 3 日 深圳科士达科技股份有限公司与宁德时代新能源科技股份有限公司签署《宁德时代科士达新能源科技有限公司合资经营合同》。根据合同,双方合作合资设立宁德时代科士达新能源科技有限公司,以开发、生产及销售储能系统 PCS、特殊储能 PACK、充电桩及“光储充”一体化相关产品。科士达持有该合资公司 49% 的股权,宁德时代持有该合资公司 51% 的股权。

2019 年 4 月 3 日 宁德时代新能源科技股份有限公司与浙江吉润汽车有限公司共同出资成立合资公司,合资公司名称为时代吉利动力电池有限公司,注册资本 10 亿元,主要从事锂离子电池、锂聚合物电池、燃料电池、动力电池、超大容量储能电池、电池管理系统及可充电电池包的开发、生产和经销及售后服务;锂电池及相关产品的技术服务、测试服务以及咨询服务。

2019 年 4 月 4 日 中国第一汽车集团有限公司与清华大学签署战略合作框架协议。根据协议,双方将在电动化底盘、新能源动力系统、智能制造等方面开展技术合作,推进红旗品牌智能汽车的研发与应用示范,加强智慧出行、智慧城市合作力度。

2019 年 4 月 4 日 安徽江淮汽车集团股份有限公司与顺丰速运正式签署战略合作协议。根据协议,江淮汽车与顺丰速运将在新能源汽车领域共同建立新能源汽车物流市场的领导地位。

2019 年 4 月 8 日 江西赣锋锂业股份有限公司与德国大众 Volkswagen AG 签订战略合作备忘录。根据备忘录,赣锋锂业未来 10 年将向德国大众及其供应商供应锂化工产品。

2019 年 4 月 10 日 由东方电气(成都)氢燃料电池科技有限公司投资建设的氢燃料电池自动化生产线正式投入使用,生产线具备年产 1 000 套氢燃料电池发动机的批量化生产能力,产品从核心部件膜电极、电堆到发动机系统均由东方电气自主开发研制,主要应用于新能源汽车,作为新能源汽车动力系统的一部分。

2019 年 4 月 10 日 广州穗能通综合能源服务公司与广州小鹏汽车科技有限公司在广州供电局正式签署战略合作框架协议。根据协议,双方将充分整合各自资源优势,全面建立长期合作伙伴关系,共同推进广州市电动汽车发展和充电基础设施建设。

2019 年 4 月 11 日 浙江嘉化能源化工股份有限公司与上海国投聚力投资管理有限公司签署战略合作协议,在氢能源领域进行合作。(1)双方充分发挥各自优势,依托嘉化能源的氢气供应优势,完成以液氢工厂为核心的制氢、储氢、运氢、加氢站的区域基础设施综合解决方案供应商。为长三角地区公交车、物流车等车辆提供氢燃料电池整车领域的解决方案。(2)双方在页岩气精细化分离和深加工业务进行合作,拓展多元化制氢的路径,为其氢能源产业链业务发展提供丰富的能源支持。(3)双方共同成立产业基金,将投资包括储氢、加氢站在内的基础设施和燃料电池整车等项目。

2019 年 4 月 11 日 北京理工新源信息科技有限公司、金龙联合汽车工业(苏州)有限公司、新澜能源(深圳)有限责任公司三方签署动力电池全生命周期管理战略合作框架协议。根据协议，三方将基于新能源汽车电池大数据，围绕新能源汽车梯次利用电池的拆解、检测、制定梯次电池使用方案等工作展开合作。

2019 年 4 月 11 日 北京理工新源信息科技有限公司和金龙联合汽车工业（苏州）有限公司签订新能源公交智慧运营系统战略合作框架协议。根据框架协议，双方将基于新能源汽车、大数据和智能网联等技术，全面提升新能源公交客车技术监控、调度管理和出行服务技术，打通多源数据交互接口，建立"人—车—线—站—桩—网"一体化信息交互平台。

2019 年 4 月 12 日 雷诺集团与日产汽车在中国上海成立一家新的研发合资公司"阿利昂斯汽车研发（上海）有限公司"，雷诺集团、日产汽车各占合资公司股比 50%。研发公司主要致力于自动驾驶、智能网联汽车和电动车等方面的研究开发工作。

2019 年 4 月 13 日 重庆地大工业技术研究院有限公司与重庆燃气集团股份有限公司签订战略合作协议。根据合作协议，双方将通过新建加氢站、油氢合建站、气氢合建站等形式，建设氢、油、气、电四站合一的项目，快速推动重庆市加氢站的建设布局。

2019 年 4 月 13 日 重庆力帆乘用车有限公司与武汉泰歌氢能汽车有限公司、重庆地大工业技术研究院有限公司在重庆市签订战略合作协议。根据合作协议，双方将携手在氢燃料电池的研发、生产、销售，氢能乘用车开发及推广应用以及资本合作等方面开展战略合作。

2019 年 4 月 13 日 现代汽车公司与韩国东西电力公司（EWP）、德康公司签署谅解备忘录（MOU），将共同进行燃料电池发电项目。根据协议，试点项目将提供 1 MW 氢燃料电池发电设施，其中现代汽车负责建造燃料电池系统，EWP 将管理设施和电力销售，德康公司将保证氢气供应。

2019 年 4 月 16 日 天际汽车科技集团有限公司与辉能科技股份有限公司面向车载固态锂电池进行战略合作签约。根据合作内容，辉能科技将向天际汽车授权固态锂陶瓷电池电芯技术，并提供天际汽车优先升级更高能量密度电芯技术的权利。双方将共同参与产线的规划与建设，共同扩大固态电池生产规模。双方还将在电芯开发，整车集成，电池组件批量生产等方面进行深度合作。

2019 年 4 月 17 日 宁德时代新能源科技股份有限公司与华为技术有限公司在上海签订合作协议，根据协议，双方将展开深度合作，实现优势互补、合作共赢，迎接智能化发展新机遇。

2019 年 4 月 17 日 武汉格罗夫氢能汽车有限公司在上海与德国动力总成研发供应商霍费尔动力总成公司签署战略合作协议。根据协议，双方将努力为格罗夫提供电子驱动解决方案，以抓住中国氢动力汽车市场的机遇，提升全球竞争力。

2019 年 4 月 17 日 成都华气厚普机电设备股份有限公司与 Air Liquide 的全资子公司 Air Liquide Advanced Technologies S. A. 签订合资合同。根据合同，双方在成都市郫都区共同投资设立合资公司液空厚普氢能源装备有限公司，合资公司注册资本为 1 亿元人民币，主要从事氢能源市场开发、制造和销售、综合加氢站、站用加氢及储氢设施等。

2019 年 4 月 17 日 张家港富瑞氢能装备有限公司与上海重塑能源集团有限公司、浙江嘉化能源化工股份有限公司共同投资 5 000 万元成立合资公司。合资公司首期项目规划在张家港、常熟建设 3 座加氢站，以确保区域内合作方200 辆燃料电池物流车运营需求。未来 3 年合资公司将在长三角地区建设不少于 50 座加氢站，初步实现江苏、浙江和上海的加氢站网络布局。

2019 年 4 月 17 日 中国汽车技术研究中心有限公司与华为技术有限公司在上海签署战略合作谅解备忘录。根据备忘录，双方将在汽车"新四化"方面围绕技术创新、行业标准、试验认证及产业生态等关键领域开展深度合作，共同推动汽车产业的发展变革。

2019 年 4 月 18 日 珈伟新能源股份有限公司控股公司珈伟隆能固态储能科技如皋有限公司与宁波如意股份有限公司签订合作协议。根据协议，宁波如意向珈伟隆能采购珈伟隆能生产的叉车电池包，计划采购总量 20 万套。协议履行期限为 2019 年 4 月 18 日—2020 年 4 月 17 日。

2019 年 4 月 19 日 北京首航艾启威节能技术股份有限公司与新研氢能源科技有限公司原股东签署《增资扩股及转股投资框架协议》。根据框架协议，交易完成后，首航节能正式切入氢燃料电池领域，后续将大力支持新研氢能源年产 1 万套燃料电池产线落地。

2019 年 4 月 22 日 戈尔公司与东方电气（成都）氢燃料电池科技有限公司签署战略合作框架协议。根据协议，双方将加强战略合作伙伴关系，拓展新技术、新材料等方面的合作，共同推动中国燃料电池技术发展和应用实践。

2019 年 4 月 22 日 东方电气（成都）氢燃料电池科技有限公司与上海舜华新能源系统有限公司签订战略合作协议。签约双方自 2017 年 12 月起合作，共同推进四川首条氢燃料公交示范项目落地，截至 2018 年 6 月，上海舜华向东方电气提供了 30 套车载供氢系统及其配件，后续 20 套将于近期交付。根据协议，双方将依托各自独特优势形成合力，推动国内国际氢能源技术的广泛应用。

2019 年 4 月 23 日 鸿达兴业股份有限公司与雄川氢能科技（广州）有限责任公司签署《氢能项目合作意向协议》。根据协议，鸿达兴业将向雄川氢能提供氢气，雄川氢能将在同等条件下优先使用鸿达兴业的氢气；双方将在加氢站建设、氢能相关装备研发等方面展开合作；在所有加氢站中统一预留液氢储氢设备和空间。

2019 年 4 月 25 日 常州市与比亚迪汽车有限公司签订战略合作协议，比亚迪华东新能源乘用车及核心零部件产业园基地项目将落户常州高新区。项目总投资 100 亿元，规划年产能 40 万辆，达产后年产值可超 500 亿元。常州基地将主要生产王朝系列、e 平台（纯电动车型平台，从 A00 到 C 级车型，共 10 款）系列车型，拟生产产品的百公里能耗 17. 3 ~ 17. 9 kWh，续驶里程 450 ~ 600 km。

2019 年 4 月 26 日 湖南百利工程科技股份有限公司与坤艾新材料科技（上海）有限公司、自然人肖丽香共同成立合资公司百利坤艾氢能膜材有限公司，合资公司注册资金

1亿元人民币，三方共同组建坤艾—百利膜电极测试实验室（亚洲），实验室按照巴斯夫（BASF）高温质子交换膜电极实验室标准建设，建设学术交流与开放平台，用于亚太地区各科研机构、氢燃料电池汽车厂商、企事业单位进行氢燃料电池领域的技术测试。

2019年4月29日 诺基亚贝尔与中国一汽签署战略合作备忘录。根据协议，诺基亚贝尔将为一汽长春生产基地部署5G试验网，用以支持自动驾驶及网联车辆应用研发。同时，诺基亚贝尔还将与一汽合作开发数据中心、云、大数据及5G网络切片等重要解决方案，助力一汽加快数字化转型。

2019年4月29日 浙江卫星石化股份有限公司与浙江省能源集团有限公司签署战略合作协议，共同推动浙江省内氢能产业发展。根据协议，浙能集团牵头探索加氢站安全标准体系建设，到2022年依托综合供能服务站建成加氢示范站20座，开展液氢制备、储运、加注、供应完整产业链示范，建立一体化液氢综合体系，布局覆盖全省的氢能供给网络。卫星石化为浙能集团氢能供应提供保障。双方优先探索更深层次的氢能开发合作模式。

2019年4月30日 武汉众宇动力系统科技有限公司与武汉科利尔立胜工业研究院有限公司签署《车用氢燃料电池动力系统销售合同》，采购合同总金额在1亿元以上。根据销售合同，两家公司合作共同推广燃料电池车市场应用，武汉众宇分批次向武汉科利尔研究院供应200套45 kW/60 kW级别车用氢燃料电池动力系统。

5月

2019年5月2日 巴拉德与潍柴巴拉德合资公司达成协议。根据协议，巴拉德方面提供混合物供应部分燃料电池产品和部件用于模块组装，用于中国燃料电池电动汽车，订单总价值约为4 400万美元，预计将于2019年和2020年交付。

2019年5月7日 深圳市氢雄燃料电池有限公司与广州恒运企业集团股份有限公司、华南理工大学签署《关于设立广州雄韬氢恒动力科技有限公司之合作备忘录》。根据合作备忘录，三方合作设立广州雄韬氢恒动力科技有限公司（暂定名），合资公司注册资本1亿元，以氢燃料电池动力总成及电堆、核心零配件及关键材料的研发生产等为主营业务。

2019年5月7日 湖南桑德新能源汽车科技有限公司与广汽新能源汽车有限公司签署战略合作协议。根据协议，双方将在新能源汽车营销、出行服务、汽车金融等领域建立起长期紧密的合作关系，并开展相应的技术方面合作。同时，桑德汽车首批采购广汽新能源新体系Aion旗下2 000台Aion S。

2019年5月12日 深圳市德方纳米科技股份有限公司与宁德时代新能源科技股份有限公司签署《合资经营协议》，共同出资5 000万元增资曲靖市麟铁科技有限公司，曲靖麟铁首期规划年产磷酸铁锂1万t，根据签署的采购协议，宁德时代将向曲靖麟铁采购磷酸铁锂，并根据采购量向其预付采购款不超过1.315亿元。

2019年5月13日 国轩高科股份有限公司全资子公司合肥国轩高科动力能源有限公司与Tata Auto Comp Systems Limited在合肥签署合资协议，双方将在印度设立一家合资企业，合资企业主要经营电池模块和电池组的设计、开发、验证和制造，以及电池管理系统，适用于区域范围内各类乘用车和商用车。

2019年5月13日 江苏智航新能源有限公司与盐城国投中科新能源科技有限公司签署2019年框架性供货合同。根据合同，盐城国投中科新能源保证在2019年12月31日前至少向智航新能源采购2 000万支三元锂离子18 650－2.6Ah电芯，交易总金额约人民币1.6亿元。

2019年5月15日 宁德时代新能源科技股份有限公司与沃尔沃汽车集团签订动力电池合作协议。根据协议，宁德时代将在全球范围内为沃尔沃即将推出的汽车开发平台SPA2平台、CMA平台供应全平台电池模组。与沃尔沃签订此协议的还有LG化学，未来10年内，宁德时代与LG化学将为下一代沃尔沃汽车和极星（Polestar）车型供应价值数十亿美元的锂离子电池。

2019年5月15日 滴滴出行与国网电动汽车服务有限公司签署战略合作协议。双方就推动"车、桩、网"平台互联互通和数据共享达成合作，共同打造联动体系，助力绿色出行和绿色能源推广利用，初期双方会在浙江、福建、江苏、山东、陕西、湖南、江西等地区作为试点。

2019年5月16日 国轩高科与领途汽车在合肥签署战略合作协议，共谋微型电动车。

2019年5月16日 大众中国、江淮及一汽轿车共同参股成立开迈斯新能源科技有限公司，公司注册资本8.12亿元，主营业务主要是充电桩以及充电服务方面。

2019年5月17日 开瑞新能源、中军速运、龙锟汽车、旋风新能源签署战略合作协议。开瑞新能源与各合作伙伴就新能源车型采购事宜达成共识，具体为中军速运签订5 000台订单，龙锟汽车签订1 000台订单，旋风新能源签订3 000台订单。

2019年5月18日 郑州宇通客车股份有限公司与中国联合网络通信有限公司河南省公司、联通智网科技有限公司共同签订《智能网联5G/V2X联合实验室合作框架协议》。根据框架协议，三方将全面推动在5G V2X和智能网联汽车、自动驾驶、智能交通融合的新技术新产品等方面深度合作。

2019年5月22日 上海第九城市信息技术有限公司与电动车充电设备及运营平台提供商深圳驿普乐氏科技有限公司签署成立合资公司协议，为电动车的城市充电设备及平台提供产品及运营服务，合资公司，首先将分阶段推广充电桩设备及平台至国内的城市进行运营。根据计划，合资公司首年将布局1～2个城市，设置10～20个大中型充电场站，预计获得1 500万美元～2 000万美元销售收入；第二年将继续布局3～5个城市，设置30～50个大中型充电场站，预计达到4 000万美元～6 000万美元收入。

2019年5月21日 航锦科技股份有限公司与苏州华清京昆新能源科技有限公司、徐州华清京昆能源有限公司、上海铭寰新能源科技有限公司在葫芦岛市签署《氢能燃料电池产业战略合作协议》，建立中国氢能产业战略合作伙伴关系。合作方将共同发起设立氢能产业投资基金，未来5年内募集资金150亿元,重点投资固体氧化物技术开发和应用、氢能燃料电池技术开发和应用、加氢站建设等领域。

2019年5月24日 绿驰汽车与长安铃木在重庆签署战略合作协议。协议以绿驰汽车和长安铃木在整车方面的制造研发为基础,首款纯电动SUV将在原长安铃木第二工厂制造,双方还将在供应链体系、技术标准、制造流程、质检体系等多个层面展开交流。

2019年5月29日 雄韬氢雄与环宇京辉京城气体科技有限公司签订战略合作协议。双方在氢能行业的合作前景与具体落地项目达成一致,共同推进在氢能产业的部署。

2019年5月31日 国网山东省电力公司、中国铁塔股份有限公司山东省分公司、国网电动汽车服务有限公司三方签署战略合作协议。根据协议,三方将全面加强交流合作,共同推进"泛在电力物联网"建设,将会有效解决新能源车充电时电力匹配问题。

2019年5月31日 深圳市比克动力电池有限公司与哈啰出行在上海签约,双方将建立全面长期深入的战略合作伙伴关系,比克电池将为哈啰出行全系三代助力车的电能驱动系统提供强大动力来源。

6月

2019年6月7日 日本丰田汽车公司与宁德时代、比亚迪、东芝等车载电池厂商合作,加速发展新能源汽车。

2019年6月9日 广州恒运企业集团股份有限公司与深圳市氢雄燃料电池有限公司签署协议。根据协议,广州恒运与深圳氢雄在广州开发区合作成立项目公司——广州雄韬氢恒科技有限公司(暂定名),项目公司生产氢燃料电池电堆和发动机系统。广州恒运投资2 200万元,深圳氢雄投资5 800万元。

2019年6月12日 金鸿控股集团股份有限公司与张家港富瑞氢能装备有限公司签署《关于氢能产业链解决方案之战略合作协议书》,共推氢能产业发展。

2019年6月12日 京东物流生态创新部与北京清华工业开发研究院、张家口氢能与可再生能源研究院在张家口签署《氢能燃料电池物流体系建设与应用张家口示范中心协议》。根据协议,三方将充分发挥各自优势在张家口开展氢能物流系统的建设和应用示范,积极响应张家口的氢能产业链条布局。

2019年6月12日 吉利汽车控股有限公司控股99%的子公司上海华普国润汽车有限公司与LG化学成立合资公司,合资公司注册资本1.88亿美元,上海华普国润和LG化学各出资50%,合资公司主要从事生产及销售电动汽车电池。到2021年底,合资公司年生产能力将达到10 GWh,产品从2022年起供应给吉利的电动汽车。

2019年6月12日 北京四维图新科技股份有限公司、汽车激光雷达系统开发商Ibeo汽车系统有限公司、北京亮道智能汽车技术有限公司三方签署战略合作协议。根据协议,四维图新在自动驾驶地图领域的核心优势及Ibeo激光雷达产品,结合亮道智能系统集成和自动化的测试验证能力,在"激光雷达+自动驾驶地图"研发及应用领域深度合作,为自动驾驶汽车提供更安全的解决方案。

2019年6月14日 合肥国轩高科动力能源有限公司与浙江吉利新能源商用车集团有限公司在签订合作框架协议。根据协议,双方将推进新能源汽车动力电池系统性能升级、品质提升和产业化应用,共同推动双方在新能源汽车产业领域的竞争力提升和业务快速发展。

2019年6月14日 浙江吉利新能源商用车集团与陕西汉德车桥有限公司在汉德车桥总部签署合作协议。根据协议,双方将在全系列商用车领域形成紧密的合作关系,进一步推动新能源商用车发展。

2019年6月14日 上海重塑能源科技有限公司、金龙联合汽车工业(苏州)有限公司、常熟市常运公共交通公司三方签署战略合作框架协议。根据战略协议,重塑科技将与苏州金龙联手为常运公交打造多辆氢燃料电池公交车,并于2019年下半年在常熟高新区投入使用。

2019年6月14日 广西玉柴机器集团与华为技术有限公司在深圳签署战略合作协议。根据协议,玉柴集团与华为公司将在5G、新能源、智能交通等领域展开全面合作。

2019年6月14日 江苏华昌化工股份有限公司与金龙联合汽车工业(苏州)有限公司、江苏港城汽车运输集团有限公司签订氢燃料电池示范运用合作框架协议。根据协议,华昌化工提供电堆,与苏州金龙合作生产出氢燃料电池示范运用大巴车辆,港城汽运应用运行该车辆,达到示范运用及验证的目标。2019年,实现投用5辆氢燃料电池汽车示范运行;2020年,实现100辆氢燃料电池汽车投放市场。

2019年6月14日 浙江金固股份有限公司旗下汽车超人与杭州贝斯特气体有限公司成立氢能源合资公司特维轮氢能科技(杭州)有限公司,合资公司注册资本1亿元,致力于研究试验汽车加氢业务建设,提供充电和加氢业务。

2019年6月17日 上海第九城市信息技术有限公司与科信动力系统设计研究有限公司、卡姆丹克太阳能集团达成投资协议。根据协议,第九城市以换股方式获取科信动力股份,入局电动汽车动力电池、新能源储能系统及电池管理系统等产品生产及运营,持续布局新能源及互联网电动车生态链。

2019年6月20日 江苏晶众信息科技有限公司与奇点汽车签署战略合作框架协议。根据协议,双方将围绕自动代客泊车、三维地下停车场高精地图等领域展开合作。奇点汽车将智能系统研发作为产品研发和品牌战略的重心,重点布局自动驾驶领域。晶众地图将为奇点汽车智能网联及代客泊车AVP等多领域提供停车场高精地图产品和服务,加快推进其自动驾驶量产落地。

2019年6月21日 航天科技控股集团股份有限公司与北京京东乾石科技有限公司签署战略合作协议。根据协议,航天科技为京东乾石科技自动驾驶物流车项目赋能,助力京东乾石科技在自动驾驶及其解决方案的开发方面得到技术支持。

2019年6月21日 国网电动汽车公司与恒大高科技集团成立合资公司——国网恒大智慧能源服务有限公司,合资公司注册资本1.8亿元,将聚焦社区智慧充电等新能源汽车业务,包括社区智能充电桩建设运营、智能充电桩销售及社区增值服务。

2019 年 6 月 21 日 湖北氢阳新能源控股有限公司与中国民生信托有限公司在北京举行股权投资协议签约仪式，双方将共同推动氢能产业的发展。

2019 年 6 月 24 日 北汽集团与北京公交集团公司举行战略合作发布会，双方共同出资成立北京福田欧辉新能源汽车有限公司，新公司要从事汽车及新能源汽车开发、制造、销售。同时，新公司在涞水公交产业园设立分公司，主要从事汽车及新能源汽车的开发、制造，项目总投资 12.5 亿元，将在 2021 年底建成投产，投产后，北汽福田欧辉客车涞水基地将形成年产 5 000 辆大客车的规模。

2019 年 6 月 24 日 天际汽车与北京德师傅新能源汽车销售服务有限公司达成战略合作协议。根据协议，未来双方将在乘用车和电咖商用车售后服务领域，包括电池回收及充电运营等方面深化战略合作关系，进一步加强天际汽车售后服务战略布局。

2019 年 6 月 25 日 浙江合众新能源汽车有限公司与中国和谐新能源汽车控股有限公司签订合作协议，双方将共同打造无界零售汽车行业模式。根据合作协议，和谐汽车将通过服务创新、渠道创新及模式创新，帮助合众汽车推进合众汽车拓展营销渠道及产品服务，共同构建“线上 + 线下”的广义新零售模式。

2019 年 6 月 25 日 北京氢璞创能科技有限公司与易事特集团达成战略合作，易事特在充电桩及充电站运营、光储充一体化及综合业务平台等领域与氢璞创能互补，双方合作技术攻关，共同在氢能等新能源市场赢得发展。

2019 年 6 月 25 日 企业亿咖通科技与腾讯车联签署战略合作协议，双方将围绕智能网联服务等领域展开深度合作，合作将全面助推吉利集团加快“电动化、智能化、网联化、共享化”转型升级以及线上能力建设进程。

2019 年 6 月 26 日 滴滴出行与广州汽车集团股份有限公司签署《深化合作框架协议》，根据协议，双方将在无人驾驶等领域展开合作探索，在智能充电等层面展开深度沟通与交流，探索可行的创新合作模式。

2019 年 6 月 27 日 联想集团与爱驰汽车签署战略合作协议。根据协议，双方将在智能车联、智能制造等方面共同打造未来智能出行新方式。其中，在智能制造方面，双方将在工业制造 4.0 及新能源汽车制造相关产业等领域开展合作，联想集团帮助爱驰汽车构建领先的智能制造体系，打造高性能的智能汽车。

7月

2019 年 7 月 2 日 郑州宇通客车股份有限公司与中国信科集团旗下大唐移动通信设备有限公司签署战略合作协议。根据协议，宇通客车与大唐移动将在 5G 智能网联车等领域开展战略合作。

2019 年 7 月 3 日 吉利控股集团和百度签署战略合作协议，吉利控股与百度将就智能网联、智能驾驶等 AI 技术在汽车、出行领域应用展开全面战略合作，共同研究、探索“最强汽车 + 最强 AI”，携手加速中国智能汽车的大规模普及。

2019 年 7 月 4 日 哈尔滨黄海新能源汽车销售有限公司与哈尔滨交通集团公共交通有限公司签订 301 辆和200 辆 10.5 m 纯电动空调公交客车的《车辆购置合同》，合同总金额为 46 217.89 万元（含国家补贴、地方补贴、含税）。合同签订之日起至 2019 年 7 月 25 日前，车辆全部交付哈尔滨公交公司。

2019 年 7 月 4 日 滴滴出行与海南省交通投资控股有限公司、海南电网有限责任公司、南方电网电动汽车服务有限公司签订协议，共同出资组建海南省级充电设施投资公司，海南省级充电设施投资公司主要开展新能源充电基础设施的投资、建设和运营管理，以及相关产业领域的经营活动，同时开拓新能源汽车销售、租赁以及相关产业业务。根据合作协议，各方将利用各自的资源优势，为合资公司的场站建设用地、充电桩的建设维护、充电车辆引流等方面提供有力支持。

2019 年 7 月 5 日 金龙联合汽车工业（苏州）有限公司与丰田汽车公司、上海重塑能源科技有限公司三方在氢燃料电池客车领域签署战略合作协议。根据协议，苏州金龙生产及销售的海格第五代氢能源公交上将搭载由上海重塑科技开发的燃料电池系统，系统中所包括的电堆等核心零部件由丰田汽车提供。

2019 年 7 月 8 日 浙江嘉化能源化工股份有限公司与浙江省能源集团有限公司分别签署《战略合作框架协议》及《氢液化工厂合作框架协议》。根据协议，双方将开展氢能供应链及产业综合利用的合作。嘉化能源发挥其工业副产氢富余优势，为浙能集团氢能供应提供保障，并将于 2019 年年底前在嘉兴港区建立 1 m^3/h（日处理氢气量约 19 200 m^3）氢液化示范工厂。

2019 年 7 月 11 日 福田汽车集团与广西玉柴机器集团有限公司就国Ⅵ产品配套、海外市场开拓、新能源产品开发等议题达成一系列重要合作成果。

2019 年 7 月 16 日 浙江合众新能源汽车有限公司与台湾庆嘉实业有限公司在上海签订战略合作协议，双方就合众汽车产品在台湾地区进行 SKD 生产销售事宜达成一致。根据战略协议，庆嘉实业将负责在台湾地区开展合众汽车 SKD 业务，实现合众汽车产品进入台湾市场销售。合众汽车将提供技术服务支持，帮助指导庆嘉实业在台湾地区完成 KD 工厂建设，经销、售后服务体系建设。

2019 年 7 月 17 日 雷诺集团和江铃集团正式成立合资公司，雷诺集团增资 10 亿元，正式成为江铃集团新能源汽车有限公司的股东，拥有 50% 的股权，新公司已完成工商注册，雷诺集团将进一步扩大在中国新能源汽车市场的影响力，推动中国新能源产业的发展，进一步促进双方在中国新能源汽车市场的战略布局。

2019 年 7 月 17 日 宁德时代新能源科技股份有限公司和丰田汽车公司在新能源汽车（NEV）动力电池的稳定供给和发展进化领域建立全面合作伙伴关系，双方将结合宁德时代在电池开发及供给方面的实力、丰田在电动车及电池研发方面的技术实力，致力于开发更具吸引力的电动车产品，推进电动车的普及。

2019 年 7 月 18 日 威马汽车与青岛特来电新能源有限公司签约，达成两层安全防护技术暨共建充电生态深化战略合作。根据签约内容，双方共同建设、运营与维护威马自有品牌充电站。

2019 年 7 月 19 日 比亚迪汽车与丰田汽车签订合约。根据合约，双方将共同开发轿车和低底盘 SUV 的纯电动车型，以及上述产品等所需的动力电池，车型将使用丰田品牌，计划于 2025 年前投放中国市场。

2019 年 7 月 19 日 兴民智通（集团）股份有限公司与普天新能源车辆技术有限公司签署战略框架协议书。根据协议，双方将在基于智能网联汽车领域的运营服务平台开展全面合作，包括但不限于车—桩一体化平台建设、新能源地方监测平台建设、智能网联测试基地建设及运营、大数据分析平台及应用等。

2019 年 7 月 19 日 深圳市星源材质科技股份有限公司与欣旺达惠州动力新能源有限公司就采购锂离子电池隔膜产品事宜签署《保供框架协议》。根据协议，星源材质同意向欣旺达惠州动力销售锂电池隔膜产品，欣旺达惠州动力同意购买星源材质生产的锂电池隔膜。星源材质承诺在 2019—2023 年，保证向甲方供应 10 亿m^2锂电池隔膜。

2019 年 7 月 19 日 山西潞安空气产品氢能源公司与美国 AP 签署山西潞安空气产品氢能源公司合资协议。

2019 年 7 月 19 日 沃尔沃集团与三星 SDI 建立战略联盟，双方将共同针对沃尔沃集团卡车产品开发专门的电池组，三星 SDI 将提供蓄电池和模块，装配于沃尔沃集团的卡车产品中，满足其在电动交通方面的需求。

2019 年 7 月 22 日 零跑汽车与华胜集团在杭州签署战略合作协议。根据协议，双方将在新能源汽车后市场服务及未来市场开拓发展等方面开展深入合作，零跑汽车及其合作伙伴的新车交付、售后服务支持将由华胜集团提供全方位支持。

2019 年 7 月 23 日 德国当地时间，恒大集团与德国 hofer 动力总成集团在斯图加特签订战略合作协议。根据协议，恒大持有合资公司 67% 股份，德国 hofer 持股 33%，合资公司拥有德国 hofer 在动力总成领域最前沿技术及最顶尖研发制造团队，开发应用全球最领先的三合一动力总成核心技术，并在中国打造全球最先进的研发生产基地。

2019 年 7 月 23 日 蜂巢能源科技有限公司与清华大学电池安全实验室举行合作签约仪式。根据协议，双方将围绕电池热失控的预警与防控展开合作研究，为长期困扰行业发展的电池热失控和系统热失控蔓延问题提供有效的改进和解决方案。

2019 年 7 月 23 日 广西玉柴机器股份有限公司与柳州五菱柳机动力有限公司、柳州臻驱电控科技有限公司正式签订战略合作协议。根据协议，三方将在汽油机增程器、电机控制器等方面展开深度合作，在新能源动力领域实现共赢。

2019 年 7 月 23 日 潞安集团与中国东方电气集团有限公司在四川省成都市签署框架合作协议。根据协议，双方将以各自业务优势和互补性，以氢能源产业合作为基础，深入发掘氢能产业发展的最大契合点，以战略合作实现共赢发展。

2019 年 7 月 23 日 广汽新能源汽车有限公司与合生创展集团旗下汽车租赁公司链链好车、天峰集团旗下汽车租赁公司驭道天下达成了战略合作。根据合作协议，三方将就新能源汽车车源合作、汽车租赁、汽车金融等方面展开合作，共同推动新能源汽车在共享租赁领域中的应用，本次战略合作中投放至少 5 000 辆广汽新能源 Aion S 用于共享出行服务，由天峰控股负责运营。

2019 年 7 月 24 日 百坤氢能（湖南百利工程科技股份有限公司与坤艾（上海）新材料合资成立的子公司）与德国巴斯夫（BASF）正式签署《膜电极开发与全球授权合作协议》。根据合作协议，双方将致力于高温质子交换膜技术——在线制氢相关领域的研发和生产，共同将氢燃料电池的高温质子交换膜电极技术在亚太地区进行推广和应用。

2019 年 7 月 25 日 滴滴出行与丰田汽车公司在智能出行服务领域拓展合作，丰田汽车对滴滴进行投资，投资总额共 6 亿美元，其中部分资金将用于双方与广汽丰田汽车有限公司共同成立合资公司，合资公司将采买丰田旗下汽车产品并出借给司机用户，为平台司机提供汽车相关服务。

2019 年 7 月 26 日 桑顿新能源科技有限公司与一汽轿车股份有限公司、上海锐镁新能源科技有限公司三方就开发、设计、生产电动汽车所需汽车动力系统达成战略合作协议。根据协议，桑顿新能源负责完成从单体电池材料选择到电池系统的设计、组装、测试并供货，同时配合一汽轿车和上海锐镁完成动力电池系统所需共同开发设计工作。一汽轿车将负责电动汽车整车设计、开发、制造销售和动力电池管理系统开发设计、动力电池电源基本参数审定工作等，上海锐镁负责电动汽车系统电机电控及电池管理系统集成。

2019 年 7 月 26 日 江苏金通灵流体机械科技股份有限公司与西安交通大学签订《新能源与动力先进技术研发中心合作协议》。根据协议内容，双方将重点围绕新能源领域，结合双方发展需求，加强在超临界二氧化碳设备与系统、氢燃料电池压缩机技术等方面的科技开发合作，并将共建西安交通大学-江苏金通灵新能源与动力先进技术研发中心。

2019 年 7 月 27 日 嘉兴市交通投资集团有限责任公司与山西美锦能源股份有限公司就嘉兴氢能源基础设施建设和氢燃料汽车示范运营平台项目签署协议。根据合作协议，双方将开展嘉兴氢能源基础设施建设和氢燃料汽车示范运营平台。

2019 年 7 月 27 日 嘉兴港区中石化经营有限公司与空气化工产品（中国）投资有限公司就嘉兴港区加氢示范站项目签署框架合作协议。

2019 年 7 月 28 日 国家电网有限公司与恒大集团有限公司成立合资公司（国网恒大智慧能源服务公司），双方各持股 50%，合资公司将聚焦社区停车库车位的智慧充电服务，基于智慧能源服务系统，在不增加社区供电容量、保证居民生活用电的情况下，利用用电低谷进行有序充电，解决新能源汽车充电难题，促进新能源汽车产业发展。

2019 年 7 月 28 日 东风汽车股份公司与广东速腾物流签署战略合作协议，开启双方的新能源物流车合作。按合作计划，东风汽车将在未来 1 年内，为速腾物流全国网点提供至少 1 000 台量身定制的东风新能源物流车。

2019 年 7 月 30 日 山西美锦能源股份有限公司与嘉兴市交通投资集团有限责任公司签署《嘉兴氢能源基础设施建设和氢燃料汽车示范运营平台合作协议》。根据合作协议，双方将开展嘉兴氢能源基础设施建设和氢燃料汽车示范运营平台。

2019 年 7 月 30 日 中国一汽集团与武汉众宇动力系统科技有限公司签署《协同创新实验室合作协议》，双方在氢能燃料电池领域合作形成共识，并就成立“中国一汽-武汉众宇协同创新实验室”达成合作协议。实验室重点围绕大功率车用燃料电池电堆和燃料电池发动机开发；研究氢能产业链，并在氢气制备、储存、运输、加注等技术以及氢能基础设施等方面展开合作。

2019 年 7 月 30 日 湖南永杉锂业有限公司年产 4.5 万 t锂盐项目签约落户望城经开区铜官工业园，项目总投资 20 亿元，用地约 350 亩，项目分两期建设，首期投资 6.2 亿元，建设 1.5 万 t/年氢氧化锂和 1 万 t/年碳酸锂产能，主要产品用于供应电池正极材料的生产，应用领域覆盖各类数码消费类锂电池、新能源汽车用锂电池及储能电池。

8 月

2019 年 8 月 1 日 英国石油公司 BP 与北京小桔科技有限公司（滴滴出行）成立合资公司，合资公司将在中国范围内建设新能源车充电站网络。

2019 年 8 月 14 日 一汽解放与中国联通在长春签署战略合作协议，共同推进商用车智能网联化发展。根据协议，双方将在车联网等多领域全面合作，联合开展基于车联网、自动驾驶等创新业务的研究。

2019 年 8 月 14 日 中国联通吉林省分公司、联通智网科技与一汽解放签署《5G/V2X 智能网联联合实验室》协议，根据《5G/V2X 智能网联联合实验室》协议，三方将在车联网、自动驾驶、大数据、工业互联网等领域展开合作，有效利用三方优势，共同推进 5G/V2X 智慧交通、无人驾驶汽车产业转型升级，打造全新的智能网联汽车产业生态。

2019 年 8 月 16 日 江铃集团、长安汽车、爱驰汽车在江西南昌举行合资合作发布仪式，三方达成战略合作。根据战略合作规划，混改后的新江铃控股将形成爱驰与陆风双品牌、双制造基地驱动的格局，其中陆风品牌产品覆盖传统车和新能源车型，爱驰品牌专注新能源车型。

2019 年 8 月 16 日 瑞浦能源有限公司和浙江中车电车有限公司签订电池供货协议。根据协议，瑞浦能源正式成为浙江中车合作伙伴，为客户提供优质的动力系统解决方案及产品服务。未来双方还将开展深度合作，为百姓绿色出行提供保障。

2019 年 8 月 17 日 东风汽车股份有限公司与汉江投资控股有限公司、北京瑞和信业投资有限公司签署《襄阳东风汉江新能源汽车产业基金合伙企业（有限合伙）合伙协议》，共同投资设立襄阳东风汉江新能源汽车产业基金，此基金的设立将面向新能源汽车产业领域，针对东风新能源汽车销售端，重点支持东风新能源汽车的运营项目。

2019 年 8 月 17 日 奇瑞汽车与中兴通信签订战略合作协议。根据协议，双方将共同研究基于 5G 的车联网、智能制造等业务领域的应用场景，共同探索 5G 等技术与智能驾驶、智能制造等技术的深度融合，在智能网联汽车的产品研发等方面进行全面合作。

2019 年 8 月 20 日 常州腾龙汽车零部件股份有限公司与徐洪峰先生、上海特玺投资合伙企业（有限合伙）合资设立合营公司——江苏腾龙氢能源科技有限公司，合营公司从事燃料电池汽车系统核心零部件，包括燃料电池系统专用电磁阀、控制器、电子水泵、巡检、水气氢专用管路等产品的研发、生产、销售和售后服务。

2019 年 8 月 20 日 威马汽车科技集团有限公司与中国邮政集团公司签署合作框架协议，根据合作框架协议，双方将在新零售、服务体系共建、金融服务、供应链物流等领域开展全方位合作，通过产融结合的服务模式，为新能源汽车产业的多维度衍生及发展注入新的活力。

2019 年 8 月 22 日 上海蔚来汽车有限公司与辉能科技股份有限公司签署战略合作协议。根据协议，双方将共同打造采用辉能 MAB 固态电池包的样车，并围绕固态电池的生产应用展开进一步合作。

2019 年 8 月 22 日 宝莹基金管理（深圳）有限公司与武汉泰歌氢能汽车有限公司签署投资协议。

2019 年 8 月 22 日 中国恒瑞有限公司（HRC）与全球领先技术与工业服务供应商福伊特集团下属复合材料研发与生产公司福伊特复材（Voith Composite）在江苏省常熟市高新产业技术开发区签署战略合作备忘录。根据合作备忘录，双方将在高压氢燃料储罐系统的材料，成型技术及市场开拓等多方面展开深入合作。

2019 年 8 月 23 日 威马汽车与格力电器签署战略合作协议。根据协议，双方将在智能制造、车家智能互联等智能化相关领域，以及整车制造相关、高端设备输出等方面展开深入合作，并带动新能源汽车上下游产业链向智能化转型，推动中国人工智能相关产业的发展。

2019 年 8 月 25 日 长安汽车股份有限公司与中国联合网络通信有限公司签署战略合作协议。根据合作协议，双方将在工业互联网和汽车信息化重点合作领域，就汽车通信技术、智能车联网平台、车联网服务运营、基于基础通信业务的企业信息化应用等方面展开全面深度合作。

2019 年 8 月 25 日 百度公司与重庆市人民政府就共同推进大数据融合创新发展合作签约，双方将在自动驾驶、智能城市等多个层面展开合作。

2019 年 8 月 27 日 晖马中欧汽车科技成都有限公司（威马汽车）与中移物联网有限公司在成都举行战略合作签约仪式。根据协议，双方将联合开发 V2X 产品，实现车路协同、智能辅助驾驶等应用落地，在技术支持、技术创新、试验示范、项目推进、服务运营等层面，形成长期稳定的战略伙伴与实质性合作关系，共同推动智能网联汽车产业进步。

2019 年 8 月 28 日 广州开发区交通投资集团有限公司、广州开发区产业基金集团有限公司、雄川氢能科技（广州）有限责任公司、香港社会资本就湾区氢谷项目开发建设签署合作意向书。根据合作意向书，将成立湾区氢谷开发公司进行项目建设，项目总投资 44.38 亿元，湾区氢谷总面积达 19.18 万m^2，预计营业收入约 100 亿元/年，将围绕氢能全产业链布局，包括但不限于氢气制备与供应、氢气储运、氢燃料电池、燃料电池汽车等，重点投资开发区应用示范类项目、产业化项目等。通过专业化运营，专项用于扶持优质氢能产业项目，吸引国内外创新型氢能企业落户开发区，推进氢能产业的良性发展。

2019 年 8 月 28 日 诚志股份有限公司与空气化工产品(中国)投资有限公司签署框架协议。根据框架协议，双方将在江苏南京成立诚志股份控股的合资公司，合资公司初期以投资运营氢燃料加注站为主要业务，由空气化工及其关联公司向合资公司以优惠条件提供 SmartFuel® Hydrogen Energy(智佳清 TM)氢气加注设备和氢气产品；待时机成熟时，合资公司的业务将逐渐向上延伸至氢气提纯(燃料级别和电子级别)、储存和运输等环节。诚志股份提供充足的工业级氢气源保障，空气化工提供相关技术与服务支持。双方共同将合资公司打造成为辐射长三角的氢能综合利用一体化平台。

2019 年 8 月 28 日 上汽集团与阿里巴巴集团达成深化战略合作协议，双方将共同打造面向未来的下一代智联网汽车。根据协议，双方将战略重组斑马网络技术有限公司和 YUNOS(阿里巴巴旗下智能操作系统)，并在汽车出行平台、自动驾驶、汽车行业云等领域展开合作，上汽集团还将与阿里巴巴就下一代智联网汽车的核心基础技术进行合作研发，共同打造全球领先的汽车行业云和汽车数字化服务标准。

2019 年 8 月 30 日 湖南桑德新能源汽车科技有限公司与重庆长安汽车股份有限公司签署战略合作签约。根据协议，双方将在车辆销售、车辆回收、金融延保产品及售后服务等相关领域发挥各自优势，共同探索、开创互联网时代汽车销售与服务的新模式。

9 月

2019 年 9 月 2 日 宁德时代新能源科技股份有限公司与控股子公司广东邦普循环科技有限公司共同出资 36 亿元设立宁波邦普时代新能源有限公司，合资公司主要是对新能源、新材料行业投资，对电池材料、镍、钴等相关材料销售等。

2019 年 9 月 3 日 长城控股集团与中信银行在中信银行签署战略合作协议。根据协议，中信银行将在原来服务于长城集团下汽车及零部件业务板块的基础上，加大对集团项下新能源动力电池、氢能、共享出行等板块的金融支持。

2019 年 9 月 3 日 国家电力投资集团有限公司与浙能集团签署战略合作协议。根据协议，双方将在海岛核电、清洁能源、智慧能源、氢能、电力市场建设等重点领域扩展合作空间。

2019 年 9 月 5 日 安徽安凯汽车股份有限公司与合肥公交集团有限公司签署《工业品买卖合同》。根据合同内容，安凯汽车向合肥公交供应安凯牌客车 500 辆，从 2019 年 9 月 15 日开始陆续供货，2019 年 11 月 30 日供货完成，合同总金额 87 884 万元。

2019 年 9 月 5 日 长城汽车股份有限公司与奥托立夫公司在长城汽车哈弗技术中心签订合作研究声明，共同进行北美道路安全评价研究。根据声明，长城汽车和奥托立夫将建立北美道路安全评价联合研究试验室，试验室结合双方在全球的技术和试验资源，针对北美市场进行相关的研究，同时遵照各道路安全权威部门的法律和规定，支持长城汽车战略的实施。

2019 年 9 月 5 日 东方电气与嘉兴德燃动力系统有限公司签订战略合作协议。根据协议内容，双方将在新能源汽车、氢能及燃料电池等领域全面深化战略合作。东方电气是成都的氢能企业，德燃动力是重庆引进的氢能项目之一，两家氢能企业携手，将加强成渝两地氢能产业联系。

2019 年 9 月 7 日 浙江万丰奥特控股集团与中国宝武集团旗下的宝钢金属有限公司在上海签署战略合作协议。根据协议，万丰集团与宝钢金属将共同致力于汽车零部件和轻量化新材料的全球布局。

2019 年 9 月 7 日 北京汽车集团有限公司与恩智浦半导体(全球最大的汽车电子与领先的安全物联网解决方案供应商)正式签订战略合作备忘录。根据备忘录，双方将围绕汽车数字化、安全物联网应用和技术融合等方面开展研发和商业合作，包括安全汽车门禁、共享汽车、云服务、电池管理以及 ADAS 等领域。

2019 年 9 月 11 日 聊城中通新能源汽车装备有限公司与北京亿华通科技股份有限公司签约 1 亿元的氢燃料环卫车项目。根据协议，双方将持续专注氢燃料电池发动机技术创新，争取在聊城发布氢燃料环卫车，推动中国氢能健康发展。

2019 年 9 月 18 日 北京亿华通科技股份有限公司与东岳集团签署战略合作协议，正式确立在燃料电池及氢能领域全面战略合作伙伴关系。根据协议，双方将在氢燃料电池汽车商业化推广方面展开深入合作。

2019 年 9 月 20 日 爱驰汽车与辉能科技达成合作协议，双方将共同开展固态电池作为车载动力电池相关技术的开发与应用，推进动力固态电池商业化落地。

2019 年 9 月 20 日 内蒙古稀土新能源汽车产业联盟成立，稀土高新区管委会、北奔重型汽车集团有限公司、中电投融和资产管理有限公司、富华德电子(东莞)有限公司、宁德时代新能源科技股份有限公司、清华大学汽车安全与节能国家重点实验室和汽车研究所等 30 家单位签署《内蒙古稀土新能源汽车产业联盟入盟合约书》。根据合约书内容，联盟将整合稀土高新区稀土新材料产业优势，稀土产品研发、制造优势和北奔重型汽车集团有限公司在新能源重卡汽车研发、生产及整车配套体系的优势，发挥中电投融和资产管理有限公司运营管理与融资规模优势，通过三方深度合作，打造完整的稀土新能源重卡汽车产业链，共同推动内蒙古稀土新能源汽车产业项目特别是稀土新能源重卡汽车产业项目快速发展，助力稀土高新区尽早实现新能源汽车的产业化、市场化示范效应，并从更高层次推动国家发展纯电动、混动，氢能及燃料电池产业发展。

2019 年 9 月 24 日 长城汽车股份有限公司与华为技术有限公司在深圳正式签署战略合作协议。根据协议，双方将全面展开在智能网联、智能驾驶、智能座舱、智能电动等创新技术领域的合作。

2019 年 9 月 25 日 恒大新能源汽车集团与德国 FEV、德国 EDAG、德国 IAV、奥地利 AVL、加拿大 MAGNA 在深圳恒大总部签订研发设计战略合作协议。恒大新能源汽车将同步研发 15 款新车型，覆盖顶级型、超豪华型、豪华型、尊享型、舒适型、经典型等全系列产品。

2019 年 9 月 25 日 陕西坚瑞沃能股份有限公司子公司

内蒙古安鼎新能源有限公司与湖州快驴科技公司就采购磷酸铁锂电池组事宜签署《供货合作协议书》。根据协议书内容,内蒙安鼎新能源供应产品型号为32650型电芯,并承诺2019年累计向湖州快驴科技供应数量不高于300万颗。

2019年9月25日 南京拜腾汽车科技有限公司与韩国零件供应商Myongshin签署协议(代工协议)。根据协议,从2021年起Myongshin将为拜腾汽车每年生产5万辆纯电动SUV M-Byte。

2019年9月25日 中国第一汽车集团有限公司与深圳市速腾聚创科技有限公司在吉林长春中国第一汽车集团总部签署合作协议。根据协议,双方将在智能固态激光雷达车规级量产研发展开合作。

2019年9月26日 丰田汽车分别和广州汽车集团股份有限公司、中国第一汽车集团有限公司签订电动化及智能网联领域的战略合作框架协议。根据协议内容,双方将在新能源车的电动化及智能网联领域展开合作,推出纯电动车、氢燃料电池车等车型,并共同推动电动化车辆在中国的研发和普及。

2019年9月27日 中国石化股份有限公司与上海重塑能源集团有限公司签署战略协议。根据协议,双方将展开合作,共同丰富和完善各自在氢能产业链布局,双方将积极研究更经济的制氢方法,进一步降低制、储、运氢成本,助力氢能产业发展。

2019年9月28日 天津一汽夏利汽车股份有限公司与南京博郡新能源汽车有限公司签署协议。根据协议,双方在一汽夏利所在地设立合资公司天津博郡汽车有限公司,合资公司注册资本25.4亿元,经营范围为乘用车整车、汽车零部件、发动机、电驱动系统、电池包系统、储能系统等研发制造销售。

10月

2019年10月9日 福建雪人股份有限公司与陕西环保产业集团有限责任公司签署战略合作框架协议。根据协议,双方将共同推进氢能产业在陕西当地的发展,在边角煤制氢,氢气提纯、液化,氢气销售及加氢站建设等方面展开深度合作。

2019年10月9日 蜂巢能源科技有限公司与科达利实业股份有限公司、诺德投资股份有限公司签订战略合作协议。根据协议,科利达和诺德投资在保证自身产品质量、服务、技术和价格具有行业竞争力的基础上,为蜂巢能源提供最优质的产品,同时蜂巢能源将结合新项目开发的实际需求,邀请科利达、诺德投资进行参与。

2019年10月10日 浙江合众新能源汽车有限公司正式与苏州清陶新能源科技有限公司达成全面深度合作,双方将共同推进固态电池的研发与应用,并加快在新能源汽车上的商业化落地。

2019年10月11日 蜂巢能源科技有限公司与杭州五星铝业有限公司签订战略合作协议。根据协议,杭州五星在保证自身产品质量、服务、技术和价格具有行业竞争力的基础上,为蜂巢能源提供最优质的产品,同时蜂巢能源将结合新项目开发的实际需求,邀请杭州五星进行参与。

2019年10月14日 蜂巢能源科技有限公司与美国保险商试验所(Underwriter Laboratories Inc.)签署战略合作谅解备忘录。根据谅解备忘录,蜂巢能源与UL将在电池安全领域开展技术研发合作,在动力电池、储能电池领域进行零部件检测技术合作。

2019年10月15日 浙江吉利控股集团有限公司与潍柴动力股份有限公司签署战略合作协议,双方就甲醇发动机开发合作达成一致意见,将携手布局全球甲醇重卡市场。

2019年10月15日 滴滴出行(北京小桔科技有限公司)与清华大学签署合作协议,共同成立清华大学-滴滴未来出行联合研究中心。根据协议,双方将在智能共享出行、出行安全、智能网联汽车、大数据与人工智能、智慧城市交通等领域紧密合作,共同推进智能出行前沿研究和科技成果转化。

2019年10月16日 中国第一汽车集团有限公司与中兴通信股份有限公司在吉林长春签署战略合作协议。根据战略协议内容,双方将在5G自动驾驶、车路协同、智能制造等业务领域展开合作,在智能网联汽车的产品、研发生等方面进行全面合作。

2019年10月18日 江苏龙蟠科技股份有限公司启动与安徽明天氢能科技股份有限公司的战略合作。根据合作内容,龙蟠科技战略布局氢能产业,向安徽明天氢能增资8 000万元,资金将全部用于明天科技及其子公司的日常运营和业务拓展,便于明天科技更好地进行产品和市场开发。

2019年10月18日 国网(辽宁)电动汽车服务有限公司与上汽荣威启动战略合作,双方将构建枢纽型平台型共享型智慧出行服务体系,为消费者提供网约车出行体验,此合作将会对新能源网约车行业的发展产生积极影响。

2019年10月18日 博世集团与山东重工集团有限公司签署战略合作协议。根据合作协议,在燃料电池领域,双方将一起发展燃料电池技术,共同开拓燃料电池市场。

2019年10月18日 韩国金浦市政府、韩信公司和山东魔方新能源科技有限公司共同签署《合作谅解备忘录》,各方将合作共建"金浦电动城市"项目,魔方新能源和韩信公司将作为牵头企业,在金浦市政府及当地各界支持下,携手打造金浦电动城市。

2019年10月20日 阳光电源股份有限公司与中国科学院大连化学物理研究所在合肥签订制氢产业化战略合作协议。根据协议,双方共同成立PEM电解制氢技术联合实验室,实验室将以大功率PEM电解制氢装备的研究开发为核心,同时在先进PEM电解制氢技术、可再生能源与电解制氢融合、制氢系统优化等方面展开深入合作。

2019年10月22日 国家电力投资集团有限公司氢能产业推进小组与深圳市氢雄燃料电池科技有限公司共同签署氢能源项目战略合作框架协议。根据协议,双方将在氢能源产业上游领域氢气的制、储、运环节和下游领域燃料电池电动汽车、氢动力船舶、燃料电池热电联供和燃料电池分布式供能系统的商业化开展全方位合作,打造制氢—储氢—运氢—用氢一体化氢能源产业链。

2019年10月23日 潮州三环(集团)股份有限公司、武汉氢阳能源有限公司和英国Intelligent Energy公司在武汉共同签署《谅解合作备忘录》。根据谅解备忘录内容，三方将合作探索基于“常温常压液态有机储氢技术”的燃料电池汽车商业化运用。

2019 年 10 月 23 日 广东猛狮新能源科技股份有限公司与三门峡市城乡一体化示范区管理委员会、三门峡市投资集团签署《锂电池项目合作协议》。根据合作协议，猛狮新能源将在示范区内投资 25 亿元，建设 5 GWh 高端锂电池生产项目，项目总用地面积约 500 亩。

2019 年 10 月 25 日 威马汽车科技集团有限公司与国网电动汽车服务有限公司签署战略合作协议。根据协议，双方将依托各自在智能纯电动汽车产品、充电技术、充电基础设施网络布局上的优势，在充电服务等领域展开合作，共同探索新能源汽车融合发展新模式。威马汽车将率先进行 V2G 车桩双向充电技术的研发、实测与落地应用。

2019 年 10 月 26 日 常州百利锂电智慧工厂有限公司与成都巴莫科技有限责任公司签订《高能量密度动力锂离子电池材料产业化先进智能制造项目(第一阶段)产线设备及集成合同》，合同总价为 4.71 亿元。根据合同内容，常州锂电供货范围包括物料称量系统、物料传输系统等，项目所需的其他辅助系统及安装、调试及相关服务。

2019 年 10 月 29 日 宁德时代与德国莱茵 TüV 集团签订全球框架合作协议，双方合作领域包括电池、储能系统、生产设备及生产工艺等方面。

11 月

2019 年 11 月 5 日 天能集团与法国帅福得集团在新能源领域经贸合作内容之一的“天能帅福得能源股份有限公司”项目成功签约，新成立的合资公司将专注于为中国和全球市场技术开发、制造和销售可靠度强的锂离子电池、模块及高端电池组。

2019 年 11 月 6 日 特斯拉公司与宁德时代新能源科技股份有限公司达成一项初步协议。根据协议内容，宁德时代最早从 2020 年开始成为中国制造的特斯拉电动汽车的电池供应商。

2019 年 11 月 6 日 中国石化集团有限公司与法国液化空气集团在北京签署合作备忘录，探讨加强氢能领域合作。根据合作备忘录，法液空将成为中石化氢能公司参股方之一，共同推动氢能和燃料电池汽车整体解决方案在中国的应用和推广。

2019 年 11 月 7 日 丰田汽车公司与比亚迪股份有限公司就成立纯电动车研发公司签订合资协议。根据合资协议，新公司将于 2020 年在中国正式成立，丰田与比亚迪各出资 50%。新公司将开展纯电动车及该车辆所用平台、零件的设计、研发等相关业务。

2019 年 11 月 7 日 爱驰汽车与丹麦甲醇燃料电池研发和制造公司 Blue World Technologies(蓝界科技)签署战略合作框架协议。根据协议，双方将围绕技术、产品、服务、前瞻、投资等领域展开合作。

2019 年 11 月 7 日 蜂巢能源科技有限公司与杜邦交通运输和工业部门在上海第二届中国国际进口博览会现场举行战略合作签约仪式。根据协议，双方将在轻量化产品、防火材料、胶黏剂等领域开展密切合作，共同开发轻量化模组和 PACK 技术，并探索新技术在新能源行业的应用。

2019 年 11 月 8 日 宜宾市天宜锂业科创有限公司与宁德时代新能源科技股份有限公司就碳酸锂和氢氧化锂供需的相关合作事宜签署《合作协议书》。根据协议书，合作期限自协议签订之日起至 2024 年 11 月 07 日止，双方具体采购碳酸锂和氢氧化锂产品的规格型号、数量、单价和结算方式等内容另行签订具体合同约定。

2019 年 11 月 9 日 重塑能源科技有限公司与欧洲车载电驱系统工程服务商 eCap Mobility GmbH 公司签署合作协议。根据协议，双方将依托各自的技术优势及资源，共同为欧洲北部市场开发氢燃料电池应用项目。其中，重塑科技将提供先进的燃料电池系统及核心零部件，eCap 将提供其在欧洲市场的卓越的工程服务能力，双方携手打造氢能在不同应用领域的多场景覆盖。

2019 年 11 月 9 日 中国中通客车在吉隆坡与马来西亚 TMS 公司签署合作协议，双方将携手打造科技领先的新一代新能源客车，并以马来西亚为中心开拓东盟市场。

2019 年 11 月 12 日 恒大在广州举行恒大新能源汽车全球战略合作伙伴合作峰会。会上，恒大新能源汽车与全球前 60 大汽车零部件供应商签署战略合作协议。

2019 年 11 月 13 日 绿驰汽车与北京有感科技有限责任公司就无线充电签署战略合作协议。根据协议，双方将在新能源汽车无线充电领域展开深度合作，共同推进新能源汽车产业的发展，并将无线充电技术运用于绿驰汽车首款量产车型。绿驰首款量产车型是一辆内部代号绿驰 M500 的纯电动 SUV，将于 2021 年上市。

2019 年 11 月 13 日 深圳巴士集团、深圳燃气集团、深圳市氢蓝时代动力科技有限公司、开沃汽车在深圳福田区公交大厦签署《氢燃料电池汽车示范运营战略框架协议》。根据协议，签约四方将集合各方优势，研究通过氢燃料电池公交示范运营，共同推动氢燃料电池技术成果转化落地，探索构筑氢燃料电池全产业链的融合发展模式，助力深圳新型能源产业迭代创新和发展。

2019 年 11 月 13 日 武汉格罗夫氢能汽车有限公司与德国 FEV 集团在北京签署氢能乘用车系统量产开发合作协议。根据协议，围绕格罗夫量产车型开发，双方将在整车系统开发等方面开展全方位合作，FEV 将基于氢能乘用车的特点，提供定制化整车量产开发和工程技术服务。

2019 年 11 月 15 日 宝武清洁能源有限公司揭牌成立，与宝钢股份宝山基地、中石油上海分公司、上海申龙客车、林德公司等氢能生态圈合作伙伴签约。

2019 年 11 月 16 日 北汽福田汽车股份有限公司与宁德时代新能源科技股份有限公司、奥动新能源汽车科技有限公司、北京亿华通科技股份有限公司、北京理工华创电动车技术有限公司、东软睿驰举行合作伙伴战略签约仪式。根据签约协议，各方将通过在动力电池技术、氢燃料技术研发、新能源车辆智能网联等技术创新方面实现优势互补、协同发展，推进新能源汽车全产业链融合。

2019 年 11 月 18 日 广汇汽车服务集团股份公司与国网电动汽车服务有限公司共同设立合资公司国网广汇(上

海)电动汽车服务有限公司,合资公司注册资本为1.8亿元,广汇汽车和国网电动汽车各持股50%,双方将共同推动新能源汽车产业发展,构建新能源汽车全价值链服务体系。

2019年11月19日 林德气体集团与宝武清洁能源有限公司(中国宝武钢铁集团旗下新建全资子公司)就"液氢领域战略合作"签署合作备忘录。根据合作备忘录,林德和宝武清能将共同投资液氢生产装置和基础设施,并在中国液氢市场的调查研究、布局规划、氢能源产业发展、项目开发等领域开展互惠合作。

2019年11月20日 卧龙电气驱动集团股份有限公司与采埃孚中国签署备忘录,合资设立汽车电机及零部件公司,合资公司初始注册资本为5 385万欧元,卧龙电驱以汽车电机业务的全部资产出资,占合资公司注册资本的74%,合资公司名称将为"卧龙采埃孚汽车电机有限公司",其所生产的电机和部件将用于采埃孚驱动系统,也可供应给市场上其他客户。备忘录的签署将快速提升卧龙电驱在新能源汽车电机制造上的核心竞争力。

2019年11月22日 北京普发动力控股股份有限公司与佛山市禅城区盈达资产经营有限公司、佛山市铭谦氢能科技合伙企业(有限合伙)共同出资设立控股子公司广东普发氢能源科技有限公司,新公司注册资本为1 000万元,主要从事氢气压缩机研发、检测、加氢站承建等业务。

2019年11月26日 大同氢雄云鼎氢能科技有限公司与物拉邦物流供应链(上海)有限公司、上海华熵能源科技有限公司签订战略合作协议。根据协议,三方合作开发氢燃料电池汽车。上海物拉负责合作车型市场推广,大同氢雄负责提供合作车型及燃料电池系统部件,上海华熵负责提供辅助零部件。由上海物拉邦向大同氢雄采购搭载大同氢雄燃料电池系统和丙方辅助零部件的氢燃料合作车型,在协议有效期内推广1 800台,分别为:2020年300台、2021年600台、2022年900台。

12月

2019年12月5日 通用汽车与LG化学组建合资公司,大规模生产电池单体,应用于未来推出的电动车产品上。根据规划,双方共投资23亿美元,各持有50%股份。合资公司的电池单体制造工厂将于2020年年中动工建设,年产能将超过30 GWh。

2019年12月6日 北汽新能源与宁德时代签署商务战略合作协议。根据协议,双方将全面深化战略合作,在新能源汽车动力电池供应、动力电池核心技术研发等方面进一步加强互信、互利、互融、互通。双方同意继续深化车型项目合作开发和完善供货保障机制,且在技术、质量、服务、生态、项目开发、合作模式等方面,加强彼此间业务的深化合作。

2019年12月6日 国家能源集团氢能科技有限公司、武汉市东湖新技术开发区管委会、武汉地质资源环境工业技术研究院三方在北京签署协议,共同培育氢能产业生态链。根据协议,三方将以氢能产业链为主线,在打造氢能产业生态链、培育氢能产业龙头企业、联合发起氢能专项投资基金等方面进行深度合作,携手打造有氢能源供应链与氢能应用生态链,实现氢能源产业上中下游协同创新发展。

2019年12月7日 丰田与比亚迪就成立纯电动车研发公司签订合资协议。根据协议,双方各出资50%在中国正式成立新公司,新公司主要开展纯电动车及车辆所用平台、零件设计及研发等相关业务,合资公司设计、开发的产品可以使用丰田品牌。

2019年12月9日 中国邮政集团公司与上海汽车集团股份有限公司签署战略合作框架协议。根据协议,双方将在整车采购及车辆运营等领域推动深层合作。在整车采购及车辆运营方面,上汽集团计划为中国邮政提供混动、纯电、氢燃料电池等新能源产品、传统能源产品或其他定制化产品,共同推广新能源和智能化车辆的应用。

2019年12月9日 安徽江淮汽车集团股份有限公司与华为技术有限公司签署全面合作框架协议暨MDC平台项目合作协议。根据协议,双方将在智能汽车解决方案等领域展开深入合作,推动智能汽车领域的快速发展。

2019年12月9日 格林美股份有限公司与韩国LG化学开展新能源动力电池用高镍三元前驱体产品合作。LG化学向公司下达新能源动力电池用高镍三元前驱体产品批量采购订单,格林美公司开始全面向LG化学供应新能源动力电池用高镍三元前驱体产品。

2019年12月10日 深圳市比克动力电池有限公司与开沃新能源汽车集团有限公司签订战略合作协议。根据协议,开沃汽车将向比克电池采购数亿元动力电池系统,双方将共同推进新技术、新材料、新工艺的开发,在新能源汽车领域多方面持续优化合作发展。

2019年12月11日 巴拉德动力系统有限公司与法国HDF Energy公司签署产品开发协议。根据协议,双方将合作开发多兆瓦级的燃料电池系统,并集成到HDF Energy专为固定电源应用而建设的Renewstable®发电厂中。

2019年12月11日 江苏德威新材料股份有限公司与合肥工业大学汽车工程技术研究院签订战略合作协议书。根据协议,双方就氢燃料电池汽车研发等领域的合作关系达成共识,双方共建"德威-合工大氢能源技术产业研究院";围绕氢燃料电池、发电设备和电池管理技术产品,开展深入研究,设计开发搭载德威电堆系统的氢能源汽车产品,逐步建设形成年产1万台及以上的氢能源汽车生产能力,并完善配套产业链。

2019年12月11日 小鹏汽车与蔚来NIO Power达成合作,双方将在充电业务方面展开互联互通合作。根据合作内容,小鹏汽车将陆续与蔚来NIO Power实现全国范围内充电桩分布数据、支付流程的互联互通,小鹏车主可通过小鹏汽车App扫码使用蔚来超充桩快速充电,蔚来车主也可以在全国多个一二线城市使用小鹏超级充电桩进行。此外,蔚来NIO Power还会加入小鹏汽车家充业务供应商体系,为部分小鹏汽车车主提供家充桩安装服务。

2019年12月18日 中国汽车技术研究中心标准所与美国国家标准化机构(ANSI)签订合作备忘录。根据合作备忘录,中汽中心标准所将与美国国家标准化机构在智能网联汽车标准、新能源汽车标准路线图、ISO/IEC国际标准领域开展深入合作,建立中美专家就汽车标准法规联系与沟通的渠道,推动中美国际汽车标准法规交流和协调工作。

2019 年 12 月 18 日 中国汽车技术研究中心有限公司与宝能汽车、观致汽车在天津签署战略合作。根据协议，三方将在汽车行业服务、政策研究、检测试验、工程技术研发、认证业务、大数据等领域进行战略合作，中汽中心将为宝能汽车提供多项技术支持，助力宝能汽车“整车＋零部件＋研发＋后市场”全产业链格局更加完整。

2019 年 12 月 20 日 中国恒天新能源汽车有限公司与宝钢金属有限公司签署战略合作协议。中国恒天集团旗下北京恒天鑫能新能源汽车技术有限公司、南京恒天领锐汽车有限公司与中国宝武钢铁集团有限公司旗下宝钢金属有限公司，三方签约成为战略合作伙伴。根据战略合作协议，三方达成一致行动计划，在汽车轻量化车身技术和定制钢化型材等方面广泛开展合作，宝钢金属将按照宝武集团对宝钢金属聚焦主业、发展主业、提升服务的要求，围绕铝合金、镁合金型材和压铸零件等产品为恒天新能源汽车提供系列零部件，双方还将在铝合金、镁合金和钢制定制型材等方面开展深入合作。

2019 年 12 月 20 日 中国邮政集团公司与奇瑞控股集团有限公司签署战略合作框架协议。根据协议，中国邮政与奇瑞集团将在车辆采购、市场拓展等方面开展深入合作。在车辆采购方面，奇瑞集团将提供新能源产品、传统能源产品及其他定制化产品，充分满足中国邮政的多元化需求。在市场拓展方面，中国邮政将为奇瑞提供“市场拓展＋消费信贷＋配套服务”的全流程“售车通”新零售服务。

2019 年 12 月 23 日 天际汽车科技集团有限公司与联行网络科技有限公司签署战略合作协议。根据协议，双方将在新能源汽车充电服务领域，包括充电 App、充电平台、企业平台账户管理、即插即充解决方案等方面进行战略性合作，为新能源车主提供“全、准、稳”的充电服务。

2019 年 12 月 23 日 深圳市雄韬电源科技股份有限公司与宁波鲍斯能源装备股份有限公司、上海华熵能源科技有限公司签订《战略合作三方协议》。根据协议，三方将在燃料电池汽车关键零配件的研发与供应方面充分发挥自身优势，在技术上实现强大合力，共同打造氢燃料电池汽车用的空压机、回氢泵等产品。

2019 年 12 月 24 日 华晨汽车集团与京东集团签署战略合作协议。根据协议，双方将围绕智能采购、智能物流、市场营销、智能物联网、汽车后市场、金融服务等一系列领域开展广泛业务合作，共同探索跨界融合的汽车生态新模式。

2019 年 12 月 27 日 浙江合众新能源汽车有限公司（哪吒汽车）与云车桩、永诚保险、宁波银行、天安保险，聚永融资举行“新能源服务生态力量创新聚合——一体化战略合作签约”仪式，各方将共同建设新能源汽车一体化服务生态，开展车桩互联、充电桩布局、金融服务等业务的探索，提升新能源汽车发展可持续性。

2019 年 12 月 27 日 中国一汽与阿里巴巴集团在长春签署战略合作协议。根据协议，双方将以斑马智行系统为基础，打造面向未来的下一代智能网联汽车。阿里巴巴为中国一汽提供智能座舱解决方案，双方将共同打造下一代智能网联汽车，合作建设自主可控的智能网联车载操作系统；中国一汽将建设以云计算、数据智能、中台和移动协同技术为核心的数字化技术基础设施，推动汽车行业迈入云上智能时代。

三、2019 年新能源汽车行业重要事件

Chapter 3 New Energy Automotive Industry Important Events in 2019

1 月

2019 年 1 月 2 日 工信部公开征求对《锂离子电池行业规范条件（2018 年本）》和《锂离子电池行业规范公告管理暂行办法（2018 年本）》的意见。征求意见明确进入公告名单的锂离子电池企业应按照《规范条件》的要求组织生产经营活动，并对照规范条件要求开展自查，每年 3 月 31 日前通过工业和信息化部锂离子电池行业公共服务平台（www.ldchy.cn）提交上年度自查报告，每半年报一次运行数据。

2019 年 1 月 2 日 山东省人民政府办公厅发布《山东省装备制造业转型升级实施方案》。方案明确将升级产业结构，汽车方面以节能、新能源和智能网联汽车为主攻方向，重点发展节能型中高档乘用车、高舒适性可靠性节能型载货车、纯电动汽车等；积极引进或合资合作发展高端新能源乘用车；积极开发无线充电和无人驾驶等先进技术，推动乘用车、豪华客车、载货车及专用车加快向新能源转型，不断提高新能源汽车比重。

2019 年 1 月 2 日 山东省人民政府办公厅发布《山东省推进运输结构调整工作实施方案（2018—2020 年）》。方案明确大力推动叉车、牵引车采用新能源或清洁能源车辆；推广应用新能源物流配送车辆；加大新能源城市配送车辆推广应用力度。

2019 年 1 月 3 日 西安市重污染天气应急指挥部办公室发布《关于重污染天气Ⅰ级应急响应期间实施机动车单双号限行交通管理措施的通告》。通告明确自 2019 年 1 月 3 日 18 时起就重污染天气Ⅰ级应急响应期间实施机动车单双号限行交通管理措施，但新能源汽车，含纯电动机动车、插电式（含增程式）混合动力汽车、燃料电池汽车、甲醇汽车不受限行措施限制。

2019 年 1 月 3 日 为确保纯电动物流配送车辆运营资助项目顺利开展，深圳市港航货运局发布《关于开展纯电动物流车运行监测数据接入工作的通知》，决定启用纯电动物流配送车辆运行数据接入监管平台，适用范围为 2017 年 1 月 1 日之后在深圳注册登记并从事营运业务的纯电动物流车辆。

2019年1月3日 零跑汽车旗下第一款车型零跑S01正式发布,零跑S01是零跑汽车推出的首款量产车型,百公里加速6.9 s,最大续航460 km。

2019年1月3日 陕西省铜川市公安局交警支队发布《关于重污染天气Ⅰ级响应期间机动车禁限行管理的通告》。明确从2019年1月4日7时起城市建成区域所有道路实施限行,新能源汽车〔包含纯电动汽车、插电式(含增程式)混合动力汽车和燃料电池汽车、甲醇汽车〕不受限行措施限制。

2019年1月3日 石家庄市人民政府发布《石家庄市打赢蓝天保卫战三年行动计划(2018—2020年)》。计划明确将培育壮大新能源汽车产业,加大对新能源汽车产业的扶持。到2020年底前,城市建成区公交车全部更换为绿色能源汽车,大力推进环卫、邮政、出租、通勤、轻型物流配送新能源汽车的使用。2018年,在市直机关开展新能源汽车公务用车分时租赁推广工作;2019年,各县(市、区)党政机关推广应用;2020年,推动鼓励机关事业单位采用租赁和完善充电设施等措施购买使用新能源汽车。对可识别的新能源汽车,不实行限行措施。

2019年1月4日 广州天赐高新材料股份有限公司变更年产5万t氟化氢、年产2.5万t电子级氢氟酸改扩建项目,变更后的项目总投资15 018.70万元,其中建设投资13 831.73万元,铺底流动资金1 186.97万元,建设周期为16个月。

2019年1月4日 生态环境部等11部委联合发布关于印发《柴油货车污染治理攻坚战行动计划》的通知。通知明确加快老旧车辆淘汰和深度治理,对于提前淘汰并购买新能源货车的,享受中央财政现行购置补贴政策;鼓励地方研究建立与柴油货车淘汰更新相挂钩的新能源车辆运营补贴机制;加快推进公共领域及物流配送加快推进新能源汽车;加快推进城市建成区新增和更新的公交等车辆采用新能源或清洁能源汽车;积极推广应用新能源物流配送车。

2019年1月4日 南京市人民政府办公厅发布《市政府办公厅关于印发南京市打造新能源汽车产业地标行动计划的通知》。通知明确重点推进纯电动汽车、插电式混合动力汽车、燃料电池汽车开发,积极布局智能网联汽车产业,着力提升新能源汽车产业自主创新和核心竞争能力。到2020年,全市新能源汽车整车产量占全省一半以上,拥有3~5家重点骨干新能源乘用车企业,6~8家重点骨干新能源商用车企业,8~10家关键零部件行业龙头企业。

2019年1月5日 小鹏汽车联手智能无人洗车品牌大盒子,将大盒子智能无人洗车机与小鹏G3对接,为用户提供洗车服务。此次小鹏汽车联手的合作方大盒子智能无人洗车时为国内覆盖度较高的智能洗车品牌,在全国100座城市拥有1 000个服务网点。

2019年1月6日 国轩高科工程研究院和年产20万套电动汽车动力总成控制系统项目在合肥市包河区举行奠基仪式。国轩高科包河项目总投资约20亿元,总建筑面积约15万m^2,在2020年上半年建好并交付使用。

2019年1月7日 上海市经信委发布《关于2019年度上海市鼓励购买和使用新能源汽车实施办法相关操作流程的通知》。通知明确上海市2019年度鼓励购买和使用新能源汽车实施办法的相关操作流程。

2019年1月7日 山东省人民政府办公厅发布《关于推进电子商务与快递物流协同发展的实施意见》。实施意见明确快递物流企业每年新增或更新车辆中的新能源汽车比例不低于30%,逐年提高,按规定享受新能源车辆补贴。

2019年1月7日 江苏省工信厅发布《关于做好推动新能源汽车产业发展近期重点工作的通知》。通知明确要求各地认真梳理总结本地区新能源汽车产业链培育情况,形成本地区新能源汽车产业发展情况报告;开展氢能及燃料电池汽车产业专题调研。

2019年1月7日 海马新能源首批300台海马E3新能源汽车交付海马小明。海马新能源汽车规划在2020年前投放5 000辆海马新能源汽车用于海南省的出行市场。海马小明是海马新能源汽车有限公司在移动出行领域推出的新能源共享租车平台。

2019年1月7日 湖北新楚风汽车股份有限公司2018全年完成新能源汽车销量8 669辆,实现销售收入18亿元,在全国同行业保持稳居前三名。

2019年1月8日 英国石油BP公司在中国拓展充电服务网络,为新能源车主提供充电服务,BP在中国首座超级充电站落户上海嘉定,配以60 kWh制式快速充电桩,一辆新能源汽车满充时间30~60 min。

2019年1月8日 江西省工信厅公布《2018年江西省制造业单项冠军示范(培育)企业名单》,新能源汽车行业,江西赣锋锂业股份有限公司入选"2018年江西省制造业单项冠军示范企业"。

2019年1月9日 成都市经信委汽车产表示,2018年底,成都市在公交、公务、城市物流、私人用车等领域累计推广新能源汽车6.9万辆,当年新增2.85万辆,涵盖全国主要汽车品牌40余个。

2019年1月9日 浙江省人民政府办公厅印发《浙江省汽车产业高质量发展行动计划(2019—2022年)》新能源汽车方面,计划明确示范引领智能汽车发展:加快推动智能网联汽车测试场和示范区建设;加快智能汽车产业化;推进智能汽车与数字科技深度融合。构筑节能燃油汽车与新能源汽车高端产业链:推进纯电动汽车创新发展;加快培育燃料电池汽车产业链。完善汽车产业服务体系:建立"汽车+"服务体系;加快新能源汽车推广运营;完善配套基础设施;建立绿色回收服务体系。

2019年1月9日 安徽江淮汽车集团股份有限公司旗下移动出行品牌"和行约车"正式上线,江淮汽车正式进军网约车行业。此次交付的iEVA50搭载一台最大功率为150马力的驱动电机,最高车速为150 km/h;根据车型不同,iEVA50的续航里程为330 km(搭47 kWh电池组)或400 km(搭60 kWh电池组);快充模式下,电池电量从0充至80%需要1.5 h。

2019年1月9日 北京公共交通控股(集团)有限公司引入Mobileye公司主动安全预警系统和自动驾驶方案,部分郊区线路已经配备了该系统,公交集团将继续扩大引入主动安全预警系统,未来将逐步向普通线路上推广。

2019年1月10日 重庆市发改委公开征求《重庆市节

约能源条例(修订草案)》。在交通节能方面,征求意见明确重庆市促进各种交通运输方式协调发展和有效衔接,发展智能交通运输系统,建设节能型综合交通运输体系。优先发展公共交通,完善轨道交通基本网络,鼓励利用公共交通工具和非机动交通工具出行。鼓励使用节能环保和新能源交通工具,支持公共交通领域新能源汽车推广和充电基础设施建设。

2019 年 1 月 10 日 国轩高科股份有限公司在投资者互动平台表示:与 NCM811 配套的 1 GWh 软包线将于 2019 年 1 月具备生产能力,接下来进行工艺验证和产品验证,预计到 2020 年实现 NCM811 软包电池量产。

2019 年 1 月 10 日 截至 2018 年 12 月 31 日 蔚汽车来 7 座高性能电动 SUV ES8 累计交付 11 348 辆,其中 3 318 辆于 12 月交付,蔚来汽车超额完成 2018 年交付 1 万辆 ES8 的目标。

2019 年 1 月 10 日 深圳市财政委员会、深圳市发展和改革委员会联合发布《深圳市 2018 年新能源汽车推广应用财政支持政策》。明确对于在深圳市依法注册登记的新能源汽车,由新能源汽车生产企业在销售新能源汽车产品时按照扣减补贴后的价格与购车方进行结算。市发展改革委、新能源汽车补贴审核试点区有关部门按程序将企业垫付的补贴资金拨付给生产企业。根据财建〔2018〕18 号文有关要求,2018 年新能源汽车地方财政购置补贴标准分为 3 个阶段进行。

2019 年 1 月 10 日 广州市发展改革委、广州市住房和建设委员会、广州市交通委员会联合发布《关于完善机动车停放服务收费管理有关问题的通知(公开征求意见稿)》。意见稿明确将落实机动车停放服务收费减免政策,鼓励对短时停车实行收费优惠。对在实行政府指导价或政府定价管理的停车设施内充电(每天在同一停车设施充电首 2 h 内)的新能源汽车,免收停放服务收费。

2019 年 1 月 10 日 河北省人民政府发布《关于完善促进消费体制机制实施方案(2019—2020 年)的通知》。方案明确促进汽车消费优化升级。制定河北省新能源汽车推广应用 3 年计划,落实新能源汽车车辆购置税优惠政策,推动公务用车领域示范应用,加大公共服务领域新能源汽车推广应用力度,全面推动市区公交电动化。加快推进新能源汽车充电基础设施建设,统筹优化充电基础设施全省布局,推进充电设施互联互通,提高充电服务智能化水平。

2019 年 1 月 11 日 江苏中天科技股份有限公司对全资子公司江东电子材料有限公司增资 2 亿元,用于设备采购及补充流动资金,增资后江东电子材料将进一步提升产能,丰富产品系列,扩大中天科技股份新能源产业链优势。

2019 年 1 月 11 日 为推进能源领域行业标准化工作,国家能源局综合司启动 2019 年度能源领域行业标准计划的征集工作,要求各单位申报重点领域围绕常规能源、新能源及可再生能源、电动汽车充电设施等标准项目进行申报。

2019 年 1 月 11 日 国家发展改革委、科技部、财政部、海关总署、税务总局联合发布《关于发布 2018 年(第 25 批)新认定及全部国家企业技术中心名单的通知》。新能源汽车行业,北京新能源汽车股份有限公司、南京越博动力系统股份有限公司、湖南中车时代电动汽车股份有限公司 3 家企业列入,这些企业将按照国家相关规定享受支持科技创新进口税收优惠政策。

2019 年 1 月 11 日 国家发展改革委办公厅、工业和信息化部办公厅联合印发《关于推进大宗固体废弃物综合利用产业集聚发展的通知》。通知明确合理推动伴随着新的生产、流通和生活方式而产生且对国民经济和人民生活影响较大的固体废弃物的综合利用。例如:快递包装废弃物、废弃共享单车、废旧电池(钮电池、蓄电池等)、废弃水处理膜组件、废太阳能板、风力发电机组的废叶片、大型装备(设备)拆解废弃物等。

2019 年 1 月 13 日 江苏省发改委发布《关于完善电动汽车充换电服务收费有关问题的通知》。通知明确电动汽车充换电设施用电价格在 2025 年底前,免收需量(容量)电费;高速公路服务区快充站充电服务费(不含电费)按照不高于 0.70 元/(kW·h)执行。

2019 年 1 月 14 日 成都市经信委发布《关于开展全市节能环保及新能源行业生产企业安全生产专项检查的通知》。通知明确将开展全市节能环保及新能源行业生产企业安全生产专项检查工作,企业要开展隐患自查自报自改工作。

2019 年 1 月 14 日 江苏泰州市物价局发布《关于市区电动汽车充电设施服务价格的通知》。通知明确自 1 月 20 日起,泰州市电动汽车充电服务费收费标准为 0.70 元/(kWh)(不含电价),该收费标准为最高限价,可适当下调。

2019 年 1 月 14 日 成都市经信委发布关于征求《2019 年成都市新型材料产业推进方案(征求意见稿)》意见的通知。新能源汽车相关行业,通知提到促进两个重大项目加快建设,分别是:博伦沃德年产 2 万 t 锂离子电池用三元正极材料等 23 个竣工项目达产运行;巴莫科技动力电池及高端 3C 电子用锂离子电池材料产业化项目二期。

2019 年 1 月 14 日 临汾市大气污染防治行动指挥部发布《关于重污染天气期间实施机动车单双号限行交通管制的通告》,决定在重污染天气预警期间实施机动车(含临时号牌车辆)单双号限行交通管制,其中新能源汽车,包含纯电动机动车(以可充电电池作为唯一动力来源、由电动机驱动)、插电式(含增程式)混合动力汽车和燃料电池汽车不受限。

2019 年 1 月 15 日 美锦能源公司持股 45% 的参股公司广州鸿锦投资有限公司向氢燃料电池膜电极生产企业鸿基创能科技(广州)有限公司增资 1.02 亿元,美锦能源参与投资鸿基创能,进一步深入探索氢燃料、氢能源领域。

2019 年 1 月 15 日 恒大健康产业集团以 9.3 亿美元收购国能电动汽车瑞典有限公司 NEVS 的 51% 股权,通过收购 NEVS,恒大获得造车双资质。

2019 年 1 月 15 日 深圳市发改委发布《关于组织实施深圳市绿色低碳产业 2019 年第一批扶持计划的通知》。扶持计划明确,重点支持纯电动汽车、混合动力汽车、燃料电池等新能源整车以电池、电控、电机、充电设备、直流变换器等关键零部件材料、制造和装备。

2019 年 1 月 15 日 麦格纳卫蓝新能源汽车技术(镇江)有限公司正式揭牌,麦格纳卫蓝新能源汽车试验中心的建设也同步启动。至此,北汽新能源与麦格纳国际的合资合作项目步入实质性的落地阶段。

2019 年 1 月 15 日 交通运输部公布第五批道路运输车辆达标车型,共有 18 个新能源车型列入,包括 15 个纯电动车型、3 个燃料电池车型。

2019 年 1 月 15 日 北京市生态环境局发布《2019 年度第一批符合环保排放标准车型目录的公告》,其中发布的“2019 年度第一批电动车”目录中共计列入 10 款纯电动汽车。

2019 年 1 月 15 日 北京市经信局发布《关于 2019 年北京市拟拨付第一批新能源汽车财政补助资金的公示》。批次共涉及 12 家车企、2 498 辆新能源汽车(均为纯电动乘用车),拨付资金 5 217.625 万元。

2019 年 1 月 16 日 广东省人民政府发布《广东省打赢蓝天保卫战实施方案(2018—2020 年)》的通知。通知明确加快新能源汽车推广应用。2018 年起,各地级以上市每年更新或新增公交车全面使用电动汽车(含氢燃料电池汽车,下同),其中纯电动车型占比超过 85%。2020 年年底前,珠三角地区实现全部公交电动化。2018 年起,珠三角地区新增或更新的巡游出租车和接入平台的网约车全部使用新能源汽车。2018 年起,深圳新增的营运类轻型货车全部采用纯电动车。鼓励各级党政机关和公共机构每年更新车辆优选选用纯电动汽车。鼓励有条件的地级以上市开展泥头车电动化替代工作。

2019 年 1 月 16 日 工信部装备中心发布关于提交 2018 年度《乘用车企业平均燃料消耗量与新能源汽车积分执行情况年度报告》与《信用承诺书》的通知。通知要求乘用车企业于 2019 年 3 月 1 日之前向工业和信息化部提交 2018 年度《乘用车企业平均燃料消耗量与新能源汽车积分执行情况年度报告》与《信用承诺书》。

2019 年 1 月 17 日 北京智行者科技有限公司获得北京市政府颁发的 T3 级自动驾驶车辆道路测试许可,智行者是第二家获北京自动驾驶 T3 路测牌照的初创企业,智行者的自动驾驶行驶里程已达 40 万 km。

2019 年 1 月 18 日 上海交通大学氢科学中心正式启动,这是国内首家致力于氢能源、氢医学、氢农学等领域研究的机构,中心将在氢制取、氢储运、氢利用 3 个方向研究布局。

2019 年 1 月 18 日 比速科技集团国际有限公司作为潜在买方就收购广东晓兰客车与潜在卖方(吴小兰及刘宝,他们持有广东晓兰客车约 90.91% 股权)订立意向书。根据意向书,比速科技将收购广东晓兰客车的部分股权。

2019 年 1 月 18 日 长城汽车股份有限公司日照生产基地项目开工,项目日照市经济开发区,规划用地约 2 000 亩,包含冲压、焊装、涂装、总装全工艺链生产线,计划 2021 年实现投产,年产能为 30 万台,届时“WEY”品牌全系车型将在此基地投产。

2019 年 1 月 18 日 浙江省交通运输厅、公安厅、经信委联合发布《浙江省自动驾驶汽车道路测试管理办法(试行)》。管理办法明确测试主体应符合下列条件:在中国境内登记注册的独立法人单位;具有自动驾驶汽车技术及产品研发或生产能力的整车企业、改装车生产企业、零部件企业、电子信息企业、科研院所/高校、交通运输企业、其他科技类企业;具有自动驾驶汽车功能测试评价规程;具备对测试车辆进行实时远程监控的能力,提供应急救援服务。

2019 年 1 月 18 日 上海市经信委发布《关于开展 2019 年上海市产业转型升级发展专项资金项目(首批次新材料)申报工作的通知》。新能源电池材料应用领域,通知明确申报要求如下。表面具有耐电解液聚酯层的锂电池软包铝塑膜:电解液 85℃浸泡 4 h,Al/PP 剥离强度≥5.0 N/15 mm;冲深成型深度≥4.5 mm(固定模具)。电解液滴试表面 5 min 后无变化。电池仓用纳米孔气凝胶材料:导热系数≤0.036 W/(m·k)(300℃),≤0.020 W/(m·k)(室温);A1 级不燃,密度≤160 kg/m^3,憎水率≥99.2%。

2019 年 1 月 18 日 上海神力科技有限公司联合上海申龙客车有限公司研发的两款氢燃料电池公交车,交付上海奉贤巴士公共交通有限公司、上海奉贤汽车客运有限公司,交付的两款氢燃料电池公交车分别为 8.5 m 和 10.5 m,经实际测试,两款车型均可实现 15 min 内加满氢,续驶里程达到 360 km。

2019 年 1 月 18 日 工信部发布公告印发《道路机动车辆生产企业准入审查要求》和《道路机动车辆产品准入审查要求》,两个审查要求是《道路机动车辆生产企业及产品准入管理办法》的配套实施文件,将于 2019 年 6 月 1 日与管理办法同步实施。

2019 年 1 月 19 日 东旭光电科技股份有限公司全资子公司上海申龙客车中标张家口市区公交车辆采购项目,将为张家口市提供 30 辆 11.5～12 m 氢燃料电池带空调城市公交车,中标价格 8 856 万元,对应单车采购价格约为 295.2 万元。

2019 年 1 月 19 日 100 辆中国宇通 E12 纯电动客车在智利首都圣地亚哥完成向当地公交运营商的交付。宇通 E12 低地板公交车一天 300 km 续航,配备 150 kW 直流充电机,2.5 h 即可实现满电快充,对比欧标 60 kW 充电机节省 3 h。

2019 年 1 月 21 日 江西省工信厅发布《关于开展 2018 年度重点新材料首批次应用保险补偿机制试点工作的通知》。通知要求符合条件的企业于 2019 年 2 月 12 日前将 2018 年度新材料首批次保费补贴资金有关材料和汇总表提交至江西省工信厅。其中,应用于新能源汽车领域的新型能源材料有:高性能钕铁硼永磁体、硅碳负极材料、新能源复合金属材料、锂电池隔膜涂布超细氧化铝粉体材料、双氟磺酰亚胺锂、镍钴铝酸锂三元材、氟磷酸钒锂电池正极材料、锂电池超薄型高性电解铜箔、高纯晶体六氟磷酸锂材料。

2019 年 1 月 21 日 国务院办公厅印发《“无废城市”建设试点工作方案》。方案提到,开展绿色设计和绿色供应链建设,促进固体废物减量和循环利用,以铅酸蓄电池、动力电池、电器电子产品、汽车为重点,落实生产者责任延伸制,到 2020 年基本建成废弃产品逆向回收体系。

2019 年 1 月 21 日 工信部装备中心公示 GB 7258—2017《机动车运行安全技术条件》整改结果,新能源汽车方面,整车产品未通过整改的涉及 105 家整车车企,未通过整改的新能源车型有1 679个(插电式混合动力产品112个;纯电动产品1 558个、燃料电池产品9个)。改装车产品未通过整改的涉及108家车企,未通过整改的新能源车型有571个(插电式混合动力产品20个、纯电动产品548个、燃料电池产品3个)。

2019年1月21日 辽宁省人民政府办公厅发布《辽宁省建设具有国际竞争力的先进装备制造业基地工程实施方案》。方案明确将成立节能汽车与新能源汽车工程实施建设指挥部,指挥中心设在华晨汽车集团,负责工程建设技术指挥工作,中心主要承担研究提出该省节能汽车和新能源汽车产业发展技术政策、技术路线、产业发展方向、产业发展重点等。

2019年1月21日 广西壮族自治区工业和信息化厅、发展改革委、住建厅、公安厅联合发布《加快广西新能源汽车推广工作的通知》。通知明确在政府投资或利用国有资源设立的公共停车场、市政道路两旁设立的停车位,对新能源汽车实行减半征收停车费的优惠政策;将新能源汽车充电插座纳入自治区和各设区市的充电设施建设考核指标;对新能源汽车开放公交专用车道,对限号、限行的城市道路,准许新能源汽车不限号、不限行(城市道路中规定的单向通行道路、限制宽度、限制高度和限制质量、限制轴重的道路除外)。

2019年1月22日 济南市5G通信智能网联汽车测试道路启用,山东首辆由中国重汽集团研发的无人驾驶公交车在全长4.8 km的测试道路上进行公开路测,这辆公交车集自动驾驶系统、车联网系统、平台监控系统、安全控制系统、自动开关门系统和到站自动停车系统于一体,配有激光雷达、高清摄像头、组合导航定位等设备,遇到信号灯和行人能自动减速、刹车。

2019年1月22日 海口市交通运输和港航管理局即日起停止办理燃油车《网络预约出租汽车运输证》许可业务,存量的清洁能源和新能源车辆按《海口市网络预约出租汽车经营服务管理实施细则(试行)》要求办理。

2019年1月23日 交通运输部办公厅、公安部办公厅、商务部办公厅联合发布《关于加强城市绿色货运配送示范工程动态管理工作的通知》。通知明确针对各创建城市绿色货运配送示范工程实施方案中确定的工作任务,加强实时跟踪和动态监管。其中新能源车辆推广应用情况主要包括:城市配送新能源车辆购置和运营情况,城市配送新能源车辆充电桩等配套设施建设情况,冷藏保温配送车辆等专业化装备配备情况等。

2019年1月24日 恒大健康产业集团全资子公司恒大新能源动力科技(深圳)有限公司以10.59亿元收购动力电池企业上海卡耐新能源,持股比例58.07%,在新能源汽车核心零部件电动电池领域实现布局。

2019年1月25日 工信部发布《锂离子电池行业规范条件(2018年)》和《锂离子电池行业规范公告管理暂行办法(2018年)》。规范文件内容自2019年2月15日起施行。文件明确在国家法律法规、规章及规划确定或省级以上人民政府批准的自然保护区、饮用水水源保护区、生态功能保护区,已划定的永久基本农田,以及法律、法规规定禁止建设工业企业的区域不得建设锂离子电池(含配套)项目,上述区域内的现有企业应按照法律法规要求拆除关闭,或严格控制规模、逐步迁出。

2019年1月25日 洛阳市人民政府办公室发布《关于印发洛阳市新能源汽车推广应用专项实施方案(2019—2020年)的通知》。通知明确从2019年起,洛阳全市新增和更新的公交、市政、环卫、绿化工程车辆全部纯电动化,新增和更新的邮政等作业车辆全部采用新能源汽车。2020年底前,城市建成区公交、市政、环卫、邮政、通勤、快递物流、社区警务、景区观光车辆全部更换为新能源汽车,中心城区各区域、各类型充电设施实现全覆盖。

2019年1月25日 广东省发改委发布《关于进一步明确我省优先发展产业的通知》。通知里明确了广东省优先发展的产业。其中新能源汽车领域包括:纯电动汽车及其关键零部件研发与制造,固态电池、空气电池、钠硫电池等新体系动力电池研发与制造。智能网联汽车、智能路网及其关键系统、设备和零部件。燃料电池、氢能设备及其关键零部件制造。

2019年1月25日 湖南省人民政府发布《湖南省推进运输结构调整三年行动计划实施方案》。方案明确加快新能源和清洁能源车辆推广应用,各地将公共充电桩建设纳入城市基础设施规划建设范围,加大用地、资金等支持力度,在物流园区等货流密集区域,集中规划建设专用充电站和快速充电桩。

2019年1月28日 西安市环境保护局、交通运输局、公安局交通管理局联合发布《关于实施机动车常态化限行交通管理措施的通告(征求意见稿)》。意见稿明确悬挂新能源专用号牌的新能源汽车,燃料种类为甲醇M100燃料的汽车,不受限行措施限制。

2019年1月28日 生态环境部和交通运输部办公厅联合发布关于印发《铅蓄电池生产企业集中收集和跨区域转运制度试点工作方案》的通知。通知明确到2020年,试点地区铅蓄电池领域的生产者责任延伸制度体系基本形成,废铅蓄电池集中收集和跨区域转运制度体系初步建立,有效防控废铅蓄电池环境风险;试点单位在试点地区的废铅蓄电池规范回收率达到40%以上。试点地区包括北京、天津、河北、辽宁、上海、江苏、浙江、安徽、福建、江西、山东、河南、湖北、海南、重庆、四川、甘肃、青海、宁夏、新疆等具有一定工作基础的省(区、市)。

2019年1月29日 国家发展改革委等10部门联合发布《进一步优化供给推动消费平稳增长促进形成强大国内市场的实施方案(2019年)》。方案明确将持续优化新能源汽车补贴结构,将更多补贴用于支持综合性能先进的新能源汽车销售,鼓励发展高技术水平新能源汽车。落实新能源货车差别化通行管理政策,提供通行便利,扩大通行范围。

2019年1月30日 工信部公示关于拟撤销《免征车辆购置税的新能源汽车车型目录》名单,本批次共有156款车型在12个月内无产量或进口量,拟从《目录》撤销。

2月

2019年2月1日 工业和信息化部召开《新能源汽车产业发展规划(2021—2035年)》编制工作启动会。

2019年2月2日 北京市生态环境局发布《2019年度第二批 符合环保排放标准车型目录的公告》，其中发布的“2019年度第二批电动车”目录中共计列入51款新能源汽车，其中纯电动汽车50款（含乘用车29款、客车2款、专用19车款），燃料电池汽车1款。

2019年2月2日 连云港市人民政府印发《连云港市打赢蓝天保卫战三年行动计划实施方案》。新能源汽车方面，方案明确加快车船结构升级，推广使用新能源汽车。到2020年底，全市累计推广新能源汽车标准车达到2万辆。鼓励清洁能源车辆的推广使用，加快推进城市建成区新增和更新的公交等车辆使用新能源或清洁能源汽车，2020年底前使用比例达到80%。2020年底前，全市公交车基本改用新能源或清洁能源汽车。在产业园等物流集散地建设集中式充电桩和快速充电桩。

2019年2月11日 中华人民共和国交通运输部发布关于发布交通运输行业标准《城市公共汽电车车辆专用安全设施技术要求》的公告。标准规定城市公共汽电车车辆专用安全设施的一般要求，乘客门、应急出口、破窗装置、驾驶区防护隔离设施、车用灭火装置、电池舱自动灭火装置、电池箱灭火装置、易燃挥发物监测报警装置、轮胎压力监测系统等技术要求。适用于新购置的城市公共汽电车车辆的专用安全设施的设计、安装、使用、维护和管理。

2019年2月12日 工业和信息化部、国家机关事务管理局、国家能源局三部门联合发布《关于加强绿色数据中心建设的指导意见》。新能源汽车领域相关方面，意见指出加强废旧电器电子产品处理：在满足可靠性要求的前提下，试点梯次利用动力电池作为数据中心削峰填谷的储能电池。加快绿色关键和共性技术产品研发创新：重点加快能效水效提升、有毒有害物质使用控制、废弃设备及电池回收利用。

2019年2月12日 洛阳市人民政府办公室印发《关于洛阳市自驾车旅游总体规划的通知》。其中在建设方案（交通服务）及自驾车交通服务体系规划（高速服务区）中，通知均明确提到：设置房车车位、加气站和新能源汽车充电桩等设施。

2019年2月12日 深圳市公安局交通警察局发布关于继续施行《新能源纯电动物流车电子备案规程》的通告。明确为鼓励新能源纯电动物流车的发展使用，做好新能源纯电动物流车电子备案工作，深圳市公安局交通警察局将继续施行《新能源纯电动物流车电子备案规程》。

2019年2月13日 武汉市经信委发布《关于申报新能源汽车推广应用中央财政补贴资金车辆接入武汉市新能源汽车监管平台的通知》。明确各企业要按照国家、湖北省和武汉市有关政策要求，对申请补贴资金的车辆安装车载终端等远程监控设备，并按照有关要求将运行数据上传至武汉市新能源汽车及充电基础设施第三方监管平台，对于未接入武汉市监管平台的新能源车辆的申报材料将不予受理。

2019年2月13日 山东省人民政府办公厅发布《关于印发山东省打好柴油货车污染防治攻坚战作战方案的通知》。通知明确优化运输车队结构，推广使用新能源和清洁能源汽车。加快推进城市建成区新增和更新的公交等车辆采用新能源或清洁能源汽车，使用比例达到80%；积极推广应用新能源物流配送车；各城市加快充电站及加气站建设；在物流集散地建设集中式充电桩和快速充电桩。

2019年2月13日 常州市工业和信息化局、常州市财政局联合发布《2018年常州市新能源汽车推广应用地方财政补助实施细则》。其中车辆购置补助资金：新北区、天宁区和钟楼区新能源汽车推广应用地方财政补助不超过扣除中央财政补助后汽车售价的50%（以销售发票为准）。溧阳市、金坛区和武进区可参照执行；充电设施建设补助资金：对省认定的公共服务领域充电设施建设运营商当年建设完成并投入运行的充电设施，地方财政资金按充电桩充电功率给予补助，其中交流充电桩不超过300元/kW、直流充电桩不超过600元/kW。单个充电站或充电桩群的地方财政补助总额不超过100万元。

2019年2月14日 浙江省经济和信息化委员会印发《浙江省促进新一代人工智能发展行动计划(2019—2022年)》。智能网联汽车版块，计划明确推动浙江省人工智能、汽车制造互联网的优质资源融合；推动智能汽车、智能交通等宽带移动网络的技术发展和产业应用，谋划建设若干智能网联汽车测试平台，实现由封闭式简单场景测试体验逐步向开放式应用场景落地转化。

2019年2月15日 浙江省发展改革委员会公开征求《浙江省汽车投资项目备案服务指南》意见。服务指南明确纯电动汽车投资项目的备案范围：纯电动汽车投资项目是指以电动机提供驱动力的汽车投资项目，包括纯电动汽车（含增程式电动汽车）、燃料电池汽车等投资项目，将插电式混合动力汽车投资项目归属为燃油汽车投资项目。

2019年2月15日 国家市场监督管理总局、国家标准化管理委员会发布《电动汽车能量消耗率限值》，该标准规定了电动汽车能量消耗率限值，适用于最大设计总质量不超过3 500 kg的M_1类纯电动汽车。

2019年2月18日 爱驰汽车有限公司位于江西上饶的工厂全线贯通。工厂总占地面积950亩，是集合冲压、焊装、涂装、总装与电池包生产为一体的全工序工厂，爱驰U5将于2019年9月在该工厂下线。

2019年2月18日 国轩高科股份有限公司软包电池通过科技部的中期检查，软包线于2019年1月具备生产能力，接下来进行工艺验证和产品验证，预计到2020年实现软包电池量产。

2019年2月20日 宁波市物价局发布《关于核定新能源电动汽车公用充电桩充电服务价格的通知》。通知明确新能源电动汽车公用充电桩充电服务价格实行政府指导价管理，按照充电电量收取。充电服务费（含电费）基准价为1.40/kWh元，允许上浮15%，下浮不限。

2019年2月20日 汕头市交通运输局、互联网信息办公室、工信局、公安局、商务局、市场监督管理局联合发布《网络预约出租汽车经营服务管理实施细则》。细则明确从事网约车经营的纯电动车辆，轴距要求在2 600 mm以上，续航里程250 km以上。

2019年2月20日 北京市人民政府办公厅印发《北京市污染防治攻坚战2019年行动计划》，在打赢2019年蓝天保卫战中，行动计划明确要综合施策推进车辆电动化。加快推进小客车和公交、出租、邮政、城市快递、环卫、物流配送等车辆电动化步伐;2019年年底前,北京市新能源汽车总量力争达到30万辆左右;加快推进机场内运营保障车辆和地面支持设备使用新能源;推进公交、环卫、物流等公共服务领域充电设施建设和城市公用充电设施建设。

2019年2月20日 恒大新能源汽车有限公司更名为恒大国能新能源汽车集团有限公司,公司经营范围包括能源技术研究、能源技术咨询服务、汽车零配件批发与零售、汽车租赁等内容,新公司全资控股4家涉及汽车业务的公司,分别为恒大国能新能源汽车科技(广东)有限公司、恒大国能新能源汽车(广东)有限公司、恒大国能新能源汽车销售(广东)有限公司和深涛生活服务(广东)有限公司。

2019年2月20日 宁波市人民政府办公厅发布《关于加快氢能产业发展的若干意见》。意见明确打造氢能装备制造基地;推进氢能技术创新研发;推进氢能示范应用;建设氢能产业创新协同平台;引进培育氢能龙头企业;推进氢能公共服务平台建设。到2022年,宁波市建成加氢站10~15座,氢燃料电池汽车运行规模达到600~800辆;到2025年,宁波市建成加氢站20~25座,氢燃料电池汽车运行规模力争突破1 500辆。

2019年2月20日 宁波市人民政府办公厅发布《关于印发宁波市打赢蓝天保卫战三年行动方案的通知》,新能源汽车方面,意见明确推广使用新能源汽车,到2020年累计建成充电站150座,公(专)用充电桩0.8万个,城市建成区使用新能源或清洁能源汽车比例达到80%;新增(更新)城市公交车中新能源车比例达到90%以上;进一步优化实施新能源车路权优先方案。

2019年2月21日 江苏省等17个省市(地区)和中国铁塔公司2018年被国家列为新能源汽车动力蓄电池回收利用试点地区和企业。为解决江苏省当前回收利用产业链上下游之间缺乏沟通联系,建成全省新能源动力电池全产业链沟通协调平台,推动动力蓄电池回收利用体系建设,江苏省工信厅组织筹建新能源汽车动力蓄电池回收利用产业联盟。

2019年2月22日 工业和信息化部发布《新能源汽车动力蓄电池回收利用调研报告》。2018年工业和信息化部组织有关单位实地调研京津冀、长三角、珠三角及中部地区的10余个城市,走访汽车生产、动力蓄电池生产及综合利用等企业,多次组织座谈会,与人大代表、政协委员、行业专家及企业代表等进行广泛交流,形成调研报告。报告从新能源汽车及动力电池产业发展现状、动力蓄电池回收利用产业发展现状两个方面分析总结。

2019年2月22日 西安市人民政府办公厅发布《西安市统筹谋划重大投资项目工作方案》,在城市功能提升版块,方案明确加快新能源汽车充电基础设施建设,截至2019年,建成188个充电站,9 400个充电桩;2020年建成205个充电站,10 240个充电桩。

2019年2月23日 苏州擎动科技有限公司自主研发的国内首套"卷对卷直接涂布法"膜电极生产线正式投产,成本比进口产品降低一半,该条产线全面达产可年产膜电极100万片,满足3 000多辆燃料电池汽车的需求,预计产值可达3亿元以上。

2019年2月25日 西安市人民政府办公厅发布《关于印发西安市城市道路和停车场机动车停车服务收费标准的通知》,通知对西安市城市道路和停车场机动车停车收费标准进行调整,其中停车收费优惠政策中明确新能源汽车停车服务费按照购置新能源汽车的相关优惠政策予以减免。收费标准自2019年4月1日起执行。

2019年2月25日 西安市经信局、交通局、公安局联合发布《西安市规范自动驾驶车辆测试指导意见(试行)》。意见指出:测试车辆及相关工作人员应在封闭的测试场地进行审查测试。要求测试主体须为在中华人民共和国境内登记注册的独立法人单位,具有机动车辆智能驾驶技术及产品研发或生产能力的企业、高校等,同时符合对自动驾驶车辆测试时可能造成的人身和财产损失具备足够的民事赔偿能力;具有智能网联汽车自动驾驶功能测试评价规程;具备对测试车辆进行实时远程监控的能力等。

2019年2月25日 西安市经信局、交通局、公安局联合发布《西安市自动驾驶车辆道路测试实施细则(试行)》,细则明确测试申请条件,要求测试主体为提出自动驾驶车辆道路测试申请并承担相应责任登记注册的独立法人单位,并对测试主体、测试车辆、测试驾驶人员,从申报材料、车辆状况、满足测试条件应具备的相关功能等方面提出具体要求。

2019年2月26日 吉利集团公布最新旗下品牌架构,其中吉利新能源将作为独立的子品牌,2019年吉利新能源将推出3款新车,分别为GE11纯电动轿车、新款帝豪PHEV及还未具体命名的插电混动版MPV车型。

2019年2月26日 发改委、网信办、工信部、公安部、财政部等24个部委联合发布《关于推动物流高质量发展促进形成强大国内市场的意见》。意见中明确加快绿色物流发展,研究推广清洁能源(LNG)、无轨双源电动货车、新能源(纯电动)车辆和船舶,加快岸电设施建设,推进靠港船舶使用岸电。加快车用LNG加气站、内河船舶LNG加注站、充电桩布局,在批发市场、快递转运中心、物流园区等建设充电基础设施。鼓励企业使用符合标准的低碳环保配送车型。落实新能源货车差别化通行管理政策,提供通行便利,扩大通行范围,对纯电动轻型货车少限行甚至不限行。

2019年2月27日 北京市生态环境局发布《2019年度第三批 符合环保排放标准车型目录的公告》,其中发布的"2019年度第三批电动车"目录中共计列入6款纯电动汽车(含乘用车4款、专用车2款)。

3月

2019年3月1日 安徽省人民政府办公厅发布《关于印发推进运输结构调整工作实施方案的通知》,通知明确积极推广应用新能源城市配送车辆,到2020年,城市建成区新增和更新轻型物流配送车辆中,新能源车辆和达到国Ⅵ排放标准清洁能源车辆的比例达到80%,新能源汽车产销量力争达到15万辆。加快电动汽车充电基础设施建设,到2020年,新增集中式充换电站500座,建成电动汽车充电桩18万个以上。

2019年3月1日 南昌市新能源推广应用工作协调小组办公室发布《2018年南昌新能源汽车推广应用奖励办

法》,办法明确,新能源汽车产业发展奖励主要依据中央财政补贴政策的要求,并按2018年江西省省级奖励办法标准的1.5倍给予奖励。奖励对象为注册地在南昌市范围内的新能源汽车生产企业及“三电”关键零部件生产企业。

2019年3月4日 交通部公布第六批道路运输车辆达标车型,本批次共有16个新能源车型列入,包括15个纯电动车型(均为纯电动客车),1个燃料电池车型。

2019年3月4日 深圳市司法局发布关于征求《深圳市网络预约出租汽车经营服务管理暂行办法(修订草案送审稿)》意见的通告。办法中规定申请《网络预约出租汽车运输证》的车辆应为轴距2 650 mm以上的纯电动小汽车,纯电动小汽车是指符合国家工业和信息化部新能源汽车推广应用推荐车型目录的纯电动小汽车以及国家有关规定许可的原装进口纯电动小汽车。

2019年3月5日 江苏悦达投资股份有限公司与悦达汽车发展有限公司(悦达集团的全资子公司)共同出资设立江苏悦达汽车研究院有限公司,悦达汽车研究院注册资本2亿元,其中悦达汽车发展公司出资1.2亿元、悦达投资出资0.8亿元。成立悦达研究院有利于提升悦达投资在新能源汽车产业的行业影响力和核心竞争力。

2019年3月5日 海南省政府正式对外发布《海南省清洁能源汽车发展规划》,从构建完善的清洁能源汽车应用环境出发,提出了6个方面的具体措施:一是建设高效、智能的能源加注基础设施网络。二是推进增量和存量汽车双向清洁能源化。三是完善新能源汽车社会化的便利、经济使用环境。四是构建清洁能源车辆为载体的绿色、智慧交通体系。五是推动清洁能源汽车全产业链高质量发展。六是建成结构多元、智慧创新的清洁能源供应体系。

2019年3月5日 第十三届全国人大二次会议在北京开幕,李克强总理做政府工作报告,作为中国国民经济支柱产业之一的汽车行业被多次提及,其中涉及新能源汽车、汽车消费等,而新能源汽车更被多次“点名”,尤其提道:将稳定汽车消费,继续执行新能源汽车购置优惠政策。

2019年3月5日 长沙市公安局交警支队发布《关于对新能源纯电动载货汽车放宽通行的通知》,通知明确为规范城市道路车辆通行秩序,从3月5日零时起,长沙交警部门对新能源纯电动载货汽车放宽通行。新能源纯电动载货汽车是指申领了长沙市新能源汽车专用号牌的微、轻型纯电动载货汽车,即新能源号牌为湘AD×××××的微、轻型纯电动载货汽车。

2019年3月7日 安徽省人民政府办公厅发布《关于印发柴油货车污染防治攻坚战实施方案的通知》。通知明确推广使用新能源和清洁能源汽车。加快推进城市建成区新增和更新的公交等车辆采用新能源或清洁能源汽车,占比达到80%。积极推广应用新能源物流配送车。集疏港、天然气气源供应充足地区应加快充电站及加气站建设,优先采用新能源汽车和达到国Ⅵ排放标准的天然气等清洁能源汽车。港口、机场、铁路货场等新增或更换作业车辆主要采用新能源或清洁能源汽车。在物流园等物流集散地建设集中式充电桩和快速充电桩。鼓励各市组织开展燃料电池货车示范运营,建设一批加氢示范站。优化承担物流配送的城市新能源车辆的便利通行政策。

2019年3月8日 深圳智能网联交通测试示范区在深圳坪山举行启用仪式,该测试示范区支持单车自动驾驶的标准、法规及研发测试,同时可满足网联式自动驾驶的应用测试与验证。

2019年3月8日 南京市发改委发布《关于调整电动汽车充换电服务收费有关事项的通知》,通知明确自2019年3月10日起,南京市电动汽车充电服务最高收费标准为0.71元/kWh(不含电费)。

2019年3月9日 天津市发布《天津市新能源汽车推广应用实施方案(2018—2020年)》。方案明确2018—2020年,天津市每年新增新能源汽车2万辆,占全市汽车保有量比例到2020年提高至4.5%。形成较为完善的新能源汽车推广应用政策体系和市场主导的长效持续发展动力机制,新能源汽车推广应用规模持续合理增长,自用为主、公共为辅的充电网络体系具备与应用车辆动态匹配的能力,全社会应用新能源汽车主动性显著提升,安全服务保障能力全面增强,安全便捷的新能源汽车应用环境基本形成。

2019年3月11日 国家电网积极服务电动汽车发展,在陆上交通领域,2018全年新建充电桩3.05万个,新接入充电桩10.5万个,新增平台用户50万户。

2019年3月11日 工业和信息化部、国家税务总局联合公告《享受车船税减免优惠的节约能源 使用新能源汽车车型目录(第七批)》。本批次目录共有52家企业、49个品牌、374个新能源车型列入,其中,插电式混合动力产品22个、纯电动产品343个、燃料电池产品9个。

2019年3月12日 北京新能源汽车股份有限公司向京桔新能源汽车科技有限公司1万台EU5网约车首批交付仪式在杭州野生动物世界举行。以此为起点,北汽新能源将在一季度向京桔交付1万台EU5网约车,分别在杭州、温州、宁波、广州、东莞、惠州、长沙、青岛、福州、泉州10个城市陆续交付。

2019年3月12日 四川省人民政府办公厅发布《关于印发四川省推进运输结构调整三年行动计划实施方案的通知》。新能源汽车方面,通知明确加快新能源和清洁能源车辆推广应用。到2020年,城市建成区新增和更新轻型物流配送车辆中,新能源车辆和达到国Ⅵ排放标准清洁能源车辆的比例超过50%。

2019年3月13日 安阳市政府办公室发布《安阳市推进运输结构调整工作行动方案》,新能源汽车方面,方案明确加强城市配送运力调控,科学核定城市配送车辆通行证数量,对新能源货车不限行。加强绿色货运配送基础设施建设。到2020年,新增新能源物流配送车辆1 200辆、新建充电桩300个,实现建成区物流配送车、邮政快递车辆纯电动化。

2019年3月14日 北京市生态环境局发布《2019年度第四批 符合环保排放标准车型目录的公告》,其中发布的“2019年度第四批电动车”目录中共计列入51款新能源汽车,包括48款纯电动汽车(其中专用车12款、乘用车30款、客车6款);3款燃料电池汽车(均为专用车)。

2019年3月14日 山东省淄博市商务局、公安局、交通运输局、邮政管理局、供销合作社联合发布关于《淄博市城乡高效配送试点城市实施方案》的通知，通知明确加强绿色仓储建设，推广新能源车辆和先进技术装备，试点期间，推动新能源车100台左右。对企业使用节能与新能源车辆从事配送的，优先给予通行便利。

2019年3月14日 海南省人民政府发布《海南省全面加强生态环境保护坚决打好污染防治攻坚战行动方案》的通知，通知明确推广使用新能源汽车，党政机关、公共服务等领域率先使用，到2020年底全省完成推广使用新能源汽车3万辆以上，建设充电桩2.8万个以上，基本建成布局合理、智能高效的充电设施服务网络和维修保障网络。

2019年3月14日 国家市场监管总局发布关于《家用汽车产品修理、更换、退货责任规定(修订征求意见稿)》，意见稿明确，发动机、变速器、动力蓄电池、行驶驱动电机的主要零件的种类范围由生产者明示在三包凭证上；动力蓄电池放电容量衰减限值和对应的测试方法由生产者明示在三包凭证上。

2019年3月15日 恒大健康产业集团有限公司以5亿元收购湖北泰特机电有限公司的70%股权。恒大集团完成了在主机厂、销售渠道、电池、电机等领域的布局(2016年9月，湖北泰特机电有限公司全资收购荷兰新能源汽车轮毂电机生产商e－Traction公司)。

2019年3月15日 西安市公安局交通管理局、西安市生态环境局、西安市交通运输局联合发布《关于实施工作日机动车尾号限行交通管理措施的通告》。通告明确西安市相关区域将实施工作日机动车尾号限行交通管理措施，对于新能源网络预约出租汽车、悬挂新能源专用号牌的新能源汽车不受限行措施限制。

2019年3月15日 贵州省工信厅发布《关于做好2019年省工业和信息化发展专项资金申报工作的通知》，在企业改扩建和结构调整项目申报指南中，新能源汽车领域，通知明确重点发展纯电动汽车、插电式混合动力汽车、燃料电池汽车和甲醇汽车、天然气汽车等新能源和节能汽车，智能网联汽车，以及符合市场需求的乘用车、载货汽车、客车和专用车等。鼓励发展动力电池及其管理系统、关键材料，节能减排发动机，控制系统及驱动电机，充电设备及设施，开展燃料电池等新型车用储能系统的研发和产业化。

2019年3月15日 上海市绿化和市容管理局发布《关于加强推进新能源环卫车配置工作的通知》，新能源汽车方面，通知明确上海市环卫行业的管理部门和国有(或国有控股)企业在环卫车采购活动中应优先采购新能源车，同时鼓励民营环卫企业在新增和更新环卫作业车辆时选购新能源车。

2019年3月15日 贵州省工信厅发布《关于做好2019年省工业和信息化发展专项资金申报工作的通知》。在企业改扩建和结构调整项目申报指南中，新能源汽车领域，通知明确重点发展纯电动汽车、插电式混合动力汽车、燃料电池汽车和甲醇汽车、天然气汽车等新能源和节能汽车，智能网联汽车，以及符合市场需求的乘用车、载货汽车、客车和专用车等。鼓励发展动力电池及其管理系统、关键材料，节能减排发动机，控制系统及驱动电机，充电设备及设施，开展燃料电池等新型车用储能系统的研发和产业化。

2019年3月18日 河南安阳发布《安阳市新能源货运配送车辆运营补贴专项资金管理办法》。办法明确，2019—2021年，每年市财政安排运营补贴专项资金300万元，每年每车给予不超过6 000元的运营补贴；企业必须拥有新能源货运配送车辆不少于30辆，车辆必须接入市货运配送公共信息监管平台；车辆年度内无严重违规违章行为，在确定市区范围内行驶里程达6 000 km以上。

2019年3月18日 交通运输部公告《城市公共汽电车驾驶区防护隔离设施技术要求》等35项交通运输行业标准发布，其中《城市公共汽电车驾驶区防护隔离设施技术要求》交通运输行业标准从2019年5月1日起实施。

2019年3月18日 国家市场监督管理总局发布《关于进一步加强新能源汽车产品召回管理的通知》，通知要求动力电池、电机和电控系统等零部件生产者获知新能源汽车可能存在缺陷的，向市场监管总局(质量发展局)报告，并通报生产者。同时，配合缺陷调查、召回实施等相关工作。新能源汽车生产者应建立健全新能源汽车可追溯信息管理制度，落实产品安全主体责任。经调查分析发现存在缺陷的，应立即停止生产、销售、进口缺陷汽车产品，并实施召回。

2019年3月18日 四川省经济和信息化厅、科学技术厅、公安厅、生态环境厅、交通运输厅、商务厅、应急管理厅、市场监督管理局、能源局九部门联合发布《四川省新能源汽车动力蓄电池回收利用试点工作方案》。方案明确，到2020年，四川省新能源汽车动力电池梯级利用产业产值力争达到5亿元，材料回收利用产业达到30亿元。初步建立动力蓄电池回收利用体系，探索形成动力蓄电池回收利用创新商业合作模式。建设3个锂电池回收综合利用示范基地，打造2个退役动力蓄电池高效回收、高值利用的先进示范项目，培育3个动力蓄电池回收利用标杆企业。

2019年3月18日 镇江市财政局、工信局联合发布《2018—2020年镇江市新能源汽车推广应用地方财政补贴实施细则》，细则明确补贴对象为2018—2020年全市范围内新能源汽车购买者和公共领域充电设施建设运营单位，以财政性资金购买新能源汽车，地方财政不予补贴。车辆购置补贴方面，新能源客车补贴标准为当年度中央财政相应车型单车补贴额的30%；新能源乘用车、专用车(货车)、燃料电池汽车补贴标准为当年度中央财政相应车型单车补贴额的40%。地方财政补贴总额最高不超过扣除国家补贴后汽车售价的60%(以销售发票为准)。充电设施建设补贴方面，镇江市对经省级认定的公共领域充电设施建设运营单位按充电桩充电功率给予补贴，交流充电桩400元/kW，直流充电桩600元/kW。单个充电站或充电桩群的补贴总额不超过100万元。对闲置的车辆和充电设施不予补贴。

2019年3月19日 工业和信息化部、国家发展和改革委员会、科学技术部、公安部、生态环境部、交通运输部、国家卫生健康委员会、国家市场监督管理总局联合发布《关于在部分地区开展甲醇汽车应用的指导意见》。指导意见明确，重点在山西、陕西、贵州、甘肃等资源禀赋条件较好且具有甲醇汽车运行经验的地区，加快M100甲醇汽车的应用。鼓励在有条件地区的公务、出租、短途客运等领域使用甲醇汽车。

鼓励在有条件地区的市政车辆、专线物流运输等领域使用甲醇商用车。

2019年3月19日 工信部发布《关于2016及以前年度新能源汽车推广应用补助资金初步审核情况的公示》。其中，2015及以前年度企业共计申请新能源汽车推广数30 936辆，企业申请清算资金330 054.960 8万元，专家组核定新能源汽车推广数290 34辆，应用应清算补助资金总额为300 088.318 1万元，按整车企业取整后补助金额为300 093万元。2016年度企业共计申请新能源汽车推广数72 614辆，企业申请清算资金968 440.132万元，专家组核定新能源汽车推广数71 546辆，应用应清算补助资金总额为957 937.317 72万元，按整车企业取整后补助金额为957 945万元。

2019年3月19日 天津市人民政府办公厅发布《关于完善本市促进消费体制机制进一步激发居民消费潜力实施方案的通知》，新能源汽车方面，通知明确，搭建全市统一的新能源汽车数据平台和充电基础设施公共服务平台，探索新能源汽车道路收费、停车费减免等优惠政策，落实充电基础设施用地、用电等鼓励政策，扩大新能源汽车应用规模，实现本市充电基础设施全覆盖。支持企业加大对绿色产品研发、设计和制造的投入，丰富新能源汽车等绿色消费品的供给。加快推行高端品质认证，推动新能源汽车及充电桩等产品认证。

2019年3月20日 首台汉产氢能源乘用车在武汉格罗夫氢能汽车有限公司研制成功，这是一款全新正向开发的碳纤维车身、全功率氢能动力乘用车，搭载全球领先的氢燃料电堆，续航里程可达1 000 km以上。

2019年3月20日 佛山市飞驰汽车制造有限公司向佛山市顺德区鸿运公共交通有限公司、佛山市三水区国鸿公共交通有限公司、佛山市汽车运输集团有限公司合计交付190辆FSQ6860系列氢燃料电池城市客车。该批车辆车身全长8.6 m，载客58人，续航里程可达500 km；车身采用轻量化结构设计，全铝车身，配置远程监控等主动安全辅助系统；车辆行驶过程中平稳舒适无噪声。

2019年3月20日 河南速达公司首辆自主研发、具有自主品牌的纯电动轿车在三门峡市正式下线，此次下线的车型为SA01，定位于市场销量比例最大的A级乘用车市场，该车型新车续驶里程为370 km，最高时速达150 km/h，预计2019年生产2万辆。

2019年3月21日 上汽大通汽车有限公司南京分公司（简称“上汽跃进”）燃料电池物流车 -30°C使用工况完成验收。这是国内首款满足 -30 ℃使用工况的燃料电池物流车，这意味着在燃料电池汽车最低启动温度上，中国达到国际先进水平。

2019年3月22日 宁德时代研发团队攻克高镍三元材料及硅碳负极材料等关键核心技术，率先开发出比能量（质量能量密度）达304 Wh/kg的电池样品，其循环性能表现显著优于国外产品。

2019年3月24日 海南省人民政府办公厅发布《海南省清洁能源汽车推广2019年行动计划》，计划明确加快各领域清洁能源汽车推广应用，全省公交车、巡游出租车新增和更换车辆100%使用清洁能源汽车；轻型物流配送车（含邮政及城市物流配送）、分时租赁汽车新增和更换车辆100%使用新能源汽车。加快推进充电基础设施建设，确保2019年全省建设各类充电基础设施和建设充电接口4万个以上。完善清洁能源汽车使用环境：落实新能源汽车购置税、车船税减免和省新能源汽车推广补贴政策。

2019年3月26日 财政部、工业和信息化部、科技部、发展改革委4部门联合发布《关于进一步完善新能源汽车推广应用财政补贴政策的通知》。通知明确2019年3月26日—2019年6月25日为过渡期。过渡期期间，符合2018年技术指标要求但不符合2019年技术指标要求的销售上牌车辆，按照《财政部 科技部 工业和信息化部 发展改革委关于调整完善新能源汽车推广应用财政补贴政策的通知》（财建〔2018〕18号）对应标准的0.1倍补贴，符合2019年技术指标要求的销售上牌车辆按2018年对应标准的0.6倍补贴。过渡期期间销售上牌的燃料电池汽车按2018年对应标准的0.8倍补贴。燃料电池汽车和新能源公交车补贴政策另行公布。

2019年3月26日 西安市人民政府办公厅发布《关于印发西安市装备制造业产业发展规划（2019—2021年）的通知》，新能源汽车方面，通知明确以整车制造为重点，大力发展百亿级汽车制造企业，形成传统汽车产业领域轿车、客车、重卡与新兴领域新能源汽车、智能网联汽车和专用车相结合的梯次产业格局。其中，汽车整车制造发展插电式混合动力、纯电动、液化天然气、甲醇、氢动力等节能与新能源汽车整车制造。推进西安比亚迪新能源汽车基地、宝能新能源汽车项目建设；核心零部件以蓄电池、燃料电池、混合动力为主要研发应用方向，攻克动力总成系统等核心技术，推进节能与新能源汽车产业发展；汽车产业配套说积极推进比亚迪电池、电机、电控配套本地化。

2019年3月26日 湖北省工信厅发布《湖北省县域经济高质量发展三年工作计划（2018—2020）》，新能源汽车方面，计划明确利用武汉打造中国智能网联汽车示范区的契机，发挥武汉市、黄石市、襄阳市、荆门市等地产业带头作用，围绕插电式混合动力汽车、纯电动汽车、氢燃料电池汽车产业化，围绕电池、电机、测试示范等重点产品构建全产业链环节。

2019年3月27日 天津市工信局公示《2017年度天津市新能源汽车推广应用市级财政补助资金拟兑付信息表（第一批）》，申报天津市2017年度新能源汽车推广应用市级财政补助资金12家企业的8 879辆满足补助资金兑付条件，涉及补贴额14 628.292 8万元。

2019年3月27日 重庆市经济和信息化委员会、财政局联合发布《关于做好2019年第一批重庆市工业和信息化专项资金项目申报工作的通知》，新能源汽车和智能网联汽车领域，明确了产业链核心环节投资项目补助、全新中高端车型研发奖励、新能源整车生产企业专项融资产品贴息、新能源汽车物流补助4个方面的支持方向及补助标准。

2019年3月28日 国家标准化管理委员会发布关于印发《2019年国家标准立项指南》的通知，2019年拟立项8个重点领域国家标准。其中制造业领域立项指南明确落实《装备制造业标准化和质量提升规划》，重点围绕智能化、绿色化、服务化，推动传统产业标准改造升级。加强节能、环保、质量、安全标准的约束性作用，重点制定一批化解产能过剩标准，制定回收铜、回收铝原料质量标准。完善光伏光热、风能、核电、氢能与燃料电池、电力储能等新能源综合利用标准体系。

2019 年 3 月 29 日 广东省人民政府办公厅发布《关于印发广东省推进运输结构调整实施方案的通知》，新能源汽车方面，通知明确加大新能源物流车辆推广应用力度。大力推进新能源汽车在物流领域的应用。珠三角地区每年更新或新增的城市物流配送车辆、邮政快递车辆全部使用新能源汽车，逐步提升城市物流配送领域车辆电动化率。广州、深圳试点制定新能源物流车优惠通行政策，探索在城市市区划定新能源物流车夜间专用停车区，分类支持新能源物流车使用，物流企业可利用自有停车站场建设集中充电站，并鼓励对外提供公共充电服务。

2019 年 3 月 29 日 广州市公共交通集团有限公司 2018 年完成充电站投产运营 130 多座，充电桩 4 100 多支。广州市纯电动公交车投放已超过 1.1 万辆，基本实现公交电动化。广州公交集团启动充电平台，满足公交车、出租车、网约车等新能源车辆预约充电服务。

4 月

2019 年 4 月 1 日 北京市人民政府发布《关于实施工作日高峰时段区域限行交通管理措施的通告》，明确北京市自 2019 年 4 月 8 日—2020 年 4 月 5 日 继续实施工作日高峰时段区域限行交通管理措施，但纯电动小客车（以可充电电池作为唯一动力来源、由电动机驱动的小客车）不受措施限制。

2019 年 4 月 1 日 中国恒大国能新能源汽车（广东）有限公司竞得一块广州南沙工业用地，编号为 NANSHA 2019NGY-2，成交价格 8.47 亿元。恒大新能源须在南沙设立项目公司，其主要经营范围为车辆工程的技术研究、开发，新能源车整车制造及零部件制造，汽车销售等。

2019 年 4 月 1 日 比亚迪在深圳首发 27 m 纯电动双铰接大巴 K12A。大巴长 27 m，满载人数 250 人，最高时速 70 km，车辆采用全铝合金车身结构，搭载比亚迪最成熟的电池、电机和电控等核心技术。

2019 年 4 月 1 日 内蒙古自治区人民政府办公厅发布《内蒙古自治区推进运输结构调整三年行动计划实施方案（2018—2020 年）》，新能源汽车方面，方案明确加快新能源和清洁能源车辆推广应用。到 2020 年，城市建成区新增和更新轻型物流配送车辆中，新能源车辆和达到国Ⅵ排放标准清洁能源车辆的比例达到 80%。将公共充电桩建设纳入城市基础设施规划建设范围，加大用地、资金等支持力度，在物流园区等货流密集区域，集中规划建设专用充电站和快速充电桩。

2019 年 4 月 2 日 欣旺达电动汽车电池有限公司成为雷诺日产定点供应商，未来 7 年（2020—2026）雷诺日产相关车型的需求预计达 115.7 万辆，该产品将采用欣旺达自主开发的动力电芯方案和动力电池系统解决方案，预计订单金额超过百亿元。

2019 年 4 月 2 日 工信部公示《关于 2015 及以前年度、2016 年度、2017 年度新能源汽车推广应用补助资金清算审核和 2017 年度、2018 年度补助资金预拨审核情况》。本批次专家组核定新能源汽车推广数量为 186 790 辆，应清算补助资金 1 759 002.9 万元，按整车企业取整后补助资金为 1 759 015 万元；2017、2018 年度新能源汽车推广应用补助资金预拨审核新能源汽车 1 052 871 辆，预拨付资金1 344 101 万元。共涉及新能源汽车国补资金 310.31 亿元。

2019 年 4 月 2 日 浙江吉利汽车有限公司高端整车项目在武汉汉南区开工，项目总投资 90.44 亿元，达产后形成年产 15 万辆乘用车多品种混流生产能力，其中包括基本型乘用车（含传统燃油车和纯电动车型、混合动力车型）及其他类乘用车（含传统燃油车和纯电动、混合动力车型），项目建设期为 2019 年 1 月—2021 年 12 月。

2019 年 4 月 3 日 天津市公安局发布《关于继续实施机动车限行管理措施的通告》。通告明确天津市人民政府决定继续实施机动车限行交通管理措施，但天津市核发号牌的新能源汽车不受限行措施限制。天津市核发号牌的纯电动轻型、微型厢式载货汽车和纯电动轻型、微型封闭式载货汽车，不受机动车尾号及早晚高峰时段限行限制。

2019 年 4 月 3 日 北京市人民政府办公厅发布《2019 年北京市交通综合治理行动计划》，新能源汽车方面，将研究制订北京市新能源物流配送车辆便利通行政策。

2019 年 4 月 3 日 陕西省人民政府办公厅印发《四大保卫战 2019 年工作方案的通知》，新能源汽车方面，通知明确对符合条件的新能源汽车免征车辆购置税，继续实施节能、新能源车船减免车船税政策。加快推进城市建成区新增和更新的公交、环卫、邮政、出租、通勤、轻型物流配送车辆使用新能源或清洁能源汽车。在产业园等物流集散地建设集中式充电桩和快速充电桩，为承担物流配送的新能源车辆在城市通行提供充电便利。

2019 年 4 月 4 日 青海省人民政府办公厅发布《关于印发青海省 2019 年节能“双控”工作实施方案的通知》，新能源汽车领域相关方面，通知明确优化运力结构，提升车辆运输效率，加快新能源、清洁能源公交车和出租车推广应用。落实新能源汽车动力蓄电池回收利用试点工作，推动新能源汽车动力蓄电池梯次利用。

2019 年 4 月 4 日 北京市生态环境局发布《2019 年度第五批 符合环保排放标准车型目录的公告》，其中发布的“2019 年度第五批电动车”目录中共计列入 46 款纯电动汽车（含乘用车 31 款、专用车 13 款、客车 2 款）。

2019 年 4 月 8 日 国家发改委发布《产业结构调整指导目录（2019 年本，征求意见稿）》，新能源汽车关键零部件方面，征求意见如下：（1）能量型动力电池单体；（2）电池正极材料（比容量≥180 mAh/g，循环寿命 2 000 次不低于初始放电容量的 80%），电池负极材料（比容量≥500 mAh/g，循环寿命 2 000 次不低于初始放电容量的 80%）、电池隔膜（厚度≤12μm，孔隙率 35%～60%）；（3）电池管理系统，电机控制器，电动汽车电控集成；（4）电动汽车驱动电机系统（高效区：85% 工作区效率≥80%），车用 DC/DC（输入电压 100～400 V），大功率电子器件(IGBT,电压等级≥750 V,电流≥300 A);(5)插电式混合动力机电耦合驱动系统;(6)燃料电池发动机(质量比功率≥350 W/kg)、燃料电池堆(体积比功率≥3 kW/L)、膜电极(铂用量≤0.3 g/kW)、质子交换膜(质子电导率≥0.08 S/cm)、双极板(金属双极板厚度≤1.2 mm,其他双极板厚度≤1.6 mm)、低铂催化剂、碳纸(电阻率≤3m Ω·cm)、空气压缩机、氢气循环泵、氢气引射器、增湿器、燃料电池控制系统、升压 DC/DC、70 MPa 氢瓶、车载氢气浓度传感器;(7)电动汽车用热泵空调;(8)电机驱动控制专用 32 位及以上芯片(不少于 2 个硬件内核,主频不低于 180 MHz,具备硬件加密等功能,芯片设计符合功能安全 ASIL C 以上要求);一体化电驱动总成(功率密度≥2.5 kW/kg);高速减速器(最高输入转速≥1.2 万 r/min,噪声低于 75 dB)。

2019 年 4 月 8 日 工业和信息化部官网发布第三百一十八批《道路机动车辆生产企业及产品》,江苏金彭车业有限公司正式获得汽车生产准入资质。

2019 年 4 月 9 日 工业和信息化部在官方网站公示《2018 年度乘用车企业平均燃料消耗量与新能源汽车积分情况》。2018 年度中国乘用车企业 141 家,共生产/进口乘用车 2 312.28 万辆,平均燃料消耗量实际值为 5.52 L/100 km,燃料消耗量正积分为 987.37 万分,燃料消耗量负积分为 299.03 万分,新能源汽车正积分为 398.79 万分。

2019 年 4 月 9 日 江苏省工信厅、省公安厅、省交通运输厅 3 部门联合发布《关于做好智能网联汽车公共测试道路管理有关工作的通知》。通知明确测试道路类型应为城市道路或三级以上公路(高速公路除外),道路设计符合《城市道路工程设计规范》(CJJ 37)、《公路工程技术标准》(JTG B01)或《公路路线设计规范》(JTGD20—2017)等相关标准规范的要求;测试道路总长度应不小于 5 km,同一路况的测试道路长度不宜少于 200 m。

2019 年 4 月 10 日 在理想汽车常州制造基地,理想汽车旗下首款中大型增程式 SUV——理想 ONE 正式上市,仅推出 1 款车型,补贴后售价为 32.8 万元。

2019 年 4 月 10 日 小康集团旗下金康 SERES 的首款电动汽车 SF5 全球首发,SERES 正式推出两款 SF5 车型,SF5 定位于中型 SUV,包括搭载核心电驱动技术的纯电型和基于纯电的增程型。

2019 年 4 月 11 日 石家庄市人民政府办公室发布《关于完善促进消费体制机制进一步激发居民消费潜力的实施意见》的通知。新能源汽车领域相关方面,通知明确制定石家庄市新能源汽车推广应用 3 年计划,实施新能源汽车车辆购置税优惠政策,促进汽车消费优化升级。推动公务用车领域示范应用。加大公共交通领域新能源汽车推广应用力度,逐步推进市区公交电动化。加快推进新能源汽车充电基础设施建设,统筹优化充电基础设施全市布局,推进充电设施互联互通,提高充电服务智能化水平。

2019 年 4 月 11 日 河南省交通运输厅发布《关于印发 2019 年全省交通运输行业大气污染防治攻坚战实施方案的通知》,新能源汽车方面,方案明确推广使用新能源和清洁能源车船。2019 年新增、更新公交车辆全部纯电动化,新增、更新的邮政、出租、轻型物流配送车辆实施以新能源为主的清洁能源化比例不低于 85%。加快物流集散地和公交车辆集中停放地集中式充电桩和快速充电桩建设,2019 年年底,建成省内国家级高速公路城际快充网络。优化承担物流配送的城市新能源车辆的便利通行政策。

2019 年 4 月 12 日 上海市发改委发布《关于印发上海市 2019 年节能减排和应对气候变化重点工作安排的通知》,新能源汽车方面,通知明确加快新能源、新能源汽车、节能环保等战略性新兴产业发展,进一步提升战略性新兴产业增加值比重。加大新能源车推广力度,推广新能源汽车 5 万辆,更新公交车中全部使用新能源车辆,投放新能源公交车 1 200 辆。完善充电设施建设布局,完成 4 000 个公共充电桩建设。推进港内作业车辆采用纯电动或清洁能源车。

2019 年 4 月 12 日 由齐鲁交通集团投资建设的国内首个智能网联高速公路测试基地及研发中心项目在山东济南启动,项目计划用 6 年的时间,分 3 个阶段组织实施,建成真实场景智能网联汽车和智慧交通综合创新试验示范区,形成国际化自动驾驶测试中心、研发中心及服务中心。

2019 年 4 月 12 日 菏泽市人民政府办公厅发布《菏泽市打好柴油货车污染防治攻坚战作战方案》,新能源汽车方面,方案明确推广使用新能源和清洁能源汽车。加快推进城市建成区新增和更新的公交、环卫、邮政、出租、通勤、轻型物流配送车辆采用新能源或清洁能源汽车,使用比例达到 80%。

2019 年 4 月 12 日 吉林省生态环境厅等 11 部门联合发布《吉林省落实柴油货车污染治理攻坚战行动计划实施方案》。新能源汽车方面方案明确推广新能源非道路移动机械,推动发展绿色货运,加大新能源汽车研发和推广应用力度。

2019 年 4 月 15 日 浙江省发改委发布《浙江省培育氢能产业发展的若干意见(征求意见稿)》,征求意见明确到 2022 年,氢燃料电池及整车产业环节取得突破,氢能产业总产值规模超百亿元;氢能供给基础设施网络加快布局,建成加氢站(含加氢功能的综合供能站)30 座以上;试点示范工作取得初步成效,氢燃料电池汽车在公交、物流等领域形成示范推广,累计推广氢燃料电池汽车 1 000 辆。

2019 年 4 月 16 日 九江市新能源汽车推广应用领导小组办公室公示《九江市 2016 年度新能源汽车推广应用车辆购置市级财政拟补助对象》及《2017 年度充电设施建设市级财政拟补助对象》,九江市 2016 年市级新能源汽车推广应用车辆购置补助共涉及 388 辆,市本级拟补助资金 252.2 万元;2017 年市级充电设施财政补助共涉及充电桩(站)48 个,市本级拟补助资金 72.96 万元。

2019 年 4 月 16 日 国网(宁夏)综合能源服务有限公司纯电动出租车首批 50 辆绿色牌照纯电动出租车正式上线运行,此批车辆为北汽新能源 EU5 纯电动轿车,从 30% 充到 80% 的电量仅需约 0.5 h,可行驶超过 200 km。

2019 年 4 月 16 日 交通运输部公告第七批道路运输车辆达标车型,新能源汽车方面,本批次共有 6 家车企的 8 个新能源车型列入,含 7 个纯电动客车、1 个纯电动专用车。

2019 年 4 月 16 日 一汽解放商用车开发院氢动力开发实验室的燃料电池发动机测试台架正式投入运转,测试台具有 30~90 kW 的燃料电池发动机工况测试能力，满足 GB/T 24554—2008《燃料电池发动机性能试验标准》中的技术要求，可判定燃料电池发动机输出性能和工况适应性，也可以进行燃料电池发动机的起动特性、额定/峰值功率、稳态特性、气密性、电阻、可靠性耐久性以及系统效率等 13 项试验测试。

2019 年 4 月 17 日　佛山市飞驰汽车制造有限公司与深圳市佳华利道新技术开发有限公司合作研制出全球首台固态储氢燃料电池公交车，该款燃料电池系统采用的是固态合金储氢方式，其工作压力仅 5 MPa，加氢压力 10 MPa。

2019 年 4 月 17 日　云南省人民政府办公厅发布《云南省柴油货车污染治理攻坚战实施方案》。新能源汽车方面，方案明确加快新能源、清洁能源基础设施建设。加快充电站及加气站建设，在物流园区等货流密集区域集中规划建设专用充电站和快速充电桩。鼓励各地建设加氢示范站。加快新能源和清洁能源车辆推广应用力度。落实国家对符合条件的新能源汽车免征车辆购置税政策和对符合条件的节能、新能源车船减免车船税政策。

2019 年 4 月 17 日　工业和信息化部装备工业司公示《享受车船税减免优惠的节约能源　使用新能源汽车车型目录》（第八批）。本批公告新能源汽车共 391 款，包括插电式混合动力乘用车 17 款，纯电动商用车 358 款，插电式混合动力商用车 8 款，燃料电池商用车 8 款。

2019 年 4 月 17 日　武汉格罗夫氢能汽车有限公司研发的 3 款氢能汽车——欧思典 SUV、欧思典 SUV 运动版、格兰尼轿跑车亮相上海车展并接受预定，此氢能汽车 3 min 完成氢燃料加注，续航轻松突破 1 000 km。

2019 年 4 月 18 日　上汽大通全新旗舰 MPV G20 首发款正式上市，并展示出旗下首款氢燃料乘用车 G20FC。上汽大通 MAXUS G20FC 采用燃料电池驱动，电机最高功率达 150 kW，可实现 5 min 内加氢和 −30℃冷启动，NEDC 综合工况续航里程高达 550 km。

2019 年 4 月 19 日　北京市生态环境局发布《2019 年度第六批　符合环保排放标准车型目录的公告》，其中发布的“2019 年度第六批电动车”目录中列入 18 款纯电动汽车（含乘用车 30 款、专用车 7 款、客车 12 款）。

2019 年 4 月 22 日　北京亿华通科技股份有限公司、丰田汽车公司和北汽福田汽车股份有限公司三方在氢燃料电池客车领域展开合作，三方共推的首款燃料电池大巴样车完成，此燃料电池客车型搭载丰田燃料电池电堆等零部件和亿华通旗下燃料电池系统，由北汽福田负责生产及销售。

2019 年 4 月 22 日　安徽省六安市人民政府发布《六安市人民政府关于大力支持氢燃料电池产业发展的意见》。意见明确打造氢燃料电池产业集聚基地，加大应用试点示范。以公交车、物流车、船舶等交通运输领域为突破口，加快氢燃料电池规模化、商业化进程。研究制定氢燃料电池公交车示范运营方案，支持物流园区推广应用氢燃料电池物流车，示范项目优先纳入生态建设资金和现代物流园区建设专项资金支持范围。推进加氢站规划建设。统筹规划全市氢基础设施建设，探索建立加氢站设计、建设标准及安全管控规范。根据产业配套、氢源基地和氢燃料电池汽车推广情况，配套建设与之适应的加氢站。

2019 年 4 月 23 日　山西省工信厅发布《关于印发山西省绿色制造 2019 年行动计划的通知》。新能源汽车领域相关方面，通知提到重点推进山西铁塔新能源动力电池梯次利用改造项目等资源综合利用重点项目建设。推进山西铁塔加大退役动力电池梯次利用规模，力争 2019 年底，全省利用废旧动力电池的通信基站站点数量比 2018 年翻一番，推动汾西重工退役动力蓄电池分类再加工利用以及终极拆解资源化处理项目建设。

2019 年 4 月 23 日　深圳市雄韬电源科技股份有限公司拟募资总额不超 14.15 亿元用于武汉雄韬氢燃料电池发动机产业化基地建设项目、深圳雄韬氢燃料电池产业园项目、深圳雄韬氢燃料电池电堆研发项目等建设。

2019 年 4 月 23 日　江苏省工信厅发布《关于印发 2019 年关键核心技术攻关任务揭榜工作方案的通知》，新能源领域相关方面，通知明确自动驾驶车辆线控底盘系统、预装式配充一体化充电站、新能源汽车用高性能特种充电电缆、电驱动一体化总成 4 个方面的揭榜任务及预期目标。

2019 年 4 月 25 日　金川集团公司年产 10 万 t 动力锂离子电池用三元前驱体项目一期工程建成，开始投料试车。项目总投资 25.68 亿元，分三期建设，已建成的一期工程为年产 3 万 t 电动汽车用动力锂离子电池用三元前驱体。

2019 年 4 月 25 日　浙江省人民政府办公厅关于发布《浙江省柴油货车污染治理攻坚战行动计划的通知》。新能源汽车领域相关方面，通知明确鼓励各地建立与柴油货车淘汰更新相挂钩的新能源车辆运营补贴机制。港口、机场、铁路货场、物流园新增和更换的岸吊、场吊、吊车等主要采用新能源或清洁能源机械。推进城市建成区新增和更新的公交、环卫、邮政、出租、通勤、轻型物流配送车辆采用新能源或清洁能源车，使用比例达到 80%。

2019 年 4 月 25 日　北汽新能源青岛产业基地二期项目竣工投产、北汽新能源 EX3 批量下线。北汽新能源与青岛莱西机关事务服务中心签署青岛公务服务保障用车协议，并向首批 EX3 私人用户交付车辆。

2019 年 4 月 25 日　福建省人民政府办公厅发布《福建省道路交通安全综合整治三年专项行动实施方案（2019—2021 年）》。新能源汽车领域相关方面，方案明确加强对低速电动车生产、销售、道路通行的安全监管。开展车辆生产企业安全监管行动。2019—2020 年，按照低速电动车规范管理和相关技术标准要求，引导有条件的低速电动车企业转型升级。2020—2021 年，按照新能源汽车安全技术标准，指导新能源汽车生产企业做好工作落实。

2019 年 4 月 26 日　工信部公开征求对《关于加强质量品牌建设　支撑制造业高质量发展的实施意见（征求意见稿）》。意见稿提道：增强装备制造竞争力，推动新能源汽车等重点领域产品质量提升。

2019 年 4 月 26 日　财政部发布《关于下达 2019 年节能减排补助资金预算（第二批）的通知》。通知明确：将预拨用于高效电机推广补贴、公共建筑节能改造奖补清算、2016 年度新能源汽车充电基础设施建设奖补以及 2015—2017 年度新能源汽车购置补贴清算、新能源汽车购置补贴资金共计

350.58亿元。其中,新能源汽车推广共计110.45万辆,预拨付推广补贴资金144.10亿元。

2019年4月26日 吉利商用车在吉利四川南充基地发布全球首款甲醇重卡远程M100,其中远程M100牵引车正式下线并开启销售。

2019年4月28日 工信部装备中心发布《关于开展2018年度双积分数据核算审查工作的通知》。通知明确对核算结果确认无误的企业,于5月20日之前在线填写相关内容后下载《乘用车企业平均燃料消耗量与新能源汽车积分确认函》。

2019年4月30日 工业和信息化部、税务总局联合公告《免征车辆购置税的新能源汽车车型目录》(第二十四批)。与之同时公布的还有撤销《免征车辆购置税的新能源汽车车型目录》的车型名单,本批次涉及37家车企、72个车型被列入撤销免征车辆购置税新能源汽车车型目录。

5月

2019年5月5日 交通运输部发布《关于开展交通运输行业研发中心和重点实验室认定工作的通知》。其中,自动驾驶技术研发方向的研发目标为:围绕公路基础设施智能化、车路协同等,开展公路基础设施数字化采集及智能感知、车路信息交互、道路交通安全主动预警、自动驾驶测试验证等关键技术研发,以及车辆自动驾驶技术集成与示范应用,加快完善车辆自动驾驶技术体系、政策法规体系、标准规范体系和信息安全保障体系。

2019年5月5日 海南省人民政府办公厅发布《关于印发海南省电动汽车充电基础设施规划(2019—2030)的通知》,明确电动汽车充电基础设施专项规划分为3个阶段进行,并将海南划分为3类区域推广充电基础设施:Ⅰ类区域至2020年、2025年、2030年电动汽车与配建公共充电桩比例分别不低于7∶1、5∶1、5∶1,公共充电服务半径分别小于2 km、1 km、0.9 km;Ⅱ类区域至2020年、2025年、2030年电动汽车与配建公共充电桩比例分别不低于10∶1、8∶1、8∶1,公共充电服务半径分别小于2 km、1.4 km、1 km;Ⅲ类区域至2020年、2025年、2030年电动汽车与配建公共充电桩分别不低于12∶1、10∶1、10∶1,公共充电服务半径分别小于2 km、1.4 km、1 km。

2019年5月5日 海南省财政厅、工信厅、发改委联合发布《关于进一步完善新能源汽车推广应用财政补贴政策的通知》,要求各地相关部门做好新能源汽车推广应用工作,按照国家有关部委的通知要求,进一步完善新能源汽车推广应用财政补贴政策。对2019年3月26日—6月25日过渡期购买上牌车辆继续给予地方补贴。2019年6月26日起购买上牌车辆(新能源公交车和燃料电池汽车除外,新能源公交车和燃料电池汽车补贴政策另行公布),省和市县将不再给予地方购置补贴。

2019年5月5日 焦作市人民政府发布《焦作市推进工业结构调整打赢污染防治攻坚战工作方案》,方案明确大力发展新能源汽车产业。2020年年底前党政机关及公共机构购买的新能源汽车占当年配备更新总量的比例不低于50%。

2019年5月5日 四川省生态环境厅发布《四川省打好柴油货车污染治理攻坚战实施方案(征求意见稿)》,意见稿明确要推广使用新能源和清洁能源汽车。加快充电设施建设,在物流园、产业园、工业园、大型商业购物中心、农贸批发市场等物流集散地建设集中式充电桩和快速充电桩。鼓励开展燃料电池货车示范运营,建设加氢示范站。制定完善承担物流配送的城市新能源车辆便利通行政策。

2019年5月7日 国务院办公厅转发交通运输部、发展改革委、教育部、工业和信息化部、公安部、财政部、人力资源社会保障部、生态环境部、住房城乡建设部、应急部、税务总局、市场监管总局、全国总工会联合发布的《关于加快道路货运行业转型升级促进高质量发展的意见》。新能源汽车相关方面,意见明确:对符合标准的新能源城市配送车辆给予通行便利,除特殊区域外,对纯电动轻型货车原则上不得限行。积极推进货运车型标准化,加快推动城市建成区轻型物流配送车辆使用新能源或清洁能源汽车,鼓励物流园区、产业园、配送中心等地集中规划建设专用充电设施。

2019年5月7日 郑州宇通客车股份有限公司收到郑州市财政局转支付的国家新能源汽车推广补贴款117 583万元。

2019年5月8日 财政部、工业和信息化部、交通运输部、发展改革委联合发布《关于支持新能源公交车推广应用的通知》。通知明确从2019年开始,新能源公交车辆完成销售上牌后提前预拨部分资金,满足里程要求后可按程序申请清算。在普遍取消地方购置补贴的情况下,地方可继续对购置新能源公交车给予补贴支持。2019年5月8日—2019年8月7日为过渡期,补贴标准按《通知》关于过渡期的规定执行。

2019年5月8日 海南省召开推广清洁能源汽车应用工作电视电话会议。会上公布,截至2018年底,海南省累计推广应用新能源汽车2.28万辆,新能源汽车占全省汽车保有量1.62%;据不完全统计,累计建设充电基础设施4 602个,环岛高速公路和中线高速公路建成16个快充电站并投入商业运行,均距约53 km。

2019年5月8日 江苏省人民政府办公厅发布《江苏省人民政府关于实施国家第六阶段机动车排放标准的通告》。通告明确:自2019年7月1日起,江苏省所有销售和注册登记的新生产轻型汽车应当符合或严于机动车排放标准6a阶段要求,江苏省所有生产、进口、销售和注册登记的重型燃气车辆,须符合机动车排放标准6a阶段要求。

2019年5月11日 山东省首批30辆氢能物流车示范投入运营,首批燃料电池物流车均为8 t厢式货车,配备的是江苏氢璞创能科技有限公司生产的氢燃料电池,每辆车均有3个140 L的储氢瓶,车辆总储氢量10 kg,3~5 min即可加注满氢气,续航里程可达400 km。

2019年5月13日 山东省工信厅公示《第一批"现代优势产业集群+人工智能"试点示范企业及项目名单》,新能源汽车产业领域有5个项目进入。(1)山东玉皇新能源科技有限公司:新能源汽车动力电池智能制造项目;(2)山东奥扬新能源科技股份有限公司:新能源汽车智能动力供气系统项目;(3)山东高佳新能源有限公司:新能源汽车用软包动力锂离子电池智能制造示范项目（年产5亿kWh动力锂离子电池项目）；（4）山东国金汽车制造有限公司：新能源汽车研发、制造智能化平台；（5）中惠创智无线供电技术有限公司：新能源汽车大功率快速无线充电装备研发及产业化。

2019年5月13日 工业和信息化部节能与综合利用司公示《2019年度工业节能与绿色标准研究项目》。新能源汽车产业相关方面，有3个拟支持的标准研究项目：车用动力电池回收利用拆卸要求、车用动力电池回收利用包装运输规范、车用动力电池回收利用梯次利用要求。3个标准研究的归口管理单位均为全国汽车标准化技术委员会。

2019年5月13日 湖南桑德新能源汽车科技有限公司助力广州新能源汽车产教中心成立。

2019年5月13日 鸿达兴业股份有限公司全资子公司内蒙古乌海化工建设的第一座加氢站成功投入使用，向氢燃料轿车、大巴车及工业车辆提供合格氢气。

2019年5月14日 浙江省发改委发布《省发展改革委关于印发2019年浙江省充电基础设施建设发展年度计划的通知》。通知指出，2019年度浙江省计划新建110座充换电站、2 800个公用桩，61 855个自用充电桩。

2019年5月15日 工信部装备司发布《2019年新能源汽车标准化工作要点》。工作要点指出：为持续优化新能源汽车标准体系，将重点研究电动汽车安全领域、电动汽车能耗领域、燃料电池电动汽车领域、充电设施及加氢系统领域、动力电池回收利用领域五大领域，满足新能源汽车产业发展需求。

2019年5月15日 工信部装备司发布《2019年智能网联汽车标准化工作要点》。工作要点指出：为加快重点领域关键急需标准制定，加强国际标准法规协调与产业协作，将系统布局技术领域，加快先进驾驶辅助系统（ADAS）标准、自动驾驶相关标准、汽车信息安全标准、汽车网联相关标准4个重点标准制修订。

2019年5月15日 一汽解放与博世共同发布商用车FOTA技术，此技术将于2019年在解放全系列重卡车型上实现量产。

2019年5月15日 深圳市交通运输局发布《政府产权交通场站新能源汽车充电设施安全管理规定》。征求意见明确交通场站内充电设施设计应符合有关规定，充电设施建设应按照设计要求施工作业，经验收合格后方能投入使用；充电设施运营单位对本单位的安全生产承担主体责任；加强对充电设施运营单位实施风险分级管控和事故隐患排查治理落实情况的督查检查。

2019年5月15日 北京市生态环境局发布《2019年度第八批 符合环保排放标准车型目录的公告》，其中发布的“2019年度第八批电动车”目录中共计列入52款新能源汽车，纯电动汽车51款（含乘用车17款、客车17款、专用车17款）；燃料电池客车车1款。

2019年5月16日 广州市首座加氢示范站（东晖加氢站）投入使用，东晖加氢站占地面积4 300 m^2，是全国首个使用储氢罐设备的加氢站。该项目由联新能源发展有限公司投资建设，富瑞氢能公司提供整站加氢站成套设备和整站控制系统。

2019年5月16日 天津市发改委发布《加快居民小区公共充电桩建设实施方案》。方案明确。以需求为导向，结合老旧社区改造推动居民小区公共充电桩建设，缓解百姓充电难问题。2019年，天津市各区确保完成100个小区1 000台公共充电桩建设。

2019年5月16日 交通运输部公告第八批道路运输车辆达标车型，新能源汽车方面，本批次共有11家车企的25个新能源车型列入，含24个纯电动客车、1个插电式混合动力客车。

2019年5月18日 山东莱阳陕汽轻卡制造基地，两款陕汽轻卡新能源下线。其中，纯电轻卡电机峰值功率可达120 kW，满载续航里程达400 km；氢燃料电池轻卡续驶里程同样可达400 km，氢气加注时间不超过5 min。

2019年5月20日 法国雷诺10亿元人民币并购江铃新能源汽车并签约。并购投资占江西省一季度世界500强在江西投资额的80%。

2019年5月20日 北汽新能源LITE-R300车型正式上市，新车共推出3款配置车型，补贴后售价区间为11.08万元~12.68万元，新车在动力及配置上均有所提升。

2019年5月20日 奇点汽车全球智能系统研发中心正式揭牌，研发中心位于苏州高铁新城。

2019年5月20日 合肥市人民政府办公厅发布《2019年合肥市培育新动能促进产业转型升级推动经济高质量发展若干政策实施细则》。新能源汽车领域相关方面，细则明确在支持自主创新政策中，设立新能源汽车等新兴产业增长源基金；对于各类重点产业政策资金，采用事后奖补等方式投入支持新能源汽车推广应用。

2019年5月20日 河南省人民政府办公厅发布《河南省加快新能源汽车推广应用若干政策》，政策明确加速推进城市公交、城际公交、市政环卫等公共领域运输作业车辆新能源化，推进在燃油出租车分批置换新能源汽车，在城市物流领域推行新能源汽车分拨配送，扩大氢燃料电池汽车市场应用范围，优化新能源汽车市场供给。进一步加强基础设施建设，对新能源汽车充电站、燃料电池加氢站，省财政按照主要设备投资总额的30%给予奖励。

2019年5月21日 甘肃省大气污染治理领导小组办公室印发《甘肃省柴油货车污染治理攻坚战实施方案》，新能源汽车行业方面，方案明确加快推广使用新能源和清洁能源汽车，城市建成区新增和更新的公交、环卫、邮政、出租、通勤、轻型物流配送车辆采用新能源或清洁能源汽车。积极推广应用新能源物流配送车。机场、铁路货场等新增或更换作业车辆主要采用新能源或清洁能源汽车。到2020年，城市建成区新增和更新轻型物流配送车辆中，新能源车辆和达到国Ⅵ排放标准清洁能源车辆的比例超过50%。

2019年5月22日 东莞市生态环境局发布《东莞市蓝天保卫战2019年度实施方案》，新能源汽车领域相关方面，方案明确推进公交车纯电动化，在2019年底前实现全市公交车100%纯电动化。推动新招标道路清扫工程用车电动化，2019年1月1日起，国控站点5 km范围以内所有新招标道路清扫工程用车电动化达到100%。2020年1月1日起，全市新招标道路清扫工程用车电动化比例达到100%。推进物流快递领域车辆的纯电动化,全市新增和更新的物流配送车辆全部使用纯电动或燃料电池等新能源车。

2019 年 5 月 23 日 浙江省经信厅发布《关于征求浙江省高端装备制造业发展相关意见建议的通知》。通知明确领域征集重点支持范围,其中包括《关于促进我省汽车产业整零协同创新发展的实施意见》明确优先支持的汽车关键零部件。

2019 年 5 月 23 日 上海市城市交通运输管理处发布《关于暂停办理本事巡游出租汽车燃油车辆更新工作的通知》。通知明确燃油车辆购置日期的判定以车辆购置发票日期为准,2019 年 5 月 31 日的车辆可以办理,上海市运输管理处办理车辆更新、控办手续的截止日期设定为 2019 年 6 月 30 日。待上海市交通委正式发布《上海新能源出租汽车推广应用实施方案》,对纯电动出租汽车车辆购置、补贴、施行运价等具体内容明确后,上海市运输管理处将依据规定开房办理纯电动出租汽车车辆更新手续,具体更新车型及数量要求另行制定。

2019 年 5 月 23 日 国内首台搭载 50 kW 大功率氢燃料电池系统的 8.5 m 公交车正式下线。氢蓝时代 EAGLE50 氢燃料电池燃料系统采用国产的氢璞创能第三代电堆,自主研发控制系统、DCDC,采取水冷技术、防护等级 IP67、额度功率 50 kW,搭载氢蓝时代 EAGLE50 氢燃料电池燃料系统的公交车,具有动力强劲、低噪音、节能环保等优势。

2019 年 5 月 24 日 爱驰汽车以购入 50% 股权的形式成为江铃控股最大股东,江铃控股有限公司上饶分公司拥有 10 万辆的纯电动乘用车生产资质,因此爱驰汽车也正式获得了造车资质。

2019 年 5 月 24 日 重庆市能源局、重庆市住房和城乡建设委员会联合发布《重庆市自用充电桩建设使用政策问答》。政策明确物业应支持和配合业主或使用人建设自用充电桩,在接到自用充电桩建设资料后,对符合建设条件的,物业应在 5 个工作日内签订建设约定书。

2019 年 5 月 24 日 《长三角氢走廊建设发展规划》正式发布。规划立足高质量发展,适度超前布局,结合自身产业基础和发展条件,制定出适合自身发展、可行性强的规划,将长三角氢走廊打造成为国际先进水平的加氢基础设施网络,实现加氢基础设施与燃料电池汽车的协调平衡发展。

2019 年 5 月 24 日 焦作市生态环境局、焦作市交通运输局、焦作市住房和城乡建设局、焦作市城市管理局、焦作市公安交通管理支队联合发布《关于加强入市载货车辆通行管理的通告》。通告明确,为减少机动车排放对城市的污染,决定进一步强化市区道路车辆通行管理措施,但经备案的新能源车辆不受限行区域限制。

2019 年 5 月 27 日 广西壮族自治区发展改革委员会正式发布《广西壮族自治区加快推进电动汽车充电基础设施建设三年行动计划(2019—2021 年)》。计划明确加快充电设施进机关、居民社区、园区、城市人口聚集区、公共服务领域、旅游景区、高速等地区,并分别制定每个区域的主要任务。电动汽车充电设施按其所在场所执行分类目录电价,充电设施用电不实行功率因数调整电费办法。到 2021 年,基本建成与电动汽车拥有量相适应的车桩相随、适度超前、智能高效的充电基础设施体系,具备基本满足为全区电动汽车充电的能力,在全区形成统一开放、竞争有序的充电服务市场。

2019 年 5 月 27 日 深圳市交通运输局发布《深圳市纯电动物流配送车辆运营资助项目申报指南》。指南明确资助金额按照提供驱动动力的动力电池总储电量,采取分段超额累退方式计算,资助资金分 3 年平均发放。单车 3 年资助总额不超过 7.5 万元。每年考核运营达标的车辆可获得当期资助,运营不达标的车辆不能获得当期资助。

2019 年 5 月 30 日 恒大集团与英国 Protean 在伦敦签订协议,全资收购英国 Protean,掌握了世界顶级的乘用车轮毂电机技术。

2019 年 5 月 31 日 交通运输部等 12 个部门和单位联发布《交通运输部等十二部门和单位关于印发绿色出行行动计划(2019—2022 年)》的通知。计划明确以实施新增和更新节能和新能源车辆为突破口,在城市公共交通、出租汽车等领域,进一步加大节能和新能源车辆推广应用力度。完善行业运营补贴政策,加速淘汰高能耗、高排放车辆和违法违规生产的电动自行车、低速电动车。加快充电基础设施建设。加快构建便利高效、适度超前的充电网络体系建设,重点推进城市公交枢纽、停车场、首末站充电设施设备的规划与建设。鼓励高速公路服务区配合相关部门推进充电服务设施建设。加大对充电基础设施的补贴力度,将新能源汽车购置补贴资金逐步转向充电基础设施建设及运营环节。推广落实各种形式的充电优惠政策。

2019 年 5 月 31 日 交通运输部公示《道路运输车辆达标车型表(第九批)》,本批次共有 19 款新能源车型列入,其中纯电动汽车 16 款(含客车 11 款、专用车 5 款);燃料电池汽车 3 款(含客车 1 款、专用车 2 款)。

6 月

2019 年 6 月 1 日 中联重科环境产业有限公司首批 60 辆环卫新能源纯电动车在长沙市高新区正式上路运行,车型涵盖纯电动路面养护车、纯电动洗扫车、纯电动清洗车、纯电动扫路车等多款新能源设备。

2019 年 6 月 1 日 重庆市经信委、市财政局、市能源局联合发布《关于印发重庆市 2019 年度新能源汽车推广应用财政补贴政策的通知》。通知明确将在购置、充电设施建设、充电费用、加氢站建设 4 个方面进行补贴。

2019 年 6 月 3 日 海南省工业和信息化厅、海南省财政厅联合发布《关于做好 2016 年至 2018 年新能源汽车推广应用地方财政补贴清算工作的通知》。通知明确补贴申报范围及相关要求。分别针对 2016 年暂缓审核车辆,即在 2016 年已申报补贴,但在补贴审核过程中发现问题并暂缓审核的车辆、2017 年消费者在海南省上牌但未申请补贴的新能源汽车;2018 年消费者在海南省上牌的新能源汽车,提出不同的申报要求。通知明确补贴标准,其中 2016 年上牌车辆、2017 年上牌车辆均按当年印发的海南省新能源汽车推广应用财政补贴申报工作的通知及补充通知相关标准执行;2018 年新能源汽车补贴根据上牌时间分三段(第一段:1 月 1 日—2 月 11 日;第二段:2 月 12 日—6 月 11 日;第三段:6 月12 日—12 月31 日)核算补贴数额,按照《海南省财政厅海南省工业和信息化厅 海南省发展和改革委员会转发财政部 工业和信息化部 科技部 发展改革委关于调整完善新能源汽车推广应用财政补贴政策的通知》标准补贴。

2019 年 6 月 5 日 南通市财政局、南通市交通运输局联合发布《2018—2019 年南通市新能源汽车推广应用地方财政补贴实施细则》。通知明确，各类车型 2019 年市级补贴标准按 2018 年标准退坡 20%。地方财政给予的补助资金不得超过相应车型中央财政单车补贴额的 50%。

2019 年 6 月 5 日 全球规模最大、等级最高的氢燃料电池车加氢站在上海化工区落成，加氢站占地约 8 000 m^2，氢气日供应能力约 2 t，具备 35 MPa 和 70 MPa 氢气的商业化加注能力，分为氢气加注、鱼雷车充装、燃料电池汽车维护保养和充电 4 个功能区。

2019 年 6 月 5 日 海南省发改委发布《"充电桩进小区"示范项目建设实施方案》。方案明确海南将在海口、三亚、儋州、琼海范围内，每个市县优选出不少于 10 个示范小区，其他市县（不含三沙市）结合实际情况自行确定示范小区数量，综合考虑小区建桩意愿调查结果，先行按照不低于 1 : 0.3的车位和充电桩比例目标建设充电基础设施。

2019 年 6 月 6 日 国家发展改革委、生态环境部、商务部联合发布《推动重点消费品更新升级 畅通资源循环利用实施方案（2019—2020 年）》。新能源汽车领域相关方面，方案明确大幅降低新能源汽车成本。加快新一代车用动力电池研发和产业化，提升电池能量密度和安全性，逐步实现电池平台化、标准化，降低电池成本。引导企业创新商业模式，推广新能源汽车电池租赁等车电分离消费方式，降低购车成本。优化产品准入管理，避免重复认证，降低企业运行成本。加快发展使用便利的新能源汽车。聚焦续驶里程短、充电时间长等问题，借鉴公共服务领域换电模式和应用经验，鼓励企业研制充换电结合、电池配置灵活、续驶里程长短兼顾的新能源汽车产品。推进高功率快充、无线充电、移动充换电等技术装备研发应用，提高新能源汽车充换电便利性。

2019 年 6 月 6 日 工业和信息化部公示《享受车船税减免优惠的节约能源 使用新能源汽车车型目录》（第九批）。本批公告新能源汽车共 444 款，包括插电式混合动力乘用车 18 款，纯电动商用车 405 款，插电式混合动力商用车 14 款，燃料电池商用车 7 款。

2019 年 6 月 10 日 财政部、交通运输部联合发布《车辆购置税收入补助地方资金管理暂行办法》的补充通知。通知明确为贯彻落实党中央、国务院关于支持深度贫困地区脱贫攻坚、国有林场林区改革等决策部署，适应交通运输行业发展需求，对《财政部交通运输部商务部关于印发〈车辆购置税收入补助地方资金管理暂行办法〉的通知》（财建〔2014〕654 号）、《财政部 交通运输部关于进一步明确车辆购置税收入补助地方资金补助标准及责任追究有关事项的通知》（财建〔2016〕879 号）中车辆购置税资金补助范围和标准进行调整。

2019 年 6 月 10 日 河南省人民政府办公厅发布《河南省加快新能源汽车推广应用若干政策》，政策主要从如下方面推广新能源汽车：各地新增出租车、公交车、市政环卫用车全部使用新能源汽车；新能源汽车实行停车优惠；新建公共停车场新能源汽车共享专用停车位占比不低于 20%；新建住宅停车位必须 100% 建设充电设施或预留建设；鼓励新能源共享汽车开展营运业务。

2019 年 6 月 10 日 上海嘉定区出台《氢燃料电池汽车产业集聚区规划》和《鼓励氢燃料电池汽车产业发展的有关意见（试行）》。嘉定将全力支持氢燃料电池汽车技术研发、示范应用和产业化率先突破，努力打造具有世界竞争力的"氢能港"。

2019 年 6 月 10 日 南京市交通运输局发布《南京市网络预约出租车汽车平台公司线下服务能力评价指南》。指南明确营运车辆选用纯电动车型，符合国家相关技术标准，且属于《新能源汽车推广应用推荐车型目录》车型。车辆轴距需达到 2 650 mm 以上，纯电动续航里程不低于 300 km。要求在南京市已取得网络预约出租汽车经营许可的平台公司应当按照《指南》完善线下服务能力，2019 年 12 月 31 日前达到要求。

2019 年 6 月 11 日 北京市经信局发布《关于 2019 年北京市拟拨付第四批新能源汽车财政补助资金的公示》。2019 年第四批拨付资金共涉及 7 家车企、748 辆新能源汽车，拟拨付资金 3 443.42 万元。

2019 年 6 月 12 日 江苏省工信厅、发改委、科技厅、公安厅等 8 部门联合印发《江苏省推进车联网（智能网联汽车）产业发展行动计划（2019—2021 年）》。计划明确到2021 年，新车驾驶辅助系统（L2）搭载率达到 30% 以上，联网车载信息服务终端的新车装配率达到 60% 以上。

2019 年 6 月 13 日 宁德市生态环境厅转发福建省生态环境厅、发展和改革委员会、工业和信息化厅、交通运输厅、公安厅、财政厅、商务厅、市场监督管理局 8 部门联合印发《福建省柴油货车污染治理攻坚战行动计划实施方案》。新能源汽车方面，方案明确优化运输车队结构，城市建成区新增和更新的公交、环卫、邮政、出租、通勤、轻型物流配送车辆优先使用新能源或清洁能源汽车。

2019 年 6 月 13 日 苏州天沃科技股份有限公司与中国能源工程集团有限公司的控股子公司中能源工程集团氢能科技有限公司签署《投资意向协议》，天沃科技将对中氢科技进行参股投资，投资中氢科技有利于提升天沃科技新能源及高端装备制造业务的竞争力。

2019 年 6 月 13 日 唐山市人民政府发布《关于实行机动车限行的通告》。通告明确 2019 年 6 月 14 日—10 月 31 日，唐山市实施机动车限行管理措施，但悬挂合法号牌的纯电动汽车、插电式混合动力汽车、燃料电池汽车不受措施限制，允许在禁止通行范围内道路行驶。

2019 年 6 月 14 日 工信部对《乘用车燃料消耗量评价方法及指标》等 1 项汽车行业强制性国家标准、2 项强制性国家标准修改单报批就行公示，其中《乘用车燃料消耗量评价方法及指标》标准规定乘用车车型燃料消耗量和企业平均燃料消耗量的评价方法及指标。标准适用于最大设计总质量不超过 3 500 kg 的所有 M1 类车辆，包括能够燃用汽油或柴油燃料的车辆、纯电动车辆、燃料电池车辆以及燃用气体燃料和醇醚类燃料的车辆。

2019 年 6 月 14 日 国家税务总局、交通运输部联合发布《关于城市公交企业购置公共汽电车辆免征车辆购置税有关事项的公告》。公告明确城市公交企业购置的公共汽电车辆免征车辆购置税时,公交企业名录、车辆认定表缺一不可。

2019 年 6 月 14 日 中共张家口市委办公室、张家口市人民政府办公室联合发布《关于印发〈省委省政府环境保护督察“回头看”及大气污染防治专项督察反馈意见整改落实方案〉的通知》。通知明确强化柴油货车污染防治,鼓励使用新能源车,严禁使用不达标车辆。提高机场、铁路货场作业车等方面新能源或清洁能源车的比例。

2019 年 6 月 17 日 工信部装备中心发布《关于开展新能源汽车安全隐患排查工作的通知》,通知明确为加强新能源汽车安全管理,促进新能源汽车产业健康可持续发展,保障社会公共安全和人民生命财产安全,要求各新能源汽车生产企业对本公司生产的新能源汽车开展安全隐患排查工作。

2019 年 6 月 18 日 工业和信息化部在官方网站公示申报第 321 批《道路机动车辆生产企业及产品公告》新产品,本批次共有 78 家车企的 286 个型号进行新产品申报。其中,纯电动产品共 74 家车企 256 个型号(含底盘产品 33 个);插电式混合动力产品共 12 家车企 19 个型号(含底盘产品 1 个);燃料电池产品共 8 家车企的 11 个型号(含底盘产品 3 个)。

2019 年 6 月 18 日 交通运输部公告第九批道路运输车辆达标车型。新能源汽车方面,本批次共有 17 家车企的19 个新能源车型列入,其中 16 个纯电动车型(含客车 11 个、专用车 5 个),2 个燃料电池车型(含客车 1 个、专用车 2 个)。

2019 年 6 月 18 日 成都市财政局、经信局、科技局、发改委、公安局交通管理局 5 部委联合发布《关于印发成都市新能源汽车市级补贴实施细则的通知》。补贴对象为在成都市新购置新能源汽车(二手车除外),且在成都市公安车辆管理部门注册登记的消费者(个人、单位用户)。机关事业单位、人民团体、国有及国有控股企业使用财政资金购买、租赁的新能源汽车不适用本细则;符合相关规定,纳入工信部“新能源汽车推广应用推荐车型目录”,且已享受中央财政补贴的新能源汽车,包括纯电动汽车、插电式混合动力(含增程式)汽车和燃料电池汽车。在中央财政补贴基础上,给予中央财政单车补贴额 50% 的市级配套补贴。

2019 年 6 月 18 日 东莞市发改局公开征求对《东莞市新能源汽车产业创新发展贴息资金操作细则(征求意见稿)》,征求意见明确新能源汽车必须是纳入中央财政补助范围的纯电动乘用车、插电式混合动力(含增程式)乘用车、纯电动客车、插电式混合动力(含增程式)客车,纯电动专用车及燃料电池汽车。对符合贴息要求的乘用车贴息标准为:应获国家购置补贴 × 销售当年银行贷款一年期基准利率 × 0.5。对符合贴息要求的商用车贴息标准为:应获国家购置补贴 × 销售当年银行贷款一年期基准利率 × 1;单个企业最高限额为1 亿元。

2019 年 6 月 18 日 东莞市发改局发布《关于梳理我市 2016 年新能源汽车推广应用车辆信息采集统计的通知》。通知明确采集对象为在本地注册的新能源汽车生产企业和新能源汽车销售机构;统计范围是 2016 年 1 月 1 日—2016 年12 月 31 日在东莞市辖区范围内销售上牌且结止当时没有提档过户出东莞市的,符合国家、省、市有关规定的新能源汽车。

2019 年 6 月 18 日 科技部发布《关于国家重点研发计划“可再生能源与氢能技术”等重点专项 2019 年度项目申报指南的通知》。通知中关于氢能技术重点专项有:车用燃料电池膜电极及批量制备技术;车用燃料电池空压机研发;车用燃料电池氢气再循环泵研发;70 MPa 车载高压储氢瓶技术;车载液体储供氢技术;燃料电池车用氢气纯化技术;加氢站用高安全固态储供氢技术;70 MPa 加氢站用加压加注关键设备;加氢关键部件安全性能测试技术及装备。针对每一个重点专项都有相应的考核指标。

2019 年 6 月 19 日 济南市公安局交通警察支队发布《关于解除多用途货车(皮卡车)和轻型、微型新能源载货汽车城市道路限行措施的通告》。明确从 6 月 19 日起,在济南市范围内解除多用途货车(皮卡车)和悬挂新能源机动车号牌的轻型、微型载货汽车的城市道路限行措施。

2019 年 6 月 24 日 工业和信息化部办公厅发布《关于印发 2019 年第一批行业标准制修订和外文版项目计划的通知》。其中,拟制修订车联网(智能网联汽车)标准项目 22 个。

2019 年 6 月 24 日 工业和信息化部发布《中华人民共和国工业和信息化部公告(2019 年第 22 号)》。公告自 2019 年6 月 21 日起废止《汽车动力蓄电池行业规范条件》(工业和信息化部公告 2015 年第 22 号),第一、第二、第三、第四批符合规范条件企业目录同时废止。

2019 年 6 月 25 日 北京市生态环境局发布《2019 年度第十批 符合环保排放标准车型目录的公告》。其中发布的“2019 年度第十批电动车”目录中共计列入 52 款纯电动汽车,含乘用车 8 款、客车 18 款、专用车 26 款。

2019 年 6 月 25 日 成都市经济和信息化局、成都市财政局、成都市科学技术局、成都市发展和改革委员会、成都市公安局交通管理局 5 部门联合发布关于落实财政部等 4 部委〈关于进一步完善新能源汽车推广应用财政补贴政策的通知〉的通知,明确从 2019 年 6 月 26 日起,成都市不再对新能源汽车(新能源公交车和燃料电池汽车除外)给予地方购置补贴。

2019 年 6 月 25 日 工信部装备中心发布《关于调整配置信息管理系统生产企业代码管理要求的通知》,明确自 2019 年7 月 1 日起,生产企业代码分配工作由企业所属税务机关调整至工业和信息化部装备工业发展中心,对于配置信息管理系统中新增生产企业及生产企业名称发生变更两种情形,可由企业通过车辆配置信息管理系统进行在线办理。车辆生产企业名称发生变更的,已分配的生产企业代码不变。

2019 年 6 月 25 日 北京市经信局发布《关于 2019 年北京市拟拨付第五批新能源汽车财政补助资金的公示》。2019 年第五批拨付资金共涉及 10 家车企、1 438 辆新能源汽车,拟拨付资金 6 393.66 万元。

2019 年 6 月 26 日 北京市科学技术委员会、北京市经济和信息化局、北京市财政局、北京市城市管理委员会、北京市交通委员会 5 部门联合发布关于调整《北京市推广应用新能源汽车管理办法》相关内容的通知。通知明确:自6月26日起,取消对纯电动汽车的市级财政补助。燃料电池汽车按照中央与地方1:0.5比例安排市级财政补助。有效期至2020年12月31日。

2019年6月26日 中国铁塔股份有限公司全资子公司——铁塔能源有限公司,在京正式揭牌成立,铁塔能源有限公司主要依托中国铁塔动力电池的备电使用经验、规模采购优势、专业化维护能力和可视、可管、可控的智能监控系统,以高能效动力电池为载体,主要面向金融、交通、医疗、低速电动车客户群体及一般工商业用户提供备电、发电、充电、换电、储能等电力保障和能源服务。

2019年6月26日 重庆市经济和信息化委员会发布《重庆市新能源汽车推广应用有关备案管理办法(暂行)》。对于备案条件,通知明确新能源汽车生产企业在重庆市具备较完善的售后服务、应急保障体系,并接入重庆市地方新能源汽车监测平台。新能源汽车产品纳入国家《道路机动车辆生产企业及产品公告》《新能源汽车推广应用推荐车型目录》,符合国家及本市新能源汽车产品安全要求,近3年在全国范围内未发生过燃烧、起火、爆炸等安全事故。

2019年6月28日 财政部、税务总局联合发布《关于继续执行的车辆购置税优惠政策的公告》。公告明确自2018年1月1日—2020年12月31日 对购置新能源汽车免征车辆购置税。

2019年6月29日 海南省公安厅发布《关于2019—2020年全面放开新能源小客车指标申请资格条件和数量的通告》。通告明确2019年7月1日—2020年12月31日,海南省全面放开新能源小客车增量指标申请资格条件及数量。单位和个人申请新能源小客车增量指标资格条件及数量不受《海南省小客车保有量调控管理办法(试行)》限制,可按需申请新能源小客车增量指标。

2019年6月30日 国家发展和改革委员会、商务部联合发布《鼓励外商投资产业目录(2019年版)》,新能源汽车领域制造业方面,有多项列入目录,明确表示鼓励新能源汽车关键零部件外商来华投资、核心三电、电池电机电控方面均有涉及。

7月

2019年7月1日 国家能源局、国家发改委、科技部、工信部联合发布《贯彻落实〈关于促进储能技术与产业发展的指导意见〉2019—2020年行动计划》。新能源汽车方面,计划明确推进新能源汽车动力电池储能化应用。开展充电设施与电网互动研究。组织充电基础设施促进联盟等相关方面开展充电设施与电网互动等课题研究,2020年,研究开展试点示范等相关工作。完善储能相关基础设施。持续推进停车充电一体化建设,促进能源交通融合发展,为新能源汽车动力电池储能化应用奠定基础。

2019年7月1日 国家税务总局、工业和信息化部联合发布《关于加强车辆配置序列号管理有关事项的公告》。公告明确自2019年7月1日起,企业不再向税务机关报送车辆价格信息,保留车辆配置序列号管理机制。自2020年1月1日起,车辆配置信息管理系统依据企业填写的车辆信息,按照新编码规则自动编制车辆配置序列号。

2019年7月1日 北京市自动驾驶测试管理联席小组发布首批T4级别自动驾驶测试牌照,总计5张,全部被百度收入囊中

2019年7月2日 石家庄市人民政府发布《石家庄市2019年大气污染综合治理工作方案》。新能源汽车方面,方案明确积极推广新能源汽车。加快推进城市建成区公交、环卫、邮政、出租、通勤、轻型物流配送车辆采用新能源或国Ⅵ排放标准的燃气车辆。2019年全市推广应用新能源汽车不低于4 000辆(标准车),全市公务用车领域新增或更换车辆积极推广使用新能源汽车;全市更新或新增的公交车中,新能源公交车比例不低于80%;全市累计建成充电站53座,充电桩1 760个。

2019年7月2日 工业和信息化部、商务部、海关总署、市场监管总局公告联合发布2018年度中国乘用车企业平均燃料消耗量与新能源汽车积分情况。2018年度中国境内141家乘用车企业共生产/进口乘用车2 313.91万辆(含新能源乘用车),行业平均整车整备质量为1 456 kg,平均燃料消耗量实际值为5.80 L/100 km,燃料消耗量正积分为992.99万分,燃料消耗量负积分为295.13万分,新能源汽车正积分为403.53万分。

2019年7月2日 工信部装备中心发布《关于开展2018年度乘用车企业"双积分"交易与负积分抵偿工作的通知》。通知明确即日起至8月31日 企业可通过乘用车企业平均燃料消耗量与新能源汽车积分管理平台开展平均燃料消耗量积分转/受让、新能源汽车积分交易、提交平均燃料消耗量负积分抵偿报告等工作。

2019年7月2日 天津市发改委发布《关于对2018年天津市新能源汽车充电基础设施补贴核查情况公示的通知》。天津市共有26家企业的2 031个普通公用充电桩(含快充桩1 376个、慢充桩655个);2家企业的219个小区公共桩试点(慢充桩)列入2018年新能源汽车充电基础设施补贴范围。

2019年7月2日 海南省公安厅发布《关于2019—2020年全面放开新能源小客车指标申请资格条件和数量的通告》。通告明确2019年7月1日—2020年12月31日 海南省全面放开新能源小客车增量指标申请资格条件及数量。单位和个人申请新能源小客车增量指标资格条件和数量不受《海南省小客车保有量调控管理办法(试行)》限制,按需申请新能源小客车增量指标。

2019年7月2日 长沙市工信局发布《关于申报新能源汽车充(换)电设施建设奖励资金(第六批)的通知》。申报条件明确必须是《关于2018年第一批充电基础设施项目联合验收结果的通报》(长发改能源〔2018〕120号)、《关于2018年第二批充电基础设施项目联合验收结果的通报》(长发改能源〔2018〕306号)中验收合格的充(换)电设施。并且未获得过省、市新能源汽车充电设施奖励资金。

2019年7月4日 深圳市工信局发布《深圳市推进新能源工程车产业发展行动计划(2019—2021年)》。通知明确统筹现有相关专项资金,大力推动新能源工程车核心技术攻关、创新平台建设及产业化应用。按照国家和深圳市补贴政

策对社会主体采购新能源工程车给予财政资金补贴，积极推动新能源工程车普及应用。支持扩大直接融资比重，支持符合条件的新能源工程车企业在境内外各层次资本市场开展股权融资。

2019 年 7 月 4 日　格林美股份有限公司投资 30 亿元用于绿色拆解循环再造车用动力电池包项目；3 万 t/年三元动力电池材料前驱体生产项目；动力电池三元正极材料项目（年产 5 万 t 动力三元材料前驱体原料、2 万 t 三元正极材料）。

2019 年 7 月 5 日　广西壮族自治区工业和信息化厅、财政厅、发改委联合发布《关于组织申报新能源汽车充电基础设施补贴资金的通知》。通知明确申请补贴的充电设施为 2016 年 1 月 1 日—2016 年 12 月 31 日在行政区域范围内建成的公共充电设施。对充电设施综合投资成本和充电桩功率进行一次性补贴。直流充电桩、交直流一体化充电桩、无线充电设施，按照 600 元/kW 的标准补贴；交流充电桩按照 300 元/kW 的标准补贴。

2019 年 7 月 6 日　广州市中小客车指标调控管理办公室发布《关于 2019 年 7 月份广州市中小客车增量指标配置数量的通告》。通告明确：广州市 2019 年 7 月拟配置中小客车增量指标共 17 833 个。

2019 年 7 月 6 日　西藏拉萨正式投放 80 辆新能源公交车，均为 12 m 插电式混合动力公交车，具有智能藏汉语音报站、智能调度、行车监控、驾驶员违规监控、自动报警等功能。

2019 年 7 月 8 日　海南省商务厅发布《海南省新设立企业和机构小客车指标申请办法（试行）》，办法中提到的小客车包括新能源小客车和普通小客车。以申请单位的实收资本作为取得小客车指标的核定标准：实收资本达到 1 000 万元以上的，享有 1 个小客车指标的申领资格；每增加 1 000 万元，享有增加 1 个小客车指标的申领资格，申领的指标总额度不超过 5 个。

2019 年 7 月 8 日　北京市经济和信息化局、天津市工业和信息化局、河北省工业和信息化厅联合发布《关于公布京津冀地区新能源汽车动力电池回收利用试点示范项目名单的通知》。共 18 个项目入选，申报单位主要来自车企、能源类企业以及环保科技类 24 家企业，包括北汽鹏龙、长城汽车、中国铁塔、蜂巢能源、匠心电池、海博思创等，项目涵盖动力电池回收体系建设、梯次利用和再生利用各环节。

2019 年 7 月 8 日　交通部综合规划司发布《关于交通运输行业重点节能低碳技术推广目录（2019 年度）的公示》。道路运输领域有如下两项技术进入推广目录：纯电动汽车退役动力电池建设储能电站中主动均衡系统应用技术；氢燃料电池公交车应用技术。

2019 年 7 月 9 日　工业和信息化部、国家税务总局联合公告《享受车船税减免优惠的节约能源　使用新能源汽车车型目录（第九批）》。本批次目录共有 75 家企业、69 个品牌、446 个新能源车型。其中，插电式混合动力产品列入 32 个（含乘用车 18 个、客车 11 个、专用车 3 个）；纯电动产品列入 405 个（含客车 257 个、专用车 148 个）；燃料电池产品列入 9 个（含客车 8 个、专用车 1 个）。

2019 年 7 月 9 日　工信部公示拟撤销《免征车辆购置税的新能源汽车车型目录》名单，第十七批、第十八批目录分别于 2018 年 4 月和 2018 年 6 月发布后，共有 327 款车型在 12 个月内无产量或进口量，拟从目录撤销。

2019 年 7 月 9 日　工信部发布《乘用车企业平均燃料消耗量与新能源汽车积分并行管理办法》修正案（征求意见稿）。新的双积分管理办法征求意见稿主要调整方向有：测试工况不再采用 NEDC；纳入醇醚乘用车；调整了 NEV 积分比例及相关技术要求，鼓励车型综合性能技术进步，尤其是整车电耗；鼓励传统燃油车节能技术进步。

2019 年 7 月 9 日　北京市生态环境局发布《2019 年度第十一批　符合环保排放标准车型目录的公告》。其中发布的“2019 年度第十一批电动车”目录中共列入 100 个新能源车型，其中 99 个纯电动车型（含乘用车 36 个、客车 33 个、专用车 30 个）；燃料电池客车 1 个。

2019 年 7 月 10 日　2020 款小鹏 G3 正式上市，新车分为 G3 520、G3 400 两个型号，NEDC 综合续航里程分别401 km和 520 km，共提供 6 款配置级别的车型。

2019 年 7 月 10 日　广州市工信局发布《广州市推进汽车产业加快转型升级的工作意见（征求意见稿）》。意见稿明确新能源汽车力争到 2020 年，开发出具有自主核心技术的氢燃料电池乘用车，新能源汽车产能占全市汽车产能 20% 以上，进入全国前五；到 2025 年，实现氢燃料电池汽车初步商业化运营，新能源汽车年产能占全市产能 30% 以上，进入全国前三。

2019 年 7 月 11 日　广州市交通运输局发布《广州市 2019 年出租汽车运力指标投放招标公告》。公告明确为做好出租汽车行业纯电动化推广工作，拟采取招标方式，对提前更新纯电动出租汽车的企业计划共发放 3 751 个运力指标，主要用于鼓励目前合法正在运营的非纯电动出租汽车更新为纯电动出租汽车。

2019 年 7 月 12 日　郑州市人民政府发布《关于印发郑州市推进运输结构调整工作实施方案的通知》。通知明确到 2021 年，郑州市建成区物流配送车、邮政快递车辆全部实现纯电动化，探索“航空 + 高铁”联运模式，2021 年建成机场北货运区工程。

2019 年 7 月 12 日　中共黑龙江省委办公厅黑龙江省人民政府办公厅发布《黑龙江发布党政机关公务用车管理办法》。办法明确党政机关应当配备使用国产汽车，带头使用新能源汽车。购置和报废更新的机要通信用车应当全部配备新能源汽车。要根据充电等配套设施建设情况，按照规定逐步提高新能源汽车配备比例。

2019 年 7 月 12 日　重庆市能源局、重庆市财政局联合发布《关于 2019 年申报充电基础设施建设补贴有关事项的通知》。通知明确符合《重庆市电动汽车充电基础设施建设运营管理办法》的充电运营企业可以申报 2019 年度充电基础设施建设补贴。申请补贴标准为：全市范围内公交车、出租车、网约车、分时租赁车、物流车、环卫车专用直流充电基础设施以及高速公路服务区公用直流充电基础设施，给予 400 元/kW建设补贴。其他为社会车辆服务的公用充电基础设施，以及在党政机关、企事业单位、社会团体、园区等内部停车位建设，为公务车辆、员工车辆等提供服务的专用充电基础设施(高速公路服务区充电桩数量不少于4个,其他充电桩数量不少于6个),给予直流300元/kW、交流100元/kW建设补贴。

2019年7月15日 三亚市发改委、市交通运输局、市综合行政执法局3部门联合发布《关于加强停车场内充电基础设施建设和管理的实施意见》。意见明确新建专用停车场、公共停车场,原则建设充电基础设施的车位比例不低于20%。每个公共停车场必须至少配建一个只供充电使用的电动汽车专用应急充电车位,电动汽车专用应急充电车位只允许电动汽车充电使用。鼓励充电基础设施产权单位(运营企业)运用现代科技化手段对充电车位进行管理。实施差异化停车收费政策。

2019年7月15日 上海市经信委发布《上海市智能制造行动计划(2019—2021年)》,在重点行业智能制造推广行动中,通告明确推进汽车行业智能制造深度应用。发挥汽车行业产业链长,带动效应明显的优势,以整车智能制造为牵引,带动动力电池、驱动电机和控制器等核心零部件企业同步提升智能制造能级,使上海市汽车产业成为智能化转型升级的标杆行业。

2019年7月15日 上海捷氢科技有限公司搭载于依维柯欧胜的燃料电池系统PROME P240和储氢系统HSS 35成功试装下线。

2019年7月15日 雄安新区管委会发布《关于划定雄安新区移动源污染物低排放控制区的通告》。通告明确为优化能源消费结构,自通告发布之日起,新区范围内新购置非道路移动机械和重型运输车辆,如有新能源车型,必须购置新能源车型。2020年1月1日起,新区范围内建设工程使用(含新区范围外的物料运输)的重型柴油车不得低于国Ⅴ排放标准,且满足《柴油车污染物排放限值及测量方法(自由加速法及加载减速法)》中排放限值要求。2020年年底前,新区范围内运营的公共汽车、环卫、通勤、轻型物流配送等车辆,应全部实现新能源化。

2019年7月15日 江淮汽车纯电动皮卡批量交付四川国网电动车公司,此次交付的帅铃i3-T330纯电动皮卡为江淮汽车5年三代研发的新能源车型,搭载国轩105 Ah LFP电池,电量67.2 kWh,峰值功率可达110 kW。

2019年7月18日 成都市氢能暨新能源汽车产业推进工作领导小组办公室发布《成都市智能网联汽车产业发展实施方案(2019—2021)》。方案明确成都市智能网联汽车产业三年发展目标。

2019年7月18日 福建雪人股份有限公司为金龙、金旅等整车企业配套氢燃料电池发动机,向宇通客车、东风汽车等21家企业提供能匹配于氢燃料汽车的核心部件空气压缩机。

2019年7月22日 北汽新能源汽车试验中心在北汽蓝谷正式落成启用,新能源汽车试验中心具备电池、电机、电控、智能网联、轻量化、整车应用六大领域的试验能力。

2019年7月22日 南昌首批新能源纯电动出租车正式投运,此次投放的新能源纯电动出租车车型选用北京现代新伊兰特EV,电池容量为37.5 kWh,综合工况下续航里程为260~280 km,快充电量从30%~80%电量需0.5 h。

2019年7月22日 成都市人民政府办公厅发布《成都市加快重点项目建设开展基础设施等重点领域补短板三年行动实施方案》。在重点任务"大力推广清洁能源,构建低碳城市发展路径"中,方案提道:加快在郫都区、龙泉驿区等氢燃料电池汽车示范运营区域配套建设加氢站,探索建设加氢、加油(加气)、充电综合能源站。

2019年7月23日 康迪电动汽车江苏有限公司获得工信部正式准入的新建纯电动乘用车生产资质。

2019年7月23日 北京汽车集团有限公司投资戴姆勒股份公司,持有戴姆勒股份公司5%股份,双方将进一步加强长期战略合作。

2019年7月23日 洛阳市发改委发布《关于明确新能源汽车停车费优惠政策的通知》,通知明确新能源汽车停车费在所在区域收费标准基础上减半,每日20时至次日8时在市政道路的路内停车位停放免收停车费,新能源共享汽车在共享停车位停放免收停车费。

2019年7月23日 福建省发改委发布《关于降低电动汽车充电服务收费标准等相关政策的通知》。通知明确降低电动汽车充电服务收费标准。电动汽车充电服务收费实行政府指导价管理;经营性集中式充电设施充电服务收费上限标准:电动乘用车由1元/kWh(不含电费)降为0.9元/kWh(不含电费),电动公交车由0.8元/kWh(不含电费)降为0.75元/kWh(不含电费)。

2019年7月25日 交通运输部发布《数字交通发展规划纲要》。在构建数字化的采集体系中,规划提到:推动自动驾驶与车路协同技术研发,开展专用测试场地建设,鼓励物流园区、港口、铁路和机场货运站广泛应用物联网、自动驾驶等技术。在构建智能化的应用体系中,规划提到:推动"互联网+"便捷交通发展,鼓励和规范发展定制公交、智能停车、智能公交、汽车维修、网络预约出租车、互联网租赁自行车、小微型客车分时租赁等城市出行服务新业态。

2019年7月26日 交通运输部发布《交通运输行业重点节能低碳技术推广目录(2019年度)》,新能源汽车领域相关方面,有两项技术列入目录:青岛交运集团申报的纯电动汽车退役动力电池建设储能电站中主动均衡系统应用技术,郑州市公共交通总公司申报的氢燃料电池公交车应用技术。

2019年7月26日 恒大新能源科技集团有限公司斥资1.78亿元收购上海卡耐新能源有限公司9.589%股权。此前,2019年1月24日恒大健康斥资10.6亿元收购科陆电子所持的上海卡耐新能源有限公司58.07%股权。

2019年7月30日 财政部、工信部、科技部、发改委联合发布《关于开展2018年及以前年度新能源汽车推广应用补助资金清算的通知》。通知明确对2016—2018年度销售上牌、此前未获得中央财政补助的车辆,将开展报补助资金清算;对2016年度已按正常补助标准50%清算的终端用户闲置车辆,此次不申报或未通过审核将扣回已拨付资金,对2015年度及以前车辆此次未申报或不符合相关要求未通过审核的,以后年度不再予以集中清算。

8月

2019年8月1日 由国家新能源汽车技术创新中心协

同研发的新能源自动驾驶乘用车在北京新首钢高端产业发展综合服务区测试运行。

2019 年 8 月 1 日 深圳市公安局交通警察局发布关于继续施行《新能源纯电动物流车电子备案规程》的通告，通告明确为鼓励新能源纯电动物流车的发展使用，做好新能源纯电动物流车电子备案工作，将继续施行《新能源纯电动物流车电子备案规程》，新能源纯电动物流车电子备案采取自愿的原则。规程自 2019 年 8 月 16 日—2020 年2 月 15 日施行。

2019 年 8 月 1 日 海南省发改委发布《关于完善新能源汽车车辆停放服务收费优惠政策的指导意见》。指导意见明确合理制定新能源汽车停放服务收费优惠政策，各市县要结合实际，按照不同区域、不同位置、不同车型、不同时段，实行新能源汽车停车服务收费应当低于非新能源汽车的差别收费优惠政策，制定新能源汽车停车服务收费标准。

2019 年 8 月 2 日 海市发改委发布《关于下达本市 2019 年节能减排专项资金安排计划（第三批）的通知》，其中安排经审核通过的 2016 年度第三批（补充）、第四批，共 2 674 辆新能源汽车购车补贴资金 17 138. 8 万元。

2019 年 8 月 2 日 成都市经信局正式发布《成都市氢能产业发展规划（2019—2023 年）》。规划明确以燃料电池汽车、动车、有轨电车、无人机等为牵引，大力发展氢能、燃料电池关键零部件及系统集成，有序发展氢源供给设备，带动氢能产业成链发展、集群发展。

2019 年 8 月 1 日 山东省人民政府发布《关于大力拓展消费市场加快塑造内需驱动型经济新优势的意见》，其中在巩固提升汽车传统消费中，意见明确加快建设智能网联汽车与智慧交通应用示范区，清理规范低速电动车，促进汽车消费升级。落实好新能源汽车免征车辆购置税、购置补贴等财税优惠政策，引导支持在新建和老旧小区建设充电基础设施，鼓励有条件的市开展燃料电池汽车示范运行，配套建设加氢站。

2019 年 8 月 5 日 重庆市发展和改革委员会发布《重庆市汽车产业投资项目备案服务指南》。指南明确汽车产业投资项目分为汽车整车投资项目和其他投资项目。汽车整车投资项目按照驱动动力系统分为燃油汽车和纯电动汽车投资项目，包括乘用车和商用车两个产品类别。其他投资项目包括汽车发动机、动力电池、燃料电池和车身总成等汽车零部件，专用汽车、挂车，以及动力电池回收利用、汽车零部件再制造投资项目。

2019 年 8 月 5 日 北京市交通委、北京市公安交管局、北京市商务局、北京市生态环境局等市级单位组织成立专项小组召开“北京市新能源物流配送车辆优先通行政策宣贯会”，工作目标自 2019 年四季度起，结合季度证件换发，压减汽柴油车通行证数量，调增纯电动货车通行证数量，逐步提高4. 5 t以下持证车辆中纯电动货车的比例。2019 年四季度 25%，2020 年一季度达到 50%，二季度达到 65%，三季度达到 80%，四季度力争达到 90%。

2019 年 8 月 6 日 国机智骏汽车有限公司首款量产 SUV-GX5 在江西赣州整车智造基地正式下线，该车定位于一款纯电动小型 SUV，搭载电池容量为 46. 4 kWh 的电池组，NEDC 综合续航里程为 338 km。

2019 年 8 月 6 日 江苏省新能源汽车产业发展领导小组发布《关于促进新能源汽车产业高质量发展的意见》。意见明确进一步扩大产业规模，到 2021 年，新能源汽车产量超过 30 万辆，形成 1 ~2 家年产量超过 10 万辆的新能源汽车生产企业；到 2025 年，新能源汽车产量超过 100 万辆，形成 2 ~ 3 家年产销量超过 30 万辆的新能源汽车生产企业，在新能源汽车关键零部件领域，培育一批国内外知名企业。

2019 年 8 月 6 日 四川省人民政府办公厅发布《四川省人民政府关于加快推进数字经济发展的指导意见》。其中在加快发展数字经济核心产业中，打造人工智能深度应用场景，推进中德智能网联汽车等区域示范；在加快产业数字化转型中，在汽车制造等重点领域，建设 1 000 家以上智能工厂/数字化车间，培育 100 家以上“互联网 + 协同制造”示范企业。

2019 年 8 月 6 日 长沙市公安局交通警察大队发布《关于对新能源纯电动载货汽车放宽通行交通措施的通告》。通告明确 2019 年 8 月 8 日零时起，长沙市交警将对新能源纯电动载货汽车采取放宽通行交通措施。

2019 年 8 月 6 日 东营市人民政府办公室发布《东营市打好柴油货车污染治理攻坚战作战方案》。新能源汽车方面，方案明确推广使用新能源和清洁能源汽车。推进城市建成区新增和更新的公交、环卫、邮政、出租、通勤、轻型物流配送车辆采用新能源或清洁能源汽车，使用比例达到 80%。全市港口、机场、铁路货场等新增或更换作业车辆主要采用新能源或清洁能源汽车。加快充电站及加气站建设。在物流集散地建设集中式充电桩和快速充电桩，2019 年新建充电站 15 座、充电桩 100 台。优化承担物流配送的城市新能源车辆的通行便利政策，改善通行条件。

2019 年 8 月 6 日 国家发改委、河北省人民政府发布关于印发《张家口首都水源涵养功能区和生态环境支撑区建设规划（2019—2035 年）》的通知。通知明确发展氢能产业。推动张家口加快建设氢能示范区，加速构建政策、产业、服务三大氢能生态体系。实施零碳制氢基地、基础设施网络保障、装备产业生态培育、关键核心技术攻坚、创新体系赋能提升、氢能城市创建、城市名片宣传推广等工程，试点推广氢燃料电池汽车，配套建设加氢站，打造国内一流的氢能产业生态园、氢能产业创新研发平台、氢燃料电池汽车及氢能研究院、氢能公共检测服务平台。

2019 年 8 月 8 日 交通运输部安委会发布《关于开展安全生产风险防控和隐患排查治理百日行动的通知》。通知明确重点检查城市公共汽电车驾驶区域安装防护隔离设施、驾驶员安全意识和技能教育培训情况，百日行动结束后，新增车辆防护隔离设施安装率达到 100%，驾驶员安全文明驾驶教育培训率达到 100%。

2019 年 8 月 8 日 天津市发改委发布《天津市物流业空间布局规划（2019—2035 年）》，在加强智能化绿色化转型发展中，规划提到推广节油技术和绿色节能运输设备，鼓励配送企业使用新能源汽车、经济型节油车、轻量化起重搬运设备。

2019 年 8 月 12 日 工信部装备中心发布《关于执行

GB7258—2017〈机动车运行安全技术条件〉第1号修改单的通知》。通知明确自2019年8月1日起，企业申报车厢可卸式汽车新产品时，应在选装照片中提供车辆装载封闭式专用货厢的右侧45°照片；在其他栏注明“该车仅运输封闭式专用货厢”；在佐证材料中提供车辆实现专用货厢交换的专用装置的说明材料及厢体装卸作业时照片。

2019年8月12日 河北省发改委、工信厅、科技厅、财政厅、自然资源厅、生态环境厅、住建厅、交通运输厅、应急管理厅、市场监督管理局10部门联合发布《河北省推进氢能产业发展实施意见》。意见明确围绕制氢、储运加、燃料电池、应用示范和产业集聚发展、创新体系建设、标准体系建设等7个方面做好相关工作，推动氢能产业高质量发展。到2022年，全省建成20座加氢站，燃料电池公交车、物流车等示范运行规模达到2 500辆，重载汽车实现一定规模示范；燃料电池实现在大型应急电源、通信基站、分布式热电联供等领域的试点示范；开展氢气混入天然气管网、H-CNG加气站等民生用气、调峰用气的应用示范。到2025年，累计建成50座加氢站，燃料电池汽车规模达到1万辆，乘用车实现规模示范；扩大氢能在电力、热力领域的推广应用。到2030年，至少建成100座加氢站，燃料电池汽车运行超过5万辆，其中乘用车不少于3万辆。

2019年8月14日 工信部公示《绿色数据中心先进适用技术产品目录(2019年版)》，新能源汽车领域，由赣州市豪鹏科技有限公司提交的废旧电池无害化处理技术列入公示目录，此技术以废旧二次电池为主要原料，采用高温焙烧、物理分选、湿法冶金等联合工艺，回收废旧二次电池中的有价元素。预计2020年需要回收的电池量达到136亿元，2023年将超过300亿元。现已建成年回收8 000 t废旧电池回收基地，拥有江西省首个废旧电池回收工程示范中心，包含动力电池拆解示范线及废旧电池电子产品回收示范线。

2019年8月14日 三河市新能源汽车发展和推广应用工作领导小组办公室发布《三河市2018年度新能源汽车补贴申领公告》。公告明确对于2018年购置登记的、未申领过本项补贴的新能源汽车补贴范围：在工信部2018年《新能源汽车推广应用推荐车型目录》(共13批)内的，在对应标准范围内补贴；虽未在2018年《目录》内，但购置于2018年6月11日前、符合2017年技术条件要求的，在对应标准的70%范围内补贴。每车补贴额度不超过中央财政单车补贴额的50%。

2019年8月14日 云南昭通市人民政府办公室印发《昭通市柴油货车污染治理实施方案》，方案明确对提前淘汰并购买新能源货车的，享受中央财政现行购置补贴政策。加快环保能源基础设施建设。各县(市、区)要加快充电站及加气站建设，集中规划建设专用充电站和快速充电桩。各地根据实际建设加氢示范站。各县(市、区)要加快推进城市建成区新增和更新的公交、环卫、邮政、出租、通勤、轻型物流配送车辆采用新能源车辆和达到国Ⅵ排放标准清洁能源车辆。

2019年8月14日 国家发改委公告《铅蓄电池回收利用管理暂行办法(征求意见稿)》，征求意见稿里所指铅蓄电池，包括作为启动电池、动力电池、工业电池等用途的各类铅蓄电池。废旧铅蓄电池的回收网点、中转贮存库、集中贮存库需按不同类型向省级循环经济综合管理部门和生态环境保护部门进行备案。未备案的，不得开展废旧铅蓄电池收集、暂存、贮存、运输等业务。

2019年8月16日 交通运输部公告第十一批道路运输车辆达标车型，新能源汽车方面，本批次共有10家车企的21个新能源车型列入，其中20个纯电动车型(含客车18个、专用车5个)，1个燃料电池专用车。

2019年8月16日 上海济平新能源科技有限公司首次打破氢燃料电池关键核心材料催化剂和气体扩散层的国际垄断，一条催化剂生产线和一条气体扩散层生产线正式投产。

2019年8月20日 北京市生态环境局发布《2019年度第十三批 符合环保排放标准车型目录的公告》，其中发布的“2019年度第十三批电动车”目录中共列入64个纯电动车型(含乘用车28个、客车11个、专用车25个)。

2019年8月21日 襄阳市人民政府发布《关于在市区道路实行货车禁限行管理的通告》。通告明确将在不同的路段和区域对不同类型的货车实施限行，禁止、限制货车通行区域和路段，特种车辆、新能源汽车及轻型厢式货车、轻型封闭货车、皮卡货车除外。

2019年8月23日 潍柴氢燃料电池公交车在潍坊批量投放运营，此次投运的氢燃料电池公交车是潍柴联合中通客车开发的全新一代氢燃料电池公交车，车辆搭载了潍柴燃料电池发动机动力系统，通过了高低温、可靠性和耐久性验证，最大续航里程350 km以上。

2019年8月23日 上海临港智能网联汽车综合测试示范区一期建成并试运行，包括26.1 km开放测试道路、3 km^{2}封闭测试区及数据中心，实现了区域内4G、5G网络全覆盖，初步构建了车路协同智能交通系统环境。

2019年8月26日 深圳市发改委发布《深圳市2019—2020年新能源汽车推广应用财政补贴实施细则(征求意见稿)》，规范新能源汽车推广应用财政专项资金管理。征求意见稿明确新能源汽车(燃料电池汽车除外)购置财政补贴标准按以下3种情况执行：(1)2019年1月1日—2019年3月25日上牌的新能源汽车，按照《财政部 工业和信息化部 科技部 发展改革委关于调整完善新能源汽车推广应用财政补贴政策的通知》(财建〔2018〕18号)相关规定补贴标准的50%执行；(2)2019年3月26日—2019年6月25日上牌的新能源汽车，若符合2018年技术指标要求但不符合2019年技术指标要求，按照财建〔2018〕18号文件中对应标准0.1倍的50%给予补贴；(3)2019年6月26日—2020年12月31日上牌的新能源汽车则细分为多种情况，其中2019年6月26日—2019年8月7日上牌的新能源汽车，仅对市交通运输局批准新增或更新的纯电动公交车给予购置补贴。

2019年8月27日 国务院办公厅发布《关于加快发展流通促进商业消费的意见》。汽车领域，意见提到释放汽车消费潜力。实施汽车限购的地区要结合实际情况，探索推行逐步放宽或取消限购的具体措施。有条件的地方对购置新能源汽车给予积极支持。

2019年8月27日 广州市新能源汽车发展工作领导小

组办公室发布《关于我市2019、2020年新能源汽车购置地方财政补贴标准的通知》。通知明确2019年6月25日之后：燃料电池汽车按照不超过国家补贴1∶1的比例补贴，纯电动公交车按照不超过国家补贴1∶0.5的比例补贴，且国家补贴和地方补贴资金总额最高不超过车辆销售价格（国家补贴+地方补贴+消费者支付金额）的60%，其他类型车辆不再给予地方补贴。

2019年8月28日 浙江省发展改革委、省经信厅、省科技厅联合印发《浙江省加快培育氢能产业发展的指导意见》。意见明确到2022年，浙江省氢燃料电池整车产能达到1 000辆，氢燃料发动机产量超过1万台，氢能产业总产值超过100亿元。推广应用方面，氢燃料电池在公交、物流、船舶、储能、用户侧热电联供等领域推广应用形成一定规模，累计推广氢燃料电池汽车1 000辆以上。加氢设施方面，在现有加油（气）站以及规划建设的综合供能服务站内布局建设加氢站，力争建成加氢站30座以上，试点区域氢气供应网络初步建成。到2025年，浙江基本形成完备的氢能装备和核心零部件产业体系；加氢设施网络较为完善，氢能在汽车、船舶、分布式能源等应用领域量化推广，成为国内氢能产业高地。

2019年8月30日 工业和信息化部、国家税务总局联合公告《享受车船税减免优惠的节约能源 使用新能源汽车车型目录（第十批）》。本批次目录共有63家企业、56个品牌、298个新能源车型列入，其中插电式混合动力产品24个；纯电动产品262个；燃料电池产品12个。

2019年8月29日 北汽福田汽车股份有限公司向江西昌河汽车责任有限公司采购城市末端配送电动物流车，采购金额为11 950万元。

2019年8月29日 江苏省工信厅、省发改委、省科技厅发布《关于印发江苏省氢燃料电池汽车产业发展行动规划的通知》。通知明确到2021年，全省氢能产业水平处于全国领先，氢能产业主营收入达500亿元，电堆产能达50万kW以上；到2025年，将基本建立完整的氢燃料电池汽车产业体系，力争全省整车产量突破1万辆，建设加氢站50座以上，基本形成布局合理的加氢网络，产业整体技术水平与国际同步，成为我国氢燃料电池汽车发展的重要创新策源地地。

2019年8月29日 深兰科技（上海）有限公司的熊猫智能公交车获得上海首张自动驾驶客车牌照，这也是上海市首次进行V2X网联测试并通过的智能网联客车车辆。

9月

2019年9月4日 北京市生态环境局发布《2019年度第十四批 符合环保排放标准车型目录的公告》。发布的“2019年度第十四批电动车”目录中共列入84个新能源车型，其中纯电动车型83个（含乘用车34个、客车13个、专用车36个）；燃料电池客车1个。

2019年9月5日 温州市交通运输局发布《温州市区巡游出租汽车车辆技术标准》。标准明确温州市区巡游出租汽车车辆是清洁能源车型，其中新能源车应列入工信部《新能源汽车推广应用推荐车型目录》，其他车发动机燃气功率≥70 kW。车辆轴距≥2 600 mm（升级车型轴距≥2 650 mm）。

2019年9月8日 济南市人民政府办公厅发布《济南市推进运输结构调整工作实施方案》。新能源汽车方面，方案明确推广应用新能源城市配送车辆及非道路移动机械。全力争取、统筹利用国家和省出台的新能源汽车推广应用补贴、运营补助、充电设施奖励等各类政策，修订完善电动汽车充电基础设施建设实施方案，加快新能源和清洁能源车辆推广应用。将公共充电桩建设纳入城市基础设施规划建设范围，加大用地、资金等支持力度，在货流密集区规划建设充电站（桩）。到2020年，建成公用及专用充电站150座、充电桩1万个。

2019年9月9日 贵州省六盘水市人民政府发布《六盘水市氢能源产业发展规划（2019—2030年）》。规划到2025年，建设液氢工厂及加氢站基础设施，回收利用焦炉煤气中的氢气，实现廉价氢气的就地提取消纳，形成制氢（氢源）、氢储存、运输和利用的氢能产业链，培育一批具有影响力的氢气制取、储运装备、高值转化的氢能企业。

2019年9月9日 海南省住房和城乡建设厅、海南省消防救援总队联合发布《海南省电动汽车充电设施建设技术标准》。修订后的技术标准提出停车单元，停车单元与防火单元相比，引入非停车位空间，大部分既有建筑改造只需增加部分防火隔墙，而不需要在车道上增加防火卷帘和防火分隔水幕，提高了可操作性，并且也能达到将火灾控制在停车单元内的效果。自2019年10月1日起实施。

2019年9月9日 交通运输部、国家税务总局联合印发《网络平台道路货物运输经营管理暂行办法》。办法明确交通运输部无车承运人试点工作于2019年12月31日结束。从2020年1月1日起，试点企业可按照办法规定要求，申请经营范围为“网络货运”的道路运输经营许可；县级负有道路运输监督管理职责的机构应按照办法，对符合相关条件要求的试点企业，换发道路运输经营许可证。未纳入交通运输部无车承运人试点范围的经营者，可按照办法申请经营许可，依法依规从事网络货运经营。办法鼓励组织新能源车辆、中置轴模块化汽车列车等标准化车辆运输。

2019年9月10日 圆通物流信息国家工程实验室与苏州奥加华新能源有限公司联合发布一款直接甲醇燃料电池（DMFC）物流车，此车标准工况下可以行驶近500 km，一次燃料加注时间仅需1 min。

2019年9月11日 工信部公开征求对《关于修改〈乘用车企业平均燃料消耗量与新能源汽车积分并行管理办法〉的决定（征求意见稿）》的意见。征求意见主要修改如下内容：修改传统能源乘用车适用范围；公布2021—2023年新能源汽车积分比例要求并修改新能源汽车车型积分计算方法；完善传统能源乘用车燃料消耗量引导和积分灵活性措施；更新小规模企业核算优惠；将《积分办法》中“质检总局”修改为“市场监管总局”。

2019年9月11日 工信部对《道路机动车辆生产企业及产品准入新技术、新工艺、新材料应用评估程序》公开征求意见。意见稿明确道路机动车辆生产企业因采用新技术、新工艺、新材料，其产品不能满足《管理办法》的准入条件时，可向工信部提出相关豁免申请，并按照本程序进行评估。

2019年9月11日 安徽省工信厅发布《安徽省新一代

人工智能产业基地建设实施方案》，智能网联汽车方面，方案明确重点建设智能网联汽车基地。推动整车企业与省内外科研单位、企业开展合作，加快先进零部件及系统开发应用，突破先进车载智能传感系统、车载智能终端系统、自动驾驶模拟器、智能辅助驾驶系统等产品，开发具备高级别自动驾驶功能的智能网联汽车，实现特定场景规模应用。谋划建设智能网联汽车测试平台，实现由封闭式简单场景测试体验逐步向开放式应用场景落地转化。

2019 年 9 月 11 日 工信部对《新能源汽车动力蓄电池回收服务网点建设和运营指南（征求意见稿）》公开征求意见。指南提出新能源汽车废旧动力蓄电池及报废的梯次利用电池回收服务网点建设、作业，以及安全环保要求。

2019 年 9 月 17 日 交通运输部办公厅、公安部办公厅、商务部办公厅联合发布《关于组织开展第二批城市绿色货运配送示范工程申报工作的通知》。通知明确优先支持新能源车辆推广应用成效显著的项目。优先支持推进城市配送车辆清洁化、标准化成效明显的项目。鼓励地方政府围绕购置、运营、回收利用、充电或加气加氢等配套设施建设、优先保障路权等方面，建立有效的资金和政策保障机制。

2019 年 9 月 17 日 安徽安凯汽车股份有限公司与中国中车签署股权转让协议，股东江淮汽车、安徽省投控分别将所持公司 12.85% 股权、8.45% 股权转让给中国中车集团公司的全资子公司中车产业投资有限公司，协议转让完成后，江淮汽车将不再是安凯客车的控股股东，中车产投将成为新控股股东。

2019 年 9 月 17 日 交通运输部办公厅发布关于做好《道路货物运输及站场管理规定》实施工作的通知。通知明确原有总质量 4 500 kg 及以下普通货运从业资格证件无须办理换证、补证、签注诚信考核等级等相关业务。对于同一从业资格证件上标注多种从业资格类别的，无须保留普通货运从业资格的，可到原发证地相关部门重新换领相应的从业资格证件。

2019 年 9 月 18 日 深圳市发改委发布《关于组织开展 2016 年新能源汽车推广应用地方财政补贴清算工作的通知》。通知明确：2016 年 1 月 1 日—2016 年 12 月 31 日在深圳市辖区范围内按照扣减补助后的价格销售新能源汽车（在深圳市依法注册登记）的生产企业可以申报，补助标准为：(1)纯电动乘用车。$100\leqslant R<150$ km（R 为标准工况续驶里程）2.5 万元/辆，$150\leqslant R<250$ km，4.5 万元/辆，$R\geqslant 250$ km，6 万元/辆。(2)插电式混合动力乘用车（含增程式）。$R\geqslant$ 50 km，3.15 万元/辆。(3)纯电动客车。对 $R\geqslant 250$ km 的标准车（指 10 m $<L\leqslant$ 12 m，L 为车身长度，下同），50 万元/辆；6 m $<L\leqslant$ 8 m 客车按照标准车 0.5 倍给予补助；8 m $<L\leqslant$ 10 m 客车按照标准车 0.8 倍给予补助；12 m 以上、双层客车按照标准车 1.2 倍给予补助。(4)燃料电池汽车。燃料电池乘用车 20 万元/辆，燃料电池轻型客车、货车 30 万元/辆，燃料电池大中型客车、中重型货车 50 万元/辆。

2019 年 9 月 19 日 长园集团股份有限公司全资子公司长园深瑞继保有限公司以总价 1 805.35 万元向东莞市深莞新能源科技有限公司出售部分深圳市沃特玛电池有限公司电池（电池容量 53.89 MWh），包括整包电池电芯、散装电芯。

2019 年 9 月 19 日 中共中央国务院印发《交通强国建设纲要》。新能源汽车方面，纲要提到科学规划建设城市停车设施，加强充电、加氢、加气和公交站点等设施建设。优化交通能源结构，推进新能源、清洁能源应用，促进公路货运节能减排，推动城市公共交通工具和城市物流配送车辆全部实现电动化、新能源化和清洁化。

2019 年 9 月 19 日 工信部装备中心发布《关于开展检验检测机构信息备案的通知》。通知明确为加强和规范检验检测机构管理，开展检验检测机构信息备案，开展道路机动车辆产品检验的检验检测机构，需依法取得相关资质认定；开展整车检验的，应当取得国家级产品质量监督检验中心资质。

2019 年 9 月 20 日 深圳市交通运输委员会、深圳市发展改革委员会、深圳市财政委员会联合发布《深圳市交通运输局关于开展 2019 年深圳市纯电动物流配送车辆运营资助项目申报工作的通知》。在资助标准方面，通知明确资助金额按照提供驱动动力的动力电池总储电量，采取分段超额累退方式计算，资助资金分三年平均发放。每年考核运营达标的车辆可获得当期资助，运营不达标的车辆不能获得当期资助。电池总储电量中：30 kWh（含）以下部分，资助750 元/kWh；30 ~ 50 kWh（含）部分，资助600 元/kWh；50 kWh 以上部分，资助 500 元/kWh。单车三年资助总额不超过7.5 万元。

2019 年 9 月 20 日 洛阳市人民政府办公室发布《关于印发洛阳市进一步加快新能源汽车推广应用实施方案的通知》。方案明确加快在公交、市政环卫、公务、城市物流配送、固定区域、客运、旅游景区等领域分类、分时限加快推进新能源汽车推广应用，优化新能源汽车市场供给、支持充换电设施建设（资金奖励/用地保障）、完善新能源汽车运营环境（优先通行/运营奖励/停车和充换电费用优惠）。

2019 年 9 月 22 日 国家智能网联汽车（武汉）测试示范区正式揭牌，百度公司、深圳市海梁科技有限公司、深兰科技（上海）有限公司拿到全球首张自动驾驶商用牌照。

2019 年 9 月 23 日 青岛市政府办公厅发布《关于加快新能源汽车产业发展若干政策措施的通知》。通知明确要加快充电加氢基础设施建设，制定青岛市氢能源产业发展规划、加氢站布局规划和加氢站建设指导性文件；按照加氢站类型和加氢能力，对加氢站给予一定建设补助和加氢补助。加氢站正式运营后前 3 年，按照地方经济贡献 100% 给予奖励，由市、区（市）两级按照现行财政体制共同负担；组织开展燃料电池汽车应用示范。对列入燃料电池汽车应用示范运行的车辆，按照同期国家财政补贴标准 1∶1 给予地方购置补贴。

2019 年 9 月 26 日 百度公司首批 45 辆 Apollo 与一汽红旗联合研发的“红旗 EV”自动驾驶出租车队 Robotaxi 在长沙部分已开放测试路段开始试运营。

2019 年 9 月 26 日 宁德时代全球首款 CTP 电池包（Cell to Pack，无模组动力电池包）正式亮相，CTP 电池包选择搭载北汽新能源旗下 EU5 车型。

10月

2019 年 10 月 10 日 宁波市能源局公开征求《宁波市促

进氢能产业发展实施办法》意见。征求意见明确从企业引进培育、加氢站、燃料电池汽车应用、人才培育和引进、平台、关键技术突破及成果转换、行业标准制定、园区培育8个方面进行氢能产业扶持。

2019年10月10日 中国船舶重工集团公司第七一八研究所研制的首台撬装式氢气隔膜压缩机顺利完成出厂调试,并成功交付应用于500 kg撬装式加氢装置。

2019年10月12日 成都市经济和信息化局、成都市财政局、成都市科学技术局、成都市发展和改革委员会、成都市公安局交通管理局联合发布《关于印发成都市支持氢能暨新能源汽车产业发展及推广应用若干政策的通知》。通知明确对本市企业制造的首台(套)燃料电池产品,经认定后,按照单个产品型号给予最高500万元的一次性奖励;对本市氢燃料电池汽车、智能网联汽车关键零部件生产企业,按照相关产品年销售额的2%,给予最高1 000万元的销售奖励;对本市新能源汽车"三电"系统生产企业,按照相关产品年销售额的1%,给予最高500万元的销售奖励。

2019年10月12日 深圳市交通运输局、深圳市发展和改革委员会、深圳市财政局、深圳市住房和建设局正式联合印发《深圳市纯电动泥头车推广使用实施方案》。方案明确在深圳市大力推广使用纯电动泥头车。进一步减轻纯电动泥头车企业经营压力;同步完善充电桩等基础设施建设;配套落实纯电动泥头车的通行、使用鼓励政策,发挥上下游高效联动运营模式的示范引领作用。力争到2019年底,全行业投入营运的纯电动泥头车保有量达到3 000辆。

2019年10月15日 浙江省首个氢燃料补给站正式投入运营,该站配有两个加氢泵,可同时为4辆车服务,两台500 kg/d的压缩机每天可连续供应1 000 kg的氢气,浙江省首条氢燃料电池公交线路同时开通。

2019年10月16日 河北省发改委拟定17个战略性新兴产业示范基地,其中有4个涉及汽车,包括沧州经济开发区的河北省战略性新兴产业示范基地(智能网联汽车)、河北保定经济开发区的河北省战略性新兴产业示范基地(新能源汽车与智能网联汽车)、河北武安工业园区的河北省战略性新兴产业示范基地(新能源汽车)、河北张家口空港经济开发区的河北省战略性新兴产业示范基地(氢能)。

2019年10月18日 中国首个氢燃料电池自主技术产业化基地在六安建成投产,国内自主技术生产的首台(套)电堆在投产仪式上正式下线,氢燃料电池自主技术产业化基地由安徽明天氢能科技股份有限公司建设。

2019年10月23日 华域麦格纳电驱动系统公司在中国投产首台电驱动系统,该产品将为大众汽车配套,麦格纳新工厂位于上海宝山工业园区内的华域创新园,主要为新能源汽车生产动力模块和高压电驱动系统。

2019年10月21日 上海骥翀氢能科技有限公司获得数千万元天使轮融资,上海重塑能源科技有限公司和北京中科创星硬科技创业投资合伙企业(有限合伙)以现金方式入股,投资后骥翀氢能估值过亿元。

11月

2019年11月4日 广西壮族自治区发展和改革委员会发布《广西壮族自治区新能源汽车推广应用攻坚行动方案》。方案明确到2020年底,全区新能源汽车保有量比攻坚行动前增长100%,达到14.6万辆以上;新能源汽车保有量占汽车总保有量的比例从攻坚行动前的1.1%提高到2.5%左右,增长1.25倍;增量汽车电动化率(即新上牌新能源汽车占新上牌汽车的比例)增长100%以上,即从攻坚行动前的6%提高到12%以上;新能源汽车充电基础设施更加完善,充电便利性大幅提升,全区新能源汽车推广应用进入全国先进行列。

2019年11月7日 工信部公告《新能源汽车动力蓄电池回收服务网点建设和运营指南》,指南明确要求新能源汽车生产及梯次利用等企业应按照国家有关管理要求通过自建、共建、授权等方式建立回收服务网点,新能源汽车生产、动力蓄电池生产、报废机动车回收拆解、综合利用等企业可合作共用回收服务网点。新能源汽车生产企业应在本企业新能源汽车销售的行政区域(至少地级)内建立收集型回收服务网点,在本企业新能源汽车保有量达到8 000辆或收集型回收服务网点的贮存、安全保障等能力不能满足废旧动力蓄电池回收要求的行政区域(至少地级)内建立集中贮存型回收服务网点。

2019年11月7日 国务院正式指出要保障内外资汽车制造企业生产的新能源汽车享受同等市场准入待遇。其中修订乘用车企业平均燃料消耗量与新能源汽车积分并行管理办法,允许外资在华投资的整车企业间转让积分。

2019年11月11日 成都市人民政府印发《关于促进装备制造产业高质量发展的实施意见》。意见明确打造国内一流的新能源汽车研制基地。(1)大力推动存量产能向新能源汽车转型,积极引进新能源乘用车高端项目,重点发展中高端新能源乘用车和氢能源汽车,加快发展新能源客车、商用车、专用车,大力研制新一代动力电池、电机控制器、驱动电机等产品,积极推进燃料电池电堆及动力系统和氢气制备、储运与加注等关键技术协同攻关,巩固产业链制造端优势。(2)大力支持充电(加氢)基础设施建设,延伸发展后市场服务,支持分时租赁、网约车等新兴商业模式持续创新,支持举办新能源汽车展会、赛事等活动。到2022年将成都打造成为具有国际影响力和竞争力的高端装备制造产业基地。

2019年11月16日 北汽福田汽车股份有限公司发布"福田智蓝新能源2025战略",以电动物流车为主线,以城市配送和末端物流为核心市场,到2025年实现销量20万辆,市场占有率30%,销售收入150亿元,成为中国新能源商用车第一品牌。在技术线路选择上,坚持纯电动、插电式混合动力、氢燃料电池三线并举。

2019年11月18日 中国首条自动驾驶商用运营线路落地武汉,其自动驾驶技术等级介于L3~L4之间。

2019年11月21日 财政部经济建设司发布《提前下达2020年节能减排补助资金预算对地方分配结果》。分配结果显示,37个地区,2017年度新能源汽车推广应用补助资金1 604 856万元,2018年度节能与新能源公交车运营补贴资金1 531 914万元,总计3 136 770万元。

2019年11月21日 工信部科技司征求对《国家车联网产业标准体系建设指南(车辆智能管理)》的意见。指出要分阶段建立车辆智能管理标准体系：一是到2020年底，初步建立能够支撑智能网联汽车道路测试、车联网城市级验证示范的标准体系，制修订标准20项以上；二是到2025年，系统形成能够支撑智能网联汽车上道路行驶登记管理、身份认证与安全、道路交通运行管理、车路协同管控与服务等业务领域的标准体系，制修订标准60项以上。

2019年11月25日 国家电网与广汇汽车成立的国网广汇（上海）电动汽车服务有限公司在上海揭牌，合资公司将于2020年完成43万个充电桩布局，并将与恒大和万科等地产商合作，推进社区新能源汽车充电桩建设。

2019年11月26日 重庆市经信委公开征求对《重庆市汽车电子产业发展指导意见（征求意见稿）》的意见。新能源汽车电子领域意见明确大力发展动力电池系统、电机驱动系统、整车控制系统、电控制动、线控转向、热泵空调等新能源汽车“大小三电”，以及燃料电池电堆及核心零部件，不断完善新能源汽车产业链条。重点突破高能量密度高安全动力电池集成、高精度电池管理系统、多合一电驱动深度集成、高功率密度电机控制器、基于域控的整车控制、高比功率高耐久性燃料电池电堆等关键核心技术。支持长安汽车新能源产业园、比亚迪动力电池、雪人股份燃料电池电堆及核心零部件等项目做大做强，不断提高全市新能源汽车电子研发制造水平，加快提升新能源汽车核心零部件本地化配套能力。

2019年11月28日 重庆市经信委公开征求对《重庆市氢燃料电池汽车产业发展指导意见（征求意见稿）》的意见。征求意见明确到2022年，氢燃料电池汽车产业链体系初步形成，自主创新能力显著提升，产业发展环境更加优越，示范应用初具规模。在技术链层面，实现电堆、系统集成与控制等核心技术达到国内先进水平。在产业链层面，制氢、储氢、运氢、加氢、氢燃料电池电堆、关键核心部件到氢燃料电池汽车产业集群初步形成，建成国家级质量检测机构1个，引进和培育氢燃料电池电堆和核心零部件企业6家，整车量产车型超过5个。在示范推广层面，建成加氢站20座，探索推进公交车、物流车、港区集卡车等示范运营，氢燃料电池汽车运行规模力争达到1 000辆。

2019年11月29日 工业和信息化部装备工业司公示《享受车船税减免优惠的节约能源 使用新能源汽车车型目录》（第十二批）。本批公告新能源汽车共258款，包括插电式混合动力乘用车6款，纯电动商用车224款，插电式混合动力商用车11款，燃料电池商用车17款。

2019年11月29日 工信部公示《2018年度新能源汽车推广应用补助资金初审结果》。公示结果显示2018年新能源汽车推广情况：车企共申报574 445辆，专家组此次核准541 377辆，未被核准的原因主要是未接入国家监管平台、行驶里程数不满足2万km、车辆核心参数与推荐目录信息不一致。

12月

2019年12月3日 工信部装备工业司发布《新能源汽车产业发展规划（2021—2035年）（征求意见稿）》。意见稿中明确到2025年新能源汽车新车销量占比达到25%左右，智能网联汽车新车销量占比达到30%，高度自动驾驶智能网联汽车实现限定区域和特定场景商业化应用。纯电动乘用车新车平均电耗降至12kWh/100 km，插电式混合动力（含增程式）乘用车新车平均油耗降至2 L/100 km。

2019年12月3日 佛山市高明区经济科技促进局发布《佛山市高明区氢能源产业发展规划（2019—2030）》。规划明确了氢能源产业发展近期目标以公共交通和物流货运为突破口，加快示范推广氢燃料电池车辆，打造氢燃料有轨电车精品示范线，因地制宜优化氢能源产业布局，重点推进制—储—运—加氢能供应体系建设，引进培育氢气压缩机、储氢瓶等核心装备和一汽解放等整车制造项目，围绕核心项目完善产业链，引进培育氢能龙头企业5家以上，建成以氢燃料电池有轨电车及膜电极生产为特色的氢能源产业先行示范区，产值规模达30亿元。基础设施方面，推动建成万吨级制氢厂、建成加氢站6座，规划布局全国首个城市输氢管网，先行建设高明区干线输氢管道。以公共交通和物流货车领域为重点，加快氢能源终端产品推广应用。

2019年12月2日 中共中央国务院印发《长江三角洲区域一体化发展规划纲要》。新能源汽车领域相关方面，纲要第四章提道：（1）加强原始创新成果转化，重点开展新能源、智能交通等领域科技创新联合攻关。（2）聚焦人工智能、新能源汽车、前沿新材料等十大重点领域，加快发展新能源、智能汽车。（3）率先开展智能汽车测试，实现自动驾驶汽车产业化应用。

2019年12月2日 武汉市发展和改革委员会公示《2018年（第二批）新能源汽车充电基础设施补贴资金拟发放计划》。2018年第二批补贴资金拟发放计划为：武汉哪儿充科技有限公司充电桩35个（259 kW），补贴资金10.36万元；三珠树科技（湖北）有限公司充电桩300个（24 000 kW），补贴资金960万元，2家企业补贴资金共计970.36万元。

2019年12月4日 深圳市雄韬电源科技股份有限公司氢雄全自动化、智能化氢燃料电池电堆产线投产。

2019年12月4日 海口市发展和改革委员会发布《关于海口市各类停车设施新能源汽车车辆停放服务收费标准的通知（征求意见稿）》的公告。公告明确经市人民政府批准同意收费的公立（办）的学校、体育场馆、博物馆、图书馆、青少年活动场所、养老机构等公共区域的配套停车设施对新能源汽车实行免费停放政策。

2019年12月5日 湖南省工信厅发布《关于进一步做好新能源汽车动力蓄电池回收利用溯源管理工作的通知》。通知明确自2020年1月起，每个季度的第一周，各市州工信局要将本地区上季度的新能源汽车动力蓄电池回收利用溯源管理督查情况书面报送湖南省工业和信息化厅。报告主要内容包括但不限于国家平台的企业注册情况，新能源汽车生产与销售、报废新能源汽车回收拆解、废旧动力蓄电池梯次和再生利用等溯源信息上传情况，回收服务网点建设和相关技术指导信息报备、公开情况，以及督查工作中发现的问题和解决措施。

2019年12月5日 山东省政府常务会议审议通过《进一步加强和规范全省电动汽车充电基础设施建设运营管理的实施意见》。计划到2022年底前，山东省充电基础设施保有量达到10万个以上。公共停车场配建的充电基础设施，2022年年底前占车位比例不得低于15%。2022年年底前，全省4A级以上旅游景区基本实现充电设施全覆盖，充电设施车位比例不低于10%。

2019年12月6日　长城汽车与工信化部下属中国信息通信研究院正式签署战略协议，并为“氢能源检测联合实验室”和“智能网联联合实验室”揭牌。

2019年12月10日　工信部公示《关于2018年度推广应用新能源汽车补助资金预拨审核情况》。公示信息显示，首次清算2018年度的新能源汽车补贴预拨付共涉及55家车企，预拨付资金共计1 377 811万元。

2019年12月11日　大众集团在华合资纯电动汽车品牌思皓与星星充电合作的思皓E20X凤凰里程项目正式启动，采用新车里程租赁模式，将在南京和常州首先开通。

2019年12月11日　江苏天美汽车有限公司进军新能源乘用车市场，发布其首款战略SUV车型。

2019年12月12日　广西壮族自治区钦州市发展和改革委员会发布《钦州市新能源汽车推广应用攻坚工作方案》。方案明确将开展四大攻坚行动，支持新能源汽车推广应用。新能源汽车使用示范行动要求机关事业单位新购置公务用车的，新能源汽车占比应不低于30%；城市公共车辆运营示范。主城区和县城2020年底纯电动公交车占比不低于45%；同时在城市物流、快递、零售等行业推广应用新能源汽车，开展物流绿色运输试点。充电设施建设行动要求机关事业单位、国有企业停车场按停车位比例不低于10%配建充电设施；新建住宅小区配建停车位应明确按标准建设充电设施或预留安装条件；还要加强公共场所充电设施建设，公共停车场建设充电设施争取达到不低于5%的车位比例。

2019年12月13日　广东省佛山市南海区发展和改革局公众征求《佛山市南海区促进加氢站建设运营及氢能源车辆运行扶持办法(修订)(征求意见稿)》意见，征求意见分为加氢站建设扶持、加氢站运营扶持、氢能源车辆补贴3种类型。明确享受补贴的企业，须承诺在南海区连续经营5年以上，享受补贴的企业、单位和个人，须承诺车辆在南海区连续运行3年以上。加氢站需按国家加氢站相关标准规范建设、验收，并且日加氢能力不低于350 kg。

2019年12月13日　河北省人民政府办公厅关于印发《〈张家口首都水源涵养功能区和生态环境支撑区建设规划(2019—2035年)〉实施意见》。氢能产业相关方面，实施意见明确到2021年建成氢能产业创新研发平台、氢燃料电池汽车及氢能研究院、氢能公共检测服务平台，力争实现燃料电池电堆等核心零部件的国产化，积极申请一批具有国际先进水平的专利，参与一批国内外高水平相关标准制定。到2021年，氢能产业全产业链累计产值达到70亿元，年制氢能力达2.1万t，引入企业数量20家以上；到2035年，累计引入有关企业数量100家以上。到2021年，累计推广各类氢燃料电池汽车2 000辆，配套建设加氢站；到2035年累计推广各类氢燃料电池汽车5.5万辆以上，建成加氢站100个以上。

2019年12月16日　上海市委副书记、市长应勇主持召开上海市政府常务会议。会上谈到，上海电动汽车充电桩建设已达到25万个，提前实现“十三五”规划的21万个充电设施的目标。

2019年12月17日　天津市经信局发布《天津市车联网(智能网联汽车)产业发展行动计划》。计划明确加快构建智能网联汽车研发制造体系，重点实现新能源汽车与车联网技术融合提升。以整车研发制造为龙头，打造智能网联汽车零部件产业集群。

2019年12月18日　东莞市发展和改革局发布《关于我市2017—2018年度新能源汽车专项资金核查情况的公示》。公示信息显示东莞市2017—2018年度新能源汽车推广应用补贴资金核查情况，申请新能源车共2 775辆，申请补助金额共计21 319.52万元。

2019年12月19日　国内首条“氢能源+5G+物联网”氢能源公交线路(济南公交K115路线)开通。

2019年12月23日　国务院关税税则委员会办公室发布《国务院关税税则委员会关于2020年进口暂定税率等调整方案的通知》。自2020年1月1日起，我国对859项商品实施进口暂定税率。新能源汽车领域相关方面，通知明确纯电动或混合动力汽车用电动制动器暂定关税由6%下调为5%。

2019年12月25日　常熟市政府办公室印发《常熟氢燃料电池汽车产业发展行动计划(2019—2022年)》，计划明确到2022年，常熟市氢燃料汽车产业整体发展水平和综合实力大幅度提升，电堆、空压机、增湿器等技术位于国内领先水平，氢燃料电池汽车累计推广达到300辆以上，初步形成较为完善的产业链条，形成示范应用氢燃料电池汽车的良好氛围。

2019年12月26日　恒天新能源汽车南方总部暨衡阳智电客车有限责任公司智电客车新基地车辆下线，智电客车总投资12亿元，可实现年产3 000辆新能源客车及1 000辆新能源专用车。

2019年12月27日　山东宝雅新能源汽车股份有限公司与中国一汽集团及一汽吉林汽车有限公司在长春正式签署增资扩股协议，宝雅新能源以15亿元获得一汽吉林70.5%股权。

2019年12月30日　北京市自动驾驶测试管理联席工作小组颁发首批自动驾驶车辆道路载人测试通知书。百度Apollo拿下40张自动驾驶载人测试牌照，成为国内首批在北京市展开自动驾驶载人测试的企业。至此，百度Apollo自动驾驶载人测试牌照达120张。

2019年12月30日　长城宝马合资公司光束汽车有限公司收到张家港市市场监督管理局颁发光束汽车有限公司的营业执照。

2019年12月30日　北汽和麦格纳在江苏镇江合资工厂正式竣工，代号为N60的ARCFOX首辆试生产车在该工厂下线。

节能与新能源汽车年鉴

YEARBOOK OF ENERGY-SAVING AND NEW ENERGY VEHICLES

第九篇 Section Ⅸ

附　录

Appendix

一、新能源车辆标准

Chapter 1 Electric Vehicle Standards

标准编号 Standard Number	标准名称 Standard Name	标准主要内容 Main Contents of Standards	发布单位 Release Unit	归口单位 Technical Committees	起草单位 Drafting Unit	发布日期 Release Date	实施日期 Date of Implementation
GB/T 38283—2019	电动汽车灾害事故应急救援指南	本标准给出了电动汽车发生火灾、碰撞、泡水等灾害事故时的灭火和应急救援指导。 本标准适用于专职救援人员对纯电动汽车和混合动力电动汽车事故应急救援。 本标准不适用于燃料电池电动汽车事故应急救援	国家市场监督管理总局、中国国家标准化管理委员会	全国汽车标准化技术委员会	公安部上海消防研究所、中国汽车技术研究中心有限公司、北京新能源汽车股份有限公司、比亚迪汽车工业有限公司、上海汽车集团股份有限公司技术中心、宁德时代新能源科技股份有限公司、公安部消防局、中国第一汽车集团有限公司、泛亚汽车技术中心有限公司、郑州宇通客车股份有限公司	2019-12-10	2020-07-01
GB/T 19836—2019	电动汽车仪表	本标准规定了电动汽车仪表特有的指示或显示内容。 本标准适用于电动汽车	国家市场监督管理总局、中国国家标准化管理委员会	全国汽车标准化技术委员会	卡达克机动车质量检验中心(宁波)有限公司、重庆利龙科技产业(集团)有限公司、安徽安凯汽车股份有限公司、泛亚汽车技术中心有限公司、北京新能源汽车股份有限公司、东风本田汽车有限公司、上海汽车集团股份有限公司技术中心、中国汽车技术研究中心有限公司、上汽大通汽车有限公司、宝马(中国)服务有限公司、戴姆勒大中华区投资有限公司、沃尔沃汽车(亚太)投资控股有限公司、上汽大众汽车有限公司、通用汽车(中国)投资有限公司	2019-10-18	2020-05-01
GB/T 38090—2019	电动汽车驱动电机用永磁材料技术要求	本标准规定了电动汽车驱动电机用烧结钕铁硼永磁材料的磁性能、温度特性、磁性能允许偏差、尺寸允许偏差、耐腐蚀性能等技术要求，以及试验方法、检验规则、标志、包装、运输、贮存等。 本标准适用于制造电动汽车驱动电机等用途的烧结钕铁硼永磁材料	国家市场监督管理总局、中国国家标准化管理委员会	全国电工合金标准化技术委员会	上海机动车检测认证技术研究中心有限公司、中国计量科学研究院、宁波韵升股份有限公司、上海大学、上海电驱动股份有限公司、中国计量大学、精进电动科技股份有限公司、上海大郡动力控制技术有限公司、桂林电器科学研究院有限公司、天津三环乐喜新材料有限公司等	2019-10-18	2020-05-01
GB/T 38117—2019	电动汽车产品使用说明应急救援	本标准规定了电动汽车产品使用说明中应急救援的内容和编制要求。 本标准适用于电动汽车使用说明中应急救援内容的编制	国家市场监督管理总局、中国国家标准化管理委员会	全国汽车标准化技术委员会	公安部上海消防研究所、比亚迪汽车工业有限公司、中国汽车技术研究中心有限公司、北京新能源汽车股份有限公司、宁德时代新能源科技股份有限公司、上海汽车集团股份有限公司技术中心、郑州宇通客车股份有限公司、中国第一汽车集团有限公司、泛亚汽车技术中心有限公司、知豆电动汽车有限公司、公安部消防局	2019-10-18	2020-05-01

续上表

标准编号 Standard Number	标准名称 Standard Name	标准主要内容 Main Contents of Standards	发布单位 Release Unit	归口单位 Technical Committees	起草单位 Drafting Unit	发布日期 Release Date	实施日期 Date of Implementation
GB/T 38117—2019	电动汽车产品使用说明 应急救援	本标准界定了汽车电气电子领域相关的可靠性术语和定义。 本标准适用于汽车电气电子领域相关的各类技术资料	国家市场监督管理总局、中国国家标准化管理委员会	全国汽车标准化技术委员会	联合汽车电子有限公司、长沙汽车电器研究所、中国汽车技术研究中心有限公司	2019-10-18	2020-05-01
GB/T 37293—2019	城市公共设施 电动汽车充换电设施运营管理服务规范	本标准规定了电动汽车充电站、电池更换站和分散充电设施运营的总体要求、环境要求、标志标识、运营管理要求、服务要求、评价改进。 本标准适用于电动汽车充电站、电池更换站和分散充电设施运营管理与服务	国家市场监督管理总局、中国国家标准化管理委员会	中国电力企业联合会	北京市标准化研究院、浙江万马新能源有限公司、江苏万帮德和新能源科技有限公司、北京新能源汽车股份有限公司、中创三优(北京)科技有限公司、中国电动汽车充电基础设施促进联盟、许继电源有限公司、国网山东省电力公司、国电南瑞科技股份有限公司、普天新能源有限责任公司、中国能源建设集团广东省电力设计研究院有限公司、深圳市盛弘电气股份有限公司、深圳市聚电新能源科技有限公司、国充充电科技江苏股份有限公司、上海追日电气有限公司、青岛特来电新能源有限公司	2019-03-25	2019-10-01
GB/T 37295—2019	城市公共设施 电动汽车充换电设施安全技术防范系统要求	本标准规定了城市公共设施电动汽车充换电设施安全技术防范系统的总体要求,充电站、电池更换站、分散式充电设施和管理与维护等相关要求。 本标准适用于新建、改建、扩建的城市公共设施电动汽车充换电设施视频安防监控、入侵报警、出入口控制等安全技术防范系统建设	国家市场监督管理总局、中国国家标准化管理委员会	中国电力企业联合会	北京市标准化研究院、江苏万帮德和新能源科技有限公司、浙江万马新能源有限公司、北京新能源汽车股份有限公司、中创三优(北京)科技有限公司、中国电动汽车充电基础设施促进联盟、许继电源有限公司、普天新能源有限责任公司、国电南瑞科技股份有限公司、国网山东省电力公司、中国能源建设集团广东省电力设计研究院有限公司、上海追日电气有限公司、深圳市盛弘电气股份有限公司、深圳市聚电新能源科技有限公司、国充充电科技江苏股份有限公司、青岛特来电新能源有限公司	2019-03-25	2019-10-01
GB/T 37340—2019	电动汽车能耗折算方法	本标准提供了将电动汽车电能消耗量当量转化为燃料消耗量的方法。 本标准适用于纯电动汽车与可外接充电式混合动力电动汽车	国家市场监督管理总局、中国国家标准化管理委员会	全国汽车标准化技术委员会	比亚迪汽车工业有限公司、北京新能源汽车股份有限公司、长城汽车股份有限公司、上海汽车集团股份有限公司技术中心、华晨汽车集团控股有限公司、上汽通用五菱汽车股份有 限公司、安徽江淮汽车集团股份有限公司、上海釜石汽车技术有限公司、湖南南车时代电动汽车股份有限公司、华晨宝马汽车有限公司、东风汽车有限公司东风日产乘用车公司、广汽本田汽车有限公司、广汽丰田汽车有限公司、一汽-大众汽车有限公司、上汽通用汽车有限公司、现代汽车研发中心(中国)有限公 司、戴姆勒大中华区投资有限公司、宝马(中国)服务有限公司、大众汽车(中国)投资有限公司、丰田汽车研发中心(中国)有限公司北京分公司、日产(中国)投资有限公司、本田技研工业(中国)投资有限公司、通用汽车(中国)投资有限公司	2019-03-25	2019-10-01

二、道路机动车辆生产企业及产品(第315~326批)——新能源汽车节选
Chapter 2 Road Motor Vehicle Manufacturing Enterprises and Products (315~326)—Excerpts of New Energy Vehicles

1. 道路机动车辆生产企业及产品(第315批)——新能源汽车节选

道路机动车辆生产企业及产品(第315批)于2019年1月4日发布。共计有54家新能源汽车生产企业、49个新能源汽车品牌、73个新能源汽车系列产品进入公告。其中汽车生产企业有42家57个型号列入,民用改装生产企业有12家16个型号列入。

(1)燃料种类:纯电动产品共计66款(含9款底盘产品);插电式混合动力产品共计5款;燃料电池产品共计2款。

(2)产品类型:专用车共计34个车型(含底盘9个);客车共计9个车型;乘用车共计30个车型。

序号	企业名称	商标	《目录》序号	产品名称	产品型号
1	东风汽车有限公司	东风日产牌	3	纯电动轿车	DFL7000
2	东风汽车股份有限公司	东风牌	3	纯电动客车	DFA6118
3	东风汽车集团有限公司	俊风牌	3	纯电动轿车	DFA7000
4	上汽大众汽车有限公司	大众汽车(VOLKSWAGEN)牌	5	纯电动轿车	SVW7002
5	上汽通用汽车有限公司	别克(BUICK)牌	7	纯电动轿车	SGM7008
6	北京宝沃汽车有限公司	宝沃牌	9	纯电动多用途乘用车	BW6472
7	北汽福田汽车股份有限公司	福田牌	9	燃料电池低入口城市客车	BJ6123
8	北汽福田汽车股份有限公司	福田牌	9	纯电动厢式运输车	BJ5039X
9	北汽福田汽车股份有限公司	福田牌	9	纯电动多用途货车	BJ1037
10	北汽福田汽车股份有限公司	福田牌	9	纯电动多用途货车底盘	BJ1037
11	北京新能源汽车股份有限公司	北京牌	11	纯电动轿车	BJ7000
12	北京汽车股份有限公司	北京牌	11	纯电动轿车	BJ7003
13	华晨宝马汽车有限公司	之诺(ZINORO)牌	33	插电式混合动力多用途乘用车	BBA6461
14	华晨宝马汽车有限公司	宝马(BMW)牌	33	插电式混合动力多用途乘用车	BMW6462
15	华晨雷诺金杯汽车有限公司	金杯牌	33	纯电动多用途乘用车	SY6470
16	上海申沃客车有限公司	申沃牌	42	纯电动低地板城市客车	SWB6109
17	徐州徐工汽车制造有限公司	徐工牌	48	纯电动自卸汽车底盘	XGA3312
18	扬州亚星客车股份有限公司	亚星牌	49	纯电动城市客车	YBL6818、JS6101、JS6815
19	浙江豪情汽车制造有限公司	帝豪牌	52	纯电动轿车	HQ7002
20	安徽江淮汽车集团股份有限公司	江淮牌	56	纯电动载货汽车	HFC1031
21	安徽江淮汽车集团股份有限公司	江淮牌	56	纯电动载货汽车底盘	HFC1031
22	安徽江淮汽车集团股份有限公司	江淮牌	56	纯电动厢式运输车	HFC5049X、HFC5031X
23	安徽江淮汽车集团股份有限公司	江淮牌	56	纯电动轿车	HFC7000、HFC7001、HFC7002
24	福建省汽车工业集团云度新能源汽车股份有限公司	云度牌	58	纯电动轿车	YDE7000
25	江西大乘汽车有限公司	大乘汽车牌	60	纯电动轿车	JML7000
26	中国重汽集团济南卡车股份有限公司	豪沃牌	63	纯电动载货汽车底盘	ZZ1187
27	比亚迪汽车工业有限公司	比亚迪牌	79	纯电动厢式运输车	BYD5120X、BYD5040X
28	比亚迪汽车工业有限公司	比亚迪牌	79	插电式混合动力多用途乘用车	BYD6470、BYD6490
29	比亚迪汽车工业有限公司	比亚迪牌	79	纯电动货车底盘	BYD10401、BYD1120
30	比亚迪汽车工业有限公司	比亚迪牌	79	纯电动轿车	BYD7003、BYD7001
31	湖南江南汽车制造有限公司	众泰牌	84	纯电动厢式运输车	JNJ5020X
32	上汽通用五菱汽车股份有限公司	宝骏牌	92	纯电动轿车	LZW7001、LZW7002
33	重庆力帆乘用车有限公司	力帆牌	93	纯电动多用途乘用车	LF6440
34	庆铃汽车股份有限公司	庆铃牌(繁体)	95	纯电动载货汽车底盘	QL1100
35	重庆长安汽车股份有限公司	长安牌	96	插电式混合动力多用途乘用车	SC6469
36	比亚迪汽车有限公司	比亚迪牌	108	插电式混合动力多用途乘用车	BYD6460
37	比亚迪汽车有限公司	比亚迪牌	108	纯电动轿车	BYD7008
38	奇瑞商用车(安徽)有限公司	开瑞牌	119	纯电动厢式运输车	SQR5032X
39	奇瑞商用车(安徽)有限公司	开瑞牌	119	纯电动货车底盘	SQR1032
40	奇瑞汽车股份有限公司	奇瑞牌	119	纯电动轿车	SQR7000
41	观致汽车有限公司	观致(QOROS)牌	119	纯电动轿车	QAL7002
42	海马汽车有限公司	海马牌	128	纯电动轿车	HMA7003

续上表

序号	企业名称	商标	《目录》序号	产品名称	产品型号
43	上海申龙客车有限公司	申龙牌	129	燃料电池厢式运输车	SLK5080X
44	领途汽车有限公司	御捷马牌	134	纯电动轿车	YGM7003
45	吉利四川商用车有限公司	远程牌	138	纯电动城市客车	DNC6850
46	南京金龙客车制造有限公司	开沃牌	142	纯电动城市客车	NJL6113
47	南京金龙客车制造有限公司	开沃牌	142	纯电动餐厨垃圾车	NJL5100TCA
48	汉腾汽车有限公司	汉腾牌	145	纯电动多用途乘用车	GXQ6450
49	南通皋开汽车制造有限公司	大禹牌	157	纯电动载货汽车底盘	DYC1045、DYC1042
50	南通皋开汽车制造有限公司	大禹牌	157	纯电动厢式运输车	DYC5045X、DYC5042X
51	神河汽车有限公司	金联达牌	161	纯电动载货汽车	ESH1030
52	神河汽车有限公司	金联达牌	161	纯电动载货汽车底盘	ESH1030
53	江西江铃集团新能源汽车有限公司	易至牌	165	纯电动轿车	JX7001、JX7003
54	珠海广通汽车有限公司	广通牌	169	纯电动城市客车	GTQ6129
55	浙江合众新能源汽车有限公司	哪吒牌	173	纯电动轿车	THZ7001
56	奇瑞新能源汽车技术有限公司	奇瑞牌	174	纯电动轿车	NEQ7000
57	重庆金康新能源汽车有限公司	瑞驰牌	175	纯电动轿车	SKE7000
58	北京华林特装车有限公司	华林牌	(一)31	纯电动吸粪车	HLT5040GXE
59	北京华林特装车有限公司	华林牌	(一)31	纯电动桶装垃圾运输车	HLT5040CTY、HLT5036CTY、HLT5041CTY
60	北京华林特装车有限公司	华林牌	(一)31	纯电动自卸式垃圾车	HLT5040ZLJ
61	北京华林特装车有限公司	华林牌	(一)31	纯电动自装卸式垃圾车	HLT5040ZZZ、HLT5041ZZZ
62	华晨客车(大连)有限公司	佰斯威牌	(六)32	纯电动监测车	WK5040X
63	辽宁海诺建设机械集团有限公司	海诺牌	(六)45	纯电动压缩式垃圾车	HNJ5086ZYS
64	徐州工程机械集团有限公司	徐工牌	(十)48	纯电动多功能抑尘车	XZJ5040TDY
65	徐州工程机械集团有限公司	徐工牌	(十)48	纯电动清洗车	XZJ5180GQX
66	安徽爱瑞特环保科技股份有限公司	爱瑞特牌	(十二)59	纯电动自装卸式垃圾车	ART5030ZZZ
67	福建龙马环卫装备股份有限公司	福龙马牌	(十三)16	纯电动自装卸式垃圾车	FLM5120ZZZ
68	中科动力(福建)新能源汽车有限公司	中科动力牌	(十三)44	纯电动厢式运输车	FZK5020X
69	中国重汽集团济南豪沃客车有限公司	黄河牌	(十五)19	纯电动客车	JK6116、JK6126
70	河南森源重工有限公司	森源牌	(十六)37	纯电动厢式运输车	SMQ5041X
71	长沙中联重科环境产业有限公司	中联牌	(十八)60	纯电动洗扫车	ZBH5180TXS
72	深圳开沃汽车有限公司	开沃牌	(十九)67	纯电动自卸式垃圾车	XQX5310ZLJ
73	成都广通汽车有限公司	广通牌	(二十二)27	纯电动城市客车	CAT6601

2. 道路机动车辆生产企业及产品(第316批)——新能源汽车节选

道路机动车辆生产企业及产品(第316批)于2019年2月14日发布。共计有61家新能源汽车生产企业、56个新能源汽车品牌、92个新能源汽车系列产品进入公告。其中汽车生产企业有49家77个型号列入,民用改装生产企业有12家15个型号列入。

(1)燃料种类:本批次均为纯电动产品,共计92款,其中含14款底盘产品。

(2)产品类型:专用车共计36个车型(含底盘9个);客车共计25个车型(含底盘5个);乘用车共计31个车型。

序号	企业名称	商标	《目录》序号	产品名称	产品型号
1	一汽-大众汽车有限公司	大众牌	2	纯电动轿车	FV7002、FV7004
2	东风汽车股份有限公司	东风牌	3	纯电动载货汽车	DFA1180
3	东风汽车股份有限公司	东风牌	3	纯电动载货汽车底盘	EQ1180
4	东风汽车股份有限公司	东风牌	3	纯电动城市客车	DFA6100、DFA6800、DFA6811、DFA6850
5	东风汽车股份有限公司	东风牌	3	纯电动客车	DFA6811
6	东风汽车股份有限公司	东风牌	3	纯电动客车底盘	EQ6760、EQ6761、EQ6800
7	东风汽车集团有限公司	东风牌	3	纯电动载货汽车底盘	EQ1180
8	东风汽车集团有限公司	俊风牌	3	纯电动轿车	DFA7000
9	上汽通用汽车有限公司	别克(BUICK)牌	6	纯电动轿车	SGM7008
10	北京新能源汽车股份有限公司	北京牌	11	纯电动轿车	BJ7001、BJ7000
11	北京汽车股份有限公司	北京牌	11	纯电动轿车	BJ7003
12	长城汽车股份有限公司	欧拉牌	15	纯电动轿车	CC7001
13	山西新能源汽车工业有限公司	帝豪牌	25	纯电动轿车	JHC7002
14	山西新能源汽车工业有限公司	远程牌	25	纯电动低入口城市客车	JHC6810
15	一汽客车(大连)有限公司	解放牌	28	纯电动城市客车	CA6109

续上表

序号	企业名称	商标	《目录》序号	产品名称	产品型号
16	山东凯马汽车制造有限公司	凯马牌	31	纯电动密闭式桶装垃圾车	KMC5030X
17	华晨雷诺金杯汽车有限公司	金杯牌	33	纯电动厢式运输车	SY5030X
18	上汽大通汽车有限公司	大通牌	41	纯电动厢式运输车	SH5042X
19	上海申沃客车有限公司	申沃牌	42	纯电动城市客车	SWB6868、SWB6808
20	浙江飞碟汽车制造有限公司	飞碟牌	51	纯电动载货汽车底盘	FD1042、FD1043
21	浙江飞碟汽车制造有限公司	飞碟牌	51	纯电动厢式运输车	FD5043X、FD5042X
22	浙江吉利汽车有限公司	帝豪牌	52	纯电动轿车	MR7002
23	浙江豪情汽车制造有限公司	帝豪牌	52	纯电动轿车	HQ7002
24	安徽安凯汽车股份有限公司	安凯牌	55	纯电动城市客车	HFF6129、HFF6100
25	安徽江淮汽车集团股份有限公司	思皓牌	56	纯电动轿车	HFC7001
26	安徽江淮汽车集团股份有限公司	江淮牌	56	纯电动载货汽车底盘	HFC1041、HFC1045
27	安徽江淮汽车集团股份有限公司	江淮牌	56	纯电动厢式运输车	HFC5041X、HFC5045X
28	安徽江淮汽车集团股份有限公司	江淮牌	56	纯电动轿车	HFC7001、HFC7002
29	福建新福达汽车工业有限公司	福达(FORTA)牌	58	纯电动客车底盘	FZ6105、FZ6770
30	江西大乘汽车有限公司	大乘汽车牌	60	纯电动轿车	JML7000
31	中国重汽集团济南卡车股份有限公司	豪沃牌	63	纯电动载货汽车底盘	ZZ1187
32	郑州宇通客车股份有限公司	宇通牌	71	纯电动客车	ZK6809
33	比亚迪汽车工业有限公司	比亚迪牌	79	纯电动低入口城市客车	BYD6122
34	比亚迪汽车工业有限公司	比亚迪牌	79	纯电动低入口城市客车底盘	BYD6122
35	比亚迪汽车工业有限公司	比亚迪牌	79	纯电动城市客车	BYD6810、BYD6101
36	比亚迪汽车工业有限公司	比亚迪牌	79	纯电动城市客车底盘	BYD6101、BYD6770
37	比亚迪汽车工业有限公司	比亚迪牌	79	纯电动多用途乘用车	BYD6470
38	比亚迪汽车工业有限公司	比亚迪牌	79	纯电动货车	BYD112117HBEV
39	比亚迪汽车工业有限公司	比亚迪牌	79	纯电动货车底盘	BYD112117HBEVD
40	比亚迪汽车工业有限公司	比亚迪牌	79	纯电动轿车	BYD7001
41	安徽华菱汽车有限公司	华菱之星牌	81	纯电动自卸汽车	HN3310
42	安徽华菱汽车有限公司	华菱之星牌	81	纯电动自卸汽车底盘	HN3310
43	湖南江南汽车制造有限公司	众泰牌	84	纯电动轿车	JNJ7000
44	深圳东风汽车有限公司	东风牌	85	纯电动自装卸式垃圾车	EQ5041ZZZ
45	广州汽车集团乘用车有限公司	传祺(Trumpchi)牌	89	纯电动轿车	GAM7000
46	重庆长安汽车股份有限公司	长安牌	96	纯电动多用途乘用车	SC6458
47	重庆长安汽车股份有限公司	长安牌	96	纯电动轿车	SC7001
48	四川野马汽车股份有限公司	野马牌	101	纯电动客车	SQJ6600
49	四川野马汽车股份有限公司	野马牌	101	纯电动客车底盘	SQJ6570
50	四川野马汽车股份有限公司	野马牌	101	纯电动多用途乘用车	SQJ6460
51	成都大运汽车集团有限公司	大运牌	101	纯电动运动型乘用车	CGC6371
52	潍柴(重庆)汽车有限公司	英致牌	102	纯电动多用途乘用车	YZ6451
53	比亚迪汽车有限公司	比亚迪牌	108	纯电动多用途乘用车	BYD6460
54	陕西通家汽车股份有限公司	通家福牌	109	纯电动多用途乘用车	STJ6408
55	陕西汽车集团有限责任公司	陕汽牌	110	纯电动载货汽车底盘	SX1187
56	陕西汽车集团有限责任公司	陕汽牌	110	纯电动压缩式垃圾车	SX5187ZYS
57	奇瑞汽车股份有限公司	奇瑞牌	119	纯电动轿车	SQR7004、SQR7000
58	观致汽车有限公司	观致(QOROS)牌	119	纯电动轿车	QAL7003、QAL7000
59	上海汽车集团股份有限公司	荣威牌	122	纯电动轿车	CSA7002
60	厦门金龙联合汽车工业有限公司	金龙牌	123	纯电动客车	XMQ6905、XMQ6112
61	厦门金龙旅行车有限公司	金旅牌	124	纯电动厢式运输车	XML5032X
62	海马汽车有限公司	小鹏牌	128	纯电动轿车	HMA7004
63	安徽猎豹汽车有限公司	猎豹(LEOPAARD)牌	136	纯电动厢式运输车	LBA5020X
64	吉利四川商用车有限公司	远程牌	138	纯电动载货汽车底盘	DNC1030
65	吉利四川商用车有限公司	远程牌	138	纯电动低入口城市客车	DNC6100、DNC6120
66	吉利四川商用车有限公司	远程牌	138	纯电动厢式运输车	DNC5030X
67	吉利四川商用车有限公司	远程牌	138	纯电动多用途货车	DNC1030
68	南京金龙客车制造有限公司	开沃牌	142	纯电动客车	NJL6600
69	万向集团公司	万向牌	150	纯电动低入口城市客车	WXB6100、WXB6121
70	万向集团公司	万向牌	150	纯电动低地板城市客车	WXB6121
71	江西江铃集团新能源汽车有限公司	易至牌	165	纯电动轿车	JX7001
72	上海万象汽车制造有限公司	象牌	168	纯电动低地板城市客车	SXC6106

续上表

序号	企业名称	商标	《目录》序号	产品名称	产品型号
73	上海万象汽车制造有限公司	象牌	168	纯电动城市客车	SXC6810、SXC6105
74	上海万象汽车制造有限公司	象牌	168	纯电动厢式运输车	SXC5042X
75	杭州长江乘用车有限公司	零跑牌	170	纯电动轿车	FDH7000
76	奇瑞新能源汽车技术有限公司	奇瑞牌	174	纯电动轿车	NEQ7000
77	河南速达电动汽车科技有限公司	速达牌	178	纯电动轿车	SDE7001
78	唐山上汽客车有限公司	德纳迪牌	(三)77	纯电动城市客车	SK6820、SK6105
79	上海沪光客车厂	沪光牌	(九)09	纯电动密闭式桶装垃圾车	HG5031X
80	上海航空特种车辆有限责任公司	赛沃牌	(九)14	纯电动器材消防车	SHF5020TXF
81	徐州工程机械集团有限公司	徐工牌	(十)48	纯电动洗扫车	XZJ5180TXS
82	安徽爱瑞特环保科技股份有限公司	爱瑞特牌	(十二)59	纯电动自装卸式垃圾车	ART5031ZZZ
83	福建龙马环卫装备股份有限公司	福龙马牌	(十三)16	纯电动密闭式桶装垃圾车	FLM5040X
84	福建龙马环卫装备股份有限公司	福龙马牌	(十三)16	纯电动洗扫车	FLM5120TXS
85	烟台海德专用汽车有限公司	海德牌	(十五)20	纯电动自卸式垃圾车	CHD5041ZLJ
86	烟台海德专用汽车有限公司	海德牌	(十五)20	纯电动车厢可卸式垃圾车	CHD5121ZXX
87	淄博舜泰汽车制造有限公司	舜泰牌	(十五)254	纯电动压缩式垃圾车	ZST5032ZYS
88	襄阳九州汽车有限公司	九州牌	(十七)129	纯电动城市客车	SYC6100
89	长沙中联重科环境产业有限公司	中联牌	(十八)60	纯电动压缩式垃圾车	ZBH5180ZYS
90	东莞中汽宏远汽车有限公司	宏远牌	(十九)42	纯电动城市客车	KMT6600
91	柳州延龙汽车有限公司	延龙牌	(二十)06	纯电动厢式运输车	LZL5030X
92	柳州延龙汽车有限公司	延龙牌	(二十)06	纯电动车厢可卸式垃圾车	LZL5031ZXX

3. 道路机动车辆生产企业及产品(第317批)——新能源汽车节选

道路机动车辆生产企业及产品(第317批)于2019年3月8日发布。共计有34家新能源汽车生产企业、33个新能源汽车品牌、64个新能源汽车系列产品进入公告。其中汽车生产企业有26家52个型号列入,民用改装生产企业有8家12个型号列入。

(1)燃料种类:本批次均为纯电动产品,共计64款,其中含7款底盘产品。

(2)产品类型:专用车共计30个(含底盘4个);客车共计19个车型(含底盘3个);乘用车共计15个车型。

序号	企业名称	商标	《目录》序号	产品名称	产品型号
1	中国第一汽车集团有限公司	解放牌	1	纯电动城市客车	CA6100
2	中国第一汽车集团有限公司	解放牌	1	纯电动客车底盘	CA6100
3	东风汽车股份有限公司	东风牌	3	纯电动城市客车	DFA6600、DFA6650、DFA6800
4	东风汽车股份有限公司	东风牌	3	纯电动客车底盘	EQ6570、EQ6620、EQ6760
5	东风裕隆汽车有限公司	纳智捷牌	3	纯电动轿车	DYM7003
6	北汽福田汽车股份有限公司	福田牌	9	纯电动载货汽车底盘	BJ1030
7	北汽福田汽车股份有限公司	福田牌	9	纯电动厢式运输车	BJ5030X
8	北汽福田汽车股份有限公司	福田牌	9	纯电动冷藏车	BJ5073X
9	北京汽车股份有限公司	北京牌	11	纯电动轿车	BJ7000
10	长城汽车股份有限公司	欧拉牌	15	纯电动轿车	CC7000
11	河北长安汽车有限公司	长安牌	22	纯电动厢式运输车	SC5031X
12	河北长安汽车有限公司	长安牌	22	纯电动轿车	SC7002
13	上汽大通汽车有限公司	大通牌	41	纯电动厢式运输车	SH5030X、SH5031X
14	上汽大通汽车有限公司	大通牌	41	纯电动多用途乘用车	SH6481
15	安徽江淮汽车集团股份有限公司	江淮牌	56	纯电动厢式运输车	HFC5031X
16	安徽江淮汽车集团股份有限公司	江淮牌	56	纯电动轿车	HFC7000、HFC7001
17	福建新福达汽车工业有限公司	福达(FORTA)牌	58	纯电动城市客车	FZ6108
18	江西大乘汽车有限公司	骐铃牌	60	纯电动载货汽车底盘	JML1041
19	江西大乘汽车有限公司	骐铃牌	60	纯电动厢式运输车	JML5041X
20	郑州宇通客车股份有限公司	宇通牌	71	纯电动低入口城市客车	ZK6125
21	郑州宇通客车股份有限公司	宇通牌	71	纯电动低地板城市客车	ZK6106、ZK6126
22	郑州宇通客车股份有限公司	宇通牌	71	纯电动双层低地板城市客车	ZK6126
23	郑州宇通客车股份有限公司	宇通牌	71	纯电动城市客车	ZK6105、ZK6809、ZK6125
24	郑州宇通客车股份有限公司	宇通牌	71	纯电动客车	ZK6119
25	郑州宇通客车股份有限公司	宇通牌	71	纯电动客车	ZK6826
26	郑州宇通客车股份有限公司	宇通牌	71	纯电动客车	ZK6115
27	郑州宇通客车股份有限公司	宇通牌	71	纯电动客车	ZK6906
28	郑州宇通客车股份有限公司	宇通牌	71	纯电动客车底盘	ZK6106

续上表

序号	企业名称	商标	《目录》序号	产品名称	产品型号
29	比亚迪汽车工业有限公司	比亚迪牌	79	纯电动厢式运输车	BYD5030X
30	比亚迪汽车工业有限公司	比亚迪牌	79	纯电动轿车	BYD7003
31	深圳东风汽车有限公司	东风牌	85	纯电动洗扫车	EQ5180TXS
32	广汽三菱汽车有限公司	广汽(GAC)牌	89	纯电动轿车	GMC7000
33	上汽通用五菱汽车股份有限公司	宝骏牌	92	纯电动轿车	LZW7001、LZW7002
34	重庆力帆乘用车有限公司	力帆牌	93	纯电动轿车	LF7002
35	比亚迪汽车有限公司	比亚迪牌	108	纯电动轿车	BYD7008
36	金龙联合汽车工业(苏州)有限公司	海格牌	112	纯电动城市客车	KLQ6850
37	奇瑞商用车(安徽)有限公司	开瑞牌	119	纯电动载货汽车底盘	SQR1043、SQR1044
38	奇瑞商用车(安徽)有限公司	开瑞牌	119	纯电动厢式运输车	SQR5043X
39	奇瑞商用车(安徽)有限公司	开瑞牌	119	纯电动厢式运输车	SQR5031X
40	奇瑞商用车(安徽)有限公司	开瑞牌	119	纯电动厢式运输车	SQR5044X
41	奇瑞商用车(安徽)有限公司	开瑞牌	119	纯电动厢式运输车	SQR5030X
42	奇瑞商用车(安徽)有限公司	开瑞牌	119	纯电动多用途乘用车	SQR6464
43	奇瑞商用车(安徽)有限公司	捷途牌	119	纯电动多用途乘用车	SQR6480
44	厦门金龙联合汽车工业有限公司	金龙牌	123	纯电动城市客车	XMQ6860、XMQ6105
45	厦门金龙旅行车有限公司	金旅牌	124	纯电动城市客车	XML6105、XML6125、XML6855
46	吉利四川商用车有限公司	远程牌	138	纯电动载货汽车底盘	DNC1042、DNC1049
47	吉利四川商用车有限公司	远程牌	138	纯电动厢式运输车	DNC5020X
48	吉利四川商用车有限公司	远程牌	138	纯电动厢式运输车	DNC5042X
49	吉利四川商用车有限公司	远程牌	138	纯电动厢式运输车	DNC5049X
50	南京金龙客车制造有限公司	开沃牌	142	纯电动低入口城市客车	NJL6129
51	重庆金康新能源汽车有限公司	瑞驰牌	175	纯电动轿车	SKE7000
52	国能新能源汽车有限责任公司	龙基牌	176	纯电动轿车	GNE7001
53	徐州工程机械集团有限公司	徐工牌	(十)48	纯电动清洗车	XZJ5181GQX
54	镇江天洋汽车有限公司	江天牌	(十)64	纯电动厢式运输车	ZKJ5040X
55	浙江中车电车有限公司	中国中车牌	(十一)17	纯电动城市客车	CSR6123、CSR6113
56	安徽爱瑞特新能源专用汽车股份有限公司	爱瑞特牌	(十二)59	纯电动路面养护车	ART5030TYH
57	福建龙马环卫装备股份有限公司	福龙马牌	(十三)16	纯电动洗扫车	FLM5181TXS
58	烟台海德专用汽车有限公司	海德牌	(十五)20	纯电动垃圾桶清洗车	CHD5030TQX
59	烟台海德专用汽车有限公司	海德牌	(十五)20	纯电动洗扫车	CHD5182TXS
60	烟台海德专用汽车有限公司	海德牌	(十五)20	纯电动清洗车	CHD5181GQX
61	烟台海德专用汽车有限公司	海德牌	(十五)20	纯电动车厢可卸式垃圾车	CHD5181ZXX
62	烟台海德专用汽车有限公司	海德牌	(十五)20	纯电动餐厨垃圾车	CHD5121TCA
63	长沙中联重科环境产业有限公司	中联牌	(十八)60	纯电动车厢可卸式垃圾车	ZBH5180ZXX
64	云南航天神州汽车有限公司	神州牌	(二十四)04	纯电动厢式运输车	YH5025X

4. 道路机动车辆生产企业及产品(第 318 批)——新能源汽车节选

道路机动车辆生产企业及产品(第 318 批)于 2019 年 4 月8 日发布。共计有 79 家新能源汽车生产企业、76 个新能源汽车品牌、166 个新能源汽车系列产品进入公告。其中汽车生产企业有 62 家 145 个型号列入,民用改装生产企业有 17 家 21 个型号列入。

(1)燃料种类:本批次纯电动产品共计 151 款(含乘用车 31 款、客车 35 款、专用车 59 款、底盘 26 款);插电式混合动力产品 10 款(含乘用车 6 款、客车 1 款、专用车 1 款、底盘 2 款);燃料电池产品 5 款(含客车 1 款、专用车 2 款、底盘 2 款)。

(2)产品类型:专用车共计 86 个车型(含底盘 24 个);客车共计 43 个车型(含底盘 6 个);乘用车共计 37 个车型。

序号	企业名称	商标	《目录》序号	产品名称	产品型号
1	中国第一汽车集团有限公司	一汽牌	1	纯电动轿车	CA7001
2	中国第一汽车集团有限公司	解放牌	1	纯电动载货汽车底盘	CA1180
3	一汽-大众汽车有限公司	(AUDI)牌	2	纯电动轿车	FV70010
4	东风小康汽车有限公司	东风牌	3	纯电动多用途乘用车	DXK6450
5	东风汽车有限公司	启辰牌	3	纯电动轿车	DFL7000
6	东风汽车股份有限公司	东风牌	3	纯电动载货汽车底盘	EQ1030、EQ1040
7	东风汽车股份有限公司	东风牌	3	纯电动客车底盘	EQ6740、EQ6790、EQ6560、
8	东风汽车股份有限公司	东风牌	3	纯电动厢式运输车	DFA5030X、DFA5040X
9	东风汽车股份有限公司	东风牌	3	纯电动压缩式垃圾车	DFA5040ZYS

续上表

序号	企业名称	商标	《目录》序号	产品名称	产品型号
10	东风汽车股份有限公司	东风牌	3	纯电动扫路车	DFA5040TSL
11	东风汽车股份有限公司	东风牌	3	纯电动自装卸式垃圾车	DFA5030ZZZ
12	东风汽车股份有限公司	东风牌	3	纯电动路面养护车	DFA5030TYH
13	东风汽车股份有限公司	东风牌	3	纯电动邮政车	DFA5030X
14	东风汽车集团有限公司	东风牌	3	燃料电池载货汽车底盘	EQ1090
15	东风汽车集团有限公司	东风牌	3	纯电动载货汽车底盘	EQ1040
16	东风汽车集团有限公司	东风牌	3	纯电动城市客车	EQ6800
17	东风汽车集团有限公司	东风牌	3	纯电动冷藏车	EQ5040X
18	东风汽车集团有限公司	俊风牌	3	纯电动轿车	DFA7000
19	北京北方华德尼奥普兰客车股份有限公司	北方牌	7	纯电动城市客车	BFC6128
20	北汽福田汽车股份有限公司	福田牌	9	纯电动载货汽车底盘	BJ1045
21	北汽福田汽车股份有限公司	福田牌	9	纯电动城市客车	BJ6105、BJ6805
22	北汽福田汽车股份有限公司	福田牌	9	纯电动厢式运输车	BJ5020X、BJ5010X、BJ5045X
23	北汽福田汽车股份有限公司	福田牌	9	纯电动清洗车	BJ5072GQX
24	北京奔驰汽车有限公司	梅赛德斯-奔驰（Mercedes-Benz）牌	10	纯电动多用途乘用车	BJ6480
25	北京汽车股份有限公司	北京牌	11	纯电动轿车	BJ7003
26	山西新能源汽车工业有限公司	帝豪牌	25	纯电动轿车	JHC7002
27	山西新能源汽车工业有限公司	远程牌	25	纯电动低入口城市客车	JHC6120
28	丹东黄海汽车有限责任公司	黄海牌	29	纯电动城市客车	DD6810、DD6109
29	丹东黄海汽车有限责任公司	黄海牌	29	纯电动多用途货车	DD1032
30	北汽（广州）汽车有限公司	北京牌	30	纯电动轿车	BJ7000
31	威马汽车制造温州有限公司	威尔马斯特牌	34	纯电动多用途乘用车	SZS6460
32	上汽大通汽车有限公司	大通牌	41	纯电动邮政车	SH5020X
33	上汽大通汽车有限公司	跃进牌	41	纯电动载货汽车	SH1127
34	上汽大通汽车有限公司	跃进牌	41	纯电动载货汽车底盘	SH1127、SH1047、SH1187
35	上汽大通汽车有限公司	跃进牌	41	纯电动厢式运输车	SH5047X、SH5187X
36	南京汽车集团有限公司	依维柯牌	44	纯电动电力工程车	NJ5047X
37	南京汽车集团有限公司	依维柯牌	44	纯电动邮政车	NJ5047X
38	东风悦达起亚汽车有限公司	起亚牌	47	插电式混合动力轿车	YQZ7160
39	扬州亚星客车股份有限公司	亚星牌	49	纯电动城市客车	JS6108、JS6128、JS6815、
40	浙江吉利汽车有限公司	吉利牌	52	插电式混合动力多用途乘用车	MR6471
41	浙江吉利汽车有限公司	帝豪牌	52	纯电动轿车	MR7002
42	浙江吉利汽车有限公司	康迪牌	52	纯电动轿车	SMA7001
43	浙江吉利汽车有限公司	领克牌	52	插电式混合动力轿车	MR7153
44	浙江豪情汽车制造有限公司	帝豪牌	52	插电式混合动力轿车	HQ7152
45	浙江豪情汽车制造有限公司	帝豪牌	52	纯电动轿车	HQ7002
46	四川江淮汽车有限公司	江淮牌	56	纯电动载货汽车底盘	HFC1045
47	四川江淮汽车有限公司	江淮牌	56	纯电动厢式运输车	HFC5045X
48	安徽江淮汽车集团股份有限公司	江淮牌	56	纯电动载货汽车底盘	HFC1045
49	安徽江淮汽车集团股份有限公司	江淮牌	56	纯电动厢式运输车	HFC5045X、HFC5037X
50	安徽江淮汽车集团股份有限公司	江淮牌	56	纯电动多用途货车	HFC1037
51	安徽江淮汽车集团股份有限公司	江淮牌	56	纯电动多用途货车底盘	HFC1037
52	安徽江淮汽车集团股份有限公司	蔚来牌	56	纯电动多用途乘用车	HFC6483
53	江铃汽车股份有限公司	江铃牌	61	纯电动多用途货车	JX1032
54	江铃汽车股份有限公司	江铃牌	61	纯电动多用途货车底盘	JX1032
55	江铃汽车股份有限公司	福特牌	61	纯电动多用途乘用车	JX6462
56	一汽解放青岛汽车有限公司	解放牌	64	纯电动载货汽车底盘	CA1040、CA1047
57	一汽解放青岛汽车有限公司	解放牌	64	纯电动厢式运输车	CA5047X、CA5040X
58	山东唐骏欧铃汽车制造有限公司	欧铃牌	68	纯电动载货汽车	ZB1040
59	山东唐骏欧铃汽车制造有限公司	欧铃牌	68	纯电动载货汽车底盘	ZB1040
60	山东唐骏欧铃汽车制造有限公司	欧铃牌	68	纯电动厢式运输车	ZB5040X
61	郑州宇通客车股份有限公司	宇通牌	71	纯电动低入口城市客车	ZK6125
62	郑州宇通客车股份有限公司	宇通牌	71	纯电动城市客车	ZK6826、ZK6650、ZK6809
63	郑州宇通客车股份有限公司	宇通牌	71	纯电动客车	ZK6115
64	郑州宇通客车股份有限公司	宇通牌	71	纯电动客车底盘	ZK6106
65	郑州日产汽车有限公司	东风牌	72	纯电动多用途乘用车	ZN6497
66	郑州日产汽车有限公司	东风牌	72	纯电动多用途货车	ZN1030

续上表

序号	企业名称	商标	《目录》序号	产品名称	产品型号
67	东风雷诺汽车有限公司	风诺牌	75	纯电动轿车	DFR7000
68	比亚迪汽车工业有限公司	比亚迪牌	79	纯电动载货汽车	BYD1031、BYD1041
69	比亚迪汽车工业有限公司	比亚迪牌	79	纯电动载货汽车底盘	BYD1031、BYD1041
70	比亚迪汽车工业有限公司	比亚迪牌	79	纯电动城市客车	BYD6112
71	比亚迪汽车工业有限公司	比亚迪牌	79	纯电动城市客车底盘	BYD6102
72	比亚迪汽车工业有限公司	比亚迪牌	79	纯电动客车	BYD6110、BYD6900
73	比亚迪汽车工业有限公司	比亚迪牌	79	纯电动客车底盘	BYD6100、BYD6880
74	比亚迪汽车工业有限公司	比亚迪牌	79	纯电动厢式运输车	BYD5070X、BYD5030X
75	比亚迪汽车工业有限公司	比亚迪牌	79	纯电动轿车	BYD7003
76	比亚迪汽车工业有限公司	比亚迪牌	79	纯电动邮政车	BYD5030X
77	三一汽车制造有限公司	三一牌	80	纯电动载货汽车底盘	SYM1180
78	三一汽车制造有限公司	三一牌	80	纯电动自卸式垃圾车	SYM5180ZLJ
79	安徽华菱汽车有限公司	华菱之星牌	81	纯电动自卸汽车	HN3311
80	安徽华菱汽车有限公司	华菱之星牌	81	纯电动自卸汽车底盘	HN3311
81	安徽华菱汽车有限公司	华菱之星牌	81	纯电动城市客车	HN6100
82	广州广汽比亚迪新能源客车有限公司	广汽牌	89	纯电动城市客车	GZ6101
83	广州汽车集团乘用车有限公司	传祺(Trumpchi)牌	89	纯电动轿车	GAM7000
84	东风柳州汽车有限公司	乘龙牌	91	纯电动载货汽车底盘	LZ1046
85	东风柳州汽车有限公司	乘龙牌	91	纯电动厢式运输车	LZ5046X
86	上汽通用五菱汽车股份有限公司	宝骏牌	92	纯电动轿车	LZW7002
87	上汽依维柯红岩商用车有限公司	红岩牌	94	纯电动载货汽车	CQ1150
88	上汽依维柯红岩商用车有限公司	红岩牌	94	纯电动载货汽车底盘	CQ1150
89	庆铃汽车股份有限公司	庆铃牌(繁体)	95	纯电动载货汽车底盘	QL1180、QL1040、QL1060、
90	庆铃汽车股份有限公司	庆铃牌(繁体)	95	纯电动厢式运输车	QL5041X
91	合肥长安汽车有限公司	长安牌	96	纯电动轿车	SC7004
92	重庆长安汽车股份有限公司	长安牌	96	纯电动多用途乘用车	SC6458
93	中植一客成都汽车有限公司	中植汽车牌	100	纯电动低入口城市客车	CDL6701
94	比亚迪汽车有限公司	比亚迪牌	108	插电式混合动力多用途乘用车	BYD6461
95	比亚迪汽车有限公司	比亚迪牌	108	纯电动多用途乘用车	BYD6461
96	比亚迪汽车有限公司	比亚迪牌	108	纯电动轿车	BYD7005、BYD7008
97	陕西汽车集团有限责任公司	陕汽牌	110	纯电动载货汽车底盘	SX1043
98	陕西汽车集团有限责任公司	陕汽牌	110	纯电动自卸汽车	SX3317
99	陕西汽车集团有限责任公司	陕汽牌	110	纯电动自卸汽车底盘	SX3317
100	陕西汽车集团有限责任公司	陕汽牌	110	纯电动冷藏车	SX5043X
101	金龙联合汽车工业(苏州)有限公司	海格牌	112	纯电动客车	KLQ6812
102	金龙联合汽车工业(苏州)有限公司	海格牌	112	纯电动厢式运输车	KLQ5041X
103	奇瑞商用车(安徽)有限公司	开瑞牌	119	纯电动仓栅式运输车	SQR5040CCY
104	奇瑞商用车(安徽)有限公司	开瑞牌	119	纯电动冷藏车	SQR5041X
105	奇瑞汽车股份有限公司	奇瑞牌	119	纯电动轿车	SQR7001
106	上海汽车集团股份有限公司	荣威牌	122	纯电动轿车	CSA7002
107	厦门金龙联合汽车工业有限公司	金龙牌	123	纯电动城市客车	XMQ6850、XMQ6106、XMQ6127
108	厦门金龙旅行车有限公司	金旅牌	124	纯电动城市客车	XML6105、XML6606、XML6605、XML6855
109	厦门金龙旅行车有限公司	金旅牌	124	纯电动客车	XML6102、XML6700、XML6112、XML6122、XML6809
110	厦门金龙旅行车有限公司	金旅牌	124	纯电动厢式运输车	XML5038X
111	厦门金龙旅行车有限公司	金旅牌	124	纯电动邮政车	XML5032X
112	中通客车控股股份有限公司	中通牌	125	纯电动低入口城市客车	LCK6120
113	中通客车控股股份有限公司	中通牌	125	燃料电池厢式运输车	LCK5095X
114	海马汽车有限公司	海马牌	128	纯电动轿车	HMA7000
115	上海申龙客车有限公司	申龙牌	129	插电式混合动力客车底盘	SLK6109
116	上海申龙客车有限公司	申龙牌	129	燃料电池城市客车	SLK6129
117	上海申龙客车有限公司	申龙牌	129	纯电动城市客车	SLK6819、SLK6859、SLK6118、SLK6109
118	上海申龙客车有限公司	申龙牌	129	纯电动客车	SLK6118
119	上海申龙客车有限公司	申龙牌	129	纯电动客车底盘	SLK6773
120	上海申龙客车有限公司	申龙牌	129	纯电动邮政车	SLK5032X

续上表

序号	企业名称	商标	《目录》序号	产品名称	产品型号
121	领途汽车有限公司	领途牌	134	纯电动轿车	YGM7001
122	吉利四川商用车有限公司	远程牌	138	插电式混合动力载货汽车底盘	DNC1047
123	吉利四川商用车有限公司	远程牌	138	纯电动载货汽车底盘	DNC1030、DNC1042
124	吉利四川商用车有限公司	远程牌	138	纯电动低入口城市客车	DNC6100、DNC6120
125	吉利四川商用车有限公司	远程牌	138	插电式混合动力厢式运输车	DNC5047X
126	吉利四川商用车有限公司	远程牌	138	纯电动厢式运输车	DNC5042X、DNC5030X
127	南京金龙客车制造有限公司	开沃牌	142	纯电动低入口城市客车	NJL6123
128	南京金龙客车制造有限公司	开沃牌	142	纯电动城市客车	NJL6123、NJL6129、NJL6809
129	南京金龙客车制造有限公司	开沃牌	142	纯电动客车	NJL6600
130	南京金龙客车制造有限公司	开沃牌	142	纯电动扫路车	NJL5040TSL
131	南京金龙客车制造有限公司	开沃牌	142	纯电动自装卸式垃圾车	NJL5060ZZZ
132	南京金龙客车制造有限公司	开沃牌	142	纯电动路面养护车	NJL5040TYH
133	湖南中车时代电动汽车股份有限公司	中国中车牌	151	纯电动城市客车	TEG6900、TEG6660、TEG6105、TEG6129
134	湖南中车时代电动汽车股份有限公司	中国中车牌	151	纯电动客车	TEG6110
135	程力汽车集团股份有限公司	程力牌	153	纯电动载货汽车	CL1040
136	程力汽车集团股份有限公司	程力牌	153	纯电动载货汽车底盘	CL1040
137	南通皋开汽车制造有限公司	大禹牌	157	燃料电池载货汽车底盘	DYC1082
138	南通皋开汽车制造有限公司	大禹牌	157	燃料电池厢式运输车	DYC5082X
139	江西江铃集团新能源汽车有限公司	易至牌	165	纯电动轿车	JX7001、JX7002
140	上海万象汽车制造有限公司	象牌	168	纯电动城市客车	SXC6110、SXC6940、SXC6750、SXC6120
141	珠海广通汽车有限公司	广通牌	169	纯电动城市客车	GTQ6800
142	珠海广通汽车有限公司	广通牌	169	纯电动厢式运输车	GTQ5024X
143	浙江合众新能源汽车有限公司	哪吒牌	173	纯电动轿车	THZ7000
144	重庆金康新能源汽车有限公司	瑞驰牌	175	插电式增程混合动力轿车	SKE7150
145	重庆金康新能源汽车有限公司	瑞驰牌	175	纯电动轿车	SKE7000
146	天津路通电动汽车有限公司	牧夫牌	(二)28	纯电动吸尘车	LTA5012TXC
147	远大汽车制造股份有限公司	衡霸牌	(三)84	纯电动清洗车	YYD5120GQX
148	哈尔滨龙江客车制造有限公司	龙江牌	(八)03	纯电动城市客车	LJK6100
149	航天晨光股份有限公司	三力牌	(十)34	纯电动压缩式垃圾车	CGJ5189ZYS、CGJ5070ZYS
150	航天晨光股份有限公司	三力牌	(十)34	纯电动吸粪车	CGJ5180GXE
151	航天晨光股份有限公司	三力牌	(十)34	纯电动路面养护车	CGJ5040TYH
152	扬州盛达特种车有限公司	金鸽牌	(十)57	纯电动压缩式垃圾车	YZT5180ZYS
153	福建龙马环卫装备股份有限公司	福龙马牌	(十三)16	纯电动路面养护车	FLM5040TYH
154	中国重汽集团济南豪沃客车有限公司	黄河牌	(十五)19	纯电动城市客车	JK6126、JK6806
155	烟台海德专用汽车有限公司	海德牌	(十五)20	纯电动清洗车	CHD5180GQX
156	淄博舜泰汽车制造有限公司	舜泰牌	(十五)254	纯电动路面养护车	ZST5033TYH
157	湖北精功科技有限公司	精工楚天牌	(十七)73	纯电动清洗车	HJG5030GQX
158	湖北精功科技有限公司	精工楚天牌	(十七)73	纯电动自装卸式垃圾车	HJG5041ZZZ
159	长沙中联重科环境产业有限公司	中联牌	(十八)60	纯电动压缩式垃圾车	ZBH5122ZYS、ZBH5189ZYS
160	广西申龙汽车制造有限公司	紫象牌	(二十)12	插电式混合动力城市客车	HQK6109
161	广西申龙汽车制造有限公司	紫象牌	(二十)12	纯电动城市客车	HQK6803
162	重庆金冠汽车制造股份有限公司	圣路牌	(二十一)12	纯电动运钞车	SLT5040X
163	重庆瑞驰汽车实业有限公司	瑞驰牌	(二十一)14	纯电动封闭货车	CRC5033X
164	四川省客车制造有限责任公司	峨嵋牌	(二十二)09	纯电动城市客车	EM6810、EM6590、EM6850
165	贵州长江汽车有限公司	贵州牌	(二十三)01	纯电动城市客车	GK6800
166	陕西秦星汽车有限责任公司	原点之星牌	(二十六)25	纯电动城市客车	SYD6810、SYD6101

5. 道路机动车辆生产企业及产品(第 319 批)——新能源汽车节选

道路机动车辆生产企业及产品(第 319 批)于 2019 年 5月10 日发布。共计有 88 家新能源汽车生产企业、85 个新能源汽车品牌、185 个新能源汽车系列产品进入公告。其中汽车生产企业有 60 家 140 个型号列入,民用改装生产企业有 28 家 45 个型号列入。

(1)燃料种类:本批次纯电动产品共计 167 款(含乘用车 28 款、客车 41 款、专用车 75 款、底盘 23 款);插电式混合动力产品 10 款(含乘用车 5 款、客车 3 款、专用车 1 款、底盘 1 款);燃料电池产品 8 款(含客车 5 款、专用车 1 款、底盘 2 款)。

(2)产品类型:专用车共计 94 个车型(含底盘 17 个);客车共计 58 个车型(含底盘 9 个);乘用车共计 33 个车型。

序号	企业名称	商标	《目录》序号	产品名称	产品型号
1	中国第一汽车集团有限公司	一汽牌	1	纯电动轿车	CA7003
2	中国第一汽车集团有限公司	解放牌	1	纯电动厢式运输车	CA5180X
3	中国第一汽车集团有限公司	解放牌	1	纯电动厢式运输车底盘	CA5180X
4	中国第一汽车集团有限公司	解放牌	1	纯电动翼开启厢式车	CA5180X
5	东风汽车股份有限公司	东风牌	3	纯电动载货汽车	DFA1040、DFA1120
6	东风汽车股份有限公司	东风牌	3	纯电动载货汽车底盘	EQ1090、EQ1120、EQ1040
7	东风汽车股份有限公司	东风牌	3	纯电动城市客车	DFA6800
8	东风汽车股份有限公司	东风牌	3	纯电动客车底盘	EQ6740、EQ6830、EQ6780、EQ6790、EQ6990、EQ6100、EQ6590
9	东风汽车股份有限公司	东风牌	3	纯电动厢式运输车	DFA5030X、DFA5040X
10	东风汽车股份有限公司	东风牌	3	纯电动仓栅式运输车	DFA5040CCY
11	东风汽车股份有限公司	东风牌	3	纯电动流动服务车	DFA5040X
12	东风汽车股份有限公司	东风牌	3	纯电动邮政车	DFA5030X
13	东风汽车集团有限公司	东风牌	3	纯电动载货汽车底盘	EQ1041、EQ1180、EQ1045
14	东风汽车集团有限公司	东风牌	3	燃料电池客车底盘	EQ6810
15	东风汽车集团有限公司	东风牌	3	纯电动轿车	EQ7000
16	东风汽车集团有限公司	东风雷诺牌	3	纯电动轿车	EQ7000
17	东风汽车集团有限公司	俊风牌	3	纯电动轿车	DFA7000
18	东风汽车集团有限公司	启辰牌	3	纯电动轿车	EQ7000
19	东风汽车集团有限公司	风神牌	3	纯电动轿车	EQ7000
20	北京北方华德尼奥普兰客车股份有限公司	北方牌	7	纯电动城市客车	BFC6129、BFC6128
21	金华青年汽车制造有限公司	迈迪牌	7	纯电动轿车	JNP7008
22	北汽福田汽车股份有限公司	福田牌	9	纯电动载货汽车底盘	BJ1065
23	北汽福田汽车股份有限公司	福田牌	9	纯电动厢式运输车	BJ5065X
24	北京新能源汽车股份有限公司	北京牌	11	纯电动轿车	BJ7001、BJ7000
25	北京现代汽车有限公司	北京现代牌	11	插电式混合动力轿车	BH7160
26	河北中兴汽车制造有限公司	田野牌	19	纯电动多用途货车	BQ1023
27	荣成华泰汽车有限公司	华泰牌	23	纯电动厢式运输车	SDH5020X
28	山西新能源汽车工业有限公司	帝豪牌	25	纯电动轿车	JHC7002
29	丹东黄海汽车有限责任公司	黄海牌	29	纯电动城市客车	DD6851、DD6109
30	山东凯马汽车制造有限公司	凯马牌	31	纯电动载货汽车	KMC1035
31	山东凯马汽车制造有限公司	凯马牌	31	纯电动自装卸式垃圾车	KMC5035ZZZ
32	威马汽车制造温州有限公司	威尔马斯特牌	34	纯电动多用途乘用车	SZS6480
33	上汽大通汽车有限公司	跃进牌	41	纯电动载货汽车底盘	SH1047
34	上汽大通汽车有限公司	跃进牌	41	纯电动邮政车	SH5047X
35	上海申沃客车有限公司	申沃牌	42	纯电动城市客车	SWB6128
36	南京汽车集团有限公司	依维柯牌	44	纯电动邮政车	NJ5047X
37	北汽(常州)汽车有限公司	北京牌	45	纯电动厢式运输车	BJ5040X
38	北汽新能源汽车常州有限公司	北京牌	46	纯电动轿车	BJ7003
39	徐州徐工汽车制造有限公司	徐工牌	48	纯电动自卸汽车底盘	XGA3314
40	扬州亚星客车股份有限公司	亚星牌	49	燃料电池城市客车	JS6108
41	扬州亚星客车股份有限公司	亚星牌	49	燃料电池客车	YBL6818
42	扬州亚星客车股份有限公司	亚星牌	49	纯电动城市客车	JS6108、JS6851、JS6600、JS6128
43	浙江吉利汽车有限公司	吉利牌	52	插电式混合动力多用途乘用车	MR6471
44	浙江吉利汽车有限公司	吉利美日牌	52	插电式混合动力多用途乘用车	MR6463
45	浙江吉利汽车有限公司	吉利美日牌	52	插电式混合动力轿车	MR7153
46	浙江豪情汽车制造有限公司	帝豪牌	52	插电式混合动力轿车	HQ7152
47	安徽安凯汽车股份有限公司	安凯牌	55	纯电动双层城市客车	HFF6124
48	安徽安凯汽车股份有限公司	安凯牌	55	纯电动客车	HFF6821
49	安徽江淮汽车集团股份有限公司	江淮牌	56	纯电动载货汽车	HFC1047
50	安徽江淮汽车集团股份有限公司	江淮牌	56	纯电动载货汽车底盘	HFC1047、HFC1073、HFC1031
51	安徽江淮汽车集团股份有限公司	江淮牌	56	纯电动厢式运输车	HFC5031X
52	安徽江淮汽车集团股份有限公司	江淮牌	56	纯电动厢式运输车底盘	HFC5181X
53	安徽江淮汽车集团股份有限公司	江淮牌	56	纯电动翼开启厢式车	HFC5181X
54	安徽江淮汽车集团股份有限公司	江淮牌	56	纯电动冷藏车	HFC5073X
55	安徽江淮汽车集团股份有限公司	江淮牌	56	纯电动轿车	HFC7002
56	福建新福达汽车工业有限公司	福达(FORTA)牌	58	纯电动客车底盘	FZ6560
57	江西昌河汽车有限责任公司	北京牌	59	纯电动厢式运输车	CH5031X
58	江西昌河汽车有限责任公司	北京牌	59	纯电动邮政车	CH5031X

续上表

序号	企业名称	商标	《目录》序号	产品名称	产品型号
59	江西昌河汽车有限责任公司	昌河牌	59	纯电动厢式运输车	CH5010X、CH5020X
60	江西昌河汽车有限责任公司	昌河牌	59	纯电动轿车	CH7003
61	江铃汽车股份有限公司	江铃牌	61	纯电动载货汽车底盘	JX1043
62	江铃汽车股份有限公司	江铃牌	61	纯电动厢式运输车	JX5043X
63	一汽解放青岛汽车有限公司	解放牌	64	燃料电池载货汽车底盘	CA1081
64	一汽解放青岛汽车有限公司	解放牌	64	纯电动载货汽车底盘	CA1048、CA1049
65	一汽解放青岛汽车有限公司	解放牌	64	燃料电池厢式运输车	CA5081X
66	一汽解放青岛汽车有限公司	解放牌	64	纯电动厢式运输车	CA5048X
67	一汽解放青岛汽车有限公司	解放牌	64	纯电动冷藏车	CA5049X
68	一汽解放青岛汽车有限公司	解放牌	64	纯电动邮政车	CA5048X
69	郑州宇通客车股份有限公司	宇通牌	71	插电式混合动力城市客车	ZK6105
70	郑州日产汽车有限公司	东风牌	72	纯电动厢式运输车	ZN5035X
71	郑州日产汽车有限公司	东风牌	72	纯电动多用途乘用车	ZN6454
72	湖北新楚风汽车股份有限公司	楚风牌	73	纯电动载货汽车底盘	HQG1043
73	湖北新楚风汽车股份有限公司	楚风牌	73	纯电动客车底盘	HQG6991、HQG6561
74	湖北新楚风汽车股份有限公司	楚风牌	73	纯电动厢式运输车	HQG5043X
75	湖北新楚风汽车股份有限公司	楚风牌	73	纯电动电源车	HQG5043X
76	比亚迪汽车工业有限公司	比亚迪牌	79	纯电动低入口双层城市客车	BYD6100
77	比亚迪汽车工业有限公司	比亚迪牌	79	纯电动低入口双层城市客车底盘	BYD6100
78	比亚迪汽车工业有限公司	比亚迪牌	79	纯电动城市客车	BYD6810
79	比亚迪汽车工业有限公司	比亚迪牌	79	纯电动城市客车底盘	BYD6770
80	比亚迪汽车工业有限公司	比亚迪牌	79	纯电动厢式运输车	BYD5041X
81	比亚迪汽车工业有限公司	比亚迪牌	79	纯电动多用途乘用车	BYD6470
82	比亚迪汽车工业有限公司	比亚迪牌	79	纯电动货车底盘	BYD1040
83	比亚迪汽车工业有限公司	比亚迪牌	79	纯电动轿车	BYD7002
84	安徽华菱汽车有限公司	华菱之星牌	81	纯电动自卸汽车	HN3312
85	安徽华菱汽车有限公司	华菱之星牌	81	纯电动自卸汽车底盘	HN3312
86	湖南江南汽车制造有限公司	众泰牌	84	纯电动轿车	JNJ7000
87	深圳东风汽车有限公司	东风牌	85	纯电动清洗车	EQ5180GQX
88	广州广汽比亚迪新能源客车有限公司	广汽牌	89	纯电动低入口城市客车	GZ6122
89	东风柳州汽车有限公司	东风牌	91	纯电动轿车	LZ7003
90	东风柳州汽车有限公司	乘龙牌	91	纯电动厢式运输车底盘	LZ5183X、LZ5184X
91	重庆力帆乘用车有限公司	力帆牌	93	纯电动轿车	LF7002
92	庆铃汽车股份有限公司	庆铃牌(繁体)	95	纯电动载货汽车底盘	QL1041、QL1100
93	庆铃汽车股份有限公司	庆铃牌(繁体)	95	纯电动厢式运输车	QL5041X
94	重庆长安汽车股份有限公司	长安牌	96	纯电动轿车	SC7002
95	比亚迪汽车有限公司	比亚迪牌	108	纯电动多用途乘用车	BYD6461
96	比亚迪汽车有限公司	比亚迪牌	108	纯电动轿车	BYD7005、BYD7008
97	陕西汽车集团有限责任公司	陕汽牌	110	纯电动载货汽车底盘	SX1040、SX1048
98	陕西汽车集团有限责任公司	陕汽牌	110	纯电动厢式运输车	SX5040X
99	陕西汽车集团有限责任公司	陕汽牌	110	纯电动仓栅式运输车	SX5048CCY
100	陕西汽车集团有限责任公司	陕汽牌	110	纯电动冷藏车	SX5048X
101	金龙联合汽车工业(苏州)有限公司	海格牌	112	插电式混合动力城市客车	KLQ6109
102	金龙联合汽车工业(苏州)有限公司	海格牌	112	纯电动低入口城市客车	KLQ6856、KLQ6106
103	金龙联合汽车工业(苏州)有限公司	海格牌	112	纯电动城市客车	KLQ6111、KLQ6605、KLQ6126、KLQ6106、KLQ6650
104	金龙联合汽车工业(苏州)有限公司	海格牌	112	纯电动客车	KLQ6121、KLQ6822
105	金龙联合汽车工业(苏州)有限公司	北斗航天汽车牌		纯电动厢式运输车	KLQ5041X
106	奇瑞商用车(安徽)有限公司	开瑞牌	119	纯电动厢式运输车	SQR5031X、SQR5032X
107	奇瑞商用车(安徽)有限公司	开瑞牌	119	纯电动普通货车	SQR1032
108	奇瑞商用车(安徽)有限公司	开瑞牌	119	纯电动邮政车	SQR5036X、SQR5041X
109	奇瑞汽车股份有限公司	奇瑞牌	119	纯电动轿车	SQR7001
110	上海汽车集团股份有限公司	荣威牌	122	纯电动轿车	CSA7001
111	厦门金龙联合汽车工业有限公司	金龙牌	123	纯电动城市客车	XMQ6850、XMQ6810、XMQ6605、XMQ6106、XMQ6821、XMQ6127、XMQ6650
112	厦门金龙联合汽车工业有限公司	金龙牌	123	纯电动客车	XMQ6905、XMQ6112、XMQ6821

续上表

序号	企业名称	商标	《目录》序号	产品名称	产品型号
113	厦门金龙旅行车有限公司	金旅牌	124	纯电动城市客车	XML6655、XML6606、XML6112
114	厦门金龙旅行车有限公司	金旅牌	124	纯电动厢式运输车	XML5036X
115	中通客车控股股份有限公司	中通牌	125	纯电动城市客车	LCK6828、LCK6906、LCK6826、LCK6108
116	中通客车控股股份有限公司	中通牌	125	纯电动客车	LCK6828、LCK6906
117	中通客车控股股份有限公司	中通牌	125	纯电动厢式运输车	LCK5030X、LCK5035X
118	上海申龙客车有限公司	申龙牌	129	插电式混合动力客车底盘	SLK6109
119	上海申龙客车有限公司	申龙牌	129	纯电动城市客车	SLK6819、SLK6859、SLK6663、SLK6109
120	上海申龙客车有限公司	申龙牌	129	纯电动客车	SLK6903、SLK6118
121	上海申龙客车有限公司	申龙牌	129	纯电动客车底盘	SLK6789、SLK6819、SLK6773、SLK6109
122	领途汽车有限公司	御捷马牌	134	纯电动轿车	YGM7004
123	吉利四川商用车有限公司	远程牌	138	纯电动载货汽车	DNC1049
124	吉利四川商用车有限公司	远程牌	138	纯电动低入口城市客车	DNC6100
125	吉利四川商用车有限公司	远程牌	138	纯电动城市客车	DNC6850
126	南京金龙客车制造有限公司	开沃牌	142	纯电动城市客车	NJL6100、NJL6859、NJL6113、NJL6680
127	南京金龙客车制造有限公司	开沃牌	142	纯电动客车	NJL6117
128	南京金龙客车制造有限公司	开沃牌	142	纯电动厢式运输车	NJL5026X、NJL5040X、
129	南京金龙客车制造有限公司	开沃牌	142	纯电动多用途乘用车	NJL6420
130	南京金龙客车制造有限公司	开沃牌	142	纯电动邮政车	NJL5038X
131	湖南中车时代电动汽车股份有限公司	中国中车牌	151	燃料电池城市客车	TEG6120
132	湖南中车时代电动汽车股份有限公司	中国中车牌	151	纯电动低入口城市客车	TEG6105
133	湖南中车时代电动汽车股份有限公司	中国中车牌	151	纯电动城市客车	TEG6852、TEG6660、TEG6105、TEG6802
134	湖南中车时代电动汽车股份有限公司	中国中车牌	151	纯电动城市客车底盘	TEG6103
135	成都客车股份有限公司	蜀都牌	162	纯电动餐车	CDK5180X
136	上海万象汽车制造有限公司	象牌	168	纯电动城市客车	SXC6850、SXC6660、SXC6120
137	珠海广通汽车有限公司	广通牌	169	纯电动城市客车	GTQ6858、GTQ6105
138	珠海广通汽车有限公司	广通牌	169	纯电动客车	GTQ6702、GTQ6119
139	浙江合众新能源汽车有限公司	哪吒牌	173	纯电动轿车	THZ7000
140	国能新能源汽车有限责任公司	龙基牌	176	纯电动轿车	GNE7001
141	北京华林特装车有限公司	华林牌	(一)31	纯电动扫路车	HLT5180TSL
142	北京华林特装车有限公司	华林牌	(一)31	纯电动洗扫车	HLT5182TXS
143	北京华林特装车有限公司	华林牌	(一)31	纯电动餐厨垃圾车	HLT5180TCA
144	中天高科特种车辆有限公司	中天之星牌	(二)08	插电式混合动力监测车	TC5021X
145	远大汽车制造股份有限公司	衡霸牌	(三)84	纯电动厢式运输车	YYD5040X
146	华晨客车(大连)有限公司	佰斯威牌	(六)32	纯电动城市客车	WK6101
147	上海龙澄专用车辆有限公司	三环牌	(九)32	纯电动自装卸式垃圾车	SQN5181ZZZ
148	航天晨光股份有限公司	三力牌	(十)34	纯电动压缩式垃圾车	CGJ5079ZYS、CGJ5186ZYS、CGJ5070ZYS
149	航天晨光股份有限公司	三力牌	(十)34	纯电动压缩式对接垃圾车	CGJ5180ZDJ
150	航天晨光股份有限公司	三力牌	(十)34	纯电动吸粪车	CGJ5070GXE、CGJ5040GXE
151	航天晨光股份有限公司	三力牌	(十)34	纯电动密闭式桶装垃圾车	CGJ5040X
152	航天晨光股份有限公司	三力牌	(十)34	纯电动自装卸式垃圾车	CGJ5040ZZZ、CGJ5041ZZZ
153	航天晨光股份有限公司	三力牌	(十)34	纯电动车厢可卸式垃圾车	CGJ5040ZXX、CGJ5180ZXX
154	航天晨光股份有限公司	三力牌	(十)34	纯电动餐厨垃圾车	CGJ5180TCA
155	扬州盛达特种车有限公司	金鸽牌	(十)57	纯电动车厢可卸式垃圾车	YZT5180ZXX
156	江苏银宝专用车有限公司	银宝牌	(十)68	纯电动自装卸式垃圾车	SYB5071ZZZ
157	江苏银宝专用车有限公司	银宝牌	(十)68	纯电动车厢可卸式垃圾车	SYB5181ZXX
158	浙江中车电车有限公司	中国中车牌	(十一)17	纯电动城市客车	CSR6113
159	中植汽车(淳安)有限公司	中植汽车牌	(十一)47	燃料电池低入口城市客车	SPK6101
160	杭州西湖比亚迪新能源汽车有限公司	比亚迪牌	(十一)51	纯电动扫路车	XBE5120TSL
161	杭州西湖比亚迪新能源汽车有限公司	比亚迪牌	(十一)51	纯电动清洗车	XBE5180GQX
162	福建龙马环卫装备股份有限公司	福龙马牌	(十三)16	纯电动吸尘车	FLM5180TXC
163	江西宜春客车厂有限公司	中宜牌	(十四)14	纯电动城市客车	JYK6600
164	中国重汽集团济南豪沃客车有限公司	黄河牌	(十五)19	纯电动客车	JK6126
165	山东沂星电动汽车有限公司	飞燕牌	(十五)25	纯电动城市客车	SDL6840、SDL6100
166	聊城中通新能源汽车装备有限公司	东岳牌	(十五)70	纯电动清洗车	ZTQ5180GQX
167	山东丽驰新能源汽车有限公司	丽驰牌	(十五)260	纯电动厢式运输车	HLD5021X、HLD5011X
168	湖北精功科技有限公司	精工楚天牌	(十七)73	纯电动密闭式桶装垃圾车	HJG5030X
169	衡阳智电客车有限责任公司	雁城牌	(十八)02	纯电动城市客车	HYK6101、HYK6601

续上表

序号	企业名称	商标	《目录》序号	产品名称	产品型号
170	湖南星马汽车有限公司	湖南牌	(十八)37	纯电动厢式运输车	HNX5040X
171	长沙中联重科环境产业有限公司	中联牌	(十八)60	纯电动多功能抑尘车	ZBH5181TDY
172	长沙中联重科环境产业有限公司	中联牌	(十八)60	纯电动洗扫车	ZBH5120TXS
173	长沙中联重科环境产业有限公司	中联牌	(十八)60	纯电动清洗车	ZBH5182GQX
174	长沙中联重科环境产业有限公司	中联牌	(十八)60	纯电动车厢可卸式垃圾车	ZBH5120ZXX
175	柳州延龙汽车有限公司	延龙牌	(二十)06	纯电动清洗车	LZL5030GQX
176	广西申龙汽车制造有限公司	紫象牌	(二十)12	插电式混合动力城市客车	HQK6109
177	广西申龙汽车制造有限公司	紫象牌	(二十)12	纯电动城市客车	HQK6109、HQK6819、HQK6803、HQK6859
178	广西申龙汽车制造有限公司	紫象牌	(二十)12	纯电动客车	HQK6803
179	重庆瑞驰汽车实业有限公司	瑞驰牌	(二十一)14	纯电动封闭货车	CRC5030X、CRC5032X
180	四川省客车制造有限责任公司	峨嵋牌	(二十二)09	纯电动城市客车	EM6810、EM6100、EM6640、EM6850
181	贵州长江汽车有限公司	贵州牌	(二十三)01	燃料电池城市客车	GK6850
182	奇瑞万达贵州客车股份有限公司	万达牌	(二十三)06	纯电动城市客车	WD6105、WD6120
183	奇瑞万达贵州客车股份有限公司	万达牌	(二十三)06	纯电动售货车	WD5120X
184	云南五龙汽车有限公司	长江牌	(二十四)03	纯电动低入口城市客车	FDE6101
185	云南五龙汽车有限公司	长江牌	(二十四)03	纯电动城市客车	FDE6851、FDE6810

6. 道路机动车辆生产企业及产品(第 320 批)——新能源汽车节选

道路机动车辆生产企业及产品(第 320 批)于 2019 年 6 月12 日发布。共计有 108 家新能源汽车生产企业、98 个新能源汽车品牌、216 个新能源汽车系列产品进入公告。其中汽车生产企业有 75 家 165 个产品列入,民用改装生产企业有 33 家 51 个产品列入。

(1)燃料种类:本批次纯电动产品共计 197 款(含乘用车 26 款、客车 56 款、专用车 82 款、底盘 33 款);插电式混合动力产品 16 款(含乘用车 9 款、客车 4 款、专用车 2 款、底盘 1 款);燃料电池产品 3 款(含客车 2 款、底盘 1 款)。

(2)产品类型:专用车共计 106 个车型(含底盘 22 个);客车共计 75 个车型(含底盘 13 个);乘用车共计 35 款。

序号	企业名称	商标	《目录》序号	产品名称	产品型号
1	中国第一汽车集团有限公司	解放牌	1	纯电动载货汽车	CA1033
2	中国第一汽车集团有限公司	解放牌	1	纯电动载货汽车底盘	CA1121、CA1033、CA1181
3	中国第一汽车集团有限公司	解放牌	1	纯电动厢式运输车	CA5032X、CA5033X
4	东风本田汽车有限公司	沁威(X-NV)牌	3	纯电动轿车	DHW7001、DHW7002
5	东风汽车股份有限公司	东风牌	3	纯电动载货汽车底盘	EQ1030、EQ1040
6	东风汽车股份有限公司	东风牌	3	纯电动城市客车	DFA6850
7	东风汽车股份有限公司	东风牌	3	纯电动客车底盘	EQ6740、EQ6780、EQ6110、EQ6800、EQ6840、EQ6100、EQ6770、EQ6810
8	东风汽车股份有限公司	东风牌	3	纯电动厢式运输车	DFA5040X
9	东风汽车集团有限公司	东风牌	3	纯电动载货汽车底盘	EQ1041、EQ1180
10	东风汽车集团有限公司	东风牌	3	燃料电池客车底盘	EQ6100
11	东风汽车集团有限公司	东风牌	3	纯电动城市客车	EQ6800、EQ6100、EQ6810
12	东风汽车集团有限公司	东风牌	3	纯电动轿车	EQ7000
13	东风汽车集团有限公司	俊风牌	3	纯电动轿车	DFA7000
14	北汽福田汽车股份有限公司	福田牌	9	插电式混合动力载货汽车底盘	BJ1046
15	北汽福田汽车股份有限公司	福田牌	9	纯电动载货汽车底盘	BJ1188、BJ1030、BJ1128
16	北汽福田汽车股份有限公司	福田牌	9	纯电动城市客车	BJ6851、BJ6105
17	北汽福田汽车股份有限公司	福田牌	9	纯电动客车	BJ6816、BJ6117
18	北汽福田汽车股份有限公司	福田牌	9	插电式混合动力厢式运输车	BJ5046X
19	北汽福田汽车股份有限公司	福田牌	9	纯电动厢式运输车	BJ5030X
20	北汽福田汽车股份有限公司	福田牌	9	纯电动洗扫车	BJ5182TXS、BJ5122TXS
21	北汽福田汽车股份有限公司	福田牌	9	纯电动清洗车	BJ5182GQX
22	北京奔驰汽车有限公司	梅赛德斯-奔驰(Mercedes-Benz)牌	10	纯电动多用途乘用车	BJ6480
23	北京新能源汽车股份有限公司	北京牌	11	纯电动轿车	BJ7000
24	北京汽车股份有限公司	北京牌	11	纯电动轿车	BJ7000
25	北京现代汽车有限公司	北京现代牌	11	纯电动轿车	BH7000
26	长城汽车股份有限公司	欧拉牌	15	纯电动轿车	CC7001、CC7000
27	长城汽车股份有限公司	魏派牌	15	插电式混合动力多用途乘用车	CC6481、CC6483

续上表

序号	企业名称	商标	《目录》序号	产品名称	产品型号
28	河北长安汽车有限公司	长安牌	22	纯电动载货汽车	SC1032
29	河北长安汽车有限公司	长安牌	22	纯电动载货汽车底盘	SC1032
30	河北长安汽车有限公司	长安牌	22	纯电动厢式运输车	SC5032X
31	山西新能源汽车工业有限公司	帝豪牌	25	纯电动轿车	JHC7002
32	丹东黄海汽车有限责任公司	黄海牌	29	纯电动客车底盘	DD6109
33	丹东黄海汽车有限责任公司	黄海牌	29	纯电动厢式运输车	DD5042X
34	山东凯马汽车制造有限公司	凯马牌	31	纯电动载货汽车	KMC1033
35	山东凯马汽车制造有限公司	凯马牌	31	纯电动载货汽车底盘	KMC1033
36	山东凯马汽车制造有限公司	凯马牌	31	纯电动厢式运输车	KMC5033X
37	威马汽车制造温州有限公司	威尔马斯特牌	34	纯电动多用途乘用车	SZS6460、SZS6480
38	上汽大通汽车有限公司	大通牌	41	纯电动客车	SH6601
39	上汽大通汽车有限公司	跃进牌	41	纯电动载货汽车	SH1127
40	上汽大通汽车有限公司	跃进牌	41	纯电动载货汽车底盘	SH1127、SH1107
41	上汽大通汽车有限公司	跃进牌	41	纯电动厢式运输车	SH5107X、SH5047X
42	上海申沃客车有限公司	申沃牌	42	纯电动城市客车	SWB6868、SWB6108
43	南京汽车集团有限公司	依维柯牌	44	纯电动电力工程车	NJ5047X
44	北汽(常州)汽车有限公司	北京牌	45	纯电动厢式运输车	BJ5040X
45	徐州徐工汽车制造有限公司	徐工牌	48	纯电动载货汽车底盘	XGA1180
46	徐州徐工汽车制造有限公司	徐工牌	48	纯电动自卸汽车底盘	XGA3315、XGA3313
47	徐州徐工汽车制造有限公司	徐工牌	48	纯电动自卸式垃圾车	XGA5313ZLJ
48	扬州亚星客车股份有限公司	亚星牌	49	纯电动城市客车	JS6661
49	浙江飞碟汽车制造有限公司	飞碟牌	51	纯电动载货汽车	FD1043
50	大庆沃尔沃汽车制造有限公司	沃尔沃牌	52	插电式混合动力轿车	VCD7204
51	浙江吉利汽车有限公司	吉利美日牌	52	插电式混合动力多用途乘用车	MR6463
52	浙江吉利汽车有限公司	领克牌	52	插电式混合动力轿车	MR7153
53	浙江豪情汽车制造有限公司	沃尔沃牌	52	插电式混合动力多用途乘用车	VCC6474
54	浙江豪情汽车制造有限公司	领克牌	52	插电式混合动力多用途乘用车	JL6453
55	安徽安凯汽车股份有限公司	安凯牌	55	插电式混合动力城市客车	HFF6850
56	安徽安凯汽车股份有限公司	安凯牌	55	纯电动城市客车	HFF6109、HFF6600、HFF6800
57	安徽江淮汽车集团股份有限公司	江淮牌	56	纯电动载货汽车底盘	HFC1042
58	安徽江淮汽车集团股份有限公司	江淮牌	56	纯电动轻型客车	HFC6601
59	安徽江淮汽车集团股份有限公司	江淮牌	56	纯电动冷藏车	HFC5049X
60	安徽江淮汽车集团股份有限公司	蔚来牌	56	纯电动多用途乘用车	HFC6483、HFC6502
61	福建新福达汽车工业有限公司	福达(FORTA)牌	58	纯电动客车底盘	FZ6580、FZ6760
62	福建新龙马汽车股份有限公司	福建牌	58	纯电动厢式运输车	FJ5030X
63	福建新龙马汽车股份有限公司	福建牌	58	纯电动多用途乘用车	FJ6450
64	福建省汽车工业集团云度新能源汽车股份有限公司	云度牌	58	纯电动轿车	YDE7000
65	江铃汽车股份有限公司	江铃牌	61	纯电动载货汽车底盘	JX1063、JX1103
66	江铃汽车股份有限公司	江铃牌	61	纯电动厢式运输车	JX5063X
67	江西江铃集团晶马汽车有限公司	晶马牌	62	纯电动城市客车	JMV6821、JMV6801
68	江西江铃集团晶马汽车有限公司	晶马牌	62	纯电动客车	JMV6821
69	江西江铃集团晶马汽车有限公司	晶马牌	62	纯电动器材消防车	JMV5020TXF
70	一汽解放青岛汽车有限公司	解放牌	64	纯电动载货汽车底盘	CA1083、CA1084
71	郑州宇通客车股份有限公司	宇通牌	71	插电式混合动力低入口城市客车	ZK6105、ZK6125
72	郑州宇通客车股份有限公司	宇通牌	71	纯电动低入口城市客车	ZK6106
73	郑州宇通客车股份有限公司	宇通牌	71	纯电动城市客车	ZK6815、ZK6105、ZK6816、ZK6106
74	郑州宇通客车股份有限公司	宇通牌	71	纯电动客车	ZK6710、ZK6119
75	郑州宇通客车股份有限公司	宇通牌	71	纯电动客车底盘	ZK6700
76	郑州日产汽车有限公司	东风牌	72	纯电动多用途货车	ZN1032
77	郑州日产汽车有限公司	东风牌	72	纯电动邮政车	ZN5032X
78	湖北新楚风汽车股份有限公司	楚风牌	73	纯电动载货汽车底盘	HQG1043
79	湖北新楚风汽车股份有限公司	楚风牌	73	纯电动城市客车底盘	HQG6991、HQG6750
80	湖北新楚风汽车股份有限公司	楚风牌	73	纯电动客车底盘	HQG6981、HQG6800
81	湖北新楚风汽车股份有限公司	楚风牌	73	纯电动厢式运输车	HQG5037X、HQG5043X
82	比亚迪汽车工业有限公司	比亚迪牌	79	纯电动载货汽车	BYD1180
83	比亚迪汽车工业有限公司	比亚迪牌	79	纯电动载货汽车底盘	BYD1180

续上表

序号	企业名称	商标	《目录》序号	产品名称	产品型号
84	比亚迪汽车工业有限公司	比亚迪牌	79	纯电动低入口城市客车	BYD6101
85	比亚迪汽车工业有限公司	比亚迪牌	79	纯电动低入口城市客车底盘	BYD6101
86	比亚迪汽车工业有限公司	比亚迪牌	79	纯电动城市客车	BYD6101、BYD6850
87	比亚迪汽车工业有限公司	比亚迪牌	79	纯电动城市客车底盘	BYD6800、BYD6101
88	比亚迪汽车工业有限公司	比亚迪牌	79	纯电动客车	BYD6710
89	比亚迪汽车工业有限公司	比亚迪牌	79	纯电动客车底盘	BYD6670
90	比亚迪汽车工业有限公司	比亚迪牌	79	纯电动厢式运输车	BYD5042X
91	比亚迪汽车工业有限公司	比亚迪牌	79	纯电动冷藏车	BYD5070X
92	比亚迪汽车工业有限公司	比亚迪牌	79	纯电动轿车	BYD7002
93	广西申龙汽车制造有限公司	紫象牌	183	纯电动城市客车	HQK6109、HQK6819、HQK6859、HQK6118
94	广西申龙汽车制造有限公司	紫象牌	183	纯电动客车	HQK6118
95	湖南江南汽车制造有限公司	众泰牌	84	纯电动厢式运输车	JNJ5030X
96	湖南江南汽车制造有限公司	众泰牌	84	纯电动多用途乘用车	JNJ6491
97	广汽本田汽车有限公司	理念(EVERUS)牌	89	纯电动轿车	GHA7000
98	东风柳州汽车有限公司	东风牌	91	纯电动轿车	LZ7004
99	东风柳州汽车有限公司	乘龙牌	91	纯电动载货汽车底盘	LZ1121
100	重庆理想智造汽车有限公司	理想智动牌	93	插电式混合动力多用途乘用车	LXA6500
101	庆铃汽车股份有限公司	庆铃牌(繁体)	95	纯电动载货汽车	QL1041
102	庆铃汽车股份有限公司	庆铃牌(繁体)	95	纯电动载货汽车底盘	QL1250
103	庆铃汽车股份有限公司	庆铃牌(繁体)	95	纯电动厢式运输车	QL5041X
104	中植一客成都汽车有限公司	中植汽车牌	100	纯电动城市客车	CDL6850
105	四川野马汽车股份有限公司	野马牌	101	纯电动客车底盘	SQJ6771、SQJ6101
106	比亚迪汽车有限公司	比亚迪牌	108	纯电动轿车	BYD7005
107	陕西汽车集团有限责任公司	陕汽牌	110	纯电动载货汽车底盘	SX1049
108	陕西汽车集团有限责任公司	陕汽牌	110	纯电动厢式运输车	SX5048X、SX5049X
109	金龙联合汽车工业(苏州)有限公司	海格牌	112	插电式混合动力城市客车	KLQ6129
110	金龙联合汽车工业(苏州)有限公司	海格牌	112	纯电动城市客车	KLQ6812、KLQ6816
111	金龙联合汽车工业(苏州)有限公司	海格牌	112	纯电动客车	KLQ6111
112	贵州航天成功汽车制造有限公司	航天牌	114	纯电动封闭货车	GHT5021X
113	江铃控股有限公司	爱驰牌	121	纯电动多用途乘用车	JX6470
114	上海汽车集团股份有限公司	名爵牌	122	插电式混合动力多用途乘用车	CSA6463
115	上海汽车集团股份有限公司	科莱威牌	122	纯电动轿车	CSA7001
116	厦门金龙联合汽车工业有限公司	金龙牌	123	插电式混合动力城市客车	XMQ6850、XMQ6106、XMQ6127
117	厦门金龙联合汽车工业有限公司	金龙牌	123	燃料电池城市客车	XMQ6850
118	厦门金龙联合汽车工业有限公司	金龙牌	123	纯电动城市客车	XMQ6850、XMQ6810、XMQ6106、XMQ6112、XMQ6821、XMQ6650
119	厦门金龙联合汽车工业有限公司	金龙牌	123	纯电动客车	XMQ6112、XMQ6821
120	厦门金龙旅行车有限公司	金旅牌	124	纯电动城市客车	XML6105、XML6125、XML6805、XML6855
121	中通客车控股股份有限公司	中通牌	125	纯电动城市客车	LCK6809、LCK6826
122	中通客车控股股份有限公司	中通牌	125	纯电动厢式运输车	LCK5035X、LCK5048X
123	海马汽车有限公司	小鹏牌	128	纯电动轿车	HMA7001
124	上海申龙客车有限公司	申龙牌	129	纯电动低地板城市客车	SLK6101
125	上海申龙客车有限公司	申龙牌	129	纯电动城市客车	SLK6819、SLK6859、SLK6109
126	上海申龙客车有限公司	申龙牌	129	纯电动客车底盘	SLK6789、SLK6819、SLK6118、SLK6109
127	山西成功汽车制造有限公司	太行成功牌	130	纯电动封闭货车	SCH5032X
128	吉利四川商用车有限公司	远程牌	138	纯电动载货汽车	DNC1030
129	吉利四川商用车有限公司	远程牌	138	纯电动载货汽车底盘	DNC1072、DNC1047
130	吉利四川商用车有限公司	远程牌	138	纯电动城市客车	DNC6110
131	吉利四川商用车有限公司	远程牌	138	纯电动客车	DNC6110
132	吉利四川商用车有限公司	远程牌	138	纯电动厢式运输车	DNC5072X、DNC5047X
133	吉利四川商用车有限公司	远程牌	138	纯电动仓栅式运输车	DNC5030CCY、DNC5042CCY
134	吉利四川商用车有限公司	远程牌	138	插电式混合动力冷藏车	DNC5047X
135	吉利四川商用车有限公司	远程牌	138	纯电动冷藏车	DNC5042X、DNC5040X、DNC5072X
136	吉利四川商用车有限公司	远程牌	138	纯电动多用途货车	DNC1030

续上表

序号	企业名称	商标	《目录》序号	产品名称	产品型号
137	吉利四川商用车有限公司	远程牌	138	纯电动多用途货车底盘	DNC1030
138	南京金龙客车制造有限公司	开沃牌	142	纯电动城市客车	NJL6100、NJL6129、NJL6809、NJL6600、NJL6859、NJL6113、NJL6680
139	南京金龙客车制造有限公司	开沃牌	142	纯电动厢式运输车	NJL5026X、NJL5040X、NJL5038X
140	南京金龙客车制造有限公司	开沃牌	142	纯电动多用途乘用车	NJL6420
141	南京金龙客车制造有限公司	开沃牌	142	纯电动自卸式垃圾车	NJL5310ZLJ
142	南京金龙客车制造有限公司	开沃牌	142	纯电动车厢可卸式垃圾车	NJL5250ZXX、NJL5040ZXX
143	江苏卡威汽车工业集团股份有限公司	卡威牌	144	纯电动厢式运输车	JNQ5022X
144	华晨鑫源重庆汽车有限公司	鑫源牌	146	纯电动厢式运输车	JKC5030X、JKC5022X
145	湖南中车时代电动汽车股份有限公司	中国中车牌	151	纯电动城市客车	TEG6125、TEG6852、TEG6105、TEG6802
146	湖南中车时代电动汽车股份有限公司	中国中车牌	151	纯电动城市客车底盘	TEG6103、TEG6852、TEG6105、TEG6802、TEG6853
147	湖南中车时代电动汽车股份有限公司	中国中车牌	151	纯电动客车	TEG6110
148	程力汽车集团股份有限公司	程力牌	153	纯电动载货汽车底盘	CL1090
149	程力汽车集团股份有限公司	程力牌	153	纯电动洒水车	CL5090GSS
150	成都客车股份有限公司	蜀都牌	162	纯电动低入口城市客车	CDK6126
151	江西江铃集团新能源汽车有限公司	易至牌	165	纯电动轿车	JX7002
152	郑州宇通集团有限公司	宇通牌	166	纯电动载货汽车	ZKH1180
153	郑州宇通集团有限公司	宇通牌	166	纯电动载货汽车底盘	ZKH1100、ZKH1181、ZKH1180、ZKH1030、ZKH1182
154	兰州知豆电动汽车有限公司	知豆牌	167	纯电动轿车	LZD7001
155	上海万象汽车制造有限公司	象牌	168	纯电动城市客车	SXC6600
156	上海万象汽车制造有限公司	象牌	168	纯电动冷藏车	SXC5030X
157	珠海广通汽车有限公司	广通牌	169	纯电动城市客车	GTQ6103、GTQ6126
158	珠海广通汽车有限公司	广通牌	169	纯电动客车	GTQ6119
159	珠海广通汽车有限公司	广通牌	169	纯电动厢式运输车	GTQ5045X
160	杭州长江乘用车有限公司	零跑牌	170	纯电动轿车	FDH7000
161	奇瑞新能源汽车技术有限公司	奇瑞牌	174	纯电动轿车	NEQ7000
162	重庆金康新能源汽车有限公司	赛力斯牌	175	插电式增程混合动力多用途乘用车	SKE6470
163	成都广通汽车有限公司	广通牌	180	纯电动城市客车	CAT6858、CAT6105
164	中兴智能汽车有限公司	广客牌	181	纯电动城市客车	GTZ6817、GTZ6107、GTZ6127
165	东莞中汽宏远汽车有限公司	宏远牌	182	纯电动城市客车	KMT6600、KMT6861
166	北京华林特装车有限公司	华林牌	(一)31	纯电动洒水车	HLT5181GSS
167	北京华林特装车有限公司	华林牌	(一)31	纯电动洗扫车	HLT5180TXS、HLT5181TXS
168	北京华林特装车有限公司	华林牌	(一)31	纯电动车厢可卸式垃圾车	HLT5251ZXX
169	唐山上汽客车有限公司	德纳迪牌	(三)77	纯电动厢式运输车	SK5040X
170	远大汽车制造股份有限公司	衡霸牌	(三)84	纯电动洗扫车	YYD5182TXS
171	哈尔滨通联客车有限公司	哈尔滨牌	(八)04	纯电动城市客车	HKC6101
172	无锡中车新能源汽车有限公司	中国中车牌	(十)10	纯电动城市客车	TEG6852、TEG6105
173	江苏常隆客车有限公司	常隆牌	(十)17	纯电动城市客车	YS6860
174	江苏陆地方舟新能源车辆股份有限公司	陆地方舟牌	(十)28	燃料电池城市客车	RQ6101
175	航天晨光股份有限公司	三力牌	(十)34	纯电动压缩式垃圾车	CGJ5071ZYS
176	航天晨光股份有限公司	三力牌	(十)34	纯电动密闭式桶装垃圾车	CGJ5070X
177	航天晨光股份有限公司	三力牌	(十)34	纯电动清洗车	CGJ5180GQX
178	徐州工程机械集团有限公司	徐工牌	(十)48	纯电动洗扫车	XZJ5180TXS
179	江苏银宝专用车有限公司	银宝牌	(十)68	纯电动压缩式垃圾车	SYB5181ZYS
180	江苏银宝专用车有限公司	银宝牌	(十)68	纯电动餐厨垃圾车	SYB5071TCA
181	江苏悦达专用车有限公司	悦达牌	(十)69	纯电动路面养护车	YD5043TYH
182	江苏奥新新能源汽车有限公司	达福迪牌	(十)74	纯电动厢式运输车	JAX5045X
183	浙江中车电车有限公司	中国中车牌	(十一)17	纯电动城市客车	CSR6113、CSR6853
184	杭州西湖比亚迪新能源汽车有限公司	比亚迪牌	(十一)51	纯电动压缩式垃圾车	XBE5180ZYS
185	杭州西湖比亚迪新能源汽车有限公司	比亚迪牌	(十一)51	纯电动车厢可卸式垃圾车	XBE5040ZXX
186	江西凯马百路佳客车有限公司	江西牌	(十四)03	纯电动低入口城市客车	JXK6103
187	江西凯马百路佳客车有限公司	江西牌	(十四)03	纯电动城市客车	JXK6812
188	江西宜春客车厂有限公司	中宜牌	(十四)14	纯电动城市客车	JYK6803

续上表

序号	企业名称	商标	《目录》序号	产品名称	产品型号
189	中国重汽集团济南豪沃客车有限公司	黄河牌	（十五）19	纯电动城市客车	JK6126、JK6106
190	烟台海德专用汽车有限公司	海德牌	（十五）20	纯电动垃圾桶清洗车	CHD5080TQX
191	烟台海德专用汽车有限公司	海德牌	（十五）20	纯电动墙面清洗车	CHD5180TXQ
192	烟台海德专用汽车有限公司	海德牌	（十五）20	纯电动多功能抑尘车	CHD5180TDY
193	烟台海德专用汽车有限公司	海德牌	（十五）20	纯电动扫路车	CHD5081TSL
194	烟台海德专用汽车有限公司	海德牌	（十五）20	纯电动洗扫车	CHD5180TXS、CHD5121TXS
195	烟台海德专用汽车有限公司	海德牌	（十五）20	纯电动车厢可卸式垃圾车	CHD5180ZXX
196	烟台海德专用汽车有限公司	海德牌	（十五）20	纯电动餐厨垃圾车	CHD5080TCA
197	山东沂星电动汽车有限公司	飞燕牌	（十五）25	纯电动城市客车	SDL6850、SDL6125
198	聊城中通新能源汽车装备有限公司	东岳牌	（十五）70	纯电动清洗车	ZTQ5180GQX
199	郑州宇通重工有限公司	宇通牌	（十六）30	纯电动压缩式垃圾车	YTZ5100ZYS、YTZ5180ZYS
200	郑州宇通重工有限公司	宇通牌	（十六）30	纯电动扫路车	YTZ5100TSL、YTZ5180TSL
201	郑州宇通重工有限公司	宇通牌	（十六）30	纯电动洗扫车	YTZ5100TXS、YTZ5180TXS
202	郑州宇通重工有限公司	宇通牌	（十六）30	纯电动清洗车	YTZ5180GQX
203	郑州宇通重工有限公司	宇通牌	（十六）30	纯电动自装卸式垃圾车	YTZ5030ZZZ
204	衡阳智电客车有限责任公司	雁城牌	（十八）02	纯电动低入口城市客车	HYK6851、HYK6105
205	常德中车新能源汽车有限公司	中国中车牌	（十八）27	纯电动城市客车	CKY6802
206	长沙中联重科环境产业有限公司	中联牌	（十八）60	纯电动清洗车	ZBH5252GQX
207	广州穗景客车制造有限公司	广巴牌	（十九）33	纯电动城市客车	GB6850
208	深圳开沃汽车有限公司	开沃牌	（十九）67	纯电动自卸汽车	XQX3310
209	重庆迪马工业有限责任公司	迪马牌	（二十一）05	纯电动运钞车	DMT5045X
210	四川新筑通工汽车有限公司	通工牌	（二十二）06	纯电动城市客车	TG6103、TG6810
211	四川省客车制造有限责任公司	峨嵋牌	（二十二）09	纯电动城市客车	EM6810
212	成都航天万欣科技有限公司	万欣牌	（二十二）19	纯电动压缩式垃圾车	TJX5080ZYS
213	奇瑞万达贵州客车股份有限公司	万达牌	（二十三）06	纯电动城市客车	WD6105
214	奇瑞万达贵州客车股份有限公司	万达牌	（二十三）06	纯电动厢式运输车	WD5040X
215	云南航天神州汽车有限公司	神州牌	（二十四）04	纯电动厢式运输车	YH5024X
216	陕西秦星汽车有限责任公司	原点之星牌	（二十六）25	纯电动城市客车	SYD6102、SYD6811

7. 道路机动车辆生产企业及产品（第 321 批）——新能源汽车节选

道路机动车辆生产企业及产品（第 321 批）于 2019 年 7 月15 日发布。共计有 67 家新能源汽车生产企业、58 个新能源汽车品牌、147 个新能源汽车系列产品进入公告。其中汽车生产企业有 52 家 121 个产品列入，民用改装生产企业有 15 家 26 个产品列入。

（1）燃料种类：本批次纯电动产品共计 123 款（含乘用车 18 款、客车 34 款、专用车 50 款、底盘 21 款）；插电式混合动力产品 13 款（含乘用车 2 款、客车 9 款、专用车 1 款、底盘 1 款）；燃料电池产品 11 款（含客车 5 款、专用车 3 款、底盘 3 款）。

（2）产品类型：专用车共计 71 个车型（含底盘 17 个）；客车共计 56 个车型（含底盘 8 个）；乘用车共计 20 款。

序号	企业名称	商标	《目录》序号	产品名称	产品型号
1	中国第一汽车集团有限公司	一汽牌	1	纯电动轿车	CA7003
2	一汽-大众汽车有限公司	大众牌	2	纯电动轿车	FV7004、FV7002
3	一汽-大众汽车有限公司	奥迪（AUDI）牌	2	纯电动轿车	FV7001
4	东风汽车股份有限公司	东风牌	3	纯电动载货汽车底盘	EQ1070、EQ1081、EQ1040
5	东风汽车股份有限公司	东风牌	3	纯电动城市客车	DFA6100、DFA6800
6	东风汽车股份有限公司	东风牌	3	纯电动客车底盘	EQ6780、EQ6800、EQ6990、EQ6100、EQ6760
7	东风汽车股份有限公司	东风牌	3	纯电动厢式运输车	DFA5070X、DFA5040X
8	东风汽车股份有限公司	东风牌	3	纯电动仓栅式运输车	DFA5070CCY
9	东风汽车股份有限公司	东风牌	3	纯电动车厢可装卸式垃圾车	DFA5030ZXX
10	东风汽车集团有限公司	东风牌	3	燃料电池载货汽车底盘	EQ1080
11	东风汽车集团有限公司	东风牌	3	纯电动载货汽车底盘	EQ1180、EQ1160、EQ1080、EQ1040
12	东风汽车集团有限公司	东风牌	3	燃料电池厢式运输车	EQ5080X
13	东风汽车集团有限公司	东风牌	3	纯电动厢式运输车	EQ5020X
14	东风汽车集团有限公司	东风牌	3	纯电动冷藏车	EQ5040X
15	东风汽车集团有限公司	东风牌	3	纯电动多功能抑尘车	EQ5160TDY
16	东风汽车集团有限公司	俊风牌	3	纯电动轿车	DFA7000

续上表

序号	企业名称	商标	《目录》序号	产品名称	产品型号
17	东风特种汽车有限公司	东风牌	3	纯电动城市客车	EQ6810
18	上汽通用汽车有限公司	别克(BUICK)牌	6	纯电动轿车	SGM7008
19	北汽福田汽车股份有限公司	福田牌	9	纯电动载货汽车	BJ1045
20	北汽福田汽车股份有限公司	福田牌	9	纯电动载货汽车底盘	BJ1045
21	北汽福田汽车股份有限公司	福田牌	9	插电式混合动力城市客车	BJ6105、BJ6123
22	北汽福田汽车股份有限公司	福田牌	9	纯电动城市客车	BJ6851、BJ6105、BJ6805
23	北汽福田汽车股份有限公司	福田牌	9	纯电动厢式运输车	BJ5048X、BJ5045X
24	北汽福田汽车股份有限公司	福田牌	9	纯电动密闭式桶装垃圾车	BJ5073X
25	北汽福田汽车股份有限公司	福田牌	9	纯电动清洗车	BJ5182GQX
26	北京奔驰汽车有限公司	梅赛德斯-奔驰(Mercedes-Benz)牌	10	插电式混合动力轿车	BJ7205
27	长城汽车股份有限公司	欧拉牌	15	纯电动轿车	CC7001、CC7000
28	山西新能源汽车工业有限公司	远程牌	25	纯电动低入口城市客车	JHC6100
29	北奔重型汽车集团有限公司	北奔牌	27	纯电动载货汽车底盘	ND1180
30	上汽大通汽车有限公司	跃进牌	41	燃料电池载货汽车底盘	SH1087
31	上汽大通汽车有限公司	跃进牌	41	纯电动载货汽车底盘	SH1047
32	上汽大通汽车有限公司	跃进牌	41	燃料电池厢式运输车	SH5087X
33	上汽大通汽车有限公司	跃进牌	41	纯电动厢式运输车	SH5047X
34	北汽(常州)汽车有限公司	北京牌	45	纯电动城市客车	BJ6821
35	北汽(常州)汽车有限公司	北京牌	45	纯电动邮政车	BJ5040X
36	扬州亚星客车股份有限公司	亚星牌	49	插电式混合动力城市客车	JS6108
37	扬州亚星客车股份有限公司	亚星牌	49	纯电动低地板城市客车	JS6128
38	扬州亚星客车股份有限公司	亚星牌	49	纯电动双层城市客车	JS6111
39	扬州亚星客车股份有限公司	亚星牌	49	纯电动客车底盘	JS6770、JS6108
40	浙江豪情汽车制造有限公司	帝豪牌	52	插电式混合动力多用途乘用车	JL6432
41	安徽安凯汽车股份有限公司	安凯牌	55	纯电动城市客车	HFF6800、HFF6650
42	安徽江淮汽车集团股份有限公司	江淮牌	56	纯电动载货汽车	HFC1031
43	安徽江淮汽车集团股份有限公司	江淮牌	56	纯电动载货汽车底盘	HFC1045
44	安徽江淮汽车集团股份有限公司	江淮牌	56	纯电动厢式运输车	HFC5045X
45	福建新福达汽车工业有限公司	福达(FORTA)牌	58	纯电动客车底盘	FZ6750、FZ6620、FZ6780
46	福建省汽车工业集团云度新能源汽车股份有限公司	云度牌	58	纯电动轿车	YDE7000
47	江西昌河汽车有限责任公司	昌河牌	59	纯电动轿车	CH7000
48	江西江铃集团晶马汽车有限公司	晶马牌	62	纯电动城市客车	JMV6821
49	郑州宇通客车股份有限公司	宇通牌	71	插电式混合动力低入口城市客车	ZK6105、ZK6125
50	郑州宇通客车股份有限公司	宇通牌	71	插电式混合动力城市客车	ZK6850
51	郑州宇通客车股份有限公司	宇通牌	71	燃料电池城市客车	ZK6856
52	郑州宇通客车股份有限公司	宇通牌	71	纯电动城市客车	ZK6115
53	郑州宇通客车股份有限公司	宇通牌	71	纯电动客车底盘	ZK6106
54	郑州日产汽车有限公司	东风牌	72	纯电动工程车	ZN5039X
55	湖北新楚风汽车股份有限公司	楚风牌	73	纯电动客车底盘	HQG6761
56	比亚迪汽车工业有限公司	比亚迪牌	79	纯电动载货汽车底盘	BYD10411N7BEVD3
57	比亚迪汽车工业有限公司	比亚迪牌	79	纯电动客车	BYD6710
58	比亚迪汽车工业有限公司	比亚迪牌	79	纯电动混凝土搅拌运输车	BYD5321GJB
59	比亚迪汽车工业有限公司	比亚迪牌	79	纯电动货车底盘	BYD1320
60	广西申龙汽车制造有限公司	紫象牌	183	插电式混合动力城市客车	HQK6109
61	广西申龙汽车制造有限公司	紫象牌	183	燃料电池低入口城市客车	HQK6129
62	广西申龙汽车制造有限公司	紫象牌	183	纯电动城市客车	HQK6109、HQK6819、HQK6859
63	湖南江南汽车制造有限公司	众泰牌	84	纯电动轿车	JNJ7000
64	深圳东风汽车有限公司	东风牌	85	纯电动密闭式桶装垃圾车	EQ5082X、EQ5081X
65	广州汽车集团乘用车有限公司	传祺(Trumpchi)牌	89	纯电动多用途乘用车	GAM6480
66	广州汽车集团乘用车有限公司	传祺(Trumpchi)牌	89	纯电动轿车	GAM7000
67	庆铃汽车股份有限公司	庆铃牌(繁体)	95	纯电动载货汽车底盘	QL1071
68	庆铃汽车股份有限公司	庆铃牌(繁体)	95	纯电动厢式运输车	QL5071X
69	重庆长安汽车股份有限公司	长安牌	96	纯电动轿车	SC7003
70	东风云南汽车有限公司	东风牌	104	纯电动载货汽车底盘	EQ1046
71	东风云南汽车有限公司	东风牌	104	纯电动厢式运输车	EQ5046X

续上表

序号	企业名称	商标	《目录》序号	产品名称	产品型号
72	东风云南汽车有限公司	东风牌	104	纯电动自装卸式垃圾车	EQ5030ZZZ
73	东风云南汽车有限公司	东风牌	104	纯电动路面养护车	EQ5040
74	一汽红塔云南汽车制造有限公司	解放牌	107	纯电动载货汽车底盘	CA1030
75	一汽红塔云南汽车制造有限公司	解放牌	107	纯电动厢式运输车	CA5030X
76	金龙联合汽车工业（苏州）有限公司	海格牌	112	插电式混合动力城市客车	KLQ6129、KLQ6109
77	厦门金龙联合汽车工业有限公司	金龙牌	123	纯电动低地板城市客车	XMQ6125
78	厦门金龙旅行车有限公司	金旅牌	124	插电式混合动力城市客车	XML6105、XML6125
79	厦门金龙旅行车有限公司	金旅牌	124	纯电动城市客车	XML6105、XML6805、XML6855
80	中通客车控股股份有限公司	中通牌	125	插电式混合动力低入口城市客车	LCK6107、LCK6127
81	中通客车控股股份有限公司	中通牌	125	纯电动低入口城市客车	LCK6106
82	中通客车控股股份有限公司	中通牌	125	纯电动低地板城市客车	LCK6120
83	中通客车控股股份有限公司	中通牌	125	纯电动城市客车	LCK6117、LCK6106、LCK6108、LCK6850
84	中通客车控股股份有限公司	中通牌	125	纯电动厢式运输车	LCK5036X、LCK5031X
85	上海申龙客车有限公司	申龙牌	129	插电式混合动力客车底盘	SLK6109
86	上海申龙客车有限公司	申龙牌	129	燃料电池城市客车	SLK6109
87	上海申龙客车有限公司	申龙牌	129	燃料电池客车底盘	SLK6129
88	上海申龙客车有限公司	申龙牌	129	纯电动低地板城市客车	SLK6123、SLK6111
89	上海申龙客车有限公司	申龙牌	129	纯电动城市客车	SLK6663、SLK6118、SLK6603
90	上海申龙客车有限公司	申龙牌	129	纯电动客车底盘	SLK6563、SLK6789、SLK6819、SLK6109、SLK6623
91	吉利四川商用车有限公司	远程牌	138	纯电动载货汽车底盘	DNC1049、DNC1077
92	吉利四川商用车有限公司	远程牌	138	燃料电池低入口城市客车	DNC6120
93	吉利四川商用车有限公司	远程牌	138	纯电动厢式运输车	DNC5077X
94	吉利四川商用车有限公司	远程牌	138	插电式混合动力旅居车	DNC5047X
95	南京金龙客车制造有限公司	开沃牌	142	燃料电池城市客车	NJL6859
96	南京金龙客车制造有限公司	开沃牌	142	纯电动城市客车	NJL6809、NJL6822、NJL6600、NJL6859、NJL6117
97	南京金龙客车制造有限公司	开沃牌	142	纯电动客车	NJL6127、NJL6822、NJL6117
98	南京金龙客车制造有限公司	开沃牌	142	纯电动多功能抑尘车	NJL5250TDY
99	南京金龙客车制造有限公司	开沃牌	142	纯电动洗扫车	NJL5180TXS
100	南京金龙客车制造有限公司	开沃牌	142	纯电动清洗车	NJL5180GQX
101	南京金龙客车制造有限公司	开沃牌	142	纯电动餐厨垃圾车	NJL5180TCA
102	华晨鑫源重庆汽车有限公司	鑫源牌	146	纯电动载货汽车	JKC1031
103	华晨鑫源重庆汽车有限公司	鑫源牌	146	纯电动载货汽车底盘	JKC1031
104	华晨鑫源重庆汽车有限公司	鑫源牌	146	纯电动厢式运输车	JKC5031X
105	湖南中车时代电动汽车股份有限公司	中国中车牌	151	插电式混合动力城市客车	TEG6106、TEG6129
106	湖南中车时代电动汽车股份有限公司	中国中车牌	151	纯电动低地板城市客车	TEG6125、TEG6102
107	湖南中车时代电动汽车股份有限公司	中国中车牌	151	纯电动城市客车	TEG6800、TEG6852、TEG6105、TEG6591、TEG6802
108	山东吉海新能源汽车有限公司	吉海牌	160	纯电动载货汽车	JHN1032
109	山东吉海新能源汽车有限公司	吉海牌	160	纯电动载货汽车底盘	JHN1032
110	山东吉海新能源汽车有限公司	吉海牌	160	纯电动售货车	JHN5032CGX
111	江西江铃集团新能源汽车有限公司	易至牌	165	纯电动轿车	JX7001、JX7002
112	郑州宇通集团有限公司	宇通牌	166	纯电动载货汽车底盘	ZKH1041、ZKH1040
113	珠海广通汽车有限公司	广通牌	169	纯电动城市客车	GTQ6853
114	珠海广通汽车有限公司	广通牌	169	纯电动客车	GTQ6103
115	珠海广通汽车有限公司	广通牌	169	纯电动厢式运输车	GTQ5045X
116	浙江合众新能源汽车有限公司	哪吒牌	173	纯电动轿车	THZ7000
117	奇瑞新能源汽车技术有限公司	奇瑞牌	174	纯电动轿车	NEQ7000
118	重庆金康新能源汽车有限公司	东风牌	175	纯电动轿车	SKE7000
119	国能新能源汽车有限责任公司	龙基牌	176	纯电动轿车	GNE7001
120	成都广通汽车有限公司	广通牌	180	纯电动城市客车	CAT6146
121	山东国金汽车制造有限公司	国金汽车牌	185	纯电动多用途乘用车	SGA6460
122	南京市公共交通车辆厂	建康牌	（十）09	纯电动城市客车	NJC6807
123	江苏常隆客车有限公司	常隆牌	（十）17	纯电动城市客车	YS6101
124	江苏悦达专用车有限公司	悦达牌	（十）69	纯电动压缩式垃圾车	YD5183ZYS

续上表

序号	企业名称	商标	《目录》序号	产品名称	产品型号
125	江苏悦达专用车有限公司	悦达牌	(十)69	纯电动自装卸式垃圾车	YD5043ZZZ
126	江苏国唐汽车有限公司	钻石牌	(十)106	纯电动城市客车	SGK6851、SGK6109、SGK6809
127	杭州西湖比亚迪新能源汽车有限公司	比亚迪牌	(十一)51	纯电动压缩式垃圾车	XBE5070ZYS
128	杭州西湖比亚迪新能源汽车有限公司	比亚迪牌	(十一)51	纯电动自装卸式垃圾车	XBE5040ZZZ
129	福建龙马环卫装备股份有限公司	福龙马牌	(十三)16	纯电动压缩式垃圾车	FLM5120ZYS、FLM5180ZYS、FLM5181ZYS
130	福建龙马环卫装备股份有限公司	福龙马牌	(十三)16	纯电动扫路车	FLM5041TSL
131	福建龙马环卫装备股份有限公司	福龙马牌	(十三)16	纯电动洗扫车	FLM5180TXS
132	福建龙马环卫装备股份有限公司	福龙马牌	(十三)16	纯电动清洗车	FLM5181GQX、FLM5120GQX、FLM5180GQX
133	江西博能上饶客车有限公司	上饶牌	(十四)02	纯电动城市客车	SR6660、SR6820
134	江西宜春客车厂有限公司	中宜牌	(十四)14	纯电动低地板城市客车	JYK6102
135	江西宜春客车厂有限公司	中宜牌	(十四)14	纯电动城市客车	JYK6805、JYK6807
136	山东沂星电动汽车有限公司	飞燕牌	(十五)25	纯电动城市客车	SDL6841
137	聊城中通新能源汽车装备有限公司	东岳牌	(十五)70	纯电动洗扫车	ZTQ5181TXS
138	郑州宇通重工有限公司	宇通牌	(十六)30	纯电动洗扫车	YTZ5040TXS
139	郑州宇通重工有限公司	宇通牌	(十六)30	纯电动自装卸式垃圾车	YTZ5040ZZZ
140	郑州宇通重工有限公司	宇通牌	(十六)30	纯电动路面养护车	YTZ5040TYH
141	衡阳智电客车有限责任公司	雁城牌	(十八)02	纯电动城市客车	HYK6801
142	长沙中联重科环境产业有限公司	中联牌	(十八)60	纯电动多功能抑尘车	ZBH5181TDY
143	长沙中联重科环境产业有限公司	中联牌	(十八)60	纯电动清洗车	ZBH5182GQX
144	长沙中联重科环境产业有限公司	中联牌	(十八)60	纯电动车厢可卸式垃圾车	ZBH5180ZXX
145	长沙中联重科环境产业有限公司	中联牌	(十八)60	纯电动餐厨垃圾车	ZBH5180TCA
146	广州市环境卫生机械设备厂	广环牌	(十九)06	燃料电池密闭式桶装垃圾车	GH5080X
147	重庆迪马工业有限责任公司	迪马牌	(二十一)05	纯电动运钞车	DMT5045X

8. 道路机动车辆生产企业及产品(第322批)——新能源汽车节选

道路机动车辆生产企业及产品(第322批)于2019年8月6日发布。共计有93家新能源汽车生产企业、88个新能源汽车品牌、205个新能源汽车系列产品进入公告。其中汽车生产企业有69家160个产品列入,民用改装生产企业有24家45个产品列入。

(1)燃料种类:本批次纯电动产品共计184款(含乘用车29款、客车32款、专用车95款、客车底盘7款、专用车底盘21款);插电式混合动力产品9款(含乘用车3款、客车3款、专用车2款、专用车底盘1款);燃料电池产品12款(含客车9款、专用车1款、客车底盘1款、专用车底盘1款)。

(2)产品类型:专用车共计121个车型(含底盘23个);客车共计52个车型(含底盘8个);乘用车共计32款。

序号	企业名称	商标	《目录》序号	产品名称	产品型号
1	中国第一汽车集团有限公司	解放牌	1	纯电动厢式运输车	CA5180X
2	中国第一汽车集团有限公司	解放牌	1	纯电动厢式运输车底盘	CA5180X、CA5181X
3	东风商用车有限公司	东风牌	3	纯电动自卸汽车	DFH3310
4	东风商用车有限公司	东风牌	3	纯电动自卸汽车底盘	DFH3310
5	东风小康汽车有限公司	东风牌	3	纯电动轿车	DXK7000
6	东风汽车股份有限公司	东风牌	3	纯电动载货汽车	DFA1081、DFA1070
7	东风汽车股份有限公司	东风牌	3	纯电动载货汽车底盘	EQ1050、EQ1081、EQ1040
8	东风汽车股份有限公司	东风牌	3	纯电动城市客车	DFA6811
9	东风汽车股份有限公司	东风牌	3	纯电动客车底盘	EQ6800、EQ6100、EQ6620
10	东风汽车股份有限公司	东风牌	3	纯电动厢式运输车	DFA5020X、DFA5030X、
11	东风汽车股份有限公司	东风牌	3	纯电动冷藏车	DFA5040X
12	东风汽车股份有限公司	东风牌	3	纯电动流动服务车	DFA5040X
13	东风汽车股份有限公司	东风牌	3	纯电动自装卸式垃圾车	DFA5041ZZZ
14	东风汽车股份有限公司	东风牌	3	纯电动车厢可卸式垃圾车	DFA5041ZXX
15	东风汽车股份有限公司	东风牌	3	纯电动邮政车	DFA5040X
16	东风汽车股份有限公司	俊风牌	3	纯电动载货汽车底盘	DFA1010
17	东风汽车股份有限公司	俊风牌	3	纯电动厢式运输车	DFA5010X
18	东风汽车集团有限公司	东风牌	3	插电式混合动力载货汽车底盘	EQ1045
19	东风汽车集团有限公司	东风牌	3	燃料电池载货汽车底盘	EQ1120
20	东风汽车集团有限公司	东风牌	3	纯电动载货汽车底盘	EQ1080
21	东风汽车集团有限公司	东风牌	3	燃料电池客车底盘	EQ6100
22	东风汽车集团有限公司	东风牌	3	插电式混合动力厢式运输车	EQ5045X

续上表

序号	企业名称	商标	《目录》序号	产品名称	产品型号
23	东风汽车集团有限公司	东风牌	3	燃料电池厢式运输车	EQ5120X
24	东风汽车集团有限公司	东风牌	3	插电式混合动力冷藏车	EQ5045X
25	东风特种汽车有限公司	东风牌	3	纯电动城市客车	EQ6601、EQ6603
26	上汽大众汽车有限公司	大众汽车(VOLKS-WAGEN)牌	5	纯电动轿车	SVW7003
27	北汽福田汽车股份有限公司	福田牌	9	纯电动载货汽车底盘	BJ1045
28	北汽福田汽车股份有限公司	福田牌	9	燃料电池城市客车	BJ6851
29	北汽福田汽车股份有限公司	福田牌	9	纯电动城市客车	BJ6117
30	北汽福田汽车股份有限公司	福田牌	9	纯电动厢式运输车	BJ5039X、BJ5025X、BJ5045X
31	北汽福田汽车股份有限公司	福田牌	9	纯电动多功能抑尘车	BJ5182TDY
32	北汽福田汽车股份有限公司	福田牌	9	纯电动扫路车	BJ5122TSL
33	北汽福田汽车股份有限公司	福田牌	9	纯电动环境监测车	BJ5032X
34	北汽福田汽车股份有限公司	福田牌	9	纯电动自装卸式垃圾车	BJ5073ZZZ
35	北汽福田汽车股份有限公司	福田牌	9	纯电动路面养护车	BJ5033TYH
36	北京新能源汽车股份有限公司	北京牌	11	纯电动轿车	BJ7000
37	北京现代汽车有限公司	北京现代牌	11	纯电动轿车	BH7000
38	长城汽车股份有限公司	长城牌	15	纯电动多用途货车	CC1032
39	长城汽车股份有限公司	魏派牌	15	插电式混合动力多用途乘用车	CC6481、CC6483
40	河北长安汽车有限公司	长安牌	22	纯电动载货汽车	SC1022
41	河北长安汽车有限公司	长安牌	22	纯电动载货汽车底盘	SC1022、SC1032
42	河北长安汽车有限公司	长安牌	22	纯电动厢式运输车	SC5032X
43	丹东黄海汽车有限责任公司	黄海牌	29	纯电动城市客车	DD6115
44	威马汽车制造温州有限公司	威尔马斯特牌	34	纯电动多用途乘用车	SZS6480
45	上汽大通汽车有限公司	大通牌	41	纯电动厢式运输车	SH5022X、SH5033X
46	上汽大通汽车有限公司	大通牌	41	纯电动邮政车	SH5022X
47	上海申沃客车有限公司	申沃牌	42	纯电动低地板城市客车	SWB6109
48	北汽(常州)汽车有限公司	北京牌	45	纯电动城市客车	BJ6122、BJ6102、BJ6731
49	扬州亚星客车股份有限公司	亚星牌	49	插电式混合动力城市客车	JS6108
50	扬州亚星客车股份有限公司	亚星牌	49	纯电动低入口城市客车	JS6128
51	扬州亚星客车股份有限公司	亚星牌	49	纯电动城市客车	JS6108、JS6851、JS6815、JS6661
52	浙江吉利汽车有限公司	吉利牌	52	插电式混合动力多用途乘用车	MR6471
53	安徽江淮汽车集团股份有限公司	江淮牌	56	纯电动载货汽车底盘	HFC1041、HFC1045
54	安徽江淮汽车集团股份有限公司	江淮牌	56	纯电动厢式运输车	HFC5045X
55	安徽江淮汽车集团股份有限公司	江淮牌	56	纯电动路面养护车	HFC5041TYH
56	安徽江淮汽车集团股份有限公司	蔚来牌	56	纯电动多用途乘用车	HFC6483
57	东南(福建)汽车工业有限公司	东南牌	58	纯电动轿车	DN7007
58	福建新福达汽车工业有限公司	福达(FORTA)牌	58	纯电动客车底盘	FZ6770
59	江西大乘汽车有限公司	大乘汽车牌	60	纯电动多用途乘用车	JML6451
60	江西五十铃汽车有限公司	江西五十铃牌	61	纯电动厢式运输车	JXW5032X
61	江西五十铃汽车有限公司	江西五十铃牌	61	纯电动多用途货车	JXW1032
62	江西五十铃汽车有限公司	江西五十铃牌	61	纯电动多用途货车底盘	JXW1032
63	江铃汽车股份有限公司	江铃牌	61	纯电动客车	JX6491
64	江铃汽车股份有限公司	江铃牌	61	纯电动冷藏车	JX5063X
65	江西江铃集团晶马汽车有限公司	晶马牌	62	纯电动城市客车	JMV6821、JMV6601
66	江西江铃集团晶马汽车有限公司	晶马牌	62	纯电动客车	JMV6821、JMV6601
67	一汽解放青岛汽车有限公司	解放牌	64	纯电动载货汽车底盘	CA1030
68	一汽解放青岛汽车有限公司	解放牌	64	纯电动厢式运输车	CA5030X
69	中国一拖集团有限公司	东方红牌	69	纯电动洗扫车	LT5182TXS
70	郑州宇通客车股份有限公司	宇通牌	71	纯电动低入口城市客车	ZK6106
71	郑州宇通客车股份有限公司	宇通牌	71	纯电动城市客车	ZK6115
72	湖北三江航天万山特种车辆有限公司	万山牌	78	纯电动载货汽车底盘	WS1020
73	湖北三江航天万山特种车辆有限公司	万山牌	78	纯电动厢式运输车	WS5020
74	比亚迪汽车工业有限公司	比亚迪牌	79	纯电动载货汽车	BYD1180
75	比亚迪汽车工业有限公司	比亚迪牌	79	纯电动载货汽车底盘	BYD1180
76	比亚迪汽车工业有限公司	比亚迪牌	79	纯电动客车底盘	BYD6670
77	比亚迪汽车工业有限公司	比亚迪牌	79	纯电动货车底盘	BYD1070
78	比亚迪汽车工业有限公司	比亚迪牌	79	纯电动轿车	BYD7002

续上表

序号	企业名称	商标	《目录》序号	产品名称	产品型号
79	三一汽车制造有限公司	三一牌	80	纯电动载货汽车底盘	SYM1310
80	三一汽车制造有限公司	三一牌	80	纯电动混凝土搅拌运输车	SYM5310GJB
81	湖南江南汽车制造有限公司	众泰牌	84	纯电动轿车	JNJ7000
82	广州广汽比亚迪新能源客车有限公司	广汽牌	89	纯电动低地板城市客车	GZ6120
83	广汽乘用车(杭州)有限公司	传祺(Trumpchi)牌	89	纯电动轿车	GAH7000
84	广汽丰田汽车有限公司	广汽(GAC)牌	89	纯电动轿车	GTM70002BEV
85	东风柳州汽车有限公司	东风牌	91	纯电动多用途乘用车	LZ6514、LZ6511、LZ6513
86	东风柳州汽车有限公司	乘龙牌	91	纯电动载货汽车底盘	LZ1047
87	东风柳州汽车有限公司	乘龙牌	91	纯电动厢式运输车	LZ5047X
88	上汽通用五菱汽车股份有限公司	宝骏牌	92	纯电动轿车	LZW7001、LZW7002
89	庆铃汽车股份有限公司	庆铃牌(繁体)	95	纯电动载货汽车底盘	QL1180
90	重庆长安汽车股份有限公司	长安牌	96	纯电动多用途乘用车	SC6458
91	重庆长安汽车股份有限公司	长安牌	96	纯电动封闭货车	SC5031X
92	重庆长安汽车股份有限公司	长安牌	96	纯电动轿车	SC7003
93	中植一客成都汽车有限公司	中植汽车牌	100	燃料电池低入口城市客车	CDL6101
94	四川野马汽车股份有限公司	野马牌	101	纯电动低入口城市客车底盘	SQJ6111
95	四川野马汽车股份有限公司	野马牌	101	纯电动多用途乘用车	SQJ6450
96	四川野马汽车股份有限公司	野马牌	101	纯电动轿车	SQJ7001
97	成都大运汽车集团有限公司	大运牌	101	纯电动载货汽车底盘	CGC1045
98	成都大运汽车集团有限公司	大运牌	101	纯电动厢式运输车	CGC5045X
99	成都大运汽车集团有限公司	大运牌	101	纯电动多用途乘用车	CGC6481
100	成都大运汽车集团有限公司	大运牌	101	纯电动运动型乘用车	CGC6371
101	比亚迪汽车有限公司	比亚迪牌	108	纯电动轿车	BYD7005
102	陕西汽车集团有限责任公司	陕汽牌	110	纯电动载货汽车底盘	SX1040、SX1044、SX1048
103	陕西汽车集团有限责任公司	陕汽牌	110	纯电动厢式运输车	SX5040X、SX5048X
104	陕西汽车集团有限责任公司	陕汽牌	110	纯电动仓栅式运输车	SX5044CCY
105	陕西汽车集团有限责任公司	陕汽牌	110	纯电动冷藏车	SX5044X
106	金龙联合汽车工业(苏州)有限公司	海格牌	112	燃料电池城市客车	KLQ6109
107	金龙联合汽车工业(苏州)有限公司	海格牌	112	纯电动城市客车	KLQ6856、KLQ6106、KLQ6650
108	贵州航天成功汽车制造有限公司	航天牌	114	纯电动封闭货车	GHT5030X
109	奇瑞商用车(安徽)有限公司	开瑞牌	119	纯电动载货汽车底盘	SQR1070
110	奇瑞商用车(安徽)有限公司	开瑞牌	119	纯电动厢式运输车	SQR5033X
111	奇瑞商用车(安徽)有限公司	开瑞牌	119	纯电动冷藏车	SQR5070X
112	上海汽车集团股份有限公司	荣威牌	122	插电式混合动力多用途乘用车	CSA6468
113	厦门金龙联合汽车工业有限公司	金龙牌	123	纯电动低地板城市客车	XMQ6105
114	厦门金龙联合汽车工业有限公司	金龙牌	123	纯电动城市客车	XMQ6806
115	厦门金龙旅行车有限公司	金旅牌	124	插电式混合动力城市客车	XML6125
116	厦门金龙旅行车有限公司	金旅牌	124	燃料电池城市客车	XML6855
117	厦门金龙旅行车有限公司	金旅牌	124	燃料电池客车	XML6112、XML6809
118	厦门金龙旅行车有限公司	金旅牌	124	纯电动城市客车	XML6105、XML6125、XML6809
119	厦门金龙旅行车有限公司	金旅牌	124	纯电动城市客车底盘	XML6655、XML6855
120	中通客车控股股份有限公司	中通牌	125	插电式混合动力低入口城市客车	LCK6107
121	中通客车控股股份有限公司	中通牌	125	纯电动城市客车	LCK6826、LCK6600、LCK6816
122	海马汽车有限公司	小鹏牌	128	纯电动轿车	HMA7001
123	上海申龙客车有限公司	申龙牌	129	燃料电池城市客车	SLK6109
124	上海申龙客车有限公司	申龙牌	129	纯电动城市客车	SLK6109、SLK6128
125	上海申龙客车有限公司	申龙牌	129	纯电动客车底盘	SLK6789、SLK6819、SLK6653、SLK6109、SLK6623
126	领途汽车有限公司	御捷马牌	134	纯电动轿车	YGM7002
127	中恒天智骏(赣州)汽车有限公司	国机智骏牌	135	纯电动轿车	ZHT7000
128	吉利四川商用车有限公司	远程牌	138	纯电动载货汽车	DNC1049
129	吉利四川商用车有限公司	远程牌	138	燃料电池低入口城市客车	DNC6100
130	吉利四川商用车有限公司	远程牌	138	纯电动厢式运输车	DNC5049X、DNC5030X
131	吉利四川商用车有限公司	远程牌	138	纯电动邮政车	DNC5020X、DNC5037X、
132	南京金龙客车制造有限公司	开沃牌	142	纯电动城市客车	NJL6100、NJL6123、NJL6129、NJL6809、NJL6822、NJL6859、NJL6113

续上表

序号	企业名称	商标	《目录》序号	产品名称	产品型号
133	南京金龙客车制造有限公司	开沃牌	142	纯电动客车	NJL6117
134	南京金龙客车制造有限公司	开沃牌	142	纯电动厢式运输车	NJL5026X、NJL5038X
135	南京金龙客车制造有限公司	开沃牌	142	纯电动压缩式垃圾车	NJL5250ZYS
136	南京金龙客车制造有限公司	开沃牌	142	纯电动多用途乘用车	NJL6420
137	南京金龙客车制造有限公司	开沃牌	142	纯电动护栏清洗车	NJL5100GQX
138	南京金龙客车制造有限公司	开沃牌	142	纯电动洒水车	NJL5180GSS
139	南京金龙客车制造有限公司	开沃牌	142	纯电动清洗车	NJL5250GQX
140	南京金龙客车制造有限公司	开沃牌	142	纯电动绿化喷洒车	NJL5100GPS
141	南京金龙客车制造有限公司	开沃牌	142	纯电动自装卸式垃圾车	NJL5040ZZZ
142	华晨鑫源重庆汽车有限公司	鑫源牌	146	纯电动厢式运输车	JKC5031X、JKC5020X
143	程力汽车集团股份有限公司	程力牌	153	纯电动厢式运输车	CL5030X
144	程力汽车集团股份有限公司	程力牌	153	纯电动压缩式垃圾车	CL5090ZYS
145	程力汽车集团股份有限公司	程力牌	153	纯电动自装卸式垃圾车	CL5030ZZZ
146	程力汽车集团股份有限公司	程力牌	153	纯电动路面养护车	CL5030TYH
147	程力汽车集团股份有限公司	程力牌	153	纯电动车厢可卸式垃圾车	CL5030ZXX
148	程力汽车集团股份有限公司	程力牌	153	纯电动轻型货车底盘	CL1030
149	森源汽车股份有限公司	森源牌	155	纯电动载货汽车底盘	YBM1180、YBM1120、YBM1031、YBM1040、YBM1030
150	森源汽车股份有限公司	森源牌	155	纯电动厢式运输车	YBM5041X、YBM5040X、
151	山东蓝诺汽车有限公司	吉海牌	160	纯电动冷藏车	JHN5032CGX
152	江西江铃集团新能源汽车有限公司	易至牌	165	纯电动轿车	JX7001、JX7002
153	上海万象汽车制造有限公司	象牌	168	纯电动扫路车	SXC5050TSL
154	珠海广通汽车有限公司	广通牌	169	燃料电池城市客车	GTQ6851
155	珠海广通汽车有限公司	广通牌	169	纯电动城市客车	GTQ6105
156	珠海广通汽车有限公司	广通牌	169	纯电动城市客车底盘	GTQ6105
157	浙江合众新能源汽车有限公司	哪吒牌	173	纯电动轿车	THZ7000、THZ7001
158	奇瑞新能源汽车股份有限公司	奇瑞牌	174	纯电动轿车	NEQ7000
159	广西申龙汽车制造有限公司	紫象牌	183	纯电动城市客车	HQK6109、HQK6663、HQK6819、HQK6859
160	山东国金汽车制造有限公司	国金汽车牌	185	纯电动多用途乘用车	SGA6460
161	北京华林特装车有限公司	华林牌	(一)31	纯电动压缩式垃圾车	HLT5180ZYS
162	天津广通汽车有限公司	广通牌	(二)20	纯电动城市客车	TJR6105
163	江苏常隆客车有限公司	常隆牌	(十)17	纯电动城市客车	YS6101
164	航天晨光股份有限公司	三力牌	(十)34	纯电动压缩式垃圾车	CGJ5102ZYS、CGJ5185ZYS
165	航天晨光股份有限公司	三力牌	(十)34	纯电动吸粪车	CGJ5041GXE
166	航天晨光股份有限公司	三力牌	(十)34	纯电动多功能抑尘车	CGJ5181TDY
167	航天晨光股份有限公司	三力牌	(十)34	纯电动洗扫车	CGJ5101TXS、CGJ5180TXS
168	航天晨光股份有限公司	三力牌	(十)34	纯电动路面养护车	CGJ5041TYH
169	航天晨光股份有限公司	三力牌	(十)34	纯电动餐厨垃圾车	CGJ5127TCA
170	徐州工程机械集团有限公司	徐工牌	(十)48	纯电动多功能抑尘车	XZJ5180TDY
171	杭州西湖比亚迪新能源汽车有限公司	比亚迪牌	(十一)51	纯电动密闭式桶装垃圾车	XBE5070X
172	杭州西湖比亚迪新能源汽车有限公司	比亚迪牌	(十一)51	纯电动洗扫车	XBE5180TXS
173	杭州西湖比亚迪新能源汽车有限公司	比亚迪牌	(十一)51	纯电动路面养护车	XBE5040TYH
174	安徽泰新汽车工业有限公司	梦骏牌	(十二)67	纯电动厢式运输车	ATX5030X
175	福建龙马环卫装备股份有限公司	福龙马牌	(十三)16	纯电动清洗车	FLM5250GQX
176	福建龙马环卫装备股份有限公司	福龙马牌	(十三)16	纯电动路面养护车	FLM5041TYH
177	福建龙马环卫装备股份有限公司	福龙马牌	(十三)16	纯电动车厢可卸式垃圾车	FLM5180ZXX
178	江西博能上饶客车有限公司	上饶牌	(十四)02	纯电动城市客车	SR6800
179	江西江铃汽车集团改装车股份有限公司	江铃牌	(十四)15	纯电动冷藏车	JX5045X
180	江西江铃汽车集团改装车股份有限公司	江铃牌	(十四)15	纯电动救险车	JX5032X
181	淄博舜泰汽车制造有限公司	舜泰牌	(十五)254	纯电动售货车	ZST5031X
182	淄博舜泰汽车制造有限公司	舜泰牌	(十五)254	纯电动路面养护车	ZST5033TYH
183	郑州宇通重工有限公司	宇通牌	(十六)30	纯电动密闭式桶装垃圾车	YTZ5040X
184	河南森源重工有限公司	森源牌	(十六)37	纯电动压缩式垃圾车	SMQ5180ZYS
185	河南森源重工有限公司	森源牌	(十六)37	纯电动洗扫车	SMQ5120TXS、SMQ5184TXS
186	河南森源重工有限公司	森源牌	(十六)37	纯电动清洗车	SMQ5183GQX
187	河南森源重工有限公司	森源牌	(十六)37	纯电动餐厨垃圾车	SMQ5120TCA

续上表

序号	企业名称	商标	《目录》序号	产品名称	产品型号
188	徐工湖北环保科技股份有限公司	徐工牌	(十七)119	纯电动清洗车	DXA5180GQX
189	湖北震序车船科技股份有限公司	正远牌	(十七)147	纯电动救险车	EZY5030X
190	长沙中联重科环境产业有限公司	中联牌	(十八)60	纯电动吸尘车	ZBH5184TXC
191	长沙中联重科环境产业有限公司	中联牌	(十八)60	纯电动密闭式桶装垃圾车	ZBH5040X
192	长沙中联重科环境产业有限公司	中联牌	(十八)60	纯电动扫路车	ZBH5123TSL
193	长沙中联重科环境产业有限公司	中联牌	(十八)60	纯电动自装卸式垃圾车	ZBH5040ZZZ
194	长沙中联重科环境产业有限公司	中联牌	(十八)60	纯电动路面养护车	ZBH5040TYH
195	长沙中联重科环境产业有限公司	中联牌	(十八)60	纯电动车厢可卸式垃圾车	ZBH5180ZXX
196	长沙中联重科环境产业有限公司	中联牌	(十八)60	纯电动餐厨垃圾车	ZBH5120TCA
197	广东宝龙汽车有限公司	宝龙牌	(十九)20	纯电动防弹运钞车	TBL5046X
198	中山市顺达客车有限公司	上佳牌	(十九)51	燃料电池城市客车	HA6101
199	中山市顺达客车有限公司	上佳牌	(十九)51	纯电动城市客车	HA6850、HA6100、HA6660
200	柳州延龙汽车有限公司	延龙牌	(二十)06	纯电动餐厨垃圾车	LZL5121TCA
201	重庆庆铃专用汽车有限公司	庆铃牌	(二十一)19	纯电动冷藏车	QL5042X
202	云南五龙汽车有限公司	长江牌	(二十四)03	纯电动城市客车	FDE6670
203	昆明客车制造有限公司	云海牌	(二十四)06	纯电动城市客车	KK6650、KK6851
204	陕西汉中客车有限公司	汉龙牌	(二十六)07	纯电动城市客车	SHZ6103
205	陕西秦星汽车有限责任公司	原点之星牌	(二十六)25	纯电动低入口城市客车	SYD6120

9. 道路机动车辆生产企业及产品(第323批)——新能源汽车节选

道路机动车辆生产企业及产品(第323批)于2019年9月9日发布。共计有96家新能源汽车生产企业、90个新能源汽车品牌、195个新能源汽车系列产品进入公告。其中汽车生产企业有65家135个产品列入,民用改装生产企业有31家60个产品列入。

(1)燃料种类:本批次纯电动产品共计173款(含乘用车22款、客车44款、专用车84款、客车底盘7款、专用车底盘16款);插电式混合动力产品10款(含乘用车6款、客车2款、专用车1款、专用车底盘1款);燃料电池产品12款(含客车7款、专用车2款、客车底盘1款、专用车底盘2款)。

(2)产品类型:专用车共计106个车型(含底盘18个);客车共计61个车型(含底盘8个);乘用车共计28款。

序号	企业名称	商标	《目录》序号	产品名称	产品型号
1	中国第一汽车集团有限公司	一汽牌	1	纯电动轿车	CA7003
2	中国第一汽车集团有限公司	解放牌	1	纯电动厢式运输车	CA5042X
3	一汽-大众汽车有限公司	大众牌	2	插电式混合动力轿车	FV7147
4	东风商用车有限公司	东风牌	3	纯电动载货汽车底盘	DFH1180
5	东风小康汽车有限公司	东风牌	3	插电式增程混合动力轿车	DXK7150
6	东风汽车有限公司	启辰牌	3	纯电动轿车	DFL7000
7	东风汽车股份有限公司	东风牌	3	纯电动载货汽车	DFA1040、DFA1081
8	东风汽车股份有限公司	东风牌	3	纯电动载货汽车底盘	EQ1081
9	东风汽车股份有限公司	东风牌	3	纯电动厢式运输车	DFA5030X、DFA5040X
10	东风汽车股份有限公司	东风牌	3	纯电动冷藏车	DFA5040X
11	东风汽车股份有限公司	东风牌	3	纯电动邮政车	DFA5030X
12	东风汽车集团有限公司	东风牌	3	插电式混合动力载货汽车底盘	EQ1100
13	东风汽车集团有限公司	东风牌	3	燃料电池载货汽车底盘	EQ1090
14	东风汽车集团有限公司	东风牌	3	纯电动载货汽车底盘	EQ1035
15	东风汽车集团有限公司	东风牌	3	燃料电池厢式运输车	EQ5090X
16	东风汽车集团有限公司	东风牌	3	插电式混合动力冷藏车	EQ5100X
17	东风汽车集团有限公司	东风牌	3	纯电动车厢可卸式垃圾车	EQ5035ZXX
18	东风汽车集团有限公司	俊风牌	3	纯电动轿车	DFA7000
19	上汽大众汽车有限公司	大众汽车(VOLKS-WAGEN)牌	5	插电式混合动力轿车	SVW7142
20	上汽通用汽车有限公司	雪佛兰	6	纯电动轿车	SGM7007
21	北京汽车制造厂有限公司	北京牌	9	纯电动运动型乘用车	BJ6330
22	北汽福田汽车股份有限公司	福田牌	9	纯电动城市客车	BJ6851、BJ6105、BJ6816
23	北汽福田汽车股份有限公司	福田牌	9	纯电动邮政车	BJ5020X、BJ5030X
24	北京汽车股份有限公司	北京牌	11	纯电动轿车	BJ7000
25	河北中兴汽车制造有限公司	田野牌	19	纯电动多用途乘用车	BQ6452
26	河北长安汽车有限公司	长安牌	22	纯电动载货汽车底盘	SC1022

续上表

序号	企业名称	商标	《目录》序号	产品名称	产品型号
27	河北长安汽车有限公司	长安牌	22	纯电动厢式运输车	SC5022X、SC5031X
28	河北长安汽车有限公司	长安牌	22	纯电动邮政车	SC5022X
29	江铃重型汽车有限公司	江铃牌	26	燃料电池载货汽车底盘	SXQ1090
30	北奔重型汽车集团有限公司	北奔牌	27	纯电动自卸汽车	ND3310
31	北奔重型汽车集团有限公司	北奔牌	27	纯电动自卸汽车底盘	ND3310
32	丹东黄海汽车有限责任公司	黄海牌	29	纯电动城市客车	DD6687、DD6109、DD6129
33	华晨汽车集团控股有限公司	中华牌	33	纯电动轿车	SY7000
34	威马汽车制造温州有限公司	威尔马斯特牌	34	纯电动多用途乘用车	SZS6460
35	上汽大通汽车有限公司	跃进牌	41	纯电动载货汽车	SH1047
36	上汽大通汽车有限公司	跃进牌	41	纯电动载货汽车底盘	SH1047
37	上汽大通汽车有限公司	跃进牌	41	纯电动厢式运输车	SH5047X
38	上海申沃客车有限公司	申沃牌	42	纯电动城市客车	SWB6788
39	南京汽车集团有限公司	畅达牌	44	纯电动密闭式桶装垃圾车	NJ5040X
40	北汽(常州)汽车有限公司	北京牌	45	纯电动城市客车	BJ6851
41	徐州徐工汽车制造有限公司	徐工牌	48	纯电动载货汽车底盘	XGA1041、XGA1086、XGA1083
42	徐州徐工汽车制造有限公司	徐工牌	48	纯电动自卸汽车底盘	XGA3250
43	徐州徐工汽车制造有限公司	徐工牌	48	纯电动厢式运输车	XGA5041X、XGA5086X
44	扬州亚星客车股份有限公司	亚星牌	49	插电式混合动力城市客车	JS6128
45	扬州亚星客车股份有限公司	亚星牌	49	纯电动城市客车	JS6108、YBL6119、JS6815
46	扬州亚星客车股份有限公司	亚星牌	49	纯电动客车底盘	JS6108
47	浙江吉利汽车有限公司	吉利美日牌	52	插电式混合动力轿车	MR7153
48	安徽安凯汽车股份有限公司	安凯牌	55	纯电动低地板城市客车	HFF6129
49	安徽安凯汽车股份有限公司	安凯牌	55	纯电动城市客车	HFF6109、HFF6124、HFF6800、HFF6855、HFF6650
50	安徽江淮汽车集团股份有限公司	江淮牌	56	纯电动载货汽车底盘	HFC1031
51	安徽江淮汽车集团股份有限公司	江淮牌	56	纯电动客车底盘	HFC6790、HFC6620
52	安徽江淮汽车集团股份有限公司	江淮牌	56	纯电动厢式运输车	HFC5031X
53	安徽江淮汽车集团股份有限公司	江淮牌	56	纯电动多用途货车底盘	HFC1037
54	安徽江淮汽车集团股份有限公司	江淮牌	56	纯电动环境监测车	HFC5037X
55	安徽江淮汽车集团股份有限公司	江淮牌	56	纯电动轿车	HFC7000、HFC7001
56	安徽江淮汽车集团股份有限公司	蔚来牌	56	纯电动多用途乘用车	HFC6502
57	福建新福达汽车工业有限公司	福达(FORTA)牌	58	纯电动城市客车	FZ6656
58	福建新福达汽车工业有限公司	福达(FORTA)牌	58	纯电动客车底盘	FZ6840、FZ6120、FZ6106
59	福建新福达汽车工业有限公司	福达(FORTA)牌	58	纯电动厢式运输车	FZ5031X
60	江西江铃集团晶马汽车有限公司	晶马牌	62	纯电动城市客车	JMV6601、JMV6105
61	江西江铃集团晶马汽车有限公司	晶马牌	62	纯电动客车	JMV6703
62	山东唐骏欧铃汽车制造有限公司	欧铃牌	68	纯电动车厢可卸式垃圾车	ZB5040ZXX
63	中国一拖集团有限公司	东方红牌	69	纯电动自卸式垃圾车	LT5251ZLJ
64	郑州宇通客车股份有限公司	宇通牌	71	纯电动城市客车	ZK6856、ZK6106、ZK6126
65	郑州日产汽车有限公司	东风牌	72	纯电动厢式运输车	ZN5030X
66	郑州日产汽车有限公司	东风牌	72	纯电动多用途乘用车	ZN6456
67	比亚迪汽车工业有限公司	比亚迪牌	79	纯电动低入口城市客车底盘	BYD6122、BYD6101
68	比亚迪汽车工业有限公司	比亚迪牌	79	纯电动城市客车	BYD6810
69	比亚迪汽车工业有限公司	比亚迪牌	79	纯电动城市客车底盘	BYD6800、BYD6770
70	比亚迪汽车工业有限公司	比亚迪牌	79	纯电动厢式运输车	BYD5040X
71	比亚迪汽车工业有限公司	比亚迪牌	79	纯电动货车底盘	BYD1040
72	比亚迪汽车工业有限公司	比亚迪牌	79	纯电动轿车	BYD7002
73	比亚迪汽车工业有限公司	腾势牌	79	插电式混合动力多用途乘用车	QCJ6490
74	比亚迪汽车工业有限公司	腾势牌	79	纯电动多用途乘用车	QCJ6490
75	广汽乘用车有限公司	传祺(Trumpchi)牌	89	纯电动多用途乘用车	GAM6480
76	东风柳州汽车有限公司	乘龙牌	91	纯电动载货汽车底盘	LZ1071
77	东风柳州汽车有限公司	乘龙牌	91	纯电动厢式运输车	LZ5071X
78	重庆长安汽车股份有限公司	长安牌	96	纯电动轿车	SC7005
79	一汽红塔云南汽车制造有限公司	解放牌	107	纯电动多用途货车	CA1030
80	一汽红塔云南汽车制造有限公司	解放牌	107	纯电动多用途货车底盘	CA1030
81	比亚迪汽车有限公司	比亚迪牌	108	插电式混合动力多用途乘用车	BYD6461
82	陕西汽车集团有限责任公司	陕汽牌	110	纯电动载货汽车底盘	SX1045、SX1187

续上表

序号	企业名称	商标	《目录》序号	产品名称	产品型号
83	陕西汽车集团有限责任公司	陕汽牌	110	纯电动厢式运输车	SX5045X
84	金龙联合汽车工业(苏州)有限公司	海格牌	112	燃料电池低入口城市客车	KLQ6106
85	金龙联合汽车工业(苏州)有限公司	海格牌	112	纯电动低入口城市客车	KLQ6105
86	金龙联合汽车工业(苏州)有限公司	海格牌	112	纯电动城市客车	KLQ6111
87	四川现代汽车有限公司	致道牌	118	纯电动载货汽车底盘	CHM1040
88	四川现代汽车有限公司	致道牌	118	纯电动厢式运输车	CHM5040X
89	奇瑞商用车(安徽)有限公司	开瑞牌	119	纯电动厢式运输车	SQR5031X、SQR5045X、SQR5032X
90	奇瑞商用车(安徽)有限公司	开瑞牌	119	纯电动密闭式桶装垃圾车	SQR5030X
91	奇瑞商用车(安徽)有限公司	开瑞牌	119	纯电动普通货车	SQR1045
92	奇瑞商用车(安徽)有限公司	开瑞牌	119	纯电动货车底盘	SQR1045
93	厦门金龙旅行车有限公司	金旅牌	124	燃料电池城市客车	XML6855
94	厦门金龙旅行车有限公司	金旅牌	124	纯电动双层城市客车	XML6106
95	厦门金龙旅行车有限公司	金旅牌	124	纯电动城市客车	XML6655、XML6105、XML6805、XML6855
96	中通客车控股股份有限公司	中通牌	125	纯电动城市客车	LCK6826
97	中通客车控股股份有限公司	中通牌	125	纯电动客车	LCK6720
98	中通客车控股股份有限公司	中通牌	125	纯电动厢式运输车	LCK5030X
99	海马汽车有限公司	海马牌	128	纯电动轿车	HMA7000
100	上海申龙客车有限公司	申龙牌	129	燃料电池城市客车	SLK6101
101	上海申龙客车有限公司	申龙牌	129	燃料电池客车	SLK6128
102	上海申龙客车有限公司	申龙牌	129	燃料电池客车底盘	SLK6819、SLK6849
103	上海申龙客车有限公司	申龙牌	129	纯电动客车	SLK6803
104	上海申龙客车有限公司	申龙牌	129	纯电动客车底盘	SLK6789、SLK6819、SLK6118、SLK6109、SLK6849
105	上海申龙客车有限公司	申龙牌	129	燃料电池保温车	SLK5090X、SLK5080X
106	中恒天智骏(赣州)汽车有限公司	国机智骏牌	135	纯电动轿车	ZHT7000
107	吉利四川商用车有限公司	远程牌	138	纯电动载货汽车底盘	DNC1049
108	吉利四川商用车有限公司	远程牌	138	纯电动低入口城市客车	DNC6100
109	吉利四川商用车有限公司	远程牌	138	纯电动厢式运输车	DNC5032X、DNC5037X、DNC5049X
110	吉利四川商用车有限公司	远程牌	138	纯电动仓栅式运输车	DNC5049CCY
111	江苏九龙汽车制造有限公司	大马牌	141	纯电动多用途乘用车	HKL6320
112	南京金龙客车制造有限公司	开沃牌	142	插电式混合动力城市客车	NJL6129
113	南京金龙客车制造有限公司	开沃牌	142	纯电动低入口城市客车	NJL6100
114	南京金龙客车制造有限公司	开沃牌	142	纯电动城市客车	NJL6100、NJL6123、NJL6129、NJL6822、NJL6600
115	南京金龙客车制造有限公司	开沃牌	142	纯电动客车	NJL6822、NJL6600
116	南京金龙客车制造有限公司	开沃牌	142	纯电动电源车	NJL5139X
117	华晨鑫源重庆汽车有限公司	鑫源牌	146	纯电动多用途乘用车	JKC6420
118	湖南中车时代电动汽车股份有限公司	中国中车牌	151	燃料电池城市客车	TEG6852
119	湖南中车时代电动汽车股份有限公司	中国中车牌	151	纯电动城市客车	TEG6802
120	程力汽车集团股份有限公司	程力牌	153	纯电动多用途货车	CL1030
121	程力汽车集团股份有限公司	程力牌	153	纯电动多用途货车底盘	CL1030
122	程力汽车集团股份有限公司	程力牌	153	纯电动检修车	CL5030X
123	程力汽车集团股份有限公司	程力牌	153	纯电动车厢可卸式垃圾车	CL5040ZXX
124	森源汽车股份有限公司	森源牌	155	纯电动载货汽车	YBM1030
125	珠海广通汽车有限公司	广通牌	169	纯电动城市客车	GTQ6119
126	珠海广通汽车有限公司	广通牌	169	纯电动城市客车底盘	GTQ6630、GTQ6105
127	奇瑞新能源汽车股份有限公司	奇瑞牌	174	纯电动轿车	NEQ7000
128	佛山市飞驰汽车制造有限公司	飞驰牌	177	纯电动城市客车	FSQ6850
129	江苏敏安电动汽车有限公司	敏安牌	179	纯电动多用途乘用车	MA6470
130	成都广通汽车有限公司	广通牌	180	纯电动城市客车	CAT6123、CAT6690
131	中兴智能汽车有限公司	广客牌	181	纯电动客车	GTZ6118
132	东莞中汽宏远汽车有限公司	宏远牌	182	纯电动城市客车	KMT6106、KMT6861、KMT6802
133	广西申龙汽车制造有限公司	紫象牌	183	纯电动城市客车	HQK6819、HQK6859、HQK6118
134	广西申龙汽车制造有限公司	紫象牌	183	纯电动客车	HQK6118
135	江西博能上饶客车有限公司	上饶牌	187	纯电动城市客车	SR6116
136	北京天坛海乔客车有限责任公司	天坛牌	(一)11	纯电动餐车	BF5045X

续上表

序号	企业名称	商标	《目录》序号	产品名称	产品型号
137	北京华林特装车有限公司	华林牌	(一)31	纯电动吸粪车	HLT5180GXE
138	北京华林特装车有限公司	华林牌	(一)31	纯电动密闭式桶装垃圾车	HLT5041X
139	北京华林特装车有限公司	华林牌	(一)31	纯电动洒水车	HLT5321GSS
140	北京华林特装车有限公司	华林牌	(一)31	纯电动清洗车	HLT5180GQX
141	北京华林特装车有限公司	华林牌	(一)31	纯电动自卸式垃圾车	HLT5041ZLJ
142	北京事必达汽车有限责任公司	驰远牌	(一)32	纯电动吸粪车	BSP5040GXE
143	北京天路通科技有限责任公司	天路牌	(一)44	纯电动吸尘车	BTL5180TXC
144	天津比亚迪汽车有限公司	金马牌	(二)04	纯电动低入口城市客车	TJK6120、TJK6100
145	天津比亚迪汽车有限公司	金马牌	(二)04	纯电动城市客车	TJK6850
146	天津广通汽车有限公司	广通牌	(二)20	纯电动城市客车	TJR6680
147	远大汽车制造股份有限公司	衡霸牌	(三)84	纯电动压缩式垃圾车	YYD5120ZYS
148	南京市公共交通车辆厂	建康牌	(十)09	纯电动低入口城市客车	NJC6107
149	航天晨光股份有限公司	三力牌	(十)34	纯电动压缩式垃圾车	CGJ5101ZYS、CGJ5109ZYS、CGJ5128ZYS
150	航天晨光股份有限公司	三力牌	(十)34	纯电动吸粪车	CGJ5127GXE、CGJ5185GXE
151	航天晨光股份有限公司	三力牌	(十)34	纯电动多功能抑尘车	CGJ5180TDY、CGJ5188TDY
152	航天晨光股份有限公司	三力牌	(十)34	纯电动密闭式桶装垃圾车	CGJ5041X
153	航天晨光股份有限公司	三力牌	(十)34	纯电动扫路车	CGJ5180TSL
154	航天晨光股份有限公司	三力牌	(十)34	纯电动洗扫车	CGJ5188TXS
155	航天晨光股份有限公司	三力牌	(十)34	纯电动清洗车	CGJ5250GQX
156	航天晨光股份有限公司	三力牌	(十)34	纯电动自装卸式垃圾车	CGJ5043ZZZ
157	江苏友谊汽车有限公司	友谊牌	(十)45	纯电动城市客车	ZGT6669、ZGT6858
158	徐州工程机械集团有限公司	徐工牌	(十)48	纯电动压缩式垃圾车	XZJ5081ZYS
159	江苏银宝专用车有限公司	银宝牌	(十)68	纯电动自装卸式垃圾车	SYB5072ZZZ、SYB5033ZZZ
160	江苏悦达专用车有限公司	悦达牌	(十)69	纯电动自装卸式垃圾车	YD5093ZZZ
161	扬州金威环保科技有限公司	金鼺牌	(十)128	纯电动垃圾桶清洗车	YJW5120TQX
162	扬州金威环保科技有限公司	金鼺牌	(十)128	纯电动自装卸式垃圾车	YJW5040ZZZ
163	杭州长江汽车有限公司	长江牌	(十一)06	纯电动城市客车	FDC6101、FDC6661
164	福建龙马环卫装备股份有限公司	福龙马牌	(十三)16	纯电动吸尘车	FLM5180TXC
165	福建龙马环卫装备股份有限公司	福龙马牌	(十三)16	纯电动密闭式桶装垃圾车	FLM5080X
166	福建龙马环卫装备股份有限公司	福龙马牌	(十三)16	纯电动洗扫车	FLM5181TXS、FLM5080TXS、FLM5180TXS
167	福建龙马环卫装备股份有限公司	福龙马牌	(十三)16	纯电动清洗车	FLM5180GQX
168	福建龙马环卫装备股份有限公司	福龙马牌	(十三)16	纯电动路面养护车	FLM5041TYH
169	福建龙马环卫装备股份有限公司	福龙马牌	(十三)16	纯电动车厢可卸式垃圾车	FLM5250ZXX
170	中国重汽集团济南专用车有限公司	绿叶牌	(十五)04	纯电动清洗车	JYJ5187GQX
171	烟台海德专用汽车有限公司	海德牌	(十五)20	纯电动餐厨垃圾车	CHD5180TCA、CHD5122TCA、CHD5100TCA
172	聊城中通新能源汽车装备有限公司	东岳牌	(十五)70	纯电动多功能抑尘车	ZTQ5181TDY
173	郑州宇通重工有限公司	宇通牌	(十六)30	纯电动多功能抑尘车	YTZ5180TDY
174	郑州宇通重工有限公司	宇通牌	(十六)30	纯电动车厢可卸式垃圾车	YTZ5040ZXX
175	河南森源重工有限公司	森源牌	(十六)37	纯电动多功能抑尘车	SMQ5183TDY
176	扬子江汽车集团有限公司	扬子江牌	(十七)48	纯电动城市客车	WG6840
177	长沙中联重科环境产业有限公司	中联牌	(十八)60	纯电动压缩式垃圾车	ZBH5180ZYS
178	长沙中联重科环境产业有限公司	中联牌	(十八)60	纯电动扫路车	ZBH5123TSL、ZBH5043TSL
179	长沙中联重科环境产业有限公司	中联牌	(十八)60	纯电动桶装垃圾运输车	ZBH5040CTY
180	长沙中联重科环境产业有限公司	中联牌	(十八)60	纯电动洗扫车	ZBH5180TXS
181	长沙中联重科环境产业有限公司	中联牌	(十八)60	纯电动清洗车	ZBH5182GQX
182	长沙中联重科环境产业有限公司	中联牌	(十八)60	纯电动餐厨垃圾车	ZBH5120TCA
183	中国重汽集团柳州运力专用汽车有限公司	运力牌	(二十)05	纯电动洒水车	LG5181GSS
184	柳州延龙汽车有限公司	延龙牌	(二十)06	纯电动桶装垃圾运输车	LZL5032CTY
185	柳州延龙汽车有限公司	延龙牌	(二十)06	纯电动清洗车	LZL5031GQX
186	重庆凯瑞特种车有限公司	重特牌	(二十一)10	纯电动路面养护车	QYZ5040TYH
187	重庆凯瑞特种车有限公司	重特牌	(二十一)10	纯电动车厢可卸式垃圾车	QYZ5030ZXX
188	重庆庆铃专用汽车有限公司	庆铃牌	(二十一)19	纯电动车厢可卸式垃圾车	QL5070ZXX
189	贵州长江汽车有限公司	贵州牌	(二十三)01	燃料电池城市客车	GK6850
190	贵州长江汽车有限公司	贵州牌	(二十三)01	纯电动城市客车	GK6851
191	贵州贵航云马汽车工业有限责任公司	云马牌	(二十三)08	纯电动城市客车	YM6105

续上表

序号	企业名称	商标	《目录》序号	产品名称	产品型号
192	云南五龙汽车有限公司	长江牌	(二十四)03	燃料电池城市客车	FDE6850
193	云南五龙汽车有限公司	长江牌	(二十四)03	纯电动低地板城市客车	FDE6121
194	云南五龙汽车有限公司	长江牌	(二十四)03	纯电动城市客车	FDE6851
195	兰州广通新能源汽车有限公司	广通牌	(二十七)02	纯电动城市客车	LZG6105

10. 道路机动车辆生产企业及产品(第324批)——新能源汽车节选

道路机动车辆生产企业及产品(第324批)于2019年10月15日发布。共计有104家新能源汽车生产企业、87个新能源汽车品牌、193个新能源汽车系列产品进入公告。其中汽车生产企业有71家140个产品列入,民用改装生产企业有33家53个产品列入。

(1)燃料种类:本批次纯电动产品共计163款(含乘用车15款、客车40款、专用车86款、客车底盘8款、专用车底盘14款);插电式混合动力产品14款(含乘用车11款、客车3款);燃料电池产品16款(含客车7款、专用车6款、客车底盘1款、专用车底盘2款)。

(2)产品类型:专用车共计108个车型(含底盘16个);客车共计59个车型(含底盘9个);乘用车共计26款。

序号	企业名称	商标	《目录》序号	产品名称	产品型号
1	中国第一汽车集团有限公司	解放牌	1	纯电动厢式运输车	CA5030X
2	一汽-大众汽车有限公司	奥迪(AUDI)牌	2	插电式混合动力轿车	FV7201
3	东风商用车有限公司	东风牌	3	纯电动载货汽车底盘	DFH1180
4	东风小康汽车有限公司	东风牌	3	纯电动封闭货车	DXK5030X
5	东风汽车股份有限公司	东风牌	3	纯电动载货汽车底盘	EQ1040
6	东风汽车股份有限公司	东风牌	3	纯电动客车底盘	EQ6100
7	东风汽车股份有限公司	东风牌	3	纯电动厢式运输车	DFA5040X
8	东风汽车股份有限公司	东风牌	3	纯电动邮政车	DFA5040X
9	东风汽车集团有限公司	东风牌	3	燃料电池载货汽车底盘	EQ1090
10	东风特种汽车有限公司	东风牌	3	纯电动城市客车	EQ6105
11	神龙汽车有限公司	东风标致牌	4	插电式混合动力多用途乘用车	DC6456
12	北汽福田汽车股份有限公司	福田牌	9	纯电动载货汽车	BJ1045、BJ1030
13	北汽福田汽车股份有限公司	福田牌	9	纯电动载货汽车底盘	BJ1108
14	北汽福田汽车股份有限公司	福田牌	9	插电式混合动力城市客车	BJ6105、BJ6123
15	北汽福田汽车股份有限公司	福田牌	9	纯电动城市客车	BJ6650、BJ6123
16	北汽福田汽车股份有限公司	福田牌	9	纯电动厢式运输车	BJ5108X、BJ5025X
17	北汽福田汽车股份有限公司	福田牌	9	纯电动压缩式垃圾车	BJ5122ZYS
18	北汽福田汽车股份有限公司	福田牌	9	纯电动路面养护车	BJ5034TYH
19	北汽福田汽车股份有限公司	福田牌	9	纯电动邮政车	BJ5039X
20	长城汽车股份有限公司	欧拉牌	15	纯电动轿车	CC7001
21	河北中兴汽车制造有限公司	田野牌	19	纯电动厢式运输车	BQ5022X
22	山西新能源汽车工业有限公司	帝豪牌	25	纯电动轿车	JHC7002
23	江铃重型汽车有限公司	江铃牌	26	燃料电池厢式运输车	SXQ5090X
24	丹东黄海汽车有限责任公司	黄海牌	29	纯电动城市客车	DD6820
25	华晨宝马汽车有限公司	宝马(BMW)牌	33	插电式混合动力多用途乘用车	BMW6462
26	华晨宝马汽车有限公司	宝马(BMW)牌	33	插电式混合动力轿车	BMW7201
27	上汽大通汽车有限公司	跃进牌	41	纯电动冷藏车	SH5047X
28	上海申沃客车有限公司	申沃牌	42	纯电动低地板城市客车	SWB6109
29	徐州徐工汽车制造有限公司	徐工牌	48	纯电动自卸汽车底盘	XGA3310
30	扬州亚星客车股份有限公司	亚星牌	49	纯电动城市客车	JS6108、JS6851、YBL6829
31	扬州亚星客车股份有限公司	亚星牌	49	纯电动客车底盘	YBL6117
32	潍柴(扬州)亚星新能源商用车有限公司	亚星牌	49	燃料电池厢式运输车	YBL5040X
33	大庆沃尔沃汽车制造有限公司	沃尔沃牌	52	插电式混合动力轿车	VCD7204
34	浙江吉利汽车有限公司	领克牌	52	插电式混合动力多用途乘用车	MR6463
35	浙江豪情汽车制造有限公司	帝豪牌	52	插电式混合动力轿车	HQ7152
36	浙江豪情汽车制造有限公司	帝豪牌	52	纯电动轿车	JL7002
37	浙江豪情汽车制造有限公司	沃尔沃牌	52	插电式混合动力多用途乘用车	VCC6474
38	安徽安凯汽车股份有限公司	安凯牌	55	纯电动城市客车	HFF6855、HFF6650
39	安徽江淮汽车集团股份有限公司	江淮牌	56	纯电动载货汽车底盘	HFC1042、HFC1065
40	安徽江淮汽车集团股份有限公司	江淮牌	56	纯电动厢式运输车	HFC5045X
41	安徽江淮汽车集团股份有限公司	江淮牌	56	纯电动冷藏车	HFC5065X

续上表

序号	企业名称	商标	《目录》序号	产品名称	产品型号
42	福建新福达汽车工业有限公司	福达(FORTA)牌	58	纯电动城市客车	FZ6606
43	福建新福达汽车工业有限公司	福达(FORTA)牌	58	纯电动客车底盘	FZ6101
44	福建新福达汽车工业有限公司	福达(FORTA)牌	58	纯电动厢式运输车	FZ5030X
45	江西大乘汽车有限公司	大乘汽车牌	60	纯电动轿车	JML7000
46	江铃汽车股份有限公司	江铃牌	61	纯电动邮政车	JX5063X
47	江西江铃集团晶马汽车有限公司	晶马牌	62	纯电动城市客车	JMV6660
48	一汽解放青岛汽车有限公司	解放牌	64	纯电动载货汽车	CA1030、CA1048
49	一汽解放青岛汽车有限公司	解放牌	64	纯电动仓栅式运输车	CA5048CCY
50	中国一拖集团有限公司	东方红牌	69	纯电动扫路车	LT5041TSL
51	中国一拖集团有限公司	东方红牌	69	纯电动洗扫车	LT5121TXS
52	郑州宇通客车股份有限公司	宇通牌	71	燃料电池低入口城市客车	ZK6126
53	郑州宇通客车股份有限公司	宇通牌	71	纯电动低入口城市客车	ZK6126
54	郑州宇通客车股份有限公司	宇通牌	71	纯电动低地板城市客车	ZK6106、ZK6126
55	郑州宇通客车股份有限公司	宇通牌	71	纯电动城市客车	ZK6815、ZK6105、ZK6856、ZK6816、ZK6106、ZK6650
56	郑州宇通客车股份有限公司	宇通牌	71	纯电动客车	ZK6710
57	郑州宇通客车股份有限公司	宇通牌	71	纯电动客车底盘	ZK6700
58	郑州日产汽车有限公司	东风牌	72	纯电动厢式运输车	ZN5031X
59	郑州日产汽车有限公司	东风牌	72	纯电动工程车	ZN5030X
60	比亚迪汽车工业有限公司	比亚迪牌	79	纯电动载货汽车底盘	BYD1250、BYD1310
61	比亚迪汽车工业有限公司	比亚迪牌	79	纯电动城市客车底盘	BYD6102
62	比亚迪汽车工业有限公司	比亚迪牌	79	纯电动厢式运输车	BYD5070X、BYD5040X
63	比亚迪汽车工业有限公司	比亚迪牌	79	插电式混合动力多用途乘用车	BYD6490
64	比亚迪汽车工业有限公司	比亚迪牌	79	纯电动冷藏车	BYD5070X
65	比亚迪汽车工业有限公司	比亚迪牌	79	纯电动福祉车	BYD5020X
66	比亚迪汽车工业有限公司	比亚迪牌	79	纯电动货车底盘	BYD1040
67	三一汽车制造有限公司	三一牌	80	纯电动载货汽车底盘	SYM1311
68	三一汽车制造有限公司	三一牌	80	纯电动自卸汽车	SYM3311
69	三一汽车制造有限公司	三一牌	80	纯电动混凝土搅拌运输车	SYM5310GJB
70	湖南江南汽车制造有限公司	众泰牌	84	纯电动多用途乘用车	JNJ6410
71	广汽乘用车有限公司	传祺(Trumpchi)牌	89	插电式混合动力多用途乘用车	GAC6451
72	东风柳州汽车有限公司	乘龙牌	91	纯电动厢式运输车底盘	LZ5180X
73	东风柳州汽车有限公司	乘龙牌	91	纯电动冷藏车	LZ5071X
74	庆铃汽车股份有限公司	庆铃牌(繁体)	95	纯电动载货汽车	QL1040
75	庆铃汽车股份有限公司	庆铃牌(繁体)	95	纯电动载货汽车底盘	QL1180、QL1040、QL1061
76	庆铃汽车股份有限公司	庆铃牌(繁体)	95	纯电动厢式运输车	QL5040X
77	重庆长安汽车股份有限公司	长安牌	96	纯电动多用途乘用车	SC6458、SC6478
78	重庆长安汽车股份有限公司	长安牌	96	纯电动轿车	SC7001
79	长安标致雪铁龙汽车有限公司	谛艾仕牌	96	插电式混合动力轿车	CAP7161
80	东风云南汽车有限公司	东风牌	104	纯电动城市客车	EQ6810
81	陕西汽车集团有限责任公司	陕汽牌	110	纯电动载货汽车	SX1040
82	陕西汽车集团有限责任公司	陕汽牌	110	纯电动冷藏车	SX5040X
83	金龙联合汽车工业(苏州)有限公司	海格牌	112	燃料电池低入口城市客车	KLQ6106
84	金龙联合汽车工业(苏州)有限公司	海格牌	112	纯电动城市客车	KLQ6856、KLQ6106
85	奇瑞汽车股份有限公司	奇瑞牌	119	纯电动轿车	SQR7006、SQR7005
86	厦门金龙联合汽车工业有限公司	金龙牌	123	纯电动城市客车	XMQ6850
87	厦门金龙旅行车有限公司	金旅牌	124	纯电动城市客车	XML6827、XML6105、XML6805
88	厦门金龙旅行车有限公司	金旅牌	124	纯电动厢式运输车	XML5036X
89	中通客车控股股份有限公司	中通牌	125	插电式混合动力低入口城市客车	LCK6127
90	中通客车控股股份有限公司	中通牌	125	纯电动城市客车	LCK6826、LCK6126、LCK6806、LCK6669
91	中通客车控股股份有限公司	中通牌	125	纯电动客车	LCK6808
92	中通客车控股股份有限公司	中通牌	125	纯电动铰接低地板城市客车	LCK6180
93	中通客车控股股份有限公司	中通牌	125	纯电动邮政车	LCK5035X、LCK5048X
94	上海申龙客车有限公司	申龙牌	129	燃料电池客车底盘	SLK6849
95	上海申龙客车有限公司	申龙牌	129	纯电动低地板城市客车	SLK6125
96	上海申龙客车有限公司	申龙牌	129	纯电动客车底盘	SLK6563、SLK6819、SLK6118、SLK6109

续上表

序号	企业名称	商标	《目录》序号	产品名称	产品型号
97	上海申龙客车有限公司	申龙牌	129	燃料电池保温车	SLK5090X
98	吉利四川商用车有限公司	远程牌	138	纯电动自卸汽车	DNC3250
99	吉利四川商用车有限公司	远程牌	138	纯电动自卸汽车底盘	DNC3250
100	吉利四川商用车有限公司	远程牌	138	纯电动低入口城市客车	DNC6120
101	吉利四川商用车有限公司	远程牌	138	纯电动城市客车	DNC6850
102	江苏九龙汽车制造有限公司	大马牌	141	纯电动多用途乘用车	HKL6320
103	南京金龙客车制造有限公司	开沃牌	142	燃料电池城市客车	NJL6100、NJL6113
104	南京金龙客车制造有限公司	开沃牌	142	纯电动城市客车	NJL6100、NJL6129、NJL6851
105	南京金龙客车制造有限公司	开沃牌	142	纯电动客车	NJL6902
106	南京金龙客车制造有限公司	开沃牌	142	纯电动客车底盘	NJL6791、NJL6560
107	江苏卡威汽车工业集团股份有限公司	卡威牌	144	纯电动厢式运输车	JNQ5039X
108	江苏卡威汽车工业集团股份有限公司	卡威牌	144	纯电动多用途乘用车	JNQ6451
109	华晨鑫源重庆汽车有限公司	鑫源牌	146	纯电动多用途乘用车	JKC6421、JKC6451
110	万向集团公司	万向牌	150	纯电动低入口城市客车	WXB6100
111	湖南中车时代电动汽车股份有限公司	中国中车牌	151	纯电动城市客车	TEG6803、TEG6105、TEG6802、TEG6129
112	湖南中车时代电动汽车股份有限公司	中国中车牌	151	纯电动城市客车底盘	TEG6123
113	程力汽车集团股份有限公司	程力牌	153	纯电动洒水车	CL5180GSS
114	程力汽车集团股份有限公司	程力牌	153	纯电动自装卸式垃圾车	CL5040ZZZ
115	程力汽车集团股份有限公司	程力牌	153	纯电动车厢可卸式垃圾车	CL5041ZXX
116	森源汽车股份有限公司	森源牌	155	纯电动载货汽车底盘	YBM1080
117	南通皋开汽车制造有限公司	大禹牌	157	燃料电池载货汽车底盘	DYC1085
118	南通皋开汽车制造有限公司	大禹牌	157	燃料电池厢式运输车	DYC5085X
119	山东蓝诺汽车有限公司	吉海牌	160	纯电动载货汽车	JHN1032
120	山东蓝诺汽车有限公司	吉海牌	160	纯电动载货汽车底盘	JHN1032
121	山东蓝诺汽车有限公司	吉海牌	160	纯电动冷藏车	JHN5032CGX
122	山东蓝诺汽车有限公司	吉海牌	160	纯电动售货车	JHN5032CGX
123	成都客车股份有限公司	蜀都牌	162	燃料电池低入口城市客车	CDK6110
124	成都客车股份有限公司	蜀都牌	162	纯电动城市客车	CDK6116
125	江西江铃集团新能源汽车有限公司	易至牌	165	纯电动轿车	JX7001
126	上海万象汽车制造有限公司	象牌	168	燃料电池低入口城市客车	SXC6121
127	上海万象汽车制造有限公司	象牌	168	纯电动厢式运输车	SXC5031X
128	浙江合众新能源汽车有限公司	哪吒牌	173	纯电动轿车	THZ7001
129	奇瑞新能源汽车股份有限公司	奇瑞牌	174	纯电动轿车	NEQ7000
130	佛山市飞驰汽车制造有限公司	飞驰牌	177	燃料电池城市客车	FSQ6860
131	河南速达电动汽车科技有限公司	速达牌	178	纯电动轿车	SDE7001
132	东莞中汽宏远汽车有限公司	宏远牌	182	纯电动城市客车	KMT6601、KMT6803
133	东莞中汽宏远汽车有限公司	宏远牌	182	纯电动客车	KMT6119
134	广西申龙汽车制造有限公司	紫象牌	183	插电式混合动力城市客车	HQK6109
135	广西申龙汽车制造有限公司	紫象牌	183	纯电动城市客车	HQK6109、HQK6819、HQK6859
136	奇瑞万达贵州客车股份有限公司	万达牌	184	纯电动城市客车	WD6815
137	重庆瑞驰汽车实业有限公司	瑞驰牌	189	纯电动载货汽车	CRC1030
138	重庆瑞驰汽车实业有限公司	瑞驰牌	189	纯电动载货汽车底盘	CRC1030
139	重庆瑞驰汽车实业有限公司	瑞驰牌	189	纯电动厢式运输车	CRC5030X
140	重庆瑞驰汽车实业有限公司	瑞驰牌	189	纯电动封闭货车	CRC5020X
141	北京华林特装车有限公司	华林牌	(一)31	纯电动车厢可卸式垃圾车	HLT5321ZXX
142	天津比亚迪汽车有限公司	金马牌	(二)04	纯电动城市客车	TJK6110
143	中客涞水汽车有限责任公司	华北牌	(三)19	纯电动城市客车	HC6820
144	上海航空特种车辆有限责任公司	赛沃牌	(九)14	纯电动压缩式垃圾车	SAV5100ZYS
145	南京市公共交通车辆厂	建康牌	(十)09	纯电动客车	NJC6118
146	航天晨光股份有限公司	三力牌	(十)34	纯电动压缩式垃圾车	CGJ5127ZYS
147	航天晨光股份有限公司	三力牌	(十)34	纯电动压缩式对接垃圾车	CGJ5040ZDJ
148	航天晨光股份有限公司	三力牌	(十)34	纯电动吸粪车	CGJ5042GXE、CGJ5101GXE、CGJ5102GXE
149	航天晨光股份有限公司	三力牌	(十)34	纯电动自装卸式垃圾车	CGJ5042ZZZ
150	航天晨光股份有限公司	三力牌	(十)34	纯电动路面养护车	CGJ5042TYH
151	航天晨光股份有限公司	三力牌	(十)34	纯电动餐厨垃圾车	CGJ5101TCA、CGJ5128TCA

续上表

序号	企业名称	商标	《目录》序号	产品名称	产品型号
152	常熟华东汽车有限公司	华东牌	（十）36	纯电动运钞车	CSZ5040X、CSZ5041X
153	扬州盛达特种车有限公司	金鸽牌	（十）57	纯电动洗扫车	YZT5180TXS
154	江苏奥新新能源汽车有限公司	达福迪牌	（十）74	纯电动厢式运输车	JAX5036X
155	江苏申龙汽车有限公司	华西牌	（十）143	纯电动城市客车	KWD6859、KWD6109
156	徐州徐工环境技术有限公司	徐工牌	（十）153	纯电动扫路车	XGH5180TSL
157	浙江中车电车有限公司	中国中车牌	（十一）17	纯电动城市客车	CSR6123
158	杭州西湖比亚迪新能源汽车有限公司	比亚迪牌	（十一）51	纯电动车厢可卸式垃圾车	XBE5250ZXX
159	福建龙马环卫装备股份有限公司	福龙马牌	（十三）16	纯电动压缩式垃圾车	FLM5180ZYS
160	福建龙马环卫装备股份有限公司	福龙马牌	（十三）16	纯电动吸尘车	FLM5180TXC
161	福建龙马环卫装备股份有限公司	福龙马牌	（十三）16	纯电动多功能抑尘车	FLM5250TDY
162	福建龙马环卫装备股份有限公司	福龙马牌	（十三）16	纯电动扫路车	FLM5180TSL
163	福建龙马环卫装备股份有限公司	福龙马牌	（十三）16	纯电动路面养护车	FLM5041TYH
164	福建龙马环卫装备股份有限公司	福龙马牌	（十三）16	纯电动车厢可卸式垃圾车	FLM5320ZXX
165	烟台海德专用汽车有限公司	海德牌	（十五）20	纯电动扫路车	CHD5100TSL
166	烟台海德专用汽车有限公司	海德牌	（十五）20	纯电动车厢可卸式垃圾车	CHD5182ZXX
167	聊城中通新能源汽车装备有限公司	东岳牌	（十五）70	纯电动自装卸式垃圾车	ZTQ5040ZZZ
168	青岛中集环境保护设备有限公司	中集牌	（十五）99	纯电动自装卸式垃圾车	ZJV5040ZZZ
169	郑州宏达汽车工业有限公司	郑龙牌	（十六）21	纯电动封闭货车	JYC5020X
170	郑州宏达汽车工业有限公司	郑龙牌	（十六）21	纯电动自装卸式垃圾车	JYC5030ZZZ
171	郑州宇通重工有限公司	宇通牌	（十六）30	纯电动路面养护车	YTZ5030TYH
172	河南森源重工有限公司	森源牌	（十六）37	纯电动洗扫车	SMQ5081TXS
173	河南森源重工有限公司	森源牌	（十六）37	纯电动清洗车	SMQ5080GQX
174	郑州比克新能源汽车有限公司	光翼牌	（十六）96	纯电动厢式运输车	BAK5020X
175	长沙中联重科环境产业有限公司	中联牌	（十八）60	纯电动压缩式垃圾车	ZBH5121ZYS
176	长沙中联重科环境产业有限公司	中联牌	（十八）60	纯电动密闭式桶装垃圾车	ZBH5080X
177	长沙中联重科环境产业有限公司	中联牌	（十八）60	纯电动清洗车	ZBH5182GQX、ZBH5122GQX
178	长沙中联重科环境产业有限公司	中联牌	（十八）60	纯电动路面养护车	ZBH5040TYH
179	广州市环境卫生机械设备厂	广环牌	（十九）06	燃料电池洒水车	GH5091GSS
180	广州广日专用汽车有限公司	广和牌	（十九）48	燃料电池冷藏车	GR5090X
181	广东易山重工股份有限公司	易山牌	（十九）56	纯电动洗扫车	ESN5180TXS
182	深圳开沃汽车有限公司	开沃牌	（十九）67	纯电动城市客车	XQX6600、XQX6851
183	深圳开沃汽车有限公司	开沃牌	（十九）67	纯电动混凝土搅拌运输车	XQX5310GJB
184	中国重汽集团柳州运力专用汽车有限公司	运力牌	（二十）05	纯电动车厢可卸式垃圾车	LG5180ZXX
185	重庆金冠汽车制造股份有限公司	圣路牌	（二十一）12	纯电动运钞车	SLT5041X
186	四川新筑通工汽车有限公司	通工牌	（二十二）06	纯电动城市客车	TG6101
187	四川省客车制造有限责任公司	峨嵋牌	（二十二）09	纯电动城市客车	EM6590
188	云南五龙汽车有限公司	长江牌	（二十四）03	燃料电池城市客车	FDE6850
189	云南五龙汽车有限公司	长江牌	（二十四）03	纯电动城市客车	FDE6101
190	北京和田汽车改装有限公司	长城牌	三、二、02	纯电动桶装垃圾运输车	HTF5033CTY
191	北京和田汽车改装有限公司	长城牌	三、二、02	纯电动餐厨垃圾车	HTF5033TCA
192	洛阳中集凌宇汽车有限公司	凌宇牌	ZY001	纯电动扫路车	CLY5041TSL
193	洛阳中集凌宇汽车有限公司	凌宇牌	ZY001	纯电动洗扫车	CLY5120TXS

11. 道路机动车辆生产企业及产品（第 325 批）——新能源汽车节选

道路机动车辆生产企业及产品（第 325 批）于 2019 年 11 月13 日发布。共计有 87 家新能源汽车生产企业、84 个新能源汽车品牌、165 个新能源汽车系列产品进入公告。其中汽车生产企业有 58 家 121 个产品列入，民用改装生产企业有 29 家 44 个产品列入。

（1）燃料种类：本批次纯电动产品共计 141 款（含乘用车 15 款、客车 31 款、专用车 77 款、客车底盘 7 款、专用车底盘 11 款）；插电式混合动力产品 10 款（含乘用车 4 款、客车 4 款、专用车 1 款、专用车底盘 1 款）；燃料电池产品 14 款（含客车 6 款、专用车 4 款、客车底盘 1 款、专用车底盘 3 款）。

（2）产品类型：专用车共计 97 个车型（含底盘 15 个）；客车共计 49 个车型（含底盘 8 个）；乘用车共计 19 款。

序号	企业名称	商标	《目录》序号	产品名称	产品型号
1	中国第一汽车集团有限公司	解放牌	1	纯电动自卸汽车	CA3310
2	中国第一汽车集团有限公司	解放牌	1	纯电动自卸汽车底盘	CA3310
3	东风小康汽车有限公司	东风牌	3	纯电动多用途乘用车	DXK6450

续上表

序号	企业名称	商标	《目录》序号	产品名称	产品型号
4	东风汽车股份有限公司	东风牌	3	纯电动载货汽车底盘	EQ1080、EQ1181
5	东风汽车股份有限公司	东风牌	3	纯电动客车底盘	EQ6560
6	东风汽车集团有限公司	东风牌	3	燃料电池载货汽车底盘	EQ1090、EQ1080
7	东风汽车集团有限公司	东风牌	3	燃料电池城市客车	EQ6100
8	东风汽车集团有限公司	东风牌	3	燃料电池厢式运输车	EQ5080X
9	东风汽车集团有限公司	风神牌	3	纯电动轿车	DFM7000
10	东风特种汽车有限公司	东风牌	3	纯电动城市客车	EQ6850、EQ6810
11	北汽福田汽车股份有限公司	福田牌	9	插电式混合动力城市客车	BJ6123
12	北汽福田汽车股份有限公司	福田牌	9	纯电动城市客车	BJ6123
13	北汽福田汽车股份有限公司	福田牌	9	纯电动工程车	BJ5045X
14	北汽福田汽车股份有限公司	福田牌	9	纯电动邮政车	BJ5065X
15	长城汽车股份有限公司	欧拉牌	15	纯电动轿车	CC7000
16	长城汽车股份有限公司	长城牌	15	纯电动厢式运输车	CC5032X
17	长城汽车股份有限公司	长城牌	15	纯电动多用途货车	CC1032
18	河北长安汽车有限公司	长安牌	22	纯电动多用途乘用车	SC6453
19	河北长安汽车有限公司	长安牌	22	纯电动自装卸式垃圾车	SC5035ZZZ
20	山西新能源汽车工业有限公司	远程牌	25	纯电动低入口城市客车	JHC6100
21	北奔重型汽车集团有限公司	北奔牌	27	纯电动自卸汽车	ND3310
22	北奔重型汽车集团有限公司	北奔牌	27	纯电动自卸汽车底盘	ND3310
23	辽宁航天凌河汽车有限公司	凌河牌	32	纯电动载货汽车底盘	LH1040
24	辽宁航天凌河汽车有限公司	凌河牌	32	纯电动厢式运输车	LH5040X
25	沈阳金杯车辆制造有限公司	金杯牌	33	纯电动轻型载货汽车底盘	SY1037
26	沈阳金杯车辆制造有限公司	金杯牌	33	纯电动密闭式桶装垃圾车	SY5035X
27	沈阳金杯车辆制造有限公司	金杯牌	33	纯电动自装卸式垃圾车	SY5035ZZZ
28	威马汽车制造温州有限公司	威尔马斯特牌	34	纯电动多用途乘用车	SZS6460、SZS6480
29	上汽大通汽车有限公司	大通牌	41	插电式混合动力多用途乘用车	SH6471
30	上汽大通汽车有限公司	跃进牌	41	纯电动载货汽车	SH1047
31	上汽大通汽车有限公司	跃进牌	41	纯电动邮政车	SH5047X
32	北汽(常州)汽车有限公司	北京牌	45	纯电动轻型客车	BJ6600
33	北汽(常州)汽车有限公司	北京牌	45	纯电动厢式运输车	BJ5040X
34	北汽(常州)汽车有限公司	北京牌	45	纯电动流动服务车	BJ5040X
35	徐州徐工汽车制造有限公司	徐工牌	48	纯电动自卸汽车底盘	XGA3316
36	扬州亚星客车股份有限公司	亚星牌	49	纯电动城市客车	JS6108、JS6815
37	浙江吉利汽车有限公司	领克牌	52	插电式混合动力轿车	MR7153、MR7152
38	浙江豪情汽车制造有限公司	极星牌	52	插电式混合动力轿车	VCC7201
39	浙江豪情汽车制造有限公司	领克牌	52	插电式混合动力多用途乘用车	JL6453
40	安徽安凯汽车股份有限公司	安凯牌	55	燃料电池城市客车	HFF6121、HFF6100
41	福建新福达汽车工业有限公司	福达(FORTA)牌	58	纯电动客车底盘	FZ6750、FZ6616
42	中国重型汽车集团有限公司	豪沃牌	63	插电式混合动力城市客车	ZZ6126
43	中国重型汽车集团有限公司	豪沃牌	63	纯电动城市客车	ZZ6186、ZZ6126、ZZ6661、ZZ6856、ZZ6806
44	中国重型汽车集团有限公司	豪沃牌	63	纯电动客车	ZZ6126
45	一汽解放青岛汽车有限公司	解放牌	64	纯电动自卸汽车	CA3250
46	一汽解放青岛汽车有限公司	解放牌	64	纯电动自卸汽车底盘	CA3250
47	中国一拖集团有限公司	东方红牌	69	纯电动洒水车	LT5091GSS
48	郑州宇通客车股份有限公司	宇通牌	71	纯电动低地板城市客车	ZK6126
49	郑州宇通客车股份有限公司	宇通牌	71	纯电动城市客车	ZK6105、ZK6106、ZK6650
50	郑州宇通客车股份有限公司	宇通牌	71	纯电动冷藏车	ZK5042X、ZK5041X
51	海马新能源汽车有限公司	奥路卡牌	72	纯电动厢式运输车	ZQ5030X
52	比亚迪汽车工业有限公司	比亚迪牌	79	纯电动自卸汽车	BYD3310
53	比亚迪汽车工业有限公司	比亚迪牌	79	纯电动城市客车	BYD6900
54	比亚迪汽车工业有限公司	比亚迪牌	79	纯电动冷藏车	BYD5040X
55	比亚迪汽车工业有限公司	比亚迪牌	79	纯电动多用途乘用车	BYD6450
56	比亚迪汽车工业有限公司	腾势牌	79	纯电动多用途乘用车	QCJ6490
57	安徽华菱汽车有限公司	华菱之星牌	81	插电式混合动力载货汽车	HN1310
58	安徽华菱汽车有限公司	华菱之星牌	81	插电式混合动力载货汽车底盘	HN1310
59	东风柳州汽车有限公司	东风牌	91	纯电动多用途乘用车	LZ6512、LZ6516、LZ6515

续上表

序号	企业名称	商标	《目录》序号	产品名称	产品型号
60	上汽通用五菱汽车股份有限公司	宝骏牌	92	纯电动轿车	LZW7001
61	庆铃汽车股份有限公司	庆铃牌(繁体)	95	纯电动载货汽车底盘	QL1180
62	重庆长安汽车股份有限公司	长安牌	96	纯电动轿车	SC7003
63	四川野马汽车股份有限公司	野马牌	101	纯电动轿车	SQJ7001
64	成都大运汽车集团有限公司	大运牌	101	燃料电池载货汽车底盘	CGC1095
65	成都大运汽车集团有限公司	大运牌	101	燃料电池厢式运输车	CGC5095X
66	金龙联合汽车工业(苏州)有限公司	海格牌	112	纯电动城市客车	KLQ6856、KLQ6106、KLQ6816
67	四川现代汽车有限公司	致道牌	118	纯电动载货汽车底盘	CHM1041
68	四川现代汽车有限公司	致道牌	118	纯电动厢式运输车	CHM5041X
69	奇瑞商用车(安徽)有限公司	开瑞牌	119	纯电动压缩式垃圾车	SQR5180ZYS
70	奇瑞商用车(安徽)有限公司	开瑞牌	119	纯电动多功能抑尘车	SQR5180TDY
71	奇瑞商用车(安徽)有限公司	开瑞牌	119	纯电动洗扫车	SQR5180TXS
72	奇瑞商用车(安徽)有限公司	开瑞牌	119	纯电动清洗车	SQR5180GQX
73	奇瑞商用车(安徽)有限公司	开瑞牌	119	纯电动路面养护车	SQR5030TYH
74	厦门金龙联合汽车工业有限公司	金龙牌	123	纯电动低地板城市客车	XMQ6105
75	厦门金龙联合汽车工业有限公司	金龙牌	123	纯电动客车底盘	XMQ6830
76	厦门金龙联合汽车工业有限公司	金龙牌	123	纯电动厢式运输车	XMQ5030X
77	厦门金龙旅行车有限公司	金旅牌	124	燃料电池城市客车	XML6125
78	厦门金龙旅行车有限公司	金旅牌	124	纯电动城市客车	XML6185、XML6105
79	厦门金龙旅行车有限公司	金旅牌	124	纯电动城市客车底盘	XML6106
80	厦门金龙旅行车有限公司	金旅牌	124	纯电动客车	XML6700、XML6601
81	中通客车控股股份有限公司	中通牌	125	纯电动城市客车	LCK6816
82	上海申龙客车有限公司	申龙牌	129	插电式混合动力低入口城市客车	SLK6129、SLK6109
83	上海申龙客车有限公司	申龙牌	129	燃料电池客车底盘	SLK6849
84	上海申龙客车有限公司	申龙牌	129	燃料电池保温车	SLK5090X
85	中恒天智骏(赣州)汽车有限公司	国机智骏牌	135	纯电动轿车	ZHT7000
86	南京金龙客车制造有限公司	开沃牌	142	纯电动双层城市客车	NJL6129
87	南京金龙客车制造有限公司	开沃牌	142	纯电动客车	NJL6127、NJL6822
88	南京金龙客车制造有限公司	开沃牌	142	纯电动厢式运输车	NJL5032X
89	南京金龙客车制造有限公司	开沃牌	142	纯电动压缩式垃圾车	NJL5180ZYS
90	南京金龙客车制造有限公司	开沃牌	142	纯电动洒水车	NJL5180GSS
91	南京金龙客车制造有限公司	开沃牌	142	纯电动洗扫车	NJL5180TXS
92	南京金龙客车制造有限公司	开沃牌	142	纯电动混凝土搅拌运输车	NJL5310GJB
93	南京金龙客车制造有限公司	开沃牌	142	纯电动清洗车	NJL5180GQX
94	南京金龙客车制造有限公司	开沃牌	142	纯电动自卸式垃圾车	NJL5310ZLJ
95	南京金龙客车制造有限公司	开沃牌	142	纯电动餐厨垃圾车	NJL5180TCA
96	万向集团公司	万向牌	150	纯电动低入口城市客车	WXB6100、WXB6121
97	万向集团公司	万向牌	150	纯电动城市客车	WXB6860
98	中车时代电动汽车股份有限公司	中国中车牌	151	插电式混合动力城市客车	TEG6106
99	中车时代电动汽车股份有限公司	中国中车牌	151	纯电动城市客车	TEG6803、TEG6129
100	中车时代电动汽车股份有限公司	中国中车牌	151	纯电动城市客车底盘	TEG6123
101	南通皋开汽车制造有限公司	大禹牌	157	燃料电池载货汽车底盘	DYC1085
102	南通皋开汽车制造有限公司	大禹牌	157	燃料电池厢式运输车	DYC5085X
103	郑州宇通集团有限公司	宇通牌	166	纯电动载货汽车底盘	ZKH1042、ZKH1043
104	上海万象汽车制造有限公司	象牌	168	纯电动洒水车	SXC5180GSS
105	珠海广通汽车有限公司	广通牌	169	纯电动城市客车	GTQ6121、GTQ6105
106	上海万象汽车制造有限公司	象牌	168	纯电动城市客车底盘	GTQ6121
107	珠海广通汽车有限公司	广通牌	169	纯电动多用途乘用车	THZ6450
108	佛山市飞驰汽车制造有限公司	飞驰牌	177	燃料电池城市客车	FSQ6860
109	河南速达电动汽车科技有限公司	速达牌	178	纯电动轿车	SDE7001
110	中兴智能汽车有限公司	广客牌	181	纯电动城市客车	GTZ6859
111	东莞中汽宏远汽车有限公司	宏远牌	182	纯电动客车底盘	KMT6100
112	东莞中汽宏远汽车有限公司	宏远牌	182	纯电动厢式运输车	KMT5030X
113	广西申龙汽车制造有限公司	紫象牌	183	燃料电池城市客车	HQK6109、HQK6859
114	广西申龙汽车制造有限公司	紫象牌	183	纯电动双层城市客车	HQK6109
115	广西申龙汽车制造有限公司	紫象牌	183	纯电动城市客车	HQK6109、HQK6819、HQK6859、HQK6129

续上表

序号	企业名称	商标	《目录》序号	产品名称	产品型号
116	奇瑞万达贵州客车股份有限公司	万达牌	184	纯电动城市客车	WD6660、WD6815
117	山东国金汽车制造有限公司	国金汽车牌	185	纯电动多用途乘用车	SGA6460
118	广西汽车集团有限公司	五菱牌	188	纯电动厢式运输车	GXA5030X
119	河南德力新能源汽车有限公司	德帅牌	191	纯电动载货汽车	DLP1030
120	河南德力新能源汽车有限公司	德帅牌	191	纯电动载货汽车底盘	DLP1030
121	河南德力新能源汽车有限公司	德帅牌	191	纯电动厢式运输车	DLP5030X
122	北京华林特装车有限公司	华林牌	(一)31	纯电动路面养护车	HLT5041TYH
123	石家庄中博汽车有限公司	广通客车牌	(三)04	纯电动城市客车	SQ6121
124	航天晨光股份有限公司	三力牌	(十)34	纯电动压缩式垃圾车	CGJ5188ZYS
125	航天晨光股份有限公司	三力牌	(十)34	纯电动压缩式对接垃圾车	CGJ5041ZDJ、CGJ5188ZDJ
126	航天晨光股份有限公司	三力牌	(十)34	纯电动扫路车	CGJ5101TSL
127	航天晨光股份有限公司	三力牌	(十)34	纯电动自卸式垃圾车	CGJ5128ZLJ
128	航天晨光股份有限公司	三力牌	(十)34	纯电动自装卸式垃圾车	CGJ5044ZZZ
129	航天晨光股份有限公司	三力牌	(十)34	纯电动餐厨垃圾车	CGJ5188TCA
130	扬州三源机械有限公司	三联牌	(十)103	纯电动自装卸式垃圾车	YSY5040ZZZ
131	扬州三源机械有限公司	三联牌	(十)103	纯电动车厢可卸式垃圾车	YSY5180ZXX
132	国唐汽车有限公司	国唐牌	(十)106	纯电动城市客车	SGK6606
133	扬州金威环保科技有限公司	金瀛牌	(十)128	纯电动车厢可卸式垃圾车	YJW5310ZXX
134	江苏鸿运汽车科技有限公司	智骏牌	(十)149	纯电动流动服务车	NJH5043X
135	徐州徐工环境技术有限公司	徐工牌	(十)153	纯电动多功能抑尘车	XGH5180TDY
136	徐州徐工环境技术有限公司	徐工牌	(十)153	纯电动路面养护车	XGH5040TYH
137	浙江中车电车有限公司	中国中车牌	(十一)17	纯电动城市客车	CSR6123
138	安徽泰新汽车工业有限公司	梦骏牌	(十二)67	纯电动厢式运输车	ATX5020X
139	安徽泰新汽车工业有限公司	梦骏牌	(十二)67	纯电动冷藏车	ATX5040X
140	福建龙马环卫装备股份有限公司	福龙马牌	(十三)16	纯电动车厢可卸式垃圾车	FLM5180ZXX
141	福建龙马环卫装备股份有限公司	福龙马牌	(十三)16	纯电动餐厨垃圾车	FLM5120TCA
142	江西宜春客车厂有限公司	中宜牌	(十四)14	纯电动城市客车	JYK6807、JYK6102
143	江西江铃汽车集团改装车股份有限公司	江铃牌	(十四)15	纯电动检测车	JX5045X
144	烟台海德专用汽车有限公司	海德牌	(十五)20	纯电动洗扫车	CHD5040TXS
145	淄博舜泰汽车制造有限公司	舜泰牌	(十五)254	纯电动自装卸式垃圾车	ZST5035ZZZ
146	河南凯达汽车有限公司	凯恒达牌	(十六)70	纯电动洒水车	HKD5090GSS
147	洛阳广通汽车有限公司	广通牌	(十六)112	纯电动压缩式垃圾车	LGQ5181ZYS
148	洛阳广通汽车有限公司	广通牌	(十六)112	纯电动多功能抑尘车	LGQ5181TDY
149	洛阳广通汽车有限公司	广通牌	(十六)112	纯电动洗扫车	LGQ5081TXS、LGQ5121TXS、LGQ5181TXS
150	洛阳广通汽车有限公司	广通牌	(十六)112	纯电动车厢可卸式垃圾车	LGQ5041ZXX
151	湖北宏宇专用汽车有限公司	虹宇牌	(十七)90	纯电动车厢可卸式垃圾车	HYS5030ZXX
152	徐工湖北环保科技股份有限公司	徐工牌	(十七)119	纯电动餐厨垃圾车	DXA5120TCA
153	长沙中联重科环境产业有限公司	中联牌	(十八)60	纯电动自装卸式垃圾车	ZBH5040ZZZ
154	长沙中联重科环境产业有限公司	中联牌	(十八)60	纯电动路面养护车	ZBH5040TYH
155	广州市环境卫生机械设备厂	广环牌	(十九)06	纯电动密闭式桶装垃圾车	GH5081X
156	中国重汽集团柳州运力专用汽车有限公司	运力牌	(二十)05	纯电动压缩式垃圾车	LG5180ZYS
157	中国重汽集团柳州运力专用汽车有限公司	运力牌	(二十)05	纯电动洗扫车	LG5180TXS
158	重庆迪马工业有限责任公司	迪马牌	(二十一)05	纯电动检测车	DMT5090X
159	重庆瑞驰汽车实业有限公司	瑞驰牌	(二十一)14	纯电动封闭货车	CRC5036X
160	重庆庆铃专用汽车有限公司	庆铃牌	(二十一)19	纯电动工程车	QL5040X
161	成都雅骏汽车制造有限公司	通途牌	(二十二)23	纯电动餐厨垃圾车	CTT5073TCA
162	云南五龙汽车有限公司	长江牌	(二十四)03	燃料电池城市客车	FDE6850
163	云南航天神州汽车有限公司	神州牌	(二十四)04	纯电动城市客车	YH6850
164	云南航天神州汽车有限公司	神州牌	(二十四)04	纯电动客车	YH6600
165	洛阳中集凌宇汽车有限公司	凌宇牌	ZY001	纯电动洗扫车	CLY5180TXS

12. 道路机动车辆生产企业及产品(第326批)——新能源汽车节选

道路机动车辆生产企业及产品(第326批)于2019年12月6日发布。共计有89家新能源汽车生产企业、81个新能源汽车品牌、145个新能源汽车系列产品进入公告。其中汽车生产企业有56家97个产品列入,民用改装生产企业有33家48个产品列入。

(1)燃料种类:本批次纯电动产品共计125款(含乘用车19款、客车30款、专用车61款、客车底盘4款、专用车底盘11款);插电式混合动力产品8款(含乘用车2款、客车4款、专用车1款、专用车底盘1款);燃料电池产品12款(含客车5款、专用车4款、客车底盘1款、专用车底盘2款)。

(2)产品类型:专用车共计80个车型(含底盘14个); 客车共计44个车型(含底盘5个);乘用车共计21款。

序号	企业名称	商标	《目录》序号	产品名称	产品型号
1	中国第一汽车集团有限公司	一汽牌	1	纯电动轿车	CA7003
2	中国第一汽车集团有限公司	解放牌	1	燃料电池载货汽车底盘	CA1180
3	中国第一汽车集团有限公司	解放牌	1	纯电动翼开启厢式车	CA5180X
4	东风汽车股份有限公司	东风牌	3	纯电动客车底盘	EQ6100、EQ6560
5	东风汽车集团有限公司	东风牌	3	插电式混合动力载货汽车底盘	EQ1180
6	东风汽车集团有限公司	东风牌	3	燃料电池载货汽车底盘	EQ1090、EQ1181
7	东风汽车集团有限公司	风神牌	3	纯电动轿车	DFM7000
8	东风特种汽车有限公司	东风牌	3	纯电动城市客车	EQ6105
9	神龙汽车有限公司	东风标致牌	4	纯电动多用途乘用车	DC6431
10	神龙汽车有限公司	东风雪铁龙牌	4	插电式混合动力多用途乘用车	DC6456
11	北京北方华德尼奥普兰客车股份有限公司	北方牌	7	纯电动客车底盘	BFC6100、BFC6750
12	北京汽车制造厂有限公司	燕铃牌	9	纯电动轿车	BJ7000
13	北汽福田汽车股份有限公司	福田牌	9	纯电动载货汽车底盘	BJ1188
14	北汽福田汽车股份有限公司	福田牌	9	纯电动城市客车	BJ6117
15	北汽福田汽车股份有限公司	福田牌	9	纯电动厢式运输车	BJ5186X
16	北汽福田汽车股份有限公司	福田牌	9	纯电动厢式运输车底盘	BJ5186X
17	北汽福田汽车股份有限公司	福田牌	9	纯电动压缩式垃圾车	BJ5182ZYS
18	北汽福田汽车股份有限公司	福田牌	9	纯电动邮政车	BJ5045X
19	长城汽车股份有限公司	欧拉牌	15	纯电动轿车	CC7001、CC7000
20	河北红星汽车制造有限公司	红星牌	21	纯电动载货汽车底盘	HX1010
21	河北红星汽车制造有限公司	红星牌	21	纯电动厢式运输车	HX5010X
22	河北红星汽车制造有限公司	红星牌	21	纯电动轿车	HX7001
23	河北红星汽车制造有限公司	红星牌	21	纯电动邮政车	HX5010X
24	河北长安汽车有限公司	长安牌	22	纯电动城市客车	SC6105
25	北汽(广州)汽车有限公司	北京牌	30	纯电动轿车	BJ7000
26	威马汽车制造温州有限公司	威尔马斯特牌	34	纯电动多用途乘用车	SZS6460、SZS6480
27	上海申沃客车有限公司	申沃牌	42	纯电动低地板城市客车	SWB6129
28	徐州徐工汽车制造有限公司	徐工牌	48	纯电动载货汽车	XGA1086
29	扬州亚星客车股份有限公司	亚星牌	49	纯电动城市客车	JS6108、YBL6119
30	扬州亚星客车股份有限公司	亚星牌	49	纯电动客车	YBL6119、YBL6829
31	浙江吉利汽车有限公司	领克牌	52	插电式混合动力多用途乘用车	MR6453
32	安徽安凯汽车股份有限公司	安凯牌	55	燃料电池城市客车	HFF6853
33	安徽安凯汽车股份有限公司	安凯牌	55	纯电动客车	HFF6710、HFF6122
34	四川江淮汽车有限公司	江淮牌	56	纯电动载货汽车	HFC1040
35	四川江淮汽车有限公司	江淮牌	56	纯电动载货汽车底盘	HFC1040
36	四川江淮汽车有限公司	江淮牌	56	纯电动厢式运输车	HFC5040X
37	安徽江淮汽车集团股份有限公司	江淮牌	56	纯电动自装卸式垃圾车	HFC5040ZZZ
38	福建新福达汽车工业有限公司	福达(FORTA)牌	58	纯电动城市客车	FZ6856、FZ6806
39	福建新福达汽车工业有限公司	福达(FORTA)牌	58	纯电动客车底盘	FZ6760
40	江西志骋汽车有限责任公司	昌河牌	59	纯电动轿车	CH7000
41	江西昌河汽车有限责任公司	北京牌	59	纯电动厢式运输车	CH5031X
42	中国重型汽车集团有限公司	豪沃牌	63	插电式混合动力城市客车	ZZ6106、ZZ6126
43	中国重型汽车集团有限公司	豪沃牌	63	纯电动城市客车	ZZ6106、ZZ6126、ZZ6806
44	中国重型汽车集团有限公司	豪沃牌	63	纯电动客车	ZZ6907
45	郑州宇通客车股份有限公司	宇通牌	71	插电式混合动力城市客车	ZK6125
46	郑州宇通客车股份有限公司	宇通牌	71	燃料电池城市客车	ZK6105
47	郑州宇通客车股份有限公司	宇通牌	71	纯电动城市客车	ZK6815、ZK6105、ZK6828、ZK6850
48	郑州宇通客车股份有限公司	宇通牌	71	纯电动客车	ZK6119
49	郑州日产汽车有限公司	东风牌	72	纯电动多用途货车底盘	ZN1032
50	比亚迪汽车工业有限公司	比亚迪牌	79	纯电动货车底盘	BYD1120
51	广汽丰田汽车有限公司	丰田(TOYOTA)牌	89	纯电动轿车	GTM7000
52	上汽通用五菱汽车股份有限公司	五菱牌	92	纯电动厢式运输车	LZW5023X、LZW5024X
53	上汽通用五菱汽车股份有限公司	五菱牌	92	纯电动多用途乘用车	LZW6449、LZW6450
54	重庆长安汽车股份有限公司	长安牌	96	纯电动轿车	SC7005
55	中植一客成都汽车有限公司	中植汽车牌	100	纯电动城市客车	CDL6590

续上表

序号	企业名称	商标	《目录》序号	产品名称	产品型号
56	四川野马汽车股份有限公司	野马牌	101	纯电动多用途乘用车	SQJ6450
57	陕西汽车集团有限责任公司	陕汽牌	110	纯电动载货汽车底盘	SX1080
58	金龙联合汽车工业(苏州)有限公司	海格牌	112	纯电动城市客车	KLQ6856、KLQ6106
59	福建天际汽车制造有限公司	天际牌	118	纯电动多用途乘用车	QAC6461
60	奇瑞商用车(安徽)有限公司	开瑞牌	119	纯电动厢式运输车	SQR5026X
61	奇瑞商用车(安徽)有限公司	开瑞牌	119	纯电动扫路车	SQR5030TSL
62	奇瑞商用车(安徽)有限公司	开瑞牌	119	纯电动邮政车	SQR5032X
63	厦门金龙旅行车有限公司	金旅牌	124	纯电动客车	XML6827
64	厦门金龙旅行车有限公司	金旅牌	124	纯电动轻型客车	XML6532
65	中通客车控股股份有限公司	中通牌	125	纯电动城市客车	LCK6828
66	中通客车控股股份有限公司	中通牌	125	纯电动客车底盘	LCK6100
67	中通客车控股股份有限公司	中通牌	125	燃料电池保温车	LCK5095X
68	上海申龙客车有限公司	申龙牌	129	纯电动载货汽车	SLK1035
69	上海申龙客车有限公司	申龙牌	129	纯电动载货汽车底盘	SLK1035
70	上海申龙客车有限公司	申龙牌	129	燃料电池客车底盘	SLK6849
71	上海申龙客车有限公司	申龙牌	129	纯电动城市客车	SLK6885
72	中恒天智骏(赣州)汽车有限公司	国机智骏牌	135	纯电动轿车	ZHT7000
73	南京金龙客车制造有限公司	开沃牌	142	纯电动铰接低入口城市客车	NJL6180
74	程力汽车集团股份有限公司	程力牌	153	纯电动压缩式垃圾车	CL5091ZYS
75	程力汽车集团股份有限公司	程力牌	153	纯电动多功能抑尘车	CL5090TDY
76	程力汽车集团股份有限公司	程力牌	153	纯电动密闭式桶装垃圾车	CL5030X
77	程力汽车集团股份有限公司	程力牌	153	纯电动洒水车	CL5091GSS
78	山东东方曼新能源汽车有限公司	东方曼牌	163	纯电动载货汽车底盘	MAN1032
79	山东东方曼新能源汽车有限公司	东方曼牌	163	纯电动厢式运输车	MAN5034X
80	郑州宇通集团有限公司	宇通牌	166	纯电动载货汽车底盘	ZKH1183
81	珠海广通汽车有限公司	广通牌	169	纯电动城市客车	GTQ6853
82	杭州长江乘用车有限公司	零跑牌	170	纯电动轿车	FDH7000
83	浙江合众新能源汽车有限公司	哪吒牌	173	纯电动多用途乘用车	THZ6450
84	佛山市飞驰汽车制造有限公司	飞驰牌	177	燃料电池城市客车	FSQ6860
85	江苏敏安电动汽车有限公司	敏拓牌	179	纯电动轿车	MA7001
86	中兴智能汽车有限公司	广客牌	181	纯电动城市客车	GTZ6107
87	广西申龙汽车制造有限公司	紫象牌	183	燃料电池城市客车	HQK6859
88	奇瑞万达贵州客车股份有限公司	万达牌	184	插电式混合动力城市客车	WD6110
89	奇瑞万达贵州客车股份有限公司	万达牌	184	纯电动城市客车	WD6815
90	广西汽车集团有限公司	五菱牌	188	纯电动城市客车	GXA6601、GXA6602
91	广西汽车集团有限公司	五菱牌	188	纯电动厢式运输车	GXA5031X、GXA5032X
92	广西汽车集团有限公司	创菱牌	188	纯电动城市客车	GXA6600
93	广西汽车集团有限公司	创菱牌	188	纯电动厢式运输车	GXA5040X
94	重庆瑞驰汽车实业有限公司	瑞驰牌	189	纯电动封闭货车	CRC5020X、CRC5030X
95	特斯拉(上海)有限公司	特斯拉牌	194	纯电动轿车	TSL7000
96	河南德力新能源汽车有限公司	德帅牌	new	纯电动载货汽车底盘	DLP1040
97	河南德力新能源汽车有限公司	德帅牌	new	纯电动厢式运输车	DLP5040X
98	北京天路通科技有限责任公司	天路牌	(一)44	纯电动吸尘车	BTL5040TXC、BTL5041TXC
99	石家庄煤矿机械有限责任公司	石煤牌	(三)37	纯电动洗扫车	SMJ5180TXS
100	石家庄煤矿机械有限责任公司	石煤牌	(三)37	纯电动清洗车	SMJ5180GQX
101	唐山上汽客车有限公司	德纳迪牌	(三)77	纯电动城市客车	SK6650
102	远大汽车制造股份有限公司	衡霸牌	(三)84	纯电动吸污车	YYD5080GXW
103	沈阳华龙新能源汽车有限公司	华龙牌	(六)18	插电式混合动力客车	SKC6720
104	一汽延边现通汽车有限责任公司	长白山牌	(七)11	纯电动城市客车	ZY6106、ZY6800
105	航天晨光股份有限公司	三力牌	(十)34	纯电动压缩式垃圾车	CGJ5187ZYS
106	航天晨光股份有限公司	三力牌	(十)34	纯电动洒水车	CGJ5180GSS
107	江苏银宝专用车有限公司	银宝牌	(十)68	纯电动自装卸式垃圾车	SYB5091ZZZ
108	江苏悦达专用车有限公司	悦达牌	(十)69	纯电动邮政车	YD5043X
109	江苏悦达专用车有限公司	悦达牌	(十)69	纯电动餐厨垃圾车	YD5123TCA
110	扬州三源机械有限公司	三联牌	(十)103	纯电动除雪车	YSY5030TCX
111	国唐汽车有限公司	国唐牌	(十)106	纯电动城市客车	SGK6600
112	扬州金威环保科技有限公司	金鼍牌	(十)128	纯电动自装卸式垃圾车	YJW5100ZZZ

续上表

序号	企业名称	商标	《目录》序号	产品名称	产品型号
113	徐州徐工环境技术有限公司	徐工牌	(十)153	纯电动洗扫车	XGH5180TXS
114	杭州西湖比亚迪新能源汽车有限公司	比亚迪牌	(十一)51	纯电动洗扫车	XBE5120TXS
115	安徽爱瑞特新能源专用汽车股份有限公司	爱瑞特牌	(十二)59	纯电动吸粪车	ART5030GXE
116	安徽爱瑞特新能源专用汽车股份有限公司	爱瑞特牌	(十二)59	纯电动路面养护车	ART5040TYH
117	福建龙马环卫装备股份有限公司	福龙马牌	(十三)16	插电式混合动力压缩式垃圾车	FLM5180ZYS
118	福建龙马环卫装备股份有限公司	福龙马牌	(十三)16	燃料电池清洗车	FLM5180GQX
119	福建龙马环卫装备股份有限公司	福龙马牌	(十三)16	燃料电池路面养护车	FLM5090TYH
120	福建海山机械股份有限公司	海山飓风牌	(十三)38	纯电动道路污染清除车	FHS5180TWQ
121	江西宜春客车厂有限公司	中宜牌	(十四)14	纯电动城市客车	JYK6800
122	青岛中集环境保护设备有限公司	中集牌	(十五)99	纯电动压缩式垃圾车	ZJV5100ZYS
123	郑州宏达汽车工业有限公司	郑龙牌	(十六)21	纯电动压缩式垃圾车	JYC5090ZYS
124	郑州宏达汽车工业有限公司	郑龙牌	(十六)21	纯电动路面养护车	JYC5030TYH
125	郑州宇通重工有限公司	宇通牌	(十六)30	纯电动洗扫车	YTZ5080TXS
126	郑州宇通重工有限公司	宇通牌	(十六)30	纯电动清洗车	YTZ5180GQX
127	河南森源重工有限公司	森源牌	(十六)37	纯电动冷藏车	SMQ5180X
128	河南凯达汽车有限公司	凯恒达牌	(十六)70	纯电动洗扫车	HKD5180TXS
129	河南凯达汽车有限公司	凯恒达牌	(十六)70	纯电动自装卸式垃圾车	HKD5030ZZZ
130	河南凯达汽车有限公司	凯恒达牌	(十六)70	纯电动路面养护车	HKD5030TYH
131	河南凯达汽车有限公司	凯恒达牌	(十六)70	纯电动车厢可卸式垃圾车	HKD5030ZXX
132	武汉客车制造股份有限公司	华中牌	(十七)49	纯电动城市客车	WH6110
133	湖北宏宇专用汽车有限公司	虹宇牌	(十七)90	纯电动压缩式垃圾车	HYS5090ZYS
134	湖北宏宇专用汽车有限公司	虹宇牌	(十七)90	纯电动吸尘车	HYS5030TXC
135	湖北宏宇专用汽车有限公司	虹宇牌	(十七)90	纯电动多功能抑尘车	HYS5090TDY
136	徐工湖北环保科技股份有限公司	徐工牌	(十七)119	纯电动压缩式垃圾车	DXA5180ZYS
137	长沙中联重科环境产业有限公司	中联牌	(十八)60	纯电动密闭式桶装垃圾车	ZBH5040X
138	广州市环境卫生机械设备厂	广环牌	(十九)06	燃料电池洒水车	GH5181GSS
139	中国重汽集团柳州运力专用汽车有限公司	运力牌	(二十)05	纯电动自装卸式垃圾车	LG5040ZZZ
140	柳州延龙汽车有限公司	延龙牌	(二十)06	纯电动翼开启厢式车	LZL5030X
141	柳州延龙汽车有限公司	延龙牌	(二十)06	纯电动密闭式桶装垃圾车	LZL5030X
142	柳州延龙汽车有限公司	延龙牌	(二十)06	纯电动自装卸式垃圾车	LZL5030ZZZ
143	重庆耐德新明和工业有限公司	山花牌	(二十一)08	纯电动车厢可卸式垃圾车	JHA5183ZXX
144	云南五龙汽车有限公司	长江牌	(二十四)03	燃料电池城市客车	FDE6850
145	新疆中通客车有限公司	西域牌	(二十九)05	纯电动城市客车	XJ6106

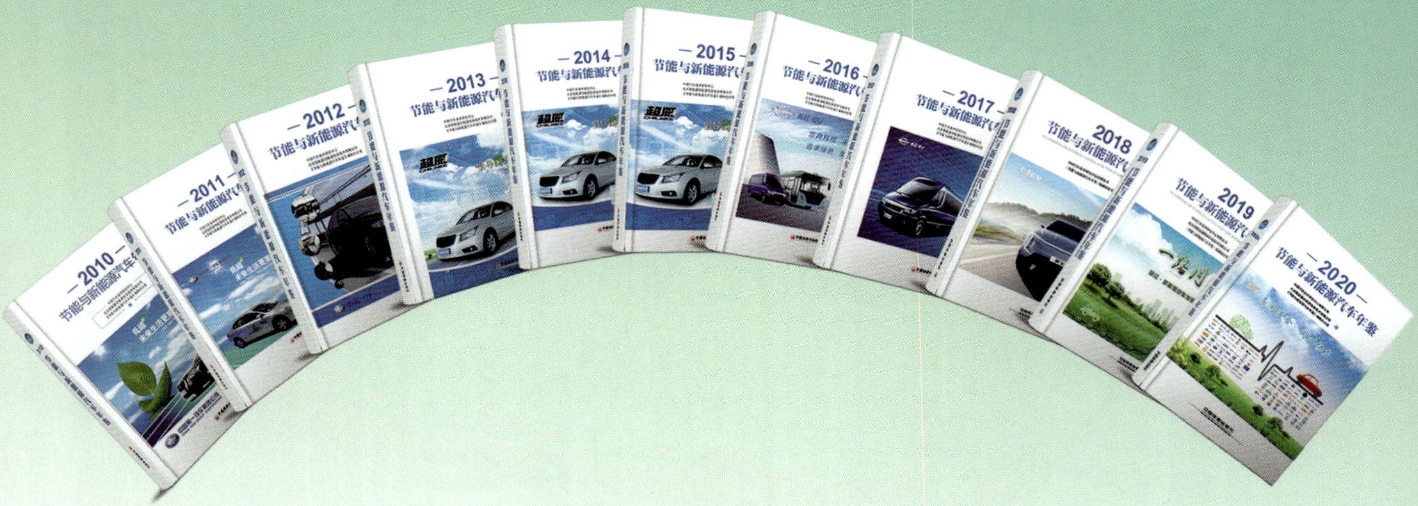

2009年，由科技部、财政部、发改委和工信部四部委共同启动的“十城千辆节能与新能源汽车示范推广应用工程”揭开了我国新能源汽车产业化发展的序幕。同年，在四部委的指导下，中国汽车技术研究中心有限公司（简称“中汽中心”）组织编制了国内第一本专注于节能与新能源汽车领域的工具书——《节能与新能源汽车年鉴》，并于2010年出版。《年鉴》立足国内面向国际，集权威性、专业性、指导性、学术性、综合性、史记性于一体的的大型工具书，真实记录了我国节能与新能源汽车的发展历程，客观反映行业发展的所面临的问题，用翔实的数据信息和权威的专家视点，科学、系统、真实、全面地对行业进行梳理和汇总，深入挖掘产业链、价值链与创新链上的优质单位，帮助行业打通政、产、学、研信息沟通渠道，协助建设跨行业、跨学科的融合发展平台。《年鉴》伴随了我国新能源汽车产业发展的寒来暑往，在同领域图书中论文引用率一直居于前列。《年鉴》的出版为我国政府部门出台节能与新能源汽车产业相关政策法规和企事业单位制定相关战略规划提供重要参考和有效借鉴，已成为行业不可或缺的信息共享、技术交流合作的重要平台。

手机网站　微信网站

鉴证·新能源汽车发展历程

PROME

燃料电池系统

Fuel Cell System

P390

92

系统功率 (kW)

System Power

60

最高效率 (%)

Peak Efficiency

95

工作温度 (℃)

Operating Temperature

-30

低温启动 (℃)

Cold Start

790×598×820

产品尺寸 (mm³)

Dimension

P390产品描述
P390 Product Introduction

本产品为新一代车用质子交换膜燃料电池系统，系统功率为92 kW，具有一体化集成、高功率密度、高耐久性、高可靠性和强环境适应性等优点。已应用于燃料电池乘用车、城市客车、中重型卡车等诸多领域。

This product is our new generation PEM fuel cell system for vehicle application with the advantages of integrated design, high power density, high durability, high reliability and excellent environmental adaptability. It can be used in fuel cell passenger cars, city buses, medium & heavy trucks and other vehicle platforms. The system power is 92kW.

技术特点
Technical Features

· 具备自主知识产权
· 高功率密度：1,021W/L
· 高耐久性：10,000hrs
· 无外增湿的一体化集成架构
· 强环境适应性
  - 工作温度：-30°C ~ 95°C
  - 30s 内可实现-30°C 低温启动，无需外加热
· 智能化燃料电池系统控制算法，实现快速响应和精准控制

· Self-owned intellectual property
· High power density：1,021W/L
· High durability：10,000hrs
· Integrated architecture without external humidification
· Strong environmental versatility
  - Working temperature：-30°C ~ 95°C
  - Low temperature startup at -30 °C within 30s, no external heating required
· Intelligent control algorithms can achieve fast response and precise control

捷氢科技
SHPT

上海捷氢科技有限公司

SHANGHAI HYDROGEN PROPULSION TECHNOLOGY CO., LTD.

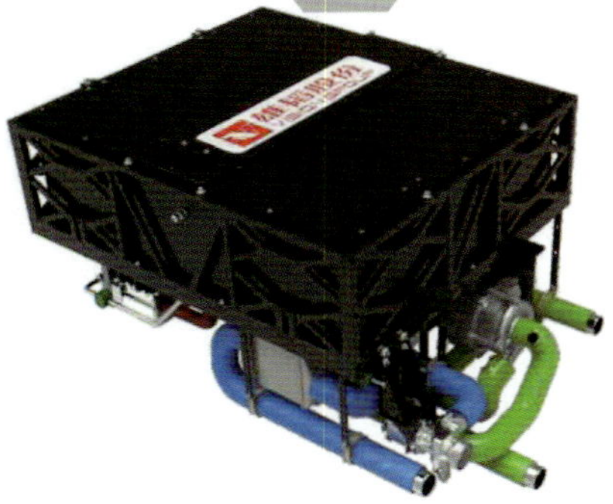

燃料电池发动机

功率覆盖广
功率覆盖48~125kW
环境适应强
工作温度-30℃ ~ 60℃
防护等级高
防护等级IP67、抗震性能符合SAE-J2380
模块化设计
适配多种应用场景，便于维护保养

燃料电池电堆

低铂载膜电极
高速单片电压巡检系统
功率密度达国际先进水平
自动化批量生产

氢之雄图 韬略于心

明天氢能
MINGTIAN HYDROGEN ENERGY

氢璞氢芯 中國智造

		蓝墨/T系列			青墨/F系列			
型号	碳基复合板电堆	ST18T	ST23T	ST27T	ST35F	ST40F	ST50F	ST55F
性能参数	额定功率(kW)	18.7	24.3	28.1	35	40	50	55
	额定电流(A)	288	288	288	365	365	365	365
	峰值功率（kW）	21.6	28.1	32.4	39	45	55	65
	峰值电流（A）	360	360	360	486	486	486	486
	输出电压范围（V）	50~80	65~104	75~120	65~104	75~120	90~144	100~160
工作条件	存储环境温度（℃）	-40至80	-40至80	-40至80	-40至80	-40至80	-40至81	-40至80
	氢气入口压力（额定）kPaG	130	130	130	130	130	130	130
	空气入口压力（额定）kPaG	120	120	120	120	120	120	120
	冷却出口最高许可温度（℃）	80	80	80	80	80	80	80
	冷却进出口最大温度差（℃）	10	10	10	10	10	10	10
	冷却液	去离子水/乙二醇-去离子水混合液			去离子水/乙二醇-去离子水混合液			
物理参数	尺寸（长宽高）mm 叠高公差±5mm	300×138×347	300×138×435	300×138×494	300×138×438	300×138×497	300×138×510	300×138×645
	电堆重量（Kg）	23.8	28.8	31.8	33	36	42	44.5
	单电池数	100	130	150	130	150	180	200

		鈊/X系列	
型号	金属板电堆	ST100X	ST120X
性能参数	额定功率(kW)	104	118
	额定电流(A)	485	485
	峰值功率（kW）	113	128
	峰值电流（A）	550	550
	输出电压范围	181~281	207~320
工作条件	存储环境温度（°C）	-40至80	-40至80
	氢气入口压力（额定）kPaG	150	150
	空气入口压力（额定）kPaG	130	130
	冷却出口最高许可温度（°C）	85	85
	冷却进出口最大温度差（°C）	10	10
	冷却液	去离子水/乙二醇-混合液	
物理参数	尺寸（长宽高）mm 叠高公差±5mm	342×182×516	342×182×578
	电堆重量（Kg）	51.9	54
	单电池数	330	376

超薄复合板　高功率密度　长寿命

高速电压巡电　自动化批量生产　可拓展

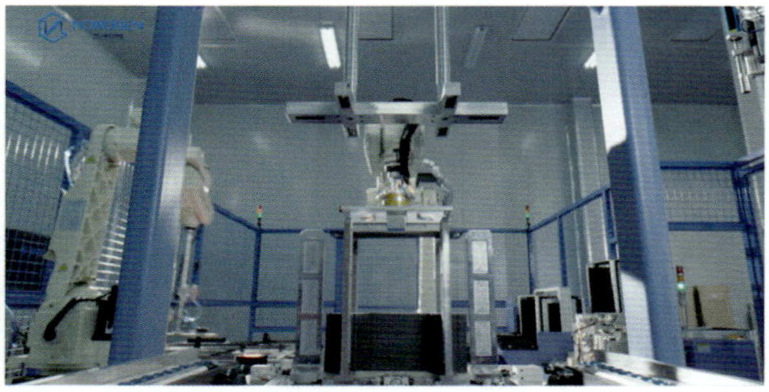

氢璞电堆提供
动力的运营车辆

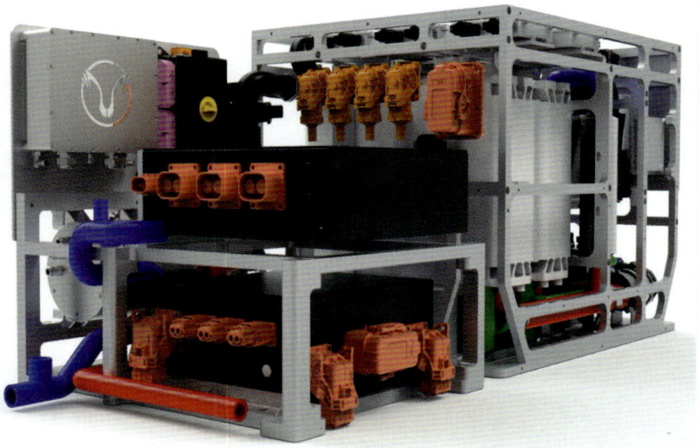

40 kW燃料电池系统（配套客车）

40 kW燃料电池系统（配套物流车）

80 kW燃料电池系统（配套乘用车）

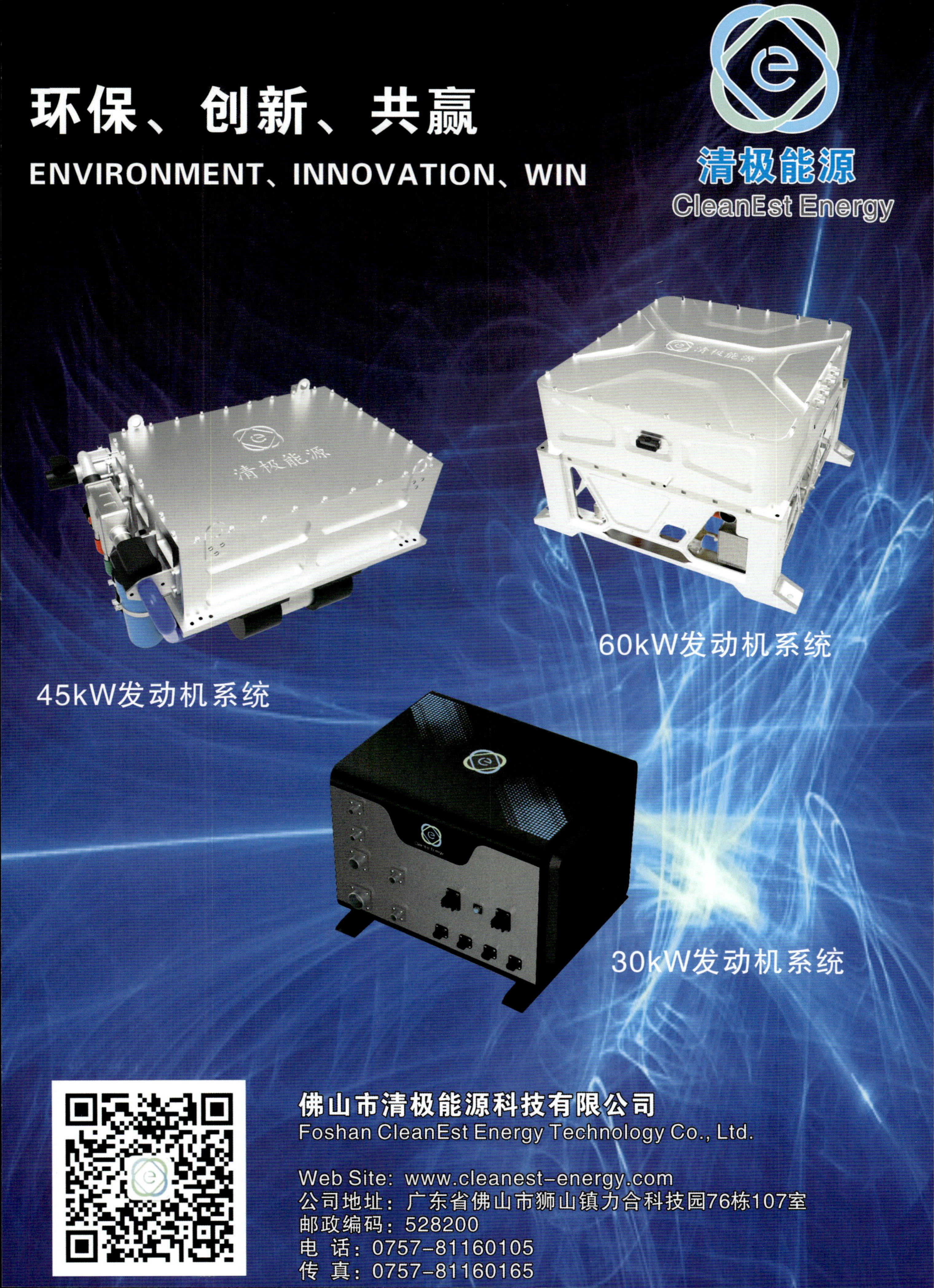
环保、创新、共赢
ENVIRONMENT、INNOVATION、WIN
清极能源
CleanEst Energy
45kW发动机系统
60kW发动机系统
30kW发动机系统
佛山市清极能源科技有限公司
Foshan CleanEst Energy Technology Co., Ltd.
Web Site: www.cleanest-energy.com
公司地址：广东省佛山市狮山镇力合科技园76栋107室
邮政编码：528200
电 话：0757-81160105
传 真：0757-81160165

国富氢能
GUOFUHEE

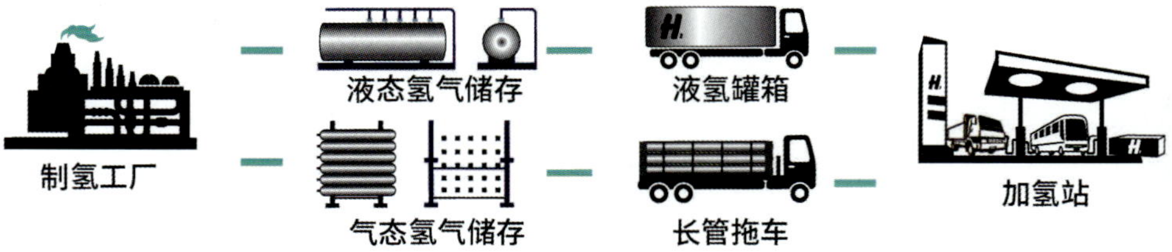

一站式氢能装备整体解决方案

江苏国富氢能技术装备有限公司(原:张家港富瑞氢能装备有限公司),简称“国富氢能”。作为一家专注于氢能装备领域研发的高新技术企业,专业从事氢气增压装置与加氢站成套设备、车载燃料供氢系统、液氢罐式集装箱、液氢储存容器等产品的设计、制造和相关的技术服务,并承接氢气液化工厂等工程项目的设计与装备提供。公司致力在氢液化,储运、配送和终端供氢装备等领域,依靠先进的技术和专业经验,努力成为领先的氢能装备全产业链一站式设备提供商。

专业制造　技术领先　质量稳定

江苏国富氢能技术装备有限公司
JIANGSU GUOFU HYDROGEN ENERGY EQUIPMENT CO., LTD.

地址：江苏省张家港市福新(晨新)路19号
咨询电话：0512-58982355

固定式加氢站用成套设备应用案例 Successful Cases of Complete Equipment for Stationary Hydrogen Refueling Stations

全国首座油氢合建站

广州首座加氢站

山西首座制氢加氢站

集装箱式增压加氢装应用案例 Successful Cases of Integrated Smart Hydrogen Refueling Devices

全球日加注量最大加氢站

佛山首座公交配套站

四川首座加氢站

车载供氢系统应用案例 Successful Cases of On-board Hydrogen Supply System

氢燃料电池物流车

氢燃料电池公交车

华氢科技
SinoHydrogen

北京华氢科技有限公司于2014年9月在海淀创办，是一家专门从事氢能与燃料电池技术开发与工程实施的清洁能源科技公司。华氢公司坚持“技术为本，服务企业”，为各类企业提供氢能燃料电池系统设计与技术解决方案。主要业务包括：可再生能源制氢系统、氢气天然气混合燃气（HCNG）制备与系统运行、燃料电池系统与零部件开发等。华氢公司拥有来自清华大学、中石油等核心团队成员，拥有“低碳气体燃料的制备系统”、“新型自适应气体燃料控制系统”等十多项知识产权和多项专有技术，承担国家标准《车用压缩氢气天然气混合燃气》编写和科技部新能源汽车重大专项实施工作。

发展历程

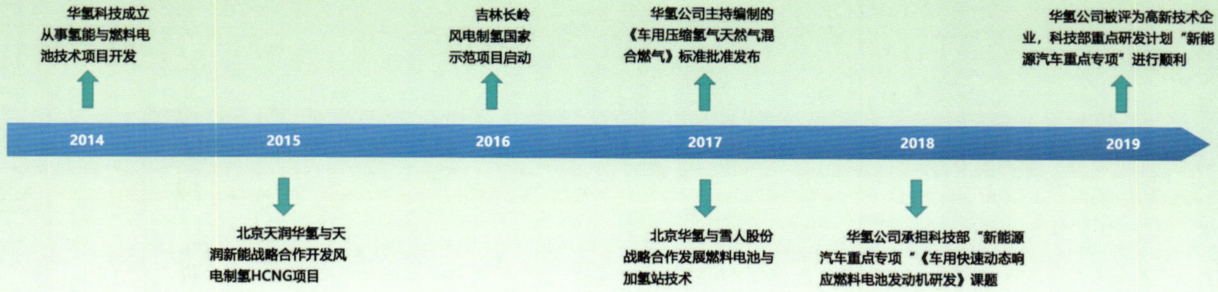

一、2015年起华氢科技承担吉林长岭龙凤湖风电制氢国家示范项目氢能产业链技术工作，北京华氢主要负责风电制氢HCNG系统方案设计、HCNG制备/压缩/储存/加注技术支持、HCNG车辆开发与测试、站控系统的软硬件开发等。

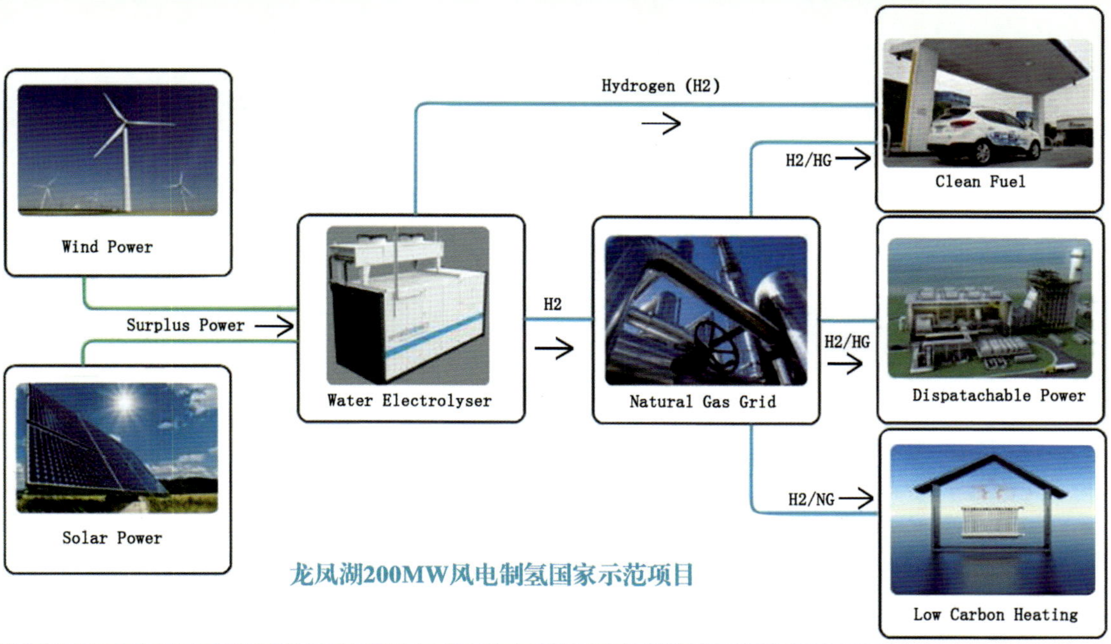

龙凤湖200MW风电制氢国家示范项目

二、2017年华氢科技参与编制的《车用压缩氢气天然气混合燃气》标准由国家标准化管理委员会正式批准发布，标准号为GB/T34537-2017。

GB
中华人民共和国国家标准
GB/T 34537—2017
车用压缩氢气天然气混合燃气
Hydrogen and compressed natural gas (HCNG) blended as vehicle fuel
2017-10-14 发布
2018-05-01 实施
中华人民共和国国家质量监督检验检疫总局
中国国家标准化管理委员会 发布

三、2018年华氢科技承担科技部新能源汽车重点专项《车用快速动态响应燃料电池发动机研发》课题。2019年完成单机 DC-DC的硬件电路板设计（控制板和驱动板）、单机 DC-DC的软件算法（控制算法和CAN通讯协议）、单机结构设计和功率电感设计等。

四、2019年华氢科技取得高新技术企业证书，并通过2019年ISO质量认证。

高新技术企业
证书
企业名称：北京华氢科技有限公司
证书编号：GR201911008725
发证时间：2019年12月2日
有效期：三年
批准机关：

质量管理体系认证证书
北京华氢科技有限公司
QUALITY MANAGEMENT SYSTEM CERTIFICATE

大连海纳新能源汽车零部件制造有限公司，始于2008年，扎根交通便利、科技密集的大连经济技术开发区。始终致力于汽车动力转向泵、电子真空泵的研发与生产，已有产品100多种，具备转向泵100万台/年、电子真空泵130万台/年的生产能力。现已发展成为国内知名的汽车零部件供应企业，为多家汽车生产商提供配套产品。

Dalian Haina New Energy Auto Parts Manufacturing Co., Ltd. was set up in the economic and technical development zone, Dalian, China in 2008. Specialising in the development and manufacture of hydraulic power steering pumps and electrical vacuum pumps for automobiles, Haina has a production capacity of 1 million hydraulic power steering pumps and of 1.3 million electrical vacuum pumps. With more than 100 product models, Haina becomes one of the most prestigious auto parts suppliers as its quality products win the favor of dozens of automakers.

大连海纳新能源汽车零部件制造有限公司
地址：大连经济技术开发区铁山东路98-13-9
邮编：116600
电话：0411-88014588　传真：0411-88014688

www.dl-hn.cn

Dalian Haina New Energy Auto Parts Manufacturing Co., Ltd.
Add: 98-13-9 Tieshandong Rd., Economic and Technical Development Zone, Dalian, Liaoning, China
ZIP: 116600
Tel: 0411-88014588　Fax: 0411-88014688

格陆博科技
GLOBAL TECHNOLOGY
让驾控更智能更安全
自动泊车APA
自适应巡航ACC
车道偏离报警LDW
紧急自动刹车AEB
前方碰撞预警FCW
车道保持LKA
360全景监控 AVM

沃镭智能

WOLEI TECHNOLOGIES

杭州沃镭智能科技股份有限公司位于杭州经济技术开发区，是汽车零部件领域领先的工业自动化、信息化智能制造整体解决方案提供商，是集技术研究、装备开发、专业服务为一体的现代化高新技术企业。

公司有智能检测装备、自动化生产线、智能制造管理信息系统、工业机器人集成应用等几大系列产品，能为汽车零部件企业提供智能制造咨询诊断、装配检测装备开发、产品全生命周期信息化管理和智能仓储物流系统设计等一体化服务，具有从“智能检测”、“智能产线”、“智能车间”到“智能工厂”所有制造升级过程的完整技术体系。

服务领域

主领域

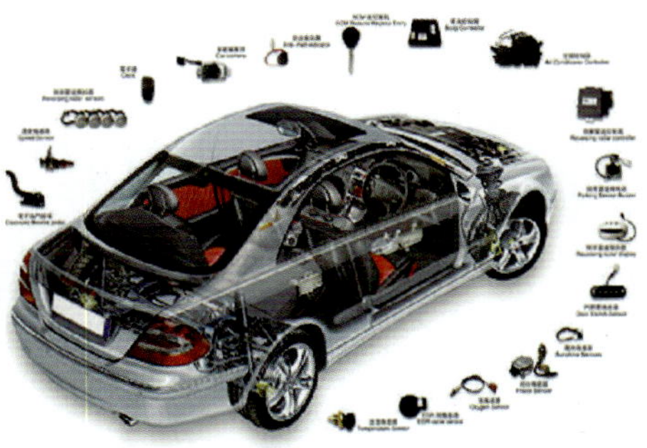

汽车电子电控与智能驾驶领域

技术同源
市场自然拓展

延伸领域

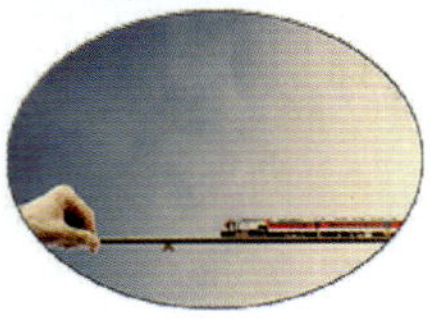

轨道交通领域

IGBT大功率驱动芯片领域

产品及服务

智能检测系统

智能装配自动化

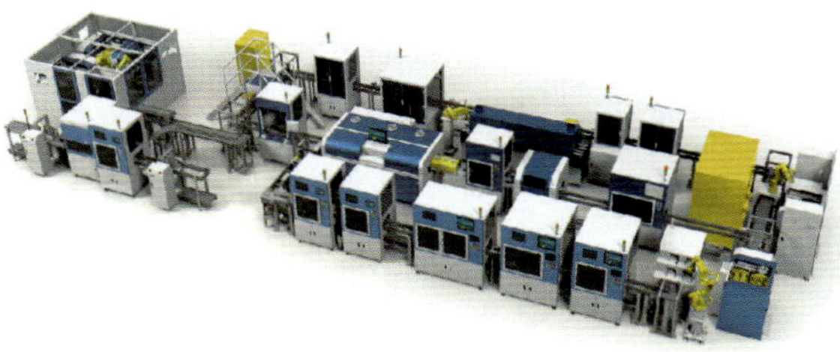

制造执行系统

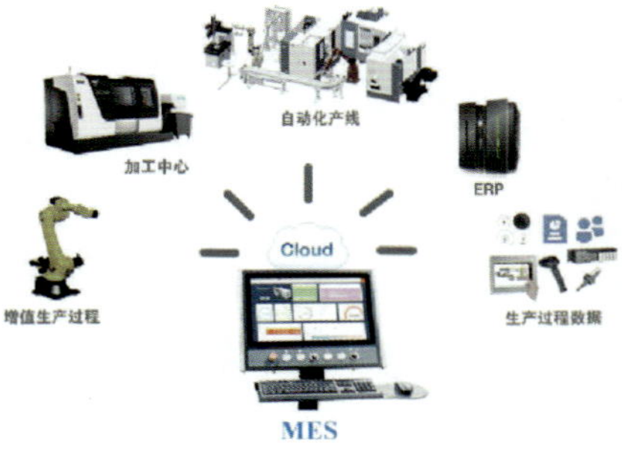

客户案例

- 客户案例400+
- 汽车底盘电控产品相关设备市场占有率名列全国前茅
- 世界汽车零部件百强10+, TRW、日本电装、上汽、比亚迪、万向集团等

联系电话：0571-87786242 / 0571-87792453
联系邮箱：sales@wolei-tech.com
网址：http://www.wolei-tech.com

网站二维码　　微信二维码

苏州奥易克斯汽车电子有限公司

Suzhou Auto Electronic Control System Co.,Ltd.

——清华大学技术成果转化企业

AECS 奥易克斯

打破国际垄断
助力中国汽车

荣誉资质

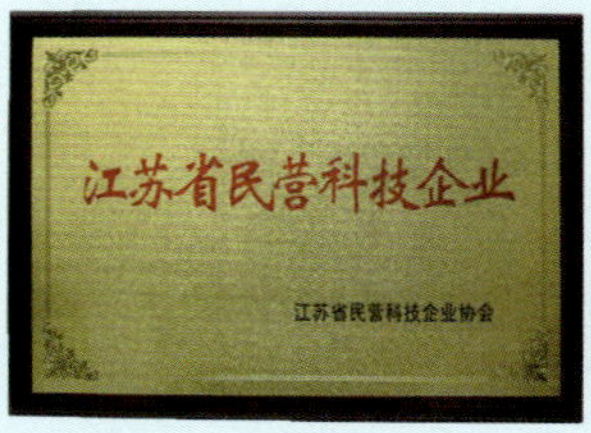

生产能力

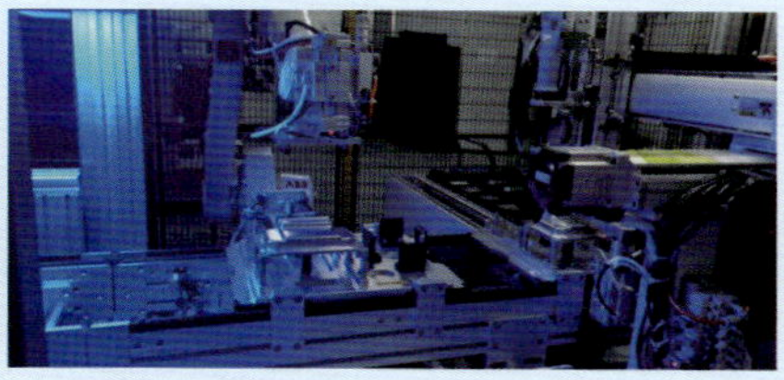

奥易克斯拥有多条全自动生产线，具有年产60万套的能力
同时奥易克斯也是国内同时掌握多种电控技术的公司术的公司

重大事迹

奥易克斯南通基地开工仪式

试验课照

奥易克斯标定团队冬季试验合影

主要客户

DFM 北汽银翔 KAMA 金旅客车 福田汽车 一汽森雅 CHANA 五菱汽车 CHERY 昌河汽车 KING LONG 江淮汽车

地址：江苏省苏州市吴江区联杨路139号清华汽车产业园7幢2层
电话/传真：0512-63029932
网址：www.aecs-auto.com

BOSCH
博世 科技成就生活之美
博世汽车与智能交通技术
电气化·自动化·互联化·个性化

Inspection Center

国家汽车质量监督检验中心（北京顺义）

国家汽车质量监督检验中心（北京顺义）（以下简称“中心”）由原国家质量监督检验检疫总局批准筹建（国质检〔2009〕61号），是依托北京市产品质量监督检验院建设的独立、公正、科学、权威的第三方汽车专业检测研究机构。先后获得以下国家有关部委的资质授权：

◆国家级汽车质量监督检验中心

◆国家工信部授权的道路机动车辆产品准入检验检测机构

◆国家交通部指定的道路运输车辆达标车型检测机构

◆国家认监委授权的汽车整车CCC产品强制性认证检测机构

◆国家环保部授权的联网检验机构

◆国家工信部授权的新能源汽车远程监测与车载终端检测机构

◆中国充电设施发展促进联盟标识管理授权的第一批检测机构

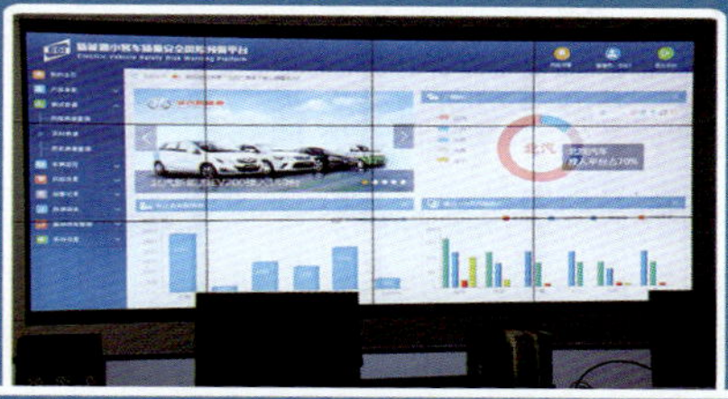

新能源汽车质量安全监控中心

中心总占地面积14.3万平方米，建设用地面积9.5万平方米，建有碰撞安全实验室、零部件实验室、整车性能实验室、排放节能实验室、灯光电器与新能源实验室、电磁兼容实验室、材料与油品实验室、新能源汽车监控平台、缺陷工程分析实验室。

中心拥有先进设备468台（套）。检测能力覆盖194个产品，2770个参数，具备汽车及相关产品强制性检验能力和研发测试能力。可开展各类整车及零部件产品检测、研发试验、认证检测等相关技术服务，为政府质量监管、企业产品研发、保障消费者权益提供技术支撑。

10米法半电磁暗室

电动汽车电机性能试验台架

电动汽车涉水试验

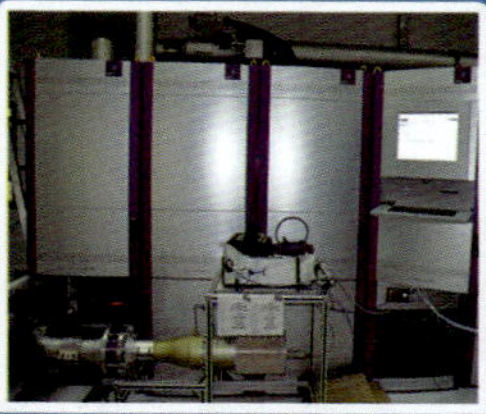

国六轻型汽车排放测试系统

机动车排放耐久试验

侧翻试验

联合法辛烷值研究分析系统和十六烷值测定仪

燃油蒸发仓

车辆正面碰撞试验

整车VOC环境试验舱

电话：010-57521186　　传真：010-57521181　　地址：北京市顺义区顺兴路9号

CEPREI

工业和信息化部电子第五研究所

团队介绍

电子五所新能源与智能网联汽车团队，是一支多学科交叉的专业化人才队伍。

与国内外多所优秀大学、汽车研究所及检测机构建立长期合作关系。

方向涵盖动力电池系统、电池管理系统、驱动电机及控制器、汽车电磁兼容、充电基础设施、车载导航及智能终端等汽车电子产品、汽车信息安全、智能网联等，为新能原与智能网联汽车提供检验检测、人才培训、测试设备研发、产业政策研究、标准制定及可靠性等全方位服务。

涉及新能源汽车产品150多项标准检测能力，其中50余项标准获得CNAS和CMA资质认可。

覆盖公告、安规、性能、环境适应性、材料分析、电磁兼容、可靠性等测试。

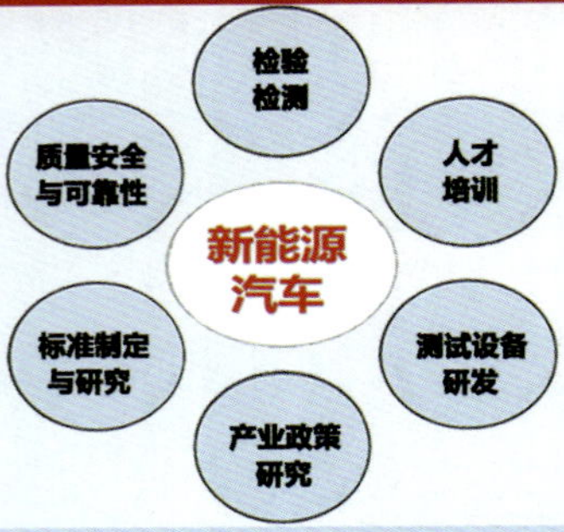

前期基础

➤筹建国家汽车电子产品质量监督检验中心	➤国家通用电子元器件及产品质量监督检验中心	➤国家卫星导航及应用产品质量监督检验中心
中国电动汽车充电基础设施促进联盟成员	北斗车联网认证联盟副理事长单位	中国电动汽车充电技术与产业联盟副理事单位
车载信息服务产业应用联盟TIAA标准工作组	微型电动汽车标委会成员	电动汽车产业技术创新联盟
广东省汽车电子中小企业服务平台	广东省电动汽车储能与充电系统检测工程技术研究中心	工信部锂离子电池安全标准特别工作组
粤港澳大湾区自动驾驶产业联盟理事长单位	中国汽车电子产业联盟副理事长单位	中国汽车电子产业联盟智能网联汽车感知系统专业委员会主任单位
广州市智能网联汽车电子产业发展促进会会长单位	广州市新能源智能汽车发展促进会副会长单位兼秘书长单位	中国绿色制造联盟理事长单位（含汽车工作组）
广东省氢燃料电池汽车产业技术创新联盟（筹建中）	基础软硬件性能与可靠性测评重点实验室	国家嵌入式软件产品质量监督检验中心

总体方案

资质：国家汽车电子产品质量监督检验中心

核心技术能力：

- 电动化：检测认证、充电设施工程验收、大数据监控平台
- 智能化：自动驾驶场景库、仿真平台、测试验证、封闭道路测试
- 网联化：信息安全功能安全、V2X测试验证、车联网管理平台

核心团队：工信部电子五所车联网（智能网联汽车）创新团队

支撑平台：

- 广州市智能网联汽车示范区运营中心：道路测试管理、开放测试路网——工信局/工信厅/工信部
- 新能源智能汽车发展促进会/智能网联汽车电子产业促进会/汽车电子产业联盟：产业合作、标准制定——发改委/工信部
- 粤港澳大湾区自动驾驶产业联盟：大湾区协同、车联网示范应用——交通部/工信部

车联网先导区建设

智能网联汽车能力

实验室测试

新能源汽车零部件： 动力电池、动力电池管理系统、驱动电机、充电设施、动力电池回收。

智能网联汽车： 智能座舱、车载操作系统、北斗导航/定位、车载以太网、C-V2X、车载芯片/元器件。

智能网联汽车测试技术： 信息安全、电磁兼容、功能安全及预期功能安全、硬件在环仿真、车辆在环仿真。

封闭道路测试

- 自动驾驶功能测试（按照3部委规范测试）
- 自动驾驶研发测试
- ADAS功能测试
- V2X测试验证
- 信息安全与网络安全
- 出具完整测试报告

半开放/开放道路测试管理

- 测试业务的受理、初审、协调和监管
- 自动驾驶功能测试（按照3部委规范测试）
- 封闭测试场认定
- 半开放/开放测试路段认定

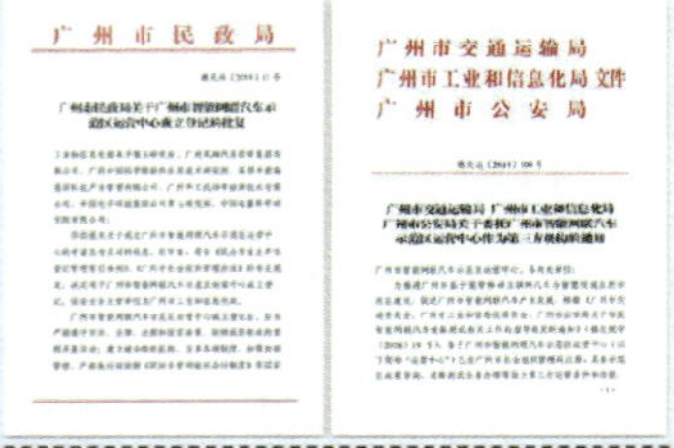

广电计量新能源汽车检测平台

测试项目	执行标准
动力电池检测	
电性能测试 安全性测试 可靠性测试 循环寿命类测试 电磁兼容测试	GB/T 31467.1&2、GB/T 31486、GB/T 31484、GB/T 31467.3、GB/T 31485
电机及控制器检测	
电性能测试 安全性及可靠性测试 环境适应性测试 耐腐蚀性测试	GB/T 18488.1&2、SOR、ISO 16750、GB/T 2423
充电接口及充电桩检测	
直流充电桩测试 交流充电桩测试	NB/ 33001—2010、NB/T 33008.1—2013、GB/T 27930—2015、Q/GDW 1233—2014、Q/GDW 1591—2014、Q/GDW 1235—2014、GB/T 18487.1—2015、NB/T 33002—2010、NB/T 33008.2—2013、Q/GDW 1485—2014、Q/GDW 1592—2014、GB/T 18487.1—2015
高压线束测试	
EMC 测试 机械性能试验 电性能试验 环境试验 化学测试	IEC 62153-4-4、IEC 62153-4-5、IEC 62153-4-6及企业标准

关于广电计量

广州广电计量检测股份有限公司(股票简称:"广电计量,"股票代码:002967)始建于1964年,是原信息产业部电子602计量站;经过50余年的发展,现已成为一家全国化、综合性的国有第三方计量检测机构;公司于2019年11月在深交所中小板成功挂牌上市,开启"实业+资本"双轮驱动发展新模式。

服务优势

- 服务网络:深圳、东莞、上海、天津、北京、武汉、长沙建有新能源实验室
- 产品能力:具备电池电芯、模组、电池系统多层级测试能力,兼顾电控和电机测试,多套进口设备
- 资源整合:与北汽新能源、重庆车检院、襄阳达安汽车国检中心等机构建立了联合试验室
- 技术研究:与华南理工大学、广东省标准化研究院)、广汽研究院等单位联合开展重大专项研究

GRGTEST 广电计量 GRG METROLOGY & TEST

——股票代码:002967——

全国免费电话

400-602-0999

汉阳专用汽车研究所

公司概况

汉阳专用汽车研究所成立于1985年，是受国家汽车工业主管部门委托承担全国专用汽车行业技术归口服务工作的科研机构。研究所是中国汽车技术研究中心直属的全资法人单位，也是中国汽车工业协会专用车分会、中国汽车工程学会专用车分会、全国汽车标准化技术委员会专用汽车分技术委员会、车身附件分技术委员会的秘书处单位。汉阳所下设有中汽研汽车检验中心（武汉）有限公司、武汉专用汽车杂志社有限责任公司及多个业务部门。

主要业务与职能

- 中国专用汽车行业技术归口管理
- 编制专用汽车行业发展规划
- 制定/修订专用汽车、车身附件标准法规，相关标准法规咨询与培训
- 开展专用汽车、商用汽车、新能源汽车、汽车零部件产品、节能排放、碰撞安全、电磁兼容等类型的检测试验
- 开展行业咨询服务与项目可行性论证
- 开展汽车前瞻技术、关键技术的测试评价、装备开发等科研活动
- 组织举办中国国际商用车展览会和中国专用汽车产业发展国际论坛

地址：湖北省武汉经济技术开发区沌阳大道55号
邮编：430056
网址：www.catarc-wh.cn
综合管理部：027-84398500
综合业务部：027-84398524
传真：027-84398510

江苏大学先进燃烧与排放控制研究所

江苏大学具有60年的办学历史，是国内早期设立内燃机专业的高校之一，该专业1984年被国务院学位委员会特批为博士点，1987年被评为机械工业部重点学科。能源与动力工程（动力机械工程及自动化）是国家一流专业和江苏省品牌专业（A类），所属一级学科“动力工程与工程热物理”为江苏省第一期、第二期、第三期“优势学科”。现为中国内燃机学会常务理事、江苏省内燃机学会理事长兼秘书长单位。设有动力机械清洁能源与应用重点实验室、江苏省汽车工程重点实验室、江苏省中小功率内燃机工程研究中心和江苏省生物柴油动力机械应用工程中心。在国家大力推进节能减排，加快建设环境友好型社会的战略任务指导下，致力于开展燃烧与污染物生成机理及控制等相关问题研究，以及通过产学研合作平台，推进先进基础研究技术在工程领域中的实践应用，于2019成立了先进燃烧与排放控制研究所（以下简称“研究所”）。

研究所围绕燃料及燃料燃烧，内燃机燃烧过程及其优化控制，内燃机有害排放物的生成、及其对大气环境的影响以及后处理技术，开展发动机关键科学问题的基础理论研究与工程新技术应用的创新研究，旨在创建国内一流和国际先进的发动机知识创新基地、具有国际视野的领军人才培养基地和国际学术交流中心，培养高水平研究型人才，推动和促进我国发动机技术发展。目前先进燃烧与排放控制研究所现有专职教师12人，包括教授6人，副教授6人；此外还有2位客座教授、2位外国专家、16位知名高校专家委员、2位产业教授，50余位博士和硕士研究生。

研究所的研究方向主要包括：

1. 动力机械喷雾特性与燃烧机理
2. 新型燃料高效清洁燃烧
3. 可再生动力燃料催化合成
4. 基于催化燃烧的超低排放控制技术
5. 低温等离子体技术

先进燃烧与排放控制研究所

Advanced Combustion and Emission Control Institute

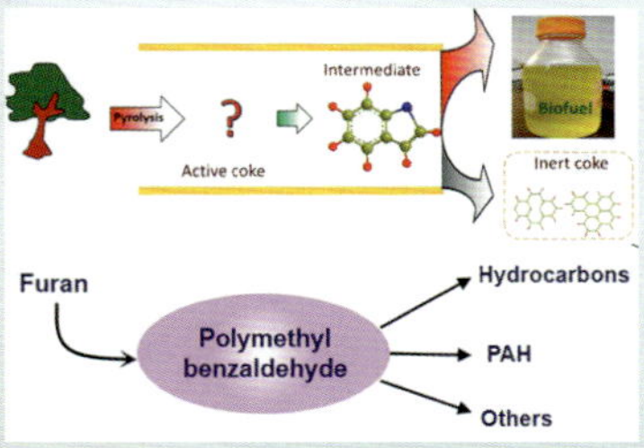

可再生动力燃料的催化合成

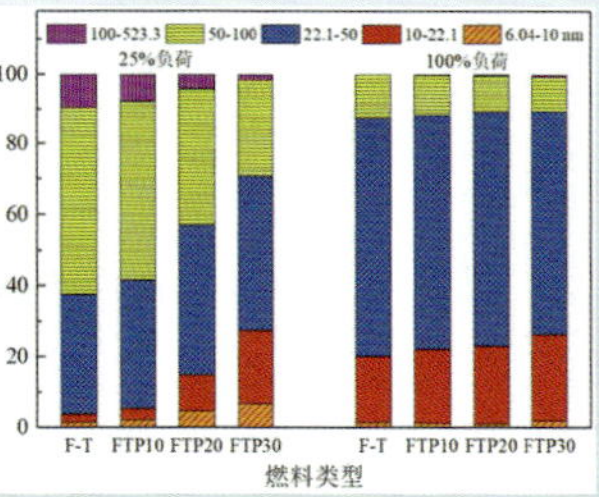

PODE/F-T油燃烧颗粒粒径分布

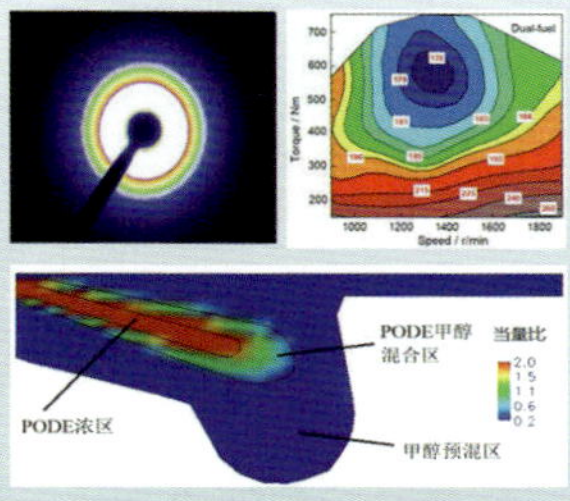

PODE/F-T油(甲醇)二元燃烧体系

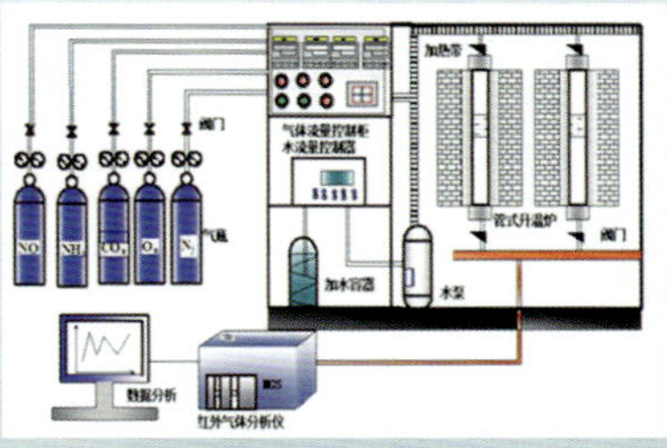

催化剂性能测试平台

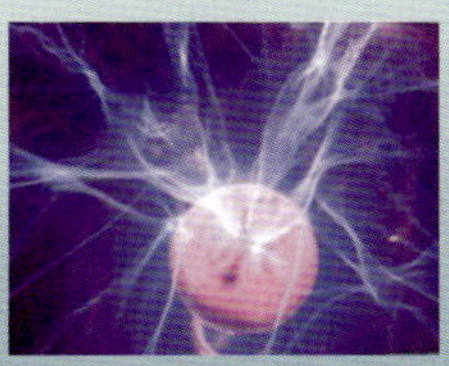

低温等离子体技术

DPF再生技术

催化剂集成系统

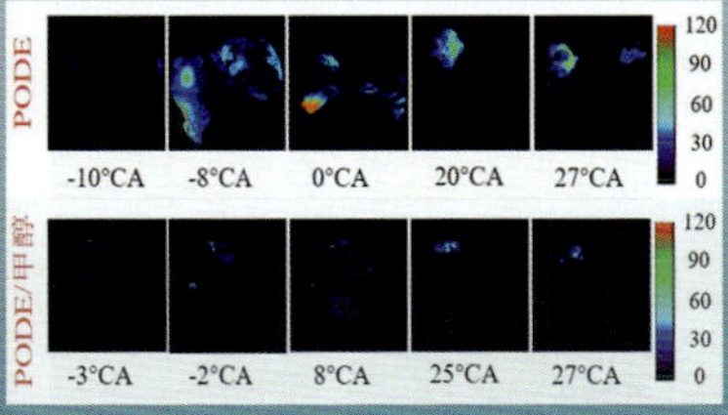

内窥镜测量缸内碳烟生成

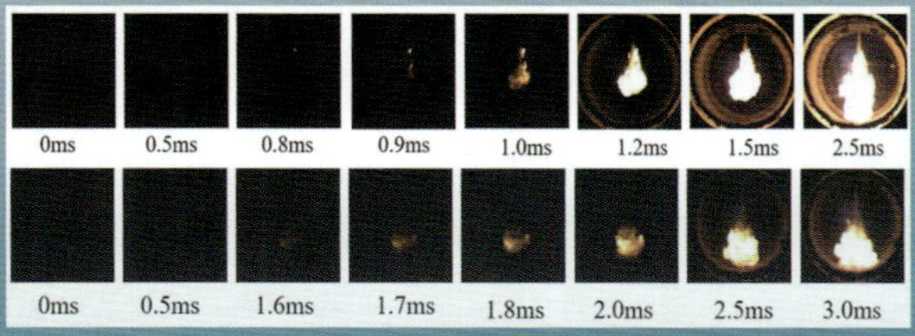

PODE在定容燃烧弹内着火特征

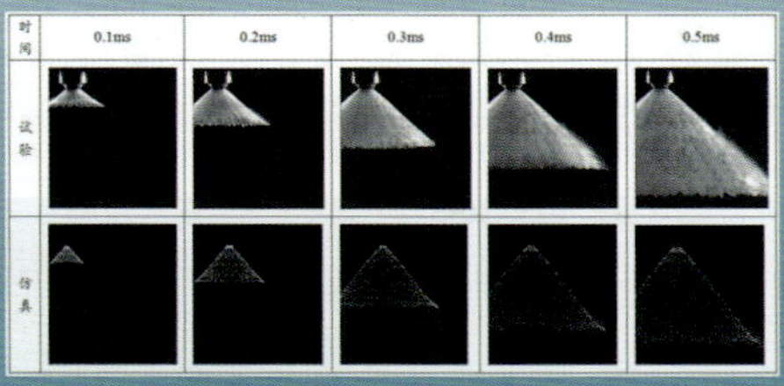

试验与仿真喷雾发展对比

江苏大学先进燃烧与排放控制研究所

地址：江苏省镇江市学府路301号　　联系人：王攀　　电话：13912809920　　邮箱：wangpan@ujs.edu.cn

江苏大学汽车与交通工程学院

School of Automotive and Traffic Engineering

博学　求是　明德　务实　创新

节能与新能源动力总成系统研究所

Energy Saving and New Energy Powertrain System Institute

依托江苏大学国家专业、江苏省 A 类品牌专业。江苏省优势学科：动力工程与工程热物理；国家特色专业、 国家专业、教育部较早成立“卓越工程计划”专业 。 江苏省 A 类品牌专业：车辆工程。 江苏省 A 类品牌专业：电气工程。聚焦汽车行业节能减排的国家战略，服务动力总成系统电动化、智能化发展趋势，2019 年正式成立节能与新能源动力总成系统研究（以下简称“研究所”）。

研究所致力于发动机的高效清洁、节能减排、摩擦润滑，混合动力及纯电驱动系统的机电耦合、系统架构、控制策略、电控系统硬软件设计等方向的科学研究、人才培养、工程应用和产学研合作。研究所具有结构层次合理、学术水平高、事业心强的学术骨干队伍，现有专职教师 11 人，其中教授 5 人，副教授 6 人；江苏省产业教授 3 人；博、硕士研究生 90 人。研究所与坤泰车辆系统（常州）有限公司、长城汽车股份有限公司——蜂巢传动系统（江苏）有限公司、常柴股份有限公司、潍柴动力股份有限公司、上汽乘用车、里卡多（上海）等国内外知名企业建立了长期的战略合作关系。

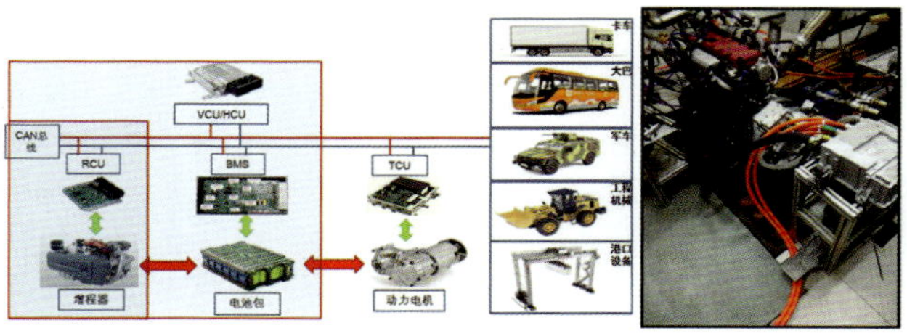

混合动力系统架构

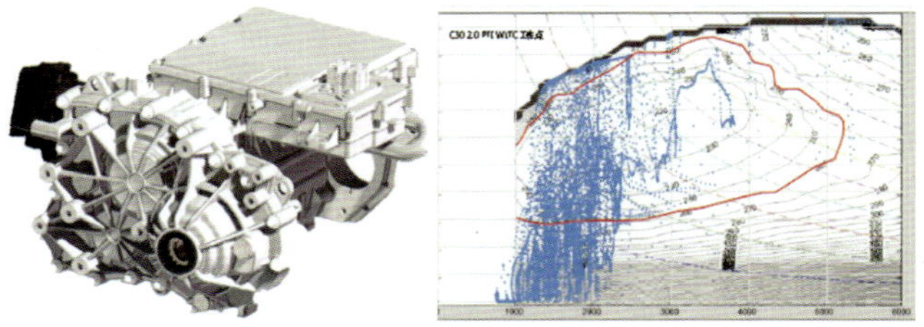

混合动力变速箱 DHT 及运行策略

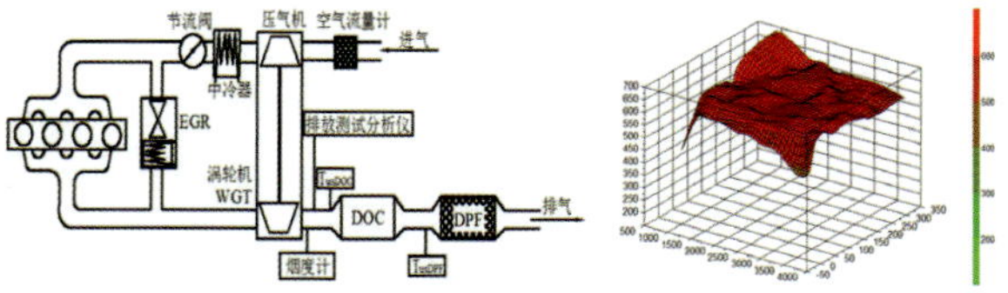

排气热管理技术

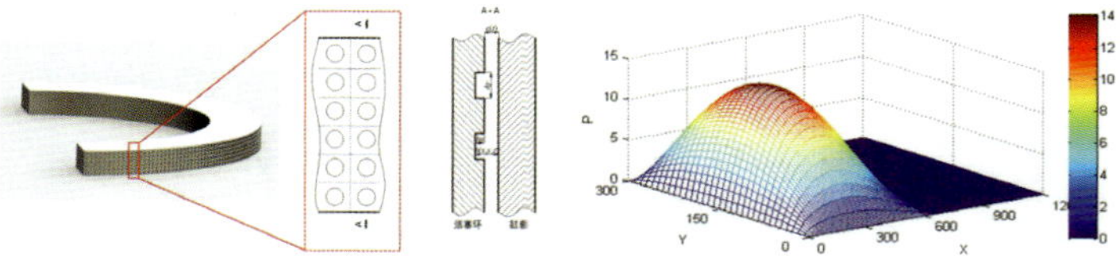

活塞环低摩擦设计

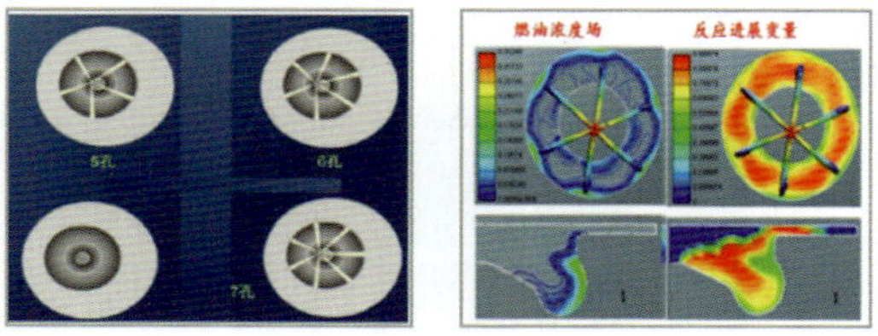

高效清洁燃烧

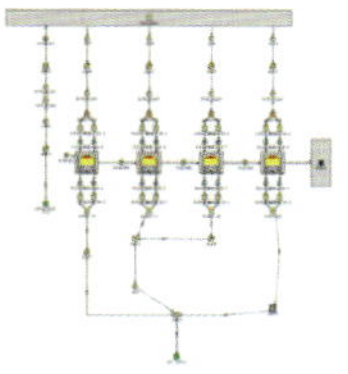

	CR9.5	CR10.5		CR11.5	
BMEP	BSFC	BSFC	节油%	BSFC	节油%
6	282.1	266.1	5.7	262.0	7.1
10	253.5	246.8	2.6	242.9	4.2
12	249.1	243.6	2.2	239.4	3.9
14	259.1	253.8	2.0	252.4	2.6

汽油机运行阿特金森循环节能研究

地址：江苏省镇江市学府路 301 号　　邮编：212013

邮箱：ybf@mail.ujs.edu.cn

汽车与交通工程学院

燃料电池发动机研究所

江苏大学燃料电池发动机研究所于2019年9月成立，充分利用整合的资源，形成了具有基础研究、高技术创新、人才和权威评价功能的研发机构。以车规级燃料电池发动机为目标，通过高性能长寿命新型关键材料研发、关键部件技术攻关、智能化集成技术创新研究，突破发展瓶颈，大力研发并获得有自主知识产权的燃料电池发动机整机及核心零部件技术，使研究所成为研究成果向应用转化的有效渠道，起到产业技术自主创新能力的重要源头和强力支撑平台的作用，促使江苏省在相关领域获得技术领先地位，形成国内新能源动力系统研发群体和相关专业技术人才培养基地。

研究所现为中国内燃机学会燃料电池发动机分委会理事单位，专职研究人员包括教授5人、副教授5人、外籍讲座教授2人、江苏省产业教授1人、全日制在读博硕士研究生30余人，为江苏省在先进新能源汽车领域重要的研发力量，承担和参与国家、各部委和地方纵向研究项目，同时与省内各科研机构、大专院校、企业单位开展广泛的合作。

研究所的研究方向：

1. 燃料电池能量管理技术
2. 燃料电池动力系统开发
3. 燃料电池发动机系统集成与智能控制
4. 燃料电池发动机测试
5. 燃料电池空压机先进润滑与密封

燃料电池发动机研究所

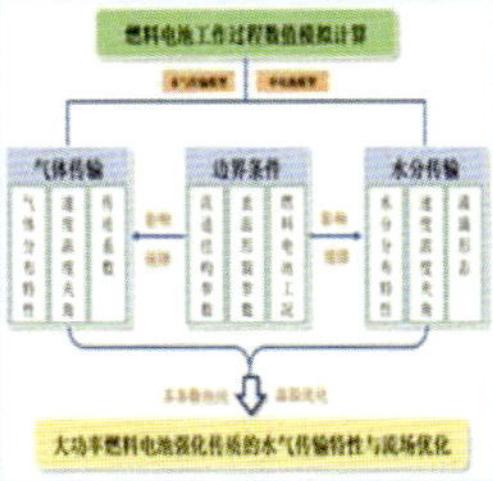
燃料电池水管理

燃料电池热管理

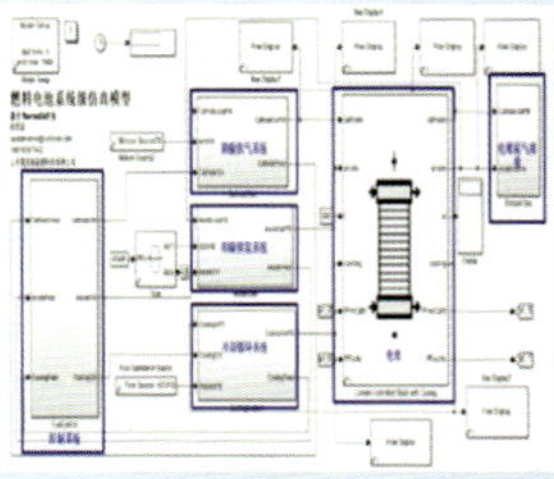
燃料电池控制策略模型

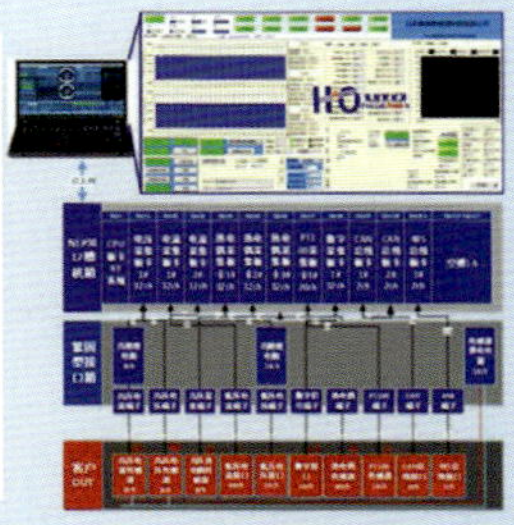
控制器开发

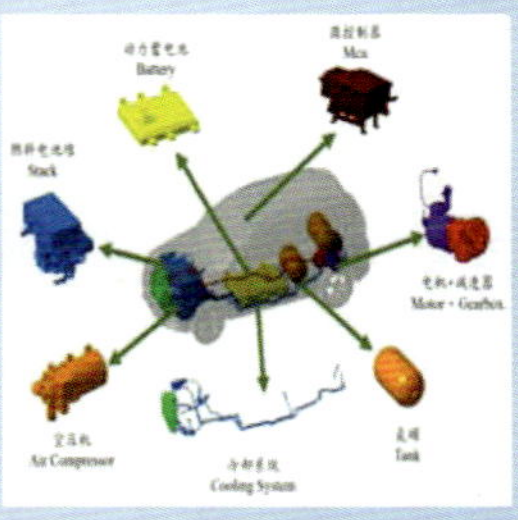
整车动力系统集成

燃料电池发动机

燃料电池观光车

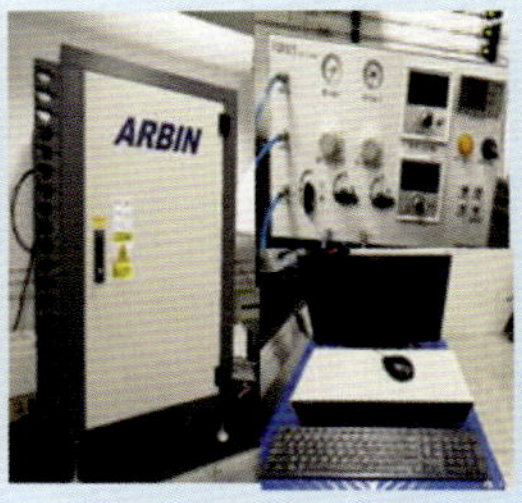

单电池测试台

电堆测试台

燃料电池发动机测试台

江苏大学燃料电池发动机研究所

联系人：董非　电话：0515-88797620　邮箱：jsdxdf@ujs.edu.cn

组织结构 | Organization of S.A.T

学院下设 3 个系：汽车工程系、动力机械及工程系、交通运输系

1 个国家级中心：汽车工程国家级实验教学示范中心

12 个省部科研基地：

车辆工程四川省重点学科
四川省博士后创新实践基地
汽车工程四川省高校重点实验室
四川汽车关键零部件协同创新中心
四川省汽车安全行业协同创新中心
汽车测控与安全四川省重点实验室
四川省大件运输交通厅重点实验室
机动车排放检测国家环境保护培训（实训）基地
道路交通安全与车辆事故再现省高校工程研究中心
国家车辆事故深度调查体系（NAIS）西华大学工作站
四川西华交通司法鉴定中心及鉴定人继续教育培训基地
四川省发改委新能源汽车智能控制及仿真测控技术工程中心

师资队伍 | Staffs of S.A.T

现有四川省“千人计划”特聘专家3人、四川省有突出贡献的优秀专家1人、四川省教学名师1人、四川省优秀教师1人、四川省学术和技术带头人后备人选3人、四川省高校优秀共产党员2人、四川省优秀硕士论文指导教师1人。近年来，承担国家自然科学基金等30余项国家、省部科研项目，获得四川省科技进步奖7项，四川省教学成果奖二等奖1项、三等奖4项。已授权发明专利30余项。拥有四川省教学团队1个、省教育厅高校科研创新团队1个、省科技厅青年科技创新团队2个。

阴晓峰

省高校优秀共产党员
省千人计划专家
省学术技术带头人后备人选

孙仁云

省教学名师

孟忠伟

省千人计划专家
省学术技术带头人后备人选

彭忆强

省有突出贡献的优秀专家
省决策咨询委员会委员
省优秀硕士论文指导老师

徐延海

省优秀教师

王永忠

省高校优秀共产党员

徐晓惠

省学术技术带头人后备人选

梁昆

省青年千人计划专家

学位教育 | Degree Education Of S.A.T

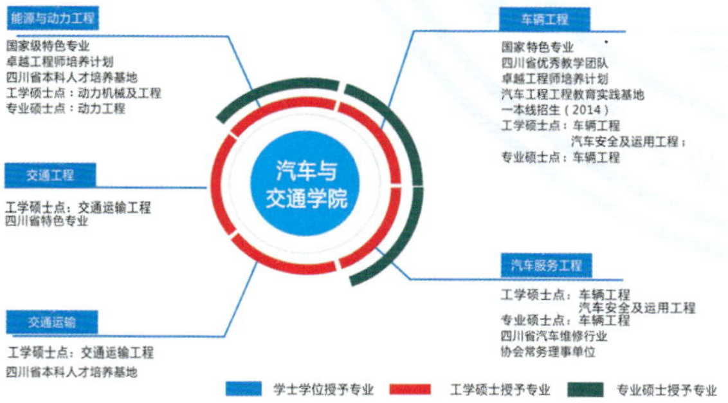

行业合作 | Industry Cooperation Of S.A.T

学院与多个省内整车制造、零部件厂家建立了紧密的产学研合作关系，共建联合实验室或教学实践基地，共同开展科学研究。

学生创新 | Student Innovation of S.A.T

奥地利格拉茨超级电容公交车

以色列特拉维夫超级电容公交车

塞尔维亚贝尔格莱德超级电容公交车

保加利亚索菲亚街头超级电容公交车

丹麦奥尔堡超级电容公交车

意大利试运营的超级电容公交车

运营中的明斯克超级电容公交车

中白合作的超级电容公交车

鹏辉
GREAT POWER

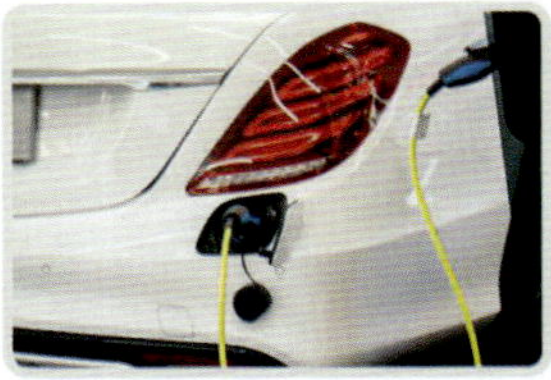

新荷价值观

捍卫车企数据隐私

在数据隐私、安全尤为重要的现在，数据、策略一旦泄露，将会造成无法估量的损失。新荷科技重视车企数据隐私，与车企签订数据保密协议，绝不将车企数据作为商业用途，所有数据开放必须由车企授权。

全产业链服务

新荷科技提供车辆的三电供应商、服务站、运营商监控、运维系统，所有数据流转均在车企监控范围内流通，保障车企对车辆的全方位监控、运维，一站式解决车企管理难题。

咨询服务

在严格保密车企数据的基础上，新荷科技提供对车企数据应用的咨询服务，保障车企在行业内的数据应用具有先进性，在不断积累数据统计的基础上，得出发展中遇到的问题及未来机遇。

专业IT服务

新荷科技作为技术型企业，为车企提供专业IT服务，包含国标过检、T-BOX产品、监控平台、售后平台、车联网底层支持平台等，协同车企进行车辆生产、运营、售后管理，提高车企现代信息化水平。

核心产品

新荷科技专注于物联网行业应用，倾心打造了新能源汽车自动化平台、车联网平台、高频数据决策平台；为用户的绿色出行提供更科学、更高效、更省心的解决方案，也为中国电动汽车产业的发展和“蓝天行动”计划的发展做出了应有的贡献。

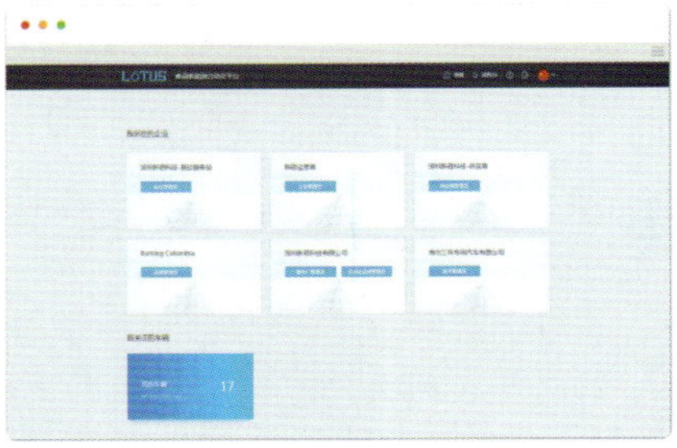

新能源自动化平台

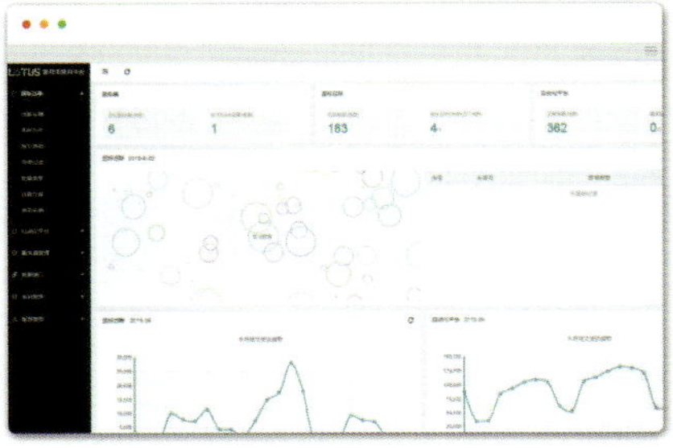

车联网平台

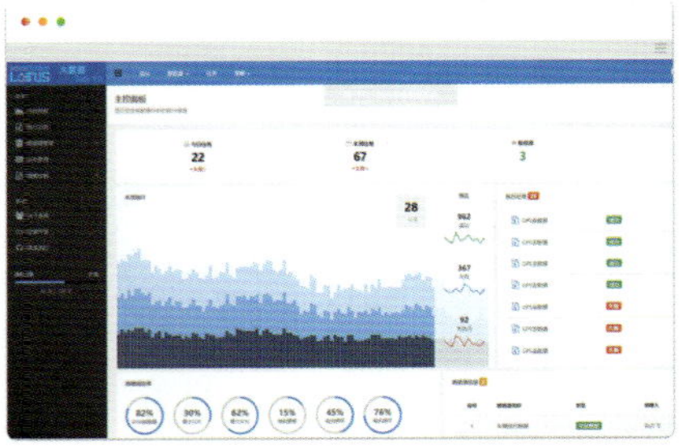

高频数据驱动决策平台

客户端APP

新荷新能源自动化平台的客户端APP，让用车客户在APP上完成日常充电、SOS、保养维修等，实时了解车辆情况。在一个平台内打通整车企业向终端用户输送服务的需求，增大车辆附加值，进一步提升整车企业技术服务指标，增强市场竞争力。

企业端APP

新荷新能源自动化平台的企业端APP，整合了企业车辆监控、维修监控、告警通知、车辆入库、销售出库、角色/员工扁平化管理等功能，为故障处理各个端口提供移动办公支持，提高了企业管理效率。

手机移动端

深圳新荷科技有限公司
SHENZHEN NOVELLOTUS TECHNOLOGY CO.,LTD
电话: (028) 8533-1503
邮箱: services@novellotus.com
官网: http://www.novellotus.com
成都运营中心:高新区天府五街菁蓉国际广场1号楼A区5楼
公司总部:深圳市前海深港合作区前湾一路1号A栋201室

Star Charge® | 星星充电

推动人类交通电动化
引领全球能源数字化

星星充电，专注于新能源汽车充电设备研发制造，平台兼容全部国标车型，产品线涵盖交直流设备、充电枪头、电源模块、智能电柜、换电设备等，掌握着智能控制、物联网、大功率定制等核心研发能力。为全球客户提供设备、平台、用户和数据运营服务，借助车辆销售、私人充电、公共充电、金融保险等业务打造用户充电全生命周期平台，是我国主流的电动汽车充电运营商。

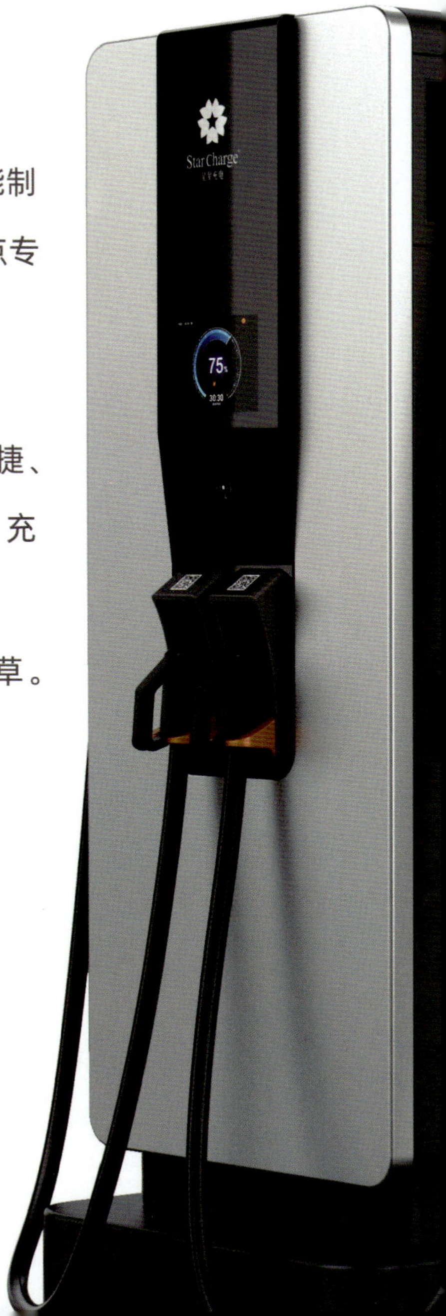

- 获国家能源局“能源互联网重大应用示范”项目、国家工信部“智能制造2025新模式应用”项目、国家科技部“新能源汽车”2018年度重点专项3个国家项目立项的桩企。
- 牵头成立全国新能源汽车智慧能源装备创新中心。
- 全球近60家知名车企的战略合作伙伴，不仅包括梅赛德斯奔驰、保时捷、宝马、捷豹路虎、大众等国际品牌，还包括比亚迪、北汽等国内车企；充电领域的国标制定单位。
- 参与国内所有充电标准的起草，并作为中方代表参与IEC国际标准的起草。
- 国家标准委员会指定的国内大功率充电两家牵头单位之一。

桩连世界，凝聚人心

关注星星以获取最新信息

http://www.starcharge.com/

客服400-8280-768

中国 常州武进高新区龙惠路39号

星星充电app

星星充电微信公众号

贵州航天电器股份有限公司

◆公司简介◆

苏州华旃航天电器有限公司是贵州航天电器股份有限公司（航天电器）全资子公司，坐落于江苏省苏州市高新区。航天电器是中国航天科工集团第十研究院上市公司，始创于1968年，由原国营朝晖电器厂（三四一二厂）和国营朝阳电器厂（三四一九厂）改制而成，2004年7月在深圳交易所挂牌上市（股票代码：002025）。是“全国五一劳动奖状”获得者、国家级企业技术中心、国家精密微特电机工程技术研究中心、中国电子元器件百强企业、国家创新型企业、国家技术创新示范企业、全国企事业知识产权示范创建单位、国家火炬计划高新技术重点企业、中国市场电子元器件领军厂商、国家智能制造新模式应用示范企业。

航天电器始终坚守“致力高科技领域，追求卓越，共享成就”的使命，在高端连接器、微特电机、继电器、光电模块、集成化产品、智能装备等领域从事研制、生产和技术服务，是中国电子元器件行业高端产品研制生产的骨干企业之一。航天电器现有员工6 000余人，2018年营业收入28.3亿元，已形成集团化、跨地域、专业优势互补的产业化布局，在贵阳、上海、苏州、泰州、镇江、东莞和遵义设有8家子公司，2个研发中心，2个可靠性试验中心，每年研发投入不低于营业收入的8%，持有有效专利700余项。建有完备的ISO 9001质量管理体系、IATF 16949质量管理体系、GBT 24001环境管理体系、OHSAS 18001职业健康安全管理体系等体系，部分产品通过UL、3C、CE等认证。

航天电器产品应用于航天、航空和军工、通讯/数据通信、石油装备、轨道交通、电力设备、新能源汽车等高端装备领域，并承担我国载人航天、北斗导航、探月工程、深空探测、C919大飞机、复兴号高速动车、4G/5G网络、陆上和深海石油测井等重大工程和设备的配套研制任务，为我国高端装备的发展等作出了贡献。

航天电器秉承“以客户为中心、勇于争先，体现奋斗价值”的核心价值观，以顾客需求为牵引，围绕新能源汽车市场开发了交/直流充电枪和充电插座、金属壳体高压圆形连接器、塑胶壳体高压自锁矩形连接器、高压线束、汇流排（软/硬）、Fakra射频连接器、HSD四同轴高速传输连接器、维护开关、PDU/BDU电源分配单元九大系列互连产品，以及大电流接触器产品，具备新能源汽车互连和电路保护的全套解决能力，已成为奇瑞等整车厂，以及众多电池、电机、电控、充电设施企业的供应商和合作伙伴。同时掌握了大电流传输、高速数据传输、防凝露、导线压接等多项核心技术，为客户创造价值。

◆产品展示◆

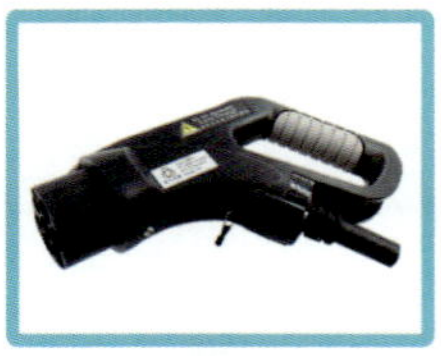
交/直流充电枪和充电插座

金属壳体高压圆形连接器

塑胶壳体高压自锁矩形连接器

维护开关

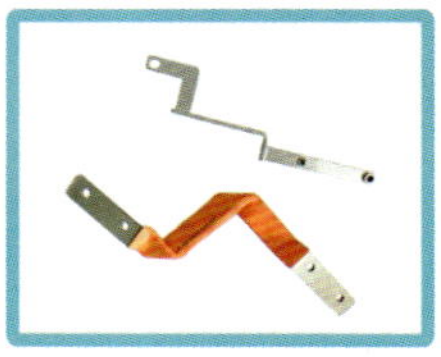
汇流排（软/硬）

FAKRA射频连接器

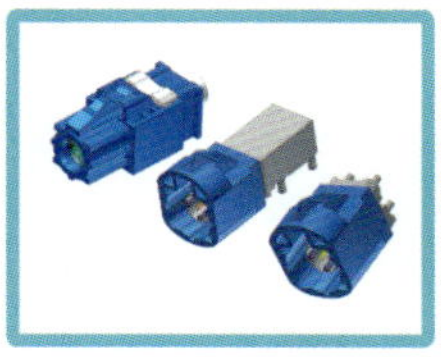
HSD四同轴高速传输连接器

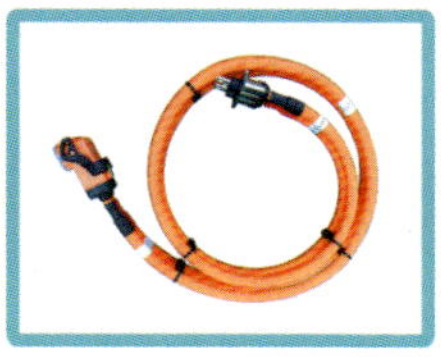
高压线束

PDU/BDU电源分配单元

公司官网：http://www.gzhtdq.com.cn

直流充电模块产品介绍

通合科技始终坚持以充换电模块为核心产品，密切关注以国网系统为主的充电设备运营商和系统集成商对模块产品的需求，同时以多年积累的行业经验和技术积淀，结合通合科技对电力电子领域技术发展趋势的判断，不断为客户提供有竞争力的充换电模块系列产品。

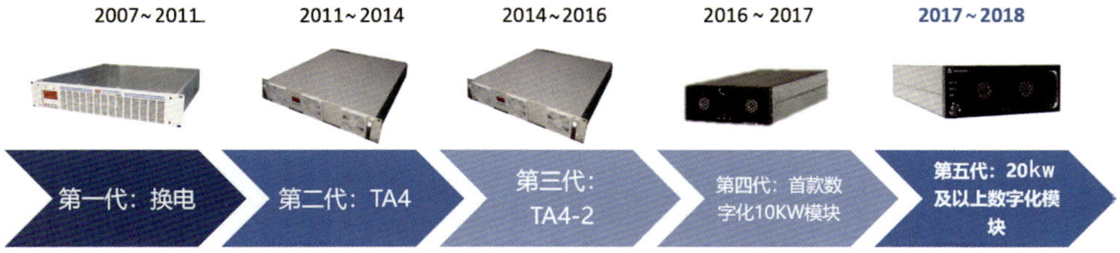

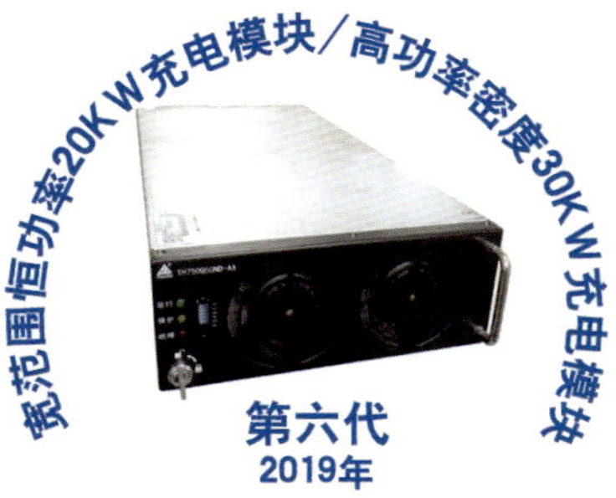

■ 产品参数

	20kW模块		30kW模块	
型号	TH750Q61ND-AX	TH20F10025C7	TH750Q50ND-AX	TH30F10025C7
		输入特性		
工作电压（AC）	额定电压380（±25%）	额定电压380（±25%）	额定电压380（±30%）	额定电压380（±25%）
输入频率（HZ）	45~55			
功率因数	满载≥0.99			
谐波含量	满载≤5%			
待机功耗	<10W			
		输出特性		
输出电压范围（DC）	200~750	200~1000	200~750	150~1000
输出最大电流（A）	61	80	50	120
输出恒功率区间	330-750VDC 输出恒功率20kw	250~1000VDC 输出恒功率20kw	输出600~750VDC时，输出恒功率30kw	250~1000VDC 输出恒功率30kw
峰值效率	≥96%	≥96.4%	≥95.5%	≥96%
软启动时间（S）	3~8			
输出防倒灌	支持			
通讯总线协议	CAN			
外观尺寸DHW（mm）	460×84×218	460×84×218	468×85×220	437.5×84×300

■ 输出特性曲线

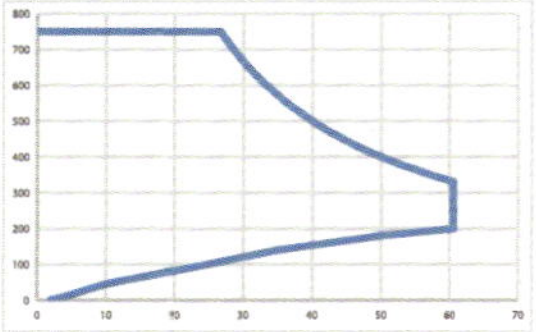

TH750Q61ND-AX

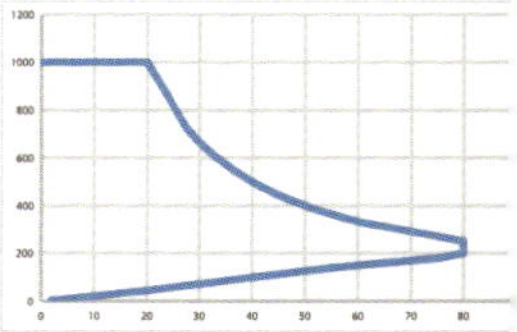

TH20F10025C7

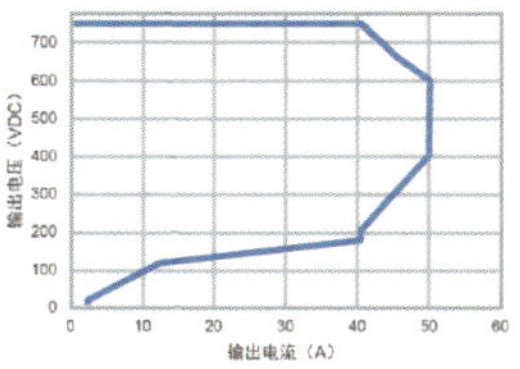

TH750Q50ND-AX

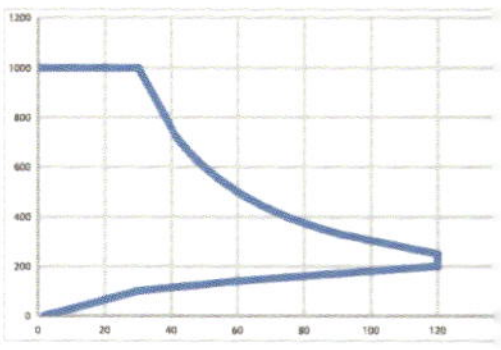

TH30F10025C7

通合模块产品特性

1. 超高高效率：1/3负载以上效率大于95%，高效利用能源。
2. 低待机功耗： 待机功耗小于10W，轻松节省每一分钱。
3. 环境适应性好：工作温度 −30～75℃；存储温度 −40～75℃；相对湿度 5%RH~95%RH（无凝露）。
4. 自带拨码（数显）、泄放：大功率充电机，方便设置地址。安全用电，省心。
5. 无缝迭代：20kW第七代TH20F10025C7与第六代TH750Q61ND－AX均符合国网三统一标准。

■ 通合科技开发的TH30F10025C7直流充电模块产品属于第七代30kW产品，恒功率输出250~1000V。产品使用三相交错LLC拓扑，具有纹波小，55℃满载不降功率，峰值效率96％以上等优点。同时通合研发中的第八代40kW模块会在外形结构上与此模块完全相同，降低客户扩容成本。

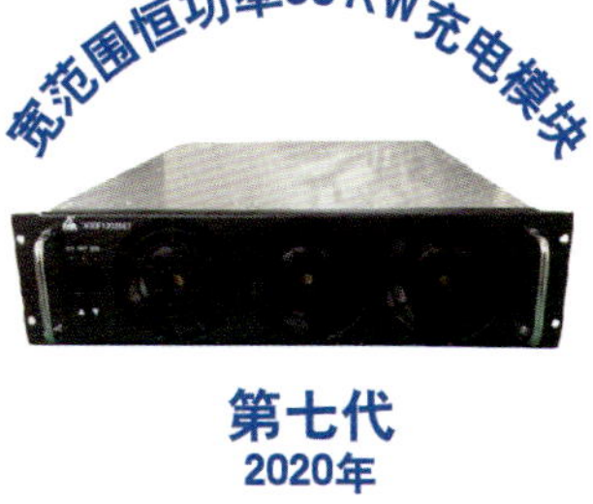

■ 可适应特殊环境

通合科技具有丰富的车载电源研发生产经验，利用车载电源防护技术，成功移植到充电桩电源模块。所有充电直流模块产品，均有可适应特殊环境的产品，特别适合高湿、高盐雾环境。

公司简介

河南航瑞电子科技有限公司位于鹤壁市国家经济技术开发区，是在国家大力发展新能源汽车产业背景下，注册成立的一家新能源汽车高压配电系统总成产品研发、生产、销售、技术服务于一体的高科技企业。航瑞科技由鹤壁市瑞丰电器有限公司和航天领域的新能源技术专家共同设立，总投资2.5亿元。与重庆航天工业公司、北京航空航天大学共同建立了新能源汽车零部件技术开发平台和北航新能源与智能车辆博士工作站，并先后在鹤壁、北京和郑州设立了技术中心。公司现占地80余亩，厂房约15000余平方米。公司现有员工269人，其中研发技术人员50人，占企业人数近20%，博士3人，行业带头人2人。

公司自成立以来，专注于新能源汽车高低压部件、智能控制部件的研发、生产及销售，以创新的精神，最大限度为客户提供性价比较高的产品。公司目前覆盖开发的产品领域：智能接线盒（SJB）、中央电器盒(CJB)、三合一控制器、DCDC、OBC、高压配电盒(PDU)、高压线束、高压连接器产品。

产品展示

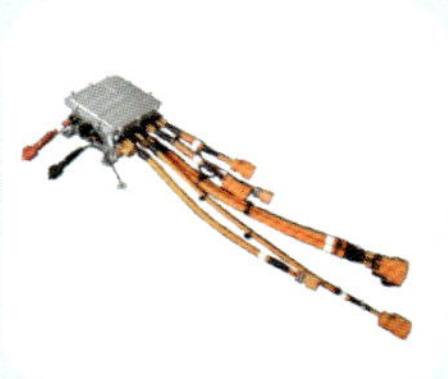

测试能力

可程式恒温恒湿试验箱

冷热冲击试验箱

燃烧试验箱

盐雾试验箱

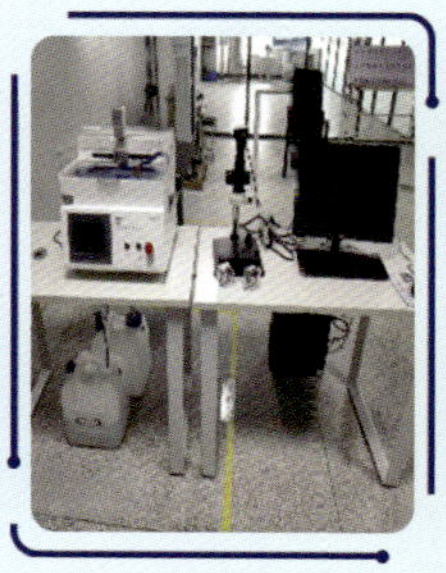
剖面分析仪

导通、耐压、气密
三综合测试仪

是德科技(中国)有限公司

新能源汽车测试解决方案

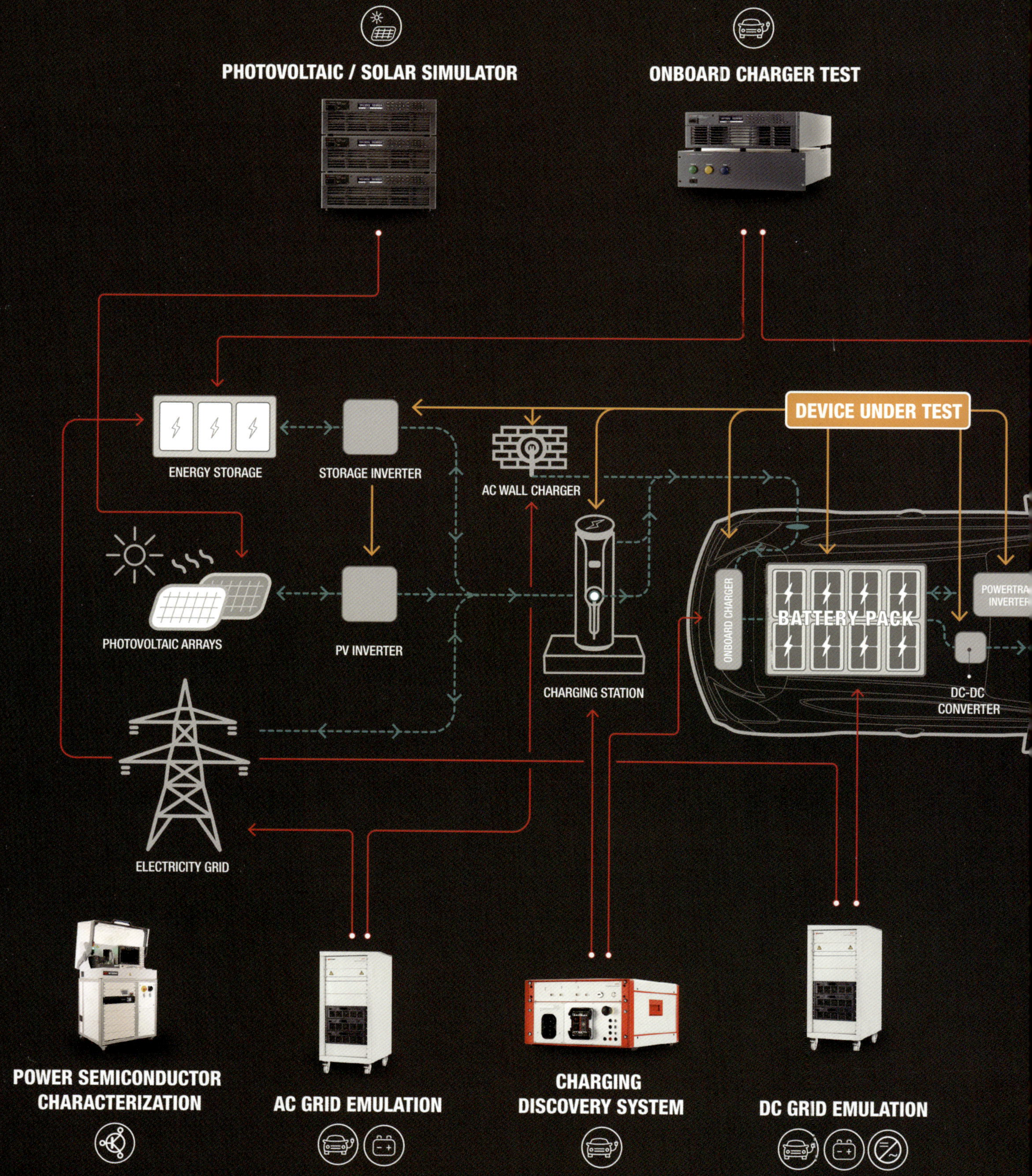